續偽書通考

臺靜農題

鄭良樹編著

上冊

臺灣學生書局印行

謹以此書獻給

屈師母費海瑾女士，並紀念

恩師屈萬里翼鵬教授逝世五周年。

凡　例

一、散見學報、學術期刊之辨僞論文，皆盡可能悉爲編入。

二、新刊之古籍，書前、書後涉及辨僞之序、跋等，亦盡可能悉爲編入。

三、各專書內涉及辨僞之章節，或著錄其書名、作者及主要之結論，或略爲裁剪編入。

四、已入古史辨而爲新、舊版僞書通考所未蒐及者，亦盡可能悉爲編入。

五、其文足資參考，惟爲節省篇幅，未能錄載者，則將篇目錄之≪存目≫，並以「*」號標注之，俾讀者據目檢索。

續偽書通考

目 錄

一、凡例 ……………………………………………… (1)

二、續僞書通考目錄…………………………………… (3)

三、論古籍辨僞學的新趨勢（代序） ……… (19)

四、內文 ……………………………………………… (1)

五、僞書通考正續編考訂古籍索引 ………… (2111)

六、僞書通考正續編徵引資料索引 ………… (2129)

〔經部〕

易　類

■周　易　(1)

〔卦辭、爻辭〕

高　亨 (1)

屈萬里 (3)

張立文 (21)

詹秀惠* (29)

梅應運* (29)

〔十翼〕

高亨 (30)

李漢三 (32)

張岱年 (51)

張立文 (58)

王瓊珊* (64)

徐世大* (65)

戶田豐三郎* (65)

■子夏易傳　(66)

黃雲眉 (66)

■易　林　(68)

鄭　珍 (68)

黃雲眉 (68)

陳　直 (70)

書　類

■今文尚書　(71)

〔通論〕

金兆梓 (71)

〔堯典〕

劉朝陽 (87)

岑仲勉 (111)

畢長樸 (123)

屈萬里 (129)

竺可楨* (131)

〔皐陶謨〕

屈萬里 (131)

〔禹貢〕

許道齡 (140)

屈萬里 (141)

辛樹幟 (179)

王成組* (214)

高重源* (214)

〔甘誓〕

李泰棻 (214)

童書業 (215)

屈萬里 (215)

〔盤庚〕

屈萬里 (221)

李　民 (222)

〔洪範〕

童書業 (232)

屈萬里 (234)

辛樹幟 (235)

〔康誥〕

曾榮汾 (236)

〔多方、多士〕

程元敏 (236)
〔費誓〕
楊筠如 (247)
李振興* (247)
〔文侯之命〕
屈萬里 (247)
〔其他各篇〕
朱廷獻* (263)
蔡信發* (263)

■古文尚書 (264)

張蔭麟 (264)
戴君仁* (273)
于大成* (273)

■書　序 (274)

趙貞信 (274)

■尚書孔氏傳 (283)

陳夢家 (283)
羅錦堂* (295)

詩　　類

■詩　經 (297)

俞平伯 (297)
屈萬里 (300)
陳瑞庚 (311)
劉澤民* (316)
李辰冬* (316)
皮述民* (316)
張以仁* (316)

■詩　序 (317)

吳汝綸 (317)
王　崧 (318)
黃中松 (318)
顧頡剛 (319)
王禮卿 (321)
陳允言 (332)
王錫榮 (335)
林礽乾 (346)

■申培詩說 (347)

黃雲眉 (347)

禮　　類

■儀　禮 (349)

張光裕 (349)

■周　禮 (352)

錢　穆 (352)
胡　適 (449)
黃雲眉 (451)
史景成 (452)
陳　直 (501)
顧頡剛 (502)
徐復觀 (550)
黃沛榮 (554)

■禮　記 (571)

〔通論〕

王夢鷗 (571)

〔檀弓〕

林政華 (579)

〔王制〕

金德建 (588)

陳瑞庚 (590)

〔禮運〕

高葆光 (591)

〔樂記〕

孫堯年 (599)

王夢鷗 (621)

〔儒行〕

李　覯 (647)

高　閌 (648)

朱　熹 (648)

蔡介民* (648)

■大戴禮 (649)

黄雲眉 (649)

■王度記 (652)

金德建 (652)

春秋類

■春秋左氏傳 (655)

鄭　獬 (655)

程　頤 (656)

魏了翁 (656)

馮沅君 (656)

楊向奎 (657)

童書業 (657)

羅倬漢 (663)

卜　德 (675)

孫次舟 (679)

錢　穆 (694)

張以仁 (695)

楊伯峻 (716)

徐中舒 (723)

史景成 (729)

蔣立甫 (729)

徐仁甫 (742)

趙光賢 (766)

胡念貽 (778)

鄭良樹 (820)

劉　節* (837)

衛聚賢* (837)

林語堂* (837)

劉正浩* (837)

張以仁（又）* (837)

何敬羣* (837)

洪順隆* (838)

方炫琛* (838)

葉　華* (838)

牟潤孫* (838)

徐道鄰* (838)

■公羊傳、穀梁傳 (839)

鄭清之 (839)

羅　璧（839）
鄭　樵（839）
楊伯峻（840）

孝經類

■孝　經（841）

蔡汝堃（841）
蔣伯潛（847）

經總類

■經義述聞（851）

劉盼遂（851）
張文彬（852）

四書類

■大　學（857）

蔣伯潛（857）
胡止歸（858）
勞　榦（870）
趙澤厚（875）
林政華*（876）

■中　庸（877）

陳　善（877）
葉　適（877）
王十朋（878）
蔣伯潛（879）
胡止歸（883）
陳兆榮（932）

■論　語（931）

歐陽修（931）
葉　適（931）
楊伯峻（931）
胡止歸（936）
蔣伯潛（963）
錢　穆*（964）
張學波*（964）

■孟　子（965）

〔風俗通義〕（965）
孫　奕（965）
翟　灝（965）
丁　杰（966）
梁啓超（966）
錢基博（966）
楊伯峻（967）
屈萬里（967）

小學類

■爾　雅（971）

王　質（971）

■小爾雅（972）

黃雲眉（972）

■史籀篇 (973)

高　亨 (973)

■切韻指掌圖 (976)

董同龢 (976)
趙蔭棠 (981)

■太和正音譜 (994)

曾永義 (994)

〔史部〕

正史類

■史　記 (1003)

李長之 (1003)
梁啓超 (1006)
余嘉錫 (1012)
曲穎生 (1017)
高葆光* (1027)
朱東潤* (1027)
李奎耀* (1027)
潘重規* (1027)

■漢　書 (1028)

冉昭德 (1028)

■漢書集解音義 (1031)

錢大昕 (1031)

編年類

■漢　紀 (1033)

于亦時 (1033)

別史類

■逸周書 (1037)

黄　玠 (1037)
謝　墉 (1037)
高　明 (1038)
黄沛榮 (1039)
李周龍 (1039)
朱廷獻* (1040)

雜史類

■穆天子傳 (1041)

梁子涵 (1041)

■國　語 (1048)

孫海波 (1048)
孫海波 (又) * (1052)

■戰國策 (1053)

齊思和 (1053)
鄭良樹 (1061)

金德建*（1077）
羅根澤*（1077）

■短長說　（1078）

鄭良樹（1078）

■西京雜記　（1092）

黃雲眉（1092）
勞　榦（1092）
洪　業（1102）

■漢武故事　（1109）

游國恩（1109）

■容齋逸史　（1110）

吳　泰（1110）

■明皇雜錄　（1113）

王國良（1113）

■靖康要錄　（1115）

（四庫）（1115）
彭元瑞（1115）
王德毅（1115）

■蒙古秘史　（1121）

余大鈞（1121）

地理類

■山海經　（1143）

何觀洲（1143）
鄭德坤（1147）
傅錫壬（1150）
蒙文通（1154）
袁　珂（1159）
史景成（1176）
何定生*（1182）

史評類

■史綱評要　（1183）

崔文印（1183）

〔子部〕

儒家類

■晏　子　（1911）

高　亨（1911）
吳則虞（1201）
張純一（1206）
王叔岷（1207）
王更生（1207）
黃雲眉（1209）
陳瑞庚（1209）

■荀　子　（1210）

謝　墉（1210）
張　亨（1210）

吳芬華*（1219）
饒　彬*（1219）
張西堂*（1219）

■新　語（1220）

蘇誠鑒（1220）

■賈誼新書（1233）

王應麟（1233）
何孟春（1233）
潛菴子（1234）
汪　中（1235）
劉台拱（1236）
孫詒讓（1236）
周中孚（1237）
王耕心（1237）
祁玉章（1237）
陳煒良（1241）
王洲明（1258）

■文中子（1274）

皮日休（1274）
杜　淹（1274）
陳成眞（1275）

道家類

■鬻　子（1281）

蔣伯潛（1281）
黃雲眉（1282）

■老　子（1284）

蔣錫昌（1284）
錢　穆（1286）
嚴靈峯（1286）
徐復觀（1291）
周紹賢（1299）
張起鈞（1301）
陳鼓應（1302）
王邦雄（1302）
孫次舟（1302）
劉建國（1305）
張岱年（1319）
錢穆（又）*（1321）
張福慶*（1321）
熊　偉*（1321）
羅根澤*（1321）
馬敘倫*（1321）
李日剛*（1321）
錢　穆㈢*（1321）
李弘祺*（1321）

■關尹子（1322）

胡韞玉（1322）
黃雲眉（1322）
周學武（1324）

■列　子（1326）

錢大昕（1326）
姚　鼐（1326）
鈕樹玉（1327）
吳德旋（1327）

俞正燮 (1328)
顧頡剛 (1328)
岑仲勉 (1328)
何治運 (1346)
光聰諧 (1347)
陳 旦 (1348)
楊伯峻 (1353)
嚴靈峯 (1367)
朱守亮 (1370)
周紹賢* (1370)
岑仲勉 (又) * (1371)
劉 禾* (1371)

■莊 子 (1373)

俞正燮 (1373)
傅斯年 (1373)
馮友蘭 (1378)
蔣復璁 (1379)
王叔岷 (1384)
王昌祉 (1386)
嚴靈峯 (1391)
李衍隆* (1402)
孫道升* (1402)
張恒壽* (1402)
張德鈞* (1402)

■老子注 (1403)

王 明 (1403)
谷 方 (1409)
徐澄宇* (1411)

■道德指歸論 (1412)

唐鴻學 (1412)
嚴靈峯 (1413)
鄭良樹 (1417)

■莊子注 (1432)

楊明照 (1432)
壽普暄 (1433)
王叔岷 (1436)
林聰舜 (1452)
蘇新鋈 (1452)
張 亨* (1453)
劉盼遂* (1453)
王利器* (1453)
黃錦鋐* (1453)
侯外廬* (1453)
嚴靈峯* (1453)
王利器* (1453)
余敦康* (1453)
牟宗三* (1453)

墨家類

■墨 子 (1455)

陳品卿 (1455)
楊 寬* (1458)
繆 鉞* (1458)
嚴靈峯* (1458)

法家類

■管 子 (1459)

蔣伯潛（1459）
馬非百（1459）
容肇祖（1509）
胡家聰（1523）
黃　漢*（1537）

■商　子 （1538）

詹秀惠（1538）
宋淑萍（1540）
劉國鋕*（1540）
熊公哲*（1540）

■愼　子 （1541）

金德建（1541）
方國瑜（1542）

■韓　子 （1548）

錢　穆（1548）
張公量（1548）
陳啓天（1548）
陳奇猷（1548）
祝貽諶（1549）
鄭良樹（1554）
曾繁康*（1562）
嚴靈峯*（1562）
高偉謀*（1562）

■洗寃錄 （1563）

錢大昕（1563）

名家類

■鄧析子 （1565）

蔣錫昌（1565）

■公孫龍子 （1566）

孫　碌（1566）
譚戒甫（1566）
余嘉錫（1568）
陳　直（1569）
周駿富（1569）
黃雲眉（1570）
何啓民（1570）
阮廷卓（1573）
龐　樸（1579）

兵家類

■六　韜 （1593）

蔣伯潛（1593）
張　烈（1594）

■孫　子 （1598）

齊思和（1598）
李　零（1605）
鄭良樹（1617）
樹　人*（1626）
余空我*（1626）
朱伯隆*（1626）

■孫臏兵法　(1627)
楊伯峻 (1627)

■尉繚子　(1631)
華陸綜 (1631)
何法周 (1632)
鍾兆華 (1639)
鄭良樹 (1645)
張　烈 (1646)
袁宙宗* (1652)
何法周 (又) * (1652)

醫家類

■本　草　(1653)
黄雲眉 (1653)

■難　經　(1654)
徐大椿 (1654)

雜家類

■子華子　(1655)
詹景風 (1655)
馮時可 (1655)

■於陵子　(1656)
陳秀蘭 (1656)

■鬼谷子　(1663)
趙鐵寒 (1663)
黄雲眉 (1668)

■呂氏春秋　(1671)
方孝孺 (1671)
盧文弨 (1671)
松皐圓 (1671)
傅武光 (1672)
田鳳台* (1672)
陳奇猷* (1672)

■劉子新論　(1673)
張　嚴 (1673)
王叔岷 (1675)

■論　衡　(1682)
黄　暉 (1682)

■物類相感志　(1683)
蘇瑩輝 (1683)

■劉賓客嘉話錄　(1685)
唐　蘭 (1685)

小說家類

■燕丹子　(1689)
羅根澤 (1689)

■博物志（附博物記） (1693)

施之勉（1693）

■世說新語 (1695)

周樹人（1695）
蕭　虹（1695）

■古鏡記 (1698)

馮承基（1698）
段熙仲（1703）

■昨夢錄 (1708)

顧國瑞（1708）

■金瓶梅 (1714)

田宗堯（1714）
吳　晗*（1721）
魏子雲*（1721）

■京本通俗小說 (1722)

蘇　興（1722）
吳圳義*（1729）

■醒世姻緣 (1730)

胡　適（1730）
王素存（1731）
劉階平（1736）

藝術類

■棋　經 (1745)

李毓珍（1745）

類書類

■聖賢群輔錄 (1759)

潘重規（1759）

〔集部〕

楚辭類

■楚辭章句 (1767)

徐恆之（1767）
張壽平（1770）
丁　力（1775）
姜昆武、徐漢澍（1784）
姜亮夫（1798）
金德厚*（1798）
周　村*（1798）

別集類

■柳宗元集 (1799)

梁容若*（1799）

■毘陵集 (1800)
羅聯添 (1800)
■李文公集 (1806)
羅聯添 (1806)
■杜牧樊川集 (1807)
吳企明 (1807)
張金海 (1817)
陳修武 (1824)
■白樂天長慶集 (1855)
岑仲勉 (1855)
■臨川集 (1857)
錢大昕 (1857)
■岳武穆集 (1858)
唐圭璋 (1858)
■心　史 (1859)
余嘉錫 (1859)
姚從吾 (1860)
劉兆祐 (1862)
■雲莊集 (1869)
梁庚堯 (1869)
■指南錄 (1870)
吳山蘿 (1870)
■太常袁公行略、許文肅公遺集 (1872)
戴玄之 (1872)

詩集類

■柏梁臺詩 (1881)
丁邦新 (1881)
■悲憤詩 (1890)
陳延傑 (1890)
勞　榦 (1891)
戴君仁 (1896)
李　鍌* (1897)
宋　升* (1897)
■王右丞集 (1898)
韓維鈞 (1898)
■李太白集 (1905)
吳企明 (1905)
李廷先 (1911)
■庾子山集 (1922)
許逸民 (1922)
■李益詩集 (1925)
王夢鷗* (1925)

詞曲類

■西廂記 (1927)

毛奇齡 (1927)
鄭　騫 (1929)
蔡丹治* (1939)
張永明* (1939)

■琵琶記 (1941)

朱建明、彭　飛 (1941)

■滄浪亭 (1953)

劉世德 (1953)

■翻西廂、責相思 (1958)

張　曾 (1958)

總集類

■樂　府 (1961)

〔木蘭辭〕

李純勝 (1961)
游國恩 (1966)

〔孔雀東南飛〕

許世旭 (1969)
王冰彥 (1970)
方師鐸* (1973)
熙　仲* (1973)
王運熙* (1973)

〔胡笳十八拍〕

朱學瓊 (1973)
李鼎文 *(1979)
李西成 *(1979)
段熙仲、金啓華* (1979)

■文　選 (1980)

〔李陵答蘇武書〕

錢大昕 (1980)

〔古詩十九首〕

鄺士元 (1980)
方祖燊 (1986)
葉嘉瑩* (2003)

〔怨歌行〕

陳延傑 (2003)

■文選音 (2005)

周祖謨 (2005)

■玉臺新詠 (2006)

〔白頭吟〕

陳延傑 (2006)

〔盤中詩〕

陳延傑 (2007)

■詩準、詩翼 (2009)

程元敏 (2009)

■全唐文 (2012)

傅璇琮、張忱石、許逸民 (2012)

〔大赦菴記〕

方積六 (2015)

■全唐詩 (2033)

湛　之 (2033)

■廣十二家唐詩 (2026)

劉兆祐 (2026)

■元曲選 (2030)

鄭　騫 (2030)

■孤本元明雜劇 (2034)

鄭　騫 (2034)

詩文評類

■文心雕龍 (2039)

劉仁清 (2039)
詹　鍈 (2051)
楊明照 (2063)
王達津 (2071)
張　嚴* (2077)
王更生* (2077)

〔道藏〕

■太平經 (2079)

王　明 (2079)
熊德基 (2090)

〔佛藏〕

■牟子理惑論 (2101)

胡　適 (2101)
周叔迦* (2103)
余嘉錫 (2101)

論古籍辨僞學的新趨勢（代序）

鄭 良 樹

古籍辨僞學和古史辨僞似乎是雙胞胎的孿兄弟。古籍如果是僞造的，書內所載的古史恐怕就有問題；研究古史的雖然未必一定要同時研究古籍。不過，他卻不可輕易忽視古籍眞僞的問題；所以，它們有着不可分割的密切關係。錢玄同說：「(頡剛)先生所問：『我們的辨僞，還是專在「僞書」上呢？還是並及於「僞事」呢？』我以爲二者宜兼及之，而且辨『僞事』比辨『僞書』尤爲重要。」①顧頡剛雖然在古史方面建立績業，不過，他同時也整理及刊布了不少古籍辨僞學的書刊。從事古史研究的人，固然不可忽視古籍的眞僞；從事古籍辨僞的人，也應知其對古史的影響和震撼力量。

到了清代，古籍辨僞學幾乎脫離了學術的正軌，如野馬之狂馳肆騁。造成這個局勢並且加重其發展的，是今文學家。清代中葉公羊學派最具影響力的人物劉逢祿，著了一部《 左氏春秋考證 》對《左傳》作全面性的否定，認爲《左傳》不是一部傳《經》的書；所謂《左氏春秋》，不過和《晏子春秋》《呂氏春秋》同等性質的書，他說：

> 余年十二讀《 左氏春秋 》，疑其書法是非多失大義。繼讀《公羊》及董子書，乃恍然於《春秋》非記事之書，不必待左氏而明。左氏為戰國時人，故其書終三家分晉，而續《經》乃劉歆妄作也②。

爲了達到「≪左傳≫不解≪經≫」的目的，他把≪左傳≫書法、凡例、君子曰及一切解≪經≫的話語，都認爲是後人所附益或是劉歆所僞造的；例如隱公元年「君子曰：潁考叔，純孝也」之下，他說：

> 考叔於莊公君臣也，不可云「施及」，亦不可云「爾類」，不辭甚矣。凡引「君子」之云，多出後人附益，朱子亦嘗辨之。

僅用「不辭甚矣」四字，就將≪左傳≫「君子曰」否決掉了；其主觀與武斷，令人瞠目結舌。至於說對劉歆的批評和攻擊，幾乎到了俯拾皆是的地武——「劉歆顚倒五≪經≫，使學士迷惑……欲迷惑≪公羊≫義例，則多緣飾≪左氏春秋≫以售其僞」，「凡『書曰』之文，皆歆所增益，或歆以前已有之，則亦徒亂左氏文采，義非傳≪春秋≫也」，「要之，皆出點竄，文采便陋，不足亂眞也……而附益改竄之跡益明矣」，「不識後有劉歆之徒，狂悖如此」，「……而歆之徒博采名儒，章合佚書，妄造此文」，劉逢祿不必求證就下結論，以及視不同學派如寇讎的作風，竟成爲清末今文學家的榜樣。

清末康有爲的出現，不但在政壇上掀起一陣狂飆，也動搖了整個學術界，造成無比的震撼，歷久而難衰。爲了達到他政治改革的目的，他把古籍辨僞學當作魚肉，任意刀俎，古文經如古文≪尚書≫≪周禮≫≪逸禮≫≪毛詩≫及≪左傳≫等等，無不是劉歆僞造依託的；甚至於≪史記≫≪漢書≫中凡有關古文經傳的記載，也都是劉歆附益和篡改的。試看他對≪周禮≫的考訂：

> ≪周官≫一篇，≪史記≫自≪河閒獻王世家≫≪儒林傳≫皆不著，一部≪史記≫無之，唯≪封禪書≫有此二字，其為歆竄入何疑焉。凡作盜皆不敢於顯明，而多嘗試於幽暗也③。

≪史記≫不載≪周官≫，即認爲無是書，這在論證上犯了默證

arguement from silence 的毛病；《封禪書》偏巧有《周官》二字，則認爲是劉歆「竄入何疑」，並且還說「凡作盜皆不敢於顯明，而多嘗試於幽暗」，眞是武斷蠻悍，含血噴人。至於他對《毛詩》的攻擊，更是令人嘆爲觀止，他說：

> 其云「河間獻王好之」者，以為旁證，皆歆竄附之偽說也。然移文博士不敢稱之，而僅著於《七略》。其偽《易·雜卦》及費氏《章句》，並不敢著於《七略》，而僅以傳之其徒。心勞日拙之情，亦可見矣。

《史記·河閒獻王》載《毛詩》，他說是劉歆竄附之辭，所以，劉歆僅著錄於《七略》，連《移太常博士書》也不敢提；情形就如他僞造《易·雜卦》，費氏《章句》，僅私下傳其門徒，不敢著錄於《七略》，「心勞日拙，亦可見矣」。康氏似乎親見劉氏的一切，才不必任何證據，就言之鑿鑿如此，怪不得他力斥劉歆「作盜皆不敢於顯明，而多嘗試於幽暗」。

最離奇的莫過於他對《國語》及《左傳》的考訂了。根據他的說法，《左傳》是劉歆從《國語》裏割裂出來的，他說：

> 《國語》僅一書，而《志》以為二種，可異一也。其一二十一篇，即今傳本也；其一劉向所分之《新國語》五十四篇。同一《國語》，何篇數相去數倍，可異二也。劉向之書皆傳於後漢，而五十四篇之《新國語》，後漢人無及之者，可異三也。蓋五十四篇者，左丘明之原本也，歆既分其大半凡三十篇以為《春秋傳》，於是留其殘賸，掇拾雜書，加以附益，而為今本之《國語》，故僅得二十一篇也。

《漢書·藝文志》著錄有《新國語》五十四篇，又著錄有《國語》二十一篇，康有爲說得一點也不錯。不過，只因爲今本《左氏春秋》爲三十卷，今本《國語》爲二十一篇，二書相加恰如《新國語》的篇數，就說《左氏春秋》是從《新國語》割裂出來，未免論斷得太輕易了。劉歆果眞如康氏所說的，具備有「多竄數書，故爲繁重以泯其迹」及「故得肆其改竄，幾於無迹可尋」的本領的話，也不應該愚笨得將「殘賸」的《新國語》，保持其二十一篇卷的面貌以露其破綻。至於劉歆如何改裝《新國語》爲《左傳》，他說：

> 得《國語》與《春秋》同時，可以改易竄附，於是毅然削去平王以前事，依《春秋》以編年，比附《經》文。分《國語》以釋《經》，而為左氏《傳》，作《左氏傳微》以為書法，依《公穀》「日月例」而作日月例，託之古文以黜今學，託之河間、張蒼、賈誼、張敞名臣通學以張其名，亂之《史記》以實其事，改為十二篇以彰其目，變改紀子帛君氏卒諸文以易其說，續為《經》文，尊孔子卒以重其事，徧偽羣經以證其說。

果眞如此的話，劉歆這一趟的「改易竄附」，可眞是一件大工程，遠非他一個人的力量所能完成的。

康有爲考辨《左傳》爲僞書，除了《新國語》與《國》《左》在篇數上巧合之外，還有其他「確鑿的」證據。他說：「《史記·儒林傳》述《春秋》有《公羊》《穀梁》而無左氏。史遷徵引左氏至多，如其傳《經》，安有不叙？此爲辨今古學眞僞之鐵案。」又說：「《史記·儒林傳》《春秋》祇有《公羊》《穀梁》二家，無左氏；《河閒獻王世家》無得《左氏春秋》立博士事。馬遷作史多採左氏，若左丘明誠傳《春秋》，史遷安得不知？……又《太史公自序》稱『講業齊魯之都，天下遺文古事，靡不畢集太史公』，若河閒獻王有是事，何得不知？雖有蘇、張之舌，不能解之者也。」康有爲一再強調，再三堅持，司馬遷根本沒看到《左傳》，只知道「左丘失明，厥有《國語》」，不知道有傳《經》的《春秋左氏傳》。

撇開《史記》大量徵引《左傳》的文字不談，司馬遷在《十二諸侯年表》裏明明就說：「魯君子左丘明懼弟子人人異端，各安其意，失其眞，故因孔子史記，具論其語，成《左氏春秋》。」難道康有爲沒有看到這段文字嗎？不是，他是看到的，不過，他認爲這是劉歆之徒「竄亂」進去。《史記》這段「魯君子左丘明」旣是竄亂，那麼，《論語・公冶長篇》與孔子有相同好惡，儼然爲君子的左丘明（「左丘明恥之，丘亦恥之」），又將作何解釋呢？康有爲認爲，這也是劉歆之徒簒亂的。《漢書・藝文志說》：

> 周室旣微，載籍殘缺，仲尼思存前聖之業。……故與左丘明觀其史記，據行事，仍人道，因興以立功，就敗以成罰，假日月以定歷數，藉朝聘以正禮樂。有所褒諱貶損，不可書見，口授弟子。弟子退而異言，丘明恐弟子各安其意以失其眞，故論本事而作傳，明夫子不以空言說《經》也。

這段推衍《史記》的話語，不是明白交代了《左傳》的撰述意義和《左傳》的獨立成書嗎？然而，康有爲又加以否決了，他說：「蓋歆託於丘明而申其僞《傳》，……又稱與孔子同觀史記，僞古《論語》又稱孔子與丘明同恥，蓋歆彌縫周密者也。」所有不利於他的考辨的文字，都被一一否決。似此曲解倒說，試問天底下還有甚麽事情講不通？劉歆花了好大的心血來「彌縫周密」，千幾百年來沒人識破，就只有康有爲一人全部翻覆出來。

在康有爲的考辨之下，古文學派的《周禮》《逸禮》《毛詩》及《左傳》等，都是劉歆一手僞造；此外，他又竄亂其他古籍，將有利於自己的各種文字周密地一一「橫揷」進去④，以達其瞞天過海的欺售工作。如此說來，劉歆簡直是個神通廣大，魔力無邊的大僞造家；劉歆以個人血肉之身，如何有此三頭六臂的本領？《漢書・王莽傳》說：

> 元始五年……徵天下通一藝，敎授十一人以上，及有《逸禮》、古《書》、《毛詩》《周官》《爾雅》、天文、圖讖、鍾律、月令、兵法、史篇文字，通知其意者，皆詣公

> 車。網羅天下異能之士，至者前後千數，皆令記說廷中，將令正乖謬，壹異說云。

爲了彌補這個缺罅，康有爲根據這段文字，作如此地解說：「元始中，徵天下通小學者以百數，各令記字於廷中，時王莽秉國，尊信劉歆，此百數人被徵者必皆歆之私人，奉歆僞古文奇字之學者也。劉歆工於作僞，故散之於私人，假藉莽力，徵召貴顯之，以愚惑天下。」原來劉歆預先安排這些「異能之士」，假藉王莽的徵召，以遂其愚惑天下之目的。劉歆四年後，被封爲國師嘉新公，才名顯位尊，此時如何能有此力量預作安排呢？錢賓四先生批駁得好，他說：「歆在當時，名位尙非甚顯。同時在朝出歆右者多矣，謂莽尊信歆，推行其僞學，若其時惟歆與莽沆瀣一氣，同謀篡業，此非史實。」⑤

到了崔適，爲了把「僞造羣經」解說得更加圓滿，他對《王莽傳》那段文字作進一步的詮釋；他說：

> （劉歆）又須多造古文經傳，廣樹證據，而辭繁旨博，非歆一人之力所能勝任也，「乃徵天下有通《逸禮》、古《書》《毛詩》《周官》《爾雅》、天文、圖讖、鍾律、月令、兵法、史篇文字者，皆詣公車，至者前後千數，皆令記說廷中，將令正乖謬，一異說云」，此千數人者，孰不仰體國師嘉新公之意旨，向壁虛造妖誣之言，以備采納，於是羣經皆受其竄亂⑥。

崔適把千餘人奉召的事情，直接敍述在劉歆的名義底下，使人以爲完全是劉歆的意旨，加重他蓄意僞經的罪名；又把四年後受封的國師嘉新公，提前在這裏一起敍述，以配合「皆令記說廷中」，渲染僞經事件的周密。經他畫龍點睛，劉歆以國師之尊，召集千餘人「記說廷中」，徧造羣書，就自然印在讀者的腦裏。果眞如崔適所說的，劉歆簡直是扮演清代紀昀的角色，率領大批儒生在修纂《四庫全書》；似此空前大計劃，何以無人知曉，無人記載？事後何以無人追述？誠如錢賓四先生說：「謂此諸人盡歆預布以待徵，則此數千人者遍於國中四方，何無一人洩其詐者？自此不二十年，光武中興，此數千人不能無一及於後，何當時未聞有言及歆之詐者？」⑦崔說之荒誕不經，康有爲恐怕也始料不及。

晉入民國，以崔東壁學統自居在古史考辨上掀起革命性的運動，幾乎成爲學術的主流，後來成爲學術界的頂尖人物如胡適、顧頡剛、傅斯年、錢玄同、張西堂、童書業及楊向奎等，無一不是這股運動的參與者和支持者。古籍眞僞的考訂是考辨古史重要方法之一，因此隨着這股運動的波瀾壯濶，古籍眞僞的考訂也逐漸滙爲一條滾滾的大江⑧。顧頡剛在《古史辨》第一册的《自序》裏曾說：「有許多僞史是用僞書作基礎的，如《帝王世紀》《通鑑外紀》《路史》《繹史》、今本《竹書紀年》等。」僞書和僞史的關係，古史辨學派知道得非常清楚，所以，他們一開始就宣佈校點編纂《辨僞叢刊》⑨，分辨書僞及辨事僞兩種。

古史辨學派高擧「把古史討論出結果來」的大旗幟⑩，對傳說中的古史進行非常嚴厲的批判和破壞，從 1926 年《古史辨》第一册的出版，到 1940 年第七册的發行⑪，十餘年間，形成一大團雪球，愈轉愈大，愈滾愈急，從經書到子學，從傳說到古史，無一不是他們衝鋒陷陣的對象。撇開他們在古史方面的研究不談，他們在古籍辨僞方面持有甚麼態度？採取甚麼樣的作風？造成甚麼樣的影響？是值得我們來討論的。

這裏姑且擧兩個例子來說明。

錢玄同於1925年9月曾經寫信給顧頡剛，表明他對《國》《左》的看法⑫；信內說：

> 《左傳》是真書，但它本是《國語》底一部分，並非《春秋》的《傳》。康長素底《僞經考》與先師崔觶甫先生底《史記

> 探源・春秋復始》中，都説《漢書・藝文志》有《新國語》五十四篇，這是「原本《國語》」，劉歆把其中與《春秋》有關的事改成「《春秋》左氏《傳》」；那不要的仍舊留作《國語》，遂成「今本《國語》」。這話我看是很對的。（下舉證據八條，此略）……綜上所記，此詳則彼略，彼詳則此略，顯然是將一書瓜分為二。至於彼此同記一事者，往往大體相同，而文獻則《國語》中有許多瑣屑的記載與支蔓的議論，《左傳》大都沒有，這更顯出刪改底痕迹來了。劉歆把《國語》底一部分改成《春秋》的《傳》，意在抵制《公羊傳》。《漢書・劉歆傳》説：「歆治左氏，引《傳》文以解《經》。」這就是他給《春秋》跟《國語》底一部分做媒人的證據。

很清楚的，錢氏完全繼承了康、崔的意見，認爲《左傳》是自《國語》割裂出來，僞造竄改而成，所臚列的證據，也不外是淵源於乃師；儘管《國》《左》有時「彼此同記一事者，往往大體相同」，與他們「一書瓜分爲二」「此詳則彼略，彼詳則此略」的原則不相符合，他還是採用康有爲曲解倒說的方法，說成「這更顯出刪改底痕迹」。六年後，錢氏又寫了一篇《左氏春秋考證書後》⑬；在這篇不算短的後記裏，他說得更清楚:

> 我以為劉申受發明的是：今之《春秋左氏傳》係劉歆將其原本增竄書法凡例及比年依經緣飾而成者，《漢書・劉歆傳》中所云「歆治左氏，引《傳》文以解《經》，轉相發明，由是章句義理備焉」者，卽是他作僞的明證。這一點，劉氏說得最為明白詳盡。但是劉氏還不能看清楚《左傳》的原本到底是一部什麽書。……至康長素，他根據太史公《自序》及《報任少卿書》，又《漢書・司馬遷傳》，知道左丘明的著作只有《國語》……這才把《左傳》的原本弄明白了，原來

它不但「體例與《國語》相似」，簡直就是《國語》，可以斷定它決非「相錯編年為之」的。這比劉申受又進了一步了。崔觶甫師繼康氏而考辨此問題，益加精密。他考明《史記・十二諸侯年表》中，……這一大段皆為劉歆之學者所竄入，臚列七證，層層駁詰，語語精當，於是知不但「《左氏春秋》」之名應該打倒，即拿它與《呂氏春秋》相提並論也是儗不於倫。知今本《十二諸侯年表》不足據，則《左傳》原本之為《國語》益可斷定。

第二年，也就是 1932 年，他完成了一篇相當長的《重論經今古文學問題》，又把相同的見解提出來。錢氏的看法，根據現有的資料來考察，是古史辨派學者所普遍接受的；試看顧頡剛在第五册的《自序》裏說：

劉歆當時在秘閣讀書，見到了左丘明的《國語》，覺得它記載春秋時事十分豐富，大可作為《春秋經》的輔佐；又見許多零篇碎簡的逸《書》和逸《禮》，覺得其中有許多珍貴的材料，也可作為《書經》和《禮經》的補遺……不幸他處在這個時代，不託古竟做不成事。他只得說：左丘明做的《春秋傳》，他是孔子同時人，而且是同志，寫的最得聖人之意；逸《書》和逸《禮》是魯共王在孔子壁中發得的，也是孔子的原定經書。……我們可以用康長素先生的方法，拿《史記》《漢書》的兩篇《共王傳》來比較……。我們現在再用康先生的辦法，把《史》《漢》的兩篇《河間獻王傳》文提出一校……。

古文經傳既為劉歆所建立，要是沒有幫他的人，他的勢力也不會廣大的，因為這種新出的東西誰懂得呢！所以平帝元始四年，在起造明堂、辟雍、靈臺的時候，就「為學者築舍萬區；為博士員，經各五人；徵天下通一藝，教授十一人以上，及有逸《禮》、古《書》毛《詩》《周官》《爾雅》、天文、圖讖、鍾律、月令、兵法、史篇文字，通知其意者皆詣公車，網羅天下異能之士，至者前後千數，皆令記說廷中，將令正乖謬，壹異說云」（《王莽傳》上），這樣的文化統制政策是多麼的可怕！劉歆一個人，憑你本領大，也大不了多少。但有了這幾千個（「千數」當是以千為數，否則當云千數百人）趨炎附勢之徒，替各種古文經傳及劉歆學說大吹大擂，「古文學派」立刻成立了。

這一段文字，不但說明了顧頡剛通盤接受了康、崔的見解，把劉歆僞造古經當作鐵案⑭，而且也清楚地暴露他承繼康、崔誇大飾僞的態度和作風。

另一個例子是胡適之先生引起的。

胡先生本來是古史辨派的重要人物，『思想更新更急更勇於疑古』⑮，而且還是顧頡剛、傅斯年等人的老師；從《古史辨》第一册的序文和正文裏，就可以看出他們的密切關係。然而，胡先生於1919年刊行的《中國哲學史大綱》裏，卻「不曉得爲甚麼象他這樣勇於疑古的急先鋒，忽然對於這位『老太爺』的年代竟自不發生問題」⑯地維持了傳統的看法，認爲孔子曾經見過比他大「至多不過二十歲」的老子，並且向他請教過禮，後者在「至多不過活了九十多歲罷了」的壽命中，還寫了一部《道德經》。梁任公1922年寫了《論老子書作於戰國之末》，提出與胡先生完全相反的見解——《老子》書作成於戰國末年；在這篇文章裏，他從文字語氣、思想系統，司馬遷記述得「迷離惝恍」等等六個「可疑」的角度，來推斷他的結論。

繼梁任公之後，在這個問題上發表意見的，爲數非常多；1927年張壽林撰《老子道德經出於儒後考》，1929年唐蘭撰《老聃的姓名和時代考》，1930年錢賓四先生撰《關於老子成書年代之一種考察》，以及馮友蘭後來出版的《中國哲學史》有關《老子》部分，都主張《老子》成書於戰國時代，支持梁任公的見解。1932年6月，顧頡剛發表了他的力作《從呂氏春秋推測老子之成書時代》，他說：

> 《呂氏春秋》……的作者是很肯引用書的，所引的書是不憚舉出它的名目的。……《呂氏春秋》的作者用了《老子》的文詞和大義這等多，簡直把五千言的三分之二都吸收進去了，但始終不曾吐出這是取材於《老子》的，……於是我們可以作一個大膽的假設：在《呂氏春秋》著作時代，還沒有今本《老子》存在。

編纂《古史辨》第四册的羅根澤，要到該年的9月才發表意見；那一年，他寫了《老子及老子書的問題》，結論是：「至從書的本身，考訂年代，知道不在孔子之前，而在孔、墨之後，孟、莊之前。」在這個問題上，顧、羅兩人很明顯的，也沒有失去古史辨派一路來詆斥傳統的態度和作風。

由胡先生及梁任公所引起的「老子大論戰」，雖然和康、崔沒有太直接的關係，不過，這一系列的考辨文章，不但暴露了當時學者們因襲自康、崔考辨古籍眞僞的態度和作風，也再次考驗了他們考辨古籍的方法和論斷。胡先生於1933年5月曾經發表了一篇《評論近人考據老子年代的方法》⑰，總論這一次的大論戰；從這篇文章裏，我們就可以看出當年考訂古籍方法上的一些問題了。

■用「丐辭」來論斷

所謂「丐辭」，胡先生曾如此地解說：「在論理學上，往往有人把尚待證明的結論預先包含在前提中，只要你承認了那前提，你自然不能不承認那結論了；這種論證叫做丐辭。譬如有人說：『靈魂是不滅的，因爲靈魂是一種不可分析的簡單物質。』這是一種丐辭，因爲他還沒有證明(1)凡不可分析的簡單物質都是不滅的，(2)靈魂確是一種不可分析的簡單物質。」在辨別《老子》成書時代的問題上，馮友蘭的三個證據是:

(1) 孔子以前無私人著述之事;

(2) 《老子》非問答體，故應在《論語》《孟子》後;

(3) 《老子》之文體爲簡明之『經』體，可見其爲戰國時之作品。

馮先生知道這三條證據都是「丐辭」，不過，他卻說:「若只擧其一，則皆不免有邏輯上所謂『丐辭』之嫌。但合而觀之，則《老子》一書之文體、學說及各方面的旁證，皆可以說《老子》是晚出，此則必非偶然也。」馮先生是從事哲學思想研究的，他應該知道「合」幾條「丐辭」而「觀之」的結論，是不忠實可靠的;然而，他還是「聚蚊成雷」（胡適云:「聚蚊可以成雷，但究竟是蚊不是雷的。」）。

■用「思想系統」來論斷

追尋哲學思想之前後發展以及歷代嬗變的線索，以便找尋出某書的著作時代，有時確實是有其可靠性，然而，有時卻不無可議之處。相同的幾句《論語》的話「無爲而治者，其舜也歟？夫何爲哉？恭己正南面而已矣」，卻可以有兩種完全相反的結論:

(1) 胡適之先生認爲:《論語》書中這樣推崇「無爲而治」，可以證明孔子受了《老子》的影響——這就是說，老子和《老子》書在孔子之前[18];

(2) 顧頡剛先生認爲:《論語》的話有甚似於《老子》的，若不是《老子》的作者承襲孔子的見解，就是他們的思想偶然相合⑲。

因此，根據思想的前後來論斷成書時代，困難就在於前者有時是個見仁見智的問題，沒有科學性的客觀標準；正如胡先生在舉過上述例子後，曾經如此形容：「這種所謂『思想線索』的論證法，是一把兩面鋒的劍，可以兩邊割的。」

在「《老子》大論戰」中，錢賓四先生的大作完全用這樣的方法來論證；梁任公及顧頡剛先生也部分如此。

■用「引例」來論斷

顧頡剛認爲古人引書皆有凡例可尋，他歸納《呂氏春秋》，覺得該書「所引的書是不憚舉出它的名目的。所以書中引的《詩》和《書》甚多,《易》也有,《孝經》也有，《商箴》《周箴》也有，皆列舉其書名」，而《呂氏春秋》儘管「把五千言的三分之二都吸收進去」，卻「始終不曾吐出這是取材於《老子》」，所以，顧頡剛說：「在《 呂氏春秋 》著作的時代，還沒有今本《 老子 》存在。」

胡先生認爲這樣的論證法是「 很危險的事業 」，是「勞而無功的工作」；因爲據我們現有的知識，古人並沒有引書例，即使是有，也並不嚴格，正如胡先生所說：

> 古人引書，因為沒有印本書，沒有現代人檢查的便利；又因為沒有後世學者謹嚴的訓練，錯落幾個字不算甚麼大罪過，不舉出書名和作者也不算甚麼大罪過，所以沒有甚麼引書的律例可說。

因此，將後人引書例強加古人身上，並且藉以作學術上的推測，是有其危險性的。胡先生即舉《呂氏春秋》引《孝經》爲證，一條是《察微篇》的明舉，一條是《孝行覽》的暗用，說明古人引書例是靠不住的；至於說據此前推，那就更值得商榷了。

■證據可靠的程度

前文已經分析過，康有爲在考訂古籍時，不免採用抹煞資料和誇飾證據的手法，以圖得出事前已安排好的結論。顧頡剛爲了要證成《老子》成書於戰國時代，不禁也繼承了康氏這一「傳統」。他徵引了五十三條《呂氏春秋》的文字；根據胡適之先生的分類，有下列四種情形：

(1) 認爲與《老子》書「同」的十五條；

(2) 認爲與《老子》書「義合」的或「意義差同」的，三十五條；

(3) 認爲與《老子》書「甚相似」的二條；

(4) 認爲與《老子》書「相近」的一條。

然後，顧先生說：「《呂氏春秋》的作者用了《老子》的文詞和大義這樣多，簡直把五千言的三分之二都吸收進去了。」又說：「我們可以說，在《呂氏春秋》一書中，到處碰見和《老子》相類的詞句。」

胡先生曾經審查了顧先生這一批資料，看看「是不是眞贓實據」。有關第一種的資料，胡先生說：「所謂『同』或『甚相似』的十幾條……除了這三條之外，沒有一條可說是『同』於《老子》的了。……這幾條至多只可以說是每條有幾個字眼頗像今本《老子》罷了。此外的十多條，都是這樣的單辭隻字的近似，絕無一條可說是『同』於《老子》，或『甚相似』。」至於爲數最多的第二種，他說：「其他三十多條『義合』，絕大多數是這樣的斷章取義，強爲牽合。用這種牽合之法，在那一百六十篇的《呂氏春秋》之內，我們無論要牽合何人何書都可以尋出五六十條『義合』的句子。」⑳

從上舉的兩個例子，就可以觀察出古史辨派及其追隨者在古籍辨僞方面，的確是承繼康、崔的餘緒；因此，到了民國初年這一階段，在古籍辨僞學這個範圍內，立刻就展呈出一種現象：僞書愈來愈多，古籍愈推愈晚，而許多前人無法知曉、無法論斷的問題，今人反而知道得更清楚，解說得更明確。

從學術的立場來說，這種現象也許是一種進步；然而，審查了他們的態度、作風和方法之後，我們也許就不會這麼說了。曾經參與其事的楊向奎先生，最近寫了一篇討論古史辨派的文章，他說㉑：

> 筆者在大學讀書時從頡剛先生學，選讀他的「《尚書》研究」，喜今文家言，也參加古史討論，但在參加辯論的過程中，又懷疑今文家言，對於康有為學風之粗枝大葉有所不滿，所謂劉歆編僞《左傳》《周禮》之說，不過是又一次的「託古改制」而已，於是以當時的大部時間研究《左傳》《周禮》，力圖為劉歆翻案而說明兩書之不僞，如果兩書不僞，則古史辨派的理論根據在許多方面將發生動搖，於是在古史系統上與頡剛先生的看法不同，而與童書業教授「同室操戈」矣。

與楊先生持相同看法的，在古史辨時代開始之際，即已產生；只因勢孤力寡而被淹沒而已㉒。當古史辨派從四十年代結束之後，踏入五十年代，特別是晚近一、二十年，古籍辨僞學似乎有朝轉另一個新方向的趨勢——平實、嚴密及謹愼。儘管產生了另一種現象——若干僞託的古書被「平反」，若干傳統的說法被肯定，看來似乎趨向「保守」和「退步」，與今文學派及古史辨學派迂迴前進，不過，細心考察了他們辨僞的態度和方法後，我們與其說是對今文學派及古史辨學派有所不滿而產生的一種反動，無寧說是學術由粗而細、由疏而密、由泛而精的一種進步趨勢，是一種可喜的徵兆。

根據所蒐集到的資料，這三十年來的辨僞情況可以歸納爲四個趨勢；玆各舉例以說明之。

㈠ 在態度上漸趨平實

自康、崔以下，考訂古籍眞僞都免除不了偏激的態度。康有爲是爲了完成他的政治理想而考訂古籍，所以，不但態度不平，也時涉意氣之爭。至於古史派學派，一方面承繼康、崔餘緒，一方面意存疑古破舊，所以，在態度上也不能令人有篤誠平實的感覺。例如《孫子兵法》一書，司馬遷在《史記》裏早已明說，是春秋時代軍事家孫武的大著，其後代孫臏亦另有軍事的著作。然而，自宋人開始，卽疑其「戰國初山林處士所爲」（葉適語），清代《四庫全書》抱着謹愼的態度，維持《史記》原說；到了民國初年，錢賓四先生承日人齋藤拙堂之後，說是戰國孫臏所作，而且孫武還是孫臏的名，「以其臏腳而無名」。資料有限，然而，所知比司馬遷多，所說解的比司馬遷還詳細。似此態度，對古籍而言，恐怕是一件很吃虧的事。

晚近三十年來，情形似乎頗有改觀；玆以賈誼《新書》的考訂爲例，略爲說明。

賈誼的十卷《新書》，宋代晁公武在《郡齋讀書志》裏說：「誼著《事勢》《連語》《雜事》凡五十八篇。考之《漢書》，誼之著書未嘗散軼，然與班固所載時時不同。」對其眞僞，已開始表示懷疑。陳振孫《直齋書錄解題》說：「《漢志》五十八篇，今書首載《過秦論》，末爲《弔湘賦》，餘皆錄《漢書》語，且略節《誼本傳》於第十一卷中，其非《漢書》所有，書輒淺駁不足觀，此決非誼本書也。」判定《新書》絕非賈誼原著。

明代的何孟春從另一個角度來懷疑《新書》，他說：「班、史稱誼所著述五十八篇，春考之今《新書》而竊疑其書篇目之非實也。誼嘗欲改正朔、易服色、定制度、興禮樂，草具其儀法，色尚黃，數用五爲官名，更奏之，今《新書》略不見焉，益足徵孟堅所謂五十八篇者散軼多矣。文帝時匈奴侵邊，天下初定……誼數上疏陳政事，《史》掇著於《傳》，其大略云云……又似一疏，何也？疏中兩著流涕語，迺只匈奴一事耳。」他認爲賈誼生前曾上書建議改正朔、易服色及定制度等，但是，今本《新書》沒有此類文章；賈誼生前數度上書痛陳政事，討論過匈奴侵邊及諸王封地等事，何以今傳《新書》只歸結於一疏而已？因此，他懷疑今本《新書》的篇目，已非賈書之舊。

在清代來臨之前，《新書》眞僞的關鍵似乎維繫於下列三個問題：《漢書》與今本《新書》的關係、改正朔易服色與《新書》的關係以及《新書》本身文字是否淺駁不足觀。盧文弨的《重刻新書序》、周中孚的《鄭堂讀書記》以及《四庫提要》，或在舊巢裏兜圈子，或在舊問題裏左右協調，沒法子推出甚麼新義。姚鼐在他的全集裏說：

> 新書者，妄人偽為者耳。班氏所載賈生之文，條理通貫，其辭甚偉；及為偽作者，分晰不復成文，而以陋辭聯廁其間，是誠由妄人之謬，非傳寫之誤也。賈生陳疏言可為長太息者六，而《傳》內凡有五事闕一。吾意其一事言積貯，班氏已取之入《食貨志》矣，故《傳》內不更載耳。偽者不悟，因《漢諸侯王表》有宮室百官同制京師之語，遂以此為長太息之一。……若其文辭卑陋，與賈生懸絕，不可為量，則知文者可一見決矣。

姚氏雖然頗能利用考據的方法，辨明《新書》有後來語，不過，他的說法還是擺脫不了陳振孫的影響，往更深一層去探究。

民國初年，余嘉錫撰《四庫提要辨證》；在《新書》方面，頗有推陳出新的見解；他說：

> 王應麟《漢書藝文志考證》卷五謂：「班固作傳，分散其書，參差不一，總其大略。」……則固之掇五十八篇之文，翦裁鎔鑄，煞費苦心，試取《漢書》與《新書》對照，其間斧鑿之痕，有顯然可見者。

余雖然沒作最後論斷，不過，他所提出的「其間斧鑿之痕，有顯然可見者」，頗能致力於《漢書》及《新書》異同的比較研究，確實比前人實在得多。

最近有三篇文章討論了這部書；一篇是王洲明的《新書非僞書考》，一篇是陳煒良的《賈誼新書探原》，另外一篇比較短，是祁玉章的《賈子探微》。這三篇文章，儘管結論不太相同，寫作地點也有差異；不過，從論文呈現的方式及推理的程序來看，我們認爲，這一代的學者在考訂古籍眞僞的態度上，已經逐漸趨向於平實的地步，和康、崔及古史辨學派有顯著的差別。

因爲篇幅的關係，我們只想介紹王洲明的論文。

王氏首先證明，自梁代歷經隋、唐及宋，所傳的《新書》和今本《新書》的篇目和目次，基本上是一致的；他所根據的資料包括了王應麟的《玉海》、魏徵的《羣書治要》、馬總的《意林》以及《子鈔》。今本《新書》和古本《新書》在篇目及目次上相合，並不能據以推斷《新書》非後人僞造；理由很簡單，因爲造僞者逕可根據諸書所著錄的篇目和目次，加以編造及僞託。爲了杜絕這個可能性，王氏進一步仔細考察宋以前典籍中，有關《新書》內容方面的記載情況，以便和今本《新書》相比較。他用過的材料有《漢書》應劭（二條）、文穎（一條）及如淳（三條）的《注》，前二者爲東漢人，後者爲三國魏人；又利用了《北堂書鈔》（二十五條）、《羣書治要》（十四條）、《藝文類聚》（六條）、《初學記》

（三條）及《太平御覽》（二十一條），然後，說：「賈誼的作品，在長期流傳過程中有散佚，但是今本《新書》基本保存了賈誼的作品。也就是說，從內容方面看，今本《新書》和古本《新書》也同出於一個系統。……到目前爲止，還沒有充分的證據說明《新書》係後人僞造，倒是有更多的材料證明，它不是一部僞書。」

接下來，他從四個層面來證明「《新書》中的《事勢》部分出自賈誼之手，其《連語》《雜事》部分，除《先醒》《勸學篇》外，也基本肯定出自賈誼之手」。第一個層面，他從《新書》與《漢書》《新書》與《漢書》應劭《注》引《新書》的對比中，發現「決不是僞作者割裂《漢書》中賈誼的作品僞造《新書》，而是班固選取《新書》的內容作《漢書》」、「是賈誼的習慣用法……顯係班氏加工」。第二個層面，《新書》引十五條《詩經》，王氏考察出其中引《魯詩》最多，又引了逸《詩》一首，與西漢初年傳《詩》的情形相符合，正可以證明《新書》「成書的時代，離賈誼不致太遠」。在這裏，他又考察了《新書》內涉及漢代宮廷的娛樂形式，決非後人所能僞造的。第三個層面，作者考察了全書的遣詞造句，發現「多有重出之處」，「任何人在僞造別人作品時，也不能做到連習慣性用字也模仿得如此一致」。第四個層面，《漢書・貢禹傳》記載，貢禹上書元帝時，引用了《新書》的文字，王氏將二文相互比較，認爲貢禹有意學習賈誼，不但在內容上，連賈誼作品的形式也吸收進去。最後，他說：「我認爲《新書》在流傳過程中，遺漏處有之，錯訛處更多，的確遠不如《漢書》中賈誼的作品流暢易讀。但是，有非常充份的理由肯定它不是一部僞書。」

不管王氏的結論是否完全正確可靠，不過，讀過他的呈現方式和求證次序，我們應該說，這是一篇態度相當平實的論文。作者不但能够冷靜地掌握問題爭論的癥結，而且，也很能够平心靜氣地搜索證據來解決問題。康、崔及古史辨學派雖然沒對《新書》表示意見，無法暴露處理此一問題的態度，從而作針鋒相向的對比，不過，「舉一反三」，不是意氣，就是偏激，相信是無法和王氏相較的。

(二) 在方法上漸趨嚴密

康、崔在古籍辨僞方面所採用的方法，的確是未能令人滿意；踏入民國，古史辨派學者挾其先入爲主的觀念，以破壞古史系統爲快，對古籍眞僞的問題，未免意在聳世駭俗，以致於私心自用。流風所及，不管是當時或後來，也不管是派裏或派外，大部分學者都習染此風。例如郭鼎堂先生在《周易的制作時代》，有一個很驚人的「發現」：

> 由種種的推論上看來，我覺得這位作者就是楚人的馯臂子弓，這是我在這兒要提示出的主要的一個斷案。子弓的名字又見《荀子》的《非十二子篇》，在那兒荀子極端地稱贊他，把他認為是孔子以後的唯一的聖人。……荀子本來是在秦以前論到《周易》的唯一的一個儒者，使他把同時代的一切學派的代表，尤其是同出於儒家的子思、孟軻，都一概擯斥了，特別把子弓提起來和孔子一道並論，而加以那樣超特級的讚辭，這位子弓決不會是通泛的人物。子弓自然就是馯臂子弓；有人說是仲弓，那是錯誤的了。但馯臂子弓如只是第三代的一位傳《易》者，那他值不得受荀子那樣超級的讚辭。所以在以上種種推定之外，在這兒更可以得到一個堅確的證據，使我們相信子弓定然是《易》的創作者。

郭先生僅憑《荀子・非十二子篇》子弓與孔子並提的幾句話語，就敢於推論出《卦》《爻辭》爲馯臂子弓所作的「主要的一個斷案」，其悍勇的確使人瞠目結舌㉓；如果說這也是鑑別古籍眞僞的方法的話，那麼，損失的恐怕是古籍本身了。

晚近數十年來， 在古籍辨僞方面， 頗能吸取昔日的經驗和長處，將辨僞方法轉向嚴密的境地。玆擧子部聚訟最多的《列子》言之。

《列子》一書，柳宗元已致其疑；高似孫、黃震、宋濂及姚際恆等人，皆不信其古舊。總結他們所致疑的原因，不外下列數端：書中有佛家語、列禦寇其人有問題及書中有楊朱「爲我」之思想。到了《四庫提要》，說法又頗有不同，云：

> ……是當時實有《列子》，非莊周之寓名。又《穆天子傳》出於晉太康中，為漢、魏人之所未睹，而此書第三卷《周穆王篇》所敍……一一與傳相合，此非劉向之時所能偽造，可信確為秦以前書。……此書皆稱子列子，則決為傳其學者所追記，非禦寇自著。

《四庫》的結論，雖然辭語游離，卻還是一反過去的說法，肯定其爲先秦的作品。

民國初年，胡適之先生在《中國哲學史大綱》、梁任公在《古書眞僞及其年代》及顧實在《漢書藝文志講疏》內，都討論了本書眞僞的問題；他們不外從思想、文章及文字三方面着手，證明其晚出。似此辨僞方法，正如胡先生自己所說「一劍兩鋒」一樣，無法作出客觀的斷決；劉汝霖說過：

> 胡、梁、顧三氏之說，各有理由。但按思想批評文字之真偽，總覺虛無漂渺。梁氏以《楊朱篇》與《莊子》內七篇比較，覺《楊朱篇》乃漢以後筆法，戰國諸子不止莊子一人，各人所著筆法焉能相同？因其不同，而斷為漢以後筆法，未免武斷。至於提倡縱恣肉慾，即斷為晉代清談家頹廢思想，更令人難信。

可見三家的說法是不能令人滿意的。

其後，馬敍倫著《列子僞書考》㉔，標擧二十個證據，推翻劉向《敍錄》和八篇《列子》，結論說：「蓋《列子》晚出而早亡，魏晉以來好事之徒，聚斂《管子》《晏子》《論語》《山海經》《墨子》《莊子》《尸佼》《韓非》《呂氏春秋》《韓詩外傳》《淮南》《說苑》《新序》《新論》之言，附益晚說，成此八篇，假爲向《序》，以見重。夫輔嗣注《易》，多取《老》《莊》，而此書亦出王氏，豈弼之徒所爲歟？」就歷來考訂《列子》而言，馬氏的文章已經相當綿密，所擧例子也非常的多；然而，他的論證未免有臆想之辭，也頗有胡先生所說「一劍兩鋒」的毛病，說其密可，說其嚴恐怕還得保留。日人武義內雄卽撰《列子寃詞》㉕，逐條批駁，認爲要證明《列子》爲僞書，「不可不有確據」；岑仲勉也撰《列子非晉人僞作》，針對馬文逐條討論，認爲「皆所謂片面之辭」，不足憑信。誠如劉汝霖所指出的，《列子》書中所載者不盡符合史實，若干文句也非盡張湛所能瞭解；如果「此書爲湛僞造，竟寫出自已不明之語，又寫出與事實不合之事，而加以解釋，則騙人技倆，未免太拙」。像這些鐵證，是主張「《列子》晚出」「《列子》爲張湛所作」者所無法解決的；然而，辨僞者卻避而不談，僅從思想、文章等方面着手，未免不能令人滿意。

晚近有三篇討論《列子》眞僞的文章，值得我們注意；楊伯峻的《從漢語史的角度來鑑定中國古籍寫作年代的一個實例——列子著述年代考》，是本文所要介紹的一篇。

正如楊文標題所揭示的，本文是從語法發展的歷史來考察《列子》的成書時代，和過去學者從思想、文字及文章着手相較，應該是更具科學的嚴密性；如果運用得適當的話，未始不可得出客觀的結論。楊文一共擧出五類例子：

1.《天瑞篇》：「今頓識既往，數十年來存亡、得失、哀樂、好惡……。」

2.同上：「事之破礪而後有舞仁義者，弗能復也。」《仲尼篇》：「爲若舞，彼來者奚若？」

3.《黃帝篇》：「一朝都除。」《力命篇》：「都亡所不信。」《楊朱篇》：「都散其庫藏珍寶車服妾媵。」

4.《說符篇》：「歧路之中，又有歧焉，吾不知所之，所以反之。」

5.同上：「進曰：不如君言；天地萬物與我並生，類也。」

這些句子的語法，頗與先秦不同；「第一，考察了『數十年來』這一說法，它不但和先秦的說法不合，也和兩漢的說法不合，卻和《世說新語》的某一說法相合；第二，又考察了『舞』字的兩種用法，一種用法和兩漢人的用法相同，一種用法甚至要出現於西漢以後；第三，又考察了『都』字作爲副詞，只是魏、晉、六朝的常用詞；第四，又考察了『所以』的作爲連詞，絕不是先秦的『所以』的用法，而只是從漢以後的用法；第五，又考察了『不如』一語，也和先秦的『不如』不一樣，這種用法，也只是漢朝才有的」（楊文）。

於是，他如此作結論：

> 《列子》託名為先秦古籍，却出現了不少漢以後的詞彙，甚至是魏晉以後的詞彙，這是無論如何說不過去的。托名春秋作品的《老子》出現了戰國的官名，有人為之解脱，說是「雜入之《注疏》」，雖然「遁詞知其所窮」，但仍不失為「遁詞」。《列子》的這種現象，恐怕連這種遁詞都不可能有了。除掉得出《列子》是魏晉人的贋品以外，不可能再有別的結論。而且，根據《列子》的張湛《序》文，《楊朱》《說符》兩篇是張湛逃亡散失以後的僅存者，那末，這兩篇的可信程度似乎較高。但從這篇論文所舉發的情況看來，《楊朱篇《有「都」，《說符篇》有「所以」、「不如」，都不

是先秦的用途，這也就可見這兩篇也和其他六篇同樣地不可靠了。那麼，《列子》是不是張湛所僞造的呢？據我看，張湛的嫌疑很大，但是從他的《列子注》來看．他還未必是眞正的作僞者。因為他還有很多對《列子》本文誤解的地方。任何人是不會不懂得他本人的文章的。因此，我懷疑，他可能也是上當者。

楊氏的論證，如果舉例適當，版本正確的話，應該是可以成立的。剩下來的是，嫌疑性很重的張湛是否「也是上當者」的問題了。

自從瑞典漢學家高本漢用語法來研究《國語》與《左傳》的關係，爲古籍辨僞學開闢新蹊徑以來，楊伯峻的論文應該是若干備受矚目中的一篇；將語法學引進辨僞學，不但爲後者增添嶄新的研究方法，而且，也會帶動後者其他的研究方法，使之漸趨嚴密和客觀性。

（三）在論斷上漸趨謹愼

治學貴在謹愼，尤其在論斷之際，不應該作過份的推測，以免失之於不眞實。在古史辨時代，由於意在破古，所以，往往作驚人的論斷。前人不知的事情，到他們手中，莫不迎刃而解，易如囊中探物，明如眼前觀火，讓人覺得前人不善運思何以一至如此。例如《戰國策》一書，劉向編纂時已不知其作者，只能交代其來源爲《國策》《國事》《短長》《事語》《長書》及《修書》等一批材料，然而，羅根澤1929年寫了一篇《戰國策作於蒯通考》㉗，斷定作者是蒯通；金德建於1932年寫了一篇《戰國策作者之推測》㉘，作同樣的論斷。其後，羅根澤又寫了《補證》及《跋文》，對「《戰國策》的作者爲蒯通」再加以發揮。劉向已經清楚地告訴我們，今本《戰國策》是幾批材料編纂成功的；材料旣然多達數批，說今本《戰國策》的作者爲蒯通，似乎沒有意義。難道這幾批材料都是蒯通一人所寫的嗎？果眞如此的話，劉向何以不知？編著《僞書通考》的張心澂在當時就提出反對的意見，可知羅、金論斷之輕率和失當了。

晚近數十年來，在古籍辨僞學這方面，似乎已頗有進步，頗能擺脫前此輕率、浮躁的論斷作風，而漸趨謹愼的境地。玆擧《左傳》作者一例以明之。

《左傳》爲左丘明所作，今天大概已經沒有人相信了。康有爲他們一口斷定是劉歆僞託的，其荒誕不經，前文已敍及，今不贅。然而，其作者爲誰呢？學者們不顧材料的有限以及時代的局限，紛紛羣起推測，作各式各樣的論斷。

衞聚賢著《左傳的硏究》，最能「突破」材料及時代的局限，勇於作「全新」的論斷；玆條擧其推理過程如下㉙：

甲、著者的年代

根據書內的預言，斷定作者爲周威烈王二十三年魏斯爲侯以前、威烈王元年以後之人。書中稱「虞不臘矣」及「秦庶長」皆不足據；書中謂季札觀樂知鄭先已與秦統一，爲毛公作《詩序》時竄入者，亦不足據。

乙、公行的時期

根據《師春》《國策》《韓非子》《史記・吳世家》及《新序》，論定《左傳》於戰國時已公行於世，不待劉歆僞託。

丙、著者的姓名

A. 作者非左丘明

B. 著者的本能及環境

1. 《左傳》文章甚優美，著者係文學家；

2. 《左傳》長於描寫戰爭，著者軍事知識特長；

3. 《左傳》卜筮多而且佳，著者長於《易》；

4. 《左傳》錄詩深切著明，著者長於《詩》；

5.《左傳》續《經》至孔子卒，對孔子及孔門弟子無貶毀之詞，則著者與孔子有關；

6.季氏逐君，著者反袒季氏，且於哀三年備言季氏家事，則著者與魯季氏有關；

7.《左傳》宣公四年云：「楚人謂乳，穀；謂虎，於菟。」則著者曾經到楚；

8.《左傳》記晉事詳，有美魏之語，是著者與晉、魏有關；

9.《左傳》晉占第一，占百分之二十六，是《左傳》爲晉國作品；

10.「郲」字，山東出品之《公羊》《禮記》用複音讀爲郲婁，後起之《孟子》《莊子》《鄭語》用拼音讀爲鄒，山西出品之《紀年》用單音讀爲郲，而《左傳》與《紀年》同，可知係山西產品；

11.如「走小道」，山西、河東人讀「捷ㄑㄝ 經」，山東人讀爲「接ㄐㄝ 經」，《左傳》「宋萬弑其君捷」，《公羊》捷爲接，是《左傳》用山西方言，《公羊》用山東方言；

12.《方言》謂「秦晉之間，美色爲豔」，《左傳》桓十二年有「美而豔」，今山西、河東人言「好的很」爲「豔的很」，亦可證《左傳》爲山西產品；

13.衞在《左傳》全部中位居第六，占百分之六，而在獲麟以後位居第一，占百分之二十七，可知著者所在地爲衞；前既證明著者所在地爲晉，則不能又在衞，二者必有一爲所在地，一爲其籍貫。春秋時稱己國己故之君爲先君，《左傳》敘事稱衞君爲先君，可知著者籍貫在衞。

C.具有著者的本能及環境者爲子夏

1.《論語》曰：「文學……子夏。」

2.《孟子》：「北宮黝似子夏。」《韓詩外傳》載子夏於衞靈公前論勇，是知子夏有勇過人，故叙述軍事精確詳明。

3.《說苑》：「孔子讀《易》至於損益，喟然而歎，子夏避席而問。」劉向《七略》有《子夏易傳》。子夏姓卜，或爲太卜之後，易有家傳，故竄太卜之遺法於《左傳》。

4.《論語》載子夏「始可與言《詩》」，子夏長於《詩》，故《左傳》多引《詩》。

5.子夏係孔子弟子，故續《經》至孔子卒。

6.子夏從孔子厄於陳、蔡，脫圍至楚，亦當同行，故明楚之方言。

7.《史記·仲尼弟子列傳》：「子夏居西河教授，爲魏文侯師。」時晉都在魏所轄，子夏得晉國詳細史稿，而著《左傳》，故《左傳》記晉事特多，且袒魏特甚。

8.《春秋繁露》俞《序》：「衞子夏言有國家者，不可不學《春秋》。」則子夏係衞人。

衞氏最後說：「如上所述，則子夏與孔子、魯季氏、左丘明有關係，曾到楚，與晉魏有關，籍貫爲衞，所在地爲晉，其環境與《左傳》著者相符，故著者爲子夏。」

讀完了上述的節錄，大部分的讀者應該驚嘆不已；辨僞在衞氏的筆下，簡直是手中的魔杖，呼風風來，喚雨雨降，令人嘆爲觀止，也感身心痛快透頂，然而，細細研究起來，紕漏多得很，似乎只是一團迷人的烟霧而已。簡單說一句，論斷太過輕妄和草率了。

此外，還有一些學者認爲《左傳》的作者是吳起，錢賓四及郭鼎堂皆有此說。實際上，他們都犯上了「勇於論斷」的毛病；證據只有三兩分，卻說出八九分的結論來。

古籍由於去古太遠，如果沒有新資料、新方法，古人所不瞭解的，我們實在不必強求硬逐，務必探出個水落石出的結論不可。有多少證據，說多少分的話，也許是最妥當的辦法。如果強不知以爲知，又加上先入爲主的觀念在腦際，恐怕離謹愼就愈來愈遠了。最近有幾篇討論《左傳》的文章，在論斷方面頗能反映出謹愼的心意；玆簡介一篇如次。

胡念貽撰《左傳的眞僞和寫作時代問題考辨》，文中對劉歆僞作《左傳》、高本漢《國語》《左傳》研究以及歲星紀事論《左傳》著作時代等問題，都作了分析和批評；底下是節錄自該文最後一節的文字：

> 以上我們就《左傳》為劉歆偽造說和《左傳》作於戰國時代說等各種說法作一番考查，發現這些說法都是不可靠。但是為甚麼幾百年來，一直有人提出這樣一些說法呢？主要的原因是《左傳》產生的時代早，包括的內容複雜。……這就發生兩種情況：第一、它所寫的東西多，涉及的問題多，有一些問題，由於年代久遠，書缺有間，不容易弄得很清楚。例如有的事物，似乎是戰國時才有，可是它見於《左傳》，這就引起懷疑……但是，我們應當持審慎態度，不能在這樣一部大著作中拈出幾條就下結論。第二、《左傳》中不可避免地有後人竄入文字。從先秦到西漢，典籍的流傳有一種特殊情況，就是往往有人增入篇章或竄入一些文字。……由於這種原因，人們總可以從《左傳》中找到個別的例子企圖證明它是戰國時人或漢人所作；所找到的正是或可能是戰國時人或漢人竄入的文字。然而找來找去只能找到個別的例子。如果從整個作品來看，無論如何不能令人相信它是戰國時人所作，更不要說漢人了。

胡氏這段文字寫得相當謹愼，對各種問題的產生也作相當合理的考慮和批評；最後，他如此作結論：

> 總之，關於《左傳》，我們所能知道的是：它作於春秋末年；後人雖有竄入，但它還是基本上保存了原來面目。傳說

它的作者是左丘明，否認他的人都提不出確鑿的證據材料，還是無法把舊說真正推翻。如果採取老老實實的態度，目前只能作出這樣的結論。

讀了這個結論，我們對作者謹愼的論斷態度，感到無比的欽佩。

（四）在論證上漸趨周備

康、崔以及古史辨派學者們爲了完成他們的「學術理想」，在討論問題及推衍說解的過程中，經常犯上斷章取義、捨棄證據的毛病，因此，在結論還沒有顯現之際，卽已展示出論證上的偏頗和匱缺。本文前半部所述康有爲對《國》《左》二書的解說，卽可作爲一個最好的例證。

晚近數十年來，考訂古籍眞僞的論文頗能糾正過去的毛病，在論證上漸趨完整和周備。爲了節省篇幅，這裏仍然擧《國》《左》方面的論文來說明。

張以仁先生《論國語與左傳的關係》及《從文法語彙的差異證國語左傳二書非一人所作》、蔣立甫《左傳的作者及成立時代考辨》（第一節《從國語中分出說不能成立》）、趙光賢《左傳編撰考》（第六節《左傳非割裂國語而成》），應該是晚近幾篇討論這個問題的好文章。

這裏摘錄張先生兩篇力作的章節，作爲晚近辨僞論證上完整和周備的示例。

一、《論國語與左傳的關係》章節：

壹　對前人論證的綜述與批評

貳　《國語》與《左傳》非一書化分

1.著作態度的不同

2.同述一事而史實有差異

①時的差異（26 例）
②地（包括國名）的差異（14 例）
③人的差異（38 例）
④事的差異（115 例）
3.《國語》有而《左傳》無以及二書全同部分
①《國語》有而《左傳》無者（76 例）
②《國》《左》二書全同者（116 例）
4.從《史記》上有關《國》《左》的材料以證二書非一書之分
①同於《國語》而異於《左傳》的 } 同前
②同於《左傳》而異於《國語》的 }
③記述同一故實而其內容兼取《國》《左》二書的(17 例)
5.有關二書不同之旁證
6.結論
二、《從文法語彙的差異證國語左傳二書非一人所作》章節:
壹　前言
貳　《國》《左》二書文法方面之差異
一、對高本漢《左傳眞僞考》中有關論證的介紹與覆按
二、新的證據的提出
叄　《國》《左》二書語彙方面的差異
肆　結論
伍　後記

從這兩篇論文的章節子目，就可以顯示出作者在考慮和探索問題之際，已經達到非常完整和周備的境地，這是康、崔及古史辨學派所做不到的；晚近考訂古籍有此新趨勢，是學術界一大進步。

本文後半部所論，是晚近三十年來古籍辨僞的新趨勢。個別的新趨勢並不是不存在於康有爲及古史辨時代，康有爲及古史辨學派的作風也並不是不存在於晚近的學術界；然而，這四個趨勢的產生

和滙流，不但是學術界所必須有，也是學術界進步的一種力量，更是今日承繼古史辨悍勇作風之後必然有的一種「反動」。今日學術界如果能順此大勢，以平實的態度、嚴密的方法、謹愼的論斷及周備的論證來處理古籍眞僞的問題，則我浩瀚古籍幸甚矣。

一九八三年農曆除夕夜稿畢

附　註：

① 見古史辨第一册 P.24，《論近人辨僞見解書》。

② 語在劉著《左氏春秋考證》內。

③ 語在康著《新學僞經考》內。

④ 康云：「《漢志》敍仲尼之作《春秋》，橫插與左邱明觀其史記以實之。」

⑤ 見錢著《 劉向歆父子年譜 》，原文發表於《燕京學報》第七期；又見於《古史辨》第五册，PP.101--248。

⑥ 語在崔著《史記探源》中。

⑦ 同⑤。

⑧ 顧頡剛說：「（適之先生）他看了很高興，囑我標點《僞書攷》。……但我覺得這樣做去未免太草率了，總該替它加上注解纔是。……因為這樣，我便想把前人的辨僞的成績算一個總賬。我不願意單單注釋《僞書攷》了，我發起編輯《辨僞叢刊》。從僞書引渡到僞史，原很順利。」（《古史辨》第一册自序）根據這段文字，可知疑古大將顧頡剛先生是從古籍辨僞學「引渡」到古史辨僞的；後來他醉心於僞史，將它發展成為一個王國。

⑨ 見顧著《論僞史及辨僞叢刊書》，在《古史辨》第一册 PP.20—22。

⑩ 同⑧，P.103。

⑪ 饒宗頤原擬編纂《古史辨》第八册，論文擬目已成；事見《責善》半月刊第二卷第十二期。

⑫ 此書信後來冠上「論獲麟後續《經》及《春秋》例書」，轉載於《古史辨》第一册下編。

⑬ 見《古史辨》第五册。

⑭ 錢先生 1929 年發表《劉向歆父子年譜》，顧先生此文於 1934 年完成 。

⑮ 張季同語，見《古史辨》第四册，P.424。

⑯ 梁任公語，同上P.307。

⑰ 《古史辨》第六册P.387；《胡適文存》亦有此文。

⑱ 見《中國哲學史大綱》P.79《注》。

⑲ 見《史學年報》第四期，P.28。

⑳ 早在胡先生寫此長文之前， 1931 年及 1932 年曾分別寫信給馮友蘭及錢賓四二先生，討論有關考訂《老子》書方法的問題，見《古史辨》第四册。

㉑ 見楊著《論古史辨派》，在《中華學術論文集》內。

㉒ 見何著《訂注賈太傅新書序》。

㉓ 高亨云：「則《彖傳》可能是馯臂子弓所作，《象傳》可能是矯疵所作。」（高著《周易大傳今注》卷首語）

㉔ 《古史辨》第四册內。

㉕ 見《偽書通考》 P.709。

㉖ 國立師範大學國文研究所《集刊》第六號刊登有朱守亮寫的《列子辨偽》。

㉗ 《古史辨》第四册，P.229 及 232。

㉘ 見金著《古叢叢考》，又見《古史辨》第六册。

㉙ 《偽書通考》 P.395。

經　部

易　類

周　易

〔卦辭、爻辭〕

高　亨云:

《周易》古經，蓋非作於一人，亦非著於一時也。其中有爲筮事之紀錄。古代卜與筮皆有記錄。蓋當時有人將舉一事，卜人爲之卜，遇某種兆象，論斷其休咎，及事旣舉，休咎有驗，卜人（或史官）記錄其所卜之事要，與其卜時之論斷與其事之結果，此卽卜事之紀錄也。同此，當時有人將舉一事，筮人爲之筮，遇某卦爻，論斷其休咎，及事旣舉，休咎有驗，筮人（或史官）記錄其所筮之事要與其筮時之論斷與其事之結果，此卽筮事之紀錄也。殷虛甲骨卜辭，卽殷王朝之卜事紀錄（其中有殷王自卜之辭）。卜與筮性質相同，卜人旣有卜事紀錄，則筮人亦有筮事紀錄明矣。此在古籍中亦有明證。《周禮・占人》云:『凡卜筮旣事，則繫幣以比其命，歲終則計其占之中否。』所謂『旣事』者，謂卜畢筮畢之後也。所謂『繫幣』者，杜子春《注》:『以帛書其占，繫之於龜也。』鄭玄《注》:『謂旣卜筮，史必書其命龜之事及兆於策，繫其禮神之幣、而合藏焉。』兩說不同。亨按杜說較勝，唯尙未盡當。《說文》:

『幣，帛也。』繫幣，謂繫其記錄古事之帛於某處，如今人之用卡片，但卜非繫之於龜，筮非繫之於著也。所謂『比其命』者，命，謂命龜或命蓍也。卜人卜時，以所卜之事告於龜；筮人筮時，以所筮之事告於蓍，謂之命蓍。卜人將命龜之辭，依其兆象，分別繫列；筮人將命蓍之辭，依其卦爻，分別繫列。此卽所謂『比其命』也。由此可見，古代卜人有卜事紀錄，筮人有筮事紀錄矣。筮人將其筮事紀錄，選擇其中之奇中或屢中者，分別移寫於筮書六十四卦卦爻之下，以爲來時之借鑑，逐漸積累，遂成《周易》卦爻辭之一部分矣。此在《周易》卦爻辭中有其內證。比云：『吉，原筮元永貞无咎，不寧方來後夫凶。』原筮二字，當是復筮之時所追題。其云『吉』者，復筮之辭也。其云『元永貞无咎，不寧方來後夫凶』者，原筮之辭也。據此，卦爻辭中有原筮所記者，有再筮、三筮、多至四筮五筮所記者，但未處處標明耳。以上足以證明《周易》古經中有爲筮事之紀錄也。其中亦有撰人之創作，卽有人取筮人之舊本加以訂補，將其對於事物之觀察，對於涉世之經驗，對於哲理之見解，纂入書中。其表達方法，或用直敍，或用比喻，或用歷史故事。其目的在顯示休咎之跡象，指出是非之標準，明確取舍之途徑。《周易》古經經過此人之訂補，始成完書矣。例如謙卦之『謙謙』、『鳴謙』、『勞謙』、『撝謙』，漸卦之『鴻漸于干』、『鴻漸于磐』、『鴻漸于陸』、『鴻漸于木』、『鴻漸于陵』、『鴻漸于陸』等等，其爲撰人之創作筆墨，固甚明也。但此種創作筆墨中，亦或有出於筮人之手，而最後則經過撰人之訂補焉。總之，《周易》古經，蓋非作於一人，亦非著於一時也。

《易》古經，大抵成於周初。其中故事，最晚者在文武之世。隨上六云：『拘係之，乃從維之，王用亨于西山。』余謂從讀爲縱，維讀爲遺，猶縱逸也。此文王被囚於羑里又被釋放之事也。晉云：『康侯用錫馬蕃庶，晝日三接。』康侯，卽康叔，初封於康，後封於衞。此康叔封衞前之事也。坤六三云:『含章可貞。』姤九五云:『含章有隕自天。』余謂含章當讀爲㦰商,此武王克商之事也。明夷六五云:『箕子之明夷利貞。』箕子亦殷末周初之人也。其中無武王以後事,可證此書成於周初矣。至於最後撰人爲誰,則不可知。後儒謂文王作卦辭,周公作爻辭,與此書之內容無所牴觸。其或文王、周公對於此書有訂補之功歟?

(《周易古經通說》第一篇第四節《周易古經的作者與時代》)

屈萬里云:

今按由《卦爻辭》中器用及習語覘之,知其成書之時代,至遲亦決不得下逮東周。由其專用字及其一貫之體例證之,知其爲創作而非纂輯,成於一人而非出諸衆手。由《晉·卦辭》及《隨》上六、《益》六四《爻辭》覘之,知其成於周武王時。爰具論之,用請正於通人。

一、由器用及習語覘之卦爻辭之作不得遲至東周

《卦爻辭》作於馯臂子弓之說,但就《爻辭》中親屬稱謂一事證之,即可以郭氏之矛,自破其盾。郭氏曾著《釋祖妣》一文,以爲『父死曰考,母死曰妣』之說,其誼非古。考妣對稱,始見於《舜典》,古者皆祖妣對稱,蓋以妣爲祖母不以爲母也。今按郭氏此論甚確。《舜典》文雖不古,然其書《孟子》曾引之,知其書之成,最遲當不至晚至戰國中葉。是祖妣對稱之習,至遲在戰國中葉時,已易爲考妣對稱矣。而《易·小過》六二《爻辭》云:『過其祖,遇其妣。』祖妣對稱,與甲骨卜辭、古金文、及《詩·小雅》

同。且『王母』一辭，《爾雅》以爲祖母。而中獻父𣪘、及史伯碩父鼎諸器，皆以王母與皇考對稱，可知以王母爲祖母者，亦後世之說。而《晉卦》六二《爻辭》『受茲介福，于其王母』之王母，實指母言（後文曾論及之）。王母爲祖母之說，其產生之時期，雖不知與考妣對稱之習孰後先；要之，即『祖妣』一事，已足以發郭氏之覆矣。

不特此也，由《卦爻辭》中之器用及習語覘之，知其書之成，不但不得晚至東周，且亦不得晚至西周中葉以後。近人余永梁、李鏡池、郭沫若、李星可諸家，曾以卜辭與《卦爻辭》作比較研究，以證《易》辭當作於殷周之際。顧所舉例證，僅可以明卜辭與《易》辭有共通之語耳，殊未能舉其具有時間性之例證，以證明《卦爻辭》必不能不成於何時也。惟所舉用具一事，本可以證明《卦爻辭》成書之時代，惜其說又未中肯綮。蓋未能據用貝之數，以證實《卦爻辭》成書，不得遲至西周中葉以後也。玆申論之。

十 朋

郭沫若君有《釋朋》一文，以爲貝之爲用，初作頸飾，後作貨幣。始作貨幣，當在殷周之際。並謂貨幣之貝，初用實物，後用仿製之骨貝或銅貝。郭君歷擧卜辭及殷末周初銅器銘識，證明迄西周之初，用貝或錫貝數量，無過十朋者。其說蓋可信。《易·震卦》六二《爻辭》云：『震來厲。億！喪貝。』此處貝字爲飾品抑爲貨幣，尚難遽定。而《損》《益》兩卦，皆言『十朋之龜』，謂龜之價值十朋，則以貝爲貨幣可知。然極言其貴而但曰十朋，知其時貝罕而値昻。其情勢與卜辭及殷末周初銅器所言用貝或錫貝之數合，以視《詩·小雅·菁菁者莪》所言『錫我百朋』者，其時代相去蓋已遠矣。

簠簋連言，乃東周以後之常語也。《坎》九四《爻辭》：『樽酒簋貳。』《益・卦辭》：『二簋可用享。』皆言簋而不及簠。蓋簠之爲器，始見於西周中葉，周初時有簋而無簠也。

鬼　方

鬼方之名，見於殷虛卜辭及西周初年之小盂鼎，《詩・大雅・蕩篇》亦言及之。《詩序》以《蕩》爲召穆公所作，當厲王之史實世，其說尚難遽信。惟其『覃及鬼方』一語，乃述文王之言，則與相合。王國維先生謂鬼方逮西周之季，卽被稱之謂玁狁，而不復稱鬼方。說見所著《鬼方昆夷玁狁考》（見《觀堂集林》）。竊疑改稱之始，或未必卽在宗周晚年。《采薇》《出車》兩詩，固非周初產物，或與不䙽敦同作於宣王之世。然不能因兩詩一器曾用玁狁之名，卽謂爲鬼方改稱之始也。《易・旣濟》九三言：『高宗伐鬼方。』《未濟》九四言：『震用伐鬼方。』皆不用玁狁一名。此猶可謂作《易》者述舊事，鬼方之名，未必卽當時之稱也。《睽》上九『載鬼一車』之語，迄無解人。今按此一車之鬼，乃鬼方之人也。卜辭於羌、夷、𢀛……諸國，稱其地則曰羌方，曰夷方，曰𢀛方……，稱其人則但曰羌，曰夷，曰𢀛……；猶後世稱南國曰蠻方，稱蠻人則但曰蠻也。然則鬼方之人可以被稱爲鬼，無可疑者。鬼方爲殷之讐敵，亦周之讐敵，見此一車之鬼，疑其爲寇，故『先張之弧』；及審其『匪寇』而來爲『婚媾』也，於是『後說之弧』（說，置也）。如是，則《易》義實甚淺而易解。據此，則作《卦爻辭》時，鬼方之名猶存，亦卽《卦爻辭》之作，至遲亦不得下逮西周晚年也。

折　首

《離》上九《爻辭》：『王用出征，有嘉折首，獲匪其醜。』

折首卽斬首，亦西周時常用之成語也。兮田盤：『折首執訊。』不嬰𣪕：『汝多折首。』虢季子白盤：『折首五百，執訊五十，……獻俘於王，王加(嘉)子白義。』折首皆謂斬首，與《易》辭同。而虢季子白盤銘文，尤足與《易》辭互相發明。折首每與執訊連言，蓋執訊爲活捉之敵人，亦西周時習用之語。《詩·皇矣》：『執訊連連。』《出車》《采芑》並云：『執訊獲醜。』是也。《師》六五《爻辭》：『田有禽，利執言。』按鄭康成於『執訊連連』《箋》云：『訊，言也。』是執言卽執訊。惟折首一語，東周後卽不復見；執訊之語，猶見於文公十七年《左傳》耳。

由上擧諸證觀之，可知《卦爻辭》之作，固不得遲至東周，且亦不得遲至西周中葉。此外如《易辭》稱殷商曰『大國』，稱天子曰『大君』(疑應作天君，有殷末之天君鼎及周之內史龏鼎可證)，謂就命曰『卽命』，謂災難及艱苦之事曰『艱』；亦皆周初習語。特此類習語，東周時猶偶用之，未足爲《卦爻辭》成於西周時之究極證據，故不復論。然統上擧四證言之，則凡持《卦爻辭》作於春秋以後之說者，皆可不攻而自破矣。

二、卦爻辭成於一手係創作而非纂輯

昔人因《繫辭傳》有『當文王與紂之事』之語，遂謂《卦爻辭》作於文王。又因《明夷》六五《爻辭》有『箕子之明夷』一語，其事非文王所及見，於是復將《爻辭》歸諸周公。凡此皆意必之言，非有科學的根據也。余永梁、李鏡池諸君謂《易辭》由於編纂，集舊有材料，逐漸增易而後成書。其理由不過因《易辭》所述故事，上起王亥，下迄周初，非一時之事；且同一語辭，有時重見於他卦，有似纂輯舊文，因不愼而複出耳。然著書者用事，往往上下千古，謂前人不能預知後事可也，豈可謂後人而不得述古！況《易辭》

重出之語，率有其體例上之關係，乃適足以證明《易辭》出諸一手（說詳下）。故知其說亦非的論也。

今按（甲）《卦爻辭》無分成於異時或衆手之理，（乙）《卦爻辭》有其一致之專用字，（丙）《卦爻辭》有其一貫之體例。持此三者，以衡《易辭》，其當成於一手，非如《尙書》《詩經》等書之出於纂輯，斷可知矣。其說如下。

（甲）卦爻辭無分成於異時或衆手之理

《易》之爲占也，與殷代龜卜異。殷龜卜無定辭，視其兆以爲占；《易》則有定辭，就筮得之辭以推論其吉凶者也。夫如是，則但有《卦辭》，固不可以爲占，但有《爻辭》，亦不足以備用。必二者兼備，然後始能於變爻占《爻辭》，於不變之卦或變爻過多之卦占《卦辭》，故《卦爻辭》不能偏缺，然則，豈但全部卦辭、全部《爻辭》，各不能不同時撰成；即《卦辭》與《爻辭》，亦不能不同時具足，此理之易明者也。

（乙）卦爻辭有其一致之專用字

嘗思八卦之名，不逕曰天地水火雷風山澤，而必曰乾坤坎離震巽艮兌者，必有其故。及讀揚子《太玄》，見其八十一首之名，皆避熟就生，乃始恍然。蓋《易》筮乃神秘物事，作《易》者殆以此不經用之字，故弄玄虛也。不但八卦然也，《卦爻辭》中常用之字，亦頗有變亂舊章自創新義者，知作《易》者有其自定之若干專用字也。

《卦爻辭》約計不過五千字耳，而元字凡二十八見（卦辭十五見，爻辭十三見），孚字凡三十見（卦辭五見，爻辭二十五見），咎字凡九十有四見(卦辭八見，爻辭八十六見)。其餘如吉，如吝，如厲，如悔，均數見不鮮。凡此已可見作《易》者曾定有若干專用字，而有其『整個的一套』也。然此猶可謂字非生僻，義非獨創也。至如亨之字義，本爲享獻；貞之字義，本爲卜問。而《卦爻辭》中，皆別造新義，自我作古。此決非漫不經心而偶致之，或掇拾舊文而雜纂成之者，所應有之現象也。亨字凡三十九見（凡『亨於西山』『亨於岐山』『亨於帝』等亨字之本爲享字者，未計入。）見於《卦辭》者三十有五，見於《爻辭》者四；其義皆爲『通』。貞字凡百又八見，見於《卦辭》者三十有三，見於《爻辭》者七十有五；除三數處義似『卜問』，兩處義似『禎祥』外，餘皆爲『貞誠』之義（舊皆訓正，非是，餘另有文說之。）與卜辭殊。此亨貞兩字，其義既不因襲舊文，其用又如此頻數而一致，其爲作《易》者所創而專用者，殆無可疑。《卦爻辭》旣共用此『一套』而無二致，則此區區五千字，乃創作而非纂輯，成於一手而非出於衆人，殆亦無可疑也。

（丙）卦爻辭有其一貫之體例

《易》卦以反對爲序，如屯（䷂）反爲蒙（䷃），蒙反亦爲屯是也，如是者凡五十六卦。乾、坤、頤、大過、坎、離、中孚、小過八卦，不能反對者，則以相對爲序，如乾（䷀）與坤（䷁）對是也。反對、相對，其爻象皆相反，故卦名亦每取相反之義；乾之與坤，泰之與否，剝之與復，坎之與離，損之與益，既濟之與未濟，其最顯著者也。

卦序如此，《卦辭》亦偶申此義。泰、否反對，《泰・卦辭》曰：『小往大來。』《否・卦辭》曰：『大往小來。』陽稱大，陰稱小；大過陽多於陰，小過陰多於陽，可證。之外曰往，反內曰來。泰卦內乾外坤，否卦內坤外乾。否反爲泰，則坤之外而乾反內，故曰『小往大來』。泰反爲否，事亦相同，故《否・卦辭》曰『大往小來』。復爲剝之反，復之一陽，歷六爻而至剝，再反於復，凡歷七爻。《卦辭》此處以一爻當一日，故曰：『反復其道，七日來復。』而卦亦以復爲名。此就卦序及《卦辭》言之，有其共通之體例也。

初爻居卦之最下，故《爻辭》每以在下之物事爲喻。噬嗑初九：『屨校滅趾。』賁初九：『賁其趾。』剝初六：『剝床以足。』咸初六：『咸其拇。』大壯初九：『壯於趾。』夬初九：『壯於前趾。』鼎初六：『鼎顚趾。』艮初六：『艮其趾。』坤初六：『履霜。』離初九：『履錯然。』歸妹初九：『跛能履。』乾初九：『潛龍勿用。』泰初九、否初六並曰：『拔茅茹。』大過初六：『藉用白茅。』皆其最顯見者也。

上爻居卦之最上，故《爻辭》每以在上物事爲喻。乾上九：『亢龍。』蠱上九：『高尙其事。』解上六：『公用射隼於高墉之上。』比上六：『比之无首。』大過上六：『過涉滅頂。』離上九：『有嘉折首。』咸上六：『咸其輔頰舌。』晉上九：『晉其角。』姤上九：『姤其角。』井上六：『井收勿幕。』鼎上九：『鼎玉鉉。』旣濟上六、未濟上九並言：『濡其首。』噬嗑上九：『何校滅耳。』大畜上九：『何天之衢。』皆其顯著者也。

此外，復有通卦各爻依上下之順序而繫之辭者。如乾卦：

初九：潛龍，勿用。　九二：見龍在田。
九三：君子終日乾乾。　九四：或躍在淵。
九五：飛龍在天。　上九：亢龍，有悔。

咸卦：

初六：咸其拇。　六二：咸其腓。
九三：咸其股，執其隨。　九四：貞吉，悔亡。憧憧往來。
九五：咸其脢。　上六：咸其輔頰舌。

艮卦：

初六：艮其趾。　六二：艮其腓。

九三：艮其限，列其夤，厲熏心。　六四：艮其身。

六五：艮其輔，言有序。　上九：敦艮。（《周書·武順篇》：『一卒居前曰開，一卒居後曰敦。』）

漸卦：

初六：鴻漸於干。　六二：鴻漸於磐。

九三：鴻漸於陸。　六四：鴻漸於木。

九五：鴻漸於陵。　上六：鴻漸於陸（阿）。

凡此可見《爻辭》自有其體例，非取舊有筮辭纂輯而成者也。

《卦辭》申卦序反對之義，前既言之，《爻辭》中亦數明此義。損、益兩卦反對，損六五卽益六二，其辭皆曰：『或益之，十朋之龜。』夬、姤反對，夬九四卽姤九三，其辭皆曰：『臀無膚，其行次且。』既濟、未濟反對，既濟九三曰：『高宗伐鬼方。』未濟九四曰：『震，用伐鬼方。』申兩卦反對之義，此其顯見者也。至如二爲下體之中，五爲上體之中，反對後則二爲五，五爲二，故各卦二、五兩爻，多以中字繫之。三反爲四，四反亦爲三，《爻辭》於三多繫以疑懼之辭，於四亦然。且卦名如文章之題目，《卦辭》《爻辭》皆本此題目發揮。凡此皆可見卦序、《卦辭》、《爻辭》，係一整體而非雜湊者，其爲一氣呵成而非成於異時或出諸衆手，可斷言矣。

三、卦爻辭作於周武王時之證

由《卦爻辭》中習語及器用覘之，既知其成書之時，不但不得遲至東周，且不至遲至西周中葉。由其專用字及共通之體例覘之，既知其成於一手而非出諸衆人。此說既定，則凡謂《卦爻辭》作於春秋時或戰國時，以及謂《卦爻辭》係編纂而非創作者，其誤皆可以不辨而自明。然則，《卦爻辭》成書果當何時耶？今按其書當成於周武王時，在克殷之後，晉卦《卦辭》及隨上六、益六四《爻辭》，皆其堅強之佐證也。玆論之如次。

(甲) 由晉卦卦辭證之

《晉・卦辭》云:

康侯用錫馬蕃庶，晝日三接。

康侯之康字，經生解說紛紜。馬融云:『安也。』鄭玄云:『尊也。』又謂:『廣也。』陸績云:『安也，樂也。』(以上並見《釋文》)《集解》引荀爽及虞翻說，亦均訓安。說之者雖衆，然不以康侯爲人名則一也。

清乾隆三十四年所頒國子監文廟禮器十種中，有康侯鼎一，銘云:『康侯丰作寶障。』吳大瀓《愙齋集古錄釋文賸稿》(上册)云:『丰，古封字，康叔名。』劉心源《奇觚室吉金文述》亦著錄此器銘文，並詳證丰字確當爲封。復據《尙書・康誥》『小子封』及《世本》『康叔居康，從康徙衞』等語，以證康侯確爲康叔。其後顧頡剛先生作《周易卦爻辭中的故事》一文，更據劉氏此說，以爲《晉・卦辭》之康侯，亦卽康叔。其說是已，而論證則尙待補充也。

《雙劍誃吉金圖錄》卷下，著錄康侯斧二，其銘均爲康侯兩字。其書法結體與康侯鼎銘文相似。于省吾氏說之云:

(康侯斧一) 與下一斧同出於河南濬縣康侯墓中。……《史記・衞康叔世家》:『衞康叔名封，周武王同母少弟也。周公旦以成王命興師伐殷，殺武庚祿父、管叔，放蔡叔，以武庚殷餘民，封康叔爲衞君，居河淇間故商墟。……』……康侯封於河淇之間，濬縣在淇縣朝訶東，相去甚近。聞姚華藏一爵。同出土者，尙有罍及奇形刀，均有康侯二字，今不知歸何所矣。

按《尊古齋所見吉金圖》（卷四），著有康侯刀，當卽于氏所謂奇形刀者。《寧壽鑑古》卷十二，復著有康侯鬲一器，其銘亦爲『康侯』兩字。凡此蓋皆康叔故物也。

《尚書・康誥・序・僞孔傳》云：『康，圻內國名。』其地今已莫能確指。康侯諸器，旣均出於朝歌附近，則是康叔歿於衞後而殉葬者。出於衞而猶曰康侯，知其器必康叔在康時所作，而攜以入衞者。然則，此不但可證實康叔由康徙衞之史實，且可以證知此康侯非康叔莫屬也。

『康侯』之名，除金文外，故籍中均不之見。《尚書・顧命篇》稱康叔曰衞侯，《周書・克殷篇》稱之曰衞叔，《作雒篇》則稱爲康叔，《史記》稱之爲衞康叔。蓋居康之時，人稱爲康侯或康叔；居衞之時，人稱之爲衞侯或衞叔；乃理之常。惟自康徙衞之後，旣已非康之侯，則康侯之名，自不可復稱；然以曾封於康而仍爲叔也，故康叔一名，猶或沿用之。後人不知康叔封康之事，致以康爲謚號，無怪說《易》諸家不知康侯卽康叔矣。

《晉・卦辭》言：『康侯用錫馬蕃庶，晝日三接。』其見寵於時王可知。同卦六二《爻辭》言：『受玆介福，于其王母。』是此侯甚爲其王母所寵愛。王母卽母，非謂祖母，前已言之。康叔爲武王同母少弟，衡以『天下爺娘愛小兒』之義，則康叔受介福於其王母，受寵於時王，固其宜矣。然則《易》之康侯卽康叔，殆無可疑者。而稱康侯不稱衞侯，知繫此辭時，必在康叔封衞以前也。

康叔封衞，經史皆以爲在成王伐滅武庚之後。梁玉繩獨疑之，以爲應在武王克殷之時，說見所著《史記志疑》（卷三）。其說雖難徵信，而康叔之封於康，其事在討平武庚之前，則可斷言也。《史記・周本紀》述武王克殷之後大封功臣謀士云：

> 封弟周公旦於曲阜曰魯，封召公奭於燕，封弟叔鮮於管，弟叔度於蔡，餘各以次受封。

按周公封於魯矣，而何以稱曰周公？召公封於燕矣，而何以稱曰召公？此必魯燕爲徙封，而初封則爲周爲召也。二公封於魯燕，皆以元子就封，已則未嘗之國，當仍食采於周召，故世仍以周公召公稱之（召公之稱，雖不見於《尙書》，度當時必有此稱。）徙封旣在克殷之初，始封必在克殷以前，此無可置疑者。而鮮之封管，度之封蔡，則必當克殷擴地之後，此以管蔡之地望證之，卽可斷言。《史記》之說，蓋信史也。

康叔年少，其封康也，當不至前乎鮮度之封於管蔡。然以理衡之，亦不至太遲於管蔡之封。蓋周旣暴得殷地如是之廣，必不能不多封親信以監守之；而武王亦必不至久靳於其所寵愛之少弟也。然則康叔之封康，殆與管蔡之封同時或稍後，要當在武王時矣。

《晉・卦辭》旣稱康侯而不稱衞侯，又言天子禮遇之隆如此，當卽記康侯封康之事。且《卦爻辭》數言周初時事，而絕不及武庚之亂。以此言之，以『康侯』之稱證之，則繫此辭時，必當武王之世矣。

（乙）由隨上六爻辭證之

曩草《周易卦爻辭中之習俗》一文，其中《用浮祭祀》一節，曾據《隨》上六《爻辭》『王用亨於西山』之語，以爲乃用俘祭祀之事；復據《周書・世俘篇》，證知用以爲享之祭品，卽武王伐紂所獲之俘。其時僻處山陬，得書不易，故論證多待充實。惟至今思之，仍覺其說可信。且據此可以斷定《爻辭》著成之時代，爾時未曾論及之也。玆申論之。

《隨》上六《爻辭》云：

拘係之，乃從維之，王用亨于西山。

係，同繫。亨卽享，祭獻也，金文中最習用之。《升》六四《爻辭》言：『王用亨於岐山。』此言西山，當卽岐山。此王用亨於岐山之祭品，繫之維之，惟恐其逃脫者，以史實證之，非禽所獸，乃俘虜也。

以人爲牲之俗，殷代猶盛行，卜辭中數數見之。如:

甲午卜，行貞，王賓□甲，ㄐ伐羌二人，卯宰，亡尤？（《殷契編粹》二七二）。

辛巳卜，行貞，王賓小辛，ㄐ伐羌二，卯宰，亡尤？（《殷契編粹》二七五）。

以上爲第二期之辭，又如:

丁酉卜，貞，王賓文武丁，伐十人，卯六牢，鬯六卣，亡尤？（《殷虛書契前編》卷一，第十八葉，第四片。）

庚辰卜，貞，王賓且庚，伐二人，卯二牢，鬯□卣，亡尤？（同上）

丁丑卜，貞，王賓武丁，伐十人，卯三牢，鬯□□，亡尤？（同上）

以上爲第五期之辭。伐甲骨文作𢦏，早期金文亦如此作，示揮戈斬首之意。上引卜辭，伐人與卯牢並擧（卯字甲骨文作卯。卯牢，蓋取全牲而中劈之之謂。），是知其以人爲牲也。中央研究院歷史語言研究所發掘殷墟，發現無頭人骨甚多，就其出土處所及埋藏情形證之，知其多爲人犧，石璋如先生曾有文述之。伐人之祭，既見於五期卜辭，是以人爲牲之俗，至殷末猶行之也。

古者亡國之君，及重要俘虜，依例蓋皆爲戰勝者祭祀時俎上之肉。此俗在春秋時猶時有之。《春秋》僖公十九年《經》:『夏六月，鄫子會盟於邾。已酉，邾人執鄫子用之。』《左傳》云:『夏，宋公使邾文公用鄫子于次睢之社。』杜預《注》云:『蓋殺人而用祭。』又昭公十一年《經》云:『冬十有一月丁酉，楚師滅蔡，執蔡世子有以歸，用之。』《左傳》云:『冬十一月，楚子滅蔡，用隱太子於岡山。』杜預《注》云:『用之，殺以祭山。』又昭公十年《左傳》云:『秋七月,平子伐莒,取郠。獻俘,始用人於亳社。』杜預《注》云:『以人祭社。』又哀公七年《左傳》:『以邾子益來,獻於亳社。』凡此可見春秋時猶間有以人爲牲之俗也。

《春秋》宣公十二年《左傳》:『楚子圍鄭,……鄭伯肉袒牽羊以逆。』《呂氏春秋·行論》:『楚莊王圍宋,宋公肉袒牽犧,委服告痛,曰:「大國若宥圖之,唯命是聽。」』《史記宋微子世家》:『周武王伐紂克殷,微子乃持其祭器,造於軍門,肉袒面縛,左牽羊,右把茅,膝行而前以告,於是武王乃釋微子。』杜預注《左傳》『肉袒牽羊』,以爲『示服爲臣僕』。竊疑其非是。蓋牽羊者,意謂以羊代己爲牲,冀戰勝者宥其死耳。茅乃祭祀時用以薦牲者,故既牽羊,復把茅,其事固甚明也。《楚辭·招魂》:『雕題黑齒,得人肉以祀,以其骨爲醢。』以此邊荒之俗,驚駭幽魂。是知當戰國中年,中原已不復有以人爲牲之俗矣。

明乎古有以人爲牲之俗,則隨上六《爻辭》之義,乃可得而說。按隨卦各爻《爻辭》,多言俘虜之事。六二《爻辭》云:『係小子,失丈夫。』六三:『係丈夫,失小子。』《孟子》言齊人伐燕,有『係累其子弟』之語,又勸齊王反燕之『旄倪』。以證此辭,知小子丈夫,皆爲俘虜。九四:『隨有獲。』隨,逐也,逐而有獲,蓋亦指寇虜言。九五:『孚於嘉。』孚,古俘字。『孚於嘉』者,猶離上九『有嘉折首』之比。然則上六《爻辭》所謂『拘係之,乃從維之,王用亨於西山』者,其爲俘虜,無可疑也。

岐山爲周人發祥之地,而王親以俘虜祭之,其爲一隆重之大典可知。此在周初,惟有克殷獻俘之事,足以當之耳。《周書·克殷篇》稱武王斬紂之首,懸諸大白;復斬紂之二妻,懸諸小白。《世俘篇》稱克殷時『執矢惡臣百人』,復謂『俘人三億萬有二百三十』。而紂及二女之首與矢惡臣百人等,後遂皆爲燎於周廟時之祭品。《世俘篇》云:

時四月，既旁生魄，越六日庚戌，武王朝至，燎於周。……武王降自車，乃俾史佚繇書於天號。武王乃廢於紂矢惡臣百人（朱右曾《注》：廢，禁錮也。）武王乃夾於南門，用俘，皆施佩衣，衣先馘入。武王在祀，太師負商王紂縣首白旂，妻二首赤旂，乃以先馘入，燎於周廟。

此周人述周事而曰燎於周，則『周』非周之國而爲岐山下之周地。蓋周廟在周地，亦卽在岐山之下也。然則《世俘篇》此文，殆無異爲隨上六《爻辭》作注腳。而『拘係之，乃從維之』之祭品，卽『矢惡臣百人』及其他俘虜矣。

《易》辭稱過去之殷王，則曰高宗，曰帝乙，此辭言『王用亨於西山』，而不言何王；明作《易》者身當其時，此王卽當時之王也。伐紂獻俘，旣皆周武王事，則此王卽謂武王可知。然則，繫此辭時，乃當武王之世也。

（丙）由益六四爻辭證之

《益》六四《爻辭》云：

中行，告公從。利用爲依遷國。

行。道路也。《詩・小弁》：『行有死人。』《箋》云：『行，道也。』是其義。中行卽中道，猶言路間也。《詩》三百篇中，此類語法至多。如：

《周南・葛覃》：『施於中谷。』《傳》云：『中谷，谷中也。』

《兎罝》：『施於中林。』《傳》云：『中林，林中。』

《鄘風・柏舟》：『在彼中河。』《傳》云：『中河，河中乃。』

《小雅・菁菁者莪》：『在彼中阿。』《傳》云：『中阿，阿中也。』

又:『在彼中沚。』《傳》云:『中沚，沚中也。』

又:『在彼中陵。』《傳》云:『中陵，陵中也。』

《鴻雁》:『集於中澤。』《傳》云:『中澤，澤中也。』

《正月》:『瞻彼中林。』《傳》云:『中林，林中也。』

《小宛》:『中原有菽。』《傳》云:『中原，原中也。』

《信南山》:『中田有廬。』《箋》云:『中田，田中也。』

《大雅·桑柔》:『瞻彼中林。』《箋》云:『視彼林中。』

《詩》中此類語法尙多，玆不具引。由上擧諸例以證《易》辭，則中行卽行中，亦卽道間，可無疑義。《易》辭言中行者五，除益六四《爻辭》外，尙有:

益六三《爻辭》:『中行告公，用圭。』

泰九二《爻辭》:『包荒，用馮河，不遐遺。朋亡，得尙於中行。』

復六四《爻辭》:『中行獨復。』

夬九五《爻辭》:『莧陸夬夬中行，无咎。』

『中行告公用圭』者，謂中路用圭誥令公也。『朋亡，得尙於中行』者，謂佩匏渡河，馮浮而往，得上於路間，而不至於墜溺也。『中行獨復』者，謂中道獨返也。『莧陸夬夬中行无咎』者，謂山羊跳馳於道間无咎也。《莊子·外物篇》:『周昨來，有中道而呼者。』《禮記·雜記》下:『中路嬰兒失其母焉。』中道、中路、卽《易》辭之中行。郭沫若氏以晉荀林父曾將中行，遂謂《易》辭凡言中行者，皆爲荀林父。試以其說按之《易》辭，曾無一語可通，非特昧於故訓而已。

告，同誥，詔令也。國，《集解》虞翻作邦。以韻讀之，作邦者是；此作國者，蓋避漢諱而改。惟邦國義同，無足深論。此處依字，必爲名詞；且以『遷國』之語證之，知『依』又必爲國名。是此爻辭義，乃天子於中路召某公從行，以謀爲『依』遷國之事者。

然則所謂依者，果何國耶？

郭沫若氏，既誤以中行爲荀林父，從而謂『爲依遷國』乃『爲衞遷國』，以爲卽衞遷帝丘之事。其所著《周易的構成時代》云：

> 益六四的『爲依遷國』，當是僖三十一年『狄圍衞，衞遷於帝丘』的故事。衞與郼古本一字，《呂覽・愼大》『親郼如夏』，高《注》云：『郼讀如衣。』則爲依遷國，卽爲衞遷國。蓋狄人圍衞時晉人曾出師援之也。

此說陳夢家君已駁之。陳氏所著《郭沫若周易的構成時代書後》云：

> 郭沫若先生說益卦六四的『利用爲依遷國』的依爲衞，案卜辭有衣無殷，殷祭作衣，西周金文亦同（《大豐毁》《庚嬴鼎》），商人自稱衣，周人始稱之爲殷。故《易》稱依正表明它是殷人做的（至少它是西周時文）。

按陳氏謂依爲殷是也。《尚書・康誥》：『天乃大命文王殪戎殷。』《中庸》引作『壹戎衣』。鄭康成於《禮記・中庸・注》云：『衣，讀如殷，聲之誤也。』是殷衣相通，甲骨文、金文、及故書中均有佐證。依、衣兩字音讀相同，則依亦可假爲殷，可不煩言而解也。

惟陳氏據殷之作依，遂以爲《卦爻辭》作於殷人，則與余說有間。蓋《周易》言『王用亨於岐山』，明爲周人之語；言『鼓缶』，明爲岐周之俗：知《易》辭確非著自殷人。然則《益》六四《爻辭》所言，乃周人謂『利用爲殷遷國』也。

武王克殷之後，以故殷王畿之地封武庚，而使管蔡霍三叔監之。成王初年，武庚叛亂，周公討平之，乃以其地封康叔；並封微子於宋，以續殷祀。此一般之說，世人所習知者也。然故書所記，或謂武庚封地，不在殷墟，而微子之封宋，實當武王克殷之時，不在討平武庚之後。《周書・作雒篇》云：

> 武王克殷，乃立王子祿父，俾守商祀。建管叔於東，建蔡

叔、霍叔於殷，俾監殷臣。

《漢書・地理志》以爲：『周旣滅殷，分其畿內爲三國，《詩・風》邶、鄘、衞是也。邶以封紂子武庚，鄘、管叔尹之，衞、蔡叔尹之。』班氏之說遺霍叔，與《周書》不合。《史記・周本紀・正義》引《帝王世紀》云：

自殷都以東爲衞，管叔監之；殷都以西爲鄘，蔡叔監之；殷都以北爲邶，霍叔監之：是爲三監。

其說與《周書》合。惟《帝王世紀》言三叔監殷，意謂武庚猶居其國；而《周書》於三叔皆稱建，是三國之中，皆無武庚爲政之餘地也。故孔晁於『乃立王子祿父俾守商祀』《注》云：『封於鄭，祭成湯。』觀乎作雒邑以遷殷頑民，及《尙書・多士篇》所記迫令殷人遷徙之情狀，周人似不至使武庚仍居殷墟，故孔晁之說，似乎可信。果爾，是爲『爲殷遷國』。此一事也。

《韓詩外傳》卷三及《禮記・樂記》，並言武王克殷，反商，旣下車而封殷之後於宋。其言蓋皆本諸《呂覽》。《呂氏春秋・愼大覽・愼大篇》云：

武王勝殷，入殷，未下輿，命封黃帝之後於鑄，封帝堯之後於黎，封帝舜之後於陳；下輿，封夏禹之後於杞，立成湯之後於宋，以奉桑林。

《季冬紀・誠廉篇》又云：

武王卽位，又使保召公就微子開於共頭之下，而與之盟曰：『世爲長侯，守殷常祀，相奉桑林，宜私孟諸。』爲三書同辭，血之以牲，埋一於共頭之下，皆以一歸。

《荀子・成相篇》亦言：『紂卒易鄉啓乃下，武王善之，封之於宋，立其祖。』是先秦舊說，皆謂封微子於宋乃周武王時事，而非在討平武庚之時也。曰『守殷常祀』，曰『立其祖』，是直以微子爲殷後矣。是亦可謂『爲殷遷國』。此又一事也。

就上舉兩事言之，武庚與微子二人，究竟孰主殷祀，殊難遽定。要之《易》辭所謂『爲依遷國』者，二者必居其一，或並二者言之。而其事則胥當武王時也。且《易》辭言『利用爲依遷國』，乃方謀遷徙之辭，非既遷以後之語。以是言之，則繫此辭時，乃當武王之世也。

『爲依遷國』，既實有其事；則『告公從』之公，亦必實有所指（六三『告公用圭』之公，蓋亦卽『告公從』之公。）而《易》辭但言公，不言何公，知此公在當時必擧一公字卽周知共喻之人。按《洛誥》述成王與周公對語，但稱周公曰公，凡十一見。此猶可謂成王當乃叔之前尊而敬之之辭，非當時之通稱也。同篇云：『公曰：已汝惟冲子惟終』。《多士》亦云：『惟公克成厥中』，又云：『公其惟時成周，建無窮之基。』皆謂周公。《君奭篇》『公曰』之語凡八見，亦皆謂周公。凡此皆史臣記事之言，而但稱周公曰公。其稱召公之辭，則《召誥》稱之曰大保，《君奭》稱之曰君奭，曰保奭。不但不祇稱公，乃並召公之稱亦不見於《尚書》。《詩・大明》稱呂尙曰師尙父，《詩》《書》中均無太公之稱，更無但以公字稱太公者。是當武、成之際，但稱一公字世人卽知其爲周公也。《益》六三、六四《爻辭》，迭言『中行告公』，是此公最被信任，其情勢亦與周公合。然則此『告公從』之公其竟謂周公乎？是尙有待於論定也。

四、餘　論

《卦爻辭》旣係創作而非雜纂，由《卦爻辭》自身證之，旣有三處足以證明其成於周武王時，且當克殷之後，是全部《卦爻辭》之著成，亦當此時，可無疑也。此說既定，則若干費解之《易》辭，乃可得而說。旣濟九五：『東鄰殺牛不如西鄰之禴祭，實受其福。』可知『東鄰』確謂殷人,『西鄰』乃周人自謂。坤卦辭:『利西南,得朋;東北,喪朋。』蹇卦辭:『利西南,不利東北。』解卦辭:『利西南。』此固今日《金錢課》所謂『大利西南,不利東北』之比。然何以利者皆在西南,不利者乃在東北?漢人求其故而不可得,乃以《說卦》方位雜以陰陽氣或納甲等說解之。然陰陽氣納甲諸說,固非周初人所能夢見,卽《說卦》方位之論,亦非周初人所能預知也。按東北殷所在,西南周所在,周人冀殷人之向己,而惡周人之附殷,故以此戒筮遠行之人耳。故書所傳『天下歸仁』之史實,雖謂文王,實可以證《易》辭。故此『利西南不利東北』云云,乃周人寓宣敎於卜筮也。屯卦辭及初九爻辭之『利建侯』,師上六爻辭之『大君有命,開國承家小人勿用』,蓋皆滅殷之初,分封功臣之事。《易》中恐尚多此類史實被埋沒而未彰弛。

(周易卦爻辭成於周武王時考,原刊於文史哲學報第一期,又編入屈著書傭論學集中,臺北開明書店出版。)

張立文云:

首先,從《易經》卦、爻辭中所記載的故事來確定其時代和作者,乃是最有力的證據。

1. 王亥喪牛羊于易的故事:

『喪羊于易,无悔』(《大壯・六五》爻辭)

『鳥焚其巢,旅人先笑後號咷,喪牛于易,凶。』(《旅・上九》爻辭)

《易經》這兩條爻辭,記載了殷先王亥的事迹,但這個事迹,卽使是較早的《象傳》作者,也搞不淸楚了。他說:『喪羊于易,位不當也。』或說:『喪牛于易,終莫之聞也。』前者只是從卦位上進行解釋;後者又不知所云,使人摸不着頭腦。後來,王弼和朱熹作注，也不明白其本義。王弼說：『羊壯也，必喪其年，失其所居也。能喪壯于易，不於險難，故得无悔。』『喪牛于易，不在于難。』（王弼：《周易注》）可說是望文附會。朱熹說：『易，容易之易，言忽然不覺其亡（忘）也；或作疆場之場，亦通，《漢（書）·食貨志》場作易。』（朱熹：《周易注》卷二）更覺牽強。在這裏，他們一方面把『易』，錯解為難易之易（王弼），或容易之易（朱熹），或疆場之場，而根本不知是國名；另一方面，他們不明白這兩條爻辭所含的典故。因此無法理解爻辭的本義。

王國維依據甲骨文中殷人祭祀王亥的紀錄，確定王亥是殷先王。顧頡剛先生又根據王國維關於王亥的探討，確定這二條爻辭是指王亥而言的。從古文獻中可以看到：

『辛巳卜貞，王佳亥，上甲，即于河。』（《佚》、八六八）

『有人曰王亥，兩手操鳥，方食其頭。王亥托于有易河伯仆牛。有易殺王亥，取仆牛。』（《山海經·大荒東經》）

『貞於王亥，𠦪年。』（《前》一、一）

『貞㞢于王亥。』（《後》下，九）。

『殷王子亥，賓于有易而淫焉，有易之君緜臣殺而放之。是故殷主甲微假師於河伯，以伐有易，克之，遂殺其君緜臣也。』（王國維：《古本竹書紀年輯校》）

『該秉季德，厥父是臧。胡終弊于有扈，牧夫牛羊？……恒秉季德，焉得夫朴牛？何往營班祿，不但還來？……何繁鳥萃棘，負子肆情？』（《楚辭·天問》）

『王冰作服牛。』（《呂氏春秋·勿躬篇》）

『胲作服牛。』（《世本·作篇》）

王佳亥，丁山先生說即王亥（見《商周史料考證》第二一頁）。王冰，王國維在《殷卜辭中所見先公先王考》中認為，冰『篆文《作與亥字相似，王冰亦王亥之譌。』（見《觀堂集林》卷九）這裏可以窺見：⑴≪大荒東經≫的『王亥』，≪古本竹書紀年≫的『殷王子亥』，≪呂氏春秋≫的『王冰』，≪世本・作篇≫的『胲』，卽是王亥；⑵仆牛、朴牛、牧牛羊、服牛，都是指牧畜牛羊，似說『服牛羊』這件事是由王亥開始的，與相士作乘馬相似；⑶≪大荒東經≫和≪古本竹書紀年≫的『有易』，≪天問≫的『有扈』，卽是一國。古『狄』、『易』音同而通，如≪史記・殷本紀≫：帝嚳妃『簡狄』，≪索隱≫：『狄，舊本作易。』因此，有狄卽有易，亦卽有扈。這就是說，殷先王亥在有易（狄族）旅居，從事於牧畜業的『服牛』、『牧羊』。第一次，雖喪羊于易，但並不因此而困厄或危險；第二次喪牛于易時，由於王亥被有易國王緜臣所殺，所以說『凶』。

至於王亥被殺的原因，記載卽有異辭：或說『賓于有易而淫焉，有易之君緜臣殺而放之』，此『淫』可能是指男女之事，也可能是指貪婪放恣而被殺；或說『有易殺王亥，取仆牛』，則是有易國君爲奪取王亥的財產而被殺。不管是什麼原因，但都說明商、狄二族曾經發生過一次嚴重的鬪爭。

李鏡池先生在≪周易探源≫中，不同意≪易經≫這二條爻辭是指王亥的事迹。他說：『≪周易≫兩次記喪羊喪牛于易的故事，就是指太王（古公亶父）被狄（易）人侵逼，去邠遷岐說的。』（≪周易筮辭續考≫≪周易探源≫中華書局一九七八年版，第九八頁）又說：『≪易≫爻辭之易，我以爲卽是狄，是鬼方的一族，喪羊牛于易，以屬於周人之故事爲當，不必附會於王亥也。』（≪周易筮辭續考≫≪周易探源≫中華書局一九七八年版，第九七頁。）李先生依以立論的根據是≪孟子・梁惠王篇下≫。這段話是這樣的：『昔者大王居邠，狄人侵之，去之岐山之下，居焉。非擇而取之，不得已也。』『昔者大王居邠，狄人侵之，事之以皮幣，不得免焉；事之以犬馬，不得免焉；事之以珠玉，不得免焉。』如果說

≪易經≫所載喪牛羊于易是指周初古公亶父的事，那末，就必須解決：⑴≪孟子·梁惠王下≫載狄人侵入，事之以皮幣、犬馬、珠玉，唯不及牛羊。李先生說：『既然事之以皮幣、犬馬、珠玉，難道不事之以牛羊嗎？』（≪周易筮辭續考≫≪周易探源≫中華書局一九七八年版，第九八頁）這，作爲推測之詞是可以的，作爲實證則缺乏力量；⑵≪旅≫上九爻辭：『旅人先笑後號咷。』『旅』，≪釋文≫：『旅，羈旅也』。孔穎達≪疏≫：『旅者寄客之名，羈旅之稱，失其本居而寄他方謂之爲旅。』是說有人客居他方，先得意大笑，後號咷大哭，這於王亥僑居有易的事迹相符，而於古公亶父去邠遷岐不符。太王本居邠，而不是旅居邠，避狄人侵入而遷岐，岐則是失其本居後而遷的『他方』，但遷岐後並沒記載喪犬馬、珠玉、牛羊的事；⑶如果說≪孟子≫清楚地記載喪牛羊之事是古公亶父，那末比≪孟子≫早的≪象≫≪象≫作者也應該知道這個史實了，爲何≪象傳≫作者絲毫沒有揭露這個事迹呢？可見，李先生此說比較牽強。

2. 高宗伐鬼方的故事：

『高宗伐鬼方，三年克之。小人勿用。』（≪既濟·九三≫爻辭）

『貞吉悔亡。震用伐鬼方，三年有賞於大國。』（≪未濟·九四≫爻辭）

據記載，高宗就是殷王武丁，是帝小乙之子，盤庚之侄。卜辭記載：『己酉卜，丙貞：鬼方易，〔亡〕囗。五月。』（≪甲編≫三三四三）這是武丁伐鬼方的記載。≪象傳≫說：『三年克之，憊也』。憊是疲勞的意思；又說：『貞吉悔亡，志行也。』是望『有賞於大國』之文，而生志得意滿之義，而於高宗究竟是何人，並未解決。不過，漢代注≪易≫家，卻指出是殷王武丁。≪周易集解≫引虞翻說：『高宗殷王武丁，鬼方國名。』又引干寶：『高宗殷中興之君，鬼北方國也。』高宗的事迹，《尚書》《詩經》《國語》《論語》《禮記》《史記》等都有所記載；『鬼方』，據王國維《鬼方昆夷玁狁考》中認爲：『鬼方之名，《易》《詩》作鬼，然古金文作䰠，或作䰠。……二字不同，皆爲古文畏字，……鬼方之名，當作畏方。』（《觀堂集林》卷十三）卽後來的獯鬻、玁狁、昆夷，秦漢時稱爲匈奴。

盡管虞翻和干寶講了高宗卽武丁，但由於沒說淸楚高宗伐鬼方的事迹，所以後來的王弼和朱熹也沒有說明白這個問題。王弼說：『處旣濟之時，居文明之終，履得其位，是居衰而未能濟者也。故伐鬼方三年乃克。』又說，『處未濟之時，而出險難之上；居文明之初，體乎剛質，以近至尊。……其志得行，靡禁其威，伐鬼方者，興衰之徵也。……五居尊以柔，體乎文明之盛，不奪物功者也，故以大國賞之也。』完全是望文生義，空談義理，而於高宗和伐鬼方之事則沒有涉及。朱熹說：『旣濟之時，以剛居剛，高宗伐鬼方之象也。三年克之，言其久而後克，戒占者不可輕動之意，小人勿用。』也是空談臆解，與《易》本義不相干。

至於高宗伐鬼方的事迹，根據《詩經》和《古本竹書紀年》的記載，我們大體上可看出其輪廓。『武丁三十二年伐鬼方，次於荆。三十四年，王師克鬼方，氐羌來賓。』（《古本竹書紀年》）這就是高宗伐鬼方的簡單記述。從三十二年到三十四年，恰好三年。三十三年征伐荆楚，大概是爲了打破鬼方和荆楚的聯盟。『撻彼殷武，奮伐荆楚。罙入其阻，裒荆之旅。有截其所，湯孫之緒。維女荆楚，居國南鄉。昔有成湯，自彼氐羌，莫敢不來享，莫敢不來王。』（《詩經・殷武》）《毛傳》：『殷武，殷王武丁也。』詩中贊美了武丁征伐荆的戰績，此荆顯然是南方荆楚之荆。高亨說：『荆當是西北地名，非荆楚之荆也』（《周易古經今注》卷四），恐怕非是。我們按照《國語・鄭語》《世本》《大戴禮記・

帝系篇》《史記・楚世家》記載，楚是顓頊曾孫陸終的後裔，陸終娶鬼方之妹女隤，生子六，楚祖季連是最小的一個。可見楚與鬼方爲姻族，高宗伐荆楚，無疑是同鬼方的戰爭聯系在一起的。

3. 帝乙歸妹的故事:

『帝乙歸妹以祉，元吉。』（《泰・六五》爻辭）

『帝乙歸妹，其君之袂不如其娣之袂良，月幾望，吉。』(《歸妹・六五》爻辭)

帝乙，據《左傳》哀公九年記載:『微子啓，帝乙之元子也。』啓是紂的兄長，帝乙卽紂父;『歸』虞翻說:『歸，嫁也』;『妹』，王《注》:『妹者小女之稱也。』就是帝乙出嫁其小女的事。本來這二條爻辭的含義是很清楚的。但是《象傳》說:『以祉元吉，中以行願也。』又說:『帝乙歸妹，不如其娣之袂良也，其位在中，以貴行也。』含糊其詞，晦澀曖昧。

那末，帝乙把他的小女嫁給誰呢？兩條爻辭沒有說，但據《詩經・大明》說:『文王初載，天作之合，在洽之陽，在渭之涘，文王嘉止，大邦有子。大邦有子，俔天之妹，文定厥祥，親迎於渭，造舟爲梁，不顯其光。有命自天，命此文王，於周於京，纘女維莘，長子維行，篤生武王，保右命爾，燮伐大商。』周從太王『實始翦商』（《詩經・魯頌・閟宮》）以來，商用和親的辦法來緩和商與周之間的矛盾，帝乙與文王幾乎生當同時，從當時周人稱商爲『大邦』，自稱爲『小邦』來看，帝乙嫁女於文王是有可能的。這就是說商王的女兒，像天上的少女一樣，周隆重地迎親於渭；續娶莘氏的長女，生了武王。由於天命的保佑，而伐商。

4. 康侯用錫馬蕃庶的故事:

『晉，康侯用錫馬蕃庶，晝日三接。』（《晉・卦辭》）根據顧頡剛的考證，是爲康叔封，《康侯鼎銘》:『康侯丰作寶尊』。丰卽《說文》的丯，與封通。《左傳》定公四年記載:『武王之母弟八人，周公爲太宰，康叔爲司寇，聃季爲司空，五叔無官。』《史記・周本記》記載：『頗收殷余民，以封武王少弟封爲衞康叔。』《尙書・康誥》記載:『王若曰：孟侯，朕其弟，小子封。』《世本・居篇》:『康叔居康，從康徙衞』。可見，康侯丰即康叔封，爲武王之弟，爲周司寇，初封於康，徙於衞，故稱康叔或康侯。但是《易傳》作者根本不以『康侯』爲人名，《彖傳》說:『晉，進也，明出地上，順而麗乎大明，柔進而上行。』《象傳》說:『明出地上，晉，君子以自昭明德。』《彖》《象》作者都以《晉卦》上離（☲）下坤（☷），坤爲地，離爲明，故說『明出地上』；坤爲順，離爲日，所以說『順而麗乎大明』；晉（䷢）而觀（䷓）來，四進居五，所以說『柔進而上行』。既然《晉卦》的卦象爲『明出地上』，君子應自強不息，所以說『君子以自昭明德』。這卽是《大學》『明明德』的意思。這種虛擬臆斷，實與『康侯』爲康叔封風馬牛不相及。王弼《周易注》企圖補《彖》《象》沒有解『康』字之不足，他說：『康，美之名也，順以著明，臣之道也。』這就未免望文生義了！看來，《彖》《象》作者已完全不理解《晉卦》卦辭的原義了。

既然『康侯』是康叔封，則『用錫馬蕃庶，晝日三接』是指什麽呢？顧頡剛先生沒有進一步說明這個歷史事件，平心先生卻說是唐叔虞曾在成王領導下參與了滅唐戰爭。然而，《左傳》只說成王滅唐，而無唐叔參加的記載。《史記・晉出家》也以唐叔未參加滅唐之役。我認爲，這則卦辭是說康侯參加了由周公旦率領的平定蔡叔、管叔聯合殷遺民武庚祿義的反叛戰爭。《史記・衞康叔世家》說:『周公旦以成王命，興師伐殷，殺武庚祿義、管叔，放蔡叔。』正因爲衞康叔參加了平叛戰爭，因此，『以武庚殷餘民封康叔爲衞君，居河淇間故商墟。』（《史記・衞康叔世家》）

『錫馬蕃庶』的『錫』猶『獻』，《尙書・禹貢》：『禹錫玄珪，告厥成功。』又《召誥》：『大保乃以庶邦冢君出，取幣，乃復入，錫周公。』『錫』有『獻』義。古代上賞下稱『錫』，下貢上也稱『錫』，不似後來有分別。『接』與『捷』通，《禮記·內則》：『接以太牢。』鄭玄《注》：『接讀爲捷。』《左傳》文公十四年《經》：『晉人納捷菑於邾。』《公羊傳》經『捷』作『接』。《經典釋文》：『接，鄭音捷，勝也。』這就是說，康叔在平定蔡叔、管叔、武庚等的反叛中，一日三捷，俘馬很多，以獻於成王。可是，《彖傳》作者根本不明白康叔參加平定蔡叔、武庚等反叛之史事，而只說：『是以康侯用錫馬蕃庶，晝日三接也。』王弼則說：『柔進而上行，物所與也，故得錫馬而蕃庶。以訟受服，則終朝三褫，柔進受寵，則一晝三接也。』(《周易注》）朱熹則解釋：『錫馬蕃庶，晝日三接，言多受大賜，而顯被親禮也。』(《周易注》卷二）王、朱都訓『錫』爲『賜』，『蕃庶』爲『蕃息』，『接』爲接見之『接』，這顯然是望文生訓，與《晉卦》卦辭的本意不符。李鏡池雖認爲康侯是衞侯康叔，而與王、朱的解釋不同，但對『錫馬蕃庶，晝日三接』的解釋，基本上繼承了王、朱的觀點，而不認爲康叔參加平定蔡叔、管叔與武庚的反叛戰爭。他說：『他（指康侯）所以能够把所賜的馬蕃殖起來，由於他善於飼養。「接」有交接或接近的意思，這是說他每天要照料幾次他的馬。要增加生產，就得善於管理。』（《關於周易的性質和它的哲學思想》《周易探源》第一五七頁）恐怕未妥。

除上四事外，又如：『箕子之明夷，利貞。』（《明夷·六五爻辭》）《周易集解》引馬融說：『箕子紂之諸父。』卽爲殷末時人；另『王用亨於岐山，吉，無咎。』（《升·六四爻辭》）『拘係之，乃從維之，王用亨於西山。』（《隨·上六爻辭》）一般認爲，這二條是記文王的故事。上條是說文王亨祭於岐山，下條是指文王被紂囚於羑里的事。《左傳》襄公三十一年記載：『紂囚文王七年，諸侯皆從之囚，紂於是乎懼而歸之。』文王被放歸以後，亨祭於西山。

上述可見：

⑴從殷先王亥喪牛羊於易，殷高宗伐鬼方，帝乙嫁女於文王，文王被拒係於羑里以至康侯錫馬蕃庶，記載了商初到周初的歷史事件。據此，我們大體上可以斷定《易經》卦爻辭成書於康侯時的西周前期；

⑵既然《易經》卦爻辭記錄了文王被囚羑里，及其被釋放以後亨祭於西山的事實，而知文王囚羑里作卦爻辭爲不確；

⑶特別是《易經》記載了康侯參加平定武庚、管叔、蔡叔之亂的事，這是發生在文王、乃至武王死後。當然文王不可能記載，這是常識，那末，文王演周易之說，則就靠不住。

其次，從《易經》卦、爻辭中所運用的語言來確定其時代和作者，也是一個重要的佐證。

《易經》語言雖然晦澀詼詭、古奧難懂，但它是客觀時代生活的反映，它隨着時代生活的發展而不斷豐富。在時代生活前進的過程中，又不斷發展，新的辭滙源源湧現，舊的辭滙逐漸拋棄。因此，不同的語言特點，反映了不同的時代特徵。

（《周易思想研究》第一章，湖北，1980年出版）

〔存　目〕

詹秀惠撰《周易卦爻辭之著作年代》，發表於《孔孟月刊》第十六卷第十期。

梅應運撰《周易卦爻辭成書時代之考索》，在新亞書院《學術年刊》第十三期內。

[十 翼]

高 亨云:

關於《易傳》之作者時代問題，我以爲有兩點可以論定：㈠《易傳》七種大都作於戰國時代；㈡《易傳》七種不出於一人之手。

《彖傳》當是最早之一篇。《彖傳》僅解六十四卦之卦名卦義及卦辭，不解爻辭。《象傳》解六十四卦之卦名卦義及三百八十六條爻辭，不解卦辭。《象傳》何以只解爻辭，而不解卦辭哉？其因《彖傳》已解卦辭，不須重述，灼然甚明。此《彖傳》作於《象傳》之前之明證。

《象傳》作於戰國時代，則無可疑。《坤》六二曰：『直方，大不習，無不利。』《象傳》曰：『六二之動，直以方也。』《禮記・深衣篇》曰：『故《易》曰：「六二之動，直以方也。」』足證《象傳》作於《深衣》之前，而《深衣》則是戰國儒家所撰也。《左傳》昭公二年曾記晉韓宣子見《易象》一書，決非《象傳》。

《彖傳》多有韵語，《象傳》中之爻象傳皆是韵語。我對此曾加以研究，知其韵字多超越先秦時期北方詩歌如《易經》卦爻辭及《詩經》等之藩籬，而與南方詩歌如《楚辭》中之屈宋賦及老莊書中之韵語之界畔相合。先秦時期，尙無韵書，作者行文押韵，皆根據其方言讀法，出於自然，非由矯作，然則《彖傳》《象傳》之作者必皆是南方人。考《荀子・非十二子篇》《儒效篇》《非相篇》均以仲尼與子弓並稱，譽爲『聖人』『大儒』。《史記・仲尼弟子列傳》記孔丘傳《易》於魯人商瞿，瞿傳楚人馯臂子弘，弘傳江東人矯疵。《漢書・儒林傳》子弘作子弓，矯疵作橋庇。《史記・索隱》及《正義》均謂馯臂子弓卽荀子書中之子弓。則《彖傳》可能是馯臂子弓所作，《象傳》可能是矯疵所作。

《文言》當亦作於戰國時代。《左傳》襄公九年記有魯穆姜釋《易經》隨卦卦辭『元亨利貞』之言，《文言》襲用之，以釋乾卦卦辭之『元亨利貞』，而小有增改，足證《文言》作於《左傳》之後。

《繫辭》亦作於戰國時代。陸賈《新語·辨惑篇》：『《易》曰：「二人同心，其義斷金。」』《明誡篇》：『《易》曰：「天垂象，見吉凶，聖人則之。」』所引均見於《繫辭》上篇（今本義作利，則作象。）足證《繫辭》作於西漢以前，當時已稱之爲《易》矣。我進而考之，《繫辭》篇首『天尊地卑，乾坤定矣』二十二句，《禮記·樂記》亦有此文，大致相同。彼此對勘，確是《樂記》作者抄襲《繫辭》而略加改動。《樂記》是孔丘再傳弟子公孫尼子所作。然則《繫辭》作於戰國時代，成書於公孫尼子之前，明矣。

《說卦》《序卦》《雜卦》三篇，疑亦作於戰國時代，但未得確證。或曰：『此三篇乃西漢初期人所撰。』亦無確證。

晉代出土之汲冢竹書，乃戰國中期魏襄王殉葬之物，其中有《易經》而無今本《易傳》，論者因謂《易傳》七種在魏襄王死時均未寫成。我認爲：《易傳》七種非一人所作，寫成之時間有早有晚。《彖傳》《象傳》《文言》《繫辭》當寫於魏襄王之前，《說卦》《序卦》《雜卦》可能寫於魏襄王之后。總之，不可根據汲冢竹書中無《易傳》論定魏襄王時無《易傳》。蓋先秦時代，書籍流傳甚難，襄王所收藏而用以殉葬之書本是有限也。

（《周易大傳今註》卷首）

李漢三云:

一、説卦傳之作似難前至先秦

屈萬里先生，於所著《先秦漢魏易例述評》，謂《説卦傳》『帝出乎震』一語，業經抄襲終始五德之説云:

按: 終始五德之説，以伏羲爲五帝之始，伏羲以木德王，木於方位屬東。震，東方也，今曰帝出乎震，猶言帝以木德始也。其義出於終始五德之説必矣。

又謂《説卦傳》『參兩地而倚數』的話，業經取乎以五行配數字之義云。

《正義》引馬融曰: 『五位相合，以陰從陽。天得三合，謂一三與五也。地得兩合，謂二與四也。』按: 繫辭傳以天地配數字，奇數屬天，偶數屬地。一、三、五，三數皆奇，天數也; 故曰參天。二、四兩數皆偶，地數也; 故曰兩地。而五行之數字，於一至五，謂之生數; 六至十，謂之成數。參天兩地而倚數者，據五行生數言，蓋一、三、五合爲九，二、四合爲六; 九、六易之數也。

復屈先生據以上兩處檢驗，判定説卦傳之作極晚云:

按: 終始五德之説，始於鄒衍。以五行配數字，約當戰國晚年。《説卦傳》之作，更當在其後矣。

不過屈先生於此著，志在述評先秦漢魏易例，話到這裏卽已停止，雖然沒有考定《説卦傳》究竟著成在什麼時候，但很難前至先秦，那是很明顯的。筆者現以考察陰陽五行對於兩漢經學的影響，遭遇到這個還需要做進一步解決的問題，因此而有本文之作; 其仍難肯定的地方，當盼同好者予以指敎了。

二、「帝出乎震」一語淵源於呂覽

終始五德之說有兩個：一個是鄒衍的，主五行相勝，而以具有土德的黃帝起始輪值；一個是王莽的，主五行相生，而以具有木德的伏羲起始輪值。《說卦傳》謂『帝出乎震』，與王莽的帝德系列合，比較鄒衍的，自爲後出。不過，《說卦傳》的『帝出乎震』一語，只是王莽繼鄒衍別創新說的依據之一，並非創自王莽，淵源是在王莽之前的。《淮南子・天文訓》云：

> 東方木也，其帝太皞。……南方火也，其帝炎帝。……中央土也，其帝黃帝。……西方金也，其帝少昊。……北方水也，其帝顓頊。

高誘注『太皞』云：

> 太皞，伏羲氏有天下之號也，死託祀於東方之帝也。

這裏的五方帝，王莽悉數收錄在他的帝德系列，即足證給《說卦傳》『帝出乎震』云云，有密切的關係。試觀《淮南子・天文訓》不是以東方木開始嗎？試觀高氏注東方木德之帝太皞，不是說就是伏羲有天下之號嗎？旣然有這些關連，因此不管它所謂『東方木也，其帝太皞』的原意是什麼，在《說卦傳》的作者看來，自然也就是『帝出乎震』之義了。不然，《說卦傳》憑空說出一句『帝出乎震』，又怎能使人相信呢？在這裏，或以爲《說卦傳》第五章的以八卦配八方配四時，與《淮南子・天文訓》的以五行配四方，不是一回事，殊不知那是爲了說《易》，纔修改五行爲八卦的。省去土行，以其他四行來配四方，旣不會失掉五行方位的意義，玆以八卦來配八方，倍加密切妥貼，又怎會就失去其五行方位的原義呢？至於《淮南子》的有方無時，也不必懷疑它和《說卦傳》兩樣，因爲五行說的形成，一開始就是以方配時，或以時配方，擧其一卽可知其二。

因此我們可以判定《說卦傳》『帝出乎震』一語，是來自《呂氏春秋》《十二紀》。《左傳》《國語》不是沒有太皞、少皞、顓臾的氏名，但那裏還沒有五行八方，與之完整配合哩！

三、說卦傳前於孟喜的易說

漢人以象數說《易》，始於孟喜。《路史・後紀》（卷五）引《夬》九五《爻辭》孟喜曰：

莧陸，獸名。夬有兌，兌爲羊也。

又《未濟・卦辭》：『小狐汔濟。』《漢上易傳》卷九引孟喜曰：

坎，穴也。狐穴居。

《漢書・藝文志》著錄《孟氏易章句》二篇，今已不傳。玆就以上後人所引述的二則驗之，它是以夬卦（䷪）上體爲兌，說之以羊，用來附會莧陸之獸的。又以未濟（䷿）的下體爲坎，說之以穴，是用來牽合穴居之狐的。《說卦傳》七、八、九、十各章，就《彖》《象》兩傳比類引申，孳衍百又十二象，則有之。然目的仍爲占筮而設，不過以內外卦象，及變卦之象，來比附事物，論斷吉凶，還沒有像孟喜這樣，拿預置之象，來說《卦爻辭》的。都麼《說卦傳》前於《孟氏易》，自然可斷言了。《漢書・儒林傳》記載孟喜爲漢興傳《易》的田何三傳弟子，洪亮吉《傳經表》（卷一）亦列田何爲七世，孟喜爲十世。《說卦傳》旣前於《孟氏易》，如無其他明證，誰又能保證《說卦傳》不前至田王孫（孟喜之師），或丁寬（田王孫之師）田何（丁寬之師）呢？

四、說卦傳一書見於史記孔子世家

《史記・孔子世家》云：

孔子晚而好《易》，序《彖》《繫》《象》《說卦》《文言》。

在這裏，我們看到史遷已經把《說卦傳》一書，簡稱『說卦』，列入《易傳》之中，足見武帝天漢初年已流行了。彼時《雜卦傳》未出，雖還沒有十翼之說（十翼之說約出哀平間），但史遷已把它屬於孔子，視爲古籍，又足證《說卦傳》的《易》說，不是武帝之世所可新興的。以史遷的家學淵源，和他治史的才華，能夠讓他以爲是孔子時代的遺物，則《說卦傳》一書，必作者僞託孔子得以流傳非一時了。

五、結　論

屈先生旣證知《說卦傳》之作，不得前於鄒衍的終始五德說，以及那約始於戰國晚年的五行數字，於此又知它的『帝出乎震』一語，來自《呂氏春秋・十二紀》，當難爲先秦所著成了。《易》於秦，以卜筮得以不禁，雖與《詩》《書》的情形不同，然始皇初推鄒衍的終始五德之傳，定秦爲水德，以當時秦法的嚴峻，當不易於其時公然產生不利於始皇的異說。觀二世之世，赤帝子斬白帝子之言，尙出諸神嫗之口，讓它杳然無據，則《說卦傳》『帝出乎震』一語，涉嫌帝出東方，當更非始皇在世時所可公然產生了。衡諸兩漢《詩》說《書》說，無不淵源於先秦，而興起於漢初，《易》說自亦難能例外；《說卦傳》當卽著成於此時；而且秦漢之際那些『帝出乎震』的片段之言，也不一定就是作者自己發端的。我們證明《說卦傳》前於孟、魏兩氏《易》，在武帝天漢以前，卽被史家視爲古物，判定它前至齊魯韓三家《詩》，或張生歐陽生所集伏生的《尙書大傳》時代，又有什麼不可呢？試觀漢自文帝，以迄武帝太初，凡言改制的，如賈生、公孫臣、司馬遷等，無不異口同聲，仍本諸鄒衍的終始五德說，而認定漢爲土德，《說卦傳》謂『帝出乎震」，在當時自爲異說，而屈居下風了。好在西漢的《易》學大師，不因爲它的不合時尚，就中止傳授，故亦得流傳至今。

（《周易說卦傳著成的時代》，原載《大陸雜誌》第三十二卷第十期）

李漢三又云：

一、彖象二傳著成的時代

《彖》、《象》兩傳，文辭簡質，誠如屈先生所說『於十翼中爲較古之作品』（《古籍導讀》下篇）。但以陰陽說《易》的情形觀之，《泰卦・彖傳》云：『內陽而外陰。』《否卦・彖傳》云：『內陰而外陽。』《乾・初九・象傳》云：『潛龍勿用，陽在下也。』《坤・初六・象傳》云：『履霜堅冰，陰始凝也。』僅及《易》卦的九、六，不像《文言傳》以陰陽兩分天道、夫道妻道、君道臣道，那樣已代表若干物事，更不像《繫辭傳》於陰陽之上，復增一母（太極），於陰陽之下，且產生了子孫（四象、八卦），那樣已愈趨愈繁，即足證之。

但，據此即謂《彖》、《象》二傳之作成時代，可以前至春秋，當亦失察。梁任公說：

> ……或許和孔子有直接關係的，只有《彖》、《象》。因爲歷來都說《彖》、《象》都是孔子自己做的。我們現在還沒有找到有力的反證；而且《彖》、《象》的話都很簡單古拙，和《論語》相似，他所含的意義，也沒有和《論語》衝突處。講陰陽的話，帶有玄學性的話，很少很少，似乎沒有受陰陽家、道家的影響。在沒找出是別一個做的證據以前，只好認做孔子的作品（《古書眞僞及其年代》卷二）。

《彖》、《象》以陰陽說《易》的地方，僅上列各二條，誠如梁氏所說『很少很少』。次就所講陰陽的話而論，亦不出梁氏所估計，沒有受到陰陽家的影響。然而『一葉知秋』，那就不得以《彖》、《象》爲春秋時代的作品了。筆者於拙著《先秦兩漢之陰陽五行學說》第一篇，曾考證不但《詩》、《書》、《易》、《春秋》、《儀禮》、《論語》沒有陰陽說，卽下至《墨經》、《孟子》、《老子》、《孫子》、《吳子》、《司馬法》等書，仍然是沒有的。考陰陽之成說，實始於《彖》、《象》之以陰陽說《易》，不要說《彖》、《象》的陰陽說不受陰陽家者言的影響，就是《文言》、《繫辭》的陰陽說，也還沒有和鄒衍合一於前此原已先有的五行說，又何嘗就受了陰陽家者言的影響呢！屈先生謂：『《彖傳》已以陰陽說卦，《象傳》已以陰陽說爻：此戰國以來所有之現象，孔子時尚無此習。』（《古籍導讀》下篇）當然不是孔子的作品。

我們不是不曉得《彖》、《象》的思想，大部符合《論語》，和孔子的思想不相衝突；但，《乾・彖傳》說：『大哉乾元，萬物資始，乃統天。』《坤・彖傳》說：『大哉坤元，萬物資生，乃承順天。』《屯・彖傳》說：『雷雨之動滿盈，天造草昧。』《豫・彖傳》說：『天地以順動，故日月不過，而四時不忒。』《觀・彖傳》說：『觀天地之神道，而四時不忒。』《解・彖傳》說：『天地解而雷雨作；雷雨作，而百果草木皆甲坼。』《歸妹・彖傳》說：『天地不交，而萬物不興』《豐・彖傳》說：『日中則昃，月盈則食，天地盈虛，與時消息。』《節・彖傳》說：『天地節而四時成。』很清楚，給『人法地，地法天，天法道，道法自然』的道家思想，脈絡相通，而與孔子學說，純以社會人羣爲對像而立論，完全兩樣，我們能說這些也是孔子的思想嗎？關於這一點，錢賓四先生於所著《論十翼非孔子作》第十證，曾引《繫辭傳》中的話，詳細論證，實則《彖傳》也不是不據『自然』而論道的。

崔東壁對於《象傳》，既指明《艮・象傳》『君子以思不出其位』，爲沿襲曾子之言，卽可證《象傳》非孔子所作；以梁任公的淵博，當不至看不到這個證據吧？康有爲於所著《新學僞經考》卷三上，一面大膽的把《說卦傳》列於宣帝間，而以《序卦》《雜卦》爲劉歆所僞，但一面卻一口咬定《彖》、《象》兩傳是孔子做的，我們只有埋怨那是學派的主觀，在那裏作祟了。

《彖傳》沒有見引於先秦古籍，固爲事實；但，荀子書卻說過下面幾句話，似卽本諸《彖傳》爲言。《大略篇》云：

《易》之『咸』見夫婦。夫婦之道，不可不正也；君臣父子之本也。咸，感也；以高下下，以男下女，柔上而剛下。聘士之義，親迎之道，重始也（第十九卷）。

《咸・彖傳》說：『咸、感也；柔上而剛下，二氣感應以相與，止而說，男下女，是以亨利貞，取女吉也。』顯爲荀書所本；《大略篇》縱晚出，亦難下至秦漢。謂《彖傳》晚出者，當亦失察。

民國五十一年，筆者草擬《先秦兩漢之陰陽五行學說》第一編《陰陽五行說探源》，卽疑陰陽說之創行，始於《彖》《象》二傳以陰陽說《易》，下至《文言》、《繫辭》而大成；《莊子・天下篇》云：『《易》以道陰陽。』就是指着這些《易》說而言的。不然，《周易》一書沒有一個陰陽字，話由何來？故《彖》、《象》、《文言》、《繫辭》著成的時代，當與孟子、老子書同時而稍後，約在戰國中葉（公元前二八八年至公元前二二一年）的末期，鄒衍還沒有將此陰陽說和先前已有的五行說，鎔鑄於一爐之前。玆復益以上述論證，當愈覺鄙說可以成立了。

至於《彖》、《象》的先後，我們就二傳的傳《易》範疇覘之，似乎《彖傳》在前，《象傳》在後。因爲《彖傳》傳《易》，僅及卦和卦辭，而《象傳》，於《大象》則專明卦象，不釋卦辭；於《小象》則除了明爻象外，且釋爻辭，髣髴是《彖傳》的補編或續編，一前一後，那是非常清楚的。所以沒有判定二者出於同手，那是因爲二者說《易》的義例，固多相同，但也不是沒有不同的地方。再則說，《彖傳》的作者對於《易》義的瞭解較深，《周易》的若干機秘，皆由其所發現，翼《易》之功，是非常之大的。《象傳》於《大象》，竟依據《彖傳》的一例而例全經，往往失《易》義之眞，理解的能力，就遠不如《彖傳》了。

二、文言、繫辭著成的時代

《文言》傳以陰陽說《易》者，僅三處：

潛龍勿用，陽氣潛藏（乾文言）。

陰雖有美含之，以從王事，弗敢成也；地道也，妻道也，臣道也。地道无成，而作有終也（坤大言）。

陰疑（凝）於陽必戰，爲其嫌（兼）於无（衍文）陽也，故稱龍焉。猶未離其類也，故稱血焉（坤文言）。

以『陽氣潛藏』說《乾》之初九，陰陽的涵義，固難謂較諸《彖》《象》有所演進；然以地道、妻道、臣道說《坤》之六二，自必以天道、夫道、君道說《易》卦的諸九。以『九』、『六』兩分天地、夫妻、君臣之道，所代表的物事，已頗概括，則陰陽的涵義，較諸《彖》、《象》，顯然開展了一步。於《坤》上六，以『陰凝於陽』、『陰兼於陽』，說『龍戰於野』，又視龍爲陽物。末一句說：『猶未離其類也，故稱血焉。』又視水屬的『血』爲陰物，較諸《彖》、《象》陰陽的涵義，亦顯然有所開展：凡此，即足證《文言》之著成，後於《彖》、《象》二傳。

《繫辭》傳以陰陽說《易》，到處可見，能够證明它的陰陽涵義，較諸《文言傳》又有所演進的地方，亦至夥。玆錄三事以明之：

陽卦多陰，陰卦多陽。其故何也？陽卦奇，陰卦偶。其德行何也？陽一君而二民，君子之道也；陰二君而一民，小人之道也（下繫）。

是故《易》有太極，是生兩儀。兩儀生四象，四《象》生八卦（同上）。

《易》之爲書也，廣大悉備；有天道焉，有人道焉，有地道焉。兼三才而兩之，故六。六者非它也，三才之道也(同上)。

《彖》、《象》、《文言》以陰陽說《易》，僅及《易》卦的九、六，前已述之。至《繫辭》傳，竟謂『陽卦多陰，陰卦多陽』，進而以陰陽說《易》卦的上下二體，普遍及於八卦的震、坎、艮和巽、離，兌：自是一個開展。《文言》傳言陰陽，雖以陰喻地道、妻道、臣道，以陽喻天道、夫道、君道，然充其量也不過以陰陽兩分天地間的物事，陰陽之上，固尙未有其母，陰陽之下，亦尙未有其子，那是很淸楚的。至《繫辭》傳，竟謂：『易有太極，是生兩儀。』兩儀，謂陰陽，是則陰陽有了母親。又謂：『兩儀生四象，四象生八卦。』是則陰陽復生子抱孫：自是一個開展。《文言》傳說《易》，固已提出天道、地道、人道，但還沒有綜合起來而賜以名，那是很淸楚的。至《繫辭》傳，則以天地人囊括《易》道，命名曰『三才』，來說《易》卦：自是一個開展。那麽，從這些演進的迹象(不僅上述三端)觀之，《繫辭》傳的著成，又後於《文言》，不極其顯然嗎？倘以漢石經列《文言》於《繫辭》之後，即認定《繫辭》前於《文言》，那就錯了！

至於《繫辭》傳究竟後至什麽年代，則問題的解決比較麻煩。玆爲便於說明起見，讓筆者先將《淮南子・氾論訓》中的話，《史記・太史公自序》引司馬談的話，《漢書》董仲舒對策的話，以及《韓詩外傳》的話，和《繫辭》傳中的話，在下面開列一個對照表：

繫辭下傳	淮南子氾論訓
上古穴居而野處；後世聖人易之以宮室，上棟下宇以待風雨；蓋取諸「大壯」。	古者民澤處復穴，……聖人乃作，爲之築土構木，以爲宮室，上棟下宇以蔽風雨，以避寒暑，而百姓安之。
神農氏作，斲木爲耜，揉木爲耒，耒之耨利以敎天下；蓋取諸『益』。	古者剡耜而耕，摩蜃而耨，……民勞利薄；後世爲之耒耜耰鉏，……民逸而利多焉。
黃帝堯舜氏作，……刳木爲舟，剡木爲楫，舟楫之利以濟不通，致遠以利天下；蓋取諸『渙』。	古者大川名谷衝絕道路，不通往來也；乃爲窬木方版以爲舟航。
服牛乘馬，引重致遠，以利天下；蓋取諸『隨』。	故地勢有無得相委輸，乃爲靻蹻而超千里。肩荷負擔之勤也，而作爲之揉輪建輿，駕馬服牛，弦木爲民以致遠而不勞。
弧，剡木爲矢，弧矢之利，以威天下；蓋取諸『睽』。	爲摯禽猛獸之害傷人而無以禁御也，而作爲之鑄金鍛鐵，以爲兵刄，猛獸不能爲害。
繫辭下傳	**司馬談論六家要旨**
天下同歸而殊塗，一致而百慮。	易大傳：『天下一致而百慮，同歸而殊塗。』
繫辭上傳	**董仲舒對策**
易曰：『負且乘，致寇至。』負也者，小人之事；乘也者，君子之器也。小人而乘君子之器，盜思奪之矣。	易曰：『負且乘，致寇至。』乘車者，君子之位也；負擔者，小人之事也：此言居君子之位，而爲庶人之行者，其患禍必至也。
繫辭上傳	**韓詩外傳卷三**
易簡，而天下之理得矣。	易曰：『易簡而天下之理得矣。』

顧頡剛撰《論繫辭傳中觀象制器的故事》，一面承認《淮南子・氾論訓》上的話，和《繫辭》傳上的話，『意義全同』，但一面卻又『死七八裂』的，一口咬定『《繫辭》傳襲用《淮南子》之文，而改變其議論的中心』，硬要《繫辭》傳下至西漢宣帝。李鏡池撰《易傳探源》，且引顧說而爲之張目。幸虧他們的老師胡適之當卽予以糾正；不然，我們於此還要費一番唇舌哩！胡先生致顧函說：

至於《淮南子・氾論訓》不明說引《繫辭》此段，也不足證明《繫辭》在淮南王書之後。我以爲氾論訓所說，必是依據《繫辭》而稍加發揮。其所以不明白引用繫辭者，正爲《繫辭》所重在觀象制器，而淮南主旨在制器應用。同爲制器，而解釋制器之因，根本不同，故淮南作者不能引用《繫辭》來證實自已的話。

《淮南子・氾論訓》既襲《繫辭》，而司馬談、董仲舒、《韓詩外傳》引《繫辭》之言，又標明『易』或『易大傳』曰，其爲相襲，更屬確鑿（認定《繫辭》當在史遷之後、昭宣之前的李文，將對照表之言，悉推諉至舊說之中，既無證據，不值一辯），那麼，《繫辭》傳不會是漢代的作品，亦可論定了。

梁任公於所著《古今僞書考及其年代》說：

《易》的《卦辭》《爻辭》絕無陰陽二字，《彖》、《象》才略有，《繫辭》《文言》便滿紙都是了。陰陽之說，從鄒衍始有，可見《繫辭》是受了鄒衍一派的影響才有的。儒家不言鬼神生死，不涉玄學的意味，《繫辭》《文言》卻不然，深妙的哲理，每含於辭意之間，分明是受了道家的影響才有的。孟子言『仁義』，從前並無人言『仁義』，《繫辭》《文言》卻屢次言及，可見作者對於孟子的學說，也有研究：這些理由，足以證明《繫辭》《文言》出於道家、陰陽家已盛行之後；即孟子之後（卷二）。

梁氏謂《繫辭》傳受了孟子和道家的影響，話固沒有錯誤，但謂出於陰陽家盛行之後，則不能沒有疑問。按：錢賓四先生於所著《先秦諸子繫年》（卷四），考證陰陽家始祖鄒衍約生於公元前三〇五年，姑假定年三十五著書，完成了他的陰陽家者言，則下至戰國末葉（前二八八至前二二一），迄六國盡滅，尚不足五十年：以此後一時期的著作風氣而論，似乎沒有像《繫辭》傳這樣的書篇，盛言陰陽而不及五行。蓋陰陽家者言乃鎔鑄陰陽五行兩說於一爐，舉凡受其影響者，沒有專言陰陽而不涉及五行的。

關於《繫辭》傳究竟後至什麼年代，拙著《先秦兩漢之陰陽五行學說》第一編，曾提到以下各點：

……惟《繫辭》傳之陰陽說，究未與五行說同爐而冶之，使其鎔鑄爲一物，如鄒衍所爲者，則仍爲前期作品也。雖然，其上傳第十章『參伍以變，錯綜其數』，參伍固明明爲錯雜之義（楊《注》云：參伍，猶錯雜），而後人則每以三才，五行解之。例如《淮南子·泰族訓》云：『何謂參伍？仰取象於天，俯取度於地，中取法於人：……此謂之參。制君臣之義，父子之親，夫婦之辨，長幼之序，朋友之際；此謂之五。』蓋其時陰陽說下之新五行論，已呼之欲出矣。

綜觀上述三項論證，陰陽說之創行，顯在孟子書後，約當戰國中葉之末。五行說倡自子思，其年世略與墨子相當，縱創於戰國中葉之前，亦決不早至春秋。二者原非一物，五行說且成於陰陽說前約百年，殊出吾人初料所及：於此則知鄒衍所以能依憑後出之陰陽說，而與前此之五行說合流，以完成其陰陽家之所由矣。

《繫辭》傳之陰陽說，較諸《文言》傳，上多一母，下多一子，雖已有『太極』、『兩儀』、『三才』、『四象』、

『八卦』諸說，然終無一言及於其時已創立之五行說，則知其陰陽說尚未與五行說合一，如鄒衍之所爲者。

> 欒調甫於所著《梁任公五行說之商榷》（《東方雜誌》廿一卷五號）云：『張子晉先生謂余曰：鄙意八卦、五行爲中國舊物理學兩大系統。在三代以前，本分道揚鑣；八卦畫自伏羲，而文王演之，五行始於《洪範》，而箕子傳之。墨子言五行而不言八卦，墨子系統出於禹也。』斯說之不足取，在以五行、八卦屬於遠古；然用以說明《繫辭》傳之陰陽八卦說，與戰國以來之五行說尚未合流，則未始無所見也。

著書者立說，於資料的取捨，有其自由，在通常的情形下，作者不言，自難謂其時必無；但以『天下同歸而殊塗』爲言的繫《辭傳》作者而論，旁引博證，儒道並採，在陰陽五行兩說沒有合一以前，發展自己的陰陽說，而不言五行，自不足怪，倘若其時已有新興忙着的、陰陽五行合一的陰陽家者言，以其勇於進取，既由陰陽發展至『三才』、『四象』、『八卦』等說，自不會獨獨堅拒五行說，而不兼容並包的。玆竟不及『五行』，當爲《繫辭》傳前於鄒衍的新陰陽五行說之證，而不至後至戰國末葉，那是極其顯然的。

三、說卦序傳著成的時代

屈先生於所著《先秦漢魏易例述評》上册，謂《說卦》傳『帝出乎震』一語，業經抄襲了『終始五德』之說云：

> 按：終始五德之說，以伏羲爲五帝之始。伏羲以木德王，木於方位屬東；震，東方也，今曰『帝出乎震』，猶言帝以木德也。其義出於始五德之說必矣。

又謂《說卦》傳『參天兩地而倚數』的話，業經取乎以五行配數字之義云：

> 《正義》引馬融曰:『五位相合,以陰從陽。天得三合,謂一、三、五也。地得兩合,謂二與四也。』按:《繫辭》傳以天地配數字,奇數屬天,偶數屬地。一、三、五,三數皆奇,天數也;故曰『參天』。二、四兩數皆偶,地數也;故曰『兩地』。而五行之數字,於一至五,謂之生數;六至十,謂之成數。『參天兩地而倚數』者,據五行生數言,蓋一、三、五合爲九,二、四合爲六:九、六,易之數也。

屈先生復據以上兩處檢討,判定《說卦》傳之作極晚云:

> 按:終始五德之說,始於鄒衍。以五行配數字,約當戰國晚年。《說卦》傳之作,更當在其後矣。

不過,屈先生於此著,志在述評先秦漢魏易例,話說到這裏卽已停止,雖然沒有考定《說卦》傳究竟晚到什麼時候,但看情形,得難前至先秦,那是很明顯的。五十四年,筆者以故匆匆撰定《說卦傳著成的時代》一文,發表於大陸雜誌三十二卷十期,當時的結論,大體上是這樣說的:

> 屈先生旣證知說卦傳之作,不得前於鄒衍的終始五德說,……(下略。參看本書第三十五頁李文結論部分)。

不過,經重新檢討五方帝的來歷,覺得上面這個結論仍有修正的必要。《漢書・魏相傳》載魏相奏章說:

> 臣聞《易》曰:……東方之神太昊,乘震、執規,司春。南方之神炎帝,乘離、執衡,司夏。西方之神少昊,乘兌、執矩,司秋。北方之神顓頊,乘坎,執權、司冬。中央之神黃帝,乘坤、艮、執繩,司下土:此五帝所司,各有時也(《漢書》四十四卷)。

魏相之《易》,洪氏通經表(卷三)列於『不名誰家』之下,其師承雖已失考,但觀其以八卦分布於五行的時方,卻地地道道是《說卦》傳的易說,一點沒有走樣。《漢書》稱其『明易經,有師法』,當非虛語。我們不要以爲較諸《說卦》尚缺西北之『乾』、東南之『巽』，就發生懷疑，那是因爲魏相在這裏講話的對像是人間之主，既然指明了『乾坤、艮、執繩，司下土』的天子，對於他所代表的那位『乘乾、巽，執命，司上天』者，當可默而不言，又那裏是不完整呢！

魏相的《易》說旣出諸《說卦》傳，則所言五方帝，自亦出諸《說卦》傳。高誘注『太皞』（太昊、太皞皆同）云：『伏羲有天下之號也；死託祭於東方之帝也。』據日後王莽相生的終始五德系列，木德伏羲之後，次爲火德神農，次爲土德黃帝，次爲金德少昊，次爲水德顓頊……亦正與《說卦》傳『帝出乎震』，而以木德起始之說相合。

此死而託祭於人間的五方帝，經核對與《淮南子・天文訓》所列時方稱謂合，亦與《呂氏春秋・十二紀》所列時方稱謂合。前以速斷卽認定《說卦》傳說來自《呂氏春秋・十二紀》，故有上述結論。實則二者孰先孰後，至今仍是找不到確切證據以爲之證明的。那麼，當然不得謂《說卦》必不前至先秦：這是對於先前結論的修正；亦謂《說卦》著成的時代，至遲在秦漢之際，最早也可能前至戰國末年。《晉書・束晳傳》述汲冢所出竹書，有『卦下易經一篇，似說卦而異』的記載；明戰國晚年，說《易》者已有此類作品，《說卦》前至戰國的可能性，而且還是很大的。

至於《序卦》著成的時代，據考證，大體上和《說卦》略同。《淮南子・繆稱訓》云：

……故《易》曰：『剝之不可遂盡也，故受之以復。』

《序卦》云：『剝者，剝也。物不可以終盡，剝窮上反下，故受之以復。』淮南王書所稱引，旣謂爲『《易》曰』，當卽此《序卦》之《易》說無疑。似此西漢初年已傳布，史遷且於《孔子世家》以之屬於孔子(見前)，而定爲田何所傳者（遷父談爲田何再傳弟子)。那麼《序卦》傳至遲必在秦漢之際已問世，那是很顯然的。

按:《詩・大序》，《隋書・經藉志》以爲子夏毛公作，實則著成的時代不得前乎毛公，約在戰國晚年。又，《書・序傳》爲孔子作，實則《湯征》、《太甲》兩《序》，皆襲《孟子》爲說，亦大抵爲戰國晚年的作品: 衡諸此種時代風氣，則《周易・序卦》之作，當亦非不可前至先秦，那也是很顯然的。

《序卦》注釋《周易》的卦義，和《說卦》有相同的解說; 例如《說卦》傳云:『震，動也。巽，入也。坎，陷也。離，麗也。艮，止也。兌，說也。』《序卦》傳亦分別謂:『震者，動也。巽者，入也，坎者，陷也。離者，麗也。艮者，止也。兌者，說也。』但由於二者著成的年代都難以肯定在一個確實的時間，也就不得謂誰在襲用誰的了。而且，那些傳釋，大都前人已先言，也談不到誰在襲用誰的。因此，二傳的先後問題，由於證據不足，在目前說，還是難以解決的。自韓康伯、孔穎達以來，固卽謂『凡《序卦》所明，非《易》之緼也』; 但，那是另一問題，我們不得以其比較膚淺，卽判定其必出諸《說卦》之後啊!

四、雜卦著成的時代

史公於《孔子世家》未擧《雜卦》，自可疑當時原無《雜卦》，故揚子《法言・問神篇》云:

> 《易》損其一也，雖惷知闕焉!

王充《論衡》又言宣帝時得《逸易》一篇云:

> 宣帝之時，河內女子壞老屋，得《易》一篇; 名爲何《易》? 其時《易》具足未? (《謝短篇》)
>
> 至孝宣皇帝之時，河內女子發老屋，得《逸易》、《禮》、《尚書》各一篇奏之。宣帝下示博士，然後《易》、《禮》、

《尚書》各益一篇。(《正說篇》)

揚雄旣謂『易損其一』,王充至東漢又謂宣帝時『得逸易』,則宣帝時河內未獻書之前,《易》傳原不足十篇之數,那就無怪史公於《孔子世家》沒有言及『雜卦』,至哀平間始有『十翼』之說了。不過,揚子所謂損,王充所謂逸,是否同物;而卽爲《雜卦》,仍然是一個不易考證的問題。《隋書·經籍志云》:

及秦焚書,《周易》獨以卜筮得存;唯失《說卦》三篇,後河內女子得之。

戴東原《周易補注目錄後語》亦謂:

然昔儒相傳。《說卦》三篇與今文《泰誓》同後出。《說卦》分之爲《序卦》、《雜卦》,故三篇詞指,不類孔子之言。

崔適《五經釋要》(卷四)又說:

王充謂河內得逸《易》一篇,不言篇名。據班《志》,則知是《序卦》也。《序卦》爲河內所得,並《彖》、《象》以下九篇,稱十翼,繫之施、孟、梁丘三家;猶《尚書》二十八篇,並後得《泰誓》稱二十九篇,屬之大小夏侯也。

觀《隋志》記載及戴、崔二氏之說,河內獻《易》問題,愈趨複雜;爲一爲三尚難確定,遑論是否卽爲《雜卦》。屈先生於所著《漢石經周易殘字集證》說之云:

按:戴氏謂《說卦》三篇包括《序卦》《雜卦》者是,而謂《逸易》爲三篇則非;崔氏謂《逸易》爲一篇者是,而謂其爲《序卦》則非也。蓋《說卦》、《序卦》、《雜卦》,雖爲三篇,而王弼本則合爲一卷。《周易》王氏本經文凡九卷,並《略例》爲十卷;《說卦》、《雜卦》三篇,同在卷九。……今以唐石經(用王弼本)覘之:唐石經每卷標題,皆用隸書,字體亦特大;而經文則用楷書。其第九卷大字隸書標題云:『周易說卦第九』。《序卦》、《雜卦》,皆在此卷內。雖亦標題『周易序卦第十』、『周易雜卦第十一』；然字體旣用楷書，字之大小復與經文相同，其前且不空行。驟視之，一若第九卷專爲《說卦》更無他篇者；故遂以《說卦》統序、雜也。《逸易》一篇，當由故老相傳，知在《說卦》卷內。唐人見《說卦》爲三篇，遂誤以爲三篇皆河內女子所得耳。

何以言之？揚雄、王充以漢時人述漢時事，皆謂損一，自當較唐人之說爲可信。且《史記·太史公自序》引《繫辭》傳『天下同歸而殊途』一語；《春秋繁露·基義篇》引《文言》『履霜堅冰，蓋言遜也』語；《淮南子·繆稱篇》引《序卦》『剝之不可遂盡也，故受之以復』二語；《荀子·大略篇》說咸卦，頗似咸彖傳；汲冢所出卦下易經一篇，亦類說卦（見《晉書·束晳傳》）。更以史公『序、彖、繫、象、說卦、文言』之語證之，知《彖》、《象》、《繫辭》、《文言》、《說卦》、《序卦》，在漢武帝以前，已俱有之，無俟河內之獻。然則河內女子所得所謂《逸易》一篇者，非《雜卦》莫屬也。此義予曾於《易損其一考》（見民國二十五年出版之《山東省立圖書館季刊》）文中詳論之；今更審之，似仍覺不誤也。

惟是所謂損所謂逸者，乃就後世之觀點言之。實則，西漢中葉以前，本無此篇；至河內女子獻此篇後，始增入於《易》耳。此蓋與河內《泰誓》，同出於漢人之手也。

屈先生既明確考定史遷於《孔子世家》未舉之《雜卦》，爲宣帝時河內所獻，原非西漢中葉以前所有，則是書的著成，自在宣帝之時，或稍前：劉歆僞造之說，當可不攻自破了。

五、餘 言

《周易》十翼異時分成，大體考證如上；誠如屈先生所說，爲戰國中葉至西漢一時期之作品。筆者由於所見文獻不足，對於《說卦》、《序卦》著成的年代，未能考證十分明確；而且於《彖》、《象》、《文言》、《繫辭》的論據，亦未悉有無謬誤，那是切盼讀者隨時予以指正的。於此，尚有不能已於言者三事：

第一，《易》爲卜筮之書，那是共喻互曉的。可是時至孔子，卻說：『假我數年，五十（卒）以學易，可以無大過矣。』（《論語・述而》）而以寡過之書視之。對於恒卦九三的『不恒其德，或承之羞』，亦謂：『不占而已矣。』（《論語・子路》）《國語》言《周易》者二見，《左傳》言《周易》者十六見，亦皆大都以義理爲說，略似孔子；尤其所載知莊子、穆姜、鄭子展等說《易》之言，足證是如此的。下至《荀子》、《國策》、《呂覽》、《禮記》中《易》說，此風未泯；《周易》十翼大概就是在此一好尚之下，比較有體系的儒者說《易》之作。後人以孔子相依託，當非無因。

第二，《周易》十翼既是異時分成，則知先後作者，意在本諸所創或所見所聞《易》說，公之於世，當非僞書。至於後人統通屬於孔子，那是後人的事，和作者有什麼關係呢！漢人所撰《雜卦》，託諸河內女子所獲《逸易》，固不無售欺的意圖；但並未假冒孔子，增入於《易》湊足十全之數，而屬於孔子，蓋亦後人之事，只不過不能沒有間接的干係罷了。雖然，苟於十翼，習而不察，即誤爲孔子的作品，則於學術上所獲不良後果，那是和僞書所發生的毛病，是相等的！

第三，《周易》十翼既絕大多數爲先秦作品，又大抵爲儒家言，自爲治思想史者的要籍。只以兩千年來往往屬於孔子，平白的把孔子思想降至戰國末年，甚而且同西漢中葉以後的儒者思想同流，這該是一個如何的不幸呢！《周易》卦序反對的義例，首由《彖》傳發現，《雜卦》傳本之，雜採諸家《易》說，傳釋六十四卦卦義，尙能沿襲先秦舊解，沒有揉雜漢人的象數之說，原不失爲初學易者一篇相當良好的卦義謌訣；苟亦屬於孔子，那就更覺風馬牛不相及了。

總之，以異時分成而視《周易》十翼，則《周易》十翼各有其價值，且不失其翼《易》之功。梁任公說：『《繫辭》《文言》的本身，自有它的價值，原不必依託孔子；它解《易》的意義對不對，合不合孔子的見解，我們可以不管，它有許多精微的話，確乎是中國哲學的重要產品，比從前更進化了。我們一面不迷信「孔子作十翼」的古話，一面不可以爲《繫辭》《文言》不是孔子做的便無價值。』(古書眞僞及其年代卷二)話是對的。梁氏同時談到《說卦》《序卦》《雜卦》，並謂：『拿來觀察各時代的心理——宇宙觀和人生觀，那便什麼都有價值了。』話也是對的。其實，梁氏不把《彖》、《象》二傳暫時屬於孔子，不也是一樣有它的價值嗎？

(《周易十翼異時分成考》，原載於《淡江學報》第八期)

張岱年云：

漢代以來流傳的《周易》一書，包括兩部分，一部分是《上下經》二篇，另一部分是《彖》上下、《繫辭》上下、《文言》《說卦》《序卦》《雜卦》共十篇。《漢書・藝文志》著錄『《易經》十二篇，施、孟、梁丘三家。』顏師古《注》：『上下經及十翼，故十二篇。』《彖》《象》等十篇，歷來稱爲十翼，現在許多學者稱之爲《易傳》。但在漢代，這十篇並不是簡單地稱爲《易傳》；在漢代，《易傳》一詞實別有所指。《漢書・儒林傳》說：『漢興，田何以齊田徙杜陵，號杜田生，授東武王同子中、洛陽周王孫、丁寬、齊服生，皆著《易傳》數篇。……要言《易》者本之田何。』《漢書·藝文志》著錄：『《易傳》：周氏二篇（字王孫也），服氏二篇，楊氏二篇（名何），蔡公二篇，韓氏二篇（名嬰），王氏二篇（名同），丁氏八篇（名寬）。』可見漢代是把漢儒所著對於《周易》的解說稱爲『易傳』。（到宋代，程頤、蘇軾的易注也稱『易傳』，南宋朱震著《漢上易傳》，楊萬里著《誠齋易傳》，亦把自己的注解稱爲『易傳』）而所謂十翼，在漢代並不稱爲『易傳』。

漢初陸賈所著《新語》多次引述《周易》，《辯惑》篇中說：『《易》曰：二人同心，其義斷金。』這是引《繫辭》的文句（《繫辭上》：『二人同心，其利斷金』）直稱『《易》曰』。《淮南子·繆稱訓》說：『故《易》曰：剝之不可遂盡也，故受之以復。』這是引《序卦》的文句，（《序卦》：『物不可以終盡，剝窮上反下，故受之以復。』）也是直稱『《易》曰』。司馬談《論六家要旨》說：『《易大傳》：天下一致而百慮，同歸而殊塗。』這是引《繫辭》的文句，（《繫辭下》：『天下同歸而殊塗，一致而百慮。』）稱爲《易大傳》。所謂《易大傳》，是專指《繫辭》，還是泛指《彖》《象》等篇，文獻不足，無從斷定。但司馬遷認爲《彖》《象》等都是孔子所作。司馬氏父子很可能是把傳說孔子作的《彖》《象》《繫辭》《文言》《說卦》等篇都稱爲《易大傳》，以別於當時人所著『易傳』。

漢代施、孟、梁丘三家所傳的《周易》共十二篇，《漢書·儒林傳》說：『費直字長翁，東萊人也，治《易》，……亡章句，徒以《彖》《象》《繫辭》十篇《文言》解說上下經。』可見費氏《易》也是十二篇。王充《論衡·正說篇》說：『孝宣皇帝之時，河內女子發老屋，得逸《易》《禮》《尚書》各一篇，奏之。宣帝示博士，然後《易》《禮》《尚書》各益一篇。』施、孟、梁丘三家講學，正是在宣帝時，三家的十二篇中有一篇是當時才發現的。《隋書·經籍志》說：『及秦焚書，《周易》獨以卜筮得存，唯失《說卦》三篇，後河內女子得之。』這又認爲《說卦》《序卦》《雜卦》都是宣帝時發現的。但是，《淮南子》已引過《序卦》，司馬遷已提到《說卦》，近年馬王堆出土帛書《周易》，有《繫辭》，那《繫辭》中包括通行本《說卦》的一段。這都可證《隋書·經籍志》之說是不可憑信的。王充所說增益『一篇』是正確的。這一篇當是《雜卦》。

施、孟、梁丘三家所傳十二篇，除《雜卦》是宣帝是發現的以外，其餘上下經二篇，《彖》《象》等九篇，當是漢初《易》學大師田何的傳本。《漢書·儒林傳》說：『漢興，言《易》自淄川田生』；又說：『要言《易》者本之田何。』田何是戰國末前漢初講授《周易》的重要人物。

《晉書·束晳傳》說：『初，太康二年，汲郡人不准盜發魏襄王墓，或言安釐王冢，得竹書數十車，……其《易經》二篇，與《周易》上下經同。……《卦下易經》一篇，似《說卦》而異。』杜預《左氏經傳集解後序》說：『汲郡汲縣有發其界內舊冢者，大得古書，……《周易》上下篇與今正同，別有《陰陽說》，而無《彖》《文言》《繫辭》，疑於時仲尼造之於魯，尙未播之於遠國也。』魏襄王墓中所藏《周易》上下經與通行本內容相同，可見田何所傳上下經是戰國時代舊本之一。近年馬王堆出土的帛書《周易》不分上下經，六十四卦次序亦完全不同，當是另外一種傳本。帛書《周易》的《繫辭》，與通行本《繫辭》內容頗有出入，也不盡同，足證漢初《繫辭》也有不同的傳本。今本的《繫辭》和《彖》《象》等篇當也是田何傳下來的，田何的傳本必然有其一定的師承關係。

漢代人都認爲《彖》《象》《繫辭》等篇是孔子所作。《漢書·藝文志》說：『文王……作上下篇，孔氏爲之《彖》《象》《繫辭》《文言》《序卦》之屬十篇。』這是傳統的說法。宋代歐陽修作《易童子問》，開始懷疑《繫辭》非孔子作，葉適繼之，淸代史學家崔述等又加以論證。現在多數學者都認爲所謂十翼確非孔子所作，這已成爲定論。這十篇的作者究竟是誰，已無可考。這十篇的著作年代，卻還可以考定。這十篇作於何時呢？多數先生認爲書於戰國時期，也有些先生認爲作於秦漢之際。郭沫若《周易之制作時代》說：『我相信《說卦傳》以下三篇應該是秦以前的作品，但是《彖》《象》《繫辭》《文言》則不能出於秦前。大抵《彖》《繫辭》《文言》的三種是荀子的門徒在秦的統治期間所寫出的東西，《象》在《彖》之後。』也有些先生認爲是秦漢間至漢代中期的作品。李鏡池《周易探源》說：『《彖傳》與《象傳》——其年代當在秦漢間：《繫辭》與《文言》——年代當在史遷之後，昭宣之間。《說卦》《序卦》與《雜卦》——在昭宣後。』又說：『現在我的推斷是：一，《彖傳》的《大象》，寫於秦朝。《彖》《象》二傳是秦漢間作品。二，《繫辭》《文言》是經師傳《易》的語錄遺說的輯錄，卽從田何到田王孫的口傳易說。三，《說卦》以下三篇，約在宣元之間。』對於這個問題還須作全面的深入的考察。

司馬遷說：『孔子晚而喜《易》、序《彖》《繫》《象》《說卦》《文言》』。可見司馬遷見過《彖》《繫辭》《象》《說卦》《文言》等篇。對於司馬遷這幾句話隨意否認或隨意曲解，都是不對的。《淮南子·繆稱訓》引述過《序卦》的文句。陸賈《新語》的《道基篇》說：『於是先聖乃仰觀天文，俯察地理，圖畫乾坤以定人道。……天下人民野居穴處，未有室屋，則與禽獸同域，於是黃帝乃伐木構材，築作宮室，上棟下宇，以辟風雨。』這顯然是引述《繫辭下》『古者包犧氏之王天下也』一般的語意。又《辯惑篇》引述《繫辭上》的『二人同心』二句。這些都足證明《繫辭》《序卦》在漢初已有。如果認爲《繫辭》的年代『在史遷之後，昭宣之間』，《序卦》『在昭宣後』，恐怕是疑古太勇，未免主觀武斷了。

《禮記・樂記》有這樣一段話：『天尊地卑，君臣定矣。卑高已陳，貴賤位矣。動靜有常，大小殊矣。方以類聚，物以羣分，則性命不同矣。在天成象，在地成形，如此則禮者天地之別也。地氣上齊，天氣下降，陰陽相摩，天地相蕩，鼓之以雷霆，奮之以風雨，動之以四時，暖之以日月，而百化興焉，如此則樂者天地之和也。』這和《繫辭上》首段大體相同。《繫辭上》說：『天尊地卑，乾坤定矣。卑高以陳，貴賤位矣。動靜有常，剛柔斷矣，方以類聚，物以羣分，吉凶生矣。在天成象，在地成形，變化見矣。是故剛柔相摩，八卦相蕩，鼓之以雷霆，潤之以風雨，日月運行，一寒一暑。』《繫辭》在這裏是講天地和萬物的秩序和變化，寫得比較自然。《樂記》此段從天地講到禮樂，講得比較牽強，看來是《樂記》引用《繫辭》的文句而稍加改變。《隋書・音樂志》引沈約說：『《樂記》取《公孫尼子》。』《公孫尼子》的年代也難以確定，但總是戰國時代的作品。《繫辭》必在《公孫尼子》之前，是沒有疑問的。

宋玉《小言賦》有這樣幾句：『且一陰一陽，道之所貴；小往大來，剝復之類也。是故卑高相配而天地位，三光並照則小大備。』這顯然是引述《繫辭上》『一陰一陽之謂道』和『卑高以陳，貴賤位矣』的語意。《漢書・藝文志》著錄《宋玉賦》十六篇，《隋書・經籍志》著錄《宋玉集》三卷，宋代以後《宋玉集》散失了。《小言賦》見於《古文苑》。傳說《古文苑》編於唐代，據考證當係宋初編定的，所以《古文苑》的材料不盡可信，但也不失爲一個旁證。如果《宋玉賦》引用過《繫辭》的文句，更足以證明《繫辭》的年代不可能晚於戰國。

《荀子・大略篇》說:『易之咸,見夫婦。夫婦之道不可不正也。君臣父子之本也。咸,感也。以高下下,以男下女,柔上而剛下。』這和《周易》中《咸》卦的《彖》很相類似。《咸》卦的《彖》說:『咸,感也。柔上而剛下,二氣感應以相與,止而說,男下女。』這是《大略篇》選錄了《彖傳》的文句呢,還是《彖傳》抄錄了《荀子》?我認爲,這首先要看看《荀子・大略篇》的體裁。《大略篇》不是一篇系統的論文,而是一篇資料摘錄,它摘抄了《荀子》一些篇章中的要語和其它材料。郭沫若先生曾說:『以荀子那樣富於獨創性的人,我們可以斷定他的話決不會是出於《易傳》之剽竊。』(《周易之製作時代》)但這裏需要作具體分析。從內容看,《大略篇》只是一篇資料摘錄,可能是荀子門徒所編,我們不能因爲荀子是一個富於獨創性的思想家,就斷定《荀子》全書各篇都不會引用舊文。這條開端三字是『易之感』,這就足以表明,這條正是引述《周易》中《彖傳》的文句而加以發揮。

根據以上的論證,可以斷定:《繫辭》和《彖傳》基本上是戰國時代的作品。但究竟是戰國時代那個時期的作品呢?這還須作進一步的考察。

如何作進一步的考察呢?我們可以從基本概念範疇的提出與演變,從基本哲學命題的肯定與否定,來考察哲學著作的年代先後。一般的情況是:先有人提出一些概念範疇,然後才有人加以評論或否定。先有正命題,然後才會有反命題。這是思想發展的必然的程序。

戰國時代思想發展中,有兩件事實與《易大傳》有重要聯繫,値得注意。第一,《繫辭上》說:『天尊地卑,乾坤定矣;卑高以陳,貴賤位矣。』肯定了天地的尊卑高下的關係。而《莊子・天下篇》所載惠施《歷物》之意十事,第三條是『天與地卑,山與澤平』，指出天地的高下關係是相對的。從思想演變來看，惠子的『天與地卑』正是《繫辭上》『天尊地卑』的反命題。所以，應該肯定，《繫辭》的基本部分在惠施以前就有了。

第二，《繫辭上》又說：『易有太極，是生兩儀。』以太極爲最高的實體。而《莊子·大宗師篇》說：『夫道有情有信，無爲無形，可傳而不可受，可得而不可見。自本自根，未有天地自古以固存；神鬼神帝，生天生地，在太極之先而不爲高，在六極之下而不爲深。』這顯然是不承認太極是最根本的，而把道凌駕於太極之上。這是對於『易有太極』的反命題。所以，《繫辭》的這部分文字應在《莊子·大宗師篇》之前。

關於天地起源問題，儒家和道家有一段競爭的歷史。老子最先提出了『道』的範疇，認爲道『先天地生』、『可以爲天下母』，又說：『吾不知其名，字之曰道，強爲之名曰大。』這個大字應讀爲太。《莊子·天下篇》述關尹老聃的學說云：『建之以常、無、有，主之以太一。』常、無、有是三個觀念，太、一是兩個觀念；指太與一。太卽道，一卽『道生一』之一。《易大傳》的太極，當是受老子影響而略變其說。太極之太是從老子所謂太來的，而添上一個極字，創立了另一個最高範疇。莊子則認爲太極只相當於『道生一』之一，道還是在太極之先。這表現了儒道兩家的爭議。《易大傳》的年代應在老子之後，莊子之前。

杜預《左傳集解·後序》敍述汲冢竹書說：『《周易》上下篇，與今正同，別有《陰陽說》而無《彖》《象》《文言》《繫辭》。』晉代汲冢出土的竹書中沒有《易大傳》，我們能不能據此斷定當時的魏國一定沒有《繫辭》等篇呢？我認爲不能。因爲當時的魏國並不是把所有與《周易》有關的書籍都埋藏在魏襄王冢中。所以，這決不能證明當時魏國沒有《繫辭》等篇，更不能證明當時齊魯等國沒有《繫辭》等篇了。

馬王堆出土的帛書中有《周易・繫辭》，而內容與通行本不盡同；又有別種《周易》解說。這說明漢代初年《繫辭》有不同的傳本，而解說《周易》的書也不止一二種。漢代以後流行的《易大傳》當是田何或田何的先師們所編定的，而田何或他的先師們所不採用的部分，後來都失傳了，今日才有所發現。但在歷史上發生重大影響的還是田何的傳本。

如上所述，我們可以斷定，《繫辭》的基本部分是戰國中期的作品，著作年代在老子以後，惠子、莊子以前。《彖傳》應在《荀子》以前。關於《文言》和《象傳》，沒有直接材料。《文言》與《繫辭》相類，《象傳》與《彖傳》相類，應當是戰國中後期的作品。從《象傳》的內容看，可能較《彖傳》晚些。

總之，《易大傳》的基本部分是戰國中期至戰國晚期的著作。

（《論易大傳的著作年代與哲學思想》，
在《中國哲學發微》內，1981，山西）

張立文云：

《易傳》究竟成於何時、作於何人呢？

依據古文獻和地下發掘資料，玆作如下考釋：

關於《象傳》，舊說以其成書當在秦漢間，然《左傳》昭公二年記載：『晉侯使韓宣子來聘，……觀書於太史氏，見《易・象》與《魯春秋》，曰：「周禮盡在魯矣，吾乃今知周公之德，與周之所以王也」。』而見《易・象》在春秋時便已存在了。《易・象》是對三百八十四爻的解釋，它的內容，也爲《論語》所徵引，『曾子曰：「君子思不出其位」。』（《論語・憲問》）見於《艮卦》之《象辭》。至於是《論語》引自《象傳》還《象傳》引自《論語》。崔述在《洙泗考信錄》卷三中認爲是《象傳》引自《論語》。

但《左傳》昭公二年即公元前五四〇年（周景王五年），如果孔子生於公元前五五一年（周靈王廿一年）的話，那末，這時孔子只有十一歲，當然不是《象傳》引自《論語》了。

關於《彖傳》。舊說以爲秦漢間作品，但《荀子·大略篇》說：『《易》之《咸》，見夫婦。夫婦之道，不可不正也，君臣父子之本也，咸，感也，以高下下，以男下女，柔上而剛下。』這段話見之於《彖下傳》的《咸》卦《彖辭》：『咸，感也。柔上而剛下，感應以相與，止而說，男下女，是以亨，利貞，取女吉也。天地感而萬物化生，聖人感人心而天下和平，觀其所感而天地萬物之情可見矣。』把這兩段話加以比較，正如郭沫若所說：『兩者之相類似是很明顯的。』盡管荀子在引用《彖下傳》時文字上有所出入，然卻是春秋戰國時普遍流行的文風和習慣。如當時對於《詩》《書》等的引用，無不斷章取義，文字上也常有出入。但郭沫若先生卻否定《荀子》引自《咸卦·彖辭》。他說：『假如荀子是引用了《易》傳，應該要標明出它的來源。荀子書中引用他書的地方極多，都是標明了出處的，而關於咸卦的這一段議論卻全然是作爲自己的學說而敍述着的，以荀子那樣富於獨創性的人，我們可以斷定他的話決不會是出於易傳之剽竊。……無論怎麼看，都是荀子的說話在先，而《易》傳在後。』(《周易之製作時代》《青銅時代》，羣益出版社一九四七年版，第七一頁)誠然，荀子書中引用他書是標明出處的，他引《易傳》的話不是已標明出之於『《易》之《咸》』嗎？怎麼說荀子未標明出處呢？既然這樣，自然不能說荀子剽竊於《易傳》。因而，我們可以在同一前提下得出與郭先生相反的結論，《彖下傳》說話在先，《荀子》在後。況且《荀子·非相篇》還引《坤》卦《六四·爻辭》：『《易》曰：「括囊無咎無譽。」腐儒之謂也』；《大略篇》引《小畜》卦《初九·爻辭》：『《易》曰：「復自道，何其咎。」春秋賢穆公，以其能變也。』可見，荀子引用《周易》也有經部的卦、爻辭，而不只單引《易傳》；引《易經》注明『易曰』，引《易傳》則注爲『《易》之《咸》』。行文是很清楚的。由此，管見以《彖傳》爲春秋時作品，遲則爲戰國初年。

關於《說卦傳》，舊說以爲在《易傳》中是較晚的作品，約在漢昭、宣帝以後。然其見之於《左傳》和《國語》的有：

《左傳》莊公二十二年（公元前六九七年）記載：『周史有以《周易》見陳侯者，陳侯使筮之。遇《觀》（䷓）之《否》（䷋），曰：是謂「觀國之光，利用賓於王」（按：與《觀・六四》爻辭相同）。此其代陳有國乎？……坤，土也，巽，風也。乾，天也。風爲天於土上，山也。有山之材，而照之以天光，於是乎居土上。』『乾，天也』，則見於今本《說卦》第十章，『巽，風也』，則與《說卦》第十一章相似。

《左傳》閔公元年（公元前六六一年）記載：『初，畢萬筮仕於晉，遇《屯》（䷂）之《比》（䷇），辛廖占之曰：吉，屯固比入，吉孰大焉，其必蕃昌。震爲土，車從馬，足居之，兄長之，母覆之，衆歸之，六體不易，合而能固。』這段話與《說卦》第十一章『震』所代表的事物相類。

《左傳》僖公十五年（公元前六四四年）記載：『晉獻公筮嫁伯姬於秦，遇《歸妹》（䷵）之《睽》（䷥），史蘇占之曰：不吉。其繇曰：「士刲羊亦无衁也，女承筐，亦无貺也」（按：與《歸妹・上六》爻辭基本相同）。……震之離，亦離之震，爲雷、爲火、爲嬴敗姬。車說其輹，火焚其旗。不利行師，敗於宗丘。』『爲雷、爲火』，與《說卦》第十一章『震』和『離』所代表的事物相似。

《左傳》昭公五年（公元前五三九年）記載：『莊叔以《周易》筮之，遇《明夷》（䷣）之《謙》（䷎），以示卜楚丘，曰：是將行而歸爲祀。……離，火也。艮，山也。離爲火，火焚山，山敗。於人爲言，敗言爲讒。故曰：「有攸往，主人有言」，言必讒也。純離爲牛，世亂讒勝，勝將適離。』『離，火也。艮，山也』，與《說卦》第十一章『離』和『艮』所代表的事物相同。

《國語·晉語》：『公子（重耳）親筮之，曰：尙有晉國，得貞《屯》悔《豫》皆八也。筮史占之，皆曰：不吉。閉而不通爻，無爲也。司空季子曰：吉，是在《周易》，皆利建侯，不有晉國，以輔王室，安能建侯。……震，車也。坎，水也。坤，土也。屯，厚也，豫，樂也。車班外內，順以訓之。泉，原以資之，土厚而樂其實，不有晉國，何以當之。震，雷也、車也，坎，勞也、水也、衆也。主雷與車，而尙水與衆。……坤，母也，震，長男也。母老子強故曰豫。』這段話與《說卦》第五、十、十一章『震』、『坎』、『坤』所代表的事物相同。

從《左傳》《國語》與《說卦》相類或相同來看，《說卦》可能成於春秋時期。以『說卦傳以下的三篇是出現於西漢的中葉，漢初期所未有。』（《周易之製作時代》《青銅時代》，羣益出版社一九四七年版，第六九頁　）恐無堅實的根據。

關於《文言傳》，舊說以其當在司馬遷之後，漢昭、宣帝之間，但《左傳》襄公九年（公元前五六三年）記載：『穆姜薨於東宮，始往而筮之。遇《艮》（䷳）之八。史曰：是謂《艮》（䷳）之《隨》（䷐）。隨其出也，君必速出，姜曰：亡。是於《周易》曰：「隨，元亨利貞，无咎」。「元，體之長也；亨，嘉之會也；利，義之和也；貞，事之干也。體仁足以長人，嘉德足以合禮，利物足以和義，貞固足以干事。」然故（固）不可誣也，是以雖隨无咎。』在這裏，『隨，元亨利貞，无咎』，與《隨》卦辭相同；對於『元亨利貞』的解釋則與《乾文言》相同。可見，《文言傳》約成於春秋中葉，並爲《中庸》所徵引。『君子依乎中庸，遁世不見知而不悔，唯聖者能之。』（今本《中庸》第十一章）與《乾文言·初九》『潛龍勿用，何謂也。子曰：龍德而隱者也，不易乎世，不成乎名，遁世无悶，不見是而无悶，樂則行之，憂則違之。』意思相同。又如《中庸》：『庸德之行，庸言之謹，有所不足，不敢不勉。』（第十三章）首二句見之於《乾文言·九二》：『庸言之信，庸行之謹，閑邪存其誠，善世而不伐，德博而化。』其用意也相同。由此可推知《文言傳》決不成於漢代昭帝、宣帝之時。

關於《繫辭傳》，舊說以《繫辭》爲司馬遷之後，昭、宣之間，但司馬談在《論六家要指》中說：『《易大傳》：「天下一致而百慮，同歸而殊涂」。』（《史記·太史公自序》）見於今《繫辭下傳》：『子曰：天下何思何慮，天下同歸而殊涂，一致而百慮。』（第五章）文意相同；又董仲舒《對策》中說：『《易》曰：「負且乘，致寇至。」乘車者，君子之位也；負擔者，小人之事也。此言居君子之位而爲庶人之行者，其患禍必至也。』（《漢書·董仲舒傳》）見之於《繫辭上傳》：『《易》曰：「負且乘，致寇至」。負也者，小人之事也。乘也者，君子之器也。小人而乘君子之器，盜思奪之矣。』（八章）意思相同；另《韓詩外傳》：『《傳》曰：昔者舜甑盆無膻而下不以余獲罪；……故大道多容，大德多下，聖人寡爲，故用物常壯也。《傳》曰：「易簡而天下之理得矣」。』（卷三）『易簡』句見於《繫辭上傳》第一章，文意完全相同。由此可以推知，《繫辭》不會遲於戰國中期。

關於《序卦傳》和《雜卦傳》，舊說以其爲較晚作品，當在西漢昭帝、宣帝以後，其根據爲王充《論衡·正說篇》：『孝宣皇帝之時，河內女子發老屋，得逸《易》《禮》《尚書》各一篇，奏之。宣帝示博士，然後《易》《禮》《尚書》各益一篇。』在這裏，王充沒有說明逸《易》一篇是什麽。後來，《隋書·經籍志》說是《說卦》。『及秦焚書，《周易》獨以卜筮得存，唯失《說卦》三篇，後河內女子得之。』比較此二段話，矛盾不少：既以《周易》爲卜筮書，不在焚書之例，又何說失三篇；王充說得逸《易》一篇，而《隋書》說三篇；《論衡》未說篇目，而《隋書》講是《說卦》。是『一』是『三』，已不可考。但既把《說》《序》《雜》作爲一組，而《說卦》如上述成於春秋時期，則《序》《雜》也當與《說卦》相近。

根據上述，管見以爲《易傳》當成於春秋至戰國中葉，並非作於孔子一人，而是當時史官、儒者作成，某些篇章可能與孔子有聯繫。

如果以爲古文獻不足以證明《易傳》的年代，於此還有懷疑的話，那末，還可證之於地下發掘。《晉書·束晳傳》記載·『初太康二年（公元二八一年），汲郡人不准，盜發魏襄王墓，或言安釐王冢，得竹書數十車。其紀年十三篇。……《易經》二篇與《周易》上下經同。《易繇陰陽卦》二篇與《周易》略同，繇辭則異。卦《下易經》一篇似《說卦》而異。《公孫段》二篇，公孫段與邵陟論……《易》《師春》一篇，書《左傳》諸卜筮，師春似是造書者姓名也。……武帝以其書付秘書，校綴次第，尋考指歸；而以今文寫之。晳在著作得觀竹書，隨疑分釋，皆有義證，遷尚書郎。』按《史記·六國年表》魏襄王卒於周愼靚王二年（公元前三一九年），據《竹書紀年》則卒於周赧王十九年（公元前二九六年），相差二三年。魏安釐王卒於秦始皇四年（公元前二四三年），秦統一在秦始皇廿六年（公元前二二一年）。因而，魏襄王死於戰國後期，而魏安釐王則死於戰國末年。

這裏所說的《易經》二篇，卽是指《周易》的經部而言。因當時《經》與《傳》是分開的。所以《下易經》單獨成篇，而似《說卦》，又有不同。由於其中提到的篇章已不可見，而無法作比較。然既說似《說卦》，則可見象《說卦》這樣的《傳》已存在了。

另據《馬王堆二、三號漢墓發掘的主要收獲》（《考古》一九七五年，第一期）報導：在馬王堆漢墓中出土了整幅帛書寫的《易經》五千多字，無篇題。《易繫辭》，兩千七百多字，佚書《易說》七千多字。《易經》六十四卦全，卦、爻辭與今本《周易》同。其主要特點：一是不分上下篇，卦的序列和今本不同；二是只有卦、爻辭，不附《彖》《象》《文言》。《易繫辭》也不分上下，與今本的差別是：⑴今本上傳部分，帛書缺第八、九兩章，第十章倒置；⑵今本下傳部分，第五章後半，帛書多出一千餘字，其中一小部分見於今本《說卦》的前三章。由此可知，《易繫辭》大體上與今本《繫辭》相似，《說卦》有前三章。馬王堆二號漢墓主人是長沙丞相軑侯利蒼。死於公元前一八六年，三號墓掘出土的記事木牘表明，該墓下葬於漢文帝前元十二年（公元前一六八年），因三號墓是利蒼的兒子，所以相差二十餘年。可見是漢初時的人，則見《繫辭》『年代當在史遷之後，昭、宣之間』（《易傳探源》《周易探源》，中華書局一九七八年版，第三〇一頁），以及《說卦》『漢初時所未有』（《周易之制作時代》《青銅時代》，羣益出版社一九四七年版，第六九頁），或『在昭、宣後』等等說法，都可推倒。

總之，《易傳》的時代上自春秋，下至戰國中葉；作者亦非一人。

（《周易思想研究》第一章及第八章，湖北，一九八〇年出版）

〔存　目〕

王瓊珊撰《易學通論》，臺北廣文書局出版；第三章《易之作者》，謂八卦『仍當屬之伏羲』，『重卦之人舍伏羲莫屬也』，『《卦爻辭》，其文或平易或艱深，疑非一人手筆，大抵經孔子修定而非殷周之舊』，『《彖》《象》二傳爲孔子作，向無異說，不必具論。《文言》亦夫子之意而門人述之，如上下《繫辭》。《說卦》、《序卦》、《雜卦》三篇，當係後學所記』。

徐世大著《周易闡微》，臺北開明書店一九六三年印行；書內第三章爲《周易之作者》，第二節《地證》下云：『作者爲晉人而著書之地爲易。』又云：『《周易》之書與狄有關。』第三節《名節》下云：『《周易》之作者爲中行明，字光。』該書第四章爲《作者事蹟》。

戶田豐三郎著、劉文獻譯《周易彖、繫兩傳的形成》，見《書目季刊》第五卷第四期。

■子夏易傳

黃雲眉云:

《唐會要》載開元七年，詔令儒官詳定《子夏易傳》:『劉知幾議曰:「按《漢志》《易》有十三家，而無子夏作傳者。至梁阮氏《七錄》始有《子夏易》六卷。或云韓嬰作。或云丁寬作。然據《漢書》，《韓易》十二篇，《丁易》八篇，求其符會，則事殊隳刺者矣。夫以東魯服膺，文學與子游同列，西河告老，名行將夫子連踪，而歲越千齡，時經百代，其所著述，沉翳不行，豈非後來假憑先哲！必欲行用，深以爲疑！」司馬貞議曰:「按劉向《七略》有《子夏易傳》，但此書不行已久。今所存多失眞本。又荀勗《中經簿》云:『《子夏傳》四卷。或云丁寬所作。』是先達疑非子夏矣。又《隋書·經籍志》云:『《子夏傳》殘闕，梁六卷，今二卷。』知其書錯謬多矣。又王儉《七志》引劉向《七略》云，《易》傳子夏，韓氏嬰也。今題不稱韓氏，而載薛虞記。又今秘閣有《子夏傳》薛虞記，其質粗略，旨趣非遠，無益後學。不可將帖正經。」五月五日，詔《子夏傳》逸篇令帖《易》者停。』則是唐以前之所謂《子夏易》，已爲僞本矣。而晁說之所稱張弧僞托之本，實爲另一僞本。(《傳易堂記》曰:『古今咸謂子夏受於孔子而爲《易傳》，唐劉子玄知其僞矣。書不傳於今。今號爲《子夏傳》者，唐張弧之《易》也。』)張弧不知唐何時人。陸德明《釋文》所引: 據朱彝尊《經義考》謂『《屯》六二，乘馬班如，乘音繩，班如相牽不進貌。《比》傳，地得水而柔，水得地而流，故曰比。《小畜》九五，有孚攣如，攣作戀，思也。上九，月幾望作近望。《履》九四，訴訴恐懼貌。《泰》六四，翩翩輕舉貌。上六，城復於隍作堭。《大有》九四，匪其彭作旁。《謙》卦作嗛，云嗛謙也。《豫》六三，盱作紆。九四，盍簪疾也。《噬嗑》九四，胏作脯。《賁》六五，束帛戔戔作殘殘，傳云，五匹爲束，三玄二纁象陰陽。《復》上六，有災眚，傳云，傷害曰災，妖祥曰眚。《頤》六二，拂經作弗，云輔弼也。六四，逐逐作攸攸。《坎》上六，置於叢棘，置作湜。《离》六五，戚作嘁，咨慙也。《咸》初六，拇作踇。《遯》上九，傳云肥饒裕。《晋》九四，鼫鼠作碩。《明夷》，六二，夷於左股用拯馬壯吉，夷作睇，傳云，旁視曰睇，拯作抍。《睽》六二，其牛掣作契，傳云，一角仰也。《夬》九四，牽作掔。《姤》初六，柅作鑈。九五，包作苞。《困》九四，徐徐作茶茶，傳云，內不定之意。《井》九二，鮒，傳謂蝦蟇。六四井甃，傳云，修治也。《豐》九三沛，傳云，小也。沬，傳云，星之小者。《旅》九四，資斧作齊斧。《旣濟》六二，茀作髴，六四，繻有衣袽，繻作䌹，袽作茹。今文皆不然』云云。是今本又非張弧僞托之本矣。然德明猶可假定爲張弧以前人；王應麟乃南宋末人，而《困學紀聞》『帝乙歸妹，《子夏傳》謂湯之歸妹也』，今本亦無之，則尙安得謂爲張弧之僞本哉？準是以言，劉知幾、司馬貞所議者，固非宋人所見之僞本；今日所見之僞本，又非宋人所見之僞本。……全祖望曰：『今所行十一卷，固屬贋本；即《七略》以來之書，亦依托耳。夫曰韓曰丁曰薛，其見於前人著錄者，尙難審定，况臆度耶！』（《鮚埼亭集外編・子夏易傳・跋尾》）斯言最爲得之。

（《古今僞書考補證》）

■易 林

鄭 珍云:

今世有《易林》四卷，相傳爲漢焦延壽贛撰。顧亭林以延壽在昭、宣之世，其時《左氏》未立學官，而《易林》引《左氏》語甚多，又往往用《漢書》中事（如姚氏所引，此略。），疑是東漢以後人撰，托之焦延壽者。愚按贛事實見《前漢・京房》及《儒林傳》，並不言著《易林》，顧氏以用事措語疑之，此書不出贛信矣。考《隋書・經籍志》，有焦贛《易林》十六卷，費直《易林》二卷，許峻《易林》一卷，郭璞《周易林》五卷，魯洪度《易林》三卷；《唐書・藝文志》又增多崔氏《周易林》十六卷，管輅《周易林》四卷，張滿《周易林》七卷，是作《易林》者凡八家。崔篆，桓帝時人，許峻當在明、章間，二子皆不宜言劉季，則此書亦非崔、許所著。觀其文奇矞光怪，景純優爲之，然樸質自然，非漢、魏人不能也。是其管公明之書乎？唐會昌中王俞序贛書云，四千九十六題，卽是此本。知其時贛書久亡，世遂以此當之耳。今之四卷，蓋猶其舊也。

（《跋易林》）

黃雲眉云:

《易林》不知爲何人作，然決非焦氏書也。吾以爲《易林》固非焦氏書；若必指爲何人作，則吾亦未敢苟同。如《後漢書・崔駰傳》載：『駰祖篆，閉門潛思，著《周易林》六十四篇，用決吉凶，多所占驗。』李石《續博物志》曰：『篆著《易林》，或曰

《卦林》，或曰《象林》。』而焦、崔字又相似，故有疑《易林》爲崔篆作者。《後漢書·許曼傳》載：『曼祖峻，善卜占之術，多有顯驗，時人方之前世京房。所著《易林》，至今行於世。』王安石《許氏世譜》曰：『後漢汝南許峻者，爲《易林》傳於世。』故又有疑《易林》爲許峻作者。又如《東觀漢紀》載：『永平五年，京師少雨，上御雲臺，召沛獻王輔以《周易卦林》占之，其繇曰，蟻封穴戶，大雨將集。』今二語在《易林》中，故又有疑今之《易林》爲《周易卦林》者。以吾論之：方士好談吉凶，儒家亦雜形氣，撰《易林》者多矣，豈能一一懸擬而吻合之？吾人但辨今之焦氏《易林》，非延壽作可耳。不必拖泥帶水，強謂誰作誰書也。若謂獻王在永平時已用爲占，可證今之《易林》非東漢人所能作，則又安知非今之《易林》，襲用《周易卦林》語耶？楊愼謂『焦氏《易林》，西京文辭也。辭皆古韻，與《毛詩》《楚詞》協音相合。或似詩，或似樂府童謠，覩者但以占卜書視之，過矣。如「夾河爲昏，期至無船，搖心失望，不見所歡」，如「三驪負衡，南取芝香，秋蘭芬馥，利我少姜」，如「齟齟齧齧，貧鬼相責，無有歡怡，一日九結」，如「三夫共妻，莫適爲雌，子無姓氏，父不可知」，其辭古雅，魏、晋以後詩人莫及。且其辭，古之文人亦多用之：「六目睽睽」，韓文祖之曰「萬目睽睽」；「九雁列陳」，王勃《滕王閣序》用之；「酒爲歡伯」，「白雲如帶」，「穴蟻封戶，天將大雨」，唐詩多用之』云云（《丹鉛雜錄》卷六）。《易林》文辭誠可觀，後世文人多采摭之，然要無害其爲東漢以後人作；而丁晏撰《易林釋文》，必謂『《易林》學出西京，文義古奧，非東漢諸儒所能依託』，非也。

（《古今僞書考補證》）

陳　直云:

王應麟《漢書·藝文志考證·易林》引《東觀漢記》云:『孝明帝永平五年,以京氏《易林》占雨。』知東漢初書已漸行,現考繇詞中所用地名,多爲燕趙地,頗疑爲漢代燕趙人所附益。如卷三《節繇》云:『升擢超等,牧養常山。』卷四《兌繇》云:『邯鄲反言,父兄生患。』卷七《臨繇》云:『崔嵬北岳,天神貴客。』卷八《歸妹繇》云:『兄征東燕,弟伐遼西,大克勝還,封君河間。』卷十四《復繇》云:『馬服長股,(馬服山名,趙括封君蓋在其地。)宜行善市。』古人著述於山川風土,皆就眼前言之,上述蓋爲燕趙人附益之明證,焦延壽梁人,不得作斯語也。又卷二《坎繇云》:『恆山浦壽,高邑所在。』浦當作蒲,《漢書·地理志》,常山郡有蒲吾、靈壽二縣。鄗縣班固原《注》:『世祖卽位,更名高邑。』此條當爲東漢人撰,恆爲文帝之諱,東漢人有直稱爲恆山者。卷四《恆繇》云:『典册法書,藏在蘭臺。』《續漢書·百官志》云:『蘭臺令史六人,秩六百石。』與鴻都石室,皆爲藏書之府。卷十四《謙繇》云:『齊東郭廬,嫁與宛都。』與《文選·古詩十九首》『游戲宛與洛』同意,殆亦東漢人之詞句也。

(《古籍述聞》,原刊《文史》第三輯,一九六三年中華書局出版)

書　類

■今文尚書

［通　論］

金兆梓云:

一、論二十八篇非伏生所傳本

述漢時六藝之流傳者，當首溯《史記·儒林傳》。其述申公、轅固生、韓生之傳《詩》也，於申公惟曰;『弟子自遠方至受業者百餘人，申公獨以《詩經》爲訓以教，無傳疑，疑則闕不傳。』於轅固生惟曰:『以治《詩》，孝景時爲博士。』曰:『齊言《詩》，皆本轅固生也。』於韓生惟曰:『推《詩》之意而爲《內外傳》數萬言，其語頗與齊、魯間殊，然其歸一也。淮南賁生受之。自是之後，而燕、趙言《詩》者由韓生。』其述《易》之傳曰:『自魯商瞿受《易》孔子。孔子卒，商瞿傳《易》六世至齊人田何字子莊，而漢興。』其述《春秋》之傳曰:『齊之言《春秋》者，多受胡毋生。』曰:『董仲舒以治《春秋》，孝景時爲博士。』曰:『其傳公羊氏也。』統上所述，《詩》《易》《春秋》之傳，皆絕無言及書簡之有闕者。於《禮》則曰:『《禮》固自孔子時而其經不具。及至秦焚書，書散亡益多，於今獨有《士禮》，高堂生能言之。』雖已及書簡之散亡;然《禮經》之不具，孔子時而已然，及秦焚書，僅存《士禮》。記載固自分明。獨於《書》則其記述頗多自相矛盾。其文曰：『孝文帝時，欲求能治《尚書》者而天下無有；乃聞伏生能治，欲召之。是時伏生年九十餘，老不能行，於是乃詔太常使掌故朝錯往受之。秦時焚書，伏生壁藏之。其後兵大起，流亡。漢定，伏生求其書，亡數十篇，獨得二十九篇，即以教於齊、魯之間。學者由是頗能言《尚書》，諸山東大師無不涉《尚書》以教矣。伏生教濟南、張生及歐陽生，歐陽生教千乘、兒寬。兒寬既通《尚書》，以文學應郡舉，詣博士，受業孔安國。』（中述兒寬傳從略）曰：『張生亦爲博士，而伏生孫以治《尚書》徵，不能明也，自此之後，魯周霸、孔安國、雒陽賈嘉頗能言《尚書》事。孔氏有古文《尚書》，而安國以今文讀之，因以起其家逸書，得十餘篇。蓋《尚書》滋多於是矣。』此一章紀述，自『秦時焚書』後，與上文似爲各不相干之兩截。自此以上，謂伏生外，天下無有治《尚書》者，而伏生獨傳之朝錯。以下，則伏生久以《尚書》傳人，親受其傳者，有張生、歐陽生；繼之者，又有兒寬、孔安國、周霸、賈嘉。然未見朝錯有傳人。近人崔適嘗辨之曰：『「秦時焚書，伏生壁藏之。其後兵大起，流亡。漢定，伏生求其書，亡數十篇，獨得二十九篇，即以教於齊、魯之間。」此節不繫於「孝文求能治《尚書》者」以上，則朝錯所往受者，有亡篇乎？無亡篇乎？如有亡篇，何以上文不言？《錯傳》亦不言？如無亡篇，孝文時尚未亡，漢定時顧亡乎？不合者一。又云：「由是山東人師無不涉《尚書》以敎矣，伏生教張生及歐陽生」數語，上承漢定爲文，則伏生設教，當在高、惠之世。孝文時求能治《尚書》者無有，然則山東大師何往耶？其所教弟子何往耶？下文歐陽生教倪寬，倪寬既通《尚書》，應郡舉，詣博士受業，受業孔安國，補廷尉史，張湯以爲奏獄掾。《漢書・百官表》張湯遷廷尉，在元朔三年，然則倪寬受書孔安國，極早亦在建元、元光之間。是孝武時歐陽生尚存，孝文時何往耶？不合者二。（中辨《倪寬傳》從略）又下云：「孔氏有古文《尚書》，安國以今文讀之，逸《書》得十餘篇，蓋《尚書》滋多於是矣。」案安國之今文《尚書》不言所受，當爲孔氏家學，而非伏生所傳。然則與伏生所傳者，同乎？異乎？如其同也，兵禍所流亡，豈如選學之定本，篇數無差，篇名亦不異乎？如其異也，倪寬兼受業歐陽、孔氏，何不以所異互補，必待古文出而滋多乎？不合者四。』（見《史記探原》卷八）崔氏之言，辨證已頗密，其實可疑者尚不止此。伏生者，據《漢書·儒林傳》，固秦博士也。秦焚書事，據《史記·秦始皇本紀》，必非博士官所職，始悉詣守尉雜燒之。然則，博士所職，固可弗燒也。伏生既爲秦博士，何以秦焚書時，亦必壁藏其書，不已多事乎？此可疑者一。上文言朝錯實受伏生之傳，錯以太常掌故奉詔受《書》，自必以所受者上之官。下文張生、歐陽生不過伏生教於齊、魯間時之弟子耳，以恆理測之，則漢世立於學官者，應爲朝氏《尚書》。何以異日立於學官者，轉爲歐陽《尚書》及張生所授之夏侯《尚書》。錯所受者何往耶？此可疑者二。下又云，『張生亦爲博士。伏生孫以治《尚書》徵，不能明也。』張生爲伏生弟子。文帝時伏生既年九十餘，老不能行矣。張生慮亦非復少年。其爲博士，何時耶？在錯受書之前或其後耶？如其前也，孝文時固已有博士治《尚書》矣，不必復詔遣錯。如其後耶？則伏生老不能行，張生及伏生孫固當能行也。文帝只須以公車徵張生及伏生孫斯可矣，亦正不必復遣錯。所謂不能明者何事耶？謂張生及伏生孫見徵之事不能明耶？抑張生與伏生孫不能明《尚書》耶？如前之說，本文既已傳疑，則其事已不足徵，可存而弗論。如後之說，謂張生及伏生孫不能明《尚書》，故復遣錯也。則張生不得爲博士，伏生孫亦不得見徵。況據《漢書·儒林傳》，夏侯氏固亦受書於張生者也。此可疑者三。又云：『安國起其家逸《書》，以今文讀之。』既以今文讀之，是固明明有其書矣，焉得逸？如謂此逸《書》十餘篇，因未得以今文讀之，故終於散逸。然固非與安國同時之史遷所能預知者也。此可疑者四。崔適氏謂自秦時焚書後之文，乃從《漢書·儒林傳》及《倪寬傳》竄入，而《漢書》則今文家均以爲有所受於古文家者也。由此章記述之矛盾百出觀之，其說殊近是。若然，則非特安國壁藏古文《書》之說不足徵，卽伏生得壁藏書二十九篇之說亦不足徵矣，此康氏所由以二十八篇爲孔子所修《尚書》之全文也。

又《尚書大傳》者，伏生闡發《尚書》經義之作也，其書據陳壽祺《尚書大傳辨僞》，以爲南宋時已多脫佚。盧見曾《尚書大傳序》，則以爲元時尚存，前明未聞著錄。盧氏雅雨堂所刊殘本，雖自謂得之吳中藏書家，然清人固以輯佚本目之，陳氏《辨譌》卽對之而發，故別有輯校本行世，語較有徵。書中所述與今所謂今文《尚書》之二十八篇頗多異同；卽其篇目，亦多出二十八篇之外者。玆先申說其異同，而後辨其篇目如次：

據《毛詩·桃夭·序·正義》，有引《唐傳》孔子曰『舜父頑毋嚚，不見室家之端，故謂之鰥』語，《麟趾·序·正義》有引《唐傳》『堯時麒麟在郊藪』語，《禮記·玉藻·正義》有引《唐傳》『古者有命民有飾車駢馬衣錦』之語：皆足徵《大傳》傳《堯典》者爲《唐傳》。按之後文，傳《皋陶謨》者稱《虞夏傳》，傳《禹貢》者稱《夏傳》，則《堯典》一篇在伏生實稱《唐書》。許叔重《說文解字》稘字下，引《唐書》曰『稘三百有六旬』，且逕以《堯典》爲《唐書》。王應麟《困學紀聞》卷二亦云：『《大傳》說《堯典》，謂之《唐傳》。』王應麟，宋人也，宋時《大傳》雖有脫佚，尙非輯校本，其言當可信。而今《尚書》則自歐陽、夏侯皆以《堯典》爲《虞夏書》，是漢今文家已與《大傳》不合；今行之《尚書》，且以之爲《虞書》，更與今文家不合矣。此其不同者一也。

《禮記・月令》『孟夏之月』下，『命太尉』《正義》云：『按《書傳》有司馬公、司徒公、司空公，領三卿，此夏制也。』又賈公彥《周禮・正義序》引《夏傳》云：『司馬在前。』按之太平御覽引《書傳》釋三公之職曰：『百姓不親，五品不訓，則責之司徒。蠻夷猾夏，寇賊奸宄，則責之司馬。溝瀆壅遏，水爲民害，田廣不墾，則責之司空。』而今文《堯典》（古文在《舜典》）則曰：『僉曰：「伯禹作司空。」帝曰：「俞！咨禹，汝平水土，惟時懋哉！」又曰：「棄，黎民阻飢，汝后稷播時百穀。契，百姓不親，五品不遜，汝在司徒。臯陶，蠻夷猾夏，寇賊姦宄，汝作士。」』一在《夏傳》，一在《虞書》，一作司馬，一作士。此其不同者二也。

宋金履祥《尚書表注》曰：『《梓材》，伏生今文作周公敎伯禽之書。』金氏南宋人，當及見《大傳》殘本。今《尚書大傳》之盧本陳本《梓材傳》（盧本作《杍材》）亦均輯伯禽與康叔見周公事，所闡者亦爲喬梓爲父子之道之義。今行《尚書・梓材》則爲成王告康叔之書，所闡者亦爲『旣勤樸斲。惟其塗丹雘』之義。此其不同者三也。

《國語・周語》襄王使邵公過及內史過賜晉惠公命章：內史過歸告王語云，在《湯誓》曰：『余一人有罪，無以萬夫；萬夫有罪，在余一人。』《墨子・兼愛》下引《湯說》曰：『惟予小子履敢用元牡告於上天后曰：「今天大旱。卽當朕身履。未知得罪於上下，有善不敢蔽，有罪不敢赦，簡在帝心。萬方有罪，卽當朕身；朕身有罪，無以及萬方」。』《呂氏春秋・順民篇》云：『昔者湯克夏而正天下，天下大旱，五年不收，湯乃以身禱於桑林。曰：「余一人有罪，無及萬夫；萬夫有罪，在余一人。無以一人之不敏，使上帝鬼神傷民之命。」』稱引此數語者，與上文所引《論語》而四矣。《呂氏春秋》與《論語》皆未明言引《湯誓》，《墨子》作《湯說》，《國語》作《湯誓》，今《尚書》有《湯誓》而無《湯說》，此數語則見於僞古文《書·湯誥》。尋繹此數語口吻，曰『敢用元牡告於上天后』；曰『敢用玄牡敢昭告於皇皇后帝』，曰『簡在帝心』，曰『予一人有罪，無以萬方（或萬夫。）萬方（或萬夫）有罪，在余一人』，確爲湯禱天之辭。而《墨子》所引有『今天大旱，卽當朕身』語，尤足徵其爲湯禱桑林之辭。置之《湯誥》中固不類，卽置之《湯誓》中亦似覺不倫。此事旣爲各家所徵引，其必有此傳說無疑，上古書中必有此一篇亦無疑，特不必卽爲《湯誓》或《湯說》耳。其實此數語亦不類誓師告說之文。《左傳》襄十年《正義》引《書傳》言：『伐桀之後，大旱七年，史卜曰：「當以人爲禱。」湯乃翦髮斷爪，自以爲牲，而禱於桑林之社，而雨大至，方數千里。』考伏生正與《呂氏春秋》之作同時，則此一篇當時必尙存，而《書傳》之文亦卽所以傳訓此一篇者。今傳《湯誓》固無其文，卽此數語亦無可以入《湯誓》之理。《大傳》陳本以此文列入《湯誓》傳下，似嫌勉強。然所謂今文《尚書》關於湯者固只《湯誓》一篇，絕無可歸。此其不同者四也。

以上所陳，皆其犖犖大者；其他零文斷句，或此有彼無，或用字互異，所在而有，不勝枚擧。至於《大傳》所見篇目篇數，持以與所謂今文《尚書》者相較，則殊異尤甚。據盧氏本《大傳》所見篇目，計有《堯典》一，《九共》二，《咎繇謨》三，《禹貢》四，《甘誓》五，《帝告》六，《湯誓》七，《般庚》八，《說命》九，《高宗肜日》十，《高宗之訓》十一，《西伯戡耆》十二，《大誓》十三，《武成》十四，《鴻範》十五，《大告》十六，《金縢》十七，《微子之命》十八，《歸禾》十九，《康誥》二十，《酒誥》二十一，《杍材》二十二，《召誥》二十三，《洛誥》二十四，《多士》二十五，《無佚》二十六，《成王政》二十七，

《多方》二十八，《鮮誓》二十九，《甫刑》三十。以篇數論，較所謂今文《尚書》者多二篇；以篇目論，爲所謂今文《尚書》所無者，有《九共》《說命》《高宗之訓》《大誓》《武成》《微子之命》《歸禾》《成王政》等八篇。據陳氏本《大傳》，則有《堯典》一，《九共》二，《臯繇謨》三，《禹貢》四，《帝告》五，《湯誓》六，《般庚》七，《高宗肜日》八，《西伯戡耆》九，《微子》十，《大誓》十一，《牧誓大戰》十二，《洪範》十三，《大誥》十四，《金縢》十五，《嘉禾》十六，《康誥》十七，《酒誥》十八，《梓材》十九，《召誥》二十，《洛誥》二十一，《多士》二十二，《毋逸》二十三，《揜誥》二十四，《多方》二十五，《臩命》二十六，《鮮誓》二十七，《甫刑》二十八，與所謂今文《尚書》之篇數雖同，然除去《太誓》不計，固只二十七篇，闕一篇。又虞夏《傳》、夏《傳》各有無目之篇，亦仍多出兩篇。以篇目論，爲今文《尚書》所無者，亦有《九共》《大誓》《大戰》《嘉禾》《揜誥》《臩命》等六篇。而今文《尚書》所有之《君奭》《立政》《顧命》《文侯之命》《秦誓》等五篇，則盧、陳兩本皆無之。故由伏生《大傳》以觀所謂今文《尚書》，則今文《尚書》似不得遽謂爲伏生之所傳。

康氏惟信今文二十八篇爲孔子所修，且信爲伏生所傳之足本，故於《大傳》所見《九共》等篇，嘗設或難以自解。其言曰：『《大傳》又稱孔子告子夏言：「六《誓》可以觀義，五《誥》可以觀仁，《甫刑》可以觀誡，《洪範》可以觀度，《禹貢》可以觀事，《臯陶謨》可以觀治，《堯典》可以觀美。」《大傳》述孔子自稱亦止二十八篇，（按康氏謂「六《誓》」當作「五《誓》」）則其餘非孔子書，而爲孔子不修之書可知。伏生之言還以伏生之言定之，《九共》諸篇何足爲難乎？伏生傳授孔經，而兼引他書，亦猶公羊引不修《春秋》之例。」』（見《新學僞經考・書序辨僞》第十三）案孔子刪《書》之說且無徵，更何論乎修？故二十八篇固爲《尚書》，彼不在二十八篇之內者，旣爲上古之書，又爲伏生所傳，似亦不得屛之爲非《尚書》。況據孔子之言，合六《誓》五《誥》《甫刑》《洪範》《禹貢》《臯陶謨》《堯典》而計之，固僅得十六篇，是尙未稱引全書篇目也，亦不得據以斷定孔子自稱止於二十八篇。卽僅就六《誓》、五《誥》論，康氏亦自謂六《誓》不計，然則五《誥》又何爲不可徵諸《大傳》而改訂爲六《誥》乎？其文旣有可疑，似卽不足據爲典要。況據盧本《大傳》本無《揜誥》而《大誓》則盧、陳兩本均有之，六《誓》五《誥》之數亦本無譌。以《大傳》證《大傳》，孔子之數言止可以證僞古文之無徵，不足以證《九共》等篇之不在《尚書》之數也。況此數言，是否眞出孔子，亦不能無疑。

總上所論，僞孔安國《序》不足徵，《史記・儒林傳》『自秦焚書』以下之文不足徵，則凡今古文家所同持之伏氏得壁藏書二十九篇之說，有無其事，似未可遽定。益以徵諸今所見伏生《大傳》之篇目及傳文，又往往與所謂今文《尚書》之二十八篇不相符，則此二十八篇者，其爲非伏氏所傳，似可無疑矣。

二、論二十九篇為大小夏侯輯訂本

清今文家所持《尚書》二十八篇之說，於西漢本無徵。按之《漢書・藝文志》所載，《尚書》經文爲二十九篇，卽東漢賈、馬、鄭諸儒所傳注者，亦二十九篇，故通兩漢之世，均以二十九篇爲已備。王充《論衡・正說篇》云：『或說《尚書》二十九篇者，法四（疑北字之誤）斗七宿也。四七二十八篇，其一曰斗矣，故二十九。』此眞漢代經師說經口吻，亦伏生獨得壁藏書二十九篇之說所由來也。清今文家篤守西漢經師家法，除去後得之《泰誓》一篇不計，遂定二十八篇爲伏生所傳《尚書》爲足本，而以《書序》足二十九之數，故言今文《尚書》定本者，必曰二十九篇。

此二十九篇之定本，既非孔子所訂，又非伏生所傳，然則誰實刊定之乎？以私意測之，疑出於西漢之大小夏侯，或西漢經師之爲大小夏侯之學者。考之《漢書·儒林傳》，西漢《尚書》之立於學官者，爲歐陽、夏侯二家；而二家之傳，似尤以夏侯爲盛。玆綜《漢書·儒林傳》所載，列二家傳經之師承如下表。（見次頁）

由上表中之所示，卽可知西漢《尚書》，雖歐陽、大小夏侯並立博士，而師傳實以大小夏侯爲盛。西漢《尚書》一經，首盛其傳者，爲兒寬。寬兼受歐陽生與孔安國之傳，而以授之蕳卿與歐陽生子。歐陽家世世相傳，至歐陽高始以授之平當與陳翁生，而有平、陳之學。蕳卿一傳爲大夏侯，而大夏侯又自有其家學，故大夏侯實已兼受張生、兒寬兩系之傳。大夏侯授之小夏侯及周堪、孔霸。霸爲孔安國之孫，或亦有其家傳之學。堪以授許商、牟卿，牟卿復以授孔霸之子光，於是大夏侯有孔、許之學。所謂孔學，苟溯其淵源，則孔安國、張生、歐陽生之學蓋兼備矣，故孔光爲一世儒宗；卽許商，亦列其弟子爲四科，儼然自擬於孔子。小夏侯又兼受於歐陽高，而其傳尤盛於大夏侯。再傳而有鄭、張、秦、假、李五家之學。以之比於歐陽，歐陽只傳平、陳兩家，而夏侯則有孔、許、鄭、張、秦、假、李之七家。此夏侯之傳盛於歐陽者一也。當西漢之世，以官祿奔走經師，而治經遂成干祿之具。（見《漢書·儒林傳贊》）以是進者，亦必以是廣其傳，此勢所必至者也。傳歐陽之學者，除歐陽地餘爲帝師外，惟平當至丞相，鮑宣至司隸校尉，官階爲尊崇；徒衆之盛者，亦止一鮑宣。而傳夏侯之學者，則爲帝師者，有夏侯勝、孔霸、孔光、鄭寬中與唐尊而五；至九卿者，有周堪、唐林、王吉、鄭寬中等；至三公者，有孔光、趙玄等。居高位者多，故徒衆亦因之而盛。當唐林、王吉爲九卿時，自表上師家大

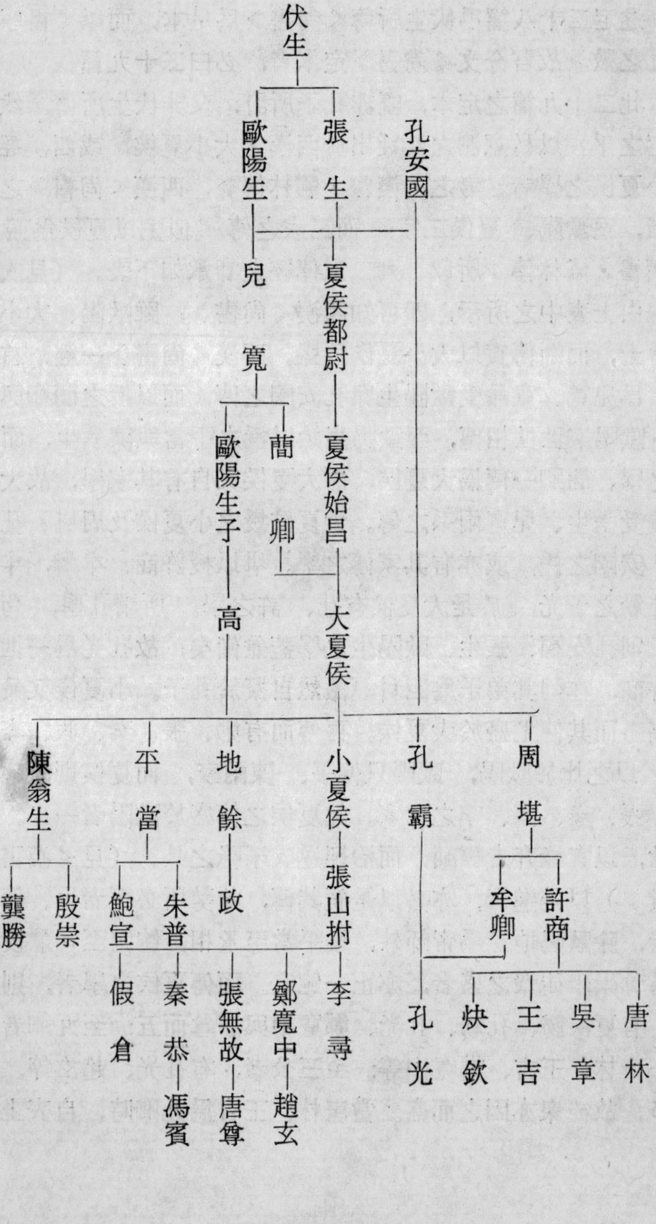
伏生
孔安國
張生
歐陽生
夏侯都尉
兒寬
夏侯始昌
蕳卿
歐陽生子
大夏侯
高
周堪
孔霸
小夏侯
地餘
平當
陳翁生
許商
牟卿
張山拊
政
朱普
鮑宣
殷崇
龔勝
唐林
吳章
王吉
炔欽
孔光
李尋
鄭寬中
趙玄
張無故
唐尊
秦恭
馮賓
假倉

夫博士郎吏之爲許氏學者，各從門人會，車至數百兩；而同門之炔欽、吳章更以徒衆尤盛稱。是可以見爲夏侯之學者之聲勢矣。此夏侯之傳盛於歐陽者二也。

夏侯之傳旣盛，則習之者衆，而其所持以傳授之本，自亦易於流行而成爲定本。謂予不信，請更徵之《漢書・藝文志》。《漢書・藝文志》載《尙書》經二十九卷，傳四十一篇；《歐陽章句》三十一卷，《大小夏侯章句》各二十九卷，《大小夏侯解故》二十九篇，《歐陽說義》二篇。經止二十九卷，而伏生之傳顧有四十一篇，則此二十九篇之非傳於伏生明矣。而經二十九卷文下注云：『大小夏侯二家。』歐陽經爲三十二卷，則此二十九篇本之非歐陽本，而爲大小夏侯傳本亦明矣。故《歐陽章句》亦爲三十一卷，（歐陽經三十二卷，而章句則爲三十一卷。陳壽祺謂西漢經師不爲《書序》作訓，故《歐陽章句》止三十一卷，是歐陽經所多之一卷，實《書序》也。近人錢玄同則據康有爲說以爲《書》本無序，《書序》一卷乃東漢人所加入。是歐陽經本止三十一卷，故章句亦爲三十一卷也。）而《大小夏侯章句》則各爲二十九卷。此尤足徵二十九篇本實爲大小夏侯所持以傳授之定本，且與歐陽家不同，尤非伏生所傳，更何有乎孔子之修訂也哉？

然則此二十九篇本何時勒爲定本者乎？曰：宣帝時嘗博徵羣儒論定五經於石渠閣。（見《後漢書・楊終傳》）所謂論定五經者，殆卽講論經文同異，勒之爲定本。《前漢書・宣帝紀》甘露三年記曰：『詔諸儒講五經同異，太子太傅蕭望之等平奏其議，上親稱制臨決焉，迺立梁丘《易》大小夏侯《尙書》穀梁《春秋》博士。』然則，此擧不特勒定《尙書》定本，大小夏侯《尙書》且因是而立博士。據《漢書・儒林傳》，歐陽、夏侯二家經師之被徵論石渠者，計歐陽家有歐陽地餘、林尊，夏侯家有周堪、張山拊；而《周堪傳》中，又謂論於石渠，經爲最高。堪固大夏侯弟子也。然則夏侯家之二十九篇本，似卽於是時因周堪論最高，故由宣帝親自稱制臨決勒爲定本，並於歐陽《尚書》之外，更立夏侯《尚書》於學官也。降及東京，歐陽之學盛於夏侯。綜《後漢書》所載，治歐陽之學者，有桓榮、丁鴻、鮑永；榮及子郁，郁子焉，焉孫典，代作帝師。肅宗會諸儒於白虎觀，論定五經同異，鴻論難最明。永子昱亦傳父業。此外見於《儒林傳》者，則有歐陽歙、牟長、宋登、尹敏諸人。返觀治夏侯學之經師，習小夏侯學者，祇一王良；習大夏侯學者亦祇牟融、賈逵、張馴三人，勢遠不如歐陽。然當靈帝時，與蔡邕共奏定六經文字刊石者，猶是治大夏侯學之張馴、清光緒中，洛陽出土漢熹平石經後記有《易》梁□、施氏，《尚書》小夏侯等殘字，雖上下文已殘，不可正讀，而此數字固與石渠論定頗合。或卽記其所根據，亦未可知。近人錢玄同據熹平石經書序殘石依原石行款排列之，適爲二十九篇《書序》，（錢氏另據《隸釋》所錄石經《尚書》殘碑有『建乃家□般闕字』，玩數字，以爲《般庚》分上中下三篇之證，斷定石經爲歐陽本，證似嫌單薄。旣分篇，當標題另行，不應僅空一字也。）尤足徵當時刊以爲定本之石經，亦猶是夏侯之二十九篇本也。

三、論現行之二十九篇更非大小夏侯本

東京之世，《尚書》之傳，初本以歐陽爲盛；其後則古文《尚書》取其席而代之。由歐陽而轉趨古文，肅宗與賈逵當爲其樞鍵；而逵則夏侯家之經師也。《後漢書》卷六十六《賈逵傳》載：『逵父徽受古文《尚書》於塗惲。逵悉傳父業，而以大夏侯《尚書》敎授。（按逵所傳者爲古文《尚書》。而用以敎授者，卻爲大夏侯《尚書》，此尤足徵夏侯《尚書》實爲當時定本。）肅宗立，降意儒術，特好古文《尚書》《左氏傳》。建初元年，詔逵入講北宮白

虎觀南宮雲臺，帝善逵說。逵數爲帝言古文《尚書》與經傳《爾雅》詁訓相應。詔令撰歐陽、大小夏侯《尚書》與古文同異，逵集爲三卷，帝善之。八年，詔諸儒各選高才生受《左氏》《穀梁》，古文《尚書》《毛詩》。由是古文遂行於世，皆拜逵所選弟子及門生爲千乘王國郎，朝夕受業黃門署，學者皆欣欣羨慕焉。』張楷繼之，所居成市。(見同書同卷《張霸傳》;)其後更得馬融、鄭玄爲之後勁，古文《尚書》遂奪歐陽、夏侯之席。據《隋書·經籍志》所載，謂後漢扶風杜林傳古文《尚書》，同郡賈逵爲之作訓，馬融作傳，鄭玄亦爲之注。然其所傳，唯二十九篇，又雜以今文，非孔舊本。《正義》亦謂:『賈逵、馬融之學，題曰古文《尚書》，篇與夏侯等同，而經字多異。夫然，逵所訓，融所傳，玄所注，雖曰古文，而其經文之本，固明明猶是爲當時定本之夏侯《尚書》二十九篇也。當是時之古文《尚書》。所謂孔之舊本如何姑不論，據《漢書·藝文志·注》所引鄭玄《敍贊》云:『又亡其一篇，故五十七。』是鄭氏所見，固明明尚有五十七篇，乃其所注者仍僅止於二十九篇，此亦無非因夏侯之二十九篇實爲當時定本耳。然則《隋書》所謂古文雜以今文者，實則用大夏侯本，而以古文說竄入之，是今文雜以古文也。於時夏侯定本乃爲所竄亂。漢末蔡邕、張馴等合奏刊定六經文字時，《尚書》仍用夏侯本，蓋亦有見於東京時夏侯定本曾經竄亂而出此乎?』

《隋書·經籍志》曰:『及永嘉之亂，歐陽、大小夏侯《尚書》並亡，濟南伏生之傳，唯劉向父子所著《五行傳》是其本法，而又多乖戾。至東晉豫章內史梅賾始得孔安國之傳奏之，時又闕《舜典》一篇。齊建武中，吳姚方興於桁頭市得其書，奏上，比馬、鄭所注多二十八字，於是始列國學。梁、陳所講，有孔、鄭二家，齊代唯傳鄭義。至隋，孔鄭並行，而鄭氏甚微，自餘所存，無復師說。』據此，則歐陽、夏侯之書自永嘉之亂已亡，夏侯定本遂不復傳世，而鄭注《尙書》獨行。東晉時，雖有梅賾之僞孔出，然歷東晉、宋、齊所行者，固猶是鄭《注》。迨齊列僞孔於國學，僞孔始與鄭並行。至隋，而鄭亦微，僞孔始獨盛。於是非特今文經之歐陽、夏侯學淪亡，卽今古文雜之賈、鄭學亦微矣。

其實，卽梅賾之所獻，是否遂爲今行之《尙書》經文，亦尙未足徵。此按之《隋書·經籍志》而可見者。考《隋書·經籍志》之所箸錄，有古文《尙書》十卷，漢淮南太守孔安國傳；今文《尙書》十四卷，孔安國傳；《尙書》十一卷，馬融注；《尙書》九卷，鄭玄注；《尙書》十一卷，王肅注；古文《尙書·舜典》一卷，晉豫章太守范甯注。然則隋唐之世，今文經固已無復留存，馬注本止十一卷，鄭注本止九卷，亦足徵今古文雜之賈、鄭學時已衰微。此外惟孔傳十卷十四卷兩本，《舜典》一卷，殆卽所謂僞孔歟？今行《尙書》本於《正義》，《正義》之書，凡二十卷，持與《隋書·經籍志》之所箸錄較，卷數皆不符。若謂孔穎達所據以作《正義》者，爲梅賾之僞孔本，則所謂僞孔本亦當爲二十卷。然《隋書·經籍志》之所箸錄竟無此二十卷本。《隋書》之撰修，總其成者，雖爲魏徵，孔穎達實與其役。果有所謂梅賾本，何以不見箸錄？據孔穎達《自序》，謂：『今奉勅，考定是非，謹罄庸愚，竭所聞見，覽古人之傳記，質近代之異聞，存其是而去其非，削其繁而增其簡。』然則今行《尙書》經文，殆孔穎達就當時所存馬、鄭、王各家《注》本及齊梁以來所行之僞孔本，彙輯而釐訂之歟？雖自謂非敢臆說，必據舊聞，然其無家法，則可斷言。是今行《尙書》雖謂由孔穎達編定，亦不爲過。故此非特非歐陽、夏侯等之今文，亦非東京、賈、馬、鄭等雜今古文之古文，併未必竟是東晉以後之僞孔古文。遑論乎伏生？更遑論乎孔子？

四、綜論尚書一經流傳之始末

綜上所述，《尙書》者，上古之書也，非其書名《尙書》也。竊意秦以前抑亦未嘗成書，特以之泛稱先秦所遺留文獻之簡策焉耳，故《詩》、《書》可互稱。《詩》可稱《書》。《墨子・明鬼》下云：『《周書・大雅》有之。《大雅》曰：「文王在上，於昭於天。」』是其例也。《書》亦可稱《詩》。《墨子・兼愛》下云：『《周詩》曰：「王道蕩蕩，不偏不黨；王道平平，不黨不偏。」』此數語今固在《尙書・洪範篇》中也。《書》旣未嘗經孔子刪訂，孔子外更不聞有刪訂之者。《周禮》所謂外史氏掌三皇五帝之書，《公羊・疏》所謂孔子得百二十國寶書，殆卽指此簡策，蓋猶今之淸代檔案也。司馬遷曰：『學者多稱五帝，尙矣！然《尙書》獨載堯以來。百家言黃帝，其文不雅馴，薦紳先生難言之。』所謂學者，所謂百家，皆謂私家立說，雖尙引五帝，然正式文獻之檔案中，則只有堯以來之記載。記載此類文獻之簡策，自秦漢人視之，固皆上古之書也。其成書或自秦博士伏生始。意者伏生或就當時所存之古代書簡，加以選輯排比，以存唐、虞、三代之文獻，而名之曰《尙書》乎！上起《堯典》者，以正式文獻所紀上溯至於紀堯事者而止也；下訖《秦誓》者，以其書成於秦世，以秦繼周之統也。然其所輯，已未必卽爲漢世流傳之二十九篇《尙書》定本。漢世右文，蒐求先秦儒家所誦習之《詩》《書》《禮》樂而立官學，於是歐陽、夏侯之徒乃以傳《尙書》而弋祿利，各本所傳以爭競，而皆自謂得伏生之傳。所傳各自有師承，故章句文字皆不盡相同。卒之石渠論定，而有夏侯家二十九篇之定本，以爲是眞伏生之撰本。東京之世，今古文雜之賈、馬古文出，歐陽亦復盛，爭競乃加烈。然以功令所在，雖以章帝更論定於白虎觀，益以賈、馬之名高當世，而卒無以易此二十九篇之定本，惟於章句文字上標其異同；其在此二十九篇之外者，惟間存其目而已。降及桓、靈，遂至忿爭，更相言告，亦有私行金貨改定蘭臺漆書經字以合其私文者，（語見《後漢書・儒林傳・序》）則功令與祿利之爲之也。熹平中，蔡邕、張馴等乃始奏請刊立石經，正定文字，蓋即有鑒於私改經文之弊，而思有以爲天下則也。其所據以刊石者，仍或爲夏侯氏本。然同時邕友盧植即已持異議，並嘗自請詣東觀，考合《尚書》《禮記》，（是亦可見《尚書》《禮記》較可疑及《書》《禮》之關係）刊正碑文，其持論且頗祖古文。（見《後漢書・盧植傳》）而與邕同時以擅許愼《說文》《蒼雅》著稱之邯鄲淳，似亦嘗以古文另行寫定《尚書》。（見衞恆《四體書勢》，並參閱《華國雜誌》第一卷第一期章炳麟之《新出三體石經考》）魏正始三體石經，即據以勒石。熹平石經，宋洪适《隸釋》嘗載其殘碑，《尚書》有《盤庚》《高宗肜日》《牧誓》《洪範》《多士》《無逸》《君奭》《多方》《立政》《顧命》等十篇，殘文合五百四十七字。清光緒中河南洛陽三字石經殘碑出土，近人吳維孝之《新出漢魏石經考》嘗摹其文，《尚書》計有《多士》《無逸》《君奭》三篇較整，亦僅三百餘字。即此殘存無多之經字觏之，熹平石經之文與今行《尚書》經文之面目大異；例如《無逸》篇中『肆高宗享國五十九年』句，熹平石經即作『百年』，正始石經與今行《尚書》雖較合，然亦不能無出入。蓋自東晉以後，今文經亡，漢之功令亦不行，於是古文大盛。向之僅存其篇目者，至是其經文亦相繼出世。賈、鄭古文之外，乃別有所謂僞孔之古文經。終南北朝之世，僞孔與鄭並行。至唐，孔穎達乃彙輯當時所存各本《尚書》經文而釐訂之，存是去非，削繁增簡，乃成今行之《尚書》，故與熹平石刻之今文經暨正始石刻之古文經，皆不盡合。然則，今行《尚書》中《堯典》等所謂今文經二十九篇，其目則是，其文已非矣。夫然，則所謂可徵信之二十九篇，始成之者伏生，其後一正定於石渠，再論定於白虎，三正定於熹平石經，四更定於正始石經，東晉後古文雜出，而五定於孔穎達之《正義》本。竄亂至此，而猶謂此二十八篇爲眞由孔子刪定，夫又誰能信之？今姑舍東京以後不論，卽今文言今文，伏生之所輯，卽未可竟目爲唐虞三代文獻之眞。蓋伏生者，本與叔孫通輩爲秦博士者也。秦用李斯之言，焚書坑儒，不許人以古非今，偶語《詩》《書》至棄市。雖博士所學不在焚燒之列，然戰國時孟子已致慨於諸侯惡其害己而皆去其籍矣，而謂偶語《詩》《書》棄市之秦世，日伺秦政顏色之博士，敢於毫無點竄以存上古文獻之眞乎？誠如是，伏生恐將不克自保其首領矣。至於漢世，旣以祿利奔走經生，經生復以祿利之故而各立門戶。其甚者乃至行金貨，改漆書，此中寧復有眞僞可言，勢亦必更有仰希世主意旨以爭存者。章帝好古文，傳夏侯學之賈逵卽以古文應，其顯例也。託古改制，竄亂經文，夫豈僅王莽、劉歆爲然哉？然則所謂《尚書》者，僞孔古文姑不論，卽今各篇，亦《尚書》其名，而秦、漢書其實矣。何況今行之二十九篇，更不盡同於秦、漢哉？

（《今文尚書論》，原載《學林》第一輯）

［堯　典］

劉朝陽云:

《堯典》『曆象日月星辰』，註釋家類皆以『象』爲指觀天之器，與『曆』之爲紀數之書互相對照。竊謂曆之成爲專書，最早應在戰國以後，古時草昧，正恐未必會有此種編著。故此『曆』字殆僅表明當時區分節候之法，卽應釋爲『曆法』，不能視爲曆書。又試尋繹此句之語氣，卽知『象』字似爲動詞，並非爲一名詞，其義應爲『近似』或『合於』，蓋謂曆之區分節候應與日月星辰緊相符合也。

原文此句下連『敬授人時』一語，其下卽敍羲仲等人之使命，似可使人想見當時之曆尙無通用之成法，故須隨時觀測，方能定時成歲。又此定時成歲之事，對於帝王之行政而言，似佔得非常重要之地位。此其時代殆卽通常所謂觀象授時之時代。

惟據日本新城新藏之意見，中國在西紀前二千年以前，卽在通常所謂堯、舜時代以上，乃爲通用純太陰曆之時期。案堯舜以前，文獻旣不足徵，關於通常所謂堯、舜時代似亦並無相當之資料，可以使人推斷其爲通用純太陰曆者。卽新城自己對於此點，初亦未曾有所說明。疑係全爲臆測，殊難遽信。至彼以西紀前二千年至西紀前六百年爲據辰以觀象之時期，西紀前六百年一個時限比較尙爲近似，蓋據新城所作之春秋長曆，由隱公至僖公，每年正月，都約在冬至後一個月，自宣公以後，正月與冬至同時，文公宣公時代恰爲過渡之時期。又據王韜之研究，謂在文公七年以前，斃在多閏，七年以後，斃在少閏，故文公七年亦爲轉變曆法之樞紐，時適當西紀前六百六十二年。又余前此亦曾求得，吾國古代第一次測定冬至點，以此冬至點爲基礎而創製一種曆法者，似爲冬至點在牽牛五度餘之時代，約爲西紀前八百餘年。惟在全新之基礎上面造成之新曆法，決不能於造成之初卽取舊曆法而代之，必須經過頗長時期之試驗，在其優點大白於世之後，方能被人採用；試從西紀前八百餘年減去此試驗之時間，卽與新城、王韜所求出之時限相合，至少亦必相差不遠矣。

竊謂《堯典》之『曆象日月星辰，敬授人時』，卽爲觀象授時，故不妨因此假定，《堯典》爲西紀前六百年以前之作品。西紀前六百年爲周定王五年。自甲骨文字之研究漸有頭緒，關於殷代之史事亦漸有零碎之參證。故卽單就現在認爲比較可靠之歷史時代而言，自殷之初，迄周之末，爲時已頗長久。如此頗爲長久之一時期，論其曆法之大體雖係同爲觀象授時，論其觀測所用之標準物實已屢經變更，此可稽考各種古籍之記述而得知之。使能依據當時採用各種標準物之先後次序，又將此一時期劃分爲較短之若干時期，則在《堯典》之內，若曾說明採用何物作爲區分節候之標準，對於編成之年代卽可求出較爲明確之答案。

所可惜者，《堯典》原文僅云『曆象日月星辰』，再無其他之說明，而於此語所含之幾個名詞，除日月不致誤解外，若『星』若『辰』在今視之，或爲普通之類名，或有許多不同之意義，皆已全無規定之方法。故在今日，吾人簡直已經無從得知，究竟何者爲當時觀測所用之標準物。

案新城新藏曾謂:

> 辰字在中國古代天文學史上，至爲重要，若眞正了解辰字之意義與其來歷，則對於古代天文學思過半矣。

然吾人現在所遇之困難並非由於不知此字之重要，卻卽由於不能眞正了解其意義與來歷。卽如此字出現於《堯典》，而仍無補於吾人之研究，其癥結自亦在於此點。蓋在吾國古代，天事以辰名者實繁有徒，例如《夢溪筆談》云:

> 十二支謂之十二辰。一時謂之一辰。一日亦謂之辰。日月星謂之三辰。北極謂之北辰。大火謂之大辰。五辰有辰星。五行之時謂之五辰。

其中固有一小部分，分明可以置之不理。顧就其餘幾種而言，何取何舍，亦已糾纏不清矣。

前此經師之註《堯典》，大都以辰爲指日月交會之點，《欽定書經傳說彙纂》之《集傳》所謂『辰，以日月所會分周天之度爲十二次也。』卽其一例。此其爲說殆係來自《左傳》昭公七年晉侯與伯瑕之問答。

日本飯島忠夫亦謂，辰之原意爲日月之會，其他字義乃皆由此蛻變而來；彼以辰爲娠之原字，含有妊娠之意，故與許愼《說文解字》之釋辰爲震相合，且與从辰之震，振，晨，賑，蜄、踬等字之意義互相關聯，蓋日月之會卽爲陰陽之會，因有妊娠之現象也；又據彼之意見，十干十二支原名十日十二辰，乃與陰陽五行之說連在一起，此說在西紀前四百年左右始漸成立，故十日十二辰之出世時期決不能在此之前云。

然十干十二支不得在陰陽五行說成立之先出世，此種結論似不甚可信；蓋在事實上，十干十二支與陰陽五行說之關係或非甚爲密切，如飯島之所想像。至於彼以辰之初義爲指日月之會，而以其他各義從此引出，則在先後之次序上似不容易排比；且亦不易說明其他各義究竟如何引出之程序。又辰常與星相聯合而並稱爲星辰，迹其血緣，似應與星爲近，至少最初宜爲如此，飯島之說對於此點似亦可以啓人疑竇也。

在他方面，依據新城新藏之意見，以辰爲指日月之會乃爲後來之事，其通用之時期僅以周初至春秋中葉爲限，至於《堯典》之辰乃爲大火，蓋《公羊傳》昭公十七年曾有『大火爲大辰，伐爲大辰，北極爲大辰』之說，何休《注》謂『大火爲心星，伐爲參星，大火與伐所以示民事之早晚』也。新城謂殷代亦以此星爲觀測之標準物，故常特別見重，《左傳》昭公元年所引之傳說卽係尊崇此星爲殷之守護神者；又《堯典》『日永星火，以正仲夏』，仲夏爲五月，殷代制定十二支，第五字爲辰，辰卽大火，爲五月之星，故自唐堯下迄殷代，皆係大火一星獨占辰名，凡言及辰，莫不知爲大火云。

新城此說，似亦不能使人十分滿意。蓋《公羊傳》本文皆稱『大辰』，此形容詞『大』字之附加，或係另有意義，與單稱『辰』者有所區別。又彼以爲，《堯典》他處曾言『星火』，故可證實辰卽爲火；以余觀之則恰相反。因《堯典》他處旣言『星火』，則火僅爲普通之星；卽曾用爲觀象之標準，亦不過與鳥、虛、昴等星相同，似無再行特別提出，使彼加上一重稱呼而獨當『辰』名之必要。

總而言之，吾國古代用爲規定歲時之標準物旣頗紛歧而不容易辨別其先後之次序，《堯典》關於此點之敍述又太簡略而難捉摸原來之意義，故在此處，除能假設《堯典》爲西紀前六百年以前之作品外，實尚不能試作其他更爲具體之推斷。

《堯典》關於中星之記事，向爲聚訟紛紜之焦點。前此已言，我國古代之學者大都相信《堯典》爲通常所謂堯、舜時代之實錄，故其問題乃爲應用各人所有天文曆法之知識，據此已知之年代推測當時之天象。例如劉宋何承天謂堯時冬至，日在須女十度，祖冲之謂在危十一度，梁武帝據虞鄺曆，謂在斗牛之間，隋張胄元謂在虛七，唐一行謂在虛一，傅仁均謂在虛六，元郭守敬謂在女虛之交，明徐光啓亦謂在虛七度。吾人對於諸如此類之推測，不僅懷疑其精確之程度，且亦根本否認其大前提。蓋吾人正欲根據《堯典》所有關於天文曆法之說話推測此書編成之年代，故在最初，此年代乃爲正待尋求之一未知數也。

西洋學者對於此方面之討論似以墨特霍斯脫 (Medhurst) 爲最早。彼曾將《書經》譯爲英文，在上海出版，時爲西曆一八四六年，適當道光二十六年。彼於《堯典》曾有註釋，謂堯時春分日沒之南中星若爲星鳥 α Hydrae，則其正午之南中星必爲星昴，卽 Pleiades。此星在西曆一八〇〇年間，距春分點五十六度又三分之一。春分點之移動，每年爲五十秒又十分之一。故以春分點每年移動之度數除彼距春分點之度數，可以追溯春分正午此星在南中之年代，大約爲四千零五十年前。從此減去一千八百年，卽得西紀前二千二百五十年，與通常所謂帝堯時代恰相符合。因此可知，《堯典》之記錄實係具有頗大之眞實 。

西曆一八六五年，萊格 (James Legge) 之英譯書經亦在香港出版。此書卷首登載湛約翰之《中國古代天文考》（On the Astronomy of the Ancient Chinese) 一文，對於此點亦曾略有討論，依據湛約翰之意見，《堯典》關於中星之記述，非爲帝堯個人之觀測，卽爲帝堯以前之傳說。假定堯之此種天文知識爲係根據傳說，則羲仲諸人分測天象若得頗爲眞確之結果，將必有以證明堯說之誤者。又彼亦謂，《堯典》之四中星乃係標示二分二至。惟若細加研究，卽知當時諸星升至南中約在下午六時，故除冬至之外，中國各處此時皆未日沒，羲仲等四人中殆有三人不能見到所測之星。至於堯後之數世紀似可見到諸星之在天中，然二分二至點已經移動矣。

同時俾奧 (Biot) 以西紀前二三五七年爲堯卽位之年，而推算二分二至點之所在，乃得:

春分　昴之初點 (η Tauri) $+1°29'44''$
夏至　星之初點 (α Hydrae) $+2°23'30''$
秋分　房之初點 (π Scorpii) $-0°22'14''$
冬至　虛之初點 (β Aquarii) $+6°45'34''$

又就北緯三十五度查得日落之時刻，因而求出:

春分之昏時　下午七點十五分
夏至之昏時　下午九點零二分
秋分之昏時　下午七點十五分
冬至之昏時　下午六點廿五分

依據彼之研究，西紀前二三五七年二分二至昏時之中星僅有冬至之昴與《堯典》之記載相合，此外如春分、夏至及秋分，彼此相差之度數頗多。彼乃因此斷定，《堯典》所記係本冬至昏時之昴中點，由於計算，規定其他三點；並謂就昴而論，似可證明通常承認之年代似頗眞確。

西曆一八七五年，歇萊格爾 (Gustav Schlegel) 著《星辰考源》(Uranographie Chinoise) 一書，亦曾論及此點。依據彼之意見，《堯典》所有關於天文之知識，乃係帝堯以前已經存在。彼曾參照二十八宿之配置，以東方七宿之中央爲房，南方七宿之中央爲星，西方七宿之中央爲昴，北方七宿之中央爲虛，遂據春分點爲房即 π Scorpii 一事，斷定其時代，大約在一萬八千五百年前。

西曆一九〇七年以來，索緒爾 (Saussure) 屢在《通報》(T'oung Pao) 上面，討論中國古代之天文曆法。彼亦以《堯典》所紀四仲中星爲標示二分二至，並從星座之命名，二十八宿之成立，歲星之知識，及五行說，十干十二支等所有之證據，主張中國天文學之起源，乃爲帝堯之時代，即西紀前二十四世紀左右。

上述諸人之說，在表面上，初似各能言之成理；但若細加檢點，即知此等辨證實皆不能使人滿意。歇萊格爾之推斷，分明誤用鄭伯熊之說話；墨特霍斯脫係以《欽定書經傳說彙纂》之中仲中星圖說爲依據。案此圖說之原文爲:

春分，日在昴，初昏鶉鳥正，七宿之中。
夏至，日在星，初昏大火正，七宿之中。
秋分，日在房，初昏星虛正，七宿之中。
冬至，日在虛，初昏星昴正，七宿之中。

乃係應用歲差之理，參照通常承認之帝堯時代而計算出來，故此種天象之與帝堯時代相合實爲當然之結果，決不能再行應用，作爲推斷《堯典》編成年代之前提，至於《堯典》之原文究竟應否如此解釋，猶爲另一問題。又依照俾奧之說法，《堯典》所記冬至之昴星係與西紀前二三五七年之天象相合，故以《堯典》爲此時代之實錄；然其他三星與此時代之天象不合，固亦彼自承認者，使就此三星而言，豈不又足證明普通之年代並不眞確乎。

至於日本學者如那珂通世、林泰輔、新城新藏諸人，亦皆根據《堯典》之天文，辨護普通之信仰。新城曾作《支那上代之曆法》一文謂若假定觀測之年代爲西紀前二三〇〇年，而以觀測之時間爲初昏，並據《後漢書・律曆志》所記之晝夜漏刻規定初昏之時刻，則就《堯典》之星座可以求得：

	α_c		α_o	$\alpha_o-\alpha_c$	υ
鳥＝α Hydrae	5h 53m	春分昏中	6h 42m	+49m	+ 8
火＝π Scorpii	12h 31m	夏至昏中	13h 48m	+77m	+36
虛＝β Aquarii	17h 35m	秋分昏中	18h 37m	+62m	+21
昴＝ Pleiades	23h 49m	冬至昏中	23h 24m	−25m	−66
			平均	+41m	±15m

此處 α_c 表明各星在西紀前二三〇〇年之赤經，α_o 爲初昏時刻南中點之赤經，υ 爲觀測之誤差。彼據 $\alpha_o-\alpha_c$ 之平均值 41m，斷定此種天象之觀測係在二分二至前十五日左右，又據等分誤差±15m，斷定從此推定之年代前後三百年爲不定之範圍。

在他方面，白鳥庫吉以爲《堯典》之天文紀事並非由於實地之觀測，而實本於占星術之思想。彼從十二宮二十八宿之知識與陰陽之說，主張此等知識係在孔子以前從迦勒底、亞敘利亞方面傳入中國。又橋本增吉亦曾計算《堯典》星座在初昏南中之年代，乃得下列之結果。

	從春分點之距離 現在		從春分點之距離 當時	差	年數
α Hydrae（鳥）	145°58′	−	97°48′	＝48°10′	3410

π Scorpii（火）	241°51′	−190°50′	＝51° 1′	3620
β Aquarii（虛）	322°20′	−277°48′	＝44°32′	3160
Pleiades（昴）	418°56′	−350°34′	＝68°22′	4900

此處係取北緯三十五度，赤道與黃道之交角二十四度，觀測之時間爲太陽入地平線下七度之時刻。橋本因彼如此算出之年數不能一致，故不相信《堯典》之紀事，並因其中含有陰陽說之思想，斷爲周代之作品。

飯島忠夫以冬至點之測定爲中國曆法之基礎，並從許多方面考定其時代爲西紀前三百年附近。依據彼之意見，《堯典》所記中星，觀測之日期爲二分二至，觀測之時刻爲午後七時，並以鳥、火、虛、昴等星在午後七時升到子午線上爲條件，就一般人相信之年代（卽西紀前二三〇〇年），與測定冬至點之年代，試作下列之比較:

		西紀前二三〇〇年 赤經	西紀前二三〇〇年 南中	西紀前四〇〇年 赤經	西紀前四〇〇年 南中
春分	α Hydrae	5h 43m	5h 43m	7h 28m	7h 28m
夏至	π Scorpii	17h 57m	5h 57m	13h 42m	7h 42m
秋分	β Aquarii	17h 36m	5h 36m	19h 21m	7h 21m
冬至	η Tauri	23h 47m	5h 47m	1h 32m	7h 32m

據彼研究之結果，西紀前四百年之午後七時並無光大之星恰在南中之位置，稍在此後，則上列諸星全在南中，故就《堯典》所記諸星之位置而論，實與測定冬至點之時代密合，《堯典》殆卽在此時期編成者。

在他方面，吾國之竺可楨亦曾以觀測《堯典》所述天象之日期爲二分二至，並據唐堯都於平陽之說以觀測之地點爲在北緯三十六度，因而求出日入之時刻與朦氣之時間，然後從各星在今日之赤經減去《堯典》昏時之赤經，而推算彼此相距之年數。據彼推算之結果，謂就鳥、火與虛三星而論，至早不能爲商代以前之現象，惟有星昴則應遠在唐堯以前，與前三星不合。依照彼之意見，若以心之初度爲《堯典》之星鳥，大火（心二）爲《堯典》之星火，虛之初度爲《堯典》之星虛，則三者大都符合，約在周之初期，彼此先後相差不過四度；但與昴星比較，差數乃達二十四度之多：故須承認星昴爲不可憑信，而以《堯典》所記中星爲殷末周初之現象云。彼之算法略見下表:

	始昏終止時刻(甲)	堯典昏時南中之赤經（乙）	昏星初度（丙）	民國十六年赤經(丁)	(乙)與(丁)相差度數
春分	6h 37′	99°18′	柳初度 δ Hydrae	128°25′	29°07′
			星初度 α Hydrae	141°00′	41°42′
			張初度 ν, Hydrae	147°45′	48°27′
夏至	7h 18′	207°00′	房初度 π Scorpii	238°36′	31°36′
			心宿二 α Scorpii	245°30′	38°30′
			尾初度 μ, Scorpii	251°00′	44°00′
秋分	6h 37′	279°18′	虛初度 β Aquarii	321°56′	42°38′
冬至	5h 16′	349°10′	昴初度 Electra	54°31′	65°31′

上述新城之推算，似頗精密；惟彼先有一種成見，以《堯典》爲西紀前二十四世紀前後出世，故遇推算不合，輒將觀測之日期改爲二分二至前十五日，殊屬勉強，不能使人滿意。至於飯島，乃以觀測之時刻爲在午後七時，不因日之長短而稍加減，其說亦未可以盡信；蓋夏至日沒通常皆在午後七時之後，故在七時，日尙未沒，無從見星，自不能作觀測也。又竺可楨於各方面皆有相當之注意，

所得結論宜若較爲可靠；然彼過信徐應秋之說，以堯之都爲在今之山西臨汾，故以觀測之地點爲在北緯三十六度，而吾人對於帝堯本人曾否生存且已成爲疑問，都城何在，當今何地，更係傳說，了無實證，似未可遽爾用爲推算之依據也。

案梁啓超以《書經・胤征篇》之日食記事爲異說紛紜，極不可靠，而以《堯典》所記中星與《詩經・小雅・十月篇》之日食記事，情形恰與前者相反，爲殊可信。今觀於上面之敍述，可見東西學者對於《堯典》所記中星之意見，其紛歧之程度正不下於《胤征篇》。然則《堯典》此點果可證明此篇爲堯、舜時代之眞書耶？

至於此等意見所以如此紛歧之原因，乃由於《堯典》關於此點之記述過於簡略，且甚模糊，故許有各種不同之解釋而莫衷於一是。例如觀測之日期，多數學者似皆認爲二分二至，謂篇內之『日永』、『日短』與『日中』、『宵中』，即爲二至二分之古稱；而新城新藏以爲，此種觀測乃在二至二分前十五日舉行，王肅則以所宅爲孟月，日中日永爲仲月，星鳥星虛爲季月。又卽假定，此爲當代二至二分所測之天象，亦因戰國以前曆法甚爲參差，所定歲時容或未能十分準確，故當時所謂二至二分究竟是否卽與現在推算所得之日期相同，似仍爲一疑問。

又如觀測之時刻固皆認爲昏時，而昏明之標準，自古卽無定說。蔡邕以日出前三刻爲旦，日入後三刻爲昏。孔穎達以日入後二刻半爲始昏，不盡二刻半爲明。雷學淇則以日入爲昏。今之學者或以《堯典》中星之觀測爲在午後六時，或爲午後七時，或又以爲在其他各時，衆說紛紜，已見上述矣。

又如觀測之地點，俾奧與橋本增吉皆謂在北緯三十五度；竺可楨則謂在北緯三十六度。觀測之對象，孔安國與孔穎達以爲每次皆言各方星宿之全體，故應包括七星；馬融與鄭玄謂僅取星、心、虛、昴四星，每次各取一星；朱熹則謂，秋分取虛星，冬至取昴星，夏至取星火所在之次，春分星鳥則以象言；近頃學者均受《欽定書經傳說彙纂》所作四仲中星圖說之暗示，以鳥爲 α Hydrae，火爲 π Scorpii，虛爲 β Aquarii，昴爲 Pleiades，而竺可楨獨謂星火應爲 α Scorpii。

據竺可楨言，觀測之日期若差十五日，則星次之位置可差十五度，推定之年代卽可差至千有餘年；又觀測之時刻若差一小時，星宿之位置亦將行過十五度，所估之年代亦可差至千餘年。至於觀測地點之緯度，與觀測之時刻有密切關係；而觀測之對象本身之有影響於吾人之結論，又不待於明言。此四條件爲吾人用爲推斷《堯典》編成年代之一組前提，顧此等前提之差異對於結論之關係既如此之重要，中外古今學者對於此等前提之意見又如彼之紛歧。然則前此學者據此點以求出《堯典》編成之年代，其可靠之程度亦可於此想見矣。

《堯典》有三朔字：其一爲宅朔方，與宅嵎夷，宅南交，宅西相對；其二爲平在朔易，與平秩東作，平秩西成，平秩南訛相對；其三爲朔巡守，亦與東巡守，南巡守及西巡守相對。此處所謂朔方，究係泛指北方抑係爲專用之地名，頗不容易決定。朔易究竟如何解釋，向來亦無若何明確之議論可以博得大家之同意。惟因朔字之地位常與東南西等字對照，故單就此字而言，其義應等於『北』，則固非常分明，毫無懷疑之餘地。

《欽定書經傳說彙纂》之《集傳》，謂『朔方，北荒之地，謂之朔者，朔之爲言蘇也，萬物至此，死而復蘇，猶月之晦而有朔也』，其下又附李巡之註釋，謂『萬物盡於北方，蘇而復生，故北稱朔』。又朔易，《集傳》謂『冬月歲事已畢，除舊更新，所當改易之事也』，其下又附朱熹之註釋，謂『朔易亦是時候歲一改易，於此有終而復始之意』。案吾國古代紀月之法，確有『生魄』、『死魄』或『生霸』、『死霸』等名詞，可以使人想見古人實曾因月之圓缺聯想物之生死，故從月之晦而有朔引出物之死而復蘇之觀念，頗爲可能。又明之圓後復缺，旣缺復圓，此種現象之使古人發生終始循環之感想似亦或然之事。惟以北方爲萬物蘇而復生之地旣極勉強，終始循環之觀念似與北方尤少明確之關係，故此類訓詁終不能免曲解之誚，未可承認其爲已得原文之眞意也。

依照新城新藏之意見，朔字從屰從月，爲會意字，有關於月事之意義與逆退之意義。今之溯字，從朔附氵，其義係同於洓或泝，此三字皆爲逆流而上，故猶可以見其遺蛻。又據新城調查之結果，朔字之見於古典者，除《堯典》外，尚有：

《大禹謨》『正月朔旦，受命于神宗。』

《胤征》『乃季秋月朔，辰弗集于房。』

《太甲》『惟三祀十有二月朔。』

《洛誥》『我卜河朔黎水。』

《詩・出車》『城彼朔方。』

可注意者，《大禹謨》、《胤征》及《太甲》三篇，朔字皆指月之第一日；然皆爲僞古文，不可憑信。此外如《洛誥》與《詩・出車》兩處之朔字，不特其義應釋爲北，且似指一特定之地方，爲一專門之名詞。依據新城之推測，此係住於黃河下游之民族對於黃河上游某地之稱呼，蓋須逆流而上始可達到彼處也。

至於以朔爲指月之第一日者，似推《詩・小雅》之《十月篇》爲最早。此篇詩云『十月之交，朔日辛卯，日有食之，亦孔之醜』，卽梁啓超所謂『六朝唐元淸諸儒推算，知周幽王六年十月辛卯朔確有日食，中外曆對照，應爲西紀前七七六年，歐洲學者亦考定其年陽曆八月二十九日中國北部確見日蝕』者也。案古代巴比侖、猶太、希臘等國皆以新月初見之日爲月之第一日。吾國古代之所謂朔，向來皆指新月出見之前，太陽與月之東西經度相合之日；新月出見之日則似另稱爲朏，《周書・召誥》所謂『越若來三月，惟丙午朏，越三日戊申』，即其一例。案朏日新月已出，可以直接觀察而得知之，至若朔日，則須據朏逆推，始可求得，故亦含有上溯之意義，朔之既爲北方，又爲月之第一日者，殆卽由於同有此意歟。

試據已有之材料而論其出見之先後，則以朔爲指北方者在先，以朔爲指月之第一日者在後。新城似卽因此承認朔方之稱較早。錢寶琮注意朔字從月之事實，則謂月朔之稱應爲較早。以余觀之，亦以後說爲是。又關於朔字，吾人似可試作下列幾種推測：

第一，據今所知，凡吾人所能確實斷定爲周初以前之書契，似迄未有朔字出現。又據《周書》各篇之記載而硏究其紀月之方法，似可使人推測，當時係以朏日，卽新月初見之日，爲月之第一日。朏日較易求得，故其較早用爲計日之起頭，實合於曆法進化之自然程序。根據此等事實，似可斷定，周初及周初以前實在不知以朔爲月之第一日，自無朔名。

第二，《詩・小雅》之記事，曾經許多學者考證，大都認爲可靠。依據此種記事，西紀前七七六年左右應已以月東西經度相合之日爲朔，並以朔爲月之第一日。又《春秋》曾經載明三十七個日蝕，其中有二十八個皆曾記明朔日，且據現代天文學家之推算，此等朔日皆指日月東西經度相合之日，故可決定，至遲在春秋末期已有定朔之法。

第三，《春秋》文公十六年，曾有『夏五月，公四不視朔』之紀事。《論語》亦有『子貢欲去告朔之餼羊，子曰，賜也，汝愛其羊，我愛其禮』一段說話。可見所謂朔，當時似曾爲一極隆重之禮節。至於此種禮節之所以如此隆重，據余推測，殆卽因爲改曆之初，廢止前此大家通行之朏，而以朔爲月之第一日，恐人不從，故特設爲此種儀節，特加注重，以便推行。此種推測若果可以成立，則以朔爲月首，此事之最初施行必與春秋相距不甚久遠。

第四，上文已言，朔之規定決非由於直接觀察之結果，必於新月初見之後，觀測月之位置對於恆星之位置漸次變化之狀況與速率，始可自新月出見之日逆溯而推算之。惟欲觀測月與恆星之位置變化，在事實上，必須先在黃道附近選擇比較顯著之星用爲比較位置之標準。據今所知，古時所謂二十八宿恰適合於此種用途，且亦最常作爲如此之用。故以朔爲月首，殆在應用二十八宿法區分黃道附近天空之後。而二十八宿法之成立，依據新城新藏之研究，似不能在周初以前。

根據上述幾種理由，似可斷定，以朔爲月之第一日，此種紀法之成立必在周初以後，大約開始於春秋前不甚久遠之某時代。至於朔字之用作北字講法，故因此字之出現可以推測其編成年代最早不過周初，或在《詩・小雅・十月篇》之後，卽西紀前七七六年之後，亦未可知。

《堯典》『朞三百有六旬有六日』，本爲極分明之敍述，絕不容易引起誤會。顧因各人胸中之成見彼此不同，對於如此分明之說話亦仍發生幾種不同之解釋。今試約而述之，似可分爲下列三派:

第一派，係以堯時已求得一歲之眞確日數，此處所言，乃爲略舉其大數。此派大都爲好古之流，誤認中國之黃金時代爲過去之唐、虞兩代，並崇拜堯、舜爲萬能之聖，故凡關於堯、舜之一切文物制度，務必加以烘託，曲爲鋪張，以誇揚其隆盛而諱飾其粗陋。對於曆法之內容，自亦不能避免此種氣味而獨爲例外。其議論可以孔穎達所云:

> 日日行一度，則一朞三百六十五日四分之一。今言三百六十六者，王肅云，四分日之一又入六日之內，舉全數以言也。

爲恰當之代表。而立說以強辯，冀爲此派作最後之掙扎者，尙有陳鵬遠之《堯典曆法考》，其言曰:

> 又如朞三百有六旬有六日，本舉大數言。……蓋我國古代紀數之法本無小數，卽『小半』『大半』之名詞亦自周世始

然。故古人記數，凡遇有奇零之餘數，通以『一』言之。如《管子·輕重己篇》謂:『以冬日至始數四十六日，冬盡而春始，……以冬日至始數九十二日謂之春日至……。』卽謂四十五日有餘，及九十一日有餘也。其不言四十五日及九十一日者，亦因言四十五日則歲周將爲三百六十日，而九十一日亦僅三百六十四日，故不得已以零數爲整數。假使湛君聞之，豈不駭然而譏中國尙有三百六十八日之歲周乎。且不祇此也，我國古代以無小數計算故，不得已改零數爲整數。獨至於圜周率之徑一周三強者，又不能謂之徑一周四（因徑一周四適爲方也），於是復不得已省去其零，而謂之徑一周三。然後人不明此義，動輒詆古人圜率爲不密者矣。

此種解釋及其旁證，初似頗有理由，實則不然。古書辭句往往甚爲簡略，吾人欲會其意，每須試作相當之補充或推測。然如此補充或推測之意見皆須適合當時之情形，且此種成分總以愈少爲愈妙，只於必不得已之時可試爲之。《堯典》關於此點之辭句，既已極爲明白，似無待於補充，且其所補充者乃與當時情形完全不合。蓋依據此派之說法，一方面旣承認堯、舜之生存爲遠在西紀前二千四五百年左右，他方面又相信《堯典》此處係將零數改爲整數；實則已知一歲之眞確日數，則殷、周、春秋遠在唐、虞之後，依據天文曆法之進化程序，宜其關於此方面之知識應較唐、虞更爲精進，至少不應反爲不及。顧今詳細研究殷、周，甚至春秋前半期之曆法，似尙不能確知一歲爲三百六十五日四分之一者，究將何以爲說乎。卽如《管子·輕重己篇》若眞爲春秋初期之作品，則參照當時之情形，以一歲爲三百六十八日，實爲或然度甚大之一事；而此種記事又可證明，春秋初期曆法尙且如此疏闊，春秋以前決不能知一歲之眞確日數。又以堯、舜時代爲已知一歲之眞確日數，則從曆法推及其他各種制度，文化程度當已頗高。然以周時爲始有『小半』『大半』

等記錄小數之籠統名詞，周代以前絕無記錄小數之方法，則觀於數之觀念之如此幼稚，可以想見遠在周前之堯、舜時代，其文化程度當爲甚低。是此兩種結論，不免互相矛盾。至於關於圜率之辨證尤爲不能成立。對於此一問題之討論，第一必先查明，徑一周三之記錄究在何種古籍內最先出現，此種古籍究係何時之作品，係在周代以前，抑爲遠在周代以後；其次尤須查明，有否其他小數之計算與此記錄同書或同時出現：初未可以如此簡單造率遽推翻前此之成讞也。

第二派，亦以堯時爲求出一歲所有之眞確日數，或至少以彼時爲已明知一歲並非三百六十六日，惟爲便於置閏起見，故意作爲三百六十六日計算。湛約翰之意思似卽如此。彼謂：

> 中國所用之月爲太陰月；而每十二太陰月與一太陽年較，相差幾有十一日，故須時時置一閏月，以使之與太陽年大致相合。《堯典》所云之期三百有六旬有六日，蓋爲使司天象者便於置閏而言。然以太陽年爲三百六十六日，則每四十年須差一月；故堯在位百年，必能見使之縮短太陽年期間之故也。然無論爲堯抑屬堯以後諸王，俱未曾謀獲更正確之數字；其置閏也，亦惟以四時之自然循環及每年草草觀測所得之結果以爲節制而已。

案《堯典》原文旣未說明如何置閏，湛約翰所謂便於置閏云云自係一種揣測，不甚可靠。又彼已自承認，以一歲爲三百六十六日，則在四十年後卽須差至一月，使當時本已明知一歲爲非三百六十六日，則於發見此種差違之後將必立卽改正，以所求出之日數爲一歲之長，而《堯典》敍述堯、舜二代之事爲時已至一百餘年，對於觀象授時又本爲一注重之點，故若果曾修改曆法，或將有所談及。顧在堯、舜時代，或在此後，俱未提及此事。亦可想見，當時只知一歲爲三百六十六日，並未求出任何較此更爲眞確之日數也。

第三派，乃依據《堯典》之原文，直認此文編成之時代只知一歲之長爲三百六十六日。例如錢寶琮云：

> 《春秋》僖五年、昭二十年兩次日南至之測定，雖不十分精確，然以一百三十三年平均之，則每年所差無幾，較《堯典》所載『朞三百有六旬有六日』已精確多矣。

其意蓋謂，《堯典》以一歲爲三百六十六日，故其曆法甚爲疏闊。

以余觀之，就此三派而言，當以第三派之意見爲最自然而更近於事實。案新城新藏詳細研究春秋長曆之結果，曾謂春秋中頃知用土圭以測日至，始漸得知一年之長爲三百六十五日四分之一，乃適應此種現象而於十九年間置七閏月云。新城此說似頗可靠，故春秋中頃以前似確不知一歲爲三百六十五日四分之一，而春秋中頃以後之具有此種知識自當無可懷疑。《堯典》以一歲爲三百六十六日，故其編成之時代當在春秋中頃以前，或在《管子・輕重己篇》之後，因此文所載之曆法似較《堯典》更爲疏闊也。

《堯典》已有一個閏字，此事頗堪注意。依據顧頡剛之意見，閏名殆始於周。蓋羅振玉研究甲骨文字之結果，知殷商之曆法若於某年加多一月，則僅稱其末月爲十三月。彼謂：

> 卜辭中書十三月者凡四見，殆皆有閏之年也。古時遇閏，稱閏月，不若後世之稱閏幾月。至商有十三月，則並無閏之名。可徵古今稱閏之不同矣。

而葉玉森以爲，十三月之『 三 』字，在甲骨上梨刻較淺，筆畫較細，或非紀月之數字，卜辭中十月與十一月可誤認爲十三月與十四月。故據羅振玉之言，殷商雖有閏月，仍無閏名。據葉玉森之言，則彼時不僅尚無閏名，即閏月之存在亦因失去實證而成爲疑問矣。又西周金文似亦尚無閏字，故閏月之名或且始於周朝之後半期。

今試研究春秋時代關於閏月之記事，益知上述推測實有可以成立之可能性。蓋此時代雖已明白置閏之必要，並已特設閏月之名

稱，但其置閏之方法實係非常參差，僅可稱爲原始之時代。故王韜《校勘春秋朔至日月與湛約翰書》曾謂:

文公七年以前，不當閏而閏，冬至多在閏月，其弊在多閏。

七年以後，當閏而不閏，冬至在二月者約二十有餘，其弊在失閏。

新城新藏對於春秋長曆曾作極精密之研究，而其關於閏法方面之結論，亦云至文公時代始能大概合於十九年七閏之原則，並謂此時即因挿入閏月，新舊兩派意見紛歧，馴至不能擧行告月視朔之禮節云。

又《堯典》有兩歲字: 即『以閏月定時成歲』與『歲二月東巡守』是也。歲字之出現，亦殊値得注意。案《爾雅·釋天》謂:『載，歲也，夏曰歲，商曰祀，周曰年，唐、虞曰載』。據此似可證實前此經師之以《堯典》爲夏書者。然《爾雅》此種訓詁似不十分可靠。

郭璞注《爾雅》謂歲，『取歲星行一次』。《說文解字》亦謂:『歲，木星也，越厤二十八宿，宣徧陰陽，十二月一次，從步戌聲，《律曆志》五星爲五步。』蓋木星又名歲星，爲五大行星之一。依據新城新藏之意見，大約在西紀前三百六十年時，甘公、石公二人始測得歲星爲十二年而行一周天，並用歲星之位置以紀年。然歲星實一一·八六年而周天。故在最初測定歲星之位置之時錯誤雖不甚大，而在年代頗久之後差數漸大; 年代愈久，差數亦愈大。飯島忠夫又曾根據此種差數逆溯，其最小之年代，即假定爲測定歲星位置之最初年代，所得之結果亦爲西紀前三三〇年。故最初造成歲字之時若果取義於歲星之行度，則此字之出世當在西紀前三百餘年附近。又細玩歲字在《堯典》內之意義，即知此字尙未完全作爲『年』字解釋。其意義作爲幾年之『年』字講者，《堯典》另自用一『載』字，如『九載績用勿成』、『朕在位七十載』、『三載汝陟帝位』、『五載一巡守』、『二十八載帝乃殂落』、『三載四海遏密八音』、『三載考績』、『在位五十載』是也。此種現象若非由於原作者之故意玩弄或存心做假，則可因而想見當時歲字之爲用似乎尙不甚廣，故距此字之造成年代殆不十分久遠。

在他方面，吾人如果側重歲字從戌之事實，似可闢一條討論之途徑。依據《公羊傳》昭公十七年之記事，伐亦稱爲大辰，何休謂伐卽參星。案伐與參並非同爲一星，惟彼此甚爲貼近耳。伐又名戊。在殷虛文字中，伐戊皆與戌字之寫法完全相同，無復區別，故在最初，三字殆係同指一物。依據新城新藏之意見，戌在十二支內位第十一，卽因戌星爲十一月之目標；歲字從戌，則又取由戌月至戌月爲一年之意思。新城以十二支之制定爲殷代之事。故歲字之出世必在殷代之後。惟飯島忠夫以十干十二支爲在陰陽五行說成立之後出世，而陰陽五行說之成立則在西紀前三百餘年附近，是歲字之造成又須在此年代之後矣。

然飯島之以十干十二支爲必與陰陽五行說有根本關係，其說似不十分圓滿。卽新城以歲之從戌爲取由戌月至戌月爲一年之詮釋，似亦與《堯典》內歲字皆非直接當作『年』字使用之事實不能妥協。又歲星之取名若在測定歲星位置之時特爲此星造出，則此字之出現固當與測定此星位置之時相同；但當時也許並未新造一字，不過借取已有之歲字作爲此星之名字，則歲字之出現又或在測定歲星位置之前矣。案五星爲五步之說殆爲後人曲解之談，歲字從步從戌，步戌似與歲星皆無關係，殆非特爲歲星造出之新字。惟新城以十二支爲殷代之說似頗有理，故因歲字之出見而斷定《堯典》爲殷代以後之作品當頗近於事實也。

歷代經師對於《堯典》之『璿璣玉衡』，向多異議。璿璣或作旋機，伏生《尙書大傳》云：『旋者還也，機者幾也，微也，其變幾微而所動者大，謂之旋機，是故旋機謂之北極。』劉向《說苑・

辨物篇》及劉昭《續漢書・天文志・注》皆以旋機爲北極。然《春秋運斗樞》謂:『北斗七星: 第一天樞, 第二旋, 第三機, 第四權, 第五衡, 第六開陽, 第七瑤光, 第一至第四爲魁, 第五至第七爲杓。』《春秋文耀鉤》亦云:『斗者天之喉舌, 玉衡屬杓, 魁爲旋機。』《史記・天官書》與《漢書・天文志》及《律曆志》亦以旋機玉衡爲北斗。在他方面, 江聲謂北極爲天體左旋之機, 斗魁爲恆星右旋之機, 皆爲旋機; 斗柄回轉於天, 如稱之衡, 因其色白而晶瑩, 故謂之玉衡; 則又調和上述兩說而試作折中之談。凡此三說皆以璿璣玉衡爲非儀器。

此外更有以璿璣玉衡爲觀測天象之儀器者。例如馬融謂:『璿, 美玉也, 璣, 渾天儀, 可轉旋, 故曰旋璣, 衡, 其中橫笛; 以璿爲璣, 以玉爲衡, 蓋貴天象也。』鄭玄則謂『其中笛爲璿璣, 外規爲玉衡』。此說在後世頗有勢力, 蓋認堯時爲已具備算數、圖象、儀器三種治曆之具云。

又『七政』之解釋亦甚紛歧。《尙書大傳》:『七政, 謂春, 秋, 冬, 夏, 天文, 地理, 人道, 所以爲政也。』《欽定書經傳說彙纂》之《集傳》謂七政爲日月五星。新城新藏以爲應指北斗, 因中國古代曾以北斗爲觀測之目標。至於馬融所謂:

> 七政者, 北斗七星各有所主: 第一曰主日, 法天; 第二曰主月, 法地; 第三曰命火, 謂熒惑也; 第四曰煞土, 謂塡星也; 第五曰伐水, 謂辰星也; 第六曰危木, 謂歲星也; 第七曰罰金, 謂太白也。日月五星各異, 故名曰七政也。

則又融合後二說而自成一說矣。

竊謂璿璣與玉衡若爲觀測天象之儀器, 則所謂七政自應釋爲日月五星, 並以『在璿璣玉衡以齊七政』爲憑藉一種儀器而窺測日月五星之運行。但若璿璣係指北極, 則伏生之釋七政似爲比較適合。又若以璿璣爲斗魁, 玉衡爲斗柄, 則七政或爲組成北斗之七星, 就此三說而論，似以第一說爲最妥當。然此種解釋亦非可以證實《堯典》編成時代爲已發明天文儀器者。簡單之天文儀器，殆至漢朝始能製造，故疑此句爲漢人之說話。惟吾人決不能根據此語而認《堯典》爲漢人之作品。蓋嘗詳細研究此語前後之辭句，乃知此語之出現殊可懷疑。《堯典》原文：

正月上日，受終於文祖，在璿璣玉衡以齊七政，肆類於上帝，禋於六宗，望於山川，徧於羣神。

『在璿璣玉衡以齊七政』一語所表明之事項既與其前後各句所表明者不同性質，此句之結構亦與前後各句不同形式，故其夾入此中，分明與其前後不相聯接。今試刪去此句，將覺此段之文氣實較原來爲順利。因此可以推測，此殆後人誤入或故意插入之語，而尤以偶然誤入爲最近情理，蓋若果爲故意混入，則必當鍛鍊此句之結構，使與前後各句相同而不易於辨別矣。案《史記・天官書》有『所謂璿璣玉衡以齊七政』一語，『所謂』云云，諒係引用前此之成語。此成語之出處自應卽爲《堯典》。故『在璿璣玉衡以齊七政』之誤入《堯典》殆在《史記》編成之前。（案各處所引《尙書大傳》恐不可靠，故云。）惟因彼與本文無關，故在此處暫不詳論。

上述各點之外，《堯典》內尙有兩處似亦與天文曆法有關而應稍加補述。其一，『寅賓出日』，《欽定書經傳說彙纂》之《集傳》曾謂『出日，方出之日，蓋以春分之旦，朝方出之日而識其初出之景也』；又『寅餞納日』，《集傳》謂『納日，方納之日也，蓋以秋分之莫，夕方納之日而識其景也』。案上文已言，依據新城新藏研究《春秋》長曆之結果，知在春秋中頃始有測度日景之方法。故《欽定書經傳說彙纂》之推測，若果可以成立，則據『寅賓出日』與『寅餞納日』可以斷定《堯典》殆在春秋中頃以後出世。

其二，飯島忠夫以《堯典》之將仲春、仲夏、仲秋、仲冬配置東西南北等事，爲帶五行說之色彩。彼與新城新藏皆認五行說之起原爲關於五大行星之研究，係在西紀前三四百年左右方得成立。似又可以因此推斷《堯典》爲此時代以後之作品矣。

惟寅賓出日與寅餞納日之意義究竟是否卽如《欽定書經傳說彙纂》之所推測，實爲疑問。《堯典》究竟有否五行說之意味，與五行說之究竟是否發生於開始硏究五大行星之後，似亦不易解決。故此兩方面對於吾人討論之問題皆僅可作爲參考之資料，並非有力之辨證也。

除出上述之各方面，雖仍不敢武斷《堯典》一文再無關於天文曆法之說話，要已列擧其比較直接、比較分明而亦比較重要之諸事項，分別試作約略之討論。此等討論之結果，似可總括於下列一表之內。

根據之天象或天文曆法之知識	推測之《堯典》編成年代
『曆象日月星辰敬授人時』	西紀前六百年以前。
四仲中星	?
『朔』字之出現	周初之後，與春秋相去不遠，或在西紀前七七六年之後。
『期三百有六旬有六日』	春秋中頃之前，或在《管子·輕重己篇》編成之後。
『閏』字之出現	周朝後半期，與春秋相去不遠。
『歲』字之出現	殷代之後。
『在璿璣玉衡以齊七政』	
『寅賓出日』與『寅餞納日』	?
含有五行說?	?

此處似有一點頗值得吾人之注意者，即除出某幾方面不能確定求出答案之外，其他各種推測皆爲大致相合，並無彼此矛盾之處。又據此表，知《堯典》編成之時限，最大之範圍爲自殷代至春秋中頃，最小之範圍爲自西紀前七七六年至西紀前六百年。案《春秋》之記事始於魯隱公元年，時當西紀前七二二年。故《堯典》或爲春秋前半期或稍前之作品。

上文已言，依據顧頡剛之意見，《堯典》之編成乃在《論語》之後。《論語》爲孔子之言行錄，而孔子生於西紀前五百五十一年左右。故與上述之結論不合。案此點係與上面根據『曆象日月星辰敬授人時』及『期三百有六旬有六日』而推測之年限爲最有關係。

又顧頡剛之意見，與飯島忠夫求得之結論甚爲相合。飯島之論證大致如下:

根據之天象或天文曆法之知識	推測之《堯典》編成年代
四仲中星	西紀前三百年附近
『歲』字之出現	西紀前三百年附近
含有五行說	西紀前三百年附近之後

然飯島以《堯典》所記中星之觀測時刻爲在午後七時，而夏至午後尙未日沒，故此時刻必不十分眞確，據此求得之結論自亦不甚可靠。又彼以十二支爲在五行說成立之後出世，而殷虛出土之甲骨已多使用十二支之證據，故關於歲字從戌而得之年限亦似不能成立。至於《堯典》含有五行說與否，亦爲疑問，前此已曾言及矣。

又據此處所得之結論，則堯、舜之傳說實在春秋初期前後，孔子之前卽已存在。惟對於堯、舜究爲古代確曾生存與否之問題，仍無絲毫裨益。惟前此以《堯典》所含天文曆法爲可證實此篇爲西紀前二十四五世紀之作品，因此又可證實堯、舜確爲曾經生存之古代聖王之見解，則已根本動搖矣。

（《從天文曆法推測堯典之編寫年代》，原刊於《燕京學報》第七期）

岑仲勉云：

《堯典》不是元前二千四百年前的作品，這一點已無須多論，剩下來就只有周初和戰國兩說，筆者最初固主張前一說的，其理由是：『之』『者』兩字是後世漢文裏很難免去的（惟全部《尚書》沒有『也』字），《堯典》卻沒有，跟周初的金銘有點相像。可是經過考慮，單憑這一點是站不住的，檢查周金銘，書『春』、『冬』的僅得三四例，多屬戰國文字（如《諸召鐘》和《商鞅量》），充其量也不過春秋後半葉，『夏』、『秋』直未曾見過。

至此，不能不聯系到甲文問題，葉玉森以卜辭象枝條抽發之字爲『春』，物形之字爲『夏』，朿爲『秋』，谷爲『冬』，近人多深疑其說。唐蘭氏《古文字學導論》下疑卜辭的龝爲秋，郭沫若氏《殷契粹編》引殘辭『××卜××黽××至四月』（《林》2、18、4，《前》4、5、5）謂『龝』、『至』二字不相聯，不足以反證，無非迴護的話。《導論》下又說『卜辭有春秋、無冬夏、余別有《卜辭中的春秋》一文詳之』，其文未見到，然從人類對於氣候的感覺來看，很成疑問，因爲四時之分，唯北溫帶的南部最顯著，再北則不然，故荒古阿利安人也只知三時。復次，春和秋氣溫大略相同，其極端相反而使人類易於感覺的莫如冬和夏，故《天問》所問，止『何所冬煖、何所夏寒』？康居只有冬居、夏居，如謂『春』『秋』已立專名而冬夏反缺，似不合人類思想發達的順序。卜辭有如下兩條：

丙戌卜今『春』方其大出五月（《前》4、46）。

乙未卜貞黍在龍囿『冬』受之年二月（≪前≫4，53）。

劉朝陽氏作調停之論，謂『似係表明殷朝曾經有過兩種不同的區分四季的方法』，來得太勉強了，節氣須順乎自然，同一區域，不是可以任隨人意而改變的。而且所謂有抵觸之各條（如前文五月說『春』、二月說『冬』，我們能够確定它是另一個時期的卜辭嗎？≪甲骨學商史論叢≫引唐說，『屯』非後世四時之春，其云今屯、來屯，正猶今年來年，這一說尙較可信，故胡氏採之（說䕭字亦同，並謂『屯』所統者有三、四、五、十一、十二等月）。然商族尙質，同是今年、來年，何以有『屯』『䕭』之異？這兩字的用途，還待進一步的考訂。

最近，陳夢家氏更肯定萅是春字，龝是秋字，商族分一年爲禾季、麥季，禾季開始於十二、一、二、三等月，麥季開始於九、十、十一等月，因是互相重疊，專屬於禾季的只有四、五、六月，專屬麥季的只有九、十、十一月。按萅、龝兩字確有點與『春』『秋』的古文相像，≪禮記·月令≫四月『麥秋至』，≪太平御覽≫二十一引≪月令章句≫：『百穀各以其初生爲春，熟爲秋，故麥以孟夏爲秋。』這樣解釋似可適用於卜辭，換句話說，卽萅、龝的涵義只是『萌』和『熟』，與四時的春、秋無關：我曾說周族襲用商族的字，並不一定襲它的意義，這怕就是一個例子，也有點像尼赫魯氏所說『舊的意義轉變爲新的意義而仍然保留着他們舊的外形』。另一方面，夏歷的春約爲正、二、三月，秋爲七、八、九月，據舊說殷歷建丑，比夏歷早一點，則卜辭之四、五、六月約相當於夏歷三、四、五月，並不是夏歷之春，又九、十、十一月約相當於夏歷八、九、十月，也不是夏歷之秋。有此歧異，卜辭的萅、龝兩字，顯應保存它的原形而不應改寫作春、秋，因爲它與後來四時的春、秋涵義迥然不同，如果把它們混淆起來，對於我國天文學史發展之研究，會給以擾亂影響，且把眞相蒙蓋住的。再總括一句，卜辭的𡗜、𪚴或者只標志某種作物的生長和成熟及其時期，那末，稱『今歲秋』，而系以二月，稱『 今春 』而系以九月，就易於解答了。

從文化發展史來看，更引起我們很大的疑團，季節區別對農業利用很大，周族是農業先進，如果商族已有了這種認識，爲什麽他們不會接受下來，還要等四、五百年後才在文學上出現呢？據飯島氏說，冬至點測定後中國天文學之組織才成立，冬至點當牽牛初度約在元前396至385年之間（按卽戰國之初周安王時期），這正和周金文初見『冬』『春』的時期相當，不是偶然的事。

由於以上逐層詰駁，商代已分四季的話，顯然不能成立，《堯典》爲周初作品的根據，也大大動搖。只剩下小小問題，就是它既非周初作品，爲什麽文字這樣古奥？在我的揣測，可能是三晉或關中人所寫，故作風與齊魯不同。

與四季相關的是二十八宿，董作賓、胡厚宣兩家雖嘗指出卜辭有若干星名，尙屬疑似之間，卽使確當不易，亦正如竺氏所說：『二十八宿之成立，其來有漸，非一個時代之產物。』有星名與有二十八宿是兩個不同的範疇。何況竺氏又說：『四陸二十八宿原爲定日月躔舍以計算四季之用，一年旣不分爲四季，則安用所謂四陸哉？』商代旣沒有四季，如上文的反證，當然也沒有四陸。還有一點，商族用『旬』不用『周』，無『望』和『旣望』的名稱；對於月躔是隔膜的，二十八宿在商代尚未成立，那末，再古的『堯』時更不必論了。

二十八宿之成立年代，說者不同，《史記》三八《宋世家》記景公時（元前六世紀末至五世紀）有司星子韋（參《天官書》），王充《論衡・變虛篇》引子韋說；『星必三徙，三徙行七星，星當一年，三七二十一。』尋繹文義，似卽以每七星分屬四陸之始。

堯典可能是戰國作品

《堯典》既不能屬之周初，則戰國作品說可能性很大了。爲要解決這問題，先須審查一下現存的石申《星經》的緣起。《舊唐書·天文志》:『及七國交爭，善星者有甘德、石申，更配十二分野，故有周、秦、齊、楚、韓、趙、燕、魏、宋、衞、魯、鄭、吳、越等圖。』宋邵康節《皇極經世》一二:『五星之說，自甘公.石公始。』而甘石之書，據新城說是元前 360 年頃所測定。按魏地屬胃昴畢的分野（《甘石星經》及《淮南子·天文訓》，正當大梁之次，魏惠王徙都在元前364或361年，改國號大梁，當因求與占星相應，依此考定，恰是石申著書的時候。又歲星紀事之始，新城推算爲元前 376 年，但其前後不免有10至20年之出入，那末，又與石申著書的時代相當。綜合來看，可以相信我國天文學的發展，石申是一個很重要的人物，他跟冬至點之測定很可能互有關係。

四仲星的研究

《堯典》對四仲星的記載，先摘要如下:

羲仲宅嵎夷……日中星鳥，以殷仲春。

羲叔宅南交……日永星火，以正仲夏。

和仲宅西，……宵中星虛，以殷仲秋。

和叔宅朔方……日短星昴，以正仲冬。

所測的星宿究指那幾顆，如不給以明確決定，討論是很難進行的，我們不妨作一個嘗試。

1.星鳥 《史記·天官書》南宮朱鳥，《正義》說:『柳八星爲朱鳥咮。』竺氏說:『星鳥殆有所指，決非指南方朱鳥七宿而言，亦非指鶉火一次而言。以鶉火之名，始自後代，且所包柳、星、張三宿，亦尙有四十度之多也。其究何所指，只能作爲懸案。下表中姑以柳、星、張、宿並列以作參考。』按《正義》注疑係本自《星經》，《堯典》既非周初或以前作品，則鶉火名稱（包柳、星、張三宿）也不能說起自後代，我曾擬柳宿的語原同於于闐文的 rrav (yipatani)，『南方』之義，恰足證實柳爲南方主星之說，下文再有說明。

2.星火　新城氏擬以天蝎座（Scorpio）之『心宿二』（Antares），竺氏從之，當無可疑。

3.星虛和星昴　就是二十八宿裏面的虛和昴。

四仲星既作決定，又應問觀測的時候。從前解《尙書》的都以爲所測是昏星，我經過詳細考慮之後，覺得大有問題。經文除『宵中』一句外，凡『日中』、『日永』、『日短』都用太陽（日躔）作標準，爲什麼我們偏說是測昏中？推原其故，無非舊日學者習於用月躔定季節之術，遂造成古人也跟我們一樣的錯覺；然而十二次起於星紀，已以冬至日躔所在定四時，古人推測日躔，固可借用月望所在之宿來決定，所以說《堯典》的測星並不全屬昏中。如以日躔和月躔糅雜爲疑，須知那正合於歷法草創系統未完所應有的現象（再詳下文），這是我對四仲星舊解翻案最要之第一點。

假使依照舊日春分柳中、夏至心中、秋分虛中、冬至昴中的解釋，是絕對不符合於天象的，何承天說：『《堯典》云，日永星火，以正仲夏，今季夏則火中。又宵中星虛，以殷仲秋，今季秋則虛中。爾來二千七百餘年，以中星檢之，所差二十七、八度，則堯冬令至日在須女十度左右也。』唐李淳風說：『若冬至昴中，則夏至秋分星火、星虛皆在未正之西。若以夏至火中、秋分虛中，則冬至昴在巳正之東。』孔穎達《五經正義》於四仲星下獨『日短星昴』條不復立解，度亦因違背現實無法溝通之故。竺氏的結論是:

『如吾人以心（? 星）之初度作星鳥，大火（心二）當星火，虛之初度當星虛，則三者大致相符合，約在周代之初期，先後相差不過四度，但與星昴相較，差違達二十四度之多，則星昴之不足爲據而當承認爲謬誤也，明矣。』最近陳遵嬀氏說：『用歲差來計算，約在距今三千五百年前，冬至在虛，夏至在星，春分在昴，秋分在房，則二十八宿都和赤道相近。』

冬至星昴的錯誤似已不成問題，然而天象昭著，未經過多年觀測，當不至寫成書說，它跟別的科學不同，本來不易錯的，究竟根於什麼原因而錯，我們應該盡可能來探究，因此，我想再談一下石申《星經》的問題。

如所周知，六朝以後從石國遷來我國的人都是姓『石』，石國就是現時烏茲別克共和國都城塔什干，也是《禹貢》西戎的析支，又翻作柘枝（Sas），可是他們很早便來到我國內地。因此，我很相信石申是從中亞遷來的。這一疑心並非完全出於傅會、牽強，我還憑着幾點特殊的根據。

第一、新城新藏推算印度《摩登伽經》觀測各月影長的地方，約在北緯四十三度，不屬印度境內，可能在粟特之撒馬爾罕附近，此經所記天文事項，至少其一部分係根據中亞北緯四十三度內外之某地點觀測所得之知識。按撒馬爾罕和黃河流域的緯度都沒有那麼高，打開地圖一看，塔什干卻在四一——四二度之間。如果石申是那邊的人，則一面傳至中國，一面傳至印度，與二十八宿中、印同源說並無違背；換句話說，卽中、印同受自伊蘭，故其發展不同，特中亞失傳而已。我從前寫過一篇《我國上古的文天歷數知識多導源於伊蘭》，最近陳遵嬀氏的《中國文天學簡史》說：『我們知道伊蘭建國於公元前五五九年，比我國晚了一千多年。我們說回回天文學對中國天文學有影響或貢獻是可以的；倘若否認中國自己有天文學，以爲中國天文學是由回回傳來的，則大有討論的餘地。』按伊蘭是地域名稱，西部伊蘭在上古時包含着米底亞和波斯等國，東部伊蘭則直伸至帕米爾高原之西；陳氏所謂『伊蘭國』卽指波斯，它並不能代表整個伊蘭。更古之國（在元前一千年以上），還有大夏（Bactria），是周族所屢屢稱道的，又陳氏所謂回回係指阿剌伯，但與伊蘭無關，這是名稱上應該弄淸楚之處。其次，我那篇文章包含天文歷法兩件事，郭沬若氏把歲陽、歲名比定於巴比侖文，我不是絕對的不贊同而只是相對的不贊同，我以爲巴比侖的星象觀察，展開於紀元前二千二百餘年，我國始有文字，現在大約只可追溯到元前一千四、五百年，比它後七、八百年，由巴向東傳播，總須伊蘭人轉手，兩者相較，巴之對我，不如伊之密切。關於各種專名的比定，有語文和其理由可以按驗，初非持空論來推測，我也並未說過中國沒有自己的天文學，只是說『多』導源於伊蘭，而且還有種族源流作爲後盾，這又理論上應該弄淸楚之點。至陳氏書第一章所用的辯證方法，是否完滿，當別爲文討論之。

第二、二十八宿許多星名，都可與伊蘭系語言相比定，據郭沬若氏說，二十八宿成立於元前三、四世紀甘、石二氏之時，如否認石氏和中亞相關，就無法作出合理的解答。

第三、前頭已說過，《天官書》的一部分本自甘石《星經》，今《天官書》說：『東官蒼龍房心。』《星經》也說：『東方七宿三十三星，七十五度。……蒼龍角也，東方首宿。』同以角亢爲東方宿，這是兩書相關之證。然而問題就發生在這裏了。湛約翰（Chalmers）說：『以寶瓶宮爲中心之冬季七宿位於北方，以天獅宮爲中心之夏季七宿位於南方，其敍次與前述之北斗運行相合。然春季諸宿乃在西方，秋季諸宿乃在東方，與二季以前之方向旣異，與中國一般之意見以爲春應在東而秋應在西方者亦相剌謬。』（參看下圖）。新城氏說，印度二十八宿自昴起，係依東南西北之順序，而中國之方向卻爲東北西南，與印度相逆轉。又竺氏說：『

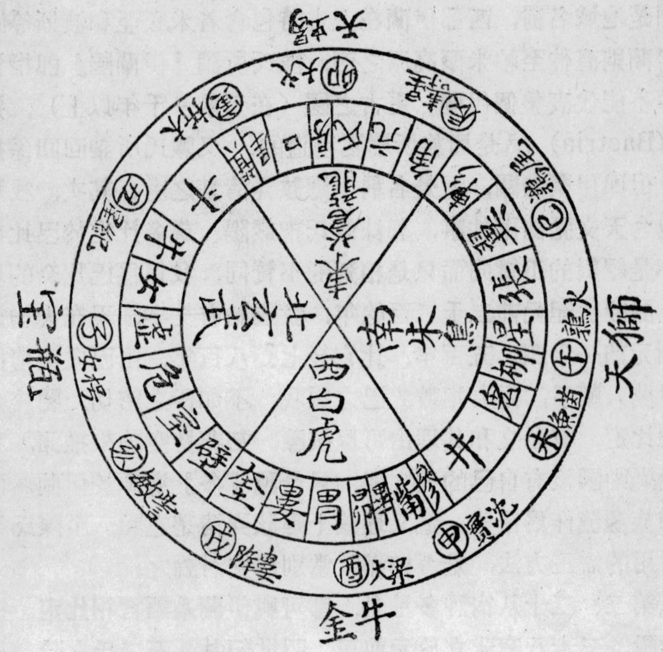

以日躔所在而論，則蒼龍角、亢、氐、房、心、尾、箕七宿應在西宮，卽秋季，與印度、埃及相同。而我國自《爾雅》《史記》以來均以蒼龍七宿爲東宮，則古代我國用月望所在之宿定季節，與巴比倫、埃及之用日躔乃迥不相同也。』這一個錯誤是不是由於用月躔法之不同呢？ 我以爲不是的。 它的不合天象只因位置誤換， 東宮房、心的命名，取義於于闐文（ 卽昆吾或厥允族的語言 ）之『東方』，西宮奎、胃的命名，取義於于闐文之『西方』，大約最初完成二十八宿之組織時， 石氏應用同屬伊蘭系之昆吾族語， 發生誤會，遂把東西兩組，分配互易，以後只顧名思義，不復糾正，故而弄成這種離奇現象。如果非將中、西語言比定，實無法抉出其錯誤成因，即此可見死抱殘篇者總不免一偏之見。

種族不同，說到方位時候就往往調換，這裏試舉出兩三個例子。《新疆要略》四記準噶爾舊俗說：『廬帳方位，以東爲南，南爲西，西爲北，北爲東；戶必東面，猶內地之南向也。』《佛說八陽神咒經》的『青龍、白虎、朱雀、玄武，回紇譯文作 soltun(左) kōklun, öngdün（前）aqbars, lüntün（南）qïzïl saghïzghan, kidin（後）qara yülan』。按回紇俗東面，故『前』即東面，依此來說，則青龍在北，白虎在東，朱雀在南，玄武在西。又《烏古斯可汗史話》說：『此外，當時在（烏古斯可汗）右側的還有一可汗稱爲 Altun 可汗。』伯希和謂 Altun 可汗卽指女直之金，並說：『金汗旣位置在右，那末，下文的 Urum（卽 Rūm）汗應位置在左，這似乎遵守東方北面的習慣，與阿爾泰族古時通例東面者不合，也與中國南面之俗不合。』卽是說，它以東方爲右方，西方爲左方。我們知道北族居住的地方很冷，故習俗向東以取暖，我國地處溫帶，惡北方的寒潮而喜歡南來的薰風，因之有尙東、尙南之異，惟明白了習俗各別，便覺得方位換算之錯誤是很容易發生的事情。

對前頭提出的問題，先行明白解證，於四仲星的探討是很有幫助的。『朔方』這個名詞爲開啓四仲星最要的鎖鑰。新城氏引了《洛誥》『我卜河朔黎水』和《詩》『城彼朔方』之後，以爲『或指特定之地，蓋當始用二十八宿時，住於黃河南流下游地方之民族，呼溯河而上之地方爲朔；《堯典》《舜典》之朔字，視爲編纂《尙書》時所採用者可也』，固然完全搔不着癢處，劉朝陽氏《堯典年代說》：『《堯典》有三朔字，其一爲宅朔方，與宅嵎夷、宅南交、宅西相對，……其三爲朔巡守，亦與東巡守、南巡守及西巡守相對，此處所謂朔方，究係泛指北方抑係爲專用之地名，頗不容易決定。……惟因朔字之地位，常與東南、西等字對照，故單就此字而言，其義應等於北，則固非常分明毫無懷疑之餘地。』也無非循守舊聞。其實，于闐語 Sarbamdä（東方的）又可以 Sa bam →Sa bang 的方式出現於關中，轉變而爲『朔方』上古 sāk piwang（唐譯 Toghla 爲獨雒，又 b- 和 p- 濁淸互轉）；『方』字只取音之相近，朔方的眞義是『東方』不是北方，試看它與誤列入東宮的『房心』同一語原，也可作證。『東方』爲什麼會弄作北方，拿前頭『北爲東』、『靑龍在北』等來相比，又是絕好的例子。

『嵎夷』不是東方而是『北方』，還可從于闐語得出確證，嵎夷，《切韻》ngiu i，豈不是與于闐語 nyūvi(jsa)（北方）相當嗎（于闐語 v 和 y 常通轉），旣誤東爲北，故把北來替東。『東』『北』屬東系商族的語言，『朔方』『嵎夷』屬西系的語言，『河朔』猶之河東，惟《詩》的『朔方』寫成時代較後，沿用已久，那就應作『北方』來了解了。

依上推證，今本《堯典》的『朔方』和『昴』應移入羲仲條，其餘『鳥』『火』『虛』各移下一季，『嵎夷』則應與『朔方』對換，這是我對四仲星舊解翻案最要之第二點。現在把改正之文寫在下方:

羲仲宅朔方，……日中星昴，以殷仲春。
羲叔宅南交，……日永星鳥，以正仲夏。
和仲宅西，……宵中星火，以殷仲秋。
和叔宅嵎夷，……日短星虛，以正仲冬。

凡下加重點的都是互換的詞，單是位置移易，實質並沒有更動。湛約翰說: 『最古用星辰以爲十二宮中四季符號之紀載，而又較爲可信者，當推《堯典》。據堯典所述，堯時春分秋分係在金牛宮（Taurus，或昴宿 Pleiades）及天蝎宮（Scorpio），而夏至冬至則在天獅宮（Leo）及寶瓶宮（Aquarius）。』竺氏說: 『湛約翰著《中國古代天文學》，曾依《堯典》日中星鳥以殷仲春之句，而解釋當時春分點起於昴，夏至點起於獅子座，秋分點起於心，冬至點起於虛。』即指上頭所引一段文字。湛氏說是對的，可是他當時無能抉出《堯典》鑄錯的成因（于闐文還未出土）。現在我們得了《堯典》錯排的確據，那末，四季星象就很容易順次解釋了。

春分的星象　印度二十八宿起於昴，昴爲春分點距今約三千八百年，昴在二十八宿中爲一重要之據點，中印如出一轍；又印度二十八宿之所以起於昴，殆亦宗法巴比侖的。以上皆竺氏之說。現知道我國春分點也同樣起於昴，所以我說，中、印兩方都受着伊蘭的影響，其初祖則爲巴比倫。

夏至的星象　柳爲南方主星，前文已有說明。印度古代相傳夏至日躔在柳，冬至日躔在虛(瓠瓜)，因此白賴南(Brennand)算得其年代爲元前1110年，山古太(Senguta)算爲元前1400年，與日中星鳥、宵中星虛之說相合。按依前頭改定，應爲『日短星虛』，不是宵中星虛，係用日躔法測定，如說『宵中』，必不能彼此相通了。

秋分的星象　依前頭改定，應爲『宵中星火』，並且指出《堯典》所列的星象係雜用日躔和月躔兩種方法。雜用確不規則，也自有其特因，北方過夏後很快便入冬，沒有界限明顯的秋天，較南如印度，現在也只分寒、暑、雨三季，故無測定秋季符號之需要；換句話說，西方的天文學本無秋季的測定。我國可不同了，地位較中，夏冬之間，確可可畫出一個秋季，爲適應環境，不能不補充、調整，補充之法又以利用月躔較爲直捷，秋季持着『宵中』，即因春、夏、冬三季的測定是承自西北的，秋季是自發的，新城、飯島兩家之爭都白費氣力。湛約翰說：『七月流火，意即謂於黃昏時天蝎宮自天中向西移動也。由此可見天蝎宮於六月同時，蓋正在天中。此唯有當時之七月與今日陽曆之七月，或陽曆七月之末及八月之初相合，始克如此，若如中國人所云周之正月正當於今日陽曆之十二月者，則不能有此也。』心宿昏見，可信合於劃出秋季時的星象，不能和其他三季相提並論。至如『七月流火』的火，實在與心宿無關，這裏不擬展開討論了。

冬至的星象　應改正爲『日短星虛』。《史記·律書》:『虛者能實能虛，言陽氣冬則宛藏於虛，日冬至則一陰下藏，一陽上舒，故曰虛。』竺氏指出《史記》這一段，『明明以虛爲冬至日躔所在。古代十二次以玄枵爲子，包女、虛、危三宿，冬至在十一月建子，是則我國向來有冬至日在虛之傳說矣』。大約西漢時猶有正說流傳，司馬遷不能比定，故《律書》與《五帝本紀》相抵觸，使這一疑竇直保留至二千年以後。

再綜合四季來說，則春昴、夏鳥、冬虛之測定，與秋火並不同屬一個時期；前者起原較古，但學者間仍存在着元前1800、1400和1110年之數說，我因不懂天算，無法審定。後者應相當於我國劃出秋季的時期，如果能算定去今多少年確是秋分昏心中，則二十八宿組織的成立期也大致可以推出了。或疑這種分期測定完全出於臆想，是又不然；飯島氏曾說:『西洋天文學，歲差雖早已發明，但最初所定冬至點之名（Capricornus 牽牛之初點），春分點之名（Aries 白羊之初點），依然使用，而現今牽牛及白羊之初點，已在眞正牽牛及白羊星座初點之星之西，距離三十餘度之遠矣。』印度也有同樣的情況，他的結論是:『中國守舊之程度，素勝於他國，若謂中國能將上古最初冬至點所在之星座之名，全然忘卻，十二次之名稱亦以新冬至點之星爲本而大加變更，恐無此事。』可見日躔法與月躔法不應看作同一時期的測定，是合理的。

四仲星的測定，不單止時期不同，地點也可能不同。昴、柳、虛三點既與印度無異，顯然是同承自西北，或者卽新城氏所說北緯四十三度附近（引見前）。秋分點創自我國，那就斷應在黃河流域了，惟舊日所據堯都平陽或相類地點，當然已失其信値。

簡單地說，通過上項討論，我們今後作四仲星的研究，切不可把它們看作是同一時期及同一地域的觀測，如果呆守舊法，執迷着我國上古與西方無關的成見，怕終久得不到結果的，這是我對四仲星舊解翻案最要之第三點。

此外，《逸周書·周月解》：『惟一月既南至，昏，昴、畢見。……是月斗柄建子，始昏北指。……日月俱起於牽牛之初，右回而行。』所謂一月卽夏曆的十一月，其昏昴畢見，則約與《三統曆》之大寒相當。新城氏以爲這一篇和《時訓解》都『爲戰國末葉以後之作』，應無可疑，惟究屬於哪一時期，尙待推算。

（《堯典的四仲星和史記天官書的東宮蒼龍是怎樣錯排的》，在《兩周文史論叢》內）

畢長璞云:

按《大陸雜誌》十五卷第一期，載有嚴一萍著《卜辭四方風新義》一文。內列證刻有與四方風義有關之甲骨，及其綴合骨片，共十六圖。採用甲骨片共二十四片，證明甲骨文:

東方曰析鳳（風）曰劦

南方曰夾鳳曰党

西方曰𠦪鳳曰彝

（北方曰𠦪）鳳曰䧅

等辭，以及嚴氏新綴合之骨片，其文曰:

貞帝于東方曰析風曰劦求年

辛亥卜內貞帝于南方曰㐅風夷求年一月

貞帝于西方曰彝風曰册求年

辛亥卜內貞帝于北方（□風）曰䒤求（年）

（前引據胡厚宣釋文，後引據嚴一萍釋文）。

等辭以及《山海經》，所謂『某風（鳳）曰某者』等辭相質，實皆地名也。此與《堯典》之『嚴民析』、『厥民因』、『厥民夷』、『厥民隩』，實『密合無間』。其文更稱：

自殷都成墟以後，三千年間，無人知有甲骨，……事實俱在，與其謂《堯典》襲甲文，無寧謂甲文承堯典也。

以證明胡厚宣所論『若作《堯典》者，必已知有甲骨文之契刻四方風名』爲不可能之事。是以《堯典》不可能是『襲甲骨文、《山海經》之作』。其文既非相襲，則更可以證明《堯典》與《山海經》之歷史價值了。因此《堯典》之作成年代，必不至晚於殷商。這是嚴一萍的意見。

由前引之推論，《堯典》既非商後之作品，則《堯典》之成書年代，究又應如何推論呢？是否《堯典》之成書，卽與商代甲骨契刻同時？而所記內容亦卽殷商之事物？這一設想，由卜辭四方風義之有關甲骨證之，頗爲可信。所謂『厥民析』、『厥民因』、『厥民夷』、『厥民隩』之析、因、夷、隩，『皆屬殷商地名』（嚴一萍說）。是則《堯典》爲商代之作品，所記爲商代事蹟應勿疑也！然亦不然。《堯典》曰：

分命羲仲，宅嵎夷，曰暘谷。寅賓出日，平秩東作。

日中星鳥，以殷仲春。厥民析，鳥獸孳尾。

申命羲叔，宅南交，平秩南訛，敬致。日永星火，以正仲夏。

厥民因，鳥獸希革。

分命和仲，宅西，曰昧谷。寅餞納日，平秩西成。宵中星虛，以殷仲秋。厥民夷，鳥獸毛毨。

申命和叔，宅朔方，曰幽都。平在朔易。日短星昴，以正仲冬。厥民隩，鳥獸氄毛。

按徐亮之著《中國史前史話》下編三，有一段文字曰：

根據德人法基氏 (A.Farke) 的研究，認爲這鳥、火、虛、昴四星，公元前二二五四年在中國河南一帶確可清楚看見。(原書二〇八頁)

原書註星鳥，引孫星衍《尚書今古文注疏》：『鳥謂朱雀，南方之宿。』『總爲鳥星；井星卽鳥星之分，故云星鳥。』原書註星火，引鄭康成《註》：『星火，大火之屬。』孫星衍《疏》：『星火卽大火；亦卽鶉火也。』原書註星虛，引鄭康成《註》：『元武中虛宿也。』原書註星昴，引鄭康成《註》：『白虎中宿也。』(見原書二三一至二三二頁)。《尚書》蔡沈《傳》註星鳥亦曰：『星鳥，南方朱雀七宿。』至於星鳥之中星，則引唐僧一行之推算：『以鶉火爲春分之中星。』此說與孫星衍『井星卽鳥星之分』說不同，玆不置論。試卽以星鳥之全星爲例，釋法基氏之說如下：

按法基氏之硏究，可有二說：一卽鳥、火、虛、昴四宿之『變星』(Variable star) 問題也。其二、卽此四宿之『歲差』(Precession) 問題。所謂『變星』問題，卽指某些星的本身，光度時強時弱，這種強弱變化或有周期性或無周期性。這種現象就稱爲變星。以上四宿之變星現象如何？學淺無從考知。但變星問題，對此四宿，實無多大影響。蓋此四宿每一宿皆由許多星組成，在此許多星中，卽使某些星在某一時間內發生變星現象，亦不致影響於整個星座之出現。故變星問題，對法基之說無甚關聯。至於第二說：卽此四宿之『歲差』問題。因春分點在天上不是固定的，此點沿黃道西行，每年50.26"(弧秒)；或每二萬五千餘年沿黃道行一周，歲差問題，卽由此形成。由此一歲差問題，卽可推知《堯典》所記之星象是否正確。

按古史年代，共和以上無確數。董作賓作《殷曆譜》，自殷商起始，以商湯元年，爲西元前一七五一年。再根據徐亮之書，以虞舜元年爲西元前二二五五年（見《中國史前史話》二三一頁）。玆以此二數爲基礎，試推算之。

按高平子之考訂，現在『每年春分亥正，卽下午十時左右，中天星象』卽爲南方七宿之朱鳥星座。自西元前二二五五年，至今一九六〇年，時間距離爲四二一五年，以此乘每年之歲差數，列算式如下：

$4215 \times 50.26 = 211845.9$

211845.9"（弧秒）$=58°50'45."9$（約合 59 度弱）

按每十五度爲一小時換算時間：

$59 \div 15 = 3\frac{14}{15}$（小時）

現在以春分夜十時左右星鳥中天，前推三又十五分之十四小時（卽三小時五十六分鐘），合於下午六時左右；亦卽春分日落星現之時。在四千年前，星鳥正當此時中天，可見《堯典》所記『日中星鳥，以殷仲春』之說實不訛誤。這是星鳥的情形如此。以此推算之於星火，卽天蠍座之ㄅㄚㄒ（心宿）等諸星。今之夏至日星火到達中天時間約亦爲中原標準時間夜晚十時左右，以此向前推三小時五十六分，其結果與星鳥同。其餘至於星虛、星昴無不盡然，足證法基之說不錯。

今旣算知舜元年時星象情形如上，殷商與堯舜時，相距時間較近，則甲骨契刻之製作時，中天星象是否亦若是也？若是星象相同，則《堯典》所記錄之事物，仍可能爲殷商時之事物。試再僅以星鳥推算之以觀一般。

按上引記四方風義之甲骨，推其製成年代：據嚴一萍新拼之卜龜腹甲釋文，稱貞人『 内 』者，似可以之推得該骨之製作大致年代。唯以資料闕如，無從參考。其人屬於何時，無法得知。而劉善齋所藏之牛胛骨，據胡厚宣與嚴一萍之意見，謂『爲武丁時常見』。

玆以武丁元年計之。依董氏曆譜，武丁元年為西元前一三三九，下距今日，合為三二九九年，以此列算式如下:

$$3299 \times 50.26 = 165807.74$$

$$165807.74 \text{ 弧秒} = 46°3'27.''74 \text{（約合46°強）}$$

$$46 \div 15 = 3\frac{1}{15} \text{（小時）}$$

現在以春分晚十時左右星鳥中天，前推三又十五分之一小時（約合三小時又四分鐘），恰當於中原標準時間夜晚七時左右。這就是說：武丁時之春分星鳥中天，已是日落後一小時了。由此可證《堯典》所載之星象，並不適用於殷商。既不適用於殷商，則《堯典》所記之事物，即不能遽斷謂為殷商之事物。既非殷商之事物，則《堯典》成書為與甲骨契刻同時之一假設，亦即不能成立了。

按此處所謂『成書』，有應先予定義之必要。此處所謂成書，意即將某項事物予以著錄，初不必必成為今日之典册形式，亦不必為連篇累牘之大塊文章。

今由上文所述證明，則《堯典》中事物之被著錄成書，究當何代也？其說猶可假設為二：其一、即堯舜間事物，由歷代傳述，至殷商而被著錄。其二，即堯典事物之被著錄，應溯至殷商以前。玆就第一假設，先討論如下:

此處所謂歷代傳述，即十口相傳也。由堯舜時口口相傳至殷商，乃被製為甲骨文辭，被著錄成《堯典》其書。此一假設由天象論之，實甚不可能也。蓋數百年前之天文現象（自虞舜元年至武丁元年依前文計算，合九一六年），至殷已時移勢易，何能相繼傳述而不變？而《堯典》所記之星象，居然仍能上溯而合天。故由十口相傳，至殷商而被著錄成書一說，其不能成立甚明。

此說既不能成立，則《堯典》之成書就當上溯殷商以前了。在商前且必甚近於堯舜之時，蓋必如此，始可以書合天象。

同時在這裏，在這種情形之下，我們更可以援引第二種相關證據，以證明《書經・堯典》其書成書之年代。這一證據，就是《山海經》一書的問題。

今按:《堯典》曰:『乃命羲和，欽若昊天，曆象日月星辰。敬授人時。』其下卽羲和等象星授時，與所謂地名之析、因、夷、隩相連（見上引之原文）。按羲和其名，《山海經》中亦有記載。《大荒南經》:『羲和之國，有女子名羲和，方日浴於甘淵。羲和者，帝俊之妻，生十日。』按: 王國維之考證，帝俊卽夋，卽帝嚳之名。此處羲和係國名係人名，其人生十日。按《史記・黃帝本紀》言帝嚳高辛『曆日月而迎送之』。《堯典》旣言羲和『曆象日月星辰』，帝嚳又『曆日月而迎送之』。《山海經》則言『羲和者，帝俊之妻，生十日』，羲和與帝俊間之關係，依《堯典》與《史記》，據今日所知世系言，帝嚳與堯時之羲和無法喩爲同時，然帝嚳與羲和與曆法之關係卻甚値得注意。王國維稱《山海經》中人物『確非虛構』（見《殷先公先王考》文），今再以上述證之，《堯典》與《山海經》隱約相接，而太史公所紱，豈徒誣哉？於是此又足爲《堯典》寧述堯事而非述殷事之另一佐證。

由此，及於其他上古典籍之流傳問題。

司馬遷作《史記》，據之帝繫及《世本》稱『自殷以前諸侯不可得而譜』，又曰:

> 余讀諜記，黃帝以來皆有年數。稽其歷譜諜，終始五德之傳，古文咸不同，乖異!

但四方長老，又各往往稱黃帝堯舜之處，『總不離古文者近是』。書缺有間，乃時時顯於他說，非好學深思心知其意，固難爲淺見寡聞者道也。因此，太史公乃擇其言之尤雅者，集黃帝以來至共和間事爲諸紀與表。今以殷之先王世系驗之甲骨，竟與《史記》若合符節。湯以前殷人先公，亦皆大致不誣，而更進一步證明《山海經》

中人物『確非虛構』。

當然，太史公其時，亦不知有甲骨，自然亦無由以承襲甲文。綜合以上的佐證，我們現在要說：《堯典》文字乃記堯事，而且記於近堯時，當非杜撰的誣妄之說了。

（《堯典成書年代之問題》，原見《大陸雜誌》二十二卷二期）

屈萬里云：

《堯典》之作成，當在孔子歿後，孟子之前：蓋戰國初年，儒家者流，據傳說而筆之於書者也。其證如下：

一、本篇開始卽云：『曰若稽古』，明爲後人述古事之辭。

二、本篇文辭平易，去佶屈聱牙之周誥絕遠。知其著成年代，決不能上至西周；更無論西周以前。

三、帝字爲人王之稱，在眞實可據之古籍中，僅《周易》及《尙書》有『帝乙』一例。帝乙之稱，由何而起，今不能詳。而謂古人王或時君爲帝，乃春秋晚葉及戰國時之風尙。本篇不但有帝堯之稱，且單稱帝字而不名：可證其決非春秋中葉以前之人所爲。

四、《易周・爻辭》《詩・雅・頌》等，以及甲骨文字與早期金文，皆祖妣對稱，無考妣對稱者。考妣對稱，蓋自東周中期始有之。本篇有『如喪考妣』之語，知其不古。

五、陰陽五行之學，荀子謂創自子思；卽或不爾，亦決不能早至西周（《洪範》亦晚期書）。本篇述四宅觀日事，已隱然以東南西北四方，配春夏秋冬四時；述舜四時巡守四方事，此義尤顯：可知此篇作者，已受五行說之影響。

由上列諸證觀之，知《堯典》之著成，決不能早至西周。

六、《論語》述堯禪位之辭云：『堯曰：「咨！爾舜！天之歷數在爾躬；允執厥中。四海困窮，天祿永終。」』今《堯典》無此語。似當孔子時，今本《堯典》，尚未出世。

七、本篇述堯之德，曰：『克明俊德，以親九族；九族既睦，平章百姓；百姓昭明，協和萬邦。黎民於變時雍。』實本儒家『修身齊家治國平天下』之思想爲說。知此篇之著成，不當在孔子之前。

八、本篇述堯崩後，『百姓如喪考妣。三載，四海遏密八音』。《孟子》謂此爲三年之喪；是也。然三年之喪，以孔門高弟如宰予者，且不肯行。至孟子時，滕人尚謂『吾宗國魯先君莫之行，吾先君亦莫之行也』。可見三年喪之制，至戰國時尚未通行。卽或殷人有此制（說見胡適之《說儒》）；然實不爲周人所尚。至孔子時，始成爲儒家所提倡之禮。本篇既採用三年喪之禮，知其著成，不當在孔子以前。

由上列諸證觀之，知《堯典》之著成，當在孔子以後。

九、《孟子・萬章篇》引『流共工於幽州，放驩兜於崇山，竄三苗於三危，殛鯀於羽山；四罪而天下咸服』五句。又同篇引『二十有八載，帝（《孟子》作放勳）乃殂落，百姓如喪考妣。三載，四海遏密八音』五句，而明著『《堯典》曰』。知當孟子時，本篇已傳世。

十、《楚辭・天問》云：『不任汩鴻，師何以尚之？僉曰：「何憂？何不課而行之？」』此四句顯然爲檃括本篇『僉曰：「於！鯀哉！」帝曰：「吁！咈哉！方命圮族。」岳曰：「异哉。試可，乃已」』等語之意爲之。是屈原亦已見今本《堯典》。

由上列諸證觀之，知戰國中葉時，今本《堯典》已傳世。

此外尚有若干例證，足以證知本篇非西周以前之作品。文公十八年《左傳》，引『愼徽五典』以下六句；僖公二十七年《左傳》，引『敷奏以言』以下三句。惟《左傳》一書，是否成於戰國初年？其述《詩》《書》之語，曾否經後人潤色？迄今尙無定論；故不擧以爲證。要之，今本《堯典》著成於孔子之後，孟子之前；據上擧十證觀之，雖不中不遠矣。

又《堯典》『受終於文祖』文祖、文考、文母、前文人等，乃周人之習用語也。以《詩》、《書》及金文證之，知指亡祖、亡父……言。本篇成於戰國之初葉，故用周人語。

(見屈著《尙書釋義・堯典》前言)

〔存　目〕

竺可楨撰《論以歲差定尙書堯典四仲中星之年代》，在《科學》第十一卷第十二期內。

〔臯陶謨〕

屈萬里云:

從文辭上看，任何人都可以覺察得到《臯陶謨》不但不如西周初年的《大誥》《康誥》《酒誥》……等古奧，而且不如東周初年的《文侯之命》；不但不如《文侯之命》，亦且不如魯僖公時代的《費誓》(《費誓》爲魯僖公時書，從余永梁及楊筠如說)，那麼，單就文辭一點來看，《臯陶謨》之著成，也不會早到春秋中葉。

而且，《臯陶謨》中，有『撫於五辰』之語。『五辰』是什麼呢？楊筠如的《尙書覈詁》說:

古有謂四時爲五時之說。……按《史記・天官書》：歲星主春、熒惑主夏、塡星主季夏、太白主秋、辰星主冬。此五辰當卽歲星等五星。《夏小正傳》：『辰也者，星也。』然則五辰之義，本爲五星；因此五星所主不同，引申而爲五時，此五時之說所由來也。

除了『撫於五辰』之外，還有『以出納五言』的話語。孫星衍的《今古文尚書注疏》說：『五言者，五聲之言。』卽是以宮、商、角、徵、羽五聲，配合信、義、仁、禮、智五常；所以五聲之言，也就是五常之言。這些（五辰和五言），以及五采、五色等，顯然地都是五行說盛行以後的產品。五行說的盛行，不會早到春秋時代；從而可知《皐陶謨》之著成，也不會早到春秋之世。

那麽，《皐陶謨》究竟作成在什麽時候呢？李泰棻《今文尚書正僞》中的《皐陶謨正僞》雖然擧了二十七個證據，以證明《皐陶謨》之僞；但它所擧的，大部分都是『《皐陶謨》不會作成於虞舜時代』的證據。它的結論，以爲《皐陶謨》當作於戰國時期，而且在《呂氏春秋》之後（照它的說法，應該說《皐陶謨》著成在戰國末年，或秦統一天下之後）。然而所可惜的，它一口咬定了《孟子》《呂氏春秋》等書中與《皐陶謨》有關的材料，全是《皐陶謨》抄襲《孟子》《呂氏春秋》等書；但並沒說出何以不是《孟子》和《呂氏春秋》等書抄襲的《皐陶謨》。

《皐陶謨》不會是虞舜時代的作品，這已是用不着討論的問題。作於戰國末年的說法，我認爲也非確論。

皐陶謨之著成當在禹貢之後

《皐陶謨》中，有好幾處襲用《禹貢》的句子或承用《禹貢》的『典故』。『隨山刊木』，是整個地襲用《禹貢》的句子，不用說了；至於承用《禹貢》的『典故』的，則有以下二事：

一、九　川

《臯陶謨》說:『予決九川，距四海。』九川，解《尙書》的人，都說是九州之川。九州之川而謂之九川，單從字面上看，就知道是不可通的。這顯然地就是《禹貢》『九川滌源』的九川。不過，解釋《禹貢》『九川』的人，也把它說成了九州之川；他們似乎都沒注意到上文的導水。導水是把天下的水分爲九系，卽：弱水、黑水、河、漾、江、沇、淮、渭、洛（雒）。九川也者，就是這九個系統之水，這是很顯然的。作《禹貢》的人，對於『九』特別的有興趣：土地旣分爲九州，水也分爲九系，山也分爲九脈（叫做九山），澤也只承認九個，田地釐爲九等，賦稅復定爲九級。九川、九山、九澤……這些『自我作古』的成語，在《禹貢》裏，都是由於歸納前文而來；都是言之有物的。很顯然地，《禹貢》便是這些『典故』的老家。那麼，《臯陶謨》的『九川』，是承襲的《禹貢》，而不是《禹貢》承襲《臯陶謨》，這是不爭的事實。

二、五　服

《臯陶謨》說:『弼成五服，至於五千。』這兩句話如果不詳細地給它作注脚，眞叫人不知道它那葫蘆裏裝得什麼藥。《臯陶謨》旣然順口而出地用了『五服』、『五千』之說，那必然地，在作《臯陶謨》的人認爲『五服』、『五千』等語，在當時是共知共喩的；也就是說，在《臯陶謨》沒產生之前，『五服』、『五千』的說法，就先已流行了。這說法的『祖籍』是那裏呢？無疑地，還是出於《禹貢》。

《禹貢》旣把天下分爲九州，同時又把它分爲五服。我們只看五服是什麼。《禹貢》說:

> 五百里甸服：百里賦納總，二百里納銍，三百里納秸服，四百里粟，五百里米。五百里侯服：百里采，二百里男邦，三

百里諸侯。五百里綏服：三百里揆文教，二百里奮武衞。五百里要服：三百里夷，二百里蔡。五百里荒服：三百里蠻，二百里流。

這甸、侯、綏、要、荒五個服，便是所謂五服。甸服是環王城之外，每面各五百里；也就是，東西和南北兩兩合計，各共爲一千里。侯服是環甸服之外，每面各五百里。綏、要、荒三服，依此類推。那麼，五服合計，每面共爲二千五百里；也就是東西和南北總計，都是五千里。所以，『五服』弼成，就『至於五千』了。

單就『隨山刊木』一句話來說，我們固然不能够確然地斷定是誰抄襲誰；可是，再從『九川』和『五服』兩個證據看來，則《皐陶謨》之襲《禹貢》，是絕無疑義的。自然，《皐陶謨》之著成，必當在《禹貢》之後。

皐陶謨之著成當在堯典之後

《皐陶謨》承襲《堯典》的地方更多。它抄襲《堯典》的文句，它檃括《堯典》的理論，它暗用《堯典》的故事。在行文方面來說，它的丰神，和《堯典》宛然相似。在習用的字和辭方面來看，它和《堯典》，更是一個鼻孔出氣。玆分說如下：

一、抄襲堯典文句

在《堯典》裏，帝堯使四岳推薦治水的人時，說：

湯湯洪水方割，蕩蕩懷山襄陵，浩浩滔天。

在《皐陶謨》裏，禹自述他的功績時說：

洪水滔天，浩浩懷山襄陵。

像『懷山襄陵』和『滔天』這些新穎而漂亮的字眼，照理說，應該很難有『不謀而同』的可能。因而，它們的雷同，必然是由於因襲的關係。

其次，在《堯典》（僞古文本的《舜典》）裏，述舜代理天子時的政績說：

五載一巡守，羣后四朝，敷奏以言，明試以功，車服以庸。

而在《皐陶謨》裏，禹向帝進言，則說：

光天之下，至于海隅蒼生，萬邦黎獻，共惟帝臣。惟帝時舉，敷納以言，明庶以功，車服以庸。

『敷奏以言』以下三句十二字，《堯典》和《皐陶謨》幾乎完全相同；只有奏和納、試和庶兩字之異。這情形，也必然是出於因襲，而決不會是偶同。

單就這兩個抄襲的例子而言，我們誠然難以斷定究竟是《皐陶謨》襲《堯典》、抑是《堯典》襲《皐陶謨》。但由於下述〔（二）、（三）兩段〕的例子可以斷定是《皐陶謨》襲《堯典》，從而可知這兩個例子，也必然是《皐陶謨》抄襲《堯典》。那麽，其他雷同的句子，如：『曰若稽古』、『直而溫』、『寬而栗』之類（『夔曰於予擊石拊石百獸率舞』十二字，由於錯簡，此不論。），其爲《皐陶謨》之襲《堯典》，也就不問可知了。

二、檃括堯典的理論

《皐陶謨》在開首一段裏，有這樣幾句話：

都！愼厥身修，思永，惇敍九族，庶明勵翼，邇可遠，在兹。

『愼厥身修』是修身，『惇敍九族』是齊家。明，讀爲萌。萌和甿古時相通。庶甿卽是衆民（本兪樾《羣經平議》說）。勵，是奮勉的意思。翼，是輔佐的意思。那麽，『庶明勵翼』這句話言外的意思，就是『國治而天下平』了。

修身、齊家、治國、平天下，這一套理論的來龍去脈，在這裏

我們姑且不談。但我們由於《皐陶謨》這些話語，卻很容易地就會想到《堯典》首段的幾句話。《堯典》說:

克明俊德，以親九族；九族既睦，平章百姓；百姓昭明，協和萬邦。黎民於變時雍。

我們誠然可以說：修、齊、治、平這一套儒家的道理，《堯典》可以用它，《皐陶謨》也可以用它；因而《皐陶謨》的話，未必就是襲自《堯典》。但，我們要知道，眞正用修身、齊家、治國、平天下這些字樣，而又加上格物、致知、正心、誠意等物事，使這套理論整齊化的，是《大學》一書。而《大學》卻引用了《堯典》的『克明峻德』一句話，這證明了《堯典》之著成在《大學》之前。《皐陶謨》沒用修身、齊家……等字樣，而且也沒有正心、誠意……等意味，可知它不會晚於《大學》。加以《皐陶謨》和《堯典》兩篇中的文句和習用語雷用的很多，知道它們倆必有密切的關係。然後再看談修、齊、治、平這一套道理而用到『九族』之字樣的，在《孟子》以前（《皐陶謨》著成於《孟子》之前，詳後。），似乎只有《堯典》和《皐陶謨》。如此說來，可知《堯典》和《皐陶謨》談修、齊、治、平的話，必有一個是竊取者。照文理說，則顯然是《皐陶謨》檃括《堯典》，而不會是《堯典》演繹《皐陶謨》。所以我認爲《皐陶謨》『愼厥身修……』這些話，是檃括《堯典》。

三、暗用堯典的故事

在《堯典》裏，當帝堯打算找人來治理他的事的時候，驩兜便推薦了共工。帝堯很不贊成，說：『吁！靜言庸違，象恭滔天。』這固然是不放心共工；而驩兜和共工朋比爲奸，也就可想而知。

到了大舜代堯攝位的時候，對於驩兜這夥人就不客氣了。於是『流共工於幽州，放驩兜於崇山，竄三苗於三危，殛鯀於羽山』。

把這四凶，分別放逐到北、南、西、東四個極遠的角落裏。

驩兜使堯舜不放心的事，在較早的傳說中，似乎只有《堯典》所說推薦共工的這一案。由於『憂慮』他作奸犯科，於是就和共工同被放逐。竄三苗的竄字，是迫使他們遷徙的意思。《堯典》裏這兩個故事，就被《皐陶謨》給用上了。《皐陶謨》說：

禹曰：『吁！咸若時，惟帝其難之。……能哲而惠，何憂乎驩兜？何遷乎有苗？何畏乎巧言令色孔壬？』

我們固然不能斷定這『 巧言令色 』四字，是襲自《論語》；但憂《驩兜》、遷有苗這兩個故事是根據的《堯典》，應該不會有什麼問題吧？

四、習用的字及辭和堯典一致

除了上述的三項之外，在習用的字和辭方面，《 皐陶謨 》和《堯典》，也顯然有因襲的關係。試看下面的例子：

第一，僉字作應對詞用。

僉字作應對詞用，在別的書裏是很少見的；而在《堯典》和《皐陶謨》裏，則數見不鮮。其見於《堯典》中的，如：

帝曰：『僉，予聞；如何？』
帝曰：『僉，咨禹！汝平水土，惟時懋哉。』
帝曰：『僉，咨垂！汝共工。』
帝曰：『僉，往哉汝諧。』（兩見）
帝曰：『僉，咨益！汝作朕虞。』
帝曰：『僉，咨伯！汝作秩宗。……』
帝曰：『僉，往欽哉！』

僉字這樣用法，在別的書中，眞是使人踏破鐵鞋無覓處（《堯典》以後的書而襲用《堯典》之用法的，不算。）；而在短短的一篇《堯典》中，竟出現了八次之多。這可以說明，它不但是某時某地所流行的一種稀有的方言；而且，作《堯典》的人，對它還具有偏好。恰巧作《皐陶謨》的人，也正有這樣無獨有偶的習慣。試看《皐陶謨》：

禹曰：『俞，如何？』

禹拜昌言曰：『俞。』

禹曰：『俞，乃言底可績。』

皐陶曰：『俞，師汝昌言。』

帝曰：『俞。』

禹曰：『俞。』

禹曰：『俞哉帝！』

帝拜曰：『俞，往欽哉！』

不多不少，《皐陶謨》中也出現了八次。何《堯典》的人和作《皐陶謨》的人，同有『嗜痂之癖』，這豈不着實地使人奇異嗎？

然而，使人奇異的地方還多着哩！

第二，都字作應對詞用。

都字作應對詞用，在別的書裏，其稀罕的程度，也正和俞字相似。《堯典》雖然只用過它一次，但因爲前無古人，可知始作俑者，就是《堯典》。《堯典》的原文是：

驩兜曰：『都！共工方鳩僝功。』

而在《皐陶謨》裏，就得意揚揚地屢次用它了：

皐陶曰：『都！愼厥身修，思永。……』

皐陶曰：『都！在知人，在安民。』

皐陶曰：『都！亦行有九德。』

禹拜曰：『都，帝！予何言！』

禹曰：『都，帝！愼乃在位。』

這五個例子，關於都字的用法，完全和《堯典》相同。如果說它們沒有因襲的關係，誰能相信呢？

此外，如帝字用作人王的意義，而不把它當作上帝；在字當作察講，欽哉、亮采、底可績等辭之運用，不但在在都可以證明《堯典》和《皐陶謨》有因襲的關係，甚至很像似出於一手。至於文章的丰神，雖然難於具體地說出來；但熟讀《堯典》和《皐陶謨》的人，自可以感覺到它們的氣息是相似的。

由於《皐陶謨》檃括《堯典》的理論、和暗用《堯典》的故事，我們知道《皐陶謨》的著成，必當在《堯典》著成之後。由於句子、習用的字和辭雷同的那麼多，以及行文之丰神相似，我很懷疑它倆是出於一手。

皐陶謨篇著成的時代

照我上述的例證看來，《皐陶謨》之著成，既在《禹貢》和《堯典》之後，而《禹貢》之著成，不能早到春秋中葉；《堯典》之著成，則約當戰國初年。那麼，《皐陶謨》之著成，也就不得前於戰國初年了。

《皐陶謨》的著成時代，其上至既不能前於戰國初年；再看它的下至，究竟能到什麼時候？

《孟子·公孫丑篇》讚美大禹的盛德，說:『禹聞善言則拜。』禹拜善言，這故事的出處，漢人趙岐、宋人朱熹，都以爲是根據《尚書》。他們的說法是可信的；因爲在《孟子》以前的典籍中，只有《尚書》的《皐陶謨》，談到禹拜昌言的事。《皐陶謨》說:

皐陶曰:『都！愼厥身修，思永。惇敍九族，庶明勵翼，邇可遠，在玆。』禹拜昌言曰:『兪！』

《孟子》既用了《皐陶謨》的典故，可知當孟子的時代，《皐陶謨》就已經傳世了。如此說來，《皐陶謨》之著成，也應該在戰國初葉，而稍後於《堯典》。《皐陶謨》所敍述的史實，和《堯典》

有連索的關係;《皐陶謨》的語句，許多是抄自《堯典》;《皐陶謨》習用的字和辭，和《堯典》一鼻孔出氣;《皐陶謨》的筆調，和《堯典》如出一手; 它們的著成時代，又如此密邇。照這種種跡象看來，我覺得它們可能是一個人的作品: 先作了《堯典》，又作了《皐陶謨》。

(《尚書皐陶謨篇著成的時代》，原刊於中央研究院史語所《集刊》第二十八本，又見屈著《書傭論學集》，臺北開明書店出版)

[禹　貢]

許道齡云:

《禹貢》之著作時代，議論紛紜，莫衷一是。但據我研究結果，斷定牠是戰國末年作品。理由是:《禹貢》九州惟梁貢鐵。蓋鐵之出現也許始於春秋之世，但牠的產地起初是在荆、揚一帶。《史記・范睢傳》云:

> 秦昭王曰: 吾聞楚之鐵劍利而倡優拙。夫鐵劍利則士勇; 倡優拙則思慮遠。

《荀子・議兵篇》云:

> 楚人宛鐵鈍，慘如蠭蠆，然而兵殆於垂沙，唐蔑死。

《藝文類聚・弩部》引《戰國策》曰:

> 蘇秦爲楚合縱，元戎以鐵爲矢，長八寸，一弩十矢俱發。

《越絕書・記寶劍篇》云:

> 楚王令風胡子之吳見歐冶子、干將，使之作鐵劍。歐冶子將鑿茨山，洩其溪，取鐵英，爲鐵劍三枚，一曰龍淵，二曰泰阿，三曰工布。

又云:

越王句踐有寶劍能穿銅釜，絕鐵鑩，故曰巨闕；又取鐵英作鐵劍。

《吳越春秋》云：

越王元常聘歐冶子，作名劍五枚。薛燭善相劍，見湛盧曰：善哉，舍金鐵之英，吐銀錫之精。

又云：

干將者，吳人，與歐冶同師。闔閭使干將造劍二枚，一曰干將，一曰莫邪，金鐵濡，遂成劍。

博覽古籍，從未有說梁州在戰國中葉以前出產鐵的。荆州、揚州出鐵較早，而寶劍全產於吳、越，若論質量，應以揚州爲最優，何故都未被列爲貢品，而惟梁州貢鐵？想必因爲《禹貢》的著作時代，荆、揚等州的鐵的產量沒有梁州的豐富吧。按梁州之大量產鐵，是在戰國末年。《史記·貨殖列傳》云：

蜀卓氏之先，趙人也，用鐵冶富。秦破趙，致之臨邛，即鐵山鼓鑄，運籌策，傾滇蜀之民。程鄭，山東遷虜也，亦鐵冶，富埒卓氏，俱居臨邛。

梁州大量產鐵既在周末秦初，而《禹貢》惟梁州貢鐵。準此，我們可以斷定《禹貢》爲戰國末年之作品。

（《從夏禹治水之說之不可信談到禹貢之著作時代及其目的》，原刊於《禹貢》半月刊第一卷第四期）

屈萬里云：

一、以梁州貢鐵鏤證之禹貢成書不得早至西周之世

《禹貢》說梁州的貢品，有『厥貢璆鐵銀鏤砮磬』之文。鐵，就是銅鐵之鐵，歷來沒有異說，也不可能有異說。至於鏤，《說文

解字≫說:

剛鐵;可以刻鏤。≪夏書≫曰:『梁州貢鏤。』

≪僞孔傳≫同樣地把鏤解釋爲『剛鐵』。所謂剛鐵,似乎就是鍊成的鋼。如果此一解釋不誤;那麽,梁州的貢品中旣已有鐵,而且還有鋼。

這是一個很重要的問題。而此一問題之被注意,則始於丁文江。他在≪論禹治水說不可信書≫(古史辨第一册)中說:

≪禹貢≫係晚出的書,是沒有疑問的。據我的朋友章演羣考證(≪石雅≫末篇),鐵是周末(最早是周的中葉)纔發現的(他的證據很多),而≪禹貢≫已經講梁州貢鐵。鋼的發明比鐵還遲;而≪禹貢≫梁州貢璆鐵銀鏤,許愼訓鏤爲鋼。若許氏說的不錯,則≪禹貢≫爲戰國之書無疑。

丁氏在四十年前,就有這樣的見解,眞可以說是『目光如炬』。他雖然引用了章鴻釗的石雅,而章氏卻見不及此。所以在他的≪石雅≫附錄(≪中國銅器鐵器時代沿革考≫)裏,雖然說:

春秋戰國之間,卽西元前五世紀,吳楚諸國始製鐵兵,惟仍以用銅爲多。

又說:

自戰國至漢初,卽自西元前四世紀至紀元之初,是時農具及日用諸器已盛用鐵,惟兵器尙不廢銅。

但他仍然不敢懷疑≪禹貢≫,只好含糊其辭地說:『然古時鐵銅二物,名實互紐,往往而然。其出入之處,有難言者。』又說:『三代之初,已知有鐵;惟俗以爲賤金,不專製器。殆是時冶鐵之術猶未精也。』這些話語,都是爲了替≪禹貢≫圓謊;所以不爲丁氏所取。而且,他所謂『春秋戰國之間,……吳楚諸國始製鐵兵』之說,是根據≪吳越春秋≫和≪越絕書≫。而這兩部書所載的史料,如果沒有其他的佐證,是不可輕易相信的。

關於我國何時才開始用鐵製器的問題，現在還沒有確切的資料足以證明其絕對可信的時代。但，從書本文獻和出土的古器物來看，也可以推知其大概的情形。除了《禹貢》之外，在其他可信的古書裏，沒有關於西周時代和西周以前用鐵的記載。《國語・齊語》記管仲對齊桓公的話，有『美金以鑄劍戟，試諸狗馬；惡金以鑄鉏夷斤斸，試諸壤土』之語。一般人說這裏所謂惡金就是鐵，當屬可信。又：昭公二十六年《左傳》：

冬，晉趙鞅、荀寅，帥師城汝濱，遂賦晉國一鼓鐵，以鑄刑鼎，著范宣子所爲《刑書》焉。

據此，可知在春秋的時候，確已用鐵製器。此外，《詩經・秦風》裏有《駟驖》之篇。《毛傳》說驖是『驪』，《說文》則說是『馬赤黑色』。《漢書・地理志》引《詩》則直作鐵字。《禮記・月令》：『仲冬之月，天子駕鐵驪。』（《呂氏春秋・孟冬紀》，也有『乘玄輅，駕鐵驪』之語。）鄭《注》：『鐵驪，色如鐵。』如此看來，是驖馬之得名，乃由於鐵的顏色而起。《駟驖》之詩，雖然不知道究竟作成於什麼時候；大約總不會在秦襄公以前，也似乎不會在秦穆公以後。那就是說，這首詩的寫作時代，大概在平王東遷以後到春秋的前期。驖馬的顏色既由鐵而起，則對於春秋時已知用鐵之說，自是一個旁證，

此外，哀公二年《經》：『秋八月甲戌，晉趙鞅帥師及鄭罕達帥師，戰于鐵；鄭師敗績。』杜《注》：『鐵在戚城南。』同年《左傳》敍述此事，有『登鐵上』之語。杜《注》說：『鐵，丘名。』地方既以鐵名，想必和產鐵或製鐵器有些因緣。這是春秋時有鐵的又一個旁證。

根據上述的情形看來，可知在春秋時代已知道用鐵製器。至於春秋以前有沒有鐵器的製作，在可信的古書裏，就文獻無徵了。

現在再從考古學的資料來看：中央研究院歷史語言研究所在安

陽發掘殷墟，前後共達十五次，出土的器物達十萬件以上，不但沒發現鐵器，也沒見到鐵的痕迹，（如鐵鏞之類）。安陽出土的有字甲骨，已到殷紂時代。可知殷墟中所蘊藏的遺物，已到殷代末年。從而可見殷代末年，還沒有鐵器的應用。在流傳的西周時代及其以前的器物中，除了下述的兩個可疑的例子以外，也沒有鐵器。這種情形，恰和書本文獻所顯示的現象相合。

所謂兩個可疑的例子，其一，是章鴻釗《石雅》中所述羅振玉的藏器。《石雅》附錄《中國銅器鐵器時代沿革考》說:

> 予嘗叩之上虞羅叔韞（振玉）先生。先生貽以書曰:『吾家藏古銅刀，觀其形制，乃三代物。柄中空虛，中實以鐵。又藏古矢鏃，其鋒刄以銅爲之，而其挺則用鐵。惟完全鐵器不可得，因歲久酸化不能久存也。……』（予後訪先生，先生出矢鏃示之，云:『三代物。』鏃爲銅製，三角形，長寸許，鐵莖長約五寸許。……）

按: 羅氏之說，有幾點可疑，第一，他籠統地說那銅刀和矢鏃都是三代之物。究竟是三代的那一個時期？他的意思，是不是指東周而言？我們無法揣測。第二，刀和矢鏃的形制，在秦以前演變很微，並沒有很清楚的標準來據以推斷它們的詳確時代。羅氏所謂三代，其意義如果類似我們常說的先秦；也就是說：這銅刀和矢鏃，都是秦以前的東西；那大致是沒問題的。如果他是指的西周或者西周以前而言；那麼，他是根據什麼標準制定的？第三，刀柄中實鐵，矢鏃有鐵莖，究竟是什麼用意？是用鐵作刀柄嗎？除了後世習武的人以外，似乎沒有人肯用這種笨重的武器，用鐵來作箭榦，尤爲可疑。因爲沒有故意地使箭加重而不能及遠的道理。因此，這兩件器物，是不是古董商人故弄玄虛，特意附加上鐵的成份，希圖以奇貨而售高價？這種可能不是沒有的。

第二個可疑的例子，是美國佛利爾美術館（Freer Gallery of

Art）購自褚德彝的利器。那些利器計十二件，據說是河南衞輝出土的。其中有兩件，刀叉上含有鐵質。日本梅原末治博士曾著《中國出土的一羣銅利器》一文敍述它們（見日本京都大學《人文科學紀念論集》）。梅原博士斷定它們是西元前一千年左右的器物；他因此得到了一個結論，認爲西周初年已有一部分用鐵鑄製的東西。

按：梅原博士在考古學方面的輝煌成就，是我素日所敬佩的。但對於這兩件含鐵的銅利器，我卻不能不有些懷疑。因爲：褚德彝所謂衞輝出土的話，究竟可信與否，很成問題。如果出土的地方不能確知，則但憑這兩件利器的形制，很難確定它們是西元前一千年左右之物。其次，銅砂中往往雜有鐵砂，因而銅器中往往雜有鐵的成份。這兩件含鐵的利器，它們所含的鐵，究竟是有意加進去的，還是無意中混入的？這也是有待於研究的問題。

據報章轉載，大陸曾發現過若干批古代的鐵器。這些鐵器，最早的是屬於戰國時代，有：河南輝縣出土的鐵犂，熱河興隆縣出土的鐵鋤頭，以及未詳何地出土的鐵鍤等。這些都是在地下埋藏了二千餘年然後出土的。那麼，如果說鐵器容易『酸化』，以致西周時代的或更早的鐵器，都已氣化無存，因而不容易被發現。這理由顯然是不足採信的。由此看來，羅振玉所藏銅刀柄中的鐵、和銅鏃的鐵莖，愈覺可疑；而佛利爾美術館所藏銅利器中之鐵的成份，其爲無意中混入的可能性也愈大。

退一步來說，我們即使承認佛利爾美術館所藏的含鐵利器，眞的是西周初年之物，又眞的是有意加進去的鐵質。但，由銅鐵混冶的情形看來，那時對於冶鐵技術還幼稺得很，鐵的用途還少得很。而《禹貢》已說到貢鐵、鏤，可見那時鐵的用途已經很廣，冶鐵技術已經很精（可以鍊鋼）。這決不是西周時代所能有的現象。

所以從梁州貢鐵鏤一事來推斷，《禹貢》的成書，決不可能早到西周時代。

二、以五服證之禹貢成書不得早至周穆王以前

《禹貢》說五服的一段，是:

五百里甸服: 百里賦納總，二百里納銍，三百里納秸服，四百里粟，五百里米。五百里侯服: 百里采，二百里男邦，三百里諸侯。五百里綏服: 三百里揆文教，二百里奮武衞。五百里要服: 三百里夷，二百里蔡。五百里荒服: 三百里蠻，二百里流。

這種畫野分服的辦法，和分爲九州的辦法，顯然是勢不兩立的。因爲既分天下爲九州，又要把它分成五服；那麼，一個國家的行政區域，同時怎能有兩種不同的、而且互相矛盾的形式？吕宗賓說『九州中以本地之生產情形定貢賦，而五服僅甸服納貢賦。前後所記，思想不一，制度各異』，從這兩點看來，吕宗賓和張維華都認禹貢不是一個人的作品，雖未必可信；但它是把兩種制度結合在一起，則是無疑的。《禹貢》說完了五服之後，還有一段煞尾話，說:

東漸于海，西被于流沙，朔南暨，聲敎訖于四海。禹錫玄圭，告厥成功。

用這段話回應前文，而作一個總結。可知編集《禹貢》的人，是有意合兩種制度爲一文，而不是後人隨便把五服竄入《禹貢》的。《周禮·職方》和《逸周書·職方篇》說過九州之後，也接着說九服，和《禹貢》的結構相似。可見這兩套制度之被兼收並蓄，是各家一致的。現在，關於這一問題，先撇開不談。我們且看五服之說，究竟起於何時。

在甲骨文裏，見不到五服的影子。而且，由於近人研究甲骨文的結果，知道殷人活動的區域，以及見於卜辭的殷之屬國和敵國的所在，照現今的地理來說，南面剛過黃河，北面只到山西的中部而

稍北，西面約莫到洛水流域（陝西東部的洛水），東面接近山東半島。東南方較遠，已到了淮水的北岸。(島邦男《殷墟卜辭研究》，以爲東南最遠的地方，已到了江都附近；這說法尙難徵信。）這和《商頌・玄鳥》所說的『景員維河』，大致相似。以這樣的疆域，固然不能實行五服制度，也很難產生五服思想；因爲那時的『天下』實在太小了。

金文裏雖然見到過不少的服字；但，那些服字，多半是『與《酒誥》義同，竝非地域之區劃』(今人某氏說，見《金文所無考》之五、《畿服》節）。

在西周早期的書本文獻裏，也沒有五服之說。《尙書・康誥》的『侯、甸、男邦、采、衞』；《酒誥》的『越在外服，侯、甸、男、衞邦伯』；以及《顧命》（僞古文本作《康王之誥》）的『庶邦侯、甸、男、衞』，（西周初年的《夨令彝》中，也有類似的記載。）這些，雖然後世曾有人穿鑿附會地說它們就是禹貢的五服(淸人安高發說，見所著《尙書讀法》附錄《五服論》）。但，我們看來，《周書》裏所謂侯、甸、男、衞等，大概是由於諸侯所在地的遠近、或者是由於所負的任務不同，而產生了這些不同的名詞。它們的名稱，和《禹貢》的五服旣不相同；而且，在這些早期的史料裏，也絕沒有環王城之外若干里爲某服、那種刻板式的制度的痕迹。因此，我們或者可以說：《禹貢》的五服說，可能由於《周書》侯、甸、男、衞等字樣所引起；而《周書》的侯、甸、男、衞等，決不是因仍了《禹貢》五服說的制度。

和《禹貢》五服說相似的文獻，最早的見於《國語・周語》。《周語》上開頭的一段，記述祭公謀父諫周穆王的話說：

> 夫先王之制，邦內甸服，邦外侯服，侯衞賓服，夷蠻要服，戎狄荒服。甸服者祭，侯服者祀，賓服者享，要服者貢，荒服者王。日祭，月祀，時享，歲貢，終王。先王之訓也。

這裏所說的五服，和《禹貢》的五服雖然有一字之差（賓服，《禹貢》作綏服。）；而且，《國語》雖然也沒明說五服環王城之外的里數。但，它和《禹貢》的五服是源於同一個傳說，則是一望而知的。《國語》究竟是何人所作，現在雖還沒有定論，但，它已記載到越滅吳的事，（魯哀公二十二年）：則《國語》的成書時代，大約已到了戰國初年。因此，《國語》裏所說的五服，究竟是眞的祭公謀父所說、抑是《國語》作者假祭公謀父之口而替他說的？我們無法斷定。我們姑且相信這些話眞的出於祭公謀父之口，我們也只能證明在西周中葉，已經有了五服的傳說。更由《康誥》《浩酒》《顧命》等文獻看來，祭公謀父所謂『先王之制』的話，也很難相信。因爲殷代沒有此制，周初到成王的晚年（《顧命》記成王崩和康王即位的事）也沒有此制。由祭公謀父諫穆王這段話看來，穆王也不知道有此制；從而可以推知昭王時也決沒有此制。如此說來，祭公謀父這段話卽使可信，也只能證明這五服的傳說，發生在穆王的時代，決不會更早。

實際上，《國語》裏的五服說，恐怕十分八九不是眞的出於祭公謀父之口。我們試看《國語·鄭語》史伯對鄭桓公所說的一段話：

> 王室將卑，戎狄必昌；不可偪也。當成周者，南有荆蠻、申、呂、應、鄧、陳、蔡、隨、唐，北有衞、燕、狄、鮮虞、潞、洛、泉、徐、蒲，西有虞、虢、晉、隗、霍、楊、魏、芮，東有齊、魯、曹、宋、滕、薛、鄒、莒：是非王之支子母弟甥舅也，則皆蠻荆戎狄之人也。

拿這段話語，和《春秋左傳》裏所記述的有關地理的史料對看，可知西周末年（周幽王時代）的地理情勢，確是這樣；從而可知《國語》這段史料之可信。但，史伯所說的這些國家，西方沒提到秦，東面沒提到吳、越，西南沒提到巴蜀。大概這些國家，此時還沒通於上國。也就於說，史伯所述的王朝領域，南面可到江漢一帶，北面可到今山西省的中北部，東面將到今山東半島，西面只到今陝西省的東部。比殷代的疆域，大不了很多。我們試拿五服之說來核對一下，以今山西省的南部爲國都所在地，約略估計，則往北數二千五百里，約可到今察哈爾省的多倫；往西數二千五百里，約可到今甘肅省的武山縣。周穆王時代的疆域，雖然可到岐山之下，但距今武山還很遠。因此，在西周時代，恐怕不容易產生五服的思想。到春秋時代，各國的交通漸繁，人們的地理知識漸廣；如果在此時產生五服說，就不足奇異了。

不過，這五服之說，也似乎不會晚到戰國時代。因爲：《國語》裏既記述了這段話語，即使這段話不是祭公謀父說過的，而是由於《國語》的作者補充的；也可知當作《國語》的時候，已有了這種傳說。前面說過，《國語》的成書，可能在戰國初年；那麼，這五服的傳說，在春秋末年總該已經存在了。此其一。又如：《周禮・夏官》的《職方氏》、《秋官》的《行大人》，和《逸周書》的《職方篇》，都說到九服；《周禮・夏官・大司馬》所說的九畿，也就是九服。這九服之說，顯然是由五服說擴大而來的。可知五服說必當產生在《周禮》和《逸周書・職方篇》著成之前。此其二。再如《呂氏春秋・有始覽》說：『凡四海之內，東西二萬八千里，南北二萬六千里。……凡四極之內，東西五億有九萬七千里；南北亦五億有九萬七千里。』對於四海之內，和四極之內能有這樣遼濶的構想（和鄒衍的大九州之說可以媲美），比起區區五千里見方的五服之說來，其產生的時間，相差必然很遠了。此其三。

總之，五服說的產生，最早也不會前於周穆王之世，最晚可能到春秋晚年。《禹貢》作者，既把五服編在《禹貢》裏，可知《禹貢》的著成時代，最早也不過到周穆王，最晚可能到春秋的晚年，或者更晚。

還有需要附帶一提的，是本文對於五服，名之曰五服說，而不說它是五服的制度；這表示它只是有此一說，而並沒見諸實行。這一點，從本章上文所引述的證據裏就可以證實了。而懷疑這種制度的，據我所知，恐怕是始於蔡沈的《尚書集傳》。《集傳·禹貢篇注》說：

> 案：每服五百里，五服則二千五百里，南北東西相距五千里。故《益稷篇》言：『弼成五服，至于五千。』然堯都冀州，冀之北境，並雲中、涿、易，亦恐無二千五百里。藉使有之，亦皆沙漠不毛之地。而東南財賦所出，則反棄於要荒。以地勢考之，殊未可曉。但意古今土地，盛衰不同；當舜之時，冀北之地，未必荒落如後世耳。亦猶閩浙之間，舊爲蠻夷淵藪，而今富庶繁衍，遂爲上國。土地興廢，不可以一時槩也。

蔡《傳》的懷疑，很有見地。可惜他看在『經』的面上，卻想盡方法給它圓謊；而實際上又無法自圓其說。如果知道這五服之說，只是一種不大切合實際的構想，自然就可以一笑置之了。

此外，《周禮》的九服，經生們都認爲是周制。九服合王畿之地，共達一萬里見方。比起《禹貢》的五服來，大了三倍。這又使經生傷透了腦筋：以唐虞之盛，其疆域何以僅及周代的四分之一！像胡渭那樣明達的人，他已知道《周官》晚出，也不能不說：『周服（里案：指《周禮》九服言。）里數，倍於禹服，是古今一大疑義。』（見《禹貢錐指》卷十九）其實，他如果知道五服說和九服說，雖然不免有因襲的關係，而實際上都是『體國經野』的構想。這構想，隨着時代的演變，而擴大了人們對於地理知識的領域。如果瞭解了這一點，則『周服里數，倍於禹服』，夫復何疑？

三、以梁州疆域證之禹貢成書不得早至春秋初年以前

《禹貢》所說的梁州疆域和山川，是:

華陽黑水惟梁州。岷、嶓既藝，沱、潛既道，蔡蒙旅平，和夷底績。

這段話值得注意的是，黑水究竟是現在的什麼水；和蔡蒙山究竟在現今的什麼地方。

關於黑水，歷來的異說很多；我覺得薛士龍和胡渭的說法，比較近理。《禹貢錐指》（卷九）說:

薛氏（里按: 名士龍。）曰: 『梁州北界華山，南距黑水。黑水，今瀘水也。……』渭按: ……蓋古之若水，即《禹貢》、梁州之黑水，漢時名瀘水，唐以後名金沙江，而黑水之名遂隱。然古籍間有存者。《地理志》滇池縣有黑水祠，一也。《山海經》黑水之間有若水，二也。《水經注》自朱提至僰道有黑水，三也。《輿地志》（里按: 梁顧野王撰）黑水至僰道入江，四也。今瀘水西連若水，南界滇池，東經朱提、僰道，其爲梁州之黑水無疑矣。

按: 胡氏從水道沿革方面看，證明《禹貢》梁州的黑水就是漢時的瀘水，也就是唐以後的金沙江: 其說已很合理。再就字義方面來看，《禹貢錐指》又說:

瀘，本作盧。如盧弓盧矢盧橘之類，皆馴黑。劉熙《釋名》:『土黑曰盧。』沈括《筆談》云: 『夷人謂黑爲盧。』漢中山盧奴縣有盧水。酈道元云: 『水黑曰盧，不流曰奴。』尤盧水爲黑水之切證也。

從字義方面來說，又這樣地脗合。那麼，《禹貢》梁州的黑水，就

是指現在四川宜賓西南到雲南北部一帶的金沙江而言，似乎是可以相信的。

其次，再看蔡蒙。歷來說蔡蒙的有兩派：其一，說蔡和蒙是兩座山的名字；另一，則說蔡蒙是一座山的名字。就現在所能見到的材料看來，說蔡蒙是兩個山的，始於《僞孔傳》。它說：『蔡、蒙，二山名。』孔氏《尚書正義》說：

> 《地理志》云：蒙山，在蜀郡青衣縣。應劭云：順帝改曰漢嘉縣。蔡山，不知所在。

《東坡書傳》（卷五）說：

> 蔡、蒙二山。蒙山，在蜀郡青衣縣，今日蒙頂。

《禹貢錐指》（卷九）說：

> 《後漢志》蜀郡屬國『漢嘉縣，故青衣；陽嘉二年改。有蒙山』。《元和志》云：『蒙山，在雅州嚴道縣南十里。……』《寰宇記》云：『始陽山，在盧山縣東七里，本名蒙山，唐天寶六年敕改。……』以今輿地言之，蒙山盤基跨雅、邛、蘆山、名山四州縣之境，歷歷可考。

據此，可知《禹貢》梁州的蒙山，是在現今西康和四川交界的雅安一帶。

把蔡蒙當作一個山的，始於鄭康成。《史記・集解》引鄭氏之說云：

> 《地理志》蔡蒙在漢嘉縣。

《禹貢錐指》（卷九）說：

> 今按：志有蒙山，無蔡山。而鄭云然，蓋以蔡蒙爲一山也。孔《疏》云：『蔡山，不知所在。』而歐陽忞《輿地廣記》，乃云在雅州嚴道縣。葉少蘊則以縣東五里周公山當之。《明一統志》遂大書曰：『蔡山，在雅州東五里。……』此皆無稽之言也。

胡氏懷疑蔡山可能是峨眉山，但不敢堅執此見；孫淵如《尚書今古文注疏》，則說：『蓋本無此山也。』我在作《尚書釋義》時，曾採用了鄭康成之說；現在看來，蔡、蒙確乎是兩座山，只是蔡山究竟是後世的什麼山，則無可靠的史料，據以斷定了。

由黑水和蒙山看來，可知《禹貢》梁州的疆域，西南已到現在雲南省的北部，西面已到今西康省的東部。姑不論所謂四千多年前的禹域，不會有那麼遼濶；卽使在西周時代（以前更不必說）的中原人士，也決不可能有這樣遼濶的地理知識。

甲骨文中的地名有字，孫詒讓釋爲蜀（見《契文擧例》下、九）。研究甲骨文的人，多從其說。胡厚宣以爲蜀的方域當在現今山東泰安以南到汶上一帶之地（見《卜辭中所見之殷代農業》，《甲骨學商史論叢》二集），日本島邦男氏，從蜀在甲骨文中所顯示的位置推斷，也以爲它不是巴蜀之蜀（見《殷墟卜辭研究》三七九頁）。陳夢家釋爲旬，謂卽後世的荀國，史籍作荀。以爲荀的地望當在今山西新絳縣附近（見《殷墟卜辭綜述》二九五頁）。

按：字釋爲蜀，似乎可信。陳夢家旣釋爲旬，說它是後世的荀國；核以甲骨文的資料，地望也不相合。島邦男雖沒明說蜀在什麼地方，但從他所畫的簡單地圖看來，似乎是在今河南省的西北部。他這說法，也沒有確切可信的證據。胡厚宣的說法，則比較可信。因爲《春秋》成公二年《經》：『十有一月，公會楚公子嬰齊于蜀。』又：『丙申，公及楚人、秦人、宋人、陳人、衞人、鄭人、齊人、曹人、邾人、薛人、鄫人盟于蜀。』這兩處的蜀字，杜預都無注解。但宣公十八年《左傳》曾談到這件事，說：『楚於是乎有蜀之役。』杜《注》：『蜀，魯地；泰山博縣西北有蜀亭。』《國語・楚語》上也說：『而使太宰啓彊請於魯侯，懼之以蜀之役。』韋《注》：『蜀，魯地。』用這些資料參照甲骨文的資料看來，胡厚宣的說法，比陳氏和島邦男強得多了。胡厚宣的論斷，卽使不能百分之百的正確；但甲骨文中的蜀，不是巴蜀的蜀，則是絕無問題的。

此外，甲骨文中有𢀛方。𢀛字解釋的人很多，至今還沒有定論。唐蘭和陳夢家，都以爲它是邛字。唐氏說𢀛方的地望，略當於現今四川的邛縣（見《天壤閣甲骨文考釋》五八頁）；陳氏則說它當在太行山西北的山區（見《殷虛卜辭綜述》二十五頁）。唐氏之說，胡厚宣已評其非是（見《殷代𢀛方考》《甲骨學商史論叢》初集。）陳氏說法的當否，雖然還不能確定。但，𢀛方的所在，不會是四川的邛縣，則是可以斷言的。

不但蜀和𢀛方與四川無關，卽從現今所能見到的十萬片甲骨文中的資料而言，所說到的殷的屬地、或殷的敵國，絕沒有涉及現今四川省領域的；可知現今的四川，在那時和殷王朝還沒有什麼交通。

我們再看西周時代：在可信的西周時代的文獻裏（包括書本和金文），沒有一處提到過巴蜀之蜀的。誠然，《尚書·牧誓》裏有『及庸、蜀、羌、髳、微、盧、彭、濮人』一句話；而且，其中的蜀，也很像似指巴蜀之蜀而言。但，《牧誓》的文辭淺易，和《大誥》《康誥》《酒誥》等一作比較，就知道它決不是西周初年的作品。尤其值得注意的，是《牧誓》裏記周武王對那些參戰的人們再三地說：『夫子勗哉』或『勗哉夫子』；這決不是西周時代所能有的口氣。崔東壁的《洙泗考信錄》（卷二）有一段話說：

> 凡夫子云者，稱甲於乙之詞也；《春秋傳》皆然。未有稱於甲而曰夫子者。至孟子時，始稱甲於甲而亦曰夫子；孔子時無是稱也。故子禽、子貢相與稱孔子曰夫子，顏淵、子貢自稱孔子亦曰夫子，蓋亦與他人言之也。

六七年前，李宗侗先生作了《夫子與子》一文（見中央研究院歷史語言研究所《集刊》第二十八本），承襲了崔氏之說，而加以申論。他所得的結論，是：『夫子』在《左傳》《國語》中用作第三稱謂，在《孟子》中用作第二稱謂，而《論語》爲二種稱謂轉變之關鍵。

《牧誓》中旣然『稱甲於甲而亦曰夫子』（卽『夫子』用作第二稱謂），可見它的著成時代，已到了戰國之世。戰國時代的述古之作，如果沒有可靠的史料爲之佐證，那是難於採信的。這個於古無徵的巴蜀之蜀，自然不能認爲是信史。

此外，《逸周書》的《世俘篇》，也提到過蜀：

> 庚子，陳本命伐磨，百韋命伐宣方，新荒命伐蜀。乙巳，陳本、新荒蜀、磨至，告禽。

《世俘篇》所記的是周武王克殷薦俘、以及命將平定殷都附近諸方國的事。可知這裏所說的蜀，必定距朝歌不遠。所以朱右曾的《逸周書集訓校釋》說：

> 梁曰：『磨者，磿之譌。《路史・國名紀》：磿，商時侯國。』盧曰：『黃歇說秦曰：「割濮、磨之北。」磨，近濮。』愚謂：今山東東昌府濮州南有麻山，泰山府泰安縣西有蜀亭。

據此，可知《世俘篇》之蜀，卽甲骨文中常見之蜀，也就是成公二年《經》和《傳》所說的蜀。它和巴蜀之蜀是毫不相涉的。

由上述的情形看來，可知在西周時代，現今四川的北部和西部，與中原還沒有什麼交通。

按：蜀地和中原的交通，最早也不會前於秦穆公。張維華《禹貢中之疑竇》（北京大學《尚書研究講義》丁種三之二）說：

> 至雍州西部及梁州西北部之地，當自秦覇西戎後而始明其狀況。

但張氏下文所引的證據，只注意雍州，而忽略了梁州。關於梁州和中原的交通問題，我在《尚書皐陶謨篇著成的時代》一文中，曾經

論到:

東周以來，最容易和蜀發生關係的國家，自然是秦國。而《史記・商君列傳》趙良讚美百里奚佐秦繆公的功業說:

發教封內，而巴人致貢。

從趙良說這話時那種沾沾自喜的態度看來，可知巴人這時是首次入貢秦國。而且，可以推知的，在這以前中原人對於巴蜀的知識，一定很缺乏。其後，到了厲共公二年，《史記・秦本紀》曾說:『蜀人來賂。』又後，到了惠文君改元九年司馬錯伐蜀之後，自然中原人對於巴蜀的知識要豐富多了。

由此可知，巴蜀和秦國的交通，不會早到秦繆公以前。巴和楚人的交通，見於可信的載籍者（《華陽國志・巴志》開頭的一段，都是些荒唐之言，自不足信），也在春秋的時代。桓公九年《左傳》說:

巴子使韓服告于楚，請與鄧爲好。楚子使道朔將巴客以聘於鄧。鄧南鄙鄾人，攻而奪之幣，殺道朔及巴行人。楚子使薳章讓於鄧，鄧人弗受。夏，楚使鬭廉帥師及巴師圍鄾，鄧養甥、聃甥帥師救鄾，三逐巴師，不克。鬭廉衡陳其師於巴師之中，以戰、而北。鄧人逐之，背巴師。而夾攻之，鄧師大敗，鄾人宵潰。

這是巴楚交通最早的史料。關於梁州西南部和西部的地理情形，卽使由巴人傳於楚，再由楚人傳入中原，其時間也不過在魯桓公九年的前後。而作《禹貢》的人，他的地理知識，往西說已到達了今雅安一帶；往西南說，已到達了今雲南的北部。這種現象，決不是秦繆公或魯桓公以前所能有。從而可知《禹貢》的著成時代，決不會早到春秋初葉以前。

附記: 雍州也和梁州有類似的情形。張維華《禹貢中之疑竇》說:

《史記》載：『繆公三十七年，秦用由余謀伐戎，益國十二，開地千里，遂覇西戎。』按：此爲雍州西部入中國版之始，而其地理大勢亦此後始明之也。

張氏這一說法，可以和梁州互證。

四、以九州證禹貢成書不得早至春秋中葉以前

《禹貢》九州，是：冀、兗、青、徐、揚、荆、豫、梁、雍。在甲骨文中，不但沒有九州的字樣；就連九州中任何一州的名字，也絕沒有見過。在西周時代的文獻裏（包括書籍和金文），也和甲骨文有同樣的情形。

也許有人說：『《詩經·商頌》的《玄鳥篇》說：「奄有九有。」《長發篇》也說：『九有有截』。毛《傳》：「九有，九州也。」《長發篇》又說：「帝命式于九圍。」毛《傳》也說：「九圍，九州也。」《南頌》即使不是商代的作品，依照王國維的說法，也應當作成於西周中葉。那麼，九州之說，至遲在西周時代不是已經有了嗎？』

這說法是成問題的。九有、九圍，是不是九州，還不能斷然肯定。即使它們的確是九州；而《商頌》五篇的著成時代，也決不會早到西周，這是可以斷言的。王國維《說商頌下》（見《觀堂集林》）由於《殷武篇》有『陟彼景山，松柏丸丸』兩句，證明它是建都於商丘的宋人所作的詩。又以《商頌》各詩的人名、地名和殷虛卜辭比較，證明它們『與殷時之稱不類，而反與周時之稱相類』。而且，『所用之成語，並不與周初類，而與宗周中葉以後相類』。這些都是非常卓越的見解。可惜的是，他已經具有了這些高明的見解，而他的結論，乃是『《商頌》蓋宗周中葉宋人所作』。

其實《殷武》之詩開頭就說：『撻彼殷武，奮伐荆楚，罙入其

阻，哀荆之旅』云云，這情形非宋襄公莫屬。而從《商頌》五篇的文辭來看，也顯然地和《魯頌》是同時代的產物。所以《韓詩》和《史記》，都認爲《商頌》是宋襄公時的作品。《韓詩》和《史記》之說，王國維都曾引述過。《說商頌》上說:

> 《史記·宋世家》:『襄公之時，修行仁義，欲爲盟主。其大夫正考父美之，故追道契、湯、高宗，殷所以興，作《商頌》。』《集解》駰案:『《韓詩》章句，亦美襄公。』案:《集解》雖但引薛漢章句，疑是韓嬰舊說，史遷從之。楊子《法言·學行篇》:『正考父嘗晞尹吉甫矣，公子奚斯嘗晞正考父矣。』亦以《商頌》爲考父作。皆在薛漢前後。漢曹褒及刻石之文，亦皆從韓說。是韓以《商頌》爲宋詩也。

然而王氏所以不從《韓詩》和《史記》之說者，他的理由是:『襄公、考父，時代不同。』從而斷定韓說是錯誤的。而實際上正考父恰和宋襄公同時。日本白川靜教授的《詩經蠡說》（見中央研究院歷史語言研究所《集刊外編》第四種），有詳細的考證。他證明宋有兩個湣公，一是湣公共，一是湣公捷。孔子的先世，應該是出於湣公捷，而不是出於湣公共。他說:『湣公捷之後，三傳而至襄公。正考父《世本》以爲湣公曾孫，此正考父正及於襄公之世也。』

如此說來，《商頌》是宋襄公時代的作品，實無可疑。那麽，九有、九圍，卽使是眞的指九州而言，那也是春秋時代的文獻了。

但，據《國語》所載，西周末年（幽王時代），已有『九州』這個名詞。不過，它所謂九州，和《左傳》昭公四年及哀公六年所說的九州一樣；這三處所謂九州，只是指的一個小的方域而言，並不是指整個的天下說的；和《禹貢》所謂九州，絕不相同。《國語·鄭語》記鄭桓公見西周之亂，準備東遷避禍，和史伯商量遷徙的地方，有這樣一段對話:

（鄭桓）公曰：『謝西之九州如何？』（史伯）對曰：『其民沓貪而忍，不可因也。』

謝的故地，在現今河南省南陽縣一帶。可知這謝西的九州，應當在今河南省的西南部和陝西省東南部的地方。

昭公四年《左傳》記述楚國派椒擧到晉國，請求晉國允許楚國專會諸侯，晉侯不肯答應。晉侯和他的大夫司馬侯有一段對話，說：

（晉）公曰：『晉有三不殆，其何敵之有！國險而多馬，齊楚多難：有是三者，何鄉而不濟？』（司馬侯）對曰：『恃險與馬，而虞鄰國之難，是三殆也。四嶽、三塗、陽城、大室、荆山、中南、九州之險也，是不一姓。冀北之土，馬之所生，無興國焉。恃險與馬，不可以爲固也；從古以然。……』

顧頡剛在《九州之說是怎樣來的》(《尚書研究講義》丁種三之二)一文中，解釋這裏的九州說：『他把九州的險和冀北的馬來折服晉君，可見九州是最多險的，冀北是最多馬的。這九州本是一個專有名詞，後人卻因了《禹貢》等的先入之見，看作天下的互稱。……這一個九州固比「謝西之九州」爲大，但其地位還相同，都在河南省的西部。』按：司馬侯旣然以九州之險和冀北之馬相比，可知九州內決不包括着冀。卽此一點，就可知這裏所謂九州，決不是《禹貢》的九州。又從他所擧的四嶽（按：卽《禹貢》的太岳，也就是後來的霍山。我在《岳義稽古》〔《淸華學報》第二卷一期〕裏，曾討論過這個問題）、三塗(在今河南嵩縣南)、陽城、大室（均在今河南登封縣）、荆山（在今陝西富平縣西南。杜《注》謂在『新城沶鄉縣南』；是指《禹貢》荆州的荆山而言。恐怕不對。）中南（在今陝西武功縣）這些險山來看，則這個九州，似乎就是『謝西之九州』。顧氏說它比『謝西之九州』爲大，不知道是什麼理由。

又：哀公四年《左傳》，記楚滅蠻，蠻子逃到晉的陰地，楚司馬眅要陰地大夫士蔑將蠻子交給楚方。『士蔑乃致九州之戎，將裂田以與蠻子而城之。』杜《注》說：『九州戎，在晉陰地陸渾者。』依照現在的地理來說，這九州之戎所住的地方，當在陝西商縣到河南嵩縣一帶。顧頡剛說：『這九州固然比「謝西之九州」偏北些，但也離不了多遠。』他又說：『我覺得如不將「謝西之九州」呆看爲「西」，而放寬一點，看爲西北，則《國語》中的九州，大可合於《左傳》中的九州。這兩書三次所提的九州，自可歸納爲一處。』

照上面所擧的三個證據看來，西周末年到春秋末年，在現今河南省的西部和陝西省的東南部，有一個地方，叫作九州。這個九州的涵意，和《禹貢》所說的九州，完全不同。

然而，像《禹貢》所說那種囊括中國的九州這個名詞，在春秋時代確已出現了。

《嘯堂集古錄》（卷下）裏，著錄有《齊侯鐘》（近人或稱《叔夷鐘》）的銘文。銘文說：『虩虩成唐（湯），又（有）敢（嚴）在帝所，尃受天命，……咸又（有）九州，處禹之堵。』這九州的涵義，顯然是和《禹貢》的九州相同。據近人考證，知道《齊侯鐘》作於齊靈公的時候；也就是說它鑄成的時期，當在周簡王五年（西元前五八一）到周靈王十八年（西元前五五四）之間。那麽，在春秋的末葉，當作『囊括中國』講的九州這個名詞，確已存在了。

此外，還有一個證據，可以和《齊侯鐘》的資料相印證。襄公四年《左傳》魏絳引《虞人之箴》說：『芒芒禹迹，畫爲九州，經啓九道。……。』這裏所謂九州，和《禹貢》的九州，自然是一樣的。

由上述的兩個證據看來，當春秋中葉到末葉的時候，在齊國和晉國，顯然地都有禹畫天下爲九州的傳說了。

以上所說兩種九州的涵義，以及有關的證據，都是顧頡剛所曾論述過的。但顧氏的結論，卻認爲《禹貢》的成書，當在西元前四世紀到三世紀的時期（卽戰國時代）。他的主要論據是：（下文所引的，只是概述，並非原文。各條前後的次序，和原文也不一樣。號碼是我加上去的。）

㈠西周時尙無九州觀念；春秋時已有九州說。

㈡西周末葉到春秋時，把今河南西部及陝西東南部姜姓所居之地，叫做九州。約在春秋中葉，把此小地區之九州，放大爲禹迹的九州，但無州名及疆界。到戰國時，九州之說乃具體化而有《禹貢》分州之書出現。

㈢九州的名詞及其具體的說明——各州的名字和疆域，都是西元前四世紀至三世紀的事；《禹貢》的著作，不出這二百年中。

㈣揚州之名，當起於越滅吳之後（前四七三，孔子卒後六年）。因爲揚、越二字雙聲，揚就是越。

㈤由梁州之列入，可知《禹貢》成書，當在秦滅蜀（前三一六）之後。

顧氏所說的第㈠點，是沒有問題的。第㈤點我在本文第四節已經談過。我認爲中原人知道梁州的地理情形，可能早到秦穆公之世，乃至於到春秋的初葉。關於第㈡點，《禹貢》的九州，是否由於『謝西之九州』而放大的，我們沒有直接證據，可以斷定。至於各州的名字和疆域〔㈡、㈢、㈣〕，我認爲：在春秋時代，旣然有禹畫九州的傳說，就應該有九州的名字和它們的疆域。那些州名，不但不因當地的國名而起，似乎還有意避免用那些國名。青州不叫做齊州，兗州不叫做魯州，冀州不叫做晉州或燕州，梁州不叫做蜀州或巴州，以及豫、雍二州，都不以當地的國名爲名，是顯明的例子。據此，可知揚州之名，並不見得是由越而起。自然，《禹貢》的揚州，也就不一定是起於越滅吳之後了。

上文已經說過，春秋時代既已有禹畫九州的傳說，就應該有了九州個別的名字。要不然的話，何以成爲九州？但，由於古代簡書笨重，流傳不易，許多物事，都靠口頭傳說而流傳。傳說容易訛變，所以《禹貢》的九州，和《周禮·夏官·職方》（《逸周書·職方篇》和《周禮》相同）《呂氏春秋·有始覽》《爾雅·釋地》等所說的九州，互有出入。所謂禹迹的九州，大概是某一個（或數個）政治思想家『體國經野』的方略，只是徒託空言，並沒見諸實行。然而，《周禮》和《逸周書》，（《呂氏春秋》《爾雅》兩書，更在《周禮》和《逸周書》之後。）對於各州的情形說得都比《禹貢》詳細；它的文辭，也都不如《禹貢》簡古。從這兩點看來，《禹貢》的成書，應該在《周禮》等書之前。

所以，由九州這一點看來，《禹貢》的成書不會早過春秋中葉，也似乎不會晚到戰國之世。（不會晚到戰國之世一點，下文另有論證。）

五、以揚州三江證之禹貢成書不應早至春秋以前

《禹貢》記述揚州的三江和荆州的九江，同是一筆糊塗賬。現在且撇下九江不談，只談三江。《禹貢》揚州部分開頭的一段說:

> 淮海惟揚州：彭蠡既豬，陽鳥攸居；三江既入，震澤底定。

後文導水部分，又有兩段話，說:

> 嶓冢導漾，東流爲漢，又東爲滄浪之水；過三澨，至于大別，南入于江；東滙澤爲彭蠡，東爲北江，入于海。
>
> 岷山導江，東別爲沱，又東至于澧，過九江，至于東陵，東迆北會于滙，東爲中江，入于海。

根據這三段記載，我們知道揚州有三江：其中的北江，是由漢水入

江後，經過彭蠡（今鄱陽湖），又往東流而入於海。中江的上流是長江，流經荆州的九江，到達東陵（東陵，蔡《傳》說在巴陵縣。里案：巴陵，今湖南岳陽縣），再往東而偏北到了今鄱陽湖（滙），從鄱陽湖出來更往東流而入海。三江，《禹貢》只說了兩個；另一個不但沒說明他的源流，甚至於連名字都沒說出來。《僞孔傳》說：『有北、有中，南可知。』後人爲了稱說方便，於是把那未知名字的江，叫做南江，只是『想當然耳』。

然而，事實上從鄱陽湖以下，只有一條江入海。這條江如果算是中江，則北江已無覓處，南江更不必說。可是，《禹貢》是經書；在古人心目中，經書是不容懷疑的。爲了給經書說的話找到實證，經生們眞是煞費了苦心。就我所知，比較重要的不同的解釋，大約有下列的幾種：

㈠《漢書·地理志》會稽郡吳縣下面說：『南江在南，東入海；揚州川。』同郡毗陵縣（里案：毗陵，今江陰。）下面說：『北江在北（里案：北江的北字，今本無有。胡渭所見的宋本，錢大昕所見的閩本，和朱一新所見的汪本、監本，都有這個北字。今補入。）東入海；揚州川。』又丹陽郡蕪湖縣下面說：『中江出西南，東至陽羨入海（里案：陽羨，今宜興。）；揚州川。』《漢志》所說的北江，就是現在的長江；這是沒有問題的。只是它所謂南江和中江，到底是現在的什麼河流？人們的解說，很不一致。解釋《漢志》中江的，我覺得胡渭和阮元以松江爲中江之說，比較合理。而阮元的《浙江圖考》說得較爲詳細。他說：

> 道元以松江爲南江東出之流，非以爲中江也。《班志》於吳曰『南江在南』，於毗陵曰『北江在北』，則中江必在吳縣北、毗陵南可知。《文選·江賦》李《注》引《水經注》云：『中江，東南左會滆湖。』（原《注》：『今《水經注》無此語。』里案：會，《文選·注》一本作合。）滆

湖在常州西南三十五里，半入宜興，當太湖北，正漢陽羡地。會於滆湖而東出，仍在太湖之北，不必出自太湖東南也。然則，中江非松江乎？曰：必松江也。吳松江口，正中江入海處。但中江由陽羡入海，正在吳之北，其趨海必歷崑山而至嘉定上海之間。自中江出滆湖之口既湮，南江逕禦兒之流亦塞，而中江入海之委，轉與南江出湖之條兩相接續，於是曰松江，曰婁江，曰三江口，支派紛繁，莫只究詰，而庾氏三江之說起矣。

至於《漢志》的南江，阮元（《浙江圖考》）、王先謙（《漢書補注》）等，都以爲就是浙江。而《漢志》丹陽郡石城縣下說：『分江水，首受江，東至餘姚入海。』王氏的《漢書補注》說：

餘姚，會稽縣。分江水者，江自此而分爲南江也。《班志》以分江著其源，以餘姚入海標其委；會稽吳下復舉其經歷之地，明著之曰：『南江在南。』合中、北江爲三江，以應《禹貢》三江之文。

《漢志》所謂南江，其下流是不是浙江，還難肯定地說。而王氏把分江水作爲南江的上源（阮氏說同），則恐怕不是《漢志》的意思。因爲《漢志》於吳、毗陵、蕪湖，都明說南江、北江、中江，又都分別說是揚州川；而於石城的分江水，則絕沒這類的字樣，也沒說分江水和南江通流。可見《漢志》並不是把分江作爲南江的上源。因而《漢志》所謂南江，究竟是不是浙江，也大成問題。把《漢志》的分江水，誤認爲南江，恐怕是始於《水經注》。《水經》沔水《注》說：

《地理志》曰：『江水自石城東出，逕吳國南，爲南江。』

戴東原校的《水經注》說：『案《地理志》丹陽郡石城下云：「分江水首受江，東至餘姚入海。」于會稽吳下云：「南江在南，東入海。」本屬二水，各不相蒙。道元合之爲一，非也。』這是很正確的論斷。所以胡渭認爲《漢志》的南江，是指吳松江而言。

綜合上面所引的說法看來，《漢志》所說《禹貢》的北江，就是長江；所謂中江，大概是後世的松江；所謂南江，就無法斷定是後世的什麼河流了。

《後漢書・郡郡國志》《史記・索隱》孔氏《尚書正義》等解釋《禹貢》的三江，都採用了《漢書・地理志》之說。胡渭的《禹貢錐指》（卷六）卻說：

蓋北江爲經流，至江都入海；中江由吳松入海；南江合浙江入海。導水明言漢自彭蠡東爲北江，江自彭蠡東爲中江。誠如班氏所言，則蕪湖之中江，何以知爲江水所分？毗陵之北江，何以定爲漢水之所獨乎？以此當《禹貢》三江之二，雖愚者亦知其非矣。

後來榮錫勳的《禹貢九江三江考》也說：

案：禹時震澤，本不通江。自吳開胥溪，運糧伐楚，大江之水，始自蕪湖胥溪流入震澤。至唐楊行密爲五堰，其流復塞。……（原注：《班志》酈注，指爲中江。）迨秦始皇鑿京峴山，以泄金陵王氣，鎭江江水，始自京口徑通丹陽太湖，卽今南運河道是也。（原注：『班酈指爲南江。』）……此皆後世人力鑿成，《班志》酈注，妄指爲禹迹所在，眞所謂差之毫釐，謬以千里者也。

據此，可知《漢志》所說的三江，和《禹貢》的三江並不相合。

㈡《初學記》（地部）引鄭康成說（《初學記》標爲鄭玄、孔安國《注》。里案：其文不見今《尚書僞孔傳》。且置孔安國於鄭玄之後，於例亦不合。疑孔安國三字乃傳寫的衍文。所以前人都只以爲是鄭《注》。）：

左合漢爲北江；右會彭蠡爲南江；岷江居其中，則爲中江。故《書》稱『東爲中江』者，明岷江至彭蠡，與南北合，始得稱中也。

又孔氏《尚書正義》引鄭康成說:

三江分於彭蠡，爲三孔，東入海。

鄭氏是把現在的贛江當作南江，而又誤認爲從彭蠡以下仍分爲三條江入海。而事實上彭蠡以下，並沒有三條江入海。於是蘇東坡就暗襲了鄭康成說的一半，又把它修正了一半。《東坡書傳》（卷五，《學津討原》本）說:

三江之入，古今皆不明。予以所見考之，自豫章而下入于彭蠡而東至海，爲南江；自蜀岷山至于九江彭蠡，以入于海，爲中江；自嶓冢導漾東流爲漢，過三澨大別以入于江，東滙澤爲彭蠡，以入于海，爲北江。此三江自彭蠡以上爲二，自夏口以上爲三。江漢合于夏口，而與豫章之江，皆滙於彭蠡，則三江爲一。過秣陵京口，以入于海，不復三矣；然《禹貢》猶有三江之名曰北曰中者，以味別也。蓋此三水，性不相入；江雖合而水則異。故至於今而有三泠之說。古今稱唐陸羽知水味，三泠相雜而不能欺。不可誣也。

蘇氏這一解釋，曾博得不少人士的贊同。《禹貢錐指》（卷六）引富順熊過說:『先儒曾旼、程珌、易祓、夏僎、程大昌、黃度、陳普、王充耘，皆主蘇說。近世蔡《傳》單行，而鄭曉、周洪謨、馬中錫、邵寶、張吉、章潢、郝敬、袁黃，亦以蘇說爲是。』可見蘇氏這一說法的勢力。然而，《禹貢》只說到江漢，並沒說到豫章江（今贛江）。而蘇氏卻說:『漢爲北江，岷山之江爲中江；則豫章之江爲南江，不言而可知矣。』蘇氏是以『想當然耳』著名的人；而此一猜想，卻大有問題。因爲自彭蠡以上，在長江以南而流入長江的大水，還有湘江，何以捨此而取彼？況贛江發源於今江西和廣東交界的地方，又怎能『自夏口以上爲三』？味別之說，尤其是異想天開。誠如朱子所說:『彼以是而爲說者，亦可謂童騃不思之甚矣。』（見九江彭蠡辨，《朱子全書》卷五十。）

胡渭雖然知道蘇氏之說不合理，但他仍主張鄭康成的說法。只是於彭蠡以下的三江，則大致採用了《水經注》解釋《漢志》南江之說。《禹貢錐指》（卷六）說：

《漢志》丹陽石城縣下云：『分江水，首受江，東至餘姚入海。過郡二，行千二百里。』此卽南江之原委。過郡二，謂丹陽會稽也。其在吳縣南者，卽吳松江，乃中江之下流。班氏不知分江水至餘姚入海者，卽古之南江；遂誤以松江當之耳。……今按：大江自西南來，至石城枝分為分江水，至餘姚入海。又東北流，至蕪湖枝分為永陽江，由吳淞入海。其經流則東逕毗陵，至江都入海。毗陵江都最北，故謂之北江；石城餘姚最南，故謂之南江；蕪湖吳縣居二江之中，故謂之中江。雖與《禹貢導江》之義不合，而辨方命名，次第秩然；與郭景純之松江浙江，源異而流則同也。

胡氏這個解釋，他自己已明說：『與《禹貢導江》之義不合。』我們更不必多作批評了。

㈢《水經》沔水《注》引郭璞說：『三江者，岷江、松江、浙江也。』（《禹貢錐指》卷六說：『璞先有《水經注》三卷，今不傳；此所引蓋出其中。』）郭氏以浙江為南江，好像和酈道元及胡渭解釋南江之說相似；而實不相同。因為酈、胡二氏所謂南江，雖然下游和浙江合流，而它的上游乃是分江水；這自然和郭璞以浙江為南江之說不同。所以《水經注》批評郭氏說：『浙江出南蠻中，不與岷江同。』《禹貢錐指》也認為『浙江則禹功所不及』，說它『終不可以釋《禹貢》』。這兩種批評都是可信的。

㈣郭璞的《山海經注》，以為岷山是大江所出，崍山是南江水所出，崌山是北江水所出。楊愼據此，遂說：『三江皆發源於蜀而注震澤，《禹貢》紀其源而及其委耳』（《禹貢錐指》卷六引）。

這更是無稽之談。

㈤《禹貢導水》節『東爲北江入於海』下，《僞孔傳》說：『自彭蠡江分爲三，入震澤，遂爲北江而入海。』同上『東爲中江入於海』下，《僞孔傳》又說：『有北、有中、南可知。』這只是敷衍經文，信口亂說。程大昌批評《僞孔傳》（見《禹貢九江三江考》引）說：『彭蠡滙江，距震澤千里而遙；大江古無通震澤之道。且彭蠡旣滙於江，未嘗分而爲三。孔傳以江自彭蠡入震澤，此全不知東南地理者也。』程氏這段話雖然簡單，但批評得卻非常中肯。

㈥《水經》沔水《注》引庾仲初《楊都賦注》（《蔡傳》引庾氏此說，誤作《吳都賦注》。仲初，名闡，晉給事中領著作，事蹟見《晉書・文苑傳》。錢大昕《十駕齋養新錄》（卷十六）有說。《禹貢錐指》謂庾氏『名杲之，南齊人。』誤）說：『今太湖東注爲松江，下七十里有水口分流，東北入海爲婁江，東南入海爲東江，與松江而三也。』《經典釋文》引《吳地記》（《禹貢錐指》說：『晉顧夷撰，見《隋書・經籍志》。）之說，和庾氏說相同。可知庾氏之說，可能是本於顧氏。後來張守節的《史記・正義》、蔡沈的《尙書集傳》，都採用了此說。《東坡書傳》（卷五）批評《漢書・地理志》三江之說，認爲它『雜取枝流小水，以應三江之數。如使此三者爲三江，則是與今京口入海之江爲四矣。京口之江，視此三者猶畎澮：禹獨遺大而數小，何耶？』把蘇氏這段話語，用來批評庾仲初等之說，更顯得確當。

㈦《初學記》（卷六，《地部》）說：『案：三江《漢書・地理志・注》，岷江爲大江，至九江爲中江，至徐陵爲北江，蓋一源而三目。』《說文繫傳》承襲了這個說法，而以大江爲南江。這似乎是誤解了《漢書・地理志》，把一條江截成了三段，而分別給以大、中、北的名目。成瓘的《篛園日札》（卷二）說它們：『就一川而分截之，其說新異。』然而，用這說法以核《禹貢》的本文，仍不相合。

(八)葉適的《習學記言》（卷五），以爲三江是：吳淞江，青龍江，揚子江。這正好也可以借上述蘇東坡批評《漢志》三江的話，來批評葉氏之說。青龍江和長江相比，眞是像畎澮一樣，禹自然也不會『遺大而數小』了。

(九)鄭樵以爲《禹貢》的『東滙澤爲彭蠡，東爲北江入于海』十三個字是衍文（見《九江彭蠡辨》，《朱子全書》卷五十。）這眞是求其說而不得，因而想出來的簡便辦法。朱子反而贊成鄭氏之說，更是奇怪。

此外，《水經》沔水說：『沔水與江合流，……又東至石城縣，分爲二：其一，東北流；其一，又過毗陵縣北，爲北江，又東至會稽餘姚縣，東入于海。』酈《注》說：『經書爲北江則可；又言東至餘姚，則非。考其經流，知經之誤矣。』這種顯然的錯誤，人盡可知；所以對後世解說三江的並沒發生什麼影響。

把以上這些說三江的議論，來核對《禹貢》的經文，眞是無一相合。這不是後世學者的智力，不足以解經；而是《禹貢》本身就錯了，以致後人無法替它圓謊。因爲解釋『三江旣入』，卽使可以硬拿豫章江充數；而漢水自夏口以下，確未曾分爲北江；彭蠡以下，更無從找到南江。作《禹貢》的人，大約是根據不正確的傳說，而一本正經地筆之於書，以致害苦了後世的經生們。《朱子語類》（卷七十九，《尚書》二）說：

> 因說《禹貢》，曰：『此最難說；蓋他本文自有繆誤處。且如漢水，自是從今漢陽軍入江，下至江州；然後江西一帶江水流出，合大江，兩江下水相淤，故江西水出不得，溢爲彭蠡。上取漢水入江處有多少路？今言漢水「過三澨，至於大別，南入於江，東滙澤爲彭蠡」，全然不合。又如何去強解釋得？蓋禹當時只治得雍冀數州爲詳，南方諸水，皆不親

見，恐只是得之傳聞，故多遺闕，又差誤如此。今又不成說他聖人之經不是，所以難說。』

朱子這些話，眞是明達之言。《禹貢》所說彭蠡以下的三江，如果用朱子這些話去評論它，也恰到好處。後人絞盡了腦汁，都是被『不成說他聖人之經不是』一個觀念所誤；然而又怎能自圓其說呢？

按：《國語・越語》上，子胥諫夫差說：『夫吳之與越也，仇讎敵戰之國也。三江環之，民無所移。』韋昭《注》說：

環，繞也。三江，吳江，錢唐江，浦陽江。此言二國之民，三江繞之，遷徙非吳則越也。

又《越語》下，范蠡對句踐說：『與我爭三江五湖之利者，非吳耶？』《周禮・夏官・職方氏》，說揚州：『其山鎭曰會稽，其澤藪曰具區，其川三江，其浸五湖。』可見《禹貢》揚州的境內（卽吳越境內），確有三江。不過韋氏解釋《國語》的三江，似乎並不正確。《禹貢錐指》（卷六）說：

《水經》沔水下篇《注》引景純曰：『三江者，岷江、松江、浙江也。』愚謂：以此當《國語》之三江，更長於韋。何也？《漢志》，毗陵縣、季札所居，北江在北。是岷江正環吳之境，而韋獨遺之。酈元云：浙江於餘曁東合浦陽江。是浦陽、錢塘渾濤入海。而韋強分爲二。故以岷江易浦陽較長也。然終不可以釋《禹貢》。

胡氏此論，比韋氏之說顯然地合理。但，這三江，誠如胡氏所說：『終不可以釋《禹貢》。』然而，我們於此卻可以窺探得一點消息。那就是作《禹貢》的人，已知道吳越有三江；不過，因爲知道得不够清楚，以致把這三江和漢水、長江，乃至於彭蠡，都牽拉上關係；因而鑄成了大錯。

《禹貢》記載西河、南河一帶的地理最詳細、也最正確；它又以冀州爲中心。因此，我懷疑《禹貢》的作者可能是晉人；即使不然，也總不外是黃河流域的人士。而淮水下游的淮夷，在殷代（甲骨文有記載）、西周（《詩江漢》和金文都有記載）、直到春秋中葉（《左傳》裏有記載），都是中國的仇敵。由於淮夷隔斷了中原和吳越的交通，以致中原人對於《禹貢》的揚州之域的地理情形，其隔膜是必然的。直到魯成公十五年（周簡王十年，西元前五七六年）《春秋經》才有這樣的記載：

冬，十有一月，叔孫僑如會，晉士燮、齊高無咎、宋華元、衞孫林父、鄭公子鰌、邾人，會吳於鍾離。

《左傳》說：『會吳於鍾離，始通吳也。』這是吳國和中原諸國相通之始。到了魯襄公二十九年（周景王元年、西元前五四四年），季札訪問魯、齊、晉各國。魯哀公八年（周敬王三十三年、西元前四八七年），吳伐魯。哀公十年（周敬王三十五年、西元前四八五）吳和魯伐齊。哀公十三年（周敬王三十八年、西元前四八二年），吳和魯、晉會於黃池。從這一連串的史實看來，到了春秋末葉，吳國和中原的交通，才漸多起來。從而可知中原人對於吳越的地理，能够有些粗略的知識，當不會早到周簡王十年以前。《禹貢》說三江，雖然不免錯誤；但《禹貢》作者旣知道吳越一帶有三江，這知識似乎不是西元前六世紀以前的中原人所能具有的。那麼，《禹貢》的著成時代，也就不會早到春秋中葉以前了。

六、以揚州及徐州貢道證之禹貢之著成不應遲至戰國之世

《禹貢》記載揚州的貢道，說：

沿於江海，達於淮泗。

《僞孔傳》說：

順流而下曰沿。沿江入海，自海入淮，自淮入泗。

《東坡書傳》說:『故《禹貢》曰:「沿於江海，達於淮泗。」明非自海入淮，則江無通淮之道。』《禹貢》所談的地理，實際上是《禹貢》的作者根據他所目驗的情形、以及他得自傳聞的地理知識，而筆之於書的。這從上文幾節中所談的地理問題，就可以看得出來。那麼，揚州入貢，既然是『沿於江海，達於淮泗』；可見《禹貢》成書時，長江和淮河之間，除了浮海之外，還沒有相通的水道。

哀公九年《左傳》:『吳城邗，溝通江淮。』杜《注》說:

於邗江築城，穿溝東北通射陽湖，西北至末口入淮；通糧道也。今廣陵韓江是也。

廣陵，卽現在的江都縣（舊揚州府）。末口，在今淮安縣北。《禹貢錐指》（卷六）說:

《吳越春秋》:『吳將伐齊，自廣陵闕江通淮。』亦曰渠水，漢志江都縣有渠水，『首受江，北至射陽入湖』；是也。又名中瀆水，《水經注》:中瀆水『首受江於江都縣，縣城臨江；』『昔吳將伐齊，北霸中國，自廣陵東南築邗城，城下掘深溝，謂之韓江，亦曰邗溟溝。』『自廣陵出山陽白馬湖，逕山陽城西。』『又東、謂之山陽浦，又東入淮，謂之山陽口。』是也。山陽，本漢射陽縣，屬臨淮郡；晉義熙中，改曰山陽縣。射陽湖在縣東南八十里。縣西有山陽瀆，卽古邗溝。其縣北五里之北神堰，卽古末口也。

後世從淮安到揚州的一段運河，就是因襲了夫差溝通江淮的水道。如果《禹貢》作成在戰國時代，則揚州入貢，就不必由江浮海入淮了。由此可知《禹貢》著成的時代，當在魯哀公九年以前。

也許有人說，邗溝旣是夫差所開，那就不是禹蹟。作《禹貢》的人爲了敍述禹蹟，所以不用夫差新開的水道。由此說來，《禹貢》即使作成於戰國時代，而記述揚州入貢，又何防『沿於江海，達於淮泗』呢？

這話看起來雖然很有理由；但，事實上到了戰國時代，人們往往是把江淮相通之道當作了禹蹟。《墨子・兼愛中篇》說：

古者禹治天下，……南爲江漢淮汝，東流之注五湖之處。

（《墨子閒話》說：『《玉海・地理門》，引作「東流注之五湖」。范成大《吳郡志》同。……』里案：據此，知今本「之注」二字誤倒；「之處」二字疑誤衍。）

《孟子・滕文公》上篇也說：

禹疏九河，瀹濟漯而注諸海，決汝漢排淮泗而注之江，然後中國可得而食也。

《墨子》這段話，後人注意到的比較少些。《孟子》自南宋以後，被列入四書，是人人必讀的書；於是經生們爲了替亞聖的話找到圓滿的理由，就不得不郢書燕說。到底還是朱子的見解高明，他說（見《偶讀漫記》，《朱子全書》卷五十。）：

《孟子》：『決汝漢排淮泗而注之江。』此但作文，取其字數以足對偶而云爾。若以水路之實論之，便有不通；而亦初無所害於理也。說者見其不通，便欲強爲之說；然亦徒爲穿鑿而卒不能使之通也。……

這眞是一針見血之論。但，《墨子》和《孟子》的錯誤，也並不是毫無道理。因爲到了戰國時代，江淮已經互通。他們已知道汝泗可以通淮，淮又通江；自然，那時的人，也聽說了長江下游有五湖。於是《墨子》和《孟子》，都把他們所知道的這些似是而非的川流形勢，當作了禹蹟；而忽略了吳王夫差溝通江淮的史實。

由《墨子》和《孟子》的證據看來，《禹貢》的作成時代，如果已到了戰國之世，則《禹貢》記述揚州的貢道，也很可能有和《墨子》《孟子》類似的說法。然而《禹貢》並沒像他們那樣，可知《禹貢》作成於戰國之世的可能性不大。

徐州的貢道，和揚州也有相似的情形。今通行本《禹貢》，說徐州入貢的水道，是：

浮於淮泗，達於河。

然而，泗、淮在古代是不和黃河相通的。為了要說得淮泗可以通河，經生們又煞費了周章。《東坡書傳》說：

自淮泗入河，必道於汴。世謂隋煬帝始通汴入泗，禹時無此水道；以疑《禹貢》之言。此特學者考之不詳而已。按《前漢書》：項羽與漢約，中分天下，割鴻溝以西為漢，以東為楚。文穎《注》云：『於滎陽下引河東南為鴻溝，以通宋鄭蔡曹衞，與濟汝淮泗會於楚，卽今官渡是也。』魏武與袁紹，相持於官渡，乃楚漢分裂之處。蓋自秦漢以來有之，安知非禹跡耶？《禹貢》九州之水，皆記入河水道；而淮泗獨不能入河。帝都所在，理不應爾。意其必開此道以通之。其後或為鴻溝，或為官渡，或為汴，上下百餘里間不可必；然皆引河水而注之淮泗也。故王濬伐吳，杜預與之書曰：『足下旣摧其西藩，當徑取秣陵，……自江入淮，逾於泗汴，泝河而上，振旅還都，亦曠世一事也。』王濬舟師之盛，古今絕倫；而自泗汴入河，可以班師。則汴水之大小，當不減於今。又足以見秦漢魏晉皆有此水道，非煬帝所創開也。……今文之末，直云：『浮於淮泗，達於河。』不言自海。則鴻溝官渡汴水之類，自禹以來有之，明矣。

蔡沈《集傳》也說：

許愼曰：『汳水受陳留浚儀陰溝，至蒙為灉水，東入於泗。』則淮泗之可以達於河者，以灉至於泗也。

蘇蔡兩氏，雖然都言之鑿鑿；而他們似乎都沒注意到『達於河』之『河』，乃是一個錯字。因為《漢書・地理志》《說文》菏字下、和《水經・濟水注》引《禹貢》這句話，都作『 達於菏 』（達，《漢志》作通。），並不作『河』；金履祥（《尚書表注》）所見的古本《尚書》，也作菏。可見古本的《禹貢》，乃是『菏』字。這點，宋末的黃公紹已經據《 說文 》辨明了蘇氏的錯誤（見所著《古今韻會》，《禹貢錐指》卷五所引。）；到了閻若璩說得更清楚了。他說（《禹貢錐指》卷五引）：

《史記・河渠書》：『禹功施乎三代，自是之後，滎陽下引河東南爲鴻溝，以通宋鄭陳蔡曹衞，與濟汝淮泗會。』此禹後代人，於陽澤之北，引河東南流，故《水經》謂河水東南過滎陽縣、蒗蕩渠出焉者，是亦引濟水分流。故《漢志》謂滎陽縣有狼湯渠，首受沛東南流者，是又自是之後，代有疏濬，枝津別瀆，不可勝數。則酈氏注所謂『滎波河濟，往復逕通』者也。雖然，其來古矣。蘇秦說魏襄王曰：『大王之地，南有鴻溝。』則戰國前有之。晉楚之戰，楚軍於邲。邲即汳水，則春秋前有之。《爾雅》：『水自河出爲灉。』灉本汳水，則《爾雅》前有之。……余是以斷自《河渠書》，參以滎陽下引河不見《禹貢》之書，爲出禹以後。頗自幸其考比蘇氏差詳矣。

胡渭很稱讚閻氏此說，說：『渭案：河，當作菏；得黃氏（里案：謂黃公紹）之辯而愈明。蘇氏引《高紀》文穎《注》，而忘其出於《河渠書》也；又安知上文有「自是之後」四字乎？非但蘇氏，酈道元亦不察也。今百詩唯據四字，判鴻溝非禹迹，眞老吏斷獄手。』

河字旣是菏字之誤，那麼，徐州的貢道應當是怎樣呢？《禹貢錐指》（卷三）說：

淮通泗，泗通菏，菏通濟，濟通漯，漯通河。

從《禹貢》所載的河道看來，胡氏的說法是大致可信的。不過，濟也通河；菏水旣通濟，則貢物似乎不必再轉入漯水而後入河了。

由閻氏所引《戰國策》之說，證知至遲在魏襄王時代已有鴻溝。再據《史記·河渠書》之說，知道這鴻溝是由『滎陽下引河東南』，『以通宋鄭陳蔡曹衞，與濟汝淮泗會』。那麼，到戰國中晚葉的時候，泗和河相通，是不成問題了。至於秦晉邲之戰，閻氏說邲就是汳水，也就是《爾雅》的灉水，則頗有問題。這點，段玉裁的《說文解字注》（《水部》菏字下）已有辨正。而且，卽使汳灉合流，在邲之戰的時候，汳水也還沒和泗水相通。這由《國語》所載黃池之會的故事，就可以證明。《吳語》:

吳王夫差旣殺申胥，不稔於歲；乃起師北征。闕爲流溝，通於商魯之間，北屬之沂，西屬之濟，以會晉公午於黃池。

據《左傳》，此事是在魯哀公十三年。這時如果汳水可以通泗的話，則夫差就不必再『闕爲流溝』。卽此，已可知汳泗在春秋末年還不相通。鴻溝和夫差的流溝，其關係如何，雖然不能確知。但可知鴻溝如果和夫差的流溝無關，其開鑿的時期，也必定在魯哀公十三年以後。

《禹貢》的作者，還不知道泗水可以直接通達濟水，可見《禹貢》著成的時代，應當在魯哀公十三年以前，而不應當晚到戰國之世。

七、以五行、五岳及大九州等說證之禹貢成書不應遲至戰國之世

《禹貢》中沒有五行的字樣；但卻有『六府』這個名詞。六府是什麼呢？文公七年《左傳》說:

晉郤缺言於趙宣子曰:『……水、火、金、木、土、穀，謂之六府。』

是六府比起五行來，只多了一個『穀』。我們從五行說發展的史實

來看，六府之說，似乎還早於五行。因而，這六府並不見得是五行加穀而成；相反地，卻很可能是把六府的穀去掉乃成爲五行的。退一步說，卽使是六府之說，出於五行之後；而《禹貢》說『六府孔修』，只是表示這六種物質都被治理得很好，並沒有一點神秘的意味。按：五行的名目，雖然在春秋時代已經有了；但用五行來配四方、配四時、配五色，……而使它神秘化，乃是戰國以來的事情。在《禹貢》裏，絕沒有五行神秘化以後的跡象。但有被後人誤解的一點，那就是《禹貢》說徐州『厥貢惟土五色』這句話。《僞孔傳》說：

王者封五色土爲社，建諸侯則各割其方色土與之，使立社。

《尚書正義》引《韓詩外傳說》說：

天子社廣五丈，東方青，南方赤，西方白，北方黑，上冒以黃土。將封諸侯，各取其方色土，苴以白茅，以爲社。

《禹貢》只說徐州貢五色土，並沒說到五色土的用途。說五色土是供王者建社之用，乃是後人的解釋。我在作《尚書釋義》時，也襲用了《僞孔傳》之說。現在想來，這一解釋，實大有問題。因爲王者用五色土作大社之說，始見於《逸周書》的《作雒篇》。這篇書無論從它已以五方配五色來看、或從它那淺易的文辭來看，都可以知道它是戰國時代的作品。而《禹貢》的文辭，既比《作雒篇》古質；也沒有五行說的跡象；更沒說明五色土的用途。由此看來，五色土之貢，當不是爲了作大社之用。中央硏究院歷史語言硏究所，在殷墟曾發掘出來不少的花土。那些花土，都是原來牆壁的殘塊；它是用各種不同顏色的泥土，組合成爲花紋。由於這個啓示，我想五色土之貢，很可能是爲了圬牆之用，而不是作什麼大社。這個解釋如果不誤，則《禹貢》裏絕沒有『神秘之後的五行』的影子。也就是說，《禹貢》不像戰國時代的作品。

其次，再談五岳。《禹貢》是專談地理的書，並且有《導山》

的專章。然而，最使人奇怪的，是它竟沒談到五岳。冀州節裏，雖然說到『岳陽』；《導山節》裏，雖然說到『太岳』。但，岳陽是太岳之陽；而太岳乃是霍山。這和後世所謂五岳，毫不相干。它雖然也提到岱（泰山）、衡、華、恒、外方（嵩山），但絕沒把它們叫做岳。這個現象，並不是偶然的。

我們試檢討四岳和五岳的歷史，就知道春秋及其以前所謂岳（嶽），都是指霍山而言；所謂『四嶽』，乃是一座山的名字，也就是霍山。像我們現在心目的四岳和五岳，是到戰國時代才有的。我在《岳義稽古》（《清華學報》新二卷一期）一文裏，曾經討論過這個問題。簡單地說，五岳之說，始於《尚書》的《堯典》。（《堯典》雖然只說了四個岳；但《史記・五帝本紀》，則給它補了一個中岳。）而《堯典》的著成時代，當在孔子以後，孟子以前。自從五岳說興起以後，談山岳的書就沒有不提到五岳的了。《禹貢》談各州時既皆敍述到各州境內的山，而又有《導山》的專章；並且把後人所謂五岳的個別的山名，都曾一一提到。可是，它卻絕沒有五岳說的影子。所以，就這一點看來，《禹貢》也不像戰國時代的作品。

復次，更從大九州之說來看。《史記・孟子荀卿列傳》說：

> 騶衍……以爲儒者所謂中國者，於天下乃八十一分居其一耳。中國名曰赤縣神州；赤縣神州內自有九州，禹之序九州是也，不得爲州數。中國之外，如赤縣神州者九，乃所謂九州也。於是有裨海環之，人民禽獸莫能相通者，如一區中者，乃爲一州；如此者九。乃有大瀛海環其外，天地之際焉。

騶衍是五德終始說的發明者，是推衍五行說的聖手，同時也是說大話的專家。他這大九州之說，眞是驚世駭俗。但，他旣以爲赤縣神州，是《禹之序九州』；可見《禹貢》九州之說，在騶衍以前，早已流行了。從這一點來看，也可見《禹貢》之著成，似乎不至於晚到戰國之世。

（《論禹貢著成的時代》，原刊於中央研究院史語所《集刊》）

辛樹幟云:

一、小　序

《禹貢》製作的時代，三十年來有兩種說法：一說，它是春秋時代的作品；甚至有說它是孔子寫成的。另一說，它是戰國時代的作品；史學家顧頡剛氏最早提出這樣主張。後一說的重要論點，以爲《禹貢》的梁州，包括了今天四川的大部份，認爲張儀未通蜀以前，這些地方的情形，人家還不知道。

《禹貢》固然是我國的第一篇地理書，同時也是第一篇講區域規劃的書。他把當時王朝的疆土劃爲九區（州），從山脈（導山）、河流（導水）、土壤、田賦、交通一直到艸木、陽鳥，凡可特別注意和作爲農業上物候用的，通通載上。又把各地特產（貢、篚、包等），爲當時國家需要的，也通通載上。最後，因分封諸侯，把中央和地方按遠近劃分『五服』，使他們合理地負擔着任務，並把整個區域的『四至』和九區外的民族學習了中國文化的情形（聲教）也指出來了。全書雖不過一千多字，歷代學者因它的內容豐富，都很重視它，研究它的不下數十百家。

我來西北前後十餘年，足跡幾遍《禹貢》中的雍、梁兩州。因此我研究這一篇書的製成年代，就先從這兩州的歷史着手，再從各種經典著作中找出可供研究的材料。

依我個人的推測，《禹貢》成書時代，應在西周的文、武、周公、成、康全盛時代，下至穆王爲止。它是當時太史所錄；決不是周遊列國足跡『不到秦』的孔子，也不是戰國時『百家爭鳴』時的學者們所著。我現在從以下幾個方面加以分析。

二、從疆域和周初分封歷史分析

前面說過，《禹貢》是祖國最早的區域規劃書；我們研究它，應當首先看它的九個大區，合乎哪個時代的疆域？

爲省筆墨起見，把我國研究古代地理學的傑出人物楊守敬氏所製歷代沿革圖中的『春秋列國圖』、『七國形勢圖』和他的『禹貢圖』比一比，就可以看出『春秋列國圖』中雍州窄，梁州已與當時中國不通。所以宋洪邁的《容齋隨筆》說：『成周之世，中國之地最狹。』

再與『七國形勢圖』比，梁州一部份雖有些像《禹貢》規劃地區，但是雍州仍覺得太狹，其餘東方各州，有的向南北推遠了。就是拿楊氏製的所謂《爾雅殷製圖》和《周禮職方圖》來對照，有的添了幽州，有的添了幷州，其他也不符合。

其他如《秦始皇統一疆域圖》，南已到了北戶是不合的。漢代的疆土，一直到漢武帝恢復了《禹貢》的雍州弱水、黑水區域等地方。但武帝時的疆域，東面已向南向北大推廣了。司馬遷爲武帝時人，他是第一個轉錄《禹貢》的人物；假若這一篇《禹貢》是漢代人的作品，他難道不知道？

這些時代的區域，既然都與《禹貢》規劃的九區不合，我們就應當考慮到西周疆域是否合乎《禹貢》的規劃。

我們旣決定從西周來研究《禹貢》成書時代，首先就應當研究西周歷史和雍、梁二州的關係。顧亭林說：『文王以百里……至於武王，西及梁、益。』依古本《竹書紀年》，王季興起之後，曾與西北部（雍州）戎、狄五戰四勝；武王伐紂，牧野誓師，西方遠人（雍州）和西南方（梁州）的庸、蜀、羌、髳、微、盧、彭、濮人，已是他兵力中的重要組成成份。《立政篇》中周公和成王，又把梁州夷、微、盧的君長稱作他們的基本幹部。這些，可以證明周初對雍、梁的關係是緊密的。在這些地區的民族，或是爲周人征服，或是奉周朝爲主。這和張儀通蜀，僅奪取他們的貨財，以及春秋時『秦、晉和戎』所達到的地方不遠，一經比較，就可以看出有所不同了。《穆天子傳》上說：『赤烏氏（石聲漢教授以爲「赤烏」是圖騰）先出自周宗（郭璞《注》與周同始祖），大王亶父之始作西土……封丌璧臣長季綽於舂山之虱。妻以元女，詔以玉石之刑（郭璞《注》：昆侖山，出美玉石處……）以爲周室主。』由此可以知道當時雍州的弱水、黑水區域（現在的河西）各民族中，有周室的同宗人爲他們的首長了。梁州方面，到夷王時，還有『蜀人呂人來獻瓊玉』的記載（見《竹書紀年》）。《華陽國志》有『武王旣克殷，以其宗姬封於巴，爵之以子』。又云：『古者遠國雖大，爵不過子，故吳、楚及巴皆曰子。』《史記・燕召公世家》載：『自陝以西，召公主之；自陝以東，周公主之。』我們試分析《周南》、《召南》的詩章，《召南》的『南澗』、『南山』、『江有沱』（鄭玄說：岷山道江，東別爲沱（等，都可以說是梁州的地方；《周南》的『漢廣』、『汝墳』是荆、豫二州的地方。周初把勳戚子弟封到兗、靑、徐三個重要的區域中去，在所謂燕、衞、齊、魯等國家作諸侯的長。《穆天子傳》稱：『大王亶父封其元子吳太伯於東吳，詔以金刃之刑（郭璞《注》云：南金精利，故語其刑法也），賄用周室之璧。』這當然是揚州的長。《吳越春秋》上說：『凡從太伯至壽夢之世，與中國時通朝會，而國斯覇焉。』這個覇是指後來夫差要管理他州的事，也可作證。《史記・楚世家》：『熊繹當周成王之時，擧文、武勤勞之後嗣，而封熊繹於楚蠻；封以子、男之田……居丹陽。』（《史記考證》，今湖北宜昌府歸州有古丹陽城。楚始封此。）據《左傳》，『周之宗盟，異姓爲後』，可能在當時楚不能爲荆州的長，然總有鎮蠻的力量。且據《周南》所載，周的文化已及於江、漢了。《史記・晉世家》：『周公誅滅唐……於是遂封叔虞於唐。』這就是冀州的長了。

雍、梁二州，地方最大，經過王季、文王、武王三代的經營，已成爲周朝統一天下的基礎地。到殷朝末期，文王已得了天下三分之二，孔子說的『三分天下有其二』這句話是可靠的。武王時，周、召分治，是以陝西弘農分界的，崔述等不考周初發展史和雍、梁兩州的廣闊，還以爲召公所治太小，分得不均，說『陝』爲『郟』的誤，這是不正確的。經過春秋、戰國幾百年的戰爭，其他七州，內部有了變化；外部已向南北擴展，添出了東方、北方的幽、幷、營三個新區域，我們要把《爾雅・釋地》、《周官・職方》和《呂氏春秋・有始覽》的九州（均無梁州）來和《禹貢》九州（周初的疆域）比，自然不能符合了。

三、從政治與九州關係分析

分九州旣爲區域規劃，與政治關係應是緊密結合的。研究《禹貢》製作時代，從政治與九州關係上着手，該是最可靠的方法。我希望有人多從這方面研究以解決《禹貢》製作時代。我在這裏僅僅提出一個大綱。

我們現在就《呂覽》、《周官・職方》與《爾雅・釋地》中的九州來看它們和政治的關係如何？

《呂覽》的《有始覽》：何謂九州？

『河漢之間爲豫州，周也；

兩河之間爲冀州，晉也；

河、濟之間爲兗州，衞也；
東方爲青州，齊也；
泗上爲徐州，魯也；
東南爲揚州，越也；
南方爲荆州，楚也；
西方爲雍州，秦也；
北方爲幽州，燕也。』

這一望而知爲戰國時代的政治關係。它有幽州，無梁州，不合乎《禹貢》的規劃（卽不合乎西周政治）。

《周官·職方》：『東南曰揚州。正東曰青州。東北曰幽州。正南曰荆州。河東曰兗州。河內曰冀州。河南曰豫州。正西曰雍州。正北曰并州。』這又一望而知其非周初的產品，少徐州，卽不合乎周初的政治。周初踐奄是一件大事，奄卽在徐州。這裏分明是人造的九州區劃，專從方位上着手，不合於實際政治，應爲『僞周官』的一節，後人又從《周官》割入《逸周書》中。

《爾雅·釋地》：『兩河間曰冀州。河西曰雍州。濟東曰徐州。河南曰豫州。江南曰揚州。燕曰幽州。漢南曰荆州。濟南曰兗州。齊曰營州。』

這是雜湊的；就是在《禹貢》基礎上去了青、梁二州，而換爲幽、營二州（其實營州卽青州）。就從這一點上看，也可知其爲後出的，不合乎周初，也不合乎任何時代的政治。我們可以說，這是講純粹地理的作品。

現在我們看西周政治與《禹貢》區劃的關係：

㈠雍州爲周家基地，召公主之，兼顧西南的梁州，《詩·召南》的《江有汜》、《南山》、《南㵎》等可證。

㈡豫州爲東都政治重地，周公主之，兼顧南面的荆州，《詩·周南》的《汝墳》、《漢廣》等可證。（楚封於荆爲異姓，不應長諸侯。）

㈢兗州是政治的重點地方，《禹貢》『厥賦貞，作十有三載（《史記》作年）乃同』。歷代《禹貢》學者以爲是治水的關係，我以爲這是政治關係；因爲這區的人民，受殷代文化太久，很難同化於周朝，所以定賦不易。

㈣冀州，唐叔封於西面，衞、燕在東北面。後來到宣王時，還錫命韓侯，使他在這一面加強統治能力。

附《詩・韓奕篇》：

『奕奕粱山，維禹甸之。』

這個粱山是在燕地，自鄭玄把它搞錯，由王肅到王夫之、顧炎武、朱右曾才把它弄得大明白。

『有倬其道，韓侯受命。』

鄭玄說：『宣王平大亂，命諸侯，有倬然之道者，受命爲侯伯。』

『溥彼韓城，燕師所完。……

王錫韓侯，其追其貊。

奄受北國，因以其伯。』

㈤揚州當時政治方面，變動不大，青州爲齊地，初封時，或僅鎮服萊夷，使他們以牧產品作貢。齊後來的強大，長諸侯，如周公尚在，當是不願意的。我們看齊、魯二國『報政』，周公嘆息可知。這是因爲不合乎『周之宗盟，異姓爲後』的原則。

最後只有徐州了。這一州與魯的初封，是我們最能看出《禹貢》九州的政治關係的。

徐州爲淮夷、徐夷的地方，淮上風俗，或者在歷史上就是很強悍的。某一甲骨文學者嘗與我談，紂王討伐東夷（卽徐州地）的英武故事。我們從《大雅》、《魯頌》等所載，也可以看出徐州的難治。所以成王於周公伐奄後（據記載是用去三年的時間，恐是眞

的），把伯禽封到這裏。據《魯頌・閟宮篇》說:

『王曰叔父，建爾元子，俾侯於魯，爲周室輔。』

鄭玄說:『謂封以七百里，欲其強於衆國。』

『乃命魯公，俾侯於東，錫之山川，土田附庸。』

鄭玄說:『……既告周公以封伯禽之意，乃策命伯禽，使爲君於東，加錫之以山川、土田及附庸，令專統之。』

這就可以看出徐州的重要性和封魯公到這裏的意義了。《周官・職方》九州將徐州去掉。昔人不察它是僞《周官》的一節，還把《職方》的九州列爲周的疆域，這是不對的。

我對《閟宮》這一篇詩，還有新的看法，這當然還不成熟，現在提出來請指正。

我認爲這篇詩，是祭神求福的。應和《楚辭》的《九歌》比較研究，雖然兩下時代隔得太遠，也可以看出詩人作詩的精神和方法，古今是一致的。

《九歌》中神和巫誰主誰贊？因我國代名詞少又不甚固定，常常弄不明白，《閟宮》也是這樣，『公』與『侯』屬誰？也易混淆。但只要我們明白祀神的典禮與歷史，就不難找出其中是誰主誰贊。《閟宮》前幾章，鄭玄解釋是對的，唯最後二節，主贊弄錯了。如:

『公車千乘，朱英綠縢，二矛重弓。公徒三萬，貝胄朱綅，烝徒增增。戎、狄是膺，荆、舒是懲，則莫我敢承。』

鄭玄說:『僖公與齊桓擧義兵，北當戎與狄，南艾荆及羣舒。』

這是錯誤的。魯國當時甚弱，僖公又是毫無價值的人物，據《左傳》，他曾爲齊侯所執，得他的夫人(是齊女)的力量才釋放，那有車千乘、徒三萬那樣的軍容，來北膺戎、狄，南懲荆、舒。我認爲這一段是奚斯頌周公當年南征北伐的盛時事，所以有『莫我敢承』

的說法。不然，就是齊桓公稱霸時也沒有能使楚服從，何論僖公？所以這一段接着就是：

『俾爾昌而熾，俾爾壽而富，黃髮台背，壽胥與試。』

『俾爾昌而大，俾爾耆而艾，萬有千歲，眉壽無有害。』

這是祭神後祈神降福的禱辭。假使魯的軍容甚盛，南征北伐，天下莫敢當的公是僖公，那麽，降的福由誰承受？這件事，孟子久已說過是周公的事蹟。因爲周公有此勳業，所以孟子才會提出來把他與禹的事業並比。

接着頌周公一節後，就是：

『泰山巖巖，魯邦所詹。（魯邦有作魯侯的。）奄有龜、蒙，遂荒大東，至于海邦，淮夷來同。莫不率從，魯侯之功。』

『保有鳧、繹，遂荒徐宅，至于海邦，淮夷、蠻、貊，及彼南夷，莫不率從，莫敢不諾，魯侯是若。』

毛《傳》：龜，山也。蒙，山也。鳧，山也。繹，山也。荒，有也。宅，居也。

鄭玄說魯侯謂僖公是錯誤的（證明見後）。這一節是承上節頌周公後祭魯侯伯禽的，乃是頌伯禽經營徐州的事蹟。那時魯國是東方重鎭，伯禽爲諸侯長，所以有『及彼南夷，莫不率從』的話。到春秋時的魯國，已衰弱得很了，南夷已受楚國指揮了（參看齊、楚爭霸兩陣容可知）。我們再把這些事實和《禹貢》徐州的記載對照看看。

《禹貢》徐州（是海、岱和淮區域。）

『淮、沂其乂，蒙、羽其藝。大野既豬，東原底平。』

以上是述平治水土。

『羽畎夏翟，嶧陽孤桐。淮夷蠙蛛曁魚。』

以上是貢物。

由這些記載，按之《閟宮》詩的地名，可見淮、蒙、羽、嶧

（《閟宮》作『繹』）皆是徐州地名。我認爲『荒』字作『治』解爲好。（見朱熹解《天作篇》），遂荒大東、徐宅，皆是治理這些方面的意思。大東我們固不必穿鑿指定是大野、東原二地名的首一字。徐州的大野，據王夫之說，就是宋的梁山泊。既得出大野所在，東原當是今徐州的大平原可知。伯禽時代，魯國是經營這一帶地方的，看《書經》中的《費誓篇》可知。

昔人懷疑過這一篇詩的分章和《泮水》詩的作泮宮和服淮夷事不見《春秋》和三《傳》。這種懷疑是對的。我認爲《泮水》也是頌伯禽的詩。鄭玄把它說成是頌僖公的，就解不通了。《泮水》中的作泮宮、服淮夷等皆指伯禽經營徐州的事。我們拿這兩篇詩對照來讀，《禹貢》中徐州的記載自易瞭解。

四、從導九山、導九水分析

從文王起，周就經營豐、鎬。此後，武王克殷有天下，周公又以全力經營雒邑，因雒邑形勝勢便，可以用來統治新定的疆土（東方）。這樣，用兩個政治重心來統治東西，也就是新舊兩個區域，是值得注意的。因此，我們應當看看『導九山』、『導九水』和這兩個政治中心地方有何關係。

王夫之氏解『導山』最有識見。他說：『……夫「導」者，有事之詞。水流而禹行之，云導可也。山峙而不行，奚云「導」哉？然則「導」者，爲之道也。……刊木治道，以通行旅，刊、旅之云，正「導」之謂矣。』《禹貢》九山的第一條，由岍和岐，到荆山過河，第五條，由朱圉、鳥鼠到太華，一繞豐、鎬的西北（夫之叫作『渭北之道』），一繞它們的西南（夫之叫作『關西渭南之道』）。第三條，底柱析城到王屋（夫之將太行加入這一條）。第六條，熊耳、外方、桐柏到陪尾，一繞雒邑的北面，向東北展開（夫之叫作

『河北之道』），一繞雒邑的南面通向東南（夫之叫作『雒南楚塞之道』）。我以爲道（治）這四條山脈和兩京的四週交通是有密切關係的。

其餘，第二條，壺口、雷首到太岳（夫之叫作『河東之道』）。第四條，太行、恆山到碣石入海（夫之叫作『幽燕之道』）。第七條，嶓冢到荆山（夫之叫作『漢南蜀北之道』）。第九條，岷山到衡山，過九江到敷淺原（夫之叫作『川、湖之道』）。若將西周所開的這九條國道的作用，用當時歷史事實一一證明，當然有文獻不足之感；不過我們若瞭解古人行路多喜在山嶺這一事實，就可知道王夫之這一發現的偉大了。我暫且舉兩件事，以證明當時『道山』的重要意義。

《穆天子傳》，東西學者多喜研究，日本學者小川琢治稱：『此書與《山海經》均未被秦以後儒家所潤色，尙能保存其眞面目於今日，比《尙書》、《春秋》，根本史料之價値尤高。因此書是紀錄周室開國百年後之王者，與圍繞此王者之生活狀態，頗能忠實。至欲知周室古代文化達於如何程度，除此數千言之一書，尙未有可信憑之文獻……其爲研究三代文化之重要書，固不待言。』這一估計是相當正確的。我們就《穆天子傳》中西征日程來和《禹貢》第四條太行、恆山到碣石入海（王夫之將太行屬上讀，叫這條作『幽、燕之道』，實際，太行應屬這一條。）這一國道的關係來談談。

『飲天子蠲（郭璞《注》：音涓）山之上。（日本學者小川琢治《注》：由宗周洛陽、渡黃河，越太行，蠲山卽太行之隱。）』『戊寅，天子北征，乃絕漳水。』

『庚辰，至於鈃山之下。（郭璞注：卽鈃山，今在常山石邑縣。鈃，音邢。）』

『癸未，雨雪，天子獵於鈃山之西阿（郭璞《注》：阿，山陂也。），於是得絕鈃山之隊。（郭璞《注》：隊，謂谷中險阻道也，音遂。）』

『甲午，天子西征，乃絕隃之關隥。（郭璞《注》：隥，阪也……隃，雁門山也，音俞。）』

王夫之叫作『幽燕之道』的一部分，完全與《穆天子傳》西征路線符合：穆王是走太行、恆山（常山）再折向西，過雁門去的，因爲這是當時的國道。

*　*　*

《大雅・崧高篇》是尹吉甫的傑作。鄭玄說：『吉甫爲此頌也，言其詩之意甚美大，風切申伯……』這詩中兩句是：

『申伯信邁，王餞於郿。』

郿在鎬京的西邊，爲什麼宣王到西邊的郿，爲申伯東去餞行？鄭玄解釋是『時王蓋省岐周，故於郿云。』朱子也說：『郿在今鳳翔府，郿縣在鎬京之西，岐周之東，而申在鎬京之東南。時王在岐周，故餞於郿也。』還是承襲鄭玄的說法。

依鄭、朱的解釋，我們要問：『時王在岐周的事，見何記載？』陳奐知道這說不通，他疏了這二句：『《江漢篇》云：「於周受命」，《箋》：「岐周，周之所起，爲其先祖之靈，故就之。」是宣王命召公必於岐周，則其命申伯亦猶然也。』

但是，這篇詩中又沒有王命申伯的事，況且郿在渭南，岐周在渭北，何必要到郿去餞？陳奐又說：『郿地在岐周之南，相去不過五六十里，古者餞必在近郊。』這一解釋，認爲路近的緣故。實際近郊的地方不止一郿，何不可以『在渭之涘』更是近郊呢？這些都令人懷疑。

我以爲要得到確切的解釋，還要從『道山』說起。前面我們敍述過王夫之氏叫作『關西渭南之道』的是從西傾、朱圉、鳥鼠一直到太華。申伯回謝，謝固在成周東南，但是去謝的路線，還是要走『關西渭南之道』爲便。西周時的終南山，是指郿縣的太乙山等。班固作《漢書·地理志》，對於《禹貢》『終南、惇物』說：『右扶風武功：太壹山，古文以爲終南；垂山，古文以爲敦物。』我認爲申伯回謝，是越過今太白頂（古太乙山），經過現在的跑馬梁向東南走的。據走山路的人共有的經驗，越過一主峰後，就覺得各峰皆平平了。郿爲越過太壹山（古名終南山）所必經的據點，所以周王到這裏來餞行。申伯越山後，就循漢水傍山到他的謝邑，可說是坦途了。（太白從前爲岳山，現在山南山北的人來這裏敬神的還是很多。）東方學者以爲這座山『巍然高聳』，又有『武功太白，去天三百』的謠，以爲不可越過的，哪知道這裏是向東西南北的捷徑。唐朝李太白還說：『西當太白有鳥道，可（一作何）以橫絕峨嵋巔；地崩山摧壯士死，然後天梯石棧方鉤連。』秦嶺是『山海』，其中向東南西北的山道有多處，李白的說法，也可以證明郿的太乙可能是古代山道的重要起點。至藍田到武關的大道，或許是戰國時戰爭頻繁時才開闢的，所以申伯不向東而走這一道。

現在我們正作秦嶺山區規劃的調查，我希望有人專作秦嶺山道的歷史研究，其收穫不僅止糾正漢、宋經師對《崧高》詩『餞於郿』一事的錯誤看法了。

我們看《禹貢》時代（西周）的九條大道，西北路線網：從導岍起到陪尾止，遠的路線起點在西傾。西南路線網：從嶓冢到敷淺原止，遠的路線起點在岷山。這也可以證明《禹貢》是西周的官書。西周盛時，雍、梁二州民族是有頻繁的來往的；『西傾因桓是來』，就是梁、雍二州民族的交通線。在水道上，梁州民族『入於渭』後，還要『亂於河』，以通東北方。岷山到敷淺原，就是梁州民族從南方通到荆、揚的大路了。我希望有人在這些交通線網上好好地作研究。

* * *

《禹貢》『刊木』和『導九山』，千古無確論，明末王夫之氏才作出正當解釋。清代的考據學盛時，高郵王氏父子未覩船山遺著，但在他們的傑作《經義述聞》，『蔡、蒙旅平』、『荊、岐既旅』、『九山栞旅』一節中，也得出『旅非祭名……旅者道也……蔡、蒙旅平者，言二山道已平治也。荊、岐既旅者，亦言二山已成道也。九山栞旅者，栞，除也，言九州名山皆已栞除成道也。』這與王夫之氏的說法是不謀而合的。又說：『曰「蒙、羽其藝」，曰「蔡、蒙旅平」，曰「荊、岐既旅」，或紀其種藝之始，或紀其道路之通，皆以表治功之成，與祀事無涉。』這些都是千古不磨之論，對研究《禹貢》學有大幫助的。我國《禹貢》派學者也曾注意到古代山道，如研究春秋時代吳、楚戰爭走大別山脈行軍，卽其一例。我希望他們對《禹貢》山道作更深刻的研究。

再從『道九川』各州內河流規劃和西周的兩京關係來看。雍州一條小小的豐水，兩次提出來（一次在導水中，一次在雍州規劃內）。假定不是豐、鎬兩都城在它的兩旁，我看也不會這樣。始春秋，終戰國，周室東遷，豐水也就不爲人所注意了。澗、瀍兩水也不算大，《禹貢》作者又是把它兩次提出來（一次在『導水』，一次在豫州規劃內）。這是因周初經營雒邑時，卜『在澗水東，瀍水西』，兩水就有注意的價值了。

五、從五服分析

再從規劃中的『五服』分析：《禹貢》五服和《國語・周語》祭公謀父所談的完全相同，僅把『綏』字換成『賓』字，這一服以文敎、武衞爲重點，所謂『綏之斯來』，用『賓』字和『綏』字來換，意義是沒有區別的。祭公謀父說他所說的是『先王之制』，當然是周的『先王』。在《洛誥》、《康誥》等篇中，『侯甸』與

『甸侯』二字顚倒，後出的僞書《周官》，就從這裏造出了所謂『九服』，使人迷惑。要硏究《禹貢》五服，不應從《周官》等後出的書來對照，因爲那是解釋不通的。

六、從四至分析

用『四至』來硏究《禹貢》製作年代，這方法是好的，顧頡剛先生就曾用《堯典》中所述的『四至』來推測《堯典》，斷定其成書時代甚晚。這個方法，對《尙書》的硏究，開闢了新的境界。日本學者內藤虎次郎也用『四至』來推測《禹貢》製作時代，但無何結果，這是他取材未加審擇的緣故。他用《呂覽・求人篇》所述禹的『四至』，不知道《求人篇》是受了『稷下派』所作《山海經》的影響（《山海經》爲稷下派學者的產品，可參考《燕京學報》何觀洲的論文），把禹神化了的。其他如引《管子・小匡篇》、《爾雅》等，皆是後起的東邊各州人的著作。這些東部學者，足不履雍、梁二州極西的境域，談東南事固然比較確切，談到大西北事就全憑想像了。

根據這些晚起材料來推測，自然也和《禹貢》學派有相似的結論，把《禹貢》製作時代放到戰國或更後了。我認爲要硏究《禹貢》四至，還是要用西周時的材料。西周材料中最可靠的，如《穆天子傳》裏穆天子所行路程，正是《禹貢》中雍州、冀州的邊界線，是西北方的標誌。《周書・立政篇》中的夷、微、盧君治理的區域，和《召南》中的『江有沱』（這就是鄭玄所謂『岷山導江，東別爲沱』的沱），若把岷、沱和夷、微、盧等地方劃成一線，又是《禹貢》梁州的西南邊界線了。我們求得了西北和西南邊界線，再與《禹貢》上所稱的『東漸於海』（是周室的齊、魯封地），西被於流沙（是周的同宗赤烏氏所在地）對照，則東西南北的『四至』就相符合了。

我們既認爲《禹貢》區域是西周穆王以前的區域，再從春秋時代的材料看，西周疆域四至是否合於《禹貢》？《左傳》中談周初四至的，莫詳於昭公時周大夫詹桓伯的話。（他這次說話的原因，是爲當時周朝東遷已久，雍、梁二州，周室早不能管制，大部份已棄與所謂戎狄蠻夷之邦了。）據《左傳》記載，有一次周王朝的甘人，據說是甘大夫襄和晉國閻縣大夫叫閻嘉的，爭閻地的田。晉國的梁丙、張趯二人領導陰戎(是有名的在周朝附近的『陸渾之戎』）去取周王朝的潁邑，這是暗地幫助閻嘉。周桓王覺得他們把周朝這一點點土地，還要來爭奪，是不對的，便派詹桓伯去責備晉國。桓伯撫今思昔，就這樣說：『我自夏以后稷，魏、駘、芮、岐、畢，吾西土也；及武王克商，蒲姑、商奄，吾東土也；巴、濮、楚、鄧，吾南土也；肅愼、燕、亳，吾北土也；吾何邇封之有！』（杜《注》：邇，近也。杜《注》：我周封疆，外薄四海，何近之有！）。

這一段話，辭令很巧妙。西邊疆界，自己失去了，對不起文、武、成、康，卻把老祖宗后稷的故事拿出來。梁州失去了大半（據《華陽國志》，蜀這時已稱王）。所以僅敍巴、濮、楚、鄧。東土、北土，還存武王克商的舊封；所以可以堂堂地說出來，這種辭令：一方面，掩飾了弱點(指雍、梁二州失地)；一方面，又要說出周朝歷來的疆宇廣大，應有較多的土地，不然，『吾何邇封之有』，就會來反唇相稽。桓伯又接着說：……『先王居檮杌於四裔，以御螭魅，故允姓之姦居於瓜州。（杜《注》：允姓，陰戎之祖，與三苗俱放三危者。瓜州，今敦煌。)伯父惠公歸自秦，而誘以來。(杜《注》：僖十五年，晉惠公自秦歸。二十二年，秦、晉遷陸渾之戎於伊川。）使偪我諸姬，入我郊甸，……戎有中國，誰之咎也？后稷封殖天下，今戎制之，不亦難乎！（杜《注》：后稷修封疆，殖五谷，今戎得之，唯以畜牧。）』這是周室衰微後，搪塞諸侯來爭奪土地『外強中乾』的話。眞如《大雅・召旻篇》『昔先王受命，有如召公，日辟國百里；今也日蹙國百里』之歎了。

但就這一篇美妙的辭令來研究，西周的『四至』，從東周王朝人所述的，南北兩至（朔南暨）大致還是與《禹貢》所記載的疆域一樣。至於北土三個地方，亳自是商的舊地；燕是召公的封域；肅慮這一個民族，近人考證，當時在勃海邊，應屬冀州範圍內的，我懷疑肅愼就是《禹貢》中冀州貢皮服的島夷（島字當作『鳥』）。據《魯語》：『武王克商，……肅愼氏，貢楛矢、石砮。』這個民族長於弓矢，自然善於射獵鳥獸，皮服自然是他們的特產了。《禹貢》導山的第四條山，王夫之叫作『幽、燕之道』，是由太行、恆山，一直到碣石入於海的。這正是在冀州極北的地方，也正是詹桓伯所說的周武王克殷後極北的疆界了。《禹貢》又說：『島夷皮服，夾右碣石入於河。』就是島夷的貢道。

七、從任土作貢分析

至於『任土作貢』方面，這當然是《禹貢》一篇的重點，俟將來把所有材料搜集後，再作比較分析。現僅就貢物種類方面，提出初步看法。《禹貢》各州所出的貢物，我認爲還是『貨貝、寶龜』時代所需的。我們讀《小雅》『錫我百朋』，『我龜既厭』，『不我告猷』，《大雅》『爰契我龜』，《尚書》『寧王遺我大寶龜』，就可略見周初的社會情形。《禹貢》荆州，『九江納錫大龜』，揚州『厥篚織貝』，龜、貝都是當時王朝的急需品。這些情形，與春秋、戰國時代經濟情形不合。鄭玄《注》周官第一句『唯王建國』說：『建，立也。周公居攝，而作六典之職，謂之周禮，營邑於土中，七年致政成王，以此禮授之。』他是認《周禮》爲周初官書的，但是解釋《周禮》九貢，所列貢物，幾乎完全是從《禹貢》上抄錄下來。

《周禮》：以九貢致邦國之用：一曰祀貢，二曰嬪貢，三曰器貢，四曰幣貢，五曰材貢，六曰貨貢，七曰服貢，八曰斿貢，九曰物貢。

鄭玄謂：嬪貢：絲、枲。
器貢：銀、鐵、石磬、丹漆也。
幣貢：玉、馬、皮、帛也。
材貢：櫄榦、栝、柏、篠、簜也。
貨貢：金、玉、龜、貝也。
服貢：絺、紵也。
斿貢：燕斿、珠璣、琅玕也。（斿，讀如囿游之斿。）
物貢：雜物、魚、鹽、橘、柚。

只要將這些貢物和《禹貢》九州中貢物種類一比較，我們說他幾乎完全是從《禹貢》上抄錄下來的，並不犯大錯誤。其中只有幣貢，《禹貢》上是沒有的。只要讀過《孟子》，便不會忘掉太王的故事。孟子說：『昔者太王居邠，狄人侵之，事之以皮、幣，不得免焉；事之以犬、馬，不得免焉；事之以珠、玉，不得免焉。』這可以證明玉、馬、皮、帛，是雍州的產物。周都豐、鎬，不會向他州徵求本地已有的貨物。至於雍州所貢『球、琳、琅玕』，這些玉類是從當時弱水、黑水區域得來（今之河西祁連，卽古代的崑崙，多出玉類），周人以玉爲寶，他們認爲玉象徵人類崇高的品德，所以要徵求。

至於『祀貢』，鄭玄未加解釋，據鄭衆說：是『犧牲、包茅之屬』，包茅就是《禹貢》荆州的貢物了。鄭衆和鄭玄把《禹貢》上貢物種類，移到西周時代。他們的觀點，犯了錯亂時代的錯誤；我們認爲《禹貢》是周初的官書，出發點雖不同而結論是一致的。

《國語》: 『武王克商，通道於九夷、八蠻，各以其方賄來貢。』我們就不難了解《禹貢》這一篇官書，在當時是有實用價值的。它將貢物種類（指貢、包、篚等）記載得詳細，貢道又規定的明白，無論來貢和受貢的哪方面都會覺得方便。

八、從貢道分析

再從九州的貢道看，是這樣的:

『冀州入於河;
兗州達於河;
青州達於河;
徐州達於河;
揚州達於淮、泗;
荆州至於南河;
豫州達於河;
梁州亂於河;
雍州會於渭汭;』

我們從這裏，也可看出九州貢道和西周的關係，西周的政權重心，一在渭水之旁（西都豐、鎬距渭至近）；一在大河（黃河）之旁（雒邑近孟津，孟津在大河旁邊，武王伐紂就是從這裏用舟渡過河）。所有貢物多運入大河，然後再送到雒邑或豐、鎬。惟揚州遠，故僅達於淮、泗，這是魯國政權所達到的地方。雍州是豐、鎬的所在地；貢物會於渭汭，直入京都。周初有這樣複雜的水道網，我們試看周初的『舟楫之利』的情況如何?

《大雅・棫樸篇》: 『淠彼涇舟，烝徒楫之。』

毛《傳》: 『淠，舟行貌。楫，櫂也。』

鄭玄說: 『烝，衆也。淠淠然涇水中之舟順流而行者，乃衆徒船人以楫櫂之也。』

我們知道周朝的興起，是在涇、渭二水流域。涇流是急的，能在這裏行舟，這種創造性的行舟方法是難得的。

又《大雅・大明篇》，述親迎於渭事，有：

『造舟爲梁，不顯其光。』

毛《傳》：『天子造舟，諸侯維舟，大夫方舟，士特舟。』

陳奐《疏》：『梁，水橋也。……天子造舟爲梁者，謂以比次其舟如水橋制也。……文王當殷時，造舟迎大姒，以顯禮之光輝，後世遂爲周天子乘舟之法度。至春秋，秦用造舟，乃周禮之未失也。』

渭水行舟，也是難的，能在這裏用舟架橋而渡，可見當時航行和製造舟楫的技術已達高點，所以伐殷時能在大河舟渡，而且還有『白魚入於王舟』的故事。

九、從治水分析

漢人把《禹貢》作爲治水的書用，可是《禹貢》中並不曾談到實際的治水。所謂『導九川』，不過從源到流，觀察一番；又篇中到處用一『旣』字，表明治水是過去的事了。徐州的『淮、沂其乂』；豫州的『導荷澤，被孟豬』，似有治水的痕跡，但也難確定是實施工程。就這點看，也可知道《禹貢》不是春秋、戰國產品；尤其戰國時代，我國大水利工程已興起，『鑿』『排』『決』『瀹』等方法已大行於世，假定是戰國人執筆，決不至全篇都是些『播』『道』『入』『流』『過』『滙』『溢』等，只是水流的自然趨勢，所謂『行其所無事』。王夫之氏『決九川』一文，似乎也看到了這一點。他說：『《禹貢》所紀，定田賦，六府孔修，庶土交正，不復以民免昏墊爲言。……』就是說，《禹貢》一篇中，重點不是在治水而是『徧履九州，晝其疆埸』。這是因爲周初尙無河患（王橫稱周定王時，河始遷徒），且當時工具尙不好，不能如戰國時已有鐵器（孟子已說用鐵耕田），旣無『鑿』『決』『排』『瀹』等事實，依『存在決定意識』的眞理，就不能『形之於文』了。

附宋人毛晃著禹貢指南和日本學者內藤虎次郎的論點

毛晃說：『右凡九州之水，曰「浮」、曰「達」、曰「入」、曰「沿」、曰「逾」、曰「至」、曰「亂」、曰「滙」、曰「迤」、曰「流」、曰「別」、曰「道」、曰「被」、曰「會」、曰「過」、曰「同」者：以舟而渡，則曰浮；自此通彼，則曰達；水自上之下，自小之大則曰「入」；順流而下則曰沿。逾，言所越也；至，言所到也；亂，言橫流而濟也。水勢不可盡洩，則滙以澤之，東滙澤爲彭蠡是也；水勢不可徑行，則「迤」而流之，東迤北會於滙是也；水勢有所赴而不能容，則縱其溢而舒之，溢爲滎是也；水由地中順理而行謂之流，東流爲漢爲濟是也；同出而枝分謂之別，東別爲沱是也；橫流之初，失其故道，今皆復焉，而稱曰「道」，九河旣道是也；流溢旁覆，覃及下流，而稱曰「被」，導荷澤，被孟豬是也；水出異源，自彼合此爲「會」，東會於泗、沂，會於灃、於涇之類是已；小水合大水，大水衡流而行爲過，東過洛汭，東過漆沮之類是已；枝分派別復合其所歸爲同，灉沮會同，同爲逆河之類是已。九州之澤曰豬曰澤者，昔焉泛濫，於是乎停瀦而不溢，故彭蠡、滎波皆曰旣豬。昔焉漂流，於是乎鍾聚而不散，故雷夏曰旣澤。九州之土，昔焉淪沒不可種殖，水患旣平，其地復治，則曰淮、沂其乂，雲土夢作乂……』

以上毛晃的這些解釋，雖不見其精確，但是頗合乎孟子所說的『禹之治水，行其所無事也』的精神。

日本學者內藤虎次郎說：『就山脈而觀察之，《禹貢》之外，莫如《山海經》之詳細。然二書詳略相去懸殊，難於比較。至關於水脈，自古頗多研究，殊關於三江，《禹貢》合於後世之地理。然北魏之酈道元，彼所注水經，號稱精覈，而對於東南諸水距離太遠者，記載便有不能確實。假使《禹貢》是作於一千數百年前，其所記之水脈，與千數百年後之地理卻能一一符合，豈非怪事乎？《孟子・滕文公篇》所說之水脈與《墨子・兼愛篇》所記之水脈，便不能一一與《禹貢》水脈相符。《墨子》及《孟子》之編者，就其書中引用，彼得見《尚書》明矣；然墨、孟兩書，未見有援引《禹貢》之痕跡，實有疑問。且關於禹之治水，《墨子》及《孟子》之編者與《禹貢》各有其傳聞之說，彼此不同。由此觀之：《墨子》及《孟子》之編者，未得見《禹貢》之書明矣。而《禹貢》之記載，尤與《漢書・地理志》相近。由此觀察，則《禹貢》實戰國末年利用極發達之地理學知識而行編纂，亦未可知。』

日本學者內藤虎次郎著《禹貢製作時代考》一文，將《禹貢》作各方面的分析，提出了很多的問題，雖然他的論點完全與我不同，但是鄰邦學者這一篇雄文是值得我們注意的。我曾草《九州的起源》，是我對他的九州說和四至說的不同看法。又曾草《貢品的分析》，是我對他的貢、包、篚、匭等研究不同的看法。這兩篇小文，均在本文附錄中，希望《禹貢》學者們多提意見。

我現將內藤虎次郎關於禹貢山脈、水脈與《山海經》、《漢書・地理志》、《水經注》的關係問題，和他懷疑墨、孟二書編者未見《禹貢》的問題，提出我的看法。但是欲求深入，便非作專題考證不可，只能待之異日。現僅將我的意見簡述於次：

(1)我既認定《禹貢》是西周的官書，對《山海經》在《禹貢》之前我當然不同意。《山海經》中的神話傳說固然有極早的材料；但《山海經》畢竟是戰國私人著作時代的產物。

⑵我認爲《漢書·地理志》和《水經注》的著者，是推尊《禹貢》而取材《禹貢》，決不是《禹貢》抄襲兩書，這是我國一般學者所公認的。

⑶至內藤虎次郎談：『關於禹之治水，《墨子》及《孟子》之編者與《禹貢》各有其傳聞之說，彼此不同。』因是他認定《墨子》及《孟子》之編者未得見《禹貢》之書。這是不正確和不全面的看法。司馬遷作《河渠書》說：『禹廝二渠。』這一件事，《禹貢》上是沒有的，我們難道說司馬遷沒有看到《禹貢》？賈讓治河三策，千古推尊，他說：『昔大禹治水，山陵當路者毀之，故鑿龍門，辟伊闕、析底柱、破碣石……』這幾件事，《禹貢》上也是沒有的，我們難道說賈讓不曾見到《禹貢》？即以注解《禹貢》著名的宋代學者蘇軾，他的《鼂錯論》還說：『昔禹之治水，鑿龍門，決大河，而放之海。』《禹貢》上也沒有這樣的記載。

再談《孟子》一書，《滕文公》上下篇說禹治水有疏、瀹、決、排、掘等方法，這些方法固然是《禹貢》上沒有的，但是在《離婁篇》他卻說『禹之治水也，行其所無事也』，並且又反對『鑿』。這一『鑿』字，乃是歷史上所傳禹治水成功的一個方法。這裏他反對『鑿』和贊美『行其所無事』，是深深符合《禹貢》上談治水精神的。我們能說《孟子》的編者不曾看見過《禹貢》？我們能說《離婁篇》的說法無《禹貢》的痕跡？

要說明這些事實，便一定要將歷史上傳說的禹和《禹貢》上的禹分開來看。歷史傳說中禹的治水是隨時代發展的。《論語》中孔子僅說禹『盡力乎溝洫』。《皐陶謨》（顧頡剛先生考證《堯典》、《皐陶謨》爲晚出的書）就有『決九川』的話（這一『決』字，也可以證明《皐陶謨》成書後於《禹貢》），到戰國時代《墨子·兼愛篇》的編者說的禹的治水『鑿爲龍門』。《孟子》的編者更擴大爲疏、掘等。這些決、鑿、疏、掘當然是隨我國農田水利工程的發展而有的意識形態（我已在前面說過）。至於《禹貢》一篇官書，它是周初國家的區域規劃，材料確實，文字謹嚴，統一性極強。新材料的加入是不容易的。由上面的事實，我們就不難理解《孟子》上的矛盾原因：他一方面贊頌禹治水的功績，是從歷史傳說中推論的，所以有疏、掘等方法。他一方面述禹治水的精神，是從《禹貢》中體會得來的，所以有『行其所無事』的名言。

(4)《墨》、《孟》上所談的水脈與《禹貢》不合，是因爲這二位學者生長在戰國時代，戰國時雍、梁二州的情況已不爲東方學者所深知。所以墨子談水脈，西面僅達所謂『西爲西河……』。孟子則僅談江、淮、河、漢的下流部份。這也可以證明《禹貢》爲早出的書。假定它是由後人執筆，它必同於《墨》、《孟》編者的說法。

墨、孟兩人的說話又各有所不同，這是當然的，彼等在東部各有所見，又互不師承，就有所謂『所見異辭』了。

十、從九州得名分析

顧頡剛先生主持禹貢學會時，曾遍遊雍、梁二州，也曾到過卓尼，這是東南部學者從未履及的地方。他在四川重慶大梁子區居住時，忽悟得梁州得名的原因，在他的《浪口村隨筆》裏說：

> 『予比年北游秦、隴，南歷蜀、滇，徘徊於梁境者久矣，深以爲此州名義一經揭破，實極簡單。蓋梁有兀然高出之義：水際以隄與橋爲最高，故稱隄與橋曰梁；屋宇以脊爲最高，故名稱承脊之木曰梁；山以顛爲最高，故山顛亦曰梁，梁聲轉而爲嶺，今言嶺古言梁也。九州之中，以梁州爲最多山，有山卽有顛，山多則羣峯亂目，言梁州者猶之言「山州」耳。』

由頡剛先生的這些啓發，使我對梁州得有進一步的體會。

談九州的如《釋地》、《職方》，都無梁州，就是《呂覽》的著者，身曾居蜀（《呂覽》的著作人員中，當也有東部學者，代這位商人寫作）。可是《有始覽》中，談九州時也無梁州，反把幽州列入。這是因爲戰國時燕已強大，燕的區域不能無代表性的幽州。由《呂覽》無梁州的一回事，便知梁州得名是很早的。

我認爲梁州得名，是周人將他們的發祥地的梁山引申過去的。因爲梁山『其形似梁』，他們到西南後，見『其形似梁』的山很多，便命名梁州。人類喜用自己鄉土的名稱加在新開的土地上，古今中外是一致的：如有汴京附近的珠璣村，就有嶺外始興的珠璣村；有英倫三島的約克，就有美洲的新約克；有雍州的梁山，東部就有冀州的梁山（《禹貢》『治梁及岐』）；又有周宣王時更東近燕的韓侯國中的『奕奕梁山』。據《詩譜》，周、召二公之德教自岐而行於南國，在南國這許多條形勢象梁的山峰也都與他們發祥地梁山相似，他們爲紀念故土『梁山』，把擴張的土地冠以梁州的名號，是很可能的。

研究《禹貢》和《大雅》的，將冀州、雍州兩梁山，和韓侯國中的『奕奕梁山』的所在地爭論了許多時候。假若知道人類喜歡用本鄉本土的名稱加在新闢疆宇上這一普遍心理時，爭論自易解決。不過岐周的梁山究竟在何處？仍是從前學者不了解的問題。我現在用《周頌・天作篇》七句頌來證明這事。

『天作高山，太王荒之。』

毛《傳》：『荒，大也。』這是根據《國語》的解釋。朱熹說：『荒，治也。』似較『大』明瞭。鄭玄說：『高山，謂岐山也。』（朱子也是這樣說）《書》曰：『道岍及岐，至於荊山。』天生此高山，使興雲雨，以利萬物，大王自豳遷焉，則能尊大，廣其德澤，居之一年成邑；二年成都；三年五倍其初。』『彼作矣，文王康之。

彼岨矣（三家詩作『者』）岐；有夷之行。子孫保之。』
朱子說：『康，安也。岨，險僻之意也。夷，平也。行，路也。』又說：『此祭太王之詩，言天作岐山而太王始治之；太王旣作，而文王又安之。於是彼險僻之岐山，人歸者衆，而有平易之道路，子孫當世世保守而不失也。』

無論毛、鄭和朱熹，都有些錯誤的見解，以高山爲岐山就是一例。若說『荒』爲『治』，相當於《禹貢》的『蔡、蒙旅平』、『治梁及岐』的意義，那麼，岐山已荒了，何以又提出『彼岨矣岐，有夷之行』的話來，豈不是重複？我國古典文精練簡潔，決無是例。

我認爲『高山』是指梁山。梁山是一條屋脊形的山脈，從西到東，橫亙近千里，是涇、渭分水嶺，不能實指何地爲梁山。（不但這條山如此，顧頡剛先生在《浪口村隨筆》中所說的武陵梁山也是如此，它是沅、澧的分水嶺。由澧赴武陵的人有一種說法：『常德（原武陵）不必問，要把梁山來走盡。』）太王去邠時，正路過這山的一部份。至於岐山，因爲在梁山山脈中是突出的，又其下面有邑，是可指實的。這條梁山脈，我們現在稱它爲『北山』，是一個黃土高原，上面可以開墾種植。據現代農學家的經驗，只要保墒搞好，小麥是可以豐產的。這條山脈，無論從渭水流域上望，或從涇河流域上望，都覺得是一條高山，但沒有象這山脈中突出的一部份叫『岐山』的那樣險阻，需要人民開闢平道來，才可走人。

『太王荒之』，是指開墾這高山，因爲它太長，不能實指，所以用『高山』一名詞代之。但這山脈上有突出而險阻之處，叫岐山的是可實指，故曰：『彼岨矣岐，有夷之行。』我現在要談到本題了，我認爲《禹貢》是周書，就因梁州是周朝所取的名。這也是證據之一。

附九州得名節要（他日有暇另作考證）

㈠雍州：雍水得名。

《周頌》：『振鷺于飛，于彼西雝。』

毛《傳》：『雝，澤也。』

鄭玄說：『白鳥集於西雝之澤。』

朱右曾說：『雝，水也。水出鳳翔府西北三十里雍山……今謂之湋水。川雍爲澤，蓋雍水停豬之處，在岐周西南也。』

《大雅》：『於樂辟廱。』

毛《傳》：『水旋丘壁曰辟廱，以節觀者。』

這一條水，我們現又稱他作後河（是從黃土高原流出來的，形極奇特，有一次竺可楨先生見了，也很驚異），彎彎曲曲極美觀地流行着，可壅成『澤』，也可旋成『辟廱』。周人把他們發祥地這一條美麗的雍水用來稱雍州，是與用兗水來稱兗州有同樣的意義。

㈡冀州：或由冀國得名。

《左傳》：晉荀息曰：『……冀爲不道，入自顛軨。……』

杜《注》：『冀，國名。』

㈢兗州：因兗水得名。

㈣徐州：或因徐國得名。

㈤荊州：或因荊山得名。荊州荊山的名，當由雍州荊山移去，楚之郢都，汪中考出是從雍州『畢程』的『程』移去的。

㈥揚州：揚，粵、越同。穆王南伐越，至於九江（見古本《竹書紀年》），周夷王時，楚子伐揚越(見《史記》)，皆西周時事。

㈦梁州：解見前。

㈧青州：在東方，或日照木上色青。杜甫詩：『岱宗夫如何？齊、魯青未了。』石聲漢教授以爲青色不易使人瞭解，或因青州『海濱廣斥』，海水所反映的天的顏色，當代人呼爲『青』色的緣故。若認定這一州名『青』是『東方之色』，則應是五行學說興起後才有的；那麼，其他各州何以又全無『五行』的痕跡？

(九)豫州：因謝地得名，這是丁山先生發現的，見他著的《九州通考》（《齊魯學報》第一期）。《大》、《小雅》：宣王爲申伯營謝。

從九州的得名來看，幾無一後起的，我們說《禹貢》爲西周的作品，在這一方面也是不矛盾的。尤其《呂覽》無梁州，更可證明《禹貢》非戰國時候的作品。

十一、從九等定田定賦分析

日本學者認爲《禹貢》一篇規模宏大，稱它爲『雄篇大作』，同時也和我國《禹貢》學派一樣，主張它是春秋或戰國時代作品，且說：『田字之意義，在《詩》的時代，尚存狩獵之意義。』因此我們應該談談西周時代對土田經營的方法和規模，以改正日本學者對我國古代文化遺產估計的過遲。

《小雅・黍苗篇》：

『芃芃黍苗，陰雨膏之！』

鄭玄說：『喻天下之民如黍苗然，宣王能以恩澤育養之，亦如天之有陰雨之潤。』

『悠悠南行，召伯勞之。』

鄭玄說：『宣王之時，使召伯營謝邑，以定申伯之國，將徒役南行，衆多悠悠然。召伯則能勞來勸說以先之。』

『我任我輦，我車我牛。』

鄭玄說：『營謝轉餫之役，有負任者，有輓車者，有將車者，有牽傍牛者。』

『我徒我御，我師我旅。』

鄭玄說：『召伯營謝邑，以兵衆行，其士卒有步行者，有御兵車者。五百人爲旅，五旅爲師。』

『肅肅謝功，召伯營之！烈烈征師，召伯成之！』

鄭玄說：『美召伯治謝邑，則使之嚴正；將師旅行，則使之有威。』

『原隰旣平，泉流旣淸，召伯有成，王心則寧！』

毛《傳》：『土治曰平，水治曰淸。』

鄭玄說：『召伯營謝邑，相其原隰之宜，通其山泉之利，此功旣成，宣王之心則安也。』

西周時代的整理土田，已達到『原隰平，泉流淸』。就是今日盛倡的水土保持工作，也無非要做到『 原平水淸 』的境界。象這樣優良的經營方法，還不能將九州高高下下的土田分爲九級而耕種嗎？

再看《大雅・篤公劉篇》：

『篤公劉，于胥斯原！』

毛《傳》：『胥，相。』

鄭玄說：『厚乎公劉之相此原也。』

『陟則在巘，復降在原。』

毛《傳》：『巘，小山別於大山也。』

鄭玄說；『陟，升；降，下也。公劉之相此原地也；由原而升巘，復下在原，言反復之重居民也。』

『逝彼百泉，瞻彼溥原。』

鄭玄說：『往之彼百泉之間，視其廣原可居之處。』

『旣景乃岡，相其陰陽，觀其流泉。』

鄭玄說：『旣以日景定其經界於山之脊，觀相其陰陽、寒煖所宜，流泉浸隰所及，皆爲利民富國。』

『度其隰原，徹田爲糧。』

鄭玄說：『度其隰與原田之多少，徹之，使出稅，以爲國用。』

『涉渭爲亂，取厲取鍛。』

鄭玄說：『乃使人渡渭水，爲舟絕流，而南取鍛厲斧斤之石，可以利器用，伐取材木。』

『止基迺理，爰衆爰有，夾其皇澗，遡其過澗。』

鄭玄說：『止基，作宮室之功止；而後疆理其田野，校其夫家人數……皆布居澗水之旁……修田事也。』

就這一章詩，也可看出周初對農業的注重，知道那時已經爲統一時代『疆理九州』的工作奠下基礎了。

不過《禹貢》時代（就是西周時代）把全國『高高下下』的土地，『九等定田，九等定賦』，（可能就因此產生所謂『井田』）是不實際的，人口繁殖時可能就行不通。所以春秋時代整理土地的方法就更精密適用了。《左傳》襄公時，楚蔿掩治賦的事，是近人常喜引用的，我也把這故事摘錄於後：

『甲午，蔿掩書土田。』（杜《注》〔後不再舉出〕：『書土地之所宜。』）

『度山林。』（『度量山林之材，以供國用。』）

『鳩藪澤。』（『鳩，聚也。聚成藪澤，使民不得焚燎壞之，欲以備田獵之處。』）

『辨京、陵。』（辨，別也。絕高曰京。大阜曰陵。別之以爲冢墓之地。）

『表淳鹵。』（『淳鹵，埆薄之地。表，異輕其賦稅。』）

『數疆潦。』（『疆界有流潦者，計數減其租入。』）

『町原、防。』（『廣平曰原；防，隄也。隄防閒地，不得方正，如井田，別爲小頃町。』）

『牧隰皐。』（『牧隰皐，水厓下濕，爲芻牧之地。』）

『井衍沃。』（『衍沃，平美之地，則如《周禮》制以爲井田。』）

『量入修賦。』

以上是『因地制宜』的好辦法，是在《禹貢》時代的分田制賦的基礎上有所提高。到了戰國，開阡陌，盡地力，大興水利（白圭自信他的治水過於禹）。這一切的一切，都非《禹貢》製作時代的人所能夢想的。

十二、從土壤分類上分析

再從《禹貢》的土壤分類看，《禹貢》中土壤的分類是我國系統地談土壤分類最早的。

我認爲《 禹貢 》篇的土壤記載， 從時代看是最早的。我們試把它和《 管子・地員篇 》比較，就知道《 地員篇 》複雜得多了。（《地員篇》是戰國時的產物，爲一般人所公認。）這是時代前進的結果。

《禹貢》談土壤，如荊州、揚州中，都用『塗泥』二字，這是何等原始的看法。九州中談土壤，雍州用『黃壤』兩個字，這是很適當的，現在還有時用它。由這些也不難理解，因周室興起在雍州黃土高原，由觀察習慣，所用詞語自然恰當。從這一點上，也可證明《禹貢》是西周時代的產物。

十三、從文字結構上分析

《禹貢》文字，字面、結構多與《大》、《小雅》相同；舉例於後:

《禹貢》：灃水攸同。九州攸同。 《大雅》：四方攸同。
《禹貢》：陽鳥攸居。 《小雅》：君子攸芋。
《禹貢》：入於渭，亂于河。 《小雅》：涉渭爲亂。

《禹貢》：漆沮既從。　　《小雅》：漆沮之從。
《禹貢》：江、漢朝宗于海。　　《小雅》：沔彼流水，朝宗于海。
《禹貢》：既修太原，至于岳陽。覃懷底績，至于衡漳。　　《小雅》：薄伐玁狁，至于太原。
　　《大雅》：于疆于理，至于南海。
《禹貢》：九江孔殷。　　《小雅》：四牡孔阜。
《禹貢》．鳥鼠同穴。　　《小雅》：鳥鼠攸去。
《禹貢》：雍沮會同。　　《小雅》：會同有繹。
《禹貢》：既載壺口，治梁及岐。既修太原，至于岳陽。　　《小雅》：既見君子，錫我百朋。

《禹貢》文字很樸實，就上面這些例，可以看出是和西周《大》、《小雅》時代文字相近。在西周這時候正是中國『四言詩』興起的時代，所以《禹貢》一篇多四字句。我們根據這一點，也可以解決歷史上《禹貢》句讀上的一些爭執：如作《禹貢》的人心中本無冀州是帝都的觀念，所以提出冀州後就寫：『既載壺口，治梁及岐。』若上句是『冀州既載』而把『壺口』孤立，就無法解通了。又如荊州『惟箘、簵、楛，三邦底貢』，『厥名』應屬下讀（可參考俞樾說），也可用四字句讀例解決。我希望有人從《禹貢》文字結構方面，作深入的探討。

十四、從大一統思想的發生時代分析

將全國劃爲九州，自然只在統一過程中才能這樣做。秦併六國後，始分天下爲三十六郡，就是一個例證。但是沒有統一的思想，也不會有統一的事實，《禹貢》派學者曾用統一思想發生在什麼時代來考證《禹貢》製作年代，方法是對的。但他們當時正和『信而好古』的人士作鬪爭，又是疑古風氣極盛時期，自然說春秋、戰國時才有統一思想。實際上自武王克殷後，大封子弟勳戚，已具大一統的規模。王國維的《殷周制度論》對這些已作了較詳細的推論。我現僅引《周書》二則來證明周代統一的事實。

《多方》：『周公曰：王若曰：猷，告爾四國多方。……有夏誕厥逸，不肯慼言于民。……天惟時求民主，乃大降顯休命于成湯。……乃惟成湯，克以爾多方，簡代夏作民主。』『乃惟爾商后王逸厥逸……天惟降時喪，……惟我周王靈承于旅……天惟式教我用休，簡畀殷命，尹爾多方。』

《立政》：『嗚呼！予旦已受人之徽言，咸告孺子王矣。……其克詰爾戎兵，以陟禹之迹，方行天下，至於海表，罔有不服，以覲文王之耿光，以揚武王之大烈。』

第一則是說，繼承夏、殷，統一全國。第二則是說威服羣侯，保有四海。我們那能說周初沒有統一思想和統一事實？

總之：我國文化，開發最早，近來地下發掘的成績可證。西周的統一劃分九州，和秦之統一分天下爲三十六郡，同爲行政的便利。這兩次的統一，對中國文化是有大影響的。

十五、解釋禹貢冠以禹的名稱的原故

《禹貢》一篇，從各方面來看，時代都與西周相合，爲什麼這一篇《周書》要以『禹』的大名冠在上面呢？

我認爲要從周人與夏代的歷史關係上來看。周家的祖宗曾和夏代有密切的關係，作過夏代的稷官，這是一般的說法。《國語・周語》；祭公謀父對穆王說：『昔我先王世后稷，以服事虞、夏；及夏之衰也，棄稷弗務（韋《註》：棄，廢也。謂啓子太康廢稷之官，不復務農也），我先王不窋用失其官……不敢怠業。』可見周的祖宗原是夏代的忠實幹部，據季札觀周樂的故事：『爲之歌秦』，曰：『此之謂夏聲……其周之舊乎？』似乎周、秦的音樂也是夏朝的。我們再從可信的文獻《詩》三百篇和《尚書》二十九篇上看，周人似以繼承夏代文化爲光榮的。《大雅》載周室營邑於豐時，基地旁邊一條小小的豐水，很自然地向東流去，周家詩人頌之曰：『豐水東注，維禹之績。』鄭玄對這兩句詩是這樣解釋的：『昔堯時洪水，而豐水亦氾濫爲害，禹治之，使入渭，東注於河，禹之功也。文王、武王，今得作邑於其旁地，爲天下所同心，而歸太王爲之君乃由禹之功，故引美之。豐邑在豐水之西。鎬京在豐水之東。』又如《魯頌・閟宮篇》『赫赫姜嫄……是生后稷……奄有下國，俾民稼穡……奄有下土，纘禹之緒』，鄭玄解釋是『堯時洪水爲災，民不粒食，天神多與后稷以五穀，禹平水土，乃教民播種之，於是天下大有，故云纘禹之事也；美之，故申說以明之』。

由以上這些，便知道周人以農業起家，農業與水的關係是密切的，《呂刑》說：『禹平水土，主名山川；稷降播種，農殖嘉穀。』由於這種關係，《論語》上就說『禹、稷躬稼而有天下』了。這都表明稷與禹是『一而二』。《商頌》也有『洪水芒芒，禹敷下土方。』但他們的祖宗似乎並不是以繼承禹的功業爲事的，而是這樣說：『古帝命武湯，正域彼四方，方命厥后，奄有九有。』毛《傳》：『正，長；域，有也。九有，九州也。』鄭玄說：『古帝，天也。天帝命有威武之德者成湯，使之長有邦域，爲政於天下。方命其君，謂徧告諸侯也。湯有是德，故復有九州之王也。』這是一個很好的對照。

又如《小雅・信南山》：『信彼南山，維禹甸之。畇畇原隰，曾孫田之。』毛《傳》：『甸、治也。畇畇、墾辟貌。曾孫、成王也。』鄭玄說：『信乎彼南山之野，禹治而丘甸之，今原隰墾辟，則又成王之所佃，言成王方遠修禹之功。』『我疆我理』，毛《傳》：『疆，劃經界也。理，分地理也。』『南東其畝』，毛《傳》：『或南或東。』

我們看了這一小段詩，就可明瞭《禹貢》九州用許多『既』字的意思，也可以說明這許多『既』字多放在第一段的意思；就是凡有『既』字的多是頌禹昔日平治水土的功德的（如『九河既道』『三江既入』等）。有如『信彼南山，維禹甸之』，是指歷史上的事。下面接着談耕治、土壤、田賦、草木、貢道等，乃是周朝當時君王實際規劃當代的事。

上面我們從《詩經》上取證，似乎還嫌不足，我們再從《尚書》本身上研究。

《尚書》中有三篇的體例，是不同於其他各篇的：就是所謂：『《禹貢》可以觀事，《洪範》可以觀度，《呂刑》可以觀誡。』《洪範》一篇，相傳是箕子的作品，當然是商代文化的結晶，但箕子對武王偏不說是商家的文化遺產，而說這是天錫禹的九疇。我揣度，這或是箕子知道周人尊禹，所以這樣說的。《洪範》的九疇與《禹貢》的九州，一談政治思想制度，一談區域規劃；一爲禹從天接收的（九疇），一爲禹自己數分的（九州）；歸功於禹，實際是一樣的。由這些事實，我也贊成《史記》敍述《禹貢》末段的『帝乃錫禹玄圭』的『帝』，是今文學家所稱『天帝』的說法。

《逸周書》可信的程度何如，今尚不易斷定。《商誓解》也說：『昔在后稷，惟上帝之言，克播百穀，登禹之績。』這也可作爲旁證。

《呂刑》一篇，本是周人的創作，是談刑法原理的。《左傳》說：『夏有亂政而作禹刑；……周有亂政而作九刑。』都是用刑法治亂的。但是《呂刑篇·序》上，卻這樣說：『呂命穆王訓夏贖刑。』據清人考證，『命』是『告』的意思。段玉裁說：這八字應爲一句。這是呂侯告穆王訓夏的贖刑。夏的贖刑或就是《左傳》上所說的禹刑了。夏是否有這『九刑』不得而知；但這篇《呂刑》明明是周人的思想，偏說是訓夏的贖刑。篇中對苗刑嚴加批評，並稱伯夷、禹、稷爲三后。這也可以看出《禹貢》一篇冠以『禹』的意義了。

《禹貢》冠以大禹名稱的原因，已說明於上。周初是否有劃分九州和平治水土的事？從《詩譜》和《列女傳》的話，可以得到一些線索。

《詩譜》一書，研究西周和東周列國四詩(風、大、小雅、頌)的本事，就是研究《詩》中的歷史事實的。把《詩》的發生的地方也寫出來，體例是很好的。

《齊譜》有這樣的幾句話:

>『周公致太平，敷定九畿（當然就是九州），復夏禹之舊制。』

這就是暗示着周初劃分九個區域，用禹名冠於篇首的所謂《禹貢》了。

《汝墳》爲周公所主的地方的詩，劉向《列女傳》解釋說:『周南大夫平治水土，過時不來，其妻恐其懈於王事，蓋與其鄰人陳素所與大夫言；國家多難，唯勉強之，無有譴怒，遺父母憂。生於亂世，迫於暴虐，然而仕者，爲父母在也。乃作詩云。』這就是周初平治水土的記載。同時從這一首詩中還可看出兩件事：一方面當周公時，東方有事，危及王室，需要戡亂；一方面又不忘建設，平治水土，無怪在兗州有『厥賦貞，作十有三載乃同』的事。這是言這州定賦更較他各州困難。

(《禹貢製作時代的推測》，在辛著《禹貢新解》內，香港中華書局出版)

〔存目〕

王成組撰《從地理學的角度來研究禹貢》，他說《禹貢》是春秋時代的作品，是周遊列國的孔子作的；見辛樹幟《禹貢新解》第八頁《註》引。

高重源撰有《中國古史上禹治洪水的辯證》，刊布於國立武漢大學《文哲季刊》第一卷第四期；高文主張《禹貢》作成於秦統一前後。

[甘 誓]

李泰棻云：

一、六卿之制，當始於周成王時，夏初不得有六卿。若說六卿是指六軍之將而言；則六軍之將之說，當本於《周禮·小司徒》六鄉之大夫。是亦周制，夏時不得有此嚴密之組織。

二、五行之說，發生於周之《洪範》，特假禹名，夏時絕無此說。三正是建子、建丑、建寅，並分屬周商夏；《甘誓》言商周二建，其絕非夏代作品可知。若以天地人為三正，乃是馬融說《泰誓》之言。《泰誓》乃《周書》。五行三正，旣皆始於《周書》，故知《甘誓》非夏代作品。

三、行軍載社主以從，徵之周代載記及武王伐紂諸事，皆行於周；是所根據，仍為《周禮》。又，至相土作乘馬，而車用始廣。本篇言御非其馬之正，亦一作偽之破綻。

其結論云：『今之《甘誓》，決非原文，葢雜採《墨子》所引而偽造者。卽《墨子·明鬼篇》所引《禹誓》本文，按其內容，亦係周代追述，決非夏代作品。』

（《今文尚書正偽》內）

童書業云:

《甘誓》當是春秋末或戰國初之作，《墨子·明鬼下》已引《甘誓》，(稱爲《禹誓》，但《墨子》中另有《禹誓》，此『禹』字或是『甘』字之誤)，可證其成立在墨子書以前；篇中思想尙是威力的而非德化的，神治的而非人治的；其文體簡短古拙，亦不類戰國中葉以後之作。又《甘誓》中的王的說話，很少以上伐下的意味，更不類大一統思想發展後的作品。案有扈與有苗當是一傳說的分化；湯伐桀而有天下，《書經》中代表這役的有《湯誓》；武王伐紂而有天下，《書經》中代表這役的有《牧誓》；禹代有苗有扈而有天下，代表此役的則有《禹誓》(《墨子》引另一篇《禹誓》)《甘誓》。《禹誓》亡而《甘誓》存，卽拚除一說，確立一說之徵；《甘誓》所表示夏代開國之事旣與後來傳說大異，則其時代自不能過晚。至顧頡剛所擧《甘誓》晚出的證據。㈠秦漢間《甘誓》所代表的傳說尙未一定；這是因爲《甘誓》中的王沒有表明是誰，而夏代歷史本來是很渺茫的，以致傳說分岐。㈡『威侮五行，怠棄三正』的『三正』，與漢人的三統說相近；案張治中先生解《甘誓》的『三正』爲天地人三政，天政是歷象，地政是分畫地域制度，人政是指農事，這都是傳說上夏代的要政，並非指『建子，建丑，建寅』的『三正。』(我近來又有一說:《甘誓》的『三正』，或者是指在位的耆老而言，《詩經》『擇三有事』，事卽政——正——也。)《甘誓》的五行說爲鄒衍所採，建爲五德終始說；三正說爲漢人所採，建爲三統說：這是《甘誓》的不幸呵!

(《五行說起源的討論》，在《古史辨》第五册內，)

屈萬里云:

在論《甘誓》著成時代方面來說，主要的關鍵，則是六卿、五行、和三正等問題；下面將分別提出來討論。

在沒討論六卿等問題之前，先要決定的，是今本《甘誓》和《墨子》所引的《禹誓》是一還是二的問題。

我國在先秦的時代，書籍都是用竹或帛寫成的。由於帛的價值昂貴，所以一般人寫書，多用竹簡。據我們現在所能知道的材料而言，一片寫書的竹簡，最多不過寫到四十個字，最少的只寫八個字，一般的總是在二十個字內外。像二十八篇本的《尚書》，如果用竹簡寫起來，便須一千片左右。因爲竹簡旣笨重，傳寫又困難，所以許多重要文獻及詩歌，往往依靠口頭流傳。又因爲流傳的人，不能每一個都背誦得一字無訛；所以，同一篇文章，而有許多不同的傳本，乃是很自然的事。明乎此，可知《墨子》所引的《禹誓》，和今傳本《甘誓》，在字句間雖然有些不同，而實是一個祖本；決不是後人據《墨子》所見《禹誓》而有意的加以修改，更不是後人據《墨子》的材料，而僞造了《甘誓》，因爲在先秦時代，雖然有根據傳說以追述古事的事實，但還沒有僞造古書的風氣。至於說把舊有的文獻而有意的改上幾句話，那也必定是爲適應什麼才會有那種舉動；而在《甘誓》裏，實在找不出這類的痕迹。所以，《墨子》所引的《禹誓》，實際上就是今傳的《甘誓》，只是字句間有些不同。又因爲在《甘誓》這篇書裏，本來沒說明伐有扈的是那個君主；而解說的人，或以爲是禹，或以爲是啓，或以爲是相，以致各有不同的說法。《墨子》所謂《禹誓》，意思是說夏禹的誓辭，並不能據此便說《墨子》所見的這篇書，它的標題不叫做《甘誓》而叫做《禹誓》。

這一點交代淸楚之後，下面再談六卿、五行、和三正等問題。

一

《甘誓》開頭說：『大戰於甘，乃召六卿。王曰：「嗟！六事之人，予誓告汝。」』鄭康成解釋六卿說（《詩・大雅・棫樸・疏》引）：

六卿者，六軍之將。《周禮》六軍，將皆命卿；則三代同矣。

按：《周禮》乃戰國時人雜採周王朝和各國的官制，又加上自己的理想，而成的一部各級官府組織法草案。我們卽使承認六軍之將皆命卿之說，合乎周王朝的事實（事實並不然）；又怎能知道『則三代同矣』呢！在《詁經精舍》四集、四集續、和七集裏，共收了黃家辰、汪行恭、尤瑩、蔣敬時等四篇論六卿的文章，題目都叫作《夏殷六卿考》。那時的人運用材料，不問它是原始的抑是傳述的，而一視同仁；自然他們的議論，不能使我們滿意。但在尤瑩和汪行恭的兩篇文章裏，已經把鄭康成的說法批駁得很透澈了。

友人史景成教授，最近完成了《六卿溯源》一文。他根據甲骨文的材料，證明殷代已有卿士之官。他認爲《尚書・微子》和《詩・頌・長發》，著成的時代雖晚；但因有甲骨文的證據，可知《微子》和《長發》中所說的卿士，是合乎殷代之史實的。他又根據《尚書》、《詩經》、金文、《國語》、《左傳》等材料，證明自西周厲王末期，卿士始爲執政之首長；至幽王時，漸成爲周室政治上之習慣。而終西周之世，卻沒有六卿這種制度。東遷之後，周平王雖曾同時有過兩個卿士，但那是變局，不是定例；所以不久便又恢復了一卿之制。

據史先生的考證，六卿的制度，實始於春秋時代的諸侯之國。宋六卿，始於魯文公七年。它的六卿是：右師、左師、司馬、司徒、司城、司寇（後來把左師的地位降到第四，而把司馬的地位升到第二；）它的六卿之制，終春秋之世而未改。晉六卿，史先生認爲『晉六原之名始見於《左傳》，雖在春秋中葉；實則晉文公初年作三軍時，已開其端』。晉六卿是上中下三軍的將和佐，每軍有一將一佐，三軍共三將三佐：是爲六卿。後來雖曾增加到八卿、十卿、乃至於十二卿；但到了晉悼公時，仍恢復了三軍六卿之制，一直到了春秋末年，沒再改變。鄭六卿之名，始見於襄公九年《左傳》。它的六卿，現在只知道當國、爲政、司馬、司空、司徒五個官職；另一個是不是司寇，就難確定了。

春秋時代，有六卿的，只有上述的宋、晉、鄭三國。所以史先生說：

> 六卿之名，不見於西周。東遷後，亦僅見於春秋時之宋、晉、鄭。而此三國六卿之制，又各不同，無一合於《周禮》之六官制度。

史先生又因爲以六卿掌軍政的，只有晉國；因而懷疑《甘誓》這篇書，可能出於晉人。

按：史先生懷疑《甘誓》出於晉人，目前雖尚不能斷定其說之是否；但他所論證的六卿源流，則是確鑿可信的。因此，可知《甘誓》著成的時代，最早也當在魯文公中葉以後。

《甘誓》數說有扈氏的罪過，說：

> 有扈氏威侮五行，怠棄三正。

近人討論陰陽五行的，有梁任公的《陰陽五行說之來歷》（《東方雜志》二十卷十期），欒調甫先生的《梁任公五行說之商榷》（東方雜志》二十一卷十五期），呂思勉的《辨梁任公陰陽五行說之來歷》（《東方雜志》二十卷二十期），齊思和的《五行說之起源》（《師大月刊》二十二期），陳夢家的《五行之起源》（《燕京學報》二十四期），徐復觀的《陰陽五行觀念之演變及若干有關文獻的成立時代與解釋問題》（《民主評論》十二卷十九期至二十一期，後印有單行本），以及李漢三先生的《陰陽五行說探源》（《幼獅學誌》一卷一期），《陰陽五行說之合流及其在先秦時之傳播情形》。李漢三先生的論文最後出，用力最深，議論也比較正確。他以爲陰陽和五行本是兩事。五行之目，始見於《洪範》；以五行配方時，始見於《堯典》。而《洪範》之著成，約當戰國初葉；《堯典》之著成，約當戰國中葉。《墨子・經》下有五行無常勝之說；《左傳》以五行配星宿，因及分野，皆約當戰國中葉。到了鄒衍，才使陰陽和五行合流，而創了終始五德之說。

『威侮五行』的『威』字，自當依照《經義述聞》的說法作『蔑』，文義才能順適。不過，若解作輕蔑侮慢了金、木、水、火、土這五行，就不成話；因爲對於這五種東西，實在用不上蔑侮二字。有人說這五行是指五行之官而言。按：昭公二十九年《左傳》蔡墨說：『故有五行之官，是謂五官。』這『威侮五行』，如果眞是說蔑侮五行之官，也應該用『威侮五官』的字樣，斷不能就把五行二字代表五行之官。所以這說法也是講不通的。何況所謂五行之官，歷史上是否眞有此一制度，也大成問題。

依照鄒衍的終始五德之說，則歷代帝王都是應着五行之運而興的。照此意義來說，威侮五行，就等於說看不起應運的帝王。這問題才是嚴重的，才是値得『天用剿絕其命』的。因此，我覺得『威侮五行』一語，應該如此解釋，在文字上才容易說得通，在罪過上才値得剿絕其命；而且才能和下文的『怠棄三正』相配合。

此說如果不錯，那麽，《甘誓》這篇書的著成時代，最早也當在戰國的晚年了。

現在再說三正。馬融解釋三正，說（見《釋文》）：

建子、建丑、建寅，三正也。

依照傳說的所謂三正，是夏正建寅，殷正建丑，周正建子。但，夏王不應該預先知道殷周的事情；所以馬融的說法，非得修正不可。於是鄭鄭康成（說見《史記・夏本紀・集解》引）和《僞孔》，就把三正說成了『天地人之正道』。這眞是求其說而不得，只好強爲之辭。蔡沈大概覺得鄭康成和僞孔的話，實在說不過去，於是說三正在『唐虞以前，當已有之』。而趙甌北也煞費苦心，企圖證明『

三正迭建，固不始於三代』(見《陔餘叢考》《三正》條。)其實，那都是瞎子斷匾。因爲以干支紀月，始見於《逸周書》的《周月篇》，而此篇書之著成，約當在戰國時代。在此時以前，連以干支紀月的事情都沒有，三正更不必說了。

三正的字樣，又見於《泰誓》（《史紀・周本紀》引。）在周人來用這個詞彙，粗看起來，似乎沒有什麽問題。但如上所說，在戰國以前，還沒有以干支紀月的習慣；卽此可知這《泰誓》決不是西周初年的作品。就《孟子》和《左傳》所引的《泰誓》看來，它的文辭和《甘誓》《湯誓》《牧誓》等同樣的淺近，應當同是戰國時的產物。它有三正這個詞彙，是不足奇異的。

或說：《泰誓》是說『毀壞其三正』。正字，有的本子作『政』。三政的前面，又有一個『其』字，這顯然不是指建子、建丑、建寅三正說的。它可能是指三種政事而言。

按：三政如果是指三種政事而言，則上文裏必曾說到過是那三種政事。可惜《泰誓》只賸了斷簡殘編，我們已無法證明這一點了。

然而《甘誓》的三正，則必然是指建子、建丑、建寅的三正而言。因爲終始五德之術，是說帝王之興，必應五行之運；而帝王旣興之後，最要緊的事情，便是改正朔。由此說來，《甘誓》所謂怠棄三正，等於說不奉王朝的正朔。這樣，才能和威侮五行相配，也才值得剿絕其命。

據日本新城新藏研究我國古代曆法的結果，他斷定夏正建寅、殷正建丑、周正建子之說，決非史實。他斷定夏、殷到春秋以前，所用的是接近所謂夏正的曆法；春秋前期，所用的是接近所謂殷正的曆法；春秋後期，到戰國中葉，所用的是接近所謂周正的曆法。到了戰國後期，又改用所謂夏曆；這時，才有三正這個名目（見所著《東洋天文學史研究》。）由於他研究曆法的結果，他認爲不但

《甘誓》是後出之書；就是梓愼所說的『火出，於夏爲三月，於商爲四月，於周爲五月』等語（見昭公十七年《左傳》）也是戰國年間編《左傳》的人以己意附加的話語。

他這個論斷，也正和終始五德說出現的時代相合。

二

由於六卿一辭，可知《甘誓》的著成時代，不會早到魯文公中葉以前。由於『威侮五行』和『怠棄三正』兩語，可知《甘誓》著成的時代，已遲到戰國晚葉。就《呂氏春秋・先己篇》所述夏后相與有扈戰於甘澤的故事看來，知道《呂覽》成書時，《甘誓》已經出世。由此可以證知，《甘誓》之著成，當在戰國晚葉，秦併吞天下之前。

不過，這裏所謂著成，是指筆之於書而言。而夏王和有扈作戰於甘的故事，可能早有傳說流行。《莊子・人間世篇》的著成，如果在《甘誓》以前；那麽，『禹攻有扈，國爲虛厲』的話，可能是根據口頭傳說而言。至於《墨子・明鬼下》的著成，則當在《甘誓》成書之後。《墨子》若干篇中，已用了漢代的地名和漢代的官制。則《明鬼下》的著成，能够遲到戰國晚葉以後，是不足奇異的。

（《尚書甘誓篇著成的時代》，原刊於《大陸雜誌特刊》第二期，又見於屈著《書傭論學集》，臺北開明書店出版）

[盤　庚]

屈萬里云：

《盤庚篇》雖佶屈聱牙，然決非盤庚時之作品。以爲作於小辛時者，實亦未的。蓋盤庚之名，乃其後人所命，而非在世時之稱。

本篇既數言盤庚，知其非當時之作也。盤庚、武丁、文武丁……等近於謚號之名，始於殷代晚葉。然則本篇蓋殷末人（甚至宋人）述古之作也。又中篇言：『殷降大虐。』爾時尚未遷殷，已用殷之名號；是必後人以其習慣之稱謂，而誤加之於古昔者；此亦本篇不作於當時之證也。

（《尚書釋義・盤庚》前言）

李 民云：

一、從名詞和用字上證明盤庚不是商代制作的

(1)文章句首言：『盤庚遷於殷，民不適有居。』這句話開門見山，明確地反映出《盤庚》的問世，決不在盤庚時期。

根據慣例，在先秦時期，大凡和盤托出某人之名者，必非某人所作。按卜辭所見之『盤庚』，當是廟號而非生稱。卜辭中雖有『盤庚』(如《殷契粹編》275)，那只能是盤庚以後的殷王對盤庚的稱呼。由此而知，本篇既稱『盤庚』，足證其制作時代在盤庚以後。

主張盤庚自作是篇的鄭玄，因看到篇首直呼其名而解釋說：『上篇是盤庚爲臣時事，中下篇盤庚爲君時事。』他以爲這樣就可以爲篇首直呼盤庚之名而自圓其說。其實，不僅上篇篇首直言其名，卽是中篇句首、下篇句首也都是直言盤庚而不諱。因此，割裂成爲臣時事和爲君時事的說法，是毫無根據的。

同樣認爲是盤庚自作的唐人孔穎達不滿意鄭玄的拙劣辯詞，他說：『鄭玄以爲上篇是爲臣時事，何得專輙謬妄也。』他擯棄了鄭玄的論據，卻從另一角度去解釋：『《周書》之《謚法》成王時代作，故桓六年《左傳》云：周人以諱事神，殷時質，未諱君名，故以王名名篇也。』這一解釋雖然比鄭玄的說法巧妙些，但卻走進了

另一條死胡同。在殷代的卜辭中，我們只見到『王賓』、『王固曰』、『王大令……』，決見不到『某王賓』、『某王固曰』或『某王大令』。由是，孔穎達的解釋也不能成立，惟有把它看爲後人所作，才能渙然冰釋。

⑵商人不自稱『殷』，稱『殷』者當非商代作品。

在《盤庚》三篇中，『殷』字凡二見。一是上篇句首的『遷於殷』，這裏的『殷』蓋指地名。另一處是在中篇內提到『殷』：

『盤庚乃登進厥民曰……嗚呼！古我前後罔不惟民之承保，後胥戚鮮，以不浮於天時，殷降大虐，先王不懷厥攸作，視民利用遷。』

這是盤庚在未遷都時，用先王遷都的事例以開導民衆的講話，這裏的『殷』不是指地名，而是指王朝名。

無論作爲地名，抑或作爲王朝名，在卜辭中都找不出『殷』字。於地名，卜辭有作『衣』者，有作『商』者。於王朝名，卜辭則作『商』，皆不作『殷』。郭沫若曾說：『根據卜辭的記載看來，殷人自己自始至終都稱爲「商」而不自稱「殷」的。』他認爲只有周人才『稱「商」、「衣」爲「殷」』。據此，《盤庚》之稱『商』爲『殷』，可證其必非商代作品。

⑶凡篇中有『民』字者亦非商代作品。

《盤庚》中先後十九處出現『民』字，足以看出『民』這種身份的人在當時何等之重要。可是在商代的卜辭中竟找不到一個『民』字。有人說，這是由於卜辭沒有機會用到『民』字。其實，《盤庚》凡十九處言民，可見『民』在商代社會裏佔據着很大比重，要說卜辭沒有機會提到它，那是說不過去的。卜辭既無『民』字，我們就需要找一下與『民』有直接關係的字，也就是要從文字的變化上找出解決這一疑難的脈絡。

卜辭中有一『人』字，值得注意：

『丙申卜貞**串**𡪞，左右中人三百。六月』（≪前≫3.31.2）

『雀人芻于教』（≪甲≫206）

『叀戈人射』（≪鄴≫3.46.4）

『王令戈人飲』（≪乙≫2482）

『戊辰卜㕯貞，登人乎往伐』（≪戩≫ 11.12）

『于滴喪人』（≪前≫ 6.2.5）

卜辭中的『人』字，可隨手拈來，玆僅舉幾例以概其餘。他們的身份是：旣從事生產勞動，如上述一、二例；又常常被征入伍，參加戰爭，如上述五、六例。可知，他們不可能屬於社會的上層階級。再從『王令戈人飲』來看，他們也不屬於奴隸階級，而是自由民（其主要成份是平民）。這稱身份和≪尙書・盤庚≫中『民』的身份是相同的。

旣然≪盤庚≫中的『民』與卜辭中的『人』身份相當，何以用字有別呢？我疑此乃殷、周語言之不同所致。

『人』、『民』二字不但在≪切韻≫、≪廣韻≫體系中同歸眞韻，卽使在上古韻類中亦同屬眞韻。兩者的音讀異常接近。在≪尙書・无逸≫記述周公追述殷先哲王與『民』的關係時，凡提到殷王保民，則說成是『小人』，凡提到周哲王保民時，則說成是『小民』，明確地顯示着殷、周語言之別。很可能是殷人稱自由民爲『人』，周人則稱自由民爲『民』。

在周滅殷以後，隨着統一領土之擴大和社會經濟的發展，語言也需要豐富和擴大範圍。周征服了殷，但不能征服其語言，殷人所言之『人』和周人所言之『民』也就在這個歷史條件下並存下來，有時還可以互用。例如≪尙書・多方≫中周公說：『王若曰：猷告爾四國多方，惟爾殷侯尹民。』≪酒誥≫則作『尹人』。≪左傳≫僖公五年載：『宮之奇引≪周書≫曰：「民不易物，惟德緊物。」』僞≪古文尙書・旅獒≫則爲『人不易物』。又≪盤庚≫：『無或敢伏小人之攸箴。』此『小人』，鄭《注》謂：『小民是也』。鄭玄是用周秦以後的語言注了商代的用字。這裏必須說明，周代以後，不是說凡『民』皆可與『人』通用，兩者並存，也就必有一定的區別。這種區別常常表現在對文時，『人』作爲貴族之通稱，『民』則指民衆而言，這也就是『渾言』與『析言』之別。金鶚《求古錄·禮說》謂：『人民對言，無位曰「民」，有位曰「人」，《詩》：「宜民宜人」是也。』金氏之言信而有徵。

綜合以上三點，可知《盤庚》的製作時代，既不在盤庚時，也不在盤庚以後的任何殷王時期。那麼，《盤庚》究竟是什麼時期製作的呢？

二、從思想體系上證明盤庚應作於周初

《盤庚》常常涉及到『天命』觀念。例如：

『先王有服，恪謹天命。』

『今不承于古，罔知天之斷命。』

『天其永我命于玆新邑。』

『古我前後，罔不惟民之承保，後胥慼鮮，以不浮于天時。』

『予迓續乃命于天。予豈汝威？』

這種『恪謹天命』、『天之斷命』的思想觀念，究竟是與什麼時代的意識形態合拍呢？

我們在卜辭中確實看出，在殷代的思想觀念裏已經出現了一個統治着天上、人間和萬事萬物的至上神。殷人稱它爲『帝』或『上帝』，有時亦稱『帝宗』。在殷人看來，至上神是在天上存在的，是支配自然變化和人類命運的最高主宰。這實際上是『天命』觀念的濫觴。

不過，在殷代雖有了『天命』觀念，但沒有使用過『天』的概

念。卜辭中，於『帝』只稱帝或上帝，決不稱作『天』。稱『天』者，那是降至周代及其以後的事。（參見《尚書》的《康誥》《酒誥》《梓材》等篇以及《大盂鼎》銘文）所以郭沫若說：『凡是殷代舊有的典籍如果有對至上神稱天的地方，都是不能信任的東西。』

據此，我們可以看到，《盤庚》屢屢提到『天』和『天命』，這與卜辭迥然有別，而與周初文獻相同，恰正表明它的製作時代是在入周以後。

或有人說，這只是名詞的差異，也許爲後人所竄入，不足爲據。實則不單是一兩個名詞的出入，而涉及到一個重要思想體系的差異。我們以下列事實爲例：

《盤庚》說：『先王有服，恪謹天命。』這是記述盤庚誇耀自已的先王如何去敬謹天命。接下去又說：『玆猶不常寧，不常厥邑，于今五邦。』上下兩句的意思是說，我的先王雖然那樣地敬謹天命，但仍不能長期安居，至今已遷徙五次了。這裏旣顯示着對天的尊重，又包含着一種天命不可絕對信任的觀念在內。

篇中還有這樣一段話：『我王來，旣爰宅于玆，重我民，无盡劉，不能胥匡以生。卜稽曰、其如台？』這是盤庚喚了許多近臣，教他們把誓言來曉喻一班臣民的話。楊筠如《尚書核詁》訓解說：『按「稽」字當作「亂」。《洪範》「稽疑」，《說文》作「亂疑」。龜甲文屢有「王囚曰」之文。「囚」卽「亂」字也。「曰」，俞樾謂句中助詞，當以「卜稽曰其如台」六字爲句。……《傳》曰：「卜以決疑，不疑何卜？」盤庚之遷蓋不用卜，故有「非敢違卜」之言。當時臣民，必有以此爲口實者，故盤庚言，苟不能以法度相正而生，雖卜亦無如何耳。』也就是說，旣然不能胥匡以生，指靠卜稽那是毫無辦法的。如把這句話和它的下文『先王有服，恪謹天命，玆猶不常寧，不常厥邑』聯繫來看，確實表明本篇已有了

『天命』不可絕對相信、卜稽不可絕對指靠的思想傾向。

熟悉商代歷史的人都知道，對『天命』、『卜稽』發生懷疑的傾向，絕不是在商代。殷人那種每事必卜，匍伏拜倒在上帝之前的精神，是決不會有懷疑『天命』的觀念產生的。

產生對『天命』的懷疑，則始於周初。《尚書・大誥》的『天棐（非）忱辭』、『惟命不于常』，《君奭》的『天不可信』，以及《詩經・大雅・文王》中的『天不靡常』等等，都呈現出對『天』的茫然和漠視的神態。

出現這種思想傾向，是有其客觀根據的。

原來有一個強大而煊赫四方、處處依賴『天命』、『上帝』的殷王朝，卻驟然間被『小邦周』所推翻，不只使殷人驚恐，卽使周人自己也會產生疑問：那個被殷王口口聲聲所稱道的『我生不有命在天乎』的『天』到哪裏去了？那個卜辭中每事必求的『上帝』又到哪裏去了？疑問之餘，便產生了『惟命不于常』、『天不可信』的觀念。這是一個合乎規律的連鎖反應。

周初統治者在殷王朝覆滅的敎訓中，既然已經感到『天命』之不可絕對信任，他們就煞費苦心地去探求什麼是保住其基業的支柱。《尚書・召誥》記載周初統治者的一段話，値得注意：

『我不可不監于有夏，亦不可不監于有殷。我不敢知曰：有夏服天命，惟有歷年。我不敢知曰：不其延，惟不敬厥德，乃早墜厥命。我不敢知曰：有殷受天命，惟有歷年。我不敢知曰：不其延，惟不敬其德，乃早墜厥命。』

在他們看來，夏、商兩代之所以丟掉統治，失去了『天祐』，主要是由於不敬德所致。爲避免重蹈覆轍，周人竭力提倡『敬德』，並且把『保民』的主張一起提了出來。例如：

『惟乃丕顯考文王，克明德愼罰，不敢侮鰥寡，庸庸祗祗，威威顯民。』（《康誥》）

『若保赤子，惟民其康義。』（《康誥》）

『王不敢後，用顧畏于民碞。』（《召誥》）

很清楚，周人的『敬德』的主要內容就是『保民』，就是『惟民其康義』。如果民不能保，那就算失德，就會鬧得民怨沸騰，其結局會鬧得丟掉王朝的統治權。

這種既『敬天』又懷疑『天』，既『敬德』又『保民』的思想體系，確實比殷人那種單純的『鬼治主義』邁進了一大步。在殷人那裏『敬德』、『保民』的思想是找不出來的。

《盤庚》的思想體系與周初的文獻，如《大誥》《康誥》等相一致，反映出大量的『敬德』、『保民』思想:

⑴『古我前後，罔不惟民之承保，後胥慼鮮，以不浮於天時。』

⑵『汝克黜乃心，施實德於民……丕乃敢大言汝有積德。』

⑶『汝无老侮成人，无弱孤有幼……用罪伐厥死，用德彰厥善。』

⑷『肆上帝將復我高祖之德，亂越我家，朕及篤敬，共承民命，用永地于新邑。』

第一條是盤庚向民衆的表白:他的先王們由於顧全民命，所以才能順着天時生活。第二、三條是盤庚責備那些極為貪婪的貴族由於失去了『德』而引起民衆的反對，也招致了王朝統治的危機，因而告誡他們『施實德于民』、『无老侮成人』、『无弱孤有幼』。第四條是盤庚對臣下的講話:現在上帝要恢復我們高祖的『功德』、治理我們的家業（即王業），大家應當謹愼地顧全民命，只有如此，才能承受天命地生活下去。

請看，這種思想體系明明是周人的思想體系，那裏會是殷人的呢？

也許有人還要說，這一思想體系既然不是殷人的，那麼《盤庚》會不會是春秋時期的作品呢？是不是反映了春秋以後的思想傾向呢？我們的回答也是否定的。《盤庚》中保存了不少求天保祐、崇拜上帝的思想，尤其是中篇所載盤庚用民衆已故的『乃祖乃父』來恐嚇民衆的『鬼治主義』來看，足以表明它不是春秋時期的作品。這是因爲，『天命』觀念逮及西周末、春秋時代，已走向全盤動搖的時期，上帝也吃不開了。《左傳》桓公六年載：『夫民，神之主也，是以聖王先成民而後致力於神。』莊公三十二年載：『國將興，聽於民。將亡，聽於神，聰明正直而壹者也，依人而行。』僖公十六年又載：『吉凶由人。』這完全是『天命』鬼神不可信的思想的反映，是周初那種懷疑『天命』思想進一步發展的結果。而這種思想也是在《盤庚》中所找不出來的。

要之，《盤庚》所反映的思想體系只能是屬於周初的意識範疇。這種既有『天命』卻又懷疑『天命』，並有『敬德』保民的思想體系，正是我們把《盤庚》的製作時代確定爲周初的主要依據。一篇文章的思想體系是反映它的製作時代的一面鏡子。一個字可以被後人竄改，一句話也可以被後人變動，然而整個思想體系卻是不容易更改的。

三、周人作盤庚的目的何在？

周人打敗了殷人，『小邦周』猝然奪取了殷王朝的統治，這自然是一件很不容易的事，然而周王朝如何鞏固它的統治，又是一件更爲困難的事。周初統治者必須對付那些被打敗的殷人，而且殷人在當時比周人要多得多；加以周初的三監之叛亂，又給周初統治者留下了極爲嚴重的教訓。面對這樣複雜的政治局面，周人主要採用了兩個重大措施。

其一是武力手段。在二次克商以後，他們在洛邑建立一座大城，把大量的所謂『殷頑民』遷去，軍事監督起來，不准滋事。

其二是宣傳和懷柔手段。首先，周人利用殷人的『鬼治主義』

以還治殷人。殷人崇拜上帝，周人就大肆宣傳自己如何得天祐而獲得了統治。如《多士》中記載周初統治者對殷民的講話：『爾殷遺多士，弗弔旻天，大降喪于殷，我有周佑命，將天明威，致王罰。』這是警告殷民：你們失去了天祐，而周朝才是受到天祐的，如果你們敢於反抗，那我們就要『替天行罰』了。

當然，在當時只依靠『天命』、『上帝』是不够的。那時『天命』思想的動搖，在殷民中也會有反映的。爲此，周人又找到一個作爲『天命』宣傳的補充手段，卽竭力懷柔殷人。

亡了國的殷人時常留戀商王朝的鼎盛時期，也常常眷顧着他們的『古先哲王』。周初統治者就抓住殷民在入周後仍不磨滅的這種心理，便盡力宣傳自己與殷代的許多『古先哲王』是同樣的『有德』之人，並且以效法殷先哲王自居。僅舉幾例予以說明：

⑴《尚書·康誥》：『今民將在祗，遹乃文考紹聞衣德。言往敷求殷先哲王，用保乂民。』

⑵《酒誥》：『王曰：封！我聞曰在昔殷先哲王，迪畏天顯小民，經德秉哲。』

⑶《多士》：『我聞曰……自成湯至于帝乙，罔不明德恤祀。亦惟天丕建，保乂有殷。』

周初統治者不只限於籠統地稱讚殷先哲，並且還經常把自己對殷人的措施說成是符合殷先哲王的精神，拼命地從殷先哲那裏爲自己的行動去找根據。例如，周人爲着命令殷人禁酒，就抬出殷先哲王禁酒的故事以告誡殷人。《酒誥》載：『王曰：……自成湯咸至于帝乙，成王畏相。惟御事厥棐有共，不敢自暇自逸，矧曰其敢崇飲？』這裏，周初統治者還向殷人宣布：你們的殷先哲王都反對過無休止地飲酒，你們那個不成材的紂王卻因狂飲無度而丟掉了王朝統治（卽下文所說的：『在今後嗣王，酣身厥命』），這種違背先哲王遺敎的行爲，你們應當引以爲戒。我們現在禁酒也完全符合着你們先哲王的要求。你們趕快停止狂飲吧。如果『乃不用我敎辭』，繼續發展下去，那我們就要依據你們先哲王的意志：『時同于殺』，決不客氣了。

由此看來，周初統治者的這種做法，確實旨在於使殷人相信，周人的種種措施，都是符合殷先哲王的遺敎的。據此，《盤庚》也是在這一動機支配下製作出來的。

周初大遷殷人，無疑會遭到殷人的反抗。爲減少所遷殷人的反抗情緒，周王朝的統治者便依據一些典册或口耳相傳的歷史材料，從中找出盤庚遷居的史實，予以整理，並按照周人的語氣寫成了《盤庚》。其具體目的在於，他們的殷人宣告：在你們的先哲王那裏，也有着遷居的舉動，我們現在遷徙你們，無非是效法你們的先哲王而已。

《呂氏春秋·愼大覽》載：『武王……命周公旦進殷之遺老，而問殷之亡故，又問衆之所說，民之所欲。殷之遺老對曰：欲復盤庚之政。武王於是復盤庚之政。』這段話至少說明了兩層意思。其一，周初統治者把盤庚視爲殷先哲王，成爲周人極力宣傳的人物。其二，『復盤庚之政』是說周初統治者要效法盤庚的措施去對殷人進行統治。《史記·殷本紀》也說周武王滅商後，『令行盤殷之政，殷民大說』。盤庚之政的中心是什麼呢？他的最大功績就在於盤庚舉行了遷都，從而挽救了殷王朝的危機。周人恰恰選中了這一事實，所以竭力推崇盤庚之政，宣揚盤庚之政，從而整理、寫定了《盤庚》篇。

此外，還有一個證據。《左傳》哀公十一年記載伍子胥說的幾句話，有助於我們進一步確定《盤庚》的製作時代。當伍子胥諫吳王必須徹底滅掉越國時，他援引了《盤庚》的一段話：『其有顚越不共，則劓殄無遺育，無俾易種於玆新邑。』伍子胥對這句話的運用，頗如對被征服者的語氣，殆春秋時人尙能了解《盤庚》的製作背景，亦未可知。

這些事實都表明：《盤庚》是周人爲安撫和綏靖被遷的殷人而寫的。它的問世有力地幫助着大遷殷民措施的推行。《盤庚》記載盤庚對不願遷居的人勸解說：『天其永我命于玆新邑。』而《多士》記載周初統治者對不願遷居的殷人也說：『予惟時其遷居西爾……時惟天命。』這兩句話實在是表裏一致，似出一轍。如果明確了《盤庚》製作時代，那麽這兩句話爲什麽這樣合拍，就很容易理解的了。

綜合上述，我們認爲，《盤庚》應是周初統治者製作的一篇歷史文獻。由於周初是緊接着殷末的，即使距離盤庚時代，也只有二、三百年時間，因此，其所使用的歷史素材是比較可靠的，雖然其中不可避免地夾雜着一些周人的語言，反映出某些周人的思想意識，但其主要方面仍能透露出不少有關商代的政治、經濟和文化狀況，不失爲一篇中國古代的最早、最長的歷史文獻。我們確定了它的製作時代，也就進一步表明了它的史料價值。

（《尚書與古史研究》，在《尚書與古史研究》中，河南，1981年出版）

[洪 範]

童書業云：

《洪範》當亦是戰國初期的作品，其證有六：

㈠鯀禹尙是獨立的人物，他們的興殛都由於天帝，（或謂《洪範》但言『鯀則殛死』，並未言鯀爲天所殛；但《洪範》上文明言『帝乃震怒』，豈震怒僅不畀《洪範》九疇而已耶？）這是很早的史說的表現。

㈡《洪範》中所述的主人是禹，但沒有九州說而有九疇說，九疇似乎就是九州（ 實際的九州 ）的前身；九州說始起於戰國初期（越滅吳後，三家分晉前），大盛於戰國中世以後。

㈢思想的神治化和威福化；《洪範》是綜合西周以來神治主義與制度的第一篇有系統的大文章（與《易經》、《周書》其他各篇及《詩經》等節節相通），與戰國中世以後德治主義的文章有不可逾越的鴻溝。在《洪範》裏面，我們尋得出一句戰國初期以後的說話麼？

㈣『爾』（而）『汝』，『乃』的文法，《洪範》中用『汝』若今語之『你』，用『爾』『乃』若今語之『你的』；用『汝』之處可用『爾』，用『爾』『乃』之處絕不用『汝』。其例如下：

『惟時厥庶民于汝（你）極（極乃動詞），錫汝（ 你 ）保極；……汝（你）則念之，……而（你）康而（你的）色，……汝（你）則錫之福，……而（ 你的 ）邦其昌，……汝（你）弗能使有好于而（ 你的 ）家，……汝（你）雖錫之福，其作汝（你）用咎；……其害于而（你的）家，凶于而（你的）國；……汝（你）則有大疑，謀及乃（你的）心，……汝（你）則從，……汝（你）則從，……汝（ 你 ）則逆。』這是戰國初期以前的文法。

㈤這篇中雖有五行說，以五味與五行相搭配，但無五行相勝相生說，亦不以五色五方等與五行相搭配：也與後來之五行說不同。

㈥《左傳》已引《洪範》之文（文五年，引爲《商書》；此引《洪範》文之一節，文事簡單，似非後人所僞竄者），《左傳》爲戰國中世產品。（《墨子》中引《洪範》作《周詩》，語句亦異，但古人引書往往活用，《詩》《書》可以互稱）。

據上六證，可證《洪範》非戰國末期以後之作品。至劉節先生之《洪範疏證》（ 顧先生《論洪範之時代》即係根據此文者 ），其結論實根本不能成立，因手邊無原文，當於異日另爲專篇辨之。

（《洪範疏證》所論，最易惑人者，為一『皇』字之辨偽；不知古人用『皇』字，有形容與稱號二種，稱號之『皇』字，用與『主』字同，但非制度上之稱號，如後世所謂皇帝之『皇』字耳。）

（《五行說起源的討論》，在《古史辨》第五册內）

屈萬里云:

本篇『恭作肅，從作乂，明作哲，聰作謀，睿作聖』諸語，顯襲《詩・小雅・小旻》『民雖靡膴，或哲或謀，或肅或乂』及『國雖靡止，或聖或否』諸語為之。《小旻》之詩，蓋作於東西周之際；則本篇成書，不得早至西周；此一證也。本篇又云：『王省惟歲，卿士惟月，師尹惟日。』師尹地位在卿士之下，與《詩》、《書》及早期金文皆不合，可知本篇非西周時之作品；此二證也。《荀子・非十二子篇》以為五行之說，乃子思所倡；而《修身篇》及《天論篇》兩引本篇『無有作好』至『遵王之路』四句，且均謂之『《書》曰』；是《荀子》曾見本篇。關於五行之文獻，更無早於本篇者。茲就《荀子》之說推之，本篇如不成於子思之手，則當成於子思之徒；其非西周時之作品：此三證也。惟襄公三年《左傳》引『無偏無黨，王道蕩蕩』二句，文公五年《左傳》引『沈漸剛克，高明柔克』二句，成公六年《左傳》引『三人占，從二人』二句，而均謂之『《商書》曰』（前二事亦見《國語》，而不著『《書》曰』等字）。則是《左傳》成書時（約戰國前期），而本篇已先傳布。又本篇言五行所代表之物事，尚約而不侈；至鄒衍乃變本加厲。以此證之，可知本篇之著成，當在鄒衍之前。然則本篇雖未必作於子思，而其著成時代，蓋約當戰國初年也。

（《尚書釋義・洪範》前言）

辛樹幟云:

時賢以爲《洪範》是戰國時代的作品，我認爲所提出的論點還值得考慮。

1.《左傳》、《荀子》、《呂覽》三書，共引《洪範》多則，有稱『書曰』；有稱『商書曰』；有直稱『洪範曰』，我們對這些徵引，怎能作出很好的解釋？

2.五行，《洪範》列首，怎麽那樣樸質，似僅從『六府』之說稍加修改？若是戰國人執筆，春秋末和戰國時對五行多種配合和新的五行相勝學說，爲什麽不引用，又不駁斥？這是不合乎『存在決定意識』的眞理的。

3.春秋時已有懷疑卜筮價值的，如襄公七年卜郊，孟獻子談話的微意，《荀子》中有『善易者不占』之句，當時七國的人君皆信縱橫家之說，《洪範》的『稽疑』怎能與戰國政治情況符合？

4.《墨子》引《周詩》中，有『王道蕩蕩』、『王道平平』，怎能證明這一首完美的《周詩》不是引用《洪範》？荀卿學生韓非所稱『先王之法』，正足以證明《洪範》在古代政治應用上已起的作用。《小雅》係後出，『小旻』當是引用《洪範》，而由五發展到六。

5.朱熹《皇極辨》糾正僞孔『皇』訓『大』之失，我們應當承認。但『思皇多祜』、『思皇多士』，爲什麽要依崔述的武斷說法，而不能說這兩『皇』字可以作名詞用，是君王，是天帝？

6.東陽、耕眞之叶韻，石聲漢教授說：『遵段玉裁等的研究，韻部是有分別的；不過箕子是東方人，說話何必用西周的韻？』

我暫提出這些粗淺的懷疑，希望《洪範》著作時代問題得到正確的解決。

（在《禹貢新解》第四十四頁《註》內，香港中華書局出版）

〔康 誥〕

曾榮汾撰有《康誥研究》，一九八一年臺北學生書局出版，書分上中下三編，上編第一章爲《康誥之作者》，第三章爲《康誥之撰作背景》；中編第三節爲《吕刑之著作時代》；有關《康誥》作成時代，作者於上編第三章云:『《尙書·康誥》一篇之作者爲出周公居攝伐平三監後，代成王告誡康叔而作……從《康誥》撰作背景以觀之，研讀《康誥》，仍遵《書序》《史記》舊說爲是。』

[多方、多士]

程元敏云:

一、尚書多士篇著成時代

據彝器銘文與書本文獻，奄人不復叛，踐奄乃周公攝政三年、而非成王親政後事。踐奄旣只一次，《尙書・多士篇》『昔朕來自奄』之『昔』，自係追述三年踐奄之往事；而《多方篇》第自應次《多士》之前，如鄭玄所言者矣。玆先論《多士》著成時代。

《多士篇》之所以作，《書序》曰:『成周旣成，遷殷頑民，周公以王命誥，作《多士》。』《史記・周本紀》述營洛作《召誥》《洛誥》之後，乃曰:『成王旣遷殷遺民，周公以王命告，作《多士》《無佚》。』（案:『無佚』是衍文。）是《書序》《史記》皆以此篇爲成王親政後遷殷民於洛，周公承王命誥之之辭。《序》曰『殷頑民』、《史》曰『殷遺民』，卽本篇經文之『商王士』——故殷朝之官員也。經文又曰:『予惟時其遷居西爾。』《書・疏》曰:『從殷(朝歌)適洛，南行而西廻，故爲居西也。』經文又曰:

『爾厥有幹有年于茲洛。』據此，是自朝歌徙殷官員於新邑洛也。《漢書・地理志》及賈逵《左傳・注》(《書・疏》引)皆以遷邶、鄘之民於成周，邶、鄘在朝歌附近，說與《序》《史》略同。

《書序》《史記》既主此篇爲親政後事，諸本又次《洛誥》之後，故舊皆以爲成王卽政之次年（《書・疏》引鄭玄說、《僞孔傳》等皆然。）作。宋吳棫始作異論，曰：『武王已有都洛之志，故周公黜殷之後，以殷頑民反覆難制，卽遷於洛。至是，建成周，造廬舍，定疆埸，乃告命與之更始焉爾，此《多士》之所以作也。由是而推，則《召誥》攻位之庶殷，其已遷洛之民歟！不然，則受都今衞州也，洛邑今西京也，相去四百餘里，召公安得舍近之友民，而役遠之讎民哉！』（蔡沈《書經集傳》卷五引）吳氏謂『黜殷之後，旣遷（殷頑民）於洛』，似謂遷事在攝政三、四年。又謂《召誥》營洛之前，已『建成周，造廬舍，定疆埸』，遂告命與之更始——此告命卽此《多士篇》。吳說殆臆決，未有確據；然謂《多士》非營洛後著成，則予後人啓示頗大。

《召誥篇》：『越若來三月，……乙卯（十二日），周公朝至于洛，……甲子（二十一日），周公乃朝用書命庶殷——侯、甸、男邦伯。厥旣命庶殷，庶殷丕作。』此命殷官員効力作洛，與《多士篇》首『惟三月，周公初于新邑洛，用告商王士』之『三月』相合。且云『新邑洛』，與《召誥》記新營建洛邑事亦符。宋人因是以《多士篇》經文五百七十二字卽《召誥》周公『用書命庶殷』之『書』——卽公文書也。宋陳傅良曰：『此（《多士》）二篇皆稱「王若曰」，則是相宅年之三月作之，不待辨而知也。』（元董鼎《書蔡傳輯錄纂註》卷五頁十七《多士篇》『惟三月』下引）陳氏說固是，然其詳則不得而知矣。金履祥曰：『惟三月，七年之三月也。……周公以三月乙卯至新邑，以書命庶殷。……而舊說以爲明年之書，失之矣。周公營洛至成王烝于新邑，命周公留後于洛矣，奚爲明年而曰「初于」，又何爲周公營洛與初政于洛二年之間，皆以三月？然則謂明年之書者，孔氏之失也，亦《書序》誤之也。』（《書經・注》卷九頁二四《多士》『惟三月』下）金氏又於《召誥》『朝用書命庶殷』下注曰：『（書）卽《多士》之書也，蓋以王命爲書誥命庶殷。』（《書經・注》卷九頁二）因繫本篇於周成王七年，且采錄經文附於其下（見所著《通鑑前編》）。其說吳澄（《書纂言》卷四頁八十）、魏源(《書古微》卷十頁十)皆是之。陳櫟且申之曰：『蔡氏從孔氏，以此三月爲祀洛次年之三月，皆以書之編次意之耳。按《召誥》《洛誥》及脫簡在《康誥》之日月，周公正以七年三月至洛，此之三月卽彼之三月也。得卜經營之時，便告商士，此專爲告商士而作，故史自錄爲一書，而次之《洛誥》之後。七年無兩七年，三月亦無兩三月也。』（《書蔡傳纂疏》卷五頁十五）

案：金氏、陳櫟之說甚確。今就本篇經文考之，『今朕作大邑于茲洛』，明言今正作大邑於洛之時，若次之於八年三月，洛邑已營成，誥辭安得言之？『爾乃尙有爾土，爾乃尙寧幹止』、『今惟爾時宅爾邑，繼爾居』，下總曰：『爾乃有幹有年於茲洛』：皆預許殷衆士得有其土田居處於斯新邑營成之後。又由『爾小子乃興從爾遷』語推之，此蓋周人安頓殷民於洛之初步，後當續遷；此戒衆士安於新邑，以影響『小子』亦皆服從徙置之命。凡此，皆與營洛當時情勢合。固不得不棄《書序》，與從宋人之說矣！

結論：《多士篇》爲周成王七年（卽周公攝政之七年）三月二十一日（甲子）朝周公旦以成王命告殷衆官員之公文書。

二、由多方多士經文求兩篇關係

洛邑成而周公歸政，《多士》撰作在其先；《多士》稱述《多方》之敍事，則《多方》更在《多士》之先，其非成王親政之明年成書顯然。第欲確認《多方》《多士》關係，莫若求之兩篇經文；先儒治書，頗知用工於此。余玆斟酌諸家之說，裁汰複重，刪黜疑似，附以拙見，理爲五類，條引本經，疏明兩篇關係，以定其先後之次第。

（甲）《多士》申《多方》之命

《多方》與《多士》或係同一史官所撰，元胡士行曰：

（《多方》）與《多士》辭，一口出入。（《尙書詳解》卷十頁六）

卽或不爾，作《多士》之史官必按據《多方》檔卷作書。《多方》乃初誥，《多士》則爲申誥。《多士》『今予惟不爾殺，予惟時命有申』，吳澄曰：

今我惟不欲殺汝，故惟以是昔日誥多方之命又重言以告爾殷士。（《書纂言》卷四頁八六）

清簡朝亮曰：

蓋自昔言之，至今爲信，故曰『今予惟不爾殺』；時命者，是昔來自奄之降命也。卽《多方》所命四國殷多士者也。申，重也。蓋昔惟初命，今惟申命也。（《尙書集注述疏》卷二十頁十四——十五）

《多士》之誥，自《多方》之誥而申之也。（同上頁十七）

初命、申命，二家皆未舉出經文，淸王夫之則予列舉，曰：

《多方》曰：『我惟大降爾四國（民）命』，又曰：『今爾尙宅爾宅，畋爾田』：皆初告之詞。《多士》曰：『昔朕來自奄，（予）大降爾四國民命』，……又曰：『爾乃尙有爾土，爾乃尙寧幹止（原《注》：「今尙之尙，庶幾也；乃尙之尙，猶也。」）：則皆申告之語。』（《書經稗疏》卷四

頁二三)

案:《多方》曰『爾乃自是洛邑』，誥始遷之民今而後當以此洛土爲宅，耕此洛土，故下文曰:『尙永力畋爾田。』『尙』爲希冀之詞。《多士》『乃尙有』、『乃尙寧』，尙當訓猶，乃申告之語。船山說大致得之。

(乙)《多方》之「(今)來」即《多士》之「昔來」

二篇皆著降命於民之語，何以徵兩命之後、先?吳棫曰:

『來自奄』稱『昔』者，遠日之辭也;『作大邑』稱『今』者，近日之辭也。(元董鼎《書蔡傳輯錄纂註》卷五頁二十引)

吳才老所謂『遠日之辭』，指《多方》『王來自奄』，此由彼主張《多方》在《多士》之前知其意。王柏會集兩篇有關『降命』語句作比較，曰:

《多方》當在前，《多士》當在後。《多方》曰:『告爾四國多方，惟爾殷侯尹民，我惟大降爾四國民命，爾罔不知。』又曰:『我惟大降爾(四國民)命。』《多士》曰:『昔朕來自奄，予大降爾四國民命。』此可以知其先後也。(《書疑》卷七頁三)

其徒金履祥申之，曰:

《多方》敍云:『王來自奄。』(《多方》)《書》云:「我惟大降示(爾)四國民命。」而《多士》之書曰:『昔朕來自奄，我惟大降爾四國民命。』則此(《多方》)篇當在《多士》諸篇之前也。(《尙書表注》卷下頁三七)

淸人亦發類似之言，而益明確，莊述祖曰:

『昔朕來自奄，予大降爾四國民命』云云，此言成王黜殷命，殺武庚，誥庶邦之事，卽多方是也。(劉逢祿《書序述

聞》頁四二述引）

江聲解《多方》『王來自奄』曰:

鄭康成曰: 『郇國，……周公居攝時亦叛，王與周公征之，三年滅之，自此而來歸。』聲謂: 《多士》云『昔朕來自郇』，卽謂此時; 然則《多方》在《多士》前，且不比也。……《多士篇》云『昔朕來自郇，予大降爾四國民命』，卽此（指《多方》『王來自奄』）下文所云『誥爾四國多方，我惟大降爾命』是也。（《尙書集注音疏》，《皇淸經解》卷三九七頁二三。）

卽皮錫瑞亦無法否認經文『昔朕來自奄』云云，爲周公追述攝政三年踐奄，大降四國民命之事（《今文尙書考證》卷十九頁四）。

案: 《多方》云: 『猷，告爾四國多方，……我惟大降爾命。』語在誥辭之首，故特致其詳明; 至篇中重提首語，則稍簡略，曰: 『今我曷敢多誥? 我惟大降爾四國民命。』迨《多士》申前降誥之事，於篇中（非篇首）則更濃縮爲『予大降爾四國民命』，上增『昔來自奄』，以指實其爲往事。『四國多方』等於『四國』; 『惟』，語詞，可有可無。雖其句型變易，然出自因承顯然。

（丙）《多士》記事與詞氣因承《多方》

不惟『今』、『昔』可確據以定二書之後先，卽由二篇詞氣與記事相因，亦可覘其早晚:

《多方》曰: 『……我則致天之罰，離逖爾土。』《多士》承《多方》書，述當年飭遷之事曰: 『……我乃明致天罰，移爾遐逖。』

《多方》曰: 『時惟爾初; 不克敬于和，則無我怨。』初謂始遷於洛，乃其去惡從善改舊爲新之基始; 若不克敬於和，（我將懲處之，）則毋我怨。《多士》承之，記周人續遷殷民（卽對殷人之懲處）曰：『予惟時其遷居西爾，……時惟天命，……無我怨。』

《多方》曰：『今爾奔走臣我監五祀』，言汝等疇昔奔走臣我矣，《多士》承之，曰：『奔走臣我，多遜。』言今後汝等更應多多服事我周家也。

（丁）兩篇敍事繁簡、辭氣嚴寬皆有別

《多士》《多方》所誥事情多雷同，要旨亦無殊。而《多方》文繁，《多士》文簡，江聲嘗舉《多方》『惟帝降格于夏，有夏誕厥逸，不肯慼言于民：乃大淫昏，不克終日勸于帝之廸，乃爾攸聞』，與《多士》『（有夏不適逸），則惟帝降格，嚮于時夏，弗克庸帝，大淫泆，有辭』對比，言其所以詳略之故曰：

……是以斥言有夏，《多士》云『有夏不適佚』，則又云『（夏）弗克庸帝』，是亦斥言夏，與此篇（《多方》，下同。）稱夏同意。……若然，《多士篇》在前，則此誼當於《多士》發之；今乃於此篇發之者，以此篇之文詳於《多士》，而誥外方又前於誥多士，故於此發之。而《多士》之誼，卽於此（《多方》）互見焉。（《尚書集注音疏》，《皇清經解》卷三九七頁二五。）

案：《多士》五百七十二字，《多方》七百九十一字（竝據《唐石經本》），《多方》果詳於《多士》。《多方》在前，辭意多已周備；《多士》在後，於承敍類似情事，每約取其文意，故簡（參本節之（乙）小節末段）。此點江氏開示有功。

莊述祖又體會《多方》《多士》兩篇辭氣，覺其有寬、嚴之別，論曰：

《多方》作於成王三年，商邑甫定，辭駿厲而嚴肅；《多士》作於成王八年（敏案：此稍失。），成周既成，辭和風

而甘雨。（劉逢祿《書序述聞》頁四二引）

莊氏未擧出駿厲者何辭，甘和者何辭，劉逢祿用其舅氏之說，亦未擧實證（見《尚書今古文集解》卷二十頁五）。幸早先金履祥已見及此，且擧兩篇末簡爲證，曰：

《多士》之末，其辭婉；而《多方》之終，其辭嚴：所以言之時異也。若其諄勤反覆之意則同。（《書經注》卷九頁三二）

案：《多士》末『王曰……：「時予乃或（誨）言，爾攸居」』，確比《多方》『又曰：「時惟爾初；不克敬于和，（此處蓋省『罰及爾身』類句）則無我怨」』辭氣爲溫婉。檢兩篇經文，尚有它例，足證成金、莊二家意見。如《多士》成王解釋周人伐殷於殷民，曰：

今惟我周王，丕靈承帝事。有命曰：『割殷！』告勑于帝。惟我事不貳適，惟爾王家我適。

末二句謂不得已割商，語至婉謹，幾不似勝國君王誥亡國餘民之辭。《多方》則不然，曰：

……非天庸釋有殷，乃惟爾辟以爾多方大淫圖天之命，屑有辭。……乃惟爾商後王，逸厥逸，圖厥政，不蠲烝，天惟降時喪！

案：《周誥》諸篇絕多將亡殷之罪悉歸紂王，上文不但辭氣嚴厲，且聲斥受誥之殷民『罪大而多』（『大淫圖天之命』、『屑有辭』。）。《多方》當大亂之後發布，須以兵威刑律抑制殷頑，故措辭駿厲。《多方》又面責殷民曰：

爾乃惟逸惟頗，大違王命！

爾乃迪屢不靜，……爾乃大不宅天命，爾乃屑播天命，爾乃自作不典！

『爾乃』下連言其罪狀，言汝等竟然……，竟然……。旣又質問殷

民曰:

爾曷不忱裕之于爾多方？爾曷不介夾乂我周王、享天之命？……爾曷不惠王熙天之命？

詰責殷民，辭迫而傲，非成王親政後命誥氣象；而《多士篇》不見。

(戊)《多方》《多士》用字詞特殊

《多方》與《多士》頗同用特殊字詞，而此類字詞，《尚書》它篇不之用。此非尋常，應加探討。

《多方篇》：『非我有周秉德不康寧。』——《多士篇》：『非我一人奉德不康寧。』——第一組。

案：奉義同秉。『奉德不康寧。』廿九篇《尚書》只此二見（『康寧』雖另一見於《洪範》，然意義大不同。），且二句幾乎全同。

《多方篇》：『廸簡在王庭，尚爾事，有服在大僚。』——《多士篇》：『廸簡在王庭，有服在百僚。』——第二組。

案：此組用字亦幾乎全同（《多方》乃告殷民，故多『尚爾事』；《多士》此二句乃設爲殷民自述，故不必有之。）。『廸簡』，它篇不見。

《多方篇》：『天惟畀矜爾。』——《多士篇》：『天惟畀矜爾。』——第三組。

案：二句字盡同，它篇無此句；『畀矜』一詞，廿九篇《尚書》亦只此二見。

《多方》與《多士篇》擧有夏事爲鑒，皆曰：『惟帝降格。』——第四組。

案：它篇皆不用『惟帝降格』。

《多方》、《多士》兩篇用語相似之處（如『宅爾宅』之類），此不暇畢擧。上所擧四組，均屬兩篇用語自同而它篇不用之例。此現象之形成，余測其故有三：兩篇敍類似事情，遣詞用字，固易於雷同：此其一。後篇作者根據舊案卷（前篇）草撰新誥辭：此其二。其三、兩篇均爲同一人作；此點請再添一佐證如下：

《尚書大誥》（含）以下十二篇，以『爾』、『汝』作第二人稱代名詞，計：

篇名	汝	爾	附註
㈠《大誥》	○	十四	
㈡《康誥》	十九	○	本篇兩用「爾」，皆非人稱代名詞。
㈢《酒誥》	四	八	
㈣《梓材》	一	○	
㈤《召誥》	○	○	
㈥《洛誥》	八	○	
㈦《多士》	○	三十四	
㈧《無逸》	四	○	
㈨《君奭》	九	○	
㈩《多方》	○	五十二	
⑪《立政》	○	二	
⑫《顧命》	二	四	合《康王之誥篇》。

案：武王、成王、康王之世，『爾』、『汝』並作二身人稱詞，由上『汝』字四十七見、『爾』字一百十四見，且各種位均有可知。㈡、㈥、㈧、㈨及㈤（㈤《召誥》召公告成王，概稱之『王』，且與《洛誥》同爲史逸撰，應與《洛誥》法度一致。㈣《梓材》孤證，舍之弗論。）皆只用『汝』，而不用『爾』。㈢、㈣皆『爾』、『汝』並用。獨《大誥》《多士》《多方》三篇只用『爾』而不用『汝』（⑪《立政》只二例，且均在領位，亦舍之弗論。），其中

《多方》《多士》既用於每種位，又用例最多，二篇作者顯有用『爾』之習慣，其出於一手，極有可能。則其人先作《多》，方在成王三年；四年之後，復作《多士》，則當成王七年也。

三、結 論

武王崩，成王幼少卽位，周公攝政第一年，紂子武庚祿父、管叔、蔡叔及淮夷、蒲姑、奄等地壤毗鄰之東鄙諸國皆叛，周公以成王命東征。攝政第三年，敉平叛亂，自奄歸，書告天下，作《多方篇》（今編入《尙書》），書本文獻及器物資料，備載其事。

自《書序》次《多方》於《召誥》《洛誥》《多士》之後，《史記》因之；而《僞孔傳》倡奄人再叛成王卽政後親征之說，以曲徇《書序》及《史記》之意。今考周公東征平亂後，奄地分封予伯禽，隸屬魯國，且先秦兩漢典籍固未嘗記奄人再叛；彝器亦無成王親政後征奄之銘文。後人察不及此，輕信《僞孔》，又堅持攝政三年成王未嘗親征，《多方》果爲彼時作，不得著『王來自奄』之語，以助《僞孔》之臆說。及其它似是而非之論，今皆逐一破之。

奄人既不再叛，則周室（成王時）踐奄僅只一次，故《多方》『惟五月丁亥，王來自奄』，五月乃攝政三年五月；而《多士》（成王七年三月廿一日作）『昔朕來自奄』，惟有指爲《多方》之『朕來自奄』，其義始通，然則《多方》先《多士》成書，固絕不得遲至洛邑作成之後。復體會經文，知兩篇記事相類，詞氣因仍，語脈銜接，而遣詞用字與《尙書》它篇殊異，蓋出於一手。其作《多士》在後，故語多申前誥——《多方》之言也。

（《尙書多方篇著成於多士篇之前辨》，原刊於《文史哲學報》第二十三期）

[費　誓]

楊筠如云:

竊疑西周諸侯，當承王命征伐，而此篇無一語道及王命。當是東周以後，諸侯自專攻伐時之作品。且其文字與《秦誓》相去不遠。據《魯頌・閟宮》:『奄有龜蒙，遂荒大東;至于海邦，淮夷來同。』又曰:『保有鳧繹，遂荒徐宅，至于海邦;淮夷蠻貊……』此確敍魯公征討徐戎淮夷之事。《泮水》:『既作泮宮，淮夷攸服;矯矯虎臣，在泮獻馘。』亦明爲克服淮夷獻功之事。則《詩》《書》所載，自屬一事。而《閟宮》有『莊公之子』一語，鄭《箋》以爲僖公時事，似尙可信。

(《尚書覈詁》)

〔存　目〕

李振興撰《尚書費誓篇作成時代的再檢討》，發表於《孔孟月刊》第二十卷第八期。

[文侯之命]

屈萬里云:

《尚書・文侯之命篇》的著成時代，《書序》和《史記》的說法不同。《書序》說:

平王錫晉文侯秬鬯圭瓚，作《文侯之命》。

是《書序》認爲本篇作成於周平王的時代，文侯是晉文侯仇。而

《史記》的《晉世家》則說:

> 五月丁未，獻楚俘於周: 駟介百乘，徒兵千。天子使王子虎命晉侯爲伯，賜大輅，彤弓、矢百，玈弓、矢千，秬鬯一卣、珪瓚，虎賁三百人。晉侯三辭，然後稽首受之。周作《晉文侯命》:『王若曰: 父義和! 丕顯文武，能愼明德; 昭登於上，布聞在下。維時上帝集厥命於文武。恤朕身，繼，予一人永其在位。』

這裏所說的五月，是晉文公五年的五月; 所謂獻楚俘於周，是晉文公獻城濮之戰所得的楚俘。所謂天子; 是周襄王——這時是襄王二十年。所謂《晉文侯命》，卽《尚書》的《文侯之命》。自『王若曰』以下，則是節引的《文侯之命》之文。由此看來，《史記》認爲本篇是周襄王時代的作品; 而文侯乃是晉文公重耳了。

劉向的說法，和《史記》相同。《新序》卷九《善謀篇》說:

> 晉文公之時，周襄王有弟太叔之難。……戊午，晉侯朝王。王享醴，命之侑，予之陽樊、溫、原、攢茅之田; 晉於是始開南陽之地。其後三年，文公遂再會諸侯以朝天子; 天子錫之弓矢秬鬯，以爲方伯:《晉文公之命》是也。

這裏所謂《晉文公之命》，當指《尚書》的《文侯之命》而言。這，很可能是今文《尚書》家有此一說，《史記》和《新序》，共同採用了它; 否則，便是《新序》抄襲了《史記》。

歷代注解《尚書》的人，雖然採用《書序》之說者多，而尊信《史記》《新序》之說者少; 但何以知道《書序》之說可信，而《史記》《新序》之說難從? 這還有待於詳悉的論證。本文的目的，是歸納各方面的證據，企圖着作一個客觀的論斷。

漢魏間注解《尚書》的人，若鄭玄、王肅等，雖然同是採用的《書序》之說; 但，並沒聽說他們有批評《史記》或《新序》之說的言論。就我所知，批評《史記》這一說的，當以唐人司馬貞爲最

早。《史記・索隱》說:

> 《尚書・文侯之命》，是平王命晉文侯仇之語；今此乃是襄王命文公重耳之事。代數懸隔，勳策全乖。太史公雖復彌縫《左氏》，而《系家》(里案: 系家卽世家；唐人諱世字，因改爲系。)頗亦時有疎謬。裴氏《集解》，亦引孔馬之《注》，而都不言時代乖角，何習迷而同醉也！然計平王至襄王爲七代，仇至重耳爲十一代而十三侯。又平王元年至魯僖二十八年——當襄二十年，爲一百三十餘歲矣。學者頗合討論之。劉伯莊以爲蓋天子命晉同此一辭；尤爲非也。

司馬貞此說，是根據《書序》以駁太史公。但何以證明《書序》之說可信？他則沒有說。

今人楊筠如的《尚書覈詁》，曾作了進一步的說明:

> 《詩譜》:『鄭武公與晉文侯定平王於東都。』隱六年《左傳》:『我周之東遷，晉鄭焉依。』《國語》:『晉文侯於是於定天子。』又僖公二十八年《左傳》敍襄王享文公之事，曰:『用平禮也。』杜《注》:『以周平王享晉文侯仇之禮享晉侯。』則是文侯之相平王，平王之命文侯，皆似實有其事。……文公不名義和，且不稱文侯。疑《書序》是也。

楊氏這一段話的要點有二，卽: ㈠證明了文侯之相平王，平王之命文侯，是確有其事；㈡由於文公不名義和，且不稱文侯，證明了《文侯之命》非周襄王命晉文公之書。這是相當扼要的論斷。但，關於第一點，還有可以補充的材料，如:

> 隨季對曰:『昔平王命我先君文侯曰:「與鄭夾輔周室，毋廢王命」。』(宣公十二年《左傳》)
>
> 平王東徙，晉文勞王，勞而賜地。(《呂氏春秋》卷二十二《疑似篇》。賜地之說，恐因襄王十七年晉文公誅叔帶以受

陽樊等地而誤。)

這都是文侯之相平王、平王之命文侯的材料，可以補充楊氏之說的(《竹書紀年》裏還有更重要的材料，詳下。)。關於第二點，雖證明了義和不是晉文公；但並未證明了就是晉文侯。所以，更積極一點，還須證明義和就是晉文侯，而晉文侯確非晉文公。此外，還須有更多的證據，才能確定《文侯之命》實是周平王之命晉文侯，而非周襄王之命晉文公。

* * *

現在，擬就下列三點，加以疏通證明：

(一) 義和是晉文侯晉文侯非晉文公。

《文侯之命》的開頭一段說：

王若曰：『父義和！丕顯文、武，克愼明德；昭升于上，敷聞在下。惟時上帝集厥命于文王。亦惟先正，克左右昭事厥辟；越小大謀猷，罔不率從。肆先祖懷在位。』

前面說『丕顯文、武』，說『上帝集厥命於文王』；下文說『肆先祖懷在位』。可知所謂先祖，是指的文王、武王等人。那麼，這『王若曰』之王，必然是周王無疑。古者，天子稱異姓的諸侯曰伯舅、叔舅，稱同姓的諸侯曰伯父、叔父(見《儀禮・覲禮》)。『父義和』之父，是諸父之父，卽伯父叔父之謂；可知此被命的必是諸侯(《文侯之命》裏，有『其歸視爾師，寧爾邦』之語，更可證明。)，而此諸侯又必和周王同姓：這些，都是不成問題的。成問題的是這『義和』二字，是不是人的名或字？如果是名或字的話，究竟是誰的名或字？

不以『義和』爲人名或字的，現在所能見到的最早的材料，是馬融的說法。《史記・晉世家・集解》引馬融注解『王若曰：父義和』的話說：

王順曰：『父！能以義和諸侯。』

《經典釋文》也說：『義和，馬云：「能以義和諸侯」。』這在《尚書》歷代的注解中，是一個最特別的說法。此說似乎從來沒被經生們採用過（吳承志的《讀文侯之命》〔見《遜齊文集》卷二，《求恕齋叢書》本。〕，以義爲道義，說和字是侯字之誤。他這說法，也只是採用了馬融之說的一半）。到了王引之，雖然也沒採用馬融之說，但卻認爲『義和』二字不應該是諸侯的字。他在《春秋名字解詁》（《經義述聞》卷二十二）中說：

> 《文侯之命》『父義和』《傳》云：『義和，字也。』《正義》引鄭《注》云：『義，讀爲儀。儀、仇、皆匹也。故名仇字儀。』案古天子於諸侯無稱字者，《康誥》《酒誥》《梓材三篇》『王若曰：小子封』、『王曰封』；定四年《左傳》引蔡仲書云：『王曰：胡』；又引踐土之盟載書云：『王若曰：晉重、魯申、衞武、蔡甲午、鄭捷、齊潘、宋王臣、莒期。』皆稱其名。其他則稱伯父、伯舅、叔父、叔舅而已；未有稱字者也。或以義爲字，或以義和爲字，並當闕疑。

王氏雖沒採用馬融之說；但『古天子於諸侯無稱字者』這一點，確是值得研究的問題。

今人某氏，於所著《毛公鼎之年代》一文（見《金文叢考》卷八），引述了王氏此說之後，而加以案語說：

> 今案：王氏說至確。金文策命臣工之例多多矣，亦未見有稱字之例。故義和不必卽是晉文侯，亦不必卽是晉文公；其王不必卽是周平王，亦不必卽是周襄王。特古說有一相同之點，卽是視此命書之文字年代甚近，同以之屬於東周。其所以者，蓋文辭全體絕不類周初文字之詰譎，其時代背景亦絕不類周初盛時也。……故古人視《文侯之命》至早只斷定在

平王之世，欲求確鑿，故更以義和爲文侯之字耳。古人於《文侯之命》猶能如此得其近是，……。

就上述三家的說法看來，大概馬融所以不把義和說作人名或字，恐怕也是由於『古天子於諸侯無稱字者』的關係。而某氏之說，則更足以加強了王引之的論據。

現在，我們且看這義和二字，如果不當作人名或字來解釋，究竟能不能說得過去？關於此點，溫廷敬的《文侯之命釋疑》（見國立中山大學文史學研究所《月刊》二卷二期）一文裏，曾經作過如下的論斷:

義和，馬氏謂能以義和諸侯，不作名字。然在首者或猶可通；其如下再稱三稱之絕不可通耶!

案:『父義和』三字連稱，在《文侯之命》裏共出現了三次。單從文義方面來說，這三個字，也很難解作『父，能以義和諸侯』（孫星衍《尚書今古文注疏》，解釋馬融此說，把和字解作會合；說義和就是以義會合諸侯，意境雖好；但父義和三字，照此講法，仍舊不成句子。）；更無論再稱三稱之絕不可通了。如果照吳承志的說法，讀和爲侯；義侯，就比如《康誥》裏的孟侯：倒是可以說得過去。只可惜無論從甲骨文、金文、和小篆、隸書等字形來看，『侯』字和『和』字，都相去絕遠（卽使如吳氏說，和字初誤爲禾；亦復如此。），侯字絕沒有訛成和字的可能。是吳氏此說，依然難過。平心而論，從三稱『父義和』的口氣來看，這義和二字，旣非解作人名或字不可；從命辭的體制來說，也不能不把義和解作人名或字。因爲，要不然的話，就不知道命的是什麼人了。王引之說『闕疑』，某氏說『不必是晉文侯』或『晉文公』。他們雖然不承認義和是某一諸侯的『字』；但，他們言外之意，很顯然地都認爲是某一諸侯的『名子』。

某氏認爲《文侯之命》的文辭，不類周初文字的詰誳；其時代背景，亦絕不類周初盛時。因而認爲古人斷定《文侯之命》作於平王之世的說法，是『得其近是』。現在更進一步，再由《文侯之命》的『汝多修，扞我于艱』之語證之，可知此周王必曾遭逢大難，而此諸侯拯救了他，從而有此錫命。復由此錫命之辭的口氣來看，這時的周天子還頗顯赫，決不像戰國以來，周室卑微得連小國諸侯都不如的氣象。那麼，此王此侯的時代，上不會至於西周厲王以前，下也不會晚到春秋末葉以後。而此諸侯的力量，能够扞王於難，可知他必不是小國之君。本篇的標題曰『文侯之命』，可知此諸侯的號或諡必定叫做『文侯』。根據這些條件來看，究竟有沒有什麼諸侯的名字叫做義和呢？

按:《史記·三代世表》所列共和以前的十一個較大的諸侯，沒有叫做文侯的，也沒有以義和爲名的。《十二諸侯年表》（《表》裏實列了十三個諸侯）所列的諸侯，其號諡曰『文』的則有:

齊文公赤

晉文侯仇、晉文公重耳

秦文公（史缺其名）

陳文公圉

楚文王貲

鄭文公捷

衞文公燬

魯文公興

宋文公鮑

曹文公壽

燕文公（史缺其名）

共十二個人。此十二人中，除齊、秦、陳、楚、宋等五國不和周同姓外；另外的七人，止有晉文侯一人稱文侯，其餘的都稱文公（文侯和文公之辨，詳下文）。單就這一點看來，『義和』這個名子，就非晉文侯若屬了。

可是晉文侯的名子叫做『仇』，並不叫做『義和』，這是史有明文的。關於此點，溫廷敬認爲（見《文侯之命釋疑》）：

> 王命諸侯，雖無稱字者。然或亦以仇名不美，改稱其字；如王於諸侯大夫稱字；又魯哀公於孔子誄詞亦稱尼父之例。否則，當爲王所錫之號，如殷阿衡周尚父之例。又否則爲文侯改名，史偶闕書，遂啓後人之疑。要之，不當以一名之參差，遂並根本而懷疑也。

溫氏只說了幾個可能，並沒作決定。我們從號謚來看，此文侯旣非晉文侯莫屬；如果循『名』責『字』，則『仇』和『義和』，也很合拍。《尚書正義》引鄭康成之說而加以解釋說:

> 鄭玄讀義爲儀；儀、仇皆訓匹也，故名仇字儀。

按:《禮記·樂記》:『制之禮義。』《漢書·禮樂志》:『制之禮儀。』是義、儀二字，古時可以通用。所以《尚書·正義》說:『鄭玄讀義爲儀。』《詩·鄘風·柏舟》:『實維我儀。』毛《傳》說:『儀，匹。』《爾雅·釋詁》:『仇，匹也。』所以《正義》又說:『儀、仇皆訓匹。』義和之爲晉文侯的字，單就『義』字而言，是可以脗合的。而『和』字又是什麼來歷呢？關於這點，我們試看桓公二年《左傳》所載的一段故事:

> 初，晉穆侯之夫人姜氏，以條之役生太子，命之曰『仇』。其弟以千畝之戰生，命之曰『成師』。師服曰:『異哉君之名子也！夫名以制義，義以出禮，禮以體政，政以正民。是以政成而民聽；易則生亂。嘉耦曰妃，怨耦曰仇:古之命也。今君命太子曰仇，弟曰成師，始兆亂矣；兄其替乎！』

晉穆侯的太子仇，就是晉文侯。當初取名的原因，本是由於仇敵之義。而仇敵之仇，究竟不是嘉名；況且師服的那些危言，又實在聳聽。因而取字的時候，旣轉就仇匹之訓而命之曰『義』；復就敵仇相反之義而申之曰『和』。這在情理上說，似乎是很自然的事情。（江聲《尚書集注音疏》、王鳴盛《尚書後案》，都以爲『和』是語餘之聲。）

總之，《文侯之命》之文侯，既非晉文侯莫屬；而義和二字，又恰巧和仇字合拍。就王氏所擧的史料而言，固然是『古天子於諸侯無稱字者』；但也不能因此便確切地斷定古天子於諸侯絕對不得稱字。翻過來說，這『父義和』一語，豈不就是天子稱諸侯之字的例子嗎？《尚書・正義》申僞《孔傳》之說云：

> 天子於同姓諸侯，皆呼爲父。稱父者非一，若不稱其字，無以知是文侯；故以字別之。

孔氏此說，只能說明『義和』二字既在『父』字之下，則必是諸侯的名或字；而不能證明何以不稱名而稱字的理由。『古天子於諸侯無稱字者』，雖不是鐵定的法則，但很像是一般的習慣。周平王之於晉文侯，何以不依照一般的習慣而稱其名？這是沒法確鑿答覆的問題。我想，也許是平王因爲文侯有勳王之大功，而特向他表示客氣的意思。江聲《尚書集注音疏》說：『稱父而字之，尊寵之也。』這話似乎很合情理。

以下再說晉文侯不是晉文公：

晉文侯不是晉文公，這本是人所共知，不待辨解的問題。但主張『《文侯之命》是周襄王命晉文公之辭』的人，就必須使『文侯』成爲『文公』，才能適應他們的主張；因而就不得不從而爲之辭。楊椿的《文侯之命論》（《孟鄰堂文鈔》卷七）說：

> 其稱文侯不稱文公者，晉本侯爵故耳。

吳承志的《讀文侯之命》也說：

> 公與侯，文可通施，義實有別。侯從爵繫，公爲其國所尊奉之大名。王錫晉文公秬鬯圭瓚作《文侯之命》，以文公釋文侯，猶《君奭・序》『召公爲保，周公爲師，召公不說，周

公作《君奭》』，以召公釋君奭，互文爲備；必古本如此。

不然，晉先君本有文侯，何由知此文侯爲文公！

按：本篇的標題是『文侯之命』，並不是『以文公釋文侯』。假若像楊吳二氏之論，同一國君，旣可以稱作某公，又可以稱作某侯，那豈不正如吳氏所說：『晉先君本有文侯，何由知此文侯爲文公！』何況《考古圖》《宣和博古圖錄》《嘯堂集古錄》《薛氏鐘鼎彝器款識》等書，都著錄有《晉姜鼎》。從它的銘辭看來，此鼎當是晉文侯的夫人姜氏所作。它的銘辭中有這樣一段話：

余隹（惟）司（嗣）朕先姑君晉邦。余不叚（暇）妄（荒）寧。……用紹匹辝（台）辟，敏揚氒（厥）光剌（烈），虔不豕（墜）。……勿灋（廢）文侯顒（顯）命。

如果照吳承志的說法『公爲其國所尊奉之大名』；則晉姜稱文侯豈不要稱文公？然而由此鼎銘辭已經證明，事實絕不如吳氏所說。

其實，關於這一問題，楊樹達的《讀尙書文侯之命》（見《積微居小學述林》卷六）一文中，已有詳確的論證。他說：

《史記・晉世家》記晉侯燮以下十五世，皆稱曰侯；至曲沃武公滅晉侯緡、周釐王命爲晉君、列爲諸侯，以後晉君皆稱公。

由於稱侯和稱公之別，所以晉君的謚號雖有些相同的，卻也不至於誤把兩人混而爲一。楊氏曾把晉君謚號相同的例子，列學如下：

武侯寧族	武公稱
成侯服人	成公黑臀
厲侯福	厲公壽曼
獻侯籍	獻公詭諸
文侯仇	文公重耳
昭侯伯	昭公夷

孝侯平　孝公頎

哀侯光　哀公驕

於是他說:

同是晉君，其號謚相襲者達七君之衆（里案: 實是八君，楊氏計算偶誤。）所以不相避者，以公侯異稱，不虞其混也。

觀乎楊氏的此一論證，可知什麽『晉本侯爵』、什麽『以文公釋文侯』等種種揣測之談，就都可以一笑置之了。

那麽，晉文侯畢竟是晉文侯仇，絕不是晉文公重耳。

（二）文侯之命所表現的情勢和晉文侯合和晉文公不合

《史記・晉世家》敍述晉文侯即位以後的事迹，只有這樣簡單的幾句話:

文侯十年，周幽王無道，大戎殺幽王，周東徙。

今本《竹書紀年》，在周平王元年，則有『晉侯、鄭伯、秦伯以師從王，入於成周』的紀載。此一紀載，當是湊合下列諸史料而成:

一、衞侯事，當是根據《史記・衞康叔世家》『犬戎殺周幽王，武公將兵往佐周平戎，甚有功』數語而來的。

二、秦伯事，當是根據《史記・秦本紀》『襄公以兵送周平王』之語而來的。

三、晉侯和鄭伯事，當是分據隱公六年《左傳》『我周之東遷，晉鄭焉依』、和《國語・鄭語》『晉文侯於是乎定天子』等語而來的。

今本《竹書紀年》的此一記載，乍看起來，幾乎沒一字沒來歷。只是它說衞侯、鄭伯、秦伯，同時『以師從王，入於成周』，而又繫之於平王元年，就未免可議了。

按: 《左傳》所謂『晉鄭焉依』，只是泛說周天子依靠晉鄭，並沒指明有某些特殊事件; 而《鄭語》所謂『晉文侯於是乎定天子』的話，則確有事實可指。昭公二十六年《左傳》：『至於幽王，天不弔周；王昏不若，用愆厥位。携王奸命，諸侯替之而建王嗣，用遷郟鄏。』《正義》解釋這段話時引《汲冢書紀年》說：

平王奔西申；而立伯盤以爲太子，與幽王俱死於戲。先是申侯魯侯及許文公，立平王於申；以本太子，故稱天王。幽王既死，而虢公翰又立王子余臣於携；周二王並立。二十一年，携王爲晉文公所殺；以非本適，故稱携王。

這裏所謂伯盤，就是伯服。顧亭林以爲：『古服字與般字相似而誤。』（見《日知錄》卷二。《左傳》杜《注》，以携王爲伯服。顧亭林說他：『蓋失之不考。』）按：古盤字只作般。例如《盤庚》的盤字，甲骨文都作般；漢石經亦復如此。般字，甲骨文作㪔；《兮甲盤》作𣪘。服字，《盂鼎》作𦨶。可見般服兩字的形狀，在古代是很近似的。從而知道顧亭林見解的正確。這裏所謂晉文公，公字應當作侯，想是傳寫之誤。這裏所謂二十一年，是晉文侯的二十一年（今本《竹書紀年》，以爲是周平王的二十一年，誤；說詳後。）；也就是周平王的十一年。由於此一記載，可知周平王之所以能够保得住王位，主要的是靠了晉文侯的勳勞。這就是《鄭語》所說的『晉文侯於是乎定天子』了。

根據這一史實，可知周平王從即位的時候，就在困苦憂患之中；最後，由於晉文侯殺掉了携王，才算安定了王室。這和《文侯之命》中周王所說的：『嗚呼！閔予小子嗣，造天丕愆；殄資澤于下民，侵戎，我國家純。』和『汝多修，扞我於艱』等情勢，完全相合。

如果照《史記》的說法，以爲本篇是周襄王錫命晉文公之書；那麼，城濮之戰，根本與王朝無干，則『閔予小子嗣，造天丕愆……』等語，既屬無病呻吟；而『汝多修，扞我於艱』云云，更是無的放矢了。

所以，從史實來看，《文侯之命》的文侯，也應該是晉文侯，而不會是晉文公。

（三）文侯之命所載的錫賜之物和周襄王錫晉文公的不合

由以上的論證，我們知道：從號謚方面看，《文侯之命》的文侯，既是晉文侯而不是晉文公；從史實方面來看，《文侯之命》的內容，也和晉文侯合而晉文公不合。現在，再從《文侯之命》所載的錫賜之物來看，也和周襄王賜給晉文公的不同。本篇說：

王曰：『父義和！其歸視爾師，寧爾邦。用賚爾秬鬯一卣，彤弓一，彤矢百；盧弓一，盧矢百；馬四匹。……』

《史記》所載周襄王錫晉文公命的史實，是根據的僖公二十八年《左傳》；但《史記》卻未照錄《左傳》的原文，而間有增減的地方。現在引述《左傳》的原文如下：

五月，……丁未，獻楚俘于王。駟介百乘，徒兵千。鄭伯傅王，用平禮也。己酉，王享醴，命晉侯宥。王命尹氏及王子虎、內史叔興父，策命晉侯爲伯。賜之大輅之服，戎輅之服，彤弓一、彤矢百，玈弓、矢千，秬鬯一卣，虎賁三百人。曰：『王謂叔父，敬服王命，以綏四國，糾逖王慝。』晉侯三辭，從命。曰：『重耳敢再拜稽首，奉揚天子之丕顯休命。』受策以出，出入三覲。

兩相比較，則襄王賜文公的比平王賜文侯的多了大輅之服、戎輅之服，和虎賁三百人；又盧（玈同）弓矢多了十倍（玈弓、矢千，是玈弓十只玈矢百只：從杜預說。）。而所少的則是馬四匹。所以，單從錫賜之物來看，也可以證明《文侯之命》不是周襄王命晉文公之辭了。

而且，《左傳》記述此一史實，明明地說：『用平禮也。』杜預《注》說：『以周平王享晉文侯仇之禮享晉侯。』參以隱公六年

《左傳》和《國語・鄭語》的記載（俱見前引），這說法是信而有徵的。而此次的命辭，是『王謂叔父，敬服王命，以綏四國，糾逖王慝』。明明和《文侯之命》不同。《史記》襲用了《左傳》所載周襄王錫晉文公命的史料之後，卻硬把《尚書・文侯之命》混進去；張冠李戴，遂給後人平添了無限的困惑。

或者說：《文侯之命》所說的時勢，雖和晉文公因獻楚俘而受周襄王錫命的情形不合；但卻和晉文公因平定了王子帶之亂而受周襄王錫命的情形相似。王子帶串通狄人入周，襄王出奔鄭，王子帶篡了王位。這，在襄王說，豈不就是『閔予小子嗣，造天丕愆，……侵戎，我國家純』嗎？後來晉文公納王而誅叔帶，穩定了王室，這豈不是『汝多修，扞我於艱』嗎？如此說來，《文侯之命》雖然不是周襄王二十年命晉文公之辭，也許是襄王十七年命文公之辭哩。

按：此事《左傳》和《國語》都有記載，而略有小異。僖公二十五年《左傳》說：

> 晉侯辭秦師而下。三月甲辰，次於陽樊。右師圍溫，左師逆王。夏四月丁巳，王入于王城。取大叔于溫，殺之于隰城。戊午，晉侯朝王。王饗醴，命之宥。請隧，弗許。曰：『王章也；未有代德，而有二王，亦叔父之所惡也。』與之陽樊、溫、原、攢茅之田。晉於是始啓南陽。

《國語・晉語》四則說：

> 二年春，公以二軍下，次於陽樊。右師取昭叔于溫，殺之于隰城。左師迎王于鄭；王入于成周，遂定之于郟。王饗醴，命公胙宥。公請隧，弗許。曰：『王章也；不可以二王，無若政何！』賜公南陽：陽樊、溫、原、州、陘、絺、組、攢茅之田。

《左傳》和《國語》的記載，雖小有不同。但所記晉文公因功請隧，而襄王不許，僅賜以陽樊、溫、原等地，別無其他賜與則是一致的。《史記・晉世家》記述此事，也只說：『周襄王賜晉河內陽樊之地。』而不言其他。這些史料，和《文侯之命》所記述的迥然不同，可知決非一事。

可是，《史記・周本紀》於敍述了晉文公納王而誅叔帶的事情之後，卻說：『襄王乃賜晉文公珪鬯弓矢爲伯，以河內地與晉。』『以河內地與晉』，自然是根據上述的史料；『襄王乃賜晉文公珪鬯弓矢爲伯』這句話，乃是別有所本。按：昭公十五年《左傳》所載周景王對籍談的話說：

其後襄之二路，鍼鉞秬鬯，彤弓虎賁。文公受之，以有南陽之田。

景王的話，是概述周襄王所錫與晉文公的物事，是合指襄王十七年和二十年兩次的錫賜說的。大概《史記》因爲《左傳》有『文公受之以有南陽之田』的話，於是把襄王二十年的賜物，也寫在十七年的賬簿上了。（吳承志的《讀文侯之命》，也把襄十七年和二十年的兩件事，混爲一談。）

總之，單從賜與物事來看，《文侯之命》也不是周襄王命晉文公之書。

*　　　*　　　*

由上舉㈠、㈡、㈢三項論證來看，我可以負責地說：《文侯之命》是周平王錫命晉文侯之書，而非周襄王錫命晉文公之書。

那麽，這篇命書，究竟作在那一年上呢？

今本《竹書紀年》，在平王元年『王東徙洛邑』之後，便記載着『錫文侯命』。它把此事繫之於平王元年。齊召南的《尙書注疏考證》也說：

《史記・十二諸侯年表》：文侯十年，周幽王爲戎犬所殺；十一年，平王東遷洛邑。然則此篇其作於平王元年乎？

按：今本《紀年》，在『錫文侯命』之後，才記載着『晉侯會衞侯、鄭伯、秦伯，以師從王，入於成周』。錫命在前，以師從王入於成周在後。照此來說，則『汝多修，扞我於艱』等語，豈不是憑空亂說？此單用今本《紀年》之矛，已足以破其自己之盾。何況『晉侯會衞侯、鄭伯、秦伯，以師從王，入於成周』這句話，是拼湊各種史料，又加之以『意匠經營』而成，根本不是信史。因爲『晉侯會衞侯……入於成周』云云，屬於晉侯方面者，是由《左傳》的『我周之東遷，晉鄭焉依』；和《國語》的『晉文侯於是乎定天子』兩種史料附會而成。晉鄭焉依，只是泛說；而晉文侯於是乎定天子，則是指文侯殺携王以安周室而言（說詳前）。由此看來，齊召南的說法，自然也不可信。

按：《文侯之命》所說的『王多修，扞我於艱』之語，必是指晉文侯殺携王以定平王之事而言無疑。《左傳》孔《疏》所引的《汲冢紀年》，明說此事是在『二十一年』。前文曾說此二十一年是晉文侯的二十一年，而非周平王的二十一年。其所以然之故，可以用王靜安《古本竹書紀年輯校》的話來證明：

> 《春秋經傳集解·後序》：『《紀年》無諸國別，惟特記晉國。起自殤叔，次文侯、昭侯，以至曲沃莊伯。莊伯之十一年十一月，魯隱公之元年正月也。皆用夏正建寅之月爲歷首，編年相次。晉國滅，猶記魏事。』案：殤叔在位四年；其元年爲周宣王四十四年，其四年爲幽王元年。然則《竹書》以晉紀年，當自殤叔四年始。

王靜安據《春秋經傳集解·後序》，斷定自殤叔四年始，《竹書》就以晉紀年。《晉書·束晳傳》也說：『其紀年十三篇，記夏以來至周幽王爲犬戎所滅，以事接之；三家分，仍述魏事。』按：以事接之的『事』字應當作『晉』；否則，上下文義，就很難通貫。而且『以事接之』這句話的本身，也很費解。《紀年》是專記史事的書，還用說到以事接之嗎？把事字改作晉字，就正和《春秋經集解傳・後序》的話相應；只是《束晳傳》的話語較爲含混而已。

《竹書》既從殤叔四年起以晉紀年；那麼，《左傳》孔《疏》所引《竹書》的二十一年，自然是晉文侯的二十一年；也就是周平王的十一年。晉文侯殺掉攜王既在這年，照理說，平王賞賜他不應當遲到隔年之後。如此說來，《文侯之命》的著成時代，應當在周平王的十一年。

（《尚書文侯之命著成的時代》，原刊於中央研究院史語所《集刊》第二十九本，又見於屈著《書傭論學集》，臺北開明書店出版）

〔其他各篇存目〕

朱廷獻撰《泰誓眞僞辨》，刊載於《孔孟月刊》第十九卷第四期內。

朱廷獻又撰《漢泰誓之流傳及其著成之時代考》，發表於《中華文化復興月刊》第十五卷第八期。

蔡信發撰《尚書秦誓辨》，發表於《幼獅學誌》第十五卷第四期。

■古文尚書

張蔭麟云:

吾人不欲坐視此案久懸不決。爰於本篇，傳集兩造律師使各將其理由，定爲最後之形式，兩相對質；然後加以裁判，以了轇轕千年之惡訟。本案之中心問題卽東晉梅賾所上《古文尚書》中增多於今文之二十五篇之眞僞。換言之，卽此二十五篇（以下省稱《晚書》）是否卽劉歆所謂出自孔壁之逸《書》（以下省稱《壁書》）故欲使反面之主張確立，必須證明《壁書》非《晚書》。或《晚書》作於《壁書》出現之後。欲更進一步證明《晚書》爲東晉人所僞造，必須證明東晉以前無其書……。

總結上文，反面所擧證據極爲充分。正面之辨護完全失敗。吾人可下一最後之結論曰:《晚書》不是《古文尚書》原本，換言之，卽屬僞作。

《晚書》旣屬僞作，果作於何時乎？欲解決此問題，宜先明下列兩原則:

第㈠，在《晚書》流行以前，載籍中文句或事實與《晚書》增多篇合，而屬於下列三種性質者，不能爲作者已見《晚書》之證:

(a)載籍中文句或事實未聲言爲引用任何書者。——因此類文句或事實之與《晚書》合，有由於僞作《晚書》者於自覺或不自覺中襲用現成句語或事實之可能也。

(b)載籍中文句，或事實，聲明爲引據《尚書》，而不言引《尚書》何篇者，或

(c)言明某篇，而此篇爲眞《古文》所本有者。——因此類文句或事實，或爲作者直接或間接引自眞《古文尚書》，而僞作《晚

書》者於自覺或不自覺中襲用之。此可能性，亦吾人所當承認也。若此諸類可據爲作者引用《晚書》之證。則反面又何嘗不可謂爲僞作者湊集之證乎？

惟文句或事實之屬於下一種性質者始可藉以斷定作者曾見《晚書》：

(d)作者聲明爲引自《尙書》或引自《尙書》之某篇，而其文或其文所附麗之部分，可證明爲眞《古文》所無者。

據此原則，則下列一類正面爲用《晚書》辨護之證據，可得而判斷也。

(A)吳光耀謂今《晚書・武成》爲眞，爲兩漢人所見，其證有十二：(1)劉歆《三統曆》引《武成》第一條，與今合。(2)崔篆《易林》用『血流漂杵』。(3)崔駰《北巡頌》用『軾商容閭』。(4)—(9)董仲舒《春秋繁露》，《漢書・王莽傳》上奏，楊雄《劇秦美新》，班彪對隗囂，班固《地理志》，《白虎通》引《緯書》，皆用『列爵惟五，分土惟三』文義。(10)張衡《東巡誥》用『敢祇上帝』。(11)《風俗通義》引《尙書》『紂爲逋逃藪』，不據《左傳》。(12)《隸續》載《漢嚴發碑》，用《武成》『丁未越三日庚戌』句法。（《古文尙書正辭》卷十九）

按(1)屬上述(b)類；(2)屬(b)類，且已見《孟子》所引；(3)屬(a)類，且又見《尙書大傳》(《後漢書・郎顗傳・註》引)；(4)—(9)，(10)，(12)皆屬(a)類；(11)屬(b)類。皆不能證明作者曾見《晚書》。

(B)洪良品證《晚書》見於東漢，其言曰：『至《古文尙書》(指《晚書》）之引於東漢人者。(1)《孔叢子・執節篇》云：『其在《商書・太甲篇》司立而干冢宰之政。伊尹曰：「惟王舊行不義，習與性成，予不狎於不順。」王始即桐，邇於先王，其訓罔以後人迷。王往居憂，允思厥祖之明德。』其所述《太甲》事與今《太甲篇》同。(2)王符生於安和之世，其著《潛夫論》，如《五德志篇》

引《說命》云:『武丁卽位,默以不言。思夢三年,而夢獲賢人爲師。乃使以夢像求四方側陋。得傅說,方以胥靡築於傅巖。拜以爲太公,而使朝夕規諫。恐其有憚急也,則勑曰:「若金,用汝作礪;若濟巨川,用汝作舟楫;若時大旱,用汝作霖雨。啓乃心,沃朕心。若藥不瞑眩,厥疾弗瘳;若跣不視地,厥足用傷。爾交修,余無棄。」故能中興。』是皆東漢引古文之確證。(3)其餘襲用辭語,如班固《漢書・于定國傳》引經曰;『萬方有罪,罪在朕躬。』卽古文《湯誥》也,徐幹《中論》引書云:『愼始而敬終,終以不困。』書卽《古文・蔡仲之命》也。仲長統引《尚書》曰:『冢宰掌邦治。』《尚書》卽古《周官篇》也。他若《風俗通》之引『紂爲逋逃淵藪』,《白虎通》之引『必立賞罰以定厥躬』,《谷永傳》之引經云:『亦惟先正克左右。』《孔融傳》之引『紂斮朝涉之脛』,《地理志》原注之引『周爵五等而土三等』,然則馬、鄭而外,見《古文》者不少矣。(按以上漢人所引,皆今二十五篇之文,無正義僞書二十四篇一語。)由漢末沿至三國,王粲《七釋》『濬哲文明允恭允塞』,則用《舜典》語;陳琳《檄吳將校步曲文》『大兵一放,玉石俱碎』,則用《胤征》語;蜀《後主策丞相亮詔》『濬哲文明,允恭元塞』,則用《武成》語。又如魏明帝問博士曰:『周公管蔡之事,此亦《尚書》所載。』此明指《太甲篇》爲言。又(4)《士燮傳》云『《尚書》兼通古今,大義詳備。聞京師古今之學忿爭,欲條《尚書》上義上之』,其所謂『《尚書》兼通古今』者有孔氏《古文》在內;『大義詳備』者有《古文》之傳在內。而其『古今之學忿爭』者,卽指孔鄭二家傳註爲言,足證《古文孔傳》在其時已大行。

按第(1),《孔叢子》之眞僞今且不論,其所引書乃屬於前所列(b)類,不足爲證。第(2)如洪氏所稱,一若《潛夫論》明言爲引《尚書・說命篇》也者。吾人覆檢原書,不獨此處,未言爲引自《尙書》，並未言爲引用任何書。實當屬於前所列(a)類，更不足爲證。洪氏之『掩眼法』有如此者。第(3)段中除徐幹仲長統及駱統所引爲屬於(b)類外，餘皆屬於(a)類。其言卽《晚書》某篇，皆洪氏憑空代定，羌無根據也。至漢人所引無鄭所述二十四篇一語，尤爲可笑。此二十四篇已佚，洪氏何由知無其中一語耶？《于定國傳》之引經『萬方有罪，罪在朕躬』，安知其非指《論語》？周公、管、蔡之事，今文《金縢》及《大誥》載之。則魏明帝謂其事爲《尚書》所載者，不必包含有引據《晚書・蔡仲之命》之意味。至第(4)段引《士燮傳》言及《古文尚書》欲明《晚書》之大行於三國尤毫無意義；夫使一言及《古文尚書》，輒可謂爲指《晚書》之《古文》，則但據兩漢《儒林傳》《晚書》之眞，早成鐵案矣。又何待洪氏等之爭辨耶。而無如事實不如此簡單也。

(D)張諧之則謂《晚書》不獨顯於三國、東漢，且已顯於西漢。其所擧證除見於上者外，有：(1)劉向《說苑・貴德篇》引《書》曰：『與其殺不辜，寧失不經。』謂此《大禹謨》之文也。(2)『一人三失，怨豈在明？不見是圖』，謂此《五子之歌》之文也。(3)《敬愼篇》曰『天作孽，猶可遠；自作孽，不可逭』，謂此《太甲》之文也。(4)孫竦爲陳崇草奏，稱莽功德云：『事事謙退，動而固辭，《書》曰：「舜讓于德不嗣。」公之謂矣。』謂此引《舜典》之文也。其古文見於東漢之證：(5)鄧皇后詔曰『面牆術學』，謂此用《周官》之文也。(6)班固《漢書・百官表》曰：『夏殷亡聞焉，周官則備矣。天官冢宰，地官司徒，春官宗伯，夏官司馬，秋官司寇，冬官司空，是爲六卿。各有徒屬職分，用於百事。太師，太傅，太保，是爲三公。蓋參天子，座而議政，無不總統，故不以一職爲官名。又立三少爲之副。少師，少傅，少保。是爲孤卿，與六卿爲九焉。記曰：「三公無官。」言有其人然後完之；周公召公是也。』謂此皆用《周官》之文也。(7)傅毅《廸志詩》之『二迹阿衡，克光其用』，謂此用≪說命≫『罔俾阿衡，專美有商』之文也。⑻前詩又曰：『爰作股肱，萬邦是紀。』謂此用≪說命≫『股肱惟人，四海仰德』之文也。⑼梁竦≪悼騷賦≫云：『段伊尹之協德兮，曁太甲而俱寧。』謂此用≪咸有一德≫『德無常，協于一克』之文也。⑽王充≪論衡・答佞篇≫云：『刑故無小，宥過無大。』謂此引≪大禹謨≫之文也。⑾張衡≪思玄賦≫云：『咎繇邁而種德兮，德樹茂乎英六。』謂此用≪大禹謨≫之文也。⑿謂『馬融≪書序≫辨今文≪泰誓≫云：「『我武惟揚，侵于之疆。取彼凶殘，我伐用張，于湯有光。』皆用≪泰誓≫之文，非≪孟子≫引≪書≫之文。其見≪古文尚書≫尤爲確據。至其引≪ 荀子 ≫『獨夫受』及≪ 禮記 ≫『予克受』，皆用≪泰誓≫本文，不用所引紂字，均可概見。」』其≪古文≫見於三國之證：⒀魏文帝≪讓禪表≫云：『堯將禪舜，詢事考言，然後乃命。然猶執讓于德不嗣。』謂此用≪古文舜典≫之文也。⒁曹植≪求通親表≫云：『伊尹恥其君不爲堯舜。』謂此用≪說命≫之文也。⒂阮籍≪樂論≫引≪書≫云：『予欲聞六律五聲八音在治忽以出納五言女聽。』謂此古文≪益稷≫之文也。⒃荀勗≪食舉樂歌≫≪時雍≫云：『西旅獻獒。』謂此用≪旅獒≫之文也。

按第⑶，第⑸，第⑹，第⑺，第⑻，第⑼，第⑽，第⑾，第⒀第⒁，及第⒃皆屬於前所稱之(a)類。其中第⑺，第⑻，第⑼，三條，與≪晚書≫同者各只有二字，而以爲作者見≪晚書≫之證，則今人之書，其可指爲古人已見者何可勝數哉。第⑶條見≪ 孟子 ≫所引。第⑾條『咎繇邁種德』之語，已見≪ 左傳 ≫引。第⒃條則見≪ 書序 ≫。第⒀條更無用爲證據之價値。事見今文≪ 堯典 ≫，（≪晚書・舜典≫由今文≪堯典≫分出，）其餘屬於前所稱爲(b)類者：第⑿條馬融明擧≪書≫傳所引≪泰誓≫五事與當時所傳之≪泰誓≫不同，以證明其僞，而不言此五事文見古文≪泰誓≫中，亦並未言此《泰誓》與古文《泰誓》有其他不合之處。正可見古文無與今文不同之《泰誓》也。（其說見前）而張氏反謂馬融所引乃據《晚書》，眞所謂『掩耳盜鐘，而自云無覺』矣。第⒂條所引乃今文《皐陶謨》之文，《晚書・益稷》乃由今文《皐陶謨》分出，更何得用爲作者引《晚書・益稷》之證！

第㈡，言《晚書》在梅賾奏獻以前之歷史，而其書作於《晚書》顯行之後，（或其書來歷不明者）不宜置信。因《晚書》自梅賾奏獻後，以至南宋朱熹吳棫輩以前，學者皆信爲眞，以《晚書・僞孔序》所言爲事實。作者以之爲衡量一切之標準，實等於一面之辭也。

梅賾獻書事之本身，亦有致疑之者。此事今存最初之記載有：（僞《孔序》除外）

⑴《隋書・經籍志》云：『東晉豫章內史梅賾始得安國之傳奏之。時又闕《舜典》一篇。齊建武中吳姚興方於大桁市得其書奏上，比馬、鄭所注多二十八字，於是始傳國學。』

⑵陸德明《經典釋文》：『江左中興，元帝時豫章內史梅賾奏上《孔傳古文尚書》，亡《舜典》一篇，購不能得。乃取王肅注《堯典》從「愼徽五典」以下分爲《舜典篇》以續之，學徒遂盛。』

其不明言梅賾上書，而似指其事者一處。

⑶《晉書・荀崧傳》：『元帝踐祚……時方修學校，簡省博士，置《周易》王氏，《尙書》鄭氏，古文《尙書》孔氏，《毛詩》鄭氏，《周官》《禮記》鄭氏，《春秋左傳》杜氏，服氏，《論語》《孝經》鄭氏，博士各一人，凡九人。』

崔述懷疑此數種記載不可據，其理由有三：

⑴今《晉書》不言梅賾獻書事。『梅賾果嘗奏上此書，本紀卽不之載，《儒林傳》中，豈得並無一言及之？』（《古文尚書辨僞》

卷一）按《晉書》成於唐貞觀，其時晚書早已成威權，《晉書》之不載獻書事，蓋由於作者之疏略，非由於作者不信有其事也。

(2)《荀崧傳》載元帝時學官所立有孔氏《古文尚書》，乃由於作者誤衍。——『……傳中記簡省博士事內云：「《尚書》鄭氏，《古文尚書》孔氏。似當時已有此僞書者。然按傳中所載，《春秋左傳》二家，《易》《詩》《周官》《禮記》《論語》《孝經》各一家，加以《尚書》二家當爲博士十人，何以但云九人？前後不符，其爲誤衍孔氏一家無疑。且考《職官志》，稱晉承魏制，置博士十九人，江左減爲九人。魏旣未嘗以《孔傳》列學官矣，晉安得而有之？而《隋書》亦稱齊建武中《孔傳》始列國學。合觀諸書，「孔氏」之文爲誤衍，不待問者。』（《古文尚書辨僞》卷一。）此可反證東晉《晚書》已立學官之說，不能反證梅氏獻書之說也。

(3)齊、梁以前，《晚書》未顯。——『王坦之、東晉人也，范蔚宗、東晉人也。藉令此書果已奏上行世，坦之、蔚宗必無不見之者。而坦之《廢莊論》引人心道心二語，不言爲《虞書》，是坦之未嘗見此書也。蔚宗著《後漢書・儒林傳》但云賈逵作訓，馬融作傳，鄭元注解，由是《古文尚書》遂顯於世。若不知別有二十五篇者。是蔚宗亦未見此書也。直至劉勰作《文心雕龍》始引此二十五篇之文。然則元嘉以前，此書初未嘗行於世。至齊梁之際始出於江左也。』（《古文尚書辨僞》卷一。）此崔述之說也。程廷祚亦嘗舉同類證據，曰：『東晉有李氏撰《集解尚書》十一卷。（見《隋志》，李氏字長林，江夏人爲本郡太守）其書所解，乃漢之僞《泰誓》，又每引孔安國注。此見穎達《疏》中。若謂渡江之初，孔書已出，則某爲《集解》時，必無取於僞《泰誓》，安國旣爲二十五篇作傳矣，何由復有僞《泰誓》之註。此東晉不見《晚書》與傳之確證也。（《晚書訂疑》卷上）

按最後一證，似極堅強。然郭璞注《爾雅·釋畜》『犬，四尺爲獒』引《尚書》孔氏《傳》曰：『犬高四尺曰獒。』注同書《釋鳥》『鳥鼠同穴』引孔氏《尚書傳》：『共爲雌雄。』此皆可確定爲《孔傳》者。此處《孔傳》無《晚書》，則無所附麗，可證明郭璞已見《晚書》也。『犬高四尺曰獒』一條，程延祚及段玉裁曾指爲後人竄入，程氏之理由謂『郭氏注例，凡有所引，必爲本書所無而足以相發明者。《孔傳》所言與《爾雅》無異而本書亦無他艱奧難通，何必見引而復以「卽此義」之語承之乎』？段氏之理由謂『單疏本標起止云：注「公羊」至「之獒」。是邢氏所據郭注無此（引《孔傳》之）一十五字』。其言皆似持之有故。然程氏所言郭書義例，郭氏初未明言，不能斷定其有自覺之規定；段氏尋本子上之根據，然安知其必爲郭氏原本？且『犬高四尺曰獒』一條，縱可除去，而『共爲雌雄』一條，終無法證明爲後人竄入。於是程氏爲之說曰：『其（竄入之）「鳥鼠同穴」一條，猶無形迹。』夫旣無形迹，焉知其爲竄入乎？因證據與吾說不合，無充分理由而指爲後人竄入乎？因證據與吾說不合，無充分理由而指爲後人竄入，此實晚近考證家之大病。吾人所宜切戒也。由上觀之，郭璞注《爾雅》引據《晚書》之事實，殆可成立。試再進一步考定郭璞注《爾雅》之時代。洪良品謂『其注虎儵則曰「永嘉四年所得」；注貀，則曰「元康八年所得」，是《爾雅注》一書，始於永嘉未亂，成於永嘉旣亂』，按書中紀元康、永嘉時事，只能證明其作於元康、永嘉以後，不能斷定其屬始及告竣在何時。又觀其書於草木蟲魚多引江東名物爲證，則其書當成渡江以後。（程延祚說）約略與梅賾獻書同時也。郭璞旣於東晉初得見僞《古文尚書》，則東晉初梅賾奏上《古文》之事，大略可信。顧何以齊、梁前人，如上述崔述、程延祚所擧者，皆不見其書。曰：梅書初奏上，然未立國學（據《隋志》），殆不行於世。其時旣無印刷術，流傳不易。王坦之、范蔚宗諸人之不及見，並非不可解釋之事。

至梅賾以前僞《古文尚書》之歷史，孔穎達所稱引者，皆不可信。《正義》引《晉書》曰:『晉太保鄭沖以《古文》授扶風蘇愉，愉字休預。預授天水。梁柳，字洪季，卽（皇甫）謐之外弟也。季授城陽。臧曹，字彥始。始授郡守汝南。梅賾，字仲眞，又爲豫章內史。』又引《晉書·皇甫謐傳》:『姑子外弟梁柳邊得《古文尚書》，故作《帝王世紀》往往載《孔傳》五十八篇之書。』以上兩段，其文其事皆不見今《晉書》。其來歷不明。衞《晚書》者謂其出於舊史，然無證據也。其言鄭沖皇甫謐傳《晚書》，皆與事實不符，他可知矣。

(1)鄭沖與何晏同纂《論語集解》，其於《堯曰章》『予小子履敢用元牡，敢昭告于皇皇后帝』及『雖有周親，不如仁人』二節，採《孔安國注》，皆與《晚書》衝突。又於『書云「孝乎惟孝」』一章，採包咸說曰『孝乎惟孝，美大孝之詞。……施，行也。所行有政道，與爲政同』，是以『孝乎惟孝』爲句，而以『施於有政』爲一家之政。今《晚書》此文，無『孝乎』二字;而『施於有政』作『克施有政』，指治民而言。與包說迥異。若沖果傳《晚書》，豈容復採包說?（崔述《古文尚書辨僞》卷一。

(2)據孔穎達所引《晉書》，《孔傳古文尚書》自鄭沖至梅賾，一脈相承，皇甫謐旣傳五十八篇，當並傳《孔傳》。何以『《孔傳》稱堯壽百一十七歲，而謐所撰《帝王世紀》，堯年百一十八歲;《孔傳》稱舜壽百一十二歲，而《世紀》云舜年百歲;《孔傳》釋「文命」爲「外布文德敎命」，而《世紀》云「足文履己，故名文命，字高密」;《孔傳》謂禹代鯀爲崇伯而《世紀》云「堯封禹爲夏伯」;《孔傳》謂成湯沒而太甲立，《世紀》云湯崩之後有外丙、仲壬，仍用史遷之說』（《晚書訂疑》卷上）至於事實之有相同，不能證明孰爲襲用者，（直接或間接襲用）孰爲被襲用者，前已言之矣。

⑶又陸德明《經典釋文》言：『王肅亦注《今文》，而解大與《古文》相類，或肅私見《孔傳》而秘之乎？』後來攻《晚書》之人遂有謂《晚書》爲王肅所僞撰，而衞《晚書》者則謂王肅本傳《孔氏古文》。按兩說皆不能成立。王肅註經，固與鄭玄相氷炭者也。而《晚書》多合於肅說，而不合於鄭氏者也。肅誠僞造或傳受其書，正可擧爲利器？何爲反秘匿之，而無一言及之乎？

結總本文：《僞古文尚書》大略出現於東晉初元帝時，爲梅賾所奏上。其以前之歷史，則不可考。

（《僞古文尚書案的反控和再鞠》，原載《燕京學報》第五期）

〔存　目〕

戴君仁先生撰《閻毛古文尚書公案》，在《戴靜山先生全集》中；書分十章，一章《引言》，二章《梅鷟辨古文之僞》，三章《閻若璩之生平及著作》，四章《尚書古文疏證之內容》，五章《閻氏著書的方法》，六章《閻氏疑古文的同調》，七章《毛奇齡及其古文尚書寃詞》，八章《古文尚書寃詞批評》，九章《閻氏之繼起者》，十章《繼毛衞古及僞古文的價值》。

于大成撰《談僞古文尚書》，刊於臺灣新生報一九六八年七月三十日第十版內。

■書　序

趙貞信云:

漢《古文尚書》，一般人都疑是劉歆所僞作；因爲它沒有師說，就不曾傳下來。《古文書序》，康、崔二氏也都疑心是劉歆所僞作，我的見解雖和他們有些不同，但結論也跑不出他們的範圍。不過仔細察看，我疑心《古文書序》雖劉歆有僞作的重大嫌疑，但康、崔所極力攻擊的乃是現時存在的《書序》，而這現時存在的《書序》恐怕已不是《古文書序》。因爲《書序》裏面的中心思想，不但與劉歆完全不合，亦且不見得是西漢時代的作品。試先用康氏《僞經考・漢書王莽傳辨僞》的話來證:

《書・逸嘉禾篇》曰:『周公奉鬯立於阼階，延登，贊曰:「假王蒞政，勤和天下。」』此周公攝政，贊者所稱。

按:《尚書正義》一載《古文十六篇》目……無《嘉禾篇》，……蓋歆僞爲《古文書》時，尚無附莽篡位意，後則僞爲經記以奬莽篡，故復增造此篇。……《堯典》『假於上下』，《西伯戡黎》『唯先假王』，《詩》『假哉天命』，皆訓『至也』，『正也』，無訓眞假之義者。『假王』之稱出於韓信；歆欲奬成莽篡，故緣此義以易古訓。

據他說《逸嘉禾篇》是劉歆爲奬成莽篡而僞造，並爲『假』字新立一義，然則如果現存《書序》是劉歆僞作，《嘉禾序》必應涵有周公作假王的意義。但現在卻說『周公旣得命禾，旅天子之命』，這和《逸嘉禾篇》的說話不是太不合拍了嗎?

《禮・明堂記》曰:『周公朝諸侯於明堂，天子負斧依南面而立。』謂周公踐天子位六年，朝諸侯，制禮作樂而天下大服也。

按:《尚書大傳》:『周公攝政,一年救亂,二年克殷,三年踐奄,四年建侯衞,五年營成周,六年制禮作樂,七年致政成王。』攝其政耳,無踐天子位事也。歆僞作《明堂位》誣先聖以佐篡逆,而後人猶惑之,何哉?

判《明堂位》是新莽時的僞書,劉歆所僞作,不但康氏這樣說,在他之前的姚際恆、方苞也都是這樣說。據他們說劉歆所以僞作《明堂位》,是爲幫助莽篡。周公可以稱『天子』,可以『踐天子之位』,則王莽自然也不妨『服天子韍冕,背斧依於戶牖之間,南面朝羣臣,聽政事,……民臣謂之攝皇帝』了。劉歆作《明堂位》的本意是這樣,如果《書序》也是劉歆所作,應該有相同的意思纔對;但今《大誥序》卻說『周公相成王』,這和《明堂位》以周公爲天子的意思又哪裏能合拍。不但這樣,據《王莽傳》所引的解釋《君奭》之說是『周公服天子之冕,南面而朝羣臣,發號施令常稱王命,召公賢人,不知聖人之意,故不說也』,這和《史記・燕世家》的『成王旣幼,周公攝政,當國踐阼,召公疑之』的意思相同;而現在的《君奭序》卻偏作『召公爲保,周公爲師,相成王爲左右,召公不說』,毫不見周公有稱王踐阼之意。《王莽傳》解釋《洛誥》『朕復子明辟』之語說,『周公常稱王命,專行不報,故言「我復子明君」也』,『孺子加元服,復子明辟,如周公故事』,『昔周公攝位,終得復子明辟』,是復子明辟卽反政之義;今《洛誥序》卻說『周公往營成周,使來告卜』,也毫不見有反政的意思。所以,以後解釋《君奭序》的,只好說『召公不悅,周公復列於臣位』;解釋『朕復子明辟』的,也只好說『周公得卜,復命於王』了:這又哪裏是劉歆作僞書獎成莽篡的意思。還有,康氏力主《左傳》爲劉歆分析《國語》改竄而成,可是《左傳》裏所有的《夏訓》《伯禽》《康誥》諸篇名,《書序》裏卻沒有。崔氏力主

《史記》中的《書序》爲劉歆所竄入，可是劉歆偷竊僞造的《逸書》十六篇中的《舜典》《汩作》《大禹謨》《棄稷》《旅獒》五篇的篇名《史記》裏也沒有。而且《史記・魯周公世家》說：『周之官政未次序，於是周公作《周官》。』這和鄭衆名《周禮》爲《尙書周官》，劉歆以《周禮》作於周公之說相合，現在的《書序》卻說『成王既黜殷命，滅淮夷，還歸在豐，作《周官》』，這也是兩相矛盾的。就這些證據來看，可見假使要認《逸嘉禾篇》《明堂位》《逸書》《左傳》《史記》中的《書序》等是劉歆所僞作，則便不得不認現在的《書序》不是他所僞；倘用『他作僞時故爲錯迕以泯其跡』的話來解釋，是不會使人信服的。

《尙書》有三次作僞，一《百兩篇》，二《漢僞古文》，三《晉僞古文》。這三種僞書，結果是留下了《晉僞古文》一種。我相信《書序》是同樣的經過三次作僞的，現存的《百篇書序》即是經過了作《晉僞古文經》的人的改造的。有證據嗎？有。

一，篇次的移動。《尙書・堯典・正義》云：

> 其百篇次第於《序》，孔、鄭不同。孔以《湯誓》在《夏社》前，於百篇爲第二十六；鄭以爲在《臣扈》後，第二十九。孔以《咸有一德》次《太甲》後，第四十；鄭以爲在《湯誥》後，第三十二。孔以《蔡仲之命》次《君奭》後，第八十三；鄭以爲在《費誓》前，第九十六。孔以《周官》在《立政》後，第八十八；鄭以爲在《立政》前，第八十六。孔以《費誓》在《文侯之命》後，第九十九；鄭以爲在《呂刑》前，第九十七。……考論次第，孔義是也。

照《鄭本》的排法，《湯誓序》在《夏社》《疑至》《臣扈序》後，《仲虺之誥》《湯誥》《咸有一德序》在《典寶序》前，《蔡仲之命序》在《冏命序》後，《費誓序》在《呂刑序》前。據《湯誓序》稱『湯……與桀戰於鳴條之野』，《夏社疑至臣扈序》稱『

湯既勝夏』，《仲虺之誥序》稱『湯歸自夏』，《湯誥序》稱『湯旣黜夏命』，《典寶序》稱『夏師敗績，湯……遂伐三朡』，是《湯誓序》不當在《夏社疑至臣扈序》後，《仲虺之誥》《湯誥》《咸有一德序》不當在《典寶序》前。《冏命》和《呂刑》都是穆王時書，蔡仲和伯禽都是成王時人，從時代論，《蔡仲之命序》和《費誓序》不當在《冏命序》後，倘不論時代而分天子之事與諸侯之事，則《費誓序》也當與《秦誓序》相比，而不得在《呂刑序》《文侯之命序》前。這些都是《鄭本》不對而《僞孔本》對的。對是對了，但這是《僞孔本》的《書序》文字和《鄭本》一樣而改對了的呢？還是《僞孔本》已將《鄭本》的文字改動過之後再排順的呢？這雖無法證實，但《百篇序》的次第已經變亂過是明白的事實。

二，篇名的更換。《益稷》篇，《正義》云：

> 馬、鄭、王所據《書序》，此篇名爲《棄稷》，……又合此篇於《皋陶謨》，謂其別有《棄稷》之篇，皆由不見古文。

《棄稷》是《漢僞古文》十六篇中的一篇，做《晉僞古文》的人強要把原來的《皋陶謨》分出半篇來充數，但旣名《棄稷》，內中就應當有許多稷的說話，而《經》文裏沒有，於是不得不把『棄』字改成『益』，來附合篇中『曁益』『曁稷』的話。《五子之歌》篇，崔適說：

> 『作《五子之歌》』，此東晉《古文尚書書序》語也。……漢時《書序》『須於洛汭』下當有『作《五觀》』句。晉時『觀』字始以聲轉爲『歌』，段氏以《左傳》『斟灌』，《夏本紀》作『斟戈』例之，是也。晚出《古文尚書》讀『歌』如字，增『作《五子之歌》』，而作歌五章以當之，復改漢時《書序》『作《五觀》』爲『作《五子之歌》』。
>
> （本書頁一三四至一三五）

《旅獒》篇，孫星衍說：

『獒』當爲『敖』，或爲『勢』，《經》文必不從『犬』。《說文》：『獒，犬，知人心可使者，《春秋傳》曰：「公嗾夫獒」。』若《尙書》有此字，許必不引後出之書。此僞孔所改字也。（《尙書今古文注疏》卷三十下）

《成王政》篇，《釋文》云：『馬作「征」。』王鳴盛說：

馬……是也。此敍其征伐事。孔改『政』，非也。（《尙書後案》卷三十）

『觀』字因聲轉爲『歌』，『作《五歌》』，在東晉人看來自然覺得不合式，於是把『五歌』改爲『五子之歌』，就做五首歌來當一篇。『旅獒』，據鄭玄的解釋是『西戎無君，名強大有政者，爲遒豪，國人遣其遒豪來獻見於周』，當然原本不會是『獒』字。『成王政』，《馬本》『政』作『征』，訓『正也』，『政』字，《論語》也有『政者，正也』的話，在解釋方面，『征』『政』本來可以沒有大分別，但《僞孔傳》解爲『爲平淮夷徙奄之政令』，則好像故意立異。

三，文字的增減改易。《說命序》，『使百工營求諸野』，王鳴盛說：

《說文》卷四上《旻部》『夐』字《注》云：『營求也。从旻从人在穴上。《商書》曰：「高宗夢得說，使百工夐求，得之傅巖。」巖，穴也。』今作『營求』，晉人以訓詁代經文也。（《尙書後案》卷三十）

《康誥》《酒誥》《梓材序》，『作《康誥》《酒誥》《梓材》』，孫詒讓說：

案此僞孔本也，古本蓋不如是。《周禮》賈《疏·序周禮廢興》引鄭君《周禮敍》云：『案《尙書盤庚》《康誥》《說命》《泰誓》之屬三篇，《序》皆云某作若干篇。』《泰誓》云『作《泰誓》三篇』，《康誥》敍文蓋正與彼同，此鄭以前本也。若如今本，則與彼三敍殊異，鄭不宜並數之。古《酒誥》《梓材》，本皆蒙《康誥》爲上中下篇，故《韓非子·說林篇》云：『《康誥》曰「毋彝酒」者，彝酒，常酒也』，今其文在《酒誥》，是秦以前《酒誥》亦稱《康誥》，而《梓材》可以類推矣。又《法言·問神篇》云：『昔之說《書》者序以百，而《酒誥》之篇俄空焉，今亡矣夫。』揚子蓋不知古無《酒誥》《梓材》之名，因見《書》百篇，凡著篇目者皆列於《序》，惟《酒誥》有目而敍不見，故云『俄空』；不及《梓材》者，亦文不具也。今以意推定，先秦古敍蓋云『作《康誥》三篇』，其書中篇目則《酒誥》爲《康誥中》，《梓材》爲《康誥下》，與《盤庚》《說命》《泰誓》同。至西漢時所傳《尚書》，則書中篇目別題《酒誥》《梓材》，故《尚書大傳》有《酒誥》《梓材》傳，而《敍》則仍其舊。有篇數，無篇名，蓋自伏生、史遷以迄馬、鄭本皆如是。揚子因《盤庚》《泰誓》中下篇皆不別著篇名，獨《酒誥》《梓材》當篇各自有題署，《敍》與彼不相應，因而獻疑。否則同敍異篇，若《大禹》《臯陶謨》《棄稷》諸篇多矣，何獨致疑於《酒誥》耶？(《尚書駢枝》)

《文侯之命序》『平王錫晉文侯秬鬯圭瓚』，王先謙說：

案：此《今文書序》以爲文公、重耳之事，據馬本今古文皆無『平』字也。鄭始以『義和』之『義』爲文侯仇字。《書疏》引王肅云：『幽王旣滅，平王東遷，晉文侯、鄭武公夾輔王室，晉爲大國功重，故平王命爲侯伯。』蓋本鄭說而申之。僞孔因於《序》首加『平』字，此又《僞傳》出肅之一證也。（《尚書孔傳參正》卷三十六）

這三條的文字都經僞孔改過，證據確鑿，無可辨解。現在的《百篇書序》本和《晉僞古文經》《僞孔傳》同出，就他能做僞經僞傳的能力和慾望來看，豈有不把《書序》大加改易以印合他的僞經僞傳之理。他因爲硬要湊成《尙書》五十八篇，除僞造二十三篇以外，又分《堯典》之半作《舜典》、《臯陶謨》之半作《益稷》。《舜典序》說：『虞堯側微，堯聞之聰明，將使嗣位，歷試諸難。』試看現在《舜典》起首的說話（二十八字除外），和序文何等符合，這不是他先把經文分開了然後再做序的嗎？所以崔述說：

> 《僞古文尙書》有《君陳篇》，其《序》云：『周公旣沒，命君陳分正東郊。』……按《書・君奭篇》乃周公誥召公之詞，周、召位皆三公，周朝事主，是以相稱爲『君』。《春秋傳》鄰國諸侯皆相稱以『君』，若『君處北海』、『君命敝邑』之類是也。未聞君而稱其臣爲『君』者。……此《序》不見於《史記・周本紀》，疑與《僞書》同出一手。（《豐鎬考信錄卷六》）

郝敬說：

> 孔書《君陳》曰：『無忿疾于頑。』《畢命》曰：『毖殷頑民，遷於洛邑。』《序》曰：『成周旣成，遷殷頑民。』《序》與孔書皆非古也。（《尙書辨解卷六》）

徐與喬說：

> 周公未嘗以殷士爲頑民，附會《書序》，當出一人。（《經史辨體・經部・書畢命》）

他們都疑心有些《序》是作《晉僞古文》的人做的。據《尙書・盤庚序・正義》：

> 束皙云：『《尙書序》「盤庚五遷，將治亳殷」，舊說以爲居亳，亳殷在河南。孔子《壁中尙書》云：「將始宅殷。」』是與古文不同也。

段玉裁說：

> 束廣微當晉初未經永嘉之亂，或孔壁原文尙存祕府，所說殆

不虛。(《古文尚書撰異》卷三十二)

是束皙所看見的《書序》已和《漢古文書序》兩樣。據皇甫謐《帝王世紀》云:

南有周原,故始改號曰周。王季徙程,故《書序》曰:『維周王季宅程。』是也。(《太平御覽》卷一百五十五引)

現存的《百篇書序》裏,就沒有他所引的一條。從這些地方看,《漢古文書序》和《晉古文書序》內容改變的限度,恐怕不是我們所能想像得出的。且其中心思想,正立在兩極端的地位,所以仔細一查,適處處與劉歆之意旨相反,與漢人的舊說不合。作《晉僞古文》的人爲什麼要和劉歆和其他漢人立異呢?這我可以引焦循的說話來作答。

東晉晚出《尚書》孔《傳》,至今日稍能讀書者皆知其僞。……余嘗……平心論之曰:……《明堂位》以周公爲天子,漢儒用以說《大誥》,遂啓王莽之禍。鄭氏不能辨正,且用以爲《尚書注》而以周公稱王。自是厥後,歷曹馬以及陳、隋、唐、宋,無不沿莽之故事。而《傳》特卓然以周公不自稱王而稱成王之命以誥,勝鄭氏遠甚。……爲此《傳》者,蓋見當時曹、馬所爲,爲之說者,有如杜預之解《春秋》,束晳等之僞造《竹書》,舜可囚堯,啓可殺益,太甲可殺伊尹,上下倒置,君臣易位,邪說亂經,故不憚改《益稷》,造《伊訓》《太甲》諸篇,陰與《竹書》相齮齕。又托孔氏《傳》以黜鄭氏,明君臣上下之義,屛僭越抗害之譚。以觸當時之忌,故自隱其姓名。(《尚書補疏・自序》)

凡事都離不開時代背景:要和今文爭勝,所以有《漢僞古文》的出現;要和鄭玄爭勝,所以有《晉僞古文》的出現。要抬高王莽,因此不得不借重周公來做榜樣;要降低曹、馬,因此不得不捧出成王來壓倒周公。看到這裏,我們應該明白現存的《書序》裏所以只見成王的威風而周公平凡化了，這便是做《晉僞古文》的人的『明君臣上下之義，屏僭越抗害之譚』的主旨的表現，也便是做《漢僞古文》的人不會來這一套的確據。

（《書序辨》，在《古史辨》第五册內）

■尙書孔氏傳

陳夢家云:

隋、唐學者還有一說法，卽古文《尙書》曾經孔安國作傳，就是今存《孔傳》本的註文。此說的不能成立，極爲明顯，因爲《孔傳》本的古文並非西漢的孔安國的古文，那末註文也不是的了。再看漢人書和宋范曄的《後漢書》都沒有孔安國爲《尙書》作《傳》的記載。范曄父泰，泰是東晉范寧之子，寧曾爲《孔傳》古文《尙書》作集註，又曾變《孔傳》本的古文爲今字，而其孫作《後漢書》竟不提到孔安國作傳，豈非很可疑怪？古文《尙書·湯誥》採用《論語·堯曰篇》，若是作古文《尙書》的人有意冒充孔安國，爲何放着現成的孔《註》不用反而襲用何《註》？旣不抄襲孔安國的《古論·注》，爲何《經典釋文》和《隋書·經籍志》一致說古文《尙書》有孔安國《傳》？從此疑竇中有很好的消息，卽魏何晏以後到齊、梁之間有沒有另一個孔安國作古文《尙書》及其傳註的可能。有的，這便是與西漢臨淮太守同姓名的東晉孔安國，他在史籍上有極詳確的記載。《晉書·孔愉傳》曰:

> 愉字敬康，會稽山陰人也，其先世居梁國。曾祖潛，太子少傅，漢末避地會稽，因家焉。祖竺，吳豫章太守；父恬，湘東太守；從兄侃，大司農，俱有名江左。……永嘉中元帝始以安東將軍鎭揚土，命愉爲參軍，邦族尋求，莫知所在。建興初始出應召爲丞相掾，仍除駙馬都尉參丞相軍事，時年已五十矣。以討華軼功封餘不亭侯。……帝爲晉王，使長兼中書郞。……出爲司徒左長史，累遷吳興太守。沈充反，愉棄官還京師，拜御史中丞，遷侍中太常。……尋徙大尙書，遷

安南將軍，江州刺史，不行。轉尚書右僕射。領東海王師。尋遷左僕射。……後省左右僕射，以愉爲尙書僕射，愉年在懸車，累乞骸骨，不許。轉護軍將軍，加散騎常侍，復徙領軍將軍，加金紫光祿大夫，領國子禮酒。頃之，出爲鎭軍將軍，會稽內史，加散騎常侍……年七十五，咸康八年卒，贈軍騎將軍，開府儀同三司，謚曰貞。三子：誾、汪、安國。誾嗣爵，位至建安太守。誾子靜，字季恭，再爲會稽內史，累遷尙書左僕射，加後將軍。汪字德澤，好學有志行，孝武帝時位至侍中。時茹千秋以佞媚見幸於會稽王道子，汪屢言之於帝，帝不納。遷尙書太常卿。以不合意，求出爲假節都督交、廣二州諸軍事，征虜刺史，甚有政績，爲嶺表所稱。太元十七年卒。

安國字安國，年小諸兄三十餘歲，羣從諸兄並乏才名，以富彊自立。惟安國與汪少厲孤貧之操，汪旣以直亮稱，安國亦以儒素顯。孝武帝時，甚蒙禮遇，仕歷侍中太常。及帝崩，形素羸瘦，服衰絰涕泗終日，見者以爲眞孝。再爲會稽內史，領軍將軍。安帝隆安中下詔曰：領軍將軍孔安國貞愼淸正，出內播譽，可以本官領東海王師，必能導達津梁，依仁遊藝。後歷尙書左右僕射，義熙四年卒，贈左光祿大夫。

除本傳外，孔安國的事蹟尙見以下各書：

(1)孔僕射爲孝武侍中，豫蒙眷接，烈宗山陵，孔時爲太常，形素羸瘦，著重服，竟日涕泗流漣，見者以爲眞孝子。≪世說新語・德行篇≫)

(2)孔安國字安國，會稽山陰人，車騎愉第六子也。少而孤貧，能善樹節，以儒素見稱，歷侍中、太常、尙書，遷左僕射，特進卒。（≪世說新語・注≫引≪續晉陽秋≫）

(3)太元十三年召孔安國爲侍中。（≪晉書・禮志≫中）

⑷隆安四年孝武太皇后李氏崩，疑所服，尙書左僕射王雅、尙書車胤孔安國、祠部郎徐廣議太皇太后名位。（《晉書·禮志》中）

⑸隆安五年春三月乙亥，內外戒嚴，領軍將軍孔安國屯中堂皇徽。（《晉書·安帝紀》）

⑹宋殷祭皆即吉乃行……晉義熙初僕射孔安國啓儀。（《宋書·禮志》三）

⑺義熙二年六月，白衣領尙書左僕射孔安國（殷祀）啓。（《宋書·禮志》三）

⑻義熙四年夏四月散騎常侍左僕射孔安國卒。（《晉書·安帝系》）

據以上各書，安國於太元十三年（公元388年）召爲侍中，孝武末（公元396年）爲太常，隆安四年（公元400年）已爲尙書，五年（公元401年）已爲領軍將軍，義熙二年（公元406年）已爲左僕射，義熙四年（公元408年）加散騎常侍，是年卒。

關於孔安國註《尙書》的事，不見正史，惟在《孔叢子》中有兩段重要的材料。此書朱子以爲僞書，並且說它和古文《尙書》是一手僞作。此書之所以不僞，及其與《孔傳》古文的不同別詳專文。今用《叢書集成》初編《子彙》本，校以《四部叢刊》杭州葉氏明翻宋本，錄《孔叢子》下《連叢子》下第二十二中的兩篇如下:

《敍書》

家之族胤，一世相承，以至九世相魏，居大梁。始有三子焉：長子之後承殷統爲宋公；中子之後奉夫子祀爲褒成侯，小子之後彥以將士高祖有功，封蓼侯，其子臧嗣焉。歷位九卿，遷御史大夫，辭曰：臣世以經學爲業，家傳相承作爲訓法，然今俗儒繁說遠本，雜以妖妄，難可以教。侍中安國受詔綴集古義，臣乞爲太常，典臣家業，與安國紀綱古訓，使永垂來嗣。孝武皇帝重違其意，遂拜太常，其禮賜如三公。在官數年，箸書十篇而卒。先時嘗爲賦二十四篇，四篇别不在集，以其幼時之作也。又爲書與從弟及戒子，皆有義，故列之於左。

《與侍中從弟安國書》

臧報侍中，相如忿俗儒淫辭冒義，有意欲撥亂反正，由來久矣。然雅達博通，不世而出；流學守株，比肩皆是。衆口非非，正將焉立？每獨念至此，夙夜反側；誠懼仁弟道未信於世，而以獨知爲愆也。人之所欲，天必從之，舊章潛於壁室，正於紛擾之際，欻爾而見，俗儒結舌，古訓復申，豈非聖祖之靈欲令仁弟讚明其道以闡其業者哉？且曩雖爲今學，亦多所不信，唯聞《尚書》二十八篇取象二十八宿，謂爲至然也。何圖古文乃自百篇耶？如《堯典》說者以爲堯、舜同道，弟素常以爲雜有《舜典》，今果如所論。及成王遇風雷，周公見任，俗儒羣驅，狗吠雷同，不得其彷彿，惡能明聖道之眞乎？知以今讎古，以隸篆推科斗，已定五十餘篇，並爲之傳，云其餘錯亂文字磨滅，不可分了，欲垂待後賢，誠合先君闕疑之義。顧惟世移，名制變改，文餘義類轉益難知，以弟博洽溫敏，旣善推理，又習其書，而猶尚絕意，莫肯垂留三思，縱使來世亦有篤古碩儒，其若斯何？嗚呼惜哉！先王遺典，缺而不補，聖祖之業，分半而泯，後之君子，將焉取法？假令顏、閔不歿，游、夏更生，其豈然乎？其豈然乎？不得已已，貴復申之。

《孔叢子》分上中下三篇，下篇卽《連叢子》。此《敍書》在第一篇，略近序言，《敍書》述孔臧事，所以後世以《連叢子》爲孔臧所作。今考孔臧事，《漢書·高惠高后文功臣表》云：

蓼夷侯孔藂，以執盾，前元年從起碭，以左司馬入漢爲將軍，三年以都尉擊項藉，屬韓信侯。高祖六年正月丙午封，三十年薨。孝文九年侯臧嗣，四十五年元朔三年坐爲太常衣冠道橋壞，不得度，免。元康四年藂玄孫長安公士宣詔復家。

又《漢書・藝文志》敍，公孫宏奏『謹與太常臧、博士平等議』，又儒家有『太常蓼侯孔臧十篇』。凡此孔臧嗣侯爵，官太常，當武帝時，著書十篇，都與《敍書》一一符合。但細審此篇確經後人竄改，其迹如下:

⑴據《漢書・孔光傳》漢元帝時封孔霸爲褒成君關內侯，奉夫子祀，王莽時改君爲侯。《成帝紀》綏和元年封『孔吉爲殷紹嘉侯，三月進爵爲公』。又《後漢書・王莽傳》中『殷後宋公孔弘運轉次移，更封爲章昭侯，位爲恪。然宣尼公後褒成子孔鈞已前定矣』。孔鈞卽孔均，霸曾孫，嗣褒成侯，原名莽，見《孔光傳》《王莽傳》上。以上封殷後和奉夫子祀官都在漢武帝後。

⑵據《史記・孔子世家》曰『安國爲今皇帝（武帝）博士，至臨淮太守，蚤卒』，《漢書・儒林傳》曰『安國爲諫大夫』，都無爲侍中的記載。

⑶安國與臧雖同時，是否兄弟輩不得而知。

⑷《與從弟書》『舊章潛於壁室，正於紛擾之際』，武帝時如何謂之紛擾?

由上述四點看出《敍書》與孔臧時代有刺謬之處，進而懷疑《敍書》本身或有僞造的可能。

但《敍書》並不僞，是後來編輯者有所更易。《敍書》末節顯係編者案語，知其文已非原來面目。編者因爲看到孝武皇帝，以爲是西漢的孝武皇帝；看到安國，以爲是前漢的孔安國，因此一切易以西漢的人物。我們看出有未改以前的遺迹，知道《敍書》所述是東晉孔愉的事。今據《孔愉傳》把《敍書》復原如下：

彥——愉

臧——汪

安國——東晉孔安國

孝武皇帝——晉孝武帝

蓼侯——餘不亭侯

高祖——中宗

以所改的孔愉事重讀《敍書》《與從弟書》，則時、地、人三者更爲合宜。

(1)《敍書》云：先世『相魏，居大梁』，《孔愉傳》云：『其先居梁國。』

(2)《敍書》云：『始有三子焉』云云，《孔愉傳》云『三子：闇、汪、安國：闇嗣爵，……闇子靜，字季恭……』，《宋書・孔季恭傳》《南史・孔靖傳》均作靖。《晉書・孝武帝紀》曰『太元十一年八月庚午封孔靖之爲奉聖亭侯，奉宣尼祀』，孔靖之卽孔靖，《宋書・孔季恭傳》永初三年（公元 422 年）卒，年七十四則太元十一年當三十八歲。

(3)《敍書》汪拜太常在孝武帝時，時安國爲侍中。考《宋書・禮志》三曰『太元十二年詔議明堂郊祀，太常孔汪議曰……』，是孔汪於太元十二年（公元 387 年）已爲太常，比安國爲侍中早一年。此中恐有年數小誤，但孔汪爲太常、安國爲侍中皆在孝武帝太元中，則與《敍書》符合。又孔汪卒於太元十七年（公元 392 年），距其拜太常才數年，所以《敍書》說『遂拜太常……在官數年，著書十篇而卒』。

(4)《隋書・經籍志》集部『梁有太常孔汪集十卷，亡』。與《敍書》所謂『箸書十篇』相合。

惟有兩點似乎不合。《敍書》臧嗣爵則是汪嗣愉爵，而《孔愉傳》闓嗣爵，這恐怕一個嗣餘不亭侯，一個嗣奉聖亭侯。闓子靖爲奉聖亭侯，可證。《與從弟書》，作書者與受書人是從兄弟，而《晉書・孔愉傳》汪與安國是愉之子，而《續晉陽秋》則以安國爲孔愉第六子。

由上所述，《敍書》與《與從弟書》所述並東晉會稽孔安國、孔汪兄弟事，那末其中關於編綴《尙書》的事應該同樣可信。讀《與從弟書》，知安國先有書報汪。而《敍書》與《與從弟書》中所述可與《孔傳》本《尙書序》比較，今取《尙書序》有關各節錄之如下:

先君孔子……討論墳典，斷自唐、虞以下迄於周，芟夷煩亂，剪截浮辭，擧其宏綱，撮其幾要，足以垂世立敎，典謨訓誥誓命之文凡百篇。

《與從弟書》云『何圖古文乃自百篇耶』。

至魯共王好治宮室，壞孔子舊宅以廣其居，於壁中得先人所藏古文虞、夏、商、周之書及《論語》《孝經》，皆科斗文字。王又升孔子堂，聞金石絲竹之音，乃不壞宅，悉以書還孔氏。科斗書廢已久，時人無能知者。以所聞伏生之書考論文義，定其可知者爲隸古定，更以竹簡寫之，增多伏生二十五篇。伏生又以《舜典》合於《堯典》，《益稷》合於《皋陶謨》，《盤庚》三篇合爲一，《康王之誥》合於《顧命》，復出此篇，並序凡五十九篇，爲四十六卷。其餘錯亂摩滅弗可復知，悉上送官，藏之書府，以待能者。

《與從弟書》云『知以今讎古，以隸篆推科斗，已定五十餘篇，並爲之傳，云其餘錯亂文字磨滅，不可分了，欲垂待後賢，誠合先君闕疑之義』。書中所謂『云其餘……』明是安國與汪書中語如此，正是大序所述。《與從弟書》云『如《堯典》說者以爲堯、舜同道，弟素常以爲雜有《舜典》，今果如所論』，所論者卽大序云『伏生又以《舜典》合於《堯典》』。科斗書指孔子壁中書，『科斗書廢已久』或指壁中書已失傳，不得已『以所聞伏生之書考論文義』，卽《與從弟書》所說『以今讎古，以隸篆推科斗』，是從今文《尙書》，推造古文《尙書》，故二十五篇古文除引用先秦書籍中所引逸書外，其形式無一非模仿今文。《與從弟書》云『以弟博洽溫敏，旣善推理，又習其書』，此所謂『推』卽書中所謂『以隸篆推科斗』。五十八篇外尙有四十二篇，孔安國未曾再推造，故《與從弟書》云『而猶尙絕意，莫肯垂留三思，嗚呼惜哉！先王遺典，缺而不補，聖祖之業，分半而泯』。《隋書・經籍志》有《尙書逸篇》二卷，《新唐書・藝文志》有《尙書逸篇》三卷，徐邈《註》，《隋書・經籍志》云『又有《尙書》逸篇出於齊、梁之間，考其篇目似孔氏壁中書之殘缺者』。此逸篇或是孔安國的贋稿『悉上送官藏之書府』者，故徐邈爲之作註；或是先孔安國已有，安國據之推造古文者。

承詔爲五十九篇作傳，於是遂研精覃思，博考經籍，採摭羣言，以立訓傳，約文申義，敷暢厥旨，庶幾有補於將來。

此卽《敍書》所云『侍中安國承詔綴集古義』，《與從弟書》云『已定五十餘篇，並爲之傳』。大序至此已完，而今孔穎達《正義》本於此下更有一段：

書序，序所以爲作者之意，昭然義見，宜相附近，故引之各冠其篇首，定五十八篇。旣畢，會國有巫蠱事，經籍道息，用不復以聞。傳之子孫，以貽後代，若好古博雅君子與我同志，亦所不隱也。

自『書序』至『不復以聞』疑是齊、梁、隋、唐間人所竄入。《孔傳》五十八篇《尚書》外，兼亦爲序作傳，所以大序說『並序凡五十九篇』『承詔爲五十九篇作傳』，明書序亦是一篇。東漢今文《尚書》序另成一卷，附於經文後，《孔傳》本當亦如此。不知何時將序分冠各篇，所以才有『定五十八篇』之語。補此段者不知作傳的孔安國並非西漢孔安國，所以挿入巫蠱一事。此段當陸德明《經典釋文》時已有。

由此說來，侍中孔安國在《尚書序》中並沒有意冒充西漢的孔安國，孔汪與安國的信正當安國作好古文《尚書》和《傳》以後，故《尚書序》與《與從弟書》互相一致。安國既是孔氏後裔，對於當日的俗儒淫辭繁說十分不滿，所以根據東漢傳下來的百篇序推造百篇中的五十八篇，此五十八篇有三十三篇仍用今文，所造只二十五篇。四十六卷五十九篇去序一卷一篇，尙有四十五卷五十八篇，桓譚《新論》云『古文《尚書》舊有四十五卷五十八篇』，孔安國本此。只有這一點，孔安國有意與它符合。

梅頤上馬、鄭的古文《尚書》，或在東晉初，去侍中孔安國時已八十餘年，中間屢經變亂，恐怕又已告失。孔安國當時有沒有把他的古文立於官學，不得而知，惟看《與從弟書》書中口氣似乎當時今學尚盛。與侍中安國同時的徐邈、范寧都看到此書。《隋書・經籍志》有徐邈的『古文尚書音』一卷，《經典釋文》古文《尚書》各篇已引徐的反切。《晉書・徐邈傳》邈卒於隆安元年，年五十四（公元 344—397 年），是在隆安元年前《孔傳》已出世。《孔傳》本用隸古定寫成，《經典釋文・序錄》云『後范寧變爲今文集註』，是范寧時《孔傳》本已流行民間。《序錄》又云:

> 元帝時，豫章內史梅頤奏上《孔傳》古文《尚書》，亡《舜典》一篇，購不能得，乃取王肅注《堯典》從資徽以下分爲《舜典》以續之，學徒遂盛。後范寧變爲今文集注，俗間或取《舜典篇》以續孔氏。

又《隋書　經籍志》云:

古文《尚書》十三卷　臨淮太守孔安國傳

今字《尚書》十四卷　孔安國傳

古文《尚書・舜典》一卷　晉豫章太守范寧註

十三卷是孔安國本，闕《舜典》；范寧補入《舜典》一卷，又變十三卷古文爲今字，故今字《尚書》十四卷。

《舊唐書・經籍志》云:

古文《尚書》十三卷　孔安國撰

又十卷　孔安國傳　范寧注

十三卷是經文，十卷是傳注。《經典釋文・敍錄》有『范寧《集解》十卷』，《新唐書・藝文志》有『古文《尚書》范寧注十卷』，皆卽此，大約於《孔傳》之外再加范寧的集註，《玉函山房輯本序》云:『大抵用馬、鄭舊文。』

大約在東晉之末，《孔傳》漸興，晁公武所謂『安國古文《尚書》至晉、齊間始顯』是也。東晉安國以前，沒有引到《孔傳》的，東晉以後江左盛行之。《北史・儒林傳序》云:『江左《周易》則王輔嗣，《尚書》則孔安國，……河、洛《尚書》《周易》則鄭康成。』南北朝的《尚書》，北鄭南孔，《隋書・經籍志》說《尚書》『齊代惟傳《鄭》義』是北齊，《北史・儒林傳》云:『齊時儒士罕傳《尚書》之業，徐遵明兼通之……並康成所注，並古文也。下里諸生，略不見孔氏注解。』《經典釋文・序錄》有宋姜道盛《尚書集解》十卷（《隋書・經籍志》作十一卷），《宋書・劉懷肅傳》曰『道盛著古文《尚書》行於世』。《史記》宋裴駰《集解》引《孔傳》，是宋時《孔傳》已行。《經典釋文・序錄》云齊明帝時博士蕭衍用孔氏《尚書・序》議姚方興《舜典》，是南齊博士用《孔傳》之證。《隋書・經籍志》梁時孔子怯、巢猗、費○、蔡大寶等均注古文《尚書》，梁劉昭《後漢書・祭祀志》中注已引孔安國傳，《經典釋文・序錄》云：『梁、陳所講有鄭、孔二家……至隋，孔、鄭並行，而鄭氏甚微。』孔穎達《正義・序》云：『但古文經雖然早出，晚始得行，其辭富而備，其義宏而雅，故復而不厭，久而愈亮，江左學者咸祖焉。近至隋初，始流河朔。』

隋初以前，北方學者皆主鄭義，南方則孔、鄭並行，至隋、唐初孔盛而鄭衰，自有其原故。南北經學不同之處，《北史・儒林傳》說的好：『南人約簡，得其英華；北人深蕪，窮其枝葉。』又如《世說新語・文學篇》記『褚季野語孫安國曰：北人學問，淵綜廣博。孫答曰：南人學問，清通簡要』。北人羨慕南人衣冠文物，所以一旦南學入河、洛，遂大昌盛。皮錫瑞《經學歷史》論此時代的經學云：『經本樸學，非顓家莫能解，俗目見之，初無可悅。北人篤守漢學，本近質樸；而南人善談名理，增飾華詞，表裏可觀，雅俗共賞。故雖以亡國之餘，足以轉移一時風氣，使北人舍舊而從之。』但此風氣轉移，也因爲漢學的支離破碎，已到無可發明的地步，經數百年的傳授已覺厭倦之至。此時江左承魏、晉玄學之後，於經學上也別開生面，力主清通簡要，即大序所謂『約文申義』，遂代馬、王之學而奠定其獨霸《尚書》千餘年的局面。馬、鄭爲古文的『漢學』，侍中安國之學可以名之爲古文的『晉學』。《尚書》有今古文學之分，而古文又有漢、晉或南北學之分。

陸德明、孔穎達和《隋書》作者把西漢孔安國的古文《尚書》和東晉孔安國的古文《尚書》混而爲一，故以梅頤所奏上的古文《尚書》即《孔傳》本。自侍中安國作古文《尚書》至隋初，將近二百年，而北人初習南學，不甚能分別兩個孔安國的時代，遂有這種錯誤。梁時劉孝標注《世說新語》，引《續晉陽秋》孔安國侍中的歷史，又引孔安國的《尚書序》，但於注《論語》時又引孔安國的《古論注》，此孔註至少早於魏何晏。劉氏於此，未有分辯。

由上所述，我們對此問題得一初步的結論：即在東晉晚葉，會稽孔安國侍中推造古文《尚書》二十五篇，又作《尚書序》，又爲今古文五十八篇及書序作傳註。此書似奉晉孝武帝詔而作，主旨在綴集古義，而作者以今推古，於傳註之外增益古文。書出，徐邈註音，范寧變隸古定爲今字，東晉之末行於民間，齊時已立於學官，此後南朝盛行，隋初始入河朔。唐立爲官學。

一、孔安國古文《尚書》作於東晉，故有晉事、晉語，玆舉二例如下：⑴《禹貢・孔傳》云：『瀍水出河南北山。』《漢書・地理志》河南郡穀成，注云：『《禹貢》瀍水出朁亭北，東南入洛。』《後漢書・郡國志》河南尹『 穀成瀍水出 』《注》云：『《博物志》曰：出潛亭山。』《晉書・地理志》河南郡有河南無穀成，知晉時省穀成入河南，故瀍水爲河南所有。詳《尚書古文疏證》第八十八節。⑵《胤征》有『火炎崑岡，玉石俱焚』一語，《陳琳集・檄吳將校部曲文》及《三國志・鍾會傳》『會移檄蜀將士吏民』都有『玉石俱焚』語，所以閻若璩據之以爲『此書之出魏、晉又一佐也』，詳《尚書古文疏證》第六十四節。案《尚書考異》卷二亦云『《晉書》袁宏《三國名人贊》云：滄海橫流，玉石同碎，又《劉琨傳》火炎崑岡，可見是晉人語。』案《晉書・孔怛傳》咸康元年石聰請降，怛與之書云：『鋒鏑一交，玉石同碎。』

二、《新唐書・藝文志》有『王肅孔安國《問答》三卷』，朱彝尊《經義考》謂當卽《隋書・經籍志》之《義問》，安國是晁之誤。《經籍志》云『梁有《尚書義問》三卷，鄭玄、王肅及晉五經博士孫晁撰，亡』。《册府元龜》云．『晁爲五經博士，撰《尚書義問》三卷。』王肅《聖證論》中附馬昭駁孔晁答張融，評晁朋於王，是孔晁亦屬王學。《經籍志》王肅撰《尚書駁議》五卷，《新唐書》王肅有《尚書釋駁》五卷，疑是一書，以駁鄭爲主。

三、《經典釋文・序錄》云：『爲《尚書》音者四人，孔安國、鄭玄、李軌、徐邈，案□漢人不作音，後人所託。』《經籍志》云:『《古文尙書音》一卷，徐邈撰。梁有《尙書音》五卷，孔安國、鄭玄、李軌、徐邈等撰。』李、徐皆東晉人，陸氏因孔安國是西漢人，故有『案□漢人不作音，後人所託』之語。此孔安國或係東晉孔安國，《堯典・釋文》『异，徐云鄭音異，孔、王音怡，已也』，唐寫本同，惟無云字。《孔傳》云『异，已也』，似《孔傳》與註音之孔是一人。王是王肅，陸氏以孔爲西漢孔安國，所以先於王。

四、《泰誓・正義》云『李顒《集註尙書》於僞《泰誓篇》每引孔安國曰』，此安國可有二說:⑴當如《論語・集解》所引孔安國;⑵東晉孔安國於作古文《尙書》前曾習今文《尙書》，故亦有注解今文《泰誓》之文。李顒東晉人，李充子，李充見《晉書・文范列傳》。《經典釋文・序錄》注李顒云:『字長林，江夏人，東晉本郡太守。』

五、《尙書》逸篇很有爲孔安國採用的可能，徐邈爲之註，是隆安元年前此書已見存。安國採之以入古文《尙書》。

六、《太平御覽》卷七〇引《尙書》逸篇云『堯子丹朱不肖，舜使居丹淵爲諸侯(侯原作使)』，此條或出北齊《修文殿御覽》。

(《古文尚書作者考》，《尚書專論》之內)

〔存　目〕

羅錦堂撰《尙書僞孔傳辨》，見《大陸雜誌》第十七卷第十二期，立論與陳夢家同。

詩　類

■詩　經

兪平伯云:

第一要考辨《商頌》大概的年代。(到底是商詩還是周詩?)至於誰做，誰校訂，且放着不談；因爲我們實在不知道。用什麼來考辨呢？第一是情理，第二是證據。古文家言，看看此中有何破綻？一眼看去，破綻甚多。我的疑問列下:

⑴商詩旣爲周太師所保存，何以不風不雅而獨有頌？

⑵《詩序》說:『微子至戴公，其間禮樂廢壞。』豈不有曲筆圓謊的嫌疑？商人旣有頌，宋爲商後應當保存；怎麼反要到周去找？頌爲宗廟之樂，宋國卽使是個破落大戶，也何至於丢得乾乾淨淨，臨了反靦顏到新朝去尋尋覓覓？這件事實不近情理。從此我們得到一暗示，就是《商頌》出現得很晚，大約在周之中世，所以《詩序》的作者非找補兩句話不可。

⑶周人採詩，何獨不錄宋詩？

第二點是我提出的，或者有點神經過敏。至於⑴⑶，郭君皆有相當的解釋，但卻不使我滿意。關於⑴，他說不外兩個原因，第一，頌是舞樂，風雅非舞樂；第二，頌是有才學人的作品，風雅是簡質的謳歌。這第一個原因還容或有之，第二個原因卻未免以今人評衡文學的眼力妄測古人了。關於⑶，他引鄭玄《詩譜》的話，『列國政衰則變風作，宋何獨無乎？曰，有焉，乃不錄之。王者之後，時王所客也，巡守述職不陳其詩，亦示無貶黜客之義也。』鄭玄的話眞是信口開河。我要問他一句話，魯是否周朝之上客？它旣非客人，又不陳其詩，是何緣故？《商頌》明明是宋人之詩，卻要硬把它安放在宋人的祖宗頭上，於是宋遂無頌。這件事又不能解釋，於是說出這種缺少常識的話來。

至於今文家說《商頌》是正考父作的，我們雖不甚信，但說是美宋襄公卻頗有幾分像。今文家之錯謬不亞於古文家，但就事論事，在這一點上其說較可信。

大凡要考辨一件公案，不當亂聽別人的話，卻捨棄這文件的本身不管；比較可靠的是文件的本身。《商頌》現存五篇，我們就從此看去。從情理方面推得兩點，從證據方面推得一點。

(1)商尙質，周尙文。這『尙』字自然是有點兒糊塗；但商之文化遠遜於周，卻不容疑惑的。商旣在周前，又較閉塞，它的詩自當較爲幼稚。但今日《商》《周》兩頌並存，比較文風而觀之，所得結果正與預期者相反。《商頌》複雜綿密，《周頌》簡單質樸，是明擺在那兒的事實，誰也不能否認它。在文學的演化上看去，是不可通的。所以皮錫瑞《詩學通論》上說：『商質而周文，不應《周頌》簡，《商頌》反繁。』

(2)以《商頌》與《周頌》比，知道《商頌》不應在《周頌》之前；更以《商頌》與《魯頌》比，知道它們大約是同時的作品。《魯頌》是美魯僖公，《商頌》是美宋襄公；《魯頌》是魯人的詩，《商頌》是商人的詩；一樣的誇大，一樣的鋪排。要把《商頌》放在《魯頌》以前數百年，這個排列是怎樣的奇怪。魯是周朝的本家，宋是前王之裔；所以列《魯》在前，列《商》在後。《詩》中無魯、宋之風，卻有魯、宋之頌。至於爲什麼魯、宋沒有國風？我們也不必強作解人。

(3)然而最重要的還是證據。最重要的證據還是在《商頌》的本身。《商頌》之《那》與《烈祖》均言『湯孫』，《玄鳥》又言及『武丁孫子』，這都不能確指其年代；因爲商王是湯武丁的孫子，而宋公也正是他們的孫子。我們雖不能確定其爲宋，卻也不能確定其爲商。只有《殷武篇》中卻有可供考辨的。玆錄其首二兩章：

撻彼殷武，奮伐荆楚，罙入其阻。裒荆之旅，有截其所。湯孫之緒。（一章）

維女荆楚，居國南鄉。昔有成湯，自彼氐羌，莫敢不來享，莫敢不來王。曰商是常。（二章）

這兒記着一樁事實，就是伐楚。主《商頌》爲商詩者，以此爲商高宗（卽武丁）之事；主《商頌》爲宋詩者，以此爲宋襄公之事。我們先論高宗伐楚，這件事是沒有旁證的。在《周易》上有『高宗伐鬼方』；但經考釋，鬼方是在北方，與荆楚並非一家，所以不能取來作證。而且，我還可以舉出一反面的證據，就是商時未有荆楚之號。我們且看《史記》。《史記·楚世家》裏邊說楚爲帝顓頊之後，陸終生子六人，其六爲季連，芈姓，楚其後也。再說季連之後中微，或在中國，或在蠻夷，弗能紀其世。周文王時，有季連之苗裔曰鬻熊，事文王。至成王時，封其玄孫熊繹爲楚子。《史記》之叙述古代事，每採用傳說，類多荒率之言。卽依此而觀，在周以前未曾有楚國，彰彰甚明。季連之後中微，至不能紀其世系，則未曾立國南方，爲商之大患，不言而喻。若說《商頌》記商人之言，豈非無病而呻，活活見鬼。更看《左傳》，說『若敖、蚡冒篳路藍縷以啓山林』，是在若敖、蚡冒之前，楚國尙未開發，更何事於強盛。而考若敖、蚡冒之年代，則在周幽王以後；其上距商代，至爲遙遠。若說在他們之前數百年另有一強大之荆楚，與商對抗，實令人無從設想。《左傳》亦古文家言，取《左傳》作證，則古文家殆不能自守其壁壘。

若把這事歸在宋襄公身上，卻是很像。宋襄公本是誇大狂，他想做盟主，想去伐楚國，都是事實，不容得懷疑。把這事來說《商頌》，正相符合。你們看他說：『在從前，我們的成湯老祖的時代，那一個鬼子敢不來朝覲？這是我們商人的老排場，老規矩！』這話說得何等誇大而滑稽，使人想得出宋襄公的神氣來。但不幸得很，泓之戰大敗虧輸，大話竟不中用。在此更有人疑心，以爲既經大敗，歌頌何爲？不知作此頌時，或者正在籌劃開戰，或者戰而未敗，都說不定。說這詩爲頌宋襄公，總比較近似。

歸到本傳，我以爲說《商頌》是周詩，較爲得體。

（《論商頌的年代》，在《古史辨》第三册）

屈萬里云：

周南　召南　舊謂《南周》、《召南》皆殷末周初時詩；以爲周公召公之化行於南國。今按：以二南諸詩與《周頌》及《大雅》諸詩相較，則二南文辭淺易，顯非周初時詩。且《周南・汝墳》言：『王室如燬。』蓋指東西周之際之喪亂而言。《召南・何彼襛矣》言：『平王之孫，齊侯之子。』明爲東周時詩。（宋洪邁謂平王即周平王；謂齊侯之子，非襄公，卽桓公。說見《容齋五筆》卷四）復就二南諸詩所咏及之方域證之：大抵《周南》之域，北抵大河，南至汝漢；《召南》則在江漢之間。江漢之域，爲召穆公虎所闢，（《甘棠》之詩之召伯，實謂召伯虎，而非召公奭。）時在宣王之世。然則二南之詩二十五篇，早者或及宣王之世，遲者已至春秋初葉矣。

邶　鄘　衞　邶、鄘、衞雖分爲三，實皆衞詩。其詩之時代可考者，如《邶風・擊鼓》之詩，當作於魯宣公十二年。（本姚際恆《詩經通論說》）《鄘風・定之方中》，當作於魯僖公二年或稍後。《衞風・碩人》之詩，當作於衞莊公時。三者皆東周時詩。邶鄘衞詩都凡三十九篇，皆辭淺易解，絕不類西周初年作品。以是言之，三風中或有西周晚年時詩，然大都皆東遷以後至春秋前期之作也。

王風　十篇。皆東遷以後之詩。

鄭風　二十一篇。亦皆東遷以後之詩。

齊風　十一篇。其中如《南山》《載驅》《猗嗟》，皆春秋初年時詩。他篇殆亦皆東周以來之作品。

魏風　此爲西周時所封之魏。至魯閔公二年（周惠王十七年），晉獻公滅之，以爲畢萬采邑，此魏遂亡。其詩七篇，辭淺易解，又充滿政亂國危氣象，似無西周時作品。鄭康成謂魏詩作於平桓之世。說蓋可信。

唐風　唐、卽晉也。《呂氏春秋·當賞篇》：『晉文公反國，賞從亡者。……文公曰：「……若賞唐國之勞徒，則陶狐將爲首矣。」』是春秋時晉君猶自謂其國曰唐。可證。《唐風》十二篇，似亦皆東周時詩。

秦風　十篇。其早者可能作於秦襄公時，遲者已至穆公卒後。蓋東周以來至春秋中葉之詩也。

陳風　十篇。蓋亦皆東周時詩。《株林》之詩，舊說以爲刺陳靈公；似可信。然則《陳詩》之遲者，亦已至春秋中葉矣。

檜風　周平王東遷時，檜爲鄭武公所滅，地遂入鄭。今《鄭風》而外，又別出檜詩；明檜詩之別出，非因方域之異，蓋以其皆未被併於鄭以前之作也。由《隰有萇楚》之傷時，及《匪風》之憂國觀之，似皆檜將被滅前之作。其餘二篇，疑亦作於西周晚年。

曹風　《曹風》四篇，疑皆東周時之作品。《候人》之詩，舊說以爲刺曹共公，似可信。《下泉》之郇伯，卽荀躒（亦卽知伯）。所謂『四國有王』者，蓋指王子朝之亂，荀躒等納敬王於王城（事見昭公二十二年《左傳》）；及其後四年，知伯等佐敬王入於成周而言。（見昭公二十六年《左傳》。郇伯卽知伯之說，本何楷《詩經世本古義》、及馬瑞辰《毛詩傳箋通釋》說）《詩》三百五篇中，其著成時代，今日所能知者，此其最晚者矣。

豳風　《豳風》七篇，舊說皆以爲周公旦時詩。今按. 其辭平易，與《周頌》不類，顯非周初作品。又《狼跋》之『公孫』，決非指周公旦而言。蓋周公旦應稱『王孫』或『王子』，而未宜稱公孫。疑此『公孫』，蓋周公旦之裔孫也。日本白川靜教授以爲《豳風》諸詩，當作於夷、厲之際。詩中所謂周公，乃周公旦之後人。所謂東征，乃東征玁狁也。其說較長。

小雅　今存者七十四篇（倂亡詩數之爲八十篇）。舊說自《鹿鳴》至《菁菁者莪》十六篇（倂亡詩爲二十二篇），皆西周初年時詩；《六月》以下，爲宣王以後之詩。今按：前十六篇，辭較平易，與《六月》以下諸詩相近；與《周頌》及《大雅・文王》《大明》諸詩較遠。且《采薇》《出車》兩詩，實亦作於宣王之世。以是言之，《小雅》諸詩，殆無西周初年作品。其遲者，已至周室東遷以後。《節南山》言『國旣卒斬』，知作此詩時西周已亡。又言『家父作誦』，則其詩或竟作於桓王之世也。（春秋桓公十五年——卽周桓王二十三年——，有家父來魯求車之記載。）

大雅　凡三十一篇。其早者當作於西周初葉，遲者已至西周之末。《詩經世本古義》及龔橙《詩本誼》，皆謂《抑》之詩作於平王之世。然否尙待論定。

《周頌》　亦三十一篇。鄭康成謂：《周頌》之作，在周公攝政成王卽位之初（見《詩譜》）。朱子以爲亦或有康王以後之詩。按：《執競》言：『不顯成康，上帝是皇。自彼成康，奄有四方。』成康，必當謂成王、康王；則朱說是也。三百篇中，以此一部分之作品爲最早。

魯頌　凡四篇。《泮水》咏魯侯克淮夷後在泮獻囚之事；《閟宮》明言：『周公之孫，莊公之子。』則此兩詩作於魯僖公時，斷無可疑。《駉》及《有駜》兩篇，蓋亦僖公時作品。

商頌　相傳《商頌》凡十二篇，而傳世者僅五篇。《韓詩》及《史記》（《史記》當本《韓詩》），皆謂《商頌》爲正考父所作，以美宋襄公者。然據史籍所載，正考父與宋襄公之世次不相及；故歷代經師，多不取《韓詩》之說，而率信其爲商代作品。至王國維著《說商頌》，以其文辭多襲《周頌》及《大雅》，且景山在商丘附近，而遠於殷；因定諸詩爲西周時宋人所作。今按：《殷武》之詩，爲美宋襄公無疑。餘篇辭類《殷武》，蓋亦同時所作。然則，《韓詩》謂《商頌》爲正考父所作，其說當否，雖難確定；而謂其作於襄公之世，斯可信也。

（《古籍導讀》，臺北一九六四年開明書店出版）

屈萬里又云：

《出車》之詩，是《詩經・小雅》裏的一篇；《毛傳》把它和《采薇》《杕杜》兩詩，都列爲周文王時（卽殷紂時）的作品。漢以後說《詩》的人，除了朱子一派的學者之外，大都是依照毛氏之說。《毛詩・采薇》篇的《序》說：

> 《采薇》，遣戍役也。文王之時，西有昆夷之患，北有玁狁之難，以天子之命命將率，遣戍役以守衞中國；故歌《采薇》以遣之，《出車》以勞還，《杕杜》以勤歸也。

是《毛詩》認爲《采薇》《出車》《杕杜》三篇詩，都是周文王做西伯時的作品，所以說『以天子之命命將率』（天子，指殷紂而言）。因爲《采薇序》裏，已連帶地說明了《出車》之詩作成的時代；所以《出車》的《序》，就只說：『勞還率也。』而無須再提到文王，但《毛傳》解釋《出車》之詩的『王命南仲』句時，也還是說：

> 王，殷王也。南仲，文王之屬。

我們知道，≪毛詩≫有所謂『正』『變』之說。凡≪國風≫和≪小雅≫≪大雅≫開頭的若干篇，都認爲是正風，正雅；其餘的大部分，則被認爲是變風、變雅。正風、正雅，都是周文王、武王、成王時的作品；變風、變雅，則是懿王人後的作品（鄭氏≪詩譜≫所列的詩，沒有康、昭、穆、共諸王時的作品。）≪小雅≫開頭的一部分——從≪鹿鳴≫到≪菁菁者莪≫，共計二十二首（其中的六首，有題無詩），都是所謂正≪小雅≫；≪六月≫以後的詩，便是所謂變≪小雅≫。≪出車≫之詩，是在正≪小雅≫之內；因而，照≪毛傳≫的理論來說，它應該是殷末周初時的作品。

勇於反駁≪詩序≫的朱子，對於≪出車≫之詩作於周文王時之說，是不贊同的。在他的≪詩集傳≫裏，注解≪出車≫的『自天子所』句，說：『天子，周王也。』又注解『王命南仲』句，說：『王，周王也。』他雖然沒說明這周王究竟是那個王；但他不以此王爲殷紂；這比起≪詩序≫來，已經够高明的了。

毛、朱兩家之說，是研究≪詩經≫的人所熟知的。事實上，漢代≪三家詩≫之說，本已和≪毛詩≫不同；而且，習三家之≪詩≫的漢人，卽使同一師傳，其說也不免歧異。≪史記・匈奴列傳≫說：

> 初，周襄王欲伐鄭，故娶戎狄女爲后，與戎狄兵共伐鄭。已而，黜狄后；狄后怨。而襄王後母曰惠后，有子子帶，欲立之。於是惠后與狄后、子帶爲內應。開戎、狄；戎、狄以故得入，破逐周襄王，而立子帶爲天子。於是戎、狄或居於陸渾，東至於衞，侵盜暴虐中國；中國疾之。故詩人歌之曰：『戎狄是膺』，『薄伐獫狁，至於太原』，『出輿彭彭』，『城彼朔方』。

『戎、狄是膺』是≪魯頌・閟宮≫之文，這裏姑置而不論；『薄伐獫狁，至於太原』兩句，出於≪小雅≫的≪六月≫篇，和≪出車≫

有關，後面將要論及。『出輿彭彭』和『城彼朔方』，則都是《出車》篇的句子。那麼，這《出車》（《史記》作輿，和《荀子》同。陳喬樅以爲是《魯詩》作輿：說見《魯詩遺說考》卷三。）之詩，《史記》是把它看作周襄王時的作品了。

《漢書》關於武帝以前的紀傳，本來多半是抄襲《史記》的。可是，在《漢書・匈奴傳》裏，引述《出車》之詩的句子時，它的說法，就和《史記》不同了。它說：

> 至懿王曾孫宣王，興師命將，以征伐之（戎狄。）詩人美大其功，曰：『薄伐玁狁，至於太原』，『出車彭彭』，『城彼朔方』。

據此，知道《漢書》是把《出車》當作周宣王時的詩。而且，《出車》人詩所咏的那位『赫赫南仲』，《漢書・古今人表》把他和召虎、方叔、申伯、尹吉甫、程伯休父等，同列在周宣王的時代，並且同在第三等裏。照此看來，《漢書》已認定《出車》之詩是周宣王時代的作品了。

陳喬樅認爲太史公是習《魯詩》的，並且認爲班固是習《齊詩》的。魯、齊兩家之說不同，原不足怪。但習《魯詩》的蔡邕，在他的《諫伐鮮卑議》裏，卻說：『周宣王命南仲、吉甫、攘玁狁，威荊蠻。』他的說法，和《史記》絕異，而和《漢書》相同。若照着家法師承的觀點來說，那就不免有些蹊蹺。不過，這點並不是本文所要討論的問題，所以這裏只好存而不論。

關於《出車》之詩著成的時代，大致不外上述的幾種說法；這些說法之中，究竟那一種可信呢？欲解決此一問題，請先看《出車》之詩的原文：

> 我出我車，于彼牧矣。自天子所，謂我來矣。召彼僕夫，謂之載矣。王事多難，維其棘矣。
>
> 我出我車，于彼郊矣。設此旐矣，建彼旄矣。彼旟旐斯，胡

不旆旆？憂心悄悄，僕夫況瘁。

王命南仲，往城于方。出車彭彭，旂旐央央。天子命我，城彼朔方。赫赫南仲，玁狁于襄。

昔我往矣，黍稷方華。今我來思，雨雪載塗。王事多難，不遑啓居。豈不懷歸？畏此簡書。

喓喓草蟲，趯趯阜螽。未見君子，憂心忡忡。既見君子，我心則降。赫赫南仲，薄伐西戎。

春日遲遲，卉木萋萋；倉庚喈喈，采蘩祁祁。執訊獲醜，薄言還歸。赫赫南仲，玁狁于夷。

從這首詩的全文看來，它大概是將佐出征歸來後自敍之辭（本宋人王質說，見所著《詩總聞》，）而不像是什麼『勞還率也』。在這四十八句詩中，可據以探討它的著成時代的材料，有下列三事：

一、玁狁一名流行的時代，和伐玁狁的時代。

二、南仲是什麼時候的人？

三、喓喓草蟲等六句，和《召南・草蟲》篇雷同的問題。

現在分別論述如下：

關於㈠玁狁一名流行的時代和伐玁狁的時代問題，王國維在他的《鬼方昆夷玁狁考》裏，已經考證得很詳細。他根據《詩經》《采薇》《出車》《六月》等篇和《鄦惠鼎》《兮甲盤》《虢季子盤》等器，證明了玁狁一名之流行，當在宗周之季；伐玁狁之事，當在周宣王的時代。他說（見《鬼方昆夷玁狁考》，《觀堂集林》卷十三）：

我國古時有一彊梁之外族，其族西自汧隴，環中國而北，東及太行常山間；中間或分或合，時入侵暴中國。其俗尚武力，而文化之度不及諸夏遠甚。又本無字，或雖有而不與中國同。是以中國之稱之也，隨世異名，因地殊號。至於後世，或且以醜名加之。其見於商周間者，曰鬼方，曰昆夷，曰玁鬻；其在宗周之季，則曰玁狁；入春秋後，則始謂之戎，繼號曰狄；戰國以降，又稱之曰胡、曰匈奴。

原文又說：

由是覽之，則周時用兵玁狁事，其見於書器者，大抵在宣王之世。而宣王以後，即不見有玁狁事。是玁狁之稱，不過在懿宣數王間；其侵暴中國，亦以厲宣之間爲最甚也。

這裏只引述了他的結論；他那詳細的論證，不再具引。玁狁之稱，既不過在懿宣數王之間；中國和玁狁的戰事，又在宣王之世。那麼，歌咏征伐玁狁的《出車》之詩，其著成的時代，不會早到殷末，也不會遲到春秋，是可以斷言的了。

其次，再看㈡南仲是什麼時候的人。《漢書・古今人表》，把南仲列在宣王時代。王國維根據馬融的說法，以爲《出車》中的南仲，也就是《大雅・常武》之詩中的南仲。並且，王氏認爲鄦惠鼎的南仲，也就是此人。王氏也以爲南仲是宣王時人。這說法是對的。現在再根據《詩經》的材料，疏通證明，以確定班氏和王氏兩家之說之可信。

《常武》是咏周伐徐方的詩。它開頭的幾句，是：

赫赫明明，王命卿士，南仲大祖，大師皇父。

《毛傳》認爲這首詩是召穆公作的，雖然沒有確據；但這首詩是作於宣王的時代，《毛傳》的說法是可信的。《毛傳》解釋『王命卿士』等三句說：

王命南仲於大祖，皇甫爲大師。

《毛傳》的意思，是說：『王命南仲爲卿士，命皇甫（父，甫古通）爲大師，皆於大祖之廟。』據此，可知南仲和皇父是同時的人。

皇父這個人，也曾在《小雅・十月之交》篇裏出現過。《十月之交》裏的皇父，官爲卿士，和番、家伯等人，結爲同黨；他的勢力，眞是炙手可熱。他的地位，正和《常武》裏的皇父相似；他的時代，也和《常武》裏的皇父相當。現在，我們且看《十月之交》一詩，作成在什麼時候。

《十月之交》一詩，《詩序》說是『大夫刺幽王也』。鄭康成却說：『當爲刺厲王。』這首詩的開頭幾句說：『十月之交，朔月辛卯，日有食之，亦孔之醜。』阮元根據梁及隋、唐諸家的說法，推算周厲王二十五年十月 朔辛卯日食；而幽王六年十月 朔也是辛卯，也有日食（見《揅經室集·詩十月之交四篇屬幽王說》）。可是詩裏有一段說：『百川沸騰，山冢崒崩。高岸爲谷，深谷爲陵。』這顯然地是描寫大地震的現象。而《國語·周語》上說：『幽王二年，西周三川皆震。』又說：『是歲也，三川竭，岐山崩。』況且，本詩又說皇父等和『艷妻煽方處』；艷妻，應該是指褒姒而言。從這些證據看來，《十月之交》一詩，無疑地是作於幽王的時代。那麼，宣王時代的皇父，到幽王時更來得聲勢煊赫，那是很自然的事。

皇父旣然是宣、幽時人；那麼，和皇父共同受命的南仲，其時代也就可知了。

復次，《常武》之詩又說：『王謂尹氏，命程伯休父。』可知程伯休父，也和南仲同時。程伯休父，又見於《國語》。《楚語》下說：

> 昭王問於觀射父曰；『……』對曰：『……故重黎氏世敍天地，而別其分主者也。其在周，程伯休父、其後也。當宣王時，失其官守，而爲司馬氏。』

韋昭《注》說：

> 程，國。伯，爵。休父，名也。失官守，謂失天地之官，而以諸侯爲大司馬。《詩》曰：『王謂尹氏，命程伯休父。』是也。

《毛傳》解釋『命程伯父』也說：『程伯休父始命爲大司馬。』這大概是根據着《楚語》說的。程伯休父旣是宣王時人，自然，南仲也是宣王時人了。

從上舉的證據看來，南仲是宣王時人，確鑿無疑。那麼，《出車》是宣王時代的作品，也就無可疑了。

最後，我們再看㈢喓喓草蟲等六句和《召南·草蟲》篇雷同的問題。三百篇中，有很多雷同的句子。一句兩句雷同的，幾乎隨處可見；連着三句以上雷同的，也有許多處。像『無逝我梁，無發我笱。我躬不閱，遑恤我後』四語，旣見於《邶風》的《谷風》，又見於《小雅》的《小弁》。『同我婦子，饁彼南畝，田畯至喜』三句，《豳風》的《七月》，和《小雅》的《甫田》、《大田》兩篇都有之：只是《七月》的『同我婦子』，《甫田》和《大田》都作『以其婦子』，有兩個字不同。而《出車》之詩，和《草蟲》之詩，其雷同的句子，竟達六句之多。像這些雷同的現象，決不可能是偶同，而必然是出於因襲。我常想：十五國風裏的那些歌謠，在未採入朝廷，被之管絃以前，它們的形態，決不可能像我們今天所見的那麼整齊。再證以雷同的句子必然出於因襲一點，我疑心三百篇詩必是經樂官或者什麼人潤色過。固然，潤色者可能取《風》裏的句子以入於《雅》，也可能取《雅》裏的句子以入於《風》。但，喓喓草蟲等六語，卻像似《出車》因襲《草蟲》，而不像似《草蟲》因襲《出車》。因爲這六句在《草蟲》裏文理很自然，氣脈很通暢，而在《出車》裏就顯得有點突如其來；況且下文接着『赫赫南仲，薄伐西戎』二語，也很有『上氣不接下氣』之嫌（末段的『春日遲遲』、『采薇祁祁』，也像似襲自《七月》）。我們試看《草蟲》之詩：

喓喓草蟲，趯趯阜螽。未見君子，憂心忡忡；亦旣見止，亦旣覯止，我心則降。

陟彼南山，言采其蕨。未見君子，憂心惙惙；亦既見止，亦既覯止，我心則說。

陟彼南山，言采其薇。未見君子，我心傷悲；亦既見止，亦既覯止，我心則夷。

這氣韻顯得多麼自然！拿來和《出車》對照一下，就可以知道誰是創作者，誰是文抄公了。

《出車》之詩既然襲用《草蟲》的句子，則《出車》之作成，必當在《草蟲》之後，或同時而稍後。《草蟲》是《召南》中的一篇；而《召南》十四篇中，最早的作品不過宣王之世，最晚的已到春秋的初葉（舊說皆周初作品，不足信）。因爲江漢之域之臣服於周，實在宣王時召穆公平定南國之後；而《甘棠》之詩所咏的召伯，乃是召伯虎而非召公奭。又《何彼襛矣》之詩，明說『平王之孫，齊侯之子』，可知這詩的作成，已到春秋之世。宣王以前，江漢之域還沒入周，則《召南》之詩，自不會被採進王朝；也就是說，在此以前《小雅》無由襲用《召南》之詩。如此說來，《出車》之詩之作成，也不會早到宣王以前。

從上述的㈠㈡㈢三個證據看來，可以斷定《出車》之詩，必然是周宣王時代的作品。

大抵除《出車》之詩外，《小雅》裏的《采薇》（《毛傳》說是文王時詩，《漢書·匈奴傳》說是懿王時詩）、《杕杜》（《毛傳》也說是文王時詩）、《六月》、《采芑》、《車攻》、《四月》（《毛傳》以爲刺幽王）、《小明》、《黍苗》（《毛傳》以爲刺幽王），和《大雅》裏的《崧高》《蒸民》《江漢》《常武》，都是宣王時代的作品。合而觀之，可以更確切地知道周宣王的武功之盛。

（《論出車之詩著成的時代》，原載《清華學報》新一卷二期）

陳瑞庚云:

大致說來，近年學者已一致公認『商頌爲宋詩，但非正考父所作』幾無異說，直到十餘年前，日人白川靜發表≪商頌說≫（載≪說林≫第三輯，一九四九・六）、≪詩經研究≫（日文稿本），≪詩經蠡說≫（載≪史語所集刊外編≫第四種。）力主正考父與宋襄公同時，其說云（≪見詩經蠡說≫）：

> 按≪宋世家≫有前後兩湣公，一則徽仲曾孫，丁公申之子湣公共，一則莊公馮之子，而桓公禦說之兄湣公捷也。湣公捷至孔子之沒，殆二百年，宋則八世十主。若孔氏爲出於湣公捷，孔則十一世，其世代略相符，若以湣公共爲孔氏所出，其間四百數十年，宋十七世廿三主，孔氏纔十一世耳，此孔氏所出，當自湣公捷，而非自湣公共也。……
>
> 湣公捷之後，三傳而至襄公。正考父本以爲湣公曾孫，此正考父正及於襄公之世也。

白氏之說新穎可喜，亦頗爲學界所接受，但我卻認爲大有商榷餘地。茲爲方便起見，據≪商頌・那・正義≫引≪世本≫載孔氏之世系，及≪史記・宋世家≫載宋之世系作表如下，以供參政。（按宋王下之數字爲其在位年數）

按宋平公二十五年孔子生。因孔子享年甚高，爲免推算誤差加大，我認爲以孔子出生爲推算下限，所得結果應比較正確。以下是我的推算。

（甲）如以湣公共爲孔氏之祖推算，則自平公廿五年上推至釐公元年，得三百一十年，釐公之前年代未見記載，姑以每代二十五年推算，釐公爲湣公共之孫，則自湣公共至平公二十五年孔子生約爲三百六十年、傳十四代。但平公於二十五年時，其孫殆亦出生，應與孔子先後同時，故湣公共至孔子生年，殆已傳十六代。而孔氏

湣公共
｜
弟 煬公熙 — 湣公子 厲公鮒祀 — 子 釐公舉(28) — 子 惠公覵(30)
— 子哀公(1) — 子戴公(34) — 子武公司空(18) — 子宣公力(19)
｜
弟穆公和(9)
— 宣公子 殤公與夷(10)
｜
穆公子 莊公馮(19) — 子 湣公捷(11)……公子游
｜
湣公弟桓公禦說(31) — 子襄公玆甫(14)
— 子 成公王臣(17) — 少子昭公杵臼(9)
⋮　　　　　　　　｜
成公弟禦　　弟文公鮑革(22) — 子共公瑕(13) — 少子 平公成(44)

世系至孔子生共傳十代，相差頗爲懸殊。如以每代平均年數計，則宋十六代三百六十年，平均每代得二十二年半；而孔氏則每代相隔達三十六年，孔氏非每代皆中年生子不可。且其間宋已兩傳少子，（昭公、平公）否則宋之平均每代年數當更短。——故若云孔氏出自湣公共，頗有未妥。

（乙）若以湣公捷爲孔氏之祖推算，則自湣公捷元年至平公二十五年孔子生，纔一百四十二年；湣公捷至平公爲五代，以其時平公之孫已生計得七代，則宋傳世每代約二十年有餘，與（甲）之推算大致相近。而孔氏傳十代，平均每代僅得十四年二個月，其不可能已甚明顯。

（丙）若以正考父得事襄公推算：按襄公爲湣公捷之侄，雖自湣公捷元年至襄公末年達五十六年之久，而正考父爲湣公之曾孫，卽以每代二十年計，襄公卒年，正考父恐亦僅得十四歲，若以孔氏每代三十歲生子，則是時正考父殆未出生。——故其可能性亦甚低。如以此推論爲根據、則正考父與成公年齡蓋相近。而自成公元年至孔子生年（平公二十五年，纔得八十六年），卽使成公元年孔父嘉已生，而自孔父嘉生至孔子生前後相距六代，平均計算亦僅得十四年餘，與（乙）推算結果相同。

以常理論之，若男子早婚，十三歲卽爲人父非無可能，然若謂孔氏十一傳，代皆十三歲爲人父，十四歲生子，則其說不可信亦可知矣！

所以我以爲傳統說法，以湣公共爲孔氏之祖，則其每代間隔達三十六年，其間必有未妥之處。但白川靜氏以爲湣公捷爲孔氏所出，則不但與史籍所載全不相合，而孔氏必須每代皆十四歲生子，其說更不可從！白氏之說，所以能似是而非，亂人耳目，其原因在以孔子歿年爲推算根據，孔子享年七十餘歲，若以之平均攤予上代，使其平均每代間隔近二十年，遂能爲人接受。今以孔子生年上推，白川靜氏之說難以立足，亦灼然可見也。

上文推論時，孔氏世系乃據《商頌・正義》所引《世本》的資料，但《世本》記載是否有遺漏，是個大問題、如：《孔子家語》稱宋襄公（按當作湣）生弗父何、弗父何生宋父周、周生世子勝、勝生正考父、考父生孔父嘉，五世親盡，別爲公族。——宋父與正考父間，多一『世子勝』，而《史記・集解》云：『正考父、弗父何之曾孫。』明稱『服虔曰』，則或漢人所見資料亦較《世本》所記多一代。若《世本》所載孔氏世系有遺漏，則其每代間距必不至高達『三十六年』，《左傳》《國語》所稱孔氏先世事蹟或無錯誤。

關於正考父是不是《商頌》作者，從《國語・魯語》的文意看來，也很有趣。《魯語》的原文是這樣的：

> 齊閭丘來盟，子服景伯戒宰人曰：『陷而入於恭。』閔馬父笑，景伯問之，對曰：『笑吾子之大也：昔正考父校商之名頌

十二篇於周大師，以《那》爲首，其輯之亂曰：「自古在昔，先民有作，溫恭朝夕，執事有格。」先聖王之傳，恭猶不敢專，稱曰自古，古曰在昔，昔曰先民；今吾子之戒吏人……』

這段文字，有好幾個字是要特別注意的：

第一：『校』字王國維氏在《說商頌》裏說得好：『考漢以前，初無校書之說。《毛詩序》妄改《魯語》文字，甚失原意。』故此『校』字，當如王說讀爲『效』——就是『獻』的意思。

第二：『名頌』這個『名』字，韋昭沒有細釋，只說：『名頌，頌之美者也。』近人更有直釋爲『著名的頌』。這兩種解釋我都很感懷疑。幾年前讀《儀禮》時，偶然發現『名』字有個舊訓，《聘禮記》云：『若有故，則卒聘，束帛加書將命。百名以上書於策，不及百名書於方。』鄭《注》：『名，書文也；今謂之字，策，簡也。方，板也。』意思是一百字以上的，就寫在簡策上，不到百字的，寫在方板上就可以了。《周禮・秋官・大行人》：『屬象胥，諭言語，協辭命；屬瞽史，諭書名，聽聲音。』鄭《注》也說：『書名，書文字也，古曰名。《聘禮》曰：「百名以上。」』鄭《注》兩稱『名』爲『文字』，絕對不是偶然的。事實上鄭《注》往往保留了很多古訓，這個『名』字訓作『文字』，應該也是古訓。幸虧鄭玄時代還知道，否則《聘禮》這條也許還勉強猜得出來，《周禮》的『諭書名』就很不好懂了，如果『名』字訓作『文字』，那麼『名頌』應該就是『文字頌』，而『校商之名頌』就是『獻商（宋）的文字頌』了。

第三：『輯』字和『亂』字。『輯』字在先秦文獻出現的次數不算太多（很多古書根本沒有此字），在先秦典籍中，和『睦』字連用最多，大多都作『和諧』之類的意思。其實輯字本義當爲『車輿』（見《說文》及段《注》等），但用作聚、啓、集、合之類的意思也很多，如《堯典》：『輯五瑞。』《左傳》定公四年：『使帥其宗氏，輯其分族，將其類醜。』《詩・大雅・公劉》：『思輯用光。』等是。至於後世最習用的『編輯』，似乎到漢代才出現，如《漢書・儒林瑕丘公傳》：『比輯其議。』《藝文志》：『門人相與輯而論篹，故謂之論語。』等是。《魯語》『其輯之亂』韋《注》云：『輯、成也；凡作篇章篇義旣成，撮其大要爲亂辭；詩者，歌也，所以節儛者也；如今之節儛矣，曲終乃更變章亂節，故謂之亂。』究竟『亂』是否如韋《注》所云姑且不論，但樂章之末有所謂『亂』的，已是人所習知，如《論語・泰伯》：『關雎之亂。』《楚辭》有『亂』，漢魏樂府也有『亂』等是。所以『亂』和詩篇樂章，是一體不可分的。

現在我們想一想：如果《商頌》不是正考父所作，那麼《商頌》的『亂』辭，當然也不是正考父所作。既然『其輯之亂』是《商頌》所原有的，而閔馬父本來就只想引其亂辭，爲何不逕說『《商頌》之亂曰』，而竟提了『昔正考父校商之名頌十二篇於周太師，以《那》爲首』，這麼一段閑話幹甚麼？

如果退一步想，假設《商頌》不是正考父作，但亂辭是正考父作的，可不可能呢？我以爲也不可能。因爲：第一：『亂』和正考父不可分已如上述。第二：正考父何人斯，竟替《商頌》編輯起來，還補作了一段『亂』辭？——何況『輯』字用作『編輯』，很可能是漢以後的事哩。第三：如正考父僅是『獻』詩，則不必作『亂』，如果是『校讎』，就更不可能添一段『亂』——因爲周大師可能正有一本哩。

事實上今本《商頌》以那爲首的五篇，除了《殷武》一篇確定是宋襄之作外，其餘四篇都是爲祭祀殷先王而作的——《那》、《烈祖》、《長發》爲祀《成湯》，《玄鳥》爲祀成湯——未必作於宋襄之時。如果這四篇是正考父所作，那麼，馬閔父說『先聖王之傳，恭猶不敢專』，正和《史記・孔子世家》載孟釐子稱正考父『之命玆益恭，故鼎銘云：「……」其恭如是』完全相合，正考父爲湣公之後：作商頌以美先王，曰『自古在昔，先民有作，溫恭朝夕，執事有恪』，又有何不妥呢？王國維氏認定《商頌》爲正考父所獻，而不肯承認是正考父所作，我覺得很奇怪。

經過了這番分析，我認爲《魯語》作者的口氣，是認正考父爲《商頌》的作者的。

如果《國語》載正考父作《商頌》獻之周大師是史實，那麼漢代今文家衆口一辭認定正考父爲《商頌》作者，應該也是說有所本的，所以我試爲這一段公案作個折衷的解釋，那就是：

《商頌》是西周時代的宋詩，但著成時代卻前後不一，其中《殷武》一篇作於宋襄公時，最爲晚出。在此之前，正考父曾作了以《那》爲首的《商頌》十二篇獻之周大師，但部分已經亡佚，而今傳世之《那》、《烈祖》、《玄鳥》、《長發》四篇，或即十二篇之孑遺。故漢代今文家說『正考父作《商頌》』，是前有所本的，只是《殷武》爲仿《魯頌》美宋襄公的徵象甚爲明顯，而漢今文家一時失察，將彼十二篇與《殷武》混爲一談，遂發展成『正考父美宋襄公』的不符史實之說法，而引起了二千餘年糾纏不清的爭論。而今霾霧廓清，我認爲考父確是《商頌》的作者，只是最少《殷武》一篇和他是沒有牽涉而已。

（《正考父是否商頌作者的檢討》，原刊於《孔孟月刊》第十六卷第三期）

〔存　目〕

劉澤民撰《鴟鴞的作者問題》，在《古史辨》第三册。

李辰冬撰《從詩經中的士、我、予談詩經的作者問題》，原刊於中央日報一九五七年十一月五日第六版內。

皮述民撰《逸詩辨僞》，發表於南洋大學《學報》第一期。

張以仁撰《村老老是信口開河——談談李辰冬教授對詩經作者的新發現》，發表於《文星》第十三卷第二期。

■詩　序

吳汝綸云:

《後漢書》以《毛序》作於衞宏，論者謂序首一語爲古序，以下申說爲宏所續。考《 韓魯序 》皆止一語， 毛不應獨異， 蓋古序者，卽毛公以前師弟相承之大指，而《毛傳》據以爲說者也。《續序》若贅疣，文氣不相承屬，卽有事迹，備見於《左傳》《國語》《儀禮》《孟子》諸書，而《續序》能詳其說者，亦皆不如古序之檃括，甚且有與古序牴牾不合者，以爲衞宏所作，蓋確然無疑。然古序旣本師傳，初非有未終之義，未竟之文，待後人之補綴，宏乃擅以己意攙入， 如出一人之手， 不應淆亂古書若此! 餘嘗推求其故: 蓋毛公傳《詩》，注經不注序，宏因援據師說，參以己見，以爲序注，而附於各序之下，其後誤入序文，則轉寫訛耳。玩其詞意，類皆詁明序旨， 其於古序下， 時以言字承之， 明爲釋序之文。而《野有死麕》之《序》，孔氏謂本或以天下大亂以下爲注;《桓》之續序云，桓志武也，《釋文》云，本或以此句爲注，尤屬確證。然則今所謂《續序》者，非續序也，續《毛詩》而爲序注也。至鄭康成又從而爲之注，而衞宏之注，蓋已與序混而爲一。范蔚宗不知其本實序注，遂謂宏作《毛詩序》，此後儒疑議所由起也。……《漢志》《毛傳》較經獨多一卷， 孔氏不知所幷何卷， 夫經傳雖自別行，卷數不應亦異，經廿九卷，則傳亦廿九卷而止耳，餘一卷必序也。蓋《詩序》雖先儒授受之舊，然毛以前，實未著於文字，陸德明所謂口以相傳者是也。毛旣自爲詩傳，因取先儒口傳之序，亦筆之書，後人謂毛公作序者以此。此《詩序》一篇所以不附經後而附於傳也。然則序在篇首，旣非毛氏所分，則分之當自誰始? 曰，孔氏云，就經爲注，始於後漢，則引經附傳，當亦始於後漢，但不必自馬融始耳。然則此序之分，亦在後漢之世，其衞宏之徒歟？宏注序，亦就序爲注，故後與序混。蓋宏旣分序於篇首，其注亦誤入序文，此范蔚宗輩所由以序爲宏作也。

（《詩序論》）

王　崧云：

有一詩卽有一序，以著作詩之由，程氏所謂古序是也。詩旣見錄，播之於樂，而復用以造士，其《序》與之並傳。孔子正樂，取而訂之，以授子夏，遞傳至毛公。惟其有序，始知指意之所歸，不然孔子距作者已遠，安能臆斷於數百載之下？然則發篇兩語爲古序，出於國史，確然無疑。鄭氏所謂古嘗合編，毛公分冠者，殆卽此也。《關雎》一序或經孔子節裁，其餘各序續而申之者，由子夏以至毛公，又由毛公以至鄭氏，相傳解釋，各有潤益。

（《說緯》）

黃中松云：

今觀《維天之命》序有孟仲子之言，《絲衣》序有高子之言，皆子夏後人，則《序》不全爲子夏作矣。若果太史所題，則變雅中刺厲刺幽之詩，家父凡伯輩當厲幽在作耳。太史近在同朝，隨作隨可採，何由卽稱厲幽乎？若在後王之時，太史迷題，則方作時何所稱據乎？然使《序》至東漢時始有，則孔子敎門人學《詩》，而未明《詩》所由作，渾然讀之，何由取益乎？孟子言頌（卽『誦』字）《詩》讀《書》，必知人論世，則《詩》之有《序》久矣！《序》與《詩》同出，不可盡廢，但其中鄙淺附會者不少，則自漢以前經師傳授，所聞異詞，不免乖舛耳。

（《詩經辨證》）

顧頡剛云：

《詩序》者，東漢初衞宏所作，明著於《後漢書》。當東漢之時，《左傳》已行矣，故《碩人》《載馳》《淸人》《新臺》諸篇之義悉取於《左傳》。《史記》亦已行矣，故《秦》《陳》《曹》諸國風詩得以《史記》所載之世系立說。《檜》《魏》等風，無復可以依傍者，遂惟有懸空立說而不指實其詩中之人。

夫以東漢之世，古籍缺失，乃欲以當時淺薄之歷史智識斷說古代零亂不齊之詩篇之本事，若一一目覩然，其於當時政事全無關繫之詩篇亦一切納之於某王某公之政事之下，其爲謬妄，何待指說。而學者不察《後漢書》明著之文，反益推而上之，或謂子夏所作，或謂孔子所作，或謂國史所作，或謂詩人所自作，遂使臆測之談竟成實事，登之史册；如《黍離》之篇孰不以爲周大夫過故宮而傷感者，而不知其全無此事也。

然此例非衞宏所開，西漢時《魯詩》《韓詩》亦時有短序，衞宏承其流而擴大之於《毛詩》耳。漢代人最無歷史常識，最敢以己意改變歷史，而其受後世之信仰乃獨深，凡今所傳之古史無不雜有漢人成分者。廓而淸之，固非一日事矣。

《史記》收錄材料，恒以神話爲僞，以德化之故事爲眞；使《詩序》早出百餘年，或將盡錄其文於《本紀》，《世家》。卽不爲司馬遷所見，而西漢古文學家亦或以之羼入《史記》，《書序》其一例也（說見《史記探源》）。同一僞造，後出者乃不能與前出者爭勝，此其作者之不幸而歷史學之幸乎？

（《毛詩序之背景與旨趣》，在《古史辨》第三册內）

顧頡剛又云:

毛公作《詩故訓傳》而於《序》獨無注，是其書無《序》之證也。《史記》不載有《毛詩》，遑云《毛詩序》。《漢書·藝文志》錄自向、歆《七略》，有《毛詩》及《毛詩故訓傳》矣，亦不謂有《毛詩序》，是西漢時《毛詩》無《序》之證也。《後漢書·衞宏傳》曰:『九江謝曼卿善《毛詩》……宏從曼卿受學，因作《毛詩序》，善得《風》、《雅》之旨，於今傳於世。』謂爲『作《毛詩序》』，是《序》因作於衞宏也，謂爲『於今傳於世』，是宏《序》卽東漢以來共見共讀之《序》也。漢代史書不謂有他人作《毛詩序》而獨指爲衞宏作，且謂衞《序》卽傳世之本，其言明白如此。顧皆愛古情深，以爲《序》出東漢則其書不尊，故必舍史籍之明文而轉索之於冥茫之中，是歷代經師之蔽也。且毛公不注《序》而鄭玄兼箋《序》，明《詩序》之文出於毛之後、鄭之前，而衞宏正其時也。作《序》之時詎無因襲，舉凡《孟子》《公孫尼子》、司馬相如之語，何嘗不能融入《序》中，亦如王肅之徒作《古文尚書》，搜羅古籍所引《書》文略備，然不可以其錄入若干眞古《書》文，遂據以斷其非後出也。服虔、蔡邕生於東漢之末，與鄭玄同時，鄭玄旣可注《序》，服與蔡如何不可錄《序》文以入其書。蔡氏《獨斷》摘錄《經》《記》《史》《漢》中制度文字以成書，謂《周頌》之《序》可以表見周代樂制，故並錄之，凡其所採書俱不著其所自出，匪獨衞宏書也。黃初之詔於時更後，鄭氏《詩箋》行於世矣，《詩序》獲有更崇高之地位矣，朝中援引爲文，固其宜也，豈得藉此以證《序》文之不作於衞宏耶。

（《毛詩序之作者》，在《史林雜識初編》中）

王禮卿云：

《詩序》出於國史之說，爲近情實。愚嘗參互考求，得三證焉。據《周禮》所記，詩書竝爲四教六藝之典，其用相同。而風詩采自民閒，大小雅貢由士大夫，設非『采詩之官，本其得於何地，審其出於何人，究其主於何事，然後致之大師，上之國史』，而爲《序》以著明之；何以知其義之所存？何以憭於美刺得失興衰邪正之迹？將何所據而講授其事義乎？是知《詩序》之義，早與入樂教士同存，而爲國史之所述，非後人鑿空所能擬。程子謂『使當時無小序，雖聖人亦辨不得』，鄭樵氏謂『序非一世一人之所能爲』，此言爲近實矣。或謂大史小史掌書志而不掌詩，惟瞽矇主誦詩。然據《周禮・疏》：『大師是瞽人之中、樂官之長，瞽矇屬焉。』大師與瞽矇皆無目之人，而所采詩又致之大師，然後上之國史，則其義類之董理著錄，非定於國史，其孰爲之？且『小史掌邦國之志』，而《詩》紀廢興之由，明得失之迹，亦志之類也，則詔相大師而序詩，得非國史之所掌乎？然則《序》義與詩竝時而有，出於國史，考諸詩之體製，準之《周禮・職掌》，其證一也。至於《書》之體製，典謨訓誥誓命，皆紀事與言之文，爲史官所手錄，其本事易明，而百篇尚各有《序》。卽孔安國所謂：『序所以爲作者之意，昭然義見。』蓋所以教國子，詔後世，亦必賴序以明本意。而《書》爲國志，爲國史所掌，則《書序》亦出於國史，可以證知。矧《詩》之體製，尤非當時國史爲序著錄，不易辨乎？然《漢書・藝文志》謂《書序》爲孔子作，《尚書・堯典・序・正義》謂：『此序，鄭玄、馬融、王肅、並云孔子所作。』此與謂《詩序》爲子夏作相類，似尚非探本之論。而清人崔東壁、康有爲，以《漢志》本於劉歆《七略》，疑《書序》爲劉歆之詞；朱子亦疑《書・大序》不類西漢人文字，非孔安國作。則推《書序》成於西漢之末，乃疑古者過之之言，所不具論云。

抑《詩序》非獨《毛詩》有之，三家皆有序焉。其爲諸書所引而存於今者，魏源《詩古微》彙擧若干條，輯尙未備，然足以爲例證。玆依其所擧者，考述於下。《韓詩・周南・敍》曰：『其地在南郡南陽之閒。』又曰：『關雎、刺時也。漢廣、說人也。汝墳、辭家也。芣苢、傷夫有惡疾也。黍離、伯封作也。蝃蝀、刺奔女也。溱與洧、說人也。雞鳴、讒人也。夫栘、燕兄弟也。伐木、文王敬故也。鼓鐘、刺昭王也。賓之初筵、衞武公飮酒悔過也。抑、衞武公刺王室以自戒也。假樂、美宣王之德也。雲漢、宣王遭亂抑天也。雨無極正，大夫刺幽王也。四月、歎征役也。閟宮有恤、公子奚斯作也。那、美襄公也。』其句例與《毛詩》首序一例，則皆《韓詩序》也。《齊詩》存者最少，而魏人張揖習齊詩，其《上林賦・注》云：『伐檀、刺賢者不遇明王也。』句例亦與《毛詩》首序正同，是卽《齊詩・序》也。劉向傳《魯詩》，所著《列女傳》，以芣苢、爲蔡人妻作。汝墳、爲周南大夫妻作。行露、爲召南申女作。邶柏舟、爲衞寡夫人作。碩人、爲莊姜傅母作。燕燕姜送婦作。式微、爲黎莊夫人及傅母作。載馳、爲許穆夫人作。且其息夫人傳云：『君子故序之於詩。』黎莊夫人傳云：『君子故序之以編詩。』是皆《魯詩》『序之』之詞。蔡邕習《魯詩》，其《獨斷》載《周頌・淸廟》至《般》三十一章，序文完整，詞義與《毛序》小有出入，句例則大同。此皆《魯詩》有序之明證也。據此，是《詩序》四家皆有，足證非毛一家一人所獨撰。而四家旣皆有《序》，則其源必有所出，而其用必有所同。蓋采詩者必知詩之所爲作，而後可以其實狀致之大師；大師必悉其事義之本然，而後可依其義類，決其爲正樂、散樂、房中、燕射、聘祭之樂章，而上之國史；國史必序其所爲作之事義，以垂詩敎，而敎國子；傳詩者亦必本之於《序》，以講明其本意，而推衍其微旨。是自采詩以至傳詩，皆不得離於《詩序》所述之要領。而《序》之所由成，出於國史，則其源之同也。《新唐書·藝文志》：『《韓詩》二卷，卜商序，韓嬰注。』則《韓序》亦傳出於子夏，是卽四家序出同源之一證。傳《詩》者派衍雖異，而必準《序》以傳經，則其用之同也。四家所以皆有《序》者，職是故也。是知《詩序》原於國史，傳自聖門，以至四家。而其《序》恉時有異同者：以《詩》有本義引申義之別，而以其同出一源，故同傳一義者，則其義皆同，如毛魯《周頌·序》是也。蓋《周頌》爲美德告神之詩，非述事言情之作，故無引申義。毛魯皆明本義一義，故全頌詞類而義同。分傳兩義者，則詞義竝異：如前引風詩各篇魯韓《序》，與《毛序》逈異，韓《雅序》亦有異毛者，卽其各明一義之例也。蓋風雅爲感物興懷，多言情述事之詞，故引申義頗多也。四家或明本義，或明引申義，所明同者則《序》說同，所明異者則《序》說異。四家《序》所以有同異者，職是故也。更進而考之，卽四家義同之《序》，其詞亦未必悉同，抑又何耶？蓋所謂《序》出國史之一源者，謂其義也，非謂其詞也。考《孔叢子》記夫子之讀詩曰：『於《周南》、《召南》，見周道所以盛也。於《柏舟》，見匹夫執志之不可易也。於《淇澳》，見學之可爲君子也。於《考槃》，見遁世之士而不悶也。於《木瓜》，見苞苴之禮行也。於《緇衣》，見好賢之心至也。於《雞鳴》，見君子之不忘其敬也。於《伐檀》，見賢者之先事後食也。於《蟋蟀》，見陶唐儉德之大也。於《下泉》，見亂世之思明君也。於《七月》，見豳公所以造周也。於《東山》，見周公先公後私也。於《狼跋》，見周公之遠志，所以爲聖也。於《鹿鳴》，見君臣之有禮也。於《彤弓》，見有功之必報也。於《無羊》，見善政之有應也。於《節南山》，見忠臣之憂世也。於《蓼莪》，見孝子之思養也。於《楚茨》，見孝子之思祭也。於《裳裳者華》，見賢者世保其祿也。於《采菽》，見明王所以敬諸俟也。』以上《孔叢子》所記二十一條，風雅兼有，悉與今《毛序》之義脗合，而無一語相襲。是卽《詩序》義出一源，詞非一手之碻證。若師各異義，或詞出一人，則夫子論《詩》，孔鮒記述，何以其義與《毛序》悉合，而其詞又悉異耶？由是觀之，《孔叢子》所記，足爲義出一源，詞非一手之顯證矣。考孔鮒秦人，爲孔子九世孫，而孔叢子記鮒之沒，故朱子疑非鮒作。然古書後人補入者多有之，此書卽非悉鮒手著，陳振孫謂『其後人集先世遺文而成之者』，要爲漢人之作。所述論《詩》之義甚精，必有所受，其說爲可信也。《序》詞旣非出一手，是以獨斷《周頌・序》，義與毛合，文則時有詳略，不盡相同。三家間義同之《序》，詞亦時有參差。卽《毛序》一家之言，其文例亦不盡一致。蓋《詩》非作於一世，故《序》非出於一史，則詞非成於一人。首《序》或爲國史之詞，亦可有後儒（秦漢以前）潤飾；後《序》亦或爲國史之言，或爲歷代經師本國史原義所申益。意其開源遠流長，中更多手，授受之際，或出之經師筆授，或出之弟子筆錄；而宗派旣分，師承又異；故其詞不能畫一，理勢然也。綜斯以言，《序》義出於國史，其詞則集於歷代經師。四家《序》卽義同而詞亦異者，職是故也。然傳《詩》者必本於《序》，是以《唐書・藝文志》著錄韓《序》，卽其明證；亦必有故訓傳，是以《漢書・藝文志》載四家故訓傳卷數及著者甚詳；則四家《序》當與其詩傳同時而有。而魯《序》傳之文，至遲定於申公；齊定於轅固生；韓定於韓嬰；毛定於大毛公或小毛公。申高祖時人，轅景帝時人，韓文帝時人，其學先後立於博士，則三家序早行於西漢之初。大毛公六國時人，小毛公亦漢初人。《漢志》載《毛詩》二十九卷，較三家獨多一卷，陳奐、先謙，皆謂由其《序》別列。《毛詩》在平帝時立於學官而旋廢。可證《毛序》與傳，竝行於西漢之末。是四家序最遲亦定於西漢人，觀於《史記》及西漢人引用諸家《序》義，固足徵也。今舉三家

《序》文，竝明四家《序》之異同，詞義之區別，定著之時世者：蓋以四家皆有《序》，而知其有相同之用；以四家《序》及《孔叢子》所記，參伍比勘，而知其義同詞異者，爲同出一源；更溯其源於采詩合樂之初，敎詩傳詩之際，而知《序》義出於國史；其證二也。

前引《孔叢子》外，玆更徵之《尚書》至漢之古籍，與《毛序》義同者。依《詩》之次弟，條舉於下：

《左傳》襄十五年官人之說，與《卷耳・後序》『內有進賢之志』義合。魯說《淮南子・高注》同。（以下三家說同者，皆詳見各本篇）《墨子・尚賢篇》：『舉閎夭泰顚於罝網之中。』與《兎罝・後序》義合。韓說同。《左傳》襄十四年：『如周人之愛召公焉，愛其甘棠。』又昭二年《傳》：『遂賦《甘棠》，宣子曰：起不堪也，無以及召公。』與《甘棠》首後《序》合。三家竝同。《左傳》襄八年：『賦《摽有梅》，季武子曰：何時之有。』與《摽有梅》首後《序》『及時』合。魯說蔡邕《協和婚賦》同。《左傳》隱三年及十六年記載嬀事，與燕燕首後序合。齊說易林同。《左傳》隱四年記宋公陳侯蔡人衞人伐鄭事，與《擊鼓》首後《序》合。齊說《易林》同。《孟子》論《凱風》，與《凱風》首《序》『美孝子』義合。齊說《易林》同。《左傳》桓十六年：『生急子，爲之取於齊而美，公取之。』與《新臺》後《序》合。《左傳》《史記》宣公殺伋壽事，與《二子乘舟》首後《序》合。《左傳》閔二年：『齊人使昭伯烝於宣姜。』與《牆有茨》後《序》合。《左傳》成二年：『又有桑中之喜，宜將竊妻之逃者也。』與《桑中》首後《序》合。《左傳》襄二十年：『牀笫之言不踰閾。』與《鶉之奔奔》首後《序》義合。《左傳》閔二年記封楚丘事，與《定之方中》首後《序》合。《左傳》襄二十七年：『慶封不敬，爲賦《相鼠》。』與《相鼠》首《序》『刺無禮』義合。《左傳》

閔二年:『莊姜美而無子,衞人所爲賦《碩人》。』與《碩人》首後《序》合。《左傳》隱元年記鄭莊公伐段事,與將《仲子》、《叔于田》、《大叔于田》、首後《序》合。《左傳》閔二年:『高克奔陳,鄭人爲之賦《清人》。』與《清人》後《序》合。齊說《易林》同。《左傳》昭十六年:『賦鄭之《羔裘》,宣子曰:起不堪也。』與《羔裘》首後《序》『言古君子以風刺今』義合。《左傳》桓六年記公子昭辭齊昏事,與《有女同車》、《山有扶蘇》後《序》合。《左傳》桓十一及十七年記鄭五公子相爭事,與《出其東門》後《序》合。《左傳》隱二年:『譏不親迎。』與《箸》後《序》合。《左傳》桓八年記齊襄公通齊姜事,與《南山》、《敝笱》、《載驅》、《猗嗟》、後《序》竝合。齊說《易林》同。《左傳》襄二十九年:『季札見歌唐,曰:思深哉!何其憂之遠也。』與《蟋蟀》後《序》『憂深思遠』合。《左傳》記魯惠公二十四至三十年,昭公封桓叔於曲沃事,與《揚之水》、《椒聊》、後《序》合。齊說《易林》亦同。《左傳》記獻公好戰事,與《葛生》首後《序》義合。《左傳》禮記記獻公嬖驪姬、殺太子事,與《采苓》首後《序》義合。《國語》記秦仲事,與《車鄰》首後《序》合。《左傳》文六年:『秦伯任好卒,以子車氏三子爲殉,國人爲之賦黃鳥。』與《黃鳥》首後《序》合。魯說《史記》同。《左傳》定四年:『申包胥乞師,哀公爲之賦無衣。』與《無衣》首後《序》『用兵攻戰』義合。《漢書・楚元王傳》記穆生設醴事,與《權輿》後《序》義合。《左傳》桓五年記陳佗殺太子自立事,與《墓門》首後《序》合。《史記》記宣公殺太子禦寇事,與《防有鵲巢》首後《序》合。《左傳》宣九年記陳靈公通夏姬事,與《株林》、《澤陂》、首後《序》合。齊說《易林》同。《尚書・金縢》:『公乃爲詩以貽王,名之曰鴟鴞。』與鴟鴞首後《序》合。魯說《史記》、齊說《易林》同。《書・大誥》、

≪金滕≫、≪孟子≫竝言周公東征，與≪東山≫首後≪序≫合。齊說≪易林≫同。≪左傳≫襄四年：『四牡、勞使臣。』與≪四牡≫首序合。齊說≪儀禮·鄭注≫同。≪國語≫：『周文公之詩曰：兄弟鬩於牆，外禦其侮。』≪左傳≫：『鄭富辰諫曰：召穆公思周德之不類，故糾合宗族於成周，而作詩曰：常棣之華』云云。與≪常棣≫首後≪序≫合。≪逸周書≫：『文王西距昆夷，北備玁狁。』與≪采薇≫後≪序≫合。≪左傳≫襄二十年：『賦南山有臺，季武子曰：臣不堪也。』≪穆天子傳≫：『天子命歌南山有𦱊。』皆以其爲『樂得賢』之義，與≪南山有臺≫首後≪序≫義合。齊說≪儀禮·鄉飲酒·鄭注≫同。≪左傳≫文四年：『昔諸侯朝於王，王宴樂之，於是乎賦≪湛露≫。』與≪湛露≫序『天子燕諸侯』合。齊說≪易林≫同。≪左傳≫襄八年：『受彤弓於襄王。』又昭十年≪傳≫：『彤弓、虎賁、文公受之』。與≪彤弓·序≫『天子錫有功諸侯』義合。≪大戴禮≫、≪逸周書≫皆有≪文王官人篇≫，≪荀子≫亦云：『文王以官人爲能。』與≪棫樸·序≫合。≪潛夫論·遏利篇≫：『周厲王好專利，芮良夫諫而不入，退賦桑柔之詩以諷。』與≪桑柔·序≫合。≪書·大傳≫：『清廟升歌者，歌先人之功烈德澤也。故周公升歌文王之功烈德澤，苟在廟中嘗見文王者，愀然如復見文王。』與≪清廟≫首後≪序≫合。自此以下至≪賚序≫，三十一篇，魯獨斷俱與≪序≫大同。≪左傳≫襄二十九年：『吳公子札觀周樂，見舞象箾南樂者。』與≪維清·序≫合。齊說≪春秋繁露≫同。≪詩譜·正義≫引服虔≪左傳·注≫：『烈文、成王初雒邑，諸侯助祭之樂歌。』與≪烈文·序≫合。≪中庸≫：『上祀先公以天子之禮。』≪國語≫：『日祭，月祀，時享，歲貢，終王先王之訓也。』竝與≪天作·序≫義合。≪孝經≫：『宗祀文王於明堂，以配上帝。』與≪我將·序≫合。≪孝經≫：『昔者郊祀后稷以配天。』≪祭法≫、≪魯語≫、『周人郊稷』。≪周書・作雒篇》：『周公設丘兆於南郊，以祀上帝，配以后稷。』竝與《思文・序》『后稷配天』合。《左傳》襄七年：『夫郊、祀后稷以祈農事。』《月令》：『孟春祈穀於上帝。仲夏雩祀以祈穀。』竝與《噫嘻・序》『春夏祈穀於上帝』合。《郊特牲》：『王者存二王之後。』《書・傳》：『天子存二王之後。』竝與《振鷺・序》『二王之後來助祭』義合。《月令》：『季冬命漁師始漁。天子親往，乃嘗魚，先薦寢廟。』又：『季春薦鮪於寢廟。』《周禮・獻人》：『春獻王鮪。』《夏小正》：『二月祭鮪。』《魯語》：『大寒降，取名魚而嘗之廟。』竝與《潛・序》『季冬薦魚，春薦鮪』合。《白虎通義・王者不臣篇》：『有客有客，亦白其馬，謂微子朝周也。』與《有客・序》『微子來見祖廟』合。《周禮》、《左傳》、『舞大武』，《國語》謂《武》爲『周文公之頌』。《左傳》：『武王克商作武。』《呂覽》略同。竝與《武・序》『奏大武』合。《援神契》：『仲秋穫禾，報社祭稷。』與《良耜・序》『秋報社稷』合。《漢書・禮樂志》：『周公作勺，言能酌先祖之道也。』《風俗通》亦謂『酌先祖之道』。《白虎通義・禮樂篇》：『周樂曰大武、象，周公之樂曰勺，合曰大武。』竝與《酌・序》『告成大武也。言能酌先祖之道以養天下也』合。《論語》：『周有大賚，善人是富。』與《賚・序》『大封於廟也。賚、予也，言能錫予善人也』合。《國語》：『昔正考父校商之名頌十二篇於周大師，以那爲首。』與《那》後《序》文同，惟《序》以校爲得。《史記・宋世家》及韓說均以爲正考父作，與《國語》義合。而皆以《商頌》屬正考父則一也。

茲再徵之漢人之文與《序》合者。依作者世代先後，條擧於下：

司馬相如《上林賦》：『悲伐檀。』張揖《注》：『其詩刺賢者不遇明王也。』揖習《齊詩》，此爲齊《序》。長卿時《毛詩》

未行，所用當爲《齊詩》，可爲漢初三家《序》已行之證。且與《伐檀》後《序》『君子不得仕進爾』正合。楊雄《甘泉賦》：『函甘棠之惠，挾東征之意。』李善《文選·注》即引《毛詩·甘棠》《東山·序》。案《甘棠》三家說與《毛序》竝同。《東山》三家說存於今者無東征之詞，東征正與毛首《序》合。又：《羽獵賦》：『儕男女，使莫違。』李善《注》：『莫違，謂以時爲婚，無違於期也。』下引《毛詩·東門之楊·後序》：『男女多違。』又：《長楊賦》：『婚姻失時，男女多違』。善《注》又引前《序》：『婚姻失時，男女多違。』是兩文竝與《東門之楊·毛序》合。班彪《北征賦》：『慕公劉之遺德，及行葦之不傷。』李善《注》引《毛詩·行葦》首《序》：『行葦、忠厚也。』案：後《序》云：『周家忠厚，仁及草木。』《列女傳·晉弓工妻篇》、《潛夫論·德化篇》、竝云『公劉恩及草木』。又《潛夫論·邊議篇》：『公劉仁德，廣被行葦。』是四家義同。班氏則用《齊詩》，然與《行葦》首後《序》亦合。又《北征賦》：『日晻晻其將暮兮，覩牛羊之下來；寤怨曠之傷情兮，哀詩人之歎時。』李善《注》：『思君子爲怨曠，嗟行役爲歎時。』下引《毛詩·雄雉·後序》：『大夫久役，男女怨曠。』案：此用君子於役詩，怨曠歎時，當本齊說。然與彼《毛詩·後序》『大夫久役無期度』亦合。班固《兩都賦·序：『或曰：賦者、古詩之流也。』李善《注》引《詩·大序》：『詩有六義焉，二曰賦。』又：『王澤竭而詩不作。』李善《注》引《詩·大序》：『止乎禮義，先王之澤也。』又：『或以抒下情而通諷諭。』李善《注》引《詩·大序》：『吟詠性情，以諷其上。』案：上引班文，詞義皆本《大序》。載籍皆不言三家有總論全詩綱領之序。惟《新唐書·藝文志》載『《韓詩》二卷，卜商序』。若其《序》亦有此言，李善及見《韓詩》，必不單引《毛序》，觀『奚斯頌魯』即引《韓詩》可證。是《韓序》亦無此文。惟《毛詩》

有此《序》，則爲班氏顯用《毛序》非用三家之碻證。而《大序》卽《關雎・序》，則班文他與《小序》合者，亦皆用《小序》可知。蓋東漢《毛詩》已行，故班氏得用《毛序》。如《西都賦》賦畋獵云：『臨之以王制，考之以風雅：歷騶虞，覽駟鐵，嘉車攻，采吉日』。李善《注》引所用各篇『《毛詩・序》曰：騶虞、蒐田以時，仁如騶虞也。又曰：駟鐵、美襄公也。始命有田狩之事。又曰：車攻、宣王復會諸侯於東都，因田獵而選車徒焉。又曰：吉日、美宣王也。能愼微接下，無不自盡以奉其上焉』。案：賦用歷、覽、嘉、采，與《序》義竝合，是卽班用《毛詩・小序》之一例也。又《西都賦・序》：『奚斯頌魯。』李善《注》：『韓詩魯頌曰：新廟奕奕，奚斯所作。薛君曰：奚斯、魯公子也。言其新廟奕奕然盛，是詩公子奚斯所作也。』毛《傳》謂『公子奚斯作是廟』，不謂作是詩，是班又用《韓詩》也。班氏雖世習《齊詩》，然其賦毛韓竝用，觀《兩都賦》用《詩》，《詩》文多從毛韓，可證。蓋以詞賦隸事，以文爲主，故不須恪遵家法爾。張衡《西京賦》：『鑒戒唐詩，他人是媮。』薛綜《注》：『唐詩刺晉僖公不能及時以自娛樂。』又賦曰：『獨儉嗇以齷齪，忘《蟋蟀》之謂何？』薛《注》：『蟋蟀、唐詩，刺儉也。言獨爲此節愛，不念唐詩所刺邪？』衡習魯《詩》，此或用魯《序》。齊說《鹽鐵論》亦云：『君子節奢刺儉，儉則固。孔子曰：大儉極下，此《蟋蟀》所爲作也。』竝與《毛詩・蟋蟀》首後《序》『刺晉僖公儉不中禮』合。又《東京賦》：『改奢卽儉，則合美乎斯干。』薛《注》：『謂周宣王儉宮室之詩也。』揚雄《將作大將箴》、《漢書・劉向上疏》、蔡邕《宗廟祝嘏詞》竝云：『斯干、美宣王儉宮室。』與賦同，皆用魯《序》。然與《毛詩・斯干・序》『宣王考室』亦合。又：《思玄賦》：『柏舟悄悄吝不飛。』李善引《舊注》：『臣不遇於君，猶不忍去，厚之至也。』此與魯說《列女傳》《柏舟》爲衞寡夫人作大異，與《毛詩·柏舟·序》『仁而不遇』義合。此則平子兼用《毛詩·序》，其例與孟堅正同。傅毅《舞賦》：『嘉關雎之不淫兮，哀蟋蟀之局促。』李善《注》引《毛詩·關雎·序》：『憂在進賢，不淫其色。』《蟋蟀·序》：『刺晉僖公也，儉不中禮。』案：《蟋蟀》或用三家《序》；《關雎》則三家無不淫之說，非用《論語》，卽用《毛序》。班張傅同時人，竝得見《毛詩》及《序也》。

以上徵引，自《尚書》以訖漢人詞賦，計七十三條；竝前引《孔叢子》二十一條，共九十四條；皆與《毛序》合。三家亦多同。其中除桑柔、有客、酌、引漢人書，爲三家說外；其他未引古籍之篇，惟三家說與《毛序》合者，皆未引列。觀《尚書》《春秋》內外傳等周代典籍，竝與《毛序》及三家合，足爲《序》義出於國史，遠自西周之明證。不然者，何如是之多書，恰與四家互合耶？若疑《毛序》爲襲古而成，然則三家序詩之義，何亦與古籍《毛序》大同？《周頌》魯《序》同毛者卽三十一篇之多，三家同古籍者前引亦不下二十篇，將謂三家亦襲古而爲之歟？何詩家專以襲古爲事，而四家所襲者又如是之不謀而合？此理之所必無也。自來主《毛序》襲古者，惟就《毛序》詞義斤斤吹求，一若惟《毛序》出於襲者。今以古籍與《毛序》三家對勘，見三家《序》義亦多同古，是知執一而論，若有可疑；觀其會通，則渙然冰釋。故以三家《序》義證《毛序》，宋以來襲古之罔，可以直矣。而此古籍及漢人著述九十四條，幾及全《序》三之一，其證不可謂不足。據此古書同《序》之多證，知四家《序》出一源，而其義原於國史。徵之載籍，其證三也。

（《詩序辨》，原刊於《孔孟月刊》第八卷第四——六期）

陳允言云:

《詩序》非爲子夏所作，未必即可歸之衞宏。鄭樵朱熹直至姚際恒崔述及今文諸家，論及《詩序》作者，皆以爲出於衞宏無疑，乃至訾罵有異此論者俱爲『妄信』。按其所據，惟《後漢書·儒林傳》一語耳，對於《范書》所記之具體指意，彼亦不甚了了，其訾人『妄信』，已亦何能免於妄信哉! 蓋《詩序》作者一案，爭紛延續千祀，論者或指子夏，或歸衞宏，互相論難，各持一端，考察兩造之辭，俱難自圓其說，實由問題本來複雜，非二者擇一卽可解決也。極可注意者，翁方綱、黃以周等，已懷疑衞宏所作之《序》，當是別成一篇，與見存之《毛詩序》不應牽混。予以爲彼實指出問題關鍵，自是獨到之見，請略作辨析，證明於下:

觀乎漢魏晉宋之間，未嘗有所謂《詩序》作者之爭。鄭玄謂《詩序》爲子夏毛公所作，未嘗言衞宏不作《毛詩序》；而范曄云衞宏作《毛詩序》，亦無隻字辨子夏作《序》之非是。倘鄭玄所箋之《序》與衞宏所作之《毛詩序》並非各自爲篇，豈能若此兩說並行不悖，互不攻訐，而待整百年之後始爭訟蜂起乎? 可見傳云子夏所作之《序》，與衞宏所作之《序》，當爲不同之兩篇，曩時本無爭執。此爲今存《毛詩序》與衞宏所作之《毛詩序》無關之一證也。

若鄭玄所箋之《詩序》果爲衞宏所作，鄭玄將宏《序》尊之爲子夏所作，范曄能知之，當時人諒必亦有能知之者。況漢之末世，宗法廢弛，經師說《毛詩》者異論漸多，何故當時士人，於此咸守緘默，乃無一詞與之爭辯，必待百餘年而後范蔚宗始能規正之耶? 又王肅說《詩》，旨在申毛駁鄭，專以攻詆鄭玄爲事，視之幾若仇敵。倘鄭玄所箋之《序》爲衞宏所作，則毛亨以及西漢經師，時出宏前，是時旣無《詩序》存在，當亦無所謂子夏作《序》云云，而鄭玄以爲《詩序》作於子夏，何王肅亦不發一詞，反而翕然從之，以爲子夏作《序》耶？此見存鄭玄所箋之《序》與衞宏無關之二證也。

又范曄所云之《毛詩序》，若卽鄭玄所箋自云子夏所作之《序》，范曄必能知之，何以未發一言加以辨正？若曄明知玄以宏《序》歸於子夏，於玄豈能不置微詞？觀《後漢書·鄭玄傳》，稱玄經傳洽熟，以爲純儒。其傳論又云：『鄭玄括囊大典，網羅衆家，刪裁繁誣，刊改漏失，自是學者略知所歸。王父豫章君每考先儒經訓，而長於玄，常以爲仲尼之門不能過也，及傳授生徒，並專以鄭氏家法云。』可見蔚宗於玄，深爲推挹。若鄭玄所尊爲子夏所作之《序》，果是衞宏所作，蔚宗何能稱其『刪裁繁誣，刊改漏失』，而推崇如是乎？況范曄《後漢書》品評人物，頗少溢美之辭。以其所傳儒生而論，賈逵不拘小節，好爲附會，馬融阿附梁冀，驕貴自恣，蔚宗尙且不滿，豈獨諒解於鄭玄乎！此鄭玄所箋之《序》與宏《序》無關之三證也。

所謂『序』者，卽釋題之義也。隋唐以前，解釋《詩》題之作頗多，《經典釋文·敍錄》載，宋徵士雁門周續之、豫章雷次宗、齊沛國劉瓛並爲《詩義序》，此類均以『序』名之。《漢魏遺書鈔》中輯錄周續之《詩義序》數條，論旨與今所見存《毛詩序》絕不相類，由此可以推想，當時《詩序》一類著作，決不止於吾人今日所見之《詩序》一編也。黃以周《經說略》，嘗言鄭君序《易》，非卽《十翼》之《序卦》；馬融《書序》，非卽百篇《序》也。斯論是已。譬如馬融所作之《毛詩傳》，自是不能與今所見之《毛傳》相混，惡可一見『毛詩序』三字，卽遽然斷定必出於衞宏之手無疑。唐以後人一見『詩序』之稱，多卽以爲所見之《詩序》卽出於衞宏，張冠李戴，渾漫無辨，反而振振有辭，動輒詆人爲妄，其不達事理如此！由此可知，衞宏之《序》自是別爲一編。此爲鄭玄所箋之《序》與宏《序》無關之四證也。

《後漢書·儒林傳》嘗明言，九江謝曼卿善《毛詩》，乃爲其訓，衞宏從曼卿受學，因作《毛詩序》。乃知宏《序》實因曼卿之學所作，衞宏之《毛詩序》，當與謝曼卿之《毛詩訓》有密切關係。謝曼卿之《訓》，於今渺不可考，所能肯定者，當與吾人所見之《毛傳》各自爲編，並無糾葛。按理推之，衞宏所作之《序》，理當與鄭玄所箋之《序》有別。此鄭箋之《序》與宏《序》無關之五證也。（按廖平《古學考》，以今存《毛傳》，卽是謝曼卿之《訓》，此說實屬無稽，比諸何焯以《毛傳》卽馬融之《毛詩傳》更其荒誕，章炳麟已加駁斥，故茲文不再旁及。）

又崔述《讀風偶識》云，漢世朝廷敎尙儒術，經學益重，於是諸家樹立，務期相勝，此言是也。西漢之時，《毛詩》未得立於學官，立學者止有魯、齊、韓三家，考《魯詩》《韓詩》，當時咸有兩語檃括題意，卽所謂『序』者也。而《毛詩》立學最晚，治《毛詩》者欲期勝於三家，師徒授受，自當有《序》，猶比三家抑或加詳，豈可傳授歷世而無《序》，而於立爲學官之後，俟衞宏爲之序乎？倘如崔述所謂《序》爲衞宏始作，西漢之時原無《序》文，則《毛詩》何以期勝於三家？何得於西漢之末立於學官？崔述此論，實乃自相矛盾而不自察。《毛詩》於平帝時立爲學官之前，自當有《序》，卽鄭玄所箋之《序》。此鄭箋之《序》與宏《序》無關之六證也。

《毛詩》一家，於西漢平帝時列於學官之後，乃爲顯學，其學說自當公開於世，流傳經傳文字，亦當有明文可據，而爲世人所共知者。衞宏之學，顯於東漢之初，與《毛詩》立學之時，年代相距殊近，衞宏豈能以其所作之《序》，遮掩世人耳目，側於經傳文字之間與之並存，而爲其後學者據爲典要哉？此鄭箋之《序》與宏《序》無關之七證也。

根據以上七證，及前文之所論列，愚以爲鄭玄所箋之《序》，即今見存之《毛詩序》，與衞宏所作之《序》，本係不同之兩篇。衞宏所作之《毛詩序》，雖見稱於范曄當時，然已亡佚於南北朝季世，至今流傳於世之《毛詩序》，決非衞宏所作。關於衞宏之《序》自爲別編，於陸璣《毛詩草木鳥獸蟲魚疏》中更有明文可足依據。

今所見之《毛詩序》，旣非子夏所作，又不出於衞宏，其作者究爲何人？綜上所述，吾以《詩序》實非一人之作，乃秦漢間《毛詩》經師傳授聯綴而成。此說自成伯璵首揭其端，蘇轍、程大昌因而發揮，乃至范家相、四庫館臣進而完具，雖具體論述間有殊異，但謂《詩序》非一人一時之作，則大抵相同。觀其論據，可謂翔實，不惟符合三代兩漢舊籍，而亦深中歷史實狀委曲。《四庫提要》所作之總結，除將衞宏隱包於續申之列而外，餘者不爲無見。《小序》首句所出最早，以後續申之詞，爲後儒聯綴而成，當是確論。於此，關於《詩序》作者之爭，可得出兩點結論：

㈠《詩序》非一人一時之作。論其大概：《序》首二語，爲毛亨以前經師所傳，以下續申之詞，爲其後治《毛詩》者補綴而成。於西漢末年平帝時《毛詩》立於學官之前，今所見《毛詩序》基本規模，大抵已具。

㈡衞宏所作之《毛詩序》，當爲另外一篇，已在南北朝後期亡佚，與見存鄭玄所箋之《毛詩序》無關。

（《詩序作者考辨》）

王錫榮云：

筆者在《「毛詩序」問題辨說》一文中，着重談了大、小序的劃分問題，同時也順便說說對《詩序》作者問題的看法。因該文重點在於討論前一問題，所以對作者問題沒有作較詳細的論證。宋元以來一些研究《詩經》的著作，多傾向於《後漢書・儒林傳》關於衞宏作《詩序》的說法。清儒姚際恒《詩經通論》、崔述《讀風偶識》等，尤力主其說。這些著作一方面承認《毛傳》爲西漢毛公所作，另方面又認爲與《毛傳》渾然一體、密不可分的《毛詩序》爲二百年後東漢衞宏之作。這樣就出現了一個很難解釋的問題。近來有的先生又主張《毛詩》和《毛傳》『約在東漢初年才正式形成』。看來是爲了消弭《序》《傳》寫作時間相差二百多年的矛盾，但是這種說法又與某些文獻記載發生抵牾(詳後)，所以亦難令人信服。

其實，毛詩《序》《傳》本出一人之手，雖不免有後人增删潤色的痕跡，但兩者互相依存的跡象十分明顯。筆者前文曾論其同爲漢人毛公所作，主要根據有三點：㈠毛公不爲《詩序》作傳，至東漢末鄭玄始爲之作箋，明其不可能成於毛公之前。㈡齊、魯、韓三家詩均有《序》，《序》作者即爲傳詩者，《毛序》亦不能例外。㈢傳詩者不可能只於詩的個別詞句有所訓釋，而於全篇詩旨反而無說。因此，認爲《毛序》亦必出於毛公之手。但是，由於《序》《傳》的確存在若干齟齬之處，所以拙文又認爲《序》《傳》肯定是發生過某些竄亂。現在本文想就《詩序》的作者問題，再集中談一些意見，權作前文的補充。

在沒有進入正題之前，有必要先探討一下《毛傳》的形成時間問題。因爲這一問題不弄清，《毛詩序》的作者也就無法確定。

《毛詩》較三家晚出，正式立於學官大約在西漢末與東漢初之際，但是《毛傳》卻不可能於此時才正式形成。關於《毛詩》在漢以前的師承關係，前人有兩種說法：

㈠《經典釋文》引三國吳人徐整云：『子夏授高行子，高行子授薛倉子，薛倉子授帛妙子，帛妙子授河間人大毛公，大毛公爲詩故，訓傳於家，以授趙人小毛公，小毛公爲河間獻王博士。』

㈡另一個三國吳人陸機《毛詩草木蟲魚疏》則云：『子夏授曾申，曾申傳魏人李克，李克傳魯人孟仲子，孟仲子傳根牟子，根牟子傳趙人孫卿子，孫卿子傳魯人大毛公。』

究竟哪一說比較可靠，或者兩說都不足據，由於缺乏這方面的史料，無從稽考。不過毛公以前的師承關係如何，對於我們探討《毛傳》的形成時間，並非問題的癥結所在。這裏値得注意的是，兩說都認爲有個毛公（大、小毛之說，可置而弗論），而這個毛公大約又是漢初人。據此，我們可以作更進一步的探索。先看《漢書・景十三王傳》：

河間獻王德，以孝景前二年立，修學好古，實事求是。……其學舉六藝，立毛氏《詩》。

這裏肯定了漢景帝時就有了《毛詩》，而且被立於河間王封國之內（《史記・五宗世家》：『河間獻王德，以孝景帝前二年，用皇子爲河間王。好儒學，被服造次必於儒者。山東諸儒，多從之游。』可與《漢書》相參證）。再看《漢書・儒林傳》：

毛公，趙人也。治詩，爲河間獻王博士，授同國貫長卿。長卿授解延年，延年爲阿武令，授徐敖，敖授九江陳俠，爲王莽講學大夫。由是，言《毛詩》者本之徐敖。

這裏不但把毛公其人說得明明白白，就連《毛詩》在西漢的流傳情況也講得清清楚楚。其中『治詩，爲河間博士』數語，尤値得注意。既然專門以詩爲博士，自是成體系的一家之言。其說也就有極大可能形成文字。班固作《漢書》，態度十分謹嚴，享有『良史』之譽，其記述當有比較可靠的依據。《藝文志・六藝略》復載『《毛詩》廿九卷』、『《毛詩故訓傳》卅卷』，敍云：『漢興……又有毛公之學，自謂子夏所傳，而河間獻王好之，未得立（按，指未得立於中央政府的學官）。』班固自已說，《藝文志》是據西漢哀帝時劉歆所作《七略》『刪其要』纂集而成的。那麽，起碼在漢武帝以後、成帝以前，《毛詩》及《故訓傳》就已被收進國家圖書館了。

根據以上的簡單考察，可以肯定《毛傳》是出於漢初的毛公之手，而那種認爲《毛詩》和《毛傳》約在在東漢初年才正式形成的說法，直接與《漢書》的記載相乖謬，因而是不足信的。

有了上面的結論，我們方能够進而探討《毛詩序》亦作於毛公的問題。下文試從三個方面略陳鄙見：

一、離開《詩序》，《毛傳》不能獨行。

《毛序》與《毛傳》兩者本爲一體，前者是一首詩的題解，後者是具體詩句或字詞的詮釋。它們彼此之間，互相依賴，不能割離。因此，離開《詩序》，《毛傳》也就很難獨立存在。空口無憑，下面試舉數例來看：

㈠《召南・甘棠》

蔽芾甘棠，勿剪勿伐，召伯所茇。
蔽芾甘棠，勿剪勿敗，召伯所憩。
蔽芾甘棠，勿剪勿拜，召伯所說。

《毛傳》訓釋這首詩極簡。於第一章注四詞：『蔽芾，小貌。甘棠，杜也。剪，去；伐，擊也。』於第二章注一詞：『憩，息也。』於第三章注一詞：『說，舍也。』此外，無任何說明。據此，這首詩的詩意仍弄不明白。這裏値得注意的是，《毛傳》竟在關鍵性詞語『召伯』下無注。是否注者一時疏忽呢？當然不是。《毛傳》出自漢初經師之手，文字精益求精，吳闓生說它『接義宏通，往往單言片詞，能發詩人微旨』（《詩義會通》）。因此，怎麼也不致產生這樣的疏漏。那麼，究應如何解釋此種現象呢？唯一的回答就是：前面有《詩序》在。《甘棠序》云：『美召伯也。召伯之教明於南國。』有了這樣的題解，《毛傳》的注釋才有了落腳之地，讀者才會知道這是一首頌揚召公奭的詩作。如果認爲這首詩本來就很明白，即使於『召伯』一詞無注，也不會產生歧議或誤解，那麼，可再看下面的例子：

㈡《邶風・式微》

式微式微，胡不歸？微君之故，胡爲乎中露？

式微式微，胡不歸？微君之躬，胡爲乎泥中？

《毛傳》於本詩第一章注三詞：『式，用也。』『微，無也。中露，衞邑也。』於第二章注一詞：『泥中，衞邑也。』此外別無說明。僅看《毛傳》，使人如墮五里霧中，摸不着頭腦。『歸』於何處？無注。『君』者爲誰？『故』者何故？亦無注。而注『中露』（露中）、『泥中』二詞爲『衞邑』，尤爲莫名其妙。但是，如果一看《式微序》，知道注者認爲這是一首黎臣怨其君黎侯滯衞不歸的詩，則上面產生的一些疑問也就渙然冰釋了。再看第三例：

㈢《衞風・考槃》

考槃在澗，碩人之寬。獨寐寤言，永矢弗諼。

考槃在阿，碩人之薖。獨寐寤歌，永矢弗過。

考槃在陸，碩人之軸。獨寐寤宿，永矢弗告。

《毛傳》第一章云：『考，成；槃，樂也。山夾水曰澗。』第二章云：『曲陵曰阿。薖，寬大貌。』第三章云：『軸，進也。』『（弗告，）無所告語也。』《傳》未言『碩人』是什麽身分，故讀者於詩意仍不甚了然。《考槃序》云：『刺莊公也。不能繼先公之業，使賢者退而窮處。』據《序》我們才知，原來注者認爲這是一首諷刺衞國當政者不能用賢的詩。『碩人』，乃指被摒棄的賢者。下面再讓我們看兩首於史有徵的名篇《鄘風・載馳》和《豳風・黃鳥》。因原詩較長，這裏只摘引各章《傳》文：

㈣《載馳》

第一章：載，辭也。吊失國曰唁。悠悠，遠貌。漕，衞東邑。草行曰跋，水行曰涉。

第二章：不能旋反我思也。不能遠衞也。濟，止也。閟，閉也。

第三章：偏高曰阿丘。蝱，貝母也。升至偏高之丘，采其蝱者，將以療疾。行，道也。尤，過也。是乃衆幼稚且狂，進取一概之義。

第四章：願行衞之野，麥芃芃然方盛長。控，引；極，至也。不如我所思之篤厚也。

㈤《黃鳥》

第一章：興也。交交，小貌。黃鳥以時往來得其所，人以壽命終亦得其所。子車，氏；奄息，名。乃特百夫之德。惴惴，懼也。殲，盡；良，善也。

第二章：防，比也。

第三章：御，當也。

僅據《毛傳》，仍無法知道這兩首詩到底說的是什麼。據《序》，才知道《載馳》是許穆夫人閔衞亡之作，《黃鳥》是秦人刺穆公用生人殉葬之作。《傳》於兩詩本事不置一詞，甚至連『許穆夫人』、『秦穆公』的字樣都沒有提及，遺落了解此二詩的最緊要之點。如果它是獨立的學術著作，絕不致如此。因爲這樣，不僅一首詩的主旨不明，而且一些注釋也不易弄懂，達不到幫助讀者明了詩意的目的。此外，還可以擧出若干類似的例子，因篇幅所限，不能在這裏一一贅述了。

上面所列擧五詩的注釋，反映了《毛傳》解詩的一般情況，即只訓釋個別詞語，而不說明整個詩篇的大旨。這種狀況約占《毛傳》的百分之八、九十以上，只有少量詩篇從訓詁中可以窺知全詩大意。這種情況充分說明《毛傳》對《詩序》有絕大的依賴性，兩者各有分工，互相配合，共同完成解詩的任務。所以說它與《序》原是不可分割的一個整體。《毛傳》如果無《序》根本無法存在，更不用說能够獨自流傳一、二百年之久了。

二、《序》、《傳》是結合得十分緊密的整體。

本文前面舉例說明《毛傳》對《詩序》的依賴關係，下面擬進一步探討兩者的內在聯繫，證明它們是結合得非常緊密的整體，不允許輕易加以分割，更不能剖判爲異時異地不同人之所作。

首先，讓我們分析一下《召南·騶虞》一詩《序》與《傳》的關係。這是被有些學者看作《序》《傳》不合的典型例證之一。《騶虞序》云:

> 《騶虞》……天下純被文王之化，則庶類蕃殖，蒐田以時，仁如騶虞，則王道成也。

《騶虞》是一首描寫狩獵的詩，其末句『騶虞』一詞，歷來有兩種解釋: 一解爲『仁獸』，另解爲『田官』。《毛詩》首倡『仁獸』之解，這一點與《序》所謂『仁如騶虞』完全合拍。問題出在其解『一發五豝』上。《傳》云: 『虞人翼五豝以待公之發。』意思是田官趕出五隻小野猪，以待狩獸老爺來射獵。這便引起人們的發問: 『《騶虞序》曰「仁如騶虞，則王道成」，是以騶虞爲仁獸，與《傳》所謂「不食生物，有至信之德則應之」者合矣。而其上（按，指《傳》釋『騶虞』之前的一段文字）則曰「虞人翼五豝以待公發」，是魯、韓詩以「騶爲囿，虞爲虞人」之說，顯與《序》異。又豈一人之言乎?』（吳闓生《詩義會通》）認爲《傳》在解『騶虞』一詞上，不僅自身前後矛盾，而且與《序》也有矛盾之處。但是，細按《傳》意，『虞人翼五豝』中『虞人』一詞並非解釋『騶虞』。《傳》先以『仁獸』解『騶虞』一詞，而復言『虞人』云云者，則是與《序》『庶類蕃殖，蒐田以時』八字互相呼應之語，與『騶虞』一詞根本無涉。據《序》《傳》之意，《騶虞》第一章的解釋應是: 『在茂密的蘆葦叢中，虞人趕出來五隻小野猪，以待公侯老爺來射獵。〔老爺們狩獵有時〕眞眞像騶虞獸一樣仁義呀！』從這個例子來看，《序》《傳》之間不但無矛盾可言，而且是彼此呼應，互相闡發，配合默契的。吳說《毛傳》『顯與《序》異』，是他沒有弄清《序》與《傳》之間文字的對應關係，誤解了《毛傳》的意思。

其次，從另外一些詩篇的《序》《傳》，也可以看出二者緊密的內在聯繫。如《邶風·匏有苦叶序》云：『刺衞宣公也。公與夫人並爲淫亂。』而《詩》於『深則厲，淺則揭』下注云：『衞夫人有淫佚之志，授人以色，假人以辭，不顧禮義之難，至使宣公有淫佚之行。』於『卬須我友』下注云：『以言家室之道，非得所適，貞女不行；不得禮義，婚姻不成。』兩處分別從正反兩面反復闡發《序》旨，至爲貼切。又如《鄘風·墻有茨序》云：『衞人刺其上也。公子頑通乎君母，國人疾之而不可道也。』而《傳》於『所可道也，言之醜也』下注云：『於君醜也。』《唐風·揚之水序》云：『刺晉昭公也。昭公分國以封沃，沃強盛，昭公微弱，國人將叛而歸沃焉。』而《傳》於『我聞有命，不敢以告人』下注云：『聞曲沃有善政，不敢以告人。』《秦風·蒹葭序》云：『刺襄公也。未能用周禮，將無以固其國焉。』而《傳》於『蒹葭蒼蒼，白露爲霜』下注云：『白露凝戾爲霜，然後歲事成。國家待禮然後興。』《陳風·墓門序》云：『刺陳佗也。陳佗無良師傅，以至於不義，惡加於萬民焉。』而《傳》於『夫也不良，國人知之』下注云：『夫，傅相也。』從以上數例可見，《序》《傳》彼此呼應是多麼緊密，倡隨是何等周嚴，如果不是一人獨運匠心，實難達到這樣輝映成趣的地步，其出一時一地一人之手，斷無可疑。奇怪的是姚際恒的《詩經通論》卻說：『《毛傳》不釋《詩序》，且其言亦全不知有《序》者。』豈不是閉上眼睛說瞎話。

三、怎樣看待《序》《傳》間的某些矛盾。

《毛詩序》與《毛傳》間存在着某些相互齟齬之處，學者早就有所察知。姚際恒《詩經通論》、吳闓生《詩義會通》、張西堂《詩經六論》等都曾舉出若干例證，加以論說。張西堂氏並據以爲《序》非毛公所作之證。

如前文所述，《序》《傳》相合是大量的，而相左則是個別的。我們不能以少量的不合，就據以否定《詩序》爲毛公所作，而應該仔細地甄別、探討其互相抵牾的情形和原因，作出符合實際的結論。

首先，筆者認爲前人所指《序》《傳》齟齬之例，有一些不見得準確適宜。今試列舉數條論之如次：㈠姚際恒說：『《鄭風·出其東門小序》謂「閔亂，思保其室家」，《毛傳》謂「縞衣，男服；綦巾，女服。願爲室家相樂」。此絕不同。』然覆按《毛傳》原文，『願爲室家相樂』一句應作『願室家得相樂也』。如按照姚所誤引《傳》文，這是一首男思求女的情歌，自然與《序》殊意。而按照《毛傳》正文，說的卻是希望在世亂之中夫妻能够團聚之意，則與《序》旨本無不同。姚文誤引，人爲造成矛盾，原非《序》《傳》之咎。㈡吳闓生說：『《衡門序》曰：「誘僖公也。願而無立志，故作是詩以誘掖其君也。」而《傳》曰：「栖遲，游息。可以樂道而忘饑。」則以爲隱士自得。』因而認爲《序》《傳》不合。其實《傳》恰恰以爲詩是通過寫『隱士自得』來『誘掖其君』的。鄭氏《箋》云：『賢者不以衡門之淺陋，而不游息於其下，以喻人君不可以國小則不興治致政化。』可謂善發《序》《傳》微旨。如是，則兩者本無不合之可言。㈢張西堂說：『《芣苢序》云：「和平則婦人樂有子矣。」《傳》云：「芣苢……車前也，宜懷妊焉。」……《毛傳》並沒有「樂有子」之義。不合。』按，《傳》既以爲車前『宜懷妊焉』，則婦人采之，即包含『樂有子』之義。此正《序》《傳》互明之處，何得謂之不合？㈣張西堂又說：『《小星序》云：「夫人無妒忌之行，惠及賤妾。」《傳》

云:「命不得同於列位也。」如《傳》以爲「夫人、賤妾」，不得說「同於列位」……。』因此，斷言《傳》是以《小星》爲『奉使言勞』的詩，與《序》不合。按，張說實誤。考《傳》言賤妾『命不得同於列位』，是指不在貴妾的班位。其說於史有徵。《左傳》文公六年:『辰嬴賤，班在九人。杜祁以君故，讓偪姞而上之；以狄故，讓季媿而己次之，故班在四。』杜預《注》:『班，位也。』《新序・雜事》載樊姬對楚莊王說:『妾……所進與妾同位者數人矣。』又載:『齊宣王召無鹽女而見之，謂曰:「昔先王爲寡人取妃匹，皆已備有列位矣。」』是國君妃妾本有列位之制，所以《傳》得據而言之。張稱《傳》與《序》有矛盾，是由於對此種制度不了解。

其次，有些詩篇的《序》《傳》，表面看來不合，而實質並非矛盾。如《靜女序》云:『刺時也。衞君無道，夫人無德。』而《傳》則說:『既有靜德，又有美色……可以配人君矣。』豈不矛盾？但細按其意，就會發現這是《毛傳》仿效《春秋》筆意，用『美此刺彼』（表揚好的以彰顯壞的）法來解詩。鄭《箋》云:『以君及夫人無道德，故陳靜女遺我以彤管之法。德如是，可以易之爲人君之配。』鄭很懂得《毛詩》的這種體例。運用這種體例的地方非止一處，這裏不一一列擧了。

最後，無庸諱言，《毛詩序》與《毛傳》的確存在着若干互相抵牾之處。如《山有扶蘇》一詩，《序》說:『刺忽也。所美非美然。』據《序》，詩中的『狂且』、『狡童』應該是指鄭昭公忽所喜歡的人，而《傳》卻說:『狡童，昭公也。』又如《宛丘》一詩，《序》說:『刺幽公也。淫荒昏亂，游蕩無度焉。』據《序》，詩中《子之湯（蕩）兮》的子』應是指幽公，而《傳》卻說:『子，大夫也。』類似這種情況還有若干處。但從《序》《傳》的總體來看，這樣的地方畢竟只是極少數。如果根據少數不合的情況，就遽然否定《詩序》爲毛公所作，那是很不嚴肅的。我們應該考慮，造成這種矛盾會不會有一些其他什麼原因。筆者估計，這種狀況是古籍在長期流傳中輾轉抄產生訛誤竄亂造成的。就拿《山有扶蘇》來說，《傳》注『狡童』爲昭公，就很可能是《狡童》篇『彼狡童兮，不與我言兮』兩句的《傳》文誤入於此。兩詩同屬《鄭風》，相距甚近，出現這種情況的可能性不是完全沒有的。至於《宛丘》篇的問題，陳奐《詩毛氏傳疏》以爲『斥大夫即以刺幽公』。這樣，《序》《傳》就沒有矛盾了。但我以爲此篇《傳》文的『子，大夫也』，很可能是『子，幽公也』之訛。鄭《箋》解釋《傳》文說:『子者，斥幽公也。游蕩無所不爲。』據此，大致可以測知今存的《傳》文在流傳過程中出現了訛誤。總之，僅據《序》《傳》的若干不合，不足以得出《詩序》非毛公所作的結論。

通過以上論述。筆者認爲《毛序》與《毛傳》原是一個整體，不容分割。從古書注釋體例上看，《序》屬題解部分，是綱;《傳》屬解詞部分，是目。兩者互相依存，彼此配合，有密不可分的關係。因此，必同爲毛公之作，而不可能出自不相干的他人之手。《後漢書·儒林傳》說:『衞宏，字敬仲，東海人也……初，九江謝曼卿善《毛詩》，乃爲其訓。宏從曼卿受學，因作《毛詩序》，善得風雅之旨，今傳於世。』又說:『後馬融作《毛詩傳》，鄭玄作《毛詩箋》。』據此，則《序》《傳》都不是毛公所作，那麼何不乾脆稱作『衞序』、『馬傳』，豈不更直截一些?《後漢書》的記載不但與《漢書》直接牴牾，而且比范曄早得多的鄭玄、徐整、陸機等經學家，都不曾承認衞宏作《序》、馬融作《傳》的事，因此這種說法不能不引起人們的懷疑。筆者認爲，《後漢書》這段記載矛盾百出。試想《序》《傳》如果都出自衞宏之後，那麼所謂『宏從受學』的謝曼卿『善《毛詩》』，指的又是什麼樣的《毛詩》?抽掉《序》《傳》，所謂《毛詩》豈不只剩一副空架子了嗎？筆者認爲，衞宏和馬融二人有可能對《毛序》《毛傳》作過某些整理、潤色或修訂的工作，因此後世遂訛傳《毛序》《毛傳》爲他們之所作。《後漢書》以訛傳訛，於是造成很大誤會。後人不懷疑《毛傳》爲毛公之所作，而獨相信《詩序》出自衞宏，這是很難說通的。宋人鄭樵《詩辨妄》說：『釋詩者於一篇之義，不得無總敍。』他是相信《序》《傳》出自一人之手的。清人朱彝尊《詩論》說：『論《詩》者多謂《序》作於衞宏。夫《毛詩》雖後出，亦在漢武帝時。《詩》必有序而後可授受，韓、魯皆有序，《毛詩》獨無序，直至東漢之世，俟宏之序以爲序乎？』問題提得有理有據。不知持衞宏作《序》論者，對此將作何回答？

(《關於毛詩序作者問題的商討》，原刊於《文史》第十輯)

林祕乾撰《詩序作者考》，刊於《孔孟月刊》第八卷第一期；結論云：『吾人可斷定《詩序》出於東漢，又出於一人之手，《後漢書·儒林傳》又正有「謝曼卿善《毛傳》，乃爲其訓，宏從曼卿受學，因作《毛詩序》，善得風雅之旨，於今傳於世」之明文，至此，吾人可以確定作《詩序》者爲東漢之衞宏，而范曄謂衞宏作《詩序》之說爲可信也。』

■申培詩說

黃雲眉云:

《詩傳》《詩說》皆升《魯》於《邶》《鄘》之前，降《鄭》於《鄶》《曹》之後，其次第既一一吻合，而所解亦彼此互證；漢代傳經，悉用隸書，此二書則用古篆，可見同出一手，不俟兩辨。王士祿以《詩說》爲別一妄人依傍《詩傳》而作，非也。而鄒忠允作《詩傳闡》，獨信《傳》而斥《說》，強分朱碧，更屬可笑。朱彝尊之跋《魯詩世學》曰:『《魯詩》亡于西晉，自晉以後，孰得見之。其僅存可證者: 洪丞相适《隸釋》所載蔡邕殘碑數篇，如河水清且漣漪作兮，不稼不穡作嗇，坎坎伐輪兮作欿欿，三歲貫女作宦女，山有樞作蓲；此外素衣朱薄作綃，見《儀禮・注》；傷如之何作陽，見《爾雅・注》；艷妻扇方處作閻妻，中冓之言作中冓，見《漢書・注》；而豐氏本則仍同《毛傳》之文，是未覩《魯詩》之文也。楚元王受《詩》於浮邱伯，劉向元王之後，故《新序》《說苑》《列女傳》說《詩》，皆依《魯故》，其義與《毛傳》不同，而豐氏本無與諸詩合，是未詳《魯詩》之義也。至於《定之方中》爲楚宮移入《魯頌》；又移逸詩《唐棣之華》四句於《東門之墠》二章之前，而更篇名爲《唐棣》；又增益《嶄嶄之石》之辭曰:「馬鳴蕭蕭，陟彼崖矣。月麗於箕，風揚沙矣。武人東征，不遑家矣。」肆逞其臆見，狎侮聖人之言。且慮己之作僞，未能取信於人，則又假托黃文裕佐作序。中間欲申《魯說》而改易毛、鄭者，皆托諸文裕之言，排斥先儒，不遺餘力。然文裕自有《詩傳通解》行世，其《自序》略云:「漢興，《魯》《齊》《韓》三家列於學官，史稱《魯》最爲近之。其後三家廢而《毛詩》獨行。世或泥於魯爲近一語，必欲宗之；然《魯詩》今可考者，有曰佩玉晏鳴，《關雎》嘆之，以爲刺康王而作，固已異於孔子之言矣。又曰，騶虞掌鳥獸官，古有梁騶，天子之田也，文王事殷，豈可以天子言哉？其爲《周南》《召南》首尾已謬至此。以是觀之，則文裕言《詩》，不主於《魯》明矣。楊文懿著《詩秘鈔》，改編《詩》之定次，文裕罪其師心僭妄，是豈肯盡棄其學，而甘心助豐氏之邪說乎？』彝尊是跋，以未覩《魯詩》之文，未詳《魯詩》之義，攻豐坊二書之僞，足與《經義考駁義》相闡發。其與姚氏略異者，姚氏謂二書與《詩經通解》亦多暗合，彝尊則謂黃佐並非主《魯詩》者。但二說亦可通，不主《魯詩》者，亦豈無與《魯詩》暗合處也？獨怪豐坊欲伸《魯詩》之說，則輯《魯詩》之鱗爪而表揚之可耳。欲自創新義，則著論放言之可耳。乃必托之子貢，托之申培（子貢、申培授受源流，亦不可考），又托之遠祖豐稷，托之豐慶、豐耘、豐熙，又撰《十三經訓詁》以穿鑿之（見《明史》坊本傳），曾是不憚煩而以弋世學之美名，矜獨得之秘傳乎！且坊欲伸《魯詩》之說，則於《魯詩》宜若何博搜旁采，以彌縫其作僞之跡，乃於《漢書》《儀禮》《爾雅》等書之《注》亦未細讀，留極大之罅漏而不覺，徒紛紛以多造撰人爲能事，豈所謂心勞日拙者歟！

（《古今僞書考補證》）

禮　類

■儀　禮

張光裕云:

本篇之體例，可疑之處很多，皆關係乎本篇的成篇問題者。

㈠今本《儀禮》十十七篇中，《士相見》、《大射》、《士喪》、《少牢》、《有司徹》五篇無『記』（《士喪》爲《既夕》的上篇，『記』在《既夕》篇後；《少牢》爲《有司徹》的上篇，皆無記。故實算三篇無『記』。）其他十二篇皆有『記』，而《士昏》一篇的記文多問答之辭，他篇極少見，今數《士相見禮》自首段至臣見於君四章中，問答文字與《士昏》記文極相似。這很可能是爲記文所竄入者。

㈡在士見於大夫一章中『曰：某也辭，不得命，不敢固辭』十一字不見於武威簡本，今本《儀禮》則有之。再仔細的觀察，在『賓出，使擯者還其贄于門外』已經算是敍述完成了，我們看過其他各篇的經文記載後，是可以有這樣的說法的。至於章後『曰：某也使某還贄，賓對曰……再拜受』整段是問答語，類似記文性質，應該是不屬於經文的。

又：臣見於君一章中，『曰：寡君使某還贄』七字不見於武威簡本，今本則有之。再者此章的後面記着：『曰：寡君使某還摯，賓對曰：君不有其外臣，臣不敢辭，再拜稽首。』這段問答之辭亦極似經後記文。

士見於大夫及臣見於君所出毛病，大致相同，最後之問答之辭，疑應是記文，傳抄者誤入於經故爾。但是士見於大夫的『曰：某也辭……』十一字與臣見於君的『曰：寡君使某還贄』七字，簡本皆不見，士見於大夫的『曰：某也辭……』十一字更是在今本經文內從中別出者，如果是傳抄者所漏的話，未免絕不可能有那麼湊巧的罷，而且慶氏、大小二戴皆出自后倉，漢代家法至嚴，所傳授也不應該有所差異的，這兩句的存在，也許是後人所加的吧！

由於這兩章的最後，都是問答之辭，絕似附於經文後之『記』文，因此懷疑前面的四章，每章本屬單篇的經文，而有『記』者則於經文後附之，但因爲字少而且性質類似的緣故，便合起來書之簡册，而以首章首句名篇，傳抄既久，至是『經』、『記』相混，無復分別了。我們只要把前四章的所有問答之辭刪去，不難可以見到還是一篇完整的經文。

至於首章《士相見之禮》問答之辭極多，夾雜在敍述之經文裏面，又與士見於大夫及臣見於君的問答之辭附於文後者不類，因疑此章起初亦僅有無問答之經文，爲『記』者置問答之辭於經後，因爲沒有標明『記』的字樣，後之治經者乃綴合成篇，成了通篇的經文。

今見武威簡本中，凡記文皆未於記前標明『記』字，惟《燕禮》一篇除於經文之後書『凡三千六十六字』（括經記合計），於《記》後更出『記三百三文』者爲例外。（丙本《喪服》無傳，最後書『凡千四百七十二』，則單指經記而言）從這點看來，也許就是《士相見》經記混淆的原因之一；但它的混淆，最少在武威漢簡本或以前的本子中已經開始了。否則，其成篇或較他篇爲後吧？

㈢燕見於君、進言之法、侍坐于君子之法、臣侍坐賜食賜飲及退去之儀、尊爵者來見士、博記稱謂與執贄之容等六段，章首皆有『凡』、『若』等字，極似記文性質之辭，與最前之四章體例不一，因疑此數段本爲筆之於臣見於君前四段之後的『記文』入篇之時，無『記』字樣，輾轉傳抄，乃與經文合而爲一，與前四章之問答之辭與經文混淆者相類。張爾岐于『凡燕見于君』下云：『……此下博言圖事、進言、侍坐、侍食、退辭、稱謂諸儀法，殆類記文體例矣。』是知張氏亦早見及此。尤以最後一章之章目擬『右博記稱謂與執贄之容』一語，更顯出他對該章的看法。

㈣最後我們要拿《士冠禮》來做一個旁證。朱子《儀禮經傳通解》在《士冠禮》『右醴賓第十八章』下云：『今按此章以上正禮已具，以下皆禮之變。』張爾岐亦於同篇『右逆賓歸俎』（與朱子所斷相當，只章目不同）下云：『以上《士冠禮》正經。』朱、張二氏給了我們很大的啓示，知道了『若不醴、則醮用酒』以前皆是所謂『正禮』或『正經』的文字，而『若不醴……』以至『三服之屨』，我們從它的體例看來，可以說它只是與以上經文同時或稍後之『辭』，用以補充經文的不足的，而它與所謂『記』的性質相似；至於它是否撰『經』之人所益，或另有其人予以『補充』？則不可得而知了。根據這樣的推論，《士冠禮》的成篇先後，依順序便是先有『經文』，再有『與經文同時或稍後補正經之辭』，而後始有『記』，這大概是非常可靠的。

《士冠禮》的『補正經之辭』和《士相見》所載之『問答之辭』和『凡燕見于君』以後各章互相比較，它們都極爲相似，至此，我們又可以增多一個假設，對於上文所提及有關《士相見禮》中的『問答之辭』和『凡燕見于君』以後各章，也就是與經文同時或稍後的補充『正經』之辭，與上面把它懷疑是『記』的說法，在時間上便可推前很多了。

（《儀禮士相見禮成篇質疑》，原刊於《孔孟月刊》第六卷第四期）

周禮

錢 穆云:

周官自劉歆、王莽時，衆儒已『共排以非是』。其後雖有少許學者信仰，終不免爲一部古今公認的僞書。然謂其書乃劉歆僞造，則與書出周公制作之說， 同一無根。 我前草《劉向歆王莽年譜》（刊載《燕京學報》第七期）。曾於劉歆大批僞造古書一說，加以辨白。對此問題，將來還擬續有發表。此文則就《周官》一書，考其著作時代，籍明眞相。並提供學者以積極的論點。至於消極的辨駁方面，本文不想過分地用力。

何休曾說: 『《周官》乃六國陰謀之書。』據今考論，與其謂《周官》乃周公所著，或劉歆僞造，均不如何氏書出六國之說遙爲近情。下面分四章，證成何意。

㈠關於祀典，

㈡關於刑法，

㈢關於田制，

㈣其他。

一、關於祀典

第一論 五帝祀之來歷

《周官》記祀五帝，凡有九處:

1.天官太宰 2.掌次 3.地官大司徒

4.充人 5.春官小宗伯 6.司服 7.秋官

大司寇　8.小司寇　9.士師

《詩》《書》只言『天』『帝』，而無五帝。五帝乃戰國晚起之說。祀五帝其事興於秦。《史祀·封禪書》云：

初，秦襄公攻戎救周，始列為諸侯，居西垂。自以為主少皞之神，作西畤，祠白帝。其牲用騮駒黃牛羝羊各一云。

其後十六年，秦文公東獵汧、渭之間，卜居之而吉。文公夢黃蛇自天下屬地，其口止於鄜衍。史敦曰：『此上帝之徵，君其祠之。』於是作鄜畤，用三牲，郊祭白帝焉。……

作鄜畤後七十八年，秦德公既立，卜居雍。後子孫飲馬於河，遂都雍。雍之諸祠自此興，用三百牢於鄜衍。（《索隱》曰：『百』當為白。秦君西，祀少皞，牲尚白牢。）其（德公卒）後六年，秦宣公作密畤於渭南，祭青帝。

其後秦靈公作吳陽上畤，祭黃帝。作下畤，祭炎帝。

櫟陽雨金，秦獻公自以為得金瑞，故作畦畤櫟陽而祠白帝。

漢高祖二年，東擊項籍，而還入關。問故秦時上帝祠何帝也。對曰：『四帝，有白青黃赤之祠。』高祖曰：『吾聞天有五帝，而今有四，何也？』莫知其說。於是高祖曰：『吾知之矣，乃待我而具五也。』乃立黑帝祠，命曰北畤。

據此可證五帝祠，乃秦人特創。且秦人亦只祠白青黃赤四帝，還沒有黑帝。直至漢高祖入關，始足成五帝。其前本無所謂五帝祀。

又考《國語·晉語》：『虢公夢在廟，有神，人面，白毛，虎爪，執鉞立於西阿。公懼而走。神曰：無走。帝命曰：使晉襲於爾門。公拜稽首，覺，召史嚚占之。對曰：如君之言，則蓐收也。天之刑神也。』又《墨子·明鬼》：『秦穆公當晝，日中處乎廟，有神入門而左，鳥身，素服玄純，面狀正方。穆公見之恐懼，奔。神曰：無懼，帝享汝明德，使予錫汝壽十年有九。穆公再拜稽首，曰：敢問神名。曰：予爲句芒。』《左傳》昭公二十九年，晉太史蔡墨言有五行之官，祀爲貴神。木正曰句芒，火正曰祝融，金正曰蓐收，水正曰玄冥，土正曰后土。諸書所言，已有五行神，而無五方帝。故虢公夢蓐收，穆公夢句芒，皆稱帝命，不加青帝白帝之別。《墨子·貴義篇》又說：『帝以甲乙殺青龍於東方，以丙丁殺赤龍於南方，以庚辛殺白龍於西方，以壬癸殺黑龍於北方。』《鬼谷子》『盛神法五龍』，陶宏景《注》：『五龍，五行之龍也。』《水經注》引《遁甲開山圖》云：『五龍見教，天皇被迹。』榮氏《注》云：『五龍治在五方，爲五行神。』據《墨子》所言，仍見那時先有五行神，而還無五方帝。故只云帝殺青龍赤龍，而不稱青帝赤帝。《莊子·應帝王》始稱中央之帝，南海之帝，北海之帝。《莊子》寓言，不爲典要。然似其時亦尙無所謂五方帝。旣無五帝，決不能有五帝祀，其理甚顯。

春秋時魯國曾僭行郊天之禮。然魯國當時似乎只是郊祀上帝，並不曾祀五帝，也並非在五帝裏祀了任何一帝。魯國如此，秦國亦然。我想秦襄公當時，亦只是僭行郊禮而祀上帝，和魯國一般。所以《史記》又說：

> 太史公讀《秦記》，以爲秦雜戎翟之俗，作西畤，用事上帝，僭端見矣。位在藩臣，而臚於郊祀，君子懼焉。

明白說他是用事上帝，臚於郊祀。可見秦襄公西畤所祀，也只是當時惟一的上帝。而《史記》又說其

> 居西垂，自以爲主少皥之神，作西畤，祠白帝。

這是以後人東方青帝西方白帝的觀念，來追寫前代的史迹。其實前人只知道祭的是上帝，並沒有說祭的是五帝中的白帝。秦文公鄜畤所祀，也和襄公一例。所以史敦說：

> 此上帝之徵，君其祠之。

其爲祀上帝明甚。且文公因夢黃蛇而作郊祀，若依後世五德符瑞之說，夢黃蛇應該祀黃帝。正緣當時尚無此等見解，故史敦只說是上帝之徵。而《史記》粗心，也爲他下了祀白帝一語。秦宣公渭南密畤，秦靈公吳陽上下畤，依例類推，盡只是祀上帝，並不是祀青帝和黃帝炎帝。

大抵五方色帝之說，起於戰國晚世。及秦帝而燕、齊之方士奏其說。始皇採用之，遂祀五帝。因以前鄜畤之舊祀白帝，因以前密畤之舊祀青帝，因以前吳陽、上下畤分祀炎帝黃帝。四畤皆是舊有，而所祀遂爲青黃赤白四帝，與以前只祀上帝者不同。秦人何以只祀青黃赤白四帝而獨缺黑帝，這一層殊難解說。何焯以爲是『秦自以水德當其一』，此說較有理，現在也更無別說可考。然而即此可見秦人始祀五帝，本也只有四個。至於西畤、畦畤，在秦人當時本只是祀上帝，而漢人則自高祖入關，因雍四畤增北畤黑帝，足成五帝祀之後，一時只知有五方色帝，不復知有原先的上帝。所以誤認雍四畤所祀在先卽是分祀青黃赤白四帝。而於西畤、畦畤兩處，卻把秦人處西垂、主少皞之神的觀念，強說他所祀的是白帝。此如說魯處東方，主太皞之神，其春秋時僭行郊禮，所祀乃是青帝，豈不大誤？（雍四畤是鄜畤、密畤、吳陽、上下畤四個。據《史記・秦本紀・正義》引《括地志》西畤、畦畤，不在其列。《史記・封禪書・索隱》誤入畦畤出鄜畤，不可信。）

何以說漢人只知有五方色帝，不復知有原先惟一的上帝。據《封禪書》武帝時，亳人謬忌奏祀泰一方。說天神貴者泰一，泰一佐曰五帝。泰一也到戰國晚年才有其名。漢廷於五帝上增祀泰一，卽是不知原先惟一的上帝之證。惟其不知有原先惟一的上帝，所以要說秦人所立諸畤，一起便是祀的五方色帝了。

五方色帝的祀典，除《史記・秦本紀》及《封禪書》的記載外，又見於《晏子春秋》，說:

楚巫微見景公，曰：請致五帝以明君德。景公再拜稽首，楚巫曰：請巡國郊，以觀帝位。至於牛山而不敢登，曰：五帝位在於國南，請齊而後登之。

《晏子春秋》是戰國晚年僞書。五帝之說，本盛於燕、齊海疆之方士。他說楚巫請致五帝，便見齊人當時也不祀五帝。五帝祀直到秦始皇統一後，遂正式採用。何嘗是春秋前所有？又何嘗是周公所定？

第二論　五帝分祀

五帝祀本無其制，旣如上述。至於五帝分祀四郊，更屬子虛烏有。《周官・春官・小宗伯》有云：

兆五帝於四郊。

秦祀四帝，是否按方位排列，已難詳考。《晏子春秋》楚巫之言，只謂五帝之位在國南，並無青帝東郊白帝西郊那種分配。古人郊天祀帝，本是隨著陽光，常在南方的。所以《郊特牲》說：『兆於南郊，就陽位也。』（魯城正南門曰稷門，南城西門曰雩門，皆以祭祠得名。《穀梁傳》莊二十年亦云：『南門者，法門也。』）呂不韋著《春秋》，始有東郊迎春、南郊迎夏、西郊迎秋、北郊迎冬之說。此乃學者理想上冥構，何嘗爲當時實制？故漢平帝時，王莽奏言：

謹案《周官》兆五帝於四郊，山川各因其方。今五帝兆居在雍五畤，不合於古。

又文帝十五年，用新垣平言，作渭陽五帝廟。同宇，帝一殿，面各五門，各如其帝色。則秦雍五畤及漢渭陽五帝廟，似均不曾按方位，兆四郊。分郊祀五帝，除《周官》及《呂氏春秋》有相類似之說外，更無切實根據可證。如何說是周公所制，或春秋前所有？且迎氣也不必有丘兆。直到《御覽・禮儀部》所引《皇覽》逸禮

始云:

距冬至四十六日，天子迎春於東郊，堂距邦八里，堂高八尺，堂階八等。自春分數四十六日，迎夏於南郊，堂距邦七里，堂高七尺，堂階七等。自夏至數四十六日，迎秋於西郊，堂距邦九里，堂高九尺，堂階九等。自秋分數四十六日，迎冬於北郊，堂距邦六里，堂高六尺，堂階六等。

才會合《呂覽》《周官》作成精密的規定。言禮制的，多出冥構，愈講愈細，可舉此爲例。

第三論　帝昊天上帝和五帝的分異

《周官》言『天』的凡三處:

1.天官司裘　2.春官大宗伯　3.典禮

言『昊天上帝』的二處:

1.春官大宗伯　2.司服

言『上帝』的凡六處:

1.天官掌次　2.春官大宗伯　3.肆師

4.典瑞　5.大祝　6.秋官職金

其間郊天祀帝，本屬周家舊制。祀五帝，其說起於戰國末世，而始見採用於秦。五帝分祀四郊，又是當時學者一種空想。這幾種不同的情節，《周官》作者，統統爲之兼羅並存，自不免有衝突。《春官・司服》說:

王之吉服，祀昊天上帝則服大裘而冕，祀五帝亦如之。

是將兩種本來各異的制度，無意中誤混一處，卻使從來一輩作注疏的極感困難。孫詒讓《正義》爲之分疏說:

經昊天指冬至圜丘，上帝指夏正南郊，及大旅言之。上帝卽受命帝也。五帝當指冬祀黑帝，春祀蒼帝。蒼帝雖卽爲受命帝，然迎氣五郊，禮秩平等，與南郊大祀異也。《月令》:

『孟冬，天子始裘。』夏秋及中央所祀三帝，皆非服裘之時，則亦唯被龍袞而已。經云五帝，渾舉之辭耳。(卷四十)

這一段疏說，包含幾個應解說的問題。1.郊丘之異同。2.受命帝與南郊之區別。此均俟下論。而《周官》明明說祀五帝亦服大裘，孫氏爲之說成冬祀黑帝春祀蒼帝皆服大裘，而夏秋及中央祀赤白黃三帝則被龍袞。其間破綻，只用「經云五帝渾舉之辭耳」一語掩過。孫氏不悟《周官》本非史實記錄，書中自有衝突，自有破綻。而定要爲之彌縫牽搭，所以如此。而且五帝分祀四時，《周官》全書並未提及。《周官》只說五帝分兆四郊。照理既將五帝兆位分列東西南北四郊，自應分祀春夏秋冬四時。否則同時兼祀四郊五帝，似於情理未合。而細玩《周官》原書，實不見五帝四時分祀之跡。無寧說是同時合祀，較爲近情。《冢宰》:

祀五帝前期十日，帥執事而卜日遂戒。

大司寇，

禋祀五帝，則涖誓百官，戒百族。

全不像四時分祀的話。而且大宗伯

以青圭禮東方，以赤璋禮南方，以白琥禮西方，以玄璜禮北方，

獨缺了一個中央的黃色。又云:

以六器禮天地四方，

也並不把中央插入四方裏去。季夏祀中央黃帝的說法，似乎在《周官》成書時代尚未完成，所以《周官》作者未及採用。直要到呂不韋著《春秋》，纔於四時四郊分祀五帝有一番精詳的規定。《周官》作者只說了一句分祀五帝於四郊，而未及把五帝與四郊的方位顏色配列清楚。此僅可謂是《周官》作者精神有所不及，而一時疏忽了。正因其書並非史實記錄，於兼羅各種素材之後而加以組織，終不免有漏洞和裂痕。

第四論　郊丘異同

其次論郊丘異同，此乃禮制上爭論極複雜之問題。孫詒讓說:

蓋帝之與天，雖可互稱，而此經則確有區別。通校全經，凡云昊天者並指圜丘所祭之天。凡云上帝者，並指南郊祭受命帝。（卷十一）

這是主郊丘兩祭不同的，可說屬於鄭玄一派。要說郊丘兩祭不同，1.須說圜丘祭在冬至，而南郊祭則在立春，此層姑待下辨。2.須說圜丘所祭乃昊天，而南郊所祭爲受命帝，此層可先剖說。受命帝乃鄒衍之徒《五德終始》一派所說。《淮南子・齊俗訓》高誘《注》引《鄒子》曰:

五德之次，從所不勝，故虞土，夏木，殷金，周火。

《文選・注》亦引之。鄒衍之徒的《五德終始》說，早已失傳，此爲僅存可考之語。虞以土德王，他的受命帝是五帝中的黃帝。夏以木德王，受命帝是蒼帝。殷是白帝，周是赤帝，各從所不勝相轉移。金不勝火，因而以金德王的殷，不免要轉移於以火德王的周。然而五德轉移說，和五帝分祀並不同條共貫。鄒衍著書本有兩種，一是《鄒子四十九篇》，一是《鄒子終始五十六篇》。《封禪書》說:「鄒衍之徒，論著五德終始之運，及秦帝而齊人奏之，這是說五德以相勝爲轉移，爲受命帝的來源。《封禪書》又說:『鄒衍以陰陽《主運》顯於諸侯，而燕、齊之方士傳其術不能通。』此爲《鄒子四十九篇》。《集解》引如淳曰:『今其書有《主運》，五行相次轉用事，隨方面爲服。』《索隱》也說:『《主運》是鄒子之書篇名。』這是五帝分祀說的來歷，詳見《呂氏春秋》和《月令》。大體要在一年內遍祀五帝。春祭蒼帝，夏祭赤帝，季夏祭黃帝，秋祭白帝，冬祭黑帝。還用方色和時景配合。東方青色而春天亦屬青色，因此在春天祀青帝於東郊。南方赤色，而夏天亦屬赤色。因此在夏天祀赤帝於南郊。不問其以何德王，受命帝係何色，均應隨著時令兼祀五帝。均應隨著時令，而逐一的分祀五帝，周而復始。而且五行的次序是相生的，明不與五德轉移說相同。大概《主運》一路說法，或出鄒衍手創。故《封禪書》旣說鄒衍『以陰陽《主運》顯於諸侯』，而《孟荀列傳》又說『鄒子作《主運》』。《五德終始說》五十六篇，或出鄒衍後人之手。故《封禪書》說：『鄒子之徒論著終始五德之運。』而《漢書・藝文志》分列兩書，亦以《鄒子四十九篇》（內包《主運》者）在前，而鄒子《終始五十六篇》在後。至於秦始皇時而齊人奏之者，是《終始》五十六篇五德轉移之說。故始皇採用之，自以水德代周火德王，而於雍四時分祀青黃赤白四帝，獨缺黑帝。那種祀典，與《呂覽》《月令》一年遍祀五帝者絕不同。而且《封禪書》明說：

……惟雍四時上帝爲尊，……春以爲歲禱，因泮凍，秋涸凍。冬賽祠。五月嘗，駒。及四仲之月，若月祠。……木禺龍欒車一駟，木禺車馬一駟，各如其帝色。

可見雍四時同時祭祀，並不以春祀青帝夏祀赤帝爲別。又說：

三年一郊。秦以十月爲歲首，故常以十月上宿郊見。通權火，拜於咸陽之旁而衣上白。其用如經祠云。

可見秦人郊禮也只一次，並不以昊天上帝和受命帝爲別。今《周官》雖有五帝祀，卻並未說明要四時分祀一年而遍，即不得認爲與《呂覽》《月令》相同。而《周官》書裏始終並不採及五德轉移及受命帝的說法，這一層尤爲顯著。何得妄爲附會，強分昊天和上帝的不同說一是天而一是受命帝呢？而況秦廷雖採齊人受命帝之說，也並不以天與受命帝劃分。只因鄭玄到孫詒讓一輩人，誤認《周官》是一部典禮的記實，又誤與《呂覽》《月令》及五德轉移受命而王的終始說，混在一起，認爲同樣一事的多面，又認爲自古已然，在周公時而早已勒爲定制。所以要用受命帝的說法來分別《周官》裏的昊天和上帝。

第五論　冬至祭及立春祭

今若撇去受命帝的曲說，便無從分別昊天和上帝之不同。其次則有冬至和立春的歧點，此乃一曆法問題。照三統舊說，夏正建寅，殷正建丑，周正建子，三代正月各自不同。據今而觀，周正建子是確有的。而春秋時晉國便用建寅夏正，當時已不像有天下共遵的正朔。而且與其說夏正在一千幾百年前早已通行，無寧說他是較後於周曆的一種新曆。在春秋時已與周曆並見採用，而漸漸地佔優勢。《論語》記孔子說：『行夏之時』。若此語可信，孔子或在當時是開始自覺地主張採用夏曆的一個學者。到戰國時，夏曆推行益廣。《周官》著者，我疑他是晉人。（下面續有證。）不免把晉國的夏曆與舊傳的周曆，兩種不同的曆法，兼羅並用。在一種制度裏，含混地行使兩種的曆法。所以《地官・鄉大夫》之職說：

> 正月之吉，受教法於司徒，退而頒之於其鄉吏。

而同時又說：

> 歲終，則令六鄉之吏皆會致政事。正歲令羣吏考法於司徒以退。

《州長》之職說：

> 正月之吉，各屬其州之民而讀法。

而同時又說：

> 歲終，則會其州之政令，正歲則讀教法如初。

此處正月便是周王正月，以十一月爲歲首的建子之正。歲終便是夏曆十二月，和《豳詩》裏以十二月爲卒歲之月的正同。正歲便是夏正建寅之月，在周曆已是三月，而在夏曆卻爲正月。《周官》裏以歲時序事，均先言正月，次言歲終，再言正歲。在一個朝廷上同時行用兩個正朔，這正和上舉祭天了還祭五帝同樣的滑稽。此豈周公所制，又豈春秋前所有？《堯典》「正月上日，受終於文祖，歲二月，東巡守』，也分正月正歲，和《周官》一例，正見兩書是同時的出品。（《洪範》五紀則徑稱歲月日。）而冬至的圜丘祭和立春的南郊祭，則正從正月正歲兩種曆法的轉變上歧異起來。因爲冬至恰相當於周曆之正月，而立春乃指夏曆正月而言。周人祭天本用冬至，是無疑的。《郊特牲》說:

周之始郊日以至。

又說:

郊之祭也，迎長日之至也，大報天而主日也。

到後一輩學者，主張用夏曆了。正歲既變，一歲更始的祭天大禮，自然也隨而變。這便是立春南郊祭的來源，《呂氏·十二紀》便是主張採用夏曆的，（因爲呂不韋亦晉人，而他的賓客亦以三晉爲多。）在正月裏便說:

是月也，天子乃以元日祈穀於上帝。

而仲冬十一月冬至，別無祭天之禮。這便是冬至祭移到立春之確證。這一個分歧和轉移，在春秋時已見端倪。魯國孟獻子說:

夫郊祀后稷，以祈農事也。是故啓蟄而郊，郊而後耕。（《左氏》襄七年《傳》。）

而《郊特牲》卻說:

郊之祭也，大報本反始也。

這兩處講郊祭用意顯然不同。後儒爲之疏說:

按古者一歲郊祀凡再。正月之郊爲祈穀，《月令》及孟獻子所言是也。十一月之郊爲報本，《郊特牲》所言是也。（《文獻通考·郊社》一。）

其實並不然。《穀梁傳》記魯郊事云:

郊自正月至於三月，郊之時也。我以十二月下辛卜正月上辛。如不從，則以正月下辛卜二月上辛。如不從，則以二月下辛卜三月上辛。如不從，則不郊矣。（哀元年。）

《明堂位》亦說:

魯君孟春祀帝于郊。

孟春是周正子月。可見魯郊本也在周正月。而且《小戴禮記》又明記著孟獻子說:

正月日至，可以有事于上帝。（《雜記》）

更可見魯郊本也在正月日至。因爲卜牲卜日種種麻煩，而君卿大夫又不免孏了，所以正月日至的郊天大禮，每每展緩移後。孟獻子所謂『蟄而郊』，則是有感而發的。魯在那年（襄公七）以夏四月卜郊，三卜不從，乃免牲。孟獻子因此感悟，說:

吾乃今而後知有卜筮。夫郊祀后稷，以祈農事也。是故啓蟄而郊，郊而後耕。今既耕而卜郊，宜其不從也。

孟獻子本魯人習慣，郊常在正月至三月。而魯人之懶益增，這一次又遲遲至四月始卜郊。恰巧三卜不從，孟獻子乃會悟到卜筮之有靈，與郊天的用意。他說：郊天本來是爲民祈農的，所以至遲也應在耕作之前。四月農作已興，始事卜郊，宜其不從，這是孟獻子偶然的議論。他說郊祭至遲應在耕作之前，而後來卻變爲常然的，郊祭正爲農耕，恰定在農耕的開始了。所以桓六年的《左傳》裏說:

凡祀，啓蟄而郊，龍見而雩，始殺而嘗，閉蟄而蒸，過則書。

竟說凡祀啓蟄而郊，便與正月日至可以有事於上帝不同，便與郊祭大報本反始之意迥別。人們的智識變了，他們對宗教上一切意義解說，和各種禮儀制度，也得隨之而變。郊天之禮，從冬至到啓蟄，從周正到夏正，有一種重農學說的主張夾在裏面，不可說不是一番進步。後儒把這一段歷史上生長流化的事變，看成一種政治上固定呆板的制度。忽略其時間性之推移，而以爲是一時並存的事。宜乎有許多紛爭了。

這一處鄭玄卻不錯，而錯在王肅。《郊特牲》孔《疏》說:

王肅之說，以魯冬至郊天，至建寅之月又郊以祈穀，是二郊也。鄭康成說異於此，魯惟一郊。

王肅專與鄭玄立異。鄭玄說郊天圜丘是二，王肅說是一。鄭玄說魯惟一郊，王肅說有二。鄭玄郊天圜丘之辨錯了，王肅自然是。鄭玄魯惟一郊之說是了，王肅便不得不錯。禮家紛爭，還有此意氣門戶之一因，也不可不知。

於此可擧一旁證，以爲說明。《周官・龜人》:『上春釁龜相簭』。鄭《注》:『上春者，夏正建寅之月。』《月令》在孟冬，命大史釁龜筴。此因秦以十月爲歲首，秦之孟冬正相當於《周官》裏的上春，同爲一歲之始。正如周以冬至郊天，而改用夏歷後，自要改爲立春一般，都是隨着歷法之變更而相異。至在一個歷法之下，本不必冬至立春分做兩番擧行。

根據上論，《周官》所記天和上帝，固然並不見有分別。而他說圜丘祭天，也未見和南郊是二。所以王肅說:

郊卽圜丘，圜丘卽郊。所在言之則謂之郊，所祭言之則謂之圜丘。於郊築泰壇，象圜丘之形。以丘言之，比諸天地之性。故《祭法》云:『燔柴於泰壇。』則圜丘也。《郊特牲》云:『周之始郊日以至。』《周禮》云:『冬至祭天於圜丘，』知圜丘與郊是一也。(《郊特牲・疏》)

其論極明析。然而《周官》每每重用夏曆周曆，如上擧正歲正月之例。而說圜丘卻專從周歷，定在冬至。這一點自足啓後人之疑。而且，古歷分至本不繫時。至日或稱長短，或別南北，不言冬夏。依周歷言，春王正月，時月皆改。日短至立春已半月，日長至立秋已半月。卽欲繫時而言，亦當以春秋，不當以冬夏。(此本萬斯大《周官辨非》)《周官》言日冬至日夏至，明用夏歷，非周歷。旣用夏歷，何不於夏歷歲首正月郊天，而還用舊周歷冬至郊天？這一點，又只算是《周官》著者精神的疏忽處。其後秦以十月爲歲首，故秦制常以十月上宿郊見，並不遵用冬至。漢人亦多在歲首郊祀。從習慣上推言之，秦的十月，漢的正月，本與周人冬至郊天似異實同。同是人君在一歲之首郊見上帝。此後《周官》出世，一些學者看了冬至祭天之說，轉生懷疑。所以鄭玄說：

圜丘祭昊天在冬至，南郊祭受命帝在夏正月，二者不同。（《魏書禮志》引）

而王肅則謂：

周以冬至祭天於圜丘，以正月又祭天以祈穀。《祭法》稱燔柴泰壇，則圜丘也。《春秋傳》云啓蟄而郊，則祈報也。（《齊書・禮志》引）

此眞所謂楚則失矣，而齊亦未爲得也。這正因《周官》是一部學者理想上的冥構，本非歷史實錄。兼採各種素材集合起來，不免有漏洞，有破綻。一面改用夏歷，一面還沿周正。遂使後來注家發生許多猜疑曲解，而郊天祟體，遂爲古今一大爭案。這豈是周公所制，又豈是春秋前所有？然而也不像西漢後人僞造，也同樣的可見了。

第六　附論漢以後郊

漢文帝的十五年，有司禮官皆說：『古者天子夏躬親禮祀上帝於郊，故曰郊。』文帝遂於夏四月幸雍，郊見五時。劉歆謂『三王之郊一用夏正。於時據十月爲歲首，故言夏郊。』其實漢未改月，（王引之有詳辨）劉說全誤。我看《春秋》載魯以四月郊的，有僖公三十一年，成公十年，襄公七年，又十一年，哀公元年，幾處。《春秋》載魯郊以四月爲最多。（正月的有宣三成七，五月有定十五，九月有成十七，則爲報饗，非祭天。）或者漢儒竟據此而說古天子夏郊上帝，可見其時稽古之疏。至武帝元光二年，始以冬十月幸雍祠五時，則爲歲首行郊禮。那時稽古之業，確比文帝時進步了。其後元狩元年，二年，元鼎四年，五年，皆以冬十月幸雍祠五畤。而元鼎四年十一月冬至立泰畤於甘泉，天子親郊見，朝日夕月，是爲漢人以冬至郊天之始。這時冬至郊天，（泰一）轉在歲首郊天（雍五畤）之後。其後直至太初元年，一路仍以冬十月祠雍五畤，十一月冬至郊泰畤。是年，（太初元年）改曆，以正月爲歲首。此後天漢元年正月，幸甘泉郊泰畤，便以歲首，不以冬至。後元年也以正月郊泰畤。這時以後，甘泉泰一祠，常在歲首正月，便似搶代了雍五畤的地位。此後宣帝神爵元年，正月幸甘泉，郊泰畤，三月幸河東，祠后土便是循行武帝天漢後故事。五鳳元年正月，幸甘泉，郊泰畤。二年春三月，幸雍，祠五畤。三年三月，幸河東，祠后土。甘露元年，三年，黃龍元年，皆以春正月幸甘泉，郊泰畤。元帝初元二年正月，幸甘泉郊泰畤。五年三月，幸雍祠五畤。永光元年正月，幸甘泉，郊泰畤。四年三月，幸雍祠五畤。五年正月，幸甘泉，郊泰畤，三月幸河東，祠后土。建昭元年三月，幸雍，祠五畤。二年正月，幸甘泉，郊泰畤，三月幸河東，祠后土。亦是沿武帝天漢以來故事，於歲首正月郊泰畤，而雍五畤則與汾陰后土並祠三月。至成帝建始元年十二月，始罷甘泉汾陰祠，作長安南北郊。明年正月，罷雍五畤，以正月郊祠長安南郊，三月祠后土北郊。其議出於匡衡。以下至永始二年冬十一月，又幸雍，祠五畤。三年冬十月，盡復甘泉泰畤汾陰后土雍五畤。四年春正月幸甘泉，郊泰畤，三月幸河東，祠后土。元延元年三月，幸雍，祠五畤。二年正月，幸甘泉，郊泰畤，三月幸河東，祠后土。三年三月，幸雍，祠五畤。四年正月，幸甘泉，郊泰畤。三月幸河東，祠后土。綏和元年三月，幸雍，郊五畤。二年正月，幸甘泉，郊泰畤。三月幸河東，祠后土。是年帝崩，皇太后詔復長安南北郊。哀帝建平三年，又復甘泉泰畤汾陰后土祠，罷南北郊，然不親至。平帝元始五年，王莽又奏復長安南北郊。並據《周官》謂:

冬日至，於地上之圜丘奏樂六變，則天神皆降。夏日至，於澤中之方丘，奏樂八變，則地祇皆出。天地有常位，不得常合，此其各特祀者也。陰陽之別，於日冬至夏至，其合也以孟春正月上辛若丁。天子親合祀天地於南郊，以高帝、高后配。陰陽有離合，《易》曰『分陰分陽，迭用柔剛』，以日冬至使有司奉祠南郊，高帝配，而望羣陽。日夏至，使有司奉祭北郊，高后配，而望羣陰。皆以助致微氣，通道幽弱。當此之時，『后不省方』，故天子不親而遣有司。

這是西漢一代郊天祀地的結束。王莽、劉歆『發得《周禮》』，根據其日冬至日夏至祭天地之說。而對於歲首郊天，無從強合。因此想到《周易》裏『分陰分陽』『后不省方』諸語，說成冬夏兩至，天子不親祭。而孟春正月，則爲陰陽會合之期，天子乃親合祀天地於南郊。其牽強附會，何等可笑？然亦正因《周官》冬至郊天一語上生歧。文帝以下稽古未密，隨著自然，不知不覺地走上歲首祀天的老路。王莽、劉歆考古工夫較前精密，轉覺於事情欠合，遂造出此種種勉強的說法。若說莽歆僞造《周禮》，請問對以上一切如何樣解說？

歲首郊天，秦漢還是沿襲周人舊制。而祈穀一祭，又苦於無著落，重爲後人念惜。秦蕙田的《五禮通考》說:

祈穀之祭，三代以後，不行久矣。西漢五畤泰畤，天帝莫分，正祭尚未舉行，何有於祈祭！成帝雖作長安南北郊，旋廢旋復，卒改合祭。後漢正月祭南郊，時用孟春，卻是正祭。魏氏相沿。晉武帝泰始二年，並圜丘方丘於南北郊，二至之祀合於二郊。齊王儉所云『義在報天，事兼祈穀，旣不全以祈農，何必俟夫啓蟄』，則究爲祀天之正祭。特以其用正月，故曰事兼祈穀耳，實非祈穀也。梁武帝云:『陽氣起於甲子，旣祭昊天宜在冬至，祈穀必須啓蟄。』自是分爲二祭，遂爲後世祈穀之始。

又云:

祈穀之禮，見於經傳者，惟《月令》《左氏春秋》。後世祀天祈穀，自梁天監始。卒復與圜丘之祀相混。至宋始分。明嘉靖擧之而未嘗能親行也。莊烈帝奮然行於國勢艱難之日，其亦有不得已於惆㥚者歟?

可見祈穀與歲首，情勢上還是個分不成。禮失則求之野。講禮的學士，往往不考本原，不察情實，在文字書本上討論。而他們所認爲失禮的社會習俗，卻轉有不知不覺沿著自然的情勢而保存一些古來之所謂禮的，像此等處便是。

第七論　方澤祭地

連帶著圜丘祭天的，便有所謂方澤祭地。古來似乎只有社祭，沒有社祭以外的地祭。陳氏《禮書》說:

先王親地有社存焉。《禮》曰:『享帝於郊，祀社於國。』又曰:『郊所以明天道，社所以神地道。』又曰:『郊社所以事上帝。』又曰:『明乎郊社之義。』或以社對帝，或以社對郊，則祭社乃所以親地也。

《文獻通考》引胡氏（宏）說:

左者祭地於社，猶祀天於郊也。故《秦誓》曰:『郊社不修。』而周公祀於新邑，亦先用二牛於郊，後用太牢於社也。《記》曰:『天子將出，類於上帝，宜於社。』又曰:『郊所以明天道，社所以神地道。』《周禮》:『以禋祀祀昊天上帝，以血祭祭社稷。』而別無地示之位。『四圭有邸，舞雲門以祀天神，兩圭有邸，舞咸池以祀地，』而別無祭社之說。則以郊對社，可知矣。後世旣立社，又立北郊，失之。（郊社十五。）

兩人之論，本極明白。然而《周官》則實在有令人入迷處。《春官》的《大司樂》說:

冬日至于地上之圜丘奏之，若樂六變，則天神皆降，可得而禮矣。……夏日至，於澤中之方丘奏之，若樂八變，則地示皆出，可得而禮矣。

原來《周官》著者，正在陰陽的對偶上玩把戲。一面是天神，一面爲地示。一在冬日至，一在夏日至。一在地上之圜丘，一在澤中之方丘。一樂六變，一樂八變。何等整齊？何等勻稱？這種思想，其實從莊周的《齊物論》是非生死一切的對辨以後，經過道家自然哲學陰陽二元論的一番眩示，才得發生。在先上帝是獨一至尊的，《詩》《書》惟稱『天』『帝』，不見對偶相稱的天地。天地並列，天的尊嚴已失，便是自然哲學唯物主義的論調，便是陰陽學派的聲口。陰陽學家在戰國晚年道家哲學成立以後始有。而《周官》已採用這種見解，來玩那天地方圜陰陽寒暑兩兩相對成偶的把戲，這何嘗爲周公所制，又豈是春秋前所有？

而且《周官》裏明明說:『冬日至圜丘祭天，夏日至方澤祭地。』顯已與原來郊社舊規不合。《逸周書·作雒解》也說:『乃建大社於國中。』此決非方澤可知。時間和地位，早都變了，然而《周官》的著者，卻並未說明方澤之祭，並非社祭。又並未將圜丘方澤的地位分說清楚。這又只是《周官》著者的一時疏失，精神不周到，而因此又引起後來學者很多的爭執。照例祭天在南郊，用陰陽方圜對偶的制度推論，方澤自應在北郊。於是生南郊祭天北郊祭地之別。其實則社祭和北郊，北郊和方丘這些異同，本只是無中生有，不成問題。而一輩學者，偏要力辨北郊決非方丘，社祭決非北郊，恰和辨南郊非圜丘祈穀非南郊，同一無聊，同一入迷。正爲《周官》乃學者一時理想上的冥搆，並不是史實記錄。所以終不免有破漏，有罅裂。卽如方澤之祭，《周官》並未指明在北郊，而後人推定爲北郊了。然而北郊的祭服，又該怎樣，《周》《官》裏又忘卻規定。《春官》的《大司服》說：

王祀昊天上帝，則服大裘而冕，祀五帝亦如之。

卻因未說明五帝之分祀與合祀。後人因《周官》有分兆五帝於四郊之說，推定五帝是分祀四時了。然而夏秋之際，如何服大裘？至於祭地之服，《周官》也無明文。鄭玄作注也未提到。賈公彥《疏》說：

崑崙神州亦服大裘可知。

以理而論，《周官》裏的天地，正是恰相對等的地位。賈《疏》謂亦服大裘，不能說不合。無奈實際上在五月夏至，而服大裘，到底不成。《月令》也明明說：『孟冬之月，天子始裘。』並不強人所難，要在夏至服大裘。然而依照《周官》是五月服大裘了，這又成學者爭論難決之點。結果使歷來的主祭人——天子，——遂以北郊爲畏途，不願躬親。（宋代爲祭北郊要否服大裘的爭議，見《文獻通考・郊社》九，此不具引。）大概古今禮制上的糾紛，都這樣地發生著。

我們把上面天地祭典，兩兩對比，卻有幾點極相像：

1. 郊祭的變遷，是在天帝下別增了五帝。

地祭的變遷，是在社祭上別增了地祭。

這一層雖若相反，實是相似。

2. 郊祭有圜丘祭昊天上帝，和南郊祭感生帝之說。

地祭亦有夏至祭崑崙之神於方澤，夏正祭神州之神於北郊之說。

這一層鄭玄把神州之神崑崙之神來分別地祭，正和用感生帝昊天上帝來解釋天祭一樣。其實禹九州外有大九州，同爲鄒衍一派的學說，而《周官》亦未採及。

3. 上帝和五帝的分別，社和地的分別，同樣有後人造爲深穩之說明。《禮記・郊特牲・疏》云:

鄭氏謂天有六天。天爲至極之尊，其體只應是一。

鄭氏以爲六者，指其尊極清虛之體，其實是一。論其五時生育之功，則其別有五。以五配一，故爲六天。

這是說明上帝和五帝的不同。《五禮通考》秦蕙田說:

土亦是地，而與祭地異者，隤然下凝，皆地也。其職主載，惟天子得祭之。於地之中，別而爲土，職主稼穡以養人。《洪範》『土爰稼穡』是也。故自天子下及庶民，被其功德者，均得美報。此土穀之祭，所以達乎上下也。

這是說明地和社的不同。其實《周官》既非史錄，後人強爲分說，自然愈說愈歧，終無著落。

第八論 朝日夕月

相當於天地的有日月。然觀《郊特牲》『郊之祭也，迎長日之至也，大報天而主日也。兆於南郊，就陽位也』，可見古人對日崇禮，實遠在月上。自從莊周《齊物論》出世，一輩信仰自然主義的道家，到處向自然界尋那相反相成對等的事物，來玩成一套配偶哲學的把戲。然後地和天偶，月與日配。那些被壓逼的低級的事物，都昂起頭來向他們尊嚴的上級討求平等的地位。這實是莊周之大功。他把非和是死和生都平等觀了，宜乎地可以配天，月可以偶日。然而古人觀念，並不如此。有南郊祭天，並不曾同時卽有北郊祭地。同樣有東郊朝日，不一定卽有西郊夕月。我們把這層變遷來看《周官》，他書裏雖已用方澤祭地來配搭圜丘祭天，卻還沒有把秋分夕月來配搭春分朝日。這又是《周官》作者疏忽，精神顧不到處。故《周官》書裏只有朝日而無夕月，不免有偏枯不均之象。《春官》的《掌次》說:

朝日祀五帝，則張大次小次，設重帟重案。

《春官》的《典瑞》說:

王晉大圭，執鎭圭，繅籍五采五就以朝日。

此均特地說到朝日，而無所謂夕月。雖有幾處日月並擧的，如

以實柴祀日月星辰。（《春宮·大宗伯》）

圭璧以祀日月星辰。（《典瑞》）

之類，卻終未明見所謂秋分夕月，或是西郊夕月。則《周官》書裏實還透露著從來重日輕月的禮制之遺痕。而同時先後的一輩學者，卻多半感染上道家配偶哲學的興味，來鼓吹朝日夕月一類整齊的禮文。所以《穀梁傳》上曾說:

雖爲天子，必有尊也。貴爲諸侯，必有長也。故天子朝日，諸侯朝朔。（莊十八年）

而《國語》的《周語》裏早已變成

內史過曰: 先王有朝日夕月以敎民事君。

《魯語》也說:

天子大采朝日，小采夕月

了。《禮記·玉藻篇》說:

天子玄端而朝日於東門之外。

而別處的《逸禮》裏早說:

天子春朝朝日，秋暮夕月。（《保傅》）

而《管子》書裏也說:

立春祭日，秋分祭月（《輕重已篇》）。

了。而蔡邕的《獨斷》裏則變爲

天子父事天，母事地，兄事日，姊事月，常以春分朝日於東門之外，示有所尊，訓人民事君之道也。秋分夕月於西門之外，別陰陽之義也。

了。《堯典》裏說:

寅賓出日，以殷仲春，寅餞納日，以殷仲秋。

而孔《疏》引鄭《注》也已改成:

寅賓出日，謂春分朝日，寅餞納日，謂秋分夕月。

了。本著天地間一陰一陽各成配偶的觀念，自然於冬至南郊祭天之外，要加上一個夏至北郊祭地來作配。於春分東門朝日之外，要加上一個秋分西門夕月來成雙。這是很滑稽的趨勢。《周官》的作者，已增了方澤祭地，還未顧到秋暮夕月。只可說是配偶哲學下的理想的禮制還在發展的途中，沒有完全成熟。在此同樣有一趣事堪與上擧五月服大裘祭地遙相媲美的。三國時，魏秘書監薛靖曾有一段議奏說:

按《周禮》朝日無常日，鄭玄云:『用二分。』秋分之時，月夕東昇，西向拜之，背實遠矣。

同時有一位淳于睿駁他道:

《禮記》云:『祭日於東，祭月於西，以端其位。』《周禮》秋分夕月，並行於上代。西向拜月，雖如背實，亦猶月在天而祭之於坎，不復言背也。（按祭月於坎，祭日於壇，正和方澤祭地，圜丘祭天一例。）猶如天子東西遊幸，其官猶北向朝拜，寧得背實爲疑？（《通考・郊社》十二。）

第九論　救日食月食

最可證明古人對日月觀念之變遷的，要推日月食一例。《春秋》日食三十六，一一載著，而月食絕不提起。可見時人重視日食而月食則否。今考魯莊公二十五年日食，《左氏》云:

夏六月辛未朔，（杜《注》以長歷推之，辛未實七月。）日有食之，鼓用牲於社，非常也。唯正月之朔慝，（杜《注》夏之四月，周之六月，謂正陽之月。）陰氣未作，日有食之，於是乎用幣於社，伐鼓于朝。

《穀梁》云:

鼓禮也，用牲非禮也。天子救日，置五麾，陳五兵五鼓。諸侯置三麾，陳三兵三鼓。大夫擊門。士擊柝。言充其陽也。

《公羊》云:

日食則曷爲鼓，用牲于社，求乎陰之道也。以朱絲營社。或曰脅之。或曰爲闇，恐人犯之，故營之。

魯文公十五年日食，《左氏》云:

六月辛丑朔，日有食之，鼓用牲于社，非禮也。日有食之，天子不擧，伐鼓于社。諸侯用幣于社，伐鼓于朝。以昭事神，訓民事君，亦有等威，古之道也。

魯昭公十七年日食，《左氏》云:

夏六月甲戌朔日有食之，祝史請所用幣。昭子曰:『日有食之，天子不擧，伐鼓于社，諸侯用幣于社，伐鼓于朝，禮也。』平子禦之曰:『止也，唯正月朔，慝未作，日有食之，於是乎有伐鼓用幣，禮也。其餘則否。』太史曰:『在此月也。日過分而未至，三辰有災，於是乎百官降物，君不擧，辟移時，樂奏鼓，祝用幣，史用辭。故夏書曰: 辰不集于房，瞽奏鼓，嗇夫馳，庶人走，此月朔之謂也。當夏四月，是謂孟夏。』平子弗從。昭子退，曰:『夫子將有異志，不君君矣。』

二十一年又日食，《左氏》云:

秋七月壬午朔日有食之，公問於梓愼，曰:『是何物也，禍福何爲?』對曰:『二至二分，日有食之，不爲災。……其他月則爲災。』

這裏《三傳》所論日食也有異同。據《左傳》日食並不月月爲災。如莊二十五年昭十七年所說，則

救日食用鼓，惟據夏四月陰氣未作，純陽用事，日又太陽之

精，於正陽之月被食爲災，故有救日食之法，他月似無救理。（≪周官・地官・鼓人・疏≫）

如昭二十一年所說，則

建子建午建卯建酉之月，所謂二分二至，日有食之。或不爲災，其餘月則爲災。爲災之尤重者，則在建巳之月。（≪尚書古文疏證≫一）

故在建巳一月，獨有伐鼓救日之禮。照≪公≫≪穀≫二傳，卻不見日食有爲災不爲災之辨。≪穀梁≫只說用牲非禮，鼓社並不算非禮。≪公羊≫則用牲伐鼓二者均認是禮。今於三≪傳≫異同，也無從辨其是非。惟≪春秋≫日食三十六，而記載鼓用牲於社的只有三次。（一次在莊公三十年九月，兩次如上擧。）似乎伐鼓用牲，確是非常的事，並不每逢日食照例擧行。至於≪左氏≫的解說，實有些靠不住。他專從陰陽消長的理論上判斷日食之爲災與否，似乎已深染戰國晚年陰陽家的氣味。似乎太學理化了，絕不像春秋時一般人的見解。而且春秋三次伐鼓用牲，兩次在六月，一次在九月。另有好幾次六月裏日食並不見伐鼓用牲，≪左氏≫也不譏其失禮。（宣十七，成十六，昭十五，又十七，均六月日食，除昭十七年外，均無傳。）至於用牲一節，何休≪左氏膏盲≫曾據≪春秋感精符≫及≪公羊≫駁≪左氏≫。謂≪左氏≫用牲非禮，非夫子≪春秋≫，於義爲短。鄭氏箴≪膏盲≫加以答辨。（見≪禮記・祭法・疏≫）由今看來，雙方義據都欠精密。≪三傳≫對救日食禮主張的不一致，我們只認爲在當時本沒有一種確定的法制儀文，爲一輩諸侯所普遍地奉行。而且也並無一致的習俗，所以學者各以其意爲說。若春秋以前對於日食，或者竟全沒有救法，也未可知。王充說:

上世無災異。如有災異，不名曰譴告。何則？時人愚惷，不知相譴責也。（≪論衡・自然篇≫）

所以春秋二百四十年，日食也未必一一記載，只記著三十六次。到《漢書・五行志》上董仲舒、劉向、劉歆一輩學者，始一一爲他加上一種上天譴告的說明。在當時未必一一認爲災異譴告，也未必一一用牲伐鼓去救。對於月食，自然更不理會。到《周官》書裏便不同。他說:

救日月，則詔王鼓。（《地官・鼓人》）

凡軍旅田役，贊王鼓，救日月亦如之。（《春官・大僕》）

掌射國之夭鳥，若不見其鳥獸，則以救日之弓，與救月之矢射之。（《秋官・庭氏》）

凡日月食，四鎭五嶽崩，大傀異烖，諸侯薨，令去樂。(《春官・大司樂》)

對日食月食，一樣重視一樣要救，顯與《春秋》有歧。賈公彥《疏》說:

《春秋》不記救月食者，但日食是陰侵陽，臣侵君之象，故記之。月食是陽侵陰，君侵臣之象，非逆事，故略不記之也。（《鼓人》）

其實當時本無救月食禮，賈《疏》只是曲說。《周禮》著者本著他陰陽配偶的哲學觀念，日食要救，月食自然也要救。正和祭天了定加祭地之禮一樣，都是那兩兩相對的玩意兒作祟。全出莊生《齊物論》後，何嘗是春秋時所有？更何嘗是周公之所定？孫詒讓以《周禮》爲周初之制，《左氏》所說乃後王所改。(《正義》卷二十三)這是拘信舊說，認《周官》眞屬周公所制，故有是誤。日人林泰輔據此點，證《周官》應在《春秋》前，（見林氏《周公與其時代》一書後附錄《周官制作時代考》）此亦誤。林氏又引《詩・小雅・十月之交》一篇爲說，謂《周官》應在《小雅》《春秋》之間。今按《小雅十月之交》，乃《詩》《書》裏記春秋以前日食僅有之一處。（《古文尚書胤征》不可信）詩云:

十月之交，朔日辛卯，日有食之，亦孔之醜。

彼月而微，此日而微，今此下民，亦孔之哀。

日月告凶，不用其行，四國無政，不用其良。

彼月而食，則維其常，此日而食，于何不臧？

詩中明明說月食維常，不足爲異，而日食則是災異之兆，是不臧的。所以說『彼月之微，此日而微』。好像說月是應有虧蔽（微）的，日如何亦有虧蔽呢。明明和《春秋》記日食不記月食抱同一之見解。林氏謂《十月之交》一章詩裏，初以日食而次及月食之俱爲可哀，是誤解了詩意。『日月告凶』一語，日月二字連文，正如《左氏傳》莊二十五年說：『非日月之眚不鼓。』亦日月連擧，不能卽認古人亦救月食。而林氏謂《十月之交》是雙方並擧的，《周官》是附以輕重的，《春秋》把月食全除外了；足徵《春秋》是最後的思想，而《周官》爲其中間之過渡。其實《春秋》《小雅》還相近，《周官》明在最後。《禮記》的《昏義》也說：

日食，天子修職而蕩陽事，月食，后修職而蕩陰事。

便與《周官》時代相近，不能說也在《春秋》以前。只因陰陽配偶的哲學，到後纔有，所以《周官》《昏義》定不在《春秋》之先了。

《漢書・五行志》凡漢著紀十二世，二百一十二年，日食五十三，而不著月食。西漢說災異多及星象，少言月食。劉向、歆父子言五行，亦不詳月食爲災異。則《周官》月食日食並救之說，在漢時也未見遵行。若《周官》出劉歆僞造，何以對救月食事也無痕跡可求？

第十論　陰陽男女

上論天地日月之祭，處處證明《周官》出世，定在陰陽學說的

空氣濃重之後。試檢《周官》全書，所用陰陽二字，層見疊出，尤足與上論相證成。如

《天官・內宰》：以陰禮教六宮，……以陽禮教九嬪，……祭之以陰禮。

《內小臣》：掌王之陰事陰令。

《地官・大司徒》：以陽禮教讓，以陰禮教親，……陰陽之所和。

《牧人》：凡陽祀用騂牲，陰祀用黝牲。

媒氏》：凡男之女陰訟，聽之于勝國之社。

《山虞》：仲冬斬陽木，仲夏斬陰木。

《春官大宗伯》：以天產作陰德，以中禮防之，以地產作陽德，以和樂防之。

《大師》：掌六律六同，以合陰陽之聲。

《卜師》：凡卜，辨龜之上下左右陰陽。

《占夢》：辨陰陽之氣。

《秋官・柞氏》：夏日至，令刊陽木而火之，冬日至，令剝陰木而水之。

《庭氏》：以大陰之弓與枉矢射之。

用陰陽字凡十二見。除山虞 、 下師 、 柞氏諸條意義較爲常見外，《周官》所用陰陽二字之涵義，實非常廣泛。要言之，氣有陰陽，聲有陰陽，禮樂有陰陽，祭祀有陰陽，獄訟有陰陽，德惠有陰陽，一切政事法令都有陰陽。事事物物，莫非陰陽之兩面。所以日名太陽，月呼太陰，餘可類推。把整個宇宙，全部人生，都陰陽配偶化了。這種理想，自然發生在戰國晚年陰陽學盛行之後，是再也無疑的。除掉顯見的陰陽字面外，其運用陰陽配偶化的論調和色彩，還處處可見。尤著的如

以五禮防萬民之僞而敎之中，以六樂防萬民之情而敎之和。

（《大司徒》）
此與《天官・大宗伯》『以天產作陰德，以中禮防之，以地產作陽德，以和樂防之』云云，竟是《中庸》《樂記》一路文字，那裏是春秋前所有？

《周官》的著者，正爲處處要採用當時最時髦的陰陽配偶化的哲學來表現在政制裏，所以三百六十官中，居然有好許女官。如《天官》裏的九嬪、世婦、女御、女祝、女史，《春官》裏的世婦、內宗、外宗，再如《地官》饎人下的女饎、稾人下的女稾，《春官》守祧下的女祧之類，不可不說是一種嶄新的禮制。依此見解，未始不可爲婦女參政開先聲。太宰以九職任萬民，七日嬪婦，和農圃虞牧工賈並列，也是特地提高女子地位，可說是提倡女子職業的前驅。而《周官》書裏，對一般夫婦的關係，也頗帶一些新鮮的活氣。如《大司徒》『以陰禮敎親，則民不怨』，《大宗伯》『以昏冠之禮親成男女』，都是主張男女相親的見解。較之春秋時代一種男女有別的禮教，鼓吹像敬姜、伯姬樣的謹嚴拘閡的，確有不同。林泰輔氏根據這點，以爲是《周官》出《春秋》以前之一證。據今看來，無寧說是《周官》著者，染受陰陽學派的思想，把宇宙事物都看成一對一對地，涵有莊生『齊物』的精神。所以對男女關係的觀念，比較看得平等些，而連帶也看得親和些。

根據上文，證《周官》出戰國晚世，在道家思想轉成陰陽學派以後。而或者尙在呂不韋著書以前，故《周官》書中並未採及五帝四時分祀之說。及秦帝而齊人奏鄒子之徒所爲《五德終始》，《周官》的著者大概亦不及見，故受命帝等等書中亦未有。

二、關於刑法

《周官》是一部講政制的書，然其一切制度，是否爲西周初年周公所訂，昔人早多懷疑。上據天地日月祀典，證此書乃學者理想所構，並非史實記錄。其出世應在戰國晚年，非春秋前所有。今再從政制方面考察，益足證成前說，互相發明。至於昔人疑端，各有專書，此不備引。下面只從幾點新的觀點上，加以敍述。

第一論　法的觀念之成立

《周官》裏有一點很明顯的標準，足以證其爲晚出的，便是書中對於『法』的觀念之重視。『法』字引用，在古書中很後起。《禮記》上說：

禮不下庶人，刑不上大夫。

古人治國，只知有禮刑，不知禮和刑以外的『法』。《詩》《書》裏少見『法』字。春秋時人也還不懂得『法』的意義。《左傳》昭公六年，記鄭人鑄刑書，說：

> 三月，鄭人鑄刑書。叔向使詒子產書，曰：……『昔先王議事以制，不爲刑辟，懼民之有爭心也。猶不可禁禦，是故閑之以義，糾之以政，行之以禮，守之以信，奉之以仁，制爲祿位以勸其從，嚴斷刑罰以威其淫。懼其未也，故誨之以忠，聳之以行，敎之以務，使之以和，臨之以敬，涖之以彊，斷之以剛。猶求聖哲之上，明察之官，忠信之長，慈惠之師。民於是乎可任使也，而不生禍亂。民知有辟，則不忌於上，並有爭心，以徵於書，而徼幸以成之，弗可爲矣。夏有亂政，作《禹刑》。商有亂政，而作《湯刑》。周有亂政，而作《九刑》。三辟之興，皆叔世也。今吾子相鄭國，作封洫，立謗政，制參辟，鑄刑書，將以靖民，不亦難乎？《詩》曰：『儀式刑文王之德，日靖四方。』又曰：『儀刑文王，萬邦作孚。』如是，何辟之有。民知爭端矣，將棄禮而徵於書。錐刀之末，將盡爭之。亂獄滋豐，賄賂竝

行，終子之世，鄭其敗乎！肸聞之，國將亡，必多制，其此之謂乎！』復書曰：『若吾子之言。僑不才，不能及子孫，吾以救世也。』

子產鑄刑書，在當時尚是創見，以前未有過，所以引動時人注意。叔向的諫書裏，竭力擧出當時政治意識上可有的手段和字面來勸止子產。觀其所謂義，政，禮，信，仁，忠，和，敬，等等，而獨無所謂『法』。子產刑書，當時只叫是辟，亦不成所謂『法』。總之據叔向諫書，可見當時政治界上尚未有『法』的觀念。『法』字的意義，在當時尚未達於確立的地位。若說叔向諫書係後人撰造，非叔向手筆，則更足證明『法』的觀念，直到後人撰造叔向諫書時還未成熟。所以據那時見識還不知引用到一『法』字。

其後二十三年，魯昭公二十九年，又有晉國鑄刑鼎的事。《左傳》上說：

冬，晉趙鞅荀寅帥師城汝濱，遂賦晉國一鼓鐵，以鑄刑鼎，范宣子所爲刑書焉。

下面載有仲尼蔡墨兩人的批評，都說到『法』字。仲尼說：

……夫晉國將守唐叔之所受法度，以經緯其民。……貴賤不愆，所謂度也。文公是以作執秩之官，爲被廬之法。……今棄是度也，而爲刑鼎。民在鼎矣，何以尊貴？……且夫宣子之刑，夷之蒐也，晉國之亂制也，若之何以爲『法』？

蔡史墨說：

……擅作刑器以爲國『法』，是法姦也。

然此所記，是否保存仲尼蔡墨兩人說話眞相，已不無可疑。試檢《論語》，孔子只說『爲政以德』，『爲邦以禮』。又說『政者正也』，『道之以政，齊之以刑，民免而無恥。道之以德，齊之以禮，有恥且格』。孔子只說過『法語之言』，沒有說到治國之『法』。惟《堯曰篇》堯曰咨爾舜一章，有『審法度』云云。然據近儒證論，《堯曰》一章本非《論語》之舊。則孔子當時實在也似乎沒有意識到『法』字。卽如《左氏》所記仲尼評晉國鑄刑鼎，也只說到貴賤不愆的法度。還不是戰國以下法家所持那種法理的觀念。

戰國以下的法家，首推魏國李悝。《晉書・刑法志》說:

> 秦、漢舊律，其文起自魏文侯師李悝。悝撰次諸國法著《法經》。以爲王者之政，莫急於盜賊，故其律始以盜賊。盜賊須劾捕，故著《網捕》二篇。其輕狡越城，博戲，借假不廉，淫侈踰制，以爲《雜律》一篇。又以《具律》具其加減。是故所著六篇而已。然皆罪名之制也。商君受之以相秦。漢承秦制，蕭何定律，除參夷連坐之法。

《漢書・藝文志》法家有《李子二十二篇》，名悝，卽其人。史又作李克，悝、克一聲之轉。其後有吳起、商鞅，均與李悝有淵源。從此一輩政治家遂有所謂『法』的觀念。今看《周官・天官・大宰》便說:

> 以八法治官府。

以下說到『法』字的不勝列擧。卽此已見此書決非周公所著，也決非春秋前所有。

第二論 法律公布之制

《周官・春官・大宗伯》裏又說:

> 正月之吉，始和（宣）布治於邦國都鄙。乃縣治象之法于象魏，使萬民觀治象。挾日而歛之。

《地官・大司徒》:

> 正月之吉，始和布敎于邦國都鄙。乃縣敎象之法于象魏，使萬民觀敎象。挾日而歛之。

《夏官・大司馬》:

正月之吉，始和布政于邦國都鄙。乃縣政象之法于象魏，使萬民觀政象。挾日而斂之。

《秋官・大司寇》:

正月之吉，始和布刑于邦國都鄙。乃縣刑象之法于象魏，使萬民觀刑象。挾日而斂之。

這竟把國家一切政治教育刑律等等，都包括在『法』字的一概念之下。而且一切的『法』都得宣布公開。這是何等進步的現象？孫詒讓說:

大凡典法刑禁之大者，皆表縣之門閭，即布憲之義也。

其實此所謂布憲之義，決不甚古。若在周初早有每逢正月『縣法象魏，使萬民觀』的定制。子產鑄刑書，叔向博聞多識，何致驚詫反對？晉人鑄刑鼎，也不致招惹孔子的譏評。鄭國的刑書、晉國的刑鼎，只是一種較為固定的刑律，還說不到是『法』，更講不到公開宣布。然而當時人早已萬分驚恠。這是何故？正因那時貴族平民尚是截然分為兩個階級。貴族有制裁平民的絕對自由，而平民只有絕對的服從，本無需預定刑律。刑律預定了，平民在那預定的刑律上，便有他們的地位，（即仲尼所謂民在鼎矣。）自然為一輩明白的貴族們所不喜。然而平民早已漸漸昂起頭來，使貴族感到制裁他們之不易。使一輩明白的貴族們，雖不願給他們以一種地位，而到底不得不為他們預定一種制裁他們的刑律。這是在時代轉換中一種帶有強迫性的要求，接踵地在鄭國晉國表現出來。而所謂『縣法使萬民觀』的制度，則其事尚在後。大抵是魏國的李悝以後了。《呂氏春秋》說:

吳起治西河，欲諭其信於民，置表於南門外。令曰:『有僨南門外表者仕長大夫。』莫有僨表者，相謂曰:『此必不信。』有一人試往僨表，來謁吳起。吳起自見而仕之長大夫。自是之後，民信吳起之賞罰。

《韓非子》說：『吳起令民徙車轅赤菽。』與此大同。不久便有商鞅徙木立信的故事。吳起、商鞅都是有名的法家。他們都在魏國，聞得李悝的遺教。縣法象魏，使萬民觀，似乎是吳起、商鞅城門置令的辦法，而加以學者的理想化。決不是周公所制，也不像春秋前所有。

《周官》除上擧諸條外，說及聚官吏民衆讀法的有如下之諸官：

1. 天官小宰　2. 地官小司徒　3. 鄉大夫
4. 州長　5. 黨正　6. 族師　7. 閭胥

說及布憲刑禁的有如下之諸官：

1. 天官小宰　2. 宰夫　3. 宮正
4. 內宰　5. 地官鄉師　6. 鄉大夫
7. 司市　8. 胥師　9. 司虣
10. 夏官大僕　11. 牧師　12. 職方氏
13. 訓方氏　14. 山師　15. 川師
16. 撢人　17. 秋官士師　18. 布憲
19. 司烜氏

其他雖無明文，可以例推的，尚不在少數。大抵通觀《周官》全書，可以說三百六十官，無一官無法制，也無一官無禁令。而這些法制禁令，又惟恐其下之不知。所以逐時逐年常竭力的用意於宣布和申述。此正恰合於《老子》書所謂『法令滋彰』一語。然而法令雖所以制裁下屬，而也無異於在法令上卽給與其下屬以一種顯明和堅定的地位，益使其到於難制裁的程度。所以《老子》又說『法令滋彰，盜賊多有』。《老子》只是批評著《周官》裏的情形，《周官》也只記載了《老子》裏所批評。《周官》《老子》大概時代也不相先後。臨孝存說『《周官》是一部黷亂不驗之書』，實非無見。

第三　論五刑

五刑之制，見《周官・大司寇》的司刑，說:

掌五刑之法，以麗萬民之罪。墨罪五百，劓罪五百，宮罪五百，刖罪五百，殺罪五百。

這有名的五刑，從來認爲是唐虞以來的舊制，其實也是後起的事。《周官》以前只見於《周書》《呂刑》。《呂刑》又是一篇晚出的書。他說:

苗民弗用靈，制以刑，惟作五虐之刑曰『法』，殺戮無辜。

特地點出『五虐之刑曰法』一語，便已是《呂刑》晚出鐵證。古書稱刑曰罰，刑則只是殺人斷頸之名。《康誥》『刑人殺人劓刖人』是也。《呂刑》始以刑爲肉刑之總名，而以罰爲罰金，亦見其書之晚出。且當魏文侯時，李悝撰次諸國法，著《法經》，尙只六篇。盜賊，輕狡越城，博戲，假借不廉，淫侈踰制，是當時用法的對象。在此六篇《法經》以內，斷不容有很細密的刑律。《周官》五刑，總有二百五十等，《呂刑》更有三千等。他說:

墨罰之屬千，劓罰之屬千，剕罰之屬五百，宮罰之屬三百，大辟之罰其屬二百，五刑之屬三千。

這三千等的刑律，比較李悝《法經》，條目上的繁簡，該相差得怎樣？與其使我們信從在子產鑄刑書前五百餘年，已有周公二千五百條刑律，傳到周穆王時，增損成三千條（尙在子產前四百年）；無寧讓我們信從晉人鑄刑鼎以後一百年，而有李悝的六篇《法經》，傳到商鞅手裏，漸次確定了一個法治的雛形。到後才有一輩學者作《周官》，作《呂刑》，來理想上構造他們二千五百乃至三千條等第的刑律。直至漢蕭何攈摭秦法作律九章，也決沒有那般繁瑣。

五刑成立，也不是一時俱起的。大辟宮刑以及劓刖，春秋時已很流行。而墨則少見。恐也不是因刑輕而忽了。《易・睽卦》『其人天且劓』，《困卦》『劓刖』。《盤庚》『我乃劓殄滅之』，是古書裏劓刑之早見的。《易・噬嗑》有滅趾滅鼻滅耳，楚子玉治七人，貫三人耳，（《左》僖二十七年《傳》）晏子說：『踊貴屨兵，鞭賤。』斷趾也是輕刑之一。齊襄公誅屨於徒人費，鞭之見血，（《左》莊八年《傳》）鞭刑尤常習用。而均不列五刑之內。至於墨面只是東南民族的一種風俗。《韓詩外傳》說：

越王句踐使廉稽獻民於荆王。荆使者曰：『冠則得以俗見，不冠不得見。』廉稽曰：『越亦周室列封。』處江海之陂，與魭鱣魚鼈爲伍。文身剪髮，而後處焉。今來上國，必曰冠得俗見，不冠不得見。如此，上國使適越，亦將劓墨，文身剪髮而後得以俗見，可乎？（卷八）

可證劓墨是當時越人的風俗。康稽所謂劓墨，只是一種文面之風，和文身一樣，盛行於南方熱地近水的民族間。《左傳》說：

吳仲雍斷髮文身，臝以爲飾。（哀七年）

則吳俗起先亦如此。

《漢書・地理志》：

粵地，……今之蒼梧、鬱林、合浦、交阯、九眞、南海、日南，皆粵分也。其君禹後，……封於會稽，文身斷髮，以避蛟龍之害。

《後漢書・東夷傳》說：

倭男子皆黥面文身。

黥和墨本是一事。《呂刑・疏》：

黥面卽墨刑也。

《左傳・疏》：

《周禮》謂之黥，《尙書》謂之墨，黥墨爲一。（襄十九年）

文面之重要部分有二。一爲額。《後漢書・朱穆傳・注》：

黥首，謂鑿額涅墨也。

《國策》高誘《注》:

刻其額，以墨實其中，曰黥。（《秦策》）

刻額又稱雕題。《禮記・王制篇》說:

東方曰夷，被髮文身，有不火食者矣。南方曰蠻，雕題交趾，有不火食者矣。

其實東南兩方民族，他們都文身雕題，並不能嚴格的區分。中原諸夏呼南方民族爲黎，恐是取義於劙面之劙。劙是劙割。老人稱黎老，面皮緆裂，也像劙割一般。

文面的除額外，重要部分尙有鼻。康稽說:『越俗劓墨。』劓並不是把鼻子割去，正是繡鼻，是文面裏一種重要的工作。

文面常連帶著剪髮。《列女傳》說:

鑿顚者髡。

鑿顚便是刻額，髡便是剪髮。墨劓黥髡，在吳、越本是一種時髦的風俗。在中原諸夏間，卻變成一種刑罰。正如貫耳之刑，在南方民族間也是一種裝飾。《後漢書・南蠻傳》說:

珠崖、儋耳二郡，在海洲上，其渠帥貴長耳，皆穿而縋之，垂肩三寸。

而楚以爲軍刑。正如墨劓之風，傳到中原，也變成刑罰一樣。《呂刑》裏說:『苗民弗用靈，制以刑，惟作五虐之刑曰法。』這是中原諸夏傳說五刑發源於南方苗民族——卽黎族——之證。《周語》內史過說:

……猶有散遷懈慢而著在刑辟，流在裔土，於是乎有蠻夷之國，有斧鉞刀墨之民。

這卻錯了。他以爲南方蠻夷，所以有刀墨劙面的，乃中原諸夏著在刑辟而流在裔土的後裔，保留他祖先劓墨的遺風。所以鄭玄注《周官》也說:

今東西夷或以墨劓爲俗，古刑人亡逃者之世類歟。（《司刑》）

這都是犯了倒因爲果之病。又考《逸周書・伊尹朝獻》:

正西崑崙、狗國、鬼親、枳已、闟耳、貫胸、雕題、離身、漆齒。

此所謂正西崑崙云云， 其實也和南方民族有關。《 尙書・堯典 》『竄三苗於三危以變西戎』，《禹貢》『導黑水至於三危，入於南海』。《 史記・夏本紀・集解 》引鄭《 注 》云: 『《地理志》益州、滇池有黑水祠。』則古人所謂西南兩域， 本甚混近 。崑崙兩字，後人習用，也常指南方民族言。《舊唐書・南蠻傳》: 『林色以南，卷髮黑身，通號崑崙。』則《周官》鄭《注》所謂東西夷，實仍指南方熱帶水地的民族而言可知。

至於黥墨之風，傳到中國，而變成一種刑罰，大概在南方越民族和中原交通以後。最早應在春秋末期。越民族最先移來中原，應是齊、魯諸邦。他們爲文化經濟等等關係，在諸夏間只操些賤役。大司寇的司隸，掌帥四翟之隸，卽是此等外夷民族在諸夏之榜樣。鄭司農說:

今之爲奴婢，古之罪人也。（《司厲・注》）

諸夏中犯罪而罰爲奴婢服賤役的，也模倣著外夷施以黥髡之罪，卽所謂墨刑。

漢律， 罪人妻子沒爲奴婢， 黥面 。 （ 見 《 魏志 ・ 毛玠傳》）

《史記》載趙王張敖賓客， 皆自髡鉗爲王家奴， 隨王之長安。 可證漢初家奴，盡是髡黥，實承戰國風習。而春秋時並不然。《呂氏春秋》說:

叔嚮之弟羊舌虎，善欒盈，盈有罪於晉，晉誅羊舌虎，叔向爲之奴而朡。（《開春論》）

高《注》: 『朡，繫也。』《左傳》說:

斐豹隸也，著在赤書。欒氏之力臣曰督戎，國人懼之。斐豹謂宣子:『苟焚丹書，我殺督戎。』(襄二十三年。)似乎其時奴隸，只是收繫而登奴籍，並不要黥髡。故其時尚無所謂墨罪。墨罪開始，在春秋末期，或尚在春秋以後，魯國墨子和他一派墨徒，正是取義於黥墨。(墨非姓，乃刑徒之號，論證詳余《諸子繫年》卷二。)可證其時已有墨稱，而大概還很新鮮，惹人興趣。《漢書・刑法志》:『秦用商鞅，連相坐之法，造參夷之誅，增加肉刑大辟，有鑿顚抽脅鑊烹之刑。』那時秦刑始有鑿顚，還是商鞅從東方攜來一種新鮮的刑名。太子的師傅公子虔、公孫賈，都還實受到黥劓之罰。今《周官》五刑，墨爲第一，此豈周公所制?又何嘗爲春秋前所有?

《左傳》襄公二十九年，吳人伐越，獲俘焉以爲閽，使守舟。吳子餘祭觀舟，閽以刀弑之。《漢書・五行志》說:『時吳子好勇，使刑人守門。』《周官・掌戮》『墨者使守門，劓者使守關』，決非古制。大概以刑人爲奴隸，在戰國時更普遍了。所以《周官》著者把它寫上制度裏去。《王制》說:『公家不畜刑人。』較爲近古。

今考五刑種類，亦有異說。《國語》的《魯語》裏也有所謂五刑。『大刑用甲兵，其次用斧鉞。中刑用刀鋸，其次用鑽笮。薄刑用鞭朴』，和《周官》裏五刑不同。《周官》又另有野刑、軍刑、鄉刑、官刑、國刑的分別，也稱五刑。五刑說在《周官》書裏，似尚未固定。大概五行學說既起，始有五刑的編配。墨劓剕宮大辟，只是當時想編成五刑說裏面之一種。後來獨佔優勢，遂把五刑的解說也固定了。《五行大義》引逸《周書》逸文云:『因五刑相剋而作五刑，』《後漢書・注》《太平御覽》並引《白虎通》云:『刑所以五何，法五行也。』此雖後世之說，卻不失爲五刑說眞確的來源。五行學說起在孟子以後。《周官》的五刑說，其年代也可推定了。

第四論　五刑以外之流放

五刑裏的墨刑，本非春秋前所有，上文已論通。亦有春秋前極通行的刑罰，而五刑裏缺了的。輕刑如割耳，重刑如流放。《尚書・康誥》說『劓刵人』，《呂刑》也說『爰始淫爲劓刵椓黥』，刵是割耳之刑。《詩・泮水》『在泮獻馘』，《左傳》『師縉示之俘馘』（僖二十二年），馘也是割耳。戰勝獲敵，截其左爲獻。刑罰的起源，一部分本是對付敵人俘虜的。古者禮不下庶人，刑不上大夫，劓刵之刑大抵只施行於小民。至於卿大夫貴族犯罰，則別有一種懲戒之法，最著的是幽囚和流放。《周官・大司馬》:

以九伐之法正邦國，……暴內陵外則壇之。

鄭《注》:

壇讀如同墠之墠。《王霸記》曰:『置之空墠之地。』玄謂置之空墠，以幽其君，更立其次賢者。

惠士奇《禮說》謂是古者幽囚之法。此在《周官》爲僅見，而放流則未有。《春秋》宣元年，晉放其大夫胥甲於衞。《左氏傳》:

夏，衞侯入，放公子黔牟于周，放甯跪于秦，殺左公子洩右公子職，乃卽位。（莊六年）

又

秋九月，齊公孫蠆、公孫竈放其大夫高止於北燕。（襄二十九年）

放流是春秋時對待卿大夫極常見的辦法。何休《公羊傳注》說:

古者刑不上大夫，故有罪放之而已。

到戰國便不然。『法自貴者始』的口號，代替了『刑不上大夫』的地位。大夫亦可用刑，（以後竟至具五刑）無需流放。而且那時貴族階級已次崩潰，遊仕得勢，朝秦暮楚。『言不聽，諫不從，則去』，國君只有『極之於其所往』，那裏再有所謂流放？所以《周

官・天官・大宰》所掌建邦六典，竟說:

　　五曰刑典，以詰邦國，以刑百官，以糾萬民。

又說:

　　以八法治官府，七曰官刑，以糾邦治。

又說:

　　以八柄詔王馭羣臣，曰爵祿予置，生奪廢誅。

《內史》也說:

　　掌王之八柄，曰爵祿廢置，殺生予奪。

更不見所謂流放。只《大司馬》條有『放弒其君則殘之』，似乎《周官》著者只記得有臣放其君，而竟忘了更重要更常見的君放其臣。《周官》著者生得過晚，一時記不盡前代事，也無怪。然而即此一端，足證《周官》出世年代遠在春秋以後。

　　條狼氏誓大夫曰:『敢不關鞭五百。』萬斯大《周官辨非》論之云:

　　《曲禮》曰:『刑不上大夫。』……條狼氏之誓大夫者，奈何與《曲禮》背?……春秋之世，刑戮無常，諸侯多專殺大夫。書於經者不下數十，而鞭之見於記傳者，類皆卑賤末流。魯般之鞭犖，圉人也。齊襄之鞭費，徒人也。楚子玉鞭七人，治兵也。衞獻鞭師曹、齊莊鞭侍人賈擧、孟洩鞭成有司使，何嘗有及大夫者?春秋之世，猶無之，而謂周公制之爲禮，吾不信也。

大夫可鞭，自可無放。《堯典》也說:『鞭作官刑。』正和條狼氏一色。《堯典》又說:

　　流宥五刑。

此乃謂犯五刑的，可以把流放作宥赦。其實流放是『刑不上大夫』時一種優待貴族的辦法。小民犯罪，也輪不上流宥。《堯典》又說:

> 流共工于幽州，放驩兜于崇山，竄三苗于三危，殛鯀于羽山。

《禹貢》說:

> 五百里要服，三百里夷，二百里蔡。五百里荒服，三百里蠻，二百里流。

所謂放之四裔，仍是不明古人流放眞相的話。也和《堯典》同誤。從前貴族世襲，只逐出本國，便已失了政治上一切特權，所以流放不失爲一種有力的裁制。貴族世襲制廢了，在本國裏也沒有享種種特權的地位。流放到外國，一樣可以當權握勢，因爲彼此沒有世襲的貴族了。《堯典》《禹貢》的作者，無意地把流放的路程加遠。似乎非放之四裔，流到邊荒，非人居的處所，不見其爲懲創。此乃以後世情形逆推古代，所以有此錯誤。

第五論　什伍相收司連坐之法

刑法的進展，他的直接原因，自然爲下層階級的難治，因而感到需要。然而下層階級，並不是一起便懂得所謂革命，以及種種大規模的反抗。他們起先的搗亂和反抗，常是一般所謂的盜賊。盜賊在政治上成爲問題，似乎起於春秋中晚。鄭子產死，子太叔爲政，鄭國多盜，取人於萑苻之澤。太叔興徒兵以攻萑苻之盜，盡殺之，盜少止；事在魯昭公二十年。這是鄭國的盜患。魯襄公三十一年，子產使晉，已說晉國盜賊公行，這是晉國的盜患。襄公二十一年，《左傳》說魯多盜，《論語》季康子患盜，問孔子。孔子說:『苟子之不欲，雖賞之不竊。』又說:『子爲政焉用殺。』那是魯國的盜患。一到戰國初年，大概盜賊確爲政治家一種注意的對象了。所以李悝《法經》主要的便在盜賊。他的《網捕》兩篇，用意專在盜賊的刼捕。還說『王者之政，莫急於盜賊』，這眞是戰國是代的理論。一部《春秋》二百四十年裏，還看不出『王者之政莫急於盜

賊』的背景來。其後商鞅入秦變法，大體承李悝《法經》。《史記》說:

> 衞鞅定變法之令，令民爲什伍而相收司連坐。不告姦者腰斬，告姦者與斬敵同賞，匿姦者與降敵同罰。(《商鞅傳》)

此處所謂姦，大體卽相當於李悝《法經》之所謂盜賊。盜賊是作姦的人，姦是盜賊作爲的事。收司《索隱》本作牧司，乃相監察之謂。(詳王氏《讀書雜誌》)令民爲什伍相牧司連坐，大概亦是李悝遺法。用這一種方法捕盜，正如用『網捕』禽獸般，可無脫漏。所以《史記》又說:商鞅變法後，

> 行之十年，秦民大悅，道不拾遺，山無盜賊。

足證商鞅新法，正是李悝『網捕』精神，主要對象也還是盜賊。他最著的成效，便是『道不拾遺，山無盜賊』。後來秦捕商君，商君亡至關下，欲舍客舍。客舍不知其是商君，說:『商君之法，舍人無驗者坐之。』商君喟然嘆曰:『爲法之敝，一至此哉!』這眞是李悝『網捕』精神，如令盜賊無處躲藏。《管子》書裏有一節話，是這種制度最好的陳述。他說，

> 夫善牧民者，非以城郭也，輔之以什，司之以伍。伍無非其里，什無非其家。故奔亡者無所匿，遷徒者無所容。不求而得，不召而來。故人無流亡之意，吏無追捕之憂。故主政可行於人，人心可繫於主。(《禁藏》)

這恰是讚的李悝的『網捕』。這種『網捕』法和其精神，起於盜賊之難治。盜賊難治，起於平民階級漸漸活動，對於他們的統治者貴族階級，試行反抗和搗亂。遷徒奔亡，是反抗和搗亂裏最普通的手段。這種情形，大概起春秋中晚，到戰國初年而大盛。現在《周官》裏卻也載有和李悝『網捕』商鞅連相坐同樣性質的制度。《地官·大司徒》說:

> 令民五家爲比，使之相保。五比爲閭，使之相受。

《族師》下說:

五家爲比，十家爲聯。五人爲伍，十人爲聯。四閭爲族，八閭爲聯。使之相保相受，刑罰慶賞，相及相共。

《比長》下說:

五家相受，相和覺，有罪奇衺則相及。

《鄰長》云:

掌相糾相受。

《秋官・士師之職》云:

掌鄉合州黨族閭比之聯，與其民人之什伍，使之相安相受，以比追胥之事，以施刑罰慶賞。

鄭《注》:

追，追寇也。胥讀爲宿偦之偦，偦謂司搏（伺捕）盜賊也。

以上諸條，完全是商鞅令民什伍相牧司連坐之制，完全是李悝《法經》『網捕』之法，完全是防禁人民之爲盜賊。所以他說，《秋官》刑職在於

以詰邦國，以糾萬民，以除盜賊（《天官・小宰》）

了。盜賊成爲政治家值得注意的對象，乃春秋以後事。那種嚴密防禁盜賊的制度，又豈是周公所制，春秋前所有？然而《周官》作者究竟比商君又生晚得多，所以他在《地官・大司徒》『使民五家爲比，使之相保，五比爲閭，使之相受』之下，又加上幾句說:

四閭爲族，使之相葬。五族爲黨，使之相救。五黨爲州，使之相賙。五州爲鄉，使之相賓。

這幾項忽地和上面相保相受的精神絕然不同。這是《周官》作者又兼採了《孟子》書裏『鄉田同井，出入相友，守望相助，疾病相扶持』的話，而加以配搭。然而前兩種——相保相受——是人民對政府所負一種必然性的聯帶的責任。後幾種（相葬以下）是人民相互間經濟上一種可能而偶然的自由，如何可並爲一談。這又是《周

官》作者湊合兩種不同性質的素材，加以組織，而一時疏忽，發生罅漏。這些罅漏裏，正是他成書時代的一種報告。至於前引《管子》的話，自然也在戰國晚年。其實到那時李悝『網捕』商鞅什伍的制度，也早已失效。盜賊之多，遷徙奔亡之盛，平民階級之活動，還是有增無減。所以《老子》要很感慨的說：『法令滋彰，盜賊多有。』而盛唱其『小國寡民，使民重死而不遠徙，老死不相往來』的理想。《老子》和《周官》還是差不多時代的作品。

第六論　作內政寄軍令

一個政治家的功能，應該不僅僅於防禁人民之爲盜賊，使他無從奔亡遷徙。而更應該積極誘導能爲盜賊的人民，用他們的氣力來開闢有利於國家的路徑。在戰國初年，要誘導國民能力來有利國家，極簡單的祇有國內的農耕，和國外的侵略。李克（即李悝）、吳起、商鞅都同時以法家而兼著兵農的能事。他們的事業，都能收相當的果效。（余有詳考，散見《諸子繫年》卷二卷三。）而《周官》作者，講到刑法一端，似乎還不失三家規矩。《秋官・大司寇》說：

以五刑糾萬民，一曰野刑，上功糾力；二曰軍刑，上命糾守；三曰鄉刑，上德糾孝；四曰官刑，上能糾職；五曰國刑，上愿糾暴。

《史記》說衞鞅說秦孝公變法修刑，內修刑稼，外勸戰死，這便是《周官》五刑裏的野刑和軍刑。他在《周官》書裏，還佔著最先的地位，正還是李克、吳起、商鞅相沿的一點意思。在《士師》有五禁之法：

一曰宮禁，二曰官禁，三曰國禁，四曰野禁，五曰軍禁。

也是田野和軍旅並言。《呂氏春秋・上農篇》曾詳細講到野禁的節目，又發明田野與軍旅的關係說：

古先聖王之所以導其民者，先務於農。民農非徒爲地利也，貴其志也。民農則樸，樸則易用，易用則邊境安，主位尊。民農則重，重則少私義，少私義則公法立，力專一。民農則其產復，其產復則重徙，重徙則死其處而無二慮。民舍本而事末，則不令，不令則不可以守，不可以戰。民舍本而事末，則其產約，其產約則輕遷徙，輕遷徙則國家有患，皆有遠志，無有居心。民舍本而事末，則好智，好智則多詐，多詐則巧法令，以是爲非，以非爲是。

這可說是一種耕農法令軍旅三位一體的理論。最先起於李悝、吳起，到商鞅而其效大顯。以後常爲一輩學者所歌頌而鼓吹。發展到最完密的便是《管子》之所謂『作內政而寄軍令』。他們說:

卒伍整於里，軍旅整於郊。……伍之人祭祠同福，死喪同恤，禍災共之。人與人相疇，家與家相疇，世同居，少同遊。故夜戰聲相聞，足以不乖。晝戰目相見，足以相識。其歡欣足以相死。居同樂，行同和，死同哀。是故守則同固，戰則同彊。（《齊語》）

李悝的『網捕』，商鞅的什伍相牧司，都還是消極的防制。孟子的『守望相助，疾病相扶持』，又感得疲軟不切時務。到《管子》『內政寄軍令』的理論，纔把雙方精神都容納了，造成一種健全的積極而強有力的想像。宜乎後代的人，常常要把這一番理論和管仲實際的功業聯想起來，認是管仲時代的眞制度。其實管仲當時還不需要那種高深的理論，來做他功業的礎石。《管子》和《周官》一樣是戰國晚年一輩學者的理想。而《周官》似乎在制度上格外寫得精密而出色些。姑舉一例，如《地官》的《小司徒》裏說:

小司徒之職，掌建邦之敎法，以稽國中及四郊都鄙之夫家，九比之數，以辨其貴賤老幼廢疾，凡征役之施舍，與其祭祀飮食喪紀之禁令。乃頒比法於六鄉之大夫，使各登其鄉之衆寡六畜車輦，辨其物，以歲時入其數，以施政敎徵令。及三年則大比，大比則受邦國之比要。乃會萬民之卒伍而用之，五人爲伍，五伍爲兩，四兩爲卒，五卒爲旅，五旅爲師，五師爲軍，以起軍旅，以作田役，以比追胥，以令貢賦。乃均土地，以稽其人民而周知其數。上地家七人，可任也者家三人。中地家六人，可任也者二家五人。下地家五人，可任也者家二人。凡起徒役，無過家一人，以其餘爲羡，唯田與追胥竭作。凡用衆庶，則掌其政敎，與其戒禁，聽其辭訟，施其賞，誅其犯命者。凡國之大事，致民，大故，致餘子。乃經土地，而井牧其田野。九夫爲井，四井爲邑，四邑爲丘，四丘爲甸，四甸爲縣，四縣爲都，以任地事而令貢賦，凡稅歛之事。乃公地域而辨其守，施其職，而平其政。

把一國的財政軍事敎育刑法一切的政令，在一個精神下面統一起來。全國凝結成一個有機體，於內務耕稼外勸戰死的後面，再補上一種爲民制產修其孝悌的精神。《管子》和《周官》同樣在這種理想下產生，無怪乎後人又要認《周官》眞是周公致太平的書。其實只看他們寄軍令於內政的一點，便不像是致太平的規模。倘不如說是管仲霸諸侯的陰謀較爲近情。把上列《呂氏春秋·上農篇》耕農法令軍旅三位一體的理論，再加上敎育孝悌，便成《管子》和《周官》。這都是積極一面的思想，而消極方面，則爲《老子》，也不要敎育，也不要軍政，也不要法令，只是一個歸眞返樸的反於耕農。這些都是或先或後的同爲戰國晚年的書，同是一個時代下面的產物。

第七論　入矢金贖罪

《周官·大司寇》說:

以兩造禁民訟，入束矢於朝，然後聽之。以兩劑禁民獄，入鈞金三日，乃致於朝，然後聽之。

鄭《注》:

必入矢者，取其直也。必入金者，取其堅也。

其說殊誤。其實入金矢贖罪，也是『作內政寄軍令』的一面。其制可證之於《管子》。《中匡》云:

甲兵未足，請薄刑罰，以厚甲兵。於是死罪不殺，刑罪不罰，使以甲兵贖。死罰以犀甲一戟，刑罪（舊誤罰，依王校改。）以脅盾一戟，過罰以金鈞。（舊誤軍，依王校改。）無所計而訟者，成以束矢。

可見令民入束矢然後聽其訟，正爲欲厚甲兵，並不取其直。《小匡》又說:

齊國寡甲兵，吾欲輕罪而移之於甲兵。制重罪入以兵甲犀脅二戟，輕罪入蘭盾鞈革二戟，小罪入以金鈞，分宥薄罪入以半鈞。無坐（挫）抑而訟獄者，正三禁之而不直，則入一束矢以罰之。美金以鑄戈劍矛戟，惡金以鑄斤斧鉏夷鋸欘。

可見入金也爲是厚甲兵，並非取其堅。《秋官》的《職金》也說:

掌受士之金罰貨罰，入于司兵。

鄭《注》:

給治兵及工直也。

則爲得之。《淮南・氾論訓》說:

齊桓公將欲征伐，甲兵不足，令有重罪者出犀角一戟，有輕罪者贖以金分，訟而不勝者出一束箭。

亦謂是管仲的創制。然在春秋初期，民間行使金屬，决不能如此普泛，至於可使出鈞金贖罪。國際間亦沒有像戰國時那般大規模的戰爭接續爆發，而感到甲兵的急切需要。何遽創設那樣的制度？而且那時軍興的兵甲，完全由政府頒給，民間也不像有私藏的武器。如犀脅蘭盾鞈革戟等械服，除卻國家特設工官以外，民間全是些小農生活，那裏能自己鼓鑄？《周官》和《管子》還像同樣是戰國晚年的說話。若試推尋這種制度的遠源，在李悝的故事裏，似乎有幾分暗示。《韓非子》說：

李悝爲魏文侯上地之守，欲人之善射也，乃下令曰：『人之有狐疑之訟者，令之射的，中之者勝，不中者負。』令下而人皆疾習射，日夜不休，及與秦人戰，大敗之。

這個故事，分明是《周官》《管子》令民入金矢判獄贖罪的前身。然而《尙書・堯典》的作者，早已說那時已是『金作贖刑』了。《呂刑》的作者，卻說：

墨辟疑赦，其罰百鍰。劓辟疑赦，其罰惟倍。剕辟疑赦，其罰倍蓰。宮辟疑赦，其罰六百鍰。大辟疑赦，其罰千鍰。

一鍰要六兩，（夏侯歐陽說，見《周官・職金・疏》）。這時的民間，那有如許金？

《周官・質人》又說：

掌城市之貨賄人民牛馬兵器珍異。

《王制》說：

戎器不粥於市，兵車不粥於市。

民間有戎器兵車相交易，國家有禁令及掌成之官，恐都是戰國晚年人語。

根據上論，亦證《周官》出戰國晚世，似屬晉人作品，遠承李悝、吳起、商鞅，參以孟子，與《管子》《老子》書相先後。

三、關於田制

《周官》記載宗教祀典，大部分採取戰國晚年陰陽家的思想。他記法制刑律，有好許是李悝商鞅傳統。上面已述及。此下再從經濟方面，加以討究。《周官》講經濟，最重要的自然是田制。井田的有無，歷來不少學者辨論過，此處並不能詳細敍述。大概說來，井田是有這麽一會事的。周人本是耕稼民族的先進。他的勢力，展廓到東方以後，耕稼的智識和事業，隨著傳播過來。稷神和社神，同様地崇奉而普遍。后稷便是周人的祖先棄。周室懿親功臣，分封各地，佔著政治上種種統治權和優先權。他們選定各自邦土內肥沃平衍的曠地，指導一輩他們統治下的人民，爲他們墾治。他們是大地主，爲他們耕墾的其實只是他們的耕戶。楚國芋尹無宇說：

封略之內，何非君土？食土之毛，誰非君臣？（《左》昭七年《傳》）

便是當時眞實的情形。在他們頒給土地，指導耕墾的時候，自要大體上劃分一些疆界，平均分配。一夫治田一方（百畝），一方（百畝）和一方（百畝）之間，有著畔岸和溝洫。一縱一横，如此般劃分著。一區一區的便是井田。

《崧高》之詩說：

王命申伯，式是南邦。因是謝人，以作爾庸。王命召伯，徹申伯土田。王命傅御，遷其私人。

要封一個申伯，先爲之築城（作庸），再爲之劃地（徹土田），然後爲之移民（遷私人）。這是當時封建的情形。《江漢》之詩又說：

江、漢之滸王命召虎。式辟四方，徹我疆土。匪疚匪棘，王國來極。于疆于理，至于南海。

闢地劃田，爲之疆理。這是周人文化之所及，亦是周人封建之力所至。在宣王時如此，在宣王的前後略可知。在南方江、漢之滸如此，在東方齊魯一帶也可知。漢人晁錯又說：

臣聞古之徙遠方以實廣虛也，相其陰陽之和，嘗其水泉之味，審其土田之宜，觀其草木之饒。然後營邑立城，製里割宅。通田作之道，正阡陌之界。先爲築室，家有一門二內，門戶之閉。

其言正與《崧高》《江漢》情形相似。這是當時一種井田制度形成的大概。至其所以名爲井田，或是數家同井，資爲灌溉，爲當時耕墾一個自然的區分。或是阡陌縱横，形如井字般略如後世所述井九百畝的制度。總之一井只是一組的耕戶和別一組的劃分。至於用數目字來精密敍述多半出於後來學者們的理想和增飾。整齊呆板，並非眞相。然不能因此疑到古代並無井田。至於《周官》裏的井田制度，多半是戰國晚年一輩學者理想上的冥構。然而也有好許有來歷，有根據。我們從此上，也可推得《周官》的成書年代。

第一論　公田制

《詩經·小雅》說:

雨我公田，遂及我私。（《大田》）

這是西周田制有公田之證。孟子嘗說:

惟助爲有公田。

又說:

龍子曰:『治地莫善於助，莫不善於貢。貢者較數歲之中以爲常，樂歲粒米狼戾，多取之而不爲虐，則寡取之。凶年糞其田而不足，則必取盈焉。』

又說:

夏后氏五十而貢，殷人七十而助，周人百畝而徹，其實皆什一也，

我們對此諸說，有可信有不可信。如說惟助爲有公田，是可信的。說夏（后氏）五十而貢，殷人七十而助，周人百畝而徹，雖似孟子也已是引用當時原有的一種成語，而實際卻不可信。據今推想，當時貴族階級劃地授田，不一定全是一夫百畝。儘可有五十畝或七十畝的，（即如孟子所謂『卿以下，必有圭田，圭田五十畝，餘夫二十五畝』，便是一證。）所謂一夫治田百畝，或已是一輩學者注意

到農民耕種的能力和生活上的必需，而加以鼓吹，遂有此說。或許如男子三十而娶女子二十而嫁一般，爲一夫大限的序述。至於助法和貢法，也未見是貢法在前，而助法在後。如《大田》詩所說，西周顯有公田，所以孟子又說『雖周亦助也』。助法的大體，是

方里而井，井九百畝，其中爲公田，八家皆私百畝，同養公田。

這種制度的精神，不在八家與百畝的數字之規定，而在其立公田與私田的區分。貴族大地主們，劃分著一整塊土地，賜給幾家耕戶，爲之墾治。各家分得同量的一區，爲各家的私業。而同時合力來墾治另一區的公田，作爲對地主的報償，公田不必定在中央，一井（卽一組）不必定是八家。儘可有五六家一井的，也儘可有十一二家爲一井的。那一井的公田，也可在百畝以上或以下。所謂『八家同井，井九百畝，中爲公田』者，乃是公田制裏一個最像樣最整齊的模範制。而所謂私田者，只是耕戶私其當年田畝墾治之所獲，並不是私其田畝之所有權。

這種制度，在權利觀念還未十分發展的社會，土地私有權的觀念尚未產生，所謂風氣較淳的時代，也未見不可行。然而權利觀念的生長和進步，是不可避免的。所以『雨我公田遂及我私』的歌頌，不免要變成何休所謂『不肯盡力於公田』了。一輩耕戶不肯盡力於公田，便是助法要崩壞改革的先機。貴族階級裏，自會想到把公田一併頒給他們的耕戶，而在耕戶們各自耕種的田上，抽他們一宗額定的租稅。這便是所謂貢法。便是所謂校數歲以爲常。照此說來，助法先有，而貢法後起。《王制》說：

古者公田籍而不稅。

《春秋》魯宣公十六年，初稅畝。《穀梁傳》說：

古者什一，籍而不稅。井田九百畝，公田居一。私田稼不善，則非吏，公田稼不善，則非民。初稅畝者，去公田而履

畝十取一也。

《左傳》說:

初稅畝，非禮也。穀出不過籍，以豐財也。

這是魯國開始改革公田的籍（助）法，而創行履畝的稅（即貢）法之明證。當時諸侯先後隨時代潮流之變遷，而改革他們的田制，可從此類推。至於助法之廢，一面固是農民的不肯盡力公田，而另一面還有貴族的取之無藝，同樣足以促進田制的改革。此理甚明，可勿詳及。

其次要論徹。徹字在先不像是一種稅制的名稱。《詩・公劉》:

徹田爲糧。

《崧高》:

徹申伯土田，……徹申伯土疆。

這些詩句，並不能援爲周初或西周早行徹法之證。徹字有開列之義，徹田爲糧，只是開派田畝，令衆墾治，以爲糧食。《崧高》詩也只說宣王先命召伯爲申伯開劃田土疆畔，先把申伯私人遷去，好叫他們墾種。先使申地有了糧食委積，好讓申伯快些成行，到新封的國土去。《江漢》詩又說:

王命召虎，式辟四方，徹我疆土。

徹和辟同是開闢之義，正和商鞅開阡陌相似。秦制有徹侯，得劃分田土，也還用的古義。舊說認徹爲一種稅制，最先是根據《論語》:

哀公問於有若曰:『年饑用不足，如之何?』有若對曰:『盍徹乎?』曰:『二吾猶不足，如之何其徹也?』對曰:『百姓足，君孰與不足?百姓不足，君孰與足?』（《顏淵》）

此節文義頗含糊，極費解釋。二吾不足，《集解》:

孔曰:二謂什二而稅。

邢《疏》:

古者公田之法，十取其一，謂十畝內取一。舊法旣已十畝取一矣，《春秋》魯宣公十五年初稅畝，又履其餘畝，更復十收其一。乃是十取其二，故哀公曰二吾猶不足。

今按魯宣公十五年初稅畝，乃是廢公田行貢法，邢《疏》之說不可信。然捨此則十二而稅之說更無據。竊疑二吾猶不足，本不作什二而稅講。考《春秋》魯哀公十二年春，用田賦。《公羊傳》:

十有二年春，用田賦。何以書? 譏。何譏爾? 譏始用田賦也。

孔廣森《公羊通義》說之云:

《魯語》曰:『季康子欲以田賦，子謂冉有曰: 先王制土，籍田以力，而砥其遠邇。賦里以入，而量其有無。任力以夫，而議其老幼。於是乎有鰥寡孤疾。有軍旅之出則徵之，無則已。其歲收，田一井，出稯禾秉芻缶米，不是過也。』《五經異義·周禮說》:『有軍旅之歲，一井九夫百畝之賦，出米二百四十斛，芻秉二百四十斤，釜米十六斗。』謂此田賦也。古者公田籍而不稅，有武事，然後取其賦。故賦之字从貝从武。昔伯禽徂征淮夷，芻茭餱糧，郊遂峙之，田賦之法也。今魯用田賦者，是無軍旅之歲，亦一切取之，厲民甚矣。稅畝本無其制，故言初。田賦本有其制，特不宜非時用之，故言用。《傳例》曰: 用者，不宜用也。

其事《左傳》亦有記載，說:

季孫欲以田賦，使冉有訪諸仲尼。仲尼曰:『丘不識也。』三發，仲尼不對，而私於冉有曰:『君子之行也，度於禮。施取其厚，事舉其中，歛從其薄，如是，則以丘亦足矣。若不度於禮，而貪冒無厭，則雖以田賦，將又不足。』

這裏的『以丘亦足矣』，卽是『丘不識也』之丘。是說照我看也儘够了。丘是仲尼名孔丘自稱之辭。杜《注》把《周官》的十六井一丘說之，這一節文字從此辨論紛紜，到今莫解。只有孔廣森據《國語》解《春秋》，不用《左傳》的杜《注》來解《國語》，獨得古人之眞。原來田稅是經常的，而軍賦則是臨時的。魯哀公卻把臨時的軍賦，一並按年徵收。自此農民遂逐年有兩分負擔，而國家則逐年有兩分收入。然而魯哀公還感得年饑用不足，正給《左氏》所載仲尼說的:

雖以田賦，將又不足。

一語道著。劉寶楠《論語正義》

舊有一說云: 哀公十二年十三年皆有螽，連年用兵於邾，又有齊警，此所以年饑而用不足也。

劉氏自疑此說，謂哀公問有若，當在十二年用田賦之前。其實此說甚是。哀公問有若，正在十二年用田賦之後。有若所對，正是其師孔丘仲尼之意。兪氏正燮《癸巳類稿》說:

君卿從無年饑不足食之事。…… 蓋用非米粟也，徹非賦役也。（卷三《徹足用義》）

此說亦是。有若所謂『盍徹乎』，正是勸魯哀公罷免常年的軍賦，仍止徵收其一分的田稅。故哀公說『二吾猶不足，如之何其徹也』? 這是說我兼徵了田稅軍賦兩分，尙嫌不够，如何叫我仍止徵收一分的田稅呢? 魯用田賦在十二年春，是年冬十有二月螽，明年十三年秋九月又螽，連遭此兩度歉收，哀公之問，有若之答，蓋在其時。若明得這一個背景，則《論語》『盍徹乎』『二吾猶不足』兩語，極易明白。而由此爲說，則有若當時之所謂徹，僅止是徵收田稅之義，正從『徹田爲糧』徹字的含義轉來。並不是一種特殊的稅制，並不是在貢助兩法外別有一種徹法，也並不是相反於什二而稅的什一之稅。而到《孟子》書裏，卻說成『夏后氏五十而貢，殷人七十而助，周人百畝而徹』，好像有三種的田制，和三種的稅法。遂又

使後人百端解說，終無是處。其實龍子只很感慨地說:

治地莫善於助，莫不善於貢。

《孟子》也說:

雖周亦助。

他們只痛惡眼前的貢法，他們只歌誦已往的助法。卻沒有能於貢助之外，另說出一個徹法的意義來。所以我說徹法是一個本來沒有而不可信的說法。

現在我們撇開徹法，專從貢助兩法看。則龍子和孟子的意見，也有不同。龍子似乎只看到當時貴族們的重斂掊克，痛心疾首，要想恢復古代已廢的舊制——公田爲助。而沒有顧及古制之所以廢，在當時也因有過流弊乃至於不能維持。孟子雖贊成龍子的主張，他卻更斟酌了，提出一種較爲折衷的辦法，一種貢助兼採的辦法。說.

請野九一而助，國中什一使自賦。

又說:

公事畢然後敢治私事，所以別野人也。

孟子這番主張，大概有兩層理由。一是野外地較寬平，可以有整塊田畝劃做井制，來恢復古代的所謂『公田之助』。至於國中地狹人稠，卿大夫以下圭田，多只以五十畝起算，不能改成整塊九百畝的井地。因此只可什一而稅。（《孟子》書裏用一賦字，足徵其時賦稅已不辨。大概魯用田賦的辦法，也早已先後推行於各國了。）第二所謂野人的，他們地位比較低，知識比較淺，他們大概是別處遷徙來的流氓。不得意於故主，而來求新主。他們還不敢明白主張土地私有權的觀念。還可以強制他們，使他們保存一種『公事畢然後敢治私事』的心理。還可以敎他們歌誦『雨我公田遂及我私』的詩句。至於國中百姓，和四鄙氓人不同。大概是和他們統治階級的君子或有親族上的關係（略如《崧高》詩所說申伯遷來的私人）多半是祖世土著。又或於耕稼外別營工賈等等其他的業務，使他們在一般的地位上增高。他們早已漸次形成其土地私有的一種觀念。無論有沒有整塊的田土劃分井制。就在小面積裏，也不能再支配他們回頭服從上世淳樸的心理，叫他們『公事畢然後敢治私事』。因此那一些田地，漸漸變成那一輩土著的私有，祖世相傳。國家只把來賞給卿大夫貴人，叫他們自去徵收他們什一之賦，作爲國家支給的俸祿。將來受田的卿大夫換了，那有田的農人還是不換。正和野人之受一廛而爲氓的，恰恰相反。因爲野人受田，儘可逐年換，而田主卻依舊。這其間在土地上的權位，大是不同。因此孟子也並不想把莫善於的助法一致地推行。以上講述《孟子》書裏所載的三種田制和稅法，雖不能說他全信。然也不能因此疑他所說全是造謊，全是托古改制。若全由孟子造謊假托，正可造得完密些，不應如此般模糊。我們現在只可從此一番模糊的說話裏，來推論一個古代田制的大概。則如上文所述，可謂雖不中而不遠。

我們明白了上引《孟子》書裏這一番話的大意，再來看《周官》，似乎《周官》書裏全沒有保留公田的舊制。江永說：

> 《小司徒》惟言九夫爲井，未及論其中區之爲公爲私。載師任地，近郊什一，遠郊二十而三，甸稍縣都，皆無過什二，似皆無公田。司稼巡野觀稼，以年之上下出斂法，亦惟皆私田，乃有不定之斂法。如行助法，則惟以公田之稼歸公，不必論年之上下矣。據《司馬法》畝百爲夫，夫三爲屋，屋三爲井，而《小司徒》言考夫屋，《旅師》言聚野之屋粟，是用夫三爲屋之法矣。用屋法，則非八家同井之法（《周禮疑義舉要》）。

《周官》究竟比孟子又晚出了幾時，他明白得公田制到底不可復，所以他書裏索性把周初的公田制削去，因此也沒有所謂助。《旅師》：

> 掌聚野之耡粟屋粟閒粟。

鄭《注》:

耡粟，民相助作，一井之中所出九夫之稅粟也。

江永云:

《旅師》所掌，卽遂人以興耡利甿之事。耡粟者，農民合出之，因合耦於耡，故名耡粟。正猶隋、唐社倉義倉，每歲出粟少許，貯之當社，以待年饑之用者也。旅師所聚以耡粟爲主。耡粟無多，恐不足以給，又以載師之屋粟閒粟益之。鄭《注》謂九夫之稅粟，非也。

《周官》又並不遵守什一的定額，只說無過什二。這些都是時代潮流逼得《周官》的著者比孟子要聰明而圓通些，而也斟酌得更道地了。《周官》書中主張以年之上下出斂法。這種理論，在戰國初年本已有人主張過。那人便是魏文侯師李悝。《漢書・食貨志》說李悝爲魏文侯作盡地力之教。他說:

糴甚貴傷民，甚賤傷農。民傷則離散，農傷則國貧。故甚貴與甚賤，其傷一也。善爲國者，使民毋傷，而農益勸。今一夫挾五口，治田百畝，歲收畝一石半，爲粟百五十石。除十一之稅十五石，餘百三十五石。食人月一石半，五人終歲爲粟九十石，餘有四十五石。石三十，爲錢千三百五十。除社閭嘗新春秋之祠用錢三百，餘千五十。衣人率用錢三百，五人終歲用千五百，不足四百五十。不幸疾病死喪之費，及上賦斂，又未與此。此農夫所以常困，有不勸耕之心，而令糴至於甚貴者也。是故善平糴者，必謹觀歲有上中下熟。上熟其收自四，（四倍平收，總六百石）餘四百石。中熟自三，餘三百石。下熟自倍，餘百石。小飢則收百石。中飢七十石。大飢三十石。故大熟則上糴三而舍一，中熟則糴二，下熟則糴一。使民適足，賈平則止。小飢則發小熟之所斂，中飢則發中熟之所斂，大飢則發大熟之所斂而糴之。故雖遇饑饉水旱，糴不貴而民不散，取有餘以補不足也。

行之魏國，國以富強。這一種辦法，正是《周官》司稼『巡野觀稼以年之上下出斂法』的絕好注解。其所謂斂，卽《孟子》『狗彘食人食而不知檢』的檢，和什一而稅並不同。依李悝一段話計算，他所謂什一之稅，似乎不論年歲飢熟，常收定額十五石。相當《孟子》所謂『校數歲之中以爲常』的貢。而別以斂糴之法爲調劑。《周官》只採取了李悝之所謂斂，也並沒有《孟子》書裏的所謂徹，所以在以年之上下出斂法的下面接著說:

掌均萬民之食而賙其急，而平其興。

江永說:

興，起也，發也。謂賙急之時，平其所興發之廩食，猶旅師平頒其興積也。

此所謂興正當於李悝之所謂發與糴。《旅師》下又說:

凡用粟，春頒而秋斂之。

亦同意。孟子也說過:『野有餓莩而不知發。』孟子似乎也知道李悝的理論，然而沒有爲之詳細發揮。只鼓吹他的『野九一而助，國中什一使自賦』。《周官》旣采李悝斂散之法，對於孟子所謂莫善於的助，莫不善的貢，以及所謂周人的徹，自然均可不成問題。所以《周官》書裏只有貢有賦而沒有助和徹。孫詒讓說:

斂法謂賦斂之正供，卽周之徹法也。（《正義》卷三十一）

上舉江永和一輩講《周禮》的，似乎都取同樣的見解，其實是錯了。《管子·下匡篇》說:

案田而稅，二歲而稅一。上年什取三，中年什取二，下年什取一。歲飢不稅。

此或與後儒所講孟子的所謂徹法用意相近。然和李悝《周官》的斂發之政又不同。《管子》也論糶糴斂散。他說:『人君不理則畜賈游於市，乘民之不給，百倍其本。』此則戰國晚年商人階級崛興後的現象，李悝尚未說及，而《周官》泉府亦有之。至於西周制度所謂公田爲助的，《周官》卻全沒有。此何嘗爲周公所制？又何嘗是春秋前所有？

《周官》也有采取孟子的，在載師任地。近郊遠郊不同，近於孟子君子野人的分別。賈《疏》說：『近郊乃宅田士田賈田，遠郊乃官田牛田賞田牧田，甸稍縣都乃公邑之田。』明是國中養君子，郊外處野人的意思。《旅師》說：『凡新甿之治皆聽之。』鄭《注》：『新甿，新徙來者也。』《孟子・公孫丑篇》：『則天下之民，皆說而願爲之氓矣。』又《滕文公篇》：『許行自楚之滕，踵門而告文公曰：願受一廛而爲氓。』《呂氏春秋・高義篇》：『墨子願至越自比賓萌。』凡新甿皆在野受田地位自和國中百姓不同。旅師治新甿，雖有使無征役以爲招徠，而待遇實遠不如國中百姓。鄭《注》卻說：

周稅輕近而重遠，近者多役也。

此乃未明古代情實，定要推聖人用意，爲之說明，所以多誤。

第二論 爰田制

比較初興的田制，應該是附有公田的助法。在一組耕戶的裏面，有他們應該擔負的一塊公田。而家數可以有多少，公田可以有大小。不一定全是『八家同井，井九百畝，公田百畝』那般呆板。所謂『八家同井，井九百畝，公田百畝』者，只是公田制裏一個理想上最整齊的模式，實際卻不必全是如此。此種田制的精神，不在八家與九百畝，而在公田與助法。這一層上面已論過。公田助法廢，即無異於井田廢。而廢公田以外，另有與爰田一事，也是廢井田的先聲。《左傳》僖公十五年，『晉於是乎作爰田』。《晉語》作轅田，是爲爰田制之初見。《漢書・地理志》云：

秦孝公用商君，制轅田，開阡陌。

是爲轅田制之再見。張晏說：

周制三年一易，以同美惡。商鞅始割列田地，開立阡陌，令民有常制。

孟康說:

三年爰土易居，古制也。末世浸廢。商鞅相秦，復立爰田。上田不易，中田一易，下田再易。爰自在其田，不復易居也。

《食貨志》述其制又云:

民受田，上田夫百畝，中田夫二百畝，下田夫三百畝。歲耕種者爲不易上田，休一歲者爲一易中田，休二歲者爲再易下田。三歲更耕之，自爰其處。

大概初行井田時，只是幾家同一井，各受田一方，同養公田一方，如此而止。至於同井幾家之間，田有肥磽。此井與彼井之間，更有相差。一時也顧不及。到後才定出三年爰土易居的辦法。（何休《公羊注》作三年一換主易居，爰土換主，其實有別。大概普通只換土，而或至於換主。）使『肥饒不得獨樂，墝埆不得獨苦』。（何休宣十五《公羊注》。）一輩農民，過了三年，大家有一個機會互相易地。《詩·唐風》有云:

碩鼠碩鼠，無食我黍！三歲貫女，莫我肯顧。逝將去女，適彼樂土。（《碩鼠》）

《周官·地官》的《小司徒》也說:『三年大比，各登其鄉之衆寡。』正爲那時有三年一易居的機會，一輩耕戶，在他們大地主底下，過了不如意的生活，三年之後，不免想遷徙遠去，投奔新主人。《孟子》也說:

死徙無出鄉。

趙岐《注》:

徙謂爰土易居，平肥磽也。不出其鄉，易爲功也。

這是要農民們三年一易居的時候，不致爲他們對故主的痛心疾首而遷移得過遠去。好使大地主們對他治下的耕戶所施種種政教易於爲功。然而三年爰土易居，究是件麻煩事。無論田廬改易，紛擾已甚，而且也不一定有嚴密的分配。先耕上地的，未必定易到下田。先耕次地的，未必定換到上田。然而田主們肯給農民三年一易主換土的機會，究竟已是好意。若改行爰田制，受上田的百畝，受中田的二百畝，受下田的三百畝。苦樂既均，又免易居紛擾，自然更是在上者的美意。晉國在當時，國君被虜，國中無主，一輩朝臣才想出此法，討好國民。那時一般國民感激圖報，不憚征繕的心理，自不必說。商鞅將此制推行於秦，招徠三晉墾民，遂以東雄諸侯，也是應得。惟此制一行，八家同井的公田，便須根本搖動。不僅是八家百畝的數字，絕不符合。尤其重要的，在其田地所有權的無形之轉移。在公田制的時代，公田是一區耕地中間最主要的一部。幾家耕戶，爲對地主盡其墾治公田之力，而暫時享到公田旁一帶棄地（卽私田）的使用利益。所以說:『雨我公田，遂及我私。』這不盡是耕戶們對地主的忠誠心理之表現，實是當時關於田地的權利和義務的關係上應該如此。一輩耕戶，常常的可以易主換居，這並不是耕戶們的自由，實是他們對所耕的田地全沒有主權。一旦爰田制推行，耕戶們可以自爰其處，不復易居換土。這一來，那土地的所有權，雖未明白規定轉歸耕戶自有，而其田地之爲永業，實漸漸從此栽根。所以爰田制推行，無疑的有幾點重要的變化。一是各家授地均等的制度破了。上地授百畝的，中地下地可以授二百畝三百畝。二是三年易土換居的制度廢了。耕者對其所墾治的田地，可以永遠繼續，不再紛更。三是耕戶們對田地的關係變了。因其自爰其處，不復易居，漸成永業，而田地的所有權，無形中移歸耕者所有。田地所有權的觀念變了，公田爲助的稅法無形中也自隨之而變。據今所知，晉行爰田在晉惠公六年被虜於秦之歲。（西曆紀元前六四五。）魯廢公田初稅畝，在魯宣公十六年。（西曆紀元前五九三。）相去尚五十餘年，這其間不能說沒有關係。而班氏《食貨志》把自爰其處的爰田制並在八家同井的公田制裏說，不能說不是一種錯誤。

我又疑心爰田制不是晉國首創。當他們國破君虜之後，子金自秦脫歸，臨時推行爰田，結懽國人。未必像是精心創設這一個制度來。或者當時別國早有推行，而晉人特爲模效。考《齊風・甫田》之詩，『無田甫田，維莠驕驕。無田甫田，維莠桀桀』。舊說詩刺襄公。若其說果信，此詩年代，應還在晉行爰田前四十多年。而那時似乎已有多授大田的制度，而還未懂得歲休更種之法。故詩人以維莠驕驕維莠桀桀爲戒。或者次田多授的制度，在那時已有。而晉行爰田，也並不是指導農民以新的方法，如所謂歲休更種的輪耕法。在當時所謂爰田，也只是一種授田的制度。本來百畝的，現在可以因地之高下而增爲二百畝三百畝。如此則得上地者無奪，而得中地下地者有與。本來三年一易的，現在可以永不紛更。如此則耕者皆得有其永業。故爲國人所喜。至於歲休更種，那是耕墾的技術之進步，與制度無涉。惟自爰田制推行，此種歲休輪耕法也自然爲人發現，爲人傳播。其究在何時則不可考。若今專以歲休輪耕法講爰田，也是錯誤。

要之均等授地，公田爲助，乃較先的制度。而分等授地，自爰其處，爲較後的制度。則其事似可信。而《周官》講田制，則亦採取較後起的爰田制。他說:

> 凡造都鄙，制其地域而封溝之，以其室數制之。不易之地家百畝，一易之地家二百畝，再易之地家三百畝。（《地官・司徒》）

這明是春秋以來的爰田制，並不是西周八家同井的公田制。而且很明白的講及歲休更種的輪耕法。《周官》又說:

> 辨其野之土，上地中地下地，以頒田里。上地夫一廛，田百畝，萊五十畝，餘夫亦如之。中地夫一廛，田百畝，萊百畝，餘夫亦如之。下地夫一廛，田百畝，萊二百畝，餘夫亦

如之。(《遂人》)

此與《大司徒》造都鄙所說，又略不同，然同是採取爰田制的精神。《呂氏春秋》說:

魏之行田也以百畝，而鄴以二百畝，田惡也。(《樂成》)

這也是一種爰田制。大概爰田制也並不定分百畝二百畝三百畝三等，數字上也容有出入。竊疑此制或亦與李悝有關。晉人本行爰田，現在魏國也行爰田，蓋是採取晉國舊制。商鞅變法，多承李悝遺教。遂又移行此法於秦。他的制轅田，實便是廢井田。惜乎後人不能把此兩種制度的異同，詳爲剖悉，遂使商鞅變法的來源及其眞相，茫昧莫明。至於《周官》著者，他講制度，多採李悝、商鞅，講田制也如此。所以惟見後起的爰田，不見先行的公田。然而他還說:

九夫爲井。(《小司徒》)

旣行爰田制，一夫不一定百畝，一井便不一定九夫。他又說:

上地家七人，可任也者家三人。中地家六人，可任也者二家五人。下地家五人，可任也者家二人。(《小司徒》)

又說:

凡令賦，以地與民制之。上地食者三之二，(田百畝，萊二百畝。)其民可用者家三人。中地食者半，(田百畝，萊亦百畝。)其民可用者二家五人。下地食者叁之一，(田百畝，萊二百畝。)其民可用者家二人。(《大司馬》)

旣行爰田制，上地家百畝，中地家二百畝，下地家三百畝，便不必再定上地家七人中地家六人下地家五人之限。若把上地給多人之家，中下地給少人之家，似又不必再分所給的多少。這其間又像有些衝突。竊疑《周官》著者盡量地網羅了各種好辦法，而一時忘了辦法與辦法之間有重複有牴牾。《呂氏春秋》說:

上田夫食九人，下田夫食五人，可以益，不可以損。一人治之，十人食之，六畜皆在其中矣。此大任地之道也。(《上

農》)

這是說一個上田夫，至少該食九人，一個下田夫，至少該食五人，此乃督促農夫們盡力的最低限度。《孟子》也說:

耕者之所獲，一夫百畝，百畝之糞，上農夫食九人，上次食八人，中食七人，中次食六人，下食五人。(《萬章》,《王制》同。)

這也是《呂氏春秋》一樣的意思，而分說得過細些。《周官》的著者，似乎誤會了這種意思，把經濟上自然的現象，來寫定在政治上必然的制度裏，遂又引起後儒許多的爭辨。至於《地官·小司徒》的三年大比，又無疑地保存著商君『令民有常制』『靜生民之業』以前的舊制度。

第三論　封疆溝洫

公田之廢，和爰田之推行，固是井田制崩壞之原因，然而還不止此。井田制最重要的精神，維繫在封建制度的上面。西周王室的懿親功臣，隨着周天子的勢力，封殖到東方來。起初如棋枰布子般，東一子，西一子，稀稀落落，依着局勢的緊要處，絡續地散布著。本不曾如《孟子》《周官》《王制》許多書裏所說那種方格塊般預定的嚴密和整齊。那些周室分建的諸侯，在他們封地裏，自然要劃疆自保。一部分隨從的宗族人民，緊簇在侯室的四圍。而本地一些服從歸化的土著，不免屏在較遠的郊野。那侯國漸次擴張，也照周室封建的模樣，來封殖他的子弟宗親和有功的大臣。一樣地疏疏落落，散布在侯國的境內，或新展擴的領土裏。築成他們的封疆，來保護他們一份世襲罔替的產業。那輩治下的子民，便在這封疆裏為各自的主君盡他們耕墾貢賦的責任，而生息著。也還自有其所謂『十室之邑』『二十五家之里』『百戶之社』等等的小部落。部落與部落之間，不必東阡西陌，緊相湊簇。正猶侯國與侯國之間，也各有他們的歐脫，各有他們的溝界封疆。一盤棋子，初下時，東一子，西一子，並不怎樣地鬭湊。以後便不然了，棋愈下愈密，糾紛便起了。侯國與侯國之間，壤地相接，兼并之事，時時的有。卿大夫的釆邑，同樣因隣接而發生交涉。列國之間的所謂正疆界，列卿之間的所謂爭田地，在春秋是屢見之事。以前劃疆自保的局面，現在守不住了。『疆埸之間，一彼一此，何國蔑有』。大而邦國之四境，小而田邑之疆畔，到此免不得有㧻殺割奪。井田本是格子眼裏的東西。現在那格子線根本動搖，那格子眼裏的東西，如何能保得住原態？這是井田制崩壞的最大原因。

《左傳》僖公二十四年，記介子推事，說：

晉侯求之不獲，以緜上爲之田。

《史記·晉世家》則謂：

遂求所在，聞其入緜上山中，於是文公環緜上山中而封之，以爲介推田，號曰介山。

《楚辭·惜往日》篇也說：

封介山而爲之禁。

可證田正是環而封之以爲禁的東西。某氏某邑種種名稱，也多和介山一般，標著名號。正見那環而封之的裏面，早已是誰家的禁臠。然而那動搖的情形，終不免於愈來愈烈。讓我姑舉《左傳》襄公一君的年代爲例。

六年十一月，齊滅萊，遷萊於郳，高厚、崔杼定其田。

八年，莒人伐魯東鄙，以疆鄫田。

十年，初子駟爲田洫，司氏、堵氏、侯氏、子師氏皆喪田焉。……

十六年，晉會諸侯溴梁，命歸侵田。

十九年春，諸侯盟於督揚，遂次於泗上，疆魯田。取邾田自漷水歸之於魯。

二十六年六月，晉、魯、宋、鄭討衛，疆戚田。取衛西鄙懿氏六十以與孫氏。

二十四年夏，齊烏餘以廩丘奔晉，襲衛羊角取之，遂襲魯高魚，又取邑於宋。

二十七年春，晉使胥梁帶治之。使諸喪邑者具車徒以受地，使烏餘具車徒以受封。烏餘以其衆出，盡獲之。皆取其邑而歸諸侯。

二十九年，晉使至魯治杞田。

三十年，鄭子皮授子產政。子產使都鄙有章，上下有服，田有封洫，廬井有伍。從政一年，輿人誦之曰：『取我衣冠而褚之，取我田疇而伍子，孰殺子產，吾其與之。』及三年，又誦之曰：『我有子弟，子產誨之，我有田疇，子產殖之，子產而死，誰其嗣之。』

此外如文元年晉侯疆戚田；昭元年秋，叔弓帥師疆鄆田；昭二十年，吳二公子奔楚，楚子大封田，定其徒。這一類事，眞是引不勝引。至於列國卿大夫賞田奪田致邑封邑，紛紛的事，也都未列入。起先是分疆劃界，東一塊，西一塊，各在各的格眼裏。現在攙做一起，一塌糊塗。最顯的是鄭國。他們地狹民稠，尤其難理。子駟、子產父子，十年之間，相繼想把田地的境界封洫整理一番，然子駟因此被殺，子產也險不免。最可笑的鄭國一輩小民，在子產着手整理田土疆界的時候，也不免感到紛擾不快，高聲唱着革命的歌。只要有個領袖，他們都願一個個加入革命的隊伍，去殺子產。三年後，他們才知子產本來爲他們小民着想，現在是受到實惠了。而恍然明白子產一死，不再有像子產般的人，能站在貴族的地位上，而再爲他們一般小民爭福利，又唱起可憐的悼歌來。這一種趨勢，愈演愈烈，到戰國時，益發不成樣子。所以《孟子》說：

夫仁政必自經界始，經界不正，井地不均，穀祿不平。是故暴君汚吏，必慢其經界。經界旣正，分田制祿，可坐而言也。

經界實在是井田制裏一個最重要的元素。廢公田，行爰田，都可說是田制上的進步，而慢經界卻是退步。孟子論井田，請野九一而助，未免有些不合時宜。至其論正經界，實爲當務之急，未可並譏。

然而這裏還有一個問題。所謂井田的疆界，本隨封建而來。起先彼廛此界，東一塊，西一塊，各自在格眼裏的東西。後來萊蕪日闢，人烟日旺，而至於動搖和慢亂。要重整疆界，卻不一定能恢復從前的格子線。原來從前井田制裏的格子線並不如後世一般想像的簡單。各處的侯國，各處的卿大夫采邑，各處的里社，他們各有其所謂封疆。高高地築成一帶土堤，堤下隨著一帶深溝，圍在他們的所謂邑里郡國之外。雖有所謂『高岸爲谷，深谷爲陵』的變遷，陵谷終是隨著田邑到處可見的。這便是古之所謂封疆。封是一個積土之界，而封與封之間，常隔着一片很寬闊的疆。《詩・信南山》說：『疆埸有瓜。』此乃田外的疆，不能把後世人烟稠密，經濟活動的情況來推想。他們大概是住在一種高笨的格子線裏，而相互間很遼遠地隔絕著。田制也是如此，所以有一方一方的井田。芋尹無宇說：

封略之內，何非君土？食土之毛，誰非君臣？

大概古代可食之土，是常在封略以內的。而封略則是一種具體的建築。《左傳》又說：

封畛土略，自武父以南，及圃田之北境。

這明明是具體的建築了。所以有略地，

隱五年《傳》：『吾將略地焉。』

昭二十二年：『荀吳略東陽。』

昭二十四年：『以略吳疆。』

宣十五年:『以略狄土。』

有略人,

成十二年:『略其武夫。』

有略牲畜,

《齊語》:『犧牲不略。』

略和封實在是差不多的舉動,正和近代的革命和反動一般。把別人的土地人民牲畜,用強力圈入自己的封疆之內,使爲我有,這舉動便叫略。而同時略不僅是種舉動,還有件實體。正如封一樣,是圍在他勢力圈外一種高築的土功。不像後世般,田疇相望,阡陌相通,村落散野,漫無關限。這非古代的景況。古人所謂封略,並不如後世只在文書觀念上的東西,而是有具體物證的。古之所謂國,也和都邑一般,只在一個大的土工建築以內,並不如後世國的見解,可以在平地上與人分劃。井田制是在這種景象下存在。他是格子線眼裏的東西。而所謂格子線,並不眞是一道線,而是一帶高高的岸,和深深的谷,接著外面是一塊遼闊的場地,和別的一區這樣地隔絕,而並存著。這是地曠人稀時的景象。後來人煙密了,土地日闢,那景象日就消滅,然而未嘗沒有痕跡可指。《史記·商君列傳》說:

為田開阡陌封疆而賦稅平。

這開阡陌三字,從來爲人誤解,直到朱子作《開阡陌辨》,才說阡陌是田間之道。他說商君

但見田爲阡陌所束,而耕者限於百畝,則病其人力之不盡。但見阡陌之占地太廣,而不得爲田者多,則病其地利之有遺。又當世衰法壞之時,則其歸授之際,必不免有煩擾欺隱之姦。而阡陌之地,切近民田,又必有陰據以自私,而稅不入於公上者。是以一旦奮然不顧,盡開阡陌,……墾闢棄地,悉爲田疇,……以盡地利。使民有田卽爲永業,而不復

歸授，以絕煩擾欺隱之姦。使地皆爲田，田皆出稅，以覈陰據自私之幸。……故《秦紀・鞅傳》皆云『爲田開阡陌封疆而賦稅平』。蔡澤亦曰『決裂阡陌，以靜生民之業，而一其俗』。詳味其言，則所謂開者，乃破壞剗削之意，而非創置建立之名。所謂阡陌，乃三代井田之舊，而非秦之所制矣。

這一說，乃指出當時眞相。《漢書・匡衡傳》：匡衡封僮之安樂鄉，鄉本田提封三千一百頃，南以閩陌爲界。初元元年，郡圖誤以閩陌爲平陵陌，多四百頃。其時所謂閩陌平陵陌，正是古來阡陌遺跡，決不如後世田間小道。可爲朱子《開阡陌辨》一文作助證。大抵人口日密，田畝日闢，開阡陌是一種極自然的趨勢。然而小區間的阡陌開了，大區間的阡陌或還在。所以閩陌與平陵陌一隔便是四百頃。董仲舒所謂富者連阡陌，正指此類而言。後人遂誤認爲阡陌是後起之制，自然錯了。而朱子之說，也還有未盡。朱子也還不免承著沿習的觀念，看重阡陌二字，而忘了以下還有所謂封疆。商君的功績，其實開阡陌尙小，而開封疆則大。所謂田爲阡陌所束，阡陌占地太廣云云，不如移說封疆尤爲切當。大概秦國境內，還比較多留一些西周田制的遺跡。所以阡陌封疆，還多存在。只看商君招徠三晉移民，爲秦墾荒，便知秦人在農業上尙少進展，大概還沒有到衝破格子線的機緣。《說文》：『秦田二百四十步爲畝。』《玉篇》以爲是秦孝公之制。《鹽鐵論》：『御史曰：古者制田百步爲畝，先帝哀憐百姓，田制二百四十步而一畝。』《鹽鐵論》所謂先帝，指武帝言。《食貨志》趙過代田法云：

十二夫爲田，一井一屋，故畝五頃。

《注》引鄧展曰：

九夫爲井，三夫爲屋，於古爲十二頃，古千二百畝，則得今五頃。

可見武帝時改古十二頃田爲五頃，其實是把西方的秦田來改當時的所謂東田。（據黃以周《禮書通故》第三十五。）東田是當時六國田畝，只以百步爲畝，商鞅開阡陌封疆，廢地盡闢，故得擴大爲二百四十步一畝。而那時的東方，大概封疆阡陌早已廢，而還是地狹民稠，故只成了步百爲畝的小田。（黃氏謂漢武帝改東田乃續開商鞅未開之阡陌，其說本俞正燮《癸巳類稿》，恐不可信。）商君的用意，也只想把東方情形移殖到西方去，要趕上東方人一步，而在西方人已不免大驚小怪。

再進當知井田與貴族封建，同時並來。要開井田的封疆，便須廢貴族世襲的封建。所以商君在爲田開阡陌封疆之前，

> 集小都鄉邑聚爲縣，置令丞。

先把國內封君採地，一併收爲國有，便所謂廢封建。這比開封疆還更重要。這是開封疆廢井田的先決問題。廢封建的代替，便是所謂二十等爵。馬端臨說：

> 古之所謂爵者，皆與之以土地。如公侯伯子男，以至附庸，及孤卿大夫，亦俱有世食祿邑。若秦法，則惟徹侯有地，關內侯則虛名而已。庶長以下，不論也。始皇遣王翦擊楚，翦請美田宅甚衆。曰：『爲大王將，有功，終不得封侯。』然則秦雖有徹侯之爵，而受封者蓋少。考之於史，惟商鞅封商於，魏冉封穰侯，范雎封應侯，呂不韋封文信侯，嫪毐封長信侯，……然鞅冉不韋毒皆身坐誅廢。雎雖幸善終，而亦未聞傳世。……蓋秦之法未嘗以土地予人，不待李斯建議，而後始罷封建也。（《文獻通考》封建六）

其實秦廢封建行郡縣，也是商鞅所創。《史記》所謂賦稅平，朱子釋還未盡。在封建時，各個封略裏的人民，受各個封君的支配，賦稅如何得平？現在改行縣制，縣令受同一朝廷的制度，田民直隸同一政府之下，賦稅自然也平。田民在一國內，受同一待遇，自然也不想遷徙。（除非要出國。）所以蔡澤說『靜生民之業而一其俗』，

這是商君變法的大概。

孟子說『世祿滕固行之矣』，又說：『國中什一使自賦。』惟世祿之家，既有權自賦，國君如何能叫他定賦什一？這是孟子不如商鞅處。而孟子對於封疆，似乎也不主張保留。他說：

域民不以封疆之界，固國不以山谿之險。

這是很顯明的。大約當時東方諸侯，田畝日闢，人烟相望，早無所謂封疆，所以孟子也如此說。而當時各國還都努力建造他們國境上的長城，如齊、趙、韓、魏多有，此仍是封疆觀念之變相。直到秦始皇造萬里長城，也仍是那種封疆的古觀念。《日知錄》長城條說：

春秋之世，田有封洫，故隨地可以設關，而阡陌之間，一縱一橫，亦非戎車之制也。觀國佐之對晉人，則可知矣。至於戰國，井田始廢，而車變爲騎，於是寇鈔易而防守難，不得已而有長城之築。（卷三十一）

顧氏早已認識到長城是封洫既廢後的替代物，可爲卓見。

今試推尋商君開封疆的主張，在先也早已有人明白說過，其人即是魏文侯師李悝。《漢書・食貨志》說：

李悝爲魏文侯作盡地力之教，以爲地方百里，封提九萬頃，除山澤邑居，叁分去一，爲田六百萬畝。治田益謹，則畝益三斗。（本作升，依臣瓚《注》改。）不勤則損亦如之。地方百里之增減，輒爲粟百八十萬石矣。

又《刑法志》：

一同百里，提封萬井。

蘇林說：『提音秖，陳留人謂舉田爲秖。』李奇說：『提，舉也。舉四封之內也。』師古說：『李說是，蘇音非。說者或以爲積土而封謂之隄封，既改文字，又失義。』《地理志》亦言提封田，師古說：『提封者，大舉其封疆也。』今按李、顏說似未得提封本訓。

封乃田畝封疆，提是棄去之義。揚雄《大玄》『晦，睊提明德』，《注》：『提，弃也。』《禮記・少儀》『牛羊之肺離而不提心』，《注》：『提，絕也。』提訓擧，訓擲，均有離絕去之義。方里而井，一井九百畝，方百里得九萬頃，是棄去封疆，盡作實田之數。若加進實際上各處封疆計算，決不能得九萬頃。凡言提封，皆是棄開封疆，作凈田計算之意。《漢書・匡衡傳》云：『樂安鄉本田提封三千一百畝。』又《東方朔傳》：『迺使大夫吾邱壽王與待詔能用算者二人，擧籍阿城以南，盩厔以東，宜春以西提封頃畝，及其價值。』亦謂提開封疆等等，作凈田計算也。《廣雅》『提封，都凡也』，此訓更未的。而提封二字，始見於李悝書。可見闢墾封疆一事，李悝先已提倡。所以當時稱之爲盡地力之教。並不是僅僅治田勤謹，便算盡地力。《韓非子》說：

> 吳起治楚，以楚國之俗，封君太衆，教楚悼王使封君之子孫，三世而收爵祿，絕滅百吏之祿秩。

《淮南子》也說：

> 吳起衰楚國之爵，而平其制祿。

《呂氏春秋》說：

> 吳起令楚貴人往實廣虛之地。

合三說觀之，吳起也承李悝之教，主張破封建，盡地力的。商鞅又把李悝、吳起的遺法推行到秦國去。結果吳起、商鞅均遭一輩封君貴族之怒，而致殺身。封建的勢力，在中原諸侯中間，早已破壞，而在秦、楚邊裔，還比較保留得多些。所以李悝並不爲人注意，而吳起、商鞅卻轟動一時，旣得名，又得禍。至於後世，卻連他們當時事業也模糊了，解說不淸楚。

上述井田封建關係，及封疆大概，再次來看《周官》。《周官》的作者，對田制主廢公田行爰田。又主以粟賦祿，來改變封建食邑。《天官・大宰》：

以九式均節財用，八曰匪頒之式。

≪廩人≫:

掌九穀之數，以待國之匪頒，賙賜，稍食。

匪頒卽是祿食，此制亦晚起。≪左傳≫昭元年，秦楚二公子同食百人之餼於晉，都給以穀，此恐是待別國逃亡之暫法。趙孟於絳縣老人，雖使爲小官，亦與之以田。≪晉語≫說『士食田』，春秋時尚如此。≪商君書·境內篇≫:『爵五大夫，有賜邑三百家，賜稅三百家。』邑言田，稅言穀，始分說。≪管子·大匡≫:『桓公賦祿以粟。』此乃戰國晚年人語。若盡以粟賦祿，卽無食邑，無封建，便是商君開封疆而賦稅平。≪周官≫採取這幾項制度，全是後世進步的事實，全爲井田破壞之原因與現象。而一方也主張正經界。≪周官≫每一官開場，照例有『體國經野』的話，可見≪周官≫著者對此之重視。惟正經界不一定要復封建，正經界亦儘不失爲一種進步的主張。而≪周官≫書中一面卻竭力舖張封建制的規模。≪周官≫旣是一部講周家制度的書，封建自然是第一件大事，斷斷不能廢忘不講。或者≪周官≫著者也還自信仰封建，和孟子態度相近。而因此與吳起、商鞅異趨，也未可知。惟孟子雖主整頓封建，整頓經界，並沒有主張復興古代之所謂封疆。而≪周官≫書裏卻又把古代封疆的規模，竭意地鋪張起來。他說:

辨其邦國都鄙之數，制其畿疆而溝封之。(≪地官·大司徒≫)

乃建王國焉，制其畿方千里而封樹之。(仝上)

凡造都鄙，制其地域而封溝之。(仝上)

凡建邦國，主其社稷正其畿疆之封。(≪小司徒≫)

掌設立之社壝，爲畿封而樹之。(≪封人≫)

凡封國，設其社稷之壝封其四疆。(仝上)

造都邑之封域者亦如之。(仝上)

鄰里酇鄙縣遂，皆有地域溝樹之。(≪遂人≫)

制畿封國，以正邦國。（《夏官·大司馬》）

掌修城郭溝池樹渠之固。（《掌固》）

凡國都之境，有溝池之固，郊亦如之。……若有山川，則因之。（仝上）

掌九州之圖，以周知其山林川澤之阻，而達其道路。

設國之五溝五涂，而樹之林，以爲阻固，皆有守禁而達其道路。國有故，則藩塞阻路而止行者，以其屬守之。（《司險》）

掌制邦國之地域而正其封疆。（《形方氏》）

掌四方之地名，辨其丘陵墳衍原隰之名物之可以封邑者。（《原師》）

這是《地官》《夏官》兩篇裏所記載，從此還可推見古代封疆之面影，證明上文所謂的格子線。在那一帶土封格子線之上，還栽種着許多樹木，好讓隄封堅固。那或許是社樹的起原。那裏的土封，比較宜栽某種的樹，那封域內的居民，也奉那種樹爲社神，特地崇敬。封建建字，本訓樹立。楚屈建卽令尹子木；（《左》襄二十五年《傳》）楚太子建也字子木（《左》哀十六年《傳》）；古訓建，正是立木。在高的土封上，種立一排樹木，表明這封內田地之有所屬，這便是所謂封建。遊牧部落分隊的標幟是旗，所以叫族。族從㫃，從矢。農耕部落分土的標幟是樹，所以叫社。社從土從木。封建是農耕部落的事。農耕部落裏的社，正如遊牧部落裏的族。族相當於近人之所謂圖騰，而社是圖騰之變相和進化。《墨子》說：

聖王建國營都，必擇國之正壇，置以爲宗廟，必擇木之修茂者，立以爲叢位。

叢位便是社。社又是封建時代計地的一個單位。《晏子春秋·內篇雜下》：『齊桓公以書社五百封管仲。』《荀子·仲尼篇》：『作書社三百。』《管子・小稱篇》:『衛公子開方以書社七百下衛。』《呂覽・知接篇》作『書社四百』。《左傳》昭公二十五年:『自莒疆以西,請致千社。』哀公十五年:『齊與衛書社五百。』《史記・孔子世家》:『楚昭王將以書社地七百里封孔子。』(按此恐當作書社七百,下冉有曰:『雖累千社,夫子不利。』當時自以社計,不以里計。)《呂氏春秋・高義篇》:『䆊以書社三百封墨子。』到戰國時,郡縣之名便多,書社之稱卻絕。社正是封建時特有的東西。擴而大之,至於建邦國,建都邑,也和建社一般,一樣的是封土圈地,祇是工程和規模大了。這樣的情形,只在遼闊的大地上,奕棋似的,疏疏落落的下子,才有意思。一到人口稠密,壤地促狹,便無需乎封建,而也不容其封建。《周官》書裏早是後世繁密的景象,卻還裝上古代荒疏的規模,這又是一個大罅漏。

《左傳》子產說:『天子之地一圻,列國一同,自是以衰。』天子本不曾自爲限制,至說列國以百里爲率,似尚近情。孟子也說:

公侯皆方百里,伯七十里,子男五十里。

百里之地,卽以淨田計,也不過九萬頃。其間又須有卿大夫采邑,各有地域溝樹,各有郊疆曠地,山澤除外,決不能如李悝算法有田六百萬畝之多。其間也決沒有許多整塊的千夫百夫之地。現在《周官》說:

諸公之地封疆方五百里,其食者半。諸侯之地封疆方四百里,其食者參之一。諸伯之地封疆方三百里,其食者參之一。諸子之地封疆方二百里,其食者四之一。諸男之地封疆方百里,其食者四之一。(《大司徒》)

已是分地太大,不合古代情實。又說:

凡治野,夫間有遂,遂上有徑,十夫有溝,溝上有畛,百夫有洫,洫上有涂,千夫有澮,澮上有道,萬夫有川,川上有

路，以達於畿。（《遂人》）

這是何等平正通達的景象？照此景象，又何來有地域溝池封疆之界？溝樹封疆，是小國寡民時狀態。千夫萬夫，是地闢民稠後景象。到千夫萬夫時，那溝樹封疆，早已消失。《周官》作者硬要把小國寡民時代的溝樹封疆，裝到後世雞鳴狗吠相聞而達乎四境的情形裏來，如何可以？而且雞鳴狗吠相聞，而達乎四境，還是孟子時齊國的氣象。所以孟子說，地不改辟矣，民不改聚矣，齊以外各國未必盡如此。不加一番闢草萊，徠遠氓的工夫，便不能雞鳴狗吠相聞而達四境。那裏有《周官・遂人》所記那種千夫萬夫正平通達的規模？這只是理想上的境界。《周官》的作者生得晚了，所見早是開阡陌封疆後的狀態。他從而加上一番理想的阡陌封疆之描寫，把疏的規模，來裝在密的現實上，遂成這樣大塊整齊的田制。此何嘗是周公所制，亦何嘗是春秋前所有？而且餘夫受田，又在何處？不成遠遠的隔在千夫萬夫之外？《周官》作者，只管整齊好看，不問彼此牴牾，往往如此。

和《遂人》五溝四涂相似的，還有《考工記》匠人溝洫之制：

匠人爲溝洫，耜廣五寸，二耜爲耦。一耦之伐，廣尺深尺。謂之甽。田首倍之，廣二尺，深二尺，謂之遂。九夫爲井。井間廣四尺，深四尺謂之溝。方十里爲成。成間廣八尺，深八尺，謂之洫。方百里爲同。同間廣二尋，深二仞，謂之澮。專達于川。

溝洫之廣深，都有詳細規定。鄭玄說：

九夫爲井。井者方一里，九夫所治之田也。……方十里爲成。成中容一甸。甸方八里，出田稅，緣邊一里治洫。方百里爲同。同中容四都，六十四成，方八十里出田稅，緣邊十里治澮。

又《小司徒》：

九夫爲井，四井爲邑，四邑爲丘，四丘爲甸，四甸爲縣，四縣爲都。

鄭《注》:

九夫爲井者，方一里九夫所治之田也。此制小司徒經之，匠人爲之溝洫，相包乃成。邑丘之屬，相連比以出田稅。溝洫爲除水害。四井爲邑，方二里。四邑爲丘，方四里。四丘爲甸，……方八里，旁加一里，則方十里，爲一成。積百井九百夫，其中六十四井五百七十六夫出田稅，三十六井三百二十四夫治洫。四甸爲縣，方二十里，四縣爲都，方四十里，四都方八十里，旁加十里，乃得方百里，爲一同也。積萬井九萬夫，其四千九十六井三萬六千八百六十四夫出田稅，二千三百四井二萬七百三十六夫治洫，三千六百井三萬二千四百夫治澮。

照此算法，方百里之地九萬井，除開濬溝洫，所占面積只賸四千九十六井實田，可出租稅。今試回看《漢書·食貨志》所引李悝盡地力之敎說:

地方百里，提封九萬頃，除山澤邑居參分去一，爲田六百萬畝。

《刑法志》也說:

一同百里，提封萬井。除山川沈斥城池邑居園囿街路三千六百井，定出賦六千四百井。

此處所除乃是山澤邑居，而鄭氏爲《周官》所除則是田之溝洫。依李法三分去一，僅餘六百萬畝，而方百里已是一公侯之國，卽依《周官》也是個男國，無論如何一男國裏，不能沒有園囿街路，不能沒有山川沈斥，更不能沒有城池邑居。而且那些也不能集在一處，定得不規則地分佔各處的地面。在此上如何再容考工匠人的溝洫？若照鄭氏算法，一同萬井。那三萬六千八百六十四夫出田稅的，他們的里廛邑屋在何處安放？他們的君子統治人城郭都國又在何處建立？勢不能沒有耕種的人，及其社會，而只有所耕種的田畝之理。若說鄭氏所除亦係山澤城邑等等，則

> 凡五溝積數，每井有一溝三遂。每成有一洫，八溝，百九十二遂。每同有一澮，八洫，四千九十六溝，九萬八千三百四遂。其五涂則徑與遂同，畛與溝同，涂與洫同，道與澮同。（《正義》卷六十五）

那些名目，要不要佔面積？而且徑畛以通車徒，徑容牛馬，畛容大車，涂容乘車一軌，道容二軌，溝洫之廣與之相稱。則鄭氏算法所除，確爲溝洫明甚。

黃以周駁鄭說，謂：

> 如鄭義，經宜曰井間謂之溝，間甸謂之洫矣。《司馬法》云：『通十爲成，成百井，十成爲終，終千井，十終爲同，同萬井。』《漢志》文同。如鄭義，成實六十四井，無百井。同實四都，無萬井矣。竊謂一成百井，內容甸六十四井，其沿邊十里爲隔臯，所謂牧也。（《禮書通故》第三十五）

照黃說，鄭氏除溝洫爲算，實是錯了，而黃氏亦未得其是。他定一成百井，沿邊十里爲隔臯，則內容仍是六十四井，仍與鄭氏二五爲一十，仍不合《司馬法》《漢志》。而且溝洫所佔面積極廣，若統統圈在丘甸縣都的外圍，也便決不止方百里而止。今卽以衆儒之說互爲矛盾，而《周官》之不可信自顯。正爲《周官》作者，沒有像後儒的彼此照顧，精密計算。他只搬弄字面，做一種紙上的數字游戲，本不能認眞。一面《周官・考工》的作者也只把古代耕田裏荒棄隔絕的封疆，盡變成他們理想上墾闢通達的溝涂，所以有此規模。而朱子卻把商君的開阡陌封疆來證成《周官・考工》裏的溝洫，這又是他的誤解了。

溝洫本以通水利，今考諸夏水患，惟晉爲烈。智伯決晉水灌晉陽，城不沈者三板。又說『汾水利以灌安邑，絳水利以灌平陽』。孟門、呂梁之險，以及玄冥、臺駘、鯀、禹治水的故事，皆出於晉。其次河南，於六國爲魏。蘇代有言：『決白馬之口，魏無黃、濟陽，決宿胥之口，魏無虛、頓丘。』信陵君亦說：『決滎澤而水大梁，大梁必亡。』其後秦王賁攻魏，果引河、溝灌大梁，城壞而降。當時山西、河南沿河南兩岸，是水患最盛的地方。因此也出了許多講究水利的專家。魏文侯時，與李悝同朝的，便有西門豹。梁惠王時有白圭，梁襄王時有史起。著名的水工鄭國是韓人，亦在河南。竊疑《周官》作者是晉人，一面承襲李悝、吳起、商鞅講法制農事軍政，一面講水利，盛言溝洫之制，是西門豹、白圭、史起的遺教。

三晉地狹民稠，早無古代封疆遺跡。《周官》書裏，又把封疆轉換爲溝洫，而一面還保存著封疆的遺制。按實排來，便見無地以容。《載師》說：

以大都之地任畺地。

畺地有任，便是商君的開封疆。《遂人》又說：

以彊予任甿。

彊《釋文》作疆，宋建陽本同。我疑此亦把田外疆田授給新甿，使之墾治，同樣的是開封疆。《周官》書裏，像是沒有廢地曠土，荒的盡墾了。封疆變成溝涂，早是一種所謂理想上的井田制。

上面三節，第一是論公田之廢棄，第二是論爰田制之推行，第三是論封疆之破壞。都是古代井田制度消失的最大現象。《周官》一書，在大體上，都還跟著時代，採用了新興的局面。後人只說《周官》講井田，甚而至於說劉歆、王莽爲要推行井田制，而僞造《周官》做根據，這都差了。依據上論，《周官》還只是像三晉人的作品，遠承李悝悝、吳起、商鞅，參以孟子，爲戰國晚年的一部書。

四、其他

上陳三章，證《周官》乃戰國晚年書，已可無疑。此下乃幾條零星的討論。

第一論　周官裏的封建

《周官》所記封建，決非古制眞相，前人辨難已多。玆姑舉一點言之。井田本隨封建而來，第三章已詳及。而《周官》書裏，卻從井田上造成封建，先後倒置，顯見非史實的記錄。卽如孟子，亦何嘗不是想從正經界開始，而達到分田制祿，重新釐訂封建世祿的古規模。《孟子》《周官》同是戰國以下的思想，而《周官》講來愈細，愈見其爲晚出。姑舉一例，如《小司徒》之職說:

> 乃經土地而井牧其田野，四井爲邑，四邑爲丘，四丘爲甸，四甸爲縣，四縣爲都，以任地事。

這是先有了井田的規劃，纔分丘甸縣都等等的區域。無異於說先有田制，再造都鄙，這顯違古代情實。《詩經》說:『商邑翼翼。』邑是王畿。《書》說:『用附我大邑周。』春秋諸侯自稱敝邑，則邑是侯國。《左傳》莊二十八年:『凡邑有宗廟先君之主曰都，無曰邑。』則邑爲都邑。《楚辭・大招》:『田邑千畛。』邑又是田邑。《易經》說『邑人三百戶』，《論語》說『十室之邑』，邑只是民居之所聚。民居有多少，故邑有大小。極其大則爲王都，極其小則稱十室，其間大小不等，未可枚擧。決沒有所規定。《左傳》莊二十八年又說:『邑曰築，都曰城。』大概邑與都同是一種土功的建築，只是大小不同。所以都邑二字，散文則通，並無區別。《周官》說『四井爲邑』，於古於後，全無憑證。《左傳》隱元年有大都中都小都，難道全是四縣方四十里之稱？至於縣的性質，則和都邑不同。都邑是指一個土功的建築，縣則是一種政治的區域。縣可以包括都和邑，而不就是都邑。都邑可以爲縣，而儘可有都邑而不隸縣的。縣是地方區劃，都邑是社會集團，如何說縣有六十四邑，而都有四縣？《左傳》僖三十三年，晉襄公以再命命先茅之縣賞胥臣。宣十一年，楚子縣陳，十二年，鄭伯逆楚，說『使改事君，夷於九縣』。十五年，晉侯賞士伯以瓜衍之縣。成六年韓獻子說，『成師以出，而敗楚之二縣』。襄二十六年，蔡聲子說，『晉人將與之縣，以比叔向』。三十年，有絳縣人。昭三年，州縣爲欒豹之邑。五年，薳啓疆說：『韓賦七邑，皆成縣也。』又說：『因其十家九縣，其餘四十縣。』十一年，叔向說：『陳人聽命而遂縣之。』二十八年，晉分祁氏田爲七縣，分羊舌氏田爲三縣。哀二年，趙簡子說：『上大夫受縣，下大夫受郡。』十九年，縣申、息。凡此諸縣，均不能定以四甸爲縣，四縣爲都說之。而且當時諸侯似乎不盡有縣的制度。《左傳》上只說晉楚有縣，秦至孝公，商鞅變法，始并諸小鄉聚集爲大縣，全國分四十一縣。縣的制度也是絡續而散亂地在諸國間成立。至於丘甸，甸乃郊外田野，或田獵，或耕種，那些土地，統可稱甸。丘是民居村落，《莊子》說『丘里』，《孟子》說『丘民』，齊太公封營丘。丘還沒有成邑，甸還沒有成縣。丘民加上一圈土功的建築便成邑，甸地加上一番政治的劃分便成縣。春秋前後書裏那些字的意義，都這樣用。那許多井丘邑都縣甸，都是自然發展的現象。《周官》著者，把他們隨便拉來，裝在一套數字的算式下，何能認爲史實？他論公侯伯子男五等封爵，也祇如此。井田是在封建制下面自然形成的一些散亂的現象。《周官》著者卻從九夫爲井上，推算出五封爵的規模來，成一嚴密整齊的系統。用一種數字的游戲，在紙上劃分。好像天下早已一縱一橫千夫萬夫地盡劃成一方一方的井字，然後再在那些井字上面分建五等封爵，造成都鄙縣邑。求之實地，尋之實事，何嘗有此？後世一輩儒者，紛紛從《周官》《孟子》《王制》諸書精密地討論，嚴切地剖辨，似乎都可不必。

又《堯典》『肇十有二州，封十有二山，濬川』。吳摯甫說：（見其《日記》）『肇封與濬對文。肇《大傳》作兆。《詩》肇域彼四海，《鄭箋》肇當作兆。《孝經》卜其宅兆，《注》謂塋墓界域。兆本灼龜坼，借爲界畫之義。封如畿封封疆之封。《周官》大司徒職，凡造都鄙，制其地域而溝封之。封卽《堯典》所謂封山，溝卽濬也。封山濬川，皆肇十有二州之事。以山爲界曰封，以川爲界曰濬。』今按《周官》把整個的中國劃分五等封爵，已是理想。《堯典》不把整個中國封建，卻劃爲十二州，這明明是戰國晚年封建制已倒，郡縣制已與後人的思想。《堯典》《周官》用著同一的理想，同一的字面，一寫《周官》，遂成五等封爵；一寫《堯典》，遂成十二州。而其同爲晚周以下作品，則以兩兩對比而益顯。

第二論　周官裏的軍制

封建井田軍制，都是一套相聯的。《周官》言井田封建，並非古制眞相，其言軍制可知。下面姑舉幾條爲例。

一、論車乘及卒伍

《夏官・大司馬》說：

凡制軍萬有二千五百人爲軍。

古主車戰，軍制應以車計。《周官》只說一軍萬二千五百人，並不及車數，顯是其書晚出之證。後儒勉強分說，謂

以《詩》考之，軍蓋五百乘，乘蓋二十五人。天子六軍，而《采芑》曰『其車三千』，魯僖公時二軍，而《閟宮》曰『公

車千乘』，五百乘爲軍，是其明證。（孔廣森《經學卮言》）其實詩人嘴裏的三千車乘，不一定准照現實制度的數字。城濮之戰，晉三軍皆出，何以只七百乘？鞍之戰，經郤克力爭，增爲八百乘，那時也是三軍。楚蔿賈說子玉過三百乘，不能以入全不像五百乘爲一軍的痕跡。直至春秋晚世，昭公八年，魯蒐于紅，革車千乘。又十三年，晉人治兵於邾南，甲車四千乘。定九年，夷儀之救在中牟者有千乘。其時各國車乘之衆，遠過春秋初期，然也不見五百乘爲一軍的痕跡。至於徒卒，也似乎並不與車乘混合編配。江永說:

觀《左傳》諸言戰處，雖云車馳卒奔，而車上甲士被傷，未聞車下七十二人爲之力救。遇險猶待御者下而推車，似車徒各自爲戰，而徒亦不甚多。（《羣經補義》）

大概春秋徒卒，始盛於南方楚及吳、越，已在春秋晚期。定公四年，吳夫概王以其屬五千先擊楚，此已似大隊步卒，並不與車乘相配。哀公元年，越以甲楯五千保會稽。八年，魯微虎欲宵攻吳王舍，私屬徒七百人。十一年，魯、齊戰於郊，冉有以武城人三百爲已徒卒。哀十三年，越伐吳，吳彌庸屬徒五千。黃池之會，吳帶甲三萬，其布陣也不像是車制，或已步騎兼用。又命王孫雒率徒師過宋。這全是春秋晚期徒步戰漸漸從南方諸國推行的證據。北方羣狄也用步戰。晉人禦狄改車爲行。語詳下條。《左傳》桓五年鄭爲魚麗之陳，先偏後伍，伍承彌縫。宣十二年楚君之戎，分爲二廣，廣有一卒，卒偏之兩。成七年，申公巫臣以兩之一卒適吳，舍偏兩之一焉。此三條皆是車制。杜《注》以車徒兼說，遂致糾紛。（說詳江氏《羣經補義》。《司馬法》亦戰國中晚人所作，諸儒據《司馬法》講《左傳》，終難通，此不詳辨。）

總之一車附步卒二十五人或七十二人之說，並非春秋時事實。現在《周官》說:

五人爲伍，二十五人爲兩，百人爲卒，五百人爲旅，二千五百人爲師，萬有二千五百人爲軍。

軍隊編制裏，只見人數，不有車數，本是春秋以後的說話。而後人偏要以一車二十五人爲解。孔廣森說已見上引，孫詒讓又申孔說，謂:

《書·牧誓敍》孔《疏》引《風俗通》云:『車有兩輪，故稱爲兩。』蓋兩卽車乘之名。故《毛詩·召南·鵲巢》傳:『百兩，百乘也。』在軍以五伍共衞一車，因謂之二十五人爲兩。（《正義》卷五十四）

無奈如此講法，於事實全難貫通，亦復何必。要之《周官》軍制，只講徒卒，不及車乘，固足爲其書晚出之證。卽謂一軍五百乘，一乘二十五人，如孔、孫諸人的曲解，亦已足證其非春秋時事實，而爲春秋以後人所臆測而僞造了。

二、論輿司馬行司馬

《周官》大司馬政官之屬，有

大司馬卿一人，小司馬中大夫二人，軍司馬下大夫四人，輿司馬上士八人，行司馬中士十有六人。

《正義》釋之云:

賈《疏》:『《左氏》僖二十八年《傳》云: 晉侯作三行以禦狄。《注》云: 晉置上中下三軍，今覆增置三行，以辟天下六軍之名。以所加三軍者謂之三行。彼名軍爲行，取於此行司馬之名也。』易祓云:『《左傳》魯會晉師於上鄍，輿帥受一命之服，晉享六卿于蒲圃，輿尉受一命之服。所謂輿者車也。晉作三行以禦狄，其後晉中行穆子與然終及羣狄戰於太原，毀車爲行，所謂行者徒。成周師田之法，險野徒爲主，易野車爲主，於是設二司馬之屬，專掌車與徒之任。』
黃度亦云:『輿司馬掌車，行司馬掌卒，軍司馬兼掌之。』
詒讓案:『易氏據《左》成二年昭元年《傳》證輿爲車，行爲徒；《 左傳 》杜《 注 》亦謂輿師兵車，其說可通。蔣載康、林蔭喬說亦同。竊疑《詩·唐風》『彼汾沮洳』有公路公行，公路卽輿之長帥，公行卽行之長帥，與此輿行兩司馬義同，惜諸職並亡，無可質證。

今考春秋時諸夏用車戰，而戎、狄則以步卒。故隱九年北戎侵鄭，鄭人患之，說『 彼徒我車，懼其侵軼我 』。晉居山西，與羣狄爲隣， 僖公二十八年已作三行禦狄， 至昭公元年， 中行穆子與羣狄戰，始決意毀車爲行。

將戰，魏舒曰:『彼徒我車，所遇又阨。……請皆卒，自我始。乃毀車以爲行。五乘爲三伍。荀吳之嬖人不肯卽卒，斬以徇。

當時以五乘改三伍，可證乘車者一車三人，並無二十五步卒附後。否則不勞毀其車爲行，只須捨其車而單用每車附後之二十五步卒卽可。今必毀車爲行，便知一車二十五步卒，定爲後人造設。戰國時趙武靈王胡服騎射，其情事實和中行穆子毀車爲行相彷。《周官》軍制有輿司馬行司馬，便足證其書出晉人，在春秋後。

三、論國子與庶子

《 夏官 》司馬有國子，《 春官 》宮伯有庶子。庶子又見於外饔，酒正，司士，象胥，太僕，掌客諸職。惠士奇說之云:

秦爵有公士，越軍有教士，楚師有都君子，說者謂公士乃有爵之步卒，教士乃教練之精兵，近乎周之士庶子。都君子乃都邑之士，君所子養而有復除，近乎周之國子。(《禮說》)

他把國子庶子比之春秋末期楚、越之都君子及教士，雖不確當，卻有一部分意思。楚都君子見《左傳》昭二十七年，實是當時一種特養的鬬士。吳有賢良，（見《吳語》）越有私卒君子六千人，（見《吳語》）又有教士四萬人。（見《史記・越世家》）這些都是特練的軍隊，和臨時有事徵自田間的農兵不同。這種制度，起於春秋末期，南方楚、越諸邦。而中原諸夏間，還不見有那種長期訓練及特別豢養的軍隊。觀於李悝爲上地守，欲民善射，遂以射決獄的故事，足徵其時軍隊還多是臨時向民間徵調。其後吳起相楚，廢公族疏遠者，以撫養戰鬬之士。商鞅入秦變法，招徠三晉之民，爲秦墾地，而秦民則出任戰鬬。定二十級爵，戰獲一首，賜爵一級。第一級卽爲公士。都注意於養成特殊的戰國階級。從此魏有武士，（又稱武卒，）蒼頭，奮擊；（見《魏策》）齊有技擊；秦有銳士，（均見《荀子》）又有陷陣。（見《吳子》）當時各國，大概各有他們長期武裝的軍隊。那時宗法社會變成軍國，一輩貴戚功臣的子弟，也便不得不加入軍隊裏來，掙他們的地位和前程。《周官》裏的國子，便是這時代的產物。《夏官・諸子》說：

> 國有大事，則帥國子而致於太子。有兵甲之事，則授之車甲，合其卒伍，置其有司，以軍法治之。司馬弗正，凡國正弗及。

《趙策》左師觸龍願以其少子補黑衣之缺，以衞王宮，正與《周官》所謂國子相近。他們平日侍從暱近，雖說是武裝的衞隊，其實多半由貴戚功臣子弟爲之，並不定有戰鬬實力，早和春秋末期楚越之所謂都君子不同。西漢有郎署，掌守門戶，執戟宿衞，出充車騎，亦多是外戚功臣之子弟爲之，則與《周官》國子卻肖。至於庶子，言其來源，也和國子並無十分區別。《新序・雜事》楚莊王中庶子說：『臣尙衣冠御郎十三年，前爲豪矢，後爲藩蔽。』可見正是宮廷宿衞一類。其次如商鞅以衞諸庶孽公子爲魏相公叔痤中庶子，甘茂孫甘羅事秦相呂不韋爲庶子，此等只是近臣侍從，不一定能隨軍戰鬪。再下則如《韓非子・內儲說上》商太宰使少庶子之市，又卜皮爲縣令，使少庶子佯愛御史妾。孫詒讓說此等：

> 蓋亦良家少年子弟，爲家臣給使令，雖職事卑褻，然亦《周官》都家庶子之遺制。（《正義》卷七）

其實只見庶子亦是戰國之制，春秋以前並無見。（《新序》說楚王，又《韓非・內儲說下》有晉平公時少庶子，皆戰國晚年以後人語。）惠士奇又說：

> 有卿大夫之庶子，有民之庶子。卿大夫之庶子，爲國子。民之庶子衞王宮，守城郭，屬都家，謂之士庶子。軍行則從，歲終則饗，有功則勞，死則弔焉。

蓋《周官》所載庶子地位和性質，還是與軍事有關。惠說並不誤。他還是一種特養的鬪士之變相。

今考漢制有羽林，掌送從，次期門，常選漢陽、隴西、安定、北地、上郡、西河六郡良家補。又取從軍死事之子孫，養羽林官，敎以五兵，號羽林孤兒。而《周官》外饔、酒正、享士庶子亦每與享耆老孤兒連舉。耆老孤兒，均是死事者之父祖子孫。可見《周官》裏國子和庶子，實似西漢諸郎和羽林之別。乃遠從春秋末期都君子賢良之制蛻變而來，乃自宗法社會過渡到軍國社會時的一種現象。不論非周初所有，即春秋時亦無其事。至於戰國現實制度，自然和《周官》理想上記載不盡脗合，然可證《周官》正爲戰國時代的思想和產物。（又按，兪正燮《癸巳類稿・周官庶子義》謂漢人所謂童騎，《梁書・沈瑀傳》所謂縣僮，五代、遼、金、元人所謂孩兒班，寢殿小底，著戶郎君，及諸王以下祇候小底，明所謂門子，今所謂小茶房，乃《周官》《儀禮》之正名庶子也。其言亦得庶子之一義，然似不如惠說得其源。惟《儀禮》有庶子，於《周官》，亦可證爲晚出書。）

四、論餘子

《地官・小司徒》:

凡起徒役，毋過家一人，以其餘爲羨，惟田與追胥竭作。

又說:

凡國之大事，致民。大故，致餘子。

鄭司農說:

餘子，謂羨也。

其名亦起戰國。《秦策》:『范雎爲梁餘子。』《趙策》:『燕趙久相攻，士大夫餘子之力盡於溝壘。』《呂覽・離俗》:『齊晉相與戰，平阿餘子亡戟得矛。』《莊子・秋水篇》有『壽陵餘子』，《管子・問篇》『餘子父母存不養而出離者幾何人，餘子之勝甲兵有行伍者幾何人』，此皆戰國時始有餘子之證。春秋晉始惟一軍，（莊十六）旣增爲二軍，（閔二）三軍，（僖三十一）又舍二軍，（文六）旋作六軍，（成三）又罷爲四軍，（成十六）尋復三軍，（襄十一）可見國民並不盡隸軍籍，故以漸而增，旣增復舍。隨武子說:『楚國荆尸而擧，商農工賈，不敗其業。』正見當時農民隸軍籍的尙佔少數，故雖出軍而得不敗其業。（江永《羣經補義》據此證春秋時兵農已分，則誤。）魯作三軍，季氏取其乘之父兄子弟盡征之。孟氏以父兄及子弟之半歸公，而取其子弟之半。叔孫氏盡取子弟而以其父兄歸公。江永說:

所謂子弟者，兵之壯者也。父母者，兵之老者也。皆其素在兵籍，隸之卒乘者，非通國之父兄子弟也。

至《周官》始說:

乃會萬民之卒伍而用之，五人爲伍，五伍爲兩，四兩爲卒，五卒爲旅，五旅爲師，五師爲軍，以起軍旅，以作田役，以比追胥，以令貢賦。

於是軍旅田役追胥貢賦，一樣要爲通國的每個丁男所負擔。又說：

上地家七人，可任也者家三人。中地家六人，可任也者二家五人。下地家五人，可任也者家二人。

一家男女老幼七人的，要任其三人，五人的要任其二人，除去老弱婦女，大概每個壯丁，一樣的逃不了國家的任務。所以蘇秦說：

臨淄之中七萬戶，臣竊度之，下戶三男子，三七二十一萬，不待發於縣，而臨淄之卒固已二十一萬矣。

《周官》裏的上地可任者家三人，在蘇秦口中還算是下戶。那時大概凡是丁男，無弗有被發爲卒的義務。所以《周官》也說：

國中自七尺以及六十，野自六尺以及六十有五，皆征之。其舍者，國中貴者、賢者、能者、服公事者、老者、疾者，皆舍。（《鄉大夫》）

賈《疏》：『七尺年二十，六尺年十五。』《楚策》：『楚襄王使昭常守東地，悉五尺至六十，三十餘萬。』《說苑》：『齊伐莒魯，下令丁男悉發，五尺童子，皆至。』在這種情況之下，才有所謂餘子。餘子正是尙未壯有室，而已上國家的軍伍役籍了。雖則杞之城也，絳老與焉，淸之戰也，僮汪死焉，在春秋中晚究還是非常的事。《周官》勒爲定制，一則曰『竭作』，再則曰『致餘子』，又說『皆征之』，非到戰國晚年，不致如此。（《左傳》宣二年晉有餘子，與此不同。）

五、論軍門稱和

《大司馬》：

遂以狩田，以旌爲左右和之門。羣吏各帥其車徒，以敍，和出，左右陳車徒。

鄭《注》:

軍門曰和，今謂之壘門。

今按軍門稱和，亦戰國人語。《齊策》:『秦攻齊，威王使章子將，與秦交和而舍。』《孫子·軍爭篇》:『將受命於君，合軍聚衆，交和而舍。』《燕策》:『景陽開西和門，通使於魏。』《韓非子·外儲說左》:『李悝警其兩和。』此皆戰國以下軍門稱和之證。《吳語》:『遷軍接龢。』龢和同字，其前卽無稱軍門爲和者。《左傳》文十二年:『胥甲、趙穿當軍門呼曰。』又宣十二年:『趙旃夜至楚軍，席於軍門外。』《齊語》:『執枹鼓立於軍門。』皆不稱和，且《春秋》時車戰，亦不能雙方軍門相交接。《左傳》十六年，晉、楚戰鄢陵，楚晨壓晉軍而陳，范匄曰:『塞井夷竈，陳于軍中，而疏行首。』杜《注》:『疏行首者，當陳前決開營壘，戰道。』可見其時兩軍相對，決不能有交和接和之事。軍門稱和，大概是車戰改徒戰後語，故其名始於吳。此雖小節，亦證《周官》晚出，非春秋前書。

第三論　周官裏的外族

《周官》大司寇司隸，掌四翟之隸，一蠻隸，二閩隸，三夷隸，四貉隸，有閩、貉而無戎、狄，極爲可怪。《詩經》及《左傳》言及外族，主要的便是戎、狄，其次才及蠻、夷。貊字只《韓奕》之詩『其追其貊』，一見。以下的書，便蠻、夷多於戎、狄，而貊字也漸漸有了。《論語》『蠻、貊之邦』，《孟子》『貉道』，『大貉小貉』，《荀子》『干越夷貉』(《勸學》)，『秦與胡貉爲鄰』(《疆國》)，《墨子》燕、代、胡、貉(《非攻中》)干、越、南、夷(《兼愛中》)，又說:蠻夷醜貉(同上)，《管子》亦言胡貉，卑耳之貉(《小匡》又《齊語》)，穢貉、荆夷(同上)，《中庸》『施及蠻、貊』。《周官》竟把貉字代替了戎、狄的地位。大司馬九畿，職方氏九服，只有蠻、夷，沒有戎、狄，秋官象胥，掌蠻、夷、閩、貉、戎、狄之國使，戎、狄也在最後，其書爲戰國晚出甚顯。近人多疑《尚書・堯典》『蠻夷猾夏』一語，謂其時怎已稱夏。其實那時猾夏的似應稱戎、狄，不應稱蠻、夷便可疑了。《禹貢》一篇，五服有蠻夷，無戎、狄，又有島夷、嵎夷、萊夷、淮夷、和夷，有三苗，而西戎只一見，狄則無，正和《周官》《堯典》大致相同。蓋自春秋晚期以後，東南方的外族，漸漸占重要地位，比以前西北的戎狄給人注意得多。所以戰國時代的人，多言蠻、夷少言戎、狄，恰恰同《詩經》《左傳》相反。而貉字尤其是一個到戰國時才通用的字。卽《韓奕》一詩，既說『因時百蠻』，又說『其追其貊』，把蠻貊來代替戎狄，在詩三百篇裏，特爲變例，也頗可疑。至於閩字，不僅《詩經》《左傳》少見，卽《孟》《荀》《管》《墨》諸子書中亦未有。《周官》究竟是一部極晚出的書，卽此可決。又職方氏稱四夷，八蠻，七閩，九貉，五戎，六狄，在外族的身上，加上種種數字，也是極晚出的。三苗、九黎，同樣和《周官》爲晚出之證。《墨子・節葬》『堯北敎乎八狄』，《北堂書鈔》作北狄；『舜西敎乎七戎』，《書鈔》及《太平御覽》作犬戎；『禹東敎乎九夷』，《御覽》作於越；除九夷一語見《論語》外，只有四夷是常見的，其他惟見《周官》及《明堂位》。

《周官》又說夷隸掌養牛馬與鳥言，此因《左傳》僖二十九年介葛盧聞牛鳴而來。介葛盧事信否不論，卽有其事，也是偶然特殊的事，如何便叫夷隸掌與鳥言？貉隸掌與獸言？這是一個極粗忽而可笑的破綻。（萬斯大《周官辨非》已言之。）

第四論　周官裏的喪葬

《地官・掌蜃》：

掌歛互物蜃物，以共闉壙之蜃。

《左傳》成公二年：『宋文公卒，始厚葬，用蜃炭。』鄭司農說：『言僭天子也。』今考昭公二十年《傳》：『海之鹽蜃，祈望守之。』蜃只是海疆物產，豈周初已定蜃炭闉壙之制？《左傳》只言始厚葬，不言僭天子。地官掌蜃，明是春秋以後葬用蜃炭已成習俗，而《周官》作春本以爲說。又《春官・冢人》：『以爵等爲丘封之度與其樹數。』今考《檀弓》孔子曰『古也墓而不墳』，鄭《注》強說古爲殷時，《王制》則謂『庶人不樹』，其實文、武、周公葬於畢、秦穆公葬於雍橐泉宮祈年館下、樗里子葬於武庫，皆無丘隴之處。延陵季子葬子嬴博之間，封墳掩坎，其高可隱。（均見《漢書・劉向傳）孔子所謂『古者墓而不墳』，決不遠指殷時，也不專言庶人。《左傳》載宋文公厚葬，還不見大爲丘隴。直至吳王闔廬乃有高墳。其後厚葬之風，日盛一日。《呂氏春秋・安死篇》：『世俗之爲丘隴也，其高大若山，其樹之若林。』《周官》正和《呂氏》處同一的時代，所以要主張『以爵等爲丘封之度，與其樹數』了。又說：『及葬言鸞車象人』，《檀弓》『塗車芻靈，自古有之，明器之道也。孔子謂爲芻靈者善，謂爲俑者不仁，不殆於用人乎哉？』《孟子・梁惠王篇》：『仲尼曰：始作俑者，其無後乎，爲其象人而用之也。』《淮南子・繆稱訓》：『魯以偶人葬，而孔子嘆。』這裏的象人，正是孔子所歎爲不仁無後的俑。作《周官》的，本著晚周風氣，早忘了孔子的一番言論，所以把象人明定在制度裏去。又《地官・閭師》：

凡庶民不畜者祭無牲，不耕者祭無盛，不樹者無椁，不蠶者不帛，不績者不衰。

鄭：《注》：

皆所以恥不勉。

其實是襲《孟子》而誤。孟子說：『五畝之宅，樹之以桑，五十者可以衣帛矣。』並不是凡不蠶的，不准衣帛。又說：『中古棺七寸，槨稱之，自天子達於庶人，非直爲觀美，然後盡於人心。』並不是凡不樹的卽不准用槨。又說.『禮曰：諸侯耕助以供粢盛，夫人蠶繅，以爲衣服，犧牲不成，粢盛不潔，衣服不備，不敢以祭。惟士無田，則亦不祭。牲殺器皿衣服不備，不敢以祭。』非謂凡不耕畜的，都不許有犧牲粢盛之祭。孟子是從民間經濟的自然狀況立言，《周官》卻把來勒爲定制，旣瑣碎，又不近人情，所以要見譏爲『黷亂不驗』。

第五論 周官裏的音樂

《春官・大司樂》章是《周官》在漢朝出現得最早的一篇，他裏面說:

以樂舞教國子，舞雲門大卷大咸大磬大夏大濩大武。

此所謂六樂，大磬以上，春秋前頗少見。《左傳》襄公二十九年，吳公子札在魯論樂，也只及韶夏濩武，沒有雲門大卷大咸。若說『魯用四代之樂』，何以孔子要在齊聞韶？季札聞樂，本非當時情實，乃戰國時的一種傳說，而《周官》還在其後。他又說:

以六律六同五聲五音六舞，大合樂，以致鬼神示。

凡六樂者，一變而致羽物及川澤之示，再變而致蠃物及山林之示，三變而致鱗物及丘陵之示，四變而致毛物及墳衍之示，五變而致介物及土示，六變而致象物及天神。

又說:

凡樂圜鍾爲宮，黃鍾爲律，大簇爲徵，姑洗爲羽，雷鼓雷鼗，孤竹之管，雲和之琴瑟，雲門之舞，冬日至，於地上之圜丘奏之，若樂六變，則天神皆降，可得而禮矣。凡樂函鍾爲宮，大簇爲角，姑洗爲徵，南呂爲羽，靈鼓靈鼗，絲竹之管，空桑之琴瑟，咸池之舞，夏日至，於澤中之方丘奏之，若樂八變，則地示皆出，可得而禮矣。凡樂黃鍾爲宮，大呂爲角，大簇爲徵，應鍾爲羽，路鼓路鼗，陰竹之管，龍門之琴瑟，九德之歌，九磬之舞，於宮廟之中奏之，若樂九變，則人鬼可得而禮矣。

這其間有一個從來極費討論的問題，便是三大祭都只有宮角徵羽而無商的一層。鄭《注》:

祭尚柔，商堅剛。

說既牽強，後儒都不取。《魏書・樂志》載長孫稚、祖瑩表說:

臣等謹詳《周禮》，布置不得相生之次，兩均異宮，並無商聲，而同用一徵，計五音不具，則聲豈成文，莫曉其旨。

《隋書・音樂志》載牛弘、姚察、許善心、劉臻、虞世基議:

《周禮》四聲，非直無商，又律管乖次，以其爲樂，無合諸之理。

這都根本懷疑《周官》的不可信。而《唐會要》載開元八年趙愼言《論郊廟用樂表》說:

《周禮》三處大祭，俱無商調。商金聲也，周家木德，金能剋木，作者去之。今皇唐土王，卽殊周室。其三祭並請加商調，去角調。

後儒因此多說《周官》無商，乃無商調，非無商聲。所以無商調，乃周以木德王不用商，避金克木之故。至於律管乖次，也有說明。然依今所考，五德終始，到秦時始有齊人奏上，說是鄒衍所著，以前並未有。《周官》並未采及五德終始之說，此處亦不當據以爲解。此外還有一問題，爲歷來諸儒未經注意的，卽音樂能致物怪鬼神的理論是。春秋以前，絕無此種說法。卽季札論樂，《論語》孔子論樂，並不曾涉及音樂能致物怪鬼神的話。固然樂舞所以降神，然神之來享，並不爲樂舞。春秋前人均如此說，如此想。今考音樂能致物怪鬼神，及樂戒商音兩層，全起戰國。其證在《韓非子》。他說:

昔者衞靈公將之晉，至濮水之上，稅車而放馬，設舍而宿，夜分而聞鼓新聲者而說之。使人問左右，盡報弗聞。乃召師涓而告之曰:『有鼓新聲者，使人問左右，盡弗聞。其狀似鬼神，子爲聽而寫之!』師涓曰:『諾。』因靜坐撫琴而寫之。師涓明日報曰:『臣得之矣，而未習也，請復一宿習之。』靈公曰:『諾。』因復留宿，明日而習之，遂去之晉。晉平公觴之於施夷之臺。酒酣，靈公起言曰:『有新聲，願請以示!』平公曰:『善。』乃召師涓，令坐師曠之旁，援琴撫之。未終，師曠撫止之曰:『此亡國之聲，不可遂也。』平公曰:『此道奚出?』師曠曰:『此師延之所作，與紂爲靡靡之樂也。及武王伐紂，師延東走至於濮水而自投。故聞此聲者，必於濮水之上。先聞此聲者，其國必削，不可遂。』平公曰:『寡人所好者言也，子其使遂之。』師涓鼓究之。平公問師曠曰:『此所謂何聲也?』師曠曰:『此所謂清商也。』公曰:『清商固最悲乎?』師曠曰:『不如清徵。』公曰:『清徵可得而聞乎?』師曠曰:『不可。古之聽清徵者，皆有德義之君也，今吾君德薄，不足以聽。』平公曰:『寡人之所好者音也，願試聽之。』師曠不得已，援琴而鼓。一奏之，有玄鶴二八，道南方來，集於郎門之垝。再奏之，而列。三奏之，延頸而鳴，舒翼而舞，音中宮商之聲，聲聞於天。』平公大悅，坐者皆喜。平公提觴而起，爲師曠壽。反坐而問曰:『音莫悲於清徵乎?』師曠曰:『不如清角。』平公曰:『清角可得而聞乎?』師曠曰:『不可。昔者黃帝合鬼神於泰山之上，駕象車而六蛟龍，畢方竝轄，蚩尤居前，風伯進掃，雨師灑道，虎狼在前，鬼神在後，騰蛇伏地，鳳凰覆上，大合鬼神，作爲清角。今主君德薄，不足聽之，聽之將恐有敗。』平公曰:

『寡人老矣，所好者音也，願遂聽之。』師曠不得已而鼓之。一奏之，有玄雲從西北方起。再奏之，大風至，大雨隨之。裂帷幕，破俎豆，隳廊瓦。坐者散走，平公恐懼，伏於廊室之間。晉國大旱，赤地三年。平公之身遂癃病。

這是一件極生動的故事。不必晉平公時有此事，而戰國時確有此說。淸商乃亡國之樂，靡靡之音，所謂濮上之聲者是，所以《周官》三大祭不用商調，正因其爲濮上遺聲。而音樂足以感召物變鬼神，也在這故事裏竭力地描寫。《周官》六樂，變致羽物，乃至於六變致象物，全從此種故事裏來。《樂記》載孔子與賓牟賈論樂，及於大武之舞，孔子說：

『聲淫及商，何也？』對曰：『非武音也。』子曰：『若非武音，則何音也？』對曰：『有司失其傳也。若非有司失其傳，則武王之志荒矣。』

可徵那時大武之舞也有商聲，而一輩講音樂的力主排斥。因商聲淫靡，是濮上新聲，不認爲是武王古樂。那時並不把金克木的說法來講。《樂記》本是漢河間獻王與諸生共采《周官》及諸子而成，自然和《周官》有同樣的理論。而《尙書・堯典》也說：

擊石拊石，百獸率舞。

《棄稷》篇也說：

簫韶九成，鳳凰來儀。

這不能不說和《周官・大司樂》爲同時代的作品。至於九德之歌，從《左傳》來，辨《僞古文尙書》的所論已詳，此不再。

又《史記・封禪書》引《周官》說：

冬日至，祀天於南郊，迎長日之至。夏日至，祭地祇。皆用樂舞，而神乃可得而禮也。

今《周官》無其文，蓋卽約《大司樂章》凡樂圜鍾爲宮一節。《漢書・藝文志》稱孝文時，得樂人竇公獻書，乃《周官・大宗伯》之

《大司樂章》，則《周官》此篇，在漢文帝時早見。惟說竇公乃魏文侯時樂人，實難信。桓譚《新論》謂竇公年百八十歲。以文帝初即位上推百八十年，（西元前一八〇——三五九）爲秦孝公三年，梁惠王十二年。其時竇公初生，何能爲魏文侯樂人？齊召南推算竇公在魏文侯時已爲樂工，其年必非甚幼。見漢文帝又未必即在元年。其壽蓋二百三四十歲。其實《史記》魏文侯、武侯年均誤。魏武侯《史記》只十六年，而《竹書紀年》有二十六年。《史記》誤脫十年。依齊氏推算，竇公年還需增十年始合。謂竇公獻書年已二百五十歲，其事頗難信。若依桓譚百八十歲之說，孟子遊梁，竇公大約已四十歲。然其時尚不像有《周官》。至呂不韋著《春秋》，又八十年，竇公應已百二十歲，那時《周官》已成書。大概《周官》眞是魏國人作，竇公只是魏惠王以後樂人。或者過甚其辭，當其獻書時，尚不到百八十歲，而妄稱上及魏文侯。正如說鄒衍及見梁惠王、齊宣王，只把有名大王爲他裝點門面。而《周官・大司樂章》則竇公可以有，司馬遷可以見，而摘寫其大意於《封禪書》，其事不必全可疑。俞氏《癸巳類稿》謂《周官》孝文時已在秘府，以校竇公之書，其說也不必不可信。又武帝時，河間獻王與毛生等共采《周官》及諸子言樂事者，以作《樂記》。正爲《周官》行於魏晉，故竇公得其《大司樂章》，而河間收書，亦得《周官》。講今文經學的，定要說《史》《漢》記事全僞，《周官》一書定是劉歆王莽僞造，實爲難圓之論。然即以《大司樂章》所謂必如此般的樂舞而後鬼神乃可得而禮，則全是先秦一輩方士們的理論。《封禪書》載李少君言上，

> 祠竈則致物，致物而丹沙可化爲黃金。黃金成以爲飲食器，則益壽。益壽，而海中蓬萊僊者乃可見。見之以封禪，則不死。黃帝是也。

又亳人謬忌奏祀太一方，曰:

天神貴者太一。太一佐曰五帝。古者天子以春秋祭太一，東南郊，用太牢七日，爲壇開八，通之鬼道。

於是武帝令太祝立其祠長安東南郊，常奉祠如忌方。感召鬼神，須遵一定的方術，這是方士們的主張。而方士起先也只從禮樂上說。如謬忌的祠太一方，便是一種獨擅的秘方，非如此則太一之帝不可得而祠，這是從禮制的一邊說。而《周官》的《大司樂章》其實也只是一種方，非如此則鬼神不可得而禮，而卻從樂舞的一邊說了。秦漢方士神仙，和儒生的禮樂鬼神，其出一源，應該從此等處闡求。方士最先講禮樂，感召鬼神，以希接引。大概與陰陽家言五德方色數度之異相通。其次乃講服食外丹，又進而講修鍊內丹。近人只知服食修鍊爲求仙兩道，各有秘方。不悟求仙最捷最古一徑，厥爲禮祠鬼神，期感召而得接引。而祭祀之方，在秦皇、漢武時，其重要遠在講服食修鍊兩方之上。其說實興於戰國晚世。春秋時尚無此等議論。今《周官》的著者講音樂，居然也說必如此般的樂舞，而後鬼神乃可得而禮，這豈是周公之所著？亦何嘗爲春秋以前之所有？若說劉歆、王莽僞造，則其時方士議論已衰，禮樂的含義又變，也決不這樣說了。

（《周官著作時代考》，原刊於《燕京學報》第十一期）

胡　適云:

至於秦祠白帝之三畤，以民俗學眼光去看，絕無可疑。西畤在秦民族東徙之前，其牲用馬，沈欽韓指爲『循西戎之俗』，其爲民族之神甚明顯。《封禪書》但說『居西』而不能指爲何地，但必不在雍則甚明。東徙以後，西畤似廢了。

畦畤在櫟陽，漢屬左馮翊。雍四畤皆在雍，漢屬右扶風。兩地相去甚遠，故擧『雍四畤』自不包雍以外的二畤。況白帝已有鄜畤，自不必並存餘二畤了。

白帝有三畤，正可證白帝本是這民族的大神。

少昊之神自無可疑。太昊是倣少昊而作的，乃是後起的。崔觶甫作繭自縛，頡剛也不免大上其當。實則崔氏已不得自圓其說。他見《淮南·時則訓》無少皞等五帝，則信爲眞；見《天文訓》有此五帝，則說是『後人竄入』！他說：『不然，何以此篇《時則》與之異？』其實這全是成見作怪。我們何不問他：『何以後人竄入《天文訓》而不竄入《時則訓》？』此等論斷，全憑主觀，毫無學者治學方法，不知頡剛何以會上他的大當？

《史記·封禪書》有兩處提及《周官》。其一處說：

> 上（武帝）與公卿諸生議封禪。封禪用希曠絕，莫知其儀禮。而羣儒采封禪《尙書》《周官》《王制》之望祀射牛事。

又一處在《封禪書》敍述商朝宗教之後，說：

> 《周官》曰：冬日至，祀天於南郊，迎長日之至。夏日至，祭地祇，皆用樂舞，而神乃可得而禮也。

這一段文字，今本《周禮》無有。只有《春官》之末段說：

> 凡以神仕者，掌三辰之法，以猶鬼神示之居，辨其名物。以冬日至致天神人鬼，以夏日至致地示物鬽，以禬國之凶荒，民之札喪。

這一段中有幾句話頗接近《封禪書》所引，但也不相同。最可注意的是《漢書·郊祀志》全採《封禪書》，卻沒有引『《周官》曰』的一段文字。近人說《封禪書》是劉歆等『錄《漢書·郊祀志》而去其昭宣以下』的（崔適《史記探源》卷四），那麼，爲什麼這一段引《周官》的話獨不見於《郊祀志》呢？何以所引《周官》獨不見於《周禮》呢？

我假設一個解釋：大概司馬遷的時候有一部《周官》，是當時的僞古書的一種，其性質與文帝令博士所作《王制》差不多，同是一種託古的建國大綱。依《封禪書》所引看來，那部《周官》的文字似很淺近，不很像一部古書。後來便有兩種《周官》改本出現。一部是節本《周官》，卽是《古文尚書》裏的《周官》篇，也是一部簡單的建國大綱。一部卽是後來王莽立於學官的《周官經》六篇，我們叫做《周禮》。

《周禮》屢說祀五帝，其爲漢人所作之書似無可疑。其中制度似是依據《王制》而大加改定的。劉歆等曾頌王莽『發得《周禮》』，書中用古文字，也很像王莽的做古風格。我們說《周禮》是王莽用史遷所見的《周官》來放大改作的，似乎不算十分武斷。但我們不能因此便說劉歆徧僞羣經。

（《致錢穆論秦畤及周官書》及《附錄》，在《古史辨》第五册內）

黃雲眉云:

《周禮》一書，於諸經最爲晚出。《史記》唯《封禪書》中有『周官』字,《漢書・藝文志》禮家著《周官經》六篇,《周官傳》四篇; 又言孝文時，竇公獻《周官》『大宗伯』之『大司樂』章; 武帝時，河間獻王與毛生等共採《周官》及諸子言樂事者，以作《樂記》; 而《景十三王傳》言河間獻王所得古文先秦舊書，卽《周官》《尚書》之屬; 《平帝紀》徵天下通知逸經古記天文歷算鍾律小學史篇方術《本草》及以《五經》《論語》《孝經》・《爾雅》敎授者，雖不及《周官》，而《王莽傳》仍及之。然『周禮』字，則僅見於《莽傳》，莽母功顯君死，劉歆與博士諸儒七十八人議其服，中有『發得《周禮》，以明因監』，及《周禮》曰『王爲諸侯緦縗，弁而加環絰，同姓則麻，異性則葛』之語。荀悅《前漢紀》《孝成皇帝紀》: 劉歆以《周官》十六篇爲《周禮》，王莽時，歆奏以爲博士。≪後漢書·鄭玄傳≫：玄從東郡張恭祖受≪周官≫≪禮記≫≪左氏≫≪春秋≫≪韓詩≫≪古文尚書≫，嘗著≪答臨孝存周禮難≫。≪儒林傳≫：孔安國所獻≪禮古經≫五十六篇，及≪周官經≫六篇，前世傳其書，未有名家。又言中興鄭衆傳≪周官經≫，後馬融作≪周官傳≫授鄭玄，玄作≪周官注≫。蓋唐以前人述≪周禮≫傳授源流者止此。玄注≪周禮≫『惟王建國』句云：『周公居攝而作六典之職，謂之≪周禮≫。營邑於土中，七年，致政成王，以此禮授之，使居雒邑治天下。』是則以≪周官≫爲≪周禮≫，乃出劉歆，以≪周禮≫爲周公作，始見於鄭≪注≫，前此固未有言≪周禮≫爲周公作者。自宋以來，疑之者多。張載、程頤並云有末世增入者。……其後胡宏、洪邁、包恢等，並推而上了，集矢於劉歆。方苞承之，歷指某節某句爲劉歆所竄益，至康有爲乃悍然斷爲劉歆僞撰。

（≪古今僞書考補證≫）

史景成云：

緒　言

≪周禮≫一書，自出『秘府』，即成學者爭辯及研究之鵠的。關於其著作之年代，至今幾兩千年，尚未成定論。以其作於周公『致太平之跡』者，尚有人在。辨其爲劉歆（46B.C.—23A.D.）所僞者，仍持之有故，堅主已說。惟晚近學者，多認其爲戰國時代之一部理想官制書。然仍分戰國初、中、晚三派。

主其作於戰國末期者，以錢穆先生之≪周官著作時代考≫爲代表。文云：『≪周官≫出戰國晚世，在道家思想轉成陰陽家派以後，而或者尚在呂不韋著書以前。』又云：『《周官》正和《呂氏》處同一的時代，所以要主張「以爵等爲丘封之度，與其樹數了」』。氏謂『《周官》正和《呂氏》處同一的時代』，『而或者尚在呂不韋著書以前』之斷語，與拙文研究之結論，略有出入。筆者近因研究經學史，對《周禮》著作之年代問題，甚覺有重新提出檢討之必要。故於課餘之暇，細斟原文，及歷代之注疏，時賢之論說，頗感《周禮》既不能產於周初，亦斷難出於西漢，確爲戰國末年之書。惟所得結論，則在《呂氏春秋》出世之後，秦始皇統一之前，與錢說僅一間之差耳。

拙文所欲考辨者，除自《周禮》摘出數則外，全文論辨，多關天文曆法上之檢討。蓋天文曆法純屬科學性質，用之作權衡古籍年代之尺度，極可信賴也。然先秦天文曆法史料之缺乏，尤甚他學，兼以傳統僞書，不易鑑定，問題之複雜與糾葛，可想而知。一不愼重，必陷入泥淖而不可拔，求科學反不得科學之眞，其顚倒史實之程度，與不用天文曆法，亦五十步與百步耳。試以《堯典》之四中星推測《堯典》著作之時代爲例。自晉虞喜（紀元四世紀前半期）發現歲差之說以來，學者依之以推算《堯典》著作之年代者，代有其人。以當時所知歲差之數，尙未精密，故所得結果，多不可據。時至今日，天算之精，無以復加，歲差之數，已知詳徵。用之復推《堯典》『日躔』、『四象』，必當極確。而東西學者，推算《堯典》四仲中星之年代者，亦大有人在。然所得結果，竟達千年，甚至兩千餘年之差異。

筆者對天文曆法，素未深入，今據之以考《周禮》成書之年代，所得結論，當難全合時賢之同意。文中辨難之處，純爲求知之愚誠，非敢言有心得，故將論斷，獻諸當代學者，冀有所教正焉。

「十二歲」與歲星紀年法

≪周禮・春官≫:

馮相氏掌十有二歲，十有二月，十有二辰，十日，二十有八星之位，辨其敍事，以會天位。

保章氏掌天星，……以星土辨九州之地，所封封域，皆有分星，以觀妖祥；以十有二歲之相，觀天下之妖祥。

何謂『十有二歲』？≪周禮≫未言。注疏家咸訓『十有二歲』爲攝提格至赤奮若等歲星紀年之十二年。筆者將據『十有二歲』、『十有二辰』、『 二十有八星之位 』及『以星土辨九州之地，所封封域，皆有分星』等文，而考≪周禮≫內歲星紀年之階段。復由≪周禮≫歲星紀年之階段，推知≪周禮≫著作之年代。

我國古代，係據國王及諸侯卽位之年次紀年，至戰國時代，因天文發達，曆法進步，遂創歲星（木星）紀年之法。歲星紀年者，卽依歲星在天空之位置，爲紀年之標準。古代天文家分黃道周天爲十二次。歲星年行一次，每次與以專名，如星紀、玄枵、娵訾、降婁等（參十二次表）。星紀次含有冬至點，如以周正紀年，歲次卽爲正月，如以夏正紀年，則以娵訾次爲正月。歲星右行，年行一次，約十二年（實爲 11.8622 年）繞天一周。每年與日會合一次，如今年在正月，次年卽在二月，逐年推進一月。歲星在正月與日合次，年名攝提格，卽歲星紀年之第一年。歲星在二月與日合次，年名單閼，卽歲星紀年之第二年。歲星於十二年一周天中，逐年與日合次，逐年有一紀年之專名。其十二年之順序，爲攝提格、單閼、執徐、大荒落、敦牂、協洽、涒灘、作噩、閹茂、大淵獻、困敦、赤奮若等。

上述以攝提格等十二歲名紀年之紀年法，並非初步之紀年法。

當未據歲星與日合次之月爲紀年之標準前，尚有一較簡單之紀年法。此法卽以歲星每年在黃道周天十二次中，某次之位置以紀年。例如歲星在『大梁』之次，此年卽稱『歲在大梁』，在『星紀』之次，卽『歲在星紀』，餘類推。文獻中關於歲星紀年之記載，首見《左傳》《國語》，其紀年法，卽此簡單之紀年法。

歲星紀年法，亦見《淮南子》《史記》及《漢書》，皆爲攝提格等十二歲名之紀年法。然皆非直接據歲星之位置以紀年，而係間接以與歲星運行方向相反之假設指標（太陰、歲陰或太歲）作紀年之標準。玆以表引述於下：

《淮南・天文訓》	《史記・天官書》	《漢書・天文志》
太陰在寅，歲名曰攝提格。其雄爲歲星，舍斗、牽牛。 以十一月與之晨出東方。東井、輿鬼爲對。	攝提格歲 歲陰左行在寅，歲星右轉居丑，正月與斗、牽牛，晨出東方。名曰監德。	太歲在寅曰攝提格，歲正月晨出東方。 石氏曰：名監德，在斗、牽牛。 甘氏在建星、婺女。太初曆在營室、東壁。
太陰在卯，歲名曰單閼。 歲星舍須女、虛、危。 以十二月與之晨出東方。柳、七星、張爲對。	單閼歲 歲陰在卯，星居子，以二月與婺女、虛、危、晨出，曰降入。	在卯曰單閼 二月出， 石氏曰：名降入，在婺女、虛、危。 甘氏在虛、危。 太初在奎婁。
太陰在辰，歲名曰執徐。 歲星舍營室、東壁。 以正月與之晨出東方。 翼、軫爲對。	執徐歲 歲陰在辰，星居亥，以三月與營室、東壁晨出，曰青章。	在辰曰執徐 三月出， 石氏曰：名青章，在營室、東壁。 甘氏同。 太初在胃、昴。
太陰在巳，歲名曰大荒落。歲星舍奎、婁。以二月與之晨出東方。 角、亢爲對。	大荒駱歲 歲陰在巳，星居戌，以四月與奎、婁、胃、昴晨出，曰跰踵。 （按胃、昴復見下敦牂歲，是胃、昴似衍文）	在巳曰大荒落 四月出， 石氏曰：名路踵，在奎、婁。 甘氏同。 太初在參罰。

太陰在午，歲名曰敦牂。 歲星舍胃、昴、畢。 以三月與之晨出東方。 氐、房、心爲對。	敦牂歲 歲陰在午，星居酉，以五月與胃、昴、畢晨出，曰開明。	在午曰敦牂 五月出， 石氏曰：名啓明，在胃、昴、畢。 甘氏同。 太初在東井、與鬼。
太陰在未，歲名曰協洽。 歲星舍觜巂、參。 以四月與之晨出東方。 尾、箕爲對。	叶洽歲 歲陰在未，星居申，以六月與觜觿、參晨出，曰長列。	在未曰協洽 六月出， 石氏曰：名長烈，在觜觿、參。 甘氏在參、罰。 太初在注、七星、張。
太陰在申，歲名曰涒灘。 歲星舍東井、輿鬼。 以五月與之晨出東方。 斗、牽牛爲對。	涒灘歲 歲陰在申，星居未，以七月與東井、輿鬼晨出，曰天音。	在申曰涒灘 七月出， 石氏曰：名天晉，在東井、輿鬼。 甘氏在弧。 太初在翼、軫。
太陰在酉，歲名曰作鄂。 歲星舍柳、七星、張。 以六月與之晨出東方。 須女、虛、危爲對。	作鄂歲 歲陰在酉，星居午，以八月與柳、七星、張晨出，曰長王。	在酉曰作詻 八月出， 石氏曰：名長壬，在柳、七星、張。 甘氏在注、張。 太初在角、亢。
太陰在戌，歲名曰閹茂。歲星舍翼、軫。 以七月與之晨出東方。 營室、東壁爲對。	閹荒歲 歲陰在戌，星居巳，以九月與翼、軫晨出，曰天睢。	在戌曰掩茂 九月出， 石氏曰：名天睢，在翼、軫。 甘氏在七星、翼。 太初在氐、房、心。
太陰在亥，歲名曰大淵獻。 歲星舍角、亢。 以八月與之晨出東方。 奎、婁爲對。	大淵獻歲 歲陰在亥，星居辰，以十月與角、亢晨出，曰大章。	在亥曰大淵獻 十月出， 石氏曰：名天皇，在角、亢始。 甘氏在軫、角、亢。 太初在尾、箕。
太陰在子，歲名曰困敦。 歲星舍氐、房、心。	困敦歲 歲陰在子，星居卯，以十一月與氐、房、心晨	在子曰困敦 十一月出， 石氏曰：名天宗，在

以九月與之晨出東方。 胃、昴、畢爲對。	出，曰天泉。	氐、房始。 甘氏同。 太初在建星、牽牛。
太陰在丑，歲名曰赤奮若。 歲星舍尾、箕。 以十月與之晨出東方。 觜巂、參爲對。	赤　奮　若　歲 歲陰在丑，星居寅，以十二月與尾、箕出，曰天皓。	在丑曰赤奮若 十二月出， 石氏曰：名天昊，在尾、箕。 甘氏在心、尾。 太初在婺女、虛、危。

據上表，顯知《淮南》之太陰紀年，《史記》之歲陰紀年，皆起自星紀次，而《漢書・天文志》甘、石二氏之太歲紀年，亦起自星紀次，與太初曆之太歲紀年，有二辰之差。因此學者有（據《淮南》《史記》之紀年）謂太陰及歲陰紀年法與太歲紀年法有別。太歲紀年法乃較太陰及歲陰紀年法前進二次（卽太歲紀年法起自娵訾次，太陰及歲陰紀年法起自星紀次）。惟東漢術家，鮮知其別，誤將歲陰、太陰及太歲混爲通用之名詞。太歲及歲陰、太陰紀年法，後遂混而不分。另一派學者，則謂太陰、歲陰皆太歲之別名，名雖異而實同。均爲與歲星運行方向相反之假設指標，據之以紀年者。其紀年之起點不同，乃因所用之曆法不同（一爲殷曆，一爲顓頊曆），與所用之名詞（太歲、太陰、歲陰）無關。以上二說之是非，不在本文討論範圍之內，惟當申明者，卽戰國時代以歲星之假設指標作紀年者，稱太歲紀年法，其紀年乃起自娵訾次。本文既係據初創之太歲紀年法而推歲星紀年法之階段，復據歷星紀年法之階段及年代，而定《周禮》之成書年代，故文中凡筆者所謂之太歲紀年，僅指以娵訾次始之紀年法。所引其他之太歲或太陰、歲陰紀年，則爲以歲星之假設指標紀年之總稱。

太初曆之太歲紀年法，與《爾雅》《呂氏春秋》之太歲紀年法同，皆起自娵訾次。故太初曆之紀年法，實上承戰國時代之太歲紀年之解釋，鄭注《周禮》『十有二歲』云：『歲，謂大歲，歲星與日同次之月，斗所建之辰。樂說說:「歲星與日常應太歲月建以見」。』例如太歲紀年第一年之定義:『太歲在寅爲攝提格。』依鄭《注》，意卽如歲星與日於孟春正月會合於娵訾次，正月斗柄建寅，寅卽有太歲，而得『太歲在寅』（爲攝提格）；次年歲星移至降婁（卯位之次），於二月與日合次，二月斗柄建卯，卯卽有太歲，而得『太歲在卯』（爲單閼）；餘類推。此卽歲謂大歲，歲星與日同次之月，斗所建之辰。歲星與日常應太歲月建以見之謂。換言之，太歲紀年法，乃據歲星與日同次之月，初昏時斗柄所指之辰，定月之辰名與年之辰名。如月建在寅得寅月，太歲在寅得寅年，亦卽攝提格年。由此可知此種紀年法，已進一步，以十二支符號代十二辰名、十二年名。且在周正、夏正並用之時代，已進一步以寅月寅年表達其爲夏正紀年，以示歲星紀事之正確年代。（周正紀年與夏正紀年，二者有二辰之差）。

關於月建之記載，首見《淮南・天文訓》:

> 帝張四維，還之以斗，月徙一辰，復反其所。正月指寅，十二月指丑，一歲而匝，終而復始。
>
> 天一元始，正月建寅，日月俱入營室五度。天一以始建七十六歲，日月復以正月入營室五度，無餘分，名曰一紀。凡二十紀，一千五百二十歲大終，日月星辰復始。……斗指子則冬至。……斗杓爲小歲，正月建寅，月從左行十二辰，咸池爲太歲，二月建卯，月從右行四仲，終而復始。……大時者，咸池也，小時者，月建也。天維建元，常以寅始起右徙，一歲而移，十二歲而大周天。終而復始，淮南元年冬，太一在丙子。
>
> 北斗之神，有雌雄，十一月始建於子，月從一辰，雄左行，雌右行。

由上月建之說，可得數要點如下:

(一) 月建之十二辰，係以寅爲十二支之首，此以正月建寅作紀年標準之因素，當創於三正說成立後，已用夏正紀年之時代（即如《史記・律書》所謂『昔自在古歷，建正作於孟春』）。

(二) 月建之說，以星紀次（含冬至點）之位爲『子』，《淮南》之太陰紀年，《史記》之歲陰紀年，以星紀次之位爲『寅』。故《淮南》《史記》所列之紀年法，不合月建之說，亦不合『歲謂大歲，歲星與日同次之月，斗所建之辰』、『歲星與日常應太歲月建以見』之法則。而《爾雅》《呂覽》之紀年，則與月建之說恰合。是以月建之說，雖首見《淮南》，然實創於戰國晚期。其年代與新城氏所斷，以『寅』爲十二支之首乃創於戰國末葉之說相符。

(三)《淮南》時代，雖創始起自星紀次爲寅年之太陰紀年法，然仍沿用戰國時代起自娵訾次爲寅年之太歲紀年法，故同書中有『淮南元年冬，太一在丙子』及『天一元始，正月建寅，日月俱入營室五度，天一以始建七十六歲……』等文。換言之，《淮南》時代，太歲、太陰之紀年法並存，而有兩種寅年。

何謂月建之十二辰，其說不一。新城氏以十二辰爲十二月之符號。郭沫若《甲骨文字研究》以其爲黃道周天之十二分劃。然此十二分劃，原爲黃道周天附近之十二星象，因歲差之故，十二宮名（古名次今名宮）與星名，漸不相符，因而與天體脫離而成爲十二等分之辰，每辰各三十度。岑仲勉氏則以爲『十二辰』，原爲斗柄下每月所指之星，因力求簡化，或更因歷久經驗，知各星之運行不齊，湊巧十二支之數，與每年之月數恰同爲十二，因而藉十二支之名，以代替十二月之斗建。以上三說中。新城氏之說，斷難成立。蓋由月建之方位，固可得月之辰名，然不可解作月，否則《淮南》之『月徙一辰』豈可解作『月徙月』。《甲骨文字研究》與岑氏對『辰』之解釋，雖不完全一致，然二氏之基本觀念則同。二氏均謂『辰』原爲斗柄下每月所指之星，歷而久之，乃以十二支之符號以代之。按《漢書・律歷志》:『斗建下爲十二辰，視其建而知其次。』又『辰者，日月之會而建所指也』;《周禮》賈《疏》:『二十八星謂東方角、亢、氐、房、心、尾、箕，北方斗、牛等也。指星體而言謂之星，日月會於其星卽名宿，亦名辰，亦名次。』故狹義言之，月建之十二辰，乃十二星辰，廣義言之，乃十二次之某『次』。《周禮・正義》之『斗柄月移一舍』、『一歲移一辰』、『一百四十四年跳一辰』，均以『辰』作『次』解。鄭《注》之『十一月建焉，而辰在星紀』，卽指斗建之星辰在某『次』解。

以十二支符號代月建之十二辰，據月建之十二辰名以紀年，實爲產生太歲紀年之關鍵。蓋大歲月建之辰（歲星一周天逐年合日之月建）實卽歲星與日會合之次（紀年之標準）及日月相會之所（紀月之標準）。是以在十二支代月建之十二辰，以寅爲十二支之首之時代，歲星與日正月會於娵訾爲攝提格年，卽變爲歲星與日於寅月會於寅次爲攝提格或寅年。歲星紀年之標準，卽繫於月建之辰名，例如月建在辰，卽爲攝提格年或寅年。然遠在未以十二支所代月建之十二辰作紀年標準前，天曆家已有一方向相反之十二辰之分配。其分配係以斗指正北玄枵次（以虛爲冬至點）爲子，指正東爲卯，正南爲午，正西爲酉（參圖外圈十二辰之方位），此自東而西之十二辰方向，與歲星運行之方向及大歲十二月建之辰之方向恰相反，其十二辰之起點亦不同。爲避免此新舊二系統方向相反十二辰之混淆起見，天曆家特設一雌歲星以調劑之，創歲星爲陽右行於天（圖中中圈自西向東之十二辰，亦卽月建之十二辰），太歲爲陰左行於地（圖中外圈自東向西，舊有分配法之十二辰）之虛設，使左行太歲之辰名（例如歲星紀年之第一年，舊辰名爲寅，新辰名爲亥）與月建右行之辰名（舊辰名爲亥，新辰名爲寅）相應，而由太歲左行沿用已久，舊法分配之辰名，以表實際歲星合日之次及月份作紀年之標準。太歲紀年法，其動機乃爲避免新舊二系統方向相反十二辰之混淆而創設，非欲以十二支代十二年名（如寅年卯年）爲目的，故在太歲紀年之初期，攝提格等十二歲名，雖爲寅年卯年等，但仍以十二歲名紀年，而不以十二支紀年。太歲在寅爲攝提格，意即當歲星之假設指標在寅辰時，爲攝提格年也。

學者有謂元始之紀年法，爲太歲紀年法，亦有謂太歲紀年法，乃第二階段之紀年法。筆者則覺在歲次紀年法與太歲紀年法之間，尙有一過渡之階段。換言之，紀年法之發展次第，共有四階段：

（一）歲次紀年法：以歲星所在之次，作紀年之標準。

（二）歲星紀年法：以歲星合日之月，作紀年之標準（合日之月實亦指合日之某次）。

（三）太歲紀年法：以歲星之假設指標，間接指明歲星合日之月及次，作紀年之標準。

（四）干支紀年法：係斷絕與歲星運行之關係，而以十二支或六十干支之順序，作紀年之法。

歲星紀年圖

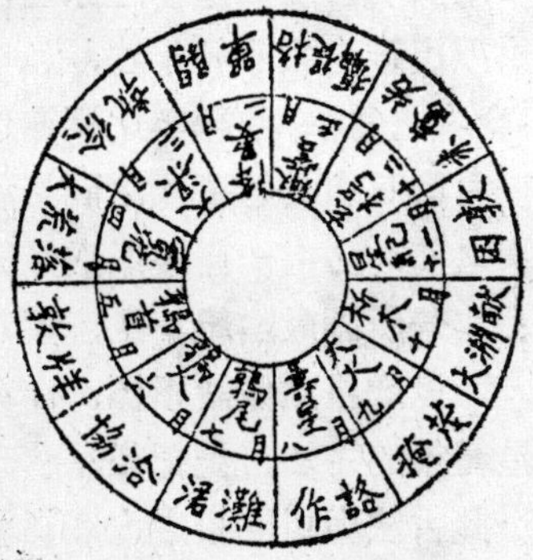

歲次紀年圖

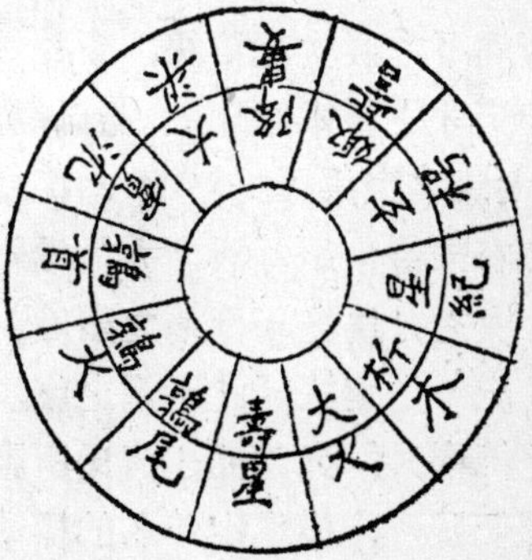

太歲太陰歲陰紀年圖

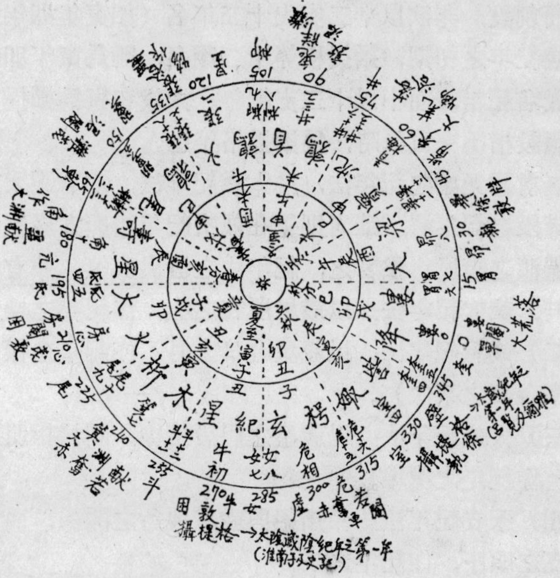

圖中三系統之十三辰，外圈為舊有之十二辰，中圈為太歲紀年之十二辰，內圈為太陰及歲陰紀年之十二辰。

筆者獨謂歲次紀年法之間，尚有一階段者，蓋按進化之原理，由極簡單之歲次紀年法，斷難一躍而爲極複雜之太歲紀年法，且歲星紀年法之基本原理，乃以歲星與日合次之月，作紀年之標準。『太歲在寅爲攝提格』，係歲星在一月與日會於娵訾次之間接說法。在未產生用假設之太歲爲紀年標準之前，必有一直接以歲星與日合次之月爲紀年標準之階段。誠如郭沫若所謂歲陰紀年法，實乃歲星紀年之變法（此所謂之歲陰紀年，乃以歲星之假設指標，作紀年之總稱）。又如浦江清氏所謂『歲星紀年的古法，是把歲星合日的那個月份，作爲定年名的標準的』。此古法與以間接之太歲指標爲紀年標準之方法，顯非一事。然浦氏仍以攝提格至赤奮若等十二歲名之紀年法，爲太歲紀年法。推其原因，或係承襲歷來學者之意見，以十二歲名爲太歲年名。據拙見，十二歲名，乃實行『歲星紀年的古法』之時代所創定。換言之，十二歲名，並非太歲紀年之專稱，亦非據其與太歲紀年之關係而得名。此十二歲名，爲歲星紀年法及太歲紀年法所通用。蓋二者基本上皆直接或間提按歲星與日合次之月爲紀年之標準。岑仲勉氏於歲名推源，謂西方各民族於一年之十二月，各有專名。十二歲名，『幾全取材於西方之月名。吾人可信此等稱謂，最初原擬配一歲之十二月，今所見遺文，乃爲年名者，殆用法之演變也』。因岑氏亦以十二歲名爲太歲年名，故未臆及十二月與十二年名之直接關係，而認爲取材於月名之歲名，爲用法之演變。實則以月名配歲名，理當爲原始之用法，非演變之用法也。岑氏歲名推源之結論，恰可證明十二歲名，顯係按歲星與日合次之月而配制。所採西方月名所指之月數與攝提格等十二循環之歲名之年數，雖不符合，但『巴比倫等月名之相當於某月，往往隨時期地域而變化』。岑氏之說，適可補證浦氏所謂之『歲星紀年的「古法」，是把歲星合日的那個月份，爲定年名的標準的』。而浦氏『歲星紀年的「古法」』之說，亦恰證筆者所謂之歲次紀年與太歲紀年之間，尙有一歲星紀年之階段。

據天文及曆法之要素而言，歲次紀年，勢亦不能一躍而演成太歲紀年法，其間必經一長期之發展過程。蓋由測定冬至點，四陸之中星，十二辰及創定十二次之名稱，配制西方傳來與月名有關之十二歲名，制定與歲星紀年有關之二十八宿之名稱、位置、各宿相配成偶，各差赤徑一八〇度，各宿度數之測量等，決非短時期所能成就。歲次紀年，以歲星在含冬至點之星紀次爲起點。其元始年，歲星之位置，適在星紀次之初，日月之位置，適在星紀次之中。太歲紀年，或以歲星適在娵訾次之初，而曆日爲正月甲寅晨初立春爲起點。或以歲星適在星紀次之初，而曆日爲甲子朔旦冬至恰相一致之時爲起點。然創始於戰國時代之太歲紀年，乃夏正紀年，以歲星正月在娵訾次與日會合時爲攝提格年。因此須於歲星週與曆法週之起點相符，且實行四分曆（秦未改建亥前之古顓頊曆），具有推算年月日各週期之最小公倍數，以求其回復原狀週期之智識後，始能產生太歲紀年法。然戰國末期始爲曆法發達之時代，故有『古曆之作，皆在漢初周末，理不得遠』之說。復次，歲次紀年，僅指歲星之位置在某次範圍之內而已。而太歲紀年，除指歲星、月建及太歲三者之位置外，尙擧每年歲星所舍之宿。因此必當於創定一與歲星紀年有關之二十八宿系統後，方能產生太歲紀年。古人觀察景象，無儀器之助，故必經歷年之觀測及修正，方能制定。洵如竺可楨氏所謂『二十八宿之成立，其來有漸，非一時代之產物，由甲骨以至《呂覽》《淮南》，其成立之次序，可窺其一斑』，（二十八宿之名稱，除《呂氏》之婁女，《淮南》稱須女外餘全同，二十八宿之分度則首見《淮南子》。）又岑仲勉氏於二十八宿名稱之推源，所得結論，亦謂:『由上各條之比證，二十八宿名已大致還原，可見其得名之複雜。簡言之，二十八宿之整個成立，係經過相當長時期，無怪乎有如是結果矣。』新城氏雖有二十八宿成於周初之說，且爲多數學者所稱引，然其說乃據《堯典》《洪範》及《夏小正》之記載所推定。彼謂『二十八宿中，約八宿已見諸記載，故吾人推定此時代（周初）已設立二十八宿者，恐未必爲非當歟』。新城氏以《堯典》爲紀元前二三〇〇年之作品，《洪範》及《夏小正》爲紀元前一一〇〇年之作品。然據近來多數學者之硏究，此三篇古籍，均非周初以前之作品。故新城氏據之所推考之結論，當不能成立。退而言之，卽使二十八宿成於周初，彼所謂之二十八宿，與太歲紀年所列之二十八宿，實非一物。前者乃觀象授時時代所散見之星象，爲分辨一年季節者，或爲追跡月球對恆星之運行，據而推定太陽於月朔時所在之位置，以顯著之星象爲目標，而設定之二十八宿標記。後者乃於測定冬至點在牽牛初度後，據每月『日在』及昏旦中星而始逐漸制定附於十二次之二十八宿，蓋歲星紀年一週天所歷之十二次、二十八宿，均以冬至點在牽牛初度爲劃分之標準。

二十八宿演進表

	角	亢	氐	房	心	尾	箕	斗	牛	女	虛	危	室	壁	奎	婁	胃	昴	畢	觜	參	井	鬼	柳	星	張	翼	軫
詩				火			箕	斗	牽牛	織女			定					昴	畢		參							
堯典				火							虛							昴							鳥			
左傳	角			房	心	尾				婺女	虛										參			珠				
國語	辰角	天根	本	農祥 天駟					牽牛				營室 天廟															
夏小正				大火						織女								昴			參							
呂氏春秋	角	亢	氐	房	心	尾	箕	斗	牛	女	虛	危	室	壁	奎	婁	胃	昴	畢	觜	參	井	輿鬼	柳	星	張	翼	軫
月令	角	亢	氐	房	心	尾		建星	牽牛	婺女	虛	危	營室	東壁	奎	婁	胃		畢	觜巂	參	東井	弧	柳	七星		翼	軫

注一、《詩經》中所載之九宿，僅七宿在二十八宿之系統內（其牽牛乃河鼓，織女亦非二十八宿中之婺女）

注二、除七宿見於《詩經》外，其他之星宿，則散見於戰國中期至晚期之諸文獻中。迨《呂氏晚秋》時代，全部之二十八宿，始告完整。

據朱文鑫氏，顓頊曆、殷曆之冬至點在牽牛初度之測定年代，約在西元前三八〇餘年左右。飯島氏推冬至點在牽牛初度，而又合二十八宿，各在其宿初度（《漢書・律歷志》所載之度數）之年代，約在元前三九六至三八五年之間，復推古顓頊曆（呂不韋以前之顓頊曆）冬至點在牽牛初度之年代，則爲元前四五三年至二二一年間。新城氏則謂冬至點在牽牛初度約在元前四三〇年左右，其本牽牛初度爲劃分標準之十二次之制定時期，則爲元前四三〇年前後之一二百年內；但據『大梁』次之名稱而推，其制定當在元前三六

○年左右。按飯島氏與新城氏對天文曆法之意見，雖多有衝突，但二人均謂測定木星之年代，乃在戰國中期或略前，是以據木星測定之年代、冬至點在牽牛初度之年代、大梁次制定之年代三者而推，十二次及與歲星紀年有關之附於十二次之二十八宿，均爲元前三八○餘年後，始逐漸制定。在測定二十八宿之時期中，勢必以各宿之位置爲選定之標準。凡前此觀象授時所定季節之散見星宿，其不合新標準者，則易他星以代之。此即新城氏所謂『二十八宿在周初設立以後，與漢代以前，曾有變遷之形跡也』。例如『中國之二十八宿，其始設也，含有大角、織女、河鼓，但此等距星距黃道、赤道頗遠，顯然可察知曾經一次整理，而將此等代以黃道赤道附近之星象者焉』。又有人謂『歐美人之研究中國二十八宿者，往往不解何以中國古代選擇距星，不擇星之明亮者，而選幽暗微小者。……關於此點，法國德沙素已有說明。謂中國二十八宿之距星，相配成偶，各差赤徑一百八十度，如角配奎、亢配婁等。故中國有若干距星顯係春秋戰國後所改定者』。簡言之，劃分四陸，測定十二辰，制定十二次名，十二歲名，及與歲星紀年有關，附於十二次之二十八宿，均爲元前三八○餘年，測定冬至點在牽牛初度後，所逐漸制定。而二十八宿係集歷年之觀測及修改方告完成。迨二十八宿成立後，由冬至正月之曆，改立春正月之曆作紀年之時代，始產生戰國時代以寅爲首（正月）之太歲紀年法。此不但據歲星紀年各階段之要素及發展之步驟而推爲如此者，實則太歲紀年，亦爲具體列舉歲星十二年一周天，所歷二十八宿之惟一紀年法（參上圖二十八宿演進表）。

《周禮》之『十二歲』雖僅指其爲歲星十二年一周天中，逐年與日合次之月，作紀年標準之歲名紀年法，然其爲鄭《注》之太歲紀年無疑。據『二十有八星之位』及『以星土辨九州之地，所封封域，皆有分星』而言，不但太歲紀年法應含之二十八宿已成立，且據此二十八宿而設之分野制亦已成立。復據馮相氏所掌『十有二辰，十日』之天象而言，可知《周禮》所載之紀年法已將十干代十日，十二支代十二辰，而得甲寅、甲子等日首之干支。換言之，其『十二辰』、『十日』在天空十二次中，已配有一定之方位；其十二支之方位，卽月建十二辰之方位。例如若於正月甲寅晨初立春紀年（古顓頊曆），其起點必在娵訾次（如《呂氏春秋》之紀年），於十一月甲子朔旦冬至紀年，其起點必在星紀次（如《史記》所載之太初改曆詔）。此以『甲寅』爲自娵訾次紀年日首之干支之時代，亦卽以十二支代月建之十二辰作紀年標準之時代，故亦爲太歲紀年之時代。《周禮》之十二歲，旣爲太歲紀年，則其著作年代，當在太歲紀年法成立後。是以由太歲紀年之時代，可推知《周禮》之成書年代。

由歲次紀年年代推太歲紀年之年代

關於太歲紀年之年代，各家意見不一，試舉例如下：

郭沫若氏：『歲陰紀年法，可推溯至西紀前六百年代。』

新城氏：『西元前三六五年，爲戰國占星家所採用之元始甲寅歲。夫以此年始，一方溯其前代而推春秋時代之歲星位置，他方以爲自此年始，始用無超辰之歲陰紀年法。』

陳夢家氏：太歲紀年法，始於《離騷》《呂氏》。

浦江清氏：太歲紀年在呂不韋時代，已經確立。至於屈原時代之情況，因無其他文獻作旁證，故太歲紀年或在醞釀時期，或已成立，無從推論。

據上所引，可知晚近學者，對太歲紀年法之年代，有四種不同之說。在此意見紛紜之下，筆者將以歲星紀年發展之步驟作基礎，復參酌先秦及秦漢之可靠文獻，並各學者所持之異論作根據，互相考證，而後參以己見，以求太歲紀年之時代，藉以考出《周禮》著作之年代。玆先探索歲次紀年法之年代，以作衡量太歲紀年法年代之尺度。

一、歲次紀年法之年代

文獻中關於歲次紀年法之記載，首見《左傳》及《國語》。多數學者，以《左》、《國》之紀年，爲戰國時代所產生之最初紀年法。其制定之年代，亦卽《左》、《國》二書之成書年代。然亦有反對此說者。當戰國天文占星家初用歲星紀年時，係信歲星一周天適爲十二年。然其周期實爲 11,8565 年。故歲星一年移動之度數，較一次三十度之數微多。此微多之餘數，積至約八十三年，適爲三十度。因此歲星每行八十三年後，當超越一次，此卽所謂歲星『超辰』。但周末迄漢初之天文家，尙不知『超辰』之理。至西漢末年劉歆始創每百四十四年超一辰之說。劉坦、飯島氏等據《左傳》昭公三十二年所載『吳伐越，晉史墨云:「越得歲而吳伐之，必受其凶。」』之歲星紀事，其歲星之位置與實際八二・六年超辰率而推之位置不相符合，然與劉歆非正確之百四十四年超辰率之位置，則若合符節。『蓋自文公(晉)奔狄之歲 (655 B.C.)，至昭公三十二年 (510 B.C.) 之越得歲，恰一百四十五年。如無超辰，則是年爲析木，然《世經》曰:「三十二年，歲在星紀。距辛亥百四十五歲盈一次矣。故《傳》曰:越得歲，吳伐之，必受其咎。」。』杜預以星紀爲越之分野，故注『越得歲』亦云:『是年歲在星紀。』較析木前進一辰，恰與劉歆之百四十四年超辰說契合。因此劉坦、飯島等謂《左傳》之紀年，乃劉歆所挿入，非戰國時所產生之歲星紀年法。

與劉坦、飯島等持相反之意見者，如陳夢家、岑仲勉、新城氏等，皆以《左》《國》之歲星紀事，並無超辰，以昭公三十二年，歲星本在其當在之析木。例如新城氏據徐發元曆理論云:『古分野原以析木爲越之分野，星紀爲吳之分野，燕未有特別分野，乃僅取齊之分野中之一部分而已。然至漢初，星紀爲吳、越之分野，析木爲燕之分野。』此乃據《史記・天官書》所載『燕、齊之疆，……占於虛危』，故恐戰國時以虛、危（玄枵）爲燕齊共有之分野矣。換言之，越之分野，戰國時爲析木，漢以後爲星紀。因此戰國時代之人，釋越得歲之年，星在析木，漢以後之人，則指此年在星紀也。據此，則《左傳》之歲次紀年，前後一百四十六年中，未嘗有一次超辰。其紀年乃戰國時代，相信一周天正十二年之人，依當時觀測之天象，按步逆推所得者也。

劉歆之《三統術》，以歲星每百四十四年超辰一次，並以西紀前 671、527（魯昭公十五年）、383、239、95（漢武帝太始二年），爲超辰之年。《左傳》之歲星紀年，僅記西紀前655—478年（魯僖公五年至魯哀公十七年）間之事。在此期間中，按劉歆之超辰說，當魯昭公十五年（527 B.C.）時，須超一辰，然據《左傳》所載，此年並無超辰。《左傳》昭公九年（533 B.C.）云：『夏四月，陳災，鄭稗竈曰：「五年陳將復封，封五十二年而遂亡。」子產問其故，對曰：「陳水屬也；火，水妃也，而楚所相也。今火出而火陳，逐楚而建陳也。妃以五成，故曰五年。歲五及鶉火，而後陳卒亡。楚克有之，天之道也。故曰五十二年」。』五十二年後，魯哀公十七年，陳果亡。如依劉歆百四十四年超辰法推算之，昭公十五年（527 B.C.）當超辰一次，然未超辰。新城氏據此持《左傳》之紀年，非劉歆僞託之主力反證。岑仲勉氏亦謂：『由昭公十三年至哀公十七年恰五十二年，但依劉歆說，昭公十五有超辰一次，如果係歆改竄左傳或摻僞，何以不說五十三年，還說「封五十二年而遂亡」，與自家的主張相抵觸。』

飯島氏力辯陳亡於魯哀公十七年之句，原爲十六年，後因轉寫傳抄，遂致錯亂。又魯昭公九年之五十一年之句，係杜預改爲五十二年。岑仲勉氏則稱飯島氏此說,『無非臆改古書,遷就已見』而已。

歲易應超辰,而《左傳》所記,並未超辰,足證《左傳》之紀年,乃戰國時,未知超辰術者,據當時歲星所在,而逆推者也。

以天文而論,劃分四陸,測定四陸之四仲中星及制定十二次名等,皆爲測定冬至點在牽牛初度後,始逐漸創定,而冬至點在牽牛初度,又合立春在營室五度,乃紀元前三八〇餘所測定。以曆法而論,亦在戰國中期,始發達至陰陽曆調和,曆日適於季節,而適於歲星紀年之要素。據新城氏考春秋長曆之結論:『春秋時尚未有一定規則之曆法。』『縱在曆法較爲進步之後半葉,其置閏之法,乃決非遵守一定規則者焉。……其曆法漸次愈趨整齊。』此結論與在中國古曆研究上『獲得了相當的國際聲譽』之王韜之意見完全一致。據王氏研究春秋曆之結論:『大抵春秋時魯史官不精於曆,故二百四十餘年間,有建子、建丑、建寅、及建亥四種不同之月爲歲首。』又『春秋時置閏大抵多不合於十九年一章之古法。文公七年以前,不當閏而閏,冬至多在閏月,其弊在多閏。七年以後,當閏而不閏,冬至在二月者,約二十有餘,其弊在失閏。其繆殆難屈指數,蓋由置閏之不得其宜也。』據其《春秋朔閏表》,在春秋末期最後五十年內,失閏有八次之多。據改編王韜《春秋歷學三種》曾次亮之意見:『王韜之說雖不過是綜合以前大多數人公認的說法,而加以再論定,並不是其個人的創見,但無疑是正確的。』春秋末期,既尚有失閏之月,故新城氏之『春秋末乃至戰國初年之間,置閏之事,益加整頓』,及『觀《左傳》歲星紀事,則可決定《左傳》爲戰國中期所作。蓋自戰國中期,乃有一種精確之曆法』之說,甚爲可靠。

天文、曆法至戰國中期,始適於歲次紀年。文獻方面,《左傳》《國語》,亦適在此時期載有此種初步之紀年法。《左傳》

《國語》之作者，既同用歲次紀年法而紀年，足證二書皆依當時紀年法之智識而逆推春秋之歲次者也。惟學者有謂《左》《國》爲劉歆所僞，及歲次紀年爲歆所創，或《左傳》爲歆自《國語》分出之書。按西漢末年，劉歆雖亦用歲次紀年法紀年，此僅可視之爲劉歆事事復古之一例證。《天問》之『十二焉分，列星安陳』，即示屈原時代，十二次業已制定。新城氏謂：『《左傳》之作者，似有以爲日蝕之起皆限於朔日者，然劉歆狃見漢代之日蝕，多起於晦，似未必以爲日蝕必起於朔者。』此爲《左傳》不得爲劉歆所僞之證。且『《史記》中有關《左》、《國》之記事，及其確引《左傳》之部份』，而《戰國策》亦有引《左傳》之文。故此二書必出劉歆前。據張以仁研究《左》《國》之結果，二書之「文體不同，文法不同，作者學識修養及對某些名詞的用法不同」，是以斷二書非一人所作。又劉朝陽謂：『《左傳》與《國語》之分野，彼此互相矛盾。』據此足證二書非劉歆所僞，其作者均採當時實用之歲次紀年法，而逆推春秋之歲次者也。

新城氏據《左傳》之歲星紀事與書中預言之應驗與否之考證，斷其爲戰國中期紀元前 365—330 年間之作品。其他學者研究之結論與新城大致相合者，據筆者所知，則有：

㈠日人狩野直喜斷其作於紀元前 361—338 年間，因凡關秦孝公以後之卜筮預言，均未應驗。

㈡屈萬里據田氏簒齊（386 B.C.），及周室卜世三十，卜年七百之預言，而定《左傳》成書於戰國中期，周安王之世以後，愼靚王二年以前。

㈢李漢三以《左傳》有五行配星宿，且及分野，當作於戰國中葉。

㈣陳夢家以《左傳》作於紀元前三二九至三二〇年之間，而假定周顯王四十四年前後（325B.C.）爲《左傳》成書時代。

㈤高本漢由文法考《左傳》之時代，而斷其作於魯哀公二十七年（468B.C.）以後，紀元前三〇〇以前。

㈥有斷其成書稍後，而作於戰國中期之末者，如 Henri Mespero 謂《左傳》著於紀元前四世紀末葉以後，三世紀中葉以前；John Chalmen 則定爲紀元前三〇五年左右。

筆者據天文、曆法及文獻三方面觀之，則以爲《左傳》之著作年代，當在紀元前三六五年以後，三百二三十年以前。換言之，戰國中期乃實行歲次紀年之時期，《左傳》作者，卽據當時實際應用之歲次紀年法，而上推春秋之歲次者也。

二、太歲紀年之年代

㈠太歲紀年創始於紀元前六〇〇年

有以『歲陰紀年法（卽以歲星之假設指標作紀年標準之法）可溯至西紀前六百年代』，此說據《史記・貨殖傳》所載之『白圭周人也。當魏文侯時，李克務盡地力，而白圭樂觀時變……太陰在卯穰，明歲衰惡。至午旱，明歲美。至酉穰，明歲衰惡。至子大旱，明歲美，有水。至卯積著，率歲倍』，乃謂：『此文之太陰卽歲陰，是魏文侯時已用歲陰紀年，其時當在西紀前四二四年至三八七年也。於三八七年前已用歲陰紀年，則歲陰紀年法之制定必當更早，其時期由以寅爲始以推察之，當在秋分點已移入寅辰之時，……當在西紀前六百年代。』

新城氏及岑仲勉氏均稱魏文侯之時代，定未必曾有以十二支紀年者。新城氏謂『《貨殖傳》中所謂卯歲、午歲等，恐在白圭至《史記》時代之間，爲傳白圭之法者所命名者歟？但少命名之時代不明，故不可以之作爲證據。假如無其他反證，則似可謂爲西元前三六五年以後所命此乎』。

歲陰或太歲紀年，不能溯至西紀前六百年，亦不能制定於西紀前六百至三八七年之間者，尙有下列之原因：

⑴據天文及曆法之要素而言，自春秋中期至戰國初期，尙不能產生第一階段之歲次紀年，更無論第三階段之歲陰紀年。

⑵歲陰紀年法乃虛設『歲星爲陽，右行於天，太歲爲陰，左行於地』之紀年法。據錢穆氏：『在先上帝是獨一至尊的，《詩》《書》惟稱『天帝』，不見對偶相稱的天地。天地並列……是陰陽學派的聲口。陰陽學家在戰國晚年，道家哲學成立以後始有。』誠然，陰陽二元論成立以後，方有以歲陰配歲陽一左行，一右行，及天地對稱相配成偶之太歲歲陰或太陰紀年法。

⑶文獻中，在此時期（600——387 B.C.）全無有關歲星紀年之紀載。

㈡太歲紀年始於紀元前三六五年左右

《漢書・天文志》：『太歲在寅曰攝提格，歲星正月晨出東方，石氏曰：名監德，在斗牽牛。……甘氏在建星婺女。太初曆在營室東壁。』新城氏據上文太初曆與甘、石二氏之同歲名歲星位置之差而推甘、石二氏之太歲紀年年代，約當紀元前三六〇年左右。又謂紀元前三六五年爲戰國時占星家之元始甲寅歲，且是年爲逆推春秋時代之歲星位置，並同時實行歲次紀年，及無超辰之歲陰紀年法之年。

《漢書》所引甘、石二氏之紀年，學者多認其出自二氏之名著《星經》。新城氏謂此部含有世界最古之恆星錄，《星經》乃二氏作於紀元前三七〇至三六〇年間，而創中國古代天文學發達史之第二重要階段。

若新城氏所斷太歲紀年之年代無誤，及學者所斷《漢書》所引甘、石二氏之太歲紀年出自《星經》亦無誤，則新城氏所定三六五年爲開始實行太歲紀年之年代與《星經》內所載之太歲紀年年代，互相衝突。蓋《星經》若如新城氏所說成於紀元前三七〇至三六〇年之間，則書內之太歲紀年之創定年代，必當更早。復次，初步之歲次紀年法決不能與極複雜之太歲紀年法同時產生。因此新城氏所推甘、石二氏之太歲紀年年代，及載有太歲紀年之《星經》之著作年代，均須詳加稽考。

⑴《星經》年代之考證：——欲考《星經》之眞僞及年代，須由作者之時代及《星經》之來源着手。關於二氏之時代，有戰國及秦、漢二說。

（甲）戰國時人

《史記・天官書》：『昔之傳天數者，在齊甘公、楚唐昧、趙尹臯、魏石申。……田氏簒齊，三家分晉，並爲戰國，爭於攻取，兵革更起，城邑數屠，因以饑饉、疾疫焦苦，臣主共憂患，其察禨祥，候星氣，尤急。近世十二諸侯，七國相王，言縱橫者繼踵，而臯、唐、甘、石因時論其書傳，故其占驗，淩雜米鹽。』

《史記・正義》引劉向《七錄》：『甘公楚人，戰國時作《天文星占》八卷。石申魏人，戰國時作《天文》八卷。』

《漢書・藝文志》：『數術者，皆明堂羲和史卜之職也。……六國時，楚有甘公，魏有石申夫。』

由上引諸文，吾人可自七國相王，及與甘、石二氏並擧之楚唐昧之年代而推甘、石之出生年代。按七國相繼稱王，乃始於周顯王三十五年（334 B.C.）而完成於宋偃王自立爲王之年（318 B.C.）。若元前三一八年左右，傳天數之甘、石二氏，約五十歲至六十歲，則二氏之出生年代，最早僅能推至紀元前三八〇至三七〇年間。玆再以楚唐昧之年代而考甘、石二氏之年代。按唐昧雖以天數聞名，然同時亦爲楚之重將。可知戰國中葉，天文曆法之學，已不爲史官卜祝所專。據戰國史所載，楚唐昧於紀元前三〇一年於垂沙之役，爲齊將匡章所殺。匡章係孟子契友。錢穆先生考匡章爲紀元前三六〇至二九〇年之人物。如唐昧於紀元前三〇一年被殺時，爲四十至六十歲左右，則唐昧之出生年代，約爲元前三六〇至三四〇年之間。與唐昧並擧之甘、石二氏之年齡，若與唐昧相當，則二氏之出生年代，亦當爲三六〇至三四〇年之間。

（乙）秦漢時人

≪史記·張耳陳餘列傳≫：『甘公曰：漢王之入關，五星聚東井。東井者，秦分也。先至必霸，楚雖彊，後必屬漢。』≪漢書·張耳陳餘傳≫所載與≪史記≫同。只將『先至必霸』之『霸』字，改作『王』字而已。因≪史≫≪漢≫均有此記載，故學者多以爲此甘公，卽楚之星占家甘氏。

宋晁公武≪讀書志≫載≪甘石星經≫，≪注≫云：漢甘公、石申撰。

應劭≪漢官儀≫謂甘、石爲漢代天文之官，並以甘、石、唐都、司馬父子爲序。

≪漢魏叢書≫內有≪甘石星經≫二卷，漢甘公石申撰。

由考證甘、石二氏之年代所得之要點如下：

（甲）甘、石二氏之出生年代，僅能上推至元前三八〇至三七〇年左右。據新城氏，≪星經≫載有百二十恆星之名稱，位置及去極之度數。若亦載太歲紀年，則書內亦當含有十二次、二十八宿及十二歲等之名稱。似此天文巨著，斷難爲出生西元前三八〇至三六〇年間之甘、石二氏，著於元前三七〇至三六〇年間，其理甚明。

（乙）若甘、石二氏確於元前三七〇至三六〇年間，著此世界最古之天文巨著（≪星經≫），且爲創造中國古代天文學第二階段之人物，何至先秦文獻竟無此≪星經≫之記載，甚且古人對於甘氏之國籍，尚不明悉，而有齊人、楚人、魯人之三說。

（丙）甘、石二氏旣約爲西元前三八〇至三七〇年間出生之人物，則二氏不能下迨漢初。≪星經≫旣被稱爲漢甘公石申撰，則當爲漢之作品。

⑵≪星經≫之來源——≪星經≫之名，不見先秦古籍，說已見

前。《史記》《漢書》雖皆稱甘、石二氏爲中國古代之天文星占家，並引二氏之語，但從未提及二氏所著之《星經》。《漢書・藝文志》僅錄甘德《長柳夢占》二十卷。班固爲搜集古籍最勤之人，《藝文志》所收入之書籍達一萬三千二百六十九卷之多，甘氏之《長柳夢占》亦被收入，何至二氏天文名著，《星經》反被遺漏。

學者有認《甘石星經》卽戰國時甘氏之天文星占及石氏之天文，並非二氏合著之另一部書《星經》，例如:

朱文鑫氏謂:『戰國時楚人甘德著《天文星占》八卷，魏人石申著《天文》八卷，後世謂之《甘石星經》，爲世界最古之恆星錄。』

陳遵嬀氏謂:『楚人甘德著有《星占》八卷，魏人石申作有《天文》八卷，世人把這兩部著作合起來叫做《甘石星經》。這個《星經》是我國星表的起源。』

Josepn Needham 謂《星經》卽《天文》及《天文星占》散佚後留傳今日之殘餘。其原著成書年代，約在元前三七〇至二七〇年之間。並謂此二書在梁朝（502——557A.D.）尚存，梁後卽不見於各朝之志。隋時（518——618 A.D.）二氏之作被收入《古今通但後又佚於元代（1206——1368A.D.）。今二氏原著之殘餘，則散見於㈠《星經》、㈡《晉書・天文志》、㈢《唐開元占經》、㈣占》。P.Pelliot 集之敦煌文中等。

上述《星經》來源之三說，前二者因詞句簡略，讀者不易得一明晰之概念，後者則與史實不符。朱氏以《甘石星經》，卽《天文》及《星占》後世之稱謂，爲世界最古之恆星錄。至於後世之《星經》，除恆星錄外所含之星占說及太歲紀年等，是否均出《天文》及《星占》，朱氏則未提及。陳氏謂《甘石星經》，卽後世合《天文》及《星占》而成。然所謂『後世』者，究爲何時，亦未明言。晉陳卓雖合甘、石、巫咸三人之《星錄》作一《恆星圖》（旣爲《恆星圖》，當不含太歲紀年及星占說），然《甘石星經》則首見於明輯之《漢魏叢書》，而《漢書·天文志》有《石氏經》《甘氏星經》，《說文》有《甘氏星經》，《後漢書·律歷志》有《石氏星經》，是以《甘石星經》未出前，二氏各人名下之《星經》業已見世。換言之，世人未將二氏之《天文》及《天文星占》合一以前，二氏已有《經》或《星經》之作品。又據《隋書·經籍志》，梁有《石氏星經》七卷，陳卓記；石氏甘氏《天文占》各八卷，《石氏星官》十九卷及《星經》七卷，郭歷撰。隋有《石氏星簿經讚》一卷，《星經》二卷，《甘氏四七法》一卷，《石氏星占》一卷，吳襲撰，《石氏渾天圖》一卷。由《星經》及石氏甘氏《天文占》各八卷同時並列觀之，則二氏之《天文》及《星占》與《星經》，似非同物異名。若《星經》爲戰國時二氏之原著《天文》及《天文星占》，則當原著尚存時，似無須更有單人名下之《星經》產生，而況二氏之作，自漢而後，續有增加。凡此先秦漢初，不見之書，數百年後，忽而出現，不亦怪乎？

按 Needham 之解說，今之《星經》，乃《天文》及《星占》於梁散佚後，所輯殘餘部分之稱。如此則梁前甘石二氏之《天文》及《星占》當爲完璧。然《石氏星經》、《甘氏星經》，非出梁後。換言之，《天文》及《天文星占》尚未散佚前，《星經》早已出世，此則將何以解之？

退而言之，即使《星經》乃源自甘氏之《天文星占》及石氏之《天文》，則《星經》原本，乃於紀元前三二〇年前後七國相王之時，而非如新城氏所謂作於元前三七〇至三六〇之間。復次，二氏之原著，即使作於戰國中期，然不能謂其內亦含有太歲紀年之記載。《天文》及《天文星占》既已遺失，無法對證其內容。由原著演成之後世《星經》內所含之太歲紀年，焉知非後人所竄益？

據劉朝陽氏之研究，《星經》可能由《史記》至《漢書》逐漸凝成之僞書。《史記・天官書》載有『甘石曆五星法，惟獨熒惑有反逆行』，《漢書・天文志》則載『古曆五星之推，反逆行者，自甘氏石氏經，以熒惑太白爲反逆行』。劉氏云：『所謂甘氏石氏經云，似可爲卽指《甘石易經》，然《漢書》此語，分明自《史記》遞嬗而來。考其由《甘石曆》，變爲《甘氏石氏經》及由熒惑而變爲熒惑太白之痕迹，可見通常所稱《甘石星經》，實係由《史記》至《漢書》，而逐漸凝成之僞作。』換言之，《星經》非後世合《天文》及《天文星占》而成，乃漢代以後之另一部僞書。實則斷《甘石星經》非後世《天文》及《天文星占》之別名者，非劉氏一人。錢大昕氏謂『甘、石書不見班史。阮孝緒《七錄》云：「甘公有《天文星占》八卷，石申有《天文》八卷。」今皆不可見矣。世所傳《星經》，乃後人僞托採晉、隋二《志》之文成之……明人刻《漢魏叢書》，題云「漢甘公石申撰」，尤爲謬妄。史公稱齊有甘公，魏有石申，皆戰國時，非漢人也。』又朱文鑫氏稱：『《開元占經》所載《星經》，皆出自晉、隋二《志》，顯係唐人僞托。……《圖書集成》所錄《星經》語，採自《漢魏叢書》，各星去極度與《宋史・天文志》略同，又爲唐以後謫撰，更無疑義。』張心澂氏亦謂《甘石星經》爲『後人綴輯』。

關於首見《後漢書・律歷志》之《石氏星經》，學者亦斷其非戰國時之作品。按《後漢書・律歷志》：『《石氏星經》曰：「黃道規，牽牛初直斗二十度，去極二十五度，於赤道二十一度也。」』席澤宗氏以此文內有黃道度數之測量，而黃道度數之測量，係後漢之事，因此定《石氏星經》爲後漢之作品。而日人藪內淸氏則謂《石氏星經》可能寫於前漢元前七〇年左右。蓋黃道度數之測量，須用具有黃道環之渾天儀。吾人雖僅知此種儀器之存在始於後漢永元四年（92A.D.），然前漢元前七七〇年頃，已有渾天儀之應用。據《後漢書・律歷志》《石氏星經》之『 黃道規 』等文觀之，則

《石氏星經》之僞托者，所用之渾天儀或已具有黃道環，因而斷《石氏星經》或寫於前漢元七〇年左右。此外劉朝陽氏謂《石氏星經》作於後漢紀元後八五年之後。姚際恆氏亦定此書爲僞作，但未定年代。

至於《甘氏星經》，筆者認其亦爲《史記》後之僞作。茲擧《說文解字詁林》所論《甘氏星經》於下：

《甘氏星經》曰：『太白上公妻曰女媊，居南斗，食厲，天下祭之，曰明星。』

又《繫傳》亦有類似之載，其文云：

《甘氏星經》曰：『太白號上公，妻曰女媊。』

《繫傳考異》謂《說文》當以『太白號上公，妻曰女媊』爲句，非『太白上公妻曰女媊』。

按《史記·天官書》載有『太白大臣也，其號上公』句。是《甘氏星經》，卽據此而有太白（號）上公妻曰女媊之說。又《說文解字》，段《註》：『《史記·封禪書》《地理志》陳倉有上公明星祠，蓋祀太白也。此云：天下祭之，曰明星，蓋祀女媊也。』是先有《史記》之祀太白，後方有祀其妻女媊之說。《說文》所引之《甘氏星經》，乃由《史記》遞嬗而成之僞書無疑。按《漢書·李尋傳》，成帝時，有齊人甘忠可，詐造《天官歷包元太平經》十二卷，言漢家逢天地大終，當更受命於天。作《甘氏星經》者或卽此齊人甘公甘忠可。《史記·天官書》謂『昔之傳天數者，在齊甘公』，作僞者往往託古人以自重，此甘忠可旣係齊人，且詐造《天官歷包元太平經》等書，故亦可釋《史記·天官書》之《甘石歷五星法》之齊人甘氏。總之《甘氏星經》，若非西漢末齊人甘忠可所僞，亦必爲《史記》後之僞書。

今總結考證《星經》所得之要點如下：

（甲）據甘石二氏出生之年代而言，二氏不能於元前三七〇至三六〇年間著《星經》。反言之，若《星經》果如新城氏所斷爲元前三七〇至三六〇年之作品，則其內不能含有第三階段之歲星紀年法（太歲紀年）。

（乙）凡列於甘石名下之《星經》，如非全爲後人僞託之作，則當爲後人綴《天文》及《天文星占》之殘餘而附益之書。

（丙）《星經》內所含之太歲紀年，出自甘石二氏戰國時代之原著（《天文》及《天文星占》）之說，毫無所據。

⑶評新城氏推太歲紀年年代之方法：——新城氏推定紀元前三六五年爲戰國時代天文家創始歲星紀年之年，並謂此年同時實行歲次紀年、太歲紀年及焉逢攝提格干支紀年古法之年。紀元前三六五年，歲星適入星紀次之初。此時期中國之天文曆法，均已發展至適合初步歲星紀年之條件。故此年極適採爲歲次紀年之元始年。然謂同時亦爲實行太歲紀年及干支紀年之古法，則與彼所謂戰國迄秦漢間，歲星紀年法，係順序發展之說，自相矛盾。玆詳析其矛盾之原因，並證其所推太歲紀年年代之不可據。

（甲）新城氏以《爾雅》之成書年代，爲紀元前三百四五十年間（同書中論二十八宿起源表內，則列《爾雅》於元前四〇〇年格中）。按《爾雅》有『太歲在寅曰攝提格』，及『歲在甲曰焉逢，在寅曰攝提格』等語。由此記載而推，則太歲紀年法及干支紀年古法之制定時期，當在《爾雅》成書年代之前。新城氏旣認紀元前三六五年之天象極適爲最早之歲星紀年元始年，於是推定《爾雅》所載之太歲紀年及干支紀年古法之年卽爲元前三六五年。

《爾雅》之成書年代，雖尙未屆定論，惟晚近學者，多斷其爲戰國末年或秦漢間之書。新城氏所定之《爾雅》年代，旣不正確（特指《釋天篇》，詳論見後），則據其所推定之太歲紀年及干支紀年古法之年代，當難徵信。

（乙）《呂氏春秋・序意篇》始載有戰國時代歲名紀年之實

例。文云:『維秦八年，歲在涒灘，秋甲子朔，朔之日，良人請問十二紀。』新城氏以戰國時代之歲名紀年，皆起自星紀次，又據《爾雅》之記載，涒灘年，當爲申年。於是於推算涒灘歲之年代時，自元前三六五年，順序而推，至元前二三九年恰爲庚申年，歲陰在申，歲星在未之鶉首次，於是乃斷元前三六五年爲始行無超辰之太歲紀年之年。

據浦江清氏之研究，《呂氏春秋》紀年中之『秋甲子朔』實指元前二三九年，夏正秋七月甲子朔，亦卽秋季開始之立秋日。是以此年歲星在鶉尾次，輔新城氏所推此年歲星之位置前進二次。換言之，《呂氏》之太歲紀年，以歲星在娵訾次之年爲元始年，而行夏正紀年法。因此新城氏之據周正七月歲星在鶉首次，所推得之三六五年爲太歲紀年之年代，則非正確可靠。誠如浦氏所謂:『新城新藏假定元前三六五年，爲戰國時代占星家所用的甲寅元。這個假定是單爲解釋《呂覽》而設想的，無需的，也是錯誤的。因元前三六五年，歲星在星紀。照戰國時代的歲星紀年方式，乃是歲在困敦（子年），不是攝提格。在他那部大作裏，凡根據這個假定而引申出來的意見，都是蹈空的。』

（丙）新城氏以甘石二氏旣爲戰國時代之傳天數者，因而以二氏亦必爲歲星紀年之創始者。《漢書・天文志》載石氏之太歲紀年始於星紀次，在斗牽牛。甘氏在同次之建星婺女，太初曆則在娵訾次之營室東壁。新城氏卽據此記載而定甘石二氏之紀年與太初曆之紀年，其間有三辰之差。而推得甘石二氏之太歲紀年年代爲紀元前三五二年（此數係按歲星八三年超辰率推得），及三六〇年（係以八六年爲超辰率推得）。據天象而言，同歲名之紀年，其間之差，僅有二辰（石氏甘氏之攝提格年，歲星在星紀，太初曆則在娵訾），而新城氏謂其有三辰之差，且有三種不同之解說:

（甲）『如以爲石甘時代歲名，係賡續於太初之歲名者，而計算之，則石甘之時代，當在太初以前一六五年（以八二·六年超辰率推算），卽大約元前二六九年間。惟如以石氏甘氏時代，在秦八年以前，則秦八年之歲名已非賡續於太初之歲名，而其間相差一辰（秦八年爲劉歆所定超辰之年）。結局對諸同歲名之歲，得三辰之差。石氏甘氏之時代，當在太初以前二四八年，卽大約西元前三五二年前後也。』

（乙）據新城氏，由星紀至娵訾 雖僅差二辰而 實有三辰之差，因『甘、石時代歲名係案元始歲星紀年法推算，在太初時代則案顓頊紀年法推算，而此二紀年法間有一辰之差』。

（丙）『太歲紀年法，係始於西元前三六五年，厥後經過二百數十年，迄太初之間，更有與此紀年法相差一年二年或三年等派別之紀年法』。例如最初紀年法，以元前三六五年爲甲寅歲；顓頊曆紀年法，以元前三六六年爲甲寅歲；殷曆紀年法，以元前三六七年爲甲寅歲；太初曆紀年法以太初元年（104B.C.）爲甲寅歲等。就此四種紀年法而言，『其十二次順序相差一次。……案理論上每八六年，當有一次之差，故元前三六五與太初元年間，有三次之差』。旣證自元前三六五年至太初元年，歲星位置有三辰之差爲前提，新城氏繼之直引《漢書·天文志》所載甘、石二氏與太初曆紀年歲星位置之差，而謂『苟以歲星爲十二年一周天空者，則甘、石二氏之觀測與太初時代之觀測，稍有差異。余以此材料推定石、甘二氏之時代，則相當於約西元前三六〇年』。於是所得之年代與《呂覽》及《爾雅》所推得之年代大致相符。然此處所謂據觀測所推之年代，實則謂自元前三六五至一〇四年間，當超三辰，其間因採用順序相差一年之各種不同曆之紀年法而得之年代。

顓頊曆、殷曆及太初曆等年法，是否爲順序相差一辰之紀年法，容後再辨。惟新城氏於推甘、石二氏之紀年年代時，以元前三六五年至太初元年有三辰之差爲前提。可知彼於未推算甘、石之太歲紀年年代前，早已預定甘、石之太歲紀年年代爲元前三六五年左右。爲求所推得之年，符合於其預定之年代，遂有超三辰之空論。且以正確之八二·六年超辰率，推得元前三五二年後，更易以八六年超辰率推之，而得元前三六〇年，以求其所得之年代更合《呂覽》《爾雅》所推得之年代。然以八六年超辰率推得三六〇年後，同書又謂『《漢書·天文志》內載有甘石兩氏觀測歲星之紀事……案斯測定推考甘石兩氏之時代（此處所謂之時代，卽推甘石二氏之太歲紀年之年代），大約爲西元前三百六七十年間』。此年代與彼所定《甘石星經》之著作年代相符。

新城氏因有元前三六五年爲甘石二氏太歲紀年年代之成見，遂有三種牽強附會之解說，且其說前後互相衝突。爲證『維秦八年，歲在涒灘』之年爲歲星在鶉首之庚申年，其元始年爲元前三六五年，新城氏謂『戰國時代，乃實行無超辰之歲陰紀年法』。又謂『《左傳》《國語》中之歲星紀事與秦漢間之歲名，悉取西元前三六五年爲元始甲寅歲，而於斯前後，案諸十二年正一周天推算而得等也』。但於證甘石之太歲紀年年代爲西元前三六五年間時，新城氏則謂秦八年爲超辰之年。於是『歲在涒灘』又爲有超辰之太歲紀年矣。秦八年劉歆所定超辰之年，歆之一四四年超辰率旣不正確，卽不宜據其超辰年代而超辰。旣取其超辰年代而超辰，而不取其一四四年之超辰率推算其年，則更顯其牽強附會，加超一辰，以遷就其所預定之年代。又據丙項之解說，太初時代，乃採超三辰之太初曆紀年法。然據乙項之解說，太初時代，乃採與元始年相差一辰之顓頊曆紀年法。

自元前三六五年至太初元年間，順序採用顓頊曆（元前三六六年爲甲寅歲）、殷曆（元前三六七年爲甲寅歲），及太初曆紀年法

（元前一〇四年爲甲寅歲），而此數種紀年法，皆順序相差一年，是以自元前三六五年之元始紀年法，至太初曆年法，其間共超三辰之說，係新城氏基於歲星紀年皆起自星紀次而設之推論。近來學者既已證顓頊曆紀年法係起自娵訾次，則上述之四種紀年法，實不與新城氏所斷順序相差一辰之說相符（蓋以紀年之起點而言，前三種紀年法，其間各差二次，至於太初曆之紀年法，其論見後），故本此論而推之甘、石太歲紀年之年代，當不取。

按《漢書·律曆志》：元封七年中冬十一月甲子朔旦冬至，『日月在建星，太歲在子』。是以太初元年歲星在星紀次。歲星紀年，既係案歲星在天空之位置而紀年，則《漢書·天文志》所載太初曆攝提格年，歲星在娵訾，不得爲太初元年歲星之位置，亦不得稱其爲歲星超辰後之位置。

太初元年，歲星在星紀，歲陰在寅，恰合以冬至正月之曆以紀年爲攝提格之紀年法。實際上，太初改曆時，『欲將立春正月改爲冬至正月之曆，並下詔書以期實行。然當實行時，各方激烈反對，不得已，收回成命』。因此若太初改曆時，最後所定之曆法，爲冬至正月之曆，則太初之太歲紀年之歲名及歲星之位置，與《石氏》及《史記·天官書》所載之歲陰紀年之歲名，及歲星之位置，完全相同（甘氏之紀年，歲星雖在同次，然所在之星宿則不同）。由是觀之，甘、石與太初之紀年，同歲名而歲星之位置相異者，乃因其所用之曆法不同，非由歲星超辰所致。按元封七年十一月，適值甲子朔旦冬至，而歲星是年亦在星紀次之初，漢武帝遂匆匆下改曆詔，定爲新曆之元，但未顧及歲實、朔實是否適合。其後大典星等測定星度，認其『不能爲算』，於是再選鄧平等及民間治曆者議造漢曆。如此反復修訂，其間必經一長期間，始成定案。曆術甲子篇，乃史遷擬定之草案，而未被採用者。因此《漢書·天文志》所載太初曆歲星之位置，非太初元年歲星之位置，而確爲太初『曆』

紀年之位置。按《後漢書・律曆志》載有『自太初元年，始用三統曆，施行百有餘年』一語。《漢書・天文志》所載太初曆，歲名及歲星之位置，與《三統曆》之歲名及歲星之位置恰爲一致（歲星在星紀次，稱太歲在子曰困敦）。太初曆與甘、石二氏同歲名之紀年，歲星位置之差，旣非由超辰而來，則新城氏據超辰而推得甘、石二氏之太歲紀年年代，當不足據。換言之，紀元前三六五年，並非實行太歲紀年之年。

㈢太歲紀年始於屈原時代說

《離騷》：『攝提貞于孟陬兮，惟庚寅吾以降。』此爲屈原自述其生辰之語。因敍述過於簡略，故後世解此詩句者，意見分歧，而有三種不同之說：

⑴後漢王逸《注》：『太歲在寅，正月始春，庚寅之日，下母之體而生，得陽陰之正也。』意卽屈原生於寅年寅月寅日。

⑵南宋朱熹評王逸之解釋云：『日月雖寅，而歲則未必寅，其曰：「攝提貞于孟陬。」乃謂斗柄指寅位之月耳，非太歲在寅之名也。』

以上之解說，學者多同意王逸。如清顧炎武謂：『攝提歲也，孟陬月也，庚寅日也。屈子以寅年寅月寅日生，或謂攝提星名，《天官書》所謂直斗杓所指以建時節者，非也。豈有自述其世系生辰，乃不言年，而止言月日者哉？』

⑶近人浦江清氏據《史記・天官書》，謂歲星亦名攝提，因此攝提乃是兼指紀年作用之歲星攝提，及隨斗柄運轉方位以定月令之大角左右之攝提星。又『「格」字的意義，是正也來也至也。「貞」字的意義是正也，當也。他們是同義字。說「攝提貞于孟陬」等於如說「攝提格于孟陬」，沒有什麼兩樣的。……攝提格就是攝提正。歲星正於正月，是第一攝提格，年名就叫攝提格；歲星正於二月，是第二攝提格，年名叫做單閼。逐年有一個攝提格，有一個歲

星所當臨的月份。那第一攝提格，是歲星紀年的「正年」。』因此浦氏總結云：『孟陬是夏曆正月。孟的意義是始，正月始春，同時也是一年的始月。陬字的來歷不明，或者是指正月裏太陽在娵訾而得名的。這句詩的意義，指示出歲星和太陽同在娵訾宮會合的天文現象，在一句詩裏表達了年合月。』

以上三種解釋，筆者同意浦氏。『寅年』正於『寅月』，雖似不通，然屈原自述其世系生辰，當不至不言其年，而僅言其月日。至於浦氏謂：『陬字的來歷不明，「或者」是指正月裏太陽在娵訾而得名的。』實則《爾雅》已有類似之訓。《釋天》云：『正月爲陬。』《義疏》謂：『陬者，虞熹以爲陬訾，是也。按陬訾星名，卽營室、東壁。正月日在營室，日月會於陬訾，故以孟陬爲名。』故此『攝提貞于孟陬』之『陬』，亦與浦氏所謂，係『指示出歲星和太陽同在娵訾宮會合的天文現象，在一句詩裏，同時表達了年和月』。至於所表達之『年』，是否爲太歲紀年之『寅』年，浦氏似未下肯定之語。但浦氏以攝提格等十二歲名，乃太歲年名。有十二歲名，卽有太歲紀年。然『攝提貞于孟陬』雖等於『攝提格于孟陬』，而屈原並未直接用『攝提格』一詞，且無其他文獻作爲旁證。是以屈原時代，『十二年名已經確定了沒有，是無從推論的，如果已經有了，那末他用「貞」字代「格」字，也不能說不通，如果還沒有確定，而在醞釀時期，那末他的說法，比較前期的標擧歲星所在的宮名，已經發展了一步，指出了合日的月份了。而比用太歲年名則還在具體說明的過渡階段』。

浦氏之十二年名確定時期，卽太歲紀年制定時期之說，與同文中之『歲星紀年的古法，是以歲星與日合次之月爲定年名的標準的』一說，似相矛盾。蓋以歲星與日合次之月，爲定年名標準之紀年『古法』，既非歲次紀年法，亦非以歲星之假設指標作紀年標準之太歲紀年法。而此紀年古法，卽筆者所謂之歲星紀年第二階段之

『歲星紀年法』，亦卽浦氏所認歲次紀年與太歲紀年中可能有之過渡階段，此階段『比較前期的標擧歲星所在的宮名，已經發展了一步，指出了合日的月份了』。

屈原生於紀年元前三三九年，歲次紀年尚在盛行之時代，此時代文獻中尚無十二歲名，或全部二十八宿之名稱之記載。據筆者之推測，當戰國中期，久爲『天子不頒正朔，各國自行推步』之時，楚國於其他諸國尚在實行第一階段歲次紀年時，首創第二階段之以夏正紀年之歲星紀年（以娵訾次爲紀年之始）。攝提格旣是表達屈原所述天象之適當天文名詞，富有天文智識之屈原，在自述其生辰時，不用攝提格說明，而用非常之術語以述天象之法間接表達其生辰，推其原因可能有兩種解說:

㈠屈原生於第二階段歲星紀年之醞釀時期，當時十二年名尚未創立，故於晚年寫《離騷篇》涉及其生辰時，以述天象之法表達之。

㈡屈原不用攝提格之用意，或特藉天象表達其生於一新創紀年法之元始年，或與元始年相近之時期。據浦氏之推算，屈原生於正月合朔立春日之前一日。『假如當時楚國實用的曆法比此稍有出入，……楚威王元年也可能碰到正月丙子朔旦立春，又値歲星在天廟，竟極適宜於作爲曆元』之日。新城氏於屈原自述其生辰之意見，亦謂:『余曾疑或因元始甲寅歲，寅月之故，特祝斯佳緣而如斯作者』。總之，卽使其未生於標準之元始年，亦或生於第二階段年法之初創時期。爲表示此乃紀年之新法，故特標記其生於以夏正紀年、以歲星與日合次之月爲紀年標準之第一年，或攝提格年。如屈原以『攝提格』說明其生辰年月，則僅能告讀者彼係生於實行新紀年法後之某年，而不能表達其生於一新紀年法之元始年，或其初創時期之意義。換言之，『攝提貞于孟陬兮』，特指以夏正紀年，以歲星一月在娵訾次與日會合爲紀年標準之新紀年法，而非太歲紀年法也。

㈣太歲紀年法制定於呂覽時代說

≪呂氏春秋・序意篇≫之『維秦八年，歲在涒灘』爲文獻中歲名紀年最早之例。太歲紀年法，歲星一周天所歷之二十八宿全部名稱亦首見此書。此紀年法亦爲屈原時代以歲星與日合次之月爲紀年標準後百年之紀年法。因此，據歲名，二十八宿及歲星紀年發展之步驟三方面而言，≪呂氏春秋≫之紀年，筆者斷其爲太歲紀年。實則學者除飯島氏以≪呂覽≫之紀年爲後人所竄入外，餘皆認其爲太歲紀年。飯島氏謂≪左傳≫≪國語≫≪漢書・律歷志≫≪王莽傳≫等所記之『歲在』二字，皆指歲星之所在，非太歲所在。太歲在或以『 歲在 』指太歲所在者，惟在後漢始有之。又謂≪淮南子≫之前，似無專稱爲太歲者，≪淮南≫以前之≪呂氏春秋≫，何得已用太歲一專門名詞？因此飯島氏疑≪呂覽≫之紀年，乃≪淮南≫以後之人所竄入。果如此，則呂不韋時代，有無太歲紀年法尚待考證矣。

飯島氏謂≪淮南≫前無太歲一專門名詞，實忽視戰國晚期思想清晰、以救時爲己任之荀子。欲證當時所信『 太歲所在，國不可代 』之妄謬，在≪儒效篇≫謂：『 武王之伐紂也，行之日，以兵忌，東面而迎太歲，……遂乘殷人而誅紂。』武王伐紂之時，當無太歲之名詞，荀子僅藉武王伐紂之事，以闢時君媚臣俗儒迷信星占之不可信而已。或謂≪儒效篇≫有『 孫卿子曰 』之語，非荀子自著，而爲門弟子所記錄。筆者按此篇雖出門人記錄，然熟審其內容，確屬荀子思想之正宗。故雖疑古之士亦信此篇出於先秦。≪荀子≫篇簡之確爲後出，且及於漢初者，僅≪成相≫以下之數篇而已。餘則如梁任公所謂≪荀子≫全書大部分可定爲荀子自著。

太歲一詞之見於戰國，除≪荀子≫外，尚有≪山海經≫。≪海外南經≫云：『四海之內，照之以日月，經之以星辰，紀之以四時，要之以太歲。』《山海經》爲吾國先民神話及史實之總滙，其輯綴成篇之時期不一，且續有增益，最晚者且有秦漢之地名。然其初本必成於《呂覽》之前。因《呂書》有七篇：《有始覽》《音初》《本味》《諭大》《任數》《知度》《求人》等共引《山海經》有三十四次之多。凡五藏經之南山、西山、東山；海外經之南經、西經、北經、東經；海內經之南經、北經；大荒經之東、南、西、北各經，皆有引述。是《山海經》之全書除五藏經之北山，海內經之西經、東經三篇外，《呂覽》皆有引證。故其初本成書於《呂覽》之前，無容置疑。

太歲之名詞，旣見於戰國末期之《荀子》及《呂氏春秋》前之《山海經》，則飯島氏所謂太歲專詞不見於先秦典籍之說，不攻自破矣。

除《荀子》及《山海經》外，又《爾雅·釋天》有『太歲在寅爲攝提格』之語。是《爾雅》不但有太歲之名詞，且有太歲紀年法之定義，此紀年法係以正月爲娵，以正月立春，歲星在娵訾，太歲在寅爲攝提格年。《淮南》《史記》所載之紀年，旣以歲星在星紀，太陰或歲陰在寅爲攝提格年，則《爾雅》所釋之紀年法，必非《淮南》《史記》之紀年法。換言之，卽如《呂氏》之『歲在涒灘』以娵訾次爲寅之太歲紀年法也。

《漢書·天文志》所載之太初曆紀年，亦以歲星在娵訾、太歲在寅爲歲星紀年之第一年。然《爾雅》所釋，必非《漢書》之紀年法。蓋《爾雅》之成書年代，至今雖無定論，然未聞有斷其作爲《漢書》以後者。以《爾雅·釋天篇》而論，十二次，及二十八宿，均不齊全，所擧之次，多出《左傳》《國語》所擧之星宿，多出《詩經》及《左傳》《國語》。《釋天》旣載太歲紀年法，則顯知其成篇時，十二次，二十八宿，並非尙未制定，其缺脫者，或僅據其所訓之經典範圍爲標準也。「《釋天》雖似爲釋《詩經》《左傳》《國語》，然不能據此斷《爾雅》爲劉歆所僞。例如《爾雅》所釋之星紀次僅粗略劃分『斗，牽牛也』，而《漢書·律歷志》《三統歷》之易紀次之定義乃『星紀初斗十二度，大雪中，牽斗初冬至，終於婺女七度』。總之，《爾雅·釋天篇》非西漢末之作品，亦非《漢書》以後之作品，蓋《淮南》《史記》之太陰或歲陰『在寅』爲攝提格，歲星起自星紀次。《漢書·天文志》之『太歲在寅』之『寅』位，有始於娵訾乃星紀次兩例。然《爾雅》僅釋陬爲正月，（《注》：陬，陬訾也，星名，卽營室東壁）娵訾爲寅，或攝提格年，而未釋『寅』始自星紀爲攝提格年。此無他，《爾雅》所釋之太歲紀年，非《淮南》《史記》《漢書》之紀年，而爲《呂氏》時代之太歲紀年也。

除十二歲名外，《爾雅》又載『太歲在甲曰閼逢』等，十歲陽年名，及『太歲在甲曰閼逢，在寅曰攝提格』等，以歲名配歲陽之十二年名。是《爾雅》之著作時代，已有以甲寅爲元始年之閼逢攝提格紀年法。據筆者之意見，此紀年法亦創始於《淮南》以前。按《淮南·天文訓》載『淮南元年冬，太一在丙子』。高平子氏謂此『爲六十甲子紀年法正式行用之最早一例』。若《淮南》時代已創干支紀年之法，則閼逢攝提格紀年法必當制定於《淮南》以前。蓋必先有歲陽配歲名之紀年法（干支紀年古法），其後始有以干支代歲名之干支紀年法。進化之原理，固當如此也。簡言之，《爾雅·釋天篇》當爲《淮南》以前之作品，《釋天》謂『太歲在寅爲攝提格』，歲星在娵訾，而《淮南》之太陰紀年則謂歲星在星紀爲攝提格年。《釋天》謂『歲在申曰涒灘』，與《呂覽·序意篇》之『歲在涒灘』之歲星位置完全相符，而與《淮南》之太陰紀年不合。故《釋天篇》所釋，爲戰國末期，自《呂覽》時代至《淮南》以前之太歲紀年法也。

由《荀子》《山海經》及《爾雅》等文獻，可知《呂氏春秋·

序意篇》之紀年，爲戰國末期之太歲紀年無疑。太歲紀年，卽十二支紀年。惟戰國末期尙無十二支紀年（紀月）之記載，其所以然者，蓋當太歲紀年之初創時期，新舊二系統相反方向之十二支方位與歲名之關係，尙不易分辨，若卽以十二支紀年，則易趨混淆，故必於實行太歲紀年後之相當時期，待熟悉十二支與十二歲名之關係後，方取簡便之十二支代十二年名。此種演變，誠如岑仲勉氏所謂『我國以干支紀月紀年，雖漢以前，未見明文，但其動機，似可上推戰國』。

《呂氏》之紀年，旣爲戰國末期太歲紀年之實例，則太歲紀年法之時代，卽《呂氏春秋》之著作時代。《周禮》之十二歲，旣爲太歲紀年法，則其成書時代，最低限度當與《呂氏春秋》同時。據太歲紀年法，以天地對稱，相配成偶，以歲星爲陽，右行於天，太歲爲陰，左行於地，及月建之北斗，亦有雌雄，雄左行，雌右行等點推之，此種紀年法，亦當於戰國末年陰陽學說盛行後，方能產生。故由太歲紀年法之因素例之，《周禮》之年代，亦當在戰國末年。

除太歲紀年外，據《周禮》掌天文者之機構而言，《周禮》之年代最低限度，亦當與呂書同時。例如對天象之觀測，呂書於每年立春郊祭後，有『天子迺命太史守典奉法，司天日月之行，宿離不忒，無失經紀』之文。而《周禮》除大史外，則有曆法專官馮相氏掌『二十有八星之位，辨其敍事，以會天位』（《春官》），亦卽觀測星官，『無失經紀』之意。關乎星辰之變，呂書所謂『失紀』、『離忒』、『晝見』等，《周禮》則又有天文專官保章氏『掌天星以志星辰日月之變動……辨其吉凶……以十有二歲之相，觀天下之妖祥』（《春官》）。此外又設挈壺氏掌刻漏（《夏官》）；土方氏掌『土圭之法，以致日景』（《夏官》），司寤氏掌『以星分夜』（《秋官》）之職等。刻漏及土圭之天文儀器，先秦文獻，僅見《周禮》。且《呂氏》所載司天文者，僅爲傳統之太史，屬官多少，有無分職，則無明文。而《周禮》有曆法與天文三分設，且馮相、保章、挈壺各有屬官二十、司寤十，而土方氏甚至有七十屬員之多。是《周禮》官制組織之龐大與嚴密，遠非《呂氏》可比。舉上論辨，如《周禮》不出《呂氏》後，則至低限度當與《呂氏》爲同時代之產物。

四 周禮作於呂氏春秋後秦始皇統一前

《周禮》乃戰國時代之一部理想官制書，其內容多爲取捨兩周制度及先秦文獻而成。此點已有學者論及。至於其成書年代，筆者於詳研及分析《周禮》《呂覽》二書後，甚覺《周禮》有取材《呂氏》之處，故其成書當在《呂氏春秋》之後。玆舉數則略論於下:

法天地四時

《周禮》之中心思想，頗似採自《呂氏十二紀》。《十二紀》於每紀之首，咸列日躔之位，及昏旦中星，以察天象，以辨四時，作天子法天地順四時之施政時令書。此宗旨於《序意篇》全爲表出:

> 文信侯曰: 嘗得學黃帝之所以誨顓頊矣。爰有大圜在上，大矩在下，汝能法之，爲民父母。蓋聞古之清世，是法天地，凡十二紀者，所以紀治亂存亡也，所以知壽夭吉凶也。上揆之天，下險之地，中審之人，若此則是非可不可，無所遁矣。

《呂氏》處周室已亡、天下統一漸成之局勢下，其集賓客編輯《十二紀》者，爲帝王準備之行政歷程書也。《周禮》之作，亦爲新王籌劃之建國憲政書，亦以法天地順四時爲宗旨。其『正歲年以序事，頒之于官府及都鄙』，及觀『二十有八星之位，辨其敍事』等，皆重時令之意。其設官也，以天、地、春、夏、秋、冬六官爲序，六官之屬，總爲三百六十，是其主旨之法天地順四時，尤爲顯然。故鄭《注》亦謂之『象天地四時，日月星辰之度數，天道備焉』。

《周禮》之內容，不啻爲《呂氏·十二紀》之擴大寫照。凡禮、樂、政治、法令、教育、賦稅、田制等，有本《十二紀》之一詞單句而擴大爲更複雜更嚴密之結構者。《呂氏·十二紀》對天子起居、飲食、服色、祭祀，及行政，無不有固定之歷程，《周禮》亦然。惟於施政之大權，《呂氏》主天子獨專，《周禮》則將天子之職，分配六官，各官均依時令，各因其不同之職務，而各有其不同之歷程。其歷程雖多以四時（春、夏、秋、冬）、正歲、歲終、正月之吉、歲時等爲主，然亦有如《呂氏·十二紀》之分孟、仲、季月者。玆按其時令各舉一例如下:

孟、中、季月:

凡四時之孟月吉日，則屬民而讀邦法，以糾戒之。

中春: 中春羅春鳥獻鳩以養國老。

季春: 季春出火，民咸從之。

中夏: 中夏斬陰木。

季夏: 缺

中秋: 中秋夜迎寒，凡國祈年于田祖，……擊土鼓以樂田畯。

季秋: 季秋獻功裘，以待頒賜。

中冬: 中冬斬陽木。

季冬: 季冬陳玉以貞來歲之媺惡。

春夏秋冬四時:

春朝諸侯圖天下之事。

秋覲以比邦國之功。

夏宗以陳天下之謨。

冬遇以協諸侯之慮。

凡四時之徵令有常者，以木鐸徇於市朝。

正歲：簡稼器，脩稼政。

歲終：令百官府各正其治，受其會，聽其致事，詔王廢置。

正月之吉：始和布治于邦國都鄙，乃縣治象之法于象魏，使萬民觀治象，挾日而斂之。

月吉：屬民而讀邦法，書其孝弟睦婣有學者。

歲終、月終、旬終：歲終則令羣吏正歲會，月終則令正月要，旬終則正日成，而以考其治，治不以時擧者，以告則誅之。

歲時：凡歲時有天患民疾，則以節巡國中及郊野，而以王命施惠。

以上諸條之下，雖各擧一例，實則六官（除冬官）及屬吏，甚至達諸鄉遂州黨無不有相同布憲行政之擧。因限篇幅，僅示例而已。

又總觀《呂氏》《周禮》二書之內容，相似之文句、詞彙及思想，隨時可見，例如：

《呂》：仲春之月……上丁，命樂正入舞舍釆……中丁，又命樂正入學習樂。

《周》：春入學舍釆合舞。

《呂》：季秋：是月也……命主祠祭禽於四方。

《周》：中秋，……遂以獮田如蒐之法，羅弊致禽，以祀祊（《注》：祊，方也，指四方地示而言）。

《呂》：季冬命漁師始漁。

《周》：𩞁人掌以時𩞁爲梁。

《呂》：季春……后妃齋戒，親東鄉躬桑，禁婦女無觀，省婦使，勸蠶事。……以共郊廟之服。

《周》：中春詔后帥外內命婦，始蠶于北郊，以爲祭服。

《呂》：孟春：命相布德和令，行慶施惠，下及兆民。

《周》：以歲時巡國及野，而賙萬民之囏阨，以王命施惠。
《呂》：季秋：是月也，……乃命……上丁，入學習吹。
《周》：籥師掌教國子舞羽吹笙。
《呂》：孟春、仲春、季春：其味酸。
孟夏、仲夏、季夏：其味苦。
季夏：其味甘。
孟秋、仲秋、季秋：其味辛。
孟冬：仲冬、季冬：其味鹹。
《周》：凡和春多酸，夏多苦，秋多辛，冬多鹹，調之以滑甘。
《呂》：孟春禁止伐木。季夏：乃命虞人入山行木，無或斬伐。
《周》：林衡掌林麓之禁令，……若斬木材，則受法于山虞，而掌其政令。

兆五帝于四郊春官。

錢穆氏謂戰國時代『五帝祀本無其制，至於分祀四郊，更屬子虛烏有』、『呂不韋著《春秋》，始有東郊迎春、南郊迎夏、西郊迎秋、北郊迎冬之說，此乃學者理想之冥構』。《呂氏》以前，既無四郊祭之說，則《周禮》之『兆五帝于四郊』之『四郊』，顯係採自《呂氏》。

錢氏又謂：『《周官》只說五帝分兆四郊，照理既將五帝兆位分列東西南北四郊，自應分祀春、夏、秋、冬四時，否則同時兼祀四郊五帝，似於情理未合。』又『直到呂不韋著《春秋》，纔於四時四郊分祀五帝有一番詳細的規定』。五帝祀既非實制，於四時四郊分祀五帝既爲《呂覽》作者臆構之禮制，則《周禮》之『兆五帝于四郊』，顯係出自《呂氏》。何則？蓋在同一社會之下，同時可能產生相同之思想，但同時決不能產生雷同之冥構制度。

錢氏謂:『《周官》全書，所用陰陽二字，層見疊出，……要言之，氣有陰陽，聲有陰陽，禮樂有陰陽，祭祀有陰陽，獄訟有陰陽，德惠有陰陽，一切政事法令都有陰陽，……把整個宇宙全部人生，都陰陽配偶化了。這種理想，自然發生在戰國晚年陰陽字盛行之後，是無疑的』，又『《周官》出戰國晚世，在道家思想轉成陰陽學派以後。而「或者」尚在呂不韋著書以前，故《周官》書中並未採及五帝四時分祀之說』。『《周官》未採及五帝四時分祀之說』，則與同文之『照理既將五帝兆位列東、西、南、北四郊，自應分祀春、夏、秋、冬四時，否則同時兼祀四郊五帝，似於情理未合』說，似相矛盾。但後說則誠然中肯，退而言之，卽使《周官》未含五帝四時分祀之義，似亦不能據之而謂《周官》作於《呂氏》以前之證。四時四郊分祀五帝既非實制，則《周禮》作者，可隨意取捨，變化其說而爲獨出之虛構。又或如錢說『《周官》作者，精神有所不及，而一時疎忽了』。

除舉『《周官》未採及五帝四時分祀之說』外，錢氏尚有二例示《周官》或出《呂氏春秋》前:

㈠《春官・大宗伯》:

以六器禮天地、四方，以蒼壁禮天，以黃琮禮地，以青圭禮東方，以赤璋禮南方，以白琥禮西方，以玄璜禮北方。

錢氏謂上文『獨缺了一個中央的黃色，也並不把中央揷入四方裏去，季夏祀中央黃帝的說法，「似乎」在《周官》成書時代尚未完成，所以《周官》作者，未及採用』。

㈡錢氏論陰陽五德終始時謂:『五德終始《周官》的著者，「大概」亦不見及，故受命帝等等，書中亦未有。』

按錢氏雖謂《周官》『或』出《呂氏》前，然細讀其文，則感彼實以《周官》與《呂氏》同時或稍後。例如:

《地官・掌蜃》: 掌斂互物蜃物，以共闉壙之蜃。

《春官冢人》：以爵等爲丘封之度與其樹數。

錢氏謂『孔子所謂：「古者墓而不墳。」決不遠指殷時，也不專言庶人。《左傳》載宋文公厚葬，還不見大爲丘隴。直至吾王闔廬，乃有高墳。其後厚葬之風，日盛一日。《呂氏春秋・安死篇》：「世俗之爲丘隴也，其高大若山，其樹之若林。」《周官》正和《呂氏》處同一時代，所以要主張「以爵等爲丘封之度與其樹數」了』。

《呂氏春秋・上農篇》有論及田野軍旅之關係。錢氏稱之爲『耕農、法令、軍旅，三位一體的理論』。並謂《管子》與《周官》均有相同之說。如《管子》有所謂『作內政而寄軍令』，而《周禮・小司徒》則有更精密更出色之結構，『把一國的財政軍事教育刑法一切的政令，在一個精神下面統一起來。全國凝結成一個有機體，於內務耕稼外勸戰死的後面，再補上一種爲民制產修其孝弟的精神。……把上列《呂氏春秋・上農篇》耕農法令軍旅三位一體的理論，再加上教育孝弟，便成《管子》和《周官》』。

《管子》非出一人之筆，亦非一時之書。其成書年代，較《周禮》或前或後，或爲同時，暫置不論，惟就上所引，以《周禮》與《呂氏》相較，錢氏雖未明言《周禮》作於《呂氏》後，然《周禮》之耕農、法令、軍旅，三位一體之說既爲本諸《呂氏》『再加上教育孝弟』，而構成更精密出色之制度，卽暗示《周禮》乃《呂氏》以後之作品。

《周禮》既『正和《呂氏》處同一時代』或稍後，則不致《呂氏》已有季夏祀中央黃帝及五德終始之說，而同一時代之《周官》，『祀中央黃帝的說法，似乎尙未完成』，『五德終始之說，亦不見及』。據筆者之推論，此二說當《周禮》之著作時代，不至未成，《周禮》之作者，特未採用耳。按《周禮》之中心思想，乃以法天地順四時爲主旨，且重陰陽之說。蓋『天地之理，見於陰陽，陰陽之表現，在於四時，人法之而施於政治，則爲刑德。陰主刑，順時布德而行刑，則爲善法天地矣。……刑德合則生福，詭則生禍』。《周禮》既以天地四時爲設官之主旨，故《大宗伯》僅謂『以六器禮天地四方』。其未在此『把中央插入四方裏去』，似因五方之說，插入此處與全書之主旨不合。然《天官》載：『凡和，春多酸，夏多苦，秋多辛，冬多鹹，調之以滑甘。』卽示《周禮》之作者，已見及《呂氏》之春、夏、秋、冬四時四方及季夏黃帝處中央等之酸、苦、辛、鹹、甘各季各方異味之論。復次，五德終始釋朝代興替之說，亦與五行相生解天地四時自然現象變化之理，互相衝突，故《周禮》未採用。

《周禮》作於《呂氏》以前之說，旣有商榷之處，錢氏之『似乎』、『或者』愼重之言，當非肯定之結語。然其以《周官》之喪葬，以證二書處同一時代，以耕農、法令、軍旅三位一體之理論，示《周官》或出《呂氏》後，則與筆者考《周禮》所得之結論，頗相符合。蓋筆者以太歲紀年之年代及掌天文者之機構而論，則覺二書確係同一時代，以《周禮》與《呂氏・十二紀》之中心思想、內容及結構而言，則覺《周禮》係出《呂氏》以後。且出《呂氏》後之例證不一，玆復擧數則於下：

分野制

《呂氏・有始覽》云：『天有九野，地有九州。』復臚列九野內各野之星宿， 九州內各國之國名。 然天之何野配地之何州， 則《呂覽》尙未有具體之分配。《周禮》則明言馮相氏『以星土辨九州之地，所封封域，皆有分星』。星土卽星所主之土，亦卽九州之地。是以州中諸國之封域，於星皆有直接之分配。故《周禮》之分野爲更進一步之分劃，當出於《呂氏春秋》後。

『閏月詔王居門終月』（《春官》）

明堂始見《孟子》，其制未詳，僅知爲王行政之所。迄《呂氏・十二紀》始詳定每月天子施政應處之堂个，如：

孟春天子居青陽左个，仲春居青陽太廟，季春居青陽右个。孟夏居明堂左个，仲夏居明堂太廟，季夏居明堂右个，中央居太廟室。孟秋居總章左个，仲秋居總章太廟，季秋居總章右个。孟冬居玄堂左个，仲冬居玄堂太廟，季冬居玄堂右个。

是王每月皆有所居，立制可謂詳盡，惟於閏月則無所言。《周禮》鑑此，益以『閏月詔王居門終月』，以補其缺。每月移居，已爲理想，而《周禮》復益之以『閏月居門』更爲畫蛇，足證其出《呂氏春秋》後。

『五氣』、『五藥』

《天官・疾醫》：『以五味、五穀、五藥養其病，以五氣、五聲、五色眡其生死。』鄭《注》：『五氣，五藏所出氣也。』賈《疏》云：『言五藏謂氣之所藏。』按此『五藏』，即據《呂氏》之：『春祭先脾，夏祭先肺，中央土祭心，秋祭先肝，冬祭先腎。』《呂氏》雖有五藏分配四時五行五方之說，但其論氣，則只有『理寒則氣不達，……胃充……則氣不達』（《重己篇》）等語，尚無五氣之論。又《呂氏》雖有『聚蓄百藥』（《孟夏》）之記載，然無『五藥』之分。迄《周禮》始創『五氣』、『五藥』之說，故《周禮》當出《呂氏》後。

以上諸例，雖均證《周禮》出《呂氏春秋》後，然其成書年代，則至遲當在秦始皇統一前。換言之，《周禮》非西漢劉歆所僞。爲省篇幅，僅舉一例證之：

『璽節及璽』

《璽節》

《掌節》：掌守邦節而辨其用……關門用符節，貨賄用璽節……皆有期以反節。（《地官》）

《司布》：凡通貨賄，以璽節出入之。（《地官》）

璽節爲符節之一種，專爲通貨賄之商人而設。其用頗似近代商賈之護照及通行證等。此制雖不見他書，然《周禮》之作者，並非杜撰而無所本。據晚近（1957年）壽縣出土兩組鄂君金節之節文觀之，則顯係限制鄂君於國內水陸通行之區域、期限、舟車之數量、貨賄之禁品及征稅之規定。此出土實物，可作《周禮》『貨賄用璽節』、『凡通貨賄，以璽節出入之』之注腳。與鄭《注》『使人執之以通商，以出入貨賄者』亦相符。

『璽』

《職金》：掌凡金玉錫石丹青之戒令，受其入征者，辨其物之媺惡，與其數量，揭而璽之，入其金錫于兵器之府，入其玉石丹青于守藏之府。（《秋官》）

《注》謂：『璽者，印也，旣揭書揃其數量，又以印封之，爲信驗也。』按秦統一前，公私之印，官府尊卑之印，皆可稱璽。然秦統一後，則惟天子之印獨稱『璽』。自此『璽』字遂成帝王之象徵。故印章之『璽』，秦後用於官吏、或士民者，不見於史，璽節之制，亦絕於文獻。而謂媚莽之劉歆，冒天下之大諱，復將璽定『公私尊卑之用』以犯莽乎。故《周禮》決非爲歆所僞，且其成書年代，必在始皇統一之前。

總上考核，由歲星爲陽，太歲爲陰，天地對稱，相配成偶，陰陽五行盛行下，所產生之太歲紀年法，及相伴之曆法要素觀之，《周禮》係戰國晚期之書，決非用初周公之著作；由印璽及璽節制觀之，《周禮》必非西漢作品；由《周禮》之內容中心思想、分野制、陰陽五行說之五藥、五氣、及閏月詔王居門、兆五帝于四郊、耕農、法令、軍旅、合一等說觀之，則《周禮》當成於《呂氏春秋》後，始皇統一之前。蓋作者目睹周室已亡，天下卽將統一之局勢下，而寫此建國方略，以供新王行政之大典。因其成書之晚，又兼秦室統一，旋即亡亂，故不見先秦文獻。

（《周禮成書年代考》，原載於《大陸雜誌》）

陳　直云：

《考工記》疑戰國時齊人所撰，而楚人所附益。河間獻王取以補《周禮・冬官》之闕文，成書時代，尙遲於《周禮》之後，《玉人》與《典瑞》多同文，是其明證。終葵，終古，則爲齊人之方言，書出於齊人所撰，似無疑義。《南史・王僧虔傳》記南齊建元元年，襄陽有盜發古冢，傳爲楚昭王冢，其中出有竹簡書，簡寬數分，長二尺，有人得十二簡以示僧虔，僧虔辨蝌蚪書體，寫的爲《周禮・考工記》，是此書大行於楚之一證。玆分析如下：

『橘踰淮而北爲枳，鸜鵒不踰濟，貉踰汶則死。』按：殷敬順《列子・釋文》引此經解汶爲蜀之岐山，非是。余疑此經爲齊人所撰，楚人附益，引譬先取其近者，淮、濟、汶皆齊魯楚之地，蜀中殊而不聯屬也。

『攻木之工，輪輿弓廬匠車梓。』按：梓匠車弓四人，在刮摩之後，與經上文不合者，其書非一人所撰。《輈人》別出一章，疑楚人所撰，《方言》：『車轅，楚衞人名曰輈也。』

『不微至無以爲戚速。』鄭《注》：『齊人有名疾爲戚者，《春秋傳》曰：蓋以爲操之爲已戚矣。』按：此經文爲戰國時齊人所撰之一證。

『輪已庳則於馬終古登阤也。』鄭《注》：『齊人之言終古，猶言常也。』按：《楚辭・九歌》云：『長無絕兮終古。』訓終古爲常，蓋齊楚人之通語也。

『察其菑蚤不齵，則輪雖敝不匡。』鄭《注》：『泰山平原所樹立物爲菑，聲如胾。』按：此經文爲齊人所撰之一證。《公羊》

文十四年《傳》曰：『如以指則接菑也。』《公羊》亦齊語也。

『重三鋝。』鄭《注》引《說文》云：『鋝，鍰也。今東萊或以大半兩爲鈞，十鈞爲環，環重六兩，大半兩鍰鋝似同矣。』按：此用齊東萊人之方言也。

『山以章。』鄭《注》：『齊人謂麇爲獐。』《毛詩》陸《疏》云：『青州呼麕爲獐。』按：此經文爲齊人所撰之一證。

『大圭長三尺，杼上終葵首。』賈《疏》引《說文》：『椎擊也，齊謂之終葵』。按：此經文爲齊人所撰之又一證。鄭《注》：『杼，䌰也。』《禮記・玉藻・注》：『終葵首者，於杼上又廣其首，方如椎頭。』證之《宣和古玉圖》、呂氏《考古圖》，鎮圭皆上削薄方首如椎，與鄭《注》正合。

『是故勾兵椑。』鄭《注》：『齊人謂斧柯株爲椑。』按：此經文爲齊人所撰之又一證。

『恆角而短。』鄭《注》引鄭司農說：『恆讀爲裻絚之絚。』按：《楚辭・九章》云：『絚瑟兮蕭鼓。』絚亦楚人語也。

『今夫茭解中有變焉故校。』鄭《注》：『茭讀如齊人名手足腕爲骹之骹。』按：此經文爲齊人所撰之又一證。

『筋三侔。』《經典釋文》云：『齊人呼土釜爲牟。』按：此經文爲齊人所撰之一證。

以上列舉十一條，屬於齊方言者佔九事，屬於楚方言者佔二事，故推斷爲齊人所作而楚人附益之也。

（《古籍述聞・考工記為戰國時齊楚人之作品》，原刊於《文史》第三輯）

顧頡剛云：

到戰國時代，由於農業生產和商業交換的發展，打破了地區性的割據狀態，大家正在努力地創造一個新局面。它和春秋時代不同，用最簡單的話來說，就是統治全局的力量，春秋時是『覇』，戰國初轉爲『王』，後來又借用了上帝的位號而升爲『帝』了。

當時齊宣王在國都臨淄的稷門之外建設了一個文化中心，一般人稱之爲『稷下』。

這班稷下先生的議論的中心，當然是建立統一帝國時代的新制度。劉向≪別錄≫說:

　　≪王度記≫，似齊宣王時淳于髡等所說也。（≪禮記疏≫卷四十三引）

≪王度記≫本是被編入≪大戴禮記≫的，不幸≪大戴禮記≫後來亡失了四十七篇，這篇也滅沒在裏頭，現在我們看不見了。猶幸在東漢時代，班固的≪白虎通義≫、許愼的≪五經異義≫、鄭玄的≪三禮注≫等書裏都有些引用，現在鈔錄出來一看:

　　天子冢宰一人，爵、祿如天子之大夫。（≪白虎通≫上，≪爵篇≫引）

　　子、男三卿，一卿命於天子。（≪白虎通≫上，≪封公侯篇≫引）

　　臣致仕於君者，養之以祿之半。(≪白虎通≫上,≪致仕篇≫引)

　　百戶爲里；里一尹，其祿如庶人在官者。（≪禮記・王制・注≫引）

　　玉者有像君子之德，燥不輕，濕不重，薄不傷，疵不掩，是以人君寶之。天子之純玉尺有二寸；公、侯九寸，四玉一石也；伯、子、男俱三玉二石也。（≪白虎通≫下，≪文質篇≫引）

　　大夫俟放於郊三年，得環乃還，得玦乃去。（≪禮記正義≫四，≪曲禮≫下引）

　　天子以鬯；諸侯以熏；大夫以蘭、芝；士以蕭；庶人以艾。

（《周禮疏》十九，《鬱人》引）

天子、諸侯一娶九女。（《白虎通》下，《嫁娶篇》引）

天子駕六；諸侯與卿同駕四；大夫駕三；士駕二；庶人駕一。（《詩正義》三之二《干旄》引《異義》引）

——以上均見清臧庸《拜經日記》七引他的高祖臧琳《困學鈔》中所輯本。

從這些斷簡殘篇裏看，可以窺見這部《王度記》是如何規定了天子、諸侯、大夫、士、庶人各階級的享用和婚娶、祭祀等的等級制度，如何規定了諸侯裏分別出公、侯、伯、子、男的五等爵制度，以及大夫在致仕中和放逐中的待遇，民間以百戶爲一里的組織。

春秋戰國期間，諸侯未敢稱王時，在禮制上僭越的已很多。稱王之後，更可以名正言順地實行天子之禮。所以稷下先生擬訂的禮制，有些可能在齊國實行過。當時的齊王雖還沒有統一寰宇，卻早已把自己看成了『天子』。試看樂毅帥了五國之師伐齊，入臨淄，齊湣王出亡，魯仲達敍述這事道：

齊湣王將之魯，夷維子爲執策而從，謂魯人曰：『子將何以待吾君？』魯人曰：『吾將以十太牢待子之君。』夷維子曰：『子安取禮而來吾君？彼吾君者天子也！天子巡狩，諸侯辟舍，納筦籥，攝衽抱機，視膳於堂下；天子已食，乃退而聽朝也。』（《史記·魯仲連鄒陽列傳》）

夷維子所說的是天子巡狩時諸侯對他該行的儀節。齊本來是侯國，哪裏來的『天子巡狩禮』？這很可以猜想，該是《王度記》的作者們替齊王所擬定的一套排場，如果平時不行這些典禮，那末齊湣王在流亡之中是不會想到要舉行這個典禮的。

《孟子》裏還有一段極難解釋的話，就是《明堂》的問題：

齊宣王問曰：『人皆謂我毀明堂，毀諸，已乎？』孟子對曰：『夫明堂者，王者之堂也！王欲行王政，則勿毀之矣！』

（《梁惠王》下）

明堂是王者之堂，齊宣王要在那裏實行王政，這正該得着全國的擁護，爲什麼竟會有許多人勸他把這座規模最大的殿堂拆毀了呢？看趙岐的《注》，明堂是周天子東巡狩時朝諸侯之處，宣王是諸侯，不該用它，所以許多人主張毀掉，這似乎趙岐竟忘記了宣王的父親威王早已稱『王』，用不着再謙居於諸侯了。所以這個問題的解答，要借助於《呂氏春秋》。呂氏書說：

> 齊宣王爲大室，大益百畝，堂上三百戶。以齊之大，具之三年而未能成。羣臣莫敢諫王。春居問於宣王曰：『……以齊國之大，具之三年而弗能成，羣臣莫敢諫，敢問王爲有臣乎？』……王曰：『春子，春子，反！何諫寡人之晚也？寡人請今止之！』（《驕恣篇》；又見《新序・刺奢篇》）

明堂一名『大室』，所以這裏所說的『大室』即是孟子所說的『明堂』。我們由此可以知道，齊國人所以要毀明堂，原不是爲了顧全周與齊之間的君臣關係的矛盾，而只因建築工程太大，糜費國帑太多，又不切於君臣們實際生活的緣故。於是我們就該提出一個問題：齊宣王爲什麼會得忽發奇想要建築這所『大益百畝，堂上三百戶』的大廈來？這又可以猜想，那班稷下先生裏有不少的陰陽家，他們提出一個偉大的『王者之堂』的計劃，要齊王住在裏面，像《月令》所說的，一個月更換一個地方，這樣就可以隨順了『四時』和『十二月』的次序而頒行各種政令了。他們把這個『天人相應』的計劃書奏給宣王，宣王本來是一個好大喜功的君主，一時高興，就命工程師照着這個計劃建築起來。後來這所大廈雖因本國官吏們的反對而停止了建築，可是這個理想卻已傳播開來，成爲西漢以來宗教、政治、法令、學術各方面熱烈鼓吹討論的大問題。凡《管子》裏的《幼官》、《呂氏春秋》裏的《十二紀》、《淮南子》裏的《時則》、《禮記》裏的《月令》和《明堂位》、《尚書大傳》

裏的《洪範五行傳》、《逸禮》裏的《王居明堂禮》以及《漢書·藝文志》裏的《明堂陰陽》三十八篇等等，都是發揮這一個理想的計劃；而這個大建築到了王莽時也居然具體地實現了。

孟子口中的周代『王政』說

孟子是鄒國人，鄒與魯是近鄰，他又受業於子思的門人，所以他的學術派別應該是魯國的；然而他的才氣博大，不屑於幹那些繁文縟節的儀式和辯論，又到齊國做過宣王的卿，雖不在稷下之列，而和淳於髡、宋鈃一班稷下先生卻都交朋友，他也希望齊宣王眞能用了『仁政』而王天下，所以他的學術精神是比較偏向齊國的。他的書裏大部分是發揮他的政治理論，但具體地講述到制度的也有幾處。例如北宮錡問他：

周室班爵、祿也如之何？

他回答道：

其詳不可得聞也，諸侯惡其害己也而皆去其籍。然而軻也嘗聞其略也。

他先講『班爵』的制度，說是：

天子一位，公一位，侯一位，伯一位，子、男同一位，凡五等也。君一位，卿一位，大夫一位，上士一位，中士一位，下士一位，凡六等。

前面的五等是王國和侯國的統治階級的領導者等級，後面的六等是王國和侯國內部的統治階級的位次。再講到『班祿』的制度，他說：

天子之制，地方千里，公、侯皆方百里，伯七十里，子、男五十里，凡四等。不能五十里，不達於天子，附於諸侯，曰『附庸』。

天子之卿受地視侯，大夫受地視伯，元士受地視子、男。

大國地方百里；君十卿祿，卿祿四大夫，大夫倍上士，上士倍中士，中士倍下士，下士與庶人在官者同祿，祿足以代其耕也。

次國地方七十里；君十卿祿，卿祿三大夫，大夫倍上士，上士倍中士，中士倍下士，下士與庶人在官者同祿，祿足以代其耕也。

小國地方五十里；君十卿祿，卿祿二大夫，大夫倍上士，上士倍中士，中士倍下士，下士與庶人在官者同祿，祿足以代其耕也。

照他所說，從大夫到下士的祿制各國都一樣，只是君和卿有分別。如果拿了下士的俸祿做單位，那麽，大國的卿祿等於下士的三十二倍，君祿等於三百二十倍；中等國的卿祿等於下士的二十四倍，君祿等於二百四十倍；小國的卿祿等於下士的十六倍，君祿等於一百六十倍。天子的地比大國廣十倍，他的祿就該抵得下士的三千三百倍了。再說到農夫，是:

耕者之所獲，一夫百畝；百畝之糞，上農夫食九人，上次食八人，中食七人，中次食六人，下食五人。庶人在官者其祿以是爲差。（《萬章》下）

他說一個農夫的勞動力，看他的強弱勤惰程度，養活的家口可自五至九人；在官的庶人，如府、史、胥、徒之類，以及下士，都和農夫一樣，他的俸入也可以養活五至九人。孟子所說的數目字似乎十分準確，可是他開頭已自己說明了『諸侯惡其害己也而皆去其籍』，然則他在實際上已沒有眞的周制可見，所謂『軻也嘗聞其略』者只是一種傳聞之辭或是『想當然』的說法罷了。

他提到農業生產，主張用井田制度。這制度是:

請野九一而助，國中什一使自賦。……余夫二十五畝。……

方里而井，井九百畝，其中爲公田。八家皆私百畝，同養公田，公事畢然後敢治私事，所以別野人也。（《滕文公》上）

在這裏他說到賦稅的制度，規定國中（都城和近郊）的生產十份中抽取一份；野中（遠郊）行井田制，以九百畝爲一井，分給八家，每家一百畝，當中的一百畝爲公田，八家共同耕種；農民們應該耕好了公田之後再耕私田。他又解釋『助』的意義道：

夏后氏五十而貢，殷人七十而助，周人百畝而徹：其實皆什一也。徹者，徹也，籍也。……《詩》云：『雨我公田，遂及我私。』惟助爲有公田。由此觀之，雖周亦助也。（《滕文公》上）

這裏他沒有講得很明白。我們體會他的語意，是夏代農民每家授田五十畝，不論豐年或荒年，全部要繳出一定的賦，所以叫做『貢』；商代每家授田七十畝，以六百三十畝爲一區，劃成井田，八家各耕九分之一，公田則互助耕作，對於政府只把公田的收獲繳上，所以叫做『助』；周代每家授田一百畝，以九百畝爲一區，九家通力合作，把全部收獲分作十份，一份歸公，九份分給九家，所以叫做『徹』，徹者通也。因爲孟子所根據的是《小雅・大田》之詩，詩中有『雨我公田，遂及我私』的話，而《小雅》是周人所作，所以他說『雖周亦助』。他覺得這三種制度中，只有助是八家同耕公田，用公田的生產來完糧，實產若干就繳納若干，最爲合理，所以引龍子的話道：『治地莫善於助。』然而他舉出的證據只有《大田》中的一句話，夏、商的田制得不着一點兒資料來作證，而且這一句周人的話也只能說明殷人的『助』，反而不能說明周人的『徹』，豈不是有些兒遺憾嗎？

孟子喜歡說『王政』，他所謂王政固然是所謂古先聖王之政，但也就是他想像中將來統一時代的制度和當時爭取統一的一個方法。

荀子的『法後王』說及其論設官分職的大綱

荀子主張『隆禮』，希望人們『始乎誦經，終乎讀禮』，所以他說：

人道莫不有辨，辨莫大於分，分莫大於禮，禮莫大於聖王。聖王有百，吾孰法焉？故曰：文久而息；節族久而絕；守法度之有司極禮而褫。故曰：欲觀聖王之迹則於其粲然者矣，後王是也。（《非相篇》）

他所謂『辨』，就是分別上下的等級和親疏的關係；他所謂『分』，就是上下和親疏間的名分關係。這原是禮家討論一切制度的中心問題。荀子說的『衣服有制，宮室有度，人徒有數，喪祭、械用皆有等宜』（《王制篇》），可以說自從《王度記》以至漢代的禮家是越討論而越細密的，甚至細密得到了不能實行的地步，例如『宗法』和『喪服』便是。這班人把討論出來的禮算做『古禮』，實在說來，其中小部分是各時代和各方曾經實行過而經禮家們重新整理過的，大部分則只是禮家們在紙片上排列出來的。他們所謂『親親以三爲五，以五爲九』（《禮記·喪服小記》），就是他們慣用的越分越細的排列方式。荀子時代當然已有這般傾向，但卻還沒有達到那般細密的程度。

在『禮』上，荀子和孟子有一點很不相同的地方，就是『法先王』和『法後王』。孟子喜歡把各種制度往上面推，說到井田是夏貢、殷助、周徹；說到學校又是夏校、殷序、周庠：總要舉出古代的因革來表示他所說的是有本之談，後來就開了董仲舒《三代改制質文》和《小戴禮記》中《明堂位》的一派，使得每一件事物在另一個朝代裏必然改名換樣，然而要他們找出眞實的證據來卻是手裏空空的，所以這不能不叫它做『托古改制』。荀子則不然，他說古先聖王的一切禮制都因時間的久遠而消滅了，只有『後王』的制度才是明白可據的事物，所以應當以後王爲法則。他的話是正確的，慢說『諸侯惡其害己也而皆去其籍』，就是諸侯不去其籍也同樣地歸於消滅。試問《魯春秋》爲什麽不始於伯禽而始於隱公，《竹書紀年》爲什麽記晉事始於殤叔而不始於唐叔虞？這沒有別的原因，只爲當時記載的工具——竹、木簡——傳了幾百年之後是必然朽蠹了的。（現在的考古學者所以還能發掘到漢初的竹簡和帛書，那是因爲那時的葬制密不通風，才得免於腐爛的緣故。）《尚書》爲什麽會有幾篇殷商和周初的文字，那是經過了好多次的傳寫而得保存的；但是經過了多次傳寫之後就必然有它的訛誤和修改，所以我們不可能把它完全讀通。西周的東西尚且傳不到東周，何況西周以上的！荀子老實說要觀後王的粲然之迹，那無疑是用李悝的魏文侯、用吳起的楚悼王、周商鞅的秦孝公、用稷下先生的齊宣王這一輩人所訂立的各種新制度。所以孟子和荀子雖是同說王道、同救時弊，然而孟子的態度卻不及荀子的坦白和合於實際。

《荀子》裏有一篇《王制》，其中《序官》一章寫出了各種官吏的執守。他道：

> 宰爵，知賓客、祭祀、饗食犧牲之牢數。司徒，知百宗、城郭、立器之數。司馬，知師旅、甲兵、乘白之數。修憲命，審詩商，禁淫聲，以時順修，使夷俗、邪音不敢亂雅，大師之事也。修隄梁，通溝澮，行水潦，安水臧，以時決塞，歲雖凶敗水旱，使民有所耘艾，司空之事也。相高下，視肥墝，序五種，省農功，謹蓄藏，以時順修，使農夫朴力而寡能，治田之事也。修火憲，養山林、藪澤、草木、魚鱉、百索，以時禁發，使國家足用而財物不屈，虞師之事也。順州里，定廛宅，養六畜，閑樹藝，勸敎化，趨孝弟，以時順修，使百姓順命，安樂處鄉，鄉師之事也。論百工，審時

事，辨功苦，尙完利，便備用，使雕琢文采不敢專造於家，工師之事也。相陰陽，占祲兆，鑽龜，陳卦，主攘擇五十，知其吉凶妖祥，傴巫、跛〔擊〕（覡）之事也。修〔採〕（埰）清，易道路，謹盜賊，平室〔律〕（肆），以時順修，使賓旅安而貨財通，治市之事也。〔抃急〕（折愿），禁悍，防淫，除邪，戮之以五刑，使暴悍以變，奸邪不作，司寇之事也。本政教，正法則，兼聽而時稽之，度其功勞，論其慶賞，以時愼修，使百吏〔免〕（勉）盡而衆庶不偸，冢宰之事也。論禮樂，正身行，廣敎化，美風俗，兼覆而調一之，辟公之事也。全道德，致隆高，綦文理，一天下，振毫末，使天下莫不順比從服，天王之事也。

他一口氣數出了十五個官，其中級別最高的是『一天下』的天王；其次辟公和冢宰，是幫助天王宣揚敎化和總理政務的；下邊是司徒管內政，司馬管軍事，司寇管刑事，都是主要的政務；司空管水利，工師管工務，治田管農業，鄉師管農民，虞師管山林和藪澤，都是主要的生產工作；此外還有治市管市政，宰爵管招待，巫、覡管占卜，大師管音樂，屬於生活和文化的部門。官名雖擧得不多，可說已得其要領。這些應該是戰國時代的眞實官制，和孟子的單說幾句空話是不一樣的。

<管子>書的出現及其六官說和組織人民的胚胎思想

《管子》一書是先秦諸子中的巨帙，歷來相傳是幫助齊桓公成就霸業的管仲所作。齊桓公的霸業，開創了春秋、戰國間四百餘年霸主統治的局面，這是齊國人常常引以自豪的，也就連帶仰慕着管仲。

在『官制』方面，它第一個提出一個特殊的制度，說:

> 昔者黃帝得蚩尤而明於天道，得大常而察於地利，得奢龍而辯於東方，得祝融而辯於南方，得大封而辯於西方，得后土而辯於北方，黃帝得六相而天地治，神明至。
>
> 蚩尤明乎天道，故使爲當時，大常察乎地利，故使爲廩者。奢龍辯乎東方，故使爲土師。祝融辯乎南方，故使爲司徒。大封辯乎西方，故使爲司馬。后土辯乎北方，故使爲李。
>
> 是故，春者，土師也；夏者，司徒也；秋者，司馬也；冬者，李也。（≪五行篇≫）

在這一章裏，第一段把蚩尤等六人分配到上、下和四方，第二段說明這六相的官職，第三段把春、夏、秋、冬四時拍合東、南、西、北四方之官。篇名≪五行≫，分明這篇出於陰陽家的手筆。古代的官制，本有『天子六卿』的傳說（見≪尙書・甘誓≫），所以這裏有『六相』：其中最尊的是明於天道的『當時』和察於地利的『廩者』；次一級是掌農田的『土師』，掌內政的『司徒』，掌軍事的『司馬』，掌刑法的『李』。其所以把它們分配於四時，因爲春主生，故以土師屬之；夏主養，故以司徒屬之；秋主殺，故以司馬屬之，獨有這個李卻難於解釋。李者理也，主刑罰，刑罰也該屬於肅殺的秋天的，爲什麼把它歸到了閉藏的冬？按古代『兵』和『刑』本來不很分淸，所以≪國語≫記臧文仲的話道:

> 刑五而已。大刑用甲、兵，其次用斧、鉞；中刑用刀、鋸，其次用鑽、笮；薄刑用鞭、扑：以威民也。故大者陳之原野，中刑致之市、朝；五刑三次。（≪魯語≫上）

甲兵是戰爭的工具，也是斬殺俘虜的工具，所以執行地點在原野；刀鋸以下是刑事，所以執行地點在市、朝。從後世的觀念說來，這是不可能混同的，但古代竟用『刑』的一字包括起來了。

至於≪管子≫所說的『秋者，司馬也；冬者，李也』，好像確把『兵』和『刑』分作兩事，那是時代越後，分析職官越細的證據，我們可以分作兩點來講：

其一，古代分析一年中的時間原只『春』和『秋』兩個季度：春季是種植的時間，秋季是收獲的時間，所以魯國的史書盡管春、夏、秋、冬四季俱備，但書名只叫作《春秋》，表明分別這兩個農業上的重要時間。到後來，人事分工細了，才從春季裏分出夏季來，又從秋季裏分出冬季來，因此在《堯典》有『羲、和四宅』的記載。于省吾曾對我說：『在甲骨文裏只有「春」、「秋」。其「冬」、「夏」兩字乃是研究甲骨文的學者從後世（東周以下）的觀念裏硬按上去的。』（大意如此；詳細證據，他必然有專文舉出）。所以，『冬』是『秋』的延長，『刑』從『兵』分出也是一事分化爲兩事。《堯典》裏，舜命皋陶的話，把『蠻夷猾夏』和『寇賊奸宄』合爲『士』的一官兩職是合於早期的社會思想和政府組織的，而堯命羲、和四子的宅居四方乃是較後分化的。

其二，『李』卽『理』，兩字同音通用。春秋時『行李』的官名、後世的『大理』、『理刑』的官名都由此來。《詩·魯頌·泮水》云：『矯矯虎臣，在泮獻馘。淑問如皋陶，在泮獻囚。』好像作戰的『虎臣』和審訊俘虜的『皋陶』確是兩個職事，正和《管子》所說『秋者，司馬也；冬者，李也』相合。其實，這正和『冬』是『秋』的延長而分爲兩個季度一樣，是一事的兩種處理。在一次戰事中，把在戰場上砍下來的敵人的頭顱和耳朵獻給統治者論功定賞的是『虎臣』，這正和商鞅行法，『計首論功』一樣；至於活捉來的敵人，則送到像皋陶一般『淑問』的官吏處去定罪，罪輕的作爲奴隸來使用，罪重的便『推出轅門處斬』。用現在的話講來，這位善於斷案的便是『軍法官』。軍法官有當機立斷之權，不像一般管民間訟事的法官要『三推四問』，論起職位來依然是『司馬』方面的屬官，不該另出一名爲『李』。《管子》所以說『秋者，司馬也。冬者，李也』，就是這篇的著作者要把軍法官跟一般法官分別開來，使得『天、地、春、夏、秋、冬』六官具備，正和陰陽家從秋季裏分出冬季一樣。試看西漢時竇嬰犯了死罪，『係於船司空』（見≪史記·魏其武安侯列傳≫），司空在≪周官≫裏本是職掌製造的，屬於冬官，可是也管死囚，這便是秋、冬兩官向來不太分明的一個遺留現象。我記得清代法律，凡是犯了死罪而不是『斬立決』的人總要等待『秋後處決』。秋天本是刑殺的季節，爲什麼不在秋天斬而偏要遲到冬天執行呢？這就因爲冬天是秋天延長出來的緣故。

在≪管子≫裏講到如何把全國人民組織起來的辦法，是有極重要的記載的。≪小匡篇≫說：

> 昔者聖王之治其民也，參其『國』而伍其『鄙』。……
>
> 制國以爲二十一『鄉』：商、工之鄉六，士、農之鄉十五。
>
> 公帥十一鄉，高子帥五鄉，國子帥五鄉。參（三）國，故爲三軍。
>
> 公立三官之臣；市立三鄉；工立三族；澤立三虞；山立三衡。
>
> 制五家爲『軌』，軌有『長』；十軌爲『里』，里有司（這句，看上下文，本當作『里有「里有司」』；只因後人誤認『里有』二字的重文爲衍文，把它刪去，便與上下文不合了）；四里爲『連』，連有『長』；十連爲『鄉』，鄉有『良人』；（按依下文當作『五』）鄉一『帥』（按依下文當作『師』）。

這把全國分爲『國』和『鄙』兩大區：『國』指都城和近郊，立三分制；『鄙』指遠郊，立五分制。就國說，是士、農、工、商四類人都有的。制五家爲一軌，十軌爲一里，四里爲一連，十連爲一鄉，一鄉計一千家；整個的『國』區分爲二十一鄉，齊君自己領十一鄉，齊國的貴族高子和國子兩家各領五鄉，組織爲三軍。因爲一國三軍，所以官、市、工、澤、山也都用了三數來分組。這個制度的好處，書上說:

作內政而寓軍令焉: 爲高子之里，爲國子之里，爲公里，三分齊國以爲三軍; 擇其賢民使爲『里君』，鄉有行伍、卒長，則其制令，且以田獵，因以賞罰，則百姓通於軍事矣。

可見這是把全國人民納入於軍事組織的一種辦法。下文又說:

五家爲『軌』，五人爲『伍』，『軌長』率之。十軌爲『里』故五十人爲『小戎』，『里有司』率之。四里爲『連』，故二百人爲『卒』，『連長』率之。十連爲『鄉』，故二千人爲『旅』，『鄉良人』率之。五鄉一『師』，故萬人一『軍』，五鄉之師率之。

三軍: 故有中軍之鼓，有高子之鼓，有國子之鼓。春以田曰『搜』，振旅; 秋以田曰『獮』，治兵。是故，卒、伍政定於里; 軍、旅政定於郊。內敎既成，令不得遷徙，故卒伍之人，人與人相保，家與家相愛。……夜戰，其聲相聞，足以無亂; 晝戰，其目相見，足以相識。……是故以守則固，以戰則勝。

這是在和敵國作戰時團結起來的情況。若在平時呢，則是:

高子、國子退而修『鄉』，鄉退而修『連』，連退而修『里』，『里』退而修『軌』，軌退而修『家』。是故，匹夫有善，故可得而舉也; 匹夫有不善，故可得而誅也。政既成，鄉不越長，朝不越爵; 罷士無伍，罷女無家。……士莫敢言一朝之便，皆有終歲之計; 莫敢以終歲爲議，皆有終身之功。

靠了全國羣衆的力量，使得人們只能聽從上級的命令，有作戰的義務，而沒有遷徙的自由; 又只能作好事而不敢作壞事，都有長期的

計劃而不爲一時的利益改變了職業，這樣當然有利於統治。至於『鄙』，則有五屬的制度:

制五家爲『軌』，軌有『長』；六軌爲『邑』，邑有『司』；十邑爲『率』（依下文應作『卒』，下同），率有『長』；十率爲『鄉』，鄉有『良人』；三鄉爲『屬』，屬有『帥』；五屬一『大夫』。武政聽屬；文政聽鄉。

住在鄙內的全數是農民，一鄉爲三千家，一屬爲九千家，五個屬設一個大夫管着。這個管『武政』的『五屬大夫』的責任是這樣。

正月之朝，五屬大夫復事於公。擇其寡功者而譙之曰：『列地分民者若一，何故獨寡功？何以不及人？教訓不善，政事其不治？一再則宥，三則不赦！』……於是乎五屬大夫退而修『屬』，屬退而修……『鄉』，鄉退而修『卒』，卒退而修『邑』，邑退而修『 家 』。是故……政成國安，以守則固，以戰則強。封內治，百姓親，可以出征四方，立一『覇王』矣！

在同書的《立政篇》裏，又有相類似而不完全相同的規制:

分國以爲五『鄉』，鄉爲之『師』。分鄉以爲五『州』，州爲之『長』。分州以爲十『里』，里爲之『尉』。分里以爲十『游』，游爲之『宗』。十家爲『什』，五家爲『伍』，什、伍皆有長焉。

築障，塞匿，一道路，博出入，審里閈，愼管鍵，管藏於『里尉』。置『閭有司』以時開閉，閭有司觀出入者以復於里尉。凡出入不時、衣服不中、圈屬羣徒、不順於常者，閭有司見之，復無時。若在長家子弟、臣妾、屬役、賓客，則里尉以譙於『游宗』，游宗以譙於『什、伍』，什伍以譙於『長家』。譙敬而勿復。一再則宥，三則不赦。

這種人民的組織和監督是多麼地嚴密！一國分作五鄉，每鄉設『鄉師』一人；一鄉分作五州，每州設『州長』一人；一州分作十里，每里設『里尉』一人；一里分作十游，每游設『游宗』一人；一游分作十（？）什，每什設『什長』一人；每什各分兩伍，每伍設『伍長』一人，管着五個家。此外又有『閭有司』，管着里門，凡見有形迹可疑的人立刻向上級報告。如果人家的子弟、賓客、奴隸有可疑的，那麼里尉就一路責問下去，直問到這一家。國和家這般緊緊地聯繫着，當然敵人再也鑽不進一個空子來了。

因爲有了這種嚴密的組織，所以政府的政策和法令一直能够貫徹到最基層。同篇中說：

> 正月之朔，百吏在朝，君乃出令布憲於國。五鄉之師、五屬大夫皆受憲於太史。大朝之日，五鄉之師、五屬大夫皆身習憲於君前。太史既布憲，入籍於太府。……
>
> 五鄉之師出朝，遂於鄉官，致於鄉屬，及於游宗，皆受憲。憲既布，乃反致令焉，然後敢就舍。就舍，謂之『留令』，死罪不赦。
>
> 五屬大夫皆以行車朝出朝，不敢就舍遂行；至都之日，遂於廟，致屬吏，皆受憲。憲既布，乃發使者，致令以布憲之日、蚤晏之時。……憲未布，使者未發，不敢就舍；就舍，謂之『留令』，罪死不赦。
>
> 憲既布，有不行憲者，謂之『不從令』，罪死不赦。考憲而有不合於太府之籍者，侈曰『專制』，不足曰『虧令』，罪死不赦。

這又是何等嚴格的法治手腕！他們的『布憲』是何等地鄭重！但我們要問：這眞是管仲所定的制度嗎？從文中齊桓公與管仲一問一答及高子、國子與齊君統率三軍的形式看來，這好像是管仲的，所以編《國語》的人就把《小匡》一篇略加壓縮和修改，算作《齊語》。但在古時代，大小貴族各有各的地盤和臣民，不可能打開畛域，一起交給國君作出整個的組織和分配。這一定是戰國時代貴族政治快到了消滅的時候的計劃，與其說是管仲的，實在不如說是商鞅的。《史記・商君列傳》說:

孝公……以衞鞅爲左庶長，卒定變法之令，令民爲『什』、『伍』而相收司、連坐。不告奸者腰斷。告奸者與斬敵首同賞；匿奸者與降敵同罰。……有軍功者各以率受上爵；爲私鬬者各以輕重被刑。大小僇力本業耕、織、致粟、帛多者復其身；事末利及怠而貧者舉以爲收孥。……於是太子犯法，衞鞅曰：『法之不行，自上犯之！』……刑其傅公子虔，黥其師公孫賈。明日，秦人皆趨令。……集小都、鄉、邑、聚爲縣，置令、丞，凡三十一縣。爲田開阡、陌、封疆而賦稅平。平斗、桶、權、衡、丈、尺。……居五年，秦人富強。

這是把國內原有貴族的小圈子的土地封疆一齊劃平了，許多貴族自己隨意規定的制度都給『國定』的制度所統一了，然後把人民完全組織起來。他的法是『令民爲什、伍而相收司、連坐』，這不是和《管子》的『人與人相保』是同樣的辦法嗎？他們的目的，都是要使『卒、伍政定於里』而後『軍、旅政定於郊』，達到富強的王業。可是，商鞅固然爲了適應戰國時代的要求而嚴立這些法制，難道生在春秋前期的管仲已經能預定這適應於戰國中期的法制嗎？我們可以猜想，這是在商鞅變法之後，看了他的榜樣而齊國方面也興起了一批法家，他們要爲齊國訂立嶄新的制度而上托於管仲以自尊。因爲他們所擬定的制度不止一份，所以《小匡》裏『制國以爲二十一鄉』，而《立政》裏卻是『分國以爲五鄉』；《小匡》的鄉只一千家，而《立政》的鄉竟爲五萬家，距離得這麼遙遠！又《王度記》作得早，所以只說『百戶爲「里」，里一「尹」』，人民組織非常簡單，而《小匡》則里下有『軌』，里上有『連』和『鄉』，《立政》則里下有『游』、『什』、『伍』，里上有『州』和

『鄉』，《立政》的『 里 』且增多到一千家，十倍於《王度記》了。

因爲這許多全是齊國人空想出來的制度，當時又沒有確實數字的統計資料可以依據，所以在《乘馬篇》裏又有些人作出了不成樣子的計劃來：

方六里，命之曰『暴』。五暴命之曰『 部 』。五部名之曰『聚』；聚者有市，無市則民乏。五聚命之曰某『鄉』。四鄉命之曰『方』。『官制』也，官成而立邑。

五家而『 伍 』。十家而『 連 』。五連而『 暴 』。五暴而『長』，命之曰某『鄉』。『邑制』也，邑成而制事。

四聚爲一『離』。五離爲一『制』。五制爲一『田』。二田爲一『夫』。三夫爲一『家』。『事制』也，事成而制器。

這章文字一定有大錯誤：第一段說『五暴曰部，五部曰聚，五聚曰鄉』，是一鄉爲二十五聚，一百二十五暴；第二段說『五暴而長，命之曰某鄉』，是一鄉只有『五暴』；第三段說四聚一離，五離一制，五制一田，二田一夫，三夫一家，那麽一家倒有六百聚之多。如果不是鈔寫的人大錯特錯，便是作者是一個低手人，連算術都不會，只會隨便亂寫。

如上所述，僅就《小匡》《立政》《乘馬》三篇文字看《管子》中對於人民的組織的計劃，盡管其中記載的制度非常豐富，而這種制度從實際出發的卻是很少，從空想裏構成的倒占了多數。但是這種空想的計劃也可以表現一個時代的精神，所以我們正好從《管子》一書裏看出從戰國到西漢的齊國方面對於社會組織的種種設想。《周官》中對於全國人民的組織也有種種的設想，可見這兩部書必然是個孿生子，所以會有這樣密切的關連。

《曲禮》中的官制

《小戴禮記》裏保存了一篇很凌亂的記載，也談到古代的官制，篇名叫做《曲禮》，大概出於漢初人所纂輯。『曲』的意義是叢雜而不成系統的，可以把《莊子》上的『一曲之士』來比擬。但它在講到官制方面的這段文字卻有比較重要的提示。

天子建『天官』，先『六大』，曰：大宰、大宗、大史、大祝、大士、大卜，典司六典。

天子之『五官』，曰：司徒、司馬、司空、司士、司寇，典司五衆。

天子之『六府』，曰：司土、司木、司水、司草、司器、司貨，典司六職。

天子之『六工』，曰：土工、金工、石工、水工、獸工、草工，典制六材。

在這段文字裏，把天子的官吏分爲『六大』、『五官』和『六府』三類；又把從事手工業的人民總括爲『六工』，而其所典藏的原材料則是『六材』。除了司民事的『五官』外，都以六數分配，這似乎和《周官》的把『天、地、春、夏、秋、冬』分爲六官的有些相像，但其實際卻有根本性的差異。

差異在什麼地方？是在神權思想的濃薄有異上。古人迷信上帝和祖先在天的神靈是非常眞摯的，好像人們的一舉一動都看在上帝和祖先的眼睛裏，『作善降之百祥，作不善降之百殃』是天經地義的反應。所以每一個新朝天子都是接受了天命（這就叫做『受命』）而革掉前朝的命的（這就叫做『革命』）。例如《詩·大雅·大明》說：

維此文王，小心翼翼，昭事上帝，聿懷（來）多福。厥德不回（違），以受方國。

又《大雅・皇矣》說:

皇矣上帝，臨下有赫（顯），監觀四方，求民之莫（瘼）。維此二國（夏、商），其政不獲。維彼四國（四方之國），爰究（謀）爰度（居）。……乃眷西顧，此（周）維與宅。

這就可見，在周人的心目中，上帝是怎樣地威靈顯赫，只要他不喜歡那個大國時，就會四面去尋找替代的人。上帝覺得商王不好，想撤換他的王位，待他走向西方時才找到了這位『小心翼翼，昭事上帝』的周文王，於是把天下交給他了，上帝也就住到文王那裏來了。

至於祖先，也和上帝一樣地威靈顯赫。《書・盤庚・中》載盤庚向朝中諸臣說話時，他道:

『古我先王曁乃祖乃父胥及逸勤，予敢動用非罰！……玆予大享于先王，爾祖其從與享之。作福作災，予亦不敢動用非德！……罰及爾身，弗可悔！』

這本是商王盤庚想遷都到殷地，但當時一班貴族不願意，盤庚強迫着他們走，想用刑罰來制裁他們，所以他就對着一班世臣說:『從前我的先王和你們的祖和父都曾經同過着安樂和辛苦的生活，我哪敢對你們作出過度的刑罰呢；現在我要向先王擧行一回大祭祀了，你們的祖先也一起受祭。你們的作善而得福或作惡而得災，都有先王和你們的祖先來處置你們！』這祖先的亡靈的威嚴是何等地顯赫，也就有力地保衞了盤庚自己的王權。

在樣的空氣裏，可見『人』和『天』是怎麽地緊緊連繫了的？『人』的最高領導是『王』，他的一切行動都代表着『天』，這可說是『王權』和『神權』的結合．實際上則是他用了『神權』來鞏固他自己的『王權』。

《曲禮》裏說:『天子建「天官」，先「六大」，曰:大宰、大宗、大史、大祝、大士、大卜，典司六典。』所謂『天官』就是六種代表神的意志的官，『大宗』是主宗廟祭祀的，『大祝』是主向神們禱告的，『大卜』是主向神們詢問吉凶的，這都容易看出。『大宰』呢，我看它的原始意義是掌祭祀時屠殺牲畜的一個頭子，這只要到北京的『天壇』裏看一下『打犧亭』，便可知道皇帝禮天時殺牲的規模是如何地巨大。後來失掉了原義，便成爲『總百官』的『宰相』了。『大史』是天子的秘書，爲天子向天和祖寫讀祝文的。『大士』該是助祭的官，像《詩・大雅・文王》裏所說的『殷士膚敏，祼將（灌鬯）於京；厥作祼將，常服黼（裳）冔（冠）』一類，因爲祭祀是件大事，奔走篩酒、上飯、送菜、焚帛一類的服務人員就不可不多了。這些人一多，就必然有一個司儀員管着他們，這就叫作『司士』。（依郭沫若說，『大士』卽與『大史』爲對的『右史』，說詳下，也可討論。）

這六種官之所以總名爲『天官』，就因他們所做的事都是對宇宙中最高級的上帝和統治集團中的已死了的祖先打交道的事的。郭先生在整理金文中發現了《小盂鼎》的銘文中有下列幾句話：

> 隹八月旣望，辰在甲申，昧喪（爽），三左、三右多君入服酉（標）。明，王各（格）周廟。

他推想這『三左、三右』卽《曲禮》中的『天王六大』，因爲三人站在王左，三人站在王右之故。他再用《書・顧命》文作證。當成王死後，康王繼位時，《顧命》說：

> 王麻冕、黼裳，由賓階（西階）隮（升）；卿士、邦君麻冕、蟻（玄色）裳：入卽位。太保、太史、太宗皆麻冕、彤裳，太保承介（大）圭，上宗奉同（爵名，祭時酌酒者）、瑁（玉器名，用來冒諸侯的圭璧的），由阼階（東階）隮。太史秉書，由賓階隮，御王册命。

宋蔡沈《集解》道：

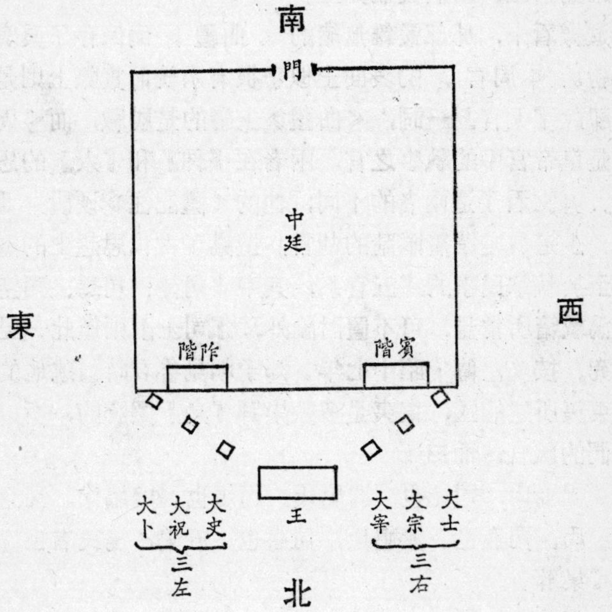

太保受遺（成王遺命），太史奉册（新王的受命證書），太宗相禮，故皆祭服也。……太保、宗伯以先王之命，奉符寶以傳嗣君，有主道焉，故升自『阼階』。太史以册命御王，故特書由『賓階』以升。

郭先生在《周官質疑》裏又說:

準《顧命》文，知大宰、太宗在王之右（以階而言由西，以位而言則在王右），大史在王之左。與大史爲對之『大士』亦稱『右史』）《曲禮》:『史載筆，士載言。』《玉藻》:『動則左史書之，言則右史書之』），自亦在王右。如是，則六大之中之太祝、太卜在王左矣。『 三左 』卽大史、大祝、大卜;『三右』卽大宰、大宗、大士。

他更繪爲一圖，我們復制如上。

這樣看來，那部叢雜無緒的《曲禮》倒保存了眞實的古史遺文，勝於《周官》的表面上似乎很有系統而實際上則是拼湊加僞造。卽此『天官』一詞，《曲禮》上講的是神職，而《周官》上講的卻是皇帝宮中的執事之官，兩者在『神』和『人』的思想上迥然不同。鄭玄看了這兩者的不同，他的《禮記注》硬說：『此蓋殷時制也。』這眞是閉着眼睛的胡言，攪亂了古代思想史的進程！

至於執掌民事的『五官』，其中『司徒、司馬、司空、司寇』四官爲載籍所常見，可不置討論外，『司士』則僅此一見，我們可以研究。按《左傳·昭十七年》郯子朝見魯君時敍述他的家譜，而郯是東夷所建的國，東夷是多數崇拜『鳥』圖騰的，所以把鳥名稱呼他們的職官，而曰：

> 祝鳩氏，司徒也。鵙鳩氏，司馬也。鳲鳩氏，司空也。爽鳩氏，司寇也。鶻鳩氏，司事也。五鳩，鳩民者也。

杜預《集解》：

> 『鳩』，聚也。治民上聚，故以『鳩』爲名。

這就說明了這些處理民事的長官都把鳩集人民作爲主要的任務，而其中有『司事』一名，恰和《曲禮》的『司士』同樣地稀見於他書。按王國維《觀堂集林·釋史》云：

> 古之官名多由史出，殷、周間王室執政之官，經傳作『卿士』，而《毛公鼎》、《小子師敦》、《番生敦》作『卿事』，殷虛卜辭作『卿史』，是卿士本名史也。

王氏這個發見，正可把《曲禮》和《左傳》兩字之異打通了。

至於『六府』一名，見於《左傳》文七年晉郤缺的一段話裏：

> 《夏書》曰：『戒之用休，董之用威，勸之以九歌勿使壞』。九功之德皆可歌也，謂之『九歌』。六府、三事，謂之『九

功』。水、火、金、木、土、谷，謂之『六府』。正德、利用、厚生，謂事『三事』。

又《書・禹貢》裏也有『六府孔修』的話，可見一初物質，最切於民生日用的是『水、火、金、木、土、谷』六種財富。有了這六種物質財富的，才可以建立起國家來，這是古人在思想中把一切物質歸納出來的一個定律。到了戰國時代鑽出一班陰陽家，把『水、火、木、金、土』五項物質定爲『五行』，並且規定了這五行的運行和相生、相克的原則，配合於各時代裏的歷史，並且規定了各部門行政項目的時間，於是有《月令》一書的出現，成了發展科學的極大障碍。他們單獨丟掉了最切近於民生日用的『谷』，難道他們不要吃飯的嗎？

最後一項是『六工』，這六工所主管的項目是『土工、金工、石工、木工、獸工、草工』，都是關於農業和手工業的，擔任操作的人即使不是奴隸也必然是個農奴。這倒可以把鄭玄的注文和賈公彥的疏文作爲說明，因爲他倆都是注過《考工記》的。

『土工』，陶、旊（作簋、簋，均飯食用具）也。『金工』，築（書刀）、冶（煎金）、鳧（鐘）、㮚（量器）、段（鍛；錢、鎛——均農器）、桃（刃、釗）也。『石工』，玉人（圭、璧），磬人也。『木工』，輪（車輪）、輿（車床）、弓、廬（戈戟之屬）、匠（建築）、車（大車、羊車）、梓（杯勺、筍、虡）也。『獸工』，函（甲鎧）、鮑（治皮）、韗（以皮冒鼓）、韋（熟皮爲衣）、裘（狐裘之屬）也。『草工』（葦席、盛食之器）。

這是古代手工業的一篇總賬。那時『工、商食官』（見《國語・晋語》），所以這些手工業都歸官辦，成爲『天子之六工』。

總的說來，《曲禮》這書雖凌雜無緒，但頗合古代的政治制度，不像《周官》的眞僞混雜，使讀者容易上當。爲了我們要對

《周官》作出批判，所以先來表章《曲禮》中的官制記載的近於實際。

漢文帝令博士們作王制時所取的資料

《小戴禮記》裏又有一篇《王制》，一望這個名題就可以明白它的性質和《王度》相同，都是規定建國時的主要規劃的。鄭玄《三禮目錄》云:

名曰《王制》者，以其記先王班爵、授祿、祭祀、養老之法度。此於《別錄》屬制度。(《禮記正義》卷首引)

其實這篇文字並不是『先王之法度』，它的內容也不止於這四項，還有職官、朝聘、巡狩、田獵、賦稅、學校、選擧、喪祭、刑法、道路、邊裔……等項，可以說這書雖然簡單，而凡是建立國家的弘綱巨節都已具備了。這篇文字的著作時代，孔穎達《正義》說:

《王制》之作蓋在秦、漢之際。知者，案下文云:『有正聽之。』鄭云:『漢有「正平」，承秦所置。』又有『古者以周尺』之言，『今以周尺』之語，則知是周亡之後也。故鄭答臨碩云:『孟子當赧王之際，《王制》之作復在其後。』盧植云:『漢孝文皇帝令博士諸生作此《王制》之書。』

漢代的經師們本來最喜歡把書籍的年代提向遠古，而對於這篇的晚出書卻沒有加以回護。盧植的說法是根據《史記·封禪書》來的。《封禪書》說:

趙人新垣平以望氣見上，……於是貴平上大夫，賜累千金;而使博士諸生刺《六經》中作《王制》，謀說巡狩、封禪事。

又《史記索隱》引劉向《別錄》云:

文帝所造書有《本制》《兵制》《服制》篇。

可見漢文帝居於大一統之世，又當漢皇室的政權穩固之後，由於方士和儒生們的慫恿，想定出許多開國制度，博士諸生們就應詔做出這些書來以供採擷，這和稷下先生的工作非常相像。《別錄》所說的《本制》，當卽《封禪書》裏的《王制》。《兵制》、《服制》等篇俱已亡佚，只有《王制》一篇傳了下來，被收進了《小戴禮記》。

這篇文字，照司馬遷說，它的資料是從《六經》中抽取的；其實先秦諸子它也一律選用。卽如開頭所講的『分田制祿』就是直鈔《孟子》中『周室班爵、祿』一章，只是稍微有些改動。第一，孟子把『天子』列爲一等，和荀子把『天王』列在《序官》裏一樣，而『子』和『男』則同列在末一等裏；《王制》則說：

> 王者之制祿、爵，公、侯、伯、子、男，凡五等。

它沒有提到『天子』的等級，想是因爲到了秦、漢時代，皇帝的地位太尊嚴了，人們不敢再把他和諸侯同列於五等之中了，所以改把『子』、『男』分列爲二等。其二，孟子說『天子之卿受地視侯，大夫受地視伯，元士受地視子、男』，而《王制》則說：

> 天子之三公之田視公、侯；天子之卿視伯；天子之大夫視子、男；天子之元士視附庸。

這又因爲漢代以丞相、太尉、御史大夫爲三公，地位在九卿之上，所以卿以下就不得不挨次推下了一位。從這些地方看來，它的時代性是非常顯明的，司馬遷和盧植的話可說是絕對正確。

郡、縣的制度，從春秋、戰國以來因爲大國的拓地而逐漸發展，到秦始皇統一六國而普遍化。漢初人不瞭解這是時代的潮流，誤認爲秦的滅亡由於不封子弟和功臣所致，所以漢初又恢復了封國的制度。但這僅是一股反時代的逆流，所以不到幾十年又逐一分化或撤消了。博士諸生是慣於讀死書的，他們看不淸時代的趨勢，只覺得『周公封建親戚以蕃屏周』是一個天經地義的制度，而漢初的

疆土又大大地超過了周初，因此他們就在《王制》裏作了極整齊和極生硬的規定:

凡四海之內九州，州方千里。州建百里之國三十，七十里之國六十，五十里之國百有二十，凡二百一十國。名山、大澤不以封。其餘以爲附庸、閑田。……

天子之縣內方百里之國九，七十里之國二十有一，五十里之國六十有三，凡九十三國。名山、大澤不以朌。其餘以祿士，以爲閑田。

凡九州，千七百七十三國。天子之元士、諸侯之附庸不與。

作者認爲整個的天下方三千里，分畫成九個州，每州都是整整齊齊地方一千里；把八個州封給子弟和功臣，共計一千六百八十國；天子自己管着一個州，把它的小一半封給三公、卿、大夫，共九十三國，大一半的田產則專供給王室的開銷。這眞是一個稱心如意的算盤！他們不想，封國是世襲的，而子弟和功臣卻會一代一代地增長起來，如果在開國時已經完全封出，過了幾代又該如何去安插？他們又不想，九州的地形是大有參差的，東邊幾州平原多而山澤少，開方計里而封國固然不太困難，但西邊幾州則是山岳地帶，絕少平原，即經規定了『名山、大澤不以封』，試問怎樣還能方方整整地每州封上二百一十國？所以這些規劃分明只是紙片上的玩意兒，和現實聯繫不起來的。

在官制方面，《王制》所規定的王朝官吏委實太稀少了，它說:

天子三公、『九卿』、二十七大夫、八十一元士。

這從大官到小官用了『三』數乘了三次，只有一百二十人。這一個大一統的皇帝的朝廷裏爲什麼設官會如此地稀少？這個問題連慣於附會的鄭玄也覺得它太不像樣了，他便注道:

此夏制也。《明堂位》曰:『夏后氏之官百。』擧成數也。

本來他認爲《王制》是作於周赧王以後的，到此也感到了這個難以解釋的矛盾，只好把它往前推，推到極簡樸的上古去，說是夏制了。到了近代，章炳麟不客氣地批評道:

> 尤瀆亂不經者，以爲天子之官，三公、九卿、二十七大夫、八十一元士。此非孟子所說，而與《昏義》《尚書大傳》《春秋繁露》《白虎通義》相扶。……是則百二十官各爲正長，九卿之寺徒有正卿一人，更無僚屬爲之贊助，其叢脞不亦甚乎！……餘以《王制》《昏義》《書大傳》《春秋繁露》皆不達政體者爲之，名曰博士而愚莫甚焉！（《太炎文錄》一，《駁皮錫瑞三書》）

眞的，堂堂一個天朝的組織哪能這般地簡單！如果將來眞能發見夏代的制度，我想決然不止這個數目。但它說到外州的官制倒還是大模大樣的:

> 千里之外設方伯。五國以爲屬，屬有長；十國以爲連，連有帥；三十國以爲卒，卒有正；二百一十國以爲州，州有伯。八州：八伯、五十六正、百六十八帥、三百三十六長。八伯各以其屬屬於天子之老二人，分天下以爲左、右，曰『二伯』。……
>
> 天子使其大夫爲『三監』，監於方伯之國；國三人。

以上共五百九十四人，較中朝的官幾乎多至四倍。其中地位最高的是『左伯』和『右伯』，這二伯領導着『八伯』；八伯統率着『八州』；天子又派使者到各州去監察，每州三人。這個說法有幾處來源：第一，《詩經》裏有《周南》《召南》，所以《樂記》說：『五成而分周公左、召公右。』《公羊傳》又說：『自陝而東者，周公主之；自陝而西者，召公主之。』（隱五年）這裏也就跟着說『二伯』了。第二，《尚書大傳》說舜『元祀，巡守四岳、八伯』，這八伯的名義據它說是陽伯、儀伯、夏伯、羲伯、秋伯、冬伯等，大概是把一年的四時和《堯典》的羲、和四子混合編制的；這裏的『八伯』當然和它有着血統的關係。第三，在《管子・小匡》和《立政》兩篇裏，『屬』、『連』、『卒』的組織和『長』、『帥』的官名都已見過，這裏只是把這些名詞重新編排了一下而擴大八州去。第四，《漢書・地理志》云：『周旣滅殷，分其畿內爲三國。……邶以封紂子武庚；庸，管叔尹之；衞，蔡叔尹之：以監殷民，謂之三監』；這裏所說的『三監』，意義雖有不同，而字面則顯然是借用這件故事的。卽此可知，這外州的官制雖然比較堂皇，實際上則全由拼凑而來。

《封禪書》說博士們作《王制》謀議巡狩、封禪事，按《王制》文中具體說出的巡狩制度，是：

> 天子五年一巡守。
>
> 歲二月，東巡守，至於岱宗，柴而望祀山、川，覲諸侯。問百年者就見之。命大師陳詩以觀民風。命市納賈以觀民之所好惡，志淫好辟。命典禮考時、月，定日；同、律、禮、樂、制度、衣服正之。山、川神祇有不擧者爲不敬，不敬者君削以地。宗廟有不順者爲不孝，不孝者君絀以爵。變禮、易樂者爲不從，不從者君流。革制度、衣服者爲畔，畔者君討。有功德於民者加地進律。
>
> 五月，至於南岳，如東巡守之禮。八月，西巡守，至於西岳，如南巡守之禮。十有一月，北巡守，至於北岳，如西巡守之禮。
>
> 歸，假於祖、禰，用特。

他們規定了天子每五年該出去一整年，周游四方，把四岳之官所在地作爲行轅：每到一個岳，就須祭祀山、川，朝見諸侯，訪問耆老，考察風俗，執行賞罰，並統一歷法、禮節、音樂、服裝等等制度，這無疑是有利於政治和文化的統一。可是天熱的時候偏向南行，到了天冷卻要北征，似乎不近人情，無奈五行學說的排列法不能改變，《天子巡守禮》就必然該和《王居明堂禮》取得一致。至於巡狩時的種種考核制度，則和秦始皇的歷次東巡大有關係。按《史記·秦始皇本紀》，二十八年刻石琅邪臺，說：

> 維二十八年，皇帝作始。……東撫東土，以省卒士。……普天之下，摶心揖志。器械一量，同書文字。……匡飭異俗，陵水經地。……除疑定法，咸知所辟。方伯分職，諸治經易。……奸邪不容，皆務貞良。……端直敦忠，事業有常。……

又三十七年刻石會稽，也說：

> 皇帝幷宇，兼聽萬事，遠近畢淸。……貴賤幷通，善惡陳前，靡有隱情。飾省宣義，有子而嫁，倍死不貞。防隔內外，禁止淫佚，男女潔誠。……大治濯俗，天下承風，蒙被休經。……

從這兩段話裏，可以看出，秦始皇的巡狩不但要統一制度，把器械和文字等完全規範化，而且要定出倫理敎條，使得奸邪都要改務貞良，男女間也要防隔內外，直管到寡婦不許再嫁。這就是《王制》裏的親民風和正制度的由來了。

周官的出現及其和詩書、金文中的周制以及管子等擬定的制度的矛盾

從以上所說的許多事實和記載看來，可以知道統一天下的制度，在秦始皇幷呑六國以前早已準備了一百多年。在這一百多年裏邊，我們固然有理由說齊國人曾經定出了許多大計劃，但我們不能說只有齊國一國在準備，因爲楚在春秋初卽已稱王，到戰國時拓地已達方五千里，而秦、魏、趙、燕諸國旣都稱王，就誰也懷着統一

天下的雄心，既經有了這樣雄心就誰也不免有所計劃，這些計劃用文字寫出來的便是後王的制度。例如晋代在魏襄王冢裏發掘出來的竹書，其中有《周食田法》一種（見《晋書·東晳傳》），說不定就是魏人對於班祿的預定計劃而托之於周的。又如《尙書》中的《禹貢》，其中細細地規定了九州的貢物和田賦，看它所有說到的地名最詳於西北和西南，我們也可以推測，這是秦人對於統一後預定的貢賦計劃而托之於禹的。等到六國完全幷入於秦，六國所草的計劃必然有某些部分爲秦人採擇施行的。例如始皇初幷天下，就推『五德終始之傳』，定了『水德』的制度，這五德終始說分明是齊人騶衍所創，又齊國的封禪禮當始皇東巡到泰山時就取來用了，這都是些很明顯的例子。可是統一天下爲郡縣以及中央專制政治的出現畢竟是史無前例的，爲了適應這個新環境還得作長期的摸索。從漢高祖時叔孫通定朝儀，蕭何次律令，到漢文帝時賈誼、公孫臣、新垣平等計劃改歷法和服色，再到漢武帝時趙綰、王臧等計劃立明堂、草巡狩和封禪諸儀，結果郊祀的制度成於司馬談等之手，改定歷法的事情成於司馬遷等之手，封禪的大典也由公孫卿等一班方士鼓吹而實現，以及置五經博士、設博士弟子員等學校制度，令郡國舉孝廉的選舉制度，置刺史部十三州的監察制度，算商車、設告緡令、置均輸、平准諸官等財政制度均於武帝一代中次第建立，這才具備了眞正統一的規模，那時已在秦始皇幷吞六國後一百多年了。這統一大業的完成竟如此地不易!

在這前後二百餘年之中，國家在計劃，私人也在計劃，作者的本領有高有低，作出的計劃當然也有精粗和美惡的等次。雖是存留的文件不過當時千百分之一二，但我們對於這些遺文墜簡總應當逐一地作出個分析論定才是。

現在我舉出一個最重要而又最精密的政府組織的計劃——《周官》。它是一部四萬五千多字的大著作，其中存在的問題非常複雜，這裏不可能詳細討論，只能作一個簡單的介紹。

《周官》這部書，是用官制聯繫着各種制度的。它的設官的系統很有些像《管子·五行篇》，也是用了天、地、四時來分配六個部門的政務。天官的首長叫做『冢宰』，他的屬官六十三；地官的首長是『司徒』，他的屬官七十八；春官的首長『宗伯』，他的屬官七十；夏官的首長『司馬』，他的屬官六十九；秋官的首長『司寇』，他的屬官六十六；冬官的首長『司空』，這篇亡了，不知道屬官有多少。就以上的五官說來，已有三百六十六個官職，每一個官府的人員多寡不等，所以在這書中，王官和官屬不下數萬人，正好跟《王制》中寥寥落落的朝官作一個鮮明的對比。按《書序》裏曾說：

成王既黜殷命，滅淮夷，還歸在豐，作《周官》。

《僞古文尙書》的《周官篇》因此就做出文章，說：

惟周王撫萬邦，巡侯、甸，四征弗庭，綏厥兆民，六服羣辟罔不承德，歸於宗周，董正治官。……冢宰掌邦治，統百官，均四海。司徒掌邦教，敷五典，擾兆民。宗伯掌邦禮，治神、人，和上下。司馬掌邦政，統六師，平邦國。司寇掌邦禁，詰奸慝，刑暴亂。司空掌邦土，居四民，時地利。六卿分職，各率其屬，以倡九牧，阜成兆民。

這篇文字可說是《周官》一書的提要。它雖是魏、晋間人所僞作，卻把六卿的執守講得極爲簡明。大概說來，朝廷及宮中的事務統歸冢宰去處理，王畿內人民的教、養的事務統交給司徒，宗教、文化的事務全歸宗伯，諸侯、軍旅的事務全歸司馬，刑獄、治法的事務全歸司寇，工程的事務全歸司空。因爲周成王的王業是周公所促成的，所以在《書序》的篇次裏，《周官》又緊挨着《立政》，其時周公正住在豐邑，所以人們便根據了《尙書》學家的說法，斷定這部書是周公晚年手定的一部大結構。可是《立政》一篇也曾敍述許多官名，它自內而外，由近及遠，旣不見六卿的分職，更不見用了天、地、四時而分配六種政務。同一個時代，同一個人物，所述的官制竟有如此的差異，這不能不說是一個很可疑的大問題。

《周官》這個名題是隨着這部書來的，它旣題爲『周』，顧名思義，當然作者確指爲周的官制。就說《尙書・立政》是第二手的資料，未必完全可據，那麼西周的史料最可信據的無疑是鐘鼎彝器上的銘辭。郭沫若把這些銘辭和《周官》比較，就發現了許多的矛盾。他著有《周官質疑》（見《金文叢考》），擧出了許多例子。有如『善夫』，卽是《周官》的『膳夫』，《大克鼎銘》說:

王呼尹氏册命善夫克。王若曰:『克，昔餘旣命女出內（納）朕命，……』

《小克鼎銘》又說:

王命善夫克舍命于成周，遹正八𠂤（師）。

善夫克旣出納王命，又遹正八師，分明是參預政事的大官，可是在《周官》裏只是幾個職位很卑的上、中、下士。又如『趣馬』，卽是金文中的『走馬』，《周官》裏這一職務人數甚多，位僅下士，但《師兌段銘》說:

王呼內史尹册命師兌：世師龢父嗣左右走馬，五邑走馬。錫女乃祖巾、五章（璋）、赤舄。

卽此可見他的地位並不低微。證以《詩經・十月之交篇》云:

皇父卿士，番維司徒，家伯維宰，仲允膳夫，聚子內史，蹶維趣馬，楀維師氏，艷妻扇方處。

又《雲漢篇》云:

鞫哉庶正，疚哉冢宰，趣馬、師氏、膳夫、左右。

可見這些官吏都是天子的近臣，够得上和天子之妃並列的。雖是從字面上看來，他們只管理天子的某一部分生活，而實際上卻掌握着政權，所以他們做得好時便爲人民所歌頌，做得不好時便爲人民所痛詈。其中『師氏』一官也是金文和《周官》都有的，但在金文裏是管着征伐、戍守、射箭等的武職，而在《周官》裏則屬於司徒，前面說：

掌以媺（美）詔王，以三德教國子，凡國之貴游子弟學焉。

好像是貴族學校的老師；下文卻說：

使其屬帥四夷之隸，各以其兵服守王之門外，且蹕朝；在野外則守內列。

那麼這仍是一個武臣。一個人的才分固然可以兼資文武，但一個職位就不容兼掌文武，尤其是以《周官》分職之細，而說從事教育的師傅可以和從事戰鬬的師旅合爲一官，這豈非失去了六卿分職的原有意義。

《毛公鼎》和《夨令彝》都有『卿事寮』之文，『卿事』即『卿士』。從上引《詩經》的兩段文字看，知道卿士的地位高出於司徒和冢宰之上。可是《周官》裏卻沒有這一官，它的兼綜六官的還是冢宰。又司寇一官，據《揚作銘》云：

王若曰：『揚，作嗣工，官嗣司甸，眔（曁）嗣凥（居），眔嗣芻，眔嗣寇，眔嗣工司。……』

司甸、司凥、司芻均《周官》所無，揚這位大員以司空而兼司寇等一大套事務，足證司寇之職本來低於司徒、司馬、司空，不和他們並列。在這些地方，都可以看出《周官》這部書對於眞正的周代的官制的認識只在依稀仿佛之間，所以把金文、《詩》《書》和它相證都不能印合一致。至於冢宰的『天官』和司徒的『地官』兩個頭銜，郭沫若的《金文所無考》（亦見《金文叢考》）說：

金文中『天』若『皇天』等字樣多見，均視爲至上神；與天爲配之『地』若『后土』等字樣則絕未有見。……是則『地』字當是後起之字。地與天爲配，視爲萬滙之父與母然者，當是後起之事。

按『地』與『天』爲配是陰陽學說發達後的事情，『四時』分配『四方』則是五行學說發達後的事情。《管子》和《周官》中的六官以天、地、四時命名，分明都是由於陰陽家和五行家們的鼓吹的結果。但陰陽、五行學說本是各說各的，並不容易樹立起一個嚴格統一的標準來，所以拿《周官》和《管子》相比較，則『司徒』改居『大常』之位，『司馬』改居『司徒』之位，『司寇』改居『司馬』之位，『士師』並入了『司徒』，又增加了『宗伯』和『司空』。

《周官》中最重要的部分爲地方制度，它規定：王國百里內爲『鄉』，共六鄉，百里外爲『遂』，共六遂，是直屬於王的；遂以外喚作『稍』、『縣』、『都』，是卿、大夫及王子、弟的采邑。鄉的組織，是：

> 五家爲比，使之相保。五比爲閭，使之相受。四閭爲族，使之相葬。五族爲黨，使之相救。五黨爲州，使之相賙。五州爲鄉，使之相賓。（《大司徒》）

於是各爲設官：每五家設一『比長』，位下士；每二十五家設一『閭胥』，位中士；每百家設一『族師』，位上士；每五百家設一『黨正』，位下大夫；每二千五百家設一『州長』，位中大夫；每一萬二千五百家設一『鄉大夫』，位爲卿；每二鄉設一『鄉老』，位爲公。拿它來和《管子》合看，制度雖很相像而家數則有不同，《小匡》的『鄉』一千家，《立政》的『鄉』五萬家，這裏的『鄉』則是一萬二千五百家；《立政》的『州』一萬家，這裏的『州』則是二千五百家；基層組織，這裏的『比』卽等於《少匡》的『軌』。至於把人民組織起來之後：

> 乃會萬民之卒伍而用之，五人爲『伍』，五伍爲『兩』，四兩爲『卒』，五卒爲『旅』，五旅爲『師』，五師爲『軍』，

以起軍旅，以作田役，以比追胥，以令貢賦。（≪小司徒≫）

這是每家出一個人參加地方組織，『伍』由比來，『兩』由閭來，『卒』由族來，『旅』由黨來，『師』由州來，『軍』由鄉來，一鄉是一萬二千五百家，所以一軍爲一萬二千五百人。因此，比長卽是伍長，閭胥卽是兩長（？），族師卽是卒長，黨正卽是旅帥，州長卽是師帥，鄉大夫卽是軍帥。這裏的『伍』、『卒』、『旅』、『師』、『 軍 』諸名都見於≪管子≫書，只是人數不同而已。又≪管子≫和商鞅都以二伍爲什，這裏獨說『五五爲兩』，也是不同的一點。

≪管子≫書的中心問題是『作內政而寓軍令』，≪周官≫的中心問題也是這樣，所以≪管子≫說『內教旣成，令不得遷徙』，這裏也說:

徙於國中及郊， 則從而授之。 若徙於他， 則爲之旌節而行之。若無授無節，則唯圜土內之。（≪比長≫）

所謂『 授之 』，鄭≪ 注 ≫說: 『或國中之民出徙郊，或郊民入徙國中，皆從而付所處之吏，明無罪惡。』這是說人民因必要而遷家時，必須由這邊的官吏把這一家交給那邊的官吏。倘使搬到遠地方去， 一定要取得國家的旌節作證。 如果不這樣做， 就要關到監牢（圜土）裏了。又≪管子≫說: 『人與人相保，家與家相愛。』這裏也說:

五家爲比，十家爲聯；五人爲伍，十人爲聯；四閭爲族，八閭爲聯；使之相保相受，刑罰、慶賞相及相共，以受邦職，以役國事，以相葬埋。（≪族師≫）

≪管子≫說『匹夫有善，故可得而擧也；匹夫有不善，故可得而誅也』，這裏也說:

三年則大比，考其德行道藝而興賢者、能者，鄉老及鄉大夫帥其吏與其衆寡以禮禮賓之。厥明，鄉老及鄉大夫、羣吏獻

賢、能之書于王；王再拜受之。退而以鄉射之禮五物詢衆庶。……此謂使民興賢，出使長之；使民興能，入使治之。（《鄉大夫》）

若國大比，則考教、察辭、稽器、展事，以詔誅、賞。（《鄉師》）

《管子》說『正月之朔，……君出令布憲于國，……遂于鄉官，致于鄉屬，及于游宗皆受憲』，《周官》也說：

大司徒之職，……正月之吉，乃縣教象之法于象魏，使萬民觀教象。……

鄉大夫之職，正月之吉，受教法于司徒，退而頒之于鄉吏，使各以教其所治。……

州長，……正月之吉，各屬其州之民而讀法。……正歲，則讀教法如初。……

黨正，及四時之孟月吉日，則屬民而讀法以糾戒之。……正歲，屬民讀法。……

族師，……月吉，則屬民而讀邦法。……

閭胥，……凡春、秋之祭祀、役政、喪紀之數，聚衆庶。既比，則讀法。……

大司徒懸法和鄉大夫頒法之後，州長一年該向人民讀法兩次，黨正一年讀法五次，族師一年讀法十二次，閭胥每逢集會的時候就讀法，把『法』作爲治理國家的主要工具。這樣看來，《周官》明明是法家之書，而兩千年來爲了它有着周公這頂大帽子壓在上面，而周公又是孔子所夢寐不忘的人，以致被人錯認作儒家之書，這是多麼地可怪又可笑的事呵！

六鄉之制已如上述，再看六遂的制度：

五家爲鄰，五鄰爲里，四里爲酇，五酇爲鄙，五鄙爲縣，五縣爲遂，皆有地域溝樹之，使各掌其政令、刑禁，以歲時稽

其人民而授之田野，簡其兵器，敎之稼穡。（《遂人》）

這和六鄉同樣地組織家數，分成六級，只是名目各有不同，住在遂里的人民負務農和備戰的兩項任務。其官，鄰長無品級，里長是下士，遂長是中士，鄙師是上士，縣正是下大夫，遂大夫是中大夫：比六鄉各低一級。他們的讀法雖不如六鄉之勤，但督察並不稍懈，仍要『以時數其衆庶而察其媺、惡而誅、賞』（《鄙師》）。

六遂以外的地區，是鄉大夫們的采邑，所以設官簡單得多；從《小司徒》之文看來，知道那裏的人民組織在井田上：

乃經土地而井牧其田野：九夫爲井，四井爲邑，四邑爲丘，四丘爲甸，四甸爲縣，四縣爲都，以任地事而令貢賦，凡稅斂之事。

這個制度是十六井爲一丘，六十四井爲一甸，二百五十六井爲一縣，一千零二十四井爲一都。一夫受田百畝，每井爲九百畝，故云『九夫爲井』。其所以叫作『井』，因爲這一個字就是灌漑系統和交通系統的象形。《遂人》職云：

凡治野，夫間有遂，遂上有徑；十夫有溝，溝上有畛；百夫有洫，洫上有涂；千夫有澮，澮上有道；萬夫有川，川上有路，以達于畿。

遂、溝、洫、澮、川是大小溝渠的系統，徑、畛、道、路是大小行車路線的系統，看它一條河、一條路的排列，何等地有秩序！可是，問題就來了：『九夫爲井』是可以開方的，『十夫有溝』如何開得成方？旣開不成方，又如何以徑界井田？《小司徒》和《遂人》兩文所以會有這樣的矛盾，我們猜想，在這些制度裏一定有相當大的想像的成分在內，作者偶不經心，就留下了這個罅隙。又《考工記》裏的『匠人』也說到這個問題，云：

匠人，爲溝洫。耜廣五寸，二耜爲耦。一耦之伐，廣尺，深尺，謂之甽。田首倍之，廣二尺，深二尺，謂之遂。九夫爲井，井間廣四尺，深四尺，謂之溝。方十里爲成，成間廣八尺，深八尺，謂之洫。方百里爲同，同間廣二尋，深二仞，謂之澮，專達于川，各載其名。

一井方一里，一邑方二里，一丘方四里，一甸方八里，這是容易推算的。但成方十里，同方百里，和甸、縣、都的廣袤如何合得攏來？因爲有這矛盾，所以鄭玄就用調和的方式注釋道：

方十里爲成，成中容一甸，甸方八里，出田稅；緣邊一里，治洫。方百里爲同，同中容四都，六十四成，方八十里，出田稅；緣邊十里，治澮。（《考工記注》）

他主觀地認爲治田的人和治水的人是應當分開的，所以方八里的『甸』即在方十里的『成』的中間，讓方八里內的人獨任田稅，而緣邊各一里的人擔當治洫的事。『都』和『同』的關係也是這樣，因爲澮是專達于大川的水道，需要更多的人擔任治水的工作，所以就讓方八十里內的人獨任田稅，緣邊各十里的人擔當治澮的事。這原是他想像中的生產方式，作經的人可以有想像的自由，作注的人當然也可有他的自由了。

至于軍事動員，《稍人》職云：

稍人，掌令丘乘之政令。若有會同、師田、行役之事，則以縣師之法作其同徒、輂輦，帥而以至，治其政令，以聽于司馬。

可見都鄙的人民雖然住得較遠，也同樣擔負着兵役和其它力役的義務了。又鄭玄在注《小司徒》時，引《司馬法》道：

六尺爲步。步百爲畝。畝百爲夫。夫三爲屋。屋三爲井。井十爲通。通爲匹馬，三十家，士一人，徒二人。通十爲成，成百井，三百家，革車一乘，士十人，徒二十人。十成爲終，終千井，三千家，革車十乘，士百人，徒二百人。十終爲同，同方百里，萬井，三萬家，革車百乘，士千人，徒二千人。

十井爲通，計九十家，逢到戰事時由三分之一的農戶擔任一匹馬、一個士（正兵）、兩個徒（勤務）。由此累進，則方百里的同就可以出到一百輛革車、一千個士和二千個徒了。

但《周官》裏還有另一種授田的辦法，《大司徒》說：

凡造都鄙，制其地域而封溝之，以其室數制之：不易之地家百畝，一易之地家二百畝，再易之地家三百畝。

所謂不易之地，是土壤肥饒，年年可以播種，故一家百畝；一易、再易之地，土壤磽瘠，必須休息一兩年再耕種方可有收獲。這是很現實的計劃，但對於上面整整齊齊的『一夫百畝』的井田制度來講卻不免彼此牴牾了。又《遂人》職云：

辨其野之土，上地、中地、下地以頒田里：上地，夫一廛，田百畝，萊五十畝，餘夫亦如之。中地，夫一廛，田百畝，萊二百畝；餘夫亦如之。下地，夫一廛，田百畝，萊二百畝；餘夫亦如之。

這條的意思本來也和上條一樣，但田地數目卻更放寬了，本來不易之地家百畝，現在又添上了五十畝了。至於『餘夫』，本由宗法制度來，父親的財產不能遍給諸子，所以規定由長子承繼大宗的遺產，庶子只分得很少一點。井田制度固由國家授田，但因按家給地，餘夫仍不能多取。孟子說一夫百畝而餘子只有二十五畝，就是爲着這個緣故。若如《周官》所說，不論上、中、下地，餘夫同長兄完全一樣，那就是『正夫』而不成其爲『餘夫』了。按商鞅之法，『令民父子、兄弟同室內息者爲禁』，這是要打破宗法組織的長、庶之分，使得每一個人民都直接隸屬於國家；在這個情形之下，餘夫的名義當然取消，他們所得到的田地和長兄不再有差別。《周官》這段文字似乎是接受了商鞅的主張，所可詫怪的它爲什麽還保留着這個『餘夫』的名義呢？這裏雖然存在着矛盾，但究竟也是《周官》出於法家的一個證據。

力役和賦稅的制度是跟着土地制度來的。《均人》職云:

凡均力政以藏上下: 豐年則公旬用三日焉, 中年則公旬用二日焉, 無年則公旬用一日焉。

按《王制》說: 『用民之力, 歲不過三日。』現在一旬竟要用到三天, 一年就是一百多天, 榨取量豈非太高? 所以鄭玄只得注道: 『公, 事也。旬, 均也。』用另一義來解釋了。

又《載師》職云:

以廛里任國中之地, 以場圃任園地, 以宅田、士田、賈田任近郊之地, 以官田、牛田、賞田、牧田任遠郊之地, 以公邑之田任甸地, 以家邑之田任稍地, 以小都之田任縣地, 以大都之田任畺地。

凡任地, 國宅無征, 園廛二十而一, 近郊十一, 遠郊二十而三, 甸、稍、縣、都皆無過十二; 唯其漆林之征二十而五。

凡宅不毛者有里布。凡田不耕者出屋粟。凡民無職事者出夫、家之征。

愈近國都的地方征收的賦稅愈少, 愈遠則愈多, 所以都城裏的住宅是沒有征的, 園藝場征二十分之一, 近郊的士田、賈田等征十分之一, 遠郊的牛田、牧田等征二十分之三, 都鄙之地就征到十分之二, 漆林竟征到二十分之五。這和孟子所說的『野九一, 國中什一』, 荀子所說的『田野什一』, 《王制》所說的『公田藉而不稅』都完全不同。總而言之, 這是當政者爲了擴大自己的勢力和財力的需要, 盡量地加增農民的負擔而已。至於住宅空地不種桑麻的罰出里布(錢), 有田不耕的罰出屋粟(三家的稅粟), 閑蕩無業的人罰出夫、家之征(田畝的夫稅和徭征的家稅), 這都是督促人民從事生產, 也卽是當時法家重農而禁游食之民一種堅決的方法。

《周官》最重視理財，可以說沒有一個角落不曾着眼。大宰以九職任萬民，這九職是:

一曰三農，生九穀，二曰園圃，毓草木。三曰虞、衡，作山、澤之材。四曰藪牧，養蕃鳥獸。五曰百工，飭化八材。六曰商賈，阜通貨賄。七曰嬪婦，化治絲枲。八曰臣妾（奴隸），聚斂疏材。九曰閑民，無常職，轉移執事。

這件賦稅的大事，旣有了大宰主持於上，又有閭師主持於下:

凡任民，任農以耕事，貢九穀；任圃以樹事，貢草木；任工以飭材事，貢器物；任商以市事，貢貨賄；任牧以畜事，貢鳥獸；任嬪以女事，貢有帛；任衡以山事，貢其物；任虞以澤事，貢其物。凡無職者出夫布。

它把人民分成三農（平地、山、澤之農）、園圃、藪牧、工、商、婦女、臣妾、閑民等類，每一種人都得把自己所生產的提出若干貢獻上去，其他沒有生產的也得出錢出力。所貢的東西，《大宰》職中稱爲『九貢』，把鄭衆和衆玄的注合起來看，是:

1.祀貢——犧牲、包茅之屬。

2.嬪貢——絲、枲等衣服原料。

3.器貢——銀、鐵、石磬、丹漆等實用器物。

4.幣貢——玉、馬、皮、幣等物。

5.材貢——櫄、干、栝、柏、篠、簜等竹木之材。

6.貨貢——金、珠、龜、貝等自然之物。

7.服貢——絺、紵等衣服材料。

8.斿貢——羽、毛等可爲旌旗的。

9.物貢——各地的特產如魚、鹽、橘、柚之類。

因爲各個方面的生產品都成了貢物，都城裏貢物山積，所以天子的府庫特多，有『大府』、『玉府』、『內府』、『外府』等等。孟子說『澤、梁無禁』，荀子說：『山林、澤梁以時禁發而不稅。』到了《周官》，就有林衡、川衡、澤虞、山虞一班官吏『爲之厲禁，使其地之人守其財物，以時入之於玉府』了。單說王室管理財政的官就有司會、司書、職內（納）、職歲、職幣等等，領着大批職員，

以參互考日成，以月要考月成，以歲會考歷成。（《司會》）

三歲，則大計羣吏之治，以知民之財，器、械之數，以知田野夫家、六畜之數，以知山林、川澤之數。（《司書》）

不但進貢的東西不許有一些兒遺漏和差錯，就是人民的私有財產也得一件件申報上去，在天子那裏都有可以稽考的數目字。

再說關、市之征，在《周官》裏也是十分注意的。

司門，掌授管鍵以啓閉國門：幾（譏）出入不物者；正（征）其貨賄。凡財物犯禁者舉之。

司關，……司貨賄之出入者；掌其治禁與其征廛。凡貨不出於關者，舉其貨，罰其人。

『舉』就是現在所說的『充公』，司門、司關之官不但征收貨稅，而且犯禁的貨物要隨手充公，不經過關的貨物也要充公。以戰國時商業交換的發達，關門上所收的貨稅和沒收的貨物一定占了一個很大的數量。至於市，則組織得更細致了。市官之長爲『司市』，下大夫二人爲之，其屬有士二十八人，府、史、胥、徒一百四十四人，他們的職務是分劃市區，平定物價，統一度量，禁止詐僞，判決辭訟。其次有『質人』，管商品的契約；有廛人，管收稅和罰款，此外，是司市所任命的官，每二十四肆設『胥師』一人，管着政令，又設『賈師』一人，管着物價；每十肆設『司虣』一人，禁止鬭嚚和游蕩；每五肆設『司稽』一人，察盜賊；每二肆設『胥』一人，執鞭巡查；每肆設『肆長』一人，依着價値而排列貨物：眞是細密到了極點。按蘇秦說齊宣王道：

臨淄之中七萬戶，……甚富而實，其民無不吹竽、鼓瑟、彈

琴、擊筑、鬭鷄、走狗、六博、蹹鞠者。臨淄之涂，車轂擊，人肩摩，連衽成帷，擧袂成幕，揮汗成雨。家殷人足，志高氣協。（《史記·蘇秦列傳》）

臨淄是當時各國中最大的一個都市，在這樣一個大都市裏，商業的繁盛自不消說，而惡劣分子混集其間的也最多，所以有大規模地設官管理的必要。從這一點上看，《周官》似乎是齊國人的著作又增加了一個可能的條件。齊國固然有儒家，但法家更占勢力，因爲治理這樣一個殷富的大國，不用法是不行的，所以這書裏講到關和市，就和孟、荀、《王制》的『關、市譏而不征』的作風大大相同了。

《周官》我敢斷定是齊國人所作，但今本《周官》是否卽是齊國的原本，我卻不敢斷定。只就這書裏的封國看，《大司徒》職說：

凡建邦國：……諸公之地，封疆方五百里。……諸侯之地，封疆方四百里。……諸伯之地，封疆方三百里。……諸子之地，封疆方二百里。……諸男之地，封疆方百里。

又《職方氏》說：

凡邦國，千里，封公以方五百里則四公，方四百里則六侯，方三百里則七（「七」字訛，當作「十一」）伯，方二百里則二十五子，方百里則百男。

同樣，它講到畿服制度時也是大有開展的。《職方氏》云：

乃辨九服之邦國：方千里曰王畿；其外方五百里曰侯服；又其外方五百里曰甸服；又其外方五百里曰男服；又其外方五百里曰采服；又其外方五百里曰衞服；又其外方五百里曰蠻服；又其外方五百里曰夷服；又其外方五百里曰鎭服；又其外方五百里曰藩服。

這樣整整齊齊方一萬里的疆域，遠遠超出了《禹貢》五服的方五千里。因爲疆域廣了，所以封起諸侯來，手面就濶，不能和≪孟子≫≪王制≫等文相比。在≪孟子≫≪王制≫裏，公國方百里，現在大至二十五倍了。在≪王制≫里，方千里的一州要封二百一十國，現在只够封四個公國了，就是完全封男國也只够一百個了。爲什麼中國的土地會這般地廣大？經師們的解答，說是由於周公的武功。鄭玄在≪禮記・王制・注≫裏說：

≪春秋傳≫曰：『禹會諸侯于涂山，執玉帛者萬國。』……中國而言萬國，則是諸侯之地有方百里，有方七十里，有方五十里者，禹承堯、舜而然矣。要服之內地方七千里乃能容之。夏末旣衰，夷狄內侵，諸侯相並，土地減，國數少。殷湯承之，更制中國方三千里之界，亦分爲九州，而達此（≪王制≫）千七百七十三國焉。周公復唐、虞之舊域，分其五服爲九；其要服之內亦方七千里，而因殷諸侯之數，廣其土，增其爵耳。

他說在唐、虞、夏的時代，中國本來方七千里，封得下一萬個國；夏末因夷狄的侵略而土地減少，又因諸侯的兼併而國數也減少，所以湯有天下之後就把中國改爲方三千里的疆界，封了一千七百餘國，如≪王制≫所說（讀者應記得≪王制≫設官少，鄭玄說它是夏制；現在又因疆界狹而說爲殷制了）；等到周公東征，疆界又擴大到七千里（≪職方氏≫九服方一萬里；≪大行人≫以『蠻服』當『要服』而止於此，故鄭玄據之而說七千里），可是國數已少，所以諸侯們的封域不妨擴大，這就是像≪周官≫所說的。他有志替≪王制≫和≪周官≫兩部不同的書作一個調和派，解決它們的內部矛盾，這態度對不對呢？按≪禮記・明堂位≫云：

武王崩，成王幼弱，周公踐天子之位以治天下。……七年，致政於成王。成王以周公爲有勛勞於天下，是以封周公于曲阜，地方七百里。

周公是特等的功臣，可封七百里，那麼其他的功臣們封上四百里、五百里之地似乎也不算太廣了。可是卽此一事，《孟子》裏就有一個極好的反證：

鲁欲使愼子爲將軍。孟子曰：『……殃民者不容於堯、舜之世！……』愼子勃然不悅曰：『此則滑釐所不識也！』曰：『吾明告子：……周公之封於魯，爲方百里也；地非不足而儉於百里。……今魯方百里者五，子以爲有王者作，則魯在所損乎，在所益乎？……』（《告子》下）

魯國初封是否方百里，孟子的話或有出入；但到戰國中葉，魯境方五百里，則孟子和愼滑釐的對話必不容有錯誤。魯國的疆域沿革，西周一代史料缺乏，無法知道；東周時幸而有了《春秋》和《左傳》兩部書，我們可以說它疆土的開拓實由吞併鄰國而來，那時被滅於魯的國有極、須句、根牟、鄟、鄫等；魯奪自宋國的地有郜、防等；奪自邾國的地有訾婁、繹、漆、閭丘、濫、啓陽、平陽等；奪自莒國的地有向、牟婁、防、兹、鄆等：這是沒法掩蓋的事實。戰國前期恐又有些發展。在周初，以周公這樣的大勛勞，他的兒子伯禽的封地當然會比別國一概大，所以《魯頌》里裏載成王的話道：

王曰：『叔父，建爾元子，俾侯于魯；大啓爾宇，爲周室輔。』

然而經過了七百年的向外擴張才掙得方五百里的基業，可見《周官》裏的『封公以五百里』的話是絕對不可信的。至於鄭玄所說的中國疆界，殷末方三千里，周初方七千里，不但無此記載，並且無此傳說，當然只是他的主觀幻想所構成的曲解罷了！

於是我們要問：爲什麼《周官》裏的疆域會得這般地擴大了呢？這當然由於秦始皇和漢武帝向北、西、南三邊拓地的結果。王莽曾經說通：

漢家地廣二帝、三王，凡十二州（按，實際是十三州，見我所作的《兩漢州制考》，這裏說《十二州》，是王莽依《堯典》所改定），州名及界多不應經。《堯典》十有二州，後定爲九州。漢家廓地遼遠，州牧行部遠者三萬餘里。謹以經義正十二州名界，以應正始。（《漢書·王莽傳》上）

可見《周官》中說的中國疆界和封國諸條原是把西漢的疆域作爲地理背景的，哪裏知道竟給鄭玄錯認爲周公時代的疆域了！《明堂位》上所以說周公受封七百里，只因王莽事事模仿周公，他封了『安漢公』之後，他的一班黨羽都請元后加封他土地，因而有了《明堂位》的記載作爲他應該加封的前例。這篇文字的插進《禮記》，《隋書·經籍志》上本已說明了這是東漢時的馬融所幹的。

《周官》這部書和現實政治發生關係是王莽和劉歆的事情。當王莽毒殺平帝，立孺子嬰做他的傀儡，自稱『攝皇帝』的時候，劉歆和博士七十八人上書道:

居攝之義，所以統立天功，興崇帝道，成就法度，安輯海內也。……周武王旣沒，周道未成，成王幼少，周公屛成王而居攝，以成周道。……太皇太后則天明命，詔安漢公居攝踐祚，將以成聖漢之業，與唐、虞、三代比隆也。攝皇帝遂開秘府，會羣儒，制禮作樂，卒定庶官，茂成天功。聖心周悉，卓爾獨見，發得《周禮》以明因監，則天稽古而損益焉。（《漢書·王莽傳》上）

當成王幼年周公攝政的時候曾經制禮作樂以『定庶官』，現在王莽的環境恰巧和周公印合，於是他在秘府裏得了《周禮》（《周官》的別名），而這書是由劉歆斷說爲『周公致太平之迹』的（見賈公彥《序周禮廢興》），他就拿來選擇應用，該損的損，該益的益，完成了他爲漢制禮的大事業。文中稱爲『發得』，乃因久久擱置在秘府，好像古代文物埋在土裏，給考古家發掘出來的一樣。可是這

發得的日期卻在他做攝皇帝之前，因爲平帝元始四年，

征天下通一藝，教授十一人以上及有《逸禮》《古書》《毛詩》《周官》……通知其意者皆詣公車。（同上）

可見那時《周官》一書的地位已經和《逸禮》等書同等地提高起來了。劉歆是表章《古文經》最出力的一個人，當漢哀帝時，他在秘府裏校書，就因爭立《古文尚書》《毛詩》《逸禮》《春秋左氏傳》四種古文經典於學官，爲博士和大臣們所拒絕，他內不自安，請求外調，那時並沒有說起《周官》，似乎他還沒有注意到這部書，但也許就包括於《逸禮》一名之下。《漢書・藝文志》說:

《周官經》六篇: 王莽時劉歆置博士。

又可見這書從秘府中提了出來而立於學官，作爲經書的一種，已在王莽攝政的時候。那時劉歆作爲王莽的爪牙，典着『儒林史卜之官』，再也不怕人們反對了。因爲有這一段非常明顯的歷史記載，所以我們可以相信那時擁護《周官》的人就是說它爲周公所作，因爲王莽、劉歆的宣傳是如此說的; 凡是不信《周官》的人則說它出於劉歆所造，因爲這是王莽當政時代發得的書。其實，部份的僞造是必有的，九服和封國而外，在《春官篇》內，如昊天上帝高於五帝之制，如南、北郊之制，如五岳之制，如三皇、五帝的史統，都是西漢時代熱烈討論的問題，該是劉歆把這些資料整理好了揷進去以適應時代要求的: 至於全書，它是法家的著作，和西漢的儒家思想絕不相同，而迂拘的儒家也一定沒有這般大的氣魄建設起這個龐大帝國組織的大系統來。（劉歆爭立的《古文經》，固然有些小修改，如上擧的《春官》部分和《左傳》的書法部分都是，但大體上還是保留原樣，不曾下過大工夫。否則《左傳》裏的『周公制《周禮》』的一段話必然會得鈔進《周官》了。）

經過我們上面的推考，知道《周官》和《管子》的文辭雖有參差，而其中心思想則同是組織人民，充實府庫，以求達到統一寰宇

的目的，由此可以猜測它出於齊國以及別國的法家，跟周公和儒家根本不生關係。它上面可以聯繫到齊宣王立稷下之學、燕昭王爲郭隗築黃金臺、秦孝公尊顯商鞅等等戰國時代的史事，下面則可以聯繫到王莽的托古改制。因爲這書不成於一人，也不作於一時，所以其中的制度常有牴牾和不可信的成分。然而其中也必然保存了一部份的古代的眞制度（例如不用牛耕、沒有鐵器等事項），值得我們重視，所以需要細細地分析出來而部份地歸到正確的古代史裏去；就說是出於戰國和西漢時代的人們的計劃，那也應當分析出來而歸到戰國和西漢的政治經濟思想史和宗教史裏去。如果隨手放過或隨意屏斥則都是不應該的。

（《周公制禮的傳說和周官一書的出現》，見《文史》第六輯）

徐復觀著《周官成立之時代及其思想性格》，臺北學生書局一九八〇年出版；其第四章爲《思想線索發展的結果——周官的成立》，第五章爲《文獻線索的考查》，第六章爲《王莽劉歆制作周官歷程的探索》，第七章爲《周官在文字結構中所反映出的時代背景》，第八章爲《周官在思想構成中所反映出的時代背景》，第九章爲《周官成立的文獻背景》。有關王莽劉歆制作《周官》，作者云：

我推測，制定《周官》，莽在哀帝罷政時已先事草創。及劉歆典文章，除完成《三統歷》外，並將莽所已草創者整理成今日的所謂《周官》，至次年而開始援引。又越四年爲初始元年（西八年），爲適應政治的要求，乃將《周官》改名爲《周禮》。

何以見得《周官》是王莽草創於前，劉歆整理於後呢？《漢書》九十九上《王莽傳》：『莽獨孤貧，因折節爲恭儉。受《禮經》，師事沛郡陳參，勤身博學，被服如儒生。』是他本是習禮的。莽於陽朔三年（西前二二年）爲黃門郎，永始元年（前一六年）封新都侯，『收贍名士』。綏和元年（前八年）莽爲大司馬，與師丹共以《禮》黜傅太后母丁姬，卒以徹傅太后在太皇太后旁之坐位，罷大司馬就第；就第後二歲遣就國，就國三歲徵還京師，歲餘哀帝崩，再以大司馬持政。這中間共有五年多的韜光養晦的時間；以莽性格，也必有所作爲。《漢書》二五下，由平帝元始五年（西五年）起，錄有王莽四次議禮的言論，其中四引《禮記》，兩引《周官》，對漢代郊祀五帝的興廢，言之如數家珍，則其明習於禮者蓋非一日。而在他第三次言禮時，《傳》謂『又頗改其祭禮』；假定他若無所制作，則如何能『頗改其祭禮』。元始四年（西紀四年）秋詔議九錫之法，五年（西紀五年）莽上書辭謝中有謂『聖德純美，承天尚古；制禮以治民，作樂以移風』。又『願諸章下議者皆寢勿上，使臣莽得盡力畢制禮作樂事。事成以傳示天下，與海內平之』。他來了這套假辭讓後，『甄邯等白太后詔曰可……方制作未定，事須公而決，故且聽公制作畢成』。又張純等九百二人『謹以六經通義，經文所見，《周官禮記》宜於命者爲九命之錫』。在是年（五年）五月庚寅，正式加九錫後，莽奏請『謹以經義，正十二州名』，又『增法五十條，犯者徙之西海』。又《漢書》二十四下《食貨志》『王莽居攝，變漢制』，『據周制改變幣制』。又據『國師公劉歆言周有泉府之官』，遂下詔據《周禮》「開賒貸，張五均」之法。又據《周官》定稅法，都是他以經義從事的制作的一端。這裏最値得注意的是：王莽的政治理想與野心，皆集中在制禮作樂之上。則他曾草創《周官》，是一種合理的推測。但他第二次以大司馬持政之後，便沒有『親自制作』的時間，只好委之於『典文章』的劉歆，由他整理成書，也是合理的推測。我的推測，是以上面相關的材料作根據或導引的。這比之純以捕風捉影的方式推測它成書於周初或戰國時代，不更爲可信嗎？元始四年，正式露面的《周官》，若係出自秘府，則在當時簡策笨重，奇字又特多的情形下，短期內將其讀通，尙非易事，何能於數月內卽能援引以爲制作的根據。這只有推定莽、歆共造此書，以表達他們的政治理想，一經公佈，便推爲王莽的莫大功德，並想按照藍圖加以實現，始能解答上述的問題。

但因王莽迫切地政治需要，《周官》並沒有全部完成，便把它公開了。第一是以《考工記》補《冬官》之缺的問題。照《呂氏春秋》及西漢人以抄書爲著書之例，《周官》雖力求創制，也必旁資博，以爲成書之助。所以汪中的《周官徵文》謂『於古凡得六徵』，以證明《周官》乃西周『朝之政典……官失而師儒傳之，七十子後學者繫之於六藝。其傳習之緒，明白可鑿』，一切這類的說法，皆毫無意義。按照《周官》體例，《考工記》應爲《周官・冬官》中的一篇，也和《周書・職方》第六十二，成爲《夏官》中的一篇相同。但《冬官》司空『事官』的『事』，已多列在其他五官中去湊數，所以自宋兪廷椿《周官復古編》起，倡爲『司空之篇，實雜出於五官之屬』之說，更由許多人作了抽補塡充的工作，實際則是寫到冬官時，旣感湊够六十官數的不易，加以王莽由持政而攝政之勢已成，迫不及待的要拿出來，藉此以竦動天下人的耳目，增加進一步奪取權力的資本；其所以不能不『成在一匱』的原因在此。馬融對此只說『亡其《冬官篇》，以《考工記》補之』。鄭玄卻添上『漢興購千金不得』。這只是出於鄭氏的一種推測。在鄭氏以前，沒有千金購求的絲毫痕跡。陸德明《經典釋文・序》更說成『或曰：河間獻王開獻書之路，時有李氏上《周官》五篇，失事官一篇，乃購千金不得，取《考工記》以補之』。馬融、鄭玄諸人，未嘗說《周官》出於河間獻王，更無李氏獻書之說。經陸氏這一增飾，《周官》由王莽『發得』的史實，更爲所掩。而且使劉歆所言

『成在一匱』之眞意，更無人省識。陸氏之說，一經《隋書・經籍志》採用，且去『或曰』兩字。此說的影響更大。

《周官》爲莽、歆未成之書，尙由下列二點可以考見。莽、歆合著此書，以常情推之，只是持其綱領，會其指歸；具體節目，當委之於若干博士儒生之手。居攝元年九月與劉歆共同因議莽母的喪服，而將《周官》改名《周禮》，且正式宣稱係由莽所『發得』的博士諸儒七十八人，大概卽是參加此一具體工作的人。此書未完成的證據之一，小宰明謂六官之屬，各爲六十，以合天道。但天官之屬凡六十有三，地官之屬七十有七，春官之屬凡七十，夏官之屬六十有九，秋官之屬六十有六。這是在數字上尙未能整齊劃一。其有名無職的，計地官中有司祿，夏官中有軍司馬、輿司馬、行司馬、掌疆、司甲；秋官中有掌察，掌貨賄；冬官《考工記》中有段氏、韋氏、裘氏、筐人、㮚人、雕人。上面所缺的職守，大抵在其他官名下可以找到。這種情形，是從事具體製作的人，有的想出了名稱，但一時想不出職守；有的想出了職守，因一時疏忽，又記錄到其他官名下去了，這種情形，不能僅以脫簡作解釋。

次一證據是抄錄材料時把原材料中的文字抄錯，而未及加以校正。《夏官》中職方氏『正南曰荊州……其浸潁湛』。鄭《注》『潁出陽城，宜屬豫州，在此非也』。又『河南曰豫州……其浸波溠』，鄭《注》『《春秋傳》曰：楚子除道梁溠，營軍臨隨，則溠宜屬荊州，在此非也』。又「正東曰青州……其民二男二女」，鄭《注》『二男二女數等，似誤也』。以上三點在《周書・職方》第六十二皆不誤。若謂鄭因精於地理，故所指出者恰與《周書》不謀而合；但若未看到《周書》青州下『其民二男三女』，便很難指出《周官》青州下之二男二女是錯誤的。我懷疑鄭氏是先與《周書》對勘後，始能如此指證。《周書》記有『厲王道，芮伯陳誥作《芮良夫》』，又載有與春秋末期晉賢大夫叔向同時之太子晉；

而《周官》竟抄《周書》中的一篇，這與鄭玄相信《周官》是周公致太平之跡，有顯明地矛盾，所以鄭氏諱而不言。即使是出於暗合，《周官》是抄自《周書》，則是決無可疑的；而上述錯誤，乃來自未及校正的抄錄時的錯誤，也是決無可疑的。

黃沛榮云:

本文更擬就《夏官・職方氏》之著成時代，以證明《周禮》一書確成於戰國末葉。玆論如次:

一、自「七閩」之名證之，職方氏之著成不得早於戰國中葉

《職方氏》云:

> 辨其邦國都鄙，四夷、八蠻、八閩、九貉、五戎、六狄之人民……。

案:《史記・越世家》云:

> 王無彊時，越興師北伐齊，西伐楚，與中國爭彊。當楚威王時，越北伐齊，齊威王使人說越王曰:『……』於是越遂釋齊而伐楚。楚威王興兵而伐之，大敗越，殺王無彊，盡取故吳地，至浙江。北破齊於徐州。而越以此散，諸侯爭立，或爲王，或爲君。濱於江南海上，服朝於楚。後七世，至閩君搖，佐諸侯平秦。漢高帝復以搖爲越王，以奉越後。東越、閩君，皆其後也。

又《東越列傳》云:

> 閩越王無諸及越東海王搖者，其先皆越王句踐之後也，姓騶

氏。

由是可知閩越諸國之建立，是在楚人滅越、而越人散處於江南海濱之後。越王無彊之年代雖無可考，但《越世家》謂其與齊威王、楚威王同時。梁玉繩《史記志疑》（卷二十二）則云:

案: 楚威不與齊威同時，當作齊宣王;《考古質疑》謬據此文以爲齊威在位四十六年之證，殊不然也。

《史記・六國年表》以齊威王元年爲周安王二十四年（西元前三七八年），卒於顯王二十六年（西元前三四三年），在位三十六年; 齊宣王元年爲顯王二十七年（西元前三四二年），卒於顯王四十五年（西元前三二四年），在位十九年; 楚威王元年爲顯王三十年（西元前三三九），卒於顯王四十年（西元前三二九年），在位十一年。梁氏據之爲說，故謂楚威不與齊威同時。今案: 楚滅越事雖確在齊宣王時，但滅越者爲楚懷王，卻非楚威王，《史記・六國年表》所載齊威王、宣王年代有誤，梁氏引以爲據，故其說未的。近人楊寬據《史記・索隱》所引古本《紀年》推算，證明《史記》在田太公（田和）與田桓公之間脫去田侯剡一代，《史記》所云桓公在位六年與威王在位三十六年，皆有舛誤。威王元年當爲周顯王三十三年（西元前三五六年），在位三十七年; 宣王元年爲周愼靚王二年（西元前三一九年），由此看來，齊威王與楚威王正好同時了。但另一方面，滅越者卻當爲楚懷王。《史記・甘茂列傳》云:

齊使甘茂於楚，楚懷王新與秦合婚而驩，而秦聞甘茂在楚，使人謂楚王曰:『願送甘茂於秦。』楚王問於范蜎，……對曰:『不可。……夫秦之有賢相，非楚國之利也。且王前嘗用召滑於越，而內行章義之難，越國亂，故楚南塞厲門而郡江東。……』

則乘越亂而滅越者，當懷王無疑。至《甘茂傳》所云『楚懷王新與秦合婚而驩』，《楚世家》云:

二十四年，倍齊而合秦。秦昭王初立，乃厚賂於楚，楚往迎婦。

《六國年表》楚懷王二十四年亦云：『秦來迎婦。』可知秦楚在懷王二十四年互通婚姻，上文《甘茂傳》所述，卽此時之事；則懷王滅越，必在二十四年以前。

又楚世家載懷王十六年，張儀欺楚，佯許以地六百里，使楚自絕於齊，後僅予以六里，懷王大怒，興師伐秦。《史記・楚世家》云：

（楚懷王）十七年春，與秦戰丹陽，秦大敗我軍，斬甲士八萬，虜我大將軍屈匄、裨將君逢侯丑等七十餘人，遂取漢中之郡。楚懷王大怒，乃悉國兵復襲秦，戰於藍田，大敗楚軍。……二十三年……昭睢曰：『王雖東取地於越，不足以刷恥，必且取地於秦，而後足以刷恥於諸侯。……秦破韓宜陽，而韓猶復事秦者，以先王墓在平陽，而秦之武遂去之七十里，以故尤畏秦。……韓已得武遂於秦……。』二十四年……二十五年……二十六年……。

由此可知，『東取地以越』者，實懷王而非威王，苟威王已滅越，懷王又怎能再『東取地於越』呢；而昭睢所云：『王雖東取地於越，不足以刷恥，必且取地以秦，而後足以刷恥於諸侯』，所謂『恥』者，乃指懷王先爲張儀所欺，復敗於秦，損兵失地之恥，又可見楚之滅越，必在懷王十六年（西元前三一三年）以後，二十三年（西元前三〇六年）以前。

楚之滅越，旣在西元前三一三年至三〇六年之間，則諸閩之建國，最早必在西元前三一三年以後。今《職方氏》旣已沿稱『七閩』之名，可見其成篇年代已在西元前三一三年（戰國中葉）以後了。

二、自幽州、并州之彊域證之，其著成不得早於戰國末葉

《職方氏》又云:

東北曰幽州，其山鎭曰醫無閭，其澤藪曰貕養，其川河泲。

鄭《注》云:

醫無閭在遼東。

朱右曾《周書集訓校釋》亦云:

醫無閭在盛京錦州府廣寧縣西。

案: 醫無閭又作醫毋閭、醫巫閭，在今遼寧省北鎭縣西十里，屬陰山山脈分支松嶺脈，綿亙二百餘里，主峯海拔僅八百多公尺，但在遼寧省遼河、大凌河流域一帶，已經算是高山，因此被《職方氏》的作者列爲幽州山鎭。如此說來，《職方氏》所言幽州之疆域，已及於今遼寧一帶了。此外本篇又云:

正北曰并州，其山鎭曰恆山，其澤藪曰昭餘祁。

今恆山在山西省渾源縣東南二十里，然鄭《注》云:

恆山在上曲陽。

《漢書・地理志》(卷二十八上) 常山郡亦云:

上曲陽: 恆山、北谷在西北，有祠。

錢賓四先生《史記地名考》(十五卷) 云:

案: 恆山，今河北曲陽縣西北，以避文帝諱曰常山。《漢志》常山郡上曲陽恆山在西北，是也; 後世以爲在山西渾源，非是。

漢常山郡上曲陽縣在今河北省曲陽縣西四里，然則恆山當在河北省西北部。但諸家皆未明言恆山在上曲陽縣若干里，《史記・趙世家・正義》云:

《地道記》云：恆山在上曲陽縣西北百四十里。北行四百五十里得恆山岌，號飛狐口，北則代郡也。

然則雖以爲恆山在河北曲陽縣西北，但實際上已入山西東北部之境了。因爲恆山屬陰山系之支脈，起自山西省句注山之東，自山西省東北部，經渾源縣一帶東行入河北省西北部，綿亙數百里，包有今河北曲陽縣西北至山西渾源縣東南一帶，所以說它位於河北曲陽縣西北或山西渾源縣東南，其實都是一樣的，在戰國時，屬於趙國雲中郡、雁門郡一帶。

由上所述，可知《職方氏》幽州之疆域，已達今之遼東；而幷州之域，已達戰國時趙雲中、雁門之地。今案：春秋時，遼東爲山戎出沒之地，燕國疆域僅及河北省北部，至燕將秦開襲破東胡，拓地千里，其勢力始達遼東；而趙國雲中、雁門一常，春秋時亦爲赤狄所居，自趙武靈王破林胡、樓煩以後，其勢力始達雲中、雁門及代地。《史記・匈奴傳》云：

……而趙武靈王亦變俗胡服，習騎射，北破林胡、樓煩，築長城， 自代並陰山下， 至高闕爲塞， 而置雲中、雁門、代郡。其後燕有賢將秦開，爲質於胡，胡甚信之。歸而襲破走東胡，東胡卻千餘里。……燕亦築長城，自造陽至襄平，置上谷、漁陽、右北平、遼西、遼東郡以拒胡。

由此可知自趙武靈王破林胡、樓煩，始有幷州之疆域；而自燕將秦開襲破東胡，築長城以自守，始闢幽州之疆域。顧頡剛謂『燕趙二國於《禹貢》皆屬冀，及其拓地寖廣，則一州不足以容之，故別於東北置幽，正北置幷』；其言蓋是。案《史記・趙世家》云：

（武靈王）二十年，王略中山地，至寧葭；西略胡地，至榆中。林胡王獻馬。……二十六年，復取中山，攘地北至燕、代，西至雲中、九原。

據《 六國年表 》， 趙武靈王二十年卽周赧王九年（ 西元前三〇六年），二十六年卽赧王十五年（西元前三〇〇年），故其攘地北至燕、代，西至雲中、九原，築長城，置雲中、雁門、代郡，亦當在西元前三〇〇年以後。燕將秦開襲破東胡之年代，史無明文，但從上引《匈奴傳》覘之，當更在其後。準此，則幽、并二州之開拓，已在戰國末年，而《職方氏》旣已稱及斯地，自當更晚。

三、自「河東」之地理位置證之，其著成亦當在戰國末葉

《職方氏》又云：

河東曰兗州，其山鎭曰岱山，其澤藪曰大野，其川河泲。

孫詒讓《周禮正義》云：

河東者，東河之東也。

案：《禹貢》『濟、河惟兗州』，是以濟水與黃河之間爲兗州。戰國時黃河故道自天津以東入海，因此《禹貢》的兗州疆域，包括今河北省東南部及山東省西部一帶，而黃河故道在河北省境的一段，也卽是孫氏所謂的『東河』，所以《職方氏》云『河東曰兗州』，與《禹貢》字句雖異，但疆域其實是差不多的。屈師翼鵬先生云：

春秋時言河東者，皆謂今山西西南一帶（晉之河東）；至戰國時，始有以今冀南魯西一帶爲河東（趙之河東）者。

今自戰國羣籍考之，到戰國中末葉，仍多稱山西西南一帶爲『河東』，而以冀南魯西一帶爲河東，則是較晚起的稱法，可能已經到了戰國末葉了。例如《國語・晉語》三云：

……公孫知曰：『不若以歸，以要晉國之成，復其君而質其適子，使子父代處秦，國可以無害。』是故歸惠王而質子圉，秦始知河東之政。

又《左傳》僖公十五年云：

於是秦始征晉河東，置官司馬。

又僖公十七年云：

夏，晉大子圉爲質於秦，秦歸河東而妻之。

二書所述卽爲一事。所稱之『河東』，當然是指晉之河東而言。又《左傳》成公十一年云：

秦晉爲成，將會于令狐，晉侯先至焉。秦伯不肯涉河，次于王城，使史顆盟晉侯于河東；晉郤犨盟秦伯于河西。

這當然也是晉之河東。又《孟子・梁惠王》上云：

梁惠王曰：『寡人之於國也，盡心焉耳矣！河內凶，則移其民於河東，移其粟於河內，河東凶亦然。』

以河內河東對言，自然是指魏的河東，也卽是今山西西南部一帶了。此外，在《戰國策》中，河東之名，見於《秦策》四、《齊策》五、《楚策》一、《趙策》三、《趙策》四、《魏策》三，考其地望，大都指山西西南一帶。如《秦策》四云：

三國攻秦，入函谷（高《注》云：三國，齊韓魏也），秦王謂樓緩曰：『三國之兵深矣！寡人欲割河東而講。』對曰：『割河東，大費也；免於國患，大利也。此父兄之任也，王何不召公子池而問焉？』

《韓非子・內儲說》上所載與此略同。案：戰國的秦屢佔三晉河東之地，因此這河東亦是指山西西南一帶。又如《楚策》一云：

張儀爲秦破從連橫說楚王曰：『……凡天下強國，非秦而楚，非楚而秦，兩國敵侔交爭，其勢不兩立，而大王不與秦，秦下甲兵，據宜陽，韓之上地不通，下河東，取成皐，韓必入臣於秦。韓入臣，魏則從風而動，秦攻楚之西，韓、魏攻其北，社稷豈得無危哉！……』

旣云據宜陽（今河南宜陽縣西）、取成皐（河南氾水縣），則這河東必是指河套以東之地，也卽是晉之河東了。但另一方面，《戰國

策》中的『河東』，有時也指趙之河東而言，如《趙策》三云:

齊破燕，趙欲存之。樂毅謂趙王曰:『今無約而攻齊，齊必讎趙，不如請以河東易燕地於齊；趙有河北，齊有河東，燕趙必不爭矣，是二國親也。以河東之地強齊，以燕以趙輔之，天下憎之，必皆事王以代齊，是因天下以破齊也。』王曰:『善!』

趙以河東易燕地，則此『河東』必非河套以東之地，而是指趙齊交界的『河東』而言了。

在上述的典籍中，《國語》、《左傳》、《孟子》、《韓非子》雖同屬戰國之作，而且《左傳》、《孟子》的成書已至戰國中葉之末，《韓非子》更在戰國末葉，但是都不以冀南魯西一帶爲『河東』；因此筆者相信，以冀南魯西一帶爲河東，是較後起的稱謂，也卽是戰國末年的用法。除了《職方氏》以外，《戰國策》和《爾雅·釋山》都有這種用法，但這些書都是戰國末年，甚或末年以後的作品。以《戰國策》言之，劉向《戰國策·敍錄》云:

其事繼春秋以後，訖楚漢之起，二百四十五年間之事。

今本《國策》，記高漸離以筑擊始皇，事在始皇兼併天下以後；又《史記·淮陰侯列傳》載蒯通說韓信之語，《索隱》云:『案《漢書》及《戰國策》皆有此文。』今此文雖佚，亦足與劉向《敍錄》相印證，由此皆可見《國策》時代之晚。且此書非記一國一時之事，劉向校書之時，卽就當時所存各種不同的材料加以整理編次，資料旣蕪雜，名稱亦不統一，其各篇時代必有參差。因此在《戰國策》中，河東或指晉地，或指趙地，當爲史料時代之不同，固無可疑。

至於《爾雅》一書，成書更晚。《釋山》中有『河東岱』之語，與《職方氏》之情況相同；又載有兩種關於五岳的不同說法，其後者云:

泰山爲東嶽，華山爲西嶽，霍山爲南嶽，恆山爲北嶽，嵩高爲中嶽。

以霍山爲南嶽，可見今本《爾雅》成書必在西漢武帝改霍山爲南嶽之後了。

綜上所述，可知在《國語》、《左傳》、《孟子》、《韓非子》成書以前，都是把山西西南一帶稱爲河東，絕無例外；自戰國末年以後，才有把河北東南、山東西部一帶稱爲河東之例，而《職方氏》已沿用戰國末年的地名，可見其著成時代亦不能早於戰國晚年。

四、自九州之男女比例覘之，此篇當爲戰國時代之作品

《職方氏》在每州之下均記有男女之比例：

東南曰揚州，……其民二男五女……。正南曰荆州……其民一男二女。……河南曰豫州……其民二男三女……。正東曰青州……其民二男三女……。河東曰兗州……其民二男三女……。正西曰雍州……其民三男二女……。東北曰幽州……其民一男三女……。河內曰冀州……其民五男三女。……正北曰并州……其民二男三女……。

《周書・職方篇》孔晁《注》云：

九州土氣，生民男女各不同。

孫詒讓《周禮正義》云：

案此經揚、荆、豫、兗、幽、并六州，皆女多於男，雍、冀二州則男多於女。《淮南子・地形訓》云：『山氣多男，澤氣多女。』是也。

今案：孫氏引《淮南子》『山氣多男，澤氣多女』以解釋各州男女

不均之現象，其說殆非。蓋雍、冀二州男多於女，固可謂之『山氣多男』，然冀州北方之幷州，與冀州同在河套以東一帶，其地勢相同，卻是『二男三女』；幽州位於今遼寧一帶，無甚澤藪，卻又是『一男三女』，故孫說大有可商。對於此一問題，筆者認爲應從另一角度加以分析。自上文覘之，是篇爲戰國時代之作，殆無疑問，而戰國以降，七雄並立，戰亂頻仍，各國之兵員不斷增加，戰爭方式亦由傳統之車戰改爲步、騎兵戰，因此戰爭的規模愈來愈大；春秋時代的大戰，大都在一兩天內便分勝負，但戰國時代的戰爭卻往往曠日持久。同時隨着冶鐵技術的進步，各國紛紛使用鐵製的兵器。凡此種種，皆爲增加戰爭傷亡之因素。在當日的社會中，男丁既多喪於戰事，故各地大抵皆女多於男。梁玉繩《史記志疑》（卷四）云：

……余因考之，秦自獻公廿一年與晉戰，斬首六萬；孝公八年與魏戰，斬首七千；惠文八年與魏戰，斬首四萬五千；後七年與韓、趙戰，斬首八萬；十一年敗韓岸門，斬首萬；十三年擊楚丹陽，斬首八萬；武王四年拔韓宜陽，斬首六萬；昭襄王六年伐楚，斬首二萬；七年復伐楚，斬二萬；十四年攻韓、趙，斬二十四萬；廿七年擊趙，斬三萬；三十二年破魏將暴鳶，斬四萬；三十三年又伐魏，斬四萬；三十四年破魏將芒卯，斬十三萬，沈河二萬；四十三年攻韓，斬五萬；四十七年破趙長平，坑卒四十五萬；五十年攻晉軍，斬首六千，流死河二萬人；五十一年攻韓，斬四萬；攻趙，斬九萬；始皇二年攻卷，斬首三萬；十三年攻趙，斬首十萬；計共一百六十六萬八千人，而史所缺略不書者尙不知幾凡，從古殺人之多，未有如無道秦者也。

由上述數字，可見戰國中葉以來男丁喪亡之衆。然梁氏所統計者，僅爲秦與各國交戰而斬首之數，至於秦國本身之傷亡，以及六國在相互戰爭中之死亡數字，則尚未統計在內。

筆者相信，在這一百多年來甲丁大量傷亡的情況之下，女多於男自屬必然現象。然則《職方氏》所載各州男女比例之懸殊，殆亦戰國時代社會的實況！

五、周書職方與篇周禮職方氏之關係

《周書·職方篇》與《周禮·職方氏》，二者雖有字句之異，然雷同者占十分之九，其間必有因襲。章學誠《文史通義》云:

> 《職方》、《時訓》諸解，明用經、記之文。

以爲《職方篇》乃襲用《周禮》；但陳澧乃信《職方篇》爲穆王之書，云:

> 穆王作《呂刑》入《尚書》，作《職方》何不可入《周禮》乎？

則以爲《職方氏》非《周禮》原書。近人王樹民氏《周書周官職方篇校記》云:

> 《職方篇》之作，竊意當在戰國末年……乃遠託古帝而非周公之制……職方之變爲周制，蓋在編入《逸周書》之後……其後《周官》書成，採以爲夏官職方氏，後世尊爲經典，而職方遂得確爲周制。

卻以爲《周禮》襲用《職方篇》。筆者就二書之性質、內容及字句方面加以考察，證實應是《職方篇》襲用《周禮》之文。首先，自體制而言，《周禮》全書分爲天地春夏秋冬六官，系統井然，條理一貫，蓋乃戰國時人，據當世及前代的職官制度，加上個人的政治理想而成的政制巨著。其中雖或採用前代之材料，但其寫定成書，自當出於一手而無待於外鑠。反觀《周書》，乃雜纂而成者，《周書》之篇章，亦固有與他書重見之例，如《時訓篇》乃割切《月令》而成，《官人篇》與《大戴禮・文王官人篇》之前半相類，《明堂篇》又與《禮記・明堂位》雷同等，凡此種種，與全書井然有序、體例一致的《周禮》相較，則其因襲之跡，又粲然可見。

次自字句言之，《周禮・職方氏》之文體字句，與《周禮》全書相類，顯為一手之作。擧例言之，其篇首云：

職方氏掌天下之圖，以掌天下之地。

案：《周官》設職，常以某『氏』名之，如《地官》有『師氏』、『保氏』、『媒氏』，春官有『𦼦氏』、『馮相氏』、『保章氏』，夏官有『挈壺氏』、『服不氏』、『射鳥氏』、『羅氏』、『虎賁氏』、『節服氏』、『方相氏』、『土方氏』、『懷方氏』、『合方氏』、『訓方氏』、『形方氏』，秋官有『禁暴氏』、『野盧氏』、『雍氏』、『萍氏』、『司寤氏』、『條狼氏』、『冥氏』、『庶氏』、『穴氏』等等皆其類。且《職方氏》於《周禮》屬《夏官》，與『土方氏』、『懷方氏』、『合方式』、『訓方氏』、『形方氏』緊鄰，而命名方式亦同，可證其本屬一組。此其一。

某氏掌某職之語，為《周禮》全書之通例，如《天官・太宰》云：『太宰之職，掌建邦之六典，以佐王治邦國。』《地官・大司徒》云：『《大司徒》之職，掌建邦之土地之圖，與其人民之數，以佐王字擾邦國。』《夏官・節服氏》云：『節服氏掌祭祀朝覲。』形方氏云：『形方氏掌制邦國之地域，而正其封疆。』等皆其證。

此其二。《職方氏》又云：

辨其邦國都鄙，四夷、八蠻、七閩、九貉、五戎、六狄之人民，與其財用、九穀、六畜之數要。

案：『邦國都鄙』亦為周官習語，如：『正月之吉，始和，布治於邦國都鄙。』（《天官・太宰》）、『以逆邦國都鄙官府之治』（《天官・司會》）、『辨其山林川澤丘陵墳衍原隰之名物，而辨其邦國都鄙之數』（《地官・大司徒》）、『縣師掌邦國都鄙稍甸郊里之地域』（≪地官・縣師≫）、『以和邦國都鄙之政令刑禁』（≪地官・土均≫）、『以土地相宅，而建邦國都鄙』（≪夏官・土方氏≫）、『正月之吉，始和，布刑於邦國都鄙』（≪秋官・大司寇≫）等等皆是。此其三。

再者，『四夷』、『八蠻』、『七閩』、『九貉』、『五戎』、『六狄』、『九穀』、『六畜』等語，皆以數字冠之，此亦≪周禮≫之特色。如≪天官・司會≫有『六典八法八則』、≪春官・大祝≫有『九祭九摻』、≪夏官・司兵≫有『五兵五盾』、≪司弓矢≫有『六弓四弩八矢』、≪秋官・司刺≫有『三刺三宥三赦』等，其例易見，今不贅錄。此其四。

又是篇篇首云:

周知其利害。

篇末又云:

以周知天下。

案:『周知』一詞，亦爲≪周禮≫之習語，如『以周知入出百物』（≪天官・司書≫）、『周知九州之地域廣輪之數』（≪地官・大司徒≫）、『乃均土地，以稽其人民，而周知其數』（≪地官・小司徒≫）、『經牧其田野，辨其可食者，周知其數而任之』（≪地官・遂師≫）、『而辨穜稑之種，周知其名』（≪地官・司稼≫）、『司險掌九州之圖，以周知其山林川澤之阻』（≪夏官・司險≫）、『周知邦國都家縣鄙之數』（≪夏官・司士≫）、『以周知天下之故』（≪秋官・小行人≫）等等皆是。此其五。

此篇又云:

王將巡守，則戒於四方，曰:『各脩平乃守，考乃職事，無敢不敬戒，國有大刑。』

案:≪天官・小宰≫云:『正歲，帥治官之屬，而觀治象之法，徇以木鐸曰:「不用法者，國有常刑。」乃退以宮刑，憲禁於王宮。

令於百官府曰:「各脩乃職，考乃法，待乃事，以聽王命，其有不共，則國有大刑。」』又《地官・大司徒》云:『正歲，令於教官曰:「各共爾職，脩乃事，以聽王命，其有不正，則國有常刑。」』又《地官・小司徒》云:『正歲則帥其屬而觀教法之象，徇以木鐸曰:「不用法者，國有常刑。」』又《秋官・小司寇》云:『正歲，帥其屬而觀刑象，令以木鐸曰:「不用法者，國有常刑。」』皆與《職方氏》文辭相類，可見《周禮・職方氏》與《周禮》其他各篇，必同是一手之作。此其六。

篇末又云:

王殷國亦如之。

案:『殷國』又見於《周禮・秋官・大行人》及《掌客》，而『亦如之』則更爲《周禮》最常見之習語。如:

以摯見者亦如之。(《天官・膳夫》)

饗士庶子亦如之。(《天官・外饔》)

春秋祭酺亦如之。(《地官・族師》)

享先王亦如之。(《地官・充人》)

凡王后之獻亦如之; 王后不與，則贊宗伯，小祭祀掌事賓客之事亦如之; 大喪則敍外內朝莫哭者，哭諸侯亦如之。(《春官・外宗》)

凡祭祀，鼓其金奏之樂，饗食賓射亦如之。(《春官・鎛師》)

凡賓客會同、軍旅亦如之。(《夏官・射鳥》)

及其受兵輸亦如之，及其用兵亦如之。(《夏官・司兵》)

其例尙多，不勝枚擧。此其七。

此外，《職方氏》云:

乃辨九服之邦國，方千里曰王畿，其外方五百里曰侯服，又其外方五百里曰甸服，又其外方五百里曰男服，又其外方五百里曰采服，又其外方五百里曰衞服，又其外方五百里曰蠻服，又其外方五百里曰夷服，又其外方五百里曰鎭服，又其外方五百里曰藩服。

此九服之說，在《周禮》中亦有相似的記載。《夏官・大司馬》云:

大司馬之職掌建邦國之九法，以佐王平邦國。……乃以九畿之籍，施邦國之政職，方千里曰國畿，又其外方五百里曰男畿，又其外方五百里曰采畿，又其外方五百里曰衞畿，又其外方五百里曰蠻畿，又其外方五百里曰夷畿，又其外方五百里曰鎭畿，又其外方五百里曰蕃畿。

又《秋官・大行人》云:

邦畿方千里，其外方五百里謂之侯服，歲壹見，其貢祀物；又其外方五百里謂之甸服，二歲壹見，其貢嬪物；又其外方五百里謂之男服，三歲壹見，其貢器物；又其外方五百里謂之采服，四歲壹見，其貢服物；又其外方五百里謂之衞服，五歲壹見，其貢材物；又其外方五百里謂之要服，六歲壹見，其貢貨物；九州之外謂之蕃國，世壹見，各以其所貴寶爲贄。

案:《大司馬》中的『九畿』，卽是《職方氏》的『九服』，只不過名稱稍異而已；而這九服的思想，蓋由《禹貢》五服敷衍而成，侯服、甸服因襲《禹貢》成文，固不必論，而男服、采服之出於《禹貢》『百里采、二百里男邦』，衞服出於《禹貢》『二百里奮武衞』，夷服出於『三百里夷』，蠻服源於『三百里蠻』，則又昭然若揭。至於《大行人》雖只六服，但六服之名，乃與《職方》九服同襲《禹貢》而成，則可無疑問。故《職方》之九服，《大司馬》之九畿，《大行人》之六服，雖名目稍異，要皆同源於《禹貢》五服之說，若由其體制之相同而論，三者關係更形密切，因此，《職方氏》應屬於《周禮》之一部分，此其八。

以上八證，皆爲《職方氏》與《周禮》全書相合之處，換言之，亦即是《周書・職方篇》襲用《周禮・職方氏》之證。若反謂《周禮・職方氏》因襲《周書・職方篇》，卽等於承認《周禮》全書之體制、詞例是由《職方篇》一文擴展而成，其謬至顯，自不待言。然則，《職方氏》之被編入《周書》，自必在《周禮》成書以後。

綜合上文，無論就七閩之名或幽州、幷州、河東之地望來看，《職方氏》都應是戰國末年之作；而就篇中所記九州男女之比例觀之，亦知其必成於戰國之世。另一方面，《職方氏》旣與《周禮》全書體例一貫，其與《周禮》他篇同出於一手，自無疑問；如此說來，《周禮》之爲戰國末年作品，亦可謂確然有據了。

（《論周禮職方氏之著成時代》，原刊於《孔孟月刊》第十六卷第三期）

■禮　記

[通　論]

王夢鷗云:

今世學者頗疑四十九篇《禮記》係輯成於東漢時代。但因唐人疏釋（陸德明《經典釋文》孔穎達《禮記正義》）往往引述『劉向《別錄》』爲解。倘使劉向《別錄》果有四十九篇敍目之語在，則謂此書輯成於東漢者，亦殊難置信矣。然細按之: 一、今四十九篇中有《別錄》可據者，實僅有四十五篇。因《曲禮》《檀弓》《雜記》三下篇無敍目而《喪服四制》孔《疏》已謂其在《別錄》之外。由此可知劉向本無『四十九篇』之敍目語。二、偏檢《儀禮》及《禮記正義》所據鄭玄《目錄》引稱《別錄》之文，皆未冠以『劉向』姓名，其原文但言『此於《別錄》屬某』『《別錄》舊說云』『大小戴及《別錄》』。鄭氏語意旣已不明，安可必其爲劉向《別錄》乎？三、按『劉向《別錄》』之名，嘗見引於《隋書·牛弘傳》，同書《經籍志》始著錄之。玆以其殘存於唐宋類書以及當時人所述引者，頗雜瑣聞軼事，非全爲經籍敍目之作。卽從馬國翰、洪頤煊輯佚所得者而觀之，猶可見其梗概。是故，『劉向《別錄》』本爲一可疑之書。四、今人余嘉錫作《七略別錄提要》（見《北平圖書館刊》四、二），謂劉向《別錄》僅如書目提要或序跋，其原文皆附載於原書，並無單行之本。今證以見存之《孫卿子》，《戰國策》等書敍文，可信其然。因疑『劉向《別錄》』本爲後人僞托之書，與鄭《目錄》所引據者不同。五、晉人陳邵《周禮論序》（賈公彥引）云: 『後漢馬融盧植，考諸家同異，附戴聖篇章，去其繁重及其《敍略》。』是而可信，則四十九篇《禮記》本自有《敍略》篇，且未言出自劉向。然則以劉向牽合於此《敍略》篇而又稱爲『劉向《別錄》』者皆妄也。按古人輯書，多有『敍略』之例，如《呂氏春秋》之《序意》，《淮南子》之《要略》，太史公之《自序》，下迄《說苑》《論衡》《潛夫論》之類，皆有敍略篇附輯於書中。陳劭所言《禮記敍略》，殆猶此例。特因後者爲馬融盧植所刪，而鄭玄則引述之爲《三禮目錄》，其實與劉向《別錄》無關也。今人洪業（《禮記引得序》）云：』竊疑『劉向《別錄》』中並未著錄四十九篇之戴《記》。《漢志》之《記》百三十一篇，本出於劉歆《七略》，而《七略》殆沿《別錄》，《別錄》於百三十一篇下，容或繫以敍錄類別』云云，其意蓋謂四十九篇《禮記》係輯自百三十一篇古《記》，而百三十一篇古《記》，劉向曾一一爲之敍目，此等敍目之語遂隨所輯之篇同見載於《禮記》。玆稽以上文，則此說亦殊未確。何者？蓋今四十九篇，《別錄》僅及四十五篇，不特足證其非出於劉向一一爲之敍目之『別錄』，抑且可證今之四十九篇亦未必皆輯自百三十一篇古記。

原夫《漢志》不著小戴四十九篇《禮記》之名，已足見劉向劉歆時代並未聞有此一書。易言之，今四十九篇《禮記》非輯成於西漢，其於東漢成書，亦必在班固之後。夷考東漢博士通儒多雜治今古文學，今四十九篇《禮記》內容，恰稱其時學風。至於西漢，自惠帝除挾書之律，迄武帝置寫書之官，此一段時期可謂書籍輯成時代。其時博士用以講授，弟子用以研習者，自屬漢人以今文重寫之書籍。此外山崖屋壁，雖亦頗出古文，但其書既無師承，而文字又難通曉，宜爲學官師徒所不取。故高堂生所傳，率有《士禮》，而后倉等承之，明見其不周於用，寧推《士禮》而致於天子，而終不取古《經記》以補其未備。自昭宣迄於元成之世，此種學風，蓋猶維持未變。觀乎劉歆移讓博士，而責之爲『專己守殘』，亦可見當時學風之固陋矣。唯因其固陋，故可信戴聖必不至兼收古《記》爲四十九篇《禮記》也。但自成帝之時，此種固陋之習，始稍轉變。陽朔三年詔曰：『儒林之學，四海淵源，宜皆明古今，溫故知新，通達國體，故謂之博士。』（《漢書・成帝紀》）其責望於博士者如此；同時，陳農求書，劉向校書，古文書籍乃隨以紛然雜出，而士大夫所肄習者，亦宜乎漸泛及於古文記矣。《儒林傳》載小戴之學，由后蒼而戴聖，由戴聖而橋仁、楊榮。橋仁生世，適當成哀之際，范史稱其有《禮記章句》四十九篇（《後漢書・橋玄傳》），今其書雖不傳，但以其時代衡之，疑戴聖之今文學統兼取古文者或創自橋仁。然而橋氏之學，既曰『禮記章句』，則爲章句所緣附者，其先必有《禮記》。其時得泛稱爲《禮記》者可有四種：㈠傳自后氏戴氏之十七篇禮（《儀禮》）；㈡后氏說禮於曲臺殿之數萬言《記》；㈢《禮古經》五十六篇；㈣《禮古記》百三十一篇。四者之中，㈠㈡皆爲橋氏承學所自之今文，㈢㈣則爲古文之學。唯以『章句』之意義裁之，疑橋仁所作，或係以《古記》緣飾戴氏之《禮經》，使十七篇之傳，猶得與時俯仰，不至於因殘缺而見棄也。蓋章句之書，依經起義，橋氏《章句》四十九篇，其篇數雖與今之《禮記》相同，可信其內容迥異。且此書作於劉歆王莽得勢之時，旨趣既不相投，亦未必得爲學官採用，故范史稱之爲『家世傳業』。迨至光武中興，立十四博士，禮經乃有大戴小戴。其時小戴博士所傳習者，是否採用橋氏《章句》，事雖難明，但以曹充適於是時作《章句辨難》（見《後漢書・曹褒傳》）；今顧名思義，似專爲橋氏之《章句》而發。何者？后倉傳禮於二戴慶普，其後有三家之學。光武獨傳二戴而不立慶氏，曹充持慶氏之學而作《章句辨難》，可信其必因於門戶之見。然戴聖本人未聞有章句之書，有之，則出自橋氏，寧非小戴博士傳橋氏《章句》，乃爲慶氏後學所不滿而必加以辨難者乎？證以曹充後人又傳《禮記》四十九篇（並見《曹褒傳》），則曹充辨難之篇數適與橋仁《章句》相當，益可信其然矣。袁宋（《後漢紀》）云:『建和九年，曹褒於南宮序禮，經，驗以讖記，制自天子至庶人禮百五十篇。』曹褒制禮，頗招物參五議（並見《褒傳》及《東觀漢記》），今其書雖不得見，但稽以孔穎達（《禮記·玉藻》）《疏》引『曹褒言天子冕用白旒』之語，與《禮器》篇言天子用朱綠旒者異。雖然，僅此片詞隻語，不足以證對戴慶氏之異學，但觀其序禮，必參五經，驗讖記，或非無故也。讖緯之書，漸盛於西漢之末，而毀滅於隋代。今就其殘餘者而稽之，殆與武昭宣時代之今文經說沆瀣一氣，蓋以陰陽變異數術之說爲最多。按后倉學統，其《士禮》之學，出自孟卿; 孟卿之門有孟喜能言陰陽災變; 其詩學則出自夏侯始昌，夏侯始昌則又善言陰陽災變者也。后氏詩說，今雖不傳，以其弟子翼奉匡衡之遺文觀之，與詩緯殘文，甚相接近; 然則后氏之禮說不幾與讖記相同乎?證以《石渠禮論》（《通典·禮部》引），戴聖言昏禮之義，仍本於陰陽。可知后氏之緒餘，與讖記爲同科，曹褒序禮，必以此爲驗者，疑其本欲求合乎后氏之眞傳也。倘若曹氏猶欲傳后氏之眞，則爲其所辨難之橋氏《章句》，宜已軼乎師說之舊矣。因疑自橋仁以下，小戴之學，迎合時尚，先已雜揉今古。降至東漢，雖幸得立於學官，但因師法已亂，進退失據，故史稱其學式微，反不及慶氏之顯著。

以上說明戴聖本爲專己守殘之禮說，必無雜取古《記》合爲四十九篇《禮記》之事; 有之，亦必待其學風轉變，東漢小戴博士，冒小戴之名而變戴聖之實，然後始有今之四十九篇《禮記》。今之四十九篇《禮記》，自晉陳劭以下，皆謂出於《漢志》所錄之二百四篇或百三十一篇。關於此說，淸人考證已詳，無煩贅述。但爲其所共認者，則皆以爲此書乃輾轉刪取古《記》而成者。所謂古《記》，雖限於《漢志》所有者，但《釋文》引述陳劭之說與《隋志》敍《禮》之說以及《初學記》敍《禮》之說，其間頗有出入。《隋志》僅指百三十一篇，陳劭說則兼及《王史氏樂記》等（見孫志祖《讀書脞錄考辨》），而《初學記》則謂出於后倉《曲臺記》。其實此等傳聞，皆甚可疑。一、《漢志》著錄《曲臺后倉》九篇，而《初學記》則謂戴德刪后氏《記》爲八十五篇，倘使《漢志》所言不誤，則九篇何從而能刪得八十五篇？二、二百四篇或百三十一篇，經大戴刪爲八十五，而小戴又刪八十五爲四十九。今者大戴遺篇已殘落殆半，然仍存有小戴相同之篇，可見小戴未嘗刪取大戴之書而爲書。抑且大戴之書旣係刪取《古記》，倘《古記》仍存，小戴何不直取《古記》而必轉從大戴書中取材乎？豈因小戴編書之時，《古記》已散失無存，僅賴大戴之書爲其唯一取材之所乎？今由前一疑竇觀之，謂二戴之書係輾轉刪取而來，其事殆不可信。由後一疑竇觀之，則大戴小戴成書之『時代』，顯有先後矣。以上種種疑竇，皆難於究詰。前人反復辨難，信傳聞而不究現存四十九篇之實況，所以費辭甚多而所得甚少。今玆推詳現存四十九篇之實況，蓋其成篇各自不同，一、有摭拾舊記而爲篇者。如《曲禮》《檀弓》《月令》等篇，似皆出於先秦之遺文墜獻，而爲《禮古記》者也。二、有出於遞相祖述者，如《內則》之引述《曲禮》《少儀》而《喪服四制》又轉抄《閒傳》之類，疑其皆出於漢人之作業。三、有一事兩記，或則措辭互異，或竟持論徑庭者，如《禮運》《禮器》《特牲》篇中並存或異或同之章句。諸如此類，倘執其現存者而平省之，謂今之四十九篇《禮記》爲一家之言，固謬；而謂其刪取《古記》，亦非精覈之見。蓋四十九篇於雜輯《漢志》所列《禮古記》之零篇斷簡外，亦兼存西漢博士經生所作之章句，包括后氏之記、小戴之記以迄橋氏之記。唯其如是，故於東漢章句之學衰微，學者已失家法（《後漢書・徐防傳》語）之後，馬融盧植鄭玄仍追認之『小戴之學』也。

陳劭云:『馬融、盧植,考諸家同異,附戴聖篇章而行於世,卽此《禮記》也,鄭玄亦因盧、馬之本而注焉。』今稽以四十九篇實況,唯此說最爲平實,竊疑此《禮記》初編定於馬融、盧植之手,而鄭玄所從遊之張恭祖,且無與焉。其曰『考諸家同異,附戴聖篇章』,然則戴聖舊文,爲盧、馬所增附者多矣。今欲就四十九篇中檢覈戴聖舊文,殊難指定,但有一事,可發人深思者,卽此四十九篇之篇數是也。按今本《禮記》,從其實有篇目數之,僅得四十六篇,必待《曲禮》《檀弓》《雜記》,各分爲上下兩篇而後乃滿四十九之數。此因爲鄭玄《注》本情形,然而鄭《注》本又何必以四十九爲數?是可異者一。《隋志》敍此書云:『後漢馬融得《禮記》四十六篇,復增入《月令》《樂記》《明堂位》三篇爲四十九篇。』然馬融倘以四十六篇爲少,未嘗不可增入四或二篇,而必增三以滿四十九,是又可異者二。不特此也,曹褒所傳《禮記》爲四十九篇,橋仁所作《禮記章句》亦四十九篇。因疑四十九之數,並非諸儒漫然湊合,蓋其傳承有自。其本或爲后倉說禮於曲臺殿,諸弟子各有所記,而戴聖所傳者四十九篇,故歷代相承,不可改易。

今按《漢志》著錄后倉《曲臺禮說》九篇,此九篇之數,稽以同書《儒林傳》所載后倉說禮『數萬言』,頗不吻合。蓋以數萬言勒成九篇,未免篇幅繁重。倘非因此數萬言,傳至劉向、劉歆之時僅餘九篇,則係班固轉錄有訛;不然,亦當出自後世抄胥之筆誤。玆細閱《漢志》此條,其文曰:『曲臺后倉九篇』,先書『曲臺』而後『后倉』,曲臺旣非官號又非后氏里籍,班氏何用此種書法?王念孫(《讀書雜志》)云:后倉下脫『記』字;姚振宗(《漢志拾補》)則謂此條乃冒上文『禮古記』而列擧者,上旣有『記』,故下不復書。然而無論有『記』無『記』,要之,『曲臺后倉』四字,殊爲不辭。稽以他處之文及注解家所引稱者,莫不作『后倉曲臺記』。《后倉曲臺記》，名正言順，班氏既用之於《儒林傳》，又何必於此故作倒文。玆比照《漢志》於此上文誤認禮『十七』篇爲『七十』篇（按漢簡書『七』『十』二字難分別，大抵『十』字作長『十』，『七』字作短『十』，然兩字連書，亦作『十十』〔見《居延漢簡》〕。是則其爲『十七』抑爲『七十』，宜其誤認也）之例，信是後世抄胥之誤倒，原文宜爲『后倉曲臺』。且此四字之下，尚有脫文。王先謙（《漢書補注》）於此條下引宋祁曰：『景本臺下有至字。』可見景本《漢書》此條作『后倉曲臺至九篇』。詳察此『至』字，倘非由『臺』字之下半誤衍而來，亦當因『記』『至』音近而誤。後人見『至』字無義，乃刪落之。但稽以《初學記》明言大戴刪后氏記爲八十五篇，小戴又刪爲四十九篇。因疑唐人所見后氏記當不止九篇。蓋『至』字古書頗似『五十一』，漢魏以後，隸書化爲行楷，間多異體文字。楊愼（《丹鉛雜錄》四）引胡一桂之言曰：『古書四爲亖。』玆證以近世出土之漢晉木簡文字，可見其然。今《禮記·明堂位》篇，孔《疏》引鄭玄駁許愼《異義》云：『四堂十二室，字誤，本書作九堂十二室。』按『九』字誤讀爲『四』，必因東漢書體常書四爲亖，亖與九形近，乃至於誤九堂爲四堂也。玆更以漢晉木簡稽之，其俗書『至』字作坙亖形，殆與『四十』二字相似。因疑此處，抄胥誤合『四十』二字爲一『至』字，猶如《李尋傳》之誤合子儒二字爲『孺』也。準此而觀，則《漢志》此條，本作『后倉曲臺記四十九篇』，特因後世傳抄脫訛，乃僅存九篇之數。更以『曲臺記』及『四十九』之意義詳之：按后倉說禮於曲臺殿，此殿本爲秦之舊宮而漢世改爲大學者（詳見俞樾《湖樓筆談·漢有二曲臺考》），《儒林傳》云孟喜嘗爲『曲臺署長』，亦疑卽此學官。故后倉說禮之曲臺殿，自是博士講經之處。博士講經而弟子各記所聞。當時后氏弟子如聞人通漢、慶普、戴德、戴聖，或多或少，信其各有所記。或者戴德所記爲八十五篇，而戴聖則整齊之得四十九。唯四十九之數，最合於后倉立說精髓。何者？后氏之世，天人之說方興未艾，后倉說禮，必貫及天人，故班史稱之爲『最明』。稽以今尙存於四十九篇《禮記》中者，有《禮運》。《禮運》篇極言夫禮必本於天、殺於地而用於人之義，可謂曲得武、昭、宣時代經學之全神。天地之爲數，倘以《易·繫傳》之言爲準，則爲五十，而其用『四十九』。（按四十九之來歷，說頗不一，蕭吉《五行大義》卷一頗記其一二，而淸人爲之辨說尤衆。）戴聖所記，蓋欲藉此義以敷陳禮經（《儀禮》）之用，故能繼世爲大儒，而『四十九篇』亦與『小戴』之名相連而不可分。唯是，成哀以後，學風丕變；陵夷至於東漢，小戴之傳，旣已學殘文缺；後之四十九篇，無非附益之文。其可視爲『戴聖篇章』者，其唯《禮運》《郊特牲》篇中若干散策乎？

又按：漢興以來，《士禮》之傳承，司馬遷言之甚明；始於魯之高堂生，而蕭奮、孟卿、后倉。后倉之名，獨著於宣帝之世，后倉之學，實兼齊學，尤明於陰陽五行說。疑其所謂《士禮》，於高堂生所傳授者外，尙益以其創制者。故班固直謂其『推士禮以至於天子』。易言之，高堂生僅有《士相見》《士冠》《士昏》《士喪》等以『士』字冠首諸篇；自餘《燕》《聘》《公食大夫》及《覲禮》等，旣非士人所當行，則是后倉所增入，甚明。尤以『覲禮』，其禮文簡陋，又剟取五方五色之語以入之，是皆五行家之緖餘，而爲《士禮》所絕無者，益可信也。竊謂大小戴之異學，卽在其所傳之《禮》十七篇，亦卽后倉所增廣而流傳於今之《儀禮》十七篇。所以歧爲二家者，特因其敍次不同(見於《儀禮》賈《疏》)而已。故《漢志》著錄，但注曰后氏、戴氏；自餘取名《禮記》者，當爲東漢二戴博士雜輯之古記。

（《禮記校證·總敍》）

［檀　弓］

林政華云:

由篇中所記人物，證明作於戰國中葉之後

㈠由記曾子之卒，證至早作於孔子歿後三十五年以後

《檀弓》記孔子之歿，篇中又記曾子臨卒易簀及浴於爨室之事，與子夏教授西河事。子夏居西河教授時，曾子尚在；時子夏年六十三。曾子小子夏二歲，此時年亦六十一矣；孔子歿時，曾子年二十七。《檀弓》旣記曾子之卒，則必作於孔子身後三十五年以後也。

㈡由記公叔文子諡號，證知作於戰國初葉以後

《檀弓》下篇云:

> 公叔文子卒，其子戍請諡於君，……君曰:『昔者衞國凶饑，夫子爲粥與國之餓者，是不亦惠乎？昔者衞國有難，夫子以其死衞寡人，不亦貞乎？夫子聽衞國之政，修其班制，以與四鄰交；衞國之社稷不辱，不亦文乎？故謂夫子貞惠文子。』

《檀弓》上篇謂:『死諡，周道也。』其說實誤。屈翼鵬先生嘗就甲骨、金文資料，證知諡法實濫觴於殷代晚年。殷代除文武丁之外（按: 前已有『武丁』，此蓋不得已而有二字之諡），未有以二字諡之者。直至戰國始有二諡，《禮記・義疏》云:

> 古無二諡，《論語》公叔文子，子言可以爲『文』，未嘗諡貞惠。《春秋》《左傳》無以二字諡者。戰國時，周乃有威

烈王、愼靚王，楚有頃襄王，秦有莊襄王。一字不足，加以二字，周之末失也。

威烈王立二十四年而崩，時爲戰國初葉末期。由此，知《檀弓》至早當作於戰國初葉之後。

㈢由記魯穆公時事，證知作於戰國中葉以後

《檀弓》記魯穆公事凡四見，卽:

穆公之母卒，使人問於曾子，曰：如之何？……

陳莊子死，赴於魯，魯人欲勿哭，繆公召通子而問焉。……

穆公問於子思曰：『爲舊君反服，古與？』……

歲旱，穆公召縣子而問然，曰：……

考穆公名顯（《世本》作『不衍』。『顯』字爲『不衍』二字之合音），爲哀公曾孫；《史記·六國年表》謂卒於周顯王十六年。《檀弓》稱穆公之謚，當更在其後，卽戰國中葉以後也。

復次，《檀弓篇》又記孔白與季昭子時事。考孔白爲孔子曾孫，季昭子爲季康子曾孫；孔子、季康子併與魯哀公同時。是孔白、季昭子二人當與魯穆公之時代相若。《檀弓》作於戰國中葉以後，此又一證也。

由引用古書古語，證明作於戰國晚年之後

㈠由引用《春秋》經文，證知作於孔子後

《春秋》成公三年有『新宮災，三日哭』之文，《檀弓》下篇嘗有引用，云:

有焚其先人之室，則三日哭。故曰：『新宮火，亦三日哭。』

《檀弓》用《春秋》經文，以爲論據，可知其必作於孔子成《春秋》之後。上節述其記孔子之卒，則更在孔子歿後。

㈡由引用或隱栝《論語》之文，證明作於《論語》之後

《檀弓》思想與《論語》相通者極多，此處僅就顯然引用或檃栝《論語》語義者七條，加以敍述。

甲、《檀弓》上：子路曰：『吾聞諸夫子：喪禮，與其哀不足而禮有餘也，不若禮不足而哀有餘也。』此節蓋檃栝《八佾篇》孔子答林放問禮之本『禮，與其奢也，寧儉；喪，與其易也，寧戚』之義爲說。

乙：『食於有喪者之側，未嘗飽也。』此節引自《論語・述而篇》；惟《論語》著有主詞——子（孔子）耳。

丙、『賓客至，無所館。夫子曰：生於我乎館，死於我乎殯。』此節含攝《鄉黨篇》殯亡友之義，而又擴及宿館賓客之義。

丁、夫子曰：『始死，羔裘玄冠者，易之而已。』羔裘玄冠，夫子不以弔。此義亦見於《鄉黨篇》。

戊、《檀弓》下：『弔於人，是日不樂。……』此節與《述而篇》孔子於是日哭則不歌之義相同。

己、『子張問曰：《書》云：高宗三年不言，言乃讙。有諸？……』此節與《憲問篇》所載事同而文略有出入。

以上六節皆爲《檀弓》本於《論語》，較然可知。《檀弓》上篇又有一則云：『事親有隱而無犯，左右就養無方，服勤至死，致喪三年。事君有犯而無隱，左右就養有方，服勤至死，方喪三年。……』文中『隱』字，當指隱過；『事親有隱』卽《子路篇》『子爲父隱』之義。事親無犯，卽《里仁篇》孔子所云：『事父母幾諫；見志不從，又敬不違，勞而不怨。』『事君有犯』卽《憲問篇》謂事君『勿欺也，而犯之』之義。此節三事，皆檃栝《論語》之義。是《檀弓》出於《論語》——成於戰國初年——之後，明矣。

㈢由記孔子之誄，證知作於《左傳》之後

《檀弓》所記史實，泰半可於《左傳》中覓得對證。玆擧孔子誄文爲例，其文云：

魯哀公誄孔丘曰：天不遺耆考，莫相予位焉。嗚呼哀哉！尼父。

《左傳》所載稍繁，云：

旻天不弔，不慭遺一考，俾屛余一人在位；煢煢余在疚。嗚呼哀哉！尼父無自律。

比勘此二段文字，陸德明《左傳釋文》以爲係《檀弓》引自《左傳》，是也。淸江永《禮記訓義擇言》亦云：

《左氏》傳所載誄辭傷煩，且有稱『余一人』之失。記者刪潤之如此。

㈣由引用《孟子》文句，知當作於《孟子》後

《檀弓》不僅作於《左傳》之後，且當成於《孟子》成書之後。《檀弓》上有云：

喪三日而殯，凡附於身者，心誠必信，勿之有悔焉耳矣。……喪三年以爲極，亡（按：從王肅斷句），則弗之忘矣。故君子有終身之憂，而無一朝之患；故忌日不樂。

『故君子有終身之憂，而無一朝之患』二句，係截取《孟子・離婁》下篇之文，《孟子》云：

……是故君子有終身之憂，無一朝之患也。乃若所憂則有之，憂之如何？如舜而已矣。若夫君子所患則亡矣。非仁無爲也，非禮無行也；如有一朝之患，則君子不患矣。

《檀弓》所引，去一『是』字，增一『而』字。此句前人多不得其解。《禮記・祭義篇》云：『君子有終身之喪，忌日之謂也。』以本經相證，此二句意謂君子終身不忘其親，於忌日祭拜以追遠，然必不用樂；否則，若一朝違反之，則有愧於先人，導致終身之憂患也。

又:《檀弓》下篇云:

塗車蒭靈，自古有之，明器之道也。孔子謂爲蒭靈者善；謂爲俑者不仁——殆於用人乎哉!

此亦源於《孟子》,《梁惠王》上篇云:

仲尼曰：始作俑者，其無後乎！爲其象人而用之也。

二處皆孔子之言，含意相同，而文詞小異。兩相比勘，當是《檀弓》襲自《孟子》。《孟子》書成於孟子門人之手，時在戰國晚年；《檀弓》之著成，又在其後。

由所用語法、語辭，證明作於秦末

㈠關於斯、此與爾、汝等代詞之使用，證其與《論語》之時代相近。

《論語》不用『此』字，《檀弓》亦僅一見，明顧炎武云:

《論語》之言『斯』者七十，而不言『此』。《檀弓》之言『斯』者五十三，而言『此』者一而已。

按:《孟子》書中，並用斯、此二字，用此字次數稍多。《檀弓》旣多用斯字，與《論語》相同，當是《論語》同時或以後之作。學者有謂《論語》《孟子》是魯國人所作，則《檀弓》亦是魯人作品。筆者不以爲然。蓋就《孟子》並用斯、此二字，與《論語》不同，未必同爲魯人作品；卽《論語》爲魯人所作，亦出學者假設，並無實徵。吾人僅可謂《檀弓》與《論語》所用語言相近，而《孟子》爲另一地之作品耳。

胡適之先生嘗謂《檀弓》與《論語》，於人稱代詞爾、汝之使用，至爲謹嚴。玆歸納其說之要點如下:

甲、汝爲單數對稱代詞（含主格、受格）。

乙、爾爲複數對稱代詞（含主格、受格）。

丙、爾爲所有格（含單、複數）。其下可接代詞『所』字。

丁、爾、汝二字，同爲上稱下，及同輩至親相稱之詞；然用汝字，必稱一人；若用爾字稱一人，則表尊敬或疏遠。

胡先生並謂上述用法與《孟子》不同，《孟子》書不用汝字（按：引述他書古語者不計），亦少用爾字，以爾汝二字在當時已轉爲親狎或輕賤之稱故也。例如：《盡心》下篇云『人能充無受爾汝之實，無所往而不爲義也』。是以爾汝爲輕賤之稱，《孟子》因廻避不用，對弟子亦皆改稱『子』。是《檀弓》著成之時地，與《論語》近，而遠於《孟子》。

㈡由混用夫子與子爲第二、第三人稱，證其時代與《論語》相近。

《檀弓篇》使用『夫子』之稱謂，計有二十七節（分節從王夢鷗《禮記今註今譯》）之多。其用法可分爲三類：

甲、以『夫子』爲第三人稱，係記者稱述孔子時所用，凡十六節。例如：

孔子之故人原壤，其母死，夫人助之沐椁。原壤登木曰：……歌曰：『貍首之斑然，執女手之卷然。』夫子爲弗聞也者而過之。從者曰：『子未可以已乎？』夫子曰：……

夫子曰：『始死，羔裘玄冠者，易之而已。』羔裘玄冠，夫子不以弔。

由此類用法，可以假設記者乃孔子門人或後學所作。

乙、二人對話中，稱述孔子爲『夫子』者有七節；稱他人者二節（見下擧末二例）。例如：

孔子之喪，門人疑所服。子貢曰：『昔者夫子之喪顏淵……。』

公叔文子卒，其子請諡於君……君曰：『昔者衞國凶

饑，夫子爲粥與國之餓者。……』（按：夫子指已死之公叔文子）

陳子車死於衞。其妻與其家大夫謀以殉。葬定，而後陳子亢至，以告曰：夫子疾莫養於下，請以殉葬。……（按：夫子指陳子車）

丙、用爲第二人稱者二節：一指孔子，一指曾子。

孔子在衞，子貢曰：『夫子何善爾也？』

曾子寢疾，病。……曾元曰：『夫子之病革矣。……』

近人李宗侗先生《夫子與子》一文，謂在《左傳》《國語》中，『夫子』爲第三人稱，『子』爲第二人稱，無有例外（稱A類）。而在《孟子》書中，則二者同爲第三人稱：『夫子』較尊（用以稱呼老師），而『子』較低（用以稱老師以外之人）（稱C類）。在《論語》中，二者混用爲第二、第三人稱（例如：侍坐章、武城章）。李氏以爲《論語》係由A類變至C類之過渡現象（稱B類）。李氏復撰《續論夫子與子》一文，考知《檀弓》混用夫子與子爲第二、第三人稱之情狀，與《論語》同；復就上引甲類第一例考察，謂《檀弓》中『夫子』與『子』混雜使用，亦似在演變中始有之現象。因以爲《檀弓》與《論語》之時代相近。是也。

㈢由稱楚曰荆，證知著成於秦莊襄王之後

《檀弓》稱楚曰荆，上下篇各有一處，卽：

有子曰：『……昔者夫子失魯司寇，將之荆，蓋先之以子夏，又申之以冉有，以斯知不欲速貧也。』

襄公朝於荆；康王卒。荆人曰：『必請襲。』魯人曰：『非禮也。』荆人強之。巫先拂柩，荆人悔之。

考荆、楚二字，依《說文解字》乃轉注字，指叢生之木。荆蓋爲楚國舊號。《春秋經》於莊公時（如莊十年、十四年、十六年、二十八年），仍稱楚曰荆。至僖公元年，始稱楚，故杜預注《左傳》，云:『荆始改號爲楚。』自後，凡作成於魯僖公元年以後之文獻，皆稱楚不稱荆；其稱荆者，皆指荆州之荆。《禮記》中凡楚皆曰荆，前人有以爲其所以稱荆者，係以州擧之，用示鄙薄之意。實則，荆楚同義，何分薄厚？以州擧之，亦不見鄙薄之意。

《呂氏春秋・音初篇》云:『周昭王親將征荆。』高《注》:『荆，楚也。秦莊王諱楚，避之曰荆。』按: 昭王時，楚實稱荆，呂不韋門客蓋仍沿其舊號。高《注》雖不足憑信，然啓發來者實大。蓋上引《檀弓》二處，其時代皆已在荆改號之後，而仍舊稱，是必有因。考《史記・秦本紀》於昭襄王四十九年，仍有『正月』之稱，至《秦始皇本紀》，則凡『正』字皆改曰『端』，以避始皇之諱；而《秦楚之際月表》，於二世元年正月，亦稱『端月』。張守節《正義》云:『秦諱正，故云端月也。』其說是也。是秦時已有避諱之事矣。《始皇本紀》於載滅楚之文，更明諱楚曰荆，如云:『二十三年，秦王復召王翦彊起之，使將擊荆，……虜荆王。』『二十四年，王翦、蒙武攻荆，破荆車。』於二十五年、三十五年，亦皆稱楚曰荆。然則《檀弓》爲莊襄王以後之作，明矣。

由淮南子之引用，證明作於漢武帝之前

《淮南子》凡五引《檀弓》上篇文，玆分別述之於下:

㈠《檀弓》云:（公儀）仲子舍其孫而立其子。……（子服）伯子曰: 仲子亦猶行古之道也。昔者文王舍伯邑考而立武王。……

文王舍伯邑考立武王事，不見於先秦古書，亦不見於《史記》。《淮南子・氾論篇》云:

古之制，婚禮不稱主人；舜不告而娶，非禮也。立子以長；文王舍伯邑考而用武王，非制也。……

味《淮南子》文義，乃稱引《檀弓》，而再加以解釋，以討論其事合禮制與否。下例同此。

㈡《檀弓》云：子上之母死而不喪。……子思曰：『……爲伋也妻者，是爲白也母；不爲伋也妻者，是不爲白也母。』故孔氏之不喪出母，自子思始也。

《淮南子・說山篇》云：

孔氏不喪出母，此禮之失者。

案：孔氏不喪出母之說，僅見於《禮記》。《淮南子》自是引《檀弓》文。

《檀弓》言三代禮制同異（有時尙及有虞氏），至十一節之多。《淮南子》引有下列三節：

㈢《檀弓》云：夫子曰：『……夏后氏殯於東階之上，則猶在阼也。殷人殯於兩楹之間，則與賓主夾之也。周人殯於兩階之上，則猶在之也。』

《淮南子・氾論篇》引此文，而訓之云：『此禮之不同者也。』

㈣《檀弓》云：有虞氏瓦棺，夏后氏堲周，殷人棺槨，周人牆置翣。

《淮南子・氾論篇》所引，『殷人棺槨』作『殷人用槨』；亦釋之云：『此葬之不同者也』。

㈤《檀弓》云：『朝奠日出，夕奠逮日。』

《氾論篇》略本之，云：『夏后氏祭於闇，殷人祭於陽，周人祭於日出，以朝（按：高《注》：朝者，庭也。）。』因亦釋之云『此祭之不同者也。』

《淮南子》旣屢引《檀弓》文，則《檀弓》必成於《淮南子》之前，明矣。《淮南子》成書之年代，據《漢書・淮南王傳》（卷四四）所載，乃在劉安入朝之前不久，卽武帝建元元年前後也。

結語

由上所述，知《檀弓篇》係秦末（亦卽戰國末年）至漢初（武帝建元之前）間儒者所編撰。其編撰方式，誠如吳澄所說者，吳氏云：

是記者旁搜博采，剿取殘篇，會粹成書。

前人如趙匡、何泰衢所言《檀弓》之著成時代，亦與本文所考者合；彼等所見甚卓，惜未臚列論據耳。

（《禮記檀弓篇之性質與著成時代》，原刊於國立編譯館《館刊》第五卷第二期）

［王制］

金德建云：

以余考之《禮記・王制》但屬文帝所造之《本制》，而《兵制》《服制》當自別有書。所謂《兵制》，應以《司馬兵法》屬之。（《司馬兵法》非古，司馬遷早有此疑。《穰苴列傳》云：『齊威王使大夫追論古者《司馬兵法》。』此以《司馬兵法》爲後人所追論而作。又云：『《司馬兵法》閎廓深遠，穰苴區區爲小國行師，何暇及《司馬兵法》之揖讓乎？』此並疑《司馬兵法》非出穰苴。則史遷已知此書晚出）所謂《服制》，應以《春秋繁露》中之《服制》《度制》《爵國》三篇屬之（三篇內容相連，應併爲一；當出文帝博士所造，仲舒所採，以錄入《繁露》中者）。此皆論述古代制度之作，與《王制》體例相近，且與《王制》今說多合。例如《司馬法》云：

天子囿方百里，公、侯十里，伯七里，子、男五里，皆取一也（《公羊傳》成十八年《注》引，《疏》云：『孟子云。』）。

即據《王制》『天子之田方千里，公侯田方百里，伯七十里，子、男五十里』之語推演而說。《司馬法》又云：

圍其三面，開其一面，所以示生路也。（《孫子·軍爭篇·注》引《司馬法》）

與《王制》『天子不合圍』之語亦合。豈非同出文帝博士所造，故得有此相通乎。廖平《今古學考》云：『《司馬法》司馬主兵，《王制》之傳也。其言兵制出師，與《周禮》不合，蓋全主王制也。』廖說所據，殆亦指此等耳。至於《春秋繁露》爲今文說薈粹之書，原無疑義，而《服制》《度制》《爵國》等篇與《王制》合者更多。試舉《爵國》一篇徵之。如云：

王者之後稱公，其餘大國稱侯，小國稱伯、子、男。（《王制》『王者之制祿爵，公、侯、伯、子、男凡五等。』）

公、侯百里，伯七十里，子、男五十里。（《王制》語同）

方一里而一井，一井九百畝。（《王制》：『方一里者爲田九百畝。』）

三公、九卿、二十七大夫、八十一元士。（《王制》語同）

類此不煩細考，其文句同於《王制》，已顯然可覩，擧此數例，可證《司馬法》與《繁露》中《服制》諸篇，校其經說淵源，本皆符合《王制》，理宜同出一時所作。因知《別錄》所謂『文帝所造書有《本制》《兵制》《服制》』之語，信非無據。《王制》旣爲文帝時博士所造，則《司馬法》及《繁露》中《服制》諸篇亦通《王制》，宜即文帝之《兵制》《服制》，遂亦得以證明矣。

此外《王制》作於文帝之證，尙有數處可尋。《王制》云：

成獄辭，史以獄成告於正，正聽之。

鄭《注》云：『史，司寇吏也。正於周鄉師之屬，今漢有正平，承秦所置。』鄭氏明言古代司寇之職，刑官無正；漢有正平，乃承秦所置耳。則知《王制》之正，即依據秦、漢時制度，此又《王制》作期應出漢初文帝之證。

(《漢文帝使博士諸生作王制考》，在金著《古籍叢考》中)

陳瑞庚著有《王制著成之時代及其制度與周禮之異同》一書，於一九七二年由嘉新水泥公司文化基金會出版。該書上編第一節爲『王制著成時代舊說概述』，第二節爲『王制內容之來源及分析』，第三節爲『禮記王制篇非漢文帝令博士諸生所作之王制』；結論云：『據《晁錯傳》錯中選賢良文學於文帝十五年。在此之先，錯自太常典故、太子舍人、門大夫、博士，累升至太子家令，此一漫長之政治生命，長則或在十年以上，短恐亦需五年以上。如以文帝十五年爲定點，往上推之，則錯受《尚書》約在文帝五年至十年之間。茲據上述推論，暫定錯受《尚書》於文帝初年，而孝文求能《尚書》之先，殆不知有伏生，伏生書學之顯，必在晁錯受書之後。今據《漢書・儒林傳・注》引衞宏說，則伏生《尚書》蓋無傳本，但憑記誦所及，口授以傳。而伏生《大傳》成書，當更在口授之後，鄭玄《大傳・序》稱是書爲勝遺說，其徒張生、歐陽生等錄以成書云云，其說近是。然則《尚書大傳》成書時代，必不能早於文帝初年。今《禮記・王制篇》既及采《尚書大傳》之文，則其著成必在《尚書大傳》之後；《尚書大傳》可爲《禮記・王制篇》著成時代之上限，至《王制》著成時代之下限，當不晚於《禮記》成書之時，《禮記》成書約當漢宣帝年間，已爲公論，此不贅述。』

［禮　運］

高葆光云，

茲考懷疑派的觀點有二：㈠就《大同》章的思想觀察，如宋黃震說：『似老子。』（《黃氏日鈔》）清姚際恆說：『周秦老莊之徒所撰。』『不獨親其親，子其子，爲墨子之遺。』（《古今僞書考》）近來又有人附會以爲《大同》章即今日的共產思想者。他們否認《大同》章是孔子講的，同時又否認是儒家的思想。㈡就《大同》章問答人的年歲上觀察，根據《史記・仲尼弟子列傳》子游的年歲，推斷孔子參與蠟祭的時候，子游年歲太小，孔子不能和他談論大同的道理。這一部份學者的話最爲鋒利，幾將孔子講大同一案根本推翻。所以先就這一部份學者的意見加以研討，然後再對黃、姚二氏及近人說法，略予辨正。一部份學者略謂：

> 言偃少孔子四十五歲（《史記・仲尼弟子列傳》）。孔子返魯，子游年二十三。蓋其從游當在孔子返魯後。閻若璩說孔子厄於陳、蔡，子游年僅十八，係誤讀《論語・從我於陳蔡》以下兩章爲一章的原因。《家語》講孔子爲魯司寇與於蠟，游於觀，喟然而嘆，言偃侍。《禮運》鄭《注》亦謂孔子講大同係在仕魯助祭時。孔子年五十一爲司寇，子游年六歲。孔子五十五歲去魯，子游年方十歲，孔子怎能與其講大同？

如果《史記》子游少孔子四十五歲是確實的話，孔子卒年，子游僅二十八歲。但子游在孔子生前，即已爲武城縣令。依《禮・內則》，『四十方仕』（《禮記》的年代雖有人懷疑，但四十出仕，是古人的習慣，不能否認）。《論語》孔子『三十而立』，子游年在二十八以內，學業未成，恐無擔當治民大任的資格。《論語・先進》子路使子宰爲費宰，孔子反對說：『賊夫人之子。』子羔是時約二十四歲，孔子認爲年歲太輕，經驗學識不够，故有此語。子游如年在二十八以內，充當縣令，孔子何故贊許？《左傳》襄公三十一年鄭子皮欲使尹何爲邑，子產說：『少，未知可否！』『猶未能操刀而使割也，其傷實多。』『子有美錦不使人學製焉；大官大邑，身之所庇也，而使學者製焉！其爲美錦，不亦多乎？』尹何的年歲已不可考，子產以爲年輕，故加反對。可見古人認爲縣令一職，事務繁雜，責任重大，非老成人擔任不可。根據上述，吾們可以斷定子游當縣令的時候，年歲絕不在二十八歲以內。《史記》子游少孔子四十五歲一語，當然是不可靠的！如照《內則》四十方仕的話，孔子當司寇時，子游年約十八九；孔子在此時與他談論大同小康的話，也沒有什麼不可的。

《論語・先進篇》：『子曰：「從我於陳蔡者皆不及門也。」德行：顏淵、閔子騫、冉伯牛、仲弓。言語：宰我、子貢。政治：冉有、季路。文學：子游、子夏。』鄭康成、朱子均認爲此段係屬一章。皇侃、劉寶楠以爲德行以後另爲一章。如係一章，則子游已身歷陳、蔡之難，年歲當然不少。如係兩章，德行一段係孔子返魯後記者，敍述孔子閒評弟子的言語，則子游隨從陳、蔡的根據已無，也可以說子游年歲不大。因此一部份學者堅持此段係屬兩章，斷言子游從游，在孔子返魯以後；間接地推測孔子當大司寇時，子游方六歲，來否定《大同》章是孔子所講的。但程伊川講：

> 四科乃從夫子於陳蔡者爾，門人之賢者固不止此；曾子傳道而不與焉。（《論語》朱《注》）

我以爲程子的話頗有道理。如果德行段係孔子返魯後論諸弟子，實在不應該將承繼道統的曾子，似孔子的有若，有聖人一體的子張，安貧樂道的原思遺去；而卻提出朽木不可雕的宰我。至稱弟子之字而未稱名者，係記載者的口氣，確無疑義。在《論語》中敍述孔子言語的前後，每由記載人將起因及結局敍入。《陳蔡》章也是先記孔子的話，隨後又由記者將一同受難的著名弟子指出。所以這二段係屬一章，毫無問題。尤氏艮齋《雜說》引陳善辨曰：

陳、蔡從者豈止十人；急難之時，何必分列四科？斯知鄭說未敢從也。

不知此章乃孔子脫險後的回憶，豈必在受難時親作此言？從者雖不止十人，但記者只舉其代表弟子已足，奚必一一枚舉？陳氏之說不值一辨。劉寶楠講：

冉有於魯哀三年爲季康子所召，不應於此年復有一冉有從夫子也。（《論語·正義》）

劉氏根據《史記》立說，似有理由。但我們看孔子述冉有所講的話，十分熱中，不似孔子平素的言論。尤其是子貢所言，直是戰國策士陰謀，賢者不應出此。再看《論語·雍也》章：

季康子問：『仲由可使從政也與？』子曰：『由也果，於從政乎何有！』曰：『賜也可使從政也與！』曰：『賜也達，於從政乎何有！』曰：『求也可使從政也與？』曰：『求也藝，於從政乎何有？』

此項問答，應在季康子嗣立以後；不應在未攬魯政以前。應在未用冉有之先；不應在已用冉有之時。季康子對於冉有等才能未悉，故請問於孔子，然後才能任用。我們可以斷定係在魯哀七年夏任用子貢前時的談話。如在魯哀三年，卽召用冉有，彼時孔子適在陳，怎能親身與季康子問答？可見魯哀三年召冉有的話，係屬子虛！彼時冉有正隨從孔子。又《論語》明載孔子於衞靈公問陳的明天卽行，《史記·孔子世家》也載魯定卒年孔子去衞。近人多謂衞靈公卒年（魯哀二年）孔子去衞，《論語·爲衞君》章所載冉有子貢和夫子問答，在孔子離衞赴陳的時候。我想蒯聵父子爭國，在當時尚未劇烈化，孔子行色匆匆，怎能說到『爲衞君』？此事必在魯哀六年、孔子由陳返衞以後。在那個時候，冉有仍然未離開孔子，才有那樣的談話。崔述說：

> 論語爲衞君章，冉有子貢問答之辭，皆似在衞之時。若冉有果從孔子返魯衞，則必無自陳歸魯之事矣。子曰：『從我於陳蔡者皆不及門也。』記者因記弟子姓名凡十人。而冉求始終相從於陳蔡間者。然則冉有歸魯當在返衞之後；不當在桓子甫卒之時也。（《洙泗考信錄》）

崔氏論斷，頗爲卓越。

從上列兩條，可以證明皇、劉等氏分陳蔡段及德行段爲兩章的最大根據已經動搖！因此我們在未發現新證據以前，仍有理由相信冉有子游曾一同從孔子受厄於陳蔡，子游的年歲不算小。孔子在魯當司寇的時候，有與他講論大同的可能。

再孔子參與蠟祭的時間，經史中幷無明文記載。鄭玄、王肅說在孔子當大司寇時，均係揣測之辭。我以爲此事，可能在仕魯的時候，也可能在孔子最後返魯期間。《左傳》魯哀十一年：

> 季孫欲以田賦，使冉有訪諸仲尼。曰：『丘不識也。』三發。卒曰：『子爲國老，待子而行，若之何子之不言也？』

《論語・子路》篇：

> 冉子退朝，子曰：『何晏也？』對曰：『有政！』子曰：『其事也！如有政，雖不吾以，吾其與聞之！』

《憲問》篇，

> 陳恆弒其君，孔子沐浴而朝，告於哀公曰：『陳恆弒其君，請討之！』公曰：『告夫三子！』孔子曰：『以吾從大夫之後，不敢不告也……。』（此事在魯哀十四年）

由此可知，孔子在致仕期間，既然可以與聞朝政，當然也可以參加蠟祭。如在此時，與子游講論大同，亦有可能。因此就是退一步講，子游確少孔子四十五歲時，也不能判斷《大同》章是假的。一部份學者的懷疑，無論在何種情形下，都不能算作定論！

大同是否孔子所口談，由後學筆記？還要觀察下列事實，才能下個確切的判斷。

㈠《大同》章（《禮運》首段）的文字形式是問答體，與《論語》正同。又文字簡單，較孟荀莊韓之閎肆者迥殊，這是戰國以前文字體裁。

㈡《大同》章的政治思想，完全是孔子講仁，達到高潮時所產生的結晶品。他的學說中正和平，我們拿楊墨莊子三家作個比較，可以看出儒家的特色！因爲人類有利己心，也有利他心。楊朱『輕物重生』，只知有我，不知有人。利己心太甚，絕不關心人羣，是十足的個人主義。墨子對於人類平等地全愛，雖然自己吃苦犧牲也要爲人打算，他看輕小我，重視社會人羣。結果違背人情，事實上難以辦到。莊子主張人人絕對自由平等，從知識方面立論，將彼此是非的界限泯滅，以達到人我一體的境界。結果人類的個性可以積極發展，仍陷於知有我，而忘掉人的弊病。惟獨儒家的孔孟，一方面主張個人的自覺，怎樣去作人；一方面主張要愛人治國平天下。他們並不需要將人我界限混同，而是要小我完成以後，擴大利他心，供整個社會共同發展。所以孔子既要『敬己』，又要『安人』。孟子既要『盡心』『知性』，又要『推不忍人之心』、『行不忍人之政』；亦就是『中庸』所說的『成己』『成物』。他們論政，完全想用『仁』的力量達到親親仁民愛物的地步。並不是走中間路線；而是合情合理，不偏不激的中正平坦大道。孔子仁道的主張，用在政治的理論上，自然會產生大同的思想，原無足驚異。我們觀察大同章所講的，與孔子的思想對照，更可得着一個清晰的印象。

天下爲公，選賢與能，講信修睦。

孔子仍然主張有政府的組織；不過認爲天下是公有的，不是一家一姓的私產。這完全受堯舜禪讓天下的影響。孔子盛稱堯舜也是這原故。絕不似康有爲所說的太平世不需要政府（康說見《孟子微·序》）。選賢擧能，和孔子『擧直錯諸枉』的主張一致，與《老子》『不尚賢』之旨不符。國家的政策是講信修睦，和孔子『道之以德』、『敬事而信』、『民無信不立』的政策相同。既不似《老子》的『絕仁棄義』，反對『有爲』。

故人不獨親其親，子其子，使老有所終，壯有所用，幼有所長，矜寡孤獨廢疾者皆有所養。

這一段充分說明社會倫理的道德，以愛的力量來維繫各階層。吾們須要着眼於『不獨』二字。意思是說人類不僅單獨地孝敬自己的老人、慈愛自己的子女；還要把這愛心擴充，去孝敬他人的老人，慈愛他人的子女。和孔子『老者安之，朋友信之，少者懷之』、孟子『老吾老以及人之老，幼吾幼以及人之幼』口吻語意無異。墨子固然主張兼愛；但其目的爲達到人類不相紛爭的目的。愛是一種手段，也是功利的見解。此段完全就信睦的道德立場，來描寫愛的實施。愛是一種目的，而非手段。同時他說『不獨親其親，子其子』是主張愛有差等，與墨子一視同仁的態度不合。怎能說是『墨家之遺』呢？又此段注重倫常的觀念，和柏拉圖、康有爲的公父公子的思想更判若霄壤！不能相提併論。

男有分，女有歸。

分明主張保留家庭制度，與柏拉圖、康有爲的公妻主張，絕不相容。貨惡其棄於地也，不必藏於己；力惡其不出於身也，不必爲己。

這一段與今日的社會主義極相似。但他分明主張財產私有制度；不過物資用不了的時候要分給大家公用。他亦主張勞動制度；但先要爲己，再進一步爲人。和孔子『不患貧而患不均；不患寡而患不和』（《論語》原句『不患寡而患不均；不患貧而患不安』，蔣伯潛《論語新註》，參照俞樾《古書疑義舉例》改）、『愛之能勿勞乎』、『知其不可而爲之』；子路『願車馬，衣輕裘與朋友共敝之而無憾』；子貢『博施濟衆』；《大學》『生之者衆』、『爲之者疾』的言論精神無殊。孔子理論的出發點是道德，仍然未離開信睦兩個條件。

由此可見《大同》章的思想與孔子的思想體系完全相合；不像老子所講『非以明民，將以愚之』，也不似『結繩而治』、讓『人民老死不相往來』的那樣烏托邦。

㈢《大同》章下文是講小康政治，以禮爲重要工具。但謂：『謀由是作，而兵由此起。』鄭玄《註》云：『以其違大道敎朴之本也，敎令之稠則然。《老子》曰：「法令滋章，盜賊多有。」』說者疑《禮運》爲老氏遺旨者大概因此。但看下文『夫禮，先王以承天之道，以治人之情』等語，極端推重禮，此章實未曾有輕視禮的意思。不過以爲按照當時的環境，社會尚未達到理想的大同程度，聖人應該以禮爲治，來應付時代的需要罷了。劉台拱曰：『風俗升降，聖人亦無如之何，……但異端之見以禮爲不必設，孔子之言，以禮爲不可廢。』（見《禮記訓纂引》）斯爲得之。

又小康政治，提出禹、湯、文、武、成王、周公六君子爲賢良施政者的代表，也不是輕視六君子；實在是說明這個時代需要這樣首領。至於所舉天下爲公的政治象徵，是孔子將他遠大的政治理想，托古闡明，以爲未來的政治鵠的。並非以爲堯舜眞有這樣的政績。儒家『以述爲作』的精神有如此者。與老莊所憧憬的『上古至德之世』，又不相同。我們也不可誤會此段所講，與孔子贊美文武周公的態度不合而加以懷疑。

㈣《論語》《孟子》書中，對於大同字樣毫未提及，因此也會懷疑。但是我們要知道《論語》是曾子一派後學所追記。他們僅就自己見聞所及，筆之於書。對於孔子的言行，難免遺漏。我們看

《孟》《荀》二書所引，每有出在《論語》以外的，也不能武斷是僞。至於《孟子》一書，也是他的後學記載孟子對當時人的談話，遺漏處更不在少。況且佚失的外篇中，有『爲政』一篇。這篇裏是否談到大同，未敢懸斷了！（蕭公權先生《中國政治思想史》講『大同似仁道的別名』，不爲無見。我也疑孟子的『王道』和孔子的『大同』有些相似。也許彼時『仁』、『大同』、『王道』尙未成爲專有名辭，不妨彼此互易。）

㈤孔子的學說，是以『仁』爲中心，人全有作『仁』的資格；但實行起來，達到圓滿境界，卻不是一件容易的事！所以孔子講：

回也其心三月不違仁，其餘則日月至焉而已矣！（《論語·雍也篇》）

孔子的學生很難達到『仁』的圓滿地步。《大同》章所講天下爲公的具體象徵，如果不是對於『仁』有高深修養的人，不能作這樣崇高慈祥的理論。

以上所擧五個條件，要任有其一，不免邏輯上所謂『丐辭』(begging the question）之嫌！但合起來觀看，《大同》章所講已與孔子的遺敎符合。非孔子不能作此語；孔子之所以爲孔子，正在此處！

（《禮運大同章眞僞問題》，原載《大陸雜誌》第十五卷第三期）

［樂　記］

孫堯年云:

《樂記》是公孫尼子的著作嗎?

關於《樂記》的來源，有許多不同說法。其中相當有力的一說，認爲是孔子弟子公孫尼子所作。這當是根據郭沫若的《公孫尼子與其音樂理論》（見《青銅時代》）一文而來的。中央音樂研究所編著的《中國古代音樂書目》和中國科學院文學研究所編著的《中國文學史》都採取這一說法。筆者認爲《樂記》決非一人一時之作，且在公元前五、六世紀的春秋末葉，尙不可能產生內容如此豐富、說理如此精細的美學著作。按郭先生說法的依據是《隋書・音樂志》載梁代沈約對武帝思弘古樂詔的奏答里的一句話:『《樂記》取公孫尼子。』此說後爲唐代張守節《史記正義》所採取。但這原是一種後起的說法，他們都未提出任何論據，實難以憑信。

最早記載《樂記》來源的是《漢書・藝文志》的《六藝略》:

> 武帝時，河間獻王好儒，與毛生等共採《周官》及諸子言樂事者以作《樂記》。獻八佾之舞，與制氏不相遠。其內史丞王定傳之，以授常山王禹。禹，成帝時爲謁者，數言其義，獻二十四卷《記》。劉向校書，得《樂記》二十三篇，與禹不同。

這段話前面敍述《樂記》成書過程，旣明言『《周官》及諸子》，則所採自非一人一書的材料；旣云『作』，則毛生等亦必參與已見。後面敍《樂記》流傳過程，劉向校得之二十三篇『與禹不同』，郭先生認爲『大約以一篇爲一卷，只是少一卷的原故』，這是有一定理由。《漢書·藝文志》稱漢興『大收篇籍，廣開獻書之路』，武帝尤着意復興禮樂，『下及諸子傳說，皆充秘府』。《隋書·經籍志》亦稱：『其後竇公、河間獻王、常山王張（疑衍）禹咸獻樂書。』並以《禮記》一百三十一篇亦獻王所獻。《樂記》多載舞事，獻樂而不獻記，亦睽常理（《漢書·藝文志》記獻舞已可概括獻記，否則獻樂兩句亦成贅語）。《樂記》既入中秘，則推斷劉向校得之二十三篇與《王禹記》同屬一本，並不爲過（惟兩本輾轉流傳，內容難免更動，其不同或不僅一卷之差）。問題在於：一、當時《公孫尼子》二十八篇具在，著錄《漢書·藝文志》的《諸子略》，《漢書·藝文志》的作者劉向父子及班固等自會看到，果眞《樂記》採自《公孫尼子》一書，他們又怎會在《六藝略》裏說『採《周官》及諸子』呢？二、郭先生既然相信《漢書·藝文志》的記載，爲什麼終又採取了後來沈約的說法呢？這不能不使我們懷疑。

此外，從前康有爲等曾以《樂記》爲劉向父子剽竊《公孫尼子》一書而成，這是憑臆爲沈約之說作證，亦難信從。因爲一、《樂記》十一篇之被斷取入《禮記》，其事在劉向以前。據孔穎達《禮記正義》引鄭玄《六藝論》：『戴德傳記八十五篇，戴聖傳記四十九篇，則此《禮記》是也。』《禮記正義》更指出：『按《別錄》：《禮記》四十九篇，《樂記》第十九，則《樂記》十一篇入《禮記》也在劉向前矣。至向爲《別錄》時，更載所入《樂記》十一篇，又載餘十二篇，總爲二十三篇。其二十三篇之目，今總存焉。』可見小戴所傳《禮記》四十九篇，已包括《樂記》在內。兩戴爲武宣時人，早於劉向父子數十年，後者又怎能剽竊造作而在《六藝略》裏故掩其跡呢？二、即假定《樂記》爲劉向父子剽竊前人之作，又何致專去剽竊爲他人所能見之《公孫尼子》一書呢？

三、《荀子》一書，爲劉向所校定，於三百二十二篇中去其重複，保留三十二篇。現《荀子·樂論》大部分文字見於《樂記》。如果劉向剽竊《公孫尼子》而成《樂記》，當決不容在《荀子》書中更保存《樂論》。這當是康氏從今文經學家立場出發，對劉向父子的一種詆誣之辭。

要證明《樂記》是否出於公孫尼子，如果從歷史上找外證，最有力的無過於看到《公孫尼子》原書的人。東漢馬融、鄭玄、盧植、王充等均一時通儒，馬、鄭、盧均注疏過『三禮』，後兩人並考定《禮記》中若干篇出處，遺說見《禮記正義》，但都未言及《記》作者。至王充《論衡·本性》曾提到公孫尼子，但亦未曾說起他與《樂記》有何關係，卻講到公孫尼子論性分上中下三等，顯與《樂記》中的人性論不合（說見下文），只能作爲《樂記》——至少是它論性的幾篇與公孫尼子無關的一個有力反證。此外，我們尚不能於六朝以前典籍中找到《樂記》與公孫尼子有關的記載。東晉陶潛的《集聖賢羣輔錄》中有仲梁氏傳樂之說。《四庫全書總目提要》曾辨明此文不出於陶淵明，但這裏要用來做一個反證倒還是可以的。

按《公孫尼子》一書原有二十八篇，至《隋書·經籍志》著錄僅餘一篇。《隋書·經籍志》成於唐，凡梁、陳各朝原有典籍至唐已亡佚者均依類一一注明。現《隋書·經籍志》在『《公孫尼子》一篇』之下並無二十七篇已亡字樣，可知原書早於梁代以前散失。其幸存之一篇，據郭先生推測可能爲原《漢書·藝文志》所載雜家公孫尼，沈約能看到的當不外此篇。郭先生所說『大約《公孫尼子》原書在梁時尚爲完具』，似不符合事實。而這一殘篇，也未必與《樂記》有關。因爲孔穎達也該看到，而他作《禮記正義》，其中各篇出處信而有徵的，均予逐一指出，如云：『《中庸》是子思伋所作，《緇衣》爲公孫尼子所撰，鄭康成云《月令》呂不韋所修，盧植云《王制》爲漢文時博士所錄。其餘衆篇，皆如此例，但未盡知所記之人也。』可見他論斷的態度是愼重的。沈約還說:《坊記》《表記》均取子思子，亦不爲孔穎達所取，郭先生也疑其均係依托。按《子思子》一書原有二十三篇，至梁唐尚餘七篇，如果說沈約斷定《表記》等作者缺乏根據，則他對《樂記》作者之斷定，自更不可靠了。

沈約的說法在唐代信從者固少，在宋元經學家眼中似更不受重視，如宋朱熹、黃榦的《儀禮經傳通解》，元陳澔的《禮記集說》等對《樂記》作者問題均不置論，或竟提出異議。胡寅說是子夏作，又有人說是子夏、竇公合作，元何異孫則說『先儒以爲荀子作』，都不免各執一端。到明代又有人翻案。清朝經學昌盛，議論更見紛挐。其間大約可分爲三派: 一派是網羅舊聞，追尋沈約遺說的，可以《五經通考》等書及輯佚書的馬國翰爲代表。一派是嚴守鄭《注》、孔《疏》不取沈約之說或對沈說明白表示懷疑的，可以《禮記集解》《律呂正義》等書爲代表。另一派則是融會經子，自具卓識的，當推汪中的《荀卿子通論》。他在論述西漢經學源流時，指出《荀子·樂論》爲《樂記》所採取。此後梁啓超等在這方面更加發展。他們並沒有從《樂記》角度去專門考定它的作者問題，卻在一定程度上說明了《樂記》的學派性與時代性，並提供了相當充實的論據，不同於前人片言推斷，顯然已大大邁進了一步。由上可見，沈約的說法只是明清以來部分學者的舊話重提，而這三派孰是孰非，今天我們是不難判斷的。

現在再回過來看看《樂記》本身。《樂記》現存十一個子篇，在內容上既多於《荀子·樂論》及見於《呂覽》《易傳》的文字，亦有與《禮記》其他各篇相同章句，議論駁雜，前後差異、矛盾之處甚多。而這些議論，不僅大都不可能出現在公孫尼子時代，有許多亦不可能出現在荀子時代（下詳）。再從各篇體制來看，有以篇內中心命題的，有以篇端人名命題的；有一般議論文體的，也有問答體的。特別是組織結構鬆散，大部分篇內章節的相對獨立性頗強，清李光地的《古樂經傳》就曾把它拆散重新編排過。至於同一論題，在許多篇內重複論述的比比皆是。在語言風格上，不僅十一篇不一致，卽一篇內有些章節也不協調。有全篇多錯落散行，文句樸質近古的；也有通篇排偶，文詞華腴，逈異先秦的。大部分篇章的語句整齊平順，與戰國後期文風較接近。總之，無論從內容和形式來看，不僅十一篇是從若干不同出處結集起來的，卽各篇本身拼湊的跡象有許多也不難辨別出來。它不可能屬於一人之作。

再說那已亡而存目的餘十二篇《樂記》，據馬國翰推斷，其中《竇公》卽《周官·大司樂》、《季札》卽《左傳》吳季札觀樂章，其餘各篇，可能多屬《呂覽》論樂的篇章。而《呂覽》原非一家之言，其論樂各篇，內容卽相當龐雜。加上《周官》《左傳》及現存十一篇中屬《荀子·樂論》《易傳》等文章，要說都出於一人之手，這難道是可能的嗎？而這個事實，恰恰能證明《漢書·藝文志》採《周官》及諸子的原始記載的正確性，可見馬國翰也未必眞正相信沈約的說法。

按公孫尼子在《史記·仲尼弟子列傳》中不見他的名字，我們卽使把他當作孔子弟子，並且撇開產生《樂記》的時代等條件不談，假定他是《樂記》的一位重要作者吧，根據上述《樂記》內容，則他應不僅是一位卓越的樂理論家，而且是後來儒家許多學說的先驅者，那無疑是超越時流的一代學宗了。可是在現存先秦典籍中我們還不能發現他的名字，《論語》中講樂的話不少，沒有提到他；稍後於他的《荀子·非儒》《非樂》，沒有提到他；此後《莊子·天下》、《荀子·非十二子》、《呂覽》的《愼勢》、《韓非子》的《顯學》等篇，評述先秦各家各派學說殆遍，《顯學》並提到儒家分裂的各派，也都沒有提到他。要把他作爲《樂記》唯一的作者，是說不過去的。

又考《公孫尼子》佚文，馬國翰《玉函山房輯佚書》集有十五條，多談修心、養身、養氣之道，揉和醫家理論，極爲駁雜，眞僞莫辨。其中有兩條論樂，輯自唐《意林》及《初學記》，文句均見《荀子・樂論》（以下簡稱《荀論》）。按《荀論》引用前人文字，不一而足。卽使認此兩條（共四句）爲出於《公孫尼子》，亦只能說明《荀論》對公孫尼子學說有些繼承關係，而不能據以證明公孫尼子與《樂記》有直接關係，更不能認他爲《樂記》唯一的作者。到這裏問題已很明顯，我們如果同意《漢書・藝文志》的記載，卽不能不否定沈約的說法，同時也不排斥公孫尼子與《樂記》可能有某些聯繫。沈約於奏答中還說『《樂經》亡於秦』，亦經前人辨明其非。又公孫尼子在《漢書・藝文志》裏原注爲『七十子弟子』，到《隋書・經籍志》裏竟升了一輩，注爲『似孔子弟子』。《隋書・經籍志》多本前朝記載，沈約曾修《宋書》《齊紀》，《隋書・經籍志》的疑似之言，很可能首創沈約，這同樣是不足爲據的。

以前郭先生曾給沈約之說提出兩個內證：一是《樂記》論性與孔子『性相近，習相遠』之說相近；二是《樂記》論樂不涉陰陽五行（當指鄒衍學說）。《樂記》內容是否如此，容下章討論。問題關鍵在於這兩點卽使成立，並不能證明《樂記》定爲公孫尼子著作，何況王充早已說過，公孫論性與孔子有異呢。

《樂記》是西漢中期以前儒家論樂的綜合著作，主要為荀子學派的作品

《樂記》是《禮記》中的一篇。梁啓超在談到《禮記》的產生時代及其與荀子學派的關係時說：

《禮記》是孔門論禮叢書，是儒家尤其是禮教思想發展到細密時的產物。它是七十子後學尤其是荀子一派各記其師長言行由后倉、戴德、戴聖等湊集而成的。它的大部分是戰國中葉和末葉陸續出現，小部分是西漢前半儒者綴加的（《古書眞僞及其年代》）。

這是他從大量材料中概括出來的結論，在今天看來，也是相當正確的。這一論斷，大體上也適用於《樂記》。但《樂記》的編纂，事前應還經過毛生等手。據《漢書·儒林傳》：『毛公，趙人也，治詩，爲河間獻王博士。』又『趙人毛萇傳詩』。自來追溯《毛詩》淵源的有兩說：一謂傳自子夏，一謂中經荀子遞授大小毛公。兩說不妨合而觀之。現《樂記》中既大量採取《荀論》，亦有子夏論樂之作，可以確定《漢書·藝文志》所載領銜幫河間獻王編纂《樂記》的毛生，卽爲毛萇。從這裏也可初步了解從先秦到西漢儒家樂論繼承與發展的一個線索，在這過程中，荀子是個重要關鍵人物；從學派角度來講，毛萇亦屬荀門後學。至於后倉、戴聖等禮學對荀子的師承關係，則汪中在《荀卿子通論》中已早論述過了。

再從《樂記》內容來看，《樂記》的基本精神是提倡先王製作的雅樂，強調禮樂的密切關係，並認爲樂必須由天子製作。這些思想自導源於孔子，但孔子的禮樂學說特別是他講樂，究竟還很簡略，只提出些素樸的論點，如論禮樂關係，只『立於禮，成於樂』兩語。至孟子則少涉樂理，亦不堅持雅樂，如說：『今之樂，猶古之樂也。』此外，《國語》《左傳》中着重論樂的章節不少，卻並不與禮緊密結合，如《左傳》記吳季札、齊晏嬰、秦醫和及《國語》記周伶州鳩、單穆公等論樂，幾不能發現一個禮字（僅醫和說『君子之近琴瑟，以儀節也』）。孔門禮樂學說，子夏一派當是個重要繼承者，但予以發揚光大的卻是荀子學派。禮是荀子學說的靈魂，《荀子》三十二篇中，除實爲附錄的《仲尼》《宥坐》兩篇外，篇篇都講到禮。其《樂論》是《禮論》的配合，首章卽以『故先王制雅頌之聲以道之』展開議論。他更主張『聲，凡非雅聲者舉廢』，完全肯定了藝術必須服從於封建政治，這是荀子原道、徵聖的藝術觀。這個觀點《樂記》體現得更爲充分。《樂記》不崇實而務虛，它務的虛，就是講樂對禮的配合，樂的重大政治意義與作用。除末幾篇早出情況稍異外，其餘每篇講樂必聯繫到禮，歸結到禮，大部分篇章禮樂並提，比《荀論》中禮的氣氛尤爲濃厚。總之，肯定禮樂必須由聖王製作以及爲什麽和怎樣製作禮樂成爲全書的總論題。由此可見，《樂記》基本精神是繼承自荀子而更加發展的。荀子學說爲戰國後期新興階級要求建立全國統一政權的思想反映，並爲這個要求提供了理論根據，爲西漢王朝在新的歷史條件下所大量採納。《史記》記載當時政制，撰置《禮書》《樂書》，以荀子《禮論》繫於前者，而以《樂記》附入後者，成爲兩書的重要組成部分。這一事實很能說明在西漢人眼光裏，《樂記》屬於荀學。

但是，《樂記》與《荀子·禮論》《樂論》究有不同，它由於是漢儒編纂的，對於材料的取捨，內容的增損，以及編次的先後等等，編纂者有其自由，自更能反映新時代的要求。按《樂記》十一篇，原有三種不同目次：一爲劉向《別錄》所載；一爲《禮記》所列；一爲《史記·樂書》所列。其中當以《別錄》目次最早，也最有條貫，可以從中窺見編纂的原來意圖。根據《別錄》目次，十一篇可分爲兩大部分，卽主體部分與附錄部分。其主體部分又可分爲三類：第一類是《樂本》《樂施》《樂言》，主要是論樂的起源與社會政治作用的。第二類是《樂論》《樂禮》《樂情》，主要是講禮樂的相互關係及其與天地鬼神的關係，從而闡明其社會政治作用的。第三類是《樂象》《樂化》，主要是講樂對個人修身作用的（當然仍歸結到社會政治）。這樣八篇構成了相對完整的體制，較系統而全面地論述了前人所謂樂可以『辨政治，通天地，貫人情』的道理。另外，《賓牟賈》《師乙》《魏文侯》三篇，編纂者似把它作爲原始材料的附錄來處理，不屬於上述組織。三篇是以時間先後安排的（以上僅《樂論》原在《樂本》之後，餘卽《別錄》目次）。

《樂記》主體部分八篇文字，與先秦典籍對照，採自《荀論》者最多，並構成各篇的重要部分，如《樂情》的開端，《樂施》的結尾，以及《樂象》《樂化》的大部分。《樂本》更有片段見於《荀子·禮論》。此外顯然屬於或近於荀門議論的比比皆是。這說明編纂者的思想觀點與荀子的一致性。我們知道，劉向校定《荀子》在《樂記》成書以後。荀子著述初由門人輯集，在漢初流播有各種不同的傳抄本。以劉向十中取一推之，則原來其中必雜有門人後學言論；毛萇等採輯的一部分正是根據這些傳抄本，其中也難保沒有荀子言論未經後來輯入《荀子》的。這是我們理解《樂記》與《荀論》異同的一個具體原因。

至於現存《荀子》三十二篇，今人一般公認其眞實性。《樂論》爲荀子學說一個重要組成部分，倘係剽襲前人之作，決不能幸免於劉向的刪削，何況劉向又是二十三篇《樂記》的校勘人呢。但觀《樂論》亦屬荀門裒集，非一時寫成。原文共十三節（據梁啓雄《荀子簡釋》），其前十節係荀子駁斥墨家非樂之論，從樂的產生講到它的修齊治平作用，系統性較強。現除每節結尾直接指斥墨家之語及其中論樂在軍旅攻戰方面的作用，有鮮明的戰國時代色彩者外，其餘幾全部被採入《樂記》。至第十一節論樂器，可能被採入《樂記》的餘十二篇中；第十二節論禮儀，被採入《禮記·鄉飲酒》。荀子學說被採入《禮記》的甚多，我們沒有理由獨對《樂記》懷疑。《荀子》書中附記前人言論的，均入《大略》以下六篇，並表明原人姓氏。《樂論》究竟有多少承繼自公孫尼子學說，文獻不足徵就無從判斷了。

要了解《樂記》的綜合性質及其與荀子學說的關係，還得分類進行具體分析。

《樂本》《樂施》《樂言》

這三篇講樂的起源及其社會政治作用。其中《樂本》最系統而全面，它和《樂言》均着重從樂與社會現實的關係立論，其中有四節文字見於《呂覽》的《侈樂》《適音》《音初》等篇，議論似源出齊稷下道家一派學說。這兩篇又都雜有五行論，《樂言》中的一節已滲入《易傳》思想。《樂施》着重從歷史上找根據，追溯至三代以前樂事。三篇議論有些越出儒家，但其中貫串着一條基本上屬於唯物主義的思想線索。仍可歸宗於荀學。

荀子是先秦儒家的後期代表人物，他的學說富有綜合性；他學說中唯物主義思想體系的形成，便受到道家自然觀的影響。舊說以《管子》的《心術》《內業》等四篇屬於道家支流宋尹學說，是荀子思想的一個來源。後來馮友蘭先生把它並入《管子·水地》等篇，統稱爲齊稷下唯物派學說，而不屬之於宋尹。但認爲源出於道家，則與舊說無異。現在我們不妨徑稱它爲稷下道家一派。《樂本》《樂言》部分議論出於這派是很淸楚的，如《樂言》說：

> 夫民有血氣心知之性，而無哀樂喜怒之常，應感起物而動，然後心術形焉。
>
> 土敝則草木不長，水煩則魚鱉不大，氣衰則生物不遂，世亂則禮慝而樂淫（《呂覽·音初》同）。

《管子·水地》以水、土爲萬物之根源，這是從五行論發展而來的。它說：『水者，地之血氣也，如筋脈之通流也。』《心術》等篇則以氣爲萬物根源，如說：道之『在人者，心也。故曰有氣則生，無氣則死。生者以其氣』（《管子·樞言》）。它說的氣是物質性。《樂言》所謂土敝、水煩、氣衰，當是從此而來，它雖然把三者並列，而實以氣爲基。至《樂言》中『心術』一詞，本自稷下，則更顯然。關於它『應感起物而動』的說法，在《樂本》中曾反覆申說，以闡明樂的起源。肯定物質第一性、精神第二性是唯物主義的基本命題，荀子便說『形具而神生』，亦認氣爲物質的共同因素。其《正名》說：『性之和所生，精合感應，不事而自然者謂之性。』樂正是人之情性感應外物而產生的。《樂本》等議論就其爲儒家樂理服務而言，自屬荀學範疇。這些議論，對後代文藝理論曾發生重大影響。《毛詩·大序》便首先採取，並引用了《樂本》中一節文字。郭紹虞先生在《中國文學批評史》中曾指出，《詩大序》屬於荀學，是不錯的。《詩大序》舊有爲毛公作之一說。毛萇爲編纂《樂記》的一個重要人物，舊說自有一定可信之處。

但是，《樂本》等的物動心感說與荀子的精合感應說雖然基本上一致，卻並非毫無差別。荀子肯定『注錯習俗』對人的決定性作用，但同時強調人有由能辨知的心而產生的主觀能動性，並以爲人之自然本性好利而惡害，而《樂本》所說『人心之動，物使之然也。感於物而動，故形於聲』，人心之接受外物影響，近於純粹的被動。這是因爲它的人性論主要採取稷下道家學說的關係。《樂本》說：

> 人生而靜，天之性也。感於物而動，性之欲也。物至知知，然後好惡形焉。好惡無節於內，知誘於外，不能反躬，天理滅矣（《呂覽·侈樂》略同，惟文詞簡樸，上文似有根據《侈樂》原文改寫跡象）。

以下強調物欲泛濫之害。這段議論，是作爲先王制作禮樂的前提提出來的。按《管子·心術》等篇宣揚靜因之道說：『天之道虛，地之道靜』，『天主平，地主正，人主安靜』，人應排除貪欲，『毋以物亂官』，『毋以官亂心』，『民之生也，必以平正，所以失之者，必以喜怒哀樂。節怒莫若樂，節樂莫若禮，守禮莫若敬。外敬而內靜者，必反其性』。這顯爲《樂本》的『人生而靜』及『天理』說的來源。郭先生曾以《樂本》這段議論與孔子『性相近，習相遠』之說爲近，乃由於兩者都基於素樸的唯物觀點的關係。

必須注意，《樂本》一面說靜是人之天性，一面又說『感於物而動』是『性之欲也』（《呂覽》便無此句）。可見它仍然因襲了荀子『人生而有欲』的說法，意在折衷兩說，不免陷於矛盾。看來《樂本》論性所以直接採取稷下學說，目的當在修正荀子性惡論，並爲其禮樂節欲論作有力的前提。荀子人性論肯定禹桀之性同，他論禮樂作用不強調節欲，而主張禮以養欲，樂以導欲。《荀子・禮論》曾講到古代『大享，尙玄尊，俎生魚，先大羹』，『淸廟之歌，一倡而三嘆也』，『朱弦而通越也』，只是追敍禮樂本源，仍主張禮樂情文具盡。而這些話被採入《樂本》，卻是用來證明『是故先王之制禮樂也，非以極耳目口腹之欲也，將以敎民平好惡，而反人道之正也』這個結論的。按河間獻王編纂《樂記》當在漢武帝初年，其時竇太后或尙未去世。河間雖雅好儒學，他不會採取荀子性惡論是容易理解的；而他兼採道家靜因學說，強調禮樂節欲，則與當時崇尙黃老之風尙未衰歇可能有一定關係。

總的看來，這兩篇中關於禮樂起源論，顯然導源於稷下道家一派學說。其中有許多章節不見於《呂覽》，或原爲荀門保留的舊說，並經過後學改寫與闡說的。

這兩篇還雜有五行論與《易傳》思想。《樂本》有一節以五音配合君臣民事物，說：

> 宮亂則荒，其君驕。商亂則陂，其官壞。角亂則憂，其民怨。徵亂則哀，其事勤。羽亂則危，其財匱。五者皆亂，迭相陵謂之慢，如此則國之滅亡無日矣。

五行論起源甚早，原只指自然界五種原始物質及其關係。戰國時五行家運用此概念推而至於認爲一切事物都具有五行性能，把自然現象與社會現象聯繫起來，以說明世界的整體性。它可以爲唯物主義學說根據，也可以爲唯心主義學說根據。樂理早就和五行論有因緣，《樂本》的說法雖然牽強，卻隱然符合藝術反映並作用於階級競爭和生產競爭的道理，是素樸的唯物思想。《樂言》中有一節說：

是故先王本之情性，稽之度數，制之禮義，合生氣（鄭《注》：陰陽氣也。）之和，道五常（鄭《注》：『五行也。』陳澔謂指仁、義、禮、智、信）之行。使之陽而不散，陰而不密；剛氣不怒，柔氣不懾。四暢交於中而發作於外，皆安其位而不相奪也。……使親疏、貴賤、長幼、男女之理，皆形見於樂，故曰樂觀其深矣。

這也是以五行論爲基礎的，但已滲入《易傳》思想。陰陽剛柔是五行與《易傳》通用的概念，但說明陰陽剛柔之氣的調和幷與位的概念結合，應屬於《易傳》說法。《易・坤・文言》說：『正位居體，美在其中，而暢於四肢，發於事業，美之至也。』似亦爲上文之所本。上文說明了旋律和諧的音樂正是人們心氣和平的表現以及美感教育的作用，從一支有嚴密組織的樂曲中可以體現出封建倫理道德的嚴肅性與封建社會的秩然有序。它雖然帶上鮮明的階級色彩，卻並沒有神秘意味。

《易傳》是後起學說，它也把世界看爲統一的整體，這點是和五行論一致的。在《荀子》書中尙不能發現《易傳》思想，當代學者大都認爲《十翼》產生於戰國末至西漢初這一時期。郭先生並認爲其中《文言》《繫辭》等爲荀子門人在秦統治期間寫成（見《周易之制作時代》），雖乏充分根據，但荀子曾再三引《易》，其門下在秦漢期間接受《易傳》思想應是很自然的情況。《易傳》中尙多變革思想，《樂言》這段文章反映出封建社會秩序趨向穩定的時代特徵。無寧說它出於《易傳》之後更爲恰當。

至於《樂施》通篇議論則遠爲古老，如說：

> 故天子之爲樂也，以賞諸侯之有德者也。德盛而敎尊，五穀時熟，然後賞之以樂。故其治民勞者，其舞行綴遠；其治民逸者，其舞行綴短。……天地之道，寒暑不時則疾，風雨不節則饑。教者民之寒暑也，敎不時則傷世。事者民之風雨也，事不節則無功。

這段話與《國語》伶州鳩論樂『陰陽序次，風雨時至，嘉生繁祉，人民和利，物備而樂成』等說法極爲接近。但《國語》議論，還保留着春秋以前敬天保民的思想，沒有擺脫五行論中天人感應的宗敎迷信成分。《樂施》反映的是明德保民思想，它說五穀時熟，爲統治者及時敎化人民與適當使用民力的結果，天時的風雨寒暑，只起比喻作用。這裏可以看出傳述與採輯歷史文獻之人的進步思想。

《樂本》由樂講到禮，由禮樂講到刑政，最後結論是：

> 禮節民心，樂和民聲。政以行之，刑以防之。禮樂刑政，四達而不悖，則王道備矣。

這段文字可說是荀子政治理論一個簡單的概括。荀子學說是由儒到法的橋樑。儒重禮樂，法尚刑政，作爲荀子思想總結的《成相》篇說『國之經，禮與刑』，而感嘆當時『禮樂滅息，聖人隱伏，墨術行』。荀子雖說過：『由士以上，則必以禮樂節之；衆庶百姓，則必以法數制之』（《富國》）。意思只是以爲上下應各有所側重。他講的禮包括整個封建社會秩序與道德行爲的法則，不可能不下達庶人。《禮論》說：『聖人明知之，士君子安行之，官人以爲守，百姓以成俗。』《樂論》說樂可以『善民心，其感人深，其移風易俗』，均足資證明。荀子政治學說爲西漢統治者所採納，以糾正秦代只任刑法的偏頗。《樂本》議論，代表了漢以來統治思想的主流，說它出於漢代荀門後學之手，也是有理由的。

總的看來，《樂記》這三篇雖然採用《荀論》文字甚少，其議論出於不同時期以至不同學派，相當駁雜，但在荀子的唯物主義哲學及其政治思想的基礎上獲得了統一。

《樂論》《樂禮》《樂情》

這三篇議論是前三篇的發展，由禮樂的相互關係推論到它和整個宇宙的關係，強調聖王制作禮樂的神聖意義與作用。三篇中以《樂論》議論最全面，餘兩篇可說是它的補充。三篇有一個共同的中心論題，便是《荀論》中『樂合同，禮別異』兩語。如《樂論》開端說：『樂者爲同，禮者爲異。』《樂情》首章即引用包括此兩語的一段《荀論》原文，但它們闡說的卻不限於荀子思想，主要的倒是《易傳》思想結合思孟學說。其中《樂論》是從荀學到《易傳》的過渡，《樂禮》主要屬《易傳》學說，《樂情》主要爲《中庸》學說。三篇始終禮樂對舉成文，《樂論》《樂禮》通體排偶，文尤整飭、富贍，三篇亦不類一人一時之作。

甲、三篇中的《易傳》思想：

《樂論》等論禮樂的相互關係，具有一定的辯證思想（當然歸根還是形而上學的），當已受到《易傳》的啓示，如說：

> 樂者爲同，禮者爲異。同則相親，異則相敬。樂勝則流，禮勝則離。合情飾貌者，禮樂之事也。禮義立則貴賤等矣，樂文同則上下和矣。
>
> 樂由中出，禮自外作。樂由中出故靜（據王念孫說應爲『情』），禮自外作故文。大樂必易，大禮必簡。樂至則無怨，禮至則不爭。

這是闡發荀子『維齊非齊』的道理。由對立性言之，禮主差別、主外、主靜；樂主和諧、主內、主動。由同一性言之，兩者是一個目的：合敬同愛，禮樂精神相互滲透，都是爲鞏固封建倫理關係，這是主要的方面。它認爲聖人制作與推行禮樂，可以『揖讓而治天下』，其道簡易，這正是從《易·繫辭傳》『夫易確然示人易矣，夫坤隤然示人簡矣』的話推演出來的。

《易傳》裏的時、中觀念，在這幾篇裏也能體現出來。禮樂要得乎其『中』：『樂勝則流，禮勝則離』，『樂極則憂，禮粗則偏矣』（《樂禮》）。也要順『時』：『五帝殊時，不相沿樂，三王異世，不相襲禮』（《樂禮》）。但變的只是文，不變的是情：『禮樂之情同，而明王以相沿也。故事與時併，名與功偕』（《樂論》）。到這裏議論還沒有離開荀學，《荀子·禮論》也說：『文理情用相爲內外表裏，並行而雜，是禮之中流也』，『哀樂之情，時舉而代御』。

《樂論》進一步申論禮樂與宇宙的關係說：

> 大樂與天地同和，大禮與天地同節。
>
> 樂者天地之和也，禮者天地之序也。和故萬物皆化，序故羣物皆別。樂由天作，禮以地制。過制則亂，過作則暴。明乎天地，然後能與禮樂也。

『同和』當是《易·乾·文言》所說『保合太和』，『同節』是《易·節卦》所說『天地節以四時成』；有節，事物的一切差別才不相陵越。禮樂體現了自然界普遍法則，遂認爲可以與天地同功，也是《易·文言》所說易可以統天、御天之意。《易·繫辭傳》說『天垂象，聖人則之』，當然禮樂也是聖人法天象地制作的了。《樂禮》對於禮樂與天地同和、同節的道理，作了更充暢的發揮，大部分文句採自《易傳》，少數見於《禮記·月令》（如『地氣上齊，天氣下降』等）。如說天尊地卑是禮，陰陽調和是樂。『樂著大始，而禮居成物。著不息者天也，著不動者地也。一動一靜，天地之間也』。把禮樂納入乾坤兩卦，貫徹了《易傳》的循環論，把禮樂的意義、作用誇張到神秘的地步。

乙、三篇中與《易傳》思想結合的思孟學說:

《樂論》繼續闡說《樂本》的禮樂刑政論，但認爲還必須『仁以愛之，義以行之，如此則民治行矣』。此道推至終極，以爲可措刑政而不用。這裏已經引入思孟學說。《樂禮》尤爲明白，它說:

> 春作夏長，仁也。秋斂冬藏，義也。仁近於樂，義近於禮。樂者敦和，率神而從天。禮者別宜，居鬼而從地。故聖人作樂以應天，制禮以配地。禮樂明備，天地官矣。

宋朱熹贊美這段文章『意思極好，非孟子以下所能作。其文似《中庸》，必子思之辭』（見孫希旦:《禮記集解》）。說它必子思之辭未必然，說它似《中庸》是有道理的。思孟認爲人能擴充仁義之本性，卽能贊天地之化育，也就是認爲萬物都具仁義之性。所以上文說農作物的四時變化，爲仁義之性的表現。仁義通過作爲普遍法則的禮樂，乃可統率神鬼，功侔天地（荀子批評思孟『造作五行』，戰國五行家也有樂可以長育萬物之說）。這又從思孟學說進入《易傳》思想體系了。《易・繫辭傳》說:『一陰一陽之謂道。繼之者善也，成之者性也。』可見它也以善爲萬物之本性，只是它認爲道存在於或統攝於卦象，而《樂禮》說的道則存在於禮樂而已。

《樂情》首章採《荀論》，中有四句，原文爲『窮本極變（《樂情》改爲知變），樂之情也;著誠去僞，禮之經也』。意思是說禮樂可以變化人之本性，使去惡向善（說見下文）。但《樂情》卻以《中庸》學說來闡發，它所謂誠，似指『天之性也』，所謂『窮本知變』，似同於《易傳》的『窮神知化』，故下文接着說:

> 禮樂偩天地之情，達神明之德，降興上下之神，而凝是精粗之體，領父子君臣之節。是故大人舉禮樂，則天地將爲昭焉。……

以下形象地描寫禮樂（主要指樂）化育萬物的功能，文字極類似

《月令》中語。孫希旦說『此聖人致中和而位天育物之效也』，正指出了和《中庸》的血緣關係。這段話是對《荀論》的曲解。《易傳》尚有辯證思想的光輝，《月令》的五行論也包孕着自然科學的眞理，這裏就只感到宗教氣味了。

總之，這幾篇議論雖從荀學出發，卻已起了質變。荀子講禮，也曾誇張說『天地以合，日月以明』等，似多少受到思孟影響，未能嚴守天人之分。但他重視禮的實踐，樂也只是作爲禮的配合。這幾篇卻始終把樂的地位置於禮之前，以樂配仁、配天，把荀學由思孟學說引進《易傳》。它們講的禮樂，只是離開了禮樂本身講它的抽象意義——禮樂代表的普遍法則。它們一面誇張禮樂的神聖，一面又視『黃鐘、大呂、俎豆升降』爲末節，《樂情》的解釋是『德成而上，藝成而下』，這是從《易傳》中『形而上者謂之道，形而下者謂之器』兩語脫胎出來的。

《易傳》思想開始盛行於漢初，至武帝時而大暢，思孟學說被視爲儒家正宗，神秘主義的天人合一論成爲官方哲學。《樂記》這幾篇就其主要部分而言，屬於這種性質，應爲漢儒之作。如上所論列，其中也有部分不涉天人合一論的，如《樂論》說：『知禮樂之情者能作。』這個情，是指它上文的合敬同愛之情，但後文又說禮樂係法象天地而作，可見一篇之內理論材料的駁雜。

《樂象》《樂化》

這兩篇主要講樂與個人道德修養的關係，與《荀論》雷同文字最多（《樂象》前半，《樂化》後半），是考定《荀論》與《樂記》關係的重要材料，玆比勘說明如下。

兩篇中與《荀論》相同部分，其議論均屬荀學，應無可懷疑。《樂化》主題爲樂化人心，便採取了荀子以性惡論爲基礎的樂藝起源論：

夫樂者，樂也，人情之所不能免也。樂必發於聲音，形於動靜，人之道也。聲音動靜，性術之變盡於此矣。故人不耐無樂，樂不耐無形，形而不爲道，不耐無亂。先王恥其亂，故制雅頌之聲以道之（同《樂論》首節，僅個別字句稍異）。

荀子肯定樂爲人的一種自然欲望，顯與《樂本》的『人生而靜』說不合。以上議論，和荀子的禮之起源論是完全一致的，試與《禮論》首章對照即明。又如《樂象》首節講樂音的邪正與人心氣之順逆相應相拒的道理，也符合荀子的精合感應說。至於《荀論》說樂可以『耳目聰明，血氣和平，移風易俗，天下皆寧』，似較誇張，但有『禮修而行成』爲前提（上四句均見《樂象》，惟本句無），亦不悖於荀學。

兩篇中不見於《荀論》部分，內容可分三種:

甲、與荀學基本上一致的。如《樂象》前半滲入五行論，它把荀子的聲氣感應說推而廣之，說『萬物之理，各以類相動者也』，因此下文說:『奮至德之光，動四氣（當指陰陽剛柔）之和，以著萬物之理。』這與《樂言》中一節議論如出一轍，文筆亦相侔，很可能出自同一作者。又如《樂化》前幾節論禮樂的相互關係，從兩者的動靜、內外、進退、盈減等各個對立面着眼以闡明其同一性，理論與文筆又均與《樂論》中不涉天人合一的幾節相同，似都受到《易傳》思想方法的啓示。這些議論在一定程度上發展了《荀論》，並未背離荀子基本觀點。

乙、與荀學相反而實相成的。《樂象》主題是樂以象德，它採取了思孟學派的性善論，說:

德者性之端也。樂者德之華也。……是故情深而文明，氣盛而化神。和順積中而英華外發，唯樂不可以爲僞。

按《中庸》說:『誠者非自成己而已也，所以成物也。成己仁也，成物知也，性之德也。』當爲上文之所本。至於上文『和順積中而英華外發』兩語，亦與《孟子》『充實之謂美，充實而有光輝之謂大』同一說法。朱熹的《孟子集注》，即以前兩語作後兩語的注解。但是《樂象》並未認爲人人德性的擴張通過樂可以『上下與天地同流』，自與《樂情》議論迥異。荀子也主張禮樂可以『著誠去僞』，他說的誠，是指後天修養，《不苟》篇說：『君子養心莫善於誠，致誠則無他事矣。誠心守仁則形，形則神，神則能化矣。』可見上文仍與荀學相合，只是荀子認爲化性是『長遷而不反其初』而已。性善性惡盡管南轅北轍，終究歸宗於一，爲同一制度利益服務的，這也決定了荀孟兩家道德原則與美學理想的一致性：他們都要求人格的表裏統一，眞善美的統一，善的準則無非是封建道德。荀子重視樂敎，作爲培養這種人格、精神的一種手段，當然也要求樂藝眞實地完美地表現這種人格、精神。

丙、與荀學完全一致的。《樂化》強調禮樂敎育，如說：

> 君子曰：禮樂不可斯須去身。致樂以詥心，則易直子良（《韓詩外傳》引作『慈良』）之心油然生矣（此節重見於《禮記·祭義》）。

這個『君子曰』，當就是荀子的話。《荀子》中有關治心的議論頗多，如《修身》篇：『凡治氣養心之術，血氣方剛，則柔之以調和；知慮漸深，則一之以易良。』『凡治氣養心之術，莫徑由禮，莫神一好。』均與上文平行。『莫神一好』就是『致誠』，『由禮』可以包括樂敎在內。大抵荀子治心說，原本自稷下，而其養心說，又與思孟有關，融合爲他的敎育理論。《樂化》等有關這方面的議論，當是經荀學融合後的產物。

總之，這兩篇與《荀論》不同之處在於兼採了思孟的人性論，染上五行論及《易傳》思想色彩，但未進入天人感應境界。兩篇材料，當採自荀子門人的傳記之類。我們理解了這兩篇成因，對前六篇也就更易明白了。

《賓牟賈》《師乙》《魏文侯》

這三篇分別記孔子與弟子賓牟賈、子貢與師乙、子夏與魏文侯論古樂。三篇內容各不相屬，不能納入前八篇體系，體裁與文風亦有異前八篇。

《賓牟賈》專論周大武樂，較完整地記錄了武舞過程及某些細節，爲後代考證大武樂的重要材料。但是我們決不能相信這就是孔子的話。《禮記》中記『孔子曰』的文章不下十篇。至少有部分是出於依托。本文啓人懷疑之處很多：一、《史記·孔子世家》及《仲尼弟子列傳》均不見載有此事，可見當時本文尚未出現，至王肅編《孔子家語》才把它收羅進去。二、文字平近，後半敘述鋪張，頗尚氣勢，類戰國人語，與《論語》文風相去甚遠。三、全文着重闡述體現於武舞中的周武王偃武修文的盛德，已無可疵議；祇謂舞曲『聲淫及商』，據解釋乃『有司失其傳也』，是美中不足。這兩點與《論語》記孔子批評『武盡美矣，未盡善也』的意思恰恰相反，似作者有意爲武舞辯解，曲中雜有商聲亦可能爲後來之事，否則對孔子所說的美與善須重作解釋。四、文中關於周武偃武修文的敘述迹近誇飾，大部分散見於《史記·周本紀》及《留侯世家》，爲後來梅賾《僞古文尚書》採入《武成》篇。按今文經學家相信《尚書》僅有二十八篇，爲孔子所刪定，至於漢孔安國多得之『逸十六篇』亦有《武成》，是否其中原有這些記載，同爲《史記》及《樂記》本文之所本，已難推斷。但孟子曾說過：『盡信書，則不如無書。吾於《武成》取其二三策而已矣。』（《孟子·盡心》）孔子富有多聞闕疑精神，更不致輕信。如本文說：『武王克殷反商，未及下車，而封黃帝之後於薊（《史記》作『杞』）』，孔子追溯歷史，僅上至堯舜，從未言及黃帝，這決不會是孔子語。五、本文末論禮儀幾節文字，重見於《禮記·祭義》。《祭義》原雜纂成篇，多冠以『子曰』或『曾子曰』等，於這幾節卻未書『孔子曰』。總之，本文當是戰國時儒家依托孔子的話。其記述舞容，自有一定可靠性。全文強調開國君王偃武修文的精神，是適合西漢統一王朝要求的。

《師乙》及《魏文侯》兩篇都雜有天人感應論。《師乙》說:『夫歌者，直己而陳德者也，動己而天地應焉。四時和焉，星辰理焉，萬物育焉。』這比《中庸》的『致中和，天地位焉，萬物育焉』說得尤爲朗暢。我們雖不能由此卽斷定蹈襲《中庸》，但《師乙》除此數語外，並無類此議論，不如《中庸》有個思想體系，似只是受到《中庸》學說一些影響。《魏文侯》記子夏語:『夫古者天地順而四時當，民有德而五穀昌，疾病不作而無妖祥，此之爲大當。』這也屬《中庸》『國家將興，必有禎祥』的一派議論。這節文詞平近，並句句協韵，亦不類戰國早期文章。

《魏文侯》與《師乙》議論也有相互抵牾之處，如《魏文侯》說:『宋音燕女溺志』，『齊音敖辟喬志』，比宋齊於鄭衞，均屬溺音；而《師乙》則把商音（卽宋音）齊音與雅頌並列，認爲同爲德音，這就很難索解了。但由此亦可證明兩篇記載的是兩家不同的傳說。據馬國翰推斷，《魏文侯》出於《漢書·藝文志》著錄的《魏文侯》六篇之中，這是很可能的。

這三篇雖不會同一出處，總屬『七十子後學所記』。按《論語》一書亦成於曾子、有子的門人之手，時間已在戰國。此三篇出《論語》以後，不會早於戰國中期。更值得注意的是這三篇除雜有和《中庸》相同的思想外，並無如前八篇中所出現的稷下道家一派學說、荀子理論和《易傳》思想，卽禮字亦僅一見。由此也可斷定前八篇又必出於這三篇之後。《樂記》把這幾篇編在最後，屬於附錄性質，似意在表明本書理論淵源之所自，作爲漢儒尊崇古樂補充的歷史依據。正如《論語》後附《堯曰》，《荀子》後附孔子及堯舜語一樣。它較多的保存了先秦儒家論樂的古老材料。

綜上所述，可見《樂記》是孔子以後到西漢中期以前儒家論樂的綜合著作，《漢書・藝文志》有關本書來源的記載，有其可信之處，亦只有在漢武大一統時代才能出現這種著述。

《樂記》除末三篇各自獨立，其來源難於具體考定外，其主體部分八篇，具有一定的整體性，其議論非見於《荀論》，卽據《荀論》引申，或與《荀論》同一源流。它主要是荀子門下所搜集的材料，所作的記錄與闡說，經毛生等編纂成篇（亦應包括毛生的闡說在內，後來戴聖等或有更動）。他們有些和荀子同樣吸收稷下道家一派學說，並以此修改了荀子人性論；有些又較多的接受思孟學說及後來《易傳》思想影響，改變了荀子的天道觀，滲進了性善論。這些都與西漢時代統治思想不可分割。但就其大體言之，仍可與《荀論》平行，而遠爲豐富與駁雜。其中除第㈡類外，第㈠、㈢兩類基本上仍屬荀學。

《樂記》除末三篇及《樂施》議論較早出外，其餘議論，大部分當出於戰國中期以後，小部分出於西漢。從本書的豐富內容，可以反映這一歷史時期我國音樂美學和文藝思想發展的道路，並可爲古代思想史提供一些具體資料，值得進一步探討。

（《樂記作者問題考辨》，見《文史》第十輯）

王夢鷗云:

公孫尼子與樂記

《漢書・藝文志》於儒家著作，列有《公孫尼子》二十八篇。此書今無傳本，清人黃奭、馬國翰輯逸所得，與《樂記》有關者，皆微乎其微。唐徐堅《初學記》十五，於『飾節成文』《注》引『公孫尼子論曰：樂者審一以定和，比物以飾節』二語，今在《樂記》中；又《意林》卷三抄撮『公孫尼子曰：樂者先王之所以飾喜也，軍旅鈇鉞者先王之所以飾怒也』，今亦在《樂記》中。這或卽唐人所見的《公孫尼子》書，推而上之，沈約所及見的，或者更多，所以他的奏答乃有『公孫尼子作《樂記》』的斷語。但是，這個斷語很靠不住，其最大的缺憾是：鄭玄時代遠在沈約之前，且以鄭氏之博學，尤其對於儒家諸子的書，相信他沒有不看的。如果他看過公孫尼子的書，明知《樂記》是抄自《公孫尼子》，他何至於僅引《別錄》，又說是十一篇合爲一篇？今由《鄭目錄》之不提此書，卽可說明《公孫尼子》二十八篇是否流傳於鄭玄時代，是一疑問；卽使鄭玄時代尙有此書，但那書中亦不會有《樂記》一篇。更推而上之，鄭玄所據的《別錄》，雖不卽是『劉向別錄』（見後文），但至少亦是東漢時人所寫的禮書提要，其時代在鄭玄之前，而那《別錄》卻與《藝文志》一樣，不說《樂記》與《公孫尼子》有任何關係，這就可證：《公孫尼子》與任何一種《樂記》（包括河間獻王的，劉向校得的以及輯入《禮記》的）皆不相干。

其次，亦卽更困難的問題，乃是現存於《初學記》及《意林》中之幾句公孫尼子的話，它不但見載於《樂記》，同時亦見載於《史記・樂書》《淮南子・本經訓》《呂氏春秋・仲夏紀》以及《荀子・樂論篇》。《史記・樂書》原是《樂記》的複本，可以毋論；《淮南子》與《呂氏春秋》皆摭掇先秦人語，亦難用以證明其必非公孫尼子之言。但是，今此數語，既明載於荀子書中，至少它的版權不能讓公孫尼子獨享，公孫尼子必須與荀子辨個淸白。

《藝文志》注稱公孫尼子是『七十子弟子』，他的年代雖難捉摸，但與《史記》所載荀子的年代比較起來，似宜稍早。自孟子力拒楊墨，迄至韓非與呂不韋著書時代；皆是『儒』與『墨』交相攻許的時代，公孫尼子是否寫過《樂論》以反駁墨家的『非樂』言論，今因其書不存，莫得而知；但荀子的書俱在，他在《樂論篇》寫下公孫尼子同樣的話，完全是針對墨子『非樂』的言論而發，他這種態度，與在《非十二子》《儒效》《解蔽》等篇所持的態度相一致，所以荀子有這反對墨家非樂思想的《樂論篇》是極自然的。因之，在公孫尼子沒有提出有力的證據之前，那幾句與《樂記》所載相同的話，宜判歸荀子。唯因荀子的姓氏，該寫作『孫』抑或作『荀』，在其書篇輯時代，卽已模稜兩可，他的《儒效》《議兵》《疆國》《堯問》等篇都寫作『孫』；自餘，韓非子《難三篇》亦如之；而漢人如劉向《敍錄》、班固《漢書》、桓寬《鹽鐵論》、應劭《風俗通》，皆稱之爲『孫卿』或『孫卿子』；倘更據王符《潛夫論・志氏姓篇》所說的，『孫』氏本卽『公孫』氏，現在他的《疆國篇》亦還用『公孫子』的字樣，可證『荀子』本亦稱爲『公孫子』。

倘更從古書流傳的情形看來：王莽之亂，光武播遷，是一阨；而漢魏之際，董卓之亂，獻帝播遷，亦是一阨（《隋書・牛弘傳》）。現在雖不能說魏晉以下的人，專喜愛編造僞書；然而他們生於圖籍灰燼之餘，掇拾叢殘，妄加補綴，自是難免的事。自僞經書以至於依托的小說，在這一段時期出世的，爲數甚多，可信沈約，甚至唐人所看到的《公孫尼子》，本就是那種贋品。好事者雜剟秦漢諸子的殘篇，遂把那或稱爲『公孫子』的《荀子・樂論》與《禮記・樂記》（或《史記・樂書》），充爲《公孫尼子》之一篇。《樂記》與《樂書》之文，皆多於《荀子・樂論》，或卽因此，使沈約看了以爲是『公孫尼子作《樂記》』，而不以爲荀子作《樂記》了。這雖祇是一種可能的推斷，但自班固迄於鄭玄都未曾看到公孫尼子二十八篇中有《樂記》，則是事實；而《樂記》中抄錄荀子針對墨子『非樂』而寫的《樂論》，又刪去原有『墨子非之奈何』等辨詰的話語，顯然是『儒』與『墨』已到了休戰時代的人所刪削的，亦是事實。前一事實說明《樂記》不是公孫尼子作的；後一事實說明《樂記》亦不是荀子作的。

河間獻王與樂記

由《荀子・樂論篇》中『非墨』的語句被刪，可證知那是在漢世儒墨休戰的時代。既在此時，則《樂記》的來源，當以河間獻王與劉向二人，最有關係了。此二人與《樂記》的關係（雖不卽是《禮記・樂記》），其說並出於班固《藝文志・敍》『樂家』之語。因其重要，玆摘錄於下：

> ……六國之君，魏文侯最爲好古；孝文時，得其樂人竇公，獻其書，乃《周官・大宗伯》之《大司樂》章也。武帝時，河間獻王好儒，與毛生等共采周官及諸子言樂事者以作《樂記》，獻八佾之舞，與制氏不相遠，其內史丞王定傳之，以授常山王禹。禹，成帝時爲謁者，數言其義，獻二十四卷『記』。劉向校書得二十三篇，與禹不同，其道寖以益微。

這一段統共一百餘字的敍述，曾引起後世讀者之種種看法。孔穎達、張守節側重在劉向校書所得的《樂記》；最會挑剔僞書的姚際恆就側重在河間獻王的《樂記》（杭世駿《續集》說引《禮記通論》）。這兩種《樂記》有無關連，不但原文敍述得很離奇，倘就原文而熟察之，這一段文字，實在有些『語氣不接』，因亦發生許多疑問。第一，河間獻王『作樂記』與『獻八佾舞』，二者是否有關？第二，王定傳授王禹的，是《樂記》抑是『八佾舞』？第三，劉向校得二十三篇與二十四卷不同，但與河間獻王《樂記》是否相同？第四，『其道寖以益微』一語，是指二十四卷抑指二十三篇？或是八佾舞？這些較重大的疑問倘不獲解答，則這一段文字，寫了等於不寫；因爲他僅製造一些問題，而沒有告訴人們一點事實。倘更細看那些文句，不特顯得語意閃鑠，而語法亦不似具有良史之材的班固語法。康有爲《新學僞經考》，說到《周官》一書，懷疑這一段文字是劉歆僞撰而班固承之。指名劉歆，事或未必；但這些語句不合敍事原則，則是事實。今更就其資料考覈之；第一，竇公之事，《御覽》三八三、七四十皆引桓譚《新論》，說是『樂家記言』文帝得魏文侯樂人竇公；但他沒有提起獻《周官・大司樂章》之事；第二，河間王作『記』獻『舞』，不見《史記・五宗世家》及《樂書》記載，而《武帝本紀》旣是後人補作，自可不提。所以，《藝文志》在這一段敍述二事，其材料來源之可知者；一則本於『樂家書記』，一則出於成帝時人的傳說。這成帝時人的傳說，見於《漢書・禮樂志》，其文曰：

> 河間獻王有雅材，亦以爲治道非禮樂不成，因獻所集雅樂。天子下大樂官，常存肄之，歲時以備數，然不常御……至成帝時，謁者常山王禹，世受河間『樂』，能說其『義』，其弟子宋曅等上書言之，下大夫博士平當等考試。當以爲漢承秦滅道之後，賴先帝聖德，博受兼聽，修廢官，立大學，河間獻王聘求幽隱，修興雅樂以助敎化。時大儒公孫弘董仲舒等皆以爲音中正雅，立之大樂，春秋鄉射，作於學官，希闊不講，故自公卿大夫觀聽者，但聞鏗鏘，不曉其意，而欲以風諭衆庭，其道無由。是以行之百有餘年，德化至今未成。今宋曅守習孤學，大指歸於興助敎化。衰微之學，興廢在人，宜領屬『雅樂』，以繼絕表微……誠非小功小美也。事下公卿，以爲『久遠難分明』，當議復寢。

這些記載較《藝文志・敍語》爲詳，可知《藝文志・敍語》就是根據這資料而加以簡述的。倘更細看這些記載，其中包括有三種考語：第一是班固考語，由『河間獻王有雅材……』說到『下大夫博士平當等考試』止；第二是平當的考語，自『漢家秦滅道……』至『誠非小功小美也』止；第三是當時公卿的考語；僅餘『久遠難分明』一句。但第一第二考語中，同樣說到河間獻王與修『雅樂』之事，質以當時公卿所說的『久遠難分明』一語，可信平當說獻王與修雅樂之事，是根據宋曅上『書』之書中言語；而班固之稱獻王『獻雅樂』，則又是轉據平當的考語。其實二者同出一源，都是根據宋曅所上的『書』，而宋曅所上『書』，則又是根據王禹『記』，亦正是桓譚所稱『樂家書記』。樂家書記有此一說，其他《史記》則無此記載，故公卿乃說『久遠難分明』。若使河間獻王雅樂之事果有正式記載，公卿何至於把平當的考語一筆抹煞？所以，河間獻王『獻八佾舞』之事，已是出於成帝時的『樂家傳說』；再以這傳說細按之，其中就沒有河間獻王與毛生等作《樂記》之事，可謂『傳說』以外新添的傳說。現在若將這新添的傳說刪去，則《藝文志》此段敍述，祇是說『河間獻王好儒，獻八佾舞，與制氏不相遠，其內史丞王定傳之王禹……』不但文句明順，且與《禮樂志》之記載完全相合，亦卽表明了王禹二十四卷《記》，完全是關於『雅樂』的『記』，它記的是雅樂的制度與鏗鏘鼓舞的意義以及一些屬於樂事的掌故；質言之；它完全是桓譚所稱的『樂家記』，亦是平當考語所謂『宜領屬雅樂』的《樂記》。此『記』雖然『寖以益微』，但好像仍流傳到東漢末年。現存《白虎通·禮樂篇》中，有兩處引述《樂記》之文，一爲『樂記曰土曰塤，竹曰管，皮曰鼓……』，一爲『《樂記》曰：壎，坎音也；管，艮音也……』，此二者皆不見於今之《禮記·樂記》。又，應劭《風俗通·聲音篇》，除引述劉歆的《鍾律書》外，亦引述：『《樂記》：柷，漆桶方畫木，方三尺五寸，高尺五寸……』『謹按《樂記》：五弦筑身也……』『笛，《樂記》：武帝時丘仲之所作也……』，這些言語，亦不見於《禮記·樂記》。又，蔡邕《明堂論》云；『《樂記》曰：武王伐殷，爲俘馘於京大室。』（亦見《呂氏春秋·古樂篇》）凡此零縑斷簡，皆爲《禮記·樂記》之所無。前人相信《樂記》十一篇之外尚有十二篇，而十二篇中有《樂器》《樂道》等篇目，便以爲這些零句就是那些篇的遺文。但以其忽於義理而詳於制度掌故的性質以及傖質的語法看來，可信這些零縑斷簡都是那『樂家記』『王禹記』的遺文，甚至於所謂《別錄》中所錄十二篇名，如《樂器》《樂道》……等等，一部份亦是王禹二十四記的幾篇。何以知之？因爲那十二篇中尚有《竇公》一篇，而竇公之事，桓譚已明言：『余前爲王翁典樂大夫，得樂家書記，言文帝時得魏文侯樂人竇公……』(《御覽》三八三引《新論》)；其稱『樂家書記』，自非纂輯諸子傳記專論『義理』的『樂記』可比，是很顯然的。

總之，河間獻王曾經傳說有獻『雅樂』或『八佾舞』之事；但他作《樂記》之事，則甚渺茫。倘若《風俗通》所載漢武帝時丘仲作笛，此事能記入《樂記》，亦顯見那《樂記》與河間獻王無關，其傳說當出於漢武帝以後之百餘年間；而且那傳說，連當時的公卿都不大相信。

劉向與樂記的關係

上述《藝文志》敘『樂家』一段文字，倘刪去『與毛生等共采《周官》及諸子言樂事者以作《樂記》』十九字，不但能與《禮樂志》的記載相符合，亦且使其敍述的語意分明，不至於發生疑問。其後文，又於『……獻二十四卷記』之下，憑空插入『劉向校書得二十三篇與禹不同』十三字，然後接以『其道寖以益微』；遂使人不知『其道』究何所指？指『王禹之樂道』嗎？王禹之樂道是因其不同於劉向二十三篇而益微嗎？不然，是指二十三篇之《樂道》嗎？這二十三篇，因其與王禹不同而益微嗎？因爲那十三字之闖入，使得上下文都成爲問題。現在揣摩班固如此構辭的本意，當是說，王禹弟子獻上二十四卷《記》，自平當的提議未蒙採納，以後劉向校書得到與王禹《記》不相同的二十三篇，那二十三篇流行於時，而王禹的『樂道』便爲『鄭聲』所抑而不彰了，唯其如此，方能勉強說得過去。

此種解釋，是否適當，似應就劉向所得的二十三篇是否流行於時之事，加以考察。但此考察，首先要問『劉向校書得二十三篇』這句話從何而來？有了這二十三篇的出處做根據，然後方能看出它之曾否流行。

按《漢書・禮樂志》載稱：成帝時，劉向嘗建議『興辟雍，設庠序，陳禮樂』，此事在當時雖未見實行，但劉向對於雅樂教學的注意，可信其必然。他既注意此道，則於校書時纂輯得此二十三篇，亦屬可能的了。劉向死後，他的校書職務由劉歆繼續，《藝文志》稱：『歆於是總羣書而奏其七略。』若使那二十三篇在『羣書』之內，則『劉向校得二十三篇』一語，當爲劉歆《七略》所提示。班固《藝文志》自敍說是刪『七略』之要而成的，是則《藝文志》言劉向校得一語，明爲套用劉歆的話。換言之，『劉向校書得二十三篇』這句話，是根據劉歆說的。依照《楚元王附傳》《儒林傳》《王莽傳》的記載看來，劉歆對於教學之事，自有他的一套企圖。雖然師丹公孫祿先後駡過他『改亂舊章』『顚倒五經』，他亦得罪了當時的博士，但到了王莽攝政，他以紅休侯典領儒林，竟實現了劉向的遺志：興辟雍，設庠序（《平帝紀》及《王莽傳》在元始三年）『立樂經，益博士員』，又『典領鍾律』（《律曆志》云在元始中）。但考前世記載，『樂』本無『經』，而劉歆當時敢於如此『開科取士』，相信他必有把握。他的把握或者就是《七略》所列的（亦卽《藝文志樂類》所列的）諸書，作爲『樂經』的課本。其中，號稱劉向校書所得的『樂記二十三篇』恰列在第一；其次是王禹記、 雅歌、 雅琴……等等。 考以當時曾任講樂大夫的桓譚記載（指海本輯桓譚《新論》），『雅歌』『雅琴』之事甚多，可信當時的『 樂經 』課本，適如《藝文志》之所列者，以二十三篇《樂記》居首要。

劉向之二十三篇既已 如此立於學官 而流行於時， 但其書僅云『劉向校得』，而不說它是『古』是『今』，這是很蹺蹊的。今從其扯到『河間獻王與毛生等共作《樂記》』一事推測之，使人懷疑這本是劉向的父親曾與門下士共採《周官》諸子言樂事者以作《樂記》，這《樂記》傳於劉向，又混入羣書之中而爲劉歆所見，故說它是劉向校書得到的。因爲劉向父親劉德，與河間獻王爲同『姓』同『名』而且同屬『宗室』。河間獻王的嗣統先絕；但自宣帝地節四年以後，劉向父親的侯位則始終保持（《外戚恩澤侯表》）。前後兩劉德，事隔若干年後，傳聞誤合爲一人，亦有可能。更以司馬遷稱河間獻王『造次必於儒者』，班固稱劉向的父親『少修黃老術』得《 淮南王書 》，又於『 凡樂六家百六十五篇 』下注『出淮南、劉向等』，今倘以這些記載比照二十三篇內容，既非『造次必於儒者』，而多『黃老』以及淮南書中言語，則二十三篇之出於後一劉德與門下士所共作者，尤顯有可能。不然，則當出自劉歆授意時人編撰，以充學官講學之用，託言劉向校書所得，以重其書……

雖然這只是『推測』，但不管這些推測是否正確，而『劉向校書得二十三篇』一語，終是個『謎』。又不特這『二十三篇』是個謎，再看到這二十三篇與《禮記・樂記》的關係，則又是個謎。因爲把《禮記・樂記》與『二十三篇』以及『劉向』搭上關係的，既不是班固， 亦不是鄭玄， 而是數百年後孔穎達主編 《禮記正義》時，纔正式承認此說。《禮記・正義》在《樂記》題下《疏》云:

> 按《鄭目錄》云: 名曰《樂記》者， 以其記樂之義， 此於《別錄》屬樂記，蓋十一篇合爲一篇，謂有樂本，有樂論…

…今雖合此略有分焉。案《藝文志》云：黃帝以下至三代各有當代之樂名……漢興，制氏以雅樂聲律，世爲樂官，頗能記其鏗鎗鼓舞而已，不能言其義理。武帝時，河間獻王好博古，與諸生共采《周官》諸子云樂事者以作《樂記》……劉向校書得《樂記》二十三篇與禹不同，其道寖以益微。故劉向所校二十三篇，著於《別錄》，今《樂記》所斷取十一篇，餘有十二篇，其名猶在……案《別錄》：《禮記》四十九篇，《樂記》第十九，則《樂記》十一篇入《禮記》十一篇，又載餘十二篇，總爲二十三篇也。

這一段文字，亂扯前人不相關連的成說，合在一處，而輕易『斷取』劉向所得『二十三篇』之『十一篇』以作《禮記》的《樂記》。倘若略加考察，便見其中『矛盾』『武斷』之處甚多；其尤顯著者：

一，依此文所引『鄭目錄云』，其實鄭氏祇說到『今雖合此略有分焉』爲止，其下案語所引《藝文志》，自屬班固之說而非鄭玄之說。鄭玄祇說『十一篇合爲一篇』，沒有說『斷取二十三篇之十一篇』。若使《鄭目錄》中說到十一篇是斷取二十三篇，即無須《正義》作者更引《藝文志》之語爲證；這是極顯明的事實。鄭玄旣不提起『二十三篇』，這一面亦可說明鄭玄並不以爲這『十一篇』與『二十三篇』有關；另一面，《藝文志》祇說『二十三篇』而不說『十一篇』，這更可說明班固並不知道有這『斷取十一篇』的《樂記》。倘使十一篇《樂記》之『入《禮記》也在劉向前』，班固不容不知，鄭玄亦不至於不說，今此二人皆不知不說，而《正義》作者遙遙在後，反而知之而詳說之，且其所說又僅根據那『不知』『不說』之二人的話，可謂『妄意牽合』，以牛唇接於馬嘴。

二，依此文所引《鄭目錄》云『此於《別錄》屬《樂記》』。其實鄭氏但稱《別錄》，並未指明劉向《別錄》（《禮記》四十六篇及《儀禮・敍目》皆同），是則，將《別錄》牽合《劉向》者，未必是鄭氏本意，今以《楚元王附傳》《成帝本紀》《藝文志・敍文》考之，劉向『條奏』其所校書籍，是否另有《別錄》行世，事本可疑。今人余嘉錫《七略別錄提要》（《北平圖書館刊》四，二）說；劉向《別錄》祇似書籍的『提要』或『題跋』，其文字皆附載於原書，沒有單行本。今證以流傳後世的，如《孫卿子》《戰國策》之類的《敍文》，余氏的話，甚爲可信。是故，後人所謂《別錄》，至多是劉歆的《七略別錄》。《隋書・經籍志》云劉歆《輯略》，毀於王莽之亂；然則，其全者當以班固《藝文志》爲首；其餘皆當是東漢人摭拾舊文而加以補輯的書。名之爲『劉歆別錄』，已屬過份，謂之爲『劉向別錄』，正是『依托』之尤。其尤甚者，《正義》作者旣據《藝文志》而爲說，《藝文志》但言『劉向校書得二十三篇』，並未言其『爲《別錄》時，更載所入《樂記》十一篇，又載餘十二篇，總爲二十三篇』等語，如此無中生有，顯是誣栽。

三，《正義》所按《禮記》四十九篇，《樂記》第十九，見於『劉向別錄』等語，最爲武斷。第一，《樂記》何時輯入《禮記》，事已難定。《隋志》稱《禮記》四十六篇，後馬融加入《月令》《明堂位》《樂記》等三篇爲四十九篇。考之東漢初年，張奮侈言禮樂，嘗引《樂記》中言語，但不稱出於《禮記》；而《白虎通》引述《禮記》篇文，如稱《檀弓》《玉藻》等，皆冠以『禮』『記』字樣；但其《禮樂篇》三引《樂記》，其一則出於《禮記》《樂記》，而未冒以『禮記』之名。可知，其時《樂記》二十三篇或仍俱在，尙未與《禮記》相合。在《白虎通》成書時代尙且如此，則其於劉向時何能有四十九篇中居『第十九』之《樂記》？第二，四十九篇目次，可謂定於『鄭玄注本』流行以後。馬融、盧植《注》本，它的編次如何，雖莫得知；但卽以『鄭注本』言之，《曲禮・檀弓》分爲『上』『下』，實僅一篇，故以實在篇目數之，《樂記》應居第十七。此爲『鄭氏注本』情形，尚且如是；則其遠在劉向時代，何從定其爲『四十九』爲『第十九』？由是可知《正義》作者之作是言，不過依鄭《注》本《禮記》而信口開河。其尤不可信者，即四十九篇《禮記》，旣不見於班固著錄，則亦可視爲劉歆《七略》中，本無此書。劉歆《七略》本無此書，劉向《別錄》何能獨有？質言之；劉向時本無四十九篇《禮記》，更沒有編次於第十九之《樂記》。是故，《正義》之作此言，旣非『鄭義』，亦非班固之說。其所謂『劉向《別錄》』，顯是東漢時人依托之書。稽以《儀禮》所引《鄭目錄》，輒稱『 此於大小戴及《別錄》 』云云，使人懷疑這種《別錄》祇是東漢建武中所立大小戴博士，甚或更晚的人，他們在編輯禮書的傳記時所作的篇目『分類紀錄』。因之，劉向校得二十三篇的來歷旣已這樣不淸不白，而十一篇與二十三篇的關係就又是個謎了。

十一篇的問題

《禮記・樂記》是否由十一篇合成？這在鄭玄時代即已不甚淸楚，故他只說『蓋十一篇……』，又說『略有分……』。《禮記・正義》在《樂本》篇末《疏》引皇侃之說云：『此十一篇之說，事不分明。鄭目錄略有分別，仔細不可委知。』熊安生亦說『《樂本》以下皆雜亂』。唯有張守節方始把《禮記・正義》的分篇，當作事實，又從而分成第一第二……等『段』落。後人或信之者，就照樣用以解釋《樂記》本文，這都是沒有根據的。

其實《樂記》分篇，本卽不大整齊，有一篇分作兩篇的，又有這十一篇合作一篇的，『篇』之爲名，如此隨便：吳澄《禮記纂言》嘗爲之解曰：『十一篇合爲一篇者，蓋亦刪取要略，非其全文。』

依吳氏的意見，當指這十一篇後面尚有二十三篇全文；今此不但沒有二十三篇，而且是二十三篇中十一篇之要略。這話似乎可信，又似不可信。可信者，是說這不是『二十三篇』之全文；不可信者是說這祇存十一篇的『要略』，若使這只是十一篇的『要略』，則十一篇的全文又是什麼？鄭元慶《禮記集說》把『篇』看作隨文章長短而成的篇什，這話較近於事實。因爲這二十三篇《樂記》，曾立於學官，隨講讀的程限，當時或曾區分爲若干課。每課文字不多，但講解的可以很多。後來學官不用此課本，把它拉雜湊在一處，便又成爲一篇。其中有脫佚的文句，有錯亂的章節，可信它是不完整的，但決非有意『刪取要略』而成的。因爲它是經過『脫亂』的章節，所以要說定它包括十一篇或更多或更少，都不是確論。玆言其故：第一，先就《鄭目錄》所列擧十一篇的目次看來，情形就很亂。因爲鄭玄所記的是一種次序，孔潁達、張守節在本文各章節下所記的又是一種次序，而實際載在《禮記・樂記》與《史記・樂書》的，二者又各不同。換言之，所謂十一篇的目次，無論從前人的記述以及《樂記》《樂書》本文，都不能看出定局。由是可知；後者，當由於『錯簡』；而前者則都是『臆說』。第二，《禮記・樂記》篇末剩有孤另另的『子貢問樂』四字，這四字倘依李善對《史記・樂書》的讀法（見《文選》史岑《出師頌・注》），則是有『下文』的。但那『下文』，張守節卻據《禮記・樂記》，說是『褚先生意』補。若使除去『褚先生』所補的那些下文，則『子貢問樂』四字就像《文王世子》篇中殘留的『周公踐阼』『世子之記』了。鄭玄在《文王世子篇・注》那些殘句爲『題上事』；因之，方慤亦在《樂記篇》末這四字下注是『題上事』。『題上事』是篇名的複述，若使十一篇中《師乙》一篇又可稱爲《子貢問樂》，則又可見那十一篇名亦不定了。第三，十一篇中尙有《樂化》一篇，今按其全文，前半是抄錄《祭義》篇的；後半是刪略《荀子・樂論篇》

的，倘若以這兩半分別割還《祭義》與《樂論》，則何從而有《樂化》篇？這又是十一篇之有無問題了。第四，鄭玄衹說十一篇合在《樂記》中『略有分焉』，《禮記・正義》就從而分篇；《史記・正義》更從而分段，二者皆未顧到篇名段落與本文的關連，例如本文明明寫的《樂施》，《禮記・正義》卻說這是《樂象》篇，而《史記・正義》更說明這是『《樂象》第三段』……諸如此類，難怪方苞《禮記析疑》說：『《樂記》，先儒以爲公孫尼子所論譔，然於《荀子・樂論》所取過半，且不循其節次。離爲十一，而以意名之，是以義不安，名不當也。』雖然方氏說『《樂記》於《荀子・樂論》所取過半』，稍嫌言過其實，但說十一篇是『以意名之，義不安，名不當』，則是事實。所以，由這些篇次之不定，題名之不實，篇章之有無，以及名義之不合等事看來，《樂記》究竟是多少篇合成的？卻是最難於說定的問題。

理在暫撇開篇數的難題，衹就全文作一考察，一面看它材料的來源，一面看它思想的體系，從中去瞭解它是怎樣構成的。

關於《樂記》材料來源，差不多有三分之一強，是刪略《荀子・樂論》的文句而來的。此外並見於《呂氏春秋》《淮南子》的也不少。倘更從其文『義』稱量之，則其與《尙書大傳》《韓詩外傳》《毛詩・序》《易・繫辭傳》《禮・祭義篇》《左傳》《莊子》外篇、《孝經》《論語》，以迄於緯書及劉歆《鍾律》，皆有關係。質言之，舉凡流傳於西漢的一些古籍以及西漢人的著述，皆爲其取材所自。它的撰寫方法，亦有數端，第一是直錄而不加改撰，如《樂化篇》所錄《祭義》之文，《樂本篇》所錄《毛詩・序》之語，此二者故亦可謂其抄自《樂記》。第二，直錄而略改數字，如《樂本篇》『人生而靜』一段，與《文子・道原篇》《淮南・原道訓》所載者，僅有一二字之異。第三，刪略而不加改撰，如《樂施篇》《樂化篇》之撮錄《荀子・樂論》；《樂本篇》『宮爲君商爲臣……』之撮錄劉歆《鍾律書》（見《漢書·律歷志》及《風俗通·聲音篇》引）。第四，改撰他書而成者，如《樂象篇》改寫《荀子·樂論》『夫民有好惡之情』以迄『而民鄉方』數段。又《樂禮篇》改寫《易·繫辭傳》『天尊地卑』以下一大段，並割取《月令》『天氣下降，地氣上騰』二句夾雜其中，但改『乾坤』爲『禮樂』，其餘無不同。然而劉歆《鍾律書》同有此等語，而尚未改『乾坤』二字，是又可見，《樂記》乃又轉鈔自《鍾律書》者。第五，引申他書緒說而至再至三者，如《尚書大傳》云『樂者人性之所有也……』（《北堂書鈔》一百五引）；《韓詩外傳》（卷一）云：『古者天子左五鍾右五鍾……此言音樂相和，物類相感，同聲相應之義……』，而此等緒說，既三見於《樂本篇》，又散見於《樂言》《樂象》等篇。又，《莊子·天運篇》云：『吾奏之以人，徵之以天……調理四時，大利萬物……一淸一濁，陰陽調和……』又，《春秋元命諮》云：『樂者和盈於外，動發於內……』（《初學記》十五引）；凡此緒說皆反復見於《樂施》《樂言》《樂情》等篇。而『樂統同禮辨異』之說，既見於《荀子·樂論》，亦且爲《子思子》所載（《御覽》五六五引子思子曰）。而此說今則併存於《樂記》之《樂論》《樂情》篇中。凡此種種，皆就其大段文章而言，卽已形迹斑斑；倘更按其零章斷句，而它與《呂覽》之《大樂》《古樂》《適音》《音初》，以及《淮南》之《本經》《氾論》等篇相同者，亦比比皆是。此外，未知其出典，但見於漢人所引述者，如陸賈《新語》（《羣書治要》四十引）之言『舜彈五絃之琴……』（亦見《韓詩》卷四）及：司馬遷言『謙退爲禮，減損爲樂……』（見《史記·樂書·叙》《淮南·詮言訓》）谷永言『聞鼓鼙之聲思將率之臣』（《漢書·陳湯傳》）……是亦可知其採錄自遺佚之古書。是故，《樂記》全文，不過五千三百餘字，其中除去《魏文侯》《賓牟賈》《師乙》三篇自成段落，其文義不與他書相犯者外，其餘皆不出於上列數種方法而雜遝輯成。倘欲從中抽繹其思想體系，實爲『儒』與『道』之混合體。其一是本於天地，寓於陰陽，循乎四時，合五行與八卦，率神居鬼的禮樂理論；其一是根於人心，主於感物，施於政教，以倫理和氣爲尙的禮樂理論。前者，其文體恣肆而浮夸；後者，其文體平實而拘謹。是故，無論從其材料來源、思想體系以及構辭方式等各方面看來，《樂記》當是採輯秦漢諸子的遺書。這些書，早者出於戰國時代，晚者當在劉歆時代。所以要說採輯的人，是河間獻王與毛生等，不如就在劉歆時代求之。

樂記與所謂樂經

劉歆生平與死後，同樣受人的讚美與攻擄。在學術史上，他之『助莽爲逆，徧僞羣經』一罪案，經二千年迄未定讞。他是否徧僞羣經，玆置不講，但他替王莽設立『樂經』，置『博士員五人……網羅天下異能之士，皆令記說廷中』（《王莽傳》上）。後來又請那個巧佞的『說符侯』崔發做『講樂祭酒』（《莽傳》中），這些記載，總該眞實。然而，《樂經》本無此書，前文已假定它是臨時趕編的。關於這個編書的人，王充似曾有所耳聞，故於《論衡》中提起兩次。因其事關重要，摘錄如下：

> 一、《超奇篇》云……若夫陸賈、董仲舒，論說世事，由意而出，不假取於外，然而淺露易見，觀讀之者，猶曰『傳記』。陽成子長作《樂經》，揚子雲作《太玄》，經造於助思，極窅冥之深，非庶幾之才，不能成也。孔子作《春秋》，二子作兩『經』，所謂卓爾蹈孔子之跡，鴻茂參二聖之才者也……桓君山能差衆儒之才，累其高下，賢於所累；又作《新論》，論世間事，辯照然否：虛妄之言，僞飾之辭，莫不證

定。彼子長子雲，『說論之徒』，君山爲甲。

二、《對作篇》云……書論之造，漢家尤多。陽成子張作樂，楊子雲造玄，二『經』發於臺下，讀於闕掖，卓絕驚耳，不述而作。才擬聖人，而漢朝不譏……

細讀這兩段文字，可信是發揮《論衡》之『疾虛妄』的宗旨。《超奇篇》說到這《樂經》與《太玄》，意在非薄那兩篇『說論』稱爲『經』之虛妄（楊愼云：使楊子雲被僭經之名，由於桓譚、班固之過。語見《丹鉛雜錄》一）。所以前面用陸賈、董仲舒的著作僅稱作『傳記』；後面又用桓譚證定世事的著作，僅稱作《新論》二事做陪襯，從中諷誚其僭擬孔子；最後又把桓譚的才識壓在他們之上。這短文，用『欲抑之而故揚之』的方法，可說是寫得很巧妙了。至於《對作篇》，本是引述《樂經》《太玄經》與他的《論衡》相比較，意謂：像《樂經》與《太玄》那樣虛妄的著作，尚且爲學者所傳諷而漢朝不譏，則《論衡》不能不載諸簡牘，公諸世人了。

王充如此非薄二『經』，大概是出於他崇『實』抑『虛』的思想，因此可從他的見解中瞭解那《樂經》的大體情形。第一，那《樂經》當不僅因其稱『經』而爲王充所不滿，其要義乃在於《樂經》大體與《太玄》一樣，是一種不切世事，不著邊際的『說論』。這見解正與千載以下，湛若水批評《樂記》爲『論其義理而遺其度數，則樂之本廢矣』（《經義考》二七四引《補樂經・序》），同出一轍。換言之，在這意思中，那《樂經》正像現在的這《樂記》。第二，他說陸賈、董仲舒的著作是『由意而出，不假於外，淺露易見』，這『淺露易見』四字與批評《樂經》爲『極窅冥之深』『卓絕驚耳』的意思正相反，這可以證實第一點；至於『由意而出不假於外』二句，則是說明陸、董的論說，都是直抒己意，不用古言古語，不勦襲古書；與此相反的《樂經》與《太玄》，後者借『易』改爲『玄』，而前者又改《易・繫辭傳》的『乾坤』爲『禮樂』，徹頭徹尾，沒有一句自己的話（另見後文），全是抄錄、改撰，引申別人的話。這樣的《樂經》，豈不就是現在的《樂記》？第三，他說《樂經》與《太玄》是『不述而作』：《太玄經》並不是《易傳》，其書尚存，可以覈案；至於《樂經》之『不述而作』，何謂『述』？何謂『作』？相信王充此語即出於《樂經》中，不然則是據《淮南子・氾論訓》。《氾論訓》云：『知禮樂之情者能作，識禮樂之文者能述。』今《樂記》所載與此全同。因爲《樂經》所論的全是空洞的義理而不是記述制度的文章。換言之，《樂經》與《樂記》一樣，都是講說樂『情』而非記述樂『文』的，此之謂『不述而作』，就又是《樂經》同於《樂記》之一證。

最後，賴有《論衡・對作篇》的記載，使劉向校得《樂記》以及王莽立《樂經》二事，有了補充的證明。王充說『二經發於臺下，讀於闕掖』，按《漢書・百官表》說：『御史中丞，在殿中蘭臺，掌圖籍秘書。』又，《成帝本紀》云：『劉向校中秘書。』劉向死後，劉歆移至天祿閣（《隋書・經籍志》），而天祿閣亦是揚雄校書之處（《本傳》）。這當是王充所泛指的『臺』。唯獨《揚雄傳》稱劉歆說『《太玄》只堪覆瓿』，當時是否得『讀於闕掖』，事頗可疑；但那《樂經》旣立於學官，崔發又以之講授太子，以此稱爲『讀於闕掖』，宜無不合。是故，《對作篇》的這兩句話，旣合於當時的事實，亦且可以看出『劉向校書得二十三篇《樂記》』一說之由來。

《樂經》的情形旣已如此，倘再進而辨認它的編者，就更容易看出它與《樂記》的關係？

樂經與史記樂書

《論衡·超奇篇》稱《樂經》爲陽成子長所作，在《對作篇》又稱爲陽成子張所作。他的名字究竟是『子長』還是『子張』？在《超奇篇》兩次稱『子長』，《對作篇》僅一次稱『子張』，倘從多數表決，當以『子長』爲正，而『子張』是筆誤。朱彝尊《經義考》二七四，即據《超奇篇》文，考定『陽成脩』作《樂經》。衡以『名』『字』相配之例，陽成脩，字子長，可無疑問。《漢書·王莽傳》下載：『郎陽成脩獻符命，言繼立民母，又曰：黃帝以百二十女致神僊……』云云，見於載籍的陽成脩，僅此一人，當即朱氏所指者。然而細察此人，旣獻『符命』，又說『黃帝』，自屬公孫卿、公玉帶一流人物，是個方術之士。今《樂記》中，雖亦頗含黃考緒餘，但還沒有怪誕至此地步；尤其，《樂經》立於元始年間，這陽成脩至天鳳年間上符命，其職位仍不過是個『郎』，這樣的『郎』，如何能在十數年前就作《樂經》，且『發於臺下，讀於闕掖』，而名位且與揚雄相比並？所以，從這個陽成脩的才學年德各方面看來，都不配作《樂經》的人。陽成子長旣不配作《樂經》，則當從『陽成子張』着想。因爲『張』字，筆跡磨滅很容易變成『長』字，其可能性較『長』字筆誤爲『張』更大。《御覽》八一五引桓譚《新論》正說到『陽成子張』，其文曰：

陽成子張，名衡，蜀郡人，王翁（？）與吾俱爲講樂祭酒。及寢疾，預買棺槨，多下錦繡，立被發塚。

按此一節，《指海》本輯《新論》作『陽成子姓張名衡』，在『子』『張』二字之間多一『姓』字，今據沈欽韓《兩漢書·疏證》及《四部叢刊》本《御覽》校定《指海》本之『姓』，是衍字。然而《叢刊》本《御覽》所輯此文，亦尚有脫誤。所謂『王翁』，稽以《羣書治要》《意林》《御覽》他處所載桓譚《新論》，多講述『王翁』之事。紀昀於《意林》中按謂：『王翁謂王莽，以曾事莽，不可斥名，又不可稱「公」故。』正是此意。今《對作篇》中尚有『王公子』之稱『公子』亦當是『翁』之壞字變形。王翁就是王莽，但王莽不會與桓譚俱爲『講樂祭酒』，顯然此處於『王翁』下脫一『時』字。稽諸《後漢書・桓譚傳》云：『譚以父任爲郎。因好音律，善鼓琴……尤好古學，數從劉歆、揚雄辨析疑異。性耆倡樂，簡易不修威儀，而熹非毀俗儒，由是多見排抵，哀平間，位不過「郎」……莽時，爲掌樂大夫。』此云『莽時』，正是『王翁時』。《王莽傳》載；元始四年立《樂經》，益博士員，經各五人；又云；始建國中，立六經祭酒各一人，以崔發爲講樂祭酒。凡此，皆可證其所言與陽成子張俱爲講樂『祭酒』之誤。但統觀《新論》自述：成帝時爲『樂府令』(《北堂書鈔》五五《注》引)，王翁時爲『典樂大夫』(《御覽》三八三，七四〇引)而《王莽傳》上又記其爲『諫大夫』，此是桓譚在西漢所居官位之略可知者；他是否還繼崔發爲『講樂祭酒』，事亦難定，但與陽成衡俱爲祭酒，則與當時制度不合。是故，可信陽成子張嘗於元始初立《樂經》時，與桓譚俱爲博士員，桓譚旣善鼓琴，其講授雅琴之事，並見於《新論》所載，則子張之《樂經》，或卽『發於臺下』之二十三篇記。

陽成子張生平，湮沒莫可考。但以上引《新論》所記者而觀之，其人當死於王莽稱帝之時，桓譚尚及見其墳塋被盜發掘，則其年輩當較桓譚爲長。《通志・氏族略》引《風俗通》云：漢有諫議大夫陽城公衡。『城』『成』古通用，如陽城侯劉德，陽城侯劉安氏(《楚元王傳》《恩澤侯表》)，宋祁說：古本『城』皆作『成』。『陽城』卽『陽成』。沈欽韓證云：『公衡』之『公』衍字。但疑《風俗通》所據者，或是他的碑文。但陽成公衡之由『諫大夫』轉爲『講學大夫』，正與桓譚之由『諫大夫』轉爲『講樂大夫』一樣，可謂無甚可疑的。但據沈氏《疏證》說：陽成衡的姓名屢被誤書：《後漢書·班彪傳·注》寫作『陽城衞』；劉知幾《史通》寫作『衞衡』；《華陽國志》寫作陽成子元。如果，這些都是陽成子張一名之歧誤，則其生平尚有其他重要的『行誼』可發見了。

《後漢書·班彪傳》言司馬遷死後，很多『好事者』補續他的《史記》。李賢卽在此《注》云：『好事者，謂揚雄、劉歆、陽城衞、褚少孫、史孝山之徒也。』這些補續《史記》的人名，雖然劉知幾在《史通·古今正史篇》中列擧得更多，但亦由他把『陽城衞』誤作『衞衡』，不然便是『衞衡』之上脫漏『陽成』或『陽城』二字。因爲『衡』字被誤爲『衞』，是字形相近所致，而衞衡，《華陽國志》（十下）言其未仕，且是東漢末年之人（與任安董扶同時），顯然有誤。

觀陽成子張的『年』『輩』旣較長於桓譚，則與劉歆、揚雄同輩可知；故王充稱引，輒以此數人相提並論。劉歆得志之時，雖不能以一人之力『徧僞羣經』，但以羣策羣力，更張經學，則事實俱在。按《王莽傳》載；與《樂經》同時設置者有逸《禮》《古書》《毛詩》《左傳》《周官》《爾雅》《圖讖》《鍾律》……等門。其中『鍾律』一門，《律歷志》說是『劉歆等典領條奏，其言最詳』，而《律歷志》卽是轉據此書以成篇的。今其所言『官爲君商爲臣角爲民……』之義，亦撮錄於《樂記篇》中。原書行至東漢之末，《風俗通》卽稱之爲『劉歆《鍾律書》』。但其書旣爲『歆等』所纂，或陽成氏亦其中之一。是故，可信陽成氏於立《樂經》定『鍾律』之時，卽有《樂記》之作。班固嘗刪《鍾律書》之『僞辭』（見《律歷志·叙》），疑劉歆亦嘗刪《樂記》之『僞辭』，使二十三篇僅餘十一篇，旣用以補《史記·樂書》，而陽成氏亦因此《記》之功，得由閒散的『諫大夫』轉任講樂的博士員。此雖屬於推測之事，但以《史記·樂書》的補綴文字與《禮記·樂記》比而觀之，當又可證此種推測之非虛。

史記樂書與禮記樂記

《史記·樂書》，自張守節以下，衆皆默認是『褚先生』所補。此一『褚先生』倘卽褚少孫，他生於漢昭宣時代，是《儒林傳》中王式的學生，做過司馬遷外甥楊惲的部屬『郎』，他喜歡《史記》，這在《漢書》都頗有記載，然則，他之補續《史記》，至有可能。但是，第一，從他的學統看來，他是《魯詩》系統，決不喜『極天』『蟠地』『率神』『居鬼』的文章，現在《樂書》所補的，多是此等文章；所以不可能是他採錄的。第二，褚先生在諸『好事者』中，算是肯負『文責』，亦可說是『好名』之一人。由他補續的《史記》篇章很多，如《武帝本紀》《日者》《龜策》等列傳，他處處都寫明那是『褚先生曰』；今《樂書》補文，獨無此例，亦可證明這不是『褚先生』補的。第三，守節《正義》，最是武斷，例如《樂記》中所謂《師乙》一章，其文句錯亂處，鄭玄嘗據《樂書》以定其句讀；而張守節則反據錯亂的《樂記》以說《樂書》文句『爲褚先生所亂』；又十一篇之有無，鄭玄且不知仔細，孔潁達亦僅疏其大體，而張守節則爲之分章分段，言之鑿鑿。這都是他慣於『臆說』的明證，他說褚先生補亂《樂書》，正是同樣誣告。因爲續《史記》旣有十數人（依《史通》所列擧的）之多，他毫無證據說是褚先生補的。

《史記·樂書》旣非褚先生補續，倘在那十數『好事者』中推選補續的人，當然要以曾『作《樂經》』，曾任『講樂博士員』的陽成子張爲最適當的人選。王充稱陽成子張爲『說論之徒』，又稱其說論是『假取於外』，是『不淺露』，是『極窅冥之深』，是

『卓絕驚耳不述而作』……這一切，證以《樂書》內容，無一不合。故可斷言，王充所說陽成子張的《樂經》，就是《史記·樂書》的補文，而《史記·樂書》的補文，本來就是《禮記》第十九的《樂記》。

然而，現在將《史記·樂書》補文與《禮記》相校勘，又可發見其中有些出入。這些出入的地方，從其大體說來；第一，《樂書》補文較全於《禮記·樂記》；第二，《禮記·樂記》又較亂於《史記·樂書》補文，第三，少許構辭用字，《樂書》亦較《樂記》爲清楚通順，且近於西漢人的習慣寫法。這三點，第一從兩篇文章之完全與不完全上看來，其尤顯者；《樂記》止於『子貢問樂』，而沒有下面『舜樂』與『紂樂』相比較的記述。李善注《文選》引《史記》（見前），卽通下文爲段落，這是不錯的。但後人受張守節臆說的影響，以爲那是『褚先生意』補，於是張照的《史記·考證》，便說那是『後人取晉平公事，不經之談以附益之』。其實這考語是極不公平的。晉平公之事，見載於《韓非子·十過篇》；而桓譚《新論》（見《後漢書·陳元傳·注》引）及王充《論衡》（見《紀妖篇》）亦引此文，這正是『樂家』的傳記，用以擁護雅樂之記載。倘此是『不經』，則其前文說『羽者嫗伏，毛者孕鬻，胎生不殰，卵生不殈，則樂道歸焉耳』等等『極窅冥之深』的話，便是『經』嗎？並且《樂書》或《樂記》中，倘無此一節，則其前文『桑間濮上之音』云云，亦將成爲不可解的語句了。（因鄭《注》『濮上』卽採用這『不經之談』！）所以要說這一節是『不經之談』，則全篇《樂記》皆當依王充的看法，根本全是『不經』。因爲它旣是採輯自諸子之書；《韓非子》與《荀子》《淮南子》《子思子》以及雜傳記，正須一視同仁，不能因後來這篇《樂記》隨《禮記》列名爲『經』，大家讀慣了那殘缺的『經』文，便反以爲這是後人附益的『不經之談』。倘更以東漢人所作的

《別錄》看來，這《樂記》本來尚有十二篇，今由其存目窺之：如《樂器》篇，《吳季札》篇，《竇公》篇……等，疑其中尚有更多『不經之談』。馬國翰（《輯逸書·魏文侯書敍》）說：『《樂記》佚篇，季札採自《左傳》，竇公採自《周官》，魏文侯採自《漢志》所錄魏文侯書……。』他的話，雖未見得都很正確，但以《樂記》專門鈔書之例，比而推之，《吳季札》可能就是襄公二十九年《左傳》所載之文。《竇公》不出於《周官》，當出於桓譚《新論》所提及的《樂家傳書》，他說竇公二百八十多歲，那些不經之談與晉平公聽樂故事並無差異。其他如《呂覽·古樂篇》所記伶倫製樂的故事，倘亦被《樂器》佚篇所採，其情形又復相同。旣同是不經之談，則此末段，不宜剔除，倘不剔除，則可見《樂書》補文是較《樂記》爲全。

第二，《樂記》章節之錯亂，鄭玄於《師乙》論歌聲一章，已加注明。但，此外如『樂者施也……』二語，循名責實，它該是所謂《樂施篇》的開端，現在卻夾厠於所謂《樂象篇》末；而所謂《樂言篇》前之『樂也者，聖人之所樂也』一段，《樂書》則以併於所謂《樂施篇》中，這樣移併，不但它的文義與《樂施》符合，亦且與《荀子·樂論》中之段落相近。可見《樂書》補文所排列的次序，都更近於纂輯《樂經》時的次序，而現在的《樂記》，則較它一亂而再亂。第三，《樂記》中改『麤』作『粗』，寫『滯』作『懘』，改『槌』爲『坡』，寫『詘』作『屈』……其例甚多，大抵《樂書》皆從西漢人的寫法，而《樂記》則改用後來常用的寫法；並且常加變形、添筆，反成爲不易認識的字形。證以漢簡文字，在隸變爲楷過程，時人寫字都很隨便，所以有許多『異體』，其實並非『古文』，只是後之抄寫者隨便變形所致。這情形直到唐人寫本，敦煌影本《禮記·釋文》最多奇字，仍還一樣。是故，從這些『文』『字』上亦可知《樂經》之文，其補入《史記》者或還在

《樂記》編入《禮記》之前。

因爲這二篇有些差異，又略可知《樂書》與《樂記》不是互相轉抄而來的。若使互相轉錄，必然是『亂則俱亂，缺則並缺』。今此二者或全或缺，顯是從不同時期，不同底本編輯而成。或者陽子張的《樂經》文字，先補入《史記・樂書》中，經過王莽之亂，得依《史記》全書之保全而得略存其舊樣。其次，《樂經》文字既列入學官課本，經過赤眉焚毀長安，又經過光武搬運，因之，簡散策亂，又遺失了『子貢問樂』以下文字，待到小戴博士，或是更後的馬融編輯《禮記》時，便祇剩現在這《禮記・樂記》的狀態了。

但是，此中尙有可疑者，就是要問；《樂書》《樂記》若果出於陽成子張的《樂經》，而此《樂經》又是傳說劉向校書所得的二十三篇，何故陽成子張不把那二十三全補入《史記》？而且在今《史記・樂書》中亦同樣有缺文，如『大章，章之也，韶，繼也……』等語，較以《白虎通・禮樂篇》與《說苑・修文篇》，皆顯見它上面應有『堯作大章；舜作韶……』等語，始有所呼應。現在《樂記》沒有這些上文，而《樂書》恰亦不載，難道陽成衡本來就以殘缺的篇章補入《史記》？這問題的解決，雖祇能出於『刪略』的理由，亦卽是說，原來的二十三篇是經過『刪略』而後始用以講於學官。原來的二十三篇，可信其多『不經之談』，如《呂氏春秋・古樂》《侈樂》等篇的記載，又有許多與當時並立的《周官》《左傳》相重複的地方，如大司樂章之八音，吳季札、魏絳、晏子之言樂（見襄公十一、二十九、昭公二十年《左傳》），今其事皆被刪略，而但略存其『意』於今兩篇之中。疑其所以如此刪略二十三篇而爲一篇者，其動機當出於推崇此『經』。因爲旣欲其成爲一本『正經』，則它的言論不能沒有古典的根據。因爲要有古典的根據，所以寧可勦改撰；而不願由時人之意而出，僅寫成『只堪覆瓿』的《太玄》一樣。其次，它既是一本『正經』，一方面要求其有別於當時流行的緯書，一方面又要求其不太雷同於當時所立的經書。爲着前一目的，必須刪略過分『超奇』的如緯書內容之記述；爲着後一目的，則又須除去與《周官》《左傳》鍾律月令以及王禹記雅歌雅琴等等相重複的記述。（《師乙篇》似本於『雅歌』而《史記・樂書》後附『僞太史公曰』，間有『琴長八尺一寸正度也，弦大者爲官而居中央……』云云，似卽此等書之記述。）因此可信，現存的《樂書》《樂記》本文，實際是劉歆等人僞托劉向校書所得二十三篇的『節本』，並不是僅僅『斷取』其十一篇。這樣的『節本』，先被補入《史記・樂書》，陽成衡還在那篇末假冒『太史公』的名，寫了一段，由他所補的全篇『大意』。其文辭全勦襲前文，有如集句，不但與《樂書》篇首的『太史公曰』一段敍語，顯然分出兩人手筆；而更露骨的是，他只顧複述自己『補文』的大意，卻忘記了篇首太史公說的一段話而無一語兼及之。可信這確是陽成衡所殘留於後世的唯一『作品』。現在看這唯一作品，就更明白王充說的『假取於外』是什麼意思了。原來『假取於外』，就是雜掇別人的語句，鋪張爲自己的文章。《班彪傳》言：『鄙俗不足以繼踵其（指太史公）書。』陽成衡的這段文字，正是這個實例。

結語

總括上文，謹擬結論如下：西漢哀平之際，陽成衡嘗纂輯《周官》及諸子言樂事者以作《樂記》，都二十三篇；後經劉歆校訂，刪除其半。陽成衡旣用之以補《史記・樂書》，復用以充《樂經》課本，約爲十一篇。此『經』流傳至於東漢，頗有脫亂；而此脫亂者，複被輯爲《禮記・樂記》。至於二十三篇刪餘的文字，有若干節尚被零星輯入《說苑・修文篇》。但因此等文字旣是剟取他書而來，而他書亦有流傳後世者；除非東漢人說明其語出於《樂記》，幾於無從辨認其爲《樂記》所有抑係他書所有。例如蔡邕《明堂論》云：『《樂記》曰：武王伐殷爲俘馘于京大室。』此語今存《呂氏春秋・古樂篇》，倘使蔡邕不言，殆亦無從辨其曾爲《樂記》所錄之文。諸如此例，諒必不少，是卽二十三篇刪餘的材料。至於所謂『十一篇』，其材料亦復如此；例如『人生而靜……』『審一以定和……』『樂者樂也，人情之所不免也……』等語，雖載於《樂記》，但亦可謂其出於《文子》《淮南子》《公孫尼子》或《荀子》。是故，其現存者本卽如是，其所謂遺佚者，亦略可知了。

雖然，這種結輪，因年世邈遠，難保其必信必實。但較之前人所作牛唇不對馬嘴的『臆斷』，或者猶略近於事實。

（《樂記考》，原刊於《孔孟學報》第四期）

［儒　行］

李　覯云：

《儒行》非孔子言也，蓋戰國時豪士所以高世之節耳。……考一篇之內，雖時與聖人合，而稱說多過，其施於父子兄弟夫婦若家國若天下粹美之道則無見矣。聖人之行，如是而已矣？或曰：哀公輕儒，孔子有爲而言也。曰：多自誇大，以搖其君，豈所謂孔子者哉？

（《直講李先生文集》卷二十九《讀儒行》）

高　閌云：

《儒行》雖間與聖人之意合，而其詞誇大，類戰國縱橫之學，蓋漢儒雜記，決非聖人格言。

（《攻媿集》卷六十九《題御書中庸篇》）

朱 熹云：

《儒行》，……非聖人書，乃戰國賢士爲之。

（《朱子語類》卷八十一）

[存 目]

蔡介民撰《禮記成書之時代》，發表於《新東方（上海）》第一卷一期（1940.2）；其後又撰《再考》，發表於第一卷五期(1940.6)。

■大戴禮

黃雲眉云:

《隋志》云:『漢初,河間獻王得仲尼弟子及後學者所記一百三十一篇獻之。時亦無傳之者。至劉向考校經籍,檢得一百三十篇,向因第而敍之,而又得《明堂陰陽記》《孔子三朝記》《王氏》《史氏記》《樂記》凡五種,合二百十四篇。戴德刪其煩重,合而記之,爲八十五篇,謂之《大戴記》。而戴聖又刪大戴之書爲四十六篇,謂之《小戴記》。漢末,馬融遂傳小戴之學。融又足《月令》一篇,《明堂位》一篇,《樂記》一篇,合四十九篇。』陸德明《釋文序錄》引陳邵《周禮論序》曰,『戴德刪古禮二百四篇爲八十五篇,謂之《大戴禮》。戴聖刪《大戴禮》爲四十九篇,是爲《小戴禮》。』韓元吉《大戴禮記序》曰:『《大戴禮》十三卷,總四十篇。《隋志》所載亦十三卷,而《夏小正》別爲卷。《唐志》但云十三卷,而無《夏小正》之別矣。《崇文總目》則十卷,而云三十五篇,無諸本可正定也。其缺者或旣逸,其不見者抑聖所取者也。然《哀公問》《投壺》二篇,與小戴書無甚異;《禮察篇》與《經解》亦同;《曾子大孝篇》與《祭義》相似,則聖已取之篇,豈其文無所刪者也。《勸學禮三本》見於荀卿子,至取捨之說及《保傅》,則見於賈誼《疏》,間與經子同者,尙多有之。』戴震《大戴禮記目錄後語》曰:『鄭康成《六藝論》曰:「戴德傳記八十五篇」,《隋書・經籍志》曰:「《大戴禮記》十三卷,漢信都王太傅戴德撰」,今是書傳本卷數與《隋志》合,而亡者四十六篇,《隋志》言「戴聖刪大戴之書爲四十六篇,謂之《小戴記》」,殆因所亡篇數,傅合爲是言歟?其存者《哀公問》及《投壺》，《小戴記》亦剿此二篇，則不在刪之數矣。他如《曾子大孝篇》見於《祭義》，《諸侯釁廟》見於《雜記》，《朝事篇》自聘禮至諸侯務焉，見於《聘義》，《本命篇》自有恩有義至聖人因敎以制節，見於《喪服四制》，凡大小戴兩見者，文字多異。《隋志》以前，未有謂小戴刪大戴之書，則《隋志》不足據也。』錢大昕《漢書藝文志考異》曰:『按鄭康成《六藝論》云:「戴德傳記八十五篇，戴聖傳記四十九篇」，此云百三十一篇者，合大小戴所傳而言。《小戴記》四十九篇，《曲禮》《檀弓》雜記皆以簡策重多，分爲上下，實止四十六篇。合大戴之八十五篇，正協百三十一之數。謂大戴刪古禮二百四篇爲八十五篇，小戴又刪爲四十九篇，其說始於晉司空長史陳邵，而陸德明引之，《隋志》又附益之，然《漢書》無其事，不足信也。』又跋《大戴禮記》曰:『今此書與小戴略同者凡六篇，可證其非刪取之餘。』陳壽祺《左海經辨》曰:『《禮記正義》引《六藝論》云:「戴德傳記八十五篇，則《大戴禮》是也；戴聖傳記四十九篇，則此《禮記》是也。」壽祺案:二戴所傳記，《漢志》不別出，以其具於百三十一篇記中也。《樂記・正義》引《別錄》有《禮記》四十九篇，此卽小戴所傳；則大戴之八十五篇，亦必存其目，蓋《別錄》兼載諸家之本，視《漢志》爲詳矣。』又曰:『二戴慶氏皆後蒼弟子，惡得謂小戴刪大戴之書耶?』又曰:『二戴於百三十一篇之說，各以意斷取，異同參差，不必此之所棄，卽彼之所錄也。』余謂戴震錢大昕陳壽祺不信小戴刪大戴之說是也；其信今本《大戴禮記》爲戴德殘書則非也。鄭康成《六藝論》之言，以先後論之。當較陳邵之言爲可信，康成不云刪，而陳邵獨云刪，意康成以後，隋、唐以前，已有一篇卷較少之《大戴》僞本，與小戴並行，並托爲小戴所刪，（《隋志》:《大戴禮記》十三卷，戴德撰。《禮記》二十卷，戴聖撰。）故陳邵云然耳。然今本《大戴禮記》，則又唐以來所僞托。《衞將軍文子篇》『德恭而行信，終日言不在尤之內，在尤之外，貧而樂也，蓋老萊子之行也』一段，司馬貞《史記·仲尼弟子列傳·索隱》引《大戴記》作『蹈忠而行信，終日言不在尤之內，國無道，處賤不悶，貧而能樂，蓋老萊子之行』，恰與今本《家語》同。此可證今本《大戴禮記》，非司馬貞所見之本；又可證司馬貞所見之本，乃王肅以後人所僞托也。《索隱》又曰：『戴德撰禮，號曰《大戴禮》，合八十五篇。其四十七篇亡，今存者三十八篇。』則《夏小正》一篇，亦司馬貞後始竄入。若《盛德篇》後之《明堂篇》題，蓋由宋人竄入，《四庫提要》已辨之矣。至於孝昭冠辭，乃《博物記》語，劉昭《後漢書·禮儀志·注》所引較備，作僞者刪取入篇，尤爲鹵莽可笑。要之其書踳駁太甚，僞托不作多辨，史繩祖謂其『雜取《家語》子史之書，分析而爲篇目』，（《學齋占畢》卷四《成王冠頌》條）最得其實。顧實《漢書藝文志講疏》欲以《爾雅》二十篇，與王仁俊《禮記篇目考》所考得之佚篇，合成《大戴禮記》所佚四十六篇之目；不知今本篇目，既係雜湊而成，則佚篇又安能恰符其數？且《禮》有《爾雅》之說，臧庸《拜經日記》陳壽祺《左海經辨》，不過據張揖上《廣雅》表中『叔孫通撰置《禮記》』語耳；然《漢志》禮家不及叔孫通，則張揖所言，豈足據哉！

（《古今僞書考補證》）

■王度記

金德建云:

《史記・孟子荀卿列傳》說:

自騶衍與齊之稷下先生，如淳于髡、愼到、環淵、接子、田駢、騶奭之徒，各著書言治亂之事，以干世主，豈可勝道哉！……淳于髡，齊人也，博聞強記，學無所主，其陳說慕晏嬰之爲人也；然而承意觀色爲務。客有見髡於梁惠王，壹語連三日三夜無倦，惠王欲以卿相位待之，髡因謝去，於是送以安車駕駟，束帛加璧，黃金百鎰，終身不仕。……自如淳于髡以下，皆命曰列大夫；爲開第康莊之衢，高門大屋尊寵之。

《風俗通義・窮通篇》說:

齊威宣王之時，聚天下賢士於稷下，尊寵若鄒衍、田駢、淳于髡之屬甚衆，號曰列大夫；皆世所稱，咸著書刺世。

淳于髡曾『著書言治亂之事』，不過他的著書，今無傳本；《漢書・藝文志》中也並沒有著錄過。這是什麼緣故？難道淳于髡書早已亡佚在班固以前，《漢志》遂不及著錄；然司馬遷、應劭俱曾見及，似乎又不應早佚。《禮記・雜記》下《正義》引:

《別錄・王度記》云:『似齊宣王時淳于髡等所說也。』

劉向此說，可以解決我們疑問。《王度記》係淳于髡所說，就是史遷、應劭當初所見的。因爲漢代公認《王度記》爲《逸禮》中的一篇，《曲禮・疏》引《王度記》稱爲《大戴記》，《續漢書・輿服志・注》引《王度記》稱爲《逸禮》，均可證明。《六藝略》已著錄《記》百三十一篇及《禮古經》五十六篇，自然《王度記》包括在裏面，所以《諸子類》不另立《淳于髡子》是名目了。

（《淳于髡作王度記考》，在金著《古籍叢考》內）

續偽書通考

臺靜農題

鄭良樹編著

中冊

臺灣學生書局印行

續偽書通考

（中）

目　錄

春秋類

■春秋左氏傳　(655)

鄭　獬（655）
程　頤（656）
魏了翁（656）
馮沅君（656）
楊向奎（657）
童書業（657）
羅倬漢（663）
卜　德（675）
孫次舟（679）
錢　穆（694）
張以仁（695）
楊伯峻（716）
徐中舒（723）
史景成（729）
蔣立甫（729）
徐仁甫（742）
趙光賢（766）
胡念貽（778）
鄭良樹（820）
劉　節*（837）
衞聚賢*（837）
林語堂*（837）
劉正浩*（837）
張以仁（又）*（837）
何敬羣*（837）
洪順隆*（838）
方炫琛*（838）
葉　華*（838）
牟潤孫*（838）
徐道鄰*（838）

■公羊傳、穀梁傳　(839)

鄭清之（839）
羅　璧（839）
鄭　樵（839）
楊伯峻（840）

孝經類

■孝　經 (841)

蔡汝堃 (841)
蔣伯潛 (847)

經總類

■經義述聞 (851)

劉盼遂 (851)
張文彬 (852)

四書類

■大　學 (857)

蔣伯潛 (857)
胡止歸 (858)
勞　榦 (870)
趙澤厚 (875)
林政華* (876)

■中　庸 (877)

陳　善 (877)
葉　適 (877)
王十朋 (878)
蔣伯潛 (879)
胡止歸 (883)
陳兆榮 (932)

■論　語 (931)

歐陽修 (931)
葉　適 (931)
楊伯峻 (931)
胡止歸 (936)
蔣伯潛 (963)
錢　穆* (964)
張學波* (964)

■孟　子 (965)

〔風俗通義〕 (965)
孫　奭 (965)
翟　灝 (965)
丁　杰 (966)
梁啓超 (966)
錢基博 (966)
楊伯峻 (967)
屈萬里 (967)

小學類

■爾　雅 (971)

王　貿 (971)

■小爾雅 (972)

黄雲眉 (972)

■史籀篇 (973)

高　亨 (973)

■切韻指掌圖 (976)

董同龢 (976)
趙蔭棠 (981)

■太和正音譜 (994)

曾永義 (994)

〔史部〕

正史類

■史　記 (1003)

李長之 (1003)
梁啓超 (1006)
余嘉錫 (1012)
曲穎生 (1017)
高葆光* (1027)
朱東潤* (1027)
李奎耀* (1027)
潘重規* (1027)

■漢　書 (1028)

冉昭德 (1028)

■漢書集解音義 (1031)

錢大昕 (1031)

編年類

■漢　紀 (1033)

于亦時 (1033)

別史類

■逸周書 (1037)

黄　玠 (1037)
謝　墉 (1037)
高　明 (1038)
黄沛榮 (1039)
李周龍 (1039)
朱廷獻* (1040)

雜史類

■穆天子傳 (1041)

梁子涵 (1041)

■國　語 (1048)

孫海波 (1048)
孫海波（又）* (1052)

■戰國策 (1053)

齊思和 (1053)
鄭良樹 (1061)

金德建* (1077)
羅根澤* (1077)

■短長説 (1078)

鄭良樹 (1078)

■西京雜記 (1092)

黄雲眉 (1092)
勞　榦 (1092)
洪　業 (1102)

■漢武故事 (1109)

游國恩 (1109)

■容齋逸史 (1110)

吳　泰 (1110)

■明皇雜錄 (1113)

王國良 (1113)

■靖康要錄 (1115)

(四庫) (1115)
彭元瑞 (1115)
王德毅 (1115)

■蒙古秘史 (1121)

余大鈞 (1121)

地理類

■山海經 (1143)

何觀洲 (1143)
鄭德坤 (1147)
傅錫壬 (1150)
蒙文通 (1154)
袁　珂 (1159)
史景成 (1176)
何定生* (1182)

史評類

■史綱評要 (1183)

崔文印 (1183)

〔子部〕

儒家類

■晏　子 (1911)

高　亨 (1911)
吳則虞 (1201)
張純一 (1206)
王叔岷 (1207)
王更生 (1207)
黄雲眉 (1209)
陳瑞庚 (1209)

■荀　子 (1210)

謝　墉 (1210)
張　亨 (1210)

吳芬華*（1219）
饒　彬*（1219）
張西堂*（1219）

■新　語（1220）

蘇誠鑒（1220）

■賈誼新書（1233）

王應麟（1233）
何孟春（1233）
潛菴子（1234）
汪　中（1235）
劉台拱（1236）
孫詒讓（1236）
周中孚（1237）
王耕心（1237）
祁玉章（1237）
陳煒良（1241）
王洲明（1258）

■文中子（1274）

皮日休（1274）
杜　淹（1274）
陳成真（1275）

道家類

■鬻　子（1281）

蔣伯潛（1281）
黃雲眉（1282）

■老　子（1284）

蔣錫昌（1284）
錢　穆（1286）
嚴靈峯（1286）
徐復觀（1291）
周紹賢（1299）
張起鈞（1301）
陳鼓應（1302）
王邦雄（1302）
孫次舟（1302）
劉建國（1305）
張岱年（1319）
錢穆（又）*（1321）
張福慶*（1321）
熊　偉*（1321）
羅根澤*（1321）
馬叙倫*（1321）
李曰剛*（1321）
錢　穆㈢*（1321）
李弘祺*（1321）

■關尹子（1322）

胡韞玉（1322）
黃雲眉（1322）
周學武（1324）

■列　子（1326）

錢大昕（1326）
姚　鼐（1326）
鈕樹玉（1327）
吳德旋（1327）

俞正燮 (1328)
顧頡剛 (1328)
岑仲勉 (1328)
何治運 (1346)
光聰諧 (1347)
陳　旦 (1348)
楊伯峻 (1353)
嚴靈峯 (1367)
朱守亮 (1370)
周紹賢* (1370)
岑仲勉 (又) * (1371)
劉　禾* (1371)

■莊　子 (1373)

俞正燮 (1373)
傅斯年 (1373)
馮友蘭 (1378)
蔣復璁 (1379)
王叔岷 (1384)
王昌祉 (1386)
嚴靈峯 (1391)
李衍隆* (1402)
孫道升* (1402)
張恒壽* (1402)
張德鈞* (1402)

■老子注 (1403)

王　明 (1403)
谷　方 (1409)
徐澄宇* (1411)

■道德指歸論 (1412)

唐鴻學 (1412)
嚴靈峯 (1413)
鄭良樹 (1417)

■莊子注 (1432)

楊明照 (1432)
壽普暄 (1433)
王叔岷 (1436)
林聰舜 (1452)
蘇新鋈 (1452)
張　亨* (1453)
劉盼遂* (1453)
王利器* (1453)
黄錦鋐* (1453)
侯外廬* (1453)
嚴靈峯* (1453)
王利器* (1453)
余敦康* (1453)
牟宗三* (1453)

春秋類

■春秋左氏傳

鄭　獬云:

世之說者，以左氏爲丘明，……以予考之，蓋左氏者與公羊、穀梁相先後，而俱出乎秦漢之世。何用明其然耶？質之孔子之經而知之也。嘗試用聖人之意而問於子：孔子之作《春秋》必據乎國史，史之有缺文、斷義、疑誤而不可考者，則將在書之乎？削之乎？則必曰：將在削之云耳。嘗以左氏之意而問於子：《經》之有『夏五』、『郭公』者，是爲何辭？則必曰：左氏無說，此乃秦火之後，文久而缺失也。又問子：其書『辛丑，君氏卒』、『甲戌、己丑，陳侯鮑卒』者，如之何？則必曰：左氏之解，以君氏爲聲子也，不言其姓，以公故也。其說陳侯之卒有二日者，以再赴也；陳侯疾病而國亂，故再赴也。然則其說爲何如？是則左氏爲妄解矣！豈有夫人之卒，孔子輒改去其姓而謂之君氏乎？豈有一國之君薨，而臣子不詳其實而再赴乎？然則所書亦必如『夏五』、『郭公』者，容其有缺失也。是『君氏』者必爲誤，『甲戌』之下必當書某事，而亡其文也。此則左氏獨見秦火之遺文，而未嘗見孔子完經；完經尙不可及見，安在其爲丘明而親見孔子受《經》而作《傳》者乎？左氏如見完《經》，則必不爲是解，公羊、穀梁亦承其缺文而強爲之辭，吾用此乃知左氏與公羊、穀梁相先後而出乎秦漢之世矣。吾之怪夫《春秋》之經至簡而其疑缺者已多，左氏至繁而反完備，豈獨《經》遭秦火而《傳》不焚耶？秦書之不焚者蓋鮮，以此又益知其出於秦漢之世也，明矣。

（《貞溪集卷》十六《左氏論》）

程　頤云：

《左傳》非邱明作，『虞不臘矣』，並『庶長』，皆秦官秦語。

（《經義考》卷一六九引）

魏了翁云：

《周禮》與《左氏》兩部，字字謹嚴，首尾如一，更無疏漏處，疑秦漢初人所作，因聖賢遺言足成之。（《鶴山先生大全文集》卷一百九附一百十『師友雅言』）

又曰：

古『亥』字也，『豕』字也，二首六身是後世字，亦左氏非丘明之證也。

（同前）

馮沅君撰有《論左傳與國語的異點》一文，刊於《新月月刊》第一卷第七期。馮文云：『假如《左傳》確是後人割裂《國語》而成，則其對於一件事的記載，應該見於《左傳》者《國語》不載；退一步說，卽使二書並見，也不會有甚麼事實上的差異。』馮氏進一步擧了十五個例子，證明二書『共說一事而二文不同』，可見《左傳》非割裂自《國語》。此外，馮氏又例擧二書文法上的五種歧異，說明是『兩部各不相干的書』。

臺北木鐸出版社出版陳新雄及于大成主編之《左傳論文集》，曾轉載馮氏此文。

楊向奎撰有《論左傳之性質及其與國語之關係》，原刊於《文學集刊》第二期，後附入楊著《中國古代社會與古代思想研究》上册內；本文下篇節二爲『左國體裁之不同』，云：『以今日之《國語》與《左傳》較，實虛多而實少，二書同載一事，多爲《左》傳其動態，而《國》記其言談，此例其多，今檢列若干條於後。……若《左傳》詳而《國語》略者，其例亦可得而知也。……《左傳》於戰事之描寫最詳盡，《國語》僅記當事人之語言而已。由以上多數例證，知《左》、《國》之體例本有不同，雖其所本之史策，或有相同，而去取之間，乃亦有歧異。若謂《左》、《國》之詳略互異，卽爲古文學家割裂之證據，是未達一間之言也。』

臺北木鐸出版社出版之《左傳論文集》亦轉載此文，該書由陳新雄及于大成主編，一九七六年出版。

童書業云：

〈國語〉與〈左傳〉非一書改作

《國語》與《左傳》非一書改作，證據甚多，其重要者有五：

⑴古史說之矛盾　《國語·晉語》云：『少典娶於有蟜氏，生黃帝炎帝，黃帝以姬水成，炎帝以姜水成，成而異德，故黃帝爲姬，炎帝爲姜，二帝用師以相濟也，異德之故也。』據此，是黃帝炎帝皆少典之子，爲同父昆弟也。《魯語》云：『黃帝能成命百物，以明共財，顓頊能修之……；故有虞氏禘黃帝而祖顓頊，……夏后氏禘黃帝而祖顓頊。』徵諸《呂氏春秋》所謂嘗得黃帝之所以誨顓頊之語（《序意篇》），則顓頊似承黃帝之位者也。《左傳》昭十七年郯子云：『黃帝氏以雲紀，故爲雲師而雲名；炎帝氏以火

紀，故爲火師而火名；共工氏以水紀，故爲水師而水名；太皞氏以龍紀，故爲龍師而龍名；我高祖少皞摯之立也，鳳鳥適至，故紀於鳥，爲鳥師而鳥名；……自顓頊以來，不能紀遠，乃紀於近，爲民師而命以民事；則不能故也。』觀《左傳》之文，似黃帝炎帝爲異代之君；（《國語》『二帝用師以相濟也』，濟，滅也，後世不聞黃帝爲炎帝所滅，而有炎帝爲黃帝所滅之傳說，則從《國語》說，炎帝無論如何不能排在黃帝之後。）而顓頊則遠在少皞之後，非承黃帝者也。

（《國語》說）少典{——黃帝——顓頊
　　　　　　　　　——炎帝

（《左傳》說）黃帝——炎帝——共工——太皞——少皞——顓頊

或謂《左傳》郯子一節係劉歆所竄入者，（崔適氏《春秋復始》，顧頡剛先生《五德終始說下的政治和歷史》。）案劉歆之古帝系統，爲太昊（伏羲）——共工——炎帝（神農）——黃帝——少昊——顓頊，（《世經》說，見《漢書·律歷志》。）若此文爲歆所竄，歆豈肯自違其說乎？若謂歆故布疑陣以惑後人，則古人恐無此彎曲心思；且劉歆所以竄亂《左傳》，原欲證明其古史說，（《世經》即引此文而曲解之）若立違異之文，豈非自顯其妄作乎？（後崔述即根據《左傳》此文以攻劉歆之古史系統）

《國語·楚語》有少皞之衰九黎亂德顓頊受之一節，從《史記》方面觀察，確有劉歆竄入之嫌疑；（《漢書·律歷志》：『劉歆曰：「《春秋外傳》曰：少昊之衰，九黎亂德。」』可證劉歆特別注意此節文。）說見顧頡剛先生《五德終始說下的政治和歷史》。

⑵紀事之重複　孫海波氏謂『《國語》紀事重出於《左傳》者有六十餘事』，具列其複文之目；（孫氏之目尚有少許錯誤處）業按《國語》與《左傳》相複之記事，猶不止孫氏所列之數；如《周

語》上襄王使邵公過及內史過賜晉惠公命一節，見《左傳》僖公十一年；《周語》中晉既克楚於鄢一節，見《左傳》成公十六年；《魯語》下季康子欲以田賦使冉有訪諸仲尼一節，見《左傳》哀公十一年；《晉語》四文公立四年楚成王伐宋一節，見《左傳》僖公二十八年；文公即位二年一節，見《左傳》僖公二十七年；《晉語》五梁山崩一節，見《左傳》成公五年；《晉語》六長魚矯既殺三郤一節，欒武子中行獻子圍公於匠麗氏一節，並見《左傳》成公十七年；《晉語》八宋之盟一節，見《左傳》襄公二十七年；鄭簡公使公孫成子來聘一節，見《左傳》昭公七年；《楚語》下藍尹亹載其孥一節，見《左傳》定公五年；鄖公之弟懷將弒王一節，見《左傳》定公四年（此外尙有少許重出之處）；皆孫氏所未及者也。

⑶記載之衝突　《國語》與《左傳》記載衝突之處極多，玆擧其顯而易檢者十事：⑴《周語》上：『子頹飮三大夫酒』，『殺子頹及三大夫』，《左傳》作『五大夫』。（《晉語》七魏絳勸晉悼公和戎，擧三利爲說，《左傳》襄公四年作五利，三五數目亦不同。）⑵《周語》中：富辰諫襄王引周文公之詩曰：『兄弟鬩于牆，外禦其侮》；《左傳》則作『召穆公思周德之不類，故糾合宗族于成周而作詩，其四章曰』云云。⑶《周語》下：劉文公與萇弘欲城周，爲之告晉，魏獻子爲政，說萇弘而與之；將合諸侯，衞彪傒適周，聞之，見單穆公曰：『萇弘其不沒乎！周詩有之曰：天之所支，不可壞也，其所壞，亦不可支也。』《左傳》作王使富辛與石張如晉，請城成周，范獻子謂魏獻子許之，使伯音對；及合諸侯之大夫于狄泉，魏獻子南面，衞彪傒曰：『魏子必有大咎！干位以令大事，非其任也；《詩》曰；「敬天之怒，不敢戲豫，敬天之渝，不敢馳驅。」』⑷《魯語》上莒太子僕弒紀公，以其寶來奔，宣公使僕人以書命季文子，使予之邑，遇里革而更其書，使流之

夷，公執里克，里克對曰云云；《左傳》作季文子使司寇出諸境，公問其故，季文子使太史克對曰云云。(5)《魯語》下：叔孫穆子聘於晉，悼公饗之，樂及《鹿鳴》之三，而後拜樂三，晉侯使行人問焉，對曰：『君貺使臣以大禮，又重之以六德，敢不重拜』；《左傳》作韓獻子使行人子員問之，對曰：『臣獲五善，敢不重招。』(其六德與五善之目亦不同）(6)《晉語》四記晉惠公卒於十月，秦伯納重耳於十二月；《左傳》作晉惠公卒於九月，秦伯納重耳於明年正月。(7)《晉語》七：晉悼公伐鄭，軍於蕭魚，鄭伯來納女樂，公賜魏絳樂云：『子敎寡人，和諸戎狄，而正諸華，於今八年，七合諸侯，寡人無不得志，請與子共樂之。』魏絳辭曰：『八年之中，七合諸侯，君之靈也』云云；《左傳》作八年之中，九合諸侯。(8)《晉語》九：中行穆子帥師伐狄，圍鼓，鼓人或請以城叛，穆子不受，令軍吏呼城儆將攻之，未傅而鼓降；《左傳》作使鼓人殺叛人而繕守備，圍鼓三月，鼓人或請降，使其民見，曰：『猶有食色，姑修而城。』及鼓人告食竭力盡，而後取之。（《晉語》下文以鼓子苑支來，《左傳》作以鼓子䳒鞮歸，鼓子之名亦不同。）(9)《晉語》九：衞莊公將禱曰：『曾孫蒯聵以諄趙鞅之故，敢昭告於皇祖文王，烈祖康叔，文祖襄公，昭考靈公，夷請無筋無骨，無面傷，無敗用，無隕懼，死不敢請。』《左傳》禱詞作『曾孫蒯聵，敢昭告皇祖文王，烈祖康叔，文祖襄公，（按《左傳》較《國語》少昭考靈公，蓋因太子蒯聵不說於其父，故去此四字也；此亦可證《左傳》著作在《國語》之後，故其所述蒯聵禱詞較《國語》爲近情也。）鄭勝亂從，晉午在難，不能治亂，使鞅討之，蒯聵不敢自佚，備持矛焉，敢告無絕筋，無折骨，無面傷，以集大事，無作三祖羞，大命不敢請，佩玉不敢愛。』(10)《楚語》上：司馬子期欲以妾爲內子，訪之左史倚相，乃止；《楚語》下：王孫圉聘晉，趙簡子問楚之白珩，對曰：『未嘗爲寶，楚之所寶者有左史倚相』云云；

是《國語》對於左史倚相有褒無貶也。《左傳》記子革對楚靈王，謂左史倚相不知祈招之詩，若問遠焉，其焉能知之；是《左傳》對於左史倚相有貶無褒也。（《吳語》與《左傳》矛盾之處尤顯，《吳語》爲後人僞作，故此不列。）

⑷文法之不同　瑞典支那學者高本漢氏作《左傳眞僞考》，發現《國語》與《左傳》文法大致相近，惟有一事違異，卽凡用作像解者，《左傳》全用如字，《國語》則兼用如若；氏因謂兩書不能是一人所作。

⑸文體之不類　《國語》與《左傳》文體顯然不同，《國語》之文支蔓而直率，《左傳》之文簡潔而委婉；關於此層，讀者可參看下節。

此外孫海波氏發現《左傳》與《國語》相同之文字，《史記》所引者皆爲《左傳》而非《國語》一節，亦足以證明《左傳》與《國語》非一書之分化，更足以證明《國語》與《左傳》相同記載中之異文，在《史記》以前，已存在矣。

國語與左傳著作時代之先後

《國語》與《左傳》非一書旣明，吾人卽可進一步而討論兩書著作時代之先後，欲明《國語》與《左傳》著作時代之先後，有從古史傳說及文字方面觀察之兩法，關於古史傳說方面，牽涉太多，限於篇幅及時間，祇得從略，此姑錄兩書相同之文字數節，比較其異文，（其全部文字可以此類推）其時代先後卽可看出。

[redacted]十五年，有神降於莘，王問於內史過曰：『是何故，固有之乎？』對曰：『有之！國之將興，其君齊明衷正，精潔惠和，其德足以昭其馨香，其惠足以同其民人，神饗而民聽，民神無怨，故明神降之，觀其政德，而均布福焉；國之將

亡，其君貪冒辟邪，淫佚荒怠，麤穢暴虐，其政腥臊，馨香不登，其刑矯誣，百姓攜貳，明神不蠲，而民有遠志，民神悲痛，無所依據，故神亦往焉，觀其苛慝，而降之禍；是以或見神以興，亦或以亡。昔夏之興也，融降於崇山，其亡也，回祿信於聆隧；商之興也，檮杌次於丕山，其亡也，夷羊在牧；周之興也，鸑鷟鳴於岐山，其衰也，杜伯射王於鄗；是皆明神之志者也』。（≪周語≫上）

秋七月，有神降於莘，惠王問諸內史過曰：『是何故也？』對曰：『國之將興，明神降之，監其德也；將亡，神又降之，觀其惡也；故有得神以興，亦有以亡，虞夏商周皆有之』。（≪左傳≫莊三十二年）

■長勺之役，曹劌問所以戰於莊公，公曰：『余不愛衣食於民，不愛牲玉於神。』對曰：『夫惠本而後民歸之志，民和而後神降之福，若布德於民，而平均其政事，君子務治，而小人務力，動不違時，財不過用，財用不匱，莫不能使共祀，是以用民無不聽，求福無不豐；今將惠以小賜，祀以獨恭，小賜不咸，獨恭不優，不咸，民不歸也，不優，神弗福也；將何以戰？夫民求不匱於財，而神求優裕於享者也，故不可以不本。』公曰：『余聽獄，雖不能察，必以情斷之。』對曰：『是則可矣！知夫苟中心圖民，智雖弗及，必將至焉』。（≪魯語≫上）

十年春，齊師伐我，公將戰，曹劌請見，其鄉人曰：『肉食者謀之，又何閒焉？』劌曰：『肉食者鄙，未能遠謀。』乃入見，問何以戰？公曰：『衣食弗敢專也，必以分人。』對曰：『小惠未遍，民弗從也。』『犧牲玉帛，弗敢加也，必以信。』對曰：『小信未孚，神弗福也。』公曰：『小大之獄，雖不能察，必以情。』對曰：『忠之屬也，可以一

戰。』（《左傳》莊十年）

上錄文字，皆《國語》文字繁於《左傳》；如有神降於莘節，國之將興以下，《國語》凡一百九十一字《左傳》括以三十九言，盡去敷衍支蔓之詞，文字遂大改觀；若《國語》在《左傳》之後，有良範在前，其文何致退化至此？次如長勺之役節，《國語》自『夫惠本而後民歸之志』至『故不可以不本』一段，先言如何而後民歸神福，次始言民不歸神弗福之故，復接言民神之所求，文雖繁而義甚寡；《左傳》括以『小惠未遍，民弗從也，小信未孚，神弗福也』四語，文簡，而《國語》之義已包含其中，豈非文字之進步哉！又《國語》『余不愛衣食於民，不愛牲玉於神』二語，直率而澀晦；《左傳》易以『衣食弗敢專也，必以分人，犧牲玉帛弗敢加也，必以信』四語，則委婉而較明顯矣；而『知夫苟中心圖民，智雖弗及必將至矣』亦不如『忠之屬也，可以一戰』之語爲簡明。

據上比論，《國語》成立在《左傳》之前。

（《國語與左傳問題後案》，在浙江省立圖書館《館刊》第四卷第一期內）

羅倬漢云：

臘祭與代德之證

自宋以來，疑《左氏》爲六國時書者甚多，《四庫提要》（卷二十六）頗有駁正。惟智伯之亡，顯爲戰國時之事，《提要》亦以爲後人所續。按此語正在《傳》末，謂爲後續，自非無理。至《提要》謂『虞不臘矣』爲秦語，似爲近理，旋又據《史記・正義》及閻百詩說，以爲駁詰。按《史記・秦本記》惠文君十二年『初臘』《正義》稱『秦惠文王始效中國爲之，故云初臘』。是言中國有臘祭，秦至是始用，非其始創。此解初臘之語，文義自通。然初臘一語可解爲初用，但亦不能謂必不能解爲初創。如《左傳》言『賦詩《斷章》』（襄公二十八年傳）以及《傳》中最先見之『公子重耳賦《河水》』（僖公二十三年），以至最末『秦哀公爲之賦《無衣》』（定公四年），知賦字爲歌唱之義。然如『衞人爲之賦《碩人》』（隱公三年），許穆夫人賦《載馳》（閔公三年）等，則賦字可等於作字矣。故知徒據一初字以爲言，解爲始用，或解爲始創，乃全無標準可言也。閻百詩亦洞悉此義謂秦德公二年初伏，卽爲初創，惟於臘祭，則謂爲初有。更譬之『秦文公初有史以紀事，秦宣公初志閏月，史與閏月豈中國所無，待秦獨創哉？』（《尙書古文疏證》四）此確爲問題癥結矣。果臘義同乎史與閏月，則初臘之初自爲初用無疑。無如史字數見於《尙書》，（甲骨文已有史字，王靜安《釋史》擧卿史，御史諸名。至《尙書》則《酒誥》太史、內史，《顧命》大史等不可勝擧也）閏月數見於金文。（甲骨文已有十三月之記載，金文尤甚多）。而臘之云者，在古書竟不經見。卽儒家之經學，除《左傳》一語及《禮記・月令》『孟冬之月臘先祖五祀』外，亦不經見。《月令》據秦呂不韋之《呂覽》，鄭康成明言之，則由《史》惠文君初臘一語以參《月令》，孰謂臘祭非與秦特有關係者耶？今謂古籍無臘字而斷定古無臘祭，固亦非當。但臘之一義不能與史及閏月爲衡，則可明知矣。而且古書於制度之紀錄，實頗明備。何況古人重祭，於此一年大祭，特有名稱者，竟各書皆適不及載，又豈非大奇耶？以知解初臘之初爲初創，比解爲初用，誠較爲有理。後人以《禮記・郊特牲》『伊耆氏始爲蜡』、《禮運》『仲尼與於蜡賓』、《周官》籥章，羅氏等所謂蜡祭諸詞，以蜡爲臘。考鄭君釋《月令》『臘先祖五祀』，謂臘爲『周禮所謂蜡祭』。此《周禮》指《周官》之書，抑或言周禮以別於秦禮，自不必過求。惟臘祭是否卽爲蜡祭，則觀臘祭先祖五祀，與《郊特牲》言蜡『合聚萬物而索饗之』，下文分其神爲八者，似非同類。且《月令》言臘在孟冬，《郊特牲》言蜡在十二月。如不能證明《郊特牲》之曆法必爲後人之所謂周正建子者，則二者亦不能等視。惟《郊特牲》言『蜡也者，索也』，《廣雅・釋天》遂解『臘索也』而二者混矣。重以《月令》言臘『勞農而休息之』，《郊特牲》言蜡有『主先嗇』『祭司嗇』『饗農』之語，孔穎達疏《月令》又證之以《周禮》籥事，而人更以爲二者僅爲名之不同矣。然細按其實，一則五祀，一則八祀，未能混同也。故臘爲秦祀，爲秦初創，殆可無疑矣。於是《左傳》『虞不臘矣』一語，謂爲惠文君以後之所爲，實非無據。此則《左傳》至早必在秦孝公以後近於戰國末葉之所構成，其殆不能先於《荀子》乎！

與此可以互證者，余亦暫可舉一例。《左》僖二十五年《傳》述晉文復王於王城，以其勤王之功，請隧。王弗許，曰：『王章也，未有代德而有二王，亦叔父之所惡也。』此言『未有代德而有二王』，明是五德轉移之論，此德字如非爲五德之德，如何可說爲『代德』？若謂此德爲道德之義，則襄王面斥晉文無德，如何能通？作《左傳》者，於口語甚能適如分際，決無如此不通之理。試參考宣公三年《傳》周王孫滿對楚子之語，則兩以氣數爲說，相較益彰。此晉文請隧與彼楚莊問鼎，同有欲王之心，故兩處均以氣數爲說。此曰『代德』，彼曰『天命』，正可互證者矣。然有異者，夫晉文納王，功在天下，而以一念驕侈，移情王制，故《左傳》述周王拒之之語，謙言禪代，以定數之德爲辭。至楚莊觀兵於周疆，原與北諸侯相抗，以覬覦周室，其言氣數，則更以明德爲之炫耀。曰『在德不在鼎』，曰『天祚明德，有所底止』，則誇示祖德以壓敵人，與《傳》語對晉文之翼周者異矣。故同其言德也，一爲明德，一爲代德，意義迥殊。曰代德者，以後一德代前一德，卽以後一朝代前一朝也。代替之代移爲朝代之代，由此可識矣。觀代德下接

『二王』，其義益明，蓋謂代爲王也。按荀卿攻子思孟軻之言曰:『按往舊造說，謂之五行。』（《非十二子》）此五行必爲五行終始之論。因五行本爲古義，而子思孟軻更按舊而爲造說，故曰『略法先王而不知其統』。今按《孟子》之書，雖有『五百年必有王者與』（《公孫丑》）之世運論，而實無五德之說。反細讀《荀子》之文，曰『子思倡之，孟軻和之，世俗之傋猶瞀儒嚾嚾然不知其所非也，遂受而傳之』，始知在荀子時，世俗之儒實以此五行說託之子思孟軻。考《史記・孟荀傳》述騶衍之術，要歸於仁義道德，而其始則有五行轉移諸論。則騶衍託爲儒言，可以論定。荀子所謂世俗之儒，雖不敢謂其卽指騶衍，然此文果爲論駁按舊五行而造爲新五行之人，則必爲類騶衍一派人無疑也。五行爲民族之所信，如以爲互關之動象，則必可幻生種種之說，騶衍殆爲終始五德說中之一說乎！史遷謂五德轉移說爲騶衍之義，今觀《史記・秦始皇本紀》卽有『始皇推終始五德之傳，……方今水德之始』之論，則此義在秦漢間已成爲國運之主宰，必非一二人所能驅使。騶衍恐爲主此說之聞人，而非卽可將此說全歸其身。惟在騶衍之前，五行之說似猶是如《尙書・洪範》之所記？而不全爲互關之動象，（《墨子・經下》有五行『毋常勝』語，則爲互關之詞。《墨子》各部分非成於一時，原極明顯，余別有考。）非可爲國運之主宰。其由五格數而來，源遠流長，余已發之於《倫數考》。今止言騶衍與荀子同時，正是戰國末葉。荀子見當時倡新五行之說者，竟風靡一世，託爲儒言而甚乖儒義，故不免大聲疾呼，正其『僻違』。然風氣已成，終爲一部儒門之守而爲多數國統之論。觀《左傳》『 未有代德 』之言，卽據其時流行之說，涉筆卽赴，大可以證其作書在新五行說盛興之時代矣。夫五行有代運之義，在戰國《墨》《孟》時，不能卽斷其決不能有。今日據凋殘之典籍，以不見者爲未有，因爲論學之弊，然五行自始固以爲動象（觀行字及《洪範》所解可知），但不以爲互關之動象。若五德相生相剋而傳遞之論，自必由舊五行說演成者。故合數證以爲言，則可信代德之解，亦可測其言時精確之度矣。

書名與預言之非證

以上兩證，可言《左傳》作於戰國末葉秦惠文王之後。按惠文君十二年初臘卽公元前三二六年，固未至秦昭王蠶食六國，齊湣王大敗樂毅立功之際。由三二六年至周赧王五十九年崩年爲前二五六年，翌年，秦取西周王，爲二五五年，其間尚有七十年。然則《左傳》其在此周亡前七十年內寫成者乎？然而尙當勘論。

昔者姚姬傳作《左傳補注序》，以爲《左傳》『吳起爲之者蓋尤多』，陳蘭甫亦以姚氏謂『吳起之倫附會私意，則頗近是』（《東塾讀書記》卷十）。曰蓋，曰頗，曰近是，發語固矜愼，但按諸家之證，徒以孔穎達《春秋序·疏》引劉向《別錄》言《左傳》傳統中有吳起其名耳。吳起爲儒者與否，今雖不可知，然必謂其曾傳《左傳》，則據余《論經學篇》言經學傳統無憑之論，必不可信。唐人稱引之《別錄》所著傳經表，本由《史記·十二諸侯年表》演變而成。西漢中葉以後，爲《左傳》者，欲躋之官學，擧累世之傳說漸漸附會而成者，更爲之附會貫串，於是《左傳》始能固其孔子以來經學之地位。當傳經表之初成，自亦無所謂僞造。經學之士每代稍生枝葉，信守有資，其意固以《左氏》爲左丘明之遺產耳。觀《史記·年表》有鐸椒虞卿，《別錄》之傳經表卽由吳起子期傳鐸椒以至虞卿。以起曾由北而楚，薪火有傳，其子期卽可爲鐸椒之師。抑不知《年表》之鐸椒、虞卿，各自爲政，毋庸如此穿揷爲也。考劉向《說苑》有吳子謹始明智之說，出於《公羊》，果吳子曾讀《春秋》，亦無與於《左傳》。《別錄》之言實爲後世之所謂傳。觀《漢書·儒林傳》著《左傳》傳經，無漢前之統，可爲鐵證矣。然則吳起之闌入，毋亦以魏文好儒，起曾仕魏武，因魏地多儒，吳起多智，附會疊積，遂爲『道南』之大師乎？故知此傳說起於《漢書》之後，極難信據矣。由此論之，吳起傳經不可信，則吳起與《左傳》無關，尙何作《左傳》之有？若已幻生一傳經之吳起，更由此而幻生左氏爲吳起住地，因有《左氏》之作，其爲非當，自更不必論矣。竊意當《左氏》著作時，欲成其《春秋》之經學，其題曰『左氏』，恐如《毛詩》之題以毛公，《穀梁傳》之題以穀梁，（公羊與穀梁，公穀聲韻全同，羊梁疊韻，穀梁殆卽爲公羊之化名乎？不可知也）。皆亡是公之類，乃私學在下之慣例，不必深求。抑觀戰國時有《虞氏春秋》《呂氏春秋》等，則《左氏》題以《左氏春秋》，正會其名。左氏固爲氏姓，故太史公據傳說而著之曰左丘明。其執筆爲《左氏》者，其意何在，不可得而必言，然史公已據其傳聞，題之曰左丘明，則爲左氏或左丘氏轉不得而明矣。今不言作者而言作書之年代，始可以探求私學之眞際。試問《易》之諸傳作者誰乎？《禮》之諸篇作者又誰乎？當知凡所以莊嚴經學之書，所謂爲經作傳者，多難得其主名，必當深思其故矣。此『左氏』之名不能與作書時代相涉，而無由以定其年者其一。

左氏述言，或以成敗論人。亦時有禍福報施之語。其述一事也，每於其成敗之後果，先由一二先識者斷定，以生其風趣，全書幾用此方法。其在數年內者，以作文應有之義，自能關切周密，毫無或爽，然若多涉年代，則作者欲使其文有力之故，以一時興到不免不及顧其後事者，亦時有之。如顧亭林謂『三良殉死，君子是以知秦之不復東征，至於孝公，而天下致伯，諸侯畢賀，其後始皇遂並天下。季札聞齊風以爲國未可量，乃不久而簒於陳氏；聞鄭風以爲先亡乎，而鄭至三家分晉之後，始滅於韓。渾罕言，姬在列者，蔡及曹滕其先亡乎，而滕滅於宋王偃，在諸姬爲最後』（《日知錄》卷四）。諸例殆皆以求文情斐亹，激切言之，遂不免罅漏也。或者以爲其預言確者爲所曾見，其不確者卽爲在作者身後。如顧氏所舉諸例，若以《左傳》爲作於秦孝公之前，則可無惑。然《四庫提要》（卷二十一）又舉『趙氏其世有亂乎』（定公九年，《提要》作哀公九年，非），則易世卽不驗。固不能謂作《左傳》者，於春秋戰國之際，亦不留意也。故若徒舉此一例，則此正爲孔子之言，適以證其不見後事，卽依傳統之說，而謂丘明與孔子同觀《史記》（漢書・藝文志》），《左傳》竟或如章太炎所謂『經有丘明所作』，『傳亦兼仲尼作』，相同戮力，『丸揉不分』（《檢論春秋故言》），似尤爲得體。由此以論顧君所舉諸例，亦可謂其不見後事，妄生是非以爲說也。然《左傳》之預言，尤以卜筮爲大宗；如莊公二十二年述陳敬仲之事，爲卜筮之初見。其著兩占，曰八世大昌，曰姜國代陳。《左氏》從而爲之語曰：『及陳之初亡也，陳桓子始大於齊，其後亡也，成子得政。』此適及春秋年代，可謂盛水不漏矣。但閔公二年《傳》述畢萬之事，一舉卜人之言曰：『畢萬之後必大。』再舉卜辭曰：『公侯之子孫必復其始。』此則驗於戰國之魏，是亦豈能謂其非親見後效，先爲之舖張者耶？抑以此合之姚姬傳謂《左氏》襄二十九年季札論周樂之《魏》曰：『以德輔此，則明主也。』實『忘明主之稱，乃三晉篡位後之稱，非季札時所宜有』（《左傳補注序》），則案據鑿然，固不能謂《左傳》出於春秋之末矣。故由上預言之論，可證《左傳》確有其曾見後事者，然亦多有臨文渲染，不可理董，未能以爲證件者。今試就卜筮縱論之：則如宣公三年《傳》述周王孫滿對楚子，謂成王定鼎，『卜世三十，卜年七百』，此七百之數，自《史記》共和以上，不得其年，自無由知其審，然此語若誠爲預言之確數，則必是周亡後之語，蓋卜其世爲三十，卜其年爲七百，必謂世三十而盡，年七百而盡也。

若未見其盡年，此語從何說出？三十與七百固爲約略之整數，但此語爲周曆已盡之言，則無論其爲整數與否也。按自周成王以後至赧王，傳世三十餘，亦正符卜世三十之成數。謂爲由後推前，殆可爲據。此則爲周亡後之書矣。但如衞遷帝丘，《左傳》載其卜，曰三百年（僖公三十一年），孔氏《正義》曾舉其亡歷十九君，四百二十年。顧亭林謂『衞至秦二世元年始廢，曆四百二十一年』顯爲不驗。若謂《左傳》成書正在衞遷帝丘後三百年時，則何以眼前存在之衞竟謂其年祚之終度？度作書者決不至昏瞶至此！且衞遷三百年尚未至周亡之時，而上王孫滿之述卜詞，又將何以爲說？豈衞遷帝丘後至周赧王之亡爲三百五十年度， 今舉三百年之成數， 爲指共主已亡，衞之同爲姬姓之宗周已亡，以之論括名存實亡之事耶？抑豈杜元凱所謂『傳舉其事驗，不必其年信』（僖二十二年《左氏》述辛有預言下《集解》）者耶？則非所敢必言矣。故通達之見，應解爲當日卜之先知，本有成說，《左氏》由巫史之記而寫定，非由後準其確數， 始爲之上下其詞者。 此則《左氏》據舊史之義， 不可紊也。蓋人間術數之預言，儼然常存，而況於古代更信卜筮者乎！是知預言之事，本非可詰。若據以定《左傳》作書之年，則其中有可解爲與孔子同時者，有可解爲已見周室之亡者。兩義相懸，殊非可信之方矣。此《左傳》之預言，頗涉謬悠，難得條理，固不可以定作書之時代者其二。

上言『左氏』之名及《左傳》中之預言均不足以考證《左氏》成書之年，則《左氏》必先定其經學之地位而觀經學成功之次第，始得稍發其大端。上言臘祭及代德兩者，固可以明其作書在秦惠文君之後，但徒舉一二文詞，亦不免有捨鉅蒐細之嫌。

左氏之竄亂

惟《左傳》之問題，尚有如顧亭林所謂成之者非一人，錄之者非一世之義。夫謂非一人、非一世者，乃假定《左傳》先有一定本漸從而綴輯之也。今本《左傳》從『惠公元妃孟子』至『韓魏反而喪之』，大體一氣貫注，必出於一人之手編。若如今論，此手編者已在戰國之末或竟至漢初，其中詩書禮樂之言、天文卜筮之論，無不可通者，更不必假定其前尚有一《左傳》原本也。顧君雖不信孔子曾見《左傳》，然於左氏作《傳》之傳說，爲太史公所明著者，終覺其風力攸在，不敢率意翻案。實則言《左傳》一書，屢代輯成，頗近兒戲，實萬不如言原出一手，更爲合理，更不支離也。而況經學之傳未容生亂，私學在下未易得竄者乎！昔者陸德明之著《釋文》也，以僖公十五年《傳》之『曰上天降災』至『唯君裁之』四十二字爲『古本皆無』；孔穎達《正義》說略同，惟其所舉杜先注『恥辱』，不注『婢子』以及服虔於此不注之證，皆不足以服人，但謂定本所無，則非妄說矣。又文公十三年《傳》『其處者爲劉氏』六字，孔氏《正義》亦以爲『討尋上下，其文不順』，且著其所以加此語之故，『以爲漢室初興，捐棄古學，《左氏》不顯於世。先儒無以自申。劉氏從秦徙魏，其源本出劉累。插注此辭，將以媚於世』。則孔氏明指出爭道之背景，其言特爲深博，故前例四十一字插在文中，必有定本爲據，始可必說；後例六字則補在文末，謂其後加，雖是推測，而篇中詞完，挿注一二語，亦非私學傳遞之僭妄。是古本如何，變亂如何，及所以變亂之故爲如何，唐人原研究甚悉。故自漢初以後，《左傳》本子恐已無大變更矣。漢初即接周秦之際，去《左氏》撰著未遠，則謂成之者非一人，錄之者非一世者，未爲允當也。

後人總凡之研究

依此義而《漢書·楚元王傳》謂劉歆引《左傳》文以解經，『轉相發明，由是章句義理備焉』，則必有其所發明以釐定其章句、豐富其義理者，其義何居？今謂《左氏》始尊於劉歆，有讀之之章句，乃漢人研經之常事。惟義理云云，則必有綜挈精擘之詞，使《左傳》大義益成其為條貫者。然則劉氏於今《左傳》中之義理，曾如何進退之耶？

余向證之《史記·年表》知《左傳》為解經之書，則《左傳》之言書法，自為天然粘附，非劉歆之所加。昔朱子以『《左傳》「君子曰」最無意思』（《語類》八十三），後人因有《左傳》『君子曰』下諸辭為劉歆之語，然按之《年表》數言『君子曰』，及《本紀》《世家》繁言『君子曰』以摹仿《左傳》，大可徵知『君子曰』為《左傳》原本所有。而且無意思之言何能證其非出於作《左傳》者？朱子謂《左傳》議論『有極不是處』，『只知有利害，不知有義理』，此古代私學不免醇駁雜出，無可疑也。然《左氏》大義在述人之言而不在其自語，而朱子謂『《左氏》是史學，《公》《穀》是經學』（同上），恐不免以《左氏》述言為眞是春秋卿大夫之語，而謂之為史矣。果以《左傳》儒家義歸之於史，則其言書法及自為議論，誠多有如朱子所謂『左氏曾見國史，考事頗精，只是不知大義，專去小處理會』而已。然則班固所謂義理之備者，又何以稱焉？

惟陳蘭甫以《左傳》開宗明義，曾以『君子曰：潁考叔純孝也』，『君子曰：石碏純臣也』，以著忠孝之義，決非劉歆之所能為（《讀書記》卷十），似是發《左傳》經學之大義。惟人之言行難為一致，與其以劉歆不能為此言以明《左傳》『君子曰』之為原本，無寧以《史記》勘《左傳》而證《左傳》『君子曰』之爲原本也。但自陳君發明後，知《左傳》『君子曰』亦非無大義，不過不能以此爲劉歆之言，不能以此爲義理之備耳。

左傳研究之誤會

然劉歆不滿於人人，因其人以及其所主持之書，則多生轇葛。昔孔穎達以『其處者爲劉氏』爲後加語明謂爲『藉此以求道通』，是漢初之事。後來賈景伯附會，謂『五經家皆無證圖讖明劉氏爲堯後者，而《左氏》獨有明文』（《後漢書・賈逵傳》），此所謂明文者，卽昭公二十八年《傳》爲陶唐氏之後有劉累也。孔穎達謂劉氏之語卽所以伏從秦徙魏者，試參《漢書・高祖紀》引劉向之言，『戰國時。劉氏自秦獲於魏，秦滅魏，遷太梁，都於豐』，於是高祖太上皇父豐公卽託根於此。然據《傳》陶唐氏之後自有劉累，而非謂陶唐氏之後有豐公也。漢人以『其處者爲劉氏』横添於一事之末，所謂劉氏之云，自有包括天下劉氏之義。由此以附合漢爲堯後，罪在漢人，不可以此徒咎劉歆也。觀《高祖紀》引劉向之言，則此六字之加應從孔氏《正義》謂，爲漢興時挿入爲當。故此類之語不能證其爲劉歆之辭矣。

抑《後漢書・賈逵傳》述賈氏語，仍有『五經家皆言顓頊代黃帝，而堯不得爲火德，《左氏》以爲少昊代黃帝，卽圖讖所謂帝宣也，如今堯不得爲火，則漢不得爲赤，其所發明，補益實多』之文，顧氏頡剛究五德終始（《古史辨》第五册），述王莽篡漢妄欲以土代火之歷史，極中肯綮，然以此而用崔觶甫說，災及古人，將《左氏》昭公十七年《傳》所言之少皞及《國語・楚語》所言之少皞本爲周秦間叢雜之古史傳說，未由理董者，竟謂爲劉歆之所竄入，則殊爲速斷。今試略論之。

當東漢章帝時，賈景伯及其敵人以爭祿利之懷而妄分今文古文之二家，以重燃西漢末劉歆爭立《左傳》之餘燄，固已無以明學術之眞際。今縱認其所爭之有是非，則堯爲火德之論，據賈氏之言，實所以爲漢。若謂漢爲堯後，卽意在於新爲舜後，舜之承堯，卽如新之承漢，則劉子政將何以言豐公之家譜？且後漢爭立《左氏》時，『陳元范升更相非折』（《後漢書·儒林傳》）。觀范升之難《左氏》，語重心長，猶僅言其『非先帝所存，無因得立』(《後漢書·范升傳》)，何以不據漢火預爲新土所由生之地，以斥言《左傳》堯火預爲新土之所由生乎？豈《左傳》經劉歆之手，有莫大罪案，如賈景伯所謂堯後火德諸論所以爲漢者，非搆於劉歆之前而突現於劉歆之手，非爲爲漢乃以爲新者，而爭學諸人，於大憝已亡，光武一切反新制之後，猶不能發此衆人信仰之五德代運說，揭此必不能隱昧之騙局，其誰信之？余固謂《左傳》有『代德』之說，曾見戰國末五德之論，但《左氏》非五德學家，並未將古帝排其五德系統，固不能據西漢後事以進退之也。是知漢爲堯後，爲火德，原爲西漢曾有之說，不足以論《左傳》，且不足以論劉歆。其一部附會《左傳》，亦自爲漢人之所造，爲家法之言，亦不足以論《左傳》，此卽東漢賈逵所以承西漢末之劉歆，乃僅爲爭立學官之義，無與於劉歆竄亂《左傳》者其一。

至王莽圖篡，劉歆因應時勢，據西漢火德之言以構新室之土德，尤是祿利之所存。聰明之徒，權位易其心志，是非變於俄頃。昔日父子校書，忠勤漢室，迨漢之大壞，乃改名劉秀以應讖語(《漢書·楚元王傳》)，本欲自爲漢後，以應火德。屬漢鼎已移，炎精頓晦，不甘寂寞，遂爲國師，於是長懷禪代之運，不免曲附舜之承堯以媚莽而成學，更何足以言《左傳》乎？卽西漢末爭立古文之義，亦非其所存矣。錢氏穆著其《年譜》知莽、歆之政，用今文說者實多，則新室之學自爲新室之學，且不能全同於西漢末劉歆之所主，何況西漢人所加於《左氏》『其處者爲劉氏』之言所以爲漢者乎！此王莽時之劉歆非成哀間之劉歆，尤不足論其竄亂《左傳》者又其一。

故『堯後有劉累』，《左傳》之所記也。『其處者爲劉氏』，西漢初之所竄入也。漢之家譜據此寫成，明見於劉向之言也。五德終始，因秦祚不永，漢人多生異說，至西漢而火德之論定，王莽僞篡，遂據火德以爲其土德之所生，以引生相連代禪之趨，乃莽、歆之罪也。史迹如此，不必再以後日今文家系統去取之，以致災及《左傳》矣。

夫謂古書內有漢人竄入之語，亦何必怪異？然當用陸孔輩之疑『上天降災』下四十一字之法，有古本爲據，始得論定。惟古代相傳有家法之經，忽於長篇大段中，謂爲後人橫竄數語，仍不免啓人疑竇，何況毫無古本爲據，各以所見爲守，芟薙附會，以構其學說，寧足信乎？以知劉歆於《左傳》，自有其『轉相發明』使『章句義理』爲備之事，非關於是等之竄亂也。

由此，《左氏》原爲《春秋》編年之書，其中除唐人所疑及總凡之研究似有爲後人補綴者之外，餘則按諸史實，殆均爲原本。此書成於戰國之末，或秦漢之際，曾見晉楚及魯之史記等，其述事大體可據，至其書以儒家言及作者當時天文等知識入於諸卿大夫口中，則當據爲周末之言，不應與春秋之事相亂。

（《左傳著作年代試探》，見《學原》第二卷第三期）

卜德 (Derk Bedde) 云：

珂羅倔倫先生 (Bernard Karlgren) 做了一本《左傳眞僞考》，很反對這個見解。他把《左傳》和《國語》的文法比較研究，發現這兩部書的文法在焚書以前的書中是最相近的，但是它們有一個很重要的分別：凡用作『像』的意思的，《左傳》中全用『如』字，而《國語》則既用『如』，又用『若』。所以他說，這兩部書不能爲一個人所做（或由別書所改），因爲這兩部都是很大的書，一個人在這一部書裏全用『如』字，在那一部書裏又一半用『如』，一半用『若』，這是不可能的。

(一)引詩

《左傳》最喜歡引《書經》和《詩經》。《書》，它引過四十六次；《詩》，引過二百零七次。但是那部比《左傳》分量約少一半的《國語》，所引《詩》《書》並不止減少一半，它只引了十二次《書》，二十六次《詩》，這實在太少了！尤其是《詩》的比例，只有八分之一。況且《國語》引《詩》不但只有二十六次，而在這二十六次之中，有十四次都在一篇裏。所以，除了這一篇之外，其餘十分之九的書裏，只引了十二次《詩經》而已！

這眞是一個大不相同的情形。我們要替這種現象作解釋，只有兩種法子：(一)《左傳》和《國語》所根據的材料不同；(二)《國語》的作者對於《詩》學沒有深研，或者他對於引《詩》的癖好及不上《左傳》的作者。

(二)『帝』和『上帝』

《左傳》和《國語》中提到的『天』字，眞是多不勝數。然而『帝』或『上帝』兩個名詞（用作『天』解，不作『皇帝』解），在《左傳》中只有八次，而在分量少了一半的《國語》裏卻已說到十次。『上帝』不單稱『帝』，『左傳』中只有四次，而在《國語》的十次之中，只有一次單言『帝』，餘俱爲『上帝』。這樣的大差別，又豈可說是偶然的事！

總之，《左傳》專用『如』字而《國語》用『如』兼用『若』；《左傳》最好引《詩》而《國語》則否；《左傳》不大說上帝，比較《國語》中用的這名詞只佔得四分之一。

《左傳》中雖有許多瑣碎事，而作者對於大事情的記載確有歷史的觀念。我們也得承認：《國語》的作者特別歡喜論仁、義、禮、智等等好聽的美德和故事、寓言等等的玩意兒。我敢說：這兩部書的宗旨是不同的。《左傳》是一部有系統的歷史記載，故能表示一年一年的政治上的大事，然而《國語》不是通史，它只是好些演說詞的合編，所以容易含有許多不正確的傳聞，而不必用歷史的觀念對於大事作系統的記載。

由這眼光來看，《左傳》記周事頗略，《周語》則甚詳，沒有什麼可怪：春秋時代的周朝已經衰落了，與大事不生什麼關係，所以《左傳》記得頗略：可是都城所在，遺留的故事很多，所以《周語》記得甚詳。《左傳》對於晉及楚的詳記也是如此，因為這兩國的政治地位是特別高的。關於魯國，我們知道《左傳》是附着於魯史《春秋》的，當然對於魯事會特別記得詳盡了。

關於吳與越的戰爭，我們應當記得《左傳》的附錄（哀公十四年至悼公四年，就是西歷紀元前四八一至四一六）本是特別略，末幾年更略了，其中有三年（西元前四六七至四六五）全沒有傳；恐怕這末一個時代，《左傳》的作者已沒有功夫或興趣去細細記載了。所以吳越戰爭的記載簡略，只是這一個全時代記載簡略中的一部分。這樣解釋是很可能的，因為起初幾年的吳越戰爭比較還詳一點，而往後的事就越後越略了。

《左傳》對於齊桓公的記載不詳，正有相當的原因。諸國史的早年都比後時的記載為簡略。故春秋時代的前半部一百三十二年（隱公元年至宣公十八年），只佔《左傳》全書的三分之一；而後半部一百二十五年（成公元年至悼公四年），時間稍短而分量反多，竟佔全書的三分之二。齊桓公的記載既在前半部中，當然不會詳細。並且《齊語》一篇在《國語》中短極了，大概只佔全書的二十分之一，《左傳》的作者也許沒有機會讀到吧？

《鄭語》之特別略固然有點奇怪，因爲《左傳》對於子產（鄭國執政）的事記得甚詳，爲什麽《國語》裏會沒有呢？我的假設，以爲《左傳》作者找到這方面的史料甚多，而《國語》的作者沒有，所以如此。

《左傳》和《國語》都有記載，兩相符合；例如下列六件：

㈠有神降於虢（《左》莊三十二年；《周語》上，十二）。

㈡重耳（後爲晉文公）遊歷諸國（《左》僖二十三年，《晉語》肆）。

㈢晉文公分曹地（《左》僖三十一年，《魯語》上，八）。

㈣秦軍過周伐鄭（《左》僖三十三年；《周語》中，五）。

㈤楚共王之卒及謚（《左》襄十三年；《楚語》上，二）。

㈥晉平公疾（《左》昭元年，《晉語》捌，十七與十九）。

還有許多別的事情也是如此，現在不必論。

若是把《左傳》與《國語》所記上面的六件事相互比較，很容易看出兩部書有同樣的文辭與句子，可以確定彼此間的關係。然而兩書既都有，又怎能說《左傳》是從《國語》中分出來的呢？要是劉歆（或別人）把『新國語』改成了《左傳》和《國語》，他爲什麽要用同樣的文辭來記同一的事件呢？但是設若說，《左傳》與《國語》的材料都是從原有的記載裏抽取出來的（不是分開了的），或者是這兩部書彼此借用的，那麽這問題就不待煩言而解了。

還有好些事，《左傳》和《國語》都記，但它們的文字和觀念都不同。例如子叔聲伯由魯到晉一事，《左傳》（成十六年）及《國語》（《魯語》上，十四）皆有，然而辭句差得很遠。這類事，當然由於它們所從出的原史料不同的緣故。

結論：

按上文看來，《左傳》與《國語》有的部分是從同樣的史料裏取出的，或者是彼此相借用的，故同事而同文；有的部分是從不同史料裏取出的，故同事而異文；還有這一作者得到一部分很豐富的史料，能作暢盡的記載，而那一作者則全未得到，以致不能下筆。無論如何，一個人決不能從一部原有的書裏著成或改成兩部書——《左傳》和《國語》。

（《左傳與國語》，見《燕京學報》第十六期）

孫次舟云：

現行《左傳》與《國語》，本非一書也，奚必爲文以證之？曰：將以駁正清代經今文家之妄說也。自劉逢祿著《左氏春秋考證》，謂現行《左傳》本不傳《春秋》，舊名『左氏春秋』，其曰『左氏春秋傳』者，則劉歆所改也。因復證明《左氏傳》之體與《國語》相似。

洎後康有爲承劉氏緒論著《新學僞經考》，變本加厲，所言益復詭奇。乃直指現行《左氏傳》爲劉歆據古本《國語》所改造，所謂『左氏春秋』，與『春秋左氏傳』諸稱，古皆無之，盡出劉歆之假冒也。其後崔適襲康有爲說著《史記探源》《春秋復始》二書，亦主《左傳》之前身爲《國語》，出於劉歆之改造。而崔適弟子錢玄同在《重印新學僞經考序》，復補充康氏之說。

前此錢玄同於民十四《與頡顧剛論獲麟後讀經及春秋例書》，所言與此略同。由是以還，《左傳》出於《國語》之說，極爲一班不學好奇者所樂道，以爲康、錢諸人之論，皆言之有據，鐵案如山，難可動搖。夷考其實，則康、錢所立，並單薄不足恃，譬諸春冰秋葉，不禁烈日金風之融消與摧折也。

左傳國語之體裁有異

前節已道及《左傳》《國語》體裁之有異，蓋《左傳》偏重記事，而《國語》則偏重記言，此乃二書顯然之異點。前已道及《周語》言語之盡爲記言，玆復證之於其他各篇。

《魯語》上共十七條，盡記言者:

曹劌與莊公論所以與齊人戰。

曹劌諫莊公如齊觀社。

匠師慶諫莊公丹桓宮之楹而刻其桷。

夏父展論宗婦見哀姜用幣之非禮。

臧文仲請如齊告糴。

展禽與臧文仲議賂齊師。

臧文仲說僖公請釋衞君。

重鎭人告臧文仲速行以多獲分地。

展禽論臧文仲使國人祭海鳥之非禮。

孟文子答文公欲弛其宅之非禮。

郤敬子答文公弛其宅之不便於事。

宗有司論躋僖公之非昭穆。

里革對宣公授邑於莒太子之非。

里革論宣公夏濫於泗淵之非禮。

子叔聲伯告鮑國以辭受郤犨之邑故。

里革對成公晉厲公被殺之過。

季文子告仲孫它以爲政須儉。

《魯語》下共二十一條，其記言者凡十九條:

叔孫穆子答晉行人問拜樂之故。

叔孫穆子勸止季武子爲三軍。

叔孫穆子賦匏有苦葉告叔向以將先濟涇。

榮成伯諫襄公出楚師伐季武子（與前同爲一條）。

榮成子答季武子告自行取卞事。

穆子論楚公子圍之將弒君。

叔孫穆子告梁其踁以不賂晉大夫之由。

子服惠伯說韓宣子請釋季平子。

仲尼答季桓子以土怪曰羵羊。

公父文伯之母告季康子以貴而不驕。

公父文伯之母責文伯之失禮。

公父文伯之母答康子以不與言之故。

公父文伯之母訓文伯以勸勉無廢先人業。

師亥贊公父文伯之母。

公父文伯之母戒文伯妾之從死。

仲尼答吳人之問大骨。

仲尼答陳惠公問隼。

閔馬父戒子服景伯之自大。

仲尼告冉有以季康子欲田賦之非禮。

觀《魯語》所載之盡爲記言者，足明《國語》之爲書，與《左傳》實不相同。《魯語》下有仲尼贊公父文伯之母者二條未列入，然彼雖記公父文伯之母別於男女之禮與其朝哭穆伯、暮哭景伯之事，而記事甚短促，仍以仲尼之贊詞爲主，則亦係偏重記言者也。

《齊語》所載，與《管子・小匡篇》略同，多匡君之語，非專記事之書也。此篇雜記桓公與管仲問答之辭，與《論語》《孟子》之記孔丘、孟軻之語言者相類，非主於記事者也。玆條擧於次:

第一條

鮑叔薦管仲之辭。

管仲對桓公問強國之道。
管仲對桓公問成民之事。
管仲對桓公問處士農工商。
管仲對桓公問定人之居。
管仲對桓公問從事於諸侯及安國。
管仲告桓公正卒伍作內政之事。

第二條

桓公告鄉長以擧賢。
桓公告有司以擧勇士。
桓公告有司以發奸惡,
桓公令官長期而書伐。
管仲對桓公問伍鄙。
管仲對桓公問定民之居。

第三條

桓公責五屬大夫之寡功者。
桓公告有司以擧賢。
桓公告有司以擧勇士。
桓公告有司以發奸惡。

第四條

管子答桓公以從事於諸侯之未可。
管子對桓公以親臨國之道。

第五條

管子對桓公問齊國寡甲兵。

第六條

管子對桓公問南伐。
管子對桓公問西伐。
管子對桓公問北伐。

《齊語》共七條，觀上所舉，則盡為記言之部分。其第七條係總論齊桓公之所以伯天下者，在能用管夷吾甯臧隰朋賓胥無鮑叔牙諸人，頗似一篇後敍。此當出於《齊語》纂集者之手，無可疑惑。總觀各條，皆係君臣問答之辭，即偶述及齊事者，亦作概括之敍述，非若《左傳》詳述一事之原委也。此其體裁，顯異《左傳》，不能妄指為一書者也。

《楚語》上共九條，皆長篇記言:

申叔時告士亹以傅太子之方。

子囊議恭王謚。

子木論祭祀之當從國典。

蔡聲子說子木使召椒舉於晉。

伍舉諫靈王以章華之臺為美。

范無宇對靈王以大城不足恃。

左史倚相告申公子亹以老當益加箴儆。

白公子張諫靈王之拒諫。

左史倚相告司馬子期以妾為內子之違道。

《楚語》下共八條，亦皆長篇記言:

觀射父對昭王問。

鬬且廷論令尹子常之不免於難。

子文對或問己之逃富（與前同一條）。

藍尹亹對昔不載君而今求見君之由。

鄖公戒弟懷莫弒昭王。

藍尹亹告子西以吳之將斃。

王孫圉告趙簡子以楚寶。

魯陽文子告惠王以不敢受梁之故。

子高告子西以召王孫勝不可。

總觀所舉，《國語》一書，實以記言為主，與《左傳》大不相同。

惟《晉語》《吳語》《越語》，設事記言相參，與前所擧者有異，然三篇所記事，多有異於《左傳》者，仍不能謂其與《左傳》之本係一書也。《國語》之以記言爲主，前人已有言之者，不獨余一人之所見如此也。戴表元曰：

> 此書（指《國語》）不專載事，遂稱《國語》。先儒奇太史公變編年爲雜體，有作古之材。以余觀之，殆倣《國語》而爲之也（據《經義考》引）。

太史公之變編年爲雜體，是否曾受《國語》之啓示，此另一事，玆不論。但戴表元能知《國語》不專載事，此實讀書有得之言也。惟《國語》所載，以列國君大夫之嘉言令辭爲主，故書號『國語』。《說文》曰：『論難曰語。』則其書以記言爲主之義可見矣。不然，其書旣如《左傳》之以記事爲主者，名曰『國語』，何其不倫？古代記事之書，其見稱於先秦舊籍者，曰春秋，曰世，曰志，曰乘，曰檮杌……等，但從未見有稱『語』者。記孔子言論之書曰『論語』，《漢書・藝文志》曰：『論語者，孔子應答弟子時人及弟子相與言而接聞於夫子之語也。』惟以書中所記爲孔子與弟子之言論，故曰《論語》。《論語》之目，最早見稱於《禮記・坊記》，恐出於漢人之所題。《國語》之稱，當亦爲漢人所題；以《論語》之命名相律，則在漢人之目中，實視爲記言之書也。故劉熙《釋名》曰：『《國語》，記諸國君臣相與言語謀議之得失也。』此足明《國語》本記言之書，非經劉歆有所删削，否則與其名書之義不相符合矣。

疑《左傳》《國語》文體之不同者，前人尙多有之。若陸湻曰：

> 《國語》與《左傳》，文體不論，定非一人所爲。

李燾曰：

> 《國語》……辭多枝葉，不若《內傳》之簡直峻健，甚者駁

雜不類，如出他手。

陳振孫曰：

今考二書（指《左傳》《國語》），雖有出入，而事辭多異同，文體亦不類，意必非出一人之手也。

王應麟曰：

葉少蘊云……今《春秋傳》作左氏，而《國語》爲左邱氏，則不得爲一家，文體亦自不同，其非一家書明甚。（以上據《經義考》卷二百九引）

諸家雖有不知《左傳》《國語》實非左丘明所作者，但並能就文體之不類，而知兩書之非一，實爲難得。《左傳》與《國語》體裁之不同，前已證明。卽就其文章而論，亦顯非一人之手筆。蓋文章之事，每人皆有其特殊之作風，通文事者，類能辨之，《左傳》之作風，不同於《國語》，亦不同於漢人之文字，若《左氏傳》係劉歆據《國語》所改造，就文章風格之不同，亦足將其言推翻，不須更取他證也。

左傳記事多異於國語

傅玄曰：『《國語》非左邱明所作，故有其說一事，而二文不同。』今細校閱《左傳》《國語》兩書，的見其同記一事，而互有出入。若云《左傳》係劉歆據《國語》所改造，今本《國語》乃殘餘之書，此實於理難通：劉歆旣造僞書，何不將《國語》所餘，一並更改，以備取信於人，而乃使兩書所記，互有不同，生人疑竇，此其不可通者一。劉歆旣有改造《國語》之能力，何不將殘餘之部分，一並編入《左傳》或毀滅之以免人疑，此其不可通者二。古書之流傳於漢者，並非一本，劉歆所竄改者，只爲中秘所藏之本，其他民間所流傳之古本《國語》，當不在少數，何亦無一本流傳於後漢者？豈劉歆有此大力，能將天下之舊本《國語》盡行改造，俱使之爲殘餘之書耶？此其不可通者三。所謂劉歆改造《國語》之說，揆諸情理，實不可通，而現行《左傳》與《國語》，明明有互相歧異之處，此豈能抹殺一切，而硬指其爲一書耶？玆剌擧兩書之異辭於下：

三年，王子頹飮三大夫酒，子國爲客，樂及徧舞（《周語》上）。

冬，王子頹享五大夫，樂偏舞（左莊二十年《傳》）。

劉伯將王自圉門入，虢叔自北門入，殺子頹及三大夫，王乃入也（《國語》上）。

夏，同伐王城。劉伯將王自圉門入，虢叔自北門入，殺王子頹及及五大夫（《左》莊二十一年）。

按，《國語》作『三大夫』，《左傳》作『五大夫』，兩書有異。考左莊十九年《傳》云：『及惠王卽位，取蔿國之圃以爲囿；邊伯之宮，近於王宮，王取之；王奪子禽祝跪與詹父田，而收膳夫之秩，故蔿國邊伯石速詹父子禽祝跪作亂，因蘇民。秋，五大夫奉子頹以伐王，不克，出奔溫。』是所謂五大夫者，指蔿國邊伯詹父子禽祝跪五人言也（杜預《註》：石速士也，故不在五大夫數）。《國語》作三大夫，不知何據？《史記・周本紀》曰：『及惠王卽位，奪其大臣園以爲囿，故大夫邊伯等五人作亂。』是《史記》本《左傳》所記也。

十五年，有神降於莘，王問於內史過曰……『今是何神也？』對曰：『昔昭王娶於房，曰房后，實有爽德，丹朱憑身以儀之，生穆王焉。……若由是觀之，其丹朱之神乎？』王曰：『其誰受之？』對曰：『在虢土。』……王曰：『吾若之何？』對曰：『使太宰以祝史帥狸姓奉犧牲粢盛玉帛往獻焉。』……王使太宰忌父帥傅氏及祝史，奉犧牲玉鬯往獻

焉。內史過從至虢，虢公亦使祝史請土焉。內史過歸以告王曰：『虢必亡矣……。』（周語》上）

秋，七月，有神降於莘。惠王問諸內史過曰：『是何故也？』對曰：『……故有得神以興，亦有以亡，虞夏商周皆有之。』王曰：『若之何？』對曰：『以其物享焉。其至之日，亦其物也。』王從之。……（左莊三十二年《傳》）

按，兩書記內史過論莘神之語不相同。《國語》言其爲丹朱之神，《左傳》乃言『爲得神以興，亦有以亡』，其爲何神不可知。《國語》言『使太宰以祝史帥狸姓奉犧牲粢盛玉帛往獻焉』，《左傳》乃言『以其物享焉，其至之日，亦其物也』，而不言用何物以享之。此兩書所記，過於歧異，旣不能謂《左傳》襲《國語》，亦不能謂《國語》襲《左傳》也。

王怒，將以狄伐鄭，富辰諫曰：『不可，古人有言曰：兄弟讒鬩，侮人百里。周文公之詩曰：兄於鬩於牆，外禦其侮……』（《周語》中）

王怒，將以狄伐鄭，富辰諫曰：『不可。臣聞之，太上以德撫民，其次親親以相及也。昔周公弔二叔之不咸，故封建親戚，以蕃屛周，管蔡郕霍魯衞毛聃郜雍曹滕畢原酆郇，文之昭也；邘晉應韓，武之穆也。凡蔣邢茅胙祭，周公之胤也。召穆公思周德之不類，故糾合宗族於成周而作詩曰：「常棣之華，鄂不韡韡，凡今之人，莫如兄弟。」其四章曰：「兄弟鬩於牆，外禦其侮。」……』（左僖二十四年《傳》）

按，兩書所記富辰諫襄王將以狄伐鄭之言，不相同。其甚者，同一《常棣之詩》，一謂周文公作，一謂召穆公作。足見兩書各有所據，本非一書也。

十八年，王黜狄后，狄人來誅，殺譚伯，富辰曰：『昔吾驟諫王，王弗從，以及此難，若我不出，王其以我爲懟乎？』

乃以其屬死之（《周語》中）。

初，甘昭公有寵於惠后，惠后將立之，未及而卒，昭公奔齊。王復之，又通於隗氏，王替隗氏，頹叔桃子曰：『我實使狄，狄其怨我。』遂奉大叔以狄師攻王。王御士將禦之。王曰：『先后其謂我何？寧使諸侯圖之。』王遂出，及坎欿，國人納之。秋，頹叔桃子奉大叔以狄師伐周，大敗周師，獲周公忌父、原伯、毛伯、富辰。王出適鄭，處於氾，大叔以隗氏居於溫（左僖二十四年《傳》）。

按《國語》記狄人殺譚伯，富辰帥其徒屬與狄戰死之。而《左傳》乃按《國語》記狄人獲周公忌父原伯毛伯富辰，未言其被殺。兩書所記，又不相同。《史記·周本紀》記此事半採《國語》，『鄭居王于氾』以下採《左傳》。惟《國語》作十八年，而《本紀》乃作十六年，《十二諸侯年表》同，此恐《國語》有誤。

莊公丹桓宮之楹，而刻其桷。匠師慶言於公曰：『臣聞聖王公之先封者，遺後之人法……』（《魯語》上）

秋，丹桓宮之楹，二十四年春，刻其桷，皆非禮也。御孫諫曰：『臣聞之：儉，德之共也；侈，惡之大也。……』（左莊二十四年《傳》）

按，諫莊公丹桓公楹而刻其桷者，一爲匠師慶，一爲御孫，是二書所記人名不同也，韋昭《注》：『匠師慶，掌匠大夫，御孫之名也。』此乃據《左傳》所記附會爲說也。匠師慶爲掌匠者，御孫乃掌御者，實非一人也。

哀姜至，公使大夫宗婦覿，用幣，宗人夏父展曰：『非故也。』……對曰：『男則玉帛禽鳥，以章物也。今婦執幣，是男女無別也……』（《魯語》上）

秋，哀姜至，公使宗婦覿用幣非禮也。御孫曰：『男贄大者玉帛，小者禽鳥，以章物也。……今男女同贄，是無別也。

……』（左莊二十四年《傳》）

按，二書所記諫莊公使宗婦見哀姜用幣者，一作宗人夏父展，一作御孫。諫詞略同，而人名有異，當係各據所聞。

齊孝公來伐魯。臧文仲欲以辭告，病焉，問於展禽。對曰：『獲聞之，處大教小，處小事大，所以禦亂也；不聞以辭。若爲小而崇，以怒大國，使加已亂，亂在前矣，辭其何益。』文仲曰：『國急矣！百物唯其可者，將無不趨也，願以子之辭行賂焉，其可賂乎？』展禽使乙喜以膏沐犒師曰……（《魯語》上）

夏，齊孝公伐我北鄙。衞人伐齊，洮之盟故也。公使展喜犒師，使受命於展禽。齊師未入境，展喜從之曰……（左僖二十六年《傳》）

按《國語》記展喜之犒齊師，係臧文仲求展禽，展禽因使乙喜犒師，《左傳》則記展喜乃受僖公之命犒師，使先受命於展禽。二書所記不同。

季文子相宣成，無衣帛之妾，無食粟之馬。仲孫它諫曰：『子爲魯上卿，相二君矣，妾不衣帛，馬不食粟，人其以子爲愛，且不華國乎？』……（《魯語》上）

君子是以知季文子之忠於公室也。相三君矣，而無私積，可不謂忠乎？（左襄五年《傳》）

按《國語》言季文子相二君，《左傳》言相三君，二書有異。

驪姬以君命命申生曰：『今夕君夢齊姜，必速祠而歸福。』申生許諾，乃祭於曲沃，歸福於絳。公田，驪姬受福，乃寘鴆於酒，寘堇於肉。公至，召申生獻，公祭之地，地墳。申生恐而出。驪姬與犬肉，犬斃。飲小臣酒，亦斃，公命殺杜原款，申生奔新城（《晉語》二）。……

姬謂太子曰：『君夢齊姜，必速祭之。』太子祭於曲沃，歸胙於公。公田，姬寘諸宮，六日公至，毒而獻之。公祭之地，地墳。與犬，犬斃。與小臣，小臣亦斃。姬泣曰：『賊由太子。』太子奔新城，公殺其傅杜原款（左僖四年《傳》）。

按二書記驪姬使申生祭齊姜事不同：一言驪姬以君命命申生，一言驪姬以己意告申生也。一言歸福，一言歸胙，亦不同。考福與胙義有別，韋昭《國語・注》云：『福，胙肉也。』此就《左傳》言『歸胙』，因望文而爲之解。《殷虛書契考釋》載羅振玉釋福字云：『今以字形觀之，福爲奉尊之祭。致福乃致福酒，歸胙則致祭肉，故福字從酉，胙字從肉矣。』此說最審。蓋申生所歸者，有福有胙，故驪姬可以『寘鴆於酒，寘堇於肉』，而獻公可以以酒祭地而地墳，以肉與犬而犬斃。若所歸者爲胙肉，則下文不可通矣。因此予頗疑《國語》《左傳》之原文皆遺一字，其原文，《國語》當作『歸福胙於絳』，而《左傳》當作『歸福胙於公』，因二書互有譌脫，故一作福，一作胙矣。又《國語》記公召申生獻，公祭之地，地墳。申生既入宮內，豈能容之逃走。《國語》記殺杜原款在申生奔新城前，亦不合理，而《左傳》所記，則與之異。《左傳》記驪姬毒獻福胙，公祭之地，地墳；與犬，犬斃；與小臣，小臣亦斃。於是驪姬涕泣而分解曰：『這是太子幹的，與我沒有關係！』獻公大怒，欲捕太子，而太子此時已聞風逃歸新城矣。獻公盛怒難消，乃先殺申生之傅杜原款焉。此《左傳》記事勝《國語》之處。

虢公夢在廟，有神人面白毛虎爪，執鉞立於西阿。公懼而走。神曰：『無走，帝命曰，使晉襲於爾門。』公拜稽首。覺召史嚚占之。對曰：『如君之言，則蓐收也，天之刑神也，天事官成。』公使囚之，且使國人賀夢。舟之僑告諸其族曰：『衆謂虢不久，吾乃今知之。君不度而賀大國之襲，於己也何瘳。……內外無親，其誰云救之。吾不忍俟也！』將行，以其族適晉。六年，虢乃亡。（《晉語》二）

二年春，虢公敗犬戎於渭汭。舟之僑曰：『無德而祿，殃也。殃將至矣！』遂奔晉。（左閔二年《傳》）

按，《國語》記舟之僑之奔晉，係由虢公之賀大國之襲，而《左傳》則記由敗犬戎於渭汭；二書所記不同。

伐虢之役，師出於虞，宮之奇諫而不聽。出謂其子曰：『虞將亡矣……吾不去，懼及焉。』以其孥適西山（《晉語》二）。

晉侯復假道於虞以伐虢。宮之奇諫……弗聽。許晉使。宮之奇以其族行，曰：『虞不臘矣，在此行也，晉不更舉矣！』（左僖五年《傳》）

按《國語》記宮之奇『以其孥適西山』，韋《註》：『孥妻子也。』《左傳》記『以其族行』，而不言所之，二書有異。

文公在狄十二年……乃行，過五鹿，乞食於野人……遂適齊，齊侯妻之，甚善焉……姜與子犯謀，醉而載之以行……過衛，衛文公有邢狄之虞，不能禮焉……自衛過曹，曹共公亦不禮焉。……公子過宋，與司馬公孫固相善……公子過鄭，鄭文公亦不禮焉……遂如楚，楚成王以周禮享之……秦伯召公子於楚，楚子厚幣以送公子於秦。（《晉語》四）

處狄十二年而行，過衛，衛文公不禮焉，出於五鹿，乞食於野人……及齊，齊桓公妻之，有馬二十乘……姜與子犯謀，醉而遣之……及曹……及宋……及鄭，鄭文公亦不禮焉……及楚，楚子享之……乃送諸秦。（左僖二十三年《傳》）

按《國語》記晉文公經歷各國之次序，異於《左傳》，當係有誤。文公由狄過衛，衛不加禮，故至五鹿而絕糧。今《國語》乃記文公由狄過五鹿，適齊，又過衛，此顯係將一事分而爲二者也。《史記·晉世家》曰：『重耳居狄，凡十二年而去。過衛，衛文公不禮，去過五鹿，飢而從野人乞食。』《史記》與《左傳》同。又《國語》謂秦伯召文公於楚，而《左傳》則謂楚子自動送文公於秦，亦不同。

十月，惠公卒。十二月，秦伯納公子。（《晉語》四）

九月，晉惠公卒。（左僖二十三年《傳》）

按惠公之卒，一作十月，一作九月，亦二書記事之有異。而後人之以『置閏』、或『晉用夏正』爲解者，皆非也，蓋二書所依據者自有異耳。《史記・晉世家》曰：『是時晉惠公十四年秋。惠公以九月卒。子圉立。十一月，葬惠公。十二月，晉國大夫欒郤等聞重耳在秦，皆陰來勸重耳趙衰等反國，爲內應甚衆。於是秦繆公乃發兵與重耳歸晉。』《史記》惠公卒作九月，與《國語》異。繆公納文在十二月，與《國語》合，恐《國語》所記有誤。又《晉語》三云：『十五年，惠公卒。』考惠公在位僅十四年，《左傳》與《史記・世家》《年表》並同，亦恐《國語》之誤。

公子濟河。召令狐臼衰桑泉皆降。（《晉語》四）

濟河。圍令狐，入桑泉，取臼衰。（左僖二十四年《傳》）

按《國語》言召三邑皆降。而《左傳》圍令狐，足證非召之而降也。《史記》言秦兵圍令狐，當本《左傳》。

文公立四年，楚成王伐宋，公率齊秦伐曹衞以救宋。宋人使門尹班告急於晉。（《晉語》四）

冬，楚子及諸侯圍宋，宋公孫固如晉告急。（左僖二十七年《傳》）

按如晉告急者，一作門尹班，一作公孫固，二書不同。

文公問元帥於趙衰，對曰：『郤縠可，行年五十矣，守學彌惇，夫先王之法志，德義之府也。夫德義，生民之本也。能惇篤者，不忘百姓也。請使郤縠。』公從之。（《晉語》四）

作三軍，謀元帥。趙衰曰：『郤縠可。臣亟聞其言矣。說禮樂而敦詩書；詩書，義之府也。禮樂，德之則也。德義，利之本也。《夏書》曰：「賦納以言，明試以功，車服以庸。」

君其試之！』乃使郤縠將中軍，郤溱佐之。（左僖二十七年《傳》）

按《國語》所載趙衰薦郤縠語，與《左傳》異。

十二年，公伐鄭，軍於蕭魚。鄭伯嘉來納女，工妾三十人，女樂二八，歌鍾二肆，及寶鎛，輅車十五乘。公錫魏絳女樂一八，歌鍾一肆。（《晉語》七）

鄭人賂晉侯以師悝師觸師蠲，廣車軘車淳十五乘，甲兵備。凡兵車百乘，歌鍾二肆，及其鎛磬，女樂二八。晉侯以樂之半賜魏絳（左襄十一年《傳》）

按《國語》『工妾三十人』，《左傳》作『師悝師觸師蠲』。《國語》『輅車十五乘』，《左傳》作『廣車軘車淳十五乘』。《國語》『及寶鎛』，《左傳》作『及其鎛磬』。二書有異。

子西歎於朝，藍尹亹曰：『何也？』子西曰：『闔廬能敗吾師，闔廬即世，吾聞其嗣又甚焉，吾是以歎。』對曰：『子患政德之不修，無患吳矣。』（《楚語》下）

吳師在陳，楚大夫皆懼曰：『闔廬惟能用其民以敗我於柏舉，今聞其嗣又甚焉，將若之何？』子西曰：『二三子恤不相睦，無患吳矣。』（左哀元年《傳》）

按《楚語》以子西懼吳，大夫勸其勿恐；《左傳》以大夫懼吳，子西勸之，兩書所記不同。

吳王許諾，乃退就幕而會，吳公先歃，晉侯亞之。（《吳語》）

吳晉爭先，……乃先晉人。（左哀十三年《傳》）

按黃池之會，一言吳爲盟主，一言晉爲盟主，二書有異。《史記·吳太伯世家》曰：『趙鞅怒，將伐吳，乃長晉定公。』當本《左傳》。

結 論

由前所論，劉歆既無竄改古本《國語》之事，而現行《國語》與《左傳》，其成書之體裁既不相同，兩書言事，亦多歧異，卽或所記之事相同，而字句亦頗有異，細加研核，兩書之本非一體，灼然甚明。再如《史記》所載春秋時事，往往兩書兼採，遇兩書所記歧異者，則多從《左傳》，此足證太史公頗重視於《左傳》，以為先秦舊籍也。《史記·吳太伯世家贊》曰：『余讀春秋古文，乃知中國之虞，與荆蠻句吳兄弟也。』春秋古文，當卽指現行《左傳》而言，故《吳太伯世家》所記吳王夫差事，大略與《左傳》之詞句相同，而異於《吳語》，此足見太史公之重《左傳》也。總之，康有為、錢玄同輩所立，皆無可信之價値，讀者設詳按此文，當恍悟彼等之妄說矣！

（《左傳國語原非一書證》，見《責善》半月刊第一卷第四期）

錢 穆云：

余考諸《韓非》書：『吳起，衞左氏中人也。』然則所謂《左氏春秋》者，豈卽以吳起為左氏人故稱，而後人因誤以為左姓者耶？（此層章炳麟氏曾論及，見章氏《春秋左傳讀》。）

又按：《藝文志》，《易》有《淮南道訓》，《詩》有《魯說齊雜記》，《論語》有《燕傳說》；《五經異議》，《易》有《下邳傳》；此皆以地名繫者，則亦何疑於左氏。

《說苑》：『魏武侯問元年於吳子。』此亦吳起傳《春秋》之證。晉汲縣人發魏襄王塚，有《師春》，卽採《左氏》，亦可見《左氏》書與魏之關係焉。雷氏學淇《介菴經說》謂：『吳起以《左傳》傳其子期，魏人多與聞者，故襄王時史臣述《紀年》，師春言卜筮，石申言天象，多與《左傳》符同。』洵不虛也。

（《先秦諸子繫年考辨》卷二《吳起傳左氏春秋考》）

張以仁云:

下文，我擬就『《左》有《國》無』、『《國》有《左》無』、『二書皆有而用法不同』三方面分別提出我的新證據。首先，我要作兩點說明：第一，我的統計材料選擇的範圍，是除去書中引用他書或民謠古諺之類不計的，與高氏大抵相同。以下概依這個標準，不另注明。第二，我所用的文法方面的術語，多半採自楊樹達《詞詮》一書。

第一類：《左》有《國》無。

『嘻』歎詞，《左傳》一見:

從者曰：嘻！速駕！（定公八年）

『烏乎』（或作『烏呼』、『嗚呼』）歎詞，《左傳》五見:

大叔文子聞之，曰：烏乎！（襄公二十五年）

單公子愆期爲靈王御士。過諸廷。聞其歎而言曰：烏乎！必有此夫！（襄公三十年）

宣子曰：烏呼！我之懷矣。（宣公三年）

嗚呼！天禍衞國也。（成公十四年）

嗚呼！爲無望也夫！（昭公二十七年）

『呼』作爲歎詞，《左傳》一見:

命！役夫！宜君王之欲殺女而立職也！（文公元年）

《國語》不僅沒有上述『嘻』、『烏乎』、『呼』一類的歎詞，且實際上全書根本就沒有一個歎詞。這是一種頗有趣味而堪加重視的現象。

『每』　《左傳》凡十二見。【宣公十二年（凡『年』後未著若干見者均爲一見，下同。）；成公二年，十五年；襄公二十二年；昭公十三年二見，二十年，二十九年；定公十年；哀公六年，九年，十四年】其中有用作副詞的，如：

初，伯宗每朝，其妻必戒之。（成公十五年）

也有用作逐指指示形容詞的。如：

平公每歲賈馬。（昭公二十九年）

《國語》沒有『每』字。

『毋』　《左傳》凡二十一見。（文公十年；宣公十二年二見，十五年二見；襄公十一年四見，十四年，十九年，二十三年二見，二十四年，二十九年；昭公十三年，十六年二見，二十六年，二十八年；哀公二十七年）其中大多用爲禁戒副詞，作『莫』解。如：

故使止子玉曰：毋死。（文公十年）

毋廢王命。（宣公十二年）

有與『寧』字連用作『毋寧』的。如：

毋寧使人謂子：子實生我。而謂子浚我以生乎？（襄公二十四年）

且先君而有知也，毋寧夫人，而焉用老臣。（襄公二十九年）

有與『乃』字連用作『毋乃』的。如：

不討有罪，曰將待後。後有辭而討焉，毋乃不可乎？（宣公十五年）

是教敝邑背盟誓也。毋乃不可乎？（昭公十六年）

《國語》沒有『毋』字。

『悉』　《左傳》凡八見。（文公十七年，宣公十五年，成

公二年，襄公八年，十一年，三十一年，昭公十三年，定公四年）多作『盡』解。如:

晉師悉起。（宣公十五年）

諸侯悉師以復伐鄭。（襄公十一年）

≪國語≫沒有『悉』字。

『稍』　≪左傳≫凡三見。（襄公二十八年，昭公十年，哀公二年）作爲表態副詞。如:

與子尾邑，受而稍致之。（襄公二十八年）

子尾多受邑而稍致諸君。（昭公十年）

≪國語≫則只用『少』字而無『稍』字。

『旃』用於句末，爲指示代名詞。≪左傳≫凡五見:

初，虞叔有玉，虞公求旃，弗獻。≪桓公十年）

季孫喜，使飲己酒，而以具往。盡舍旃。（襄公二十三年）

天其殃之也，其將聚而殲旃。（襄公二十八年）

晉人城緜而寘旃。（襄公二十九年）

臧昭伯之從弟會，爲讒於臧氏，而逃於季氏。臧氏執旃。(昭公二十五年）

≪國語≫沒有『旃』字。

『矣哉』　≪國語≫無。≪左傳≫凡六見:

王曰: 尚矣哉! 能歆神人，宜其光輔五君以爲盟主也。（襄公二十七年）

爲之歌≪頌≫，曰: 至矣哉! ……（襄公二十九年）

見舞箾韶者，曰: 德至矣哉! （襄公二十九年）

梁丙曰: 甚矣哉! 子之爲此來也。（昭公三年）

有人矣哉。（昭公十二年）

涉佗亦遄矣哉! （定公十六年）

『今而後』　≪國語≫無。≪左傳≫此詞凡五見:

吾乃今而後知有卜筮。（襄公七年）

蔑也今而後知吾子之信可事也。（襄公三十一年）

今而後知不足。（襄公三十一年）

吾今而後知禮之可以爲國也。（昭公二十六年）

寡人今而後聞此。（昭公二十六年）

『無寧』（或作『毋寧』）　《左傳》此詞也很常見。如:

無寧玆許公復奉其社稷。（隱公十一年）

無寧菑患。（襄公三十一年）

無寧以善人爲則。（昭公六年）

無寧以爲宗羞。（昭公二十二年）

也有作『毋寧』的。已引見前文『毋』字條下。《國語》則無此詞。

第二類:《國》有《左》無。

『僅』　《國語》三見，用爲表態副詞。相當於口語『纔』的意思。如:

余一人僅亦守府。（《國語》中）

及文、武、成、康而僅克安民。（《周語》下）

而後使太宰啓彊請於魯侯，懼之以蜀之役，而僅得以來。（《楚語》上）

《左傳》沒有『僅』字。

『趣』　《國語》二見，用爲時間副詞，相當於口語『快』的意思。如:

趣行事乎。（《晉語三》）

乃趣殺之。（《晉語》八）

《左傳》沒有『趣』字。

『詎非』　《左傳》無。《國語》二見，用爲假設連詞。如:

詎非聖人，必偏而後可。（《晉語》六）

詎非聖人，不有外患，必有內憂。（《晉語》六。成十六年《左傳》作：『自非聖人外寧必有內憂。』）

『而已矣』　《左傳》無。《國語》二見：

勉之而已矣。（《晉語》一）

將死於齊而已矣。（《晉語》四）

第三類：二書皆有而用法不同。

『諸』　《左傳》凡數百見。它們除經常置於句中，用作介詞或代名詞兼介詞，與《國語》相同外，另外有一種用法却是《國語》所沒有的。那便是置於句末，用為代詞或助詞。如：

天其或者將建諸。（僖公二十三年）

皐陶庭堅不祀，勿諸！（文公五年）

其子不忍食諸。（襄公四年）

然則盟諸？（襄公十一年）

子聞諸？（昭公八年）

先伐諸？（昭公十年）

先諸？（昭公二十年）

盍及其勞且未定也伐諸？（昭公二十一年）

子速諸？（昭公二十一年）

然則救諸？（昭公二十五年）

無乃亢諸？（昭公二十六年）

其又為諸？（定公五年）

先備諸？（定公八年）；（定公十三年）

盍去諸？（哀公六年）

盍及其來作也先諸？（哀公六年）

天其夭諸？（哀公六年）

又『諸』有與『乎』連用作語尾的，如：

秦伯謂子桑與諸乎？（僖公十三年）（《國語・晉語》三作

『予之乎』）

能事諸乎？（文公二年）

待諸乎？（宣公十二年）

吾敢違諸乎？（昭公三年）

叔氏，而忘諸乎？（昭公十五年）

山川鬼神其忘諸乎？（定公元年）

可見這種情形在《左傳》是很習見的了。《國語》裏面，『諸』字雖然也大量出現，却沒有這樣用法的例子。

『猶』　《左傳》凡二三百見，多爲『好像』與『尚且』之義。與《國語》相同。但《左傳》尚有另一種用法是《國語》所沒有的。那便是作爲假設連詞『若』的意思。如：

鬼猶求食，若敖氏之鬼，不其餒而？（宣公四年）。

裴學海《古書虛字集釋》（以下簡稱《虛字集釋》）謂此『猶』作『若或』解。日本漢學家竹添光鴻《左氏會箋》（以下簡稱《會箋》）以爲『猶』乃疑詞（見襄公二十年《會箋》。參見下文）。二說意思相同。

猶有鬼神，於彼加之。（襄公十年）

《詞詮》《虛字集釋》皆釋爲『若』。《會箋》以爲疑詞（見昭公二十七年《會箋》。參見下文）。

猶有鬼神，吾有餒而已。（襄公二十年）

《會箋》云：『猶，疑詞也。《左氏》多出。宣四年「鬼猶求食，若敖氏之鬼，不其餒而？」與此正同。』

吳昌瑩《經詞衍釋》（以下簡稱『衍釋』）引此也以爲是『若詞』。

參成可筮；猶有闕也，筮雖吉，未也。（昭公十二年）

《衍釋》《詞詮》《虛字集釋》皆釋爲若或之『若』。

猶有鬼神，此必敗也。（昭公二十七年）

孔穎達《疏》云：『言尙有鬼神以助君，此戰必當敗也。況無鬼神乎？』

《會箋》云：『此言是戰之必不克也。猶，疑詞也。襄十年『猶有鬼神，於彼加之』，二十年『猶有鬼神，吾有餒而已』皆同。言無鬼神則不可知。若使鬼神在，天旣禍之矣，而徼幸妄行，何以免於敗乎？』

孔《疏》的說法，似乎不是《左傳》原意。宜從《會箋》的說法。不過，從孔《疏》的『況無』兩字看來，似乎他也釋『猶』爲疑詞，與《會箋》同。

由上面這些例子看來，《左傳》以『猶』作爲假設連詞顯然是常見的。《會箋》說『《左氏》多出』這句話不是沒有根據的。反過來看一看《國語》，《國語》『猶』字雖然有六十餘見，卻沒有一個是作假設連詞的。

『惡』用爲名詞或動詞，《左》《國》二書皆有。但用作疑問副詞，與『何』『安』同義的例子卻不見於《國語》，而《左傳》則有三見。如：

棄父之命，惡用子矣？（桓公十六年）

賦詩斷章，余取所求焉，惡識宗？（襄公二十八年）

平子曰：爾幼，惡識國？（昭公十六年）

『繄』『思』『疇』　三字《左傳》都有用爲語首助詞的。如：

爾有母遺，繄我獨無。（隱公元年）

王室之不壞，繄伯舅是賴。（襄公十四年）

思肆其罔極。（昭公二十六年）

疇昔之羊，子爲政。今日之事，我爲政。（宣公二年）

這些字在《國語》雖常出現，卻沒有用作語首助詞的。

『居』『而』　二字在《左傳》有用作語末助詞表疑問的。如：

誰居？後之人必有任是夫！（成公二年）

誰居？其孟淑乎？（襄公二十三年）

若敖氏之鬼，不其餒而？（宣公四年）

《國語》『居』、『而』二字雖然常見，卻沒有用作語末助詞的。

『識』與『屬』　《左傳》『識』字有用為副詞，作『剛纔』之義的。如：

識見不穀而趨，無乃傷乎？（成公十六年）

《釋詞》《詞詮》《虛字集釋》皆謂『識』為『適纔』之義。《國語》雖然有這個字，卻沒有這樣用法的。《國語・晉語》六也寫到這個同樣的故事，卻作：『屬見不穀而下，無乃傷乎？』以『屬』字為之。而《左傳》『屬』字也沒有用作這種意思的。

『仍』　《國語》『仍』字用作副詞的共有二處：

『晉仍無道而鮮冑。』（《周語》下）

韋昭《註》：『仍，數也……晉厲公數行無道……』

晉仍無道。（《晉語》四）

韋昭《註》：『仍，重也。』

《左傳》『仍』字只作人名地名，不作副詞用。

『精』　《國語》的『精』字凡十九見，它們的用法，可以大別為三類：

第一類：解作『潔』的意思。有用為形容詞的。如：

其君齊明衷正，精潔惠和。（《周語》上）

其為人也，小心精潔。（《晉語》一）

韋昭《註》：『小心多畏忌，精潔不忍辱。』

精潔易辱。（《晉語》一）

且吾聞之，甚精必愚。（《晉語》一）

韋昭《註》：『精銳近愚也。』

精為易辱，愚不知避難。（《晉語》一）

明精意以導之罰。(《楚語》上)

韋昭《註》:『明盡精意,斷之以情。』

這六個『精』字,其中四個見於同一節,是優施用來形容晉太子申生的爲人的。韋昭註了三處。前者以『精潔』釋『精潔』,後者以『精意』釋『精意』,都等於沒有註。第四例釋爲『精銳』,卻是不妥切的。其實,『精』就是『潔』(『精』之訓『潔』,爲古書常訓。韋昭註《國語》也有訓『精』爲『潔』的。引見下文,此處不贅)。『精』、『潔』二字同義。分則稱『精』稱『潔』,合則稱『精潔』,意思是一樣的。所謂『小心精潔』,就是謹愼規矩潔身自好的意思,這正是申生的品格的最佳考語。只有潔身自好的人,才不能忍受絲毫汚毀侮辱。只有不能忍受汚辱的人才容易受辱。所以優施說『精潔易辱』、『精爲易辱』。二句話是一樣的意思。也只有潔身自好的人才能有所不爲。尤其是一個過分潔身自好(甚精)的人,這種人並不愚蠢。可是當他固守於他的『善』『是』時,卻是寧死不變的。在如優施這種人看來,這股傻勁就是『愚』。因此優施說『甚精必愚』,這四個『精』字的意思是相同的。若釋爲『精銳』,不但不似申生的爲人,也與『愚』意不相調協。而且前後文意也不一致。

也有解作『潔』而用爲名詞的。如:

祓除其心,精也。(《周語》上)

韋昭《註》:『精,潔也。』

然則長衆使民之道,非精不和。(《周語》上)

以惡實心,棄其精也。(《周語》上)

是以先王之祀也,以一純、二精、三牲……(《楚語》下)

韋昭《註》:『二精,玉、帛也。』(以仁案:取其明潔也。)

王曰:所謂一純、二精、七事者何也?(《楚語》下)。

玉、帛爲二精。(《楚語》下)

韋昭《註》:『 明潔爲精。』(以仁案: 絜、潔古、今字。《國語》二字混用。)

也有解作『潔』而用爲動詞的。如:

精意之享，禋也。(《周語》上)

五色精心，五聲昭德。(《周語》中)

韋昭《註》:『五色之章，所以異賢不肖，精其心也。』

帥其羣臣，精物以臨監。(《楚語》下)

第二類: 解作『美』，爲形容詞。如:

若視聽不和，而有震眩，則味入不精。不精則氣佚。(《周語》下)

韋昭《註》:『味入不精美，則氣放佚，不行於身體。』

第三類: 與『明』字或『爽』字連用，爲名詞。如:

民之精爽不攜貳者。(《楚語》下)

韋昭《註》:『爽，明也。』

夫神以精明臨民者也。(《楚語》下)

韋昭字這兩個『 精 』字都沒有註。我們揆度文義並參照《左傳》，這兩處『精』字似乎有『靈』『神』的意思。(第二例如果『精』『明』分爲二詞，則應歸入第一類，解作『潔』，有聖潔明哲的意思。)

分析到這裏，我們不難發現:『精』之一詞，在『國語』裏應用得頗爲廣泛。它表現了三種意思(一是『潔』，二是『美』，三是『靈』)。而且又分用作形容詞、動詞和名詞。但《左傳》的情形是怎樣的呢?《左傳》『精』字一共只有四見。如:

用物精多魂魄強，是以有精爽至於神明。(昭公七年)

杜預註『爽』云:『明也。』

孔穎達《疏》:『……故用物精而多則其魂魄益強。』

其用物也弘矣，其取精也多矣。(昭公七年)

心之精爽是謂魂魄。（昭公二十五年）

杜預於四處『精』字都沒有註釋。孔穎達則訓『用物精多』爲『精而多』，以『精』爲形容詞，有『精美』的意思。這種說法恐怕不是左氏的原意。下文說：『其用物也弘矣，其取精也多矣』。顯然是承接此處的『物』『精』而言。則『精』是名詞，而不當以形容詞說它。這個『精』字，其實就是『精華』、『精英』的意思。『物精』說作『物之精』（《會箋》解『其取精也多矣』句云：『精者，物之精也。』）或『物與精』都可以。杜預解『物』爲『權勢』也是不對的。『物』就是『物類』，是泛指一切奉養之物。否則，匹夫匹婦，何有於『權勢』？子產也不會說『匹夫匹婦強死，其魂魄猶能馮依於人，以爲淫厲』的話了。孔《疏》這個地方本說得不錯，他說：『物謂奉養之物，衣食所資之摠名也。』但他或許是囿於《疏》不破《註》的積習，反而勉強找出理由來回護杜《註》。他說：『物非權之名而以爲權勢者，言有權勢則物備。』眞是煞費苦心，吃力而不討好，大可不必。昭公七年這段文字，是記載子產回答晉趙景子的『伯有死後猶能爲鬼乎』之問。子產以爲：凡屬強死（以仁案：強死，謂體魄強健而橫死者。杜預以『不病也』釋之，尙嫌未愜。）的人都有鬼。卽使普通老百姓也一樣。伯有是遭橫死的（爲鄭人所殺），伯有當然有鬼。在子產認爲：人生下來以後，用物旣多，則攝取物之精華自多。他的體格自然強健，魂魄也就健旺了。如果這時候他忽遭橫死（強死），它可以馮依於人，爲淫爲厲。子產的靈魂理論對不對，不在本文討論範圍之內，可以撇開一旁。我們只要知道這裏的『精』字是『精華』的意思，是作名詞用而非形容詞，這就够了。至於『精爽』一詞，很顯然的是個名詞。這樣說來，《左傳》的《精》字是只有用作名詞的了。它們所表示的意義，一是『精華』（《國語》所無），二是『精靈』（相當於《國語》第三類）。對於《國語》應用得最多的

『精潔』一義，≪左傳≫根本沒有。

『元』　≪國語≫『元』字凡十餘見。它們的用法可分爲二類:

第一類: 表示『首』、『長』、『大』的意思、用以修飾名詞。如:

天子所以饗元侯也。(≪魯語≫下)

韋昭≪註≫: 『元侯，牧伯。』

元侯作師。(≪魯語≫下)

韋昭≪註≫: 『元侯，大國之君。』

師教衞以贊元侯。(≪魯語≫下)

若爲元侯之所。(≪魯語≫下)

元年始受實沉之星也。(≪晉語≫四)

諸侯裏面大的諸侯叫做『元侯』，卽位的首年叫做『元年』。又如:

知右行辛之能以數宣物定功也，使爲元司空……公知祁奚之果而不淫也，使爲元尉……知魏絳之勇而不亂也，使爲元司馬。知張老之智而不詐也，使爲元侯。(≪晉語≫七)

韋昭≪註≫: 『元尉，中軍尉。』;『元司馬，中軍司馬。』;『元侯，中軍侯奄。』中軍居三軍之首，三軍都有尉、司馬、侯奄則冠上『元』字，以表示他們居各該官職之長。

第二類: 表示『善』的意思，用作形容詞或名詞。如:

抑人之有元君將稟命焉。(晉語≫)

伯父多歷年以沒元身。(≪吳語≫)

韋昭皆訓爲『善』。像≪晉語≫七的『故求元君而訪焉』，≪楚語≫上的『是五王者，皆有元德也』，都應歸入這一類。這些『元』字，都是用來修飾名詞的。又如:

孤之不元，廢也。其誰怨? 元而以虛奉之，二三子之制也。

（《晉語》七）

『孤之不元』的『之』字，當作『 若 』字講。參見《釋詞》《衍釋》二書。這兩個『元』字，也是『善』的意思，是形容詞作謂詞用。又如：

若欲奉元以濟大義，將在今日。（《晉語》七）

『元』字在這裏的意思是『善君』，作名詞用。

現在，讓我們來分析一下《左傳》『元』字的用法。《左傳》元字凡數十見。除去用作專有名詞的不計外，其他或謂人之首級爲『元』。如：

狄人歸其元。（僖公三十三年）

公使大使固歸國子之元。（哀公十一年）

杜預皆訓爲『首』。他如：

『元子』：

微子啓，帝之元子也。（哀公九年）

『元女』：

庸以元女大姬配胡公。（襄公二十五年）

『元年』：（此詞常見。例略。）

『元帥』：

謂元帥。（僖公二十七年）

『元妃』：

惠公元妃孟子。（隱公元年）

『元侯』：

三夏，天子所以享元侯也。（襄公四年）

這些『元』字，都是『首』『長』『大』的意思。和《國語》第一類情形相當。像《國語》第二類表示『善』的意思的用法，除了昭公十二年解釋《象》辭『元亨利貞』時，用了一句與《周易・乾卦・文言》相同的『 元，善之長也 』稍微牽涉列『善』的意思外，《左傳》是沒有用作『善』的意思的。

『鎭』在《左傳》與《國語》兩書上，『鎭撫』一詞，都是很習見的。玆舉數例如下：

若不鎭撫。（桓公十三年）

鎭撫其社稷。（文公十二年）

以鎭撫百姓。（《周語》中）

其何以鎭撫諸侯。（《魯語》上）

但是『鎭』字單獨使用，《左傳》則只一見：

以亡曹國社稷之鎭公子。是大泯曹也。（成公十六年）

『鎭』字在此顯然作形容詞用。除此以外，《左傳》更沒有單獨使用的『鎭』字。也沒有與其他的字連用的，《國語》則不然。《國語》『鎭』字不與『撫』連用的有十三見。有作動詞的。如：

是陽失其所而鎭陰也。（《周語》上）

爲贄幣瑞節以鎭之。（《周語》上）

譬之如室，既鎭其甍矣，又何加焉。（《晉語》二）

柔惠小物而鎭定大事。（《晉語》七）

敎之樂以疏其穢而鎭其浮。（《楚語》上）

有用作名詞的。如：

替贄無鎭，誣王無民。（《周語》上）

欲替其鎭，人亦將替之。（《周語》上）

芮也使寡人過殺我社稷之鎭。（《晉語》三）

夫不忘恭敬，社稷之鎭也。賊國之鎭，不忠。（《晉語》五）。（宣公二年《左傳》作『不忘恭敬，民之主也。賊民之主，不忠。』）。

也有與『靜』連用，作形容詞的。如：

無忌鎭靜。（《晉語》七）

使鎭靜者修之……鎭靜者修之則壹。（《晉語》七）

這在《國語》和《左傳》是很顯然的差別。

『意』用爲『心意』字，作名詞，《國語》凡十一見:

有不祭則修意。(《周語》上。)

精意以享，禋也。(《周語》上)。

言忠必及意。(《周語》下)。

帥意能忠。(《周語》下)。

詩所以合意。(《魯語》下)。

魄，意之術也。(《晉語》三)。

述意以導之。(《晉語》三)。

快意而喪君。(《晉語》三)。

沈寵產讟，民無叛意。(《晉語》九)

明精意以導之罰。(《楚語》上)。

君行制，臣行意。(《越語》下)。

可見這種用法在《國語》是很常見的了。《左傳》雖然也有『意』字，但除了作專有名詞用外，再沒有其他的用法。

『裨』　除專有名詞不計外，《國語》『裨』字凡三見。皆用爲動詞，作『補』『益』之意。如:

裨補先君。(《晉語》四)

韋昭《註》:『裨，補也。』

子若能以忠信贊君，而裨諸侯之闕。(《晉語》八)

韋昭《註》:『裨，補也。』

若以同裨同，盡乃棄矣。(《鄭語》)

韋昭《註》:『裨，益也。』

《左傳》此字除用爲人名或地名外，是沒有其他用法的。

四、《國》《左》二書語彙方面的差異

美國學者卜德氏在他的《左傳與國語》一文中曾提出『帝』與『上帝』一證，以爲《左傳》喜言『帝』，而不大言『上帝』，《國語》則剛好相反。因而證明《左》《國》二書非同一人所作。我現在不敢掠美，特師法他的意思，爲他作一番闢莽披榛的工作。條列例證，綜成一類，名之曰『語彙』。

『百姓』　《左傳》對於人民的稱謂，多以『民』爲之。凡四百餘見。也常用『國人』一詞，凡八十餘見。而於『百姓』一詞，則僅三見。那便是襄公十四年的『百姓絕望』，昭公三十二年的『俾我一人無徵怨于百姓』，哀公二年的『斬艾百姓』。《國語》則大不相同，固然『民』之一詞也經常出現，而『百姓』這個名詞，竟出現了四十次之多。（《周語》上三見。《周語》中六見。《周語》下五見。《齊語》五見。《晉語》一五見。《晉語》二兩見。《晉語》四三見。《鄭語》下五見。《越語》上一見。《越語》下四見。）比較起《左傳》來，《國語》是更愛用『百姓』這個名詞了。

『天王』　關於『天王』的稱謂，《左傳》凡四見。爲:

天王使召武公、內史過賜晉侯命。（僖公十一年）

天王使劉定公勞趙孟於潁。（昭公元年）

天王將鑄無射。（昭公二十一年）

天王處於姑蕕。（定公六年）

這些『天王』，都是指周天子而言。對其他諸侯，無論是什麼場合，無論強弱如何懸殊，都不稱『天王』的。這在《左傳》沒有例外。（《左傳》『天王』一名，尙另有六見，爲: 隱公元年。桓公十五年。僖公二十四年，二十八年。襄公二十八年，三十年。但

顯然是抄襲《春秋》經文的記載，不合本文統計標準，因此沒有計入。不過這些『天王』，也都是指周天子，沒有例外。）《國語》便不然了。對周天子從來沒有稱過『天王』。反而是越敗於吳而求和的時候。屢屢稱吳王夫差爲『天王』。諸如:

昔者越國見禍，得罪於天王。

天王親趨玉趾以心孤勾踐。

草鄙之人，敢忘天王之大德。

天王豈辱裁之。

今天王既封植越國。

是天王之無成勞也。

唯天王秉利度義焉。

使其下臣種不敢徹聲聞於天王。

例證既然這樣多，而第一例下面韋昭《註》云: 『言天王，尊之以名。』可見『天王』二字不是字誤。這是《左傳》所沒有的情形。可見二書著作態度的差異。

『純固』　這個成語，《左傳》根本找不出來，而在《國語》是常見的。如:

吾聞夫犬戎樹惇，帥舊德而守終純固，其有以禦我矣。(《周語》上)

財用蕃殖於是乎始，敦龐純固於是乎成。(《周語》上)

守終純固，道正事信，明令德矣。(《周語》下)

聽言昭德，則能思慮純固。以言德於民，民歆而德之，則歸心焉。(《周語》下)

『神祇』與『鬼神』　《國語》有『神祇』一名。如:

足以供給神祇而已。(《周語》中)

不共神祇。(《周語》下)

其周公太公及百辟神祇實永饗而賴之。(《魯語》上)

上下神祇，無不徧諭。（《晉語》八）

《左傳》只有定公元年『山川鬼神其忘諸乎』的『鬼神』一本作『神祇』，除此更無他處。卻多『鬼神』一詞。凡二十五見【隱公十一年。桓公六年。僖公五年，二十六年，三十一年。襄公九年，十年，二十年，二十七年。昭公七年二見。十三年，十六年，二十年七見，二十六年二見，二十七年，三十年。定公元年。】

《國語》則僅三見。（《晉語》二。《晉語》八。《吳語》）。

『慆淫』及其他　和『淫』字相偶成詞的，《國語》有『慆淫』一詞。如:

及其失也，必有慆淫之心間之。（《周語》下）

自幽王而天奪之明，使迷亂棄德而卽慆淫。

夜儆百工，使無慆淫。（《魯語》下）

又有『淫亂』一詞。如:

立於淫亂之國。（《周語》下）

擇其淫亂者而先征之。（《齊語》）

擇天下之甚淫亂者而先征之。（《齊語》）

東南多有淫亂者。（《齊語》）

又有『淫暴』一詞。如:

驕躁淫暴。（《齊語》二見）

這些，都是《左傳》所沒有的。但《左傳》卻有『淫虐』一詞。如:

道以淫虐，弗可久已矣。（昭公元年）

若適淫虐，楚將棄之，吾又誰與爭。（昭公四年）

紂作淫虐，文王惠和。殷是以隕，周是以興。（昭公四年）

又有『淫慝』一詞。如:

於是乎有京觀，以懲淫慝。（宣公十二年）

所以敬親暱禁淫慝也。（成公二年）

禁淫慝，薄賦斂。（成公十八年）

又有『淫溺』一詞。如:

淫溺惑亂之所生也。（昭公元年）

又有『淫湎』一詞。如:

淫湎毀常。（成公二年）

這些，都是《國語》所沒有的。

『郵』和『尤』　《國語》裏面有『郵』字而無『尤』字。《左傳》則二字皆有。《國語》『郵』字凡九見。除掉《晉語》九的『郵無正進』、『郵無正御』爲人名外，其他七見如下:

我優也，言無郵。（《晉語》二）

遠人入服，不爲郵矣。（《晉語》四）

王曰: 不可。《曹詩》曰: 『彼己之子，不遂其媾。』郵之也。夫郵而效之，郵又甚焉。效郵，非禮也。（《晉語》四）

夫貨馬郵則闕於民。（《楚語》下）

韋昭都訓爲『過』。（案: 除《楚語》下一例爲『超過』之義外，其他均爲『過尤』之義。）

《左傳》『郵』字凡三見:

將走郵棠。（襄公十八年）

郵良曰。（哀公元年）

郵無正御簡子。（哀公二年）

都是作地名或人名等專有名詞。用作形容詞或動詞，《左傳》都用『尤』字，凡數十見，其中用爲『過』的意思的，也有十來二十次。玆舉數例:

鄭伯效尤，其亦將有咎。（莊公二十一年）

尤而效之，罪又甚焉。（僖公二十四年。又見襄公二十一年。惟『罪』作『其』）

效尤，禍也。（文公元年）

四國何尤焉。（襄公三十年）

這種現象，很明顯的可以看出二書的差異。

『泰』與『汰』（或『汏』）　用作『驕傲』或『奢侈』的意思，≪左傳≫多用『汏』或『汰』，而少用『泰』。如:

皆所以示諸侯汏也。（昭公四年）

今君以汏。（昭公四年）

汏而愎諫。（昭公四年）

楚王汏侈已甚。（昭公五年）

汏侈已甚。（昭公五年）

雖汏侈若我何。（昭公五年）

汏侈無禮已甚。（昭公二十年）

作『汰』的有:

欒黶爲汰。（襄公十三年）

以其汰乎。（襄公十四年）

欒黶汰虐已甚。（襄公十四年）

伯有汰侈故不免。（襄公三十年）

楚王汰侈而自說其事。（昭公元年）

而作『泰』字的只有襄公三十年的『泰侈者因而斃之』一見。其他多用作人名、地名或卦名。≪國語≫則凡用作『驕』『奢』之意，皆以『泰』字爲之。如:

東門之位不若叔孫，而泰侈焉，不可以事二君；叔孫之位不若季孟，而亦泰侈焉，不可以事三君。（≪周語≫中）

君驕泰而有烈。夫以德勝者猶懼失之，而況驕泰乎？（≪晉語≫六）

及桓子，驕泰奢侈，貪慾無藝。（《晉語》八）

恃其富寵以泰於國。（《晉語》八）

韋昭《註》：『奢泰於國。』

在《國語》全書裏，根本找不出一個『汏』字或『汰』字來。

結　語

我循高本漢氏與卜德氏之舊軌，從文法、語彙兩途，得出上文諸證據。證明《國》《左》二書在這兩方面有如許之差異。其中如歎詞的有無；副詞、助詞、連詞方面的差異；某些常見字的不同用法；以及『百姓』、『天王』、『神祇』……等名詞的差別。不僅可顯出二書非同一書所化分，還可證明二書作者決非同一人！我在《論國語與左傳的關係》那篇文章裏，雖然曾對高本漢先生的『如、若』一證作過頗有保留的批評，但面對本文這許多證據，卻不能不承認高氏之說的正確。沒有一個人能寫出兩本題材類似而在文法、語彙方面有如許差別的大書。除非他使用兩種不同的文字。不然，即使《國語》是左丘明失明以後口述與其門人子侄輩筆錄成書的也不行！

（《從文法、語彙的差異證國語、左傳二書非一人所作》，
在中央研究院歷史語言研究所《集刊》內）

張以仁先生在此之前，又撰《論國語與左傳的關係》，亦發表於中央研究院歷史語言研究所《集刊》（三十三本）內。文長例多，未能全錄；玆摘其大綱如次：

壹　對前人論證的綜述與批評

貳　《國語》與《左傳》非一書化分

1.著作態度的不同

2.同述一事而史實有差異

①時的差異（二十六例）

②地（包括國名）的差異（十四例）

③人的差異（三十八例）

④事的差異（一一五例）

3.《國語》有而《左傳》無以及二書全同部分

①《國語》有而《左傳》無者（七十六例）

②《國》《左》二書全同者（十六例）

4.從《史記》上有關《國》《左》的材料以證二書非一書之分

①同於《國語》而異於《左傳》的｝同前

②同於《左傳》而異於《國語》的｝同前

③記述同一故實而其內容兼取《國》《左》二書的（十七例）

5.有關二書不同之旁證

其結論云:『《國語》所論凡二百四十餘事，其中除三分之一爲《左傳》所無外，與《左傳》重出的地方竟幾乎有三分之二以上。這些重出部分，在史實方面與《左傳》有差異的居大多數。而在這種地方，《史記》卻有時從《左傳》，有時據《國語》。這些重出的部分，又有少數幾乎和《左傳》完全一樣，甚至連字句都少有差別的。……再加上二書著作態度的不同，以及《師春篇》之佐證，則《國語》與《左傳》原係二書，並非如康、錢諸氏所謂一書化分是很決然的了。』

楊伯峻云:

我認爲:《左傳》作者不是左丘明，不但不是《論語》的左丘明，也沒有另一位左丘明（有一說如此），因爲《漢書・古今人表》以及其他任何史料都沒有提到第二位左丘明。吳起雖然傳授過《左傳》，《左氏傳》之稱絕不是因爲吳起是左氏人。《左傳》採取很多原始資料，如成公十三年《傳》載《晉侯使呂相絕秦書》，這是一篇強辭奪理的文字，可是藝術性很高。秦國後來竟模倣這篇受辱的文章，寫了一篇《詛楚文》（見嚴可均所輯《全上古文》卷十四）。由《詛楚文》足以知道《呂相絕秦》一定是原始紀錄，或者原始文獻。《左傳》作者安排改寫這些史料，有始有終，從惠公生隱公和桓公至智伯之滅，首尾畢具，風格一致。其人可能受孔丘影響，但是儒家別派。《韓非子・顯學篇》說：『故孔墨之後，儒分爲八，墨離爲三。』孔丘不講『怪、力、亂、神』，《左傳》作者至少沒有排斥『怪、力、亂、神』，所以我認爲是儒家別派。他的改篇史料，正和司馬光寫《資治通鑑》一樣。《資治通鑑》編一千三百六十二年之史，雖然有當時著名史學家劉恕、劉攽、范祖禹等人爲助，但據司馬光的《進書表》『臣旣無他事，得以研精極慮，窮竭所有，日力不足，繼之以夜』云云，司馬光實曾把全書作了統一工夫，所以現在讀《資治通鑑》，眞像一個人寫的。據宋陳振孫《直齋書錄解題》，司馬光恐怕《資治通鑑》卷帙太多，內容太富，晚年又節縮著《通鑑學要歷》八十卷（此書已不存）。由此足見司馬光於《資治通鑑》實曾通讀並加工。《左傳》作者雖然取材也多，但僅二百五十五年，全書除《春秋經》外，不過十八萬字左右。縱使當時寫作條件艱難，也不如司馬光有皇帝支持，公家供給，而未始不可以一人成書。從《注》中可以知道，後人所謂劉歆等增益者（如南宋林栗說：『《左傳》凡言「君子曰」，是劉歆之辭』），都不可信。我們應該重視的，是《左傳》的成書年代。

研究《左傳》成書年代，前人也曾用過力量，獲得一定的成績。可惜每每只用一種方法，沒有從內及外，更沒有搜集正反兩方面資料來解決矛盾，導致作出比較符合客觀實際的結論。我的這篇考證，對於前人研究成果有所取，也有所不取。但不是由於不合己意而不取，僅僅由於它缺乏科學性和邏輯推理不足而不取。就是符合己意的，也因此而不用。因爲用了它，反而不能够取信讀者。

論斷《左傳》成書年代，首先要引崔述《洙泗考信錄餘錄》：

戰國之文姿橫，而《左傳》文平易簡直，頗近《論語》及《戴記》之《曲禮》《檀弓》諸篇，絕不類戰國時文，何況於秦？襄、昭之際，文詞繁蕪，遠過文、宣以前；而定、哀間反略，率多有事無詞，哀公之末事亦不備，此必定、哀之時，紀載之書行於世者尚少故爾。然則作書之時，上距定、哀未遠，亦不得以爲戰國後人也。

崔述這些話，有對有不對，現在不加討論。但他推定《左傳》作書之時，上距定公、哀公不遠，下也不會在戰國後。雖然此段時間相距很長，但作爲第一位認眞探討《左傳》成書年代的學者，其結論還是值得重視的。

《史記·十二諸侯年表序》說：

鐸椒爲楚威王傳，爲王不能盡觀《春秋》，採取成敗，卒四十章，爲《鐸氏微》。趙孝成王時，其相虞卿上採《春秋》，下觀近世，亦著八篇，爲《虞氏春秋》。

司馬遷上文所謂《春秋》，實指《左傳》，前人已有定論，現在不再重複。讀者參考近人金德建《司馬遷所見書考》《司馬遷所稱春秋係指左傳考》也足以瞭如指掌。不然，《春秋》在當時最多不過一萬八千字，爲什麼『爲王不能盡觀』？《春秋》和《左傳》近二十萬字，才『爲王不能盡觀』。孔穎達在《春秋左氏經傳集解序·疏》中引劉向《別錄》也說：

鐸椒作《抄撮》八卷，授虞卿。虞卿作《抄撮》九卷，授荀卿。

《別錄》的二種《抄撮》，就是司馬遷的《鐸氏微》和《虞氏春秋》。《漢書·藝文志》有《鐸氏微》三篇，班固自注說：『楚太傅鐸椒也。』又有《虞氏微傳》二篇，班固自注說：『趙相虞卿。』

那麽，鐸椒、虞卿節錄《左傳》成書，不但武帝時司馬遷看過，劉向、劉歆整理西漢末皇家藏書時，並曾整理過，這是十分可信的。而且，《戰國策·楚策四》並有下列一段文字：

虞卿謂春申君曰：『臣聞之《春秋》，「于安思危，危則慮安」。』

『于安思危』二語，實際就對《左傳》襄公十一年『居安思危，有備無患』的引意。古人引書，一般不拘泥於文字，只是大意相同便够。

鐸椒爲楚威王太傅，因作這書。楚威王元年爲公元前三三九年，末年爲三二九，鐸椒作《鐸氏微》或《抄撮》，不出這十一年之間，足見戰國時代的上層人物都喜愛《左傳》。虞卿的年代大概在公元前三〇五——二三五年。從這以後徵引《左傳》的更多。劉師培《羣經大義相通論》中有《左傳荀子相通論》，其中雖不免有附會之處，但荀子徵引《左傳》，實無可疑。現在僅舉二條爲例。《荀子·大略》篇：

送死不及柩尸，弔生不及悲哀，非禮也。

這和隱元年《傳》『贈死不及尸，弔生不及哀，豫凶事，非禮也』基本相同。而且荀卿還怕後人誤會尸體爲未經入棺之尸，又加以『柩』字表明它，足見這是荀卿引《左傳》，不是《左傳》用《荀子》。又《致仕篇》說：

賞不欲僭，刑不欲濫。賞僭則利及小人，刑濫則害及君子。若不幸而過，寧僭無濫。與其害善，不若利淫。

襄公二十六年《傳》也有此文：

喜爲國者，賞不僭而刑不濫。賞僭則懼及淫人，刑濫則懼及善人。若不幸而過，寧僭無濫。與其失善，寧其利淫。

兩者只有幾個字的差別，所以盧文弨說《荀子·致仕篇》『此數語全本《左傳》』。

其後《戰國策》(如《魏策》三用僖公二年和五年《左傳》,稱《左傳》爲《春秋》)、《呂氏春秋》《韓非子》無不徵引《左傳》文字。《呂氏春秋》《韓非子》二書徵引尤多。劉師培有詳細考證,見《讀左劄記》。至於西漢,從漢高祖《賜韓王信書》用《左傳》哀十六年語以至《淮南子》《賈誼新書》,文帝作詔書(見《史記·文帝紀》二年),武帝制令(見《史記·三王世家》並《索隱》),司馬遷作《史記》,徵引《左傳》更多。其後哀帝封册(見《漢書·王嘉傳》)以至劉向作《說苑》《新序》《列女傳》,都用《左傳》故事。《左傳》從成書一直到今天,流行於世,未曾斷絕。

晉武帝咸寧五年(公元二七九年)汲郡人不準盜掘魏國古墓,發現不少竹簡古書。其中有一種叫《師春》的,據《晉書·束晳傳》和杜預的《春秋左氏經傳集解後序》說,完全抄錄《左傳》的卜筮事,連上下次第及其文義都和《傳》相同。杜預和束晳都認爲師春是抄集者人名。師春不知何年代人,但汲郡魏墓很多人說是魏襄王(就是《孟子·梁惠王上》的梁襄王)墓。墓中另一種書叫《竹書紀年》,紀載史只到今王二十年。今王就是魏襄王,當時還活着,在王位,所以稱爲『今王』。魏襄王在位二十三年死去,那麽,師春的抄集《左傳》卜筮事至遲在魏昭王元年以前,卽公元前二九五年以前。《左傳》在戰國的流行更獲得實物證明。雖然《師春》其書已不存在,而杜預、束晳二人是親自看到那批竹簡才記述下來的。

以上只是證明《左傳》在戰國時卽已流行,還不能肯定《左傳》成書於何年。自然,成書在流行以前。

顧炎武《日知錄》卷四有《左氏不必盡信》條,說:

> 昔人所言興亡禍福之故不必盡驗。《左氏》但記其信而有徵者爾,而亦不盡信也。三良殉死,君子是以知秦之不復東

征。至於孝公，而天子致伯，諸侯畢賀；其後始皇遂併天下。季札聞《齊風》以爲國未可量，乃不久而篡於陳氏；聞《鄭風》以爲其先亡乎，而鄭至三家分晉之後始滅於韓。渾罕言姬在列者，蔡及曹、滕其先亡乎，而滕滅於宋王偃，在諸姬爲最後；僖三十一年狄圍衞，衞遷於帝丘，卜曰三百年，而衞至秦二世元年始廢，歷四百二十一年。是《左氏》所記之言亦不盡信也。

後人因此，認爲《左傳》作者每每借他人之口作預言。預言被證實的，是作者所親見的；預言不靈驗的，是作者所未及聞見的。由此可以測定《左傳》成書年代。預言不靈驗的，主要有下列諸項。

一、文公六年《傳》說：『秦伯任好卒，以子車氏之三子——奄息、仲行、鍼虎——爲殉，皆秦之良也。國人哀之，爲之賦《黃鳥》。……君子是以知秦之不復東征也。』《史記・秦本紀》說：『周室微，諸侯力政，爭相並。秦僻在雍州，不與中國諸侯之會盟，夷翟遇之。』這是秦孝公以前的情況，也是《左傳》作者所見到的『不復東征』的情況。然而自秦孝公卽位，『於是乃出兵，東圍陝城，西斬戎之獂王。二年，天子致胙』。這是《左傳》作者所不及見的。這時已是公元前三六〇年。

二、莊公二十二年《傳》說：『初，懿氏卜妻敬仲，其妻占之，曰：「吉。是謂鳳凰于飛，和鳴鏘鏘。有嬀之後，將育于姜。五世其昌，並於正卿。八世之後，莫之與京。」』末又說：『及陳之初亡也，陳桓子始大於齊，其後亡也，成子得政。』陳成子專姜齊之政，正是《左傳》筮者之言『此其代陳有國乎』。當時晏嬰也私自對晉國叔向說：『此季世也。吾弗知齊其爲陳氏矣。』（昭公三年《傳》）然而不能肯定陳成子之曾孫太公和竟託人向周王請求，立他爲齊侯。所以卜辭只說『八世之後，莫之與京』；不言十世之後，爲侯代姜。昭公八年《傳》史趙的話也僅說陳之『繼守將在齊，其兆存矣』。就是當時人多看到陳氏有代齊的苗頭，是否果眞代齊爲侯爲王，誰都未敢作此預言。田和爲齊侯在公元前三八六年，這是《左傳》作者所未及知道的。

哀公十五年還有一段紀載：

秋，齊陳讙如楚，過衞。仲由見之，曰：『天或者以陳氏爲斧斤，旣斲喪公室，而他人有之，不可知也。其使終饗之，亦不可知也。』（下略）

子路對齊國前途的推測，還不及晏嬰的肯定。他肯定姜齊的被陳氏斲喪，這是當時人所共見的，卻是否終爲陳氏所享有，或者另外鑽出第三者（他人）攫取果實，都在『不可知』之列。由此表明，《左傳》作者未及見到陳氏篡齊。

三、宣公三年《傳》：『成王定鼎于郟鄏，卜世三十，卜年七百。』這裏有個問題：周的世數和年數，應從文王計算起，還是從武王滅紂後算起，還是根據這段文字從成王定鼎算起。我認爲，『成王定鼎于郟鄏』，只是說明卜世卜年應該包括周王朝所傳之世、所得之年，至遲應該從武王計算起。《晉書·裴楷傳》說：『武帝初登阼，探策以卜世數多少。』也是從西晉初開國計算起，正和成王卜世相類。《漢書·律曆志》說：『周凡三十六王，八百六十七歲。』西周自武王至幽王共十二王，但年數多少則各說不同。《史記·匈奴傳》說自武王伐紂至犬戎殺幽王凡四百餘年，這說得最長。《史記·周本紀集解》引《汲冢紀年》說：『自武王滅殷以至幽王，凡二百五十七年也。』《通鑑外紀》三引《汲冢紀年》也說：『西周二百五十七年。』這說得最短。介於兩者之間的，有《漢書·律曆志》引劉歆《世經》說自伯禽至春秋凡三百八十六年。劉恕《通鑑外紀》載西周凡三百五十二年。鄭玄《詩譜序》說：『夷、厲以上，歲數不明；太史《年表》，自共和始。』則無怪乎前人對西周年數無定論。東周自平王至赧王，不計哀王和思王，共二十二王。西、東周總共三十四王。《律曆志》說『三十六王』，可能是把哀王、思王計算在內。若說『卜世三十』，到安王便已三十王。平王元年爲公元前七七〇年，安王末年（二十六年）爲公元前三七六年，近四百年。加上西周約三百年，《左傳》成書年代很難到周安王時代。

四、閔公元年《傳》說：『賜畢萬魏。……卜偃曰：「畢萬之後必大。萬，盈數也；魏，大名也。以是始賞，天啓之矣。天子曰兆民，諸侯曰萬民。今名之大，以從盈數，其必有衆。」』又說：『初，畢魏筮仕於晉，……公侯之卦也。公侯之子孫，必復其始。』『復其始』就是恢復爲公侯。這樣，《左傳》作者一定看到魏斯爲侯。那時是周威烈王二十三年，公元前四〇三年。但看不到魏文侯後代稱王。昭公二十八年《傳》說：『魏子之擧也義，其命也忠，其長有後於晉國乎！』晉國就是魏國，作者行文避免『魏』字重複出現，因改『魏國』爲『晉國』。晉國本是魏國又一稱號，猶如《孟子・梁惠王上》，梁惠王（卽魏惠王）自稱其國爲晉國。他曾對孟軻說：『晉國，天下莫強焉。』由此足見《左傳》作者只見到魏文侯爲侯，見不到魏後稱王，更看不到它的日益衰弱，『東敗於齊，西喪地於秦七百里』。

由於上文的論證，足以推測《左傳》成書在公元前四〇三年魏斯爲侯之後，周安王十三年三八六年以前。離魯哀公末年約六十多年到八十年。和崔述的論斷相較，相距不遠，只是具體得多。

（《春秋左傳注・前言》）

徐中舒云：

六國稱王始於魏、齊徐州之會（公元前三三四年），這是戰國時代晉齊絕世以後又一次更大的變局，魏國霸權從此告終。《左傳》講霸業不講王道，《孟子》講王道不講霸業，這完全是兩個不同時代所反映出來的問題。

霸業原是春秋時代特殊的歷史，存亡繼絕是霸主維持西周以來封建舊秩序的手段。春秋時代的人生活在這樣舊秩序下形成了一種信念，他們相信『天有十日，人有十等』，古代以干支紀日，所謂十日就是指自甲至癸而言。他們認爲在君主等級政體下人有十等就是天經地義不可改變的。戰國初期晉齊絕世，對於霸主已成爲一種諷刺，當時大國爭雄惟以兼並爲利，更與存亡繼絕背道而馳。不過，當時各國君主變法圖強，君主集權政體在國內還沒有鞏固的基礎，巨室世臣，故家喬木，還是君主集權政體有力的支柱。因此，在統治階級內部進行的『尚賢使能』、『保世滋大』還是必要的措施。所謂『外擧不棄仇，內擧不失親』，所謂親、仇，還不是統治者內部人物嗎？《左傳》雖然講霸業，但是它所強調的還是『保世滋大』團結貴族內部的親仇，以支持當時開始的君主集權政體，這顯然是要爲當時魏國霸業服務的。

《孟子》講王道，王道是要完成一個爲天下臣民所歸往的大一統的王國，它是六國稱王以後的上層建築，它要爲君主集權政體在思想上作進一步發展的準備。六國稱王以前，周天子在名義上還是天下的共主。逢澤之會，魏惠王還要率泗上十二諸侯，朝見天子，在這個時代講霸業，還有一定的意義。六國稱王以後，周天子降爲附庸小國，西周以來封建舊秩序，完全破產了。君主集權政體進一步發展，貴族成爲時代前進的障礙，過去在君主等級政體下貴族專政的各級君主也逐漸爲各級官僚所代替。在新秩序下也產生一種新的信念，他們相信『天無二日，土無二王』，只有王才是像太陽一樣的獨一無二至高無上的君主。他們再也不信『天有十日，人有十等』了，貴族也日趨沒落了。在這個時代再講霸業，那就沒有任何依據了。

《左傳》好預言因果休咎而以卜筮爲徵驗，有很濃厚的迷信色彩。韓愈說:『《春秋》謹嚴，左氏浮夸。』所謂浮夸就是指的這些前知的預言。《左傳》中預言有驗的也有不驗的。凡驗的預言，可以說都是事後比附之詞。如三家分晉田氏代齊的預言，書中屢見，《左傳》作者應是看見這些歷史的。《左傳》又說，『鄭其先亡』，或『鄭先衞亡』,鄭亡於公元前三七五年，鄭亡是驗詞，因此，《左傳》成書就不能早於此年。至於『鄭先衞亡』這句話，就有驗有不驗了。先後原是相對之詞，如果『鄭先衞亡』，必然是鄭亡之後，不久衞也滅亡，先後不能相去過遠。《左傳》在衞遷帝丘時說，『卜曰「三百年」』，衞遷帝丘在公元前六二九年，三百年後應爲三二九年。如果衞亡於此時，上距鄭亡僅四十餘年，尚可說是驗詞。但事實並不如此。《史記·衞世家》記衞去帝丘徙野王在公元前二四一年，秦二世廢衞君角爲庶人、衞絕祀在公元前二〇九年。如以衞去帝丘徙野王爲衞亡，則上距鄭亡已一百三十餘年，時間相距過遠，不能成爲對比；如以衞絕祀爲衞亡，則衞亡尚在六國之後，更不能說『鄭先衞亡』了。《左傳》作者爲什麽要說『鄭先衞亡』呢？這也是有緣故的。公元前三七二年是鄭國滅亡後的第三年，趙伐衞，攻取衞國七十三個鄉邑，此時衞國已有亡徵。此後二十年中，趙更取衞國甄、漆、富丘諸邑，此時衞國危亡已在旦夕。在魏國覇權下，衞原是魏國的附庸，只要衞國存在，魏爲團結趙國起見，還可以容忍一下；如衞入於趙，不但損害了魏國的覇權，也撤去了魏國的屛障；魏惠王權衡利害決不能坐視衞亡而不救。公元前三五四年魏爲救衞之故，圍趙邯鄲。兩年後魏攻下邯鄲；但魏取邯鄲，破壞了東方趙魏齊楚四國的均勢，實非齊楚之利。齊楚爲救趙之故，又先後予魏以沈重的打擊。魏因此又不得不再作團結三晉之計，與趙盟漳水上，歸趙邯鄲。衞從此就在趙魏兩國均勢下勉強維持下去。這個均勢的形成，完全出於《左傳》作者預料之外；因此，衞亡這個預言也就不驗了。趙魏盟漳水上在公元前三五一年，因此，《左傳》成書也不能晚於此年。

『鄭先衞亡』，鄭亡是驗了，衞也有亡徵；凡不驗的預言其初都似有驗徵。《左傳》又在秦穆公死以人殉葬時斷言『秦之不復東征』，東征指向晉用兵而言。魏文侯、武侯時，魏攻取秦河西地，阻絕秦國東向用兵道路，秦孝公說：『三晉（指魏）攻奪我先君河西地，諸侯卑秦，醜莫大焉！獻公鎭撫邊境徙治櫟陽，且欲東伐，復穆公之故地，修穆公之政令；寡人思念先君之意，常痛於心！』秦國不復東征是秦獻公、孝公痛心疾首的事。《左傳》作者只看見魏國攻奪秦河西地斷絕了秦國東征道路，因此，就斷言『秦之不復東征』；後來魏獻河西、河東地於秦，又完全出於《左傳》作者預料之外，因此，這個預言也就不驗了。趙魏盟漳水上是魏國喪失霸權的開始，魏惠王對孟子說：『晉國（魏）天下莫強焉，叟之所知也；及寡人之身，東敗於齊，長子死焉，西喪地於秦七百里，南辱於楚，寡人恥之！』魏國這些傷心的歷史，都在盟漳水後，《左傳》成書不能晚於此年，也與這一個不驗的預言相符合的。

《左傳》作者對於魏國期望是很大的。他在晉賜畢萬以魏時說：『畢萬之後必大，萬盈數也，魏大名也，以是始賞，天啓之矣！』他只看見魏國的強大，卻沒有看見魏國的削弱，《左傳》就是魏國霸業鼎盛時代的作品。把《左傳》成書年代定爲公元前三七五年——公元前三五一年，也與這一個不驗的預言相符合的。

孔子卒於公元前四七九年，子夏少孔子四十四歲，孔子卒時子夏年二十八。子夏居西河爲魏文侯師，當是晚年時事。相傳子夏老壽，晚年喪明。假定當時子夏年七十，即公元前四三七年，下距《左傳》成書年代的上限爲七十二年，因此，《左傳》作者可能就是子夏一再傳的弟子。

《左傳》不但成書於公元前三五一年以前，而且當時卽已在三晉流傳。《汲冢書》有《師春》一卷，與《左傳》記卜筮事無一字之異，這就是《左傳》在魏國編寫或首先在魏國流傳的證明。《國策》載虞卿說，『臣聞之《春秋》，「於安思危，危則慮安」』，實與《左傳》所引《書》曰『居安思危』相同，是虞卿所稱《春秋》卽《左氏春秋》。虞卿爲趙上卿，這就是《左傳》流傳於趙地之證。韓非子於《姦劫臣弒篇・春秋》記之曰的下面，引楚王子圍殺王自立及崔子之徒賈舉弒君，其事皆出《左傳》。是韓非所引《春秋》，也是《左氏春秋》，這是《左傳》流傳於韓地之證。

漢興，《左傳》已在民間流傳，河間獻王也在河間國內立了《左氏春秋》博士。河間獻王以漢景帝前二年立（公元前一五八年），立二十六年卒（公元前一三三年）。班固說他『從民間得善書必好寫與之，留其眞』，因此，他『所得書與漢朝等』，而且這些書『皆古文先秦舊書』，其中就有『《周官》《尙書》《禮》《禮記》《孟子》《老子》之屬，皆經、傳、說、記，七十子之徒所論』。這裏雖然沒有提到《春秋左氏傳》，但是河間獻王旣立了《左氏春秋》博士，《左傳》在河間國必然流傳甚廣。《漢書・儒林傳》載這一派半官學傳授系統說：

> 漢興，北平侯張蒼及梁太傅賈誼、京兆尹張敞、太中大夫劉公子皆修《左氏春秋傳》，誼爲《左氏傳》訓詁授趙人貫公，爲河間獻王博士，子長卿爲蕩陰令，授清河張禹長子（長子，禹字）；禹與蕭望之同爲御史，數爲望之言《左氏傳》，望之善之，上書數以稱說。
>
> 尹更始爲長樂戶將，又受《左氏傳》，取其變理合者以爲章句，傳子咸及翟方進，琅琊房鳳。

據此言之，《左傳》在西漢時代不但在河間國流傳甚廣，河間國以外也有很多的傳人。

班固說河間獻王所得書與漢朝等，當時民間所存的先秦舊書數量還是很多的。魯恭王所得孔子壁中書，僅『《古文尚書》及《禮記》《論語》《孝經》凡數十篇』，數量是有限的，這裏面沒有《春秋》，也沒有《左傳》。許愼《說文・序》記壁中書，多了一部《春秋》，應是許氏誤記。《左傳》是古文舊書，但不是壁中書。漢代中祕書的《春秋左氏傳》，出自北平侯張蒼所獻，劉歆《移太常博士書》也把中祕所藏的壁中書和古文舊書分別得很清楚：中祕所藏逸《禮》三十九篇、《書》十六篇，是孔子壁中書，《春秋左氏傳》是古文舊書。壁中書是孤本，古文舊書並不是孤本，而中祕書的《左傳》，還與民間所傳趙國貫公的遺學完全相同，『皆有徵驗，外（民間）內（中祕）相應』。西漢時代《古文春秋左氏傳》既非孤本，如說《左傳》是劉歆竄改的或僞造的，劉歆又怎能一手掩盡天下人耳目呢？

西漢時代《左傳》在民間流傳既久，司馬遷作《史記》『網羅天下放佚舊聞』，對於這樣一部重要的史籍，那能輕易放過呢？《史記》與《左傳》記載一致的，是《史記》鈔《左傳》而不是《左傳》鈔《史記》。理由是很明白的：《史記・十二諸侯年表》起自共和元年（公元前八四一年），訖於魯哀公二十七年（公元前四六八年）；《國語》記厲王奔彘，即共和所自起；《春秋》記孔子卒後事終於哀公二十七年的，也只有一部《左氏春秋》如此。《十二諸侯年表・序》說：『表見春秋國語。』這個《春秋》不是《左氏春秋》又是什麼呢？司馬遷不但看到《左傳》，而且還要根據《左傳》《國語》作成年表作爲讀《春秋》《國語》的綱領；所以他在《年表・序》裏又說：『爲成學治古文者要删焉。』這個古文不是《左傳》又是什麼呢？《史記・吳世家》說：『余讀《春秋》古文，乃知中國之虞與荆蠻句吳兄弟也。』這個《春秋》古文不是《左傳》又是什麼呢?

（《左傳的作者及其成書年代》，在《左傳選》內）

史景成謂『筆者據天文、曆法及文獻三方面觀之，則以爲《左傳》之著作年代，當在紀元前三六五年以後，三百二、三十年以前』，見史著《周禮成書年代考》第二節《由歲次紀年年代推太歲紀年之年代》內。

（已搜入本書，見四五二頁）

蔣立甫云:

㈠從國語中分出說不能成立

對康有爲的『從《國語》中分出說』，前人已有過一些批評意見，這裏再補充兩條:

一、既說《左傳》是從《國語》中分割出來的，那麼今本《國語》《左傳》記事就應該是『此存則彼無，彼存則此無』，而現在兩書的實際情況怎樣呢?因康氏曾認爲《魯語》被劉歆割裂最甚，剩下的『則大半敬姜一婦人語』，那我們就來考察《魯語》:

①《魯語上》（下同）記『齊魯長勺之戰』，亦則《左傳》莊公十年。

②記『曹劌諫莊公如齊觀社』，亦見《左》莊二十三年。

③記『展喜犒師』，亦見《左》僖二十六年。

④記『晉文公使醫鴆衞侯』，亦見《左》僖三十年。

⑤記『晉文公解曹地以分諸侯』，亦見《左》僖三十一年。

⑥記『臧文仲祭海鳥爰居』，亦見《左》文二年。

⑦記『夏父弗忌躋僖公』，亦見《左》文二年。

⑧記『莒太子僕弒紀公』，亦見《左》文十八年。兩書雖記同一事件，人名卻不同：《魯語》是宣公和太史里革；而《左傳》卻是文公與季文子。

⑨記『季文子節儉』的故事，亦見《左》成十六年。

總括《魯語上》共記事十六則，兩書同見者有上列九則；《魯語下》不必再對列，它共記事二十一則，兩書同見者十則。合《魯語》上下共記事三十七則，其中『敬姜婦人語』僅八則，占四分之一弱；若以文字計則不足七分之一。『大半』之說不知從何而來？

二、旣說《左傳》是從《國語》中分割出來的，那麼兩書的體例、語言、文章風格應該是大體一致的，而現在兩書的實際情況怎樣呢？

《國語》是語錄文體的分國歷史資料滙編，而《左傳》卻是以敘事爲主體的編年史。差別是一目了然的。

如再深一層考查，還可發現今本《國語》基本是『記諸國君臣相與言語謀議之得失』。作者爲強調歷史上『得失』的現實意義，常常在記載某一事語之後，加上簡短的幾句敘述語，點明其結果怎樣，以示垂戒。通觀全書，體例大多如此。請看：

《周語上》記載周厲王壓制人民言論後，接着就指出：『於是國人莫敢言，三年，乃流王於彘。』

《魯語下》記載季武子不聽穆叔勸告而『作三軍』後，接着就指出『自是齊楚代（交替）討魯，襄、昭皆如楚（指往朝楚王）』。

《齊語》記載齊桓公不記私仇而任用管仲後，接着就指出『天下大國之君，莫之能御』。

《楚語上》記載楚靈王不聽勸諫而在陳蔡等小國築城後，接着就指出『陳、蔡及不羹人納棄疾而弒靈公』。

不單如是，有的分國事語的篇末敘述語，連綴起來，還能表現

出一個國家發展的歷史過程。請看《晉語》:

《晉語一》記載晉獻公拒諫而伐驪戎後，作者指出其結果晉國長期大亂:『晉正於秦，五立而後平』，隨後各部分便系統地記述『五立而後平』的歷史過程。《晉語四》又從晉文公上台平息內亂，『伐曹衞、出谷戍、釋宋圍、敗楚於城濮，於是乎遂霸』開始，再叙述至悼公『復霸』，最後直到平公時『諸侯叛晉』，從此喪失霸業爲止。記述晉國的盛衰過程很完整。

今本《國語》的體例如此整齊劃一，絕不像康有爲所說的:劉歆分割出《左傳》後，『留其殘剩，掇拾雜書，加以附益，而爲今本之《國語》』。

《左傳》與《國語》在語言和文章風格方面的不同與優劣，那更是顯而易見的，文學史家已有定評。《左傳》的語言豐富多彩，尤其是行人的外交辭令，委婉曲致，向來爲人推崇。《國語》中雖也有幽默風趣的語言，但究竟長篇乏味的說教較多;《左傳》叙事嚴密、完整、富有故事性，時而還能揭示人物的性格，描寫戰爭更是其特長。而《國語》敍事生動的篇章較少，大多平鋪直叙。總之《左傳》較《國語》文學意味濃厚得多，哪像原來是一部書呢?

所以，根據前人已有的論證和我現在的考察，我以爲《左傳》絕不可能是劉歆從《國語》中分割出來的。

㈡韓非採用左傳的史料不容否認

徐仁甫斷定『《左傳》廣採諸子』，『成書在《呂氏春秋》《韓非子》《公羊》《穀梁》《史記》乃至《新序》《說苑》《列女傳》之後』，他不同意前人說呂、韓所載春秋時事是『取之於《左傳》』，而是《左傳》『刪減《韓非子》之文』;『《呂氏春秋》採自《韓非子》』，而不是《左傳》。徐氏的論斷對否?先姑置不論。按徐氏的意見，在上舉數書中自然以《韓非子》成書最早，因此我們不妨就用《韓非子》記春秋事的部分同《左傳》作一對比，讓事實來判斷吧！

《韓非子・姦劫弒臣》（以下只舉篇名）記楚王子圍弒楚君自立事，見《左傳》昭公元年；又記崔杼弒齊莊公事，見《左傳》襄公二十五年。按：這兩段顯然是韓非引自《左傳》，引用時他只取能作爲『姦劫弒臣』論據的史實，其餘則棄而不錄。若說《左》採自《韓》文，不合常理，因爲《左》文有些史實與細節是《韓》文所沒有的。

《飾邪》記穀陽行小忠而賊大忠事，見《左》成十六年。兩書詳略不同：《韓》詳寫子反醉酒，《左》則詳寫楚君臣逼子反自殺。按：這表明《左》《韓》各有所本，或對同一史料取捨有別。

《喻老》記重耳出亡過鄭事，見《左》僖二十三年與三十年；又記晉獻公假道於虞事，見《左》僖二年與五年；又記宋子罕不受玉事，見《左》襄十五年。按：這三則都是《左》文所記史實詳於《韓》，而《韓》載晉文公取鄭八城事，又爲《左》文所無。按：這表明《左》、《韓》各有所本。

《說林下》記管仲、鮑叔牙相約事，見《左》莊八年與九年。《韓》詳於管鮑相約之言，《左》則詳於小白與公子糾爭位，有些史實也爲《韓》文所無。按：這表明《韓》可能是節錄《左》文，或是另有所本，決不會是《左》取自《韓》。

又記吳使沮衞、蹶融犒荊師事，見《左》昭五年。兩書所記事件相同，《左》文詞語古奧，《韓》文暢達；《左》作蹶由一人，《韓》作沮衞、蹶融二人。按：這表明《左》、《韓》各有所本；從詞語判斷《左》遠早於《韓》。

《內儲說上・說一》記叔孫專斷而『子父爲人僇』事，見《左》昭四年。《左》文詳而古奧，《韓》文略而暢達。按：這表明《左》

遠早於《韓》，《韓》或本於《左》。

同上篇《說二》記子產勸游吉『必以嚴蒞人』事，見《左》昭二十年。兩書史實相近，而《左》詳於《韓》，思想也不同：《左》強調爲政『寬猛相濟』，《韓》則意在嚴刑。按：《左》記事詳於《韓》，《韓》可能是據《左》史料發揮的，而不會是相反。

《內儲說下・說一》記胥僮、長魚矯進讒晉厲公誅殺大臣事，見《左》成十七年與十八年。叙事《左》詳《韓》簡，《左》指責厲公殘忍；《韓》則惋惜厲公不盡聽胥僮等諫言而招害。《左》表現的是社會大轉變時期的私家立場；《韓》則反映了大國爭統一時代加強君主權勢的集權思想。按：這表明《左》遠早於《韓》。

同上篇《說二》記三桓逐魯昭公事，見《左》昭二十五年。《韓》借此事說明君臣異利，記事簡略，只有百十九個字；《左》詳寫事件發生的過程，五百餘字。按：這表明《韓》採用《左》史料，而不可能相反。

同上篇《說三》記費無極謀殺郄宛事，見《左》昭二十七年。《左》詳述事件的前因後果，《韓》只錄謀殺事。按：此顯係《韓》節錄《左》文。

同上篇《說五》記晉驪姬讒殺申生事，見《左》僖四年。《左》詳記讒害的過程，二百四十一個字，而《韓》僅四十個字的簡述。

又記商臣弒楚成王事，見《左》文元年。兩書所記情節一樣，詞句也多同；所不同者，唯《左》詳具年月日。

按：上兩則當是《韓》採用《左》文。

《外儲說左上》記蔡女蕩舟爲齊桓公所出事，《左》僖三年與四年。兩書記蕩舟事同，但《韓》有管仲與桓公謀先伐楚後及蔡，而《左》記事則是『齊侯以諸侯之師侵蔡，蔡潰，遂伐楚』，與《韓》不同。

又記宋襄公與楚戰於涿穀事，見《左》僖二十二年。兩書記載大同小異。《左》詳具戰事年月日；戰後有宋襄公與子魚的對話。《韓》文均無。

又記晉文公伐原示信事，見《左》僖二十五年。兩書情節相同，《韓》詳於《左》，並敘及衞晉事與孔子的評語。而《左》則連及遷原伯貫和立趙衰爲原大夫事；另外《韓》作『裹十日糧』，《左》作『命三日之糧』。

又記晉文公與咎犯盟於河事，見《左》僖二十四年。《韓》有文公『捐籩豆、席蓐』、『咎犯夜哭』等細節，《左》則有子犯『以璧授公子』、公子『投其璧於河』等細節；文公與子犯對話的內容也很不同。

按：以上四則《左》、《韓》史實互有出入，當各有所本。

《外儲說左下》記解狐荐其仇爲相事，與《左傳》襄三年載祁奚舉其仇解狐事顯然有聯繫，當是同一事件的兩種傳聞。按：這無疑是各有所本。

《外儲說右上》記齊景公與晏子游於少海論政事，見《左》昭二十六年。兩書所記多不同：《韓》地點在『柏寢之臺』；《左》在『路寢』。《韓》文晏子提出的施政主張是『近賢而遠不肖，治其煩亂，緩其刑罰，振貧窮而恤孤寡，行恩惠而給不足』；《左》文晏子闡述的中心是以『禮』來防範，他的原話是『唯禮可以已之。在禮，家施不及國，民不遷，農不移，工賈不變，士不濫，官不滔，大夫不收公利』云云。按：《韓》、《左》同記晏子之語，內容相差如此之遠，這固然說明他們所據的原始史料不同，但更反映出兩個不同時代的思想。春秋時代雖然『禮崩樂壞』，然而一些舊貴族仍想用『禮』來調整貴族內部矛盾，維繫舊的等級制度，防止大夫侵害『公利』。《左》文中晏子的話就是這一思想的代表。《韓》文中晏子所說的中心，則是以恩惠來收買人心，不談已經無用的『禮』，正反映了戰國中期以後的思想特徵。這裏《左》早於

《韓》是無疑的。徐仁甫以爲『禮可以已亂』是西漢的思想特徵，證明《韓》早於《左》，這是弄顚倒了歷史。

《難一》記晉文公與舅犯等謀議對楚戰爭事，見《左》僖二十八年。兩書所記城濮之戰前後事相差甚大。按：這表明《左》、《韓》各有所本。

又記郤克爲韓厥分謗事，見《左》成二年。其文不長，錄於下對比：

《韓非子》	《左傳》
靡笄之役，韓獻子將斬人，郤獻子聞之，駕往救之。比至，則已斬之矣。郤子因曰：『胡不以徇？』其僕曰：『曩不將救之乎？』郤子曰：『吾敢不分謗乎？』	及衞地，韓獻子將斬人，郤獻子馳，將救之。至，則旣斬之矣。郤子使速以徇，告其僕曰：『吾以分謗也。』

按：《韓》加進『郤獻子聞之』、『其僕曰』、『郤子因曰』幾句，就把《左》文不足的語意完全補齊了，較《左》文明白周密。所以只能是《韓》襲《左》文，而不是相反。

《難二》記齊景公欲爲晏子更宅事，見《左》昭三年。兩書基本史實一致而小有出入：《韓》徙宅爲『豫章之圃』，《左》則『請更諸爽塏者』，係泛指。按：這顯然是各有所本。

《難三》記寺人披求見晉文公事，見《左》僖四年、五年與二十四年。《韓》只截取主要史實，以作爲論難的材料，《左》敍事卻詳載前因後果。按：這顯係《韓》採錄《左》的史料，而不會是《左》襲用《韓》。

《難四》中記事見於《左傳》者有數則，但其中只有記孫文子聘於魯事和高渠彌弒鄭昭公事二則較詳細，與《左》襄七年及《左》桓十七年記載相差無幾。其他如：記陽虎攻三桓失敗而奔齊事、衞國褚師作難事、鄭子公因食黿導致殺靈公事、晉滅三郤後欒氏與中行氏作亂事，在《韓》文中都只是記事提綱，而在《左》文中則每一事件的首尾畢具。按：這些顯係《韓》節錄《左》的史料。

從以上的對比考察，足證徐仁甫說《左傳》採錄《韓非子》是毫無根據的，相反《韓非子》襲用《左傳》的史料是不容否認的。其實韓非自己在《姦劫弒臣》中已明確地告訴讀者，他所引用的『楚王子圍弒君自立』等事出處是《春秋》，卽指《左氏春秋》。

另外，徐氏還把《韓非子》記載春秋時代的人和事，有的不同或不見於《左傳》，作爲韓書早於《左傳》的證據，其實這是不科學的。本來我國史官設置已久，至春秋大變動時期，許多諸侯國爲總結歷史經驗敎訓，都著有國史。墨翟曾說『吾見百國《春秋》』。其中著名的就有《魯春秋》《晉乘》《楚檮杌》《周春秋》《燕春秋》《宋春秋》《齊春秋》等。《史記・六國年表》中說：『秦旣得意，燒天下詩書，諸侯史記尤甚，爲其有所刺譏也。』司馬遷所見原始史料惟獨《秦紀》，《左傳》本是根據諸侯國史加工的，也只是第二手資料，所以司馬遷對此感憤萬端：『惜哉，惜哉！』韓非著書當秦火之前，他所據史料除《左氏春秋》外，還有一些諸侯國的原始史料，因而其書記事必然有些不見或不同於《左傳》，甚至是先秦他書都缺載的，當然我們不可據此說這些書都在《韓非子》之後。

以上事實已確鑿地證明《左氏春秋》成書遠早於《韓非子》，徐仁甫把它推遲至劉向《新序》等書之後，是沒有理由的。

㈢左丘明的著作權取消不了

除上面康、徐二說以外，我們對唐代以來的其他異議也進行了考察。我們以爲，盡管學者們從不同角度提出了許多疑點，但事實上都不足以否定司馬遷關於左丘明作《左氏春秋》的記載。

第一，在我國古代學術史上，特別是先秦兩漢時代，前人著作，後人附益是常有的事，而按照古代重視學術授受源流的慣例，誰是最初著者或傳授者，誰就是其書的作者。如《墨子》一書除部分是墨翟當年講學的內容，其大部分則是墨派後學附益的，孫詒讓說:『《修身》《親士》諸篇，……涉晚周之事，非墨翟所得聞。』錢穆更認爲《七患》《辭過》《三辯》等似西漢人的作品;《莊子》也同樣不是莊周一人所作，其書除內篇較可信外，其他外、雜篇則基本是其後學所附益的;即如《韓非子》後出之書，其間亦雜有他人之作，如《十過》明顯不是韓非的作品，此篇闡述的思想、引述的歷史故實、乃至遣詞造句與《韓非子》其他諸篇都不相類屬，前人對此已有考論。子書如此，史書亦復然，如《史記》是西漢之書，而爲後人所附益的並不少，諸如《酷吏列傳》《楚元王世家》《齊悼惠王世家》《將相名臣表》等篇竟涉及昭、宣、元、成間事，最晚者已距司馬遷卒近七十年。盡管這樣，我們並不就此剝奪掉墨翟、莊周、韓非、司馬遷的著作權。以理推之，《左氏春秋》中雖竄入戰國時事、名號以及從後附會的預言，乃至某些修飾潤色等，但其著作權仍應屬於左丘明。

至於左丘明其人，漢人除司馬遷一段話外，還有劉歆、桓譚、班固、王充等人的補充說明，如劉歆說『左丘明好惡與聖人同』、班固說『左丘明魯太史』等，我以爲劉歆等人的話不爲無據，因爲左丘明旣能深知孔子作《春秋》的命意，爲防止後學『失其眞』而作《左氏春秋》，當然與孔子的關係至密，『好惡』也接近。同時在孔子時代，私學剛興起，像左丘明那樣嫻熟春秋各國史料，非史官不能辦到。所以他們並非臆想，後人妄加否定是不對的。不過像光武帝說左丘明『親受夫子』，這的確無據，司馬遷曾見過《弟子籍》，而《史記·仲尼弟子列傳》《十二諸侯年表》中都不說左丘明『親受夫子』。朱東潤說得好：『光武帝怎樣會知道左丘明是孔子的弟子呢？這很可能是他們爲了建立《春秋左氏傳》的威信而造出來的。』

第二，論者有的認爲《左氏春秋》是左史倚相或其後代所作。這一說本沒有多少依據，他們所能找到的關於左史倚相的記載，只有《國語·楚語上》和《左》昭十二年兩處。而《左》昭十二年的記載恰是否認左史倚相是『良史』。按常理說，自己作書怎會借別人之口來挖苦自己呢？至於說是其後人所作，那更不會非毀自己祖上沒有『良史』之材。

還有的論者說是子夏、吳起所作，他們的論證揭示了部分事實，子夏、吳起等與《左氏春秋》有密切的關係，但他們並不是最初的著者，只是傳授者，當然在傳授的過程中，他們對《左氏春秋》有所增補是可能的，甚至還有加工潤飾的地方。

至於陳振孫、崔述、劉逢祿等認爲『別自是一人爲史官』的左丘明，本純屬猜湖，不足多辯。

第三，論者有的說『左氏之書，成之者非一人，錄之者非一世』，用後人的附益很多來變相否定左丘明所作。其實也是想當然。因爲：

其一、從全書看，《左傳》對於複雜的歷史事件的材料綜合與剪裁，主次的安排，詳略的處理，無不體現出作者當年統一籌劃的匠心。這裏試舉僖公十五年一則短文爲例：

> 晉侯之入也，秦穆姬屬賈君焉，且曰盡納羣公子。晉侯烝於賈君，又不納羣公子，是以穆姬怨之。晉侯許略中大夫，既而皆背之。賂秦伯以河外列城五，東盡虢略，南及華山，內及解梁城。既而不與。晉饑，秦輸之粟。秦饑，晉閉之糴。故秦伯伐晉。

這一段本是對秦晉關係惡化的總結，說明秦直晉曲，責任全在晉一方。晉侯『許賂秦』和『不與秦賂』事在僖公九年、十年已分別提及，但沒有說明『賂』的內容，所以這段則詳細交代，以補前缺；而『晉饑』、『秦饑』二事已在僖十三年、十四年分別有詳細記述，這裏便一筆帶過。這類似司馬遷《史記》中所用的『互見法』，在《左傳》中寫複雜的歷史事件時，常用這一手法。如果是後人附益很多，則全書的結構就不可能像現在這樣完整而統一。

其二、從《左傳》的語法、方音、文風看，也都似出一人之手，近世以來中外學者如珂羅倔倫、衞聚賢、馮沅君、林語堂及稍前的崔述等都有專文論證，無須贅述。這也證明《左氏春秋》中後人補綴不多，以至於在語法、方音、文風方面無大差別。

在另一方面，如章炳麟、方孝岳強證《左傳》成於左丘明一人之手，否定有後人附益，這也不是實事求是的態度。因爲他們對左氏年齡的假設即令能成立，也無法解釋書中那些遲至戰國中期以後才應驗的預言，總不能說左氏壽考達一、二百歲吧！

第四，論者有的又以今本《左傳》已非司馬遷所見的《左氏春秋》舊本，來取消左丘明的著作權。如劉逢祿說：

> 劉歆強以爲傳《春秋》，或緣經飾說，或緣左氏本文前後事，或兼採他書以實其年。

按照劉氏的意思，今本《左傳》幾乎就是劉歆僞作了。其實大不然。班固說：

> 及歆治《左氏》，引傳文以解經，轉相發明，由是章句義理備焉。

翻遍漢人著作，劉歆對《左氏春秋》所爲不過如此而已。所謂『章句義理備焉』，充其量只是加進了解經的語句。至於劉逢祿說的『兼採他書以實其月』，那只是想像罷了。《藝文志》載：『《春秋古經》十二篇。』王先謙《補注》引錢大昕說：『謂左氏經也。』

又載:『≪左氏傳≫三十卷。』足證其時劉歆並未分傳比附≪春秋≫編年，故班固所見≪經≫與≪傳≫仍是各獨立成書的。甚至可以說劉歆作的『章句義理』，也沒有與≪左氏春秋≫原文相混同。可以設想，如果那時≪左氏春秋≫已像今本有許多解經的語句，那麼雖至愚者也應該看出是傳≪春秋≫的，博士們又怎敢在皇帝面前睜眼瞎說呢？如果說博士們已知那是劉歆僞作，那麼他們又爲什麼不揭露呢？因此從當時爭論的情法推測，可以斷定：那時劉歆沒有把解經語句混雜≪左氏春秋≫原文。

事實上合『經』、『傳』並把劉歆釋經的語句混入傳文的是杜預。唐陸德明在≪經典釋文≫中指出：『舊夫子之經與丘明之傳各異，杜預合而釋之。』杜預自己也有交代:

> 分『經』之年與『傳』之年相附，比其義類，各隨而解之，名曰≪經傳集解≫。

當然杜預自己也有僞造。清人焦循說:

> ≪春秋≫者，所以誅亂賊也，而左氏則云『稱君，君無道；稱臣，臣之罪』。杜預者且揚其辭而暢衍之，與孟子之說大悖。……預爲司馬懿女婿，……而竭忠於司馬氏，旣目見成濟之事，將有以爲昭飾……此≪左氏集解≫所以作也。

焦循的推測大有道理，杜預爲了替司馬昭篡魏造輿論，因此要加進凡弑君『稱君，君無道』一類乖戾≪春秋≫經義的話。劉歆『引傳文以解經』時，下距王莽篡漢尚早，劉歆的目的只是要爭立≪左氏≫，以古文壓倒今文。按理他决不會造出這類褻瀆經義、冒犯皇上的話來拆自己的臺！

考今本≪左傳≫，在劉、杜之間賈逵也有竄入。如賈逵給章帝奏疏中說：『五經家皆無以證圖讖，明劉氏爲堯後者，而≪左氏≫獨有明文。』試想，如果≪左傳≫中果眞早有此話，劉歆、陳元這幫爲≪左傳≫爭立的人，爲什麼不拿出來解釋，而偏要留給百十年之後的賈逵呢？對這點孔穎達的解釋是合理的：『漢室初興，左氏不顯示於世，先儒無以自申，揷注此辭，將以媚於世。』賈逵卻把『揷注』冒充了原文。

總的說，我細心地研究了今本《左傳》，對照前人試圖恢復《左氏春秋》舊觀而改編的不同體例的本子，得出的結論是：今本《左傳》並沒有大亂，如果從中刪除經文及解經語句、附會時事的話、再按照記事本末連綴因編年而拆散的傳文，庶幾乎接近司馬遷所見的舊本《左氏春秋》。

第五，還有一個問題就是《左傳》與《國語》的作者是否同一個人。說《左》與《國》都是左丘明所作，唯一的根據就是司馬遷在《史記・太史公自序》與《報任安書》中說的『左丘失明，厥有《國語》』。但是『失明』的左丘，與左丘明是否一人，不好武斷。雖《報任安書》中另一處有的本子作『左丘明無目』，但王先謙《補注》引王念孫說『後人不達而增入「明」字，則累於詞矣，景祐本及《文選》皆無「明」字』。所以也不能作爲是一個人的證據。根據本文前面一些考定，《左傳》與《國語》不像出自一人之手。如果硬要說『失明』的左丘與左丘明是一個人，那只有王充的解釋略可通，卽《左氏春秋》是根據國史舊聞加工的，而《國語》則只是『選錄』一些國史加以編輯而已，作者沒有多少加工。所以兩書的文章風格有很大不同，思想上也有牴牾之處；但由於作者時代相近，兩書的語法卻相似。

總束全文，我的淺見是：《左傳》是左丘明所作，其中也有少量是後人附益的。它成書略後於《春秋》，大約總不出哀、悼間。《左傳》本名《左氏春秋》，原來不專主《春秋》而發，與《公羊傳》、《穀梁傳》不同。今本《左傳》已不是漢代舊本，而是經過了杜預改編。《左氏春秋》當初雖不是解經的著作，但是因爲它與《春秋》所記述的爲同一時期的歷史大事，成書時間又相近，左丘明其人與孔子又有一定接觸，因此其書大部內容可視作《春秋》的本事；另一方面因其不是專傳《春秋》的，又不可免的存在『無經的傳文』或『有經無傳』的現象。自漢以來舊經師曾爲這個傳不傳《春秋》的問題爭論不休，究其實質無非是利祿之爭或門戶偏見，今天我們可不必爲此糾纏不清了。

（《左傳的作者及成書時代考辨》，見《文學遺產增刊》十四輯）

徐仁甫云：

馬王堆漢墓帛書《春秋事語》，不避漢高帝劉邦的諱，而避秦始皇的父親名楚，故稱曰荆，這和《韓非子》一書，『凡言荆者，俱爲楚之代名，以避秦諱改也』一樣。那麼《春秋事語》的成書當在秦始皇統一天下之後，卽公元前二百年左右。

查《左傳》全書，除昭公二十六年，有『竄在荆蠻』一句成語之外，沒有稱『楚』爲『荆』的。相反，它卻改了《國語・晉語》六『荆壓晉軍』爲『楚壓晉軍』，見成公十六年；《春秋事語》十三，『宋荆戰泓水之上』，《左傳》僖公二十二年作『宋公及楚人戰於泓』，也改『荆』爲『楚』。就這一點，已經可以看出《春秋事語》在《左傳》之前，《左傳》在《春秋事語》之後了。

通觀《春秋事語》其事實多見於《左傳》；但其詞語，則多不見於《左傳》：如閔子辛凡三次（見六、十一、十五）評論，□赫曰（三），吏□□聞之曰（五），士說曰（七），□□曰（十二），士匽曰（十三），紀譆曰（十四），其語皆各書所無，自然不會見於《左傳》。晉獻公欲襲虢（八），三傳皆有其事，而文最近於《穀梁》。可見《春秋事語》並沒有採《左傳》。魯恒公與文姜會齊侯於樂（十六），醫寧曰，卽豎曼曰，其語見於《管子・大匡》。《左傳》雖然採《大匡》之事，但省略豎曼之語。可見《左傳》作者雖然見過《春秋事語》所採的原書，也是只採其事實，而省略了它的詞語。

現在我們從詞語來看：

《春秋事語》（四），東門襄仲殺嫡而佯以君命召惠伯，其宰公襄目（負）人曰：『入必死。』按『入必死』三字，孤立起來看，意旨不明。究竟是勸之入死呢？或者止之不死？很難確定。《左傳》文公十八年作，其宰公冉務人止之曰：『入必死。』《左傳》作者在『曰』字的上面添『止之』二字，則公襄目（負）人說話的意思，先就明確了是止之不死。這種引人的語言，先以一二字表示其主旨，無疑是很好的辦法。《左傳》作者在《左傳》中常常用這個辦法：《檀弓》敍齊莊公襲莒，杞梁死焉，其妻迎其柩於路而哭之哀。莊公使人弔之，對曰（《列女傳》只作『曰』，無『對』字）。但言『對曰』，說話的意旨先還不明白。《左傳》襄公二十三年作『辭曰』，添一個『辭』字，表示推謝拒絕，杞梁妻說話的意思先就明白了。其他在《左傳》全書中的，如『虞書數舜之功曰』，『周書數文王之德曰』，在《漢書・藝文志》中的『仲尼思存前聖之業乃稱曰』，『是以楊子悔之曰』，『春秋之說訞也曰』，都是在引語上加字，以先明主旨，使人一見便知引語的目的，這是多麽好的一種行文規律。從《左傳》這種行文規律看，我們可以明確兩個問題：一是《春秋事語》的原始作者沒有見過《左傳》，若見到《左傳》，他絕不會刪去『止之』二字。二是《左傳》的作者，從這兒可以推測了，因爲《漢書・藝文志》是班固根據劉歆《七略》寫的，《七略》的行文規律旣與《左傳》相同，那麽《左傳》的作者，不是劉歆，又是誰呢？

《春秋事語》（五）『魏州餘果與隨會出，曉朝贈之以策曰：□□吾贈子，子毋以秦爲無人，吾謀實不用』，《左傳》文公十二年，省略『□□吾贈子』句，作『子無謂秦無人，吾謀適不用』。

一、《左傳》作者用『謂』來代替『以』字，這不是偶然的。《國語·晉語》四『吾以君爲已知之矣』，《左傳》僖公二十四年作『臣謂君之入也，其知之矣』。《左傳》作者也用『謂』代替『以』字。可見《左傳》採書易字，是一貫的。二、《春秋事語》用『實』，『實』爲『寔』之假借字，其義爲『 是 』；《左傳》作『適』，『適』亦『正是』之意，劉歆《與揚雄書》曰：『今聖朝留心典誥，發精於殊語，欲以驗考四方之事，適子雲攘意之秋也。』謂正是子雲攘意之秋。又可見劉歆行文用字與《左傳》相合。

* * * *

再從全章事語看：

《春秋事語》（十）吳人會諸侯章，除首尾外，中間事語，與《左傳》大同。玆先將兩書全文對列，然後校其文之異同如下：

《春秋事語》（十）吳人會諸侯章	《左傳》哀公十二年（前四八三年）
㈠吳人會諸侯，衞君後，吳人止之。	吳征會于衞，……秋，衞侯會吳于鄖，……吳人藩衞侯之舍。
㈡子貢見太宰喜，語及衞故。	子服景伯謂子貢曰，……子貢見大宰，乃請束錦以行，語及衞故。
㈢大宰喜曰：『其來後，是以止之。』	大宰嚭曰：『寡君願事君，衞君之來也緩，寡君懼，故將止之』。
㈣子貢曰：衞君之來，必謀其大夫。	子貢曰，衞君之來，必謀於其衆。
㈤或欲，或不欲，是以後。	其衆或欲或否，是以緩來。
㈥欲其來者，子之黨也；不欲其來者，子之讎也。	其欲來者，子之黨也；其不欲來者，子之讎也，

(七)今止衞君，是墮黨而崇讎也。	若執衞君。是墮黨而崇讐也。夫墮子者，得其志矣。
(八)且會諸侯而止衞君，誰則不愳。	且合諸侯而執衞君，誰敢不懼，
(十)墮黨崇讎，以愳諸侯，難以霸矣！	墮黨崇讎，而懼諸侯，或者難以霸乎？
(十)吳人乃□之。	大宰嚭，乃捨衞侯。衞侯歸……

校曰：

(一)《春秋事語》所載，只敍事態現象，並未說明原因。衞君之來，只一『後』字，吳人便止之。但來會的國多，總有一個到在後面的；吳人就因其後到而拘執之，豈有此理？《左傳》追敍了在先『衞人殺吳行人』，所以這時才有吳人圍衞侯的事。這就近情近理了。

(二)《春秋事語》只言子貢見太宰喜，《左傳》添了『子服景伯謂子貢曰』一段話。並且子貢是『請束錦以行』，可見子貢還送了與太宰嚭見面的禮品。據以上兩節，可見，《左傳》記事詳於《春秋事語》；《春秋事語》的原文作者，若見《左傳》，這些是不會省略的。

(三)《春秋事語》大宰喜只簡單地說明止衞君的原因。《左傳》添了『寡君願事衞君』，一句假面子話；改『後』爲『緩』，有故意來遲的意思；『寡君懼故將止之』，好像是非『止』不可。『止』是不得已的；並且是『將』止，還沒有正式實行。總之，太宰嚭的措詞是很委婉的。

(四)《春秋事語》的『必謀其大夫』，《左傳》改『大夫』爲

『衆』，衆是比諸大夫還多。且加了一個介詞『於』字。因爲『謀』是不及物動詞，非加『於』字不可。可見《左傳》作者行文，顯然注意了文法。

(五)《春秋事語》不重『其大夫』三字，顯係省略。《左傳》重『其衆』二字，並不省略，這是爲了便於糾正下文《春秋事語》所鈔原文的錯誤。

(六)《春秋事語》『欲其來者』『不欲其來者』兩句不通，缺了主語。《左傳》承上『其衆或欲或否』而來，作『其欲來者』『其不欲來者』，『其』字正代『其衆』作主語。這也可見《左傳》作者行文，是極其重視文法的。

(七)《左傳》作者改《春秋事語》所據原文的『今』爲『若』，又添了『夫墮子者得志矣』一句。添這一句以攻太宰嚭之心，這是顯而易見的；改『今』爲『若』，也値得注意。《史記・楚世家》『今我求之』，《左傳》昭公十二年作『我若求之』，也是改『今』爲『若』。一般人只知『今』指現在，不知『今』有『假若』義。『今』指現在，讀者容易滑過；『今』作『假若』用，文理更加鮮明。

(八)《春秋事語》『誰則不思』，『則』字無力；《左傳》作『誰敢不懼』，『敢』字語氣就加強了，試看《左傳》，另有『誰敢不服』，『誰敢不雄』，『誰敢不勉』，『誰敢不至』，慣用『誰敢』。他在採《春秋事語》所據的原文時，順筆也改『誰則』爲『誰敢』，這是讀者滿可以理解的。

(九)《春秋事語》的『以思諸侯』，《左傳》作『而懼諸侯』，改『以』爲『而』，這也是《左傳》作者一貫注意文法的表現。『以』一般多作介詞用，這裏當作連詞用。所以《左傳》作者率性改『以』爲『而』。《國語・晉語》四『野人舉塊以與之』，《漢書・律歷志》（本劉歆《三統歷》）作『壄人舉國而與之』，也是改『以』爲『而』。物必有偶，手法一樣，這個作≪左傳≫的人，豈不呼之欲出嗎？

又≪春秋事語≫的『難以霸矣』，≪左傳≫添上『或者』，又易『矣』爲『乎』，這樣就變正言爲反詰句了。≪左傳≫作者慣用這種手法。不但易正言爲反語，同時，也易反語爲正言：≪國語・晉語≫三：『不亦惠乎？』≪左傳≫僖十五年作『惠之至也』。≪晉語≫五：『敢不分謗乎？』≪左傳≫成二年作『吾以分謗也。』又『不可以言病』，作『豈敢言病』。……凡此句法，不勝枚舉，這裏必須指出，≪左傳≫作者把≪左傳≫托之左丘明著，所以凡所採書，均要加以變化，決不能照抄原文，以防自露馬脚。

據以上七節，可見≪左傳≫用語，優於≪春秋事語≫；≪春秋事語≫的原文作者，若見過≪左傳≫，何以不用≪左傳≫的詞語呢？

㈩≪春秋事語≫『吳人乃□之』，≪左傳≫作『太宰嚭說，乃捨衞侯』，可見≪春秋事語≫所缺□，當是『捨』字。此外，≪左傳≫還增加了『衞侯歸效夷言。子之尚幼曰：君必不免，其死於夷乎；執焉而又說其言，從之固矣』，可見本文，≪左傳≫採之，前後都有所增加。因≪左傳≫爲信史，故載一事，必具本末，≪春秋事語≫乃摘取其一部份，以作教科書，兩書寫作的目的不同，所以去取也是不同的。

*　　*　　*　　*

總上看來，≪春秋事語≫所採原書的作者，一定沒有見過≪左傳≫這部書。因爲≪左傳≫對≪春秋事語≫所採原書的文字，有所增，又有所改；而且所增、所改，又比原書總要好些。≪春秋事語≫所採原書的作者，如果有一部≪左傳≫，供他們參考，他們決不會刪復或改轉≪左傳≫的文章而不用。文章也譬如鶯遷：只有『出於幽谷，遷於喬木』；決不會『下喬木而入於幽谷』！何況≪左傳≫這部書的出世，在漢成帝劉驁綏和元年，卽公元前八年（梅福再議立二王后，推跡古文，以左氏相明；越二年，哀帝劉欣建平元年，卽紀元前六年，劉歆請立博士，移太常博士書），距秦始皇統一天下，約後二百年；《春秋事語》所採原書的作者，那能夢想得到呢？相反，《左傳》作者，在漢興將近一百七十多年後，成帝劉驁河平中，紀元前二十八年，校書秘府，秘府書多，堆積如山，作者整理春秋時代史料，以作《左傳》。《春秋事語》所採的原文，或類似原文的書，自然都在《左傳》作者接觸之列。劉歆採之而又增之改之，豈不是很可能的事嗎？

通過『馬王堆漢墓帛書《春秋事語》和《左傳》的事、語對比研究』，我們從地下發掘出來的資料，反面證明了《左傳》的成書，在《春秋事語》之後——西漢時代；而其作者，決不是春秋時的左丘明，而是西漢末劉歆托之左丘明的。

（《馬王堆漢墓帛書春秋事語和左傳的事、語對比研究》，原刊於《社會科學戰線》，1982）

徐仁甫又云：

在要說明之前，我先聲明兩點：

一、我說劉歆作《左傳》，是說他把作者托之左丘明（古人著書多如此，例見《漢書・藝文志》。《公羊》《穀梁》也是托名），是爲了使自己的書，能像《公羊》《穀梁》一樣，得立於學官，取得國家學術的合法地位。我並不是說《左傳》的內容，都是僞造的。相反，我認爲劉歆根據當時皇家秘府堆積如山的典籍，按照《春秋》的年代所編撰的史實，是最可靠的。

二、我不贊同康有爲認定『劉歆遍僞羣書』（錢穆早已駁倒此說），以及《左傳》從《國語》分出』的說法。我說劉歆不是低能的人，而是採了《國語》，又改了《國語》。康又說『史遷徵引左氏至多』，我則認爲《左傳》是劉歆作的，司馬遷當然不曾見過

《左傳》，《史記》當然也不曾引過《左傳》。相反，《左傳》卻在很多地方採了《史記》，並且糾正了《史記》的謬誤，補充了《史記》的不足。總之，我是反對康有爲，而不是隨聲附和他。

下面，我準備談四個問題。

(一)『左丘失明，厥有國語』與『左丘明成左氏春秋』是一回事

《史記・太史公自序》：『孔子厄陳蔡，作《春秋》；……左丘失明，厥有《國語》；……不韋遷蜀，世傳《呂覽》；韓非囚秦，《說難》《孤憤》。』（《漢書・司馬遷傳・報任安書》同）最近，陳奇猶先生說，八覽、六論，成於呂不韋遷蜀之後（見《復旦學報》一九七九年五期）。我認爲《呂覽》縱然不作於『遷蜀』之後，但不韋作《呂覽》，是不能否定的；《說難》《孤憤》縱然不作於『囚秦』之後，但韓非作《說難》《孤憤》也是不能否定的。作書的時間，與書的作者是誰，這本來是兩個不同的命題。怎麼能因爲作書的時間先後問題，就連作者也都不承認呢？

楊伯峻先生在他的《左傳成書年代論述》中，卻借《呂覽》《說難》《孤憤》作書的時間問題，說司馬遷寫文章，信筆拈來，不合史實；並進而認爲『左丘失明，厥有《國語》』也是如此。便把左丘明作《國語》一事，加以否定。這怎麼能令人信從呢？《國語》縱然不出自一人之手，但左丘明作了《國語》，這一點是不能否定的。

清《四庫書目》《國語》提要說：『《國語》出自何人，說者不一（指唐人啖助、趙匡、宋人葉夢得、朱熹），然終以漢人所說爲近古。』漢人卽指司馬遷。《漢書・藝文志》：《國語》二十一篇，注文也說『左丘明著』。對此，楊先生怎麼能够加以否定？

要說『厥有《國語》』是避重複而變文嗎？我認爲《國語》本名《春秋國語》。省略『春秋』二字，只稱《國語》，這才是眞正地爲了避免重複。斷不會原是『厥有春秋』，且指《左傳》，爲了避免重複，才改爲『厥有《國語》』的。《左傳》與《國語》，原是各不相同的兩部書，哪得因爲避復，而隨便掉換呢？又何況司馬遷根本不見《左傳》呢？

從唐人趙匡起，到近人瑞典高本漢，都證明《左傳》《國語》非一人所爲。楊先生也明知道這二者一人不可得兼，卻否定左丘明是《國語》的作者，只承認左丘明是《左傳》的作者。這一來，『左乃陷大澤中』而不能自拔了。於是，一開始就對左丘明這個人的姓名及其生存的時代，發生了不可解決的矛盾。最後，也就只好存而不論，只談《左傳》的成書年代了。

我不知道楊先生在作出去取的過程中，也曾懷疑過這些糾紛是怎樣形成的沒有？事實上，說左丘明是兩部書的作者，以及左丘名明，和左氏名丘明，這些糾紛的引起，不是別人，正是劉歆。劉歆作了《左傳》，他把作者托之左丘明，才惹出了千年來解決不了的問題。現在要解決這個問題嗎？我看，『解鈴還是繫鈴人』。除此而外，別無辦法。

若不相信，我爲了使問題更淸楚明白，不妨繼續再作一些商討。

《史記・十二諸侯年表序》：『魯君子左丘明，懼弟子人人異端，各安其意，失其眞，故因孔子史記，具論其語，成《左氏春秋》。鐸椒爲楚威王傅，爲王不能盡觀春秋，採取成敗，卒四十章，爲《鐸氏微》。趙孝成王時，其相虞卿，上採春秋，下觀近世，亦著八篇，爲《虞氏春秋》。呂不韋者，秦莊襄王相，亦上觀尚古，刪拾春秋，集六國時事，以爲八覽、六論、十二紀，爲《呂氏春秋》。及如荀卿、孟子、公孫固、韓非之徒，各往往捃摭春秋之文，以著書，不可勝紀。』《左氏春秋》，自來學人都認爲是指

《左氏傳》；所以說司馬遷見過《左傳》，《史記》多引《左傳》，其根據都源於此。但這是一個極大的誤解。其實，這裏的《左氏春秋》，原名《春秋國語》。下文的『爲王不能盡觀春秋』，『上採春秋』，『刪拾春秋』，『各往往捃摭春秋之文』，一連四個春秋，都是承上文《左氏春秋》而言。所指都是《國語》，或者是古史記的通名，而絕不是指《左傳》。

林貞愛先生的《左氏春秋考辨》，提出《國語》是記載西周末年至春秋時期的史事，是我國最早的國別史；而司馬遷說的左丘明『故因孔子《史記》，具論其語』者，是指因孔子的《春秋經》具論其語也。但《春秋經》只記載了公元前七二二——公元前四八〇的歷史，比《國語》要少記二百多年，這豈不前後矛盾，怎能自圓其說呢？

我的答辨如下：原來《春秋》就是《春秋》，《國語》就是《國語》，《國語》並非爲傳《春秋》而作。這裏是司馬遷才把它聯繫起來的。好在《國語》記事是多於《春秋》，而不是少於《春秋》。要說它具論其語，卽《國語》中記載有與《春秋》有關的各國之語，這話還是說得通的。事實上，《史記》《左傳》都採了《國語》，《國語》是《史記》《左傳》大行之後，才成爲『雜史』的。在《史記》《左傳》未成書之前，《國語》是唯一的一部國別史，當時要了解《春秋》所提到的各國史事，是非《國語》莫屬的。

再說史公這篇《序》，是爲整個十二諸侯年表說的，並不是單爲孔子《春秋》說的。下文說：『譜十二諸侯，自共和訖孔子，表見《春秋國語》，學者所譏盛衰大指著於篇。』共和在春秋前一百一十九年。這一百十九年的史實，《左傳》根本就沒有。只有《國語》記載周穆王以來，先春秋三百多年，用它供《史・表》的採取，才是恢恢有餘的。可見這個《左氏春秋》，非指《國語》不可，而絕不能指《左氏傳》。

又，《史·表》終於周敬王四十三年，卽魯哀公十八年，《表》云『敬王崩』，而《左傳》記『敬王崩』在魯哀公十九年。史公如果根據《左傳》作年表，爲什麽和《左傳》不一致呢？學者察此，也可悟史公不見《左傳》。

林先生把《春秋國語》分爲二書，認爲是《左傳》和《國語》。這和俞正燮、錢穆的看法一樣；康有爲則認爲是《春秋經》和《國語》。其實都不對。我以爲《春秋》是古史的通名：孔子的《春秋》，史公謂之孔子《史記》。《春秋國語》，《漢書·五行志》凡八次引用，都稱《史記》。可見《春秋國語》，是古史記之分國記語，卽古代分國記語的史書。許慎《說文》、應劭《風俗通義》引《國語》，都稱《春秋國語》，並未分爲二書。

總上所述，可見司馬遷說『左丘失明，厥有《國語》』，又說『左丘明成《左氏春秋》』，原來是一回事。《春秋國語》前加『左氏』，後省《國語》，故名《左氏春秋》。

(二)凡論左傳成書在戰國時代的根據都靠不住

楊先生根據汲冢《師春》，抄集了《左傳》的卜筮事，連上下次第及其文義都和《左傳》相同，便認爲師春的抄集《左傳》卜筮事，至遲在魏昭王元年以前，卽公元前二九五年以前，由此足以證明《左傳》於公元前二九五年，已經相當流行了。

但我認爲師春所抄，並沒有說他是抄自《左傳》。須知古代卜筮，沒有專官執掌，師春可能是一位卜官。他自然會掌握有卜筮的專書。卜筮事是有先後次序的，繇辭是有韵的，其義意也不容許有混亂。《左傳》作者也搜集了卜官的資料。遇到春秋時有卜筮的事，也記載着上下次第，及其繇辭的文義。於是出現了兩書對照，竟無一字差訛的現象。其實，《左傳》不是抄《師春》，《師春》也不是抄的《左傳》。彼此都是抄自卜筮的專書。何況除卜筮外，杜預《春秋經傳集解後序》又說：『汲冢得書……又稱衞懿公及赤翟戰於洞澤，疑「洞」當爲「泂」，卽《左傳》所謂「熒澤」也；齊國佐來獻玉磬、紀公之甗，卽《左傳》所謂賓媚人也。』按汲冢『及赤翟戰於洞澤』，《左傳》閔公二年作『及狄人戰於熒澤』，其事同，其文並不全同。汲冢『齊國佐來獻玉磬、紀公之甗』，《左傳》成公二年作『齊侯使賓媚人賂以紀甗、玉磬及地』；其事雖同，其文大不同：一稱『齊』，一稱『齊侯』；一稱『國佐』，一稱『賓媚人』；一稱『來獻』，一稱『賂以』；一稱『紀公之甗』，一稱『紀甗』；一無『地』，一稱『及地』。可見汲冢所藏，並非《左傳》。以此旁證，亦可見《師春》所抄並非《左傳》。則據此以定《左傳》於公元前二九五年已經相當流行，其根據靠不住，其結論又豈可信？

楊先生又用《左傳》的預言驗不驗來定《左傳》的成書年代。這個方法，別人早也用過。但對預言的說解和預斷的年限，認識各不相同，言人人異，則其根據也靠不住。例如：文公六年《左傳》云：『秦伯任好卒，以子車氏之三子……爲殉。……君子是以知秦之不復東征也。』楊先生引《史記・秦本紀》云『周室微，……秦僻在雍州，……夷翟遇之』，說這是秦孝公以前的情況，也是《左傳》作者所見到的『不復東征』的情況。然自秦孝公立，『於是乃出兵，東圍陝城，西斬戎之獂王。二年，天子致胙』，這便是《左傳》作者所不及見的。這時已是公元前三六〇年。

但我看法就不同。因爲《史記・秦本紀》下文有『（孝公）下令國中曰：昔我穆公……爲後世開業，甚光美。會往者厲躁簡公出子之不寧，國家內憂，未遑外事。三晉攻奪我先君河西地，諸侯卑秦，且莫大焉。獻公卽位，鎭撫邊境，徙治櫟陰，且欲東伐，復穆公之故地，修穆公之政令。寡人思念先君之意，常痛於心』；據此，則上文所謂『秦之不復東征』，這話是已經應驗了的。司馬遷載這句話而不刪，是因爲他知道這話所指是自有一定年限的。後人怎能再拿『秦孝公立，於是乃出兵，……二年，天子致胙』這以後的事，來說預言不驗呢？

譬如《左傳》襄公二十九年，季札論『鄭其先亡』；昭公四年，渾罕謂『鄭先衞亡』。鄭亡於公元前三七五年，《左傳》在衞遷帝丘時說『卜曰三百年』。衞遷帝丘在公元前六二九年，三百年後爲前三二九年，這時鄭亡而衞還在，那麼，『鄭先衞亡』，這話也是應驗了的。季札、渾罕只說鄭先亡，並未說衞幾時亡。如果說衞亡的話不驗，『趙衞盟漳水上』在公元前三五一年，因此說《左傳》成書，不能晚於這年。不知預言只言鄭亡，其年自有斷限；預言不言衞亡，何必說衞以後的事呢？用衞以後的事來定《左傳》成書不能晚於這年，這根據怎麼靠得住呢？

還有，莊公二十二年：『懿氏卜妻敬仲，……公世之後，莫與之京。』末又說『成子得政』。陳成子旣已專姜齊之政，則其言已應驗了，何必要求『十世之後，爲侯代姜』呢？宣公三年，『成王定鼎於郟鄏，卜世三十，卜年七百』。三十、七百，顯然是舉其成數來說的，何必要求『周凡三十六王，八百六十七歲』呢？閔公元年『賜畢萬魏，……卜偃曰畢萬之後必大』，『公侯之子孫必復其始』。魏斯旣爲『侯』，則其言驗了，何必要求其後代稱『王』呢？昭公二十八年『其長有後於晉國乎』，晉國卽魏國，魏文侯旣爲『侯』，其言也驗了，何必要求魏後稱『王』呢？何況『八世之後，莫與之京』見於《史記·陳杞世家》、《田敬仲世家》。『賜畢萬魏』也見於《史記·晉世家》、《魏世家》。《史記》可以記載，《左傳》也可以記載。這正是《左傳》所以爲信史的地方。如果據《左傳》所不見的史實，就用以定《左傳》成書的時代在前；

那麼，《史記》也記了這些預言，也未見到這些話的應驗，難道可以說《史記》成書也在那時之前嗎？正因爲人們知道《史記》是司馬遷作的，所以就不再去考《史記》成書的年代了。現在，如果相信《左傳》是劉歆作的，那又何必再用預言的驗不驗，來考《左傳》的成書年代呢？

凡是考《左傳》成書在戰國時代的，無非是想證明戰國時代早已引過《左傳》了。但是《左傳》的作者，早已聲明過前人不見《左傳》的原因。本於劉歆《七略》的《漢書・藝文志》說：『春秋所貶損大人，當世君臣，有威權勢力，其事實皆形於傳，是以隱其書而不宣，所以免時難也。』《左傳》旣是因爲要避免時難，才隱其書不宣；那麼，在《左傳》未從漢皇家秘府發現公布之前，前人哪來的《左傳》引用之？這樣看來，凡考《左傳》成書在戰國時代的，不過是徒勞罷了。

㈢所謂周季及西漢人引左傳，都不是左傳原文

劉師培有《周季諸子述左傳考》《左氏學行於西漢考》及《史記述左傳考》若干卷，都說從周季到西漢諸子及《史記》引用了《左傳》。現在楊先生、林先生也考證出《荀子》《孟子》《戰國策》、公孫固、《呂覽》《韓非》、賈山《至言》、陸賈《新語》、司馬遷《史記》都引用了《左傳》。

我過去已對劉氏三考（《史記述左傳考》未成書，只見敍論）作過辨正。現在只就楊、林兩先生所舉的一部分，略提出我個人的看法。爲了節省篇幅，恕未全答。

一、《荀子・勸學篇》『春秋之微也』，這句是與『禮之敬文也，樂之中和也，詩書之博也』並說的。又曰：『禮樂法而不說，詩書故而不切，春秋約而不速。』這裏兩次說到《春秋》，都是指

的孔子所修的魯春秋。楊倞注『春秋之微』曰：『微謂褒貶沮勸，微而顯，志而晦之類也。』由於楊倞用了『微而顯、志而晦』這兩句話，見於《左》成公十四年，於是林先生就說：『在楊倞的心目中（原話還有梁任公，從略），認爲荀卿所說的《春秋》，就是指《左氏春秋》而言（林說《左氏春秋》意指《左傳》，下同）。』這樣，不但誤解了《荀子》，也寃枉了楊倞。《左傳》成公十四年：『故君子曰：「《春秋》之稱，微而顯，志而晦，婉而成章，盡而不汚，懲惡而勸善，非聖人誰能修之？」』這裏是《左傳》作者讚美孔子《春秋》的話。『微而顯』的『微』，暗用了荀卿『春秋之微』；『志而晦』暗用了荀卿的『約而不速』。但是說『非聖人誰能修之』，這不是明明指的孔子的《春秋》嗎？怎能把荀子所謂的《春秋》當成《左傳》呢？

《荀子・君道》：『是狂生者也。』劉師培曰：《左傳》閔二年『是服也狂夫阻之』服《注》云：『方相之士，蒙玄衣朱裳，主索室中毆疫，號之爲狂夫。』此文之『狂生』即《左傳》之『狂夫』。林先生說『這就不但充分說明太史公所謂荀卿「捃摭春秋之文以著書」是有據可考的；而且也說明太史公所言荀卿「捃摭《春秋》」云云，實指《左氏春秋》而言』。

按荀子所謂『狂生』，『不胥時而落』，本是用草木作比。根本不能用『狂夫』來解釋它。劉師培引《左傳》閔二年『是服也狂夫阻之』來解說是錯誤的。即使解『狂生』爲『狂夫』，也不當引《左傳》，而當引《國語・晉語一》：『且是衣也狂夫阻之衣也。』韋昭《注》：『狂夫，方相氏之士也。阻古詛字。將服是衣，必先詛之。《周禮》方相氏：黃金四目，玄衣朱裳，執戈揚楯，以毆疫也。』吳闓生說，韋此《注》最精，當足正杜注《左傳》之誤（見《左傳文法讀本》）。劉師培不引《國語》，更不知韋《注》了。

二、《孟子·滕文公下》：『齊景公田，招虞人以旌。不至，將殺之。「志士不忘在溝壑，勇士不忘喪其元」。孔子奚取焉？取非其招不往也。』《萬章下》：『敢問招虞人何以？曰：「以皮冠。庶人以旃，士以旂，大夫以旌。」』《左傳》昭公二十年：『十二月，齊侯田於沛。招虞人以弓。不進，公使執之，辭曰：「昔我先君之田也，旃以招大夫，弓以招士，皮冠以招虞人。臣不見皮冠，故不敢進。」乃舍之。仲尼曰：「守道不如守官。」君子韙之。』

按這是《左傳》作者採《孟子》而又做《孟子》。閻若璩曰：『傳言招虞人以弓，不合《孟子》者一；旃以招大夫，弓以招士，不合《孟子》者二；不引「志士不忘在溝壑」二語，而撰「守道不如守官」爲仲尼曰，爲柳子厚之所駁，不合《孟子》者三。此三者既不可信，則言昔我先君田，各招大夫士以其物，又豈可信哉？皮冠者諸侯田獵之冠，故卽以皮冠招掌田獵之人。虞人既至，先示以期日，卽告以田于其所，庶幾虞人芟除其草萊，爲可陣之地，招之須及早。若庶人士大夫，皆從公於狩之人。《周禮》大司馬至期，立熊虎之旗於期所以集衆，故曰以旗致民；又曰，質明弊旗，誅後至者，此豈待招而後至者哉？孟子緣答虞人以皮冠，遂連類而及庶人士大夫平日之招，以明各有等威。《左傳》謂四招者，皆田制，拘矣。』（《四書釋地》三續）

案《詩·干旄》毛《傳》曰：『注旄於干首，大夫之旃也。』莊二十二年《左傳》：『翹翹車乘，招我以弓。』這是《左傳》作者用來糾正《孟子》錯誤的根據。《孟子》作『招虞人以旌』，《左傳》卻作『以弓』，這是因爲《左傳》作者認爲同非其招，於義無害。所以故意參差，表示自己並非因襲前人。他卻沒有理解到《孟子》的話，本是連類而及，於是誤以爲四招都是田制了。閻氏的說法是正確的。至於『守道不如官』，立論異議，托之仲尼；

《傳》採他書，亦多如此。總之，這是《左傳》採《孟子》而又改《孟子》，而不是《孟子》捃摭《左傳》文。

三、《戰國策・楚策四》：『虞卿謂春申君曰：「臣聞之《春秋》：于安思危，危則慮安。」』楊先生說，『于安思危』二句，實際就是《左傳》哀公十一年『居安思危，有備無患』的引意。

按《戰國策》『臣聞之《春秋》』，馬王堆漢墓出土帛書《戰國策》無『春秋』二字。可見凡用『臣聞之』的，所引都是古書的成語。『春秋』二字，乃是古史記的通名。《左傳》襄公十一年：『書曰「居安思危」，思則有備，有備無患。』這個『書』，也是古書通稱。因爲《左傳》作者知道《戰國策》的『春秋』是古史記的通名，因此，他就以作爲通稱的『書』來更換它；同時，又把引語的句法作了改變。這是爲了表示它和《戰國策》是有區別的。可見這是《左傳》採《戰國策》又改《戰國策》，並不是《戰國策》採《左傳》又改《左傳》。

林先生說《戰國策・魏策三》『故《春秋》書之，以罪虞公』這一段引用《春秋》的文句，便是根據《左氏春秋》僖公二年的記載和僖公五年的記載：『故書曰「晉人執虞公」，罪虞，且言易也。』

按『故春秋書之』，指孔子的《春秋經》書『晉人執虞公』。這《春秋》絕不能指《左傳》。《左傳》『罪虞，且言易也』，『罪虞』二字確是從《魏策三》的『以罪虞公』來，而不是《魏策》反從《左傳》來。

四、《韓非・外儲說左上》：『宋襄公與楚人戰於涿谷上，……襄公曰：「寡人聞君子……三日而死。」』

《左傳》僖公二十二年：『宋公及楚人戰於泓。宋師敗績。公傷股，門官殲焉。國人皆咎公。公曰：「君子不重傷……。」』

按《韓非子》『襄公曰』一段，在戰時；《左傳》移在戰敗後。《公羊》記『襄公七月卒』，《史記・宋世家》作『次年夏，襄公病傷於泓而竟卒』。《左傳》記『次年夏五月，宋襄公卒，傷於泓故也』。可見《左傳》參考了《史記》。而《韓非子》卻說是『三日而死』，可見《韓非子》在前，韓非不但不見《公羊》，也不見過《史記》，更未曾見過《左傳》。

五、《呂覽・愼行》：『 左尹郄宛，國人說之，無忌又欲殺之。謂令尹子常曰：「郄宛欲令尹飲酒。」又謂郄宛曰：「令尹欲飲酒於子之家。」郄宛曰：「我賤人也，不足以辱令尹。令尹必來辱，我且何以待之？」』

《左傳》昭公二十七年：『郤宛直而和，國人說之。鄢將師爲右領，與費無極比而惡之。令尹子常賄而信讒，無極譖郤宛焉。謂子常曰：「子惡欲飲子酒。」又謂子惡：「令尹欲飲酒於子氏。」子惡曰：「我賤人也，不足以辱令尹，令尹將必來辱，爲惠已甚，吾無以酬之，若何？」』

按《呂覽》只言『 郄宛國人說之 』，國人爲什麼說之？《左傳》添了『直而和』三字，這就是國人所以說之的原因。即此，已足見《呂覽》在前，《左傳》在後。《呂覽》稱『 郄宛 』，《左傳》稱『子惡』，因爲宛字子惡。猶如《呂覽》下文『是吾罪也』，《左傳》作『是瓦之罪』。因爲子常名瓦。從『稱人以字，稱己以名』來看，這正是《左傳》行文的常例。《呂覽》如果捃摭《左傳》，爲什麼要改《左傳》的稱謂？這也可以看出是《左傳》在後，他改《呂覽》來符合自己書的體例。另外，《呂覽》文略，《左傳》文詳，這是因爲《左傳》在補《呂覽》的不足，並非《呂覽》刪了《左傳》的多餘。

六、陸賈《新語》：臣聞『嘉樂不野合，犧象之薦不下堂』。楊、林兩先生都說這和《左傳》哀十年意義相同。

案《穀梁》《新語》《史記》對於孔子夾谷之會，都把『齊人鼓噪』、『齊使優舞』分爲兩事。陸賈在前事中添了『臣聞嘉樂不野合，犧象之薦不下堂』兩句。《左傳》無後一事，在孔子與梁丘據語中才用『犧象不出門，嘉樂不野合』二句來拒絕設享。享既不曾設，自然就沒有誅齊優的事。這是《左傳》作者看到當時齊強魯弱，對孔子誅齊優事很懷疑，所以才增加了孔子與梁丘據的談話。並根據『犧象不出門，嘉樂不野合』的理由，來阻止設享。可見這兩句話，是《左傳》作者採自《新語》，並不是《新語》採自《左傳》。

七、賈誼《新書》大多根據《國語》，《左傳》作者大多採用《新書》。我另有專篇談了。至於衞懿公喜鶴一段，《左傳》有『公與石祁子玦，與甯莊子矢，與夫人綉衣』，又有『渠孔御戎，子伯爲右，黃夷前驅，孔嬰齊殿，及狄人戰於熒澤』。寫得那樣具體，這哪裏是賈誼見過的？明明是《左傳》作者採《新書》有所增加，並不是《新書》採《左傳》反而有所省略。

八、《淮南子・精神訓》：『殖、華將戰而死』云云，林先生說是根據《左氏春秋》襄公二十三年的記載。

按關於殖、華的傳說，在西漢本不止一種書，《淮南子》何必一定就是根據《左傳》的呢？就我看來，《淮南子・人間訓》『諸御鞅之告簡公』，誤『子我』爲『宰予』。《左傳》哀公十四年作『闞止』。《淮南子・氾論》謂子產誅鄧析，《左傳》定公九年作『鄭駟歂殺鄧析』，哪能說淮南王見過《左傳》呢？《淮南子・詮言》《說林》兩次說到『王子慶忌』，《左傳》哀公二十年作『吳公子慶忌』。《左傳》全書慣例，是不稱吳楚之君爲『王』的，但《淮南子》卻稱之爲『王』，由此可見《淮南子》作者並沒有看見過《左傳》。

九、《史記》和《左傳》的關係，自來學人的研究，大多是求同存異，我是求異存同。《史記》多採《國語》《公羊》《穀梁》

及其他的書，並沒有採《左傳》。我從解經和記事對比，證明《史記》在前，《左傳》在後。又從文辭對比，證明《左傳》並不在《史記》之前，而是在《史記》之後。詳見《左丘明是《左傳》還是《國語》的作者》，載四川《社會科學研究》第三期。這裏就不再舉例了。

㈣從文章遞邅之跡看，劉歆作左傳的必然性

一、《韓非子·姦劫弒臣篇》：『故《春秋》記之曰：楚王子圍將聘於鄭。未出境，聞王病而反。因入問病，以其冠纓絞王而殺之，遂自立也。』（《戰國策·楚策四》、《韓詩外傳》卷四、荀子《致春申君書》大體相同。）

《史記·楚世家》：『（郟敖）四年，圍使鄭，道聞王疾而還，十二月己酉，圍入問王疾，絞而弒之。……夏，使使赴於鄭，伍舉問曰：「誰爲後？」對曰：「寡大夫圍。」伍舉更曰：「共王之子圍爲長。」』

《左傳》昭公元年：『楚公子圍將聘於鄭。伍舉爲介。未出境，聞王有疾而還。伍舉遂聘。十一月己酉，公子圍至，入問王疾，縊而弒之。葬王於郟，謂之郟敖。使赴於鄭，伍舉問應爲後之辭焉。對曰：「寡大夫圍。」伍舉更之曰：「共王之子圍爲長。」』（杜預《注》：伍舉更赴辭，使從禮也。此告終稱嗣，不以篡弒赴諸侯。）

這三段文章，是記載的同一個事實。但《韓非子》稱『楚王』，問疾無時間；稱『殺』，又無『伍舉』。《史記》問疾有『十二月己酉』，稱『弒』，又有『伍舉』。可見《史記》在《韓非子》後，文章已經發展了一步。

《左傳》全書，是不稱吳楚之君爲『王』的。因此改了《韓非

子》的『楚王子圍』爲『 楚公子圍 』。《史記》突然冒出個『伍舉』，前文並沒有出現過。而《左傳》先有『 伍舉爲介 』，又有『伍舉遂聘』，於是『伍舉問』、『伍舉更』就很自然了。

從這三段文章的遞邅痕跡看來，《史記》不能在《韓非子》的前面，《左傳》只有在《史記》的後面了。這《左傳》的作者不是劉歆，又是誰呢？

再就《史記》和《左傳》的伍舉改『寡大夫圍』爲『共王之子圍爲長』來看，杜預說出了改的理由，須知這句話是由赴者的口，到伍舉的更，時間雖短，至少也有一點過程。伍舉用了一點思考，才將『寡大夫圍』改成『共王之子圍爲長』。《史記》和《左傳》都照錄，誰也沒有改變一個字。換言之，即改文章，只有改好的，決不會改壞。我在另一處，曾這樣說過：『文章也譬如鶯遷，只有「出於幽谷，遷於喬木」；決不會「下喬木而入幽谷」。』也就是這個意思。由此可知，《左傳》作者採羣書以作《左傳》，他決不照鈔原文，總是有所改變的。但他的改變一定就比原文好些。如果不好，他也就不會改變它。讀者可參看梁玉繩的《史記志疑》，或者不至以余言爲大謬吧。

二、《呂氏春秋・去私》：『晉平公問於祁黃羊曰：「南陽無令，其誰可而爲之？」祁黃羊對曰：「解狐可。」平公曰：「解狐，非子之讎邪？」對曰：「君問可，非問臣之讎也。」平公曰：「善。」遂用之。國人稱善焉。居有間，平公又問祁黃羊曰：「國無尉，其誰可而爲之？」對曰：「午可。」平公曰：「午非子之子邪？」對曰：「君問可，非問臣之子也。」平公曰：「善。」又遂用之。國人稱善焉。孔子聞之曰：「善哉，祁黃羊之論也。外舉不避讎，內舉不避子；祁黃羊可謂公矣。」』

《新序・雜事一》：『 晉大夫祁奚老。晉君問曰：「 孰可使嗣？」祁奚對曰：「 解狐可。」君曰：「 非子之讎耶？」對曰：

「君問可，非問讎也。」晉遂擧解狐。後又問孰可以爲國尉？祁奚對曰：「午也可。」君曰：「非子之子耶？」對曰：「君問可，非問子也。」君子謂祁奚能擧善矣，稱其讎不爲諂，立其子不爲比。書曰：「不偏不黨，王道蕩蕩。」祁奚之謂也。外擧不避仇讎，內擧不回親戚，可謂至公矣。唯善故能擧其類。《詩》曰：「唯其有之，是以似之。」祁奚有焉。』

《左傳》襄公三年：『祁奚請老，晉侯問嗣焉。稱解狐，其讎也，將立之而卒。又問焉，對曰：「午也可。」於是羊舌職死矣，晉侯曰：「孰可以代之？」對曰：「赤也可。」於是使祁午爲中軍尉，羊舌赤佐之。君子謂祁奚於是能擧善矣，稱其讎，不爲諂；立其子，不爲比；擧其偏，不爲黨。《商書》曰：「無偏無黨，王道蕩蕩。」其祁奚之謂矣。解狐得擧，祁午得位，伯華得官，建一官而三物成，能擧善也夫！唯善，故能擧其類。《詩》云：「惟其有之，是以似之。」祁奚有焉！』

案《左傳》成公十八年曾經說過：『祁奚爲中軍尉，羊舌職佐之。』可見這裏的『祁奚請老，晉侯問嗣』是嗣爲中軍尉。《呂氏春秋·去私》作『南陽無令』，與《左傳》不合。可見《呂氏春秋》不是引的《左傳》。《新序·雜事》採《呂氏春秋》，不用『南陽無令』，而改爲『祁奚老，使嗣』。以下鈔《呂氏春秋》，而增引書引詩。這樣就開啓了《左傳》的繼承。《左傳》『建一官而三物成』，也不是《新序》所有。可見《新序》作者也不見《左傳》。這三段文章，必由《呂氏春秋》演變爲《新序》，再由《新序》演變才成爲《左傳》，這是文章發展的趨勢使然的。

三、《穀梁傳》僖公十年：『世子之傅里克謂世子曰：「入自明。入自明則可以生，不入自明，則不可以生。」世子曰：「吾君已老矣，已昏矣。若此而入自明，明則麗姬必死，麗姬死則吾君不安，所以使吾君不安者，吾不若自死。吾寧自殺以安吾君，以重耳爲寄矣。」刎脰而死。』

《史記・晉世家》:『或謂太子曰:「爲此藥者,乃驪姬也。太子何不自辭明之?」太子曰:「吾君老矣,非驪姬,寢不安,食不甘,卽辭之,君且怒之,不可。」或謂太子曰:「可奔他國。」太子曰:「被此惡名以出,人誰內我?我自殺耳。」十二月戊申,申生自殺於新城。』

《左傳》僖公四年:『或謂大子:「子辭,君必辨焉。」大子曰:「君非姬氏,居不安,食不飽。我辭,姬必有罪。君老矣,吾又不樂。」曰:「子其行乎。」大子曰:「君實不察其罪,被此名也以出,人誰納我?」十二月戊申,縊於新城。』

按申生的死,古書記載甚多。《國語・晉語二》《禮記・檀弓上》《說苑・立節篇》都記有使人言於狐突, 但未記死的時間。《穀梁》《史記》《左傳》都未載狐突一段。我在這裏只談文章的演變,就去彼取此了。

『或謂大子』句,《說苑》本於《檀弓》,作『公子重耳』;《列女傳》本於《穀梁》,作『太傅里克』。但《晉語》作『人謂申生』;究竟是誰?說法不一。所以《左傳》採《史記》,作『或謂大子』。這是『疑事勿質』的態度。

『子辭,君必辨焉』,辨是明的意思,卽《穀梁》的『入自明』,也就是《史記》的『何不自辭明之』。自辭就是明之,司馬遷的文章多復詞同義,是等於自注的。『明之』屬於自己。《左傳》作『君必辨焉』,辨是明的意思,則屬於君言。很顯然《左傳》比《史記》的文章更進一層了。

『君非姬氏,居不安,食不飽』,卽《檀弓》的『君安麗姬』,但《史記》作『吾君老矣,非驪姬,寢不安,食不甘』。司馬遷刪了《穀梁》的『已昏矣』,已經進了一步。《左傳》稱『姬氏』,從太子的地位而言,這樣稱謂,更爲得體。

『我辭，姬必有罪』即《史記》的『卽辭之，君且怒之』，也就是《穀梁》的『明則麗姬必死』。但『 有罪 』二字比《穀梁》《史記》爲含蓄。

『君老矣，吾又不樂』（《史記》無），意思是不樂乃由於我的緣故。這就是《穀梁》的『所以使吾君不安者，吾不若自死』的意思。

《史記》『可奔他國』（《穀梁》無），《左傳》改《檀弓》的『然則盖（盍）行乎』爲『子其行乎』。

『君實不察其罪』（ 《史記》無 ），《左傳》改《檀弓》的『君謂我欲弑君也』。

『 被此名也以出，人誰納我 』，卽《史記》的『被此惡名以出，人誰內我』。

《左傳》作者刪《史記》的『我自殺耳』句，用『縊於新城』的『縊』字，這就自然代替了《史記》的『自殺』了。

從以上分析看來，《左傳》在《史記》之後。

我認爲文章的演變和發展是有規律的。《左傳》作者採羣書又改羣書以作《左傳》，也自有其一定的規律。於是我先以《左傳》採《國語》，總結他的採書規律。然後推之《左傳》採周季及漢初諸子，採《史記》，採《新序》《說苑》《列女傳》，莫不有其一定的規律。甚至於有些規律，還與劉歆自己的行文相合。於是劉歆作《左傳》的定見，就不可動搖了。

至於劉歆作《左傳》的時間，我認爲先後有十八年之久。《漢書・劉歆傳》說：『河平中（《成帝紀》作『河平三年』），受詔與父向領校秘書，講六藝傳記諸子詩賦；數術方技，無所不究。』在這『 無所不究 』的當中，歆自然會發見《國語》的記事和《公羊》《穀梁》的記事是大有出入的。『 歆以爲左丘明好惡與聖人同，親見夫子；而《公羊》《穀梁》在七十子後，傳聞之與親見之，其詳略不同，歆數以難向，向不能非間也』。於是歆就開始遍採羣書，以作《左傳》，並托名左丘明作。歆自知其書必在《公羊》《穀梁》之上。錢穆說：『若其分係左氏（此句可商）以解春秋，此在父在時，歆固以之與父爭矣。歆不以自匿，向不以爲罪。其議論見識有是非，有高下得失，非在僞不僞之間。』（《劉向、歆父子年譜》）他用此以駁康有爲說歆遍僞羣書，這話是正確的。在劉向死後，歆復領五經，卒父前業，歆乃集六藝羣書，種別爲《七略》。他的『《左氏傳》三十卷，左丘明，魯太史』就已著錄在《七略》中了。《梅福傳》『綏和元年立二王後，推跡古文，以《左氏》《穀梁》《世本》《禮記》相明』，可見《左傳》在綏和元年（公元前八年）已經公布，從河平三年到綏和元年，共十八年，《左傳》的著作，不是經過了十八年嗎？

關於《左傳》的問題，古今學人確實是爭論不休的，現在也沒有公認的結論。我想只要持之有故，言之成理，道理是會愈辨愈明的。

（《論劉歆作左傳》，見《文史》第十一輯）

趙光賢云：

《左傳》既非左丘明作，又非子夏、吳起等人作，又不是劉歆僞造的，那麼它的作者到底是誰？這問題應當從《左傳》書中尋找答案。這樣我們不難發現，《左傳》雖非一人一時所作，但總有一個作整理、加工、改編的人，這個人應當說是魯國人左氏。爲什麼這樣說呢？《左傳》中記事，雖採用各國史料，但經過加工，也和《春秋》一樣，以魯國爲內，以各諸侯國爲外；魯十二公只書『公』，不書謚；魯國的卿大夫不書『魯』：稱魯國爲『我』，稱王室和諸侯國人來魯爲『來』，乃至記魯國事亦不書『魯』，凡此

種種書法都與《春秋》相同。解經的話也是這樣。試看下例:

1.壬戌，公敗宋師於管。（隱十年）

2.公如楚乞師，欲以伐齊。（宣十八年）

以上爲稱魯公只書『公』，不書『魯』和謚之例。

3.庚午，鄭師入郜，辛未，歸於我；庚辰，鄭師入防，辛巳，歸於我。（隱十年）

4.春，齊師伐我。（莊十年）

以上爲稱魯爲『我』之例。

5.滕侯薛侯來朝，爭長。（隱十一年）

6.夏五月越人始來。（哀二十一年）

以上爲諸侯或使臣來魯只書『來』之例。

7.冬十二月辛巳臧僖伯卒。（隱五年）

8.無駭卒，羽父請謚與族……（隱八年）

以上爲魯大夫不書『魯』之例。

9.惠（公）之二十四年，晉始亂……（桓二年）

10.公薨之月，子產相鄭伯以如晉……（襄三十一年）

以上爲諸侯國事，用魯記年月之例。

上述諸例足以說明，《左傳》記事、書法與《春秋》相同。在解經部分，亦是如此。例如:

1.會於平州，以定公位。（宣元年）

2.六月齊人取濟西田，爲立公故，以賂齊也。（宣元年）

以上爲稱魯公只稱『公』之例。

3.故仲子歸於我。（隱元年）

4.齊師衞師來，戰於郎，我有辭也。（桓十年）

5.逆叔姬，爲我也。（成九年）

6.以我故，執邾宣公、莒犁比公。（襄六年）

以上爲稱魯爲『我』之例。

7.秋，曹文公來朝，卽位而來見也。（桓十一年）

8.冬，介葛盧來，以未見公故，復來朝。（僖二十九年）

以上爲諸侯或使臣來魯只書『來』之例。

9.新作南門，不書，非公命也。（隱元年）

10.於是閏三月，非禮也……（文元年）

以上爲記魯事不書『魯』之例。

從以上舉例來看，《左傳》全書都符合《春秋》體例，都是站在魯國的立場上說話的。只有一條是例外，這條是:

冬，紀子帛、莒子盟於密，魯故也。（隱二年）

按此條中的『魯』字應當作『我』字，才符合魯國人的口氣。這可能出於一時筆誤，好在全書只此一條，關係不大。總之，《左傳》全書，不論記事部分還是解經部分，都充分證明編者是站在魯國的立場上的，因此我們有理由相信他是魯國人。

《左傳》的作者雖不是左丘明，應當是孔氏門徒或七十子後學。爲什麼這樣說呢？第一，作者特別推尊孔子。公羊、穀梁二家《春秋》經至哀十四年獲麟而止，《左傳》則續經至哀十六年，特書『夏四月己丑孔丘卒。』孔丘旣非世卿，又非大官，按《春秋》體例，本不應書其卒，今特筆其卒之年月日，可見編者對孔丘有特殊關係和深厚感情。第二，《左傳》中記丘在魯國的政治活動甚詳，如夾谷之會、墮三都、敗陽虎等事都大書特書；其它如和季孫氏的對話也有記載。第三，《左傳》的評論中引『仲尼曰』特多，雖所記未必皆得孔子的眞意，但其重視孔子則不容否認。第四，《左傳》對孔子弟子的活動記載較多，如冉有、子路、子貢、有若、樊遲等，這都是公、穀所沒有的。還有很重要的一點，《左傳》作者的思想是儒家思想，旗幟很鮮明，這一點當作專文討論，本篇容納不下。凡此種種，證明《左傳》作者與孔門淵源甚深，對此康氏則根本否認，這除了說明康氏的主觀成見之外，還能說明什麽？

《左傳》的作者是魯國人，是孔門的後學，這點我認爲不成問題，至於他的姓名，就很難說，不妨假定爲左氏。唐趙匡說得對，『自古豈止有一丘明姓左乎？何乃見題左氏，悉稱丘明？』(陸淳:《春秋纂例》卷一引）不是左丘明，不妨其爲左氏，這左氏會不會是左丘明的後人呢？又《史記·仲尼弟子列傳》中有左人郢，鄭玄說是魯國人，《左傳》的作者會不會是左人郢之後呢？我們不能下斷語，只好當作一個懸案，留待將來去解決吧！

左傳的編撰及其年代

一般說，先秦古籍的編撰往往出於衆手，很難考證成書的年代，即令知道作者是誰，他的書往往也不是自己編的，後人重編時也容易把本書以外的東西誤編進去，這是最常見的情況。古人用簡札，傳抄不易，在傳抄過程中，後人喜歡把他所知道的事增添上去，因而使時代混亂，《左傳》當然也不例外。不僅如此，《左傳》還經過後人有意的改編，所以問預格外複雜。因此，我們生於兩千多年之後，要來辨別哪些是《左傳》的原書，哪些是後加的東西，的確不是一件容易的事。因之，它的成書年代就不易斷定。那麽是不是關於《左傳》一書的編撰年代的問題就沒有辦法了呢？那也不是。我認爲關於這個問題可以根據下列幾條原則來加以探討：

一、《左傳》原本是記事的書，是根據各國史官的記錄與後人的記事材料編成的，這部分的年代當然在前。

二、《左傳》原本不是編年體。編年體的《左傳》是後人改編的結果。

三、《左傳》中凡是占卜、預言之類都出事後的附會，當然是晚出的。這些東西大概產生於戰國中葉。此外還有一些東西，從其文字本身與它書相印證，也可斷定是戰國中葉的作品。

四、《左傳》中凡是解經與評論的話都是改編時加進去的，與記事中的占卜、預言之類，時代當相去不遠。

五、根據《荀子》《韓非子》《呂氏春秋》諸書徵引到《左傳》解經的話，可以斷定在戰國末葉以前《左傳》已經成書，只有個別例子，是漢人增添的。

下面我們根據這五條標準，對於《左傳》的編撰年代作一番推測。

一、《左傳》記事的史料來源

《左傳》的記事是根據各國各種史料編寫而成的，所以它的文體、風格，並不統一。今天我們雖無法追尋書中記事究竟取材於何書，但從其文體句法的差異上不難看出，它所取史料的來源是相當雜的。

《左傳》記事有的很簡短，但記日月非常明確詳悉，最明顯的例子是昭二十二年記周景王崩後，王子猛與王子朝爭位事。這段記事有月有日，非常清楚，一直寫到昭二十六年王子朝失敗奔楚，其中只有簡單的記事、對話，沒有多餘的鋪敍描寫。中間揷入叔師自京師歸魯與閔馬父的對話，乃編者取自它書，與此無關。像這類記事，我以爲很可能取材於周王室的史記，那是史官的記錄。當時周王室與各國都有史官，都有這類的史記。後來始皇焚書，這類史記都被焚毀，所以司馬遷在《史記·六國年表序》中深致嘆惜。《左傳》記魯國事也有類似的記載，例如:

> 隱十年: 六月戊申，公會齊侯、鄭伯于老桃。壬戌，公敗宋師於管。庚午，鄭伯入郜；辛未，歸於我。庚辰，鄭師入防；辛巳，歸於我。

這段記事有月有日，又稱『歸於我』。無疑，這是以魯史爲根據的。

《左傳》記事中往往有這種情況，在一大段記事中全無日月，中間突然有一段日月非常分明，文體迥然不同。例如：自僖二十三年敍晉公子重耳出亡，直至二十八年城濮之戰，原原本本，非常詳細，但時間則模糊不清，可是在僖二十四年記重耳自秦國回到晉國一段，忽然出現下列文句：

『二月甲午，晉師軍于廬柳。秦伯使公子縶如晉師。師退，軍於郇。辛丑，狐偃及秦晉之大夫盟於郇。壬寅，公子入於晉師。丙子，入於曲沃。丁未，朝於武宫。戊申，使殺懷公於高梁。』

這段記載，日月分明，與前後文都不類，這當出自晉史官的記載，但經魯史官的改寫，把本來用夏正的晉史改用了周正，插入其它記事中，成爲現今我們所見的樣子。

這類記事的特點是，文句簡短，月日明確，沒有鋪敍描寫。這是當時史官記事的體裁，是原始記錄，時間最早，也最可信。當然，《左傳》作者未必直接取自史册，也可能自它書轉引而來，但其最後來源，必是史官的記錄，否則不會如此日月分明。

《左傳》中這類記事並不多。與上述情況相反，《左傳》中還大量存在着另一類記事，或是長篇記載，或是短篇故事，或是議論辭令，敍事詳細，文筆生動，但時間觀念非常模糊，或根本不具月日。長篇敍事，如記城濮、鄢陵、鞌諸大戰役；短篇故事，如莊十年的曹劌論戰，宣二年的華元殺羊食士，宣四年的楚人獻黿於鄭靈公，宣十二年的楚子伐蕭等等；辭令議論，如成十三年的呂相絕秦，襄四年的魏絳論和戎，襄二十九年吳季札論樂，以及鄭子產的多次外交辭令等等。這些記事顯然都不是史官的記錄，而是經過文人加過工的，寫作時間距離史事發生已遠，明確時間沒有保存下來，而且也不能追憶，只好付之缺如。正因爲如此，記事者得以鋪張誇大，不免有失實之處。因之這類記載就不一定是十分確實可信的了。

那麼這類記載的來源何在呢？《國語·楚語》記申叔時的話，在對太子進行教育的教材裏有『語』和『志』。『語』是記言的書，今本《國語》可能是其遺存。『志』是各國記事的書，《左傳》上有《周志》《鄭志》《軍志》《史佚之志》等書名。我推測《左傳》記事中有很大部分是取材於這種『語』和『志』的，但是這種『語』和『志』分散在各國，經過最初編者的搜集、排比，編成春秋時期的記事本末體的史記，有些像現今的《國語》；後來有人就根據這部史書的材料來解釋《春秋》，同時，爲了配合《春秋》，把它改編成編年體，這樣就不能不把一件完整的，但經過一年以上的記事，分割入各年，例如，自桓六年『楚武王侵隨』至十九年『楚子御之』，原是記楚國向外發展的長篇記事，被分裂成十八段。《左傳》中割裂的記事非常多，而且明顯，這些割裂的痕迹就是它經過改編的極好證明。

二、《左傳》成於戰國時期的證據

《左傳》中解經與評論的話是經過後人的改編而增加進去的東西，前面已論證過了，至於記事部分是不是也有晚出的東西呢？有，而且不少。這也可以分爲幾類：

一類是關於占卜的記載，多半用《易》卦，有的見於今本《周易》，有的不見，卜筮辭多半奇驗，當然是後人附會的話，最著名的例子是：莊二十二年，齊懿仲卜妻田完，有『有嬀之後，將育于姜，五世其昌，並於正卿，八世之後，莫之與京』的卜辭。閔二年，畢萬筮仕於晉，卜偃曰：『畢萬之後必大』至『公侯子孫，必復其始』。

按自田完至齊後，五世至田乞，事齊景公，爲大夫，能收民心，大權在握，所謂『五世其昌』指此。所謂『八世之後』指田和篡齊爲諸侯，所以說『莫之與京』。顯然，這個占卜必定作於公元前三八六年田和稱侯之後。畢萬初仕於晉，卽能占卜其後必復爲侯，顯然這必定發生在公元前四〇三年魏、韓、趙三家稱侯之後。

此外有些名人的預言，也暗示作者見到戰國中葉的事，詳見後文。

一類是從文體句法來看，它有戰國時期的特點，那就是句法整齊，多半四字一句，作排偶式，以前沒有這種文體，也不是後人所能模仿的。例如:

文六年用『君子曰』批評秦穆公以三良爲殉時說:『古之王者知命之不長，是以並建聖哲，樹之風聲，分之采物，著之話言，爲之律定，陳之藝極，引之表儀，予之法制，告之訓典，敎之防利，委之常秩，導之以禮則，使毋失其土宜……。』

又如襄二十九年吳季札聘魯觀樂，對於《周頌》有如下的評論:

『至矣哉，直而不倨，曲而不屈，邇而不偪，遠而不攜，遷而不淫，復而不厭，哀而不愁，樂而不荒，用而不匱，廣而不宣，施而不費，取而不貪，處而不底，行而不流，五聲和，八風平，節有度，守有序，盛德之所同也。』

這兩段文字，句法整齊，前段連用十一個『之』字的四字句，後者連用十四個『而』字的四字句，這是一種新的修辭技巧。這種文體盛行於戰國時期。

一類是記事與時代不合，或違背情理，出現漏洞，表明它們帶着晚出的烙印。請看下面幾個例子:

襄九年:『穆姜薨於東宮。始往而筮之，遇艮之八。史曰:「是謂艮之隨，隨其出也，君必速出。」姜曰:「亡。是于

《周易》曰：隨元亨利貞，无咎。元，體之長也；亨，嘉之會也；利，義之和也；貞，事之幹也。體仁足以長人，嘉德足以合禮，利物足以和義，貞固足以幹事。然故不可誣也，是以雖隨無咎。今我婦人而與於亂，固在下位而有不仁，不可謂元；不靖國家，不可謂亨；作而害身，不可謂利；棄位而嬌，不可謂貞。有四德者，隨而無咎，我皆無之，豈隨也哉？我則取惡，能無咎乎？必死於此，弗得出矣。」』

這段記載很可疑，穆姜引《周易》『隨元亨利貞，无咎』這是隨卦卦辭，但下文自『元，體之長也』至『貞固足以幹事』，今本《周易》是《文言》文，但是在《乾卦》裏，不在《隨卦》。近人研究，所謂《十翼》，包括《文言》在內，並非孔子所作，像《文言》《繫辭》《說卦》等肯定是戰國時期的東西，當然穆姜不會引用。如果說這本是穆姜的話，《易傳》作者採之入於《文言》中，我認爲這種可能性是很小的，也可以說是不存在的。爲什麼呢？因爲在春秋時期，卜筮還是卜史的專業，只有他們才有解釋卜筮、預言休咎的學識。照傳文所說，穆姜精通易理，勝過卜史，這是很不可信的，何況穆姜罵自己說：『今我婦人而與於亂』，『棄位而嬌，不可謂貞』，在史官面前揭露自己和叔孫僑的醜事，未免太不近人情。這分明是作等借此罵人，並宣示占筮的奇驗。穆姜說：『必死於此，弗得出矣。』果她就死在這裏。所以穆姜這段話決不可信爲她自己曾經說過的話。這段文字的產生當在戰國時，占驗家以此宣揚占筮的靈驗，《左傳》改編者把它竄入《左傳》裏，當作穆姜引用《隨卦》的話；《周易》的編者也引用了它，卻放在《乾卦》裏，以致兩歧，這樣推測也許是比較符合事實的吧。

昭三年：『叔向曰：「齊其何如？」晏子曰：「此季世也。吾弗知，齊其爲陳氏矣。公棄其民，而歸於陳氏。齊舊四量：豆、區、釜、鐘。四升爲豆，各自其四，以登於釜，釜十則鐘。陳氏三量，皆登一焉，鐘乃大矣。以家量貸，而以公量收之。……其愛之如父母，而歸之如流水。欲無獲民，將焉避之？……」』

昭二十六年：『齊侯與晏子坐於路寢。公嘆曰：「美哉室，其誰有此乎？」晏子曰：「敢問何謂也？」公曰：「吾以爲在德。」對曰：「如君之言，其陳氏乎！陳氏雖無大德，而有施於民。……公厚斂焉，陳氏厚施焉，民歸之矣。……陳氏而不亡，則國其國也已。」公曰：「善哉。是可若何？」對曰：「唯禮可以已之。……」』

這兩段記載是很可疑的。齊當景公之世，公室方強，陳無宇爲大夫，尙未得專國政。陳氏怎敢公然厚施於民，與景公爭國？假如當時眞有此事，晏子既對景公講了，景公喜用嚴刑，爲什麼不把陳無宇置之死地，而坐視其國被陳氏所奪？這豈是合乎情理的事？卽令景公自知其不德，當時尙無亡國之像，何至於說：『美哉室，其誰有此乎？』這都是講不通的。今按《韓非子・二柄》：『田常上請祿而行之羣臣，下大斗斛而施於百姓，此簡公失德而田常用之也，故簡公見弑。』田常，《左傳》作陳恒。景公卒後，中更荼子、陽生之弑，公室式微。陳氏自陳乞至於田常，大權在握，終於立簡公而弑之，事在魯哀十四年。韓非把這事放在齊簡公與田常之時，是完全正確的。只有在這時，陳氏才敢於厚施於民，簡公對他毫無辦法；但此時晏子早已先卒，《左傳》把這兩段話記在晏子的賬上，當然是錯誤的。昭二十六年景公與晏子這段對話又見於《韓非子・外儲說右上》，惟以陳氏爲『田成氏』，卽田成子，亦卽田常。這段記事雖誤記爲景公與晏子的對話，但田成子則不誤，可見韓非一直認爲這是田常的事。

《左傳》這兩段錯誤的記事是從哪裏來的呢？昭三年這段見於《晏子春秋・內篇問下》第十七章，昭二十六年這段見於《晏子春秋·外篇》第十章。文字基本上相同。今按《晏子春秋》成書年代大約在戰國田氏代齊之後，這幾篇有關田氏的故事很可能是齊國稷下先生們爲了歌頌田氏祖德而寫的，卻假托於春秋時齊國有名人物晏嬰。改編《左傳》的人因它是春秋時期的故事，就寫入《左傳》裏，又有人因它與晏子有關，編在《晏子春秋》裏，所以文字基本上相同。

一類是有後人增添進去的嫌疑的，例如：閔二年末有『僖之元年，齊桓公遷邢于夷儀。二年，封衞于楚丘。邢遷如歸，衞國忘亡』和『衞文公大布之衣……季年乃三百乘』兩條。這本應放在僖公元年和二年，不應放在閔公末。

又哀二十七年末有『悼之四年』一段，《左傳》記事終於哀二十七年，不應下及悼公，至三家滅智伯，顯係後人所增。

還有漢人竄入的，這當然是個別的例子。如：文十三年記士會自秦歸晉之後，有這樣的話：『秦人歸其孥，其處者爲劉氏。』過去學者多以此條爲漢人所加，證明劉氏爲堯後，但硬說是劉歆僞作，則並無根據。

三、《左傳》成書年代的推測

根據上面的分析，可以證明，《左傳》這部書原是一部記事本末體的史書，經過後來的改編，才成爲編年體的解釋《春秋》的書。這就是說，在它的編撰過程中主要是分爲兩個時期，這樣才能解決這部書是史書還是解經的書這個長期爭論不休的問題。

關於這書的編成爲紀事本末體的年代，我們可以從書中最後幾年中的記事作一些推測。

哀十六年：『秋七月〔白公勝〕殺子西、子期而劫惠王。』

哀二十六年：『〔衞出〕公不敢入，師還，立悼公。』

又，『宋景公無子。』

哀二十七年:『齊師將興，陳成子屬孤子三日朝。』

以上三條記了楚惠王、衞悼公、宋景公、陳成子四人的謚，這給我們解決這書最初編輯年代問題提供一些線索。按楚惠王卒於公元前四三二年，於四人中爲最後卒，衞悼公、宋景公皆卒於前四五一年，陳成子（卽田常）卒年無明文，據《史記·田完世家》，其卒年當在前四五三年三家殺智伯分其地之前。由此可以斷定，《左傳》一書的初編爲紀事體之書當在公元前第五世紀中葉，最遲在公元前四三二年後，相距不會太遠。

至於改編爲解經的書的年代，我們可以從解經的話、評論，以及占卜、預言等看出一些迹象。書中的占卜預言往往奇中，當然是事後僞作，應當是解經者在改編時挿入的。預言雖往往奇中，可是也有不中的。從不中的預言，可以推想：它所預料的事在編書時尙未發生。因此可以考出編書時代的下限。在這問題上，除了大家所熟知的魏氏稱侯、田氏代齊的占卜預言之外，下列兩條値得特別提出:

文六年:『君子曰:「秦穆之不爲盟主也宜哉! 死而棄民（指以『三良』爲殉）……君子是以知秦之不復東征也。」』

按自秦穆公之卒（前六二〇），霸業不振，河西爲晉所據，戰國時屬魏，直至商鞅佐孝公變法，於前三五二年東征魏之安邑，中更二百六十八年之久，編者遂言秦不復東征。如編者見到商鞅伐魏、取安邑，卽不會出此言。

昭四年，『鄭渾罕曰:「姬在列者，蔡及曹、滕其先亡乎; 偪而無禮，鄭先衞亡。」』

按曹亡在前四八九年，蔡亡於前四四七年，滕亡於前四一五年，但《孟子》書中有滕定公、文公，是滕曾復國，惟復國之年不可考。崔述作《孟子事實錄》，說孟軻遇滕文公在他的晚年，此說可信。滕之復國至晚當在前三五〇年前後。傳預言滕先亡，可見編者必見到滕之亡，而未見到滕之復國。

這條預言又說『鄭先衞亡』，襄二十九年，吳季札聘魯也預言鄭先亡。按韓滅鄭在前三七六年，《傳》既兩次說鄭先亡，可見編者確審見到鄭之亡。至於爲什麼說『先衞亡』，卻有些奇怪，因爲衞在各國是最後亡的（秦二世元年，前二〇九），上距鄭亡一百六十多年，不能相比。估計編者見衞國太弱小，朝不保夕，預料不會存在很久，因而說鄭先衞亡。

綜合上述，改編者見到滕之亡和鄭之滅，但未見到滕之復國和商鞅伐魏，由此推斷，改編年代當在前三七五至前三五二年之間。這當然是一個推測，但是有根據的。我們可以下這樣的結論：《左傳》一書，作爲一部紀事體的史書，成書最遲在前四三〇年後不久；改編爲編年體的記事兼解經的書，當在前三五二年之前。至於在傳寫過程中有後人附益，那年代就不可考了。

總之，在戰國末葉之前，一部獨立的《左傳》已經成書，那是毫無疑問的了。

（《左傳編撰考》，見《中國歷史文獻研究集刊》第一及二集）

胡念貽云：

左傳是否劉歆僞作

經今古文學之爭，淸末發展得很激烈。康有爲寫了一部《新學僞經考》，提出西漢古文經傳都是劉歆僞造，其中以《左傳》部分的論述在學術界影響最大。從淸末到今天，一直有人贊成並加以發揮。這是一個很值得研究的問題。這個問題不弄淸，使人感到《左傳》這部書是一筆糊塗賬。

關於這個問題，可以分三個部分來討論:

⑴康有爲和在他影響之下的同時人崔適是怎樣論證的;

⑵康、崔以後其他一些人是怎樣論證的;

⑶他們的錯誤，歸結到一點就是主觀主義的硏究方法。

以下分別地來論述。

⑴康有爲、崔適的論證。康有爲認爲《左傳》是劉歆根據《國語》改編的，在劉歆以前，根本不曾存在過一部編年的《左氏春秋》。《國語》不編年，劉歆把它改編之後，繫上年月，和《春秋》比附，就成爲《左傳》。從《國語》到《左傳》，不但體例改變，內容也有顯著不同。按照康有爲的說法，劉歆發揮了巨大的創造性。《左傳》的著作權自然要歸到劉歆。

《新學僞經考》於一八九一年出版。當時今文經學家崔適推崇它『字字精確，自漢以來未有能及之者』。崔適寫了《史記探源》和《春秋復始》等書，對康有爲的說法作了補充。他把康有爲比作『攻東晉古文尚書』的閻若璩，把自己比作惠棟。在三十年代，有的學者把劉逢祿的《左氏春秋考證》比作閻若璩的《古文尙書疏證》，把康有爲的《新學僞經考》和崔適的《史記探源》、《春秋復始》中《左傳》辨僞部分比作惠棟的《古文尙書考》、丁晏的《尙書餘論》。總之，在一些學者的心目中，《左傳》和東晉《古文尙書》一樣是僞書。三十年代以後，這個問題擱置了幾十年，沒有人加以硏究和解決。在人們中間，信者自信，疑者自疑。五十年代以後，雖然學術界一般把《左傳》當作先秦典籍，但疑團並沒有打破。有的論著裏還是相信劉歆僞作之說。

應當指出，劉逢祿並沒有想當閻若璩的。劉逢祿雖然考證《左傳》中講『書法』、『義例』的文字是劉歆僞作，他沒有考證《左傳》是僞書。他雖在《左氏春秋考證》卷上桓公十一年說過『楚屈瑕篇年月無考，固知《左氏》體例與《國語》相似，不必比附《春秋》年月也』。但他在同一書的卷上莊公十七年又說：『左氏後於聖人，未能盡見列國寶書，又未聞口授「微言大義」，惟取所見載籍，如《晉乘》、《楚檮杌》等相錯編年爲之，本不必比附夫子之經，故往往比年闕事。』他所謂『《左氏》體例與《國語》相似』，是指它記載事實，不附於經。他也認爲《左氏》體例和《國語》有不似，他承認《左傳》是編年，不過認爲不是那樣拘拘『比附《春秋》年月』，所以有時一年或連着幾年沒有記載，即所謂『文闕』。劉逢祿的說法並不全對，但他所採取的態度還是比較審愼的。

康有爲卻是銳意要把《左氏春秋》當作一部僞書來推翻。他在《新學僞經考》裏說：

> 按《史記·儒林傳》，《春秋》只有《公羊》、《穀梁》二家，無《左氏》。《河間獻王世家》無將《左氏春秋》立博士事。馬遷作史多採《左氏》，若左丘明誠傳《春秋》，史遷安得不知？《儒林傳》述『六藝』之學彰明較著，可爲鐵案。又《太史公自序》稱『講業齊魯之都，天下遺文古事靡不畢集太史公』，若河間獻王有是事，何得不知？雖有蘇張之舌不能解之者也。《漢書·司馬遷傳》稱『司馬遷據左氏《國語》，採《世本》、《戰國策》，述《楚漢春秋》』。《史記·太史公自序》及《報任安書》俱言『左丘失明，厥有《國語》』，《報任安書》下又云『乃如左丘明無目，孫子斷足，終不可用，退論書策以抒其憤』，凡三言『左丘明』，俱稱《國語》。然則左丘明所作，史遷所據，《國語》而已，無所謂《春秋》也。

這一段文字可以說是康有爲『《左傳》辨僞』的基本論點。康有爲的論證方法可分兩步。第一步，先推翻《漢書》裏面關於《左傳》的記載。他的方法是用《史記》證《漢書》。《漢書·儒林傳》裏將《春秋左氏傳》和《公羊》《穀梁傳》并列，而且還列出了漢初以後《春秋左氏傳》的傳授世系。《漢書·河間獻王傳》記載了獻王立《左氏》博士。這些都和《史記》不同。《史記》的《春秋》只有《公羊》《穀梁》二家，《河間獻王世家》沒有立《左氏春秋》博士之說。康有爲因此推斷在劉歆以前的司馬遷根本沒有見到過《左傳》一書。《漢書》的記載都是根據劉歆僞造。第二步，康有爲斷定司馬遷只見到過《國語》，說司馬遷屢次提到左丘明作《國語》就是明證。劉歆利用《國語》僞造《左傳》；又僞造其他一些證據，被班固寫進了《漢書》。《左傳》爲劉歆僞造之說，在康有爲的筆下就這樣論定了。

然而這些論證是很脆弱的。這裏首先必須分清兩個問題：一、《左傳》是否爲《春秋》作傳？二、《左傳》是否僞作？這兩個問題不容許混淆在一起。否認《左傳》爲《春秋》作傳，不等於說它是僞書。《漢書》將《左氏春秋》改稱《春秋左氏傳》，將它和《公羊傳》《穀梁傳》並列，而且列出傳授世系，這可能受了劉歆和古文經學家的影響，不能對它相信。《史記》不是這樣。從《史記·儒林傳》的《春秋》只載《公羊》、《穀梁》二家看，司馬遷並不認爲《左氏》傳《春秋》。《史記·河間獻王世家》不寫獻王立『《左氏》博士』一事，推究原因，這有三種可能：一、獻王立《左氏》博士之說不可信；二、獻王確曾立《左氏》博士，司馬遷不相信《左氏》傳《春秋》，故不載；三、司馬遷略而不載，——他對於河間獻王寫得很少。司馬遷對於藩國的文化、學術活動，都是不大寫的。不獨對河間獻王如此，《淮南王劉安傳》和《梁孝王世家》也都極少寫這一方面。總之，我們從《史記》裏找不到關於《左氏春秋》傳《春秋》的任何證明，但絕不能由此推斷司馬遷沒有見過《左氏春秋》。

誠然，司馬遷在《太史公自序》和《報任安書》裏都提到左丘明作《國語》，不說他作《左氏春秋》，這似乎頗費解，康有爲抓住了這一點。然而這也是不難解釋的。兩處的『左丘失明，厥有《國語》』的上文都有『仲尼厄而作《春秋》』，相隔只有兩句。如果再寫成『厥有《春秋》』，不但文字上犯復，而且這裏《左氏春秋》和仲尼的《春秋》也纏夾，所以换成《國語》。《國語》可以兼指《左氏春秋》和《國語》。《左傳》在《史記》裏有時稱爲《左氏春秋》，見於《十二諸侯年表序》；有時又稱《春秋古文》，見《吳太伯世家贊》；有時又和《國語》通稱爲《春秋國語》，如《五帝本紀贊》：

予觀《春秋國語》，其發明《五帝德》、《帝系姓》章矣，顧弟弗深考，其所表見皆不虛。

《十二諸侯年表序》：

於是譜十二諸侯，自共和訖孔子，表見《春秋國語》，學者所譏盛衰大旨著於篇，爲成學治古文者要刪焉。

這兩個《春秋國語》，過去有人認爲它是指《春秋》和《國語》二書，那是不對的。《五帝本紀》的內容，和《春秋》毫無關係；《春秋》沒有發明《五帝德》、《帝系姓》之處。《五帝本紀》採用了《左傳》中所載『高辛氏有才子八人』，『少皞氏有不才子』，『顓頊氏有不才子』等等；《國語·魯語》裏提到黃帝、顓頊、帝嚳、堯、舜。所以《五帝本紀贊》的《春秋國語》，可以說是包括了《左傳》和《國語》。《十二諸侯年表》和《國語》沒有關係；《國語》不編年，撰《年表》時當然無法採用它。《十二諸侯年表》實際也不是依據《春秋》，《春秋》記事『其辭略』，《年表》裏一些說明文字《春秋》不能提供。《年表》上所寫，絕大部分見於《左傳》；個別在《左傳》裏找不到的，很可能是在流傳中脫漏了。因此《十二諸侯年表序》的《春秋國語》是專指《左傳》。漢代傳說《左傳》和《國語》都是左丘明作；司馬遷將『《春秋國語》』簡稱爲『《國語》』，——這裏是兼指《左傳》

和《國語》。『左丘失明，厥有《國語》』句就是這樣來的。東漢末年應劭《風俗通義》引用『《春秋國語》』，所引的是《國語》中文字，也許應劭所說的《春秋國語》專指《國語》，和司馬遷又不同了。

《漢書・藝文志》裏還有『《新國語》五十四篇』，注明『劉向分《國語》』。康有爲的所謂劉歆割裂《國語》僞造《左傳》之說，就是根據這一條。他認爲劉歆採用《國語》五十四篇中的大部分改寫成《左傳》三十卷，餘下的部分收拾起來編爲《國語》二十一篇。他的理由是:

> 《國語》僅一書，而《志》以爲二種，可異一也。其一，二十一篇，卽今傳本也；其一，劉向所分之《新國語》五十四篇；同一《國語》，何篇數相去數倍？可異二也。劉向之書皆傳於後漢，而五十四篇之《新國語》，後漢人無及之者，可異三也。蓋五十四篇者，左丘明之原本也。歆既分其大半，凡三十篇，以爲《春秋傳》，於是留其殘剩，掇其雜書，加以附益，而爲今本之《國語》，故僅得二十一篇也。考今本《國語》：《周語》《晉語》《鄭語》多春秋前事；《魯語》則大半敬姜一婦人語；《齊語》則全取《管子・小匡》篇；《吳語》《越語》筆墨不同，不知綴自何書；然則其爲《左傳》之殘餘而歆補綴爲之至明。歆以《國語》原本五十四篇，天下人或有知之者，故復分一書以當之，並托之劉向所分，非原本，以滅其迹，其作僞之情可見。

康有爲所列舉的三『可異』，其實都見不出『可異』之處。第一、我們怎麼能够因爲今天只看到一部《國語》，從而推斷漢朝在《國語》之外不能有一部《新國語》？試想:《漢書・藝文志》裏的書，失傳的有多少？豈止一部《新國語》。第二、《新國語》是一部甚麼書，我們已無從得知，不知道它和《國語》有什麼關係，當然無法和《國語》進行比較。它和《國語》的關係有兩種可能：一種可能是兩部書的內容不同，是兩回事；另一種可能是兩部書的內容基本相同而分篇較細。這兩種可能都不能對康有爲的論點有所幫助。第三、後漢人沒有提到劉向《新國語》，這也不足奇。劉向的書，後漢人未必都提到，提到了我們也未必都知道。後漢人的東西，失傳的又有多少啊！

康有爲的論證十分曲折。他認爲《漢書・藝文志》裏的《新國語》五十四篇也是劉歆僞造，另外還有『《國語》原本』五十四篇。劉歆將『《國語》原本』割裂而僞造了《左傳》，又怕這『《國語》原本』五十四篇『天下人有知之者』，就再僞造《新國語》五十四篇來冒充它，並且托名劉向所分。這就是說，『《國語》原本』五十四篇不存在了，僞造出一部《新國語》五十四篇，並且托名劉向，這就可以蒙混『天下人』。這實在太富於想像。

如果我們要對《漢書・藝文志》的《新國語》一條作一點比較近乎情理的猜測的話，其中有兩點值得注意：一、《新國語》的『新』字；二、『劉向分』三字。這部書似乎是劉向從甚麼書中分出來的，因此稱爲『新』。我疑此書是劉向纂集《左傳》中所紀各國事實，依照《國語》體例按國別分列出來，所以稱爲《新國語》。據桓譚《新論》和王充《論衡》，劉向愛讀《左傳》，他做這樣一件工作，不是沒有可能的。

我們考查了康有爲的一些論點，發現這些論點都是站不住。下面我們再來談到崔適。

《史記・十二諸侯年表序》裏提到『魯君子左丘明』作《左氏春秋》，這對於《左傳》爲劉歆僞造之說是一個極大的障碍。康有爲在《新學僞經考》裏說這是劉歆竄入，但沒有舉出理由。崔適《史記探源》（卷四）贊成康說，並且舉出七條理由來加以論證。錢玄同在《<左氏春秋考證>書後》裏說崔適『臚列七證，層層駁詁，語語精當』，說由此『知今本《十二諸侯年表》不足據，則《左傳》原本之爲《國語》益可斷定』。崔適這段文字在『《左傳》辨僞』問題上，是有它的重要性的，因此應當作一番研究。

先錄《十二諸侯年表》的一段原文：

是以孔子明王道，干七十餘君莫能用，故西觀周室，論史記舊聞，興於魯而次《春秋》。上記隱，下至哀之獲麟。約其辭文，去其煩重，以制義法。王道備，人事浹。七十子之徒，口受其傳指，爲有所刺譏褒諱挹損之文辭，不可以書見也。魯君子左丘明懼弟子人人異端，各安其意，失其眞，故因孔子史記，具論其語，成《左氏春秋》。鐸椒爲楚威王傅，爲王不能盡觀《春秋》，採取成敗，卒四十年，爲《鐸氏微》。趙孝成王時，其相虞卿上採《春秋》，下觀近世，亦著八篇，爲《虞氏春秋》。呂不韋者，秦莊襄王相，亦上觀上古，刪拾《春秋》，集六國時事，以爲『八覽』、『六論』、『十二紀』，爲《呂氏春秋》。及如荀卿、孟子、公孫固、韓非之徒，各往往捃摭《春秋》之文以著書，不可勝紀。漢相張蒼歷譜《五德》，上大夫董仲舒推《春秋》義，頗著文焉。

崔適認爲從『魯君子』起至『爲《呂氏春秋》』止一百二十六字『皆爲劉歆之學者所竄人，當刪』。他列擧七證。

《七略》曰：『仲尼以魯史官有法，與左丘明觀其史記，有所褒毀貶損，不可書見，口授弟子，弟子退而異言。丘明恐弟子各安其意以失其眞，故論其本事而作《傳》。』與此《表》意同。《七略》與上下文意相聯，此與上下文意相背（原注：詳下）。則非《七略》錄此《表》，乃竄《七略》入此《表》也。證一。

此表上云：『七十子口授，不可書見。』中云『左丘明因孔子史記，具論其語』，則是『書見』而非『口授』矣。若太史公一人之言，豈應自相背謬若此！證二。

劉歆譽《左氏》，所以毀《公羊》。此《表》下稱董仲舒，無由先譽左丘明。賈逵曰：『《左氏》義長於君父，《公羊》多任於權變。』（原注：逵此說，非實也。《左氏》以兵諫爲愛君，可謂不任權變乎！《公羊》謂君親無將，將而誅，不可謂不長於君父也。）《太史公自序》：『余聞之董生云：「爲人臣者不知《春秋》，守變事而不知其權。」』此說正與逵之稱《左氏》義相反。若此篇亦以『懼弟子失其眞』稱《左氏》，則『知權』之說正在『失眞』之內，不猶助敵自攻乎！證三。

《劉歆傳》曰：『歆以爲左丘明好惡與聖人同。』夫曰『歆以爲』，則自歆以前未嘗有見及此者也。乃此《表》與《七略》皆曰：『左丘明懼弟子各安其意以失其眞。』『安意失眞』者，卽『好惡與聖人不同』之謂。不失其眞，卽『同』之謂。如太史公已云然，卽謂左氏與聖人同矣，安得云『歆以爲』耶！證四。

歆讓太常博士書曰：『或謂左氏爲不傳《春秋》。』如此《表》已云『左丘明成《左氏春秋》』，歆何不引太史公言以折之耶！證五。

《自序》云『左丘失明，厥有《國語》』，然則『左丘』其氏，『明』是其名，有《國語》而無《春秋傳》。《七略》稱『丘明』，此《表》曰『左氏春秋』，則左氏而丘明名，傳《春秋》而無《國語》。止此四字，與《自序》相矛盾，與《七略》若水乳。證六。

此《表》自周平王四十九年以後皆取自《春秋》。《呂氏春秋》非紀年月日之書，復何所取。鐸氏虞氏，其書今亡，弗論。要自後人雜取四家書名，從中挿入，致上下文皆言孔子之《春秋》者語言隔斷。不然，虞、呂世次在孟、荀後，豈其書亦爲孟荀所捃摭乎！證七也。

這是崔適所擧的七條理由。七條理由中，證一和證二可以並在一起討論。證一是用劉歆《七略》(《漢書・藝文志》根據了《七略》)和《十二諸侯年表序》對照，二者文意有相同處。按常理說這應當是《七略》抄《年表》，崔適卻認爲是劉歆將《七略》文字竄入《年表》。他的理由是：《七略》『上下文意相聯』，《年表》『上下文意相背』。所謂『上下文意相背』，就是『證二』所說的『七十子口授，不可書見』與『左丘明因孔子史記，具論其語』矛盾。

其實細按文意，二者並不矛盾。《年表》是說孔丘作《春秋》，對於其中所含褒貶深意，只能向弟子口授，不能用書面表現出來。左丘明是『魯君子』，不屬於『七十子』之列，他怕『七十子』根據口授相傳，會要走樣（『失眞』），就收集史料，寫成《左氏春秋》，記載事實，幫助人們研究《春秋》所褒貶的本意。《年表》的意思很清楚：作爲『七十子』以外的左丘明，沒有『口受其傳指』，他的《左氏春秋》，只是『具論其語』。『論』是撰述之意。『因孔子史記，具論其語』，就是根據史料，備述歷史人物的言與事。這正是司馬遷對《左氏春秋》的一貫看法，他認爲《左氏春秋》是史。這哪裏有什麼上下文背謬呢？

《七略》《年表》，作了一些改動，添進了一些文字，如《年表》『故西觀周室，論史記舊聞』，《七略》改作『以魯周公之國，禮文備物，史官有法，故與左丘明觀其史記』；《年表》『魯君子左丘明懼弟子人人異端，各安其意，失其眞，故因孔子史記，具論其語，成《左氏春秋》』，《七略》改作『丘明恐弟子各安其意，以失其眞，故論本事而作傳』。對劉歆的古文經學說來，這是兩處關鍵性的改動。它的目的是告訴人們：一、孔丘作《春秋》，左丘明曾經親自參加，暗示左丘明最懂得孔丘的褒貶之意；二、左丘明爲《春秋》『作傳』。這兩點意思，《年表》裏都沒有，正好說明《年表》沒有經過竄亂。如果劉歆眞是竄改《年表》，爲什麽不改得和《七略》一致呢？

崔適的證三，實際是將今文經學家的門戶之見強加給司馬遷。崔適把《左傳》和《公羊》看成勢不兩立，把司馬遷和劉歆混爲一談。他認爲劉歆『譽《左傳》』，是爲了『毁《公羊》』；司馬遷旣然稱贊《公羊》家董仲舒，就不應該『譽《左氏》』；這是很奇怪的邏輯。劉歆是劉歆，司馬遷是司馬遷，爲什麽要說成一樣？我們知道，司馬遷是一個好學深思的史家，他跟董仲舒學《春秋》，也從孔安國『問故』，沒有今古文門戶之見。司馬遷對於左丘明，是贊揚他的『因孔子史記，具論其語』，對於董仲舒，是稱道他的能『推《春秋》義』，着眼點不同。在司馬遷看來，這都是可佩服的。

崔適在『證三』裏還把東漢賈逵之說引了來，認爲賈逵說過『左氏義長於君父，公羊多任於權變』，而司馬遷贊成董仲舒的『知《春秋》』，則『守變事』而能『知其權』，和賈逵之說相反。這也毫無意義。司馬遷怎麽能够知道一百餘年以後的賈逵之說呢？至於『「知權」之說正在「失眞」之內』，此語很費解。『知權』是指『爲人臣者』處理事情的方法而言；『失眞』是指孔丘弟子背離《春秋》本意。二者各不相涉，不知崔適何所謂而云然！

崔適的『證四』也很牽強。他引《劉歆傳》中『歆以爲左丘明好惡與聖人同』句，說《年表》裏『懼失其眞』，就是表明了左丘明『好惡與聖人同』之意。司馬遷旣已說過，就不能再說『歆以爲』。而《劉歆傳》裏說『歆以爲』，可以反過來證明《年表》裏那一段爲僞。這個論證很奇怪；一、『懼失其眞』，不等於『好惡與聖人同』；二、卽使司馬遷曾經『以爲』這樣，爲什麽劉歆就不能再這樣說？三、《劉歆傳》全句是『歆以爲左丘明好惡與聖人同，親見夫子，而穀梁、公羊，在七十子後，傳聞之與親見之，其詳略不同』，劉歆所『以爲』的，有這麼多內容，這和《年表》並不重複，崔適卻只截取小半句，把其餘的都刪棄了。

崔適的『證五』是他誤解了《十二諸侯年表》。《年表》裏說左丘明『具論其語，成《左氏春秋》』，其意是說《左氏春秋》和《春秋》相輔而行，並不是《左氏春秋》爲《春秋》作傳。而且《年表》裏是把《左氏春秋》和《鐸氏微》、《虞氏春秋》、《呂氏春秋》等並列的，那些書都不傳《春秋》，顯而易見。因此，劉歆當然不能引太史公言來和太常博士辨論。這點劉歆知道得很清楚，太常博士也很清楚。

崔適的『證六』，牽涉到左丘明姓左還是姓左丘的問題。這似乎是兩說，兩說實際都沒有錯。司馬遷稱『左丘失明』，這可見左丘是氏。但爲什麼又說《左氏春秋》呢？『《左氏春秋》』是舊稱，和《虞氏春秋》、《呂氏春秋》一樣。復姓簡稱單姓，古有此例。如春秋時魯國臧孫氏又稱臧氏，季孫氏又稱季氏。『左丘氏春秋』簡稱『左氏春秋』，並非不合習慣的。至於《七略》稱丘明，這或許是由於相沿已久，在人們印象中，認爲左丘明就是姓左了。何況文人弄筆，故意截搭，如『馬遷』之例，原不足怪。司馬遷於書名取舊稱，於姓則仍稱左丘，並非矛盾。《七略》在左丘明姓名上發生訛變，也並非不可解釋。把二者扯在一起，作爲『辨僞』的理由，太牽強了。

崔適的『證七』，說『魯君子』以下一百二十六字是被『插入』篇中，『致上下文皆言孔子之《春秋》者語意隔斷』，這是誤解文義。上下文誠然都是講《春秋》，上文是講《春秋》的產生和它的意義及傳授，『魯君子』以下一直到『頗著文焉』，是講《春秋》的影響：孔子作《春秋》以後，陸續又產生了《左氏春秋》、

《鐸氏微》、《虞氏春秋》、《呂氏春秋》等；還有荀卿、孟子、公孫固、韓非之徒著書，也都採用《春秋》；漢代張蒼和董仲舒，對《春秋》也作出了貢獻，——全文的大意就是如此。行文完全合乎邏輯，有什麽『語意隔斷』之處呢？如果刪去一百二十六字，倒是文氣不連，不相銜接了。

這裏我們就康有爲和崔適所主張的《左傳》爲劉歆僞造之說的主要論點作了一番考察。康有爲和崔適都沒有提出任何確鑿的證據，都是就一些有關文獻來推論。推論的方法不是不可以用，但總得大體結合客觀事實，力求能符合事物本來面目。他們立論很大膽，而論證卻是很脆弱。如崔適的斷定《十二諸侯年表序》中一百二十六字爲劉歆竄入，列舉七證之多，細按起來，漏洞百出。康有爲《新學僞經考》中有關論述也是如此。這裏所舉出的是他們兩人著作中的幾段著名文字，它們常常被人稱引，影響很大。這應當算作『劉歆僞造說』的基礎吧。對於剖析一番，是很必要的。憑他們這些理由，無論如何得不出劉歆僞造的結論。

⑵康、崔以後其他一些人的論證。康有爲和崔適關於《左傳》的論述，到了本世紀二十年代和三十年代初，隨着學術界疑古辨僞之風興起而受到很大重視。辨僞的工作是很重要的，古書中確有不少僞書，還有許多書中有後人竄入的篇章或段落和個別文字，這些都要加以辨別。這是科學地整理古籍的一項不可少的工作。但辨僞要堅持冷靜的科學態度。二十年代和三十年代初的辨僞工作有一種形式主義傾向，那時一些人認爲，凡是對古書提出懷疑的都要表彰，『與其過而信之也，寧過而疑之』，不知『過而疑之』和『過而信之』同樣是違反科學的，科學的態度應當是實事求是。《新學僞經考》的價值如何，應當具體分析，這裏不論。錢玄同的《重論經今古文學問題》對它全盤肯定，極力讚揚；對於其中論《左傳》部分還作了補充論述。他的補充論述對康有爲實在沒有多少幫助。

他把《左傳》和《國語》紀事的異同作了比較，得出八條，結論說：『《左傳》與《國語》二書，此詳則彼略，彼詳則此略，這不是將一書瓜分爲二的顯證嗎？』這和康有爲發生了矛盾。康有爲認爲《國語》是劉歆將《國語》『分其大半』後留下的『殘剩』，錢玄同卻承認《國語》還有許多同於《左傳》者，只是彼此詳略不同，那就不僅是留下的『殘剩』了。錢玄同看到了事實：《國語》本來不是《左傳》的『殘剩』；但他不肯承認二者各自成書。二書的體例不同，作者取材不同，文學不能不同，因而造成兩部書的不同面目。它們的作者旣不是同一個人，它們之中也不是一部書由另一部書割裂改寫而成的。

經過錢玄同等人的提倡，康有爲之說在學術界發生了很大影響。一些學者在論著裏紛紛採用它。如傅斯年《周頌說——附論魯南兩地與詩書之來源》文中，一則曰：『我們用《左傳》證《詩》《書》，有個大危險，卽《左傳》之由《國語》出來本來是西漢晚年的事。』再則曰：『《左傳》昭二年見《易象》與《魯春秋》句顯然是古文學者從《國語》造出《左傳》來的時候添的。』郭沫若在《論吳起》裏也說：『本來《春秋左氏傳》是劉歆割裂古史攙雜已見而僞托的。』其他在有關《左傳》論著裏採用康說的，不列擧了。

還有人從天文歷法研究上來支持康有爲之說。日本學者飯島忠夫在本世紀二十年代發表的《由漢代之歷法論〈左傳〉之僞作》及《中國古代歷法概論》等論著就是如此。飯島忠夫的基本論點是漢代的歷法爲西方傳入說。他認爲春秋、戰國時代的天文歷法，不可能達到《左傳》裏面所記載的發達程度；漢代的太初歷，是西方歷法傳入發生影響的結果。他認爲《左傳》裏面的歲星紀事是劉歆根據漢代天文歷法知識逆推而僞撰的，說《左傳》和《國語》是從《左氏春秋》『潤色而來』，『《左氏春秋》（一名《國語》）』已『弗傳於今日』。飯島忠夫的漢代歷法西方傳入說，遇到了他同時的日本學者新城新藏《東洋天文學史研究》的反駁。隨着《五星占》等地下材料的發現和中國古代天文歷法研究的深入，飯島忠夫之說不攻自破了。

一九五七年，科學出版社出版的劉坦《中國古代的星歲紀年》，其中第二章第二節提出《國語》和《左傳》裏面的歲星紀事爲劉歆僞托。劉坦沒有進一步論斷《左傳》一書爲劉歆僞作，這還比較審愼。但是，劉坦的論證也是錯誤的，《左傳》裏的歲星紀事，和劉歆不發生關係。關於這一點，留待下面『關於歲星紀事問題』一段中論述。

針對《春秋事語》中許多章的故事和《左傳》相同而在文字上和部分內容上存在着差異，徐仁甫先生斷定爲《左傳》因襲『《春秋事語》所採的原書』，而不是《事語》採《左傳》，從而得出結論說《左傳》爲漢人所作，作者是劉歆。

徐仁甫先生的論證，似乎是根據這樣一個原則：如果有兩部作品，其中一部採用了另外一部，要推測它們誰採用誰，可以從語言上的優劣判斷。後出者總比前人之作強：後出者的語言應當更周密；前人之作的優點，後出者都可以吸收；前人之作的蕪蔓或不合需要的東西，後出者可以刪除。乍看起來，似乎很有道理，但實際情況並不都是如此。如果前人寫的是一部優秀作品，後來者是一個庸手，當然不能超過前人，前人的優點他未必能學到。即使同是優秀作家，後來者也未見得處處比前人好。《春秋事語》的全貌雖然不可得知，但從殘存的十六章看，不是出於高手。張政烺先生的《<春秋事語>解題》說它『顯得分量輕，文章簡短，在編輯體例上也亂七八糟。它的編者大約是個頭腦冬烘的教書先生』。張政烺先生認爲這樣的書當是兒童課本，講些歷史故事，學點語言，爲將來進一步學習作準備。這些論斷都是符合這部書的實際內容的。它出現在《左傳》之後，怎麼能要求它的語言勝過《左傳》呢？它摘抄羣書，不能字字照抄，因爲它的每章字數一般在二、三百字以內，還要有評論。爲了壓縮篇幅，不得不盡量刪削，文字往往顯得不順暢。

《左傳》的作者是一位語言大師，確是作到了『極其重視文法』，『文理鮮明』。但《左傳》的文法並非超越了它的時代，像『止之曰』這樣的語法，並非要到漢朝才有。《論語》裏面就有『夫子矢之曰』（《雍也》）、『子路不說曰』（《陽貨》）一類的句子。《左傳》的用語卽使有的和劉歆相似，也並不能證明《左傳》爲劉歆所作。劉歆愛好《左傳》，用語上受它的影響，這是毫不奇怪的。

《春秋事語》的出土，對於《左傳》爲劉歆僞作之說增添了一條反駁的證據。《春秋事語》十六章中，有十三章的故事見於《左傳》。雖然它兼採羣書，對一些故事作了改寫，使人不能容易斷定它採自《左傳》，但有些章中，直接採用了《左傳》的語句。如《齊桓公與蔡夫人乘舟》章中幾句:

　　禁之，不可；怒而歸之，未之絕；蔡人嫁之。

和《左傳》僖公三年以下幾句大體相同:

　　禁之，不可。公怒，歸之。未絕之也，蔡人嫁之。

究竟是誰抄誰呢？我們再繼續看下去，《事語》這一章章末有兩句:

　　桓公率師以侵蔡，蔡人遂潰。

《左傳》僖公四年爲:

　　齊侯以諸侯之師侵蔡，蔡潰。

《左傳》寫明『以諸侯之師侵蔡』。這是記述歷史。如果本來只是像《事語》所說的『率師』，它不能妄添『諸侯之師』。《事語》只着眼在評諸蔡國嫁女絕齊事，不必管他齊侯是否用『諸侯之師』，所以它可能省略成『率師』。由此可以看出，這顯然是《事語》根據《左傳》。

又如《事語・長萬宋之第士》章中幾句:

君使人請之，來而戲之，〔曰:『始〕吾敬子，今子，魯之囚也。吾不敬子矣。』長萬病之。

和《左傳》莊公十一年『乘丘之役』章中幾句比較:

宋人請之。宋公靳之，曰:『始吾敬子。今子，魯囚也。吾弗敬子矣。』病之。

除了把『宋人請之』改成『君使人請之』，把『靳』字改成『戲』字，以及在『病之』上加主語『長萬』外，其餘文字幾乎全同。這些改動，是爲了通俗易懂。這顯然是摘錄《左傳》的故事來加以評說。這兩章中《春秋事語》採錄《左傳》的痕跡宛然可見。據《春秋事語》的《釋文》考訂，『書中不避「邦」字諱，抄寫的年代當在漢初甚或更早』。它裏面採錄《左傳》，說明《左傳》在漢初以前確實在流行。這件文物的出土，對於研究戰國秦漢間《左傳》的流傳狀況，是有幫助的。

⑶主觀主義的研究方法。把《左傳》這樣一部先秦著作說成出於西漢劉歆之手，這種奇怪的結論，是用主觀主義的研究方法得出來的。在一些持此說者的論著中，主觀主義的方法，主要表現爲以下三點:

一、否認客觀，顚倒事實。過去有的學者如劉師培等曾經舉出戰國、西漢一些書中引用了《左傳》中的一些故事和文字。如《韓非子・姦刼弒臣》引『楚王子圍殺君』和『崔杼殺君』二事，稱『《春秋》之記曰』，故事和《左傳》大體相同。賈誼《新書・禮容》篇引『魯叔孫昭子聘於宋』事，其中『哀樂而樂哀，皆喪心也。心之精爽，是謂魂魄，魂魄已失（《左傳》作去之），何以能久』，字句和《左傳》昭公二十七年全同。西漢的詔令、奏疏以及其他著作裏襲用和概括《左傳》詞意處，舉不勝舉。持劉歆僞造說者都一律否認。

凡是戰國、西漢文字和《左傳》相同或相似之處，持劉歆僞造說者不外是用兩個辦法來抵擋：一是說二者都根據了『《國語》原本』，而這『《國語》原本』在古代記載中連書名都是影子也沒有的，你當然沒法去查對；二是劉歆竄人。這兩個辦法在解釋《史記》和《左傳》的文字相同之處時表現很突出。《史記》的《十二諸侯年表》和一些『本紀』、『世家』、『列傳』裏都大量地採用了《左傳》，凡是讀過《史記》並且讀過《左傳》的人都會深刻感到。如果作一番細緻的工作，把《史記》採用《左傳》之處，和《左傳》原文加以比較，就會發現司馬遷對一些文字作了一些必要的改動，使它更加明白易懂，也和他採用《尚書》的作法一樣。可是一些堅持劉歆僞造說的人極力否認這個事實。他們解釋二者文字相同之處，在用第一個辦法講不通時，就用第二個辦法。他們把分明是《史記》採用《左傳》的地方說成是劉歆將他的『僞《左傳》』文字竄入《史記》，任意顚倒，無理可說，而他們卻是習以爲常。

二、虛張聲勢，回避問題。康有爲等人提出此說，連篇累牘，講了許多道理，卻回避了兩個極其重要的問題：第一，《國語》不編年，《左傳》編年，如果《左傳》是根據《國語》改編，它的編年是怎樣來的？回答只能說，它是劉歆任意編排的。這就必然全盤否定《左傳》所記載的繫年史實，使春秋時代二百餘年的歷史成爲一團漆黑。當然，《左傳》如果眞是僞書，那也沒話可說。但是，要推翻這樣兩千多年來相傳的公認的信史，總得要有可靠的證據，不能全憑臆測。第二，《國語》的文學成就遠不如《左傳》。《國語》中有許多章和《左傳》的許多章是寫的同樣的事實，《國語》往往很簡樸，而《左傳》卻寫得形象生動，刻畫入微。如果是劉歆改編，劉歆眞不愧是歷史上第一流的文學家，他根據《國語》進行了絕妙的藝術創作。然而，《左傳》是否僅僅是這樣一部文學作品，沒有編年史的價值？劉歆究竟是不是這樣一位偉大的文學家？這一抑一揚，也總得有可靠的證據，不能全憑臆測。

錢玄同似乎隱隱約約地感到了這些問題，因此他在《論獲麟後〈續經〉及〈春秋〉例書》一文中聲明：『所以對於今之《左傳》，認爲它裏面所記事實遠較《公羊》爲可信，因爲它是晚周人做的歷史。』但是，旣然劉歆進行了巨大的藝術創作，而且任意編年，它就不再是『晚周人做的歷史』。這樣一些極其重要的問題，持劉歆僞造說者應當怎樣明確地回答呢？他們總是極力廻避，害怕提出討論。這些問題不解決，說得天花亂墜也是沒有用的。

三、塗抹歷史，不合情理。西漢哀帝劉欣時，今文學派和古文學派在皇帝面前有過一場爭論，爭論幾部書列學官的問題。爭論的焦點是《左傳》。古文家要給《左傳》立博士，今文家所堅持的是『《左氏》不傳《春秋》』，並沒有否認《左氏》是一部古書。否認《左氏》傳《春秋》是一回事，否認這部書是古書是另一回事。那些博士說『《左氏》不傳《春秋》』，從這口氣裏透露出來，他們對這部書有所理解，並不陌生。這很能說明問題。如果是劉歆僞造，那他們素所未聞，在爭論中應當是另一種說法了。

這次爭論那樣激烈，成爲全國政治生活中和學術領域內所注視的中心。劉歆造了這樣大一部僞書，竟然不被揭穿，這除非下面兩種情況：一、劉歆是一個大權奸，指鹿爲馬，不可一世，人們知道他作僞，也不敢說出；二、當時所有那些博士們都是不學無術，他們根本不了解學術文化，根本不知道先秦有一些什麼典籍。劉歆僞造出這麼一部大書，沒有人能檢查出來，任憑他當衆愚弄自皇帝以下公卿百官以及所有掌管和研究學術的人。事實上這兩種情況都不可能。劉歆在哀帝劉欣時雖然『貴幸』，但職位並不很高。在這次關於《左傳》立學官的爭論中，他『忤執政大臣，爲衆儒所訕』。可見執政大臣和衆儒並不買他的賬。『儒者師丹爲大司空，亦大怒，奏歆改亂舊章，非毁先帝所立』，說明師丹等人對劉歆是要置之死地而後快。如果有作僞事，他們必然會揭露出來。他們指責劉歆『改亂舊章，非毁先帝所立』，是指責他改亂西漢尊崇今文經學的舊章，非毁過去所立《公羊》《穀梁》等今文經學。用『舊章』、『先帝』一類的詞，是盡量給他加上政治罪名。所指責的事實，卻是並非沒有根據的，立古文經學，就是改亂了『先帝所立』今文經學的『舊章』。這和『《左氏》不傳《春秋》』是一個口徑。《漢書・王莽傳》載公孫祿上書建議誅七人，其中包括劉歆，說『國師嘉信公，顚倒五經，毁師法，令學士疑惑』。『顚倒五經』曾被康有爲等解釋爲僞造經作，這是錯誤的。『顚倒五經』，是指攪亂今古文經學。從字義上說，『顚倒』只能解釋爲變亂秩序，無『僞造』之意。公孫祿還是就劉歆提倡古文經學，變亂西漢經學傳統說的。師丹、公孫祿等人把問題提到那樣嚴重的地步，至於請求殺他的頭，但還是沒有說他的僞造古書。可見劉歆僞造《左傳》之說，在當時一點影子也沒有。在過去時代，一部僞書或一篇僞作，開始總是悄悄地傳出來，等到經歷了一段時間之後，逐漸被人們所相信。隨着作僞者及其同時代人的死去，沒有人知道它是僞作，於是在人們的腦子裏逐漸形成了牢固的觀念，把僞當眞了。一個作僞書的人在他的僞書剛脫手的時候就大吹大擂，並且向全國學術界挑戰，不怕成爲衆矢之的，這樣的僞作不被當代揭穿，那是很難設想的。

『左傳爲戰國時作』說的考察

《史記・十二諸侯年表序》說《左傳》爲『魯君子左丘明』所作，這是關於《左傳》作者的最早記載。左丘明其人，相傳和孔丘同時。《論語・公冶長》裏記述孔丘說：『巧言令色足恭，左丘明耻之，丘亦耻之；匿怨而友其人，左丘明耻之，丘亦耻之。』這就是劉歆所說的『與聖人同好惡』。唐代以後，對《左傳》的作者，產生了許多懷疑。趙匡認爲《論語》所引左丘明，是孔丘的前輩。『乃史佚、遲任之類』，《左傳》的作者，是另一個左氏，這個左氏是孔丘以後人。趙匡沒有作具體的論證。宋代一些學者從《左傳》一書裏面擧出一些例證，企圖證明《左傳》是戰國時的作品。這個工作，從宋代以來，不斷有人努力去作，然而直到現在，並沒有人令人信服地得出《左傳》作於戰國的結論。

宋以後持《左傳》爲戰國時代作品之說的人，他們的論據歸納起來，有以下幾種:

一、《左傳》裏面寫了三家分晉等一些戰國史實；二、《左傳》裏一些預言，它的應驗發生在戰國時代；三、《左傳》寫了歲星紀事，但所記各年歲易所在之次不是當時實際觀象所得，而是戰國時人根據當時元始甲寅之年逆推的；四、《左傳》所用的助詞不同於『魯語』，作者非魯人，而是戰國時期某一國人。——持此說者着重在談作者所屬的地域，不是着重研究作者的時代，但也涉及時代，所以一並在此討論。

以下就這些問題分別地加以研究。

⑴關於寫了戰國史實問題。相傳王安石曾作《春秋解》，論證左氏非丘明，理由有十一條，書沒有傳下來。葉夢得《春秋考》卷三《統論》提出《左傳》『辭及韓魏知伯趙襄子事，而名魯悼公、楚惠王』，因此認爲『 左氏應當趙襄子後 』。又說『官之有「庶長」、「不更」，秦孝公之所名也；祭之有臘，秦惠公之所名也；飲之有酎，《禮》之所無，而呂不韋《月令》之所名也』，而『獲不更女父』，『秦庶長率師』，『虞不臘』，『子產對晉言嘗酎』，都見於《左傳》，『則《左氏》固出於秦孝公、惠公、呂不韋之後矣』。朱熹也說『《左氏》謂「虞不臘矣」，是秦時文字分明』。鄭樵《六經奥論》卷四《左氏非丘明辨（左氏乃六國人）》擧出八

條理由來論證《左傳》作於戰國，除了他的新見外，還綜合了他人之說，論述較全，具有代表性。他的八條爲：一、《左氏》中紀韓魏智伯之事，又擧趙襄子之謚，自獲麟至襄子卒八十年。二、『戰於厤隧，獲不更女父』，又『秦庶長鮑、庶長武帥師及晉師戰於櫟』，『不更』、『庶長』，孝公時立。則左氏在秦孝公以後。三、『虞不臘』。秦至惠公十三年『初臘』，則左氏在秦惠公以後。四、左氏師承鄒衍之誕，而稱帝王子孫。按齊威王時，鄒衍推五德終始之道，其語不經。則左氏在齊威王以後。五、左氏言分星，皆準《堪輿》。按韓魏分晉之後，而堪十二次，始於趙分曰大梁之語。則左氏在三家分晉之後。六、《左氏》云：『左師辰將以公乘馬而歸』。按三代時有車戰，無騎兵，惟蘇秦合從六國始有車千乘、騎萬匹之語。是左氏在蘇秦之後。七、《左氏》序呂相絕秦、聲子說齊，其爲雄辯狙詐，眞游說之士，捭闔之辭。八、左氏之書，序秦楚事最詳。如『楚師熸』、『猶拾瀋』等語，則左氏爲楚人。這八條，除了個別問題由於文獻不足，成爲懸案外，大部分是可以獲得合理解釋的。其中有的過去曾經有人解釋過了。現在分述如下：

關於第一條，鄭樵根據了《左傳》末尾的一條附錄。《左傳》敍事，止於魯哀公二十七年。最後附了這樣幾行：

> 悼之四年，晉荀瑤帥師圍鄭。……知伯謂趙孟：『入之！』對曰：『主在此。』知伯曰：『惡而無勇，何以爲子！』對曰：『以能忍耻，庶無害趙宗乎！』知伯不悛。趙襄子由是惎知伯，遂喪之。知伯貪而愎，故韓魏反而喪之。

這幾行裏，提到趙襄子謚，提到韓、魏、趙『喪知伯』。然而這一段文字疑非作者所寫，而是後人所加。因爲：一、它不是正文，正文已在哀公二十七年結束；二、它的最後幾句寫到韓、魏、趙滅知氏之事，這件事上距『悼之四年』又已十年，書中草草帶過，『喪之』二字復出，顯得笨拙，不似作者手筆；三、哀公二十年寫到趙孟，沒有寫趙襄子謚，可見《左傳》作者和趙孟是同時人。從哀公年間敍事不擧趙襄子謚可以反過來證明『悼之四年』一段擧趙襄子謚是後人所加。

這裏附帶談到葉夢得得出的『名惠王』的問題。《左傳》中稱楚『惠王』有三處，兩處爲『君子曰』之辭，『君子曰』之辭不必都是作者所寫。一處見於敍述文字，而敍文字中有好幾處都稱『王』，無『惠』字，這一處『惠』字當爲後人竄入。

關於第二條，《左傳》成公十三年唐孔穎達《正義》已作了解釋：『案此有不更女父，襄十二年有庶長鮑、庶長武，春秋之世已有此名。蓋後世以漸增之，商君定爲二十，非是商君盡新作也。』清錢綺《左傳札記·總札》也說：『商鞅特因舊制而益之。』這些解釋是合理的。《史記·秦本紀》懷公四年有庶長鼂，出子二年有庶長改，《趙世家》秦獻公時有庶長國，都在秦孝公前，可爲確證。

關於第三條，『臘』是一種冬季祭祀的名稱。據《廣雅》：『夏曰清祀，殷曰嘉平，周曰大蠟，亦曰臘，秦更曰嘉平。』應劭《風俗通義·祀典》：『《禮傳》云：「夏曰嘉平，殷曰清祀，周曰蠟，漢改曰臘」。』雖然《廣雅》和《風俗通》的說法略有差異，但可看出這種祭祀是由來已久的，決非秦惠王的首創，秦惠王不過開始效法三代擧行這種祭祀罷了。『臘』與『蠟』同音，據《廣雅》所說，周代『臘』、『蠟』通用，是可信的。

這裏附帶談到『飲酎』問題。《呂氏春秋·孟夏紀》有『天子飲酎，用禮樂』之文，這並不能證明呂不韋時始有『飲酎』。葉夢得提出的這一條，可以說沒有意義。

關於第四條，所謂《左傳》『稱帝王子孫』，大約是指昭公二十九年蔡墨回答魏獻子所說的『少皞氏有四叔：曰重，曰該，曰修，曰熙，實能金木及水。使重爲句芒，該爲蓐收，修及熙爲玄冥』；『顓頊氏有子曰犁，爲祝融，共工氏有子曰句龍，爲后土』。這是所謂五祀：『木正曰句芒，火正曰祝融，金正曰蓐收，水正曰玄冥，土正曰后土。』然而作爲和金木水火土相配的『五帝』，《左傳》裏面沒有。從《左傳》裏，我們可以看到開始將神話傳說中人物和金木水火土五行相配合，但由此而發展到『五德終始』之說，還需要一個相當的過程。這一條恰好證明《左傳》的成書遠在鄒衍之前。

關於第五條，這一條在《左傳》裏確是成爲一個問題。『分星』之說，不知起於何時。《左傳》裏有『分星』，可能春秋時代已有之，也可能是後人竄入。至於『分星』和歲星紀事配合，則爲後人竄入無疑。《左傳》『分星』和《堪輿》也不完全符合。《周禮・春官・保章氏》鄭注引《堪輿》：『星紀，吳越也；玄枵，齊也；娵訾，衞也；降婁，魯也；大梁，趙也；實沈，晉也；鶉首，秦也；鶉火，周也；鶉尾，楚也；壽星，鄭也；大火，宋也；析木，燕也。』這裏把星紀作爲吳越的分野，把析木作爲燕的分野，是漢人之說，可見《堪輿》是漢人所作。《左傳》卻是以析木爲越的分野，和《堪輿》不同。鄭樵以《左傳》準《堪輿》，是不對的。

關於第六條，《左傳》昭公二十六年孔穎達《正義》曾提出過此問題，然而他同時又引劉炫語作了解答：『此左師展（《六經奧論》誤作辰）將以公乘馬而歸，欲共公單騎而歸，此騎馬之漸也。』劉炫說得好。戰國時代大規模用騎兵，不能是突然而起，從春秋末期開始有『騎馬之漸』，這是合乎情理的推測。

關於第七條，呂相絕秦，聲子說楚（《六經奧論》誤作齊），語言上有一些誇張的色彩，然而我們很難說春秋時人不會運用誇張的使人動聽的語言。這和戰國時代的遊說之詞有嚴格的區別。《左傳》裏面的『行人辭命』和戰國時代的遊說之詞，都是時代的產物，具有鮮明的時代色彩。我們通讀≪左傳≫和≪戰國策≫，就會異常明顯地感到二者的區別，不會發生混淆。這也正好證明≪左傳≫不是戰國時人所作。

關於第八條，≪左傳≫的作者採用的史料，晉楚等大國較多，所以敍晉事最詳，楚國次於晉國魯國而居第三位。但是沒有材料證明左氏是楚人。鄭樵所引『猶拾瀋』，見於哀公三年，是魯國富父槐至所說，不是楚語。

一些持≪左傳≫作於戰國時代之說的人，總是冀圖從≪左傳≫裏找到更多的證據。鄭樵不遺餘力地找到了這八條。這八條實際已經包括了宋以後人所常常提到的一些理由。這些理由有的過去有人反駁過，但駁得比較簡單，很少引起人們的注意。一些持懷疑態度的人看到≪左傳≫裏面有這麼一些問題，總是反復地提了出來。我們希望有更多的人來研究這些問題，以期得到更完滿的解決。

⑵關於預言的問題。≪左傳≫裏面喜歡宣揚占卜星相一類的迷信，常常通過占卜星相家之口來預言一些個人或國家的吉凶，通過一些『賢人』之口預言一些個人或國家的禍福，而且往往很『靈驗』。這些預言的『應驗』絕大部分在春秋時期以內，這一部分和我們要研究的問題無關。但另外有個別的預言，『應驗』在戰國時代，這對於考證≪左傳≫的寫作年代卻大有關係。朱熹說:『≪左傳≫是後來做，爲見陳氏有齊，所以言「八世之後，莫之與京」；見三家分晉，所以言「公侯之子孫必復其始」』。葉夢得≪春秋考≫卷三≪統論≫裏也提到此問題。這的確是很重要的材料。考證≪左傳≫的成書時代，人們必然要想到這兩條材料。後來有許多≪左傳≫研究者，還從≪左傳≫裏面搜集到更多的這類預言材料。我們的任務是需要對這類材料作一些研究和恰當的說明。

在春秋時代，人們相信占卜，相信星相，相信預言，這是當時普遍的歷史現象。當時確實有許多占卜家之類對一些個人或國家的吉凶禍福作過許多預言。他們的預言當然有許多不應，但不可否認也有一部分應了。其所以應，是由於占卜家之類發出預言時，對某一個人或國家有所了解，經過研究作出大概的估計，並且含糊其辭，他們所說的和後來事實的發展似乎大體符合，就算是『驗』了。有時即使沒有什麼根據，也有偶然說中的情形，這樣的事，生活裏有時也可見到。《左傳》的作者追求這些東西，記述二百五十餘年間事，記下了不少的預言和『應驗』，而且添油添醋，加以渲染，給人以印象，好像《左傳》是專門根據事情的結果來僞造預言似的。但是，《左傳》裏的這些記述，也許還是有傳說根據，不完全是作者個人虛造。當時人們普遍相信這些東西，一定有許多關於這些東西的傳聞和記載。《左傳》的作者得到那些傳聞和記載，而且看到了那些歷史事實的結果，可以根據結果來把預言加以修訂，寫得更加神乎其神。至於他看不到結果的，就沒法懸擬了。所以《左傳》涉及戰國時事的預言，盡有一些不應驗。因此我們研究《左傳》的預言，可以看到兩種情況：一、凡是二百五十餘年間事，無不應驗；二、凡是涉及這以後的，並不都是如此。

關於後一種情況，顧炎武早已發現了。他在《日知錄·左氏不必盡信》條裏說：

> 昔人言興亡禍福之故不必盡驗，《左氏》但記其信而有徵者爾，而不必盡信也。三良殉死，『君子是以知秦之不復東征』。至於孝公，而天子致伯，諸侯畢賀；其後始皇遂并天下。季札聞《齊風》，以爲『國未可量』，乃不久而篡於陳氏。聞《鄭風》以爲『其先亡乎』，而鄭至三家分晉之後滅於韓。渾罕言『姬在列者，蔡及曹滕，其先亡乎』，而滕滅於宋王偃，在諸姬爲最後。僖三十一年『狄圍衞，衞遷於帝丘，卜曰三百年』，而衞至秦二世元年始廢，歷四百二十一年。是左氏所記之言，亦不盡信也。

顧炎武舉了五條沒有應驗的預言，很有助於說明問題。這是因為《左傳》的作者生活在春秋末年，看不到戰國時代歷史事實的發展。第一條預言的『君子』，我們姑且不問他是誰。書中寫這麼一句，就是因為作者只看到秦穆公死後一、二百年間，秦國不曾東征。這句話如果說在文公六年，是預言；如果說在《左傳》成書時，是對歷史的回顧和感慨。秦國後來歷史的發展，作者是無法預計的。第二條預言，也許有不同意見，有人也許認為『國』是指陳氏的齊國。然上句為『表東海者，其太公乎』，緊接下來所說的『國』，應當是『太公』的齊國。太公的齊國幾十年後亡於陳氏了。第三條也失靈了。在季札觀樂的諸國中，晉國比鄭先亡。第四條和第五條都沒有說準，顧炎武已經說得很明白了。

另外還可舉出兩條不驗的預言。如宣公三年說：『成王定鼎於郟鄏，卜世三十，卜年七百，天所命也。』實際周代傳世不是三十，而是三十七；國祚不止七百年，而是八百餘年。又如哀公九年說『趙氏其世有亂乎』，趙氏後來世代相傳，沒有常發生變亂。

從以上七條不驗的預言，可以證明《左傳》作者對於戰國時的歷史全然不知，說明他不是生活在戰國時代。他把一些信口開河的預言寫進他的書裏了。

那麼，『八世之後，莫之與京』和『公侯之子孫必復始』兩條預言怎樣說呢？

朱熹把這兩條預言同舉，前一條見公於莊二十二年，它是一首占辭中的兩句。占辭全文為：『鳳凰於飛，和鳴鏘鏘。有嬀之後，將育於姜。五世其昌，并於正卿；八世之後，莫之與京。』是說陳完的子孫將在齊國昌盛。《左傳》這一章的篇末說：『及陳之初亡也，陳桓子（五世孫）始大於齊（為卿）；其後亡也，成子（八世孫）得政。』這個『莫之與京』，《左傳》本文的解釋是指『成子得政』，即陳成子在齊國掌握了大權。如果這樣說，還不是預言陳氏代齊。這一條還在疑似之間。

後一條見於閔公元年。這是晉國魏氏的祖先畢萬初仕時，辛廖給他占卦的解說之詞。畢萬是西周畢公之後，『公侯之子孫必復其始』，預言魏氏將爲公侯。魏國稱侯在戰國初期，超出了《左傳》作者的時代。

《左傳》裏面和這條相類似的還有『魏子之擧也義，其命也忠，其長有後於晉國乎』，『晉國其萃於三族乎』等等，這些都可以解釋爲戰國時人竄入，更可能是魏人竄入。戰國時《左傳》曾在魏國流傳。西晉時汲縣魏襄王墓出土的書中，有《師春》一篇，據《新唐書·劉貺傳》，說它『錄卜筮事與《左氏》合，知按《春秋》經傳而爲也』。戰國時魏人旣然對《左傳》卜筮事曾輯錄成書，他們竄入個別預言來頌揚魏氏，不是不可能的。

姚鼐的《經說》卷十一《論語說》和《惜抱軒文集》卷三《左傳補注序》，根據孔穎達《左傳正義》所引劉向《別錄》的《左傳》傳授系統，認爲《左傳》自曾申以下，『後人屢有附益』，『其書於魏氏事造飾尤甚，竊以爲吳起爲之者蓋尤多』。雖然《正義》所引劉向《別錄》不必可信；附益者不必是吳起；但魏人『造飾以媚魏君』的文字是存在的，這也許是《左傳》曾在魏國流傳所留下的痕迹吧。

⑶關於歲星紀事問題。歲星卽木星，古又稱『歲』，是太陽系的九大行星之一。它繞太陽一週，略近十二年。戰國秦漢間，曾用它來作爲紀年的標準。古人將黃道周天分爲十二次，用恒星二十八宿定位。現將十二次名稱和它相當於二十八宿的位置依次列表於次：

十二次	星紀	玄枵	娵訾豕韋	降婁	大梁	實沈	鶉首	鶉火	鶉尾	壽星	大火	析木
二十八宿	斗、牛	女、虛、危	室、壁	奎、婁	胃、昴	畢、觜、参	井、鬼	柳、星、張	翼、軫	角、亢、氐	房、心、尾	箕、斗

按照歲星紀年的規則，每一年有一個名稱，而且有十二地支和它相應，如歲星行到星紀之次，這年叫攝提格，是寅年；歲星行到玄枵之次，這年叫單閼，是卯年，等等。《左傳》有歲星紀事而無系統的歲星紀年；歲星紀事也很少，一共只出現了五次。如果加上兩次關於『分星』的事，也只有七次。略述如次：

一、襄公二十八年（前五四五），『春，無冰。梓愼曰：「今玆宋、鄭其饑乎！歲在星紀，而淫於玄枵」。』裨灶說這年周王和楚子都將死，因爲『歲棄其次，而旅於明年之次』。這都是說這年歲星應當在星紀，可是越次到了玄枵。

二、襄公十九年（前五五四），這年『歲在降婁』。裨灶預言再過十一年，『歲在娵訾之口』，伯有將死。襄公三十年（前五囯三））,伯有果被殺（這條一的記載，見於襄公三十年）。

三、昭公八年（前五三四），這年歲星『在析木之津』。史趙預言：到『歲在鶉火』時，陳國將滅亡。到了哀公十七年（前四七八），歲在鶉火，果然楚滅陳。

四、昭公九年（前五三三），陳國遇火災。這年歲在星紀（因昭公八年歲在析木而知）。裨灶預言，再過五十五年，陳國將亡；歲星旋轉到第五輪的鶉火時，就是陳國滅亡之年（參看上條）。

五、昭公十一年（前五三一），歲星在豕韋（娵訾），萇弘預言，這年蔡國將亡，『歲及大梁』時，蔡又將復國。昭公十三年，歲星在大梁，蔡果復國。

另外兩條關於分星的事：

一、昭公十年，歲星在玄枵。歲星所在之次出現了妖星。裨灶預言：晉君將死。因爲玄枵是齊國的分野，齊國有歲星照臨；晉國始祖唐叔的夫人是齊女，所以災禍向晉君轉移。這年晉君果死。

二、昭公三十二年（前五一〇），『越得歲』，歲星在析木。這年吳伐越。史墨預言：不到四十年，吳國將爲越所滅。因爲析木是越的分野，越國正得福，吳國攻之，『必得其凶』。其後三十八年，越果滅吳。

新城新藏所著《東洋天文學史研究》中有《由歲星之紀事論左傳國語之著作年代及干支紀年法之發達》及《再論左傳之著作年代》兩編，他的結論是：

> 凡《左傳》及《國語》中之歲星紀事，乃依據西元前三六五年所觀測之天象，以此年爲標準的元始年，而案推步所作者也。故作此等紀事之時代，當在該年後者，是不待言。然自此標準的元始年經十數年後，觀測與推步之間，自有若干參差，而當時人亦自然注意及之。爰著此記事之年代，恐在此標準的元始年以後數年之內也。

新城新藏的這個結論很精當。他是同時研究了《左傳》和《國語》而得出此結論的。《國語》載歲星紀事除《周語》武王伐殷及《晉語》晉之始封兩條年代不明或難以確定外，《晉語》中有兩條：

一、晉重耳出亡時，經過衞國五鹿，向當地人討食，當地人給他土塊。這年歲在壽星（據《左傳》是魯僖公十六年，即前六四四）。子犯預言，再過十二年，歲在鶉尾，定能取得五鹿。據《左傳》，魯僖公二十八年正月晉文公重耳攻取五鹿，合夏歷爲僖公二十七年十一月，這年歲在鶉尾。

二、重耳從秦國回到晉國，途中問董因，能否成大事。董因回答: 今年『歲在大梁』(據《左傳》,這年是僖公二十三年,即前六三七),明年『歲在實沈』,出亡的第一年是『歲在大火』(據《左傳》爲僖公五年,即前六五五),都很吉利,一定成功。

綜合《左傳》和《國語》的記載,最早爲公元前六五五年(重耳出亡第一年)歲在大火,最晚爲公元前四七八年(楚滅陳)歲在鶉火,共跨一百七十八年,其間每一年都可順序排一個星次,這是很奇怪的。如果每年按星次順序一輪一輪排下去,每隔八十五年要超一個星次,叫做『超辰』,因爲木星繞日一週只要十一·八六年。一百七十八年要超兩次辰,而《左傳》和《國語》恰好一次辰也沒有超,可見它不是根據實際星象觀測,而是後代的人以某一年爲標準推步的。它也絕不是劉歆所推步,因爲它不符合劉歆的超辰法。劉坦《中國古代之星歲紀年》根據昭公三十二年『越得歲』,來推斷《左傳》裏面的歲星紀事都是劉歆僞托,這是錯誤的。新城新藏發現,以公元前三六五年爲起點,每年按星次向上逆推,即和《左傳》《國語》所載,無不符合,因而斷定《左傳》《國語》的歲星紀事,都是公元前三六五年以後幾年中的占星家所作,『俾世人信其占星術之妙,遂溯其前代著作歲星紀事』。如果是說占星家爲了宣揚其占星術而編造了幾個故事竄入《左傳》《國語》,我認爲這是令人信服的;如果由此而推斷《左傳》《國語》兩書都是那些占星家所作,或者由此推斷兩書作於公元前三六五年以後那幾年的時代,卻是不能成立的。有三點理由可以說明《左傳》和《國語》裏面的歲星紀事不是本書的作者所寫而是後人寫了挿進書中去的:

第一、歲星紀事在這兩部書中出現太少,而且出現很集中。在《國語》裏,都出現在《周語》和《晉語》。在《左傳》里,都出現在襄公和昭公時;更可怪的是,幾乎都在從襄公二十八年至昭公十一年的十餘年間。這說明那些占星家只是小心謹愼地在書中挿入幾則故事。如果這兩部書是公元前三六五年以後幾年間所作，作者是占星家，他們可以放手寫去，可以編造更多的歲星紀事，爲什麼只寫這麼幾條，而且時間和所屬篇卷這樣集中呢？

第二、兩書中出現的幾次歲星紀事都是預言，而且都是裨灶、萇弘、史趙、史墨、董因等一些有異能的人或者著名史官所說，似乎經過了精心設計。如果作者是戰國時人，通占星之術，在書中表現歲星紀事還可多方面寫，不限於寫幾條預言。

第三、兩書中所寫的幾條歲星紀事，都是可以和上下文脫離的。如襄公二十八年梓愼和裨灶各自的議論，昭公八年晉侯和史趙的問答，昭公九年裨灶和子產的問答，昭公十年裨灶對子產說的一篇話，昭公十一年景王和萇弘的問答，昭公三十二年史墨的議論；這些都是很簡單的獨立的片段，可以從書中抽出。《晉語四》裏子犯的一段話可能原來只有『天賜也』三字，下面直接接上『再拜稽首受而載之』。『董因迎公於河』一大段也是獨立的，『沈璧以濟』句完全可以直接接上『公子濟河』。

比較複雜的是襄公三十年裨灶預言伯有之死一段，爲了說明問題，這裏作一點較長的摘引：

伯有死于羊肆。子產襚之，枕之股而哭之，斂而殯諸伯有之臣在市側者，既而葬諸斗城。子駟氏欲攻子產，子皮怒之曰：『禮，國之幹也；殺有禮，禍莫大焉。』乃止。於是游吉如晉；聞難不入，復命於介；甲子，奔晉。駟帶追之，及酸棗。與子上（卽駟帶）盟，質於河；使公孫肸入盟大夫；己巳，復歸。

〔書曰；『鄭人殺良霄。』不稱大夫，言自外入也。

於子蟜之卒也，將葬，公孫揮與裨灶晨會事焉。過伯有氏，其門上生莠。子羽曰：『其莠猶在乎？』於是歲在降婁，降婁中而旦。裨灶止之曰：『猶可以終歲，歲其不及此次也

已。』及其亡也，歲在娵訾之口；明年，乃及降婁。〕
僕展從伯有，與之皆死。羽頡出奔晉，爲任大夫。鷄澤之會，鄭樂成奔楚，遂適晉；羽頡因之，與之比，而事趙文子，言伐鄭之說焉；以宋之盟，故不可。子皮以公孫鉏爲馬師。

這裏第一段和第四段都是敍述伯有死後所引起的一些反應。第一段寫了子產和游吉的行動，第四段寫了伯有黨羽僕展的下場和羽頡的下落。第四段接第一段非常自然。中間橫插第二段和第三段，切斷了文氣，把完整的敍述文字分做兩橛。這說明講《春秋》『義例』和歲星紀事的文字都是後人插入的，這兩段文字可以說是典型的例子。

(4)關於助詞用法問題。本世紀二十年代初，瑞典古漢語學者高本漢從助詞用法來考證《左傳》產生的地區和時代，出版了一本《左傳眞僞考》。不久，陸侃如先生把它翻譯過來，在新月書店出版。一九三五年，又在商務印書館再版。曾在國內發生過較大影響。高本漢宣稱：『司馬遷、劉向、劉歆、班固、王充、許愼所說的關於《左傳》的話，不過是第二等的證據。我自己相信的原則是《左傳》之科學的硏究應該注重《左傳》的本身。』這個原則是値得注意的。如果對『《左傳》的本身』作了透徹的硏究，對於《左傳》的作者和寫作年代問題可能會解決得比較好。

高本漢專門從助詞的用法着手來硏究。他認爲《論語》和《孟子》是用魯國方言寫的，稱爲『魯語』，用七種助詞作爲比較的標準，把《左傳》和這兩書加以比較，發現它們有這樣一些不同。

一、『若』與『如』：甲、作『假使』解時，《左傳》幾乎全用『若』，魯語全用『如』；乙、作『像』解時，《左傳》全用『如』，魯語則『如』、『若』二字並用。

二、『斯』作『則』解：魯語常見，《左傳》無。

三、『斯』作『此』解：魯語常見，《左傳》無。

四、『乎』作『於』解：魯語『乎』字常常用作『於』字，《左傳》絕無僅有。

五、『與』字作疑問語尾：魯語常用，《左傳》無。

六、『及』與『與』：魯語只用『與』字，《左傳》兼用『及』『與』。

七、『於』與『于』：甲、置於人名之前，《左傳》多用『於』；乙、置于地名之前，《左傳》多用『于』；丙、表示地位所在或動作所止，但其下不是地名，《左傳》『于』、『於』兼用。這三者魯語都只作『於』。

高本漢在書的末尾，對他研究的所得結果，作了這樣的總括：『《左傳》有一律的文法，和《國語》很近，但不全同（和別的古書卻完全不同）。這種文法絕不是一個後來的僞造者所能想像的或實行的，所以這一定是部眞的書，是一個人所作的，或者是屬於一派和一個方言的幾個人作的。它同魯國學派沒有關係（至少沒有直接關係），因爲它的文法和孔子及弟子及《孟子》完全不同。此書是在四六八年以後（書中所述最遲的一年），而無論如何總在（公元前）二一三年前，多數還是（公元前）四六八年到（公元前）三〇〇年中間。』

高本漢從幾個助詞的用法一律，以及用法和別的古書（《荀子》《韓非子》《呂氏春秋》《戰國策》等）不同，證明《左傳》是一部產生在公元前三〇〇年以前的眞書，這有助於反駁《左傳》是劉歆僞造之說。但是，高本漢否認《左傳》是魯國人所作，卻未必可信。

高本漢所說的魯語，沒有包括魯國人所作的《春秋》，是不全面的。《春秋》雖然不一定是孔丘所作，但不能否認它是魯國的史籍。要判斷《左傳》是否魯國人所作，《春秋》是一部可資比較的書。有的助詞用法在《左傳》常見，在《春秋》裏也常見，不能因爲它在《論語》《孟子》裏不常見而把它排除在魯語之外。按照這個原則，高本漢的七條標準中，第六條和第七條不能成立。第六條是說《左傳》和魯語的區別是在於『及』字用法，而這種『及』字用法在《春秋》中是常見的，如:

三月，公及邾儀父盟于蔑。（隱公元年）

秋八月，庚辰，公及戎盟于唐。（隱公二年）

這等地方《春秋》裏面都是用『及』字，倒是沒有『與』字。第七條是說《左傳》和魯語的區別在於『于』字用法。《左傳》的『于』字一是用於地名之前，一是用於表示地位所在或動作所止。其實這種用法在《春秋》裏也是常見的。如上兩例中『盟于蔑』、『盟于唐』，就是用於地名之前。又如:

秋，築王姬之館于外。（莊公元年）

這『于外』就是表示地位所在和動作所止。《春秋》中既然『及』字和『于』字可以這樣用，就不能在《左傳》中因爲它這樣用而證明它非魯國人作品。因此第六條和第七條失去了意義，所謂七條標準就只剩下了五條。

這五條也是存在着問題的。一個根本的問題是:《左傳》和《論語》《孟子》中這些助詞用法的區別，究竟是否都屬於方言的歧異？不同的著作中某些助詞的用法不同，可能是由於方言歧異，也可能是由於作者用詞的習慣不一致。這要先看這些詞是否方言詞。往往有這種情形: 在普通話中，表達同一個意義的詞有兩個以上可供選擇，甲喜歡用第一個，乙喜歡用另外一個，他們用的都是普通話。《左傳》和《論語》《孟子》用詞的差異是否可能屬於這種情形呢？

這就要根據其他文獻來考查『若』、『如』、『斯』、『則』、『此』、『乎』、『與』等詞在春秋和戰國初期以前是各地通用，還是各在不同的方言裏使用。

高本漢第一條提出『若』和『如』的用法。這兩個助詞，《尙書》和《詩經》裏都可以見到。關於假設的句子，《尙書》和《詩經》裏不多。《尙書》中有兩例，還有《孟子・滕文公上》引《書》一例，都是用若。被高本漢看作『很好的魯語的例子』的《禮記・檀弓》，有『若』解作『假使』的兩例：『若疾革』，『若從柩及壙皆執紼』。這說明『若』解作『假使』，並非限於魯國以外某一地區的方言。至於『如』解作『像』，《詩經》中有六十餘例，分屬於《邶風》《鄘風》《衞風》《王風》《鄭風》《小雅》《大雅》《商頌》等，分布的地區很廣。『若』解作『像』，《尙書》裏有十餘例。春秋以前，凡比喩什麼，不是用『若』，就是用『如』，早已如此。因此《左傳》喜用『如』，《論語》《孟子》兼用『如』和『若』，並非由於方言的歧異。

高本漢的第二條和第三條其實可以合併爲一條，都是講的『斯』字。這兩條打通來說，就是《左傳》用『則』用『此』的地方，《論語》和《孟子》往往用『斯』。先秦書中，『斯』字當作『則』和『此』字來用，確是比較少見，大量的是用『則』和『此』。據粗略估計，『則』字在《尙書》中有十四例，在《詩經》中有十六例。『此』字在《尙書》中有二例（《尙書》多用『茲』），在《詩經》中有六例。卽使在《論語》和《孟子》中，雖然用『斯』字，但用『則』和『此』也很多：《論語》用『則』二十七例；《孟子》用『則』一百七十七例，用『此』三十七例，可見『則』和『此』是當時的常用字。『則』在西周初期文獻中已大量存在，『此』字雖然出現較晚（早期用『玆』），但《詩經》中的六例，都出現在《小雅》中，也不算很晚。『斯』字出現較少，也難說是魯國的方言，因爲《尙書》的《秦誓》和《詩經》的《小雅》中都可見到，《秦誓》和《小雅》產生在西北或中原地區。

高本漢的第四條:『乎』用作『於』字，這在《論語》以前書中確是比較少見; 但也難說是魯國方言，因爲在《詩經》中，《鄘風》《鄭風》《齊風》《魏風》等國風裏，也有這種用法，分布的區域也比較廣。

高本漢的第五條，『與』字作疑問語尾。這種用法確是比較晚起，在《尚書》《詩經》等書中沒有。戰國時期子書如《莊子》《荀子》《韓非子》《呂氏春秋》等漸漸地用了起來。《左傳》不用比較晚起的『與』，而用常見的『乎』，這是不難理解的。

這裏涉及《左傳》和《論語》《孟子》兩書的不同內容和風格問題，同時也涉及產生的時代先後問題。《左傳》是史書，它的文字要求典雅一點，所以它用的多是一些在經典中常用的助詞，如用『若』作『假使』; 用『則』、『此』，少用『斯』; 不用『乎』作『於』; 不用『與』字作疑問語尾等，都是基於這種要求。它用『若』作『假使』了，作『像』解的就選擇用『如』。『如』解作『像』，也是比較古的，《大雅》和《小雅》裏就不少。《論語》和《孟子》多是對話記錄，語言可以通俗活潑一些，所以它用只見於《國風》的『乎』作『於』，用不見於古書的『與』字作疑問語尾等，都體現了這種特色。《左傳》產生的時代略早於《論語》，也是用字有所不同的一個原因。

《左傳》和《論語》《孟子》兩書在某些助詞用法上的差異，不是由於方言的不同，而是由於作品內容、風格和作者的用字習慣不同，從這一點來說，可以證明《左傳》確是出於一人之手。它雖然採用了文獻資料，但它不是文獻的摘抄，是經過作者加工改寫的。後人雖在其中某些部分竄入了一些文字，那畢竟是個別的，對於整個這部書的風格和用字習慣都不發生大的影響。高本漢的工作，能够促使我們深信這一點。

四、左傳作於春秋末年

以上我們就《左傳》爲劉歆僞造說和《左傳》作於戰國時代說等各種說法作了一番考查，發現這些說法都是不可靠。但是爲什麼幾百年來，一直有人提出這樣一些說法呢？主要的原因是《左傳》產生的時代早，包括的內容複雜。《左傳》是一部十九萬餘字的首尾一貫的歷史巨著，篇幅之大，《史記》以前，無與倫比。這就發生兩種情況：第一、它所寫的東西多，涉及的問題多，有一些問題，由於年代久遠，書缺有間，不容易弄得很清楚。例如，有的事物，似乎是戰國時才有，可是它見於《左傳》，這就引起懷疑，如鄭樵所舉的一些問題，就是屬於這一類。然而這樣一些事物，並不能斷定春秋時沒有。當然要徹底弄清楚，也是困難的。但是，我們應當持審愼態度，不能在這樣一部大著作中拈出幾條就下結論。第二、《左傳》中不可避免地有後人竄入文字。從先秦到西漢，典籍的流傳有一種特殊情況，就是往往有人增入篇章或竄入一些文字。《左傳》裏面已成爲學者所公認的竄入文字，有『其處者爲劉氏』，『陶唐氏旣衰，其後有劉累』等處。漢王朝的統治者自認爲唐堯之後，有人就在《左傳》裏面竄入這幾句捧場。淸陳澧《東塾讀書記》卷十說：『旣可揷此一句，安知其不更有所揷者乎？』此語很能給人啓發。《左傳》不僅漢人有揷入，戰國時人也有揷入。不要說《左傳》如此，司馬遷的《史記》也是如此。《史記》有褚少孫的增補，還有其他一些竄入。褚少孫增補之處如果不題『褚先生曰』，後人考證起來也不容易。《左傳》經歷戰國流傳到西漢，其間不經歷各種增補竄入，是很難想像的。由於這種原因，人們總可以從《左傳》中找到個別的例子企圖證明它是戰國時人或漢人所作；所找到的正是或可能是戰國時人或漢人竄入的文字。然而找來找去只能找到個別的例子。如果從整個作品來看，無論如何不能令人相信它是戰國時人所作，更不要說漢人了。

讀了整個這部書，如果眞是一位像高本漢所說的『注重《左傳》之本身』，而且尊重客觀事實的人，就會相信歷來相傳的《左傳》爲孔丘同時代的魯國人所作之說比起其他說法來要符合實際得多，更加可靠得多。

首先，《左傳》寫到哀公二十七年爲止，可見作者爲春秋末年時人。如果是戰國時人，他會繼續寫下去，寫到戰國時代。戰國西漢時人寫史都是寫到當代爲止。魏襄王時的《竹書紀年》和漢代司馬遷的《史記》都是如此，《左傳》不會例外。

其次，《左傳》的作者是魯國人。魯國爲周公之子伯禽受封之地，帶去了周朝的文化。它的國土不算小，經濟比較發達，曾經成爲當時中國東部地區的一個政治文化中心。春秋末年，產生了一位文化名人孔丘，在魯國聚徒講學，學術文化呈現繁榮景象。《左傳》就是在這樣一個適宜的環境中產生的。到了戰國時代，魯國一天天衰弱下去，降爲泗上十二諸侯之列，情況大不如前，不具備產生這樣一部大著作的條件了。

《左傳》是魯國人的作品，這在書中是表現得非常明白的。《左傳》敍事以魯國爲中心。凡寫到魯國，都是稱『我』，如:

庚午，鄭師入郜；辛未，歸于我。（隱公十年）

齊爲郞故，國書、高无丕率師伐我。（哀公十一年）

凡寫到魯君，都是稱『公』，如:

公立，而求成焉。（隱公元年）

吳人以公見晉侯。（哀公十三年）

凡是寫各國諸侯或大夫使節到魯國，都是稱『來』，如:

滕侯薛侯來朝，爭長。（隱公十一年）

晉侯將伐齊，使來乞師。（哀公十四年）

如此等等。這裏都是就魯隱公和魯哀公時期各舉一例，而這類寫法在書中從頭到尾都是如此，絲毫疏忽也沒有。如果把例子都舉出來，至少百條以上。魯國在春秋時代軍事上和政治上的地位並不很重要，可是它在《左傳》中所占的篇幅僅次於晉國而居第二位，而晉國在春秋時代是持續幾代稱霸的。《左傳》這樣破格地詳細敍述魯事，始終如一地表現一種尊敬自己國家的立場，這清楚地說明作者是魯國人。如果是他國人，模擬魯國人的口氣來寫，中間總難免有疏忽。如果如一些人所說，作者是戰國時魏人，身居大國，更沒有理由來模擬一個微不足道的魯國的人的口吻，對魯國如此尊敬和親熱。一個甲國人模擬乙國人——而且所模擬的是一個小國家——的口氣來寫史，這樣的事例罕見。因此，作者是魯國人，這是一個無可辯駁的事實。一些人卻對此視而不見，偏要說作者是魏國或其他什麼國家的人，不能不令人奇怪。

第三、上面我們在反駁《左傳》作於戰國說時曾經說到，有些問題的提出，正好啓發我們找到了《左傳》作於春秋末年的一些證據，現在綜述幾條如下:

一、《左傳》裏面有一些預言，到戰國時代並沒有應驗，如『秦之不復東征』，『鄭先衞亡』，『滕先亡』，『趙氏其世有亂乎』，周朝『卜世三十，卜年七百』之類。《左傳》如果產生在戰國，不應該在書中出現一些這樣不驗的預言。有的論者想加以彌縫。如徐中舒先生的《「左傳選」後序》認爲《左傳》之作，不能早於公元前三七五年（這年韓滅鄭），不能晚於公元前三五一年（這年趙魏盟於漳水之上）。秦孝公的『取西河之外』在公元前三五一年之後，算是說得過去了。但徐中舒先生假定公元前三五一年以前幾年『衞有亡徵』，根據就是那幾年中趙國連續出兵攻衞，這就很牽強。受到攻伐，不一定會亡，衞國過了一百多年以後才亡。而且『滕先亡』還是不驗，還有『趙氏其世有亂乎』，周朝『卜世三十，卜年七百』也不驗。這些不驗的預言還是無法一一彌縫。

二、高本漢發現《左傳》幾種助詞用法和《論語》、《孟子》不同，還和《莊子》《荀子》《韓非子》《吕氏春秋》《戰國策》等書不同，和這幾部書共同的不同點是：多用『于』字；不用『與』字作疑問語尾。《左傳》多用『于』字，是保存了一種較古的用字習慣。西周和東周的金文、《尚書》《詩經》等都用『于』字。至於用『與』字作疑問語尾，起源較晚，《論語》以前文獻不曾用過。這兩條助詞的用法，也可以證明《左傳》的產生在戰國以前。

三、《左傳》正文襄公二十七年以前稱趙孟，不稱趙襄子謚；《左傳》開始將神話傳說中人物和金木水火土五行配合而無『五德終始』之說；《左傳》寫騎馬只出現一次，而且是接近春秋末年。這些都可以說明它的產生時代。

四、《左傳》的行人辭命和戰國時的游說之辭都顯出各自的時代色彩，說明《左傳》和《戰國策》都是各自的時代產物。

如果我們要找一些比較具體的個別事例來論證《左傳》的寫成在春秋末年，還可以找出一些，那樣也許會嫌繁瑣。最重要的是前面所舉的兩條論據。特別是『其次』一條，一部書擺在那裏，那是一眼就可以看到的客觀事實。如果要否認《左傳》作於春秋末年，必須對書的本身所反映出來的這些客觀事實作出合理的解釋，不能避而不談。

至於《左傳》的作者是誰，我們今天如果要把他證據確鑿地考證出來，當然不容易。從司馬遷以來，相傳爲左丘明所作。否認左丘明的人不少，然而理由也不充足。否認他的理由，總是根據《論語・公冶長》裏面有『左丘明耻之，丘亦耻之』等語，說孔丘自己稱名，可見左丘明爲孔丘前輩，不能是《左傳》的作者。此說始於唐趙匡。趙匡認爲左丘明是孔丘以前『賢人』，左氏另是一人。從孔丘自稱名就斷定左丘明是孔丘以前『賢人』，這未必可靠。孔丘

和別人對話時有時也自稱名。如:

巫馬期以告。子曰:『丘也幸; 苟有過, 人必知之。』(《論語・述而》)

子疾病, 子路請禱。子曰: 『有諸?』子路對曰: 『有之。誄曰: 「禱爾於上下神祇」。』子曰: 『丘之禱久矣。』(《論語・述而》)

巫馬期和子路都是孔丘的學生, 對話中尚且自稱名, 可見孔丘自己稱名也是平常的事。孔丘對同時代的左丘明表示贊賞, 稱了左丘明的名, 自己也稱名, 這並不過分。有些人覺得孔丘是『聖人』, 既然他自稱名, 相對的一方非前代『賢人』不可。這種觀念今天不應該再堅持了。

有些人否認左氏是左丘明, 還提出了一些關於左氏的說法。如宋葉夢得說: 『左氏魯之史官, 而世其職, 或其子孫也。古者以左史書言, 右史書動, 故因官以命氏。《傳》但記其爲左氏而已, 不言爲丘明也。』還有人認爲左氏是楚左史倚相, 元程端學表示贊成。近人衞聚賢認爲左氏是地名; 吳起是左氏人。《左傳》爲子夏所作, 因傳於吳起, 故有『左氏春秋』之稱。衞聚賢從幾個字的方音上論證《左傳》『非齊魯人』, 又從《左傳》記晉事最詳而推斷作者爲『魏文侯師』子夏; 又因吳起爲左氏人而歸到吳起, 並且認爲《左氏春秋》的名稱由此而來。他的論證是很牽強附會的。

千百年來雖然有許多人想對《左傳》的作者提出新說, 但都是憑空立論, 缺乏可靠的根據, 還不足以推翻司馬遷《史記・十二諸侯年表序》的舊說。

至於左丘明其人, 《論語・述而》篇何晏《集解》裏引孔安國注和《漢書・藝文志》都說是魯太史, 這個說法比較合乎情理。寫這樣一部偉大的歷史著作, 在那個時代, 恐怕要擔任太史這樣職務的人才具備條件。《春秋左傳注疏・春秋序疏》引沈氏: 『《嚴氏春秋》引《觀周篇》云：「孔子將修《春秋》，與左丘明乘如周，觀書於周史，歸而修《春秋》之經，丘明爲之傳」。』這可能出於漢人附會。

司馬遷《太史公自序》和《報任安書》裏說『左丘失明，厥有《國語》』，清錢綺發出『不知本名明而失明乎，抑因失明而名明乎』的疑問。郭沫若先生說『左丘明者卽左丘盲』，『左丘盲就是楚國的左史倚相』，『其所作者或僅限於《楚語》，所謂《檮杌》之一部分』。徐中舒先生說左丘明是『最有修養的瞽史，《左傳》及《國語》中大部分或一部分歷史都是根據他的傳誦』。郭、徐二說都包含了太多的主觀想像成分，缺少史料根據。

總之，關於《左傳》，我們所能知道的是：它作於春秋末年；後人雖有竄入，似它還是基本上保存了原來面目。傳說它的作者是左丘明，否認他的人都提不出確鑿的證據材料，還是無法把舊說眞正推翻。如果採取老老實實的態度，目前只能作出這樣的結論。

（《左傳的真偽和寫作時代問題考辨》，原刊於《文史》第十一輯）

鄭良樹云：

《左傳》爲劉歆所改竄，《左傳》『君子曰』爲後人所附益，《左傳》爲劉歆之徒割裂自《國語》；此皆清代中葉今文學家門戶之見以及晚清維新派爲推行政治理想而刻意張大之說法。民國初年古史辨派學者意在疑古破古，非惟承續其說，尙且推波助浪，壯大劉歆造僞之罪名。

高本漢《左傳眞僞考》刊行於二十年代，他比較《國語》《左傳》二書文法後，發現二書文法組織很是相同，甚至於『在周、秦和漢初書內，沒有一種有和《左傳》相同的文法組織的，最接近的是《國語》』，然而，由於《左傳》以『如』作『像』字用而《國語》卻『如』『 若 』合用的差別，而斷定二書如果是一人所編寫的，『那是不可思議的』。高本漢的見解不幸在疑古風氣鼎盛的年代提出，雖然頗富客觀性和正確性，卻不受重視，甚至於被斷章取義了。其後，《左傳》眞僞又節外生枝，或疑作者爲子夏，或疑作者爲吳起， 問題愈演愈歧異， 說法也愈推愈離奇， 學者難以適從矣。

晚近三十年來， 爲學漸知返本， 立說頗趨實在，《左傳》眞僞、成書時代以及作者問題，也逐漸回到客觀探討及理性立說的境地。張以仁先生從《國》《左》異同推翻前人的偏見，胡念貽先生就整個問題層層廓淸舊說，趙光賢先生以謹愼的態度重新擬訂《左傳》之編撰及其年代，皆有功於此一問題之探討。

良樹早歲撰有《左傳『君子曰』非後人所附益》正、續二篇，批駁劉逢祿之說。謹錄之以附驥尾，或有益於學林乎！

☆　☆　☆

在進入主題討論之前，筆者應該對《左傳》的『君子曰』作個概述。

嚴格來說，《左傳》『君子曰』可以分成兩類：一類是『君子曰』，如隱公元年：

君子曰：『潁考叔，純孝也，愛其母，施及莊公。詩曰：孝子不匱，永錫爾類。其是之謂乎！』

一類是『君子謂』，如隱公十年：

君子謂鄭莊公於是乎可謂正矣！以王命討不庭，不貪其土，以勞王爵，正之禮也。

『君子謂』有時又作『君子是以知』『 君子以爲 』及『君子以』等。除了措辭語氣上的不同外，這種分類實際上沒有甚麼特別的意義。劉逢祿等（林黃中似乎也包括在內）斷言『君子曰』是後人所附益，當然也包括了筆者所指出的第二類；這一點，從他所舉出的例證就可以了解了。爲了行文的方便，在討論的過程中，筆者一概以『君子曰』來概括它們。

這裏附上一表，以明《左傳》『君子曰』出現的次數：

隱公——十一次
桓公—— 二次
莊公—— 五次
閔公—— 〇次
僖公—— 八次
文公—— 八次
宣公—— 六次
成公—— 八次
襄公——十九次
昭公—— 九次
定公—— 一次
哀公—— 一次

《左傳》『君子曰』大概就有上述的七十八則。假如每則平均長二十個字的話，七十八則就有一千五百六十個字！這是個相當大的數目，有人能在《左傳》裏附入這麼多的字，我們不得不佩服他的膽量。

論 證

根據筆者的研究和考察，筆者很肯定地認爲，《左傳》『君子曰』不是後人所附益，也不是後人所能附益。筆者的證據如下：

第一、先秦古籍引及《左傳》『君子曰』

先秦古籍引及《左傳》『君子曰』這一件事實，最能證明《左傳》『君子曰』非後人所能附益。我們所能發現的例子，就有下列

兩個:

①桓公十七年: 初，鄭伯將以高渠彌爲卿，昭公惡之，固諫，不聽。……君子謂昭公知所惡矣! 公子達曰:『高伯爲其戮乎? 復惡已甚矣』!

《韓非子·難四篇》: 鄭伯將以高渠彌爲卿，昭公惡之，固諫，不聽。……君子曰:『昭公知所惡矣』! 公子圉曰:『高伯其爲戮乎? 報惡已甚矣』!

《韓非子》的作者不但把《左傳》的『君子曰』轉錄進來，甚至也轉錄了『公子達』的話; 也就是《韓非子》把『公子達』的話轉錄進來，我們更可以證明是《韓非子》抄錄《左傳》的『君子曰』，而不是後人據《韓非子》『君子曰』附益《左傳》! 劉師培《讀左劄記》曾擧這個例子，說:『足證《左氏》一書，戰國學者咸獲睹其全文，並足徵「君子曰」以下之文，非劉歆所增益。』說得很中肯。

②昭公三年: 初，景公欲更晏子之宅……君子曰:『仁人之言，其利博哉! 晏子一言，而齊侯省刑，詩曰:「君子如祉，亂庶遄已。」其是之謂乎!』

《晏子春秋·內篇雜下》第二十一則: 景公欲更晏子之宅……君子曰:『仁人之言，其利博哉! 晏子一言，而齊侯省刑，詩曰:「君子如祉，亂庶遄已。」其是之謂乎!』

《晏子春秋》絕非晏嬰所作; 其依託時代，梁啓超謂『或不在戰國而在漢初』(《漢書藝文志諸子略考釋》)，近是。然則，《左傳》『君子曰』在戰國、漢初之時，卽與《左傳》本文流行於世矣! 這難道是劉歆等所能够附益的嗎?

第二、左傳『君子曰』引逸詩、逸書

《左傳》『君子曰』往往引《詩》《書》的片言隻語來加強自已的話語，這些《詩》《書》引文，大部份可以在今傳的《詩經》

《尚書》裏檢獲；然而，卻有小部份的引文，是今傳《詩經》《尚書》所沒有的。例如：

①成公九年：君子曰：『恃陋而不備，罪之大者也。備豫不虞，善之大者也。……《詩》曰：「雖有絲麻，無棄管蒯；雖有姬姜，無棄蕉萃。凡百君子，莫不代匱。」言備之不可以已也，』

②襄公九年：君子謂楚共王於是不刑，《詩》曰：「周道挺挺，我心扃之；講事不令，集人來定。」己則無信，而殺人以逞，不亦難乎！……

③襄公二十七年：君子曰：『……「何以恤我，我其收之。」向戌之謂乎！』

④襄公三十年：君子曰：『信其不可不愼乎！澶淵之會，卿不書，不信也。……《詩》曰……又曰：「淑愼爾止，無載爾僞。」不信之謂也。……』

這幾條《詩經》引文，都是今本《詩經》所無；假如說『君子曰』是劉歆等後人所附益，他從何處引來這些《詩經》句子呢？他存心想託僞，卻引來一些《詩經》裏找不到的文句，託僞的痕跡不是自形暴露嗎？他何至一愚如此！《尚書》方面的逸文，也有下列數則：

①僖公二十四年：君子曰：『服之不衷，身之災也。……《夏書》曰：「地平天成。」稱也。』

②襄公五年：君子謂：『楚共王於是不刑，……《夏書》曰：「成允成功。」』

③哀公十八年：君子曰：『惠王知志，《夏書》曰：「官占，唯能蔽志，昆命于元龜。」其是之謂乎！志曰：「聖人不煩卜筮。」惠王其有焉。』

『君子曰』所引的這幾句逸書，雖然今本《尚書》沒有，可是，

《僞古文尚書·大禹謨》裏卻可以檢獲！很明顯的，是《僞古文尚書》採入《左傳》這些逸書，而絕不是劉歆等採《大禹謨》以附益《左傳》！

其實，《左傳》記述春秋時其他人物引述逸詩、逸書的，爲數相當多，這裏略舉幾個例子：

①莊公八年：夏，師及齊師圍郕，郕降于齊師，仲慶父請伐齊師，公曰：『不可。……《夏書》曰：「臯陶邁種德。」德乃降，姑務脩德，以待時乎！』

②襄公二十六年：聲子曰：『……故《夏書》曰：「與其殺不辜，寧失不經。」懼失善也。……此湯所以獲天福也。……』

③昭公四年：子產曰：『何害！苟利社稷，死生以之……《詩》曰：「禮義不愆，何恤於人言。」吾不遷矣！』

『君子曰』引逸詩、逸書，就正如當時其他人物之引逸詩、逸書；它們都是《左傳》作成時就已經存在的文字。

第三、《左傳》『君子曰》語有重複。

《左傳》『君子曰』的話語裏，往往有重複之處；這種重複，包括文句、語義及引文等。假如說《左傳》『君子曰』是後人所附益的（劉逢錄說：『多出後人附益。』），那麽，這位附益者不應該附入這許多重複相同的話語，以自形暴露。《左傳》『君子曰』有重複的地方，正可以證明它們不是後人所附益，至少，重複的那些『君子曰』就不是後人所依託的了！這許多重複，可以分成下列幾類：

A語義相類

①隱公六年：君子曰：『……長惡不悛，從自及也。……』

宣公十三年：君子曰：『惡之來也，己則取之。……』

②隱公十一年：君子謂……量力而行之，相時而動，無累後

人，可謂知禮矣！

僖公二十年：君子曰：『……量力而動，其過鮮矣；善敗由己，而由人乎哉！』

B引《詩》重複

①僖公十二年：君子曰：『……《詩》曰：「凱悌君子。」神所勞矣！』

成公八年：君子曰：『……《詩》曰：「愷悌君子，遐不作人。」求善也夫……。』

所引的都是《大雅・旱麓篇》的文字。

②昭公三年：君子曰：『……《詩》曰：「人而無禮，胡不遄死。」其是之謂乎！』

定公十年：君子曰：『……《詩》曰：「人而無禮，胡不遄死。」涉佗亦遄矣哉！』

所引的都是《鄘風・相鼠篇》的文字。

③文公六年：君子曰：『……《詩》曰：「人之云亡，邦國殄瘁。」無善人之謂，若之何奪之！……』

襄公二十六年：聲子曰：『《詩》曰：「人之云亡，邦國殄瘁。」無善人之謂也！……。』

本條『君子曰』引《詩》不但與聲子所引者相同，甚至『無善人之謂』的話語也相同！假如說這條『君子曰』是後人附益的，那不是自露破綻了嗎？

C文句、語義並重複

①隱公十一年：君子是以知息之將亡也……

昭公十八年：君子以是知陳、許之先亡也。

②隱公十一年：君子謂鄭莊公失政刑矣！

襄公五年：君子謂楚共王於是不刑……

③隱公十一年：君子謂鄭莊公於是乎有禮……

成公十八年：君子謂晉於是乎有禮。

昭公五年：君子謂叔侯於是乎知禮。

昭公十二年：君子謂子產於是乎知禮……

④成公十四年：故君子曰：『《春秋》之稱，微而顯，志而晦，婉而成章，盡而不汙，懲惡而勸善；非聖人，誰能修之！』

昭公三十一年：君子曰：『……故曰：《春秋》之稱，微而顯，婉而辨，上之人能使昭明，善人勸焉，淫人懼焉；是以君子貴之。』

假如說『君子曰』是後人附益的，這類重複又重複的文字，不是更增加讀者的疑竇嗎？

第四、《左傳》『君子曰』異於《國語》『君子曰』

《左傳》『君子曰』跟同年同事《國語》所出現的『君子曰』不同，這更可以證明《左傳》『君子曰』之非後人所附益。

①僖公九年：冬，十月，里克殺奚齊於次……荀息死之，君子曰：『《詩》所謂「白圭之玷，尚可磨也；斯言之玷，不可爲也」，荀息有焉。』

《國語・晉語二》『既殺奚齊』章：既殺奚齊……荀息死之，君子曰：『不食其言矣！』

假如說『左傳》『君子曰』是後人所附益，那麼，附益者應據《國語》附入，不當另立異義；否則作僞的痕迹不是昭著了嗎！另一方面，從本條的文字裏，我們更可以證明《國語》《左傳》『君子曰』非本於同一資料，它們是作者各自所加的評語。

第五、《左傳》有『君子曰』，猶《國語》之有『君子曰』

《左傳》有『君子曰』，其實並不是一件很稀罕的事；在所謂外傳的《國語》裏，我們就可以發現相同的例子，它們當然不可能也是後人附益的。筆者把這些例子開列出來：

①《晉語》一『獻公伐驪戎』章: 獻公伐驪戎，克之，滅驪子，獲驪姬以歸……驪姬果作難，殺太子，而逐三公子。君子曰: 『知難本矣!』

②《晉語》一『優施教驪姬』章: ……申生勝狄而反，讒言作於中，君子曰: 『知微。』

③《晉語》一『十七年冬』章: ……里克曰: 『孺子懼乎? 孺子勉之乎!』君子曰: 『善處父子之間矣。』

④《晉語》一同章: ……果敗狄於稷桑而反，讒言益起，狐突杜門不出。君子曰: 『善深謀也。』

⑤《晉語》二『既殺奚齊』章: 既殺奚齊……荀息死之。君子曰: 『不食其言矣!』

⑥《晉語》二『穆公問冀芮』章: 穆公問冀芮……對曰: 『臣聞之……其誰能恃乎?』君子曰: 『善以微勸也。』

⑦《晉語》四『文公立四年』章: ……退三舍避楚，楚衆欲止，子玉不肯。至於城濮，果戰，楚衆大敗。君子曰: 『善以德勸。』

⑧《晉語》六『鄢之戰』章: 鄢之戰，郤至以韎韋之跗注，三逐楚平王卒……。君子曰: 『勇以知禮。』

⑨《晉語》七『十二年，公伐鄭』章: ……君子曰: 『能志善也。』

看過這些例子，我們當然不能武斷地說，它們也是後人所附益的。我們可以這麽說，《國語》《左傳》的作者們，都有一個共同的嗜好，他們喜愛在自已的著作裏加上案語或評語; 後人忽略了他們這種嗜好，爲了證成某一種論說，不惜故意抹煞這種嗜好，硬說它們是後人所附益的，這眞是一件很不合理的事。

其實，筆者說《國語》《左傳》有『君子曰』，是《國語》《左傳》的作者的『共同嗜好』，似乎還不太正確。正確地說，

『君子曰』是春秋時人說話、寫作時所樂意附加的案語；此類案語評語，可以是作者引述古賢人的話，也可以是出自作者自己的心意。筆者試舉兩個例子：

①襄公十四年：吳子諸樊既除喪，將立季札，季札辭曰：『曹宣公之卒也，諸侯與曹人不義曹君，將立子臧，子臧去之，遂弗爲也，以成曹君。君子曰：「能守節，君義嗣也。」誰敢奸君，有國非吾節也。札雖不才，願附於子臧，以無失節。』

②昭公三年：……文子曰：『退。二子之言義也，違義，禍也。余不能治余縣，又焉用州？其以徼禍也。君子曰：「弗知實難；知而弗從，禍莫大焉。」有言州必死。』

季札、文子之引述『君子曰』，正如《國語》《左傳》之引述『君子曰』一樣；這是春秋時人說話、寫作的一種習慣。假如我們硬說《左傳》『君子曰』是後人附益，我們如何來解釋《國語》呢？我們又如何來解釋季札、文子的話語呢？很顯然的，劉逢祿等的立論是不正確的。

以上筆者提出的五類證據，證明《左傳》『君子曰』絕非後人所附益。根據第二類證據，我們知道它們在《詩》《書》散逸之前就已經存在了；根據第一類的證據，我們知道它們在《左傳》本書流傳之時，就跟《左傳》一起流傳了；這些，都是積極的正證。從第三類的證據裏，我們推測出它們不應該是後人所附益的，因爲它們有許許多多重複的地方，附益者不應該有如此自露破綻的愚拙手法；至於第四類的證據，因爲它們和他書有所不同，更可以證明它們是《左傳》原有的文字；這些，都是比較消極的副證。《左傳》有『君子曰』，猶如《國語》之有『君子曰』，我們承認《國語》的『君子曰』，就應該承認《左傳》的『君子曰』，這是它們的共同點！這是第五類證據，也是筆者的旁證。

總結這一部分，黃林中、朱熹、劉逢祿等的說法是站不住腳的，他們的論說是有意的曲解。

附論

《左傳》『君子曰』旣是作者在撰著時所寫下的文字，那麼，作者的用意何在呢？他的案語、評語的目的是甚麼？這是一個頗有意義的問題。筆者認爲，《左傳》作者增入『君子曰』，大約有下列幾個用意。

第一、『君子曰』乃作者之評語

這種評語，包括人、事的褒貶，也包括了預言式的批評以及感慨式的批評。玆各舉一例以明之。

①人的褒

隱公元年：君子曰：『潁考叔，純孝也，愛其母，施及莊公。詩曰：「孝子不匱，永錫爾類。」其是之謂乎！』

②人的貶

隱公十一年：君子謂鄭莊公失政刑矣！政以治民，刑以正邪。旣無德政，又無威刑，是以及邪！邪而詛之，將何益矣？

③事之褒

僖公二十八年：君子謂是盟也信，謂晉於是役也能以德攻。

④事之貶

僖公二十二年：君子曰：『非禮也，婦人送迎不出門，且兄弟不踰閾，戎事不邇女器。』

⑤預言式之批評

昭公十八年：君子以是知陳、許之先亡也。

⑥感慨式之批評

襄公五年：君子是以知季文子之忠於公室也，相三君矣，而無私積，可不謂忠乎！

《左傳》作者在這方面的批評，可能是受《春秋經》的影響，或許有可能是受《公羊》家的影響。無論如何，《左傳》作者這種有意的批評，正是繼承自儒家傳統的歷史精神和歷史哲學。

第二、『君子曰』乃作者引述古賢人語

筆者前文曾經引述季札、文子兩段話，在那兩段話裏，他們都徵引了『君子曰』的話；換句話說，季札、文子都曾經引用古賢人（即『君子』）的話來加強自己的論點。假如我們從這個角度來看，《左傳》『君子曰』可能是《左傳》作者引述古賢人的話語，筆者不敢說全部都是如此，但是，至少有一部份。換句話說，《左傳》『君子曰』有一部份是《左傳》作者的案語，有一部份是《左傳》作者引述古賢人的話語。

第三、『君子曰』乃作者對《春秋經》的解釋

劉逢祿《左氏春秋考證》曾經說過：『《左氏春秋》，猶《晏子春秋》《呂氏春秋》也。直稱《春秋》，太史公所據舊名也。冒曰《春秋左氏傳》，則東漢以後之以訛傳訛者矣。』他又說：『故曰：曰《左氏春秋》，舊名也；曰《春秋左氏傳》，則劉歆所改也。』《左傳》本名爲《左氏春秋》，大概沒甚麼問題，不過，《左傳》的的確確有許多文字是解釋《春秋經》的，這是劉逢祿等所不樂於聽聞的，卻也是他們所無法否認的事實。

就以《左傳》作者的案語『君子曰』來說，也有許多確實是在解經；例如：

①僖公元年經：十有二月丁巳，夫人氏之喪至自齊。

〔傳〕夫人之喪至自齊，君子以齊人之殺哀姜也爲已甚矣，女子從人者也。

②文公元年經：衞人伐晉。

〔傳〕衞孔達師伐晉，君子以爲古，古者越國而謀。

③文公四年經：夏，逆婦於齊。

〔傳〕君子是以知出姜之不允於魯也，曰貴聘而賤逆之。君而卑之，立而廢之，棄信而壞其主……敬主之謂也。

④成公十四年經：僑如以夫人歸姜氏至自齊。

〔傳〕九月，僑如以夫人歸姜氏至自齊，舍族尊夫人也。故君子曰：『春秋之稱，微而顯，志而晦，婉而成章……』

⑤襄公三十年經：晉人、齊人、宋人、衞人、鄭人、曹人、莒人、邾人、滕人、薛人、杞人、小邾人會於澶淵，宋災故。

〔傳〕君子曰：『信其不可不愼乎！澶淵之會，卿不書，不信也。……詩曰：……信之謂也。又曰……不信之謂也。書曰「某人某人會於澶淵，宋災故」，尤之也。』

⑥昭公三十一年經：冬，黑肱以濫來奔。

〔傳〕冬，邾黑肱以濫來奔，賤而書名，重地故也。君子曰：『名之不可不愼也如是！……以地叛，雖賤，必書地以名其人……是以春秋書齊豹曰「盜」，……故曰：春秋之稱，微而顯……。』

從這些引文裏，可以證明《左傳》『君子曰』確實有一部份是有意解經。假如『君子曰』是《左傳》作者自己的意見的話，那麼，至少《左傳》作者在撰述《左傳》時，有一部份的用意是在解釋《春秋經》。

（《左傳君子曰非後人所附益》，在拙著《竹簡帛書論文集》內，北京中華書局出版）

*　*　*　*

筆者曾發表《論〈左傳〉『君子曰』非後人所附益》一文，擧出五類證據，證明《左傳》的『君子曰』，並非如林黃中、劉逢祿及康有爲等所說的是劉歆或其後人所附益的。

最近，筆者偶然翻檢《史記》，在《秦本紀》及《魯世家》裏，先後又發現三條證據；這裏把它們補述出來，以供學者們參考。

〔第一條〕

《左》文三年《傳》說：『遂覇西戎，用孟明也。君子是以知秦穆之爲君也，擧人之周也，與人之壹也。』

《秦本紀》云：『君子聞之，皆爲垂涕曰：「嗟乎！秦繆公之與人周也。」』

非常明顯的，太史公這幾句話是用《左傳》的原文；如果說《左傳》『君子曰』是劉歆等所附益，如何會有此種現象！

〔第二條〕

《左》文公六年《傳》云：『君子曰：「秦穆之不爲盟主也宜哉！死而棄民，先王違世，猶詒之法，而况奪之善人乎！……無善人之謂，若之何奪之！古之王者知命之不長，是以並建聖哲，……今縱無法遺後嗣，而又收其良以死，難以在上矣！」君子是以知秦之不復東征也。』

《秦本紀》云：『君子曰：「秦繆公廣地益國，東服彊晉，西覇戎夷；然不爲諸侯盟主，亦宜哉！死而棄民，收其良臣而從死。且先王崩，尙猶遺德垂法，況奪之善人良臣，百姓所哀者乎！」是以知秦不能復東征也。』

太史公『不爲諸侯盟主，亦宜哉』卽本諸《左傳》『不爲盟主也宜哉』、『死而棄民，收其良臣而從死』卽本《左傳》『死而棄民』

『又收其良以死』二句，『先王崩，尙猶遺德垂法』卽本《左傳》『先王違世，猶詒之法』，『古之王者，知命之不長，是以並建聖哲……』等，其他『況奪之善人良臣』、『知秦之不能復東征也』更是直接從《左傳》轉錄進來；看了這條證據，我們還能說《左傳》『君子曰』是後人所附益的嗎？《史記》年表秦繆公三十九年云『君子譏之，故不言卒』；筆者相信，太史公此處所謂的『君子』，就是指《左傳》所記述的『君子』；太史公看見《左傳》此處有『君子曰』，似乎是無庸置疑的。

〔第三條〕

《左》襄公五年《傳》云：『君子是以知季文子之忠於公室也；相三君矣，而無私積，可不謂忠乎！』

《魯世家》襄公五年曰：『季文子卒，家無衣帛之妾，廐無食粟之馬，府無金玉，以相三君。君子曰：「季文子廉、忠矣！」』

太史公『以相三君』，從明顯的，是用《左傳》『君子曰』裏的『相三君矣』；此外，『廉』字是來自《左傳》『無私積』，『忠』直接用《左傳》原文。

證據雖然只有三條，可是，卻在在可以說明《左傳》『君子曰』是太史公以前就已經存在的了；而且，也在在可以說明，太史公不但看見甚至還用了這些文字。假如再配合上拙作《論〈左傳〉『君子曰』非後人所附益》一文，筆者這個論證就更加堅強了。

筆者最近又發現，楊向奎在《中國古代社會與古代思想研究》一書的乙編第五章《古文經學中的左傳和周禮》裏，也談到同樣的問題。楊向奎早年在浙江省立圖書館《文瀾學報》第二期裏，曾經發表過《論君子曰》一文，討論《左傳》的『君子曰』，可惜筆者此時此地無法獲睹其文；《中國古代社會與古代思想研究》裏談及『君子曰』的問題，是楊向奎舊文的『重述』（原書所用字眼，見第三〇四頁），這裏把重要的論點摘錄下來，作爲本文的一部份。

楊向奎在原書第三〇四頁裏說：

> 《國語》中多見『君子曰』，如《晉語》內七、八、十、十二各卷全有，和《左傳》『君子曰』相類似的唯《晉語》八荀息死節一段，雖然繁簡不同，而內容相似。由以上幾條來看，知道這種體裁是先秦史家所共有，不獨《左傳》。……須知《國語》中所有的『君子曰』全在《晉語》。這給我們一種提示，『君子曰』的體裁，更是晉國史家所習用。如果是劉歆的竄加，他爲甚麼偏偏加在《晉語》內？

《晉語》並沒有卷十及卷十二，所謂『《晉語》內七、八、十、十二』，應當改作『《晉語》內一、二、四、六』或『《國語》內卷七、八、十、十二』；楊氏把《國語》的卷次和《晉語》的次第混在一起了。《晉語》除了一、二、四及六有『君子曰』之外，《晉語》七也有『君子曰』；筆者在正篇已談論過此問題，並且一如楊氏的作法，用來證明《左傳》也應當有『君子曰』。楊氏據《晉語》之『君子曰』而推斷出『晉國史家所習用』，當然是本文題外之話了；筆者不敢置評。

楊氏書中舉出兩類相當堅強的證據，這裏轉錄下來以供參考。

〔第一類〕

①《國語・魯語》云：夏父弗忌爲宗，蒸則躋僖公。宗人有司曰：『非昭穆也。』曰：『我爲宗伯，明者爲昭，其次爲穆，何常之有？』有司曰：『夫宗廟之有昭穆也，以次世之長幼，而等胄之親疏也。……自玄王以及主癸，莫若湯；自稷以及王季，莫若文武；商周之蒸也，未嘗躋湯與文武爲踰也。魯未若商周而改其常，無乃不可乎？……』

《左傳》文公二年云：君子以爲失禮，禮無不順。祀，國之大事也，而逆之可謂禮乎？子雖齊聖，不先父食久矣，故禹不先鯀，湯不先契，文武不先不窋；宋祖帝乙，鄭祖厲王，猶上祖也。……

楊氏說：『兩書的字句雖有不同，而意義如一，定知《左傳》編者變魯有司的話爲「君子曰」。』

②《呂氏春秋・去私篇》云：遂用之，國人稱善焉。居有間，平公又問祁黃羊曰：『國無尉，其誰可而爲之？』……又遂用之，國人稱善焉。孔子聞之曰：『善哉！祁黃羊之論也，外擧不避仇，內擧不避子，祁黃羣可謂公矣！』

《左傳》襄公三年云……君子謂祁奚於是能擧善矣，稱其仇不爲諂，立其子不爲比，擧其偏不爲黨。……能擧善也；夫唯善，故能擧其類。

楊氏說：『祁黃羊卽祁奚，兩書記載雖然有些不同，而祁奚之得稱贊如一。那麽，國人和孔子就是《左傳》君子的前身。』楊氏這一類的證據，可以證明《左傳》『君子曰』是有所本的，並非後人所能隨意附益的。

〔第二類〕

①《左傳》莊公十一年云……臧文仲曰：『宋其興乎！禹湯罪己，其興也悖焉；桀紂罪人，其亡也忽焉。且列國有凶，稱孤禮也。言懼而明禮，其庶乎！』

《說苑・君道篇》曰：君子聞之曰：『宋國其庶幾乎！』問曰：『何謂也？』曰：『昔者夏桀殷紂，不任其過，其亡也忽焉；成湯文武知任其過，其興也勃焉。夫過而改之，是猶不過也，故曰：其庶幾乎！』

楊氏說：『《左傳》中的名人言論在其他書內也有化爲「君子曰」者，如《說苑・君道篇》。……《說苑》君子的話，就是臧文仲話的繁衍。』這是一個很好的證據；假如說《左傳》『君子曰』是劉歆等人所附益的，他不是就自露破綻了嗎？

楊氏的結論是:『《左傳》的『君子曰』爲原來所有，已成鐵案。《史記・秦本紀》《魯世家》《晉世家》也全有「君子曰」，大體本於《左傳》。如果考慮到這一切證據，絕不能說《左傳》和《史記》的「君子曰」全是僞竄。』《史記・秦本紀》及《魯世家》載有『君子曰』之語，而且是本於《左傳》；筆者前文已經揭示出來，至於《宋世家》及《晉世家》裏的『君子曰』，相信一如楊氏所說的，『大體本於《左傳》』。總結楊氏所提出的第二類證據及筆者所提出的三條證據，我們可以歸納成爲另一類，即：西漢學者見及《左傳》『君子曰』。楊氏所提出的第一類證據，我們可以歸爲:《左傳》『君子曰』皆有所本。筆者正篇提出五類證據，本文合楊氏的論證，再提出兩類證據，合共七類，相信《左傳》『君子曰』之非劉歆等所附益，是可以成爲定案的。

（《再論左傳君子曰非後人所附益》，同上書）

〔存　目〕

劉節撰有《左傳國語史記之比較研究》，在劉著《古史考存》一書內，香港太平書局印行。

衞聚賢撰《讀論左傳與國語的異點以後》，在《左傳眞僞考及其他》一書內。

林語堂撰有《左傳眞僞與上古音》，刊佈於《語絲》第四卷第二十七期。

劉正浩撰《先秦諸子引左傳考》及《兩漢諸子引左傳考》，由臺北商務印書館出版，在《人人文庫》內。

張以仁撰《關於左傳君子曰的一些問題》，發表於《孔孟月刊》第三卷第三期。

何敬羣撰《左丘明作左傳問題之檢討》，發表於香港珠海書院《珠海學報》第十一期內。

洪順隆撰《論左傳的成立時代》，發表於《簡牘學報》第八期。

方炫琛撰《左傳在史記前已是附經編年證》，發表於《中華學苑》第二十三期。

葉華撰《左傳之編年時代問題》，見《龍門雜誌》第一卷二期(1947.4)。

牟潤孫撰《左丘明傳春秋考》，見《民主評論》第四卷十一、十二期(1953.6)。

徐道鄰撰《左傳著者問題的商榷》，見《民主評論》第四卷十五期(1953.8)。

■公羊傳、穀梁傳

鄭淸之云:

稗官有記《公羊》、《穀梁》並出一人之手，其姓則姜，葢四字反切卽『姜』字也。

（《經義考》卷一七〇引）

羅　璧云:

公羊、穀梁自高、赤作《傳》外，考之前史及後世，更不見再有此姓。萬見春謂：『公羊、穀梁皆「姜」字切韻脚，疑其爲姜姓假託也。』

（《識遺》卷三《公羊穀梁》）

鄭　樵云:

公羊之書，有所謂『昉於此乎』，有所謂『登來之者』，有所謂『伐者爲主，伐者爲客』，皆弟子記其師之言，會其語音以錄之也，有所謂『 公羊子曰 』，則其書非公羊所自爲可知矣。穀梁之書，有所謂『或曰』，有所謂『傳曰』，有所謂『尸子曰』、『沈子曰』、『公子啓曰』，有所謂『 穀梁子曰 』，皆弟子記其師之說，而雜以先儒之言，則其書又非穀梁之所自爲可知矣。

（《六經奧論》卷四《公穀二傳》）

楊伯峻云:

《公羊傳》和《穀梁傳》的成書在後，古人早有明文。詳玩《史記》及《漢書・儒林傳》自然知道。陳灃《東塾讀書記》卷十說，《穀梁傳》僖公二十二年說:『故曰禮人而不答，則反其敬;愛人而不親，則反其仁;治人而不治，則反其知。』這是用《孟子・離婁下》語，可見《穀梁傳》作於《孟子》流行之後。陳灃還擧出一些證據，認爲《穀梁》出於《公羊傳》之後。章炳麟《春秋左傳讀敍錄後序》說，《公羊》宣十五年《傳》『上變古易常，應是而有天災』。何休《解詁》曰:『上謂宣公。』六國時尚無直稱人君爲上者。以上之名斥人君，始於秦并天下以後，《公羊》遂用之稱宣公。若依陳灃之說，《公羊》寫於秦統一以後，《穀梁傳》又在《公羊傳》後。據《漢書・藝文志》『末世口說流行，故有《公羊》《穀梁》、鄒、夾之傳』，那麼，除《左氏傳》外，無論《公羊傳》《穀梁傳》以及《鄒氏傳》《夾氏傳》，都只是口耳相傳授，原本沒有寫本。《公羊傳・注疏》卷首有戴弘《序》，說《公羊傳》到漢景帝時，公羊壽『乃共弟子胡毋子都著於竹帛』，則《公羊傳》的寫定在西漢了。《穀梁傳》更在其後。

（《春秋左傳注・前言》）

孝經類

■孝　經

蔡汝堃云:

欲知《孝經》成書之年代，宜用探源之方法，察其所由，究其始末，益以客觀之分析，與夫精確之考證，如此所得結論，或可免於觀念上與論證上之錯誤矣。

《孝經》一書，《呂覽》曾已引及，故先秦已有是書。《呂覽·察微篇》:

> 《孝經》曰:「高而不危，所以常守貴也；滿而不溢，所以常守富也。富貴不離其身，然後能保其社稷，而和其民人。』

此段與《孝經·諸侯章》自『高而不危』至『而和其民人』，文字全同。《呂覽》並明謂引自《孝經》。又《孝行篇》:

> 故愛其親不敢惡人，敬其親不敢慢人，愛敬盡於事親，光耀加於百姓，究於四海，此天子之孝也。

此段與《孝經·天子章》文字上略有出入。《孝經》文如下:

> 愛親者，不敢惡於人；敬親者，不敢慢於人。愛敬盡於事親；而德敎加於百姓，刑於四海，蓋天子之孝也。

吾人由上觀之，可知第一段確係《呂覽》引自《孝經》，而第二段則係《孝經》抄自《呂覽》者。惟《察微》所引《孝經》文字，陳昌齊謂原係注語，久後誤入正文，近人衞聚賢尤力主之，其

大意如下:

《察微》文體，乃前舉例文，後加斷語，如:

楚之邊邑曰卑梁，其處女與吳邊邑處女桑於境上……實爲鷄父之戰。凡持國，太上知始，其次知終，其次知中；三者不能，國必危，身必窮。《孝經》曰:『高而不危……而和其民人。』楚不能之也。

鄭公子歸生率師伐宋……宋師敗績，華元虜。夫弩機差以米則不發，戰大機也……知彼知己，然後可也。

魯季氏與郈氏鬭鷄……

前者以『凡持國……』爲斷；後者以『夫弩機差以米則不發……』爲斷。後斷語中不引書爲證，而前者當亦不引書，是前斷語爲其衍文也。況此所引《孝經》，係注正文之『國必危，身必窮』二語。若其引《孝經》以爲斷，則與前者事實不符，故知其爲注文誤入正文者也。《呂覽》以注文列入正文，本有其事，如《當務》之『夫妄意關內中藏聖也』一句，畢沅校云:『案「妄意關內」，於文已足，不當復有「中藏」字……』高誘之注《呂覽》，本常引《孝經》以爲佐釋，故此亦當爲注文。（以上皆衞聚賢說，詳衞先生所作《十三經概論》。）

綜上所述，似是而實非：因爲於一篇文章內，豈能因前例斷語未引書，而後例斷語卽不能引書？況引《孝經》文後有『楚不能之也』數字，適與前例遙相呼應，文義旣順，文氣又佳，何得謂爲注語？至於畢沅所校，亦非定論；卽使其說爲是，亦不必此與彼同。高誘生當後漢，對《孝經》素有研究（著有《孝經解》，失傳）其注《呂覽》，當可引《孝經》語以爲注釋。但高誘注引《孝經》，並不妨碍《呂覽》亦引《孝經》也。王念孫曰:『《孝行篇》「故愛其親不敢惡人」以下八句，亦與《孝經》同，則似非注語。』汪中曰:『《孝行》《察微》二篇，並引《孝經》，則《孝經》爲先秦古籍明』（並引見許維遹《呂氏春秋集釋》卷十六。）由此可知先秦確有《孝經》。惟後因某關係失傳，迄於漢初儒者，慨古籍之佚亡，遂據《呂覽》而鈔錄《察微》所引原文，並益《孝行》之『故愛其親不敢惡人……此天子之孝也』數句（惟多二『於』字，亦可爲《孝經》抄《呂覽》之佐證，）又暗襲《孝行》全篇大意，雜採先秦各書，揉合僞竄，以成今本孝經。如《孝行篇》曰:

曾子曰:『身者，父母之遺體也……能全支體，以守宗廟，可謂孝矣。』

《孝經・開宗明義章》亦曰:

身體髮膚，受之父母，不敢毁傷，孝之始也。

《孝行篇》又曰:

父母旣沒，敬行其身，無遺父母惡名，可謂終也。

《孝經・開宗明義章》亦曰:

立身行道，揚名於後世，以顯父母，孝之終也。

又《孝行》引『《商書》曰:「刑三百，罪莫重於不孝。」』而《孝經・五刑章》則云『子曰:「五刑之屬三千，而罪莫大於不孝。」』易《商書》爲子曰，更三百爲三千，鈔襲之迹顯然。故綜其文義，其爲暗襲《孝行篇》大意而成者，毫無疑義。

且《孝經》非只出於《呂覽》，他如《孟子》《詩經》《左傳》《禮記》《荀子》《韓詩外傳》等書，皆爲《孝經》之淵源。玆分述之於下:《荀子・子道篇》曰:

魯哀公問於孔子曰:『子從父母孝乎？臣從君命貞乎？』三問孔子不對。孔子趨出以語子貢曰:『鄉者君問丘曰:「子從父命孝乎？臣從君命貞乎？」三問而丘不對。賜以爲何如？』子貢曰:『子從父命孝矣，臣從君命貞矣，夫子有（同又）奚對焉？』孔子曰:『小人哉，賜不識也: 昔萬乘之國，有爭臣四人，則封疆不削；千乘之國，有爭臣三人，則社稷不危；百乘之家，有爭臣二人，則宗廟不毀；父有爭子，不行無禮；士有爭友，不行無義。故子從父奚子孝？臣從君奚臣貞？審其所以從之謂孝，之謂貞也。』

此段與《孝經・諫諍章》大意相同，不過文字略有更易而已。《孝經・諍諫章》：

曾子曰：『……敢問從父之令，可謂孝乎？』子曰：『是何言與！是何言與！昔者天子有爭臣七人，雖無道不失其天下；諸侯有爭臣五人，雖無道不失其國；大夫有爭臣三人，雖無道不失其家；士有爭友，則身不離於令名；父有爭子，則身不陷於不義。故當不義，則子不可以不爭於父，臣不可以不爭於君。故當不義則爭之。從父之令，又焉得爲孝乎？』

去『貞』取『孝』，益知爲《孝經》襲《荀子》。

《左傳》昭公二十五年：

吉也聞大夫子產曰：『夫禮，天之經也，地之義也，民之行也；天地之經而民實則之，則天之明，因地之性。……』

《孝經三才章》：

子曰：『夫孝，天之經也，地之義也，民之行也；天地之經而民是則之，則天之明，因地之利。……』

此段與《孝經・三才章》相同，不過易『禮』字爲『孝』字，張冠李戴，襲《左傳》之跡卽此已明。

又《左傳》宣公十二年：

秋，晉師歸，……士貞子諫曰：『不可，……林父之事君也，進思進忠，退思補過，社稷之衞也。』

此段恰與《孝經・事君章》意義相同，文字略異。

《孝經・事君章》：

子曰：『君子之事上也，進思進忠，退思補過……』

又《聖治章》『不在於善，而皆在於凶德』，與《左傳》史克語同；『容止可觀，進退可度』等句，與《左傳》北宮文子語同。

《孝經》之襲《孟子》大意等處，除王正已先生所述五條外（見《古史辨》第四册《孝經今考》），今復得數條於下：

《孟子》：

孟子曰：『吾今而後知殺人之重也。殺人之父，人亦殺其父；殺人之兄，人亦殺其兄……』

《孝經》：

禮者，敬而已矣，故敬其父則子悅；敬其兄則弟悅；敬其君則臣悅。……

意反而文序相同。又《孟子》：

孟子曰：『身不行道，不行於妻子；使人不以道，不能使於妻子。』

《孝經》：

治家者，不敢失於臣妾，而況於妻子乎？

妻子臣妾，猶爲百姓役也。

意義全同。又《孟子》：

孟子曰：『孝子之至，莫大乎尊親；尊親之至，莫大乎以天下養；爲天子父，尊之至也。』

《孝經》：

人之行莫大於孝；孝莫大於嚴父；嚴父莫大於配天，則周公其人也。

意義相同。又《孟子》：

孟子曰：『道在邇而求諸遠，事在易而求諸難，人人親其親，長其長，而天下平。』

《孝經》：

君子之教以孝也，非家至而日見之也，教以孝，所以教天下之爲父者也；教以悌，所以教天下之爲兄者也。

《孝經》擴大《孟子》之意。

《韓詩外傳》第十四章：

天子有爭臣七人，雖無道不失其天下；……諸侯有爭臣五人，雖無道不失其國；……大夫有爭臣三人，雖無道不失其家。……

此段與《孝經・諫諍章》文亦同。然則《孝經》之文，來自《荀子》者乎？抑來自《韓詩》者乎？此則似無多大關係，無庸討論。惟《孝經》章末每以引《詩》爲斷，與《韓詩》之體例相同，不無暗襲《韓詩》之嫌疑也。

《禮記・喪服四制》：

資於事父以事君而敬同，……資於事父以事母而愛同。

此與《孝經・士章》之『資於事父以事母而愛同，資於事父以事君而敬同』，文字相同，句序互異。

至於《孝經》抄自《詩經》者，即每章之引《詩》云等等，如《詩》云與《孝經》文義相合尚可資爲佐證，今則文意不同，風馬牛無關，雖強爲後盾，亦難免因辭傷意，此適與《列女傳》之引《詩》同一無味也。此外，《孝經》之文，尚有二病：

1.辭句格格不順，文氣上下不接——如此爲《左傳》語氣，彼爲《荀子》《孟子》等語氣，足見雜襲成書，非若獨出己見者之通且順也。

2.論孝毫不親切，內容多所矛盾——因其只襲取某書上之某幾句，或只篡改某句之某幾字，張冠李戴，豈能適切？至其內容之矛盾處，朱熹言之甚明，恕不贅述矣。

吾人由上觀之，則知現存之《今文孝經》，乃漢代陋儒篡襲各書而成，至其時在漢初漢中抑在漢末，則以漢初爲是，因爲漢代著作，多有引及《孝經》文字者。此點可參看丁晏《孝經徵文注解》，玆不多及。

總之:《孝經》一書，先秦定已有之，後因故失傳，今所存者，則爲漢初陋儒，慨古籍之佚亡，因而篡襲各書，雜錄而成者也。

(《今文孝經成書年代考》，在《古史辨》第六册內)

蔣伯潛云:

《孝經》每章皆引《詩》語作結，極似《韓詩外傳》。《韓詩外傳》爲西漢初之韓嬰所作。《孝經》之撰作，最早與《韓詩外傳》同時。因此種引《詩》作結之文體，約起於戰國之末，(《荀子》中類此者亦多。)盛於西漢初年也。又西漢諸帝，自惠帝之後，皆於其謚上加一『孝』字。而徵辟之科，除『賢良文學』之外，尙有『孝弟力田』、『孝弟方正』。西漢諸帝之特崇孝道，以政治力量提倡之，於此可見。又《漢書·高帝紀》載《上太上皇尊號詔》，以『父有天下，傳歸於子;子有天下，尊歸於父』爲『人道之大極』。此與《中庸》後筆稱『舜之大孝，武王周公之達孝』，及《孝經》『尊親莫大於嚴父，嚴父莫大於配天』之『天子之孝』，正相吻合。又司馬遷敍孔子，於六藝、《論語》均嘗述及，《春秋》尤爲側重。而於鄭玄稱爲六《經》總匯，以與《春秋》地位相並之《孝經》，則無一語及之。《太史公自序》引其父談臨卒之言曰:『且夫孝，始於事親，中於事君，終於立身，揚名於後世以顯父母，此孝之大者。』此與《孝經》首章之言，完全相同。但司馬談未嘗明言其爲引《孝經》之言，或孔子之言也。又《春秋繁露》曰:『父授之，子受之，天之道也。故曰:「夫孝者，天之經也。」此之謂也。』又曰:『孝子之行取諸土。……此謂「孝者，地之義」也。』此直似《孝經》『夫孝天之經也，地之義也』句之注釋。但董仲舒亦未嘗明言『孝爲天經地義』之言，見於《孝經》也。蓋此時孝之提倡已盛，此類言論已多，故司馬談、董仲舒云然。作《孝經》者，乃采集之，非《史記》及《春秋繁露》引《孝經》也，則《孝經》之作，當在漢武帝之後矣。

《朱子語錄》有云:『「以順則逆，民無則焉」，是季文子對魯宣公之辭;「言斯可道，行斯可樂」，是北宮文子論令尹威儀之言。在《左傳》中，自有首尾;載入《孝經》，都不接續，全無意思。』姚際恆《古・今僞書考》曰:『《孝經・三才章》:「夫孝，天之經也，地之義也，民之行也;天地之經而民是則之，則天之明，因地之利」云云，襲《左傳》鄭子太叔對晉趙簡子引子產之言，惟易「禮」字爲「孝」字。』又曰:『《事君章》「進思盡忠」二語，襲《左傳》士貞子諫晉景公之言。』又曰:『《左傳》，自張禹傳之之後，始漸行於世。則《孝經》者，蓋其時之人所爲。』據此，則《孝經》之作，直在西漢末世矣。

於此，有二反證焉。《呂氏春秋・察微篇》曰:『《孝經》曰:「高而不危，所以長守貴也;滿而不溢，所以長守富也。富貴不離身，然後能保其社稷而和其人民」。』此《諸侯章》語也。《呂氏春秋》爲戰國末年之書，已引《孝經》，則《孝經》當然作於其前。此其一。魏文侯曾作《孝經傳》，魏文侯爲戰國初年人，且曾爲子夏弟子，已爲《孝經》作傳，則《孝經》當然作於其前。此其二。此二反證，似頗有力者。今按高誘《呂氏春秋・注》不釋《孝經》爲何書。疑『孝經曰』三字，乃讀者旁注後乃誤入正文者，蓋讀《呂氏春秋》之人，見此數語與《孝經・諸侯章》同，故旁注此三字耳。《呂氏春秋・孝行篇》曰:『故愛其親，不敢惡於人;敬其親，不敢慢於人。愛敬盡於事親，光耀加於百姓，究於四海，此天子之孝也。』與《孝經・天子章》同。但無『孝經曰』三字，同是一書，同引《孝經》，何以一明言，一不明言乎?故此二節，乃作《孝經》者襲《呂氏春秋》，非《呂氏春秋》引《孝經》也。又按朱彝尊《經義考》曰：『賈氏《齊民要術》引魏文侯之言曰：「民，春以力耕，夏以鉏耘，秋以收斂。」當是《孝經》「用天之道，分地之利」二句之傳。』《齊民要術》所引，又見《淮南子·人間訓》。文侯之言，因解扁上計，收入三倍，有司請賞之而發。『秋以收斂』句下曰：『冬閒無事，以伐木而積之，負軛而浮之河，是用民不得休息也；民已敝矣，雖有三倍之入，將焉用之？此有功而可罪也！』則明非《孝經傳》中注釋《孝經》之語矣。《後漢書·祭祀志》：『靈臺未用事』句，梁劉昭《注》引蔡邕《明堂論》曰：『魏文侯《孝經傳》曰：「太學者，中央明堂之位也。」』說者謂此句乃《孝經》『宗祀文王於明堂』一句之注。但按其語氣，謂爲釋『太學』則可，謂爲釋『明堂』則不可。蔡邕究曾見《孝經傳》否，究有何依據否，已無可孝。但卽令親見《孝經傳》，安知其非出後人依託？蓋蔡邕爲東漢末人，其時《孝經》已久行，已久被尊崇，或好事者爲之作傳而遠託於魏文侯也。魏文侯作《孝經傳》，其事不見於《史記·魏世家》，其書不見於《漢志》《隋志》《唐志》，本不足信也。故此二反證，均不能成立。

（在《諸子通考》內）

經總類

經義述聞

劉盼遂云:

王靜安師云:『在津沽,曾見石渠先生手稿一篇,訂正《日知錄》之誤。原稿爲念孫案,塗改爲家大人曰。』盼遂案:據此事,知《經義述聞》中之凡有家大人曰者,皆石渠札記原稿,非經伯申融會疏記者也。石渠有《與宋小城書》云:『念孫於公餘之暇,惟耽小學。《經義述聞》而外,擬作《讀書雜記》一書。』此《經義述聞》爲石渠所著,伯申則略入己說,而名爲己作之切證也。文王愛子,有與鈴之夢。石渠或亦然矣。今上虞羅氏得王氏稿本七十餘册,爲書凡數十種,皆石渠手翰,伯申則寸幅無聞焉又可見矣。靜安師亦云:『伯申之才,作《太歲考》、《經義述聞》通說爲宜,謹嚴精覈者,恐非所任也。』又聞閩縣林宰平先生云:『先祖鑑塘先生常說侯官陳喬樅所著諸書類皆其父左海之稿,而略爲點定名者也。』盼遂案:蓋與王家此事甚近。又案:石渠先生成《廣雅疏證》第一卷時,伯申年纔二十二,而書中已屢引其說,殆所謂人之其所親愛,而辟焉者也。又梁任公師云:『米元章代其子友仁作楚山清曉圖進呈徽宗,殆亦與王氏此事相近。』盼遂案:米家此事無明文,《宋史》本傳及周密《清波雜志》皆言米芾進楚山清曉圖。鄧椿《畫繼》云:『米元章嘗置畫學之初召爲博士,便殿賜對,因上其子友仁楚山清曉圖。』合史傳與《畫繼》觀之,則楚山淸曉圖實元章所作，而嫁名友仁者也。去歲，傅氏斯年收得王懷祖《呂氏春秋雜志》稿本，以較《讀書雜志》，則凡引之說者皆爲念孫案也。又《王子蘭文集》有《與龔自珍書》，謂龔譏伯申不自著書，其證亦極強。

（《高郵王氏父子著述考》）

張文彬云：

劉君盼遂，案斷《述聞》一書係念孫所著而引之竊名之說，似未爲得。蓋念孫愛子，以己之所著嫁名引之，容亦有之，然謂引之無隻字之與，則斷爲不可，今舉數事以爲證：

一、王氏父子四大著作皆父子所合著，父著引子說，子著引父說者皆不在尠。

二、今觀《雜志》、《述聞》二書之文氣，微有不同，蓋《雜志》一書，精博詳贍，穩當平和；若《述聞》者，則凌厲鋒銳，略與乃翁異其旨趣，而允當一也。

三、王念孫序《羣經識小》（淸李惇著）云：『兒子引之撰《經義述聞》，載進士經說二條……』與劉氏引《與宋小城書》云『《述聞》爲念孫自作』者異，益可知是書爲二人所合著者。

四、劉氏擧王子蘭《文集》有龔自珍譏引之不自著書，或以引之入仕之後，官運亨通，一生而歷三部尙書，讀書之日，較乃翁爲少也。唯引之之所作，多在少壯時。引之三十四歲中進士，而《周秦名字解詁》成於二十五歲，《經義述聞》成於三十二歲，《經傳釋詞》成於三十三歲，而《廣雅疏證》末卷最遲成於三十歲。是諸作皆在服官之前所作，服官後少有著作，亦其宜也。或疑少壯難有如許之作，是未必然。若同時之孔廣森，享年但有三十五，然著作之夥，立論之深，不在引之之下，又何以彼之不疑而獨疑於此乎？

且當時學者不疑者，所在皆是，若焦循《雕菰集》讀書三十二贊《廣雅疏證、經義述聞》條云：『訓詁聲音，經之門戶。不通聲音，不知訓詁。訓詁不知，大道乃沮。字異聲同，義通形假。或轉或因，比例互著。高郵王氏，鄭許之亞。借張揖書，示人大略。經義述聞，以子翼父。』是以《述聞》為引之所作也。段氏玉裁，一代通人也，其所著《說文注》傳世不朽，嘉慶六年春以病甚，嘗函請引之踵完其《說文注》，時引之亦但有卅六歲耳。是可知先生之學術，於當時已為人所公認爾。

五、《雜志》與《述聞》，引用資料每多『說見某書某篇』、或『辯見某書某篇』之互注例。

由以上五例，蓋可知王氏喬梓二人所使用資料係同一種，此種資料，卽所謂『劄記册子』也。以册子所載者，用於此，用於彼，乃但有詳略之異，而無扞格之礙也。則引之以念孫之資料而撰述聞，宜其精審如一也。以資料為乃父所有，編撰為乃子所為，如此而或曰『引之謹案』，或曰『家大人曰』，何可爭議者乎。知乎此，則於其四大著作云為父子二人所合著，當無可疑，特以《疏證》、《雜志》係之念孫，《述聞》、《釋詞》係之引之耳。若以二人著力之輕重言，宜曰乃父也。

六、劉盼遂所提證據，歸納之約有下列七端：

1. 念孫手稿訂正《日知錄》，原稿為念孫案，塗改為家大人曰。

2. 念孫與宋小城書云自著《經義述聞》。

3. 羅振玉得王氏手稿七十餘册，皆念孫手翰，引之寸幅無聞。

4. 王國維以為《述聞》之謹嚴精覈，非引之之才所任。

5. 念孫成《廣雅疏證》首卷時，引之方二十二歲，而《疏證》已屢引其說。

6. 傅斯年所得念孫《呂氏春秋雜志》稿本，凡今本之作引之曰者，皆作念孫案。

7.王子蘭《文集》與龔自珍書，謂龔譏引之不自著書。

以上七事，證據似頗堅強，然細繹之，皆有可說者焉:

1.念孫校訂《日知錄》，雖有因愛子而嫁名引之者，然此不足以證明《經義述聞》亦必如是。

2.念孫《與宋小城書》雖云自著《述聞》，然敍李惇《羣經識小》則云兒子引之著《述聞》，則益可知爲父子合著者。

3.劉氏所云羅振玉所得王氏遺稿七十餘册，先藏於北平江氏，後歸羅氏，今入北京大學，皆未刊行。其目有《雅詁表》二十一册、《雅詁表》一册（前書之初稿）、《爾雅分韻》四册、《方言廣雅小爾分韻》一册、《古音義雜記》三十一葉、《雅詁雜纂》一册、《疊韻轉語散片》、《周秦諸子韻譜》一册、《西漢（楚辭中）韻譜》一册、《西漢（文選中）韻譜》三册、《淮南子韻譜》一册、《易林韻譜》九册、《史記漢書韻譜》二册、《詩經羣經楚辭合韻譜》三册、《周秦諸子合韻譜》三册、《周書穆傳國策合韻譜》一册、《西漢合韻譜》三册、《西漢（楚辭中）合韻譜》一册、《西漢（文選中）合韻譜》二册、《素問新語易林合韻譜》四册、《易林合韻譜》五册、《史記漢書合韻譜》三册、《諧聲譜》二册、《古音義索隱散片》、《雅音釋》一卷、《說文諧聲譜》、《諧聲表》二卷，除末一書王梓材所補外，餘皆王念孫之遺稿，引之誠無寸幅與聞。唯此廿七種手稿，多屬韻譜、合韻譜、諧聲譜、訓詁書分韻、詁訓分類者，率爲王念孫有關聲韻之著作，先生嘗分古韻爲二十一部，其韻譜、合韻譜、諧聲譜、訓詁書分韻四類，要爲其建立古音學體系之基本著作，餘者則爲古音學體系之應用，此爲念孫一家之學，引之固未相涉，宜乎遺稿皆念孫手翰也。

4.王國維疑引之之才，《述聞》非其所任，但亦揣測之辭。實則《述聞》與《雜志》二書，文氣略有不同（見前），顯然出於二手。至《述聞》中每亦涉及古音分合應用者，雖引之非聲韻學之專才，然用其父之資料，自可與念孫之作合轍，則王氏國維之所疑，或有未審也。

5.劉氏又以《廣雅疏證》首卷已頗引引之說，時引之方廿二歲。劉氏所疑端在引之之年歲，實則少壯成材者，古來多是，且引之三代翰林，幼承庭訓，盡得父傳，能以一甲進士及第，絕非泛泛之輩，劉氏之疑，無乃過乎？

6.傅斯年所得《呂氏春秋雜志》手稿，其情形與第1條相似。

7.龔自珍嘗為撰《工部尚書高郵王文簡公墓表銘》，引之季子壽同（號子蘭），於此銘文深致不滿，觀其《自養齋燼餘錄》有擬復龔定庵書可知。其書曰：『……先人（父引之諡文簡）於先秦諸子史記漢書皆有校正，其說皆在《讀書雜志》中；至《廣雅疏證》末卷，則直著文簡公名，何閣下（龔定庵）謂先君有言曰「吾於百家不暇治，獨治經」邪？又先君著《經義述聞》，名述聞者，善則歸親之義，其中凡先光祿（祖念孫）說十之三，先文簡公說十之七，其書閣下亦既讀之矣，今不別其辭曰中有先人獨見，而渾舉曰述聞於兵備（亦祖念孫），則先君述聞一書，不僅錄寫之勞乎？閣下之以略為主，曰箸某書不必條分縷晰，故獨舉《述聞》而遺《釋詞》，竊恐後之讀《定庵文集》者，就文以考先人之書，必曰《釋詞》非王文簡公箸也，果為公箸，何大集中墓志獨遺之邪？則是先人之書，本可傳信，自有閣下之文，反滋後世之疑也。若以閣下作文之例推之曰就此見彼，今閣下出先人門下，又具見先人校定先秦諸子史漢諸書，猶謂先人不暇百家，況後世未讀先人書者，而曰見大集墓銘《經義述聞》名，卽知先君尚有《經傳釋詞》一書？見閣下有不暇治百家一語，卽能反閣下之意而推之，以為先君於先秦諸子及史漢諸書皆有撰述？是亦（壽同）之所未識也。……』觀此書，良以龔氏為引之所撰墓表銘過於簡略，不足以表先人學問事功，尤於著作未加詳列，深致不滿。蓋龔氏本出文簡門下，斷無譏短其師不自著書之理，徒以所撰墓表銘未能當子蘭之意耳，而劉氏盼遂，乃因王子蘭復龔文而妄生歧義，而謂龔氏譏短之，誠無稽也。

由上端論證，知《經義述聞》爲王氏父子所合作，而係名引之，凡謂引之竊名不自著書者皆不可信也。

（《經義述聞作者之商榷》，原刊於國立師範大學《國文學報》第九期）

四書類

■大學

蔣伯潛云:

《大學》爲《禮記》中之一篇，故考《大學》成書之年代，可就《二戴記》中有關各篇比較之。

㈠《大學》與《禮記》中之《學記》——《溫公書儀》曰:『《學記》《大學》《中庸》《樂記》爲《禮記》之精要。』（見《東塾讀書記》引。）置《學記》於《大學》之前。按《大學》首云『大學之道』，《學記》亦曰:『此大學之道也。』二篇俱論『大學之道』，故其言有極相似者。如《學記》之『知類通達』，卽《大學》之『格物致知』。《學記》之『強立而不反』，卽《大學》之意誠、心正而身修。《學記》之『化民成俗』，『近者悅而遠者來』，卽《大學》之家齊而國治天下平也。（用陳澧說，亦見《東塾讀書記》。）蓋《學記》所言爲大學教育之制度方法，《大學》所言爲《大學》教育之原理目的，二篇並爲儒家論教育之言，其關係密切也。《續禮記集說》引清人陸奎勳論《學記》年代之言，以爲《王制》略言建學之法，《學記》言之更詳，似繼《王制》而作。《王制》爲《漢文帝》時博士所作，《學記》似當更出其後。《學記》引《說命》者凡三，《說命》爲僞《古文尚書》之一篇，西漢初年學者未嘗見古文經，則《學記》之成書當在武帝設庠序與學校之後云。今按《大學》與《學記》關係極切，且亦嘗引《古文尙書》之《太甲篇》，則其成書年代，當與《學記》相同矣。

㈡《大學》與《大戴記》中之《王言》——《大學》以『明明德』，『親民』，『止至善』爲三綱領。《王言》曰：『下之人信之如暑熱寒凍，遠若邇；非道邇也，及其明德也。』（按『及』當爲『𠬝』，古服字。）此言上能明明德，則下之人，服而信之。《王言》又曰：『上之親下也如腹心，則下之親上也如保子之見慈母也。』此卽『親民』之義。（按讀『親』爲『新』，以『親民』爲『新民』，乃程朱之說。）《王言》又以『至禮』、『至賞』、『至樂』爲『三至』，亦與《大學》之『至善』相類似。故此二篇亦有關係。《王言》中『參，汝以明王爲勞乎……』一條，亦見《尙書大傳》。《王言》之文，與《孔子閒居》、《仲尼燕居》及《韓詩外傳》相類。學者多以《王言》爲漢代之作品，《大學》成書之年代，當亦與《王言》相去不遠也。

就上舉二篇比較之，則《大學》亦漢代之書。俞正燮《癸巳類稿》謂『《大學》本漢時詩、書博士雜集』，說雖未詳，庶幾得之。

（《諸子通考》）

胡止歸云：

從學記一篇以試斷大學年代

考辨《大學》之著作年代，首應注意《學記》一篇。

《禮記》言『大學』敎育，惟《學記》與《大學》述之最詳。《學記》一篇，乃論列『大學』敎育之制度與層次；《大學》一篇，則提出『大學』敎育之實行方法；兩者實有其直接起承關係。

據宋陳澔《禮記集說》注《學記》，引石梁王氏之說云:

此篇不詳言先王學制，與教者、學者之法，多是泛論。不如《大學篇》教是教箇甚？學是學箇甚？

王氏對《學記》之評語，雖未爲無見；然依思想發展言之:《大學篇》之作，實當在《學記篇》後；編撰主旨，各有不同。《大學》一篇，或爲《學記》下篇乃至續文之類；此點可據陳澧《東塾讀書記》之說，以爲輔證:

《學記》云：一年視離經辨志，三年視敬業樂羣，五年視博學親師，七年視論學取友；謂之小成。九年知類通達，強立而不反；謂之大成。夫然後足以化民成俗，近者悅服，而遠者懷之；此大學之道也。澧案:《大學篇》首云:『大學之道。』《學記》亦云:『此大學之道也。』可見《學記》與《大學》相發明——『知類通達』，『物格知至』也；『強立不反』，『意誠』『心正』『身修』也；『化民易俗，近者悅服，遠者懷之』，『家齊』『國治』『天下平』也。其『離經辨志、敬業樂羣、博習親師、論學取友』，則『格物致知』之事也。（卷九《禮記類》）

似此，《大學》所言實較《學記》具體而緻密；當爲繼《學記》編後之作，故篇首卽以『大學之道』發端，乃作專題之發揮歟？

至《學記》一篇，亦有足多可試斷其年代者，如:

(1)《孟子・滕文公上》:『夏曰校，殷曰庠；學則三代共之。』周以前僅有『校』『序』『庠』之名，未嘗有『大學』之名。〔止歸按:《禮記・王制》云:『小學在公宮南之左，大學在郊。』《王制》作於漢文帝時，乃當時儒者對『王』制之構想，非實有『大學』之施設也。〕漢武始立辟雍大學之制，設博士弟子員於京師。今《學記》言『大學之道』，且從而論列此一『大學』教育之『大成』『小成』之科，當在武帝興『大學』之後。

⑵《學記》引古文《尙書・兌命》凡三見。按：漢初伏生所傳無古文，古文《尙書》於武帝末始一度重見；其或亦當在武帝之後；此與《大學》引古文《尙書・大甲》，當同類也。

〔按：上二條，係據《續禮記集記》引陸奎勳說。〕

⑶《學記》引『君子曰：大德不官，大道不器，大信不約，大時不齊』，此分明係《老子》語調；《老子》一書約成於晚周，迄漢興乃重黃、老之說，《學記》亦必當成於此時以後。

⑷《學記》言『古之學者，比物醜類：鼓無當於五聲，五聲弗得不和；水無當於五色，五色弗得不章；學無當於五官，五官弗得不治；師無當於五服，五服弗得不親』，此段疊言『五聲』『五色』『五官』『五服』，極形式之排比；實乃『比物』五行，亦當在鄒子倡『五德終始』之說後；迄董仲舒，此一思想益盛。

據此，亦可輔證《大學》一篇，當成於與《學記》同時代或稍後也。

從大學思想淵源以試斷大學時代

前㈡節，旣試從《學記》一篇，以約略推證《大學》之年代；今更從《大學》本身所用語彙之思想淵源，亦可據此以試斷其年代者，現分述於下：

⑴『明』『新』『止於至善』

《大學》首章卽云：

大學之道：在明明德、在親（新）民、在止於至善。

按：『明明德』『親（新）民』『止於至善』，實爲《大學》之『三綱領』；今擬就『明』『新』『止於至善』三語，試辨其思想淵源如下：

(a)『明』：《大學》言『明明德』；又云：

《康誥》曰：克明德，《大甲》曰：顧諟天之明命。《帝典》曰：克明竣德；皆自明也。

按：《大學》特重『明』字，並集古書言『明』之說以證；此博士解經之體例也。此一重『明』思想，與《中庸》同；孔、孟未嘗重『明』若是，當起於《老子》之後。

(b)『新』：《大學》言『親（新）民』；又云：

《湯之盤銘》曰：苟日新，日日新，又日新。《康誥》曰：作新民。《詩》曰：周雖舊邦，其命維新。

按：古書言『新』本不多見，《大學》作者幾已全部抓梳而出；與《中庸》重『今』思想相應。孔子兩言『好古』，惟在『好古敏求』或『信而好古』（均見《論語·述而》）；於『古』『今』尙無偏袒。迄孟、墨二子，則明申其重『古』之說；蓋亦前期先秦諸子之思想特徵。此一重『新』乃至重『今』思想之發生，約當起於晚周法家思想崛起之後。

(c)『止於至善』：《大學》言『止於至善』；又云：

爲人君，止於仁；爲人臣，止於敬；爲人子，止於孝，爲人父，止於慈；與國人交，止於信。

按：《大學》『止於至善』一語，乃源於《荀子》；《荀子·解蔽》云：

凡以知人之性也，可以知物之理也。以可以知人之性，求可以知物之理，而無所疑止之；則沒世窮年，不能徧也。……故學也者，固學止之也。惡乎止之？曰：止諸至足。曷謂至足？曰：聖也。

又云：

聖也者，盡倫者也。

《荀子》以爲『知』『學』無已時，當求所『止』；所謂『止』，乃求其『止諸至足』。《大學》所言『止於至善』，實卽《荀子》

所謂『止諸至足』；至《大學》下云『君』『臣』『父』『子』之說，亦即《荀子》所謂『盡倫』，《大學》乃引申《荀子》之說而更騈列其目也。

⑵『知止』『定』『靜』

《大學》言『止於至善』後，即有『知止』之說；《大學》云:

知止而後有定，定而後能靜。

又云:

物格而後知至。

按:《大學》『知止』之說，孔、孟未嘗言之；乃源於老、莊。《莊子·齊物論》云:

六合之外，聖人存而不論。

又云:

故知止其所不知，至矣。

他如《老子》一書，亦有『知止』之說；如云:

知止不殆。（第二十二章）

可知『知止』一詞，當係道家老、莊之習用語。蓋《莊子》嘗謂:『吾生也有涯，知也無涯；以有涯逐無涯，殆已！』（《養生主》）又云:『與物相刃相靡，其行盡如馳，而莫之能「止」；不亦悲乎！』（《齊物論》）依《莊子》之意:『知』既無涯，當求所『止』；不然則逐物而難『定』或『靜』矣。

按:《大學》『定』『靜』之說，孔、孟復未嘗言之；亦源於《老子》。《老子》云:

致虛極，守靜篤。（第十六章）

夫物芸芸，名復歸其根；歸根曰靜。（第十六章）

我好靜，而民自正。（第五十七章）

化而欲作，吾將鎭之以無名之樸；無名之樸，夫亦將無欲。

不欲以靜，天下將自定。（第三十七章）

按:《老子》主『靜』『定』之說，允爲其思想特徵。今《大學》言『知止』乃至『定』『靜』之說，蓋合老、莊之思想也。

止歸按: 本節前(1)已辨《大學》『止於至善』一語，乃源自《荀子》; 今《大學》言『知止』『定』『靜』之說，固源自老、莊; 然《荀子》言『知』，亦有主『靜』之說，如《正名》云:

知有所合，謂之智。

又《解蔽》云:

故治之要，在於知道。人何以知道? 曰: 心。心何以知? 曰: 虛壹而靜。

《荀子》生於老、莊之後，當受老、莊思想影響，致有此論;《大學》言『定』『靜』之說，概亦承《荀子》之說轉折而來。

(3)『天下』『國』『家』『身』『心』『意』『知』

《大學》云:

古之欲明明德於天下者，先治其國; 欲治其國者，先齊其家; 欲齊其家者，先修其身; 欲修其身者，先正其心; 欲正其心者，先誠其意; 欲誠其意者，先致其知; ……自天子以至於庶人，壹是皆以修身爲本。

按: 此一有體系之層層推闡，孔子未嘗言; 於《孟子》則僅發其端。《孟子・離婁上》云:

人恆有言曰: 天下國家。天下之本，在國; 國之本，在家; 家之本，在身。

又《盡心下》云:

君子之守，修其身而平天下。

《孟子》引『人恆有言曰』，其非《大學》之說可知; 如《大學》果成於《孟子》之前，《孟子》當引《大學》此言，豈不更較切實而嚴整乎? 蓋於《孟子》時代，此一有體系之『修』『齊』『治』

『平』思想，尚未發展完成。孟子言『君子之守，修其身而平天下』，乃本人之修身爲說，此與孟子思想一貫；《大學》更泛言『自天子以至庶人，壹是皆以修身爲本』，此一思想之發生，必亦當在秦併六國之後。蓋此一時代，天下已定於『一』；故自『天子』以至『庶人』乃可謂之『壹』。儒者由『學』而『仕』，乃可從容依循一定之步驟與層次；迄漢興『大學』、立博士，由此而位至卿、相者不乏其人，可爲其顯例；此非孔、孟時代所能得見之景象，亦非其所能遠言及之。《大學》作者實據孟子此一思想之端緒，而建立一完整之『格物』『致知』『誠意』『正心』『修身』『齊家』『治國』『平天下』之有體系理論；凡此，實亦受時代景象所暗示也。

止歸按:《大學》此說，亦見於《淮南》一書，《銓言》云:

能有天下者，必不失其國；能有其國者，必不喪其家；能治其家者，必不遺其身；能脩其身者，必不忘其心；能原其心者，必不虧其性；能全其性者，必不惑於道；故廣成子曰:愼守而內，周閉而外。

《淮南》言『天下』『國』『家』『身』『心』『性』，當係《淮南》作者自得之言；故下乃引《廣成子》之說以釋之。此段乃假道家思想，實就爲『君』之『道』而言，《大學》或據《淮南》之說修正而來；至《大學》略『性』言『心』之意，亦可見之。

(4)『愼獨』(『誠』)

《大學》云:

所謂誠其意者，毋自欺也。如惡惡臭，如好好色，此之謂自謙；故君子必愼其獨也。

又云:

此謂誠於中，形於外；故君子必愼其獨也。

按:『愼獨』一詞，先秦諸子未嘗言之;其初則見於《荀子》，如《不苟》云:

　　夫此順命以愼其獨也。善爲道者，不誠則不獨，不獨則不形。

故《大學》以『愼獨』爲說，必亦當在《荀子》後;與《中庸》同。

今按《論語·學而》嘗記曾子三省之說:

　　曾子曰:吾日三省吾身?爲人謀而不忠乎?與朋友交而不信乎?傳不習乎?

此意與『愼獨』之說近，惟尙未用『愼獨』一詞;《大學》則易其言曰:

　　曾子曰:十目所視，十手所指，其嚴乎!富潤屋，德潤身，心廣體胖;是故君子必誠其意。

按:『愼獨』之『愼』，古義訓爲『誠』(見《爾雅·釋詁》);故《大學》均以『誠其意』『誠於中(衷)』釋之。考重『誠』思想，起自孟、荀，於孔子思想中尙未能儕爲一德目。《大學》實依《論語》記曾子『三省』之說，別作『誠意』之發揮，以足其『愼獨』之意焉。

⑸『機』

《大學》云:

　　一家仁，一國興仁;一家讓，一國興讓。一人貪戾，一國作亂;其機如此。

按:《大學》用『機』字，僅此一見;鄭玄《注》:『機，發動所由也。』(朱晦庵《集注》同)此一語義，顯見特殊，考《論語》無『機』字，《孟子》用「機」字者如《盡心上》云:

　　孟子曰:恥之於人大矣，爲機巧之變者，無所用恥焉。

此『機』作『機械』或『機變』解(見趙岐《注》及朱晦庵《集

注》），語義尚平實。《莊子》一書，則多用『機』字：如『機辟』（《逍遙遊》）、『天機』（《大宗師》《應帝王》《秋水》），則更引申爲一語義極深遠之詞彙矣。至《莊子》一書單用『機』字者，如《至樂》云：

種有幾。

又云：

萬物皆出於機，皆入於機。

唐成玄英《疏》：『機者、發動，所謂造化也。』此一『機』字義，與《大學》之『機』字正同。『機』與『幾』古字通，義亦相近；《莊子·人間世》云：

戒之愼之，積伐而美者以犯之；幾矣。

成玄英《疏》：『幾、危也。』凡此『機』『幾』二字之引申爲一特殊義，均當晚起於《莊子》之後。

(6)『終始』

《大學》云：

物有本末，事有終始。

按：『終始』一詞，《中庸》亦有一見，如云：『誠者，物之終始。』今考《論》、《孟》未見有『終始』一詞，《莊子》內篇僅《大宗師》有一見；如云：

反覆終始，不知端倪。

至外、雜篇則恆言『終始』，如：

《天地》：『終始本末，不相坐。』

《秋水》：『知終始不可故也。』『道無終始，物有死生。』

《達生》：『造乎萬物之所終始。』

《山木》：『焉知其所終，焉知其所始。』（《寓言》略同）

《田子方》：『終始相反乎無端。』『死生終始，將爲晝夜。』

《知北遊》：『巍巍乎，其終則復始也。』

考《莊子》外、雜篇多晚期道家思想；此一『終始』一詞之用，必亦當在《鄒子》倡『五德終始』之說後。

(7)『孝』

《大學》云：

孝者，所以事君也。

又云：

爲人子，止於孝。

上老老，而民興孝。

按：儒家思想本係重『孝』，如《學而》云：

子曰：弟子入則孝，出則弟。

有子曰：君子務本，本立而道生；孝弟也者，其爲仁之本與？

《爲政》云：

孟懿子問孝。子曰：無違。

孟武伯問孝。子曰：唯其疾之憂。

孔子所言之『孝』，乃指孝父母之『孝』，未嘗別有所稱；孟、荀亦不離此義。今觀《大學》言『爲人子，止於孝』、『上老老，而民興孝』，固尚依循儒家舊誼；然《大學》復言『孝者，所以事君也』，此則顯爲後儒之引申義；如別求與《大學》同屬《禮記》之《祭義》一篇，似或得之：

居處不莊，非孝也；事君不忠，非孝也；涖官不敬，非孝也；朋友不信，非孝也；戰陳無勇，非孝也。

據《祭義》所言，『孝』字則當兼攝『莊』『忠』『敬』『信』『勇』諸義；此實與儒家孔、孟言『孝』之思想未合。

今《大學》言『孝者，所以事君也』，乃至《祭義》言『事君不忠，非孝也』，亦必當在尊君思想特甚之時代，始可有此種言論。考西漢以『孝』治天下，《大學》《祭義》所言，或爲當時一種通說歟？

(8)『以義爲利』

《大學》云：

百乘之家，不畜聚歛之臣。與其有聚歛之臣，寧有盜臣；此謂國不以利爲利，以義爲利也。

又云：

長國家而務財用者，必自小人矣，彼爲善之。小人之使爲國家，菑害並至；雖有善者，亦無如之何矣；此謂國不以利爲利，以義爲利也。

按：孔子甚重『仁』，少言『義』。〔止歸按：《論語》記孔子言『仁』計七十九見（上論四十七見，下論三十二見）；至言『義』計十八見（上論七見，下論十一見）。〕『義』之一字，其地位於孔子思想中，至少未能與『仁』字並重。至『利』字則甚少言之，如《子罕》云：

子罕言利。

然孔子非必不言『利』，如《里仁》云：

子曰：……仁者安仁，知者利仁。

但同篇復兩引孔子之說云：

子曰：君子喻於義，小人喻於利。

子曰：放於利而行，多怨。

據孔子之說：『義』與『利』乃適相對立；而『利』字地位，實低下也。

迄孟子則恆將『仁』『義』並稱；尤嚴別『仁義』與『利』之辨，如《梁惠王上》：

孟子對曰：王何必曰利，亦有仁義而已矣。

又《告子下》：

為人臣者，懷利以事其君；為人子者，懷利以事其父；為人弟者，懷利以事其兄。是君臣、父子、兄弟，終去仁義，懷利以相接；然而不亡者，未之有也。

是知『仁義』與『利』，於孟子思想中亦係對立，難能相互兼容或並存者。

先秦諸子中《墨子》常言『利』，然亦復言『義』（見《墨子・兼愛》《尚賢》《尚同》等篇）。晚期墨家乃有『義、利也』（見《墨子・經上》）之說；『利』字地位顯見升高，而足以與『義』字相抗衡矣。今《大學》言『以義為利』，乃調解『義』『利』對立之說；此一思想之發生，必亦當在孔、孟、墨諸子之後，乃戰國末期諸子（如晚期墨家等）之思想也。

今復考《大學》『以義為利』之說，乃見於《大學》釋《治國平天下》一章。依《大學》篇章組織之用字觀之：《治國平天下》一章，計六八二字，幾佔《大學》全篇之百分之四十（實百分之三八・九五）；除章首以一百九十字匆匆敘述『絜矩之道』後，自『是故君子先慎乎其德』以下，凡四百九十二字，均言『德』『財』問題。可知當時社會『德』（義）『財』（利）問題，已為面臨爭議之重要問題。如揆諸實際：《大學》所應申述之『治國平天下』之道，當不應僅限於此；其中云：

與其有聚歛之臣，寧有盜臣。

又云：

長國家而務財用者，必自小人矣。

又云：

唯仁人放流之，迸諸四夷，不與同中國；此謂唯仁人為能愛人，能惡人。

細察上列所言，其深惡痛絕『小人』亦即『聚歛之臣』之意，情溢乎辭；似若有所指者。或曰：此譏武帝末時之政治，所謂『聚歛之臣』，如桑弘羊者，殆卽其人歟？

止歸按：《論語》用『斯』，《大學》用『此』；此其用字思想之異。又《大學》曰：『迸諸四夷』，考『迸』字《說文》無；《論語》『屛四惡』作『屛』，乃魯《論》文字，考《詩·大雅·文王皇矣》：『作之屛之』，《禮記·王制》：『屛之遠方』，《穀梁》宣元年傳：『放、猶屛也』；此處『迸論四夷』作『迸』，如原字非後儒所改，當係晚出文字；此亦其年代之一證。

（《大學之著作時代及其與中庸之思想同異比較研究》，見《大陸雜誌》第二十六卷第九十期）

勞 榦云：

《大學》言『止於至善』而《荀子》則改爲『止於至足』，此非《大學》襲《荀子》而顯然爲《荀子》襲《大學》。荀子博聞強記，其曾見《大學》，本不足異。但《大學》言『止於至善』則至善似爲人性於本有，此則與荀說相悖，故改『至善』爲『至足』。蓋善在內而足在外也。卽此一字之微，亦可見《大學》在先，而《荀子》在後矣。

《大學》雖在《荀子》以前，但必在曾子之後，蓋《大學》引曾子之說，且以子稱曾子，若謂曾子親筆寫成，殊難言之成理。若謂出於子思，更近臆度，轉不如認爲寫成於孟子以後，荀子以前之先儒，其人名姓已失傳，似更近於眞實也。

《大學》思路本與《孟子》相近，其與《孟子》孰先孰後，本難率爾而言。《大學》中最難解釋之處爲《大學》之開端『大學之道，在明明德，在親民，在止於至善』。而其後則言：

《康誥》曰：『克明德。』《太甲》曰：『顧諟天之明命。』

> 《帝典》曰:『克明峻德。』皆自明也。湯之盤銘曰:『苟日新,日日新,又日新。』《康誥》曰:『作新民。』《詩》曰:『周雖舊邦,其命維新。』是故君子無所不用其極。
>
> 《詩》云:『緡蠻黃鳥,止於丘隅。』子曰:『於止知其所止,可以人而不如鳥乎?』

此段前半釋明德,而後半則說新民,與篇首言親民者異。故朱熹《集注》依程伊川意改親民爲新民,而其後之朱《注》亦全以新民爲說。自《注疏》成書後,歷宋、元及明,漸爲科學範本,功令所限,莫敢或違。程說誠然理致圓融,究竟乏有力佐證,故王守仁以《大學》古本爲說,仍用『親民』舊義。但陽明於『親民』與『新民』間之矛盾現象,亦無法作滿意之解釋。

於此等含晦之處,固惟有在《大學》與孟子之關係中求之,卽《大學》似出於孟子之徒,而非《大學》直接出於曾子或子思也。試觀《孟子·滕文公》上篇卽與《大學》有密切之關係,而爲《大學》所從出。其言云:

> 設爲庠序學校以敎之,庠者養也,校者敎也,序者射也。夏曰校,殷曰序,周曰庠,學則三代共之,皆所以明人倫也。人倫明於上,小民親於下,有王者起,必來取法,是爲王者師也。《詩》云:『周雖舊邦,其命惟新。』子力行之,亦以新子之國。

此節與《大學》有關者凡四,言庠序學校敎育之事,一也;言明人倫亦卽齊家治國平天下之事,二也;言『小民親於下』,卽是『親民』,三也;言『新子之國』亦卽《大學》所言湯盤,《康誥》之『新』,且同用《詩經》『周雖舊邦,其命惟新』作證,四也。所不同者,孟子意旨在向滕君說王道,非有意爲系統論述以示後人,其辭簡;《大學》則條分縷析,其辭繁。孟子僅就滕國而言,而《大學》則引申及於政敎之一般原則,孟子分親民新國爲兩事,故無矛盾可言，《大學》則於親民新國二端，有顯然牽合之迹。《大學》系統綿密，本不宜有親新二字之矛盾，倘非溯自孟子之師承，則此現象卽成無法解釋之現象。翟灝《四書考異·大學篇》（此段承陳槃庵先生檢示）：

> 按《舜典》百姓不親，五品不遜。…… 五教之設，所以親民。……合《孟子》人倫明於上，小民親於下言之，此親字實似不必更改。……《孟子》云人人親其親，長其長而天下平；又云親親仁也，敬長義也，無他，達之於天下也。《孟子》所言，謂卽以釋此經可矣。

在翟氏之時代，曾子作《大學》已成不刊之論，不容非議亦不敢非議，而能從親民一端推出《大學》與《孟子》之關係，可謂卓識。第思想之發展，自有其規律可循，哲學本爲思辯之學，前修未密，後出轉精，古往今來，思想系統之發育與完成，皆由因革頻仍，非一時一代所能完成。吾國思想自春秋戰國以來，各具新義，散爲衆流，卽在一門之中，儒分爲八，墨分爲三，亦自有其同異。漢世儒生素重師承，新義較罕，但依《漢書·儒林傳》，數代之後，門弟子之間亦不盡同。清末今文學家謂爲有意『託古改制』，其實改制爲事實所必然，不必有意僞託。歷時旣久，新義自出，此自無可疑者。先秦本已如斯，宋、明更爲加厲，學術之精粗高下本不盡關於時之先後，唐時韓愈固已知弟子不必賢於師，師不必賢於弟子之義，然終限於當時而不敢推之於往古者，則有所不敢言也。

誠然其中所涉及者不僅爲先後問題，而其中『到達』問題，則大爲重要。孔顏曾之『到達』可謂至高，雖孔門高第之有子猶有遜焉。此曾子所以不以有子能繼孔子之軌則者也。《大學》理致精深，學者溯其源於曾子，亦固其宜。但周秦諸子之中能到達此者實鮮，惟孟子則非諸子之倫，若就其到達而言，不惟並世無儔，抑亦古今鮮對（譬如荀子亦先秦儒家，但以荀況孟，則孟爲高深哲學，荀子不過儒家常識而止，天資所限，不可強也，其間高下判然，不僅大醇小疵之分而已）。若謂大學屬於儒家其他派別，到達之間誠不無疑竇，若謂就孟學推廣而成，則就到達言，就造詣言，自無爭論。而況《論語》以後，《孟子》以前，文獻鮮徵，《大學》懸空於此時期，不免有愈談愈晦之處，若就《孟子》以釋《大學》，則理致詳明，無增字解經之嫌，有相得益彰之勝，自無庸舍實而就虛，舍顯而就晦也。

復次《論語》仁義分別言之，而時以禮代義。而《大學》及《孟子》皆並言仁義，故《大學》實遠於《論語》而近於《孟子》。《孟子》深明義利之辨，開宗明義答梁惠王之言即開始發揮，而全書幾無不承此以爲關鍵。《大學》一篇亦深明義利之辨，而《大學》之結論，則：

> 生財有大道，生之者衆，食之者寡，爲之者疾，用之者舒，則財恒足矣。仁者以財發身，不仁者以身發財，未有上好仁，而下不好義者也；未有好義其事不終者也，未有府庫財非其財者也。孟獻子曰：畜馬乘不察雞豚，伐冰之家不畜牛羊，百乘之家不畜聚斂之臣，與其有聚斂之臣，寧有盜臣。此謂國不以利爲利，以義爲利也。長國家而務財用者，必自小人矣。小人之使爲國家，菑害並至，雖有善者亦無如之何矣。此謂國不以利爲利，以義爲利也。

此正與《孟子》所言：『明君制民之產，必使仰足以事父母，俯足以畜妻子』，『賢君必恭儉禮下，取於民有制。陽虎曰：爲富不仁矣，爲仁不富矣』，『不違農時，穀不可勝食也；數罟不入洿池，魚鼈不可勝食也；斧斤以時入山林，材木不可勝用也』，正可互相發明。故《孟子》與《大學》皆非不言利，如王衍口不言錢之比，而乃以天下人之公利爲利，以生以養，以蓄以殖，以節以制，以求天下人之富實樂康，而不以聚斂之臣爲能。《論語》中雖略見其凡，而未能加以發揮，此則孟子之教也。

當孔子之時性論尙在蒙昧時期，孔子不言性與天道，僅略及性近習遠之義。蓋此時性之善惡未成問題，但發揮仁知之義已足，無多爭辯也。至孟子始發揮性善之義，此爲千秋大業。倘無性善之理，則儒家哲學永不能完足也。而《大學》開始卽以止於至善爲綱領，至善者人性秉賦之終極，而窮源溯流之所至，此孟學之基本而《大學》亦以是爲開端；因其二者相符，然後宋、明理學始能順應圓融，不生艱阻。宋、明諸儒用孟子理論而又不敢深言當於孟子，於是至善之源流，究竟無所附麗。今如指爲孟學，則純然一貫更無阻礙矣。

《論語》中未嘗言心性，而《大學》之『知止而後有定，定而後能靜，靜而後能安，安而後能慮，慮而後能得』則全爲心性之言，若《大學》先於《孟子》，則心性之言當以此爲嚆矢，若《孟子》在前，則《大學》當襲自《孟子》矣。但以較《孟子》之言，則《孟子》之原文爲：

> 公孫丑問曰：夫子加齊之卿相，得行道焉，雖由此覇王不異矣，如此，則動心否乎？孟子曰：否，我四十不動心。曰：若是，則夫子過孟賁遠矣。曰：是不難，告子先我不動心。……昔者曾子謂子襄曰：子好勇乎？吾嘗聞大勇於夫子矣，自反而不縮，雖褐寬博，吾不惴焉；自反而縮，雖千萬人吾往矣。孟施舍之守氣又不如曾子守約也。曰：敢問夫子之不動心，與告子之不動心可得聞與？告子曰：不得於言，勿求於心；不得於心，勿求於氣；不得於心，勿求於氣，可；不得於言，勿求於心，不可。夫志，氣之師也，氣，體之充也。夫志至焉，氣次焉。故曰持其志，毋暴其氣。

《大學》之止，定，靜，安，而後能得，應與《孟子》不動心而持其志者之理相符，然《孟子》爲對公孫丑之問偶然興到之言，而

《大學》則正經分析成爲系統化，依照思想史進步之次第，則《孟子》又應在前而《大學》又應在後，不可輒易其先後之跡也。

其次，《大學》入德之程序，自修身以下，至誠意而極，其致知格物，則爲輔誠意而爲，在外非在內也；然誠意之誠，亦出於《孟子》之『反身而誠』。《孟子》曰：『萬物皆備於我矣，反身而誠，樂莫大焉。』又『居下位而不獲於上，民不可得而治也，獲於上有道，不信於友弗獲於上矣。信於友有道，事親弗悅，弗信於友矣。悅親有道，反身不誠，不悅於親矣。誠身有道，不明乎善，不誠其身矣。是故誠者天之道也，思誠者人之道也，至誠而不動者，未之有也，不誠未有能動者也』，此所言誠正與《大學》之誠相符，而後一節《孟子》所言，自外而內以至誠身而明善，尤與《大學》所言之次序更爲近似，是《孟子》與《大學》之間其思路似多少有相承之序也。至於《論語》則言信不言誠，如：『君子義以爲質，禮以行之，孫以出之，信以成之，君子哉。』如：『人而無信，不知其可也，大車無輗，小車無軏，其何以行之哉？』如：『寬則得衆，信則人任焉；敏則有功，惠則足以使人。』皆言信不言誠。惟《大學》言誠始同於《孟子》而條理更明，則謂《大學》爲孟學，此亦足以證之也。

（《大學出於孟學說》，原載於中央研究院史語所《集刊》）

趙澤厚撰有《大學研究》一書，臺灣中華書局一九七二年三月出版，第一章爲「大學的作者問題」，計分下列六節：

第一節：大學是否孔子所作

第二節：大學是否由孔子、曾子、曾子門人等合撰

第三節：大學是否曾子所作

第四節：大學是否子思所作

第五節：大學與荀子之關係

第六節：大學與董仲舒之關係

其結論云：『不論從注釋《大學》之時間上，從《大學》之時代背景上，或從德治思想之演變上，及《大學》與董氏思想言論之比較上，均可證明，《大學》與董仲舒極有關係。所不同者，董氏在《賢良策》內所作之言論，係答覆武帝之詢問，其範圍甚廣，其考慮之時間有限，對所詢問之問題，僅能作原則性之敍述，而少精密嚴整之體系。而《大學》則不然，《大學》一書，爲太學問題所作之專論，問題單純而專一，考慮深入而週密，體系嚴整，辭句簡練，此殆討論之問題有廣狹，考慮之時間有長短，思想之內容有精粗之所致也。實則，《賢良策》內之太學問題，乃《大學》一書之原則，而《大學》則係根據此原則發展而成者也。由此觀之，《大學》似應爲董氏所作矣，卽使非董氏本人所作，但此作者之思想，與董氏極有關係，此則可以斷言者也。』

〔存　目〕

林政華撰《大學中庸之作者與章次考辨》，發表於《東方雜誌》第九卷第四期。

■中　庸

陳　善云:

予舊曾爲《中庸》說，謂:《中庸》者，吾儒證道之書也。然至今，疑自『春秋修其祖廟，陳其宗器』以下一段，恐只是漢儒雜記，或因上文論武王、周公達孝，遂附於此。……又云:『郊社之禮，所以事上帝也；宗廟之禮，所以祀乎其先也。明乎郊社之禮，禘嘗之義，治國其如示諸掌乎！』此尤不可曉。按:《論語》『或問禘之說，子曰:「不知也，知其說者之於天下也，其如示諸斯乎！」指其掌。』此孔子以當時之禘有不如禮，不欲斥言之，因以掌而示門人曰:其甚易知如此耳。弟子因而記當時孔子所謂『示諸斯』者，是指其掌也。今《中庸》乃言『治國其如示諸掌』，無乃非其義也。《仲尼燕居》又曰:『明乎郊社之禮，禘嘗之義，治國其如指諸掌而已乎！』予以此知三者皆是漢儒誤讀《論語》之文，因而立說，非孔子意也。《中庸》本四十九篇，今一篇獨存，然以此觀之，恐亦非全書。

(《捫蝨新話》下集卷三《漢儒誤讀論語》)

葉　適云:

漢人雖稱《中庸》子思所著，今以其書考之，疑不專出子思也。

(《習學記言》卷八)

又　云:

孔子嘗言:『中庸之德民鮮能。』而子思作《中庸》。若以爲《中庸》爲孔子遺言,是顏、閔猶無足告,而獨秘其家,非是。若子思自作,則高者極高、深者極深,宜非上世所傳也。

(《習學記言》卷四十九)

王十朋云:

《語》曰:『中庸之爲德也,其至矣乎!』聖人以《中庸》爲至德,非大全君子不能當其名,是書載夫子之言,有君子之中庸,有小人之中庸,夫既已小人矣,尙何中庸之有耶?夫子以一貫之道語曾參,曾參告門人曰:『夫子之道,忠恕而已矣。』是書乃有『忠恕違道不遠』之言,則是以道與忠恕爲一,而忠恕實未可以爲道也,與《論語》又何不同也!《繫辭》曰:『《易》之興也,其於中古乎!作易者,其有憂患乎!』蓋謂文王也,是書載夫子之言曰:『無憂者,其文王乎!』文王拘羑里而演易,乃云『無憂』,何也?語曰:『三分天下有其二,以服事商,周之德,可謂至德矣!』是書載夫子之言曰:『武王、周公其達孝矣乎!善繼人之志,善述人之事。』文王終身事紂,武王、周公不待終喪而伐之,而云『善繼志、述事』,何也?《語》曰:『夏禮、商禮吾能言之,杞、宋不足證也。』是書乃曰:『吾學夏禮,杞不足證,吾學商禮,有宋存焉。』又未知其孰是耶?夫子傷周室之衰,三光五嶽之氣分,故《春秋》書『王正月』以大一統,是書乃曰:『書同文,車同軌。』孔子之時,天下曷嘗同車書乎?弟子記聖人之言行,於《論語》皆稱『子』,如『子曰』及『子以四教』之類,蓋尊師重道之辭,未嘗有字聖人者,是書亦稱『子曰』,宜矣,而又有『仲尼曰』『仲尼祖述堯舜』之語焉，豈有身爲聖人之孫而字其祖者乎？竊意秦火之後，漢儒於四十九篇中綴拾所存，不能無附益之僞，不然何以詭異聖人如是也？孟子學子思者也，七篇之書，稱子思多矣，獨無一言及其師之書，又不知是書果子思作否？

（《梅溪王先生文集前集》卷十三《問策》第十）

蔣伯潛云：

《中庸》可疑之處甚多，今分五端言之：

㈠本編序說中曾以《論語》《孟子》《墨子》《莊子》《荀子》《韓非子》爲例，說明戰國諸子文體之演進，從短章記言體，漸變爲長篇之議論文。陳澧《東塾讀書記》亦曾專從儒書，分別其記言之體爲三種；第一種爲《論語體》，乃弟子記親聞於孔子之言，所記非一時之言，記之者亦非一人，乃彙集異時異人之所記者；第二種如《坊記》《表記》《緇衣》等，乃舉傳聞所得之孔子之言而記之，所記雖非一時之言，而記之者則爲一人，乃引孔子之言而加以伸說者；第三種如《仲尼燕居》《孔子閒居》《儒行》《哀公問》之類，亦記傳聞所得之孔子之言，且所記爲一人一時之言，經敷衍潤色而成者。此三種記言體，由簡而繁，由質而文，時代先後，卽可由此推知。其說甚是。今按《論語》所記，《上論》爲親聞於孔子之言，《下論》已多傳聞所得之孔子之言，但終爲直錄所聞，最簡最質，記者非一人，所記之言非一時，當時各有所記，後雖加以論篹，不過彙錄所記各條，編成若干篇而已。《坊記》《表記》《緇衣》等，其記傳聞所得之孔子之言，原與《下論》同；但因曾加伸說，故其辭已較《論語》爲繁爲文矣。至《仲尼燕居》《哀公問》等，則所記實僅等於《論語》之一章，而敷衍潤色以成一篇，故其辭更繁而文更華。是陳氏所分三種記言體之區別，全在繁簡質文之間也。持此以衡《中庸》，則全篇文體並不一致；自《中庸章句》之第二章至第十一章，尙與《論語》相似，屬於第一種記言體；自第十二章至第十九章，則與《坊記》《表記》《緇衣》等相似，屬於第二種記言體；第二十章之『哀公問政……』，與《哀公問》《仲尼燕居》《孔子閒居》《儒行》等相似，屬於第三種記言體。其第一章及第二十一章以後，則已非記言體而爲議論體矣。故以文體衡之，《中庸》殆非一人所撰，且各段成書之先後，至不一律也。

㈡孟子，受業於子思之門人者也。《中庸》爲子思所作，則其成書，自當在《孟子》之前。《孟子》全仿《論語》，尙有簡約質樸記言之短章，極似《論語》者。其長篇各章，雖多舖排寓譬，但仍爲記言體，而非純粹之議論體。《中庸》則不復有簡質記言之短章，其第一章及第二十一章以下各章，且純爲議論文矣。又《孟子・離婁篇》曰：『居下位而不獲於上，民不可得而治也；獲於上有道，弗信於朋友，弗獲於上矣；信於朋友有道，事親弗悅，弗信於朋友矣；悅親有道，反身不誠，不悅於親矣；誠身有道，不明乎善，不誠其身矣。』《中庸》第二十章，除多『不勉而中，不思而得，從容中道，聖人也；誠之者，擇善而固執之者也』數句外，全與《孟子》此段相同。孟子旣爲子思再傳之弟子，如果引用子思所作《中庸》之語，當明言『子思曰』或『《中庸》曰』，何以居然掠美耶？疑《中庸》此章乃取孟子語而推演之。卽此二點推之，則《中庸》之完成，似當在《孟子》成書以後也。

㈢《中庸》第二十八章有曰：『今天下，車同軌，書同文，行同倫。』此全國統一之盛事也。許愼《說文解字・序》述戰國時之情形曰：『分爲七國，田疇異晦，車涂異軌，律令異法，衣冠異制，言語異聲，文字異形。』以情理度之，當爲實錄。子思爲戰國時人，而《中庸》所云『車同軌，書同文，行同倫』乃適與《說文解字・序》相反，何也？如以爲此乃理想，非指實事，則何以明言『今天下』乎？《說文解字・序》旨在說明戰國時『文字異形，秦皇初兼天下，丞相李斯乃奏同之』，卽此可見『書同文』爲秦始皇統一以後之事矣。《史記・秦始皇本紀》曰：『一法度、衡石、丈尺，車同軌，書同文字。』《琅邪刻石》亦曰：『器械一量，同書文字。』又曰：『將維皇帝，匡飭異俗。』是秦始皇統一之後，度量衡始劃一，車始同軌，書始同文，行始同倫明矣。《中庸》所云，正指此耳。又第三十章曰：『是以聲名洋溢乎中國，施及蠻貊，舟車所至，人力所通，天之所覆，地之所載，日月所照，霜露所墜，凡有血氣者，莫不尊親。』按《琅邪刻石》曰：『日月所照，舟輿所載，皆終其命，莫不得意。』文雖繁簡不同，其意則一。此尚可諉爲《琅邪刻石》襲《中庸》之意。但此種天下一統之盛況，秦始皇以前，固未嘗有也。秦以前之古書，卽述最高理想之郅治之隆者，亦未嘗作此等語也。故疑《中庸》末段，直當成於秦始皇統一六國之後。

㈣《中庸》第一章曰：『喜怒哀樂之未發，謂之中；發而皆中節，謂之和。中也者，天下之大本也；和也者，天下之達道也；致中和，天地位焉，萬物育焉。』以『中』與『和』對擧，《周禮》亦常以『中』『和』並擧，《大司徒》曰：『以五禮防萬民，而敎之中；以六樂防萬民，而敎之和。』《大司樂》曰：『中和祇庸孝友。』鄭《注》曰：『中，猶忠也。』惠棟《九經古義》曰：『「中」與「忠」，古字通。漢《呂君碑》云：「以中勇顯君。」義作「忠」。《後漢書》「王常爲忠將軍」，《馮異傳》作「中將軍」。《古文孝經》引《詩》云：「忠心藏之。」今《毛詩》作「中」。』與『和』對擧之『中』，卽通借作『忠』者也。喜怒哀樂未發之『中』，乃忠誠之『忠』，此已爲下半篇論『誠』諸章張本矣。第二十二章曰：『唯天下至誠，爲能盡其性；能盡其性，則能盡人之性；能盡人之性，則能盡物之性；能盡物之性，則可以贊天地之化育；可以贊天地之化育，則可以與天地參矣。』『至誠』，卽能『致中和』者也；『致中和，天地位焉，萬物育焉』，故至誠可以贊天地之化育，與天地參也。故《中庸》首章與《中庸》後半論誠諸章，關係特切。但第二章以下諸章之說『中』字，則又指兩端之『中』，無過無不及之『中』。故道之不明不行，在乎知者過之、愚者不及，賢者過之、不肖者不反；舜之大知，在能執其兩端，用其中於民也。此其義，又與首章論中和之『中』兩歧矣。又《中庸》後半論誠諸章，與《荀子·不苟篇》『君子養心莫善於誠』一節極相似。但《不苟篇》僅言『誠』爲養心之要；《中庸》則直謂『誠』可以參天地、贊化育，其陳義更高，其文辭更繁。則似《中庸》後半，乃取《荀子·不苟篇》之說而更推演之者。

㈤《中庸》第二章記孔子之言，稱『仲尼曰』；以下各章記孔子之言，但稱『子曰』。此正與《禮記》之《仲尼燕居》《孔子閒居》、《大戴禮記》之《王言》相同。又自第二章至第十一章，爲記言體，尙似《論語》；而第十二章、第十三章、第十五章、第十六章、第十七章，每章必引《詩》，乃極似《荀子》與《韓詩外傳》。又第十四章言君子素位而行，正己而不求人，故無怨尤；其志正與第十一章『遯世不見知而不悔』相銜接。第十二章言君子之道造端夫婦，第十三章言道不遠人，第十五章言行遠自邇、登高自卑，第十七、十八、十九三章均論孝，蓋言當從家庭推而至於國家天下，故一切道德從庸德之行庸言之謹做起，其意亦相銜接。中間惟第十六章，論鬼神之爲德，視之弗見，聽之弗聞，而體物不遺，無乎不在，置之此處，與上下章俱不聯貫。故日本人三宅石菴之《中庸錯簡說》謂此第十六章爲錯簡，當移置第二十章之後，蓋承『至誠如神』之言，故以鬼神喻『誠』之不可揜也。但卽移置此章，《中庸》全篇，以文體論，則仍是前後互歧；以文意論，則仍非一氣呵成。其非由一人所撰，一時所成，固顯而易見也。

綜上所說觀之，《中庸》決非全篇皆爲子思所作。

（《諸子通考》）

胡止歸云：

《禮記》一書，其思想多淵源於《荀子》，先儒均已多言之；《中庸》爲《禮記》之一篇，實亦未能例外。今就辨證所及，列舉於下：

㈠『中庸』

《中庸》第三章云：

中庸其至矣乎！民鮮能久矣。

按：此句於《論語》有略同語，《雍也》末數第二章云：

中庸之爲德也，其至矣乎！民鮮久矣。

《中庸》之名，似源於此。然《論語》言『中庸』僅此一見，且語句唐突，其義難測；清崔述《洙泗考信錄》，則疑其爲後儒羼入之句。

考此章之前，有『子見南山，子路不說，夫子矢之曰：予所否者，天厭之！天厭之！』一句，並亦見《史記・孔子世家》；孔子未言其所以然，僅以天厭自矢，殊不可解。魏何晏《論語集解註》引孔安國說已疑其事；崔述《洙泗考信錄》據《左傳》之史實，考之亦不合，即於漢劉向《說苑》亦辨此事非眞；正猶公山弗擾及佛肸召，子欲往，子路皆不說，與《左傳》之史實不合正同。故《論語》此章言『中庸』云云，或係後儒所附綴羼入。

近儒錢穆所著《莊子纂箋》一書，乃認爲《中庸》之書，源於《莊子・齊物論》云：

惟達者知通爲一，爲是不用而寓諸庸。庸也者，用也；用也者，通也；通也者，得也；適得而幾矣。

錢氏《注》云：

章炳麟曰：庸、用、通、得，皆以疊韻爲訓，得借爲中；穆按：《中庸》之書本此。

又《在宥》云：

中而不可不高者，德也。

錢氏《注》云：

穆按：《中庸》曰：中庸之爲德也。

斷『中庸』之語源問題，當自錢氏始。

按《論語》所稱『中庸』之句，僅係贊美語；如果係後儒所羼入，則『中庸』一詞之初見於先秦諸子著述者，實自《荀子》發其端倪。《荀子・王制》云：

元惡不待教而誅，中庸民不待政而化。

清王先謙《荀子集解》引王念孫曰：

中庸下不當獨有民字，此涉註文中庸民而衍。《韓詩外傳》無民字。

《荀子》『中庸』一詞，與『元惡』對待；『中』『庸』二字能連綴成詞者，於經書未見。錢氏因莊子有『庸、用、通、得』一句，本章炳麟說斷《中庸》之書源此；然『中庸』之名，則仍斷以淵源於《荀子》爲正。《中庸》之『名』與《中庸》之『書』，宜應分別而觀；則『中庸』之語源問題，似可更得其較平允之論。

至中庸之『庸』字，凡六見於《尚書・堯典》，大都爲『用』義（其一據宋蔡元定《書經集傳》解爲『民功』）。《論語・堯曰》有『允執厥中』之語，乃僞古文《尚書》所本，清閻若璩《古文尚書疏證》已辨其僞。翟灝《四書考異》疑《堯曰》爲《論語》之後序；劉寶楠《論語正義・注》『堯曰』此句云：『中庸之義，自堯舜發之。』則實因僞古文影響而誤。

如從古代經典考察『中庸』之語源:《易經》本文之卦辭、爻辭,並無『中』字;『中』字乃見於晚出之彖、象辭,其成書依前儒考訂,亦當在孔、孟之後。今文《尙書》之《虞書》無『中』字;而『庸』字特多,計十見。《夏書》除《禹貢》外,《甘誓》亦無『中』字,且更無一『庸』字。《商書》『中』字僅兩見,如《盤庚》云:

各設中於乃心。

此『中』字卽『衷』,且有『忠』義。又《高宗肜日》云:

非天夭民,民中絕命。

此『中』字意謂『中途』之『中』。迄《周書》始多見『中』字,如《酒誥》云:

爾克永觀省,作稽中德。

此『中』字有『合』意,意謂『合』於『德』。《呂刑》一篇則多言『中』,並亦多有『適中』之涵意,如:

罔中於信,以覆詛盟。

士制百姓于刑之中,以敎祇德。

惟良折獄,罔非在中。

惟天不中,惟人在命。

刑書胥占,咸庶中正。

按:《呂刑》書傳引此多稱『甫刑』,傳爲周穆王時呂侯所作。該篇多言『刑』之『中』,此與孔子『刑罰不中,則民無所措手足』之『中』字思想正同。

如將『中』之思想,視爲一種思想方法加以探究,除前引《尙書》外,孔、孟乃至老、莊亦多言之;《中庸》則予以專題標出。考《禮記》思想,旣多淵源於《荀子》;至『中庸』之名,除《論語》外,先《荀子》一書亦未更得見;復考《中庸》一書之言『中和』一詞,於先秦諸子之著作中,亦初見於《荀子》一書;故『中庸』之語源，實當斷自《荀子》一書始。

㈡『中和』

《中庸》首章云:

喜怒哀樂之未發，謂之中; 發而皆中節，謂之和。中也者，天下之大本也; 和也者，天下之達道也。致中和，天地位焉，萬物育焉。

按:《論語》未嘗言『中和』，但嘗言『和』，如:

《學而》: 有子曰: 禮之用，和爲貴; 先王之道，斯爲美，小大由之。有所不行，知和而和; 不以禮節之，亦不可行也。

《子路》: 子曰: 君子和而不同，小人同而不和。

《季氏》: 丘也聞……和無寡，安無傾。

《論語》之『和』，乃本人與人相處之『和』而言。《中庸》言『中和』，前段雖就『人情』而言，後段則就『天道』而言。《老子》四十二章云:

萬物負陰而抱陽，沖氣以爲和。

《中庸》『中和』之『和』，與《老子》之『和』語義極相通，蓋均指『天地萬物』而爲言。

考『中和』一詞，《論》《孟》旣未見有提出，其用於先秦諸子之著述中者，最早亦見於《荀子》一書，如《王制》云:

故公平者，職之衡也; 中和者，聽之繩也。

按: 前考『中庸』一詞，亦同見於《王制》。此句『中和』一詞，與上文『公平』對擧，乃指一種聽言之適當標準而言。《中庸》言『中和』: 指『喜、怒、哀、樂』未發之之『中』，及發而『中節』之『和』; 與《荀子》此處用以爲衡聽事理，求其『適中』『和諧』，其語義顯然有別; 他如與『天地萬物』之『中和』，更不相關涉。

《荀子》言『中和』，復散見於他篇，如《勸學》云:

　　樂之中和也，詩書之博也，春秋之微也。

又《樂論》云:

　　樂中平，民和而不流。……故樂天者，天下之大齊，中和之紀也。

《荀子》言『中和』，類皆有『適中』『和諧』義，並多用於『樂』；按《呂氏春秋·察傳》云:

　　夫樂、天地之精也，得失之節也；故唯聖人爲能和，樂之本也。夔能和之，以平天下。

又《適音》云:

　　黃鐘之宮，音之本也，淸濁之衷也。衷也者，適也；以適聽道，則和矣。

亦用『衷（和）』『和』二字於『樂』。與《中庸》同屬小戴《禮記》之另篇《樂記》亦然，如《樂記》云:

　　故樂者，天地之命，中和之紀，人情所不能免也。

故秦、漢以前『中和』一詞，乃多用於『樂』，形容『樂』之『適中』『和諧』。按『樂』本與『人情』之陶冶有關；故《荀子·樂論》云:

　　先王導之以禮樂，而民和諧。夫民有好惡之情，而無喜怒之應則亂。

又《正名》云:

　　故喜、怒、哀、樂、愛、惡、欲以心異。

《禮記·樂記》亦承此意云:

　　夫民有血氣心知之性，而無哀、樂、喜、怒之常。

所謂『喜、怒、哀、樂』，實『人情』，故同書《禮運》亦云:

　　何謂人情？喜、怒、哀、懼、愛、惡、欲，七者弗學而能。

《中庸》所謂『中節』，乃言『喜、怒、哀、樂』之四『情』，得其適中之常；然後由『致中和』而達『天地位、萬物育』。《中庸》由『人情』之『中節』『中和』；更推而求『天地』『萬物』之『中和』。《中庸》單提『性』字，而不及『情』字；其釋『中節』『中和』之說，與《樂記》《禮運》諸篇，實亦有其相互闡發處。《樂記》《禮運》依其思想淵源，當在《荀子》之後；故『中和』一詞，亦當斷其淵源於《荀子》爲正。《中庸》未將『中和』用於『樂』，乃用於『人情』；並從『人情』又演繹及於『天道』之『中和』，此則爲荀子所未言，而與老莊、易傳同旨。

㈢『誠』『形』『著』『明』『動』『變』『化』

《中庸》第二十三章云：

其次致曲，曲能有誠。誠則形，形則著，著則明，明則動，動則變，變則化；惟天下之至誠爲能化。

按：此章章句係淵源於《荀子》，《不苟》云：

養心莫善於『誠』……『誠』心守仁則『形』，『形』則『神』，『神』則能『化』矣；『誠』心行義則『理』，『理』則『明』，『明』則能『變』矣。『變』『化』之代與，謂之天德。……天地爲大矣，不『誠』則不能『化』萬物；聖人爲知矣，不『誠』則不能『化』萬民。

《荀子》言：『誠』『形』『神』『化』及『誠』『理』『明』『變』；《中庸》略其『神』『理』二字，增『著』『動』二字，而爲綜合性之敍述。且此種『甲』則『乙』、『乙』則『丙』，『丙』則『丁』之連鎖推理型式，於《荀子》以前之先秦諸子典籍中，亦未之見；《中庸》則更予以排比對稱。他如首章之『命』『性』『道』『教』、二十二章之『至誠』『盡性』『盡人性』『盡物性』、二十六章之『至誠』『不息』『久徵』『悠遠』『博厚』『高明』等，亦均屬此種連鎖推理型式。此種句法惟《大學》首章之『定』『靜』『安』『慮』『得』及『格』『知』『誠』『正』『修』『治』『平』與之極近；於《論》《孟》時代，此種文體亦未之見。

至≪中庸≫所增之『動』字，係移其二十章逕抄≪孟子・離婁上≫章句，所略去之『不誠未有能動』之『動』字而來；≪中庸≫所略去之『神』字，則移至下章而言『至誠如神』，蓋亦避用字重複之故，其章句移轉軌跡，實顯然可見。且≪中庸≫此章與≪荀子・不苟≫所用字彙及語法，竟相近若是；如非另提力證，言≪不苟≫此語，亦係晚出，或≪中庸≫一書實係著作於≪荀子≫之前；則≪中庸≫此章章句，必係淵源於≪荀子≫而無疑。

止歸按：≪中庸≫『誠明』之『明』，亦爲老、莊所常用，如≪莊子・齊物論≫云：『爲是而不庸，而寓諸庸，此之謂之明。』≪老子≫十六章云：『知常曰明。』（另見五十五章），二十二章云：『不自見，故明。』三十三章云：『自知者明。』五十二章云：『見小曰明。』而≪論≫≪孟≫實未嘗單提『明』字，且重視若是。

㈣『愼獨』

≪中庸≫首章云：

道也者，不可須臾離也，可離非道也。是故君子戒愼乎其所不睹，恐懼乎其所不聞；莫見乎隱，莫顯乎微，故君子愼其獨也。

又第三十三章云：

≪詩≫云：潛雖伏矣，亦孔之昭。故君子內省不疚，無惡於志，君子所不可及者，其唯人之所不見乎。

按：≪中庸≫『愼獨』之說，與≪大學≫有相互闡發之處；≪大學≫釋『誠意』云：

所謂誠其意者，毋自欺也。如惡惡臭，如好好色，此之謂自慊；故君子必愼其獨也。……誠於中，形於外；故君子必愼其獨也。

又云:

曾子曰: 十目所視，十手所指，其嚴乎! 富潤屋，德潤身，心廣體胖，是故君子必誠其意。

《禮記》『愼獨』之說，四見於《禮器》:

禮之以少爲貴者，以其內心者也，……是故君子愼其獨也。

考『愼獨』一詞，於先秦諸子著作中未見，其初則出於《荀子》一書，《不苟》云:

夫此順命以愼其獨也。善爲道者，不誠則不獨，不獨則不形。

按:《論語》嘗記孔子言『克己』『內省』之語; 如《顏淵》云:

子曰: 克己復禮爲仁。顏淵曰: 請問其目? 子曰: 非禮勿視，非禮勿聽，非禮勿言，非禮勿動。

又曰:

子曰: 內省不疚，夫何憂何懼。

又首篇《學而》，亦嘗引曾子之說云:

曾子曰: 吾日三省吾身: 爲人謀而不忠乎? 與朋友而不信乎? 傳不習乎?

至《孟子》一書，亦嘗記《孟子》言『自反而縮』『仰不愧俯不怍』，以及『養心莫善於寡欲』等語;《荀子·不苟》則言『養心莫善於誠』。《中庸》乃以《荀子》所言『愼獨』之說，依《論》《孟》克己內省之意，而歸本於『誠』。至《大學》引曾子所言『愼獨』之說，概因亦《論語·學而》曾記曾子『三省』之說，而依託言之。

㈤『齊莊』『文理』

《中庸》第三十一章云:

齊莊中正，足以有敬也; 文理密察，足以有別也。

按:《中庸》『齊莊』『文理』二詞，均源於《荀子》一書，如

《樂論》云:

樂中平，民和而不流；樂肅莊，則民齊而不亂。

又《非相》云:

談說之術：齊莊（今本一作『矜莊』）以蒞之，端誠以處之，堅彊以持之，分別以喻之，譬稱以明之。

今本字詞有誤植，漢韓嬰《韓詩外傳》及劉向《說苑・善說》，引此竝作『譬稱以喻之，分別以明之』。《論語》亦曾言『莊』『敬』，如《爲政》云:

子曰：臨之以莊則敬，孝慈則忠。

又《衞靈公》云:

子曰：……知及之，仁能守之，不莊以蒞之，則民不敬。

然《論》《孟》均未嘗有『齊莊』一詞，他如於先秦諸子著述中，亦未之見；當以源於《荀子》爲正。惟其下文言『敬』，則已綜合《論語》言『敬』之意而成。

至『文理』一詞，亦《論語》所未言，《論語》但言『文質』，如《雍也》云:

質勝文則野，文勝質則史；文質彬彬，然後君子。

《荀子》始言『文理』，如:

《富國》：致忠信，期文理。

《王覇》；非致隆高也，非綦文理也。

《禮論》：貴本之謂文，親用之謂理；兩者合而成文，以歸於太一，夫是之謂大隆。……文理繁，情用省，是禮之隆也；文理省，情用繁，是禮之殺也。文理情用，相爲內外，表裏竝行而雜，是禮之中流也；故君子上致其隆，下盡其殺，而中處其中。

孔子以『文』『質』相對，而求其內外合一；《荀子》言『禮』以『文理』『情用』相對，而求其中適之道。《中庸》言

『性』而不及『情』字，此處亦略『情用』一詞，單言『文理』；此『文理』一詞亦於先秦諸子著述中所未見。故《中庸》『文理』一詞，實係襲用《荀子》之用語而來。

綜上所述，『中庸』『中和』二詞之語源，乃初見於《荀子·王制》等篇；《孟子》亦未言及。《中庸》『誠化』之說，與《荀子·不苟》所用之字彙及語法全同，而更予以綜合性言之。其用『愼獨』一詞，亦初見於《不苟》；《論》《孟》雖有『愼獨』之意，然終未見有『愼獨』一詞。按『中庸』『中和』『誠化』『愼獨』實爲《中庸》一書之重要思想，如《中庸》一書果係子思所作，孟子理當引用此種已有之字彙，然遍尋《孟子》七篇，竟未能得有一見；他如《中庸》言『齊莊』『文理』二詞，旣爲《論》《孟》所未用，亦初見於《荀子》各篇。荀子與子思、孟子，其於思想上雖同屬儒家，實多立於相反地位，荀子批評甚苛（參《荀子·非十二子》《天論》等篇）；然荀子各篇所言，反多一一引用子思所作《中庸》一書之字彙，且雷同相近如此，實亦爲不可能者。

二、中庸淵源於論孟章句考

《中庸》一書，其章句雖多淵源於《荀子》；然其章句則尤多掇取《論》《孟》之語而入說。今則就辨證所及，拈出其顯要者，綜列於下：

㈠『誠者天道』

《中庸》第二十章云：

> 在下位，不獲乎上，民不可得而治矣；獲乎上有道，不信乎朋友，不獲乎上矣；信乎朋友有道，不順乎親，不信乎親，不信乎朋友矣；順乎親有道，反諸身不誠，不順乎親矣；誠身有道，不明乎善，不誠乎身矣。誠者，天之道也；誠之

者，人之道也。〔誠者不勉而中，不思而得；從容中道，聖人也。誠之者，擇善而固執之者也。〕

按：此節乃逕錄《孟子》章句，略改數字而成。《離婁上》云：

孟子曰：居下位，而不獲於上，民不可得而治也；獲於上有道，不信於友，弗獲於上矣；信於友有道，事親弗悅，弗信於友乎；悅親有道，反身不誠，不悅於親矣；誠身有道，不明乎善，不誠其身矣。是故誠者，天之道也；思誠者，人之道也。〔至誠而不動者，未之有也；不誠未有能動者也。〕

《離婁上》引作『孟子曰』，如《中庸》果爲子思所作，則《中庸》一書，當成於《孟子》之前；《孟子》亦理當引作『子思曰』，或『中庸曰』，今既冠以『孟子曰』，當係孟子自得之語，絕非子思之說；且亦更足證明《中庸》一書，實非成於《孟子》之前。

㈡『至誠盡性』『贊天化育』

《中庸》第二十二章云：

唯天下至誠，爲能盡其性。能盡其性，則能盡人之性；能盡人之性，則能盡物之性；能盡物之性，則可以贊天地之化育；可以贊天之化育，則可與天地參矣。

按：《大學》言心不言性，《中庸》言性不言心；《中庸》之『盡其性』，卽《孟子》之『盡其心』。《孟子・盡心上》云：

盡其心者，知其性也；知其性，則知天矣。存其心，養其性，所以事天也。

《孟子》所言之『性』，乃指人之『善性』。其意謂：知此『善性』，則可以『知天』；養此『善性』，則可以『事天』。《中庸》逕言『盡其性』，此『性』字已兼攝『物性』而言，乃由『天命之謂性』之意引申而來；與《孟子》所言之『性』，其語義已有別。由此，《中庸》更引申《孟子》『知天』『事天』之意，綜合道家、陰陽家思想，衍演爲『贊天化育』之說。

至《孟子》所言之『誠』，與《中庸》亦有別。《孟子·盡心上》云:

萬物皆備於我矣，反身而誠，樂莫大焉。

孟子所言之『誠』，乃本人之行爲而言。其意謂：人能備知天下萬物（事）之理，反諸身而行之以『誠』，樂則莫大焉（參趙岐《注》及朱子《集註》）。《孟子》雖曾言『誠者天道』，但此『天道』乃指天地間本然之道而言，亦『莫之爲而爲』（《萬章上》）之意。《中庸》所言之『誠』，則已兼天地間之『物』而言。且此章雖言『至誠盡性』『贊天化育』，實亦引申首章『中和位育』之意。《孟子》言『知天』『事天』，乃由『人』而『天』；《中庸》言『贊天』『參天』，則已明申『天』『人』合一之旨。此則爲孔、孟所未言，乃會通道家、陰陽家思想而立說。

㈢『夏禮』『殷禮』『周禮』

《中庸》第二十八章云:

子曰：吾說夏禮，杞不足徵也；吾學殷禮，有宋存焉；吾學周禮，今用之，吾從周。

按：《中庸》此語，乃合《論語·八佾》兩章之章句而成。《八佾》云:

子曰：夏禮，吾能言之，杞、不足徵也；殷禮，吾能言之，宋、不足徵也；文獻不足故也。足、則能徵之矣。

又同篇而不相屬之另一章云:

子曰：周監於二代，郁郁乎文哉，吾從周。

《中庸》則予以連結之闡述。孔子於《論語》未嘗言『吾學周禮』，於讚美之辭中言『吾從周』。此與《中庸》同書之另一篇《禮運》，亦有略同語。《禮運》云:

孔子曰：我欲觀夏道，是故之杞而不足徵也，吾得夏時焉；我欲觀殷道，是故之宋而不足徵也，吾得坤乾焉。夏時、坤乾，皆文之僅存者。

又云：

孔子曰：吾觀周道，幽厲傷之，吾舍魯，何適矣。

此與《中庸》俱仿《論語・八佾》之言。宋陳澔《禮記集說》註《禮運》引石梁王氏（應麟）之語，已疑係『漢儒依倣《魯論》爲之』；《中庸》當亦與《禮運》同類，然《禮運》尚依《論語》原意謂『宋不足徵』。

《中庸》改《論語》之『宋不足徵』爲『有宋存焉』，意正與《論語》相反。清閻若璩《四書釋地又續》云：

向謂聖人之言，述於賢人口中，少有改易，便不如聖人確。如《論語》：杞、宋不足徵；《中庸》易其文曰：有宋存焉。……越二十餘年，忽憶《孔子世家》末言：子思嘗困於宋，作《中庸》。不覺豁然以悟，起坐嘆曰：《中庸》既作於宋，易其文，殆爲宋諱乎？《荀子》：『禮、居是邑，不非其大夫。』況宋實爲其宗國……則書中辭宜遜；且爾時杞既亡，而宋獨存，易之亦與事實合。

閻氏嘗疑及僞古文《尚書》，而未疑及《中庸》；故將《中庸》『有宋存』予以和諧之解釋。《史記・孔子世家》云：

伯魚生伋，字子思，年六十二。嘗困於宋，作《中庸》。

清毛奇齡《四書謄言》引王復禮（草堂）之說，謂『六十二』乃『八十二』之誤。若子思果係『嘗困於宋，作《中庸》』，則孔子身在時，已言『宋不足徵』係『文獻不足』之故；越數十年，而子思作《中庸》，因居於宋而避諱，乃謙遜其辭言『有宋存焉』，意謂其文獻則能足徵。子思既係一代賢儒，當不應謾言若是；雖或勉言合於禮，然竄改乃祖之言，以圖迎會當時；則子思作《中庸》一書，其立言之徵實性，亦大可說矣。閻氏所云，似於理未安。

止歸按：言子思困於宋而作《中庸》，亦見於《孔叢子》。

《居衞》云:

子思年十六，宋大夫樂朔與之言學焉。……樂朔不悅而退，曰：孺子辱吾……請攻之。遂圍子思。宋君聞之，不待駕而救子思，子思既免，曰：文王困於羑里，作《周易》；祖君困於陳蔡，作《春秋》；吾困於宋，可無作乎？於是撰《中庸》四十九篇。

考《孔叢子》不見於《漢志》，《隋書・經籍志》始錄之。孔子作《春秋》，當在歸魯之後，實非困於陳蔡之時，子思理當不應亂此史實。《孔叢子》實係晚出之書，其記子思作《中庸》之事，乃出於魏晉時代儒者，附會《史記》謂子思『嘗困於宋』之語，渲染虛構而成，雅不足信。

㈣『忠恕違道不遠』

《中庸》第十三章云:

子曰：道不遠人，人之爲道而遠人，不可以爲道。……忠恕違道不遠，施諸己而不願，亦勿施於人。

按：《論語・衞靈公》云:

人能弘道，非道弘人。

又《述而》云:

仁遠乎哉？我欲仁，斯仁至矣。

《中庸》乃合而言之曰：『道不遠人，人之爲道而遠人，不可以爲道。』蓋《論語》意謂『仁不遠人』，《中庸》則曰：『道不遠人。』《中庸》特着重此一『道』字，且全篇屢言之。因《中庸》言『道』，兼攝『天』『人』之『道』而言，未若孔子乃僅從人生正面發揮；故《中庸》之『道』，實非孔子『仁』之語義所能盡括，而從較廣泛語義言之。

《論語・里仁》云:

曾子曰：夫子之道，忠恕而已矣。

《衞靈公》云:

子貢問曰:有一言而可以終身行之者乎?子曰:其恕乎,己所不欲,勿施於人。

又《公冶長》云:

子貢曰:我不欲人加諸我也,我亦無欲加諸人。

《中庸》承上句『道不遠人』之意,合而言之曰:『忠恕違道不遠,施諸己而不願,亦勿施於人。』然《論語》記孔子之『道』乃『忠恕』,係曾子自得之語;孔子則多言『仁』,其言『忠』『恕』則多單提一字,亦未嘗連稱。

㈤『擇乎中庸』

《中庸》第七章云:

子曰:人皆曰予知,驅而納諸罟擭之中,而莫之知辟也;人皆曰予知,擇乎中庸,而不能期月守之。

又第八章云:

子曰:回之爲人也,擇乎中庸,得一善則拳拳服膺,而弗失之矣。

按:《中庸》除第七、八章,均言『擇乎中庸』外,他無別見。依《中庸》之章次旨義:此兩章前之第六章,乃言大舜之『知』;此兩章後之第十章,乃言子路之『勇』;而第八章實係言顏淵之『仁』。然此章無『仁』字,其與前考《中庸》以『道』易『仁』實同旨,惟逕言『中庸』;故『回之爲人也』之『人』字,亦當有『仁』字涵意。

《論語》一書,多言『仁』字,如《雍也》云:

子曰:回也,其心三月不違仁;其餘則日月至焉而已矣。

又《里仁》云:

子曰:里仁爲美。擇不處仁,焉得知。

按:《中庸》第七、八兩章之章句思想,乃淵源於此。今以《中庸》之『擇乎中庸』卽《論語》之『擇仁』推之:《論語・雍也》記孔子贊顏淵『三月不違仁』,《中庸》第七章則言孔子自謙『擇乎中庸,不能期月守』,於第八章則贊顏淵『擇乎中庸,得一善則拳拳服膺,而弗失之』;至第七章言孔子自謙無『知』,實卽《里仁》所謂『擇不處仁,焉得知』之意。《中庸》作者,此處避用『仁』之一字,乃將《論語》『不違仁』『擇仁』之意,而別作『擇乎中庸』之演衍。

止歸按:《荀子・勸學》云:

故君子居必擇鄉,遊必擇士;所以防邪僻而近中正也。今求居,不處仁者之里,是無知人之明,不得爲有知矣。

此係闡擇《論語・里仁》之意,而引出『防邪僻而近中正』之語;《中庸》之『擇乎中庸』一語,概亦從《荀子・勸學》轉折而來。

㈥『執兩用中』

《中庸》第六章云:

舜其大知也與! 舜好問而好察邇言, 隱惡而揚善。執其兩端,而其中於民,其斯以爲舜乎。

按:此章係合《論》《孟》兩書之章句思想而成;《孟子・公孫丑上》云:

大『舜』有『大』焉,『善』與人同;捨己從人,樂取於人以爲『善』。

《論語・子罕》云:

子曰:吾有『知』乎哉,吾無『知』也。有鄙夫問於我,空空如也;我『叩其兩端』而竭焉。

孟子未嘗言舜執中,《離婁上》云:

湯執中,立賢無方。

《中庸》作者,乃推而上至於舜。孔子自謙『無知』,《孟子》讚

『大舜有大』，《中庸》合而言『舜其大知』。孔子自『問於我空空如也』，『叩其兩端』而竭；《中庸》則指『舜好問』於人，『執其兩端』而『用其中』於民。至《中庸》所云『好察邇言』，亦卽《孟子》所謂『善與人同，捨己從人』之轉語。《孟子》言『樂取於人以爲善』，《中庸》則易言爲『隱惡而揚善』。孔子自謙『無知』，則更演繹爲其下第七章云：

子曰：人皆曰予知，驅納諸罟擭陷阱之中，而莫之知辟也；人皆曰予知，擇乎中庸，而不能期月守也。

重述孔子自謙難能『中庸』之意。其彙抄之迹，實顯然可見。

附：中庸章句淵源於論孟之補充考察十五目

㈠《中庸》十四章：『上不怨天，下不尤人；故君子居易以俟命，小人行險以徼幸。』

按：《論語・憲問》云：『不怨天，不尤人。』《孟子・盡心下》云：『君子行法以俟命而已矣。』《中庸》乃綜合《論》《孟》章句，連綴而成。惟將『行法』易爲『居易』，另增『小人行險以徼幸』，以求與上句對稱協韻。

㈡《中庸》十七章云：『大德者，必德其位。』

按：《孟子・離婁上》云：『惟仁者，宜在高位。』又《萬章上》云：『匹夫而有天下者，德必若堯舜。』《中庸》乃修正《孟子》之語氣。而肯定言之。朱晦庵《大學章句序》云：『有若孔子之聖，而不得君師之位，以行其政敎。』《中庸》此語與事實未合。

㈢《中庸》十七章云：『子曰：舜其大孝也歟。』

按：《孟子・告子下》云：『孔子曰：舜其至孝矣。』又《離婁下》云：『舜盡事親之道，而瞽瞍底豫；瞽瞍底豫而天下化。瞽瞍底豫而天下爲父母者定；此之謂大孝。』《論語》記孔子之言，則未嘗言舜子:《中庸》乃依《孟子》之語而入說。

㈣《中庸》十八章云:『三年之喪,達乎天子。』

按:《孟子・滕文公上》云:『三年之喪,……自天子達於庶人,三代共之。』《禮記・喪服四制》云:『喪之所以三年,賢者不得過,不肖者不得不及,此喪之中庸也。』三年之喪,依《孟子》言則自夏朝卽有。據後儒考訂『三年之喪』乃殷禮(見毛奇齡《四書賸言》卷三),《中庸》則言周文、武之禮,其說有誤;蓋《中庸》或出於尊周禮學者之手,故有此語。

㈤《中庸》二十章云:『仁者、人也,親親爲大;義者、宜也,尊賢爲大。』

按:《孟子・盡心下》云:『仁也者、人也,合而言之者道也。』又《離婁上》:『仁之實,事親是也;義之實,從兄是也。』《中庸》增『義者宜也』一句,以與上句對,並申釋『義』爲『尊賢』。

㈥《中庸》二十章云:『君臣也,父子也,夫婦也,昆弟也,朋友之交也;五者天下之達道也。』

按:《孟子・滕文公上》云:『使契爲司徒,敎以人倫:父子有親,君臣有義,夫婦有別,長幼有序,朋友有信。』《中庸》將《孟子》之『五倫』,易言爲『五達道』,且將『君臣』位衆倫之上。《論語・顏淵》云:『君君、臣臣、父父、子子。』又《子罕》云:『出則事公卿,入則事父兄。』五倫之說,孔子未言,乃源於《孟子》。

㈦《中庸》二十章云:『知、仁、勇三者,天下之達德也。……子曰:好學近乎知,力行近乎仁,知恥近乎勇。』

按:《論語・憲問》云:『君子道者三,我無能焉。仁者不憂,知者不惑,勇者不懼。』又《子罕》云:『知者不惑,仁者不憂,勇者不懼。』『知』『仁』『勇』之說,源於《論語》;《中庸》則易『道』爲『德』，而別作闡發。《論語》孔子言『君子道者三，我無能焉』；《中庸》則移於其前第十三章，記孔子言『君子之道四，丘未能一焉』。

又劉向《說苑・建本》但引：『《中庸》曰：好問近乎智，力行近乎仁，知恥近乎勇。』並易『學』爲『問』，亦未引作『子思曰』。

(八)《中庸》二十章云：『或生而知之，或學而知之，或困而知之，及其知之一也。』

按：《論語・季氏》云：『子曰：生而知之者，上也；學而知之者，次也；困而學之，又其次也。困而不學，民斯爲下矣。』《論語》分『知』『學』爲二，《中庸》則綜合而爲一；然又與『行』相對待。《論語・述而》云：『子曰：我非生而知之者。』《中庸》顯係側重此一『生而知之』，故於同章言『誠者天道』後，即有『不勉而中，不思而得』之語；然於《孟子》一書，固亦未嘗作是言也。

(九)《中庸》二十章云：『非禮不動，所以修身也。』

按：《論語・顏淵》云：『顏淵問仁？子曰：克己復禮爲仁。……顏淵曰：請問其目？子曰：非禮勿視，非禮勿聽，非禮勿言，非禮勿動。』《中庸》但引『非禮勿動』，乃欲以『動』字概括『視』『聽』『言』。考《大學》言『靜』不言『動』，《中庸》言『動』不言『靜』；然《中庸》之『動』，乃係『勿動』以及『不動』（見二十六章）而已。

(十)《中庸》二十章云：『博學之，審問之，愼思之，明辨之，篤行之。』

按：《論語・子張》云：『子夏曰：博學而篤志，切問而近思；仁在其中矣。』《論語》記孔子言『學』『問』『思』『辨』『行』處，亦嘗分別見及；《中庸》則綜合闡述之。《中庸》常將

『知』『行』並稱，此處亦略依此意；而《中庸》屢用『行』之一字，於字彙統計中，亦特高。

㈩《中庸》二十六章云：『天地之道，可一言而盡也：其爲物不貳，則其生物不測。』

按：《孟子·滕文公上》云：『且夫天之生物也，使之一本。』《中庸》乃彷此意而立言。先秦諸子，莫不主『道』乃『一而不貳』，然謂『天地萬物』之『道』爲『一』者，乃道家思想所暢言。

㈪《中庸》二十七章云：『溫故而知新，敦厚以崇禮。』

按：《論語·爲政》云：『子曰：溫故而知新，可以爲師矣。』《中庸》擷取此句，並增『敦厚以崇禮』，以求與前對稱。

㈫《中庸》二十七章云：『國有道，其言足以興；國無道，其默足以容。』

按：《論語·憲問》云：『邦有道，危言危行；邦無道，危行言孫。』又《子路》云：『一言興邦，一言喪邦。』《中庸》依此意而爲言。並將『邦』改『國』，乃避漢高祖劉邦之諱。

㈬《中庸》三十一章云：『發強剛毅。』

按：《論語·子路》云：『子曰：剛毅木訥近仁。』《中庸》引《論語》『剛毅』一詞，而別作闡發。《中庸》言『剛』，亦僅此一見。

㈭《中庸》三十三章云：『故君子內省不疚，無惡於志。』

按：《論語·顏淵》云：『司馬牛問君子。子曰：君子不憂不懼。曰：不憂不懼，斯謂之君子矣乎？子曰：內省不疚，夫何憂何懼。』所謂『何憂何懼』，意卽『無憂無懼』。如『內省不疚』『無憂無懼』，則自『無惡於志』；《中庸》概亦依此意，而闡其君子『愼獨』之說。

綜上所述，《中庸》一書多有擷取《論》《孟》之語。其言

『誠者天道』固全係逕錄《孟子·離婁上》章句；其他所列有關《中庸》章句淵源於《論》《孟》之考覈，均分別從其思想發展，就思辨所及加以探究。《中庸》章句淵源於《論》《孟》者，則已有其修正及擴大處；其思想雖屬儒家，但已有綜合道家乃至晚期儒家如《荀子》之言。《中庸》一書之思想，如位於《論》《孟》之間，實未見其有承上接下之迹；換言之，《中庸》既未緊扣孔子思想，而無變其旨；其於孟子思想，則常擴大其所未言者。《中庸》一書，如係子思所作，於思想義理之發展上探究，實多有未妥。

三、中庸淵源於老莊章句考

《中庸》一書，本係《禮記》之一篇。《禮記》思想多淵源《荀子》，《中庸》亦然；而其章句多採掇《論》《孟》，然其思想亦復多得自《老》《莊》。但其同於《老》《莊》者，亦必有異於《論》《孟》；而爲《論》《孟》所未嘗言，或未明言。緣《中庸》一書，本係薈萃儒、道等諸家之思想而立說；其同異疑似之辨旣得，則《中庸》晚出之證，亦必立見矣。今亦拈出其顯要列舉於下：

㈠『微』

《中庸》言『微』凡四見，如：第一章：『莫見乎隱，莫顯乎微。』第十六章：『夫微之顯，誠之不可揜也，如此夫。』第二十七章：『致廣大而盡精微。』第三十三章：『知風之自，知微之顯。』

按：《中庸》言『微』，係單用特稱，且多與『顯』字孿生；此於《論》《孟》既未嘗有此用法，固亦未嘗作類此之言。蓋孔、孟言『道』，乃於日用常行中求之，實無『隱』『微』之可言；而先秦諸子之著述，其善用『微』字者，則多見於老子一書。如：

視之不見，名曰夷；聽之不聞，名曰希；摶之不得，名曰微。（第十四章。王弼本，下同。）

微妙玄通，深不可識。（第十五章）

是謂微明。（第三十六章）

《老子》一書，特重此一『微』字，並亦嘗用爲單用特稱；且亦爲狀『道』之詞。《老子》言『道』，乃『微妙玄通，深不可識』（十五章），且『玄之又玄，衆妙之門』。

《中庸》則亦有修正：

其一：《老子》言『道之爲物，惟恍惟惚。』（二十一章）『道之出乎口，淡乎其無味；視之不足見，聽之不足聞，用之不可旣。』（三十五章）《中庸》則更提出一『顯』字，其目的乃在『顯』此『道』之『微』。故《中庸》言『道』乃『不可須臾離』；然後『戒愼』『恐懼』，由『莫見乎隱，莫顯乎微』，而歸本於『愼獨』。換言之，《老子》僅言『道』係『微妙玄通』而已，更無積極之意義；依《中庸》之意，仍應顯其『微』、盡其『微』，並『戒愼』『恐懼』此『道』之『微』，而實踐於『愼獨』之中。

其二：《老子》言『視之不見，名曰夷；聽之不聞，名曰希；摶之不得，名曰微。』（十四章）此亦指『道』而言。《中庸》於第十六章，將《老子》『夷』『希』『微』之意，轉而指『鬼神之爲德』，言『視之而弗見，聽之而弗聞』，至不可摶之『微』，乃於章末言『夫微之顯，誠之不可揜也，如此夫』。始用出此一『微』字；且其綜合『鬼神』而入說，實亦係《老子》所未嘗言。

㈡『柔』

《中庸》言『柔』凡六見，言『剛』僅一見；現列舉於下：

第十章：寬柔以敎。

第二十章：柔遠人。（計三見）雖愚必明，雖柔必強。

第三十一章：寬裕溫柔，足以有容也；發強剛毅，足以有執也。

按：《中庸》屢言『柔』，此亦係《老子》思想；孔子則重『剛』。《論語・子路》云：

子曰：剛毅木訥近仁。

又《公冶長》云：

子曰：吾未見剛者。或對曰申棖；子曰：棖也慾，焉得剛。

《論語》記孔子之語，不但重『剛』，且反『柔』；如《季氏》云：

孔子曰：……友便辟，友善柔，友便佞；損矣。

《孟子》亦重『剛』，而未嘗言『柔』，如《公孫丑上》云：

孟子曰：……吾善養吾浩然之氣，……其爲氣也，至大至剛，以直養而無害。

至《老子》一書之思想，則側重於『柔』；且亦屢言『柔』，如：

柔弱勝剛強。（第三十六章）

守柔曰強。（第五十二章）

堅強者、死之徒，柔弱者、生之徒。

強大處下，柔弱處上。（第七十六章）

弱之勝強，柔之勝剛。（第七十八章）

《中庸》言『柔』，實係本《老子》一書思想而來，而非承自孔、孟；至《中庸》言『雖柔必強』，亦卽《老子》所謂『柔弱勝剛強』『守柔曰強』之意。若果《中庸》爲子思所作，則孔、孟旣多言『剛』，而《中庸》反屢言『柔』；其思想發展已欠一貫，子思豈能故叛乃祖之意如是。

止歸按：《中庸》第二十章云：『雖柔必強。』其上句爲：『雖愚必明。』此亦係淵源於《老子》一書。蓋老子思想，乃反『智』重『愚』，如十八章云：『慧智出，有大僞。』十九章云：『絕聖棄智。』六十五章云:『古之善爲道者:非以明民,將以愚之。』老子將『愚』『明』形成一對待。然《老子》一書,善作『正言若反』(七十八章)之說,其所重『愚』者,仍在『明』;故三十三章云:『知人者智,自知者明。』五十二章云:『見小曰明。』《中庸》『雖愚必明』之說,乃擷取《老子》思想而從正面闡發。

㈢『曲』

《中庸》第二十三章云:

其次致曲,曲能有誠。

按:《論》《孟》未嘗言『曲』字。《莊子·秋水》云:

曲士不可以語於道。

《荀子·解蔽》云:

曲知之人,觀於道之一隅,猶未之能識也。

此處莊、荀二子所用之『曲』,有『一偏』義。朱晦庵《中庸集註》釋此『致曲』之『曲』亦云:

曲、一偏也。

按:《中庸》之『曲』,實非『曲士』『曲知』之『曲』字字義所能盡括;乃反有正面贊美意,此與《老》《易》所用之『曲』一致。如《老子》二十二章云:

曲則全,枉則直。

王弼《注》:『謂不自見其明,則全也。』又《易·繫辭上傳》四章云:

曲成萬物而不遺。

韓康伯《注》:『曲成者,乘物以應變,不係一方者也。』下《傳》六章云:

其言曲而中,其事肆而隱。

晦庵釋《中庸》『致曲』之『曲』,雖依其本義解作『一偏』;然

於章末銓釋『誠化』之說後，復加註語云:

曲無不致，則德無不實;而形著動變之功，自不能已。

此則甚得《中庸》意旨。蓋《老》《易》之『曲』，其語義顯予特殊應用，於先秦諸子著述中，實未之見。《中庸》之『曲』，實亦得自《老子》一書，而與《易傳》同旨。

㈣『無爲』

《中庸》第二十六章云:

不見而章，不動而變，無爲而成。

又第三十三章云:

不動而敬，不言而信。

按:《中庸》此兩章之『 無爲 』思想，乃淵源於《老子》一書。《論》《孟》雖亦曾言『無爲』，如《論語・衞靈公》云:

子曰:無爲而治者，其舜也與?夫何爲哉!恭己正南面而已矣。

又《孟子・盡心上》云:

孟子曰:無爲其所不爲，無欲其所不欲;如此而已矣。

《論》《孟》所用『無爲』僅各一見:《論語》記孔子贊舜之『無爲而治』，此種『無爲』思想，或爲古時之通說;如《詩・大雅・文王》云:『不識不知，順帝之則。』此卽係一種『無爲』思想。《孟子》此句則獨立成章，對『無爲』一詞，未嘗更加解釋;如視爲一種偶合之用語，亦無不可。《老子》一書，則暢言天道『無爲』之旨，如:

聖人處無爲之事，行不言之敎。(第二章)

不自見，故明;不自是，故彰。(第二十二章)

道常無爲，而無不爲。(第三十七章)

是以聖人:不行而知，不見而明，不爲而成。(第四十七章)

天之道：不爭而善勝，不言而善應。（第七十三章）

《中庸》『無爲』思想，與《老子》均同本天道而立說；此種『不見』『不動』『不言』之語彙，與『不甲而乙』『不丙而丁』之語法，更爲《論》《孟》所未嘗用，實係由《老子》一書擷取而來。如細加比證，其淵源立見。

止歸按：《易傳》亦有『無爲』之說，如《繫辭上傳》十章云：

易、無思也，無爲也。

此與《中庸》所謂『不勉而中，不思而得。』（二十章）之義，實亦相通；然《論》《孟》固亦未嘗有此言論也。

㈤『化』『育』

《中庸》多言『化』『育』二字，如：

第一章：萬物育焉。

第二十二章：贊天地之化育。（計二見）

第二十三章：動則變，變則化；唯天下至誠爲能化。

第二十七章：洋洋乎！發育萬物。

第三十章：萬物並育而不相害……小德川流，大德敦化。

第三十二章：知天地之化育。

按：《中庸》俱係言天地萬物之『化』『育』或『化育』，此於《論》《孟》實未嘗言之。《論語》一書未見用『化』『育』，《孟子》一書始分別見及『化』『育』二字；然其出現亦甚少，如：

《公孫丑》下：且比化（意卽死，參朱《注》。）者，無使土親膚。

《盡心》上：君子所過者化。……得天下英才而教育之。

《盡心》下：大而化之之謂聖。

《孟子》所言『化』『育』，並未泛指天地萬物之『化』『育』；

《中庸》此種用『化』『育』之思想，實得自道家。按《莊子》內篇多言『化』，計十餘見，如：

《齊物論》：人謂之不死奚益？其形化。

《人間世》：不與物遷，命物之化。

《大宗師》：兩忘而化其道。……萬化未始有極也。

然尚未見用『育』字。外、雜篇始於『化』字外，復增言『育』字；並見『化』與『育』對稱或連稱之詞，如：

《天下》：配神明，醇天地；育萬物，和天下。

《天道》：天不產而萬物化，地不長而萬物育。

《刻意》：化育萬物。

考《莊子》外、雜篇多係晚出；故『化』『育』二字，當爲晚期道家之常用語彙。

《老子》一書，亦言『化』『育』；然仍未見有『化』『育』對稱或連稱之詞，如：

侯王若能守之，萬物將自化；化而欲作，吾將鎮之以無名之樸。（第三十七章）

我無爲而民自化。（第五十七章）

道生之、德畜之、物形之、勢成之……故道生之、德畜之；長之育之、享之毒之。（第五十一章）

《老》《莊》言『化』『育』，多用於言天地萬物之『化』『育』；《論語》既無『化』『育』二字，《孟子》言『化』『育』亦不多見，且亦未用『化』『育』於天地萬物。《中庸》一書，則俱係言天地萬物之『化』『育』或『化育』；此種用『化』『育』之思想，實當承自老、莊乃至晚期道家思想而來。

㈥『中』『和』

《中庸》首章言『中和』，自第二章起始言『中庸』。『中庸』、『中和』之名，實係淵源於《荀子》，前已辨證甚明。然

『中』之思想，自孔子卽已多言之，參見《論語》一書此意自見；但老、莊亦嘗言『中』，且亦言『和』，今分述其思想於下：

(1)《老子》：《老子》一書，亦嘗言『中』，如：

多言數窮，不如守中。（五章）

道之爲物，惟恍惟惚：惚兮恍兮，其中有象；恍兮惚兮，其中有物。窈兮冥兮，其中有精；其精甚眞，其中有信。（二十一章）

按：《老子》『不如守中』一語，乃據王弼本及魏源本，別本亦有作『不如守衷』者。《老子》此『中』字，亦卽『衷心』、『衷誠』之『衷』；故『中』釋爲『衷』，或易爲『衷』，其義亦通。《中庸》上篇言『中』，下篇言『誠』；《老子》之『中』，與《中庸》之『中』，語義亦尙相近。至《老子》二十一章所言之『中』，則爲『內』義，與《中庸》之『中』字語義，則不相及。故《老子》一書，雖亦有『中』之思想，但未多言之。

然《老子》一書，則屢言『和』，如：

有無相生，難易相成；長短相形，高下相傾；音聲相和，前後相隨。（二章）

和其光，同其塵。（四章）

萬物負陰而抱陽，沖氣以爲和。（四十二章）

按：《老子》『陰陽沖和』思想，與《易傳》《中庸》思想極近；蓋《老子》一書思想，主知兩用反，因此將『有無』、『難易』、『長短』、『高下』、『音聲』、『前後』（以上二章）『歙張』、『弱強』、『廢興』、『奪與』（以上三十六章）『損餘』（以上七十七章）等宇宙之事象，排比於兩端；雖在用其『反』，實乃在求其『和』。老子此種思想，深寓辨證之意味。《易傳》之『陰陽合德』，《中庸》之『致中和』，實亦遠承《老子》之思想方法而來；惟修正其『用反』思想，而從正面言之。

(2)《莊子》：《老子》一書，言『中』甚少；然《莊子》一書，則多言『中』；其精義尤見於《齊物論》一篇。如：

彼是莫得其偶，謂之道樞；樞始得其環中，以應無窮。

郭象《注》云：

一是一非，兩行無窮；唯涉空得中者，曠然無懷。

焦竑《莊子翼》云：

凡物奇圜而偶方，環則終始無端；中虛無物，得道樞者似之；故曰：得其環中。

《齊物論》又云：

是以聖人，和之以是非，而休乎天鈞；是之謂兩行。

又云：

唯遠者知通爲一，爲是而不用，而寓諸庸。庸也者，用也，用也者，通也，通也者，得也；適得而幾矣。

《莊子》言『中』、言『和』，乃至言『道樞』、『環中』、『兩行』之說，與《中庸》一書思想有極近似處；又『庸』字《莊子》釋爲『用』，亦與《中庸》一書之『庸』字語義同。近儒章炳麟則以爲『庸、用、通、得皆以叠韻爲訓，得借爲中』（《齊物論釋》）。故錢穆《莊子纂箋》依章氏之說，指『中庸之書源此』，亦有其理。然《莊子》一書，尚未見有『中庸』乃至『中和』連稱複詞。莊子一書言『中』，亦復多散見於他篇，如：

《人間世》：且夫乘物以遊心，託不得已以養中，至矣。

《德充符》：知不可奈何，而安之若命；唯有德者能之，遊於羿之彀中。中央者，中地也；然而不中者命也。（以上內篇）

《則陽》：得其環中，以隨成。與物無終無始、無幾無時。由中出者，有正而不距。

《在宥》：陰陽並毗，四時不至，寒暑之和不成，其反傷人

之行乎！使人喜怒失位，居處無常，思慮不自得，中道不成章。……中而不可不高者，德也。（以上外、雜篇）

按：莊子生於孔子之後，對『中』字常作哲理性之推演，此實爲孔、孟所未嘗言。儒家對『中』字能予以有體系之闡發者，則自荀子始；或亦係受莊子之影響而來。

同時，莊子雖善言『中』，然亦有『中』之解頤語，如《山木》云：

莊子行於山中，見大木枝葉盛茂，伐木者止其旁而不取也。問其故？曰：『無所可用。』莊子曰：『此木以不材得終其天年。』夫子出於山，舍於故人家。故人喜，命豎子殺雁而烹之。豎子請曰：『其一能鳴，其一不能鳴；請奚殺？』主人曰：『殺不能鳴者。』明日，弟子問莊子曰：『昨日山中之木，以不材得終其天年；今主人之雁，以不材死，先生將何處？』莊子笑曰：『周將處乎材與不材之間。材與不材之間，似之而非也，故未免乎累。』

按：此係莊子借物寓理，『材』與『不材』乃對反之詞。處乎對反事理之間，於邏輯之『排中律』實未合；且其適用範疇，固已各異。莊子乃謂處此『材』與『不材』之『中』，係『似之而非』；雖言得『中』，然亦未能免乎累矣。可知《中庸》難能之義，自莊子亦已言之。

綜上所述，乃略就《中庸》一書所用語彙，淵源於老、莊者加以考察。則《中庸》一書，實已可斷其本係晚出，更無疑義矣。

（《中庸章句淵源辨證》，原刊於《大陸雜誌》第二十一卷第七期）

胡止歸又云:

一、並　行

《中庸》第三十章云:

萬物並育而不相害，道並行而不相悖。

按:《中庸》用『育』字於『天地萬物』，乃晚期道家之語調；當出於《莊子》外、雜篇創作之後，已詳《中庸章句淵源辨證》。今但辨『道並行而不相悖』一語：此顯係折中派語調，必於思想上求其綜合與匯通之時代，始能有此種言論；與《中庸》同屬《禮記》之另一篇《禮運》，亦有略同語:

故事大積焉而不苑，並行而不謬，細行而不失。深而有通，茂而有間，連而不相及也，動而不相害也；此順之至也。

又《易・繫辭下傳》:

子曰：天下何思何慮？天下同歸而殊塗，一致而百慮；天下何思何慮？

《易傳》『何思何慮』，卽『無思無慮』之意；本已係老子無爲思想。《中庸》所稱『並行而不相悖』，實卽《易傳》之『同歸而殊塗』；惟說法順逆之異耳。此種言論，究發端於何時？亦尤當加注意焉。

遍考自孔子以迄《呂氏春秋》；《中庸》之『道並行而不相悖』折中派思想，除莊子有『兩行』之說與《中庸》略近外；實爲各家所未言或更顯明反對。蓋當時『百家爭鳴』，均各欲發揚其本身學派之思想；故於諸子言論中，均有濃厚之排他性，實爲該時代之特徵。是以『道並行而不相悖』思想之發端，絕不可能於諸子爭鳴中滋長形成。

洎乎西漢諸儒，繼承先秦諸子之後，在思想上已難更創新；乃漸趨於綜合折中，而作一種匯通之努力。此種折中思想，可於《淮南》一書見之；如《氾論》云：

今夫盲者行於道，人謂之左則左，人謂之右則右；遇君子則異道，遇小人則陷溝壑。……夫弦歌鼓舞以爲樂，盤旋揖讓以脩禮，厚葬久喪以送死，孔子之所立也，而墨子非之。兼愛尚賢，右鬼非命，墨子之所立也，而楊子非之。全性保眞，不以物累形，楊子之所立也，而孟子非之。趨捨人異，各有曉心；故是非有處，得其處則無非，失其處則無是。……故東面而望，不見西牆；南面而視，不覩北方。惟無所嚮者，則無不通。

《淮南》對孔子、墨子、孟子、楊子之相非，頗不以爲然；主張『無所嚮者，則無不通』。《淮南》於諸子之『道』，已提出調解折衷的看法，意謂其是非各有所當。因此《齊俗》云：

故百家之言，指奏相反，其合道體一也。

《淮南》顯然更進而謂：諸子百家之『道』，雖相反而適相成。此一調解思想，實爲先秦諸子所未嘗言及；至少可代表漢初諸儒之思想實係如此。

《銓言》又云：

人雖東西南北。獨立中央，故處衆枉之中不失直；天下皆流，獨不離其壇域。

此與《中庸》『從容中道』（二十章）之意，豈非極近？《淮南》因百家之『道』雖各異，然其目的之歸趨則『一』。《說山》云：

江出岷山，河出昆侖，濟出王屋，潁出少室，漢出嶓冢；分流舛馳，注於東海。所行則異，所歸則一。

因此，《淮南》對百家之『道』，乃提出『異路同歸』之說，《脩務》云：

夫行與止也，其勢相反，而皆可以有國；此所謂異路而同歸者也。

《淮南》所言『異路而同歸』，與《易傳》所言『同歸而殊途』；乃至《中庸》所言『道並行而不相悖』，實均同意。

《淮南》之『異路而同歸』與《易傳》之『同歸而殊途』，除在說法上有正反外，字詞均極雷同。如謂《淮南》襲自《易傳》，此亦難據。

《中庸》與《易傳》從其思想極其相近之淵源關係上鑑別，實爲同時代先後之作品。《中庸》一書，今就其用『道並行而不相悖』一語之思想發生時代觀之，最早亦當與《淮南》一書之著作時代同時，絕難超越此一綜合匯通時代之前也。

二、鬼神　禎祥　妖孽

《中庸》自第十五章以下，多言『鬼神』乃至『禎祥』『妖孽』之說，今列擧於下：

第十六章云：

子曰：鬼神之爲德，其盛矣乎！視之而弗見，聽之而弗聞，體物而不可移。使天下之人，齊明盛服，以承祭祀；洋洋乎！如在其上，如在其左右。詩曰：神之格思，不可度思，矧可射思。夫微之顯，誠之不可揜也，如此夫！

第二十四章云：

至誠之道，可以前知：國家將興，必有禎祥；國家將亡，必有妖孽。見乎龜蓍，動乎四體；禍福將至，善、必先知之，不善、必先知之；故至誠如神。

第二十九章云

考諸三王而不繆，建諸天地而不悖，質諸鬼神而無疑，百世以俟聖人而不惑。質諸鬼神而無疑，知天也；百世以俟聖人而不惑，知人也。

按：《中庸》言『鬼神』乃至『禎祥』『妖孽』之說，實非儒家思想舊誼。孔子未嘗以鬼神入說，如《論語・述而》云：

子不語：怪、力、亂、神。

孔子不言『怪、力、亂、神』，與罕言『性』與『天道』（見《論語・公冶長》），實係一致。又《先進》云：

季路問事鬼神？子曰：未能事人，焉能事鬼？敢問死？曰：未知生，焉知死？

今《中庸》屢言『鬼神』『禎祥』『妖孽』，實已與孔子思想有悖矣。復考孟、荀二子之言『神』；孟子盡心下云：

充實之謂美，充實而有光輝之謂大，大而化之之謂聖，聖而不可知之之謂神。

《荀子・不苟》云：

公生明，偏生闇，端慤生通，詐僞生塞，誠信生神。

孟、荀二子所言之『神』，乃與『鬼』連稱，其『神』字語義乃『鬼神』之『神』。孟、荀二子未嘗言『鬼神』如此微妙難知也。且儒家思想本不重『鬼神』，允爲其思想上之特徵。

《中庸》自第十六章始言『誠』；然即以『鬼神』入說。《中庸》曰『至誠如神』，既已與荀子『誠信生神』之語義有別；如《老子》一書言『道』之『夷』『希』『微』之義，亦未嘗繼之以『鬼神』入說。《中庸》言『微』乃源於《老子》更與『鬼神』連稱。《老子》第六十一章云：『以道莅天下，其鬼不神。』蓋《老子》一書思想，視『道』爲最高，實亦未重『鬼神』。《中庸》解『鬼神』，乃至『禎祥』『妖孽』『龜著』『四體』之說，實係墨家、陰陽家之語調。

按先秦諸子，唯墨家重『鬼神』；並以爲有『天』在上，職司

『賞罰』。如《天志上》云:

> 故天子者，天下之窮貴也，天下之窮富也。故欲富且貴者，當天意而不可不順。順天意者: 兼相愛，交相利，必得賞; 反天意者: 別相惡，交相賊，必得罰。……予人不祥者，誰也？則天也。若以爲天爲不愛天下之百姓，則何故以人與人相殺，而天予之不祥？

又有『鬼神』，亦能『賞善罰惡』；如《明鬼》云:

> 皆以疑惑鬼神之有與無之別，不明乎鬼神之能賞賢而罰暴也；今若使天下之人，偕若信鬼神之能賞賢而罰暴也，則天下豈亂哉？

《中庸》言『鬼神』『如在其上，如在其左右』。又謂『國家將興，必有禎祥；國家將亡，必有妖孽』、『善、必先知之，不善、必先知之』，此種思想，於先秦諸子中，唯《墨子》嘗有此說耳。墨子言『天』『鬼神』司賞罰，僅肇始此一理論之端緒；蓋因當時『天下之亂』而思有以『天』『鬼神』之說以制之。至《中庸》言『龜著』『四體』之說，則又係陰陽家之語調；爲漢儒所習見之語彙，亦未爲墨子所用。匪特墨子未用，卽於先秦諸子之言論中，亦未之見；當起於鄒衍倡『五德終始』陰陽學說之後也。

《中庸》第二十四章云:

> 至誠之道，可以前知。國家將興，必有禎祥，國家將亡，必有妖孽。見乎龜著，動乎四體；禍福將至: 善、必先知之，不善、必先知之；故至誠如神。

按:《中庸》此一思想，遍考先秦諸子書，實未之見。《中庸》所謂『前知』者，卽仲舒所謂『人之所爲，其美惡之極也，與天地流通』之意；故『禎祥』『妖孽』之來，實由人之所爲善惡之感召。根據此一天、人『往來相應』之理，乃可以『前知』；此種思想，實與仲舒一致，《中庸》殆爲濃縮之語也。如前此一時代有《中庸》之作，仲舒所繁稱累語者，匆寧爲剿襲雷同之論乎？而後儒自班固以下，恆言仲舒首倡『災異』之說者，其立論亦隘矣。

今察《中庸》所言『鬼神』『禎祥』『妖孽』各章之說，於思想史之發展考之，當起於《墨子》一書之後；且爲與董仲舒同時代或稍後之作品也。

三、性 命

《中庸》首章云：

天命之謂性，率姓之謂道，修道之謂敎。

按：『性命』之說，爲《中庸》之重要思想，故首章卽揭櫫此義。《中庸》言『性』凡十見：除首章外，餘見第二十一、二十二、二十五各章；至《中庸》言『 命 』亦有六見：除首章外，餘見第十四、十七、十八、二十六各章（ 今不具引 ）。然『性』『命』二字，除於首章屬同句外，其他各章則分別言之；均未嘗連稱。《中庸》言『性』或『命』，多及於『天』；『性』『命』與『天』道之說，固同爲《中庸》所欲闡發引申者。

『性』與『天』道之說，於孔子甚少言之。暢言『性』『命』之說者，當起於《孟子》，如《滕文公上》云：

孟子道性善，言必稱堯舜。

《盡心上》云：

盡其心者，知其性也；知其性，則知天矣。存其心，養其性，所以事天也。殀壽不貳，修身以俟之，所以立命也。

又云：

君子所性：仁、義、禮、智根於心。

孟子道『性善』，乃言『 性善 』之『性』；所謂『仁、義、禮、智』是也。孟子建立此一『性善』理論，指人之『善性』，經存、養之功，可以由『知天』而『事天』；『修身以俟之，所以立命』。其言『性』之思想方法，乃由『人』而『天』；旣及於『天』，卽戛然中止。蓋儒家思想本重『人』，而多不及於『天』；然所謂『天人合一』之義，終係引而未發也。

《中庸》首章卽謂：『天命之謂性，率性之謂道。』已將『天』位於『性』『道』之上。要之此一思想已非先秦所固有，如《老子》一書，雖多言『天』；然尤重『道』，故曰：『天法道』（二十五章）。《中庸》則猶有『道法天』之意存焉，此與董仲舒《對策》所謂『道之大，原出於天』思想正同；故朱熹《集註》亦引仲舒此句以解之。按此一『道法天』或『道出於天』思想，先秦諸子未嘗言之；必待老子提出『天法道』思想，而後有仲舒及《中庸》作者乃針對老子思想適時修正也。《中庸》又云：『能盡人之性，則能盡物之性。』（二十二章）此一『性』字，固已兼操『物性』而言；已非孟子用爲『性善』之『性』字諸義所能盡括。蓋《中庸》匯通老、莊思想，暢言『天地萬物』，故其言『性』亦必兼攝『天地萬物』之『性』而言；必如此，則其義理之闡述，始能一貫。要之儒家言『人』，道家言『天』；明申『天人合一』之說，乃匯通儒、道兩家思想而成。此一發展轉變，固係中國思想史之演進結果；《中庸》旣重『天』，復言『性』，其『性』字兼攝『物性』，致異於孟子之言『性』，就其思想演進之因緣考之，殆亦屬必然。

前考《中庸》所言『性』字語義，已異於孟子所言之『性』；今復考《中庸》『天命之謂性』一語之思想，亦異於孟子：『性善』之說，乃孟子所創，古無此論。《孟子・離婁下》云：

天下之言性也，則故而已矣；故者以利爲本。

古書言『性』，本不多見，且亦不重言『性』；孟子『道性善』，重言『性』，乃反『故』說，而別立一新義焉？

重新對『性』字定義再加以確認者，自荀子始：荀子主『性惡』，其言『性』與孟子相反，如《性惡》云：

孟子曰：人之學者，其性善。是不知人之性，而不察乎性、僞之分也。凡性者，天之就也；不可學，不可事。禮義者，聖人之所生也；人之所學而能，所事而成者也。不可學、不可事而在天者，謂之性。

荀子認爲『性』乃天生而然，不可學、不可事；因此《正名》云：

生之所以然者謂之性。生（原作『性』，今依王先謙改）之和所生，精合感應，不事而自然謂之性。性之好惡、喜怒、哀樂，謂之情。

荀子云『生之所以然者謂之性』，即『生之謂性』，乃告子之說（見《孟子・告子上》）；係孟子所正相反對者。然『性』與『生』通用，實爲古書所習見。

今《中庸》云：『天命之謂性。』意謂：天命之本然而賦予人者，謂之『性』；此與告子『生之謂性』及荀子『生之所以然者謂之性』實正同意。故《中庸》其下卽稱『率性』『修道』；蓋《中庸》之『性』旣兼『物性』，且非『性善』，因此此『性』尚須『率』『修』以『敎』之也。《中庸》所云乃註解詮釋之語，係就告子、荀子之說而重加肯定也；故《中庸》『天命之謂性』一語，亦絕當異於孟子所言『性』字思想。

考辨《中庸》首章數語之發生時代，『性命』思想蛻變槪略，亦理應注意焉。按『性命』之說，乃孟子所常言及者，前此而未見；如《易傳》實同爲晚出書，固不足據以爲證。卽於道家思想而論：《莊子》內篇所有七篇及《老子》五千言，未見言『性』字；然晚期道家乃多言『性』，此於《莊子》外，雜篇可窺見及之。如《庚桑楚》云：

道者、德之欽也；生者、德之光也。性者、生之質也；性之動，謂之爲；爲之僞，謂之失。

按：此段極類荀子語，乃晚出於荀子後之作也。考《莊子》外、雜篇多晚期道家之言論，《庚桑楚》殆更晚出《荀子》一書之後，故有極近荀子之語。從思想史之發展言之：孟子以前『性』字未嘗成爲一問題，自孟子言『性善』，始有『仁、義、[illegible]、智根於心』，與告子言『性惡』反對；荀子反對孟子『性善』之論，主『性惡』，釋『性』爲『生』，認有『性』之『僞』（見《正名》《性惡》等篇）；故主用『禮』以規範之，此爲荀子重『禮』思想之理論根據也。自此『性』字問題，乃爲當時思想界所重視而討論之。如《庚桑楚》果成於荀子前，莊子與孟子乃先後同時人，竟已並言，『性者生之質』『性之爲謂之僞』，『性惡』問題已早爲莊子所重，此固係不可能；荀子『性惡』主張則純屬蹈襲前人舊說，別一無新義；由思想發展之因果關係察之，實已前後倒置，失其倫序矣。

此外《莊子》外、雜篇言『性』及『性命』者，亦當在孟、荀辨『性』之後；如：

《達生》：吾始乎故，長乎性，成乎命。

《駢拇》：正正者，不失其性命之情。不仁之人，決性命之情。《在宥》：無爲而後安性命之情。

《天運》：性不可易，命不可變。

按：『性命』連稱爲一詞，實爲荀子及荀子以前所未見，亦當係晚期道家所創。下逮西漢初《淮南鴻烈》一書，則尤暢言『性命』之說，如《原道》云：

夫性命者，與形俱出其宗，形備而性命成，性命成而好憎生焉。

又《俶眞》云：

古之眞人，其和愉寧靜，性也；其志得而道行，命也。是故性遭命而後能行；命得性而後能明。

今考辨《中庸》年代，《淮南・齊俗》篇首數語，亦當加注意焉；《齊俗》云：

率性而行謂之道，得其天性謂之德。性失然後貴仁，道失然後貴義；是故仁義立，而道德遷矣。……

按：此段思想乃源於《老子》，《老子》云：

失道而後德，失德而後仁，失仁而後義，失義而後禮。（三十八章）

《淮南》乃就《老子》言『道』『德』之意，先銓釋此二字之定義，而後引述《老子》之說，當係其自得之語。《淮南》首卽云『率性而行謂之道』，此與《中庸》首章『率性之謂道』一語，僅多『而行』二字。今考《淮南・齊俗》篇首數語：於語法上乃自成一系統，其思想乃發揮《老子》之說，決非得自《中庸》之暗示，此不待更言。然其應用語字與《中庸》竟相似雷同若是；如非《淮南》襲自《中庸》，亦當係《中庸》襲自《淮南》，必居其一；蓋如係思想之偶合，亦不可能於語法、語彙上如是不變。如《淮南・原道》云：

人生而靜，天之性也；感而後動，性之害也；物至而神應，知之動也。知與物接，而好憎生焉；好憎成形，知誘於外，而不能反己，天理滅矣。

按：此與《中庸》同屬《禮記》之《樂記》一篇有同語，此段亦固闡述『性命』之說焉；他如《淮南・繆稱》，亦有『誠中』一詞，此則更與《中庸》乃至《大學》同其語彙矣。似此，《淮南》作者乃已見《禮記》名篇，惟未爲《淮南》作者引出其篇名耳；此一假定之成立，當更從《淮南》以下西漢諸子之著述考之。

董仲舒《春秋繁露・郊事對》《郊祭》乃至劉向《說苑・臣術》各篇，均有引《禮記・王制》之語；《王制》爲今文，其創作當在武帝前，故董仲舒劉向均能見之。然明引《中庸》之語，則初見於劉向《說苑·建本》《敬愼》兩篇；故《中庸》當成於劉向《說苑》創作之前，則無疑問。但董仲舒是否見及《中庸》，則顯欠堅強之佐證。今就其言『性命』之說觀之；《春秋繁露·深察名號》云：

今世闇於性，言之者不同；胡不試反性之名，性之名非生歟？如其生之自然之質，謂之性。性者、質也，詰性之質，於善之名，能中之歟？既不能矣而尙謂之質善何哉？

又云：

天地之所生，謂之性情。

仲舒主返『性』之名，仍當訓爲『生』，此本告子、荀子之說；仲舒固非主『性善』論者，因此《實性》云：

性、待漸於敎訓，而後能爲善。善則敎訓之所然也，非質樸之所能至也。

又《漢書·董仲舒傳》引其《對策》云：

天令之謂命，命非聖人不行；質樸之謂性，性非敎化不成；人欲之謂情，情非制度不節。是故王者：上謹於天意，以順命也；下務民敎化，以成性也；正法度之宜，別上下之序，以防欲也；修此三者，而大本擧矣。

仲舒《對策》言『天令之謂命』，此『命』乃天所令，已非指人之本然遭遇之『命』而言；下云：『質樸之謂性』，『質樸』乃先天而成者，實卽『生之謂性』，此與『深察名號』思想正同。如合『天令之謂命』『質樸之謂性』二語而觀，與《中庸》所稱『天命之謂性』適正同意。又《實性》云『性待漸於敎訓』及《對策》云『性非敎化不成』；此與《中庸》所稱『修道之謂敎』亦正同其思想。換言之，前引仲舒之言論思想，無不爲《中庸》篇首『三提說』所包括；《中庸》之創作，最早亦當爲仲舒時代之先後而已。如《中庸》果成於仲舒之前，仲舒之長篇累述『天人』『性命』之說者，不過《中庸》首章思想之複述，鮮有新義；且仲舒旣嘗引《禮記·王制》之說，《中庸》篇首言『天人』『性命』之三提說，爲極精萃語，仲舒何不引《中庸》之說以實其論？反有掠美之意焉。證諸《淮南》一書，亦未引及『中庸』之名；西漢先期諸儒，豈能均熟視無睹此書於不顧？要之《中庸》自《淮南》以迄仲舒，當必未成一著作；而西漢前期諸儒實未見此篇，故終未引及，此則爲當然之理也。

如《中庸》成於《淮南》、董仲舒之後，則《中庸》作者實擷取其語彙、思想之精華，而作綜合性之闡述；故與《淮南》、仲舒之言論，乃能極相似如此，而益顯其簡括扼要。豈能謂《淮南》、仲舒俱係剽襲《中庸》之語彙及思想，均不列其篇名；於當時思想界而言，實無若何淸新、特異之處。然則《淮南》一書之號曰『鴻烈』；仲舒初以『天人三策』而爲『第一』，後且『爲羣儒首』（均見《漢書》本傳）；凡此不過以剿說雷同之作，而甘冒虛浮之名而已。何能成『一家之言』，而見重於當世？考之實際，亦殆屬不可能之事也。

四、中　和

《中庸》自首章起卽言『性』，已兼『天地萬物』之『性』而言；首章下段復言『情』，亦兼『天地萬物』發爲『中和』之說，如云：

> 喜、怒、哀、樂之未發，謂之中；發而皆中節，謂之和。中也者，天下之大本也；和也者，天下之達道也。致中和，天地位焉，萬物育焉。

按：《中庸》言『中和』，僅見於此。《中庸》由『人情』之『中節』『中和』，而達『天地萬物』之『中和』，實亦承上段言『性』

之意，並申『天人合一』之旨。《中庸》特略此一『情』字，按『性』『情』二字，於孟子言論中均本『人性』『人情』而言，猶尚分別及之，其語義未可混而爲一；《中庸》言『性』兼及『情』，似有『情』卽『性』之意存焉。要之此一思想實於先秦諸子所未見，亦當發自漢儒；如董仲舒《春秋繁露·深察名號》云：

天地之所生，謂之性情。……情亦性也，謂性已善，奈其情何？

《淮南·本經》云：

人愛其情。

高誘《注》：『情、性也。性情有陰陽之分，而實一貫。』如此『情』捐『性』之『喜、怒、哀、樂』而言，則『情』可謂之『性』；此一思想之導因，實係必然。

考『中和』一詞，用於先秦諸子之著述者，最早見於《荀子》一書，皆用於『人情』及『樂』；下逮《呂氏春秋》用『衷』(中)『和』亦然。迄漢有《淮南》一書，則多用『和』字；如：

《原道》：

恬愉無矜，而得於和；有萬不同，而便於性。

其德優天地而和陰陽，節四時而調五行，呴諭覆育，萬物羣生。

《俶眞》：

被德含和。

古之眞人，中至優游，抱德煬和，而萬物雜累矣。

外不滑內，則性得其宜；性不動和，則德安其位。

《覽冥》：

至陰飂飂，至陽赫赫；兩者交接成和，而萬物生焉。

《精神》：

無天下不虧其性，有天下不羨其和。

《本經》:

天地之合和，陰陽之陶化萬物。

綜觀《淮南》一書，其『和』字之用法有二：其一、用以形容『德』『性』之『和』；其二、用於形容『陰陽』之『和』。至『人』道之『德』『性』與『天』道之『陰陽』，於《淮南》一書之思想中，亦無謹嚴之區劃，觀上例已自可見。《淮南》所云『萬物羣生』『萬物生焉』乃至『陶化萬物』之意，與《中庸》所稱『致中和，天地位焉，萬物育焉』之說，豈非極近？然《淮南》終未見用『中』『和』二字連稱之詞，如《俶眞》云:

中至優游，抱德煬和。

又《泰族》云:

故聖人懷天氣，抱天心，執中含和。

此處『中』『和』二字，雖於一句中孿生出現，然猶未見接合成詞；但《淮南》用『和』之思想，則固與《中庸》言『中和』之意相近焉。

考『和』字用於『天地萬物』，本係道家、陰陽家思想，實非儒家孔、孟所嘗言及。《老子》云:

萬物負陰而抱陽，沖氣以爲和。（四十二章）

《淮南》乃至《中庸》，用『和』字於『天地萬物』，此一思想亦當得自《老子》一書；至《中庸》用『中和』一詞，則尤當在陰陽學說興起之後也。今『中和』一詞之用，自先秦諸子以迄《淮南》，僅《荀子》一書有之，且僅用於言『樂』及『人情』之『中和』，餘則未之更見。如《中庸》果成書於《淮南》之前，然則《中庸》『中和』一詞，及其用於『天地萬物』之『中和』思想，於茫長數百年間，幾爲空谷絕響，前旣無所承，後亦無所繼，寧有此理乎？至《淮南》言『中』『和』之說，雖與《中庸》極近，亦未見用『中和』一詞，《中庸》於《淮南》時代，是否已存在，固亦可疑也。

『中和』一詞用於『天地萬物』者，當發自董仲舒。今就其《春秋繁露・循天之道》一篇考辨之；《循天之道》云：

始於中，止必中也。中者、天下之終始也，而和者、天地之所生成也。夫德莫大於和，而道莫正於中。中者、天下之美達理也，聖人之所保守也。詩云：不剛不柔，布政優優；此非中和之謂歟？是以中和理天下者，其德大盛；能以中和養其身者，其壽極命。

又云：

長短之隆，不得過中，天地之制也。兼和與不和；中與不中，而時用之，盡以爲功；是故時與不時者，天地之道也。順天之道：節者，天之制也〔止歸按：此『節』字爲『四時』之『節』義，非『中節』之『節』〕，陽者、天之寬也，陰者、天之極也，中者、天之用也，和者、天之功也，擧天地之道而美於和；是故物生皆貴氣而迎養之，孟子曰：吾善養吾浩然之氣者也。

按：『中』『和』二字連稱，自荀子後於董仲舒爲初見，已用於『天地萬物』，前此而得未曾有。（止歸按：《易傳》與《中庸》雖同爲晚出書，亦未見用『中』『和』二字連稱之詞。）仲舒言『中和』乃就天地『陰陽』二『氣』之『中和』而言，其下卽引孟子『養氣』之說以釋之；至『以中和養其身』之說，則固係道家『養生』思想也。今將仲舒與《中庸》所稱『中和』之說，比較於下：

(1)仲舒云：『中者、天下之終始也；而和者、天地之所生成也。』又云：『中者、天之用也，和者、天之功也。』此與《中庸》：『中也者、天下之大本也；和也者、天下之達道也。』實係同一云謂。

⑵仲舒云:『中者、天下之美達理也。』又云:『擧天地之道而美於和。』《中庸》則逕言:『和也者、天下之達道也。』蓋《中庸》特重此一『道』字,因略此一『理』字,而易言爲『道』。

五、中　庸

《中庸》自第二章起,即變『和』言『庸』;迄第十一章止,『中庸』一詞凡九見,另於第二十七章復有一見,總計共十見。自第二章以迄第十一章,其中有雖無『中庸』之名,實亦申『中庸』之意者。今將其理論綜列於下:

⑴君子中庸而時中,〔小人則否。〕(二章)正語

⑵中庸民鮮能久,知者過而愚者不及。(三、四章)反語

⑶舜大知能執兩用中。(六章)正語

⑷孔子自謂擇乎中庸不能期月守。(七章)反語

⑸顏回能擇乎中庸服膺弗失。(八章)正語

⑹天下可均、爵祿可辭、白刃可蹈;中庸不可能。(九章)反語

⑺依乎中庸,推聖者能之。(十一章)正語

按:《中庸》自二、六、八、十一章,指君子、大舜、顏回、聖者能『中庸』;其第三、四、七、九章,則指小人反『中庸』,民鮮久於『中庸』,知、愚與賢、不肖皆過或不及於『中庸』,孔子自謂不能期月守於『中庸』。其對『中庸』之可能,『正』『反』語屢轉其辭;此種對比辨證方式之推演,實於先秦諸子之思想方法中,所未嘗見其應用者。蓋所謂『中』本爲相對,難能用定辭以言之;《中庸》作者既立『中庸』之名,則似不能不擧其實,故藉『正』『反』相對擻之設辭,以演繹『中庸』之理,其立意之苦心,實已可見。

考『中庸』一詞之語源，當斷自荀子始，且用爲『中人』之義：於《中庸章句淵源辨證》已論列及之；而荀子所用之『庸』，亦僅係『平常』義，如《不苟》云：

庸言必信之，庸行必愼之。

又《哀公》云：

人有五儀：有庸人、有士、有君子、有賢人、有聖人。

按：《論語》嘗用『中人』一詞，如《雍也》云：

中人以上，可以語上也；中人以下，不可以語上也。

荀子所用『庸人』一詞，亦略相當『中人』；『庸』與『中』二字之語義，固亦相通焉。

自漢以後，賈誼曾用『中庸』一詞，如《過秦論》云：

才能不及中庸。

按：此依《文選》一書所錄。推《史記・秦始皇本紀・贊》引賈誼全文，此句則爲『才能不及中人』，原或實爲『中人』亦未可知；蓋《文選》係成於《史記》之後，難能必謂其無更改也。

今先就《淮南》一書考之：《淮南》多言『中』，如《原道》云：

以中制外，百事不廢。

《淮南》用『中』字引申而構成之詞彙，約十五見，雖非全係《淮南》所獨創；然其『中』之語彙，竟如是之多，實爲一特異現象，於先秦諸子之言論中，亦未之見。然迄未見用『中庸』乃至『中和』二詞。《淮南》作者是否已見《中庸》一書，於其所用之詞彙，竟終不及『中庸』『中和』考之，亦當爲可疑之一證。於其思想義理之闡發上考之，亦未能發現《淮南》一書乃受《中庸》之影響，反類多有受晚期道家（如《莊子》外，雜篇）思想影響之跡焉。

其次再就董仲舒之說考之：仲舒嘗用『中民』一詞，如《春秋

繁露・實性》云:

名性者: 中民之性。中民之性，如繭如卵。

此『中民』義與『中人』同。

綜上所述，自《淮南》以迄董仲舒，必未見及《中庸》一書，故終未引『中庸』之名。據《史記》所載，司馬遷似已見《中庸》一書，如《孔子世家》云:

伯魚生伋，字子思，年六十二。〔止歸按: 據淸毛奇齡《四書賸言》引王復禮之說，係八十二之誤。〕嘗困於宋，作《中庸》。

按: 言《中庸》一書之名，及言《中庸》一書之作者，初見於此。然如謂『子思作《中庸》』，則絕非事實; 乃係晚出於孟、荀、老、莊以後之作品，止歸於《中庸章句淵源辨證》一篇已有論列; 至本篇各節所考，更推證其晚出於《淮南》、董仲舒之後，亦均足爲《中庸》非子思作之佐證。

結論

關於《中庸》著作年代之考覈，本篇已分五節辨證於上。

從《中庸》著作年代之可定極限而言: 中庸必成於孔、孟、荀、老、莊諸子書之後，止歸於《中庸章句淵源辨證》一篇已辨證及之。按: 荀子於先秦諸子中，其生卒年最晚; 據汪中《荀卿子年表》起自趙惠文王元年（元前二九八年），迄趙悼襄王七年（元前二三八年）; 近儒胡適則斷荀子卒於元前二三〇年左右（見《中國哲學史大綱》卷上，頁三〇五）。要之荀子當卒於元前二三八年迄二三〇年，卽秦始皇九年至十九年間，似無疑問。《荀子》一書，亦必當成於此時之前; 時《呂氏春秋》《韓非子》二書，亦先後約略同時並出。至《中庸》之作，固當成於荀子卒年，且其書已爲當世所流傳之後也。然《中庸》當成於劉向《說苑》一書之前，從其《建本》《敬愼》兩篇，嘗明引《中庸》之文證之，亦應無疑問。故《中庸》當著作於荀子卒年（元前二三六年）後，以迄劉向卒年（元前六年）前，而爲二三〇年間作品，亦當據此而初定。

前儒疑《中庸》言『華嶽』『車同軌』『書同文』之事實，當在始皇統一全國並李斯相秦（始皇二十六年，元前二二一年）以後，與前考亦足相證極成。如循此年代而推：未八年而始皇焚詩、書、百家語（元前二一三年），又七年而漢興（元年二〇六年），如《中庸》果成於此十五年之間，當爲繼《呂氏春秋》《韓非子》二書後，同爲秦時之著作；亦必爲當世所流傳，而有其存在之徵。至其間有始皇『焚書』事，對《中庸》之存在，固無任何影響也。

今據本篇各節所考：《中庸》之著作年代，就其思想之淵源與時代背景觀之，當更晚出於《淮南》一書（成於元前一四〇年間）、公孫弘爲博士（同淮南成書年代）、乃至董仲舒舉《對策第一》（元前一三四年）之後，已分別詳予辨證及之；前此均無徵其存在。

或曰：《中庸》爲《禮記》之一篇，實出於『武帝末，魯恭王壞孔子宅』，與『河間獻王所得書』（見《漢書・藝文志》及《景十三王傳》。按：依其年代當在公元前八五年間。）之後；其未爲諸儒所見，宜矣。然自荀子卒以迄秦『焚書』，僅寥寥十餘年；《中庸》之作，竟如是迅速？且旋卽遭始皇所『焚』，而《韓非子》《呂氏春秋》二書，則反仍流行於當世以迄漢興；於同時代之著作而言，《中庸》較其更晚出，何又不幸若此？〔止歸案：就前儒所疑『車同軌』『書同文』等語，其思想發生之時代，必亦當在全國一統、李斯相秦（元前二二一年）之後，自此以迄始皇焚書，則僅八年。〕至西漢諸儒，如《淮南》作者乃至公孫弘、董仲舒諸子，其著述言論何以與《中庸》所云又相同相近若此？實難得其和諸之解釋也。故秦『焚書』云云：與《中庸》存在之求證，當無干係；今循思想史發展之條理，以探究《中庸》之著作年代，實爲必然之途徑。

玆根據本篇各節所考，以及上述演證：《中庸》當著作於董仲舒舉《對策第一》（元前一三四年）以後，以迄劉向卒年（元前六年）前，而爲一二八年間作品；當爲最愼審平允之推斷。

（《中庸著作年代辨證》；見《大陸雜誌》第二十四卷五期）

陳兆榮著《中庸探微》一書，臺灣正中書局一九七五年出版。第七章爲《中庸作者的研究》，結論云：『顯然馮友蘭的意見可能性比較大些，《中庸》是子思的作品，但是有一部分是後人增添上去的。』

論語

歐陽修云:

或問:『傳曰:「三年無改於父之道,可謂孝矣。」信乎?』曰:『是有孝子之志焉,蹈道則未也;……故事親有三年無改者,有終身而不可改者,有不俟三年而改者,不敢私其所私也。』……曰:『然則言者非乎?』曰:『夫子死,門弟子記其言,門弟子死,而書寫出乎人家之壁中者,果盡夫子之云乎哉!』

(《歐陽文忠全集》卷六十《三年無改問》)

葉適云:

耳順從心,孔子安得以最後之年自言之?又其所爲限節者,非所以爲進德之序,疑非孔子之言也。

(《習學記言》卷十三)

楊伯峻云:

《論語》的作者是一些什麼人呢?其中當然有孔子的學生。今天可以窺測得到的有兩章。一章在《子罕篇》第九:

牢曰:『子云:吾不試,故藝。』

『牢』是人名,相傳他姓琴,字子開,又字子張(這一說法最初見於王肅的僞《孔子家語》,因此王引之的《經義述聞》和劉寶楠的《論語正義》都對它懷疑,認爲琴牢和琴張是不同的兩個人)。不論這一傳說是否可靠,但這裏不稱姓氏只稱名,這種記述方式和

《論語》的一般體例是不相吻合的。因此，便可以作這樣的推論，這一章是琴牢的本人的記載，編輯《論語》的人，『直取其所記而載之耳』（日本學者安井息軒《論語集說》中語）。另一章就是《憲問篇》第十四的第一章:

憲問恥。子曰:『邦有道，穀;邦無道，穀，恥也。』

『憲』是原憲，字子思，也就是《雍也篇》第六的『原思爲之宰』的原思。這裏也去姓稱名，不稱字，顯然和《論語》一般的體例不合，因此也可以推論，這是原憲自己的筆墨。

《論語》的篇章不但出自孔子不同學生之手，而且還出自他不同的再傳弟子之手。這裏面不少是曾參的學生記載。像《泰伯篇》第八的第一章:

曾子有疾，召門弟子曰:『啓予足!啓予手!《詩》云:戰戰兢兢，如臨深淵，如履薄冰。而今而後，吾知免夫!小子!』

不能不說是曾參的門弟子的記載。又如《子張篇》第十九:

子夏之門人問交於子張。子張曰:『子夏云何?』對曰:『子夏曰:可者與之，其不可者拒之。』子張曰:『異乎吾所聞:君子尊賢而容衆，嘉善而矜不能。我之大賢與，於人何所不容?我之不賢與，人將拒我，如之何其拒人也?』

這一段又像子張或者子夏的學生的記載。又如《先進篇》第十一的第五章和第十三章:

子曰:『孝哉閔子騫，人不間於其父母昆弟之言。』

閔子侍側，誾誾如也;子路，行行如也;冉有、子貢，侃侃如也。子樂。

孔子稱學生從來直呼其名，獨獨這裏對閔損稱字，不能不啓人疑竇。有人說，這是『孔子述時人之言』，從上下文意來看，這一解釋不可憑信，崔述在《論語餘說》中加以駁斥是正確的。我認爲這一章可能就是閔損的學生所追記的，因而有這一不經意的失實。至於《閔子侍側》一章，不但閔子騫稱『子』，而且列在子路、冉有、子貢三人之前，都是難以理解的。以年齡而論，子路最長；以仕宦而論，閔子更趕不上這三人。他憑什麼能在這一段記載上居於首位而且得着『子』的尊稱呢？合理的推論是，這也是閔子騫的學生把平日聞於老師之言追記下來而成的。

《論語》一書有孔子弟子的筆墨，也有孔子再傳弟子的筆墨，那麼，著作年代便有先有後了。這一點，從詞義的運用上也適當地反映了出來。譬如『夫子』一詞，在較早的年代一般指第三者，相當於『他老人家』，直到戰國，才普遍用爲第二人稱的表敬代詞，相當於『你老人家』。《論語》的一般用法都是相當於『他老人家』的，孔子學生當面稱孔子爲『子』，背面才稱『夫子』，別人對孔子也是背面才稱『夫子』，孔子稱別人也是背面才稱『夫子』。只是在《陽貨篇》第十七中有兩處例外，言偃對孔子說，『昔者偃也聞諸夫子』；子路對孔子也說，『昔者由也聞諸夫子』，都是當面稱『夫子』，『夫子』用如『你老人家』，開戰國時運用『夫子』一詞的詞義之端。崔述在《洙泗考信錄》據此來斷定《論語》的少數篇章的『駁雜』，固然未免武斷；但《論語》的著筆有先有後，其間相距或者不止於三、五十年，似乎可以由此窺測得到。

《論語》一書，旣然成於很多人之手，而且這些作者的年代相去或者不止於三、五十年，那麼，這最後編定者是誰呢？自唐人柳宗元以來，很多學者都疑心是由曾參的學生所編定的，我看很有道理。第一，《論語》不但對曾參無一處不稱『子』，而且記載他的言行和孔子其他弟子比較起來爲最多。除開和孔子問答之詞以外，單獨記載曾參言行的，還有《學而篇》兩章，《泰伯篇》五章，《顏淵篇》一章，《憲問篇》和孔子的話合併的一章，《子張篇》四章，總共十三章。第二，在孔子弟子中，不但曾參最年輕，而且有一章還記載着曾參將死之前對孟敬子的一段話。孟敬子是魯大夫孟武伯的兒子仲孫捷的諡。假定曾參死在魯元公元年（周考王五年，紀元前四三六年。這是依《闕里文獻考》『曾子年七十而卒』一語而推定的），則孟敬子之死更在其後，那麼，這一事的記述者一定是在孟敬子死後才著筆的。孟敬子的年歲我們已難考定，但《檀弓》記載着魯悼公死時，孟敬子對答季昭子的一番話，可見當曾子年近七十之時，孟敬子已是魯國執政大臣之一了。則這一段記載之爲曾子弟子所記，毫無可疑。《論語》所敍的人物和事蹟，再沒有比這更晚的，那麼，《論語》的編定者或者就是這班曾參的學生。因此，我們說《論語》的著筆當開始於春秋末期，而編輯成書則在戰國初期，大概是接近於歷史事實的。

（《論語譯注・導言》）

胡止歸云:

論語一書之再編年代研究

《論語》一書之初編年代，當在孔子歿後三十一年乃至四十三年（元前四四八年乃至四三六年）以後；至其下距孟子（元前三七二——二八九年）之生，已不足六十四年乃至七十六年。

當時流傳孔子之言論或傳說，必已甚多；同時，其眞僞亦多難辨。今從孟、荀二子之說固已可見之:《孟子・萬章上》云:

> 咸丘蒙問曰:『語云:盛德之士，君不得而臣，父不得而子。舜南面而立，堯帥諸侯北面而朝之；瞽瞍亦北面而朝之。舜見瞽瞍，其容有蹙；孔子曰:「於斯時也，天下殆哉岌岌乎！」不識誠然乎哉？』孟子曰:『否。此非君子之言，齊

東野人之語也。……』

同章又云:

萬章問曰:『或謂孔子,於衞,主癰疽;於齊,主侍人瘠環;有諸?』孟子曰:『否,不然也;好事者爲之也。……』

《荀子・儒效》云:

客有道曰:『孔子曰:「周公其盛乎!身貴而愈恭,家富而愈儉,勝敵而愈戒。」應之曰:是殆非周公之行,非孔子之言也。……』

綜上可知,於孟子乃至荀子之當世,其流傳孔子之言論或傳說,實亦有不足信者;或當有『齊東野人之語』『好事者爲之』之類,而『非孔子之言』流傳於世。

今按:自孔子卒後,經孟子以迄荀子,先後約近一百五十年;中且有墨、莊二子生卒其間,其說亦當並行於世。今依墨、莊二子之書觀之:如『墨子・非儒》云:

孔某窮於蔡、陳之間,藜羹不糂。十日,子路爲享豚,孔某不問肉之所由來而食;褫人衣以酤酒,孔某不問酒之所由來而飲。哀公迎孔子,席不端弗坐,割不正弗食;子路進,請曰:『何其與陳、蔡反也?』孔某曰:『來,吾語女:曩與女爲苟生,今與女爲苟義。夫饑約,則不辭妄取以活身;贏飽,則僞行以自飾。』

《墨子・非儒》所述,必依當時流傳孔子『在陳絕糧』(今見《論語》下論《衞靈公》)事,而加煊染附會,蓋亦足成其『非儒』之說耳。他如《莊子》內篇計七篇,其中自《人間世》《德充符》《大宗師》以迄《應帝王》四篇,大都藉孔子之言,以申道家思想;至外、雜篇亦然(篇名今不具引),於義理均有可疑。

今卽以晚期儒家荀子之說觀之:則迄未見荀子一書所記孔子之言,乃見於《論語》者;此亦頗値深思玩味者焉。如:

《王制》：孔子曰：大節是也，小節是也。

《王覇》：孔子曰：智者之知，固以多矣；有以守少，能無察乎？愚者之知，固以少矣；有以守多，能無狂乎？孔子曰：審吾所以適人，適人之所以來我也。

《正論》：孔子曰：天下有道，盜其先變乎？

以上與孔子之說似無牴牾，且亦足見其微言大義。他如自《賦篇》以下之《大略》記孔子引『詩云』計五見，《宥坐》記孔子之行事九見；此下記孔子之言者：《子道》計六見，《法行》計四見，《哀公》計六見，《堯問》計一見；殆均無見於《論語》一書。今固可推見《荀子》一書，實不足爲《論語》編本義理考徵一資；今揆其人而度其世，蓋亦因去孔子愈遠，而記孔子之言亦愈變也。然則今依當世之孔子『逸語』(如：墨子、莊子乃至荀子之書所記)，亦當與《論語》一書所記孔子之言分別而觀，實容乎無疑義者也。今《論語》一書之初編本，與諸子之書並行於世，後復有魯、齊二論之異；是否無前引孟子所指『齊東野人之語』乃至『好事者爲之』之類，以及道、墨兩家之說羼雜其間，實應加注意焉。

考史籍明記《論語》編本流傳之情形者，則初見於《漢書・藝文志》云：

《論語》：古二十一篇（自注：出孔子壁中，兩子張。）、齊二十二篇（自注：多問王，知道。止歸按：『問王』當爲『問玉』，說見宋王應麟《困學紀聞》及清朱彝尊《經義考》。）、魯二十篇。

何晏《論語・集解序》云：

齊論語二十二篇，其二十篇中章句，頗多於魯論。

可知當時魯、齊乃至古論，其篇章實已有不同處。

《藝文志》又云：

漢興，有齊、魯之說。傳《齊論》者：昌邑中尉王吉、少府宋畸、御史大夫貢禹、尚書令五鹿充宗、膠東庸生；唯王陽名家。傳《魯論》者：常山都尉龔奮、長信少府夏侯勝、丞相韋賢、魯扶卿、前將軍蕭望之、安昌侯張禹，皆名家；張氏最後，而行於世。

據此，則王陽傳《齊論》、張禹傳《魯論》，似應各行其所傳本於世。然考之《張禹傳》：

初、禹爲師，以上難，數對己問經；爲《論語》章句獻之。始，魯扶卿、夏侯勝、王陽、蕭望之、韋玄成，皆說《論語》，篇第或異。禹先事王陽，後從庸生；采獲所安，最後出而尊貴。諸儒爲之語曰：『欲爲論，念張文。』由是學者多從張氏，餘家寖微。

可知今日所傳《論語》編本，實已經張禹將魯、齊二論合而爲一；就其篇第『采獲所安』重加編定矣。

《隋書・經籍志》云：

張禹本授《魯論》，晚講《齊論》；後遂合而考之，刪其煩惑，除去《齊論》『問王（玉）』『知道』二篇，從《魯論》二十篇爲定，號曰：張侯論，當世重之。周氏、包氏爲之章句。

又云：

漢末，鄭玄以張侯論爲本，參考《齊論》《古論》而爲之注。魏司空陳羣、太常王肅、博士周生烈，皆爲義說；吏部尚書何晏又爲集解。自是後儒多爲之注，《齊論》遂亡；古論先無師說。

張禹理當傳《魯論》，因晚又講《齊論》；因此，魯、齊二論實經張禹『合而考之』『刪其煩惑』，除去《齊論》『問玉』『知道』兩篇，並『從魯論二十篇爲定』矣。

綜上可知：《論語》之再編本，亦即今傳魯、齊二論合訂之

《論語》二十篇本，實爲張禹所定，固非《魯論》之舊編；至其編定，當在『初，禹爲師，以上難，數對己問經』時，其再編年代，今據《漢書・張禹本傳》，亦可得而推定：

> 初元中（元前四十八年——四十四年）立皇太子；詔令禹授太子《論語》，由是遷光祿大夫。數歲，出爲東平內史；元帝崩（元前三十三年），成帝卽位，徵禹及寬中，皆以師賜爵關內侯。寬中，食邑八百戶；禹，六百戶。

按張禹於甘露中（元前五十三年——四十九年）爲博士，初元中（元前四十八年——四十四年）爲太子師，《論語》之再編本當編定於此時以後；及任關內侯，其書始漸流傳於世，而號曰『張侯論』。此時或當有別本（如：齊論乃至古論），迄東漢末鄭玄『以張侯論爲本，參考齊論、古論而爲之注』，從此古、今文混合形勢形成（元後二〇〇年）；魯、齊乃至古論語，誠眞泯然難別矣。

今按：前考《論語》之初編本，當在孔子卒後三十一年乃至四十三年（卽元前四四八年或四三六年）以後；今假定張禹之《論語》再編本，成於成帝卽位（元前四十四年）前，其距《論語》初編本年代已近四百年（四百零四年至三百九十二年）以內。今所傳《論語》一書，旣經張禹重加編定，要亦當係主觀的去取；焉知無後儒因展轉相傳，致將『增添』材料混入其中？他如：張禹之再編本，其揉合魯、齊二論流傳篇章，並『刪其煩惑』，乃依何種原則爲斷？凡此，均涉及張禹個人之識見，甚至品性問題。據此，張禹其人之平素行徑，亦應加考察焉；今復依《漢書・張禹傳》：

> 禹每病，輒以起居聞。上親拜禹牀下，禹頓首謝恩歸誠，言：老臣有四男一女，愛女尤甚於男，遠嫁爲張掖太守蕭咸妻，不勝父子私情，思與相近；上卽時徙咸爲弘農太守。又禹小子未有官，上臨候禹，禹數視其小子；上卽禹牀下，拜爲黃門郎。

視此，漢孝成皇帝之待張禹，不可謂不厚；然據《漢書・本傳》所記：『與（王）鳳並領尚書，內不自安，數病；上書乞骸骨，欲退避鳳。』又『永始、元延之間，日蝕、地震尤數；吏民多上書言災異之應，譏切王氏專政所致』，『（成常）懼變異數見，意頗然之，未有以明見；迺駕車禹第』，『親問禹以天變』，『禹自見年老子孫弱，又與曲陽侯（王根）不平。恐爲所怨』，禹乃以『聖人罕言命，不語怪神』等語答之。『上雅信愛禹，由此不疑王氏。後曲陽侯根，及諸王氏子弟，聞知禹言，皆喜說；遂親就禹』。由是致啓王氏專權，終至漢室顚亡，禹不能辭其咎也。

崔述《洙泗考信錄》云：

今之《論語》，乃張禹所更定，非龔奮、韋賢之舊本；篇目雖用《魯論》，而實兼採齊、魯之章句者也。嗟夫！張禹何知？知媚王氏以保富貴耳，漢宗社之存亡不問也。況於聖人之言，烏能測其萬一；乃公然輯而合之，其不當删而删，不當采而采者，蓋亦不少矣。（卷二）

又云：

《孟子》之外篇，幸而有趙岐删之，《春秋》之續經，幸而有《公羊》《穀梁》兩家俱在；故人得知非聖人之筆。惟《論語》一書，不遇如趙岐者，而反遇一張禹；以致純雜不均，無從考其同異。（同上）

按：以上爲崔述晚年定本所述（修訂於嘉慶十五年），《洙泗考信錄》嘉慶二年初刻本，尙無此歸罪張禹之說。近儒梁啓超《要籍題解及其讀法》《古書眞僞及其年代》及錢穆《論語要略》均指張禹爲『佞臣』。平心度之：今觀《論語》一書之篇章組合，張禹似尙未將《論語》所收各篇章，悉依己見先後顚倒重編（如：魯、齊二論之舊編篇章及原分別獨立之各篇）；故其第一手之原始資料，尙依稀可辨（如：上、下論思想之差異）。他如於當時西漢並行之他書所記有關孔子之言論（如：墨、莊等書），乃至離奇不經之說（如：緯書之類），亦未同予羼入，似尚無有意作僞之跡；故今觀《論語》一書，仍有其獨立風格，與他書有迴異處（如：與《孟子》等）。不然，今如據《論語》一書，以冀探究孔子思想眞貌，則誠不可得見矣。

論語下論之編定年代研究

《論語》一書，其後十篇多闕誤，或疑其有《齊論》，自宋朱晦庵《集注》已間言之（見《季氏篇・齊景公有馬千駟》章，朱晦庵《注》語；及同篇篇首識語引洪興祖《論語說引》之說）。迄清崔述《洙泗考信錄》及《洙泗考信餘錄》，則辨析《論語》末五篇之可疑；至其《論語餘說》之作，則以爲《論語》後十篇之稱『孔子』，與前十篇稱孔子皆曰『子』，惟對君問始曰『孔子』不類。又趙翼《陔餘叢考》，亦嘗指《論語》一書『安必無一二濫收者，固未可以其載在論語，而遂一一信以爲實事。』（卷四。《公山弗擾召孔子之不可信》條）。凡此，均爲前儒從其篇章用語乃至義理事實之辨析，而於《論語》後十篇間有致疑之說也。

《論語》上、下論之必當分別而觀，乃至《論語》下論必當晚出於上論之後：止歸嘗綜集前儒之說，復依平日考辨所得，從其篇章組織、記言體例、字彙常性分別考徵，亦足反證前儒之說不誤。

今如試假定下論爲續編之作，然則《論語》上、下論之差異性，必當在年代上有較長之距離，始能有之。今返觀《論語》之先後編集年代：《論語》初編本之集撰，當遲至孔子卒後三十一年乃至四十三年以上；其下距孟子（元前三七二——二八九年）之生，已不足六十四年乃至七十六年；迄張禹《論語》再編本之合併魯、齊二論，則已近四百年，其中當容有不可採信材料羼入其中。今如依其間先後並出之他書推辨：墨、莊二子之書既不可據，即下迄荀子（元前三一五——二三〇年？）之生，距孔子之卒已逾一百六十餘年；今觀其記載孔子之言，亦復不足爲《論語》義理考徵之資。獨《孟子》一書，距《論語》一書之成當最近；且其所記孔子之言，則多有見於《論語》者；良以孟子之說，其闡發孔子思想原較荀子爲積極也。祇此，今如考徵《論語》下論之撰編年代，則惟孟子一書，而差可爲其參考查證之資焉。

推判《論語》下論，其出於孟子之後，前儒未嘗探究及之。雖崔述《洙泗考信錄》一書，其於有關《論語》下論之考辨，就其『稱謂』之異，於個別篇章之辨列中，間有言及（計一見，參下⑴條所引）；然終係引而未發，且終未擴展及於《論語》下論全編之考察。蓋崔述於《論語》下論所致意者，其主要乃在辨析其篇、章之同異，而屢見於《洙泗考信錄》《洙泗考信餘錄》及《論語餘說》諸篇；然固未嘗考慮更探究其年代也。今稍剔羅其說，復依個人考辨所得，而略可複證下論當成於孟子時代先後者，試加引申考察，約有以下數端：

⑴《論語》上論『夫子』一詞，計十二見，均屬第三人稱；下論『夫子』一詞，計二十七見，則兼有第二人稱。崔述《洙泗考信錄》云：

> 凡『夫子』云者，稱甲於乙之詞也，《春秋傳》皆然；未有稱甲於甲，而曰『夫子』者。至孟子時，始稱甲於甲，亦曰『夫子』；孔子時，無是稱也。（卷二）

據此：《論語》下論之記弟子面稱『夫子』與孟子同，而與上論有異；然則下論或當成於孟子時代之先後，亦約略可推辨。

⑵《論語》上論記爲『孔子』乃至『孔子曰』者，計九見；下論記爲『孔子』乃至『孔子曰』者，計三十五見。崔述《論語餘說》云：

《論語》前十篇中，稱『孔子』皆曰：『子』；惟對君問，始曰『孔子』，尊君也。《先進》以下五篇，對大夫問，亦曰『孔子』，固失之矣；然尚未有徒稱『孔子』者。獨《季氏》篇，始終皆稱『孔子』，其爲采之他書明甚；而末三章，文尤不類。（上卷）

按：稱『孔子』云者，必當在距孔子較遠之時代，始可有之；如出於直接之記言，固不必特冠以『孔』字之類，以示區別。今考諸《孟子》一書，其所記有關孔子之言行，例皆稱『孔子』乃至『孔子曰』；然則下論概亦與《孟子》一書相近，而約略可推辨當成於其時代之先後；至其中《季氏》一篇，尤爲其顯例也。

⑶《論語》上論所記，如提及孔子本人時，但逕稱『孔子』（見《爲政》《八佾》《雍也》），無別見；至記孔子自稱，則爲『丘』（計七見）。下論《憲問》記他人（微生畝）稱『丘』，計一見；《微子》記弟子（子路）稱『孔丘』，計一見；他人（長沮、桀溺）稱『孔丘』，計二見。至《子張》記稱孔子爲『仲尼』者，計六見。

崔述《洙泗考信錄》云：

《子張篇》：記門弟子之言，較前後篇文體獨爲少粹；惟稱孔子爲『仲尼』，亦與他篇小異。（卷四）

按：《孟子》一書，未嘗見有稱孔子爲『孔丘』；卽其記爲『丘』，亦僅係孔子自稱之嫌詞，此猶同《論語》上論，如《離婁下》：

孔子曰：其義，則丘竊取之矣。

至稱孔子，則多言『仲尼』；蓋亦深寓崇敬之意，而避稱其本字。如：

仲尼曰：始作俑者，其無後乎！（梁惠王上）

孟子曰：仲尼之徒，無道桓、文之事者。（梁惠王上）

陳良，楚產也，悅周公、仲尼之道。（滕文公上）

孟子曰：仲尼不爲已甚者。（離婁下）

徐子曰：仲尼亟稱於水曰……（離婁下）

故仲尼不有天下。（萬章上）

今《憲問》《微子》記他人或弟子稱孔子爲『孔丘』者，其『記孔子軼事，其語意乃類莊周』『已不似孔子遺書』（崔述語，見《洙泗考信錄》卷四）；其中記他人稱孔子爲『孔丘』者，猶多有不屑之意。即今觀《子張》記稱孔子爲『仲尼』，蓋已同《孟子》一書所記；而與上論記言體例，固亦有其差別焉。

(4)《論語》上論無『問於孔子』之造句，均逕記弟子或他人之問。下論《顏淵》《衞靈公》記齊景公、衞靈公及季康子之『問於孔子』計五見；至《憲問》《陽貨》《堯曰》記南宮適（一見）、子張（二見）之問孔子者，亦記爲『問於孔子』。

按：『問於孔子』之例，亦嘗見於《孟子》一書，《公孫丑上》：

昔者子貢，『問於孔子』曰：夫子聖矣乎？……子貢曰：……仁且智，夫子既聖矣。

據此，下論之記『問於孔子』之體例，與上論既異，且復與《孟子》一書同；然則《論語》下論之撰作年代，當與《孟子》一書之撰作年代相近，亦可依此而獲其旁證。

(5)《論語》上論記稱『弟子』者，計六見；稱『門人』者，計三見。下論記稱『弟子』者，僅一見；稱『門人』者，則有五見。

按：上論之記言，其『弟子』多於『門人』明甚；下論則適與之相反，而『門人』則多於『弟子』。此亦足顯示：或下論已轉稱『弟子』爲『門人』，或下論『門人』之記言實多於『弟子』；於時代言之，已可窺其先後之差異。今藉此亦可推辨下論類此之記言，當有雖名列孔門，未必能直接親炙夫孔子之說之『門人』記言；同時，亦當有弟子之『門人』後學所記，存乎其間。其下距孟子時代，孰先孰後，今據本條所列，固難推定；然返觀《孟子》一書所記，其稱『弟子』者，則猶多於『門人』。閻若璩《四書釋地》云：

孟子稱弟子者三，門人者二。

考《孟子》一書，雖成於弟子之手，然當係出於一次之編集；故其全書之義理先後一貫，猶同於上論。今姑置下論之篇章義理，與上論實有其差異性不論；卽依其記『門人』稱謂多於『弟子』之跡象，固已有異於上論乃至孟子所記；然則下論或當出於兩者之後，亦未嘗無此可能。

綜觀本節所考：僅依前儒之說試加引申，撮其『稱謂』用語之異，且足辨《論語》下論篇章或有成於《孟子》一書先後之疑者，列擧如上。據此，上、下論記言體例之異，固大略可窺；至下論編撰年代，當遠落上論之後，亦約略可斷焉。

探究《論語》下論之編撰年代，其出於《孟子》一書之前，抑係出於《孟子》一書之後？旣已試依前儒之說，撮其『稱謂』用語，予以概略之引申辨析；然仍未能獲其定論。且所推辨之例，或有涉個別孤立之證；於邏輯言之，未可謂已得其周延。今更試依前節未竟之緒，復就《孟子》一書所引孔子之說，予以義理性同異之辨析；以試斷《論語》下論出現之原流先後。

綜觀《孟子》一書，其所引『孔子』之說，計二十九見；其類別略如下述：

甲、引『孔子』之說，未見於《論語》上、下論各篇章者，計十五見。

乙、引『孔子』之說，見於《論語》上論各篇章者，計七見。

丙、引『孔子』之說，見於《論語》下論各篇章者，亦計七見。

今在未進行探究下論編撰年代之前，本節擬僅暫辨《孟子》一書所引『孔子』之說而未見於《論語》各篇章或已見於《論語》上論各篇章者（卽上列甲、乙兩項）；以試辨其義理之同異關係。藉此或可爲複證《孟子》一書所引『孔子』之說，於上、下論出現差異性考覈之資；玆分別列擧於下：

甲、未見於上、下論者：（十五見）

⑴孔子曰：道二、仁與不仁而已矣。（《離婁》上）

⑵孔子曰：仁、不可爲衆也。（同上）

按：以上所列《孟子》一書記孔子言『仁』之說：計二見。雖未見於《論語》上、下論，然與《論語》所記孔子言『仁』之說，於基本思想上尙無牴牾；或孔子嘗言之，今固未能遽加論定。

⑶孔子曰：德之流行，速於置郵而傳命。（《公孫丑》上）

⑷孔子曰：操則存，舍則亡；出入無時，莫知其鄉，惟心之謂與？（《告子》上）

⑸彌子謂子路曰：孔子主我，衞卿可得也。子路以告，孔子曰：有命。孔子進以禮，退以義；得之不得，曰：有命。（《萬章》上）

按：以上所列《孟子》一書記孔子言『德』『心』『命』之說，各一見。一般而言，與《論語》所記孔子之說，尙無不合；惟其中言『心』之說，已將『心』字用爲特稱之詞；於《論語》所記孔子之說，實未嘗有之。

⑹孔子曰：天無二日，民無二王。（舜旣爲天子矣，又帥天下諸侯以爲堯三年喪，是二天子矣。）（《萬章》上）

⑺孔子曰：舜其至孝矣，五十而慕。（《告子》下）

⑻孔子曰：唐虞禪、夏后、殷、周繼，其義一也。（《萬章》上）

按：以上所列《孟子》一書記孔子言『堯』『舜』乃至『唐』『夏』『殷』『周』之說，計三見，於《論語》亦嘗記孔子指稱以上諸代之辭，或當係孔子之說；今未能必斷。惟其中記『天無二日，地無二王』之說，其語氣之決斷性乃略同前引『道二、仁與不仁』之設辭；此與《論語》所記孔子之言論風格，似略有微異。

(9)孔子曰：爲此詩者（指《詩・幽風・鴟鴞》詩），其知道乎？能治其國家，誰敢侮之。（《公孫丑》上）

(10)孟子曰：王者之迹熄，而《詩》亡；《詩》亡，然後《春秋》作。……孔子曰：其義，則丘竊取之矣。（《離婁》下）

(11)孔子懼，作《春秋》；春秋、天子之事也。是故孔子曰：知我者，其惟《春秋》乎？罪我者，其惟《春秋》乎？（《滕文公》下）

按：以上所列《孟子》一書記孔子言『詩』及『春秋』之說，計三見。今考《論語》所記孔子言『詩』之說，蓋多本『禮』乃至『德行』行爲而言，未涉『政事』；至『作春秋』之說，於《論語》亦未嘗見之；今固未能必斷果係孔子之言。

(12)有孺子歌曰：滄浪之水清兮，可以濯我纓；浪浪之水濁兮，可以濯我足。孟子曰：小子聽之：清斯濯纓，濁斯濯足矣；自取之也。（夫人必自侮，然後人侮之；家必自毀，而後人毀之；國必自伐，而後人伐之。）（《離婁》上）

(13)徐子曰：仲尼亟稱於水曰：水哉！水哉！何取於水也。（孟子曰：原泉混混，不舍晝夜；盈科而後進。放乎四海，有本者如是，是之取爾。（《離婁》下）

(14)仲尼曰：始作俑者，其無後乎。（爲其象人而用之也，如之何其使斯民饑而死也？）（《梁惠王》上）

按：以上所列《孟子》一書記孔子『感喟』之說，計三見。此於《論語》未見，惟其中記孔子喻『水』，亦略同於《子罕》所記『子在川上曰：逝者如斯夫！不舍晝夜』之類；或卽係同一事之記載，而爲傳聞異辭之類也？

⒂孔子嘗爲委吏矣，曰：會計當而已矣；嘗爲乘田矣，曰：牛羊茁壯長而已矣。（《萬章》下）

按：以上所列《孟子》一書記孔子嘗爲『委吏』『乘田』之說，計一見。此於《論語》亦未見，惟亦當略同於《子罕》所記孔子自謂『吾少也賤，故多能鄙事』之類；或亦係同一軼事流傳之記言也。

以上列舉《孟子》一書所記孔子之說，計十五見；均未見於《論語》上、下論之篇章。除言『仁』與孔子思想尚無大出入外，其中尤以言『心』、言『詩』及『春秋』之說，均顯非孔子所曾稱及；與孔子平日之言論，若有不相合者。現固未能據此推判孔子實曾言之，然亦未能遽加推判孔子實未曾言之；今《孟子》一書引之如此，要亦當有所本。或爲依據今傳《論語》之佚篇，或爲轉錄當時傳聞之遺說；惟其說之眞實性，容有等差；今旣未見於《論語》今傳本，姑暫置勿論可也。

乙、見於上論各篇章者：（七見）

⑴孔子曰：里仁爲美，擇不處仁，焉得智。（《公孫丑》上）

按：《孟子》此章所記孔子之說，亦見於《論語》上論《里仁》：『子曰：里仁爲美，擇不處仁，焉得知（智）。』兩者字句全同，當出實錄：亦可據此反證《論》、《孟》二者所記『里仁』之說，當係孔子所嘗言及，應無疑義。

⑵（禹稷當平世，三過其門而不入；孔子賢之。）顏子當亂世，居於陋巷：一簞食、一瓢飲，人不堪其憂，顏子不改其樂；孔子賢之。（《離婁》下）

按：孟子此章所記孔子之說，亦見於《論語》上論《雍也》：

子曰：賢哉，回也！一簞食、一瓢飲，在陋巷，人不堪其憂；回也，不改其樂。賢哉，回也！

《孟子》所記孔子贊顏子之說，與《論語》所記措辭近於全同；亦當出實錄。或孟子乃轉引《論語》所記孔子之說而易言之；惟其前記孔子贊禹、稷『三過其門而不入』事，則未見於《論語》；或當爲今傳《論語》之『逸語』，經展轉相傳而遺佚之篇章之說。

⑶萬章問曰：孔子在陳曰：盍歸乎來！吾黨之士狂簡；進取不忘其初。（孔子在陳，何思魯之狂士？）（《盡心》下）

按：《孟子》此章所記孔子之說，亦見於《論語》上論《公冶長》：

子在陳曰：歸與！歸與！吾黨之小子狂簡；斐然成章，不知所以裁之。

《孟子》所記『孔子在陳』之說，與《論語》記述之措辭略有小異；惟亦當出實錄。萬章所引，或據傳聞之辭；而於言說上致有改易。

⑷曾子曰：生事之以禮，死葬之以禮，祭之以禮；可謂孝矣。（《文滕公》上）

按：孟子此章所記『曾子』之說，亦見於《論語》上論《爲政》：

孟懿子問孝。子曰：無違。……樊遲曰：何謂也？子曰：生事之以禮，死葬之以禮，祭之以禮。

《孟子》記爲『曾子』之說，與《論語》記爲『孔子』，其內容同而發言者有異。朱晦庵《集注》云：

所引本孔子告樊遲者，豈孟子嘗誦之，以告其門人歟？

今考《論語・爲政》所記，問答詳盡，原委有本；其出於孔子之說，應無疑義。至《孟子・滕文公上》引爲『曾子』之說者，『曾』字或當爲傳抄筆誤（此說亦見於瞿灝《四書考異》）；不然則當爲《孟子》錯引；蓋《孟子》一書多記孟子贊曾子之『孝』，而用以申述其下『三年之喪』之說也。

⑸萬章曰：孔子君命召，不俟駕而行。（《萬章》下）

按：《孟子》此章所記孔子之行事，亦見於《論語》上論《鄉黨》：

君命召，不俟駕而行。

考《論語・鄉黨》所記，乃孔子平日於『鄉黨』『宗廟』『朝廷』所行之禮儀，或孔子平日言『禮』之說；以類相從，而集輯於上論之末。至《孟子》此章所記萬章之說，概乃指孔子之行爲實如此，兩者似容有區別。今復考《孟子・公孫丑下》云：

禮曰；父召，無諾；君命召，不俟駕。

然則《鄉黨》殆亦係孔門相傳之古禮遺說，以類編集成之者；而爲『禮』之理想行爲之標的也。

(6)昔者子貢，問於孔子曰：夫子聖矣乎？孔子曰：聖則吾不能；我學不厭，而教不倦也。子貢曰：學不厭，智也；教不倦，仁也。仁且智，夫子旣聖矣！夫聖、孔子不居，是何言也？（《公孫丑》上）

按：今觀《論語》未見有明記子貢問『聖』語；至與此章之略同語，於《論語》上論《述而》則分別兩見：

子曰：若聖與仁，則吾豈敢？抑爲之不厭，誨人不倦，則可謂云爾已矣。（公西華曰：正唯弟子之不能學也。）

又：

子曰：默而識之，學而不厭，誨人不倦；何有於我哉。

《論語・述而》所記之略同語，乃分見於不相及之兩章；均係孔子『自謂』之辭，無記子貢問『聖』事；或出於一事兩記之類，或孔子實嘗屢言之如此。今觀《孟子・公孫丑上》所記孟子引述『子貢問於孔子曰』云云，亦當係傳聞之辭；與《論語》所記孔子之說，於言辭或義理上固均無相悖之處。

(7)孔子曰；大哉堯之爲君，惟天爲大；蕩蕩乎！民無能名焉。君哉，舜也！巍巍乎！有天下而不與焉。（堯、舜之治天下，豈無所用其心哉？）（《滕文公》上）

按:《孟子》此章所記孔子之說，亦見於《論語》上論《泰伯》篇末；乃分見於相續之兩章:

子曰:（巍巍乎！）舜、禹之有天下也，而不與焉。

又其下章云:

子曰: 大哉！堯之爲君也。（巍巍乎！）惟天爲大，唯堯則之；蕩蕩乎！民無能名焉。（巍巍乎！其有成功也；煥乎！其有文章。）

考《論語·泰伯》所記:『巍巍乎』重見疊出，語加繁而義不加深；末『巍巍乎！其有成功也；煥乎！有其文章』，未見於《孟子》；疑均係後儒之批註語之類，經傳抄而誤羼其中。按:《論語》上下論篇末，均有可疑之章句；自朱晦庵《集注》已間有疑之，迄崔述《洙泗考信錄》及《論語餘說》均有辨及。故上列《論語·泰伯》兩章所記孔子之說，實有晚出之嫌；而足可推見似乃轉錄《孟子》所述孔子語，經割裂增添而成。今觀《孟子·滕文公上》所記孔子之說，首尾一致，義理一貫；當絕非引自《論語·泰伯》此兩章所記，應無可疑。此與前六條所辨列者，固未可同日而語焉。

以上列舉《孟子》一書所記孔子之說，計七見: 均見於《論語》上論之各篇章（除《學而》《八佾》《子罕》外，均各一見）。其中惟《論語》上論《泰伯》篇末語，記『大哉堯之爲君』等二章，有晚出之嫌，疑係轉錄《孟子》所記孔子之說外；『里仁爲美』之說，兩書所記則全同。餘於措辭上雖略有微異，然兩書所記於義理之陳述上，則無甚出入。據此當可推辨當時《論語》（上論）編本必已流傳，而爲孟子及其弟子所常稱述；至其於字句上有更易者，則當係孟子及其弟子於引述孔子之說之時，其於傳聞與筆錄之間，容有小異。至《論語》上論所記孔子之說，既當爲最可信之資料，其編集當在《孟子》一書之前，宜若可斷焉。

前節推辨《孟子》一書所記孔子之說，未見於《論語》上、下論或僅見於《論語》上論各篇章之言論記載，已予以試加分析。今如循前例，推辨《孟子》一書所記孔子之說，見於《論語》下論各篇章之言論記載（即前節所列之丙類）；則可發現一顯然不可忽略之事實，即：《孟子》一書所記孔子之說，其見於《論語》下論各篇章者，除其部分略同《孟子》所記外，於兩者言論義理之比證上，見於下論所記孔子之說，則類多有增添、附羼之迹，而宜若與《論語》上論所記孔子之平日言論思想相異：故其與《孟子》一書所記孔子之說見於上論者，亦適相逕庭。

《論語》下論當係晚出於上論之後，止歸另有專篇考徵，前節亦已略加論及；今不復贅言。今依《孟子》一書所記孔子之說，見於《論語》上論者，仍可約略推辨其編集年代當在《孟子》之前；蓋於兩者記言思想之比證上雖間有微異，然於基本思想上則尚無出入。今如依《孟子》一書所記孔子之說，見於《論語》下論者，則反有編集於《孟子》一書以後之疑；或增言刺諷孔子事：或增言『政事』『文學』事；或增言『三年之喪』事；他如增言『兵』事，亦可連類而推辨及之。然則《論語》下論之編集乃至撰作年代，當晚出於《孟子》一書之後，亦宜若可斷矣。今試分類推辨於下：

甲、下論略同於《孟子》一書所記者：

(1)孟子曰：求也、爲季氏宰，無能改於其德，而賦粟倍他日。孔子曰：求、非吾徒也。小子鳴鼓而攻之可也。（由此觀之，君不行仁政而富之；皆棄於孔子者也。（《離婁》上）

按：孟子此章所記，亦見於《論語》下論《先進》：

季氏富於周公，而求也爲之聚斂；而附益之。子曰：非吾徒也，小子鳴鼓而攻之可也。

≪孟子・離婁上≫及≪論語≫下論≪先進≫所記，均分別先言其事，然後引孔子之說；兩者所記，亦均略同。今設其一爲眞，則兩者俱爲眞，應無疑。

⑵萬章問曰：（孔子在陳曰：盍歸乎來！吾黨之小子狂簡，進取不忘其初。孔子在陳，何思魯之狂士？）孟子曰：孔子不得中道而與之，必也狂獧乎？狂者進取，獧者有所不爲也。孔子豈不欲中道哉？不可必得，故思其次也。（≪盡心≫下）

按：≪孟子≫此章所記『孔子在陳』事，已見≪論語≫上論≪公冶長≫；惟其下記孟子言『孔子不得中道』之事，則見於≪論語≫下論≪子路≫：

子曰：不得中行而與之，必也狂狷乎？狂者進取，狷者有所不爲也。

≪論語≫下論≪子路≫此章，則明記爲孔子之說；已易稱『中道』爲『中行』。今觀≪孟子・盡心下≫所記孟子之說，或依上論≪公冶長≫所記『孔子在陳』之說引申而來，而就其事實言之；或孔子實嘗有此語，惟孟子借爲己說耳；然則萬章之問，與夫孟子之答，俱皆係孔子之說歟？今未敢必斷也。

⑶孔孔曰：過我門而不入我室，我不憾焉者，其惟鄉原乎？鄉原、德之賊也。（≪盡心≫下）

按：≪孟子≫此章所記，亦見於≪論語≫下論≪陽貨≫：

子曰：鄉原、德之賊也。

≪論語≫下論≪陽貨≫所記，已佚其上半段；或乃特指『鄉原』之名而言。今考≪陽貨≫此章之前章爲：『子曰：色厲而內荏，譬諸小人；其猶窬之「盜」也與？』，又其後章爲：『子曰：道聽而塗說，「德」之棄也。』今記爲『鄉原、德之賊也』云云者，蓋亦與其前後章言『盜』『德』等說相應焉；今亦未敢必斷，姑誌所見，過而存之云爾。

乙、下論增言刺諷孔子之事者:

⑷(公孫丑問曰: 不見諸侯何義? 孟子曰: 古者不爲臣, 不見。段干木踰垣而辟之, 泄柳閉門而不納, 是皆已甚; 迫、斯可以見矣。)陽貨欲見孔子, 而惡無禮。大夫有賜於士, 不得受於其家, 則往拜其門; 陽貨矙孔子之亡也, 而饋孔子蒸豚。孔子亦矙其亡也, 而往拜之。當是時, 陽貨先, 豈得不見。(《滕文公》下)

按: 《孟子》此章所記, 亦見於《論語》下論《陽貨》, 則更煊染其事:

陽貨欲見孔子, 孔子不見, 歸(饋)孔子豚。孔子時其亡也, 而往拜之; 遇諸塗。謂孔子曰: 來、予與爾言。曰: 懷其寶而迷其邦, 可謂仁乎? (子)曰: 不可。好從事而亟失時, 可謂知(智)乎? (子)曰: 不可。日月逝矣, 歲不我與。孔子: 諾、吾將仕矣。

《孟子·滕文公下》所記孟子之說, 乃言古者爲『士』之禮, 『不爲臣不見』; 至若段干木、泄柳, 孟子乃指其行爲皆『過世』。下乃引孔子之與陽貨事告之, 以見孔子平日行事之較適當; 未嘗有陽貨與孔子實相見於塗, 並復有對語之事實。《論語》下論《陽貨》乃更記陽貨與孔子『遇諸塗』, 並直指孔子曰: 『來、予與爾言。』, 已跡近失禮。下復記陽貨進而以孔子平日所主張之『仁』『智』以駁孔子之不『仕』; 此猶屬以子之矛, 攻子之盾之類『詭辨』。陽貨面諷孔子, 而孔子連稱曰『不可』後, 卒無辭以對, 僅以『諾、吾將仕矣』作答, 跡近支吾其詞, 而竟無一語辯言; 此與孔子平日言行, 實多不符。要亦當與同篇他章『公山弗擾以費畔, 召、子欲往』同係可疑之章句。當係後儒據《孟子》所記之說, 更予煊染附會而成者。

丙、下論增言『政事』『文學』者:

⑸宰我、子貢; 善爲說辭; 冉牛、閔子、顏淵: 善言德行。孔子兼之，曰: 我於辭命，則不能也。……（昔者竊聞之: 子夏、子游、子張，皆有聖人之一體，冉牛、閔子騫，則具體而微。）（《公孫丑》上）

按:《孟子》此章所記孔門分科之事，亦見於《論語》下論《先進》，則更駢列爲四:

子曰: 從我於陳蔡者，皆不及門也。德行: 顏淵、閔子騫、冉伯牛、（仲弓）; 言語: 宰我、子貢; 政事: 冉有、季路; 文學: 子游、子夏。

依《論語》上論所考見: 孔子平日所言之『學』乃在『德行』，未嘗別見有『讀書』（如『文學』）事; 至『仕』『穀』『祿』（如『政事』），亦原非其所措意。今《論語》下論《先進》於孟子所言『德行』『言語』之外，溢出『政事』『文學』二科; 似指孔子之『學』當有在『德行』之外者。凡此當係孔門後學傳聞之說，因其『學』字思想轉變使然。

今復依《孟子》所引孔子之說核之: 孔子雖贊宰我、子貢『善爲說辭』，而猶謙稱『我於辭命則不能也』; 此仍係孔子重『德行』思想之本意，與《論語》上論所記孔子思想正相一致。下復記公孫丑之問（朱晦庵《集注》:『此一節，林氏以爲皆公孫丑之問，是也。』）引舊聞謂『子夏、子游、子張，皆有聖人之一體』; 然則子夏、子游二人，本無另列於『文學』之科之事，似不待再辨而自明。今設孔子於『德行』『言語』（說辭）外，實嘗別列『政事』『文學』之科，孟子理當循其說而備列之，以引申其後『可以仕則仕』（詳《公孫丑上》本章）之說，而使其前後義理適成呼應; 今則略而不提，當無此理。且今孟子所漏列未及者，則正爲公孫丑之問『子夏、子游』其人而補足之; 諒亦不可能巧合如斯也。

今《論語》下論《先進》此章所記，蓋乃據《孟子》一書所列，移公孫丑所言之『子夏、子游』爲『文學』之科，另別冉有、季路於『政事』之科；復於原『德行』項下，增列『仲弓』一人，蓋亦足成其『十人』之數耳！

⑹孔子曰：惡似而非者：惡莠、恐其亂苗也；惡佞、恐其亂義也；惡利口、恐其亂信也；惡鄭聲、恐其亂樂也；惡紫、恐其亂朱也；恐鄉原、恐其亂德也。（《盡心》下）

按：《孟子》此章所記孔子之說，亦見於《論語》下論《陽貨》，而文句較簡略：

子曰：惡紫之奪朱也；惡鄭聲之亂雅樂也；惡利口之覆邦家者。

《孟子·盡心下》所記孔子之說，均本『義』『信』『樂』『德』等之『德行』而言；未嘗更有他指，至《論語》下論《陽貨》則更易《孟子》所記『惡利口、恐其亂信也』之說爲『惡利口之覆邦家者』。按：依《論語》上論所考見，孔子平日言『德行』，均多本人之行爲修養而言；未嘗涉言『政事』。《陽貨》易稱『亂信』爲『覆邦家』，此與孔子平日側重『德行』之思想有異；而與前⑤增列『政事』之思想實同。《陽貨》所記，顯依《孟子》所記孔子之說另加改易，而有轉重『政事』思想之傾向。今固未能與傳聞異辭之類，同一而觀；亦容乎無疑義者也。

丁、下論增言『三年之喪』者：

⑺（滕定公薨，世子謂然友曰：昔者孟子嘗與我言於宋，於心終不忘；今也不幸，至於大故。吾欲使子問於孟子，然後行事。然友之鄒，問於孟子；孟子曰：不亦善乎！親喪、固所自盡也。曾（孔）子曰：生事之以禮，死葬之以禮，祭之以禮；可謂孝矣。諸侯之禮，吾未之學也；雖然，吾嘗聞之矣；三年之喪，齊疏之服，飦粥之食，自天子達於庶人。三

代共之。然友反命，定爲三年之喪；父兄百官皆不欲，曰：吾宗國魯先君莫之行，吾先君亦莫之行也。……）孟子曰：然、不可以他求者也。孔子曰：君薨、聽於冢宰，歠粥、面深墨、卽位而哭；百官有司，莫敢不哀，先之也。（上有好者，下必有甚焉者矣。君子之德、風也，小人之德、草也；草上之風必偃，是在世子。）（《滕文公》上）

按：《孟子》此章所記孔子之說，亦見於《論語》下論《憲問》，其內容則略有變異：

子張曰：書云：高宗諒陰，三年不言；何謂也？子曰：何必高宗，古之人皆然。君薨，百官總己；以聽於冢宰，三年。

《孟子·滕文公上》所記孟子引孔子言『君薨、聽於冢宰』事，乃對滕文公之問，以申言其所主『三年之喪』之說，至孔子本身固未嘗有『三年』之語也。蓋『三年之喪』禮，自滕文公問孟子後始定；而孟子倡導此說甚力，於《孟子》一書固多見之。然考之周制，實無『三年之喪』之事實也。今《論語》下論《憲問》更記子張問：

書云：高宗諒陰，三年不言。

按：今文《尚書·無逸》云：

其在高宗時，舊勞於外，爰曁小人作；其卽位，乃或亮陰，三年不言；其惟不言，言乃雍。

『亮陰』卽『諒陰』，一作『諒闇』。何晏《論語集解》引孔安國之說曰：

高宗、殷之中興王武丁也。諒、信也，陰、猶默。

甚洽。今據《呂氏春秋》《國語》所引，亦可得其解：

人生之言，不可不愼。高宗、天子也。卽位諒闇，三年不言；卿大夫恐懼，患之。高宗乃言曰：以余一人正四方，余恐言之不類也，茲故不言。

又《國語·楚語》云:

白公曰: 昔、殷武丁能聳其德, 至於神明; 於是乎默以思道。卿士患之, 曰: 王、言以出令也! 若不言, 是無所稟令也。武丁於是作書曰: 以余王四方, 余恐德之不類, 玆故無言。

據此可知, 殷高宗之『諒陰』乃至『三年不言』, 乃恐『德(言)之不類』而已; 其與『三年之喪』, 當無干係。下論《憲問》依書《無逸》記高宗『三年不言』事, 用以足成『三年之喪』之說, 疑出孔門後學附會之辭, 殆失其眞。至後儒多依僞古文《尚書大傳》等說, 均釋『諒陰』『諒闇』爲『凶廬』, 或疑《論語》下論《憲問》所引, 乃出《說命》佚文; 實均有誤。今觀朱晦庵《集注》, 雖依舊說釋『諒陰』爲『天子居喪之名』; 然但云『未詳其義』, 已足見其矜愼, 然終未如何晏《集解》之近其眞。毛奇齡《四書賸言》云:

滕文公問孔子, 始定爲三年之喪; 豈戰國諸侯, 皆不行三年喪乎? 若然, 則齊宣欲短喪何與? 然且曰: 吾宗國魯先君不行, 吾君亦不行; 則是魯周公、伯禽, 滕叔繡、並無一行三年之喪者。往讀《論語》: 子張問高宗三年不言, 夫子曰: 何必高宗? 古之人皆然; 遂疑子張此問, 夫子此答, 其周制當必無此事可知。何則? 子張以高宗爲創見, 而夫子又言古之人; 其非今制, 昭然也。及讀《周書·康王之誥》: 成王崩方九日, 康王卽位冕服, 出命令、誥諸侯, 與三年不言, 絕不相同; 然猶曰: 此天子事耳……是皆商以前之制, 並非周制; 周公所制禮, 並未有此。……而世讀其書, 乃通不察也。(卷三)

毛氏斷『三年之喪』爲『商以前之制』, 蓋亦依《論語》下論《憲問》所記, 而試爲調解之說也。

復考《論語》下論所記『三年之喪』之說，尚更有一見；如《陽貨》云：

宰我問：三年之喪，期已久矣！君子三年不禮，禮必壞；三年不爲樂，樂必崩。舊穀既沒，新穀既升；鑽燧改火，期、可已矣。子曰：食夫稻、衣夫錦，於女安乎？曰：安。（曰：）女安則爲之！夫君子之居喪，食旨不甘，聞樂不樂，居處不安；故不爲也。今女安，則爲之。宰我出。子曰：予之不仁也！子生三年，然後免於父母之懷。夫三年之喪，天下之通喪也；予也，有三年之愛於其父母乎？

按：依《論語》上論所記，所謂『三年』者，亦僅係『三年無改於父之道』（《學而》《里仁》）而已矣；未嘗別有『三年之喪』之說。至《論語》下論《陽貨》所記，則有下列數點可疑：

（a）宰我疑『三年之喪』，自『期已久矣』以下，文字修辭嚴整，且間協韻，實非口語所宜有；此與《論語》一般記言之體例，已有未合。或當出後人引時人之成說而足成之者。

（b）孔子言『三年之喪，天下之通喪也』似當時已實行此一『三年之喪』之『禮』；至宰我之問，亦若有其事者然。此既與史實不合，觀前辨已知其有誤。如孔子之當時，未實行此一『三年之喪』；然則宰我之問，既失其目的；孔子痛惡之深，亦復爲無由。凡此，於理均有未賅者。

（c）孔子兩言『女安則爲之』，若與之『鬥氣』者然；而必俟其『出』始責之，此則似爲下論記言之通例；豈孔子平素教人之道？考之《論語》上論固亦無類此之記言也。

（d）孔子責宰我稱其『不仁』。按孔子生平極重『仁』，今以『不仁』責之，足見深絕之意；然則宰我何能爲師門之高足？孟子嘗贊宰我，謂：『宰我、子貢，善爲說辭。』又謂：『宰我、子貢、有若，智足以知聖人；汙不至阿其所好。』（均見《公孫丑上》)。然則今觀《陽貨》所記宰我之問，非特未見其『說辭』之善，實足見其所問之愚拙不『智』也。

據此，《論語》下論《陽貨》所記宰我之問『三年之喪』與前辨《憲問》所記子張之問『高宗諒陰』兩章，殆均出於《孟子》一書之後：乃爲孔門後學依《孟子》『三年之喪』主張，所孳生之傳聞之說，今則附益入下論篇章之內；至《論語》下論之主張『三年之喪』思想，固亦有其共通一致性焉。

附：戊、下論增言『兵』事者：

(8)魯欲使愼子爲將軍，孟子曰：不敎民戰而用之，謂之殃民。(《告子》下)

孟子曰：……諸侯有行文王之政者，七年之內必爲政於天下矣。(《離婁》上)

按：上二章所記，乃孟子之說；其略同語則均見於《論語》下論《子路》篇末：

子曰：以不敎民戰，是謂棄之。

子曰：善人敎民七年，亦可以卽戎矣。

今疑上列二章乃依《孟子》一書而來；其理由約有以下數端：

(a)《論語》上論所記孔子思想，乃一歸於『德行』而已，未嘗記孔子言『兵』事；即於下論所記孔子言『兵』亦僅見於此，與孔子平日思想似有未合。

(b)《論語》上、下論各篇篇末，殆均有可疑之『篇末語』；而下論則尤顯然。今下論《子路》所記孔子言『兵』事，亦適位於篇末；固亦當在可疑之列焉。

(c)《論語》下論《子路》所記孔子之說，上二章與孟子之措辭均分別略同；尤以前章爲甚。至後章所記，於《孟子》一書雖無言『兵』事；然所謂『七年』云云，於措辭之語氣上，亦約略近似；故今一併考辨及之。今觀上列二章之《子路》篇末語，本已有晚出之疑，現既與《孟子》一書所記有疑似略同處；然則孔子言『兵』事，亦當出孔門後學轉引孟子之說，而爲增羼附益之章句；今則相續連袂而共同出現於《子路》篇末也。

綜觀本篇以上各節所考，今試推判《論語》一書之編擬源流，列如下述：

（1）《論語》一書之初編年代，亦卽《論語》上論之編集時期，當在孔子（元前五五一——四七九年）卒後三十一年（元前四四八年）乃至四十三年（元前四三六年）以上；惟於當時尚無《論語》一書之名。

（2）《論語》一書之續編年代，亦卽《論語》下論之編集時期，當在孟子（元前三七二——二八九年）卒後，且《孟子》（七篇）一書經其弟子編集完成之後；其距孔子之卒後已近二百年以上。當時《論語》之上、下論，兩者或當別行；所謂《魯論》本與《齊論》本，其同異之別，乃當於此中求之。至此《論語》一書，迄漢宣帝時猶名之曰《傳》。

（3）《論語》一書之再編年代，亦卽《論語》魯、齊論（或卽上、下論）合訂本之編集時期，當在張禹爲博士（元前四十九年）之後，而完成於成帝卽位（元前四十四年）之前；其距孔子之卒後已近四百三十年以上。此時《論語》一書之名乃告成立。

以上所述之《論語》各期編本，乃各具其時代之特徵：卽：《論語》之初編本（上論），乃可據此以探究孔子之思想；至《論語》之續編本（下論），乃可據此以探究孔門後學之思想。其思想上之演進異同，經分別探究與類比分析，亦可得而約略窺見及之。因此，今傳《論語》之合訂本，當屬孔門思想流傳之先後總集成。張禹其人之性行，雖多不足取；然《論語》一書之經其編定者，其節章組織大部尙保持其原序；至當世流傳有關孔子之言論，乃至離奇不經之說，似尙未同予羼入。至魯、齊論之異，時或有別本可參；迄鄭玄（元後一二七——二〇〇年）出，今古文綜合之時代開始，其於（論語）亦曾加注釋（清宋翔鳳及臧庸，均分別有《鄭注》輯本。）；凡此類之合訂本既已暢行於世，魯、齊論之舊本乃漸寖微，亦其勢所必然。然則今日欲據此以探究孔子之思想及其流傳，而冀逆睹其眞貌，實亦差可有其依循之根據焉。

（《論語編撰源流考》，原刊於《大陸雜誌》第三十一卷第六、七、八期。胡氏復將有關《論語》論文裒輯成書，一九七八年臺北聯經出版事業公司出版，書名為《論語辨證》，自署為『胡志奎』）

蔣伯潛云：

《漢志》不實指其人，但曰『弟子各有所記』、『門人輯而論篹』，庶幾得之。

然於此又有一疑問焉。據《漢志》之言觀之，似『各有所記』者，爲孔子之『弟子』，『輯而論篹』者，爲孔子之『門人』。『弟子』與『門人』分別言之，則所指不同矣。朱彝尊《經義考》曰：『歐陽子有言：「受業者爲弟子，受業於弟子者爲門人。」試稽之《論語》所云「門人」，皆受業於弟子者也。「顏淵死，門人厚葬之」，此顏子之弟子也。「子出，門人問」，此曾子弟子也。「子疾病，子路使門人爲臣」，此子路之弟子也。「子夏之門人問交於子張」，此子夏之弟子也。孟子云：「門人治任將歸，入揖於子貢」，此子貢之弟子也。』朱氏所擧例證頗多，似能持之有故，言之成理矣。但細按之，則殊未安。顏淵死於從遊之旅次，孔子周遊，非如孟子之『後車數十乘，從者數百人』，豈能挈其弟子之弟子以從遊？顏子早卒，恐亦未必已有弟子也。厚葬顏子之門人，正指從孔子周遊之弟子，爲顏子同門而非其弟子。孔子卒時，曾子年僅二十七；而此章所記，又未必卽在孔子卒年；故彼時曾子亦未有弟子。此門人亦是孔子之弟子，因見曾子聞『吾道一以貫之』之言，直應曰『唯』，而不解其意，故俟孔子出而問之。同學切磋，本是常事，豈能斷謂必非孔子之弟子乎？孔子弟子中，除顏、路外，子路年最長，彼時或已有弟子。但此事疑亦在周遊途次，故孔子有『予死於道路乎』之言。周遊時，子路未必率其弟子以從也。子路年既最長，則孔子病於途中，子路使同學爲臣，爲孔子服役，亦何不可之有？『子夏之門人』，誠爲孔子弟子之弟子矣。但『門人』之稱，如果止限於再傳弟子，則子夏之弟子當云『孔子之門人』，不當云『子夏之門人』矣。此以『子夏之門人』指子夏之弟子，正是朱氏之說之反證耳。入揖於子貢之門人，正指子貢之同門。孔子之弟子，因孔子卒後，三年心喪已畢，故『治任將歸』耳。如爲子貢之弟子，則孔子雖卒，子貢尚存，何以皆辭子貢而歸乎？故朱氏所舉例證，無一可成立者，然則『弟子』『門人』並無區別乎？是又不然，『弟子』指親受業者而言，『門人』則範圍較泛，凡『頗受業者』，（用《孔子世家》語）受業於弟子者，亦可謂之『門人』，故《漢志》分別言之爾。

（《諸子通考》）

〔存　目〕

錢穆撰《論語要略》，第一章第二節爲《論語之眞僞》。

張學波撰《論語之編纂及其篇章眞僞略考》，發表於《孔孟月刊》第十六卷第十一期。

■孟 子

風俗通義云:

孟子序《詩》《書》仲尼之意，作書中外十一篇。

(《窮通篇》)

孫 奕云:

昔嘗聞前輩有云，親見館閣中有《孟子外書》四篇，曰《性善辯》曰《文說》曰《孝經》曰《爲政》。則時人以『性善辨文』爲一句，『 說孝經 』爲一句，甚乖旨趣。古文辯、辨，正、政，通用。

(《履齋示兒編》)

翟 灝云:

孫氏僅得耳聞，當日在館閣諸公，未有以目擊詳言之者。道聽塗說，必不足爲按據。

且外書之篇目，自宜以《性善》爲一，《辯文》爲一，《說孝經》爲一。劉氏以所見《性善辯》，遂以辯字上屬，而謂《文說》一爲，《孝經》一篇。據《論衡・本性篇》，但云孟子作《性善》之篇，不綴辯字。疑新喻謝氏所藏《性善辯》，又屬後人依放而作，非外書本眞也。

(《四書考異》)

丁 杰云:

此書雜採他書引《孟子》文，兼及其不云孟子者，綴輯敷衍，往往氣不貫穿。人名事蹟，譌謬甚多。後人徵引，或由傳聞失實；豈有身接其人，目擊其事，與其徒著書，而記錄不眞者乎！姚叔祥好造僞書，此爲叔祥僞造無疑。

(《孟子外書疏證》)

錢基博云:

吾意《孟子》所記，必盡如湣王之公而不謚。厥後門人淆誤是懼，乃援滕文公之例，就其可知者，一體加謚以爲識別焉耳。然則以時君之皆舉謚，而證《孟子》之非自作者，固未爲知言也。或者謂:『書中於孟子門人多以子稱之，……果孟子所自著，恐未必自稱其門人皆曰子。』此又不然。按: 魯平公將出章:『樂正子入見。』趙岐《注》:『樂正，姓; 子，通稱; 孟子弟子也。』(《梁惠王》下) 然則，子者，自如趙岐所云『男子之通稱』，不必弟子之於師。公孫丑問曰:『夫子當路於齊。』孟子曰:『子誠齊人也。』此則孟子自稱其門人曰『子』之證一矣！孟子去齊。有欲爲王留行者，客自稱曰『弟子』，而應之曰『我明語子』，此孟子自稱其門人曰『子』之證二矣！如此之類，難以悉數; 何得以此證孟子之非自作哉！

(《四書解題及其讀法》)

梁啓超云:

細玩此書，蓋孟子門人萬章公孫丑等所追述，故所記二子問答之言最多，而二子在書中亦不稱子也。其成書年代雖不可確指，然最早總在周赧王十九年（西紀元前二九六）梁襄王卒之後；上距孔子卒一百八十餘年，下距秦皇幷六國七十餘年也。

（《要籍解題及其讀法》）

楊伯峻云：

太史公在《孟荀列傳》中說：『退而與萬章之徒序《詩》《書》，述仲尼之意，作《孟子》七篇。』從這幾句話，我們得到這樣的概念：《孟子》的著作，雖然有『萬章之徒』參加，但主要作者還是孟子自己，而且是在孟子生前便基本上完成了的。關於這一點，魏源在《孟子年表考》中有所體會，他說：『又公都子、屋廬子、樂正子、徐子皆不書名，而萬章、公孫丑獨名，《史記》謂退而與萬章之徒作七篇者，其爲二人親承口授而筆之書甚明（咸邱蒙、浩生不害、陳臻等偶見，或亦得預記述之列）。與《論語》成於有子、曾子門人故獨稱子者，殆同一間，此其可知。』

我們認爲，太史公的話是可信的。他的時代較早，當日所見到的史料，所聽到的傳聞，比後人多而且確實。

（《孟子譯注·導言》）

屈萬里云：

現在所見到的《孟子外書》，有《函海》本，《藝海珠塵》本，《拜經樓叢書》本，《經苑叢書》本，和《竹柏山房》十五種本。前四種本子都一樣，只是《竹柏山房》本的《爲正篇》，多了九章。據林春溥的《孟子外書補證》（即《竹柏山房》本）序文，說他這個本子，是得於會稽的孟經國。而孟經國得到此本的經過，尤其奇怪。林春溥的補證後面，附了孟經國給林氏的一封信，說：

蒙詢《孟子外書》來歷，其說甚長。經國先於嘉慶甲戌至庚辰，就聘申陽觀察署。解館後，積誠赴梁苑，謁先亞聖於遊梁祠。會遇老人，詢與經國同姓，籍隸祥符。年登大耄有奇，而無子嗣，隻身居於祠右。半椽促膝，短褐不完。……即與席地而談古今，詢及先亞聖外書一節，曰：『遺稿存於吾家者二十餘世矣。』經國乞借敬閱，老人乃拆開臥枕，取有破損油紙一包，內有綢絹十數層捲裹，得外書一本付閱。謂：『從前閣中丞興邦撫豫，曾以重價來購。先祖云：「此非眞買主。」欲留後人發刻。迄傳於吾。茲且二饘不給，遑能繼先人志乎？』彼時經國尙餘傭値八十餘金，即回寓取出，傾囊而贈。……方擬是晚借居其室手鈔。老人曰：『噫！爾得非眞買主乎？姑持去。……』經國又問此本何時所獲。曰：『北宋時祖公由鄒挾而遷汴者。』……惜倉皇登程，未及問老人名號。……其傳自何代，老人亦未悉也。

林春溥相信了這個神話式的得《孟子外書》經過，因而也相信這本孟子外書『其中實有採者』（林氏《自序》語）；並駁斥了翟灝的八驗三證。但，由於㈠今本的最早傳佈者是姚士粦；㈡它已承襲了李詡的錯誤；㈢它已承襲了所謂十六字心傳的學說。有這三個證據，則今本《孟子外書》，是出於姚士粦的僞託，應該是沒有什麼疑問了。而且，姚本開頭，有馬廷鸞的《序文》。馬廷鸞是馬端臨的父親。馬廷鸞如果眞見過這部書，而且替它作《序》，馬端臨的《文獻通考》，豈有不著錄此書之理！它又附有㬿淵的題記（㬿淵是朱子的學生）：題記裏對於此本還故作疑辭。這顯然是借用了馬、㬿兩位名類不大的學者之名，替他們作了序文和題記，而用以欺世的。

此本旣作於明代，則所謂熙時子（僞馬廷鸞《序》，說熙時子是劉貢父）的註解之不可信，更不必說了。

（《孟子七篇的編者和孟子外書的真偽問題》，
原刊《孔孟學報》第七期）

小　學　類

■爾　雅

王　質云:

（《爾雅》）雖云『興于漢氏』，細推止是漢儒相發明，以實訓註；然亦非一人所爲，所以多迂。

（《詩總聞》卷二《匏有苦葉》）

■小爾雅

黃雲眉云:

王先謙《漢書·藝文志·小爾雅補注》:『沈欽韓曰:陳振孫云:蓋卽《孔叢》第十一篇,當是好事者鈔出別行。按班氏時《孔叢》未著,已《小爾雅》,亦孔氏壁中文,不當謂其從《孔叢》鈔出也。先謙曰:官本無爾字,引宋祁曰:小字下邵本有爾。錢大昕云:李善《文選·注》引《小爾雅》皆作《小雅》。此書依附《爾雅》而作,本名《小雅》。後人僞造《孔叢》,以此篇竄入,因有《小爾雅》之名,失其舊矣。宋景文所引邵本,亦俗儒增入,不可據。』然則《漢志》之《小爾雅》,實《小雅》也。今之《小爾雅》,是否卽《漢志》之《小雅》,蓋不可知;卽是,亦爲王肅所變亂,決非原書,以其竄入《孔叢》,非無因而然也。

(《古今僞書考補證》)

■史籀篇

高　亨云:

《漢書・藝文志》曰:『《史籀》十五篇。』自《注》:『周宣王太史作大篆十五篇，建武時亡六篇。』又曰:『《史籀篇》者，周時史官教學童書也，與孔氏壁中古文異體。』《說文敍》曰:『宣王太史籀著大篆十五篇，與古文或異。』是則籀文者出於《史籀篇》;《史籀篇》者，周宣王太史籀之所作也。

先師王靜安先生撰《史籀篇疏證序》，始揭其疑問。亨不自量，嘗反而稽之，知班許之言，亦未可厚非。蓋班許並以籀爲周宣王太史，其人名、官名、時代，章明鑿確如此。班本良史，許亦通儒，必非盲從臆撰。竊疑其言卽本於《史籀篇》也。古人作書，間或纂其名與其官於其書內，此種風尙，西周宣幽之世實嘗有之。《詩・嵩高》曰:『吉甫作誦，其詩孔碩。』《烝民》曰:『吉甫作頌，穆如清風。』此二篇周宣王時作。《巷伯》曰:『寺人孟子，作爲此詩。』《節南山》曰:『家父作誦，以究王訩。』此二篇周幽王時作。並其證也。則籀作《史籀篇》，殆嘗將其名與官纂入文內，如『寺人孟子，作爲此詩』之例。故後人名其書曰《史籀篇》、班許因曰『太史籀所作』也。一書之年代，往往由其文意可以推斷，字書亦有此例。《顏氏家訓》曰:『《倉頡篇》李斯所造，而云:「漢兼天下，海內并厠，豨鯨韓覆，畔討滅殘。」皆由後人所羼，非本文也。』按漢初閭里書師合《倉頡》《爰歷》《博學》三篇爲一篇，總名《倉頡篇》，揚雄續之，班固又續之。顏氏所指四句，出於揚班所續無疑。以此類推，《史籀篇》爲周宣王時書，或其文明白言之，或由其文意可以推斷，故班許均以籀爲周宣王太史也。

唯是周宣王有太史名籒，古籍無載。今考《詩·十月之交》曰：『皇父卿士，番維司徒，家伯維宰，仲允膳夫，聚子內史，蹶維趣馬，楀維師氏，豔妻煽方處。』《漢書·古今人表》有『內史掫子』，卽本詩文。聚掫通用字也。聚籒古音近。《左傳》哀公二十七年『顏涿聚』，《孟子》作『顏讎由』。而由與繇通，古書恒見，繇與籒通，先師已曾言及。《左傳》之『卜繇』，《說文》作卜籒，其明證也。據此聚籒古亦通用字也。古人之名多無定字，如老聃亦作老耽，宋牼亦作宋鈃宋榮，離婁亦作離朱，桓團亦作韓檀，其例不勝枚擧。然則籒殆卽聚矣。籒當宣王時，而聚當幽王時者，其年代相近也。《十月之交》首云：『十月之交，朔月辛卯，日有食之。』據歷家推算，周幽王六年十月朔辛卯日食。詩卽作於斯時。周宣王四十六年卒，子幽王立，則聚仕宣幽兩朝，甚爲可能。今以其時史蹟證之。《詩·常武》曰：『王謂尹氏。』宣王時詩也。《節南山》曰：『尹氏大師。』幽王時詩也。此尹氏仕於宣幽兩朝之證。《常武》曰：『大師皇父。』《十月之交》曰：『皇父卿士。』（《竹書紀年》：『宣王二年，錫大師皇父、司馬休父命。幽王元年，王錫大師尹氏皇父命。』按『尹氏』下疑脫『卿士』二字。）此皇父仕於宣幽兩朝之證。《韓奕》曰：『韓侯取妻，汾王之甥，蹶父之子。韓侯迎止，于蹶之里。』又曰：『蹶父孔武，靡國不到。』宣王時詩也。《十月之交》曰：『蹶爲趣馬。』幽王時詩也。（《竹書紀年》：『宣王四年，王命蹶父如韓，韓侯來朝。』）此蹶父仕於宣幽兩朝之證。以此推之，宣王時之籒卽幽王時之聚矣。籒爲太史而聚爲內史者，其官職相近也。宣幽二君，一明一昏，幽繼宣祚，職臣多有變動，亦可以其時史蹟證之。《常武》言『大師皇父』，《節南山》言『大師尹氏』，此宣王時皇父爲大師，幽王易以尹氏之證。《常武》曰『王命卿士，南仲大祖』，

《十月之交》言『皇父卿士』，此宣王時南仲爲卿士，幽王易以皇父之證。而皇父宣王世爲大師，幽王世轉爲卿士，尤爲明顯。以此推之，蓋籀在宣王時爲太史，幽王時轉爲內史，故班許以籀爲周宣王太史，而《十月之交》以棸爲周幽王內史也。又籀《詩》作棸子者，子乃美稱，猶蹶亦稱蹶父耳。由此言之，周宣王時殆有太史籀其人矣。

《漢書・古今人表》列內史掫子於末等，實則《十月之交》所舉幽廷諸臣，不盡佞邪，如皇父與蹶，《常武》《韓奕》並頌揚之，而『家伯維宰』之『家伯』，卽《節南山》『家父作誦』之『家父』，伯父古音同通用，《莊子・讓王篇》『子州支伯』，《呂氏春秋・貴生篇》作『子州支父』，是其證。可知棸未必爲宵小之流，班氏儕之窮凶，恐失其當。卽使棸爲宵小之流，與作字書一事亦不相害。以李斯之猾而作《倉頡篇》，趙高之猥而作《爰歷篇》，則棸縱非君子，亦可作《史籀篇》矣。

宣王者西周中興之主，命史臣制字書以敎學僮，而同文字，亦固其所。宣王旣沒。子幽王立，十一年被犬戎所戕。子平王立，東徙雒邑，西都之地，遂爲秦有。此二三四十年間事耳。是籀作《史籀篇》不久，未及通行，卽逢變亂，其書遺在鎬京，爲秦所取，故其字不行於東方，而獨行於西土也。陳倉石鼓，宣王所造（此事余別有考證），故其文頗與籀文同。及平王二十四年，秦文公獲若石云於陳倉北阪，卽謂得石鼓也。其事之吻合有如此者。然則班許以《史籀篇》爲周宣王太史籀所作，固未可厚非。

（《史籀篇作者考》，在高著《文史述林》內）

■切韻指掌圖

董同龢云:

從清末鄒特夫氏發現《切韻指掌圖》的自序文字與孫覿的《切韻類例序》雷同，傳統的司馬光作《切韻指掌圖》一說便發生了問題。自此之後，論本書的年代與作者的不止一家。不過眞能說得有些根據的只是鄒氏本人與近人趙蔭棠氏。

《鄒徵君存稿》中有《切韻指掌圖》跋一則，首述孫覿爲楊中修的《切韻類例》作序事，繼云:

> 作此序當在南渡之初，而今所傳《切韻指掌圖》題司馬溫公撰。有嘉定癸亥番昜董南一序，在其後五六十年。有溫公自序，其語俱與孫序雷同。孫序稱著爲十條，爲圖四十四，而今《指掌圖》爲圖二十。疑南宋流傳，改併失眞，乃冒溫公名以求售，而條例尙存。

趙蔭棠氏作《切韻指掌圖撰述年代考》，用的功夫很深。他的結論是:

> 所謂《切韻指掌圖》者確非司馬光所作。因爲自他死後到嘉泰三年（按卽本書付刻之年）以前，其間著錄家言及等韻者若孫覿，若鄭樵，若沈恬，若張麟之，若晁公武，若朱熹均未提及他。他決不會是元朝人作的。因爲自嘉泰以後著錄家若孫奕，若王應麟，若黃公紹，若吳澄，若邵光祖均與他發生過關係。然他的形成雖受北方《四聲等子》的影響，而也有楊倓《韻譜》的成分。所以我斷定他是淳熙三年以後與嘉泰三年以前的產物。

現在看，這裏面是有幾點値得仔細考慮: 第一，《指掌圖》自序與孫覿的《切韻類例序》文字雷同，究竟是誰抄誰？第二，從司馬光死到本書付刻，許多著錄家都沒有提到，是否足以證明司馬光未作此書，或此書當付刻之前不存在？第三，本書是改併楊中修《切韻類例》而成的嗎？第四，本書確有楊倓《韻譜》的成分嗎？末了，孫奕已經引到《切韻指掌圖》，他的時候已經有《切韻指掌圖》其書當無問題，然而那本《切韻指掌圖》是否跟我們現時所見的是一本書呢？

兩序相同，鄒特夫斷爲《指掌》抄孫覿，雖然沒有擧出理由，話卻說的不差。先就情理說。孫仲益也是一時負名望的人，楊中修的書，請他作序，總不至於作不出而去抄，並且是抄一個盡人皆知的人的文章。再看事實。《指掌圖》自序裏也確有一個斷非司馬光作的證據在，那就是下面一段文字:

> 仁宗皇帝詔翰林學士丁公度，李公淑增崇韻學，自許叔重而降凡數十家，總爲《集韻》，而以賈公昌朝，王公洙爲之屬。治平四年，余得旨繼篡其職。

翻遍當年纂修《集韻》的文獻，誰也沒有看見過司馬光的名字。治平四年，司馬光倒是奉詔續修了一部書，不過那是《類篇》而不是《集韻》。（《集韻》那時早已完成了。）司馬溫公自己會那麼記憶不清嗎？孫序也有相類的一段，但是『集』上多『類篇』二字，就顯得是言而有據。《指掌圖》抄脫了兩個字，不想便是關鍵。

自孫覿至朱熹都不知《指掌圖》，因此便說《指掌圖》在他們的時候還沒有出世。這種論證法是非常之危險的。誰能擔保這些人曾經讀遍在他們以前所有的書，連刊行過的與未刻的都在內呢？司馬光《傳家集》未載此書，很可能是這些『著錄家』忽略的原因。又董南一序有云:

> 走於是書有以識公致廣大盡精深之學，因刻諸梓與共衆之。

則此書在董氏以前很可能沒有刻本，流傳亦希。如是，『著錄家』

當然可以不知。《指掌圖》雖確非司馬光作，趙氏此論也未能服人。

既知《指掌圖》自序是抄孫覿的《切韻類例序》，鄒特夫更疑心《指掌圖》亦係改併楊中修的《切韻類例》而成。楊書久已不傳，我們僅從孫序知是『著為十條』與『為圖四十四』。就等韻圖的系統論，四十三或四十四圖的韻圖與二十或二十四圖的是屬於截然不同的兩個系統。《切韻類例》能否『改併』為《指掌圖》大有問題。再者，鄒氏因兩書都是『十條』便說『條例尚存』。但是我們看指掌圖十條中的《辨獨韻與開合韻例》:

總二十圖，前六圖係獨韻，……後十四圖係開合韻，……

這豈得是楊書之舊？至於陳禮《切韻考外篇》卷三直以《指掌圖》為楊中修作，更是誤讀鄒書的大疏忽了。

楊倓《韻譜》也是一本久已沒人見到的書。我們不過是從別人的籠統記載之中知道有『入聲兩配』與『字母分三十六行』兩點與《指掌圖》相像，如因此便說《指掌圖》必受他的影響，也是大危險的事。我們知道『入聲兩配』早在《四聲等子》便已實行了，並非《韻譜》與《指掌圖》所獨具。《等子》既在別的方面確實影響《指掌圖》至深，這一點為何獨獨不能，而要另外歸之於其詳不得知的《韻譜》？字母分三十六行本是個極簡的手續。楊倓可以創行，《指掌圖》的作者又未嘗不可。並且《韻譜》成書是在淳熙年間，早於《指掌圖》付刻的嘉泰三年不過二十三至二十九年，《指掌圖》成書也未必比他晚呢？

要說《指掌圖》晚出於南宋之後，除非先完全能確立三個大前提：(1)今傳影宋本的『宋』字靠不住，(2)嘉泰三年的董南一序也是假的，(3)孫奕等宋人所引的《切韻指掌圖》跟我們所見的不是一個東西。如果有任何一點恰恰不是那回事，我們就不能否認今傳《指掌圖》最晚是南宋的產品。版本的鑑定，趙蔭棠氏《切韻指掌圖撰述年代考》文中是有斷定宋本不假的證據，然而容或別的版本家還有不同的看法。董南一實有其人，年代與序文所載相合，而序文內容不免有問題。（看下文。）但是孫奕等人所引的《指掌圖》沒有任何跟今傳本不合的地方則是毫無問題的事實。尤其是孫奕，他在《示兒編》中所論的『不』字正是今傳《指掌圖》的特點之一。如此，今《指掌圖》在孫氏之世便出現世間已得充分證明了。現在確是有一些人在說《指掌圖》是元明間的東西，論證是些不可靠的韻圖沿革說。韻圖沿革不是本文討論的範圍，好在有《示兒編》在，這一說已經可以不攻自破了。

總之，關於《切韻指掌圖》的年代，現在只有兩點是可以確定的，就是說，他必在孫覿作《切韻類例序》之後，與必在孫奕寫《示兒編》那條筆記之前。雖然董南一刻《指掌圖》是有確實的年月，並且比孫奕作《示兒編》序早兩年，但是我們還不便拿董序作據點，因爲董序自『以三十六字母總三百八十四聲』以至『而況有音無字者乎』一大段是跟《四聲等子》序文雷同的，本身就有問題。

《四聲等子》字母分二十三行橫列，拿二十三乘上縱列的四等四聲十六行，得三百六十八個格子，再加上標寫韻目的十六格，共是『三百八十四聲』無誤。《指掌圖》則不然。字母分三十六行，乘十六再加十六是五百九十二。由這一點看，董序盲目的抄《等子》序而出了岔子已無疑義。

據趙蔭棠氏引《乾隆鄱陽志》，董南一是確有其人，而且是淳熙二年乙未科的進士。一位進士公看到一本題爲司馬溫公作的書，以爲好，把它刻出來，但是自己再想作一篇序，以至於在中間盲目的去抄別人的文章嗎？那麼似乎又是有人在冒董氏之名刻書了。

同事張政烺先生在好幾年前對我說過，他疑心《指掌圖》是南宋時一個江西和尚做的。說『江西』自然是因爲董南一的關係。

（無論是有人再冒董氏名作序或者是董氏眞的拿此書當司馬光的作品而作序。）至於『和尙』，現在我想也確有幾樁事實足以支持此說。第一，《指掌圖》徹頭至尾跟《四聲等子》脫不了關係，而《等子》最初是附在《龍龕手鑑》後面，在和尙圈子裏流行的。其次，關於門法以及字母等第等等的敍述也是道地的如守溫等人的和尙筆調，普通人學不上來。末了，尤其顯著的是今傳影宋本卷首還有一張圖如下：

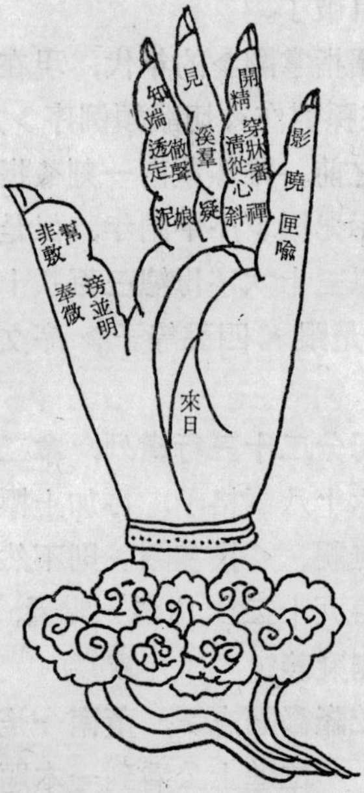

佛門色彩眞是濃厚之至。

（《切韻指掌圖中幾個問題》，原刊於中央研究院史語所《集刊》）

趙蔭棠云:

舊稱司馬光所著之《切韻指掌圖》。到底是眞是僞，在現在的中外研究音韻者的心目中還是疑案。就因爲這是疑案，所以產生出來三種臆說：一謂牠被作於北宋，瑞典高本漢及中國一部份的學者尙深信是說；一謂牠是南宋的產物，是說首倡於晚淸鄒徵君，現在有一大部份人遵從之；一謂牠是元人刪併之物，是說雖未見諸明文討論，而一部份人的心中總晃蕩着這樣的影子。我以爲這三說之中，惟鄒說較確；然因言之未能詳盡的緣故，便令陳澧據之確定爲楊中修所作。近兩年來我從板本的年月的審查，宋元韻書及筆記的印證，深信所謂《切韻指掌圖》者，乃是淳熙三年以後與嘉泰三年以前（一一七六——一二〇三）的產物。玆錄所見，以供研究音韻者之參考。

板本的審查

現今《指掌圖》之流傳於世者，有《永樂大典》本，有影宋本。《大典》本被收於《四庫》，四川新刊與之爲同種。惟《四庫》所收者，韻表中韻字俱贅反切，新刊本剷去之，此其小異之處。《四庫書目提要》云:

> 《切韻指掌圖》二卷，宋司馬光撰。附《檢例》一卷，則明邵光祖所補正。光有《溫公易說》，已著錄。光祖字宏道，自稱洛邑人，其始末未詳；據王行後序，作於洪武二十三年，稱其沒已數年，則明初人矣。

案邵氏生於饒州（卽鄱陽），祖籍洛陽，爲邵康節十世孫，從父宦游吳郡，因以爲家，故《江南通志》載爲吳人；卒葬於吳之光福山。友人王行曾題其墓。邵氏以爲『舊之《檢例》，全背圖旨，斷非司馬文正公之所作』，故增修《檢例》一卷。影宋本係由毛晉汲古閣傳出，上海自強書局印行者卽係此書。惟其爲影宋本，所以不爲世人所信任。二十年冬我在琉璃廠聽說某人私藏有宋本《切韻指掌圖》，託文友堂出售，急聯合師友呈請《北京圖書館》派員調查，據云果係宋板，惟索價過昂，館中無力購買。我又向趙萬里先生探其究竟；更從文友堂求得照片一張，方知此卽影宋之底本。據趙氏云此本與影宋本全同，後多出一頁，係入內府後之增補。趙氏對於板本的辨別，極有研究，彼所云云，想當無誤。但此只足爲識者道；若爲普通人說法，非有別的證據不可。查此本董序之後有：

右　先文正公《切韻指掌圖》近
印本於婺之麗澤書院深有補
學者謹重刊于越之讀書堂
子孫紹定庚寅三月朔四世從孫
敬書于卷末

查《金華縣志》載：

麗澤書院，在旌孝門外，卽印光寺故址。初宋呂祖謙築書堂於城西，前臨二湖，取易兌象傳義，以麗澤名。及卒，鄉人卽堂爲祠，祀之，淳祐間，州守許應龍改建於雙溪之滸。（下略）

又查《紹興府志・古蹟志》載：

諸暨：梁武帝讀書堂在永福寺，有硯水井。宋華鎭詩：六龍未入雍州日，曾負詩書臥白雲。按武帝蘭陵人，而生於秣陵；其讀書於暨，尙未考及云。

由這上兩條看起來，現今所傳之宋本《指掌圖》，確切是在浙江梓刊的；因爲兩個地名，都有着落。但所謂四世從孫者，與浙江有何關係呢？查明司馬晰所編之《涑水司馬氏源流集略》載云：

司馬攸字季思，溫公曾孫，出鎭廣州，終開國伯吏部侍郎。

所交皆天下名士，洪邁輩樂與之遊。凡溫公書，必梓行之；於《資治通鑑》得公凡例於殘稿中，撮其要例傳於世，予奪之旨大明；克昌家學，尤有功於文正。高宗南渡，扈從寓杭，今爲會稽山陰之始祖云。

案紹定庚寅卽西曆一二三〇年，與靖康之難（一一二六）相距約有一百一十餘年的光景，跋者自稱爲溫公四世從孫，在年序上是沒有錯誤的。且司馬伋旣爲會稽山陰之始祖，則此書在越刊行時，被溫公四世曾孫題跋，在理在勢，俱是可能的。準是以談，現今所謂宋本《指掌圖》者，決非贋鼎。不過我們要注意的，牠只是紹定年間的重刊；其初刊之年代，我想卽在董南一作序之年。《指掌圖》前載有董南一序文一篇，題云：

嘉泰癸亥六月旣望番易董南一書。

案番易卽鄱陽。考《乾隆鄱陽縣志》載云：

董南一，淳熙二年乙未科詹騤榜進士。

董南一實有其人；其作序之年（一二〇三）後於會進之年（一一七五）約有二十八年的光景，年序當無誤。且至二年以後，《切韻指掌圖》曾被孫奕《示兒編》所引用。孫奕廬陵人，在他的《示兒編》上說：

陳正敏《遯齋閑覽》云：不字，人皆以逋骨切呼之，遍檢諸韻，皆無此音。竊謂擧世同辭，必有自始，逋骨一切，殆不可廢。案《廣韻》中八勿韻，不與弗同，近於逋骨聲矣。然擧與庸夫愚婦言之，猶恐難曉。況禮部韻不出此音，徒見於佛書有曰：『不也，迺作弗聲讀。』今以司馬溫公《切韻指掌圖》考之，明擧一杯字以發聲，曰杯〇貝不，卽是與逋骨切同音；信乎此音不可廢矣。是字也，本有四音，《禮韻》有其二，《廣韻》有其三。自正敏之說興而人始疑，自溫公之圖出而音始定。第溫公之圖，知音尙希，故表而出之。

《遯齋閑覽》大概作於崇寧大觀間（一一〇二——一一〇七），溫公之死，在元祐元年（一〇八六）；時間相距，不可謂不近，而陳氏竟未曾引用《指掌圖》，待孫氏方引用之者，因爲牠的梓印只在《示兒編》之前二年也。——《示兒編》序於開禧元年（一二〇五）。董南一《指掌圖》序云:

圖蓋先正溫國司馬文正公所述也。

又云:

因刻諸梓，與衆共之。

由是可見《指掌圖》之刻板，當以董氏作序之年爲始。

指掌圖初板以前

我們從上邊所說的情形看起來，《指掌圖》的初板當然是嘉泰年間了。但這是不是牠的產生年代呢？關於這個問題的解決，我們應當考察一下在此時以前的記錄。

等韻之作，原始於釋門；只因他們與儒者鮮通聲氣之故，所以這門學問，起初不爲世人所習知。迨南北宋之交，儒者始稍稍注意；至被他們所採用，要到南宋了。我們就文獻所能考的，當以楊氏《切韻類例》爲最早。現楊氏之書已不復存，所可供參考者，只有孫覿（字仲益）的序文:

弘農楊公，博極羣書，尤精韻學；古篇奇字，一覽如素習。崇寧中，嘗召試中書，進換文階，擢三衞，且顯用矣。會大臣當國，欲用爲臺諫，排斥所不快者，公笑謝不願也。明日有旨，還東頭供奉官，進閤門祇候，始見疏斥，天下至今稱之。今老矣，強記洽聞，劇談世事，如精練少年，蓋未衰也。於是出平生所著《切韻類例》，樂與學者共之。昔仁宗朝詔翰林學士，丁公度、李公淑，增崇韻學，自許愼而下，凡數十家，總爲《類篇集韻》，而以賈魏公、王公洙爲之屬。治平四年司馬溫公繼纂其職，書成上之，有詔頒焉。今楊公又即此書科別戶分，著爲十條，爲圖四十四，推子母相生之法，正五方言語不合之訛；清濁輕重，形聲開合；梵學興而有華竺之殊，吳音用而有南北之辨；解名釋象，纖悉備具，離爲上下篇，名曰《切韻類例》云。

鄒特夫所以能知《切韻指掌圖》不是司馬光所作者，即以此序爲根據。他說：

據此則《集韻》旣成之後，爲《切韻圖》者，自楊尚書始耳。仲益生元豐辛酉，卒乾道己丑，此序當在南渡之初。而今所傳《切韻指掌圖》題『司馬溫公』撰，有嘉定癸亥嘉定有癸酉疑譌字番易董南一序，在其後五六十年，有溫公自序，其語俱與孫序雷同。孫序稱著爲十條，爲圖四十四，而今《指掌圖》爲圖二十，疑南宋流傳，改併失眞，乃冒溫公名以求售，而條例尚存，故邵光祖以爲全背圖旨。不知據例正圖，而反因圖刪例矣。圖旣合併，遂有應檢而不在圖之字，則又增檢圖之例矣。余謂《集韻》切語俱用音和，據以爲圖，可無類隔門法。惜乎爲切韻之說者，俱以後圖繩前書，宜其繆葛矣。附識於此，以諗知者。同治壬戌三月朔。

鄒氏能揭出其僞，可爲特識。但他只知董序標年有誤，而不知其爲嘉泰癸亥；此乃爲《大典》本所誤也。楊氏之圖旣爲四十四，則與《指掌圖》之爲圖二十，大有差別；決不能遂認此圖爲楊圖。陳澧在《切韻考外編》上說：

今世所存者，《切韻指掌圖》相傳以爲司馬溫公作，《四庫提要》已疑之。近者鄒特夫徵君定爲楊中修所作，有孫覿序見《內簡尺牘》，確鑿可據。

他所謂確鑿可據者，實不足信；因爲四十四圖與二十圖之間，必有一段過程也。這一段過程發生在什麼時候呢？當然在楊氏《切韻類例》以後了。《切韻類例》確作於何時，鄒氏未曾指出。考孫仲益給楊氏函云：

新書聞季高已爲鏤板。

可見此書與劉季高大有關係。他另有函與鎭守劉侍郎云：

仲修詣大府，欲寓一紙，坐對彌月，悤悤就別，遂復不果。

是孫氏替楊氏作序，完全爲着季高的紹介。查《鎭江府志》載云：

劉岑，字季高，吳興人，徽猷閣待制，紹興八年知鎭江軍府事。

依此，孫序之作，原在紹興八年左右。由此可知所謂《切韻指掌圖》者，必是紹興八年以後的產物。

次有鄭樵《七音略》，序上說：

臣初得《七音韻鑑》，一唱而三歎；胡僧有此妙義，而儒者未之聞。

考鄭氏卒於紹興三十二年，《七音略》之作當在其前。溫公文章道德滿天下，不能不算個儒者吧？設若他作的有《切韻圖》，鄭氏怎能說出這樣的話呢？且《藝文略》所錄韻書，槪有數十種之多，竟未提及《指掌圖》之名！在鄭氏所卒之年，張麟之作《韻鏡》前序，其中有云：

余嘗有志斯學，獨恨無師承；旣而得友人《指微韻鏡》一編，且教以大略云：『反切之要，莫妙於此：不出四十三轉而天下無遺音。』

《七音略》與《韻鏡》俱是四十三轉，而《切韻類例》爲圖四十四；是可見終紹興之世，沒有二十圖的切韻圖產生。張氏《韻鏡》後序有云：

近得故樞密楊侯倓淳熙間所撰《韻譜》，其自序云：『朅來當塗，得歷陽所刊《切韻心鑑》，因以舊書手加校定，刊之郡齋。』徐而諦之，卽所謂《洪韻》，特小有不同。舊體以一紙列二十三字母爲行，以緯行於上，其下間附一十三字母，盡於三十六，一目無遺；楊變三十六，分二紙肩行而繩引，至橫調則淆亂不協。不知因之則是，變之則非也。

楊氏的字母排列法，實與《切韻指掌圖》相同；《指掌圖》也是三十六母分二紙肩行的。戴東原《答段若膺論韻書》云：

上年於《永樂大典》內，得宋淳熙初楊倓《韻譜》，校正一過，其書亦卽呼等之說，於舊有入者不改，舊無入者，悉以入隸之，與江先生《四聲切韻表》合。

楊氏的入聲兩配法，亦與《切韻指掌圖》相同。楊氏事蹟頗難考，我因他提及當塗，遂查《當塗縣志》。該志只載他在淳熙三年任太平知州。我又去查《太平府志》，見其中載云：

楊倓字和義，淳熙三年以昭慶節度使知易郡學，祭器以銅，重建四齋，名以頤益巽兌，及繪飾從祀像，精選師儒以司訓導，羣秀民良子弟肄業其間，甫期年，行藝皆斐然可觀。士民建祠以祀，蕪湖令朱似記之。

他是何地人，《太平府志》與《蕪湖志》俱不載。後友人替我查《宋宰輔編年錄》，方知他是代州崞縣人。他是楊震之孫，存中之子，亦字子靖。他以淳熙元年七月簽書樞密院事，八年三月卒。他父親是乾道二年卒的，前後相左只有十餘年的光景，故我們還得把他當成完全北人。如此說來，他之改訂韻譜，或許與北音有關係吧？且孫覿曾知和州，和卽當歷陽地。中修《切韻類例》雖不一定在孫知和之前，而爲孫序之故，或許也有流傳至歷陽的可能。然則歷陽所刊《切韻心鑑》，亦與《切韻類例》有關歟？若然，則所謂楊倓《韻譜》者，實爲四十餘圖改併爲二十圖之中間物。又查朱子《語錄》卷百四十第十二頁有一條云：

洪州有一部《洪韻》，太平州亦有部《韻家文字》。

此條乃義剛所記，是朱子在紹熙癸丑以後的話。所謂洪韻者，依張麟之所言，就是那四十三轉的《韻鏡》；所謂《韻家文字》者，吾疑與《切韻心鑑》有關，因爲牠們所在的地點相同。《語錄》卷百三十六第二頁又有一條云:

《指掌圖》非東坡所爲。

朱子所謂《指掌圖》者，當然指那《春秋地理指掌圖》而言。然由此亦可知道《切韻指掌圖》並未顯世；因爲世上若有兩種《指掌圖》，朱子決不會只言其一而不加以區別之詞的。此條不載記錄人。然前條係義剛所記，後條係道夫所記；義剛所記，是在癸丑以後；道夫所記，乃在己酉以後。故朱子說這話的時候，約在一一八九之後，大約比楊倓《韻譜》晚有二十餘年光景，比董南一《指掌圖》序早十餘年光景。故由此觀之，則所謂《切韻指掌圖》者，卽令降生於世，而尙未爲世人所周知也。是的，牠是不爲世人所周知的！張麟之《韻鏡》後序作於嘉泰三年二月朔，董序作於本年六月既望，而張氏只提及《洪韻》，鄭氏《七音略》及楊倓《韻譜》，竟未提及《切韻指掌圖》片語隻字！

切韻指掌圖之形成

《切韻指掌圖》之形成，固然是由四十四圖或四十三轉改併的；但牠受另外一種影響也不可不知。這影響是什麼呢？在我審查起來，就是《四聲等子》一類的東西。董序用語與《四聲等子》序文相同，這分明是抄襲。不僅序文，檢例亦無大異。且其檢例有云:

舊圖以『通』『止』『遇』『果』『岩』『流』『深』『曾』八字括內轉六十七韻，『江』『蟹』『山』『臻』『效』

『假』『咸』『梗』八字括外轉一百三十九韻。

牠這『舊圖』所指的是什麽？檢例抄襲的也有笑話，《四聲等子》檢例云:

凡唇牙喉下爲切韻，逢『支』『脂』『眞』『諄』『仙』『祭』『清』『宵』八韻及韻逢『來』『日』『知』『照』正齒第三等，並依通廣門法於第四等本母下求之。

《指掌圖》把這意思括爲歌訣云:

支脂眞諄蕭仙祭　清宵八韻廣通義
正齒第二爲其韻　唇牙喉下推尋四

旣云八韻，何以有九韻？這不是笑話麽？不惟檢例是抄襲的，就是牠的圖何嘗與《四聲等子》無關？驟視之，《四聲等子》是十六攝，《切韻指掌》是二十圖，彷彿是不一樣的東西。其實《四聲等子》的十六攝，也是分布於二十圖。《指掌圖》旣不論攝，於是將『江』與『宕』的字樣削去，在人視之若一攝。且在牠的二十圖的總目上除六獨韻外，其他舊來開合分攝處，俱以線連之：於是形成十三攝的樣式。牠這種辦法，在世人看起來，似乎是歸併《切韻指南》，所以在一部份人的心目中便認牠爲元朝的產物。執是說者，原是中了錢曾的毒，不承認《四聲等子》是《切韻指南》的前輩。錢曾《敏求記》曰:

《古四聲等子》一卷，卽劉士明《切韻指南》，曾一經翻刻，冠以元人熊澤民序而易其名。相傳《等子》製於觀音，故鄭夾漈云：『切韻之學，起自西域。』今僧徒尚有習之者；而學士大夫論及反切，便瞪目無語，相視以爲絕學矣。

此數語的文法極不明晰。從上半段看去，好像是說：《四聲等子》的序文是元人熊澤民作的。而《四聲等子》無此序文，劉鑑《切韻指南》卻有熊氏序云:

古有《四聲等子》爲流傳之正宗。

從下半段看來，彷彿是說：《等子》遠出於鄭樵之前，他這種無着落的話，實在不足重視。《四聲等子》序云：

近以《龍龕手鑑》重校，類編於《大藏經》函帙之末，復慮方音之不一，唇齒之不分；旣類隔假借之不明，則歸母協聲，何由取準？遂以附龍龕之後，令學眸識體無擬議之惑，下口知音有確實之決。冀諸覽者，審而察焉。

由此可知《四聲等子》是產生於《龍龕手鑑》之後。《龍龕手鑑》原名《龍龕手鏡》，係遼僧行均字廣濟作的，燕臺憫忠寺沙門智光字法炬爲之序，時在統和十五年丁酉七月一日（卽宋至道三年，西曆九九七年）；是《等子》之出世，最早不能過乎此時。但至晚在什麽時候呢？我以爲決不能遲到南宋。我有幾個理由，可以證明我的斷案。第一智光的《龍龕手鑑》的序上說：

又撰《五音圖式》附於後。

這個《五音圖式》設若像《廣韻》後邊所附的「《辯十四聲例法》」及「《辯四聲輕清重濁法》」及「《辯字五音法》」那麽簡單，必不致被後人所削去。今考各本無此種圖式，顯係可以獨立成書的東西。若然，則所謂《五音圖式》者，與現今之《四聲等子》，卽令小異，亦必大同。第二《四聲等子》的序上又說：

《切韻》之作，始乎陸氏；關鍵之設，肇自智公。

這個陸氏當然是指陸法言。然智公到底是那個？我們很可以疑惑他是作《悉曇字記》的智廣；但是關鍵似乎是指下文所言的幾個門法，在智廣時代不應有此。旣不是智廣，我們很可以說是智光了。是的，因爲這句話，剛好與智光的序文的『又撰《五音圖式》附於後』的話，遙遙相對。且審察此序的口氣語意，也很像是遼僧的話，故此序之作，當離《龍龕》初刊時不甚遠，決不會遲至南宋。但日本大矢透氏以此序中有『其《指玄論》……』的話，遂認爲作於嘉定以後；因爲王宗道作過《切韻指玄論》，而王宗道據《萬姓統譜》是嘉定進士。我們設若稍加考證，便知他的斷案是不對的。考《切韻指玄論》之目，早見於鄭樵《七音略》及晁公武《郡齋讀書志》；鄭氏不載作者姓名，而晁氏云：

《切韻指玄論》三卷——右皇朝王宗道撰，論字之五音清濁。

《郡齋讀書志》序於紹興二十一年，早於嘉定元年者有四十七年的光景。設云《萬姓統譜》所載之王宗道，即此王宗道，則以四十七年以前能著作之人物，到四十七年以後方能進士及第，在理在勢均有所不能。且據《五音集韻》及《四聲篇海》序文，我們知道在明昌丙辰（即宋慶元二年）已有眞定校將元注《指玄》，及韓孝彥注疏《指玄之論》，豈得謂《四聲等子》序作於嘉定以後？我又考《夢溪筆談》記《龍龕手鏡》云：

契丹書禁甚嚴，傳入中國者法皆死。熙寧中有人自虜中得之，入傅欽之家，蒲傳正帥浙西，取以鏤板。

《四聲等子》之流入南宋，或許因附於《龍龕手鏡》的關係吧？據

等韻名稱	圖，轉，攝	字母排列	入聲分配	喉音次序	四聲排列
韻鏡及七音略	四十三轉	始幫終日分二十三行	配陽聲韻	影曉匣喩	分排四格
切韻類例	四十四圖	未　詳	未　詳	未　詳	未　詳
韻　譜	未　詳	分三十六行	入聲兩配	未　詳	未　詳
四聲等子	十六攝分佈於二十圖	始見終日分二十三行	入聲兩配	綱目作影曉匣喩圖內作曉匣影喩	共居一格
切韻指掌	二十圖	始見終日分三十六行	入聲兩配	曉匣影喩	分排四格

《讀書志》載有僧宗彥《四聲等第圖》者，或許與《四聲等子》是一類的東西。這二類東西入南宋以後，與『韻鏡派』結合而成《切韻指掌圖》。今列表於上，以明其形成之跡。

《指掌圖》既依《韻鏡》將四聲分配四格，則『江』攝與『宕』攝，『歌』攝與『假』攝共居一幅者，勢必更爲混淆，故不得不削去攝名。這是形式使然；而論者據此以爲《指掌圖》產生較前之迹，未免失於膠柱調瑟。

指掌圖產生之後

《指掌圖》經董南一表彰之後，見於記載者層出不窮。牠在開禧元年被孫奕《示兒編》所引用，已明前文。次有《玉海》，亦記載此書；《玉海》爲宋王應麟所作；他是慶元（今浙江地）人，淳祐元年（一二四一）進士，寶祐四年中博學鴻詞科，官至禮部尙書。更有黃公紹在《古今韻會》中除在入聲第二韻『不』字下引孫奕《示兒編》之外，又在平聲『公』字下大引司馬文正公《切韻》。黃公紹字直翁，係咸淳元年（一二六五）進士，入元未仕。所作《古今韻會》，館客熊忠爲之舉要。二氏俱福建邵武人。尤有吳澄者，宋咸淳末（一二七二）舉進士不第，至元官至翰林學士。他給他的朋友陳晉翁《切韻指掌節要》做過序文。吳係江西崇仁人，陳係江西樂安人。到元末明初有邵光祖者，斥《切韻指掌圖》《檢例》爲僞作，另作檢圖之例。邵氏事蹟詳前。

結論

總上邊各節看來，所謂《切韻指掌圖》者，確非司馬光所作；因爲自他死後，到嘉泰三年之前，其間之著錄家言及等韻者，若孫覲，若鄭樵，若沈括，若張麟之，若晁公武，若朱熹，均未提及牠。牠決不是元朝人作的，因爲自嘉泰之後，著錄家，若孫奕，若王應麟，若黃公紹，若吳澄，若邵光祖，均與牠發生過關係。然牠的形成，雖受北方《四聲等子》的影響，而也有楊倓《韻譜》的成份，所以我斷定牠是淳熙三年（一一七六）以後與嘉泰三年（一二〇三）以前的產物。由此觀之，至今猶主張舊說而謂爲司馬光所作者，未免被愚於古人；而特倡新說，謂爲元人所刪定者，亦將遺誣於來世。鄒說特長，惜不能推論其形成之因果，所以自清末到現在，猶使人在信疑之間。然而我們應當感謝他，設若他不首揭其僞，恐怕司馬氏的舊威權，至今尚無搖動之餘地。不過我們要注意的，《指掌圖》雖係僞託，然在時代辨明之後，牠的價值或者更大，如四等的升降，韻字的刪訂，圖的歸併，入聲兩配……俱足表示當時語言之新趨勢。意者：自金陷汴京之後，趙宋政治重心移至南方，北人與南人雜居，語言上自然起一種變化；醞釀既久，所以有《四聲等子》與《韻鏡》混合的《指掌圖》產生。南宋人所謂中原雅音者，恐與此相似。觀吹噓中原雅音之《古今韻會舉要》，據之審音學韻，即可推知其一班。

（《切韻指掌圖撰述年代》，在《等韻源流》內）

■太和正音譜

曾永義云:

丹邱先生、涵虛子為寧獻王朱權道號

明清兩代的學者都不知道《太和正音譜》所題署的『丹邱先生、涵虛子』究竟何許人。但靜安先生所謂『涵虛子、丹邱先生均爲寧獻王朱權別號』，必是有所據而云然的。筆者雖然不知靜安先生之所據，但也儘量在尋求證成其說之可能。按《欽定續文獻通考·經籍考》五行類載《肘後神經大全》三卷，謂『舊題涵虛子臞仙撰』，而《明史·藝文志》卷三子類和錢謙益《列朝詩集小傳》所著錄之獻王著作目錄中均有《肘後神樞》二卷。《續文獻通考》旣云『舊題』，則著錄者已疑其僞託。然而《肘後神經大全》雖未必卽是《肘後神樞》，但其旣署『臞仙撰』，則冒用獻王道號甚爲顯然。而『臞仙』之上又復有『涵虛子』，則『涵虛子』也應當是獻王晚慕冲舉所取的道號。準此之例，《太和正音譜》旣題『丹邱先生涵虛子編』，那麼丹邱先生也應當是獻王晚年的道號了。

又周憲王朱有燉的《誠齋樂府》卷一有兩支《慶東原》，其下小《注》云:『賡和「丹丘」作，曲意二篇、曲韻二篇。』又別爲題目『自況』，下注『賡韻』。其曲云:

> 心安分，身不貧。笑談中、美惡皆隨順。也不誇好人，也不罵歹人，也不笑他人。管甚世間名，一任高人論。
>
> 粧些垄，撒會村。半生狂、花酒相親近，學一個古人，是一個老人，做一個愚人。管甚世間名，一任高人論。

這兩支《慶東原》所寫的正是周憲王晚年的心境，他賡和的對象是『丹丘』，則『丹丘』必是他的親友或僚屬。可見在明初確實有一位號叫『丹丘』的人，他和周憲王的關係似乎頗爲密切。我們雖然不敢遽指這位『丹丘』就是寧獻王朱權，但與寧獻王的身分卻頗有脗合之處。因爲周憲王和寧獻王不止誼屬叔侄，而且憲王只比獻王少一歲。憲王這兩支曲子雖屬『自況』，但與獻王那時的心境，其實不殊（詳下文）。而這兩支曲子既爲『賡和』之作，則『丹丘』頗有卽獻王的可能。（元人柯九思亦號丹丘，但時代與周憲王不相及，且亦不作曲。）

結合這兩條論證看來，那麼『丹邱先生涵虛子』之爲寧獻王朱權晚年的別號，似乎沒什麼問題了。但是《太和正音譜》是否爲朱權所作，則另當別論。

正音譜序所引起的問題

《藝芸書舍》本和《鳴野山房》本的《太和正音譜》，其卷首都有一篇《序》，全文如下：

> 猗歟盛哉！天下之治也久矣。禮樂之盛，聲教之美，薄海內外，莫不咸被仁風於帝澤也；於今三十有餘載矣。近而侯甸郡邑，遠而山林荒服，老幼瞶盲，謳歌鼓舞，皆樂我皇明之治。夫禮樂雖出於人心，非人心之和，無以顯禮樂之和；禮樂之和，自非太平之盛，無以致人心之和也。故曰：『治世之音，安以樂，其政和。』是以諸賢形諸樂府，流行於世，膾炙人口，鏗金戛玉，鏘然播乎四裔，使鴃舌雕題之氓，垂髮左衽之俗，聞者靡不忻悅。雖言有所異，其心則同，聲音之感於人心大矣。余因清讌之餘，採摭當代羣英詞章，及元之老儒所作，依聲定調，按名分譜，集爲二卷，目之曰《太

和正音譜》；審音定律，輯爲一卷，目之曰《瓊林雅韻》；蒐獵羣語，輯爲四卷，目之曰《務頭集韻》；以壽諸梓，爲樂府楷式，庶幾便於好事，以助學者萬一耳。吁！譬之良匠，雖能運於斤斧，而未嘗不由於繩墨也歟！時歲龍集戊寅序。

這篇序因爲有『時歲龍集戊寅』的紀年，序尾又有『洪武戊寅』的葫蘆形朱文圖章，於是《太和正音譜》便有洪武原刻本和『影寫洪武間刻本』之說，也就是學者便因此認爲《太和正音譜》著成的年代是在洪武年間。從這篇《序》並可以知道，著者有關《樂府楷式》的著作一共有三種，卽：《太和正音譜》《瓊林雅韻》和《務頭集韻》。作序者沒有署名，但序尾另有方形朱文圖章『青天一鶴』一方，依明人之例，就是作序者的別號。而《序》旣屬自序口胳，則『青天一鶴』便是《太和正音譜》等三書的作者。又此書每卷開頭之次行俱署題作『丹邱先生涵虛子編』，則『青天一鶴』和『丹邱先生涵虛子』應同屬一人。而『丹邱先生涵虛子』旣是寧獻王朱權的別號，那麼《太和正音譜》等三書自然是寧獻王朱權的著作。又《欽定續文獻通考·經籍考》卷尾著錄『朱權瓊林雅韻』，小注：『無卷數』（與《正音譜·序》『輯爲一卷』之語脗合）。則《太和正音譜》等三書之爲獻王所作，似乎毫無可疑。但是，戊寅當洪武三十一年（一三九八），獻王才二十一歲，而『丹邱先生涵虛子』則是他晚年的道號。也就是說，卷首的《自序》和正文的署題，其年代產生了前後不一致的矛盾。爲此，我們先縱觀獻王的一生。

他是明太祖朱元璋的第十六子，太祖洪武十一年（一三七八）五月壬申朔日生，英宗正統十三年（一四四八）九月戊戌望日薨，享年七十一歲。洪武二十四年（一三九一），受封爲寧王，二十六年（一三九三）就藩大寧。大寧在喜峯口外，是古代的會州，卽今熱河省平泉、赤峯、朝陽等縣地。東連遼左，西接宣府，爲當時重鎭。史稱寧藩帶甲八萬，革車六千，所屬朶顏三衞的騎兵都驍勇善戰，而獻王擧止儒雅，智略淵宏，屢次會合邊鎭諸王出師捕虜，肅清沙漠，威震北荒。成祖永樂元年（一四〇三）二月改封南昌。宣宗宣德三年（一四二八），他請求近郭灌城土田，明年又論宗室不應定品級，宣宗怒，大加詰責，他上書謝過。那時他已五十二歲，乃『託志翀擧，自號臞仙』。在緱嶺之上建築生壙，屢次前往盤桓。晚年的歲月就這樣寂寞的度過。

由獻王的生平看來，他弱冠年華的時候，正爾威震北荒；五十二歲以後由於大受宣宗皇帝的詰責，才嚮慕冲擧，所謂『臞仙、丹邱先生、涵虛子』都是這時所取的道號。他早年和晚年的心境是截然不同的。根據洪武三十一年的《序》文，《太和正音譜》等三書分卷既具，顯然已經成書。如果說戊寅那年確已完成，然後逐年增訂，晚年才成爲定稿，所以《序》用初成的紀年，而題署用晚年的道號。但是他以一個二十一歲的青年王爺，對於功名又頗爲熱衷，而居然會有閒情逸致去做那種刻板的譜律工作，是敎人不可思議的。也就是說這種假設很難成立。而其題署既用晚年道號，因此便只有一個可能，那就是《序》文根本是假的。蓋抄寫者因爲《太和正音譜》沒有《序文》，就給它僞作一篇，同時爲了提高《正音譜》的價値，也把時代提前，但卻沒考慮到洪武戊寅時，獻王才二十一歲，與所署的『丹邱先生涵虛子』是矛盾的。

正音譜成於朱權晚年宣德四年之後

如果以上的論證不誤，那麼《太和正音譜》的成書年代，便應當是獻王晚年，也就是宣德四年以後。

我們再就《太和正音譜》一書的內容來觀察，尚有兩點可以認

定應當是獻王晚年的著作:

其一,《太和正音譜》樂府體式十五家,第一體卽爲『丹丘體』;雜劇十二科,第一科卽爲『神仙道化』;『詞林須知』中更有『丹丘先生曰』之語。這些跡象都和獻王晚年的心境脗合。

其二,《羣英所編雜劇》《國朝三十三本》中,以『丹丘先生』爲首,列雜劇目十二種:《瑤天笙鶴》《白日飛昇》《獨步大羅》《辯三教》《九合諸侯》《私奔相如》《豫章三害》《肅清瀚海》《勘妬婦》《煙花判》《楊娭復落娼》《客窗夜話》。其中《瑤天笙鶴》《白日飛昇》《獨步大羅》《辯三教》等四種,顯然是屬於『神仙道化』一科。《獨步大羅》尚存,有明萬曆四十五年(一六一七)脈望館鈔校於小穀本,署『明丹丘先生』撰。記呂純陽、張紫陽二仙奉東華帝君命至匡阜南鑫西,點化沖漠子。(第一折)先鎖住心猿意馬,次去其酒色財氣,又逐去三屍之蟲,更與一丹藥服之,教以養嬰兒姹女之理。(第二折)又於渡頭點化之。(第三折)然後同入大羅天,引見東華帝君諸仙。(第四折)其第二折開場沖漠子說了這麼一段話:

> 貧道覆姓皇甫,名壽,字泰鴻,道號沖漠子,濠梁人也。生於帝鄉,長於京輦。爲厭流俗,攜其眷屬,入於此洪崖洞天,抱道養拙。遠離塵跡,埋名於白雲之野;構屋誅茅,棲遲於一岩一壑。近着這一溪流水,靠着這一帶青山;倒大來好快活也呵!豈不聞百年之命,六尺之軀,不能自全者,舉世然也。我想天旣生我,必有可延之道,何爲自投死乎?貧道是以究造化於象帝未判之先,窮性命於父母未生之始;出乎世敎育爲之外,清靜無爲之內。不與萬法而侶,超天地而長存,盡萬刼而不朽。似這等看起來,不如修身還是好呵!

這種人生觀與獻王晚年的心境很近似,他心嚮往之,也確實在那麼做。再由其中所謂『生於帝鄉,長於京輦』,以及『百年之命,六尺之軀，不能自全者，舉世然也』諸語看來，和獻王的生平遭遇亦頗相脗合。因此甚至於我們可以這樣說：這段話正是獻王本身的自白，而冲漠子一劇正是他晚年的自我寫照，他期望的是出世入道、獨步大羅的境界。所以《太和正音譜》也應當成於獻王晚年。

正音譜疑出獻王門客之手

但是，《太和正音譜》是否確實出自獻王之手呢？這個答案還是很難教人肯定的。因爲如上文如云：《正音譜》樂府體式十五家，第一體卽爲『丹丘體』，《國朝三十三本》中亦以『丹丘先生』爲首。如果《太和正音譜》出自獻王之手，似不宜自我倨傲乃爾。又《詞林須知》有這樣一段話：

> 丹丘先生曰：『雜劇院本，皆有正末、付末、狚、孤、靚、鴇、猱、捷譏、引戲九色之名。』孰不知其名，亦有所出。予今書於譜內，以遺後之好事焉。

梁任公先生《古書眞僞及其年代》第四章辨別僞書及考證年代的方法，其第二項從文義內容上辨別的第一法『從人的稱謂上辨別』中，有這樣的話語：

> 書中引述某人語，則必非某人作；若書是某人做的，必無『某某曰』之詞。例如繫辭、文言，說是孔子做的，但其中有許多『子曰』。若眞是孔子做的，便不應如此。若『子曰』眞是孔子說，繫辭、文言便非孔子所能專有。

準此以例《詞林須知》，則丹丘先生必非作者。其中所說的『予今書於譜內』，也必與『丹丘先生曰』非同一聲口；因爲一個作者斷無以自己名號引用自己的話，然後再說我如何如何。所以這段話的標點應當如上所示，其引用丹丘先生之語亦猶如『雜劇十二科』中之引用『子昂趙先生』和『關漢卿』之語的體例而已。

如此說來，獻王又似乎不是《太和正音譜》的作者了，但爲什麼又會題上『丹邱先生涵虛子編』呢？我們可以給它假設爲可能出自獻王的門客之手，其冒上獻王之號，有如《呂氏春秋》之於呂不韋，《淮南子》之於淮南王劉安。因爲明代對於藩王，李開先張小山小令後序謂：『洪武初，親王之國，必以詞曲一千七百本賜之。』談遷國榷謂必賜以樂戶，如建文四年補賜諸王樂戶，宣德元年賜寧王朱權樂人二十七戶。所以明代宗室中喜好劇戲的很多，寧周二藩之外，如《遼邸記聞》中的遼王朱憲㸅、《已瘧編》中的秦愍王、《野獲編》中的松滋王府宗人鎭國將軍朱恩鑄、《列朝詩集》中的趙康王厚煜及宗室朱承綵、朱器封等以及《天香閣隨筆》中的魯監國等都是顯著的例子。也就是說明代的藩國都是戲劇發達的溫床。寧獻王朱權由其劇作之有十二種，以及晚年之韜光養晦、鄉慕冲舉看來，其傾心於戲劇是必然的事。『上有好者，下必有甚焉。』我們可以想像得到，其門客之從事戲劇創作和研究者必大有其人，他們的工作必然受到獻王的欣賞和鼓勵。《太和正音譜》料想是在這種環境下編纂出來的。就因爲編纂者是獻王門客，所以對於『丹邱先生』特別推崇，不但奉之爲國朝名家之首，且引用其語，並沾染不少貴族的氣息。其《羣英所編雜劇》下有云：

> 蓋雜劇者，太平之勝事，非太平則無以出。今以耳聞目擊者收入譜內。天下才人非一，以一人管見，不能備知，望後之知音者增入焉。

又其《詞林須知》章末後云：

> 譜中樂章，乃諸家所集，詞多不工，不過取其音律宮調而已，學者當自裁斷可也。

則《羣英所編雜劇》之著錄，似乎止成於一人之手，而『曲譜』之作，又似乎前有所承襲，或成於衆手，而由一人總其成。

結　　論

總上所述，我們可以得到兩個初步的結論:

第一，如果卷首的《序》文確係《太和正音譜》的自序，那麼《太和正音譜》必非寧獻王朱權所著，而是明初一位別號叫做『青天一鶴』的人所作。『丹邱先生涵虛子』的題署也只是出於假託。

第二，『丹邱先生涵虛子』既然是獻王晚年的晚號，而譜中又推尊獻王，引述其語，且與獻王晚年的心境脗合，則《太和正音譜》應當是獻王晚年門客所依託的著作，而卷首的《自序》必出自後人僞託。其編成年代在宣德四年（一四二九）以後，正統十三年（一四四八）以前。

（《太和正音譜的作者問題》，原刊於《書目季刊》第九卷第四期）

史　部

正史類

■史　記

李長之云:

至於普通所謂缺的十篇是哪幾篇呢? 據《漢書》注中的《張晏》說, 是:

(一)《景紀》	(六)《漢興以來將相年表》
(二)《武紀》	(七)《日者列傳》
(三)《禮書》	(八)《三王世家》
(四)《樂書》	(九)《龜策列傳》
(五)《兵書》	(十)《傅靳列傳》

後人如呂祖謙、王鳴盛等, 對此都有所論列。他們覺得眞正亡失的, 只有《武紀》一篇。現在我們看這十篇, 除了《傅靳列傳》外, 的確都有些特別處: 《景紀》由於有過觸忌而削去的傳說(《自序集解》引《漢舊儀》注, 《西京雜記》卷六同), 不知道現在的《景紀》是否就是原樣? 《武紀》乃是把《封禪書》又載了一遍; 《禮書》鈔自荀子的《禮論》及《議兵篇》; 《樂書》鈔自《樂記》; 《兵書》爲現在《史記》所無, 但卻有一篇與之相當的《律書》; 《漢興以來將相年表》則有表無序, 和他表不類; 《三

王世家》是只載了些策文;《日者列傳》與《龜策列傳》，在風格上又彷彿眞出自第二手。那麼，除了《傅靳列傳》外，這九篇確是有些問題了!

可是也並非絕無商量的餘地:《孝景本紀》和《漢書》上的並不完全相同，而且贊語的確是司馬遷的筆調，再則贊語主旨也和《自序》中提出所以作《孝景本紀》者相符合，這就是在刻削諸侯、釀成七國之亂的一點。呂祖謙說:『其篇具在。』我們是可以同意的。

《孝武本紀》(其實應該叫《今上本紀》)，截取《封禪書》中關於武帝的一段，又加上一個冒，贊也竟是《封禪書》之贊，一字不差，的確可疑。然而我們看《自序》中稱:『漢興五世，隆在建元，外攘夷狄，內修法度，建封禪，改正朔;易服色，作《今上本紀》第十二。』可知假若要作《武紀》的話，原重在他的封禪(改朔易服是隨着來的)，所以我疑心:焉知道司馬遷不是故意地重鈔一份《封禪書》，作一個最大的諷刺的?意思是:『瞧吧，你自以爲武功了不得，其實你一生也不過只是被一些方士所愚弄罷了，你雖然也偶爾覺悟，但是像吃鴉片一樣，不知不覺就又爲方士的胡話所誘惑了!』試想，除了司馬遷之外，誰敢在同一部書裏把同一篇文章再鈔一遍?除了大諷刺家司馬遷之外，誰又會這樣幽默而痛快?補書的法子儘多，哪有在同一書裏找出一篇現存的東西來頂替的?

《禮書》和《樂書》也難說不是這樣。《史記》本是撰次舊聞的，講禮樂而取自《荀子》和《樂記》，這採擇不能算壞。(中國講禮樂，有超過它們的麽?)再說，司馬遷的書中，本有許多地方襲用《荀子》，大概他對於荀學很信仰，在這裏遂以荀子爲代言(《樂記》也是荀學，余別有考)，就毫無足怪了!況且，《禮書》和《樂書》的篇首，都有司馬遷手筆的敍文，所以縱然讓步了說，這兩篇只能說不全，而不是缺！

《兵書》就是《律書》，《律書》是存在的，不過也未必全而已。

《漢書以來將相年表》，所差的是沒有序文，我們也很難因爲它沒有序文，就連表的本身存在也否認了。

《三王世家》，不錯，只載了些策文，然而《自序》裏明明說：『三子之王，文辭可觀，作《三王世家》。』策文之外，本別無重要之處，所以現存的樣子，也不會離原樣多麼遠。贊語則確是司馬遷的格調，呂祖謙又說對了！

《日者列傳》和《龜策列傳》，筆調自然有些特別，然而司馬遷的風格本來變化多端，我們也很難武斷他不能寫這類的文章。《龜策列傳》中說到伐大宛，說到巫蠱，這是司馬遷的時代；說到『余至江南』，這是司馬遷的足蹤；最後說出『豈不信哉』，這是司馬遷慣於用反筆作諷刺的技術；所以這篇一定是司馬遷的原文，至少是原文的一部分了。《日者列傳》，我疑心也許是司馬談的舊稿吧。總之，這兩篇也都不能放在散逸之列。

九篇既如此，而《傅靳列傳》，就更看不出是後人補作之跡了。假若張晏不提及，恐怕誰也不會這樣懷疑過！

那末，所謂散逸的十篇，實在散逸得有限。反之，現存的其他篇中，卻被後人附加得不少，也有的是顯然不全的。《楚元王世家》就是後者的例。因爲，贊中明有『使楚王戊毋刑申公，遵其言，趙任防與先生，豈有篡殺之謀』的話，但是正文中一點記載也沒有，其他傳中一點補充也沒有（《史記》原有互見之例），假若正文不是後人改補，也一定是有缺失了。

總之，《史記》有零星的補綴，卻無整篇的散亡。《史記》每一篇中都不免有點假，但每一篇也都有一部分眞。它像陳年的古董一樣，修補和鏽蝕是不免的，但原物的神態卻也始終古意盎然，流動在每一部分裏。

（《司馬遷之人格與風格》第六章）

梁啓超云:

今本《史記》，不獨太初天漢事盈篇累幅也，乃至記武帝後事者，且不一而足，如:

㈠《酷吏傳》載杜周捕治桑弘羊昆弟子，事在昭帝元鳳間（西紀前八〇至七五），距武帝崩六年至十二年。

㈡《楚元王世家》云:『地節二年中，人上書告楚王謀反。』宣帝地節二年（西紀前六八），距武帝崩十九年。

㈢《齊悼惠王世家》載建始三年，城陽王景卒，同年，菑川王橫卒。成帝建始三年（西紀前三〇），距武帝崩五十七年。

㈣《將相名臣表》，武帝後續以昭、宣、元、成四帝，直至鴻嘉元年止。成帝鴻嘉元年（西紀前二〇），距武帝崩六十七年。

上不過舉數條爲例，書中所記昭、宣、元、成間事，蓋更是難數，無論如何曲解，斷不能謂太史公及見建始、鴻嘉時事。然而此諸條者，固明明在今本正文中，稍粗心讀去，絕不能辨矣，吾儕據此等鐵證，可以斷言今本《史記》決非史公之舊，其中有一部分乃後人羼亂。

然則《史記》何故容後人羼亂耶？其來由及種類約有三:

第一類：原本缺亡而後人補作者

《漢書・司馬遷傳》云:『十篇缺，有錄無書。』顏《注》引張晏曰:『亡《景紀》《武紀》《禮書》《樂書》《兵書》《漢興以來將相年表》《日者列傳》《三王世家》《龜策列傳》《傅靳列傳》。元、成之間，褚先生補缺。作《武帝紀》《三王世家》《龜策》《日者傳》，言辭鄙陋，非遷本意也。』案：今本《三王世家》、《日者》《龜策》兩傳，皆有褚先生補文，附於贊語之後，而史公原文，似亦未嘗缺，若《武帝紀》則並褚補字樣而無之，而其文乃割裂《封禪書》，贊語亦全與《封禪書》同，非原文明矣。其餘張晏所舉諸篇，今本皆現存，其不足信益明。又《三代世表》《建元以來侯者年表》《陳涉世家》《外戚世家》《梁孝王世家》《田叔列傳》等篇，皆各有『褚先生曰』一段補文附於贊語後，則褚補原不僅四篇也。如《張丞相列傳》於贊語後有一大段補文，但並無『褚先生曰』字樣，知補者又不獨一褚先生也。補文別附贊後者，吾輩能識別之；若如《武帝紀》之類，竟以補文作正文，或所補並非褚先生之舊者，則後人從何辨耶？

第二類：後人續撰者

《漢書・藝文志》於『《太史公》百三十篇』之後，接列『馮商所續《太史公》七篇』。劉知幾《史通・正史篇》云：『《史記》太初已後，闕而不錄，其後劉向，向子歆，及諸好事者若馮商、衞衡、揚雄、史岑、梁審、肆仁、晉馮、段肅、金丹、馮衍、韋融、蕭奮、劉恂等相次撰續，迄於哀平間猶名《史記》。』（《後漢書・班彪傳・注》亦列擧續《史記》者尚有陽城衞、史孝山二人，孝山當卽岑。）據此，則西漢東漢之交，續《史記》者將二十家，而皆仍其舊名，卽班彪續作數十篇，亦僅名爲《後傳》（見《彪傳》）。蓋自馮商、劉向以迄班彪，其意皆欲各據所立時代以次遞續，不別爲書。其截採《史記》記漢初以來之一部分，續以昭宣迄哀平之部分，以成斷代之史，則自班固始耳。（然《漢書・古今人表》皆漢以前人，則其體裁仍是補續《史記》也。）當時旣未有印書，傳鈔皆用竹木簡或縑帛，棄攜兩艱，用之彌嗇，各家所續本，或即以塗附於原鈔本中，即不然，而學者展轉誦習，竟將續本與原本合鈔以圖省便，亦意中事。故今本《史記》，有馮商、劉向、劉歆……諸人手筆雜入其中者，定不少也。

總之，書中關於漢事之記載，若嚴格的甄別，宜以元狩元年以前爲斷，即稍寬，亦只能截至太初末而止，其有溢出此年限外者，決非史公之舊也。然此猶較易辨別，其最難者，則有:

第三類：後人故意竄亂者

西漢末學界一大公案起焉，曰今古文之爭。事緣劉歆典校中秘書，自稱發見各種古文經傳，其主要者則《春秋左氏傳》《周禮》《古文尙書》，其餘羣經亦皆有古本，而其學說十九與漢初以來諸師所傳者相背戾；又有各種緯書，亦皆起自哀平間，其言荒誕不可究詰。東漢以後，多數學者，皆信此等書爲先秦古籍，而今文家則謂是皆歆及其徒黨所僞造以媚王莽而助其篡。內中與《史記》問題關係最密切者，尤在《尙書》《左傳》兩書。今文家『謂《尙書》爲備（意謂漢初諸師所傳二十八篇之《尙書》已完備無缺，無所謂百篇及《書序》也），謂左氏不傳《春秋》（意謂《左氏春秋》即《國語》，純屬別行之史，並非爲《春秋傳》也。）』，然則史公所述三代前及春秋間事，宜以《尙書》二十八篇及原本《左氏春秋》——即《國語》爲限，而今《史記》乃多有助『古文家言』張目者，嚴鞫此讞，乃不能不歸獄於歆等之有意竄亂。

然則歆等竄亂，果有可能性耶？曰：有。其一，據《漢書·王莽傳》：『（元始四年）徵天下通一蓺教授十一人以上，及有《逸禮》、古書（即古文《尙書》）、《毛詩》《周官》《爾雅》、天文、圖讖、鍾律、月令、兵法、史篇、文字，通知其意者，皆詣公車，網羅天下異能之士，至者前後千數，皆令記說廷中，將令正乖繆壹異說。』古文學說之掩襲天下，自此役始。蓋此千數人者，皆承莽歆意旨以改竄古書爲職者也。而『史篇』亦在其中，則遷書之遭蹂躪，實意中事。時歆方典中秘書，則彼之所改，自稱定本，誰復能與抗辯？其二，續《史記》者十六人，而歆與居一，歆所續今雖不傳，然其人學博名高，其書必有可觀。故班固《漢書》多採之。（黃省曾《西京雜記·序》謂：『班固《漢書》全取劉歆。』雖言之或太過，然歆書爲固書最重要之原料，殆不可疑。）今本《史記》以後人補續之語羼入正文者，旣所在多有。且尤有後世妄人取《漢書》竄補者，則其中有一部分爲歆手筆，並無足怪。

上所舉第一、第二類，淸代乾嘉諸儒考證頗詳；其第三類，則吾師康南海先生（有爲）之《新學僞經考》初發此疑。近人崔觶甫（適）著《史記探原》大發其覆，雖其中有過當之處，而大致蓋可取。今略綜諸家之說推考各篇眞僞如下：

第一、全篇原缺後人續補者

《漢書》本傳明言：『十篇缺有，錄無書。』班固所不及見者，後人何由得見？故下列十篇，應認爲全僞。

《孝景本紀》張晏云：『亡。』司馬貞云：『取班書補之。』

《孝武本紀》張晏云：『《武紀》亡，褚先生補作也。』司馬貞云：『褚先生合集武帝事以編年，今止取《封禪書》補之，信其才之薄也。』今案：此《紀》卽《封禪書》之下半，疑並不出褚先生之手，或褚補亦亡，後人再割裂他篇充數耶？

《漢興以來將相名臣年表》張晏云：『亡。』裴駰云：『太始以後，後人所續。』案：當從張說，全篇爲後人補續。

《禮書》張晏云：『亡。』司馬貞云：『取荀卿《禮論》。』

《樂書》張晏云：『亡。』司馬貞云：『取《禮·樂記》。』

《律書》張晏云:『《兵書》亡。』顏師古云:『序目本無兵書。』司馬貞云:『兵書,遷沒之後亡,褚少孫以《律書》補之。』

《三王世家》張晏云:『亡,褚先生補。』案:今本於太史公贊後附錄褚補文,而贊前則錄三封策,實則前後皆褚補也。

《日者列傳》《龜策列傳》張晏云:『亡,褚先生補。』案:此兩篇文甚蕪鄙,是否即補原本,尚未敢信。

《傅靳蒯成列傳》張晏云:『亡。』案:今本蓋後人從《漢書》錄補。

第二、明著續之文及補續痕跡易見者

《三代世表》篇末自『張夫子問褚先生曰』以下。

《張丞相傳》篇末自『孝武時丞相多』以下。

《田叔列傳》篇末自『褚先生曰』以下。

《平津侯主父列傳》篇末自『太皇太后詔』以下,又自『班固稱曰』以下。

《滑稽列傳》篇末自『褚先生曰』以下。

以上各條,今武英殿版本皆改爲低一格以示識別。

第三、全篇可疑者

班固稱有錄無書者雖僅十篇,然吾儕因此已得知《史記》確爲未成之書,或雖成而已有亡佚;原書未成之推定,說已詳前,即已成之部分,亦有亡佚之可能性。以卷帙浩瀚之書,在傳寫極艱之時代,散亡甚易,略可想見。《漢書》本傳云:『遷既死後,其書稍出。』據此似是一部分陸續傳布。《後漢書·竇融傳》云:『(光武)賜融以《太史公·五宗》《外戚世家》《魏其侯列傳》。』則摘篇別寫單行,固有明例矣,則各家鈔本有一部分亡缺,亦事理之

常。要之原缺續補者既有十篇，則所缺所補亦可至十篇以外，《淮南子》所謂鑿一孔而百隙隨也。今本《史記》中多有與《漢書》略同，而玩其文義，乃似《史記》割裂《漢書》，非《漢書》刪取《史記》者，崔適指出各篇如下：

《孝武本紀》　妄人錄《漢書·郊祀志》。
《律書》《曆書》　妄人錄《漢書·律歷志》。
《天官書》　妄人錄《漢書·天文志》。
《封禪書》　妄人錄《漢書·郊祀志》。
《河渠書》　妄人錄《漢書·溝洫志》。
《平準書》　妄人錄《漢書·食貨志》。
《張丞相列傳》　妄人錄《漢書》。
《南越尉佗列傳》　妄人錄《漢書》。
《循吏列傳》　妄人所補。
《汲鄭列傳》　妄人錄《漢書》。
《酷吏列傳》　妄人錄《漢書》。
《大宛列傳》　妄人錄《漢書·張騫》《李廣列傳》。

崔氏疑古太勇，其言雖未可據爲典要，然既對於此諸篇提出問題，且頗能言之有故，持之成理，則吾輩固宜一爲推勘矣！

第四、元狩或太初以後之漢事為後人續補，竄入各篇正文者

此類在年表、世家、列傳中甚多，不復枚舉。

第五、各篇正文中為劉歆故意竄亂者

此項辨別甚難，舉要點數端如下：

㈠凡言『終始五德』者，《五帝本紀》《秦始皇本紀》《十二諸侯年表》《孟子荀卿列傳》《張蒼傳》等篇。

㈡凡言『十二分野』者，《十二諸侯年表》《齊宋鄭世家》

≪張蒼傳≫等篇。

㈢凡言古文≪尚書≫及所述≪書序≫者，≪夏殷周本紀≫≪齊魯衞宋世家≫等篇。

㈣凡記漢初古文傳授者，≪儒林列傳≫≪張蒼傳≫等篇。

以上所論關於≪史記≫眞本之種種考證，多採自近人著作而略斷以己意，其言頗繁重，或爲讀者所厭；吾所以不憚煩爲此者，欲學者知今本≪史記≫非盡原文而已。著手讀≪史記≫以前，必須認定此事實，否則必至處處捍格難通也。

（≪史記解題及其讀法≫）

余嘉錫云:

凡考古事，當徵之前人之書，不可以臆見說也。≪太史公書≫百三十篇，十篇有錄無書，著於≪七略≫，載於≪本傳≫，而張晏復臚擧其篇目。其事至爲明白，無可疑者。唐人劉知幾之徒，始漸持異議。宋明以後，論說蠭起，紛然淆亂。大抵以爲十篇未盡亡，張晏之言不可信。考其爲說，不外五端，因復綜合辯之如左。

一曰: 十篇之缺，特遷爲之而未成，非歿後亡失也。（劉知幾、司馬貞說。）案: 遷遭李陵之禍，被刑之後，≪報任安書≫曰:『僕竊不遜，近自託於無能之辭，網羅天下放失舊聞，凡百三十篇，草創未就，適會此禍，惜其不成，是以就極刑而無慍色。』然則其書之未成，特被刑以前事耳。旣已隱忍苟活，函糞土之中而不辭，就極刑而無慍色，欲以成就其書。則出獄之後，苟不旣死，尙延數年之命，安得不亟亟撰述以完成其書，而更玩時愒日，猶有未成之篇也哉。≪報任安書≫，王國維謂在太始四年十一月，（見≪觀堂集林≫卷十一≪太史公行年考≫。）上距被刑之時六年矣，雖不言書之成否，然其≪自序≫曰:『遷爲太史令，紬史記石室金匱之書五年，而當太初元年。』（≪集解≫引李奇曰：『遷爲太史後五年，適當武帝太初元年，此時述史記。』）又曰：『於是論次其文，七年，（≪集解≫引徐廣曰：『天漢三年。』≪正義≫曰：『案：從太初元年至天漢三年，乃七年也。』）而太史公遭李陵之禍，幽於縲紲。乃喟然而歎曰：是余之罪也夫，身毁不用矣。退而深惟曰：夫≪詩≫≪書≫隱約者，欲遂其志之思也。卒述陶唐以來，至於麟止。』（此節字句從≪史記≫，刪節從≪漢書≫。）卒者，終也，終述之至於麟止，則武帝以前，（麟止有數說，然皆謂武帝時，詳見王先謙≪漢書補注≫卷六十二。）無不成之篇。故於篇末總敍之曰：『上記軒轅，下至於玆，著十二本紀，作十表、八書、七十列傳，凡百三十篇五十二萬六千五百字。』篇數字數之詳如此，是其全書皆已寫定，不獨無有錄無書之篇，亦不當有草創未成之作矣。（趙翼已有此說，而其言未暢，故復詳論之。）

二曰：十篇惟≪武紀≫已亡，其他皆佚而復出。此說創於呂祖謙，而祖述之於王鳴盛。呂氏以東晉古文≪尚書≫爲比，不知其爲僞書。王氏最不信晚出古文，故易其辭曰：『不知何時出而得行。』(此其論≪龜策傳≫語，於他篇則無此言，然其意實同於呂氏也。）案：≪漢書・司馬遷傳≫，錄遷自序旣竟，卽繼之曰：『遷之自敍云爾，而十篇缺有錄無書。』其下復錄≪報任安書≫一篇，繼之曰：『遷旣死後，其書稍出。宣帝時，遷外孫平通侯楊惲祖述其書，遂宣布焉。』其≪報任安書≫，乃班氏追錄以補自序所未言，非謂≪報書≫在自序之後也。至於敍事之詞，當以『遷旣死』云云遙承上文『有錄無書』。詳審文義，蓋十篇之缺實在遷死之後，故曰『其書稍出』，明其出之未全。逮楊惲宣布其書，而此十篇竟不復傳，但有錄而已。今本十篇雖存，然非楊惲之所宣布，劉向、班固之所著錄也。奚以明其然耶。漢時封諸侯王皆有策書。(≪續漢書・禮儀志≫曰：『並諸侯王公之儀，光祿勳讀策書。』≪後漢書・

光武紀・注》引《漢制度》曰:『策書者，編簡也。其制長二尺，短者半之，篆書，起年月日，稱皇帝以命諸侯王。』）而《漢書》諸王傳並不載，獨於《武五子傳》中具錄齊懷王閎、燕剌王旦、廣陵厲王胥三人封策甚詳，此明是採之《史記・三王世家》也。至於傅寬、靳歙、周緤列傳，則直寫《史記・傅靳蒯成傳》，所省改不過數十字。此二篇者，皆在所亡十篇之內，班固卽採褚先生等之所補錄入《漢書》耳。若以爲本《太史公書》亡而復出，則試問出於何時。將出於班固之前耶，不當云『十篇缺有錄無書』。將出於班固之後耶，固安得從而錄之也。以此推之，則此十篇除《武紀》外，皆爲元成及王莽時人之所補作，亦以明矣。

三曰，十篇之中，有其書雖缺，而序贊具存者，未嘗竟亡也。不知班固所謂『十篇缺有錄無書』者，言百三十篇之中缺此十篇也。若其序贊猶存，僅篇中文字有所殘缺，安得便謂之有錄無書乎。且《太史公書》以篇爲卷，每卷自爲起訖，卽是一篇文字。其閒或分或合，或敍事，或議論，本無一定之例。遇其意有所感發，更端別起，則稱太史公曰，或在篇首，或在篇中，或在篇末，本無所謂序與贊也。百三十篇之中，篇末有『太史公曰』者固多，然孟、荀、儒林《列傳》在篇首，《天官書》《外戚世家》《伯夷》、《貨殖列傳》在篇中，而篇末無有。《循吏》《酷吏》《游俠》《滑稽列傳》及《自序》，則一篇之中，前後兩見。（又有篇首似序而不稱太史公者，《仲尼弟子》《佞幸傳》是也。）凡此諸篇，不知果孰爲序孰爲贊歟。史公《自序》，卽百三十篇之序也。若於篇首復別爲之序，擘拇駢枝，古人無此體也。（十《表》之文，似是序體，其實史公特總敍其事於篇首，未嘗自名爲序也。）自班固作《漢書》，始於篇末自爲之贊，（循吏、貨殖、游俠傳無贊。）而范曄又益之以論，後人因以被之《史記》，稱爲論贊。其實太史公未嘗有此。《史通・論贊篇》曰:『司馬遷始限以篇終，各書一論。』

又《序例篇》曰：『降逮《史》《漢》，以紀事爲宗，至於表志雜傳，亦時復立序文。』劉知幾非不知《史記》無序贊也，蓋假後史之名以名之耳。夫馬遷之文，行乎其所不得不行，止乎其所不得不止，如常山之蛇，首尾相應，未嘗枝枝節節而爲之。相其氣勢不至終篇，必不輟筆。呂伯恭乃謂《禮書》《樂書》《律書》《龜策傳》，其序具在，餘則草具而未成，是未知馬遷行文之法也。又謂《三王世家贊》眞太史公筆，不知贊因傳作，無傳安得有贊。若謂書缺簡脫，則何以適存此贊完好無闕，而世家竟一字不存乎。

四曰，十篇之書，惟《將相名臣年表》無序贊，《武紀》僞書不足論，其餘八篇皆自稱太史公，而《禮書》《樂書》《龜策傳》又有今上卽位之語，讀者惑焉。或曰，是眞司馬遷之筆，或曰僞託也。余以爲皆不然。凡古書已亡，後人補作者，必因襲其體製，模仿其文辭，追古人而代之立言，惟恐其不效，束皙補亡詩可證也。補太史公書，自當稱太史公，曷足怪乎。若曰太史公乃子長自書其官，後人苟非有心作僞，不當以此自稱。不知褚先生明言求《三王世家》不能得，而其所補作仍稱太史公，則非有心作僞也。且古人作文，摹其體則託之其人。傅武仲《舞賦》，規撫屈宋，則曰：『楚襄王旣遊雲夢，使宋玉賦高唐之事。』謝惠連《雪賦》，希跡馬卿，則曰：『梁王不悅，游於兎園，召鄒生，延枚叟，相如末至，居客之右。』謝希逸《月賦》，師法建安，則曰：『陳王初喪應劉，端憂多暇，抽毫進牘，以命仲宣。』復託爲仲宣之言曰：『臣東鄙幽介，長自丘樊，昧道懵學，孤奉明恩。』蓋摹擬之文，體例固應如此，非作僞也。補《史記》者自名太史公，而稱武帝爲今上，《龜策傳》又言：『余至江南。』亦若此而已。若必斷斷焉以此辨眞僞，則韓愈《毛穎傳》，通篇作秦漢人語，末亦稱太史公，豈可謂爲眞子長之筆，抑昌黎有心作僞歟。江文通《雜擬》三十首，命題寓意，皆依仿古人。而陶徵君《田居》一首遂孱入陶集，此自編輯者之失，非文通之罪也。今因補史之入《太史公書》，遽斥爲後人僞託，其亦不思而已矣。

五曰，十篇之中，如《景帝本紀》《將相名臣年表》《禮書》《傅靳蒯成》《日者》《龜策傳》諸篇，皆敍事簡明，文義高古，眞子長之筆，非褚先生輩所能作也。不知此十篇中，除褚少孫所補者外，尙有馮商諸人之作。商受學劉向，奉詔續《太史公書》，其高才博學可知。卽褚先生亦經學大儒，以《魯詩》名家，夫豈章句小生所可比擬。故其所敍宋元王之事，諸家雖譏其煩蕪，不能不深賞其文。《滑稽傳》敍西門豹事，亦奇偉可喜。然猶可曰：此蓋錄之古書，非所自作。至於《外戚世家》末之敍修成君，《田叔傳》末之敍田仁任安，皆自言聞之於時人，明是其所撰述，何嘗不洸洋恣肆，爲魏晉以下人所不及。持以與《日者》《龜策》諸篇相挈較，豈復大相懸遠也哉。蓋褚先生所不足者史識耳，故議論不免凡鄙，然不得謂之不能文。議者徒見《武帝紀》之庸妄，遂連類而並詆之，非至公之論也。

凡此五端，其理皆淺顯易明，非有深文奧義，不可解說。然而是非蠭起擾擾然至今未已者，成見錮於中，而俗論炫於外也。吾故不惜繁稱博引以折之，夫亦可以息其喙矣。此外尙有一事不可不辯者，卽少孫所補諸篇，在兩漢時是否已編入《太史公書》中也。吾友高閬仙作《史記擧要》，謂今之十篇，決非太史公元書，其識誠高人一等。惟謂褚先生所補，在當時或別行，或附後，必不混入《史記》元書之中，當是魏晉以後所合倂。余以其說考之《史記》，乃大不然。《滑稽列傳》褚先生曰：『竊不遜讓，復作故事滑稽之語六章，編之左方，可以覽觀揚意，以示後世好事者讀之，以游心駭耳，以附益上方太史公之三章。』夫云『編之左方』者，指此後所自撰郭舍人等六章言之也。（《建元以來侯者年表》褚先生亦曰：『故復修記孝昭以來功臣侯者，編於左方。』）至所謂附益上方，豈非其前已具錄太史公《滑稽傳》之本文，然後從而附益之乎。此褚先生所續諸篇，已孱入《太史公書》中之證。推之其所補之四篇，亦必依元書次第編入可知也。《七略》言『《太史公書》百三十篇，十篇有錄無書』，或中秘所藏爲太史公元本，或其中已有褚先生補作，而向歆除之不數，皆不可知。然褚先生書在漢時必無單行本，則無疑義。班固作《漢書》，頗採用其文，（《武五子傳》採《三王世家》，《衞青傳》採平陽公主事，《外戚傳》採修成君事。）蓋即取之《太史公書》耳。

（《太史公書亡篇考》，在余著《余嘉錫論學雜著》內，一九六三年北京中華書局出版）

曲頴生云

禮書樂書　《史記・禮書》《樂書》，張晏《注》曰：『亡佚。』張守節《正義》曰：『《禮書》，褚先生取荀卿《禮論》兼爲之。《樂書》猶《樂記》也。鄭元云：以其記樂之義也，此於《別錄》屬《樂記》。』據守節言，則《禮書》採《禮論》，《樂書》錄《樂記》而成。然按之原文，實非盡如張言。《禮書》約分四節：一自『太史公曰：洋洋美德乎』，至『垂之於後云』，乃敍禮之起因，及古代迄漢制定之情形；二自『禮由人起』，至『儒墨之分』，出於《荀子・禮論》；三自『治辨之極也』，至『刑措而不用』，出於《荀子・議兵篇》；四自『天地者生之本也』，至末，又出《禮論》。故全文取《荀子》者，不過三節而已，非全文皆如此也。而此不出《荀子》之首一節，竊以爲卽係《史記・禮書》之原文。其理由有三：一、史公《序》文類將一事一物之史之發展，詳爲闡述，而《禮書》首節，卽係概述歷朝之制禮經過，觀其原委詳明，層次井然，知非精於史筆如子長者莫辦。二、文中有

『今上卽位，招致儒術之士，令共定儀，以太初之元改正朔』，而《史記》於武帝，皆稱『今上』，（《史記》中直稱武帝者，乃後人所妄加改。）然則非遷作而誰歟？三、近人如崔適等疑《天官書》《封禪書》《河渠書》《平準書》，爲後人妄錄《漢書》諸志而成；然查《禮書》《樂書》則如何，若云後人所補，則班書赫然俱在，直可如諸書逕錄之，而此二者，迥與班《志》不同，自決非抄錄班《志》，然其材料之多少，行文之長短，與班書略相彷彿，疑孟堅見其材料之寡少，遂併二爲一，名曰《禮·樂志》，而《史記》則分而別列。後人見其文字短促，不足成篇，遂取《荀子·禮論》《議兵》二篇補之，而不意竟以此致疑於全篇之贋僞也。此關於《禮書》者。至於《樂書》，則張照言之甚晰，曰：考『太史公曰』以下，敍虞書以至秦二世，見古樂之失傳，自高祖過沛至天馬來，志漢樂之梗概，後載汲黯正直之言，公孫弘諂諛之語以結之，以明漢樂之所以不興。當馬遷之時，所能作之《樂書》，如是而已。然則《樂書》固未嘗不竟也。後人復將《樂記》，全寫入公孫弘語之下，又取晉平公事不經之談，以附益之，而馬遷之義始晦矣。（書中亦有今上卽位字樣，故上三條理由，亦可移用於此。）本此二說，則《禮書》《樂書》，可斷言未全佚亡，特後人妄附他書，遂致由附益者而轉疑全書爲後人所補者耳。

律書係後人雜揉各書而成　　張晏《注》曰：『遷沒之後亡《兵書》。』師古曰：『序目本無《兵書》，張云亡失，此說非也。』司馬貞曰：『《兵書》亡不補，略述律而言兵，遂分歷述以次之。』據諸家所言，則《兵書》亡佚明矣。然《序》目無《兵書》亡佚者何耶？意者《序》目原作《兵書》，而後人補成，而改作《律書》，其原作《兵書》，由《序》《贊》卽足知之。文曰：『非兵不強，非矣，太公、孫吳、王子，能紹而明之，切近世，極人變，作《律書》。』試觀全文有一律字乎？有解釋律字者乎？而所謂司馬、孫吳，史公俱以其善言兵，特闢專傳論之，是全文皆指兵而言也，何嘗言律乎？張晏見時尙作《兵書》，故云『兵書亡佚』，而後人好事，妄行補作，取曆書及關兵書雜文，揉扭而成，然則今本《律書》之作，其在張晏之後歟？《史記·律書》爲後人雜揉之跡，不一而足，其最著者，爲『王者制事立法』，至『太史公曰，孔子所稱有德君子者耶』，顯爲一章，蓄言歷代用兵之得失，及讚頌文帝之不興干戈於北陲。下文之書曰『七正二十八舍律歷』，至『其欲存之者，故莫貴焉』，顯又爲一章。殆後人妄取劉歆五德，及方士一流望氣之言，以彙輯成編耳。此後自『十月也，律中應鐘』以下，至『萬物盡滅故曰成』，多抄錄《白虎通》之言，律數章中之黃鐘、林鐘、太簇、應鐘，四律寸分，蓋本自班固、司馬彪、鄭玄、蔡邕之論，其所以揉合律歷諸書者，蓋有見於目名《律書》，遂不得不以此附益耳。又《律書》尾之『太史公曰』一段，顯係摘取上文數句以足之，而不悟上文已有『太史公曰』贊文，此適成其複贅焉。

歷書非史公原書之舊　　　　《歷書》非史公原書之舊，而爲後人雜編而成，其跡甚爲彰著。玆就其大者言之。『昔自在古』，至『推本天元』，順承厥意，自成一段，與下文了不相干，衡之《史記》諸表書例法，向無此類者。核此段文多抄自《大戴禮》，『歷建正作於孟春』至『撫十二節』，是出自《大戴禮》虞史伯夷之辭，『又正不率天，又不由人』，乃《大戴禮》孔子稱周太史之辭，更足知此段係後人妄爲，而亂置於首端也。自『太史公曰』下，至『其更以七年爲太初元年』，文字多同《漢書·律歷志》，惟亦有不盡同者，而由其不同者，反足知《歷書》之抄《律歷志》，而非《律歷志》之本《歷書》。康有爲《新學僞經考》云：『凡《史記》言終始五德者，皆劉歆所竄亂。』而《歷書》卽有言終始五德者，文曰：『至孝文時，魯人公孫臣以終始五德上書，言漢得土德，宜更元，改正朔，易服色，當有瑞，瑞黃龍見。事下丞相張蒼，張蒼亦學律歷，以爲非是，罷之。其後黃龍見成紀，張蒼自黜，所欲論著不成。』夫漢初惟張蒼最明歷，而此則黜之，以爲不如言終始五德之公孫臣，則其爲歆等五德派所揉造，甚彰彰矣。夫既如此，則知此一大段，乃後人雜抄《漢書・律歷志》而成。《漢書・律歷志》，言太初歷，乃公孫卿、壺遂、司馬遷等所造成，此爲子長何等大事，乃子長於自作中，竟無一語道及，豈非咄咄怪事哉。益知《歷書》之爲妄人所編。歷術甲子篇下之錯誤紛出，張照詰之甚當。照曰：『按歷術甲子篇第一章，蓋後人因上文焉逢至冬至二十一字，引而不發，難以推步，故續此一篇於後，以申其義，非遷本書也。』後復有『焉逢攝提格，太初元年』，以至末『祝犂大荒落建始四年』，則又後人推衍而續增之，已不知太初元年甲寅之爲托始，而直以爲武帝太初元年爲甲寅矣。故所紀甲子，無一不悞，如建始四年爲壬辰，而誤以爲己巳也。其文既敍至成帝建始四年，則非馬遷本文，不待辨矣。故總上觀之，《歷書》之非史公原書，而係後人妄作，洵千眞萬確矣。

天官書爲後人補作　　《史記・天官書》乃後人揉合諸書而成，非史公原書之舊，其係補作之跡甚多。就結構言，子長所爲表書，皆導以序言，將文內所述，申明其梗概，而《天官書》獨無之，起端卽述中宮之星，接而歷言他星，使讀者開卷，莫知書之意蘊所在。原是書全仿《漢書・天文志》，將論歷代禨祥符應之事，殿於卷末，殊不知《漢書・天文志》雖置之尾端，而志前實有總論，以發其凡，補《史記》者，見不及此，竟亦步亦趨，不知更變陋兵。就內容言，述經星與《天文志》完全相同，述望氣及他星，亦大致相同。凡《天官書》有者，《天文志》莫不有之，而《天官書》無者，《天文志》亦多溢出，足知《史記》之抄《漢書》，而非《漢書》之襲《史記》矣。又《天官書》與《律書》所載，多自相衝突，夫同出一人手筆，本宜互相符合，若相衝突，則定非一人之作可知。《天官書》與《律書》衝突之處，如《律書》云:『營室者，主營胎陽氣而產之。』而《天官書》則曰『營室爲清廟』，曰『離宮閣道，是有宮室之象』，此二書不同者一。《律書》:『北至於胃，胃者言陽氣就藏，皆胃胃也。北至於婁，婁者呼萬物，且內之也。北至于奎，奎者，主毒螫殺萬物也，奎而藏之。』《律書》則云:『奎曰封豕，爲溝瀆，婁爲聚衆，胃爲天倉。』此二書不同者二。旣有二不相同，則二文或全僞，或有一僞，可斷言矣。以上文所考，知《律書》此段，係後人補作。然《天官書》此段，亦頗可資以懷疑其係僞作也。又『太史公曰』下之『蒼帝行德』一章，顯係後人所附益。以文之結構，至則天官備矣，已行收束，後此卽當無餘文，而後竟又出此一章，漫無所屬，則其爲後人妄附益明矣。

封禪書乃抄改郊祀志而成　《封禪書》與《郊祀志》二者文字大同小異。蓋二者中，有一本襲自他本也。惟何者爲創制，何者爲因襲，則有不同之二說焉。論時代則《史記》成書在前，《漢書》在後，自宜《漢書》抄錄《史記》，故此說昔人多遵採之。然詳推考之，殊有不盡然者。《封禪書》抄錄《郊祀志》之迹，實層見叠出，爰列擧之。《郊祀志》:『周靈王卽位，時諸侯莫朝，周萇弘乃明鬼神事，設射不來。後二世至敬王時，晉人殺萇弘。是時季氏專魯，旅於泰山，仲尼譏之。』《封禪書》抄錄此節而微改其次曰:『季氏旅於泰山，仲尼譏之，是時萇弘以方事周靈王，諸侯莫朝周，周力少，萇弘乃明鬼神事，設射狸首，依物怪，欲以致諸侯。諸侯不從，而晉人執殺萇弘。』季氏旅於泰山，僅費時數日，換言之卽只在某一年之中。而《封禪書》述周靈王用萇弘射不來者，及萇弘之被殺，則占時約五十年;《封禪書》言是時，則未知所謂是時者究指五十年中之何年何時耶?核《郊祀志》之文，明言當萇弘被殺之時，乃《封禪書》以故加更改，免蹈雷同，而不意竟致此誤也。又《封禪書》云:『晉人執殺。』所云『執殺』，亦因《郊祀志》之晉人殺萇弘而添字致誤。蓋萇弘之被殺，乃周爲晉殺之，非晉人執而殺之也。《春秋左傳》哀公三年云:『劉氏范氏爲婚姻，萇弘事劉文公，故周與范氏趙鞅以爲討，周人殺萇弘也。』是其的釋。又《史記》於諸帝詔書，率不用詔字，而曰上曰，或曰計，如《孝文紀》凡詔令之文，《漢書》作詔曰，《史記》則作上曰，其更奇特者，卽三年冬之詔曰詔遣列侯之國，而《史記》則曰前日計遣列侯之國，雖《文紀》十五年，有『上乃下詔曰』之文，然用詔字，究屬少數也。而《封禪書》於《漢書・郊祀志》用詔字處，亦皆用詔字。以《史記》孝文諸紀衡之，似用詔字者，殆子長以外人之所爲乎？又抄襲而改易之跡，於末段尤足見之。《郊祀志》於太初後，直敍武帝封禪之事，至天子猶羈縻不絕，冀遇其眞，然後轉而統言其所興之諸祠。《封禪書》則將所興之諸祠，移提至泰山脩封，過祭恆山之後，而字句又復微加改易，其改易處，本期以掩飾抄襲，而不悟更露其破綻也。破綻之可見者，如《郊祀志》作以木禺馬代駒云，及諸名山川用駒者，悉以木禺馬代，獨行過親祠乃用駒，他禮如故。是文之結構，於獨以下爲蕩轉，甚爲明醒。乃《史記》則不然，改云而以木禺馬代駒焉，獨五月（《武紀》作帝）嘗駒，行親郊用駒，及諸名山川用駒者，悉以木禺馬代。行過乃用駒，他禮如故，如《史記》所云，則獨字將貫至何句爲止乎？依結構言，則宜直貫至行過則用駒，而核文意，則獨五月嘗駒，行親郊用駒，是用駒，及諸名山川用駒者，悉以木禺馬代，是不用駒，行過乃用駒，是又用駒也。文意參差，莫此爲甚。以子長明快之文筆，決不致爲文而如此陋劣也。又《郊祀志》諸所興，如薄忌、泰一、及三一、冥羊、馬行、赤星、五牀、寬舒之祠官，以歲時致禮。凡六祠，皆太祝領之。蓋明言武帝所興之諸祠也。乃《封禪書》則大加改易，云：今天子所興祠，太一后土，三年親郊祠，建漢家封禪，五年一脩封，薄忌，太一，及三一，冥羊，馬行，赤星，五寬舒之祠官，以歲時致禮，凡六祠，皆太祝領之。如《史記》所云，則此皆爲武帝所興，總計之，決不止六祠矣。且所興祠之祠，乃爲名詞，而三年親郊祠，建漢家封禪，五月一修封，所興者果何實物耶？本此，則《史記》此等改易，深足見其出於淺陋之手，而非子長之所爲也。

河渠書與溝洫志　《河渠書》與《溝洫志》文句大致相同，其中有一因襲，殆無足疑。惟何者係因襲，則甚難言。今就二書不同處加以研核，然後就其優劣，而判斷之，則亦庶乎求眞之一法歟！二書之不同者，《河渠書》於吳則通渠三江五湖，於齊則通菑濟之間，於蜀，蜀守冰鑿離碓，辟沫水之害，穿二江成都之中。此渠皆可行舟，有餘則用漑浸，百姓饗其利。至於所過，往往引其水，益用漑田疇之渠，以萬億計，然莫足數也。《溝洫書》云：此渠皆可行舟，有餘則用漑，百姓饗其利。至於它，往往引其水用漑田溝渠甚多，然莫足數也。推《河渠書》文意，至於所過，往往引其水，則是指上述諸渠所經過處也。夫我國之溝渠多矣，上所擧者，不過犖犖其大者耳，而若僅言此數渠，以概其餘，則不免有挂一漏萬之嫌。故《漢書》欲總括之，遂曰至於它，往往引其水用漑田溝渠甚多，而大小溝渠，遂盡包括在內矣。又《河渠書》孝文時河決酸棗，其後四十有餘年，今天子元光之中，而河決於瓠子。《溝洫志》作其後三十六歲，孝武元光中，河決於瓠子。按自孝文十四年，河決東郡，至元光三年，河決濮陽，實三十六年，無四十餘年，《漢志》較得其實。又《河渠書》太史公曰：與上文連書，未另起一行，核之《史記》諸紀傳書表，皆獨起一行，此與通例不合。又太史公曰一段中，錯訛最多，其著者：『余南登廬山，觀禹疏九江。』按《夏書》無禹疏九江之事，蓋因秦九江郡而妄附會耳。又『遂至於會稽太湟，其著者在宣房』，按宣房，《河渠書》《溝洫志》《水經注》，俱曰在濮陽，而此於會稽下，忽突曰宣房，實所未喻。又『其著者在宣房』，其著者果何物耶？武英殿本《史記》於『宣房』下空闕十餘字，未審其故。又『東闚洛汭大邳，西瞻蜀之岷山及離碓，北自龍門至於朔方』，按此段文意，着在觀巡各地之水道，故曰觀禹疏九江，望五湖，窺洛汭大邳，迎河行淮泗，而蜀則曰瞻蜀之岷山，朔方則曰至於朔方，是不符文中注重之意矣。查此段文字，全襲自《太史公自序》，然兩相較之，則《太史公序》用字之靈活，實遠勝此文。《自序》云：『二十而南遊江淮，上會稽，探禹穴，闚九疑，浮於沅湘，北涉汶泗，講業齊魯之都，觀孔子之遺風，鄉射鄒嶧，戹困鄱薛彭城，過梁楚以歸。』試對比之，二者果出諸一人之手乎？吾恐所得之答案，必皆曰非也。旣若是，則『太史公曰』一段，以無《溝洫志》原文可依，而鄙陋若是，則『太史公曰』以外文之克爾雅醇樸者，非抄自《溝洫志》而何哉？

平準書錄自食貨志　　　《平準書》錄自《食貨志》，殆無庸疑。惟諸書之錄《漢志》，以此爲最難，緣《食貨志》之爲文，以食與貨分述，而《平準書》則於諸帝下，皆合述之，非煞費苦心，善於補綴者莫辦也。然坐此而襲錄食貨之跡，益顯見焉。其抄錄之處，順指如下：《平準書》開端云：『漢與接秦之弊』，按《史記》爲通史體，理宜先追源溯本，由上古三代敍起，且《史記》表書，凡有敍述，亦均自往古以敍至漢代，而此則竟自漢代開端，殊不類也。原補《平準書》者之意，以若直錄《漢書》總敍先秦之文，則不令人知爲抄襲，遂將《漢志》敍先秦一段移置於尾，而冠以『太史公曰』四字，殊不知前爲正文，而後附『太史公曰』者，則『太史公曰』乃等於諸史贊文，例皆簡短，無長篇大論，故補錄者審昧於史公之例，而徒弄巧成拙耳。《平準書》：『齊民無藏蓋，於是爲秦錢重難用，更令民鑄錢。』據文意則是以齊民無藏蓋，遂更令民鑄錢，換言之，卽爲救窮而鑄錢，其因果關係，雖愚者亦知其無有也。原文之所以致此者，以爲秦錢難用下諸文，乃《食貨志》敍貨之語，而補《平準書》者，欲拼此二文於一處，遂致此誤耳。《平準書》:『自天子以至於封君湯沐邑，皆各爲私奉養焉，不領於天下之經費。』按各爲私奉養，與不領於天下之經費爲一事，不得以焉字隔開，《食貨志》卽無焉字，得文之意。《平準書》:『其後四年，而漢遣大將軍（《史記》無軍字、宜據《漢書・武紀》添），將六將軍，軍十餘萬擊右賢王，獲首虜萬五千級，明年大將軍六將軍，仍再出擊胡，得首虜萬九千級，捕斬首虜之士，受賜黃金二十餘萬斤。』按戰爭何涉於平準，而煩如此詳言？眞所謂不當煩而煩矣。《漢志》卽無此失，僅云『此後四年，衞青比歲十餘萬衆擊胡，斬捕首虜之士，受賜黃金二十餘萬斤』。蓋是文之主旨，在闡述受賜黃金二十餘萬斤之原因，故述原因處，文字自當力求簡括也。《平準書》錄武帝詔曰:『朕聞五帝之敎，不相復而治，禹湯之法，不同道而王，所由殊路，而建德一也。北邊未安，朕甚悼之，日者大將軍攻匈奴，斬首虜萬九千級，留蹛無所食，議令民得買爵。』《漢志》無民得買爵一詔，旣不傷文意，又爲簡潔，甚爲得之。《平準書》:『初先是往十餘歲。』『初先是往』皆言昔也，而四字連用，殊爲複贅。《漢志》作『先是十餘歲』，字少而文甚明。《平準書》:『鑿直渠，自長安至華陰，作者數萬人，朔方亦穿渠，作者數萬人，各歷二三期，功未就，費亦各巨萬十數。』《食貨志》作『自長安至華陰，而朔方亦穿漑渠，作者各數萬人，歷二三期而功未就，費亦各以鉅萬十數』。二文之優劣，想明眼人俱能洞見。《平準書》:『三老北邊騎士軺者以一算，商賈軺車二算。』『軺者』二字連文爲不辭，《漢志》作『三老北邊騎士軺車一算』，得之。《平準書》錄列卜式一生行誼，夫式固入資於官，然其他行事，亦何干於平準？而《平準書》整錄之，亦可謂畸輕畸重矣。《漢志》則作『是時豪富皆爭匿財，惟卜式數求入財以助縣官，天子乃趣拜式爲中郎，賜爵左庶長，田十頃，布告天下，以風百姓。初式不願爲官，上強拜之，稍遷至齊相，語自在其傳。』剪裁較爲得當。《平準書》：『天子憐之，詔曰：江南火耕水耨，令饑民得流就食江淮間。』《漢志》無『詔曰江南火耕水耨』一句，文省而意亦足。《平準書》：『齊相卜式上書曰』，又『天子下詔曰』，下卽摘錄書詔之文，實甚冗贅。《漢志》只摘錄書詔要義，曰：齊相卜式上書，願父子在南粵，天子下詔褒揚，賜爵關內侯，簡鍊多矣。《平準書》以卜式上言，求亨弘羊，天乃雨。而卜式上言之效果如何，則未言及。此決非史體之正。史家敍事，於一事之因果，必明言之，若於敍時事尙在進行，則略而不論可矣，斷無僅述其首，而不言其尾者。原此所以致誤者，以《漢志》於言天乃雨下，接言久之武帝疾病，拜弘羊爲御史大夫，昭帝卽位六年。補者見於拜弘羊爲御史大夫，定在武帝之末，而《史記》敍事，則訖於太初，遂刪『久之武帝疾病，拜弘羊爲御史大夫』三句，而不悟反陷敍事不全之陋也。《平準書》『太史公曰』一段，係揉合《食貨志・序》文而成，上文已言之矣。此段以改編處甚多，故錯誤亦益夥。其較甚者，爲書道唐虞之際，詩述殷周之盛，以殷周並擧，則述殷定述周，況周之制度，詳見《周官》七月，更較諸代爲詳乎？而《序》僅云『湯武承弊易變，使民不倦，各兢兢所以爲治』，於周則闕而不書，此甚不可也。又魏用李克盡地力爲強君，自是之後，天下爭於戰國。《漢志》李克作李悝，云是時李悝爲魏文侯作盡地力之敎。按《藝文志》法家有李子三十二篇，《注》云名悝，魏相魏文侯，富國強兵。儒家有李克七篇，《注》云子夏弟子，爲魏文侯相，二書均云行之魏國，國以富強，則當作李悝，而不得云李克也。又於李克下接云，天下爭於戰國，是原意以李克爲春秋時人，然魏文侯時，三家分晉，已名曰戰國，而文列爲春秋，豈非大誤？又及至秦中下國（下字疑有誤）之幣爲三等，黃金以鎰名爲上幣，銅錢識曰半兩，重如其文爲下幣，僅言上下，則三等之三作二明矣。《食貨志》卽言，秦兼天下，幣爲二等。又古者嘗竭天下之資財，以奉其上，猶自以爲不足也。按此文緊接秦下，而突言古者，未知古者果何指耶？《漢志》作『男子力耕，不足糧饟，女子紡績，不足衣服，竭天下之資財，以奉其政，猶未足以澹其欲也，海內愁怨，遂用潰畔』，則是明言始皇也，較爲得之。

（《史記八書存亡眞僞疏辨》，原刊於《大陸雜誌》第九卷第十二期）

〔存　目〕

高葆光撰《史記終止時期及僞篇考》，刊載於《東海學報》第十四卷。
朱東潤撰《史記考索》，一九四三年開明書店出版；書末有《史記百三十篇僞竄考》一章。
李奎耀撰《史記決疑》，發表於《清華學報》第四卷第一期。
海屏撰《史記的補續與改竄問題》，發表於《學宗》第四卷第一期。
潘重規撰《史記記事終訖年限考》，發表於《大陸雜誌》第十八卷第七及八期。

■漢 書

冉昭德云:

自司馬彪指明馬續述《漢書・天文志》以後，袁宏增廣其說，謂《七表》及《天文志》，有錄無書，皆爲馬續所撰。范曄則謂班昭補作《八表》及《天文志》。劉昭兼採二說，主張馬續作《志》，班昭作《表》。《初學記》引《後漢書》又謂馬續、班昭合作《十志》，《隋志》更謂《十志》出於班昭一人之手筆。議論紛紜，莫衷一是，要以《八表》及《天文志》爲班昭、馬續補作之說，較爲普遍，學者亦多信而無疑。但其間增廣演變之跡，一望可知。其可信的程度，大有問題。至於《十志》亦爲馬續、班昭補作之說，顯係失考，暫置勿論。

一、天文志　　　　《漢書・天文志》基本上沿用《史記・天官書》，不過增補甘氏石氏之說及武帝以後的天象變化而已，工程並非浩大。以班固『湛精積思二十餘年』之功，是可以完成這項任務的。而且馬續述《天文志》，不見於《後漢書》本傳。大概由於馬續繼班昭受讀《漢書》一事，演變而成。其次，司馬彪提出問題以後，正史《天文志》的作者如沈約、魏收、長孫無忌等，反而都說班固作《天文志》。袁宏雖然承認司馬彪之說，謂馬續作《天文志》，但又說:『班固序《漢書》，又有《天文志》。』劉知幾一面指出馬續補《天文志》，一面又批評『班固因循，復以天文作《志》。《志》無漢事，而隸入《漢書》，尋篇考限，睹其乖越者矣』。類此自相矛盾的言論，都表明馬續作《天文志》之說，是可疑的。

二、八表　　　　《漢書・八表》爲:一《異姓諸侯王表》、二《諸侯王表》、三《王子侯表》、四《高惠高后孝文功臣表》、五《景武昭宣元成哀功臣表》、六《外戚恩澤侯表》、七《百官公卿表》、八《古今人表》。這《八表》中至少有兩表，已經前人指明爲班固原著，非後人補作，闡述如下：

一爲《古今人表》。按《史記·李將軍列傳》云：廣從第『(李)蔡爲人在下中， 名聲出廣下甚遠 』。是班固原本太史公之言， 列九等以品衡人物。東漢邊昭作《老子銘》云：『班固以老子絕聖棄知，禮爲亂首，與仲尼道違，述《古今人表》，檢以法度，抑而下之。』韶爲桓帝時人，曾著作東觀，後於班固約五十多年，當可看到《漢書》原稿。延熹八年，桓帝遣中常侍左悺至苦縣祠老子，時邊韶爲陳相（苦縣屬陳國），『 典國之禮 』，遂作《老子銘》，以資紀念。一代大典，韶必有據而云然。此爲班固作《古今人表》之確證。再證以魏人張晏注《人表》云：『老子玄默，仲尼所師，雖不在聖，要爲大賢。……而在第四……其餘差違紛錯不少，略舉揚較，以起失謬。獨馳騖於數千峇之中，旁觀諸子事業未究，而尋遇竇氏之難，使之然乎？』是以《人表》爲未完善之作，但亦指明出於班固之手。其次，劉知幾在《史通·表歷》《題目》《品藻》《雜說》等篇中都有評譏班氏《人表》的言論，如《題目篇》云：『班固撰《人表》，以古今爲目。尋其所載也，皆自秦而往，非漢之事，古誠有之，今則安在？』據此而言，補作《八表》之說，很難成立。

二爲《百官公卿表》。據司馬彪《續漢書·百官志》云：『惟班固著《百官公卿表》，記漢承秦置官本末， 訖於王莽， 差有條貫。』固《表》既詳，『不復悉載』。沈約在《宋書·百官志》中引用《表》文，亦定爲班固所作。《人表》既爲《漢書》原著，則補作《七表》之說，亦難成立。

其餘《六表》，除《外戚恩澤侯表》爲《漢書》創例外，大都取材於《史記》，不過加以調整補充而已。以班固撰述《漢書》的條件、時間、地點而論，這《六表》也可能是他的原著，非後人所補。

由上所述，可知班昭、馬續補作《八表》及《天文志》的說法，不能成爲定論。

（《班昭、馬續補作漢書八表及天文志志疑》，見《光明日報》）

■漢書集解音義

錢大昕云:

《隋書・經籍志》:《漢書集解音義》二十四卷，應劭撰。按顏氏《漢書・敍例》云:『有臣瓚者，莫知氏族，考其時代，亦在晉初。總集諸家音義，稍以己之所見，續厠其末，凡二十四卷，分爲兩帙，今之《集解音義》，則是其書；而後人見者，不知臣瓚所作，乃謂之應劭等集解。王氏《七志》、阮氏《七略》並題云然，斯不審耳』。依小顏說，知《隋志》所載卽臣瓚所集，非出於應劭一人；《隋志》多承阮《錄》舊文，則應劭下當有『等』字，殆傳寫失之也。晉灼《集解》十四卷，不載於《隋志》，則師古所謂『東晉迄於梁陳，南方學者，皆未之見』。王、阮旣未著錄，故《隋志》亦遺之也。

（《十駕齋養新錄》卷六）

編年類

■漢　紀

于亦時云:

東漢荀悅的《漢紀》是繼《左傳》後出現的又一部編年體史書，其記事起自漢高祖元年，終於王莽地皇四年。雖然荀悅編撰此書的主旨在於簡化《漢書》，使它的內容大體不出《漢書》的範圍。但由於荀悅刪潤的比較成功，因而贏得了後人的稱譽。

關於此書的成書時間，唐劉知幾在《史通・古今正史記篇》中記載:『初，漢獻帝以固書文煩難省，乃詔侍中荀悅依《左氏傳》體刪爲《漢紀》三十篇，命秘書給紙筆。經五六年乃就。』

又據荀悅《漢紀序》:『建安元年，上巡省，幸許昌，以鎭萬國，外命亢輔，征討不庭，內齊七政，允亮聖業，綜練典籍，兼覽傳記，其三年詔給事中秘書監荀悅抄撰《漢書》，假以不直，尙書給紙筆，虎賁給書吏。悅於是約集舊書，撮序表志，總爲帝紀。』應該肯定，荀悅這裏所述是準確的。獻帝於建安元年八月庚申遷都許昌，事載《後漢書・孝獻帝紀》。建安三年奉命『抄撰《漢書》』，他親身執役，所記不會有錯。那麽，按《史通》所載，荀悅是在建安七年或八年完成《漢紀》的。

但實際上，荀悅《漢紀》成書時間沒有拖至五六年之久。《漢紀序》記載的相當確切:『凡在《漢書》者，……刪略其文，凡爲三十卷，數十萬言，作爲帝紀，省約易習，無妨本書，用其旨云爾。會悅遷爲侍中，其五年書成，……書奏之歲，歲在庚辰。』『其五年書成』云云是承上文『建安元年』云云來說的，意謂《漢紀》在建安五年撰寫完畢，並不是說過了五年寫定《漢紀》。正像上文『其三年詔給事中秘書監荀悅抄撰《漢書》』句一樣，『其三年』係指建安三年，不能理解爲過了三年。上引『書奏之歲，歲在庚辰』，建安五年，正是庚辰年。這便證實了上面的看法是靠得住的。如果把『其五年書成』解釋爲過了五年修成《漢紀》，成書年代則是建安七年，當爲壬申歲，與『歲在庚辰』的記載不合。

此外，還可以找出其它可信的證據，進一步證明筆者的看法。《後漢書・荀悅傳》云：『帝好典籍，……乃令悅依《左氏傳》體以爲《漢紀》三十篇。……其序之曰：「漢四百有六載，撥亂反正，統武興文，永惟祖宗之洪業，思光啓乎萬嗣。聖上穆然，惟文之恤，瞻前顧後，是紹是繼，闡崇大猷，命立國典。於是綴敍舊書，以述《漢紀》。中興以前，明主賢臣得失之軌，亦足以觀矣。』玩味其語，這篇序當是作於成書後。時值『漢四百有六載』，卽謂寫完《漢紀》而撰此序時，是漢王朝四百零六個年頭。包括篡漢的王莽時期在內，從漢高祖元年（公元前二〇六年）下推四百零六年，正値建安五年（公元二〇〇年）。《後漢書》與《漢紀》的記載簡直合若符節，這當然不是偶然的巧合，而是對《漢紀》成書年代的準確記述。

本來在劉知幾時代，《漢紀》和《後漢書》都有完本傳世。劉知幾多年置身史官，富於著述，毫無問題，他能看到這兩部史書。奇怪的是，他爲什麼會把有明確記載的《漢紀》成書年代搞錯呢？據筆者分析，最大的可能是他把《漢紀序》『其五年書成』一語理解爲過了五年撰成《漢紀》，於是鑄成了『經五六年乃就』的錯誤結論。

事情十分湊巧，淸浦起龍《史通通釋》在『經五六年乃就』句處有一校語云:『一無「六」字。』無『六』字，說不定就是《史通》的原貌。這裏透露出的一絲痕迹，愈加證實了上面對《漢紀》成書年代的判斷。

(《漢紀的成書年代》，原刊《文史》第十二號)

別史類

■逸周書

黃　玠云:

所言文王與紂之事，故謂之《周書》。劉向謂是周時誓告號令，孔子刪錄之餘。班固《藝文志》亦有其篇目。司馬遷記武王伐紂之事，正與此合。然則兩漢之時，已在中秘，非始出於汲冢也。觀其屬辭成章，體製絕不與百篇相似，亦不類西京文字，是蓋戰國之世，逸民處士之所纂輯，以備私藏者。性命道德之幾微，文、武政教之要略，與夫謚法、職方、時訓、月令，無不切於修己治人。雖其間駁而不純，要不失爲古書也。

（《汲冢周書序》）

謝　墉云:

愚嘗玩其文義，與《尙書》周時誥誓諸篇絕異，而其宏深奧衍，包孕精微，斷非秦漢人所能彷彿。不第克殷、度邑爲龍門所引用也；明堂見於《禮記》，職方載在《周官》，其文雖有小異，要不足爲病，而箕子《月令》，想卽《洪範》《呂覽》所傳之文，周史所記載者也。惟其闕佚既多，又頗有爲後人羼入者，篇名亦大率俗儒更易，必有妄爲分合之處，其序次亦未確當，如《大匡》爲荒政，第四卷《王在管時》，不當復以名篇，且文內大匡中匡小匡，意不可解。《時訓》似五行傳，《謚法》與《史記・正義》大同。《殷祝》雜出殷事，與《王會》篇末成湯伊尹語皆爲不類。若《太子晉》一篇，尤爲荒誕，體格亦卑弱不振，不待明眼人始辨之也。愚謂是書文義酷似《國語》，無疑周末人傳述之作，其中時涉陰謀，如寤儆之欺謀泄，和寤之記圖商，多行兵用武之法，豈卽戰國時所稱太公陰符之謀與？時蓋周道衰微，史臣掇拾古訓，以成此書，始於文武，而終於穆王厲王也。好古之士所宜分別觀之。

（《逸周書序》）

高　明云：

《逸周書》，劉知幾謂其『滓穢相參，殆似後之好事者所增益』（見《史通》），洪邁稱其『所載事物亦多過實』（見《容齋隨筆》），李燾稱其『書多駁辭』（見《汲冢周書序》），晁公武稱其『記錄失實』（見《郡齋讀書志》），陳振孫稱其『文體與古書不稱，似戰國後人依倣爲之者』（見《直齋書錄解題》），王應麟謂其爲『戰國之士私相綴續，託周爲名』（見《漢書藝文志考證》），鄭瑗則以爲『東漢、魏晉間詭士所作』（見《井觀瑣言》），崔謂述『周書之作，蓋在戰國、秦、漢之間』（見《豐鎬考信錄》），今觀其書載有太子晉事，則必成於靈王之後；《左傳》引書之文多在篇中，或春秋時已有其書；書中雜有儒、道、名、法、陰陽、縱橫、兵權謀諸家之說，當爲戰國時人所續爲；其中《周月解》以日月俱起於牽牛之初，《時訓解》以雨水爲正月中氣，漢太初曆始云然，是則書中又有漢初人之筆墨，不得盡信其確爲周代之舊典。

（《爾雅之作者及撰作之時代》）

黃沛榮云:

《周書》非一時之作，其中亦不乏戰國以前之作品，固未可一概而論，諸家謂其爲戰國之作，實僅就其部份篇章之文體而言，雖大致不差，然究無實證。《王會篇》乃作於秦漢之際，《周月篇》亦成於戰國末年以後。

（《周書研究》，臺大博士論文）

李周龍云:

清朱右曾云:『克殷篇所敍，非親見者不能。』（見《周書集訓校釋序》），其說是也。近人顧頡剛以爲《逸周書・世俘篇》卽《尙書・武成》，其作成當在西周（見《逸周書世俘篇校注寫定與評論》），而魚臺屈萬里先生亦嘗據文中有後世罕見方國名，憝國服國之多，田獵獲禽及宗廟燎祭用牲之夥，證成《世俘》之作成，確在西周，其說最是顚撲不破，則此書其中部份確爲西周時物，然此本非一時之作，其中《太子晉篇》載有太子晉事，則必成於周靈王之後，殆無疑義。至若《周月篇》，黃沛榮嘗據冬至日月俱起牽牛之初、二十四節氣之起源、十二次之創立、孟仲季冠四時之用法，與夫『斗建』、『陰陽』、『三正』、『閏無中氣』諸觀念，考證其著成，或在西漢初年。考辨綦詳，確屬不易之定論。通考以上九說，當推高郵高明先生之說最爲得實，此書或春秋時已有之，戰國人續爲之附益，間雜漢初人筆墨，固非成於一時者也。陳振孫以爲戰國後人依倣爲之，崔述以爲成於戰國、秦、漢之間，殊不知其中確有周初時物，此誠失之不考者也。而姚際恆以爲此乃漢後人所爲，鄭瑗謂此爲東漢魏晉間詭士所作，以爲作僞者反勦《周禮》《禮記》《呂覽》《史記》而成書，斯誠本末倒置者也。二人蓋以爲此書出汲冢，又以爲汲冢書乃後人依託，非眞殉葬物，故有斯言，疑古而如此，則其不謬誤也幾希！苟可據後人所引而疑古書，則古書殆無一不僞，此猶據司馬溫公《潛虛》、邵康節《皇極經世》多引《易經》之言，遂論定《周易》乃宋以後之人，勦襲《潛虛》《皇極經世》而成書，則其訛謬也必矣！如此而欲免於他人之詬病，豈可得乎？

（《逸周書成書考》，原刊於《孔孟月刊》第十九卷第九期）

〔存　目〕

朱廷獻撰《逸周書研究》，發表於《學術論文集刊》第三輯內。

雜史類

■穆天子傳

梁子涵云：

《列子》裏面關於周穆王一段紀載，顯然是以《穆天子傳》爲藍本。《史記・趙世家》：『造父幸於周繆王，造父取驥之乘匹，與桃林盜驪驊騮綠耳，獻之繆王，繆王使造父御，西巡狩，見西王母，樂之亡歸。』卽使不是取材於《穆天子傳》，也應與《穆天子傳》同源於相似的傳說。司馬遷是武帝時人，所以《穆天子傳》應該最早是成於漢武帝時，最晚也不會晚於西漢末年的。西王母的傳說，似乎是始於漢武帝時，而在西漢末年，由於當時政治的宣傳看來，似乎已經成爲一種普通的民間信仰，所以當時有『傳西王母等』的事，漢武帝見西王母的故事，是人人都知道的，故事見於《洞冥記》、《拾遺記》、《漢武帝內傳》、《漢武故事》，《海內十洲記》等書，不必細說。衞聚賢氏曾說：西王母的故事，與漢武帝征大宛極有關係，這種假設，似乎頗有可能。當時大宛的王稱爲王毋寡，西王母可能卽由此附會而成的。如果《山海經》裏說到西王母部份是漢人加進去的，《竹書記年》又與《穆天子傳》同樣不可靠，我們就可以假設西王母故事起源於武帝征大宛前後幾年了。而神話裏的西王母，也就相當於歷史上的大宛了。西王母的『西』字，是與『東』相對而言，西王母如果是大宛，而《神異經》所謂『東大王』大概指的就是漢武帝了。

《漢書》說：大宛去長安一萬二千五百五十里；《穆天子傳》說；自宗周至西北大曠原一萬四千里，而西王母之邦在曠原東南一千九百里，所以，自宗周至西王母之邦是一萬二千一百里；兩地都是一萬二千多里，相差極少；所以這也可以作爲大宛卽西王母的證據。附帶可以提起的，就是大宛以北是康居，地方荒曠，可能就是《穆天子傳》的；西北大曠原；西王母北至曠原一千九百里。根據《漢書》，大宛北至康居卑闐城一千五百一十里，距離也是相差不多的。再者《漢書》說：河源出於于闐，其地多玉石，去長安九千六百七十里，《穆天子傳》說：羣玉之山在西王母東三千里，所以去宗周也是九千里左右；這一切如果都是偶然巧合，則未免眞是太巧了。

《穆天子傳》裏提到許多以黃白金製的器皿，《史記・大宛傳》也說：『得漢黃白金，輒以爲器，不用爲幣。』《大宛》：『俗嗜酒。』《穆天子傳》也有諸夷獻酒的紀載；《大宛傳》說：『天子案古圖書，各河所出日崐侖。』而大宛是在崐侖以西的大國，這也與西王母的紀載相符。《大宛傳》說：大宛人『貴女子；女子所言，丈夫乃決定』；這可能就是西王母爲女性的傳說的來源。《穆天子傳》裏，巨蒐人以牛羊湩爲穆王洗足，這顯然也是漢人所知的西域風俗；《史記・匈奴傳》就說中行說教單于『得漢食物皆去之，以示不如湩酪之便美也』。穆王八駿的故事，更顯然與漢武帝的天馬有關。日本小川琢治就曾指出八駿的名稱都是源於突厥語的；如：『盜驪』是 dav 的譯音，意爲『細』；郭璞注言盜驪馬細頸。白義馬是 Beigir 的譯音，意爲『白色馬』。『踰輪』是 Jylan，意爲『蛇』；或『細頸馬』。『赤驥』是 Kysil，意爲『赤色馬』。『山子』是 Sav 意爲『黃色馬』。這皆名稱恐怕都是漢武帝的天馬從西域帶來的。漢武帝有幾匹『天馬』，無從查考，不過《西京雜記》說：漢文帝有九駿，名爲浮雲、赤電、絕羣、逸驃、紫燕、綠螭、龍子、麟駒、絕塵；又有來宣能御，號爲王良；這似乎就是穆王八駿與造父傳說的來源。《拾遺記》說：周穆王的八駿：名爲絕地、翻雨、奔屑、超影、踰輝、超光、騰霧、挾翼；這些名稱與前面的差不多，其間彼此附會的形跡，顯然可見。

漢武帝時人確信西有西王母國；如《史記・大宛傳》云：『安息國長老傳聞條支有弱水，西王母。』張騫受武帝命而赴西域；其主要使命爲與月氏取得聯絡，但同時似亦尋求西王母的仙境。此種信念必源於西域來人的誇大報告：而就『西王母在條支西，近日所入』的紀載看來，所謂西王母國顯然也就是大秦，就是承繼近來希臘文化的東羅馬帝國，西域人所謂 yavana, yona yunani 的地方。古音m與n相通，如『彌』字，廣東今日尙讀音爲 nei；所以希臘在東方的名稱 yunani, yavana，就可以譯爲西王母。漢武帝尋求西王母國，也就是尋求西方的希臘。

漢武帝見西王母的故事，顯然又是由泰山封禪等事實演化出來的。元封元年三月，登中岳太室，『從官在山下聞，若有言萬歲云』！這也許就是武帝見西王母故事的起源。《洞冥記》說：『元光中，帝起壽靈壇……使董謁乘雲霞之輦以昇壇……謁乃聞王母歌聲而不見其形，歌聲遶梁三匝乃止。』這也就是武帝當時詔書所說的『遭天地況施，著見景象，屑然如有聞』，後來這就變成了西王母與帝仙桃的故事。漢武故事說西王母夜降，『乘紫車，玉女夾馭，載七勝，履玄瓊鳳輦之舄』；與《拾遺記》裏周穆王見西王母故事相較：『王東巡大騎之谷，指春宵宮……西王母乘翠鳳之輦而來……曳丹玉之履』，可見這兩段傳說本來就是一件事。漢武帝見西王母，相傳是七月七日；穆天子傳說，穆王賓於西王母是在孟秋甲子，也是七月。《漢武帝內傳》說，武帝見西王母前，於甲子日起道宮齋七日；《穆天子傳》則說：王於甲子日見西王母。

我們再把漢武帝封禪前後的事與《穆天子傳》的記載比較一

下：元封元年夏四月癸卯，武帝登泰山封禪；穆王則於季夏丁卯，升於舂山之上，觀五日。武帝『令人上石立之泰山巔』；穆王當時也『爲銘迹於縣圃』。武帝封泰山時，有人獻黃帝時明堂圖，上有樓，命曰昆崙，天子從之入，以拜祠上帝，於是作明堂汶上；穆王則也『並於昆崙之丘，以觀黃帝之宮』。武帝『立九天廟於甘泉』；穆王則有『乃曰先王九觀，以詔後世』的紀載。

《穆天子傳》卷一記穆王戊寅開始北征，絕漳水，以後文『季夏丁卯』看來，約歷三個多月，夏季是六月，則戊寅約當三月；武帝元封元年幸緱氏，登太室，封禪泰山，也始於三月。穆王得虎，畜之東虢，是曰虎牢；見《穆天子傳》。舊《注》：『虢本作虞，避唐諱也。』武帝作建章宮，『其西則唐中數十里虎圈』。穆王南遊於黃室之丘，『以觀夏后啓之所居』；武帝用事華山，也見夏后啓母時。穆王當時又與井公博，乃駕鹿以遊於山上；《神仙傳》則說有中山衞叔卿嘗乘雲車，駕白鹿，見漢武帝，並在華山遊博。穆王射得白鹿，《穆天子傳》有盛姬爲盛柏之子，在途中病死；武帝出巡時，奉車霍子侯爲霍去病子，也暴病死。穆王巡行天下以南鄭爲中心；武帝巡行天下以甘泉爲中心，而漢代的甘泉也就是南鄭，地方完全相同。漢武帝元封六年詔曰：『朕禮首山昆田，出珍物化或爲黃金。』太始二年詔也說『泰山見黃金』，這大概就是《穆天子傳》裏，昆侖之丘見有黃金之膏的來源。太始二年詔書所說『渥洼水出天馬』，大概又是《穆天子傳》裏『夫下之馬走千里』的來源。同一詔書所說：『獲白麟以饋宗廟』，又是《穆天子傳》卷六王射得白鹿的來源。《穆天子傳》裏的『白雲在天』歌，恐怕又源於武帝幸河東並祠后土時所作的『秋風起今白雲飛』。武帝元封元年春正月幸緱氏，祭太室、祠梁父、封泰山，北至褐石，巡自遼西，歷北邊，至九原而回到甘泉，凡周行萬人千里，如果加上同年冬十月自雲陽，北歷上那，出長城，登單於臺，至溯方，臨北河，祭黃帝冢，釋兵須如，還甘泉，大概也有三萬多里；與《穆天子傳》的里數相符。如果詳細比較起來，《穆天子傳》裏的全部事實，都是漢武帝時實在經歷，只是換了地名和人名而已。

這裏我們可以得一結論，就是不但《穆天子傳》可以證明是漢武帝時到西漢末年的作品，而穆天子也就是漢武帝，前面說過，《列子》曾取材於《穆天子傳》。雖然因爲《列子》裏有佛教影響，現在人認爲《列子》大部分恐怕是晉代的作品，然而劉向最初校定的《列子》八篇裏已有《穆天子傳》的文字；因爲《列子敍錄》說：『《穆王》《湯問》二篇，迂誕恢詭，非君子之言也。』這樣我們可以斷定《穆天子傳》的做成時期不會過晚，不是西漢末年才寫成的。這篇紀載既然是表章武帝功德的，其作成時期又不會過晚，當然非常可能就是武帝時的。武帝時代是漢代製作僞造最盛的時代。《尚書》、《詩經》、《論語》、《左傳》、《禮記》都發現於此時；其中僞作的成分都不少。又有全部僞作的，如《孝經》。而《竹書紀年》，《山海經》、《逸周書》等不用說大部也是這時候僞造的。

關於晉代汲冢書被發現的事實，這大概是相當可靠的。一般認爲《穆天子傳》是戰國時書的人多以此爲主要證據，事實上我們都是確知《穆天子傳》不會是晉人僞作的。《晉書・武帝紀》云：

> 咸寧五年冬十月，汲郡人不準掘魏襄王冢，得竹簡小篆古書十餘萬言，藏於秘府。

《史記・周本紀・正義》云：

> 晉咸和五年，汲郡汲縣發魏襄王冢，得古書册七十三卷。

荀勗《穆天子傳・序》說：

> 序，古文《穆天子傳》者，太康二年，汲縣民不準盜發古冢所得書也。皆竹簡素絲編，以臣勗前所考定古尺度，其簡長二尺四寸，以量書，一簡四十字。汲者，戰國時魏地也。案

所得《紀年》，蓋魏惠成王子公王之冢也，於《世本》蓋襄王也。案《史記・六國年表》，自今王二十一年，至始皇三十四年燔書之歲，八十六年，及太康二年初得此書，凡五百七十九年，其書言周穆王遊行之事。《春秋左氏》曰：穆王欲肆其心，周行於天下，將皆使有車轍馬跡焉。此書所載，則其事也。王好巡狩，得盜驪騄耳之乘，造父爲御，以觀四荒，北絕流沙，西登崑崙，見西王母，與太史公記同。汲郡收書不謹，多毀落殘缺，雖其言不典，皆是古書，頗可觀覽。謹以二尺黃紙寫上，請事平以本簡書及所新寫。竝付秘書繕寫，藏之中經，副在三閣，謹序。

《太平御覽》七百四十七引王隱《晉書》說：

荀勗領秘書監，始書師春明法，太康二年，得汲郡冢中古文竹書。荀自撰次注寫，以爲中經，別在秘書。

《左傳・正義》引王隱《晉書・束皙傳》說：

汲郡初得此書，表藏秘府。詔荀勗和嶠以隸字寫之。

以上的紀錄，如果細細看起來，裏面有許多問題：

第一 年月不符，這當然是小問題，然而也可以看出關於發掘的情形，當時業已不甚清楚了。

第二 我們並不能證明這是魏襄王的墳：荀勗只是因爲汲郡從前是魏地而斷定如此，並沒有證據；反之，我們都有證據來證明那不是魏襄王的墳；《西京雜記》曾說過魏襄王冢在漢代已被廣川王去疾發掘過了：『魏襄王冢皆以文石爲槨，高人尺許，廣狹容四十人。以平捫槨，滑液如新。中有石床，石屏風，婉然周正，不見棺柩明器蹤跡。但牀上有玉睡壺一枚，銅劍三枚，金玉雜具皆如新物，王取服之。』其中並沒有大量竹簡。

第三 竹簡上所書字是小篆，而小篆是秦李斯等在剷滅六國後所創造的。

第四　荀勗說竹簡用素絲編，可見簡上絲還未朽，而我們知道絲痲等物在地下是不能保存到五百多年的，至少素絲的顏色也應該變得不容易辨認了；而《西京雜記》又記載發掘哀王冢說：『銅帳鏼一具，或在床上，或在床下，似是帳糜朽而銅鏼墜落，牀上石枕一枚，塵埃朏朏甚高，似是衣服。』可以爲證。如果竹簡爲漢初物，相離三百年左右，或許可能。

第五　荀勗說簡長二尺四分，每簡四十字。古代竹簡，長短有定制，周尺以八寸爲尺，諸子短書，策止八寸，《論語》也祇八寸。漢武崇尚六經，始有二尺四寸的官書，就《穆天子傳》的簡長看來，它應該是漢武帝以後的官書，不會早於漢武帝的。

《穆天子傳》、《周書》、與《竹書紀年》，後來同時被發現，其內容頗有相同的地方。由此來看，都是根據一部分周代史書材料寫成的作品，且其內容，都是近於小說家言的。《漢書・藝文志》載有虞初《周說》九百四十三篇。虞初是河南洛陽人，武帝時以云士侍部，爲黃車使者。應劭說：『其書以周說爲本。』《史記》言虞初曾以方祠詛匈奴大宛。汲郡所發現的這一批古書，似乎就性質與時代看起來，很可能就是虞初的《周說》。前面說過，汲郡發現的古冢，不會是魏襄王冢；虞初是洛陽人，汲郡又是武帝時常巡遊的地域，或者晉代發掘的就是虞初的墳，而《穆天子傳》也就是虞初的作品了。

（《穆天子傳雜考》，原刊於國立中央圖書館《館刊》第三卷第三——四期）

■國 語

孫海波云:

《漢志》載《春秋古經》十二卷,《左氏傳》三十卷,《國語》二十一篇,《新國語》五十四篇。而《史記》無左氏傳《春秋》之說。蓋劉歆校書秘府,古籍多能見之。旣喜引《左氏》解《經》,則易《國語》之名爲《左氏傳》,別創《新國語》之名以亂其眞,復輯古籍爲《國語》二十一篇以復其舊。則《左氏》三十卷者卽《國語》之舊文,劉歆喜而治之,並無割裂之事。康氏謂劉歆毅然削去平王以前事,依《春秋》以編年,比附經文,分《國語》以釋《經》,而爲《左氏傳》。於是徧僞羣經,幾於無跡可尋。然歆旣毅然削去平王以前事,求合經文。曷不削去哀十四年以後事,而自暴其作僞之跡?《志》言《左氏傳》三十卷,與《經》卷數不合,是明《左氏傳》單行,非所以釋經。劉歆引以說《春秋》,未嘗割裂比附。是分《經》之年,與《傳》之年相附,乃劉歆後學之事,歆實未嘗與聞,則今本《國語》,安得爲其編纂之殘餘者乎?此一事也。

且如康氏所謂『歆旣分其大半凡三十篇以爲《春秋傳》,於是留其殘賸,掇拾雜書,加以坿益,而爲今本之《國語》』。則《國語》與《左傳》之記事,當詳略互易,不致一事兩見。今檢《國語》記事,重出於《左傳》者,有六十餘事……。

如上所擧,皆一事而兩書互見,果皆爲《國語》舊文,何左氏紀事之重煩憒憒若是?作僞者旣已將《國語》所有,錄入《左傳》,至其賸殘,不當沓紛複見,是明《左》《國》本爲二書,雖有蘇張之舌,不能自解者也。此二事也。

不止此也。兩書雖記一事，事實多不相同。如敬王十年城周，《國語》謂『劉文公與萇弘欲城周，爲之告晉。魏獻子爲政，說萇弘而與之。將各諸侯，衞彪傒適周聞之，見單穆公曰：「萇弘其不沒乎！《周詩》有之曰：『天之所支，不可壞也。其所壞亦不可支也。』」云云。《左傳》以爲王使富辛與石張如晉請城成周，范獻子謂魏獻子許之，使伯音以對，及合諸侯之大夫於狄泉，魏獻子南面。魏彪傒曰：『魏子必有大咎，干位以令大事，非其任也。《詩》曰：「敬天之怒，不敢戲豫，敬天之渝，不敢馳驅。」……』其城周之故，與所引之《詩》皆不同。又鄭人伐滑節中所引《棠棣》之詩，《國語》以爲周文公作，《左傳》以爲召穆公作。又夏父弗忌爲宗，《國語》記其與有司問對之辭，《左傳》以爲君子譏失禮。又莒太子僕弒紀公，以其寶來奔，《國語》謂宣王使僕人以書命季文子，里革遇之而更其書云云。《左傳》以爲公命與之邑。季文子使司寇出諸境，公問其故，季文子使太史克對。驪姬之亂，《國語》謂公之優曰施通於驪姬。驪姬生子奚齊，欲立爲太子，而譖獻公廢太子申生，私問計於優施，施告以所以爲難之故。《左傳》僅記其欲立己子，賂外嬖梁五與東關嬖五進譖於公，而不及其與優施私通之事。晉侯作二軍，公將上軍，大子申生將下軍，《左傳》記士蔿曰：『大子不得立矣。』云云。《國語》有士蔿諫獻公及與公對之辭，爲文甚長，爲《左傳》所無。晉侯使太子申生伐東山，二書同記里克諫君之言，而布局施辭，絕不相同。平公有疾，《國語》僅記『秦景公使醫和視之』云云。而《左傳》有公卜而曰實沉臺駘爲祟，史官莫知，以問子產，及子產對問之辭，則又爲《國語》所無。稽其異同，若斯之類，不勝枚舉，蓋二書所據之史策不同，故其記載各殊，使果出諸一人之手，不當如是。此三事也。

難者曰：『今學者皆謂劉歆改竄《國語》，任意堉益，輯爲

《左傳》。凡《左傳》之同於《國語》者，或即《國語》之舊文，其不同於《國語》者，則皆劉歆所僞竄。子所謂《左傳》異於《國語》者，安知非劉歆所删改者乎？』曰：漢人治學，喜雜己說（此例甚衆，不勝枚擧，即如《公羊》，亦多後師語），古籍傳抄，僞訛尤易，先秦古書，其經後人竄僞者，比比皆是，非獨《左傳》爲然也。然其竄入者，或羼數語於每篇之中，或掇他事於一章之先後，非私爲造作也。故《左傳》竄亂雖多，然其鴻篇巨帙，體大精思，而辭令淵奥宏朗，誠三代之高文，秦以降無此境界。夫炎漢之善文者，莫史遷若也。史遷曾裁取古籍，爲《本紀》《世家》矣，損益因革，不啻若自其口出，此文之至者也。試取《左傳》以較《本紀》，姸拙立見，況劉歆之徒，不若史遷之才之美，而能删改《國語》之文，反出左氏之上，必無之事也。且《國語》一書，惟史遷見之最早，亦惟史遷引用最富。試取今本《國語》《左傳》，及《史記》所共同涉及之史蹟而比較其細節之同異，則《史記》所本者爲今本《左傳》抑今本《國語》之問題將迎刃而解矣。《國語》同於《左傳》，復見引於《史記》者約八事：㈠十六年公作二軍。㈡十七年冬公使太子伐東山。㈢伐虢之役。㈣二十六年獻公卒，里克將殺奚齊。㈤惠公既殺里克。㈥晋饑乞糴於秦。㈦靈公虐，趙宣子驟諫。㈧平公有疾。亦有事雖出左氏而文辭弗備者不俱錄，此其犖犖大端，綜合觀之，尚可測其涯際者也。㈠㈡兩事，《左》《國》同記士蔿里克諫君料事之辭，而屬辭不同，《史記》用《左傳》不用《國語》。㈧平公有疾，《史記》《左傳》同謂子產聘晋，叔向以實沉臺駘爲問，《國語》僅記秦伯使醫和視疾，而不及此。㈢晋侯假道於虞以滅虢，《史記》《左傳》同謂宮之奇諫不聽，《國語》以爲宮之奇出謂其子曰……云云。㈥晋饑乞糴於秦，《史記》《左傳》謂百里奚曰：『天災流行，國家代有』云云。《國語》以爲秦繆公之辭，此記言事之誤者也。又若晋惠公卒，《左傳》以爲在九月（僖廿四年），按《史記・晉世家》：『十四年冬九月，惠公卒。』是《史記》用《左傳》說，《國語》訛爲十月，此記歲時之誤者也。蓋《左傳》乃《左氏》之舊文，《國語》乃周秦間之傳說，故《史記》擯之不用。㈦晉靈公虐，趙盾驟諫，提彌明之搏獒，桑下餓人之倒戟，載之《左傳》，《國語》所無。或疑《史記》合餓人與示眯明爲一人，與《左傳》不合。按餓人與提彌明爲二人，一見於《公羊傳》，再見於《呂氏春秋》，皆與《左傳》同，是《左傳》之文不誤。《史記》合之，行文之譌也。然其叙事本之《左傳》甚明白也。由是言之，史遷譜十二諸侯所本者爲《左傳》（卽原本《國語》），而今本《國語》，當時似尙未成書。此四事也。以上四事，則《國語》與《左傳》，非一書之化分，已優足以證明之，若占黑白，如辨甘辛，無容猶豫者也。

難者又曰：『劉歆旣僞《國語》爲《左傳》，當復徧僞羣書，曲折穿揷以爲其作譌之根據。子因《史記》用《左傳》不用《國語》，而論《左》《國》之不出於一源，其說似辯矣。然安知《史記》之同於《左傳》者，非劉歆所竄入者乎？』（子產對叔向問節，崔適指爲劉歆僞纂，於《史記》則竄入《鄭世家》。殊不知十二歲星之用，雖始於劉歆之《三統術》，其星名多見於周秦古籍。史遷稱子產爲多聞，而實沈臺駘之傳說，其淵源實甚古。另見余十二分野說中。崔氏囿於文學家派，又弗閭疇人之業，只知妄詆劉歆，而不詳其情僞，頗不足辨。）曰：古籍淵深，各有師傳，使一人而兼通六藝，已非易易，況復徧僞。考劉歆校書內府，時僅踰年。（劉向卒在成帝綏和元年。劉歆復領五經在二年。爭立古文經博士在哀帝建平元年。是古文經之爭立，去其校書時僅一年。）竹簡重繁，殺青非易。以一年之久，徧僞羣書之衆，人孰信之。不審名實，而執古學以校羣書，凡其說與今學異者，一一委之劉歆，此今文家不能自成其說，而思有以先發治人之術也。斯本游詞，於吾說何損乎？

且吾謂今本《國語》爲晚出，不僅因《史記》以明也。卽《國語》本書，叙事之沓複，筆墨之異趣，顯非出於一人之手。《周語》《魯語》《晋語》《楚語》，叙事殊爲瑣屑，然《周語》中如穆王征犬戎；恭王遊於涇上；厲王虐，國人謗王；厲王說榮夷公；宣王不籍千畝；諸端，多見《周本紀》中，或古史策之舊文。十八年王黜狄后，富辰諫不聽，乃以其屬死，亦與《周本紀》同。《魯語》所記皆細事，《晋語》較詳，然如伐虢童謠之詞，冀芮對穆公之問，其文全同於《左氏》者，卽由《國語》所撮錄，而不同於《左氏》者，乃出於周秦時傳聞之異辭。《鄭語》爲史伯一人之語，《吳·越語》專記吳越興廢，雖不知掇自何書，與他語筆墨不同，其爲後人綴補者至明。《齊語》全同《管子·小匡》，亦與他語不類，蓋是抄取《管子》者。按《管子》一書，非管仲作，乃西漢好事者輯錄成之，故其中多有漢人之文。而《小匡》一篇，吾友羅雨亭先生定爲漢初人作（見《管子探原》，中華書局出版）。今《國語》反錄自《管子》，其成書之晚可知。夫如是，何疑乎其非一人之筆、一時之書也。

（《國語眞僞考》，原刊於《燕京學報》第十六期）

〔存　目〕

孫海波又撰有《國語眞僞續考》，刊佈於《文哲》月刊第十期。

■戰國策

齊思和云:

戰國策中從横之説多出後人揣擬

《戰國策》不特非一人之書也，其中所載遊客之說，亦多出於從横家之揣擬，非其本人之辭。夫《戰國策》中以蘇、張說六國之辭爲最要，其中涉及蘇、張死後之事甚多，其非本人之辭明矣。據《史記・燕世家》，蘇秦初來燕，在文公二十八年。易王立十二年，子燕噲立，齊人殺蘇秦。蘇秦之卒年，極爲明確。據《國策》蘇秦說六國前，先說秦惠文王。其篇首云:『大王之國，西有巴、蜀、漢中之利，北有胡貉代馬之用，南有巫山黔中之限，東有殽函之固。』諸地入秦，皆遠在蘇秦死後。張琦《戰國策釋地》駁之已詳。

《齊策》蘇秦說宣王曰:『夫以大王之賢，與齊之強，天下不能當。今乃西面事秦，竊爲大王羞之。』按宣王之時，齊勢正強。故孟子見齊宣王，王有『朝秦、楚，莅中國而撫四夷』之志，而謂之西面事秦，此豈合於事實?齊勢之衰，在樂毅伐齊以後，宣王之世，寧有事秦之事哉?且按《史記》，蘇秦死於宣王即位前一年，安得有說宣王之事乎?

《齊策三・楚王死太子在齊質》章，稱『蘇秦之事，可以請行，可以令楚王亟入下東國，可以忠太子使之亟去，可以惡蘇秦於薛公，可以爲蘇秦請封於楚，可以使人說薛公以善蘇子，可以使蘇子自解於薛公』，此章勝意層出，奇變無窮，乃《國策》中之至文也。然按之於史事則皆虛，蓋純爲習《長短》者揣摩之談耳。他者不具論，卽以年代按之，時去秦之死已二十三年，其非秦事明矣。《齊策五》有《爲蘇秦上閔王書》，按閔王卽位於秦死後二十年，亦與年代不合。

《楚策一·蘇秦爲趙合從說楚威》章:『今乃欲西面而事秦。』按威王之時，楚勢正強，與齊合從，西破強魏，無西面事秦之事也。

《趙策二·蘇秦說趙合從》章，爲蘇秦最重要之文字，然細審其中事實，亦非秦所自爲。篇首言奉陽君死，秦始適燕。按奉陽君卽李兌也，其死時當在趙惠文王四年以後，上距秦之死，正二十六年。《史記·蘇秦傳》謂秦說者爲肅侯而非惠文王，然按趙之稱王，始於武惠文王，肅侯尚未稱王也。今篇首卽稱趙王，安得爲肅侯時事哉?

《魏策一·蘇子爲趙合從說魏王》章，稱魏王『有意西面而事秦，稱東藩，築帝宮，受冠帶，祠春秋』。《史記》以爲說襄王之辭。然襄王之時，蘇秦已早卒，當是惠王之事，然惠王雖先勝後敗，然尚未至稱秦東藩也。

《韓策一·蘇秦爲楚合從說韓王》章，《史記》以爲說韓宣王之辭。韓雖小國，然是時當昭侯、申子之後，國勢正強。《史記》所謂『國治兵彊，無侵韓者』正此時也。恐無對秦『稱東藩，築帝宮』之事。《韓非子·存韓篇》稱:『韓事秦三十餘年。』按韓非入秦，在秦始皇十四年，則韓之事秦，至早亦當在韓桓惠王之時，而非宣惠王時也。

《燕策一·蘇秦將爲從》章，稱『燕東有朝鮮、遼東，北有林胡、樓煩，西有雲中、九原』。按雲中、九原，皆爲趙地，武靈王攘地，西至雲中、九原，非燕所有也。

以上所舉，皆其最要者，至於短章瑣事，年代乖謬，益不勝學。張儀說六國之詞，其不足信，蓋亦類此。近人辨證已多，不煩複述，舉此以概其餘可也。

按：《漢書·藝文志》從橫家有《蘇子》三十一篇，《張子》十篇。沈欽韓曰：『今見於《史記》《國策》，灼然爲蘇秦者八篇，其短章不與。秦死後蘇代、蘇厲等並有論說，《國策》通謂之蘇子，又誤爲蘇秦，此三十一篇，容有代、厲並入。』以爲《戰國策》中所載蘇氏之說，卽取自《蘇子》，其說甚卓。是故策中秦、儀每稱子，此亦一識矣。戰國諸子書，多出於其後學所爲，而非自著，《蘇子》亦猶是矣。《國策》中存張子說七國之辭凡七篇，短章凡十餘首，當亦採自張子之書也。

戰國策來源之推測

《戰國策》旣非一家之書，則其來源之複雜可知。考今本《戰國策》，依吳師道所分計之，凡四百八十二章。其中大略言之，可分爲記事與記言兩大類。言與事固難強爲區分，因事往往有言，而言內每多敍事。然大較言之，其以事爲主者，可歸之於史事類，如韓、魏、趙諸策所記三家滅智氏之事是也。其以言爲主者，如蘇、張說六國之辭是也。劉向所見《戰國策》之原始材料七種，其中之《國事》《國別》《國策》，殆皆分記列國之史事者也。故曰《國事》，列國之事也。曰《國策》，各國之典策也。曰《國別》，以國爲別也。《國別》以國爲單位，故《國別》共有八篇。惟其爲記事之書，旣依國分載，又以時爲序，便於整理，故劉向卽以其中之《國別》一書爲底本，而以他書補入之。其所謂《事語》《長書》《脩書》《短長》，皆記言之書也。按『語』之一體，春秋時已有。《國語·楚語》論太子之敎育曰：『敎之語，使明其德，而知先王之務用明德於民也。』《墨子·公孟篇》，嘗稱《魯語》。晉人所獲《汲冢竹書》中有《國語》三篇。是則語之一體，春秋中葉已有之。至戰國魯、魏、晉、楚各國皆有語，其書亦以國爲單位，其後之《國語》，殆卽據此等書輯錄而來者也。至《長短》之說，則純爲說士揣摩之書，其內容究以人或以國爲序，已不可知。劉向則採之，依其國別，並『略以時次之』，輯入《國策》。

前考蘇子、張子之書，當已經劉向採入，故二子說六國之辭，在《國策》中猶保存其大部。然劉向所擧六七種之底本，並無蘇、張二子之名，且蘇、張二子之書，並列於《漢志・諸子略・從横家》而《七略》並不以爲重複。蓋蘇、張之書，早經從横家改編爲長短等書，以資揣摩。劉向所據者乃長短書，而非蘇、張原本，故其序中並無蘇、張之書歟。

劉向稱其書上繼春秋，下迄楚、漢之起。今考其書所記，以宋、衞策中之智伯伐衞與趙、魏、韓策中之三家滅智伯爲最早。然本書於戰國初年之事，亦不過十數章。其記戰國以前之事者僅有《趙策三・衞靈公近雍疸彌子瑕》一章，但此章係後人自《韓非子》羼入者，而大部爲戰國中葉以後之事，蓋至時從横修短之說始盛也。其最晚之事至於齊王建之虜，時在始皇二十六年。《楚策四》《燕策二》並及秦始皇之號。《燕策》末又及高漸離刺秦王事，更在秦統一天下之後。則是書實訖於六國之亡，其書於六國陰私，如楚幽王爲春申君之後，郭開讒李牧等事皆言之甚悉。則其中一部之著作時期，至早當秦統一天下之後。又是書於秦之穢事，不甚避諱。《秦策》詳記呂不韋立子楚事，《楚策四》更言毒嫪亂秦事，皆秦人所諱忌者，則其著作時期當在漢初年矣。

自秦綱解組，羣雄逐鹿，遊談華辯之士，奮其智計，以取爵位，於是從横長短之說又盛。陳餘遺章邯書曰：『將軍何不與諸侯爲從。』酈食其與沛公言『六國從衡時』，蒯通則熟於戰國權變。下迨七國反漢之時，吳被稱吳王『賂諸侯與七國合從』。公孫玃謂濟北王曰:『如此山東之從結而無隙矣。』又曰:『西與天子爭衡。』則辯士猶行其從横之說也。直至武帝之時,詔嚴助勿以『蘇秦從横』上書,主父偃學長短從横術,又稱『今諸侯急則阻其彊而合從,以逆京師』。邊通學長短。《漢書・藝文志》有《蒯子》五篇、《鄒陽》七篇、《主父偃》二十八篇、《徐樂》一篇、《莊安》一篇,皆列從横家。足見武帝罷黜百家以前,其學仍猶盛行。戰國從横,蘇、張談說,爲習長短者所樂道,則其一部分係爲漢人所述,自極可能也。

故是書大抵彙集自戰國末年至漢初時期關於六國時之雜事與夫說之談論而成者也。其中之一部分與《韓非子》及他書相同者,除後人鈔自《韓非》以及補輯者外,大抵係依據同一資料而來者。按《漢書・蒯通傳》稱:『通論戰國時說士權變,亦自序其說。』其中之一部,或已經抄入《國策》,亦極可能。大抵古書至戰國末年以及漢初,皆經過一種編輯工作,《國策》之輯,當亦在是時,特各家所輯者長短不一,事語各異,至劉向始合爲一編耳。

諸耿祖先生《戰國策逸文考國策》謂是書所載,本非國史,乃縱横家所錄以資揣摩而資助者,其說近是。不過《戰國策》亦有純爲戰國遺事,而非說辭者,如豫讓刺襄子,荆軻刺秦王事,皆僅記故事,無關從横,蓋出於各國之事語。但非諸侯史記,則無疑義,蓋戰國國史,猶用編年體,墨子嘗見《百國春秋》,今考之《竹書紀年》,猶可按也。

是故戰國中之記載,與史事每多牴牾,自難盡據爲信史。惟是,戰國史料本少,是編事實不盡可信,而所錄人名、地名,猶足資考覈,亦未可廢耳。

駁戰國策作於蒯通說

十數年前，友人羅雨亭（根澤）先生嘗著《戰國策作於蒯通考》，以爲今之《戰國策》卽漢蒯通之《雋永》。竊覺未安也。其後羅先生亦自覺其語之不妥，而有《補證》之作，惟仍持作於蒯通之說，且擧牟庭《雪泥書屋雜誌》之說，以爲之證，余讀牟氏之說，而更不能無疑焉。牟氏之說曰:

《戰國策》中書本號，或曰《國策》，或曰《國事》，或曰《短長》，或曰《事語》，或曰《長書》，或曰《脩書》。自劉向校書，始名爲《戰國策》，除複重得三十三篇。是本書不名《戰國策》，又不止三十三篇也。《史記·田儋列傳》曰:『蒯通善爲長短說，論戰國之權變爲八十一首。』《漢書·蒯通傳》亦曰:『通論戰國時說士權變，亦自序其說，凡八十一首，號曰《雋永》。』《史記·淮陰侯列傳》載蒯通以相人說韓信，而《索隱》以爲《漢書》及《戰國策》皆有此文，是則唐時《戰國策》尙有蒯通說信之說，唐以後人始刪去之也。《戰國策》而有蒯通之說，疑卽通傳所謂『論戰國權變，亦自序其說』者也。其書號曰《雋永》，與中書本號《長書》《脩書》者亦相似，修長皆永之義也。《史記》名爲長短說，亦卽中書本號或曰《短長》者是也。以此言之，《戰國策》卽蒯通所作八十一首甚明。劉向校中書餘卷，錯亂相糅，因除去四十八首爲三十三篇耳。《藝文志·縱橫家》有《蒯子》五篇，亦通之所作，然非此八十一首之書也。此書以論戰國時事，故繼春秋之後，不入縱橫家也。又按劉向校《戰國策》序錄曰:『其事繼春秋以後，訖漢、楚之起，二百四十五年間之事，皆定以殺靑，書可繕寫。』然則《戰國策》有韓信、蒯通之事，證驗分明，蓋無可疑。

今按牟氏之說，其誤有十：牟氏以今之《戰國策》爲劉向之原本，而不知《國策》有古本、今本之分，其誤一。牟氏以《國策》爲一人之書，而未細考其內容之重複牴牾，決非出於一手，其誤二。劉向於《中書》本號，所舉有七種之多，並不見《雋永》之名，牟氏巧爲之說，曰『永可訓長』，然則雋亦可訓短乎？其誤三。劉向之校定《戰國策》也，除重汰複，定爲一編。故《戰國策》之名出，而《國策》《國事》之名俱廢，其書亦不再著錄，定本出而別本廢也。《雋永》卽係《戰國策》，何以《漢志·從橫家》中復有《蒯子》五篇？其誤四。自章學誠著《校讐通義》，謂《漢志》有重複互注之例，如兵家之《尉繚》三十一篇與雜家之《尉繚子》二十九篇同名，或爲一書而見於兩類。然此類之書，前後書名多同，而《戰國策》與《雋永》書名不同，篇數不一，何由得知其爲一書，《漢志》並無此互著之例，其誤五。《漢書·蒯通傳》稱《雋永》凡八十一首，《藝文志》著錄《蒯子》五篇，當卽一書。牟氏謂八十一首爲《國策》，而以《蒯子》五篇別爲一書，牟氏亦自覺其篇目之不合，又巧爲之說曰，劉氏汰其『錯亂相糅』者也。然劉氏校錄之例，僅汰各本重複，並無刪改。《雋永》一家之書，安得重複如是之多，錯亂如此之甚？是蓋未明劉向校書之例也。其誤六。《漢書·蒯通傳》明云：『通論戰國時說士權變，亦自序其說，凡八十一首，號曰《雋永》。』《史記·田儋列傳》：『蒯通善爲長短說，論戰國之權變爲八十一首。』則所謂『戰國權變』卽長短之說，亦卽八十一首明甚。而牟氏意謂從橫家之《蒯子》五篇爲另一書，而以《戰國策》當《雋永》，是殆不知長短卽從橫修短之說也，其誤七。《漢書》於蒯通事蹟說辭，載之詳矣，若八十一首之外，別有所謂《蒯子》者，本傳何以不言？本傳旣不言，牟氏又何據而知。從橫家之《蒯子》非《本傳》所謂長短權變之說？自我作故，其誤七。牟氏誤以《蒯通本傳》所謂八十一首爲八十一篇，故有劉向刪去四十八首之說。然先秦古籍一首固可爲一篇，而一篇亦可包括數首至數十首，如《呂氏春秋》十二紀，各以五篇爲一篇，六論各以六論爲一篇是也。又如《荀子・賦篇》以賦六首爲一篇是也。牟氏堅執八十一首爲八十一篇，遂謂劉向就八十一篇刪爲三十三篇。是則班固之時，《雋永》已非全書矣，不知本傳所云八十一篇，何所云然？削足適履，其誤八。卽以《國策》之本書證之。《史記・淮陰侯列傳》所載蒯通說韓信之辭，《索隱》謂《戰國策》有其文，今按其文凡千二百餘字。今《國策》已無其文，而仍具三十三篇之數，足徵此一首並非一篇。牟氏旣謂《國策》中有蒯通說韓信之辭，又謂一首卽一篇，前後牴牾，其誤九。劉向謂《國策》下迨於楚、漢之起，而蒯通說韓信在高祖四年，上距楚、漢之起凡六年，其非《國策》原文可知，牟氏竟謂《國策》必有蒯通之說，不免謬誤，而又不能引《史記・索隱》以證成其說，可謂疏陋。其誤十。大抵考古之事，讀書須細心，論事貴無成見。牟氏勇於立說而不能細心推究，宜其錯誤也。

羅雨亭先生考證之主旨則在駁《國策》爲劉向撰之說，又謂其作於蒯通。其駁劉向撰之說曰:

> 由是《隋志》遂謂『劉向錄』。《舊唐志》更謂『劉向撰』，《新唐書》更直名《劉向戰國策》，貽誤至今，《四庫全書提要》猶謂『《戰國策》乃劉向裒合諸記，併爲一篇』，顧廣圻更謂『《戰國策》實向一家之學』。

按劉向《戰國策序》於《戰國策》一書之來源，敍述至爲明晰，初未嘗諱所自出，攘爲己有也。況向於其中『詐僞偸活取容』之謀，深所不喜者乎？自是以後，亦未聞有以《國策》爲劉向所作者。《漢志・六藝略・春秋類》有《戰國策》三十三篇，不注作者。

《諸子略・儒家類》有劉向所序六十七篇，班固自注曰：『《新序》《說苑》《世說》《列女傳頌圖》也。』不列《戰國策》，其分別明白如此，則班固亦未以是書爲劉向所作也。《隋志》曰：『劉向錄。』錄者，鈔錄也，輯錄也，其非作明矣。《舊唐書》曰：『劉向撰。』撰者，撰定也。《廣雅》：『撰、質、據、刊，定也』。《文選・魏文帝與吳質書》：『頃撰其遺文，都爲一集。』亦謂撰定各家之遺文，以爲一集也。撰與作不同，古人稱自作者曰著，曰作，曰造；而纂錄者曰修，曰錄，曰撰，曰纂。義本不同。至於《四庫提要》謂其『裒合諸記，併爲一編』，亦明謂其出於劉向輯錄。顧廣圻稱爲劉向一家之學，不過謂取去頗有深意，何嘗以爲劉向所作哉？羅先生乃斷斷辨之，至數百言，不免近於辭費矣。

至於羅先生證《國策》爲蒯通所作，立論與牟氏相同，玆不俱論。羅先生深於諸子之學，著述斐然，夙所欽佩。惟其《國策》出於蒯通一文，篇短證少，乃爲十餘年前舊作。

（《戰國策著作時代考》，在《齊思和學術論文集》內）

鄭良樹撰《戰國策研究》，新加坡學術出版社出版，臺北學生書局第二、三版；首章論作者，云：

一、異常相似者

1. 齊王夫人死，有七孺子皆近。薛公欲知王所欲立，乃獻七珥，美其一。明日，視美珥所在，勸王立爲夫人（《齊策》三）。

楚王后死，未立后也，謂昭魚曰：『何以不請立后也？』昭

魚曰：『王不聽，是知困而交絕於后也。』『然則不買五雙珥，令其一善而獻之王；明日，視善珥所在，因請立之。』（≪楚策≫四）

2.孟嘗君將入秦，止者千數而弗聽，蘇秦欲止之，孟嘗君曰：『人事者吾已盡知之矣；吾所未聞者，獨鬼事耳。』蘇秦曰：『臣之來也，固不敢言人事也，固且以鬼事見君。』孟嘗君見之，謂孟嘗君曰：『今者臣來，過於淄上，有土偶人與桃梗相與語，桃梗謂土偶人曰：「子，西岸之土地；挺子以爲人，至歲八月，降雨下，淄水至，則汝殘矣。」土偶曰：「不然，吾西岸之土也；土則復西岸耳。今子，東國之桃梗也，刻削子以爲人，降雨下，淄水至，流子而去，則子漂漂者將何如耳！」……。』孟嘗君乃止（≪齊策≫三）。蘇秦說李兌……李兌曰：『先生以鬼之言見我，則可；若以人之事，兌盡知之矣。』蘇秦對曰：『臣固鬼以之言見君，非以人之言也。』李兌見之，蘇秦曰：『今日臣之來也，暮後郭門，藉席無所得，宿人田中，傍有大叢。夜半，土梗與木梗鬬曰：「汝不知我，我者乃土也；使我逢疾風淋雨，壞沮，乃復歸土。今汝非木之梗，則木之枝耳；汝逢疾風淋雨，漂入漳、河，東流至海，氾濫無所止。」……（≪趙策≫一）。

二、完全重複者

1.陳軫告楚之魏，張儀惡之於魏王曰：『軫猶善楚，爲求地甚力。』左爽謂陳軫曰：『儀善於魏王，魏王甚信之；公雖百說之，猶不聽也。公不如以儀之言爲資，而得復楚。』陳軫曰：『善。』因使人以儀之言聞於楚，楚王喜，欲復之（≪楚策》三）。

《魏策》一『《張儀》惡陳軫』章，除了『左爽』作『左華』外，其他幾乎和此章完全相同。

2.魏公叔有齊、魏，而太子有楚、秦，以爭國，鄭申爲楚使於韓，矯以新城、陽人予太子，楚王怒，將罪之，對曰：『臣矯予之，以爲國也。臣爲太子得新城、陽人，以與公叔爭國。而得之，齊、魏必伐韓，韓氏急，必懸命於楚，又何新城、陽人之敢求？太子不勝，然而不死；今將倒冠而至，又安敢言地？』楚王曰：『善。』乃不罪也（《楚策》一）。

《韓策》二『韓公叔與幾瑟爭國』章，除了『鄭申』作『鄭彊』外，其他幾乎和此章完全相合。

三、部份相同者

1.謂穰侯曰：『爲君慮封，莫若於除宋罪、重齊怒，須殘伐亂宋、德強齊，定身封，此亦百世之時也已。』（秦策》三）

齊攻宋，奉陽君不欲，客謂奉陽君曰：『君之春秋高矣！而封地不定，不可不熟圖也。秦之貪韓、魏，危衞、楚，正中山之地，薄宋罪，重齊怒，深殘伐亂宋，定身封，德強齊；此百代之一時也。』（《趙策》一）

齊將攻宋而秦、楚禁之……公孫衍說奉陽君曰：『君之身老矣！封不可不早定也。爲君慮封，莫若於宋，他國莫可。夫秦人貪韓、魏，危燕、楚，辟中山之地，薄莫如於陰；失今之時，不可復得已。宋之罪重，齊之怒深，殘亂宋，得大齊，定身封；此百代之一時也。……』（《趙策》四）

2.齊宣王見顏斶曰：『斶前！』斶亦曰：『王前！』宣王不悅，左右曰：『王，人君也；斶，人臣也，王曰斶前，亦曰

王前，可乎？』斶對曰：『夫斶前爲慕勢，王前爲趨士；與使斶爲趨勢，不如使王爲趨士。』……（《齊策》四）

先生王斗造門而欲見齊宣王，宣王使謁者延入，王斗曰：『斗趨見王爲好勢，王趨見斗爲好士；於王何如？』……（《齊策》四）

四、合二為一者

1.《趙策》一『蘇秦說李兌』章，是揉合《秦策》一『蘇秦始將連橫』及《齊策》三『孟嘗君將入秦』而爲一章的，文長不錄。

這類例子相當多，而且文字都很長，這裏只舉一個而已。假如說這部書是一個人著的，我們將如何來解釋這些情形呢？像這些，只不過是其中的一部份而已；實際上，我們還省略了不少。《國語》的體例可以說和《國策》完全一樣，以國爲別，每國分若干章節，每章節各記一事；可是，就絕少有這種情形。

很顯然的，假如不是由好幾部書湊合而成的，卻又是甚麼呢？這是我們證明《戰國策》的前身並不是一部完整的書的第一個證據。

《戰國策》全書，曾經提過好幾次『王伯』這一辭彙，《白虎通義·號篇》說：

五霸者，何謂也？昆君氏、大彭氏、豕韋氏、齊桓公、晉文公。或曰：齊桓公、晉文公、秦穆公、楚莊王、吳王闔也。或曰：齊桓公、晉文公、秦穆公、宋襄王、楚莊王也。

根據這節文字，五霸有三種說法；這三種說法，有兩點值得注意：①第一種說法最早；②後面兩種說法，齊桓公都排在第一位；此外，吳王、楚王都包括在內，這一說法比第一種要晚得多（《荀子

・王霸篇》《漢書・諸侯王表》師古《注》對於『五霸』又分別有不同的解釋，但，都以『齊桓公』爲首）。

《戰國策》提到『五伯』，大致上可以分爲三類。

第一類:

《秦策》一『蘇秦始將連橫』章: 雖古五帝、三王、五伯、明主、賢君，常欲坐而致之，其勢不能，故以戰續之。

《秦策》三『范睢至，秦王庭迎』章: 五帝之聖而死，三王之仁而死，五伯之賢而死……死者，人之所必不免也。

《秦策》四『頃襄王二十年』章: 三王不足四，五伯不足六也。

《秦策》五『謂秦王』章: 王若能爲此尾，則三王不足四，五伯不足六。

《齊策》一『秦伐魏』章: 古之五帝、三王、五伯之伐也，伐不道也；今秦之伐天下，不然。

《趙策》二『武靈王平晝閒居』章: 且夫三代不同服而王，五伯不同教而政。

《燕策》一『人有惡蘇秦於燕王』章: 且夫三王代興，五霸迭盛，皆不自覆也。

《燕策》一『蘇代謂燕昭王』章: 三王代位，五伯改政，皆以不自憂故也。

第二類:

《齊策》六『 燕攻齊，取七十餘城 』章: 魯連乃書……然而，管子並三行之過，據齊國之政，一匡天下，九合諸侯，爲伍伯首，名高天下，光照鄰國。

第三類:

《秦策》三『 秦客卿造謂穰侯 』章: 攻齊之事成，陶爲萬乘，長小國，率以朝天子，天下必聽五伯之事也。

《燕策》二『昌國君樂毅爲燕昭王合五國之兵』章：自五伯以來，功未有及先王者也。

這三類都有不同的地方。第一類，凡是提到『五伯』，必定和『五帝』或『三王』、『三代』並舉，甚至還加上一個『古』字，可見這『五伯』的時代性相當早。這裏的『五伯』是誰呢？在《秦策》四那一章裏，作者說了『三王不足四，五伯不足六也』以後，又說：『智氏見伐趙之利，而不知榆次之禍也；吳見伐齊之便，而不知干隧之敗也；此二國者，非無大功也，設利於前而易患於後也。』在《秦策》五那一章裏，作者也在後面說：『則臣恐諸侯之君，河、濟之士，以王爲吳、智之事也。』很顯然的，作者的觀念裏，『五伯』絕對不會包括『吳王』在內；換句話說，這裏的『五伯』不會是《白虎通義》所說的第二種。高誘在《齊策》一裏注：『五伯，昆吾、大彭、豕韋、齊桓、晉文者也。』和《白虎通義》第一種相符，這是不會錯的。因此，我們可以這麼判斷，第一類的文字非常可能是同一位作者；至少，他們的觀念都相同，而且，它們很可能是較早的一批材料。第二類雖然只有一條，可是，作者的觀念就不相同了；在他的腦海裏，『五伯』的首位是『齊桓公』，而不是「昆吾氏」，他的看法很可能和《白虎通義》所說的第二、三種相合，很顯然的，第二類的作者和第一類的並不是同一個人，很可能時代也不同。至於第三類，我們沒法子判斷『五伯』到底是那五位；就文中只舉『五伯』，而不並舉『五帝』、『三王』來看，我們雖然不敢說和第二類是不相同的一位作者，但是，我們卻敢說它們至少和第一類是不同的一位作者，而且，時代有所不同。後面這兩類，『五伯』包括『吳王』或『楚莊王』，很顯然的，它是一批比較晚的材料。

因此，我們可以了解，《戰國策》的前身是有好幾批材料，分別由不同的作者，在不同的時代或地域，用不同的觀念來作成的；

到了劉向，才將它們合編在一起。這是第二個證據。

《戰國策》裏還有另外一批很引人注意的材料，這批材料，往往在記述某些史實之末了，加上幾句評語或案語。我們先將它們臚列出來：

1.《秦策》二『齊助楚攻秦』章：……故楚之土壤、士民非削弱，僅以救亡者，計失於陳軫，過聽於張儀；計聽知覆逆者，唯王可也。計者，事之本也；聽者，存亡之機：計失而聽過，能有國者寡也。故曰：計有一二者，難悖也；聽無失本末者難惑（『計聽知覆逆者』以下，本在下章章末；今從王念孫校移於此）。

2.《齊策》一『靖郭君善齊貌辨』章：……當是時，靖郭君可謂能自知人矣！能自知人，故人非之不為沮；此齊貌辨之所以外生、樂患、趣難者也。

（《呂氏春秋·知士篇》載此事，章末說：『當是時也，靜郭君可謂能自知人矣！能自知人，故非之弗為阻，此劑貌辨之所以外生、樂趨患難故也。』）

3.《齊策》一『鄒忌修八尺』章：……此所謂戰勝於朝廷。

4.《齊策》三『孟嘗君在薛』章：……顛蹶之請，望拜之謁，雖得則薄矣。善說者，陳其勢，言其方，人之急也；若自在隘窘之中，豈用強力哉！

（《呂氏春秋·順說篇》載此事，章末說：『顛蹶之請，坐拜之謁，雖得則薄矣。故善說者，陳其勢，言其方，見人之急也；若自在危厄之中，豈用彊力哉！彊力則鄙矣！說之不聽也，任不獨在所說，亦在說者。』）

5.《齊策》四『齊人有馮諼者』章：……孟嘗君為相數十年，無纖介之禍者，馮諼之計也。

6.《齊策》四『孟嘗君為從』章：……公孫弘可謂不侵矣！昭

王，大國也；孟嘗，千乘也。立千乘之義，而不可陵，可謂足使矣。

（《呂氏春秋・不侵篇》載此事，章末說：『公孫弘可謂不侵矣！昭王，大王也；孟嘗君，千乘也。立千乘之義而不可陵，可謂士矣。』）

7.《齊策》四『齊宣王見顏斶』章：……斶知足矣，歸反撲，則終身不辱也。

8.《齊策》六『燕攻齊，取七十餘城』章：……故解齊國之圍，救百姓之死，仲連之說也。

9.《楚策》一『江乙說於安陵君』章：……君子聞之，曰：『江乙可謂善謀，安陵君可謂知時矣。』（《說苑・權謀篇》載此事，章末說：『故曰：江乙善謀，安陵纏知時。』）

10.《楚策》三『秦伐宜陽』章：……宜陽果拔，陳軫先知之也。

11.《魏策》二『魏惠王死』章：……惠子非徒行其說也，又令魏太子未葬其先王，而因又說文王之義。說文王之義，以示天下，豈小功也哉！

12.《魏策》四『秦、魏爲與國』章：……魏氏復全，唐且之說也。

13.《韓策》一『三晉已破智氏』章：……至韓之取鄭也，果從成皋始大。

14.《韓策》一『秦、韓戰於濁澤』章：……韓氏之兵，非削弱也；民，非蒙愚也。兵爲秦禽，智爲楚笑，過聽於陳軫，失計於韓明也。

15.《韓策》二『韓傀相韓』章：……聶政之所以名施於後世者，其姊不避菹醢之誅以揚其名也。

16.《宋策》『宋康王之時』章：……見祥而不爲，祥反爲禍。

17.《衞策》『衞人迎新婦』章：……如三言者，皆要言也；然而，不免爲笑者，蚤晚之時失也。

18.《中山策》『樂羊爲魏將』章：……樂羊食子以自信，明害父以爲法。

很顯然的，這批材料和作者有非常的關係；作者不但記述了當時的史實，而且主觀地加上一些案語。換句話說，作者不但批評這些史實，而且似乎有意利用這些史實！借用晁公武所說的『出於學縱橫者所著』，大概是不會錯的；劉向《敍錄》說：『戰國時游士輔所用之國，爲之筴謀。』將這批材料斷定是縱橫之士所手著的，似乎來得更爲恰當。爲甚麼我們敢如此武斷地說是縱橫之士所作的呢？我們可以擧出一些證據來，《齊策》三（爲了淸楚，文中附加阿拉伯數字）：

楚王死，太子在齊質，蘇秦謂薛公曰：『君何不留楚太子以市其下東國？』薛公曰：『不可。我留太子，郢中立王；然則是我抱空質而行不義於天下也。』蘇秦曰：『不然。郢中立王，君因謂其新王曰：「與我下東國，吾爲王殺太子；不然，吾將與三國共立之。」然則下東國必可得也。』蘇秦之事；①可以請行，②可以令楚王亟入下東國，③可以益割於楚，④可以忠太子而使楚益入地，⑤可以爲楚王走太子，⑥可以忠太子之亟去，⑦可以惡蘇秦於薛公，⑧可以爲蘇秦請封於楚，⑨可以使人說薛公以善蘇子，⑩可以使蘇子自解於薛公。

①蘇秦謂薛公曰：『臣聞謀泄者事無功，計不決者名不成；今君留太子者，以市下東國也，非亟得下東國者，則楚之計變；變則是君抱空質而負名於天下也。』薛公曰：『善，爲之奈作？』對曰：『臣請爲君之楚，使亟入下東國之地，楚得成，則君無敗矣。』薛公曰：『善。』因遣之。故曰：可

以請行也。

②謂楚王曰：『齊欲奉太子而立之。臣觀薛公之留太子者，以市下東國也；今王不亟入下東國，則太子且倍王之割而使齊奉己。』楚王曰：『謹受命。』因獻下東國。故曰：可以使楚亟入地也。

③謂薛公曰：『楚之勢可多割也。』薛公曰：『奈何？』『請告太子其故，使太子謁之君，以忠太子，使楚王聞之，可以益入地。』故曰：可以益割於楚。

④謂太子曰：『齊奉太子而立之，楚王請割地以留太子，齊少其地，太子何不倍楚之割地而資齊？齊必奉太子。』太子曰：『善。』倍楚之割而延齊，楚王聞之，恐，益割地而獻之，尙恐事不成，故曰：可以使楚益入地也。

⑤謂楚王曰：『齊之所以敢多割地者，挾太子也。今已得地而求不止者，以太子權王也。故臣能去太子，太子去，齊無辭，必不倍於王也，王因馳強齊而爲交，齊辭必聽王，然則是王去讎而得齊交也。』楚王大悅曰：『請以國因。』故曰：可以爲楚王使太子亟去也。

⑥謂太子曰：『夫剬楚者，王也；以空名市者，太子也。齊未必信太子之言也，而楚功見矣。楚交成，太子必危矣。太子其圖之。』太子曰：『謹受命。』乃約車而暮去。故曰：可以使太子急去也。

⑦蘇秦使人請薛公曰：『夫勸留太子者，蘇秦也；蘇秦非誠以爲君也，且以便楚也。蘇秦恐君之知之．故多割楚以滅迹也。今勸太子者，又蘇秦也；而君弗知，臣竊爲君疑之。』薛公大怒於蘇秦。故曰：可使人惡蘇秦於薛公也。

⑧又使人謂楚王曰：『夫使薛公留太子者，蘇秦也；奉王而代立楚太子者，又蘇秦也；割地固約者，又蘇秦也；忠王而

走太子者，又蘇秦也；今人惡蘇秦於薛公，以其爲齊薄而爲楚厚也。願王之知之。』楚王曰：『謹受命。』因封蘇秦爲武貞君。故曰：可以爲蘇秦請封於楚也。

⑨又使景鯉請薛公曰：『君之所以重於天下者，以能得天下之士，而有齊權也。今蘇秦，天下之辯士也，世與少有，君因不善蘇秦，則是圍塞天下士而不利說途也。夫不善君者且奉蘇秦而於君之事殆矣。今蘇秦善於楚王，而君不蚤親，則是身與楚爲讎也。故君不如因而親之，貴而重之，是君有楚也。』薛公因善蘇秦。故曰：可以爲蘇秦說薛公以善蘇秦。

（此下脫⑩『可以使蘇子自解於薛公』一節。）

仔細讀了這一章，我們可以發現兩個問題：一、根據《史記》，楚懷王在三十年入秦後，太子橫就自齊返國，自立爲頃襄王，過了不久，懷王才客死於秦；也就是說，頃襄王卽位在懷王逝世之前。此章卻說懷王逝世後，太子還在齊國爲人質，而且又說郢中另立王，和頃襄王對抗；這些，都和《史記》大不相同。二、作者認爲這件事情將會有十個變化的可能性，而且，每一個變化都可以利用來游說當事的人；更妙的是，每一節的游說，都對於已方很有利益。撇開第一個問題不談，讓我們談談和本文有關係的第二個問題。似乎有一件事可以肯定的，任何人讀了這一章故事，都不會相信這十個變化的小節是『史料』，相反的，會以爲它們都是縱橫者的策謀，也許，很可能是縱橫者平時揣摩的『參考資料』，或者是縱橫者傳授他人的『參考教本』！作者的巧辭反覆，完全表露無餘；具備有這種『才華』的人，除了縱橫者，還會是誰呢？

我們再看《中山策》裏的一章：

司馬憙三相中山，陰簡難之。田簡謂司馬憙曰：『趙使者來屬耳，獨不可語陰簡之美乎？趙必請之，君與之，卽公無內難矣；君弗與趙，公因勸君立之，以爲正妻；陰簡之德公無所窮矣！』果令趙請，君弗與，司馬憙曰：『君弗至趙，趙王必大怒；大怒，則君必危矣！然則立以為妻，固無請人之妻不得而怨人者也。』田簡自謂取使，

①可以為司馬憙，

②可以為陰簡，

③可以令趙勸請也。

像這種『一擧三得』的計謀，怎麼會不是縱橫者所為呢？怎麼會不是縱橫者所揣摩的資料呢？《齊策》四的第一章『齊人有馮諼者』，也和這一章相同，作者應用許多詭譎的策謀，儘量誇張策士的善變和才能。像這些，都和上面所稱譽的一樣，很可能是同樣的『一組』材料，它們和《戰國策》其他篇章的寫作態度相差太遠了，不但作者有意利用史實來誇張策士的謀略，而且為了遷就謀略，有時不惜歪曲史實，甚至揑造史實。雖然，我們不太敢斷定它們是同樣的一位作者，不過，我們卻敢斷定它們在《戰國策》本書編定以前，非常可能是屬於另外一批材料，也就是說，是屬於另外的一部書；這部書，完全是站在縱橫家的態度上來完成的。

蘇秦、張儀游說六國這十幾篇文章，很可能也是這批材料的一部份。近人張公量曾就當時地理的沿革，考證出蘇、張的論說都是後人所依託（詳見《禹貢》半月刊三卷五期《蘇秦說秦辨僞》、三卷七期《張儀說齊說趙說燕辨僞》、四卷二期《張儀入秦說秦辨僞》四卷六期《張儀入秦續辨》等文），這是非常科學的；根據常理來判斷，這位後來的『好事者』，很可能是縱橫家或他們的後人。

《戰國策》的前身並非完整的一部書，而是由好幾批材料組合而成的；這是第三個證據。

劉向在《敍錄》裏如此說：

所校中《戰國策》書，中書餘卷，錯亂相糅莒；又有國別者

八篇，少不足。臣向因國別者，略以時次之，分別不以序者，以相補，除重複，得三十三篇。……中書本號或曰《國策》，或曰《國事》，或曰《短長》，或曰《事語》，或曰《長書》，或曰《脩書》；臣向以爲戰國時游士輔所用之國，爲之筴謀，宜爲《戰國策》。

從這一節文字裏，我們可以推測出下列幾點：

1.《戰國策》的前身至少有一部份的材料是完整的，它就是劉向所說的『有國別者八篇』；這八篇材料，是以國別爲篇卷的。

2.除了這八篇比較完整的材料外，還有好幾批零亂的材料，這就是他所說的『中書餘卷，錯亂相糅莒』的那一部份。

3.劉向就把那批比較完整的八篇，根據時代的先後，重新加以排比；然後，再把那幾批零亂的材料補充進去，把重複的捨棄了，一共是三十三篇。

4.這幾批中秘的書籍，根據劉向的說法，有《國策》《國事》《短長》《事語》《長書》《脩書》等不同的名稱；劉向根據它的內容和性質，改名爲『《戰國策》』。

無論就今本《國策》的內容來考訂，或是就劉向《敍錄》裏的話來分析，《戰國策》的前身應該是分散的好幾批材料，而不會是一部相當完整的書。這幾批材料；有的大批，有的很零散；有的時代比較早，有的時代比較晚：有的是縱橫者所作的，有的卻純粹是史實。得到這個結論以後，我們再往深一層想：既然《戰國策》的前身是如此，我們考訂它的作者不但是一件非常艱難的事，也似乎失去了意義！親眼看到這批材料的劉向尚且不能指出它們的作者，我們又怎麼可能考訂出它們個別的作者呢？假如說它們有一個共同的作者的話，它們實際上是好幾批材料，『共同作者』這一指定已失去意義了。

從清代以來，牟默人、羅根澤、金德建等學者，對《戰國策》作者的問題掀起了研究的高潮，而且，有了驚人的結論。根據他們的研究，這部書的作者是游說韓信的蒯通；我們把羅氏所提出的證據先轉錄下來：

1.《史記・田儋列傳》：『蒯通者，善爲長短說，論戰國之權變爲八十一首。』羅根澤根據這段文字，說：『所謂「八十一首」者，《史》明言「論戰國權變」，則必爲論述戰國權變之書，與《戰國策》性質全同。又言「通善爲長短說」，而《戰國策》亦曰《短長》。』

2.《漢書・蒯通傳》：『通論戰國時說士權變，亦自序其說，凡八十一首，號曰：《雋永》。』羅根澤根據這段資料，說：『「亦自序其說」一句，知通論戰國權變之書，亦兼載自己之說，與《索隱》謂《戰國策》亦載通說信言，合而觀之，更可證明《戰國策》確作於蒯通。』又說：『「號曰《雋永》」四字……蓋戰國說士權變之言，實質爲所謂長短之說，而巧譬善喻，極爲雋美，故曰：《雋永》。……《雋永》之名，與《短長》《長書》《脩書》之佰相彷……不知卽所謂《國策》，所謂《短長》也。』

3.《史記・淮陰侯列傳》載蒯通說韓信自立，《索隱》說：『案：《漢書》因及《戰國策》有此文。』羅根澤說今本《戰國策》有殘闕，司馬貞猶見及《戰國策》有蒯通說韓信之言，只是不知道作者就是蒯通他自己。

4.《戰國策》的論述恰止於蒯通，沒有他以後的事蹟與說詞。

於是，羅根澤這麼判定說：『有這五條（另外一條不能算作證據，我們在此省略了）證據，那末，不是《蒯通書》又是甚麼呢？』（可參看《古史辨》第四册、《諸子叢考》及《諸子考索》等書）

這幾位學者都是在假設《戰國策》的前身是一部完整的書的情

況下，來討論它的作者的問題；現在，我們在上文已經指出這種假設是一項嚴重的錯誤，那麼，他們的討論根本就失去意義，因爲他們所討論的對象已經不復存在了。

其次，我們可以就羅氏所提出的五個證據，來加以批評：

一、羅氏所列的前兩條證據，實際上都是相同的，只能算作一條而已；因爲《漢書》這個說法幾乎完全本於《史記》。關於蒯通『論戰國之權變爲八十一首』是不是《戰國策》的前身，潘辰在《試論戰國策的作者問題》已提出許多的反證，他說：

> 劉向在《戰國策敍》中，對蒯通卻一字未提，尤其是《戰國敍》中所列擧的來源很明白，有《國策》《國事》《短長》《事語》《長書》等名目，卻沒有蒯子，也沒有雋永。稍後於劉向的班固，也是一位目錄學專家，他在《漢書・藝文志》中，也沒有說到過《蒯子》就是《戰國策》，在《蒯通傳》中也沒有說過《雋永》就是《戰國策》。就是《史記》《漢書》的各位註釋家，大抵都生在唐以前，也沒有提起過蒯通的《雋永》就是《戰國策》。……認爲『雋永』和『長』在訓詁上的關係，因此把《雋永》說成就是《長書》之類。這種運用訓詁關係來作考證的辦法是很危險的。據《史記・田儋列傳・索隱》說：『言欲令此事長則長說之，短則短說之。故《戰國策》亦名曰《短長書》，是也。』顏師古《漢書・張湯傳・注》：『短長術興於六國時，長短其語，隱謬以相激怒也。張晏曰：「蘇秦、張儀之謀，趣彼爲短，歸此爲長。《戰國策》名短長術也。」』又按《漢書・蒯通傳・注》：『雋，肥肉也；永，長也；言其所論甘美而義良也。』可見『短長』的『長』，和『雋永』的『長』意義完全不同，不能用訓詁學上的方法來合爲一談。《戰國策》和《雋永》的關係是很難合而爲一的。

潘辰所提出的理由，相當充實。至少，我們可以說，《戰國策》的前身不會完全是蒯通所作的（實際上，它的前身是好幾部零亂的書）；即使是，也可能只是一小部份而已，這對於『《戰戰國》策作者』的大前提來說，已經失去了意義了！

二、《史記·淮陰侯列傳》載蒯通說韓信自立，司馬貞《索隱》說：『案：《漢書》因及《戰國策》有此文（因及，就是『以及』的意思）。』《漢書》有《蒯通傳》，《漢書》記述蒯通事，絕對沒有問題。《戰國策》記載蒯通事，是否可能呢？《史記·淮陰侯列傳》蒯通說韓信時，曾經說了這幾句話：

> 夫聽者，事之候也；計者，事之機也。聽過計失而能久安者，鮮矣。聽不失一二者，不可亂以計；計不失本末者，不可紛以辭。

蒯通這段話，其實，可以在《戰國策》裏找到，《秦策》二有這麼一段文字：

> 計者，事之本也；聽者，存亡之機。計失而聽過，能有國者寡也。故曰：計有一二者，難悖也；聽無失本末者，難惑。

這兩段文字，很顯然是同出一源，司馬貞《索隱》說『《戰國策》有此文』，一點也不錯。說今本《戰國策》有缺文，蒯通說韓信正在此缺文之中也可說；蒯通游說韓信語，有一部份就在今本《國策》中也可；若據此來斷定作者就是蒯通，顯然是一種有意的說解，不足以取信他人。因此，羅氏所舉的第三個證據，也不能成立。僅以上述的二段批評，就不難想像到羅氏等主張《戰國策》為蒯通所作，是不能成立的。實際上，劉向已經交代清楚，《戰國策》是由好幾批材料所組成的，這幾批材料，劉向只能說出它們不同的『書名』，他自已連『作者』都不清楚；那麼，生在文獻殘缺的今天的我們，假如沒有新出土的資料，又如何會有那麼大的本領來分別考訂出每批材料的作者呢？至於硬性指定《國策》的作者就是刪通的學者們，首先，他們的大前提就犯了嚴重的錯誤；因此，他們的考訂也就顯得毫無意義了。

〔存　目〕

金德建著《戰國策作者之推測》，原文於一九三二年刊佈於廈門圖書館《館聲》第十一期，後編入《古史辨》第六册；一九四一年中華書局出版金著《古籍叢考》，亦蒐入本文。

羅根澤著《跋金德建先生戰國策作者之推測》，刊佈於《古史辨》第六册；金德建著《古籍叢考》，亦編入羅文。

■短 長 說

鄭良樹云:

王世貞所發現的《短長說》，在凌藻泉編《史記評抄》時，曾經把它附刻在卷首。後來，凌繹泉（迪知）和凌磊泉（ 稚隆 ）把《史記評抄》擴充爲《史記評林》時，也把它刻入卷首，最近臺北蘭臺書局出版的《史記評林》，還附有這卷《短長說》。清代潘仕成編的《海山仙館叢書》搜有此書，在藝文印書館選輯的《百部叢書集成》裏可檢得。

一如王世貞在自序裏所說的，這部《短長說》一共有四十則之多，體例大致上和《戰國策》相同，幾十個字或幾百字爲一則，王世貞把它們分爲上下兩卷，上卷二十三則，下卷十七則。

《短長》一書自從被劉向輯入《戰國策》後，幾乎就沒聽人提起，更不要說有人見到過它，生在明代的王世貞，爲什麼這麼巧，『耕於齊之野』時，『地墳』，就發現了它！而且，就有四十則那麼多，大約等於兩、三卷《戰國策》的篇幅。這些，都不能不啓人疑竇。

在筆者還沒有正式提出證據來證明這《短長說》是王世貞僞造之前，筆者先提出三件使人懷疑的原則上的問題:

第一，王世貞說，這批《戰國策》原始材料是用『大篆』寫在『竹册』上的。考察這部《短長說》，我們可以發現它最晚的一則史實是漢文帝時候的『淮南王之椎辟陽侯也』（下卷最末一則），王世貞自己也說過: 『多載秦及漢初事，意亦文、景之世好奇之士假托以撰者。』可見這部書的著成及抄寫時代極可能是在景帝或武帝之時，那麼，試問爲什麼書寫者不用當時最流行的隸書？偏偏要採用一般人看不太懂、讀不太懂的『大篆』呢？今天出土的漢簡，幾乎無不是用隸書寫成的，王世貞所謂用『大篆』書『竹册一袠』，是不是眞有其事？大凡僞造者都喜歡把事情假託得古舊一些，可是，僞作的痕迹往往就因此被後人發覺了。王世貞會不會也犯上這毛病呢？

第二，王世貞說，這批竹簡題名是『短長』，換句話說，它跟《戰國策》的原始材料《短長》同名。不但如此，他尙且暗示說：『所謂「短長」，豈《戰國策》逸策歟！』認爲他所發現的《短長說》（『說』字蓋王世貞所添，今從之），就是劉向所見到的《戰國策》原始材料《短長》。假如王世貞所發現的《短長說》，就是劉向當年所見到的《短長》，那麼，毫無問題的，這批《短長說》，不管在文字上或章節上，一定有許多和今本《戰國策》（劉向編訂）重複的地方！然而，我們翻完了王世貞這批竹簡，除了一百幾十個字明明是王世貞抄錄自《戰國策》外（詳見下文），再也沒有一章一節重複的！這不是證明了劉向所見到的《短長》，根本就不是王世貞所發現的那一批這件事實嗎？

第三，就體例來說，《戰國策》的章節是長短不一的，長的可以很長，甚至整卷就是一則（如《齊策五》）；短的可以很短，甚至二、三十字成一則。王世貞發現的《短長說》除了第二、三則各長八十餘字外，其他各章幾乎都是長篇大論，特別是卷下，淸一色都是長篇鉅構，少則幾百字一則，多則一千餘字一則，似乎有違《戰國策》體例。

以上所敍述的三件事情，雖然不足以斷定《短長說》是王世貞所僞造的，但是，卻有足够的理由讓我們初步地對這批竹簡打下一個很大的問號。

以下擬就《短長說》本文提出證據，這些證據僅局限在卷上的二十三則內，只要這些證據鑿確可靠，那麼，我們就可以說《短長說》上下卷都是僞作的，非《戰國策》的原始材料《短長》了。在提出證據之前，有必要把上卷二十三則的篇章開列出來：

(一)《邯鄲之難，楚取魏睢、濊之間》章；
(二)《陳軫謂楚王》章；
(三)《謂魏惠王》章；
(四)《楚頃襄王獵於濠而樂也》章；
(五)《芊八子使其豎謂張儀》章；
(六)《尉文君謂趙王》章；
(七)《毛公爲信陵君說魏王》章；
(八)《趙有樓煩之地》章；
(九)《孟嘗君之爲燕謀齊也》章；
(十)《武安君坑趙降卒四十萬人於長平》章；
(十一)《燕王喜使栗腹》章；
(十二)《穰侯免相國》章；
(十三)《信陵君既促駕歸魏》章；
(十四)《魏哀王謂公子無忌》章；
(十五)《文信侯且仰藥》章；
(十六)《秦王旣以誅二周、韓》章；
(十七)《荆卿爲燕太子使》章；
(十八)《周鼎入於泗》章；
(十九)《秦始皇旣啗二周》章；
(二十)《盧生等將就坑》章；
(二十一)《客謂丞相斯》章；
(二十二)《齊君建餓於共》章；
(二十三)《子嬰當立爲秦王》章。

根據筆者的觀察和考訂，這二十三則《短長說》，實際上並不是劉向當年所見到的《短長》書，理由和證據可以分成五個方面。

一、取材自《戰國策》、《史記》

這二十三則《短長說》，實際上有不少篇章是取材自《戰國策》和《史記》，例如：

（一）《短長說》第一章說：

> 邯鄲之難，楚取魏睢、濊之間以自益也。江乙爲魏說楚威王曰：『……。』……楚王曰：『微夫子之言，殆哉！』請得因睢、濊而媾於魏。

《戰國策・楚策一・邯鄲之難》章，章末說：『楚因使景舍起兵救趙，邯鄲拔，楚取睢、濊之間。』《短長說》的作僞者實際上就根據《戰國策》這幾句話，加以推衍舖述。

（二）《短長說》第十一章說：

> 燕王喜使栗腹以百金爲孝成王壽酒，三日反報，曰：『趙民其壯者皆死長平，其孤未壯，可伐也。』王乃召昌國君樂間，……對曰：『……不可與戰。』……燕王益怒，不聽，遂以有鄗、代之敗。

《戰國策・燕策三・燕王喜使栗腹》章，說：『燕王喜使栗腹以百金爲趙孝成王壽酒，三日反報，曰：「趙民其壯者皆死於長平，其孤未壯，可伐也。」……遽起六十萬以攻趙，令栗腹以四十萬攻鄗，使慶秦以二十萬攻代，……燕人大敗。』《短長說》的作僞者，極可能就是根據《燕策三》而加以舖述。

（三）《短長說》第十三章說：

> 穰侯免相國，就封陶，出關，關吏閱其車，輜重千有餘乘，聞之昭王，王按劍而怒曰：『……。』……穰侯乃得良死。

《史記・穰侯列傳》說：『穰侯出關，輜車千乘有餘。』《短長說》作僞者，極可能從這裏取得靈感而加以舖張敍述。

（四）《短長說》第十五章說：

文信侯且仰藥，客周甲曰：『徐之，請隱而窺秦王，死未晚也。』乃僂行見秦王，……秦王曰：『……彼謀彼之謀，吾爲吾之爲而已。』文信侯聞之，立仰藥死也。

《史記・呂不韋列傳》說：『呂不韋自度稍侵，恐誅，乃飲酖而死。』《短長說》的作僞者，極可能從《史記》取得靈感而加以鋪述。

（五）《短長說》第二十二章說：

齊君建餓於共松栢之間，雍門司馬聞之曰：『夫非君也。』乃走見秦皇帝，……秦王按劍而叱，……雍門司馬仰天而歎曰：『悲夫！大夫時平則君臣，變則行路哉！』乃閒行，謁王建，相抱而哭，俱以餓死。

《戰國策・齊策六・齊王建入朝於秦》章說：『齊王建入朝於秦，雍門司馬前曰：「所爲立王者，爲社稷耶？爲王立王耶？」……齊王還車而反。……齊王不聽卽墨大夫而聽陳馳，遂入，秦處之共松栢之間，餓而死。』作僞者極可能根據這段文字而加以推衍。

從這五個例子來看，我們可以清楚地了解，這二十三則《短長說》實際上有不少篇章是取材自《戰國策》或《史記》，換句話說，有不少篇章的故事，就根據這兩部書的某一小段文字從旁加以引申發揮。單單只是依據這種現象，我們當然沒有理由說這幾則《短長說》就是後人因襲《戰國策》《史記》某一小段文字而加以編製、僞造；然而，配合上其他各方面的證據，這類『從旁引申發揮』的編製現象，就適足以證成，並且加強我們的推斷了。

二、與史實相矛盾

《短長說》有一些篇章的故事和情節，和《戰國策》《史記》

所記述的史實互相矛盾，在這許多矛盾裏，最嚴重的莫過於人物時代的矛盾。《戰國策》《史記》（單指戰國史這一部份）所記載的戰國故事，當然未必都是眞正可靠的戰國史，情節或史實上的矛盾也偶爾可以發現到，但是，嚴重得如人物時代性的矛盾可就少之又少了，從來沒有人在《戰國策》《史記》裏發現蘇秦、張儀是和秦始皇同時代的，也從來沒有人發現荆軻是和秦昭王同時代的。儘管《戰國策》《史記》所記載的戰國史未必百分之百可靠，但是，它們對戰國史人物時代性的『分劃』，大致上是相當統一和可靠的，這是歷來學者所承認的一件事實。

假如王世貞所發現的《短長說》就是劉向當年所依據的《短長》，那麼，根據常識來判斷，它在人物時代性的『分劃』上應該和《戰國策》或《史記》取得一致，不可以有太大的差異或矛盾。然而，實際上並不如此，筆者可以擧出兩個例子來說明。

（一）《短長說》第九章說:

孟嘗君之爲燕謀齊也，燕師衂，騎刼破，七十二城復，去燕而爲齊。於是，襄王相安平君而誓師焉，孟嘗君方食客，失箸，不知所擇，馮煖起而問曰:『……。』……安平君大恐而厚禮孟嘗君使，曰:『爲我謝孟嘗君……。』……。

《史記·孟嘗君列傳》說:『後齊湣王滅宋，益驕，欲去孟嘗君，孟嘗君恐，迺如魏。魏昭王以爲相，西合於秦。趙與燕共伐破齊，齊湣王亡在莒。』（根據《戰國策》《史記》的記載，破齊七十二城的是燕、秦、楚及三晉等六國；孟嘗君既然相魏，多少有參與這件事。梁玉繩《志疑》力辯孟嘗君絕無此事。）《短長說》所記述的，和《史記》本節有關；不過，卻有幾件事和史實相違。

㈠《史記》說:『魏昭王以爲相，西合於秦。』又說:『齊襄王立，而孟嘗君中立於諸侯，無所屬。』可知那時候的孟嘗君，不是在魏，就是在薛（保持中立），所以《史記》下文接着就說:

『齊襄王新立，畏孟嘗孟，與連和，復親薛公。』可是，≪短長說≫本章卻說：『去燕而爲齊。』有違史實。

㈢≪史記・孟嘗君列傳≫說：『齊襄王新立，畏孟嘗君，與連和，復親薛公。文卒，謚爲孟嘗君。』≪史記≫雖沒明說孟嘗君卒於何年，不過，根據這段文字，大概是在齊襄王新立之時。≪戰國策・齊策四・孟嘗君逐於齊≫章記述孟嘗君被逐反國，譚拾子迎之於境之後（≪史記≫采入，頗異），便再也沒有記述孟嘗君的事了。所以，≪史記≫說孟嘗君卒於齊襄王新立，大概是可靠的。齊襄王封田單爲安平君是在襄王五年（見≪田敬仲完世家≫），那時，孟嘗君已經逝世好幾年了！≪短長說≫說孟嘗君和安平君同時代，又說安平君厚禮孟嘗君，不是犯上人物時代的矛盾嗎？≪戰國策・齊策≫≪史記・孟嘗君列傳≫≪田單列傳≫根本就沒有任何文字敍述他們兩人同時代的事實，≪短長說≫假如是劉向編輯≪戰國策≫的原始材料的話，在這方面應該是統一的。

（二）≪短長說≫第十七章說：

荆卿爲燕太子使，將入關，寒泉子見白虹之貫日也，詫起曰：『此必有諸侯謀秦王者乎！』據崤、渭之衢而候之，燕車四乘，寒泉子……曰：『是爲謀秦王者哉！……。』……。

≪戰國策・秦策一・秦惠王謂寒泉子≫章說：『秦惠王謂寒泉子曰：「蘇秦欺寡人，……」寒泉子曰：「不可。……」……。』高誘≪注≫：『寒泉子，秦處士也。』可知寒泉子跟秦惠王同時。太子丹亡秦歸燕（派荆軻刺秦王在此之後），≪史記・年表≫繫於秦始皇十六年、燕王喜二十三年，在秦惠王與秦始皇之間，尚有武王（在位四年）、昭王（五十六年）及莊襄王（三年），然則寒泉子如何會跟荆軻同一時代呢？

（三）≪短長說≫第七章說：

毛公爲信陵君說魏王，……迎信陵君。

《短長說》本章敍述毛公如何爲信陵君說服魏王，讓魏王把信陵君迎接回來。《史記・魏公子列傳》說：『公子聞趙有處士毛公藏於賣漿家，公子欲見兩人，兩人自匿，不肯見公子。公子聞所在，乃閒步往，從此兩人游，甚歡。』毛公是趙的一位隱士，信陵君想結交他，他尙且不肯爲之，如何肯跑到魏國去游說魏王呢？這不是和他的身份相差太遠了嗎？固然毛公、薛公曾經『往見公子』，勸他早日歸國（《史記》下文），但是，總還是在自己的國內，而且並沒違隱士之身份！《史記》說『公子留趙十年，不歸。秦聞公子在趙。日夜出兵東伐魏。魏王患之，使使往請公子。』魏王迎接信陵君回國的眞正原因，是秦『日夜出兵東伐魏』，才不是魏王接受毛公的勸告呢！《短長說》的作僞者未免畫蛇添足。

以上所敍述的三個例子，有的是與《戰國策》《史記》所載史實的矛盾，有的是與此二書所載人物時代的矛盾，都證明王世貞所發現的《短長說》和《戰國策》在史實上不能一致；假如說《短長說》就是原來的《短長》，那就極不應該有這種現象了。

三、文句之因襲

《短長說》之爲後人所僞作，而非《戰國策》原始材料《短長》書的一個最強的證據，是在於它對《戰國策》《史記》文句的因襲和抄錄。這裏，先舉出兩個例子來說明。

（一）《短長說》第十一則說：

燕王喜使栗腹以百金爲孝成王壽酒，三日反報，曰：『趙民其壯者皆死長平，其孤未壯，可伐也。』王乃召昌國君樂間而問曰：『何如？』對曰：『趙，四達之國也，其民皆習於兵，不可與戰。』王曰：『吾以倍攻之，可乎？』曰：『不可』。『以三，可乎？』曰：『不可』。王大怒，左右皆以爲可伐。

鞠武曰:『淺矣! 昌國君之言。夫謂趙不可伐者, 覿在趙者也; 謂燕不勝趙者, 覿在燕者也; 胡以不覿秦? 夫燕之所以綏中秦禮者, 趙爲之屏也。……燕收趙, 即勝之, 是瘠趙而速秦擧也……。』燕王益怒, 不聽, 遂以有鄗、伐之敗。

《戰國策·燕策三》第三章的前半截如此說:

燕王喜使栗腹以百金爲趙孝成王壽酒, 三日反報, 曰:『趙民其壯者皆死於長平, 其孤未壯, 可伐也。』王乃召昌國君樂間而問曰:『何如?』對曰:『趙, 四達之國也, 其民皆習於兵, 不可與戰。』王曰:『吾以倍攻之, 可乎?』曰:『不可』。曰:『以三, 可乎?』曰:『不可』。王大怒, 左右皆以爲趙可伐。

遽起六十萬以攻趙, 令栗腹以四十萬攻鄗, 使慶秦以二十萬攻代, ……燕人大敗。……

比較這兩段引文, 我們清楚地可以發現, 《短長說》的作僞者很巧妙地利用《燕策三》這則故事, 在筆者分段的中間插入他所計劃編造的故事! 只可惜作僞者露出兩個破綻, 一個是首段全部抄襲《戰國策》的文字, 另一個是第二段末句『鄗代之敗』誤作『鄗伐之敗』。

(二)《短長說》第十六章說:

秦王爲人, 蜂目長準, 鷙鳥膺, 豺聲, 少恩而虎狼心, 好以禮下士, 金石賞罰。

《短長說》這段文字, 實際上有所因襲; 《史記·秦始皇本紀》說:『尉繚曰: 秦王爲人, 蜂準長目, 鷙鳥膺, 豺聲, 少恩而虎狼心, 居約, 易出人下。』假如我們倒過來, 以爲太史公因襲《短長說》, 那就說不通了! 因爲太史公明明告訴我們, 這是尉繚的話語, 不是《短長說》或《戰國策》的話! 合理的解釋是:《短長說》的作僞者因襲《史記》。

根據這兩個證據，我們就可以證明《短長說》實際上是後人所僞作的。

四、句法措辭之差異

儘管《戰國策》是由好幾部書編輯而成的，可是，只要我們細心展讀整部《戰國策》，我們可以發現，它的句法和措辭是相當的統一。假如《短長說》一如王世貞所說的，就是《戰國策》原始資料《短長》的話，它在句法措辭這方面，應該跟《戰國策》一致。然而，筆者所發現到的，恰恰相反；這裏，不妨舉出幾個例子。

（一）《短長說》第九章載孟嘗君一段話語，說：

伯父，先王之所師事也，孤不敢以臣。惟是五世之昭，伯父共之，孤不敢外也。不腆車服，太公之所拜賜於成周者也。敢請爲伯仲之邦，以世世夾輔齊。

這段文字寫得多麼典雅！它多麼像《國語》或《左傳》的一些句子！讀者假如把它拿來和《戰國策》文句對照比較的話，不會相信它就是《戰國策》的文字。

（二）從衡

《短長說》提到『從衡』二字，有下列諸句：

衡人者意不欲天下之精爲衡也。

精爲衡也，無間而起其說於衡者。

從衡錯而傾邪之士得執而操其權（以上第六章）。

從衡之利害剖也（第十四章）。

寧若六王之挾而衡（第十九章）。

從這些句子來看，『從橫』的『橫』字，《短長說》一概作『衡』。我們再看看《戰國策》的：

非從卽横也，横成則秦帝（頁一三一。藝文版，下同）。

儀以秦、梁之齊，合横親（頁一八八）。

張儀爲秦連横（頁一八二）。

横成則秦帝。

横人皆欲割諸侯之地以事秦（頁二七三）。

横合則楚割地以事秦（頁二七四）。

張儀爲秦破從連横（頁二七五）。

張儀爲秦連横（頁三六四）。

趙畏横之合也（頁三八六）。

建信君果先言横（頁四〇九）。

横人謀王（頁四四四）。

張儀爲秦連横（頁四四五）

横者將圖子以合於秦（頁五〇六）。

從則韓輕，横則韓重（頁五七八）。

不管是『從横』，或是『横人』、『横者』和『横』，≪戰國策≫幾乎沒有例外，一概作『横』，絕不作『衡』（≪戰國策≫『衡』字只一見，在頁四四〇）。從這件事實來看，我們難道能說≪短長說≫就是≪短長≫書嗎？

（三）公子無忌

≪戰國策≫提到魏公子無忌，有下列的句子：

公子無忌爲天下（頁二一〇）。

信陵君發兵（頁三九四）。

適會魏公子無忌奪晉鄙軍以救趙（頁四〇二）。

信陵君書曰。

信陵君曰善（頁四二二）。

信陵君殺晉鄙。

唐且謂信陵君。

信陵君曰（頁五一五）。

信陵君使人謂安陵君（頁五一六）。

信陵君大怒。

信陵君爲人悍而自用也。

信陵君聞縮高死（頁五一七）。

從這些例子來看，《戰國策》稱公子無忌絕大部份是作『信陵君』，極少部份作『公子無忌』。反過來，《短長說》第十三章可就不是如此了，稱『信陵君』有六次，稱『公子』卻有八次之多！重點不是在六次的『信陵君』，而是在八次的『公子』上；《短長說》作者很明顯地受《史記・魏公子列傳》的影響，尊稱信陵君爲『公子』，而且有八次之多！甚至連《戰國策》用過的『公子無忌』，也不加以採用！我們還能相信王世貞的話嗎？

五、故意用古文奇字

《戰國策》（指黃丕烈讀未見書齋重雕剡川姚氏本，藝文印書館曾影印刊行）的確有少許的古文古字，當年姚宏整理時，就已經有所發現了。他在題辭裏說：

……如用埊、恧字，皆武后字，恐唐人傳寫相承如此；諸公校書，改用此字，殊所不解。竇苹作《唐史釋音》，釋武后字，內『埊』字云：『古字，見《戰國策》。』不知何所據云然。然，坔乃古地字，又埊字見《亢倉子》《鶡冠子》，或有自來。至於『恧』字，亦豈出於古歟？

錢大昕爲黃丕烈重雕姚本的序文裏說：

伯聲跋疑埊、恧爲武后造字，予謂劉校高注在兩漢時，斷無此等近鄙別字，而六朝人喜造新體，如先人爲老，巧言爲辨之類。一忠當因草書『亟』字相似附會成之，陸德明《論語釋文》『悳』兩見，皆云：『古亟字』。則非昉於阿武矣。不管姚本的古文古字是武后所造的，或是六朝人所造的，有一件事實是可以斷言的：當年劉向編纂，高誘校注時，絕不會有這種字。錢大昕說：『劉校高注在兩漢時，斷無此等近鄙別字』。說得眞是正確。

可是，當我們展讀王世貞的《短長說》時，卻常常可以發現一些古文古字，以及一些《戰國策》沒用過的奇文奇字。筆者試舉例如下：

(一) 愳

妾欲行申生之胙而愳大臣之以遠證也（第五章）。

富人愳（八）。

愳辱其社稷以爲先王憂（九）。

丞相弗悅之，愳（十九）。

《說文》云：『懼；愳，古文。』託僞者大部份都希望把所僞造的東西做得古舊，以便欺人耳目；《短長說》的作僞者也是抱着這個心理，可是，他卻忘記《戰國策》根本沒用過這個古文的事實！不但如此，他在作僞的過程中，偶爾又露出一些破綻，第十七章說：『不勝恐懼。』第二十一章說：『竊懼秦之以主君三也。』他似乎忘記了把這兩個『懼』字改作『愳』。

(二) 斞

而從家衆斞水柯斧而救之（七）。

《說文》：『斞，挹也。』雖然並非古字，可是，卻是《戰國策》從來沒用過的奇字。《戰國策·齊策三·淳于髡一日而見七人》章說：『譬若挹水於河。』可知《戰國策》用『挹』，不用『斞』；《短長說》作者用『斞』而棄『挹』，所抱的心理和前者相同。

(三) 虣

將帥虣猛，好謀而毅（十六）。

《說文》無此字，《新附》云：『虓，虐也，急也。』《戰國策》無此字。

假如說《短長說》是《戰國策》的原始資料，怎麼會有這些古文奇字呢？反過來說，假如《短長說》的確是《戰國策》的原始資料，那麼，今本《戰國策》就多多少少應該有這些古文奇字了。

結　論

綜合筆者上文所敍述的三項懷疑和五方面證據，筆者認爲，《短長說》不是劉向當年編訂《戰國策》所採用的《短長》，而是王世貞所僞造出來的一批假材料。明人作僞的風氣很盛，這是士林所衆知共曉的一件事實，王世貞僞造這一批『竹簡』，並且說它就是《戰國策》的《短長》，在當時來說，只是趕得上風氣而已。

當然，王世貞很善於讀書，他從劉向《戰國策・敍錄》裏『其事繼春秋以後，訖楚、漢之起，二百四十五年間之事』幾句話中，得知《戰國策》原始資料所記述的史實的年代必定『下限』到楚、漢之起，所以，他才大膽地把《短長說》下卷十七則全部『攞入』楚、漢之興的故事。王世貞有此高明的讀書能力，不得不讓後人欽佩萬分！

（《王世貞短長說辨僞》，原刊於《大陸雜誌》內，又編入《竹簡帛書論文集》內）

■西京雜記

黃雲眉云:

《漢書・匡衡傳》顏師古《注》:『今有《西京雜記》者，其書淺俗，多有妄說，乃云匡衡小名鼎，蓋絕知者之聽。』則此書殆出於隋唐間。其言武帝欲殺乳母，東方朔救之事，亦見《史記・滑稽傳》褚先生所附文中，特褚言欲徙乳母家於邊，而救之者爲武帝所幸倡郭舍人，意作《西京雜記》者，故示異以明其書之出於西京耶?然卽以此事言之，亦極淺俗，吳均善史學，未必取之，故謂爲吳均作，亦非也。惟所謂外家之語，漢以來已多有之，此書採輯所及，未必皆爲西京所無耳。

(《古今僞書考補證》)

勞　榦云:

今先論《西京雜記》之著者，自當以唐代初期(卽顏師古至李善之時期)之史料爲根據，在此時期之記載，書僅有《西京雜記》一書，著者亦僅有蕭賁一人。雖蕭賁本傳之《西京雜記》，未曾與《隋志》《漢書・注》《文選・注》相互證，然彼此之間亦並無衝突。其成爲歧互者，始見於僞葛洪序，繼復有段成式之《酉陽雜俎》。僞葛洪序淺薄無聊，有心作僞，可以不再置論。段成式之說，則採錄舊聞，應非無據。所可置疑者，故事中之主名耳。此故事以庾信作賦事爲主，應不甚誤，卽令非庾信語，而傳述齊梁他人之說，亦自可貴。惟所言《西京雜記》爲『吳均語』則影響較大。蓋就此故事結構言，其爲吳均語或他人語，俱不妨此故事之完整性。然於《西京雜記》之著者，則多一紛擾矣。就唐代知名之程度言，吳均之名，遠較蕭賁爲大。段成式之時代已到晚唐，則原有涉及蕭賁之傳說，轉換爲吳均，爲事甚易。就現有史料言，《酉陽雜俎》中一段單文孤證，已無法證明原來傳說爲吳均與否。但無論如何，《酉陽雜俎》此一段之可信程度，決不能與《南史・齊武帝諸子傳》之重要性互相比擬，則無待言也。

故就史料之可信程度言，當以《南史》爲最重要，《酉陽雜俎》次之，而僞《葛洪序》則當在不必考慮之列。只以《雜記》作者，《隋志》作時已失主名，故不宜定指爲蕭賁，僅可以認爲此書或係蕭賁原作，或係南北朝間另一作者所爲耳。

今更以《雜記》中內容考驗之。余季豫先生云:

> 按陶宗儀《說郛》卷二十五（據涵芬樓排印明抄本）鈔有梁殷芸小說二十四條，而其中引《西京雜記》者四條，與今本大體相合，惟字句互有短長。考《梁書・芸傳》云:『大通三年卒（大通三年十月改元中大通，芸卒於十月以前）年五十九，』而《文學・吳均傳》云:『普通元年卒，時年五十二。』兩者相較，均雖比芸早死九年，而其年齡止長於芸者二歲。二人仕同朝，同以博學知名，慮無不相識者，使此書果出於吳均依託，芸豈不知，何至遽信爲古書，從而採入其著作中乎？

按殷芸之書，原係小說，本非正史，依託之言何遽不堪採用。此事不能證明《西京雜記》必是古書，但可以證明梁時已有《西京雜記》，且與今本出入不多耳。今據涵芬樓排印本《說郛》，此四條下均注有《西京雜記》，但無《西京雜記》著者姓名。故據殷芸小說所引者，此書可能爲蕭賁本，亦可能非蕭賁本，尙不能決定也。

李慈銘《孟學齋日記》乙集上云:

《西京雜記》託名劉歆所撰，葛洪所錄。論者謂實出梁吳均之手。其文字固不類西漢人。且序言班固《漢書》全出於此，洪采班《書》所謂錄者，得此六卷，然其中如趙飛燕第一段，傅介子一段，又皆《漢書》所已錄，稚川之言固未可信。至謂出於吳均，則未必然。觀漢事如殺趙隱王如意者爲東郭門外宮奴，惠帝腰斬之，而呂后不知。元帝以王昭君故，殺畫工毛延壽。陳敞，劉白，龔寬，陽望，樊育等。高賀誚公孫弘。高祖爲太上皇作新豐，匠人吳寬所營（余季豫先生曰『此書已爲焦竑所駁，李氏失考』，按新豐之作在太上皇旣歿以後，《史記》漢元十年：『太上皇崩，諸侯來送葬，更命酈邑曰新豐。』此吳寬營新豐之事全非事實也。）匡衡勤學，穿壁引光，又從邑人大姓文不識家，傭作讀之。成帝好蹴踘，家君（原註歆稱其爭向）作彈棋以獻。王鳳以五月五日生。楊王孫名貴。平陵曹敞在吳章門下，好斥人過，後獨收章屍。郭威，楊子雲及向歆父子論《爾雅》實出周公所記，『張仲孝友』之類，後人所足。霍將軍一產二子，疑兄弟先後。廣川王去疾好聚無賴少年掘冢墓。諸條皆必出於兩漢故老所傳，非六朝人所能憑空僞造。又如輿駕，飲酎，禳水，家臣諸制，尤足補《漢儀》之闕。其一二佚事亦可證。如衞靑生子命曰騧，後改爲登，登卽封發干侯者。公孫弘著《公孫子》言刑名事，今《漢志》有《公孫弘》十篇，此類皆是。黃僉部序稱其乘輿大駕，儀在典章；飽董問對，言關理奧者，誠不誣也。惟所載靡麗神怪之事，乃由後人添入，或出吳均所爲耳。其顯然乖謬者，如云霍光妻遺淳于衍蒲桃錦，散花綾，識珠等，爲起第宅，奴婢不可勝數。按《漢書》言衍毒許后，步見過顯相勞問，亦未敢重謝衍，且此時方有人上書，告諸醫侍疾無狀，顯恐，急語光，署衍勿論，豈有爲起第宅，厚相賂遺之理。又云廣陵王胥爲獸所傷，陷腦而死。按《漢書・武五子傳》，胥以祝詛事發覺，自絞死。又云：太史公遷作《景帝本紀》，極言其短及武帝之過，後坐舉李陵下蠶室，有怨言，下獄死。按遷作《史記》在遭李陵禍之後，《史記》《漢書》俱有明文。《漢書》又言遷被刑之後爲中書令，尊寵任職，故有報故人任安一書，而云下獄死，紕繆尤甚。若果出於叔庠，則史言均好學，將著史以自名，欲撰《齊書》，從梁武帝借《齊起居注》及《羣臣行狀》，帝不許，使撰《通史》，起三皇，迄齊代。均草本紀世家已畢，惡列傳未就而卒。又注范曄《後漢書》九十卷，著《齊春秋》二十卷，《廟記》十卷，《十二州記》十六卷，《錢塘先賢傳》五卷。是叔庠固深於史學者，豈於《史記》《漢書》轉未覆照，致斯舛謬乎？蓋由漢代稗官之記載傳譌致然，故歷代引用，皆不能廢。其趙飛燕女弟居昭陽殿一條云：『砌皆銅沓黃金塗。』正可證今本《趙后傳》作砌皆銅沓冒黃金塗，冒字爲涉注文而衍者也。

李氏日記所考《西京雜記》之原委，甚爲詳備。其言吳均原爲深於史學者不致乖謬若《西京雜記》所載，余季豫先生稱其『亦爲有識』，是也。惟李氏考訂雖詳，而立場則不堅定，就此書是否出於吳均一事而言，李氏考訂吳均生平及學力，認爲宜不出於吳均，而又云『所載靡麗之事或出吳均所爲』，則前後矛盾。旣考訂《西京雜記》紕繆之事多端，而又信其中記載諸事，如惠帝、新豐、王昭君、匡衡、彈棋、王鳳、楊王孫、曹敞、《爾雅》、霍將軍、廣川王等則必出故老相傳，非六朝人所能憑空僞造。亦嫌矛盾。其實此等事自有根據舊有傳說之可能，但如憑空僞造，事亦不難。不能因可以補充史文，遂加愛惜，認爲其不能出於僞造也。故李氏之言雖有參考價値，但李氏並無結論，無法據其論點。其中且雜有偏見，亦不能全據也。

今更就《西京雜記》本文加以分析。其被人認爲劉歆原文者，如：

成帝好蹴踘，羣臣以蹴踘爲勞體，非至尊所宜。帝曰：『朕好之，可擇似而不勞者奏之。』家君作彈棋以獻，帝大悅，賜靑羔裘，紫絲履，服以朝覲。余少時聞平陵曹敞在吳章門下，往往好作人過，或以爲輕薄，世皆以爲然。章後爲王莽所殺，人無敢收葬者，弟子皆更易姓名以從他師，敞時爲司徒掾，獨稱吳章弟子，收葬其屍。方知亮直者不見容於冗輩中矣。平陵人生爲立碑於吳章墓側，在龍首山南幙嶺上。

李廣與兄弟共獵於冥山之北，見臥虎焉，射之一矢卽斃。斷其髑髏以爲枕，服猛也。鑄銅象其形爲溲器，示厭辱之也。他日復獵於冥山之陽，又見臥虎，射之沒矢飲羽，進而視之乃石也，其形類虎。退而更射，鏃破簳折而石不傷。余嘗以問楊子雲，子雲曰：『至誠金石爲開。』余應之曰：『昔人有遊東海者，旣而風惡船漂不能制，船隨風浪莫知所之。一日一夜，得一孤州，共侶歡然下石，植纜登洲煑食，食未熟而洲沒，在船者斫斷其纜，船復漂蕩，向者孤洲乃大魚，奮鬐揚，吸波吐浪而去。疾如風雲，在洲上死者十餘人。又余所知，陳縞質木也。入終南山采薪還，晚趨舍未至，見張丞相墓前石馬，謂爲鹿也，卽以斧拒之。斧缺柯折，石馬不傷。此二者亦至誠也，卒有沈溺缺斧之事，何金石之所感偏乎？』子雲無以應余。

廣川王去疾好聚無賴少年，遊獵畢弋無度。國內冢藏一皆發掘。余所知吳猛說其大父爲廣川中尉，每諫王，不聽，病免歸家。說王所發掘冢墓不可勝數。其奇異者百數焉，爲余謂十許事，今記之於左。

昆明池中戈船樓船各數百艘。樓船上建樓櫓，戈船上建戈矛。四角悉垂幡旄羽葆麾蓋，照灼涯涘。余少時猶憶見之。

以上諸則皆可以指定其時代在西漢末年，至於『余所知有鞠道龍善爲幻術，向余說古時事』一則，時代不明，尙不計及在內。其中自稱爲『余』者，又顯然皆是本文，非後人改竄一二字卽可增入。則此書成書時卽自僞託爲西漢晚期人也。至其僞託之人，依彈棋條所稱之『家君』爲劉向，又顯然意欲僞託於劉歆。故葛洪之序雖爲後出，然原書本意欲假託於劉歆，則與僞《葛洪序》仍不相違背也。六朝文字，意在辭章，公然依託，無傷大雅，故謝莊《月賦》，託於王仲宣，序文自言，無害其爲謝莊之文也。使此書本蕭賁所爲，託諸劉子駿之辭，本不害意。所誤以爲劉子駿者，則後人誤以小說爲實事耳。

盧文弨《新雕西京雜記緣起》（見《抱經堂叢書》）謂『書中稱成帝好蹴踘，羣臣以爲非至尊所宜，家君作彈棋以獻，此歆稱向家君也。洪奈何以一小書之故，至不憚父人之父』？余季豫先生謂『此必《七略》中《兵書略》蹴踘新書條下之文，洪鈔入之耳。此書固非洪所自撰，然是雜采諸書，左右采獲，不專出於一家。如卷上云：「或問揚雄爲賦，雄曰讀千首賦乃能爲之。」此乃鈔桓譚《新論》之文（見《北堂書鈔》卷一百二，《藝文類聚》卷五十六，《意林》卷三。）以《新論》著於後漢，旣託名劉歆，不欲引之。不言桓譚而改爲或問，采掇之跡，顯可見。』季豫先生之言是也。惟采掇者別有其人，非是葛洪。而采掇者又意在依託劉歆，故於劉歆舊注之『家君』二字不予刪削。因之盧抱經遂爲其所愚耳。

《西京雜記》依託者爲南朝人，於長安地理及西漢郡國屬縣多不能通曉，因而頗有不合西漢實際情況者，如：

茂陵富人袁廣漢藏鏹巨萬，家僮八九百人，於北邙山下築園，東西四里，南北五里，激水流注其內，構石為山，高十餘丈，連延數里。……沒爲官園，鳥獸草木皆移植上林苑中。何武葬北邙山薄龍阪，王嘉冢東北一里。

按北邙在洛陽，不在長安。依託者意顯然以爲在長安，此其人未曾到長安亦未曾到洛陽之證。其人非南朝人莫屬。據《晉書》七十二《葛洪傳》葛洪當惠帝太安時尚到洛陽，應不至於洛陽地理一無所知也。

廣川王去疾好聚無賴少年，游獵畢弋無度，國內冢藏一皆發掘。……王所發掘冢墓不可勝數，其奇異者百數焉。爲余習十許事，今記之於左:

魏襄王冢

哀王冢（襄王與哀王實是一人）

袁盎冢

晉靈公冢

幽王冢

欒書冢

按廣川國在今河北冀縣；魏襄王冢在河南汲縣，地屬於河內，不在廣川國內；袁盎楚人，徙安陵，不得葬在廣川；晉都在絳，今山西翼城，地在河東，周幽王都鎬，在長安，亦不在廣川國內。綜《西京雜記》所舉各冢墓，無一處在廣川國者，其爲小說虛構之辭，無可疑也。(周幽王倉卒失國，更不得有百餘人殉葬，此理尤顯。)

以上涉及地理者，多所言非實。前人愛其文辭，未曾覆核；但其矛盾亦至爲明顯，苟稍一涉意，即可知決不出於劉歆，抑且不出於葛洪也。

更就其中漢朝輿駕祠甘泉汾陰之制考訂之。此李慈銘所稱『輿駕、飲酎、穰水、家臣諸制，尤足補《漢儀》之闕』者也，其中尤以輿駕爲最詳，故今列舉於下而探討之。

漢朝輿駕祠甘泉，汾陰。備千乘萬騎。太僕執轡，大將軍陪乘，名爲大駕。

司南車駕四，中道。

辟惡車駕四，中道。

記道車駕四，中道。

請室車駕四，中道。

象車鼓吹十三人，中道。

式道候二人駕一，左右一人。

長安都尉四騎，左右各二人。

長安卒長十人駕，左右各五人。

長安令車駕三，中道。

京兆掾史三人駕一，三分。

京兆尹車駕四，中道。

司隸部，京兆從事，都部從車別駕，一事，三分。

司隸校尉駕四，中道。

太僕，宗正，引從事，駕四，左右。

太常，光祿，衞尉，駕四，三分。

太尉外部都督令史，賊曹屬，倉曹屬，東曹掾，西曹掾，駕一，左右各三。

太尉駕四，中道。

太尉舍人祭酒駕一，左右。

司徒從如太尉王公騎。令史持戟吏從各八人，鼓吹一部。

中護軍騎中道，左右各三行，戟楯弓矢鼓吹各一部。

步兵校尉，長水校尉駕一，左右。

隊百匹。左右。

騎隊十。左右各五。

前軍將軍。左右各二行，戟楯，刀楯，鼓吹各一部，七人。

射藝翊軍校尉駕三。左右三行，戟楯，刀楯，鼓吹各一部，七人。

驍騎將軍，游擊將軍駕三。左右二行，戟楯，刀楯，鼓吹各一部七人。

黃門前部鼓吹左右各一部，十三人，駕四。

前黃麾騎，中道，自此分爲八校。左右各四。

護駕御史騎。左右。

御史中丞駕一。中道。

謁者僕射駕四。

武剛車駕四，中道。

九斿車駕四，中道。

雲罕車駕四，中道。

皮軒車駕四，中道。

闟戟車駕四，中道。

鸞旗車駕四，中道。

建華車駕四，中道。

虎賁中郎將車駕二，中道。

護駕尙書郎三人騎。三分。

護駕尙書三，中道。

相風烏車駕四，中道。自此分爲十二校，左右各六。

殿中御史騎。左右。

典兵中郎騎，中道。

高華，中道。

畢罕，左右。

御馬，三分。

節十六，左右各八。

華蓋中道，自此分爲十六校，左八，右八。

剛鼓中道。

金根車自此分爲二十校，滿道。

左衞將軍。

右衞將軍。

華蓋。（自此後糜爛不存）。

以上所舉《西京雜記》所記漢朝輿駕，實與西漢之制不合，司南車卽指南車，《宋書》十八《禮志》曰：『至於秦漢，其制無聞，後漢張衡始復創造。』是此車乃張衡所始創，西漢無此也。象車不見於《續漢書·輿服志》，《晉書》二十五《輿服志》曰：『武帝太康中平吳，南越獻馴象，詔作大車駕之，以載黃門鼓吹數十人，使越人騎之，元正大會，駕象入庭。』是象車乃晉以後之制，非西漢制也。長安都尉，漢僅有長安尉，此言都尉，誤。至於太尉與司徒並言，則非西漢之制。西漢僅有丞相，無司徒，至成帝以後，始設大司徒，不言司徒，大司徒去『大』字，乃建武之制，非西漢所有。西漢在武帝以前有太尉，乃與丞相並置。成帝與大司徒並置者爲大司馬，非太尉。太尉與司徒並置，亦建武以後之制，非西漢制也。中護軍之制，據《晉書》二十四《職官志》云：『護軍將軍案本秦護軍都尉官也。漢因之。高祖以陳平爲護軍中尉，武帝以爲護軍都尉，屬大司馬。魏武爲相，以韓浩爲護軍，史奐爲領軍，非漢官也。建安十二年改護軍爲中護軍，領軍爲中領軍，置長史。』是中護軍乃建安時始置，不能爲西漢之制也。驍騎將軍漢建安時始以曹仁爲之，游擊將軍漢建安時始以樂進爲之（並見《三國志本傳》），設置甚晚。不惟非西漢之制，抑亦非東漢統一時之制。至《晉書·職官志》始以驍騎、游擊並列，云：『晉以領護左右衞，驍騎，游擊爲六軍。』據《宋書·百官志》及《南齊書·百官志》，宋齊亦沿晉制，並置此官，是《雜記》所用乃南朝通用之制。沈欽韓《漢書疏謬》以爲《雜記》『大駕鹵簿，雜入晉制』，實則《雜記》所采下及南齊，不得謂其僅爲晉制也。惟就《雜記》內容而言，所言太僕御車，大將軍參乘，以及天子封泥用武都紫泥等，實皆有所本，而其中所言制度，亦往往參雜魏晉之制。蓋南朝去漢已遠，依託者未能詳審，遂不免以魏晉之制爲西漢之制，此亦絕不出於劉歆之證也。至於葛洪雖屬晉人，容有可疑，然葛洪藏書甚多，曾鈔錄漢魏之事三百餘卷，則言漢事決不至以魏晉之制施於漢代，斷然可識。是此書之成，亦必在葛洪以後矣。

（《論西京雜記之作者及成書時代》，見中央研究院史語所《集刊》）

洪 業云:

《雜記》是僞書；但前人所提出的證據都還薄弱，不能叫假劉歆啞口無辯。我看他書內稱楊雄爲楊子雲，自稱余；顯然其書並不準備奏進。他既稱劉向爲『家君』，他應當避家諱『向』字。他若復不避『向』字，他就不得不承認他只是冒牌的劉歆。仔細檢閱的結果，果然看見兩處。一在他對楊子雲談東海孤洲的故事。船上的人一部分登洲下石植纜，在洲上做飯。忽然間其洲不見了。船上的人趕快斫斷其纜。『向者孤洲乃大魚，奮鬐揚鬣，吸波吐浪而去』。一在他說兩個秋胡的故事中；先說秋胡如何在桑林中調戲一個婦人，被她大罵一頓。回家之後，乃發見他自已的老婆，『乃向所挑之婦也。』我先問：會不會原本作『往』『頃』等字，而今本之作『向』字，乃由傳鈔校訂者所改？我取《太平御覽》所引者來對校；文字果微有異同，但那兩個『向』字都在。我再想：劉歆的遺文名篇，《讓太常博士書》，既登於《漢書》，又載於《文選》，也應一查。我再檢讀其文，其中果有兩處用『往者』，絕無『向』字。

既有犯家諱這條證據，我便毫不懷疑地判斷《西京雜記》是贋品。前人所擧而不至於被辯護者馬上駁倒諸條，我只視作佐證。此中有沈欽韓所提：『其大駕鹵簿，雜入晉制。』我怪他不曾擧例以證漢晉之別。我於輿服典制，素來不熟；又討厭《雜記》裏那長單子過於煩碎，所以不愛去考究。但當我打開勞先生的論文，我馬上想：對於兩漢掌故，他是最熟的，也許他對於沈欽韓所擧的那一條有所考辨。急急往下翻檢，果見他有詳悉的論辨。譬如他據《宋書・禮志》而斷謂司南車卽指南車，乃後漢張衡所始造。又據《晉書・輿服志》以知象車的開始在晉武帝太康中平吳、南越獻馴象，詔作大車駕之之後。諸如此類，不必縷擧了。西漢的劉歆如何能見東漢西晉的輿服？好像在一幅宋畫裏只消指出案上放着一部《康熙字典》就可絕對證明其爲假宋畫了。

最妙的，勞先生說：僞作《西京雜記》者是南方人；對於北方地理，不甚清楚；甚至於把東京的北邙山誤放到西京去。但他繼續着說：葛洪是到過洛陽的，不至於不知運北邙山在那裏。這一端理論忽然提醒了我：以晉人避諱之嚴，以葛洪之博學，他何至於把犯家諱的『向』字誤放在劉歆嘴裏？沉思一會兒，恍然大悟：這些無可置辨的錯誤都是葛洪故意埋藏在《西京雜記》內的。

我推算葛洪當生於晉武帝太康四年（283）。他的《抱朴子》外篇《自敍》作於『齒近不惑』之時，也許是在東晉元帝太興四年（321）。《自敍》說：『洪年二十餘，乃作細碎小文，妨棄功日，未若立一家之言。乃草創子書……十餘年至建武中（217）乃定；凡著內篇二十卷，外篇五十卷……』我猜想，《西京雜記》也許可視作細碎小文，妨棄功日之屬。無論如何，《雜記》似作於《抱朴子》之先。《抱朴子》外篇《安貧》有『廣漢以好利喪身』句，是指茂陵富人袁廣漢以罪誅。然而其人、其事、全不見於《史記》《漢書》《後漢書》《三國志》，而見於《西京雜記》。外篇《應嘲》有『公孫刑名之論』句，乍閱難得其解；而《雜記》云：『公孫弘著《公孫子》言刑名事；亦謂字直百金。』然而《史記》說：公孫弘習文法吏事，緣飾以儒術。《漢書・藝文志》有《公孫弘》十篇，乃在儒家，不列法家；《刑法志》亦不曾引公孫弘一言。今姑舉這兩個例以見《抱朴子》與《西京雜記》有此呼彼應之勢。

《抱朴子》書中像這樣的用事，在我還未能找到漢魏典籍可以解釋之先，我暫時的結論只是葛洪杜撰典故於先，其後自復徵用。我看了《抱朴子》全書，知道葛洪是個博學能文之士，同時也知道他是個妄信、妄說、妄引、妄辯之人。

葛洪英雄欺人，好以文章遊戲。然則《西京雜記》裏既有他署名的批注，後面又有他署名的題識，而所謂劉歆的敍述乃有無徵於漢魏典籍而得響應於《抱朴子》者，是以我覺得無妨也步逐張劉孫周余諸公的後塵而附和其葛洪妄造《西京雜記》之說。

勞先生以爲《西京雜記》雖是僞書，但並非葛洪所造。他的主要理由是原書並無現在所謂葛洪的序跋題識。如果這樣，那就皮之不存，毛將焉附；《西京雜記》的問題應完全撇開葛洪而論了。但是，這個理論正是我所最不敢贊同的。

我想勞先生的理論是從兩要點出發。從《四庫總目》所提《隋志》著錄《西京雜記》尙無撰人姓名，很容易的連想便是葛洪序跋或是唐人所造的。是何時的唐人所造的呢？再從陳振孫的向歆父子不曾作史傳世之言出發，經過余先生所爲劉歆絕無百卷《漢書》之詳考，很容易的連想便是葛洪序跋之僞造當在劉歆作史之說已生之後。『而劉知幾言向歆父子作史。』『故此序之成必在肅伐以後；不惟其顏師古、李善所不及見，抑亦非劉知幾所能及見也。此序既僞，則凡根據此序所立各說，亦皆不能成立。亦卽《西京雜記》非劉歆所作，亦非葛洪所作。』我覺得勞先生的出發處都很對；只因勞先生引申推論過深一點，遂致網開四面，漏掉了呑舟的葛洪。這就是我所謂失出。

向歆父子作史之說，早起於劉氏《史通》以前。章懷太子奏進《後漢書・注》在儀鳳元年十二月丙申（677），在《史通》成書以前三十三年。《後漢書・班彪傳》說：『司馬遷著《史記》，自太初以後闕而不錄；後好事者頗或綴集。』《注》說：『好事者，謂揚雄劉歆……之徒也。』姚振宗在他的《漢書藝文志拾補》裏設立『劉歆《續太史公書》』一目。他引了《班彪傳》及章懷《注》；又引《史通》所說的，大略與章懷《注》語相近，而後面多了一句，『雄歆褒美僞新，誤後惑衆，不當垂之後代者也。』姚振宗說：『子玄殆從叔皮集中得之。』他的意思是：班彪文集在唐時尚存；其中就有劉歆作史之證。不止如此；姚氏又指《史記・匈奴傳》末《索隱》引張晏云：『自狐鹿姑單于以下皆劉向、褚先生所錄。』他說：『此向作《匈奴傳》之明證也。』我想《西京雜記》跋文之說謊不在劉歆作史，而在歆之漢史作一百卷之數。如作此跋文者是一唐人，他何必是肅代之後的人纔能知向歆父子有作史之事？他若是唐初，和顏師古同時的人，他也可以知道有這回事。而且他不必去看《班彪集》或《漢書集注》然後知道有這回事。他手裏所拿着的《西京雜記》就顯然是一部漢史雜記，而其撰者是揚雄的朋友，稱造彈棊的劉向爲『家君』；就顯然是劉歆。書裏又說其家君曾做《外戚傳》。這樣的證據豈不比《班彪文集》張晏《漢書注》更早、更近嗎？

可見洪跋的存在可能在《劉知幾》作《史通》之前。我覺得此跋必在《史通》之前，因爲劉云『孟堅所亡、葛洪刊其《雜記》』，就是根據這跋文而說的。我覺得張柬之也是看了這道跋文，纔能說：葛洪造《西京雜記》。他在甚麼時候說這樣的話呢？據宋時晁載之所轉引他只附帶着說這話在跋《洞冥記》文中。他說上官儀在應詔詩裏用了大家不懂得的典故一事。『祭酒彭陽公令狐德棻召柬之等十餘人問此出何書。柬之對：在江南見《洞冥記》云……於是天下學士無不繕寫。』此文當然是寫在他與令狐德棻問答之後。但令狐德棻卒於乾封元年（666）。張氏文裏不稱他爲彭陽憲公，好像其寫文之時當在乾封以前。然則他看《西京雜記》洪跋之時，若在《隋書·經籍志》編成之後，最晚不及十年而已。

《隋志》著錄《西京雜記》而未題撰人，可能有幾樣的解釋。一是在《隋志》之後數年。一是《雜記》的傳本不同；有帶，有不帶跋文的。《隋志》著錄不帶跋文之本，不足以證別的本子都不帶跋文。一是《隋志》所著錄的，也有跋文，而如余先生所說：『蓋以爲此係葛洪所鈔，非所自撰，故不題其名。』我也覺得編纂《隋志》者似曾見《雜記》跋文；因爲在起居注類的後敍裏，他們說：『漢武帝有《禁中起居注》。』如其說這句話是從《抱朴子》所說的《漢禁中起居注》，不如說其根據是《雜記》跋文裏的《漢武帝禁中起居注》。無論如何，後邊的兩種解釋是比前邊的一說強，因爲跋文不止在唐初可能已有，而且在《雜記》編成之時必須有的。試想沒有跋文的《西京雜記》還像甚麼東西？必須先有東京，然後『西京』二字纔能代表前漢。若說劉歆著一書而名之曰《西京雜記》，也就像說地下挖出古碑，上面刻着『民國前一千五百年』。可見原書必有序跋之屬來說這《西京雜記》之稱，乃由他人負責而擬定的。

這樣看來，可見《西京雜記》原無跋文之說是不需要而不宜有的理論。傳鈔文的《雜記》只管可以偶然殘闕了跋文，而原本上是不可無的。因此之故，葛洪卸不掉妄造《西京雜記》的責任。他是眞葛洪而裝做一個僞劉歆。

我的意見以爲作僞的責任旣當全由葛洪負擔，所以我也贊成不必再向吳均追究。但吳均之無辜株連入案，雖云查無實據，畢竟事出有因。無妨將所謂孤證傳聞庾信之言，稍加推敲；也許可以懸擬出庾信何以把他的名字和《西京雜記》牽連到一塊兒？魯迅的解釋，我以爲過於含糊，不甚清楚。我想庾信用《西京雜記》事而說是吳均語，其所謂事，不會是《雜記》書內所說之事；否則他應說是劉歆語或葛洪語。其所謂事者，只是有關於《西京雜記》之事。倘若吳均曾說他如何忽爾發見多年沉霾的《西京雜記》，或在山岩、屋壁、破廟、古寺，或如孔壁《尚書》，汲冢《紀年》，或竟寫得帶鬼帶神，有聲有色；那樣的事也似乎可以點綴詩詞；不過庾信恐怕吳均夸誕，不可盡信罷了。我所擬構的只是大膽假設；但《西京雜記》曾經沉霾多年則倒似事實。裴松之《三國志・注》、裴駰《史記・集解》、劉昭《續漢志・注》、劉峻《世說新語・注》、酈道元《水經・注》、都是極好煩徵博引的；而都不曾一度引《西京雜記》。甚至於梁時類書《華林遍略》，據我的考證，似編於天監十五年與普通五年之間（516—524），而現存其鶴類殘卷，只引《漢書》宣帝始元元年黃鵠下建章宮，而尚未引《西京雜記》所具的宣帝之《黃鵠歌》。葛洪造了《西京雜記》之後，何以其書無聲無臭地全不見爲人所引用二百多年？若說其書曾經失落，直到吳均晚年纔復發見，那也可以解釋只見殷芸《小說》開始引用，而繼續引用者有東魏（534—550）賈思勰的《齊民要術》。隋唐以來的引用更多了。

這樣看來，在這樁僞書疑案裏，吳均好比一個路過旁觀之人；可用作證人；書之僞造，與他無關。至於蕭賁呢？曾被指名檢舉的，現在只剩了他。勞先生也知道現有的證據還不够把僞撰《雜記》之罪扣在蕭賁頭上；所以他只說：『或出於蕭賁之手，但亦需更進一步之證明。』蕭賁如果有罪，勞先生不肯深文周納，其矜愼持平是可叫人佩服的。但蕭賁若果無罪，則現在還拘留他，等候澈底審鞫，就未免失入了。

在蕭賁身上可說有嫌疑之處只有兩點；而實都不成問題。其一，他是六朝，而特別齊梁時代，的文人。勞先生曾從《西京雜記》裏《柳賦月賦》之類提出若干句，而指其不免齊梁習俗。實則這些句子和馬先生所已提出的相差不遠；而馬先生說是六朝句法。當然，從六朝砍下上面的晉宋再剪去下面的陳隋，那中間的齊梁一段的確最能代表那種文學風氣方興未艾之盛。但若以文體之比較爲眞僞鑑別之佐證，那倒不必專在那最盛的一段，去找彷彿可以比擬的格調。姑且打開《抱朴子》一讀。且看像這樣的句子，『然不能沾大惠於庶物，著弘勳於皇家；名與朝露皆晞，體與蜉蝣並化』，再看，『蘭房窈窕，朱帷組帳，文茵兼舒於華第，艷容粲爛於左右。輕體柔聲，淸歌妙舞』，不必多舉了。可見六朝那樣駢偶堆砌，綺麗委靡的文體，葛洪在東晉初年已開風氣之先了。然則評論《雜記》中辭賦之文體，大可不必專指其似齊梁。況在本案中現已放走了的齊梁文士吳均，於今尙有《吳朝請集》一卷，可用以爲比較。在蕭賁如何？現在並無他的隻字。可見從文體而論，根本不能證明我們所討論的《西京雜記》是出於他之手。

其二、他做了一部《西京雜記》六十卷。若說他嫁名於劉歆的書到隋唐之際只殘餘了二卷；有個某甲爲這無序跋的二卷殘書代作跋文識語而嫁名於葛洪；後來傳鈔書估，盼望多賣錢，把二卷改鈔爲六卷。就像現今《四部叢刊》所影印明嘉靖壬子（1552）孔天胤本的狀態；後來更有好事者，因爲跋文說原從始甲終癸之十秩節鈔作二卷，遂把六卷縮編爲上下二卷，增加一個目錄，在目錄中又分始甲終癸十段，又將跋文識語移置全書之首；於是全書就有乾隆丙午（1786）盧文弨校刊本之狀態；試問此說如何？我想：關於二卷六卷之變來變去，這樣的假設是大致可接受的；但謂今之《西京雜記》乃出於蕭賁之《西京雜記》，我恐怕是不可能的。試問：蕭賁僞造典故於南梁之代，葛洪何能引用之於東晉之初？

（《再說西京雜記》，見中央研究院史語所集刊》）

■漢武故事

游國恩云:

《漢武故事》舊題班固撰，《隋書·經籍志》入之於史部舊書中，不著撰人。晁公武《讀書志》引張柬之《洞冥記跋》謂出於齊王儉。今考潘岳《西征賦》云:『漢六葉而拓畿，縣弘農而遠關。厭紫極之閑敞，甘微行以遠盤。長傲賓於柏谷，妻睹貌而獻餐。疇匹婦其已泰，胡厥夫之繆官。』此述武帝微行柏谷事也。其事見《漢武故事》，李善《注》引之云:帝即位，爲微行，嘗至柏谷，夜投亭長宿。亭長不納，乃宿逆旅。逆旅翁要少年十餘人，皆持弓矢刀劍，令主人嫗出遇客。婦謂其翁曰:『吾觀此丈夫非常人也。且有備，不可圖也。』天寒，嫗酌酒，多與其夫。夫醉，嫗自縛其夫，諸少年皆走。嫗出謝客，殺鷄作食。平旦上去，還官，乃召逆旅夫妻見之，賜嫗千金，擢其夫爲羽林郎。《太平御覽》八十八引此較詳。《通鑒·漢紀九》亦載之，始武帝建元三年中，蓋亦不以小說視之。《四庫提要》謂唐初去齊梁未遠，王儉之說，當有所考。然觀於安仁賦已用爲典實，遠在王儉，則《漢武故事》卽不出於班氏，至晚當亦建安、正始間人所作無疑也。

(《居學偶記》，見《文史》第五輯)

■容齋逸史

吳 泰云:

目前，史學界在這個問題上有三種不同的意見：一種意見論爲它係南宋洪邁所作，因而記載眞實可信；另一種意見則斷定它係後人假托洪邁『容齋』之號所作，因而它所記載的內容是『僞作』者編造的，不可信的；第三種意見則認爲其作者難以詳考，但不能因此認爲它係『僞作』。

我以爲前兩種意見皆有欠妥之處。《四庫全書》有關條目只說：『容齋爲洪邁之號，疑或邁所附題歟。』不敢斷定它係洪邁所作。二百年來，並沒有發現任何可證明它確係洪邁所作之新材料。倒是最近朱瑞熙先生經過認眞查考，指出南宋時期以『容齋』爲號的士大夫除洪邁外，目前可考查的尙有劉元剛、唐廷瑞、莊圭復三人。以『容齋』係洪邁之號，斷言《容齋逸史》係洪邁所作的意見，當然是不妥的。但是，如果以爲它若不是洪邁所作，就一定是後人假托『容齋』之號所僞作，其不妥也同樣顯然。以南宋王彌大在《青溪弄兵錄》自注中『根本沒有提到《青溪寇軌》及其所附《容齋逸史》』，而斷言《容齋逸史》爲『僞作』，也顯然缺乏說服力。這是因爲，《青溪寇軌》係元代以後的人從方勺《泊宅編》摘出有關方臘起義的資料另行編撰改題而成，《青溪寇軌》所附《容齋逸史》這兩則文字，則是改題者摘錄《容齋逸史》的文字附入。《青溪寇軌》固然出現在《青溪弄兵錄》之後，但是，就像我們不能因此就說它摘錄的《泊宅編》出現在《青溪弄兵錄》之後一樣，我們顯然也不能說後人撰錄《青溪寇軌》時摘引附入的《容齋逸史》，也定然出現在《青溪弄兵錄》之後。因此，以王彌大沒有提到《容齋逸史》，而斷言《容齋逸史》的出現是在《青溪弄兵錄》之後，從而證明《容齋逸史》定是後人所『僞作』，顯然很難成立。

因此，我以爲《容齋逸史》的作者問題，今天同二百年前《四庫全書》修撰時一樣，依然是個只能存疑的問題。以它是否洪邁所作，作爲衡量其史料價值的準繩，顯然並不妥當。這兩則文字的史料價值，並不取決於它是否洪邁所作，就像目前我們所使用的歷史文獻中，有許多文獻的作者雖不可考，但並不影響其史料價值一樣。

容齋逸史在記述『寇軌』二字的由來時有沒有『破綻』

《容齋逸史》在記述方臘漆園『演講』之後說：『泊宅翁之志寇軌也，蘄王猶未知名，故略之。且時宰猶多在朝，臘黨陰謀，語多忌諱，亦削不載，吾故表而出之，以戒後世司民者。』有的先生以『方勺《泊宅編》作於南宋紹興年間』，當時韓世忠（蘄王）已『成爲南宋「中興」名將，何謂猶未知名』爲由，認爲這是僞作者『露出了破綻』，是《容齋逸史》係後人僞作的一個證據。我以爲這種說法值得商榷。

《容齋逸史》這段文字分明是說方勺記述『寇軌』的時候，韓世忠『猶未知名』。從下文所說的『且時宰猶多在朝』云云可知，《容齋逸史》的作者認定方勺記述方臘起義事實的時間是在北宋末年，卽靖康年間蔡京、王黼等人被趕下臺以前，這些同激起方臘起義有關的『時宰』還把持朝政的時候。韓世忠成爲名將，已是南宋初年的事。《容齋逸史》並不是說方勺到南宋時才『志寇軌』，否則的話，所謂『時宰猶多在朝』就不免令人莫明其妙了。在導致北宋政治空前腐敗激起方臘起義的那些『時宰猶多在朝』的北宋末年，韓世忠的官階僅僅是個『武節郎』，在武將的五十二階中列第三十七階。《容齋逸史》說韓世忠此時『猶未知名』，何『破綻』之有？

《容齋逸史》說『泊宅翁之志寇軌也，蘄王猶未知名，故略之』，把方勺記述方臘起義時沒有記載韓世忠親手擒捕方臘這件事，歸因於韓世忠『猶未知名』顯然不妥。因爲韓世忠擒方臘之事，最早見載於趙雄所撰《韓忠武王世忠中興佐命定國元勛之碑》。這已經是在韓世忠身後數十年，被宋孝宗『追封蘄王，謚忠武，配饗高宗廟』以後的事。在這以前的任何官私記載，包括孫覿所撰《韓世忠墓志銘》，皆無韓世忠親擒方臘的說法。方勺『志寇軌』未言及韓世忠親擒方臘事，主要原因顯然是當時尚無韓世忠擒方臘之說出現，並不取決於韓世忠本人『知名』與否。但是，《容齋逸史》說方勺『志寇軌』的時間是在韓世忠『猶未知名』及蔡京、王黼等『時宰猶多在朝，臘黨陰謀，語多忌諱』的北宋末年，卻是無可指摘的。因爲方勺《泊宅編》最後的成書時間雖然已在南宋初紹興十二年之後，但它有個不斷修訂的過程，在北宋末年已有《泊宅編》的最初版本問世。現存的《稗海》所收三卷本《泊宅編》就明顯保留着許多北宋末年版本的痕迹。在三卷本《泊宅編》中已有『志寇軌』的條目，說明方勺記述方臘起義的時間是在方臘起義失敗不久的北宋末年。

由上述分析可見，把《容齋逸史》所說的『泊宅翁之志寇軌也，蘄王猶未知名，……且時宰猶多在朝』云云，視爲該記述係『僞作』的『破綻』，是缺乏說服力的。

（《容齋逸史僞作說質疑》，見《中國史研究》1982年第二期）

■明皇雜錄

王國良云:

《雜錄》的撰者，向來有兩種說法: 一個是鄭處誨，一個是趙元一。

《新唐書·藝文志》、鄭樵《通志》、《中興館閣書目》、晁公武《郡齋讀書志》、陳振孫《直齋書錄解題》、馬端臨《文獻通考》都記載撰人是鄭處誨。《舊唐書》卷一五八云: 『處誨方雅好古，且勤於著述，撰集至多。爲校書郎時，撰次《明皇雜錄》三篇，行於世。』《新唐書》卷一六五也說: 『先是，李德裕次柳氏舊聞，處誨謂未詳，更撰《明皇雜錄》，爲時盛傳。』

另外，王堯臣等編次的《崇文總目》卷二《雜史類》，著錄《明皇雜錄》二卷，注: 趙元〔一〕撰; 高似孫《史略·雜史類》中也說是趙元一撰。

按照《新唐書》的說法，鄭處誨讀了李德裕撰的《次柳舊聞》，認爲對玄宗朝的事蹟記載得不够詳盡，所以更行編撰《明皇雜錄》一書。《柳氏舊聞》於文宗大和八年九月進呈朝廷。這時候正好鄭處誨考上進士，釋褐爲秘書省校書郎，在時間上吻合。而比起趙元一撰《奉天錄》的時間，大約晚了五十年，相信此時趙氏已不在人世。

此外，我們也可以從《明皇雜錄》本書找到證據。

(1)《雜錄》卷下《李龜年》一條（又見《太平廣記》卷二〇四），記李龜年特承顧遇，於東都（洛陽）通遠里大起宅第，其中堂制度，甲於都下。作者自注云: 『今裴普公移於定鼎門南別墅，號綠野堂。』按: 裴度於憲宗元和十三年三月封晉國公; 文宗大和八年爲東都留守，乃於午橋創別墅花木萬株，中起凉臺暑館，名曰綠野堂。時與白居易、劉禹錫酣宴其間。開成四年卒，享年七十五。此篇撰寫的時間必在大和八年以後。

(2)≪補遺・康䛒≫一條（又見≪太平廣記≫卷二六〇），記康䛒爲將作大匠，多巧思，尤能知地。嘗謂人曰：『我居是宅中，不爲宰相耶？』作者注云：『今新昌里西北牛相第，卽䛒宅也。』牛僧孺敬宗朝始登相位，文宗大和六年至開成二年，曾以同平章事充淮南節度使。大中二年卒，享壽六十九。

從正史的記載，並以本書做佐證，我們有理由確信：≪明皇雜錄≫是大和九年左右，鄭處誨在秘書省做校書郎時所完成的作品。

（《明皇雜錄的作者與版本問題》，原刊於《書目季刊》第十二卷第四期）

■靖康要錄

四庫全書總目提要云:

今觀其書記事具有月日，載文俱有首尾，決非草野之士不睹國史日曆者所能作，考≪書錄解題≫又載≪欽宗實錄≫四十卷，乾道元年（四年之誤，）修撰洪邁等進，此必≪實錄≫旣成之後，好事者撮其大綱，以成此編，故以『要錄』名也。

彭元瑞云:

≪靖康要錄≫六册，得自馬氏叢書樓，譌脫特甚，幸爲徐商老採入≪三朝北盟會編≫者十之六七，逐一校竄，乃可讀，按晁氏≪讀書志≫，陳氏≪書錄解題≫及≪宋史・志≫俱不載撰人姓名，≪浙江遺書目錄≫云:『卷末有（五月一日）今上卽位，知爲高宗時人作。』余考書中記秦長腳事凡四，如辭奉使割地遷官，乃其佳事，至乞存趙氏一狀，並沒馬伸之名，或作此書時，猶在紹興中年，高宗韉中置刀時也。

（≪四部要籍序跋大全・史部甲集≫）

王德毅云:

從此書末尾載『今上卽位』一語推知爲高宗時人所著，已是不容置疑。據≪宋會要輯稿・職官十八≫載;實錄院同修撰洪邁負責修≪欽宗實錄≫，於乾道三年五月曾上奏章，陳述案牘散逸和收集史料的困難，奏中卽提到此書。他奏稱:

得旨編修《欽宗實錄》正史，除《日曆》所發到《靖康日曆》及汪藻所編《靖康要錄》，並一時野史雜記與故家搜訪到文字外，緣歲月日久，十不存一。……

洪邁年歲稍晚於汪藻，孝宗初年負責修纂《欽宗實錄》，乾道四年四月二十三日修成投進，乃因龔茂良所增補的《欽宗日曆》而成。據《宋會要・運歷一修日曆》條載，《欽宗日曆》始詔修於紹興初年，名爲《淵聖皇帝日曆》，乾道二年修成的始名《靖康日曆》，也稱《欽宗日曆》。當高宗初即位時，就上欽宗尊號爲孝慈淵聖皇帝，到紹興三十一年（一一六一）五月帝卒於金，次年方定謚號，接着便詔修《欽宗實錄》，但《實錄》本之《日曆》，《日曆》到乾道二年（一一六六）始完成，洪邁的《欽宗實錄》就是根據《日曆》及《靖康要錄》等書完成的，並不是先成《實錄》而後再節錄爲《靖康要錄》，《四庫提要》的話出於想像，與事實適相背反。

此書旣是汪藻所著，它的著成年代亦可得而考定。藻字彥章，饒州德興人，生於神宗元豐二年（一〇七九），卒於紹興二十四年（一一五四），早有文名，他有志於史學亦是由來已久，徽宗大觀中，任九域圖志所編修官，政和中，遷著作佐郎，卽參與修日曆的工作。南渡之初，爲中書舍人翰林學士，掌內外制，詔令所及，人心無不振奮，被譽爲當時的陸贄，不愧爲一大手筆。他又兼任講官，嘗在經筵乞命史官纂述《三朝（徽宗一太上、欽宗一淵聖、高宗一今上）日曆》，因爲局勢不定，沒能實行。到紹興二年（一一三二）十一月藻出守湖州，再提出前請。奏道：『自太上皇帝淵聖皇帝及陛下建炎改元，至今三十餘年，並無日曆。本朝宰相皆兼史館，故書榻前議論之辭則有時政記，柱下見聞之實則有起居注，類而次之，謂之日曆，條而成之，謂之實錄，所以廣備記言，垂一代之典也。苟曠三十年之久，無一字之傳，何以示來世。望許臣編集元符庚辰至建炎己酉（一一〇〇——一一二九）三十年間詔旨，

繕寫進呈，以備修日曆官採擇。』高宗許之。何以藻奉命修詔旨不在行在而在湖州，李心傳《繫年要錄》講的很明白:

自軍興以來，史官記錄，靡有存著。藻嘗於經筵面奏，乞命史官纂述《三朝日曆》，會朝廷多事，未克行。比出守湖，而湖州不被寇，元符後所受御筆手詔賞功罰罪等事皆全，藻因以爲張本，又訪諸故家士大夫以足之，凡六年乃成。(《要錄》卷六十)

湖州沒有經過戰亂，保存了不少公私檔案，是纂修元符庚辰以來詔旨最好的憑藉。孫覿所撰的《藻墓誌銘》記他纂修的經過說:

公蒐攬闕文，參稽衆論，遠至閩蜀數千里外，近在寓公寄客之家，或具公私，或通私書，旁搜博采，遠近畢至，分設科條，以類詮次，纔十二三，移知撫州。歲餘，罷爲提擧江州太平觀。會翰林侍講學士范沖言：日曆國之大典，比詔汪藻纂集，更涉歲月，稍見功緒，書未成而中止，積久散逸，後人益難措手矣！今方就閒，可降詔令，依舊纂集爲一書，裨三朝文物著在方册，非小補也。於是有旨復命公許辟官屬二員，賜史館修撰。(《鴻慶居士集》卷三四)

藻受命續次編類元符庚辰以來詔旨是在紹興六年六月初七日，《中興兩朝聖政》載范沖之言說:『失今不就，可寖零落，可惜。』乃先進藻一官。七年成書，八年十一月奏進，凡六百六十五卷，其屬官鮑廷祖、孟處義二人亦各進一官。本來他計劃纂集元符庚辰至建炎己酉，但這次進呈的只到宣和乙巳 (一一二五)，僅爲徽宗一朝，靖康詔旨尙未成書，遑論建炎以後。從詔旨的卷數看來，知他所蒐集的材料十分豐富，徽宗一朝二十六年，平均每年二十五卷。而紹興二十八年修成的《徽宗實錄》纔一百五十卷，晁氏《書志》雖然批評詔旨『頗繁雜』，但爲《實錄》所取材者十之七八。《要錄》卷一百八十載其事，有云:

尙書右僕射監修國史湯思退言：故追復顯謨閣學士汪藻，嘗纂元符以來詔旨，比修實錄，所取十蓋七八，深有力於斯文。詔贈藻端明殿學士。

可知藻的貢獻當代史是如何宏偉。所以傅伯壽曾說：『竊惟國史雖據金匱石室之藏，然天下散失舊聞亦不可不網羅也。中興以來，修徽宗實錄則采元符詔旨，修四朝國史則采《續資治通鑑》（長編）及《東都事略》。』從《徽宗實錄》十之七八取材於元符庚辰以來詔旨的事實來看，可斷言詔旨一書決不同於大詔令集，舉凡官員的除罷差遣、羣臣的出處始終、政令的推行、人才的進退，以及兵農財賦之要、治亂得失之本諸大端，必有所敍述。對於某一詔旨頒佈的來由，如臣僚的奏請等，必有所交待，不然，卷帙決不致如此繁富，是可想而知的。

藻所編詔旨原擬截至建炎三年，分年編類，以備修日曆官采擇。結果只編至宣和七年而止，實際上從靖康丙午到建炎己酉仍續有編錄，周必大便稱藻修元符以詔旨八百餘卷。（《周益公奏議》卷十一。孫撰墓銘稱書成凡八百册。）只不過靖康以後部份未嘗進呈，所以《繫年要錄》不載再進呈的事跡，不過經穀考訂爲他所編的一部《靖康要錄》，卻爲日曆所徵去珍藏。由前引洪邁的奏疏提到此書爲藻所撰，試想以他的史才和地位，編部十六卷的《靖康要錄》應屬沒有問題的事。很可能因爲他鈔輯欽宗一朝詔旨及百官奏議而成的書，頗像是日曆的節本，而又覺得私家不能修日曆，所以名爲《要錄》。著成的年代必在紹興八年至二十四年的十五年間，那時欽宗尙未崩殂，所以最初定的名稱，必是『孝慈淵聖皇帝要錄』，其稱《靖康要錄》者，想是欽宗崩後改的。從紹興八年到廿四年是秦檜專權最厲害的時期，所以記檜事凡四，都是美事，其中乞趙氏一事亦獨專其美，蓋在秦檜的淫威下不得不然，否則，文字之獄便因此而起了。此書的纂修是在續元符詔旨，採用日曆的體裁，『以事繫日，以日繫月，比之實錄，格目尤詳』。不僅記載詔誥謨訓賞罰刑政拜罷等，且遇有臣僚薨卒則爲之立傳。藻之此書，記事具有日月，載文俱有首尾，其記李若水死節、孫傅、張叔夜事跡，儼然具備傳記體裁。所以洪邁修《欽宗實錄》亦多采擇此書。此書收載詔令奏章最富，決非朝野傳聞之語，確爲研究欽宗一朝歷史的第一等史料。

《靖康要錄》旣是續元符庚辰以來詔旨而作，所以此書又名《靖康詔旨》，王明清《玉照新志》卷五云：

> 靖康元年虜人初犯京師，种師道爲宣撫使，李伯紀以右丞爲親征行營使。伯紀命大將姚平仲謀刼賊寨，數日前，行路皆知之，虜先爲備，初出師，以爲功在頃刻，令屬官方允廸爲露布，勿報失利，上震驚，於是免伯紀，師道亦罷，復建和議。汪彥章《靖康詔旨》云方會之文，非也。

這一段記事，在靖康要錄卷二中找到：

> 初种師道爲宣撫使，李綱爲親征行營使，姚平仲謀刼寨，數日，行路皆知之，虜先爲備。二月一日出師，以爲功在頃刻矣，御營使司屬官方會封邸門草露布。忽馳報失利，上震驚，於是罷綱，解其職，俾待命浴室院，師道亦罷宣撫，以右丞蔡懋代之，復議講和。

兩者語句事實皆相脗合，不僅證明《靖康要錄》爲藻所編，且知此書又名《靖康詔旨》。從此書的記事載文的體例看來，他的前作元符庚辰以來詔旨必較此更詳盡，乃爲絕無疑問之事。無怪《徽宗日曆》取材於詔旨者十葢七八了。

藻纂修詔旨的目的在備修日曆官采擇，而不是成一家之言，所以敍事少載文多，儘量網羅原始的史料，不加褒貶，不予論斷，這種史法，正開南宋史學的風氣，如李燾的《續資治通鑑長編》，徐夢莘的《三朝北盟會編》，李心傳的《建炎以來繫年要錄》，無一不網羅宏富，可以說都是師承藻的成規，不過更能取精用宏罷了！試看『元符以來』是藻斷代的方法，『要錄』是藻編年的書名，李心傳全部承受，《建炎以來繫年要錄》一書，較藻編更爲精博宏深。談南宋史學的不能不以藻爲起點吧！

（《靖康要錄及其作者考》，原刊於《思與言》第五卷第二期）

■蒙古秘史

余大鈞云:

關於《蒙古秘史》的成書年代，過去多數學者認爲是一二四〇年（庚子年）。因此，我們首先來分析一下這個爲過去多數學者所主張的一二四〇年說。

最早認爲《秘史》成書於一二四〇年的，是清代學者徐松、李文田等。其後，我國學者如屠寄、陳彬和等，國外學者如那珂通世、巴托爾德、符拉基米爾佐夫、伯希和、柯津、海涅什、服部四郞、達木丁蘇隆、普哈、岩村忍等。

由如此衆多的中外著名學者所一致主張的『一二四〇年說』，究竟有何根據呢？其實，這些學者誰也沒有提出過具有充分根據的論證。他們只是根據《秘史》的內容到窩闊臺在位時爲止，但尙未述及窩闊臺之死，便認爲《秘史》二八二節尾跋所說的成書之年爲窩闊臺去世前一年的鼠年，也卽是一二四〇年，這一年是庚子年。

例如，李文田在其《元朝秘史注》中對二八二節尾跋所加的按語，表明他對《秘史》成書年代的看法如下:『按太宗崩於十三年辛丑十一月，其鼠兒年則十二年庚子也。作書時太宗未崩。』

又如，日本學者那珂通世在其《秘史》日文譯注本《成吉思汗實錄》序論中說:『此書（指《秘史》）原本成於元太宗時，此書最末有「大聚會着，鼠年七月，斡兒朶駐紮於客魯漣河的闊迭額阿剌勒的朶羅安孛勒答黑、失勒斤扯克兩地間時，寫畢」之語。鼠年，卽元太宗十二年，庚子年……西紀一二四〇年，今年丙午年（一九〇六）之六百六十六年前。阿剌勒，意爲河中之島，闊迭額洲爲客魯漣河中之島。斡兒朶爲合罕之帳殿，闊迭額洲之斡兒朶，爲元太祖四斡兒朶中之大斡兒朶，蒙古國會常開之地也。所謂在舉行國會之大斡兒朶中寫成，係由當時能動筆寫作之畏吾兒人受詔寫成也。』

但是，只要對《秘史》成書於一二四〇年的說法深入分析，就不難看出，這一說法是缺乏根據的，它只不過是一個簡單的想當然的說法。

首先，一個基本的事實必須搞清，一二四〇年（庚子年）曾否在客魯漣河（卽《元史》之怯緑連河，也卽今克魯倫河）的闊迭額阿剌勒，也卽成吉思汗的大斡兒朶所在地召開過大忽鄰勒塔？

所謂忽鄰勒塔，在十三、四世紀波斯文歷史著作如志費尼《世界征服者傳》、拉施德丁《史集》等書中寫作 qūrīltāī（忽里勒臺），就此詞原義而言，本有『聚會、會議』之意，因而在《秘史》二八二節的明初總譯中，『忽鄰勒塔』被譯作『聚會』，『也客・忽鄰勒塔』被譯作『大聚會』。但是，這個詞在不同時代有其特定含義，並非指一般的任何聚會、會議，在原始社會晚期以及向階級社會過渡階段，這個詞是指氏族、部落會議，是氏族、部落的最高權力機關。到了成吉思汗建立蒙古汗國後，在十三、十四世紀，『忽鄰勒塔』（或『忽里勒臺』）一詞又有特定含義，它根本不是指一般的任何聚會。根據《秘史》、志費尼《世界征服者傳》、拉施德丁《史集》等基本史料來看，這個詞並非指普通百姓的聚會及諸王貴族的一般性聚會、聚宴，甚至連由蒙古大汗在各種節日裏召集諸王大臣所舉行的一般經常性的盛大聚宴也並不被稱爲『忽鄰勒塔』（『忽里勒臺』）。例如，在志費尼《世界征服者傳》和拉施德丁《史集》中，窩闊臺時代被稱爲『忽里勒臺』的聚會只有二次，第一次是一二二九年窩闊臺被推選爲大汗的那一次『大忽里勒臺』，第二次則是舉行於一二三四或一二三五年的頒布詔令、決定調遣兵將出征各國的『忽里勒臺』。儘管根據《元史》、元人詩文集、《魯布魯克行記》等基本史料，我們知道，蒙古大汗是經常召集諸王大臣擧行盛大的聚會、聚宴的，在窩闊臺在位的十三年中肯定擧行過許多次聚會、聚宴，但在《史集》《世界征服者傳》中被稱爲『忽里勒』的卻只有上述那二次，其他任何聚會、聚宴都沒有被稱爲『忽里勒臺』。在《史集》《世界征服者傳》中所提到的窩闊臺時代以外的其他時代的忽里勒臺，也都指的是蒙古諸王大臣推選蒙古大汗（或四大汗國的君主）或由蒙古大汗（或四大汗國君主）召集諸王大臣擧行的討論並決定出征、頒布詔令等重要國事的最高政治會議，沒有任何一處把與討論、決定、頒布重要國事無關的普通性質的聚會、聚宴稱做『忽里勒臺』。總之，忽鄰勒塔或忽里勒塔臺是由蒙古最高統治者召集蒙古諸王、那顏們擧行的最高國事大會，並非一般性的普通聚會、聚宴。也客忽鄰勒塔卽大忽鄰勒塔，則是指盛大的忽鄰勒塔，表明它是一次不同於一般的忽鄰勒塔，是一次尤其隆重盛大的最高國事大會。

我們翻遍《聖武親征錄》、《元史》、拉施德丁《史集》、志費尼《世界征服者傳》等等有關史料，找不到有關一二四〇年以及與一二四〇年靠近的一二三九年和一二四一年召開過忽鄰勒塔（最高國事大會）的任何記載。在一二四〇年及其前後，有什麽特別重大的國事，必須在客魯漣河的成吉思汗大斡兒朶里召開一次特別隆重盛大的最高國事大會呢。翻閱有關史料，簡直連一星半點的影子也看不到。根據《親征錄》《元史》《史集》《世界征服者傳》《秘史》等基本史料，我們知道，一二四〇年及其前後，卽窩闊臺死前二、三年以迄窩闊臺去世，並無特別重大的國事必須召開一次尤爲盛大的最高國事大會。因此，事實上不存在一二四〇年（庚子年）在客魯漣河闊迭額阿剌勒召開的大忽鄰勒塔。

認爲《秘史》成書於一二四〇年的衆多學者，只要翻閱史料，都能知道在有關史料上並無一二四〇年召開過大忽鄰勒塔的記載。那麽他們又爲什麽認爲在時間上與《秘史》成書相接近的客魯漣河成吉思汗大斡兒里擧行的大忽鄰勒塔是一二四〇年這個鼠年的事呢？

一九二七年，陳彬和在爲其選注的《元朝秘史》寫的新序裏說：『他〔丁謙〕把「大聚會」太看重，以爲只有太祖崩後議立新君的大聚會，而不知別時也有大聚會也。按《輟耕錄》云：「元朝每宴諸大臣，謂之大聚會。」據此，則此所謂大聚會，安知不是太宗時的大聚會呢？《元秘史》本文也有句云：「諸王駙馬等聚會時，每每於百姓處科斂，不便當。」這可知聚會是常有的事，可說年年都有，沒有甚麼奇特……。或有人問：「大聚會雖未指定是太宗（卽位）前一年，照你說當是太宗崩的前一年了。但那時曾否有過大聚會呢？」我說，大聚會是常常開的，本不算什麼一回事，前面已說及。但曾否有過大聚會，《親征錄》無記載，不能作爲旁證，否則不成問題了。《親征錄》的末節是：「丙申，入和林城宮。冬十二月，曲出、闊端等，克西川。丁酉夏，築掃鄰城。秋八月，倣漢儒選擢，除本貫職位。十一月，大獵。初七日，還至地名月惑哥忽蘭（與《太宗紀》之鈋鐵鎋胡蘭音合）病。次日，崩。壽五十六，在位一十三年。」這地方很有毛病……其中從丁酉以後，脫略了己亥、庚子、辛丑的紀年和紀事，可知所脫略的事跡必不少，又安知沒有鼠兒年的大聚會在內呢？總之，《元秘史》是可信的，所記的鼠兒年七月，就是太宗崩的前一年。』

陳彬和先生爲《秘史》成書於一二四〇年的說法進行辯護，認爲《秘史》書末所記的鼠年就是一二四〇年的上述議論，振振有詞，似乎相當有道理。我們有必要對他的議論進行分析。

1.《輟耕錄》所說的『元朝每宴諸大臣，謂之大聚會』，儘管在字面上『大聚會』三個字與《秘史》二八二節『也客忽鄰勒塔』的譯語『大聚會』三字完全相同，絲毫不差，但實際上卻是兩回事。如前所述，被譯作『大聚會』的『也客忽鄰勒塔』乃是爲隆重盛大的最高國事大會。而《輟耕錄》所說的『大聚會』則指的是蒙古宮廷聚宴。根據《元史》、元人詩文集、《魯布魯克行記》等基本史料，我們知道，由蒙古大汗召集諸王、貴族、大臣、各國使臣們舉行的宮廷聚宴，是經常舉行的，不僅『年年都有』，而且甚至一年要舉行多次。

一二五三年五月奉法國國王路易九世之命動身前往蒙古地區的法國傳教士魯布魯克，在當年十二月廿七日抵達蒙古大汗蒙哥的帳殿，並於一二五四年七月十日離開蒙哥返回。在此六個半月期間，魯布魯克就曾多次遇到過由大汗蒙哥召集舉行的盛大宮廷聚宴。

十三世紀後葉，在中國長期生活過的意大利人馬可波羅說：蒙古大汗每年舉行節慶大宴十三次。

每年元旦、蒙古大汗（或元朝皇帝）生日及其他節日，以及春、秋狩獵、遷移駐地等等重大活動時，蒙古大汗、元朝皇帝都要在宮廷內舉行大宴，招待宗王、貴戚、大臣、使臣等，這是大蒙古國時期以及整個元朝習以爲常的事，甚至可以說是元朝的一項制度。

但是這些一般性的宮廷聚宴、大宴、大聚會，並非『大忽鄰勒塔』，並非盛大的最高國事大會。一般性的宮廷聚宴不可與最高國事大會混淆不分。把尤其隆重盛大的某些次最高國事大會，即『大忽鄰勒塔』，說成是『常有的事，可說年年都有』，那是完全不符合歷史事實的，是沒有史料根據的信口之言。難道說《秘史》是在舉行一次一般性宮廷聚宴時寫成的？

2.陳彬和所引用的《秘史》本文『諸王駙馬等聚會時，每每於百姓處科歛，不便當』中的『聚會』，蒙文原文爲『赤兀魯阿速』（旁譯作『聚呵』），並非『忽鄰勒塔』。可見在《秘史》中，一般性聚會與作爲最高國事大會的『忽鄰勒塔』在用詞上是有區別的。

3.陳彬和所引用的何秋濤校注本《親征錄》的某種刻本脫漏較多，脫略了庚子年（一二四〇）的紀事。但是另一些何秋濤校注本《親征錄》如光緒二十三年蓮池書局刻本是有庚子年紀事的，王國維校注本《親征錄》以及中央民族學院賈敬顏先生廣泛利用現存《親征錄》各種不同本子（共十來種）進行滙校的《親征錄》校注稿本中，也均有庚子年的紀事。然而，在《親征錄》所有各種本子的庚子年紀事中，均無舉行大聚會（大忽鄰勒塔）的記載。與《親征錄》同出於《元太宗實錄》的《元史·太宗紀》，也無庚子年舉行大聚會（大忽鄰勒塔）的記載。利用過蒙元諸大汗《實錄》的蒙文本，即《阿勒壇·迭卜帖兒（金册）》的波斯伊利汗國宰相拉施德丁主編的《史集》中，也無有關此事的記載。其他任何有關史料均無有關此事的記載。

綜上所述可知，在任何有關史料中，根本沒有一二四〇年在客魯漣河闊迭阿剌勒召開大忽鄰勒塔的任何記載。因此，《秘史》成書於一二四〇年的說法，只不過是一個沒有根據的想當然的說法。

其次，從《秘史》本身的內容來分析，也可看出《秘史》是在一二四〇年若干年以後寫成的。

《秘史》第二六九節至二八一節所記窩闊臺時代的事，錯誤很多。如果《秘史》寫成於一二四〇年，距離這些節中所記窩闊臺時代的事最多不過五至十年，那就很難設想，才過了那麼幾年，何以竟會把當時的重要大事記載得如此錯誤。例如:

1.派遣拔都、蒙哥、貴由與速不臺等率領蒙古軍出發，舉行第二次西征，爲窩闊臺召開第二次忽鄰勒塔後一二三五年之事，離一二四〇年只不過五年，但是《秘史》二七〇節卻把這一次派遣他們出發西征記載在窩闊臺被選爲大汗之初，即緊接着舉行第一次忽鄰勒塔之後的一二三〇年之時。《秘史》二七〇節還把速不臺在成吉思汗時代進行的第一次西征（一二二〇——一二二四）和他在窩闊臺時代隨同拔都等進行的第二次西征（一二三五——一二四二）混爲一談，把速不臺說成似乎他一直在西征中亞、西亞、北亞、歐洲，始終沒有回來過，由於各國百姓頑強反抗，於是增派拔都、蒙哥、貴由等率領蒙古大軍去增援他。但是事實上，速不臺參加了第一次西征回來後，一二三〇年到一二三四年間，乃是攻滅金朝的最主要的一個蒙古大將，到了一二三五年才又被派出去同拔都等一起舉行第二次西征。

2.窩闊臺卽位後於一二三〇年初與拖雷一起出發征金，此事被《秘史》二七二節記載於拔都等出發西征之後，並被錯記爲兔年（一二三一）。

3.在《秘史》二七二節中，竟把在一二二四年西征歸途中早已死去的鼎鼎大名的成吉思汗的大將者別（哲別）錯當成了窩闊臺卽位後征金的先鋒。

4.《秘史》二七二節所記窩闊臺征金，以者別爲先鋒攻占居庸關，駐軍於龍虎臺之事，事實上是一二一一年成吉思汗征金之事（見《秘史》二四七節），卻被錯當成了窩闊臺征金時之事。居庸關、龍虎臺（在今北京市昌平縣西北）等今北京市地區的各地早在成吉思汗時代久已爲蒙古軍佔領，根本用不着在窩闊臺卽位後再次出動大軍去攻佔那些地方。

5.《秘史》二七二節所記窩闊臺征金時駐軍於龍虎臺時得了重病，也顯然是後人訛傳。根據《元史・睿宗傳》的記載，一二三〇——一二三二年間窩闊臺曾親自參加征金，當一二三二年春征服金朝的大局已定後，他便從河南北歸，同年『四月，由半渡入眞定，過中都，出北口，住夏於官山。五月，太宗不豫。六月，疾甚。拖雷禱於天地，請以身代之……居數日，太宗疾愈。拖雷從之北還……遇疾而薨』。可見，窩闊臺並非得病於征金時駐軍於長城以南的龍虎臺時，而是得病於參加征金後北歸駐夏於長城以北的官山之時。

6.《秘史》二六九節竟把窩闊臺即位之年也記錯了，事實上是牛年（己丑年，一二二九），該節卻錯記爲鼠年。關於此點，將於後文詳述。

7.此外，《秘史》二七五——二七七節所記貴由、不里與拔都吵架的事，以及貴由被召回受到窩闊臺訓斥等事，是根本不可能在庚子年（一二四〇）七月以前寫出的，關於此點我將於後文進行詳細分析。這三節的內容，也正是《秘史》不可能寫成於一二四〇年的重要證據。

* * *

另一些學者如洪煨蓮、姚從吾等，根據《秘史》第二四七、二四八節上提到的地名『射德府』和『東昌』分別爲一二六三年（元世祖中統四年）及一二七六年（元世祖至元十三年）起開始有的地名，認爲《秘史》成書應在一二六四年或一二七六年以降之鼠年。洪氏並認爲一二六四年阿里不哥及其黨羽們可能在歸降忽必烈之前，在客魯漣河闊迭額阿刺勒召開過一次大忽鄰勒塔，作出了歸降之決定，《秘史》成書於召開該次大忽鄰勒塔時。但是洪氏的這一見解，只能說是一種推測，因爲並無這樣記載的任何有關史料。事實上，根據現有的全部史料，在一二六〇年以後，直到一三二三年以前，根本沒有任何一年在闊迭額阿刺召開過任何一次忽鄰勒塔。因此，認爲《秘史》成書於從一二六四年起直到一三二三年以前的任何一個鼠年的說法，都是沒有任何史料根據的。

其次，《秘史》二四七節二次出現的『宣德府』，在羅卜藏丹津《黃金史綱》中所摘錄的《秘史》二四七節蒙文原文二次作 Sunjitu，當係原文 Sundiju（可音譯爲『宣德州』）傳抄之訛誤（在十三、四世紀畏吾兒體古蒙文中，t、d 使用相同的字母，故只消將 j、d 易位，就被訛寫爲 Sunjitu）。由此可見在《秘史》

原文中，原爲『宣德州』，而非『宣德府』。明初由於習聞『宣德府』，原文 Sundiju 便被譯寫爲『宣德府』。

《秘史》二四七、二四八節三次出現的『東昌』，在羅卜藏丹津《黃金史綱》所摘錄的《秘史》二四七、二四八節原文中三次均作 Dünjü，不能譯爲『東昌』，被誤譯作『東昌』也發生在明初，因爲『東昌』是明初習聞的大地名。

總之，根據《黃金史綱》所摘錄的《秘史》原文，可見《秘史》蒙文原本中並無一二六三年起才開始有的『宣德府』和一二七六年起才開始有的『東昌』這兩個地名。因此，不能根據明初的《秘史》漢字音寫和總譯中所出現的『宣德府』和『東昌』來推斷《秘史》成書於一二六四年或此後的鼠年。

*　　*　　*

由於我們研究《秘史》的成書年代是以《秘史》二八二節尾跋所提到的時間（鼠年七月）、背景（召開大忽鄰勒塔）、地點（客魯漣河的成吉思汗大斡兒朶所在地闊迭額阿剌勒）爲基本根據，因此我們首先必須根據全部有關史料，搞淸在十三、四世紀蒙元時代的鼠年或與鼠年相接近的年份，在闊迭額阿剌勒召開過那幾次忽鄰勒塔，以免對《秘史》成書年代的硏究，走向離開史料根據的推測和假設。

根據《元史》《親征錄》《秘史》、志費尼《世界征服者傳》、拉施德丁《史集》、羅卜藏丹津《黃金史綱》以及成書於十七世紀的另一種無名氏撰小《黃金史綱》等有關史料，十三、四世紀時，直到一三六八年元朝滅亡爲止，在客魯漣河闊迭額阿剌勒的成吉思汗大斡兒朶裏在與鼠年相近的年份，總共召開過三次忽鄰勒塔。這三次忽鄰勒塔盡管都不在鼠年召開，但前後與鼠年相接近。

第一次是一二二九年（己丑年）八月四日（陽曆七月十四日）起在闊迭額阿剌勒召開的推選出窩闊臺卽位的大忽鄰勒塔。據《史集・窩闊臺合罕紀》記載，這次會議被稱爲『大忽里勒臺』。並載明成吉思汗死後第三年卽牛年春，諸王、諸統將從各地會集於客魯漣河成吉思汗之大斡兒朶。據《世界征服者傳》說，開大會之頭三天，與會者晝夜縱情歡樂，然後又過了數天始聚議選大汗。諸王等一致推選窩闊臺，窩闊臺固辭，至第四十一天，窩闊臺始接受諸王之情，登臨大汗之位。據《親征錄》及《元史・太宗紀》的記載，窩闊臺卽位於己丑年八月二十四日（一二二九年九月十三日）。羅卜藏丹津《黃金史綱》及小《黃金史綱》也均記窩闊臺於成吉思汗去世之第三年牛年，四十三歲時，卽位於客魯漣河之闊迭額阿剌勒。但《秘史》二六九節、《蒙古源流》卷四誤記窩闊臺卽位於鼠年。

第二次是一二五一年（辛亥年）在闊迭額阿剌勒召開推選蒙哥卽位的大忽鄰勒塔。在《史集》和《世界征服者傳》中，都把這次大會稱做『大忽里勒臺』。據《世界征服者傳》說，大多數諸王會集客魯漣河上，伊斯蘭教歷六四九年四月九日（一二五一年七月一日，辛亥年六月十一日），蒙哥被推選爲大汗。據《元史・憲宗紀》記載:『元年辛亥夏六月……（諸王、諸大將）復大會於闊帖兀阿闌之地，共推帝卽皇帝位於斡難河。』據《史集・蒙哥合罕紀》載，蒙哥於猪年卽位於哈剌和林。據上述二種《黃金史綱》載，蒙哥四十五歲時，猪年四月三日卽位於客魯漣河闊迭額阿剌勒。

第三次是一三二三年十月初（癸亥年九月初），在闊迭額阿剌勒倉促召開的一次爲時短促的忽鄰勒塔，推戴也孫鐵木兒爲皇帝。據《元史・泰定帝紀》載:至治三年八月初四元英宗死，九月初四（一三二三年十月四日），也孫鐵木兒接到元英宗死訊後，卽位於龍居河（卽客魯漣河）。據上述二種《黃金史綱》載:猪年，也孫鐵木兒合罕三十歲時，卽位於闊迭額阿剌勒。

總之，根據史料記載，十三、四世紀時，直到元朝滅亡爲止，在闊迭額阿剌勒總共召開過上述三次忽鄰勒塔。在這三次忽鄰勒塔中，一三二三年十月初（癸亥年九月初）召開的第三次忽鄰勒塔爲時倉促，規模較小，而且年代太晚（已到了十四世紀二十年代），大概與《秘史》成書年代不會有什麼關係，過去也沒有人考慮到它與《秘史》成書年代會有什麼關係。前二次（一二二九年和一二五一年）忽鄰勒塔則規模龐大，召開的時間也較長，在《史集》和《世界征服者傳》中，還被明確地稱做『大忽里勒臺』，而且距離成吉思汗時代不算太遠，因此過去有些學者分別認爲一二二九年或一二五的忽鄰勒塔與《秘史》成書年代在時間上相接近。與這二次忽鄰勒塔相繫，過去有些學者曾分別提出過《秘史》成書於一二二八年說和一二五二年說。

首先提出《秘史》成書於一二二八年的是清末學者丁謙，後來日本學者植村淸二在一九五五年發表的論文和最近日本學者村上正二在其譯注的《秘史》日譯本中，以及歐洲學者李格提、羅依果等也都贊成最早由丁謙提出的《秘史》成書於一二二八年說。

約一九〇一年時，丁謙在其所撰《元秘史地理考證》中說:『按《秘史》末條，明言大聚會著，鼠兒年寫畢。鼠兒年，戊子也。元太祖殁於丁亥，次年大會諸王公，議立新君，書卽成於是年。可知作《秘史》者，逮事太祖，凡所記載，大半出於親見親聞，故確實可信。』

一九二七年，陳彬和在爲自己選注的《元朝秘史》所寫的新序中對於丁謙的看法提出了批評。由於《秘史》的最後部分（二六九——二八一節）記載了元太宗窩闊臺卽位後的事，因此陳氏批評丁謙的《秘史》成書於戊子年的說法說: 戊子年時『太宗還未卽位（丑年方卽位），太宗當國的事，怎麼也記載在內』?

關於這一點，丁謙的見解爲:『至《秘史》寫畢，卽在鼠年七月，是此卷所記太宗事實，必成書後始附入之，而「寫畢了」三字，遂忘卻更改耳。』

針對丁謙的這一說法，陳氏又批評說：如果《秘史》於戊子年寫畢，『續集二卷的下半卷（計四十餘頁），我不知道何以要附入在內』？又，這一部分『盡可書在〔尾跋〕後面或另成專書，何必插入呢』？

關於丁謙所說的《秘史》一——二六八節成吉思汗去世以前部分寫畢於戊子年七月，而『太宗事實於成書後始附入之』的說法，除陳氏指出的上述不够圓滿之處外，還有下列難以解釋之點：

1.戊子年（一二二八）七年並未舉行大聚會（大忽鄰勒塔）。《秘史》二六九節所說的成吉思汗去世後鼠年，推選窩闊臺爲大汗的闊迭額阿剌勒大聚會，實際上是在第二年已丑年（一二二九）七至八月舉行的，《秘史》二六九節錯記了一年。如果《秘史》確是戊子年七月寫畢，並加上尾跋的，那末怎麽能在大聚會（大忽鄰勒塔）尚未舉行之前整整一年時就寫出『舉行大聚會，鼠年七月……寫畢』的跋語呢？如果作者是在戊子年第二年已丑年七月舉行大忽鄰勒塔時寫畢，並加上尾跋的，那又怎麽可能在當年當時就把牛年錯記成鼠年呢？

2.《秘史》一九八節上：『（成吉思汗）擄獲了篾兒乞惕部百姓，從脫黑脫阿別乞的長子忽都之妻秃該、朶列格捏給了窩闊臺合罕』。

此節把窩闊臺稱爲合罕，可見作者寫此節時已在窩闊臺卽位（已丑年八月）之後。

3.《秘史》二五一節：『後來，金帝阿忽臺扣留了（成吉思汗）派去招降宋國的主卜罕等使臣，成吉思汗於狗兒年，再次征金，並說：「（你們）旣已歸順，爲何扣留（我們）派往宋國的使臣？」出兵時，成吉思汗直趨潼關，命令者別進向居庸關。金帝知成吉思汗進向潼關，命令亦列、合答、豁孛格禿兒統率軍隊抵抗，以忽剌安迭格列（紅襖軍？）爲先鋒，整軍來爭潼關，不讓（蒙古軍）過關。亦列、合答、豁孛格禿兒被派遣後，迅速地率領軍隊到來。（成吉思汗）到了潼關，金兵已遍布原野地擁來。成吉思汗與亦列、合答、豁孛格禿兒三人交戰，迫使亦列、合答後退。拖雷、出古駙馬二人從橫冲擊，打退了忽剌安迭格，又迫使亦列、合答後退，戰勝了他們。（當時）殺得金軍的屍體象爛木頭般地堆積着。金帝得知金軍已被殲滅，遂逃出了中都，躲避到了南京城〔在今河南開封市〕里……。』

此節所記成吉思汗親自攻打潼關，大敗亦列、合答之事，實際上並非成吉思汗親征，而是成吉思汗十一年（一二一六），三木合・把阿禿兒率領蒙古軍攻打潼關等地和元太宗四年（一二三二）春，拖雷統率蒙古軍擊潰金將移剌蒲阿、完顏合達於鈞州三峰山這兩次戰事的混合。至於命者別攻居庸關，拖雷與出古駙馬一起作戰，以及金主逃出新都，躲避到南京等事，則又顯然混合中了成吉思汗八年、九年之事。

總之，此節所記包含有窩闊臺即位以後的事實，不可能在窩闊臺即位之前的戊子年寫出。

4.《秘史》二六二節所記成吉思汗命令速不臺（速別額臺）征討的西北康鄰等十一個部落、國家中，有馬札剌惕、客剌勒，都指的是匈牙利。事實上，速不臺征討匈牙利，爲窩闊臺在位後期速不臺隨同拔都等舉行第二次西征時之事（見《元史》卷一二一《速不臺傳》、卷一二二《雪不臺傳》）。在此節中卻被誤記爲成吉思汗時速不臺第一次西征時之事。由此可見，此節所記此事也不可能在窩闊臺即位之前的戊子年寫出。

又，此節所記此事與《秘史》後文二七〇節所記此事相一致，都把速不臺在成吉思汗時代的第一次西征與窩闊臺時代的第二次西征混爲一談。由此可見，包含在二六八節以前太祖紀事中的二六二節，與二六九節以後太宗紀事中的二七〇節，並非出自不同時代不同編寫者的手筆，而應認爲是同時編寫成的。

5.《秘史》二六〇節記木華黎於西域戰場上，誤記他於拙赤等三皇子攻克兀籠格赤後覲見成吉思汗之時，『拙赤、察合臺、窩闊臺三個皇子攻占了兀籠格赤城，三個人把各城和百姓分取了，沒有留下一份給成吉思汗。三位皇子回來時，成吉思汗惱怒拙赤、察合臺、窩闊臺三人，三天不敎他們覲見。於是孛斡兒出、木華黎、失吉忽禿忽三人奏說：「……」』。

根據《親征錄》《元史・太祖紀》的記載，拙赤等三皇子於攻克兀籠格赤後覲見成吉思汗於塔里寒爲壬午年（一二二二）之事。而事實上，木華黎自一二一七年受成吉思汗全權委託統率蒙古、漢軍南征金國後，直到一二二三年春死去爲止，一直在金國境內征戰，並未跟隨成吉思汗西征（見《元史》卷一《太祖紀》、卷一一九《木華黎傳》）。

一二二二年距離一二二八年（戊子年）只有六年，如果此節寫於一二二八年，是很難產生這種錯誤的。很難設想，一二二八年時的編寫者竟會讓幾年前一直主持征金的赫赫有名的蒙古統帥木華黎出現在遙遠的西域戰場上。

6.《秘史》二六〇節所記『（成吉思汗）派遣斡帖格帶・搠兒馬罕去征討巴黑塔惕國的合里伯莎勒壇』，與《秘史》後文二七〇節的記載相一致。但是根據《世界征服者傳》《史集》《親征錄》的記載，這件事並非成吉思汗在世時由成吉思汗派遣的，而是成吉思汗去世後一二二八至一二三〇年間由窩闊臺派遣的。由此可見，這段記載也不是與此事相近的一二二八年寫的，而是多年以後寫的。由於事隔多年，才會把事情記錯。

綜上所述可知，丁謙所說的《秘史》二六八節以前寫畢於戊子年（一二二八），二六九節以後太宗事實於成書後附入的說法，是難以成立的。根據《秘史》二六八節以前所記太祖事實多處與二六九節以後所記太宗事實相呼應一致的情況，似不能把《秘史》二六九節以後與二六八節以前完全截然分開，認爲寫成於相距較遠的不同時代。

有些日本學者（如植村淸二等）對丁謙的《秘史》成書於一二二八年說，作了一些修正。植村淸二認爲：《秘史》十二卷本的正集十卷（第一——二四六節）寫成於一二二八年，而續集二卷（第十一、十二卷，第二四七——二八一節）寫成的年代較晚，續集寫成一二五七年以後，而且大概是在元世祖忽必烈在位時寫成的。同時《秘史》全書末尾的跋語原爲正集第十卷末尾的跋語，後來被移到了續集第十二卷的末尾（見小林高四郎《元朝秘史研究》第六章及植村淸二：《〈元朝秘史〉札記》，《東方學》第十輯，一九五五年）。

但是這些說法只能看成是一些並無多大根據的推測和假設。

1.把前十卷『正集』說成是寫成於一二二八年，而後二卷『續集』寫成於三四十年以後的元世祖在位時，把『正』、『續』集截然分開，認爲寫成於相距數十年的不同時代，這種看法並無多大根據。因爲所謂正、續集只不過是明人區分的，蒙文原文中並無區分正、續集的字眼。《秘史》的十五卷本也並無正、續集的區分。此外，前十卷『正集』中只包含有成吉思汗紀事的一半（一大半），成吉思汗四十九歲以後十七年的紀事基本上被寫在後二卷『續集』中。怎麽能認爲一二二八年時只寫了成吉思汗的一半事迹，只寫了有關成吉思汗的半部歷史，而他的另一半事迹、另一半歷史是幾十年後續寫的呢？

從《秘史》前十卷和後二卷（所謂正、續集）的文體、內容以及所包含的詩歌等方面來看，並無充分根據能斷定前十卷和後二卷是相隔數十年寫成的不同時代的兩部作品。

2.認爲《秘史》尾跋原在『正集』第十卷的末尾，後來被移到了『續集』的末尾，這種看法也只是推測。因爲在現存的各本子的《秘史》中，無論是十二卷本或十五卷本《秘史》，尾跋都在全書的末尾，卽二八二節的位置上，而不在十二卷本『正集』的末節或十五卷本第十二卷的末節（二四六節）的後面。

3.認爲『正集』（卽前十卷）寫成於一二二八年，尾跋也寫於一二二八年（戊子年）的說法，仍然如前所述是解釋不通的。因爲推選窩闊臺卽位的大忽鄰勒塔是已丑年（一二二九）七至八月擧行的。如果《秘史》前十卷『正集』於戊子年（一二八）七月寫畢，並加上尾跋，那末怎麽能在大忽鄰勒塔尙未擧行之前整整一年就未卜先知地寫出『擧行大忽鄰勒塔，鼠年七月……寫畢』的跋語呢？如果作者是在戊子年的第二年已丑年七月擧行大忽鄰勒塔時寫畢『正集』並加上跋語的，那又怎麽會在當年當時就把牛年錯記成鼠年呢？

* * *

一九四一年，法國學者格魯塞在其所著《蒙古帝國》中，對多數學者所主張的《秘史》成書於一二四〇年的說法表示懷疑。他認爲《秘史》可能成書於下一個鼠年，卽壬子年，一二五二年。他所提出的理由是：《秘史》二八一節所記窩闊臺對其在位時功過之反省辭，似乎源於窩闊臺死後人們對窩闊臺的議論。其次是《秘史》二五五節暗示了皇位將從窩闊臺後裔轉移於拖雷後裔。

《秘史》二五五節記載了一二一九年成吉思汗出征西域前預定窩闊臺爲大位繼承者後，窩闊臺對成吉思汗說：『久後，我的後代子孫，如果縱裹着草，牛也不吃，裹着油脂，狗也不吃……出了如此不孝子孫，則將奈何？』成吉思汗說：『窩闊臺的後子孫，如果雖裹着草，牛也不吃，裹着油脂，狗也不吃。難道我的後代子孫中就沒有一個好的嗎？』

這樣的對話，與窩闊臺卽位時，諸王羣臣對他所立下的誓詞恰好相反。據拉施德丁《史集》記載，在推選蒙哥爲大汗時，窩闊臺後裔的忠實追隨者札剌亦兒部人額勒只帶表示反對說：『(窩闊臺卽位時）你們曾全體一致地議決並說道：直到那時，只要是從窩闊臺合罕子孫中出來的，那怕是一塊(臭)肉，如果將它裹上草，牛也不吃，如果將它塗上油脂，狗也不會瞧它一眼；我們仍要尊奉他爲大汗，任何別的人不得登上寶位。爲什麼如今你們卻另搞一套呢？』

將《史集》的這段記載與《秘史》二五五節所記成吉思汗所說的話對照起來加以分析，我認爲《秘史》所記成吉思汗所說的話多半是後來編造的。因爲據《秘史》二五四——二五五節的記載，成吉思汗說這段話時，有拖雷、察合臺、窩闊臺等人在場，如果成吉思汗眞的說過這段話，那末在離成吉思汗去世不過二年、窩闊臺卽位的一二二九年時，包括拖雷、察合臺等當時在場的人在內的諸王、那顏們怎麼會全體一致地向窩闊臺立下完全違背成吉思汗金言的誓詞呢？窩闊臺這個素來順從其父成吉思汗意志的謹厚者，怎麼會接受違背其父成吉思汗金言的誓詞呢？

由此可見，《秘史》二五五節所記成吉思汗說的這段話，實際上是後人蓄意編造的。

好在被編造在這段故事裏三十年前出場的成吉思汗、拙赤、窩闊臺、拖雷、察合臺、孛斡兒出、木華黎等人，在編造這段故事的一二五〇年前後都早已死去，誰也不會重新活過來戳穿所編造的這段謊言。

又，根據志費尼《世界征服者傳》和拉施德丁《史集》的記載，成吉思汗預定窩闊臺爲其繼位者是在一二二七年臨死之前不久，並非一二一九年出征西域之前。由此可見，《秘史》二五四、二五五節所記成吉思汗於一二一九年出征西域之前，就已召集諸子預立窩闊臺爲繼位者整個這段事，多半是後來爲適應蒙哥爭奪大汗之位的政治需要編造出來的。《秘史》二五四節所證成吉思汗預立繼位者時拙赤與察合臺發生的爭吵，也是値得注意的。成吉思汗在預定繼位者之前，首先讓長子拙赤發表意見。拙赤還沒有說話，察合臺就說：『叫拙赤說話，莫不是要（將大位）委付他。他是篾兒乞惕人的雜種，怎能讓他管轄我們？』於是，拙赤大怒，他揪住察合臺的衣領，兩人幾乎要當場打起來。這件事不一定發生在一二一九年，但它反映了拙赤系與察合臺、窩闊臺兩系由來已久的深刻矛盾。察合臺及其子孫以及窩闊臺子孫因拙赤是雜種而蔑視拙赤及其子孫；拙赤身爲成吉思汗長子卻遭到蔑視，從而他這一系沒能繼承成吉思汗的大位，拙赤及其子孫當然也就對察合臺、窩闊臺兩系心懷不滿。在成吉思汗、窩闊臺時代，當成吉思汗各家子孫間的矛盾尙未達到不可調和時，這樣的『家醜』是不會外揚開來的，稍有政治頭腦的文人也不敢把它記載下來。只有到了貴由去世後，圍繞着拔都支持蒙哥、察合臺系諸王支持窩闊臺子孫爭奪皇位的鬪爭，成吉思汗各家子孫間的矛盾激化到勢不兩立、雙方互相肆意攻訐時，這樣的『家醜』才會外揚開來，並被蒙哥的御用文人編寫在《秘史》中。

此外、《秘史》中還有多處反映出蒙哥卽位前夕圍繞着爭奪大汗之位的鬪爭，拙赤、拖雷兩系與窩闊臺、察合臺兩系之間的尖銳矛盾。

《秘史》二七五節記拔都從欽察草原遣使奏告窩闊臺，說貴由、不裏（察合臺之孫）在西征結束的宴會上辱罵了他。二七六節記窩闊臺聽到拔都的奏告，對貴由大爲惱怒，不許貴由覲見他。二七七節記窩闊臺當面訓斥貴由暴燥驕横、無能而逞能。

事實上，拔都等統率的西征軍從一二三五起，直到一二四二年在歐洲接到窩闊臺訃告爲止，一直在進行西征，一二四二年由於接到窩闊臺訃告才結束西征返回，一二四三年回到了欽察草原。《秘史》二七五節所說的拔都在西征結束後回到欽察草原上舉行的宴會應當在一二四三年，但貴由早在一二四一年就接到窩闊臺的詔旨提前回去了，根本沒有參加西征結束後拔都於一二四三年在欽察草原舉行的宴會。又，拔都在這次宴會上受到辱罵後派遣使者奏告窩闊臺也是一件怪事。一二四三年時，窩闊臺已經去世一年多了，怎麼能看到拔都的奏告，並對貴由、不里大爲惱怒呢？

此外，根據《史集》《魯布魯克行記》的記載，不里於酒後辱罵拔都大概發生在蒙哥即位前後，蒙哥即位後不久就把不里交給拔都，由拔都殺死了不里。

如上所述可知，《秘史》二七五、二七六、二七七這三節所記的一些事，實際上不存在於窩闊臺在世之時。這三節所記大段故事中的許多情節，反映了成吉思汗各家子孫的尖銳矛盾，從故事中極意貶低貴由來分析，故事的編造不可能產生於窩闊臺或貴由在位時。這個故事的許多情節顯然是適應拔都支持蒙哥奪取大汗之位的政治需要而編造出來的，在蒙哥即位後不久又被編寫進了《秘史》。

在《秘史》中，蒙哥之父拖雷是成吉思汗諸子中唯一被描寫爲完美無缺的高大形象的人。《秘史》二五一節記拖雷殲滅亦列、合答所率領的金朝大軍，成吉思汗對他的善戰大加賞賜。《秘史》二五五節記成吉思汗預立窩闊臺爲繼位者後，問拖雷有什麼說的。拖雷說：『我願在汗父所指定（爲繼位者）的兄長跟前，提醒他忘記的事，他若睡着了，我就叫醒他。我要做聽他使喚的伴當，做他策馬的鞭子，遵命而行，決不落後或該到不到，我要在長征、短戰中爲他出力廝殺。』《秘史》二五九節記拖雷奉成吉思汗之命攻占了亦魯、亦薛不兒、昔思田、出黑扯連等城後，圓滿地完成任務，凱旋歸來，與成吉思汗會師。《秘史》二七二節記窩闊臺得了重病，拖雷發揚無比可貴的自我犧牲精神，願全大局，代替作爲蒙古帝國最高君主的窩闊臺死去。

與拖雷的高大光輝形象相比，在《秘史》中，成吉思汗其餘諸子的形象都顯得暗淡無光。例如，《秘史》二五四節記拙赤與察合臺在成吉思汗預立繼位者時發生爭吵，表現出兩人的粗魯、暴燥。《秘史》二六〇節記拙赤、察合臺、窩闊臺三人攻下兀籠格赤城後，把各城及百姓們分取了，一點也沒留下給成吉思汗，以致成吉思汗對三人發怒，三天沒讓他們覲見。《秘史》二八一節記窩闊臺有嗜酒、娶其叔斡惕赤斤所屬部衆的女子、暗害忠於成吉思汗的朶豁勒忽等過錯。

根據《秘史》中渲染拖雷的戰功、美德，突出拖雷形象，貶低拙赤、察合臺、窩闊臺的記載來分析，《秘史》成書似應於蒙哥卽位後的鼠年（一二五二），而非成書於窩闊臺在位時的鼠年（一二四〇）或窩闊臺卽位前一年的鼠年（一二二八）。

總之，根據以上對《秘史》各節內容的分析，應當認爲《秘史》成書於蒙哥卽位後的鼠年卽一二五二年最爲合理。

最後，讓我們回到《秘史》的尾跋上來。如前所述，認爲《秘史》成書於一二二八年的說法，只消與《秘史》尾跋相對照時，就無法講得通了。那末，認爲《秘史》成書於一二五二年的說法，能否與《秘史》的尾跋相吻可呢？

《秘史》尾跋上說：『會聚起來擧行大忽鄰勒塔，鼠年七月……寫畢。』

『會聚起來擧行』，《秘史》蒙文原文爲『忽里周』(quriju)。在《秘史》原文中，帶有後綴『周』（-ju）或『抽』（-ču）的副動詞多半表示『進行着』的動作（漢譯時可加助詞『着』），但有時也表示『完成了』的動作（漢譯時可加助詞『了』）。

例如，《秘史》二四七節明初總譯爲：『在後羊兒年，成吉思汗征金國。先取了撫州，經過（了）野孤嶺，又取了宣德府，使者別、古亦古揑克二人做頭哨。至居庸關，見守御的堅固，者別說：……』

在這段話裏，『取了撫州』和『取了宣德府』的『取了』，蒙文都是『阿卜抽』（abču）；『經過野狐嶺』的『經過』，蒙文爲『答巴周』（dabaju）；這三個副動詞都表示一個接着一個地完成的動作，而非同時進行着的幾個並行動作。這段話的意思並非同時分兵四路：一路攻取撫州，一路攻取宣德府，一路經過野狐嶺，一路由者別等率領，充當先鋒，進向居庸關的意思。

《秘史》尾跋中的『忽里周』也表示完成了的動作，漢譯應作『會聚起來舉行了』。尾跋全文應譯作：『會聚起來舉行了大忽鄰勒塔後，鼠年七月，帳殿羣駐扎於客魯漣河的闊迭額阿剌勒的朶羅安孛勒答黑與失勒斤扯克兩地之間時，寫畢（此書）』。

根據《世界征服者傳》和《史元》的記載，一二五一年七月一日（辛亥年六月），蒙哥在闊迭額阿剌勒的大忽鄰勒塔上被推選於大汗。但是，參加大會的人並沒有很快地散去，因爲不久就發生了察合臺、窩闊臺二系諸王爲動政變的陰謀，蒙哥鎮壓了這次陰謀活動，處死了許多參加陰謀活動者。爲了處分謀叛的諸王、那顏等，蒙哥繼續召集諸王、那顏們舉行大會商議處分的辦法。因此，這次忽鄰勒塔延續的時間較長。根據《世界征服者傳》的記載，這次忽鄰勒塔的解散和諸王們全部各自離去，是在一二五年五月之前。

在《秘史》尾跋中所寫的成書年月（鼠年七月）之前，爲什麼要提到一年前（辛亥年六月）開始召開的這次忽鄰勒塔呢？這主要是由於下列原因：

1.《秘史》的編寫在這次忽鄰勒塔開始召開的前後卽已開始。

2.這次忽鄰勒塔是推選並宣布蒙哥卽位的陸重盛大的大會，甘心爲蒙哥效勞而編寫《秘史》的作者認爲必須提到這次隆重盛大的大會。

3.這次忽鄰勒塔延續時間較長，大會最後解散時距離《秘史》成書的壬子年七月只不過幾個月。

除個別詞句於後人攙入或竄改外，應認爲蒙古民族的古典名著《蒙古秘史》全書編寫完成壬子年七月，卽一二五一年八月。

（《蒙古秘史成書年代考》，見《中國史研究》，一九八二年元月）

地理類

■山海經

何觀洲云:

由上面《山經》植物的分析中，可知他那類推的植物是以實際植物作基礎，用種種的方法所虛構的。神異的植物，則由類推的植物與神話滙合而構成的。混合的植物，則由二種以上相異的植物之器官，混合而構成的。所以《山經》中的植物，除了實際植物一部分，其餘都是作者用普通植物作基礎而推想出來，多半是沒有實物存在的。這是與動物很相似的一點。

《山經》中的動物植物都已經作了一個大概的分析。由此得了一個共同的概念:《五藏山經》中的動物植物，除了極少數是實際的東西以外，大部分都是由已知的動物植物作基礎，用種種推想的方法變化而得的。這些理想的動植物，正像小說家所描寫的英雄美人俠客一樣，不能在史跡上去求考證的。如果有人把小說中的人物來求考證，自然是一個不解世故的人了。如果有人把《山海經》的動物植物都做實物看，要去找實物來印證，也是一樣的愚不可及了。

由前章的研究，已經得了這書的作者的創作方法，他的方法是由『已知推及未知』的，或者可以稱做『類推法』。

若是讀過《史記》的人，便很容易聯想起《孟子荀卿列傳》所說的翳衍那個怪人了。《史記》說:

> 其語宏大不經，必先驗小物，推而大之，至於無垠。先序今以上至黃帝，學者所共術，大幷世盛衰，因載其禨祥度制，推而遠之，至天地未生，窈冥不可考而原也。

這一段話，很像是替《山海經》作序文；無論那篇《山海經》的序文，都不及這一段話的可以代表《山海經》的全體，尤其他所說的『必先驗小物，推而大之，至於無垠』及『推而遠之，至天地未生』，這不就是《山海經》作者的『類推法』嗎？

再看騶衍『推而遠之』的方法的應用怎樣。《史記》說：

> 先列中國名山大川，通谷禽獸，水土所殖，物類所珍，因而推之，及海外人之所不能睹。

這正是《山海經》作者由已知推及未知的辦法。他的內容是『先列中國名山大川，通谷禽獸』，是包括地理博物兩方面的知識的，而《山海經》的內容也正是如此。所以騶衍的學說不僅方法全與《山海經》相同，而且內容也完全一致。說到這裏，我們要不承認《山海經》不是作於騶衍之手也不可能了。如果非出自一人之手，則其內容與方法決不能如此不謀而合的。卽算不完全出自騶衍之手，也得認爲是騶派學者所作的。

騶衍大概與公孫龍同時，生在西曆前三百餘年的時候。（案公孫龍生於西曆前三二五年和三一五年之間。）《史記》說：

> 騶子重於齊；適梁，梁惠王郊迎，執賓主之禮；適趙，平原君側行襒席；如燕，昭王擁彗先驅，請列弟子之座而受業，築碣石宮，身親往師之。

這裏所說的，縱不一定都是信史，然而很可想見騶衍在當時是何等傾動王侯的一位學閥，他的學說在當時的影響也可想而知了。他不僅有顯赫的聲譽，還有豐富的著作。據《漢書·藝文志》，有《騶子》四十九篇，又《騶子終始》五十六篇。可惜現在這些書都亡佚了。如果這些書都完全存在，《山海經》或者不會發生許多疑問，也許≪山海經≫中的≪五藏山經≫便是他全部著作中的一篇呢。

現在歸納起來，對於≪山海經≫的時代，作下面幾個結論:

㈠≪山海經≫中的≪海外經≫以下諸篇爲秦漢以後之僞經。

㈡≪五藏山經≫爲純古文，創作時代應在西紀前二百年前後。

㈢≪五藏山經≫以方法及內容之證實，似出自騶衍之手，或騶派學者所作。

㈣≪五藏山經≫或卽騶氏已佚書之一部分。

現在旣已認定≪五藏山經≫爲騶衍所作，或騶派其他學者所作，玆當更進而討論此種學說發生之原因。凡一種學說，總有它的時代背景，決沒有從天上降下來的。≪五藏山經≫所以發生於騶衍時代，由歷史上的推測，可以擧出下列幾種原因來:

⑴西曆前四世紀和三世紀的七十年，乃中國學術發達之全盛時期。≪山海經≫之學說，於是時創造，乃時代應有之產物。

⑵自周室東遷以後，王權崩潰，羣雄割據，爭欲得天下人才爲已用。是時階級限制漸除，巖穴之士莫不欲獨創一派學說，以達到富貴利達之目的。這也是≪山海經≫應運而生的大原因。

⑶騶衍派學者眼見當時君主不能尙德，乃創禎祥休咎之說，欲使當時君主有所恐懼。此亦≪山海經≫產生之一大動機。

當前面反駁≪山海經≫創自夏禹時，中間有一條說:『≪山海經≫若創自夏禹，何以歷夏商周秦數代，不見徵引於其他古籍?』現在認≪山海經≫創於騶衍，其時雖非極古，然自衍以後至漢司馬遷時，亦非甚暫。此時期中，亦未見≪山海經≫之文見引於其他古籍，則似與此自相矛盾。這不可不加以解釋。玆將此點分析說明於

下:

a.《山海經》之名，乃創於《山經》與《海外》《海內》諸經相合之際，則秦漢以前當不能發見《山海經》之名於其他古籍之中。

b.《 五藏山經 》如爲騶衍所作， 則多半屬騶氏書中之一部分，故《五藏經》或《山經》之名亦不易被徵引於其他古籍中。

觀以上諸條，則《山海經》中之《山經》創於騶衍，不僅不與前說矛盾，且益足信《五藏經》或即騶氏佚書中留存之一部分爲很可靠的事實了。

《史記》說:

騶衍睹有國者益淫侈，不能尙德，若大雅整之於身，施及黎庶矣。乃深觀陰陽消息，而作怪迂之變，終始大聖之篇，十餘萬言。其語宏大不經，必先驗小物，推而大之，至於無垠。

『睹有國者不能尙德』，這是騶衍學說的動機。『先驗小物，推而大之，至於無垠』，這是騶衍學說的方法。這種動機與方法，也就是《山海經》的動機與方法了。再看騶衍這種方法的應用。《史記》說:

先序今以上至黃帝……先列中國名山大川，通谷禽獸，水土所殖，物類所珍，因而推之，及海外，人之所不能睹。

《山海經》的全部，都是用這個『因而推之』的方法所構成的。可是用這種方法去硏究學問，卻最不可靠。《山海經》是包括地理、博物兩種性質的書，地理、博物這兩種科學都是全靠實際觀察調查，才有價值。他（《山海經》作者）卻全靠『推而遠之』的方法去亂推，這自然在科學上沒有他立足的餘地。

關於《山海經》的討論，現在試作一個很簡單的歸結。從前的人,對《山海經》有兩派主張,一派視爲荒唐無稽之作;一派則謂作於禹、益,爲極有價値之典籍。實則此兩派之主張均非持平之論。今從客觀條件之判斷,認《五藏山經》爲騶衍所作,或騶派學者所作;《五藏山經》以下,則爲漢以後之僞經。此書之內容,全以類推法構成,當然不能視爲有科學價値之書。惟其中之一部分,旣爲周末作品,迄今已歷二千餘年,於歷史地理上或有參考之價値。且作者大膽之假記,卽其地理方面『赤縣神州』之思想,雖與實際不合,然以與儒家認中國爲天下之狹隘思想相較,則高明多矣。

(《山海經在科學上之批判及作者之時代考》,《燕京學報》第七期)

鄭德坤云:

何君因爲把作《山海經》的目的認錯了,所以他把《山海經》的著作歸於騶衍。按,騶衍的學說有:

> 其語宏大不經,必先驗小物,推而大之,至於無垠。先序今,以上至黃帝,學者所共術,大并世盛衰。因載其禨祥度制,推而遠之,至天地未生,窈冥不可考而原也。先列中國名山、大川、通谷、禽獸、水土所殖、物類所珍。因而推之,及海外,人之所不能睹。(《史記·孟荀列傳》)

何君以爲這一段話很像替《山海經》作序文,因而推測騶衍是此書的作者。是的,騶衍這種方法,表面上和整理《山海經》很相似,然就實際上論則大有不然者在:

㈠《史記》這一段話是否靠得住?

㈡騶衍其餘學說是否可於此書見之?

㈢騶衍著《山海經》何用?(騶衍著書的目的爲何?)

㈣《山海經》是否一個人的著作?

凡此四者,皆研究這個問題之先決條件。先要對於此四者一一決

定，始足以斷定《山海經》是騶衍做的。今試就此四者分述之:

一、騶衍的書今都失傳，只有《史記・孟子荀卿列傳》中插入的一段。但是，太史公告訴我們的他的事蹟就有點靠不住了。《史記》說:

(騶衍)適梁，梁惠王郊迎，執賓主之禮。適趙，平原君側行襒席。如燕，昭王擁篲先驅，請列弟子之座而受業，築碣石宮，身親往師之。

胡適之先生的《中國哲學史大綱》云:

平原君死於西歷前二五一年，梁惠王死於前三一九年，梁惠王死時，平原君還沒有生呢。平原君傳說騶衍過趙在信陵君破秦存趙之後，那時梁惠王已死六十二年了，燕昭王已死二十二年了。(第三六七頁)

這確是很可疑的。但是，我們不能因《史記》有此一誤，就說騶衍是烏有先生而其學說是太史公自撰的。不過我們用這段材料時必須當心呢。

二、騶衍的方法是『先驗小物，推而大之，至於無垠』，及『推而遠之，至天地未生』。這不是何君所稱的『類推法』。何君的類推法是描寫法之一種，是修辭學上的方法: 騶衍的『推大』『推遠』法是變態的演繹法，是論理學上的方法: 此二者實在是風馬牛不相及的。

且看騶衍的其餘的學說。他曾創立了一種『五德轉移說』，《史記》說:

稱引天地剖判以來，五德轉移，治各有宜，而符應若玆。

這是陰陽家的學說，用歷史附會五德的，有了這種學說，陰陽五行之說才在思想界佔勢力。試問這種騶衍最得力的學說，我們可於《山海經》中見之否？《山海經》中的五行還欠『土』一行呢！

我們再看騶衍的地理學說。他很大膽的類推道:

> 儒者所謂『中國』者，於天下乃八十一分居其一分耳。中國名曰赤縣神州。赤縣神州內自有九州，禹之序九州是也，不得爲州數。中國外，如赤縣神州者九，乃所謂『九州』也。於是裨海環之。人民禽獸，莫能相通者，如一區中者乃爲一州。如此者九，乃有大瀛海環其外，天地之際焉。《史（記·孟荀列傳》）

《山海經》是地理志，假使是騶衍作的，他安肯捨他自己的學說而不言乎？

《史記》接着說：

> 然要其歸，必止乎仁義，節儉，君臣上下六親之施，始也濫耳。

騶衍的目的在乎仁義……，可是這種學說在《山海經》中曾提到嗎？

騶衍的學說，在《山海經》中多是找不着的。其同者只有『先列中國之名山大川、通谷、禽獸、水土所殖、物類所珍』一句。何君把牠指出，只可以證明戰國時《山海經》之說曾經盛行，故騶衍亦有取於它罷了。

三、騶衍生當戰國遊說時代，一班學者以封侯拜相爲他們遊說的目的，騶衍之周遊列國也何嘗不是爲了求得君王的信用。可是《山海經》的文章是簡單記賬式的筆法，毫無遊說的口吻，比之孟子善辯之文差若天淵，安能動人聽聞？且他『深觀陰陽消息而作怪迂之變』，和《山海經》描寫事物，與陰陽消息沒有關係的，又完全兩樣。他如何用了《山海經》去求得君王的信用呢？

四、《山海經》非出於一人之手，或一時代的作品，早已成爲學術界的定論了，何君也承認的。那末，騶衍一個人寫成一部《山海經》自是不可能的事。

總之，從各方面的理由看來，《山海經》不能說是騶衍作的。

我們只可以說，騶衍的學說有類似《山海經》的地方。

（前文《書後》，《燕京學報》第七期）

傅錫壬云:

《山海經》一書，目前流行的本子是十八卷本。內容計包括:⑴五藏山經（南山經、西山經、北山經、東山經、中山經）五篇。⑵海外南、西、北、東經四篇。⑶海內南、西、北、東經四篇。⑷大荒東、南、西、北經四篇。⑸海內經一篇。合計十八篇十八卷。相傳是夏禹、伯益所撰，其謬誤已不必費辭置辯。據《漢書・藝文志・數術略・形法家》的記載是書爲十三篇，並且不著撰人名氏。而劉秀（歆）於漢哀帝建平元年（西元前六年）校上《山海經》文中說：此書經其校定爲十八篇。這項牴牾，在清人《四庫提要》中已經指明。它說：『劉秀奏中稱其書凡十八篇，與《漢志》稱十三篇者不合。《七略》卽劉秀所定，不應自相牴牾，疑其贋託。』所以現傳十八篇的《山海經》，自來卽聚訟紛紜，後人考訂的文章見於載籍者頗多。不過這部書至少在西漢時已行世則當無疑。司馬遷（西元前145-87？）《史記》卷一百二十三《大宛傳》載：『太史公曰：《禹本紀》言河出崑崙，崑崙其高二千五百餘里，日月所相避隱爲光明也。言山有醴泉、瑤池。今自張騫使大夏之後也，窮河源，惡（睹）《本紀》所謂崑崙者乎？故言九州山川，《尚書》近之矣。至《禹本紀》、《山海經》所有怪物，余不敢言之也。』太史公旣已明言，所以這部書的著成時代決不會晚於西漢。（當然西漢以後有部分文字的羼入與改竄必也有可能，但此並不影響《山海經》的成書時代）所以依據個人的淺見，它的時代應該如下:

⑴五藏山經五篇：戰國時楚人作。

⑵海外四經、海內四經八篇：不會晚於西漢。因爲它的許多

觀念與山經合。也可能它的時代更可上溯至戰國，而其中部分漢代的郡縣係後人羼入。

⑶大荒經及海內經五篇：西漢時（劉歆前）人作。

在此必須說明的一點是⑵、⑶兩項卽或時代相同，其作者也不相同。因爲思想上有差距。

我作如此見解的理由是：

⑴《漢志》的著錄是十三篇，劉歆的校定則是十八篇。《四庫提要》已疑其爲贋託。明《道藏》本目錄，《海內經》第十八條下的小註是：『本一千一百十一字，註九百六十七字。此《海內經》及《大荒經》本皆進在外。』此處的進字不易解釋。據郝懿行的《箋疏・自序》上的解釋是『《漢書・藝文志》，《山海經》十三篇在形法家，不言有十八篇。所謂十八篇者《南山經》至《中山經》本二十六篇，合爲《五藏山經》五篇，加《海外經》以下八篇及《大荒經》以下五篇爲十八篇也。所謂十三篇者，去《荒經》以下五篇，正得十三篇也。古本此五篇皆在外與經別行，爲釋經之外篇，及郭作傳據劉氏定本復爲十八篇，卽又與《藝文志》十三篇之目不符也。』所以我們的了解是《大荒經》以下五篇，雖與前十三篇已並行於世，然並未合成十八篇之本子，後五篇卽爲郭注劉歆校增入，我們自然很可懷疑它的是否爲僞了。郝氏『皆在外與經別行』，數字是註文『皆進在外』的注腳，但他並未對進字作明確的詮義。但據《鐵琴銅劍樓藏書目錄》所載明刊本《山海經》十八卷提要以及日本人小川琢治撰《山海經考》中引日本版（明版覆刻）之《山海經》，俱作『皆逸在外』。如果『進』字確爲『逸』之誤字。那麼我們懷疑《大荒經》以下五篇與前十三篇非出一人之筆就更可以肯定了。況且《大荒經》以下五篇之篇末也沒有『劉歆校』的字樣，據此我們雖不敢肯定它必出劉歆之後。

⑵今通行本《山海經》十八篇，前十三篇之《五藏山經》、

《海外經》、《海內經》（四經）均自南爲起首，五藏山經起於《南山經》，外海四經起於《海外南經》，海內四經起於《海內南經》，而大荒經則起自《大荒東經》，而海內經顯然又與海內四經之名重複。又《南山經》說：『南山經之首曰䧿山，其首曰招搖之山，臨於西海之上。』郭《注》：『在蜀伏（《箋疏》作汶）山山南之西頭濱西海也。』《海外南經》說：『海外自西南陬至東南陬者。』《海內南經》說：『海南東南陬以西者。』郭《注》：『從南頭起之也。』都是從西南角上起。如《淮南子・地形訓》就是從西北角起，至西南角再至東南角、東北角再至西北角止。而《山海經》的《海外經》，則從西南角起；一方由西南角至東南角再至東北角，再至西北角；一方又由西南角至西北角。《淮南子》自西北角起，是因爲當時的國都在長安，是在西北。則《山海經》自西南角起，至少可以說是楚人的作品。自然《大荒經》以下五篇以東起就不會與前十三篇爲出於一人之手了。

(3)定《五藏山經》爲戰國時作品：

①我們一時沒有證據可以把它的時代移後。

②經中多言鐵，而鐵的盛行在東周。鐵器的大量使用在戰國。諸如《孟子・滕文公》：『許子以釜甑爨，以鐵耕乎？』《荀子・議兵篇》：『楚人鮫革犀兕以爲甲，鞈如金石；宛鉅鐵鉇，慘如蠭蠆。』卽其證。

③經中言及郡縣，而郡縣之制始於秦孝公時。戰國時齊、楚、魏、趙滅他國後，常以其地爲郡縣。

④經中與《楚辭》、《莊子》相通之處甚多，可假定爲楚民族文化之作品。

(4)西王母的記載，一見《西山經》說：『西王母其狀如人而豹尾，虎齒而善嘯，蓬髮戴勝，是司天之厲及五殘。』一見《海外北經》：『西王母梯幾而戴勝杖（衍文），其南有三青鳥而爲西王母取食，在崑崙虛北。』雖然二則的文字略有不同，但對西王母的描寫是相同的朴質而深俱原始之野性。所以《海外四經》的時代與《五藏山經》的時代，相去不會太遠。因西王母的造型，在漢代的《淮南子》的記載是：『羿請不死之藥於西王母。』與《山海經》中不死之信仰精神是相脗合的。又如司馬相如的《大人賦》說：『吾乃今日睹西王母，暠然白首戴勝而穴處兮。』雖沒虎齒豹尾之異相，但依然是戴勝穴處。到了晉咸寧五年自汲冢出土的《穆天子傳》所見之西王母也無異相，再至託名的《漢武帝內傳》，西王母的造型就大爲改觀。它說：『王母唯扶二侍女上殿，侍女年可十六、七，服青綾之桂，容眸流盼，神姿清發，眞美人也。王母上殿東向坐，著黃金褡襡，文采鮮明，光儀淑穆，帶靈飛大綬，腰佩分景之劍，頭上太華髻，戴太眞晨嬰之冠，履元璚鳳文之舄。視之可年三十許，修短得中，天姿掩藹，容顏絕世，眞靈人也。』已經從獸形轉變爲中年麗人。從這種轉變，正可以看出由戰國至秦、漢、魏、晉神仙思想的轉變過程。《海外經》的西王母造型與《西山經》所差無幾，正可知兩篇的作者時代必相去不遠。所以《海外四經》也必爲西漢前之作。

(5)《海內東經》中多用漢代設置之郡名。如餘暨、渤海、彭澤、郁郅、桂陽、漢陽、臨汾、井陘、章武等地名都是漢時設置的郡縣，這些地名若非後人羼入，則《海內四經》的時代，當在漢代。

(6)《海外四經》及《海內四經》的篇末皆署有歆名。而且二經中還有常見的『一曰』字樣。大概是劉歆在校定之時，《海外四經》及《海內四經》已經有二個版本流行，所以他舉出異文，書以『一曰』，或者是當時有相異的傳說，而劉歆據以添進去，篇末署了歆名，正表示這點意義，同時也足證此二經的著成時代，不會晚於西漢。

(《山海經研究》，原刊於《淡江學報》第十四期)

蒙文通云:

關於《山海經》的寫作時代問題自劉秀以來的正統說法，都認爲它是大禹、伯益所記。這當然是値得懷疑的。但司馬遷曾見到過它，《淮南子》曾引用過它（主要見於《地形訓》），《呂氏春秋》也曾引用過它（見《本味》《求人》等篇）；同時，從它的內容來看，多言神怪而又沒帶任何思想性的東西，這和先秦時代留傳下來的經史諸子之書比較起來，大不相同，這應當是文化較爲原始時代（或者是交通閉塞、文化落後地區）所記敍的遠古（遠方）傳說之辭，而不可能是秦漢時期文化已相當發展、交通也相當便利的時代的產物。其爲先秦時代的古籍，應當是可以肯定的。但是，究竟是作於先秦何時呢？就需要進一步探討了。

《中山經》說:『浮戲之山，汜水出焉，北流注于河。』又說:『役山，役水出焉，北流注于河。』在這兩條南北流向同注于黃河的水道之間，還有器難之水、太水、承水、末水等，據《中山經》的記載，這些水道都是注入役水。但據《水經注》的記載，不僅是器難水、太水、承水、末水都不是注入役水而是注入渠水，甚至連役水也不是注入黃河而是注入渠水。但《水經注》所說的渠水卻又不見載于《山海經》。兩書的這一差異不可不說是相當巨大，而這一巨大的差異卻正有益於探討《山海經》的時代問題。我們知道，《水經注》所說的渠水，就是戰國時的鴻溝。鴻溝是在戰國時梁惠王十年（公元前三六〇年）才開鑿的。古役水注河之迹以及役水如何改注渠水、器難等水如何改注渠水，現已不可詳考，但這一巨大變化之所以發生，當正是由於鴻溝開鑿之故，則是無可置疑的。因此，《中山經》之所以不載渠水、以及所載上述流注之所以不同于《水經注》，正說明《中山經》的寫作時間是在鴻溝開鑿之前。因此，我們認爲《五藏山經》這部分的寫作時代當不能晚於梁惠王十年。又《北山經・北次三經》所載太行山脈區域的水道，都是黃河西北的水道。載有：『蟲尾之山，丹水出焉，南流注于河；薄水出焉，而東南流于黃澤。』又載：『小侯之山，明漳之水出焉，南流注于黃澤。』據胡渭《禹貢錐指》的考證，周定王五年（公元前六〇二年）河決宿胥口改道之後，太行山區域的水道才有注入黃澤的可能。《北山經》既載太行區域的薄水、明漳水注入黃澤，正說明《北山經》的寫作時代不得早于周定王五年。準此兩點，我們認爲《五藏山經》的寫作年代當在周定王五年與梁惠王十年之間（公元前六〇二——三六〇年）。同時，黃澤一名不見於春秋時代，而只見于戰國，則其寫作年作代應當是更靠近于梁惠王十年。其寫作時代是比較晚一些。至于《海內經》與《大荒經》兩部分的寫作時代則可能較早。《海內東經》說：『鉅燕在東北陬。』《海內北經》又說：『蓋國在鉅燕南、倭北。倭屬燕。朝鮮在列陽東海北山南。列陽屬燕。』《海內西經》又說：『貊國在漢水東北，地近于燕。燕滅之。』我們知道，春秋戰國時代的燕國，是不够強大的。不配稱之爲『鉅燕』。此經載其南有列陽、東北滅貊國，其土宇相當遼濶，這應當指的是西周時代的燕國。《海內經》不僅稱燕爲『鉅燕』，同時也稱楚爲『大楚』。（《海內東經》）《史記・楚世家》說：『熊渠當周夷王之時，立其三子爲王，皆在江上楚蠻之地。』熊渠後十世至若敖，而霄敖、而蚡冒，相當于周幽王、周平王時代。《左傳》載沈尹戌說：『若敖、蚡冒至于文武，地不過同。』『同』是百里，西周末年楚爲百里之國，不能稱之爲『大』。『大楚』也當是指西周時能立三子爲王的時代。從《海內經》稱燕、楚爲『鉅燕』『大楚』來看，我們認爲這一部分當是寫作在西周中期以前。《大荒西經》載：『有西周之國，姬姓。』《大荒北經》又載：『有北齊之國，姜姓。』這都說明這部分的寫作年代不能早於西周。但與此同時，周在東遷以後，失去了關中，也不可稱之爲西周之國，也不能把它記載在《西經》之內。因此我們認爲《大荒經》部分的寫作時代當在周室東遷之前。

我們在前面曾談到過《山海經》記載了很多傳說中的古代帝王。但是，儘管它所記載的這些古代帝王包括了後世所說的三皇五帝：如太皞、女媧、共工、炎帝、黃帝、少昊、顓頊、帝嚳、帝堯、帝舜等等，而《山海經》卻絕無任何三皇、五帝系統的痕迹。同時，這些人物也多被描寫爲神話中人物。這都正說明《山海經》的寫作年代是較早的。當時還沒有把神祇帝降爲人帝，更還沒有把古帝王組成三皇、五帝之說。根據我從前的研究，五帝之說始於齊威、宣之世的鄒子五運之說，三皇之說更在此後。以此而論，《山海經》的寫作年代也不能晚於公元前四世紀中葉鄒子五運之說興起之後。

我們且再從《山海經》三部分的內容來考察其時代。《大荒經》部分所記神怪最多，應當說是時代最早的部分（或者是文化更落後地區的材料）。《海內經》部分所載的奇異較少，應當是時代稍晚、文化稍進時的作品。《五藏山經》部分就更雅正一些，應當是最晚部分、或者是經過刪削潤飾的作品了。但是，《五藏山經》的寫作時代雖較晚，而它卻保存了很多很古的流傳。《五藏山經》中記載了不少動物在醫藥上的性能：如『鯥，……食之無腫疾』。『赤鱬，……食之不疥』。（《南山經》）『肥遺，食之已癘，可以殺蟲』，『谿邊，席其皮者不蠱』。（《西山經》）等等之類。神農嚐百草而作《本草》的傳說，表明草木的醫藥性能是採集或農耕時代所積累起來的經驗，則《山海經》的這類記載，便應當是狩獵或畜牧時代所積累起來的經驗了。我們再從《北山經》所載地理情況來考察，也可看出它保存了很古的地理情況，其地理時代遠在《禹貢》所反映的地理時代之前。根據作者的研究，歷史上渤海海岸的變化，由於地盤升降的影響而有着日益向西擴展的趨勢（詳見《古史甄微》）。《水經・禹貢山水澤地所在》云：『碣石在遼西臨榆縣南水中。』酈道元《注》說：『大禹鑿其石，夾石而納河，秦始皇、漢武帝皆嘗登之。海水西侵，歲月逾甚，爲苞其山，故云海中矣。』酈道元的說法，也接觸到了這一變化趨勢。據《水經》的記載，說明在寫作《水經》時碣石已在海中，是海岸當在碣石西。而文穎注漢武帝『東巡海上至碣石』時說：『此石著海旁。』（《漢書・武帝紀》元封元年），可知西漢前期漢武帝元封元年時碣石雖已淪海，但還近在海旁。而在《禹貢》寫作之時，則碣石顯然猶在陸上而尚未淪海。故它一則說：『夾右碣石入於河。』再則說：『導岍及岐……至于碣石入于海。』都說明碣石是濱海之山，河水經由碣石而入海，則海岸當在碣石之東。而《山海經》卻說：『碣石之山，繩水出焉，東流注于河。』出于碣石的繩水既東流而始注于河，則河之入海當在更東，而海岸無疑的當在更東地方了。胡渭把東流改爲西流注于河，是沒有根據的。這一地理情況顯然是遠在《禹貢》所載地理情況之前。到秦漢時代海岸已到章武了。假如我們認爲《禹貢》所反映的是西周以前的地理情況，則《北山經》所載這種地理情況就更久遠得多了。

呂子方先生說：《大荒東經》載有『日月所出』之山六——合虛、明星、鞠陵、孽搖頵羝、猗天蘇門、壑明俊疾；《大荒西經》載有『日月所入』之山六——方山、豐沮玉門、日月山、鏖鏊鉅、常陽之山、大荒之山，完全是兩組對稱的山頭。用山頭來記載『日月所出』、『日月所入』，是用星象爲曆法的科學還未發明之前的一種原始曆法。呂先生這個說法是一個極有價值的科學發現。同時，這也非常有力的說明了《山海經》保存了很多上古時代的文化遺產。我們在前面雖曾推斷《大荒經》部分的寫作年代大致在西周前期，但它記載的文化遺產，則當是更早的東西。

我們在上面肯定了《山海經》是先秦古籍。因而也和其他先秦古籍一樣, 在流傳當中常爲後人所增刪竄改, 既有散亡, 也有增入。如《山海經》古當有圖, 陶潛就有『流觀山海圖』的詩句。郭璞作注時也還見到圖, 故在《注》中有『圖亦牛形』(《南山經》)、『亦在畏獸畫中』等語; 而且還另有圖讚。《山海經》的這個圖, 其起源應當是很古的。王逸序《天問》說: 『楚有先王之廟及公卿祠堂, 圖畫天地、山川、神靈, 琦瑋僪佹, 及古賢聖怪物行事, ……因書其壁呵而問之。』《天問》之書既是據壁畫而作, 則《山海經》之圖與其情況當亦如是。且《天問》所述古事十分之九都見於《大荒經》中, 可能楚人祠廟壁畫就是這部分《山海經》的圖。至於《天問》與《大荒經》的出入之處, 這應當是楚人所傳壁畫與巴蜀所傳壁畫的差異。《後漢書・莋都夷傳》說: 『郡尉府舍, 皆有雕飾, 畫山靈海神, 奇禽異獸。』《山海經》部分爲巴、蜀之書, 此莋都圖畫可能卽《山海經圖》之傳於漢代的巴蜀者。《華陽國志》說: 『諸葛亮乃爲夷作圖譜, 先畫天地、日月、君長、城府, 次畫神龍、龍生夷, 及牛馬羊, 後畫部主吏乘馬、幡蓋、巡行、安卹, 又畫牽牛、負酒、齎金寶詣之。』也可能部分是沿襲《山海經圖》而來。《天問》是始于天地、日月, 應當不是偶然的。南中之事, 恒傳爲諸葛, 是否確爲諸葛所作, 已無法査考。卽令是事實, 諸葛也未必全是憑空想像, 而應當有所依據。但是, 《山海經》的這部古圖, 卻已早已散失, 現在流傳的圖, 是後人所畫。這一例子充分說明了《山海經》是既有散失又有增補。前面曾談到過《漢志》所載《山海經》只十三篇, 今傳本卻多出五篇, 應當是劉秀校書時所增, 這是整篇整卷增補的例證。至於篇內增入者當也不少。如現行本中所存的被一般認爲是『漢代』的地名(特別集中的存在于《海內東經》), 當是在秦末漢初之際所羼入的。又如《中山經》篇末說: 『天地之東西二萬八千里, 南北二萬六千里。』這說法與鄒衍『中國于天下八十一分居其一分』的說法相合。鄒子以大瀛九州計之，是南北、東西各二萬七千里，長短相覆，其里數正與《中山經》合。《中山經》的這段文字，當是後人根據鄒子的說法增入的。又如《海外南經》篇首『天地之所載……唯聖人能通其道』一段文字，全同於《淮南》《呂覽》，也當是後人所增入者。其他如《大荒經》中有後代的地名，如長沙零陵之類也當是後人所竄改者。這一類的問題還多，我們就不多舉了。這些問題，都是我們在整理或使用《山海經》時所應當加以辨析的。如果不加分辨、或者進而據此認爲《山海經》是秦漢時代的作品，那就顯然是不妥當了。

（《略論山海經的寫作時代及其產生地域》，見《中華文史論叢》第一輯）

袁　珂云：

《山海經》不是於一手，並且也不是作於一時，是可以肯定的。我以爲它大致可以分爲這幾個部分：一、《大荒經》四篇和《海內經》一篇；二、《五藏山經》五篇和《海外經》四篇；三、《海內經》四篇。三個部分以《大荒經》四篇和《海內篇》一篇成書最早，大約在戰國初年或中年；《五藏山經》和《海外經》四篇稍遲，是戰國中年以後的作品；《海內經》四篇最遲，當成於漢代初年。它們的作者都是楚人——卽楚國或楚地的人。

爲了行文的方便，我們準備先來討論《山海經》是楚人所作的這一層。

爲什麼作出這樣的推斷呢？因爲從整個《山海經》的內容和文字風格看，它應當是屬於同一文化地區的產物，這個文化地區，根據如下所述的一些理由，自非楚國或楚地不足以當之。

㈠魯迅《中國小說史略》論《山海經》云：『《山海經》……所載祠神之物多用糈（精米），與巫術合，蓋古之巫書也。』（第二章：《神話與傳說》）其說近是。此書雖不一定是專門的巫書，但是確實和巫術很有關係。戰國時代各國都信巫，而巫風最盛的是楚國，王逸《九歌序》說：『昔楚南郢之邑，沅湘之間，其俗信鬼而好祠，祠必作樂鼓舞以樂諸神。』《漢書·地理志》也說：『楚信巫鬼，重淫祠。』均已特著於書。又近年長沙出土的楚國文物中，有木雕的怪神像，又有木雕的龍蛇虎蝠及偶人等，疑亦皆巫覡所用的厭勝之物。總起來看，這和《五藏山經》裏所陳述的各種複雜祭典和所祀奉的各種半人半獸怪神的情況是相吻合的。《海經》雖然沒有祭典的敍寫，但是所敍諸巫的頻繁活動，還是可以互相印證。《海外西經》有巫咸國，有巫咸山，是『羣巫所從上下』於天的地方；《海內西經》昆侖山開明獸東有『巫彭、巫抵、巫陽、巫履、巫凡、巫相，夾窫窳之尸，皆操不死之藥以距之』；《大荒南經》有臷民國，謂之『巫臷民』，疑亦諸巫所組成的國；《大荒西經》有靈山，『巫咸、巫即、巫朌、巫彭、巫姑、巫眞、巫禮、巫抵、巫謝、巫羅十巫，從此升降，百藥爰在』。此外《大荒南經》有巫山，上有天帝的神藥『八齋』；《海內北經》有蛇巫山，是西王母所居之地；《海外西經》有『女丑之尸，生而十日炙殺之』，女丑疑亦女巫，是天旱禱雨，被暴而死的景象，等等，和楚人迷信巫鬼的情況是一致的。

又《離騷》說：『巫咸將夕降兮，懷椒糈而要之。』王逸《注》：『椒，香物，所以降神；糈，精米，所以享神。』《五藏山經》所載祠神之物多用糈，和《離騷》所說的相合。但糈雖說是『精米』，其實是糧食當作祭物的總名，因爲《山經》所載祭物中就有『五種之糈』、『五種之精』等名目。除此而外，記載『糈用稌』的地方凡六，『用稌糈米』凡四，『糈以稻米』一，『稻米白菅爲席』一，『糈用稷米』一，『糈用黍』一。《說文》說：『稌，稻也。』則《山海經》所載祠神物所用的『糈』主要是稻，共十二處，用稷、用黍及用『五種之糈』、『五種之精』總共不過四處，而後二處中也還包括有稻米，故《山經》一書實當是中國古代產稻區的作品。照《周禮・職方氏》所說揚州、荆州『其穀宜稻』的話來看，荆州屬楚，俗尙巫鬼，說《山經》是楚地的產品，當無大誤。

更有進者，古代神話最初無非是從古代宗敎嬗演而來，而執掌宗敎大權的乃是巫師。巫師爲要在羣衆中推行其巫術，也要在祀神時公開演唱一些神話故事，以爲其巫術取得崇信打下基礎。這種情況，在過去的舊中國到處都可以看見。尤其在少數民族地區，巫師多於祀神時唱有關天地開闢、萬物形成及人類起源的神話古歌，以娛人樂神，崇德報遠。有的還祕記有唱詞，如四川端公（巫師）。可見神話和巫術的關係，至爲密切。古代楚國既然巫風最盛，則原始神話的流傳昌盛自然也以此地爲最，其產生像《山海經》這樣保存神話資料最多、又帶巫術色彩的作品，自無足怪。《山海經》大體上是戰國時代的作品（詳後），若說是產生於楚國以外的其他國家，條件總沒有如楚國這樣的具備；若說是產生於古代南方落後民族，《山海經》所顯示的文化水平又與之遠不相侔：故說是戰國時代楚國的產品，較爲適合。

㈡從語言上看，《山海經》是用當時各國通行的普通語言寫的一部書，但從《山海經》的用語中，也還偶然發現有楚國的方言，這對於我們考察《山海經》產生的地域，有很大的幫助。

《海內經》說：『西南黑水之間，有都廣之野，……百穀自生，冬夏播琴。』郭璞《注》：『播琴猶播殖，方俗言耳。』是什麼地方的『方俗言』，郭璞卻未說明。清代初年畢沅注《山海經》才補充說：『播琴，播種也；《水經注》云，楚人謂冢爲琴，冢種聲相近也。』畢沅所引的《水經注》，見於卷二十一《汝水》，云：『（鮦陽）縣有葛陵城，……城之東北有楚武王冢，民謂之楚王琴。』實際上是出於三國魏張揖等撰的《皇覽》。《皇覽・冢墓記》云：『楚武王冢，在汝南郡鮦陽縣葛陂鄉城東北，民謂爲楚王岑。』（《史記·楚世家》集解引）這才把根底找到了。原來楚地的人叫冡做岑，冡種、岑琴聲俱相近，因而叫『播種』做『播琴』。有了這一條，大約可以作爲《山海經》至少《海內經》是成於楚人之手的堅證了。

又《西次三經》說：『翼望之山，有鳥焉，……名曰䳋鵌，服之使人不厭。』郭璞《注》：『不厭夢也。《周書》曰：「服者不昧。」音莫禮反。或曰，眯，眯目也。』經文和注文各有一個錯字：經文的『不厭』當作『不眯』；注文的『不昧』亦當作『不眯』。劉文典《淮南鴻烈集解·精神篇》『是故覺而若昧』注引王引之說引《山海經》的經文和注文此兩字正作眯，王念孫手校《山海經》此兩字亦作眯，是其證。《莊子·天運篇》：『彼不得夢，必且數眯焉。』釋文引司馬彪云：『眯，厭也。』厭，俗作魘，就是四川人所謂的發夢癲。是『不眯』就是『不厭』的意思。然而何以又叫『不厭』爲『不眯』呢？這也是如郭注《海內經》『播琴』所說，是『方俗言耳』。高誘注《淮南子·精神篇》『是故覺而若昧』云：『昧，……厭也，楚人謂厭爲昧。』正文和注的諸昧字，王引之說均當作眯，證以《莊子》文注，作眯是也。則《山海經》的『不眯』，正是楚人『不厭』的『方俗言耳』，從此又可得到《山海經》至少是《五藏山經》是作於楚人的一證。

《山海經》還記有某種物事『食之使人不眯』或『服之不眯』的地方多處：

《西次四經》：英鞮之山，是多冉遺之魚，食之使人不眯。

《中山經》：脫扈之山，有草焉，名曰植楮，食之不眯。

《中次二經》：昆吾之山，有獸焉，名曰蠪蚳，食之不眯。

《中次六經》：廆山，有鳥焉，名曰鴒䴄，服之不眯。

《中次七經》：泰室之山，有草焉，其名曰䔄草，服之不眯。（王念孫校注云：『昧當作眯。郭注《海內〔南〕經》

引《周書》『狌狌食之不眯』，孔晁本作「眛」，誤也。』按這裏的『眛』字實在仍當作『眯』。）

以上所有『不眯』的『眯』字，均當作『不厭』的『厭』解。惟郝懿行注《西次四經》『冉遺之魚，食之使人不眯』引《說文》云：『眯，草入目中也。』這固然是『眯』的一義，故郭璞注《西次三經》『鵸鵌，服之使人不厭（眯）云：或曰眯，眯目也。』大約就是『草入目中』的意思。然而『草入目中』，想來決不是什麼藥物可以預防的，只有『厭夢』，是古人設想服食了某種藥物就可以預防的，故《山經》所有的『眯』字，都該釋爲高誘所說的『楚人謂厭爲眯』的『厭』。

又《西次二經》：『女牀之山，其陰多石涅。』郭璞《注》：『卽礬石也；楚人名爲涅石，秦名爲羽涅也；《本草經》亦名曰石涅也。』是郭璞將石涅和涅石混而爲一。淸吳任臣、郝懿行都先後指出其錯誤：謂據《本草》，黑石脂一名石墨，一名石涅，南人謂之畫眉石；礬石一名涅石，又名羽澤：二名原自不同。郝並云郭此《注》當移於《北次三經》『賁聞之山，其下多涅石』下，此山稍後，又有『孟門之山，其下多涅石』，郭此《注》亦恰相合；總之涅石乃礬石的楚名，於無意中又透露出此經是楚人作品的消息。

㈢從屈原的作品《離騷》《天問》《九章》《遠遊》《招魂》諸篇中考察，可以見到屈賦中所寫的神話故事與《山海經》裏所寫的相合者極多，亦可作爲《山海經》是楚人所作且大體上是作於戰國時代的一個證據。

《離騷》裏提到的神話人物如高陽（顓頊）、堯、舜、桀、湯、禹、羲和、高辛（帝嚳）、巫咸、周文（周文王）、西皇（少昊）等，提到的神話地名如沅、湘、蒼梧、縣圃、崦嵫、扶桑、白水、窮石、九疑、崑崙、流沙、赤水、不周等，敍寫的神話故事如『鮌婞直亡身』、『啓九辯九歌』等，均與《山海經》相合。

《天問》裏的神話地名、物名、故事，與《山海經》相合的更多了。地名如湯谷、羽山、崑崙、縣圃、黑水、三危、窮（窮山）、南嶽等，人名如伯強（禺彊）、應龍、燭龍、羲和、河伯、桀、舜、堯、女媧、嚳、成湯、稷、西伯（文王）等，物名如鯪魚、鬿堆（鬿雀）等，均見《山海經》。故事如『伯禹愎鮌』（聞一多說當作『伯鮌腹禹』）一段，就是《海內經》的『鯀復（腹）生禹』一段，『雄虺九首』就是《海外北經》和《大荒北經》所記的『九首人面』、『蛇身自環』的相柳（相繇），『何所不死？長人何守』就是《海外南經》和《海外東經》所記的不死民、大人國，『一蛇吞象』就是《海內南經》的『巴蛇食象』，『啓棘賓商，九辯九歌』就是《大荒西經》的『開（啓）上三嬪於天，得九辯與九歌以下』，『帝降夷羿，革孽夏民』就是《海內經》的『帝俊賜羿彤弓素矰，以扶下國』，『該（亥）秉季德』一大段，就是《大荒東經》所記的『王亥託於有易河伯僕牛，有易殺王亥，取僕牛』一段。

《九歌》有湘君、湘夫人，就是《中次十二經》的『洞庭之山』的『帝之二女』；又有河伯，就是《海內北經》的冰夷。《九章》亦提到鮌、高辛（帝嚳）、湯、禹等，亦均同於《山海經》。

《遠遊》多述仙人行跡，但是也提到軒轅（黃帝）、句芒、太皓（大皞）、風伯、蓐收、西皇（少昊）、雨師、炎神（炎帝）、祝融、二女、馮夷、顓頊、玄冥（禺彊）等神人的名字，與《山海經》相合。而且值得注意的，是《遠遊》裏所寫的東方句芒、西方蓐收、南方祝融、北方玄冥（禺彊），和《海外經》所記的四方神的配置也相合。《遠遊》所寫的『降望大壑』，就是《大荒東經》所寫的『東海之外有大壑』。《遠遊》的丹丘羽人、『不死舊鄉』也接近於《海外南經》的羽民國、不死民。

《招魂》裏有巫陽，見於《海內西經》；『十日代出』，見於《海外東經》和《大荒東經》；雷淵，當即《海內東經》所記的

『雷澤中有雷神』的雷澤，『赤螳若象、玄蠭若壺』當即《海內北經》的『大蠭，其狀如螽；朱蛾，其狀如蛾』；幽都，當即《海內經》所記的『幽都之山』、『大幽之國』。

屈原作品裏所寫的種種，和《山海經》裏所寫的有這麼多相合之處，應當說是決非偶然。朱熹《楚辭辯證》說《山海經》是『緣《天問》而作』，這固然不對；但《天問》等作品，也不一定直接取材於《山海經》，只要看《山海經》所記的像黃帝與蚩尤戰爭那樣重要的神話，《天問》等作品並無隻字道及，就可以知道。反轉過來說，《天問》所記述的『羿焉彈日？烏焉解羽』的神話，也很重要，而《山海經》裏亦未道及。這種大同而小異的現象，只能解釋做二者是屬於同一文化地區的產物，並且產生的時代也相差不遠，由於都是根據當時當地的神話傳說而作，故爾才大體相同而又取捨詳略各異。

㈣屈原《離騷》說：『帝高陽之苗裔兮，朕皇考曰伯庸。』《史記・楚世家》說：『楚之先祖，出自帝顓頊高陽；高陽者，黃帝之孫，昌意之子也。』楚人的先祖，相傳是黃帝和顓頊，故經中記敍黃帝和顓頊的事特盛。我統計了一下，經中記敍顓頊的事凡十六處：《海外北經》一、《大荒東經》一、《大荒南經》二、《大荒西經》六、《大荒北經》五、《海內經》一。記敍黃帝的事凡九處：《西次三經》一、《大荒東經》二、《大荒西經》一、《大荒北經》二、《海內經》三。記軒轅山、軒轅國、軒轅丘、軒轅臺等黃帝的遺跡凡五處：《北次三經》一、《海外西經》與《大荒西經》各二。經中單言『帝』，而此『帝』實該是黃帝的凡九處：《西次三經》『昆侖之丘，是惟帝之下都』、『槐江之山，實惟帝之平圃』、『鼓與欽䲹殺葆江於昆侖之陽，帝乃戮之鍾山之東曰瑤崖』、《中次三經》『實惟帝之密都』、《海外南經》『有神人二八連臂，爲帝司夜於此野』、《海外西經》『刑天與帝爭神，帝斷其首』、《海內西經》『危與貳負殺窫窳，帝乃梏之疏屬之山』、『海內昆侖之虛，在西北，帝之下都』、《海內經》『鯀竊帝之息壤，帝令祝融殺鯀於羽郊』（參看拙著《中國古代神話》有關章節注釋）。總共記敍黃帝的事是二十三處，連顓頊事十六處共是三十九處。除此而外還有《海內東經》顓頊葬所一處，因係《水經》羼入，未統計。帝俊在《山海經》裏算是顯赫的大神，事蹟凡十六見，但是和黃帝顓頊相比，也還是瞠乎其後了。如果要說《山海經》裏有主神的話，黃帝和顓頊實在該算是《山海經》的主神；尤其是黃帝，他的事蹟遍於《山海經》的各部分，而帝俊事則僅見於《荒經》以下五篇。

自然，黃帝和顓頊是古代民間相傳的有名的神帝而兼人帝的神話人物，宜爲多數國家和民族所共祖。但在戰國時代，實際上只有秦楚兩國相傳是顓頊之裔（《史記·秦本記》：『秦之先，帝顓頊之苗裔。』），而秦卻不具有除此證以外其他諸證所說的條件。

有了以上四證，說《山海經》是楚人所作，大體上或者沒有什麼疑問。

這裏面只有《大荒經》四篇和《海內經》一篇記帝俊事多至十六條，爲他經所無；又有王亥神話，又有四方風和四方神的名稱，亦爲他經所無。這些神和人，都是殷民族奉祀的祖先和神祇，卻獨見於《荒經》以下五篇。這五篇難道說是被封於宋地的殷人後裔的宋人所作的嗎？當然也有可能。但是據我推想，這幾篇恐怕仍當是楚人的作品。原因是，一、幾篇的內容和風格和其他部分相似；二、黃帝、顓頊的神話在這幾篇裏仍佔有顯著的重要地位，與帝俊的神話無分軒輊。帝俊、王亥等神話之所以獨見於這幾篇者，想是因爲楚在殷代住居中原，是殷的同盟，殷亡後雖然被周人壓迫到了南方，但春秋戰國時代楚地和宋地又是接壤，楚國某些地區接受殷文化的影響並無足怪。這幾篇想來就是接受了殷文化影響的楚國某些地區的人的作品。

《山海經》一書是幾個部分會萃而成，它們的作者都是楚人。除了《海內經》四篇是成於漢代初年的以外，其餘都成於戰國時代，其中以《大荒經》以下五篇成書最早，大約在戰國中年以前。

《大荒經》四篇和《海內經》一篇，蒙先生說原是一個整體，這說法我很贊同。因為這幾篇的內容和體制是一致的。幾篇都有帝俊的神話，都比較凌雜無序。《海內經》一篇，尤其顯得雜亂。就是地理方位也是忽東忽西，忽南忽北。因此我懷疑《海內經》一篇，原本也是四篇，後來因為『逸在外』的緣故，散失了大部分，到郭璞注《山海經》時，才搜集殘篇斷簡，成為一篇，附在《大荒經》的後面，故《史記·周本紀》裴駰《集解》引此經逕稱《大荒經》。就此經的性質而論，稱為『海內』是正確的。如果《大荒經》是『海外』，此經就的確應該是『海內』。《大荒經》諸篇每篇開始都有『東海之外』、『南海之外』、『西北海之外』、『東北海之外』等語，明其確屬海外。而《海內經》則首稱『東海之內』，然後『西海之內』、『南海之內』、『北海之內』，明其確屬海內。《大荒經》內，常有『大荒之中』語句，《海內經》內這樣的語句卻一句也找不出來，明《海內經》是《海內經》，不是《大荒經》，但是二經卻又是一部書的兩個部分，理由已如上述。以其凌雜無序，並且其內容在正統學者的眼光看來，也過於荒怪不經，故劉秀等人整理《山海經》時，就沒有把這部分收入，而聽其『逸在外』了。郭璞是比較好『怪』的（觀其《注〈山海經〉敍》可知），才把這幾篇『逸在外』的『不雅馴』的東西搜羅進來，成為今本的狀態。

這幾篇的作期，自來學者議論不一。蒙先生認為是西周時代的作品，未免推得過早。篇中所述，都是古代的神話傳說，不能因為有『有西周之國，姬姓』（《大荒西經》）、『有北齊之國，姜姓』（≪大荒北經≫）這類的字句便把作品產生的時代推到西周。單從文字上看我們也知道不會是西周的作品的。

但是，另外一些人又把它說做是東漢時代乃至東漢以後的作品，那又未免推得太遲了，同樣地是不妥。這幾篇作品，首先我認爲起碼該是秦以前的作品。有什麽證據呢？有證據。沒有秦漢的地名，便是一個很好的證據。≪山海經≫裏所有秦、漢地名都集中在≪海內經≫四篇裏，其他部分未見。證明≪海內經≫四篇是作於漢初，而其他部分是作於秦以前。

這幾篇作品只有≪海內經≫的『南方蒼梧之邱，蒼梧之淵，其中有九嶷山，舜之所葬』幾句話下面，有『在長沙、零陵界中』一語，『長沙』、『零陵』是秦、漢的地名。但是這一句話已有人指出，是後人釋語羼入經文的，我們也可以從語氣上明顯地看得出來。除了這一句話而外，五篇中就再也找不到任何秦漢地名了。當然不能因爲有了這一句羼入經文的後人釋語，便把五篇的著作時代往後推遲幾百年的。

其次，這幾篇作品還該略早於≪五藏山經≫和≪海外≫諸經。

≪山海經≫一書尤其是其中≪海經≫的部分，大概說來，是先有圖畫，後有文字，文字是因圖畫而作的。從文字所敍寫的情況看，每云：「兩手各操一魚』（≪海外南經≫）、『其人兩手操卵食之，兩鳥居前導之』（≪海外西經≫）、『食人從首始，所食被髮』（≪海內北經≫）、『兩手操鳥，方食其頭』（≪大荒東經≫），等等，知道確實是解釋圖象之詞。我小時在四川看見端公（巫師）打保符，法堂的周圍總要重重疊疊懸掛很多奇形怪狀的鬼神的圖畫，端公手拿師刀令牌，站在堂中，一壁舞蹈，一壁便把這些圖畫的內容唱了出來，給我很深的印象。此書旣是和古代巫術有相當關係，可能最初也是由巫師祈禳時懸掛的天地鬼神圖像再加以文字解釋的。≪大荒經≫以下五篇的圖畫，從經文所記敍的情況看，應當是最近於原始。圖畫上所畫的一些鬼神迷信怪物和神話故事，必定是詳略錯出，大小間雜，光怪陸離，故記敍這些圖畫的經文，也就不免顯得淩雜無序。而《海外》《海內》諸經的記敍，就方向明確，條理秩序井然，可知原來的圖畫也是經過很好的組織和安排的（《海內經》四篇略覺紊亂，那是因爲有脫簡錯簡的緣故，不是原來的圖畫和經文本身有毛病）。照事物發展的一般的情況看，秩序和條理比起雜亂無章總是進步些，因而可推想《荒經》以下五篇要比《海外》《海內》諸經成書時代略早。

從《荒經》以下五篇的內容看，神話材料很多，而且有些還帶着原始宗教迷信的色彩，應該推斷爲產生在《山經》和《海外》《海內》諸經之前。例如黃帝的神話，《西次三經》所記的服食玉膏，而《大荒東經》和《大荒北經》所記則是與蚩尤戰，後者尚未脫原始部族酋長的身影，而前者則不但已位居九重，儼然有至高無上的尊神姿態，並且也還有受仙話影響的痕跡，其文野的判別，可以大略想見。又如《大荒東經》記日月所出之山凡六，《大荒西經》記日月所出之山亦六，也給我們展示了在星象曆法發明以前原始人類以山頭紀曆的古老習俗。再如《大荒》諸經記有四方風名和四方神名，有王亥故事，都可以和殷墟卜辭所記的互相印證，可見其淵源之早。至於五篇所記重要神話而爲他所無的，尤其比比皆是，如鯀禹治理洪水、帝俊妻生日生月、女媧腸化爲十神、顓頊絕地天通、建木『大皞爰過』（援天梯建木登天）、『顓頊死卽復蘇』，等等，均詼詭怪奇，不脫原始神話本色。從以上所說的看來，謂《荒經》以下五篇略早於其他諸經，是戰國中年或者是戰國初年的作品，可能不會有很大錯誤。

畢沅注《山海經》，每於《荒經》以下五篇的某些小節下加注云：『此似釋海外某經也』，『此似釋海內某經也』，我看這種說法是不妥當的。如果要說是『釋』，與其說《荒經》以下五篇的某些小節是『釋』《海外》《海內》諸經的某些小節，倒不如說是《海外》《海內》諸經的某些小節，『釋』《荒經》以下五篇的某些小節。何以這樣說呢？且舉幾個例子來看看：

有東口之山。有君子之國，其人衣冠帶劍。（《大荒東經》）

有羽民之國，其民皆生毛羽。（《大荒南經》）

有女子之國。（《大荒西經》）

有儋耳之國，任姓。（《大荒北經》）

西南有巴國。……有黑蛇，青首，食象。（《海內經》）

君子國在其北，衣冠帶劍。食獸。使二大虎在旁。其人好讓不爭。有薰華草，朝生夕死。（《海外東經》）

羽民國在其南，其爲人長頭，身生羽。（《海外南經》）

女子國在其北，兩女子居，水周之。（《海外西經》）

聶耳之國在無腸國東，使兩文虎，爲人兩手聶其耳。（《海外北經》）

巴蛇食象，三歲而出其骨，君子服之，無心腹之疾。其爲蛇青黃赤黑。一曰黑蛇青首，在犀牛西。（《海內南經》）

我們看，這豈不是較詳的後者在『釋』較略的前者麼？既曰『釋』，總歸得多說幾句話的，決不會說『釋』的簡單、被『釋』反而囉嗦。自然，也有詳略彼此差不多的；也有《荒經》以下五篇較詳而《海外》《海內》諸經較略的，但是一般而論，其內容相同的部分，總是《荒經》簡於《海外》《海內》諸經。這說明《海外》《海內》諸經可能於《荒經》以下五篇有所取材，而又加以適當的發揮。

由上所述，可知《荒經》以下五篇，確早於《山海經》的其他部分，但是最早也還是不能超出戰國時代。這是因爲第一，文章的風格比較平易淺近，和《山海經》其他部分類似，是戰國時代的文風。第二，更重要的，是仙人不死的說法已影響到《荒經》以下五篇所記敍的內容。如《海內經》記有不死之山，又記有『上下』於『華山青水之東』的肇山而『至於天』的（仙人）柏高，《大荒西經》記有『三面一臂』而『不死』的『顓頊之子』，《大荒南經》記有『阿姓』的『不死之國』，等等，和經的其他部分一樣，都可見到仙話的侵入神話範圍。長生不死思想，春秋時代雖已萌芽，如《左傳》昭公二十年載齊景公問晏子的話說：『古而無死，其樂如何？』但是還不普遍。不死思想的興盛起來是戰國以後才有的事。《史記・封禪書》說：『自威（齊威王）、宣（齊宣王）、燕昭（燕昭王），使人入海求蓬萊、方丈、瀛洲。』就是這種思想的實際表現。而屈原《天問》也有『何所不死』、『延年不死，壽何所止』這類的問語，和《大荒經》以下五篇互相印證，就可知道這五篇最早也不能超出戰國時代的範圍。

至於《五藏山經》和《海外》諸經，蒙先生認爲是一個整體，這點我也還是贊同。

早年有些學者認爲《五藏山經》是東周時代的作品，理由是此經記敍洛陽附近的山水特詳，但這只是片面推論，證據不足。《五藏山經》的《中山經》十二篇，據徐炳昶先生《讀〈山海經〉札記》（見《中國古史的傳說時代》）說：是『地望皆明』。其山水所經歷的地域大致包括如今河南、湖北兩省，及山西、陝西省南部，四川省西北部，湖南、江西省北部。大部分地區，仍都在戰國時期楚國統轄的範圍內。以楚人著書而詳於這些地方的山水是不足爲異的，但實際上就連這些地方也還是半雜傳說。

《山經》不能成書於東周時代的一個最重要的原因，是經裏記載產鐵的山竟多至三十七處（《西山經》七，《北山經》七，《中山經》二十三），而產銅的山卻只有三十處。這說明《山經》的成書時代不會是東周甚至不是春秋而只能是戰國了。再證以《中山經》後面所附的一段『禹曰：……出銅之山四百六十七，出鐵之山三千六百九十……』云云，和《管子・地數篇》的文字相同，也可見得是戰國時代的作品。《管子》是戰國中年以後雜湊成功的一部書，此書假定是襲《管子》，那麼當然還在《管子》以後。如果竟是《管子》襲此書，而云『出鐵之山三千六百九十』，雖說是誇張了的，卻也說明當時鐵礦的發現或開發的普遍，決定是已進入鐵器尤其是鐵製生產工具已經普遍使用的時代的紀錄了。在中國，史學家們比較一致地公認：春秋以前鐵器的使用還不多見，直到戰國中年以後才普遍地使用起來。此書記載產鐵的山這麼多，末後統計的數目字又這麼大，可知當是戰國中年以後的作品。

鐵礦普遍發現的記載是此書成書時代的一個標誌。另外，對於各種疾病的認識的精細也可說是此書成書時代的另一個標誌。《山經》裏記載了許多治療疾病和預防疾病的單方，其中很有些怪鳥、怪獸和怪魚，是出於古人的傳說或想像，根本無法覓致，更不用說它的療效了。就是有些植物類的單方，如《西次四經》崦嵫山的『食之已癉』（癆病）的丹木，《中次七經》苦山的『服之不瘿』的無條（草），同經少陘之山的『食之不愚』的菵草，《中次六經》陽華山的『食之已瘧』的苦辛（草），也還是帶着若干傳說的性質，未可深究。但是各種疾病的名目卻是細緻地被認識出來了：有風、癰、疽、腹病、心痛、痔衕、瘻、疥、白癬、癭、疣、疫疾、嘔、狂、腫疾、蠱疫、聾、癡疾、癘、胕（胕腫）、痨、底（足繭）、瞢（盲）、臈（皮皺起）、脎（大腹）、癯（瘦），等等，而且藥物中還有吃了使人善走的，使人不怒的，使人多力的，使人顏色美麗的，使人不受孕的，使人不怕雷的，使人入水不溺的……也是醫藥衞生事業比較發達以後才能有的現象。

中國的醫藥學和生理衞生學，從各種文獻上看，是戰國時期才發達起來的。那時衞生知識已在講究，醫生已經分科，有內科、外科、婦科、小兒科、耳目科等（見《史記・扁鵲倉公列傳》）。並且還出了個著名的醫生扁鵲。《山經》所記載的各種防治疾病的單方，應該就是醫藥事業發達起來的這個時期的表徵。

《五藏山經》的寫作時代推論起來大致就是如此。不過有一點我們應該注意的，就是現在我們所見到的《五藏山經》，已有許多是後人的增益，不是成書時的本來面貌了。因《山經》的末尾，有『右《五藏山經》五篇，大凡一萬五千五百三字』一行統計語，這行統計語或者是原經所附，或者是劉秀校經時所加，但總之此經原來只有一萬五千五百三字是肯定的。可是到清代嘉慶年間郝懿行校經時，此經的字數卻大大增加了，不是『一萬五千五百三字』，而是『二萬一千二百六十五字』了，共增加了五千七百六十二字。增加得最多的，是《中山經》的部分。據郝懿行《山海經箋疏目錄》『中山經第五下』注語說:『本四千七百一十八字,注三千四百八十五字，今校經八千四百一十六字，注三千五百八十二字。』增加了經文三千六百九十八字，注文九十七字。這裏於是產生一個問題:這增加的經文和注文，是什麼時候增加進去的呢？據我推想，不會是在東晉郭璞注經以前，而是在郭璞注經以後。郝懿行目錄注語所說的本多少字、注多少字，據他說原是根據明《藏經》本所校，但明《藏經》本所統計的這些數字，其實是直抄古書，並不是他自己統計的。如今北京圖書館所藏宋淳熙七年池陽郡齋尤袤刻本《山海經・目錄》下面就有這樣的校語，可見是古已有之。《藏經》本《山海經・目錄》『海內經第十八』的下面，有校語云:『此《海內經》及《大荒經》本皆進在外。』宋本亦有此校語，『進在外』作『逸在外』。這些校語，可能就是郭璞注經時加上去的。郭璞注經時，《中山經》經文只有『四千七百一十八字』，他加了『三千五百八十二字』的注解，可是郭璞注經以後，《中山經》經文卻突然增加了三千六百九十八字，而注文卻只增加九十七字，足見增加的經文確實是郭璞注經以後的事。但經文也有比舊校減少的，如

《南山經》原三千五百四十七字，現只有一千八百六十一字，幾乎減少了一半字數，注文原二千一百七字，現在只有一千二百四十六字，相應也減少了一半字數的光景；《西山經》和《北山經》，亦各減少千多字；只《東山經》字數略無增減。總的計算下來，舊校（明《藏經》本校）《五藏山經》的字數爲二萬一千七百二十三，今本的字數只有二萬一千二百六十五，還是比舊校少了四百五十八字。二萬一千七百二十三字，當是郭璞注經時所見的《五藏山經》的字數，已比有『右《五藏山經》大凡一萬五千五百三字』的古本多了六千二百二十字，這多出的字數，當然是『後人所附益』，郭璞注經時把附益在裏面的也一併注了。可是自此而後，《山經》經文陸續有所散佚，又陸續有所增加。增加得最多的，就是如上所說的《中山經》的部分。過去學者以《中山經》記敍洛陽附近的山水特詳，因而推想《山經》或當成於東周時代，現在對此可以有了一些理解了。洛陽不僅是東周的王都，漢、曹魏、晉、元魏、隋、唐、梁、後唐等朝，都曾在這裏建都，因此我疑心《中山經》洛陽附近特詳的山水記敍，是郭璞注經以後（甚而至於還包括注經以前）洛陽的人士添加進去的，故山川道里，現在尙多能考定，其實已經不是此經的本來面貌了。

至於《海外經》四篇，蒙先生說和《五藏山經》是一部著作的兩個部分，我也贊成此說。除了蒙先生所說的，我還想補充兩點理由如下。

《五藏山經》五篇，在著書人的心目中，其實就是所謂的《海內經》。這一部分寫完了，然後才『海外自西南陬至東南陬者……』，說到海外。著者把《五藏山經》所記的山川道里，認爲都是中國的境界，因此先海內而後海外，先中國而後『四夷』。黃帝和西王母這兩個著名的神人，在《西次三經》裏記敍過了，在《海外西經》裏就沒有再記敍，甚至連昆侖山那樣著名的一座大山，《海外西經》也沒有提到。可見著者的心目中，是以《五藏山經》爲海內，以《海外》諸經爲海外。故其敍昆侖山云：『海內昆侖之虛，帝之下都……』，明說是『海內』。《海外南經》雖亦有『昆侖虛在其東，虛四方』的記敍，但這昆侖乃是南方海外的另一昆侖，不是位居西方的海內昆侖。畢沅《注》已云：『此東海方丈山也。《爾雅》云：『三成爲昆侖邱。』是昆侖者，高山皆得名之。』我認爲畢沅引《爾雅》的說法是對的。這昆侖雖不一定是如畢沅所說的『方丈山』，但觀經文對此昆侖僅作『虛四方』三個字的簡單的敍寫，自非《西次三經》及《海內西經》所記敍的西方的氣象萬千的昆侖可知。如此說來，《五藏山經》與《海外》諸經的記敍都是有計畫和有條理的，絲毫不顯得淩雜紊亂。這是《山經》與《海外經》原是一部著作的一證。

其次，《海外經》的後面，有『建平元年四月丙戌，待詔太常屬臣望校治，侍中光祿勳臣龔、侍中奉車都尉光祿大夫臣秀領主省』一行校進欵識，但是很奇怪《海內經》（不是《大荒經》後面的《海內經》）的後面也有這麼一行校進款識，而且是一字不差。若說是每校完一部分便須有一行校進欵識，但《五藏山經》的後面爲什麼又沒有呢？這都是不可解的。現在明白《山經》和《海外經》原是一部著作的兩個部分，而《海內經》則是模仿《海外經》而成的漢初的楚人著作，劉秀把這兩部書取來合爲一書，故於一部書校完以後標一校進欵識。《荒經》以下五篇是劉秀校書以後加進去的，因而沒有這種欵識。這也可以作爲《山經》與《海外經》原是一書的一證。

《山海經》中，只有《海內經》四篇的產生時代最遲，是在漢代初年，但也當在《淮南子》成書以前，因《淮南子・地形篇》記有『雷澤中有雷神，龍身人頭，鼓其腹而熙』，是引用《海內東經》文；『宵明燭光在河洲，所照方千里』，是引用《海內北經》

文。而這四篇中秦漢地名如桂林、賁禺、雁門、倭、列陽等層見疊出，卻不見於其他各經，也不能簡單地說是後人所附益或是注釋誤入經文。故《海內經》四篇，定爲漢代初年所作，大致無誤。蒙先生因經文有『大楚』『鉅燕』等稱謂，亦遽定爲是西周時代作品，還是嫌證據薄弱。這些稱謂，不過是作者根據其所見文獻資料，沿襲舊時稱謂罷了。《海內北經》云：『蓋國在鉅燕南倭北，倭屬燕。』西周時代，豈有『倭』之一名乎？明是記敍古事，雜以近聞，遂至古今地名雜糅，而寫作時代卻不是如所記敍的古事之古。

（《山海經寫作的時地及篇目考》，見《中華文史論叢》第七輯）

史景成云：

據愚見，《山海經》係一部官書，乃某國官方集合其逐漸調察及搜集所得與其國福利有關之地理、物產、祭祀、醫藥、神話、歷史等資料而成之書，故《山海經》非出一人之手，玆舉數例以證之：

一、文筆不同

《山海經》各部之文筆不同，山經之文詞通順條貫，海經次之，大荒經更次之。關於此點，學界同仁，多有同感，例如：袁珂云：

《海內》、《外經》和《荒經》……體製大抵同於《山經》，而文字條貫似乎卻沒有《山經》的分明。《海外南經》說：『三苗國在赤水東，其爲人相隨。』我們就不知道『相隨』的確切狀態。《大荒東經》說：『有五采之鳥，相鄉棄沙，惟帝俊下友。』也很費解。

侯仁之在其《比較海經與荒經》之文中亦云:

前者(《海經》)敍述明白，次第井然，而後者則失之雜亂，排比無章。《海內經》(最末海內經篇)亦有此弊。

按所謂『前者敍述明白，次第井然』係僅指《海經》與《荒經》之比較，若二者與《山經》相較，當皆遜色。

以上袁、侯二氏所評，甚爲中肯。《大荒經》與《海內經》(最末篇)之文，不但有極費解之處，且其排比實雜亂無章。例如《大荒西經》:

西北海之外，大荒之隅，有……

西北海之外，赤水之東，有……

西海之外，大荒之中，有……

西北海之外，赤水之西，……

比較有系統有次第之敍述，當於『西北海之外，赤水之東』後，接『西北海之外，赤水之西』，其後再接『西北海之外，大荒之隅』、『西海之外，大荒之中，有……』。

二、體裁不同

A　《五藏山經》以西方之某方作起句:

南山經之首曰……

西山經之首曰……

北山經之首曰……

東山經之首曰……

中山經之首曰……

B:《海經》以四陬作起句:

《海外經》:

海外自西南陬至東南陬
海外自西北陬至西北陬
海外自東北陬至西北陬
海外自東南陬至東北陬
≪海內經≫:
海內東南陬以西者
海內西南陬以北者
海內西北陬以東者
海內東北陬以南者

C ≪大荒經≫，方與陬兼用，無一定規則:
東海之外
南海之外
西北海之外，大荒之隅
東北海之外，大荒之中

三、同物異名

A 山名
≪海外北經≫: 務隅之山
≪海內東經≫: 鮒魚之山
≪大荒北經≫: 附魚之山

B 國名
≪海外北經≫: 柔利之國，一曰留利。
≪大荒北經≫: 牛黎之國。

C 人名
≪海外北經≫: 共工之臣曰相柳氏。
≪大荒北經≫: 共工之臣曰相繇（≪注≫: 相柳也）。

D　神名

《海外西經》：燭陰

《大荒北經》：燭龍

四、矛盾

A　舜之葬地

《海內南經》：蒼梧之山，帝舜葬於陽。

《大荒南經》：帝舜葬於岳山（《注》：卽狄山也）。

B　神話故事

《大荒北經》：夸父不量力欲追日景，逮之於禺谷，將飲河而不足也，將走大澤，未至而死於此。

《大荒東經》：應龍處南極，殺蚩尤與夸父。

《大荒東經》謂應龍殺夸父，《大荒北經》謂夸父未至大澤而死，爲渴死，非被應龍所殺死。此《大荒經》內之自相矛盾。

《大荒北經》：有人衣青衣，名曰黃帝女魃。蚩尤作兵伐黃帝，黃帝乃令應龍攻之冀州之野。應龍畜水，蚩尤請風雨師縱大風雨。黃帝乃下天女曰魃，止雨，遂殺蚩尤。

《大荒東經》謂應龍殺蚩尤，而此經謂黃帝下天女魃殺蚩尤，此《大荒經》內之自相矛盾又一例。

B　世系

《大荒南經》：鯀妻士敬、士敬子曰炎融，生驩頭。

《大荒北經》：顓頊生驩頭。

此《大荒經》內互相矛盾之又一例。

《大荒西經》：顓頊生老童，老童生祝融。

《大荒海內經》：炎帝之妻，赤水之子，聽訞生炎居，炎居生節並，節並生戲器，戲器生祝融。

此爲《大荒經》與《大荒海內經》之矛盾。

《大荒東經》：帝俊生中容（《箋疏》：《左傳》文公十八年，高陽氏才子八人內有中容，然則此經帝俊又當爲顓頊矣）。

《大荒東經》：帝俊生帝鴻（《箋疏》：帝鴻黃帝也）。

大荒海內經：黃帝妻雷祖生昌意，昌意生韓流，韓流……生顓頊。

按第一項，帝俊卽顓頊，是以第二項云：帝俊生黃帝，當卽顓頊生黃帝，而第三項，黃帝反成顓頊之曾祖，其矛盾如此！

五、重 複

A 國名

《海外經》與《大荒經》國名之重複者，共十九處，與《海內經》重複者有三。且不但《大荒經》與海外、海內《經》有重複，卽本部本篇內亦有重複。

本部內重複之例：

《大荒東經》：有波谷山者，有大人之國。

《大荒北經》：有人名曰大人，有大人之國。

本篇內重複之例：

《大荒東經》：大荒之中，有山名曰合虛……有中容之國。

《大荒東經》：大荒之中，有山名曰壑明俊疾……有中容之國（《箋疏》：『諸文重複雜沓，踳駮不倫，蓋作者非一人，書成非一家故也。』

B 顓頊葬地

《海外北經》：務隅之山，帝顓頊葬於陽，九嬪葬於陰。

《海內北經》：鮒魚之山，帝顓頊葬於陽，九嬪葬於陰。

《大荒海內經》：附禺之山，帝顓頊與九嬪葬焉。

今察上文所引，不但本部內有重複、矛盾、異說，甚至本篇內亦有此現象，顯證其非出一人之手。郝懿行《箋疏》，對重複雜沓之處亦謂：『蓋本諸家記錄，非一手所成故也。』但未解釋何以本部本篇之材料亦出諸家記錄。鄭德坤對於異說云：『關於「一曰」，大概劉歆校訂時，經文或有異本。』侯仁之亦稱『荒經乃海經的別本。』但《山海經》之有異本或別本，則又作何解？豈有數不同之私人，在不同之時代及地域，不約而同寫作性質相同之異本或別本之《山海經》？即使有不同之私人，不約而同寫成異本或別本之《山海經》，則同部同篇內之重複、矛盾、異說，又將何以解釋？

按《山海經》之記載，有出於想像，有出於傳說，亦有出於實錄。其眞實之部分，當爲多人多年分工合作之成績。畢沅在其新校正序中曾謂《山海經》內所載之山『率多可考』，所記載之水『見於經傳，其川流沿注，至今質明可信』。小川琢治亦云：『中國上古之地誌，在《禹貢》反有可疑，而從來學者不信之《山海經》，卻大有可採，其研究東亞之地理及歷史上，決不可忽。』顧頡剛亦稱《山海經》爲研究古代地理最有價値之書。又據蒙文通之研究，《山海經》內『保存了很古的地理情況，其地理時代，遠在《禹貢》所反映的地理時代之前。』而小川氏謂：『海內四經，當是表出戰國末葉邊裔地理上之位置。』稱《山海經》內之『土地、住民之名稱，有次第附加者』。《山海經》內之記載，旣『保存了很古的地理情況』，又『表出戰國末葉邊裔地理上之位置』，故其內容必爲逐漸積累，逐漸增益而成。至於經內所載之神話，皆爲各地民間十口相傳之迷信，並非某一私人，一時一氣之臆構。是以神話之有異說者，蓋因其爲混雜不同時代、不同區域、不同民族之傳說而成。此外《山海經》內尙有關於各山神祭祀當用之祭品，一四五種動植物醫藥之性能，六一八處礦物之產地，及七六種鳥類，八九種木類，六九種英類之名稱、形狀、產地等。凡此皆屬巫醫、祭祀及動、植、礦物之專門知識，非但必爲逐漸積累而成，且必爲專門人才或專職官史搜集所得。又《五藏山經》所載：『又東三百里曰堂庭之山。』或『又西二百里曰翠山』等，所述各山之具體距離及各河川之水源，勢必爲專門人才調査搜集之紀錄。今察書內所載，旣含多人搜集調查之報告，無怪《山海經》內有重複、矛盾或異本、別本之產生。

據《山海經》之內容而推，旣當爲多人多年之成績，復據其重複、矛盾、異說之記載，亦證各部各篇之材料非出一人之手，是以今本《山海經》乃在分工合作之情形下所產生，當係某國官方之產物。且當爲一富迷信、重巫術之國，爲適應其本國當時之需要，令負責不同地域之官史，分途編纂其逐漸收集之地理、物產、祭祀、巫醫、傳說、神話等檔案，復加整理及增益先後而成各具特性之山經、海經、荒經各篇。其後史巫之官復合此四部，增訂而成之書。

（《山海經新證》，原刊於《書目季刊》）.

〔存　目〕

何定生撰《山海經成書之年代》，發表於國立中山大學語言歷史學研究所《周刊》第二集第二十期內。

史評類

■史綱評要

崔文印云:

《史綱評要》的史文、注文和分卷，都完全雷同於明姚舜牧的《史綱要領》。姚舜牧，《明史》無傳，但他的文集《來恩堂草》卻爲我們提供了他的生平概況。他字虞佐，號承庵，浙江烏程人，嘉靖二十二年（一五四三年）生。萬歷元年（一五七三年）考中舉人。此後，歷任廣東新興、廣西全州、江西廣昌等地知縣。萬歷三十六年（一六〇八年）告老還鄉。次年，他出於《爲啓蒙計，亦或好名之累》（《與周訒庵書》），刪訂在當時流行而又分量頗大的《史綱》，編成了《史綱要領》，並於萬歷三十八年（一六一〇年）刻版刊行。他在給朋友的信中說:『抵舍來，但知修覽遺編，重訂則《易經》《四書》，裁訂則《史綱》《性理》，《史綱》名《要領》』（《與陳遹庵書》）。值得注意的是，李贄死在萬歷三十年（一六〇二年）。這就是說，當姚舜牧告老還鄉動手裁訂《史綱要領》並刻版刊行時，李贄已死去了七、八年之久。無論如何，李贄不可能在死後看到姚舜牧所編定的這個史文，更無由對它還作了那麼多圈、點、線或各類批語了。這應該說是《史綱評要》僞托李贄評纂的致命傷。

我們再把《史綱評要》和《史綱要領》兩書細細對照一下，吳從先作僞的痕迹就更清楚了。

《史綱要領》刊刻於一六一〇年，即比《史綱評要》早三年問世。《史綱要領》在史文之外，也輯錄了『朱子、溫公及胡五峰、雙湖、蘇老泉父子、呂東萊、眞西山、尹起莘、丘瓊山諸公』有關評語（《來恩堂草》卷二），同時，姚舜牧也『間出小論』一百五十三條（《與陳遜庵書》）。《史綱評要》『刪』去了所有這些評語，另『補』了所謂李贄的夾批、眉批、段後評等等，好像李贄眞的起死回生親自評閱過一樣。然而，從校勘角度粗略一看，其翻刻《史綱要領》的痕迹便明顯地暴露了出來。

首先，《史綱要領》的史文，每年與每年之間並不提行，只用一圈相隔。吳從先在翻刻時，則把紀年單列一行。這一改動，便出現了一些顯然的提行錯誤。如卷一，『時鬼方無道，武丁伐之，三年乃克，殷道復興……』，原意是很淸楚的。《評要》一看到『三年』二字就匆匆忙忙地把它單列一行。這一來，『乃克』便成了下文的開始，以致無法讀通。又如卷七，元封二年，『旱，上以爲憂。公孫卿曰：黃帝時，封則天旱，乾封三年。上乃下詔曰：天旱，意乾封乎』。『乾封三年』這段話，見《漢書・郊祀志》，《注》云：『三歲不雨，暴所封之土令乾也。』號稱『因讀《漢書》，而以此（指參訂《史綱評要》）卒業』（《評要序》）的吳從先，一看到『乾封三年』中的『三年』二字，又連忙把它另行提行，並在『上乃下詔』的天頭上批道：『不通。』其實，不是漢武帝的詔書『不通』，而是吳從先自己沒有讀通。這類錯誤並不在少數。至於把『掊克』誤成『接克』，把高保勗的『勗』誤作『最』之類，則更是隨處可見。這類錯誤，不是翻刻所致又是什麼呢？

宋明以來，適應科擧考試的需要，出現了不少類似《史綱要領》這樣的『小綱鑒』，在這些『小綱鑒』中，又以王衡編次的《綱鑒正要精抄》的史文和姚書最接近，它刊刻於一六〇六年（此時李贄已死去了四年），估計姚舜牧刪訂《史綱要領》時可能參酌了它。現在，我們參酌《精抄》，對校《評要》和《要領》，就更容易發現問題。如卷三十『要當計利害多少，不可爲異論所惑』句，兩書皆不誤，獨《史綱評要》作『要當計論所惑』，不知所云，這顯然是翻刻時脫字所致。也還有增字的地方，如同卷，司馬光『自洛入臨安』一句，『安』卽吳從先所妄增。彼時宋神宗剛死，宋都開封，還沒有『臨安』一名。《精抄》不僅作『自洛入臨』，還在『入臨』之下注云：『臨喪哭也。』足見司馬光確是從洛陽到開封入臨神宗之喪，而不是去游杭州西湖。這淸楚地表明，吳從先在翻刻《要領》時，試圖訂正一下史文的錯誤，不過由於自己的淺陋，反而更增加了錯處。

上述事實已足以證明吳從先確是翻刻了《史綱要領》。還可以提到，他的《史綱評要序》也抄襲了姚舜牧《史綱要領序》中的句子，這又是他翻刻作僞的一個佐證。

> 姚《序》云：『秦之酷烈，古道幾廢不存。晉魏五代，中國而夷狄，魚肉胥戕乎人命……五代又禽蒐而草雉。宋興……而奄奄弱息，常若履虎尾以慮其咥……漢之宦豎、外戚、黨錮，晉之風流，唐之閨門……』
>
> 吳《序》云：『秦之酷烈，晉之胥戕，後五代之禽蒐而草雉，宋弱之履虎尾而虞咥，可無評乎？漢之黨錮，晉之風流，唐之閨門，可無評乎？』

這樣對姚書、姚《序》進行改易和抄襲，卻硬說『稿得於吳門道學家』（《評要序》），并公開署稱『李贄評纂』，這不是自欺欺人又是什麽呢？

三類值得注意的評語

《史綱評要》除史文問題外，還有三類評語也爲吳從先的作僞提供了進一步的佐證。

一類是對姚書評語的篡改。姚舜牧的評是他自稱『發平生所未舒』（《與陳遹庵書》），即是他晚年刪訂《史綱要領》時所寫，也就是說，這些評語都產生在李贄死後多年，是李贄所絕對看不到的。因此，對這類評語的改篡，絕對與李贄無涉。

卷五：評張良歸韓。

《要領》：姚舜牧曰：『張良心固爲韓，然當在漢時亦忠於漢。』（以下引文『姚舜牧曰』四字從略）

《評要》：爲韓，亦爲漢。

卷七：評汲黯死。

《要領》：然朝廷曷可少是人耶？史謂黯去漢朝無人，信哉言也。

《評要》：朝廷無人矣。

卷二十四：評李光進家和睦。

《要領》：是所謂眞兄弟妯娌矣……。

《評要》：兄弟妯娌難得。

卷三十五：評宋理宗親政。

《要領》：……史書帝始親政，則向來之政屬之何人耶？

《評要》：說帝始親政，則從前可知矣。

又同卷：評金朝滅亡。

《要領》：此宋室當時所稱一大快者。

《評要》：在宋家亦是一件快心事。

這類評語很多。如同吳從先抄襲姚《序》中的句子一樣，往往對姚評進行了概括，或是同一意思，變換了一下表達方式，對照一看，後者源於前者是顯而易見的。

第二類評語是針對姚評而發的。這類評語雖然不多，但卻很說明問題。

卷二十七有段文字：『帝（指趙匡胤）在後苑挾弓彈雀，有稱急事請見者。及見，乃常事耳。帝怒曰：「何爲急事？」曰：「亦急於彈雀耳。」』

《要領》：帝亦有此事耶？惜其人姓名不載於史籍耳。

《評要》：……有惜其姓名不傳者，予謂不傳姓名更妙。

眞是針鋒相對！對李贄不可能見到的評語而又假托李贄作這樣的批評，不是強加於人嗎？

第三類評語，是離開《史綱要領》難以看懂的。

卷三：『子擊出，遭田子方於道』條，《要領》引呂東萊的評說：『子擊欲以勢驕人，子方欲以學驕人。二者病則一般。……』《評要》則說：『正是對症之言，何謂病則一般？腐儒可笑。』但是《評要》又已把呂東萊的這段評語刪去了，要是不看《要領》，就根本弄不清楚《評要》所說『何謂病則一般』這段話究竟指什麽而言。

卷十三：蜀『諸軍還成都』條，《要領》引陳壽《三國志》的贊語評諸葛亮。《評要》已把這一贊語刪去，又說：『壽不知贊公，皮毛亦是。』同樣使人莫明其妙。

這類評語本是針對某些人的史評而發，而與具體的歷史事件和人物沒有直接關係。《評要》把《要領》中所收的一些人的史評刪去，而又把針對這些史評所作的評語緊繫於史文之後，就完全成了無的放矢。從而也就又從一個側面證明，這部書決不會是『李贄評纂』。

晚出的《史綱評要》，居然與《史綱要領》在史文、評語上有如此微妙的關係，而又要人『必不疑卓吾』，行嗎？

與藏書等李贄著作的矛盾

《藏書》是李贄一部重要的評史著作，是他對歷史人物和歷史事件評論的集中表述。李贄曾說：『《藏書》，予一生精神所寄也』（《枕中十書卷首・序》）。《史綱評要》許多觀點與《藏書》等的矛盾，就更暴露出它爲僞托李贄編纂的。

與《藏書》觀點的矛盾，可以說貫穿全書，而漢以後更多、更顯著。對漢武帝的評論就是突出一例。在《藏書》中，李贄稱漢武帝是『英雄繼創』、『英明之主』（卷三）、『千古大聖』（卷一《世紀總論》），並說，『吾謂漢武帝眞不世之雄者，非過也』（卷三十七《司馬相如傳》）。他還指出，對於像漢武帝這樣的人物『未可輕議也』（卷十七《富國名臣總論》）。而《史綱評要》卻極輕率，極簡單地稱漢武帝爲『歪皇帝』（卷六），并說他『君不君』（卷七），不像個皇帝。對桑弘羊的評論也有類似的矛盾。李贄在《藏書・富國名臣總論》裏盛贊了桑弘羊的『均輸之法』，說它是『爲國家大業，制四海安邊之本』。李贄感嘆說：『嗚呼！桑弘羊者不可少也。』《焚書》卷五『爲賦而相貫輸』條，也有類似的贊語。但《史綱評要》卻認爲『烹弘羊三字甚確』（卷七）。這樣的矛盾，眞可說是格格不入了。

對唐史的評論也是如此。如對柳宗元，李贄在《藏書》中說：『柳宗元識見議論不與唐人班行者，《封建論》卓且絕矣！其爲叔文等所特待也宜』（卷三十九）。而《史綱評要》卻認爲王叔文、柳宗元治理朝政是『成何光景』（卷二十三）。這種貶抑之辭，與《藏書》的評論實在相去太遠了。

最突出的矛盾還在對宋代王安石、司馬光、朱熹等人的評論。對王安石，由於李贄本身的背景局限性，評論本來就不够正確，但也決不像《史綱評要》那樣，說得他一無是處。《藏書》和《評要》都記載了王安石和司馬光的一段辯論，兩書也都有夾批，對比一下兩書的批語，是很能說明問題的。

王安石曰：『國用所以不足，以未得善理財者。』《藏書》評曰：『是。』《評要》則曰：『拗。』光曰：『善理財者，不過頭會箕斂耳。《藏書》無評，《評要》評曰：『快。』安石曰：『不然，善理財者不加賦而國用足。』《藏書》評道：『是！是！但安石未是耳。』《評要》無評。光曰：『天下安有此理？』《藏書》無評。《評要》曰：『快。』司馬光接着說：『天下所生財貨百物，不在民則在官，彼設法奪民，其害乃甚於加賦，此蓋桑弘羊欺武帝之言。』《藏書》曰：『胡說。』《評要》則用段後評的形式說：『介甫之病，坐不近人情，故君實明快之言如不聞也……』李贄在《藏書》卷三十四說：『嗚呼！光謂安石不曉理財可也，而謂……桑弘羊欺武帝之言則可笑甚矣！』李贄認爲，司馬光的話不僅不是『明快之言』，而且所見『又在安石下矣』（《藏書》卷十七《富國名臣總論》）。

這一對比，我們就看得很淸楚，兩書觀點簡直是南轅北轍。

吳從先的生平及其作僞的自供

號稱《史綱評要》『參訂』者的吳從先，不僅抄襲了姚舜牧《序》文中的句子，更篡改了姚書的大量評語，顯然作僞者不會是別人。我們看一看他的生平，就更能看淸這一點。

吳從先字寧野，徽州歙縣人（卽新安），生卒年不詳。他在萬歷四十二年（一六一四年）刊刻的文集《小窗自紀·序》中稱『三十老書生』，可知那時他大槪三十歲左右。據他自己說，最初他是由馮夢楨的誘掖而游學南京的。此後，他便在南京買了一所名叫

『燕園』的宅第。所謂『霞漪閣』，就是他『燕園』中的書齋，所謂『小窗』，則是他在窗下讀書著文的意思。

吳從先雖經馮夢楨的延譽，但其仕途並不順利。他曾感嘆『積學苦無相知』，『宇宙雖寬，世途渺於鳥道』（《清紀附》）。因此，他在給他的老師張賓王（卽張榜，事見《金陵通傳》）的信中說：『世會如此，筆墨似可捐棄。然捨筆墨別無可親，勉坐小窗，青氈生活，若《史綱》、若諸《紀》、若《𢿱貂》、若《文選》，皆無聊而托焉者也』（《自紀》卷四）。所謂《史綱》，卽指《史綱評要》；所謂諸《紀》，卽《小窗自紀》《小窗清紀》《小窗艷紀》《小窗別紀》，又合稱《小窗四紀》。其中除《自紀》外，其它三《紀》皆是他人文句的摘編和文章選輯。至於《𢿱貂》，吳逵在爲吳從先作的《小窗四紀·序》中說：『曩所著《𢿱貂》諸集，經生家推爲冠鋒。』估計是一部供童生習用的時文選集。這封信值得注意的是，他把《史綱評要》毫不含混地和自己編著的東西列在了一起，這就不打自招地供認了，《史綱評要》和他開列的其它書一樣，都是他『捨筆墨別無可親』的產品，是他自己編著的東西。正因爲如此，他才會在這封信中請他的老師對這幾部書『一一裁之』，如是他刊刻別人的東西，何用『裁之』？這不明明是他作僞的自供嗎！

（《談史綱評要的真僞問題》）

〔子　部〕

儒　家　類

■晏　子

高　亨云:

《晏子》雖然不是晏嬰所作，但是成書並不太晚，當在戰國時代；管同等人以爲漢後人所造的假古董，實屬無據。總的看來，第一，《晏子》二百一十五章都記晏嬰的言行，重見於先秦兩漢古書的，據我粗略的統計，約八十章左右；其餘只《晏子》中才有。如果漢後人作僞，試問作僞者從那裏得到那八十章左右以外的材料？彼時人所見到的古書誠然比今天多，但是作僞者偏偏對於有關晏嬰的材料掌握這麽豐富，也不可理解。第二，《晏子》所記故事，重見於先秦兩漢古書的，確多相同或大體相同之處；但是《晏子》中在人物、地點和故事情節上，也有不少特別殊異的地方。如果漢後人作僞，試問作僞者爲什麽不遵照古書而偏偏立異？又有什麽根據而立異？第三，《晏子》所記故事和重見於先秦兩漢古書的相比，一般是《晏子》內容比較豐富，情節比較多而且詳。如果漢後人作僞，試問作僞者根據什麽而增加故事的內容和情節？能說都出於虛構嗎？第四，《晏子》書中有許多古字古義，只有先秦作品才這樣用，甚至只有《晏子》才這樣用，而且語言風格多古奧樸實，與漢人作品迥異。如果漢後人作僞，試問作僞者怎能超越時代、會用古字古義、會寫古代文章，達於畢眞畢肖？以上四點，具體論述，要連篇累牘，只好從略。同時，解決這個問題，只有拿《晏子》所記和其他古書對勘，顯示它們孰先孰後，才能使人心服。現在我就用這個方法，舉幾個例子，來證實《晏子》作於戰國時代。

以晏子與古文瑣語為例

《晏子》書中記有齊景公興兵伐宋，因夢見湯和伊尹，從而罷兵一事，《古文瑣語》也載此事。《古文瑣語》本是魏襄王用來殉葬之物，埋在他的墳裏，直到晉朝初年，才被發現。這是漢魏人所未見的。《晏子》所記旣與《瑣語》相合，可見它至晚寫於戰國時代，不是漢後人所僞造。那末是否晉後人抄《瑣語》呢？不是的。請看，《晏子》記：

> 景公舉兵將伐宋，師過泰山，公夢見二丈夫立而怒，其怒甚盛。公恐，覺，辟門召占夢者至，公曰：『今夕吾夢二丈夫立而怒，不知其所言，其怒甚盛。吾猶識其狀，識其聲。』占夢者曰：『師過泰山而不用事，故泰山之神怒也。請趣召祝史，祠乎泰山，則可。』公曰：『諾。』明日晏子朝見，公告之如占夢之言也。公曰：『占夢者之言曰：「師過泰山而不用事，故泰山之神怒也。」今使人召祝史祠之。』晏子俯有間，對曰：『占夢者不識也。此非泰山之神，是宋之先湯與伊尹也。』公疑，以爲泰山神。晏子曰：『公疑之，則嬰請言湯、伊尹之狀也。湯質晳而長顏以髯，兌上豐下，倨身而揚聲。』公曰：『然，是已。』『伊尹黑而短，蓬而髯，

豐上兌下，僂身而下聲。』公曰：『然，是已。今若何？』晏子曰：『夫湯、太甲、武丁、祖乙，天下之盛君也，不宜無後。今惟宋耳，而公伐之，故湯、伊尹怒。請散師以平宋。』景公不用，終伐宋。晏子曰：『伐無罪之國，以怒明神，不易行以續蓄，進師以近過，非嬰所知也。師若果進，軍必有殃。』軍進再舍，鼓毀將殪。公乃辭乎晏子，散師，不果伐宋。（≪內篇諫上≫第二十二章）

而≪瑣語≫記：

齊景公伐宋，至曲陵，夢見有短丈夫賓於前。晏子曰：『君所夢者何如哉？』公曰：『其賓者甚短，大上小下，其言甚怒，好俛』晏子曰：『如是則伊尹也。伊尹甚大上小下，赤色而髯，其言好俛而下聲。』公曰：『是矣。』晏子曰：『是怒君師，不如違之』遂不果伐宋。（≪太平御覽≫三七八引）

≪晏子≫所記，情節複雜，而≪瑣語≫所記，情節簡單。不僅如此，又有歧異，≪晏子≫說『過泰山』，而≪瑣語≫說『至曲陵』；≪晏子≫說景公夢見湯和伊尹，而≪瑣語≫說景公只夢見伊尹；≪晏子≫說晏嬰後擧湯和伊尹的狀貌，而≪瑣語≫說景公先擧伊尹的狀貌；≪晏子≫說『鼓毀將殪』而後退兵，而≪瑣語≫說夢後卽退兵。可見不是晉後人抄≪瑣語≫編入≪晏子≫了。

王充≪論衡·死僞篇≫也載有此事，以我觀察，並非≪晏子≫抄≪論衡≫，而是≪論衡≫抄≪晏子≫。因爲≪論衡≫刪去很多，景公和占夢者的對話、景公對晏嬰談夢和占卜，以及最後晏嬰勸景公罷兵等都沒有記，足證≪論衡≫是摘錄≪晏子≫的。

以晏子與墨子為例

齊景公想要用土地封孔子，由於晏嬰反對而作罷。這個故事載在《晏子・外篇上》第一章和《墨子・非儒上》，文辭多有相同之處。管同等人以爲漢後人僞造《晏子》時抄竊《墨子》。以我考察，並非如此。例如《墨子》記：

孔某（當作孔丘）之齊，見景公，景公說，欲封之以尼溪。

『尼溪』，《史記・孔子世家》與《墨子》同，而《晏子》作『爾稽』，孫星衍說：『尼爾、溪稽，聲皆相近。』（《晏子音義》）是對的。尼溪是地名，比較通俗。如果漢後人抄《墨子》，不會也不可能改『尼溪』爲『爾稽』。又如《墨子》記晏嬰批評孔子的話：

宗喪循哀，不可使慈民。

《晏子》作：

厚葬破民貧國，久喪道哀費日，不可使子民。

《墨子》說：

儒學不可使議世。（儒當作博）

《晏子》作：

博學不可以儀世。

『子』與『慈』、『儀』與『議』，古字通用。《晏子》用『子』做『慈』，用『儀』做『議』，比《墨子》更爲古樸。兩書是誰抄誰，或者同出一源，不敢論定。即使《晏子》抄《墨子》或《墨子》抄《晏子》，也是戰國人所爲。如果漢後人抄《墨子》，不會改成這樣更古奧的字句。像魏晉間人僞造古文《尚書》二十五篇，其文辭終比眞篇淺近，一個人的文筆總是很難超過時代的。

《史記・孔子世家》也記載此事，司馬遷就採用《晏子》《墨子》，而加以刪省改動。如記晏嬰的話：

自大賢之息，周室既衰，禮樂缺有間。

《墨子》無此文，《晏子》卻有而不同：

自大賢之滅，周室之卑也，威儀加多，而民行滋薄；聲樂繁充，而世德滋衰。

很顯然，司馬遷的話是根據《晏子》。那末，管同等人說《晏子》一定出於司馬遷之後，大概未去細考。

以晏子與荀子為例

《晏子・內篇雜上》第二十三章記晏嬰提給曾子的臨別贈言，《荀子・大略》也有這一段，又《勸學》篇有與《晏子》贈言相似的語句。彼此對勘，顯然不是《晏子》抄《荀子》；而是《荀子》用《晏子》，有所刪省改動，化古奧爲淺明。全文沒有轉錄的必要，只舉幾條爲例。

《晏子》：

君子贈人以軒，不若以言。（軒、言押韻）

《荀子》作：

君子贈人以言，庶人贈人以財。（《大略》）

《晏子》：

和氏之璧、井田之困也，良工修之，則爲存國之寶。

《荀子》作：

和之璧、井里之厥也，玉人琢之，爲天子寶。（《大略》）

《晏子》：

今夫蘭本三年而成，湛之苦酒，則君子不近，庶人不佩；湛之縻醢，而賈匹馬矣。

《荀子》作：

蘭茝稾本漸於蜜醴，一佩易之。（《大略》。按似有脫字）

《晏子》:

今夫車輪，山之直木也，良匠揉之，其圓中規，雖有槁暴，不復嬴矣。

《荀子》作:

木直中繩，輮以爲輪，其曲中規，雖有槁暴、不復挺者，輮使之然也。（《勸學》）

從這幾句就可以看出，《晏子》文章比較古拙。尤其拿《晏子》的『軒』『言』和《荀子》的『言』『財』相比，拿《晏子》的『困』和《荀子》的『厥』相比，拿《晏子》的『麋醢』和《荀子》的『蜜醴』相比，拿《晏子》的『嬴』和《荀子》的『挺』相比，可以說《晏子》是較爲古樸而難懂，甚至像『困』『嬴』的含義，至今無法證明。如果漢後人採用《荀子》來假造《晏子》，語言當更加平易，那會有這種現象!

以晏子與呂氏春秋爲例

《晏子》與《呂氏春秋》所記相同的故事，最顯著的有三個:即晏嬰拒絕與崔杼同盟、晏嬰贖越石父、東郭騷自殺報晏嬰。我仔細對勘，認爲都不是《晏子》抄《呂氏春秋》，而是《呂氏春秋》抄《晏子》。這必須詳述而後能明。

晏嬰拒絕與崔杼同盟一事，《晏子》是這樣記的:

崔杼旣弑莊公而立景公，杼與慶封相之，劫諸將軍、大夫及顯士、庶人於太宮之坎上，令無得不盟者；爲壇三仞，埳其下；以甲千列環其內外。盟者皆脫劍而入，維晏子不肯，崔杼許之。有敢不盟者，戟拘其頸，劍承其心。令自盟曰:『不與崔、慶而與公室者受其不祥!』言不疾、指不至血者死。所殺七人。次及晏子。晏子奉桮血仰天嘆曰:『嗚呼!崔子爲無道，而弑其君，不與公室而與崔、慶者受此不祥!』俛而飲血。崔杼謂晏子曰:『子變子言，則齊國吾與子共之;子不變子言，戟既在脰，劍既在心，維子圖之也!』晏子曰:『劫吾以刃，而失其志，非勇也;回吾以利，而倍其君，非義也。崔子!子獨不爲夫《詩》乎?《詩》云:「莫莫葛藟，施於條枚。愷悌君子，求福不回。」今嬰且可以回而求福乎!曲刃鉤之!直兵推之!嬰不革矣。』崔杼將殺之。或曰:『不可，子以子之君無道而殺之;今其臣有道之士也，又從而殺之，不可以爲教矣。』崔子遂舍之。晏子曰:『若大夫爲大不仁，而爲小仁，焉有中乎!』趨出，授綏而乘。其僕將馳，晏子撫其手曰:『徐之!疾不必生，徐不必死。鹿生於野，命懸於厨，嬰命有繫矣。』按之成節而後去。《詩》云:『彼已之子，舍命不渝。』晏子之謂也。(《內篇雜上》第三章)

《呂氏春秋》是這樣記的:

晏子與崔杼盟，其辭曰:『不與崔氏而與公孫氏者受其不祥!』晏子俛而飲血，仰而呼天，曰:『不與公孫氏而與崔氏者受此不祥!』崔杼不說，直兵造胸，句兵鉤頸，謂晏子曰:『子變子言，則齊國吾與子共之;子不變子言，則今是已。』晏子曰:『崔子!子獨不爲夫《詩》乎?《詩》曰:「莫莫葛藟，延於條枚。凱弟君子，求福不回。」嬰且可以回而求福乎?子惟之矣。』崔杼曰:『此賢者，不可殺也。』罷兵而去。晏子授綏而乘，其僕將馳，晏子撫其僕之手，曰:『安之!毋失節!疾不必生，徐不必死。鹿生於山，而命懸於厨，今嬰之命有所懸矣。』(《知分》)

不難看出，《呂氏春秋》所記是根據《晏子》，而加删簡。《晏子》具體而較詳地寫出崔慶逼盟的地點、被逼人物、威脅情況、被殺人數及晏嬰不肯脫劍；而《呂氏春秋》只寫了一句，——『晏子與崔杼盟』，好像崔杼只逼晏嬰一人。《晏子》所記盟辭中的『崔、慶』和『公室』，《呂氏春秋》改『崔、慶』爲『崔氏』，就漏掉了同惡的慶封；又改『公室』爲『公孫氏』，就失去《晏子》的原意，因爲『公室』是稱呼姜氏的統治朝廷，而『公孫氏』不是的。可見《呂氏春秋》換詞的失當。這件事，《左傳》也有簡單的記載：『崔杼立（景公）而相之，慶封爲左相，盟國人於大宮，曰：「所不與崔、慶者——」晏子仰天嘆曰：「嬰所不惟忠於君利社稷者是與，有如上帝！」乃歃。』《晏子》所記和《左傳》大意相合；《呂氏春秋》就有漏洞了。《晏子》記崔杼不殺晏嬰，由於或人的諫阻，而《呂氏春秋》說成崔杼的自覺，不免給崔杼搽了粉。《晏子》中晏嬰諷刺崔杼『爲大不仁……』幾句，《呂氏春秋》省去。這些都足以說明《晏子》作於《呂氏春秋》之前。韓嬰的《韓詩外傳》卷一又錄《晏子》和《呂氏春秋》，再加刪簡。開端幾句：

> 崔杼弒莊公，合士大夫盟，盟者皆脫劍而入，言不疾、指不至血者死。所殺十餘人，次及晏子，奉杯血仰天而嘆曰：『惡乎！崔杼將爲無道，而殺其君！』於是盟者皆視之。

晏嬰的盟辭省去未寫，只添上『於是盟者皆視之』一句。以下用《晏子》，而依《呂氏春秋》省去崔杼要殺晏嬰、或人諫阻和晏嬰諷刺崔杼的話。劉向的《新序·義勇篇》則全用《韓詩外傳》，僅換了無關重要的幾個字。

晏嬰贖越石父一事，《晏子》是這樣記的：

> 晏子之晉，至中牟，睹弊冠、反裘、負芻、息於塗側者，以爲君子也，使人問焉，曰：『子何爲者也？』對曰：『我越石父者也。』晏子曰：『何爲至此？』曰：『吾爲人臣僕於

中牟，見使將歸。』晏子曰：『何爲爲僕？』對曰：『不免凍餓之切吾身，是以爲僕也。』晏子曰：『爲僕幾何？』對曰：『三年矣。』晏子曰：『可得贖乎？』對曰：『可。』遂解左驂以贖之，因載而與之俱歸，至舍，不辭而入。越石父怒而請絕，晏子使人應之曰：『吾未嘗得交夫子也，子爲僕三年，吾迺今日睹而贖之，吾於子尚未可乎？子何絕我之暴也？』越石父對之曰：『臣聞之，士者詘乎不知己，而申乎知己，故君子不以功輕人之身，不爲彼功詘身之理。吾三年爲人臣僕，而莫吾知也。今子贖我，吾以子爲知我矣。嚮者子乘，不我辭也，吾以子爲忘；今又不辭而入，是與臣我者同矣。我猶且爲臣，請鬻於世。』晏子出見之，曰：『嚮者見客之容，而今也見客之意。嬰聞之，省行者不引其過，察實者不譏其辭，嬰可以辭而無棄乎？嬰誠革之。』迺令糞灑、改席、尊醮而禮之。越石父曰：『吾聞之，至恭不修途，尊禮不受擯，夫子禮之，僕不敢當也。』晏子遂以爲上客。君子曰：俗人之有功則德，德則驕。晏子有功，免人於戹，而反詘下之，其去俗亦遠矣。此全功之道也。（《內篇雜上》第二十四章）

《呂氏春秋》是這樣記的：

晏子之晉，見反裘、負芻、息於塗者，以爲君子也，使人問焉，曰：『曷爲而至此？』對曰：『齊人累之，名爲越石父。』晏子曰：『譆！』遽解左驂以贖之，載而與歸，至舍，弗辭而入。越石父怒，請絕。晏子使人應之曰：『嬰未嘗得交也，今免子於患，吾於子猶未邪？』越石父曰：『吾聞君子屈乎不己知者，而伸乎己知者，吾是以請絕也。』晏子乃出見之，曰：『嚮也見客之容而已，今也見客之志。嬰聞察實者不留聲，觀行者不譏辭，嬰可以辭而無棄乎？』越石父曰：『夫子禮之，敢不敬從。』晏子遂以爲上客。俗人有功則德，德則驕。今晏子功免人於阨矣，而反屈下之，其去俗亦遠矣。此令功之道也。（《觀世》）

關於晏嬰贖越父石，越石父向晏嬰『請絕』，晏嬰加禮於越石父等情節，尤其是對話，《晏子》寫得那樣細緻，《呂氏春秋》寫得比較簡略，很明顯是《呂氏春秋》壓縮《晏子》，不是《晏子》擴大《呂氏春秋》。《史記》記載春秋時事，常常是採用《左傳》《國語》而加以簡化，正同此例。更重要的兩書內容有所不同。《晏子》說越石父因爲貧窮飢寒而賣身爲奴隸，所以在向晏嬰『請絕』的時候，還說『我猶且爲臣，請鬻（賣）於世』；而《呂氏春秋》說『齊人累之』，當然是受統治者的迫害，被罰帶索做苦工了。這應該是傳說不同，《呂氏春秋》或另有所據；但是《呂氏春秋》前文也僅說越石父『反裘、負芻』，並未說他身被縲紲，文辭顯有漏洞，《晏子》就沒有漏洞，因爲做人奴隸，是不帶索的。如果《晏子》抄襲《呂氏春秋》，怎會有這種現象？《史記・管晏列傳》便是根據《呂氏春秋》，略微刪省改動其詞句。至於《新序・節士》則全用《呂氏春秋》。

北郭騷自殺以報晏嬰一事，載在《晏子・內篇雜上》第二十七章和《呂氏春秋・士節篇》，文字幾乎全同，只是《呂氏春秋》記當北郭騷向晏嬰請求資助來養活母親之後，寫道：

晏子之僕謂晏子曰：『此齊國之賢者也。其義不臣乎天子，不友乎諸侯，於利不苟取，於害不苟免，今乞所以養母，是說夫子之義也。必與之。』

這八句《晏子》中沒有。按『不臣乎天子，不友乎諸侯』的高調，戰國中期陳仲子等人才唱出來，晏嬰時代沒有這個，不妨說《呂氏春秋》有些誇大，《晏子》倒符合實際。劉向《說苑・復恩篇》乃抄《晏》《呂》而略有刪改，情節不完，而語言易懂，可以不論。

總之，《呂氏春秋》有抄襲《晏子》的迹象，《晏子》卻無抄襲《呂氏春秋》的迹象。可見《晏子》成書在《呂氏春秋》之前。

以上幾個例子已經足以說明《晏子》作於戰國時代（其他例子從略）。但是《晏子》經過秦火的摧殘，是劉向所校編，後人又輾轉抄寫，其中雜有後人增添的語句甚至章節，乃屬應有的現象。《史記》還有許多篇有後人附加成分，而況《晏子》！我們應該進一步探索，嚴肅地加以審辨；可是決不能因爲有後人增添之處，從而拉下它的寫作時代，定全書爲僞作。

（《晏子春秋的寫作時代》）

吳則虞云：

本書內一直以『晏子』相稱，可見，說此書是晏嬰本人的作品，顯然是錯誤的。

前後期墨家的人物及其著作俱歷歷可考，除了《墨子·非儒篇》裏曾提到晏嬰之外，在其他章節裏再也看不見墨子及墨學者與晏嬰的關係，更找不出墨子門徒編寫《晏子春秋》的任何迹象。更顯明的是，《晏子春秋》前七卷內記述的晏嬰和孔子的關係，和《墨子·非儒篇》顯然不同。何況晏嬰與墨翟以及《晏子春秋》編寫者和《墨子》撰集者，各有其不同的背景思想，墨子門徒決不至背棄了自己背景立場而寫作《晏子春秋》這部書。把這書說成墨子門徒的作品，是根本說不通的。

《晏子春秋》在《賈子新書》(《數寧》)《史記·管晏列傳》和《淮南·要略》裏都曾經被稱引過，它又被著錄在《別錄》和《漢書·藝文志》的《諸子略》裏。西漢時代的著作如《韓詩外傳》《說苑》《新序》《列女傳》等書，引用《晏子春秋》的故實文句，現在還能見到的尚有數十條之多，這可以充分證明在西漢時代已經有了《晏子春秋》這部書，又怎能說是六朝人僞作呢？

我認爲《晏子春秋》的成書，有其長期間的積累和演化過程。原始的素材可能有兩類：一類是古書（如《齊春秋》等）裏的零星記載；一類是民間流傳的故事（卽司馬遷《管晏列傳》裏所提到的『軼書』）。那些古書裏的零星記載，旣被採入《晏子春秋》，同樣地也被採入《左氏傳》和《呂氏春秋》等書。至於民間傳說的那一部分，也有同樣的情形。例如越石父、北郭騷等故事，《晏子春秋》和《呂氏春秋》中都有同樣的材料。這類故事，由於長期間在人民口頭輾轉傳播，容易發生分歧和有所增損，所以同是一個故事，在幾種不同的記錄裏，內容往往有所出入，在地名人名方面甚至還有張冠李戴的情形。正像三國故事由羅貫中根據許多史傳和民間傳說資料加以整理才編寫成《三國志演義》一樣，《晏子春秋》的編寫也是經歷了這種過程的。

那麼，問題是在於編寫的年代了。

從寫作的體裁來看，先秦諸子書中沒有像《晏子春秋》這樣，整部書全用短篇故事組成的。後來出現了《韓詩外傳》《孔叢子》《說苑》《新序》《列女傳》等用故事組成的一些書，這些書裏就有若干故事和《晏子春秋》裏的大同小異。究竟它們和《晏子春秋》之間，誰襲取了誰，誰影響了誰，也有加以探索的必要。根據前人的考證，《孔叢子》不一定是孔鮒的作品；至於《說苑》《新序》《列女傳》，成書都比較晚。需要搞清楚的只有《韓詩外傳》一書。《漢書・藝文志》說：『漢興魯申公爲《詩》訓故，而齊轅固、燕韓生皆爲之傳，或取《春秋》，採雜說。』所謂『雜說』，指的就是《六經》以外的諸子百家。《韓詩外傳》裏的許多材料，到今天還可以找到它的來歷，其中和《晏子春秋》相雷同的就有十幾處之多。兩書雷同之處，可能是《外傳》採用《晏子》。有的是整節採用，有的是片斷摘錄，和摘錄《荀》《韓》諸書的情形是一樣的。

更從引《詩》來看，王先謙在《三家詩集疏》裏把《晏子春秋》的引《詩》都說成《齊詩》學派，大概因爲晏嬰是齊人，他想當然地得出這個結論。其實，這是錯誤的。經過逐條研究之後，我所得出的結論是：《晏子春秋》的引《詩》與《齊詩》並不相同，而恰恰和《毛詩》同一學派。根據《漢書·儒林傳》以及《經典釋文》等書的記載，《毛詩》傳自荀卿，荀卿授毛亨，到了毛亨才形成《毛詩》的一家之學。毛亨生年大概稍早於李斯（見許印林《大毛公名考》），比《齊詩》創始人轅固要早五六十年。《晏子春秋》的引《詩》既然同於毛公，那麼成書年代自然應較晚於毛亨。

再從《晏子春秋》本身來看，也有不少的佐證，可以用來說明《晏子春秋》成書的時間地點。『擊缶』就是一例。《史記·廉頗藺相如列傳》：『藺相如前曰：「趙王竊聞秦王善爲秦聲，請奉盆缻秦王。」……』李斯《諫逐客上書》：『夫擊甕叩缶……眞秦之聲也。』楊惲《報孫會宗書》：『家本秦也，能爲秦聲……酒後耳熱，仰天拊缶。』劉孝標注陸機《演連珠》：『搖頭鼓缶，秦之樂也。』《說文解字》《風俗通義·聲音篇》《漢書·楊惲傳》應劭《注》都說秦人把『缶』作爲樂器，這自然不是齊國的風俗了。

根據以上幾點來看，《晏子春秋》的成書年代，既不在毛亨之前，又不在韓嬰之後，那麼大約應當在秦政統一六國後的一段時間之內。而從擊缶等等風俗來看，編寫的地點，還可能就在原秦國境內。

編寫的年代大體搞淸楚了，編寫者又是誰呢？從晏子造型、本書思想內容和寫作動機來看，我想可以找出回答這個問題的線索。

《晏子春秋》和先秦其他子書有所不同。編寫者並不是以講學論道者自居，書中所塑造的主人公，也不是什麼通天教主式的聖人哲人，而是一位幕僚賓客式的政治人物。假使編寫者對主人公的生活性格，沒有深切的體會，當然不會選上這個題材。

我們知道春秋時代由『士』上升的諸侯賓客，在政治上有了一定的地位，戰國紛爭，這些人物，比春秋時代更受重視，更爲活躍。可是秦統一之後，養士這回事，跟着六國的被削平而告終結，亡國的諸侯賓客，有的就投到咸陽趨附於新朝，秦便擴大博士員額（博士始於周末，秦擴大到七十多人），來安頓這班閑人。秦博士就是在這個大變動的時代被沉澱下的人物。他們坐在冷板凳上，撫今思昔，爲了表達政見，發抒心中的苦悶，有人就寫起書來了。他們既不像杏壇設教，也不似稷下爭鳴，所以不管孔子也罷，老子也罷，一概不是他們抬舉的對象，他們所捧的角色，倒是與他們身分相似的『入幕之賓』。因此編寫者選上了晏嬰。

如上推考，《晏子春秋》的編寫者，可能就是秦博士了。但是秦滅六國，這位博士又是那個人呢？

《孟子》：『公孫丑問曰：「夫子當路於齊，管仲晏子之功，可復許乎？」孟子曰：「子誠齊人也，知管仲晏子而已。」』從『子誠齊人也』這句話來推考，可見齊國人對他們國家的歷史人物，是非常愛戴的。編寫者之所以取晏嬰爲主人公，除了前面所說的原因之外，他也和公孫丑一樣，夾雜一定的鄉土觀念在內。鍾儀楚奏，莊舄越吟，這種感情，是可以理解的。再從資料來看，他書中所反映的齊國生活，如衣履冠帶，摩肩擊轂等等，和《戰國·齊策》所記敍的大致相同。《晏子春秋》裏又出現一些他書不經見的齊國地名（如公阜等）。此外還有一些齊國的民間傳說和齊東方言，假如編寫者不是齊國人士，在當時交通條件下，決不可能對齊國地理風土了解得這樣深透，情感上也不會有這樣的親切；書中對於許多史實的記載，假如編寫者不是在齊國政治上有過較高的地位，又不可能見到這類的官府檔案和歷史文獻。由此種種，這位博士，必定是一位齊國的故臣。

可是這齊國的故臣又是誰呢？

《始皇本紀》裏說：

三十四年……，始皇置酒咸陽宮……，博士齊人淳于越進〔諫〕（據《李斯列傳》補）曰：『臣聞殷周之王千餘歲，封子弟功臣，自爲枝輔。今陛下有海內，而子弟爲匹夫，卒有田常、六卿之臣，無輔拂，何以相救哉？事不師古而能長久者，非所聞也。今靑臣又面諛以重陛下之過，非忠臣。』始皇下其議。丞相李斯曰：『五帝不相復，三代不相襲，各以治，非其相反，時變異也。今陛下創大業，建萬世之功，固非愚儒所知。且越言乃三代之事，何足法也？異時諸侯並爭，厚招游學。今天下已定，法令出一，百姓當家則力農工，士則學習法令辟禁，今諸生不師今而學古，以非當世，惑亂黔首。丞相臣斯昧死言：古者天下散亂，莫之能一，是以諸侯並作，語皆道古以害今，飾虛言以亂實，人善其所私學，以非上之所建立。今皇帝幷有天下，別黑白而定一尊，私學而相與非法教，人聞令下，則各以其學議之，入則心非，出則巷議，夸主以爲名，異取以爲高，率羣下以造謗，如此弗禁，則主勢降乎上，黨與成乎下。禁之便。臣請史官非秦記皆燒之。……以古非今者族。』

那進諫的淳于越旣是齊人，不就證明有一些亡國後的齊國故臣當了秦朝的博士嗎？事情旣是這樣地巧合，那末，有必要從淳于越的事迹再作一番考察。

秦始皇二十六年齊亡。滅亡的原因，《戰國策》和《史記》都說由於齊王建沒有聽從賢臣的意見。但是並沒有說出這賢臣是誰。我在《淮南子·泰族訓·注》裏找到了答覆。它說『齊王建信用后勝之計，不用淳于越之言』。這淳于越與三十四年進諫始皇的那位博士，正是一人。旣是一人，在此，有必要把淳于越的事迹，與上面所推測的種種，再來逐項對照一下：

一、《晏子春秋》成書在秦統一六國之後，淳于越的入秦又正當其時。

二、淳于越本是齊國的高級幕僚，齊亡入秦，又當上秦國的博士。與上面所推測的編寫者的身分相合。

三、淳于越是齊人，當然熟悉齊國的歷史，看到過官府資料，聽到過流播民間種種關於晏子的故事傳說。

四、淳于越所提出的『師古長久』，和《晏子春秋》裏『毋變爾俗』（雜下十九）『重變古常』（《內雜上》七）的思想，又相互一致。

五、《晏子春秋》中的諫議帶有託古諷今的意味，又正是李斯所說『各以其學議之』的『議』。

據上五點，正是『不說不像，越說越像』。雖然由於缺乏直接的記載，還不敢肯定《晏子春秋》的編寫者一定就是淳于越，但是很有理由論證《晏子春秋》的成書，極有可能就是淳于越之類的齊人，在秦國編寫的。

（《晏子春秋集釋・前言》）

張純一云：

周季百家之書，有自著者，有非自著者，《晏子》書非晏子自作也。蓋晏子歿後，傳其學者，采綴晏子之言行而爲之也。

（《晏子春秋校注・敍》）

王叔岷云：

《晏子》……文多淺近，且有重複，其爲後人補綴成書，自可無疑，然其中亦多古字古義，猶存先秦之舊，不可因後人有所竄亂，遂一概濩涗也。

（《晏子春秋斠證·前言》）

王更生著《晏子春秋研究》一書，臺北文史哲出版社一九七六年出版，書內第三章第一節爲《眞僞考》，其結論云：『故整治晏子之書，首以創通義例爲尚，執規矩以定方圓，然後祛僞存眞，庶幾可以明其學說矣。玆試擬義例八條以定眞僞如次：

一、凡文合經傳者，雖或經後人變亂，但有經傳依據，猶可信以爲眞。

二、凡文合晚周諸子者，因書出並世，故可藉此會通其思想，不可據以考校眞僞。

三、凡成哀以後，諸子文同《晏子》者，皆據劉向校本登錄，可信爲眞。

四、凡古注如郭璞《爾雅·注》、李善《文選·注》……等引述《晏子》，其所見乃唐以前舊本，時猶近古，可信。

五、凡唐宋類書，如馬總《意林》、魏徵《治要》……等散載《晏子》之佚文，所見乃當世舊本，去古未遠，可據以徵其眞。

六、凡先儒評述《晏子》眞僞之言，得爲考辨之旁證。

七、凡《晏子》義合劉向《晏子敍錄》及班固《漢書·文志》所稱述者爲眞，悖者爲僞。

八、凡《晏子》重言重意篇目，必傳聞異辭，可就其辭義之最備者，擇取其一。

據上述義例，以檢覈《晏子春秋》八篇，二百十五章。略其外上十九章（劉向《敍》稱文辭復重），外下四章及內篇諫上第二、第十一、十二、十八、十九、二十四、諫下第二、第三、十九、二十、問上第八、第九、二十一、雜上第二十四、二十五、二十八、二十九等二十章，另有外下除四章（十一、九、三、四）與內篇重復不計外，其餘十二章，頗悖經術，似非晏子言，疑後世辯士所爲者，故亦應刪除（見劉向《敍錄》《孔叢子・詰墨》《墨子・非儒》下、盧文弨《晏子春秋拾補》、王念孫《讀書雜志》，蘇時學《爻山筆話》、劉師培《晏子春秋補釋》、張純一《晏子春秋校注》）。內篇六篇一百五十三章中，問上第五《景公問聖王其行若何晏子對以衰世而諷》，雜上第五《景公惡故人晏子退國亂復召晏子》，文末均引墨子之言，先儒向以此爲詰難之的，疑墨子之徒奪著其事，以增高已術者所爲；雜上第一《景公不說晏子，晏子坐地訟公而歸》，雜下第二十四《景公以晏子妻老且惡欲內愛女晏子再拜以辭》，同篇第三十《晏子病將死鑿楹納書命子壯而示之》，事涉不經，變亂思想，道聽而塗說，類淳于髡滑稽之流。雜下《景公病水瞢與日鬬晏子教占夢者以對》第六，同篇《景公病瘍晏子撫而對之廼知羣臣之野》第七，皆荒誕不切事情，似稷下談天雕龍之亞也，以上七章，疑異家之言，誤合本書，故亦不取。殘存內外篇共一百五十六章，多合經傳史子，或魏晉隋唐學者注疏之文，至於唐宋類書引述者尤更僕難數，足徵「晏子六篇，皆合六經之義」，劉向《敍錄》所言不妄言。若準是以求晏子之學術思想，籠圈條貫，洞察幽微，如衣有領，似綱提網，可收執簡御繁，振敝起廢之效矣。』

黃雲眉云:

是書之剽竊古書，不必多引，卽擧內篇景公問吾欲觀於轉附朝舞一章，以與《孟子·梁惠王篇》對勘，而作僞之迹若揭矣。如改《孟子》秋省斂爲秋省實，飢者弗食爲貧苦不補，從流下而忘反爲從南歷時而不反，從流上而忘反爲從下而不反，從獸無厭爲從獸而不歸，樂酒無厭爲從樂而不歸，不特無謂已甚，竟至不成文理。蓋從流下而忘反四句，晏子不過泛解流連荒亡四字之意義，非在比切遵海而南之事實，而是書乃曰從南歷時而不反謂之流，豈非作僞者強事牽合乎！又若方命虐民四句，與上飢者弗食四句，爲子書中所恒有之韵語，而是書則妄刪睊睊胥讒，民乃作慝，及方命虐民四句以爲簡古，是孟子引前人書，反得詳於前人，有是理乎！蓋作僞者意在使後人疑《孟子》異於《晏子》，不知適以使後人疑《晏子》異於《孟子》耳。

夫使此書而非出於有意作僞，則不應采掇《孟子》與之異同如此；與《孟子》而異同如此，此正作僞者之謬拙，而非采掇之疏略矣。

(《古今僞書考補證》)

陳瑞庚撰《晏子春秋考辨》一書，一九八〇年臺北長安出版社出版，其第八章爲《晏子春秋內容之來源及分析》，全章分十一節，綜論《晏子》襲用《左傳》《論語》《墨子》《孟子》、陰陽家、《莊子》《荀子》《韓非子》《呂氏春秋》及《史記》等之文字，後記云:『《晏子春秋》本非一時一地一人所作，而是經過長時間陸續增添補苴而成的。』

■荀 子

謝 墉云:

《小戴》所傳《三年問》全出《禮論篇》,《樂記・鄉飮酒義》所引俱出《樂論篇》,《聘義》『子貢問貴玉賤珉』亦與《德行篇》大同,《大戴》所傳《禮三本篇》亦出《禮論篇》,《勸學篇》卽《荀子》首篇而以《宥坐篇》末見大水一則附之,『哀公問五義』出《哀公篇》之首,則知荀子所著,載在二《戴記》者尙多,而本書或反缺佚。

(《荀子笺释・序》)

張 亨云:

《大戴禮記》的《禮三本篇》和《荀子・禮論篇》重出的部份是自『禮有三本』至『貳之則喪也』句。比較兩書之後可以發現:

1.《禮三本篇》僅是《禮論篇》『禮有三本』一大段中的一部份。《大戴記》此篇止於『貸之則喪也』句,而此下《禮論篇》卻有:

> 禮豈不至矣哉! 立隆以爲極,而天下莫之能損益也。本末相順,終始相應,至文以有別,至察以有說,天下從之者治,不從者亂;從之者安,不從者危;從之者存,不從者亡;小人不能測也。

這幾句與上文實在是緊密相承,不容分割的。『立隆以爲極』正與上文『夫是之謂大隆』相呼應。『本末相順,終始相應』句亦與上文相關連。《史記・禮書》是引用《荀子》的,司馬貞《索隱》註

二句卽謂:

禮之盛，文理合以歸太一；禮之殺，復情以歸太一，是本末相順也。

則以爲『本末相順』是承接上文『故至備，情文俱盡；其次，情文代勝，其下復情以歸太一也』數句。又註云:

禮始於脫略，終於稅，稅亦殺也。殺亦脫略，是終始相應也。

乃是以『終始相應』是承接上文『凡禮始乎稅（《史記》作脫），成乎文，終乎悅校（《史記》作脫）』句。如此，顯然是荀書原文較《大戴記》文義爲完足。如果依楊筠如的意見以爲這是荀子書的編者或秘府中人不愼從《大戴記》中混入的，則上下文不可能如此密切的銜接。從這一點來看，倒是《大戴記》的編者只爲符合《禮三本》這一篇目的主題，而隨意割裂了荀書的可能性爲大。

2.《禮三本篇》與《禮論篇》不同的異文很多。其中大部份不過是後人傳寫的訛誤。荀書不一定是，《大戴記》不一定非。尤其是引自《荀子》的《史記・禮書》往往有與《大戴記》合而與今本《荀子》異的。如『三侑』的『侑』字，《史記》與《大戴》相同，唯今本《荀子》作『臭』，『七世』之『七』則只《荀子》作『十』，『始乎脫』之『脫』亦僅《荀子》作『棁』，……是以今本《荀子》與《史記・禮書》的作者所見到的本子已經有很大的差異。這類異文多數對於《大戴記》跟荀書是誰抄誰的一問題沒什麽幫助。不過值得注意的是《禮論篇》『無天地，惡生？無先祖，惡出？無君師，惡治』幾句中的疑問副詞『惡』字，《史記・禮書》亦作惡，而《大戴記》則這三個惡字都改成了『焉』字。考察一下荀書用的疑問副詞有『何』、『曷』、『盍』、『奚』、『安』、『惡』等，用『惡』字的共有十三處。卻絕少用『焉』字作疑問副詞的（僅在《大略篇》與《哀公篇》兩見，而這兩篇卻是一般認爲荀書中有問題的）。因爲這類虛字的使用往往有時代或作者個人習慣的差異，《禮論篇》此處之用『惡』字而不用『焉』字，與荀書他篇是一致的。同時無論是荀卿或者荀子書的編者（劉向）都不可能已經注意到荀書這種習慣，而在『混』《大戴記》的材料的時候特意把它改過來。相反的，《大戴記》的作者則可以依他自己的用字習慣，把『惡』改成『焉』（這在文義上並無妨礙。古書傳抄的異文中常有這類現象），因此可認爲『禮有三本』這一段乃是荀子之舊，《大戴記》是抄襲荀書的。

此外，『尊先祖而隆君師』一句中的『隆』字（《史記》同），《大戴記》作『寵』。如果這個『寵』字不是後人傳寫之誤。《大戴記》就有問題了。因爲『隆』字在荀書中是經常出現的字，《禮論》一篇中就有十四見。它或爲名詞，或爲形容詞。此處則用作動詞，是『尊大』之書。與《勸學篇》之『隆師』，及其他各篇之『隆禮』、『隆禮義』等隆字意同。而荀書用『寵』字有九處，都是寵愛、寵幸之意，沒有例外。所以《禮論篇》用『隆』字而不用『寵』字與荀書他篇用例相合。如果認爲是荀書取《大戴記》，則也必須假定荀書的編者有意的改換了《大戴記》的『寵』字以符合荀書用例，這種可能性非常之少。

3.『禮有三本』一段首云：『天地者，生之本也；先祖者，類之本也；君師者，治之本也。』這裏的幾個觀念都曾經出現在荀書其他篇中，如《王制篇》云『天地者，生之始也』，《富國篇》『天地生之』。這又與《天論篇》『萬物各得其和以生』的『天職』的意思相合。荀子雖認爲天地不過是自然現象，但並不認爲祭天是可以廢除的，因祀天之禮乃是一種『文飾』，故視爲『禮』中的一個要項。『先祖者，類之本也』，這個『類』字的用法也常見於荀書，《禮論篇》下文卽有『有知之屬莫不愛其類』之語。《正名篇》『凡同類同情者』，《天論篇》『財非其類以養其類』，

『類』字之意都相近。『君師』一詞又見於《王制篇》和《正論篇》。『本』字一觀念也散見各篇，如『政事之本也』（《不苟篇》）『是養天下之本也』（《富國篇》）、『財之本也』（《富國篇》）、『彊本而節用』（《天論篇》）、『上者下之本也』（《正論篇》）、『亂之本也』（《解蔽篇》）……因此，『禮有三本』的思想在荀書中並不顯得突兀。而在《大戴禮》中除本篇之外，別沒有相關的意見。《大戴禮》雖多亡佚，也有三十餘篇，而這類詞語絕少出現其中，與荀書之習見相較，其與後者的關係應該是更密切的。

4.據張西堂對《勸學篇》的考證，知道《大戴記》的《勸學篇》是襲自《荀子》的，《禮三本篇》便也有這種可能。《大戴記》本來是一部雜采諸書而成的『叢書』，甚至今本且不是戴德原書，陳振孫《直齋書錄解題》已言之。姚際恆《古今僞書考》亦從其說。因此，這部書的編成當在劉向校定《荀子》之後，其襲取《荀子》的可能顯然比被混入《荀子》的可能爲大。因之也可以解釋像《荀子・哀公》《宥坐》等篇在荀書中原亦成問題的部份，爲什麽反而會被它所襲用了。

《小戴記》的《三年問篇》和《荀子・禮論篇》重出的部份是自『三年之喪何也』至『是百王之所同，古今之所壹也』。在將兩者勘比之下，發現以《三年問》被混入《禮論篇》是同樣不可能的。

1.《荀子・禮論篇》討論三年之喪的意義，自『三年之喪何也』至『古今之所一也』是論『親』喪；而其下緊承以『君之喪所以取三年何也』則論『君』喪。前後是討論同一個問題，不能分割的。如果論『親』喪的一部份是『混入』的材料，和下文的銜接不可能如此密切。而《三年問篇》僅截取了論『親』喪的一部份，其文義遠不如《禮論篇》完足。同時，《三年問篇》與《禮論篇》重出之末句『是百王之所同，古今之所壹也』下，還有一句『未有知其所由來者也』，《禮論篇》『三年之喪何也』一段之末雖然沒有這一句，卻見於《禮論篇》前文『凡禮，事生，飾歡也；送死，飾哀也；祭祀，飾敬也；師旅，飾威也。是百王之所同，古今之所一也，未有知其所由來者也』一段中。顯然是《小戴記》的『作』者受到此處的影響，而將其末句移寫在『三年之喪』一段之末。或者他以爲這樣文氣較足，卻不知道這一句在前總論禮謂不知其所來不成問題，而於解說了三年之喪的原由之後卻說『未有知其所由來者也』則成了自相矛盾。這一尾巴的顯露可以說是《小戴記》襲取荀書的明證。並且，其後又引《論語》孔子之言『子生三年，然後免於父母之懷，夫三年之喪，天下之達喪也』，與上文也不相連屬，其爲『雜采』更無疑問。

2.在《三年問》與《禮論篇》的異文中最可注意的是《禮論篇》『安爲之立中制節』、『故先王案以此象之也』、『案使倍之』、『案使不及也』數句中的『安』或『案』字，《三年問》都作『焉』。以安或案作爲語助詞或承接連詞是荀書中的習慣用法。《勸學篇》『安特將學雜志順詩書而已耳』句下楊倞《註》云:

> 安，語助，猶言抑也。或作安，或作案。《荀子》多用此字。《禮記·三年問》作焉。

王先謙《集解》亦云:

> 安猶案也。……猶《解蔽篇》云『案直將治怪說，玩奇辭』也。安案竝猶則也。荀書用安案字或爲語詞，或作則字用。其用則字亦然。《彊國篇》云『秦使左案左，使右案右』，……《臣道篇》云……《正論篇》云……《解蔽篇》云……此竝以安案代則字，餘皆語詞。《富國篇》云『則案以爲利也』，仲尼篇云『至於成王則安以無誅已』。……《臣道

篇》云『凡人非賢則案不肖也』。以則案則安連用，安案則語詞。

安或案作語詞用雖然也曾見於其他先秦古籍，而荀書使用的次數特多，其爲荀書中一類習慣的用語無疑。《禮論篇》這裏用安和案爲語詞與荀書他篇的用例一致，所以這既不可能是編定荀書者有意的竄改，《禮論篇》這一段也就不可能是從《三年問篇》『混入』的。倒是抄入《禮記》的人不習慣於安、案這種比較特殊的用法，才將它們都改爲『焉』字。

又《禮篇論》『然則何以分之』，《三年問》作『然則何以至期也』，作『何以至期』是連下文『至親以期斷』爲言。鄭《注》云:

言三年之義如此，則何以有降至於期也。期者謂爲人後者父在爲母也。

《禮記・正義》不贊成鄭玄之說，謂:

鄭意以三年之喪何以有降至於期者？故云爲人後者爲本生之父母及父在爲母期事。故抑屈應降至九月十月，何以必至於期？以其本至親不可降期以下，故雖降屈猶至於期。今檢尋經意，父母本意三年，何以至期者，但問其一期應除之義，故答曰至親以期斷，是明一期可除之節……下文云加降(隆)故至三年，是經意不據爲人後及父在母期，鄭之此釋，恐未盡經意。

事實上鄭《註》和《正義》都有問題。因爲其所依據的《禮記》原文便是成問題的。這一句如果依《荀子》作『然則何以分之』，則是承接上文『故先王聖人安爲之立中制節』而言，亦與下文三年、九月、緦小功之別相應，（陶鴻慶曰:『分爲親疏之別也。』）而《禮記》改『分』爲『至期』，以爲與下『然則三年何也』竝列，則僅與『 至親以期斷 』有關，與上下文亦不銜接。同時，依《荀子》重點原爲親喪本一年已足，所以三年者爲『加隆』之故。依《禮記》則成爲重點在親喪本應三年，何以又降至於一年。所以《禮記》的本文就與上下文不合，鄭《註》和《正義》都只好迂曲求通。這顯然是《禮記》的作者已受到旣成之禮主觀的影響而作的改動，所以不如《荀子》乃是透過禮的表象而反省其原始的意義，理路明晰。（上文『然而禮以是斷之者』，《禮記》禮字作『服』，也是受到固定觀念的影響改的，不如《荀子》用禮字含容爲大，且與全篇一致。）

3.此外，這一段的用語中有許多是《禮論篇》他處及荀書他篇相合的。例如以禮爲文飾的觀念，『因以飾羣』、『所以爲至痛飾也』與上文『凡禮，事生，飾歡也；送死，飾哀也：祭祀，飾敬也；師旅，飾威也』、『喪禮者以生者飾死也』所言之『飾』一義。荀子重羣，其論羣者多見者《王制》、《富國》、《君道》諸篇中，而此云『彼安能相與羣居而無亂乎』、『所以羣居和一之理盡矣』。《榮辱篇》亦有『以相羣居』、『是夫羣居和一之道也』之語。至於『加隆焉』、『故三年以爲隆』、『夫是之謂至隆』的『隆』字前文已經提到是荀書習見的。飾、羣、隆以及『節』『文理』這些觀念都是荀書經常強調的，《小戴記》他篇中雖然也偶而用到這些詞語，卻不如它們是與荀書一貫的思想相應的。從這些語彙的使用來看，這一段與荀書的關係爲近，而與《小戴記》的關係較遠。

4.在『三年之喪何也』這一段裏，還有一個問題需要討論的是，其中有幾句似乎與荀子性惡的主張不合。

> 凡生乎天地之間者，有血氣之屬必有知，有知之屬莫不愛其類。今夫大鳥獸則失亡其羣匹，越月踰時，則必反鉛，過故鄉，則必徘徊焉，鳴號焉……然後能去之也。小者是燕爵猶啁噍之頃焉，然後能去之。故有血氣之屬莫知於人，故人之

於其親也，至死無窮。……

羅根澤《孟荀論性新釋》就認為這是『明顯的說人性有善』，和孟子『人皆有不忍人之心』，『孩提之童，無不知愛其親者』沒有什麼差別。羅氏沒有注意到這段話跟《禮記・三年問》重出的問題，他先已肯定了這是荀子的思想。然而如果羅氏的了解不誤，荀子的思想又應該一貫的話，這恰好可以證明這段話不必是荀子的原文，而可能是屬於《禮記》。不過，事實上羅氏的了解卻是錯的。這些話與孟子的『性善』既不相干，跟荀子性惡的主張也不衝突。問題在於羅氏自己以及他所引的陳澧、戴震都不解孟子性善的意義。孟子的性善主要的是從『人之異於禽獸者幾希』處來辨識，《禮論篇》此文則言人與禽獸無別，豈能加以混同！孟子所謂之『知』是『良知』，是內在於人的道德理性；此文所謂之『知』不過是『知覺』之『知』。這可由《王制篇》的一段話來為註解：

水火有氣而無生，草木有生而無知，禽獸有知而無義，人有氣有生有知亦且有義，故最為天下貴也。

『知』正是人與禽獸所同，與草木所異的（荀子認為人與禽獸所異者是『義』，這『義』也不是孟子『仁義禮智根於心』的『義』，而是能羣、能分之義，可參看《王制篇》下文）。有『知覺』始有『愛』，這『愛』是依『情』而言的。荀子論『性』與『情』的差異不大，有時兩詞可以互用。大致『情』的範圍較狹，可包含在『性』內。《正名篇》云：『性之好惡喜怒樂謂之情。』荀子以性為惡，情亦非善。《禮論篇》此文雖謂人生來卽有愛親之情，但此並非卽『善』。因為情的稟有乃因人而異，『愚陋淫邪之人』其情薄，其親朝死則夕忘之；『脩飾之君子』其情厚，哀痛之懷可至於無窮。二者均為不當。所以必須由『先王聖人安為之立中制節，一使足以成文理，則舍之矣』。『節』與『文理』才是荀子所認為的『善』（參看《惡性篇》）。這『善』既不在『情』（愛）中，也不在『性』中。因此，《禮論篇》這段話並不如羅氏所了解的是說人性有善，更不與荀子性惡的思想矛盾，卻顯然與荀書其他篇相合。由此觀之，《禮論篇》此文絕非襲自《小戴記》的《三年問篇》。

從《禮論篇》全文來看，其首段論禮之起源，以禮起於『養人之欲，給人之求』與荀子性惡的思想切合，一般認爲最沒有問題，楊筠如也不曾懷疑。其餘的部份所以啓人疑竇，主要的可能是如以之與《天論》《性惡》《解蔽》《正名》諸篇相較，它缺少理論的深趣，內容結構也不如那些篇緊嚴，各段之間似乎沒有必然的邏輯關係，如『禮有三本』一段和前一大段論『禮』的『養』與『別』簡直沒有關連；其後論述喪禮的部份尤其瑣碎。這種情形可以有兩種解釋：一是這一篇雖然比較散漫，但是如果統觀全篇，它還是具有相當的一致性的。最明顯的一點是本篇大部份均爲依據既有的『禮』（多數是『士喪禮』）抽繹其意義而加以闡釋。即使在第一段（自『禮起於何也』至『是儒墨之分也』。）中論禮之養與別，也都徵引『禮』以爲證。因爲『禮』是具體存有的，與『天』、『性』、『心』等問題不同，以荀子重經驗事實的性格，作這樣的討論是極可能的。至於何以論喪禮之處特多，篇中已明言之，其他不相連貫之處也可能是爲錯簡或脫文之故。『禮有三本』一段與上文雖似不接，但由此開始以下乃論禮之重要，並非完全孤立。『三年之喪』一段亦在論喪禮與祭禮之間，大體上順序不亂，細檢全文仍有脈絡可尋，僅稍支離而已。另一種可能的解釋是這一篇非出自一人之手。首段可能是荀子所作，其後爲其弟子補苴；故不相連貫。又或由其弟子裒集其論禮之言成爲一篇，不是荀子自著的。但是不論是那一種推測符合眞實的情形，這一篇都不會遲於大小戴《禮記》的成書，也沒有可能襲用大小戴《禮記》的材料。

綜結上面的討論，可知謝墉、梁啓超等舊說不必非，胡、楊等新說不必是。除《禮論篇》之外，其他與大小《戴記》重出者恐怕也是出諸後者的采襲。至於與《韓詩外傳》相同的部份，由《外傳》一書的性質來看，大概也是《外傳》襲自荀書，此不及詳論。大體言之，《荀子》一書雖然不免後人的附益，而除楊倞所指出的數篇之外，其他僞托的材料不算多，較嚴重的是錯簡跟缺文的問題。甚至如《天論》《解蔽》《正名》等可確信爲荀子自著的各篇，其末段或末數段都成問題。《正名篇》『凡語治而待去欲者』以下數段就與上文論名辯全無關係，卻無疑是荀子的思想，大致與《解蔽篇》的一些觀念相近，可見不必是僞作，只是自他篇（篇名或已亡佚）錯入而已。他如《非相》《王制》等篇也都有這一類的情形。在研究荀子的時候，這類材料同樣是可採用的。事實上，甚至如梁啓超等指出的荀子弟子所錄各篇（如《儒效篇》），也未嘗不可以視同『荀學』的一部分來討論。照楊筠如的標準是太愼重了些。

（《荀子禮論篇非取自大、小戴禮記辨》，見《大陸雜誌》四十二卷二期）

存　目

吳芬華撰《荀子三十二篇辨疑》，發表於《孔孟月刊》第二十卷第五期。

饒彬撰《荀子非相篇研究》，發表於國立師範大學《國文學報》第五期內。

張西堂撰《荀子眞僞考》，在《史學集刊》第三期，1937.40。

■新 語

蘇誠鑒云:

一

應該依據《史記》本傳的記載，作爲檢驗今本《新語》眞僞的標準，這個意見是正確的。《史記・陸賈列傳》的有關部分如本文開始所引的，可分爲兩點：一是『稱《詩》《書》』部分，扼要敘述了陸賈的思想主張；二是劉邦交給陸賈的著書任務和成書寫後的反應。這兩者是關聯的，陸賈也已完成了奉命著書的任務，並獲得好評。

就今本《新語》進行檢核，有關第一部分，即主張『行仁義』，反對『任刑法』，在書中是有所反映的。有關第二部分，即劉邦交給陸賈著書的三個要求，也部分地可以找到。金德建先生說：『今本《新語》裏完全沒有談到所謂「秦所以失天下」的原因何在，也絲毫看不到有什麼稱頌「漢所以得天下」的「存亡之徵」的道理或者事迹的記載』（《司馬遷所見書考》，頁 317），這個指責是不完全符合事實的。

劉邦交給陸賈著書任務時提出三個要求：一，『秦所以失天下（何）』；二，『吾所以得之者何』；三，『古成敗之國』；總起來說，就是歷代『存亡之徵』。按今本《新語》對『秦所以失天下』的原因曾經作了反覆的申述：

齊桓公尚德以覇，秦二世尙刑而亡。（《道基》第一）

周公與堯舜合符瑞，二世與桀紂同禍殃。（《術事》第

二）

聖人居高處上，則以仁義爲巢；乘危履傾，則以聖賢爲杖。……秦以刑罰爲巢，故有覆巢破卵之患；以趙高、李斯爲巢，故有傾仆跌傷之禍。何哉？所任非也。（《輔政》第三）

秦始皇帝設爲車裂之誅，以斂奸邪；築長城於戎境，以備胡越；征大吞小，威震天下；將帥橫行，以服外國。蒙恬討亂於外，李斯治法於內。事逾煩，天下逾亂；法逾滋，而奸逾熾；兵馬益設，而亂人逾多。秦非不欲爲治，然失之者，乃舉措暴衆而用刑太極故也。（《無爲》第四）

秦始王驕奢靡麗，好作高臺榭，廣宮室，則天下豪富屋宅者莫不仿之：設房闥，備廄庫，繕雕琢刻畫之好，博玄黃琦瑋之色，以亂制度。（同前）

夫曲直之異形，白黑之異色，乃天下之易見也；然自謬也，或不能分明其是非者，衆邪誤之矣。至如秦二世之時，趙高駕鹿而從行。王曰：丞相何爲駕鹿？高曰：馬也。王曰：丞相誤也，以鹿爲馬。高曰：陛下以臣言爲不然，願問羣臣。羣臣半言鹿，半言馬。當此之時，秦王不能自信其言，而從邪臣之說。夫馬鹿之異形，衆人所知也，然不能分別是非也，況於闇昧之事乎！《易》曰：『二人同心，其義斷金』。羣黨合意，以傾一君，孰不移哉！（《辨惑》第五）

鮑丘之德行，非不高於李斯、趙高也，然伏隱於蒿廬之下，而不錄於世。利口之臣害之也。（《資執》第七）

文武之朝多賢良，秦王之庭多不祥。（《思務》第十二）

以上有關『秦所以失天下』原因的分析，是有相當分量的；特別是《無爲》篇所述『舉措暴衆而用刑太極』這一總結。

其次，劉邦提出的第三點要求『古成敗之國』，在今本《新語》中也有大量的叙述。除了『成』如堯舜，『敗』如桀紂之外，禹、湯、文、武、齊桓、晋文，以及晋厲、齊莊、楚靈、宋襄、魯定、魯哀等等，各作爲對立面有所涉及。書中指出『知伯仗威力，兼三晋而亡』（《道基》第一）、『吳王夫差知度艾陵之可勝，而不悟勾踐將以破凶也』（《思務》第十二），與《史記》所引陸賈語『吳王夫差、智伯極武而亡』符合。

但最大的疑竇，還是今本《新語》對劉邦交代的第二個要求『吾所以得之（天下）者何』，竟然採取置若罔聞的態度，避而不答。更令人詫異的是不僅避而不答，而是反唇相譏:

今上無明王聖主，下無貞正諸侯，鋤誅奸臣賊子之黨，解釋凝滯紕繆之結。（《愼微》第六）

這樣的文字，決不可能是寫給劉邦看的。即使劉邦『豁達大度』，也絕然不致對這種無中生有的攻擊『稱善』，『左右』也無從『呼萬歲』。這樣的話，『豈所宜言於大漢方隆之日乎』（《黃氏日抄》）？而在當時，『奸臣賊子之黨』，又何所指呢？

類似的文字還見於其他各篇。例如《術事》篇指責當今世主不知用賢:『今有馬而無王良之御，有劍而無砥礪之功，有女而無芳澤之飾，有士而不遭文王，道術蓄積而不舒，美玉韞匵而深藏。』最後一篇《思務》則『自人君至於庶人』，上上下下，無不遭斥:

孔子曰: 行夏之時，乘殷之輅，服周之冕，樂則韶舞，放鄭聲，遠佞人，□□□道而行之於世，雖非堯舜之君，則亦堯舜也; 今之爲君者則不然: 治不法□□□而曰今之世不可以道德治也; 爲臣者不師稷、契、周公之政，則曰今之民不可以□□□□; 爲子者不執曾、閔之賢，朝夕不休，盡節不倦，則曰家人不敦也; 學者無□□□，晝夜不懈，循禮而動，則曰世所不行也。自人君之至於庶人，未有法聖人□□

○二　□□□，爲善者寡，爲惡者衆。

此外，今本《新語》不諱『邦』字，如『以蓄萬邦』(《術事》)、『邦危民亡』(《輔政》)等。可以肯定，類似這樣的文字和口氣，決不可能出現於『大漢方隆之日』，而只能認爲是末世衰亡之象。這哪裏是論述劉邦之所以『得天下』，簡直是預示他又要『失天下』了。

可以認爲，依據《史記》本傳所載陸賈言論和劉邦所囑著書旨意，對今本《新語》進行檢驗的結果是：有符合之處，也有不相符合之處。因而對今本《新語》既不能全部肯定其眞，同樣，也不能全部否定其爲僞。

二

今本《新語》中已經出現了幾個『今』字，說明這部書的作者，是針對他所處的時代環境，根據他的親身觀察，即所見所聞和所感而發出這些言論的。現在，進一步對這部書進行考察，還可以發現一些反映時代氣息的言辭；根據這些言辭可以試看它們所反映的時代是否可以具體確定下來。

第一，今本《新語》有『楩柟豫章，因江河之道，而達於京師之下』的叙述：

> 夫楩柟豫章，天下之名木，生於深山之中，產於溪谷之傍，立則爲太山衆木之宗，仆則爲萬世之用。浮於山水之流，出於冥冥之野，因江河之道，而達於京師之下。……上爲帝王之御物，下則賜公卿，庶賤不得以備器械。(《資執》)

這是說生長於豫章的名木楩柟(同楠)，利用江河水道，運到京師，製造帝王御物，並賜給公卿，而老百姓卻不得用來制備器械。

按≪漢書・地理志≫：『豫章郡，高帝置。』漢五年（公元前二〇二年）劉邦入都關中；漢九年(公元前一九八年)，長安未央宮成；十一年，陸賈出使南越；歸後，爲劉邦著≪新語≫。這樣，書中所指『京師』當是長安。問題是當時豫章名木楩柟是否已經利用江河水道運達於京師長安？司馬相如≪子虛賦≫稱：『其北則有陰林巨樹，楩柟豫章。』（≪漢書・司馬相如傳上≫。師古≪注≫：楩，今黃楩木也 ）≪史記・貨殖列傳≫說：『 江南出柟梓……皆中國人民所喜好， 謠俗被服飲食， 奉生送死之具也。故待……虞而出之，……，商而通之。』又說：『 衡山、九江、江南、豫章、長沙，是南楚也……而合肥受南北潮，皮革、鮑、木輸會也。』≪正義≫：『合肥縣，盧州治也，言江淮之潮，南北俱至盧州也。』這說明在司馬相如、司馬遷以前，江南豫章名木楩柟或柟梓已經行銷全國，而合肥則是其『輸會』。這樣，≪新語・資執≫篇所云『因江河之道，而達於京師之下』的話出於陸賈之口，當是有根據的。

第二，今本≪新語≫中有反對時人求仙和避世的言論：

> ……人不能懷仁行義，分別纖微，忖度天地；乃苦身勞形，入深山， 求神仙， 棄二親， 捐骨肉， 絕五穀， 廢≪ 詩 ≫≪書≫，背天地之寶，求不死之道，非所以通世防非者也。
>
> ……夫播布革， 亂毛髮， 登高山， 食木實， 視之無優游之容，聽之無仁義之辭，忽忽若狂痴，推之不往，引之不來，當世不蒙其功，後代不見其才。君傾而不扶，國危而不持，寂寞而無鄰， 寥廓而獨寐， 可謂避古， 非謂懷道者也。 故殺身以避難， 則非計也； 懷道而避世， 則不忠也。（≪愼微≫第六)

而在下一篇， 又指出聖賢退隱乃由於佞臣閉塞， 不得通於人君之故：

> 人君莫不知求賢以自助，近賢以自輔；然賢聖或隱於田裏，

而不預國家之事者，乃觀聽之臣不明於下，則閉塞之譏歸於君，閉塞之譏歸於君，則忠賢之士棄於野；忠賢之士棄於野，則佞臣之黨存於朝；佞臣之黨存於朝，則下不忠於君；下不忠於君，則上不明於下；上不明於下，是故天下所以傾覆也。（《資執》）

上面這段話，可以認爲是回答『秦所以失天下』說的。秦始皇求神仙見於歷史記載；但這裏所指是一般士人。登高山避世的，《新語》已點名有鮑丘其人。《史記・留侯世家》有所謂『商山四皓』，曾當劉邦之面聲稱：『陛下輕士善罵，臣等義不受辱，故恐而亡匿。』張良所遇的黃石公是隱士，他自已最後也表示『願棄人間事，欲從赤松子游』。可見秦漢間人有一種求仙避世的風氣，因而可以認爲今本《新語》所論是有根據的。

第三，今本《新語》有西漢盛行的天人之學和災異學說：

天人合策，原道悉備。（《道基》第一）

上決是非於天文，其次定狐疑於世務。……（前有缺字）八宿並列，各有所主。萬端異路，千法異形，聖人因其勢而調之……熒惑亂宿，衆星失行，聖人因天變而正其失，理其端而正其本。（《思務第十二》）

惡政生於惡氣，惡氣生於災異。蝮蟲之類，隨氣而生；虹蜺之屬，因政而見。治道失於下，則天文度於上；惡政流於民，則蟲災生於地。（《明誡》第十一）

西漢時期，司馬遷探究天人之際，即天官之學；董仲舒則宣揚天人相與或天人相應之道，認爲自然現象與社會現象是互相關聯、互相感應的。災異是上天對人君的垂戒。這兩種說法不盡相同，但都出現於戰國之世；所以《新語》具有這些內容，正是時代氣息的反映。但同樣講災異，《新語》與成、哀之際的災異論者如京房、李尋之流是大相逕庭的。《新語》認爲《春秋》記載各種自然反常現象，是表明『聖人察物，無所遺失，上及日月星辰，下至鳥獸草木昆蟲，鷁之退飛（治），五石之所隕，所以不失纖微。至於鴝鵒來，冬多麋，言鳥獸之類□□□也。十有二月李梅實，十月殞霜〔不〕煞菽，言寒暑之氣，失其節也』；說『鳥獸草木，尙欲各得其所，綱之以法，紀之以數，而況於人乎？』（《明誡》）不難看出，這樣的『災異』觀還是唯物的。因而今本《新語》對西漢末期的災異說加以非難，認爲是『不驗之語』；並指出有人因宣揚災異而觸罪犯法，『不信於刑戮』的情事：

夫世人不學《詩》《書》，行仁義，聖人之道，極經藝之深；乃論不驗之語，學不然之事，圖天地之形，說災變之異，□□□王之法，異聖人之意，惑學者之心，移衆人之志，指天畫地，是非世事，動人以邪變，驚人以奇怪。聽之者若神，視之者如異。然猶不可以濟於厄，而度其身，或觸罪□□□法，不免於宰戮。（《懷慮》第九）

按董仲舒曾『著災異之記』，被縱橫家主父偃告發，罪『當死，詔赦之』（《史記・儒林列傳》。其《災異記》見《漢書・五行志上》）。這說明漢武帝時期災異說還遭到鎭壓，不甚流行。從《新語》所描述的情景推求，當是災異說風靡上下的西漢元、成、哀時期，當時京房、李尋之流，都因此遭到誅戮或流放。這些人宣揚災異之變，參與政治陰謀，主張漢帝應該讓位、改號等等，確實是『指天畫地，是非世事，動人以邪變、驚人以奇怪』。《漢書・眭兩夏侯京翼李傳》的記載，正可以幫助我們對《新語》這一段文字的理解。因而根據這一條材料推測，今本《新語》的出現，當不能早於西漢之季。

第四，今本《新語》中還有一些言論實有所指，但對照歷史，卻又難於考出其所反映的時代背景。例如《本行》第十說：『夫釋農桑之事，入山海，採珠璣，求瑤琨，探沙谷，捕翡翠，ロ瑇瑁，搏犀象，消筋力，散布帛，以極耳目之好，以快淫邪之心，豈不謬哉？未見先道而後利，近德而遠色者也。』好像指的是秦始皇，但似乎更像漢武帝。因爲是漢武帝開南海九郡，才能『入山海，求珠璣』；是漢武帝遣使『窮河源，河源出于寘，其山多玉石，採來。天子按古圖書，名河所出山曰昆侖云』（《史記・大宛列傳》）。『瑤琨』即指瑤池、昆侖。同樣，也是漢武帝『數巡狩海上，乃悉從外國客，……散財帛以厚賜……於是大角抵、出奇戲諸怪物』（《大宛列傳》）；漢武帝本人也曾經『手格熊羆』（《漢書・東方朔傳》）。至於漢武帝的好利與好色，更是不待論了。如果這樣解釋不錯，那就可以認爲今本《新語》當作於漢武帝後。

從上引今本《新語》中一些多少含有某種時代氣息的言論分析的結果，也出現與上節同樣的情況，卽有的可以同陸賈的時代相對應，而有的則顯然出於其後，甚至西漢之季。

三

按《史記》本傳所載陸賈在劉邦面前稱述的言論，不外這樣幾個要點：㈠『稱《詩》《書》』；㈡湯、武逆取順守，文武並用，是『治』天下的『長久之術』；㈢『行仁義，法先聖』，反對『任刑法』。表面上看，這些言論，好似儒家；其實不然。首先，《詩》《書》本是古代流傳下來的官方典籍，相傳經過孔子刪定，儒家便據爲己有，企圖變爲他們一家的『傳家寶』。但在戰國秦漢之際，其它各家並不完全承認這一點。各家獨樹一幟，自有主張，但對《詩》《書》中認爲與各自一家之言相合或相近的，也往往予以稱引。在這方面，他們並不存門戶之見。誠如《莊子・天下》篇所說：『《詩》以道志，《書》以道事，《禮》以道行，《樂》以道和，《易》以道陰陽，《春秋》以道名分：其數散於天下，而設於中國者，百家之學，時或稱而道之。』例如《墨子·所染》稱引『《詩》曰：必擇所堪。』又《尚賢中》稱：『先王之書，《呂刑》道之，曰：皇帝請問下民。』又如《管子·任法》稱引『《周書》曰：國法法不一，則有國者不祥』；《尹文子·大道下》：『《詩》曰：憂心悄悄，慍於羣小。』此中唯獨法家例外，《商君書》直斥《詩》《書》爲『六虱』（《靳令》）。而由道家改造過來的黃老學派恰好相反，引證獨多。如《呂氏春秋》所引，不勝例舉；司馬遷亦復如此。因稱《詩》《書》而遽定陸賈屬儒家，殆非確論。其次，『逆取順守』之說，以及『文武並用』、『長久之術』，都屬黃老家言。儒家認爲湯武是『應天順人』的『革命』行動；而黃老則斥爲『弒逆』（參見《史記·儒林列傳·轅固生傳》）。此處陸賈說湯武是『逆取』，其意正同。第三，黃老之學也講仁、義、道、德，主張刑、德並用，反對獨任刑法。

據此，《史記》本傳所載陸賈言論，與其說是儒家，不如說更像黃老；而這個傾向是與今本《新語》一致的。

今本《新語》首篇《道基》說：『君子握道而治，□德而行，席仁而坐，杖義而強，虛無寂寞，通動無量。』《無爲》篇開頭就說：『夫道莫大於無爲，行莫大於謹敬。』《主德》篇則描繪了一個理想世界：

> 夫形重者則身勞，事衆者則心煩；心煩者則刑罰縱横而無所立，身勞者則百端迴邪而無所就。是以君子之爲治也，塊然若無事，寂然若無聲，官府若無吏，亭落若無民。閭里不訟於巷，老幼不愁於庭。近者無所議，遠者無所聽。郵驛無夜行之吏，鄉閭無夜名之征。犬不夜吠，鳥不夜鳴。老者息於堂，丁壯者耕耘於田。在朝者忠於君，在家者孝於親。於是賞善罰惡而潤色之，興辟雍庠序而教誨之。然後賢愚異議，廉鄙異科，長幼異節，上下有差，強弱相扶，小大相

懷，尊卑相承，雁行相隨，不言而信，不怒而威：豈恃堅甲利兵，深刑刻法，朝夕切切而後行哉！

這一大段描述，正反映了經歷春秋戰國，特別是秦漢之際八年流離戰亂的全國人民渴望天下和平安樂的共同心願，而漢初黃老的無為之治，正是在這種歷史背景下出現的。

關於行仁義、非任刑的言論，《新語》中更多，不能細舉。西漢初期，政論家總結秦亡漢興之故，多有這種言論，並非儒家獨有。

在方法論方面，今本《新語》也反映了道家『柔能克剛』的辯證觀點，如：『懷剛者久而缺，持柔者久而長；躁疾者為厥速，遲重者為常存……柔懦者制剛強。』（《輔政》）

四

前此學者在考證今本《新語》眞僞問題上是有成績的。現在謹據前人成果與個人管見，提出若干假說如下：

一、從《史記》本傳稱《新語》，到《漢書・藝文志》分為《楚漢春秋》和《陸賈》兩書；梁阮孝緒《七錄》又恢復《新語》原名，這種名稱、著錄上的反覆變化，正說明其間必有增刪改纂之事。又從劉邦所出題目，檢核今本《新語》內容，有合也有不合；再從著書體例上看，《史記》本傳說：『陸生乃粗述存亡之徵。』可見其內容當以歷代『存亡之徵』為主，是述史論事之作；但今本《新語》則基本上是一種『道術』著作，類同先秦諸子，尤酷似《呂氏春秋》。宋人黃震說：『然其文煩細，不類陸賈豪傑士所言。賈本以《詩》《書》革漢高帝馬上之習，每陳前代行事，帝輒稱善，恐不如此書組織以為文。』（《黃氏日抄》）正是此意。以上從歷代著錄書名變化、命題與所答內容不全符合以及體例文字三個方面，可以認定今本《新語》『似非陸賈之本眞』（黃震），卽非陸賈原物。

二、從今本《新語》一些叙述所反映的時代氣息來看，固有類似漢初情事，但亦有涉及漢武甚至漢末的史事（如因言災異致禍）。又就其思想傾向看，基本上屬於黃老，與《史記》本傳相符。這是就內容論，有陸賈原物，也有後人竄入。

三、《漢書·藝文志》失載《新語》，但別有《楚漢春秋》和《陸賈》，所謂增删竄改的信息卽見於此。金德建先生認爲《楚漢春秋》就是司馬遷所讀的《新語》，而《陸賈二十三篇》則今本《新語》的前身，全出於僞造。此論頗有見地，但亦不無可商之處。因爲就是殘存的今本《新語》也不能說完全出於僞造。大約可以這樣推測：有人將陸賈《新語》原書『一分爲二』，取其中以史事（『存亡之徵』）爲主者編成《楚漢春秋》，而將剩餘的『道術』部分合存一束，名之曰《陸賈》。因此，今本《新語》的前身《陸賈》，就不完全出於僞造，應該說是後人改編的。估計在改編時，不免魚目混珠，眞僞孱雜，因而出現有不符合陸賈時代的事例和思想上的道儒雜糅。

四、今本《新語》的改編者爲誰？金德建先生認爲它當是司馬遷以後至班固以前這一期間的作品。根據這一推測，我們可以進一步推定其時間在西漢後期，卽當漢成帝河平三年（公元前二六年），『光祿大夫劉向校中秘書，謁者陳農使使求遺書於天下』（《漢書·成帝紀》）之時。有可能屬於陳農使使求來的『遺書』；但也有可能是劉向在『校中秘書』時動了手術的。說屬於『遺書』之一，是說某一無名氏冒名充數，其可能性當然不能排除；說可能是劉向親自動手術，是有所據的。第一，今本《新語》稱引《穀梁傳》不止一處，自《四庫提要》以下，不少學者以此作爲眞僞論辨的重要項目之一，聚訟紛紜，莫衷一是。《穀梁傳》在民間流傳雖較早，但立爲官學，則自宣帝時始；而劉向是著名的穀梁家，石渠閣大辯論參加者之一。明乎此，今本《新語》之稱引《穀梁》，就不足怪。第二，劉向的思想淵源儒、道都有。他父親劉德『少修黃老術』，武帝時奉命『治淮南獄』，得『枕中鴻寶苑秘書。書言神仙使鬼物爲金之術，及鄒衍重道延命方。世人莫見』；而劉向『幼而讀誦，以爲奇』。後因漢宣帝『復興神仙方術之事』，劉向獻上那些書，『言黃金可成』。結果，『費甚多，方不驗』，以『鑄僞黃金，系當死』，後得贖免。漢元帝時，劉向又同一些儒生進行反對宦官弘恭、石顯和外戚許、史的鬪爭，著有《疾讒》《摘要》《救危》及《世頌》等八篇文章；成帝時，他又進行反對外戚王家專權的鬪爭，因而今本《新語》中有反對神仙、讒邪和貴戚的內容（《輔政》《辨惑》《資執》）。《資執》篇說：『夫公卿之子弟，貴戚之黨友，雖無過人之才，然在尊重之位者，輔助者強，飾之者巧，靡不達也。』當是反映漢元帝以後的政治情況。劉向『校經傳諸子詩賦』，作《別錄》；其子歆繼其父業，作《七略》。班固的《漢書·藝文志》就是『删其要』而編成的。這裏蛛絲馬迹、來龍去脈不就一清二楚了嗎？

五、《漢書·藝文志》雖無《新語》書名，但東漢人著述仍襲用其稱。班固自己就曾說：『近者陸子優繇，《新語》以興。』（《賓戲》，見《漢書·叙傳》）桓譚也說：『譚見劉向《新序》、陸賈《新語》，乃爲《新論》。』（《新論·本造》）王充在《論衡》中一再提及：『陸賈消呂氏之謀，與《新語》同一意』（《超奇》）、『陸賈《新語》，每奏一篇，高祖左右，稱曰萬歲』（《佚文》）、『《新語》，陸賈所造』（《案書》）。這樣相襲沿用，當是本於《史記》。王充《論衡》還多處稱引陸賈言論，並對《新語》及其思想有所評述。《本性》篇引陸賈之言曰：『天地生人也，以禮美之性。人能察己所以受命則順，順之謂道。』接着批評道：『陸賈之言，未能得實。』《書虛》篇又引陸賈曰：『離婁之明，不能察帷薄之內；師曠之聰，不能聞百里之外。』這兩條引語，《四庫提要》和余嘉錫先生《辨證》都已指出爲今本《新語》所無；嚴可均《鐵橋漫稿》卷五《新語叙》謂《本性》篇所引當在《漢志》二十三篇中。又《薄葬》篇旣批評『儒家論不明』，又批評『墨家議之非』，接着就指責『陸賈依儒家而說，故其立語不肯明處』、『陸賈之論，兩無所處』；說『孔子非不明死生之實，其意不分別者，亦陸賈之語指也』。余嘉錫指出：『今《新語》初無論鬼神之語，此亦引賈他著述也。』在別的篇章中，王充又贊揚『陸賈、董仲舒論說世事，由意而出，不假取於外；然而淺露易見，觀讀之者猶曰傳記』（《超奇》）、『《新語》，陸賈所造，蓋董仲舒相被服焉，皆言君臣政治得失，言可採行，事美足觀。鴻知所言，參貳經傳，雖古聖之言，不能過增。陸賈之言，未見遺闕；而仲舒之言雩祭可以應天，土龍可以致雨，頗難曉也』（《案書》）。從以上的引證來看，東漢學人據《史記》仍稱陸賈的著作曰《新語》，但其內容已超出今本《新語》之外，則王充所見到的《新語》究竟是司馬遷讀過的陸賈原書，還是《漢志》著錄的《楚漢春秋》或《陸賈》，就都難於斷定。可以肯定的是，王充所見到的《新語》決非今天我們所見到的《新語》。

六、金德建先生認爲《漢志》著錄的《陸賈二十三篇》爲今文《新語》十二篇的前身，那麼，今本《新語》當是劉向、歆父子改編過的《陸賈》一書的殘本。這個殘本至遲到南宋時已經定型，而爲黃震所致疑。由此可以認爲：今本《新語》乃經過一再增刪竄改的殘書，決非陸賈的原著；但就其內容說，則保留了不少陸賈的原意。結論是：書非原書，事（內容）有眞有僞。

（《陸賈新語的眞僞及其思想傾向》）

賈誼新書

王應麟云:

今考《新書》諸篇，其中綴以痛哭者一，流涕者二，太息者四，其餘篇目，或泛論事機而不屬於是三者，如《服疑》《益壤》《權重》諸篇是也。班固作傳，分散其書，參差不一，總其大略，自『陛下誰憚而久不爲此』以上，則取其書所謂《宗首》《數寧》《藩傷》《藩彊》《五美》《制不定》《親疎危亂》，凡七篇而爲之。自『天下之勢方病大腫』以下，以爲痛哭之說，與其書合。至於流涕二說，其論足食勸農者，是其一也，而固載之《食貨志》，不以爲流涕之說也。論制匈奴，其實一事，凡有二篇，其一書以爲流涕，其一則否，是與前所謂足食勸農而爲二也。固旣去其一，則以爲不足，故又分《解縣》《匈奴》二篇，以爲流涕之二。說庶人上僭，禮貌大臣，皆其所謂太息之說也，固從而取之當矣。而其書又有《等齊篇》，論當世名分不正。《銅布篇》，論收鑄銅錢，又皆其太息之說也。固乃略去《等齊》之篇不取，而以《銅布》之篇附於《食貨志》。顧取《秦俗》《經制》二篇其書不以爲太息者，則以爲之。

(《漢書藝文志考證》卷五)

何孟春云:

班史稱誼所著述五十八篇，春考之今《新書》而竊疑其書篇目之非實也。誼嘗欲改正朔、易服色、定制度、與禮樂，草具其儀法，色尙黃，數用五爲官名，更奏之，今《新書》略不見焉。益足徵孟堅之所謂五十八篇者散軼多矣。文帝時匈奴侵邊，天下初定，制度疏闊，諸侯王地過古制，淮南濟北皆爲逆誅，誼數上疏陳政事，史掇著於《傳》，其大略云云，數之云非一時所陳，然痛哭者一流涕者二長太息者六之云，該貫始末，又似一疏何也？疏中兩著流涕語，廼只匈奴一事耳。長太息語凡三見而止。《新書·無蓄篇》有可爲流涕語，《等齊》及《銅布》篇俱有可爲長太息語，而本傳弗以入；《保傅》及《審取舍篇》事各異語俱不著長太息，若《階級篇》所有長太息語，自爲責大臣發，而傳並列一疏中，孟堅於此豈互有去取邪？

（《訂注賈太傅新書·序》）

又 云：

春固嘗謂《事勢》《連語》《雜事》之云，特其五十八篇中之三篇名耳。如《事勢》之云益治安一疏，首有事勢字，其疏盡名於是篇矣，後人因其書散軼，而幸掇其僅存者，無復倫次，篇析而章裂之，以求足所謂五十八篇之數，遂以事勢概及過秦，繼乃創爲宗首、數寧等名，此豈生之所自名，豈劉子政之所刪定、班孟堅之所取據哉？

（篇目下《注》）

潛菴子云：

按《崇文總目》賈傅書七十二篇，劉向刪定爲五十八篇，隋唐皆九卷，今別本或爲十卷。朱子云：此誼平日記錄草也，其中細碎俱有，《治安策》中所言多在焉。除《漢書》中所載，餘亦難得粹者。今考其書前五卷具條奏語，《治安策》中分爲二十餘篇，次第錯迕，與本傳不協，今頗據傳序定其《無畜》《服疑》《等齊》《銅布》四篇，傳所不載，因有『流涕長太息』字，故序列之。或誼疏本具班史裁之耳。其定取舍一條書原闕，今依傳補入，以足九章之數，後五卷雜引古先禮教政術語，其大旨良欲以飾治也，誼之通達於是焉在。或疑非誼作，非通論矣。

（《賈子後志》）

汪　中云：

《新書》五十八篇，漢梁太傅洛陽賈誼撰，今亡一篇，校本傳自『凡人之知』至『胡不引殷周秦事以觀之也』四百三十四字，書亡其文，據以補之。《問孝》《禮容上》二篇，有錄無書，《藝文志》但云賈誼，稱《新書》者，劉向校錄所加，荀卿子稱《荀卿·新書》，見於楊倞之《序》，是其證也。《過秦》三篇，本書題下亡論字，《陳涉項籍傳·論》引此，應劭《注》：『賈誼書之首篇也。』足明篇之非論。《吳志·闞稜傳》始目爲論，左思、昭明太子並沿其文，誤也。自《數寧》至《輔佐》三十三篇，皆陳政事，按《鼂錯傳》錯言宜削諸侯事及法令可更定者，書凡三十篇，則知當日封事各一篇，合爲一書，固有其體。班氏約其文而分載之《本傳》《食貨志》爾。其指事類情，優游詳悉，或不及本書。自《春秋》至《君道》，皆國中失之事；自《官人》至《大政》，皆通論；《修政》上下皆重言也。三古之遺緒，託以傳焉。《容經》以下，則古體逸篇與其義，舊本編錄無次第，今略以意屬之，定爲六卷。題下有事勢、有連語、有雜事，與管子書同例。今以仍之。

（《新書·序》）

劉台拱云：

誼陳治安之策，與其《保傅》傳本各爲一書，班氏合之，而頗有所刪削，故以大略起之，流涕者二，而止載匈奴一事；長太息者六，止載其三。其論畜積，爲流涕之一，鑄錢爲太息之一，二事俱載入《食貨志》，故於本《傳》不復重出。晁錯言守邊備塞，勸農力本，當世急務二事，而一見本《傳》，一見《食貨志》，亦此例也。《保傅》傳言三代與秦治亂之意，審取舍之論，卽其下篇，兩篇全文，今在大戴中，一爲《保傅篇》，一爲《禮察篇》，而《禮察篇》有云：『爲人主師傅者，不可不日夜明此。』則當爲《保傅》傳之下篇無疑。

（《漢學拾遺》）

孫詒讓云：

馬總《意林》二，引此書題《賈誼新書》八卷，高似孫《子略》載庚仲容《子鈔》目同，則梁時已稱《新書》，不自新唐《志》始也。《新書》者蓋劉向奏書時所題，凡未校者爲故書，已校定可繕寫者爲新書，楊倞注《荀子》，末載舊本目錄、劉向《敍錄》，前題《荀卿新書》十二卷三十二篇；殷敬順《列子釋文》亦載舊題云『列子新書目錄』，又引劉向上《管子》奏稱『管子新書目錄』，足證諸子古本舊題，大氐如是。若然，此書隋唐本當題《賈子新書》（隋唐《志》著錄稱《賈子》者，省文）。蓋《新書》本非賈書之專名。宋元以後，諸子舊題刪易殆盡，惟《賈子》尚存此二字，讀者不審，遂以《新書》專屬之《賈子》，校槧者又去『賈子』而但稱『新書』，展轉譌省，忘其本始，殆不可爲典要。盧校頗爲精審，而亦沿玆題何也？

（《札迻》卷七）

周中孚云：

抱經《序》云：『余謂此書必出於其徒之所纂集，編中稱「懷王問於賈君」，又《勸學》一篇，語其門人，皆可爲明證，但多爲鈔胥所增竄。凡《漢書》所有者，此皆割裂顚倒，致不可讀。惟《傅職》《輔佐》《容經》《道術》《論政》諸篇在《漢書》外者，古雅淵奧，非後人所能僞撰，而陳氏乃反謂其淺駁，豈可謂之知言哉？』據此，則是書實無僞作攙入其間，而所謂不成文理之字句，乃鈔胥訛脫，非本來若是也。

（《鄭堂讀書記》）

王耕心云：

舊書五十六篇，原名《賈子》，宋元以後諸家刊本，乃改爲《新書》，其義殊不解。考《新書》爲名，大率以計出無懰，不足奉爲典要，如王莽王氏《新書》、虞喜《志林新書》、杜夷《幽求新書》，晁錯《晁氏新書》之屬皆是也。其名泛濫已甚，於賈子無取，今旣總攬全文，別爲篇次，宜循諸子通例，仍名《賈子》。（《賈子次詁緒記》）

（《賈子次詁緒記》）

祁玉章云：

賈誼書篇目之分合，歷代治學者多言之，《漢志》首列《賈誼》五十八篇，不名卷帙。《隋志》著《賈子》十卷，漏列篇第，《舊唐志》爲九卷，而《新唐志》增益成十卷，《宋志》更一反往賢之述造，改《賈誼新書》入雜家，仍爲十卷。仁和盧氏文弨校定總五十六篇，視《漢志》缺二篇。欽定《四庫全書總目》，疑原書已多散佚，後世取陳治安等疏，離析其文，以足《漢書》五十八篇之數。而余嘉錫《四庫提要辨證》復就臆見，以爲《漢書》錄自《新書》，後人妄詆先賢，未免汨於俗說。今考其文雖多增竄，猶時存古文之舊，閒值精確，頗足正《史》《漢》諸家文字之疏，禮敎諸文，尤多淵懿，不容偏廢也。玆將《賈子》五十八篇與他書文意相合者，條別如次:

《賈子》文意合乎《漢書·本傳》者: 計有《數寧》《藩傷》《宗首》《親疏危亂》《制不定》《藩彊》《五美》《大都》《解縣》《勢卑》《威不信》《孽產子》《時變》《俗激》《保傅》《階級》(以上十六篇在《治安策》內)《益壤》《淮難》等十八篇。

《賈子》文意合乎《漢書·食貨志》者: 計有《無蓄》《鑄錢》《銅布》等三篇。

《賈子》文意合乎《大戴記》者: 計有《保傅》《傅職》《胎敎》《容經》四篇。

《賈子》文意合乎《史記》者: 計有《過秦》一篇。

至於《漢書》有而《賈子》無者: 計《大戴記·禮察》一篇。

可知班氏雜糅《賈子》五十八篇之文，以成《漢書·賈誼本傳》，固自云: 『誼數上疏，陳政事，多所欲匡建，其大略曰: 』又贊: 『凡所著述五十八篇，掇其切於世事者著於傳云。』賈子著述五十八篇，班氏掇其切於世事者入於傳，則其剪裁鎔鑄，煞費苦心矣。今試取《漢書》與《新書》比而觀之，其間斧鑿之痕，彰然可見。

竊以爲《賈子新書》綜其內容可分三類，卽事勢、連語、雜事，凡屬於事勢者，皆爲文帝陳政事，至於連語諸篇，則不盡以告君；蓋有與門人講學之語，故《先醒篇》云：『懷王問於賈君。』而《勸學篇》首冠以『謂門人學者』五字。其雜事諸篇，則平日所稱述誦說者。凡此皆不必賈子手著，諸子之例，固如此也。至於其間脫爛失次，要爲古書所常有，如《賈子》卷六《問孝篇》與卷十《禮容語上篇》均闕，其他五十六篇中，文失簡脫，割裂顚倒者多有之，不足怪也，陳振孫謂決非賈本書，姚鼐謂妄人僞造，固爲無識，卽《四庫提要》調停之說，以爲不全眞亦不全僞者，要亦考之未詳也。余嘉錫有言：『夫惟通知古今著作之體，而無蔽於咫尺謏聞，然後可以讀古書矣。』則吾人於《賈子》篇目之分合以及眞贋之間，自當作如是觀。至於唐魏徵《羣書治要》卷四十引《賈子文》十四篇，馬總《意林》卷二節略《賈子》之文七段，兩者相較，雖間有損益，則《賈子》五十八篇爲其原書之眞，得此亦可獲一佐證矣。

其次《漢書・本傳》采自《新書》，前已屢言之，然班氏刪併之痕跡，曾無人細心推尋，亦可怪也。今觀《治安策》以『痛哭流涕長太息』起，其後卽爲痛哭者一，流涕者二，長太息者三，而其文終焉。則痛哭、流涕、長太息者，一篇之骨榦也，以下雜采各篇，破除原次，刪節增竄者兼有之，今試抽《治安策》文字一段，與《賈子新書》對照，以見兩者之關係：

賈子新書	漢書治安策	備註
(《新書·數寧篇》)臣竊惟事勢可痛惜者一,可爲流涕者二,可爲長太息者六。若其他倍理而傷道者,難徧以疏擧,進言者皆曰:天下已安矣。臣獨曰:未安。或者曰:天下已治矣。臣獨曰:未治。恐逆意觸死罪,雖然誠不安,誠不治,故不敢顧身,敢不昧死以聞。夫曰天下安且治者,非至愚無知,固諛者耳。皆非事實知治亂之體者也。夫抱火厝之積薪之下而寢其上,火未及燃,因謂之安,偸安者也;方今之勢,何以異此?夫本末舛異,首尾橫決,國制搶攘,非有紀也,胡可謂治?陛下何不一令以數日之間,令臣得孰數之於前,因陳治安之策,陛下試擇焉(採用正德長沙刊本《賈誼新書》十卷)	臣竊維事勢可爲痛哭者一,可爲流涕者二,可爲長太息者六,若其它背理而傷道者,難徧以疏擧,進言者皆曰:天下已安已治矣。臣獨以爲未也,曰安且治者,非愚則諛,皆非事實知治亂之體者也。夫抱火厝之積薪之下,而寢其上,火未及燃,因謂之安,方今之勢,何以異此?本末舛異,首尾橫決,國制搶攘,非甚有紀,胡可謂治。陛下何不壹令臣得孰數之於前,因陳治安之策,試詳擇焉。(採用藝文印書館影印長沙王氏校刊本《漢書補註》)	一、原痛惜改爲痛哭。 二、『進言者皆曰』下原書分兩截說話,《漢書》只『天下已安已治矣』,一句了結,且『臣獨以爲未也』,又較原文繁縟。 三、原書在『未治』以下尙有五句方接『夫曰天下安且治者』,詞極婉折周備,《漢書》盡删之。 四、《漢書》『非愚則諛』,原文作兩句。 五、《漢書》『因謂之安』下,較原文少『偸安者也』句。 六、原文『陛下何不一令以數日之間,令臣得孰數之於前』兩句,《漢書》只合一句言之,詞極省簡有致。

賈子原文古茂質樸，如完璞之未彫，《漢書·本傳》文詞暢達，繁簡得中，顯較《賈子》爲圓熟。故盧氏文弨校《賈子》以爲『多爲鈔胥所增竄』。又云：『篇中多爲後人取《漢書》之文而敷演之，致多冗長，其文理尚可通者，今亦姑不刊削。』盧氏以校勘名家，然其校《賈子》，輒率意割裂，遇有不解，每詆其不成文理，玆不僅過於武斷，兼亦斲喪古人本眞，彼徒知讀文從字順之《漢書》耳，則不以爲《漢書》錄《新書》，而反以爲《新書》錄《漢書》，固亦宜也。

（《賈子探微》）

陳煒良云：

汪中校《新書》據《漢書》補入爲證。余嘉錫之說詳矣、博矣，然似是而實非也。今試就其所提出各點證明論之。（一）《漢書·誼本傳》載誼奏疏凡三：後人所謂《治安策》（陳政事疏）者，一也；說文帝擴充淮陽，代二國勢力以爲扞衞者，二也；諫文帝莫王淮南諸子者，三也。所云數上疏者，固包括此三者在內，不過以後二疏爲《治安策》之餘論，乃置《治安策》於首耳（抑亦上疏前後有別也），非指《治安策》包括多次奏疏也。所云『大略』者，謂班固有所刪削點竄耳；所云『復上疏者』，蓋以表先後之序耳。若謂『數上疏陳政事，多所欲匡建』，僅指《治安策》而言，然則後二疏非『陳政事，欲匡建』乎？（二）賈誼奏疏，固可各有篇名，然各奏疏至少亦須陳述一事，方爲合理；今《新書》卻每有二三篇始合言一事者，如以《漢書·本傳》校之，言國內王侯勢大難制，則分見於《藩傷》《宗旨》《親疏危亂》《制不定》《藩彊》《五美》《大都》七篇；言匈奴勢大難制一事，則分見於《勢卑》《威不信》《解縣》三篇；言民俗敗壞一事，則分見於《時變》《俗激》二篇等等，此特舉其一二耳，詳見所附《漢書與新書互見表》。（三）以《漢書》與《新書》相校，斧鑿痕不在《漢書》而在《新書》，《新書》諸篇，每有上下文脫節，段落前後失序，詞句冗複，意義不貫；此淺而易見，不可諉爲爛斷失次、傳鈔之誤也。試以《新書》諸篇與賈誼之《過秦論》比觀，則其文章之深淺得失之異自見。且班固之轉引他人文章者，俱全篇照錄，間或稍加刪削，此其通例也，豈特以賈誼一人而異？故與其謂班固合《新書》二十四篇而成《漢書》誼疏，莫若謂後人肢解《漢書》誼疏而成《新書》之二十四篇較爲合理也。（四）《大戴禮・保傅篇》爲賈誼所作，固不成問題，然誼文本爲一篇而轉載於《大戴禮》，抑本爲四篇而《大戴禮》編纂者合之而成一篇，則頗成疑問。宋潭本《新書》將《過秦論》分爲上中下三篇以湊成五十八篇之數，此後人作僞之跡也；既有作僞之跡，又有可疑之點，則其眞僞，殊堪玩味也。（五）謂《過秦論》二篇爲奏疏，僅屬臆測之辭，固未有證據也。且余氏既謂《過秦論》與《治安策》內容相似，是豈賈誼既奏《治安策》後，復以同樣內容之《過秦論》奏上乎（或先奏《過秦論》而後奏《治安策》均可）？（六）余氏以爲《治安策》中《大戴禮・禮察篇》文乃《新書》所闕之一篇，亦僅屬臆測耳；其或爲纂輯今本《新書》者於剪裁《治安策》時所遺，亦未可料也。總之，余氏欲證明《新書》爲眞者之數點理由，余均以爲一一不能成立。

余以爲欲對《新書》作詳細之探討者，首在分析其內容；下列兩表，卽將其與諸書互見情況圖表化，以便查閱也。

（表一）新書與他書互見表

篇名	段次	互見書名、篇名	備註
宗首	今或親弟謀爲東帝，……將不合諸侯匡天下乎？	漢書本傳同。	
數寧	(一)臣竊維事勢，……射獵之娛與安危之機孰急也。	漢書本傳同。	
	(二)使爲治勞知慮苦身體，……何以易此。	漢書本傳同。	其中有若干挿句爲漢書所無。
藩傷	夫樹國必審相疑之勢，下數被其殃，上數爽其憂。	漢書本傳同。	
藩彊	竊迹前事，……國小則無邪心。	漢書本傳同。	
大都	天下之勢，方病大尰。……可痛哭者，此病是也。	漢書本傳同。	
益壤	(一)陛下卽不爲千載之治，……天下安，社稷固否耳。	漢書本傳同。	
	(二)皇帝者，炎帝之兄也，……血流漂杵。	並見制不定篇。	
	(三)高皇帝瓜分天下。……此二世之利也。	漢書本傳同。	
	(四)臣闇（當作聞）主智問其臣而不自造事，故爲人臣得畢盡其愚忠，惟陛下財幸。	漢書本傳同。	

	(五)與之積衆之財，……願陛下少留意焉。	漢書本傳同，並見淮難篇。	
權　重	當今恬然者，……可謂仁乎。	漢書本傳同。	其中有若干挿句爲漢書所無。
五　美	全篇	漢書本傳同。	其中有挿句爲漢書所無。
制不定	(一)炎帝者，……血流漂杵。 (二)且異姓負彊而動，……勢不可也。	並見益壤篇。 漢書本傳同。	
審　微	善不可謂小而無益，不善不可謂小而無傷。	並見連語篇。	其下引申之語各不同。
階　級	全篇	漢書本傳同。	
俗　激	(一)大臣之俗，特以牘書不報，……因恬不知怪。 (二)刀筆之吏，務在筐箱而不知大體，陛下又弗自憂。 (三)管子曰：……則是豈不可爲寒心。 (四)今世以侈靡相競，……此靡（疑衍）無行義之先至者已。 (五)慮不動於耳目，……非俗吏之所爲也。 (六)竊爲陛下惜之。夫立君臣，……不循則壞。	漢書本傳同。 漢書本傳同。 漢書本傳同。 漢書本傳同。 漢書本傳同。 漢書本傳同。	段落次序多與漢書異，以漢書校之，其次序當爲：（四）、（一）、（五）、（二）、（六）、（三）、（七）。

	(七)秦滅四維不張，……船必覆矣。	漢書本傳同。	
時　變	(一)天下大敗，衆揜寡，……今轉而爲漢矣。 (二)商君違禮義，……遂進取之業。	漢書本傳同。 漢書本傳同。	依漢書校之，其段落次序當互易，其中有若干揷句亦爲漢書所無。
瑰　瑋	(一)且夫百人作之，不能衣一人。 (二)今驅民而歸之農，……人樂其所矣。	漢書本傳同，並見孽產子篇。 漢書食貨志上同。	
孽產子	全篇	漢書本傳同。	其中有若干揷句爲漢書所無。
銅　布	故銅布於下，其禍博矣，……今顧退七福而行博禍。	漢書食貨志下同。	
親疏危亂	陛下有所不爲矣，……故疏必危，親必亂。	漢書本傳同。	
憂　民	(一)王者之法，民三年耕而餘一年之食，……三十歲而民有十年之蓄。 (二)故禹水八年，……道無乞人。	禮記王制、漢書食貨志上同。並見禮篇。 墨子七患、莊子秋水、荀子王覇、管子權數、淮南子主術訓、漢書食貨志上同。並見無蓄篇。	年數及字句與諸書稍異。

	(三)王者之法，國無九年之蓄，……國非其國也。	淮南子主術訓、禮記王制同。並見無蓄篇、禮篇。	
	(四)天（當作失）時不收，請賣爵鬻子，旣或聞耳。	漢書食貨志上同。並見無蓄篇。	
	(五)卽不幸有方二三（脫千字）里之旱，……兵旱相承。	漢書食貨志上同，並見無蓄篇。	
解縣	(一)天下之勢方倒，……蠻夷者，天下之足也，何也，下也。	漢書本傳同。	
	(二)蠻夷徵令，是主上之操也。……醫能治之，而上弗肯使也。	漢書本傳同。	
	(三)進諫者類以爲是，不可解也。	漢書本傳同。	
	(四)陛下幸聽臣之計，……唯上之令。	漢書本傳同。	
	(五)天子者，天下之首也，……猶爲國有人乎?	並見威不信篇。	此段所引，包括在(一)、(二)兩段內。
威不信	(一)天子者，天下之首也，……猶爲國有人乎?	並見解縣篇。	參考解縣條。
	(二)德可遠施，威可遠加，……可爲流涕者此也。	漢書本傳同。	
勢卑	(一)匈奴侵甚侮甚，……	漢書本傳同。	

	以漢而歲致金絮繒綵。 (二)顧爲戎人爲諸侯也。……竊爲執事羞之。 (三)若以臣爲屬（下脫國字）之官，以主匈奴，因幸行臣之計。 (四)今不獵猛獸而獵田彘，非所以爲安。	 漢書本傳同。 漢書本傳同。 漢書本傳同。	 以漢書校之，詞句次序有互易。
淮　難	(一)竊恐陛下接王淮南子，……四子一心未異也。 (二)予之衆積之財，……願陛下留意計之。	漢書本傳同。 漢書本傳同，並見益壤篇。	其中若干揷句爲漢書所無。
無　蓄	(一)禹有十年之蓄，……故勝七歲之旱。 (二)夫蓄積者，天下之大命也，……懷柔附遠，何招而不至。 (三)管子曰：倉廩實……豈將有及乎？ (四)可以爲富安天下，……竊爲陛下惜之。 (五)王制曰：國無九年之蓄，……國非其國也。	並見憂民篇。 漢書食貨志上同。 漢書食貨志上同。 漢書食貨志上同。 並見憂民篇、禮篇。	詳見憂民條。 以漢書校之，段落次序當爲：（三）、（二）。 中有數句並見憂民條。 詳見憂民條。
鑄　錢	全篇	漢書食貨志上同。	以漢書校之，其段落次序大亂，且中有若干揷句爲漢書所無。

傅　職	(一)或稱春秋而爲之聳善而抑惡，……忠信以發之，德言以揚之。 (二)天子不諭於先聖人之德，……凡此皆屬太史之任也。	國語楚語同。 大戴禮保傅同。	
保　傅	(一)全篇。 (二)殷爲天子三十餘世而周受之，……所以長恩且明有仁也。 (三)殷周之所以長久者，……此時務也。	大戴禮保傅同。 漢書本傳同。 漢書本傳同。	
連　語	(一)善不可謂小而無益，不善不可謂小而無傷。 (二)梁嘗有疑獄，……臣竊以爲厚之而可耳。	並見審微篇。 新序雜事第四同。	
禮	(一)故道德仁義，非禮不成，……是以君子恭敬撙節退讓以明禮。 (二)國無九年之蓄，……日舉以樂。 (三)歲凶，穀不登，……鑾祭有闕。 (四)見其生，不忍見其死，……仁之至也。 (五)不合圍，不掩羣，……鳥獸不成毫毛，不登庖廚。	禮記曲禮同。 並見憂民、無蓄二篇。 禮記曲禮相近。 漢書本傳同。 禮記王制同。又荀子王制略近。	詳見憂民條。 見與保傅篇雷同一段中。

容經	(一)古者年九歲入就小學，……業大道焉。	大戴禮保傅同。	
	(二)古者聖王居有法則，……鸞鳴而和應聲，曰：和則敬。	大戴禮保傅同。	
	(三)子贛由其家來謁於孔子，……所以明尊卑別疎戚也。	呂氏春秋孟冬紀異用篇同。	
	(四)古之爲路輿也……，……此輿教之道也。	大戴禮保傅同。	
	(五)人主大淺則知闇，……此聖人之化也。	春秋繁露玉杯同。	
春秋	(一)楚惠王食寒俎而得蛭，……故天之視聽，不可不察。	新序雜事第四同。	
	(二)衞懿公喜鶴，鶴有飾以文繡，……衞君奔死，遂喪其國。	左傳閔二年、呂氏春秋忠廉篇、韓詩外傳卷七相近。	
	(三)鄒穆公有令食鳧雁者必以粃，……皆知其私積之公家爲一體也。	新序刺奢第六同。	
	(四)宋康王時，有爵生鸇於城之陬，……故見祥而爲不可，祥反爲禍。	新序雜事第四同。	
	(五)晉文公出畋，……見妖而迎以德，妖反爲福。	新序雜事第二同。	

	(六)桓公歸，燕君送桓公入齊地百六十六里，……孰弗戴也。	韓詩外傳卷四相近。	
	(七)孫叔敖之爲嬰兒也，……未治而國人信之。	新序雜事第一同。	
先　醒	(一)全篇。	韓詩外傳卷六同。	
	(二)楚王歸，過申侯之邑，……可謂君明矣。	說苑君道篇同。	
	(三)昔宋昭公出亡至於境……既亡矣，而乃寤所以存。	新序雜事第五同。	
諭　誠	(一)湯見設網者四面張，……於是下親其上。	呂氏春秋孟冬紀異用篇、淮南子人間訓、史記殷本紀、新序雜事第五相近。	
	(二)文王晝臥，……於是下信其上。	淮南子人間訓及高注引略近。	
	(三)豫讓事中行之君，……我故國士報之。	戰國策趙策、史記刺客列傳、說苑復恩篇略近。	
勸　學	(一)舜何人也，我何人也。	孟子滕文公上。	
	(二)天以西施之美而蒙不潔，則過之者莫不睨而掩鼻。	孟子離婁。	

六　術	德有六理，……此六者，德之理也。	並見道德說篇。	
道德說	德有六理，……此六者，德之理也。	並見六術篇。	
大政上	戒之戒之，誅賞之慎焉，……疑功從予信也。	鬻子慎誅魯周公第六同。	
大政下	(一)故聖王在上位，……則猶比肩也。 (二)夫民者，賢不肖之材也，……故萬人之吏，選卿相焉。	鬻子守道五帝三王周政甲第四同。 鬻子撰（疑當作選）吏五帝三王傳（疑當作傅）政乙第二同。	
修政語上	(一)故上緣黃帝之道而行之，學黃帝之道而賞之。 (二)帝堯曰：吾存心於先古，……是故德音遠也。 (三)湯曰：藥食嘗於卑然後至於貴，……不以手而以耳。	鬻子數始五帝治天下第七同。 說苑君道篇同。 說苑君道篇同。	
禮容語下	魯叔孫昭聘于宋，……間一月，叔孫婼卒。	左傳昭二十五年略近。	
胎　教	(一)易曰：正其本而萬物理，……太宰曰：滋味上某。 (二)太卜曰：命云某，…	大戴禮保傅同。 禮記內則相近。	

	…縣諸社稷門之左。		
	(三)然後卜王太子名，……是故君子難知易諱也。	大戴禮保傅同。	
	(四)周妃后（當作后妃）妊成王於身，……其弗可失矣。	大戴禮保傅同。	
	(五)昔禹以夏王而桀以夏亡，……同聲於鮑叔也。	說苑尊賢篇同。	(五)、(六)、(七)三段俱包括在（四）段內。
	(六)衞靈公之時，……可謂忠不衰矣。	新序雜事第一同。	
	(七)紂殺王子比干，……其弗可失矣。	說苑尊賢篇同。	

（表二）漢書（賈誼傳食貨志）與新書互見表

漢書篇名	段次	賈誼新書篇名	備註
本傳	臣竊事勢，……爲陛下計，亡以易此。	數寧	
	夫樹國必審相疑之勢，……甚非所以安上而全下也。	藩傷	
	今或親弟謀爲東帝，……將不合諸侯而匡天下乎？	宗首	
	臣又以知陛下有所必不能矣，……故疏必危，親必亂。	親疏危亂	
	其異姓負彊而動，胡不用之淮南濟北，勢不可也。	制不定	

臣竊迹前事，……國小則無邪心。	藩　疆	
令海內之勢，……陛下誰憚而久不爲此。	五　美	
天下之勢，方病大瘇，……可痛哭者，此病是也。	大　都	
天下之勢方倒縣，……蠻夷者，子下之足，何也，下也。	解　縣	並見威不信篇。
今匈奴慢侮，……而漢歲致金絮采繒以奉之。	威不信	
夷狄徵令，是主上之操也。……擧匈奴之衆，唯上之令。	解　縣	部份並見威不信篇。
今不獵猛獸而獵田彘，……非所以爲安也。	勢　卑	
德可遠施，威可遠加，……可爲流涕者，此也。	威不信	
今民賣僮者，……進計者猶曰毋爲，可爲長太息者，此也。	孽產子	『夫百人作之，不能衣一人』兩句並見瑰瑋篇。
商君違禮義，棄仁恩，……今轉而爲漢矣。	時　變	新書段落次序前後倒易。
今世以侈靡相競，……中流而遇風波，船必覆矣。	俗　激	新書段落次序甚亂。
殷爲天子二十餘世而周受之，……此時務也。	保　傅	
夫禮者禁於將然之前，……人主胡不引殷周秦事以觀之也。	無	見大戴禮禮察。
人主之尊，譬如堂，……故曰：可爲長太息者，此	階　級	

	也。		
	陛下卽不定制，此二世之利也。	益壤	
	當今恬然，適遇諸侯之皆少，……不可謂仁。	權重	
	臣聞聖主言，問其臣而不自造事，……唯陛下財幸。	益壤	
	竊恐陛下接王淮南諸子，……願陛下少留計。	淮難	『予之衆積之財，……』至末一段，並見於益壤篇。
食貨志上	管子曰：倉廩實而知禮節，……懷敵附遠，何招不至。	無蓄	新書段落次序前後互調。
	今敺民而歸之農，則畜積足而人樂其所矣。	瑰瑋	
	可以爲富安天下，而且爲此廩廩也，竊爲陛下惜之。	無蓄	
食貨志下	法使天下公得顧租鑄銅錫爲錢，……銅使之然也。	鑄錢	
	故銅布于天下，……臣誠傷之。	銅布	新書段落次序大亂。

《新書》之可疑，除上述外，並有如下各點，特臚列於后:

(一)《等齊》《服疑》二篇言漢初諸侯王之服飾、宮室與稱號，僭擬帝制，並闡明其必須因等級尊卑而分差異，以別君臣之禮。然此二篇之可疑，姚鼐已曾指出，其說云:『……賈生陳疏言可爲長太息者六，而傳內凡有五事闕一；吾意其一事言積貯，班氏已取之入《食貨志》矣，故傳內不更載耳（此點余不同意）。僞者不悟，因《漢・諸侯王表》有宮室百官同制京師之語，遂以此爲長太息之一。然賈生《疏》云：『令君君臣臣，上下有差。』已足該此義矣，不得又別爲一也。夫天子母曰皇太后，妻曰皇后，諸侯王母曰王太后，妻曰王后，雖武昭以後，抑損宗室，終不改此制，何嘗爲無別耶？易王后曰妃，自魏晉始。作僞者，魏晉後人，乃妄意漢制之必不可用耳。若諸侯王相用黃金印，固爲僭矣，故五宗王世易爲銀印，然吾以爲此亦未爲巨害。漢御史大夫秩中二千石銀印青綬，張蒼以淮南王相遷爲御史大夫，周昌以御史大夫降相趙，高祖曰：「吾極知其左遷。」其時相國乃金印，此正如隋以來，外官章服，官品雖崇，而位絀於京職之卑品耳，是亦何必爲太息哉！要之漢初諸侯王用六國時王國之制，故其在國有與漢庭無別者若此。若皇帝，臣下稱之曰陛下，此是秦制，周末列國諸侯所未有，則漢諸侯王必不襲用秦皇帝之制，而使其國臣稱曰陛下；而僞爲賈生書及之，此必後人臆造，非事實也。……』（《姚姬傳全集》）

㈡《銅布篇》上半篇言銅布於下之三禍，《漢書》無；下半篇言收銅勿令布於下之七福，《漢書》同。然銅布於下之禍，班氏於《食貨志》已備言之矣（《新書》亦已收入《鑄錢篇》），不當於此再言。且賈誼若本云『三禍』，則《本傳》何以稱『博禍』；若謂此乃班氏概舉而言，則下文又何以言『七福』，甚可疑也。

㈢《輔佐篇》言大相、大拂、大輔、道行、調訊、典方、奉常、桃師等人之責任；疑此乃後人依《大戴禮・保傅篇》言太師、太傅、太保、少師、少傅、少保、太史之任仿成，惜未有證。

㈣《道術篇》中言『親愛利子謂之慈，反慈爲嚚，子愛利親謂之孝，反孝爲孽，……』一大段，冗長無義，絮絮不休，似非胸懷大志、存心家國如賈誼者所屑言也。

㈤《六術篇》言六理、六法、六行、六合、六藝、六律、六親、六服等，天下萬事皆以六爲法云云；《道德說篇》亦言德有六理，而以玉象德之六理。考秦以水爲德，用六爲殷制，見《禮記・曲禮》下鄭《注》；數以六爲紀，符法冠皆六寸，輿六尺，六尺爲步，乘六馬（見《史記・秦始皇本紀》）。漢初仍之，至賈誼則不以爲然；彼『以爲漢興二十餘年，天下和洽，宜當改正朔，易服色制度，定官名，興禮樂。迺草具其儀法，色上黃，數用五，爲官名悉更奏之』（見《漢書・本傳》）。是以知賈誼主張以五爲數，而此篇則主以六爲數，與賈誼思想大相違背。

㈥《大政》上、下兩篇，多民本政治思想，此與賈誼思想不同。賈誼非不愛民，但以尊君寵臣，明親疏貴賤之分爲治國最重要原則；主張以君臣爲政治中心，然後以禮樂德澤普及於民，並非以人民之意志爲意志，而小君臣之位也（參《漢書・本傳》與《史記・秦始皇本紀贊》），蓋其思想固有法家精神在焉。

㈦《新書》諸篇中與《漢書》同者，其段落次序甚亂（參考附表）；且其中有意義已明，而復加演申者；又有語無倫次，文意未完者，固不可諉爲傳鈔之誤也。

㈧以《新書》諸篇（《過秦論》及與《漢書》同者外）與《過秦論》《治安策》對讀，其思想筆法均不類賈誼。

㈨《新書》多有與《說苑》《新序》等書同者，或曰：『然則不可謂《說苑》《新序》等書引自《新書》乎？』然引他書者，唯有較原書爲短，不會較長；今觀《容經篇》引《春秋繁露・玉杯篇》條，《春秋篇》引《新序・雜事》第四條，《修政語上》引《說苑・君道篇》條，各書文俱較《新書》文爲長，觀其意，又非似由《新書》文引申者，是知《新書》或引自《春秋繁露》《說苑》《新序》，而非此三者引自《新書》疑莫能決也。此三條如是，則其與諸書同者，固亦甚可疑也。

㈩《新書》文句，其重見二篇或以上者達十條之多，最顯著者莫如《六術》與《道德說》兩篇『德有六理，……』條，相同之句，與下文俱有連繫，不可省去，而文章疏宕如賈誼者亦決不會爲此重複拙笨之句，此乃僞者之淺陋，非傳鈔之誤羨也。

㈩《漢書・本傳》載賈誼《疏》云:『可爲痛哭者一，可爲流涕者二，可爲長太息者六。』然《疏》內言長太息者僅三。《三國志・魏志・高堂隆傳》載其上疏云:『賈誼方之，以爲天下倒縣，可爲痛哭者一，可爲流涕者二，可爲長太息者三。』是則可能《本傳》本言『可爲長太息者三』，後人傳鈔誤爲『六』耳。《新書》初亦言『可爲痛哭者一，可爲流涕者二，可爲長太息者六』（《宗首篇》），唯後言長太息者僅得其四（《等齊》《階級》《孽產子》《銅布》），位置與《漢書》異（依《新書》校之，《漢書》言長太息者在《階級》《孽產子》《俗激》三篇）。今且不論《漢書》原文爲長太息者『三』抑『六』，然若謂本爲『三』，何以《新書》言長太息者有四;若謂本爲『六』，則何以今僅得其四（吳汝綸謂一、二、三者爲次序先後之分，不確）。且《本傳》所載流涕者二，按之《新書》，一在《解縣篇》，一在《威不信篇》，而《新書》所載，則一在《威不信篇》，一在《無蓄篇》;豈班固如是之不憚煩將《無蓄篇》之『可爲流涕者』一語，移置於《解縣篇》處，將《等齊篇》之『可爲長太息者』一語，移置於《俗激篇》處哉!

㈫汪中謂《新書》『述《左氏》事，止《禮容篇》叔昭子一條;《先醒篇》言宋昭公出亡而復位;虢君出走，其御進酒，及枕土而死;《耳痺篇》言子胥何籠而自投於江;《諭誠篇》言楚昭王以當房之德復國;皆不合《左氏》。《審微篇》言晉文公請隧叔孫，于奚救孫桓子;《春秋篇》言衞懿公喜鶴而亡其國;《先醒篇》言楚莊王與晉人戰於兩棠，會諸侯於漢陽，申天子之禁;皆與

《左氏》異同』。（《述學·賈誼新書序》）然《漢書·儒林傳》謂『漢興，北平侯張蒼，及梁太傅賈誼，京兆尹張敞，太中大夫劉公子皆修《左氏傳》；誼爲《左氏》傳訓故，授趙人貫公』，是以知賈誼固深於《左傳》者，然《新書》所述，多與《左氏》異，其眞僞殊屬可疑；固非劉氏所謂『依事枚擧，取足以明教而已』也。

㈢《鹽鐵論·箴石》第三十一所引：『賈生有言曰：「懇言則辭淺而不入，深言則逆耳而失指。」』兩句，不見今本《新書》，想爲編纂者所不及。

根據上述分析，今本《新書》顯然非賈誼原作，疑爲後人增補割裂而成；然唐人所見，已大略與今本同，則其流傳亦已久矣。

（《賈誼新書探源》）

王洲明云：

宋代以前幾乎所有的類書，都徵引了賈誼作品的內容。最先徵引的是南朝梁庾仲容的《子鈔》。庾氏《子鈔》今已亡佚。但唐代馬總在《子鈔》的基礎上編成《意林》，《意林》今存。《意林》引賈誼作品有七條，內容和今本《新書》基本一致。先後見今本《新書》的《過秦中》《服疑》《數寧》《五美》《階級》《俗激》《銅布》《壹通》《保傅》《容經》和《退讓》諸篇。這個篇目次序和今本《新書》基本一致（只是《服疑》和《數寧》互易）。這無疑能够說明唐代《新書》的篇目次序和今本《新書》基本一致。不僅如此，我們還可以大膽地推斷，在梁代，《新書》的篇目次序也和今本《新書》基本一致。考《意林》的戴叔倫原序云：『大理評事扶風馬總，……增損庾書，……目曰意林。』紀昀《四庫全書總目》云：『……馬總《意林》一遵庾目，多者十餘句，少者一二言，比《子鈔》更爲取之嚴、錄之精。』我們推想，馬總作

《意林》，總不致完全刪損《子鈔》原錄《新書》的內容，而又另起爐灶，而照《四庫總目》的說法，他只是在《子鈔》的基礎上，更加精選而已。所以，《意林》所反映的《新書》篇目次序，可以認爲就是《子鈔》所錄《新書》的篇目次序，也卽是說，在梁代，《新書》的篇目次序和今本《新書》基本一致。

唐代魏徵的《羣書治要》，引《新書》內容十四條，內容和今本《新書》也基本一致。先後見於今本《新書》的《過秦上》《連語》《春秋》《先醒》《退讓》《官人》《大政上》《大政下》《修政語下》和《立後義》諸篇。這個篇目次序和今本《新書》的篇目次序完全一致。這是唐代《新書》的篇目次序和今本《新書》一致的又一佐證。

南宋王應麟的《玉海》，詳細記載了《新書》的目錄。謂『本七十二篇，劉向刪定爲五十八篇，今皆存。本傳所載《治安策》，今釐爲數篇，各立題目，雜見於《新書》。班固贊誼云所著述五十八篇，掇其切於世事者著於傳，卽《新書》也』。所載《新書》目錄爲:

一、過秦上下（見《史記·秦紀》）、宗首、數寧、藩傷、藩強、大都、等齊、服疑、益壤（事勢）

二、權重、五美、制不定、審微、階級（事勢）

三、俗激、時變、瑰瑋、孽產子、銅布（見《食貨志》）、壹通、屬遠、親疏危亂、憂民、解縣、威不信（事勢）

四、匈奴、勢卑、淮難、無蓄、鑄錢（事勢）

五、傅職、保傅（見《大戴禮》）、昭紀（連語）、輔佐（連語）、問孝（闕）

六、禮、容經（見《大戴禮》）、春秋（連語）

七、先醒、耳痺、諭誠、退遜、君道（連語）

八、官人、勸學、道術、六術、道德說（雜事）

九、大政上下、修政語上下（雜事）

十、禮容語上下（ 上篇闕 ）、胎教（見《大戴禮》）、立後義、傳（雜事）（傳卽本傳之語）五十八篇　十卷。

《玉海》所載目錄，和今本《新書》有三處不同，㈠《過秦》此分爲上下兩篇，而今本《新書》分爲上、中、下三篇；賈誼本傳此作爲五十八篇之一，而今本《新書》不列入五十八篇之數。㈡卷七中，《玉海》作『諭誡』，而今本《新書》作『諭誠』。㈢同一卷中，《玉海》作『退遜』，而今本《新書》作『退讓』。其它則完全一致。

從以上這些著錄看，今本《新書》和古本《新書》的確有着具體的聯繫，至遲從南朝的梁代開始，以至隋、唐、宋代，《新書》的篇目次序和今本《新書》的篇目次序基本一致。這是今本《新書》和古本《新書》同出一個系統的一個可靠證明。

誠然，僅據此尙不能遽定《新書》非後人僞造。人們還很容易提出疑義，比如，卽使是今本《新書》的篇目次序和古本《新書》基本一致，是否僞造者按照這個順序而編造新的內容？爲了回答這個問題，我們再來仔細考察宋代以前的典籍中，有關《新書》內容方面的記載情況。

宋代以前有關《新書》內容的載錄甚多見。東漢應劭注《漢書》，在《陳勝傳》贊語『昔賈生之過秦曰』句下注云：『賈生書原有《過秦》二篇，言秦之過，此第一篇也。』在《文帝紀》『作顧成廟』句下注云：『賈誼：「因顧成之廟，爲天下太宗，與漢無極。」』引語見今本《新書》的《數寧》篇。東漢文穎在《漢書·昭帝紀》『 通保傅 』文下注云：『賈誼作《保傅傳》，在《禮·大戴記》。』今本《新書》有《保傅》篇。三國魏如淳爲《漢書》作注，引賈誼作品三條。其一，《文帝紀》『 身衣弋綈 』句下注云：『弋，皂也。賈誼曰：「身衣皂綈。」』引語見今本《新書》的

《孽產子》篇，作『自衣皂綈』。其二，《百官公卿表》『都司空令丞』句下注云：『律，司空主水及罪人。賈誼曰：「輸之司空，編之徒官。」』引語見今本《新書》的《階級》篇。其三，《禮樂志第二》『六親和睦』文下注云：『六親，賈誼書以爲父也，子也，從父昆弟也，從祖昆弟也，族昆弟也。』引語見今本《新書》的《六術》篇，文字不相同，引文在原文基礎上約簡而成。

隋唐兩代的類書，除上述魏徵的《羣書治要》引《新書》內容十四條，且和今本《新書》基本一致外，其它類書也或多或少地徵引了《新書》的內容。據初步統計，隋虞世南等《北堂書鈔》共引二十五條；唐歐陽詢《藝文類聚》共引六條；唐徐堅《初學記》共引三條。以上各書所引內容，有爲數極少的四條見於《鵩鳥賦》《簴賦》和《旱雲賦》，有兩條今本《新書》不傳，其餘都見於今本《新書》。雖然引用情況不一，有的是隻言片語，有的大段詳錄，而且稱名亦不一，或賈子，或賈誼書，而且字句也多有差異，但是所引的內容和今本《新書》都基本一致。

在宋代，北宋李昉等《太平御覽》所引《新書》內容達二十一條之多，除四條今本《新書》不存外，其它各條均見今本《新書》。雖然字句有出入，但內容也都基本一致。南宋晁公武的《郡齋讀書志》，則首先提出《新書》分事勢、連語、雜事三部分。

以上著錄又證明，賈誼的作品，在長期流傳過程中有散佚，但是今本《新書》基本保存了賈誼的作品。也就是說，從內容方面看，今本《新書》和古本《新書》也同出於一個系統。

人們還可能提出疑義，比如，今本《新書》是否後人雜抄這些材料而成呢？我認爲，這不可能。試想，把散見於各種書籍中的，有的又是非常零星的材料，雜湊一起，並且還能編纂成文，這爲一不可能。倘若是雜抄上述材料而編造《新書》，照理說，不會在雜抄時又故意改動其中的一些字句，而以上所引各書所載《新書》的內容，在字句上和今本《新書》又多有不同。這是二不可能。倘若是雜抄上述材料而編造《新書》，照一般情理，雜抄的愈全愈多而愈爲佳，不會在雜抄時又故意捨棄一些內容，而以上所引各書所載《新書》的內容，又的確有今本《新書》不存者。這是三不可能。

通過對歷史的檢討，完全能證明，《新書》自問世以來，各代一直流傳；完全能證明，今本《新書》的篇目次序，和古本《新書》的篇目次序基本一致，它們同出一個系統；也完全能證明，今本《新書》基本保存了古本《新書》的內容。雖然宋代以後，有人對《新書》的眞僞提出了疑義，但是，或者沒提出確鑿的證據，或者雖提出了證據，又缺乏充足的事實根據，並且前人已辨駁得甚詳甚確。所以到目前爲止，還沒有充分的證據說明《新書》係後人僞造，倒是有更多的材料證明，它不是一部僞書。

我初步認爲，《新書》中的事勢部分出自賈誼之手，其連語、雜事部分，除《先醒》《勸學》篇外，也基本肯定出自賈誼之手。《新書》不是一部僞書。決不是後人雜抄《漢書》而纂成，相反，倒是《漢書》選用了《新書》中的材料。但最後編定者不是賈誼自己，而編定者又離賈誼的時代不遠。在上述歷史檢討的基礎上，我擬舉出如下一些證明。

一

後人『割裂』《漢書》所載賈誼作品，雜湊成《新書》，是懷疑《新書》爲僞作的一條重要根據。《四庫全書總目》卽主此，其實，我們把《漢書》所載賈誼作品，和《新書》中的有關章節對照研讀，發現有不少處《漢書》所載不若《新書》更合情理。也卽是說，《漢書》稱引的賈誼作品，有明顯刪削《新書》的斧鑿之痕。爲了便於說明問題，把《漢書》和《新書》的有關章節對照如下:

（例　一）

《漢書・賈誼傳》：

今民賣僮者，爲之綉衣絲履偏諸緣，內之閑中，是古天子后服，所以廟而不宴者也，㊀而庶人得以衣婢妾。白縠之表，薄紈之裏，緁以偏諸，美者黼綉，是古天子之服，今富人大賈嘉會召客者以被墻。古者以奉一帝一后而節適，㊁今庶人屋壁得爲帝服，倡優下賤得爲后飾，然而天下不屈者，殆未有也。且帝之身自衣皂綈，而富民墻屋被文綉；天子之后以緣其領，庶人孽妾緣其履：此臣所謂舛也。夫百人作之不能衣一人，欲天下亡寒，胡可得也？一人耕之，十人聚而食之，欲天下亡飢，不可得也。國已屈矣，盜賊直須時耳，然而獻計者曰『毋動』爲大耳。夫俗至大不敬也，至亡等也，至冒上也，進計者猶曰『毋爲』，可爲長太息者此也。

《新書・孽產子》：

民賣產子，得爲之綉衣（編）經履，偏諸緣，入之閑中，是古者天子后之服也，后之所以廟而不以燕也，㊀而衆庶得以衣孽妾。白縠之表，薄紈之裡，緁以偏諸，美者黼綉，是古者天子之服也，今富人大賈召客者得以被墻。古者以天下奉一帝一后而節適，㊁今富人大賈屋壁得爲帝服，賈婦優倡下賤產子得爲后飾，然而天下不屈者，殆未有也。且帝之身，自衣皂綈，而靡賈侈貴，墻得被綉，后以緣其領，孽妾以緣其履：此臣之所謂踳也。

且試觀事理，夫百人作之，不能衣一人也，欲天下之無寒，胡可得也？一人耕之，十人聚而食之，欲天下之無飢，胡可得也？飢寒切於民之肌膚，欲其無爲奸邪盜賊，不可得也。國已素屈矣，奸邪盜賊特須時爾……

然而獻計者類曰：『無動爲大耳。』〔夫無動而可以振天下之敗者，何等也？曰爲大，治可也；若爲大，亂，豈若其小。悲夫！〕㊂俗至不敬也，至無等也，至冒其上也，進計者猶曰『無爲』，可爲長太息者此也。

仔細比較兩篇引文，發現㊀處，《新書》爲『后之所以廟而不以燕也』，而《漢書》刪去了這句話的主語『后』字，所以遠不若《新書》把意思表達得清晰。㊁處，《新書》爲『古者以天下奉一帝一后而節適』，《漢書》刪『天下》二字，使『以』字無着落。聯繫前後文義，也非介賓結構省略賓語部分。㊂處，方括號內的部分，《漢書》全刪。這裏刪削《新書》的痕迹更明顯。方括號內的內容，賈誼批判了『獻計者』的『 無動爲大 』的兩個方面，一是『無動』，一是『爲大』。然後再概括說明風俗敗壞的嚴重程度。而班固卻刪去對『獻計者』的批評，使《漢書》表達的情緒，遠不如《新書》更憤激。

（例　二）

《漢書・賈誼傳》：

故其在大譴大何之域者，聞譴何則白冠氂纓，盤水加劍，造請室而請罪耳，上不執縛繫引而行也。㊀其有中罪者，聞命而自弛，上不使人頸盭而加也。其有大罪者，聞命則北面再拜，跪而自裁，上不使捽抑而刑之也。

《新書・階級》：

故其在大譴大訶之域者，聞譴訶則白冠氂纓，盤水加劍，造清室而請其罪爾，上弗使執縛繫引而行也。㊀其中罪者，聞命而自弛，上不使人頸盭而加也。其有大罪者，聞命則北面再拜，跪而自裁，上不使人捽抑而刑也。

比較㊀處，《漢書》於『不』字後刪掉『使』字，於理不合，因爲『上』絕不會親自動手『執縛繫引』；於文義亦不順，因爲下文講『中罪』和『大罪』時，皆有『使』字。而且，我們查明萬歷間新安程氏（程榮）所刻《漢魏叢書》本的《新書》，以及明周子義等輯的『子滙』本《新書》，皆作『弗使』。由此，也可看出《漢書》刪削《新書》的漏洞。

像有類似問題的地方，我們還可擧出幾處。所以，決不是僞作者割裂《漢書》中賈誼的作品僞造《新書》，而是班固選取《新書》的內容作《漢書》。

從漢人引賈誼的話，更接近《新書》，而不大類《漢書》，也可說明《漢書·賈誼傳》的內容取自《新書》，只是班氏作《漢書》時有潤色加工。

東漢應劭在《漢書·文帝紀》『作顧成廟』文下注云：『賈誼曰：「因顧成之廟，爲天下太宗，與漢無極。」』

這段話，在《新書·數寧》篇爲：『因顧成之廟，爲天下太宗，承天下太祖，與漢長亡極耳。』

而在《漢書·賈誼傳》中爲：『使顧成之廟，稱爲太宗，上配太祖，與漢亡極。』

比較這三段文字，應劭引賈誼的話，旣不全同於《新書》，也不全同於《漢書》。但是，我們檢查《新書·數寧》篇這一段話的前後文字，發現在叙述每一層意思前，一連用了十個『因』字。如這段話前一句爲『因生爲明帝，沒則爲明神，名譽之美垂無窮耳』。而這段話後一句爲『因卑不疑尊，賤不逾貴，尊卑貴賤，明若白黑，則天下之衆不疑眩耳』。在本文中，『因』和『耳』搭配使用，形成一種敍述種種不同情狀的特殊句式，是賈誼的習慣用法。俞樾認爲：『凡用因字耳字者十，其句法皆同，班固刪改以入漢書，大失賈子之眞。』（《諸子評議》）因此，改『因』爲『使』，顯係班氏加工。而且就從應劭引文本身看，也更接近於《新書》中的句子。

二

《新書》引《詩經》有十五條。而《詩經》又分魯、齊、韓、毛四家，並各自都經歷了盛衰興亡的變化。考察《新書》所引《詩經》的文字和所用內容，並聯繫漢代傳詩的情況，基本能够確定《新書》編定的時代。

魯、齊、韓三家詩今皆亡佚，獨毛詩存。但王先謙的《詩三家義集疏》網羅散佚，據此，我們尚能了解三家詩的遺言奧旨。

《新書》所引十五條詩，見《詩經》的《小雅・魚藻之什・都人士》《小雅・谷風之什・北山》《大雅・文王之什・棫樸》《召南・騶虞》《小雅・甫田之什・桑扈》《衞風・木瓜》《大雅・文王之什・靈臺》《小雅・南有嘉魚之什・蓼蕭》《邶風・柏舟》《大雅・文王之什・文王》《大雅・文王之什・皇矣》《大雅・生民之什・泂酌》《周頌・清廟之什・昊天有成命》《周頌・閔予小子之什・敬之》諸篇。

這十五條引詩，同毛詩以及三家詩比較，我們發現，其中一條引詩的文字和所用詩義，與毛詩、齊詩同；一條引詩的文字和所用詩義，與毛詩、魯詩同；一條引詩的文字和所用詩義，與毛、魯、齊、韓詩相同；一條引詩的詩義與毛、魯、齊、韓詩相同，而所用文字與毛詩異；一條用逸詩。而其餘十條皆不用毛詩。這十條，有的引詩文字本身和毛詩異；有的引詩文字雖相同，而所用詩義與毛詩異；有的引詩，文字和所用詩義皆不同於毛詩。（詳見《詩三家義集疏》）

爲什麽會出現這種情況呢？我們從《詩經》在漢代流傳的情況來考察其原因。

《漢書・藝文志》載:

漢興，魯申公爲詩訓詁，而齊轅固、燕韓生皆爲之傳。或取春秋，採雜說，咸非其本義。與不得已，魯最爲近之。三家詩皆列於學官。又有毛公之學，自謂子夏所傳，而河間獻王好之，未得立。

《史記・儒林傳》載:

劉郢於呂太后時，與申公俱受詩於浮丘伯。已而郢爲楚王，令申公傅其太子戊。戊不好學，疾申公。及王郢卒，戊立爲楚王，胥靡申公，申公耻之，歸魯，退居家教，……子弟自遠方至受業者百餘人。申公獨以《詩經》爲訓以教。

《漢書・楚元王傳》載:

文帝時，聞申公爲詩最精，以爲博士。元王好詩，諸子皆讀詩，申公始爲詩傳，號魯詩。及歆(劉歆)親近，欲建立《左氏春秋》及《毛詩》、逸《禮》、古文《尚書》皆列於學官。

《隋書・經籍志》載:

孔子删詩，上採商，下取魯，凡三百篇。至秦獨以爲諷誦，不滅。漢初有魯人申公，受詩於浮丘伯，作詁訓，是爲魯詩。齊人轅固生亦傳詩，是爲齊詩。燕人韓嬰亦傳詩，是爲韓詩。終於後漢，三家並立。漢初又有趙人毛萇善詩，自云子夏所傳，作訓詁傳，是爲毛詩古學，而未得立。……鄭衆、賈逵、馬融並作毛詩傳，鄭玄作毛詩箋。齊詩魏代已亡，魯詩亡於西晉。韓詩雖存，無傳之者。唯毛詩鄭箋至今獨立。

以上記載了漢代傳詩以及三家詩、毛詩的盛衰與亡:㈠漢初，三家詩和《毛詩》都在流傳;㈡三家詩中魯詩最早列於學官，其傳亦最廣;㈢漢初，《毛詩》的地位，遠不如魯詩，直到後漢，《毛詩》方大行世，而三家詩漸衰;㈣齊詩亡佚最早（在魏），魯詩亡於西晉，韓詩隋唐雖存，但無傳者。

賈誼《新書》的引詩狀況，正由這些具體條件所決定。漢初三家詩比毛詩盛行，而三家詩中魯詩又最盛行，所以《新書》十五條引詩，用魯詩者達十二條之多。這足以證明，《新書》爲漢初作品無疑。成書的時代，離賈誼亦不致太遠。

或曰：魯詩亡於西晉，《新書》也可能爲魏晉後人僞撰。姚鼐不就主『魏晉後人』僞造說嗎？

我認爲此說甚謬。試想，於毛詩大行，三家詩寖微之際，多方搜求魯詩以假充眞，這很不合情理。

至於《新書》中引用過一首逸詩，則更說明其爲漢初作品。因爲直到漢宣帝時，還有魯詩博士誦咏逸詩的記載。（見《漢書・儒林傳》）照一般情理，愈是漢初，用逸詩的情況就更多。

考定《新書》爲漢初作品，誠然還不能肯定就一定是賈誼的作品。但考察賈誼受學淵源顯係儒家，則是《新書》爲賈誼所作的又一可靠佐證。

王先謙云：『魯詩授受源流，《漢書》可考。申公受詩於浮丘伯，伯乃荀卿門人也。劉向校錄孫卿書亦云：浮丘伯受業於荀卿，爲名儒。是申公之學出自荀子。』（《詩三家義集疏》）

賈誼受學於河南守吳公，而吳公又嘗受學於李斯，李斯爲荀卿弟子，則賈誼爲荀卿再傳弟子（《漢書・賈誼傳》）。而且賈誼還曾學《春秋左氏傳》，並作《左氏傳訓詁》。（《漢書・儒林傳》）

賈誼學詩的詳情已不能知，但他學業出自儒家，熟悉儒家經典無疑。自然，他學魯詩，用魯詩，就是情理中事了。

《新書》引用的十五條詩，散見於該書的《等齊》《匈奴》《連語》《禮》《容經》《君道》《禮容語下》七篇文章。這七篇文章的內容，《漢書・賈誼傳》皆不見。因此，我們這番考定工作，對確定《新書》非僞作，具有更大意義。

《新書》涉及到了漢宮中的娛樂形式，而和其它書中的記載同，這也能證明《新書》決非『魏晉後人』僞造。

《匈奴》篇中，賈誼向文帝獻『三表五餌』以繫單于的謀略，『五餌』中有一條爲『上使樂府幸假之但樂』以娛樂匈奴使者。『但樂』不可解。孫詒讓《札迻》認爲『但』應作『倡』，其說是也。以倡樂娛樂匈奴使者，漢代有之。蔡邕《琴操・怨曠思惟歌》云：『後單于遣使者朝賀，元帝陳設倡樂，令後宮妝出。』又如『五餌』中的另一條，爲『上卽飨胡人也，大觳抵也，客胡使也』。『觳抵』爲古角力戲，《史記・李斯傳》載：『是時二世在甘泉，方作觳抵優俳之觀。』《漢書》中也有記載，如《武帝紀》云：『三年春，作角抵戲，三百里內皆（來）觀。』《張騫李廣利傳》云：『大角氐，出奇戲諸怪物，多聚觀者。』『角抵』、『角氐』與『觳抵』皆指同一種娛樂形式。

倡樂、觳抵，都是秦漢宮中的娛樂形式，若後人僞造《新書》，怕未必照顧得如此周嚴。

從《新書》的內容看，也決非『魏晉後人』能僞造。除多陳古典，多述古義，多用『戒之哉，戒之哉』懇切勸戒語外，對君主、時政敢大膽地批評，敢肯定『殷湯放桀，武王伐紂』的合理性，（見《立後義》）這就不是漢武帝以後，『罷黜百家，獨尊儒術』，拑制思想，君權專制的時代敢以稱道的。

三

考察《新書》本身，也能尋出其基本出自賈誼之手的證據。

《新書》遣詞造句多有重出之處。這種重出大致分三種情況。一種，句子和表達的內容都相同；一種，使用相同的句式；另一種，屬於習慣性用詞相同。

第一種，『國無九年之蓄，謂之不足；無六年之蓄，謂之急；無三年之蓄，國非其國也』，先見於《無蓄》篇，後《禮》篇重出。『其於禽獸也，見其生不忍其死，聞其聲不嘗其肉，故遠庖厨，所以長恩，且明有仁也』，先見於《保傅》篇，後《禮》篇重出，文字基本一致。『行以鸞和，步中採薺，趨中肆夏，所以明有度也』，先見於《保傅》篇，後《容經》篇重出，文字也基本一致。『故愛出者愛反，福往者福來。易曰：「鳴鶴在陽，其子和之」』，先見於《春秋》篇，而《君道》篇作『易曰：「鳴鶴在陽，其子和之。」言士民之報也』，文字和內容也基本一致。『故黃帝者，炎帝之兄也。炎帝無道，黃帝伐之涿鹿之野，血流漂杵，誅炎帝而兼其地』，先見於《益壤》篇，而《制不定》篇作『炎帝者，黃帝同父母弟也，各有天下之半，黃帝行道，而炎帝不聽，故戰涿鹿之野，血流漂杵』，文字和內容也基本一致。『擅退則讓，上僭者誅』，先見於《瑰瑋》篇，《服疑》篇作『擅退者讓，上僭則誅』，也基本一致。

第二種，慣用『至……』的句式，強調某種現象，用來表達憤激感情。如：

天下亂至矣！是以大賢起之。（《時變》）

俗至不敬也，至無等也，至冒其上也。（《孽產子》）

天子諸侯封畔之無經也，至無狀也；以藩國資強敵，以列侯餌篡夫，至不得也。（《壹通》）

禽敵國而後止，費至多也。（《匈奴》）

匈奴侵甚，遇天子至不敬也，爲天下患，至無已也。（《勢卑》）

第三種，習慣用『慮』字來表達不太肯定的語氣，相當於『大卒』、『大抵』的意思。這樣用法《新書》中有五處：

母取瓢椀箕帚，慮立誶語。（《時變》）

其慈子嗜利而輕簡父母也，慮非有偷理也。（《時變》）

慮非假貸自詣（別本作儲），非有以所聞也。（《屬遠》）

竊以所聞懸令丞，相歸休者，慮非甚強也，不（見）得從者。（《屬遠》）

曩傾不雨，令人寒心，一雨爾，慮若更生，（《憂民》）

這種重出現象固然能說明《新書》出自一人之手，進一步也能說明基本上出自賈誼之手。比如上述第二種用『至……』的句式來表達憤激之情，只有像賈誼那樣，對漢初弊政痛心嫉首的人，方能寫出。又如上述第三種用『慮』字表達不太肯定的語氣，在《漢書·賈誼傳》中也多有，如:

假父耰鉏，慮有德色。

若此諸王，雖名爲臣，實皆有布衣昆弟之心，慮亡不帝制而天子自爲者。

至於俗流失，世壞敗，因恬而不知怪，慮不動於耳目，以爲是適然耳。

這最能說明《新書》基本出自賈誼之手，因爲任何人在僞造別人作品時，也不能做到連習慣性用字也模仿得如此一致。

四

據《漢書·貢禹傳》記載，貢禹上書元帝時引用了賈誼《新書》的內容，這能多少透露出《新書》在漢代漸傳的情況。貢禹《疏》稱:

孝文皇帝時，貴廉潔，賤貪汚，……海內大化……。武帝始臨天下，尊賢用士，僻地廣境數千里，自見功大威行，遂從者欲，……是以天下奢侈……。俗皆曰:『何以孝弟爲？財多而光榮。何以禮義爲？史書而仕宦。何以謹愼爲？勇猛而臨官。』故黥劓而髡鉗者猶復攘臂爲政於世，行雖犬彘，家富勢足，目指氣使，是爲賢耳。故謂居官而置富者爲雄桀，處奸而得利者爲壯士，兄勸其弟，父勉其子，俗之壞敗，乃至於是！

這段話的『俗皆曰』之後，和《新書・時變》篇的文字極相似：

今者何如？進取之時去矣，并兼之勢過矣。胡以孝弟循順爲？善書而爲吏耳。胡以行義禮節爲？家富而出官耳。驕耻偏而爲祭尊。黥劓者攘臂而爲政。行雖狗彘也，苟家富財足，隱機盱視而爲天子耳。……居官敢行奸而富爲賢吏，家處者犯法爲利爲材士。故兄勸其弟，父勸其子，則俗之邪至於此矣。

兩段文字，內容基本相同，而且句式也基本相同。這裏有兩種可能，㈠貢禹有意識地學習賈誼，所以他指斥武帝弊政時，不僅從內容，而且在句式上，都吸取了賈誼作品的東西；㈡後人採貢禹的話，冒充《新書》的內容。二者必居其一，否則不會如此近似。

我認爲是前者，而不是後者，這只需仔細考察以上兩段文字的內容，並聯繫賈誼一貫的思想，就可以得出的結論。

貢禹指斥的是武帝弊政，在指斥的同時，又特別褒揚了文帝『貴廉潔，賤貪汚』。這符合一般人對漢代政治的看法。而賈誼是眼光敏銳、有遠見卓識的政治家，只有他會在後代史家盛贊的『文景盛世』之時，大膽而尖銳地揭露社會的弊端。

再仔細考察，『行惟狗彘也，苟家富財足，隱機盱視而爲天子耳』，此爲《新書・時變》語。『行雖犬彘，家富勢足，目指氣使，足爲賢耳』，此爲貢禹語。

上一句，符合賈誼的一貫思想。他在《新書》中的許多地方，都提醒文帝，要時時警惕地方割據勢力覬覦天子的寶座。如，《親疏危亂》篇曰：『諸侯王雖名爲人臣，實皆有布衣昆弟之心，慮無不宰（一作帝）制而天子自爲者。』又如《淮難》篇曰：『（淮南王）聚罪人奇狡少年，通棧奇之徒，啓章之等而謀爲東帝。』而貢禹卻不會有這樣的認識，一句話中，雖前面用了賈誼語，而後半句卻改成『目指氣使，是爲賢耳』。

由此，我們似可以說，《新書》在漢代已經流傳，而且還相當有影響呢。

要之，我認爲《新書》在流傳過程中，遺漏處有之，錯訛處更多，的確遠不如《漢書》中賈誼的作品暢達易讀。但是，有非常充分的理由肯定它不是一部僞書。

（《新書非僞書考》）

■文中子

皮日休云:

……文中子王氏諱通，字仲淹，生於陳隋之世，以亂世不仕，退於汾晉，序述六經，敷爲《中說》，以行教於門人，……先生則有薛收、李靖、魏徵、李勣、杜如晦、房玄齡……，先生之門人，嚇於盛時，……苟唐得而用之，貞觀之治，不在於房杜褚魏矣。

（《全唐文》七九九《文中子碑序》）

杜　淹云:

文中子生於隋開皇四年（西元五八四年），卒於大業十三年（六一七），年三十三歲。受《書》於東海李育，學《詩》於會稽夏琠，問禮於河東關子明，正樂於北平霍汲，考三《易》之義於族父仲華。仁壽三年（六〇三），見隋文帝於長安。文帝雖識其才，然未重用，文中子感傷而歸，後文帝徵之，不至。大業初，又徵，亦不至，退居河汾，乃續《詩》《書》，正禮樂，修元經，讚《易》道。門人自遠而至，有河南董桓，太山姚義，京兆杜淹，趙郡李靖，……，河東薛收，中山賈瓊，清河房元齡，鉅鹿魏徵，太原溫大雅，潁川陳叔達等，咸稱師北面受王佐之道。大業十年（六一四），尙書召署蜀郡司戶，不就。十一年（六一五）以著作佐郞國子博士徵，又不至。十三年以疾終。其書未及行世，喪亂盜起，書藏於杜淹家。唐武德四年（六二二），天下大定，其書則歸於文中子弟凝，文中子有二子，長曰福郊，少曰福時。

（《全唐文》一三五《文中子世家》）

陳成眞云:

文中子與關子明

或以爲關子明的年代與王通相去甚遠，如《朱子語類》《古今僞書考補證》等書，皆以此事爲懷疑文中子之根據。然倘試觀通子福時之《錄關子明事》，即可得一正確答案:

> 太和末，余五代祖穆公，封晉陽尚書，署朗爲公府記室（案朗字子明）。穆公與談《易》，各相嘆服。……。同州府君師之，受《春秋》及《易》，共隱臨汾山。……。開皇元年（五八一），安康獻公老於家，謂銅川府君曰：關生殆聖矣，其言未來，若合符契。開皇四年（五八五），銅川夫人經山梁履巨石而有娠，旣而生文中子。

可知關子明與文中子之先輩有過往來，而關子明與文中子亦可稱得上師生關係，此應責杜淹文筆不實，不能以此而屏文中子其書其人。

文中子與隋文帝

關於此事，可見於《資治通鑑·隋高祖紀》，仁壽三年（六〇三）:

> 是歲，龍門王通，詣闕獻太平十二策，上不能用，罷歸。通遂教授於河汾之間，弟子自遠至者甚衆，累徵不起。楊素甚重之，勸之仕，通曰：『通有先人之弊廬，足以蔽風雨，薄田足以具餐粥，讀書談道，足以自樂，願明公正身以治天下，時和歲豐，通也受賜多矣，不願仕也。』或譖通於素

> 曰：『彼實慢公，公何敬焉。』素以問通，通曰：『使公可慢，則僕得矣，不可慢，則僕失矣，得失在僕，公何預焉。』素待之如初。

由此可知王通謁見文帝事不虛，同時亦可知其學識匪淺，因仁壽三年，通方十七八歲。

元經及文中子之作者

有人認爲《元經》《文中子》皆非王通所著。如《古今僞書考》《古今僞書考補證》及《檢論》，所提之點雖甚爲合理而有力，然《元經》《文中子》若是僞書，必定在唐時卽不能立足，爲何直到宋修《唐書》，仍採王通所作之說？如《王績傳》：『兄通，隋末大儒也，聚徒河汾間，倣古作六經，又爲《中說》，以擬《論語》，不爲諸儒稱道，故書不顯，惟《中說》獨傳。』《王勃傳》：『祖通，隋蜀郡司戶書佐，大業末，棄官歸，以著書講學爲業，依春秋體例，自獲麟後，歷秦漢至於後魏，著紀年之書，謂之《元經》，又依《孔子家語》，揚雄《法言》，例爲客主對答之說，號曰《中說》，皆爲儒士所稱。』此均可考《元經》《中說》等書，爲王通所作之證。或因後人增附篡改，非本來面目，才會有與時代不符之文句。縱其書果有後人附益處，亦不能由此遂斷定文中子爲亡是公。

王通之門人

有人認爲王通門人旣多爲公卿將相，爲何《隋書》中無傳？爲何在其門人之傳中未曾提及？關於前者，可見於王福畤《錄東皐子答陳尙書書略》：

貞觀初，仲父（案文中子弟凝）太原府君爲監察御史，彈侯君集事，連長孫太尉⑴，由是獲罪，時杜淹爲御史大夫，密奏仲父，直言非辜，於是太尉與杜公有隙，而王氏兄弟皆抑而不用矣。季父（案文中子季弟績，卽東皐子）與陳尚書叔達相善，陳公方撰《隋史》，季父持《文中子世家》⑶與陳公編之，陳公亦避太尉之權，藏而未出，重重作書遺季父，深言懃懇。季父答書，其略曰：仁兄（案指文中子）昔與諸公遊，其言皇王之道至矣。……仁兄曰：『吾周之後也，世習禮樂，子孫當遇王者，得申其道，則儒業不墜，其天乎，其天乎！』時魏文公（案卽魏徵）對曰：『夫子有後矣，天時將啓之徵也，儻逢明主，願翼其道，無敢忘之。』及仲兄出胡蘇令，杜大夫嘗於上前言其樸忠，太尉⑵聞之怒，而魏公適入奏事，見太尉⑵，魏公曰：『君集之事，果虛耶，御史當反其坐，果實耶，太尉⑵何疑焉。』於是意稍解，然杜與仲父抗志不屈，魏公亦退朝默然。其後，君集果誅，且吾家豈不幸而多言見窮乎，抑天實未啓其道乎！

按文內所標之數字，分論如下：

⑴長孫太尉：長孫無忌是在貞觀二十三年（六四九）任太尉。鄭內翰《鄖溪集》，言杜淹二年卒，此必在二年以前之事，如何有太尉之語？然此篇乃爲福畤節錄王績之文，而且是略文，可見是經過福畤刪改的，文中前後段皆以福畤爲第一人稱，因此稱長孫爲太尉（案：福畤爲高宗時人），乃自然之事，其中段雖爲王績之口語，亦稱太尉（如⑵所示），想必亦由此故，非僞作也。

⑶陳叔達《答王績書》亦道及此事：

賢弟千牛及家人典琴至，頗辱芳翰索下官所撰《隋紀》，雖承辱眷，懣然自失，誠恐持郄克之質，入邯鄲之墟，……不知賢兄芮城有《隋書》之作，足下既圖繼就，須有考尋，謹依高旨，繕錄馳送，僕雖不佞，頗聞君子之論矣。……是賢兄文中子知其若此也，恐後之筆削，陷於繁碎，宏綱正典，暗而不宣，乃興《元經》，以定眞統。……又恐足下紀傳之作，須備異聞，今更附王胄大業起居注往。

王績又有《與陳叔達重借隋紀書》，可知王績與陳叔達確有論及編纂《隋書》事。

關於是否在貞觀初年，因彈核侯君集事，而發生爭執不知，觀侯、魏、長孫等傳，杜、陳等書文，皆未載及，而《資治通鑑》僅言:

貞觀二年，春正月辛亥，右僕射長孫無忌罷，時有密表稱無忌權寵過盛者，上以表示之曰:『朕於卿洞然無疑，若各懷所聞而不言，則君臣之意有不通。』又召百官謂之曰:『朕諸子皆幼，視無忌如子，非它人所能間也。』無忌自懼滿盈，固求遜位，皇后又力爲之請，上乃許之，以爲開府儀同三司。

其上密表者，亦不知爲何人。

又有謂叔達爲貞觀初年宰相，與長孫位任相埒，何故畏之？若叔達之畏無忌，是由於權位的關係，則無忌確實要較叔達權位重些，試觀《通鑑》所記:

貞觀元年，秋七月壬子，以吏部尚書長孫無忌爲右僕射，無忌與上爲布衣交，加以外戚有佐命功，上委以腹心，其禮遇羣臣莫及，欲用爲宰相者數矣。文德皇后固請曰:『妾備位椒房，家之貴寵極矣，誠不願兄弟復執國政，呂霍上官可爲切骨之戒，幸陛下矜察。』上不聽，卒用之。

卽可知之。

其次，關於其門人，筆者以爲杜淹所列擧者，並非全是文中子門生，其中有正式受學者:如薛收、杜淹，可由《全唐文》二人之文爲證。其餘之人，或有曾至河汾聽過文中子講學，後人卽加上師生關係。（關於魏徵，可能屬此類，因他三十七歲前當過道士，若能考出其在大業十二年以前，曾否到過河汾，卽可得知 ） 否則如薛收、姚義、杜淹、王績、王勃等人之文，在當時爲何未爲世人所疑，又在《古今圖書集成》及《永樂大典》關於文中子所收集的文章中，皆未見有當時對於文中子門人懷疑之文。反之，論及其弟子皆曰公卿將相，此何故耶？

更有甚者，非但皮日休、司空圖作文中子碑，且皮日休曾上書請韓愈爲文中子配饗，其文曰：

> 今有人身行聖人之道， 口吐聖人之言， 行如顏閔， 文若游夏，死不得配食於夫子之例，愚又不知尊先聖之道也。夫孟子荀卿翼傳孔道以至文中子，文中子之末，降及貞觀開元，其傳者醨，其繼者淺，或引刑名以爲文，或授縱横以爲理，或作詞賦以爲雅，文中云道，曠百祀而得室授者，惟昌黎文公之文， 蹴揚墨於不毛之地， 蹂釋老於無人之境， 故得孔道，巍然而自正，……伏請命有司定其配享之位，則自玆以後，天下以文化未必不由夫是也。

若文中子名不符實，或並無其人必遭時論，但卻未見。

綜合上述，可知文中子所以爲人議論，一是後世對文中子事蹟並未詳加考究，一是文中子之門生對其行事過於溢美。至於魏徵，與文中子既有師生關係，何不爲之立傳之說，愚以爲通於隋並非將相名臣，又無特殊行徑可置於列傳。且魏徵『並未撰紀傳，僅作序論』。又清汪之昌於《青學齋集・魏徵不爲王通立傳說》云：『況所修《隋書》，自紀楊家興替迹，非作王氏師承記也，且卽徵之不爲立傳可推之爲人矣。』筆者甚以爲然。

（《文中子新考》，原刊於《大陸雜誌》）

道家類

鬻子

蔣伯潛云:

《漢志》道家又有《鬻子》二十二篇，自《注》曰:『名熊，爲周師，自文王以下問焉；周封爲楚祖。』鬻熊勳業，雖不逮太公，要亦周初之名臣。則其書當亦戰國時好事者所掇拾增附而成，與《太公》同。至於今存之本，則又非《漢志》所錄之舊矣。約而言之，其證凡四:（一）《鬻子·序》稱熊見文王年已九十。按《史記·楚世家》曰:『熊通曰:「吾先鬻熊，文王師也，蚤終。」』如見文王年已九十，則爲耄耋之人，安得云『蚤終』乎？書中載三監及曲阜事，並曰『昔曰魯周公』云云，『昔者魯周公使康叔往守於殷』云云，此皆成王時事，而曰『昔者』。賈誼《新書》又引鬻熊與成王問答五事，如熊於年九十時見文王，而至成王時尙存，則其年壽直逾百歲矣，安得云『蚤終』乎？但《楚世家》亦曰:『鬻熊子事文王，早卒，其子曰熊麗，熊麗生熊狂，熊狂生熊繹。成王時，舉文武勤勞之後嗣，而繹受封於楚。』繹爲熊之曾孫，受封於成王之時，則熊之早卒，又宜若可信；熊之早卒可信，則其書言成王時事爲不可信矣。其所謂『九十見文王』者，殆因太公八十遇文王，而有此影射傅會之談耳。姚際恆《古今僞書考》評《鬻子》曰:『其人之事已悠謬莫考，而況其書？』誠哉是言也。㈡《四八目》一書，見於北齊楊休之《敍錄》。此書出六朝人僞造，已有定論。其中於古帝王之輔佐，掇記甚詳備。《鬻子》所記禹有七大夫，（臯陶之外，尙有六人，曰杜子業旣子施子黯季子寧然子堪輕子玉。此六人之姓名，孰爲二字，孰爲三字，已無從知之。）湯有七夫夫，（慶輔、伊尹、湟里居、東門虛、南門蜧、西門疵、北門例。伊尹之外，六大夫均不見他書，後五人之姓名均極怪。）俱不見於《四八目》中，則六朝時尙無今本《鬻子》明矣（此王世貞說，見《四庫書目提要》引）。㈢賈誼《新書・大政篇》所引六條，均不見於今本《鬻子》中。《四庫書目提要》謂其『有心相避，巧匿其文，使讀者互相檢驗，生其信心』。按《列子・天瑞》《力命》《楊朱》三篇所引，亦不見於今本《鬻子》中。作僞者讀書不多，或竟未及收羅，亦未可知也。㈣《四庫書目提要》又曰：『其篇名冗贅，古無此體；又每篇寥寥數言，詞旨膚淺，決非三代舊文。』則以其篇名文章按之，亦非周秦之書矣。總之，今存《鬻子》，蓋出六朝以後人所僞造，非《漢志》所錄之原書，故葉德輝嘗另輯《鬻子》云。

（諸子通考）

黃雲眉云：

賈誼《新書・修政語》引《鬻子》凡七條：對周文王者一，對武王者一，對成王者五；其他二條，則王子旦與師尙父對武王之言也。又《文選・注》引《鬻子》『武王率兵車以伐紂，紂虎旅百萬，陣於商郊，起自黃鳥，至於赤斧，三軍之士，莫不失色』，而今本《鬻子》皆無之，故楊愼以爲僞書（《升庵全集》卷四十六）。《列子・天瑞篇》引鬻熊曰：『運轉亡已，天地密移，疇覺之哉？故物損於彼者盈於此，成於此者虧於彼，損盈成虧，隨世（生）隨死，往來相接，閑不可省，疇覺之哉？凡一氣不頓進，一形不頓虧，亦不覺其成，不覺其虧，亦如人自世（生）至老，貌色智態，亡日不異，皮膚爪髮，隨生（生）隨落，非嬰孩時有停而不易也。閑不可覺，俟至後知。』《力命篇》引鬻熊語文王（注：鬻熊，文王師也。）曰：『自長非所增，自短非所損，算之所亡若何。』《楊朱篇》引鬻子曰：『去名者無憂。』而今本亦皆無之，故胡應麟以爲今本非屬於道家之《鬻子》，而亦未必小說家之舊（《四部正訛》）。余謂鬻熊爲楚之先，見《左傳》僖公二十六年，事蹟無考。《史記》言鬻子事文王早卒，而《漢書》言文王見鬻子年九十餘，其說不同，已難憑信，然要之不及見成王。今賈誼《新書》記鬻子對成王者凡五條，顯由讀《漢書・藝文志》自注『鬻子爲周師，自文王以下問焉』之語而依傍爲之。《列子》則任意自撰道家語，分屬古道家，非必有據。蓋《新書》《列子》皆僞書，今本《鬻子》不見《新書》及《列子》所引文，不足證今本《鬻子》之僞。《漢志》著錄之《鬻子》，當爲戰國時所依托，而今本《鬻子》，如《四庫提要》所言，唐以來依仿賈誼所引，撰爲贋本，則毋寧謂今本《鬻子》，與今本《新書》，皆唐以來人所依托，而其有心相避，或者竟出於一手，亦未可知也。

（《古今僞書考補證》）

■老 子

蔣錫昌云：

錢賓四先生又謂『今傳道德五千言……其成書年代，亦無的證，可資論定。據其書思想議論及其文體風格，蓋斷在孔子後，當自莊周之學既盛，乃始有之』，又謂『莊子《內篇》述老聃語，絕不見今《老子》五千言中。蓋其時尚無《老子》，特莊周自爲寓言』。馮友蘭先生亦謂『《老子》係戰國時人所作。……孔子以前，無私人著述之事，故《老子》不能早於《論語》』。查《齊物論》『可行已信，而不見其形；有情而無形』，《大宗師》『夫道有情，有信；無爲，無形』，此卽引《老子》二十一章『道之爲物，……其中有精，其精甚眞，其中有信』之誼也。《齊物論》『有始也者』，此卽引一章『無名，天地之始』之誼也。又『有有也者，有無也者』，此卽引四十章『天下萬物生於有，有生於無』之誼也。又『大仁不仁』，此卽引五章『天地不仁，以萬物爲芻狗』之誼也。又『大辯不言』，此卽引五十六章『知者不言』八十一章『辯者不善』之誼也。又『道昭而不道』，此卽引一章『道可道，非常道』之誼也。《大宗師》『夫道，……可傳而不可受，可得而不可見』，此卽引十四章『視之不見名曰夷』之誼也。又『自本自根，未有天地，自古以固存；神鬼神帝，生天生地』，此卽引二十五章『有物混成，先天地生』之誼也。又『齏萬物而不爲義，澤及萬世而不爲仁』，此卽引五章『天地不仁，以萬物爲芻狗』之誼也。《應帝王》『明王之治，化貸萬物，而民弗恃』，此卽引十章『愛民治國，能無知乎；……生而不有，爲而不恃』之誼也。是《莊子・內篇》固已及《老子》矣；特《內篇》之引《老子》，係約引其意；《外篇》

《雜篇》或約引其意，或逕引原文。故後世皆知《外篇》《雜篇》之引《老子》，而罕知《內篇》之亦引《老子》也。此可證錢說之不能成立。

至於思想議論及文體風俗等，並無定標，出入甚大，可置不論。總之，春秋之時，《竹刑》《鄧析》能著於鄧析，《計然》《范蠡》能著於范蠡（蔣氏論《鄧析》及《計然》，詳本書相應部分），何獨於五千言之《老子》而疑之。

蔣錫昌又云：

古代引《老子》經文最早者，依吾所見，共得四人；曰叔向，曰墨子，曰魏武侯，曰顏斶。今分舉之。

叔向曰：『老聃有言曰：「天下之至柔，馳騁乎天下之至堅。」又曰：「人之生也柔弱，其死也剛強。萬物草木之生也柔脆，其死也枯槁。」』（《說苑》卷十）

墨子曰：『故老子曰：「道沖而用之，有弗盈也。」』《御覽·兵部》五十三《勝》）

魏武侯曰：『故老子曰：「聖人無積；盡以爲人，己愈有；既以與人，己愈多。」』（《魏策》一）

顏斶曰：『老子曰：「雖貴必以賤爲本，雖高必以下爲基，是以侯王稱孤寡不穀，是其賤之本與非？」』（《齊策》一）

按叔向，晉平公時人，與孔子同時。墨子約死於周安王二二年，當紀元前三八〇年，上距孔子之卒九一年。魏武侯死於周烈王五年，當紀元前三七一年，上距孔子之卒一〇八年。顏斶，齊宣王時人，其死無可考，姑以宣王代之。宣王死於周顯王四年，當紀元前三二四年，上距孔子之卒一五五年。

據此，則老子之年代從可知矣。夫老子之書，已爲孔子同時及其近時人所見。則老子必爲孔子所問禮之人，可信也；蓋至齊宣王時，其稷下先生，如愼到、田駢、接子、環淵之徒，皆學黃老道德之術，而老子之書已布天下矣。

（《古代引老經最早之人考》，在蔣著《老子校詁》內）

錢穆著有《老子書晚出補證》一文，在《莊老通辨》一書中，臺北三民書局一九七一年經銷。文前小序云：『余辨《老子》書之晚出，其主要方法，在卽就《老子》書，摘出其書中所用主要之字語，一以推究其時代之背景，一以闡說其思想之線索。《老子》書僅五千言，而余就其所用字語，足以證成其書當尤晚出於莊周之內篇，凡見於我先成諸篇之所申述者，無慮已逾數十字數百條以上，則殆已鐵案如山矣。然《老子》書所用字語之可證其書之爲晚出者，則猶不盡於我先成諸篇之所論，爰再補列，以成玆篇。』文中所擧以爲論證之字語，有：常、同、妙、和、中、畜育、明、止、曲、強、華文素、宗、正貞、淵、沖、兌、光、久、士等。

嚴靈峯云：

老子旣有其人，又有著書；那末，他的這部五千言，何時成書？這是本文研究的中心問題。

我們先把最早徵引《老子》書內文字的幾種典籍，作一研究：

㈠《論語・憲問篇》云：『或曰：「以德報怨何如？」子曰：「何以報德？以直報怨，以德報德。」』《禮記・表記》『子曰：「以德報怨」，則寬身之仁也。』《史記・游俠列傳》云：『郭解「以德報怨」，厚施而薄望。』按：『報怨以德』，是《老子》書中六十三章的文字；疑孔子所引的話，可能就是出自老子。

㈡又《憲問篇》：『子曰：君子恥其言之過其行。』王符《潛夫論・交際篇≫:『孔子疾夫言之過其行者。』按≪牟子・理惑論≫引:『老子曰:「智者不言,言者不智。」又曰:「大辯若訥,大巧若拙;君子恥言過行。」』釋湛然≪輔行記≫亦引此文,作:『老子曰:「知者不言,言者不知。」又曰:「大辯若訥。」又曰:「君子恥言過行。」』不過在現存的≪老子≫書中,並沒有『君子恥言過行』這一句;如果這是≪老子≫的脫文;那末,孔子的話,就是出自老子了。

㈢≪太平御覽≫三百二十二卷兵部五十三≪勝≫引『墨子曰;墨子爲守,使公輸般服,而不肯以兵知,善持勝者,以強爲弱。故老子曰:「道沖而用之,有弗盈也。」』≪列子・說符篇≫亦引此文,但無≪老子≫的文句;這是≪老子≫書中第四章的文字,如果是≪墨子≫的佚文;那末,墨翟或他的及門弟子,也一定誦讀過老子的書的。

㈣≪說苑・敬愼篇≫云:『叔向曰:「老聃有言曰:天下之至柔,馳騁乎天下之至堅。」又曰:「人之生也柔弱,其死也剛強,萬物草木之生也柔脆,其死也枯槁。」』這裏所引的是≪老子≫的四十三章和七十六章的文字。叔向是晉平公時代的人,與孔子同時。假使劉向≪說苑≫所據不誤;則≪老子≫的成書年代,當在孔子之前。至於現存的≪列子≫和≪尹文子≫兩書,也曾引用老子的話,不過這兩部書,很多人都認爲是後人僞託;爲免牽涉太廣,避免離題起見;不再縷舉。總之,我們可以斷定,≪老子≫的成書,最晚亦當在荀子以前。

現在我們進而討論,≪老子≫和≪莊子≫兩書的孰先孰後的問題。大家都知道的:要證明兩種著作之先後,最好的內證,就是:㈠書中所敍述前代或當時的史事;㈡書中所徵引前人或同時代人的言論。我們先把≪莊子≫書中引≪老子≫語的部分,分別列後:

㈠引≪老子≫語而稱『老聃曰』者:

⑴知其雄、守其雌，爲天下谿；知其白守其辱，爲天下谷。（《天下篇》——《老子》二十八章）

⑵受天下之垢。（《天下篇》——《老子》七十八章）

⑶堅則毀矣，銳則挫矣。（《天下篇》——《老子》五十六章）

㈡引《老子》語而稱『老子曰』者：

⑴老子謂南褮趎曰：『兒子終日嘷而嗌不嗄。』（《庚桑楚篇》——《老子》五十五章）

⑵老子曰：『而睢睢盱盱，而誰與居，大白若辱，盛德若不足。』（《寓言篇》——《老子》四十一章）

㈢引老子語而不標明『老子曰』者：

⑴故曰：魚不可脫於淵，國之利器不可以示人。（《胠篋篇》——《老子》三十六章）

⑵故絕聖棄知，大盜乃止。（《胠篋篇》——十九章）

⑶故曰：大巧若拙。（《胠篋篇》——四十五章）

⑷當是時也，民結繩而用之，甘其食，美其食，美其服，樂其俗，安其居，鄰國相望，鷄狗之音相聞，民至老死不相往來，若此之時，則至治已。（《胠篋篇》——《老子》八十章）

⑸故貴以身於爲天下，則可以託天下。愛以身於爲天下，則可以寄天下。（《在宥篇》——《老子》十三章）

⑹故曰：絕聖棄知，而天下大治。（《在宥篇》——《老子》十九章）

⑺萬物云云，各復其根。（《在宥篇》——《老子》十六章）

⑻是謂玄德，同乎大順。（《天地篇》——《老子》六十五章）

⑼至德之世，不尙賢，不使能。（《天地篇》——《老子》第三章）

⑽則知者不言，言者不知。（《天道篇》——《老子》五十六章）

⑾當是時也，莫之爲而常自然。（《繕性篇》——《老子》五十一章）

⑿故曰：至樂無樂，至譽無譽。（《至樂篇》——《老子》三三十九章）

⒀天無爲以之淸，地無爲以之寧。（《至樂篇》——《老子》三十九章）

⒁是謂爲而不恃，長而不宰。（《遠生篇》——《老子》五十一章）

⒂其民愚而樸，少私而寡欲。（《山木篇》——《老子》十八章）

⒃奢聞之：既雕既琢，復歸於朴。（《山木篇》——《老子》二十八章）

⒄昔吾聞之大成之人曰：自伐者無功。（《山木篇》——《老子》二十四章）

⒅不爲功名，是故無責於人。（《山木篇》——《老子》七十九章）

⒆既以與人已愈有。（《田子方篇》——《老子》八十一章）

⒇夫知者不言，言者不知，故聖人行不言之敎。（《知北遊篇》——《老子》四十三章及五十六章）

㉑故曰：失道而後德，失德而後仁，失仁而後義，失義而後禮；禮者，道之華而亂之首也。（《知北遊篇》——《老子》三十八章）

⑵故曰：爲道日損，損之又損之；以至於無爲，無爲而無不爲也。（《知北遊篇》——《老子》四十八章）

⑶道不可言，言而非也。知形形之不形乎，道不當名。（《知北遊篇》——《老子》第一章）

⑷終日視之而不見，聽之而不聞，搏之而不得也。（《知北遊篇》——《老子》十四章）

上面所引，雖然沒有標明『老子曰』或『老聃曰』；但大部俱稱『故曰』。這同《韓非子·解老》和《喩老》兩篇引書的文例完全一樣；因此，可以證明：《莊子》書中這些引語，大部是出自老子的書的。

再則，《戰國策·魏策》云：『任章引《周書》曰：「將欲敗之，必姑輔之；將欲取之，必姑與之。」』《韓非子·說林篇》亦云：『《周書》曰：「將欲歙之，必固張之；將欲弱之，必固強之；將欲廢之，必固興之；將欲奪之，必固與之。」』這是和《老子》三十六章相同。這裏不稱『老子曰』，而稱『周書曰』；當然是因爲引書的人以引原書的出處爲是。如果當時老子的書業已徵引此文，則其成書應在周元王十六年以前，卽西元前四百五十三年之前，尙在春秋之世；那末老子的書之先於莊子的書，更無問題了。

又云：『魏惠王（按：卽梁惠王）曰：「故老子曰：聖人無積盡以爲人己愈有，旣以與人己愈多。」《莊子·田子方篇》亦云：「旣以與人己與愈有。」』按：此文在現存《老子》八十一章。魏惠王與莊子同時，如果此文乃以後老子引自莊子，當時《老子》尙未成書；那末，《魏策》就應當稱：『莊子曰』，不應該稱『老子曰』。可見《莊子》之文，出自《老子》。

又《齊策》：『顏觸曰：《老子》曰：「雖貴必以賤爲本，雖高必以下爲基。是以侯王稱孤寡不穀，是其賤之本與非夫。」』這文出自《老子》三十九章。顏觸與齊宣王同時，亦卽與莊子同時；

此時《老子》業已成書，即是成於莊子之前的鐵證。如果此時莊子之書已成，而《老子》尚未成書，則不應稱『老子曰』，而應『莊子曰』了。『老子書』成於『莊子書』之前，於此可作斷案。

再次：《莊子・養生主篇》云：『老聃死，秦失弔之。』《徐無鬼篇》云：『莊子送葬，過惠子之墓。』《列禦寇篇》云：『莊子將死，弟子欲厚葬之。』可見莊子之成書，不但在老聃、惠施死後，而且在莊周本人死後。這從人的年代的先後看來，亦可證明：老子是先於莊子的。

（《辯老子書不後於莊子書》，原刊於《大陸雜誌》）

徐復觀云：

再從現行《老子》一書（本文所用《老子》，係古逸叢書本）的本身來研究，我想先作這樣的一個假定：這是老子的直接門徒，闡述他的先生——老子學說的著作。其中有的是引用老子的話，但有的卻是門徒爲了發明他先生的思想而自己說的話。但它和《論語》不同之點，《論語》是由若干弟子的記錄編纂而成；而現行老子一書，則主要是成於一人之手。成書之後，流佈漸廣，到了戰國中期以後，傳述的人多了，一經轉抄轉述，對字句自不免有誤記和潤飾。《韓非子》的《解老》，我覺得是秦漢之際，經過有意識整理過的本子。但到了西漢初年，可能流傳着若干大同小異的不同本子。到了西漢文帝，景帝的時代，它已成了宮庭裏的官學，傳述宣揚黃老之學的人，便須加以統一；並在這種統一工作之中，加上一點適合於當時統治者的口胃的東西，並將字句在可能範圍內加以通俗化，以適合於竇太后這一類人的理解能力，而始成爲定本。《老子》中間有些韵文句子，我懷疑也受到了這種影響。《管子》一書，對西漢政治發生了很大的影響，其中《九守》第五十五，皆整齊有韵，且係綜括全書所言為君之道，我認為這也是經過當時整理過的政治教本，可作西漢初整理老子一書情形的旁證。《老子》中字句修改的最顯明的例子，有如《韓非子・解老篇》，自『書之所謂大道者端道也』起，到『是之謂盜竽矣』一段，是解釋現行《老子》五十三章的。但五十三章，不稱為『盜竽』，而稱為『是謂夸盜』。盜竽的解釋是『故竽先，則鐘瑟皆隨……今大奸作，則俗之民唱；俗之民唱，則小盜必和』（《解老》）。這種意思太迂曲了；所以現行《老子》便改為『夸(誇)盜』，就容易懂得多了。所以到了《淮南子》引用的時候，便與現行本很少有大的出入。經過這次整理後，使《老子》中的文句，間有與一般先秦典籍的口氣，不很相像的地方。但在不像先秦典籍口氣的文句中，卻依然保持是春秋末期的痕迹。例如六十八章『善為士者不武』，這句話是反映當時一般的士是與武連在一起的。『士』與『武』連在一起，這是春秋時代的情形。到了春秋之末，有的士已開始成為平民知識分子的性質；到了戰國，則『貴族皆兵』，已成過去，『士』不復與『武』連在一起。《呂氏春秋・正名篇》『尹文見齊王，齊王謂尹文曰：寡人甚好士。尹文曰：願聞何謂士？王未有以應。尹文曰：今有人於此，事親則孝，事君則忠，交友則信，居鄉則悌，有此四行者，可謂士乎？齊王曰：此眞所謂士已』。由此，亦可見士的演變之一般。所以『上士不武』的話，只能反映春秋的時代。到了戰國，則不是『上士』也便『不武』了。又戰國中期以後，幾無不以『陰陽』的觀念解釋宇宙創生的過程；但《老子》一書，則只以『無』『有』『道』『德』的觀念來作解釋；而對『陰陽』一詞的使用，依然是春秋時代所流行的意義（詳見於《民主評論》十二卷四期拙著《老子的道與德》），這也可以證明它是春秋之末的作品。至於就時代的文體來看，則《論語》及《墨子》中較早的部分，皆直述己意，極少用譬喻；到了《孟子》《莊子》，則常用譬喻；這是戰國中期才盛行的文體。《老子》書中，極少用譬喩，正足以證明它是出於春秋之末的文體。綜上所述，我認爲《老子》一書的著者，當是春秋之末，戰國初期的人物，即是老子的直接門徒。

以下，再稍詳細地說明我的說法的根據。

首先，現行《老子》一書中，有的可以推斷是後來滲雜進去的材料。例如十八章『六親不和有孝慈，國家昏亂有忠臣』，與十九章『民復孝慈』的思想相矛盾；而『民復孝慈』的思想，則與六十七章『我有三寶，持而保之，一曰慈』的思想相合。但《意林》卷二《愼子》有『孝子不生慈父之家，忠臣不生聖君之下，六親不和有孝慈，國家昏亂有忠臣』之語，則《老子》十八章的話，或係愼子思想之錯入。若此說不誤，則錯入之時間，當在漢初定本之前。三十一章『君子居則貴左』到『戰勝以喪禮處之』的一段，自晁說之、焦竑等，早已疑係後人雜入，而王弼亦未爲此章作注。其次：三十二章中有『天地相合，以降甘露』，我懷疑這也是漢初的道家有意加進去的；因爲在老子的思想中，安放不進祥瑞的觀念；而以甘露爲祥瑞，似乎是秦漢之間，才漸漸形成的。更重要的是二五章在『故道大天大地大王亦大，域中有四大，而王居其一焉』數語中，『王亦大，域中有四大，而王居其一焉』十四字，我斷定這是漢初道家爲了迎合當時統治者的意思，以便與儒家爭短長，故意加進去的。十六章的『容乃公，公乃王，王乃天』中的『公乃王』三字，也是故意加進去的。『王乃天』應作『公乃天』，始於文意爲順。何以知道這些是他們加到裏面去的？因爲第一，西漢初年的儒道鬪爭，道家完全站在統治者的立場；此觀於黃生與轅固生有關湯武革命的爭論而可見。第二，老子書中只稱『侯王』，『侯王』乃指當時之諸侯及作爲諸侯共主的王而言。這正與春秋的時代背景相合。上述兩處之『王』，乃代表理想性的統治者；但在八十章『小國寡民』『民至老死不相往來』的政治理想中，不必有『王』的理想。七八章中，『受國不祥，是爲天下王』一句，恐亦後人所加入。第三，在二五章中，旣謂王與天、地、道，同列爲四大之一，但天地道三者，在下文都有交代，卽是在『而王者居其一焉』一句後面，接着便是『人法地，地法天，天法道，道法自然』，但對於『王』則全無交代；在意義上也不相連貫。故原文當作『故道大，天大，地大。人法地……』。范應元古本二五章之兩『王』字皆作『人』字，與唐僧玄嶷《甄正論》卷中所引者相同；卽是作『故道大，天大，地大，人亦大；域中有四大，而人居其一焉』，於文意爲順。但河上公、王弼已爲『王大』作《注》，而河上公之《注》爲『王大者無所不制也』，正合統治者的口胃；則范應元古本或亦因發現此王字於文爲不順，於義爲不通，而特加竄改，亦未可知。此外或尙有若干後人滲入的。同時，因其文體爲『金言體』，其文句的次序，亦可能有若干錯亂。因無明確文獻上、及思想上的證據，可置之不論。

其次：我爲什麼認爲現行《老子》非由編纂而成，而係出於一個人之手呢？因爲現行《老子》一書，雖然有若干文體的差異與內容的重複；但這可解釋作漢初統一時由統合各個不同的傳本而來的。全書的思想，則完全是一貫的。所以七十章自稱『言有宗，事有君』。並且從第四章起，到七十四章止，出現有三十五個『吾』字及『我』字；除其中七個外，這其餘的當然是著者的自稱。因爲從二十九章『吾』與『聖人』別稱，及七十章『我』與『聖人』別稱來看，所謂吾與我，和書中所稱之聖人，爲兩個主體。若著者係老子，則自稱者卽係老子本人；若著者不是老子，則係另一著者的自稱。因爲後面的理由，我主張是另一著者的自稱的。

現在我們再注意到在《老子》一書裏面，從二章到八十一章，用了三十一個『聖人』的字樣，這些聖人，到底指的是誰呢？《老子》一書的最大特色，是全書中沒有出現過歷史人物的姓名，因爲他的思想對當時而言，完全是新的。也沒有出現過架空人物的姓名，正因爲它是春秋之末的文體，所以尚未出現寓言。若謂這些聖人，是著者懸空假托的理想，則其餘的大部分，何以不假托聖人以出之呢？並且若要假聖人之名以自重，則何不像其他諸子之書一樣，舉出具體的姓名，以資取信於社會？從四十一章及六十一章，著者述當時對他思想的反應，都是投以驚奇猜忌的情形看，他的思想對傳統而言，實含有革命的性質，他無從，也無取乎假傳統的聖人以自重。《老子》十七章有『大上下知(按『知』疑當作『而』)有之』一語，河上公註『大上，謂太古先名之君也』，因爲這一解釋，容易使人發生錯誤的聯想，以爲『聖人處無爲之事』這一類與政治有關的話裏面的聖人，卽指的是太古無名之君而言；尤以《莊子》一書，多此類的寓言，更易助長此類聯想。殊不知『大上』，乃春秋時代頗爲流行的名詞，如《左》僖二四年『大上以德撫民』，《左》襄二四年『大上有立德』，《穀梁》隱三年『大上故不名也』等皆是。《大戴》盧辨《註》云：『大上，德之最上者。』證以『大上有立德，其次立功，其次立言』，係以賢愚爲上下，而非表示時代的先後，則盧辨之說爲可信，而自鄭玄《曲禮》註以下皆屬錯誤。『大上』卽最好最高之意。《穀梁》隱三年釋『天王崩』謂『……其崩之何也，以其在民上也，故崩之。其不名何也，大上，故不名也』；此處之『大上』，乃最高之意。老子書中喜用『上』字，如上德、上善、上仁、上士之類。『上』乃對當時一般而言。再強烈地表示一點，便『大上』。由此一詞之使用，正可見其與春秋時代之接近，決不能由此而將『聖人』聯想爲『太古無名之君』。同時，五七章及七八章皆有『聖人云』，可見書中所指的聖人，決非架空的人物。並且在由聖人一詞所表現出的思想，可以說形成了全書中最主要的部分。若說它是泛指傳統的聖人而言，則《老子》的思想，便完全是出於傳統。但就古代思想發展的線索及文獻來看，《老子》的思想，只能說是由對傳統思想的深刻反省而開闢出另一發展方向，從正面決找不出傳統的線索。因此，我不妨斷定，書中所稱的聖人，乃著者對老聃的稱呼。書中所謂『聖人之治』，乃指的聖人對政治的主張，決不應誤解這類的說法，指的是實際政治的事實。其餘類似的文句，都應如此了解。孔子當時已有人稱他爲聖人，據前引《呂氏春秋・重言篇》，老聃也被人稱爲聖人。這是春秋之末、戰國之初的風氣，以後便少見了。孔子是公開救世、設教的，所以孔子的學生便稱之爲『夫子』、『仲尼』；對他所說的話，便稱之爲『子曰』、『夫子曰』、『仲尼曰』、『孔子曰』。但老聃是以『自隱無名爲務』的。所以他的學生只好泛泛地稱之爲聖人。而『老子』一詞，在當時也是他的學生爲了避免稱先生的姓名而不得已的稱呼。當時『子』即是『先生』，《論語》的『子曰』即是『先生曰』；所以『老子』卽等於後世的『老先生』；老子自周隱退後創立新說，其年齡活得很大，大概是沒有問題的。老聃的思想，在當時完全爲新地思想；並且從老子思想的性格及他爲了深藏避禍的情形來推想，他的話一定說得很簡約；爲了向社會傳播，便必需再加以疏解；他學生的這種疏解工作，便形成了現在這樣的一部書。《老子》書中，凡是在『聖人』前面的話，都是爲『聖人』作疏釋的話。這正與現行《墨子》一書中在疏釋墨子的思想之後，而結以『故子墨子曰』的文體，完全相同。七十章『吾言甚易知，甚易行。天下莫能知，莫能行。言有宗，事有君。夫唯無知，是以不我知……是以聖人被褐懷玉』，這正是著者自述他開始向社會傳佈此種思想而與社會相扞隔的情形。因爲他遇到此種困難情形，便想到他的老師有先見之明，所以裝傻（被褐）而不肯把自己的意思輕易說了出來（懷玉）。

不僅『聖人』一詞，指的是老子，書中十五章、二十二章、六二章、六五章中所說的『古之』，三十九章所說的『昔之』，四一章所說的『建言有之』，我以爲也都指的是老子。我在《有關中國思想史的若干問題》一文中曾指明：先秦人所說的『古』，有的並不含有『古代』的意思，而只是泛泛地指上『 前些時候 』的事或人。

另外，我還注意到一點。《老子》全書中，從第六章起，到七四章止，一共用了二十二個『是謂』。『是謂』的用法，是把上面的話，作爲是對於緊連着『 是謂 』下面的辭句所作的疏釋的。由『是謂』所標出的被解釋的辭句，都是由重要的名詞，或精練的短句所代表的重要觀念；然則這些被解釋的名詞或短句，還是著者自己的呢？還是引用旁人的呢？我們從《莊子》《呂氏春秋》《韓非子》上面的例子看，他們對於被解釋的《老子》的辭句，都是冠以『故曰』或『故』。《韓非子・解老篇》有引用《老子》的話而冠以『所謂』的，便是表示引起下面的文句，它的解釋，一定是連結在下面。僅在《難三》有『此謂圖難於其所易也，爲大於其所細也』的『此謂』，同於《老子》中的『是謂』。『故曰』與『是謂』，在文法上的用法相同；但『是謂』較『故曰』的指陳，其關連性更爲切近。若『是謂』所標出的名詞詞句，是出於著者自己的，則著者何以對於有許多重要的名詞、觀念，例如自一章到五章，卽有不少重要的名詞、觀念，卻不採用這種解釋式地陳述方式？因此，我認爲凡是由『是謂』所標出的名詞、短句，都是老聃的金言，而由其弟子，卽本書的著者加以發揮的。

由以上的考查，現行《老子》一書，實由兩部分所構成；一部分是由『聖人』『古之』『昔之』『是謂』所標出的老聃的原始記錄，連同四十一章中的『建言有之』與五十章中的『蓋聞善攝生者』也在內。此外，則是出於疏釋，發展原始記錄而著成大體與現行《老子》一書相同的老子的弟子。若用儒家『經』與『傳』的觀念來說，則現行《老子》一書，乃是『經』『傳』合在一起的。在原始記錄與他弟子所疏釋發展兩部分之間，我們可以發現一個發展的線索；卽是在原始記錄中，除了第十四章牽涉到道的形而上的意味以外，其餘很少說到形而上性質的東西；切就人生問題，政治問題的，佔絕對的多數。因而可以推測，在老聃本人，只是注意人生問題（包括政治）；而對於道的形而上的性質，則僅有很少地啓示。由道的形而上的性質，以建立宇宙論的間架，是由他的弟子所發展完成的。但雖然如此，他的弟子，卻依然認爲這書上的思想，是屬於他的先生——老聃，依然是作爲老聃的思想而傳承下來。在他這一傳承以外的人，因爲受了『自隱無名』的影響，可能只知道裏面若干內容，而不能知其出處，所以《戰國策》的《魏策》一中任章勸魏桓於予地與知伯，引用現行《老子》三十六章『將欲敗之，必姑輔之，將欲取之，必姑予之』的話，這恐怕是最早引用老子的話，但卻稱之爲『周書曰』。《韓非子・說林》上引此一故事而亦稱爲『周書曰』。《呂氏春秋・行論篇》引此文又稱爲『詩曰』；這四句話的思想，對於《詩經》及西周文獻而言，是太特出突出了，所以可以斷言不是《老子》引用了逸書逸詩，而是引用《老子》的話的人，尙不知道出於《老子》，所以隨意加上一種名稱。又《魏策》一有『此周書所謂下言而上用者惑也』（惑字疑衍），《淮南子・氾論訓》亦有『周書曰：上言者下用也，下言者上用也……』，而《文子・道德篇》則以此爲老子之言，此或亦可作二者原有互稱情形之一證。由此，我們可以想見《墨子》一書，非儒而未非老，可能他還不知道有老子的存在。因爲老子的學徒，對於社會仍保持着老師『以自隱無名爲務』的宗旨。但在傳承老子這一思想系統的人，卻對於這一無名無姓的書，都認定它是出於老子，也得到各家的公認了。

老子的思想，在莊子時代以後，各家都受到他的影響；法家，後起的陰陽家等不待說；卽儒家的荀子，也如前所述，未嘗例外。換言之，在莊子以後，老子已成爲最流行的學說。但現行《老子》四十一章『上士聞道，勤而行之；中士聞道，若存若亡；下士聞道，大笑之；不笑，不足以爲道』，六十七章『天下皆謂我道大，似不肖。夫唯大，故不肖。若肖，久矣其細也夫』，這兩段話，都是老子思想開始傳播時的情形；這種情形不可能出現在莊子以後。這一點，不僅也可證明老子一書，必成於莊子之前；並且我以爲卽可證明它是成於他直傳的弟子。至於此一弟子究係何人？現時無材料可資查考。假定允許大膽地推測，或者可能卽是《史記・老子列傳》中所說的要老聃『強爲我著書』的關令尹喜。《莊子・天下篇》把他和老聃列在一起，卽所以說明他與老聃的思想，是性格相同的。假定此一推測爲可靠，則他除了疏釋老聃的思想而著成現行《老子》一書以外，也不妨他另有代表自己思想的著作。不過，這只是一種可能性的推測而已。

（《有關老子其人其書的再檢討》，原刊於《東海大學學報》）

周紹賢云：

中國文化的開山祖是黃帝，老子博古通今，主張『執古之道，以御今之有』。其所述的古道，當然源自黃帝，近人胡懷琛云：『老子學說係祖述黃帝而來。』所以黃、老之學成爲一系。最古所流傳的格言，不一定有專書記載，黃帝時的格言成語，傳到後世，後人著之於書，並不能說是後人的僞造，魏源云：『老子引用古語。』五千言中凡稱『是以聖人』，稱『古之所謂』，稱『建言有之』，稱『故聖人云』，稱『用兵有言』，這部分明是引用古語的。所以孔子稱其『述而不作』。而又與黃帝書關係最深，班《志》云：『《黃帝君臣》十篇，與《老子》相似。』唐殷敬順云：『黃帝書與《道德經》相類。』《漢志》載道家有《黃帝銘》六篇，《金人銘》卽六篇之一，與《老子》語多相通。玆略擧黃帝書與《老子》相同之語。

《黃帝》云：『誠能愼之福之根，謂是何傷，禍之門。』卽《老子》所謂『禍兮福所倚，福兮禍所伏。』。其云：『強梁者不得其死』，『天道無親，常與善人』，《老子》書中亦有此二語。其云『知天下之不可上，故下之；知衆人之不可先，故後之』，卽《老子》所謂『欲上民，必以言下之；欲先民，必以身後之』；其云『執雌守下，人莫踰之』，卽《老子》所謂『後其身而身先，外其身而身存』；其云『人皆趨彼，我獨守此』，卽《老子》所謂『知其雄守其雌，知其榮，守其辱』。其云『人皆惑之，我獨不從』，卽《老子》所謂『處衆人之所惡，衆人皆有餘，而我獨若遺』。其云『內藏我智，不示人技』，卽《老子》所謂『大智若愚，大巧若拙』；其云『江海雖左，長於百川，以其卑也』，卽《老子》所謂『江海所以爲百谷王者，以其善下之』。可見《老子》之書，語有所本，而黃老並稱之由，亦可於此徵其淵源。

老子之學，源自黃帝，旣無庸疑，但是，考證家以爲黃帝之書，乃六國時人所作，老子是春秋時候的人，《老子》書中所用的『偏將軍』『上將軍』等名詞，係戰國時的官名，於是遂以黃帝及老子之書皆係戰國時人依託之作。《漢志》所載道家之書，固亦注明其中有後人所依託的，有後人所增加的，但是，我們須知道：所謂增加的，必古人原有遺書，而後人爲之補集而附益之，如《爾雅·釋詁》之作於周公，而後有孔子所增、子夏所足、叔孫通所益、梁文所補是也（陸德明《經典・序錄》）。其所謂依託者，必古人有此學說，而後人傳之口耳而著錄之，如孔子《春秋》之說，口授子夏，子夏亦口援於公羊高，又四傳至漢景帝時，公羊壽乃共弟子胡毋子都著於竹帛（《公羊傳序・疏》）。前清末葉習訓詁學者，奉《爾雅》爲聖經；習今文學者守《公羊》爲寶典；獨對於諸子之出於依託或增加者，則羣斥爲僞書（清初姚際恆作《古今僞書考》），此亦可怪之事也。

羅焌《諸子學述》考證頗詳，其論諸子眞僞有云：『考之周秦子書，惟《老子》五千言，《孫子》十三篇，似少後人攙入之說。呂不韋輯智略士而作《春秋》，決非後人僞造之書。其他諸子百家，如管、晏、孟、荀、莊諸書，並非一人自著，大抵皆其後學所增加依託也。後之讀者，但須詳考其增加或依託之時代，又明辨其說之適用與否，以定其可信不可信耳，烏得決心疑古，概以僞書二字抹煞之乎！六國時人多依託三皇五帝之言。漢初士人，或增加周秦諸子之說，劉班皆爲之著錄者，以其近古而學說必有所受也。』學說從古時一代一代的傳受，經過後人著之於文字，或因殘缺而補充，或續有發現而增益，其文辭很可能不一致。所以老子的書傳到戰國時，或由時人竄入戰國時的語詞，也無足異。李耳也就是因爲與老子的書發生過這一類的關係，遂被牽合爲一人了。如是，則確定《老子》爲老聃所著，其中有戰國時李耳所增補或竄改之文。

（《老子的生平及老子書的問題》，原刊於《大陸雜誌》）

張起鈞撰《老子》，一九五八年臺北協志工業振興會出版，第三章第二節爲《老子其書》，云：『我們只有就書論書，說他並非出於一人之手，而是輾轉流傳，逐漸積累形成的。並且從他的思想和文體來看，其重要的定型，應該是在孔子以後、《莊子》成書以前。』

陳鼓應撰《老子今註今譯》，一九七〇年臺北商務印書館初版；陳氏於再版《序言》中云：『老子卽老聃，《老子》一書爲老聃所作，成書年代不至晚於戰國初。在先秦典籍中，《戰國策》《莊子》《荀子》《韓非子》《呂氏春秋》《尹文子》《列子》，無不引述《老子》，各家都明確地看到《老子》書，並認爲是出於老聃之手。我們還認爲，《老子》這本書是一本專著而不是纂輯。這本書前後理論一貫，層層推出成一家之言……由《老子》書中沒有一處自稱『老子曰』或『老聃曰』，這也可以證明是老聃自著。無論從文體或思想內容一貫性來看，這本書很可能是出於一人的手筆。』

王邦雄著《老子的哲學》一書，臺北東大圖書公司一九八〇年出版，首章爲《身世之謎及其成書年代的推斷》，云：『《韓非子・解老》《喩老》兩篇稱引之《老子》語，皆可見之於現存《老子》書，足證老子之思想，在《莊子・天下篇》之先已形成，而今本《道德經》至晚在《韓非子》書之前，已成書而流行於世。』

孫次舟云：

古人著書，往往借重於人。或其本人未嘗著書，而乃有其書焉。若《山海經》之託大禹，《晏子》之託晏嬰，《管子》之託管仲，《商子》之託商鞅，《鄧析子》之託鄧析是已。又或其人本甚恍惚，只有著書。若《文子》《鬼谷子》《鶡冠子》《關尹子》，黃石公《素書》等，及《漢書・藝文志》所著錄黃帝神農等書，而云其『出自依託』者，並是已。老聃之有著書，亦在其人恍惚而有著書之類。豈可以有《老子》書，遂謂必有老子其人耶？若果謂有其書必有其人，則若《文子》也，《鬼谷子》也，《鶡冠子》也，《關尹子》也，能必實有其人乎？吾知稍具科學眼光者，稍治古史者，稍讀近儒著述者，將必知其誣矣！

老子既無其人，其書何由產生？曰：此不難知也。蓋莊周後學一面虛造老子之事實，一面復收輯莊周以還研究所得之精理妙義，著之篇章，題爲《老子》，以實其人也。觀編輯《莊子》書者，於其後敍（《天下篇》），以老子爲一學派，推爲『古之博大眞人』，及《外篇》《雜篇》多引老子書語，足證老子人與《老子》書，同時並造矣。然則將何以明之？曰：以《莊子・內篇》弗引《老子》書語，足以證明之矣。《莊子・內篇》出於莊周之手——此治諸子學者，所共認也。今《莊子・內篇》不引《老子》書語。不惟不引其語，且絕少《老子》書之思想在內。蓋莊周時尙無《老子》書也。莊周爲詆儒家，不得已而虛造無趾、老聃、瞿鵲子、長梧子、兀者王駘、子桑戶、孟子反、子琴張、孟孫才諸人。欲明其道，不得已而復借重於仲尼，而兩引《法言》。（《人間世篇》《法言》曰：『傳其常情，無傳其溢者，則幾乎全。』又曰：『無遷令，無勸成。』）設莊周前已有《老子》，則以《老子》見道之精深，莊周焉能不引？（按就《莊子・內篇》觀之，莊周學說，只一出世主義而已。至《老子》書出，所函敎誼，較《莊子・內篇》精博多矣。故余以爲《老子》書絕非莊周所得見，其書亦絕非一人一時所克成也。）至《莊子》《外篇》《雜篇》，始多引《老子》語，並羼入《老子》之思想。（若《外篇・駢拇》《馬蹄》《胠篋》《在宥》四篇，多釋《老子》之義是——本蘇輿說。）足證《老子》書大部成於莊周後學之手，借以實老子其人也。茲錄《莊子》《外篇》《雜篇》所引《老子》語如下：

㈠《胠篋篇》：故曰，魚不可脫於淵，國之利器，不可以示人。——《老子》三十六章。

㈡又：故曰，大巧若拙。——《老子》四十五章。

㈢又：當是時也，民結繩而用之，甘其食，美其服，樂其俗，安其居，鄰國相望，雞狗之音相聞，民至老死不相往來。——《老子》八十章。

㈣《在宥篇》曰：故貴以身爲天下，則可以託天下。愛以身於爲天下，則可以寄天下。——《老子》十三章。

㈤又：故曰，絕聖棄知，而天下大治。——《老子》十九章。

㈥《天地篇》曰：且夫性有五：一曰，五色亂目，使目不明；二曰，五聲亂耳，使耳不聰；三曰，五臭薰鼻，困惾中顙；四曰，五味濁口，使口厲爽；五曰，趣舍滑心，使性飛揚。——《老子》十二章略同。

㈦《達生篇》曰：是謂爲而不恃，長而不宰。——《老子》十章。

㈧《知北遊篇》曰：夫知者不言，言者不知，故聖人行不言之教。——《老子》二章，五十六章。

㈨又：故曰，失道而後德，失德而後仁，失仁而後義，失義而後禮。——《老子》三十八章。

㈩又：故曰，爲道者日損，損之又損之，以至於無爲。無爲而無不爲也。——《老子》四十八章。

㈩㈠《寓言篇》：老子曰，而睢睢盱盱，而誰與居？大白若辱，盛德若不足。——《老子》四十一章。

㈩㈡《天下篇》：老聃曰，知其雄，守其雌，爲天下谿；知其白，守其辱，爲天下谷。人皆取先，已獨取後。——《老子》二十八章。

綜觀《莊子·內篇》，以老聃爲寓言人物，而不引《老子》書語。（按《內篇》但稱老聃，不稱老子，亦足以證明莊周時無《老子書》。）《外篇》《雜篇》則以老聃爲實有其人，而多引《老子》書語，足見老聃已由寓言而演爲實人，而又有著書。此蓋並出於莊周後學之手也。千載迷局，揭於一旦，寧非快事！予頗望世之治諸子學者留意焉。

（《跋古史辨第四册並論老子之有無》，在《古史辨》第六册內）

劉建國云：

我贊同老子及其老子書『早出』的觀點，不同意『晚出』的意見。下面談談自己的粗淺看法，與『晚出論』者商榷。

1.從《道德經》和《論語》的史料考察，《道德經》是春秋末期老聃的著作。『晚出論』者有一條主要論據，認爲《道德經》的話不像是春秋末期人說的，思想內容與時代不符。我認爲，事實並非如此，恰恰相反，《道德經》一書集中地反映了春秋末期的社會背景。

其一、《道德經》有反映春秋末年諸侯爭霸、大夫專權的社會大變動局面的直接史料。《道德經》說：『天下有道，卻走馬以糞，天下無道，戎馬生於郊。罪莫大於可欲，禍莫大於不知足。』（第六章）。正是春秋末年諸侯稱霸、大夫專權、周王室大權旁落的情景。這與孔子在《論語》中講的『天下有道，則禮樂征伐自天子出，天下無道，則禮樂征伐自諸侯出』完全一致。他們都是對諸侯稱霸、大夫專權的譴責。只不過一個從戰爭角度講的，一個從政治制度講的。兩者並不是偶然巧合，而是對同一時代的社會背景的共同感觸。

其二、《道德經》中有王室貴族和爲其服務的官吏地位沒落的史料。春秋末期，周王室貴族，雖然還保持着一小塊地盤或形式上仍有朝聘等制度，但實際上完全喪失了統治的政治地位。大夫專權、陪臣執國命的大夫階級統治地位基本確立。因此，沒落的貴族集團們，既不甘心失敗，又無力挽回慘局，經常發泄不滿以示反抗。老子說：『朝甚除，田甚蕪，倉甚虛；服文綵，帶利劍，厭飲食；財貨有餘，是謂盜竽。』（第五十三章）正是反對大夫階級統治的沒落貴族所傾吐的牢騷。這種大罵新興大夫階級爲強盜頭子的言論與孔子在《論語》中痛斥季氏八佾舞於庭『是可忍也，孰不可忍也！』有什麼兩樣呢？至於王室中一些官吏的地位，則是老子哀嘆的：『衆人熙熙，如享太牢，如春登臺。我獨泊兮，其未兆，如嬰兒之未孩，儽儽兮，若無所歸！衆人皆有餘，而我獨若遺。』（第二十章）這正是王室中的官吏政治地位喪失的縮影，也是老子這位史官無所事事的眞實寫照。

其三、《道德經》中有反映春秋末期剝削制度的史料。老子所說的『有德司契，無德司徹』（第七十九章）的『徹』是西周以來的『徹』法，是西周至春秋時期的主要剝削形式和制度，這是毫無疑問的。正如後來孟子指出的：『夏后氏五十而貢，殷人七十而助，周人百畝而徹。』而這種『徹』法到春秋末期雖然有一些國家有改變，但是也有不少國家仍然沿用這種剝削形式。這一點也可以在《論語》中進一步得到證明。《顏淵》篇中載有『哀公問於有若曰：「年饑，用不足，如之何？」有若對曰：「蓋徹乎？」曰：「二，吾猶爲不足，如之何其徹也？」』鄭玄《注》：『周法，什一而稅，謂之徹。』我認爲，從『徹』法來看，《道德經》和《論語》一樣，都出於春秋末年，絕對不是戰國時期的著作。因爲在戰國時期的諸子書中，除了《孟子》用『徹』來說明周的租稅制度外，根本就找不到用『徹』來說明戰國時期租稅制度的一個例子。

社會存在決定社會意識。從這些反映時代特點的史料來看，怎麼也否定不了《道德經》是春秋末期的著作。

『晚出論』者還認爲，卽然孔子曾問禮於老聃，爲何孔子在《論語》中未提及老子一字？我看，這個問題並不難回答，因爲《論語》中不僅提到了老子，而且還談到了老子的許多思想。

關於老子其人的問題，《論語·述而》一開頭就說：『述而不作，信而好古，竊比於我老、彭。』老、彭到底是誰？歷史上有過各種不同的看法：戴德、高誘等人認爲老彭卽彭祖，爲殷大夫。邢昺認爲老彭、彭祖、老聃爲一人。馬敍倫認爲老彭卽老聃。鄭玄、顏師古、宋翔鳳等人皆認爲老是老聃，彭是彭祖，一爲周守藏史，一爲商守藏史。鄭《注》稱：『老，老聃；彭，彭祖。老聃周之太史。』宋翔鳳《論語發微》亦稱：『《論語》不曰彭老，而曰老彭者，以老子有親炙之義，且尊周史也。』鄭玄諸人之說可信。因爲，《述而》是孔子修《春秋》的感想，他覺得自己的歷史知識不如老聃和彭祖二位吏官。同時《國語・鄭語》《呂氏春秋・情欲》《史記・五帝紀》諸書中確記有彭祖其人。『晚出論』者也曾提出旣然老彭是老聃和彭祖，孔子把老聃放在彭祖之前又作何解釋？是否老聃生於彭祖前有八百餘歲的長壽，或彭祖在孔子時尚活於此亦八百餘歲？實際並不難解，在先秦諸子書中把後人放在前人之前的寫法是不乏其人的。比如荀子在其書中並提墨子和愼到時，就寫作『愼、墨不得進其談』，把春秋末戰國初的墨子放到戰國中期的愼到之後；並提鄧析和惠施時，寫作『惠施、鄧析能之』，把戰國中期的惠施放到春秋末年的鄧析之前，都是這種例子。這種由近及遠的並提並不表明歷史順序，則是出於論證的需要，也是作者對同時代人的尊重。所以，我認爲《論語》中提到了老聃，也說明後來莊子提到孔子曾見過老聃是有根據的。

關於老子的思想被《論語》引用或駁斥的，前人證實主要有三條：

⑴《論語・憲問》有『或曰：以德報怨，何如』，《道德經》六十三章有『大小多少，報怨以德』。

⑵《論語・憲問》還有『仁者必有勇，勇者不必有仁』，《道德經》六十七章也有『慈故能勇』。

⑶《論語・衞靈公》有『子曰：無爲而治者其舜也與？夫何

爲哉？恭已正南面而已矣 』，這與《道德經》的『 無爲而治』有關。

我們把《論語》與《道德經》認眞加以比較，除前人提出的上述三條之外，在《述而》篇中不少思想是針對老子的主張而發的。請看下表的簡單對照:

老子的觀點	孔子針對老子觀點的言論
絕聖棄智	子曰:『 蓋有不知而作之者， 我無是也。多聞，擇其善者而從之，多見而識之，知之次也。』
絕學無憂	子曰:『默而識之，學而不厭，誨而不倦，何有於我哉。』子曰:『德之不修，學之不講，聞義不能徙，不善不能改，是吾憂也。』
失道而後德，失德而後仁，失仁而後義，失義而後禮。	子曰:『志於道，據於德，依於仁，游於藝。』
無爲而成	子曰:『富而可求也，雖執鞭之士，吾亦爲之，如不可求，從吾所好。』

這些史料與《述而》篇章首提到的老子聯繫起來，不難看出，孔子雖然對老子謙言『竊』，不如老聃那樣『信而好古』，但是，他對老子的一些主張是極力反對的。或許有人說，從這些史料怎知不是老子反對孔子的觀點呢？ 我們說， 除了孔子開始已提到老聃外，如果是老子反對孔子，那應當是老子要詳細說明自已的觀點，而不是孔子詳細解釋自己的觀點，正是孔子反對老子的觀點，所以說的比較詳盡。

2.從道家莊子的史料考察，老子是老聃，生於孔子前，著有《道德經》。『晚出論』者要推翻『早出論』者的觀點的主要根據之一，就是認爲《史記》孔子問禮於老子的材料源於《莊子》，而《莊子》則是『寓言十九』，不能作爲史料。這也確實抓到了要害，因爲在先秦諸子的書中，只有《莊子》記述老子的史料最多，否定了《莊子》的記載也就否定了老子其人其書的存在。可是，這種觀點則是在運用史料上本末倒置，以主觀推測代替了客觀存在。

我認爲，先秦是有道家存在的，這一點不僅是漢代司馬談作《六家要指》時才這樣劃分的派別，而且早在孟子時就有『逃墨必歸於楊，逃楊必歸於儒』的記載。楊朱是道家學派的一個重要人物向來沒人否認。這說明在孟子以前就有了道家學派，這個學派思想體系的中心，正如司馬談說的:『道家，無爲，又曰無不爲。』這顯然是總結了《道德經》的中心思想，所以作《道德經》的老子當然是道家學派的創始人了。作爲道家的繼承者莊周來說，當然重視自己學派的東西要比重視其他學派的東西爲重，他記下來的史實不僅是客觀的，而且是可靠的。司馬遷寫《史記》運用《莊子》材料不是無根據的。莊子是說過『寓言十九』的話，但也說過他的書『重言十七』的話。過去金景芳寫老子時代問題的文章時指出過，莊子『寓言十九』，但是『晚出論』者都忽略了莊子『重言十七』的一面。這無疑是正確的。事實確實如此。如果沒有莊子這個道家的繼承者關心老子思想及其史料，那麼老子的事蹟恐怕後人會一無所知，甚至韓非作《解老》、《喻老》也不可能。即使《道德經》傳下來，也不會知道是老聃的著作。古代著書是不署名的，當秦始皇讀《五蠹》時尚不知是韓非所作。可見莊子的記載十分重要，除《道德經》和《論語》外，《莊子》是研究老子思想的最可靠的史料。

我們翻開《莊子》一書，不僅明顯地看出莊子是老子思想的繼

承者，而且他還是老子其人其書的介紹和傳播者，歸納起來有以下三個方面的記載:

⑴孔子曾見過老子或有過對話的史料九條:

夫子問於老聃曰:『有人治道若相放，可不可，然不然。……』老聃曰:『……丘，予告若，而所不能聞與而所不能言。……』（≪天地≫）

孔子西藏書於周室。……往見老聃，而老聃不許。於是繙十二經以說。老聃中其說曰:『大謾!願聞其要。』孔子曰:『要在仁義。』……（≪天道≫）

孔子行年五十有一而不聞道，乃南之沛見老聃，老聃曰:『子來乎?吾聞子，北方之賢者也，子亦得道乎?』孔子曰:『未得也。』老子曰:『子惡乎求之哉?』曰:『吾求之於度數，五年而未得也。』……（≪天運≫）

孔子見老聃而語仁義，老聃曰:『……吾子使天下無失其補……。』（≪天運≫）

孔子見老聃歸，三日不談。（≪天運≫）

孔子謂老子曰:『丘治＜詩＞、＜書＞、＜禮＞、＜樂＞、＜易＞、＜春秋＞六經，……』老子曰:『幸矣子之不遇治世之君也……（≪天運≫）

孔子見老聃，老聃新沐，方將被髮而乾，慹然似非人。……（≪田子方≫）

孔子問於老聃曰:『今日晏閑，敢問至道。』老聃曰:『汝齊戒，疏瀹而心……』（≪知北游≫）

魯有兀者叔山無趾，踵見仲尼，仲尼曰:……無趾語老聃曰:『孔丘之於至人，其未邪?彼何賓賓以學子爲?……』老聃曰……（≪德充符≫）

由以上史料可見確有老聃其人，長於孔子，孔子見過老聃。

⑵老聃與當時的人有來往的史料八條:

陽子居見老聃曰……老聃曰……(≪應帝王≫)

崔瞿問於老聃曰:『不治天下,安藏人心?』老聃曰:『女愼無攖人心! ……』(≪在宥≫)

南榮趎贏糧,七日七,夜至老子所。……(≪庚桑楚≫)

老聃之役有庚桑楚者,偏得老聃之道……(≪庚桑楚≫)

柏矩學於老聃曰:『請之天下游。』老聃曰:『已矣,天下猶是也。……』(≪則陽≫)

士成綺見老子而問曰:『吾聞夫子聖人也,吾固不辭遠道而來願見。』(≪天道≫)

陽子居南之沛, 老聃西游於秦, 邀於郊, 至於梁而遇老子。……(≪寓言≫)

老聃死,秦失弔之,三號而出……(≪養生主≫)

以下史料進一步證明有老聃其人。

⑶莊子直接引≪道德經≫原文的史料十七條:

魚不可脫於淵,國之利器不可以示人。(≪胠篋≫)

絕聖棄知。(≪胠篋≫)

大巧若拙。(≪胠篋≫)

民結繩而用之, 甘其食,美其服, 樂其俗, 安其居, 鄰國相望,鷄狗之音相聞,民至老死而不相往來。(≪胠篋≫)

故貴以身於爲天下,則可以論天下;愛以身於爲天下,則可以寄天下。(≪在宥≫)

知者不言,言者不知。(≪天道≫)

爲而不恃,長而不宰。(≪達生≫)

少私而寡欲。(≪山木≫)

自伐者無功。(≪山木≫)

既以與人已欲有。(≪田子方≫)

夫知者不言，言者不知，故聖人行不言之敎。（《知北遊》）

故曰：失道而後德，失德而後仁，失仁而後義，失義而後禮。禮者道之華而亂之首也。故曰：爲道者日損，損之又損之，以至於無爲，無爲而無不爲也。（《知北遊》）

終日視之而不見，聽之而不聞，搏之而不得也。（《知北遊》）

終日嘷而嗌不嗄，和之至也。（《庚桑楚》）

大白若辱，盛德若不足。（《寓言》）

知其雄，守其雌，爲天下谿；知其白，守其辱，爲天下谷。（《天下》）

以上史料全是莊子引自《道德經》的原文，它說明老聃是《道德經》的作者，《道德經》在莊子的時代已流行於世，並爲莊子所熟讀、接受和傳播。

《莊子》書中這三方面的史料，明明是客觀存在的，但是硬說不可信，說《莊子》內篇是莊子的，外雜篇是後人僞托。我的看法，本來《莊子》和先秦其他諸子書一樣，在先秦是無內外篇之分的。這種分內外雜的作法，有人認爲是劉向重新編纂《莊子》時分開的，也還有人認爲是郭象作注時才把內、外、雜分篇固定下來的。這種意見是對的，把《莊子》分爲內、外、雜篇是秦漢以後的事情。事實上，雖然有些人口頭上或文章裏主張《莊子》外雜是僞託，但是在研究莊子的思想時還是大量引用外、雜篇的史料作根據。比如主張老聃是莊子捧出來的楊榮國說：『外雜各篇，當亦多爲後人的雜湊僞作。』但是，他在寫莊子的思想時，卻用了大量的外、雜篇中的史料。我們初步統計一下，他在《莊子的思想》一節中只用內七篇三十三條史料，而用外篇十二篇四十二條、雜篇七篇十六條史料。同時他還在研究惠施、公孫龍、楊朱、子華子、詹何等人的思想時，引用外篇七篇十條史料，雜篇五篇二十七條史料。只有《說劍》《漁父》《達生》《刻意》和《繕性》五篇沒被引用。其中還引用《莊子》一些史料來證明老子晚出，唯獨不承認《莊子》中記載的大量有關老子早出的史料，這不很奇怪嗎？難道外雜篇是僞書，怎麼自己引用就變爲眞的了呢？既然自己引用不爲僞，爲何別人引用證明老子早出的史料就成僞的了呢？在這一點上，我看梁啓超反倒有點求實精神，當他一九二二年發表《〈老子〉出於戰國末年》，認爲《莊子》多寓言不能作爲歷史之後，一九二六年又作《漢書〈諸子略〉各書存佚眞僞表》，在道家流派欄中承認『《老子》原書存，係全眞書，《莊子》內篇全眞，外雜有竄附』。又在《先秦學術年表》中承認有老子其人，排到墨子之後，關尹之前。實際上基本改變了他原來的看法，之所以有這種改變，是因爲他對《莊子》所載史蹟又看作有根據的事實。

所以，《莊子》中提到的老聃的活動和言論，都不是寓言，恰恰是研究老子思想及道家學派淵源、沿革及其地位的最寶貴的史料。如果捨棄這些史料而不顧，必然引起對老子思想研究的混亂。

3.從其他先秦書中的史料考察，老子是老聃，生於孔子前，著有《道德經》。本來其他先秦書中的史料也是認定老子在戰國前的有力外證之一，但是『晚出論』者卻把先秦的史料擱置起來，專以秦漢之後的史料作論據。馮友蘭說：『不少的人認爲，照傳統的說法，《老子》書是春秋末期的老聃作的。其實這個傳統說是以後的傳統。漢初並沒有這個傳統。』我覺得這種看法很有商榷的必要。衆所周知，除了《論語》和《莊子》中的史料外，先秦其他著作中提到老子其人、引用老子文句是不少的，怎麼能說是漢以後的傳統呢？至於說漢初沒有這個傳統也是無稽之談。實際上，不僅漢後有這個傳統，漢初也有這個傳統。在西漢初年司馬遷作《史記》以前，賈誼的《新書・審微》中就有『老聃曰：「爲之於未有，治之於未亂」』，引《道德經》第六十四章之原文。至於劉安的《淮南子》中引《道德經》的話皆用『老聃曰』。怎能說漢初沒有這個傳統呢？這個傳統不僅漢初就有，而是先秦諸子一書早有。請看下表：

據下表所示，不但說明了有老聃其人，生於孔子前，著有《道德經》一書，已是先秦公認的傳統，而且證明了老子思想對各家的

年代	人物	提到老聃和引證《道德經》的內容	出處
約公元前四〇三年前	墨子	道沖而用之有弗盈	《太平御覽》卷三二二，兵部五三條，輯《墨子》佚文。
約公元前三七〇——三四〇年之間	魏惠王	老子曰：『聖人無積，盡以爲人，已愈有；既以與人，已愈多。』公叔當之矣。	《戰國策·魏策》惠王條目下
約公元前三三二——三一四年之間	齊宣王、顏斶	顏斶與宣王對話時引證老子的話：『老子曰：「雖貴必以賤爲本，雖高必以下爲基。」』	《戰國策·齊策》宣王條下
約公元前二八六年	莊子	略	
約公元前二三八年	荀子	老子有見於詘（屈）無見於信（伸）。	《荀子·天論》
約公元前二三七年	呂不韋及爲其輯書的諸學者	故禍兮福之所倚，福兮禍之所伏。 知不知上矣。 故曰：『不出於戶而知天下，不窺於牖而知天道，甚出彌遠者而知彌少。』	《呂氏春秋·制樂》 《呂氏春秋·別類》 《呂氏春秋·君守》

		老耽貴柔，孔子貴仁，墨翟貴廉……。	《呂氏春秋・不二》
		孔子學於老聃、孟蘇、夔靖叔。	《呂氏春秋・當染》
		荆人有遺嶡者，而不肯索，曰：『荆人遺之，荆人得之，又何索焉？』孔子聞之曰：『去其荆而可矣。』老聃聞之曰：『去其人而可矣。』故老聃則至公矣。	《呂氏春秋・貴公》
		故聖人聽於無聲，視於無形，詹何、田子方、老耽是也。	《呂氏春秋・重言》
		老聃則得之矣	《呂氏春秋・去尤》
公元前二三二年	韓非	老聃有言曰：『知足不辱，知止不殆。』	《韓非子・六反》
		老子曰：『以智治國國之賊。』其子產之謂矣。	《韓非子・難三》
		其說在老聃之言失魚也。	《韓非子・內儲說下》
		（此外另有《解老》《喻老》專著）	

影響和《道德經》傳播的過程。戰國初期，從墨子到莊子前，在宋、齊、魏諸國，已有《道德經》的流傳；戰國中期，《道德經》深受莊子等人的崇拜，戰國末期，《道德經》又得到爲呂不韋編纂《呂氏春秋》的諸學者的賞識，特別是韓非已爲之作注。先秦諸子所記載的有關老子的史料，要比秦漢時期的史料，要比《史記・老子列傳》的史料重要得多、可靠得多。

『晚出論』者也不是沒有用過先秦史料，他們是沒用過上述史料，而用的是另一些史料，證明老子和《道德經》晚出。比如從梁啓超到楊榮國等人，都曾以『仁義』對舉是孟子的『專賣品』和『手筆』，來證明《道德經》中的『仁義』連用是孟子後的用詞，《道德經》亦當出自孟子之後。這一點根據也曾動搖過一些『早出論』者觀點，然而詳細考察卻是不能使人信服的。其實，『仁義』對舉並不是孟子的『專賣品』和『手筆』，也不是孟子首創，早在孟子以前的墨子書中就將『仁義』連用了。墨子在《非攻》中有『……取人馬牛者，其不仁義』，在《節葬》中有『今天下之君子，中請將欲爲仁義』，在《天志》中有『本察仁義之本，天之志不可不愼也』。我們把《墨子》中提到的『仁義』與《孟子》中提到的『仁義』作個比較就更清楚了。《孟子》中單提到『仁』的有一百二十餘處，將『仁義』連用的只有九處；《墨子》中單提到『仁』、『義』的也有一百餘處，將『仁義』連用的有十九處。既然『仁義』連用早在墨子時就有，那麽在墨子前不久的老子何以不能『仁義』連用呢？所以，用孟子的『仁義』連用證明《道德經》晚出，毫無道理。再如，『晚出論』者還舉出『仁』是孔子專有的，『尙賢』是墨子專有，『將軍』、『侯王』是戰國時專有，證明《道德經》有這些詞卽晚出於戰國時期。這也是無根據的推測。事實上這些文詞亦早在戰國之前就有了的。『仁』字早見於卜辭，《商書・太甲》有『懷於有仁』，《詩・鄭風・叔於田》有『詢美且仁』，足以說明『仁』作爲道德觀念已是商周的產物，只不過是到春秋末年業已產生對『仁』的爭論，才有老子的『絕仁棄義』，才有孔子的論『仁』。『尙賢』和『不尙賢』同樣都是針對當時的任用人材的事實說的，並無先後之別。『將軍』早在《左傳》昭公二十八年中，就有『將軍食之而不足』的記載。『侯王』不僅在春秋絕筆前一百年有吳子壽夢稱王的事實，而且在《易經》蠱卦上九爻辭中也有『不事王侯，高尙其事』的紀錄了。所有這一切都說明『晚出論』者的論據不符合各實，不能信以爲眞。

4.從地下出土的史料考察，進一步證實了老子是老聃，生於孔子前，著有《道德經》一書。一九七三年，馬王堆三號漢墓出土了帛書《老子》（卽《道德經》），這是史學界一項可喜的成就，是研究老子其人其書時代的寶貴史料，爲我們考證老子的時代提供了可靠的證據。

首先，帛書《老子》進一步證明了它是春秋末年的產物。出土的《老子》有甲乙兩種本，甲本中有二十二處『邦』字，乙本皆爲『國』字，這顯然是甲本抄寫於劉邦稱帝之前，乙本抄於劉邦稱帝之後，爲避劉邦之諱將『邦』改爲『國』的。我們詳細的考察，甲本中凡是提到國家的時侯，是『邦』、『國』並用的。其中用『國』的只有『莫知其極，可以有國。有國之母，可以長久』，其餘二十二處皆是以邦稱國。如『大邦者，下流……大邦以下小邦，則取小邦，小邦以下大邦，則取大邦』、『小邦寡民』等等。『邦』『國』並用這一點看起來好像沒啥，實際上它解決了一個時代的劃分問題。古代用『邦』字稱國是始於分封諸侯。周初的大盂鼎上的『邦司』的『邦』還是管家的意思。在《詩經》中已有『王此大邦』，這時邦已是國的同義詞。在西周多用邦稱國，一直延續到春秋末年以『邦』稱國還較普遍。這一點我們在《論語》中也可以找到『邦』『國』並用、『邦』多於『國』的例子。如《論語》中用『國』的僅有《先進》中的『爲國以禮』、《里仁》中的『不能以禮讓爲國，如禮何』、《學而》中的『道千乘之國』幾處，而用『邦』的則二十餘處。如《公冶長》中的『邦有道不廢，邦無道免於刑戮』，《顏淵》中的『在邦必聞，在家必聞』等等，同時也『大邦』『小邦』並提。可見，《論語》中『邦』『國』並用，『邦』多於『國』，與《道德經》甲本中『邦』『國』並用，『邦』

多於『國』是完全一致的，說明它們是同時期的作品，所反映的是春秋末年的社會情況。這個『邦』到了戰國時期的諸子書中，隨着時代的變化，隨着封邦的諸侯的消失，就都棄之不用了。翻遍了戰國諸子書，除《孟子》中有一個《邦》字，還是引《詩經》的話，即『詩云：刑於寡妻，至於兄弟，以御於家邦』，再就全是『國』字。《荀子》《韓非子》這些著作中都不用『邦』，而用『國』字。所以，可以說一字值千金，這個『邦』字倒是西周以來到春秋末年的稱國的專有，反映了特定時代，是老子《道德經》成於春秋末年的可靠證據。

其次，帛書《老子》的出土，進一步證明戰國時期不僅有竹簡，而且也有帛書，以此推之，墨子在春秋戰國之際多次提到的『書之竹帛，鏤金石，琢之槃盂，銘於鍾鼎』是事實，過去竹書、金石銘文皆有出土，而今帛書也有了物證。因此，可以想像，春秋末期是有帛書存在的，私人著書是一件很方便的事，況且《詩經》《孫子兵法》等書就是私人著作，不過當時沒有注明作者的習慣。墨子所說的『昔者周公旦朝讀書百篇』，也不會都是典章制度，定有私人著作。墨子一次去衞國用車拉了很多書，其中也會有私人著作，這些私人著作也絕不都是孔子死後的私人著述，當是以前積累下來的書籍。所以章學誠斷言孔子前無私人著述的主張是不可靠的。因此，『晚出論』者以孔子前無私人著述作爲《道德經》出於孔子後的根據是站不住腳的。

第三、帛書《老子》的出土，糾正了那種『晚出論』者認爲《道德經》出於漢文、景之世的錯誤主張。因爲甲種本是在漢劉邦之前就有的。

第四、帛書《老子》的出土，也糾正了過去『早出論』者一直回避的一個問題，就是當『晚出論』者提出『夫佳兵者不祥之器』一章是晚出時，『早出論』者總是用此章王弼本無注，是後加上的予以答覆，帛書出土證明歷史上一直認爲是後人加上的這一章，並不是後人加上去的，是《道德經》原來就有的。

綜上所述，我們的結論：老子是老聃，生於孔子前，著有《道德經》。今本《道德經》雖有後人個別簒入，但基本仍是老聃原作，是研究老子哲學思想的唯一的直接的史料。

（《老子時代通考》，在《哲學史論叢》內，吉林。）

張岱年云：

過去懷疑孔、老同時的傳說，一個重要理由是，在《論語》中沒有關於老聃或《老子》思想的評論，沒有稱道老子的話。我過去也是這樣看的。現在仔細考察，發現這種說法並不準確，而《論語》中確有關於老子學說的反映。⑴《論語・憲問》：『或曰「以德報怨何如？」子曰：「何以報德？以直報怨，以德報德。」』『報怨以德』一語見《老子》六十三章，《論語》此條正是孔子曾評論老子思想的最明確的證據。⑵《論語・衞靈公》：『子曰：無爲而治者，其舜也與！夫何爲哉？恭已正南面而已矣。』孔子的政治理想並非無爲，何以忽然提出『無爲而治』來？如果認爲這是對老子學說的反響，不是容易理解嗎？⑶《論語・陽貨》：『子曰：飽食終日，無所用心，難矣哉！不有博奕者乎？爲之猶賢乎已！』這正是對於老子無爲學說的批評。在孔子看來，無爲也可以作爲政治的一個原則，但個人卻不宜無所作爲而應有所作爲。應該說：《論語》中包括了對於老子思想的批評。

《中庸》說：『子路問強。子曰：「南方之強與？北方之強與，抑而強與？寬柔以敎，不報無道，南方之強也，君子居之。」……』（十章）這所謂『寬柔以敎』，不正是老子的學說嗎？《中庸》又說：『子曰：素隱行怪，後世有述焉，吾弗爲之矣。』（十一章）素同索。『索隱行怪』不正是老子的特點嗎？司馬遷說：『子思作《中庸》。』（《史記・孔子世家》）近人多不信《史記》此說。事實上，司馬遷之說必有依據，至少《中庸》的前半部的年代是比較早的，應肯定爲早期儒家的著作。所以，過去以爲《論語》和早期儒家著作中沒有關於老子學說的反映，是不正確的。孔子曾經評論過老子的學說。

《呂氏春秋・當染》說：『孔子學於老聃。』《禮記・曾子問》敘述孔子和老聃的對話。這些材料令人多不肯信。《呂氏春秋》是戰國末的著作，其中記載雖有不實之處，如說子產殺鄧析，但大部分的史料還是可信的。《曾子問》所述不像是實錄，因爲和《論語》比較相差太遠了。但是，如果孔、老本不同時，何以編寫《曾子問》的儒家者流也信取這個傳說呢？如果孔、老本不同時，莊周固然可以編造一些孔、老對話的寓言，但儒家學者是不可能接受的。《曾子問》所述，必然反映一些歷史事實。

如上所述，孔、老同時的傳說應當不是虛構。可能有人要問：何以《墨子》《孟子》書中，沒有關於老子的評論呢？其實這也不難理解。《墨子》書中提到的人物不多，它沒有提到鄧析、子思。我們不因《墨子》未提鄧析、子思而懷疑鄧析、子思的存在，何以要因沒提老聃而懷疑老聃的存在呢？至於孟子，他曾經猛然攻擊楊朱，他是以楊朱爲道家者流的代表，也就不必更談論老子了。

但是，《老子》書中，確有一些戰國時代的言語，例如『不尚賢，使民不爭』（三章）。雖然春秋時代已有舉賢之風，但『尚賢』卻是墨子的口號。《老子》此文可能出於後人附益。

《老子》說：『大道廢，有仁義。』（十八章）又說：『絕仁棄義，民復孝慈。』（十九章）以仁義並舉。在《論語》中，雖然仁字義字屢見，而沒有仁義並舉的例證。從前曾有人認爲仁義並舉始於孟子。其實，仁義並舉並不始於孟子，較孟子年長的告子有

『仁內義外』之說，已經仁義並舉了。《國語・周語》：『史興曰：且禮所以觀忠信仁義也。』《孫子・用間》：『非聖智不能用間，非仁義不能使間，非微妙不能得間之實。』春秋時代，仁義並舉的例證還是有的。《老子》中仁義並舉的文句，不一定是晚出。

我現在認爲，老聃其人生存於春秋末期，應是可信的。《老子》書中保存了老聃的遺說，但也有一些文句是戰國時人附益的，不過《老子》書的編定當在惠施、莊周之前，這也是確定無疑的。

（《老子哲學辨微》，在《中國哲學發微》內）

〔存　目〕

錢穆撰《再論老子成書年代》，在《古史辨》第六册內。

張福慶撰《對錢穆先生〈從文章的體裁和修辯上考察老子成書年代〉的意見》，在《古史辨》第六册內。

熊偉撰《從先秦學術思想變遷大勢觀測老子的年代》，在《古史辨》第六册內。

羅根澤撰《再論老子及老子書的問題》，在《古史辨》第六册、羅著《諸子考索》內。

馬叙倫撰《辨老子非戰國後期之作品》，在《古史辨》第六册內。

李曰剛撰《道德經的成書》，發表於國立師範大學《師大學報》第十二期內。

錢穆撰《三論老子書之年代》，在《人生》第二十卷十期內。

李弘祺撰《道德經的成書年代》，在《出版月刊》第二十五期內。

關尹子

胡韞玉云:

仁義禮智信，儒家之常言，道家所不言也。《老子》云:『失德而後仁，失仁而後義；仁義者，治之薄，亂之首。』《莊子》亦云:『有虞氏招仁義以撓天下。』《關尹子》則累言仁義禮智信，其曰:『同之以仁，權之以義，戒之以禮，照之以智，守之以信。』與道家『貴道德，賤仁義』之旨不符。雖其立言之意，在於無我，而以仁義禮智信爲用，究非道家之言，蓋後人僞爲，雜出儒家耳。又《關尹子》曰:『聖人師蜂立君臣，師蜘蛛立網罟，師拱鼠制禮，師戰蟻制兵。』此言近於荒唐，與帝嚳觀魚翼而創櫓，視鵰尾而制柁（見《名物考》），夏禹效黿魚而制篷碇帆檣（見《事物紺珠》），同一無稽不可信。然亦非臆說，蓋本『近取諸身，遠取諸物』二語推而演之耳。《淮南子・說山訓》『古人見窾木浮而知爲舟』，漢人已習傳此語，惟云君臣師蜂兵師蟻，與《易・序卦》之說不合，禮師鼠，與《荀子》之說不合，觀此數語，可確知非尹喜所作，蓋周人必無此種附會之談也。

（《讀關尹子》）

黃雲眉云:

韞玉以此書雜出儒家之言，證非尹喜所作，甚當。然其言又謂『《關尹子》九章，一語蔽之，闡明老子虛無之旨耳』，則未敢謂是。此書蓋雜糅老子儒釋仙技之說而成，無所謂『一家言』也。（一家言亦胡語）王世貞《讀關尹子》曰:『《關尹子》九篇，劉向所進，云其人卽《老子》所與留著五千言者。其持論抑塞支離，而小近實，非深於師《老子》者也。其辭《潛夫》《論衡》之流耳，不敢望西京，何論莊列？至云：『人之厭生死者，超生死者，皆是大愚也。譬如化人，若有厭生死心，超生死心，止名爲妖，不名爲道。』則昭然摩騰入洛後語耳。（俞樾《湖樓筆談》七：『《關尹子・三極篇》曰：「蝍蛆食蛇，蛇食蛙，蛙食蝍蛆。」此五行相克之理，佛家果報之說所從出歟？』佛氏無襲《關尹子》之理，則《關尹子》之襲佛氏也明矣。譚獻《復堂日記》卷五：『《關尹子》句意凡猥，雖間有精語，已在唐譯佛經之後，多有與《圓覺楞嚴》相出入者。』姚瑩《識小錄》卷三《關尹子近釋氏》條，亦擧其文甚多，可參閱。）豈向自有別本耶？抑向本遺錯，後人妄益之耶？夫老子而不爲關尹子著五千言已耳；老子而爲關尹子著五千言，此其非關尹語也無疑。』（《讀書後》卷五）又楊愼曰：『今世有《關尹子》，其文出於後人僞撰，不類春秋時文也。按《列子・仲尼篇》引《關尹子》曰：「在己無居，形物其著，其動若水，其靜若鏡，其應若響。故其道若物者也。物自違違，道不違物。善若道者，亦不用耳，亦不用目，亦不用力，亦不用心。欲若道而用視聽形智以求之，弗當矣。瞻之在前，忽焉在後，用之彌滿六虛，廢之莫知其所，亦非有心者所能得遠，亦非無心者所能得近，惟默而性成者得之。知而仁情，能而不爲，眞知眞能也。」又《說符篇》引關尹子謂列子曰：「言美則響美，言惡則響惡，身長則影長，身短則影短，名也者響也，身也者影也。故曰愼爾言，將有和之，愼爾行，將有隨之。是故聖人見出以知入，觀往以知來，此其所以先知之理也。度在身，稽在人。人愛我，我必愛之，人惡我，我必惡之。湯武愛天下，故王；桀紂惡天下，故仁，此所稽也。稽度皆明而不道也，譬之出不由門，行不從徑也。以是求利，不亦難乎！嘗觀之神農有炎之德，稽之虞夏商周之書，度諸法士賢人之言，所以存亡廢興而非由此道者，未之有也。」按此二條，皆精義格言，今之僞撰者，曾無一語類是，可證矣。』（《升庵全集》卷四十六）蓋皆不以此書爲得老子之傳，《列子》亦僞書，所引《關尹子》語，不足代表《老子》，然由此可見造《關尹子》者，即魏晉人所著書，亦未遍涉。蓋其說不專主老子，文體又類《楞嚴》譯筆，而嫁名《關尹》，可怪也！《四庫總目提要》曰：『劉向序稱「蓋公授曹參，參薨書葬。孝武帝時，有方士來上，淮南王秘而不出。向父德治淮南王事得之」，其說頗誕！與《漢書》所載得淮南鴻寶秘書言作黃金事者不同。疑即假借此事以附會之。故宋濂《諸子辨》以爲文旣與向不類，事亦無據，疑即孫定所爲。然定爲南宋人，而《墨莊漫錄》載黃庭堅詩「尋詩訪道魚千里」句，已稱用《關尹子》語，則其書未必出於定，或唐五代間方士解文章者所爲也。』余謂此書所言，釋多於老，方士或非所任；然如宋濂所舉「嬰兒蕊女，金樓絳宮，青蛟白虎，寶鼎紅爐」之類，則雖非方士，其必爲好仙技者所托無疑矣。

（《古今僞書考補證》）

周學武云：

現在我們姑且把前人說過的話語擺在一邊，另外舉出幾點重要的補證：

甲、《史記·老莊申韓列傳》說，關尹和老聃同時，《孔子世家》又說孔子曾經問禮於老聃，那麼關尹也應該是孔子以前的人物，孔子之前，怎麼會有這麼一部據題發揮的著作。

乙、錢賓四先生《葛洪年譜》四十四歲條下說：『道藏本《關尹子》有葛洪《序》，云：……後遇鄭君思遠，屬洪以

《尹眞人文始經》九篇，洪親受之。下題咸和二年五月朔。今考洪幼師鄭隱（思遠），豈得云後遇？隱之去霍山，下至咸和二年，亦已二十五年矣，《關尹》旣僞書，此《序》亦後人僞撰也。』

丙、孔子說仁，孟子說仁義，或仁義禮智；《符篇》中說仁義禮智信，並且依次和木金火水土相配，所以今本《關尹子》的著成，不會早過董仲舒。

丁、篇中屢次說到五行，並且談到五行互生互滅之語，可見它成書於五行學說盛行之後。

戊、程明道說：『學者須先識仁……義禮智信，皆仁也。』程伊川也說：『四德之元，猶五常之仁；偏言則一事，專言則包四者。』而《三極篇》中說：『仁義禮智信各兼五者。』在思想上似已受了二程學說的影響。

己、《吉藏》說三重二諦云：『第一明說有爲世諦，無爲眞諦。第二明說有說無，二並世諦；說非有非無，不二，爲眞諦。……第三節二諦義：此二諦者，有無二，非有無不二，說二說不二爲世諦；說非二非不二爲眞諦。』而《四符篇》說：『計生死者，或曰死已有，或曰死已無。或曰死已亦有亦無，或曰死已不有不無……。』在文字和論證法方面，都和《吉藏》的二諦義相似，由此可證它必成書於初唐以後。

庚、《五鑑篇》提到五識問題——『無一心而五識並馳』。五識之名，成立於玄奘的成唯識論之後。

以上七點證據都是前人所未提到的，是否立得住腳跟，筆者還不敢肯定，不過聊獻一得之愚罷了。

（《僞關尹子補證》，原刊於《大陸雜誌》）

■列 子

錢大昕云:

《列子天瑞篇》:『林類曰:死之與生,一往一反,故死於是者,安知不生於彼?』釋氏輪迴之說,蓋出於此。《列子書》晉時始行,恐卽晉人依託。

(《十駕齋養新錄》卷八)

姚 鼐云:

《莊子》《列子》皆非盡本書,有後人所附益。然附益《莊子》者,周秦人所爲。若今世《列子》書,蓋有漢魏後人所加。其文句固有異於古者。且三代駕車以駟馬,自天子至卿大夫一也。六馬爲天子大駕,蓋出於秦漢君之侈,周曷有是哉?《白虎通》附會爲說曰:『天子之馬六者,示有事於天地四方。』此謬言也。《列子·周穆王篇》:王駕八駿,分於二車,皆兩服兩驂。此《列子》文之眞也。至《湯問篇》言泰豆教造父御六轡不亂,而二十四蹄所投無差。此非周人語也。且旣二十四蹄矣,轡在手者安止六乎?僞爲《古文尚書》者取《說苑》『腐索御奔馬』之文,而更曰『朽索御六馬』,皆由班氏誤之耳。(古書惟《荀子》有『伯牙鼓琴,六馬仰秣』語。此言在廐秣馬有六,聞音捨秣仰聽,與駕車時不相涉。)自晉南渡,古書多亡缺,或輒以意附益。《列子》出於張湛,安知非湛有矯入者乎?吾謂劉向所校《列子》八篇,非盡如今之八篇也。

(《惜抱軒文集·後集》卷二)

鈕樹玉云:

《列子》八篇,《漢·藝文志》同。劉向爲之序。余讀而異焉。善乎太史公序《莊》而不序《列》也。蓋《列子》之書見於《莊子》者十有七條,泛稱黃帝五條,鬻子四條,鄧析、關尹喜、亢倉、公孫龍或一二見,或三四見;而見於《呂覽》者四條。其辭氣不古,疑後人雜取他書而成其說。至《周穆王篇》《湯問篇》所載,語意怪誕,則他書所無。或言西方聖人,或言海外神仙,以啓後人求仙佞佛之端,此書其濫觴矣。孟子闢楊、墨,今墨書尚有,而楊朱之說僅見於此書,故博稽者不廢覽觀。然太史公曰:『百家言黃帝,其文不雅馴,搢紳先生難言之。』其卓見不亦超絕哉?

（《匪石先生文集》卷下）

吳德旋云:

《列子》書非列子所自作,殆後人剽剟老莊之旨而兼采雜家言傅合成之。中惟《周穆王篇》旨奧詞奇,筆勢迴出,固是能者爲之,但未知果出列子否耳。柳子厚以劉向稱列子鄭穆公時人,謂與書詞所稱引事不合;而姚惜抱則云,今世所傳《列子》書多有漢魏後人加之者。吾因是頗疑列子實鄭穆公時人,向所見《列子》八篇中當有與鄭穆公問答語耶?抑出處時事有可考而知耶?不然,向何至疏謬若此?柳子又以莊周爲放依其詞。第即《周穆王篇》言之則可;至如《湯問》《楊朱》《力命》等篇,乃不逮莊生書遠甚。而其詞與莊生相出入者,又未知孰爲後先矣。夫以柳子之識,而猶有此蔽,則信乎辨古書之眞僞者難其人也。

（《初月樓文續鈔》卷一）

俞正燮云:

《枹朴子·論仙》云: 魏文帝『謂天下無切玉之刀、火浣之布。及著《典論》，嘗據言此事其間。未期二物畢至，帝乃歎息，遽毀斯論』。今案文帝謂世稱火鼠毛爲布，垢則火浣如新者，妄也。火無生育之性，鼠焉得生其間? 爲《典論》，刻之太學。明帝世有奉此布來貢者，乃刊去此碑。而《列子·湯問篇》云:『周穆王征西戎，得錕鋙之劍，火浣之布。布浣則投之火，出火而振之，皓然疑乎雪。皇子以爲無此物，傳之者妄也。蕭叔曰: 皇子果於自信，果於誣理哉!』《列子》晉人王浮、葛洪以後書也。以《仲尼篇》言聖者，《湯問篇》言火浣布知之。

(《癸巳存稿》卷十)

顧頡剛云:

謂『《列子》云「西方聖人」直指佛氏，屬明帝後人所附益』，則《詩》言『彼美人兮，西方之人兮』，將何以解焉? 此論辨舛駁之可議者也。

(《古今僞書考跋》)

岑仲勉云:

諸子之書，往往非本人自撰，而由習其學者所纂錄，故書中人物，或在主人之後 (例如《管子》)。此近年學者所持之一說。陳文波氏云:『考古書之稱子某者，如《墨子》之稱子墨子，《論語》之稱子曰，多半爲門弟子或後人所纂述，《列子》恐亦如是，非列禦寇所自著也明矣。』蓋據首篇《天瑞》冠稱『子列子』而云然。由是言之，則孔穿、魏牟之辨，不足以證今書之僞。苟認書是戰國時作 (如姚氏說)，書中人物之落後，更非僞與不僞之癥結。

如謂列禦寇時代究屬疑竇，然諸子顯著者莫若老，老子何時何人，迄今猶爭訟不決，禦寇之時代難定，殊不足異。論者又因此而推斷劉向之《敍錄》，亦出依托，考《敍錄》言：『中書多外書，少章亂布，在諸篇中或字誤，以盡爲進，以賢爲形，如此者衆。』盡、進《切韻》同音，賢 ghien、形 ghieng，乃-n 與-ng 之轉，作僞者未必有此細心。抑作僞將以求人之堅信，《敍錄》又言：『《穆王》《湯問》二篇，迂誕恢詭，非君子之言也。至於《力命篇》一推分命，《楊子》之篇，唯貴放逸，二義乖背，不似一家之書。』何苦先自質疑，示人以隙。《敍錄》全篇，看來亦是漢人筆法，惟然而馬氏之第一事未能成立。

馬氏又以《尸子》《呂氏春秋》並云列子貴虛，《莊子》略同，而《穆王》《湯問》二篇，與三子之言不相應，『豈非以二篇之義，遠出後世，恐致詰難，故借託向言以爲掩飾耶』？按《敍錄》尚無僞作之跡，辨見前條。穆王之化人、幻人及夢，皆虛也；《湯問》之『古初無物』，『無則無極』，『不待神靈而生……』，與夫離朱弗見其形，師曠弗聞其聲，亦虛也，何曾弗與貴虛相應？劉向入之道家，是舉其大概。戰國諸子，《史記》不盡爲立傳，馬遷不傳禦寇，未必馬遷不見《列子》之書。馬氏又云：『孝景時其書頗行，則漢初人引《列子》書者又何寡也。』吾人試問景帝以前漢人之書，傳於今者有幾？所見既無幾，又安知其爲寡爲多？唯然而馬之第二事不能成立。

辨僞貴實證，若片面之辭，則見仁見智，各有所持，如：

馬之三事言：『晉世玄言極暢，……列子貴虛，必在不遺，使其書未亡，流布必廣，何以湛述八篇，既失復得，不離王氏？』按漢以後歷朝尊孔，而《齊》《魯》《古論》，終有亡失之時，遑論《列子》？惟其書既不廣布，故而同出王家，孤本流傳，非爲巧合。陳文波氏又云：『據張湛《列子》序言，《列子》原爲八篇，及後彙集，並目錄共十三卷，……然則比原來《列子》多數卷(篇)矣，或者當時張湛輩所彙集者甚雜且富，因而刪削，以符原文八篇之數。』余按湛《序》:

先君所錄書中有《列子》八篇，及至江南，僅有存者，《列子》唯餘《楊朱》《說符》《目錄》三卷，比亂，正輿爲揚州刺史，先來過江，復在其家得四卷，尋從輔嗣女壻趙季子家得六卷，參校有無，始得全備。

彼其意，猶謂已家存殘本三卷，劉正輿家存殘本四卷，趙季子家存殘本六卷，合而校之，去其重複，始還八篇之數，故曰『參校有無』。陳誤解張序，以爲三種本內容完全不同，更疑乎所不當疑矣。

又馬之四事言:『《天瑞篇》有大易、有大始、有大素一章，湛曰:此全是《周易乾鑿度》也。《乾鑿度》出於戰國之際，列子何緣得知?』按如前說，《列子》是戰國時列學之徒所集，自可見到《乾鑿度》。

又馬之六事言:『《周穆王篇》言夢有六候，一曰正夢云云，與《周官》占夢相合，《周官》漢世方顯，則此其剿竊明矣。』按《周官》保存古字、古訓，近人考證者多認是戰國作品，則其辨與前四事同。抑本書覺與夢相連討論，比《周官》爲詳，又安知非《周官》鈔《列子》?

又馬之九事言:『《湯問篇》所言，多《山海經》中事，《山海經》亦晚出。』按《山經》非一時一人之作，讀其書者當知之。最古之部分，余謂傳自戰國以前，即使《列子》確鈔《山經》，已不能爲晉人作僞之證。況《湯問》全篇與《山經》同者，不過渤海、禺彊等三數地名、人名，猥曰『多《山海經》中事』，未免輕於論古。《山經》非記事文，《史記》無採入之機會，如依馬氏意，《史記》未言《山海經》(馬據張守貞《正義》，《大宛傳》

是褚少孫所補），便是馬遷未見《山海經》，是默證也。

又馬之十事言：『《湯問篇》云：三曰方壺，四曰瀛洲，五曰蓬萊。殷敬順《釋文》引《史記》云：方丈、瀛洲、蓬萊，此三神山在渤海中，此事出秦代，引以爲注，足徵前無所徵。』按神仙方士之說，最少發源於戰國，不過始皇特好其術，故至秦史方顯，若因此而謂秦前無神仙之說，已於歷史認識不清。《湯問》之五山，尙有『一曰岱輿，二曰員嶠』，不知此兩山又本自何書？

同上篇接言：『其山高下周旋三萬里，其頂平處九千里，山之中間相去七萬里，以爲鄰居焉，其上臺觀皆金玉，其上禽獸皆純縞，珠玕之樹皆叢生，華實皆有滋味，食之皆不老不死，所居之人皆仙聖之種，一日一夕，飛相往來者不可數焉。』馬氏亦以爲取資浮屠。殊不知此等記載，正屬神仙家言，佛說涅槃，非不死也。方士求仙之術，必須醞釀若干時期，乃博得一般信仰，鄒衍大九洲外環大瀛海，卽與渤海五山說相類，第當日或未著書，有傳有不傳，故吾人不能上溯於戰國耳。必曰秦以前未有神仙，不特用默證法呆讀古史，抑亦違乎文化發展之常例。馬又云：『朱熹謂此書精神入其門，骨骸反其根，我尙何存者，卽佛書四大各離，今者妄身，當在何處所由出。倫案此本《淮南・精神訓》文，亦中土古義。』主之者得爲中土古義，惡之者乃曰取資浮屠，文人詞鋒，可畏也哉！

又馬之十一事言：『《湯問篇》云：渤海之東，不知其億萬里，有大壑，實惟無底之谷。案《山海經・大荒東經》云：東海之外大壑。郭璞《注》云：《詩含神霧》曰：東注無底之谷，謂此壑也。此爲顯竊《山海經・注》兩文合而成之，不然，郭何爲不引此詳文而反援詩緯？』按古人引書，多憑記憶，亦求簡短，郭不引《列子》，未必《列子》便是晉人僞撰。

又馬之十二事言：『《力命篇》：顏淵之才，不出衆人之下而壽十八。……惟《淮南・精神訓》高誘《注》：顏淵十八而卒。

《後漢書・郎顗傳》：昔顏淵十八，天下歸仁。是十八之說，漢季所行。』按洪、孫見本作十八，惟湖北崇文本、掃葉石印本均作四八。考《左傳》，魏絳和戎，納女樂二八，《墨子》《韓非子》及《史記》，秦穆公納女樂二八於戎王，《禮記・禮運》：『三五而盈，三五而闕。』均是用上一數字為倍數（《穆天子傳》所用，當別論之）。若依此例，則四八卽三十二，正與粤俗所傳三十二歲為『顏子關』相印證。古音及南方音，『四』與『十』雖顯然不同，惟北方自宋、元以還，兩音頗復相近，是否傳本訛『四』為『十』，已滋疑問。『天下歸仁』句出《論語》，應指顏回修德之歲，非謂享齡之促，可於《郎顗傳》上文『夫有出倫之才，不應限以官次』，及下文『子奇穉齒，化阿有聲』見之。如是，則說顏回壽十八者，只賸《淮南》高誘《注》。戰國作品之《列子》，得擬為高誘本據之一，如果吾人讓一步認『十八』為不誤。

又馬之十三事言：『《湯問篇》記火浣之布，末云皇子以為無此物，傳之者妄，蕭叔曰：皇子果於自信，果於誣理哉。考《莊子達生篇》云：齊有皇子告敖者。《釋文》引司馬云：皇姓，告敖字。俞先生樾云：卽《列子》之皇子。然《廣韻》，皇子複姓。又《尸子・廣澤篇》云：皇子貴衷。皆無徵於他書，昔魏文著論，不信有火浣布，明帝時有獻此者，遂欲追刊前論，疑卽作僞者所本。』皇單姓、皇子複姓兩解，馬皆不信，而偏聯想於『皇帝之子』。等是『皇子』耳，《莊子》《尸子》之無徵，可以非僞，《列子》之無徵，可以為僞，然未聞特殊之論據也。《湯問篇》云：『周穆王大征西戎，西戎獻錕鋙之劍，火浣之布，其劍長尺有咫，鍊鋼赤刃，用之切玉，如切泥焉，火浣之布，浣之必投於火，布則火色，垢則布色，出火而振之，皓然疑乎雪。』張湛《注》：『此《周書》所云。』是《汲冢周書》本著錄火浣布，而今佚也。如認火浣布一節為僞撰，則應旁推其僞辨於《周書》，問題複雜，益不易定案矣。火浣布卽 asbestos，後世曰不灰木，現代曰石綿，波斯人、阿剌伯人熟知之，中亞產者出自我國舊藩之拔達克山，其物具大麻狀之纖維組織，可製為布、紙、巾等。初周之西戎，余曾證是阿利安族，當日東西物品之交流，《列子》此節，固貴重之史料也。

又馬之十四事言：『《湯問篇》云：伯牙善鼓琴，鍾子期善聽。汪中證鍾子期卽《史記・魏世家》之中旗，《秦策》之中期，《韓非子・無勢篇》之鍾期，則楚懷王、頃襄王時人，列子何緣得知？』余對此事之意見，與前文㈣事同，集《列子》者苟與韓非同時，何獨不能記鍾子期事？

又馬之十五事言：『《黃帝篇》云：鯢旋之潘為淵，……不悟此文全襲莊書，而作偽者未悉莊子之旨，致莊子所削者舉而列之，自顯敗闕，蓋莊子此章之旨，如佛家所言止觀，……三機正當三止、三觀，……所為不列九淵全名，正以其他無關耳，作偽者不達，則取《爾雅》雜而成之。』按勦襲前言，是我國往日著述界普見之事，《列子》成書，移在莊後，便不能以作偽定案。《爾雅》總是漢人寫成，安見其不是襲《列》？劉向固云：景帝時此書頗行也。

又馬之十六事言：『《力命篇》云：鄧析操兩可之說，設無窮之辭，當子產執政，作竹刑，鄭國用之，數難子產之治，子產屈之，子產執而戮之，俄而誅之，……此湛《注》亦云：子產卒後二十年而鄧析死也。夫列子鄭人，事又相及，何故歧誤如此？』按認《列子》為禦寇自作，馬說固是通論，但認為戰國之品，則馬說反嫌不達。舊事誤傳，中外古今同有此弊，馬氏固言：『荀子亦云子產殺鄧析，蓋鄧析與子產同時，而見殺在子產卒後，荀、呂蓋以鄧析數難子產，故謂子產殺鄧析也。』同是『子產殺鄧析』，而看法不同，推馬之意，無非謂荀、呂是『貴族階級，其錯誤自有可恕之理由』耳。

又馬之十七事言：『《湯問篇》記孔子見小兒辯日事，桓譚《新論》所載略同，譚云：小時聞閭巷言。不云出《列子》。《博物志》𣿅亦記此事，未云亦出《列子》。則華所據爲《新論》，疑亦出《列子》四字爲讀者注語。不然，華當據《列子》先見之書也，此爲竊譚論影撰，對校譚記，塙然無疑。』按亦出《列子》之『亦』，張華之意，或以明已非杜撰，未必表示採自《新論》，不然，華何不於節首先標『《新論》』兩字也。然此猶是枝節之辨，余獨怪讀者注語之『疑』，方懸而未定，譚論影撰之『塙』，已遽下定評，不幾同於深文周內耶？

又馬之十八事言：『《湯問篇》曰：朽壤之上，有菌芝者，生於朝，死於晦。按《莊子・逍遙遊》篇曰：朝菌不知晦朔。陸德明《釋文》引司馬彪曰：朝菌，大芝也，天陰生糞上。又引崔譔曰：糞上芝朝生暮死，晦者不及朔，朔者不及晦。王引之引《淮南・道應訓》，朝菌作朝秀，高誘說爲朝生莫死之蟲，以斥司馬、崔說之非，是也，……乃影射《莊子》之文，而實用崔氏之說。』按《列子》集於戰國，則鈔《莊》不爲僞撰，且物有朝生暮死，似是古人常識，亦非《莊子》獨有之秘。據《隋書》三四、崔譔、張湛同是東晉人，則譔固許曾見《列子》，如必曰『實用崔說』，則更非坐實張湛『僞撰兼自注』不可，而馬之結論只云『豈（王）弼之徒所爲與』？語涉游移，並無張湛僞撰之的證。若夫下等動物，常與下等植物相接近，就『菌芝』字面言，應是植非動，高誘以爲蟲，是否誤解，抑別有朝生暮死之蟲曰朝秀，此須待生物學家詳細硏究，孰是孰非，非一般自稱經生家、哲學家者所能論定也。

又馬之十九事言：『《力命篇》曰：彭祖之知，不出堯、舜之上而壽八百。按《莊子・大宗師》篇曰：彭祖得之，上及有虞，下及五伯。則其壽不止八百歲。宋忠《世本・注》、王逸《楚辭・注》、高誘《呂氏春秋》《淮南子・注》乃有七百、八百之說，孔廣森、嚴可均曰：大彭歷事虞、夏，於商爲伯，武丁之世滅之，故曰彭祖八百歲，謂彭國八百年而亡，非實籛不死也。』按壽至八百，今人皆知爲荒唐，而古代確有此迷信，粤中婦孺，迄今咸能道『彭祖亞公八百歲』之故事，當本自上古之民間傳說，足與書本相印證。據余所見，彭祖是人，大彭是國族，兩者不能混同，但觀《莊子》所言『下及五伯』(《鄭語》：大彭、豕韋爲商伯)，似已糅而爲一。知者，西王母原是國族之稱，顧《莊子》上文乃云：『西王母得之，坐乎少廣，莫知其始，莫知其終。』已帶神格化之意味，西周故事，莊周尚未了了，其不能區別大彭、彭祖，更在意中。幸得《列子》遺文，尚存彭祖之實，是則《列子》且可補莊書之短矣。

又馬之二十事言：『《天瑞篇》曰：列姑射山在海河洲中，山上有神人焉。按《莊子·逍遙遊篇》曰：藐姑射之山，有神人居焉。不云在海河洲中，此乃襲《山海經·海內北經》文也。彼文郭璞注曰：《莊子》所謂藐姑射之山也。使《列子》非出僞作，郭何爲不引此以注？』(《天瑞》誤，應作《黃帝》。)按前人引文，原無成例，郭璞之意，許認《莊子》在《列子》前或《莊子》爲普見，且『列』、『藐』字異，更許特引《莊子》以聯合其爲一山，事情極複雜，豈能遽下斷論？

陳文波氏又引《力命篇》管、鮑之交一段，與《史記·管晏列傳》相對照，認《列子》襲《史記》。然馬遷作史，不能無所本，吾人豈不能下一轉語曰《史記》採自《列子》乎？

陳氏更引《穆王篇》一段，證其鈔自晉時出世之《靈樞》。按杭世駿《道古堂集·靈樞經跋》：『《七略》《漢·藝文志》，《黃帝內經》十八篇，皇甫謐以《鍼經》九卷、《素問》九卷合十八篇當之，唐啓元子王砅遵而用之。……《隋·經籍志·鍼經》九卷，《黃帝九靈》十二卷，……王砅以九靈名靈樞，不知其何所本，即用之以注《素問》。余觀其文義淺陋，與《素問》歧伯之言不類，又似竊取《素問》之言而鋪張之，其爲砯所僞託可知。自砯改《靈樞》後，後人莫有傳其書者，唐寶應至宋紹興，錦官史崧乃云家藏舊本《靈樞》九卷。』（據《僞書考補證》引）故在本條未下結論之先，對杭氏所考，必須理淸，否則陳氏所笑爲『晉人鈔晉人』者，將變爲『晉人鈔唐人』矣。

凡上各事，皆所謂片面之辭。我國舊籍，展轉鈔之之處，不可勝數，《列子》集於戰國，則《列》之襲《莊》，自不必辨。無如辨僞者先有『《列子》成書必在漢後』之前提，成立於胸中，於是凡片辭單節與他書類同者，卽斷爲鈔自他書而非其本有，則須知一正一反，具兩面觀，缺絕對之佐證者，未足成確立之論判也。

其次有當商兌者，姚際恆云：至其言西方聖人，則直指佛氏，殆屬明帝後人所附益無疑，佛氏無論戰國未有，卽劉向時又寧有耶？則向之序亦安知不爲其人所託而傳乎？夫向博極羣書，不應有鄭繆公之謬，此亦可證其爲非向作也。』又馬之八事言：『如《莊子・讓王篇》，伯夷叔齊二人相謂曰：吾聞西方有人，似有道者，此西之人，謂文王也，此歷擧三皇五帝而以聖者歸之，西方之人，何所指論？』按《孟子》：『文王……西夷之人也。』《易經》將相當於君之乾，置於西北方，又《詩・邶風》：『彼美人兮，西方之人兮。』注重西方，實有其民族及歷史背景，郭沫若氏曾言，道是印度教之拙劣的翻版，於『西方聖人』，未必毫無聯係（本篇未便討論）。舊日學者所知祇佛教，不知佛教祇印度教之支派及印度教發達於公元前十世紀已上，或守其多年自大之惡習，或流於過自貶抑之辨僞，無怪乎一見『西聖』字樣，便以爲剽取浮屠。然佛教重布道，試問《列子》所言『不治而不亂，不言而自信，不化而自行』，是合於佛教情況否？抑漢儒泰斗，馬遷其一，《史記》之謬誤，經近人摘出者數頗不少，姚謂劉向不應有誤，更未免推尊過甚矣。

陳三立言：『《天瑞篇》：死之與生，一往一反，故死於是者安知其不生於彼，……輪迴之說，釋迦之證，粲著明白。』（據《僞書考補證》引）按《火教經》謂每個人行爲，天上保有嚴密之統計，凡思想、言語、行事，皆分項簿記，死後其魂到功過橋時，善業有餘者渡橋而登樂國，惡業太多者淪地獄，卽含死於是生於彼之意，亦卽佛家輪迴之先聲。道家可以同於印度教，斯道家之思想，自有若干可以同乎火教，況伊蘭思想之向東輸入，比印度爲更易乎！

孔令穀氏擬畫分《逍遙遊》爲正文或注疏，固不敢率爾贊同，但彼所云：『湯之問棘也是已，則明指此文從《列子》來，乃是解說《列子》的冥靈一段文義的；此處下面窮髮之北一段，卽是《列子》文字；《莊子·逍遙遊》是闡釋《列子·湯問篇》意義的。』卻未可厚非。唯禦寇確在莊前，故《莊子》得以釋其遺說，唯今本《列子》之纂集，確在《莊》後，故除載入禦寇遺說外（如殷湯問於夏革，僅見《湯問篇》，不見於《莊子》），同時並採入《莊子》，此在上古著述未上正式軌道以前，誠不免有此等現象。又不特上古，近代猶有之，趙一清校正《水經注》，固出戴震前，然其後人修正本又有採入戴校之處，使後人不明趙、戴及版本之年代，必將認戴旣襲趙、趙又襲戴爲不可思議矣。唯然而孔氏之推論，『從這一點看，則《莊子》一書的年代，不能早於《列子》』，吾人不能接受。孔氏曾作兩種假定：『如果佛說出自老莊，則佛說不是舶來品，而是國粹；如果說老莊受有佛教影響，則老莊的年代問題，不免發生了懷疑。』我覺得第一個假定近是，但改作『佛說同乎老莊，佛說雖是外來品，而仍是國粹』，則更得其實；第二個假定，斷不能通過歷史的剖析。

有當辨正者，馬之五事言：『《周穆王篇》敍駕八駿見西王母於瑤池事，與《穆天子傳》若合符節，《穆傳》出晉太康中，《列子》又何緣知？』陳文波更將兩書列表比勘，以明《列子》鈔《穆傳》。且進而疑《穆傳》之僞。余按《穆傳》非僞書，本篇已無須繁辨。《穆王篇》云：

命駕八駿之乘，右服䮴騮而左綠耳，右驂赤驥而左白䕞，主車則造父爲御，𢀖𤲃爲右；次車之乘，右服乘黃而左踰輪，左驂盜驪而右山子，柏夭主車，參百爲御，奔戎爲右。馳驅千里，至於巨蒐氏之國。巨蒐氏乃獻白鵠之血以飲王，具牛馬之湩以洗王之足及二乘之人。已飲而行，遂宿於崐崘之阿，赤水之陽。別日，升崐崘之丘以觀黃帝之宮，而封之以詒後世。遂賓於西王母，觴於瑤池之上，西王母爲王謠，王和之，其辭哀焉。迺觀日之所入，一日行萬里。王乃歎曰：『於乎，予一人不盈於德而諧於樂，後世其追數吾過乎。』

比觀《穆傳》，則周王賓西王母後，歸途始經巨蒐，『於乎』數語，又發在將赴崑崙之際，敍次實相顚倒，馬乃謂『若合符節』，蓋未對讀兩事，使是晉人鈔自《穆傳》，其《湯問篇》穆王北游終北，穆王西巡得工人偃師，及穆王大征西戎，西戎獻錕鋙劍三節，又未知鈔自何處？抑論者必欲認《列子》是禦寇自作或東晉僞撰，故曰無緣得見《穆傳》，然須知兩個時代之間，尙有『戰國集錄』一解，論者以何理由，而必完全擯斥？西晉所得汲冢《穆傳》記事止於魏襄王二十年，卽赧王十七年(公元前 298)，《列子》成書，依前引汪中所考，得在楚頃襄王之初（赧王十七年），鄭、汲相去非遠，集《列子》者對於穆王故事，固有目覩或耳聞之可能，尤以得諸傳聞爲近信，唯傳聞故敍次視《穆傳》爲顚倒也（參陳文波文附表）。

顧實氏云：『其《周穆王》篇正竊取《穆天子傳》，不識古字而改辨爲諧，不顧事實而易東歸爲西征，不明地理而誣升弇山爲觀日入，又揑造神人化人之名，以影射仙佛而投世所好，皆作僞之鑿證也。』顧氏唯認鈔自晉本，故用字略異，卽護其不識，然據余所見，則殆得自傳聞（說見前）。諧，合也，『諧於樂』語自可通。《穆傳三》：『天子遂驅升于弇山。』顧氏《講疏》云：『僞《列子·周穆王篇》言觀日入事，卽此《穆傳》升弇山事，然《穆傳》並未言觀日入，則升弇山未必爲觀日入，《列子》乃晉人僞書，固不足據也。』按英雄本事，演變甚多，中外一轍。《離騷》『望崦嵫而勿追』，王逸《注》：『崦嵫，日所入也。』《淮南·天文篇》『日入崦嵫』，又《穆傳》三郭《注》：『弇山，弇玆山，日入所也。』升弇山與觀日入爲連帶應有之義，顧氏唯泥於穆王故事皆以今本《穆傳》爲唯一來源，不許當日復有民間傳說，於是《列子》所記，乃變爲啼笑皆非矣。又郭璞《山海經注·敍》曰：『穆王享王母於瑤池之上，賦詩往來，辭義可觀，遂襲昆侖之丘，遊軒轅之宮，眺鍾山之崎，玩帝者之寶。』顧云：『郭氏親見眞本《竹書》及《穆傳》，自較後人爲親切，但其行文，不脫詞人藻采之惡習，故其取材於《竹書》、《穆傳》，而不必悉本原文也。如先見西王母而後登昆侖，以今《穆傳》考之，顯爲顚倒事實，循《穆傳》原文之序次也。』夫郭固注《穆傳》者，其行文尙顚倒，則得諸傳聞者之易於顚倒更可知（化人事說見下）。

其唯一可疑者，乃馬氏之七事，馬云：『《穆王篇》記儒生治華子之疾，尋《史記·游俠傳》，軹有儒生侍使者坐；《主父偃傳》，齊諸儒生相與排擯，不容於齊；《匈奴傳》，其儒先以爲欲說折其辯。《集解》：儒先，《漢書》作儒生。《漢書·王吉傳》，延及儒生；《王莽傳》，其與所部儒生，各盡情思。儒生之名，蓋漢世所通行，先秦未之聞也。』余按『先生』本長老、敎師之稱，用諸家庭則省曰『先』，後來專以稱亡者。『儒』祇『士』之一部，其名起於春秋、戰國之際，『儒先』或『儒生』，皆『儒先生』之略，乃連合兩名而成之稱謂（猶英文之用 Hyphen』），用於語文較進化之後，此可以粵語爲例。粵俗稱設塾授徒者曰『敎館先生』，道士曰『南無先生』，醫曰『睇脈先生』，更俗則合讀先生』兩音爲 seng，俗書作『甡』，卽表示『先生』之二合音。『儒先生』之名，許創自戰國，唯初創，故鮮行用；且戰國時諸子並立，互相鄙視，儒生之稱不著，此亦一因。下逮漢代，百家屏黜，唯儒獨尊，故儒生之名，遂成通語。由是觀之，『儒生』一詞之創用及流行，應受歷史所支配，《列子》輯於戰國之末，偶爾一見，正可窺當時稱謂之遞嬗；餘事之不可據如彼，臏此一事之不足致疑，益彰彰矣。

前節所論，除西方、《穆傳》等數條外，多屬一反一正之辨，易流於遊談無歸；昔人云：觀人必於其微，觀書亦然，能從細微處著手，斯眞相漸露，眞相漸露，斯是非可躍現於眼前，不必作空論之爭辨矣。余因據是以讀《列子》。

（甲）時代　《列子》所載戰國人物，學者業已指出，惟尙有一節，《楊朱篇》云：『田氏之相齊也，君盈則己降，君斂則己施，民皆歸之，因有齊國，子孫享之，至今不絕。』按田和以安王十六年（公元前 386）列爲諸侯，卒，田剡立，卒，桓公立（烈王二、公元前 374），卒。子威王立（顯王十三，公元前 356），卒。子宣王立（愼靚王三、公元前 318）。據『子孫享之，至今不絕』而推，似《列子》成書最早不過宣王之世，合諸前文楚頃襄王之時代計算，可信其在戰國之末，卽赧王時也。

（乙）章指　劉向以爲《力命篇》一推分命，《楊朱篇》唯貴放逸，二義乖背，不似一家之書；余謂篇名《楊朱》，則當以《楊朱》說爲主，其乖背，宜也。顧實氏云：『且《淮南子》曰：……全性、保眞，不以物累形，楊子之所立也，而孟子非之。以《墨子·兼愛·尙賢》諸篇目例之，必全性、保眞，皆楊朱書篇名，《漢志》不載楊朱書而《淮南》猶及見之。全性、保眞者，謂守淸靜，離情慾，而《列子·楊朱篇》乃一意縱恣肉慾，……豈不大相剌謬哉，此篇尤當出湛臆造。』（據《僞書考補證》引）此爲一種看法。陳三立云：『旣爲《楊朱篇》，又終始一趣，不殊楊朱貴身任生之旨，其諸楊朱之徒爲之歟。』（據同上引）此爲又一種看法。余按肆欲，人之眞性也；義理，人之力爲也。篇中如：

曰實無名，名無實，名者僞而已矣。

故從心而動，不違自然所好，……從性而游，不逆萬物所好。

可在樂生，可在逸身。

意之所欲爲者放逸，而不得行，謂之閼性。

矯情性以招名。

何非全性保眞之旨。郭沫若氏云：『晉人所僞撰的《列子》書中有《楊朱篇》，更充分把楊朱塗飾爲一位縱慾恣情的享樂派，眞可叫做活天寃枉了。』蓋唯惑於僞撰之說，遂爾拋棄舊記，曲解楊朱，過矣。

（丙）文法　我國古籍中文法，時與西方相類，近人多能言之，今如《力命篇》云：

朕與子並世也，而人子達，並族也，而人之敬，並貌也，而人子愛，並言也，而人子庸，並行也，而人子誠，並仕也，而人子貴，並農也，而人子富，並商也，而人子利。

『人』，主格也；『子』，賓格也；達、敬、愛、庸、誠、貴、富、利，並動詞也。置賓格於動詞之前，與西、北兩方若干語言相類；若『人子』字連用，後世常作『爲人子』解，晉人僞撰，未必作如是迂曲之辭。

（丁）代詞　秦前古籍，常用朕爲第一位代詞，如《書·堯典》『朕在位七十載』，《盤庚》『汝曷弗告朕』等，是也。今《湯問篇》『朕所不知也』，『朕何以知之』，……又《力命篇》『汝奚功於物而欲比朕力』，『朕直而推之』，……屢用朕字。但秦始而後，『朕』字之用，限於君主，東晉人卽使刻意仿古，未必特用此字以招致疑議。又略檢《列子》全書，除『朕』之外，第一位多用『吾』，而『予』『我』均少見，『我』可作賓格或與『彼』『汝』對用，第二位多用『女』『若』，用『而』者亦不少，『爾』則罕見（或是足詞）。其結果大概與《論語》《左傳》《孟子》相近，旣非秦以後人所作，又不可上推春秋，益足證《列子》爲戰國人寫成。

（戊）言文　《仲尼篇》有『居，吾語汝』之句，唯《黃帝篇》則作『姬，將告汝所學於夫子者矣』及『姬，魚語女』，張湛《注》：『姬音居。』又『魚當作吾』。按居，《切韻》kiwo，北京舊音及順德 kü；姬，《切韻》kji，北京舊音及順德 ki。依此推測，『居』『姬』在上古方音中當可通轉。『吾』《切韻》nguo，『魚』ngiwo，所差更微。但此種通轉或假借，在古籍爲例極少，如果晉人欲作僞以亂眞，似當於普通處着力，而不於偏僻處着力。

《湯問篇》：『太形、王屋二山方七百里，高萬仞，本在冀州之南，河陽之北。』張湛《注》：『形當作行。』下文『如太行、王屋何』，《府本》亦作太形，則今本或作『行』者，當是後人所改(如《御覽》四〇引作『太行』是)。按行，《切韻》ghàng，形 ghieng，祇元音小變，其實太行卽太陘，形、陘同音，後世語言分化，於是太行之『行』，與井陘之『陘』，迥異其讀，而不知古本同語也。如果僞撰者欲昭示其眞跡，亦無須在此等處賣力。

《力命篇》：『佹佹成者俏成也，初非成也，佹佹敗者俏敗者也，初非敗也。』《注》：『佹佹，姑危反，幾欲之貌，……俏，似也。』於佹字音義，似均未諦。按佹从危聲，危，《切韻》ngjwie，粵 ngai，日本吳音 ngi，佹佹蓋卽今滬語之 gne gne，少也，粵俗呼如 ngat，少少成者似成也，少少敗者似敗也，於義正合。張湛生於吳，必應略諳吳語，而不能得其眞詁，坐湛以僞撰，斯乃所謂『活天寃枉』者矣。

（己）故俗　《湯問篇》：『楚之南有炎人之國，其親戚死，歾咼其肉而棄之，然後埋其骨，迺成爲孝子。秦之西有儀渠文康之國者，其親戚死，聚柴積而焚之，燻則煙上，謂之登遐，然後成爲孝子。此上以爲政，下以爲俗，而未足爲異也。』《墨子・節葬》下略同，惟儀渠下無『文康』字，又《墨子・魯問篇》訛炎人爲『啖人』，此節文字，我曾大略討論過。炎人卽火敎之古譯，登遐猶言焚。

登遐又作登假，如《黃帝篇》：『又二十有八年，天下大治，幾若華胥氏之國，而帝登假，百姓號之，二百餘年不輟。』《注》：『假當爲遐。』蓋屍體旣焚後，以爲魂魄歸於樂國，易言之猶云『登仙』，卽黃帝上昇於天之說也。又《穆王篇》：『穆王幾神人哉，能窮當身之樂，猶百年乃徂，世以爲登假焉。』《注》：『假字當作遐，世以爲登遐，明其實死也。』殊不知徂卽殂，死也，世以爲登遐者世以爲昇仙也，如是則與『幾神人哉』相應。若謂『百年乃死，世以爲實死』，則了無意義。張湛於『登遐』字尙未明白，乃揑爲自撰自注，斯眞冤之又冤矣。《楊朱篇》：『旣死，豈在我哉，焚之亦可，沈之亦可，瘞之亦可，露之亦可，薪而棄諸溝壑亦可，袞衣繡裳而納諸石椁亦可，唯所遇焉。』歷擧荒古各式葬法，尤非晉人所能詳也。

（庚）化人　《穆王篇》：『周穆王時，西極之國有化人來，入水火，貫金石，反山川，移城邑，乘虛不墜，觸實不硋，千變萬化，不可窮極，旣已變物之形，又且易人之慮。』湛《注》：『化，幻人也。』顧氏謂影射仙佛。馬氏謂取資浮屠，皆隔膜之說。《漢書・安息傳》：『因發使隨漢使者來觀漢地，以大鳥卵及犂軒眩人獻於漢。』犂軒猶今云泰西。《後漢書・南蠻傳》：『永寧元年，撣國王遣使獻樂及幻人，能變化，吐火、自支解，易牛馬頭，又善跳，凡數乃至千，自言我海西人，海西卽大秦也，撣國西通大秦。』（應劭《漢書・注》，撣作檀。）大秦亦犂軒之別號。伯希和氏言，古代埃及亞歷山大城之魔術家，頗著稱於世。按古伊蘭文

*Ka-khuza，其前截 ka 猶云可鄙視，末截 khuza 卽男幻術家或男變戲法者（女性字作 ka-khuzi），同源之梵文爲 kuha，騙也。化，《切韻》khwa，北京 khua，與伊文 khuza，khuá 或梵文轉音khua 相脗合，由是知化人之『化』，乃西方語之音寫。西周初期與伊蘭交通之寶貴史料，幸有《列子》遺文，始得保存至今，余嘗謂『禮失求諸外，研究愈古之史者，愈應向世界史用功；徒摉撦殘篇，未足以窺其秘』，觀此而益知其不謬也。世之論者猥曰晉人僞撰，晉人豈有此本事造一『化』字，檀萃《穆天子傳註疏》五：『古者化字皆平聲讀，如回近低，轉灰與訛，無仄讀者，……然則化本音回，故知化人卽今回人也。』按回人之『回』，本自隋、唐之回紇，天方敎起於隋末，其妄不待辨。

（辛）其他　郭沫若氏曾引《呂氏春秋·愼大篇》『孔子之勁，能舉國門之關而不肯以力聞』，以解墨子之『決植』。按《說符篇》亦有此兩語，唯『舉』作『拓』，郭不引《列子》，當因認是僞書，余以爲實《呂》襲《列》，非《列》襲《呂》也。此段故事，顯因叔梁紇之勇而誤傳爲仲尼者，已別有辨。

此外如《穆王篇》：『西極之南隅有國焉，不知境界之所接，名古莽之國，……東極之北隅，有國曰阜落之國。』古莽、阜落，似皆可與北族語言相比定，應別論之。

以上所舉，多屬晉人不必僞（如用朕代吾），或晉人不能僞之成分，顧實氏言：『惟係東晉人僞書，猶多存古字，尙當分別觀之。』卽知其有不能抹煞之處，惜未知不能認作僞書者尙多也。

辨僞須各方面兼顧，如果祇看一面，其結論卽難平允，玆試再舉約與《列子》同時之《離騷》爲例。近人或謂《離騷》非屈原作，或謂爲淮南王安作，綜其大旨，約分七端：（一）楚非顓頊苗裔，《離騷》首言『帝高陽之苗裔兮』，則世系不符。按顓頊研究，在此已前所發表過之文章，我敢說完全未得到結論。況《史記

・楚世家》擘首卽云:『楚之先祖，出自帝顓頊高陽。』與今本《離騷》，並不相背，如果認馬遷得見《眞離騷》，則吾人尙不能決帝高陽一句爲僞撰。總之，楚人先世，是我國民族問題，其本身猶未分明，乃持此以辨《離騷》，可謂最弱之一點。(二)戰國人未必知遼遠之崦嵫、扶桑等地。按《山海經》西次四經:『崦嵫之山，苕水出焉。』此一部分當是秦前作品。《穆天子傳》:『天子遂驅升于弇山，』郭璞《注》:『弇山，弇兹山，日所入也。』則西周初期已知之，遑論戰國。尤有進者，崦嵫日入，扶桑日出，祇荒古意想之域，實際並無其地，後人名日本爲扶桑，事出傅會，意想所及，固無遠弗屆也。(三)『攝提貞于孟陬兮』是夏歷建寅，與周歷建子不合。按此句意義，今且不論。就使建寅不誤，然晉國近在肘腋，尙用夏時，楚何不可。更進一步言之，錢寶琮氏曾言『由夏正因歷家失閏而變爲周正，爲無心之過失』，余認其說至可玩味;由周金之無『朔』變而書朔，我國曆法，在戰國時代獲一大進步，是極顯然之事，然則由失閏而前差之建子，恢復爲合朔而不差之建寅，正合乎戰國末期之趨勢也。(四)《離騷》帶有秦以後之神仙思想。按此節已於前論《列子》詳之。(五)『恐皇與之敗績』，皇作皇帝解，秦前所無。按皇，大也，皇輿猶云大地，皇天、皇考，周金多見，寧得與皇帝有關。(六)《召南・漢廣》已言江水，何以《離騷》香草，不見《毛詩》。按周族勢力，當日實只及漢北山地，可以《左傳》『漢陽諸姬，楚實盡之』見之(水北曰陽)。《毛詩》是黃河流域之風謠，《離騷》乃湘中卽景，此應俟當世植物家詳考諸草之分布，非可以片言決也。(七)《爾雅》解詩甚詳，何以《離騷》江離諸名，不著於《釋草》。按《爾雅》爲齊、魯之學，植物分布，各有區域，土名互異，尤非目覩不能詳，猶諸交通未暢以前，要北方人說龍眼、荔枝，彼直無從下筆。抑《離騷》屬詞賦，《爾雅》主釋經，不同道，不相爲謀也。今論者謂《爾雅》之作，最遲在漢初，其時尚無《離騷》，《離騷》著作之時，當在叔孫通增益《爾雅》之後，是史遷所見，已是僞作。遷之生，上去叔孫之卒，僅逾四十年，如是此一時期僞作，遷幼承家學，應有所知，何以《楚世家》仍用系出高陽冠其首。若擬爲淮南王安作，則應在武帝建元二年，遷已總角之歲，尤難令人置信也，夫『羌』，楚人語詞（如《離騷》『羌中道而改路，……羌內恕己以量人兮』），北方之同時或稍後文字，均未見有用此者，如屬僞託，何爲偏創此文，亦難以索解。

讀《離騷》如此，讀《列子》亦如此，《列子》文字，廁諸先秦各家中，初未嘗氣息不類，其能得多數文人賞鑒，非爲盲目，唯論者胸有成竹，故惡墜於淵。夫今本《列子》，不盡僞撰，姚際恆、吳德旋、錢穆、門啓明諸家之說既如彼，近人指爲僞撰各節，經余說明其不能僞或不似僞者又如此；除去兩項，斯所賸有限，而此有限之遺文，又幾全無作僞之痕跡，案不能定，益昭然若揭矣。總言之，《列子》成於戰國末，旁採雜說，體近稗官，不足成一家言，依今本《史記》標題，莊猶附老，列不立傳，殊無足奇。然雜錄前言與漢後僞作，截然兩事，如其不博參古史、民族、語言、文字甚而鳥獸草木之名，即遽下斷論，所論必不中的，此固吾敢言者。

（《列子非晉人僞作》，原刊於《東方雜誌》第四十卷第一四號，今編入岑著《兩周文史論叢》內）

何治運云：

余少讀《列子》，見其言不能洪深，疑其僞而不敢質。後讀《十駕齋養新錄》，疑爲魏晉人僞撰，而後知有識者果不異人意也。《列子》稱『四海』、『四荒』、『四極』，則其書出《爾雅》

後矣。又稱『太初』、『太始』、『太素』，則其書出《易緯》後矣。又稱『西極化人』、『西方有人』焉，不知其果聖歟，果不聖歟，則其書出佛法入中國後矣。又稱火浣布事『皇子以爲傳之者妄。蕭叔曰：皇子果於自信，果於誣理哉』。案：魏文博極羣書，使得見此書，則《典論》中所云云者早已刊削，是其書又出《典論》後矣。又晉世淸譚之流於《老》《莊》佛之外，未嘗及此書一字，此亦杜預注《春秋》不見晚出《尙書》之比。且《莊子》頗詆孔子，此自道家門戶不同儒家之故。而此書以黃帝孔子並稱聖人，則又出於二漢聖學昌明之後，必非戰國之書也。魏、晉時多僞書，如《古文尙書》《孔子家語》《孔叢子》，皆《列子》之類也。而三書之文作不得《列子》一腳指，則以淸談自是晉人勝場，難與爭鋒也。

（《何氏學》卷四）

光聰諧云：

列子《史記》無傳，難定其時世。劉子政以爲與鄭穆公同時，柳子厚辨之，王元美又以爲傳寫字誤，哂子厚辨其不必辨。要之，莊子書中旣稱引列子，則其時世不後於莊。其書多增竄入後事，張處度作註時已言之，顧人猶信增竄者率皆先秦以上人。今考《湯問篇》末言火浣布，皇子以爲無此物，傳之者妄，正指魏文《典論》中非火浣布事。皇子者，魏文也。是建安時尙有人增竄，則距處度作註時不遠矣。

古書辭皆不相襲，李習之《答王載言書》論之當矣。今古書由後追敍前事，左氏曰『初』，史遷曰『先是』，他古書更無曰『初』、曰『先是』者，獨《列子・仲尼篇》稱『初，子列子好游』，其爲後人增竄，此亦一證。

（《有不為齋隨筆》卷己）

陳 旦云:

《楊朱篇》，《列子》書中之第七篇也。《列子》一書，自宋高似孫以來，學者都致疑義。吾家斠玄師復擧數事，以證成其托僞之跡，卽按其開宗明義，言『 有生不生，有化不化 』一節，乃引申《老子》『天地不自生，故能長生』及『天地萬物生於有，有生於無』之旨。所引《黃帝書》『谷神不死』諸言，剽竊《道德經》成語。而『有太易，有太初，有太素』云云，全襲《周易乾鑿度》文。又云:『種有幾，若蠅若鶉，得水爲繼』云云，直剿《莊子·至樂篇》。末復云:『列子貴虛。』本諸《呂氏春秋·不二篇》。《尸子·廣澤篇》亦同此說。今僅就《天瑞》一篇言之，其托僞之迹，已不可掩;苟廣爲疏證，雖累帙不能盡。故斷其出於魏、晉間好事之徒，絕非原書。

列子旣屬托，則《楊朱》一書，繩以論理，其爲僞書，尙復奚疑。

以余考之，僞造《楊朱篇》者，則受印度思想之激蕩，而又滲透老子哲理，其襲取之印度佛敎，實爲小乘敎理，卽當時流行最廣叢書體裁之四《阿含經》。今所傳之《長阿含經》，爲姚秦時佛陁耶舍與竺佛念共譯。其中第三分《沙門果經》，東晉時竺曇無蘭已有譯本，名《寂志果經》，收入《小乘藏》，中國此時無刻本單行。此經異譯同本，卽《長阿含經》第三分《沙門果經》。足徵今本《長阿含經》，雖曰姚秦時譯出，實則東晉時已有譯本流行;或竟在魏晉時已有若干單行初譯本風行社會。魏晉間讀書人，喜研索老莊，高談玄理，豈有不被佛敎之影響。故《楊朱篇》剽竊《阿含經》之思想，實有贓證可據，非空言誣之也。如《長阿含經》卷第十七第三分《沙門果經》，記阿闍世王 (Agatasatte) 與世尊問答之語，述所聞於諸種外道之言。有一段曰：

白佛言，我（阿闍世王自稱）昔一時，至散若毘羅黎子所 (Sangaya of the Belattha clan) 問言：『大德！如人乘象馬車，習於兵法，乃至種種營生，皆現有果報。今者此衆現在修道，現得報否？』彼（指外道）答我言：『現有沙門果報，問如是答，此事如是，此事實，此事異，此事不異，此事非異，非不異。大王！現無沙門果報，問如是答，此事如是，此事實，此事異，此事非異，非不異。大王！現非有非無沙門果報，問如是答，此事如是，此事實，此事異，此事非異，非不異。』

此段譯文，倘以 Max Müller 氏所翻譯之《寂志果經》(The Fruits of the Life of a Recluse)轉抄此段如下，讀者當能更明其所意云何。(見 Sacred Books of the Buddhists, Vol. II)

When, one day, I had thus asked Sangaya of the Belattha clan, he said: "If you ask me whether there is another world-well, if I thought there were, I would say so. But I don't say so. And I don't say there neither is, nor is not, another world. And if you ask me about the beings produced by chance; or whether there is any fruit, any result, of good or bad actions; or whether a man who has won the truth continues, or not, after death-to each or any of these questions do I give the same reply."

此非《楊朱篇》第一段楊朱與孟氏設爲問答之詞。所謂『實無名，名無實；名者，僞而已矣』，亦即『太古之人，知生之暫來，死之暫往，故從心而動，不違自然所好；當身之娛，非所去也，故不爲名所勸。從性而遊，不逆萬物所好，死後之名，非所取也；故不爲刑所及。名譽先後，年命多少，非所重也』之意乎？故《楊朱篇》之無名主義，實糅雜佛老之說。

且尤可異者，僞造《楊朱篇》者，竟直譯《寂志果經》一段，而攘爲己有。大類今人節譯西書一二段，即自號著書也。其心術雖不同。其方法則一。

> 楊朱曰：『萬物所異者，生也；所同者，死也。生則有賢愚貴賤，是所異也；死則有臭腐消滅，是所同也。雖然，賢愚貴賤，非所能也。臭腐消滅，亦非所能也。故生非所生，死非所死，賢非所賢，愚非所愚，貴非所貴，賤非所賤。然而萬物齊生齊死，齊賢齊愚，齊貴齊賤；十年亦死，百年亦死；仁聖亦死，凶愚亦死。生則堯舜，死則腐骨；生則桀紂，死則腐骨，腐骨一矣。孰知其異，且趣當生，奚遑死後！』

讀者試將《沙門果經》下面一段文字，與上文《楊朱篇》一段相較，自可透漏此中消息。

> 我於一時，至阿夷多翅舍欽婆羅所 (Agita of the garment of hair)，問言……彼報我言，受四大人，取命終者。地大還歸地，水還歸水，火還歸火，風還歸風，皆悉壞敗，諸根歸空。若人死時，牀舁舉身，置於冢間，火燒其骨，如鴿色，或變爲塵土；若愚若智，取命終者，皆悉壞敗，爲斷滅法。

上文恐於原本梵文爲意譯，故詞句甚簡潔。東晉曇無蘭所譯《寂志果經》，詞句或與今本有異。今籀讀 Max Müller 氏英譯本，意義更顯明。節抄如下：

> When, one day, I had thus asked Agita of the

garment of hair, he said: "There is no such th ing, O King, as alms or sacrifice or offering. There is neither fruit nor result of good or evil deeds. There is no such thing as this world or the next. There is neither father nor mother, nor being springing into life without them. There are in the world no recluses or Brahmans who have reached the highest point, who walk perfectly, and who having understood and realized, make their wisdom known to others.

A human being is built up of the four elements when he dies the earthy in him returns and relapses to the earth, the fluid to the water, the heat to the fire, the windy to the air, and his faculties pass into space. The four bearers, on the bier as a fifth, take his dead body away; till they reach the burning-ground men utter forth eulogies, but there his bones are bleached, and his offerings end in ashes. It is a doctrine of fools, this talk of gifts. It is an empty lie, mere idle talk, when men say there is profit therein. Fools and wise alike, on the dissolution of the body, are cut off, annihilated, and after death they are not."

劉向《校錄》云:『《穆王》《湯問》二篇,迂誕恢詭,非君子之言也。至於《力命篇》,一推分命。楊子之篇,唯貴放逸,二義乖背,不似一家之書。』實則向《敍》乃僞造《列子》者假托以見重,而又故設此迷離恍惚之辭,以亂人目。由今考證,《力命》

《楊朱》兩篇，同出一源，其蛻化襲取之迹，固班班可考也。如 Max Müller 所譯之《寂志果經》有外道云:

When, one day, I had thus asked Makkhali of the cow-pen, he said: "There is, O King, no cause, either ultimate or remote, for the depravity of beings; they become depraved without reason and without cause. There is no cause, either proximate or remote, for the rectitude of being; they become pure without reason and without cause. The attainment of any given condition, of any character, does not depend either on one's own acts, or on the acts of another, or on human effort. There is no such thing as power or energy, or human strength or human vigour, All animals, all creatures (with one, two. or more senses) , all being (produced from eggs or in a womb) , all souls (in plants) are without force and power and energy of their own." They are bent this way and that by their fate, by the necessary conditions of the class to which they belong, by their individual nature: and it is according to their position in one or other of the six classes that they experience ease or pain."

中譯《長阿含經》中《沙門果經》譯文次第，與英讀本不同；且有例錯，未審梵文次第如何？中譯本末伽棃拘舍棃之答語，誤爲波浮陁迦旃延語。今節抄中譯本如下，備兩方觀校也。

我昔一時，至波陁迦旃延所，彼答我言，大王；無力無精進，人無力無方便，無因無緣，衆生染着，無因無緣，衆生清潔，一切衆生有命之類，皆悉無力，不得自在，無有怨讎。定在數中。於此六生中，受諸苦樂。

贓物獲矣，人證何在，請讀供詞。

其書大略明羣有以至虛爲宗，萬品以終滅爲驗，神惠以凝寂常全，想念以著物自表，生覺與化夢等情。巨細不限一域，窮達無假智力，治身貴於肆仕，順性則所至皆適，水火可蹈。忘懷則無幽不照，此其旨也。然所明往往與佛經相參，大歸同於老莊，屬辭引類，特與《莊子》相似。《莊子》《愼到》《韓非》《尸子》《淮南子》《玄示》《旨歸》多稱其言。（張湛《列子・序》）

此正張湛自寫供狀，明言其取資之源。但張不肯自居著作之名。彼蓋於無名主義，深造有得者。故更遊移其詞，遂成千古疑案。然尚肯誠實寫出取資之源，待深思之士，默識其著書僞託之苦心，非欲以欺盡來學。故吾雖於人贓並獲之際，並不以是爲張氏之罪案也。

（《列子楊朱篇僞書新證》，原載《國學叢刊》二卷一期）

楊伯峻云:

《天瑞篇》：今頓識旣往，數十年來存亡、得失、哀樂、好惡，擾擾萬緒起矣。

這一『數十年來』的說法值得注意。先秦沒有這種說法。先把先秦的說法舉例如下:

自生民以來未有孔子也。（《孟子・公孫丑上》）

由周而來七百有餘歲矣。（又《盡心下》）

楚自克庸以來其君無日不討國人而訓之於民生之不易……（《左傳》宣公十二年）

自古以來未之或失也。（又昭公十三年）

自襄以來未之改也。（又哀公十三年）

自古之及今生民而來未嘗有也。（≪墨子・兼愛下≫）

自古以及今生民以來者亦嘗見命之物、聞命之聲者乎？則未嘗有也。（又≪非命中≫）

從上面所舉例句中可以把這類短語歸納成這樣一個格式：介詞『自』或者『由』加表示時間的詞或者短語加連詞『而』或者『以』加『來』字（或者『往』字）。在這格式中，表示時間的詞語以及『來』字固然是主要的表義成分，無論如何不能省略的；卽『自』『由』諸介詞以及『而』『以』諸連詞，也是不能省略的。這是先秦的情況。到了漢朝，一般仍然沿用這一格式，但偶然有省略介詞『自』『由』諸詞的：

臣遷僅記高祖以來至太初諸侯，譜其下益損之時，令後世得覽。（≪史記・漢興以來諸侯年表序≫）

故漢得天下以來常欲善治，而至今不能勝殘去殺者，失之當更化而不能更化也。（≪漢書・禮樂志≫）

它們雖然省略了『自』『由』諸詞，『以』字卻仍然不省。至於『數十年來』卻連『以』字都省去了。這『數十年來』的精簡形式從什麼時候開始的呢，我還未作深入研究。但非西漢以前人所有是可以大致肯定的。≪世說新語≫有這麼一句：

顧長康畫有蒼生來所無。（≪巧藝篇≫）

這裏『有蒼生來』就是先秦『自生民以來』、『自古以來』的意思。然而他不說『自有蒼生以來』，也不說『有蒼生以來』，而精簡地說一聲『有蒼生來』，是和≪列子≫的『數十年來』的格式一致的。從此也就可以看出≪列子≫的眞正作者所運用的語法形式和≪世說新語≫的作者所運用的語法形式有其相通之處了。

當然，若仔細比較『自……以來』和『數十年來』的兩種語法形式，仍然有其不同之處。『自……以來』，『自』字之下只能是表示時點之詞或者短語，不能是表示時段的短語；可是『數十年來』的『數十年』卻是表示時段的短語。時段和時點不同，因之『數十年來』之前不能用『自』、『由』諸字。若要用『自』、『由』諸字，則必須改說爲『自數十年前來』，但是這種說法是非常笨拙的，也是實際語言中所沒有的。那麽，我爲什麽卻要用『自……以來』的格式來證明『數十年來』的格式的後起呢？問題就在於：第一，『數十年來』的這種格式是先秦古書所未有的。而且，『數十年來』這種意義的語言不是很難於獲得出現的機會的，依情理說，應該是容易被人頻繁地使用的。這樣，爲什麽在眞正的先秦古書中卻找不出這種說法呢？可見這種說法爲當時所無，而都被『自……以來』所代替了。第二，『數十年來』這種說法的產生最早在什麽時候，我雖然還沒有作深入研究，但不會在西漢甚至東漢以前，大概可以推測地作初步假定。我們姑且撇開『數十年』這種使用表示時段短語的格式不談，專談『來』字。如果這種說法出現於兩漢或以前，依據當時的格式，也應該講成『數十年以來』，『以』字不應省略。而『數十年來』的說法恰和《世說新語》的『有蒼生來』的說法同樣省去『以』字，這便是他們之間相通的地方。這便是這一問題的實質所在。

《天瑞篇》：事之破礴（毀）而後有舞仁義者，弗能復也。

《仲尼篇》：圃澤之役有伯豐子者，行過東里，遇鄧析。鄧析顧其徒而笑曲：『爲若舞，彼來者奚若？』

這裏有兩個『舞』字——『舞仁義』和『爲若舞』。第一個『舞』字，張湛的註解當『鼓舞』講，是錯了的。陶鴻慶《讀列子札記》把它解爲『舞弄』，是正確的。第二個『舞』字，張湛註爲『舞弄』，是正確的。朱駿聲《說文通訓定聲》說：『舞借爲侮。』

不但單文孤證難以成立，而且也是多餘而不必要的。

這兩個『舞』字雖然都作『舞弄』解，其實際意義仍有差別。『舞仁義』的『舞』正和『舞文弄法』的『舞』一樣。《莊子・馬蹄篇》：『及至聖人，蹩躠爲仁，踶跂爲義，而天下始疑矣。』又說：『毀道德以爲仁義，聖人之過也。』《列子》的『舞仁義』可能卽是《莊子》的『蹩躠爲仁，踶跂爲義』。至於『爲若舞』的『舞』字卻是戲弄、欺侮的意思。無論哪一種『舞弄』，『舞』字這種意義都是先秦所不曾有過的。這便是問題所在。

『舞』字的第一個意義，根據我所掌握的資料，西漢便已通行。《史記・貨殖列傳》：『吏士舞文弄法。』《漢書・汲黯傳》：『好興事，舞文法。』都是證據。但第二種意義，卻連兩漢都不曾見。我認爲『舞』字的有戲弄之意，是由於以『舞』訓『弄』，爲『弄』字所感染而來的。『弄』字本像兩手持玉，《說文》云：『玩也。』《詩經・小雅・斯干》：『乃生男子，載寢之牀，載衣之裳，載弄之璋。』《左傳》僖公九年：『夷吾弱不好弄。』都是本義。又襄公四年：『愚弄其民。』這意義又是較有引伸的了。至於《漢書・東方朔傳》：『自公卿在位，朔皆敖（傲）弄，無所爲屈。』這一『弄』字，正和『爲若舞』的『舞』字一樣，同是戲弄、嘲笑、調戲的意思，那麼，『舞』字之有戲弄之義，而且它的出現並不在《漢書・東方朔傳》以前，則很有可能卽由《漢書・東方朔傳》這一『弄』字的意義感染而來的。由此可知這『舞』字的用法是較晚的事了。

《黃帝篇》：而積年之疾，一朝都除。

《力命篇》：信命者亡壽夭，信理者亡是非，信心者亡逆順，信性者亡安危；則謂之都亡所信，都亡所不信。

《楊朱篇》：都散其庫藏珍寶車服妾媵。

這裏的『都』字很可注意。

『都』字在這裏當『全』字解，用於動詞前，作副詞用，這是先秦古書所未有，卽在兩漢也是希有罕見的。楊遇夫先生的《詞詮》引有《漢書·食貨志》一條，轉抄於下：

置平準於京師，都受天下委輸。

這一『都』字又和現代漢語的都字有相同處，也有相異處。同表數目之全，是相同處，但現代漢語的『都』，一般表示主語的情況，如『我們都是好人』，因之凡用『都』字的句子，主語都是多數。而魏晉六朝的用法卻不盡然。它經常表示動作的情況，主語固然可以是多數，但也可以是單數，而且經常是單數，這是相異處。這字在魏晉六朝，已成爲常語。我只將見於《世說新語》的摘抄若干條如下：

王中郎令伏玄度、習鑿齒論青楚人物。臨成，以示韓康伯，康伯都無言。（《言語篇》）

後正會，值積雪始晴，聽事前除雪後猶濕。於是悉用木屑覆之，都無所妨。（《政事篇》）

衞玠始渡江，見王大將軍，因夜坐。大將軍命謝幼輿玠見謝，甚說之，都不復顧王。（《文學篇》）

孫問深公：『上人當是逆風家，向來何以都不信？』（又）

提婆初至，爲東亭第講《阿毗曇》。始發講，坐裁半，僧彌便云：『都已曉。』……提婆講竟。東亭問法岡道人曰：『弟子都未解，阿彌那得已解？』（又）

袁宏始作《東征賦》，都不道陶公。（又）

旣前，都不問病。（《方正篇》）

小人都不可與作緣。（又）

須臾食下，二王都不得餐。（《雅量篇》）

二兒共敍客主之言，都無遺失。（《夙慧篇》）

武帝喚時賢共言伎藝事，人皆多有所知，唯王都無所關。（≪豪爽篇≫）

王夷甫容貌整麗，妙於談玄。恆捉白玉柄麈尾，與手都無分別。（≪容止篇≫）

庾長仁與諸弟入吳，欲往亭中宿。諸弟先上，見羣小滿屋，都無相避意。（又）

王子猷、子敬俱病篤，而子敬先亡。子猷問左右：『何以都不聞消息？此已喪矣！』語時了不悲。便索輿來奔，都不哭。（≪傷逝篇≫）

郄尚書與謝居士善，常稱謝慶緒：『識見雖不絕人，可以累心處都盡。』（≪棲逸篇≫）

王經……被收，涕泣辭母……母都無慼容。（≪賢媛篇≫）

王江州夫人語謝遏曰：『汝何以都不復進？爲是塵務經心，天分有限。』（又）

殷中軍妙解經脈，中年都廢。（≪術解篇≫）

監司見船小裝狹，謂卒狂醉，都不復疑。（≪任誕篇≫）

因召集諸將，都無所說，直以如意指四坐云：『諸君皆是勁卒。』（簡傲篇≫）

王右軍年減十歲時，大將軍甚愛之，恆置帳中眠。大將軍嘗先出，右軍猶未起。須臾，錢鳳入，屛人論事，都忘右軍在帳中。（≪假譎篇≫）

桓悵然失望，向之虛佇一時都盡。（又）

衞江洲在尋陽，有知舊人投之，都不料理。（≪儉嗇篇≫）

於是結恨釋氏，宿命都除。（≪尤悔篇≫）

≪列子≫的『都』字用法完全和≪世說新語≫的一樣。其所以不同的是，一個是明標着的六朝人的作品，一個是僞託的周秦人的古籍。明標六朝人的作品的，自無意避免當時口語，甚至特意使用當時口語，以見其文字的生動。僞托爲周秦人古籍的，而竟流露出魏晉六朝人的詞語，則可見這一詞語的深入人心，竟成爲難以避免的了。（『都』字如此用法，也常見於本書張湛之《注》，尤其可見。）

《說符篇》：歧路之中，又有歧焉，吾不知所之，所以反也。

『所以』這兩個字的用法值得注意。不錯，在先秦古書中，『所以』兩字是常見的。但是，它的用法和這個不一樣。《列子》的這一用法，和今日一樣。這在先秦，只用『是以』『是故』『故』諸詞，不用『所以』。先秦的『所以』，不能看做一個詞，而應該看做一個由『所』與『以』相結合的常語。這一常語，因爲『以』字意義的繁複，於是生出若干歧義。如以下諸句，是可以用各種意義來解釋的：

公輸盤詘，而曰：『吾知所以距子矣。』（《墨子・公輸篇》）
君子不以其所以養人者害人。（《孟子・梁惠王下》）
人之所以異於禽獸者幾希。（《孟子・離婁下》）

這三句的『以』字都可以解作『用』字，因上下文不同，若改寫成爲現代漢語，可用不同的詞來表示。『所以距子』可以講爲『抵抗你的方法』；『所以養人者』最好卽講爲『生活資料』，若機械地講解，便可以講爲『用來養人的東西』；『所以異於禽獸者』則又要講爲『不同於禽獸之處』了。在這種場合的『所以』不容易和今天的『所以』（當『是故』解的）相混。

如果把『以』字解作『因爲』，則『所以』則有『的原因』的意思。如：

三代之得天下也以仁，其失天下也以不仁。國之所以廢興存亡者亦然。（《孟子・離婁上》）——國家興衰存亡的道理也如此。

吾乃今知所以亡。(≪左傳≫哀公二十七年)——我今日才知我逃亡的原因。

這種用法也是容易明白而不會含混的。但像下種句子:

詩云:『既醉以酒,既飽以德。』言飽乎仁義也,所以不願人之膏粱之味也。令聞廣譽施於身,所以不願人之文繡也。(≪孟子・告子上≫)

這種『所以』,形式上和今天的用法相似,於是黎劭西(錦熙)先生的比較文法說:『是爲「所以」用成純粹的表果連詞之例,同於「是以」、「因此」,亦稱「故」或「是故」也,今語文悉通行。』這種『所以』難道眞是純粹表果連詞,和『故』、『是故』相同的嗎?我認爲不如此。如果更深地加一番研究,就會知道這『所以』的用法仍是『的道理』的意思。『所以不願人之膏粱之味也』是『此其所以不願人之膏粱之味也』的省略,『所以不願人之文繡也』也是『此其所以不願人之文繡也』的省略。這都是判斷句,不能看做表結果的敍述句。證據何在?就在≪孟子≫中可以找到。請看下面的句子。

設爲庠、序、學、校以敎之。庠者,養也;校者,敎也;序者,射也。夏曰校,殷曰序,周曰庠,學則三代共之。皆所以明人倫也。(≪孟子・滕文公上≫)

『皆所以明人倫也』等於說『這些都是明人倫的辦法』。這個『所以』意義爲『的辦法』。然而這句的謂語還有一個『皆』字,在形式上仍不能看做表結果的敍述句,必得把它看做判斷句。但是又請看下面一句:

夫滕,壤地褊小,將爲君子焉,將爲野人焉。無君子莫治野人,無野人莫養君子。請野,九一而助;國中,什一使自賦。……方里而井,井九百畝,其中爲公田。八家皆私百畝,同養公田。公事畢,然後敢治私事。所以別野人也。

（《孟子・滕文公上》）

這一段話正是承接上一例句那段話而來的。『所以別野人也』卽在形式上也和『所以不謂人之文繡也』相似，但這句只能解釋爲『這些都是區別君子和野人的辦法』，不過原文有所省略罷了。這種只留表語而用『所以』起頭的判斷句在古書中是常見的，再在《孟子》中擧兩例：

> 盡其心者，知其性也。知其性，則知天矣。存其心，養其性，所以事天也（這是事天的方式）。殀壽不貳，脩身以事之，所以立命也（這是立命的辦法）。（《孟・子盡心上》）

旣然『所以事天也』可以解釋爲『這是事天的方式』，則『所以不願人之膏粱之味也』『所以不願人之文繡也』爲什麼不能解釋爲『這是不希望照別人一樣吃膏粱，穿文繡的道理』呢？

在《左傳》中這類的句子尤其多，切不可誤看作表結果的敍述句，因而把『所以』看作『純粹的表果連詞』；只能把它看爲省去主語（上古漢語多不用繫詞）的判斷句，『所以』仍是『的原因』『的道理』『的方式』『的辦法』的意思。酌擧數例如下：

> 且夫賤妨貴，少陵長，遠間親，新間舊，小加大，淫破義，所謂六逆也。君義臣行，父慈子孝，兄愛弟敬，所謂六順也。去順效逆，所以速禍也（這就是使禍害快來的原因）。（《左傳》隱公三年）

> 旣不能彊，又不能弱，所以斃也（這就是滅亡的原因）。（又僖公七年）

> 歲云秋矣，我落其實而取其材，所以克也（這就是打勝仗的道理）。（又僖公十五年）

> 凡諸侯小國，晉楚所以兵威之。畏而後上下慈和，慈和而後能安靖其國家，以事大國，所以存也（這是使國家不被滅亡的原因或方法）。無威則驕，驕則亂生，亂生必滅，所以亡

也（這是國家滅亡的原因）。天生五材，民並用之，廢一不可。誰能去兵？兵之設久矣，所以威不軌而昭文德也（武備就是威不軌而昭文德的工具）。（又襄公廿七年）

從形式上看，『所以存也』『所以亡也』『所以斃也』『所以克也』和《列子》的『所以反也』幾乎一模一樣。但實質不同。前者是說明文字，『存』『亡』『斃』『克』只是在社會中某種現象，而說話的人只是說明這種現象所以產生的原因。『所以反也』則不然，這是表明一事的具體結果。兩者之間是有差別的。

即在對過去某一具體情況的分析中，古人也用『所以』作結，仍然不能看做『表果連詞』。請看下面的一段文字：

昔闔廬食不二味，居不重席，室不崇壇，器不彤鏤，宮室不觀，舟車不飾；衣服財物擇不取費。在國，天有菑癘，親巡其孤寡，而共其乏困；在軍，熟食者分而後敢食，其所嘗者，卒乘與焉。勤恤其民，而與之勞逸；是以民不罷勞，死知不曠。吾先大夫子常易之，所以敗我也（這些就是他上次把我打敗的道理）。（《左傳》哀公元年）

這『所以敗我也』的『所以』自然也不能看做和『是故』『故』相同的連詞。因之，我們可以肯定地說，在先秦古籍中，『所以』只能看做短語，不能看做詞。更沒有把它作為表果連詞用的。因之，凡用『所以』起頭的判斷句，一般都用『也』字結束，這是上古漢語省卻主語與繫詞的判斷句的一般句法。至於像下面的句子：

區區微節，無所獲申。豈得復全交友之道，重虧忠孝之名乎？所以忍悲揮戈，收淚告絕。（《後漢書·臧洪傳·答陳琳書》）

鍾毓兄弟小時值父晝寢，因共偷服藥酒。其父時覺，且託寐以觀之。毓拜而後飲，會飲而不拜。既而問毓何以拜。毓曰：『酒以成禮，不敢不拜。』又問會何以不拜。會曰：

『僉本非禮，所以不拜。』（≪世說新語・言語篇≫）

這種『所以』，才眞正是『純粹的表果連詞』；而≪列子≫的『所以反也』的『所以』也正是這種用法。雖然它也用『也』字結尾，但這『也』字不過表示語氣的終結吧了。這不是判斷句，從上下文去看便可以瞭然。這種『所以』的用法，也是後漢才興起的。

≪說符篇≫：齊田氏祖於庭，食客千人。中坐有獻魚雁者，田氏視之，乃歎曰：『天之於民厚矣；殖五穀，生魚鳥以爲之用。』衆客和之如響。鮑氏之子年十二，預於次，進曰：『不如吾言。天地萬物與我並生，類也。……』

我認爲『不如』的用法是作僞者破綻所在。在上古漢語裏，『如』字若作爲動詞用，便有一個有趣的現象：如果『如』字之上不加否定副詞『不』『弗』，這『如』字一定只當『像』字講。如果『如』字之上有否定副詞『不』『弗』，這『如』字一定只當『及』字講。『如』和『不如』『弗如』不能構成肯定、否定的一對，而是不同的兩個詞。『如』不能有否定；『不如』和『不肖』一樣，不能有肯定。讓我先舉當『像』字講的例子：

吾與回言終日，不違如愚。（≪論語・爲政≫）

祭神如神在。（又≪八佾≫）

十室之邑必有忠信如丘者焉。（又≪公冶長≫）

不義而富且貴，於我如浮雲。（又≪述而≫）

戰戰兢兢，如臨深淵，如履薄冰。（又≪泰伯≫引≪詩≫）

學如不及，猶恐失之。（又）

子在川上，曰：『逝者如斯夫！不舍晝夜。』（又≪子罕≫）

入公門，鞠躬如也，如不容。……執圭，鞠躬如也，如不勝。上如揖，下如授。（又≪鄉黨≫）

從之者如歸市。（≪孟子・梁惠王下≫）

管仲得君如彼其專也，行乎國政如彼其久也，功烈如彼其卑也。（又《公孫丑上》）

以德服人者，中心悅而誠服也，如七十子之服孔子也。（同上）

立於惡人之朝，與惡人言，如以朝衣朝冠坐於塗炭。（同上）

總之，這種句例是舉不勝舉的。問題在是否有例外。作者大致考察了《論語》、《孟子》、《春秋》三傳、《國語》、《莊子》、《墨子》諸書，沒有發現例外。

現在再舉『弗如』『不如』的例子:

無友不如己者！（《論語·學而》）

弗如也吾與女弗如也。（又《公冶長》）

知之者不如好知者，好知者不如樂之者。（又《雍也》）

後生可畏，焉知來者之不如今也。（又《子罕》）

樊遲請學稼，子曰：『吾不如老農。』請學爲圃，曰：『吾不如老圃。』（又《子路》）

吾嘗終日不食，終夜不寢，以思，無益，不如學也。（又《衞靈公》）

雖有周親，不如仁人。（又《堯曰》）

雖有智慧，不如乘勢；雖有鎡基，不如待時。（《孟子·公孫丑上》）

孟施舍之守氣，又不如曾子之守約也。（同上）

天時不如地利，地利不如人和。（又《公孫丑下》）

五穀者，種之美也。苟爲不熟，不如荑稗。（又《告子上》）

仁言不如仁聲之入人深也，善政不如善教之得民也。（又《盡心上》）

盡信書不如無書。（又《盡心下》）

姜氏何厭之有？不如早爲之所。（《左傳》隱公元年）

圉人犖自牆外與之戲。子般怒，使鞭之。公曰：『不如殺之。』（又莊公三十二年）

太子不得立矣。分之都城，而位以卿。先爲之極，又焉得立？不如逃之。（又閔公元年）

筮短龜長，不如從長。（又僖公四年）

將奔狄。郤芮曰：『後出同走罪也。不如之梁。』（又六年）

且人之欲善，誰不如我。（又九年）

荀息將死之，人曰：『不如立卓子而輔之。』（又）

所獲不如所亡。（又襄公三年）

明日，徐公來。熟視之，自以爲不如；闚鏡而自視，又弗如遠甚。（《戰國策·齊策》）

這些『不如』都應該作『不及』解。《論語》的『十室之邑，必有忠信如丘者焉，不如丘之好學也』，《左傳》的『且人之欲善，誰不如我』，固然解作『不像』也可以通，但這『不像』仍與『不及』之意相近，解作『不及』，更爲直捷了當。惟有《左傳》僖公十五年的『古者大事必乘其産。生其水土而知其人心，安其教訓而服習其道。唯所納之，無不如志』的『無不如志』是另一意義，應解作『沒有不合意的』。但這句是『無不』連文，不是『不如』連文，因之也不能說是例外。我也大致考察了《論語》、《孟子》、《春秋》三傳、《國語》、《莊子》、《荀子》、《墨子》等書，沒有發現例外。這一結論可以說是合於歷史情況的。

然則在先秦若要講『不像』又如何辦呢？有時則用『不似』兩字，如《左傳》襄公三十一年云：『趙孟將死矣。其語偷，不似民主。』

到了漢代，『不如』才又有新的意義。《史記·魏其武安侯列傳》：『武安曰：天下幸而安樂無事，蚡得爲肺腑，所好音樂、狗馬、田宅，蚡所愛倡優巧匠之屬。不如魏其灌夫日夜招聚天下豪傑壯士，與議論，腹誹而心謗，不仰視天而俯畫地，辟倪兩宮間，幸天下有變而欲有大功。臣乃不知魏其等所爲。』這一『不如』，才是『不像』的意思。《列子》的『不如君言』，當然應該解作『不像您所說的』；《史記》的『不如魏其、灌夫……』也應解作『不像魏其、武安他們那樣』。這兩個『不如』是有其相同處，而又是和先秦的說法不相侔。

總結以上所論，第一，考察了『數十年來』這一說法，它不但和先秦的說法不合，也和兩漢的說法不合，卻和《世說新語》的某一說法相合。第二，又考察了『舞』字的兩種用法和兩漢人的用法相同，一種用法甚至要出現於西漢以後。第三，又考察了『都』字作爲副詞，只是魏晉六朝的常用詞。第四，又考察了『所以』的作爲連詞，絕不是先秦的『所以』的用法，而只是後漢以後的用法。第五，又考察了『不如』一語，也和先秦的『不如』不一樣。這種用法，也只是漢朝才有的。

《列子》託名爲先秦古籍，卻出現了不少漢以後的詞彙，甚至是魏晉以後的詞彙，這是無論如何說不過去的。托名春秋作品的《老子》出現了戰國的官名，有人爲之解脫，說是『雜入之注疏』，雖然『遁詞知其所窮』，但仍不失爲『遁詞』。《列子》的這種現象，恐怕連這種遁詞都不可能有了。除掉得出《列子》是魏晉人的贋品以外，不可能再有別的結論。而且，根據《列子》的張湛序文，《楊朱》《說符》兩篇是張湛逃亡散失以後的僅存者，那末，這兩篇的可信程度似乎較高。但從這篇論文所擧發的情況看來，《楊朱篇》有『都』，《說符篇》有『所以』、『不如』，都不是先秦的用法，這也就可見這兩篇也和其他六篇同樣地不可靠了。

那麼，《列子》是不是張湛所僞造的呢？據我看，張湛的嫌疑很大，但是從他的《列子・注》來看，他還未必是眞正的作僞者。

因爲他還有很多對《列子》本文誤解的地方。任何人是不會不懂得他本人的文章的。因此，我懷疑，他可能也是上當者。

《列子》是否還保留着斷片的眞正的先秦文獻呢？因爲作僞者不是毫無所本的，其中若干來源，我們既已經從現存的先秦古籍中找着了，是不是還有若干已經亡佚的文獻而由此保存着呢？這一問題，我目前尚不能確實作答。但是，我總的印象是，縱使有，也不會多。因爲《列子》的內容不見於其他古書的已經不算多，而在這不多的文獻中，又有很多是（如《楊朱篇》）顯明的魏晉時代的東西了。

最近讀到季羨林教授《列子與佛典》一文，他揭發《湯問篇》偃師之巧的故事和西晉竺法護所譯的《生經》（Jātaka-nidāna）卷三裏的一個故事『內容幾乎完全相同』，因而證明這一故事是『《列子》鈔襲佛典恐怕也就沒有什麼疑問了』。季文收在《中印文化關係史論叢》中，希望讀者一去參閱，也可爲《列子》爲僞書的一個佐證。

（《從漢語史的角度來鑑定中國古籍寫作年代的一個實例
——列子著述年代考》，在《列子集釋》內）

嚴靈峯云：

要判别《列子》是否爲張湛所僞託，我們首先就必需研究張湛的原註：

㈠《仲尼篇》『子列子學也』下註云：『上章云：「列子學寒（按：『寒』疑係『乘』字之譌。）風之道。」』又：『則理无所隱矣』下註云：『《黃帝篇》已有此章，釋之詳矣。所以重出者，先明得性之極，則乘變化而无窮。後明順心之理，則无幽而不照。二羣（按：『羣』疑當作『章』。）雙出，各有攸極，可不察哉？』

按：此章完全是《黃帝篇》錯簡之重出，且內多脫文；而張湛竟如此愼重予以保留；且云：『二章雙出，各有攸極，可不察哉？』難道作僞的人，不會注意到兩章內容的同異嗎？

㈡『趙人公孫龍』下註云：『公子牟、公孫龍似在列子後，而今稱之；恐後人所增益，以廣書義。苟於統列无所乖錯，而足有所發明，亦奚傷乎？諸如此皆存而不除。』

按：湛旣知公子牟、公孫龍在列子之後，與史實乖違；從而加入書中，又註稱：『恐後人所增益。』作僞者何必多此一舉？

㈢《力命篇》『朕豈能識之哉』下註云：『此篇明萬物皆有命，則智力无施。《楊朱篇》言人皆肆情，則制不由命。義例不一，似相違反。』

按：作僞者志在爲某種思想或教義張目，今竟以相反之思想列入同書；並從而註解之。如此僞託，豈非愚誣！

㈣『或死或生有矣』下註云：『此義之生而更死，之死而更生者也。此二句上義已該之而重出，疑書誤。』

按：旣知『書誤』，而『重出』之，又從以註解疑之。如此笨拙之作僞，世豈有之哉！

㈤《仲尼篇》『孤犢未嘗有母』下註云：『不詳此義。』又：『非孤犢也』下註云：『此語近於鄙，不可解。』

按：旣『不詳此義』，又『近於鄙，不可解』之語，以之作僞，豈非多費心機乎？

㈥《湯問篇》『扁鵲辨其所由，訟乃已』下註云：『此言恢誕，乃書記少有。然魏世華佗能刳腸胃，湔洗五藏，天下理自有不可思議者；信亦不可以臆斷，故宜存而不論也。』

按：旣言『恢誕』，又費辭解釋；豈非多餘？

㈦《天瑞篇》『濁重者下爲地』下註云：『此一章全是《周易乾鑿度》也。』

按：既知係《乾鑿度》之文，不足以欺世人；何必混入書中，又從而註其出處；此豈作僞者之所爲乎？

(八)又如《天瑞篇》『晔』字下註：『不知此一字。』『進』字下註：『「進」當爲「盡」，此書「盡」字例多作「進」也。』『久』字下註：『「久」當爲「有」，无始故不終，无有故不盡。』《周穆王》『𠆢𠆢』字下註：『上「齊」下「合」，此古字未審。』《湯問篇》『肆』下註：『「肆」疑作「叱」。』『視』下註：『「視」疑作「指」。』《力命篇》『行假』下註：『「行假」當作「何暇」。』《楊朱篇》『异』下註：『「异」，「異」也；古字。』《黃帝篇》『田更』下註：『「更」當作「叟」。』

按：此處所擧，僅係部分，諸如此類註文尚多。曰：『疑』，曰：『恐』，曰：『當』，曰：『未審』：此極盡註家之謹愼態度；而誣之曰：『作僞』，此誠學術史上的莫大恥辱。梁、顧兩氏之主觀與武斷，更足以反證《列子》書決非張湛所僞託矣！

*　　*　　*　　*

次辨劉向之《序》，其文略曰：

> 內外書凡二十篇，以校除復重十二篇，定著八篇。中書多，外書少。章亂布在諸篇中。或字誤：以『盡』爲『進』，以『賢』爲『形』；如此者衆。在新書有棧，校讐從中書，已定，皆以殺青，書可繕寫。列子者，鄭人也。與鄭繆公同時，蓋有道者也。其學本於黃帝、老子，號曰：『道家』。道家者，秉要執本，清虛無爲，及其治身接物，務崇不競，合於六經。

向《序》已明言，書有錯簡、誤字，如：《列子》學道一章，既見於《黃帝篇》，復出於《仲尼篇》；孔子觀懸水一章，既見於《黃帝篇》，復出於《說符篇》。至於誤字，以『盡』爲『進』，如《天瑞篇》：『終「進」乎不知也。』《黃帝篇》：『內外「進」

矣。』以『賢』作『形』，『重形生』作『鍾賢世』；與向《序》所言皆合。此外，如《天瑞篇》以『久』作『有』，以『舍』作『釋』。《黃帝篇》以『假』作『遐』，以『庚』作『更』，以『魚』作『吾』，以『當』作『塘』，以『行』作『下』，以『道』作『蹈』。《湯問篇》以『形』作『行』。《說符篇》以『請』作『情』，不一而足。

又向《序》謂：《列子》書『合於六經』，而張湛《序》則云：『其書太略：明羣有以至虛爲宗，萬品以終滅爲驗，神惠以凝寂常全，想念以著物自喪，生覺與化夢等情，巨細不限一域，窮達無假智力，治身貴於肆任。順性則所之皆適，水火可蹈；忘懷則無幽不照；此其旨也。然所明往往與佛經相參，大歸同於老、莊。』此旨顯與『六經』背道而馳，豈有張湛僞作劉《序》，面旨趣自相矛盾如是乎？如謂劉向博極羣書，不應誤認列子與鄭繆公同時，如此史實，豈張湛獨不知而僞作之乎？梁氏指《楊朱篇》爲：『沒出息的虛無主義。』而向《序》卻稱：『合於六經。』張湛如此作僞，豈非無識之尤！因此，可斷定向《序》亦非僞託！至於馬氏之說早被日本武內義雄在《列子寃詞》一文中駁斥，此地不再詳及。

（《列子新書辨惑》，原刊於《大陸雜誌》。作者又比較《列子》及《莊子》文字之繁簡，力證《列子》先於《莊子》，文長不錄）

朱守亮撰《列子辨僞》，刊於國立師範大學國文研究所《集刊》第六號，就其思想、時代、稱謂、記事、譌誤、後人引述、文體、訓詁、假借、用字、用後出事後世名詞、抄襲他書及演述他書文，考辨『《列子》之出於僞造，實無可置疑之事』。

〔存　目〕

周紹賢撰《列子考證》，發表於《政大學報》第三十二期。

岑仲勉又撰《再論列子的眞僞》，發表於《安徽歷史學報》第一期。

劉禾撰《從語言的運用上看列子是僞書的補正》，在《東北師大學報》第三期內。

■莊　子

俞正燮云:

《莊子》《史記》言其著書十餘萬言，其篇目有《漁父》《盜跖》《胠篋》《畏累虛》《亢桑子》。《北齊書·杜弼傳》言弼注《莊子·惠施篇》。今《莊子》止三十三篇。據《漢志》道家者流《莊子》五十二篇，則所闕者十九。唐陸氏《經典釋文》言司馬彪《注》本二十卷、五十二篇，是彪本《莊子》爲《漢志》全本也。《釋文》列唐以前本，大約已富。釋藏《辨正論》云:『劉宋時陸靜修《道藏書目》:《莊子》十七卷，莊周所出，葛洪修撰。』是晉時佳本，爲《釋文》所未見，然亦不及彪本全也。《文選》謝靈運《入華子岡詩》、江文通《擬許詢詩》、陶淵明《歸去來辭》、任彥昇《齊竟陵王行狀》，《注》並引淮南王《莊子略要》『江海之士，山谷之人，輕天下細萬物而獨往者也』。又並引司馬彪曰:『獨往任自然不復顧世。』則彪本五十二篇中有淮南王《略要》，或《漢志》五十二篇爲淮南本入秘書讎校者。今知所闕十九篇目，《畏累虛》《惠施》淮南王《略要》而已。

(《癸巳存稿》卷十二)

傅斯年云:

《天下篇》述慎到、田駢之方術曰:

公而不當，(崔本作黨，)易而無私，決而無主，趣物而不兩，不顧於慮，不謀於志，於物無擇，與之俱往。古之道術有在於是者，彭蒙田駢慎到聞其風而悅之。齊萬物以爲首。

曰，天能覆之，而不能載之，地能載之，而不能覆之，大道能包之，而不能辯之。知萬物皆有所可，有所不可。故曰，選則不徧，教則不至，道則無遺者矣。是故愼到棄知去己，而緣不得已，泠汰於物，以爲道理。曰，知不知，將薄知而後鄰傷之者也。謑髁無任，而笑天下之尙賢也。縱脫無行，而非天下之大聖。椎拍輐斷，與物宛轉。舍是與非，苟可以免。不師知慮，不知前後，魏然而已矣。推而後行，曳而後往。若飄風之還，若羽之旋。若磨石之隧，全而无非。動靜无過。未嘗有罪。是何故？夫无知之物，无建己之患，无用知之累。動靜不離於理，是以終身无譽。故曰，至於若無知之物而已，无用賢聖。夫塊不失道。

豪桀相與笑之，曰，愼到之道非生人之道，而至死人之理，適得怪焉。

田駢亦然。學於彭蒙，得不教焉。彭蒙之師曰，古之道人，至於莫之是莫之非而已矣。其風窢然，惡可而言。常反人不見觀，而不免於魭輐斷。其所謂道非道，而所言之韙不免於非。

彭蒙田駢愼到不知道。雖然，概乎皆嘗有聞者也。

據此文，則愼到著書，曾以《齊物》一篇爲首也。所謂『首』者，謂首章，猶《國語》云：『以《那》爲首。』又《史記・孟子荀卿列傳》云：

愼到，趙人；田駢，接子，齊人；環淵，楚人。皆學黃老道德之術，因發明序其指意。故愼到著十二論，環淵著上下篇，而田駢接子皆有所論焉。

據此文，則愼到著書，以論名篇，其數凡十二也。合此兩事，知《齊物論》者，愼到所著十二論之首篇也。

《齊物論》一篇中，僅末段見莊子名，然此段陳義乃與前文相反。此段中有云:『周與胡蝶則必有分矣。』前文乃云:『分也者,有不分也。』試取古卷子本看其款式,卷尾最易爲傳寫者追加,此段之來源正當如是。此篇除末節外,分作數章,皆爲對語。最先最長之一章爲南郭子綦與顏成子游之對語,此兩人皆無可考。據下文南郭子綦名丘,顏成子游名偃,字子游。夫師名丘,而徒名偃,更字子游,儼然影射孔子與言偃。戰國時,孔子與言偃,在儒家中最知名,荀子所謂『仲尼子游爲茲厚於後世』也。今乃仿其名號,改其主義,以爲論議,甚矣愼到之弔詭,稷下先生之好事也!

前章所持論之旁證

愼到之學見引於晚周諸子者,皆與前說吻合。玆列擧如下:

《荀子・非十二子篇》云:

> 尙法而無法,不循(從王念孫改)而好作。上則取聽於上,下則取從於俗。終日言成文典,反紃察之,則倜然無所歸宿。不可以經國定分。然而其持之有故,其言之成理,足以欺惑愚衆,是愼到田駢也。

又《天論篇》:

> 愼子有見於後,無見於先。老子有見於詘,無見於信。墨子見有於齊,無見於畸。宋子有見於少,無見於多。有後而無先,則羣衆無門。有詘而無信,則貴賤不分。有齊而無畸,則政令不施。有少而無多,則羣衆不化。

《呂覽・不二篇》:

> 老聃貴柔,孔子貴仁,墨翟貴廉,關尹貴淸,子列子貴虛,陳駢貴齊。(高《注》:『貴齊,齊生死等古今也。』)

今按:所謂尙法者,解見下章。所謂『不循而好作』者,僅謂其著書陳義,自我作古,是泛語,未能據以審斷愼子思想。其謂『上則取聽於上，下則取從於俗』者，疑謂在上位者，一任所憑之勢以爲治，無待乎辯賢與不肖，正如《韓非子・難勢篇》所引愼到語『無以是知勢位之足恃，而賢智之不足慕也』。齊物之思想，若以之應用於人事，自必去是非，泯賢愚，而專用勢，『上則取聽於上』者，似指居上者當取其力於其自身所憑之勢，『下則取從於俗』者，旣不辯是非，等而齊之，自可順俗爲治。所謂『有見於後無見於先』者，但據本文頗不可解，觀下文云，『有後而無先，則羣衆無門』，則易解矣。由荀子觀之，愼子不能探本追源，以定是非，乃雜然並陳，以爲萬物皆可皆不可，羣衆對此，猶治絲而棼之，何所適從？故曰『有後而無先，則羣衆無門』也。後者，衆說之比肩；先者，原始之一貫也。

上文所釋，誠非唯一可能之解。吾在此處所祈求辯證者，僅謂荀子此語與《齊物論》爲愼子義之一說不相違悖，非謂其相互證明，此中分際，不敢逾越。愼子書旣號稱十二論，《齊物》之外至少猶有十一篇，《齊物》固爲道體之言，此外必有用世之論。以《齊物》之道論，自可有『無所歸宿』之人事論，用勢而不尙賢之政治論耳。

至於《呂覽》所載，乃大可爲吾解《齊物論》之證。陳駢卽田駢（見《漢志》），田駢卽與愼子同道齊名之人，莊荀論此一派，皆以二者並舉。此語中所謂柔、仁、廉、淸、虛，皆指抽象之德，不關政治之用，則所謂齊者，當亦如是。高誘《注》以貴齊爲『齊生殺，等古今』，不以爲齊貴賤，甚得其旨。田駢旣貴齊，愼到亦必貴齊，貴齊之義，正託於《齊物論》以傳於今耳。

論今本愼子不足據

如此解《齊物論》，吾深覺其渙然冰釋矣。然有一類事實，表面與吾說不合者，即《漢志》著錄《愼子》四十二篇在法家，而今本愼子思想與《齊物論》既不相干，文詞更絕不類，是也。

求解此謎，並非難事。由《莊子・天下篇》《荀子・非十二子篇》所示，愼到田駢乃一派之學，今《漢志》以《田子》二十五篇列之道家，《愼子》四十二篇列之法家，明二子之後世，學有變化矣。戰國諸子，相反相生，一傳之後，本師之名號未改，此學之內容乃變，是以讀其書者不可不論其世也。據《史記・始皇本紀》太子扶蘇語，孔子爲神仙方士所宗；據《非十二子篇》，子思孟子造爲五行；據《漢志》語，墨家以養三老五更爲兼愛，以順四時而行爲非命；此豈所以論其朔耶？凡此持論者，皆據當時所見言之，既不可以爲探本之談，亦不便以爲僞造之證。愼到田駢，在始本爲一家之學，《天下篇》所著者其道論也。其用世之旨，政治之論如何，雖可略窺其端，究不能詳考其說，惟既以絕是非摒知慮爲說，自易流爲任勢尙法之學。意者十二論中先開其端，其弟子所記乃衍而暢之。道家之流爲法家，本自然之勢也。（《漢志》所謂道家者，雖以五千文爲宗，實乃關尹考聃，愼到田駢，莊周列禦寇之總名。）凡此愼田二子之支流，鄰於法家引於韓非者，正是荀子所謂『尙法而無法』，《漢志》所以列四十二篇於法家者也。猶之自《文子》以降引老子言多出五千文之外者，因當時五千文之外，復有託名老子之傳記，其書後世不傳耳。且學風之變，動於時尙，成於利祿之途。在愼子田子時，世變未至其極，大國猶可安居，稷下先生開第康莊之衢，不治而議論，窮年淸談，塊然可以爲生，下逮戰國末，交爭之風更熾，利國之要求尤著，承師說者，自不能不遷就時尙，以寫新書，而資噉飯，於是解老子者，爲申韓張目，承愼到者，助法家揚波矣。儒墨在漢皆曾如此丕變，愼學在戰國末容亦不免耳。然則韓呂所引，愼子後世書也。果《漢志》著錄之四十二篇不絕，吾說當得直接證明。今幸道家猶著錄《田子》二十五篇，高《注》以爲『齊生殺，等古今』，此中得其消息矣。

至於今本《愼子》，不足深論。今行世著者二本，愼懋賞本最多，亦最不可據，其內篇已雜採羣書，外篇乃純係僞造，世有定評。《守山閣》本最謹嚴，然實輯佚之書，校以《羣書治要》，多出者甚少，是此書之全佚久矣。凡此佚文，當在四十二篇中，吾所謂後世宗愼子者所寫錄也。

（《誰是齊物論之作者》，在中央研究院史語所《集刊》內）

馮友蘭云:

其所以此分類，並有內外之稱者，大約書分內外兩部分，漢魏六朝人有此習慣。如『淮南王作爲內書二十一篇，外書甚衆，又有中篇八卷』（《漢書・淮南王傳》）。在後漢讖緯之學，號稱『內學』。章懷太子云:『其事秘密，故稱內。』(《後漢書・方術傳・注》）嗣後佛經亦稱內典，佛學亦稱內學。內者對外立名，故佛經外之典籍稱外書，其學稱外學（《高僧傳・法雅傳》）。葛洪著《抱朴子》分內外篇，『言黃白之事，名曰內篇；其餘駁難通釋，名曰外篇』（據《晉書》本傳所引《自序》，見《晉書》卷七十二。按郭象不必能見《抱朴子》，不過此可見當時之風氣）。蓋以爲以至道『秘密』，有不可爲一般人所了解者，或不可爲一般人言者。其論此之文，稱爲內書，或內篇。其有可爲一般人所了解，或可爲一般人言之道理，論之之文，則稱爲外書或外篇。西洋宗教中有所謂 Exoteric（外）及 Esoteric（內）之分，正卽此義。編所謂《莊子》之書者，欲使《莊子》成爲一有系統之整書，故亦分之爲內外篇。然求之於諸篇之內容，實未見有何篇應爲內或外之理由，但諸篇之形式，實有有另標題與無另標題之分別。於是遂以有另標題者爲一類，稱之爲內，以無另標題者爲一類，稱之爲外。

據此則內外篇之分別，是有一個客觀的標準，雖其標準，若說穿了，是很簡單的。至於外雜篇之分，大概沒有什麽客觀的標準。所以原來有許多本《莊子》，並無外雜之分。陸德明說：『內篇衆家並同，自餘或有外而無雜。』（經典釋文・敍錄》）內篇所以衆家並同者，以有一客觀標準也。馬夷初先生說：『衆家無雜者，徒分內外，不立雜名耳。非郭本所謂雜篇者，諸家皆無之也。』（《莊子義證・序》）。知者，陸德明謂崔、向無雜篇，然今郭本雜篇。陸德明《音義》有引向、崔說者，可知向、崔本非無此諸篇，不過不名爲雜篇耳。（郭本之分內、外、雜三部分，亦可謂係受淮南王著書分內、外、中三部分之暗示。）

由今觀之，郭本雜篇之中，實有特別淺近者。《天下》一篇，宏博精湛，亦列入雜篇者，蓋以之作爲莊子之自敍也。漢魏以來，著作家於其書後，往往殿以自序，如司馬遷之於《史記》，班固之於《漢書》，王充之於《論衡》等，所謂『並有著書，咸能自序』（庾信《哀江南賦》）者也。編《莊子》之書者以《天下》可以作爲莊子之自序，故以殿《莊子》全書。

由此言之，今本《莊子》，乃許多莊學論文，依漢魏六朝人對於著作之觀念，以編成者。經此編定，所謂《莊子》之書，乃有內篇、外篇、雜篇、自序，儼然一系統分明之整個著作。其實此千金之裘，乃集腋所成，非一狐之皮，惟其排列編次則殊見匠心耳。

（《莊子內外篇分別之標準》，原刊於《燕京學報》。）

蔣復璁云：

莊子之書，見於《漢志》者本五十二篇；今世所傳者，爲郭象《注》之三十三篇，內篇七，外篇十五，雜篇十一，較原書逸十九篇。昔蘇子瞻嘗斥《讓王》以下四篇，淺陋不入於道；吳草廬又疑其《駢拇》《胠篋》等五篇，爲周秦文士所爲。以余觀之，此數篇特其最著者耳，其餘諸篇，僞作之迹，亦多可考見。惟內篇七篇，文章渾古，陳義精粹，最爲無疵，疑眞出於莊子門弟子之手；餘篇於義或得或失，或疏或富，或本訓釋之書，或乃羼入之文，要皆非莊子之舊。今因其體性，合爲七類，辨之如下：

一，內篇七篇：七篇之文，分之則篇明一義，合之則首尾相承。《逍遙游》取譬於鯤鵬，以自贊其逍遙，若全書之總冒；《齊物論》泯是非而均物我，掃蕩一切，爲立論之前驅。或明養生之道，或論涉世之方，或著至德之符。其體維何？以大道爲宗師。其用維何？以帝王爲格致。所謂本末兼該，體用具足，以成其一家之言者也。而使其出於拘墟之士，作僞之家，其文理之密察，有能若斯者乎！雖篇中明有莊子之稱，必非莊生之所自著，且以莊子之遺棄功名，又豈屑著書以求見於後世，然亦必門弟子之所記而得其眞者。莊子之學，盡在於此。

一，外篇《駢拇》《馬蹄》《胠篋》《刻意》《繕性》五篇：此五篇，文氣平衍，詞句凡近，通篇一意到底，有如後世之策論，於諸篇之中，自爲一體。《駢拇》論仁義之非人性，而欲返本抱璞，乃曰『餘愧乎道德，是以上不敢爲仁義之操，而下不敢爲淫僻之行』，氣象衰竭，外若謙撝，內無所據，以莊子之洸洋自恣，豈是作此語者！《馬蹄》以智巧之過歸諸聖人，爲老子『無爲自化，淸靜自正』作注。《胠篋》更謂聖知之法，徒爲盜積，有取於『聖人不死，大盜不止』之言，其詆訾聖人備至；然察其所謂『竊鈎者誅，竊國者爲諸侯』，特懲時君之無道而憤激言之，初無義理之可言也。《刻意》文若司馬談之論六家要旨，而論止於嗇養精神。《繕性》則主於恬知交養，而篇末斤斤以道德之興隱，時命之窮通爲言，稍有高致之人所不肯出，而謂莊子爲之乎！竊以私意度之，此數篇蓋本他人自著之書，編者才識劣下，見其與《莊子》相類，誤行羼入。《駢拇》等篇直入口氣，與他篇不同，而其文排偶狷急，頗敷采色，與李斯《諫逐客書》爲類，則其時代當亦不遠。且文中多以楊墨曾史並稱，楊墨並稱，始於《孟子》，莊子與孟子同時，而書緣孟子之文，是諸篇之作，必在《孟子》流傳之後。《胠篋》稱田成子十二世有齊國，齊亡於始皇二十七年，然則其爲秦漢之際學者所爲無疑。《刻意》《繕性》與前三篇或不出於一手，但其時代必不能在前三篇之前。

一，外篇《達生》《山木》《田子方》《知北游》四篇：《養生主》不以有涯之生隨無涯之知，而主於保身全生；《達生》則不務知之所無奈何，而專志全天以返性命。《人間世》論涉世立身；而《山木》則求所以終其天年。《德充符》主於全德遺形；而《田子方》則明目擊道存，不可以容聲。《大宗師》論天人之格致；《知北游》則言至道之無爲。是必後世學者因莊子之內篇，復輯其逸言逸事爲外篇，以發其義趣。如《田子方》載莊子見魯哀公事，以史考之，其不相及百有餘年，度其所記，必得之傳聞，而年久失實，舛錯至此，則記者之去莊子必甚久遠，非其一再傳之弟子所爲，可以徵矣。

一，外篇《在宥》《天地》《天道》《天運》《秋水》《至樂》六篇：《在宥》之文，與《駢拇》等篇最相似，而爲數段湊合而成。篇末『賤而不可任者物也』一段，宣穎疑其意雜文膚，不知他段之意亦未嘗不膚，文亦未嘗不淺。廣成子之告黃帝，所謂『無勞汝形，無搖汝精』，所謂『愼守汝身，物將自壯，我修身千二百載，形未嘗衰』，純是後世黃冠丹鉛之術，試檢內篇，何曾有此！又云『君子不得已而臨莅天下，莫若無爲』，夫莊子視天下若將浼已，與其留骨爲貴，寧曳尾於涂中，烏有所謂不得已哉！君子小人，又儒家等級之專稱，老莊絕口不屑道者，蓋全篇皆後人所竄入也。《天地》篇中數稱夫子，可證其爲孔門之徒所作。其言『立德明道，此謂王德之人』，與『孝子不諛其親，忠臣不諛其君，臣子之盛也』一段，皆明爲儒者之言，與莊子何與！末段亦與《駢拇》相類。《天道》開章『以此南鄉』至『功大名顯而天下也』一段，稱靜聖動王之道，矜重功名，與《逍遙游》無功無名之旨，背馳而不顧。其言上必無爲而用天下，下必有爲爲天下用，以無爲爲君道，有爲爲臣道，剖道爲二，與他篇之說若出二人。旣以有爲爲臣之道，又曰『以此南鄉，堯之爲君，以此北面，舜之爲臣』，一口所言，自相刺謬。尤可怪者，有所謂玄聖素王之名。又稱『孔子西藏書於周室，繙十二經以說老聃』。姚鼐曰：『藏書者謂聖人知有秦火而預藏之。』陸德明曰：『十二經又加六緯。』焚書之禍，出於秦始，讖緯盛於哀平之際，素王受命，爲漢制作，乃末世《公羊》讖緯家之言，觀此數端，縱不敢斷其全出哀平，要必有漢後所附益者。《天運》除首二段外，餘皆詆毀孔子之言，痛斥名色形聲之末，而汲汲於安其性命，存之未嘗不足以反鑒儒家之教而儆其失，遽謂爲莊子之義則不然。《詩》《書》《禮》《樂》，古只謂之六藝，何嘗謂之六經哉！《秋水》載公孫龍聞莊子之言而問魏牟，龍與莊子年不相及；其記莊子謂惠子曰：『今子欲以梁國嚇我耶！』意在尊莊子而適以形其陋，其爲後世學者想像之詞明矣。《至樂》以久憂不死爲大苦，謂死爲寢於巨室，而髑髏爲南面王樂不能過；夫莊子固不悅生而惡死，然其曰『奚暇至於悅生而惡死』者，蓋言本大化之當然，無所容其悅惡，非卽惡生而悅死也。斯篇緣其緒餘，矯枉過直，蓋淺學者之所爲。

一，雜篇《庚桑楚》《徐无鬼》《則陽》《外物》《寓言》《列御寇》六篇：雜篇除《天下》篇及《讓王》《盜跖》《說劍》《漁父》四篇，爲整齊有條理之言；餘俱章節破碎，文筆艱澀，自爲一體，與內外篇絕不相類。且與內篇文義頗多重複。餖飣之迹，未能盡化。蓋本後世學莊子者自爲之書，故旣發揮其義，間亦引用其文。而《寓言》篇首，更舉《莊子》全書之總例而論之，儼然本書凡例，其爲後人之辭，蓋至明白。《徐无鬼》言『仲尼之楚，楚王觴之，孫叔敖執爵，市南宜僚受酒』，叔敖相楚，孔子尚未生。又謂莊子言儒墨楊秉四，與惠子爲五，秉是公孫龍之字，莊子何由預言耶！《外物》有『飾小說以干縣令』之語，縣令始於秦孝公十三年，見《史記·年表》，然其大行當在數十年後，故餘斷其爲秦漢之際學者所爲也。

一，雜篇《讓王》《盜跖》《說劍》《漁父》四篇：三十三篇之《莊子》，自晉宋以來爲人所信奉，首先發難者，卽蘇子瞻之疑此四篇。今觀《寓言》與《列御寇》實是一章，《列子》雖僞書，其時引用《莊子》，尙自兩篇相連，而昧者以此四篇入其間，此就篇第徵之，其贋一也。《莊子》惟內篇標題，各有取義，外篇、雜篇皆取篇首二字，獨此四篇，特立於雜篇之中，而又絕無深義，此就標題徵之，其贋二也。《讓王》篇稱道高節，隱然有矜慕之意；《盜跖篇》謂盜跖爲柳下季之弟而面折孔子；《說劍》直以莊子爲游說之士：此就義理徵之，其贋三也。《讓王》諸段，多與《吕氏春秋》同；其不見於吕書者，亦皆見於《列子》《淮南子》《韓詩外傳》《新序》各書。《說劍》乃《國策》之流，而氣格更下之。此就文辭徵之，其贋四也。太史公稱莊子作《漁父》《盜跖》《胠篋》以詆孔子之徒，以明老子之術，今《盜跖》則直詆訕孔子，亦不見所謂老子之術者，與史公之言不相應，世遂謂此四篇爲後世之所擬爲，讀史公語，有所未審而失其意，蓋非史公之舊。此就《史記》徵之，其贋五。

一，雜篇《天下》篇：此篇論道術之分合，辨百家之得失，而盛雅崇於莊子，故自昔學者，皆以此篇爲莊子書之後序，以與《寓言》爲《莊子》之凡例相匹配。然雜篇多是詮釋《莊子》，不止《寓言》一篇；若止《寓言》一篇，則《寓言》旣已發凡起例，而篇末復入以雜事，更繼之以《列御寇》篇，於義蓋不可通。而此篇亦非專爲《莊子》作。蓋他人總論百家流別之文，初與是書無與。世見其推尊莊子，遂取入莊子書中；又以其總論道術，而諸篇皆言行雜事，無可附麗，故舉而編之篇末，如是而已。不然，旣爲《莊子》後序，則所論諸家，當至莊子而止，然後賓主分明，何得於莊子之後，復入以惠施哉！

統觀前之七類：雜篇中《讓王》四篇之贋，發覺最先，而義亦最劣；《天下》次之，《庚桑楚》六篇又次之。外篇中《駢拇》五篇之贋，發覺最先，而義亦最劣；《在宥》六篇次之，《達生》四篇又次之。要皆不可信。所可信者，內篇七篇而已。然莊生之書，存者希矣，區區七篇，豈足以盡其所蓄，片言只句，猶將搜討而寶存之，矧以數十篇之大文，可棄之而不顧！雖眞贋雜糅，未可依據，而執七篇之義以爲權衡，用以較其輕重，則外雜之義，未始不足以與內篇相發也。

（《莊子考辨》，原刊於《圖書館學季刊》二卷一期，又編入蔣著《珍帚集》）

王叔岷云：

《漢志》及《呂氏春秋・必己篇》高誘《注》，並稱《莊子》五十二篇。今所存者，僅三十三篇，內篇七，外篇十五，雜篇十一；乃郭象刪定之本。郭本內外雜篇之區畫，葢隨意升降，如內篇《齊物論》第二『夫道未始有封』下，《釋文》引崔譔云：『《齊物》七章，此連上章，而班固說在外篇。』可知班固所見五十二篇本，『夫道未始有封』章，原在外篇也。又如隋釋吉藏《百論疏》卷上之上云：『《莊子》外篇庖丁十二年不見全牛。』今本此文在內篇《養生主》第三。唐釋湛然《輔行記》卷四十云：『《莊子》內篇，自然爲本，如云雨爲雲乎，雲爲雨乎，孰降施是，皆其自然。』今本『雨爲雲乎，雲爲雨乎，孰降施是』，在外篇《天運》第十四。可知所據本，皆與郭本異也。卽內篇先後次第，郭本亦有所顚到，如《大宗師篇》第六『此古之所謂縣解也』下，《釋文》引向秀《注》云：『縣解，無所係也』。而《養生主篇》第三『古者謂是帝之縣解』下，向氏反無《注》，可知向氏所見《大宗師篇》，當在《養生主篇》之前也。至於外雜篇，昔賢多疑爲僞作，然今本內外雜篇之名，實定於郭氏，則內篇未必盡可信，外雜篇未必盡可疑。如《荀子・正論篇》云：『語曰：坎井之鼃，不可與語東海之樂。』此卽引《莊子》外篇《秋水》之文也。荀子去莊子未遠，則《秋水》雖在今本外篇，而爲莊子所作，自可無疑。又如《韓非子・難三篇》云：『故宋人語曰：一雀過羿，羿必得之，則羿誣矣，以天下爲之羅，則雀不失矣。』此卽引《莊子》雜篇《庚桑楚》之文也(莊子卽宋人)，韓非子去莊子亦未遠，則《庚桑楚》雖在今本雜篇，而爲莊子所作，亦可無疑。其他類此之例尙多，故莊子外雜篇之眞僞，誠有待於商榷，決不可囿於郭氏之區畫，而輕於致疑也。卽郭氏所刪略之各篇，使今日見之，有足與今本三十三篇並存者，亦未可知，如《世說新語・言語篇・注》引《莊子》逸文云：『海上之人好鷗者，每旦之海上，從鷗游，鷗之至者，百數而不止。其父曰：吾聞鷗鳥從汝游，取來玩之。明日之海上，鷗舞而不下。』（又見《文選》江文通《雜體詩・注》《呂氏春秋・精諭篇》。僞《列子・黃帝篇》亦並載此文）《文選》左太沖《魏都賦・注》、王元長《三月三日曲水詩序・注》並引《莊子》逸文云：『尹需（一作儒）學御三年，而無所得，夜夢受秋駕於其師，明日往朝其師，其師望而謂之曰：吾非獨愛道也，恐子之未可與也，今將敎子以秋駕。』（《呂氏春秋・博志篇》《淮南・道應篇》亦並載此文）如斯之類，厥例甚多，並無傷於巧雜，又何嘗不足與今本三十三篇之文並存乎？可知郭氏之不免以私意去取矣。郭氏於舊有篇第，亦隨意分合，如蘇軾《莊子祠記》謂《寓言篇》末，當連《列御寇篇》首，今審《寓言篇》末『陽子居南之沛』章及《列御寇篇》首『列御寇之齊』章，其旨意實相含接，（《道藏》羅勉道《南華眞經》循本從蘇說，以二章相連，是也）僞《列子·黃帝篇》襲用《莊子》文，正以二章相連，尙存莊書之舊，今本葢郭氏分之也。《北齊書·杜弼傳》稱弼注《莊子·惠施篇》，今考《天下篇》『惠施多方』以下一章，專論惠子之學說，與上文不必相連，舊必另爲一篇，杜弼所注《惠施篇》，疑卽指此，或存莊書之舊，今本葢郭氏合之也。又如《田子方篇》篇末『楚王與凡君坐』章，《釋文》云：『俗本此後有孔子窮於陳蔡，及孔子謂顏回二章，與《讓王篇》同。衆家並於《讓王篇》音之，檢此二章無郭《注》，似如重出，古本皆無，謂無者是也。』但審今本《讓王篇》，文多雜湊，孔子窮於陳蔡，及孔子謂顏回二章，實不合於讓王之旨，（魯君聞顏闔得道之人也，子列子窮，楚昭王失國，原憲居魯，曾子居衞五章，亦然。）則不當在《讓王篇》，俗本在《田子方篇》，或尙存古本之舊，亦未可知。古本卽不在《田子方篇》，亦不當在《讓王篇》，葢今本《讓王篇》之雜湊，必非古本之舊，識者自能辨之也。郭氏刪定三十三篇之後，已不能見莊書之舊。

（《莊子校釋·自序》）

王昌祉云：

在這二十世紀的中葉，再也沒有人能說《天下篇》是莊子自己作的了。我們現代人，無法知道這位作者的姓名。但我們儘可討論：這位作者，果眞如一般人所想像，是莊子的弟子，至少是道家的學者嗎？——我以爲《天下篇》作者，是戰國末期的儒家而非道家，甚且是荀子的弟子，——一位靑出於藍的弟子。

㈠是儒家而非道家

《天下篇》開端，提出內聖外王之道:

……古之所謂道術者，果惡乎在？曰：無乎不在。曰：神何由降？明何由出？（曰）聖有所生，王有所成，皆原於一。不離於宗，謂之天人。不離於精，謂之神人。不離於眞，謂之至人。以天爲宗，以德爲本，以道爲門，兆於變化，謂之聖人。以仁爲恩，以義爲理，以禮爲行，以樂爲和，薰然慈仁，謂之君子。以法爲分，以名爲表，以參爲驗，以稽爲決，其數一二三四是也，百官以此相齒。以事爲常，以衣食而主，蕃息畜藏老弱孤寡爲意，皆有以養；民之理也。

我們先可注意：作者所稱的『道』，乃儒家之道，修己治人之道；非道家之道，宇宙本體之道。作者在『道』字下加『術』字，可能是爲避免讀者的誤會。不離於宗、於精、於眞，以及雖或稍離，卻能以天爲宗，以德爲本，以道爲門，這都是內聖的境界。仁義禮樂，有恩有理，敎品行，和性情，因而待人接物，薰然慈仁，這是做君子，可以外王的資格。但治理天下國家，眞正的外王之道，更須有法度，有名器，來組織國家政府，有參驗稽決，來考核事功；因而有賴於數字的計算，百官的統屬；又須積極工作，照顧人民的衣食，注意到蕃息畜藏等經濟問題，老弱孤寡等社會問題。這種種外王之道，顯然不是道家的無爲，而是儒家的政治思想，比較大學的正心、誠意、修身，以至齊家治國平天下，講得更切實，更仔細。

眞正的內聖外王之道是這樣。但是我們可在那裏找到呢？《天下篇》作者，以爲古人確實做到了這內聖外王的地步；他們固然久已死了，但他們治天下的道術，原是古今一致，無乎不在；他們治天下的名物制度，更尚有許多保存在舊法史傳之中。尤其在詩書禮樂之中，可以找到他們的內聖外王之道。到了作者的戰國時代，還能明白詩書禮樂的，要推那輩鄒魯之士，孔子的弟子，儒家。『其運無乎不在。其明而在數度者，舊法世傳之史，尙多有之。其在於詩書禮樂者，鄒魯之士，搢紳先生，多能明之』，明顯地，《天下篇》作者，把儒家放在特殊地位，放在百家之上；只有儒家，能明古人內聖外王之道，得古人之全。這樣的推崇儒家，豈能出於道家的筆下呢！

至於儒家以外的百家，當然老莊也不例外，《天下篇》作者這樣總括地評論他們：

> 其數散於天下而設於中國者，百家之學，時或稱而道之。天下大亂，聖賢不明，道德不一，天下多得一察焉以自好。譬如耳目鼻口，皆有所明，不能相通，猶百家衆技也。皆有所長，時有所用。雖然，不該不徧，一曲之士也。判天地之美，析萬物之理，察古人之全，寡能備於天地之美，稱神明之容。是故內聖外王之道，闇而不明，鬱而不發。天下之人，各爲其所欲焉以自爲方。悲夫！百家往而不反，必不合矣。後世之學者，不幸不見天地之純，古人之大體，道術將爲天下裂！

百家不知在詩書禮樂之中，尋求古人之大體，卻只對於古人道術的散在數度中者，窺見了一端，便加以稱道。他們各自得到的一偏之見，雖然也各有若干用處，究竟不是內聖外王的全部道術，不能配神明，準天地，育萬物，和天下，澤及百姓。所以百家都是不該不徧，不完全的學說，都是些一曲之士。只因戰國時代，天下大亂，正道不明，所以百家得以各個自好其說。可是內聖外王之道，給他們弄得越發模糊了。百家各逞其一偏之見而議論，當然不能彼此相合，更不能合於道術。將來貽誤後人，更是不堪設想。（的確，老莊的學說，竟然也變成了魏晉的清談）這樣的估量百家，連同老莊在內，又豈能出於道家的筆下呢！

《天下篇》作者總評了百家之後，分別敍述百家中重要的幾家：㈠墨子，㈡宋鈃、尹文，㈢彭蒙、田駢、愼到，㈣關尹、老聃，㈤莊周，㈥惠施。作者對於前五家，分別指出他們所得於古之道術的，是甚麼的一察一曲；他們從這一察一曲，推演出了甚麼主張或學說；然後評論他們的長短。至於惠施，作者認爲無所得於古之道術，雖以善辯爲名，只是窮響以聲，形影競走。——這些評語，不必細敍，我們只該注意：作者對於老子莊子，固然很多讚語，但這些讚譽是有限度的，我們必須在篇首開宗明義的話下，在儒家獨得道術之全，百家只各得道術的一隅的大前提下，抉發這些讚譽的眞正意義。這樣，我們便可不被這些讚語所眩惑，妄想作者不是儒家，而是道家的人物了。

㈡是荀子的聰明弟子

《天下篇》的主要思想，和表現這思想的方式，我們以爲是從荀子而來。劉向編輯的《荀子・天論篇》末，有這樣的一段說：

> 萬物爲道一偏。一物爲萬物一偏。愚者爲一物一偏，而自以爲知道。無知也！愼子有見於後，無見於先。老子有見於詘（居），無見於信（伸）。墨子有見於齊，無見於畸。宋子有見於少，無見於多。有後而無先，則羣衆無門。有詘而無信，則貴賤不分。有齊而無畸，則政令不施。有少而無多，則羣衆不化。書曰：無有作好，遵王之道；無有作惡，遵王之路。此之謂也。

《荀子・解蔽篇》首段說：

> 凡人之患：蔽於一曲，而闇於大理。……天下無二道，聖人

無兩心。今諸侯異政，百家異說，則必或是或非，或治或亂。……

下面分述諸家之蔽說：

墨子蔽於用而不知文。宋子蔽於欲而不知得（德）。愼子蔽於法而不知賢。申子蔽於勢而不知知（智）。惠子蔽於辭而不知實。莊子蔽於天而不知人。故由用謂之道，盡利矣。由俗（欲）謂之道，盡嗛（慊）矣。由法謂之道，盡數矣。由勢謂之道，盡便矣。由辭謂之道，盡論矣。由天謂之道，盡固矣。此數具者，皆道之一隅也。夫道者，體常而盡變，一隅不足以擧之。曲知之人，觀於道之一隅，而未之能識也。故以爲足而飾之；內以自亂，外以惑人，上以蔽下，下以蔽上。此蔽塞之禍也。孔子仁知（智）且不蔽，故學亂（治）術足以爲先王者也。一家得周道，擧而用之，不蔽於成積也。

請把《荀子》的這兩處文字，和《天下篇》仔細比較，便很容易看出：彼此的主要思想，表現方式，提出討論的人物，甚至若干重要術語與詞句，是相彷相同。又可看出：這不是《荀子》勦襲《天下篇》，是《天下篇》推演《荀子》的思想。所以我們推想《天下篇》作者是荀子的弟子，至少是受到荀子的影響。

我們更以爲這是一位青出於藍的弟子。

戰國時代，百家之說盛行，又彼此攻擊；因而批評百家，也成了當代的風氣。《呂氏春秋・不二篇》，也說：

老聃貴柔，孔子貴仁，墨翟貴廉，關尹貴淸，子列子貴虛，陳駢貴齊，陽生貴己，孫臏貴勢，王廖貴先，兒良貴後。此十人者，皆天下之豪士也。

呂書係雜家，兼收並蓄，更一視同仁。

荀子對於他家的學說，常是加以輕視，甚至抱敵對態度。他人都是愚者，都是無知，都是有蔽。在《非十二子篇》中，連那同是儒家的子思孟軻，也受到他的猛烈攻擊；甚至聽從那十二子的人，都是些『愚衆』，是些『溝猶瞀儒』。他常是喜歡揭發他人的短處，卻不願察看他人的優點。他往往把學說不同的人，不分彼此，一筆抹殺。他又似乎喜歡尋求文字的整齊簡潔，一言半語地評斷，斬釘截鐵地造句，寧願削足就屨，不管客觀眞相的錯綜紛紜。他指摘各家的蔽病，當然有道着語，有精簡老練的文章；但他的評論究竟是欠公正，他的態度更難使人折服。

《天下篇》作者，顯然不贊成這種武斷態度。他雖然認爲儒家以外的百家，對於內聖外王之道，不該不徧，卻能同情他們，仔細研究他們的學說。他忠實地，扼要地，敍述諸家的學說。他更指出每一家所得的道術，他公正地稱讚他們的優點，抉發他們的劣點。這樣，他稱讚關尹、老聃、莊周之外，也稱讚墨子是才士，是天下之好，只可惜其道太觳，其行難爲。他慨歎宋鈃、尹文的爲人太多，自爲太少。他責斥彭蒙、田駢、愼到的不知道，卻承認他們概乎皆嘗有聞。『其道舛駁』，於古之道毫無所得的惠施，他也承認其有才。他又不憚煩地徵引各家的言語，不怕用委婉曲折的文筆，參差錯落的字句；他似乎故意放棄了荀子的整齊遒勁，爲能忠實於客觀眞理的描寫。總之，他胸襟的闊大，他態度的溫和，他思想的縝密，他判斷的正確，他文筆的縱橫馳驟，而又客觀忠實，都勝過荀子。所以我認爲他是荀子的一位靑出於藍的弟子。

（《莊子天下篇作者及其評莊老優劣》，原載於《大陸雜誌》）

嚴靈峯云：

很有意義的，在《荀子》的《儒效篇》說：『如是則可謂聖人矣。此其道出乎一。曷謂一？曰執神而固。曷謂神？曰盡善挾治之謂神，萬物莫足以傾之之謂固。神固之謂聖人。聖人也者，道之管也，天下之道管是矣，百王之道一是矣。故詩書禮樂之歸是矣。詩言是其志也，書言是其事也，禮言是其行也，樂言是其和也，春秋言是其微也。』又:《勸學篇》:『夫是之謂道德之極，禮之敬文也，樂之中和也，詩、書之博也，春秋之微也；在天地之間者，畢矣。』又:『禮、樂法而不說，詩、書故而不切，春秋約而不速。』這裏雖然沒有提到《易》，但與《天下篇》所說:『其在於《詩》《書》《禮》樂者，鄒魯之士，搢紳先生多能明之。《詩》以道志，《書》以道事，《禮》以道行，樂以道和，《易》以道陰陽，《春秋》以道名分。』不是很像出於一派乃至一手的嗎？《荀子》說:『其道出於一。』『百王之道一是矣。』《天下篇》則說:『天下大亂，賢聖不明，道德不一。』所說亦相應。

再次，我們從《荀子》的《非十二子》、《解蔽》、《天論》三篇中，尙可發現，他對於先秦學術思想的批判。玆分錄如下:……

這裏，《荀子》對於先秦各家學說，都作了嚴格的批評，不但老、莊、名、法，乃至儒家本身的各派，也不客氣。

最後，尙有批評其他各家的:

(一)批試田仲、史鰌。如《不苟篇》。

(二)批評墨子。如《富國篇》。

(三)批評宋鈃。如《正論篇》。

(四)批評惠施鄧析。如《不苟篇》《儒效篇》及《修身篇》。

(五)批評宋鈃、墨子及一般辯者。如《正名篇》。

我們從《荀子》書中所看到的上面許多評論，可見在先秦諸子中，逕接莊周以後的時代，除《莊子・天下篇》外，沒有一個人對於當時的學術流派及其思想內容有如此廣泛的理解。如《史記・孟子荀卿列傳》所云:『荀卿趙人，年五十始來遊學於齊，……田駢之屬皆已死齊襄王時，而荀卿最爲老師。……荀卿嫉濁世之政，亡國家君相屬，不遂大道，而營於巫祝，信禨祥。鄙儒小拘，如莊周等又猾稽亂俗；於是推儒墨道德之行事興壞，序列數萬言而卒。』這裏，我們可得如下結論：

㈠荀卿五十歲遊齊時，田駢等稷下學人都死光了。

㈡荀卿此時已是碩果僅存的老師宿儒。

㈢荀卿曾『序列數萬言』『推儒墨道德之行事興廢』。

從這些結論中，我們又聯想到荀卿與《天下篇》的關係了。

㈠這裏說的是『序列』，當然不是指專著；現存的《荀子》書是專著，而非序跋，《天下篇》的內容和體裁纔可以稱做『序列』。

㈡數萬言，現存《荀子》全書不止數萬言。惟《天下篇》可以當之。

㈢推儒墨道德行事興廢，《荀子》書中評論到道家的，只有《天論篇》：『老子有見於詘，無見於信。』《解蔽篇》：『莊子蔽於天而不知人。』兩句話；其他就沒有了。而《天下篇》的內容主要恰是在『推儒墨道德行事興廢』的。

由於上述各點的推測，《天下篇》可能是出於荀子的手筆。但這裏我們只說『可能』，而非『絕對』。

其次，荀子與老子的思想有些關涉，荀子除在《天論篇》內批評過老子外，在其他地方似乎是引用五千言的文句：

㈠《不苟篇》：『廉而不劌。』又見《法行篇》。按：此見老子《道德經》五十八章。

㈡《榮辱篇》：『長生久視。』按：見《老子》五十九章。

㈢《天論篇》：『不爲而成。』按：見《老子》四十七章。

㈣《君道篇》：『自古及今。』又見《解蔽篇》及《致士篇》。按：見《老子》二十一章。

㈤《宥坐篇》：『孔子喟然而嘆曰：「吁！惡有滿而不覆者哉？」子路曰：「敢問持滿之道？」孔子曰：『聰明聖知，守之以愚，功被天下，守之以讓，勇力撫世，守之以怯，富有四海，守之以謙；此所謂挹而損之之道也」。』按：《宥坐篇》可能是荀子後學的作品，但他的思想內容，與《老子》第九章『持而盈之，不如其已』四十二章『物或損之而益，或益之而損』的道理完全符合。

再次，荀子的門人韓非，所受老子的思想的影響更深。《史記・韓非列傳》說：『韓非者，韓之諸君子也。喜刑名法術之學，而歸其本於黃老。』韓非除著《解老》和《喩老》兩篇外，在他篇裏尙有引用《老子》的文句，如《主道篇》《存韓篇》《揚搉篇》《六微篇》《外儲說左上下》《難三篇》《六反篇》。

韓非的思想，由儒家受道家的影響而成爲法家；這是大家公認的，可是他和他的老師一樣，很理解先秦各派的思想。

不但如此，他也曾批評過：先秦的各家思想。除《天下篇》所論之外，尙有漆雕氏、公孫鞅、鄭長者、李兌、李悝、吳起、孫武、曾參、史鰌、楊朱、游俠和縱橫家。可見韓非學識的廣博，不亞於他的老師。因此，我們可以認定，理解先秦諸子學述及流派的，無過於荀卿的師弟二人，換言之，只有荀卿一派首屈一指，爲要更加明瞭起見，玆將荀韓兩家的評語與《天下篇》比較，列表於後：

書名／篇目	莊子	荀子			荀子	韓非子
批評要點／各家代表	天下篇	非十二子篇	解蔽篇	天論篇	其他各篇	各篇
墨翟 禽滑釐 苦獲 己齒 鄧陵子	非樂節用生不歌死無服汜愛兼利而非鬥 其意則是其行則非亂之上治之下也 眞天下之好也才士也夫 俱誦墨經而倍譎不同相謂別墨 以堅白同異之辯相訾 以觭偶不仵之辭相應	不知壹天下建國家之權稱上功用大儉約而僈差等曾不足以容辨異縣君臣	蔽於用而不知文	有見於齊無見於畸政令不施	富國 我以墨子之非樂也則將使天下亂節用也將使天人貧墨術誠行則天下尚儉而彌貧非鬥而日爭 樂論 先王之道禮樂其盛者也而墨子非之	顯學 墨者之葬也冬日冬服夏日夏服桐棺三寸服喪三月是孔子之孝將非墨子之戾也 八說 墨翟天下之所察也干世亂而卒不決雖察而不可以爲官職之令 顯學 自墨子之死也有相里氏之墨相夫氏之墨有鄧陵氏之墨墨離爲三取舍相反不同而皆自謂眞墨
宋鈃	接萬物以別宥爲始 見侮不辱救民之鬥以禁攻寢兵爲外以情欲寡淺爲內	不知壹國家之權稱[illegible]上功用大儉約而僈差等曾不足以容辨異縣君臣	蔽於欲而不知得	有見於少無見於多羣衆不化	正論 子宋子曰明見侮之不辱使人不鬥夫不能解人之惡侮而務說人之勿辱也豈不過甚矣哉	

尹文	其爲人也太多其自爲也太少強聒而不舍救世之士哉				人之情欲寡而皆以己之情爲欲多是過也	
(申不害)			蔽於埶而不知知			定法 今申不害言術君無術則弊於上臣無法則亂於下此不可無申子未盡善也
彭蒙	齊萬物以爲首知萬物皆有所可有所不可					
田駢	選則不偏教則不至道則无遺者矣至於莫之是莫之非棄知去己而緣不得已	尙法而無法下修而好作上則取聽於上下則取從於俗偶然無所歸宿不可以經國定分	蔽於法而不知賢			難勢 愼子曰飛龍乘雲騰蛇遊霧雲罷霧霽而龍蛇與螾螘同矣以勢亂天下者多以勢治天下者寡夫勢者便治而利亂者也
愼到	非天下之大聖非生人之行而至死人之理不知道皆常有聞者也			有見於後無見於先羣衆無門		
關尹	建之以常无有主之以太一以濡弱謙下爲在已无居形物自著未嘗先人而常隨人					
老聃	知其雄守其雌人皆取先己獨取後人皆求福己獨曲全苟免於咎古之			有見於詘無見於信		六反 老聃有言知足不辱知止不殆夫以殆辱之故不求於足之外者老聃也今以爲足民而可以治是以民爲皆如老聃

	博大眞人		貴賤不分			也
莊　周	以謬悠之說荒唐之言无端崖之辭不譴是非以與世俗處其書雖瓌瑋而連犿无傷也芒乎時乎未之盡者		蔽於天而不知人			忠孝 恍惚之言恬淡之學天下之惑術也
惠　施	其道舛駁其言不中日以其知與人之辯特與天下之辯者爲怪自以爲最賢逐萬物而不反悲夫	不法先王不是禮義好治怪說玩琦辭甚察而不惠辯而無用多事而寡功不可以爲治綱紀	蔽於辭而不知實		儒效 不卹是非然不然之情以相薦撙以相恥怍君子不若惠施鄧析	
（鄧析）					不苟 山淵平天地比鈎有須卵有毛是說之難持也而惠施鄧析能之	
桓　團 公孫龍	飾人之心易人之意能勝人之口不能服人之心辯者之囿也				勸學 夫堅白同異有厚無厚之察非不察也然而君子不辯止之也	外儲說左上 兒說宋人善辯者也持白馬非馬也服齊稷下之辯者乘白馬而過關則顧白馬之賦故籍之虛辭則能勝一國考實按形不能謾於一人
附　註	申不害鄧析二人俱加括符，明《天下篇》之文未及之也。					

從上表的比較和分析，我們可以看到，荀卿和韓非兩個師生，對於先秦各派諸子的述說和評論與《莊子・天下篇》的敍論，在大體上是沒有多大出入的。惟一不同的，就是《天下篇》十分推崇老子，說他『可謂至極，古之博大眞人』，而《荀子・天論篇》卻說：『老子有見於詘，無見於信。』並說：『有屈而無信，則貴賤不分。』審《天下篇》全文，對於各家的批判大都毀譽參半。如對墨子說：『亂之上也，治之下也。』又說：『眞天下之好也。』『才士也夫。』對宋鈃則說：『其爲人太多，其自爲太少。』又說：『救世之士氣。』對彭蒙、田駢、愼到則說：『縱脫無行，而非天下之大聖。』說：『不知道。』一面又說：『動靜無過，未嘗有罪。』『概乎皆常有聞者也。』對莊周則說：『獨與天地精神往來，而不敖倪於萬物；不譴是非，以與世俗處。』又說：『芒乎昧乎，未之盡者。』可見《天下篇》是一篇客觀評判的文字，就事論事；不涉主觀成見。如非荀卿自己後期的寫作，那必定是他的門人或後學依據他的『推儒墨道德之行事興壞，序列著萬言』之文，加以刪節或補充而成。而爲編莊子者附入書末而已。

*　*　*

《天下篇》所用辭語的硏究。

㈠『神明』二字連用：

⑴配神明。

⑵稱神明之容。

⑶澹然獨與神明居。

⑷神明往與。

⑸神何由降？明何由出？

㈡在《莊子》他篇用『神明』者，見於《齊物論》《天道篇》及《知北遊》三處。

㈢他書神明者：《易・繫辭傳》二處，《禮記・檀弓》《孝經》《墨子・公孟篇》各一處。

此外《春秋》三傳，《尚書》《詩經》《論》《孟》皆不見用。

在《荀子》書中則有，《勸學》《王制》《議兵》《彊國》《解蔽》《性惡》《不苟》各一處。

《荀子》以『神明』連用或並用最多，可見《天下篇》文字與《荀子》最近。

『聖王』二字相對並用。

㈠《天下篇》：

⑴聖有所生，王有所成。

⑵是故內聖外王之道。

⑶《天道篇》：靜而聖，動而王。

莊子全書聖王不連用，二字相對並用僅此三條。

㈡見於他書者多連用：《左傳》文公六年、《孟子・滕文公下》及《荀子・解蔽》各一處；《墨子》一書連用多達一百零二次。

按：《荀子》此處聖、王二字相對並用，正含『內聖外王』之意。而下文雖『聖王』連用，亦係指『聖』與『王』兩者而言。蓋荀之『聖』，指聖人言；『王』，指王者言。如書中屢見之『百王』、『先王』、『後王』之類。如《性惡篇》：『今誠以人之性固正理平治邪？則有惡用禮義矣哉！雖有聖、王、禮、義，將曷加於正理平治也哉？』又：『故性善，則去聖、王，息禮、義矣；性惡則與聖、王貴禮、義矣。』此處《荀子》把聖、王與禮、義相對爲文，可見其非連用，同時，又以『聖、王之治』、『禮、義之化』相對成文。且同篇之中同時用『聖人』者多次。足見《荀子》用字與《天下篇》最近。

『百家』二字連用。

㈠《天下篇》:

⑴百家之學。

⑵猶百家衆技。

⑶百家往而不反。

㈡《莊子·秋水篇》一處。

㈢《荀子》:《儒效》《正名》《解蔽》《成相》各一處。

《秋水篇》:『困百家之知。』係說公孫龍一段。林雲銘曰:『此段言小勝者,不能爲大勝也;無甚深旨,莊叟亦無貶人自譽至此。此恐爲後人贋筆。』按:此段與《秋水》全篇意不相屬,當非莊周自作無疑。而『百家』二字連用,此外除見《天下篇》和《荀子》書中外,自《呂氏春秋》以前之先秦典籍似皆無有。惟在西漢見於《淮南子·俶眞》《齊俗》二篇。其次,則見於《史記·五帝紀》。可見『百家』二字連用,在先秦爲《荀子》與《天下篇》之專利品,不但證明其晚出,並可證明《天下篇》文字與《荀子》更加接近。

㈠『一曲之士』與『曲士』。

⑴《天下篇》:一曲之士也。

⑵《天道篇》:此之謂辯士一曲之人也。

⑶《秋水篇》:曲士之不可語於道者,求於敎也。

㈡《荀子·解蔽篇》:

⑴凡人之患,蔽於一曲,而闇於大理。

⑵豈不蔽於一曲,而失正求也哉。

⑶曲知之人,觀於道之一偶,而未之能識也。

按:一曲之士,曲士,曲知之人,實係異名同實。此三語皆爲先秦典籍所未見。而《天道》《秋水》二篇實非莊周自作。則此更可證明其晚出,並證《荀子》文字與《天下篇》之接近無疑。

『道術』二字連用。

㈠《天下篇》：二字連用八見。

㈡《大宗師篇》：一見。

㈢《墨子・尚賢》《非命》各一見。

㈣《列子・說符篇》：一見。

㈤《申子》：一見（《荀子・王覇篇》楊倞《注》）。

㈥《荀子・哀公篇》：一見。

先秦諸子除上述數家言『道術』數條外，其他則甚少見。《禮記・學記》有『術有序』一語，其他五經，《論》《孟》皆言道不言術。《管子》有《心術篇》，但不稱『道術』。荀子的門人韓非雖常言術，但只屢言『法術』。荀子言術，有：治氣養心之術，常安之術、常危之術、擇術、心術、兼術、談說之術、終身不厭之術、天下之行術、世術、墨術、退姦進良之術、師術、六術、三術、力術、義術、無適不易之術、性術、先王立樂之術、異術；言『道術』的只有《哀公篇》一次。惟此篇與《大戴禮記・哀公問》五義之文相同，當係荀子後學之文，非出荀子手筆，其爲晚出無疑，則《天下篇》之爲晚出，此文亦可供參考。

『方術』二字連用：

㈠《天下篇》：天下之治方術多矣。

㈡《荀子・樂論篇》：三見。

㈢又《堯問篇》：一見。

『方術』二字連用，在先秦典籍中首見於《莊子・天下篇》，只此一語，可謂絕無僅有。而《荀子》全書中，乃『方』、『術』二字分別言之。而《堯問篇》雖言『方術』，但係書末『爲說者』之附言，其在荀卿之後無疑。楊倞《注》云：『自「爲說者」已下，荀卿弟子之辭。』其言可信，則《天下篇》之可能係荀子弟子或後學，刪改荀卿的『推儒墨道德之行事興壞，序列數萬言』之文而成。

因此，我們判斷天下篇出自儒家之手，尤其是荀卿一派之手；大概不會有太大的錯誤。

最後，我們前面說過：《天下篇》的文字甚多與《莊子》外、雜篇相似；仔細看來，可說與《天道篇》最相似。

根據上面詳細研究的結果，我們對於《天下篇》的作者是誰，最低限度可獲如下的結論：

㈠全篇內容與外篇《天道篇》的筆調相近，與內篇思想不能盡合；斷定非莊周所自作。

㈡本篇既評論莊周，則是其後之作品無疑。批評各家學說、觀點，內容與《荀子》相近；而所用辭語亦相彷彿，可能係荀卿晚年的作品；即『推儒墨道德行事與壞』的文字，但疑非原來面目。

㈢此篇倘非荀卿自作，必係其門人或後學得自荀卿的傳授而寫作的。這可以從先秦所有典籍中，未有討論學術流派比《荀子》和《韓非子》兩書更爲詳盡，而得到證明。

（《論莊子天下篇非莊周自作》，原刊於《大陸雜誌》。嚴氏又撰有《再論天下篇非莊周自作》一文，刊於《大陸雜誌》第四十五卷第五期，結論與本篇同。）

〔存　目〕

李衍隆撰《莊子著作之分期及其師承》，在《新中華（復刊）》第六卷第五期內。

孫道升撰《莊子天下篇作者問題》，見《正風半月刊》第一卷十六期。

張恒壽撰《論莊子天下篇的作者和時代》，在《中國哲學》第四輯內。

張德鈞撰《莊子內篇是西漢初人的著作嗎》，在《哲學研究》第六輯內。

■老子注

王　明云:

史稱河上丈人以《太史公書》爲最早。《史記·樂毅傳贊》

曰: 樂臣公學黃帝老子, 其本師號曰河上丈人, 不知其所出, 河上丈人教安期生, 安期生教毛翕公, 毛翕公教樂瑕公, 樂瑕公教樂臣公, 樂臣公教蓋公, 蓋公教於齊高密膠西, 爲曹相國師。

此言黃老之學, 上溯止於河上丈人。《御覽》五百七引皇甫謐《高士傳》曰:

河上丈人者, 不知何國人也。明《老子》之術, 自匿姓名, 居河之湄。著《老子章句》, 故世號曰河上丈人。當戰國之末, 諸侯交爭, 馳說之士, 咸以權勢相傾。唯丈人隱身修道, 老而不虧, 傳業於安期生, 爲道家之宗焉。

按皇甫士安撰《河上丈人傳》, 似係根據於兩種材料: 一爲太史公《史記》, 故云河上丈人當戰國之末, 授業於安期生; 二爲當時流傳之託名於河上公之《老子章句》, 故云河上丈人著《老子章句》。按士安《晉書》有傳, 其生平並無怪誕之神仙思想, 嘗言老子並不長生。唐釋法琳《辯正論》曰: 皇甫謐云, 諸子之書, 近爲難信, 惟秦佚弔焉, 老死信矣。世人見谷神不死, 是以玄牝。故好事者遂假託焉(《廣弘明集》卷十三)。尋皇甫謐《河上傳》, 或據於前史, 或本諸當世流行之實事, 雖未嘗細覈其間相牽合之關係, 然亦非虛說可比。《隋志》《道德經·注》云: 『梁有戰國時河上丈人注二卷, 《漢志》未載。』所謂戰國時河上丈人注《老子》, 蓋緣太史公記及皇甫謐傳而訛傳歟。葛玄《道德經序》(原名《序決》，說詳後文）第二段云：

河上公者，莫知其姓名也。漢孝文皇帝時，結草爲菴於河之濱，常讀《老子道德經》。文帝好老子之言，詔命諸王公大臣州牧二千石朝直衆官，皆令誦之。有所不解數句，天下莫能通者，聞侍郎說河上公誦《老子》，乃遣詔使齎所不了義問之。公曰：『道尊德貴，非可遙問也。』文帝卽駕從詣之。帝曰：『普天之下，莫非王土，率土之賓，莫非王臣，域中有四大，王居其一也。子雖有道，猶朕民也，不能自屈，何乃高乎？朕足使人富貴貧賤。』須臾，河上公卽拊掌坐躍，冉冉在虛空之中，如雲之升，去地百餘丈，而上玄虛。良久，俛而答帝曰：『余上不至天，中不累人，下不居地，何民之有？陛下焉能令余富貴貧賤乎？』帝乃悟，知是神人，方下輦稽首禮謝，曰：『朕以不德，忝統先業，才不任大，憂於不堪，雖治世事，而心敬道德。直以闇昧，多所不了。唯蒙道君弘愍，有以敎之，則幽夕覩太陽之耀光。』河上公卽授素書《老子道德經章句》二卷，謂帝曰：『熟研此，則所疑自解。余註是經以來，千七百餘年，凡傳三人，連子四矣，勿示非其人！』文帝跪受經，言畢，失公所在。論者以爲文帝好老子大道，世人不能盡通其義，而精思遐感，仰徹太上道君，遣神人特下敎之便去耳。恐文帝心未純信，故示神變，以悟帝意，欲成其道眞。時人因號曰河上公焉。（《道藏》靡字號上《道德眞經集註序》及商務印書館景印鐵琴銅劍樓藏宋刊本《老子道德經序》）

序中稱河上公曰：『余註是經以來，千七百餘年，凡傳三人，連子四矣。勿示非其人。』文帝跪受經，言畢，『失公所在』，顯係神仙家言。《晉書·葛洪傳》：從祖玄，吳時學道得仙，號曰葛仙公。仙公此序，不謂戰國時有河上河丈，而云漢文帝時有河上公注

《老子》，於史無徵。抑仙公玄思超曠，不拘史實，忽起漢文好黃老言，而世復有《河上公老子章句》，因構文帝見河上公一段故事，爲《道德經序決》乎！此故事蓋卽《神仙傳·河上公傳》之所自本，惟文句稍有增損，如『河上公卽授素書《老子道德經章句》二卷』，《神仙傳》刪去『老子道德經章句』七字。若單言『素書』，素書爲神仙傳記之常談。如《神仙傳》卷六王烈『入河東抱犢山中，見一石室，室中有石架，架上有素書兩卷，烈取讀，莫識其文字，不敢取去，卻著架上，暗書得數十字形體以示（嵇）康，康盡識其字。烈喜，乃與康共往讀之，至其道徑，了了分別，比及，又失其石室所在』。又如帛和授于吉素書二卷，吉受之乃《太平經》也（見唐王松年《仙苑編珠》卷中）。至云河上公授文帝素書二卷，或是其他玉策瓊章，亦未可知，然《神仙傳》上文云，聞河上公解老子經義旨，下文又云，『余註是經以來』，顯係指註解《道德經》文。是《神仙傳》故作含混，以增其神秘性也。又如『言畢失公所在』以下，《神仙傳》復有『須臾，雲霧晦冥，天地泯合，帝甚貴之』。是《神仙傳》更敷演神變之辭以附益之。《御覽》五百十引嵇康《聖賢高士傳》曰：

> 河上公，不知何許人也，謂之丈人。隱德無言，無德而稱焉。安丘先生等從之，修其黃老業。

自太史公記河上丈人，皇甫謐繼之爲傳，而葛仙公造河上公故事（《神仙傳》從之），說頗不同。畢竟河上丈人與河上公係一人乎？抑兩人乎？嵇《傳》稱河上公謂之丈人，則俗傳雖有二名，實卽一人。宋彭耜《道德眞經傳註》卷首《說序》引皇甫謐《高士傳》云：『號曰河上丈人，亦曰河上公。』按後句不見於《御覽》所引，或彭氏受嵇《傳》之說，知河上公、河上丈人實係一人，故附麗一句歟。宋王應麟《漢書·藝文志·考證》卷六云：

> 《史記》樂臣公本師河上丈人教安期，再傳至於臣公，其弟

子蓋公，爲曹相國師，修黃帝老子學。則丈人者，乃今所謂河上公也（≪玉海≫本）。

王氏謂河上丈人卽所謂河上公，明危大有≪道德眞經集義・姓氏≫亦云：『河上公，河上丈人也。』而≪四庫提要≫子部云：『≪隋志≫道家載≪老子道德經≫二卷，漢文帝時河上公註。又載梁有戰國時河上丈人註≪老子經≫二卷亡，則兩河上公各一人，兩老子註各一書，戰國時河上公書在隋已亡，今所傳者，實漢河上公書耳。』案司馬遷皇甫謐只認戰國時有河上丈人，葛玄≪序≫葛洪≪神仙傳≫則認漢文帝時有河上公。而世傳≪老子河上公章句≫僅一種。葛仙公≪序≫稱河上公有≪老子道德經章句≫，皇甫謐言河上丈人著≪老子章句≫，陸德明≪經典釋文≫著錄≪河上公章句≫四卷。≪隋志≫卽以世傳≪河上公章句≫爲漢文帝時河上公著，另謂梁有戰國時河上丈人注≪老子經≫二卷，亡。新舊≪唐志≫並云河上公注≪老子≫二卷。≪隋志≫載戰國時河上丈人注亡者，蓋惑於兩河上公各有一注，世傳一書，又一散亡，此中原委，清姚振宗知之頗審，言之亦覈，姚氏≪隋書・經籍志・考證≫云：

據≪史記≫及本志篇敍，則河上丈人凡五傳而至蓋公。漢文帝之宗黃老，乃得之於蓋公，非受於河上公也。考嵇康≪聖賢高士傳≫有河上公無河上丈人，皇甫謐≪高士傳≫有河上丈人無河上公。雖二家之書，皆爲後人所輯錄，非其原編。然嵇≪傳≫稱河上公謂之丈人，則可知河上公卽河上丈人，非兩人矣。或據本志以爲兩河上公各一人，兩≪老子≫書各一書，戰國時河上公書至隋已亡，今所傳，漢河上公書耳。是說也，似沿本志之誤。蓋本志以見存有河上公注，惑於≪神仙傳≫之說，遂以爲漢文帝時人，又見≪七錄≫有河上丈人注，阮氏或題戰國時人，遂別爲一家，而附著於下，陸氏≪釋文≫亦引≪神仙傳≫之言，故自來相傳，有漢河上公，實不然也。
姚氏考證謂漢文之宗黃老，乃得之於蓋公，非受之於河上公，是葛玄《序》及《神仙傳》以爲漢文帝時有河上公者，莫非臆說。《四庫提要》謂兩河上公各一人，兩《老子註》各一書，今所傳者，實漢河上公書云云，亦沿《隋志》之誤。厥堪玩味者，《四庫提要》謂劉歆《七略》不載《老子河上公章句》，且馬融注《周禮》，始就經爲註，若是書作於西漢，何以注文已散入各句之下？案范書《馬融傳》：延熹九年卒，年八十八。是融當章帝至桓帝間人，則今傳河上章句，似當馬氏《周禮注》問世後之作，非西漢初『河上公』所箸也。

綜上所述，戰國之末，當有『河上丈人』，但並未爲《老子》注，漢文帝時，實無河上公其人，更無所謂《老子章句》，今所傳《老子河上公章句》，蓋後漢人所依託耳。

或問：歷史上既僅有一河上丈人，後人著《老子章句》，胡不託名於河上丈人，而乃託名於河上公，何也？曰：今所傳《老子河上公章句》，據諸刊本及他書所引，固未有題稱河上丈人者，然『公』與『丈人』二辭，其義無別。假託之人，蓋偶題爲河上公耳。《論語・微子篇》：『子路從而後，遇丈人以杖荷蓧。』何晏《集解》引後漢包咸曰：『丈人，老者也。』《莊子・田子方篇》有『臧丈人』，亦爲年老之隱者。《淮南・修務訓》曰：項託七歲爲孔子師，『以年之少，爲閭丈人說』。高誘《注》：『丈人，長老之稱。』是皆以丈人有老者之義。《史記・田叔傳》：『叔喜劍，學黃老術於樂石公，叔爲人刻廉自喜，喜游諸公。』張守節《正義》云：『諸公，謂丈人行也。』《漢書・田叔傳》顏《注》：『公者，老人之稱也』；『諸公，皆長者也』。又《御覽》卷五百十引《道學傳》曰：『樂鉅公者，宋人，獨好黃老恬靜，不慕榮貴，號曰安丘丈人。』是樂鉅公又號安丘丈人（嵇康及皇甫謐二《高士傳》並云：京兆安丘望之，號安丘丈人）。繇此觀之，不特『公』有長老之義，且可與『丈人』通釋。是以河上丈人謂之河上公，安足怪哉？文中子《中說》亦有隱者名河上丈人，其《事君》篇云：『子遊河間之渚，河上丈人曰：何居乎斯人也。』阮逸《註》：『丈人，無名氏。』蓋彼無名氏之長者，以其居河之濱，謂之河上丈人可，謂之河上公，孰曰不可？若仿《漢志》『鄭長者』之例，卽號曰河上長者，似亦未嘗不可也。

據玆所考，戰國河上丈人殆未有書。云漢文帝時河上公授《老子注》，蓋係神仙家之虛言。今見河上公《章句》，約作於東漢中葉迄末季間，係養生家託名於『河上公』者。其書之行世，當在王弼注之先，而《舊唐書》卷一百二《劉子玄（知幾）傳》載，子玄論『《老子》無河上公注』。《新唐書》卷一百三十二亦載子玄論『《老子》無河上公注，請存王弼學。宰相宋璟等不然其論，奏與諸儒質辨，博士司馬貞等阿意，共黜其言，請二家兼行』，詔可。按一時代之註說習染一時代之風尚，往往成一家言，未可逕視爲全書之本義。河上公《章句》大抵屬後漢養生家言，王弼注代表魏晉之玄學。耽玄義者或不樂聞養生者言。晁公武《郡齋讀書志》河上公注《老子》條下云：『其書頗言吐故納新按摩導引之術，近神仙家。劉子元稱其非眞，殆以此歟！』子玄似昧於河上公章句在歷史上之位置，徒疾其以養生家言解《老子》，竟斥其書爲無有，未免抹殺歷史事實。《四庫提要》云河上公《老子註》爲道家之所依託，是也。然謂『詳其詞旨，不類漢人』，是不類西漢初年之人乎，抑不類東漢中晚期之人乎？若謂不類西漢初年之人，亦是也。倘謂不類東漢中晚期之人，殆非是也。俞曲園《九九銷夏錄》卷五《古書有篇名無章名》云：『《老子》河上公注本有章名，而王弼注本無之，河上本亦僞書也。』按《老子》文章，類似格言體之語錄，每篇初無題目，今河上本『老子篇目』，每篇揭櫫二字，並標次先後，殆出於後人，猶《論語》《孟子》原無篇名也。始作題目者是否爲『河上公』，今莫能詳。或河上本原無篇名，後人始冒添上，亦未可知。今可得言者，東漢中晚期，章句之風特盛，如趙岐《孟子章句》有章指，而于吉《太平經》亦有篇指也。李翹《老子古注》自敍云：『河上序引於梁元帝《金樓子》（《立言篇》下），其注自魏徵爲《羣書治要》、李善《文選·注》、陸德明《經典釋文》、馬總《意林》以來，恒見稱引，劉知幾乃以爲無河上公《注》而廢之，不亦專輒妄斷乎。』河上公章句爲《老子》傳世之古注，大體成一家言，不能不謂漢代學術史上有價値之材料也。

（《老子河上公章句考》）

谷　方曰：

《河上公注》與《抱朴子》屬於同一個思想體系，已如上述。至於產生的時代，看來前者晚於後者。它們也可能同時產生。但《河上公注》決不可能出現於《抱朴子》產生以前。這一點可以從《河上公注》夾雜着的佛教用語中作出判斷。

《河上公注》云：『日月四通，滿於天下，八極之外，故曰視之不見，聽之不聞，彰布之於十方，煥煥煌煌也。』（第十章）

『十方』是佛敎用語。佛敎稱東、西、南、北、東南、西南、東北、西北、上、下十個方位爲『十方』。

『十方』一詞見於最早的一批佛敎經典。比如：

『十方諸佛』，這是《道行般若經·功德品》上的一句話。此經譯於漢靈帝光和二年（公元 179 年）。

『十方恒沙，諸佛世界』，這是《放光般若經·放光品》上的一句話。此經譯於晉惠帝元康元年（公元 291 年）。

『何者最明？心垢除，惡行滅，內淸靜無瑕，未有天地逮於今日。十方所有未嘗不見，得無不知無不見無不聞，得一切智，可謂明乎』，這是《四十二章經》上的一段話。

《四十二章經》抄自一種翻譯的經典。據考證，它抄出的時間，最上的年限不能超過惠帝末年（公元 306 年）。抄出的最低年代不得遲於支錄著成之年，即明帝末年（公元 342 年）。《四十二章經》最早出現於我國的時間在公元三〇六年到三四二年之間。這個年代正是西晉末期、東晉前期，也是葛洪活動的鼎盛時期。也有人認爲，《四十二章經》在我國出現較早，東漢末期，『已有此經，實無可疑』。

總之，『十方』這一佛教用語見於漢文的佛教經典，是從東漢末年開始的。但它不可能立即在社會上流行，更不可能一下子就爲道教的經典所採用。因爲從佛經的傳入到佛教用語在社會上使用和流行，這中間往往要經歷一段或長或短的過程。徵之於歷史文獻，『十方』一詞在東晉到南北朝時期才廣泛流行和使用。現略舉兩例:

其一，冀州人僧叡（公元355—439年）《毘摩羅提經義疏序》云:

『十方世界無不悟其希音。』（《出三藏記集》卷八）

其二，梁武帝蕭衍《注解大品序》云:

『放瑞光於三千，集奇蓮於十方。』（《出三藏記集經序上》）

這兩個例子表明：從東晉到南北朝時期，對『十方』一詞的使用已不限於外域人，也不限於翻譯的佛教經典。在這個時期，從中國內地的僧人到帝王都在各自的文章中使用『十方』一詞了。

從『十方』這一佛教用語的流行和使用情況來看，《河上公注》成書的年代當在東晉到南北朝時期。『十方』一詞固然可能由隋唐以後的人所摻入，但《河上公注》與《抱朴子》相同的那種思想體系，決不可能是葛洪派以外的人所能建立的。又從葛洪把河上公列入《神仙傳》這件事來看，河上公及其《老子章句》很可能是葛洪為了宣揚道教而假托的，或者《河上公注》由葛洪開其端，定下了基調和基本思想，而由他的門徒最後完成。這是從《河上公注》與《抱朴子》的對照中所顯示出來的一條清晰可見的線索。

（《河上公老子章句考證》，在《中國哲學》第七輯內）

〔存　目〕

徐澄宇撰《辨老子僞河上公注》，發表於中央日報1946.9.24。

■道德指歸論

唐鴻學在成都刊布了明鈔本《指歸》時，卷末附上了他寫的一篇《跋文》。在這篇《跋文》裏，唐氏除了以『此書陸德明、晁公武二家所記，張君房所引，皆係全書』爲理由，證明『宋以後始行殘闕』外，又根據下列三條證據，判定指歸『確爲君平所作』：

㈠《華陽國志》云：『君平授《老》《莊》，箸《指歸》，爲道書之宗；揚雄少師之，稱其德。』故其稱引，悉遵師說，如第七卷『夫易姓而王，封於太山，禪於梁父者，七十有二義』，他書或作『家』，作『君』，作『代』，惟《漢書・揚雄傳・羽獵賦》云：『泰山之封，烏得七十而有二儀。』儀、義古通。

㈡第十卷經文：『終日嗥而嗌，不嗄。』各本『嗄』多誤『嗄』。《指歸》：『啼號不嗄，可謂志和。』《太玄》本之，《夷》：『次三：柔嬰兒於號，三日不嗄。測曰：嬰兒于號，中心和也。』

㈢梁劉昭注《續漢書・祭祀志》，其所引《莊子》曰：『易姓而王，封於泰山，禪於梁父者，七十有二代。』其『有形兆垠堮』數語，亦在第七卷中。

唐氏根據揚雄著作內的用字，來證明今傳《指歸》確爲其師所作；又根據劉昭注文內的引文，證明梁代士人得見《指歸》。

嚴靈峯云：

《隋書・經籍志・注》：『漢隱士嚴遵注《老子》二卷。』陸德明《經典釋文·敍錄》:《老子》嚴遵注二卷。《注》:『又作《指歸》十四卷。』是嚴作《指歸》外，尙有《老子注》二卷。《老子注》見於強思齊《道德眞經玄德纂疏》，而《指歸》之文，並見於陳景元《道德眞經藏室纂微篇》、李霖《道德眞經取善集》及劉惟永《道德眞經集義》所引用。就陳景元之《纂微篇》言，校之現存谷神子《注》下篇殘本，出於《指歸》者，計有:三十八章、三十九章、四十章、四十一章、四十二章、四十三章、四十五章、四十六章、五十五章、五十六章、六十章、六十二章、六十三章、六十四章、六十五章、六十七章、七十章、七十三章、七十六章、七十七章，共二十章。因嚴《注》文字簡約而《指歸》文字冗長，故《纂微》所出之文皆係約引;其中除少數脫略譌誤外，大體均與《指歸》相同。而強思齊《纂疏》雖引《注》本，但內容亦多與《指歸》大同小異;蓋《注》與《指歸》並出一家，其大旨『皆明理國之道』;行文造句，自可見其彷彿。如四十三章強思齊《纂疏》引《注》本云:『有聲之聲，聞於百里;無聲之聲，動於無外。言之所言者異類不通，不言之言，陰陽化，天地感。且道德不言而天地成，天地不言而四時往復也。』此係約引《指歸》之文，校之谷神子《注》本，在『四時』下有『行』字。又如七十七章《纂疏》引嚴《注》云:『夫弓之爲用也，必在調和，弦高急者寬而緩之，弦弛下者攝而上之;其餘者削而損之，其有不足者補而益之。弦質相任，調和爲常，故弓可用而矢可行。』亦係引《指歸》之文而稍增刪而已。知其出自上篇，因谷神子《注》本闕佚而無從校對者，計有:第一章、二章、三章、四章、五章、七章、九章、十一章、十二章、十四章、十六章、三十三章、三十五章、三十六章，共十四章。考晁公武《郡齋讀書志》作於宋高宗紹興二十一年（西元一一五一年），陳景元《纂微篇》楊仲庚《序》作於理宗寶祐戊午六年（西元一二五八年），據稱景元於『神宗熙寧中（西元一〇七七年）召對便殿，因進所著』，僅早於晁氏所見谷神子《注》本約八十四年，則是北宋熙寧間《指歸》上篇尙未闕佚，晁氏得見十三卷全書殊不足怪。復據周中孚《鄭堂讀書記》稱:『《道德指歸論》六卷，《津逮秘書》本，舊題漢嚴遵撰。……前有劉子威《序》，沈士龍及孝轅（按: 卽胡震亨）《題詞》。』無求備齋現存此本，首有『嚴君平道德指歸序』，題『長洲劉鳳子威撰』，『題道德指歸』，署『繡水沈士龍識』及『海鹽胡震亨識』次『谷神子序』。首題:『道德指歸論卷之一，漢嚴遵撰，明胡震亨、毛晉同訂』。並附『說目』。全書共六卷，至《指歸》『臣行君道，則滅其身；君行臣事，則傷其國』止。自『人之饑也』至『信言不美』四章皆闕。與周中孚、陸心源所說皆合。經校之谷神子《注》本指歸原文，除杜撰篇名及小有脫落外，皆無差異。秘册、津逮二本，旣屬同版，當係萬曆以後從《道藏》殘本刪去谷神子《注》文、『總序』加以改編而成；則《指歸》則仍還嚴遵之舊，固未可謂爲『僞作』也。

此外，《谷神子序》與《說目》疑點頗多，玆並予考證。按:《道藏》本有《總序》，無《谷神子序》；惟有《君平說經二目》末雙行夾注云:『嚴君平者，蜀郡成都人也。姓莊氏，故稱「莊子」，東漢章、和之間，班固作《漢書》，避明帝諱，更之爲「嚴」；「莊」、「嚴」亦古今之通語。君平生西漢中葉，王莽簒治，遂隱遁埸和，蓋上世之眞人也。』未著注者姓名，疑係黃冠之所爲。而秘册、津遠本卻於此《注》下增『其所著有《道德指歸論》若干卷，陳、隋之際，已逸其半；今所存者，止論德篇。因獵其訛舛，定爲六卷，而以其《說目》冠於端，庶存全篇之大義爾。谷神子序』，此則《谷神子序》之所由來矣。

依《說目》稱:『上經配天，下經配地，陰道八，陽道九，以陰行陽，故七十有二首；以陽行陰，故分爲上、下。以五行八，故上經四十而更始；以四行八，故下經三十有二而終矣。』然津逮本無經文，分六卷而不分章；但有杜撰篇目，如：上德不德篇、得一篇、上士聞道篇、……至民不畏死篇；共三十三篇。《道藏》谷神子《注》殘本，則合三十九、四十兩章爲一章，合五十七章、五十八章至『人之迷其日固久矣』止爲一章，合五十八章下半『是以聖人方而不割』至章末與五十九章爲一章，合六十七、六十八二章爲一章，合七十八、七十九二章爲一章；下經原爲四十四章，因合併而減少者四章；餘四十章，依《說目》所稱三十二章之數，仍多八章。陳景元《道德眞經藏室纂微開題》云：『道經居先，德經次之，上、下二卷，法兩儀之生育；八十一章象太陽之極數。是以上經明道，以法天；下經明德，以法地。天數奇，故上經三十有七章；地數偶，故下經四十有四章。』其書每章雖未標明章目，而其章末則雙行附注：『故次之以「某某」。』如三十九、四十兩章，《指歸》原併爲一章，而《纂微》在三十九章末仍有附注：『故次之以「反者道之動」。』又七十八、七十九兩章原亦併爲一章，而《纂微》於七十八章末亦注：『故次之以「和大怨」。』是《纂微》亦以八十一章分上、下二經，且未及嚴遵本有七十二章之說。則七十二章，豈指嚴注《老子》二卷而言邪？再稽之強思齊《玄德纂疏》，上經引君平注者：八、十一、十八、十九、二十一、二十七、二十八、三十、三十二、三十三、三十四、三十五、三十七共十三章。下經引君平注者：三十八、四十、四十一、四十四、四十五、四十七、五十四、五十五、五十六、六十、六十三、六十四、六十六、六十八共十四章。上經原爲三十七章，去十三章，止餘二十四章；下經原爲四十四章，去十四章，止餘三十章；與《說目》所稱七十二章亦不相合。則《說目》非君平所自作斷可信矣！

至於《總序》則題『道德經指歸』，未著撰人姓名。其言曰：『昔者老子之作《道德經》也，原本形氣，以至神明；性命所始，情意所萌，進退感應，呼吸屈伸，參以天地，稽以陰陽，變化終始，人物所安，窮微極妙，以覩自然。演要伸類，著經二篇；敍天之意，見地之心，將以爲國，養物生民，章有表裏，不得易位，章成體備，若本與根，文辭相踐，不可上下，廣被道德，若龍與鱗。增一字卽成疣贅，損一文作成瘢瘡。自大陳小爲之上，紀道論德謂之經；始焉「上德不德」，化由於道，而道不爲之主；故授之以「昔之得一」。昔之得一，動由反行，非有性莫之能文，故授之以「上士』。上士性高，聰明深遠，獨聞傲世輕物，唯道是荷；故授之以「道生一」。……天之道損滿益空，養柔順弱，敗堅破剛；故授之以「天下莫柔弱於水」。柔弱於水以至堅強，安微樂小，危以爲寧；故授之以「小國」。小國之君形虛勢弱，懸命於鄰；故授之以「信者」。信者萬民之所助，而將相之所存，天地之所祐，而道德之所助也。』全文『授之以某某』，適符殘本下經合倂四十章之數，惟『信者』句殘本經文作『信言不美』，似非一本之文。其體制有類易之《序卦》，始於『下經』；何以『上經』無有？杜光庭《廣聖義》云：『蜀嚴者，仙人嚴君平；居於蜀肆，作《道德指歸》一十四卷，恢廓浩瀚，爲時所稱。蜀都楊子雲昌言於漢朝曰：「蜀嚴道德沈冥，言其識量深厚，玄德隱微，非常俗之所知而猶病耳。」當時以爲道德之說，文止五千，《指歸》之多，將及數萬：演之於世，謂爲富瞻廣博，議之於理，傷於蔓衍繁豐；故云：雖蜀嚴而猶病也。』又：唐殷敬順《列子釋文》亦云：『遵字君平，作《指歸》十四篇；演解五千文。』則所闕者上經七卷，是否尙有類似之文，則無從稽考矣。此文《秘册》《津逮》二本未見，而文體亦不類《指歸》本，似亦羽流淺學之所爲，附益卷首，又不明上經闕，徒增蛇足；疑非君平自作。陸心源謂：『前有君平《自序》。』蓋指此言也。

總之，《秘册》《津逮》二本《指歸》本文確爲嚴遵所自撰，其書蓋刪削《道藏》谷神子《注》殘本下篇加以改編而成者也。曹學佺謂:『乃吳中所僞託。』《四庫提要》摭拾其言;王重民稱:『今所傳本爲元、明人僞作,蓋已成定讞。』是皆疏於考證,踵訛襲謬而信口雌黃者也。有清一代,樸學昌明;以紀昀之博贍,尙受四庫館臣之詒,則考據、校勘之難,從可知矣。

(《辨嚴遵道德指歸論非僞書》,原刊於《大陸雜誌》)

鄭良樹云:

這部備受漢人推崇的《指歸》, 今天, 實際上只殘存半部而已。《道藏》能字號五有《道德眞經指歸》,包括了《老子》經文及嚴君平的《指歸》, 列明卷七至卷十三; 汲古閣刊行《津逮秘書》本,題作《道德指歸論》,無《老子》經文,但存《指歸》,列爲卷一至卷六;唐鴻學在成都刊行的明代姚舜咨手鈔藍格本,亦題爲《道德眞經指歸》,《老子》經文及《指歸》並存,由卷七至卷十三;刊本儘管不同,除了《津逮秘書》本未錄《老子》經文外,其他各本大致都相同。

嚴君平《道德指歸》的眞僞,不但涉及漢人推崇的《指歸》原貌以及嚴君平著作的存亡, 也涉及《道德指歸》內所錄下的嚴本《老子》的眞僞問題。《四庫提要》及《僞書通考》所否認的,實際上不只是嚴君平的《指歸》,也包括了指歸內的《老子》經文。朱謙之云:『惟此書旣殘闕將半, 所傳經文除可與河上本相參證外,缺乏成爲獨立定本之條件。』撇開『獨立定本』不談,嚴本如果是一部僞書, 怎麼可以和河上本相參證呢? 會有此價値嗎? 因此,對本書的重新考訂,不只是關係嚴君平著作的存亡,也於嚴本的眞僞有莫大的裨益和義意。

道德指歸

《道德指歸》是否正如《四庫提要》所論、《僞書通考》所列，是一部後人依託的僞書呢？唐鴻學根據揚雄著作用字與今本《道德指歸》相符，又根據劉昭《續漢書·注》引文見於今本《道德指歸》內，條舉了三個證據，證明今傳《道德指歸》『確爲君平所作』；唐氏的論證，實際上已經澄清了《道德指歸》的許多疑慮。所以，後來的朱謙之在撰寫《老子校釋》時，從文字上證明嚴遵本和河上本是同一系統，不但增加了《道德指歸》的可靠性的證據，並且也說明朱氏否決了《四庫提要》的結論，而認爲《指歸》是『確爲君平所作』。

撇除《道德指歸》乃後人作僞時，因襲河上本的疑慮的話，朱謙之『嚴遵本與河上本相接近』的結論，實際上已經可以作爲《道德指歸》非僞作的部分理由。當然，這個理由並不十分堅強，因爲誠如本段首句所說的，作僞者可能就因襲着河上本，以達欺售的目的。

晚近帛書本老子出土，將嚴本和帛書相互參校，可能會有新的發現；對於《道德指歸》的眞僞問題，極可能會有水落石出的結論。良樹近年撰寫老子新校（初稿），即關心這一問題的解決，除了比勘嚴本與帛書《老子》的關係外，並且將古籍徵引《老子》的文字與諸本相參校，藉以追探嚴本與古籍徵引者的關係；經過資料的排比，證據的展陳，所達到的結論竟與《四庫提要》所言者相反：《道德指歸》非後人所能僞託，其爲嚴君平之原著，蓋無可疑。

這裏，分成嚴本與帛書及嚴本與古籍徵引者兩個部分，來討論《道德指歸》眞僞的問題。

首先讓本文討論嚴本與帛書老子的關係。

第一、嚴本有些句子省略，與帛書本《老子》相符合。其例有三。

1.三十九章：昔之得一者，天得一以淸，地得一以寧，神得一以靈，谷得一以盈，萬物得一以生，侯王得一以爲天下貞。

案：河上本、王弼本及傅本『萬物得一以生』同；帛書甲、乙本並無此句，嚴本亦無此句。敦煌戊本及《文選》江文通《雜體詩・注》引並無此句，嚴本不可能根據敦煌本及《文選・注》，其爲古本可知。

2.同章：萬物無以生，將恐滅。

案：各本皆有此二句，惟嚴本與帛書甲、乙本合，皆無此二句。敦煌戊本雖無此二句，其非嚴本之所依據，蓋可斷言。

3.七十三章：是以聖人猶難之。

案：各本『是以聖人猶難之』同，惟嚴本與帛書甲、乙本合，並無此句。唐易州龍興觀碑本雖亦無此句，惟非嚴本之所依據，其理至明。

第二、嚴本有些實義單字的用法除與帛書相合外，與其他各本皆不相同。其例有三。

1.五十章：陸行不遇兕虎。

案：各本『遇』字同，嚴本作『避』，與諸本獨異。檢帛書乙本此字正作『辟』（甲本殘），辟、避古、今字，嚴本之古舊可知矣。《韓非・解老篇》引作『遇』，解云：『兕虎有域，而萬害有原，避其域，塞其原，則免於諸害矣。』韓非所見《老子》，原文恐亦作『避』；今本作『遇』者，或淺人據今本改之也。吳澄本及明太祖本並作『避』，淵源有自，非嚴本之所依據，蓋可斷言。

2.五十三章：使我介然有知。

案：嚴本、河上本及其他諸本『介然』同。《指歸》云：『是以玄聖處士，負達抱通，提聰挈明。』谷神子《注》云：『挈然有知，行於大道者。』是嚴本原作『挈然』，不作『介然』明矣。今嚴本作『介然』，淺人之所改也。檢帛書甲本，此文作『摞然』；摞，借爲絜；絜、挈古通（《集韻》有說）。嚴本作『挈然』，與帛書相合，古舊甚矣。

3.五十四章：子孫祭祀不輟。

案：諸本『輟』字同，帛書乙本作『絕』（甲本殘），與諸本獨異。嚴本作『輟』，谷神子《指歸・注》引作『子孫祭祀不絕』，是谷神子所見嚴本作『絕』，不作『輟』，與帛書正相符合。今嚴本作『輟』者，蓋淺人據諸本改之也。

第三、嚴本有些句子、詞彙，除與帛書相合外，與其他各本皆不相同。其例有五。

1.四十九章：爲天下渾其心。

案：河上本及王弼本『渾其心』同，傅本作『渾渾焉』；嚴本作『渾心』，造語與諸本異。檢帛書甲本正作『渾心』（乙本殘），則嚴本之古舊蓋可知矣。敦煌伯希和二四一七及斯坦因六四五三咸作『混心』，混、渾古通，然終非嚴本之所依據。

2.五十一章：是以萬物莫不遵道而貴德。

案：河上本、王弼本及傅本『莫不』二字同，嚴本無此二字，與諸本異。帛書甲、乙本作『是以萬物尊道而貴德』，無『莫不』二字，則嚴本淵源有自明矣。馬敍倫所見羅卷、館本並無此二字，恐受嚴本之影響耳。

3. 五十五章：猛獸不據，玃鳥不摶。

案：各本此兩句同。帛書甲本作『攫鳥猛獸弗搏』，乙本作『據鳥猛獸弗搏』（『猛』原作『孟』，『搏』原作『捕』）；據，借爲攫；皆無『不據』二字，『攫鳥』又在『猛獸』之前。嚴本作『攫鳥不搏，猛獸不據』，『攫鳥』在『猛獸』之前，與帛書合。又《指歸》云：『攫鳥猛獸，無意加其攫搏。』句末『攫搏』卽訓解經文『搏』字；據《指歸》，嚴本蓋亦無『不據』二字，與帛書合。今嚴本有『不據』二字，恐淺人所增。

4. 五十七章：聖人云。

案：各本『聖人云』同，嚴本作『聖人之言云』，多『之言』二字，與諸本不合。帛書乙本作『聖人之言曰』，『曰』字雖不同，亦有『之言』二字，可證嚴本之古舊。《御覽・皇王部》一引作『聖人之言云』，猶存『之言』二字，至爲可貴。

5. 六十四章：千里之行，始於足下。

案：各本『千里之行』同，帛書甲本作『百仞之高』（仞，本作『仁』，音近而譌），乙本作『百千之高』（千，當作『仞』），與各本異。嚴本作『百仞之高』，與帛書本獨合，其古舊可知。敦煌辛本、館本及強本成《疏》引並作『百仞之高』，蓋承嚴本而來。

第四、將嚴本與各本相互比勘，可以發現不少虛字實字，嚴本都省略了；這些省略，許多都和帛書《老子》相合。其例有四。

1.五十一章：故道生之，德畜之……。

案：各本『故』字同，惟帛書甲、乙本及嚴本咸無『故』字。

2.五十七章：吾何以知其然哉？以此。

案：各本皆有『以此』二字，惟帛書甲、乙本及嚴本無之。朱謙之曰：『嚴、彭、高翿、吳勉學本無「以此」二字。』彭、高及吳本皆在嚴本之後。

3.五十八章：聖人方而不割。

案：各本皆有『聖人』二字，惟帛書甲、乙本與嚴本合，並省此二字。館本、伯希和二四一七、斯坦因六四五三亦皆無此二字，蓋受嚴本之影響耳。

4.六十六章：聖人處上而民不重，處前而民不害。

案：河上本等皆有此『聖人』二字。嚴本獨無此二字，與帛書甲、乙本及《淮南子・原道篇》引合。

第五、嚴本有一些句子或詞彙，如果和今本相比較，它們是顚倒互移的；這種現象不是很平常，但是，它們卻和帛書本《老子》相符合。其例有二。

1.八十章：安其居，樂其俗。

案：河上本及王弼本二句與此同，傅本作『安其俗，樂其居』（《史記・貨殖列傳》引與傅本合）。帛書甲、乙本『樂其俗』並在『安其居』上，《莊子・胠篋篇》及《文選・魏都賦・注》引並同；今諸本之中，惟嚴本與帛書合。

2.八十一章：善者不辯，辯者不善。知者不博，博者不知。

案：各本四句次第與此合，獨嚴本『知者不博，博者不知』二句在『善者不辯，辯者不善』之前，與諸本大異。檢帛書甲、乙本，『知者』『博者』二句正在『善者』

『辯者』之前；嚴本之古舊，蓋可成定論矣。武內義雄謂敦煌本、遂州本『知者』二句在『善者』二句之前，與嚴本合，蓋淵源甚遠。

其次，我們再來看嚴本與古籍徵引《老子》文字相符的例子；爲了行文的方便，本文將這些例子歸併入前一部分，當作是第六類。

第六、嚴本文字頗有與古籍徵引《老子》者相合，而與其他各本不同者。其例有七。

1.四十一章：廣德若不足。

案：各本『廣』字同，嚴本作『盛』，與各本異。檢《莊子・寓言篇》及《史記・老子傳》引並作『盛德』，嚴本之古舊可知矣。

2.五十七章：我好靜，而民自正；我無事，而民自富。

案：各本此數句之次第，皆與此文合。《文子・道原篇》用此二句，『我無事，而民自富』在『我好靜』之前；嚴本與《文子》所據者正相符合。

3.六十章：治大國若烹小鮮。

案：嚴本『大國』下有『者』字，與《韓非・解老》《三國志・蜀志・姜維傳》引合；他本皆無此字。

4.六十六章：江海所以能爲百谷王者，以其善下之。

案：嚴本無『善』字，與《後漢書・南匈奴傳》引合；他本皆有此『善』字。

5.七十章：是以不我知。

案：嚴本『我』作『吾』，與《淮南子・道應篇》《文子・微明篇》引合；他本皆作『我』。

6.七十四章：希有不傷其手。

案：嚴本無『有』字，與《淮南子・道應篇》引合；他本皆有此『有』字。

7.八十章：使民復結繩而用之。

案：嚴本無『復』字，與《莊子·胠篋篇》引合；他本皆有『復』字。

上文所條擧的例子，總計有二十四條；這二十四條例子，都是嚴本與其他各本不同，而與帛書《老子》、古籍引用《老子》者相符合的。帛書是晚近出土的西漢早期寫本，如果《道德指歸》是僞託的話，單只比較《德經》部分，怎麼會有五類十七條例子竟與帛書相符合呢？而其他各本個別的卻竟無如此多的巧合例子呢？《道德指歸》與古籍引用《老子》者相符合，有可能被解釋爲託僞者據古籍以售其古舊，不過，如果配合着《道德指歸》與帛書《老子》相合的證據的話，這種解釋不但顯得非常勉強，而且，反而可以輔助加強證明我們正面的推論。

嚴本與河上本、王弼本、傅奕本及范應元本，同時與帛書《老子》或古籍徵引《老子》相符合的，爲數非常多；爲了免除作僞者可能據諸本以售其欺的誤會，本文全部省略。其實，如果有了上述五類十七條與帛書《老子》相合的證據在前的話，《道德指歸》既爲嚴君平的親著，它與河上各本，同時與帛書《老子》或古籍徵引者相符合，那不是一種理所當然的合理現象嗎？

根據這六類二十四條證據，再加上唐鴻學所擧的三條，良樹認爲：今傳嚴本，包括《指歸》，應該都是西漢末年嚴君平的眞品，非後人所能贗託。

總序

除汲古閣刊《津逮秘書》本外，其他兩本《道德指歸》的卷首，都附有一則長約一千一百餘字的《總序》。這篇《總序》的組織非常簡單，除了開始的『昔者老子之作道德經也，原本形氣……增一字卽成疣贅，損一文卽成瘢瘡』一小段一百二十八字外，其他的文字都是在於序論《德經》章次之所由排比；玆過錄數則如次，以見其梗概。

自大陳小爲之上，紀道論德謂之經，始焉『上德不德』；

化由於道，而道不爲之主，故授之以『昔之得一』；

昔之得一，動由反行，非有性，莫之能聞，故授之以『上士』；

……

小國之君，形虛勢弱，懸命於鄰，故授之以『信者』；

信者萬民之所助，而將相之所存，天地之所祐，而道德之所助也。

從上面的引文可以看得出，每一個小段底下，都引了每一章的首句或爲首的幾個字。

《四庫提要》旣判定《道德指歸》爲『能文之士所贋託』，那麼，《總序》也自然在僞託的範圍內了。嚴靈峯先生在他的大著裏，基於下列三個理由：

㈠《總序》在序論德經最後一章時，引正文作『信者』，與原文『信言』不符合；嚴先生認爲『似非一本之文』。

㈡《總序》的體制有類《周易》之《序卦》，但是，爲甚麼只有『下經』，『上經』卻不見了呢？

㈢根據杜光庭《廣聖義》及殷敬順《列子釋文》的文字，嚴先生謂『則所闕者上經七卷，是否尚有類似之文，則無從稽考矣』。而認爲：『此文「秘册」、「津逮」二本未見，而文體亦不類《指歸》本，似亦羽流淺學之所爲，附益卷首，又不明上經佚闕，徒增蛇足，疑非君平自作。』

良樹考察《總序》，認爲此文亦當爲君平所親作，非後人所能僞託也。證據有二類。

第一、《總序》引用《德經》每章首句或首數字，絕大部分都和經內相應的句子相合，不過，偶而也有不符之處；這些不符的文字，有的卻與帛書《老子》相同。例如：

1.四十九章：聖人無常心。

案：嚴本及其他各本皆以『常心』屬辭，惟《總序》引作『聖人無心』，以『無心』屬辭，前後全不同。檢帛書乙本此句作『□人恆無心』（甲本此句殘），以『無心』屬辭；此《總序》古舊之一證也。

2.六十五章：古之善爲道者。

案：老子所有各本此句皆同，卽如嚴本，亦不例外。十五章及六十八章兩云：『古之善爲士者。』句型亦與此文相合。帛書甲本作『 故曰：爲道者 』，乙本作『古之爲道者』，咸無『善』字，與今本皆不相同；《後漢紀・靈帝紀》下引亦無此『善』字。《總序》引作『古之爲道者』，正無『善』字，與帛書、《後漢紀》引合。

這兩個例子都告訴我們，雖然嚴本非常的古舊，有時也逃不了後人根據各本改易的手術，而《總序》因爲和經文沒多大的關係，竟逃過了這一改易，而保存了古舊的面貌。

第二、儘管嚴本章次組合與今本頗有出入，然而，《總序》在序論各章時，其章次卻與嚴本完全重合。玆將嚴本與今本章次組合之差異製表如次：

今　本	嚴　本
39昔之得一 40反者 41上士 42道生一	39昔之得一＋40反者 41上士 42道生一
57以正治國 58a其政悶悶＋58b是以聖人方而不割 59治人事天 60治大國	57以正治國＋58a其政悶悶 58b方而不割＋59治人事天 60治大國
67天下皆謂我大 68善爲士者不武 69用兵	67天下皆謂我大＋68善爲士者不武 69用兵
78天下莫柔弱於水 79和大怨 80小國	78天下莫柔弱於水＋79和大怨 80小國

〔註〕 1.數字表今本之章次 2.表內皆以首句概括該章

根據本表，可知:

㈠嚴本第四十、六十八及七十九章，分別併入三十九、六十七及七十八章，與今本獨立成章完全不同；《總序》序論章目時，未擧四十、六十八及七十九章，可知《總序》與嚴本相符。

㈡嚴本第五十八章被離析爲二章，前半章『其政悶悶』入五十七章，後半章『方而不割』不但獨立成章，而且與今本五十九章合併；《總序》言及五十七章『以正治國』，又言及五十八章後半章『方而不割』，再言及六十章『治大國』，可見《總序》所見章次之組合與嚴本相同。

如果《總序》是後人所託僞的，作僞者很可能會受到今本的影響，在章次的組合上，未必完全符合嚴本。

也許有人這麽懷疑：《總序》條擧各章目，作僞者當然應該依據嚴本，以免露出破綻，無法達到欺售的目的。這個懷疑如果成立，那麽，所達致的結論恰好是相反了。不過，根據首類所擧的兩個證據，我們有理由相信，《總序》不可能是後人所能作僞的；因此，我們也就有理由來相信，《總序》章次組合與嚴本相合的現象，正好加強了我們旣得的結論。

基於上述兩類理由，《道德指歸》裏的《總序》應該是嚴君平的親作了。

《總序》與《周易》的《序卦》實在有許多相似的地方，試觀《周易・序卦》的組織：

(上篇）有天地然後萬物生焉，盈天地之間者唯萬物，故受之以『屯』。

屯者，盈也；屯者，物之始生也，物生必蒙，故受之以『蒙』。

……

坎者，陷也，陷必有所麗，故受之以『離』。

離者，麗也。

(下篇）有天地然後有萬物，有萬物然後有男女，……有上下然後禮義有所錯。

夫婦之道不可以不久也，故受之以『恆』。

恆者，久也，物不可以久居其所，故受之以『遯』。

物不可窮也，故受之以『未濟』終焉。

以《周易・序卦》來比況《指歸・總序》的話，《總序》似乎也分成上、下兩篇，並且附在書末，誠如唐鴻學所說的：『明姚舜咨手鈔藍格本……《序目》在後，別爲一卷，漢人箸書之例，如《法言》《史記》《漢書》《說文》等書《序目》均在卷末，如《易》之《序卦》、《說卦》然。』良樹懷疑，《總序》既分爲上、下篇，它們本來極可能是分別附在《道經》及《德經》之末的，後來，《道經》亡佚，《總序》的上篇也跟着亡佚，而只保存下今天的《德經》及下篇的《總序》了。今天，把半篇的《總序》列在全書的卷首，那更是後人的做法了。

說目

《道德指歸》內有《說目》一篇，原題作『君平說二經目』，省稱『說目』，約一百九十餘字，簡述上、下兩經的著作目的及其章數的道理。

嚴靈峯先生以《說目》內所言章數與《道德指歸》內文不相符合，而判定《說目》『非君平所自作斷可信』；這種說法大概不能成立。

試比較《說目》與《總序》的文字，我們發現兩者所論及的，頗有相似、相合之處；玆舉四例以明之。

1.《總序》云：『昔者老子之作道德經也。』《說目》云：『昔者老子之作也。』二文相合。

2.《總序》云：『參以天地。』《說目》云：『上經配天，下經配地。』二文相似。

3.《總序》云：『稽以陰陽。』《說目》云：『陰道八，陽道九，以陰行陽，故七十有二。』二文相似。

4.《總序》云：『窮微極妙，以覩自然。』《說目》云：『智者見其經効，則通乎天地之數。』二文相似。

根據這四個證據，我們有理由來相信，《說目》一篇也應該是嚴君平的原著。

谷神子序

汲古閣刊《津逮秘書》本《道德指歸》卷首有谷神子《序》一首，其文甚短，計一百二十四字；云：

嚴君平者，蜀郡成都人也，姓莊氏，故稱莊子。東漢章、和之間，班固作《漢書》，避明帝諱，更之爲『嚴』；莊、嚴，亦古、今之通語。君平生西漢中葉，王莽簒漢，遂隱遁煬和，蓋上世之眞人也。其所著有《道德指歸論》若干卷，陳、隋之際，已逸其半，今所存者，止《論德篇》；因獵其訛舛，定爲六卷。而以其《說目》，冠於端，庶存全篇之大義爾。谷神子序。

其中，自首句『嚴君平者』至『蓋上世之眞人也』，又見於《道藏》本及明姚舜咨手鈔本《道德指歸》卷首『君平說二經目』末句『萬物敷矣』之下，作雙行之夾注。易而言之，道藏本及姚本《道德指歸》於《說目》末句下有雙行夾注，注文由『嚴君平者』至『蓋上世之眞人也』，無『其所著』以下之文，更不將之獨立成『谷神子序』。

唐鴻學在他的《跋文》裏，曾經討論了此序的眞僞，他說：『錢遵王《讀書敏求記》所載序語，與汲古閣刻本序文，皆明季妄人以原書序目之小注贋充，又僞續谷神子數語，謂注書時已不全。』責斥其爲明人之所僞作，嚴靈峯先生在他的大作裏，曾經敍述此序之『所由來』，說與唐氏相合；蓋亦斷其爲僞作。

根據唐鴻學及嚴先生的分析，『其所著……谷神子序』五十六字之爲贋託，似乎是可以肯定的了。這位冒充谷神子的人在撰寫『其所著』五十六字時，實際上就已經露出很大的破綻，從而無法信其爲谷神子原著了。

《道藏》本及姚舜咨鈔本《道德指歸》是七卷本（從卷七至卷十三），與汲古閣刊刻《津逮秘書》六卷本（從卷一至卷六）相比較，實際上是多了一卷。『其所著……谷神子序』內有兩句話說：『因獵其訛舛，定爲六卷。』很明顯的，僞託者只見到六卷本的《道德指歸》，不知道它還有七卷本。另一方面，第七卷（從『人之饑也』章至『信言』章）的《道德指歸》不但保存到今天，而且，內文還有谷神子的注文！可見谷神子所注解的至少是七卷，而絕不是六卷。冒充谷神子的這個人，根本只見到六卷《道德指歸》，對於別本的第七卷，完全一無所知，才會露出這麼大的破綻。

『其所著……谷神子序』之爲贋託，據此二證，即可以斷言矣。

（《論嚴遵及其道德指歸》，在《老子論集》內，1982年臺北世界書局出版）

■莊子注

楊明照云:

郭象《莊子·注》竊自向秀之說，始於《世說新語·文學篇》，《晉書》遂著之於傳。……余於玆案，久入胸次，旣嫌信者之相與祖述，靡加參論，復病疑者之各照隅隙，未能圓通；爰弋鈞子期解義之見存者，與郭《注》類聚並列（向有郭無者三十七則，則不復贅），兩造具備，其獄或易折夫？

㈠向《注》與郭《注》同者：凡四十七則，或解詁相合，或持論不殊；同心同理，何若是之巧耶？

㈡向《注》與郭《注》近者：凡十五則，雖說解有殊，而旨趣則近；同的發矢，所距固不遠矣。

㈢向《注》與郭《注》異者：凡二十七則，皆自下已意，不相爲謀；蓋仁智見殊，故趣舍路異也。

綜上向注，都八十九則；其與郭《注》同者四十有七，近者十有五，異者二十有七。辜榷較之，厥同踰半。雖全豹未窺，難以槩定；然侏儒一節，長短可知。是子玄河分岗勢、春入燒痕之嫌，寔有口莫辯矣。且孝標察及淵魚，辨窮河豕，善於攻繆，博而且精，於《世說》紕謬之處，多所糾彈，此獨存而不論，固已仞臨川之言非誣枉也。况臨川謂支公標逍遙新理，拔向郭之外，孝標引證二家義，詞旣一致，名復共擧。果子玄純出心裁，未因人熱，何氾論首篇，卽後先璧合，彼此雷同？不寧唯是，張湛訓解《列子》，向郭幷采，而所引向《注》，與今行郭本互校，十符其八。處度生東晉之初，距向郭未遠，非緣情僞盡知，孰能朱紫有別？然則《世說》所載，信而有徵，《晉書》因之，匪逐狂已。雖然，子玄少有才理，慕道好學，託志《老》《莊》，非不能言《南華》者。蓋見子期所爲解義，窮究旨要，妙析奇致，欲貪其功，以爲己功。遂掠美因善，鳩居鵲巢；補闕拾遺，蔦施松上。縱曾自我作故，要亦因人成事，與何法盛之剽郄紹，宋齊邱之攘譚峭，不過薄乎云爾，存心固無以異。或謂獨標新義，則辭旨未充；因成舊文，而玄風益暢。其然，豈其然乎？

（《郭象莊子注是否竊自向秀檢討》，錄自《燕京學報》第二十八期）

壽普暄云：

《世說·文學篇》謂，郭注《莊子》乃竊自向秀者。《晉書·郭傳》襲用其說。歷代學者，遂據以爲定讞。迄錢遵王《讀書敏求記》，始平反其說。謂：『予覽陸氏《釋文》引向《注》者非一處也。疑向尙有別本行於世。時代遼遠，傳聞異詞，《晉書》所云，恐未必信然也。』《四庫提要》以《釋文》及《列子》張湛《注》所引向、郭二《注》異同詳略，排比以觀，謂『所謂竊據向書，點定文句，殆非無證』。其論確矣。但又謂《釋文·秋水篇》亦引向秀音義，疑《世說》所載，未必全爲實錄；末更稱『《莊子》正文，及向、郭二《注》均有脫逸，其詳不可復考』。是又讞而未決者矣。此亦《莊子》古本之一問題也，故略詮辨之。

《釋文·列子》及《文選·注》，多引向秀《注》，總計不下五十餘處。統比觀之，可分三項：㈠有向《注》，而無郭《注》者約二十條。㈡向、郭二《注》並見而彼此各異者約十七八條。㈢向、郭二《注》相同者，約十八九條。合計㈠㈡兩者約居半數以上，是相異者多，相同者少。則二《注》似各別行，郭未必出於向也。但實則不然。知者，按㈠㈡兩項之向《注》，除《胠篋》，『聖人已死，則大盜不起』『聖人不死，則大盜不止』二句《釋文》，所引向《注》；及《列子・天瑞》『生物者不生，化物者不化』（今《莊》無）張湛《注》向秀曰云：《黃帝》：『衆雌而无雄，而又奚卵』，張湛《注》向秀曰云云等處外，餘均爲短句小文。其義只在詮釋字句，而非暢敍玄旨者。所謂向秀《隱解》（見《晉書・向傳》），或不如此簡率也。苟誠如此，何足當《世說》所云：『於舊《注》外，爲解義，妙析奇致，大暢玄風』者耶？且子玄《老》《莊》之學，頗可自樹，何至蒙薄行之名，而掠取如此粗淺之《注》耶？各書（《釋文・列子》《文選・注》等）所殘存之向《注》，或爲郭所無，或與郭全異，實未可據以證定二《注》分行，郭未取於向也。此無寗反證郭襲取於向，存其精華，而遺其糟粕之較爲妥實也。

又《釋文》所錄向秀《音義》極多，幾與司馬、郭氏音相埒。但此更無關涉也。蓋司馬、向秀、郭象既爲注，又爲音。《注》在創通大義，音只爲字詁而已。二書分行，性亦不同，不可混也。故《釋文》於向別著『爲音三卷』（《隋志》作一卷），司馬別著『爲音三卷』（《隋志》作一卷），郭別著『爲音三卷（《隋志》同）』。陸氏所取，全爲三家音義，至於注文，則偶存一二而已。《世說》所稱云云，乃指《注》而言，與此別行之音義亦無關也。

錢氏不達以上二義，故有如前之誤斷（《提要》以《秋水》有向氏《音義》而疑《世說》，其誤亦同）。

再檢二《注》之相同者，其彼此字句完全一致者，固無論矣，卽其微有詳略者，審其文義，亦屬一作一述，信所謂點定文句者也。況《應帝王篇》『鄉吾示之地文，萌乎不震不止』，向、郭二《注》，各有一百三十四字，而文義字句，幾盡相同。如不認相襲，其將何以解之耶！

總之向、郭相異（或有向無郭），雖有百條，不足明郭未取於向。向、郭相同，卽有一處，亦可證向《注》爲郭所襲。蓋苟各自撰著，容或不謀而合，未必全相雷同，今竟長者數十百言，多至一二十處，文義詞句，如出一口。此實古今事理之必不能有者，雖具百喙，亦無法爲子玄解也。

但《世說》爲野乘，非盡信史。言喜誇飾，溢惡溢美，所在多有。故劉孝標《注》、劉子玄《史通》（《世說·言語篇·注》、《史通·採撰篇》等）曾予指斥。《文學篇》所記郭《注》事，情亦類此。蓋郭《注》之因於向，於向《注》盡量採取，則事實也；詆爲薄行盜竊，則誇飾矣。夫典午之世，去古已遠，孫奕引古之說，實齋言公之論（《示兒編·經傳引古》、《文史通義·言公篇》）、雖未可用於此時，但著書體例，尙未謹嚴，援引前人，而不標注，則常事也。卽如向注《莊子》、《世說·注》引《秀本傳》稱『秀唯好《老》《莊》，聊應崔譔所注，以備遺忘』。是向《注》本於崔氏矣。《文選·養生論·注》：『《莊子》曰：「虛室生白。」』向秀曰：『虛其心，則純白獨著。』按此文見《人間世》。郭《注》：『夫視有若無，虛室者也，虛室則純白獨生矣。』《釋文》司馬彪曰：『室比喩心，心能空虛則純白獨生也。』是非僅郭《注》有取於向，卽司馬氏亦有承襲於向者矣。但不聞《世說》於司馬《注》有何說也。顏之推《家訓·章文篇》有云：『班固盜竊父史。』其言虛實參半，人盡知也。何獨於《世說》記郭之事，偏執一以求乎！

《晉書·向秀傳》：『莊周著內外數十篇，歷世方士，雖有觀者，莫適論其統旨也。秀乃爲之《隱解》。解明奇趣，振起玄風，讀之者超然心悟，莫不自足一時也。惠帝之時，郭象「又述而廣之」。』此『又述而廣之』者，眞彼時之實情矣。

（《由經典釋文試探莊子古本》，原刊於《燕京學報》）

王叔岷云:

郭象《莊子・注》，辭義精約，妙得玄致，自來爲世所重。然《世說新語・文學篇》、《晉書・本傳》，並言其『爲人輕薄，竊向秀《注》，僅自注《秋水》《至樂》二篇，又易《馬蹄》一篇，其餘衆篇，或點定文句而已』。余意《世說》既稱『象有儁才』，《晉書》亦稱其『少有才理』，則當能自爲義解，何致出以剽襲。嘗思有以辨之，而未果也。蓋陳振孫稱『向秀之《注》，宋代已亡』，不得向《注》爲質，二家異同，終無從而斷。惟錢曾《讀書敏求記》云:『予覽陸氏《釋文》引向《注》者非一處，疑向尙有別本行世，時代遼遠，傳聞異詞，《晉書》云云，恐未必信然也。』惜此說辨正未詳，不曾見信於世。《四庫提要》且就《列子》張湛《注》中引向、郗《注》相同之例，謂『《世說》所謂郭竊據向書，點定文句者，殆非無證』。又云:『《秋水篇》『與道大蹇』句，《釋文》:蹇，向紀輦反，則此篇向亦有《注》，並《世說》所云，象自注《秋水》《至樂》二篇者，尙未必實錄矣。錢曾仍曲爲之解，何哉?』實則《提要》所舉諸例，向、郭《注》之異者，已不能因同者而相掩（詳後），固不得斥錢氏之說爲曲解也。且向、郭所注《莊》，其篇目多寡已不同，《釋文・敍錄》稱向秀《注》二十卷，二十六篇，一作二十七篇;一作二十八篇，無雜篇，爲音三卷。郭象《注》三十三卷，三十三篇，內篇七，外篇十五，雜篇十一，爲音三卷。其每篇之文，多寡亦有不同。如《逍遙遊篇》『聾者無以與乎鐘鼓之聲』下，《釋文》引向本更有『眇者無以與乎眉目之好夫，刖者不自爲假文屨夫』二十字，郭本無之。《大宗師篇》『蘧然覺』下，《釋文》引向本，更有『發然汗出』四字，郭本無之。《達生篇》『其痀僂丈人之謂乎』下，《列子・黃帝篇》更有『丈人曰:汝逢衣徒也，亦何知問是乎，脩汝所以，而後載言其上』二十四字。殷敬順《釋文》曾引向《注》(詳後)，是向本《莊子》有此文，而郭本無之。《列子·天瑞篇》『生物者不生，化物者不化』十字下，張湛亦引向《注》，(詳後)是向本《莊子》有此文，而郭本無之。由二書正文之有出入，可知其《注》文之不能無異矣。《莊子·釋文》、《列子》張《注》，嘗兼引向、郭二《注》，或單引向《注》，或單引郭《注》。兼引者或二《注》並同，或二《注》迴異。單引向者，則郭多無《注》。兩相舉證，異同所在，昭然若揭。今據《莊子·釋文》、《列子·注》、及他書所引，詳力纂輯，得向有《注》郭無《注》者四十八條，向、郭《注》全異者三十條，向、郭《注》相近者三十二條，向、郭《注》相同者二十八條，列此明證，然後知郭《注》之與向《注》，異者多而同者少，蓋郭雖有所探於向，實能推而廣之，以自成其說者也，豈僅自注《秋水》《至樂》二篇，及易《馬蹄》一篇而已哉？《晉書·向秀傳》云:『莊周箸內外數十篇，秀爲之隱解，發明奇趣，振起玄風。惠帝之世，郭象又述而廣之。』所謂述而廣之，蓋紀其實矣。而《郭象傳》本《世說·文學篇》之說，妄加以剽竊之名，誠誣人也！且向秀之《注》，亦多本於崔譔者，《世說·文學篇·注》云:『秀託遊數賢，蕭屑卒述，唯好《莊子》，聊應崔譔所《注》，以備遺忘。』考《釋文·敍錄》載崔譔《莊子·注》二十七篇，向秀《注》二十六篇，(一作二十七篇，一作二十八篇，蓋兼其未竟之《秋水》《至樂》二篇而言。《世說·文學篇》、《晉書·郭象傳》，並言向注《秋水》《至樂》二篇未竟而卒。)篇目多寡亦近，《釋文·音義》中所引崔、向本正文相同、(與郭本異者)《注》文相同之例亦甚多。蓋向秀亦本崔譔之義，述而廣之，與郭象本向《注》述而廣之者實同，則獨加郭象以竊名，不亦寃乎！向秀之《注》，雖亡於宋，但就余所考得者，已足證《世說·文學篇》、《晉書·郭象傳》所言之不足據信也。玆特標舉於後。

一、向有注郭無注者

〔逍遙遊篇〕而爝火不息。《釋文》：向云：爝火，人所然火也。

〔齊物論篇〕仰天而噓。《釋文》：向云：噓，息也。蒸成菌。《釋文》：向云：菌，結也。猨，猵狙以爲雌。《釋文》：向云：猵狙以猨爲雌也。河漢沍而不能寒。《釋文》：向云：沍，凍也。吾聞諸夫子。《釋文》：向云：夫子，瞿鵲之師。夫子以爲孟浪之言。《釋文》：向云：孟浪，音漫瀾，無所趣舍之謂。是黃帝之所聽熒也。《釋文》：向云：聽熒，疑惑也。何其無特操與。（案《文選》謝靈運《登池上樓詩·注》、《御覽》三八八，引特並作持，當從之）。《釋文》：向云：無特者（《通志堂》本特作持），行止無常也。

〔養生主篇〕乃中經首之會。《釋文》：向云：經首，咸池樂章也。

〔人間世篇〕易之者暭天不宜。《釋文》：向云：暭天，自然也。伏羲几蘧之所行終。《釋文》：向云：几蘧，古之帝王也。氣息茀然。《釋文》：氣息，向本作諰器，云：諰，馬氏音息；器，氣也。匠石覺而診其夢。《釋文》：向云：占夢也。會撮指天。《釋文》：向云：會撮，兩肩竦而上，會撮然也。挫鐵治繲。《釋文》：向云：治繲，浣衣也。

〔大宗師篇〕衆人之息以喉。《釋文》：向云：喘悸之息，以喉爲節，言情欲奔競所致。與乎其觚而不堅也。《釋文》：向云：與乎，疑貌。偉哉。《釋文》：向云：偉，美也。此古之所謂縣解也。《釋文》：向云：縣解，無所係也。以汝爲鼠肝乎？《釋文》：向云：鼠肝，委棄土壤而已。獻笑不及排。《釋文》：向云：獻，善也。

〔應帝王篇〕齧缺問於王倪，四問而四不知。《釋文》：向云：事在齊物論中。列子見之而心醉。《釋文》：向云：迷惑於其道也（案《列子・黃帝篇・注》、《文選》顏延年《五君詠・注》引並無於字）。向吾示之以地文。《列子・黃帝篇・注》引向云：塊然若土也。三年不出。《列子・黃帝篇・注》引向云：棄人事之近務也。爲其妻爨。《列子・黃帝篇・注》引向云：遺恥辱。

〔駢拇篇〕青黃黼黻之煌煌，非乎？《釋文》：向云：非乎，言是也。而離朱是已。《釋文》：向云：是已，猶是也。而敝跬譽無用之言，非乎？《釋文》：向本跬作𨀣。云：近也。

〔胠篋篇〕聖人不死，大盜不止。《釋文》向云：聖人不死，言守故而不日新，牽名而不造實也，大盜不止，不亦宜乎？爲之斗斛以量之。《釋文》：向云：自此以下，皆所以明苟非其人，雖法無益。

〔達生篇〕是故遻物而不慴。《列子・黃帝篇・注》引向云：遇而不恐也。而況得全於天乎？《列子・黃帝篇・注》引向云：得全於天者，自然無心，委順至理也。

〔庚桑楚篇〕日中穴阫。《釋文》：向云：阫，牆也。越雞不能伏鵠卵。《釋文》：向云：越雞，小雞也。魯雞固能之矣。《釋文》：向云：魯雞，大雞也。揭竿而求諸海也。《釋文》：向云：言以短小之物，欲測深大之域也。而況放道而行者乎？《釋文》：向云：放，依也。

〔徐無鬼篇〕奎蹏曲限。《釋文》：向云：曲限，股間也。至鄧之虛。《釋文》：向云：鄧，邑名。舉之童土之地。《釋文》：向云：童土，地無草木也。

〔則陽篇〕門尹登恆爲之傅之。《釋文》：向云：門尹，官名；登恆，人名。

〔外物篇〕大儒臚傳曰。《釋文》：向云：從上語下曰臚（《史記・叔孫通列傳・索隱》引曰作爲，爲猶曰也）。

〔天下篇〕以巨子爲聖人。《釋文》：向云：巨，向本作鉅，云：墨家號其道理成者爲鉅子，若儒家之碩儒。

〔郭本佚文〕發然汗出。《大宗師篇・釋文》引向本『蘧然覺』下，更有此四字，並有《注》云：無係則津液通也。生物者不生，化物者不化。見《列子・天瑞篇》，張湛《注》引向云：吾之生也，非吾之所生，則生自生耳，生生者豈有物哉？故不生也。吾之化也，非物之所化，則化自化耳，化化者豈有物哉？無物也，故不化焉。若使生物者亦化，化物者亦化，則與物俱化，亦奚異於物。明夫不生不化者，然後能爲生化之本也。汝逢衣徒也。見《列子・黃帝篇》，殷敬順《釋文》引向云：逢衣，儒服寬而長大者。

上舉四十八條，末三條正文不見於郭本，郭氏自無《注》可言，即前四十五條，亦惟向氏有《注》，郭氏未襲片言，安見其竊向《注》以爲己有也？且由《莊子・釋文》及《列子》張《注》，單引向《注》，則郭氏多無《注》之例推之，則其單引郭《注》者，向氏亦必多無《注》，如：

〔養生主篇〕緣督以爲經。《釋文》：李云：緣，順也。督，中也。經，常也。郭、崔同。導大窾，空也。向音空。

〔徐無鬼篇〕君亦必無盛鶴列於麗譙之間。《釋文》：司馬、郭、李皆云：麗譙，樓觀名也。

以上三條，《釋文》引郭《注》兼及諸家之《注》，皆不及向《注》，甚至引向音，亦不及向《注》。則向氏無《注》，粲然明白，此雖無向《注》本爲質，尚可肊斷也，特附記於此。

二、向郭注全異者

〔逍遙遊篇〕則夫子猶有蓬之心也夫。郭《注》：蓬非直達者也（案《釋文》引蓬下有生字，無也字，《文選》顏延年《北使洛詩・注》引亦無也字）。《釋文》：向云：蓬者短不暢，曲士之謂。

〔齊物論篇〕爲其脗合。郭《注》：脗然無波際之謂也。《釋文》：脗向音脣，云：若兩脣之相合也。置其滑涽。郭《注》：滑涽，紛亂。《釋文》：滑涽，向本作汩昏，云：未定之謂。罔兩問景曰。郭《注》：罔兩，景外之微陰也（《釋文》引同）。《釋文》：向云：罔兩，景之景也。

《養生主篇》而神欲行。郭《注》：縱心而順理。《釋文》：向云：從手放意，無心而得，謂之神欲。

〔人間世篇〕其行獨。郭《注》：不與民同欲也（《釋文》引民作人）。《釋文》：向云：與人異也。我其內熱與。郭《注》：內熱飲冰者，誠憂患之難，非美食之爲。《釋文》：向云：食美食者必內熱。

〔大宗師篇〕翛然而往，翛然而來而已矣。郭《注》：寄之至理，故往來而不難（《釋文》引作翛然，往來不難之貌）。《釋文》：向云：自然無心而自爾之謂。邴邴乎其似喜乎？郭《注》：至人無喜，暢然和適，故似喜也（案郭氏蓋以暢然和適四字，釋邴邴之義）。《釋文》：向云：邴邴，喜貌。崔乎其不得已乎？郭《注》：動靜行止，常居必然之極（案郭氏蓋以動靜行止四字，釋崔乎之義）。《釋文》：向云：崔乎，動貌。吾願遊於其藩。郭《注》：願遊其藩傍而已（案郭氏蓋以傍釋藩）。《釋文》：向云：藩，崖也。

〔應帝王篇〕壺子曰：吾與汝既其文，未既其實，而固得道與，衆雌而無雄，而又奚卵焉？郭《注》：言列子之未懷道也。《列子·黃帝篇·注》引向云：夫實由文顯，道以事彰，有道而無事，猶有雌無雄耳。今吾與汝雖深淺不同，然俱在實位，則無文相發矣。故未盡我道之實也。此言至人之唱，必有感而後和者也（《四庫提要》：『而又奚卵焉句，向《注》六十二字，郭《注》皆無之』。案郭《注》云：『言列子之未懷道也。』焉得云無之）。於事無與親。郭《注》：唯所遇耳。《列子·黃帝篇·注》引向云：無適無莫也。雕琢復朴。郭《注》：去華取實。《列子·黃帝篇》琢作瑑。《注》引向云：雕瑑之文，復其眞朴。一以是終。郭《注》：使物各自終。《列子·黃帝篇·注》引向云：遂得道也。

〔胠篋篇〕聖人已死，則大盜不起。郭《注》：絕聖非以止盜，而盜止，故止盜在去欲，不在彰聖知。《釋文》：向云：事業日新，新者爲生，故者爲死，故曰聖人已死也。乘天地之正，御日新之變，得實而損其名，歸眞而忘其塗，則大盜息矣。

〔在宥篇〕其動也縣而天。郭《注》：動之則係天而踊躍也。《釋文》：向本無而字，云：希高慕遠，故曰縣天。焉知曾史之不爲桀跖嚆矢也。郭《注》：嚆矢，矢之猛者（《釋文》引同）。《釋文》：向云：嚆矢，矢之鳴者。

〔達生篇〕達命之情者，不務知之所無奈何。郭《注》：知之所無奈何者，命表事也。《雲笈七籤》三二《養性延命錄》引向云：命盡而死者是。蹈火不熱，行乎萬物之上而不慄。郭《注》：至適故無不可耳。非物往可之。《列子·黃帝篇・注》引向云：天下樂推而不厭，非吾之自高，故不慄者也。善游者數能。郭《注》：言物雖有性，亦須數習而後能耳。《列子・黃帝篇・注》引向云：其數自能也。言其道數必能不懼舟也。

〔庚桑楚篇〕其妾之挈然仁者遠之。郭《注》：挈然矜仁。《釋文》：向云：挈然，知也。擁腫之與居，鞅掌之爲使。郭《注》：擁腫，朴也。鞅掌，自得（《釋文》引得下有也字）。《釋文》：向云：二句朴纍之謂。今吾日計之而不足，歲計之而有餘。郭《注》：夫與四時居者無近功。《釋文》：向云：日計之而不足，無旦夕小利也；歲計之而有餘，順時而大穰也。簡髮而櫛，數米而炊。郭《注》：理錐刀之末也。《釋文》：向云：理於小利也。趎勉聞道達耳矣。郭《注》：早聞形隔，故難化也。《釋文》：向云：勉，強也；僅達於耳，未徹入於心也。將內揵。郭《注》：揵，關揵也。《釋文》：向云：揵，閉也。能侗然乎？郭《注》：無節礙也。《釋文》：向云：直而無累之謂。

〔徐無鬼篇〕頡滑有實。郭《注》：萬物雖頡滑不同，而物物各自有實也（案郭氏蓋以不同釋頡滑，故成玄英《疏》本之云：頡滑，不同也）。《釋文》：向云：頡滑，謂錯亂也。

〔外物篇〕謀稽乎誸。郭《注》：誸，急也。《釋文》：誸，向本作弦。云：堅正也。

上舉三十條，向郭兩《注》無一相同者，使向《注》今尙全存，則郭《注》與之異者，當更不止此，而《世說・晉書》並謂郭氏僅『自注《秋水・至樂》二篇，又易《馬蹄》一篇』，是於此三篇外，郭《注》當無與向《注》異者矣。不知何所據而云然也！

三、向郭注相近者

〔逍遙遊篇〕郭《注》：夫小大雖殊，而放於自得之場，則物任其性，事稱其能，各當其分，逍遙一也。豈容勝負於其間哉？《世說新語・文學篇・注》引向郭逍遙義曰：『夫大鵬之上九萬，尺鷃之起榆枋，小大雖差，各任其性，苟當其分，逍遙一也。然物之芸芸，同資有待，得其所待，然後逍遙耳。唯聖人與物冥，而循大變，爲能無待而常通，豈獨自通而已？又從有待者，不失其所待，不失則同於大通矣。』案此並引向郭《注》，明二《注》相同也，然證以今本郭《注》，惟與所引『逍遙也』以上數句相近，則此當全是向《注》，郭氏但本其首數句以爲說耳。又案此篇下文『若夫乘天地之正，而御六氣之辯，以遊無窮者，彼且惡乎待哉』下，郭《注》後半有云：『故必得其所待，然後逍遙耳，而況大鵬乎？夫唯與物冥，而循大變者，爲能無待而常通，豈自通而已哉？又順有待者，使不失其所待，所待不失，則同於大通矣。』與此所引『得其所待』以下相近，郭氏亦本之以爲說也。　海運則將徙於南冥。郭《注》：非冥海不足以運其身。《釋文》：向云：非海不行，故曰海運。是其言也，猶時女也。郭《注》：謂此接輿之所言者，自然爲物所求，但知之聾盲者，謂無此理。《釋文》：向云：時女虛靜柔順，和而不喧，未嘗求人，而爲人所求也（案陳景元本喧作唱）。

〔齊物論篇〕夫吹萬不同，而使其自已也。郭《注》：……故天也者，萬物之總名也。……《弘明集》五：羅含《更生論》引向云：天也者萬物之總名。人也者，天中之一物（案

《更生論》但引向《注》，未引正文，不知向氏是向注此文，姑識之於此）。

〔養生主篇〕吾生也有涯。郭《注》：所禀之分，各有極也。《雲笈七籤》三二《養性延命錄》引向云：生之所稟者有涯也。殆已。郭《注》：安得而不困哉？《釋文》：向云：殆已，疲困之謂。已而爲知者，殆而已矣。郭《注》：已困於知，而不知止，又爲知以救之，斯養而傷之者，眞大殆也。《雲笈七籤》三二《養性延命錄》引向云：已困於智矣，又爲以攻之者，又殆矣（據郭《注》，爲下當有智字，攻當作救，又殆當作大殆）。官知止。郭《注》：司察之官廢。《釋文》：向云：專所司察而後動，謂之官智。

〔人間世篇〕其易邪？郭《注》：誠未易也。《釋文》：向云：易，輕易也。虛室生白。郭《注》：夫視有若無，虛室者也。虛室而純白獨生矣。《文選》嵇康《養生論・注》引向云：虛其心，則純白獨著。時其饑飽，達其怒心。郭《注》：知其所以怒而順之。《列子・黃帝篇・注》引向云：達其心之所以怒而順之也。適有蚉䖟僕緣。郭《注》：僕僕然羣著馬。《釋文》：向云：僕僕然蚉䖟緣馬稠穊之貌。

〔應帝王篇〕而以道與世亢，必信。夫故使人得而相汝。郭《注》：未懷道則有心，有心而亢其一方，以必信於世，故可得而相之。《列子・黃帝篇・注》引向云：亢其一方，以必信於世，故可得而相也（案《四庫提要》曾引此條，但謂『郭《注》多七字』，則誤）。萌乎不震不正（案《釋文》引崔本不震不正作不誫不止，誫爲震之異文，正乃止之誤，《莊子闕誤》引江南古藏本亦作止）。郭《注》：萌然不動，亦不自正（當作止）。與枯木同其不華，濕灰均於寂魄。此乃至人無感之時也。夫至人其動也天，其靜也地，其行也水流，其止也淵默。淵默之與水流，天行之與地止，其於不爲而自爾一也。今季咸見其尸居而坐忘，卽謂之將死。覩其神動而天隨，因謂之有生。誠應不以心，而理自玄符。與變化升降，而以世爲量。然後足爲物主，而順時無極。故非相者所測耳。此應帝王之大意也。《列子·黃帝篇》作罪乎不誫不止（《釋文》：罪，本作萌）。《注》引向云：萌然不動，亦不自止。與枯木同其不華，死灰均其寂魄，此至人無感之時也。夫至人之動也天，其靜也地，其行也水流，其湛也淵嘿。淵嘿之與水流，天行之與地止，其於不爲而自然一也。今季咸見其尸居而坐忘，卽謂之將死。見其神動而天隨，便謂之有生。苟無心而應感，則與變升降，以世爲量，然後足爲物主，而順時無極耳，豈相者之所覺哉？鄉吾示之以天壤。郭《注》：天壤之中，覆載之功見矣。比之地文，不猶外乎？此應感之容也。《列子·黃帝篇·注》引向云：天壤之中，覆載之功見矣。比之地文，不猶外乎？名實不入。郭《注》：任自然而覆載，則天機玄應，而名利之飾，皆爲棄物。《列子·黃帝篇·注》引向云：任其自然而覆載，則名利之飾，皆爲棄物。是殆見吾善者機也。郭《注》：機發而善於彼，彼乃見之。《列子·黃帝篇·注》引向云：有善於彼，彼乃見之，明季咸之所見者淺矣（案《四庫提要》嘗引此條，但謂『向《注》多九字』，則誤）。吾鄉示之以太沖莫勝。郭《注》：居太沖之極，浩然泊心，而玄同萬方，故勝負莫得措其間也。《列子·黃帝篇》莫勝作莫眹，《注》引向云：居太沖之極，皓然泊心，玄同萬方，莫見其迹。鯢桓之審爲淵，止水之審爲淵，流水之審爲淵，淵有九名，此處三焉。郭《注》：淵者，靜默之謂耳，夫水常無心，委順外物，故雖流之與止，鯢桓之與龍躍，常淵然自若，未始失其靜默也。夫至人用之則行，捨之則止，行止雖異，而玄默一焉。故略擧三異以明之，雖波流九變，治亂紛如，居其極者，常淡然自得，泊乎忘爲也。《列子·黃帝篇·注》引向云：夫水流之與止，鯢旋之與龍躍，常淵然自若，未始失其靜默也。鄕吾示之未始出吾宗。郭《注》：雖變化無常，而當深根寧極也。《列子·黃帝篇·注》引向云：雖進退同羣，而常深根寧極也（案《四庫提要》曾引此條，但謂『向、郭並同』，則非）。吾與之虛而委蛇。郭《注》：無心而隨物化。《列子·黃帝篇》委蛇作猗移，《注》引向云：無心以隨變也。因以爲弟靡，因以爲波流，故逃也。郭《注》：變化頹靡，世事波流，無往而不因也。夫至人一耳，然應世變而時動，故相者無所措其目，自失而走，此明應帝王者無方也。《列子·黃帝篇·注》引向云：變化頹靡，世事波流，無往不因，則爲之非我，我雖不爲，而與羣俯仰，夫至人一也，然應世變而時動，故相者無所用其心，自失而走者也（案《四庫提要》曾引此條，但謂『向、郭並同』，則非）。塊然獨以其形立。郭《注》：外飾去也。《列子·黃帝篇·注》引向云：則外事去矣。紛而封哉（《釋文》引崔本哉作戎，當從之，哉爲戎之形誤）。郭《注》：雖動而眞不散也。《列子·黃帝篇》哉作戎，《注》引向云：眞不散也。

〔胠篋篇〕夫哼哼之意。郭《注》：哼哼，以己誨人也。敦煌本《釋文》：向云：哼哼，以智誨人之貌。

〔天地篇〕手撓顧指。郭《注》：言其指麾顧眄。《釋文》：向云：顧指者，言指麾顧眄而治也。

〔繕性篇〕謂之倒置之民。郭《注》：營外虧內，其置倒也（案《古逸叢書》覆宋本末句作『甚倒置也』）。《釋文》：向云：以外易內，可謂倒置。

〔達生篇〕達生之情者，不務生之所無以爲。郭《注》：生之所無以爲者，分外物也。《雲笈七籤》三二《養性延命錄》引向云：生之所無以爲者，性表之事也。夫奚足以至乎先，是色而已。郭《注》：同是形色之物耳，未足以相先也。《列子・黃帝篇・注》引向云：同是形色之物耳，未足以相先也。以相先者，唯自然也。若乃夫沒人。郭《注》：沒人，謂能鶩沒於水底。《列子・黃帝篇・注》引向云：能鶩沒之人也。

〔庚桑楚篇〕子有殺父，臣有殺君，正晝爲盜，日中穴阫。郭《注》：無所復顧。《釋文》：向云：言無所畏忌。

〔寓言篇〕搜搜也。郭《注》：運動自爾。《釋文》：向云：搜搜，動貌。

上舉三十二條，郭《注》固本於向《注》，但復有所損益，以自成說，非僅『點定文句』而已。

四、向郭注相同者

〔逍遙遊篇〕宋人有善爲不龜手之藥者。郭《注》：其藥能令手不拘坼（案郭氏蓋以拘坼釋龜）。《釋文》：向云：龜，拘坼也。

〔齊物論篇〕厲風濟。《釋文》：向郭云：厲風，烈風。而獨不見之調調、之刁刁乎？郭《注》：調調刁刁，動搖貌也。《釋文》：向云：調調刁刁，皆動搖貌。是今日適越而昔至也。郭《注》：今日適越，昨日何由至哉？（案郭氏蓋以昨日釋昔）。《釋文》：向云：昔者，昨日之謂也。

〔養生主篇〕臣以神遇。郭《注》：闇與理會。《釋文》：向云：闇與理會，謂之神遇。而況大軱乎？《釋文》：向、郭云：觚戾大骨也（案今本郭《注》觚作軱）。惡乎介也？《釋文》：向、郭云：介，偏刖也（案今本郭《注》作『介，偏刖之名』）。不蘄畜乎樊中。《釋文》：向、郭云：樊，藩也。所以籠雉也（案今本郭《注》無藩也二字）。

〔德充符篇〕踵見仲尼。《釋文》：向、郭云：踵，頻也。

〔人間世篇〕死者以國量乎澤若蕉。郭《注》：……視之若草芥也（案郭氏蓋以草芥釋蕉）。《釋文》：向云：蕉，草芥也。結駟千乘，隱將芘其所藾。郭《注》：其枝所陰，可以隱芘千乘也。《釋文》：向云：藾，蔭也。可以隱芘千乘也。

〔大宗師篇〕其顙頯。郭《注》：頯，大朴之貌。《釋文》：頯，向本作魌，云：魌，大朴貌。於謳聞之玄冥。《釋文》：向、郭云：玄冥，所以名無而非無也（案今本郭《注》冥下有者字）。浸假而化予之左臂以為雞。郭《注》：浸，漸也。《釋文》：向云：浸，漸也。

〔應帝王篇〕鄭人見之，皆棄而走。郭《注》：不憙自聞死日也（案《御覽》七八一、《合璧事類前集》五二，引憙並作喜）。《列子·黃帝篇·注》引向云：不喜自聞死日也。是殆見吾杜德機也。郭《注》：德機不發曰杜。《列子·黃帝篇·注》引向云：德幾不發故曰杜也。是殆見吾衡氣機也。郭《注》：無往不平，混然一之，以管闚天者，莫見其涯，故似不齊。《列子·黃帝篇》此文《注》，未引向《注》，而於上文『子之先生不齊』下（案今本《列子》

不上衍坐字，齊作齋），引向云:『無往不平，混然一之，以管闚天者，莫見其涯，故似不齊也。』卽此文郭《注》所本（案《四庫提要》謂此條『向《注》二十二字，郭《注》無之』，非也）。不知其誰何。郭《注》: 汎然無所係也。《列子・黃帝篇・注》引向云: 汎然無所係。食豕如食人。郭《注》: 忘貴賤也。《列子・黃帝篇・注》引向云: 忘貴賤也。

〔在宥篇〕 從容無爲，而萬物炊累焉。《釋文》: 向、郭云: 炊累，如埃塵之自動也（案今本郭《注》作『若遊塵之自動』）。

〔繕性篇〕心與心識。《釋文》: 向本識作職，云: 彼我之心，競爲先職矣。郭《注》旣與向同，則亦當作職也（案今本郭《注》職作識，下無矣字而有『無復任性也』五字）。

〔秋水篇〕證曏今故。《釋文》: 向、郭云: 曏，明也。

〔達生篇〕物與物何以相遠。郭《注》: 唯無心者獨遠耳。《列子・黃帝篇・注》引向云: 唯無心者獨遠耳。彼得全於酒而猶若是。郭《注》: 醉故失其所知耳，非自然無心者也。《列子・黃帝篇・注》引向云: 醉故失其所知耳，非自然無心也。五六月累丸二而不墜，則失者錙銖。郭《注》: 累二丸於竿頭，是用手之停審也。故其承蜩所失者，不過錙銖之間也。《列子・黃帝篇》累丸作纍垸，《注》引向云: 累二丸而不墜，是用手之停審也。故承蜩所失者，不過錙銖之間耳。

〔庚桑楚篇〕 且夫二子者。《釋文》: 向、郭云: 二子，堯、舜也。（案今本郭《注》作『二子謂堯、舜』）。內韄者不可繆而捉。案郭氏於此文無《注》，而下文《注》有云:『綢繆以待之。』卽『繆而捉之』之意，是釋繆爲綢繆也。《釋文》：向云：繆，綢繆也。

《天下篇》其風窢然。《釋文》：向、郭云：窢，逆風聲（案今本郭《注》作『逆風所動之聲』）。

上舉二十八條，郭《注》鈔襲向《注》，固不可諱言。然其中亦小有出入，非盡詞句全同也。（至如《齊物論篇》『庸詎知吾所謂知之非不知邪』，郭《注》：『……夫蛣蜣之知，在於轉丸。』《六書故》二十引向《注》亦有此文，據《事類賦》三十《蟲部》、《事文類聚・後集》四八、《大日經疏演奧鈔》五，並引『蛣蜣之知，在於轉丸』爲莊子佚文，則向、郭此《注》，乃同用莊子，不得列入二《注》相同之例也。《讓王篇》『而共伯得乎共首』下，《路史・發揮》二引向、郭《注》云：『共和者，周王之孫也，懷道抱德，食封於共，厲王之難，諸侯立之，宣王立，乃廢，立之不喜，廢之不怒。』實則此乃成玄英《疏》，《路史》誤引爲向、郭《注》，自亦不得列入二《注》相同之例也，特辨正於此）。《世說・晉書》咸謂《秋水篇》爲郭所自《注》，但據《釋文》所引，復有一條與向《注》相同者（卽「鄉，明也」一條）。蓋注解中亦時有偶同之例，兼有不得不同之例也，若《四庫提要》之僅據『蹇，紀輦反』一音，並疑《秋水》、《至樂》二篇之非郭氏自《注》，未免溢惡太甚矣！且由二氏《注》文之出入，以推其旨趣，亦大有逕庭。卽如前舉《達生篇》郭《注》：『同是形色之物耳，未足以相先也。』向《注》多『以相先者，唯自然也』二句，而歸趣遂殊。蓋向氏立論，常持有不生不化之主宰，故謂自然爲『形色之物』之先，觀其『若使生物者亦生，化物者亦化，則與物俱化，亦奚異於物？明乎不生不化者，然後能爲生化之本』（《列子・天瑞篇・注》引，詳前）之說，其理益著。郭氏則重在物之自生自化，觀其『誰得先物乎哉？吾以自然爲先之，而自然卽物之自爾』（《知北遊篇・注》）之說，其理益明。自然旣爲『物之自爾』，則物之外自無所謂主宰矣。又如：『故天也者，萬物之總名也。莫適爲天，誰主役物乎？故物各自生，而無所出焉，此天道也。』（《齊物論篇・注》）『死生出入，皆欻然自爾，自爾耳，無所由，故無所見其形也。』（《庚桑楚篇・注》）並可證郭之旨，與向迥別。讀二氏《注》，而能辨其異同若此，不惟不冤郭象，亦庶乎不謬解向秀之說矣！

（《莊子向郭注異同考》，在《莊學管窺》內，臺北藝文印書館出版）

林聰舜撰《向郭莊學之研究》，刊布於國立臺灣師範大學國文研究所《集刊》第二十六號，結論云：『㈠郭象盜竊向《注》之說，因《世說》《晉書》之記載，皆有摭拾舊聞，失之浮誇之嫌；《晉書》且依違兩可，自相出入。故若無其他佐證，實不可貿然採信。而郭象之德行、才學如何，與其是否盜莊，亦屬兩事，不可混爲一談。㈡向郭二《注》所依據之版本各異，篇卷、文句亦有不同，正文旣有如許差異，則《注》亦可推知絕非《世說》所載「點定文句」而已。㈢就《列子》張湛《注》《經典釋文》等書所引之向《注》佚文，與郭《注》比勘，雙方注文雷同之處甚夥，其間雖亦有部分差異，然僅限於文句訓解之別，此種文句訓解之部分差異，實仍不足掩郭氏抄襲之迹。㈣向郭二《注》，雖於文句訓解有部分差異，然基本義理則無二致，郭乃承襲向義「述而廣之」，故「向郭二《注》，其義一也」。』

蘇新鋈撰《郭象莊學平議》，臺北學生書局出版；第三章爲《郭象莊注與向秀注之殊異》，分三節。節一爲《對莊義闡述方式與程度上之殊異》，節二爲《對莊書若干相同字、句申訓之殊異》，節三爲《對莊書若干字、句有注與無注之殊異》。

〔存　目〕

張亨撰《莊子注的作者問題》，發表於《淡江國學論文集》（一九七一）內。

劉盼遂撰《申郭象注莊子不盜向秀義》，原刊於《文字同盟》第十號。

王利器撰《今本莊子郭象序非子玄所撰考》，在《圖書季刊》新八卷三、四期內。

黃錦鋐撰《關於莊子向秀注與郭象注》，在黃著《莊子及其文學》一書內，臺北東大圖書公司出版，一九七七年。

侯外廬撰《向秀與郭象的莊注疑案與莊義隱解》，在《中國思想通史》第二卷內。

嚴靈峯撰《爲郭象莊子注辯誣》，發表於一九六八年九月二十六日中央日報第九版內。

王利器撰《莊子郭象序的眞僞問題》，刊於《哲學研究》第九期內。

余敦康撰《關於莊子郭象序的眞僞問題》，刊於《哲學研究》第十期內。

牟宗三撰《向、郭之注莊》，發表於《民主評論》第十二卷五、六、七期。

續偽書通考

臺靜農題

下冊

鄭良樹 編著

臺灣學生書局印行

續僞書通考

（下）

目　錄

墨家類

■墨　子　（1455）

陳品卿（1455）
楊　寬*（1458）
繆　鉞*（1458）
嚴靈峯*（1458）

法家類

■管　子　（1459）

蔣伯潛（1459）
馬非百（1459）
容肇祖（1509）
胡家聰（1523）
黄　漢*（1537）

■商　子　（1538）

詹秀惠（1538）
宋淑萍（1540）
劉國銘*（1540）
熊公哲*（1540）

■愼　子　（1541）

金德建（1541）
方國瑜（1542）

■韓　子　（1548）

錢　穆（1548）
張公量（1548）
陳啓天（1548）
陳奇猷（1548）
祝貽諶（1549）
鄭良樹（1554）
曾繁康*（1562）
嚴靈峯*（1562）
高偉謀*（1562）

■洗寃錄　（1563）

錢大昕（1563）

名家類

■鄧析子 (1565)

蔣錫昌 (1565)

■公孫龍子 (1566)

孫　碌 (1566)
譚戒甫 (1566)
余嘉錫 (1568)
陳　直 (1569)
周駿富 (1569)
黃雲眉 (1570)
何啓民 (1570)
阮廷卓 (1573)
龐　樸 (1579)

兵家類

■六　韜 (1593)

蔣伯潛 (1593)
張　烈 (1594)

■孫　子 (1598)

齊思和 (1598)
李　零 (1605)
鄭良樹 (1617)
樹　人* (1626)
余空我* (1626)
朱伯隆* (1626)

■孫臏兵法 (1627)

楊伯峻 (1627)

■尉繚子 (1631)

華陸綜 (1631)
何法周 (1632)
鍾兆華 (1639)
鄭良樹 (1645)
張　烈 (1646)
袁宙宗* (1652)
何法周（又）* (1652)

醫家類

■本　草 (1653)

黃雲眉 (1653)

■難　經 (1654)

徐大椿 (1654)

雜家類

■子華子 (1655)

詹景鳳 (1655)
馮時可 (1655)

■於陵子 (1656)

陳秀蘭 (1656)

■鬼谷子　(1663)
趙鐵寒 (1663)
黄雲眉 (1668)
■呂氏春秋　(1671)
方孝孺 (1671)
盧文弨 (1671)
松皋圓 (1671)
傅武光 (1672)
田鳳台* (1672)
陳奇猷* (1672)
■劉子新論　(1673)
張　嚴 (1673)
王叔岷 (1675)
■論　衡　(1682)
黄　暉 (1682)
■物類相感志　(1683)
蘇瑩輝 (1683)
■劉賓客嘉話錄　(1685)
唐　蘭 (1685)

小說家類

■燕丹子　(1689)
羅根澤 (1689)
■博物志(附博物記)　(1693)
施之勉 (1693)
■世說新語　(1695)
周樹人 (1695)
蕭　虹 (1695)
■古鏡記　(1698)
馮承基 (1698)
段熙仲 (1703)
■昨夢錄　(1708)
顧國瑞 (1708)
■金瓶梅　(1714)
田宗堯 (1714)
吳　晗* (1721)
魏子雲* (1721)
■京本通俗小說　(1722)
蘇　興 (1722)
吳圳義* (1729)
■醒世姻緣　(1730)
胡　適 (1730)
王素存 (1731)
劉階平 (1736)

藝術類

■棋　經 (1745)

李毓珍 (1745)

類書類

■聖賢群輔錄 (1759)

潘重規 (1759)

〔集部〕

楚辭類

■楚辭章句 (1767)

徐恆之 (1767)
張壽平 (1770)
丁　力 (1775)
姜昆武、徐漢澍 (1784)
姜亮夫 (1798)
金德厚* (1798)
周　村* (1798)

別集類

■柳宗元集 (1799)

梁容若* (1799)

■毘陵集 (1800)

羅聯添 (1800)

■李文公集 (1806)

羅聯添 (1806)

■杜牧樊川集 (1807)

吳企明 (1807)
張金海 (1817)
陳修武 (1824)

■白樂天長慶集 (1855)

岑仲勉 (1855)

■臨川集 (1857)

錢大昕 (1857)

■岳武穆集 (1858)

唐圭璋 (1858)

■心　史 (1859)

余嘉錫 (1859)
姚從吾 (1860)
劉兆祐 (1862)

■雲莊集 (1869)

梁庚堯 (1869)

■指南錄 (1870)

吳山蘿（1870）

■太常袁公行略、許文肅公遺集（1872）

戴玄之（1872）

詩集類

■柏梁臺詩（1881）

丁邦新（1881）

■悲憤詩（1890）

陳延傑（1890）
勞　榦（1891）
戴君仁（1896）
李　鍌*（1897）
宋　升*（1897）

■王右丞集（1898）

韓維鈞（1898）

■李太白集（1905）

吳企明（1905）
李廷先（1911）

■庚子山集（1922）

許逸民（1922）

■李益詩集（1925）

王夢鷗*（1925）

詞曲類

■西廂記（1927）

毛奇齡（1927）
鄭　騫（1929）
蔡丹治*（1939）
張永明*（1939）

■琵琶記（1941）

朱建明、彭　飛（1941）

■滄浪亭（1953）

劉世德（1953）

■翻西廂、賣相思（1958）

張　曾（1958）

總集類

■樂　府（1961）

〔木蘭辭〕

李純勝（1961）
游國恩（1966）

〔孔雀東南飛〕

許世旭（1969）
王冰彥（1970）
方師鐸*（1973）
熙　仲*（1973）
王運熙*（1973）

〔胡笳十八拍〕
朱學瓊 (1973)
李鼎文 *(1979)
李西成 *(1979)
段熙仲、金啓華* (1979)

■文　選 (1980)

〔李陵答蘇武書〕
錢大昕 (1980)
〔古詩十九首〕
鄺士元 (1980)
方祖燊 (1986)
葉嘉瑩* (2003)
〔怨歌行〕
陳延傑 (2003)

■文選音 (2005)

周祖謨 (2005)

■玉臺新詠 (2006)

〔白頭吟〕
陳延傑 (2006)
〔盤中詩〕
陳延傑 (2007)

■詩準、詩翼 (2009)

程元敏 (2009)

■全唐文 (2012)

傅璇琮、張忱石、許逸民 (2012)

〔大赦菴記〕

方積六 (2015)

■全唐詩 (2033)

湛　之 (2033)

■廣十二家唐詩 (2026)

劉兆祐 (2026)

■元曲選 (2030)

鄭　騫 (2030)

■孤本元明雜劇 (2034)

鄭　騫 (2034)

詩文評類

■文心雕龍 (2039)

劉仁清 (2039)
詹　鍈 (2051)
楊明照 (2063)
王達津 (2071)
張　嚴* (2077)
王更生* (2077)

〔道藏〕

■太平經 (2079)

王　明 (2079)
熊德基 (2090)

〔佛藏〕

■牟子理惑論 (2101)

胡　適 (2101)
周叔迦* (2103)
余嘉錫 (2101)

墨家類

■墨　子

陳品卿云：

任公治墨，與胡氏頗相沆瀣，往往屈己從之，而獨於此《經》作者堅持舊說，與胡氏諍論甚力，其《墨經校釋》曾對上列四端，逐條致駁。余嘗更反覆思之，亦約舉數義如左：

㈠《漢書・藝文志》有《墨子》七十一篇，今存五十三篇，然篇佚而目存，除此《經》外，更別無所謂《墨經》，則既有此《經》，自不能別有指目。

㈡莊、韓、魯去古非遠，其言較可信，潛谿晚出，且語無左證，何以反黜舊聞，輕信其說，揆之事理，殊有未安。

㈢《莊子・天下篇》云：墨者雖『倍譎不同』，雖『相謂別墨』而『俱誦《墨經》』，足見《墨經》作於別墨之前，且《墨經》爲倍譎不同之墨者所共同誦習之經典，是則《墨經》應爲翟自著，若果眞如胡氏所言，《墨經》作於別墨，則其自認爲眞墨之正統派者，又何能與別墨俱誦《墨經》？

㈣胡氏謂《莊子・天下篇》所稱之《墨經》，乃指《兼愛》《非攻》之類，又將惠施、公孫龍列入別墨，則施、龍之流所誦者，應爲《兼愛》《非攻》之類也，此必與《莊子・天下篇》所謂：『俱誦《墨經》；而倍譎不同，相謂別墨，以堅白同異之辯相訾，以觭偶不仵之辭相應』之旨不合。

㈤今觀《墨子·尚賢》《尚同》《兼愛》《非攻》《節用》《節葬》《天志》《明鬼》《非樂》《非命》，皆有上中下三篇。文字雖少異，而大體則同。一人所著，決不至如此重沓，此卽墨離爲三之證。三家所傳不同，而集錄者兼采之耳。此絕非《莊子》所稱之《墨經》明矣。

㈥胡氏謂《墨經》『全是科學家和名學家的議論，這可見這六篇書決不是墨子時代所能做得出的』（《中國哲學史大綱》，二册八篇第一章)，考之《莊子·天下篇》，墨子數稱道禹，禹似爲其敎祖，《周髀算經》釋矩字，云:『禹之所以治天下者，此數之所生也。』趙《注》云:『禹治洪水，望山川之形，定高下之勢，乃句股之所由生。』《考工記》:『有虞氏上陶，夏后氏上匠。』禹明於句股測量之術，匠人世守其法，以營造宮室，通利溝洫。（《考工記》:『匠人建國，水地以縣，置槷以縣，眡以景，爲規，識日出之景與日入之景。晝參諸日中之景，夜考之極星，以正朝夕。』又:『匠人爲溝洫。凡行奠水，磬折以參伍。欲爲淵，則句於矩。』匠人明句股測量之理如此，故能建國行水。而行水奠水卽禹治之方也。）墨子旣以禹爲祖，故亦尚匠，亦擅句股測量之術。公輸般與之同時，世爲巧匠。公輸子削竹木以爲鵲，成而飛之，三日不下。而墨子亦能作飛鳶。惟墨子由句股術進求其理，故有『平，同高也』『圜，一中同長也』『端，體之無序而最前者也』諸語。此皆近於《幾何》。所與遠西不同者。遠西代有增損，日益光大，至今乃有輝煌之成就。中國則秦漢以降，闡揚《墨經》中純數理之學者，後繼乏人耳。墨子公輸般生於魯，皆能造機械，試於惠王之前。般九設攻城之機變，墨子九距之。般之攻械盡，墨子之守圉有餘。此雖墨家夸飾之辭，亦足徵二人之工力相敵矣。今觀《墨經》之內容，考其作者，就先秦諸子中，有可能性作此經書者，非墨子而誰？

(七)胡氏謂『墨子的議論，往往有極鄙淺可笑的。例如《明鬼》一篇，雖用三表法，其實全無論理』（《中國哲學史大綱》，二册八篇第一章）。明鬼之道，自古有之，墨子傳之，以爲神道設教之助，實有所不得已。墨子之學主於兼愛非攻，欲萬民生活皆善，故以節用爲第一法。節用則家給人足，然後可成其兼愛之事實。以節用故反對厚葬，排斥音樂。然人由儉入奢易，由奢入儉難。《莊子》云：『以裘褐爲衣，以跂蹻爲服，墨子雖獨能任，奈天下何！』墨子亦知其然，故用宗教迷信之言誘人，使人樂此。凡人能迷信，即處苦而甘，苦行頭陀，不憚赤腳露頂，正以其心中有佛耳。如疑墨子能作機械，又《經上》、《經下》辯析精微，明鬼之說，與此不類，不知其有深意存焉。

(八)墨家本重於『辯』。《墨子》云：『以其言非吾言者，是猶以卵投石也。盡天下之卵，其石猶是也。不可毀也。』（《貴義篇》）又云：『凡出言談，則不可不先立儀而言。若不先立儀而言，譬之猶運鈞之上而立朝夕者也。我以爲雖有朝夕之辯，必將終未可得而從定也。』（《非命下》）又云：『言無務爲多而務爲智，無務爲文而務爲察。』（《修身篇》）言有三表，皆『務爲智』『務察』也。是故知《墨經》者，乃所以爲墨學下定義，爲墨爲學立根據；且所以破當時辯者之論也。

(九)《大取》《小取》與《經》《說》相類，當爲墨家及門弟子，據《經說》上下篇推衍而成也。

(十)《莊子·天下篇》『俱誦《墨經》』之下，尙有『倍譎不同，相謂別墨，以堅白同異之辯相訾，以觭偶不仵之辭相應……』等語，辭意聯屬，無可割裂，無論《親士》至《三辯》七篇，多非墨家之言，亦非墨家精神所契，不能名經；《兼愛》《非攻》，出諸三墨記述，是《論》非《經》，不容混淆外；且尋繹諸篇，俱與辯學無關，倍譎一辭，羌無所麗，堅白同異，尤復無關。使信如胡氏所言，《天下篇》『俱誦《墨經》』以下諸語，一切皆無所取義。則別墨之徒，究竟所誦何經？所承何學？依文析義，殆已不辯自明：《經》之爲《經》，其果屬之彼乎？屬之此乎？

據以上所述，知孫詒讓、胡適之所說實謬。《墨經》當爲墨子所自作，即縱非手著，亦當爲及門弟子，親承講授，記錄而成。斷不可存疑祖述，妄擬施、龍，尋枝葉而棄本根，昧初傳而張末學。

（《墨經作者考》，原刊於國立師範大學《國文學報》第九期）

〔存 目〕

楊寬撰《墨子各篇作期考》，在《學藝》第十二卷十期內。

繆鉞撰《論墨經撰著時代》，在 1947. 2. 11 中央日報內。

嚴靈峯撰《現存墨子諸篇內容之分析及其作者的鑒定》，在《幼獅學誌》六卷三期內。

法家類

■管　子

蔣伯潛云:

管仲爲春秋初人，而《管子》皆爲長篇的據題抒意之議論文，與《論》《孟》記言之體殊，而與《荀》《韓》造論之體近；以諸子文體之演變衡之，不但非春秋初年之書，且亦非戰國初年之所作也。若以其依託管仲，卽信爲其眞是管仲所作，誤矣。

（《諸子通考》）

馬非百云:

本書是古人有意賣弄玄虛，用僞裝的方法，在學術史上打的一個埋伏。要攻破這個埋伏，揭開它的僞裝，以期露出眞像，勢非採用作戰的方法，先建立幾個主要的據點，作爲進攻的根據地，然後穩扎穩打，由點及線，再進行全面的圍攻，決不足以獲得最後的勝利。

現在，我們就這樣開始試試吧！

據點一，本書之成，不得在漢高祖七年封陳平爲曲逆侯以前——《輕重甲》：『管子曰：女華者，桀之所愛也，湯事之以千金。曲逆者，桀之所善也，湯事之以千金。內則有女華之陰，外則有曲逆之陽，陰陽之議合，而得成其天子，此湯之陰謀也。』趙用賢云：『湯以至仁伐暴，何必為此？是戰國陰謀之說，非管氏語也。』這是書生被著者的偽裝所迷惑的一個最顯明的例子。本書體裁，常常喜歡捏造人名地名，偽托為某甲某乙在某地作某事，作為它說明其在財政經濟政策上所有見解的工具，固不必眞有其事，但從它所偽托的某甲某乙，卻往往可以看出它本身的時代性來。這裏有『曲逆』二字，便是一個大破綻。考《漢書・陳平傳》載漢高祖被圍於白登，用陳平奇計，使使間厚遺單于閼氏，圍以得解。高祖南過曲逆，乃詔御史更以陳平為曲逆侯。這是漢高祖七年的事。這裏最可注意的，就是：

第一，曲逆是陳平的封號，是漢高祖七年才被封的，在此以前沒有過。

第二，陳平之被封為曲逆侯，是由於他是漢朝的一位大間諜，他還一次從漢高祖手裏領用過黃金四萬多斤，去離間項羽和范增的友誼關係，破壞他們間的團結，收到了滅亡楚國的效果。這與『湯事之以千金』正相符合。

第三，漢高祖在白登被圍得解，確是得了匈奴冒頓單于的閼氏的力量，而閼氏的肯於出力，又確是通過大間諜陳平的奇計，使使間厚遺她才實現的。這與所謂『湯以千金事女華』和『陰陽之議合』等說法，也相符合。

當然，它決不是在寫漢高祖，但也決不是在寫湯。它只是要說明一個關於用金銀實行離間的間諜政策，所以就從腦筋中所能記憶的有關這類事件的人物，信手拈來，編成一個故事，做為這個政策的具體例證罷了。

據點二，本書之成，不得在漢文帝十二年徙淮陽王為梁王以前——《輕重戊》：『桓公曰：今吾欲下魯梁，何行而可？管子對曰：魯梁之俗民為綈，公服綈，令左右服之，民從而服之。公因令齊勿敢爲，必仰於魯梁，則是魯梁擇其農事而作綈矣。桓公曰：諾。卽爲服於泰山之陽，十日而服之。』尹《注》云：『魯梁二國在泰山之南，故爲服於此，近其境也，欲魯梁人速知之。』案當齊桓公時，齊魯附近無梁國。至戰國魏都大梁，始以梁稱。然大梁之梁，並不在泰山之南。泰山之南之梁國，至漢文帝用賈誼言，徙淮陽王爲梁王始有之。《漢書・文三王傳》：『梁孝王武以孝文二年與太原王參、梁王揖同日立，武爲代王。四年徙爲淮陽王，十二年徙梁。』又云：『漢立太子，梁有親有功，又爲大國，居天下膏腴地，北界泰山，西至高陽，四十餘城多大縣。』又《賈誼傳》云：『梁王勝死亡子，誼復上疏曰……臣之愚計，願擧淮南地以益淮陽，而爲梁王立後。割淮陽北邊二三列城與東郡以益梁。不可者，可徙代王而都睢陽。梁起於新郪以北著之河，淮陽包陳以南揵之江，則大諸侯之有異心者，破膽而不敢謀。梁足以捍齊趙，淮陽足以禁吳楚，陛下高枕，終無山東之憂矣。……文帝於是從誼計乃徙淮陽王武爲梁王，北界泰山，西至高陽，得大縣四十餘城。』據此，是北界泰山之梁，至漢文帝十二年用賈誼始有之。今此文言梁與魯旣皆在泰山之南，足證其所謂梁者，確係指『割淮陽北邊二三列城與東郡以益梁』而『起於新郪以北著之河』之後的『北界泰山』之梁而言，實甚明顯。

據點三，本書之成，不得在漢武帝元狩三年修昆明池及元鼎六年平定南越以前——《輕重甲》：『桓公曰：天下之國，莫強於越。今寡人欲北擧事孤竹離枝，恐越人之至，爲此有道乎？管子對曰：君請遏原流，大夫立沼池，令以矩游爲樂，則越人安敢至？……請以令隱三川，立員都（與瀦通，下同），立大舟之都。大舟之都有深淵，壘十仞。令曰：能游者賜千（十）金，未能用金千，齊民之游水，不避吳越。桓公終北擧事于孤竹離枝，越人果至，隱曲菑（菑）以水齊。管子有扶身之士五萬人，以待戰於曲菑（菑），大敗越人。此之謂水豫。』考越於春秋諸國，最爲後起。在齊桓公時，尙未通於中國，以後勾踐北上中原，與諸侯爭霸，然距桓公之卒，已百七十餘年。且爲時甚暫卽又寂焉無聞。齊桓公時，安得云『天下之國莫強於越』？此蓋以漢武帝修昆明池，訓練水軍以平定南越事爲背景。史載漢高後崩，趙佗因以兵威財物，賂遺閩越西甌駱役屬焉。東西萬餘里，乘黃屋左纛，稱制與中國侔。文帝時，致南越王佗書，至謙稱曰：『朕，高皇帝側室之子。』而佗之答書，也自稱爲老夫。雖經陸賈說令臣服於漢，然至武帝初年，其相呂嘉倔強益甚。是時漢正與匈奴對抗，而兩越常內侵，爲北征軍後顧之憂。武帝之欲滅南越，實非一朝一夕之故。《史記・平準書》載是時粵（越）欲與漢用船戰逐，乃發天下故吏伐棘上林，穿『昆明池，列觀環之。治樓船，高十餘丈，旗幟加其上，甚壯』。又《漢宮室疏》云：『漢武帝作豫章大船，可容萬人。』《平準書・索隱》云：『昆明池有豫章館。豫章，地名。以言將出軍於豫章也。』這是元狩三年的事。至元鼎五年，不過八年，漢武帝果派伏波將軍路博德等將江淮以南樓船二十萬人（《漢書》作十萬人）與越馳義侯所將巴蜀夜郎之兵齊會番禺，次年，遂平定越地以爲南海等九郡。今觀此文，有云：『天下之國，莫強於越，今寡人欲北擧事伐孤竹離枝，恐越人之至。』不就是漢武帝欲北伐匈奴，而兩越常內侵的反映嗎？『大夫立沼池，……請以令隱三川，立員都，立大舟之都』，不就是漢武帝發天下故吏伐棘上林，穿昆明池的反映？如『扶身之士五萬人』，則是路博德等所率江淮以南樓船二十萬人的反映；如曲菑則是番禺的反映。所不同的，只是把漢人南征，改爲越人北犯罷了。這事如此明顯，而郭沫若先生卻力主此篇所言，固是漢代事迹之反映，然不必卽是影射漢武帝治樓船事。並引建元三年派莊助發會稽兵浮海救東甌事，作爲在景帝時卽有此寓言，漢武帝不過從而實踐之的唯一反證（《管子集校》頁一二〇五）。殊不知莊助浮海救東甌，也是武帝時代與南越交涉之一幕。而且建元是武帝的年號，與景帝無關。這也許是郭先生的筆誤，但令景帝時已有對越交涉，也只是證明越在漢初確很強大，和我上面的說法，並沒有什麼衝突。

據點四，本書之成，不得在漢宣帝五鳳中耿壽昌奏增海租三倍及請令邊部設立常平倉以前——《輕重甲》：『管子對曰：……君請立五厲之祭，祭堯之五吏。春獻蘭，秋斂落，原魚以爲脯，鯢以爲殽。若此，則澤魚之征，百倍異日。則無屋粟邦布之籍。』又《國蓄》篇：『故天子籍於幣，諸侯籍於食。中歲之谷，糶石十錢，大男食四石，月有四十之籍。大女食三石，月有三十之籍。吾子食二石，月有二十之籍。歲凶穀貴，糶石二十錢，則大男有八十之籍，大女有六十之籍，吾子有四十之籍。是人君非發號令收〔畝〕穡而戶籍也，彼人君守其本委謹，而男女諸君吾子無不服籍者也。』案這裏所說的『澤魚之征，百倍異日』，應該是漢宣帝五鳳中耿壽昌奏增海租三倍之一事的反映。『諸侯籍於食』，應該是耿壽昌請令邊郡設立常平倉實行穀專賣一事的反映。《漢書・食貨志》云：『宣帝卽位，……時大司農中丞耿壽昌以善爲算，能商功利，得幸於上。五鳳中，奏言：故事歲漕關東穀四百萬斛以給京師，用卒六萬人。宜糴三輔、弘農、河東、上黨、太原郡穀，足供京師，可以省關東漕卒過半。又白增海租三倍。天子皆從其計。……壽昌遂白令邊郡皆築倉，以穀賤時增其價而糴，以利農；穀貴時減價而糶，名曰「常平倉」。民便之。』據此，則漢宣帝時實有增加海租的措施，海澤之征，盡管起源甚古，但在漢武帝時，還只有『縣官嘗自漁海』的事。公開按三倍增收，則確至漢宣帝時才開始實行。而據蕭望之的說法，則所謂海租者，主要是指魚稅而言。這與本書所謂『澤魚之征，百倍異日』，正相符合。至『諸侯籍於食』云云，顯然是一種穀專賣的制度。其法與《海王》篇之鹽鐵專賣大概相同。

平歲石十錢，凶歲石二十錢，乃指穀專賣之價格 而言，尹《注》所謂『非必稅其人，謂於操事輕重之間，約收其利』者，就是這個意思。考穀專賣制度， 在漢武帝時及其以前， 都未實行。 李悝的『 平糴法 』，只是想利用國家的力量，平抑穀價，使其上不過八十，下不減三十，所謂價平卽止。如此而已。至桑弘羊『平準法』，只說到『大農諸官，盡籠天下之貨物，貴則賣之，賤則買之』，只說到『令民得入粟補吏及罪以贖』，和『令民入粟甘泉各有差以復終身，不復告緡。他郡各輸急處，而諸農各致粟山東，漕益歲六百石』。在鹽鐵會議時，賢良文學和御史大夫方面，也都沒有片言只語及於此事，到了宣帝時，採用了耿壽昌的『穀賤時增價而糴，穀貴時減價而糶』的意見，歷史上才有所謂『常平倉』這一名詞的出現，但還沒有利用此法作爲國家財政收入之意。今觀本書對於穀專賣制度，則津津言之。如《巨乘馬》《乘馬數》兩篇所說的『筴乘馬之數』，《山國軌》篇所說的『置幣滿準』法，《山至數》篇所說的『以幣據穀』法及『奪之以會』法就都是說明利用賤買貴賣的方針來進行穀專賣的具體設施，而且主要是以增加國家財政收入爲前提，有時甚至不惜把穀價提高到四十倍之多（見《輕重甲》）。這比耿壽昌的常平倉，顯然又前進了一步。可以說耿壽昌的常平倉是李悝『平糴法』的發展。而本書中的穀專賣制度，又是耿壽昌常平倉制度的發展。

據點五，本書之成，不得在漢成帝陽朔三年潁川鐵官徒申屠聖等百八十人及永始三年山陽鐵官徒蘇令等二百二十八人先後起義以前——《輕重乙》篇：『 桓公曰： 衡謂寡人曰，…… 諭以令斷山木，鼓山鐵，是可以無籍而用足。管子對曰：不可，今發徒隸而作之， 則逃亡而不守。 發民則下疾怨上。 邊境有兵， 則懷宿怨而不戰。未見山鐵之利而內敗矣。故善者不如與民，量其重，計其贏，民得其十（七），君得其三，有（又）染之以輕重，守之以高下，若此，則民疾作而爲上虜矣。』案此文係對於衡所主張之山鐵國營政策，表示反對之意見。其理由卽爲勞動工人之來源問題。其意以爲：如以奴隸爲之，則恐其不易管理，而或致逃散。若以自由民爲之，又因其爲額外的力役之征，必將引起其對於政府之惡感，不僅平時有『下怨上而令不行』之現象，而且一旦邊境有事，亦皆懷宿怨而不肯爲君致死。故山鐵國營，不但無益於國，而且其害實有不可勝言者。此種思想之發生，實亦有其時代的背景，決非無病呻吟之談。考漢代鹽鐵政策，在孔僅時，本爲官民合營。所謂『募民自給費，因官器作煮鹽，官與牢盆』就是明證。至桑弘羊主政，始一律改爲國營，故《鹽鐵論・水旱》篇大夫云：『卒徒工匠以縣官日作公事，財用饒，器用備。』又《復古》篇大夫云：『卒徒衣食縣官，作鑄錢器，給用甚衆，無妨於民。』既曰『財用饒，器用備』、『衣食縣官，給用甚衆』，其爲純粹國營而非民營或官民合營可知。又曰『卒徒工匠』，則其所用勞動工人，有奴隸（徒），也有自由民（卒及工匠）又可知。這一政策施行的結果，在漢武帝時代，是有它的成績的。《史記・平準書》說：『縣官有鹽鐵緡錢之故，用少饒矣。』又曰：『大農以均輸調鹽鐵，助賦，故能贍之。』可是到了鹽鐵會議時，就已經發生種種流弊，據《鹽鐵論・水旱》篇賢良云：

> 今縣官作鐵器，多苦惡，用費不省，卒徒煩而力作不盡。……卒徒作不中呈，時命助之。發征無限，更繇以均劇，故百姓疾苦之。

這是說在奴隸方面，由於他們痛恨自己的不自由的過重的勞動，對勞動不感興趣，就常發生『力作不盡』和『作不中呈』的怠工現象。而在自由民方面，也以『發征無限，吏繇以均劇』的關係，都懷怨望之心。因而所做鐵器，成本旣大（用費不省），出品的質量又很壞很低（多苦惡），以致造成鐵官賣器不售的惡果。鹽鐵會議舉行於昭帝始元六年，上距武帝元封元年桑弘羊爲治粟都尉兼領大農，盡代孔僅管理天下鹽鐵之時，不過二十九年。其時桑弘羊尚存，而其流弊卽已如此。然而這時似乎還沒有發生嚴重的奴隸逃亡的事件。到了鹽鐵會議之後，以賢良文學紛紛反對之故，加以桑弘羊因政爭失敗，爲霍光所殺，鹽鐵國營，形式上雖仍舊進行，而政府之看法，則早已與制度初創人桑弘羊的看法，不能一致。因而奴隸的待遇，有可能比以前更爲惡劣。以此至成帝時，遂連續發生潁川及山陽之兩次鐵官亡徒的暴動。《漢書・成帝紀》載：『陽朔三年，夏六月，潁川鐵官徒申屠聖等百八十人殺長吏，盜庫兵，自稱將軍，經歷九郡。……』又載：『永始三年十二月，山陽鐵官徒蘇令等二百二十八人攻殺長吏，盜庫兵，自稱將軍，經歷郡國十九，殺東郡太守汝南郡尉。……』關於後者，《漢書・天文志》及《五行志》記載得更詳細。《天文志》云：『永始三年十二月庚子，山陽鐵官亡徒蘇令等殺傷吏民，篡出囚徒，取庫兵，聚黨數百人，爲大賊逾年，經歷郡國四年餘。』《五行志》云：『山陽亡徒蘇令等黨與數百人盜取庫兵，經歷郡國四十餘，皆逾年乃伏誅。』一則曰『山陽鐵官亡徒』，一則曰『山陽亡徒』，足證當時鐵官徒隸之逃亡不守，實已成爲不可否認之事實，而其所經歷之地方，竟達四十餘郡國之多，其範圍之廣，聲勢之大，與羅馬之以斯巴達卡斯爲首的奴隸大起義，可謂東西相映，無獨有偶。由此，我們可以得出結論，卽：

1. 本書著者在鹽鐵政策上之意見，與桑弘羊實已完全不同。
2. 此種意見不同之原因，第一，由於著者對於財政經濟，素持『物之所生，不若其所聚』之主張，故與其自行生產，不如使人民生產而以輕重之策操縱之，反可收到事半功倍的效果。第二，則由於吸取了從桑弘羊以來鹽鐵國營政策以後發生流弊之實際的經驗與教訓。

3. 此處所論『發徒隸而作之』之流弊，顯然是桑弘羊以後的社會背景之反映，在桑弘羊時代及其以前，無論私營或國營差不多都是利用奴隸勞動來工作，多的達數千人，少的亦數百人（參看《鹽鐵論・復古篇》及《史記・貨殖列傳》），到了漢元帝時，全國鐵官所用奴隸總數，竟達十萬人以上（參看《漢書・貢禹傳》），可以說正是奴隸勞動的極盛時期。如果不是在奴隸大暴動的影響之下，這種思想是不會發生的。

大抵本書著者因熟悉漢朝政府所施行的鹽鐵國營政策，已發生如上所述之種種毛病，而其在財政經濟上，又素持『物之所生，不若其所聚』之主張，故遂提出此種修正之意見，以爲政府不必完全實行國營，但能採用民營官管，而以量重計贏三七分成的原則，分配其生產的結果，而又加之以輕重之策之運用，操縱物價之高下，則人民在利益均霑條件之下，咸將自動努力從事於生產之增加，上述之不良現象，旣可完全免除，而山鐵之利，也自無不歸於上的毛病了。惟此一意見，終西漢一代，似均未曾見諸實行。《漢書・食貨志》於敍述昭帝卽位六年，桑弘羊與郡國賢良文學辯論鹽鐵政策之後，跟着又說：『宣元成哀平五世無所變改。元帝時，嘗罷鹽鐵官，三年而復之。』無所變改者，謂仍是承襲桑弘羊之舊法而無所更改也。王莽篡漢，設爲『五均』『六斡』之法，鹽鐵也在六斡之中。本書著者所以要提出來討論，其理由卽在於此。

據點六，本書之成，不得在王莽始建國二年拜大阿右拂大司空更始將軍甄豐爲右伯及太傅平晏爲左伯以前——《輕重戊》：『桓公問管子曰：民飢而無食，寒而無衣，……爲之奈何？管子對曰：沐塗樹之枝也。桓公曰：諾。令謂左右伯沐塗樹之枝。』案左右伯之名，最早見於《禮記・王制》。其文云：

八伯各以其屬屬於天子之老二人，分天下以爲左右二伯。

到了王莽，才照此付諸實行。《漢書・王莽傳》云:

> 始建國元年，……以大司徒就德侯平晏爲太傅就新公。……大阿右拂大司空衞將軍廣陽侯甄豐爲更始將軍廣新公。……二年……〔豐〕子尋爲侍中，京兆大尹茂德侯，卽作符命，言新室當分陝立二伯。以豐爲右伯，太傅平晏爲左伯，如周召故事。莽卽從之，拜豐爲右伯。

郭沫若先生以王莽故事，係仿《王制》，謂以此作爲《輕重》諸篇作於王莽時之證，實欠斟酌。今案王莽制度事事仿古，此故事自亦從《王制》中依托而來，郭說甚是。但本文言沐塗樹之枝，何以必命左右伯爲之而不命其他官吏？這便和甄豐曾兼大司空一官，有着不可分離的關係。《國語》云:『司空視塗。』韋昭《注》:『司空掌道路者。』又《左傳》載子產云:『司空以時平易道路。』可見司空乃掌『平易道路』之官，而『沐塗樹之枝』，則正是平易道路工作中的一部分。甄豐旣是以大阿右拂大司空更始將軍被兼拜爲右伯，所以這個右伯，就和《王制》編的右伯，有着顯著的根本上的區別。這就是說《王制》編的右伯不可能被命去做『沐塗樹之枝』的工作，只有王莽始建國二年所拜的兼任大司空的右伯甄豐，才有和『沐塗樹之枝』這一工作發生聯系的可能。這一點很重要，這是我們用以判定本書的寫成是在《禮記・王制》時代？還是在王莽時代這個問題的唯一最有力的憑據。

據點旣經建立，第二步就可以根據這些據點，向整個埋伏實行全面圍攻。關於本書所用各種例證確爲漢代的實際歷史事實者，除以上各個據點外，其他散見於書中各篇者爲數尚多。把這些僞裝全面揭開，以期露出它的本來面目，我想應該不是沒有意義的工作。玆爲便於說明起見，特按照漢代帝王次序分別敍述如後:

（甲）屬於漢高祖時代者——

一、賀獻制度的反映——《輕重甲》:『管子對曰:請以令使賀獻出正籍者必以金。』案『賀獻』二字，又分見《輕重乙》及《輕重丁》。其制實始於漢。《漢書・高帝紀》：『十一年二月詔曰：欲省賦甚，今獻未有程，吏或多賦以爲獻，而諸侯王尤多，民疾之。令諸侯王常以十月朝獻，及郡各以其口數，率人歲六十三錢，以給獻費。』可見賀獻卽朝獻，而朝獻之有程，實自漢高祖十一年才開始規定的。

二、公葬制度的反映——《揆度》：『管子曰：匹夫爲鰥，匹婦爲寡，老而無子者爲獨。君問其若有子弟師役而死者，父母爲獨，上必葬之，衣衾三領，木必（祕）三寸，鄉吏視事，葬於公壤。』這裏所述，與《漢書・高祖本紀》所載：『令士卒從軍死者，爲槥歸於其縣，縣給衣衾棺槨具，祠以少牢，長吏視事』內容完全相同。

（乙）屬於文景時代者——

一、嚴道銅山鑄錢的反映——《山權數》：『湯以莊山之金鑄幣。』案此語又見《輕重戊》篇。《鹽鐵論・力耕》篇亦有此語，惟莊山作嚴山。嚴山卽莊山，東漢避明帝諱，故改爲嚴山。嚴山就是嚴道山，其山產銅。《史記・佞幸傳》：『太中大夫鄧通方寵幸，上欲其富，賜之蜀嚴道銅山，得自鑄錢，鄧氏錢遍天下。』考《明統一志》：『嚴道廢縣，在雅州治東。秦始皇滅楚，徙嚴王之族以實其地，故名。』又《太平御覽》六十六引《蜀記》亦云：『秦滅楚，徙嚴王之族於嚴道。』《括地志》則云：『秦昭王相嚴君疾封於此，故縣有是稱。』是嚴道之得名，不論是由於嚴君疾，或楚莊王，要之皆在戰國末年，則可確定。至其以嚴道銅山之銅鑄幣，則直至漢文帝時，始由鄧通爲之。可證本書之成，決不得在漢文帝賜鄧通銅山以前了。

二、吳楚七國之變的反映——《山至數》：『桓公問於管子曰：請問爭奪之事何如？管子曰：以戚始。……君人之主，弟兄十人，分國爲十，弟兄五人，分國爲五。三世則昭穆同祖，十世則爲祏。故伏尸滿衍，兵決而無止。輕重之家復游於其間。故曰毋予人以壤，毋授人以財，……此王者之大轡也。』毋予人以壤者，不以土地封人也。毋授人以財者，此處財字與上文『出實財』之財字不同。出實財之財乃指財物而言。此處財字則爲《山國軌》篇『又官（管）天財』之財，謂一切自然資源，皆應由國家管制之，不得輕以給人，卽《鹽鐵論·復古》篇所謂『古者名山大澤不以封』的意思。本文所論，謂爭奪之事，由於分國，故主無予人以壤，表面上似與李斯議封建時所言：『周文武所封子弟同姓甚衆，然後屬疏遠，相攻擊如仇讐，諸侯交相誅伐，周天子弗能禁止，今海內賴陛下神靈，一統皆爲郡縣，諸子功臣，以公賦稅重賞賜之，甚足，易制，天下無異意，則安寧之術也。置諸侯不便』云云，同是反對分封子弟同姓之分國制度。然觀《輕重乙》篇云：『請與之立壤列天下之旁。天子中立，地方千里，兼霸之壤三百有餘里，佌諸侯度百里，負海子男者度七十里。若此，則如胸之使臂，臂之使指也。』則又明確提出大小相維之立壤列政策，以爲解決邊地吏民因疏遠而懷疾怨的問題之唯一方法，不應一書之中，而其主張乃前後自相矛盾如此。及讀《賈誼新書·屬遠》篇，《漢書·賈誼傳》《吳王濞傳》及《鹽鐵論·錯幣》篇與《禁耕》篇，始悟本文及《輕重乙》篇兩段文字，皆係以漢文景時吳楚七國事變爲其背景，而其理論，則全由賈誼所上文帝各疏與《鹽鐵論》大夫方面所持之意見，抄襲揉合而成。賈誼上疏云：

> 今或親弟謀爲東帝，親兄之子西鄉而擊，今吳又見告矣。……臣竊迹前事，大抵強者先反，欲天下之治安，莫如衆建諸侯而少其力。力小則易使以義，國小則無邪心。令海內之勢，如身之使臂，臂之使指，莫不制從。

又曰：

病非徒腫也，又苦𨂂盭。元王之子帝之從弟也，今之王者，從弟之子也，惠王親兄子也。今之王者兄子之子也。親者或無分地以安天下，疏者或制大權以逼天子。

又上疏云:

陛下卽不定制，如今之勢，不過一傳再傳，諸侯尤且人恣而不制， 豪植而大強。 漢法不得行矣。 今淮南地遠者或數千里，越兩諸侯而縣屬於漢。其吏民繇役往來長安者，自悉而補，中道衣敝，錢用諸費稱此。其苦屬漢而欲得王至甚，逋逃而歸諸侯者已不少矣。其勢不可久。臣之愚計，願擧淮南地以益淮陽而爲梁王立後，……梁足以扞齊趙，淮陽足以禁吳楚，陛下高枕，終無山東之憂矣。

據此可知賈誼並不反對分國制度， 反之， 且竭力主張實行分國制度。不過其意以爲分國制度之實行，應注意下列之二前提，卽:

⑴欲諸王之皆忠附，莫如衆建諸侯而少其力;

⑵不可使親者或無分地以安天下，疏者或制大權以逼天子。

此其所論， 與李斯之主張『諸子功臣以租稅重賞賜之， 甚足， 易制』者，實不可同日而語，今觀本文云: 『爭奪之事，以戚始。』又曰: 『君人之主，弟兄十人，分國爲十，弟兄五人，分國爲五，三世則昭穆同祖，十世則爲祏，故伏屍滿衍，兵決而無止。』不就是賈誼所謂『今或親弟謀爲東帝，親兄之子西鄉而擊，今吳又見告矣』的意思嗎？《輕重乙》篇云: 『地之東西二萬八千里，南北二萬六千里。天子中而立，國之四面，面萬有餘里，民之入正籍者亦萬有餘里。故有百倍之力而不至者，有十倍之力而不至者，有倪而是者。則遠者疏疾怨上，邊境諸侯受君之怨民，與之爲善，缺然不朝，是天子塞其途。』及上文所引《立壤列》云云，不就是賈誼所謂『今淮南地遠者或數千里，越兩諸侯而縣屬於漢，其吏民繇役往來長安者自悉而補，中道衣敝，錢用諸費稱此，其苦屬漢而欲得王至甚，逃而歸諸侯者不少』和『欲天下之治安莫若衆建諸侯而少其力。令海內之勢，如身之使臂，臂之使指，莫不制從』的意思嗎？然則所謂『毋予人以壤』者，乃指不應以土地分封於『疏而非親』之人，尤其不應使『親者或無分地以安天下，疏者或制大權以逼天子』而言，其事甚明。至『毋授人以財』，則更與吳王濞事完全符合。考《漢書・吳王濞傳》：『高祖立濞於沛爲吳王，王三郡五十三城。孝惠高后時，天下初定。郡國諸侯各務自撫循其民。吳有豫章銅山，卽招致天下亡命者盜鑄錢，東煮海水爲鹽，以故無賦，國用饒足。吳王由是怨望，稍失藩臣禮，稱疾不朝。至景帝時，吳王卒連七國反。』此事在漢，實爲一大政治問題，賈誼論之於前，晁錯論之於後，而皆無救於時，其在政治上所給予漢人之教訓，至爲深刻。以此至鹽鐵會議時，大夫方面，尙猶再三提出，作爲辯護鹽鐵專賣政策之最大理由。如《鹽鐵論・錯幣》篇大夫云：

> 文帝之時，縱民得鑄錢冶鐵煮鹽，吳王擅鄣海澤，鄧通專西山。山東姦滑，咸聚吳國。秦雍漢蜀因鄧氏。吳鄧錢布天下，故有鑄錢之禁。

《禁耕》篇大夫曰：

> 異時鹽鐵未籠，布衣有朐邴，人君有吳王，……專山澤之饒，薄賦其民，賑贍窮小，以成私威。私威積而逆節之心作。

可見『授人以財』也是很危險的了。

三、珠玉金銀等三等幣制之反映——《國蓄》篇云：『以珠玉爲上幣，以黃金爲中幣，以刀布爲下幣，三幣握之非有補於煖也，食之非有補於飽也。先王以守財物，以御民事而平天下也。』《地數》《揆度》《輕重乙》等篇所言略同。案以珠玉黃金及刀布同用爲幣，古代無聞。至秦並天下，始行三等貨幣制。《史記・平準書》云：『至秦中，一國之幣爲三等，黃金以鎰名，爲上幣，銅錢識曰半兩，重如其文，爲下幣，而珠玉龜貝銀錫之屬爲器飾寶藏不爲幣，然各隨時而輕重無常。』《漢書·食貨志》三等作二等。顏師古曰:『上幣者，二等之中，黃金爲上而錢爲下也。』漢興，錢制屢有變更，然大抵皆因秦舊。據『各隨時而輕重無常』一語，則珠玉在秦漢時雖不爲幣，而一般人之心理，以其難得，仍甚貴重之。其價借與地位，往往遠駕於黃金之上。雖無貨幣之名，而實際則等於最高等之貨幣。故《平準書》卽逕云:『秦中一國之幣爲三等。』事實上在漢時，珠玉亦確已取得最高等貨幣之地位，故《漢書·景紀》後三年春正月詔云:

黃金珠玉，飢不可食，寒不可衣，以爲幣用，不知其終始。

晁錯《請貴粟疏》云:

夫珠玉金銀，飢不可食，寒不可衣，然而衆貴之者，以上用之故也。其爲物輕微易藏，在於把握，可以周海內而無飢寒之患。

《貢禹傳》亦載《禹疏》言云:

宜罷採珠玉金銀之官，毋復以爲幣。

貢禹此言，上於漢元帝初元五年爲御史大夫時，可見到了元帝時代，漢朝還是以珠玉金銀爲幣的了。本文所論三等幣制，不僅是反映了秦漢時代的實際情形，而且其所謂『三幣握之非有補於暖也，食之非有補於飽也』二語，亦係從上引景帝詔及晁錯《請貴粟疏》中『飢不可食，寒不可衣』蛻化而來。又『先王以守財物，以御民事而平天下』數語，則與賈誼所謂『上挾銅積，以御輕重，以臨萬貨，以調盈虛，以收奇羡』一段文字，有抄襲之關係，而它的時代性也就很顯而易見了。

（丙）屬於漢武帝時代者——本書是漢末王莽時代的人討論國家統制經濟政策的專書，而漢武帝一朝，則是這個政策的主要創造和實行的時代。所以書中對於武帝一代的歷史事實之反映，分量也

就特別多。這裏特舉其最顯著的數條於下:

一、漢代財政經濟政策的中心思想之反映——《巨乘馬》篇:『管子曰:「國器皆資」(贍),無藉於民。』籍者賦斂也。這是說不必賦斂於民,而國家所需要的器械皆能足用的意思。這類的句子,在本書中不止一見。如:

故開闔皆在上,無求於民。——《乘馬數》

故萬民無籍而國利歸於君也。——《國蓄》

故不求於萬民而籍於號令也。——同上

今四壤之數,君皆善官(管)而守之,則籍於財物,不籍於人。——《山國軌》

乘令而進退,無求於民。——同上

桓公問於管子曰:不籍而贍國,爲之有道乎?管子對曰:軌守其時,有(又)官(管)天財,何求於民?——同上

齊之戰車之具具於此,無求於民,此去丘邑之籍也。——同上

軍五歲毋籍衣於民。——《地數》

終身無籍於民。——同上

五官(管)之數不籍於民。——《揆度》

然則自足,何求於民也。——《輕重甲》

請以令斷山木, 鼓山鐵, 是可以無籍而用足。——《輕重乙》

故國八歲而無籍。——《輕重丁》

故周天子七年不求賀獻。——同上

未嘗求籍於民而使用若河海。——同上

蓋本書著者正以『 無籍而用足 』爲其理財之中心思想。其所持理由,約可分爲四端。《國蓄》篇云:『以室廡籍,謂之毁成。以六畜籍,謂之止生。以田畝籍,謂之禁耕。以正人籍,謂之離情。以

正戶籍，謂之養羸。』《海王》篇及《輕重甲》所言略同。此以籍民爲妨害國民生產力，一也。《國蓄》篇又云：『今人君籍求於民，令曰什日而具，則財物之賈什去一。令曰八日而具，則財物之賈什去二。令曰五日而具，則財物之賈什去半。朝令而夕具，則財物之賈什去九。……故不求於萬民而籍於號令也。』此以籍民爲強奪國民之所得，二也。《國蓄》篇又云：『民予則喜，奪則怒，民情皆然。先王知其然，故見予之形，不見奪之理。故民愛可洽於上也。租籍者，所以強求也。租稅者，所慮而請也。王霸之君，去其所以強求，廢其所慮而請，故天下樂從也。』《輕重乙》篇略同。此以籍民爲易賈國民之怨，三也。《輕重甲》篇云：『皮干筋角之征甚重，重籍於民而貴市之，皮干筋角，非爲國之數也。』又云：『今君之籍取以正，萬物之賈輕去其分，皆入於商賈。』此以籍民爲足以損民而益商，四也。以此之故，著者認爲籍求於民，實非理財之善法，故毅然主張施行輕重之策，而不主張直接向人民進行賦歛。梁啓超名之曰『無籍主義』，是很有道理的。然此種無籍主義，實完全本之於桑弘羊而非著者所自創。《史記・平準書》記桑弘羊理財之成績云：

> 於是天子北至朔方，東到泰山，巡海上，并北邊以歸。所過賞賜，用帛百餘萬匹，錢金以巨萬計，皆取足大農。……而諸農各致粟山東，漕益歲六百萬石。一歲之中，太倉甘泉倉滿，邊餘穀，諸物均輸帛五百萬匹。民不益賦而天下用饒……。

又《漢書・蕭望之傳》，張敞云：

> 昔先帝征四夷，兵行三十餘年，百姓猶不加賦而軍用給。

《鹽鐵論・輕重篇》御史云：

> 大夫各（君）運籌策，建國用，籠天下鹽鐵諸利，以排富商大賈。買官贖罪，損有餘，補不足，以齊黎民。是以兵革東

西征伐，賦斂不增而用足。

可見此種成績，確爲桑弘羊所獨創之歷史新記錄。雖《鹽鐵論・非鞅》篇及《禁耕》篇，大夫曾有『商君相秦，……不賦百姓而師以贍』之言。《漢書・吳王濞傳》亦載：『吳有豫章銅山……，以故無賦國用饒足。』似『 無籍主義 』，在桑弘羊前秦相商鞅及吳王濞即已先後行之。然兩者皆不過財政經濟上之自發的事實，而尙未能演爲完整之理論體系。至桑弘羊根據漢武帝一代在財政經濟政策上之實踐，始以極肯定而強調之語氣，正式提出於全國經濟會議之前。而本書著者則又繼承此一理論體系而更發揚光大之。大抵全書之中，無一篇不是以『無籍主義』爲其中心的主題，所提方案，亦無一而非實現此一中心主題之具體設計。故《管子・輕重》一書，我們竟可以稱它爲『無籍贍國論』。《巨乘馬》篇的『國器皆資，無籍於民』，不過是無數具體設計中之一端而已！

二、鹽鐵專賣政策的反映——古無以鹽鐵並稱者，至秦漢時始有之。這一點，羅根澤在其所著『 管子探源 』中，已有極詳盡之證明。這裏不必再贅。本書則往往以鹽鐵並稱。如《山國軌》云：『鹽鐵之策，足以立軌官。』又曰：『鹽鐵撫軌。』即其明證。至《海王》篇則謂之『官山海』，其內容與漢武帝時桑弘羊所主持之鹽鐵專賣政策完全相同。玆試分爲下列數點論之。

(A)官山海——『官』即管字之假借。《史記・平準書》：『浮食奇民欲擅管山海之貨。』《鹽鐵論・復古》篇：『往者豪強大家得管山海之利。』又《貧富》篇：『食湖池，管山海。』即皆作管。或作斡，上引《平準書》『欲擅管山海之貨』，《漢書・食貨志》即作斡。顏師古云：『斡謂主領也，讀與管同。』案所謂『管』者，蓋即今日經濟學上之所謂『 獨占 』。謂山海天地之藏，如鹽鐵及其他各種大企業之『非編戶齊民能家作』而又爲人生日用之所必需者，均應收歸國家所有，由國家獨占經營之，以免發生『浮食奇民』或『富商蓄賈』以『富羨役利細民』或『要貧弱』的毛病。同時即以獨占經營所得之一切官業收入，作爲臨時增加賦稅之代替，以實現其『不籍而贍國』之財政理想。而此種管山海政策，也就是所謂鹽鐵專賣政策，確爲漢武帝時桑弘羊等所創行。此其一。

(B)正鹽筴——『正』即《地數》篇『君伯菹薪，煮沸水爲鹽，正而積之三萬鍾』，及《輕重甲》篇『請君伐菹薪，煮沸水爲鹽，正而積之，……十月始正，至於正月，成鹽三萬六千鍾』之正。正與徵同，即徵集之意，與其他各處之訓爲徵稅者不同。蓋本書所言鹽政，不僅由國家專賣而已，實則生產亦歸國家經營。觀『君伐菹薪』云云，即可知道。惟國家經營，亦須利用勞動工人。工人不止一人，煮鹽所在亦不止一地，故不得不徵而集之。這已與孔僅所言『願募民自給費，因官器所鬻鹽，官與牢盆』的民營官購不同，而與桑弘羊的『鹽鐵……卒徒衣食縣官，給用甚衆』，則完全符合，此其二。

(C)鐵官——『鐵官』之名，始於秦時。《漢書・食貨志》董仲舒云：『至秦鹽鐵之利，二十倍於古。』《史記・自叙》云：『司馬蘄孫昌爲秦王鐵官，當始皇之時。』惟秦時鐵官，是專爲收稅而設？抑已實行鐵器鑄作專賣之制度？今已無由詳知。至漢武帝元狩六年，用東郭咸陽孔僅言，擧行天下鹽鐵，郡置鐵官，不出鐵者則置小鐵官，才實行鐵器國營。及桑弘羊爲政，又大加推廣，於是全國鐵官，達四十九處之多。考當時鐵官之任務，大約以(一)開採鐵礦，(二)鑄作鐵器，(三)專賣鐵器爲主。《鹽鐵論・禁耕》篇文學云：『鹽治之處，大抵皆依山川，近鐵炭，其勢咸遠而作劇。郡中卒踐更者多不勘，責取庸代。縣邑或以戶口賦鐵，而賤平其準。』此鐵礦由鐵官開採之證也。又《水旱》篇大夫云：『今縣官鑄農器，使民務本。』賢良云：『縣官鼓鑄鐵器，大抵多爲大器，務應員程。』又曰：『今縣官作鐵器，多苦惡，用費不省。』此鐵器由鐵官鑄作之證也。《史記・平準書》云:『卜式爲御史大夫，見郡國多不便縣官作鹽鐵，鐵器苦惡，賈貴，或強令民買之。』又《鹽鐵論・水旱》篇賢良云:『今總其原，一其賈，器多堅䃘，善惡無所擇，吏數不在，器難得。……鹽鐵賈貴，百姓不便。……鐵官賣器不售，或頗賦與民。』此鐵器由鐵官專賣之證也。漢武帝時桑弘羊所行之法蓋如此。今觀本文已用鐵官字樣，且其所謂鐵官之數，雖一針一刀一錐一鑿，亦有極詳盡之調查與統計，其爲出自政府所自作，實無疑義。而從下文加一、加六、加七之言推之，則此等針、刀、錐、鑿之屬，又係由政府所自賣，證據尤爲顯明。此二點，皆與桑弘羊所行之法完全相同。至《地數》篇所云:『苟山之見榮者，謹封而爲禁。有動封山者，罪死而不赦。有犯令者，左足入，左足斷。右足入，右足斷。』則與孔僅東郭咸陽所言『敢私鑄鐵器鬻鹽者，釱左趾，沒入其器物』，不僅制度相同，卽文字亦無大異了。此其三。

三、邊疆四裔及其特產之反映——《輕重甲》言吳越產珠象，發朝鮮產文皮毤服，禺氏產白璧，昆侖之虛產璆琳琅玕，而其地距中國皆爲八千里。《地數》、《揆度》、《 輕重乙 》等篇，則言『珠起於赤野之末光』，『 玉起於禺氏之邊山 』。或曰『禺氏之玉』，或曰『禺氏邊山之玉』，或曰『玉出於禺氏之旁山』，或又曰『玉起於牛氏之邊山』。其地距周皆爲七千八百里。這些也都是以漢武帝時代之國際爲背景者。《輕重甲》篇一開首卽以『四夷不朝』爲談話之主題，便非漢武帝以前之任何帝王所能說出的口氣，而文中所列擧的四夷國名及其方位，亦唯漢武帝時代之疆域足以相當。所謂吳越當然是指漢武帝時代的兩粤而言，赤野末光，地望未詳，但赤野或當作赤道之野耕，其地必在南方，也是屬於兩粤的地方。所謂發朝鮮，發就是北發，發與朝鮮連言，應該就是漢武帝時代的穢貊朝鮮。所謂禺氏或牛氏，禺牛一音之轉，應該就是漢武帝時代的大月氏。至昆侖之虛，雖漢武帝時代無此國名，然《史記・大宛傳》云：『漢使窮河源，河源出于寘，其山多玉石，採來，天子按古圖書，名河源所出山曰崑崙云。』則所謂崑崙之虛者，似亦指新疆之于闐及其以西的西域各國而言。崑崙之虛很重要，崑崙與出玉之河源于闐發生聯繫，至漢武帝時始有之。王國維以月氏爲匈奴所敗，在漢文帝四年，而其西居大夏，則在武帝之初，因而斷定月氏既敗於匈奴以後，徙居大夏以前，其居必在且末于闐間。其說甚是。但因此遂疑本書爲漢文景時所作，置武帝時始有之崑崙及武帝以後的其他事實而不提，則未免有斷章取義不從聯繫看問題之誚了。

四、衡山王賜使其太子孝客江都人救（《漢書》作枚）赫陳喜作輣車鏃矢的事件之反映——《輕重戊》：『桓公問於管子曰：吾欲制衡山之術，爲之奈何？管子對曰：公其令人貴買衡山之械器而賣之。』案各書皆不言春秋戰國間有衡山國。衡山之名，最早見於《史記・秦始皇本紀》。其原文云：

> 始皇二十八年，乃西南渡淮水，之衡山，南郡浮江，至湘山祠。……上自南郡武關歸。

《正義》言：『《括地志》云：衡山一名岣嶁山，在衡州湘潭縣西四十一里。始皇欲向衡山，即西北過南郡，入武關，至咸陽。』若如此說，以衡山爲南岳之衡山，是始皇當日並未到達衡山了。但《史記》原文明明記載『之衡山』三字於『渡淮水』之後，與『至南郡，浮江至湘山祠』之前，可知始皇當日在至南郡浮江至湘山祠之前，確已到達衡山，而其地則必在淮水與南郡之間。且南岳的衡山，在秦漢時，尙未爲人所重視，故不在天下名山之內。《史記・封禪書》言秦前關東名山凡五，即石寶（嵩山）、恒山、湘山（即始皇所祠者，乃洞庭湖中的君山）、會稽、泰山是也。然則始皇所到之衡山，必非南岳之衡山，甚明。考楚項羽封吳芮爲衡山王，都邾。《正義》引《括地志》云：『故邾城在黃州黃岡縣東南二十里，本春秋時邾國。』其地在秦時當爲一郡，而項羽因之以爲國。此爲衡山國之初見。漢時，衡山復爲郡，屬淮南王黥布。文帝十六年，立淮南厲王子安陽侯勃爲衡山王。是爲衡山國之再見。景帝五年，吳楚七國反，吳楚使者至衡山，衡山王堅守無二心。及吳楚已破，衡山王入朝，上以爲貞信，勞苦之曰：『南方卑濕，徙王於濟北以褒之。』盧江王以邊越，數使之相交，徙爲衡山王，王江北。是爲衡山國之三見。 武帝時， 淮南王安、衡山王賜謀反。 元狩元年，衡山王賜以反自殺，國除爲衡山郡。於是衡山國之名乃絕。又《史記・衡山王傳》稱：『王使〔太子〕孝客江都人救赫陳喜作輣車鏃矢。』這裏所說的『輣車鏃矢』很有意義。這便是本書著者所指的『公其貴買衡山之械器而賣之』的械器。這些械器的製作方法和它的效用，我們今天已不能詳知。但衡山王賜既要謀反，則他所做的輣車鏃矢，必是一種有名的武器，實無可疑。因此，衡山的械器，遂爲當時人所盛稱。因而也遂能反映到本書著者的腦海內。而這件事正出在漢武帝時代，那麼本書之成，決不得在漢武帝以前，也就很明顯了。

五、平牡馬價及其他有關馬政的反映——《揆度》篇：『陰山之馬具駕者千乘，馬之平賈萬也。』《山國軌》：『梁渭陽瑣之牛馬滿齊衍，請毆（區）之顚齒，量其高壯，曰：國爲師旅戰車，毆就斂子之牛馬。上無幣，請以穀視市檟而庚子。牛馬爲上，粟爲下（原誤爲二家，今正之）。二家散其粟，反準，牛馬歸於上……請立資於民，有田倍之，內無有其外。外皆爲資壤。被鞍之馬千乘。齊之戰車之具具於此。 無求於民， 此去丘邑之籍也。』《地數》篇：『人求（來）本（國也，下同）者，食吾本粟，因吾本幣，騏驥黃金然後出。』這三則也是以漢武帝時事實爲其背景。考漢武帝時，正與匈奴發生戰爭。而此一戰爭，其主要兵種，則爲馬隊。但中國素非產馬之區。故《鹽鐵論・未通》篇御史云：『內郡人衆，水泉薦草，不能相贍，地勢溫濕，不宜牛馬。』以此之故，中國的騎兵制度，雖遠在趙武靈王時代卽已實行，而其發展則甚遲緩。據蘇秦張儀的估計，七國的騎兵，最多的不過萬騎，與步兵相比，僅得百分之一。齊韓二國，則根本沒有騎兵。楚漢之際，連年戰爭，馬匹更是減少。漢興，經過文景二代竭力提倡的結果，至武帝初年，才獲得『有馬千百之間成羣』的繁庶景象。然自對匈奴戰爭發生以後，每次出兵，必有損失。《史記・平準書》云：『此後四年（元朔五年），衞青比歲十餘萬騎擊胡，漢軍士馬死者十餘萬。』又云：『其明年（元狩四年）大將軍驃騎大出擊胡，軍馬死者十餘萬匹。』其他大小戰爭，損失之數，當亦不少。因此自元狩四年合圍龍城之後，卽以軍馬缺乏之故，不復大擧北征者達十六年之久。在鹽鐵會議時，文學方面對於此事，還有極深刻的記憶。《鹽鐵論・未通》篇文學云：『往者未伐胡越之時，繇賦省而民富足，溫衣飽食，藏新食陳，布帛充用，牛馬成羣，農夫以馬耕載，而民莫不騎乘。當此之時，卻走馬以糞。其後師旅數出，戎馬不足，牸牝入陣。故駒犢生於戰地，六畜不育於家，五穀不殖於野，民不足於糟糠。』這眞是當日漢朝政府所面臨的一大嚴重問題。因爲在古代戰爭中，缺乏軍馬，就和今日戰爭之缺乏飛機兵艦及坦克車等同樣是國家的致命傷。唯一可行的補救辦法：

第一，以平賈收購民間馬匹；

第二，獎勵民間養馬；

第三，由外國輸入。

關於第一項，如『元狩五年天下馬少，平牡馬賈二十萬』是。第二項之例甚多，如元鼎五年『令民得畜邊縣，官假馬母，三歲而歸，及息什一以除告緡，用充入新秦中』。及元鼎六年，『著令，令封君以下至三百石吏以上差出牡馬天下亭，亭有畜字馬，歲課息』等是。第三項則是張騫西征和李廣利攻伐大宛的主要動機，所謂『神馬當從西北來』，就是指此而言。這些都是漢武帝一代的事實，也只有漢武帝時代才能有這樣豐富而迫切的有關馬政的事實。今觀本書所述『馬之平賈萬也』云云，不就是漢武帝『平牡馬匹二十萬』的反映嗎？『國爲師旅戰事，敺就歛子之牛馬』云云，不就是漢武帝『令封君以下三百石吏以上差出牡馬』的反映嗎？『立資於民，有田倍之？內無有，其外皆爲資壤』云云，不就是漢武帝『令民得畜邊縣，官假馬母，三歲而歸，天下亭，亭有畜字馬』的反映嗎？『人來本者，食吾本粟，因吾本幣，騏驥黃金然後出』云云，不就是漢武帝時代所謂『神馬當從西北來』的反映嗎？這裏應該注意的有下列兩點：

第一、『馬之平賈萬也』一語特別重要。馬有平賈，第一次見於漢武帝元狩五年，在此以前任何文獻裏都沒有這樣的記錄，這是我們用以判定本書中有關馬政一類文字的年代的主要的根據。

第二、『騏驥黃金然後出』云云，意思是說外國人之來本國貿易者，爲了要有生活開支，不得不用錢，而要用錢，就非得從其國大量輸出它的騏驥黃金來我本國交換不可。這和《鹽鐵論・力耕》篇所云：『夫中國一端之縵，得匈奴累金之物，而損敵國之用。是以贏驘馲駞，銜尾入塞，驒騱騵馬，盡爲我畜』，內容完全相同。不過前者過於簡單，若拿來和後者互相對看，就足以證明這些話完全是以漢武帝一代的事實爲背景的了。

（丁）屬於王莽時代者——

一、龜寶四品的貨幣制度之反映——《山權數》云：『桓公曰：何謂御神用寶？管子對曰：北郭有掘闕而得龜者，此檢數百里之地也。……令過之平盤之中，……之龜爲無資，而藏諸泰臺，一日而衅之以四牛，立寶曰無資。』又云：『桓公立貢數，文龜（原誤文行，據張佩綸校改）中七千金，（原文脫千金二字，據張佩綸校補）年龜中四千金。黑白之子當千金。』張佩綸云：『掘闕當作掘閱，古閱穴通。』但龜何以須掘穴乃得？考《史記・龜策列傳》：『傳曰：下有伏靈，上有兎絲。上有擣蓍，下有神龜。……聞蓍生滿百莖者，其下必有神龜守之，其上常有青雲復之。』可見所謂神龜者，不必皆生於水中，亦有生於蓍草之下、土壤之內者。故曰掘穴得龜也。又案《史記・平準書》云：『虞夏之幣，金爲三品，或黃或白或赤，或錢或布或龜貝。及至秦中，一國之幣爲三等，黃金以溢名爲上幣，銅錢識曰半兩，重如其文爲下幣。而珠玉龜貝銀錫之屬爲器飾寶藏，不爲幣。然各隨時而輕重無常。』據此，則龜之得爲器飾寶藏，而輕重無常，其制實始於秦。《莊子・秋水》篇：『吾聞楚有神龜，中笥而藏之廟堂之上。』《外物》篇：『宋元君夜半而夢人被髮窺阿門，曰：予自宰路之淵，予爲清江使河伯之所，漁者餘且得予。元君覺，使人占之曰：此神龜也。……明日餘且朝，君曰：獻若之龜。龜至，君再欲殺之，心疑，卜之，曰殺龜以卜，吉。乃刳龜，七十二鑽而無遺策。』是龜在莊子時代，還只以其『七十二鑽而無遺策』而視之爲神，還沒有被列爲器飾寶藏之地位。換言之，卽龜在莊子時，還只有宗教上的價值，而無經濟上的價值。自從秦以龜爲器飾寶藏之後，至漢而龜之經濟價值，乃益隨其宗教價值而繼長增高。《龜策列傳》云：『神龜出於江水中。今高廟中有龜室，藏內之以爲神寶。』又曰：『有神龜在江南嘉林中，左脅文書曰：得我者匹夫爲人君，有土正。諸侯得我爲帝王。』這是龜的宗教價值。又曰：『能得名龜者，財物歸之，家必大富至千萬。』又曰：『近世江上人有得名龜，畜置之家，因大富。』又宋元君得白龜，本爲『往古故事』，然至漢時，則《龜策列傳》所傳，已與《莊子》大異。最可注意者，就是比《莊子》所傳多了經濟價值這一點。如云：『龜者是天下之大寶也。王能寶之，諸侯盡服。』又曰：『今龜，大寶也。』這便是龜的經濟價值。到了王莽篡漢以後，於始建國二年，製造寶貨五物六名二十八品，竟更進一步把龜寶規定爲法寶之貨幣，而元龜的價值尤高。《漢書・食貨志》云:

元龜岠冉，長尺二寸，直二千一百六十，爲大貝十朋。公龜九寸，直五百，爲壯貝十朋。侯龜七寸以上，直三百，爲幼貝十朋。子龜五寸以上，直百，爲小貝十朋。是爲龜寶四品。

又云:

元龜爲蔡，非四民所得居，有者入大卜受直。

今觀本文所述，雖以『御神』『用寶』並稱，然其意則全側於『用寶』之一方面。與《龜策列傳》及《漢書・食貨志》所言完全相同。甚至掘取方法和御神儀式也大致暗合。前者如『掘閱得龜』，乃謂龜生於土中，與《龜策列傳》所言，『上有擣蓍，下有神龜』者毫無二致。後者如『藏諸泰臺，一日而衅之以四牛』，與《龜策列傳》所言:『於是元王向日而謝，再拜而受，擇日齋戒，甲乙最良。乃刑白雉與驪羊，以血灌龜於壇中央。』亦如出一轍。此外則本文之『之龜爲無資』、『立寶曰無資』，與《龜策列傳》之『龜者是天下之寶』及『留神龜以爲國重寶』，及《漢書・食貨志》之『元龜爲蔡，非四民所得居，有者入大卜受直』，亦均有同一之意義。至本文所云『文龜中七千金』云云，則完全是從王莽的『龜寶四品』抄襲變化而來。考《史記・龜策列傳》，爲褚少孫所補述。褚爲漢宣帝時博士，仕元成間。據其自述，《龜策列傳》取材之來源，是㈠『之太卜官問掌故文學長老習事者寫取龜卜事』，㈡『臣爲郎時，見萬畢石朱方』，㈢『往古故事』。而由今觀之，此三項來源，實皆出於漢人之傳說，前兩者固無論矣，即所謂『往古故事』之『宋元王殺白龜事』，內容亦已與《莊子》所述不同，而本文則全與之合。加以本文下文又有抄襲王莽龜寶四品之痕跡，更足證明本文不僅抄襲了褚少孫的《龜策列傳》，而且也抄襲了王莽制度。丁士涵不知此書爲漢末王莽時人所作，乃以本文爲《莊子》及《史記・龜策列傳》褚先生所述豫且事所本，實在未免本末倒置了。

二、『五均』『賒貸』制度之反映——《國蓄》篇：『凡輕重之大利，以重射輕，以賤泄平。萬物之滿虛，隨財準平而不變。衡絕則重見。人君知其然，故守之以準平。使萬室之都，必有萬鍾之藏，藏鏹千萬。使千室之都，必有千鍾之藏，藏鏹百萬。春以奉耕，夏以奉耘，耒耜械器，鍾（種）饟糧食，畢取贍於君。故大賈蓄家不得豪奪吾民矣。然則何？君養其本謹也。春賦以斂繒帛，夏貸以收秋實。是故民無廢事，而國無失利也。』案此節所論，與王莽之『五均』『賒貸』制度，性質完全相同。《漢書・食貨志》云:

> 莽乃下詔曰：夫《周禮》有賒貸，樂語有五均，傳記各有斡焉。今開賒貸，張五均，設諸斡者，所以齊衆庶，抑并兼也。遂於長安及五都立五均官。更名長安東西市令及洛陽、邯鄲、臨菑、宛、成都市長皆爲五均，司市稱師。東市稱京，西市稱畿，洛陽稱中，餘四都各用東西南北爲稱。皆置交易丞五人，錢府丞一人。工商能採金銅連錫，登龜取貝者，皆自占，司市錢府順時氣而取之。……諸取衆物鳥獸魚鱉百蟲於山林水澤及畜牧者，嬪婦桑蠶織紝，紡績補縫，工匠醫卜巫祝及它方技商販賈人，坐肆列里區謁舍，皆各自占所爲，於其在所之縣官，除其本，計其利，十一分之，而以其一爲貢。……諸司市常以四時中月，實定所掌，爲物上中下之賈。各自用爲其市平，毋拘他所。衆民買賣五穀布帛絲綿之物，周於民用而不售者，均官有以考驗厥實，用其本賈取之，毋令折錢，萬物昂貴過平一錢，則以平賈賣與民。其

賈氏賤減平者，聽民自相與市，以防貴庾者。民欲祭祀喪紀而無用者，錢府以所入工商之貢但賒之。祭祀毋過旬日，喪紀無過三月。民或乏絕，欲貸以治產業者均授之，除其費，計所得受息，毋過歲什一。

考漢代言財政經濟者，桑弘羊言鹽鐵、均輸、酒榷，不言五穀。賈誼晁錯耿壽昌言五穀及常平倉，不言藏穀之外，又須藏錢。又從賈誼晁錯桑弘羊到耿壽昌，均不言賒貸。以五均、六斡、賒貸並行者，實始於王莽。今本書對於西漢一代所施行之各種財政經濟政策，則除酒榷一事外，其餘幾於無一不談。如所謂『守之以準平』，卽王莽『市平』之義也。所謂『萬室之都，千室之都，必有萬鍾之藏，千鍾之藏，藏繦千萬百萬』，卽王莽『於長安及五都立五均官』之義也。所謂『春以奉耕，夏以奉耘，耒耜械器，種饟糧食，畢取贍於君。春賦以斂繒帛，夏貸以收秋實』，卽王莽『民或乏絕，欲貸以治產業者均授之，除其本，計所得受息，毋過歲什一』之義也。其他如《乘馬數》之『布織財物，皆立其貲』，《山國軌》之『女貢織帛，苟合於國奉者，皆置而券之』，《山至數》之『皮革筋角、羽毛竹箭、器械財物，苟合於國器君用者，皆有矩券於上』，則皆王莽所謂『工商牧畜婦嬪皆各自占所爲於其在所之縣官』的反映。《山權數》之獎勵農業、牧畜、森林、園藝、醫藥、歷數、蠶桑等七科及『官（管）五技』與『能皆已官（管），時皆已官（管），得失之數，萬物之終始，君皆已官（管）之矣』，則皆王莽所謂『工匠醫巫卜祝及它方技商販賈人坐肆列里區謁舍，皆各自占所爲於其在所之縣官』的反映。《輕重丁》之『孟春……謹守泉金謝物，且爲之舉。大夏……謹守泉布之謝物，且爲之舉。大秋……謹〔守〕絲麻之謝物，且爲之舉。大冬……謹守五穀黃金之謝物，且爲之舉，已守其謝〔物〕，富商蓄賈，不得如故。此之謂國準。』則皆爲王莽所謂『令市官收賤賣貴』（《漢書・王莽傳》）

及『衆民買賣五穀布帛絲綿之物，周於民用而不售者，均官有以考驗厥實用其本賈取之，毋令折錢。萬物昂貴過平一錢則以平價賣與民，以防貴庾者』的反映。諸如此類的例子，本書隨處皆是，這裏不再多舉了。

三、其他王莽時代諸特用名詞及術語之反映——本書中所用名詞及術語，大抵皆是漢人口氣。如『壹切』(《巨乘馬》)見於《史記・貨殖列傳》及《鹽鐵論・復古》篇。『通施』(《國蓄》)見於《鹽鐵論・錯幣》篇。『不相中』(《國蓄》)見於《史記・封禪書》及《絳侯世家》。『章』(鄣)(《乘馬數》及《輕重甲》)字見於《鹽鐵論・錯幣》篇及《園池》篇。『籠』(《國蓄》)字見於《史記・平準書》、《張湯傳》及《鹽鐵論・本議》篇、《禁耕》篇。『衡』(機關名稱，《巨乘馬》)字見於《史記・平準書》及《鹽鐵論・禁耕》篇。『祈祥』(禨祥，《國準》及《輕重甲》)見於《史記・五宗世家》。『長度』(《輕重甲》)見於《漢書・楊敞傳》。『假』(《輕重甲》)字見於《鹽鐵論・力耕》篇及《園池》篇。這些都是漢代以前所看不見的。這裏只就爲王莽時代所特用的一些名詞和術語，加以說明。

(A)月賈——《山至數》篇：『馮會龍夏牛羊犧牲月賈十倍異日。』案『月賈』一詞，於古無聞。王莽始建國二年，設立五均官，令『諸司市常以四時中月實定所掌爲物上中下之賈，各自用爲其市平，毋拘它所』，才有所謂『以四時中月實定所掌爲物上中下之賈』，也就是『月賈』的出現。本書『月賈』二字，顯與王莽制度有關。

(B)菁茅——《輕重丁》論菁茅謀云：『江淮之間，有一茅而三脊，毋至其本，名之曰「菁茅」。請天子之吏，環封而守之。夫天子則封於泰山，禪於梁父，號令天下諸侯曰：諸從天子封於泰山禪於梁父者，必抱菁茅一束，以爲禪籍，不如令者不得從……菁茅之謀也。』案封禪泰山者，歷史上只有秦始皇漢武帝二人。秦始皇封禪，席用苴秸（秸者應劭云：禾藁也。去其皮以爲席。苴者。晉灼云：借也。）至漢武帝封禪，始用江淮間一茅三脊爲禪籍。然尚無『菁茅』之名。其以『菁茅』二字連用而認爲一物者實始於王莽。≪漢書・王莽傳≫：『始建國四年六月，更授諸侯茅土於明堂曰：陳菁茅五色之土，欽告於岱宗泰社。』顏師古曰：『≪尙書・禹貢≫，苞匭菁茅，儒者以爲菁菜名也，茅，三脊茅也，而莽此言以菁茅爲一物，則是謂菁茅爲「菁茅」也。』可見『菁茅』一詞，乃是王莽所特創，顏師古也早已知道了。

(C)女貢——≪山國軌≫云：『女貢織帛，苟合於國奉者，皆置而券之。』張佩綸云：『貢，工通。』今案『女貢』也是漢代及王莽時代的專用名詞。≪鹽鐵論・論功≫篇云：『女無綺綉淫巧之貢。』上引≪漢書・食貨志≫：『嬪婦桑蠶織紝，紡績補縫，……皆各自占所爲，於其在所之縣官，除其本，計其利，十一分之，而以其一爲貢。』是其證。

(D)布泉——≪輕重丁≫：『天下諸侯載黃金珠玉五穀文采布泉輸齊。』又云：『謹守泉布之謝物。』案布泉並稱，也是王莽時用語。王莽作寶貨五物六名二十八品，其中錢貨有六品，布貨有十品，『布泉』卽『泉布』。≪漢書・王莽傳≫云：『莽以私鑄錢死及非沮寶貨投四裔，犯法者多，不可勝行，迺更輕其法，私鑄作泉布者與妻子沒入爲官奴婢。』可見王莽時確是以泉布連稱的。

(E)省——≪揆度≫：『管子曰：善正商任者，省有肆，省有肆則市朝閑，市朝閑則田野充，田野充則民財足。民財足則君賦斂焉不窮。』這裏忽然出來一個『省』字，很有意義。『省』者指宮禁或官府而言。≪漢書・昭帝紀≫『共養省中』，伏儼曰：『蔡邕云：本爲禁中。門閤有禁，非侍御之臣不得妄入。行道豹尾中，亦爲禁中。孝元皇后父名禁，避之，故曰「省中」。』周壽昌云：『《文選・魏都賦》：禁臺省中，李善《注》引《魏武集》荀欣等曰：漢制王所居曰「禁中」，諸公所居曰「省中」，是漢制原有「禁」與「省」之別，不是避王禁諱始。且昭帝下距元后時甚遠，何以遽避禁諱？若爲班氏追書，則班氏時已在中興後，更何所忌於王氏而必爲之避也？』但這裏應該注意下列各點：

第一、蔡邕是東漢時人，他對漢朝的歷史和制度，應該比後代人了解得更清楚。

第二、省字始見於《昭帝本紀》中，不一定就昭帝時所避改，避改的原因，必和元后有特別關係。

以此我們認爲這也是王莽時代的意識形態的表現。因爲元后是王莽的親姑，元后父禁，是王莽的叔父。王莽的得以篡漢，完全是依靠元后的提拔和支持。王莽在未篡漢以前，對於元后的逢迎，無所不至其極，爲了取得她的歡心，替她的父親避諱，是很合乎情理的。所以王莽居攝時所居的廬就叫做『攝省』，（見《漢書・王莽傳》）。省有肆者，謂一切商業，均由政府設爲專官獨占經營，蓋卽卜式所謂『弘羊令吏坐市列，販物求利』，和《鹽鐵論・禁耕》篇所謂『縣官設衡立準，人從所欲，雖使五尺童子適市，莫之能欺』之意。郭沫若先生以省是動詞，謂省察也。有可讀爲賄，省賄肆謂稽察市廛耳。似與原意不合。

(F)黃帝有虞與虞國——《巨乘馬》云：『虞國得筴乘馬之數矣。』又曰：『此有虞之筴乘馬也。』《乘馬數》亦云：『有虞筴乘馬已行矣。』又《地數》篇有黃帝與伯高互相問答之詞。《國準》篇則以黃帝有虞夏殷周并列，《揆度》篇亦以燧人共工黃帝堯舜并列。本書所用人名地名，本係著者隨手借用或任意揑造而來。固不必有事實根據。但這裏對於黃帝和有虞卻特別和其他帝王不同。如開宗明義第一章，卽提出虞國和有虞，全書中皆用齊桓公與管仲爲問答之對象，獨《地數》篇忽然抬出一個黃帝與一個伯高來，這似乎也是在一定政治影響下的意識反映。考《漢書・王莽傳》載：

王莽曰：惟王氏虞帝之后也。出自帝嚳。於是封嬀昌爲始睦侯，奉虞帝后。

又曰：

予前在攝時，建郊宮，定祧唐，立社稷，以著黃虞之烈焉，自黃帝至於濟南伯王而祖世氏姓有五矣。黃帝二十五子，分賜厥姓，十有二氏。虞帝之先，受姓曰姚。其在陶唐曰嬀，在周曰陳，在齊曰田，在濟南曰王。予伏念皇初祖考黃帝，皇始祖考虞帝，以宗祀於明堂。宜序於祖宗之親廟。……姚嬀陳田王氏凡五姓，皆黃虞苗裔，予之同族也。

又曰：

予之皇始祖考虞帝受嬗於唐。

又曰：

敢有非井田聖制，無法惑衆者，投諸四裔以御魑魅，如皇始祖考虞帝故事。

由此可證黃虞二帝與王莽，是很有關係的。故班固云：『而莽晏然自以爲黃虞復出也。』今觀本書論策乘馬之數，則推有虞，論陶天下爲一家則推黃帝。這無疑是受了王莽宣傳的影響有以使然。龐樹典謂卽春秋時代之虞國。張佩綸則稱管書不應雜入黃帝之問。郭沫若先生則謂黃帝問伯高一節，乃前人抄錄他書文字爲下文作注而誤入正文者。似均可商酌。

四、兩個最後堡壘的突破

最後還有兩個比較頑固的堡壘，必須加以突破，否則本書的著作年代問題，還是得不到徹底的解決。第一個堡壘便是司馬遷的《史記・管晏列傳》，有『吾讀管氏《牧民》《山高》《乘馬》

《輕重》《九府》』一語，似乎《管子·輕重》一書，司馬遷也曾讀過。第二個堡壘，便是桓寬整理的鹽鐵會議的記錄——《鹽鐵論》。書中有很多文字和本書相雷同，很容易使人相信是由出席鹽鐵會議的雙方代表分別從本書中引用來的。這樣便在人們的意識中造成一種假象，好像本書的寫成，不得在《史記》和《鹽鐵論》之後，而應該在其以前。這個問題，如果孤立地來討論，是不容易得到令人信服的結論的。這裏應該從全面出發，也就是要從事物的聯繫上和發展上來看問題。我們之所以把這兩個堡壘放在最後來解決，其理由就在於此。

這裏請先從第一個問題說起。

這個問題應該從兩方面來分析。一方面看司馬遷是否讀過《管子·輕重》篇。又一方面則關於兩書中互相雷同的地方，是一種什麽關係。據我個人研究的結果，不僅司馬遷看不到本書，而且本書中有許多理論，還是從司馬遷的《史記》裏抄襲而來。關於前者，我們有下列幾個證據：

第一，我們從上文已經證明本書是西漢末年王莽時代的作品，司馬遷死於武帝末年，他之不得見本書，是無可懷疑的。

第二，《管子》書中，根本沒有所謂《山高》和《九府》的篇名。《集解》引劉向《別錄》云：『《九府》書民間無有，《山高》一名《形勢》。』這話也不可靠。因爲這樣還是承認劉向得見本書的說法。實則《管子·輕重》列在《管子解》之後。《管子》而有解，足證其書已在所謂《管子》書之後，今《輕重》又在《管子解》之後，其爲劉向以後的人所附加甚明。據劉向自敍言《管子》書共八十六篇。但今從實際篇數（連同亡篇在內）計算，則僅有八十篇。顯係後人附加本書於《管子》書時，把原有數字也改錯了。劉向並且不得見本書，司馬遷在劉向前，如何能看得見？

第三，《史記》自寫成到今天，已經經過很多次的竄改增添，前人多有證明。如《賈誼傳》傳尾云：『而賈嘉最好學，與余通書，至孝昭時，列爲九卿。』孝昭乃昭帝死後謚名，司馬遷如何能預記昭帝死後事？又《伯夷列傳》『太史公曰：余登箕山』條下《索隱》云：『蓋楊惲東方朔見其文稱余而加太史公曰也。』楊惲、東方朔既能有所增加，後人也當然可以同樣增加的。

關於後者，我認爲不僅司馬遷沒有機會抄襲本書，正與此相反，司馬遷的《史記》及《史記》以外的其他著作，倒是本書寫成的主要根據。這裏也可以分作下列各點來說明：

第一，本書命名『管子輕重』，就是從司馬遷《史記》中竊取而來。——考『輕重』二字，最早見於《國語·周語》。《周語》云：

> 周景王時患錢輕，將更鑄大錢。單穆公曰：不可。古者天降災戾於是乎量資幣，權輕重以救民。民患輕，則爲之作重幣以行之。於是有母權子而行，民皆得焉。若不堪重，則多作輕幣而行之，亦不廢重，於是有子權母而行，大小利之。今王廢輕而作重，民失其資，能毋匱乎？……王弗聽，卒鑄大錢。

但細釋全文之意，不過是說大錢的分量重，小錢的分量輕。其所謂的『輕重』，乃具體的狹義的輕重，與本書所謂輕重之爲抽象的廣義的意義者，內容完全不同。歷史上開始用輕重二字與本書有同一之意義者，只有賈誼一人。賈誼諫漢文帝除盜鑄令，使民放鑄文云：

> 銅畢歸於上，上挾銅積以御輕重。錢輕則以術斂之，重則以術散之。貨物必平，四矣。（《漢書·食貨志》）

這裏所謂的輕重，已不是分量大小的輕重，而擴大爲多寡貴賤的輕重。在賈誼以前，這種說法是沒有的。但他還沒有把輕重二字和管

仲聯繫起來。把輕重和管仲聯繫起來說，是到司馬遷才開始的。≪史記≫說:

桓公既得管仲，設輕重魚鹽之利。（≪齊太公世家≫）

管仲既任政相齊，……貴輕重，愼權衡。（≪管晏列傳≫）

管仲設輕重九府。（≪貨殖列傳≫）

齊桓公用管仲之謀，通輕重之權，繳山海之利，以朝諸侯。（≪平準書≫）

本書既經證明是漢末王莽時人作的，那麼，『管子輕重』這個名稱，是本書作者從司馬遷那裏竊取而來，而不是司馬遷竊取本書，是很顯明的了。

第二，本書的中心思想，卽『無籍主義』，也是以≪史記・平準書≫『民不益賦而天下用饒』爲根據而提出的——我們在上面全面圍攻一章中，已有詳細的論證，證明了『無籍主義』是漢武帝時代的歷史事實在本書中的反映。而『民不益賦而天下用饒』一語，又是在司馬遷的≪史記・平準書≫中才第一次出現的。所以也是本書對≪史記≫的抄襲，而不是司馬遷對≪平準書≫的抄襲。

第三，本書所最得意而津津樂道的一個基本經濟規律卽『物多則賤，寡則貴，散則輕，聚則重』的供求規律，也是從司馬遷≪史記≫所記述的計然的『貴賤論』演繹出來的——≪國蓄≫篇云:『夫物多則賤，寡則貴，散則輕，聚則重。人君知其然，故視國之羨不足而御其財物。』案此數語是本書中貫穿一切財政經濟政策的一個基本經濟規律，也可以稱之爲『物多則賤寡則貴散則輕聚則重』的供求規律。這裏所說的物字，應該包括一切萬物及貨幣本身在內。在中國經濟思想史上，首先發明這個規律的人，便是計然。計然說:

論其有餘不足，則知貴賤，貴上極則反賤，賤下極則反貴。貴出如糞土，賤取如珠玉。

這是說一切貨物之價格，由貨物數量與貨幣數量之比例決定之。貨物數量或貨幣數量，發生重大變化，一切貨物價格卽有漲跌。就是說貨物量增加，價格下落；貨幣量增加，價格騰貴。反之，貨物量減少，價格騰貴；貨幣量減少，價格下落。這是第一點。但當貨物騰貴時，人們看見經營此一貨物之企業得利獨厚，故羣起向這一企業投資，而賣者間的競爭以起，賣者旣多，社會上需要此一貨物者並不因之增加，其價格必下跌。反之，由於價格下跌，經營者見無利可圖，又不得不紛紛改業，於是賣者遂少，而社會上之需要則仍舊未變，因而又產生供不應求的現象，其價格又必因之上漲。所謂『貴上極則反賤，賤下極則反貴』的意義就是如此。這是第二點。以上是說明價格貴賤的原因。從事商業之人，了解了這個原因，便可以想出應付它的方法。最妙的方法，就是要把眼光放亮些，手段放靈敏些，時時刻刻觀察市場情況，看到物價上漲到了一定程度時，就應該馬上出售，把它看成糞土一樣，不要愛惜。看見物價下落到一定程度時，就應該馬上買進，把它看成珠玉一樣，不要錯過機會。這是第三點。但計然還只發明了這個規律的一半，還只是就市場中物價漲落的自然現象加以應付。他還沒有意識到用人工製造物價貴賤的方法。到了本書，則從『物多則賤，寡則貴』的自然規律，又進一步演繹出一個『聚則重，散則輕』的掌握自然規律的人為規律來，作爲實施輕重政策的根據。所謂『聚則重，散則輕』者，蓋謂一切貨物之價格雖是由貨物數量與貨幣數量之比例來決定，但事實上影響一切貨物價格者，並不是全國所有之貨物量與貨幣量，而只是出現於市場中之貨物量與流通於市場中之貨幣量。至於儲藏不用之貨幣，對於一切貨物價格，則不發生任何影響。保存不售之貨物，對於一切貨物價格，也不發生任何影響。這樣，運用『物多則賤寡則貴』的原理時，便不必將全國所有之貨物量與貨幣量，予以眞正之增加或減少，但須以『散』『聚』之手段，實行『斂輕』『散重』，使流通於市場之貨幣量，或待售於市場之貨物量依照客觀之需要而增加之或減少之，即可達到抬高或壓低物價的目的而有餘了。本書各篇所提出的種種控制物價的方案，除少數地方是利用自然規律外，其餘大多數都是以人爲規律爲主。故曰：『衡無數也，衡者使物一高一下，不得常固。』又曰：『衡數不可調，調則澄，澄則常，常則高下不貳，高下不貳，則萬物不可得而使不固。故曰衡無數。』這種先用人工製造物價的漲跌，然後進而利用之的方法，對於計然的學說，顯然是前進了一大步。這不是偶然的，這是社會實踐的後來居上的必然結果。而本書的寫成，必在司馬遷的《史記》以後，也就可以一目了然了。

第四，其他對有關司馬遷的《史記》及其他著作的抄襲之證據——此外，本書抄襲《史記》及司馬遷的其他著作之處尚多。這裏爲了便於說明起見，特取其最顯著的列表於下：

《管子・輕重》抄襲《史記》及司馬遷的其他著作一覽表

《史記・貨殖列傳》	龍門碣石北多馬牛羊旃裘筋角	《管子・輕重》《山至數》 《輕重丁》	龍夏以北至於海莊，禽獸牛羊之地也。 莊（原誤爲淬字據洪校改）龍夏……非穀之所生也。	龍即龍門，夏即《始皇本紀》中北至大夏之夏。 海莊當是近海的地方，應是碣石的影射。 非穀之所生，即多馬牛羊之意。

同上	此四者民所衣食之原也，原大則饒，原少則鮮。	《輕重丁》	管子對曰：守其三原。公曰：何謂三原。	
同上	貧富之道，莫之奪予。	《國畜》 《揆度》 《輕重乙》	民予則喜，奪則怒。……故見予之形，不見奪之理。 予之在君，奪之在君。 夫富能奪，貧能予，乃可以為天下。 故奪然後予。	
同上	而巧者有餘，拙者不足。	《地數》	能者有餘，拙者不足。	
同上	而白圭樂觀時變，故人棄我取，人取我予。夫歲熟取穀，予之絲漆璽，凶取布絮，予之食。	《國畜》	夫民有餘則輕之，故人君斂之以輕，民不足則重之，故人君散之以重，穀賤則以幣予食，布帛賤則以幣予衣。	
同上	乃治產積居與時逐。而不責於人。故善治生者，能擇人而任時。	《乘馬數》	王國則以時行也……。今至於其亡筴乘馬之君，春夏秋冬不知終時始。 此國筴之時守也。	

		《山國軌》 《山權數》	守諸開闔。 此皆民所以時守也。此物之高下之時也。此民之所以相兼併之時也。 故君無失時。	
同上	故泰山之陽則魯，其陰則齊。	《輕重丁》	長城之陽魯也，長城之陰齊也。	
同上	夫自鴻溝以東，芒碭以北，屬巨野，此梁宋也。……雖無山川之饒，能惡衣食，致其蓄臧。	《地數》	梁趙宋衞濮陽惡食，無鹽則腫。	
同上	名國萬家之城，帶郭千畝，　畝鍾之田。	《輕重乙》	夫河埳諸侯，畝鍾之國也。……昔狄諸侯，　畝鍾之國也。	
《平準書》	作業劇而財匱。	《輕重丁》	萬民聞之，舍其作業，而爲囷京。	
同上	是時禁苑有白鹿，而少府多銀錫。有司言曰：古者皮幣諸侯以聘享。金有三等，黃金爲上，白金爲中，赤金爲下。……章四時，	《輕重丁》	請以令城陰里，使其牆三重而門九襲，因使玉人刻石而爲璧　。尺者萬泉，八寸者八千，七寸者七千，珪中四千，瑗中五百。	

	…乃以白鹿皮方尺緣以藻繢爲皮幣，直四十萬。王侯宗室朝覲聘享必以皮幣薦璧，然後得行。		璧之數已具，管子西見天子曰：……請以令使天下諸侯，朝先王之廟觀於周室者，不得不以彤弓石璧，不以彤弓石璧者，不得入朝。	
同上	大農上鹽鐵丞孔僅咸陽言：山海天地之藏也，皆宜屬少府。陛下不私，以屬大農佐賦。願募民自給費，因官器作煮鹽，官與牢盆。……敢私鑄鐵器煮鹽者，釱左趾，沒入其器物。	《地數》	苟山之見榮者，謹封而爲禁。有動封山者，罪死而不赦。有犯令者，左足入，左足斷，右足入，右足斷。	
同上	浮食奇民欲擅管山海之貨。	《海王》	管子對曰：惟官（管）山海爲可耳。桓公曰：何謂官（管）山海。	
《封禪書》	齊桓公欲封禪。管仲曰：古者封泰山，禪梁父者七十二家。……始皇卽位三年，東巡郡縣……至乎泰山下，……〔元封元年〕上與諸儒及方士言	《輕重丁》	管子對曰：江淮之間，有一茅而三脊，毋至其本，名之曰菁茅。請使天子之吏，環封而守之，夫天子則封於泰山，禪於梁父。號令天下諸侯曰：	

	封禪人人殊，不經難施行。天子至梁父，……江淮間一茅三脊爲神藉五色土，益雜封。……遂登封泰山，至於梁父而後禪　。……		諸從天子封於泰山，禪於梁父者，必抱菁茅一束，以爲禪籍，不如令者不得從。	
《五宗世家》	彭祖不好治宮室禨祥。	《國準》 《輕重甲》	立祈祥以固山澤。 此之謂設之以祈祥，推之以禮義也。	祈祥卽禨祥，《管子・形勢》篇作祈羊。義同。
《太史公素王妙論》	管子設輕重九府，行伊尹之術，則桓公以霸。	《地數》	伊尹善通移輕重開闔決塞，通於高下徐疾之策，坐起之費時也。	《太平御覽》四百七十二富下引

其他單詞短句，兩書中相同者，不可勝數，這裏不再具舉。惟於此有應注意者，卽本書雖多抄襲《史記》，然已經抄襲，則其意義卽已完全變更，不與原書相同。卽以『奪予』二字言之。在《史記》中，本以『自由競爭』爲主，故人民之或貧或富，應由各個人自己負責，而以各個人的能力之巧拙爲其決定之主要因素，並無任何他人可以予之奪之。故曰『貧富之道，莫之奪予』。本書則主張政府應實行國家獨占的經濟政策，以政府之予奪爲調治社會貧富之唯一原動力。故曰『予之在君，奪之在君』，又曰『富能奪，貧能予，然後可以爲天下』。蓋司馬遷爲儒家者流，故其在經濟上之意見，力主放任，力主『故善者因之，其次利導之，其次敎誨之，其次整齊之，最下者與之爭』，而本書著者則近於法家，故其在經濟上之

意見，力主干涉，力主『挾其食，守其用，據有餘以補不足』，力主『善者執其通施以御其司命』，力主『塞民之養（羨），隘其利途』，力主『爲籠以守民』，力主『散積聚，鈞羨不足，分並財利而調民事』。換言之，即司馬遷之所謂『善者』，適爲本書著者之所謂『最下者』，而司馬遷之所謂『最下者』，又適爲本書著者之所謂『善者』，此種經濟意見上之大分野，在鹽鐵會議時表現得最爲深刻而顯明。本書著者雖在某幾點上與桑弘羊之意見，有若干程度上之不盡一致，然對於此等大方針，則仍是繼承前人舊有之規模而發揚光大之。這是中國古代經濟思想史上的一個最大特色，而本書之寫成，必不得在司馬遷的《史記》之寫成以前也就更加明白了。

其次，我們來談談第二個堡壘——《鹽鐵論》吧。

和《史記》一樣，本書的財政經濟理論和文字，也有很多與《鹽鐵論》相雷同。過去的學者差不多都共同一致的說是《鹽鐵論》抄襲本書，但我個人的看法，卻不如此。爲了弄清楚這個問題，不妨也把兩書的重要相同之處，列爲一表，以便檢查：

《管子・輕重》與《鹽鐵論》同文一覽表

	鹽鐵論		《管子》《輕重》	附注
《力耕》	大夫曰：……豐年歲登，則儲積以備乏絕。凶年惡歲，則行幣物，流有餘而調不足也。昔禹水湯旱，百姓匱乏。或假以接衣食。禹以歷山之金，湯以嚴山之銅	《山權數》	管子曰：……失天之權，則人地之權亡。湯七年旱，禹五年水，民之無𩝺賣子者。湯以莊山之金鑄幣而贖民之無𩝺賣子者。禹以歷山之金鑄幣而贖民之無𩝺賣子	嚴山即莊山。東漢避明帝諱改莊爲嚴。

	鑄幣，以贍其民，而天下稱仁。		者。故天權失，人地之權皆失也。故王者歲守十分之三，三年與少半成歲。三十一年而藏十一年與少半。藏三之一，不足以傷民，而農夫敬事力作，故天毀埊(歲)凶旱水泆，民無入於溝壑乞請者也。此守時以待天權之道也。	
同上	大夫曰：……往者財用不足，戰士或不得祿，而山東被災，齊趙大饑。賴均輸之畜，倉廩之積，戰士以奉，饑民以賑。故均輸之物，府庫之財，非所以賈萬民，而專奉兵師之用，亦所以賑困乏而備水旱之災也。	《揆度》	管子對曰：……國有患憂，輕重五穀以調用，積餘藏羨以備賞。天下賓服，有海內以富誠信仁義之士。故民高辭讓，無爲奇怪者。彼輕重者，諸侯不服以出戰，諸侯賓服以行仁義。	
同上	文學曰：……昔桀女樂充宮室，文繡衣裳，故伊尹高逝游薄，而女樂終廢其國。	《輕重甲》	管子對曰：昔者桀之時，女樂三萬人，端譟晨樂，聞於三衢。是無不服文繡衣裳者。伊尹	

			以薄之游女工文繡，纂組一純，得粟百鍾於桀之國。夫桀之國者，天子之國也，桀無天下憂，飾婦女鐘鼓之樂。故伊尹得其粟而奪之流。此之謂來天下之財。	
同上	文學曰：……是以古者尙力務本而種樹繁……。大夫曰：聖賢治家非一室，富國非一道。昔管仲以權譎霸，而范氏以強大(本)亡。……故善爲國者，天下之下我高，天下之輕我重，以末易其本，以虛蕩其實。	《輕重乙》	桓公曰：強本節用，可以爲存乎？管子對曰：可以爲益愈而未足以爲存也。昔者紀氏之國強本節用者，其五穀豐滿而不能理也。四流而歸於天下。若是則紀(范)氏其強本節用，適足以使其民穀盡而不能理，爲天下虜。是以其國亡而身無所處。故可以益愈而不足以爲存。故善爲國者，天下我高，天下輕我重。天下多我寡，然後可以朝天下。	案紀氏是范氏之訛，《國語》范中行氏以宗廟之犧，爲畎畝之勤，是強本節用之證。范氏奔於齊，是國亡而身無所處之證。《輕重乙》誤，《鹽鐵論》不誤。
同上	王者塞天財，禁關	《國畜》	千乘之國，封天財	

	市，執準守時，以輕重御民。		之所殖，械器之所出，財物之所生。視歲之滿虛而輕重其祿。	
		《山國軌》	軌守其時，又官（管）天財，何求於民。	
同上 《禁耕》	文學曰：古者商通物而不豫，工致牢而不僞。 文學曰：敎之以禮……而工商不相豫。	《山權數》	物有豫，則君失筴而民失生矣。故善爲天下者，操於二豫之外。	案二豫卽工商相豫。
《通有》	大夫曰：古者宮室有度輿服以庸，采椽茅茨，非先王之制也。君子節奢刺儉，儉則固。昔孫叔敖相楚，妻不衣帛，馬不秣粟。孔子曰：不可，太儉極下。此『蟋蟀』所爲作也。管子曰：不飾宮室，則材木不可勝用。不充庖廚，則禽獸不損其壽。無味利則本材（無）所出。無黼黻，則女工不施。故工商梓	《事語》	桓公曰：秦奢敎我曰，帷蓋不修，衣服不衆，則女事不泰。俎豆之禮不（必）致牲，諸侯大牢，大夫少牢。不若此，則六畜不育。非高其臺榭，美其宮室，則羣材不散。	

	匠，邦國之用，器械之備也。自古有之，非獨於此。			
《錯幣》	大夫曰：交幣通施，民事不及，物有所幷也。計本量委，民有饑者，穀有所藏也。智者有百人之功，愚者不更本之事。人君不調，民有相妨之富也。此其所以或儲百年之餘，或不厭糟糠也。民大富則不可以祿使也，大彊則不可以威罰也。非散聚均利者不齊。故人主積其食，守其用，制其有餘，調其不足。禁溢羨，厄利塗，然後百姓可家給人足也。	《國蓄》	國有十年之畜，而民不足於食，皆以其技能望君之祿也。君有山海之金，而民不足於用，是皆以其事業交接於君上也。故人君挾其食，守其用，據有餘而制不足。…智者有什倍人之功，愚者有不賡本之事。然而人君不能調，故民有相百倍之生也。夫民富則不可以祿使也，貧則不可以罰威也。法令之不行，萬民之不治，貧富之不齊也。且君引錣量用，耕田發草，上得其數矣。民人所食，人有若干步畝之數矣，計本量委則足矣。然而民有饑餓不食者何也？穀有所藏也。人君鑄錢	《輕重甲》亦有此段文字，玆不具錄。

			立幣，民庶之通施也。人有若干百千之數矣，然而人事不及，用不足者何也？利有所并藏也。然則人君非能散積聚，鈞羨不足，分并財利而調民事也，則君雖強本趣耕，而自(日)爲鑄無幣而已，乃今使民下相役耳，惡能以爲治乎？	
《貧富》	故分土若一，賢者能守之。分財若一，智者能籌之。	《國畜》	分地若一，強者能守。分財若一，智者能收。	

上表所列，只不過是舉其最顯著的幾條而言，實則兩書中互相雷同之處，還有很多，但就從這幾條中，也可以看出來兩書間的關係是如何密切的了。這裏有幾點爲我們所不可忽視的:

第一，即表中所列『泰奢之數』，在《鹽鐵論》中，乃大夫方面之主要經濟意見。蓋大夫關於『崇奢主義』的議論，在《鹽鐵論》中實數見而不一見。如《刺權》篇文學斥責當時權貴家族之驕奢淫逸情形云:『自利害之設，三業（指鹽鐵、均輸、酒榷三者）之起，貴人之家，雲行於途，轂擊於道。攘公法，申私利，跨山澤，擅官市。……威重於六卿，富累於陶衞，輿服僭於王公，宮室溢於制度。并兼列宅，隔絕閭巷。閣道錯連，足以游觀。鑿池曲道，足以騁鶩。臨淵釣魚，放犬走兎。隆豺鼎力，蹋鞠斗鷄。中山素女，撫流徵於堂上，鳴鼓巴俞，作於堂下。婦女被羅紈，婢妾曳絺紵。子孫連車列騎，田獵出入，畢弋捷健。……僭侈相效，上升而不息。』又《救匱》篇，賢良亦曰：『故良田廣宅，民無所之。不恥爲利者滿朝市，列田畜者彌郡國，橫暴掣頓。大第巨舍之旁，道路且不通。』大夫對於後者，只是『勃然作色，默而不應』。對於前者，則不僅未加以否認，反應之曰：『官尊者祿厚，本美者枝茂。故文王德而子孫封，周公相而伯禽富。水廣者魚大，父尊者子貴。……故夫貴於朝，妻貴於室。』可見賢良文學所指摘，並非虛構。即大夫也是承認的了。但在本書中，則對於此項主張，嚴予駁斥，一則曰『非數也』，再則曰『泰奢之數，不可用於危隘之國』。這樣，問題就出來了。如果在鹽鐵會議時，本書已先存在。又使大夫方面果得親見此書。則對於本書著者批評此項主張之意見，不能熟視無睹，而貿然取人所批評爲不當者而鼓吹宣傳之。且以管子所駁斥之人之意見，作爲管子自己之意見，而稱之爲『《管子》曰』云云，這就和把楊朱、墨翟、告子、許行等人的議論之爲孟子所駁斥者，如『爲我』啦，『兼愛』啦，『生之謂性』啦，『并耕』啦，都認爲是孟子的主張，都寫在孟子賬上，是同樣沒有道理的。又兩書相同之處甚多，但在《鹽鐵論》中皆不著『《管子》曰』三字，獨此一處及《本議》篇『大夫曰：管子云：國有沃野之饒，而民不足於食者，器械不備也；有山海之貨而民不足於財者，商工不備也』一段有《管子云》。而由今看來，一則爲管子所駁斥之人的言論，一則《管子》書中根本就沒有這些文字。因此，與其說係《鹽鐵論》抄襲本書，不如說是本書抄襲《鹽鐵論》，實更爲恰當。蓋被駁斥之意見，必在駁斥者之先，如孟子斥楊墨，楊墨必在孟子之先，荀子非十二子，十二子亦必在荀子之先，這乃是古今著書的通例，本書也是不能例外的。

其次，本書與《鹽鐵論》相同之處，不僅限於御史大夫方面之言論，有些地方和賢良文學方面的言論也往往相同。這一點最不可隨便放過。賢良文學是屬於儒家一派，御史大夫則屬於法家一派。而本書之主張，雖有少數地方對桑弘羊的意見，有所修正，但大體說來，仍是屬於法家一派。鹽鐵會議時，雙方代表爭論得甚爲激烈，對於家派立場，也分得甚爲明顯，凡是甲方提到乙方的人物或其主張，總是要遭到嚴厲的罵詈和攻擊的。假使在鹽鐵會議時，本書果已存在，而參與會議的雙方，又都得見到本書，在御史大夫方面要引用此書，作爲討論之根據，固屬出於自然，但賢良文學方面，則正是本書主張之積極反對者，何以亦競相引用？如果說《鹽鐵論》是桓寬整編過的。整編時，爲了使內容弄得豐富起見，故事後參考各書，因而把本書的議論也補引進去，這也不合實際。因爲桓寬也是屬於儒家，而且據考證，桓寬本人是參加這個會議的賢良文學之一，他自然不肯放棄自己的立場，丟開儒家的經典不談，反而向反對學派的經典去求援助。我們只看孟子所說『仲尼之徒，五尺之童，無道桓文之事者』，也就可以明白他們的態度之堅決了！還有，凡是本書與賢良文學之言論相同的地方，其處理方法，總不出兩種情況。一則就原有賢良文學之意見，加以駁斥。如表中所列《力耕》篇文學主張『尚力務本』，而《輕重乙》則盡力反對之，就是一例。二則採用賢良之言論，加以解釋，但其解釋的內容，則完全以輕重學說爲其中心，往往與原意不一定相符合。如表中《力耕》篇文學只說到『桀以女樂廢其國』，但女樂何以遂能亡國，則文學並未說明。到了本書，則完全站在輕重學說的立場，用經濟的觀點加以解釋。以爲女樂之所以亡國乃是由於女樂須服文繡衣裳，但文繡衣裳，又須依靠外國供給，所以伊尹遂得乘機在其國內提倡女工，從事文繡衣裳的生產，即以所生產之文繡衣裳，以奪取桀國之粟。這樣女樂足以亡國的道理就很清楚了。此與《輕重》篇所述服萊莒、服楚、服代及服衡山之術，所運用之原理蓋全相同，甚至本書抄襲大夫方面的言論，也是如此。如《力耕》篇大夫說『范氏以強大（本）亡』，強本何以能亡國？大夫也沒有說明。到了本書才把強本節用，必產生『五穀豐滿而不能理』，以致『四流而歸於天下』的現象指出。依照思想發展的規律，解釋者必在被解釋者之後，那麽是本書抄襲《鹽鐵論》而不是《鹽鐵論》抄襲本書，也就可以得出結論來了。

五、戰果總結

經過以上各種進攻，我們對這個埋伏了差不多兩千年的僞裝古書，算是獲得了一個初步的認識。僞裝被揭開了，原形也被畢露出來了。由此我們可以總結一下得到的戰爭果實:

㈠《管子·輕重》一書，是西漢末年王莽時代的一位理財學家所做的。

㈡這位著者的經濟思想是和桑弘羊同屬於一個學派，但又有了創造性的發展。

㈢他寫本書的主要目的，是要利用西漢一代包括王莽時代在內關於財政經濟政策的實踐的種種經驗來說明桑弘羊的『民不益賦而天下用饒』這一中心主題。

㈣他掌握的材料相當的多，差不多在他以前的古代經籍中如《論語》《孟子》《荀子》《吕氏春秋》《韓非子》及《管子》，乃至漢代名人有關財政經濟的文獻，都被他參考引用過。而最主要的根據，就是司馬遷的《史記》和桓寬的《鹽鐵論》。但他雖然抄襲了很多古書中的東西，然一經抄襲過來就完全變成了他自己的東西，和原文已不是一個意義，如上述引用《史記》中『奪予』二字，便是一個很好的範例。

㈤他著書的體裁，也和《鹽鐵論》一樣，是採用問答式的。不過作爲問答的主人公的，是借用兩個在歷史傳說中和輕重之策有關的古人齊桓公和管仲，而不是實有其人的現存人物。這一點於戰國秦漢間人所著的黃帝《內經》用黃帝和岐伯來作問答的主人公是一樣的。由於他的寫作技術的超越，編造的故事又很具體而生動，使百世之後讀其書者，還看不出它的眞假來。

㈥所有書中的人名，都是著者隨手借用或任意揑造的，有些是漢代人名地名的反映，如『曲逆』『衡山』之類，有些則是根據文思來臨時杜撰的，如『癸度』卽『揆度』轉化而來之類。也有些是和齊桓公有關係的，如隰朋、賓胥無、易牙之類。他用地名，不一定要合於方位；如《輕重甲》以由齊國迎癸乙於周下原而云東車五乘；《山國軌》以梁及渭陽之牛馬，可以滿齊衍；《輕重丁》以龍馬斗於渭之陽爲齊之郊；《輕重戊》以齊可令人載粟處芋之南，及魯可削衡山之南，這些都是事實上不可能的。

（《關於管子輕重篇的著作年代問題》，原刊於《歷史研究》1956年第十二期）

容肇祖云：

馬非百認爲《管子·輕重篇》著作在王莽以後，現在我列擧十點，作爲駁議。

㈠駁馬非百以爲《管子·輕重篇》著作在《史記》之後。這是他的大膽武斷，沒有根據的。我所以說《管子·輕重篇》必在司馬遷《史記》之前，因爲《史記·齊太公世家》說管仲管理齊國的政治時，『設輕重魚鹽之利，以贍貧窮，祿賢能，齊人皆悅』。《平準書》說：『齊桓公用管仲之謀，通輕重之權，徼山海之業，以朝諸侯，用區區之齊，顯成覇名。』《貨殖列傳》說：『太公勸其女工，極技巧，通魚鹽，則人物歸之，繦至而輻湊，故齊冠帶衣履天下，海岱之間歛袂而往朝焉。……管子修之，設輕重、九府，則桓公以覇。』《管晏列傳》亦說：『管仲旣任政相齊，以區區之齊在海濱，通貨積財，富國強兵。……善因禍而爲福，轉敗而爲功，貴輕重，愼權衡。』司馬遷說了上面一些話，可見他對於《管子・輕重篇》的內容是有認識的。至於明白地提出《輕重》的篇名，《管晏列傳》又說：『吾讀管氏《牧民》《山高》《乘馬》《輕重》《九府》……詳哉其言之也。』旣已提過管子的經濟政策，又說出管氏《輕重》的篇名，司馬遷見過《管子・輕重》篇已成鐵案，這是不可以推翻的。這是我們的理由。

關於馬非百認爲《管子・輕重》篇在司馬遷《史記》之後，這是有他抄襲的來源。一九三一年，羅根澤先生有《管子探源》一書，對於《輕重》十九篇認爲『並漢武、昭時理財學家作』。他說：『考「山海」「鹽鐵」連擧並用，不惟非管子之政，春秋戰國以至嬴秦，未聞此政。至漢武軍與禍結，國用不足，而有鹽鐵之策。』又說：『管子之後以至戰國，又決無輕重、平準、鹽鐵之政；而漢武、昭之時則恰與之合，烏能不謂爲武、昭時書耶？』羅根澤先生的話是沒有根據的。案班固《漢書・食貨志》記董仲舒說漢武帝，說：『〔秦〕用商鞅之法，改帝王之制，……田租、口賦、鹽鐵之利二十倍於古。』《史記・太史公自序》說：『〔司馬〕昌爲秦主鐵官，當始皇之時。』《平準書》說：『齊桓公用管仲之謀，通輕重之權，徼山海之業，以朝諸侯。』根據這些事實，怎麼可以說『春秋、戰國以至嬴秦未聞此政』呢？《管子・輕重》篇所討論的輕重、平準、鹽鐵的理論，在齊國管子的政治上已有它的萌芽，戰國間齊國學者進一步闡發成爲理論，想要用富國政策征服諸侯，統一中國。這是與漢武帝、昭帝時中國已統一，中央已集權，只因用兵匈奴，國用不足的情況而使用鹽鐵、平準的財政政策，擴大國家的收入，不能相同。漢武帝時所用咸陽齊之大煮鹽，孔僅南陽大冶，桑弘羊雒陽賈人子，三人言利，事析秋毫，與《管子・輕重》篇的理論不盡一致。其不一致之處，就是《管子・輕重》篇的目的在利民富國，以經濟政策制服鄰國，桑弘羊等的目的在彌補國用，巧取豪奪。今存桓寬《鹽鐵論》記桑弘羊的見解，雖有推重管仲輕重政策和採取它的地方，並不完全與之符合。而且在漢代統一的中國，中央集權，以經濟政策壓服鄰國的思想當亦無從發生。怎麼能說爲『武、昭時書』呢？我們知道理論與實際互爲因果，有時理論萌芽在先，政策實行在後，沒有在政策實行之後而僞造一種不符合實際的理論以爲之助的。因此羅根澤先生的意見實在說不通，並且也是沒有根據的。

馬非百根據羅根澤先生的見解而更大膽武斷，認爲『《管子·輕重》抄襲《史記》及司馬遷的其他著作』。他把《管子·輕重》和《史記》比較，列爲一表。從他的表上比較，看不出並且也不能證明《管子·輕重篇》的抄襲《史記》而非《史記》的引用《管子》，或者各不相襲而另有其他根據的材料的來源。他認爲《管子·輕重》篇抄襲《史記》：第一，他主觀地認爲《管子·輕重》是西漢末年王莽時代的作品；第二，抹煞事實地認爲劉向沒有見過《管子·輕重》篇；第三，因爲《史記》有經過後人添改的地方，如《賈誼傳》說及『賈嘉……至孝昭時列爲九卿』，拿這一點去概括《史記》的全部被竄改。他的證據是不能成立的。馬非百又認爲《史記·貨殖列傳》說『貧富之道，莫之奪予』，是力主放任；《管子·國蓄》篇『予之在君，奪之在君』、《揆度篇》『夫富能奪，貧能予，乃可以爲天下』、《輕重乙》『故奪然後予』，是力主干涉。他因而武斷地認爲在經濟意見的分野上，《管子·輕重》篇必不得在司馬遷之前。馬非百這樣的解釋是錯誤的。司馬遷是在漢代中國統一的時代，著《貨殖列傳》的本意是敍述一些富民。農、工、商業者對於開發國家的財富是有貢獻的，故此《貨殖列傳》說農、工、商、虞是民所衣食之原，『原大則饒，原小則鮮，上則富國，下則富家，貧富之道，莫之奪予，而巧者有餘，拙者不足』。因此司馬遷提出自己的意見，認爲對農、工、商、虞的富者要『善者因之，其次利導之，其次敎誨之，其次整齊之，最下者與之爭』。他不贊成國家與富民爭貿易的利益。《管子・輕重》篇著作的時代大致是戰國，當時各國（如齊國）地域不太大，希望政令統一，以致富強，故此《輕重》篇主張國家財富利源一切由國家管制，希望人民都得到豐衣足食，而不受富商大賈的控制。《輕重》篇的主張，一方面是以發展農業，即所謂『強本節用』爲基礎，而另一方面以輕重之術理財。《國蓄》篇所謂『視國之羡、不足而御其財物。穀賤則以幣予食，布帛賤則以幣予衣，視物之輕重而御之以準，故貴賤可調而君得其利』。對於商賈的過分斂財和豪奪人民是主張限制的，故此《輕重甲》說：『今欲調高下，分并財，散積聚。不然，則世且并兼而無止，蓄餘藏羡而不息，貧賤鰥寡獨老不與得焉。』《國蓄》篇說：『守之以準平，使萬室之都必有萬鍾之藏，藏繈千萬。使千室之都必有千鍾之藏，藏繈百萬。春以奉耕，夏以奉芸，耒耜、械器、種饟、糧食，畢取贍於君，故大賈蓄家不得豪奪吾民矣。』《管子・輕重》篇所主張的『輕重之策』，最重要的就是使鄰國受經濟政策的壓迫從而臣服或滅亡。這是一種沒有實行過的理想和理論，雖然在《輕重戊》中舉出一些事例，但是都屬於假設的。在戰國列強分立的時代，各國發奮圖強，而齊國是工商業發達的國家，空想地想出的經濟政策去滅亡鄰國，這種見解的產生是不足奇怪的。如果在漢代統一的帝國中想用經濟政策制服鄰國，那就不可通了。這樣就可以說明司馬遷所說的放任和《管子・輕重》篇所理想的國家干涉富商大賈的輕重政策並沒有什麼一定先後的次序。在司馬遷《平準書》中敍述漢武帝的財政政策，大臣中彼此意見不同，如桑弘羊和卜式二派就不相同，桑弘羊主張國家統制經濟的利源的輕重政策，與卜式反對官吏坐市列肆販物求利的政策同在一時，又有什麼先後次序之可言呢？宋朝舊法、新法互相更代，不又是一例麼？故此我認爲只能根據實際的情況去說明歷史，不能從主觀上預先安排出一個思想發生的先後次序來考證古籍。馬非百的說法是沒有根據的。

㈡《管子・輕重》篇見於司馬遷《史記・管晏列傳》的稱引，必不能在桓寬《鹽鐵論》之後。《鹽鐵論》引《管子・輕重》篇是自然的，說《管子・輕重》篇引《鹽鐵論》就必須有充足的證據。《管子・輕重》篇疑出自齊人依托於管子的著作，所以闡釋詳明。《鹽鐵論》由於桓寬記述賢良文學等和御史大夫的辯論，針鋒相對，只是在於當時一些問題的答辯，因之言簡意賅。又桓寬是記述的人，是站在賢良文學方面的，對於對方的話記錄簡略，沒有申釋，話有出入，亦不足奇。馬非百認爲《管子・事語》篇說『泰奢之數，不可用於危隘之國』，而《鹽鐵論》御史大夫不反對奢侈，因此以爲《管子・輕重》出於《鹽鐵論》之後，泰奢被駁倒了，所以《輕重》不主張了。這是沒有根據的。《管子・事語》篇說：『非有積蓄，不可以用人；非有積財，無以勸下。泰奢之數，不可用於危隘之國。』《輕重》篇是承接《管子・牧民》篇一派思想而來，《事語》和《輕重甲》明引《牧民》篇的話可證，因此提倡《輕重》，提倡工商業，提倡開發鑛產，但並不主張放棄農業的根本；不放棄農業的根本，必然主張積蓄，反對奢侈浪費。《鹽鐵論》的御史大夫注重工商業和開鑛煮鹽，與賢良文學等專務重農務本的見解相對立。賢良文學主張重農務本，批評奢侈的風氣由於一些富商大賈，也就是切合崇本抑末的主題。御史大夫主張開鑛、鑄錢、煮鹽等，開發國家的富源，奢侈與否不是主題，所以沒有針對辯論。各有時代的立說的背景，爲什麼可以說這樣的異同就是《輕重》篇是在《鹽鐵論》之後呢？馬非百以爲《鹽鐵論・力耕篇》文學說桀以女樂廢其國，而《管子・輕重甲》說到桀以女樂亡國，說的更詳細，因此以爲《輕重》篇在《鹽鐵論》之後。桀以女樂亡國是古傳說，引用故事偶同，各有目的，或詳或略亦各有關係。我們又怎樣能够把它們牽合呢？由此可見馬非百先有《鹽鐵論》在先、《輕重》篇在後的成見，由此看朱成碧，而不自知其顛倒錯亂啊！

㈢以龜爲貨幣不始於王莽。馬非百認爲《輕重》篇在王莽以後的理由，他引《管子・山權數》：『桓公立貢數：文行中七千金，□龜中四千金，黑白之子當千金。』（肇祖依《管子集校》改）他認爲龜作爲貨幣是出於王莽，這是不對的。《易經・損卦》爻詞：『六五，或益之十朋之龜，弗克違，元吉。』又《益卦》爻詞：『六二，或益之十朋之龜，弗克違，永貞吉。』崔憬《注》：『雙貝曰朋。』金文朋作拜，《中鼎》『侯錫中貝三朋』。又金文『十朋』作『 [illegible] 』。《詩・小雅・菁菁者莪》：『旣見君子，錫我百朋。』鄭玄《箋》：『古者貨貝，五貝爲朋。』王國維《說玨朋》：『古制，貝、玉皆五枚爲一系。……二系一朋。』說『雙貝』的，是言其系；說『五貝』的，是舉一系之數。金文朋作拜，表示二系的形狀。龜與貝同以朋稱，它是貨幣可知。《史記・平準書》說：『農工商交易之路通，而龜、貝、金、錢、刀、布之幣興焉。』又說：『虞夏之幣，金爲三品，或黃、或白、或赤、或錢、或布、或刀、或龜貝。及至秦中，一國之幣爲三等。……而珠、玉、龜、貝、銀、錫之屬爲器飾寶藏，不爲幣。』許愼《說文解字》『貝』字說：『古者貨貝而寶龜。』馬非百只知王莽時有『寶龜四品』，而不知在王莽前《易》已有『十朋之龜』和司馬遷說古代以龜、貝爲幣的話。王莽制度多仿古，『□龜中四千金』等語不在王莽以後。認爲《輕重》等篇在王莽後，這是不能證明的。

㈣駁馬非百說『《輕重》篇的寫成不得在王莽始建國二年拜大阿右拂大司空更始將軍甄豐爲右伯及太傅平晏爲左伯以前』。《輕重戊》有『桓公曰：「諾。」令謂左右伯沐涂樹之枝。左右伯受沐涂樹之枝，濶（閲）其（年），民被白布。』他認爲這是反映了新莽分陝立二伯，如周公召公故事。郭沫若先生說：『以此作爲《輕重》諸篇作於王莽時之證，殊欠斟酌。』這是對的。如果二伯是在諸侯之上的，桓公何得以諸侯而命令這樣的高官？命令左右伯剪伐路上樹枝的小事，可見這左右伯決不是反映王莽時左右伯的官制。我以爲『左右伯』應讀爲『左右陌』。《管子・四時》篇：『修封疆，正千伯。』尹知章《注》說：『千伯卽阡陌。』許維遹說：『《類聚》三、《御覽・天部》十、《事類賦》三引作「阡陌」。』尹《注》是對的。《漢書・食貨志》『開仟伯』，『街巷有馬，仟伯之間成羣』，『富者田連仟伯』，都以『伯』爲『陌』。顏師古《注》：『仟伯，田間之道也，南北曰仟，東西曰伯。』《管子・輕重戊》篇的『左右伯』是以『伯』爲『陌』，旣有本證，又有旁證，這樣說是可以成立的。《輕重丁》記錄與《輕重戊》同一的事，說：『管子曰：「請以令沐途旁之樹枝，使無尺寸之陰。」桓公曰：「諾。」行令未能一歲，五衢之民皆多衣帛完屨。桓公召管子而問曰：「此其何故也？」管子對曰：「途旁之樹未沐之時，五衢之民，男女相好，往來之市者，罷市相睹樹下。……」』這裏上面不說『左右伯』而下面說『五衢』，可以說明『左右伯』不是官名號而是田間的道路，卽『五衢』，《輕重丁》和《輕重戊》是可以互證的。又《輕重戊》說『左右伯受沐涂樹之枝』，這是說『左右陌被剪去路上的樹枝』，可以成爲文句；如果『左右伯』作爲官名，『受』字便費解了。這也可以說『左右伯』應讀爲『左右陌』的證據。

㈤馬非百以爲《管子・輕重》篇是王莽『五均』『賒貸』的反映，他的方法是倒果爲因。他又說及王莽時代諸特用名詞的反映，方法也是一樣。他的理由認爲『這些都是漢代以前所看不見的』。他的方法旣是倒果爲因，指後爲前，可以不必一一加以討論。現在擧他似乎最有根據的『菁茅』一例來說明。《輕重丁》說：『江淮之間，有一茅而三脊，毋至其本，名之曰「菁茅」。』又說：『必抱菁茅一束以爲藉。』馬非百引顏師古《漢書·王莽傳·注》:『《尚書·禹貢》「苞匭菁茅」，儒者以爲菁，菜名也；茅，三脊茅也。而莽此言以「菁茅」爲一物，則是謂菁、茅爲「菁茅」也。』他說:『菁茅一詞，乃是王莽所特創，顏師古也早已知道了。』因此他認爲《輕重》篇是在王莽之後。《尚書·禹貢》『包匭菁茅』的解釋，鄭玄《注》不是這樣。裴駰《史記·夏本紀·集解》引鄭玄《注》:『匭，纏結也。菁茅，茅有毛刺者。給宗廟縮酒重之，故包裹又纏結也。』《穀梁傳》僖公四年:『菁茅之貢不至，故周室不祭。』范寧《集解》:『菁茅，香草，所以縮酒。』《左傳》『菁茅』作『包茅』，杜預《注》:『茅，菁茅也。』《韓非子·外儲說左上》:『仲父曰:「楚之菁茅不貢於天子三年矣。」』孫人和先生說:『漢以前以菁茅爲一物，只有《尚書》僞孔《傳》才當作二物。僞孔《傳》不是孔安國著，乃魏晉人所僞作。我們這個時代，自閻若璩以來，《古文尚書》和僞孔《傳》的問題已弄淸楚了，證僞而根據僞孔《傳》之說，可知馬非百對古書的無知。』唐太宗詔國子祭酒孔穎達與諸儒撰定《五經義疏》，《尚書》用僞孔《傳》，顏師古正在這個時代，遵用僞孔《傳》之說不足奇。馬非百根據顏師古的話而不考它的來源，也太欠思考了。《史記·封禪書》引管仲說:『江淮之間，一茅三脊，所以爲藉也。』《集解》引孟康曰:『所謂靈茅。』《封禪書》又說武帝封禪泰山，『江、淮間一茅三脊爲神藉』，與前引管仲說同。可見《輕重丁》的話固有來源，或是王莽所本。任林圃先生說:『王莽此言以「菁茅」連文，與《管子》此篇所云相同，疑即其所本之一。莽固亦自言「考之經藝，合之傳記」，其所謂傳記中當包括《管子》書在內也。』這話是對的。我們認爲《管子·輕重》篇必在王莽以前的證據:一是司馬遷見過《輕重》篇；一是《鹽鐵論》稱說過《管子》的輕重之說；一是劉向校讎《管子》書，刪除複重四百八十四篇，定著八十六篇，有劉向《別錄》可據；一是劉歆《七略》著錄《管子》八十六篇，因此班固《漢書・藝文志》道家著錄《管子》八十六篇。王莽『五均』『賖貸』等政制，自認爲出於《周禮》，故此不提《管子》。如果照馬非百的想法，王莽以後的人附和『五均』『賖貸』的政制而著《管子・輕重》篇，必然是熱心功名富貴的人，這樣，又必然向王莽進呈《管子》逸篇，以補劉向所編之不足，但是史無其事。又王莽已經依托《周禮》『以明因監』，《管子》非他所重，假如《輕重》篇是王莽以後的人依托，他有什麼權力去塗改內府所藏的《史記》，又有什麼權力去假造或修改劉向（公元前六年死）的《別錄》，去修改劉歆（公元二三年死）的《七略》，然後把他修改的《管子》書收藏在蘭臺，去影響班固（公元三二——九二），使班固不得不於著《漢書・藝文志》時著錄《管子》八十六篇和在《食貨志》中引用《輕重》篇的話，依照作僞者的心願呢？班固的生平距離劉向的年代很短，他的著《漢書》又承受父親班彪（公元三——五四）的家學，班彪親見王莽時代的情況，如果有人假造《管子・輕重》篇，不會不知道辨別的。馬非百最怕人提劉向《別錄》，故此裴駰《史記・集解》引劉向《別錄》說：『《九府》書民間無有，《山高》一名《形勢》。』馬非百忙說：『這話也不可靠。因爲這樣還是承認劉向得見本書的說法。』他認爲『《管子》書中根本沒有所謂《山高》和《九府》的篇名』，但是這有什麼理由？又有什麼理由可以不承認劉向得見《輕重》篇呢？王維庭先生說：『《鹽鐵論・輕重》第十四說：「管仲設九府，徼山海。」和《史記・貨殖列傳》「管子設輕重、九府」一語正合，足徵《管子・輕重》篇是後人輯錄與發揮管子之遺敎而成書，《九府》本有其書，後來散佚。』馬非百又拉扯地說：『《管子・輕重》列在《管子解》之後。《管子》而有《解》，足證其書已在所謂《管子》書之後。今《輕重》又在《管子解》之後，其爲劉向以後的人所附加甚明。』

《管子》書是由劉向編次,《管子》有《解》,《解》後有《輕重》篇,只能說《劉向》的編次如此,不能說《解》後的就是劉向以後的人所附加。這樣說,不就是武斷麼?《管子》書很複雜,它的內容的年代可以包括上自戰國,下至漢初。但是從劉向定著八十六篇之後,《漢書・藝文志》承之,篇數不異。到宋代,亡去十篇,而《輕重》篇中亦有亡佚。八十六篇之數只有缺少,沒有增益,就不能說王莽以後有人私自增加。王維庭先生說:『《鹽鐵論・本議》篇引《管子》語,今本未見。如果說《輕重》篇是抄《鹽鐵論》,僞託於《管子》而成書,爲什麼反把《鹽鐵論》中的《管子》的話漏掉呢?此正可見《管》書多散佚,《輕重》篇絕非抄自《鹽鐵論》。』馬非百自己吹噓是『能辯證地運用乾、嘉以來的漢學方法』,須知辯證法是全面地、辯證地看問題,漢學方法是實事求是。馬非百的方法是什麼?他只是片面、主觀和大膽武斷罷了。

㈥駁官鐵冶中有徒隸逃亡事必是在漢成帝以後之說。《輕重乙》篇說:『桓公曰:衡謂寡人曰:「……請以令斷山木,鼓山鐵,是可以無籍而用足。」管子對曰:「不可,今發徒隸而作之,則逃亡而不守;發民,則下疾怨上;邊竟有兵,則懷宿怨而不戰。未見山鐵之利而內敗矣。故善者不如與民。量其重,計其贏,民得其七,君得其三。」』這是著者覺得官辦鑄鐵有問題,不如給人民去鑄,官收其利。鐵在戰國間已大量開採,《輕重乙》反映了戰國間採鐵的情況。史樹青先生說:『戰國璽印有「右鐵冶官。」』可見鐵官在戰國間已有。在鐵冶開採間使用徒隸,徒隸有逃亡,這不算奇怪。馬非百以爲這篇必在漢成帝陽朔三年潁川鐵官徒申屠聖等百八十人及永始三年山陽鐵官徒蘇令二百二十八人攻殺長吏起義之後。這是沒有根據的。郭沫若先生說:『考春秋中葉齊靈公時器《叔夷鐘銘》,已有「造鐵徒四千爲汝敵寮」語,而秦代亦有「鐵官」。(見《史記・自敍》「司馬昌爲秦主鐵官,當始皇之時」)是可證鐵初發現時固主要爲官營。官營，則徒隸逃亡乃經常事，不必至成帝時始有鐵徒暴動發生。奴隸暴動，非至大火燎原，例爲史官所不載。……《漢書・食貨志》董仲舒疏：「〔秦〕田租口賦，鹽鐵之利，二十倍於古。……民愁亡聊，亡逃山林，轉爲盜賊。」此語尤足證鐵徒逃亡暴動之事，不始於漢。』這可以證明馬非百考證的粗疏。而且漢成帝時求遺書，劉向校書，定著《管子》書八十六篇，《輕重》篇不可能在成帝後著成。

㈦駁澤魚有徵爲出漢宣帝以後之說。《輕重甲》說：『澤魚之征，百倍異日。』馬非百說：『這應該是漢宣帝五鳳中耿壽昌奏增海租三之一倍事的反映。』這話是不對的。在耿壽昌奏增海租三倍以前，證明海租仍是有的。戰國間，齊國大概已有魚稅，所以孟子對齊宣王說仁政，有『昔者文王之治岐也，耕者九一，仕者世祿，關市譏而不征，澤梁無禁』，當時齊國關市有征，澤魚有稅亦可以證明。郭沫若先生說：『海澤之征，其事甚古。左傳「海之鹽蜃，祈望守之」，可證。至秦，則「鹽鐵之徵二十倍於古」（見《漢書・食貨志》），言鹽，則魚蜃在其中。是則加海租事並不始於漢武也。』張德鈞先生說：『《漢書・百官公卿表》云：「少府，秦官，掌山海池澤之稅以給共養。」此秦代已有海澤之征之明證。馬說謬。』吳則虞先生認爲：『《史記・齊太公世家》說管仲「修齊國政，連五家之兵，設輕重、魚鹽之利」，而《晏子春秋》卷四晏子聘於晉條，說田氏「魚鹽蜃蛤弗加於海」。又卷七晏子再治東阿條，說「今臣後之東阿也，……陂池之魚，入於權宗」。都是澤魚之征的證據。』以上都證明戰國到秦有澤魚之征，可以證馬非百的話是說不通的。《國蓄》篇又有『諸侯籍於食』的話，馬非百認爲是耿壽昌請令邊郡設立常平倉實行穀專賣一事的反映。案戰國時李俚有盡地力之教，已有平糴法。但是『諸侯籍於食』是著《輕重》篇者的理想計劃，不可能反映漢宣帝時的情況。

㈧《管子・輕重甲》所說的越絕不是指漢武帝時的南越。馬非百以爲《輕重》篇之成不得在漢武帝元狩三年修昆明池及元鼎六年平定南越以前。這話是不對的。《管子・輕重甲》說：『桓公曰：「天下之國莫彊於越，今寡人欲北舉事孤竹、離枝，恐越人之至，爲此有道乎？」』下文說：『齊民之游水不避吳越。』又《輕重甲》末一條說：『吳越不朝』、『然後八千里之吳越可得而朝也。』吳越連文，在同一段或一篇中，可證越是指吳、越，就是勾踐和勾踐以後的越。《史記・六國表》越王勾踐以周元王四年(公元前四七三)滅吳，《紀年》列在晉出公二年。又《紀年》晉出公七年，卽周貞定王元年（前四六八），越王勾踐徙都瑯琊。晉出公十年，卽周貞定王四年（前四六五），越王勾踐卒（勾踐卒見《史記・越世家・索隱》引古本《紀年》）。《越絕書》卷八說：『〔越王〕允常子勾踐，大霸，稱王，徙都瑯琊也。勾踐子與夷，時霸；與夷子子翁，時霸；子翁子不揚，時霸；不揚子無彊，時霸，伐楚，威王滅無彊。無彊子之侯，竊自立爲君長。之侯子尊，時君長。尊子親失衆，楚伐之，走南山。親以上至勾踐，凡八君，都瑯琊，二百二十四歲。無彊以上霸，稱王；之侯以下微弱，稱君長。』《紀年》記勾踐卒後君主，有鹿郢、不壽、朱勾、〔王翁〕翳、諸咎、孚錯枝、無餘之、無顓（以上名字俱見《史記・越世家・索隱》引古本《紀年》）。《史記・越世家》記勾踐後有王鼫與、王不壽、王翁、王翳、王之侯、王無彊。古本《紀年》所記諸咎以後，亦合於《莊子讓王》篇、《呂氏春秋・貴生》篇所說『越人三世殺其君』的話。《越絕書》《史記》於三世之亂的君主從略。《史記・越世家》王之侯在王無彊前，與《越絕書》不同。《紀年》爲魏國史，其時代下不及無彊，於勾踐以後說到無顓，與《越絕書》記無彊以上所謂『時霸』正合。又古本《紀年》所記越事，勾踐以後有『朱勾，三十四年滅滕，三十五年滅郯，三十七年朱勾卒』。朱勾卽王翁。

《史記・越世家》說：『王無彊時，越興師北伐齊，西伐楚，與中國爭彊。當楚威王之時，越北伐齊，齊威王使人說越王，……於是越遂釋齊而伐楚。楚威王興兵而伐之，大敗越，殺王無彊，盡取故吳地至浙江，北破齊於徐州。』《六國表》楚威王七年『圍齊於徐州』，卽周顯王三十六年（前三三三）。越在無彊以前是強大的，並且從勾踐以後都於瑯琊，與齊地方接近。《輕重甲》說：『今寡人欲北擧事孤竹、離枝，恐越人之至。』正因爲接近之故。作爲『南越』，相距太遠，『恐越人之至』的話，便不合情理。吳則虞先生說：『齊疆「南至於穆陵」，舊說穆陵在會稽，非。《史記・索隱》謂在淮南，近是。徐、泗之地爲齊、楚、越犬牙相錯處。《越世家》勾踐平吳，「乃以兵北渡淮，與齊、晉諸侯會於徐州」。又勾踐後王無彊「興師北伐齊，西伐楚，與中國爭強」。越之強大，在勾踐平吳至無彊未敗之前，蓋當齊威王、宣王之時。《輕重》篇所稱「天下之國莫強於越」，卽此時矣。』這話可以參考。

㈨《輕重戊》所說的魯、梁之梁絕不會是漢文帝時的梁。《輕重戊》：『桓公曰：「今吾欲下魯、梁，何行而可？」管子對曰：「魯、梁之民，俗爲綈，令左右服之，民從而服之。公因令齊勿敢爲，必仰於魯、梁，則是魯、梁釋其農事而作綈矣。」桓公曰：「諾。」卽爲服於泰山之陽。十日而服之。』馬非百以爲《輕重》篇不得在漢文帝徙淮陽王爲梁王以前。這話是不對的。戰國時魏又稱爲梁，故此《孟子》書稱見魏惠王爲『梁惠王』。《戰國策・齊策》陳軫說齊王：『今齊、楚、燕、趙、韓、梁六國。』《趙策》有『有梁而伐趙，有趙而伐梁』的話，此外尙多。史樹靑先生說：『戰國貨幣中有梁國方足布，如「梁正當鍰」、「梁半當鍰」等，當是魏自稱爲梁之識。』魏與齊地有相接壤處，故此《孟子》書梁惠王說：『東敗於齊，長子死焉。』這事卽魏惠王三十年（前三四〇），魏伐趙，齊救趙擊魏，大敗魏軍於馬陵，虜魏太子申，殺將軍龐涓，見《史記・魏世家》。《魏世家》又記魏惠王十五年（前三五五），魯、衞、宋、鄭君來朝魏事，魯國在戰國魏惠王時尚存在。魯、梁並說，可識《輕重戊》反映的是戰國時事而不是漢文帝時事。尹知章《注》：『魯、梁二國在泰山之南，故爲服於此，近其境也。』尹注《管子》多疏，是不能依據的。

㈩《輕重戊》所說衡山與漢衡山王(賜)無關。《輕重戊》說：『桓公問於管子曰：「吾欲制衡山之術，爲之奈何？」管子對曰：「公其令人貴買衡山之械器而賣之。」』馬非百據《史記・衡山王傳》『王乃使〔太子〕孝客江都人救赫、陳喜作輣車、鏃矢』，以爲是衡山製器械的反映，因此說《輕重》篇不得在漢武帝以前。案『衡』即『横』字，『衡山』有多處。《左傳》襄公三年：『楚子重伐吳，……克鳩兹，至於衡山。』這是吳的衡山，便是一例。《輕重戊》說：『衡山器械，魯削衡山之南，齊削衡山之北。』這衡山位置在齊國之南，魯國之北，是依山爲國的附庸。日人安井衡說：『衡山，蓋戰國間附庸之國，據下文其地在齊魯之間。漢所置衡山國則在荆州，相距甚遠。若漢人僞撰此篇，必不移荆州之衡山而北就兗州之齊、魯，未可以他書不言衡山而疑其國也。』這話可以參考。可見《輕重戊》篇所說衡山，與漢衡山王無關。輣車、鏃矢，各地皆可以製造，不當拿來與《輕重戊》的衡山製械器相傅會。

以上十點，可證馬非百考證的粗疏。關於《管子・輕重》篇，我們當然不是認爲春秋齊管仲撰，但是也絕不會是王莽以後人所作。書出於齊，作者或不止一人，時代大約在戰國之末以至漢初，尚難確定。郭沫若先生說：『《輕重》諸篇成於漢文、景之世。』我認爲可能成於漢文、景之前，或上至戰國。《輕重戊》說：『楚者，山東之強國也。』何如璋說：『楚地以太行計在汝、漢之南，不得言山東，……殆秦人語耳。』郭沫若先生說：『《管子・輕重》諸篇乃漢文、景間人所作，故時作漢人語。』其實，在戰國六國與秦對抗的時候，時人稱六國爲山東，已成習語。

（《駁馬非百關於管子輕重篇的著作年代問題》，在《歷史研究》第十四期1958）

胡家聰云：

我以爲《輕重》各篇是戰國時齊國法家的經濟學說。現從以下四個方面予以考證。

㈠戰國時代的烙印

馬非百先生二十多年前和《新詮》中關於斷代的文章（以下簡稱《新詮》），似乎沒有看到《輕重》各篇打着大量的戰國時代的烙印。其實，這種戰國的烙印實在太多了，這裏僅舉以下例證：

⑴『霸（原作朝，霸之誤）國守分』、『王國守始』（《乘馬數》），『大國內款（空也），小國用盡』（《國蓄》）。『王國』、『霸國』對舉，『大國』、『小國』並提，分明寫在戰國，不會指漢代的異姓王或同姓王國。

⑵『萬乘之國必有萬金之賈，千乘之國必有千金之賈，百乘之國必有百金之賈』（《輕重甲》），『萬乘之國不可以無萬金之蓄飾，千乘之國不可以無千金之蓄飾，百乘之國不可以無百金之蓄飾』（《山權數》）。這裏，『萬乘』、『千乘』、『百乘』，是指兵車，明明寫在戰國，漢代人怎會這樣托古呢？

⑶『前有萬乘之國而後有千乘之國，謂之抵（抵，通柢）國；前有千乘之國而後有萬乘之國，謂之距（距，禽類之爪）國；壤正方，四面受敵，謂之衢國（衢，四通八達的大道）。以百乘衢處，謂之托食之君；千乘衢處，壤削少半；萬乘衢處，壤削太半』（《國蓄》）。這裏所說的『柢國』、『距國』、『衢國』，不明明是戰國的實際情況嗎？尤其是『托食之君』，在西漢的異姓王或

同姓王國，怎會有這樣的稱呼呢？

⑷『天子籍於幣，諸侯籍於食』（《輕重甲》），『彼諸侯之穀十，使吾國穀二十，則諸侯穀歸吾國矣。諸侯穀二十，吾國穀十，則吾國穀歸於諸侯矣』（《山至數》）。這裏所稱『天子』、『諸侯』、『吾國』，明顯是寫戰國時大國爭霸的事，不會是漢代人托古。

⑸『遷封食邑、富商蓄賈、積餘藏羨跱富之家，此吾國之豪也』（《輕重甲》）。『遷封食邑』的封君，《輕重》中一再提到，如『今天下起兵加我，臣之能謀、厲（利之聲誤）國定名者，割壤而封……天下已封君之臣十里矣，天下每動，重封君之臣二十里』（《揆度》）。這就是韓非在《定法篇》所說：『戰勝則大臣尊，益地則私封立。』這明明是戰國時的實際情形，怎會是西漢以至王莽時人托古呢？

⑹『黃金、刀幣，民之通施也』（《國蓄》），『刀布爲下幣』（《輕重丁》）。在戰國時，齊國通行的主要是刀幣，均爲刀形。考古發掘的實物，有『齊夻化（貨）』、『齊之夻化』、『齊造邦𨙵夻化』，均齊都臨淄所鑄；有『節墨夻化』、『節墨之夻化』，係節墨所鑄；還有『安昜之夻化』，係安陽所鑄（按：安陽原爲魯國的城邑，公元前四一二年爲齊國攻占）。戰國時齊國所鑄的刀幣，到漢代已不再使用了。《輕重》中『刀布』或『刀幣』一詞屢見，這也是戰國的時代烙印，怎會是漢代人作僞假托呢？

以上所舉《輕重》各篇打着的戰國烙印只是一部分，實際上比這還多。僅僅這些例證，也足以證明它寫在戰國，而不是寫在西漢。

㈡以齊國爲本位

《新詮》對《輕重》中的地名和地理雖然作了不少的考證，但忽略了其中重要的一點，卽《輕重》的作者往往是立足齊國而論天下，處處帶着齊國的特徵。這裏僅舉較重要的幾個例證。

《輕重丁》記述了齊國四境，西方『帶濟負河』，南邊『山居谷處』，東邊『帶山負海』（指黃海），北方『衍處負海』（指渤海）。這正是戰國時齊國的四境，而不是指文景、武昭時的齊地。我們知道，漢高祖六年封其子劉肥爲齊王，即悼惠王。後來，漢文帝時封齊悼惠王之子罷軍等七人皆爲列侯，使齊國一分爲七，即:齊、濟北、濟南、菑川、膠西、膠東、城陽（見《史記・齊悼惠王世家》）。《輕重丁》的記述，自然不是指文景、武昭時的齊地。

《輕重》各篇所記的許多地名和地望，也說明作者以齊國爲本位。如『齊西水潦而民飢，齊東豐庸糶賤』（《輕重丁》）。又如『北海之衆毋得聚庸而煮鹽，然鹽之價必四十倍，君以四十倍（倍字原脫）之價，循（原作脩，實爲循）河濟之流，南輸梁、趙、宋、衞、濮陽……』（《地數》）。這也是以齊國爲本位來敍述的，『梁』是指戰國時的魏國。至於各篇所記齊國的地名，如泰山、牛山、梁父、北澤、龍夏、海莊、夜、城陽、濟陰、渠展、陰裏等等，也是《輕重》各篇寫在齊國的確證。

『君下令謂郡（郡字疑後人所添，因戰國時齊國未設郡）、縣、屬大夫，里邑皆籍粟入若干』（《山至數》）。這說明齊國屬、縣的官長均稱大夫。其中的『屬』，是從春秋到戰國時的齊國特有的。據《國語・齊語》，齊桓公時『三其國而五其鄙』，分鄙野爲五屬，設五屬大夫。五屬大夫的職稱一直沿襲到戰國，這見於《管子・立政》，也見於《山至數》。由此證明《輕重》寫在戰國時的齊國。

《乘馬數》中所說『相壤定籍而民不移』，與《國語・齊語》記載桓公時『相地而衰徵，則民不移』的政策是一個意思，這是說按土地的好壞分等徵稅，顯然是齊國傳統的制度，不會是漢代人的僞托。

更值得注意的量制，『釜、鏂之數不得爲侈弇焉』（《輕重甲》），『鹽百升而釜』、『鐘二千，十鐘二萬……』（《海王》）。豆、區、釜、鐘，是從春秋到戰國時齊國特有的量制，據《左傳》記載，春秋時『齊舊四量：豆、區、釜、鐘，四升爲豆，各自其四，以登於釜，釜則十鐘。陳氏（卽田氏專齊的田氏，田、陳古通）三量，皆登一焉，鐘乃大矣』（昭公三年）。這是說，新興階級的田氏家族改四進位制爲五進位制，卽五升爲豆，五豆爲區，五區爲釜，十釜爲鐘。《輕重》諸篇反映出當時齊國仍使用區（鏂）、釜、鐘的量器，由區到釜仍是五進位制。《輕重丁》：『今齊西之粟釜百泉，則鏂（區）二十也。』就是明證。由釜到鐘仍是十進位制。《海王》：『釜二百也，鐘二千。』也是明證。豆、區、釜、鐘這套齊國特有的量制，戰國以後已不再使用了。這證明，《輕重》各篇確寫在戰國的齊國，不會是漢代作品。

㈢齊桓公和管仲對話的寫作形式

《新詮》說：『由於作者故弄玄虛，把自己在財政經濟上的意見，用托古改制的方法，說成是歷史上有名的大政治家管仲的主張，蒙蔽了不少從事研究這部書的學者。』最後一句話說的是事實，而最前一句話，是否是《輕重》作者故弄玄虛，倒是值得認眞探討。《輕重》各篇除《國蓄》外，寫作上都用的是桓公與管仲問答的形式。但主張文景說、武昭說以至王莽說的研究者們，對這種桓、管對的文體並未認眞注意，只簡單地認爲是漢代人托古而言今。如果追問：漢代人爲什麼這樣托古？回答只能似是而非。

其實，使用桓、管問對這種文體的作品，在《管子》書中有許多篇，除《輕重》而外，還有《霸形》《戒》《小稱》《四稱》《侈靡》《小問》《桓公問》《度地》等篇。桓、管對話這種特殊的文體，是在怎樣的歷史背景下出現的，對此應作實事求是的考察。

桓、管對話的文體，是在戰國時期齊國都城臨淄的稷下學宮風行一時的，是稷下先生們常用的一種寫作形式。之所以形成風氣，是由於威王、宣王以繼承春秋時齊桓公霸業爲名進行封建化改革，因而稷下先生們整理桓、管以來的政治經驗和桓、管的遺聞軼事時，使用了桓、管對話的文體。《管子》中的作品，大多出於戰國時齊國稷下先生之手，依顧頡剛先生的說法，可以把《管子》稱爲『稷下叢書』（見顧頡剛：《『周公制禮』的傳說和〈周官〉一書的出現》，《文史》第六輯）。而桓、管對話的文體，確是稷下之學特有的，並非稷下先生有意作僞，故弄玄虛。

對《輕重》各篇所用桓公與管仲問答的文體，應與《管子》書中其他使用這種文體的篇章作統一研究。如果把《輕重》諸篇孤立起來，簡單地認爲是漢代作品，那麼我們要問：漢代人爲什麼要故弄玄虛，托古於桓、管問對呢？《管子》中其他各篇用桓、管對話形式的作品，難道也會是西漢以至王莽時的人所寫嗎？主張《輕重》爲漢代作品的先生，在這些問題上是不會找到正確答案的。

㈣齊法家的經濟學說

馬先生在《關於管子輕重的著作年代》的開頭說：『《管子·輕重》十九篇，亡失了三篇，現存十六篇，它和《管子》其它各篇不是一個思想體系。』我們要問：當眞不是一個思想體系嗎？否。胡寄窗先生在《中國經濟思想史·上》早就作過許多研究，把《輕重》各篇和《管子》其它各篇中的經濟學說看成是一個思想體系。馬先生在《新詮》中對此表示不滿，他說：『胡寄窗在其所著《中國經濟思想史》中，則把《管子》列入戰國時代孟軻之後和荀況之前，即誤將本書與《管子》其它各篇混爲一個思想體系，而在時代問題上又從王、羅二氏已經前進了一步的地方倒退了回去，這也是未免使人失望的。』

我以爲，胡寄窗先生的見解是對的，這裏我再作一點補充的考證。《輕重》的經濟學說，與《管子·輕言》的思想學說有其不可分割的內在聯繫。經筆者考證，《經言》各篇係前期齊法家作品，包括政治、經濟、軍事、哲學等學說，它以《牧民》爲綱領性文獻，形成了統一的思想體系。這樣系統而集中的法家學說，不是憑空冒出來的，而是齊威王進行封建化改革後的產物，集中反映了田齊社會改革的綱領、政策、主張和制度。

從思想內容來說，《輕重》與《經言》有怎樣的內在聯繫呢？

首先，《輕重》這組經濟論文，是《經言》中齊法家經濟學說的進一步發展。《經言》中《牧民》《權修》《乘馬》等篇都或多或少地闡述了齊法家的經濟思想，諸如：

凡有地牧民者，務在四時，守在倉廩。國多財則遠者來，地辟擧則民留處……（《牧民》）

野與市爭民，家與府爭貨，金與粟爭價，鄉與朝爭治……（《權修》）

地者，政之本也；朝者，義之理也；市者，貨之準也；黃金者，用之量也；諸侯之地、千乘之國，器之制也（《乘馬》）。

但這些經濟思想卻比較籠統，不集中，不深刻。而《輕重》中的經濟學說是它的進一步發展，是集中和豐富的。

說《輕重》經濟學說是《經言》法家學說的進一步發展，還在於《輕重》各篇屢次引用《經言》中的觀點和文句。諸如：

《事語》引《牧民》：『彼善爲國者，壤辟擧則民留處，倉廩實則知禮節。』（《事語》）又引《七法》：『發如風雨，動如雷霆，獨出獨入，莫之能禁止，不恃（原作待，恃之誤）權與。』

《輕重甲》引《七法》：『故不遠道里，而能威絕域之民；不險山川，而能服有恃之國（原作固，國之誤。）發如雷霆，動若風雨，獨出獨入，莫之能圉（同御）。』

《輕重丁》引《牧民》：『管子曰：今爲國有地牧民者，務在四時，守在倉廩。國多財則遠者來，地辟舉則民留處，倉廩實則知禮節，衣食足則知榮辱。』

《揆度》引《七法》：『令貴於寶，社稷重於親戚。』

《地數》引《形勢》：『能者（《形勢》作『巧者』）有餘，拙者不足。』

從《輕重》與《經言》思想內容的內在聯繫看來，《經言》寫在前，《輕重》寫在後，兩者可以互證，一則證明《經言》各篇確係前期齊法家經典之作，二則證明《輕重》各篇是《經言》中齊法家學說的進一步發展，是齊法家的經濟學說，兩者屬於一個思想體系。

以上所作四個方面的考證，都是《輕重》篇中的內證，並且是互爲證明、不可分割的。據此可證，《輕重》作於戰國時的齊國，內容是田齊封建化改革後與起的法家學派經濟學說。以上考證，可以看作是戰國說的基石。

據筆者對戰國時《管子》原本及以後西漢劉向改編本的探討和考證，《輕重》雖寫在戰國，但不包括在《管子》原本之內。據劉歆《七略》著錄：『《管子》十八篇，在法家。』（《史記·管晏列傳》唐張守節《正義》引）這十八篇法家著作，可能就是戰國末韓非曾讀過的《管子》原本。《韓非子·五蠹》：『今境內之民皆言治，藏商管之法者家有之……。』『商』指《商君書》，『管』指《管子》；『家有之』，說明這兩部法家著作當時已廣泛流傳了。從戰國流傳到西漢的《管子》原本只十八篇，《輕重》不是一篇而是近二十篇，自然不會包括在內，而是單行的。到漢成帝時劉向改編《管子》，廣泛搜集各國遺留的文獻，增加了許多篇章，於是《管子解》和《輕重》也被收了進去。《管子》改編本定著八十六篇，後來佚失十篇，如今僅存七十六篇。

現將《輕重》從戰國到西漢的流傳，依時代順序，分述以下各

點:

㈠不在秦始皇焚書之列。始皇焚書，主要是儒家的經典，《管子》和《輕重》均為法家著作，不會遭秦火之刼；相反，到西漢時流傳更廣。

㈡賈誼讀過《輕重》。賈誼所作《新書・無蓄篇》云：『古人曰：一夫不耕，或為之餓；一婦不織，或為之寒。』這裏只用『古人曰』，實際上引自《輕重》中的《揆度》，原文是：『農有常業，女有常事。一農不耕，民有為之飢者；一女不織，民有為之寒者。』可證賈誼讀過《輕重》。

賈誼《新書・憂民篇》開頭：『王者之法，民三年耕而餘一年之食，九年而餘三年之食，三十歲而民有十年之蓄。』這『王者之法』不是沒有根據的，其根據就是《輕重》中的《乘馬數》：『人君之守高下，歲藏三分，十年則必有三年之餘。』這裏，每年藏糧十分之三，大體上相當『三年耕而餘一年之食』。這種蓄糧的思想是《輕重》諸篇一再闡述的。其中的《國蓄篇》開頭就提出：『國有十年之蓄……』賈誼讀過《輕重》，深受其學說的影響，所以寫成主張蓄糧的《憂民篇》。

不僅如此，賈誼還寫有《論積貯疏》，其中引『管子曰：倉廩實而知禮節。』這是《管子・牧民》中的名言；又引『古之人曰：一夫不耕，或受之饑；一女不織，或受之寒』，前面說過，這是《揆度》裏的話。

《漢書・食貨志下》記載賈誼諫漢文帝除盜鑄令，文云：『銅畢歸於上，上挾銅積以御輕重。錢輕則以術斂之，重則以術散之，貨物必平。』這更證明賈誼讀過《輕重》，熟知輕重學說，這裏所說的正是運用輕重之術。

㈢司馬遷讀過《輕重》。他在《史記・管晏列傳》中說得很明白：『吾讀管氏《牧民》《山高》（即《管子・形勢》，這篇開頭是「山高而不崩，則祈羊至矣」，司馬遷用開頭二字代替篇名）、《乘馬》《輕重》《九府》……詳哉其言之也。至其書，世多有之，是以不論，論其軼事。』這段話說明了《管子·輕重》等書，『世多有之』，就是說，當時廣泛流傳着；同時，司馬遷均曾讀過，所以說『詳哉其言之也』。

正因爲司馬遷讀過《管子》和《輕重》，並且錯把它們看作是春秋時的管仲遺著，故而據此寫作了《管仲傳》，並且在其它有關管仲的篇章也一再提到『設輕重九府』（《貨殖列傳》）、『設輕重魚鹽之利』（《齊太公世家》）、『通輕重之權』（《平準書》）等語。如果司馬遷沒有讀過當時廣泛流傳着的《輕重》諸篇，他怎會一而再、再而三地寫出有關『輕重』的這些語句呢？

㈣桑弘羊和桓寬讀過《輕重》。從文景到武昭的時代，《管子》和《輕重》風行一時。那位曾受漢武帝賞識和重用的理財家桑弘羊，自然是熟讀《輕重》諸篇，精研輕重學說的。請看《史記·平準書》的記載：

> 元封元年（前一一〇），『桑弘羊爲治粟都尉，領大農，盡代僅（指孔僅）管天下鹽鐵……乃請置大農部丞數十人，分部主郡國，各往往縣置均輸鹽鐵官，令遠方各以其物貴時商賈所轉販者爲賦，而相灌輸。置平準於京師，都受天下委輸。召工官治車諸器，皆仰給大農。大農之諸官盡籠天下之貨物，貴卽賣之，賤則買之。如此，富商大賈無所牟大利，則反本，而萬物不得騰踊。故抑天下物，名曰：「平準」。』

桑弘羊理財那套辦法，所謂『盡籠天下之貨物，貴卽賣之，賤則買之』，正是運用輕重之術，使富商大賈牟不到大利，而物價不能飛漲，這就叫『平準』。顯然，桑弘羊讀過《輕重》，是精通輕重之術的。

漢昭帝時召開鹽鐵會議，桑弘羊是主角。會議紀錄經桓寬整理成書，即是《鹽鐵論》。《鹽鐵論》中引用《輕重》各篇的觀點和文句很多。這不僅證明桑弘羊熟讀《輕重》，而且可以證明桓寬在寫《鹽鐵論》時也參閱了《輕重》原書。正因爲如此，《鹽鐵論》抄《輕重》的地方很多。

㈤劉向讀過《輕重》，並把《輕重》收在《管子》改編本內。漢成帝時劉向改編《管子》，以《管子》原本十八篇爲基礎，又增加了稷下學宮各派學者遺留的許多篇章，不僅把《管子解》各篇收進去，也把本來單獨成書的《輕重》諸篇收了進去。改編本《管子》經過整理、校讎，定著八十六篇，有劉向的奏書爲證。

㈥班固讀過《輕重》，並在《漢書·藝文志》中著錄了《管子》改編本。班固在《漢書·食貨志下》引用了《輕重》的文句：

> 至管仲相桓公，通輕重之權，曰：「歲有凶穰，故穀有貴賤；令有緩急，故物有輕重。人君不理，則蓄賈游於市，乘民之不給，百倍其本矣。」（文長，不多引）

『曰』後大段引文，均見於《國蓄》。由此可證，班固確實讀過《輕重》。

包括《輕重》在內的《管子》改編本八十六篇，班固在編寫《漢書·藝文志》時，把它著錄在內，列在道家。

據上述六點，足以證明從戰國到漢代，《輕重》諸篇流傳有序，賈誼、司馬遷、桑弘羊、桓寬、劉向、班固都曾讀過。

馬非百先生旣看不到《輕重》作於戰國的種種內證，也看不到《輕重》從戰國到漢代的流傳有序，他二十多年來卻認定《輕重》是王莽時的著作。如果眞的是王莽時人托古僞作，那麽，生在當代的班彪以及他的兒子班固怎能不知道呢？正如容肇祖先生所說：『班固的生平距離劉向的年代很短，他的著《漢書》又承受父親班彪（公元三一五四）的家學，班彪親見王莽時代的情況，如果有人假造《管子·輕重篇》，不會不知道辨別的。』(見容先生所作《駁馬非百〈關於管子輕重篇的著作年代問題〉》駁議第五點）我認爲，容先生二十多年前的這個分析是正確的。馬先生爲了維護其王莽說，作了一系列考證，確實用了很大功夫，這種精神值得欽佩。但是對這些例證一個個反覆推敲，始終感到如郭沫若先生在二十多年前所說：『證據薄弱，說難成立。』（見郭沫若主編《管子集校·引用校釋書目提要》）

首先，從所謂四個『主要據點』來說吧。

㈠《輕重甲》：『管子曰：「女華者，桀之所愛也，湯事之以千金；曲逆者，桀之所善也，湯事之以千金。內則有女華之陽，外則有曲逆之陰，陽陰之議合而得成其天子，此湯之陽謀也。』馬先生將這個故事比附於《漢書·陳平傳》所記，漢高祖七年劉邦被匈奴圍於白登，用陳平奇計使用間諜手段，遣使者厚遺單于閼氏，圍以得解。劉邦回師，路過曲逆，乃詔御史以陳平爲曲逆侯。馬先生據此事判定：『曲逆是陳平的封號，是漢高祖七年才被封的，在此以前沒有過。』結論是：『本書之成，不得在漢高祖劉邦封陳平爲曲逆侯以前。』

曲逆在陳平受封曲逆侯以前當眞沒有過嗎？否。曲逆之地（在今河北省完縣東南），春秋時叫逆時，《左傳·哀公四年》：『國夏伐晉，取逆時。』戰國時稱曲逆，曾屬中山國。《戰國策·齊策》：『魏處曰：趙可取唐、曲逆。』《漢書·陳平傳》說得更明白：『高帝南過曲逆，上其城，望室屋甚大，曰：「壯哉縣！吾行天下，獨見洛陽與是耳。」顧問御史：「曲逆戶口幾何？」對曰：「始皇時三萬餘戶，間者兵數起，多亡匿，今見五千餘戶。」於是詔御史，更封平爲曲逆侯，盡食之，除前所食戶牖。』但馬先生對《漢書·陳平傳》這一大段，在《新詮》中並未引用。

上面所引關於曲逆的資料說明什麼呢？第一，曲逆這個地名，從春秋到戰國已經有了。第二，劉邦看到當時的曲逆城，規模相當大，有五千餘戶。第三，劉邦就原來早就有的曲逆之地，封陳平爲曲逆侯。

事情不是很清楚嗎？馬先生斷定：『曲逆是陳平的封號，是漢高祖七年才被封的，在此以前沒有過。』從而推論《輕重》的寫成『不得在劉邦封陳平爲曲逆侯以前』，這是站不住脚的。

㈡《輕重戊》：『桓公曰：「今吾欲下魯、梁，何行而可？」管子對曰：「魯、梁之民俗爲綈，公服綈，令左右服之，民從而服之。公因令齊勿敢爲，必仰於魯、梁，則是魯、梁釋其農事而作綈矣。」桓公曰：「諾」。卽爲服於泰山之陽，十日而服之。』這本來是生於戰國時的作者編造的故事，梁指的是戰國時的魏國（魏惠王九年遷都大梁，故稱梁）。

可是，馬先生考證說：『大梁之梁，並不在泰山之南。泰山之南之梁國，至漢文帝劉恒用賈誼言，徙淮陽王爲梁王始有之。』這個考證並不可信。因爲《輕重篇》中講到『梁』不是這一處，還有《地數》說到運鹽『南輸梁、趙、宋、衞、濮陽』，這裏的『梁』自然是指魏國，難道也會是西漢的梁國嗎？所以，馬先生的考證是靠不住的。

㈢《輕重甲》：『桓公曰：「天下之國莫強於越。是今寡人欲北擧事孤竹、離枝，恐越人之至，爲此有道乎？」管子對曰：「君請遏原流，大夫立沼池。今以矩游爲樂，則越人安敢至？」……「請以令隱三川，立員都（豬），立大舟之都。大舟之都有深淵，參十仞，令曰：『能游者賜千（十）金。』」未能用金千，齊民之游水者不避吳越。……』這也是生在戰國時的作者編造的故事，吳越連稱，越國自然是指春秋時吳越之越。

但馬先生考證說：『這是以漢武帝劉徹修昆明池訓練水軍以平定南越事爲背景。』這也是站不住脚的。正如容肇祖先生所反駁：『吳越連文，在同一段或一篇中，可證越是指吳、越，就是勾踐和勾踐以後的越。』（《駁馬非百〈關於管子輕重篇的著作年代問題〉》駁議之八）。

㈣《揆度》：『今天下起兵加我，臣之能謀厲國定名者，割壤而封，臣之能以兵車進退成功立名者，割壤而封，然則是天下盡封君之臣也，非君封之也。天下已封君之臣十里矣，天下每動，重封君之臣（原作民，誤）二十里……』馬先生又用那種類比法，考證說：『按此處所論，顯然是以王莽居攝三年鎮壓翟義、趙明及西羌等起義軍後大封功臣，和始建國四年立爲「附城五差」之制爲背景。』認爲文中所言的封地，是王莽時制度的反映。

其實《揆度》所言『割壤而封』云云，正是指戰國時大國爭霸形勢下的軍功貴族。當時齊、秦等大國都保持着論功行賞的封君制，這是戰國時期的普遍情況。正如韓非所說：『戰勝則大臣尊，益地則私封立。』（《韓非子・定法》）所謂『割壤而封』，反映了戰國時的實際情況。

上述馬先生堅持王莽說的四個『主要據點』，實在經不起推敲，哪一個也不能證明《輕重》作於王莽時代；恰恰相反，每一個都可以證明《輕重》寫在戰國。

其次，馬先生從漢高祖，經文、景、武、宣而至王莽，舉出了十九個例證，爲王莽說作辯護。這裏，我不想多花筆墨，僅就其考證方法作點探討。

馬先生所舉十九個例證，都用的是類比法，即就《輕重》各篇中的某些個別敍說，找出西漢到王莽時的同一類史實，以後者和前者比附，並認爲前者是後者的反映。這十九個例證，也就是這樣那樣的十九種『反映』。類比法可靠嗎？並不可靠，因爲它只能提供假說，不能提供確證。這裏試舉《輕重》中兩篇作品爲例，說明馬先生所用的類比法不可靠。

比如《國蓄》這篇，是《輕重》各篇思想學說的綱。從全篇着眼，全文打着幾處戰國的烙印，如前面說過的『牴國』、『距國』、『衢國』和『托食之君』等，是寫在戰國無疑。但是，馬先生僅僅抓住其中『以珠玉爲上幣，以黃金爲中幣，以刀布爲下幣』的三等幣制，硬說『以珠玉、黃金及刀幣同用爲幣，於古無聞』，他徵引《漢書·食貨志》和《景帝紀》作了許多考證，結論是:《國蓄》中『以珠玉爲上幣，以黃金爲中幣，以刀布爲下幣』，是景帝時三等幣制的反映。這個結論有一大漏洞，就是『以刀布爲下幣』的『刀布』，在文景時代並不鑄行，實際它是戰國時代的事情。我們知道，刀布是戰國時期通行的貨幣，韓、趙、魏以使用布幣爲主，齊、燕以使用刀幣爲主。秦始皇統一中國後，規定以圓形方孔的『半兩』錢爲全國通行的貨幣。漢承秦制，直到武帝元狩三年以前，仍鑄行半兩錢。請問: 文景時代哪裏有什麼『刀布』呢？

又如《輕重乙》，馬先生抓住其中個別文句，用類比法考證，說是王莽時代的『寶黃厮赤』思想的反映，京師郡國民歌舞祀西王母之反映及祀四望之反映。《輕重己》眞的是王莽時代的作品嗎？並不是。請注意，《輕重己》的內容不同於《輕重》其它各篇，它不是法家的經濟學說，而是陰陽家的五行配四時的五行相生學說。這類五行相生的學說，在《管子》中有《幼官》《四時》《五行》及《輕重己》等四篇，它們是從原始的五行說演變到五行相生說完備形態——《呂氏春秋·十二紀》的中間環節。《呂氏春秋》成書年代據其中《序意篇》的記述，是在秦王政八年（前二三九）。作爲不完備的五行相生說的《輕重己》，不會作於《呂氏春秋·十二紀》寫成之後，只會在此以前，作於戰國是無疑的。馬先生用類比法考證其中有王莽時代的三種反映，這不是牽強附會嗎？

再次，還要說到怎樣對待司馬遷的《史記》和桓寬整理的《鹽鐵論》。從《輕重》作於戰國，到漢代流傳有序而言，司馬遷、桑弘羊和桓寬均讀過《輕重》，因而《史記》和《鹽鐵論》引用《輕重》是毫不足怪的。在誰抄誰的問題上，《史記》《鹽鐵論》抄《輕重》，事情是簡單明瞭的。可是馬先生爲了維護他的王莽説，硬説《輕重》抄《史記》和《鹽鐵論》，作了許多令人難以信服的具體考證，反而把事情搞得複雜了。

（《管子輕重篇作於戰國考》）

〔存　目〕

黃漢撰《管子爲戰國時代作品考》，發表於《安徽大學月刊》第二卷第六期內。

■商　子

詹秀惠云:

今存二十四篇《商君書》，雖非篇篇皆商鞅自撰者，有鞅死後其徒屬追述者，有戰國晚期『法家者流』推衍者，然其要終歸於衍述任法治、嚴賞罰、重農戰之意旨。早則戰國末年，秦漢之初，晚則西漢之末，劉向之時，將此與商鞅思想相符之篇文，滙聚編次爲一書，名之曰『商君』，非有意僞託然。

職是之故，不得以《商君書》中有鞅死後事，遂斷爲『後人假造』（胡適之先生說），『僞託於《史記》之後』（黃雲眉說），『韓非之徒，雜取《韓子》《愼子》諸商君爾』（熊公哲先生說）等論調，《商君書》決非僞書，乃爲足以代表商君思想之眞書也。

乙、商君書之作者

《商君書》二十六篇，實存二十四篇，其作者可歸納爲三:

一、商鞅自撰，計有十七篇:

墾令第二；農戰第三；說民第五；算地第六；開塞第七；壹言第八；戰法第十；立本第十一；兵守第十二；修權第十四；賞刑第十七；境內第十九；外內第二十二；君臣第二十三；禁使第二十四；愼法第二十五；又靳令第十三篇爲鞅自撰而經後人竄改附益者。

二、商鞅之徒屬追述或雜錄鞅餘論者，計有二篇:

更法第一；去彊第四。

三、爲戰國後期『法家者流』掇鞅餘論或發抒法家思想者，計有五篇:

錯法第九；徠民第十五；畫策第十八；弱民第二十；定分第二十六。

丙、商君書之著作與編定年代

《商君書》著作年代，最早者爲商鞅自撰。商鞅生年不詳，卒於秦孝公二十四年、周顯王三十一年、西元前三三八年。商鞅於秦孝公元年，卽周顯王七年(西元前三六二年)由魏入秦，《商君書》中有一篇《兵守》似爲事魏之作。故商鞅自撰十七篇之成篇年代必在於秦孝公元年、周顯王七年、西元前三六二年前後，至秦孝公二十四年、周顯王三十一年、西元前三三八年之間。

其次關於其直接徒屬所作兩篇之年代，當在秦孝公二十四年（西元前三三八年）鞅死後不久。

至於戰國晚年『法家者流』所作五篇之年代，則在秦始皇二十六年（西元前二二一年）統一天下前。

據此則《商君書》之著作年代，最早爲戰國前期，周顯王七年前後（西元前三六二年左右）。最晚爲戰國晚期，秦始皇二十六年（西元前二二一年）以前。

又關於將各篇滙集編成一書之年代，可確知者爲西漢末年，漢成帝時代（西元前三十二年至西元前七年）劉向所編集。然《韓非子》曰『藏商管之法者家有之』（《五蠹》四十九）及『說在商君之內外』（《南面》十八），戰國末年，似《商君書》已編次成書，竊以爲戰國末年已有《商君書》傳世，其篇數、篇次，不必與今本同，書名殆卽韓非所謂『商君之內外』之『商君』；或尙有多種不同集本，有不同之書名，皆爲戰國後期法家者流所編纂者。至西漢成帝時，劉向又加以編集校定，而成爲《漢書・藝文志》之『商君二十九篇』。自此之後，歷代雖略有亡佚，然大體仍爲劉向校本之舊。故《商君書》之確定編成年代當在西漢成帝劉向之時。

(《釋商君書並論其真偽》，原刊於《淡江學報》第十二期)

宋淑萍《論商君書的成書時代》，發表於《書目季刊》第十三卷第一期內；文分四個部分：前言、《商君書》與《韓非子》思想相類的部分、《商君書》與《韓非子》思想出入的部分、結語。文末云：『二書有許多言論幾乎類同，《商君書・靳令》：「以力攻者，出一取十；以言攻者，出十亡百。」《韓非子・飭令》：「以力攻者，出一取十；以言攻者，出十喪百。」《商君書・算地》：「故君子操權一正以立術。」《韓非子・心度》：「明君操權而上重，一政而國治。」思想多處相通，言論每多類同，由此可見《商君書》和《韓非子》是兩部關係密切的著作。』

〔存　目〕

劉國銘撰《商君書辨僞》，發表於《明志工專學報》第九期。
熊公哲撰《商君書眞僞辨》，在《政治大學學報》第九期內。

■愼　子

金德建云:

《愼子》亡佚的時間，大概在宋代。至於亡佚的緣故，也可約略加以推測。

宋代《愼子》的本子有二:

㈠五篇本。陳振孫《書錄解題》云:『今《麻沙刻本》纔五篇，固非全書也。』

《通志·藝文略》云:『《愼子》舊有十卷，四十二篇，亡九卷，三十七篇。』

王應麟《漢志考證》云:『《漢志》四十二篇，今三十七篇亡，惟有《威德》《因循》《民雜》《德立》《君人》五篇，滕輔注。』

㈡三十七篇本。《書錄解題》引《崇文總目》有三十七篇。在相並時期間篇數已經有此不同。但三十七篇加上了五篇，剛巧等於《愼子》的原有篇數四十二篇。這確是很可注意的。依我看，原本四十二篇，其時一定已經給人家拆散分成二本:一是三十七篇，一是五篇，前者《崇文總目》所見，後者陳振孫等所見。經過如是拆散，於是二種本子，分別流傳。其中五篇本似乎通行，諸家均見;三十七篇本較少，故僅著錄於官家的《崇文總目》。據此，自然通行的可永流傳，少見的易於亡逸;所以到了後來就一存一亡。《崇文》本亡逸，只有五篇尙流傳後世。這就使今本《愼子》只存五篇了。

以上是《漢志》後《愼子》流傳，證明今本篇幅雖少於《漢志》，卻不是《漢志》後的僞書。至於《漢志》《愼子》本身的眞僞，還是疑問。《史記》只說十二論，與之相差太大，而且論與卷不同，每論應該只有一篇，那末《漢志》四十二篇中，不是已有三十篇爲僞嗎？至此，我們便得發生兩種觀念：

一、以爲『四十二』與『十二』的兩個數目，常有脫衍之誤。或本屬『四十二』而《史記》脫一『四』字亦未可知。類此差誤，古書上也常常有。有此板本上可能的疑問，則《漢志》《愼子》眞僞，不如他書之易於從篇目多少來定奪了。——這個觀念，其實不對。

二、《風俗通・姓氏篇》云：『愼到爲韓大夫，著《愼子》三十篇。』應劭曾經見過一部三十篇的《愼子》。但此書向來無所謂三十篇者，此三十之數，剛巧是《史記》的十二論與《漢志》四十二篇之間數目之差。於此可證《漢志》的《愼子》，實在倂合二書爲一。《史記》的確是十二論，《漢志》加上了其時另外有部三十篇，纔并成四十二。《漢志》的成份，已多出於《史記》，這另外的三十篇，《史記》所沒有記載，司馬遷都還沒有見過，自然是僞書或者附屬的外篇的性質無疑了。

（《愼子流傳與眞僞》，原刊於《厦門圖書館館聲》第二卷第五期，又編入金著《古籍叢考》）

方國瑜云：

近人張君衡，忽得明萬歷間吳人愼懋賞刻本《愼子》，以爲『高出各本之上，而各藏書目亦未著錄』。（按：《楝亭書目》著錄此書）載入《適園藏書志》卷八；江陰繆氏亦藏鈔本，嘆爲『驚人秘笈』（見《藝風堂文漫存》卷四。）涵芬樓假繆氏本刻入《四部叢刊》，附孫毓修跋，稱『《愼子》善本首推此也』。中國學會又影愼刻本入《愼子合帙》(按：愼刻本有《注》，鈔本無《注》；

又愼刻本七事，爲鈔本所無，鈔本三事，亦不見於愼刻本）。懋賞此書，已廣其傳也；世之讀者，咸以此本所錄最多，目爲各最好之書。（如：顧實《重考古今僞書考》，金受申《稷下士研究》等書）然愼懋賞自言：『因此書闕略頗多，奔走四方，自書肆以及士大夫藏書之家，索之甚勤，全書卒不可得，故輯其可知者。』（見《愼子考》）書凡九十餘事，王錫爵爲之條次，定爲內外篇（見愼子序），以成此本，注解行世。夫先秦諸子，存者蓋寡，《愼子》見於《史記》，著於《漢志》，與管商申韓並重，而傳世之本，殘缺過甚，所存不及十之一二，愼氏所刻，多於各本，使果出原書，俾後人見所未見，則零圭斷璧，罔非瓌寶，寧非快事？第自北宋以來，皆僅五篇，源流粲然可考；卽《羣書治要》所錄，亦不過文句較詳，及多出不完之兩篇耳；愼氏旣言『全書卒不可得』，則所謂『輯其可知者』，果孰從而得之，而『高出各本之上』耶？故《四部叢刊》本甫出，梁任公先生卽訟言其僞（見《古書眞僞及其年代》卷一），而羅雨亭先生又作《辨僞》一篇，摘取其文，加以抨擊，印入《燕京學報》第六期：愼本之出於依託，殆成定論。雖然，羅君因欲便於行文，不過剌取其犖犖大者若干條，於全書未暇一一疏通而證明之也。

國瑜課暇讀周秦以下諸子百家之書，見其文與此本合者，輒隨手記諸簡端，久之，日益多，乃復繕寫清本，題曰《疏證》，一一求愼氏所錄之源；雖所摘卽爲愼氏所取否？不敢自必，而懋賞之所剽竊與其意爲增損，未能盡發其覆而糾其謬者，亦或往往而有，然固已得十之八九矣，其於所不知，蓋闕如也。

考懋賞此書之輯成者，約有數端，茲姑舉例言之：

一曰：鈔明世所傳《愼子》書

（甲）通行本五篇，載於《內篇》之首。

（乙）舊本所謂『出《文獻通考》』之《愼子逸文》數條，散見內外篇。按舊本未見，據錢熙祚說。

二曰：輯諸書所引之《愼子》逸文

如：內篇六事『飛龍乘雲……』，見《韓非子》引。三十事『昔者天子手能衣……』，見《太平御覽》引。外篇二十二事『毛嬙西施……』，見《藝文類聚》引。二十七事『夫道所以使賢……』，見李善《文選・注》引。四十事『匠人知爲門……』，見《淮南子》引。

三曰：輯《愼子》逸文，並鈔他書附益之

（甲）附益法家書者：

如：內篇七事『法之功……』，見《類聚》引《愼子》；而首增『愛多者……』爲《韓非子》文。八事『故治國……』，《類聚》引《愼子》；而首增『虙戲神農……』爲《商君書》文。十四事『廊廟之材……』，《文選・注》引《愼子》；而末增『以天下之目視……』，爲《管子》文。

（乙）附益儒家書者：

如：內篇十事『藏甲之國……』，見《意林》引《愼子》；而末增『明主之誅也……』爲《大戴禮》文。十六事『有權衡者……』，《意林》引《愼子》；末增『王者有易政……』爲賈誼《新書》文。十二事『詩往志也……』，《意林》引《愼子》；末增『若宓羲氏……』，《易・繫辭》文；又增『文王重易……』爲《漢書・藝文志》文。

（丙）附益墨家書者：

如：內篇三十六事『小人食於力……』，見《意林》引《愼子》；末增『故常欲耕……』，爲《墨子》文。

（丁）附益古史者：

如：內篇九事『孝子不生慈父之家……』，見《意林》引《愼子》；首增『君明臣直……』，爲《戰國策》文。

（戊）附益其他子書者:

如: 內篇二十一事『愛赤子者……』，《意林》引《愼子》; 首增『孔子謂子夏曰……』，見《類聚》引《尸子》。

（已）附益已見者:

如: 內篇十一事『衆之勝寡必也』，《文選·注》引《愼子》; 而『富之勝貧，強之勝弱……』，則以意增。凡此皆就《愼子》文，而增益他書或已見爲一事者也。

四曰: 全鈔他書:

（甲）鈔法家書者:

如: 內篇十七事『民富則易治……』，全文見《管子》。外篇一事『古之全大體者……』，全文見《韓非子》。五事『夫耕之用力也勞……』，亦見《韓非子》。五十五事『齊桓公謂管仲曰……』，亦見《管子》。

（乙）鈔名家書者:

如: 內篇二十三事『道行於世……』，全文見《尹文子》。二十五事『仁義禮樂……』，亦見《尹文子》。外篇二十事『老子曰民不畏死……』，亦見《尹文子》。

（丙）鈔墨家書者:

如: 外篇六事『古之民未知爲宮室時……』，全文見《墨子》。三十三事『墨翟曰衞小國也……』，亦見《墨子》，三十六事『和氏之璧……』，四十八事『公輸子削本以爲鵲……』，亦並《墨子》文。

（丁）鈔道家書者:

如: 外篇三事『抑高而擧下……』，全文見《文子》。十五事『聖人在上……』，見《鬻子》。五十六事『仲尼曰凡人心險於山川……』，見《莊子》。

（戊）鈔儒家書者:

如：內篇二十四事『君子耻不修……』，全文見《荀子》。二十六事『天地大也……』，亦見《荀子》。三十八事『愼子仕魯……』，見《孟子》。三十九事『鄒忌以鼓琴見齊王……』，見《新序》。外篇十七事『孟子與說齊宣王……』，見《韓詩外傳》。三十一事『許犯曰敢問昔聖帝明王巡狩之禮……』，見《孔叢子》。三十八事『受人者……』，見《孔子家語》。五十一事『榮啓期者……』，見《說苑》。五十四事『周成王問鬻子……』，見賈誼《新書》。

（己）鈔古史者：

如：內篇二十二事『天有五殃……』，見《汲冢周書》。三十七事『愼子仕楚……』，見《戰國策》。四十事『鄭同北見趙王……』，亦《戰國策》。外篇四十五事『商容有疾……』，見《聖賢高士傳》。四十六事『公父文伯之母……』，見《國語》。四十七事『公父文伯退朝……』，亦《國語》。五十事『文王在鎬……』，見《汲冢周書》。

（庚）鈔雜家書者：

如：外篇二事『行高者則人妬之……』，見《淮南子》。三十四事『樂之所由來者尙也……』，見《呂氏春秋》。三十七事『心者五臟之主也……』，亦見《淮南子》。

（辛）輯諸書逸文而鈔入者：

如：外篇九事『君之所尊者令……』，見《北堂書鈔》引《申子》。三十九事『拯餓者……』，見《太平御覽》引《袁子正書》。四十二事『鷙鳥之擊也……』，見《子略》引《鬻子》。五十二事『舜一徙成邑……』，見《藝文類聚》引《尸子》。五十三事『湯放桀……』，見《御覽》引《尙書大傳》。

（壬）鈔宋人王柏書者：

如：外篇十八事『天地既判……』、十九事『氣之摯斂而有質者爲陰……』，並王柏《天地造化論》。

五曰：取諸家文而參錯者：

如：內篇十三事『夫王公大人之爲政於國家者……』，見《墨子・尚賢》上；『今王公大人有一衣裳不能制也……』兩節，並《尚賢》中。外篇二十六事『海不辭水……』，見《管子・形勢篇》；『黃帝立明堂……』，《桓公問》。外篇十六事『堯以天下讓許由……』，見《莊子》；『禹讓天下於奇子……』，見《符子》。二十八事『萬物所異者生也……』，見《列子》；『人上壽百歲……』，見《莊子》。三十二事『雀物之淫者也……』，見《埤雅》；『鷙性耿介……』，見《釋名》；『飾鼎以饕餮……』，見《呂氏春秋》。

凡此取他書數文，以意爲一事者。

舉此五端示例，愼氏作僞之用心，亦可知也；語云：『拿賊拿贓。』贓證確鑿，愼氏復生對簿，不能不服吾判也。愼本卷首，錄諸家《愼子評語》十數事，錯誤更可笑者：如：周敦頤曰一條，爲《周氏涉筆》文；陳淵曰一條，爲《直齋書錄解題》文；朱熹曰一條，爲《東坡文集子思論》文：其張冠李戴若此，勿怪乎諸子百家之書，『輯其可知者』，而歸之於愼到也；梁任公云『《四部叢刊》本《愼子》，顯係《愼懋賞》僞造，爲同姓人張目』，可謂一語道破也。

（《愼懋賞本愼子疏證》，原刊《燕京學報》）

■韓 子

錢穆《先秦諸子繫年》卷四就《初見秦篇》所言史實、措辭及語氣等，考訂非韓非所著，『近人有疑爲蔡澤或澤之徒爲之者，殆或近是』。

張公量撰《張儀入秦說秦辨僞》，發表於《禹貢》半月刊第四卷第二期，據史實考訂謂非張儀所作，亦非韓非所作。

陳啓天《韓非子校釋》，謂篇中所言秦事，皆在昭王之時，又七稱『大王』，皆指昭王；因斷非出韓非之手，亦非張儀所作，以蔡澤之說爲可信。

陳奇猷《韓非子集釋》，云:

第一、自蘇秦死後，六國削弱，而言合從之聲復起，故此篇篇首言合從形勢。

第二、先是韓非爲韓使秦，嘗卽上書言存韓，故李斯害韓非於秦王曰:『非終爲韓不爲秦。』秦王以爲然，下吏治非，韓非欲自陳不見。此篇必係欲自陳不見之上秦王書，故篇末云:『願望見大王。』後人不知此篇出《存韓》之後而題爲《初見秦》。《國策》又以爲張儀書，遂使後人起爭論之端。

第三、後人編《戰國策》，當是將各國檔案蒐集重加編排，而張儀、韓非等說客之上書，在檔案中當混於一處。至當時檔案，當亦不若今日檔案編排之精審，各案皆題名標姓。此篇在篇中又無一字及上書之名，故編《國策》者誤爲張儀之作。

第四、《史記·韓非傳》謂秦王見韓非而悅之，此意韓非當亦知之，今未任用而被下吏治，又不能自陳，故詳述其策於此書中，一則乞秦王能任用，再則表明其爲秦而不私韓，故與《存韓》篇言存韓發生矛盾。

第五、本書民氓字皆作民萌，而此篇亦作民萌，可見本篇亦爲韓非手筆；且知伯決晉水灌晉陽事，韓非屢道之（《十過》《喻老》《說林上》《難三》及本篇），與本篇陳說，其旨趣皆同，蓋舉之以告誡人主勿貪鄙而必防其下，亦可見此篇爲韓非之作。

祝貽謀云:

《初見秦》篇的作者是誰？早在漢代就有不同的意見。其一認爲是張儀說秦惠王事，把它編入《戰國策·秦策》；其二認爲是韓非說秦王政事，把它編入《韓非子》第一篇。

到了近代，對《初見秦》篇的作者問題，出現了幾種值得重視的意見。容肇祖先生認爲，該篇是一位佚名氏的作品，後人或附之張儀，或附之韓非；劉汝霖先生認爲可能是蔡澤或蔡澤之徒所作；郭沫若先生則斷定是呂不韋所作。

持上述諸說的學者，盡管其論點不盡相同，但他們都認爲《初見秦》篇所涉及之歷史事件，最晚者爲秦昭王五十年（前 257 年）的秦圍邯鄲，所以把這一年定爲《初見秦》成文年代的下限。我認爲這還是一個值得研究的問題。爲了弄清事實，便於討論，不妨把該篇有關的一段原文摘引如下:

趙氏中央之國也，……悉其士民，軍於長平之下，以爭韓上黨，大王以詐破之，拔武安。當是時也，趙氏上下不相親也，貴賤不相信也，然則邯鄲不守。拔邯鄲、筦山東、河間，引軍而去，西攻修武、踰華、絳、上黨，代四十六縣，上黨七十縣，不用一領甲，不苦一士民，此皆秦有也。……

然則是趙舉，趙舉則韓亡，韓亡則荆、魏不能獨立，荆魏不能獨立則是一舉而壞韓、蠹魏、拔荆，東以弱齊、燕，決白馬之口以沃魏氏，是一舉而三晉亡，從者敗也，大王垂拱以須之，天下編隨而服矣；霸王之名可成，而謀臣不爲，引軍而退，復與趙氏爲和。夫以大王之明，秦兵之強，棄霸王之業，地曾不可得，乃取欺于亡國，是謀臣之拙也。且夫趙當亡而不亡，秦當霸而不霸，天下固以量秦之謀臣一矣；乃復悉士卒以攻邯鄲，不能拔也，棄甲兵弩，戰竦而卻，天下固已量秦之力二矣；軍乃引而退并于李下，大王又并軍而至，與戰不能克之也，又不能反運，罷而去，天下固量秦力三矣。……

這段文字，對秦昭王四十七年（前 260 年），秦、趙長平之戰和秦昭王五十年秦圍邯鄲的記載都比較明確，無庸贅述。但是『軍乃引而退并于李下，大王又并軍而至，與戰不能克之也，又不能反運，罷而去』，指的是何年何事呢？乍一看，這件事無疑當緊接邯鄲圍後發生於李下這個地方。但問題就在於此。

且先看看李下。

程恩澤纂、狄子奇箋《國策地名考》卷九趙下云：

李下：《韓非子》作孚下，（子奇原箋）同前邯鄲章（《秦策》張儀說秦王章——筆者）『軍乃引（而）退并於李下』，高（誘）《注》：在河內。鮑（彪）《注》：趙封李同父於此。恩澤案：《郡國志》河內平睪縣有李城……然謂李下卽此，尙未可信。

又同上書卷三秦下云：

李帛，史作李伯，（子奇原箋）本策《義渠之魏》章：『大敗秦人于李帛之下。』高《注》：李帛秦邑。鮑《注》：地缺，河內成皐（當爲平皐——子奇原箋）有李城卽是歟？

《正》曰：必非。恩澤案：《後漢·西羌傳》亦云義渠敗秦師于李伯。《注》云：李伯地名，未詳。《索隱》：李伯，人名或邑號，今無考。

據上引材料，似乎李下即李帛（伯）之下，同爲河內平睪（臯）李城。但這個結論，程氏本人亦深表懷疑。因而不足爲信。

又據楊守敬《歷代輿地圖·戰國疆域圖》南二卷西三伯陽城下《注》云：『《秦策》之李帛，《史記》作李伯，疑即《水經》之伯陽城。』案伯陽城在今寶鷄、天水間，義渠敗秦師于此猶可說也，若說邯鄲退兵，絕不會遠至隴西，因而更不足爲信。

李下確爲何地？限於材料，尙不敢妄加雌黃。

問題不僅在於李下這個地方無可確考，主要還在這件事實的本身。可以設想，緊接邯鄲圍後，秦若眞退兵李下與趙國戰，且有昭王親自參與，這當是一件大事。奇怪的是，該事除在《韓非子·初見秦》篇中含糊地提到一下外，就從未見諸別的任何史書典籍，（該篇誤收入《國策·秦策》者除外）《史記·秦本紀》《趙世家》《六國表》以及一些有關列傳的記載中，不但看不出在邯鄲圍後有李下一戰，甚至看不出有關的任何痕跡。

請看《史記·秦本紀》自長平之役到邯鄲解圍前後一些有關的記載：

（秦昭王）四十七年，秦攻韓上黨，上黨降趙，趙發兵擊秦相距，秦使武安君白起擊，大破趙於長平，四十餘萬盡殺之。四十八年十月，韓獻垣雍。秦軍分爲三軍，武安君歸。王齕將伐趙武安、皮牢，拔之；司馬梗北定太原，盡有韓上黨，正月，兵罷，復守上黨；其十月，五大夫王陵攻趙邯鄲。四十九年正月，益發卒佐陵，陵戰不善，免。王齕代將。……五十年……十二月，益發卒軍汾城旁。齕攻邯鄲不拔，去，還奔汾軍，二月餘，攻晉軍，斬首六千，晉楚流死河二萬。攻汾城，卽從唐拔寧新中。寧新中更名安陽……五十一年，將軍摎攻韓，取陽城、負黍，斬首十萬，攻趙，取二十餘縣，首虜九萬。……

《史記・趙世家》《六國表》的記載，基本上與此相合。

透過上引史料可以看到，史事的輪廓應該是這樣的：秦破趙長平軍後，軍分爲三，一路由王齕指揮，曾在秦昭王四十八年（前259年）先後拔趙之武安、皮牢；第二路由司馬梗指揮，於同年北上，定太原，取上黨；第三路由王陵指揮，圍攻趙都邯鄲。因該路軍進展緩慢。次年正月，秦一度發兵增援王陵，但終因戰事不善，撤了王陵的職，繼以王齕將之。此後，秦再度增兵東向，屯軍於汾城之旁（山西臨汾）。王齕圍邯鄲歲餘，終不能拔。秦昭王五十年，魏信陵君無忌、楚春申君黃歇來救，邯鄲之圍乃解。王齕自邯鄲退軍西歸，至於汾城，二月餘，擊敗了晉、楚聯軍，乘勝經唐（山西冀城），揮戈東進，一舉而下寧新中（今河南安陽），再度逼近邯鄲。但此次進攻，在趙將樂乘、慶舍的打擊和韓、魏、楚的救助下，王齕戰敗，罷兵而去。

可知繼邯鄲退軍之後，秦、趙曾兩度用兵，一於汾城之旁；次於寧新中一帶，皆以王齕爲將。據此我們斷定，緊接邯鄲解圍之後，絕無秦、趙李下之役，更無昭王親征之事，而此後昭王在位六年，秦、趙再沒有發生過什麼大戰。

那末『軍乃引而退幷於李下，大王又幷軍而至，與戰不能克之也，又不能反運，罷而去』，當作何解釋呢？

首先請看《通鑑》和《史記》中兩條有關的資料。《通鑑》卷六《秦紀》一云：

（秦王政）十三年，桓齮伐趙，敗趙將扈輒於平陽，斬首十萬，殺扈輒。趙王以李牧爲大軍將，復戰於直安肥下，秦師敗績，桓齮奔還，趙封李牧爲武安君。

又《史記・趙世家》云:

(趙王遷) 三年，秦攻赤麗、宜安，李牧帥師與戰肥下，卻之。封牧爲武安君。

《史記・始皇本紀》《六國表》亦有與此基本相合的記載。

上述記載與《初見秦》『軍乃引而退幷於李下……』是否有關呢？回答是肯定的。

王先愼《韓非子集解・初見秦》『軍乃引而退幷於李下』注云:

先愼曰: 乾道本『退』作『復』，『李』作『孚』，盧文弨云:『復』乃『退』之訛。『李』吳《注》引《韓》作『孚』。先愼案:『孚』乃『李』之誤，《策》作『李』。高《注》: 李下邑名，在河內，張榜本、趙（用賢）本『復』作『退』，『孚』作『李』，是，今據改。

這裏王先愼給我們提供了一個極其重要的線索。《韓非子》宋乾道以前的刊本，『退』原作『復』，『李』作『孚』，後人據《國策》才校改的，這裏顯然是改錯了。『孚』、『肥』本一聲之轉，古多借字，蓋『孚』、『肥』通借，『孚下』卽『肥下』。而『孚』、『李』形似。將『肥』作『孚』、又誤『孚』爲『李』，終至誤『肥下』爲『李下』。後人又多以爲李下卽李帛（伯）之下，同爲平睪（皋）李城（詳見前說），地當在秦自邯鄲退兵的路上，故又改『復』爲『退』。準此，《初見秦》『軍乃引而退幷於李下』當正爲『軍乃引而復併於孚（肥）下』。這樣卽與《通鑑》《史記・趙世家》秦、趙復戰於宜安、肥下的記載完全一致了。

其次再看《史記・始皇本紀》和《六國表》的記載，《始皇本紀》云:

(秦王政) 十三年 (前 234 年)，桓齮攻趙平陽，殺趙將扈輒: 斬首十萬，王之河南。……十月桓齮攻趙。十四年 (前 233 年) 攻趙軍於平陽，取宜安。……

又《六國表》云：

> （秦王政十三年）桓齮擊平陽，殺趙將扈輒；斬首十萬。園東擊趙，王之河南。……

若把這兩條資料與上段所引《通鑑·秦紀《史記·趙世家》的記載聯繫起來研究，我們卽可確定：在肥下之戰前後，秦王政確實因東擊趙而到過河南。盡管目前尙不能武斷地認爲秦王政就確曾到了肥下，但起碼可以斷定秦王政這次出征與肥下之戰必有密切關係。勝敗如何，沒有明文。但對桓齮擊趙，尙且僅載其功勞『斬首十萬』，而不提『秦師敗績』，就知秦王政的出征，十之八九也吃了敗仗，否則絕不會僅以『王之河南』四字了之。因而，從這裏我們同樣可以看出，《初見秦》『大王又幷軍而至，與戰不能克之也，又不能反運，罷而去。』與《秦本紀》《六國表》『王之河南』的記載也是基本一致的。

總上所論，《初見秦》『軍乃引而退（復）幷於李（孚、肥）下，大王又幷軍而至，與戰不能克之也，又不能反運，罷而去。』當指秦王政十三年秦、趙復戰於宜安肥下的事，這最明白的了。若以上論斷不錯的話，《初見秦》篇所涉及之歷史事件，最晚者勢必推至秦王政十三年；該篇的成文年代就當在秦王政十三年以後，它的作者也就只能是秦王政時或更晚的人了。

（《初見秦篇成文年代質疑》，原刊《史學》雙周刊第231號）

鄭良樹云：

根據我個人的考證，《張儀說王曰》章並非《戰國策》的『贋品』，並非後人從《韓非子》輯補進去；相反的，《初見秦篇》才是從《戰國策》或《戰國策》的原始材料抄進去的。這裏有幾個證據支持我的說法，這幾個證據都是就上述的兩篇文章上下比較而得來的。

歷來學者不是偏重於就史實年代的考訂以證明其作者，就是就其言論與作者的關係來考證作者的身世和身份，這種作法自然有其可貴之處，但是，其缺點卻也顯而易見，以至時到如今，有的說是韓非作，有的說是別人作，莫衷一是。我離開這個立場，採用了另一種角度。我覺得，歷來學者幾乎忽略了一件事，一件和文章本身史實、言論同等重要的事，那就是：這兩篇文章到底是那一篇時代比較早？那一篇比較晚？或者竟是同時的產品？解決了這個問題後，我們才能進一步地去討論其作者。假如《初見秦篇》時代比較早，也就是說《張儀說秦王曰》章是《戰國策》的『贋品』，那麼，『韓非手著』的可能性方始存在；假如說《張儀說秦王曰》章時代比較早，也就是說《初見秦篇》是從《戰國策》或其原始本抄錄進去，那麼，『韓非手著』的可能性根本就不復存在了！這件事情的考慮，歷代學者似乎完全沒有注意到，以至產生了不少偏差的結論。

要解決這個問題，我們必須很仔細地將兩篇文章一句一句、一字一字作比較研究，然後才可以加以斷定。根據我的比較研究，我發現《張儀說秦王曰》章的時代比《初見秦篇》早；換句話說，《初見秦篇》極可能是後人從《戰國策》或其原始本抄錄進《韓非子》的。那麼，《初見秦篇》怎麼會是韓非所手著的呢？

在提出我的證據之前，有幾件事情必須說明。

第一、因為我的證據完全是着重在文字上的比較研究，所以，凡是牽涉到版本上的差異，都撇開不談；這種做法，並不會構成『消滅他人的證據，保存自己有利的證據』。例如，《戰國策》作『往昔，昔者齊南破荆』，《韓非子》作『往者齊南破荆』，很顯然的，《戰國策》的兩國『昔』字可能是涉『者』字而衍，並且重疊了。這類例子，為數非常少。

第二、有一些文字上的差異，對我們的結論沒有影響，例如《戰國策》云『上非能盡其民力』，《韓非子》作『下不能盡其民力』，有的學者說當從《戰國策》作『上』，有的說當從《韓非子》作『下』，我以爲『上』和『下』都是『叉』之形誤字；這些都不在比較研究之內。

第三、有一些顯然的是奪文的，也不在比較研究之內。例如，《戰國策》云『降代、上黨』，《韓非子》作『絳上黨』，《韓非子》實際上脫了一個『代』字，並不是兩者有何文字上的差異；《韓非子》下句說『代四十六縣、上黨七十縣』，可見《韓非子》原本『代』『上黨』並舉的。

爲甚麼說《韓非子・初見秦篇》是抄錄自《戰國策》或其原始材料呢？最重要和最強的證據是：《初見秦篇》行文比《張儀說秦王曰》章詳細、淸楚、淺白。這，可以分成幾方面來討論（以下以《韓非子》代表《初見秦篇》，以《戰國策》代表《張儀見秦王曰》章）。

一、《韓非子》比《戰國策》詳細

這裏，舉出五個例子來說明：

Ⓐ《韓非子》說：『張軍數十百萬，其頓首戴羽爲將軍，斷死於前，不至千人，皆以言死。』《戰國策》除了首句作『張軍數千百萬』外，沒有其餘二十個字。

Ⓑ《戰國策》說：『荆王亡奔走。』《韓非子》作『荆王君臣亡走』，多了『君臣』二字。

Ⓒ《戰國策》說：『完河間。』《韓非子》作『筦山東、河間』，多了『山東』二字。

Ⓓ《戰國策》說：『與趙氏爲和。』《韓非子》作『復與趙氏爲和』，比《戰國策》詳細。

Ⓔ《戰國策》說：『而使張孟談。』《韓非子》作『乃使其臣張孟談』，多了『其臣』二字。

二、《韓非子》修改《戰國策》文字，使其語意更清楚、更通順

這裏，舉出六個例子來說明：

Ⓐ《戰國策》說：『不攻無攻相事也。』《韓非子》改爲『有功無功相事也』，『不』當作『有』，『攻』借爲『功』。

Ⓑ《戰國策》說：『當此之時，隨荆以兵則荆可舉，舉荆則其民足食也。』《韓非子》改『舉荆』爲『荆可舉』，與上句相承，語意較清楚。

Ⓒ《戰國策》說：『一舉而壞韓、蠹魏、挾荆。』《韓非子》改『挾』作『拔』，與上文『壞』『蠹』語意更相近。

Ⓓ《戰國策》說：『以大王之名，秦兵之強，伯王之業，地尊不可得，乃取欺於亡國，是謀臣之拙也。』《韓非子》改『名』作『明』；明，英明也，與『強』義相近。又改『伯王之業，所尊不可得』作『棄霸王之業，地曾不可得』語義更清楚、通順。

Ⓔ《戰國策》說：『又交罷卻。』語意含糊；《韓非子》改作『又不能反運，罷而去』，清楚可曉。

Ⓕ《戰國策》：『帥天下，將甲百萬。』《韓非子》改作『率天下，甲兵百萬』，視前者清楚。

三、《韓非子》增加《戰國策》文字，使其文句淺白、易於了解

這裏，也舉出六個例子來說明。

Ⓐ《戰國策》說：『其百姓不能死也，其上不能殺也。』《韓非子》首句作『非其士民不能死也』，增一『非』字，語氣更強，亦易於了解。

Ⓑ《戰國策》說：『一可以勝十，十可以勝百，百可以勝千。』

《戰國策》首句作『夫一人奮死，可以對十』，加強文句，更易於了解。

Ⓒ《戰國策》說：『削株掘根。』《韓非子》改作『削迹無遺根』，增、改文字，語意淺白，義意不變（顧廣圻校《韓非子》云『當從《策》』，誤甚）。

Ⓓ《戰國策》說：『引軍而退，與荊人和。』《韓非子》下句作『復與荊人爲和』，增補『復』『爲』二字，語意更淺白。

Ⓔ《戰國策》說：『今荊人收亡國。』《韓非子》『荊人』下增『得』字，語意更淺近。

Ⓕ《戰國策》：『令魏氏收亡國。』《韓非子》『魏氏』下增『反』字，語意尤淺近。

四、《韓非子》改正《戰國策》之誤文

這裏，只舉一例來說明：

Ⓐ《戰國策》說：『東以強齊、燕，中陵三晉。』根據上下文來判斷，這個『強』字一定有誤：《韓非子》改作『弱』，再恰當也沒有了。

假如說《戰國策》是抄襲自《韓非子》，怎麽會有這種情形呢？非常可能的，《戰國策》大概在《韓非子》之前；當《韓非子》在抄錄《戰國策》之時，發現有語意不清、文句不易曉、誤文譌字的地方、就不惜增加文字、修改文句、修訂錯字，甚至意補許多句子，以期達到比較理想的地步。假如我們說《韓非子》在前的話，試問《戰國策》何必把本年清楚、通順、正確的文字改作含糊、不易曉、錯誤呢？爲甚麽不完全『搬』進去呢？卽使要動『手術』來『假冒』的話，也應該在別一方面動腦筋，不應該把好文章改成壞文章！很顯然的，這個假設是不攻自破的。《晏子春秋》許多篇章抄襲《左傳》，因爲《晏子春秋》比《左傳》更淺白、清楚

和易曉；《戰國策》《韓非子》的情形，完全和它們一樣。

下面，我要再提出幾個證據，證明《韓非子》比《戰國策》晚了許多。

第一

《戰國策》全篇用『伯王』，《韓非子》在抄襲《戰國策》時，全部改作『霸王』。

首先要說，這一詞彙最初是作『伯王』，後來才改作『霸王』；以『霸』借爲『伯』。《左》成公二年《傳》說：『三王之王也，樹德而濟同欲焉；五伯之霸也，勤而撫之，以役王命。』後世的所謂『五霸』，實際上就是『五伯之霸』；伯者，長也，言爲諸侯之長也；霸，把也，言把持王者之政教也；所以，『五伯』『伯王』出現得早，『五霸』『霸王』是後人所改易的。《國語·鄭語》說：『史伯對桓公曰：「昆吾爲夏伯，大彭、豕韋爲商伯。」』爲『伯王』之『伯』字的原始意義。《戰國策》全篇作『伯王』，可證其時代之早遠；《莊子·大宗師篇》：『上及有虞，下及五伯。』《呂氏春秋·諭大篇》：『五伯欲繼三王，而不成。』還是襲用古舊的措辭。《韓非子》改作『霸王』，正可證明其時代之晚出了。

《孟子·告子篇》說：『五霸者，三王之罪人也。』《荀子》有《王霸篇》；字皆作『霸』，是比較晚的了。我在談到作者問題時（第一章），曾把全書提到『五伯』一詞全部舉出來，並且區分爲三類；就中除了《燕策》一《人有惡蘇秦於燕王》章作『五霸』爲例外之外（可能是晚出材料，也可能後人所改），其他全部都作『五伯』，讀者可參考。這說明了《戰國策》全書是統一的，包括《張儀說秦王曰》章在內；而不是從旁的書本抄錄進去的。假如《張儀說秦王曰》章是抄自他書，爲甚麼能和全書如此統一呢？也許有人會說：抄錄者爲了磨滅證據，爲了『冒充』是『眞貨』，把

《張儀說秦王曰》章的『伯王』改和全書統一，作爲『霸王』；這個論證不是有誤了嗎？這個問題固然有道理，但是，和我們的推論比較起來，其可能性就比較小了；何況我們還有其他各方面的證據！

因爲『伯王』『五伯』比『霸王』古舊，又因爲《張儀說秦王曰》章和《戰國策》其他篇章統一地作『伯王』，所以，我們判定《張儀說秦王曰》章並不是抄錄自《韓非子》，並且比《韓非子·初見秦篇》早。《韓非子》在抄錄《戰國策》或其原始材料時，爲了配合全書（如《姦劫弑臣篇》云：『則可以致霸王之功。』又云：『此三人者，皆明於霸王之術。』），把原本的『伯王』改作『霸王』。因爲『伯王』在『霸王』之前，我們才得以考證出是《韓非子》爲了配合全書而改『伯王』爲『霸王』；並非《戰國策》改『霸王』作『伯王』。

回過頭來，我們看看前面所轉錄的陳奇猷的意見。陳氏提出五個意見來證明《初見秦篇》是《韓非子》手著的，換句話說，也就是等於證明《張儀說秦王曰》章是《戰國策》的『贋品』；實際上，陳氏的第五個意見才能算做是眞正的證據。他說：

> 知伯決晉水灌晉陽事，韓非屢道之，與本篇陳說，其旨趣皆同，蓋舉之以告誡人主勿貪鄙而必防其下，亦可見此篇爲韓非之作。

這是五個意見的下半部；其實，這不能算作證據！知伯決晉水灌晉陽的故事，在當時可以說是家傳戶曉，無人不知的；許多書本都不止一次地提到它，何止《韓非子》一書呢！《戰國策》全書至少有四、五次以上提到這件事，那麼，我們是否也可以說『與本篇陳說，其旨趣皆同，亦可見此篇爲《戰國策》原著』呢？第五個意見的上半部說：

> 本書民氓皆作民萌，而此篇亦作民萌，可見本篇亦爲韓非手

著。

陳氏此說，可謂只知其一，不知其二了！《初秦篇》全篇作『民萌』，和《韓非子》全書統一，就判定《初見秦篇》是韓非手筆；那麼，《張儀說秦王曰》章全篇作『民氓』，和《戰國策》全書統一，不是也可以說《張儀說秦王曰》章本是《戰國策》原著嗎？譬如，我在上面所舉的『伯王』一詞，《戰國策》全書作『伯王』，《韓非子》全書作『霸王』，假如我不是已經證明『伯王』比『霸王』的時代早的話，就不能說明、證明甚麼了。

陳奇猷的第五個證據，其實也不能成立的。

第　二

《戰國策・張儀說秦王曰》章『士民』（或作『民』）和『百姓』混用，如『悉其士民』、『其百姓不能死也』、『故民不死也』、『士民之病』；《韓非子・初見秦篇》就不然了，不是作『士民』，就是作『民』，根本就沒有『百姓』二字。

這說明了一件事實；只有《初見秦篇》抄錄自《張儀說秦王曰》章，才如此統一地把『百姓』改作『士民』；假如說《張儀說秦王曰》章抄錄自《初見秦篇》，就非常不可能出現這種參差的措辭了。

第　三

《張儀說秦王曰》章說：『是故，兵終身暴靈於外，士民潞病於內。』《韓非子・初見秦篇》『暴靈』改作『暴露』。

首先必須說明，『暴靈』的『靈』字並非誤字，黃丕烈《札記》說：『今本「靈」，作「露」，鮑本作「露」，《韓子》是『露』字，此當各依本書。《策》下句言「潞病」，潞、露同字，此句不得更言「暴露」。』這說法是正確的。

靈，霝的假借字；零、霝古通。《詩・東山》說『零雨其濛』，《說文・雨部》引『零』作『霝』；《詩・定之方中》說：『靈雨既零。』《傳》：『零，落也；零當作霝。』是兩個最好的證據。『暴靈』兩個字的意義，以黃丕烈之說法『暴謂日，靈謂雨』爲最佳；《說文》：『霝，雨零也。』就可證成黃氏之說了。『終身暴靈於外』，和『潞病於內』可以說完全沒有重複，而且，意義是相因相成的。

《荀子・王制篇》：『彼將日日暴露毀折之中原。』《韓非子・亡徵篇》：『罷露百姓。』《呂氏春秋・不屈篇》：『士民罷潞。』《風俗通義》第九：『 大用羸露。』也許爲了配合《韓非子》全書，也許『暴露』一詞比『暴靈』晚出，輯補者把《戰國策》抄入《韓非子》時，就把『暴靈』改作『暴露』。

把少見的詞彙改作通俗流行的詞彙 ， 是抄錄者常見的現象。《初見秦篇》的抄錄者在抄錄時，無意中爲我們留下了這個痕跡。

有了上述的三個證據，再加上前面的四個證據，我們至少可以如此地說：《張儀說秦王曰》章在《初見秦篇》之前；《張儀說秦王曰》章並不是抄錄自《韓非子》。我們也可以這麼說：《張儀說秦王曰》章是這兩篇文章的祖本，《初見秦篇》是後人自這祖本抄入《韓非子》的。

（《論韓非子初見秦篇出自戰國策》，原發表於《大陸雜誌》）

〔存　目〕

曾繁康撰《韓非子初見秦篇作者之推測》，在《責善》半月刊第一卷第一期內。

嚴靈峯撰《論初見秦篇爲韓非所自作》，在《幼獅學誌》第五卷一期內。

高偉謀撰《韓非子存韓篇的眞僞問題》，在《中國語文學報》第三期內。

■洗 冤 錄

錢大昕云:

《洗冤集錄》五卷，朝散大夫新除直秘閣湖南提刑充大史行府參議官宋慈惠父編。前有淯祐丁未嘉平節前二日《自序》，蓋宋槧本；卻有聖朝頒降新例數葉，列于首卷之前，皆至元大德延祐閒文移，則元人增入也。慈不知何郡人，其書不載於《宋史·藝文志》，而至今官司檢驗奉爲金科玉律，但屢經後人增改，失其本來面目，唯初刻爲可貴耳。《輟耕錄》記勘釘事，以爲覩聞，然此錄已先有之矣。

(《十駕齋養新錄》)

名家類

■鄧析子

蔣錫昌云:

春秋時, 鄧析共著二書。一爲《竹刑》。定公九年《傳》:『駟歂殺鄧析而用其《竹刑》。』杜《注》:『鄧析……私造刑法, 書之於竹簡, 故云《竹刑》。』一爲《鄧析》,《藝文志》名家有《鄧析》二篇。《荀子·不苟篇》:『山淵山, 天地比, 齊秦襲, 入乎耳, 出乎口, 鉤有須, 卵有毛, 是說之難持者也, 而惠施鄧析能之。』楊《注》引劉向云:『鄧析好刑名, 操兩可之說, 設無窮之辭。』是《鄧析》雖非今之傳本, 然荀子、劉向猶及見之, 當非僞作無疑。錢賓四先生謂『《鄧析》乃戰國晚世桓團辯者之徒所僞託』, 並無佐證, 不足採取。

(《老子校詁·自序》)

■公孫龍子

孫碌著有《讀王獻唐公孫龍懸解》一文，云:

《隋志》凡注梁有者，皆據阮孝緒《七略》，而《隋志》名家不言梁有，則《七錄》亦必著於道家，而名爲《守白論》也。且除張湛《列子注》此論現存一證外，阮裕曾對謝安道白馬論，則江左之流傳未絕，固已鑿鑿可據也。而《孔叢》爲魏晉間所出之僞書，其《公孫龍子篇》，卽由本書《跡府》割裂改纂而成，爰僉摭取公孫之辭，以談微理，殆亦由是，復此上溯之兩漢，則《鹽鐵論》記丞相史引公孫龍之言，揚子《法言》論公孫龍詭辭數萬言，此皆前乎《漢志》者。而其同時者，如王充稱白馬之論，馮衍說碧鷄之辯，亦與今書相應。然則其卽漢人所傳之本與？惜《漢志》著錄之十四篇，今僅存六篇，未能知其他八篇，亡於何時耳。王琯據鄭樵《通志》舊有十四篇，今亡八篇之說，而謂至宋始殘，此或本諸《四庫提要》之說，然未可信也。蓋《隋志》《守白論》，已是一卷，兩唐著錄之《公孫龍子》，或作三卷者，乃其分卷之異，而宋以來相傳之本，固皆如是者也。雖八篇之書，亡於何時，今不可考，而其必不在宋世，則可知也。試據以上所論，重爲考訂，《公孫龍子》傳本源流如左:（一）兩漢傳本:《公孫龍子》十四篇。（二）宋朝傳本:《守白論》一卷。（三）唐世傳本:《公孫龍子》三卷，亦作一卷。（四）宋世傳本:《公孫龍子》一卷。今世行本出於《道藏》，《道藏》所收古書，則均本諸宋刊本也。

譚戒甫云:

按《隋書·經籍志》名家不著錄《公孫龍子》，道家有《守白論》一卷，蓋卽龍書。桓譚謂『公孫龍爲守白之論』，成玄英謂『公孫龍著《守白論》，見行於世』（見《莊子・天下篇疏》，又見《齊物論》《秋水》等《疏》。），皆可爲證。雖然，《漢志》《公孫龍子》，並無異名。至譚言龍爲守白之論，亦非謂龍全書名《守白論》也；而玄英乃始確論龍著《守白論》，譚爲漢光武時人；玄英爲唐太宗時人。然則此六百年中，《守白論》成爲書名，究起何時乎？嘗考龍之學原以白馬論爲最著，而其書編次亦以《白馬論》居首，文最易知。後之讀者開卷卽味其文，輒驚爲新異而鑽研之，而談論者紛起矣。夫桓譚之說，本因《白馬論》而發。或東晉以後（張湛以後）之好事者視譚說爲弘通，乃抄錄新論此文以列於龍書《白馬論》之前；因中有『爲守白之論』句，適中當時談玄之風，遂目龍之全書爲《守白論》。約擧其時，《守白論》之成爲確定書名，疑在晉宋間矣。自此以後，復有人抄襲《孔叢子》及《呂氏春秋》，增作後段，與譚說前段合爲第一篇；以其聚述龍之事跡，名曰《跡府》。蓋自劉班校定龍書十四篇，中經漢魏六朝之亂，佚去九篇，存者五篇；至是又增《跡府》一篇，共得六篇，合爲一卷，署名《守白論》，其時亦當在隋代以前。及魏徵作《隋書・經籍志》，或卽依據舊目，未加深考，漫以《守白》二字入玄，仍歸道家；故玄英所見龍書，確爲《守白論》也。然據高宗咸亨二年，王師政出示龍書，又似不名《守白論》者；或二名並行，亦未可知。

又云：

按《宋史・藝文志》名家類，只載《公孫龍子》一卷，然鄭樵《通志・藝文略》名家云：『《公孫龍子》一卷，舊十四篇，今亡八篇。又一卷，陳嗣古注。又一卷，賈大隱注。』而《崇文總目》《文獻通考》《郡齋讀書志》《直齋書錄解題》皆載三卷。然則一卷本與三卷本，宋仍並行也。《解題》云：『今書六篇，其敍孔穿事，文意重複。』蓋陳振孫亦不信《跡府》之爲原文。若據唐初王師政出示之六篇一卷本，則鄭氏『今亡八篇』之說，固不得視爲唐有完書而缺於五代也。然《四庫總目》謂『至宋時八篇已亡』，殆猶爲鄭說所惑與？

又云：

案《漢書・藝文志》名家載《公孫龍子》十四篇，本諸劉略。今《道藏》本三卷，六篇：上卷，《跡府》《白馬》；中卷，《指物》《通變》；下卷，《堅白》《名實》：亦有六篇合爲一卷者。然《跡府》第一，後人所增，實存五篇云。

又曰：

案今《公孫龍子》全書六篇，首篇原題《跡府》第一。舊《注》：『府，聚也。述作論事之迹，聚之於篇中，因以名篇。』文祇二段：前段爲後漢桓譚所作；後段核由《孔叢子》抄襲而成，或唐人所增。謂之《跡府》，疏略不倫。且後五篇皆曰論，此次第一，宜即別傳之類耳。

（《公孫龍子形名發微・前言》）

余嘉錫云：

此書《隋志》不著錄。新舊《唐志》皆三卷，蓋佚而復出，《新志》又別有陳嗣古注《公孫龍子》、賈大隱注《公孫龍子》各一卷，是其卷數有不同。考《文苑英華》卷七百五十八，有唐人《擬公孫龍子論》（此文在崔弘慶二篇之後，題下不著撰人，文中稱宗人王先生，則非崔作也。）云：『咸亨二十年，歲次辛未（按咸亨紀元止四年，其二年，歲次辛未，此衍一「十」字），十二月庚寅。僕自嵩山，遊於汝陽。有宗人王先生，名師政，字元直，春秋將七十，博聞多藝，安時樂道，怡澹浮沉，罕有知者。僕過憇焉，縱言及於指馬，因出其書以示僕，凡六篇，勒成一卷。……』咸亨爲唐高宗年號，是此書在初唐時，已止有六篇，其篇名皆與今本相同。然則非至宋時始亡其八篇也。宋《崇文總目》《中興書目》（《見玉海》卷五十三引），及《宋志》著錄，皆止一卷；趙希弁《讀書附志》卷五、陳振孫《直齋書錄解題》卷十，著錄者皆三卷，是宋時亦有兩本，與唐同。今本作三卷，蓋猶唐宋之舊，其文實較一卷之本，無所增益也。又考《隋志》名家，無《公孫龍子》。余取其所著錄，及《注》中所謂梁有某書者並數之，凡得九種二十二卷，而《廣弘明集》卷三所錄阮孝緒《七錄·序》云：『名部九種九帙二十二卷。』種數相同，而書多一卷，如兩書數目字皆不誤，則疑阮孝緒並吳姚信所著兩書爲一種，較《隋志》尚多一種一卷，蓋卽《公孫龍子》。若果如余之所臆測，則此書在梁時，已祇存一卷，當卽唐宋人所見之本，八篇之亡亦已久矣。

（在《四庫提要辨證》內）

陳直著《周秦諸子述略》，云：今本僅存六篇，《跡府篇》有云：『龍與孔穿會趙平原家。』《孔叢子》屢言子高與平原君、信陵君、魏安王同時，則龍當爲趙文王時人無疑。首云『公孫龍，六國時辯士也』，似非其自撰。周秦諸子類此者多，不足怪也。《淮南子·道應訓》云：『昔者，公孫龍在趙之時，語弟子曰：「人而無能者，龍不能與游。」』亦當爲六卷之佚文。

周駿富云：

至其眞僞問題，我人僅可承認二千又五十字（以《道藏》本計之：《白馬篇》四百九十三，《指物篇》二百七十，《通變篇》五百四十四，《堅白篇》四百九十五，《名實篇》二百四十八，《跡府篇》不入數。另《說郛》本:《白馬篇》四百九十三,《指物篇》二百九十六,《通變篇》五百四十七,《堅白篇》五百零一,《名實篇》二百四十六),爲公孫龍子戰國時期之著作,餘則存疑。就語彙、文法二例言之,其術語使用,皆爲先秦名家所共同使用之習見語,由此窺知,公孫龍之名學,確與當時之墨徒及辯者,有密切之關係。並可藉此片斷術語,知公孫龍之學,乃上承倪、惠學說。……其文法運用之結構,與他書比較,皆類同先秦諸子典籍,尤與莊、荀二書相近,故《公孫龍子》之爲書,成於戰國時代,毫無疑義。唯《迹府篇》爲例外,《四庫全書提要》及陳振孫,疑是僞作,信然。是篇所使用之語彙及文法,與漢以後之文字爲近,蓋漢以後,南北朝以前之作品也。

(《公孫龍子文例》,在《臺灣省立師範大學國文研究所集刊》第二期內)

黃雲眉云:

今書六篇,果否出自公孫龍之手,則殊可疑。今書第一篇首句:『公孫龍,六國時辯士也。』明爲後人所加之傳略,則六篇祇得五篇矣。第七以下皆亡,第二至第六之五篇,每篇就題申繹,累變不窮,無愧博辯。然公孫龍之重要學說,幾盡括於五篇之中,則第七以下等篇又何言邪?雖據諸書所記,五篇之外,不無未宣之餘義,然又安能舖陳至八九篇之多邪?以此之故,吾終疑爲後人研究名學者附會莊、列、墨子之書而成,非公孫龍之原書矣。惟今書雖非原書,然既能推演諸論,不違旨趣,則欲研究公孫龍之學說,亦未始不可問津於此耳。

(《古今僞書考補證》)

何啓民著《公孫龍與公孫龍子》一書,一九七六年臺北學生書局再版；書內上篇第二節爲《有關公孫龍子其書眞僞之爭論》，嘗綜合各家說法，云：

世之究《公孫龍子》，而所以目其書，有如下數者：

一、《漢志》十四篇，今本六篇，亡八篇：主之者，有鄭樵《通志・藝文略》、黃震《黃氏日抄・讀諸子》、馬端臨《文獻通考・經籍考》、宋濂《宋文憲公全集・諸子辨》《四庫全書總目提要》、周中孚《鄭堂讀書記》、王啓湘《公孫龍子校詮》、梁啓超《漢書藝文志諸子略考釋》及《漢志諸子略各書存佚眞僞表》、汪兆鏞《跋陳澧公孫龍子注》、顧實《重考古今僞書考》及《漢書藝文志講疏》、王琯《公孫龍子懸解敍錄》、孫碌《讀王獻唐公孫龍子懸解》、欒調甫《名家篇籍考》、余嘉錫《四庫提要辨證》、胡道靜《公孫龍子考》、蔣伯潛《諸子通考》、羅根澤《鄧析子探源》、杜國庠《先秦諸子的若干研究》、張心澂《僞書通考》、馮友蘭《中國哲學史》、伍非百《公孫龍子發微》、錢基博《公孫龍子校讀記》等。

二、《漢志》十四篇，今本六篇，而其中《跡府篇》爲後人所作者。然各家之觀點又復互異：

(一) 以《跡府》之文爲可疑者：陳振孫《直齋書錄解題》主之。

(二) 以《跡府》非公孫龍自撰者：陳直《周秦諸子述略》、錢穆《惠施公孫龍傳略》、郭鼎堂《十批判書》、胡適《中國哲學史大綱》、宇野哲人《支那哲學史》、渡邊秀方《支那哲學史概論》、范壽康《中國哲學史綱要》、金受申《公孫龍子釋》、陳柱《公孫龍子集解》等主之。

(三) 以《跡府》爲公孫龍門人記錄者：楊壽籛《公孫龍

子釋義》主之。

（四）以《跡府》爲戰國末年或西漢初年名家後學所編者：徐復觀《公孫龍子講疏》主之。

（五）以《跡府》爲漢人編集者：劉汝霖《周秦諸子考》主之。

（六）以《跡府》爲漢以後南北朝以前之作品：周駿富《公孫龍子文例》主之。

（七）以《跡府》一篇或爲唐人所抄襲以成書者：譚戒甫《公孫龍子形名發微》主之。

三、《公孫龍子》一書爲僞者：

（一）以《公孫龍子》一書爲漢初辯者之徒所編述者：津田左右吉《道家の思想と其の展開》主之。

（二）《公孫龍子》一書，《漢志》以所載，《隋志》無之，證今本爲僞者：姚際恒《古今僞書考》主之。

（三）以公孫龍之重要學說，幾盡於五篇，卽有餘義，亦難舖陳至八九篇，而證今本《公孫龍子》爲僞者：黃雲眉《古今僞書考補證》主之。

自此以觀，以《公孫龍子》一書爲僞之說法，其難爲人所接受也如此。而《漢志》《公孫龍子》十四篇，今本但六篇耳，世之釋其事者亦復不同：

一、唐本六篇：王啓湘《公孫龍子校詮》、胡道靜《公孫龍子考》、譚戒甫《公孫龍子形名發微》、錢穆《惠施公孫龍傳略》、阮廷卓《論今本公孫龍子出現的年代及其眞僞》、伍非百《公孫龍子發微》等主之。

二、宋時八篇已亡，存六篇：陳振孫《直齋書錄解題》、《四庫總目提要》、余嘉錫《四庫提要辨證》等主之。

三、宋亡八篇，存六篇：鄭樵《通志・藝文略》、馬端臨《文獻通考・經籍考》、汪兆鏞《跋陳澧公孫龍子注》、顧實《漢藝文志講疏》、楊壽籛《公孫龍子釋義》、王琯《公孫龍子懸解》等主之。

四、所亡八篇非宋之時，確時已不可考：孫碌《讀王獻唐公孫龍子懸解》主之。

五、世傳六篇：吳萊《淵穎吳先生・讀公孫龍子》主之。

阮廷卓云：

這書著錄於《漢志》，在漢代本當存在，是不成問題的。今據《列子・仲尼篇》公孫龍誑魏王云：『白馬非馬。』張湛《注》：『此論見存，多有辨之者。辨之者皆不弘通，故闕而不論也。』則晉人猶能見到這書。但是到了南北朝時，大約因爲世亂兵燹，而典冊播蕩，這書在梁朝已散佚了。

（一）《世說新語・文學篇》云：『謝安年少時，請阮光祿道白馬論。』劉孝標《注》：『《孔叢子》曰：趙人公孫龍云：「白馬非馬，馬者所以命形；白者所以命色，夫命色者非命形，故曰白馬非馬也。」』劉孝標這《注》不逕引《公孫龍子・白馬論》本文，而去轉引《孔叢子》所載，這是很值得我們懷疑的。考時人對他有書淫之稱。假如這書當時仍存在，爲何不直接去引本文呢？

（二）與其同時的庾仲容嘗著有《子鈔》三十卷。據陳振孫《直齋書錄解題》卷十云：『《子鈔》三十卷，梁尚書左丞潁川仲容子仲撰。所取諸子之書百有五家，其間頗有與今世見行書不同者，而亡者亦多矣。』這書現雖不存，但其目仍存於高似孫的《子略》中，查《子略》所載原目，竟未收這書。又馬總所撰《意林》六卷，今本五卷，高氏《子略》稱其『一遵庾目，多者十餘句，少者一二言，此《子鈔》更爲取之嚴，錄之精且約也』，今查《意林》原目亦無這書。

但是據劉勰《文心雕龍・諸子篇》云:『公孫之白馬孤犢,辭巧理拙,魏牟比之鴞鳥,非妄貶也。』依這說來,劉氏正見其書,又怎能說這書在梁朝已散佚呢?案黃叔琳《注》云:『《列子》公孫龍誑魏王曰:「白馬非馬,孤犢未嘗有母。」按《列子》所述:魏公子牟正深悅公孫龍之辨,所謂承其餘竅者也。《莊子・秋水篇》則異是。龍問牟:「吾自以爲至達已,今聞莊子之言,無所開吾喙,何也?」公子牟有埳井之鼃謂東海之鼈之喻,是鴞鳥當作井鼃矣。』我們看了這《注》,便可知劉勰此文是本於《列子》及《莊子》的,而且還把《莊子》的事源也弄錯了。又據王充《論衡・書案篇》云:『公孫龍著堅白之論,析言剖辭,務折曲之言,無道理之較,無益於治。』這大約就是劉氏說他『辭巧理拙』的原因罷!

直到了隋代及唐初,這書仍未見人稱引或見諸著錄,似仍在散佚之中。這裏我們有三項證據可以爲驗:

(一)《隋志》編在貞觀三年至十年。《隋書》原《跋》云:『正觀三年,續詔秘書監魏徵脩隋史,左僕射房喬總監。徵又奏於中書省置秘書內省,令前中書侍郎顏師古、給事中孔穎達、著作郎許恭宗撰《隋史》。徵總知其務,多所損益,務存簡正,序論皆徵所作,凡成帝紀五,列傳五十。十年正月壬子,徵等詣闕上之。』而《隋志》卻未收這書。

(二)魏徵之《羣書治要》成於貞觀五年。《唐會要》卷三十六云:『貞觀五年九月二十七日,秘書監魏徵撰《羣書政要》上之。』又原《序》云:『爰自六經,訖乎諸子,上始五帝,下訖晉年,凡爲五袠,合五十卷。本求治要,故以治要爲名。』《治要》一書收錄經史諸子之文至廣,先秦古籍今已散佚的,有部份卻因其書而保存。但查今本原目,亦無這書。

(三)李善《文選・注》成於顯慶三年,上文選《表》云:

『殺青甫就，輕用上聞，享帚自珍，緘石知謬，敢有塵於廣內，庶無遺於小說。謹詣闕奉進，伏願鴻慈，曲垂照覽。謹言。顯慶三年九月上表。』善《注》徵引羣書，取材繁富，所引諸子凡八十五種，目載汪師韓《文選理學權輿》卷二。但是値得我們注意的，李善竟未引過這書片字。又卷五十五載劉孝標《廣絕交論》：『縱碧雞之雄辯。』、李善《注》：『馮衍《與鄧禹書》曰：「衍以爲寫神輸意，則聊城之說，碧雞之辯，不足難也。」』而碧雞之辯本出《公孫龍子・通變論》，是漢時馮衍尚見這書。劉氏《自序》則嘗比跡敬通，以爲有三同四異。故必熟其文，可見他此文是襲自馮衍的。今李善這《注》不引《公孫龍子》本文，顯見當時這書已散佚，惟近人王琯則據劉孝標此文斷定這書在梁朝仍在，便爲失考了。

根據以上的三點，我們可以知道《公孫龍子》這書在顯慶三年時仍未見傳本。不過今考《莊子・天下篇》成玄英《疏》云：『公孫龍著《守白論》，見行於世。』又《秋水篇・疏》云：『孫龍稟性聰明，率才宏辯，著守白之論，以博辯知名。』據此則這書在成玄英時尚存，成《疏》成書的年代雖無可考，惟檢《唐書・藝文志》本注，知其係貞觀至永徽年間人，那麼剛才的說法豈不就被推翻了嗎？但是我們若再進一層去推考，卻可以知道成玄英的話也不一定可信的。

（一）這書自《漢志》著錄已同今名，且前人稱引亦絕不云公孫龍著有《守白論》，今成疏獨稱其著《守白論》，不知何據？

（二）又考《隋志》道家類有《守白論》一卷，不著作者姓名，在我看來成玄英在當時見到的也許就是《隋志》的《守白論》，而公孫龍書恰巧有堅白論，所以便錯爲公孫龍所著，說其書『見行於世』了。

像這樣的解釋，則對於成《疏》所引起的疑團，我想總可以冰釋的罷！這書雖然散佚已久，但是在民間可能尚有殘存的古本，經過後人的整理而重新出現的。而這書的出現卻在咸亨二年，《全唐文》卷九百八十七載闕名《擬公孫龍子論》云：『公孫龍者古之辯士也，嘗聞其論，願觀其書。咸亨二年，歲次辛未十二月庚寅，僕自嵩山遊於汝陽，有宗人王先生名師政，字元直，將七十，博聞多藝，安時樂道，恬澹浮沉，罕有知者。僕過憇焉，縱言及於指馬，因出其書以示僕，凡六篇，勒成一卷。』由顯慶三年至咸亨二年，相距只十三年，而今本《公孫龍子》的出現，當在這十三年間。而且我們據『嘗聞其論，願觀其書』，這兩句話的推測，則這書在那時候尚不很普遍。又云：『遂和墨襞紙，授翰寫心，篇卷字數，皆不踰公孫之作；人物義理，皆反取公孫之意。觸類而長，隨方而說，質明而作，日中而就。就以事源代迹府，因意而存義也；以幸食代白馬，尋色而推味也；以慮心代指物，自外而明內也；以達化代通變，緣文而轉稱也；以香辛代堅白，馮遠而取近也；以稱足代名實，居中而擬正也。或用數陳色，或反色在數，或棄色取味，或以氣轉形，明天下之言，無不及也。』篇次是：首《迹府》、次《白馬》、次《指物》、次《通變》、次《堅白》、次《名實》，已同今本。尤可證那時出現之本卽爲今本，而自此之後這書始重見著錄。

我們旣知道了這書的出現源流之後，至於這書的眞僞問題也就迎刃而解了。首先懷疑這是僞書的，是宋朝的陳振孫，在所著的《直齋書錄解題》卷十云：『趙人公孫龍，爲白馬非馬、堅白之辨者也。其爲說淺陋迂僻，不知何以惑當世之聽？《漢志》十四篇，今書六篇。首敍孔穿事，文意重複。』而附和其說的是清朝的姚際恆，所著《古今僞書考》云：『恆案：《漢志》所載而《隋志》無之，其爲後人僞作奚疑？』又近人黃雲眉《補證》亦云：『今書《公孫龍子》六篇，果否出自公孫之手，則殊可疑。據《漢志》、

《公孫龍子》十四篇，師古曰：「卽爲堅白之辯者。」今書由十四篇減爲六篇，而第一篇首句「公孫龍六國時辯士也」，卽爲後人所加之傳略，則六篇祇得五篇矣。第七以下皆亡。第二至第五、六篇，每篇就題中繹，累變不窮，無愧博辯。然公孫龍之重要學說，幾盡括於五篇之中，則第七以下等篇，又何言耶？雖諸書所記五篇之外，不無未宣之餘義，然又安能鋪陳至八九篇之多耶？以此之故，吾終舉爲後人研究名學者附會莊列墨子之書而成，非公孫之原書矣！』陳、姚二氏以這書爲『淺陋迂僻』，又不見於《隋志》爲理由，而懷疑爲後人僞作，這未免太武斷。而黃氏的持論亦純屬推測之詞，並無實證。至於《公孫龍子》的『餘義』，據古籍所稱述而不見於今本的尚不少，特黃氏未加細考罷了。玆把其說列舉如下：

（一）《莊子·秋水篇》：『公孫龍問於魏牟曰：龍少學先王之道，長而明仁義之行。合同異，離堅白。然不然，可不可。因百家之知，窮衆口之辯，吾自以爲至達已。今吾聞莊子之言，汒焉異之。不知論之不及與？知之弗若與？今吾無所開吾喙，敢問其方。』

（二）《呂氏春秋·淫辭篇》：『孔穿公孫龍相與論於平原君所，深而辯，至於藏三耳。公孫龍言藏之三耳甚辯。孔穿不應，少選，辭而出。明日，孔穿朝，平原君謂孔穿曰：昔者公孫龍之言甚辯。孔穿曰：然，幾能令藏三耳矣。雖然，難。願得有問於君，謂藏三耳，甚難，而實非也；謂藏兩耳，甚易，而實是也。不知君將從易而是者乎？將從難而非者乎，平原君不應。明日，謂公孫龍曰：公無與孔穿辯。』

（三）《淮南子·詮言訓》：『公孫龍粲於辭而貿名。』高誘《注》：『公孫龍以白馬非馬，冰不寒，炭不熱爲論，故曰貿也。』

（四）劉向《鄧析子·書錄》：『鄧析好刑名，操兩可之說，設無窮之辭（中略）。其論無厚者言之異同，與公孫龍同類。』

（五）《列子・仲尼篇》：『龍誑魏王曰：有意不心，有指不至，有物不盡，有影不移，髮引千鈞，白馬非馬，孤犢未嘗有母，其負類反倫，不可勝言也。』

以上的『餘義』，即任擧一端，均可以推演成論，又怎能說不能鋪陳至八九篇之多呢？在我看來這書並不僞，惟首篇《跡府》則非公孫龍子之舊，近人胡適以爲『乃是後人所加的傳略』，所見甚是。但一般的人卻說這是後人的作僞，那便大誤了。而陳氏即欲據這篇以證全書之僞，正坐此失。在上文我們經已考出這書的出現是在顯慶三年至咸亨二年之間，則今本《跡府篇》乃係那時間的人編次這書時所撰的。在撰這傳略的人並不存心作僞，不過後人卻誤把它算作本書的一篇罷了。這裏我們有下列兩點可證：

（一）關於跡府二字的訓釋，據俞樾云：『《楚詞・惜誦篇》：「言與行其可迹兮。」《注》曰：「所履爲迹。」跡與迹同。』又王琯云：『按俞說是也。府，《小爾雅・廣詁》訓叢，《秦策》：「此謂天府。」《注》：「聚也。」義俱相近。此言跡府，卽掌記公孫事跡之意。』可見跡府的涵義，實與今之傳略無異，不過撰這傳略的人卻巧立名目，以求新異，所以便以此爲題罷了，但沒有想到會生出後來這許多誤會的。

（二）今檢這書各篇均以論名篇，如《白馬論》《指物論》《通變論》《堅白論》《名實論》等是。而跡府獨不以論名，假如這是後人存心作僞的話，又何至於這樣疏忽呢？

此外我們所以定《跡府》這篇爲顯慶三年至咸亨二年時人所撰，在這裏還有一項明顯的證據。如《尹文・論士》一段，全襲《呂氏春秋・正名篇》，而於其中的民字或刪去，或改爲人字，治字則一律易爲理字，這還不是因避太宗、高宗的諱而改的嗎？至如後五篇，若假定它是僞的話，則作僞必始於唐人，但是這五篇的文字極古樸，非漢以前人不能爲，唐人又豈能有此手筆呢？而且篇中所言，與先秦諸子所稱述的《公孫龍子》學說全無違異。若我們說這五篇是後人所僞作，則作僞的人對於《公孫龍子》的學說總不至僞做得如此吻合？照理多少也會露出些破綻來的。可是現在我們在這方面仍未發現有力的證據呢。

（《論今本公孫龍子出現的年代及其真僞》，見《大陸雜誌》）

龐　樸云：

眞僞之間

《公孫龍子》，《漢書・藝文志》列名家，十四篇；《舊唐書・經籍志》列名家，三卷；《新唐書・藝文志》列名家，三卷，又陳嗣古、賈大隱《注》各一卷；《宋史・藝文志》列名家，一卷；《四庫全書總目提要》列雜家，三卷。

這是見於官修典籍的。

清人姚際恆於此發現了漏洞，說：『《漢志》所載而《隋志》無之，其爲後人僞作奚疑！』（《古今僞書考》）這是對今本《公孫龍子》的第一種懷疑，也是全面否定的懷疑。

另外還有一種懷疑，半否定的懷疑，認爲今本雖眞而殘。鄭樵說：『《公孫龍子》舊十四篇，今亡八篇。』（《通志》卷六十八）陳振孫說：『《漢志》十四篇，今亡六篇，首敍孔穿事，文意重複。』（《直齋書錄解題》）馬端臨《文獻通考》所記相同。《四庫全書總目提要》亦載：『《漢志》著錄十四篇，至宋時八篇已亡，今僅存……六篇。』它們認爲現存六篇只是十四篇中的六篇（對首篇《跡府》，陳、馬與《四庫》的看法似有不同）；其他八篇，則被確定亡於宋前。

但是，這裏遺留一個鄭樵等人沒有發覺的漏洞：如果這六篇是殘眞，則其他八篇的內容應該是些什麼？這個問題，由今人黃雲眉先生提出了。他說：『然今書《公孫龍子》六篇，果否出自公孫龍之手，則殊可疑。據《漢志》，《公孫龍子》十四篇，今書由十四篇減爲六篇，而第一篇……明爲後人所加之傳略，則六篇只得五篇矣。第七以下皆亡。第二至第六五篇，每篇就題申繹，累變不窮，無愧博辯；然公孫龍之重要學說，幾盡括於五篇之中，則第七以下等篇又何言耶？雖據諸書所記，五篇之外，不無未宣之餘義，然又安能鋪陳至八九篇之多耶？以此之故，吾終疑爲後人研究名學者附會《莊》《列》《墨子》之書而成，非公孫龍之原書矣。』（《古今僞書考補證》）

這個問題提得很尖銳。的確可以這樣推論：如果其他八篇無話可說，則今存六篇十分可能是後人附會的。何況，現存六篇又幾乎可以構成一個完整體系，使其他八篇無插足餘地呢？殘書多矣，殘得如此整齊的，尙屬絕無。這個問題提了很久，但無人回答。

研究者多認今本爲殘眞，並竭力證明它的眞實性，就中以杜國庠先生爲最有見地。他的結論是：『這部書在先秦名學的發展上形成了它的重要的一環，在思想和文字上反映了當時的社會，都是不容易作僞的。』（《論公孫龍子》）他曾就劉向《別錄》所記鄒衍批評公孫龍的話，證明『現存六篇之非僞作』，說：『鄒衍這段批評，……好像是指着現存六篇之書說的。《指物論》有似「煩文以相假」；《白馬論》有似「飾辭以相悖」；《通變論》「黃、馬、碧、鷄」之辭，有似「巧譬以相移」。細讀兩家之文，可知鄒衍之言，確有所指，並非泛泛地斥責一般辯者通病的說話。劉向是見到《公孫龍子》完本的，他於《別錄》記這故事，必非無據；而現存六篇又這樣地有似鄒衍批評的對象，可見這書不是後人的僞作。』（同上）

杜國庠先生的分析，在證明現存六篇的似眞上，確很有力。但唯其如此，就更易使人相信黃雲眉先生的論斷。這六篇既如此似鄒衍心目中的公孫學說全部，並且又經劉向認可（劉向是見過完本的）；那末，其他八篇還能說些什麽呢？其他八篇既無話可說，安知今六篇非後人據各書（包括鄒衍評語）編纂、不及十四篇而罷的一部未完成傑作？

其實，問題發展到這裏，已因其極度尖銳化而接近解決；在《公孫龍子》的辨僞辨眞之間，相隔只有一張薄紙了。這一張薄紙，就是《漢書・藝文志》的那個『十四篇』。

爲使我們的辨眞工作更踏實些，不妨先從遠一點的地方談起。

十四和六

首先是『隋志無之』那個問題。姚際恆因《隋志》無之，遂斷定今本爲僞，結論未免下得過早。所以王琯在《公孫龍子懸解・敍錄》中說：『其（姚）言似是而實非，最當審辨。』接着他引《三國志・鄧艾傳・注》、張湛《列子・注》及劉峻《廣絕交論》說：『可證魏梁之間，原著猶存。』『《隋書・經籍志》無《公孫龍子》書名，但載《守白論》一卷。』不過他沒有肯定《守白論》就是《公孫龍子》。後來欒調甫先生就把它肯定下來了，他在《名家篇籍考》中列舉了五點理由，證明《守白論》正是《公孫龍子》：第一、《公孫龍子・跡府》中有『爲守白之論……以守白辯』等語，故《公孫龍子》可以名《守白論》；第二、《隋志》錄《守白論》於道家，但『道家旨在守黑，而論曰《守白》，顯非道家之言』；第三、唐人成玄英疏《莊子》，正稱《公孫龍子》爲《守白論》（按：《天下篇》成《注》曰：『公孫龍著守白之論，見行於世。』）；第四、『合隋唐兩《志》考之，《隋志》道家有

《守白》之論，而名家無《公孫龍子》；《唐志》名家有《公孫龍子》，而道家無《守白論》，是知其本爲一書，著錄家有出入互異』；第五、《隋志》之所以錄於道家，是當時人的一種看法，有他例可證，『又何足疑』？

看來，『隋志無之』，實不足證今本爲後人僞作，應無庸議。

但是，『隋志有之』，亦不足證今本非後人僞作。因爲，《隋志》有無著錄，只說明這本書在隋唐時有無流傳；並不能保證流傳下來的就是《漢志》所說的。何況，《漢志》的『十四篇』到《隋志》竟成了『一卷』（一般說來，一卷是容納不下十四篇的）；到後來竟又成了六篇呢？欒調甫先生於論辨『隋志有之』甚精，卻沒有注意及此。

因此，還有必要再考究一下這六篇與十四篇的關係。這就是『至宋已亡』的問題。

歷來都認爲宋人已經未見那亡去的八篇。其實這並不可靠。唐人早已就未見了。《文苑英華》卷七百五十八《雜說上》有王某的《擬公孫龍子論》一文，說：『咸亨二年，歲次辛未，十二月庚寅，僕自嵩山游於汝陽。有宗人王先生，……春秋將七十……僕過憩焉。縱言及於指馬，因出書以示僕，凡六篇，勒成一卷。……今公孫龍之理，處於弟子之心矣。弟子且非公孫龍乎！遂和墨擘紙，援翰寫心。篇卷字數，皆不踰公孫之作；人物義理，皆反取公孫之意。觸類而長，隨方而說；質明而作，日中而就。以《事源》代《跡府》，因意而存義也；以《幸色》代《白馬》，尋色而雅味也；以《慮心》代《指物》，自外而明內也；以《達化》代《通變》，緣文而轉稱也；以《香辛》代《堅白》，憑遠而取近也；以《稱足》代《名實》，居中而擬正也。……』

可見，唐本《公孫龍子》（甚至隋本，這位年近古稀的王老先生，很可能存有隋本），已經是六篇了；並且篇名次第全與今同。

鄭樵說『今亡八篇』（謝希深《公孫龍子序》亦云：『今閱所著書六篇。』卻未言亡八篇事。謝爲宋英宗時人，在鄭前），其實在唐或隋時，已只存六篇了。

再往上溯，晉人張湛注《列子》（或僞作《列子》。與本題不礙），於《仲尼篇》公孫龍七事的『白馬非馬』條下曰：『此論現存，多有辨之者。』而於其他六事，則未注『現存』字樣。可以想見，張湛所見的《公孫龍子》是有《白馬論》的；卻沒有關於『意心、指至、物盡、影移、髮引、孤犢』等六事的論辯。

這樣，我們就要接觸到其他八篇的內容問題了。也許，這『意心、指至』等六事，以及他書所見的如『臧三耳』等事，正是其他八篇所論辯的。這個問題，留待下面再談。現在我們先冒險地假定一下：張湛所見的晉本《公孫龍子》，也只有六篇；並據此上溯到《漢志》也只是六篇。十四篇云云，原屬子虛，乃轉寫之誤。

我們知道，《漢志》所載篇數，許多地方是糊塗帳，往往分數與總數不符。就拿《諸子略》來說，它統計的是『凡諸子百八十九家，四千三百廿四篇』，而實際相加的結果卻應是；凡百八十九家，四千五百四十一篇，多二百十七篇。所以師古說：『其每略所條家及篇數，有與總凡不同者，轉寫脫誤，年代久遠，無以詳知。』唐人顏師古已有『無以詳知』之嘆，我們今天爲什麼要一心認定《漢志》的『十四篇』，不敢懷疑一下呢？

當然，懷疑應該是有根據的。這『十四篇』之值得懷疑，除上述和唐晉人都未及見的理由外，還有：

一、前引的黃雲眉先生懷疑今六篇非眞的理由；

二、前引的杜國庠先生確信今六篇爲眞的理由。

這兩家的理由，其基本點實際是相同的，卽都認爲公孫龍的主要學說已包括於今六篇中。而這一共同點，用在今六篇上，卻所見迥異；如果一齊用來懷疑『十四』二字，那末，這一合力會是相當雄厚的。試細加分析一下看。

杜國庠先生在證明六篇非僞時說，這六篇所形成的體系，在先秦名學發展上形成了重要一環，是不容易作僞的。杜說的是確論。一根鏈條如果缺了一環，後人也許能另造一環配上；但在不瞭解鏈的習性、不知道環的特點的匠人手裏，是怎樣也辦不好的。前人並不曾正確了解思想發展的規律，亦卽不了解鏈的習性和環的特點；因此，他們是配不好這一環的。

另外，杜國庠先生證明說，鄒衍對公孫龍的批評，好像正是指着今存六篇說的。杜先生對鄒衍評語的分析，容或有牽強之處，但實可備一說。不過，有一件十分重要的事情是：這裏有一個前提必須肯定，卽假定原書只有六篇。如果不確定這個前提，而相信十四篇之說，那就要留下這樣一個笑柄：鄒衍已預測到後來要散失八篇，故只對不會失傳的六篇進行批評。鄒衍雖深精五德終始，但也不致如此料事如神也。因此，原書只有六篇之說，由鄒衍的評語可得到一個旁證。

或曰：鄒衍的批評見於《別錄》，安知不是劉向的手筆？答曰：這也無關。《漢志》是根據《別錄》的，如果《別錄》作者心目中的《公孫龍子》好像是今六篇，那更足證明《漢志》所錄有誤了。

這樣，黃雲眉先生所提『公孫龍之重要學說，幾盡括於五篇之中，則第七以下等篇又何言耶』的問題，就可移其矛頭向《漢志》的『十四』了。因爲，它雖可用來懷疑六篇爲僞，也更可用去懷疑『十四』非眞：如能證明本來只有六篇，當然不發生『第七以下』以至『十四』的問題了。

因此，就來探索一下，六篇以外，公孫龍是否仍有未宣之餘義？如果沒有，則可進一步肯定，原書只有六篇！

六篇之外

六篇以外的餘義，可考見的，約有兩種若干條。一爲政治倫理方面的，有偃兵、兼愛（俱見《呂覽》的《審應》、《應言》兩篇）、惠民（見《藝文類聚》第六十六，《困學紀聞》第十及《太平御覽》第四百五十七所錄略同）、尚賢（《史記·平原君列傳》記公孫龍勸平原君勿以親戚受封，說『親戚受城而國人計功，此甚不可』，有似墨家尚賢說）。再一爲邏輯論理方面的，有《天下篇》的二十一事，《列子·仲尼篇》的七事，及『臧三牙』（《呂覽·淫辭》）、『臧三耳』（僞《孔叢子·公孫龍》）、『永不寒』（《淮南子·詮言訓》高誘《注》）。

第一種資料，似乎反映出公孫龍隸屬墨家（至於公孫是否墨者，當然還可爭論；比如郭沫若先生就說他屬『黃老學派的系統』）。我們現在只研究這一組材料是否可能是其他八篇的內容。

我覺得不可能。因爲漢以前人論及公孫龍特別是論及他的著作的各種文字，都沒有提到這一點。比如：

桓團、公孫龍辯者之徒，飾人之心，易人之意，能勝人之口，不能服人之心，辯者之囿也。（《莊子·天下篇》）

公孫龍析辯抗辭，別同異，離堅白，而不可與衆同道。（《淮南子·齊俗訓》）

公孫龍粲於辭而貿名。（同上《詮言訓》）

公孫龍詭辭數萬以爲法。（《法言·吾子》）

趙亦有公孫龍，爲堅白同異之辯。（《史記·孟荀列傳》）

平原君厚待公孫龍。公孫龍善爲堅白之辯。（《史記·平原君列傳》）

趙亦有公孫龍，爲堅白同異之辯，然非先王之法也，皆不循

孔氏之術。（劉向《荀子敍錄》）

齊使鄒衍過趙平原君，見公孫龍及其徒綦毋子之屬，論『白馬非馬』之辯。（劉向《別錄》，據《史記集解》引。）

公孫龍持白馬之論以度關。（同上，據《初學記》卷七引。）

其（鄧析）論無厚者言之異同（疑有錯字），與公孫龍同類。（劉歆《鄧析子敍錄》）

公孫龍著堅白之論，析言剖辭，務折曲之言，無道理之較，無益於治。（《論衡・案書篇》）

這幾乎是漢以前人直接論評公孫龍及其學說和著作的全部評語。這些人，應該是見到《漢志》所錄《公孫龍子》的（或有未見的，因爲《公孫龍子》成書較晚。說見後）；可是，他們都未指責公孫龍有墨者之言。雖然公孫龍以辯者見稱而不以墨者見稱；但如果他的十四篇中竟有一半以上是論兼愛的，評論者總不致無一人無一次不涉及吧？準此，似乎可以斷定：其他八篇（如果有的話）談的不是『析辯抗辭』以外的話。

那末，其他八篇是否也盡是『詭辭』呢？《法言》上分明說過公孫龍有『詭辭數萬』，可見他的『詭辭』本來或者有很多的。這一點，人們一直是信而不疑的。

我發現，《法言》上的『數萬』之說，是完全不可信的。我統計了一下：今本六篇，連『跡府第一、白馬論第二』等標題字在內，總共才有三千二百二十字；其中《跡府》篇一千一百十二字，特別多；其他五篇，多的五百餘字，少的只二百餘字，平均四百二十字。準此推算，詭辭兩萬（『數萬』中的最低數），就應有五十篇。公孫龍的『詭辭』即使再多，恐怕也敷衍不出五十篇來吧！因此我說，『數萬』之說，全係誇張，是輕信不得的。

『詭辭數萬』之說不立，與『十四篇』眞不眞的關係不大；也許『數萬』確係誇張，而『十四篇』本係實錄。因此，要證明『十四』有誤，還得另拿證據。現在我們就來看看其他八篇中，有無『詭辭』可說。

前面說過，歷來被認作公孫龍的『詭辭』的，除六篇所見各事外，還有將近三十條。其中有《天下》篇的『卵有毛』等二十一事。《天下》篇作者於記錄二十一事時說：『惠施以此（指『十事』）爲大觀於天下，而曉辯者；天下之辯者，相與樂之。……（此處省『二十一事』）辯者以此與惠施相應，終身無窮。桓團、公孫龍，辯者之徒，飾人之心，易人之意，能勝人之口，不能服人之心，辯者之囿（尤）也。』可見，這『二十一事』乃惠施當時的天下辯者的論題；公孫龍乃『辯者之徒』。卽使把這個『徒』字解成『流』字，也很難設想曾勸平原君勿受封（周赧王五十八年，公元前二五七年）的公孫龍，能趕得上和主謀齊魏相王（周顯王三十五年，公元前三三四年）的惠施『相與樂之』。況且，這二十一事分屬『合同異』、『離堅白』兩個學派，前者是純綜合學派，後者是純分析學派，思想體系有如水火；因此，這二十一事不僅不能算在哪一個辯者的名下，也不能算在哪一個學派的頭上。把它都一股腦地加給公孫龍，就更不合適了。

當然，如果反過來，說公孫龍與這二十一事全無瓜葛，也同樣不對。公孫龍旣是後來的『辯者之尤』，當然會接受這二十一事中的某些事，反對其中的另些事，以推行自己的詭辯。不過，接受的方法從來就有兩種：一種是原封接受前人的字句，把那些已陳芻狗的東西，拿來嚼蠟；一種是接受前人的精神，用自己的語言予以發展。公孫龍旣已稱『尤』，當係採用後一接受方法無疑。

因此，可以相信，二十一事不一定非在《公孫龍子》中重複出現不可！因此，二十一事如果不具體出現於今六篇中（只有『鷄三足』一見），不一定斷定它非保存在其他八篇中不可！

事實也正是這樣證明的。公孫龍的主要論題『白馬非馬』、

『堅白石二』、『二無一』，就不是二十一事所能容納得了的。二十一事在惠施時代，辯者可以相訾相應，終身無窮；到了公孫龍時代，《墨經》已將出現或已經出現的時代，它就成了牙慧唾餘了。

所以，不必有另外八篇來論辯二十一事；或者說，根本就沒有其他八篇。

當然，要能確信根本沒有其他八篇的推論，還得研究一下被指名於公孫龍的那《列子・仲尼篇》七事。

《列子》雖說是僞書，但其資料多出姬漢故籍（據馬敍倫《列子僞書考》）；我們並不能『一僞了之』，還得認眞對待。

『白馬非馬』已見六篇，自不待言。『孤犢未嘗有母』條，雖說和『白馬』同一方式（『孤犢非犢』），但卻不一定由公孫龍論辯過。因爲張湛在注此條時說：『不詳此義。』如果公孫書其他八篇中申繹此事，張湛晉人，當有所知。『有指不至』、『有物不盡』、『有影不移』三條，張湛《注》云『惠子曰』，蓋此三條俱見『二十一事』，張湛並不知它們和公孫書有何關係。『髮引千鈞』，見於《墨經》，爲物理學派辯者的論題；公孫龍以游戲物理見稱，當不會於其他八篇中持此爲論。『有意不心』一條，前人多不得其解，因而很難確定它的版權。我以爲，『意』和『心』的關係問題，即『思維』和『思維器官』的關係問題，當是當時辯者的一個紐結。《墨經上》有『循所聞而得其意，心之察也』、『執所言而意得見，心之辯也』兩條，正是解釋『意』、『心』關係的一種意見；『有意不心』則與之正相反對，否認『意』與『心』的聯繫，倒和《堅白論》中所表達的觀點頗爲接近。這一條，比二十一事時代的問題深入得多，公孫龍或曾專門論過此事，也未可知。

《仲尼篇》七事，大多數失眞；只此一條，實難舖陳至八篇之多！

或曰：此外尚有『臧三牙』、『臧三耳』、『冰不寒』諸條，都見於漢以前的典籍中，加在一起，湊不成八篇嗎？

按『臧三牙』見於《呂覽》，『臧三耳』見於僞《孔叢子》，所記均爲孔穿與公孫龍辯於平原君所事；『牙』當係『耳』字之誤。此條不見於《跡府》，已屬可疑（《跡府》中盛記孔穿與公孫龍爭辯事）。另外，如果『臧三耳』與『鷄三足』爲同一方式的論題，在公孫龍時代，實不值得大辯特辯（『鷄三足』在《通變論》中，是一個很次要的論題，是爲『二無一』這個更高的論題服務的一條『公理』）。又按宋人謝希深注《堅白論》『離也者，藏也』云：『《呂氏春秋》曰：公孫龍與孔穿對辭於趙平原家，臧三耳，蓋以此篇爲辯。』則『臧三耳』或與《堅白論》的『藏三可乎』有關。所以王啓湘在《公孫龍子校詮・敍》中說：『因臧獲之「臧」及藏匿之「藏」，古均作「臧」，淺人不知「臧」爲藏匿之「藏」，「耳」爲而已之義，乃疑「臧」爲臧獲之臧，「耳」爲耳目之耳，……此「臧三耳」之說所由來也。』王說頗具卓見。如此，『臧三耳』之辯，或係堅白之辯，當有可能。其不必另列單篇，自不待言。

『冰不寒』與『炭不熱』，見於高誘《淮南子・注》。『炭不熱』卽二十一事的『火不熱』，『冰不寒』與之雷同。這類論題與『目不見』一樣，在公孫龍時代，也只能充當主要論題的支點，不足成爲專門討論的對象。

所以，六篇之外，別無值得論辯的『詭辭』。原書只有六篇，《漢志》『十四』乃『六』字之誤，似乎可以成立。

六篇之內

六篇以外無餘義，《漢志》『十四』乃『六』之誤，此說須以六篇不僞爲前提。如果六篇非眞，則上述一切推論都是空的。黃雲眉先生的疑問正是這樣提出的。因此，有必要補論一下六篇的眞實性和完整性。

從這六篇的內容、歷史的環節以及它作爲時代的聲音來論證六篇不僞的工作，杜國庠先生已做得很多而且很好。我在這裏，想稍微補充一點。

公孫龍是作爲惠施的對立面出現於思想史的。惠施及其學派的特點是『合同異』，是從事物變動不居的特性出發，加以誇大，直至主張『卵有毛』、『 犬可以爲羊 』；公孫龍及其學派的特點是『離堅白』，是從事物相對穩定的特性出發，加以誇大，直至主張『二無一』、『白馬非馬』。合同異派認爲事物是絕對的否定；離堅白認爲事物是絕對的肯定。合同異派是古代樸素辯證法的畸形產物；離堅白派是後來形式邏輯的早熟嬰兒。這一根本的歷史的不同，也決定了他們論辯方法的不同：惠施學派從宇宙論角度着眼，即所謂『歷物』，但完全捨棄人的感性認識的眞實性；公孫龍學派從認識論角度入手，即所謂『析辯抗辭』，但完全捨棄人的理性認識的眞實性。從惠施到公孫龍，是從一個極端到另一個極端，後來的墨家辯者，則是他們的批判的綜合。

《公孫龍子》六篇，就是這一思想發展狀況下的產物，就是這根思想鏈條上的必要一環。除《跡府》一篇是傳略性的紀錄外，其它五篇，實在是一個完整的不可或缺的體系。《名實論》是通論性質的東西，它表明立言宗旨和論辯準則，並爲一些基本範疇定立界說。《指物論》是解決思維和存在關係或名實關係的，是全書的理論基礎。《通變論》中提出了方法論或變化觀，以變非不變、對立不能統一的形而上學觀點爲全書奠立了方法論基礎。《白馬論》和《堅白論》，則是這些觀點的具體運用和例證：《白馬論》以簡單判斷論證，《堅白論》以複合判斷論證。（詳見拙著《公孫龍辯哲

學批判》，載《文史哲》一九六三年第四期）

這就是公孫龍學說體系的大概。這一體系的完整程度和周密程度，是同時代的其他人所不曾達到的；而在公孫龍這裏，則與他『析辯抗辭』的特點有關，我們不必因此懷疑書出後人僞作。後人沒受那個時代的熏陶，坐在房子裏是完全僞造不出來的。我們倒應該由此提出這樣的問題：如果書亡八篇，爲什麼這六篇這樣密合無間？設或殘存的六篇正好是一組，那末其他八篇中又該說些什麼？

因此我相信，原書本來只此六篇，《漢志》所記應該有誤。

此外，要證明這六篇的眞實性，當然還可從遣詞用句上做點考證。如此，書中的許多術語（『位』、『正』、『正擧』、『狂擧』……）都是當時辯者的『行話』；許多論題，和《墨經》《莊子》有相通處；他如『以』『與』互訓、『而』『如』互訓、『也』訓『耶』等，也是作僞者不易作成的（傅山《注》在這點上頗有發明）。

因此，六篇的眞實性，是可信的。

六篇中只有第一篇《跡府》有點蹊蹺。它頭一句就說：『公孫龍，六國時辯士也。』這一句話，是六國時候人根本說不出來的。因此有人懷疑至少這一篇係後人輯成。我想，不僅第一篇，甚至整個全書，都很可能是他的弟子（綦毋子之屬）於秦時編定的。而第一篇，則是一個簡要的言行錄，由弟子們寫定。這第一篇也不會是漢以後人的僞作。因爲如果後人作僞，在寫到與孔穿會於平原君家時，不會不摘錄《呂覽》上的那個『臧三牙』。《跡府》中沒有『臧三牙』，正可證明它的作者相信自已勝過相信《呂覽》。

所以，今本《公孫龍子》正是古本《公孫龍子》（當然，個別地方有衍脫誤乙，那是另外一回事），我們不必因《漢志》的『十四篇』而懷疑這六篇，倒應用這六篇去懷疑《漢志》的『十四篇』。

這就是結論。

（《公孫龍子辨真》，見《文史》第四輯）

兵家類

■六　韜

蔣伯潛云:

《漢志・兵書略》兵權謀家總計條下《自注》曰:『省《太公》。』蓋二百三十七篇中之『兵』,《七略》本互見於《兵書略》之兵權謀家,而班固省之也。《戰國策・秦策》曰:『蘇秦夜發書,得太公《陰符》之謀。』《羣書治要》《六韜》之後,載太公陰謀三事,卽《太公》二百三十七篇中之『謀』也。《史記・齊世家》曰:『文王與呂尚陰謀修德,以傾商政,其事多兵權與奇計。……後世之言兵及周之陰權,皆宗太公爲本謀。』蓋周自太王,實始翦商。太公佐文王武王,完成伐紂代商之功業。其所陳嘉謨,卽所謂『言』也;其所設策略,卽所謂『謀』也;伐紂時部署行軍,卽所謂『兵』也。善言錄於金版,法令錄於史官,倘當時卽已纂錄成篇,卽爲官書;卽僅存檔案,亦是史料。太公在周,勳業彪炳,自爲後世所樂於稱道。戰國之士,好託古改制,於是好事者自斷簡殘論、口耳傳說中,輯采太公之遺言舊聞,又取蘇張權謀、孫吳兵法之類以增益之,乃成此二百三十七篇之書爾。故《太公》者,後世依託之書,非周初之著述,更非太公所自著也。

《隋志》有《太公陰謀》一卷,(《注》曰:『梁六卷。』)《太公陰符鈐錄》一卷,《太公伏符陰陽》一卷;《舊唐志》有《太公陰謀》三卷,《太公陰謀三十六用》一卷;卽此所謂『謀』

之類也。《隋志》有《太公金匱》二卷，《舊唐志》作三卷，卽此所謂『言』也。《隋志》又有《太公兵法》二卷，（《注》曰:『梁有《太公雜兵書》六卷。』）卽此所謂『兵』也。是唐及宋初，其書猶有流傳者矣。《通考》則僅錄《六韜》。《四庫全書》中亦有此篇，在兵家。今存『六韜』者，《文韜》《武韜》《虎韜》《豹韜》《龍韜》《犬韜》也。今本《龍韜》列於《虎韜》之前，似爲《太公》二百三十七篇中《兵》八十五篇之一部分。按《莊子・徐无鬼篇》有所謂『金版六弢』，《淮南子・精神訓》有所謂『金縢豹韜』，豈卽指此歟？至《通考》所錄又有《改正六韜》四卷，則是宋元豐間刪定之本。又按今存《六韜》中有『避正殿』云云，此秦漢以後故事，太公時尙無此語也。《六韜陰符篇》曰:『主與將有陰符，凡八等；克敵之符長一尺，破軍之符長九寸，失利之符長三寸而止。』是直誤以『陰符』爲符節之符，淺陋可笑。宜爲胡元瑞《四部正譌》所斥。《周氏涉筆》謂『其書並緣吳起，漁獵其詞，而緞輯以近代軍政之浮談，淺駁無所施用』，《胡氏筆叢》亦謂『其《文代》《陰書》等篇，爲孫吳尉繚所不屑道』（並見《四庫書目提要》引）。《六韜》內容淺駁，辭亦鄙俗，明爲僞書，不但非太公所著，且非秦漢前依託太公之作。而近人言兵者，猶喜引之，以自詡博古，多見其不學而已！

（《諸子通考》）

張 烈云:

《六韜》究竟成書於何時？宋人羅泌說此書『要之楚漢之際好事者之所掇』（羅泌:《路史發揮・論太公》）。清人崔述認爲此書『必秦漢間人之所僞撰』（《豐鎬考信錄》）。羅、崔二人的意見基本一致，都估計到《六韜》一書所產生的歷史背景以及它在秦漢間所起的作用。然而這都只是揣測，沒有拿出根據和理由來加以證實。所以要搞清《六韜》成書的時間，仍然是一個值得探討的問題。

一九七二年，從山東臨沂銀雀山漢武帝初年的墓葬發掘中，發現有《六韜》殘簡。這可證實，《六韜》一書，在漢武帝以前就流行開來了。漢文帝時，賈誼在《階級》一文裏用了『履雖鮮弗加於枕，冠雖弊弗以苴履』一語，與《六韜》佚文所說『冠雖弊禮加於首，履雖新法以踐地』一語基本相合，王應麟說·『賈誼之言本此。』（《困學紀聞》卷十《諸子》『冠履不易用』條）賈誼又在《治安策》一文裏引用了『日中必䙬，操刀必割』一語，顏師古注曰：『此語見《六韜》。』（見《漢書·賈誼傳》師古《注》）上述兩條材料說明，《六韜》成書，當是漢文帝以前的事。唐人李靖說：『張良所學，《六韜》《三略》是也。』（見王應麟：《困學紀聞》卷十二《黃石公三略》條）在清初朱墉輯著的《鷹揚奇略武經諸子講義合纂》一書裏，於《太公六韜》注下有『其書舊稱太公所著而張子房得之於圯上老人者』一說。這兩說表明，圯上老人授與張良的那部《太公兵法》，就是《六韜》。我認爲這種看法頗有道理，《六韜》一書當是秦始皇統治時一位在野之士所撰寫的一部反暴政的作品。

據《史記·留侯世家》記載，秦始皇二十九年（公元前二一八年），張良謀刺秦始皇於博浪沙，『誤中副車，秦皇帝大怒，大索天下，求賊甚急』。張良由是亡匿下邳，得到圯上老人授與他一部兵書《太公兵法》。關於《太公兵法》，梁阮孝緒《七略》著錄云：『《太公兵法》一帙三卷。太公，姜子牙，周文王師，封齊侯也。』（見《史記·留侯世家·正義》）可是，早先成書的《漢書·藝文志》卻不見有《太公兵法》的具體著錄，《漢志》只是在兵權謀家類著錄末有如下注腳：『省伊尹、太公、管子、《孫卿子》《鶡冠子》《蘇子》、蒯通、陸賈、淮南王二百五十九種，出《司馬法》入禮也。』從這條注腳可以得知太公著有兵法，但不知兵法的具體名稱。所以，阮孝緒《七略》所著錄的《太公兵法》是指《六韜》還是指另一部兵書，這是一個問題，這個問題且不去管它。如今我們光就《六韜》本身的內容分析，完全有理由說明張良所得到的《太公兵法》就是《六韜》。因爲：㈠《太公兵法》是托名姜太公的作品，《六韜》也是托名姜太公的作品；㈡《太公兵法》是一部兵書，《六韜》也是一部兵書；㈢圯上老人授與張良《太公兵法》是旨在教他去反對秦始皇的專制統治和暴虐政策，而《六韜》一書的有關內容正是針對專制統治和暴虐政策而發的。張良一貫反對秦始皇，這是沒有問題的。不過他最初僅是抱着爲韓復仇的目標去反對秦始皇，而不是站在反暴政的立場去反對秦始皇。很顯然，圯上老人授與張良《太公兵法》的目的，就是指點他如何從反暴政的立場去反對秦始皇。所以當他授與張良《太公兵法》的時候就說：『讀此則爲王者師。後十年興。』（《史記・留侯世家》）這就明確表明圯上老人是在教張良要爲『王者師』去反對秦始皇，不要去搞個人的謀殺活動。而《六韜》開宗明義第一篇就是《文師篇》，通過姜太公那位『王者師』之口說：『天下非一人之天下，乃天下之天下也。同天下之利者則得天下，擅天下之利者則失天下。天有時，地有財，能與人共之者，仁也。仁之所在，天下歸之。免人之死，解人之難，濟人之急者，德也。德之所在，天下歸之。與人同憂、同樂、同好、同惡者，義也。義之所在，天下赴之。凡人惡死而樂生，好德而歸利。能生利者，道也。道之所在，天下歸之。』這段文字的『人』就是『民』的同義詞。很顯然，這是針對當時的社會現實而發的，在於啓發張良從仁、德、義、道等『王者師』的角度去反抗秦始皇的暴政。

《六韜》作者非常強調取天下要與天下人同利，反對統治者獨擅天下之利。他在《發啓篇》說：『利天下者，天下啓之；害天下者，天下閉之。天下非一人之天下，乃天下之天下也。取天下若逐野獸，而天下皆有分肉之心；若同舟而濟，濟則皆同其利，敗則皆同其害。然則皆有啓之，無有閉之也。』從這一觀念出發，《六韜》作者主張唯有道之主才有資格君臨天下。因此他在《順啓篇》說：『利天下者，天下啓之；害天下者，天下閉之；生天下者，天下德之；殺天下者，天下賊之；澈天下者，天下通之；窮天下者，天下仇之；安天下者，天下恃之；危天下者，天下災之。天下者，非一人之天下，唯有道者處之。』《六韜》作者還認爲，有道者君國主民之大務，唯有『愛民而已』。關於如何具體體現愛民，他在《國務篇》說要做到『民不失務』、『農不失時』、『省刑罰』、『薄賦斂』、『儉宮室臺榭』、『吏清不苛擾』。總之，《六韜》作者認爲，『凡善爲國者，馭民如父母之愛子，如兄之愛弟，見其饑寒則爲之憂，見其勞苦則爲之悲，賞罰如加於身，賦斂如取己物，此愛民之道也。』這些帶有原始民主色彩的議論，無一不與秦始皇萬世一系的家天下理論及其暴虐政策針鋒相對。所以將這些內容結合其歷史背景分析，我們有理由說《六韜》一書就是當年圯上老人所授與張良的《太公兵法》。

此外，後出的《黃石公三略》一書不少處引用了《六韜》，並稱《六韜》爲『軍讖』。如其《上略》有：『軍讖曰：「香餌之下必有懸魚，重賞之必有死夫。」』等語，則出於《六韜・文師篇》；『冬不服裘，夏不操扇，雨不張蓋』等語，則出於《六韜・勵軍篇》。這說明《黃石公三略》的作者只見過《六韜》，未見過另外的《太公兵法》。這一情況，也可作爲《六韜》就是當年圯上老人授與張良那部《太公兵法》的佐證。因爲那位圯上老人傳說就是黃石公。

（《六韜的作成時代》）

■孫　子

齊思和云:

欲確定十三篇之著作時代，須決定兩大問題: ㈠《史記》中所載孫武事蹟是否可信，㈡其書之內容是否爲春秋時代之產物。

玆先論第一問題。《史記・孫子吳起列傳》中所載孫武事蹟極簡略。其言曰: ……

此外《史記・律書》《吳太伯世家》《伍子胥列傳》諸篇所載孫武事，亦大致與此相同，而簡略尤甚。綜史遷所記孫武之事蹟，不過以軍令斬吳王寵姬及佐吳入郢二事耳。然則入吳之前，破楚之後，彼孫武者果何在乎？其可疑一也。抑《史記》中所記之二事亦難令人置信。玆先就孫武在吳宮以婦人試軍令一事言之。夫『兵者國之大事』，死生存亡之所繫，而試之於宮女，不亦輕且褻乎？斬美姬以申軍令，又何其以兒戲爲眞乎？此種不經之談，與《燕丹子》所稱荊軻譽美人之手，太子丹卽斷其手，盛以玉盤以奉之，皆小說家過甚之說。葉適以之爲奇險不足信，全祖望以之爲七國傳聞而太史公誤信之者，似矣。其可疑二也。至於吳人破楚入郢，從此楚勢漸衰，吳、越繼之稱霸，乃春秋之一大關鍵，《左氏傳》記之詳矣。據《左傳》所載: 入郢之師，其主師爲吳王闔廬、蔡侯、唐侯。吳將兵者有伍員、子山，而最有功者則吳王弟夫槩王也。初無所謂孫武者。至《史記・孫子吳起傳》始謂孫武爲吳將，破楚入郢。然於其用兵之略，亦不能詳也。《吳世家》及《伍子胥列傳》敍此役較詳矣，而仍以戰勝之謀歸之夫槩王，與《左傳》相同。然則孫武之略，果安在乎？至於《楚世家》敍此事則又謂: 『吳王闔閭、伍子胥、伯嚭與唐、蔡俱伐楚。』而無一言及於孫武者，又安在乎？然則史遷雖博訪衆人，爲孫武立傳，考之載記，大都羌無故實。其可疑三也。蘇明允《權書》論孫武於入郢無功，按其書以考其用兵，其失有三，因歎能言之者未必能行之。而高似孫亦謂武用兵不能行其說。不知所謂孫武其人者，困尚在疑似之間也。

至宋濂所謂：『春秋二百四十年中，其間遺聞軼事，不見於經傳者有矣，不應獨致疑於孫武。』亦似是而非之論也。春秋之世，隱逸之士，不見於《左傳》者固亦多矣。然此皆跡在沉冥不聞國政之士，如顏淵、原憲等人是也。至若孫武，據《史記》所載則吳國之名將，破楚之首功，左氏旣詳敍其役而獨不及之，不亦大可異乎？且不惟左氏未言孫武也，遍閱先秦古籍，未有言及孫武者也。荀卿稱世俗之所謂善用兵者有齊之田單、楚之莊蹻、秦之商鞅、燕之繆蟣。《呂覽》擧兵家之著書者謂：『孫臏貴勢，王廖貴先，兒良貴後。』皆未及於孫武。先秦故籍固已有孫、吳合稱者，如臨武君稱：『孫、吳用之，無敵於天下。』韓非稱：『藏孫、吳之書者家有之。』然魯仲連遺燕將書有謂：『今公又以弊聊之民，距全齊之兵，朞年不解，是墨翟之守也。食人炊骨，士無反北之心，是孫臏、吳起之兵也。』是戰國人所謂之孫、吳者乃指孫臏、吳起而言，而非如後世之以孫武、吳起當之也。是孫子之行事不惟不見於《左傳》，且不見於一切先秦古籍。其可疑四也。

綜上所論，彼孫武者旣不見於《春秋內外傳》，又不見於一切先秦古籍，而太史公所記又羌無故實可指，則孫武之是否有其人，實一大疑問。且無論孫武未必有其人，縱有之，而今之《孫子》十三篇亦決非春秋人之書。吾人試一細審其內容，卽知其中所載，皆戰國之制度名詞，非春秋時之所有也。玆先就十三篇中所論之戰術言之，《孫子》之言用兵，動輒十萬。《作戰篇》曰：『凡用兵之法，馳車千駟，革車千乘，帶甲十萬。』《用間篇》曰：『凡興師十萬，出征千里，百姓之費，公家之奉，日費千金，內外騷動，怠於道路，不得操事者七十萬家。』按：春秋之世，戰爭之規模猶小，雙方動員之人數，率皆數千，卽最大之戰爭，至多亦不過數萬而已。如魯隱公元年鄭伯命子封帥車二百乘以伐京。以一車隊三十人計，其出兵不過六千人。然是猶得謂之爲戡定內亂也。莊公二十八年，楚子元以車六百乘伐鄭，其出師亦不足二萬人。然是猶得謂之以大伐小也。至僖公二十八年城濮之戰，晉敗楚而取威定霸，乃春秋之世最重要之戰爭也。然晉車亦不過七百乘，度其出師，亦不過二萬許人耳。楚子怒子玉無禮，少與之師，因以致敗，則其士卒較晉尤少。其後成公二年鞌之戰，晉聯魯、衞伐齊，晉出兵亦不過八百乘，其人數亦不過兩萬四五千人。斯當時戰爭之規模猶小也。及至戰國之世，昔之二百數十國混爲戰國六七，各國皆幅員廣闊，人口殷繁。孟子之所謂：『夏后、殷、周之盛，無有過千里者也，而齊有其地矣，雞鳴狗吠達乎四境，而齊有其人矣。』此則不惟齊爲然，他國亦莫不如是。於是乎戰爭之規模始大。以言乎兵備，秦則『戰車千乘，奮擊百萬』，趙則：『帶甲數十萬，車千乘，騎萬匹。』齊則『 帶甲數十萬，粟如山丘 』。其餘諸強國，亦大率如是。及其戰也，趙之援魏，趙出車二百乘，武卒十萬人。燕則起兵八萬人， 車二百乘。 至若長平之戰， 秦將白起坑趙師四十餘萬，則雙方動員至少在百萬以上。至戰國之末，秦王翦擧六十萬人以滅楚，則其規模更大。此戰國以前之所未有也。此種變遷，在當時人已深感覺。故趙將馬服君曰：『且古者四海之內，分爲萬國。城雖大，無過三百丈者；人雖衆，無過三千家者。而以集兵三萬，距此奚難哉？今取古之爲萬國者分以爲戰國七，能具數十萬之兵，曠日持久數歲，卽君之齊已。齊以二十萬之衆攻荆，五年乃罷。趙以二十萬之衆攻中山，五年乃歸。……今千丈之城，萬家之邑相望也。而索以三萬之衆圍千丈之城，不存其一角而野戰不足用也。』可謂知兵之言。故出兵動逾十萬，乃戰國之現像，前此所未有也。今孫子之論兵，動言十萬之師，其非春秋時人之語明矣。善乎姚惜抱之言曰:『春秋大國用兵，不過數百乘，未有興師十萬者也。況在闔閭乎?』

抑尤有進者，古以車戰，至春秋時而猶然。降至戰國，騎兵興而戰車之用漸衰，至漢初而幾完全廢除矣。今《孫子》言:『凡用兵之法，馳車千駟，革車千乘，帶甲十萬。』用兵之數甚多，而車乘反甚少，如《戰國策》中所稱『帶甲百萬，車千乘』『帶甲數十萬，車七百乘，騎六千匹』者頗相似，此亦春秋時之所未有也。

復次：戰爭之規模至戰國而始大，戰爭之時日亦至戰國而始久。春秋時之大戰爭，如城濮之戰、泌之戰、鞌之戰，皆一日而勝負卽決。鄢陵之戰，兩日而畢。卽定公四年吳人入郢之師，乃春秋二百四十年諸侯對荆蠻用兵最大之勝利，計自十一月庚午之戰柏舉，至是月庚辰之入郢，前後不過十日。卽自吳之出兵至其班師，前後亦不過歷八、九月也。蓋車戰之術，須行於平原坦途之地，兩軍相遇，勝負立決，無須曠日持久。卽其攻城，亦未有相持經年者，如隱公十一年鄭之伐許，翌日而鄭師登城，遂入許都。定公九年，齊之伐晉夷儀，齊人從其渠帥而登，卽拔其城。皆卽日而城破。是蓋皆以城小而低，易於登援也。若攻堅城崇垣，則較費時日。如晉文公圍原，三日而不下，遂解圍而去。其後楚人圍鄭，逾三月而始克。其最久者如宣公十四年九月楚人圍宋，積九月，城內至易子而食，析骸而爨，而城不拔，遂解圍而去。乃春秋用兵之最久者。然亦不過數月，尙未有曠日持久，用兵數年者也。至戰國而用兵始久。蓋是時戰術進步，城垣較昔旣高且堅，非短時所能拔。故秦攻宜陽，逾年始拔。魏圍邯鄲，三年乃下。至若趙攻中山，用兵十年，燕伐田齊，出師七載。皆曠日持久，師老於外，此以前之所未有也。今《孫子》之言用兵也，深以曠日持久爲戒。其言曰:

『夫兵久而國利者未之有也。故不盡知用兵之害者則不能盡知用兵之利也。善用兵者，役不再籍，糧不三載，取用於國，因糧於敵，故軍食可足也。』此蓋親見連年用兵，暴師於外，故為此言，豈春秋時人之語乎？且其言攻城也，曰：『攻城之法，為不得已。修櫓轒轀，具器械，三月而後成，距堙又三月而後已。將不勝其忿而蟻附之，殺士卒三分之一而城不拔者，此攻之災也。』夫修攻城之具，已費時六時，則其精利可知，而城之堅固又可知已，此豈春秋時所有哉？

且非惟《孫子》中戰術非春秋時之所有也，其中所言軍制亦非春秋之軍制。封建之世，軍、政合一，民、兵不分。國君為一國之元戎，其卿大夫平日則佐其君以治民，一旦有事，則各率其屬以赴國難。所謂『入則理之，出則長之』是也。迨於戰國，封建制度既廢，民事日繁，然後軍、政兩權遂分，遂有不治民事，專理軍權之將軍，此則前此之未有也。今《孫子》之言兵也，以將為主。屢曰：『將受命於君。』又曰：『將能而君不御者勝。』此種專門化之制度與春秋時代絕不同。蓋春秋時代之戰爭，鮮有不由國君親統率之者，其或國君不親行，則多著重於中軍，上軍、下軍皆聽命於中軍者也。及至戰國始以上將軍為最重。如燕之伐齊，以樂毅為上將軍。秦之攻趙，以白起為上將軍，以王齕為裨將是也。今十三篇中亦以上將為最重。《軍爭篇》曰：『是故卷甲而趨，日夜不處，倍道兼行，百里而爭利則擒三（三疑當作上）將軍。勁者先，罷者後，其法十一而至，五十里而爭利，則蹶上將軍。』《地形篇》曰：《料敵制勝，計險阨遠近，上將之道也。』俱以上將為重，亦足證其為戰國人之書矣。

不特此也，此書所用之名辭，亦多顯為戰國人之名辭。如《九地篇》曰：『夫霸王之兵，伐大國則其衆不得聚，威加於敵則其交不得合。』今按：『霸王』一辭，至戰國始有。春秋時圖霸雖為大國最高之理想，然其時北方之諸侯，強如齊桓、晉文，方以尊王攘夷爲號召，俱未僭稱王。至於荆、楚、吳、越之君皆稱王矣，亦志在圖霸，主諸侯之盟而已，尙無所謂霸王也。及至戰國中葉之後，七雄宋、中山之君相繼稱王，其中尤強者，仍圖稱霸於羣王之上，於是王之上又有霸，而『霸王』一名辭遂以出現。故范睢之說秦昭王，謂『以秦卒之勇，車騎之多，霸王之業可致』。或人之說韓王，謂其『君臣上下，畢呼霸王』。韓非謂：『操法術之數，行重罸嚴誅，則可以致霸王之功。』皆以霸王爲人君最高之理想。後來項羽旣滅秦，分封諸侯，自號西楚霸王，蓋亦沿用戰國之舊稱也。今《孫子》亦以霸王之兵，爲用兵之極，不亦足證其爲戰國人之著作乎？

又《勢篇》云：『凡治衆如治寡，分數是也；鬬衆如鬬寡，形名是也。』說者曰：『部曲爲分，什伍爲數。』又曰：『旌旗曰形，金鼓曰名。』皆曲解原意。實則『形名』『分數』皆戰國時代法家之說也。『形名』者，《尹文子》所謂：『名也者，正形者也；形正由名則名不可差……故必有名以檢形，形以定名，名以定事，事以檢名。』卽引名責實之說也。『分數者』，《尹文子》之所謂：『自古至今……失者由名分混，得者由名分察。』韓非之所謂：『治國者其刑賞莫不有分。』又曰『夫治法之至，任數而不任人』是也。此皆戰國法家常用之名辭；今作者乃用之於兵法，則此書之作又在法家盛行之後矣。

又《虛實篇》：『五行無常勝。』按五行之說，由來久矣。而五行相克之說則起於鄒衍。今此亦用其說，亦足藉此以斷定其著作時代矣。

以上就其書之內容言之，則其所言之制度爲戰國之制度，所有之名詞爲戰國之名詞，已足證其戰國時之著作。玆再就其書之體例觀之，亦顯然爲戰國之產物。淸章學誠曰：『古未嘗有著述之事也。官師守其典章，史臣錄其職載，文字之道，百官以之治，而萬民以之察，而其用已備矣。是故聖王書同文，以平天下，未有不用之政教、典章而以文字爲一人之著述者也。』是言也，可謂深識學術之大源。蓋古者官師不分，政學合一，未有無所職守而託空言以立教者也。自孔子有德無位，不得已而聚徒講學，是爲私人立教之始。然其所講論亦皆先王之舊典禮經，述而不作，未嘗以空言著書也。至於《論語》其中言及曾子之死，則其編纂成書，當已在戰國之初。而其中所記亦不過洙泗平日講習之辭，猶無意於爲文也。至《孟子》而其文始漸成片段，密於說理矣。然大較亦不過氾記孟子之言行，因事爲文，即文成章，篇目排次，猶未具有系統。即其篇名，亦係後人撮其首章數字以爲之者，取便標識，初無意義也。至戰國後期，《荀子》《呂覽》等書出，然後命篇排次，始有系統。《荀子》則始以《勸學》，終以《堯曰》，全倣《論語》。《呂氏春秋》則分八覽、六論、十二紀以象天時地理，條理整飭，著述體例進步之明驗也。《孫子》十三篇，始於《計篇》《作戰》《謀攻》《形篇》，繼之以《勢篇》《虛實》《軍爭》《九變》《行軍》，而終之以《地形》《九地》《火攻》《用間》等篇，分篇題名，皆極矜愼，先後次第亦極具系統。此種體裁亦至戰國之季而始有也。

茲再就學術發展之順序言之，戰國以前無私人著書之事，前已論之矣。兵家自非例外。《左氏傳》雖引《軍志》，其書當亦係記載之書，故名之爲志。此外其記春秋人之戰略，多引前人之言論，而無兵法一類之書也。至戰國軍、政旣分，而後軍事始專門化。於是善於用兵者遂紛紛著書，以成一家之學。其始也則有公孫鞅、吳起等人，繼之則孫臏、龐煖、兒良之倫，咸著書言兵法。流風所被，即他宗亦不免受其影響。故以孫卿之醇儒而暢論王者之師，以《老子》之無爲，而備言奇正之義，以墨家之非攻而講求守禦之術，蓋當時之需要然也。彼十三篇者，蓋亦此時代之產物耳。

綜上所論，則所謂孫武者既未必眞有其人，而十三篇所言之戰術、軍制，其中所有之名辭，皆係戰國時物，而其著書體例，又係戰國時代之體例，則其書爲戰國中後期之著作，似可確定。水心葉氏以之爲戰國初年之書，或猶未必然也。

（《孫子著作時代考》，在《中國史探研》內，中華書局）

李　零云：

近幾年人們重新討論《孫子》的時代和作者問題，其主要原因是地下同時出土了《吳孫子》和《齊孫子》兩種竹書。這兩種竹書的發現，爲《史記》和《漢書・藝文志》的有關記載提供了實物證據，對澄清某些人把孫武和孫臏、《吳孫子》和《齊孫子》混爲一談的錯誤看法是有重要意義的。但這一發現是不是能够用來否定持『懷疑之說』者對原書內容所做的各種分析以及他們在《孫子》作者問題上的其他論點呢？這卻是一個值得商榷的問題。

對這兩種竹書在解決《孫子》時代和作者問題上的意義，我們應就材料的客觀性質作恰如其分的評價。

這裏先從簡本《吳孫子》談起。屬於這一部分的簡文經整理組的先生研究被定名爲《孫子兵法》，分成上、下兩編。其中上編是與今本《孫子》十三篇對應的部分，雖然由於竹簡嚴重殘損只剩下相當於今本約三分之一強的文字，但除《地形》篇外，各篇或多或少都有字句保留。殘存簡文經與今本勘核，文字也大體相同。與竹簡伴出，還有記載《孫子》篇題的一枚木牘。木牘缺損若干篇題，但據行款推斷，原來大致只有十三個篇題。其篇次排列與今本稍異，篇題則與今本基本相同，簡本本身保留的五個篇題也是如此。另外，木牘保留的簡本後七篇的字數總計以及簡本《軍爭》篇篇末的字數小計，還反映出簡本與今本在字數方面也是接近的。總之，簡本上編與今本出入很小。在這個簡本中，雖然也有少量多於今本的句子，但能够用來證明《孫子》成書時間早於戰國時期的新材料並無發現。相反，在簡本《用間》篇最末一簡，卻有這樣一條:『燕之興也，蘇秦在齊。』蘇秦是戰國中後期人，不但晚於孫武，而且還晚於孫臏。這一條當然很可能是《孫子》基本成書後加進去的，但它也反映了古書往往不是由某個人一次寫定，而是有一個較長的形成過程。

《孫子兵法》下編包括內容與孫武或《孫子》十三篇有關的五篇殘簡，其篇名爲《吳問》、《四變》（篇題補加）、《黃帝伐赤帝》《地形二》《見吳王》（篇題補加）。上引木牘的發現可以證明，這幾篇與《孫子》十三篇當初並沒有編在一起。它們有可能是獨立成編的，也有可能是十三篇的附編。《四變》《黃帝伐赤帝》《地形二》都是解釋發揮十三篇的文字，應作《孫子》後學的注解看待。按古代的注解與後世的注解不同，在形式上注文是獨立的，並不附列本文之下，在內容上也很靈活隨便，通常並不逐字逐句解釋正文。其在經書者可以成爲正式的傳，而在子書者卻往往被保存在所謂外、雜篇一類東西裏面，與後學的附益之作並無嚴格區別。這三篇便是屬於此種性質，其寫定時間自然應在十三篇之後。其中《黃帝伐赤帝》很重要，過去人們讀《行軍》篇，讀到『黃帝之所以勝四帝也』，多不解其義，或者推測四帝爲炎帝、蚩尤之屬，或者直接以四帝爲四方諸侯，都很勉強。今得簡本始知古人是以『五色帝相勝』爲說。這種『五色帝相勝』的說法與《孫子》書中《勢》篇的『五聲之變』、『五色之變』、『五味之變』，《虛實》篇的『五行無常勝』，都屬於戰國以來流行的『五行』學說。《吳問》和《見吳王》都直接提到孫武。《吳問》是採用孫武與吳王闔廬問答的體裁，根據田制、稅率和置士的多少預言晉國六卿的興替，斷定范、中行氏先亡，智氏爲次，韓、魏又次之，而晉歸於趙。此篇因爲是孫武與吳王闔廬的問答，被人們認爲很重要，但它的寫作時間究竟有多早呢？有的先生認爲它的撰寫時間『大體可以確定在春秋末期』，即『智氏亡到趙、韓、魏三家自立爲侯的五十年內』，與孫武的活動時間『相去不遠』。其理由是：作者之所以能够準確預料到范、中行、智氏滅亡的次序，顯然是出於親見，而作者誤以爲韓、魏繼智氏而亡，晉國全部歸屬趙氏，卻說明他根本沒有看到公元前四〇三年三家『自立爲侯』的事實。我們感到這種看法尚有商榷餘地。《吳問》說韓、魏滅後晉歸於趙確與史實不合，但這只能說明作者沒有看到秦滅韓、魏、趙，而不能說明作者沒有看到三家受周天子策命爲侯。因爲卽使在此以後，作者如果抱有韓、魏終將爲趙所滅的觀點，仍然可以說晉歸於趙。而且智氏滅後三家發展的實際情況是，最初三家中魏國是最強的，只是經過魏惠王大敗於齊、秦以及趙武靈王呑并中山等事件，趙才逐漸強於魏國，並成爲戰國後期除秦以外最強的國家。從這些情況考慮，我們與其把《吳問》的撰寫時間定在春秋末期，還不如把它定在戰國中後期更爲妥當。再就文章的體裁而言，此篇是以事設問的長篇對話體（與語錄式的對話體不同），這在先秦子書中也是較晚的一種體裁，其出現大概也早不到春秋末期。因此我們認爲，《吳問》篇恐怕並不像某些先生所說的那樣，是孫武言行的可靠記錄。它寫成的年代大概要比十三篇爲晚。《見吳王》篇記孫武初見吳王之事，與《史記·孫子吳起列傳》頗多相合之處，很可能就是司馬遷寫作《史記》時取材所自。此篇附錄的一組碎簡，內有兩枚提到『十三扁（篇）』，與傳文闔廬語『子之十三篇，吾盡觀之矣』相合。它既然已經講到『十三篇』，則寫定時間當然也只能在十三篇之後。此篇的抄寫年代比《史記》成書的時間早不了多少，在內容上對《史記》也沒有什麼重要補充，所以史料價值並不很高。總之，此書下編所收的五篇，寫定時間大約都在十三篇之後，並且也都沒有能夠提供用來證明十三篇的成書早於戰國時期的新證據。

其次我們再來談談簡本《齊孫子》。整理組先生所編的《孫臏兵法》，也分成上、下兩編。上編是可以確定屬於《齊孫子》的各篇，下編則是一些既不能確切判斷屬於《齊孫子》也不能判斷屬於《吳孫子》佚篇的論兵之作。下編各篇性質不明，可以不去討論，上編各篇大家基本都認爲是孫臏後學的作品。在這部分簡文中，對研究《孫子》的時代和作者問題比較重要的材料只有一條，就是《陳忌問壘》篇附錄的一枚殘簡，簡文說：『明之吳、越，言之於齊。曰知孫氏之道者，必合於天地。』所謂『孫氏之道』很可能正像該篇注釋所說：『大概是把孫武、孫臏的軍事理論作爲一家的學說看待……由於兼包兩個孫子而言，所以稱孫氏，不稱孫子。』這對我們了解吳、齊兩個孫子間的學派淵源關係，從而進一步探討《孫子》的成書過程是有一定參考價值的。

上述兩種竹書的發現證實了《吳孫子》和《齊孫子》正如漢代人所說本來就是兩本書，並且司馬遷對孫武、孫臏兩個人的記載也都有其取材的根據。但是，它們各自的內容本身並沒有爲我們提供可以推翻《孫子》成書於戰國時期的新證據，在《孫子》的作者問題上也沒有提供可以補充《史記》記載的新材料，因此單憑這兩種竹書的發現，還不能把『懷疑之說』完全推翻。

* * *

下面我們就《孫子》的成書時代和作者問題談談我們的看法。

在《孫子》的成書時代和作者這兩個問題中，首先應該解決前一個問題。而這個問題的解決主要應靠對原書內容做具體研究。這包括兩個方面：一個方面是對書中個別字句所反映的時代性的研究，例如《孫子》書中既有反映春秋晚期形勢如吳越相仇、越強於吳的語句，也有戰國時期特有的名詞，如以『帶甲』稱步卒、以

『主』稱國君等等，在簡本中甚至還提到『蘇秦在齊』，這些都可以幫助估計《孫子》成書過程的上下限。另一個方面是對全書內容的綜合研究，例如研究《孫子》一書所見戰爭生活和軍事制度的特點，《孫子》的軍事思想體系等等，這對於確定《孫子》一書基本完成的時代是更爲重要的。

在《孫子》的成書時代問題上，我們的看法是：《孫子》的成書過程可能正與簡本《齊孫子》所說：『明之吳、越、言之於齊』相合，大約是從春秋末期的吳國開始，到戰國時期的齊國經過長期整理最後完成。《孫子》書中雖然有個別字句也反映了春秋末期的史實，但就其總體說，卻顯然完成於戰國時期。可以證實這一點的證據很多，讀者如果有興趣，可以參看上文提到的齊思和先生的《孫子著作時代考》。這裏我們打算再作幾點補充：

㈠《孫子》書中所反映的戰爭規模乃是戰國中期的特點。有人曾經指出，《孫子》談到用兵規模，稱『帶甲十萬』、『興師十萬』，應是戰國時期的特點。但這究竟是戰國初期、中期還是後期的特點呢？看來仍有加以區別的必要。因爲戰爭規模的擴大是逐步的，例如從《呂氏春秋・用民》『吳起之用兵也，不過五萬』的話來看，戰國初期與春秋晚期的用兵規模仍十分接近。只是到戰國中期，齊、魏戰於馬陵用兵達到十萬，稍後齊攻荊楚、趙攻中山達到二十萬，才與春秋晚期有了明顯區別。經過這個轉折，晚期才能激增到三、四十萬以至上百萬。《孫子》一書以『十萬』爲用兵的通常規模，反映的就是戰國中期的特徵。關於戰國時期戰爭規模的變化，在《戰國策・趙策三》所載趙惠文王三十年田單與趙奢問對中也曾有所反映。當時雙方爭論的是用兵應以多大規模爲宜，田單主張以三萬爲宜，說『帝王之兵所用者不過三萬，而天下服矣』，批評趙奢『必負十萬、二十萬之兵乃用之』是『坐而自破之道』。趙奢反駁說，『君非徒不達於兵也，又不明其時勢』，聲稱當時各大國皆『能具數十萬之兵，曠日持久數歲』，譏笑田單稱道的『帝王之兵』，若是用來圍攻當時的『千丈之城』，將不能『存其一角』，用之野戰也是不够使用的。可見以戰國後期的『形勢』而論，使用『三萬』的『帝王之兵』已經完全過時，當時各大國用兵都已經達到『數十萬』，而戰國中期用兵的一般規模『十萬』已經成爲當時用兵的起碼限度。

㈡《孫子》書中所反映的用兵曠日持久的情況及其與《韓非子·喻老》篇的對證。　關於《孫子》書中所反映的用兵曠日持久的情況，前人曾舉《謀攻》篇所說攻城之前單是準備工作就長達六個月之久爲例。這當然很重要，但對說明戰爭全貌，更重要的是《用間》篇講到的『相守數年，以爭一日之勝』。這顯然是戰國時期才出現的現象。《韓非子·喻老》說：『天下無道，攻擊不休，相守數年不已，甲冑生蟣虱，燕雀處帷幄，而兵不歸。』也是用『相守數年』來描寫戰國時期的戰爭。

㈢《孫子》各篇的基本內容及全書總貌。　根據我們的看法，《孫子》全書所包括的十三篇可以分爲兩個部分，一部分是《計》《作戰》《謀攻》《形》《勢》五篇，另一部分是《虛實》《軍爭》《九變》《行軍》《九地》《火攻》《用間》八篇。前一部分側重的是戰略性問題，其中《計》是講出兵前在廟堂上比較敵我、計算優劣、預期勝負，制訂作戰計劃，古人叫廟算。作者旣肯定了『計利』乃能用戰的原則，又特別注意到戰爭現象的流動性，強調了計劃實行中的主動和靈活，卽所謂『因利而制權』。實際上這是全書的綱領。《作戰》是講廟算後的戰爭動員，在這一篇裏，作者針對當時戰爭動員規模龐大（如『帶甲十萬』等），曠日持久會帶來國弊民窮的後果，特別強調戰略速決，並以就地補充兵員、給養等爲輔助手段。《謀攻》是講以智謀攻城，卽不是專恃武力強攻，而是採用如打亂敵人的步署、沮喪敵人的意志等一類手段（參看《九地》篇『信己之私，威加於敵』一節），來迫使守敵投降。在這一篇裏，作者特別提出『全利』的原則，認爲強攻徒然費時折兵，不如謀攻可以『兵不頓而利可全』，顯然是考慮到當時戰爭規模龐大和曠日持久所帶來的危險。《形》《勢》兩篇是講決定戰爭勝負的兩類基本因素『形』和『勢』。『形』含有形象、形體等義，指具有客觀、穩定、易見等性質的諸因素，如戰鬭力的強弱（『強弱，形也』）、戰爭的物質準備（參見《形》篇末節）。『勢』含有態勢之義，是指主觀易變、帶有蓋然性的諸因素，如所謂『奇正之術』、士氣的勇怯（『勇怯，勢也』）。全書後一部分側重講一些帶有戰術性的問題，其中前五篇所討論的主要是與大規模運動戰有關的各種問題，如《虛實》是講如何通過分散集結、包圍迂迴，造成預定會戰地點上的我強敵劣，『以衆擊寡』、『避實而擊虛』；《軍爭》是講如何『以迂爲直』、『以患爲利』，奪取會戰的先機之利；《行軍》是講行軍過程中的宿營（『處軍』）和觀察敵情（『相敵』）；《地形》是講六種形勢特點不同的作戰地形以及相應的戰術要求；《九地》是講九種依『主客』形勢和深入程度等不同情況而劃分的作戰環境以及相應的戰術要求。在這一篇裏，作者還根據士兵心理與作戰環境的微妙關係，提出了如何帶領士兵由本國開進敵國，直至深入敵國腹地，與敵決戰的御兵之術。另外的兩篇《火攻》是討論以火佐攻；《用間》是討論五種間諜的使用（其中也談到戰爭動員的規模）。歸納各篇內容可以看出，其前一部分內容，《計》《形》《勢》三篇與實際作戰過程關係較小，反映實際作戰過程較多的是《作戰》《謀攻》，這兩篇不但對當時戰爭規模浩大、曠日持久的特點有實際描寫，而且其極力主張的『速決』和『全利』等原則，針對的也正是當時戰爭規模浩大、曠日持久的特點。其後一部分很多是談運動戰術、談行軍、談地形、談深入敵國，也很明顯地反映了戰國時期由於車戰衰落、步騎兵代興，對作戰地形適應能力增強而出現的以大規模運動戰爲主的新式作戰法。從而說明《孫子》一書不僅有個別字句是晚出的，而且其內容整體也都具有戰國時期的鮮明特徵。

㈣《孫子》軍事思想的三個重要特點與《荀子·議兵》篇的對證。宋以來的儒家學者對《孫子》的軍事思想曾有很激烈的批評，這些批評往往是同他們關於《孫子》寫作時代的理解糾纏在一起。對這些批評本身，我們當然有不同看法，這裏不去討論，但這些批評所包含的對《孫子》寫作時代的理解對我們卻有啓發。他們的批評主要包括三點:

一是《孫子》主張『兵以詐立』，如說『兵者，詭道也』，『兵以正合，以奇勝』。他們認爲這些都與《左傳》所見春秋戰例沿用的古代軍禮遺制相反，是『捨正而鑿奇，背義而依詐』。其說雖甚迂腐，但古代軍禮，春秋猶見沿用，戰國始爲更革，確屬事實。例如春秋時期史官就還把『皆陳曰戰』視爲正例，講究『權無所施，成敗決於志力』。其極端者如宋襄公，因爲恪守這類古訓，堅持不肯利用敵人半渡未陳的有利時機對敵發動突然襲擊，因而在泓之役丟掉了性命。當時雖然也有人已經提出『繁禮君子，不厭忠信；戰陣之間，不厭詐僞』，但這種主張眞正形成系統的軍事藝術原則並成爲兵家競相習尚的說法，確實是到戰國時期由於整個戰爭方式的進步和軍事制度的改革才最終確立的現象。

二是《孫子》主張『兵以利動』，如說『取用於國，因糧於敵』，『故智將務食於敵，食敵一鍾，當吾二十鍾；萁稈一石，當吾二十石』。這種說法的提出也應該是在戰國時期。它說明當時各國的通常作戰方式已經是以深入敵國、遠離後方、曠日持久爲特點，戰前的一般後備動員已不足以支持戰爭的進行。

三是《孫子》主張『投之亡地然後存，陷之死地而後生』。它實質上是一種利用士兵心理和作戰環境的關係愚弄、脅迫士兵作戰的御兵之術。它要求將領在深入敵國作戰的情況下，應懂得利用士兵心理（如在國內易於戀鄉土，初入敵境易於潰散，深入敵境易於專志勇鬪等），『愚士卒之耳目』，使之對作戰意圖、駐地和行軍路線捉摸不透，像趕羊一樣把他們趕來趕去，一直帶到敵國腹地，然後才披露作戰意圖，令其如『登高去梯』，可進不可退，不得不冒險作戰。這種御兵之術因與戰國法家提倡的『刑名法術』之學極爲相像，所以宋以來的儒家學者也稱之爲『秦人以虜使民法』。

《荀子·議兵》篇對理解這些特點的時代性有重要意義。該篇所載爲荀卿與臨武君、陳囂、李斯等人關於軍事問題的辯論。在這一辯論中，荀卿曾將三代的『湯、武之兵』、春秋的『齊桓、晉文之兵』和他所處的戰國時期的『齊之技擊、魏之武卒、秦之銳士』作了比較。他與宋以來儒家學者的觀點非常相似，也抱有一種復古觀念，認爲『齊之技擊不可以遇魏氏之武卒，魏氏之武卒不可以遇秦之銳士，秦之銳士不可以當桓、文之節制，桓、文之節制不可以敵湯、武之仁義』。同時他還以『秦之銳士』爲例，指出戰國時期的軍隊具有『隆勢詐，尙功利』，御兵靠『劫之以勢，隱之以阸，忸之以慶賞，鰌之以刑罰』的特點。這些都與《孫子》軍事思想的上述特點正相符合。特別値得注意的是此篇一開頭，當趙王問到什麼是『用兵要術』時，臨武君回答說『上得天時，下得地利，觀敵之變動，後之發，先之至』，『後之發，先之至』便見於《孫子·軍爭》篇。而當荀卿對這一說法提出反駁時，臨武君又說『兵之所貴者勢利也，所行者變詐也。善用兵者，感忽悠暗，莫知其所從出，孫、吳用之無敵於天下』，更是直接以『孫、吳之術』與荀卿主張的『王者之兵』相對立。雙方爭論的正是戰國當時和戰國以前用兵的優劣。這種爭論充分說明了《孫子》所反映的是戰國時期的軍事思想。

㈤《孫子》的體裁近於《墨子·尙賢》以下十篇。　《孫子》的記言性質，前人已經言及。但同是記言，也有體裁形式的不同，如《老子》只分《道》《德》二經，各經分章而不分篇（出土帛書《老子》甲、乙本甚至不分章），《論語》《孟子》是語錄體，篇題皆無實義，這些都是與原始記錄底稿較爲接近的體裁；《墨子·尚賢》以下十篇，各篇依傳授不同，各分上、中、下三篇，每篇開頭冠以『子墨子曰』四字，是墨家三派各記墨子之言，經過較多加工整理的作品；《荀子》《韓非子》裏很多篇長篇論說體的作品則顯然已經是出於自撰。這些不同體裁的採用雖與內容的要求有關，但也在一定程度上反映出作品年代的早晚。同這些體裁相比，《孫子》類似《墨子·尚賢》以下十篇。第一，它的每篇開頭都有『孫子曰』三字，與《尚賢》等篇都有『子墨子曰』四字相類；第二，它的分篇定名和章句結構頗具條理，顯然經過較多加工，這也與《尚賢》等篇相類。這種體裁大致晚於《論語》《孟子》而早於《荀子》《韓非子》等書，寫作時代接近於戰國中期。

僅僅根據以上五點，我們就有理由否定《孫子》是由春秋末孫武親著的說法。它的成書時間很可能是在戰國中期。

* * * *

根據上文對《孫子》時代問題的理解，我們認爲《孫子》一書作爲『孫子學派』軍事思想的記錄，其中某些內容可能在春秋末期已經產生，但是它作爲一部完整的書卻是由戰國時期的人整理完成的。那麼，『孫子學派』的創始者究竟是不是《史記》中所講到的那個孫武呢？戰國時期將《孫子》整理成書的人是不是包括孫臏在內呢？

關於這兩個問題，這裏只能做很簡單的討論：

我們先談第一個問題。過去人們長期爭論孫武其人在歷史上是否存在，信者是據漢代史料如《史記》《吳越春秋》《越絕書》以證其信，疑者是據先秦史料不見孫武其人以證其疑。雙方爭執不下，關鍵在於史料不足。就目前情況言，『懷疑之說』要想完全否定漢代人關於孫武的記載，理由是不够充足的，例如《孫子》一書有兩處反映吳、越相仇的話，雖然反映的可能是闔廬以後的情況，但至少不會晚於春秋末期，正與《史記》所記孫武的時代相近。而另一方面『懷疑之說』所提出的某些疑點，在今天也仍然值得考慮。例如漢代人關於孫武助吳圖霸言之灼灼，以他那樣的功勞和聲名，何以在《左傳》關於吳伐楚入郢的細緻描寫中絲毫不見痕迹，而且在其他先秦文獻中也從未提及？『孫子學派』的創始者其實際年代會不會像葉適所說的那樣，比漢人所傳說的稍晚一些，其實際地位也比漢人所傳說的要低一些呢？這些都不能說是沒有可能的。

下面再談第二個問題。《史記·孫子吳起列傳》說齊孫臏是吳孫武之後，前引簡本《齊孫子》的殘簡也說『孫氏之道』乃是『明之吳越，言之於齊』，《齊孫子》在軍事思想上有不少地方是繼承《吳孫子》，《史記》傳文記孫臏語也有節引《吳孫子》的地方。這都說明孫武和孫臏之間存在着家學淵源的關係。吳、齊兩部《孫子》既然都不是出於自撰，而是分別由孫武和孫臏的後學整理成書，那麼我們顯然不能根據《齊孫子》的存在就否定孫臏參加整理《吳孫子》的可能性。當然，認爲孫臏可能參加整理《吳孫子》，這僅僅是一種未經證實的假設，但是簡本《齊孫子》的出土卻並不能推翻這種假設。

最後，我們想附帶說明一個與孫武有關的史料問題。近年來在《孫子》研究中人們經常引用宋代的《新唐書·宰相世系表》和鄧名世《古今姓氏書辨證》所記孫武世系，把它當作一種重要史料，然而從以下兩點看，這種材料的可靠性是值得懷疑的：

㈠上引二書對孫武世系的排列與《左傳》《史記》所記田齊世系不合。按照這兩本書的記載，孫武和孫臏是田完之後，他們在田系中的地位可列表如下：

田完(敬仲)——○——○——○——田無宇(桓子)—┬—田恒
└—田書(子占)

孫書(田書)——孫凭(起宗)——孫武(長卿)—┬—孫馳
├—孫明——孫臏
└—孫敵

其中田無宇是田完的四世孫，田恒和田書都是田無宇的兒子。田書是齊大夫，因伐莒有功，齊景公賜姓孫氏，食采於樂安。孫武是孫書之孫，『以田鮑四族謀爲亂，奔吳爲將軍』。孫武生有三子：孫馳、孫明、孫敵，其中孫明食采於富春，從此定居富春。孫臏是孫明之子、孫武之孫。但《左傳》、《史記》所記田齊世系卻與此不同，可列表如下（《左傳》『田』作『陳』）：

田完(敬仲)——田穉(孟夷)——田湣(孟莊)——田須無(文子)——

田無宇(桓子)—┬—田開(武子)
├—田乞(僖子或釐子)——田恒(成子)
└—田書(子占)

其中田書是田乞的弟弟，田恒是田乞的兒子，田書與田恒是叔侄關係而非兄弟關係。這兩種世系排列，後者顯然要較前者可靠。

㈡『因亂奔吳』的說法存在問題。『田鮑四族作亂』指的是哪一件事，上述二書都沒有講。如果是指齊景公死後第二年（前 489 年）以田氏、鮑氏爲一方，國氏、高氏爲一方爭政的內亂，其事在吳伐楚入郢（前 506 年）之後十七年，爲時太晚。並且田氏是此事的發難者和勝利者，田氏族人根本沒有必要奔吳。如果照有人所說是指魯襄公二十八年（前 545 年）欒、高、田、鮑四族共討慶封的內亂，也同樣不合史實。因爲這一年《左傳》的傳文講得很清楚，無宇之父田文子是四族作亂的主要人物之一，四族作亂之前，文子曾與無宇商議亂後如何分取慶氏的財物，無宇顯然也是與謀者。無宇在這一年十月從慶封出獵東萊，當時文子將與四族構難，使人召無宇歸，無宇詭以母病爲請，慶封許之。慶封的族人慶嗣聽說此事，預感到事情不妙，告訴慶封說一定是要出事了，勸慶封速歸齊都，但慶封執迷不誤，根本不聽。無宇在路上爲了防止慶封追來，過河時特意把船隻橋樑悉加毀壞。十一月，四族正式發難，無宇應當已經是在齊都，可見他不可能從慶封出奔。不僅如此，賜姓孫氏的田書，據《左傳·哀公十一年》關於艾陵之役的記載，直到這一年（前 484 年）仍在齊國（傳文田作陳），這也更足以說明『因亂奔吳』的說法不可信。當然，也有人認爲田書與魯昭公十九年（前 523 年）伐莒的孫書並非一人，杜預在注文中是把他們弄混了。但是哀公十一年傳文講得很清楚，田書乃是同時被俘的田僖子之弟，僖子卽田乞，爲無宇之子，則田書亦必爲無宇之子無疑。如果承認伐莒的孫書是無宇之子，就不能否認他跟田書是同一個人。旣然上引二書所述孫武世系中孫武以前的部分與史實不合，那末孫武以後的部分也就不能無條件地加以引用了。

總之，關於孫武的譜牒材料是不可靠的，引用這種材料來考證孫武的歷史是不妥當的。

（《關於銀雀山簡本孫子研究的商榷》，原載《文史》第七輯）

鄭良樹云：

甲、《尉繚子》引述孫子

《尉繚子》作成時代旣已確定爲梁惠王年間，卽公元前三七〇年至三三五年之間；那麼，進一步我們要來討論《尉繚子》如何引用《孫子》十三篇的文字和思想。《尉繚子》引用《孫子》十三篇，大致上來說，可以分成幾個部分來討論。

①暗用《孫子》

□《孫子・九地篇》:『夷關折符，無通其使。』《尉繚子》在《兵談篇》暗用這兩句話，說:『閉關辭交而廷中之故□。』文中『閉關』卽『夷關』，『辭交』卽『無通其使』。

□《孫子・軍爭篇》:『故其疾如風，其徐如林，侵掠如火，不動如山。』《尉繚子・兵談篇》:『重者如山如林，如江如河;輕者如炮如燔，如垣壓之，如雲覆之。』《尉繚子》『如山』『如林』，以及行文語氣，很明顯是暗用了《孫子》。

②明引《孫子》

□《尉繚子・將理篇》云:『《兵法》曰:「十萬之師出，日費千金。」』《尉繚子》所徵引的兵書，實際上就是《孫子》。《孫子・用間篇》說:『凡興師十萬，出征千里，百姓之費，公家之奉，日費千金。』《尉繚子》的作者明引《孫子》文字，是無可置疑的。

③襲用《孫子》理論

□《孫子》云:『軍井未達，將不言渴;軍竈未炊，將不言餓。』《尉繚子・戰威篇》說:『井成而飲，食熟而後飯。』《尉繚子》顯然的襲用《孫子》的理論。

□《孫子・軍爭篇》:『故三軍可奪氣。』士氣乃《孫子》重要理論之一。《尉繚子》也論『氣』，如《戰威論》:『將卒所以戰者民，氣實則鬪，氣奪則走。』《攻權篇》:『挑戰者無全氣。』皆是襲用《孫子》理論之證。

□《孫子》以『文』『武』爲行軍之理論，《行軍篇》云:『故令之以文，齊之以武，是謂必取。』《孫子》佚文云:『非文無以平治，非武無以治亂。』《尉繚子》卽承繼此理論而言之再三，《武議篇》：『誅，所以明武也。』『君以武事成功，臣以爲非難。』《治本篇》：『禁必以武而成，賞必以文而成。』《兵令篇》上：『兵者以武爲植，以文爲種；武爲表，文爲裏；能審此二者，知勝敗矣。』『文所以視利害，辨安危；武所以犯強亂，力攻守也。』或單舉『武』，或並言『文』『武』，都是襲用《孫子》的理論。

□《孫子・兵勢篇》曰：『凡戰者，以正合，以奇勝……戰勢不過奇正，奇正之變，不可勝窮也；奇正相生，如循環之無端，孰能窮之。』有『奇』『正』的理論。《尉繚子》襲承此說，《勒卒令篇》云：『故正兵貴先，奇兵貴後。』『……奇兵則反是。……奇兵則反是。』可爲證。

④襲用《孫子》語彙、句型及觀念

□《孫子・始計篇》云：『夫未戰而廟筭勝者，得筭多也。』《尉繚子・戰威篇》有『廟勝』一辭，顯然的，是併合《孫子》此文而來。

□《孫子・虛實篇》云：『故善戰者，致人而不致於人。』《尉繚子・戰威篇》有句話：『善用兵者，先奪人而不奪於人。』句型與《孫子》相同。

□《孫子・行軍篇》云：『凡此四軍之利，黃帝之所以勝四帝也。』《尉繚子・天官篇》云：『黃帝有刑德，可以百戰百勝。』『百戰百勝』即『勝四帝』，《繚尉子》不但襲承黃帝百勝的觀念，而且，也以黃帝爲兵家之始祖。

□《孫子・軍形篇》云：『善守者藏於九地之下，善攻者動於九天之上。』《尉繚子・兵談篇》：『治兵若秘於地，若邃於天，生於無。』《尉繚子》所謂『若秘於地，若邃於天』，和《孫子》的『藏於九地之下』『動於九天之上』同義。

□《孫子・虛實篇》云:『兵形象水。』《孫子》以『水』來形容兵之表形。《尉繚子・武議篇》:『勝兵似水,水至柔弱者也。』襲用了《孫子》以『水』來狀兵的觀念。

從上面所徵引的例證中,很明顯的,《尉繚子》的作者必定讀過《孫子》十三篇的文字;換句話說,《孫子》十三篇的作成時代應該在《尉繚子》之前,否則,我們實在無法解釋上述的各種現象。根據何法周的考證以及本文所補充的證據,《尉繚子》的作成時代應該在公元前三七〇年至三三五年梁惠王在位期間,那麼,《孫子》十三篇的作成時代就應該比公元前三七〇年還要更早了。

乙、《孫臏兵法》之出土、影響及作成時代

《孫臏兵法》的出土,是晚近學術界的一件盛事。司馬遷在《史記》裏,明明講得很清楚,孫武和孫臏不但都有兵書流傳,而且確實都有其人;以司馬遷之謹愼和博覽,這個說法應該是靠得住的。宋代以後,有些學者提出了異議,認爲《孫子》十三篇不是孫武的著作,而是後人所僞託的;更有些學者不但認爲《孫子》十三篇是僞託,連孫武其人的存在也加以否定;甚至有些學者更認爲,《孫子》十三篇是孫臏完成的,《史記》所謂《孫臏兵法》,實際上就是《孫子》十三篇的同一部書。臨沂銀雀山一號及二號漢墓同時出土了《孫子》十三篇及《孫臏兵法》,對這個千餘年來懸而未決的疑案,起了決定性的影響。從這次出土之中,我們可以判定,《孫子》十三篇和《孫臏兵法》正如太史公所說的,不但分別是不同的兩部書,並且很早就已經分別流傳於世了。

《孫臏兵法》的作成時代,楊伯峻曾經有一個推斷,他說:『我認爲《孫臏兵法》的編定,和一些先秦的其他古籍一樣,當出於其門弟子之手。 自然， 也不必排斥這樣一種推斷， 卽《孫臏兵法 》的一部分或大部分是孫臏的原著， 最後經過他的弟子增補編定。』楊氏並且曾經列擧三個理由，以證成他的說法。細讀《孫臏兵法》，我們可以發現，它對孫臏所經歷的桂陵之役記載得非常細密， 誠如趙振鎧所說的: 『 桂陵之役這一著名戰役的具體內容，《史記》《戰國策》《竹書紀年》所敍都不及《孫臏兵法・擒龐涓》細密。比如孫臏告訴田忌的「批亢搗虛」、「據其街路，衝其方虛」，這些戰法，由於司馬遷沒有看到《孫臏兵法・擒龐涓》這一寶貴資料，無法援引入《史記・孫子吳起列傳》。』根據這一事實，我們可以看得出，楊氏的推斷是站得住脚的。

錢賓四先生考訂孫臏約生於公元前三八〇年，約卒於公元前三二〇年，享年約六十一歲; 因此，若根據楊伯峻的推斷，《孫臏兵法》的作成及編定時代應該是在公元前三二〇年前後的十餘年間。

丙、《孫臏兵法》引述《孫子》

仔細考察出土的《孫臏兵法》， 我們也可以發現， 毫無疑問的，《孫臏兵法》的作者也在徵引《孫子》十三篇的文字和理論。這裏，分成幾個部分來說明:

①暗用孫子

□《孫子・虛實篇》曰: 『人皆知我所以勝之形，而莫知吾所以制勝之形。』《孫臏兵法・奇正篇》有這麼兩句話: 『形莫不可以勝，而莫知其所以勝之形。』語義皆暗用了《孫子》。

□《孫子・兵勢篇》云:『激水之疾，至於漂石者，勢也。』《孫臏兵法・奇正篇》有兩句話，說: 『故行水得其理，漂石折舟。』其中，『行水』及『漂石』暗用《孫子》文字。

□《孫子・虛實篇》曰：『故備前則後寡，備後則前寡，備左則右寡，備右則左寡，無所不備，則無所不寡。』這幾句話，《孫臏兵法》的作者在《將失篇》裏，曾經加以暗用，說：『戰而憂前者後虛，憂後者前虛，憂左者右虛，憂右者左虛。戰而有憂，可敗也。』

□《孫子・虛實篇》曰：『故策之而知得失之計，作之而知動靜之理，形之而知死生之地，角之而知有餘不足之處。』《孫臏兵法》在《奇正篇》裏說：『故善戰者，見敵之所長，則知其所短；見敵之所不足，則知其所有餘。』其中，『知其所短』暗用《孫子》『知得失之計』，『知其所有餘』暗用《孫子》『知有餘不足之處』。

②明用《孫子》

□《孫子・行軍篇》言險地種類有天井、天牢、天羅、天隙及天陷五種。《孫臏兵法》在《地葆篇》論及五種險殺之地，擧其目爲：天井、天宛、天離、天隙及天柖，其中，『天井』『天隙』全同；『天離』卽《孫子》的『天羅』（離、羅古音近，得通用）；天柖，和簡本《孫子》『天䫿』合；至於『天宛』，大概也明用《孫子》的『天牢』。

□《孫子・虛實篇》曰：『攻其所必救。』《孫臏兵法》在《十問篇》明用了這句話。

③襲用《孫子》理論

□《孫臏兵法・威王問篇》曰：『威王曰：「擊窮寇奈何？」《孫子》曰：「……可以待生計矣。」』根據推斷『可以待生計矣』前所闕者，當是與『當闕其一面』有關的文字。《孫子兵法・軍爭篇》有兩句話，說：『圍師必闕，窮寇勿迫。』爲《孫臏兵法》理論的根據處。

□《孫臏兵法・威王問篇》曰:『營而離之，我並卒而擊之。』《孫臏兵法》這個理論，實際上導源自《孫子・虛實篇》『故形人而我無形，則我專而敵分，我專爲一，敵分爲十，是以十攻其一也；則我衆而敵寡，能以衆擊寡者，則吾之所與戰者約矣』。

□《孫臏兵法》在《將義篇》裏，曾經討論了將領所應該具備的品德，它們是：智、信、仁、義、德五種。《孫子・始計篇》說：『將者，智、信、仁、勇、嚴。』《孫臏兵法》襲用了『智、信』及『仁』三德。

□《孫子・謀政篇》標擧五種用兵『知勝之道』，卽：知可以戰與不可以戰者，勝；識衆寡之用者，勝；上下同欲者，勝；以虞待不虞者，勝；將能而君不御者，勝。《孫臏兵法》在《篡卒篇》也討論了五種『恒勝』的道理，它們是：得主專制，勝；知道，勝；得衆，勝；左右和，勝；量敵計險，勝。對照一下，我們發現，《孫臏》『得主專制』卽《孫子》『將能而君不御』，《孫臏》『知道』『計險』約如《孫子》『知可以戰與不可以戰』及『以虞待不虞』，《孫臏》『得衆』『左右和』約如《孫子》『上下同欲』，《孫臏》『量敵』卽《孫子》『識衆寡之用』；《孫臏兵法》似乎襲用《孫子》理論。

④發揮《孫子》理論

□《孫子・地形篇》討論受地形所困而戰敗的六種情形，結語曰：『凡此六者，非天地之災，將之過也。』在《九變篇》又討論了五種危險的情形，結語說：『凡此五危，將之過也，用兵之災也。』根據這兩篇文章來看，《孫子》只是間接地討論了將領的過失。《孫臏兵法》有《將敗篇、將失篇》，直接討論將領的缺點以及由此而導致的失敗，比《孫子》更進一步。

□《孫子》佚文云：『八陣有苹車之陣。』在兵陣上《孫子》似乎只有八陣之多。《孫臏兵法・威王問篇》談及『八陣』，又有《八陣篇》《十陣篇》，比《孫子》更複雜。

□《孫子》在《兵勢篇》曾經提出『奇』『正』的理論；《孫臏兵法》有《奇正篇》，就此理論加以發揮。顯然的，《孫臏兵法》視《孫子》進步。

□《孫子》有《火攻篇》，在這篇文章裏，《孫子》只討論如何以火來攻擊敵人；《孫臏兵法》在《十陣篇》裏有火陣項，不但談論了以火攻擊敵人，而且討論了己方如何防備敵火。此外，《孫子》並不重視水攻，《孫臏兵法》在《十陣篇》裏，卻有一項『水陣之法』，專門討論水戰的方法，與火攻的『火陣之法』並舉。可見，《孫臏兵法》在理論上繼承了《孫子》而又比《孫子》更進一步。

□《孫子九變篇》有幾句話說：『塗有所不由，軍有所不擊，城有所不攻，地有所不爭。』討論了行軍所應有的禁忌，但是，《孫子》並沒有詳細地說明禁忌的細項。《孫臏兵法》有《雄牝城篇》，討論難攻的雄城和易攻的牝城，在『不可攻』的雄城裏，《孫臏兵法》一共舉了五個例子來說明。《孫臏兵法》承繼《孫子》理論而又加以發揮。

⑤襲用《孫子》語彙及觀念

□《孫子・始計篇》云：『兵者，國之大事，死生之地，存亡之道，不可不察也。』《孫臏兵法・見威王篇》說：『戰勝，則所以存亡國而繼絕世也；戰不勝，則所以削地而危社稷也。』《孫臏兵法》『存亡國』『危社稷』的觀念，蓋承繼自《孫子》。

□《孫子・地形篇》：『故曰：知彼知己，勝乃不殆；知天知地，勝乃可全。』《孫臏兵法・八陣篇》有幾句話說：『知道者，上知天之道，下知地之理，內得民之心，外知敵之情，陣則知八陣之經。』《孫臏》『知天之道』『知地之理』，卽《孫子》之『知天知地』；《孫臏》『得民之心』『知敵之情』，卽《孫子》之『知彼知己』；在觀念上，《孫臏兵法》來源自《孫子》。

□《孫子・虛實篇》曰：『故五行無常勝，四時無常位。』《孫臏兵法・奇正篇》說：『代興代廢，四時是也；有勝有不勝，五行是也。』《孫臏兵法》不但『四時』『行五』二語彙襲自《孫子》，那幾句話的觀念也來自《孫子》。

根據上述幾個部分所舉的例證，如果說《孫臏兵法》的作者沒有讀過《孫子》十三篇，我們實在是不能信服的！《孫臏兵法》旣然作成於公元前三二〇年左右，那麼，根據上文各種現象來觀察，《孫子兵法》的寫作及流傳，自然應該比這個年限還要早了。

丁、結　論

作成於公元前三七〇至三三五年間的《尉繚子》，以及作成於公元前三二〇年前後的《孫臏兵法》，都先後地曾經暗用、明引《孫子》的文字，並且襲用《孫子》理論、語彙、句型、觀念以及發揮其思想理論，那麼，很明顯的，《孫子》十三篇作成及流傳時代應該在這兩個時代以前了。我們又發現，以《孫子》十三篇爲解釋對象，以及與《孫子》十三篇有密切關係的《兵家遺篇》，其中《吳問》的作成時代可以肯定判斷爲公元前四五三至四〇三年；那麼，《孫子》的作成時代就可以往上再推，在公元前四五三年之前不遠了。

根據《史記・年表》，吳王闔閭卽位當周敬王六年，卽公元前五一四年；卒於十九年，當周敬王二十四年，卽公元前四九六年；孫武生卒年代，大概和闔閭相差不太遠。從公元前四九六年闔閭卒下推，至公元前四五三年《吳問》作成的上限年代，共得四十三年。根據本文的考訂，《孫子》十三篇應該是這四十三年間完成的。

(《論孫子的作成時代》，原刊於《文史哲學報》第二十八期)

〔存 目〕

樹人撰《孫子十三篇的時代和作者》，發表於 1962. 7. 5《文滙報》。

余空我撰《關於孫子十三篇的作者問題》，發表於 1962. 8. 3《文滙報》。

朱伯隆撰《孫子十三篇的作者問題的商榷》，發表於《華東師大學報》第二期。

■孫臏兵法

楊伯峻云：

《孫臏兵法》，《漢書·藝文志》著錄爲《齊孫子》，八十九篇，圖四卷。八十九篇是否屬於一種書，很難斷定。如果準《孫武兵法》的例子，《藝文志》著錄八十二篇圖九卷，張守節《史記·正義》引《七錄》說全書分三卷，又說，《十三篇》爲上卷，又有中、下三卷。張守節的話是可信的。《潛夫論》《文選》李善《注》以及《通典》《孫子兵法》何錫延注、《太平御覽》都引了《孫子兵法》佚文，其中一部分是和吳王闔廬問答之辭，和竹簡發現的《孫子兵法·吳問》的體例相同，自屬於中卷或下卷，是《十三篇》之外的另一種書。《孫臏兵法》是否有同樣情形，不得而知。

由臨沂漢墓竹簡整理小組所整理的《孫臏兵法》殘簡，已得篇目二十五，另有歸納不進去的殘簡，只得另立適當篇目五篇，共三十篇，一萬一千餘字，其中有的殘簡記有該篇字數，多者達七百八十七字（《十陣》，第四十五簡），少者僅八十字（《月戰》，第一六四簡），各篇殘存的字數也很懸殊，如《起師》僅存一個『王』字（第二〇八九簡）。由此估計，原書字數當不少於三萬，篇數更不止三十。

《孫臏兵法》自《漢書·藝文志》以後不再見於著錄。《漢書·陳湯傳》引兵法『客倍而主人半，然後敵』，前人都不知出處。現在殘簡《孫臏兵法》出土，就解決了這個問題。這兩句話正見於《孫臏兵法》的《客主人分》篇。可見西漢時《孫臏兵法》還相當流行，但不久就散佚不傳。《通典》卷一四九引孫臏『用騎有十利』一百三十三字，《太平御覽》卷二八二引《戰國策》孫臏論『攻心』六十五字（今本《戰國策》無此文），除《戰國策》《史記》所引孫臏言詞外，這一百九十八字是現存文獻材料中孫臏軍事學說的僅存的文字，但不見於竹簡。杜佑不可能見到《孫臏兵法》原書，他的引文出於何處，也難於稽考了。

從《孫臏兵法》殘簡考察，此書未必是孫臏親手編定。理由如下：

一、編定的年代。在殘簡中，孫臏曾經分析各國幾次戰役取得勝利的原因，可惜原簡殘斷過甚，已看不到主要內容，但是它提供了一些線索。

……此齊之所以（第二八二二簡）大敗燕（第四四三七簡）

所以大敗楚人，反（第二五〇八簡）

禽唐□也。（第二四六七簡）

齊大敗燕，《史記·田齊世家》和《燕世家》、《戰國策》的《齊策》和《燕策》都有記載，但時間上互相矛盾。《田齊世家》說在齊桓公五年，《燕世家》說在齊湣王時。據《孟子·梁惠王》，此事實在齊宣王時，而傳世有『陳璋壺』，正是匡章伐燕所得之器，開首一句是『佳（唯）主五年』，由此可以斷解齊伐燕是宣王五年的事情。『大敗楚人』、『禽唐□』的事件發生的時間更後，在齊宣王十九年，卽宣王的最後一年。可能戰役未及結束，宣王已經死去。《秦本紀》記載這件事情說：『齊使章子、魏使公孫喜、韓使暴鳶共攻楚方城，取唐昧。』《呂氏春秋·處方》敍這次戰役歸功於匡章。殘簡的『禽唐□』，闕文當是『昧』或『蔑』。殘簡說『禽（擒）』，《呂氏春秋》說『殺』，這可能和殘簡說『禽太子申』，《戰國策·齊策一》說『系太子申』而《孟子·梁惠王》說『長子死焉』一樣，當是戰役中先擒而後殺或死去的。

殘簡紀事，時間的下限可考者如此。孫臏在齊國的活動開始在桂陵、馬陵之役以前，據《史記・田齊世家・索隱》引《竹書紀年》，馬陵之役開始於威王十四年。此時孫臏已有門弟子，按通常的情況推斷，至少已在三十歲以上。威王在位三十七年，宣王在位十九年，孫臏分析總結『禽唐昧』這一戰役，從簡文『宣王』的書例來看，當在宣王死後。當時孫臏已經年近八十。以八旬高齡而要親自著書立說，在當時的物質條件下，困難是比較大的。

二、書中所反映的思想。古代『五行』之說，起源甚早，大約開始於青銅器時代，其後又衍爲相生相克的學說，這是我國早期直觀的思想，並帶有樸素的成分。但後來落入陰陽家手裏，弄到以五行配東西南北中，配青黃赤白黑，以至於無所不配，則完全滑進了神秘主義的泥坑裏。這種五行相勝的學說，始於鄒衍。整個《孫臏兵法》殘簡反映的世界觀是樸素的唯物主義，但有一條說到『五壤之勝。青（第二〇七簡）勝黃，黃勝黑，黑勝赤，赤勝白，白勝青，……』（第七十三籍）這是明顯的受了五行相勝說的影響而和全書的思想很不統一。鄒衍的年代，古書中所記非常矛盾，據《韓非子・飾邪》說：『劇辛之事燕，無功而社稷危；鄒衍之事燕，無功而國道絕。趙代先得意於燕，後得意於齊，國亂節高，自以爲與秦提衡，……地削兵辱，主不得意而死。』這裏所敍史實，是趙悼襄王時的事情。《史記・平原君列傳》說：『平原君厚待公孫龍。公孫龍善爲堅白之辨。及鄒衍過趙，言至道，乃絀公孫龍。』可見鄒衍和劇辛、公孫龍同時，正當趙孝成王和悼襄王時代，而孫臏如果還活着，至少已有一百二三十歲。這是不可能的。鄒衍是齊國人，如果說孫臏的弟子受到他的思想影響而在編定《孫臏兵法》時有所反映，那是合乎邏輯的。

三、孫臏在齊國已有弟子，《孫臏兵法》殘簡中有下面一段話：『孫子出，而弟子問曰：「威王田忌（第一五六簡）臣主之問何如？」孫子曰：「威王問九，田忌問七，幾知兵矣，而未達於道也。……』』（第六五簡）這是孫臏有門弟子的明證。還有，第八簡有『曰孫子之所爲者盡矣』這樣高度贊揚孫臏的話，從語氣來看，不像出於孫臏同列人的筆墨，更不像出自他的上級齊威王、宣王或田忌之口，而極可能是他的弟子說的。

根據上面的分析，我認爲《孫臏兵法》的編定，和一些先秦的其他古籍一樣，當出於其門弟子之手。自然，也不必排斥這樣一種推斷，即《孫臏兵法》的一部分或大部分是孫臏的原著，最後經過他的弟子增補編定。但無論如何，編定的年代，當在孫臏死去以後了。

（《孫臏和孫武兵法雜考》，原載《文物》一九七五年第三期）

■尉繚子

華陸綜云:

我們認爲，從梁惠王到秦始皇，其間相距百年左右，就是梁惠王末年到秦始皇十年，也有八十二年的時間，很難說這兩個年代的尉繚是同一個人。從≪尉繚子≫這部兵書本身和有關史料來看，它的作者應是梁惠王時的尉繚，而不是秦始皇時的尉繚。其理由是:㈠≪尉繚子≫開篇便有『梁惠王問尉繚子曰……尉繚子對曰……』的對話，全書前後語氣一貫，表明君臣身份的語句有十處之多，始終以問對形式出現，在沒有確實可靠的根據說它是『僞託』之前，就應該把它的作者尉繚看作是梁惠王時人。㈡尉繚在陳述政見和兵法中，反復強調農戰和『修號令』、『明刑賞』、『 審法制 』等思想，這反映了包括魏國在內的山東六國於商鞅變法之後，力求變法圖張的政治要求。這些政見如果獻給力挽敗局、圖謀中興的梁惠王，就比較適宜；如果獻給經過變法、日漸強盛的秦始皇，則實屬無的放矢。而勸秦始皇『毋愛財物，賂其豪臣，以亂其謀，不過亡三十萬金，則諸侯可盡』（≪史記·秦始皇本紀≫）的那個尉繚的政治主張，在≪尉繚子≫又不見提及，說明他與該書無關。㈢≪尉繚子≫兩次提到『吳起與秦戰』（≪武議≫第八），稱讚吳起『舍不平隴畝』。從避嫌的角度講，該書的作者有可能是梁惠王時的尉繚，而不可能是秦始皇時的尉繚。㈣≪史記≫所引用的史料好多從≪戰國策≫而來，而≪戰國策·秦策≫中記載有一個名叫頓弱的人給秦始皇獻策，與≪史記≫中尉繚給秦始皇獻策相比較，其言猶爲近似。這究竟是≪史記≫的偶爾疏忽，誤把頓弱記爲尉繚，還是別的什麽原因呢？這個問題尚待進一步探討。上述理由說明，≪隋志》關於『尉繚，梁惠王時人』的說法，有一定道理，較爲可信。

（《尉繚子注釋・前言》）

何法周云：

我們現在所能看到的《尉繚子》的本子有三種。

第一種是唐代《羣書治要》中選錄的《尉繚子》的四篇節選本；爲了行文方便，我們簡稱爲『唐治要本』。《羣書治要》和《隋書》都是唐初魏徵等人審編的，《隋書・經籍志》中只有『雜家』《尉繚子》而無『兵家』《尉繚子》；由此可見，『唐治要本』是『雜家』《尉繚子》的節錄，這種本子在唐代是被視爲『雜家』的。

第二種是宋代收入《武經七書》的二十四篇本《尉繚》，我們簡稱『宋武經本』。既收入《武經七書》，當屬『兵家』；同時，《宋史・藝文志》中只有『兵書』《尉繚子》而無『雜家』《尉繚子》；由此可知，『宋武經本』《尉繚子》在宋代以後是被視爲『兵家』的。

第三種是銀雀山出土的《尉繚子》竹簡殘本。就出土竹簡看，其中絕大多數竹簡的簡文與『唐治要本』類同，但也有個別重出的竹簡的文字與『宋武經本』相似。因此，我們懷疑銀雀山漢墓中，原來就有兩種本子的《尉繚子》。只因重出的這種竹簡太少，無法最後確斷。爲了不忽略這一事實，我們將出土的竹簡殘本暫且簡稱爲『竹簡甲本』。

我們將這三種本子的《尉繚子》進行校核後發現：一、就僅存部分看，『竹簡甲本』與『唐治要本』是同一個版本（少數字句有出入，應視爲長期流傳中轉抄、增刪、潤色的結果），而『宋武經本』則是從篇名、篇數到篇章內容、文字風格都有所不同的另一種版本；二、『竹簡甲本』與『唐治要本』的《尉繚子》，很可能就是班固在《漢書・藝文志》中所說的『雜家』《尉繚》；而『宋武經本』的《尉繚子》，很可能就是班固在《漢書・藝文志》中所說的『兵家』《尉繚》；三、『雜家』《尉繚》（竹簡甲本、唐治要本）、『兵家』《尉繚》（宋武經本），二者本是內容基本相同，僅篇名、篇數與篇章內容、文字風格等稍有出入的同一著作。根據事實如下：

關於篇名、篇數的不同之處：『竹簡甲本』保存了相當於『宋武經本』的《兵談》《攻權》《守權》《將理》《原官》《兵令上》《兵令下》等篇的一些內容，但只保存了一個篇名：《兵令》。『唐治要本』節選了四篇的內容，保存了四個篇名：《天官》《兵談》《戰威》《兵令》。『宋武經本』保存了二十四篇的內容、二十四個篇名：《天官》《兵談》《制談》《戰威》《攻權》《守權》《十二陵》《武議》《將理》《原官》《治本》《戰權》和《重刑令》《伍制令》《分塞令》《束伍令》《經卒令》《勒卒令》《將令》《踵軍令》《兵教上》《兵教下》《兵令上》《兵令下》。我們從中可以看出一個問題：『竹簡甲本』、『唐治要本』的《兵令》都是一篇，都不分上、下篇，而『宋武經本』卻是兩篇，即分作了《兵令上》《兵令下》。『宋武經本』分上、下篇的還有『兵教』一篇。若按上例推斷，『竹簡甲本』、『唐治要本』原來的《兵教》篇也可能是一篇，不分上、下篇，而『宋武經本』卻分作了《兵教上》《兵教下》。這樣，『竹簡甲本』與『唐治要本』所根據的本子同『宋武經本』相比，不僅在篇名上有上、下之異，而且在篇數上也恰少兩篇，同班固講的『雜家』《尉繚》二十九篇、『兵家』《尉繚》三十一篇，二者相差的篇數完全相符。

關於篇章內容、文字記錄、文章風格的不同之處：總的看來，『竹簡甲本』、『唐治要本』這個類型的本子與『宋武經本』這個類型的本子，是同一內容的不同文字記錄。前者『雜』入儒家（間或也有道家、名家）的語言成分比後者多，句法上排比鋪陳的句子比後者多。相比之下，『宋武經本』很少儒家的詞語，文風簡樸，因此『以法治軍』的觀點，講軍事、戰爭的內容更突出了。爲了具體說明問題，現擧三種本子的《兵談》《兵令》（『宋武經本』則屬《具令上》）兩篇中的各一段文字爲例，列表比較於下：

〔表一〕

竹簡甲本《兵談》	唐治要本《兵談》	宋武經本《兵談》
故王者，民之歸之如流水，望(望)……取天下若化。國貧者能富之……時不應者能應之。土廣〔□□，□〕國不得毋富；民衆而制，則國不得毋治。夫治且富之國，車不發……天下。故兵勝於朝廷，勝於喪紀，勝於士功，勝於市井。	王者，民望之如日月，歸之如父母，歸之如流水。故曰明乎禁舍開塞，其取天下若化。故曰國貧者能富之，地不任者任之，四時不應者能應之。故夫土廣而任，則其國不得無富；民衆而制，則其國不得無治。且富、治之國，兵不發刃，甲不出暴，而威服天下矣。故曰兵勝於朝廷，勝於喪絕，勝於土功，勝於市井。	（上無）明乎禁舍開塞，民流者親之，地不任者任之。夫土廣而任，則國富；民衆而治（制）則國治。富、治者，民不發軔，車不暴出，而威制天下。故曰兵勝於朝廷。（下無）
按：竹簡甲本與唐治要本這段文字，除虛詞用的有多有少，與個別句子有顚倒之外，幾乎完全一致；『望之如日月，歸之如流水……』、『勝於朝廷，勝於喪紀……』，文字排比鋪陳，風格相同；且較之宋武經本，多出了『王者……父母……若化』之類儒家、道家的東西。但是，基本上講的還是任地、制民等富國強兵的法家路線。（『紀』與『絕』，形近而誤。		按：宋武經本直接從『禁舍開塞』、任地、制（治）民講起；富國強兵的法家路線突出明確，沒有『王者……父母……若化』

『車不發〔軷〕』句三本都不相同，而以竹簡甲本爲佳。『地不任者任之』,『任之』前掉一『能』字。）	之類的東西；文字也質樸。（『民衆而治』的『治』，應爲『制』）

〔表二〕

竹簡甲本《兵令》	唐治要本《兵令》	宋武經本《兵令》
將有威則生，失威則死；有〔□□□，□〕威〔□□□〕。卒有〔□□〕鬥，毋將原北……罰之胃也。卒畏將於適者，戰勝；卒胃適於將者，戰北。未戰所……之與將也，猶權衡也。	將有威則生，無威則死；有威則勝，無威則敗。卒有將則鬥，無將則北；有將則死，無將則辱。威者，賞罰之謂也。卒畏將甚於敵者，戰勝；卒畏敵甚於將者，戰北。夫戰而知所以勝敗者，固稱將於敵也。敵之與將，猶權衡也。	（上無） 卒畏將甚於敵，勝；卒畏敵甚於將者，敗。所以知勝敗者，稱將於敵也。敵與將，猶權衡也。
按：竹簡甲本與唐治要本這段文字，除個別假借字（胃，謂；適，敵）、義同的字（失，無；毋與無）、形近而誤的字（未，夫）之外，兩個本子在內容的多少，排比鋪陳的風格與文字表達等方面，也完全一樣。這兩個本子的文字雖長，但基本意思與宋武經本一致。		按：宋武經本沒有『將有威』、『無威』與『卒有將』、『無將』這兩層文字；卽使以下相同的內容，文字表達也不相同；文風質樸。

關於『兵家』《尉繚》與『雜家』《尉繚》之分：從以上材料看，『竹簡甲本』與『唐治要本』確屬同一種版本。它原來的篇數比『宋武經本』恰少兩篇，它的內容又較多地『雜』入了儒家的成

分，它的文字表達、文章風格也不同於『宋武經本』；同時，這種本子的《尉繚子》在唐代與《隋書》《唐書》中就被視爲『雜家』《尉繚子》，而『宋武經本』在宋代以後和《宋史》中就被視爲『兵書』《尉繚子》。因此，無論從兩種版本的一些實際，還是從史書記載的情況看，『竹簡甲本』與『唐治要本』《尉繚子》，應該就是班固說的『雜家』《尉繚》；而『宋武經本』《尉繚子》，應該就是班固說的『兵家』《尉繚》。

就是上述這兩種篇名、篇數有所不同（實際上是分篇方法不同，即同一篇的內容分不分上下篇）、篇章內容稍有所差異、文字表達與文章風格有所差別，但各篇內容基本相同的《尉繚子》一書，卻被《漢書》的作者班固分在『雜家』與『兵家』兩大類中，當成了兩部書，從而引起了誤解，造成了混亂。班固的分類自有他自己的標準和根據，但他分類的標準和方法卻是一種只看現象不看本質、只看支流不看主流的形而上學。

紙張出現以前的先秦時代，因受書寫條件等限制，好多著述都是在師徒之間、在同一學派之間長期地口頭傳授。由於各個時代的社會影響不可能完全不同，歷代傳授者的思想觀點不可能完全一樣，所以在傳授過程中勢必會『雜』入一些其他因素；加之流傳的派系不同，後來在寫定時就可能會有不同的文字紀錄，會出現不同的版本。但是，只要基本內容不變，就不應視爲兩部書，正確的態度是去粗取精或擇善而從；宋代以後只存較完整的『宋武經本』這種所謂的『兵家』《尉繚》這一事實，或許就是這種去取、擇從的結果。

《尉繚子》是梁惠王時尉繚的著述

《尉繚子》一書的作者，到底是梁惠王時代的尉繚？秦王政時期的尉繚？還是其他什麼樣的人？

一、全書一開頭就是『梁惠王問尉繚子曰……尉繚子對曰……』。該書本身說明，其中講的以法治軍的道理是尉繚子向梁惠王講的，其中敍述的軍事教令是尉繚子向梁惠王獻的。同時，在講道理、獻教令的過程中，從第一篇到最末篇，不斷還有『聽臣言，其術……』、『聽臣之術，足使……』、『聽臣之言，行臣之術……』，以及『臣聞』、『臣謂』、『臣以爲』、『明舉上達，在王垂聽也』等等表明身分的語句。對於這個事實，在沒有可靠的根據之前，我們不便輕易否定。與『僞作說』相爲表裏的是『假托說』。此說認爲《尉繚子》是後人假托梁惠王與尉繚子問對而寫的書。古代假托的僞作確實是有，但假託一般總要假托更古的人。《尉繚子》如果說是漢以後的人假托幾百年前的梁惠王、尉繚子問對而著書，在時間上講這還有可能；但是『竹簡甲本』的出土，否定了這個可能性。如果說是秦王政十年時的尉繚假托梁惠王時的尉繚而著書，他們本處於同一個時代，這瞞不住任何人的眼睛。這樣的假托，還有什麼意義？假托一般總要假托更有名望的人。梁惠王與梁惠王時期的尉繚，一個是連吃敗仗、連國都安邑都保不住的敗國之君，一個是史無記名、後人幾乎是懷疑其存在的無名之士，假托他們又能抬高《尉繚子》的幾何聲價？

二、凡是一部有價值的著作，它所反映和要解決的主要問題，都是當時社會的重要或主要矛盾，具有鮮明的時代特色。我們鑒別歷史古籍，應該十分注意這個問題。《尉繚子》一書告訴我們，作者面對的國君，問題嚴重。他不僅在思想路線上傾向於『天官時日陰陽向背』等落伍謬論（見《尉繚子・天官》，以下只注篇名；因其他本子保留的篇章較少，以下引文據『宋武經本』），而且在政治、經濟、軍事路線上，也不懂得任地、制民的富國強兵之道，以法治軍的進步路線和『殺之貴大，賞之貴小』、『舉賢用能』的刑賞原則與組織路線（《制談》《武議》）。同時，在治軍作戰等具體問題上，他也是糊裏糊塗，旣不了解治軍作戰的教程條令、戰略戰術，又不懂得作起戰來要使敵方的士農工商各安其業而只把矛頭指向對方少數決策者的政策策略；甚至把在時間上距他最近的吳起的治軍作戰經驗也忘得一乾二淨。他是一個還想『百戰百勝』而又信心不足的人，以至於不僅需要作者向他反復講解上述道理，而且還需要作者不時地鼓勵他的勇氣：『君以武事成功者，臣以爲非難也。』（《天官》《武議》）這個人，只有可能是敗國之君梁惠王，而不可能是『統一中國』的秦始皇！作者面對的國家，矛盾重重。『貴重』者，犯禁可以不刑、不死；而『良民』無罪也要被關聯而投入監獄。人民怨恨，百業凋蔽，是一種『今良民十萬而聯於囹圄，上不能省』的危險局面。這個國家，民流地廢，農戰不修，『人有饑色，馬有瘠形』，民無定伍，軍無定制，『武士不選』，賢能不用，甚至還有名在軍、人在家，軍無實、家無役的嚴重問題。因此，『聚卒爲軍，有空名而無實，外不足以御敵，內不足以守國』；打起仗來，有利則爭先恐後，亂制貪功，無利則『拗矢折矛抱戟，利後發戰』（《制談》《戰威》《武議》《將理》《兵令下》）。這樣的國家，只可能是日趨衰弱的梁，而不可能是生氣勃勃的秦！

三、書中引證歷史人物、歷史事件，也有鮮明的時代特色。它所引證的歷史人物計有：黃帝、堯、舜、文王、太公望、紂王、飛廉、惡來、齊桓公、公子心、孫武、吳起。從時間順序看，作者只引證到戰國前期的吳起爲止。戰國時代，名將輩出，名戰多有，爲什麼只引證戰國前期的吳起一人？如果作者是梁惠王時代的尉繚的話，這很容易解釋：因爲在東方，指揮桂陵、馬陵兩大戰役，使魏元氣大傷的齊國名將孫臏，在西方，指揮秦軍奪魏大片土地，迫使魏國遷都的政治軍事家商鞅，雖與作者同時而稍前，但都是梁惠王的死對頭，作者不便於引證；而孫臏、商鞅以後的廉頗、李牧、白起、王翦、蒙毅、蒙恬等等，都是作者死後的人物，他不可能引證。如果說作者是秦王政時期的尉繚的話，這就很不好解釋。就引證每個歷史人物的次數看，書中提到吳起的次數最多；從引證的歷史事件看，唯獨吳起以法治軍、與士卒同甘苦而『天下莫當』的事迹最多最詳，其中特別是兩次提到了『吳起與秦戰』（《武議》）這一富有歷史特徵的史實；從口氣上講，作者對吳起又統統是歌頌讚美、引爲榜樣的。同時，作者在全書中一直稱梁爲『吾』、爲『我』。這充分說明，作者是最熟悉吳起、最崇拜吳起，而且是緊接吳起之後而湧現出的魏（梁）國法家人物。

四、顏師古引劉向《別錄》云：『繚爲商君學。』我們認爲，『商君學』其實就是『李悝學』。商鞅赴秦前就在魏都做事。他不僅研究了李悝在魏變法的經驗，而且後來被魏排擠他走時還帶着李悝的《法經》。我們認爲，『繚爲商君學』說明兩個問題：尉繚晚於商鞅，尉繚都是在李悝、吳起、西門豹之後的魏國法家學派的繼承者與發揚者。

根據上述事實，我們應該確認：《尉繚子》是梁惠王時期的尉繚的政治軍事思想的紀錄；尉繚是以魏爲家的魏國法家學派在梁惠王時期的代表者；不論《尉繚子》一書是出自這個尉繚的手筆還是由後人記錄、寫定，它都應視爲梁惠王時期的尉繚的著述。

（《尉繚子初探》，原載於《文物》1977年第2期）

鍾兆華云：

以爲可能就是兩部《尉繚子》同時並存，而不是一部著作被列入兩家。本文想就這個問題談談個人的看法，就正於讀者。

首先應該提到的是班固《漢書·藝文志》的分類。今天看到的史籍，唯有此書說到兩種《尉繚子》同時存在。可以說，這是後世關於《尉繚子》一書眞僞爭論的淵源所在。

將書籍予以分門別類，漢朝劉向、劉歆父子分別所作的《別錄》和《七略》，應該是最早的了，可惜都沒有保存下來。我們現在看到最早的有關書籍分類的書是《漢書・藝文志》。《漢書・藝文志》的分類不是班固的新創，而是有所續承，有所依據的，那就是劉歆的《七略》。班固不過是『刪其要，以備篇籍』，除刪去劉歆的《輯略》之外，主要部分都保留下來了。其結果是『六略三十八種』。因此，《漢書・藝文志》所記載的書籍，應爲劉歆目驗，班固也可能見到。

《漢書・藝文志》的六略三十八種（卽類），每一略有總的說明。除《詩賦略》外，每一略裏面的每一類都還有分類說明，讓人們了解其分類的原則、標準。《尉繚子》就據以分歸《諸子略》的『雜家類』和《兵書略》的『兵形勢類』。很顯然，作者認爲諸子『雜家類』的《尉繚子》和兵書『兵形勢類』的《尉繚子》是內容迥異的兩部著作，不能混同。

根據《漢書・藝文志》的介紹，雜家的特長是『兼儒、墨，合名、法』。戰國時期的雜家游說於諸侯之間，發表政見，力圖說服對方採納自己的主張。至於兵家，如班固所說『自春秋至於戰國，出奇設伏，變詐之兵並作』。他們是講奇正變化，克敵制勝的。作者在『兵形勢類』下也說：『雷動風擧，後發而先至，離合背向，變化無常，以輕疾制敵者也。』說得很淸楚，兩家的性質是完全不同的。

再從內容來考察，竹簡本、《羣書治要》本和《武經七書》本《尉繚子》是一致的，看不出相互矛盾對立的地方。可以肯定，它們是同一部軍事著作的不同本子。竹簡本和《羣書治要》本可能更接近原書的文字。《武經七書》本是三個本子中篇章最多的，在長期輾轉流傳過程中有過刪削、錯改和遺漏，有些句子強爲之通順，不好理解，甚至失眞。因此，對照竹簡簡文，參照《羣書治要》本，可用來訂正《武經七書》本的舛誤疏漏。可惜它們保存下來的篇章太少了。

由於上述原因，幾個本子在文字上有些出入是不足爲奇的，不好據以分爲兩家。它們的內容是一致的，這是本質。何法周先生所列舉的兩個例子，正好說明這一點。我們可以再舉幾個例子來說明。

例如《兵談》篇，竹簡本和《羣書治要》本均有『兵勝於朝廷，勝於喪紀（「紀」字《羣書治要》本作「絕」），勝於土功，勝於市井』一段話；而《武經七書》本只保存『兵勝於朝廷』一句。這段話在竹簡本《攻權》篇重見，只是殘脫開頭『兵勝』和末了『市井』四個字。《羣書治要》本缺這篇。而《武經七書》本作『兵有勝於朝廷，有勝於原野，有勝於市井』。可見，應該是四個句子組成的一段話，《武經七書》本《兵談》篇脫漏了三句，《攻權》篇脫漏了一句。

又例如《兵令》篇（《武經七書》本爲《兵令上》）的第一段，幾種本子的文字分別是：

《武經七書》本	《羣書治要》本	竹簡本
兵者凶器也，爭者逆德也，事必有本。故王者伐暴亂本仁義焉。戰國則以立威抗敵相圖而不能廢兵也。	兵者凶器也，戰者逆德也。爭者事之末也。王者所以伐暴亂而定仁義也，戰國所以立威侵敵也，弱國所以不能廢兵也。	兵者凶器逆悳（德），爭者事之〔□□□□〕暴□□定仁義也；戰國所以立威侵適（敵），弱國之所不能發（廢）也。

可以看出，三個本子互有異同，而以《羣書治要》本爲優。《武經七書》本的『事必有本』句費解，應是『事之末也』的錯誤。又『相圖』當是『弱國』的錯誤。《武經七書》本的錯誤，與《羣書

治要》本、竹簡本對校，可以得到糾正。可見三個本子從內容到文字是一致的。

再如緊接上例的下一段，幾種本子的文字分別是：

《武經七書》本	《羣書治要》本	竹簡本
兵者以武爲植，以文爲種；武爲表，文爲里。能審此二者，知勝敗矣。文所以視利害，辨安危；武所以犯強敵，力攻守也。	以武爲植，以文爲種；以武爲表，以文爲里；以武爲外，以文爲內。能審此二者，知所以勝敗矣。武者所以凌敵分死生也，文者所以視利害、觀安危；武者所以犯敵也，文者所以守之也。兵之用文武也，如響之應聲也，如影之隨身也。	兵者以武爲棟，以文爲□；以武爲表，以文……以文爲內。能審此三者，則知所以勝敗矣。武者所以淩(凌)適(敵)分死生也，……危；武者所〔□□〕適(敵)也，文者所以守也。兵之用文武也，如鄉(響)之應聲，而□之隨身也。

通過對照，可以明顯地看出，《武經七書》本有重要的脫漏。文字似乎質樸了，有的內容卻走了樣。即使疏漏是這樣清楚，內容的一致性仍然是不容置疑的。像這樣的內容一致，文字稍有出入的幾個本子，根據《漢書・藝文志》的分類標準，很難設想作者會分歸兩家的。

何法周先生的文章把竹簡本、《羣書治要》本的《兵談》篇一段話與《武經七書》本的同一段相對照，竹簡本、《羣書治要》本中都出現有『王者……父母……若化』的字眼，就斷定有了儒家、道家的東西，而後者的『法家路線突出明確』，以圖證明前二者因此被班固當作雜家，後者被當作兵家。這種結論以及得出結論的方法恐怕都值得商量。上舉《兵談》篇第一段話裏，都講『本仁義』或『定仁義』，兩個本子都講『王者』（竹簡殘脫），那麼誰該是儒家，誰該是法家呢？《武經七書》本《攻權》篇講『挾義而戰』，講『兵者所以誅暴亂禁不義』，還宣揚『甲不出睾』（《兵談》）、『兵不血刃而天下親』（《武議》），又何以見得『法家路線突出明確』？下面再舉《戰威》篇的例子對比一下（竹簡缺此篇）：

《武經七書》本	《羣書治要》本
故國必有禮、信、親、愛之義，則可以饑易飽；國必有孝、慈、廉、耻之俗，則可以死易生。故古者率民，必先禮信而後爵祿，先廉耻而後刑罰，先親愛而後律其身。	故國必有禮、信、親、愛之義，而後民以饑易飽；國必有孝、慈、廉、耻之俗，而後民以死易生。故古率民者，必先禮信而後爵祿，先廉耻而後刑罰，先親愛而後託其身焉。

像這樣的例子，怎麽能據以確定哪種本子儒、道的東西多，哪種本子法家的東西多呢？誰當歸入雜家而誰又當歸入兵家呢？這似乎是忽視了史籍本身所表明的思想內容，也不符合《漢書·藝文志》的分類原則。

我們認爲《漢書·藝文志》記載的雜家《尉繚子》，並不是以言兵爲內容的雜家，它與竹簡本、《羣書治要》本和《武經七節》本《尉繚子》內容應是不同的另一部書。

雜家《尉繚子》顯然沒有流傳下來，但從史籍的記載以及他人著作的引述，我們還能看到一點痕迹。現在舉例如下：

其一，見於唐朝李善的《文選·注》。他在王粲《懷德》詩『賢主降嘉賞，金貂服玄纓』句下有段引文說：

《尉繚子》曰：『天子玄冠玄纓也。』這話不完全。宋代的《太平御覽》卷六八四引述比較完整：

《尉繚子》曰：『天子玄冠玄纓，諸侯素冠素纓。』

上引文字，不見於竹簡本《尉繚子》，也不見於《羣書治要》本和宋朝以後各種版本的《尉繚子》。

其二，見於唐朝徐堅《初學記》。他在卷二四『宅』條下有一段文字說明，其中引了《尉繚子》一段話。引文說:

又《尉繚子》曰:『天子宅千畝，諸侯宅百畝，大夫以下里舍九畝。』

同樣，這段文字既不見於竹簡本《尉繚子》，也不見於《羣書治要》本和宋朝以後各種版本的《尉繚子》。

兩個例子，是講禮治的，很難見於兵家的著作。我們推想，兵家《尉繚子》盡管有所亡佚，像這種內容的文字，也不大可能恰巧就在所亡佚的篇章中，因此，雜家《尉繚子》在歷史上確曾存在。

類似的思想和語言在先秦兵家的著作中很難找得到。相反，在儒家的經典裏倒不乏其例。例如《禮記・玉藻》有一段話說:

玄冠朱組纓，天子之冠也；緇布冠繢緌，諸侯之冠也；玄冠丹組纓，諸侯之齊冠也；玄冠綦組纓，士之齊冠也。

又如《禮記・禮器》篇說:

天子七廟，諸侯五，大夫三，士一。

再如《禮記・王制》篇說:

天子之田方千里，公侯之田方百里，伯七十里，男五十里。

這些話和上引《尉繚子》的兩段話，從內容到形式都屬於同一個體系。由此可見，李善、徐堅所引的《尉繚子》不是兵家，而是『兼儒、墨，合名、法』的雜家。

由於史籍亡佚太多，我們的證據還是很缺乏的。然而，有《漢書・藝文志》的記載，又有雜家《尉繚子》的某些遺迹，這就爲我們推測兩部性質不同的《尉繚子》曾經同時並存提供了一定的依據。

這種推測，前人也曾經提到過，不過沒有提出什麽證據罷了。

《四庫全書總目提要》關於《尉繚子》有段話，可以作爲代表：

《漢志》雜家有《尉繚》二十九篇，《隋志》作五卷，《唐志》作六卷，亦並入於雜家。鄭樵譏其見名而不見書，馬端臨亦以爲然。然《漢志》『兵形勢家』內，實別有《尉繚》三十一篇，故胡應麟謂兵家之《尉繚》即今所傳，而雜家之《尉繚》並非此書。今雜家亡兵家獨傳，鄭以爲孟堅（卽班固）之誤者，非也。

總之，這是一個歷史遺留的問題，將這些問題考證淸楚，是有意義的。我們期待新的材料繼續發現，以有助於這個問題的進一步解決。

至於《尉繚子》的作者，限於史料，仍然是一個尙待研究的問題。這兒只好存而不論。

（《關於尉繚子某些問題的商榷》，原載於《文物》1978年第5期）

鄭良樹云：

筆者願意再舉出一個證據，來補充及加強何法周的說法。尉繚在本書中，常常提到一個『世將』的名辭；如：

①《制談篇》：……此資敵而傷我甚焉，世將不能禁。……則逃傷甚焉，世將不能禁。……有此數者內自敗也，世將不能禁。……奇兵捐將而走，大衆亦走，世將不能禁。

②《守權篇》：……然而世將弗能知。

③《武議篇》：今世將考孤虛，占城池，合龜兆，視吉凶，觀星辰、風雲之變，欲以成勝立功，臣以爲難。

④《勒卒令篇》：世將不知法者，專命而行，先擊而勇，無不敗者也。

甚麼叫做『世將』呢？在解釋這名詞時，我們很容易就聯想到孟子書本上的『世臣』；所謂『世將』，應該和『世臣』的意義相近，套用趙岐對『世臣』解釋的話語，應該是『累世脩德之將』也；易而言之，卽世襲的將領。我們讀一讀上文引述的幾段文字，立刻就可以瞭解，尉繚肯定的對『世將』都沒有好感，無時無刻都無不在批評他們；爲甚麽尉繚對他們如此反感呢？

許倬雲先生曾經考訂過，春秋末季及戰國早期是世襲的貴族和平民的士人競取政權最激烈的交遞時期；戰國中期以後，所有諸侯幾乎都沒有世襲的貴族在位了，全由出身寒微的士人取代。《尉繚子》不斷地對『世將』提出嚴厲的批評，正是正確地反映士人向貴族爭奪政權的戰國早期時代背景；如果說《尉繚子》作成於秦始皇時代，那個時候，不但是秦廷，甚至於戰國其他諸雄，幾乎根本沒有世襲的貴族在位了，《尉繚子》的作者如何會發出這種言論呢！因此，《尉繚子》的作成時代，應該是在戰國魏惠王的時代。

（《論孫子的作成時代》，《文史哲學報》第二十八期）

張　烈云：

今天見到的《尉繚子》，第一篇開頭就是『梁惠王問尉繚子曰』。這就向讀者表明該書作者是戰國中期梁惠王時人。班固在《漢書・藝文志》裏只注明雜家《尉繚》是『六國時』作品。六國時卽戰國時。至於是指戰國中期還是指戰國晚期，班固沒有明確交代，後來相當多研究《尉繚子》的人都認爲這部書是僞作，作者不是梁惠王時人。我也認爲，《尉繚子》這部作品不可能成書於梁惠王時，它當是戰國晚期的作品。

我們知道，梁惠王（卽魏惠王）是戰國中期人，公元前三六九年至公元前三一九年在位，和商鞅（？——公元前三三八年）大體同時。商鞅原是衞國人，因此他來魏國爲魏相公叔痤的下屬時叫衞鞅。公叔痤在彌留之際，曾勸梁惠王舉國而聽衞鞅，否則卽加殺害，不使衞鞅爲別國所用。但魏惠王根本看不起衞鞅，他沒有考慮公叔痤的意見，既未起用衞鞅，也未加害於他。於是衞鞅發憤出奔秦國，佐秦孝公執政，實行變法，執行富國強兵的農戰政策。在梁惠王三十一年，商鞅（秦以商於之地封鞅，故稱商鞅。）親自率秦軍擊敗魏惠王的軍隊，拓地直抵黃河。可見，梁惠王與商鞅是死對頭。而《尉繚子》一書的作者，確如劉向《別錄》所云，在某種程度上是『爲商君學』的。一個商鞅的信徒當時來魏國跟商鞅的仇敵梁惠王對話，顯然是不可能的。別的史籍無此記載，更無梁惠王時有尉繚其人的記載。所以憑《尉繚子》第一篇開頭有『梁惠王問尉繚子』這一句話，還不能說明此書就是戰國中期梁惠王時的作品。

當戰國中期梁惠王的時侯，政治思想界視戰爭與仁義如同水火。推行兼併戰爭的人堅決反對仁義政策，主張仁義政策的人堅決反對當時的兼併戰爭。商鞅與孟軻便是這兩種對立思想各自一方的典型代表。商鞅自魏至秦，幫助秦孝公變法，『捐禮讓而貴戰爭，棄仁義而用詐譎』。而孟軻則對梁惠王說：『王何必曰利？亦有仁義而已矣。』又說：『仁者無敵，王請勿疑。』在答公孫丑時還說：『行仁政而王，莫之能御也。』到處稱道仁義，鼓吹仁政。同時孟軻又堅決譴責當時的兼併戰爭，他說：『爭地以戰，殺人盈野；爭城以戰，殺人盈城，此所謂率土地而食人肉，罪不容於死。』因此他主張『善戰者服上刑』。事實上，在戰國中期梁惠王時，政治思想界還沒有人將戰爭與仁義統一起來，作出合理的解釋。把兩者統一起來解釋的事發生在戰國晚期，其人就是荀況。《尉繚子》一書，既推崇仁義學說，又主張兼併戰爭，這種思想當是荀況學說影響下的產物。在戰國中期還沒有產生這種思想的社會背景。因此，我們沒有理由認爲《尉繚子》一書是戰國中期梁惠王時候的作品。

如果《尉繚子》一書的作者是戰國中期人，與商鞅、梁惠王同時的話，那末他信奉『商君學』，其思想觀點當與商鞅的學說基本一致。然而，事實並不如此。我們通觀《尉繚子》全書，發現該書除了農戰思想與商鞅的政治主張一致外，而其它許多重要議論與商鞅的見解完全不同。

在戰爭觀上，商鞅主張『以戰去戰』、『以殺去殺』，而把仁義、誠信、貞廉等列入『六虱』，加以致罪聲討。而《尉繚子》一書則主張用兵以仁義爲本，強調戰爭的目的在誅暴亂禁不義，主張『不攻無過之城，不殺無罪之人』。

在賞罰觀上，商鞅主張『任其力不任其德』，提倡赤裸裸的功利主義，根本不講什麼禮義德教，而且強調重罰輕賞，認爲『重罰輕賞，則上愛民，民死上。重賞輕罰，則上不愛民，民不死上』。《尉繚子》一書則主張德力並重，嚴刑厚賞，刑賞必中。在功利與德教的關係上，《尉繚子》認爲『必先禮信而後爵祿，先廉耻而後刑罰』。在刑賞問題上，《尉繚子》認爲『刑賞不中則衆不畏』，『賞祿不厚則民不勸』。

在對待儒法兩個學派的態度上，商鞅投秦國統治者所好，痛斥儒者，極力排斥儒家學說。而《尉繚子》一書對儒法二家學說，採取兼容並蓄的態度。它一方面宣揚法家的農戰政策，另一方面又鼓吹儒家的仁義學說，甚至說『野物不爲犧牲，雜學不爲通儒』，對儒家思想推崇備至。

顯然，商鞅與尉繚的思想，除了相同的內容外，還存在很大的差異，反映在作品裏就是尉繚對儒家學說並無門戶之見。這種差異可以說明尉繚與商鞅不是同時的人。也就是說，尉繚不是梁惠王時的人。《尉繚子》一書的作者必晚於商鞅與梁惠王，當是戰國晚期時人。

我們說《尉繚子》一書是戰國晚期的作品，還從其中戰爭觀的表述可以得到證實。《尉繚子》一書所表述的戰爭觀，蓋出於《荀子》。《尉繚子》說：『王者伐暴亂，本仁義焉。』又說：『故兵者所以誅暴亂禁不義也。兵之所加者，農不離其田業，賈不離其肆宅，士大夫不離其官府，由其武議在於一人。故兵不血刃，而天下親焉。』這與《荀子・議兵篇》所說的用兵『以仁義爲本』，在於『禁暴除害』、『以仁義之師行於天下』、使『兵不血刃，遠邇來服』等議論完全一樣。過去有人認爲，以仁義爲本的戰爭觀，『皆戰國談兵者所不道』，因而認爲《尉繚子》一書不是戰國時代的作品。這種說法並不合乎事實。因爲戰國晚期荀況論兵就是主張以仁義爲本的。從這點也可以判斷，《尉繚子》一書是戰國晚期的作品。

以仁義爲本的戰爭觀，其形成有一個過程。在春秋末期成書的《孫子》裏，雖然談到了『仁』和『仁義』，那只是指將帥恩待部下，寬待俘虜等個人品質而言，還沒有上升到戰爭觀的認識高度。戰國初期，吳起善於用兵，他與魏武侯論政時，曾說過『在德不在險』。世傳他所著的兵書《吳子》裏也談到了用兵以仁義爲本，但經多人考證，都認爲現在流傳的《吳子》不是吳起的作品，而是後人的僞作。所以，今天我們沒有找到可靠的根據證實戰國初期就出現了仁義爲本的戰爭觀。到戰國中期，當時政治思想界提出了統一的要求。同時，如上文所說，也產生了把戰爭與仁義絕對對立起來的思潮。有的反對戰爭，主張行仁政實現統一；有的排斥仁義，主張以戰爭實行兼併。而自戰國中期以後，戰爭的程度越來越激烈，戰爭的規模越來越大，戰爭對當時社會經濟帶來的損害和給人民帶來的痛苦也越來越嚴重。如公元前二七八年秦軍拔郢後，就進行了殘酷的洗劫和破壞，這座曾爲楚都四百多年的繁華城市，以後便逐漸淪爲廢墟。公元前二六〇年長平一役，秦將白起坑殺趙國降卒四十萬人，造成了巨大的社會震動。諸如此類的戰爭破壞，引起了社會上越來越強烈的公憤和譴責。當時山東六國朝野，普遍地指斥秦國爲『虎狼之國』，堅決反對秦國完全排斥仁義的戰爭破壞政策。所以，到戰國晚期，政治思想界產生了顯著的變化，一些有識之士旣看到了通過戰爭實現統一的趨勢不可避免，也看到了單純用殘酷的戰爭手段也難於實現統一和鞏固統一成果，認識到統一天下應該是從軍事上實行兼併、從政治上爭取人心兩方面同時着手解決的歷史任務。在這種社會背景下，便產生了以仁義爲本的戰爭觀。這種戰爭觀，旣肯定仁義政策，又贊成兼併戰爭，主張興『仁義之師』，在兼併戰爭中體現仁義政策，反對肆意的屠城妄殺，避免和減少不必要的戰爭破壞，將戰爭看成爲實現統一和實行仁政的手段。這種戰爭觀實際上是將戰國中期的儒法二家學說加以有機綜合的結果。在戰國晚期進行了這一綜合工作的大思想家不是別人，就是荀況。表述這種戰爭觀的代表作品就是《荀子・議兵篇》。而《尉繚子》一書所表述的戰爭觀，不過是因襲附和荀況的觀點罷了。由此可以判斷，《尉繚子》一書當是戰國晚期荀況學說流行時的作品，而不是戰國中期梁惠王時的作品。

在富民政策上，《尉繚子》一書的觀點與荀況的思想也是相同的。荀況主張富民政策，說『足國之道，節用裕民，而善臧其餘。節用以禮，裕民以政。彼裕民故多餘，裕民則民富，民富則田肥以易，田肥以易則出實百倍』。並說『知節用裕民，則必有仁義聖良之名，而且有富厚丘山之稱矣』。而《尉繚子》一書，同樣宣揚這種富民政策，《兵談篇》說：『明乎禁舍開塞，民流者親之，地不任者任之。夫土廣而任則國富，民衆而制則國治。』《戰威篇》說：『因民之所生而制之，因民之所營而顯之。』更爲具體地是上文表列關於《尉繚子・戰威篇》裏那段『王國富民』的文字，顯然是從《荀子・王制篇》裏抄來稍加修飾而成的。由此也可以說明，《尉繚子》一書當是戰國晚期的作品。

在天道自然觀上，≪尉繚子≫一書也完全接受了荀況的觀點。通觀≪尉繚子≫全書，不相信鬼神迷信，非常強調人在改造客觀世界中的能動作用。尉繚在≪天官篇≫中說『天官時日，不若人事也』。在≪戰威篇≫中說『舉賢任能，不時日而事利；明法審令，不卜筮而事吉；貴功養勞，不禱祠而得福』。又說『天時不如地利，地利不如人和。聖人所貴，人事而已』。≪武議篇≫亦載有這段文字。這些反複的論說，顯然是襲用和發揮≪荀子・天論篇≫裏的『唯聖人爲不求知天』的觀點。所以從天道觀方面分析，≪尉繚子≫也當屬於戰國晚期的作品。在戰國中期，政治思想界還沒有達到這樣高的認識水平。雖然孟軻也說過『天時不如地利，地利不如人和』，但這只是就一個具體問題而言的，而其『盡心』、『知性』、『知天』的整個思想體系，是唯心主義的。≪尉繚子≫一書則不然，它在天人關係上，完全以荀況的唯物觀點來進行解釋，所以說它應該是戰國晚期的作品。

≪尉繚子≫與≪六韜≫一些文句雷同，究竟是≪尉繚子≫抄襲了≪六韜≫還是≪六韜≫抄襲了≪尉繚子≫？這個問題值得探討。在臨沂銀雀山發掘中也有≪六韜≫，可見≪六韜≫和≪尉繚子≫一樣，至少在西漢初年已經流傳開來，它也當是戰國晚年的作品。所以≪尉繚子≫與≪六韜≫，不管是誰抄襲了誰的文字，都否定不了≪尉繚子≫是戰國晚期的作品。

從上述情況分析，我們完全有理由斷定≪尉繚子≫一書是戰國晚期的作品。不過還有一個疑難問題需要解決。就是這部著作的開頭爲什麽會有『梁惠王問尉繚子曰』的文句？關於這個問題，淸人姚際恒作了一番頗有見地的分析。他說：『其首≪天官篇≫與梁惠王問對，全仿≪孟子≫天時不如地利爲說，至≪戰威章≫則直舉其二語矣。豈同一時之人，其言適相符合如是耶？其僞昭然。』這個分析指出≪尉繚子≫一書的作者是仿效≪孟子≫的對話體而寫出來的。《孟子》首篇開頭是『孟子見梁惠王』，《尉繚子》首篇開頭是『梁惠王問尉繚子曰』，而其它史籍又不見梁惠王時有尉繚其人其事的記載，且根據梁惠王時的具體社會情況來看，姚際恒的這一分析當是合理可信的。

既然《尉繚子》一書成書於戰國晚期，那末該書的作者就不可能是戰國中期梁惠王時人，當是戰國晚期時人。據《史記·秦始皇本紀》記載，秦始皇十年（公元前二三七），有個大梁人尉繚入秦，爲秦出謀獻策，被秦始皇任爲國尉。雖然史籍沒有明文記載這個尉繚寫過兵書，但從當時各方面的情況加以分析和推斷，《尉繚子》一書的作者很可能就是這個從大梁入秦的尉繚。

尉繚和他的著作《尉繚子》的政治見解，與秦始皇的思想、政策並不完全一致。秦始皇是法家思想、法家政策熏陶出來的人物，他根本不贊成仁義思想和仁義政策。因此，尉繚和秦始皇接觸以後，深懷戒懼之心，且說：『秦王爲人蜂準、長目，鷙鳥膺，豺聲，少恩而虎狼心，居約易出人下，得志亦輕食人。我布衣，然見我常自下我。誠使秦王得志於天下，天下皆爲虜矣。不可與久游。』因此不辭而去，經秦始皇發覺後，才勉強挽留下來。從這一情況推斷，《尉繚子》一書與尉繚其人的思想狀況大體一致，所以說，《尉繚子》一書的作者很可能就是公元前二三七年自大梁入秦的這個尉繚。

（《關於尉繚子的著錄和成書》，原載於《文史》第八輯）

〔存　目〕

袁宙宗撰《尉繚子時代考》，發表於《中華文化復興月刊》第十三卷第一期內。

何法周又撰《尉繚子考補證》，發表於《河南師大學報》第三期。

醫家類

■本　草

黃雲眉云:

大抵此書萌芽於漢代，滋榮於宋世。其間如蔡邕之《本草》七卷、吳普之《本草》六卷、陶宏景之《名醫別錄》，俱與此書有甚深之關係。自後而《唐本草》《蜀本草》，以至《大觀本草》，而規模始備。

(《古今僞書考補證》)

■難　經

徐大椿云：

古人書篇名義非可苟稱，難者辨論之謂，天下豈有以難名爲經者，故知難經非經也。自古言醫者皆祖《內經》，而《內經》之學，至漢而分，至晋唐以後而支流愈分，惟《難經》則悉本《內經》之語而敷暢其義。然竊有疑焉：其說有即以經文爲釋者；有悖經文而爲釋者；有顚倒經文以爲釋者：夫苟如他書之別有師承，則人自立說，源流莫考，即使與古聖之說大悖，亦無從而證其是非；若即本《內經》之文以釋《內經》，則《內經》具在也，以經證經而是非顯然矣。故以《難經》視《難經》，自無可議。以《內經》之義疏視《難經》，則《難經》正多疵也。

（《難經經釋序》）

雜　家　類

■子華子

詹景風云:

子華子爲程本，孔子所稱賢者，似老莊而儒，以故其書不儒不莊不老。文稍似漢，但意致不古。如云:『元者太初之中氣也，人之有元，百骸統焉，古之制字者，知其所以然，是故能固其元爲完具之完，殘其所固爲賊寇之寇，如法度焉爲冠冕之冠。』意雖新而語落後代。大抵說道德不深致，說事功不剴切，既不可云隱，又不可云費，必贋作也。

(《小辯》卷五十六)

馮時可云:

《子華子》『五源之溪，天下之窮處也。鼯吟而鼬啼，且曉昏而日映也蒼蒼，踟躕四顧，而無有人聲。雖然，其土膏脈以發，其淸流四注，無乏於灌漑，其萃藻之芼，足以供祭，其石皺栗，爛如赭霞，藹草之芳，從風以揚，壟耕溪飮，爲力也佚，而坐嘯行歌，可以卒歲』，此數語，詞葩而乏渾芒，東京以後筆也。

(《雨航雜錄》上)

■於陵子

陳秀蘭云：

《於陵子》之文體、辭氣，及所表現之思想，實仿自《莊子》，茲就《於陵子》十二篇舉例：

1.文體　《於陵子》各篇俱爲問答體，其問答之形式與《莊子》同，皆是從一問一答中舖衍長篇之道家言論。

2.辭氣　《莊子》狀人物之言語情態，有其特殊性，如：

公子牟隱機太息，仰天而笑曰（《秋水》）

公孫龍口呿而不合，舌擧而不下，乃逸而走（《秋水》）

南郭子綦隱機而坐，仰天而噓（《齊物論》）

子綦索然出涕曰（《徐無鬼》）

號天而哭之曰（《則陽》）

老子中道仰天而嘆曰（《寓言》）

陽子居蹵然曰（《應帝王》）

列子提屨跣而走（《列禦寇》）

觀此諸例，可知《莊子》狀人物之情態，有其特殊之風格，蓋習於在『曰』字之上連綴人物之情貌百態，而形成一極爲生動之寫照，此種寫法本爲《莊子》所特有，而《於陵子》仿之，如：

於陵子仰天大笑曰（《辯窮》）

淳于子嘖而出（《貧居》）

於陵子永息撝洙，辟牖而言曰（《畏人》）

於陵子摽踊而悲曰（《先人》）

於陵子蹵然曰（《大盜》）

於陵子於是漂涕交臆，愍不荷言（《大盜》）

匐匍而還，閉門哭泣，三日絕食（《先人》）
幾乎如出一轍矣。

3.思想　《於陵子》鋪衍《莊子》思想，十二篇皆然。玆舉其顯而易見者。《貧居》：『於陵子曰：嘻夫，淖履則踐，侮淖履也，社主則拜，恭社主也，木亦何榮辱與乎？』《辭祿》：『君不聞草之昌羊乎？翩翩自適於幽巖之下，嚮使置之以墳壤，糞之以穢渻，晞之以日光，則旦夕槁矣，何者？非其好也。』《遺蓋》：『於陵子笑曰：子隘矣，夫帝唐一旦謝九五，而天下不有也，吾既遺之矣，惡得有之，以重於天下哉。』《辯窮》：『今子一旦自守之眞失，而窮驅之勢利之壃，聲貌衣食之囿矣，既鬼乃眞，徒尸乃躬，苶苶子處，歉歉子中，是亡能乎窮而受窮所窮，受窮所窮，而子窮矣。』《大盜》：『夫木不戕乎斧斤，而戕乎桁械者，爲身害小而名害大也。』《未信》：『結駟連騎，所安不過容膝，食方丈於前，所甘不過一肉。』

陳仲子所處之時，與《莊子》同時，陳仲子實無抄襲《莊子》思想之可能，況《莊子》書甚多後出之材料，今《於陵子》一書，其文體、辭氣、思想既襲自《莊子》，則《於陵子》一書必非陳仲子所作。

且《孟子・滕文公》下所述陳仲子之行事、思想，與《於陵子》一書所表現者全不相類，《滕文公》下云：

> （孟子）曰：仲子，齊之世家也，兄戴，蓋祿萬鍾，以兄之祿爲不義之祿，而不食也，以兄之室爲不義之室而不居也。辟兄離母，處於於陵，他日歸，則有饋其兄生鵝者，已頻顣曰，惡用是鶃鶃者爲哉。他日，其母殺是鵝也，與之食之，其兄自外至，曰：是鶃鶃之肉也，出而哇之。以母則不食，以妻則食之，以兄之室則弗居，以於陵則居之，是尙爲能充其類也乎？若仲子者，蚓而後充其操者也。

復證以《荀子・非十二子》、《不苟》之斥陳仲子，知《荀子》所見與《孟子》同，《非十二子》：『忍情性、綦谿利跂，苟以分異人爲高，不足以合大衆，明大分。』《不苟》：『夫富貴者則類傲之，夫貧賤則求柔之，是非人之情也，是姦人將以盜名於晻世也，險莫大焉。』又《韓非子・外儲說右》謂陳仲子不恃人而食。綜此觀之，戰國間人對陳仲子之行事、思想，實有一定之評論，謂陳仲係一忍情性，持分異心而太過，外乎情理以行廉之士。然《於陵子》十二篇，率皆闡發譴是非、等貴賤、去耳目心智、逍遙自適之旨，書中所表現之陳仲子，實乃《莊子》之化身，而非戰國間人所共同認定之陳仲子，可見《於陵子》一書，必不出於陳仲子之手。

《於陵子・畏人》《巷之人》二篇，有徵引《論語》及模仿《論語》語意者。《畏人》：『東田大夫曰：仲尼亦有言，羽毛弗可與同羣。』此引自《論語・微子・長沮桀溺耦而耕》一章：『夫子憮然曰：鳥獸不可與同羣。』《巷之人》：『於陵子薪於野，遇巷之人耦負於塗，罷思息焉，巷之人曰……。』其語意實亦模仿《微子・長沮桀溺耦而耕》一章。崔東壁《洙泗考信錄》卷四：『《微子篇》雜記古今軼事，有與聖門絕無涉者，而《楚狂》三章語意乃類莊周，皆不似孔氏遺書。』所謂《楚狂》三章，一曰《楚狂接輿歌而過孔子》、二曰《長沮桀溺耦而耕》、三曰《子路從而後，遇丈人以杖荷條》，皆在《微子篇》，崔東壁謂此三章語意皆類莊周。然則《楚狂》三章之著成時代當甚晚，陳仲子是否能據而徵引及模仿之，實甚可疑。

《於陵子・未信》一篇，述陳仲子妻之言語德行，有與《列女傳》卷二《楚於陵妻》幾於完全相同者。比較如下：

> 《列女傳》……（於陵子）入謂其妻曰：『楚王欲以我爲相，遣使者持金來，今日爲相，明日結駟連騎，食方丈於前，可乎？』妻曰：『夫子織屨以爲食，非與物無治也，左

琴右書，樂亦在其中矣。夫結駟連騎，所安不過容膝，食方丈於前，所甘不過一肉，今以容膝之安，一味之肉，而懷楚國之憂，其可乎？亂世多害，妾恐先生之不保命也。』……。

《於陵子・未信》……（於陵子）因入占其妻曰：『楚王且相我，今日匹夫，明日結駟連騎，食方丈於前，可乎？』妻曰：『……妾謂夫子織屨以爲食，非與物亡治也，左琴右書，非與事亡接也，飲水嘯歌，樂亦在其中矣。何辱於楚相哉？且結駟連騎，所安不過容膝，食方丈於前，所甘不過一肉，今以容膝之安，一肉之味，懷楚國之憂可乎？竊恐亂世多害，不保夫子朝夕也。』……

文字雷同若此，必有一方爲抄襲者，而《列女傳》爲西漢劉向所撰，時代在後，陳仲子固不可能抄襲《列女傳》以成《未信篇》。然若謂劉向抄襲《於陵子》，則《於陵子》一書，本不見《漢志》著錄，是劉向、歆校書時，已不見陳仲著作，陳仲子縱有著書，其亡佚必久矣。故當是僞撰者抄襲《列女傳・楚於陵妻》以成《於陵子・未信篇》。

明刻本《於陵子》目次之前有劉向《於陵子題辭》，然劉向校書之時，旣不見有《於陵子》，則《題辭》如何而生？其僞可知。此係僞撰者根據《孟子・滕文公》下、《列女傳・楚於陵妻》僞造之耳，其迹皎然可尋，擧例如下：

1.《孟子・滕文公》下：仲子，齊之世家也，兄戴，蓋祿萬鍾，以兄之祿爲不義之祿而不食也。

《於陵子・題辭》：仲子，齊之世家，兄戴爲齊王卿士，蓋祿萬鍾，仲子以爲不義而弗與共也。

2.《孟子・滕文公》下：身織屨，妻辟纑以易之也。

《於陵子・題辭》：身織屨，妻辟纑以爲衣食。

3.《列女傳・楚於陵妻》：楚王聞於陵子終賢，欲以爲相，…

…子終出謝使者而不許也，遂相與逃而爲人灌園。

《於陵子・題辭》：楚王聞其賢，欲相之，不許，遂與其妻逃去，爲人灌園。

抄襲之迹甚顯。《於陵子・題辭》甚短，大要不過敍述陳仲生平，而所述數端皆抄襲《孟子》、《列女傳》，則《題辭》實依據此二書而僞爲之也。《題辭》既僞，益可證明《於陵子》爲僞矣。

《於陵子・大盜篇》稱述庖犧，謂：『庖犧之下，元風夏德，至人有而不矜。』然庖犧一詞，始見於《易繫辭》，《易繫辭》之著成時代在孟子以後（據梁啓超《古書眞僞其及年代》），而陳仲子與孟子同時，陳仲子當不可能稱述庖犧，此亦《於陵子》爲後人僞造之證。

《於陵子》之行文辭句，有甚爲可議者，一望而知其不類先秦之作。

《貧居》：樂貧賤也，則尹說不必貴，然贛不必富；樂富貴也，則匹夫非寧位，籧疏非寧居。

《人問》：泰山矢曰：『弗讓吾飄塵，以實彼溝澮，且不爲齊主。』江漢亦矢曰：『弗汜吾餘瀝，以蕩彼培塿，且不爲楚雄。』

凡此皆對仗甚工，辭氣甚暢，與先秦作品不類。

《人問》：今天子且拱手不能按其輕重，而一匹之夫非有萬乘之號，誅賞之權，輒欲起而議之，則何以異於中州之蝸，爲螻蟻所笑也。

此數語辭氣類似西漢文。

《辨窮》：茅芒亡任雨雪，墉堵莫禦猋暴。

《灌園》：一裘禦冬，一箑驅夏。

《未信》：積雪距門，突黴生煙。

則皆對仗工整，平仄對稱，文辭、造意俱臻佳境，其產生時代應在詩歌文學十分發展之後，先秦時代恐無有也。

陳仲子居於陵，然是否自號於陵子，甚爲可疑。《孟子·滕文公》下、《荀子·非十二子》《不苟》《韓非子·外儲說右》，俱無於陵子之稱。《列女傳》稱於陵子終，子終，陳仲子字也，亦非逕稱於陵子。且於陵子終之稱，一望而知係後人冠以地名稱之，非陳仲子自號也。僞撰者蓋取於陵子終之稱而變化出之，既以爲陳仲子自號，亦以爲書名也。

《於陵子·辭祿》末段有缺文，原文如下：

> 且君之（缺九字）臣之知識不出於一室之內，猷爲不越於一身之外，上弘國（缺七字）爲之有不負天（缺一字）亡功者哉，亡功而祿是羊豕也。

《於陵子》十二篇，獨獨此篇有闕文，此甚可疑，正所謂欲蓋彌彰者也。且短短數句之內，闕字達十七字之多，闕字之處又甚牽強，與自然形成之闕文不同。觀乎此，則造僞可知矣。

於陵子可斷爲明人僞作

《於陵子》一書，見於明萬曆胡震亨校刊本《秘册彙函》中，題曰：『齊陳仲子撰，明沈士龍、胡震亨同校。』此書爲《漢志》《隋志》、諸史《藝文志》及《崇文總目》所無，先秦典籍從未提及，歷代亦絕無人徵引，而明代萬曆年間乃有沈士龍、胡震亨同校，收入《秘册彙函》，則此書必爲明人僞作無疑。

《於陵子》書中多明代俗字。

此書明代始有，而書中多明代俗字，可見此書當是明人所作。《人問篇》『泰』字凡三見，『泰山矢曰』，則又改作『泰』，其下又有『欲東之泰山』句，則又作『泰』矣，可見作者於無意中常寫出明代俗字。據此，則《於陵子》出於明人僞作，可謂昭然若揭矣。

（《於陵子辨僞》，原刊於《書目季刊》第十二卷第四期）

■鬼谷子

趙鐵寒云:

今按此書三卷，應區爲兩部言之。第一部份卽今本上中兩卷，眞中雜僞; 眞者卽蘇秦之殘篇，僞者又經東漢以後人所竄亂。第二部份，卽今本之下卷，亦卽柳宗元所謂『七術晚出，怪謬益甚』者，蓋出陶宏景所僞撰僞注，甚至當時並不附於一二卷之後者。

今本一二兩卷中，爲後人所竄亂者，約二之一，非特玩其文辭，有涇渭不同之別，抑且另有故實，可爲眞僞之佐證，左列數端，是其犖犖大者:《內揵篇》有云:

若蚨母從其子也。

按青蚨還錢之說，出《淮南萬畢術》，《御覽》卷九五〇引其文曰:

青蚨還錢: 青蚨一名魚，或曰蒲。以其子母各等置甕中，埋東行陰垣下，三日後開之，卽相從。以母血塗八十一錢，亦以子血塗八十一錢，以其錢更互市，置子用母，置母用子，錢皆自還也。

《萬畢術》者，方伎數術之書，爲儒者所不道。是否卽《漢志》《淮南子外篇》三十三篇之一，大成問題。以下晉干寶《搜神記》、唐陳藏器《本草拾遺》，皆沿襲其說。惟《萬畢術》來歷不明，卽無法斷言此說出現之時代。幸有《說文》，可作此說之下限。《說文》蟲部『蚨』，許氏曰:

青蚨，水蟲。可還錢。

由此可知，許叔重時，『青蚨還錢』，已成流傳之通說，故採以解字。吾人姑認《萬畢術》屬於《淮南外篇》，則此說之起，最早不過西漢初年。可證此語爲漢人或更其以後之人所竄入，蘇子之世，固無此說也。後世有據《鬼谷子》以說青蚨還錢者，如段氏《說文解字・注》，阮氏《經籍纂詁》等。此皆誤以《鬼谷子》此語爲先秦之舊，不足憑信。

又《反應篇》有云:

如螣蛇之所指。

考螣之名，最先昉自《荀子》，《勸學篇》云:『螣蛇無足而飛。』此螣通騰，狀其飛騰，無他神秘。至《說文解字》說螣，始曰:『神蛇也。』郭璞注《爾雅》乃因許氏神蛇之說，擴而充之曰:『蛇似龍者也，名螣。一名螣蛇。能興雲霧而遊其中也。』六朝道士占算之說，乃以青龍白虎朱雀玄武螣蛇勾陳爲六神，螣蛇所指，禍福不差。蘇子之世，占卜吉凶，惟龜與著，螣蛇所指云云，與蘇子如風馬牛之不相及也。

又《反應篇》云:

若磁石之取鍼。

又《謀篇》云:

故鄭人之取玉也，載司南之車，爲其不惑也。

玆分述之:慈石引鐵之理，最先見於《呂氏春秋・精通篇》，曰:

慈石召鐵，或引之也。

其下又見於西漢初年成書之《淮南子・說山篇》。其應用，則《水經・渭水・注》有阿房宮以磁石爲門，有懷刃入門者，則脅之以示神之記載。阿房宮作於《呂氏春秋》成書之後十餘年，磁石引鐵之物理，甫見記載，秦人有無以磁石爲門之能力，不無疑問。兩漢之世，磁石應用，記載殊疎，惟王充《論衡》有『磁石引鍼』之語，足證前擧『若磁石之取鍼』，襲自王充，爲東漢中葉以後人所竄入無疑。

司南車之記載，莫先於《韓非子》，但僅名司南，無車字。其言

曰:

故先王立司南，以端朝夕。

司南下加車字，殆始於三國。《三國志・魏書・杜夔傳》裴松之《注》，及其後不久成書之崔豹《古今注》均有之。至南朝時司南車或指南車已成通名，故《宋書・禮樂志》述其源流製作使用頗詳。蘇秦書而有此，足證其爲魏晉以下人所竄亂，非蘇書之舊文。

餘如今本《權篇》曰:

故介蟲之捍也，必以堅厚；螫蟲之動也，必以毒螫。

此出《淮南子・說山訓》，淮南原文云:

介蟲之動以固；貞蟲之動以毒螫。

又如《忤合篇》之『伊尹五就湯五就桀』，出於《孟子》。《摩篇》之『抱薪救火』，出於《戰國策》。皆非蘇子所應道，固一望而知者也。

《梁書》處士《陶宏景傳》，一則曰:『性好著述，尙奇異。』再則曰:『明陰陽、五行、風角、星算、山川地理、方國；產物、醫術、本草。』宏景自爲《本草・序》云:『隱居先生，以吐納餘暇，頗遊意方伎。』（見《陶隱居集》）其學駁雜不純如此，其思想括易老莊佛而有之，此元嘉玄學成立以來，南朝自然風氣，宏景『年十歲，得葛洪《神仙傳》，晝夜研尋，便有養生之志』。又『從東陽孫遊岳受符圖經法。徧歷名山，尋訪仙藥』，『善辟穀導引之法』，『年逾八十……曾夢佛授其菩提記名爲勝力菩薩，乃詣鄮縣阿育王塔，自誓受五大戒』（以上並見《梁書・本傳》）。其思想所中邪惡之毒害，較他人尤爲執迷難拔，而在《南史》中，竟名重一時，蕭齊草創之初，『朝儀故事，多取決焉』。可知鬼神荒唐，只是宏景生活之一面，非其全豹，此又可於其從子陶翊所作《本起錄》後附載著作名目中，不乏經史之書得之。

宏景著作，《本傳》中僅敍其夢記一種，不及其他。據其從子翃所撰《華陽隱居先生本起錄》末附宏景所著書目，有《三禮序》《尙書毛詩序》《三國志贊述》《古今州郡記》《帝王年曆》《夢記》《眞誥》《學苑》、及《老子注》《抱朴子注》《占筭》《星曆》《醫藥》《辟穀》《吐納》等書凡四十二種都一百六十九卷（見《雲笈七籤》卷一〇七）。梁陳易代，泰半散佚，《隋志》所錄流傳至今者，惟有《眞誥》《刀劍錄》《洞玄靈寶眞靈位業圖》共三種。另有明張溥所輯《陶隱居集》（收入《漢魏百三名家集》），寥寥四宗而止。前三者《四庫全書》曾著錄。《眞誥》所述，託名許邁楊羲手記與羣仙問答語，人鬼交接之方式，極似今日迷信左道者之扶乩，滿紙眞人天尊，令人發噱。至《眞靈位業圖》，則爲宏景代擬羣仙洞府之等級座次表，詳書數百眞仙仙銜姓名，分等列坐。其中最可注意者，爲第四等座中左位第十三人，赫然爲鬼谷先生，其地位在『正一眞人三天法師張諱道陵』及莊子之下（張四等座左位第一席、莊子第三等座右位第二十八席），大在張良赤松子東方朔墨子之上（張良四左二十六席、赤松子四左三十一席、東方朔四左四十七席、墨子四左五十二席），宏景於此書《自序》中言，仙亦有等級千億，不能不精委條領。可見上舉序列之安排，與其在陶氏心目中之地位，曾輕重相當。鬼谷先生雖屈居七等中之第四等，但能正座於『太清太上老君』（四等中位）之左第十三位，下視張良墨翟之瞠乎其後者，亦足以自豪矣。

若右列荒誕之書，後人多疑爲南朝無知黃冠道士之言，不信其出於宏景之手，而證以《眞靈位業圖》陶之《自序》，是又不然，其《序》有曰:

> 仙亦有等級千億，若不精委條領，略識宗源者，猶如野夫出朝廷，見朱衣必令史；句驪入中國，呼一切爲參軍，豈解士庶之貴賤，辨爵號之異同乎。

此中『野夫出朝廷，見朱衣必令史；句驪入中國，呼一切爲參軍』

兩語，非隋唐以下人所能道，加以句法清麗，類其爲人，似宏景所作者不誣。

今本卷三，包括《本經》《持樞》《中經》三部份。《本經》部份全名爲『本經陰符七篇』，一曰盛神法五龍，二曰養志法靈龜，三曰實意法螣蛇，四曰分威法伏態，五曰散勢法鷙鳥，六曰轉圓法猛獸，七曰損兌法靈著。以下曰持樞，曰中經。其言皆道士吐納修鍊之方，闡明五氣九竅十二舍之義，陰陽動變之理，天地開闢眞人與天爲一之道。與陰陽符籙雜糅之道士言，初無二致，與《眞誥》、《眞靈位業圖》一氣瀣沆，與前二卷文筆辭意，氣韻神態，無一相同，非特不出於蘇季，抑且不類爲一書，其爲他人所僞託，了無疑義。

柳宗元曰：『晚乃益出七術，怪謬益甚，不可考校，其言益奇而道益陿。』其『晚』字頗值注意，柳所謂晚出，有兩種可能，一則知爲後人依託之言，但不能指其主名，故含糊言之。一則比較文辭，以其首尾不類，疑爲晚出。前者與本文觀點一致，可謂千年前柳已發其覆，縱屬後者，亦爲判別涇渭之首，予吾人以莫大之啓示。

宏景曾注《鬼谷子》，不見於《隋志》，惟長孫無忌《鬼谷子》序有之。《隋書》成於貞觀十年，與長孫同時，而彼比取捨不同如此。據《舊唐書・令狐德棻傳》，《隋書》先經顏師古撰述，後成於魏徵。顏師古世代書香，藏書甚富，吾人有理由認《隋書・經籍志》創自顏氏，惜《令狐德棻傳》，語焉不詳，無法得知其授受經過耳。果如上述，則顏氏文史名家旣詳書本之源流，態度趨於愼重，故止取皇甫與樂壹兩本，而不著陶宏景《注》，似對長孫所取陶《注》本，有所懷疑，故置而不論。顏氏所疑何在，固不得而知，據筆者淺見，則所謂陶《注》者，實卽宏景所僞撰之今本第三卷，陶氏自撰自注，其事正同於張湛之僞託《列子》也。

按陶栩《本起錄》所附宏景著作名目，曾注《老子內外集注》四卷，《抱朴子注》二十卷，無《鬼谷子》，然此並不足以證明陶無此作，《本起錄》之末有言曰：『又有《圖象雜記》甚多，未得一二盡知盡見也。』此言誠然，如《眞靈位業圖》及《刀劍錄》，均不在名目中，而如前所述，《位業圖》不僞，至《刀劍錄》出於宏景，尤爲千年來學林所公認，陶栩著作目，遺漏不全，已可概見。因此吾人不爲陶栩不言注《鬼谷子》——實爲僞作今本第三卷——動搖宏景僞託之信念也。

吾人甚至可疑直至五代，仍有不附宏景僞託第三卷之《鬼谷子》本。此可由《舊唐志》見之，《舊志》作：

《鬼谷子》二卷蘇秦。樂壹注《鬼谷子》三卷。尹知章注《鬼谷子》三卷。

開首之《鬼谷子》二卷，疑卽不附僞託之本也。

（《鬼谷子考辨》，原刊於《大陸雜誌》）

黃雲眉云：

鬼谷當屬假托之名。然自司馬遷有蘇秦習於鬼谷先生之言，而漢人已盛傳其人。揚雄《法言・淵騫篇》曰：『或問儀秦學乎鬼谷術，而習乎縱橫言，安中國者各十餘年，是夫？曰：詐人也，聖人惡諸！』王充《論衡・明雩篇》曰：『蘇秦張儀，悲說坑中，鬼谷先生，泣下沾襟。』（卽《答佞篇》意）郭璘《登樓賦》曰：『揖首陽之二老，招鬼谷之隱士。』又《游仙詩》曰：『靜溪千餘仞，中有一道士；借問此何誰？云是鬼谷子。』《文選・注鬼谷子・序》曰：『周時有豪士隱於鬼谷者，自號鬼谷子，言其自遠也。』則鬼谷子有其人矣。《史記・蘇秦列傳》、裴駰《集解》徐廣曰：『穎川陽城有鬼谷，蓋是其人所居，因爲號。』司馬貞《索隱》曰：

『鬼谷，地名也。扶鳳池陽、潁川陽城并有鬼谷墟，蓋是其人所居，因爲號。』王應麟《玉海》引張守節《正義》曰：『鬼谷谷名，在雒州陽城縣北五里。』則鬼谷有其地矣。劉向《說苑・善說篇》引《鬼谷子》曰：『人之不善而能矯之者難矣。』《漢書・杜周傳》『業因勢而抵陒』顏師古曰：『抵，擊也。陒，毁也。陒音詭，一說陒，讀與戲同。《鬼谷》有《抵戲篇》也。』《文選・蜀都賦》『劇談戲論』《注》：『鬼谷先生書有《抵戲篇》。』《史記・田世家・索隱》引《鬼谷子》云：『田成子殺齊君十二代而有齊國。』（《莊子・胠篋篇》篇文與此同）《蘇秦傳・集解》，『《鬼谷子》有《揣摩篇》也。』《索隱》引王劭云：『《揣情》《摩意》是《鬼谷》之二章名，非爲一篇也。』《太史公・自序》，『故曰：聖人不朽，時變是守。』《索隱》：『此出《鬼谷子》，遷引之以成其章，故稱「故曰」也。』則《鬼谷子》有其書矣。然要之皆由司馬遷之言而來，前此未有稱鬼谷者。竊謂蘇秦當時以一貧士，借三寸舌，致勢位富厚，不有所托，不足以取重立異，故詭稱師事鬼谷以欺人耳。不然，豈有如此韜光匿采不識姓名之高士，（高士之稱，見《中興書目》。）肯以捭闔鉤箝揣摩之術，教人取富厚禍敗乎？《史記》所紀，得諸傳聞，本不足據；自後人紛紛實之以地，贅之以書，而後所謂鬼谷先生者，遂若確其有人，而爲談縱橫短長術者之所宗矣。古史上假托之名，漸演漸變，往往形成一極有權威之人，此例正多，不僅一鬼谷然也。若其書之僞托，則《揣》《摩》兩篇，卽其鐵證：《戰國策》載蘇秦得太公陰符之謀，伏而誦之，簡練以爲揣摩，期年揣摩成。《史記》載蘇秦得周書《陰符》，伏而讀之，期年以出揣摩曰：『此可以說當世之君矣。』玩其語氣，不過謂蘇秦伏讀《陰符》，以期年之功，成揣摩之術，而出以說當世之君耳。成者成是術也，出者出是術也，非謂成是書而出是書也。今《鬼谷子》乃有《揣摩》之篇，其不可信一也。就令《揣摩》係書名,則此書乃由蘇秦用苦功讀太公之《陰符》而來,非習之於鬼谷,何以《揣摩》之篇,乃在鬼谷之書?其不可信二也。若謂蘇秦所讀之《陰符》,即今《鬼谷》中之《陰符》,則《陰符》可屬鬼谷,《揣摩》應屬蘇秦,今《鬼谷子》既有《陰符》,又有《揣摩》,其不可信三也。揣摩二字,其含義何若,雖難確定,然大率當連讀,不當分讀。高誘曰:『揣,定也。摩,合也。定諸侯使讎其術以成六國之從也。』江邃曰:『揣人主之情,摩而近之。』果如二說,則連爲一篇可耳。今《鬼谷子》乃分爲《揣篇》《摩篇》,既狀一『揣』字,又狀一『摩』字,義相屬而辭不相涉,分之不患其拘耶!若如王劭所云:『揣爲《揣情》,摩爲《摩意》。』(《太平御覽》亦稱《揣情》《摩意》篇)則情之與意,相混既易,揣之與摩,相去更近,分之不嫌其復耶!其不可信四也。陳三立亦以《揣摩》篇疑《鬼谷子》爲僞書,(《讀鬼谷子》)而未盡其辭;今暢言之,使知其書之僞,即此兩字加以研詁,便足令僞托者無可逃遁,不俟煩引博援也。

(《古今僞書考補證》)

■呂氏春秋

方孝孺云：

《呂氏春秋》十二《紀》八《覽》六《論》，凡百六十篇。呂不韋爲秦相時，使其賓客所著者也。太史公以爲不韋徙蜀，乃作《呂覽》。夫不韋以見疑去國，歲餘卽飲酖死，何有賓客，何暇著書哉？史又稱不韋書成，懸之咸陽市，置千金其上，有易一字者輒與之；不韋已徙蜀，安得懸書於咸陽？由此而言，必爲相時所著，太史公之言誤也。

盧文弨云：

《玉海》云：《書目》是書凡百六十篇。今書篇數與《書目》同。然《序意》舊不入數，則尙少一篇，此書分篇極爲整齊，十二紀紀各五篇，六論論各六篇，八覽覽當各八篇。今第一覽止七篇，正少一。考《序意》本明十二紀之義，乃末忽載豫讓一事，與《序意》不類，且舊校云：『一作廉孝。』與此篇更無涉。卽豫讓亦難專有其名，因疑《序意》之後半篇俄空焉，別有所謂『廉孝』者，其前半篇亦簡脫，後人遂強相附合，併《序意》爲一篇，以補總數之缺。然《序意》首無『六曰』二字，後人於目中專輒加之，以求合其數，而不知其迹有難掩也。今故略爲分別，正以明不敢妄作之意云耳。

松皋圓云：

今之所行《呂氏春秋》百六十篇，後漢高誘注。明宋邦乂徐益孫同校。予頃讀之，尋繹案省，頗有所疑。夫司馬遷作《史記》十二紀、十表、八書、三十世家、七十列傳，篇目整齊，題義粲明，古人用心正嚴固然。然如此書十二紀，自孟春至仲冬各五篇，惟季冬多《序意》一篇；八覽則有始七篇，餘竝八篇。竊謂篇目參差不齊，恐非呂氏之舊也。意者自此書出，降於明季，世之相去幾二千載，屢經喪亂，簡編爛脫，或失《有始覽》中一篇，或雜在中，未得其說。案《序意》者，假設問答，總明十二紀之義耳，全類後世題跋之體，宜繼置《不侵篇》末，不必別爲一篇。如《荀子・王制篇》中提出序官二字，以說官職之例而可也。且其所載豫讓一事，不屬上文，此乃《不侵篇》後脫簡錯亂在此。後人不察，分爲一篇，以足其數，非呂氏之舊明矣。

傅武光撰《呂氏春秋成書年代之考辨》，刊於《國文學報》第十期（國立臺灣師範大學國文系編印），結論云:『《呂》書所謂「嘗亡」、「皆亡」（《安死篇》）、「取亡」（《愼大篇》）皆有其特殊之意義，絕非指「國滅祀絕」言也，其據此以斷《呂》書完成於不韋身後，甚至六國旣滅之後者，皆出誤解而不得其實，其不能成立也明矣。蓋《呂》書之形式整齊，內容則紀、覽、論，彼此相呼應，其出於完整之計劃、精密之調配無疑，故其編者也，必全部同時完成，而非部分先出，餘留異日之修補也。』

〔存 目〕

田鳳臺撰《呂氏春秋撰者考》，發表於《復興崗學報》第二十六期。

陳奇猷撰《呂氏春秋成書的年代與書名的確立》，發表於《復旦學報》第五期。

■劉子新論

張　嚴云:

有稱《劉子》五十五篇，實北齊劉孔昭所作也。如《文獻通考》卷二百十四《經籍考》四十一載:『劉子五卷，陳氏曰: 劉晝孔昭撰，播州錄事袁孝政爲序，凡五十五篇。』又載:『終不知晝爲何代人。其書近出，傳記名稱，莫詳其始末，不知何以知其曰晝，字孔昭也。』

馬端臨生平博極羣書，所著《文獻通考》三百四十八卷，亦稱賅博。馬氏知《劉子》爲劉晝孔昭所撰，而不知劉晝爲何代人，此存疑也，不謂不知也。

案《通志》卷一百七十四《儒林傳》載:『劉晝，字孔昭。勃海阜城人也。少孤貧，愛學，服膺無倦。常閉戶讀書，暑月唯著犢鼻褌，與儒者李寶鼎同鄉，甚相愛。寶鼎授其《三禮》; 又就馬敬德習《服氏春秋》，俱通大義。恨下里少墳籍，便策杖入都，知業令宋世良有書五千卷，乃求爲其子博士，恣意披覽，晝夜不息。還舉秀才策，不第，乃恨不學屬文方復緝綴辭藻，言甚古拙，制一賦，以六合爲名，自謂絕倫，乃歎儒者勞而無功。』又《舌華錄》卷九:『劉晝作《六合賦》，以呈魏收而不拜。收忿之，謂曰: 賦名六合，已是大愚; 文又愚於六合; 君四體，又甚於文。晝不平，又以示邢子才。子才曰: 君此賦正以疥、駱駝、伏而無嫵媚。』《通志》又載:『晝求秀才，十年不得，發憤撰《高才不遇傳》，冀州刺史酈伯偉見之，始舉晝。時年四十八。刺史隴西李璵，亦嘗以晝應詔先之。晝曰: 公自爲國舉才，何嘗語晝。河南王孝瑜聞晝名，每召見，輒與促席對飲，後遇有密親使且在齋坐，晝須臾，徑去追謝。要之，終不復屈，孝昭卽位，好受直言，晝聞之喜曰：董仲舒、公孫弘，可以出矣。乃步詣晉陽上書，言亦切直，而多非世，要終不見收采。編錄所上之書，名曰帝道河淸，中又著《金箱言》，蓋以指肘政之不良。晝常自謂，博物奇才，言好矜大，每言使我數十卷書行於世，不易齊景之千駟也。容止疎緩，擧動不倫，由是竟無仕，卒於家。晝嘗夢貴人若吏部尙書補晝交州興俊令，寤而密書記之。卒後旬餘，其家幼女，忽思語聲似晝云：我被用爲興俊令，得假暫辭別云。』

此於劉晝事略，載之綦詳，固不謂無據也。惟《通志》於劉晝著述，僅言『發憤撰《高才不遇傳》』。又著《金箱言》等，而於《劉子》一書，亦隻字不提。然則晁公武陳振孫二氏，謂：『劉子十卷，劉晝撰。』此何所據而云然？

又余嘉錫《四庫全書提要辨證》載：『此書實晝所撰。晝有才無位，積爲時人所輕，故發憤著此，竊用彥和之名，以避當時之忌諱也。人旣莫知，故要兩唐《志》及諸傳本皆題劉勰矣。』

劉晝『有才無位』，雖有《劉子》五十五篇，爲恐不能行世；彥和當時旣『位高名著』，於是『第取其名』，而期『書傳於後』也。

且古人尙立言，以爲『言得其要，理足可傳，其身旣沒，其言尙存』（《左傳》襄二十四年《注》）。然則言之不朽，立言者亦因以延譽矣。是以古之有才思者，莫不『騰聲飛實，發爲文章也』。（彥和語）如魏文云：『人之一生，年壽有時而盡，榮華止乎一身，二者必至之常期，未若文章之無窮也。』（《典論論文》）古今文士，類多如此，此袁枚所謂：『不能著書，白駒過隙，沒世無稱，可爲寒心刻骨也。』（《答魚門書》）

惟有才無位者，縱有鉅製，乃積爲時人所輕，於是假人姓氏，『欲令書傳於後』；又無才有位，有延譽之心而苦力所不達，因亦

『竊機取巧，掠人美辭，以爲己有』。

此徵劉晝作《劉子》五十五篇，竊用劉勰名，是情所不可有，而事所不能免也。然則《劉子》一書，非劉勰所撰，可以無疑矣。

總之，《劉子》五十五篇，因不著撰人姓氏，後人又勿之深考，以致張冠李戴，有此名實不符之嫌。

（《劉子五十五篇作者辨正》，見《大陸雜誌》二十七卷一期）

王叔岷云：

考《劉子》嘗用阮籍、葛洪之文，兼采魏、晉時僞《文子》之說，如《辯樂篇》：『故延年造傾城之歌，漢武思靡嫚之色；雍門作松栢之聲，齊湣願未寒之服。』阮籍《樂論》：『延年造傾城之歌，而孝武思嬿嫚之色；雍門作松栢之音，愍王念未寒之服。』卽《劉子》所本。《從化篇》：『水性宜冷，而有華陽溫泉，猶曰水冷，冷者多也；火性宜熱，而有蕭丘寒炎，猶曰火熱，熱者多也。』《抱朴子·論僊篇》：『水性純冷，而有溫谷之湯泉；火體宜熾，而有蕭丘之寒焰。』卽《劉子》所本。《愼隟篇》：『禍之至也，人自生之；福之來也，人自成之。禍與福同門，害與利同鄰，（明沈津《百家類纂本》害、利二字互易。）若非至精，莫能分矣。是以智慮者，禍福之門戶；動靜者，利害之樞機，不可不愼也。』僞《文子·微明篇》：『夫禍之至也，人自生之；福之來也，人自成之。禍與福同門，利與害同鄰，自非至精，莫之能分。是故智慮者，禍福之門戶也；動靜者，利害之樞機也，不可不愼察也。』卽《劉子》所本。此文又見《淮南·人間篇》，惟《劉子》與《文子》最合，實直本於《文子》。據此，則《劉子》一書，必出於魏、晉以後矣。且其文體，清秀整飭，與漢人著述迥殊，安得以爲劉歆所作哉！

或以爲劉孝標作，亦難置信。《四庫提要云》：

劉孝標之說，《南史》、《梁書》俱無明文，未足爲據。陳鱣《劉子注跋》說同。本傳既無明文，或說之外，更無可徵，此必傳聞之誤矣。

最難明辨者，厥爲劉晝或劉勰，袁孝政定爲劉晝作，《宋史·藝文志》《郡齋讀書志》《郡齋讀書附志》《直齋書錄解題》、宋王應麟《玉海》，章俊卿《山堂考索》卷十一《諸子百家門雜家類》皆作劉晝，清于敏中等《天祿琳琅書目續編》卷五宋本、孫星衍《孫氏祠堂書目》內編卷二明孫鑛本、明沈津《百家類纂本》、潛菴《子彙本》、清王灝刻《畿輔叢書本》、《湖北崇文書局》彙刻《百子全書本》所題咸同；明馮惟訥《古詩紀前集》十《注》亦稱劉晝。惟據《北齊書》及《北史·劉晝傳》，但言其著《六合賦》《高才不遇傳》《帝道》《金箱壁言》，（宋王應麟《玉海》卷五十三引《北史》壁作璧，疑是。）而不及《劉子》。近人王重民《巴黎敦煌殘卷敍錄》第一輯卷三云：

> 敦煌遺書內有所謂《隨身寶》者，所記經籍一門，均係當時最通行之書，不啻一部唐人《書目答問》也。余乃求之卷內，正有『《流子》劉協注』一則，知必係『《劉子》劉勰著』矣。

考唐釋慧琳《一切經音義》九十劉勰下云：『梁朝時才名之士也。著書四卷，名《劉子》。』此並與袁《序》所稱『時人謂爲劉勰』者合。《新舊唐志》、宋鄭樵《通志·藝文略》四《諸子類》並作劉勰，清孫星衍《平津舘鑒藏記》卷一宋巾箱本、瞿鏞《鐵琴銅劍樓藏書目錄》卷十六明覆刻宋本、明程榮《漢魏叢書本》、清王謨重刻《漢魏叢書本》亦皆題劉勰；惟據《南史》及《梁書·劉勰傳》，但言其撰《文心雕龍》五十篇，而不及《劉子》。則是書果出於何人之手與？夫史傳所記，不無疏略，雖未明言劉晝、劉勰撰是書，亦不足以塙證二子並未撰是書，惟有就是書內容探討分析，

或有助於作者之誰屬。《四庫提要》云:

> 《文心雕龍·樂府篇》稱『有娀謠乎飛燕，始爲北聲；夏甲歎於東陽，東音以發。』此書《辨樂篇》『夏甲作《破斧》之歌，始爲東音』，與勰說合；其稱『殷辛作靡靡之樂，始爲北音』，則與勰說迥異，必不出於一人。又史稱勰長於佛理，嘗定定林寺經藏，後出家，改名慧地；此書末篇乃歸心道教，與勰志趣迥殊。白雲霽《道藏目錄》，亦收之《太元部》無字號中，其非奉佛者甚明。近本仍刻劉勰，殊爲失考。

陳鱣《劉子注跋》亦有此說。一人之著述，有時所用故實，來源非一，亦難免抵牾，故《提要》前說，尚不足以塙證《劉子》不出於劉勰之手；後說言二子志趣迥殊，一崇佛，一好道，則爲有力之證據。近人余嘉錫《四庫提要辨證》云:

> 此書中若《清神》《防慾》《去情》《韜光》等篇，多黃、老家言，故盧文弨謂其近乎道家，是其歸心道教，不僅見於《九流》一篇也。（晝《九流篇》所謂『道以無爲化世』者，指老、莊言之，是道家非道教，《提要》亦誤。）

余氏所稱盧說，見《抱經堂文集》卷十二《劉子跋》。《劉子》雖雜采九流百家之說，然其中心思想實爲道家，與《呂氏春秋》《淮南子》相類，故以《清神》爲第一篇，又繼之以《防慾》第二，《去情》第三，《韜光》第四，皆其驗也。末篇《九流》，首述道家，正以明其所宗。程榮本首述儒家，而道次之，王謨本、《畿輔叢書本》並同。蓋由尊儒之故，妄事顚倒，大乖作者之旨。則此書非崇佛之劉勰所作甚明。盧文弨《羣書拾補》校《劉子序》云:

> 今俗閒所行本題梁東莞劉勰著，殆以文筆與《雕龍》相似而傅會也。

又盧氏《抱經堂文集·劉子跋》云:

其文筆豐美，頗似劉彥和。

然詳審二書，頗不相似，《雕龍》文筆豐美，《劉子》文筆清秀；《雕龍》詞義深晦，《劉子》詞義淺顯；《雕龍》於陳言故實多化用，《劉子》於陳言故實多因襲。此又可證《劉子》非劉勰所作矣。

《北齊書》《北史》雖不言劉晝作《劉子》，然有數端，頗堪留意。《傳》言晝『知太府少卿宋世良家多書，乃造焉。世良納之，恣意披覽，晝夜不息』。又『自謂博物奇才』。《劉子》中之陳言故實，異聞奇說，援引萬端，非博物奇才，決不能作，此其一；《傳》言晝『舉秀才不第，乃恨不學屬文，方復緝綴辭藻，言甚古拙』。其爲文古拙，蓋有意矯正當時浮艷之習，《劉子·正賞篇》云：『不以名實眩惑，不爲古今易情，採其制意之本，略其文外之華。』其旨亦正相符，此其二；《傳》言晝『求秀才十年不得，發憤撰《高才不遇傳》』。袁《序》謂『晝傷己不遇，故作此書』。是《高才不遇傳》與是晝傷己不遇之意頗合，《百家類纂》《本題辭》《子彙本序》，並有類此之說。此其三。據此，則《劉子》似即劉晝所作矣。是晝《知人》《薦賢》《因顯》《託附》《心隱》《通塞》《遇不遇》《正賞》《激通》《惜時》諸篇，皆爲傷己不遇而作。《惜時篇》末云：『歲之秋也，涼風鳴條，清露變葉，則寒蟬抱樹而長叫吟，烈悲酸瑟於落日之際，何也？哀其時命迫於嚴霜，而寄悲於菀柳。今日向西峯，道業未就，鬱聲於窮岫之陰，無聞於休明之世，已矣夫，亦奚能不霑衿於將來，染意於松煙者哉！』《傳》稱晝『每云：「使我數十卷書行於後世，不易齊景之千駟也！」』，其所以『染意於松煙』，亦正欲行其書於後世耳。故《劉子》似非劉晝莫屬也。惟是書旣爲劉晝所作，何以又多傳爲劉勰？宋劉克莊《後村先生大全集》卷一百七十九《詩話續集》引《朝野僉載》云：

《劉子》書，咸以爲劉勰所撰，乃渤海劉晝所製。晝無位，博學有才，□取其名，人莫知也。

余嘉錫《四庫提要辨證》引此文□作竊，並云：

然則此書實晝所撰，晝有才無位，積爲時人所輕，故發憤著此，竊用劉彥和之名以行其書，且以避當時之忌諱也。人既莫知，故兩《唐志》及諸傳本皆題劉勰矣。《朝野僉載》爲唐張鷟所著。鷟高宗調露時進士，博學有才，且去北齊未遠，其言必有所本，自足取信。（下略。）

案張鷟以《劉子》爲劉晝作，與袁孝政同。謂晝竊取劉勰之名，余氏深信不疑，岷則以爲不然，《傳》既稱『晝常自謂博物奇才，言好矜大，每言：「使我數十卷書行於後世，不易齊景之千駟也！」』其自尊、自信如此，豈肯竊用人名，以自取堙滅哉？《傳》謂其制《六合賦》，呈示魏收、邢子才。其欲取重於時流則有之。此猶劉勰之以《文心雕龍》取定於沈約也。（見《南史》《梁書·劉勰傳》）然劉勰之書，大爲沈約所重；劉晝之賦，大爲魏、邢所輕，晝既不能得眞賞於當時，惟有求知音於後世，若竊取劉勰之名以傳其書，則並身後之名亦不可得矣！晝之愚不致如此。則以《劉子》爲劉勰作者，亦傳聞之誤。袁《序》云：『時人莫知，謂爲劉勰。』蓋得其實矣。

或又以《劉子》爲袁孝政作者。宋黃震《黃氏日抄》卷五十五《讀劉子》云：

《劉子》之文類俳，而又避唐時國諱，以世爲代，播州錄事袁孝政注而序之，謂『劉子名晝，字孔昭』，而無傳記可憑，或者袁孝政之自爲者耶？

《四庫提要》云：

或袁孝政採掇諸子之言，自爲此書，而自註之，又恍惚其著書之人，使後世莫可究詰，亦未可知也。

清丁日昌《持靜齋書目》卷三《子部雜家類》亦疑是書爲袁孝政僞作。此並妄說也。盧文弨《劉子跋》云:

宋人黃東發疑爲孝政所自著。余借得《道藏本》，見孝政所爲《注》淺陋紕繆，於事之出《左氏》《國語》者，尙多亂道，而謂其能爲此文乎?

盧氏《羣書拾補·新論序》有說略同。孫詒讓《札迻》卷十亦云:

此書所用故實，《注》多不能得其根抵，或疑此書卽袁孝政僞作，殆不然也。

盧、孫之說並是。（陳鱣《劉子注跋》，亦以爲非袁孝政所作。（余嘉錫《四庫提要辨證》、近人楊明照《劉子理惑》更詳舉袁《注》紕繆之例，以證是書之不出於袁氏。袁氏《新·舊唐書》無傳，其爲何時人，未可塙斷。惟據袁《注》本（涵芬樓影印《道藏本》、海寧陳氏影印《舊合字本》，並爲袁《注》本。）避唐諱字雅之，如《愛民篇》:『是故善爲理者，必以仁愛爲本。』理蓋本作治，此避高宗諱也。又云:『人之於君，猶子之於父母也。未有父母富而子貧，父母貧而子富也。故人饒足者，非獨人之足，亦國之足；渴乏者，非獨人之渴乏，亦國之渴乏也。』諸人字蓋本作民，此避太宗諱也。《法術篇》:『堯、舜異道，而德蓋天下；湯、武殊治，而名施後代。』《淮南·氾論篇》:『故五帝異道，而德覆天下；三王殊事，而名施後世。』(楊明照《斠注》引。又見《文子·上禮篇》。）卽此文所本，以代代世，避太宗諱也。又云:『拘禮之人，不足以言事；制法之人，不足以論理。』《新序·善謀篇》:『拘禮之人，不足與言事；制法之人，不足與論治。』卽此文所本，以理代治，避高宗諱也。袁《注》本諱至高宗，或卽高宗時人邪?晚近所發現之《巴黎敦煌劉子殘卷》，伯目三五六二，不避唐諱，如《愼獨篇》:『顏回不以夜浴改容。』巴黎敦煌本回作淵，不避高祖諱，《從化篇》:『堯、舜之人，可比家而封；

桀、紂之人，可接屋而誅。』巴黎敦煌本人並作民，不避太宗諱，足證爲唐以前寫本，則袁孝政安得僞作是書哉！

（《劉子集證·自序》）

■論　衡

黃　暉云:

《四庫全書目錄》和劉盼遂先生據《自紀篇》以爲《論衡》當在百篇以外。我以爲仲任的手定稿，或者有百篇，但《抱朴子》、《後漢書·本傳》都只著錄八十五篇，蓋《論衡》最初傳世，是由蔡邕王朗兩人，他兩人入吳，都得着百篇全稿，虞翻說：『王充著書垂藻，絡繹百篇。』足爲當時尙存百篇之證。後來因爲蔡邕所得者，被人捉取數卷持去，故只剩八十五篇。見存的《論衡》，大概就是根源於蔡邕所存的殘本，所以葛洪、范曄都只能見到八十五篇。劉盼遂先生所引類書中佚文，似乎都只是八十五篇的佚文，未必在七十五篇之外。因爲唐、宋人所見的不能超出范曄、葛洪之外。

自從《後漢書》著錄八十五篇之後，只缺《招致》一篇。至於各篇的先後排列，大致保存本來面目。據今本各篇的排列與全書理論的體系，及篇中所載的史事的先後，並相符合，可以爲證。那麽，這部書傳到現在，好像是沒有經過後人的改編。

（《論衡校釋·自序》）

〔存　目〕

朱謙之撰《王充著作考》，發表於《文史》第一輯。

蔣祖怡撰《論衡篇數考》，發表於《中華文史論叢》第二輯。

■物類相感志

蘇瑩輝云：

此書名稱，據諸家著錄，有≪物類相感志≫（自晁≪志≫、鄭≪略≫以迄≪四庫存目≫，皆沿此稱）、≪東坡先生物類相感志≫（明寫本，≪持靜齋藏書記要≫）、≪寶顏堂訂正物類相感志≫（明萬曆時陳繼儒輯刊本）三種。此書撰人，有題『僧贊寧撰』（晁≪志≫、鄭≪略≫、馬≪考≫），有題『兩府僧統法戒都監選練明義宗文大師贊寧編次』（明鈔本），有題『東坡蘇軾著』（寶顏堂秘笈本），有題『宋釋贊寧撰』(≪持靜齋藏書記要≫)，有題『東坡先生撰，僧贊寧編次』（≪四庫存目≫，十八卷本），有題『宋蘇軾撰』（≪四庫存目，一卷本）數種。就『撰人』項言，因書爲志體，『撰』（與纂同）與『編次』在此亦可通用，故除≪寶顏堂≫本題『蘇軾著』及≪存目≫之一卷本題『蘇軾撰』外，其餘四種，皆以贊寧爲撰（編次）人。其所以有此差異者，蓋緣≪存目≫之十八卷本誤將書題上之『東坡先生』字樣移入撰人項，其意以爲『東坡先生』乃蘇軾別號；亦卽≪物類相感志≫之作者，而贊寧則爲編次此書之人，遂以『東坡先生』爲撰（著）者；『贊寧』爲編者。後人習焉不察，以爲蘇東坡之名大於僧贊寧，東坡旣爲此書撰人，奚必再列編者之名。職是之故，≪存目≫一卷本，遽將『東坡先生撰』逕易作『宋蘇軾撰』矣。

以余觀之，『東坡先生』或竟是贊寧別號（說詳後），晁≪志≫、鄭≪略≫著錄≪物類相感志≫一書時，可能將書題上之『東坡先生』四字略去，而知不足齋所藏明寫本書題上，固冠有『東坡先生』字樣，其『撰人』項則爲：『兩府僧統法戒都監選練明義宗文大師贊寧編次』。姑無論『東坡先生』是否爲贊寧別號，抑別有其人；但此書之撰者爲贊寧而非蘇軾，則甚昭昭。《存目》所載之兩本，不僅撰人已非其朔，卽內容亦多增竄，此點尤治目錄學者所應注意也。

《提要》以蘇軾不聞有此書，且贊寧爲宋初人，豈有軾著此書而贊寧編次之理？因而定爲『坊賈僞撰』。均能得其實。

僞託成書時代——由於《寶顏堂秘笈》本與《存目》之一卷本近似處甚多，故《存目》『一卷本』可能出於《秘笈》本。至《存目》之十八卷本及中央圖書館所藏之舊鈔本，雖未目驗，然就上述分卷，暨諸家著錄情形觀之，則十八卷本蓋由十卷本演繹而來，絕非由一卷本而衍之（《提要》語）者。

《存目》著錄此書兩本之措辭，於十八卷本曰：『……坊賈僞撰售欺審矣……全似類書，名實乖舛，尤徵其妄也。』於一卷本則曰：『舊本題宋蘇軾撰……皆療治及禁忌之事。疑十八卷之本，卽因此而衍之也。』觀其辭氣，似以十八卷本之出於僞託，尤甚於後者。然瑩於《秘笈》本之『文房』類第二十八條中，見有：

> 收筆，東坡用黃連煎湯，調輕粉蘸筆候乾收之。山谷用蜀椒黃蘗煎湯，磨松煤染筆候乾收之。

一段文字，記山谷於東坡之後，此山谷必宋代之黃庭堅無疑。蘇、黃皆北宋書法名家，故輯錄二人收藏毛筆之法。然則此書不特非北宋初年之贊寧或宋中葉後之蘇軾所著，其成書時代，且亦不能早於黃氏。若就此本門類言，與十八卷本旣不盡同，視十卷本相去更遠。十八卷本之增廣，如在馬貴與以後，則此本之摭拾成編，固不得早於明初矣。

（《論物類相感志之作成時代》，原載《大陸雜誌》四十卷第十期）

■劉賓客嘉話錄

唐　蘭云:

今本《劉賓客嘉話錄》有明《顧氏文房小說》刻本及清曹氏《學海類編》本，其後有跋云:

> 右韋絢所錄劉賓客嘉話，《新唐書》採用多矣，而人罕見全錄，圜家有先人手校本，因鋟版於昌化縣學，以補博洽君子之萬一云。乾道癸巳十一月旦海陵卞圜謹書。

按癸巳是宋孝宗乾道九年（公元一一七三），則今本實出於南宋初刻本也。然此實非韋絢原書。余作辨僞，今本一百十三條中，其可考定爲確是本文者僅四十五條耳。清《四庫全書提要》亦曾指出其中『昭明太子脛骨』等條全與唐李綽《尚書故實》相同，而不知尚有兩條出於《續齊諧記》，二十九條出於《隋唐嘉話》，不僅以一書攙入也。編《提要》者未見《顧氏文房小說》本，遽武斷爲《學海類編》竄改舊本，以示新異，故《四庫》本遂刊去與《故實》相同諸條。然王楙《野客叢書》曾引『昌黎生改金根』事，黃朝英《緗素雜記》曾引『辨遷鶯』條，亦俱見於《故實》，作《提要》者爲之惶惑，遂只得謂爲或一事而兩書互見，疑以傳疑，姑並存之矣。余考今本作僞，實出宋人，故《紺珠集》、曾慥《類說》與陶宗儀《說郛》所引已與今全同。按王楙《野客叢書》在慶元嘉泰間（一一九五——一二〇四）所作，尚在卞圜刊本之後。《紺珠集》刊於紹興丁巳（一一三七），《類說》刊於紹興庚申（一一四〇），則均早於卞本三十餘年。黃朝英所作謂爲《靖康緗素雜記》，晁公武《郡齋讀書志》謂朝英爲聖後舉子，紹聖至靖康已三十餘年（一〇九四——一一二六）則其書更當在前。今按《緗素雜記》卷五引

『辨遷鶯』條，卷七引『三臺送酒』條，卷八引『許敬宗性輕傲』條，卷九引『爲詩用僻事』條，均與今本同。又《緗素雜記》今亦非完書，《說郛》九所載又有引『五夜』條及『千字文』條，《苕溪漁隱叢話》前集卷十九所載引『賈島』條，卷四十所載引『謝靈運鬚美』條，除『賈島』條當是黃朝英誤記外，亦均與今本同。其間『遷鶯』條及『千字文』條，並見於《尙書故實》，『許敬宗』條『謝靈運』條並見於《隋唐嘉話》，固並是作僞者所攙入也。又按《道山清話》云：

> 余少時嘗與文潛在館中，因看《隋唐嘉話》，見楊祭酒贈項斯詩云：『度度見詩詩總好，今觀標格勝於詩。平生不解藏人善，到處逢人說項斯。』因問諸公：『唐時未聞項斯有詩名也？』文潛曰：『必不足觀。楊君詩律已如此，想其所好者皆此類也。』

道山不知何人，末有建炎四年（一一三〇）其孫名暐者跋，時高宗初卽位，則道山者必北宋人也。由書中所記，知其人爲蘇黃之徒，此條云『與文潛在館中』，則當在元祐元年張文潛入史館以後，而紹聖初請郡以前也（一〇八六——一〇九四）。其所舉『楊祭酒詩』，亦在今本《嘉話錄》，而云《隋唐嘉話》者，兩書同名『嘉話』，又同爲『劉』姓，易致淆混，追述其事，因誤記耳。葛常之《韻語陽秋》所引，固不誤也。此事實出於《尙書故實》，亦是僞本所抄撮，則元祐時已有此僞本矣。

四庫本旣刪去若干條，遂謂：『雖殘缺之餘，非復舊帙，然大概亦十得八九矣。』其說殊妄。韋絢原書旣不可考，以何爲準則而云十得八九耶？余考《太平廣記》撰集於太平興國三年（九七八），所引《嘉話錄》，多出今本外；又元祐間人王讜所作《唐語林》序目有《劉公嘉話》，其書中所言有『劉禹錫曰』或『公曰』者，亦多出今本外；凡此兩書所引，較今本多出五十六條；卽今本所存四十五條，亦可增補闕文近七百字；則今本所佚，決不止十分之六。四庫館臣於《廣記》等書所引，熟視無覩，而遽云十得八九，自欺欺人，殊可笑也。

今本《嘉話錄》共一百一十三條，其間所存原本僅四十五條，今以諸書所引，去其重複，別其謬誤，爲補遺五十六條，共一百零一條，不知於韋氏原書能得十分之幾也。《唐語林》所引最詳，然《語林》今亦非完書也。余唯以今本所存四十五條考之，其見徵引者，凡三十二條，占三分之二強，未見徵引者不及三分之一。若以此推之，所輯補遺五十六條，亦可能爲原書三分之二強，或尚當有佚文二十餘條耶？則此輯本雖不敢謂盡復舊觀，而云十得七八，當無愧怍。

文人喜作僞書，然此書今本之作僞，特爲惡劣。余嘗疑此僞本之作，當在元祐以前，時無大亂，原本何以遽佚，作此僞本又何所圖？及讀《道山清話》，前所引一條，乃恍然此僞本實出三館也。《玉海》藝文類引《宋兩朝藝文志》云：

> 祖宗藏書之所曰三館秘閣，在左昇龍門北，是爲崇文院，自建隆至祥符，著錄總三萬六千二百八十卷。八年館閣火，移寓右掖門外，謂之崇文外院，借太清樓本補寫，旣多損蠹，更命繕還，天聖三年成萬七千六百卷，歸於太清。九年冬新作崇文院，館閣復而外院廢，時增摹寫書史，專事全輯。景祐初命翰林學士張觀，知制誥李淑宋祁編四庫書，判館閣官覆視錄校，二年上經史八千四百二十五卷，明年上子集萬二千三百六十六卷。差賜官吏器幣，詔求逸書。復以書有謬濫不全，始命定其存廢，因仿開元四部，錄爲《崇文總目》，慶曆初成書，凡三萬六百六十九卷，然或相重，亦有可取而誤棄不錄者。

於此可見宋初館閣之書，曾爲火焚，而借太清樓之書抄補。太清樓之書又有損蠹，故增摹寫書史，專事全輯。然館閣所藏，仍有謬濫不全之書，故景祐以後，又由張觀等覆視，定其存廢。《玉海》所謂『僞謬重複，並從删去，內有差漏者，令補寫校對』是也。然則《嘉話錄》之殘闕，殆當在祥符八年（一〇一五）館閣書被焚以後，所借太淸樓書，只有殘本，校書者遂雜取他書以補之，覆視之時，既無別本可校，又爲小說家言，不甚經意，而此謬濫不全之本，遂爲館閣善本。後人又從館本錄出，至卞圜刻之，流行於世。而韋絢原書雖尙有唐人寫本，宋初舊抄，流落人間，王讜作《唐語林》時，尙得徵引，南渡以後，遂泯滅而無聞矣。

（《劉賓客嘉話錄的校輯與辨僞》，見《文史》第四輯）

小說家類

■燕丹子

羅根澤云:

以根澤考之，則確爲晚出，其時代蓋在蕭齊，《四庫》謂割裂雜綴而成，不誤也。今先卽尊信此書者，一一指其紕謬:

⑴以所載與《史記》皆合，謂爲《史記》事本(周氏、宋濂。)

案作僞者依據《史記》，參之他書，加以附益，所載自與《史記》相合，不得以此謂爲《史記》事本，先秦古書。且與《史記》亦不盡合：烏白頭，馬生角，機橋不發，進金擲鼃，膾千里馬肝，截美人好手，聽姬琴得隱語，此有而《史》無也；徐夫人匕首，夏無且藥囊，此無而《史》有也。考《史記》傳荆軻事，自言『始公孫季功董生與夏無且游，具知其事，爲余道之如是』(《史記・刺客傳贊》)，不言本之《燕丹子》。其闢『天雨粟，馬生角』謂『世言荆軻』云云，亦不言《燕丹子》。則史公未必見此書，安得據爲事本？再考《論衡・感虛篇》謂：『傳書言燕太子丹朝於秦不得去，從秦王求歸，秦王執留之，與之誓曰：「使日再中，天雨粟，令烏白頭，馬生角，廚門木象生肉足，乃得歸。」』《風俗通義・正失篇》謂:『燕太子丹天爲雨粟，烏白頭，馬生角，厨人生害足，井上株木跳度瀆。』亦皆不言《燕丹子》。且三書所言亦與《燕丹子》不合，知史遷、應劭、王充皆未見此書。然則此書與《史記》合者，本之《史記》也，非《史記》本此也。

⑵以其嫻於詞令，氣息頗古，多古字古義，謂爲先秦之書（宋濂、孫星衍、譚獻。）　案此書採之《史記》，參之《國策》，詞氣自然甚古。至所用古字古義，孫氏舉『劍』、『使』、『椹』、『擿』四字爲證。考『畢使於前』之『使』字，今本《燕丹子》作『辭』，《意林》所引作『事』，作『使』者，《燕策》《史記》也。孫氏謂『叓，古文使，亦事字』，則《燕策》《史記》所用爲古字古義，《燕丹子》所用爲今字今義，益見作僞者不明古義，故改『使』爲『事』也。『拔匕首擿之』之『擿』，《史記》亦作『擿』。《史記》非本此書，已以史公自述語證明，成爲鐵案，則此書愈同《史記》，愈見其採之《史記》也。『太子劍袂』，孫氏謂以『劍』爲『斂』，古無所見，當爲形誤。『右手椹其胸』，『椹』，《國策》、《史記》、《玉篇》俱作『揕』，孫氏謂作『揕』誤，『椹』爲『戡』之借。考『椹』古無通『戡』者，而《集韻·寑韻》『戡，刺也，或從手』。案戡動詞，從手甚合造字之義，則作『揕』爲是，此書作『椹』者，亦形誤。不得據此臆定爲先秦古書也。

⑶以《史記》裴駰《集解》引劉向《別錄》云：『督元，膏腴之地』，司馬貞《索隱》引劉向云：『丹，燕王熹之太子。』謂《燕丹子》雖不載於《漢志》，而《七略》則確有此書（孫星衍）。案《漢志·法家》有《燕十事》十篇，《雜家》有《荆軻論》五篇。荆軻與燕丹有連帶關係，敍荆軻必及燕丹，《史記·刺客傳》是其例。《燕十事》敍及燕丹，更意中事。孫氏謂二書俱非《燕丹子》，是也；然不能謂中無燕丹事。劉向《別錄》非如《漢志》之只列書，班固稱其『每一書已，向輒條其篇目，撮其指意，錄而奏之』（《藝文志》）。就今所存者視之，略與《四庫提要》相仿（今所存《戰國策敍錄》《孫卿新敍錄》等篇，皆《別錄》遺文，詳《圖書館學季刊》第三卷第三期拙撰《別錄闡微》）。則裴駰司

馬貞所引，當爲奏上《燕十事》或《荆軻論》中語。考《漢志》據《七略》爲書，雖自謂『刪其要以備篇籍』，然凡與《七略》有出入者，必須注明。如《六藝略・書類・注》云：『入劉向《稽疑》一篇。』顏師古曰：『此凡言入者，謂《七略》之外，班氏新入之也；其云出者與此同。』云出者如《樂類・注》曰：『出淮南劉向等《琴頌》七篇。』檢《諸子略》各家均未注『出《燕丹子』，則《七略》無此書無疑。

尊信者之說旣不能成立，則其晚出已無疑；抑余籀繹燕丹子，又得內證二事：

⑴《史記・刺客傳》載荆軻初見燕丹，丹語曰：『今秦已虜韓王，盡納其地，又舉兵南伐楚，北臨趙，王翦將數十萬之衆距漳鄴。』（《國策》同）考《史記・秦始皇本紀》虜韓王在始皇十七年（《六國表》同），王翦伐趙在始皇十八年，則丹軻之遇在始皇十八年，韓王已虜，王翦方伐趙時也。荆軻刺秦在始皇二十年，《秦始皇本紀》及《六國表》皆同，則軻見丹後二年卽刺秦死矣。今《燕丹子》卷下曰：『軻從容曰：「軻侍太子三年於斯矣。」』又謂『居五月，太子恐軻悔』。前後相加，至少三年又五月，時間豈能容也？且卷中謂丹舍田光上館，三月卽怪其無說，則太子之急於報秦可知，何以於荆軻則遲三年之久，尙不怪其無說？前後情事，若出兩人，寧有此理？至於謂金丸擲鼃，膾千里馬肝，截美人好手，更非荆軻所宜出。此所謂欲益反損，而適暴其僞也。最奇者，秦皇在危急存亡之際，尙乞聽琴而死；荆軻於可得而甘心之後，竟能慨與寬假；何物琴姬，又能示以隱語？其爲僞者欲護荆軻之失敗，而故爲枝節明矣。

⑵齊太公殺華士，子產殺鄧析，孔子誅少正卯，題目，罪名，手段，大致全同，爲理所未有，後人已據之而疑爲子虛，（見崔述《洙泗考信錄》卷二，梁任公先生《古書眞僞及其年代》卷一。）

今《燕丹子》卷上載燕丹之逃秦也，謂『夜到關，關門未開，丹爲鷄鳴，衆鷄皆鳴，遂得逃歸』。與《國策》所敍孟嘗君逃秦全同；何秦上自君臣，下至守關之吏不知懲前毖後至於斯也？顯係作僞者欲爲燕丹增技增色，故奪孟嘗君事使燕丹重演也。

據此，知爲晚出僞作無疑。而因何而僞？僞於何時？尚竢考索。宋裴駰爲《史記·集解》，從未徵引，知宋時尚無此書。梁庾仲容《子鈔》載有《燕丹子》三卷。《子鈔》雖亡，然高似孫《子略目》謂馬總《章林》一遵庾目。考《意林》所採與今本同，則梁時已有矣。然則其時代上不過宋，下不過梁，蓋在蕭齊之世。《四庫提要》謂在漢後唐前，雖不誤，抑太泛矣。考《隋志》不著作者，宋人《楓窻小錄》亦謂『惜無作者姓名』（《問經堂》本《燕丹子》附錄），意作者蓋哀燕丹之志，慟荆軻之勇，而技不得售，信史昭載，於是採爲本事，加以緣飾以廻護丹軻之失，而寓惋惜之意，本非有意僞託古人；只以稗官小說，不欲署名，或署名而旋失，後人以其述燕丹事，遂謂爲丹賓客或戰國遊士作，躋於先秦著作之林。至《舊唐書》題燕丹子撰，更爲誣妄，前人已能言之，無庸鄙人之曉曉矣。

（《燕丹子真僞年代之舊說與新考》，在《古史辨》第六册內）

■博 物 志

施之勉云:

楊愼曰:『漢有《博物記》,非張華《博物志》也。周公謹云:「不知誰著。」考《後漢書·注》,始知《博物記》爲唐蒙作。』馬國翰曰:『《博物記》一卷,漢唐蒙撰。』

按《博物記》曰:『劉洪篤信好學,觀乎六藝羣書意,以爲天文數術,探賾索隱,鉤深致遠,遂專心銳思。爲曲城侯相,政教淸均,吏民畏而愛之,爲州郡之所禮異。』袁山松書曰:『劉洪字元卓,泰山蒙陰人也。魯王之宗室也。延熹中,以校尉應太史徵,拜郎中,遷常山長史,以父憂去官。後爲上計掾,拜郎中,檢東觀著作《律歷記》,遷謁者,穀城門侯,會稽東部都尉。徵還,未至,領山陽太守,卒官。洪善算,當世無偶,作《七曜術》。及在東觀,與蔡邕共述《律歷記》,考驗天官,及造乾象術,十餘年,考驗日月,與象相應,皆傳於世。』據袁書,劉洪與蔡邕同時,在後漢桓靈之世。唐蒙,先漢武帝時人,則何能爲劉洪作傳,載在《博物記》。此《博物記》,非唐蒙所作,其證一。又,《博物記》曰:『中興以來,都官從事,多出之河內,掊擊貴戚。』《百官志》:『世祖中興,務從節約,並官省職,費減億計。』又:『自中興以後,注不說石數。』又:『世祖中興,吳漢以大將軍爲大司馬,景丹爲驃騎大將軍,位在公下。及前後左右雜號將軍衆多,皆主征伐,事訖皆罷。』又:『博士祭酒一人,六百石。本僕射,中興轉爲祭酒。』又:『孝武帝以下,置中都官獄二十六所,各令長名,世祖中興皆省,唯廷尉及雒陽有詔獄。』又:『中興省譯官別火二令丞及郡邸長丞,但令郎治郡邸。』又:『中興省都司空令丞。』又:『郡國鹽官鐵官，本屬司農，中興皆屬郡縣。』又有廩犧令，『掌祭祀犧牲鴈鶩之屬，及雒陽市長滎陽敖倉官，中興皆屬河南尹。』又:『本有僕尉一人，中興轉爲祭酒，或置或否。』又:『景帝更爲大長秋，或用士人。中興常用宦者，職掌奉宣中宮命。』又:『中興都雒陽，更以河南郡爲尹，以三輔陵廟所在，不改其號。』《志》稱中興，凡十有二，皆指後漢。《博物記》如爲唐蒙所作，何以亦稱中興？此《博物記》，非唐蒙所作，其證二。然則楊、馬二氏謂《博物記》，唐蒙作，妄耳。

(《博物記非唐蒙作》，原刊於《大陸雜誌》第六十二卷第六期)

■世說新語

周樹人云：

《宋書》言劉義慶才詞不多，而招聚文學之士，遠近必至，則諸書或成於衆手，未可知也。

（《中國小說史略》）

蕭　虹云：

除《宋書》所提的《徐州先賢傳》及《典敍》以外，《南史》又加多了兩種劉義慶的作品：《世說》和《集林》，如果我們認定沈約作《宋書》時不提《世說》，是因爲他不認爲《世說》是劉義慶的作品，那麼這兩種不一致的說法，我們應該採取哪一種呢？《宋書》作者是齊梁之間人沈約（四四一——五一三），列傳成書年代約爲齊永明五年至六年（四八七——四八八），《南史》是唐李延壽（唐初人）和他的父親李大師所作，其書於唐顯慶四年（六五九）經唐政府批准流傳，因此比《宋書》晚出約一百七十年。沈約開始寫《宋書》的時候，距劉義慶的卒年只有四十三年，他的說法似乎比較可信。然而沈約在《宋書·劉義慶傳》中沒有提到《世說》這一點，是否可以作爲他認爲《世說》不是劉義慶所撰的證明呢？寫傳記的人往往只採取他認爲比較重要的事件，《世說》《集林》，以至於《隋志》中著錄爲劉義慶的作品：如《宣驗記》、《幽明錄》等，在沈約作史家的眼光中，也許認爲是無關重要的，所以一概不提，也是很有可能的。因此，除非還有其他的證據，單憑這一點，並不足以推翻劉義慶是《世說》作者的說法。

沈約雖然沒有把《世說》包括在劉義慶的作品裏面，但和他同時代的劉峻（孝標，四六二——五二一），也就是爲《世說》作《注》的人，卻表示他認爲劉義慶是負責撰集《世說》的人。在劉峻的《注》文中，他往往指出《世說》的錯誤，大多數情形之下，他都說：『《世說》此言妄矣！』或：『《世說》謬矣！』但有一條《注》中，他都指名義慶，前此似乎未被學者注意，《注》文如下：

> 葛令之清英，江君之茂識，必不背聖人之正典，習蠻夷之穢行。康王之言，所輕多矣！（假譎第十）

康王者，正是劉義慶的謚號。很明顯地，劉峻認爲《世說》的這個錯誤，應該由劉義慶負責。

我們相信義慶早年遇見郭澄之之後，就有了編撰一本像《世說新語》這樣的集子的計劃。在他少年時代，官職比較閑時，就爲這個計劃收集材料及作準備工作。秘書監一職對他的幫助尤大，不過一直到他做荆州刺史的後期，他才擁有人力、財力和時間來實現這個計劃。這個時期義慶的創作力頗爲旺盛，據我們所知，他至少寫了《徐州先賢傳》和《典敍》。何長瑜和陸展是他在荆州時的掾屬，他們協助了義慶編撰《世說新語》。何長瑜被放廣州之後，陸展可能獨力繼續，後來鮑照和袁淑在江州也參與了這個工作。《世說》可能在江州就完成了，於是又開始一本新書——集林——的編撰。義慶轉南兖州時，至少鮑照仍跟隨着他。由於《集林》的篇幅巨大（二百卷），所以可能在江州還未完成，它的編撰工作在南兖州仍繼續着。《宣驗記》和《幽明錄》大概也是那時期的作品，因爲它們反映了義慶對佛教與其他超自然事物的沉迷。

總而言之，義慶具備了編撰《世說新語》的物質和精神條件，《世說》基本上是他的精神產兒，儘管他有何、陸、袁、鮑諸人在實驗工作上的協助。以現代的說法，他應是總編輯，而其他各人只是助理編輯而已。

（《世說新語作者問題商榷》，原刊於國立中央圖書館《館刊》第十四卷第一期）

■古鏡記

馮承基云:

《古鏡記》一文，在唐末已見選錄。

《古鏡記》，見《太平廣記》卷二百三十，《注》云:

出異聞集。

案《新唐書·藝文志》小說家類載陳翰《異聞集》十卷——《宋史·藝文志》同，惟誤作陳輸。《注》云:

唐末屯田員外郎。

知《異聞集》出唐末人之手。又《文獻通考·經籍考》亦載《異聞集》十卷，《注》云:

晁氏曰:『唐陳翰編，以傳記所載唐朝奇怪事，類爲一書。』

又知《異聞集》所載故事，皆鈔錄他人之作。然則《古鏡記》在唐末已爲人採入小說選集，要爲當時傳誦之品。至汪氏《按語》謂:

此文原載《異聞集》，《太平廣記》二百三十採之，而改題王度。

云云。似有可議。蓋《異聞集》原書久亡，非汪氏所能見；而據晁氏之言，其編輯體例，與《太平廣記》，同屬類集他人之作，安知『《王度》』之目，必出《廣記》改題耶?

《古鏡記》內容，在晚唐復別見稱引。

《太平廣記》卷四百四十五，《孫恪條》略謂:

廣德中，有秀才孫恪者，因下第遊洛中。至魏王池畔大第中，遇女子袁氏，遂納爲室。後十餘年，鞠育二子。恪之長安，謁舊友相國王縉，遂薦於南康張萬頃大夫爲經略判官。挈家而往。至端州，袁氏攜二子詣峽山寺僧惠幽，獻碧玉環。及齋罷，袁氏惻然，題詩僧壁；撫二子咽泣數聲，遂裂衣化爲老猿，逐野猿而去。恪惆悵艤舟六、七日，攜二子廻棹，不復之任。

云云。《注》云:

出《傳奇》。

案《新唐書・藝文志》小說家類載裴鉶《傳奇》三卷。《注》云:

高駢從事。

陳振孫《直齋書錄解題》作六卷，《注》云:

《唐志》三卷，今六卷，皆後人以其卷帙多而分也。

《宋史・藝文志》不載是書，疑其已亡於宋、元之際。馬端臨《文獻通考・經籍考》雖載是書，恐係空據晁、陳兩家書目，實未嘗見也。汪氏引計有功《唐詩紀事》六十七云:

乾符五年，鉶以御史大夫爲成都節度副使。

又引《全唐文》八百五稱:

鉶，咸通中爲靜海軍節度使高駢掌書記，加侍御史內供奉，後官成都節度使副使，加御史大夫。

未審《唐詩紀事》《全唐文》又何所本？如其言可信，則裴鉶實仕於唐懿宗、僖宗之時（案《資治通鑑・唐記》:『懿宗咸通五年——西元八六三年，七月，衞將軍高駢爲安南都護。七年——西元八六六年，十一月，置靜海軍於安南，以高駢爲節度使。』又:『僖宗乾符二年——西元八七五年，正月，丙戌，以高駢爲西川節度使。』）惟不知較諸《異聞集》之陳翰孰後先。陳翰既爲唐末人，《直齋書錄解題》復稱其第七卷所載王魁，乃宋朝事。疑陳翰或更在裴鉶後，以時代相近，故其所著《異聞集》，乃亂入宋朝之事。此不具論。所堪注意者，裴鉶《傳奇・孫恪條》（大略已見上引）

述恪表兄張閑雲，見恪氣色有異，勸其割愛，有云：

吾有寶劍，亦干將之儔亞也。凡有魍魎，見者沒滅。前後神驗，不可備數。詰朝奉借，倘攜密室，必覩其狼狽，不下昔日王君攜寶鏡而照鸚鵡也。

『王君攜寶劍而照鸚鵡』，其事卽出《古鏡記》。原故事如下：

度歸長安，至長樂坡，宿於主人程雄家。雄新受寄一婢，頗甚端麗，名曰鸚鵡。度旣稅駕，將整冠履，引鏡自照。鸚鵡遙見，卽便叩首流血，云：『不敢住。』度因召主人問其故。雄云：『兩月前，有一客攜此婢從東來。時婢病甚，客便寄留，云：「還日當取。」比不復來，不知其婢由也。』度疑精魅，引鏡逼之。便云：『乞命卽變形。』度卽掩鏡，曰：『汝先自敍，然後變形，當捨汝命。』婢再拜陳云：『某是華山府君廟前長松下，千歲老狸，大行變惑，罪合至死。遂爲府君捕逐，逃於河渭之間，爲下邽陳思恭義女，思恭妻鄭氏蒙養甚厚。嫁鸚鵡與同鄉人柴華。鸚鵡與華意不相愜，逃而東，出韓城縣，爲行人李無傲所執。無傲，麤暴丈夫也；遂刼鸚鵡游行數歲，昨隨至此，忽爾見留。不意遭逢天鏡，隱形無路。』度又謂曰：『汝本老狐，變形爲人，豈不害人也？』婢曰：『變形事人，非有害也。但逃匿幻惑，神道所惡，自當至死耳。』度又謂曰：『欲捨汝，可乎？』鸚鵡曰：『辱公厚賜，豈敢忘德。然天鏡一照，不可逃形。但久爲人形，羞復故體。願緘於匣，許盡醉而終。』度又謂曰：『緘鏡於匣，汝不逃乎？』鸚鵡笑曰：『公適有美言，尙許相捨，緘鏡而走，豈不終恩？但天鏡一臨，竄跡無路，惟希數刻之命，以盡一生之歡耳。』度登時爲匣鏡；又爲致酒，悉召雄家鄰里，與宴謔。婢頃大醉，奮衣起而歌曰：『寶鏡寶鏡！哀哉余命，自我離形，於今幾姓？生雖可樂，死必不傷。何爲眷戀，守此一方，』歌訖，再拜，化爲老狸而死。一座驚歎。

大凡小說自創作以至流布，已須經過相當時日；至於引用以爲典故，必在大衆週知以後，爲時自當更遠。《古鏡記》內所述之故事，既經裴鉶《傳奇》引用，已如上述，則《古鏡記》創作之時間，下去《傳奇》創作之時間，雖不能確實指定，要當有不甚短之距離也。

《古鏡記》撰人應在顧況前

汪氏《按語》，引《文苑英華》七百三十七，顧況《戴氏廣異記序》，謂王度《古鏡記》之名，見於是序（詳上引）。易言之，卽此記完成，必在顧況之前。顧況見《舊唐書》卷一百三十，附《李泌傳》後。《況傳》不載況生卒年月，惟云：

柳渾輔政以校書郎徵；復遇李泌繼入：自謂已知秉樞，當得達官；久之，方遷著作郎，況心不樂，求歸於吳。而班列羣官，咸有侮玩之目，皆惡嫉之；及泌卒，不哭，而有調笑之言，爲憲司所劾，貶饒州司戶。

柳渾於貞元三年（西元七八七年）正月，以兵部侍郎，同中書門下平章事；同年八月，罷爲散騎常侍。李泌於貞元三年六月，以陝虢觀察使，爲中書侍郎，同中書門下平章事；五年（西元七八九年，）三月，薨。渾與泌並德宗宰相；況旣仕於貞元初，是亦德宗時人。由是言之，《古鏡記》之完成，當在德宗以前矣。

《古鏡記》撰人疑在劉餗後。

《太平廣記》卷二百三十，《蘇威條》云：

隋僕射蘇威有鏡，殊精好。日月蝕既，鏡亦昏黑無所見。威以左右所汚，不以爲意。他日，日蝕半缺，其鏡亦半昏如之。於是始寶藏之，後櫃中有聲如雷，尋之，乃鏡聲也；無何而子夔死。後又有聲而威敗。其後不知所在。

《注》云：

出《傳記》。

案《傳記》載鏡之昏明，與日食相應，與《古鏡記》所載同（見上引），已有相互模擬之嫌疑。然猶可謂由共同心理所產生之共同想像，只可謂之偶合，未必卽出於彼此模擬。而故事同出蘇氏，則似不簡單矣。考蘇威，字無畏，卽蘇綽之子；夔，字伯尼，又威之子也。俱見《隋書》卷四十一《蘇威傳》。威曾兩爲尚書右僕射，一在開皇九年（西元五八九年），一在仁壽初（蓋仁壽元年，亦卽西元六〇一年），並見傳中。是《傳記》所載，除其神話部分外，略與史合；而《古鏡記》則竟不知蘇綽爲何時人（已詳上考）。復自文學發展之先後次第觀之，《傳記》此條，文辭簡短，不脫錄異志怪之體，而《古鏡記》則鋪陳詳悉，藻麗繽紛，純乎有意爲之。以此，疑《古鏡記》作者，實出《傳記》作者後，爲曾見《傳記》此條，加以附會，而誤以蘇威爲蘇綽，又誤以蘇綽爲隋人也。

考《新唐書・藝文志・小說類》載劉餗《傳記》三卷，《注》云：

一作《國史異纂》。

是《傳記》爲劉餗所撰。檢《舊唐書》卷一百二，《劉子玄傳》載子玄子貺、餗、彙、秩、迅、迥，皆知名於時：

餗，右補闕，集賢殿學士，修國史，著《史例》三卷、《傳記》三卷、《樂府古題解一卷》。

而不詳其生卒年月，又檢《新唐書》卷一百三十二載：

餗，字鼎卿。天寶初，歷集賢院學士，兼知史官，終右補闕。父子三人，更涖史官，著《史例》，頗有法。

知餗仕於天寶之初，乃玄宗時人。《古鏡記》作者，如曾見其所著

《傳記》一書，則當爲玄宗以後之人矣。

（《古鏡記著成之時代及其有關問題》，原刊於《文史哲學報》）

段熙仲云：

現在先將歷來有關《古鏡記》作者等等的記述以及各家對這些問題的看法依次介紹於後：

1.《太平廣記》第二百三十『器玩二』中有『 王度 』一則，原注出《異聞集》。《太平御覽》九百十二引《古鏡記》中『程雄家婢鸚鵡』一事，題作《隋王度古鏡記》，這個標題的含義和《廣記》題爲『王度』一則的不矛盾，它是以故事的概略爲題，王度則爲故事的主角。但這樣也導致讀者得出王度爲作者的推論。

2.《文苑英華》七百卌七及《全唐文》五百廿八引唐詩人顧況的《戴氏廣異記序》：『國朝燕公（ 張說 ）《梁四公記》、唐臨《冥報記》、王度《古鏡記》……』這裏與《御覽》不同的是肯定王度爲唐人，且是《古鏡記》的作者（這點亦不同於《廣記》），和《廣記》《御覽》相同的是以《古鏡記》爲小說。

3.魯迅《唐宋傳奇集》卷末《稗邊小綴》中， 指出三點， 第一、他根據顧況的敍述，認爲王度是作者，且『當爲唐人』，『《御覽》作隋王度，蓋緣所記皆隋時事而誤』。第二、根據《新唐書·王績傳》，懷疑：『唐書之績及凝，卽此文（ 指記 ）之勣及度，或度一名凝，或《唐書》字誤，未能詳也。』第三、提出另一新問題，他先引：『宋晁公武《郡齋讀書志》（十四）類書類有《古鏡記》一卷，云：「右書未詳撰人，纂古鏡故事，或卽此。』（按：『此』指『 小說類 』的王度《古鏡記》）這表示可能存在着兩種不同性質的《古鏡記》，但魯迅認爲《讀書志》的《古鏡記》或卽『小說類』的《古鏡記》。

4.汪辟疆在《唐人小說》中對作者問題提出不同的看法，認為王度可能是假託的作者。其次也『頗疑王勣當為王績之誤，度或為凝之改名』。再次是根據舊鈔晁氏《讀書志》衢州本，其《古鏡故事》的『鏡』字作『今』字，因而肯定通行本《古鏡故事》的『鏡』字為後人誤改，且認為不能根據誤改本將兩種不同性質的《古鏡記》強為牽合。

5.其他研究者有的肯定《古鏡記》的作者為『王度，即王凝』，但未提出論據。也有的根據王福時所造的《文中子・中說》等一類可疑材料推論出王度為王通、王凝、王績等人之兄，也卽『芮城府君』，是《古鏡記》的作者，則更值得商榷。

再有關於王凝是否王度，王度究竟是小說人物還是作者的問題。小說中的王度，不見於任何史傳。記中稱他有弟王勣，王勣的事迹中有『自六合丞棄官歸』一條，與《新唐書・王績傳》所記相合（勣與績字，聲、訓都同，是今古文之異）。《王績傳》後還記着：『初兄凝為隋著作郎。』這又與記中所載王度（王勣之兄）在（隋）大業八年……兼著作郎』一事相合。但除此以外，記中其他有關王度的事迹，卻都與史實不符。如記中說他『奉詔撰國史，欲為蘇綽立傳。……故度為《蘇公傳》，亦具言其事於末篇，論蘇公著筮絕倫，默而獨用，謂此也』。但蘇綽是北周人，不應在『國史』（此指《隋史》）中立傳，卽使是《北周書・蘇綽傳》，在篇末也找不到所謂『著筮絕倫，默而獨用』等一類的話。又如記中載有『大業七年五月，度自御史罷歸河東』及『數月，勣還河東』二條，明指出王度和王勣的故鄉是在『河東郡』，而歷史人物王績、王凝的故鄉則是在『太原郡』。最值得注意的是：在記中有關古鏡活動的描繪都充滿着神奇色彩和幻想成分，而古鏡的活動又和有關王勣、王度生活經歷的描寫密切相關。這些出之於虛構想像的描寫當然不等於歷史學家的人物傳記。上述種種，說明了小說家言與史家實錄的區別，也說明了《古鏡記》的作者在塑造人物時有可能以歷史人物王績、王凝的某些生活經歷作爲創作素材，但經過作者藝術構思而後創造出來的人物卻決不就等於是歷史人物。在這裏可以肯定地說：王凝不是王度，王凝是歷史人物而王度卻是小說人物。

最後，談一下關於《古鏡記》的作者問題。

先從作品本身談起。在《古鏡記》中，有關『古鏡』的故事雖然不乏民間傳說的現實因素，但亦滲入了作者對生活現實主觀的理解和闡述。在作者看來，『古鏡』的出現和失去，它的種種異迹，都是和社會上政治、人事等變遷動盪有着密切的關係，所謂『王室如燬，生涯何地』，『寶鏡復去』，以及『百姓有罪，天與之疾，奈何使我反天救物』，都反映出作者懾服於天命、五行和超自然力量的宿命論觀點。作品中王勣浪游前的一席話：『人生百年，忽同過隙，得情則樂，失志則悲，安遂其欲，聖人之義也。』還有鸚鵡婢臨死前的一支歌：『寶鏡寶鏡，哀哉予命！自我離形，於今幾姓？生雖可樂，死必不傷，何爲眷戀，守此一方！』不啻是作者的內心獨白，這裏也充分表現了魏晉以來風行於士大夫間的消極頹廢思想。上面的分析說明了易道蓍筴、天命五行以及老莊安時處順、消極悲觀的思想對《古鏡記》作者世界觀所起的深刻影響。

其次，值得注意的是：《古鏡記》是用流利暢達的古文寫成的，這種古文不僅敍事淸楚，而且還能細致地刻劃出物態人情，如寫鋼劍狀態的奇妙則是：『劍連於靶；靶盤龍鳳之狀，左文如火燄，右文如水波，光彩灼爍，非常物也。』從這裏，也可以看出作者必然受過很深的古文敎養。

以上的探討就爲《古鏡記》的作者問題提供了一條線索。我們知道王績是隋末大儒王通之弟，王通本人傳授儒學，論文重道，他一家在文學主張方面是反對駢儷、提倡史家古文。這不僅在《中說》中有很淸楚的說明，卽使是王通之孫王勃，他的創作雖不脫駢儷餘風，但對當時『競爲雕刻』的文風也表示不滿而要『思革其弊，用光志業』。至於王氏一家的思想，固然受儒家影響較大，但表現在王績、王勃等人，卻是傾向於濃厚的周易老莊思想。引人注意的是:《古鏡記》的作者，在思想傾向和文學修養方面與王績、王勃等人是基本一致的，而且他在寫作時，又是從王氏家庭攝取了一定的創作素材，這種種說明他本人是深受王氏家庭的影響，並且有可能或是其中的一員，或是其親戚門人。

次從作品的寫作時代來看，首先，《古鏡記》不是隋代作品，這在魯迅《稗邊小綴》中已下好結論。而根據顧況《戴氏廣異記序》所說:『國朝燕公梁《四公記》，唐臨《冥報記》，王度《古鏡記》，孔愼言《神怪志》，趙自勤《定命錄》……』又可得出兩點: 一是從『國朝』二字，可以肯定《古鏡記》是唐代作品。二是從《冥報記》出現的時代（約在高宗武后時），和《定命錄》出現的時代（約在玄宗時）來看，《古鏡記》的出現大約不會早於高宗武后時，也不會遲於玄宗時。這又爲《古鏡記》的作者問題提供了另一條線索，也就是說這位作者的主要活動年代大概是在高宗武后以後到玄宗以前。

再從歷來典籍中有關《古鏡記》的記載來看，在《崇文總目》卷三，《古鑒記》一卷之下，清楚地注明了『王勔撰』三字。而在《通志·藝文略》《古鑒記》之下，也注明是『隋王勔撰』。這裏所提供的是一條極爲重要的線索，即《古鏡記》作者的具體姓名是王勔。

根據上面這三條線索，對《古鏡記》的作者問題可以進一步作出較爲具體的說明。

王勔，是見之於史傳的。在楊炯的《王子安集》序中提到王勃有『兄勔及勮，磊落詞韻，鏗鍧風骨，皆九變之雄律也』。《舊唐書·王勃傳》亦稱勃『與兄勔、勮才藻相類，父友杜易簡常稱之曰：此王氏三珠樹也。……（武后）萬歲通天二年，綦連耀謀逆事泄，勮坐與耀善，并弟勔並伏誅。勔累官至涇州刺史』。（《新唐書·王勃傳》所載略同）王勔生於唐太宗貞觀年代（王勃生於貞觀末年公元六四九年），死於武后萬歲通天二年（公元六九七年），他的主要活動年代是在高宗及武后之時。

史書稱勔與勮、勃都有才藻，文名籍甚，可見王勔是有創作能力的（惜作品留存極少，《全唐文》僅錄《百合花賦》一篇）。從他家庭中王績、王勃等人的思想傾向，再從他們父子兄弟曾遭貶廢的情況來看，王勔接受周易老莊思想影響的可能性是極大的。王家從王通起，都反對駢儷，提倡古文，所以王勔必然受過很深的古文敎養而且也極可能進行古文方面創作實踐。

上面這一系列的論證，首先證實了《古鏡記》的作者確實是王勔，其次也確定了小說的寫作年代是在高宗武后時；至於《通志》於《王勔》之上加『隋』字，則誠如魯迅所指出的：『《太平御覽》（九百十二）引其程雄家婢一事，作隋王度古鏡記，蓋緣所記皆隋時事而誤。』

（《古鏡記的作者及其他》，原刊於《文學遺產增刊》第十輯）

■昨夢錄

顧國瑞云:

宋人筆記有《昨夢錄》一種，《四庫全書總目提要》列入子部小說家類存目一，並說：『宋康與之撰。與之，字伯可，又字叔聞，號退軒。』從此，《昨夢錄》的作者就被認定是康與之了。

還是先從康與之說起。康與之其人，《宋史》無傳，但南宋人有關他的記載散見各書，不算太少。這裏略述如下：康與之，字伯可，號順庵。北宋末年、南宋初年人。南渡初，向高宗上『中興十策』，一時頗有名聲。後來依附秦檜，極盡諂媚阿諛之能事，並告密陷害忠善，以達到仕途求進和發泄私憤的目的，故為『士論不齒』。又以詞行世，但所作『應制之詞為多』，專以供奉宮廷，『諛艷粉飾』，『鄙褻之甚』，著有《順庵樂府》。以上所說，據汪應辰《御史中丞常公墓志銘》(《文定集》卷二十)、周南《康伯可傳》(《山房集》卷四)、陳振孫《直齋書錄解題》(卷二十一)、董史《皇宋書錄》(下)、黃昇《中興以來絕妙詞選》(卷一)。汪應辰與康與之同時，深知其人；周南是紹熙、嘉定間人，稍後於康與之，亦熟知其生平事迹；陳振孫、董史、黃昇諸人，去康與之不遠。但所有這些人都不曾說到康與之『又字叔聞』、『號退軒』，也不曾言及他還著有《昨夢錄》。此後，元明兩代的文獻中也沒有這樣的記載。晚清學者陸心源，收藏宋元舊刊頗富，對宋代人的著述情況知之尤詳，所著《宋史翼》中有康與之傳，採集文獻材料甚廣，但此傳同樣只說他『字伯可』，『著有《順庵樂府》』。由此可見，《提要》所謂《昨夢錄》作者是康與之這個說法，於文獻無徵，查無實據。至於《提要》說康與之其人『字伯可，又字叔聞』，這顯然是二個常識性的錯誤。古人取字用伯、叔之類者，一般都表示其排行，同一個康與之，既『字伯可』，怎麼會『又字叔聞』呢？《提要》這個明顯的錯誤，許多人都忽略了，只有近人趙萬里先生曾經批評《提要》『混爲一談』，但他以爲有兩個康與之同名異字，一字伯可，一字叔聞，而《昨夢錄》的作者是字叔聞的康與之。這比《提要》雖前進了一步，卻仍然沒有找到《昨夢錄》的眞正作者。遺憾的是，就連趙萬里對《提要》所作的批評，似乎也沒有引起人們的注意。

《昨夢錄》的作者究竟是誰呢？爲了弄清楚這個問題，需要考查一下《昨夢錄》的各種版本情況。《四庫全書》僅存其目，未收其書，《提要》存目在《昨夢錄》下原注『程晉芳編修家藏本』，程晉芳是《四庫全書》纂修官之一，本人藏書數萬卷，由於家貧，其書在生前已經償債流失（《勉行堂詩文集》卷二《桂宧藏書序》）。這本《昨夢錄》也下落不明了。我們現在見到的《昨夢錄》，都收在明代以來的說部叢書之中，有明代的《說郛》《古今說海》《廣百川學海》《宋人百家小說》《槐根說聽》，清代的《學海類編》和民國初年的《說庫》《舊小說》等。其中，以《說郛》編輯成書時代最早。此書爲元末明初人陶宗儀原編，有楊維楨序，楊維楨死於明洪武三年，其書必成於此前。《說郛》在明代先後曾經郁文博、郛珽兩次重編。今存明鈔本《說郛》多種，大都殘缺不全，其中，《昨夢錄》或有或無。筆者所見存有《昨夢錄》的兩種，一爲會稽鈕氏世學樓鈔本，一爲吳郡趙氏珍藏本，均於卷二十一內《昨夢錄》書名之下署作者爲『宋康譽之』，原注：『字叔聞，號退軒老人，箕山人。』又明末刻本《說郛》卷三十四《昨夢錄》作者亦署『宋康譽之』，其下無注。此外，嘉靖刻本《古今說海》中《昨夢錄》作者署名，與上述兩種明鈔本《說郛》全同；明刻本《廣百川學海》《宋人百家小說》《槐根說聽》中《昨夢錄》作者署名，則與上述明末刻本《說郛》一致，都未注字號、籍貫。總之，檢閱存有《昨夢錄》的明鈔本、明刻本《說郛》等書，可以發現，《昨夢錄》的作者既不是字伯可的康與之，也不是字叔聞的康與之（此人是不存在的），而是字叔聞的康譽之。一直到清初順治四年宛委山堂刻本《說郛》，《昨夢錄》的作者還淸淸楚楚地題爲康譽之。但是，在《提要》問世以後刊行的幾種版本的《昨夢錄》，其作者署名情況就變得十分混亂了，沿襲其錯誤者比比皆是。例如，《古今說海》道光元年苕溪邵氏酉山堂刻本不依該書嘉靖刻本，而改題『宋康與之』；道光十一年刊行的《學海類編》，則署『宋箕山康與之叔聞撰』；一九二七年上海商務印書館出版的《說郛》排印本，雖是張宗祥據六種明鈔本重校的，卻也題作『宋康與之』。看來，都是受了《提要》的影響而改正爲誤或以誤爲正的。倒是民國時編印的《說庫》《舊小說》，其中《昨夢錄》作者署名不誤。這裏，需要說明的是，商務排印本中《昨夢錄》題爲康與之作，是否還與所據明鈔本有關？換句話說，明鈔本《說郛》中，是否有把《昨夢錄》作者題爲康與之的？這是有可能的。趙萬里曾說：『明寫本《說郛》十一引康與之《昨夢錄》，注云：與之字叔聞，號退軒老人。』若此處引述無誤，則說明確有一種明鈔本《說郛》，其中《昨夢錄》作者題爲康與之，而此本或卽爲張宗祥據以重校的六種明鈔本之一。但問題在於，此本所署，不足爲憑。我們知道，古人的名與字之間，往往有意義上的聯繫。『與』和『可』、『譽』和『聞』，其間意義上的聯繫是很明顯的，《孟子》上有一句話『令聞廣譽施於身』，當是康譽之表字叔聞的出處，而『與之』和『叔聞』之間，又能有什麼意義上的聯繫呢？所以，應當說明鈔本《說郛》中署康譽之者是正確的，而署康與之者是錯誤的。今存明鈔本《說郛》，就筆者所見數種，其錯漏之處不勝枚舉，『與』和『譽』，形音皆近，鈔錄致誤，本不足爲奇。據上所述，可以斷定，《昨夢錄》作者應是康譽之。

《昨夢錄》作者是康譽之而不是康與之，這從該書內容中也能得到印證。《昨夢錄》第六則有『紹興辛巳，余聽讀於建昌』之說。紹興辛巳卽紹興三十一年，建昌爲今江西南城縣。然查考康與之的經歷，此年決無『聽讀於建昌』之事。紹興二十五年（一一五五），秦檜死後，在福建安撫司主管機宜文字的康與之馬上受到彈劾，並被除名勒停，送欽州（今廣西靈山）編管，二十八年，移雷州（今廣東海康），不久又移送新州（今廣東新興）牢城收管。其後，他到了廣州，築室於白雲山麓玉虹洞側，書匾名曰順庵。可見，紹興三十一年（一一六一），康與之當在嶺南，而不可能跑到建昌。何況，所謂『聽讀』云云，同康與之原來現任官的身分、紹興二十五年後被除名編管的處境也完全不合。但《昨夢錄》中所述『聽讀』之事，同康譽之的經歷，則是吻合的。《建炎以來繫年要錄》卷一百八十二於紹興二十九年五月，有如下一段記載：『進士康舉之、譽之並送南康軍聽讀，日下出門，令在本軍常切拘管。二人皆與之弟。臨安府奏其輒至行在，妄說事端，故爾。』這段記載告訴我們：一、康譽之確有其人，還是個進士，而且他和康舉之都是康與之的弟弟。二、紹興二十九年，康舉之、譽之跑到行在臨安（杭州）『妄說事端』，被遣送南康軍（今江西星子）聽讀；這與《昨夢錄》所述紹興三十一年事不難銜接，當是康譽之後來又從南康軍被遣送到建昌府聽讀了。因此，證實了該書作者是康譽之，而不是其兄康與之。由於《提要》的錯誤，長期以來，《昨夢錄》的眞正作者康譽之卻幾乎淹沒無聞了。影響所及，連今人編輯的若干書目、索引，對各種版本《昨夢錄》的作者署名，也未能一一據實照錄，更不用說從中辨別正誤了。一個突出的例子是，一九五九年出版的《中國叢書綜錄》，就把各種版本的《昨夢錄》一概歸在康與之名下，致使原來有誤有正的混亂情況都看不到了。又如，近年臺北出版的《宋人傳記資料索引》是一部搜羅繁富、頗便查檢的工具書，其中，康與之、康譽之各列其名，本來很淸楚，但在所編寫的康與之小傳中則說：『字伯可，又字叔聞，號退軒，一號順庵。……《有順庵樂府》、《昨夢錄》。』這就把康與之、康譽之兩人的字、號、著作，統統都牽合爲一了，其謬誤比《提要》實又過之。應當指出，這些錯誤的造成，其源雖出於《提要》，但後來那種輾轉相抄、不注重第一手材料、不深入探求的風氣，確也起了推波助瀾、淹沒眞相的作用。

再補充說一點有關康譽之及其《昨夢錄》的情況。從《昨夢錄》第六則自述中，我們知道康譽之生於滑臺，卽宋時之滑州（今河南滑縣東）。《提要》據此稱康與之：『滑州人。故自署曰箕山。』其實，出生之地不一定就是籍貫，滑州與箕山（今河南登封縣東南）更相去甚遠，康氏兄弟並非滑州人。阮元等纂修的《廣東通志》載有他《創建風雷雨師殿記》一文，末署：『洛師康與之記並書。』《廣東通志》《金石略》錄此記後說康與之的籍貫，『據碑則洛陽人也』。陸心源的《宋史翼》中康與之傳亦採此說。此據康與之自書，當屬可信。康氏兄弟出生之地或有不同，而籍貫理應一致。所以，康譽之的籍貫當是洛陽，箕山距洛陽極近，又是傳說中許由隱居之處，故或署箕山，於情理亦合。《提要》還說：『此書（按：指程晉芳家藏本《昨夢錄》）末有小傳，乃稱爲嘉禾人，蓋南渡後流寓也。』嘉禾卽宋時嘉興府（今浙江嘉興），確是南渡後康家曾經寄寓之地。筆者所見康與之詩集《椒亭小集》前有一篇小傳，便誤稱其爲『嘉興人』。《椒亭小集》見於《兩宋名賢小集》，爲《四庫全書》所收，或程晉芳家藏本《昨夢錄》所附小傳卽從此書錄出。因爲，一者，這可能是一篇康與之的小傳；二者，有關康與之的其他前人記述未見有稱其嘉興人的；三者，《兩宋名賢小集》既經《四庫全書》收入，原本又係纂修官汪如藻家藏，程晉芳是有條件看到並抄錄的。那麼，程晉芳所藏《昨夢錄》到底是怎樣一個本子呢？《昨夢錄》在南宋和後來都未見有單刻本傳世，自陶宗儀採入《說郛》才得以流傳至今。但僅錄九則，恐亦非原書。其後，《古今說海》等書所收《昨夢錄》也只有九則，看來，都是從《說郛》鈔本、刻本中轉收的。至於，程晉芳的家藏本很可能也只是從某個明鈔本《說郛》錄出的。《四庫全書》由於已收《說郛》，此本《昨夢錄》既源出於彼而並無異同，因而，也就僅存其目，不收其書了。當然，這都不過是一種推測，尚無從證實。

（《昨夢錄作者考辨》，見《文學遺產》一九八一年第二期）

■金瓶梅

田宗堯云:

笑笑生是南方人，而且極可能是沈德符

這是一個最新的說法。創此說者爲《金瓶梅探原》一書的作者魏子雲先生。

誠如魏子雲先生所說:『蘭陵』的確不止一個。一是現今山東嶧縣附近的『蘭陵』，也就是大家據以認爲笑笑生是山東人的『蘭陵』。這個『蘭陵』最早，是戰國時的楚國所置；和這個『蘭陵』有關係的人也最多。荀子曾做過蘭陵令，他的住宅據說就在現在的『蘭陵』。此外，高柴、荀子、蕭望之、疏廣、疏受等人的墓也在附近。又相傳子路曾經在附近住宿。這雖然有點兒『孫悟空到此一遊』的味道，但也可見對這個地方的附會之廣。

此外，江蘇武進縣西北九十里，晉大興初年曾置有南蘭陵。南北朝時，南方各國遇有北方城市陷於敵手，常在南方另置一個僑郡。比方淸河、陽穀在南方都有『僑淸河』和『僑陽穀』。這些城在隋代大都已經廢置，只有江蘇的蘭陵壽命最長，到現在還有。蘭陵旣有南北兩個，那麽，笑笑生不一定是山東的蘭陵人，甚至於『蘭陵』不是一個地名，也有可能。北齊不是有蘭陵王長恭，晉代衞恒不是也追諡爲蘭陵貞世子嗎？依我看，這個『蘭陵』的含義，不如一般人所想像的那麽簡單，只是他的含義到現在爲止，還沒有發現而已。

其次，我們來看看語言的問題。

正如魏子雲先生所指出，一般人所說的《金瓶梅》是用山東土白寫的，是一句『極其籠統的話』。過去幾年，我因爲編寫《中國古典小說用語詞典》，有機會接觸古典小說中的俗語方言。根據我個人的經驗，撇開從文言或元曲借下來的語詞，如『物事』、『事體』、『答兒』等不能算數外，其他純爲地方性的俗語方言，依作者的本籍，各有不同。比方說，寫《兒女英雄傳》的文康是旗人，所以他多用京片子；寫《拍案驚奇》的凌濛初是浙江烏程人，所以書中多作吳語。這些可以劃清界限，互不混淆的語詞，才可以代表作者所生長的地理區域。因此，在《拍案驚奇》中的『沒巴臂』、『作家』、『戤米囤餓殺』等，絕不出現於《紅樓夢》《兒女英雄傳》中，而《金瓶梅》裏的『定光油兒』、『上炕撈定兒吃』、『桶孩子』等，也沒有經過《三言》《二拍》《平妖傳》等書的作者利用，這正說明了作者和書中所用方言的關係。所以，同爲旗人的文康和曹雪芹，在他的小說裏說的是道地的北平話，而笑笑生和丁耀亢又說的多是山東的土話。我說笑笑生和丁耀亢說的是北方土話，並不是說笑笑生是山東人。事實上，他不是山東人，而是河北人，而且是久居京師的河北人。

要是我們打開《拍案驚奇》，我們不難發現凌濛初沒有用過北方人所最愛用的『歇後語』。而《金瓶梅》中所用的歇後語之多，可以說沒有一本小說可以與之比擬。潘金蓮說話的時候，不但俏皮話多，歇後語有時三、四句接連不斷的從她口裏出來，若不是作者是一位北方人，他怎麽會對歇後語的運用如此的純熟，如此的正確呢？而且，有的歇後語，也多少具有一些地方性，不是外人所容易知道的。比方說《金瓶梅》第三十二、四十二等回中的『曹州兵備，管事寬』。曹州是山東的地名。這句話只應該流行於山東或北京的官場之中，其他地方的人，恐怕一時不易知道。我曾經遍查《山東通志》《曹州府志》，都找不到一個名叫『管士寬』或類似的名字的人。可見他只是一個小人物。把一個小人物放在歇後語中，其行之不遠，是可以想見的。兵備之員（一四八八——一五〇五）中才多起來，猜想這句歇後語，必定流行在弘治以後。其時離《金瓶梅》之作，已不甚遠。

我國各地方言之中，差不多都有『兒尾』。尤其是北京話，大家更把『兒尾』當成它的特點之一。其實北京話的『兒尾』，在北京話中，並不是最顯著的。北京北邊兒的密雲等處，『兒尾』更重。此外，保定府的『兒尾』也特別的顯著，而且顯著得使聽的人很不受用的程度。

魏子雲先生指出杭州話裏的『兒尾』，『比北京人可要顯著得多了』。我沒去過杭州，不知道杭州人說話是甚麼樣子。以北京話例之，北京話的『兒尾』顯著，離北京幾百里的地方，『兒尾』也很顯著。杭州話中的『兒尾』要是比北京話更顯著，爲甚麼那位浙江烏程（今吳興）人淩濛初在他的《拍案驚奇》中用的『兒尾』那麼少呢？這是不是說明南方人雖然說話的時候，語音中帶有『兒尾』，可是寫的時候，不把『兒尾』寫出來呢？我們常說，北京話的特點是有『兒尾』，因爲說北京話的人，在寫書的時候，喜歡把『兒尾』寫出來。像《兒女英雄傳》的作者文康，《紅樓夢》的作者曹雪芹都是說北京話的人，所以他們的書裏用了很多的『兒尾』。《金瓶梅》裏的『兒尾』旣然那麼多，幾乎每句話都帶有這個『兒』字，是不是正說明這位笑笑生是位久居北京的人呢？自然，久居北京的南方人，也會說極爲道地的北京話，也會用極爲道地的北京話寫書。正如久居山東的外鄉人，可能會說極爲道地的山東話；久居廣東的北方人，會說流利的廣東話一樣。不過，我們要是仔細看看《金瓶梅》中所用的那些對南方人很不尊重的稱呼，也許會認爲這位笑笑生是北方人的可能性，遠比是南方人的可能性，來得大多多。

我國民族性比較保守。一個人不管他離開自己的本鄉多久，還是自認爲是那個原籍的人。甚至於生在別的地方的人，雖然從來沒有去過自己的原籍，還是自認爲那個祖先所自來的地方是自己的原籍，而自己還是那個原籍的人。所以在臺灣，有沒有去過河北的河北人，沒有去過上海的上海人，在外國有沒有到過中國的中國人。不論是南寓的北人或北寓的南人，看見從自己家鄉來的人，還是覺得格外親熱，要打幾句鄉談的。因爲有了這種的觀念，要他說對自己的老家不尊敬的話是不大可能的。我們甚麼時候看見一個北京人自稱爲『京油子』，一個山西人自稱爲『老西兒』，一個江北人自稱爲『北佬兒』呢？這一點，不用我多說，大家心裏都有數。可是，我們一打開《金瓶梅》，就立刻發現，書中對南方人，例稱爲『蠻子』。比方說，第二十四回稱由杭州來的紬絹商人丁雙橋的兒子爲『蠻子』；三十回稱湖州（今浙江吳興）來的何氏兄弟爲『何蠻子』、『何二蠻子』；五十九回稱由南方來的小厮春鴻爲『蠻小厮』、『蠻囚子』；七十六回又罵溫葵軒爲『蠻子』；謝希大甚至於用『有毛的蠻子』來指狗。其他如第四十八回譏笑宋御史是江西人；四十九回又譏諷南方人好『男風』。要是笑笑生是南方人，他肯自己稱爲『蠻子』、把自差比狗、又自己承認好『男風』嗎？這樣看起來，這位作者是北方人，不是南方人。

《金瓶梅》中所記述的西門慶一家的生活，有點像是南方人的生活，這倒有幾分可能，但並非絕對是南方人的生活。西門慶家用『榪子』、喝『金華酒』、吃『白米』、『糟魚』、『酸笋』、『泡螺』、戴『杭州攢』。我查了一下孟元老的《東京夢華錄》，其中卷二記有『西京笋』、『酒蟹』、『龍眼』、『荔枝』、『橄欖』、『犯鮓』等，只是沒有『泡螺』一項。開封是在北方，也有這些南方的東西。雖說京師之地，和其他的地方不同；但是已說明南方的東西，可以到達北方，成爲北方人生活上的享用。西門慶是一個有錢有勢的人，清河又靠近臨清大碼頭，他的飯桌上有南方的鮮貨，吳月娘戴杭州的攢，並不是絕對不可能的。其他如吃『白米』，臨清又有『米舖』，也並不能證明非是南方的不可。《醒世因緣》裏的狄員外家也吃米，明水鎭上也有米舖。事實上北方也產米，只不過白米比較貴，不是平常人家吃得起的。所以，單從吃食上來決定西門慶是不是南方人，是不大容易的。

家常用的東西，《金瓶梅》也記載了好幾種。其中最爲突出的，最容易被人認爲是南方人生活上的特色的，是『楣子』一項。我旅行過的地方不多，對於用楣子或不用楣子的界線在甚麼地方，弄不清楚。我去過河南鄭州，在那裏有過兩三個月的居留。我們住的地方有厠所，但也有楣桶。厠所是給男人用的，楣桶是女人用的。每天晚上，把楣桶拿到門口，有倒楣桶的人來倒走穢物，洗滌楣桶。後來到南京、漢口，就只有楣桶，沒有厠所。我曾經向一位親戚打聽，他去過徐州，據他說，徐州也是楣桶、厠所兼用，和鄭州一樣，徐州略北的山東南部和鄭州略北的河北南部，是不是還有用楣桶的情形，則不得而知。在《金瓶梅》裏，楣子的使用是有一定的限度的。第一、男人不用楣子。甚麼時倒看見過西門慶用楣子呢？西門慶在鄭愛月兒家，是到『後邊』去淨手的，而『後邊』卽厠所所在地。又在大鬧麗春院中，西門慶也是因爲到『後邊』去解手，才發現李桂姐在陪『丁蠻子』吃酒而大打出手的。《金瓶梅》中所描寫的住宅，坑厠都在『後邊』。如第三十九回中韓道國住的房子是『門面兩間，到底四層……第四層除了一間厨房，半間盛煤炭，後邊還有一塊做坑厠』。西門慶家也有坑厠。潘金蓮就是在打掉私肚子後，把這些『穢物』倒在『坑厠』裏，被掏糞的人看見了，才鬧得滿城風雨的。第二、『楣子』是主母用的，而且用的時候，除生病之外，都是在夜間。至少，在白天不一定用楣子。潘金蓮有一次白天在院子裏小便，被陳經濟看見；鄭愛月兒白天在西門慶家院子裏小便，被應伯爵看見，都可證明這一點。春梅爲了讓潘金蓮和陳經濟自由自在的幽會，特別放了一個楿子在秋菊睡覺的地方，秋菊因爲不知道，晚上出來上厠所，因而發現了二人的奸情，可見丫頭不用楿子，只去厠所。卽使他們男人、女人、主母、丫頭、白天、晚上都用楿子，還是不足以說明西門慶是南方人，而笑笑生又非南方人莫屬。《醒世因緣》中的素姐，不就是用楿子的嗎？她不是常常把狄希陳關在床後的監牢裏，讓他坐在楿桶上嗎？可是丁耀亢是山東人，不是南方人。他寫《醒世因緣》是爲了諷刺一位南方人。《金瓶梅》的作者，毫無隱藏的對南方人表示藐視、憎惡，把西門慶一家描寫的像一家南方人，他寫書的目的，是不是就是爲了諷刺一位南方人，才這樣做的呢？這實在是非常可能的。一位南方的作者，是絕不可能對自己本鄉的人如此揶揄的。

《金瓶梅》裏的房子，和《水滸傳》裏的房子不一樣。這一點還沒有看見人提到。《水滸傳》裏武大住的房子是上下兩層。樓上是客坐和臥室，樓下是厨房。這可以從武松被請到樓上去坐、和武大在樓下預備酒飯看出來。到了《金瓶梅》裏，武大的房子被描寫成『樓上下兩層，四間房屋……第二層是樓，兩個小小的院落』。既然已經說是『樓上下兩層』，爲甚麼又說『第二層是樓』呢？難道有上下兩層的樓房，第二層（卽樓上）不是樓房的嗎？《水滸傳》裏武大住的房子，前面臨街，所以潘金蓮下門簾時，一不小心，叉桿打到了西門慶的頭上。《金瓶梅》裏武大住的房子，依照作者的描寫，可能有兩種局勢。一是樓房臨街，後面有第二進，最後又是一個院子；一是樓房不臨街，而前後各有一個院子。如爲第一種情形，就不止有四間房。如爲第二種情形，潘金蓮下門簾時，叉桿打不到西門慶。爲甚麼《金瓶梅》的者作連武大住的房子都說不清楚？原因很簡單，《水滸傳》裏的是南方的房子，而《金瓶梅》的作者是北方人。《金瓶梅》裏的一『層』是一『進』。孟玉樓嫁西門慶之前住的房子是『門面屋四間，到底五層』，卽一共有五進房子。因爲『層』是『進』的意思，所以作者在抄《水滸傳》時，加上了一句『第二層是樓』這樣一句不得體的話。

要是笑笑生是北方人，他可能是北方甚麼地方的人？依我不太成熟的看法，他可能是河北人的成分，比是山東人的成分來得大。除了第八十回中的『居齊魯之邦』和第九十四回『我那邊下着一個山東棉花客人』，不合山東人的口吻之外，第四十八回中安童由東平府去東昌府時，『往山東大道而來』，頗似東平府不在山東；第五十七回清河城南永福寺的長老要向人募緣時，想起了『山東有個西門大官官』；第七十四回中的山東曹州黃員外，『往山東』去買猪。由山東去山東，沒有這樣的事吧！最讓我們覺得作者像是河北人的，是九十一回陶媽媽替李衙內說娶孟玉樓時，說清河李知縣是『咱眞定府棗強縣人氏』。清河在明代屬廣平府（今河公邯鄲附近）；眞定在明代爲京師省眞定府治。稱『眞定府棗強縣』爲『咱』，不正表示作者可能和眞定府有淵源關係嗎？又第九回王婆告訴武松，潘金蓮在武大死後嫁『外京』人去了；五十回中玳安在坊子裏拳打酒太工時，魯長腿說：『二位哥哥請息怒，他外京人不知道。』『外京』顯然是指的『京師』以外的地方而言。酒太工是南方人；西門慶是清河人，都不是『京師』的人。作者稱他們爲『外京人』，他自己自然該是『京師』的人。七十五回荆都監的履歷表上寫他自己是『山後檀州人』。『檀州』在今河北密雲，地當北京東北約三十英里。稱檀州爲『山後』之地，是本地人的說法，猶如我們說『村口酒店』時是指本村的村口，不是指別村的村口。

這樣看起來，這位《金瓶梅》的作者笑笑生，極可能具有以下的三個條件：

一、他可能是河北眞定府人。至少絕不是南方人；

二、他是做過官的人，而且極可能做過大官，因爲書中對明代的官場描寫的很詳盡；

二、因爲書中引用了大量的俗語、小曲兒等，他對這方面一定很內行。

至於他姓甚名誰，恐怕一時之間還不易決定。由書中對立皇太子這件事非常重視，曾經兩度提及來看，也許這位作者竟是東林黨內的人物，也說不定。

（《金瓶梅的作者》，原刊於《書目季刊》）

〔存　目〕

吳晗撰《金瓶梅的著作時代及其社會背景》。

魏子雲撰《金瓶梅探原》，一九八一年臺北時報文化出版社出版。

■京本通俗小說

蘇　興云:

1915年繆荃孫烟畫東堂小品本《京本通俗小說》刊版問世以來，六十年間一直被中國文學史和中國古典文學的研究者所重視，一般都同意繆荃孫在跋語中說的原書是『影元寫本』，它的九篇話本都是宋人作品。只有少數人稍有疑問。如1930年鄭振鐸對此書原本為『影元寫本』提出不同看法，鄭振鐸說:《京本通俗小說》『當是明代隆萬間的產物，其出現當在清平山堂所刻話本後，而在馮夢龍的「三言」前』(《明清二代的平話集》，1947年開明書店《中國文學論集》554頁)。1951年孫楷第根據《馮玉梅團圓》一篇的開頭『簾卷水西樓』詞乃是元末明初人瞿佑(瞿宗吉)所作(見田汝成《西湖游覽志餘》卷二十五)，因而認為《京本通俗小說》至多是元末明初人編的;但孫楷第仍然說該書還是『選輯宋人小說的書』(1965年12月中華書局版《滄州集》76頁)。1975年人們提到《京本通俗小說》的《拗相公》和《馮玉梅團圓》，都認為有這麼一部《京本通俗小說》，而所收都是宋人作品。

我則不僅懷疑此書不但不都是宋人作品(這是近今學術界有過的懷疑)，而且進一步懷疑在繆荃孫刊印這部書之前，世間就沒有過《京本通俗小說》這麼一部書;直率的說，我認為這部書是繆荃孫假造的:話本不假，話本滙集為此書是假。

包括《定山三怪》和《金虜海陵王荒淫》在內，殘『影元寫本』《京本通俗小說》共有九篇話本。這九篇話本都見於馮夢龍編《警世通言》和《醒世恒言》。《警世通言》和《醒世恒言》各該篇標明宋人小說或古本題作『某』的幾篇(《碾玉觀音》《西山一窟鬼》《錯斬崔寧》《定山三怪》），恰恰又一篇不少的保存在這個『殘本』《京本通俗小說》裏，且標題與原標宋人小說作『某』的一字不差。這就使人產生懷疑。據繆荃孫說：『三册尙有錢遵王圖書，蓋卽也是園中物。《錯斬崔寧》《馮玉梅團圓》二回，見於書目。』按：錢遵王《也是園書目》載宋人詞話十二種，全目是：

《燈花婆婆》《風吹轎兒》《馮玉梅團圓》《種瓜張老》《錯斬崔寧》《簡帖和尙》《紫羅蓋頭》《山亭兒》（原作《小亭兒》，研究者一致認爲是《山亭兒》的誤寫）、《李煥生五陣雨》《女報寃》《西湖三塔》《小金錢》。

看了錢目，返觀殘本《京本通俗小說》，則知錢目有而今天已佚失了的《燈花婆婆》《紫羅蓋頭》《風吹轎兒》《小金錢》《李煥生五陣雨》《女報寃》等六篇話本，又恰恰在闕失之列；《京本通俗小說》刊印後發現的《西湖三塔》（見《清平山堂話本》，題《西湖三塔記》）、《簡帖和尙》（見《淸平山堂話本》，又見《古今小說》，《古今小說》題《簡帖僧巧騙皇甫妻》）、《種瓜張老》（見《古今小說》，題《張古老種瓜娶文女》）等三篇話本也偏偏闕失掉；而已見於《警世通言》的《山亭兒》（題《萬秀娘仇報山亭兒》）大約因《也是園書目》誤寫爲《小亭兒》，所以也在殘失之數。這部『影元寫本』的《京本通俗小說》殘的太偶然了。這種種情況很有理由認爲今殘本《京本通俗小說》是抄掇《警世通言》和《醒世恒言》而成，所以有如是的奇特和偶然。

根據繆荃孫公開印出來的七篇話本看，其文字基本與《警世通言》《醒世恒言》所載各該篇相同，只有極個別字、詞的差違。但就在此個別差違中卻顯示出是《京本通俗小說》對《警世通言》和《醒世恒言》各該篇的有意竄改，有意作僞。如對朝代的稱呼，是作品最能表現創作時代的關鍵性字眼，《京本通俗小說》與《警世通言》《醒世恒言》對照，有如文末列表所示。

《京本通俗小說》的『我宋』、『我朝』字樣，只有宋代說話人才能這樣使用，是宋代人的口氣，爲什麼《警世通言》《醒世恒言》卻『故宋』、『宋朝』、『故宋朝』、『南宋』，成爲宋代以後人們的口氣了呢？一種理解是馮夢龍編輯《警世通言》《醒世恒言》在整齊文字的過程中，對本是宋人小說中的表現時代性的幾個字眼做了修改，變成了宋以後人的口氣；另一種理解是繆荃孫從《警世通言》《醒世恒言》抄掇了《拗相公》幾篇話本，冒充『影元寫本』，名之爲《京本通俗小說》，爲了表明確是宋人作品，就在表明時代的關鍵性字眼上做了竄改。仔細考察今天遺留下來的明代及以前的話本集子，包括《清平山堂話本》和『三言』，外及《大宋宣和遺事》，不能不說後一說是合理的。今天被人們一致認爲是宋元的話本不下二十篇，除上述三篇，沒有一篇敍及宋朝時用『我朝』、『我宋』的稱謂（元人話本中也不見『我元』的字眼），有的用『大宋』（或『大元』）字樣，已足以表示對本朝的尊稱了；有的不冠朝代名稱，直述高宗如何，或者說北宋徽宗如何，也不失爲宋代人述宋事的格局。因爲宋代說話人說宋時事給宋時人聽，本不必特殊標明『我宋』、『我朝』，《京本通俗小說》之『我宋』、『我朝』云云，則反而顯出作賊心虛，露出了本非宋人而硬充宋人的馬脚。又，據近代研究者認爲，上述三篇話本，《錯斬崔寧》可能是宋話本；《拗相公》已經十分可疑，而《馮玉梅團圓》則顯非宋話本。如是，《京本通俗小說》在該二篇話本中『我宋』、『我朝』云云，不是恰恰證明是被竄改的麼？馮夢龍並沒有改，因爲他不想做假古董，爲了要把這些話本冒充宋話本才加以竄改的人，恰恰正是繆荃孫。

現在來考察一下《馮玉梅團圓》這篇話本。有充分理由認爲眞的《馮玉梅團圓》（見錢遵王《也是園書目》）或《馮玉梅記》

（見晁瑮《寶文堂分類書目》）已經佚失了。現在載在《京本通俗小說》裏的《馮玉梅團圓》是贋品，它的本名應叫《雙鏡重圓》，這在話本裏已點明。馮夢龍在收入《警世通言》時，頭上加上『范鰍兒』三字。繆荃孫假造《京本通俗小說》，爲了證實『蓋郎也是園中物』，便張冠李戴，把《雙鏡重圓》從《警世通言》中拉來，加上了一番僞裝，改稱爲《馮玉梅團圓》。前引孫楷第考察出來的本篇話本開頭『簾卷水西樓』一詞，乃是元末明初人瞿佑所作，瞿佑活了八十七歲，明洪武初只有二十八歲，可見『簾卷水西樓』詞很可能是入明以後的作品。那麽這篇《馮玉梅團圓》，最早也只能是明初的作品。可是話本竟說什麽『 月子彎彎照九州 』這首吳歌『出自我宋建炎年間』，豈不是宋代說話人引了明初人的一首詞，連類而及『我宋建炎年間』的一首吳歌，眞是天大的笑話。繆荃孫改《警世通言》本篇的這一稱謂時，竟沒有注意田汝成《西湖游覽志餘》卷二十五有此說明。繆荃孫自以爲作僞的手法很高明，卻正好應了『欲蓋彌彰』這句成語。更有甚者，繆荃孫把話本中兩個主要人物都給改了姓換了名。原《雙鏡重圓》話本的呂忠翊被改成馮忠翊， 呂順哥被改成馮玉梅。 如果認爲這一修改出自馮夢龍， 那麽，《清平山堂話本》所收而又被收入《古今小說》《警世通言》中的十篇話本，又別無改姓換名的事例。按:《雙鏡重圓》（卽所謂《馮玉梅團圓》）故事原出南宋王明清（ ？ ）《摭青雜說》的《守節》篇，其中所敍，除沒有以鴛鴦寶鏡做故事的線索和女主人公名號（稱呂女、呂氏）外，都和《雙鏡重圓》相一致，而福州監稅叫呂忠翊，他們父女都姓呂，不姓馮。可見《雙重圓》之稱呂忠翊、呂順哥是原始的；稱馮忠翊、馮玉梅是後來竄改的。何人改，爲什麽改？很明顯，是繆荃孫爲了假造宋人話本的大作僞。至於眞《馮玉梅團圓》中的馮玉梅，到底是男是女，都很難說。

《京本通俗小說》對《警世通言》《醒世恒言》關鍵性個別字

詞的修改，如上述，它反映了假造者的有意作僞；而其他文字的基本相同，又反映着假造的《京本通俗小說》是從《警世通言》和《醒世恒言》抄來的，而不是相反。我們攤開馮夢龍編的『三言』和《淸平山堂話本》，把兩者相同的十篇話本對勘一下，則會發現兩者的文字之差違程度，比起《京本通俗小說》與《警世通言》《醒世恒言》有關各篇之差違要大。這說明馮夢龍把前代話本收入『三言』時是做了文字整齊工作的，增、削、改易時或有之。從而說明如果《警世通言》《醒世恒言》是採取了《京本通俗小說》相應的話本，也一定同樣整齊、修訂之，不會像現在兩者的文字基本相同。旣然如此，兩者文字基本相同，就從另一個側面證明《京本通俗小說》的幾篇是從《警世通言》和《醒世恒言》抄來的，繆荃孫主要改易了朝代的稱謂，其他文字基本沒動。

《京本通俗小說》烟畫東堂小品本《善薩蠻》一篇蓋有『虞山錢曾遵王藏書』篆文印章，是繆荃孫據以認爲《京本通俗小說》是也是園物的顯證。這可能也是繆荃孫拙劣的僞造。據今天看到的經過錢遵王收藏過的書，如《四部叢刊》影印的一些書，《脈望仙館雜劇》（影印本），都沒有錢遵王的藏書印。季滄葦藏書多錢曾述古堂舊物，而今見宋元版書多季氏印（《中國版本圖錄》和《四部叢刊》的一些書卽如此），而無錢氏印。何以錢曾偏在所藏話本上蓋了一個藏書印呢？據瞿鳳起《錢遵王藏書目》的序言說，錢曾的藏書章有『錢曾遵王藏書』，沒有說見過『虞山錢曾遵王藏書』這樣的藏書章。但是今天確實見到這樣的藏書章在別的書上蓋過。那就是繆荃孫曾說過的，書估用《通心堂經解》版《經典釋文》挖掉『通志堂』及『 性德校刊 』字樣，以冒充宋版。（《藝風堂文漫存》卷三《琉璃廠書肆後記》）並僞造錢遵王、季滄葦藏書號加蓋其上。今天看到的這類《經典釋文》上邊的『虞山錢曾遵王藏書』一章，與《菩薩蠻》上邊的『虞山錢遵王藏書』章一模一樣，是一個原章，分別蓋在兩本僞造的書上。這裏的微妙關係，不也是值得玩味麼？

繆荃孫刊版原式的『通體皆減筆小寫』，來表明《京本通俗小說》確是『影元寫本』，非後人所能假造。實際倒反襯它確是僞造。按烟畫東堂小品本的字體和書版樣式，確實很像是影寫的元人刻本，是元人刻戲曲、小說時的字體、樣式。但是這不過證明了作僞技巧的高明，最終還是心勞日拙的。繆荃孫的作僞是有幫手的。清末民初的饒心舫（香舫）其人工於摹寫古本書，他先爲武昌陶子麟刻書處任書寫工作，後來爲繆荃孫寫書三年，繆荃孫又把他介紹給劉承干摹寫宋本前四史。今烟畫東堂小品本《京本通俗小說》書頁上有《陶子粦槑』字樣，可見這正是饒心舫摹寫、陶子麟刻書處刻印出版的。繆荃孫是造假書的主謀，饒心舫合謀（受雇性的合謀），於是一部所謂『通體皆減筆小寫』、『影元寫本』的《京本通俗小說》便出籠行世了。繆荃孫還寫了一篇跋語，跋語閃爍其詞，不可究詰。據跋語，人們不能知道原『影元寫本』書是藏在誰家妝奩中，又不知原書的去向，連原書分訂幾册也不清楚（先說『搜得四册』，後又說《菩薩蠻》是第三册書，似乎原書應有十册）。

繆荃孫是有名的藏書家，他頗注意收集通俗小說，他大約收有《警世通言》和《醒世恒言》而沒有見到《古今小說》和《清平山堂話本》，於是見二書中的話本有注云宋人小說作某者，又見《也是園書目》有宋人詞話之目，便與心贋造《京本通俗小說》。九篇話本的標題除《碾玉觀音》《西山一窟鬼》《鏡斬崔寧》《定山三怪》四篇是按《警世通言》和《醒世恒言》原注而改題以外，《馮玉梅團圓》是從錢目拉來的，《菩薩蠻》《志誠張主管》《金海陵荒淫》是自己主觀虛擬的，而《拗相公》則是從王士禎《香祖筆記》卷十得到『啓示』以定題的。王士禛說：『《警世通言》有

《拗相公》一篇，述王安石罷相歸金陵事，極快人意，……。』王士禛是把《警世通言》載的《拗相公飲恨半山堂》簡稱爲《拗相公》的，他並沒有看過《京是通俗小說》或別的宋人小說本子。於是繆荃孫便欣然接受這一名目，算做『根據』，徑題《拗相公》。爲了虛虛實實，以假亂眞，以眞掩假，他又故意說《定山三怪》因破碎太甚，《金海陵荒淫》淫穢太甚，不能傳摹，而《定山三怪》卻在《警世通言》的《崔衙內白鷂招妖》下注云『古本作《定山三怪》』，可證他不是假造云云。當是有葉德輝者，也算是個藏書家，也收藏通俗小說。葉德輝看穿了繆荃孫的作僞，便將假就假，於繆荃孫死去的1919年冬，把《金海陵縱慾亡身》從《醒世恒言》中抽出，改題《金虜海陵王荒淫》，假稱是《京本通俗小說》的第二十一卷，刊印出來。由於他的印本不是『通體皆減筆小寫』，反而是通體皆楷書正寫，因而書一出籠，就被人們揭了老底，指出他是從《醒世恒言》抄來的。這樣，葉德輝拙劣的作僞便起了掩蓋繆荃孫比較精緻的作僞的作用，以至長期被人信爲確有《京本通俗小說》其書，只在它是何時刊本有不同看法而已。

繆荃孫是『五四』運動興起的1919年死去的。繆荃孫1915年影刊《京本通俗小說》到死去的四年中，當時二三十歲和繆荃孫有過接觸、交往的人，今天在世者可能還有。如果有這樣的老人能够來說明一下繆荃孫刊印《京本通俗小說》的情況，對進一步測定《京本通俗小說》的眞僞將是大有裨益的。

作品名稱	京本通俗小說	通言或恒言
拗相公	我宋以來宰相解位	故宋時凡宰相解位
	後人論我宋元氣	後人論宋朝元氣
錯斬崔寧	我朝元豐年間有一個少年舉子	卻說故宋朝中有一個少年舉子
	卻說高宗時建都臨安	卻說南宋時建都臨安
馮玉梅團圓	此歌出自我宋建炎年間	此歌出自南宋建炎年同
	話說高宗建炎四年	話說南宋建炎四年

（《京本通俗小說辨疑》，原刊於《文物》1978年第3期）

〔存　目〕

吳圳義譯《京本通俗小說眞僞考》（原 Andre Levy 著），發表於《中國古典小說硏究》專集第一册內。

■醒世姻緣

胡適撰《醒世姻緣傳考證》，在《胡適文存》第四集第三卷內。文分七節；一、我的假設；二、內證；三、第一次證實；四、孫楷第先生的證據；五、《聊齋》的白話韻文的發現；六、從《聊齋》的白話曲詞裏證明《醒世姻緣》的作者；七、餘論。文中云：

『幾年來的證據都幫助我證明這書是蒲松齡作的。這些證據是：

⑴《醒世姻緣》寫的悍婦和《聊齋誌異》寫的一些悍婦故事都很像有關係。尤其是《江城篇》的命意與布局都和《醒世姻緣》相符合。

⑵《骨董瑣記》引鮑廷博（生一七二八，死一八一四）的話，說蒲留仙『尚有《醒世姻緣》小說，實有所指』。

⑶孫楷第先生用《濟南府志》及淄川、章邱兩縣的縣志來研究《醒世姻緣》的地理和災荒，證明這部小說的作者必是淄川或章邱人。他的時代在崇禎與康熙之間。蒲松齡最合這些條件，他用章邱來寫淄川，和吳敬梓在儒林外史裏用天長、五河來寫全椒是同樣的心理。

⑷新發見的《聊齋》白話曲本證明蒲松齡是能做寫實的土話文學的作家。

⑸胡鑑初先生用《聊齋》的十幾種曲本的特別土話來比較《醒世姻緣》裏的特別土話，使我們能從文字學上斷定《醒世姻緣》的作者必是蒲松齡。

這些證據，我認爲很够的了。』

王素存云：

作者『西周生』是誰？胡適之先生說：『我整整化了五年工夫，做了五萬字的考證』，『我認爲這部書就是《聊齋誌異》的作者蒲松齡寫的』；也就是考證斷定『西周生』就是『蒲松齡』。

胡先生的考證文章，雖長有五萬字，但約而言之，所據以爲證的資料，則不外三種，一是胡先生說：『我的證據是在《聊齋誌異》上一篇題名《江城》的小說，這個故事的內容結構與《醒世姻緣》一樣』；一是根據蒲松齡將《江城》的故事編成爲白話戲曲裏方言，和《醒世姻緣》裏面的方言詳細比較，頗多相同。『最後就證明《醒世姻緣》和《江城》的白話戲曲的作者是同一小區城裏的人』；一是根據鄧之誠的《骨董瑣記》：『《聊齋誌異》，乾隆三十一年，萊陽趙起杲守睦州，以稿本授鮑以文廷博刊行，余蓉裳時客於趙，爲之校讐是正焉，鮑以文云：留仙尙有《醒世姻緣》小說，實有所指。』

『西周生』，雖經胡先生考證斷定爲蒲松齡而無疑，但研究蒲松齡著作有得的劉階平先生，則與胡先生持絕對相反的見解，旣在其大作《蒲松齡先生作品的研究》文中說：『就《醒世姻緣傳》這部小說看所寫的風土人情、及語言文詞，確是出於晚明，或淸初時間一個山東文人的手筆，惟倘斷爲是蒲先生的作品，無論就這部書的本身看，或就蒲先生的生平事蹟和著作等各方面硏索，尙是一個疑問。』又對《中央日報》記者說：『認爲魯東另一著《金瓶梅續集》之作家，曾至北平及四川遊歷者，極可能爲《醒》書眞正作者。』也就是說『西周生』另有其人，决非蒲松齡。

胡先生的考證，劉先生的說法，究竟誰對？我於兩者之間，是不敢附和胡先生的考證斷定，而同意劉先生的說法，因爲我於胡先生所據以爲證的三種資料，均有不同的看法。我以爲，像《江城》

的那樣故事，不會僅爲蒲氏一人所獨知，蒲氏旣會將之寫爲短篇小說，怎知別人不會將之寫爲長篇小說，何能以故事相同而認爲兩書出於一人之手。

幾句方言不能據以推定作者的籍貫，如因蒲作白話戲曲裏有些方言和《醒世姻緣》裏的一些方言相同，證明兩個作者是同一小區域裏的人，姑不談所謂蒲作通俗俚曲，如《俊夜叉》之類，是靠不住出於蒲氏之手的碑陰追加著作；僅就《醒世姻緣》書中所有方言而談，則大部份爲山東的，小部份爲北京及南方的，如第七十六回說寄姐虐待珍珠：『三日回門，也不帶他回去，沒奈何叫他端遞茶水，倒馬桶，鋪坑叠被。』第八十五回：『這大舅眞是韶道』，『且又圖淨扮領教』；諸如『倒馬桶』、『韶道』、『淨扮』，無一而非南方的方言，如據方言而定作者的籍貫，則謂《醒世姻緣》作者爲南方人或北京人，亦均無不可了。

鄧之誠的《骨董瑣記》對於《醒世姻緣》作者有關的記載，除錄自《夢闌瑣筆》所記鮑以文說留仙尙有《醒世姻緣》小說外，另外尙有錄自《茶館客話》的一段，是說《金瓶梅》而涉及的：『後來惟《醒世姻緣》彷彿得其筆意，然二書皆托齊魯人，何耶？』竟以作者爲南方人，想因書中的故事，雖以山東爲根據地，但其傳世則在武林，取正則在白下而有此說法。

鮑以文在乾隆三十一年刊行《聊齋誌異》，難保不搜求蒲氏著作，說不定書賈爲投其所好，將《醒世姻緣》僞託蒲作，冀鮑氏出善價購刊，壞在書上署名爲『西周生』，而書中又說的是山東事爲多，鮑氏可能爲書賈所愚，以訛傳訛，《夢闌瑣筆》作者乃道聽塗說的筆之於書，似此資料，何能據之以爲鐵證？所以我不敢附和胡先生的考證，斷定『西周生』卽蒲松齡。

我之所以同意劉先生的說法，因爲經我暗中摸索所得，作者確是一位山東文人，並且也確是那位《續金瓶梅》的作者，我的摸索方法，是自『西周生』摸出書中一位突出人物邢皋門，再由邢皋門而摸出這位『西周生』的本來面目。

西周，雖是朝代的名稱，但也是地名，《中國地名大辭典》：『西周，國名，周考王以王城故地封其弟揭，是爲河南公，後稱西周，時王在洛陽下都，王城在其西，故稱西周，後爲秦所滅。』是『西周生』者，河南人之謂，這位河南人，就是書中的邢皋門。

何以見得『 西周生 』就是邢皋門？書中說的很明白，第十六回：『這個邢皋門，是河南浙川縣人。』這還不算，且看作者如何用力的捧邢皋門：『他這八股時文倒不用心在上面鑽研，只是應付得過去就罷了，倒把那正經工夫多用在典墳子史別樣的書上去了，所以倒成了個通才，不像那些守着一部四書本經，幾篇濫套時文，其外一些不識的盲貨。』又說：『自己負了文名，又生了一副天空海闊的心性，灑脫不羈的胸襟』；『那個邢皋門，就是又清又白的醇酒一般，只除了那吃生葱下燒酒的花子不曉得他好，略略有些身份的人，沒有不沾着就醉的。』

作者爲何要如此的高棒邢皋門？將邢皋門寫成一位品、德、才、學、膽、識咸備的完人？我的看法，是作者夫子自道：作者是誰？這須自《金瓶梅》的各種續本說起。《金瓶梅》的續本，計有三種：一爲袁中郎說是仍爲王鳳洲作的《玉嬌李》，今已絕版；一爲又名《三世報》的《隔簾花影》，現猶流行：一爲劉先生所說，亦即李曰剛先生在其大作《國學概論》，及孔另境先生在其大作《中國小說史料》中所稱的《續金瓶梅》：論此書的內容，固爲《金瓶梅》之續，可是另有書名，曰，《金屋夢》：李先生說此書『凡六十四回』，但我所有的一部，則是六十回，我來臺時，曾將第四十六回至六十回數本帶來，現在手邊，故不陌生。

《續金瓶梅》的《金屋夢》作者，是山東諸城人丁耀亢，字西生，號野鶴，晚年自署『木鷄道人』，但在《金屋夢》中，他又自起了一個『夢筆生』的別署；劉先生所說的《續金瓶梅》作者，想卽指丁野鶴而言，書中的邢臬門，旣是作者自況，則邢臬門卽是丁野鶴。

說邢臬門是丁野鶴的化身，姑不談第一回裏說邢臬門對人：『若是那等目不識丁的，村氣射人的，就是王侯貴戚，他也只是外面怕他，心內卻沒半分誠敬。』至對晁大舍，則是『你道他眼裏，那裏有你這個一丁不識的佳公子』，『目不識丁』，或可說是涉筆成趣，信手拈來，殊無用意，而『一丁不識』的一丁，則不能說無深意在內，有意的將丁字顯露出來。

如將邢臬門與丁野鶴的身世，作一番比較，那就更可明白邢臬門與丁野鶴是一人了。邢臬門的身世，第十六回：『從小小的年紀進了學』，『是個參政的公子，他的乃父是我朝數得起一個淸官，況又去世久了，所以家中也只淡薄過得。』丁野鶴的身世：《山東通志》：『丁耀亢，號野鶴，諸城人，明御史惟寧子，少孤貧，負奇才，倜儻不羈，弱冠爲諸生。』尤其是丁惟寧爲官淸正，在任御史時，曾平反眞定白蓮敎冤獄，全活千餘人，眞是明朝數得起的一位淸官，更表明了邢臬門就是丁野鶴。

曉得了書中的邢臬門就是作者『西周生』，則『西周生』者，丁野鶴也，也就是《醒世姻緣》的眞正作者。若說『西周生』是蒲松齡，不談蒲的身世，與書中邢臬門迥然不同，卽就書中描寫北京的風土人情，尤其是寫京城裏一般下流社會的人物各種情態，不論好人壞人，莫不活靈活現的好像站在書上一點而言，殊非未嘗到過北京者所能寫出，蒲松齡未到過北京，丁野鶴則曾在北京久住，就這一點，也可認《醒世姻緣》的眞正作者爲丁野鶴，何況尙有其他的有力證據，所以我同意劉先生的說法。

鮑以文說《醒世姻緣》是蒲松齡作，固不足信，但說作此書的在書中『實有所指』，則非無因，所指者何？據我暗中摸索所得，是指《景船齋雜記》：『董思白在鄉時，鄉人皆惡之。』《墨餘錄》：『吾郡董文敏公，文章書畫，冠絕一時，海內望之亦如山斗，徒以名士流風，每疎繩檢，且以身修爲庭訓，致其子弟亦鮮克由禮，仲子祖常，性尤暴戾。』的明末大名士，亦是大書家的董其昌父子，書中的晁思孝及子晁源，就是指的董其昌及子祖常；丁野鶴如何要不滿董氏父子，原來他與董氏父子有一些恩怨在胸，《山東通志》說他曾『數千里走江南，遊其昌之門，旣歸，鬱鬱不得志』。

書中指董氏父子之處，如粗粗看過，固看不出什麽，但若稍爲留心，就可看出說晁氏父子就是說董氏父子；即以晁氏父子姓名而言，就含有指董氏父子的用意；晁、《漢書》師古《註》：『古朝字。』《詩・齊風》：『朝旣昌矣。』卽指其昌，晁考名思孝，其昌字思白，更明指其昌：漢有御史大夫晁錯，名晁子爲源，意則言董家之惡固皆由於祖常，但亦其昌『每疎繩檢，且以身修爲庭訓』所使然，推源惡始，錯在其昌；此雖近於穿鑿，然丁野鶴之用意或即如此。

次則第一回裏介紹晁大舍：『姓晁名源，其父是個名士。』這個名士，自是指的董其昌了；再以董祖常強劫郡諸生陸紹芬僕女綠英，疑《黑白傳》爲范生所作，將范生逼死，范氏婦女登門問罪，祖常竟『閉門擒諸婦，褫其袓衣，備極楚毒』，演出死有餘辜的『剝褌搗陰』暴行，後來被督學駱沆瀣『故與大杖二十』諸事，與書中所說晁源種種滅絕天理行爲，及被巡道打了『二十大板』諸事相比看，無不暗有闕合，是書中的晁思孝與晁源，就是董其昌與董祖常。

丁野鶴不遠千里遊於董其昌之門，本意在『往南中經遊半壁，廣廣見聞』，得些不傷廉的學贶，完成一件快心的成己成物勾當，那知卻遇了董其昌仲子祖常，『道自己是個公子，並有了銀錢』，以為他是『他家幕客』，竟然『 拿出伯頗大叔侍文章的臉來 』待他，這種不禮貌的待遇，豈是他受得住的，但又無可奈何，只有鬱鬱而歸，他在董其昌處既飽受董祖常的輕視，再眼見董氏父子種種惡行，於是將滿腔的怨憤，悉洩之於紙筆，寫成一部《醒世姻緣》，筆伐董其昌父子，所以書中對晁思孝的縱子為惡，頗多微詞，而於晁源則目之為厭物，鄙之有村氣，稱之為梟獍，將天下之惡皆歸之，死既不得善終，來世為人，還受盡老婆的虐待。

最後關於丁野鶴一生踪跡所歷的問題，劉先生說他曾遊過四川，但《四庫全書》《今世說》《山東通志》等有關他的記載，均無入川之說，我據書中對於四川的描寫簡略而欠眞切看來，殊不敢苟信劉先生此說；《中國人名大辭典》說他『官惠安知縣』，實則《山東通志》『以母老不赴』。《四庫全書》所謂『官至惠安縣知縣』，未嘗到任，所以書中也就沒有海上遊程及閩中風物的穿插，不然，是少不了的，因為他已將所見所聞，穿挿入書，怎會捨了遊閩好材料而不用呢？

（《醒世姻緣作者西周生考》，見《大陸雜誌》第十七卷第三期）

劉階平云：

這部書首題『西周生輯著』，而『西周生』究是何人？向無人注意考證。因為這部書是用山東土語寫成，流傳亦不甚普遍。最早記此書者，為乾隆間楊復吉、列歐，在《昭代叢書》癸集的《夢闌瑣筆》記云：

> 蒲留仙《聊齋誌異》脫稾後百年，無人任剞劂，乾隆乙酉、丙戌，楚中、浙中，同時受梓。楚本為王令君（某）、浙本為趙太守（起杲）所刊。鮑以文云：留仙尙有《醒世姻緣》小說，盖有所指，書成為其家所訐，至褫其衿。易簀時自知

其托生之所，後登乙榜而終。留仙後身平陽、徐崑，字后山，登鄉榜，撰有《柳崖外編》。亦以文云。

歲庚子趙太守之子，曾與留仙孫某某遇於棘闈，備述其故。且言《誌異》未刊者數百篇，尙藏諸家。

後來鄧之誠、文如的《骨董瑣記》卷七裏復引前《夢闌瑣筆》所記云:

《夢闌瑣筆》云:（上略）留仙尙有《醒世姻緣》小說，實有所指，書成爲其家所訐，至褫其衿。（下略）

蔣瑞藻的《小說枝譚》復引:

《夢闌瑣筆》云蒲留仙《聊齋誌異》脫稿後百年，無人任剞劂，乾隆乙酉、丙戌，楚中、浙中，同時受梓。楚本爲王令君某，浙本爲趙太守起杲所刊。鮑以文云:留仙尙有《醒世姻緣》小說，蓋實有所指。書成爲其家所訐，至褫其衿云云。

孫楷第的《中國通俗小說書目》又引前《小說枝譚》所記《夢闌瑣筆》的文字。

綜前所擧諸家記載，皆爲沿襲《夢闌瑣筆》所記鮑以文的所說。但亦有讀過留仙文字後，再看這《醒世姻緣》;感到『或謂是蒲留仙先生則非，以文氣太不類也』。如皃道人在他的《舊學盦筆記》（見《義州李氏叢刻》）裏說:

小說中有《醒世姻緣》者，可爲快書第一。每一下筆，輒數十行，有長江大河渾灝流轉之觀。惜不知作者爲誰?署名『西周生』，或是陝人耶!其語氣則似山左人。或謂是蒲留仙先生則非，以文氣太不類也。南人不知吾北方語言、風俗，故無表章。此書者大約作於明季。（下略）

*　*　*　*

鮑以文名廷博，號淥飮，以文是字。原籍安徽、歙縣，流寓浙江、嘉興。雄於資，喜藏書，兼喜刻書；顏其居曰『知不足齋』。爲清乾、嘉間藏書名家。在乾隆三十年乙酉（一七六五）間，吾魯萊陽趙荷村（起杲）服官浙中，攜有《聊齋誌異》鈔本兩厚册，遇到這喜藏書兼喜刻書的鮑氏，始商量集資刻印。考留仙歿於康熙五十四年乙未（一七一五），是其《誌異》由荷村與以文商量刻印時距留仙歿世已五十年。以文距蒲氏之世既晚後幾十年，且一居魯東，一居浙中，相距數千里。鮑氏於《誌異》文字的激賞，是從得識荷村時始起，當時以文曾爲詩記曰：『奇文詫見聊齋翁，主人鼓掌客擊節。』又云：『荷邨先生事蒐討，賸喜天留有遺藁。』可見以文於蒲氏的《誌異》事前原不明悉，至於留仙生平的其他著述，更是茫然無聞。

鮑以文所說『留仙尚有《醒世姻緣》小說』，這話當在其刻印《誌異》以後。王素存先生寫《醒世姻緣作者西周生考》裏，有一段文字，記可能這傳說的由來：

> 鮑以文在乾隆三十一年刊行《聊齋誌異》，難保不搜求蒲氏著作，說不定書賈爲投其所好，將《醒世姻緣》僞託蒲作，冀鮑氏出善價購刊。壞在書上署名爲『西周生』，而書中又說的是山東事多，鮑氏可能爲書賈所愚，以訛傳訛。《夢闌瑣筆》作者乃道聽塗說的筆之書。似此資料，何能據之以爲鐵證？

至以文所說此書『蓋實有所指。書成爲其家所訐，至褫其衿』。又是聽到揑造動人聽聞的故事，以炫此書。又說到蒲氏『易簀時自知其託生之所，後登乙榜而終』，以及荷村之子曾與留仙孫某某遇於棘闈，備述其故。且言《誌異》未刊者數百篇尚藏諸家。都是一些荒誕無稽的記載。

胡適之先生的考證《醒世姻緣傳》的作者是蒲松齡（留仙），全文最早發表在民國二十一年（一九三二）上海《新月》雜誌。這年底上海亞東圖書館就原木刻本刪削其中猥褻字句，用新的標點符號，排印出一部《醒世姻緣傳》，題作蒲松齡著，傳首錄有胡先生的長篇考證外，並有徐志摩先生的長序。

就胡先生的長篇考證（見一九三二年上海《新月》雜誌），他考證《醒世姻緣》作者『西周生』就是蒲松齡，綜其要點有三，玆分別撮要節錄，並附管見如次:

㊀在《聊齋誌異》上有一篇題名《江城》的小說，內容結構與《醒世姻緣》大致一樣。不過前者是文言短篇，後者是白話長篇而已。《醒世姻緣》所描寫的男主角之所以怕老婆，就是因他前世曾經殺過一個仙狐，仙狐就轉世變爲女人來當他的太太，以報前世的寃仇。《江城》這一篇，也是因爲男主角前世曾經殺過一隻長生鼠，長生鼠也就轉世變爲女人來做他的太太以報前世寃仇。因爲這兩個故事的結構都相同，又同是出在山東、淄川，所以我就想到蒲松齡與『西周生』其人。

一個所謂『季常之癖』的民間故事，原爲世人茶餘酒後所樂道。一個『懼內』故事，自不限一個人所獨知。是不能因爲兩個內容、結構大致一樣的故事，就想到其作者是出於一人。

㊁我用語言學的方法，把《醒世姻緣》裏有關山東的方言找出來，再把蒲松齡所著有關《江城》的白話戲曲中那些方言找出來，彙成一個字典；最後就證明《醒世姻緣》和《江城》白話戲曲，原來是一個人作的。至少也可斷定這兩部書的作者是同一個地方的人。

《醒世姻緣》是用山東土語寫的，蒲氏編演《江城》故事的《禳妒咒》戲曲，是以淄川土語寫的。淄川是山東中部的一縣，在外省人士讀這兩部書，自然感到這些地方土語，許多是相同的。不能僅憑部分的相同的地方土語，就證明這兩部書的作者是同一個人。且詳檢《醒世姻緣》的鄉諺土語，與《禳妒咒》的鄉諺土語並不盡相同。胡先生的《長篇考證》裏，並列擧那時印行的《聊齋白話韻文》幾篇裏的字句，並引作證明。殊不知這些白話韻文，如《齊人一妻一妾》《問天詞》都不是留仙所作，至於其他幾篇的作者亦尙待考證，豈能引作爲考據上的證明！

㈢最後的證實。據鄧之誠的《骨董瑣記》卷七《蒲留仙》：

> 《夢闌瑣筆》云：《聊齋誌異》乾隆三十一年萊陽趙起杲守睦州，以稿本授鮑以文廷博刊行。余蓉裳集時客於趙，爲之校讐是正焉。鮑以文云，留仙尙有《醒世姻緣》小說，實有所指。書成爲其家所訐，至褫其衿。易簀時，自知後身卽平陽、徐崑，字后山，鄉登榜，撰《柳崖外編》。乾隆庚子，其孫某所述如此。（下略）

數年前假設的一個理論，想不到竟會在這則筆記中證實了！考留仙的生平事蹟，及其編著稿目，在他《聊齋編年詩集文集》，及其子蒲箬等的《祭父文》、《柳泉公行述》皆有記述，但卻找不出他曾寫《醒世姻緣》的一點跡象。

蒲氏的長孫立悳、五世孫庭橘，都是秉承家學，於乃祖的《誌異》一書以及未刊的詩、文集稿以及編演《誌異》故事的戲曲亦各有詳記，而無隻字提及這部『醒世姻緣》一書。遍查關心鄉邦文獻之士的記錄，不少詳載蒲氏的遺著稿目及其著述者，但亦無一語述及有這部用山東土語寫的小說。距留仙歿世五十年，遠處淄川數千里外的鮑以文，又從何獨知這《醒世姻緣》的作者『西周生』就是蒲松齡！又說到這書『實有所指。書成爲其家所訐，至褫其衿』，果如所說，在當時不是一件小事，爲何在蒲氏故鄉地方文獻上沒有隻字記載！這《夢闌瑣筆》所記鮑以文的話，顯然是不足採信的訛傳。豈能引爲考據上的證實！

我們再看《醒世姻緣》所寫的地方上風土人情，前部是寫山東武城，後部就寫山東繡江縣、明水鎭和北京的景物。考蒲氏生平大都居住在故鄉淄川。在康熙九年庚戌（一六七〇）秋間應同邑友人孫蕙邀約到江南寶應縣署任幕賓。九月間南下，經青石關、沂水，入江南境，渡黃河，循運河到寶應縣署。明年卽康熙十年辛亥（一六七一）正月曾隨孫蕙遊過揚州，三月間又隨孫蕙到過高郵，爲時不久，旋於五月間辭孫蕙返回淄川，這是他三十一二歲的事，這次江南之遊不過八九個月。生平西行到過濟南若干次，東行亦到鄰近的靑州。這些遊踪在他的編年詩集裏皆有記事詩。

在《醒世姻緣》後部裏有不少文墨描繪晚明北京的『廠衞』勢力和當時北京的社會景物人情。一個未到過那地方的人，對那地方的風土是無從認識領會，如何能加以描繪呢？試看第七十一回有一段文字說到北京童寄姐的父親銀匠童七，最初如何交接當時坐東廠的內監陳公，打着陳公的幌子，誰都不敢惹他『甚麽門單、火夫、牌頭、小甲沒有扳他半個字』。後來失歡陳公，『那凡百的雜役、差徭都也不肯饒他』。他乃報了個『象房草豆商人』。不知道累人差役，那像是房子般大的這樣蠢貨，他是肯忍餓麽？像奴按日經管象草料官兒如數向童七要。戶部裏沒有銀子，要按日把自己的銀錢墊發，倘遇陰天下雨草料販子不上城，更是沒處可買。又是如何的把童七的家私賠墊耗盡，復被管草料的官打了幾遭，這差使又不能辭掉，逼得沒法，最後『懷着訴狀，袖了繩，悄悄的到那管象房草料戶部主事宋平函私宅門首，兩腳登空，一魂不返』的自縊。考留仙生於明崇禎十三年庚辰（一六四〇），十七年甲申（一六四四）明亡，這年留仙纔五歲。一生從沒有到過北京，怎麽會寫出這晚明北京的社會情形呢！

《醒世姻緣傳》一書，在日本享保十三年（一七二八）的《舶載書目》已有記載，所記該書的序、跋、凡例，與今通行木刻本全同。按享保十三年爲淸雍正六年戊申（一七二八）。留仙歿於康熙五十四年乙未(一七一五)，可見此書由我國流入日本，收入其《舶載書目》，距留仙歿世後不過十四年。蒲氏著作最早的刻印爲乾隆三十一年丙戌（一七六六）所刊的《聊齋誌異》，而在日本有《醒世姻緣傳》早《誌異》刊行前三十年。由此想到《醒世姻緣傳》的刊行當在明季，最晚是在清初。因沒有較長久的時間，不會流傳到海外日本。

留仙先生早年生活清苦，上奉老母，下撫妻兒，屢設帳於同邑縉紳家，『慘淡經營，冀博一第』；所以其四十歲前的著作，要爲『漁蒐聞見，抒寫襟懷，積數十年而成』的《誌異》。四十歲後設帳同邑西鋪畢氏的綽然堂，生活得以漸安；不少著作是到綽然堂寫的。淄川畢氏綽然堂藏書，自明季至此已歷三世，蒐集至富。如劉侗、于奕正的《帝京景物略》，刊於崇禎八年，流傳甚少。在《聊齋文集》裏的《帝京景物選略小引》記云：『甲子於綽然堂得是書，蹬然喜。』邢仲采先生《西鋪訪書》亦云：『柳泉才華贍富，書無不窺，殆得力於畢氏圖籍者居多。』所以想到《醒世姻緣傳》旣刊行於明季清初間，綽然堂當收有這部鄉諺土語的長篇巨著。看留仙編演《江城》故事的《禳妒咒》戲曲，其中不少人物情節，是從《醒世姻緣傳》裏借入的：在《禳妒咒》第八回《花燭》裏的撒帳先生擧動、念詞，不是和《醒世姻緣傳》第四十回裏的撒帳先生相似麼？最後都是被主人招着他的脖子攆出去了。《禳妒咒》第二回《雙戲》裏的打瓜子，又似《醒世姻緣傳》第七十五回裏狄希陳和童寄姐的打瓜子。在《禳妒咒》第二十四回《撻厨》裏的吳厨子的刁惡，又似《醒世姻緣傳》第五十四回裏的尤厨子。

* * * *

《醒世姻緣傳》的作者，就這部書裏所描繪的地理人情、社會風俗，當在明朝末年，最遲不過淸初，曾經住過北京的一個山東人寫的。

再看這部小說結構和文筆，是將一些零散故事，輯合編爲一部長編巨著，所以題稱《輯著》。寫晁源故事，約佔全書四分之一，寫其轉世爲狄希陳故事約佔全書四分之三。最後仍回述到前世人物高僧胡無翳的佛法超渡，解脫狄希陳的前世寃仇。描寫書中人物深刻自然，栩栩如生；所寫故事，前後貫連；確『有長江大河渾灝流轉之觀』。再看留仙編演《誌異》故事的白話戲曲，如《禳妒咒》《慈悲曲》《姑婦曲》等，文詞雋永詼諧，風趣活潑；自別是一種文墨。

看胡先生考證《醒世姻緣傳》作者『西周生』就是蒲松齡的長篇考證和演講詞，所據資料，要有三點：一、是《誌異》裏的《江城》篇，和編演《江城》篇的白話戲曲，內容結構和《醒世姻緣傳》一樣。二、是在編演《江城》故事白話戲曲有些方言和《醒世姻緣傳》裏的方言相同。三、是引《夢闌瑣筆》裏所記蒲留仙尙有《醒世姻緣》小說，這是鮑以文的話。前兩點都是出於臆測的假設。至後一點引自鮑氏的話，乃出於無稽的傳聞，豈能憑此以爲證實？看留仙編演《誌異》故事俚曲裏的土語，不少是與《醒世姻緣傳》裏的土語亦不相同。再看《醒世姻緣傳》裏描繪晚明時北京的社會人情，考留仙生平旣沒有到過北京，是無從寫的。況看留仙的生平事蹟及其所有遺著，亦沒有寫有這部《醒世姻緣傳》的一點跡象可尋。就上各角度看來，《醒世姻緣傳》的作者『西周生』都未能確證就是蒲松齡。

（《醒世姻緣傳作者西周生考異》，原刊於《書目季刊》）

藝術類

■棋經

李毓珍云:

《棋經十三篇》的作者是誰，幾百年來一直沒有弄清楚。關於它的作者問題，過去有幾種不同的說法：⑴劉仲甫說，⑵晏天章說，⑶張擬說，⑷張靖說，⑸張擬卽張靖說。現在就這個問題試圖作一些初步的探討。

劉仲甫說起源很早，但是一直沒有人相信這種說法。蔡條《鐵圍山叢談》說：『徽宗在位時，劉仲甫號稱國手，仿《孫子》十三篇著有《棋經》，又作《造微》《精理》諸集，咸見棋之布置用意，成一家說。』按劉仲甫是北宋末南宋初國手，著作傳世的有《棋訣》，宋人何薳《春渚紀聞》中也有關於他的記載。但是《棋經》卻不是他所作，蔡條搞錯了。大約就是因爲他是當時很有名氣的棋手，就把當時影響很大的《棋經》跟他拉在一塊了。《棋經》約成書於宋仁宗皇祐年間，距北宋末南宋初劉仲甫時已七十餘年。宋譜《忘憂清樂集》所收《棋經十三篇》的跋文說：『我朝善弈顯名天下者，昔年待詔老劉宗，今日劉仲甫、楊中隱以至王琬、孫侁、郭範、李百祥輩，人人皆能誦此十三篇，體其常而生其變也。』這段跋文，據錢曾考證，是《忘憂清樂集》編者李逸民題，也一定是李逸民同時或稍前的人所題。李逸民與劉仲甫同時人，故曰『今日劉仲甫』。劉仲甫與他的老前輩老劉宗都在『誦此十三篇，體其常而生其變』，那麽，《棋經十三篇》決不是劉仲甫所作，這是十分淸楚了。所以這一起源很早的說法，後人一直沒有人相信。只是談到《棋經》作者的時候提出來以備一說而已。

第二種說法晏天章說，這本來是一種誤會，早有人辨明這種說法是不對的。《四庫全書總目提要》中《棋經》提要說：『《玄玄棋經》（卽指《棋經十三篇》——筆者），《永樂大典》本，晏天章撰。』錢熙祚《守山閣叢書·棋經十三篇》題跋云：『元晏天章等輯《玄玄棋經》，冠十三篇於卷首……姚廣孝等編《永樂大典》取晏本編入，卽題《玄玄棋經》，而云晏天章撰。十三篇固無「玄玄」名目，晏天章亦非宋人，著《棋經》者並非晏天章，蠶績蟹筐，亦一奇矣。』《四庫全書》又取《永樂大典》本編入，所有錯誤，一仍其舊。後來張海鵬卽據庫本刻入《墨海金壺》，錢氏得其殘板，改刻爲《守山閣叢書》。此跋實出於錢氏之客張文虎手，跋中明譏姚廣孝等，實則隱駁《提要》之盲從。不過張文虎所據以更正晏天章爲元人，也是本之錢大昕《元史·藝文志》。所以晏天章說，本來不够一說，只是一個輾轉相抄的誤傳罷了。

第三，張擬說。關於張擬的說法，幾百年來幾乎已成爲定論。元明淸各譜都是專行題名，題作『宋皇祐中學士張擬撰』，有關書籍提到《棋經十三篇》的作者時也都肯定是張擬，不過張擬的『擬』，有人寫作『儗』，只有這麽一點小分歧而已。《圍棋》月刊一九六四年第一期成恩元《敦煌寫本＜棋經＞初探》及一九六六年第五期衡園《棋經》兩文的說法，可以代表今天的看法。成恩元認爲《棋經十三篇》的作者是張擬，只是說通行本把『儗』字誤寫作『擬』（後來他又接受讀者意見仍然用『擬』字），又說，近人余嘉錫主張張擬卽張靖，他認爲所持理由似乎還不十分充足。衡園認爲劉仲甫說、張靖說、晏天章說以及宋以前的作品說都不對，應以張擬說爲最可靠。他說：『張擬之說，從宋譜《忘憂淸樂集》以至元明諸譜，大都是專行標明，原可不須懷疑。但因有人誤認張擬的「擬」是動詞，曲解「張擬撰」爲「姓張的擬作」，兼之有些著錄家對原書不求甚解，因而生出紛歧，張冠李戴。例如劉仲甫另有《棋訣》載在同書《棋經》正文之後頁，加之劉的棋名很大，便一併認爲劉作。又如宋譜中有張靖《論棋訣要雜說》，原是《棋經》中雜說篇的專注，其他《棋經》注文內也有「張靖曰」字樣，卻被人誤將注解者認爲著人。晏天章原是《玄玄棋經》全書的編者，其中包括《棋經》，採用者卻將全書的編者列爲一書的作者。根據以上簡略的說明，大致應以第二說張擬爲最可靠。』一九六五年出版的《辭海》未定稿〔棋經十三篇〕條是這樣說的：『北宋張擬撰。擬爲皇祐中學士。』最近筆者把本文初稿拿給《辭海》編者請教，一九七九年十月出版的《辭海》合訂本改爲『傳爲張擬撰』。大概因爲本文當時還只是初稿，特利是還沒有發表，沒有經過讀者的認可，不能據以改動。因此還是認爲作者是張擬，只是改得口氣活動了一些。

第四，張靖說。這一說，除了元至順間重刻南宋陳元靚《事林廣記》本明明確確題名爲『宋皇祐中學士張靖撰』外，後來最早見於清劉鉅《玄玄棋經題跋》，他根據《永樂大典》的張靖序（劉鉅題跋未見，據衡園《棋經》轉引）。其次見於近人余嘉錫《四庫提要辨證》。他看到《玄玄棋經》中的《棋經十三篇》題名作張儗，自序卻又題張靖這一矛盾，同時又發現了邵伯溫《邵氏聞見錄》中有一段關於張靖的記載，認定這個張靖『蓋卽作《棋經》之張靖，其作「儗」者，草書「靖」字頗與「儗」相似，傳寫之誤耳』。再其次是胡道靜《事林廣記》前言，其中說：『續集卷四文藝類載《棋局篇》（卽《棋經》）下題「宋皇祐中學士張靖撰」，這裏作者的名字是正確的。《守山閣叢書》本及《古今圖書集成・藝術典》卷七百九十八所載《棋經》，則誤署爲「張擬」，蓋因「靖」

字草書誤識爲「儗」、「擬」所致。』

第五種說法，張擬卽張靖說，只有淸鄧元鏸一家。他在《棋經十三篇》原序題名下補注曰：『此序《四庫總目》作張靖撰。按元人《斜正篇》注：「或人問於張靖，靖因或人之問」云云，疑擬一名靖。或《四庫總目》據《永樂大典》本作張靖也。玆仍作「擬」，存疑俟考。』鄧元鏸是根據原序後署名張靖及元人注中提及張靖，與全書專行題名張擬矛盾，沒辦法解決這個矛盾，才用『疑擬一名靖』，來調和這個矛盾的。其實前一說中余嘉錫說和胡道靜說，也一樣是調和派，不過，他們不是用『疑擬一名靖』的方法來調和，而是用『靖』字草書與『擬』『儗』相似而誤認爲『擬』『儗』。所以這一說，實際上與前一說也無法硬分開。除了前述劉鉅的跋文因爲沒有看到，不知道他是怎麽個見解外，眞正主張是張靖的只有《事林廣記》一家了。

《事林廣記》是一部很古老的日用百科全書類型的民間類書，南宋末年陳元靚編。這部書雖經不斷補充修訂，盛行於宋末至明初，但後來流傳卻很少，一九六三年中華書局根據元至順年間建安椿莊書院刻本影印發行，這才爲一般讀者所見到。續集卷四文藝類載《棋局篇》（卽《棋經十三篇》，《棋局篇》是十三篇的第一篇。這裏漏掉書名，故開始用《棋局篇》三字——筆者），下題『宋皇祐中學士張靖撰』。

據胡道靜考證，陳元靚，福建崇安人，五季、宋初陳希夷弟子廣寒先生的後裔。著有《博聞錄》《歲時廣記》及《事林廣記》。《事林廣記》約成書於宋理宗紹定、端平年間，現存元刻本雖然補充了許多元代的東西，但這只是重刻時就陳氏原本修改增益的，書中還保留了很多宋代編寫時的面貌。《棋經十三篇》在北宋時早已流傳甚廣，可以肯定，《棋經》一定是陳氏原本所收，而不是元代重刻時所補。《事林廣記》《棋經》之後附有《棋盤路圖》《長生圖》（東京，於萬勝門里長生宮，劉仲甫饒王珏黑先）、『遇仙圖』（亦名嘔血圖），與北宋末南宋初李逸民《忘憂清樂集》中所收三圖完全相同。甚至代表黑白棋子的符號也完全相同，也是『白方用長方型，黑子不用框，單記數碼』，保有宋譜特色。衡園於《圍棋》月刊一九六六年第一期《忘憂清樂集》一文中說：『黑白棋符號的字型，一般棋譜都是圓形，本書（指宋譜《忘憂清樂集》）白方獨用長方型，黑子不用框，單記數碼，後來棋譜未見沿用，這也是本書突出點之一，可供文獻資料參考。』可見《事林廣記》《棋經》及其後所附各圖都是宋本中原有，決不是元代重刊時補收的。《事林廣記》重刻本中連代表一個國家的『京都』還依然是東京而沒有改爲大都，關於圍棋這麼一點小事一定是仍然保留了陳氏原來的樣子，所改動的只是在作者題名上加了一個『宋』字。由此看來，這個題名是南宋時原本所題，相當可靠的。陳元靚原本雖然比《忘憂清樂集》晚百年左右，但比元至正間嚴德甫《玄玄棋經》早一百多年，就是元至順間（一三三〇——一三三三年）建安椿莊書院重刻本也比《玄玄棋經》早十幾年。就《棋經十三篇》的版本來說，《事林廣記》本是僅次於《忘憂清樂集》本的最早的版本了。可惜幾百年來流傳甚少，湮沒無聞，直到最近影印本出，才得到應有的重視。《事林廣記》本的題名是湮沒了多年的張靖說的最有力的證據。

我們能看到的《忘憂清樂集》的本子是北宋末南宋初李逸民重編本，他的原本當然還要早。這是《經棋十三篇》最早的版本。它的題名雖然不像《事林廣記》本那麼明確，但卻並不是如衡園所說，專行題名『張擬撰』，而是這麼個題名：『皇祐中張學士擬撰』。把《棋經十三篇》的作者稱爲《張學士》，也許是當時通行一時的稱呼。《宋史・藝文志》著錄此書時也是這樣稱呼的：『張學士《棋經》一卷。』後人不理解這個稱呼之所由來，元明清各譜才竄改爲『宋皇祐中學士張擬撰』。始作俑者，可能就是元代《玄玄棋經》。『宋』字是應該加的，又把『張學士擬撰』改爲『學士張擬撰』，這就跟原來的意思大不相同了。『張學士擬撰』，可以把『擬』字理解爲動詞同（張學士『擬作』），也可以理解爲張學士的名（張學士名『擬』者撰）。但『學士張擬撰』，只能把『擬』字理解爲學士的名（學士『張擬』撰），理解爲動詞是說不通的，正如衡園所說，當作動詞是一種『曲解』（『學士姓張的』擬作，不成話）。宋譜《忘憂清樂集》本來是前者，而不是後者。本來是『張學士擬撰』，而不是『學士張擬撰』。這樣，《忘憂清樂集》這部最早的本子的題名，雖然稍嫌含混，但並沒有排除了張靖說。

明確題名『張靖擬』的《事林廣記》本，雖早於《玄玄棋經》一百多年，但因此書湮沒多年，一般讀者看不到，已如上說。題名雖然不明確，但並不排除張靖說的最早的《忘憂清樂集》本，也是不久之前才爲人們廣泛地看到。錢曾在康熙二十九年獲得李逸民《忘憂清樂集》。但此書旋卽下落不明。至嘉慶七年黃丕烈從阜陽顧氏處又獲得這部宋譜。其後徐乃昌摹刻重印，從此人們才看到這部最古老的宋譜。在這以前，《棋經十三篇》的版本總以爲《玄玄棋經》的本子就是最古的了。鄧元鏕在《棋經十三篇》序中說過:『《棋經十三篇》……見於元晏天章嚴德甫所輯《玄玄集》者最近古。』這個本子及由這個本子而來的明淸各譜，都是專行題名『宋皇祐中學士張擬撰』。因而張擬說一直流行了幾百年。奇怪的是徐乃昌摹刻重印的《忘憂清樂集》流傳開後，直到今天，人們還沒有注意到《忘憂清樂集》本的題名不是『皇祐中學士張擬撰』，而是『皇祐中張學士擬撰』。因此，《忘憂清樂集》的重印，不但沒有使人們對張擬說有所懷疑，反而更加肯定了張擬說，使張擬說比《玄玄棋經》又提早了二百二十多年。

張擬說是怎麼來的？當然是從元明清各譜的專行題名而來的。而各譜的來源，可能就是《玄玄棋經》。大約就是把《玄玄棋經》本的題名，不但增加了一個『宋』字，而且把『張學士擬撰』改爲『學士張擬撰』。余嘉錫和胡道靜認爲『靖』的草書與『擬』『儗』相似而誤書爲『擬』（或『儗』），不大可能，因爲『靖』字的草書與『擬』（或『儗』）字相差很大，不可能發生誤書。此外，還有一個來源，卽《說郛》本《棋經十三篇》。《說郛》本的題名是『宋清和張擬撰』。後來看到《枕中秘叢書》本（見《圍棋》月刊一九六六年第五期書影）和《古今圖書集成》本，亦題『宋清和張擬』。《說郛》本沒有原序及原跋，把原書第一篇《棋局篇》當作序，另有一篇不見於他書的跋。《說郛》本和《古今圖書集成》本兩本的文字也基本相同，而與他本迴異。這兩個本子（連同《枕中秘叢書》本，就是這三個本子）可能是一個系統。這個系統可能是這樣來的：有的傳抄本題了作者的鄉貫，原來題的一定是『河清』，而不是『清河』。河清、清河也只是字序的顚倒，這種錯誤可能是傳抄者抄錯的，淸河本來是張姓的郡望，傳抄者由張字聯想到淸河，就把河淸隨手寫成淸河，輾轉傳抄，又把『河』字訛爲『和』，這都是可能的事。但張擬二字又是怎麼來的呢？上邊提到不見於他書的跋中有『今諸家採錄，加以訓詁，多重覆舛戾，適足自亂，亦無取焉』之語，所謂諸家訓詁，或卽指晏、嚴等注言之，《說郛》本只錄經文，删注不錄，故有此語。但由此可見，陶宗儀輯《說郛》時是見到《玄玄棋經》的，大約就是由《玄玄棋經》題名中取了『張擬』二字。這樣就產生了『清和張擬著』這個題名。這兩個不同系統的各種版本的演變，可能是這樣的，試列表如下：

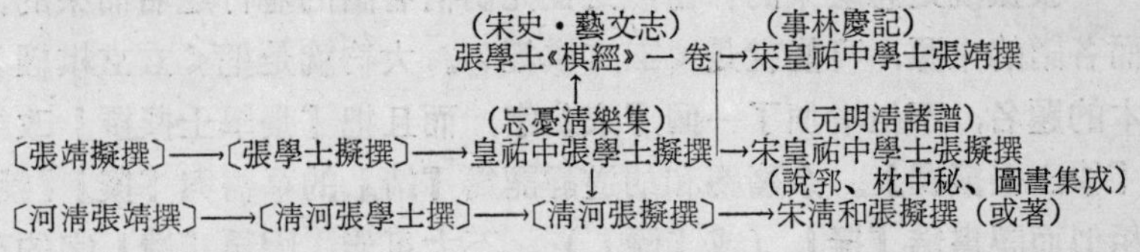

上面表中置於括號內的，只是一種推測，不用括號的是實有的本子。這樣的分析如果能成立，那麼，『張擬說』的來源，追本求源，還是一個，還是《忘憂清樂集》題名的顛倒。而致誤之原，就是元代的《玄玄棋經》。

我們先把《事林廣記》本明明白白題名爲『宋皇祐中學士張靖撰』放過不管，光就宋譜《忘憂清樂集》、元譜《玄玄棋經》兩本來探討，也可以得出作者是張靖的結論。這裏有三大根據。第一，宋譜《忘憂清樂集》首列《棋經十三篇》，作者題名是『皇祐中張學士擬撰』。其次是劉仲甫《棋訣》；再其次是《論棋訣要雜說》，作者寫明是『張靖擬』。問題在於張靖的《論棋訣要雜說》，正就是《棋經十三篇》的第十三篇《雜說篇第十三》。二者文句幾乎全同，《論棋訣要雜說》只刪去幾句，並在個別字句上作了一些小變動。這該怎麼解釋呢？衡園說：『張靖《論棋訣要雜說》原是《棋經》中雜說篇的專注，……卻被人誤將注解者認爲著書人。』衡園這個說法不能說是千慮之一失。《論棋訣要雜說》就是《棋經》的第十三篇，《論棋訣要雜說》是帶有『專注』的，但注解者是劉仲甫，關於這一點，我們以後專門談到《棋經》的注者時還要詳細分析。《棋經十三篇》全文也只有一卷，字數也不過兩千左右，也不存在一個人寫另一個人續的道理。那麼，全文爲什麼是張學士或學士名張擬者作，而其中最後一篇又說是『張靖撰』？這個矛盾，《忘憂清樂集》的編者李逸民或者是沒有發現，或者是發現了而沒有去解決。我認爲，旣然第十三篇，帶有專注的第十三篇明明白白說是『張靖撰』，那麼，全文也是『張靖』撰的了，也就是說，全文的那個不太清晰的題名『張學士』(我認爲應理解爲張學士『擬撰』)，就是『張靖說』。這是『張靖說』的又一有力證據。

第二，《四庫全書總目提要》『棋經提要』：『《玄玄棋經》(卽《棋經十三篇》——筆者)，《永樂大典》本，……張靖序曰：圍棋之戲，或言是兵法之類。今取勝敗之要，分十三篇。……』由提要看來，《棋經十三篇》的《四庫全書》本，上推至《永樂大典》本，更上推至《玄玄棋經》，開頭是有一篇序文的，這篇序文，觀其文意是作者自序，而自序是題明『張靖序』的。但是在正文之前又有專行題名『宋皇祐中學士張擬撰』九字，這又該怎麼解釋呢？《玄玄棋經》的編者嚴德甫或者沒有發現這個矛盾，或者發現了而沒有去解決。《守山閣叢書》本題跋云：『……《元元棋經》冠十三篇於卷首，題云「皇祐中學士張擬撰」，明人所輯《居家必備》中亦有之。……前有元序，末題張靖。觀其文意，乃擬自序，今悉爲更正。』這就是說《守山閣叢書》的編者錢熙祚是發現這個矛盾了，他的解決辦法，是把『末題張靖』的『張靖』二字刪去，作爲『更正』。鄧元鏸弈潛齋刊本《棋經十三篇》原序下補注說：『此序《四庫總目》作張靖撰，……疑擬一名靖。或《四庫總目》據《永樂大典》本作張靖也。玆仍作擬，存疑俟考。』鄧元鏸解決矛盾的辦法是『疑擬一名靖，……玆仍作擬，存疑俟考。』余嘉錫則以爲『錢氏跋語，似以作「擬」者爲是，以余考之，作「靖」者是也』。我認爲序言旣然是自序，自序後又明明白白題名曰『張靖序』，全文當然也是張靖撰了。至於全文前的題名，是已經竄改過的題名，我們只承認宋譜最早的題名『張學士擬撰』，而『張學士』就是張靖，並不矛盾。這是『張靖說』的又一個證據。

第三，元人嚴德甫《玄玄棋經》本《斜正篇第九》開頭一段正文說：『或曰：棋以變詐爲務，刼殺爲名，豈非詭道耶？』正文下注解說：『或人以棋爲詭道問於張靖。』正文第二句說：『予曰：不然。……』正文下接着注解說：『靖因或人之問，曰：子之言非也。……』這兩句注文很明顯，是或人問於作者張靖，作者張靖因或人之問答曰……這就是說，注解者明白說作者是張靖。注解者嚴德甫認爲作者是張靖，但是書前的題名是『宋皇祐中學士張擬撰』，這又該怎麼解釋呢？編者兼注者嚴德甫不會沒有發現這一矛盾，發現了爲什麼不解決呢？這個可能與另一個編者晏天章有關。後邊注者考中說：《玄玄棋經》『集輯注解的是嚴德甫』，晏天章『在編排上也可能出過一些主張，「手錄」時也可能做過些修飾改動』。這個矛盾也許是由於他們合作得不够很好而產生的。衡園也注意到『《棋經》注文內也有「張靖曰」的字樣』，但是衡園仍然認爲張靖是注解者而不是作者，甚至把宋譜中張靖《論棋訣要雜說》也認爲是《棋經》中雜說篇的專注。我認爲，嚴德甫在注解中解釋得清清楚楚，或人問於作者張靖，張靖因或人之問答曰……這就是，元人嚴德甫認爲《棋經》的作者是張靖。嚴德甫根據的是什麼，我們不知道，但他一定是有所根據的。這是『張靖說』的又一個證據。

余嘉錫說：『至於十三篇之撰人，則《玄玄棋經》及《忘憂清樂集》皆題曰：「皇祐中學士張儗撰」，而其前之自序，又題「張靖序」，二者不同，錢氏跋語，似以作「儗」者爲是，以余考之，作「靖」者是也。……（引《邵氏聞見錄》卷九關於張靖的一段資料）蓋即作《棋經》之張靖。其作「儗」者，草書「靖」字頗與「儗」相似，傳寫之誤耳。其稱學士者，蓋館職事之通稱云爾（見《夢溪筆談》卷一）。』成恩元認爲『所持理由，似乎還不十分充足』。現在如果把上述三項合在一起，再根據宋譜題名本來是『皇祐中張學士擬撰』，《事林廣記》本題名又是清清楚楚的『宋皇祐中學士張靖撰』，再加上後附張靖傳略引用的直接提到張靖的十六條資料，『所持理由』可以說『充足』了吧？

宋譜《忘憂清樂集》本書前題名是『皇祐中張學士擬撰』，前邊已經提到，『擬撰』的『擬』，理解爲動詞也可以，理解爲張學士的名也可以。理解爲動詞，『擬』有『模擬』或『 戲擬 』的意思。我們先根據『 模擬 』這個理解來看看。舊時文人是常有『模擬』古人或時人之作的，有的擬其意，有的擬其人，有的擬其題，有的擬其體。《文選》中有『 雜擬 』一類，選錄了好多擬作的作品。古人這類作品很多，舉不勝舉。《棋經十三篇》作者的同時人丁度就『 好讀《尙書》，擬爲《書命》十餘篇 』（《宋史·丁度傳》）。這裏『張學士擬撰』的『擬撰』，跟丁度的『擬爲』就是一個意思。《棋經十三篇》不採用簡單的書名《棋經》二字，不嫌累贅又加了『十三篇』三字，正就是作者自己點明他是『 模擬 』《孫子兵法》十三篇而作。把書名和本書的篇數連在一起作爲正式書名的在前人的著作中還不經見，可見這『十三篇』三字是有着特殊意義的。《棋經十三篇》原序中雖然沒有明言，但已暗示出這種模擬的意思。 這個意思後人也看得清楚。 清人鄧元鏸 《棋經十三篇》序中說: 『 《棋經十三篇》，宋人張擬仿《孫子》十三篇而作。』成恩元《敦煌寫本＜棋經＞初探》中說: 『因爲他採用的形式仿自《孫子兵法》十三篇，因而通稱《棋經十三篇》。』衡園在《棋經》一文中也說: 『在正文前面有一段序言，引用漢代《桓譚新論》的話，「 圍棋之戲，或言是兵家之類 」等云。序文又說:「取勝負之要，分十三篇，有與兵法合者，亦附於中。」古代著名軍事家孫武撰了《孫子十三篇》，《棋經》也分十三篇，顯然是比附《孫子》的體裁。』鄧元鏸和成恩元所說的『仿』、衡園所說的『比附』，就是模仿、比撰的意思，也就是『擬撰』的『擬』的意思。

再從『 戲擬 』這個理解來看。《棋經十三篇》作者張學士的

『學士』到底是什麼官職，我們暫且不談，一般說來，『學士』有兩種。一種是翰林學士，這種學士地位很高，他們是代王言掌制誥的；另一種是對一般館職的尊稱。兩種學士雖然班秩不同，地位也相差很大，但都可以叫做清要之官，他們總的說來除了正當工作之外，他們還寫些贈答、吊唁以及吟風弄月的詩。『仁宗在位久，天下無事，一時英俊，多聚於文館，日食秘閣下者常數十人。是時風俗淳厚，是道者曷能臻此！爾後作者迭興，莫不極力模擬，或取遠而遺近，舍大而取小，求其能盡弈之情如公者鮮矣。今諸家採錄，加以訓詁，多重覆舛戾，適足自亂，亦無取焉』。鄧元鑣疑此文爲陶宗儀所作，近是。明抄本《棋經》亦是《說郛》系統本，亦附此跋，但至『求其能盡弈之情如公者鮮矣』爲止（見《圍棋》月刊，一九六六年第五期書影）。《古今圖書集成》本後，亦附此跋，但至『於是亦可以想見其儀型矣』爲止。此段跋文對『張靖說』是一個很有力的反證。不過，跋文中有兩點使人不解的地方。第一，跋文開始說：『公嘗仕宋。』按五季時享國者國祚很短，更迭很快，不少士夫，連仕數朝。後人對曾事前朝又事後朝的所謂『雜臣』，敍述到他曾仕前朝時，常用『嘗仕×』。張擬卽使實有其人，明明說他是『皇祐中學士』，正在北宋極盛時期，決不可能再『仕』於二百數十年後之元。『公嘗仕宋』一語，實屬不辭。跋文寥寥數語，卻文從字順，簡明扼要，那麼這一句文字通順但事實上卻說不下去的話，將作如何解？陶宗儀博覽羣書，知識面很廣，怎麼寫出這樣的句子？第二，跋文接下去寫道：『爲翰林學士。』按唐玄宗時始選有文學的朝臣爲翰林學士。唐德宗時翰林學士更成爲皇帝最親近的顧問兼秘書，經常值宿內廷，承命撰擬有關任免將相、宣布征伐，以及册皇后立太子等重要文告，因得參與機要，有『內相』之稱。晚唐時往往有翰林學士升任宰相者，在朝廷中最爲顯要。北宋時猶完全沿用唐制。仁宗皇祐元年至五年（一〇四九——一〇五三）之翰林學士，見於洪遵《翰苑羣書》中『學士年表』的有孫抃、葉清臣、彭乘、錢明遠、趙槩、楊偉、嵇穎、王堯臣、曾公亮、田況及胡宿等十一人。由皇祐年把上下限再放寬一些，上起仁宗乾興元年（一〇二二）下至英宗治平四年（一〇六七），中間四十五年，曾爲翰林學士的尚有晏殊、蔡齊、章得象、宋庠、丁度、王拱宸、富弼、宋祁、張方平、歐陽修、韓絳、范鎭、蔡襄、馮京、司馬光、呂公著、王安石等四十七人。這些人都是宋代政治上或文學上的有名人物，他們今日上書，明日召對，史籍中記載甚多。唯獨沒有看到過張擬這麼個『翰林學士』。不但在《翰苑羣書》《麟台故事》中找不到這麼個『翰林學士』，甚至在《宋史》《宋史新編》《宋史翼》《續資治通鑑長編》《續資治通鑑紀事本末》《宋詩紀事》《宋詩紀事補遺》以及其他筆記小說中，也沒有看到過張擬這麼個人。因爲有這麼兩點疑惑不解之處，就想到這段跋文究竟可靠到什麼程度，尙未敢定。這段跋文我甚至疑心是好事者根據『宋清河張擬撰』『 宋皇祐中學士張擬撰 』這兩個題名敷衍而來的。由『清河張擬撰』敷衍出『 清河張公擬 』五字，由『宋皇祐中』敷衍出『公嘗仕宋』四字，由『皇祐中學士』敷衍出『 爲翰林學士 』五字。這是有內容的話。其餘都是空話，說了等於沒說。『其文章政事』是『固未暇論』的了，『其英姿卓識』呢，又來了一句空話，『迥然特立於風塵之表』。怎麼個『特立』法？天知道。最後還是一句空話：『於是亦可以想見其儀型矣。』因此，我越來越懷疑這段跋文的可靠性。此外，跋文中又徵引《觀光集》，形容張擬栩栩如生，若實有其人。但《觀光集》書名見於黃虞稷《千頃堂書目》金門詔《補三史藝文志》、倪燦、盧文弨《補遼金元藝文志》、錢大昕《補元史藝文志》。以上各書都錄有宇文公諒《觀光集》、洪震老《觀光集》（《千頃堂書目》洪震老下注：『 字復齋，淳安人。延祐初以《詩經》領鄉薦，官州學正』）。跋文中所稱《觀光集》，不知究指何人之《觀光集》，抑另有別種《觀光集》？而宇文氏、洪氏之《觀光集》，亦未見其書。究竟如何，尙待進一步查核。

最後總結幾句：關於《棋經十三篇》的作者，劉仲甫說起源雖很早，但一直沒有人相信。晏天章說，本來是一個笑話，也沒有人信過。問題只有張擬、張靖到底是誰。最早的宋譜也只是題名『皇祐中張學士擬撰』，並沒有說是『張擬撰』。南宋的《事林廣記》明明白白題名爲『皇祐中學士張靖撰』。這是一個很重要的證據。又，根據《忘憂淸樂集》中的矛盾《玄玄棋經》中的注解，更可以證實作者是張靖。至於『張擬撰』的『擬』本是『模擬』『戲擬』的意思，問題之所以發生，是由於《玄玄棋經》把《忘憂淸樂集》的題名顚倒字序。更重要的是近年來翻閱有關各種書籍，發現了直接提到張靖名字的資料十六條，而有關張擬的呢，一條也沒有發現過。張擬，我認爲，根本是個子虛烏有，字該用『擬』或『儗』，更不成其爲問題了。

(《棋經十三篇作者考》，原刊於《中華文史論叢》一九八〇年第四輯)

類 書 類

■聖賢羣輔錄

潘重規云：

《陶淵明集》十卷，末兩卷是集聖賢羣輔錄。一般學者多認爲它是僞書，故讀陶集的很少注意到它。我向來愛好陶公詩文，對這兩卷書曾細心讀過，覺得確是陶公的手筆。不過一人的私見，難免有所偏差，因此把個人所見抒寫出來，以就正當代方聞之士。

懷疑《聖賢羣輔》是僞書，最具影響力的是《四庫全書總目提要》。我們看了《提要》的話，知道此一案件是由乾隆帝主謀，諸臣奉旨羅織而成的寃獄。及至宣判以後，直到近代的學者，都相繼雷同附和，加以贊成，沒有揭發它的錯誤的。

釋陽休之增錄僞書之疑

據陽休之《序錄》云：

> 其集先有兩本行於世：一本八卷，無序；一本六卷，並序目，編比顚亂，兼復闕少。蕭統所撰八卷，合序目傳誄，而少《五孝傳》及《四八目》。然編錄有體，次序可尋。余頗嘗潛文，以爲三本不同，恐終致忘失。今錄統所闕並序目等合爲一帙十卷，以遺好事君子。

據陽氏之言，明說昭明撰集以前，先有二本行世。陽氏編錄的四八目，即據舊本收入。《提要》說：

昭明太子去潛世近，已不見《五孝傳》《四八目》，不以入集，陽休之何由續得！

又說：

《五孝傳》《四八目》實休之所增，蕭統舊本無是也。統《序》稱愛其文，故加搜校，則八卷以外，不應更有佚篇，其爲晚出僞書，已無疑義。

我們檢討《提要》的說法，實在是無憑證的臆測。考昭明太子生於齊和帝中興元年辛巳，卒於梁武帝中大通三年辛亥(西元五〇一——五三一)，得年三十一歲。陽休之生於魏宣武帝永平二年己丑，卒於隋高祖開皇二年壬寅(西元五〇九——五八二)，得年七十四歲，是休之僅少於昭明八歲，而享壽則大大超過昭明。休之所見的舊本，顯然是昭明新編本以前的舊本。休之據舊本編錄陶集，如何能說是休之作僞？他爲何要作僞？又有甚麼憑證可以說他是作僞呢？而且昭明愛重陶公，仍舊是偏好他的文辭，所以他序陶集說：『余素愛其文，不能釋乎。』又說：『其文章不羣，辭采精拔。』《聖賢羣輔錄》只不過是陶公的讀書雜錄，很少文采，昭明撰集時略去不加收錄，也並不是值得怪異的事體。《提要》說『八卷之外，不應更有佚篇』，這只是武斷的說法。就如昭明所撰《淵明傳》，其中載《與子書》云：『汝旦夕之費，自給爲難。今遣此力，助汝薪水之勞，此亦人子也，可善遇之！』而昭明所編的陶集，卽未登錄，《提要》的話，可謂不攻自破。

釋四友名字差錯之疑

陶集《與子儼等疏》云：

子夏有言曰：『死生有命，富貴在天。』四友之人，親受音旨。

此文先引子夏，繼稱『四友之人』，文義應當指子夏爲四友之一，似與《四八目》以顏回子路子張子貢爲四友相抵觸。不過一爲平時讀書札記，一爲晚年家書。子夏名列四科，與四友相近，匆匆把筆，偶然誤記，乃是極尋常的現象。陳琳《爲曹洪與文帝書》云：『蓋聞過高唐者，效王豹之謳。』以緜駒爲王豹，即由誤記《孟子》。誤子夏爲子張，正和誤緜駒爲王豹，是同樣的情況。又如段玉裁卒於嘉慶二十年乙亥，他的入室弟子陳奐撰《師友淵源錄》，居然錯成嘉慶二十一年丙子，其過失的顯著，更甚於行文用事，但到底只是陳奐偶然的疏忽，不能武斷說《師友淵源錄》是出於他人的僞作。

釋五孝傳不見古文尚書之疑

《五孝傳·卿大夫孝傳贊》云：

故稱曰：『孝乎惟孝友于兄弟是亦爲政也。』

《提要》據此文以爲淵明從包咸句讀。按《論語·爲政篇》云：

或謂孔子曰：『子奚不爲政？』子曰：『書云：「孝乎惟孝，友于兄弟。」施於有政，是亦爲政，奚其爲爲政？』

《集解》云：

包曰：『孝乎惟孝，美大孝之辭，友于兄弟，善于兄弟。』《書·君陳》：『王若曰：「君陳！惟爾令德孝恭，惟孝友于兄弟，克施有政。」』

《論語》此章的句讀，《集解》根據包咸的說法，是把『孝乎惟孝』讀斷的。到了宋朝朱子，他的《論語集注》云：

《書》，《周書·君陳篇》。《書》云孝乎者，言書之言孝如此也。善兄弟曰友。書言君陳能孝於親，友于兄弟。

是朱子改讀《論語》此章的句讀爲『子曰：書云孝乎，惟孝友于兄弟。』朱子依據《君陳》，改定《論語》句讀，這是朱子個人的意見，並非見到了《君陳篇》的學者，每個人便會自然地把《論語》

句讀改定。卽如宋代邢昺《論語疏》，此章也引《書・君陳》，但他讀《論語》照舊依從包氏。我們能說他『未見古文《尚書》』嗎？況且朱子《論語集注》通行以後，很有學者批評此章句讀改定之誤的，爲什麼要責備淵明引用《論語》必須依從朱子的讀法呢！晉代通行何晏的《論語集解》，淵明雖見過古文《尚書》，讀《論語》儘可以依照通行句讀，並不必要像朱子一樣改變舊說。我們那裏可以說淵明依照包咸斷句的說法讀《論語》，便是淵明不見古文《尚書》的證據呢！

釋聖賢羣輔錄名實乖迕之疑

《聖賢羣輔錄》本名《四八目》，北宋以前沒有人稱它爲《聖賢羣輔錄》的。陽休之《序錄》說：『昭明以前舊本有《四八目》。』根本沒有提到《聖賢羣輔錄》的名稱。宋初宋庠本私記所得舊本，僅列舉《四八目》，也沒有提到《聖賢羣輔錄》。北宋英宗治平三年僧思悅編定陶集，書後也只稱《四八目》上下二篇。可見《四八目》才是它的本名，《聖賢羣輔錄》乃是宋後刻本所改題。我們看《四八目》末尾的結語說：

> 凡書籍所載及故老所傳善惡聞於世者，蓋盡於此矣。漢稱田叔孟舒等十人及田横兩客魯二儒，史並失其名。夫操行之難，而姓名翳然，所以撫卷長歎，不能已已者也。

陶公明言善惡兼載，可見原名決非《聖賢羣輔錄》。因爲所載的善多惡少，所以後人替它改換了一個標題。乾隆帝看見《四八目》中魯三桓晉六卿司馬懿王敦之流，惡其有不臣之心，故深所不喜，所謂『名實相迕，理乖風敎』，恰道出乾隆帝的隱衷。諸臣迎合意旨，完成了一宗不被人覺察到的文字獄，這是遭淸帝不禁而禁的禁書！也是被淸帝不焚而焚的焚書！

我們把淸人所擧作僞的證據，逐項考查，沒有一樁能够成立。

如果平心細讀《四八目》的本文，可以說實在是陶公平日讀書的札記，他懷有『疾沒世而名不稱』之感，故讀書之餘，隨手綴集而成此篇。試看《四八目》末尾的結語，和《感士不遇賦序》的話非常相近。《賦序》云：

自眞風告逝，大僞斯興，閭閻懈廉退之節，市朝驅易進之心，懷正志道之士，或潛玉於當年，潔己清操之人，或沒世以徒勤。故夷皓有安歸之歎，三閭發已矣之哀。悲夫！寓形百年，而瞬息已盡；立行之難，而一城莫賞。此古人所以染翰慷慨，屢伸而不能已者也。

《四八目》結語云：

夫操行之難，而姓名翳然，所以撫卷長歎，不能己已者也。

兩段話的辭氣，完全是同一人的口吻，足以證明《四八目》決不出於後人的僞作。假如《四八目》果出於後人之手，他又何必以此類文字，託名於舉世譽爲隱逸詩人的陶淵明，揆之情理，也是極不愜合的。我們再統觀陶集詩文，隸事造語，也多用《四八目》中的人物。《四八目》有二老、三良、二疏、魯二儒，而集中讀史述有夷齊、魯二儒二章；詠史之作有詠二疏、詠三良諸篇。《桃花源詩》云：『黃綺之商山。』《贈羊長史》云：『多謝綺與角。』這是《四八目》的四皓。《懷古田舍》云：『是以植杖翁，悠然不復返。』《西田穫早稻》云：『遙遙沮溺心，千載乃相關。』《下潠田舍穫》云：『遙謝荷蓧翁，聊得從君栖。』《扇上畫贊》也有荷蓧丈人、長沮桀溺：這是《四八目》的作者七人。《飲酒詩》云：『顏生稱爲仁。』這是《四八目》的四友、四科。《乞食詩》云：『愧我非韓才。』這是《四八目》的三傑。《命子詩》云：『哲人伊何，時惟后稷，舜既躬耕，禹亦稼穡。』這是《四八目》的舜五臣。《詠貧士》云：『袁安困積雪。』這是《四八目》的袁氏四世五公。《與子儼疏》云：『但恨鄰靡二仲。』這是《四八目》的二仲。至於《與子儼疏》引述韓元長兄弟同居以勉勵諸子，更足證明《四八目》是出於陶公之手。因爲范書《韓韶傳》云：『子融，字元長，少能辯理，而不爲章句學，聲名甚盛，五府並辟。獻帝初，至太僕，年七十卒。』根本沒有提到兄弟同居之事。但是《四八目》的二十四賢云：『大鴻臚潁川韓融字元長。』狀云：『融聰識知機，發于岐嶷，時人名之曰窮神知化。兄弟同居，至于沒齒，處卿相之位，且二十年，本身守約，不隕厥問。』《與子疏》云『八十而終』，范書說『年七十卒』，可見《與子疏》不是引用范書。況且『兄弟同居，至于沒齒』的事實，根本不見於范傳。這是因爲淵明據魏文帝令及甄表狀所旌表的漢末二十四賢，故所記反較正史爲詳。由此可知《四八目》及《與子儼疏》都是據魏帝甄表狀立說。互相印證，《四八目》是陶公所作甚明。這是後人既不必僞作，也是後人所不能僞作的。我曾經檢查過《四八目》引用的書籍，如《論語摘輔象》、《尚書》孔安國鄭玄《注》、《尚書大傳》鄭玄《注》、《左傳》、《尸子》、《戰國策》、皇甫謐《逸士傳》、《高士傳》、《楚辭》、《後漢書》、《國語》賈逵《注》、《史記》、劉琨詩、《論語》包氏《注》、《孔叢子》《春秋後語》、《漢書》、周氏譜、《汝南先賢傳》、左思、張載詩、嵇康《高士傳》、張衡《東京賦》、善文、《三輔決錄》、張璠《漢紀》、《京兆舊事》、《續漢書》、杜元凱《女戒》、《三君八俊錄》、魏文帝令、魏明帝《甄表狀》、《邯鄲淳陳紀碑》、荀氏譜、《濟北英賢傳》、《晉紀》、《晉書》、《魏書》、袁宏戴《逵士賢傳》、孫統《七賢讚》、張勃《吳錄》，無一不是晉以前人的著作。即使偶因未標明作者，少涉疑混的，如所引的《後漢書》，只須一加研核，就知道不是范曄的《後漢書》。如四子的『逢萌字子康』，見《後漢書》，而范書作子慶。河北二十八將見《後漢書》，而銚期字次元，范書卻作期字次元，范書卻作期字次況；左將軍任光，范書作左大將軍。公沙五子，見《後漢書》，而范書作六子。由此可知《四八目》所引，都是范曄以前的《後漢書》。又《四八目》晉中朝八達，聞之故老，特稱曰『近世』，更是合於淵明口吻的明證。其八達之名，也和《唐修《晉書·光逸傳》所載的大不相同。從各方面比較印證，只見其爲眞，不見其爲僞。其中徵引的資料，多非六朝以後人所能見到，可以補苴舊史之處頗爲不少。偏偏一般學者咬定它是僞書，抹殺它的價值，眞是令人惋惜的憾事！

或者有人還要懷疑陶公是隱逸絕俗的詩人，豈肯做摭拾故事的餖飣工作。這是不明白陶公爲人爲學爲文的錯覺。陶公自爲傳云：『好讀書，不求甚解，酣飲賦詩，以樂其志。』詩云：『詩書敦宿好，園林無俗情。』『既耕且以種，時還讀我書，』『歷覽千載書，時時見遺烈。』顏延年的誄文也說他『心好異書，性樂酒德』，足見他平日讀書治學之勤。得《四八目》一篇，更可窺見他治學的精神。陶公隱居求志，尙友古人，讀書博覽，一切爲了濬發他的心靈，振作他的志氣，而自然流注於文章。與東晉『爲學窮於柱下，博物止乎七篇』的學風，大不相同。他集中《感士不遇賦》、《讀史述》諸篇，都是由讀書尙友的精神孕育而成。至於《四八目》，正是他尙友古人，讀書札錄的成績。從這裏知道『下筆如有神』，正是由『讀書破萬卷』而來。大抵讀書不多，則見理不透，氣度不廣，感情也不能深厚篤至。故眞正的文學家，決不是空腹高心之輩所能望其項背。不明白這層道理，就不能了解淵明的眞面目，自然免不了要懷疑《四八目》是兎園册子之流，似乎決不會出於淵明的手筆了。

（《聖賢羣輔錄眞僞辨》，見《大陸雜誌》第二十九卷第十一、十二期）

〔集　部〕

楚　辭　類

■楚辭章句

徐恒之云:

《悲回風》一篇，不是屈原作品，陸、陳二氏，已辨說最詳，大概成爲『水落石出』了。現在還把我的自己意思，考證一下，略述如后:

(A)《悲回風篇》中說道:『……求介子之所存兮，見伯夷之放跡，……』我們若拿《左傳》細細一看，並未談論到介子的被放事情，現在把《左傳》的談論介子的話，節錄如后:

晉侯賞從亡者，介之推不言祿，祿亦弗及；推曰:『獻公之子九人，惟君在矣。惠懷無親，外內棄之，天未絕晉，必將有主，主晉祀者，非君而誰?天實置之，而二三子以爲己力，亦不誣乎!竊人之財，猶謂之盜，況貪天之功以爲己力乎!……難與處矣。』其母曰:『盍求之?……』對曰:『尤而效之，罪又甚焉。……』其母曰:『亦使知之若何?』對曰:『言，身之文也；身將隱，焉用文之，是求顯也。』其母曰:『能如是乎，與女偕隱。』遂隱而死。晉侯求之不獲，以綿上爲之田；曰：以志吾過，且旌善人。

我們由上章介子本身看來，他只說了逃隱的事情，並未說自己有五蛇歌，到了後來，穿鑿附會的事，送歸介子身上非常的多了；有人說介子自殺，有人說晉侯求他得不着，被晉侯放火燒死，所以《說苑》裏，就把五蛇歌說是介子自己作的，如此附會奇說，都出於漢人作品中，豈不是拿古人開玩笑嗎！

伯夷的故事，崔述的《豐鎬考信錄》，對於伯夷的故事，考證最詳了，無須我再說，現在把東壁的話節錄如下：

> ……孟子之述伯夷詳矣，言之重焉，詞之複焉，辟紂之文，至於三見，而無一言及於扣馬，則首陽之餓，固辟紂，不因扣馬明矣，辟紂故餓，餓故思養，而歸於周，是以《論語》但云：『餓於首陽。』而不云『餓死於首陽』。不然，何爲無故而思善養老者；間關數千里，而歸於周也哉？……蓋當戰國之時，楊墨並起，處士橫議，常非堯舜，薄湯武，以快其私，……伯夷既素有淸名，又適有餓首陽一事，故附會之說，以毀武王。……太史公習聞其說，不察其妄，而誤采之耳。

如果伯夷和介子的故事是眞的，則其事跡，應當在山西陝西與河南境內；而屈原被放竄是在湖北湖南地點境內，則屈原自己，如何找着介子和伯夷的事跡來自喩咧！

(B)《悲回風篇》裏又說：『浮江淮而入海兮，從子胥而自適；望大河之洲渚兮，悲申徒之抗跡。』

子胥的故事，只有《左傳》裏記載，但《左傳》未曾說他投水死的事實。《左傳》說：

> 吳將代齊，……吳人皆喜。唯子胥……諫曰：『越在，我心腹之疾也。……今君易之，將以求大，不亦難？」弗聽，使於齊，屬其子於鮑氏，爲王孫氏，反役，王聞之，使賜之屬

鏤以死。……

但子胥的故事，到了戰國末年，附會了一段故事，說是吳王用着鴟夷皮，把子胥死尸裝入裹，投在江中，過了許久時候，他的死尸不腐。若再到了漢朝時候，更加了附會奇說亦未可知。所以《悲回風篇》裏，才襲用了這段典故。

申徒的故事，更是漢人附會的，在先秦諸子作品中，只有莊子裏《大宗師篇》提及申徒狄這三個字，並未說他是何時人，也未說道他投河死的事情，現在把《莊子》記載申徒狄的事節錄如后：

……亡身不眞，非役人也，若狐不偕，……申徒狄，是役人之役，適人之適。

我們知道《莊子》裏所記載的古人名字，大都是僞造以自喩，申徒狄這個人，也是爲我們不可相信的，但到了漢朝時候，又說有徒狄這個人，愈弄愈成眞的事實出來了；所以《新序·節士篇》裏就記載了申徒狄故事，比《莊子》詳了十倍，現在把《新序》節錄於后：

申徒狄非其世將，自投於河，崔嘉聞而止之，曰：『吾聞聖人仁士之於天地之間，民之父母也。……』申徒狄曰：『不然，昔者桀殺關龍逢，紂殺王子比干，而亡天下　吳殺子胥，陳殺洩治，而滅其國；故亡國殘家，非聖智也，不用故也。』遂負石沉於河。

由上兩章條例看來，我敢下一句斷語，在古代時候，決無申徒狄這個人，不過《莊子》僞造了這個人，來代替自己宣傳學說，而漢人以爲古代時候，確有了這個人，便加附會奇說，所以《悲回風篇》中，也襲用了這個故事。

我們再把《悲回風篇》裏面所說的話，仔細硏究一下，便知道有些的話，和道家思想相同的，現在把牠的所說的話與道家學說對照來參看：

《悲回風篇》裏說:

吸湛露之浮涼兮,

漱凝霜之雰雰,

僞《列子·黃帝篇》裏說:

列姑射山,……山上有神人焉,吸風飲露,不食五穀。

《參同契·明辨邪正》裏說:

……食氣鳴腸胃,吐正吸外邪,……

由上章幾個例子看了,便知道《悲回風篇》裏所說的話,確是受了道家思想不少了,所以就說出來神話口吻。

在戰國時候,道家學說,尚未昌明,雖在《莊子》書中也可找出來『吸風飲露』種種的神話,但出於後人僞作竄入,到了漢末晉初的時候,而道家學說,才大行了,有所謂『符籙派』的,有所謂『丹鼎派』的,這兩派都說道,『養身』『練丹』『吸氣』『飲露』種種鬼說,所以僞《列子》和《參同契》二書,都成了道家的宣傳品,由此可證明《悲回風篇》裏的說話,也受了道家不少的影響了。

(《楚辭九章悲回風篇的真僞》,原刊於《東方雜誌》)

張壽平云:

《九歌》九篇及《國殤》《禮魂》二篇,乃爲南楚濮獠民族祭祀神鬼之樂舞歌。然此十一篇,確爲屈原之『再創作』作品也。近代學者頗有疑之者,爰擧六點以爲論證:

㈠詞語及名物稱謂多與屈原其他作品同——以語詞言,其同於屈原其他可靠作品(《離騷》《天問》《九章》)者可分三類:

甲、聯綿字,如:『偃蹇』、『欣欣』、『委蛇』、『低佪』、『周章』、『皇皇』、『夷猶』、『要眇』、『嬋媛』、『逍遙』、

『容與』、『潺湲』、『陸離』、『浩蕩』。

乙、習用之語，如:『撫余馬』、『馳騖』、『遺下女』、『朝馳余馬』、『騰駕』、『令飄風先驅』、『使凍雨灑塵』、『玉佩陸離』、『老冉冉』、『沐咸池』、『晞女髮』。

丙、楚方言，如: 羌、蹇（謇）

又以語意言，其同於屈原其他作品者如:

載雲旗兮委蛇；（≪東君≫）	載雲旗之委蛇；（≪離騷≫）
與日月兮齊光；（≪雲中君≫）	與日月兮同光；（≪涉江≫）
邅吾道兮洞庭；（≪湘君≫）	邅吾道夫崑崙；（≪離騷≫）
女嬋媛兮爲余太息；（≪湘君≫）	女嬃之嬋媛兮，申申其詈余；（≪離騷≫）
交不忠兮怨長；（≪湘君≫）	吾聞作忠以造怨兮；（≪惜誦≫）
期不信兮告余以不閒；（≪湘君≫）	昔君與我成言兮，曰黃昏以爲期；羌中道而回畔兮，反既有此他志。（≪抽思≫）
	與余言而不信兮；（≪抽思≫）
聊逍遙兮容與；（≪湘君≫）	聊逍遙以相羊；（≪離騷≫）
搴汀洲兮杜若；（≪湘夫人≫）	搴長洲兮宿莽；（≪思美人≫）
結桂枝兮延竚；（≪大司命≫）	結幽蘭而延竚；（≪離騷≫）

又以名物言，其同於屈原其他作品者:

神人之稱，如:『靈』、『靈修』、『蓀』、『美人』

地名，如:『扶桑』、『咸池』、『九天』、『崑崙』

器物名，如:『雲旗』、『玉佩』、『荷衣』

草木名，如:『蘭』、『蕙』、『桂』、『椒』、『薜荔』、『蓀』、『杜若』、『蘋』、『茝』、『荷』、『辛夷』、『杜衡』。

九歌等十一篇，總計僅及千五百餘言，而詞語及名物稱謂與屈原其他作品相同如此其多！倘不謂同爲一人之作，實無由解其義也。

㈡用韻習慣與屈原其他作品同——一人之作，其用韻必有習慣，此爲『情感中不自覺之統一性』使然也。（如杜甫詩以東韻爲最多，而不用覃、談二韻。）今觀屈原諸作，倘依江有誥、王念孫之分部爲標準，則

《離騷》全篇凡換韻七十五次。其中用魚韻十六次，之韻十三次，陽韻九次，歌韻六次，幽韻四次；祭韻、元韻各三次，侯韻、宵韻、脂韻各二次，中、眞、支、耕、緝、侵六韻各一次。

《天問》凡換韻八十四次。其中用之韻十六次，陽韻十四次，魚韻八次，歌韻六次，幽韻七次，脂韻五次，耕、東、祭各四次，侯、文各三次，元、眞各二次，支、宵、中各一次。

《九章·惜誦》換韻十八次。其中之韻四次，陽韻、文韻、元韻各三次，魚韻、幽韻各二次，耕韻一次。

《涉江》換韻十二次。魚韻三次，陽韻二次，脂、侵、祭、中、之、眞、元各一次。

《哀郢》凡換韻十五次。之韻、元韻各三次，魚韻二次，東、元、侵、葉、幽、耕、祭各一次。

《懷沙》凡換韻十八次。魚韻五次，脂韻四次，陽、之各三次，耕韻二次，東韻一次。

《思美人》換韻十四次。之韻五次，魚韻三次，陽韻、幽韻各二次，祭韻、侯韻各一次。

《惜往日》換韻七次。之韻五次，幽韻三次。（其中之、幽合韻一次。）

《橘頌》換韻八次。之韻三次，幽韻二次，歌韻、陽韻、元韻各一次。

《悲回風》凡換韻十六次。之韻、支韻各三次（一次支與魚合韻），魚韻、陽韻各二次，（一次魚與支合韻）元、文合韻二次，蒸、脂、幽、元、歌、眞、東各一次。

統計以上各篇，則魚韻、陽韻、之韻、歌韻四韻爲量最多。復觀《九歌》等十一篇，凡換韻五十三次，其中魚韻十一次，陽韻九次，歌韻七次，亦爲量之最多者。

㈢內在情感與屈原其他作品同——言者，心之聲也。《九歌》諸篇雖爲濮獠民族之祭歌，而作者個人之情感仍能活躍於其中。今試持之與《離騷》《九章》所有者比較，絕無任何差異，是亦可證其本爲一人之作也。如

甲、宗教信仰：十一篇皆爲祭祀神鬼而作，各篇例有迎神、頌神、送神各章，其宗教信仰之虔敬，無待贅飾。轉讀《離騷》，前半篇固陳人事以自理，後半篇亦依宗教以抒情：望舒（月）先驅，雲霓來迎，登天而難晤天帝；巫咸夕降，百神揚靈，問卜而得計難從。皆以宗教迷惘之情，寫其悲思依戀之苦。《九章》亦然，《惜誦》曰：『令五帝（王逸《章句》『謂五方神也』。）以析中兮，戒六神與嚮服；俾山川以備御兮，命咎繇使聽直。』

乙、忠貞情操：《離騷》《九章》，直同血淚所凝成，無處不見其忠貞。而《九歌》諸篇，如《東皇太一・東君篇》內虔敬之甚，《湘君・山鬼篇》內怨悱之深，亦能窺見作者個人之情操，雖以體製不同，顯隱有別，而其爲忠貞一也。王夫之《九歌・小序》曰：『熟繹篇中之旨，但以頌其所祠之神，而婉娩纏緜，盡巫與主人之敬慕，舉無叛棄本旨，闌及己寃。但其情貞者其言惻，其志菀者其音悲，則不期白其懷來，而依慕君父怨悱合離之意致，自溢出而莫圉。』是誠愨論。

丙、人事怨悱——十一篇中，特多怨悱之言，如：『極勞心兮𢥞𢥞』（《雲中君》）、『隱思君兮悱側』（《湘君》）、『目眇

眇兮愁眝』（《湘夫人》）、『羌愈思兮愁人』（《大司命》）、『悲莫悲兮生別離』（《少司命》）、『思公子兮徒離憂』（《山鬼》）此亦與《離騷》《九章》諸作同。蓋非不得於人事、懷憂苦毒如屈原者，孰能爲之？正所謂『其情貞者其言惻，其志菀者其音悲也』。又《湘君篇》『心不同兮媒勞，恩不甚兮輕絕』、『交不忠兮怨長，期不信兮告余以不閒』云云，不類祀神常語，而適與《離騷》『初既與余成言兮，後悔遁而有他』、《九章・抽思》『昔君與我成言兮，曰黃昏以爲期；羌中道而回畔兮，反既有此他志』之所怨悱者同。

㈣屈原曾至沅湘之間——《九歌》體例爲濮獠民族所有，且其地理背景在沅湘之間，篇內亦已顯示之，彼作者必曾親歷其地，而後可得有此『再創作』事。古代交通不便，濮獠所居殆少人往，加以文學之士，多爲貴族，養尊處優，更鮮涉足，故此一作者，實難求他。屈原則讒遭被逐，而確曾至於沅湘之間也。屈原沅湘間之踪跡，如《九章・涉江篇》曰：……又如《懷沙篇》……。

㈤三閭大夫當注意及祭祀——《楚辭・漁父篇》載漁父見屈原而問之曰『子非三閭大夫與』？王逸《章句》曰：『三閭之職，掌王族三姓，曰昭，屈、景。』三閭大夫，殆與秦漢之宗正、太常相似，而亦《國語・楚語》所謂『宗祝』。

宗祝名爲兩職，而連類並擧，又皆掌宗廟之祭祀。蓋古人之倫理觀念，上及於神鬼，故對生者親屬之序，與神鬼祭祀之禮，視爲同一類事也。由此觀之，三閭大夫之於祭祀，亦有其專責。屈原之宗教情感，若是熱烈，殆與其職守有關，而其旣至沅湘之間，遂注意及民俗之祭祀，實爲當然之事。《九歌》之作，有由然也。

㈥足成《漢志》屈原賦二十五篇之數——王逸《楚辭章句》所定屈原諸作爲：《離騷》一篇、《九歌》十一篇、《天問》一篇、《九章》九篇、《遠遊》一篇、《卜居》一篇、《漁父》一篇，合計凡二十五篇。前此班固《漢書・藝文志・詩賦略》已稱『屈原賦二十五篇』。而班固此《志》實又本於劉向《別錄》、劉歆《七略》。然則『屈原賦二十五篇』之說，殆淵源於劉向也。（《楚辭》一書亦劉向所編集。）

自明清至近代，《楚辭》學者對於王逸所定二十五篇之內容頗多意見，如：黃文煥《楚辭聽直》據《史記・屈原列傳》『余讀《離騷》《天問》《招魂》《哀郢》，悲其志』一語，而認爲《招魂》亦爲屈原所作。林雲銘《楚辭燈》又謂《招魂》《大招》皆爲屈原所作；《九歌》但可定爲九篇。加上《招魂》《大招》，方合二十五篇之數。梁啓超《要籍解題》又據《楚辭》舊本篇次，而謂《九辯》亦屈原所作。崔述《考古續說》則又謂《卜居》《漁父》兩篇『必非原之所自作』。近代學者陸侃如、游國恩等又多認爲《遠遊》一篇屬於僞託，或又謂《遠遊》一篇原爲司馬相如所作《大人賦》之初稿。然而增增減減，其總數仍在二十五篇左右，而無多變更。

設此『屈原賦二十五篇』之說，果有相當準確程度，則《九歌》等十一篇佔一絕大部份於其間，自不容吾人置疑也。

（《九歌之名稱、性質、時代及其作者》，原載《大陸雜誌》第三十二卷第十、十一期）

丁　力云：

綜合他們否認《卜居》《漁父》的理由主要有四點：一、這兩篇的風格與屈原其他作品不同；二、都有『屈原旣放』字樣，是第三者口吻，顯係別人記載；三、『假託成文，乃詞人之常事』；四、引用王逸《漁父》章句說：『楚人因敍其事，以相傳焉。』

這四個理由我認爲都是不成立的，不能作爲否認屈原著作權的證權。

第一，《卜居》《漁父》的風格與屈原其他作品不同，這有什麼奇怪呢？一般講，風格就是文章的個性，它包括內容和形式兩方面。一個作家有他整個的風格，但並不是自始至終一樣的，常常因作家的年齡、環境的變遷，而有所改變，而別是一種新的體裁產生的時候，更容易不一致。在屈原身上，他的作品正是內容先行於形式，就是說有了豐富的內容，缺乏完整的形式來表現它，不得不創造新的形式。大凡一種新體初創，在形式上各篇之不統一、不一致，這是無足怪的。尤其是偉大的作家，不是形式所能限制得住的，所表現的形式和手法往往是多樣化的。就以屈原的風格來說，《離騷》與《九歌》不同，《九歌》與《九章》不同，《九章》與《天問》更不同，《天問》與《卜居》《漁父》又不同。但整個的講，是有他獨特的風格的，那就是作品中所表現出來的精神面貌，內容和形式在當時都是嶄新的。我們不能因為體裁不同，而否認某詩不是他的著作。何況《卜居》《漁父》在內容上與屈原其他作品還是完全一致的呢？

《卜居》所表現的思想感情，與屈原所處的境遇完全相合，正是他被放逐以後的作品。在他面前擺着兩條路，不知『何去何從』，所以問卜：

> 吾寧悃悃款款，朴以忠乎？將送往勞來，斯無窮乎？
> 寧誅鋤草茅，以力耕乎？將遊大人，以成名乎？
> 寧正言不諱，以危身乎？將從俗富貴，以偷生乎？
> 寧超然高舉，以保眞乎？將哫訾，栗斯，喔咿，嚅唲，以事婦人乎？……

一連發十七個疑問，層出不窮，與《天問》中的疑問可以說是前後呼應；想像力多麼豐富，感情多麼眞摯，不是任何漢人所能假託得出來的。通篇充滿了思想矛盾，痛苦，動搖，疑不能決。但他這種動搖是刹那間的，只是對『蟬翼為重、千鈞為輕』的社會不滿而懷疑。隨卽提高到理性，克制了不好的念頭和脆弱的意志，通過動搖的過程，他堅定起來，要『廉貞』，表示倔強到底。在《漁父》裏面就完全不同了：

學世皆濁我獨淸，衆人皆醉我獨醒。

這是他對自己的估價，他過去曾經懷疑過，難道是自己錯了，現在他完全肯定了自己是對的，別人是錯的，他承認了『人之心不與吾心同』（《抽思》），他再也不希冀俗人們瞭解了。你看：

安能以身之察察。受物之汶汶者乎？寧赴湘流，葬於江魚之腹中；安能以皓皓之白，而蒙世俗之塵埃乎？

這是他決定自沉的基本思想。

由動搖走向堅定，不獨表現在《卜居》《漁父》裏，其他的作品也表現了同樣的過程，如《抽思》《惜誦》《思美人》《離騷》等篇中都有類似的思想；但終於堅強的回到了與現實搏鬪的人生觀方面去，並想到以死來殉他的理想。《居卜》《漁父》的內容，與上列諸篇是一脈相通的，也就是說與屈原的處境、思想感情完全一致，沒有絲毫是別人僞託的痕跡。

在形式上《卜居》《漁父》與屈原其他作品是有所不同，這沒有什麼奇怪的，正如《天問》不同於《離騷》、《離騷》不同於《九歌》一樣，《卜居》《漁父》比較散文化，都是問答體；用韵更自由一些，有些句子根本沒有韵，句法長短不一，比《騷體》詩更解放。樸素、自然、眞情流露；好像隨手拈來，沒費什麼力似的。

這兩篇很重要，是中國最早的散文詩，是屈原創造的另一種新的體裁，對後代文學的發展起了很大作用，宋玉以及漢以後的比較散文化的文賦，就是在《卜居》《漁父》的影響下形成的。章學誠的《文史通義・詩教篇》說：『屈氏二十五篇，劉班著錄以為屈原賦也。《漁父》之辭，未嘗諧韵，而入於賦，則文體承用之流別，不可不知其漸也。』正說明了這個道理。

第二，由於《卜居》《漁父》有『屈原旣放』字樣，就認爲是第三者口吻，是旁人的記載，更沒有道理。這兩篇是屈原假設問答以寫意的作品，是可以用第三者的口吻寫的。這種有主名的寫法不獨屈原一人如此，在屈原之前不乏其例；《詩經》有許多是有作者的，鄭振鐸先生在《中國文學史》上統計有三十五篇。最可靠的如：尹吉甫的《嵩高》云：『吉甫作誦……以贈申公。』《烝民》云：『吉甫作誦……以慰其心。』寺人孟子（非孟軻）的《巷伯》云：『寺人孟子，作如此詩。凡百君子，敬而聽之。』這可以說是鐵證。還有莊孟墨諸子也都有主名。(莊周，宋蒙邑人，宋亡屬楚；孟軻的弟子陳良，也是楚人；屈原難免不受他們文章的響影。）與屈原同時或稍後的宋玉，在屈原之後的東方朔也用過主名；司馬遷在《史記》裏也稱太史公，並在《自序》裏說：『遷生龍門。』王逸《楚辭章句》加上己作，並爲《序》曰：『九思者，王逸之所作也。』更後的有曹子健、陶淵明、李白、杜甫、白居易、歐陽修、蘇東坡……等人的賦、詩、文中，有主名的例子很多，舉不勝舉。至於說古人自稱，多名而不字，屈原何致自稱屈原。我說：他是用第三者口吻，當然可以稱字。何況楚國是不是與諸夏的禮俗一樣，還說不定。就是司馬遷作《屈原列傳》，也是時稱屈原，時稱屈平，沒有定規。

第三，『假託成文，乃詞人之常事』。這樣說法是很成問題的。崔述所舉的例子，謝惠連、謝莊等人的《雪賦》《月賦》等不能據爲定律，認爲《卜居》《漁父》也是別人的僞託。《卜居》《漁父》這樣眞情實感的文章，與上列諸人矯揉造作的文章，簡直不可同日而語。

第四，因爲王逸在《漁父》章句裏說過：『楚人思念屈原，因敍其詞，以相傳焉。』用以證明不是屈原自作，這也是不對的。『敍其詞』，並非作。敍者，古人作爲述說的意思；正如王逸在《天問》章句說：『楚人哀惜屈原，因共論述。』《九章》章句也說：『楚人惜而哀之，世論其詞，以相傳焉。』『敍其詞』、『論述』、『論其詞』，都是差不多的意思，不能作爲非屈原作的根據。《漁父》章句因有『楚人敍其事』就拿來作爲非屈原作的根據，那《卜居》章句上沒有這句，又作何解釋呢？『敍』絕對不是『作』，如果把『敍』解釋成『作』，那王逸不是自相矛盾嗎？他在《漁父》章句前面明明寫着：『漁父者，屈原之所作也。』

我認爲《卜居》《漁父》乃屈原所作，是沒有疑問的，除辯駁上面四個『理由』不能成立，並從思想內容上加以分析外，我更舉出下列事實來佐證：

一、《卜居》《漁父》的形式在當時是不是可以產生的呢？我說完全可以。這種散文的形式雖說是屈原創造的，但當時並不是一點基礎也沒有。以用主名和第三者口吻來說，在屈原之前的諸子著作中是慣用的，前面已擧出很多例子。以散文中帶有韻語來說，在屈原之前和稍後也是很多的，我們從《論語》《老子》《莊子》《墨子》《荀子》等書中，能找出許許多多的例子。以短小精悍、問答諷託的散文來說，在屈原之前更是很多的，我們從墨翟、孟軻、莊周等人的著作中固然找得出許多篇，在《左傳》《國語》《戰國策》中也不乏其例。屈原發展了這種形式，把三種揉合在一起——卽是用主名，中間押韻，短小精悍的問答諷託——這就是屈原的創造性，並不一定是有意揉合的，因爲他是詩人，把詩中的韻律帶到散文裏來，押上一點並不嚴格的韻，是很自然的事。結果變成了新的形式——散文詩（文賦）。這種過程，猶之乎他發展《詩經》的形式而創造了《天問》那樣奇特的長詩一樣。就以騷體來說，也是有它發展的基礎的，《詩經》中早有一些『兮』字句，再加上採用了當時楚國民歌的形式，於是他創造了騷體。知道這一點，屈原發展了帶有韻語的散文形式，創造出《卜居》《漁父》那樣散之詩，是毫不奇怪的。與屈原同時或稍後的荀卿、宋玉等人也曾嘗試過。硬說只有漢人有這種形式，是沒有道理的。相反，漢人模仿這種形式的作品，多半有點矯揉造作，沒有《卜居・漁父》這樣眞摯的感情。

二、《卜居》《漁父》中以『移』、『汲、『醨』、『爲』（古音同在歌部）爲韻，確是先秦古韵，和屈原其他作品相同。

三、屈原創造了新的詩體，是由於社會經濟變化，而反映這種變化最快的是民歌，屈原受了民歌的影響，《九歌》就是民間的祭神舞曲，由屈原提煉、加工、改寫，而變成新的詩體。當然，屈原更受了《滄浪歌》一類民歌的影響，孟軻轉述孔丘周遊至楚時聽到孺子歌曰：『滄浪之水清兮，可以濯我纓；滄浪之水濁兮，可以濯我足。』屈原在《漁父》裏寫漁父所唱的也是這隻歌詞，可見《滄浪歌》在楚地是老少都唱的，屈原怎能不受影響！《漁父》中收進了《滄浪歌》正說明屈原對民歌的愛好。

四、《卜居》問太卜鄭詹尹，與《離騷》『索藑茅以筵篿兮，命靈氛爲余占之』、『欲從靈氛之吉占兮，心猶豫而狐疑』，是前後呼應的；問卜而又不相信卜，與屈原的信念一致。提出一串連的疑問，與《天問》中一大堆的疑問，也是互相關聯的：由懷疑本身，擴大到懷疑一切。

五、《卜居》中的比喻所表現出來的問題，也是與屈原其他作品一致的。如『蟬翼爲重，千鈞爲輕；黃鐘毀棄，瓦釜雷鳴』這樣的句子，在《離騷》裏也有『蘭芷變而不芳兮，荃蕙化而爲茅』，在《懷沙》裏有『變白以爲黑兮，倒下以爲上；鳳在笯兮，雞鶩翔舞』。

六、屈原兩次放逐，而且時間很長，共有二十多年，而他是怎樣生活的呢？詩中有很多鳥獸草木之名，『善鳥香草，以配貞忠；惡禽臭物，以比讒佞』，如果不熟悉農民生活是寫不出來的。《離騷》裏只說他種過花木香草，我想他放逐在外，一定還耕過田種過菜蔬以維持生活。因爲在《卜居》中也可互相印證：『寧誅鋤草茅，以力耕乎？將遊大人以成名乎？』屈原正是從了前者，捨棄了後者的。如果說是漢人僞託，僞託者那有這樣大的本事，連一點破綻也沒有？

七、司馬遷是第一個爲屈原作傳的人，離屈原死時只有百餘年，去古未遠。他世世代代爲太史令，掌握的材料極多，所謂『紬史記、石室、金匱之書』。他又訪問了許多地方，遊歷名山大川，見多識廣。他自己講他寫《史記》的經過：『網羅天下放失舊聞，略考其事，綜其始終。』他不知道的就說不知道；當時有幾種傳聞的他都記載下來，不隨便意斷。《漁父》被他寫進《屈原列傳》裏，雖說沒有像《懷沙》一樣說明是屈原所作；那是因爲他把《漁父》的事當作史實來敍述的，所以用不著說明。正如《屈原列傳》前段說：『《國風》好色而不淫，《小雅》怨誹而不亂，若《離騷》者，可謂兼之矣。』班固、劉勰皆以爲是淮南王劉安語，可見是司馬遷取其語以作傳，並不一定要說明出處。又如《司馬相如列傳》是抄自相如的《自敍傳》的，但也沒有說明。司馬遷這種寫法在《史記》裏是屢見不鮮的。因爲有很多材料是根據前人各種記載，他綜合起來寫成專文。

八、《漢書・藝文志》載『屈原賦二十五』，相信班固作《漢志》時，確實有二十五篇存在。因爲班固非議屈原，認爲是『露才揚名』，他尚且記載屈賦是有二十五篇。王逸《楚辭章句》計《九歌》十一篇、《離騷》、《天問》、《九章》九篇《卜居》、《漁父》、《遠遊》，共二十五篇，正合《漢志》之數。現代很多人考證，認爲《遠遊》是漢人僞作，而《招魂》乃屈原所作。『司馬遷

《屈原傳贊》說：『讀《離騷》《天問》《招魂》《哀郢》悲其志。』那麼除掉《遠遊》，補上《招魂》，還是二十五篇。

九、《楚辭》之名始於劉向，劉向收集屈原以下《楚辭》而加己作《九嘆》，分爲十六卷，並尊《離騷》爲經。劉向是整理古書的專家，『典校經書』，並作過《天問解》，惜已失傳。他在《新序·節士篇》說：『屈原爲楚東使於齊，以結強黨。秦國患之，使張儀之楚，貨楚貴臣上官大夫靳尙之屬，上及令尹子蘭、司馬子椒，內賂夫人鄭袖，共譖屈原。屈原遂放於外。』可見他對屈原是有研究的，他收集的《楚辭》必有所據。

十、王逸的《楚辭章句》，又加上了己作《九思》與班固二敍，爲第十七卷。王逸是楚地人，『與屈原同土共國』，而又『博雅多覽，讀《楚辭》而傷愍屈原，故爲之作解。』他的《楚辭章句》是有根據的，如有些篇作者弄不淸楚，他就老老實實說弄不淸楚：『《大招》者，屈原之所作也。或曰景差，疑不能明也。』『《惜誓》者，不知誰氏作也，或曰賈誼，疑不能明也。』這種實事求是的治學態度，是嚴肅的，不憑主觀想像，不強作解人。他兩次談到屈原作品的數量：《離騷·敍》說：『屈原履忠被譖，憂悲愁思，獨依詩人之義，而作《離騷》，上以諷諫，下以自慰，遭時闇亂，不見省納，不勝憤懣，遂作《九歌》以下凡二十五篇。』《天問·敍》說：『昔屈原所作，凡二十五篇，世相教傳。』這二十五篇當然連《卜居》《漁父》在內，這是無可懷疑的。王逸《卜居》章句說：『《卜居》者，屈原之所作也。屈原……忠直而身放棄。心迷意惑，不知所爲。乃往太卜之家，稽問神明，以定嫌疑，故曰卜居也。』《漁父》章句說：『《漁父》者，屈原之所作也。屈原放逐在江湘之間，憂愁嘆吟，儀容變易，而漁父避世隱身，釣魚江濱，欣然自樂。時遇屈原川澤之域，怪而問之，遂相應答。……』這說得再淸楚不過了。王逸離屈原的時代較近，而又是根據劉向所集的《楚辭》來作章句，他這些話是可靠的，沒有理由推翻。當然，不能說王逸沒有別的錯誤，例如把《招魂》誤爲宋玉所作，把《遠遊》誤爲屈原所作（其它牽強附會的地方也不少）。我倒相信現代許多人的考證，認爲是王逸錯了。

十一、歷代很多《楚辭》注家對《卜居》《漁父》都沒有懷疑過。下面我引用王逸以後的注家們對這兩篇意見和看法，雖不能算作證據，但他們講得頗有道理，對我們極有參考價值：

洪興祖《楚辭補注》也認爲是屈原的作品：『《卜居》《漁父》，皆假設問答以寄意耳。』朱熹也承認這兩篇是屈原的作品，他的《楚辭集注》說：『《卜居》者，屈原之所作也。屈原哀憫，當世之人習安邪佞，違背正直，故陽爲不知二者之是非可否，而將假蓍龜以決之，遂爲此詞。發其取舍之端，以警世俗。』『《漁父》者，屈原之所作也。漁父蓋亦當時隱遁之士。或曰：亦原之設詞耳。』此說與王逸基本相同，很合乎情理。

蔣之翹的《十二家楚辭集註》載：張鳳翼曰：『《卜居》《漁父》爲原幽憤寄托之作，豈當時實有其事。』焦竑曰：『戰國文多僞立主客。逸謂此（指《漁父》）楚人敍其事以相傳，誤。』

王夫之的《楚辭通釋》序《卜居》云：『《卜居》者，屈原設爲之辭，以章己之獨志也。』序《漁父》云：『《漁父》者，屈原述所遇而賦之。』

蔣驥《山帶閣註楚辭》《卜居》小序說：『以忠獲罪無可告訴，託問卜以號之。』《漁父》小序說：『或云：此亦原之寓言。』也認爲這兩篇是屈原所作。

我並非泥古，也不是不敢疑古，我覺得如果沒有充足的理由和確鑿的證據，而隨便推翻歷史定案，隨便否定屈原的著作權，而且把它從屈原的作品中割開，這是不應該的。我們不能以粗暴的態度對待文學遺產。

至於說《惜往日》《悲回風》《惜誦》《思美人》，『有明顯的模擬痕跡』，也是不妥的。屈原一生遭遇到的挫折與打擊是很沉重的，他的觀感、心緒、感情，前後也不無相同的地方；為了便於表達同樣的情緒，也可以採取他熟練的形式，即使有一兩句重複甚至一兩段重複的意思，也是在所不計的。就是在同一篇賦裏又何嘗沒有前後相同的句子呢！如《離騷》的前面說：『紛總總其離合兮，班陸離其上下。』後面又說：『紛總總其離合兮，忽緯繣其難遷。』前面說：『心猶豫而狐疑兮。』後面又說：『心猶豫而狐疑。』難道《離騷》也是後人模擬的嗎？

《九章》，無論從內容和形式方面講，沒有什麼值得懷疑的。班固《離騷讚序》早就說：『逐屈原在野，又作《九章》賦以諷諫，卒不見納。』王逸也說過：『《九章》者，屈原之所作也，屈原放於江南之壄；思君念國，憂心罔極。放復作《九章》。』現代《楚辭》學者如陸侃如的《屈原》，游國恩的《楚辭概論》《屈原》，謝无量的《楚辭新論》，郭沫若的《屈原究究》，文懷沙的《屈原九章今繹·自序》，都一致肯定《九章》是屈原所作，已成牢不破的定案。

（《關於屈原作品的真偽問題》，原刊於《文學遺產增刊》）

姜昆武·徐漢澍云：

《遠游》與《大人賦》

我們來看《遠游》的主題和內容。把它看成偽作的起因是有人把它和《大人賦》作了比較，發現《大人賦》中有些語句和《遠游》一字不差，而神仙眞人的氣味二者又是如此相近，難道司馬相如如此大家，還需用抄襲來增輝嗎？因此可見二賦很像同出一源，當然不會是屈原抄司馬氏，那只能是司馬氏作而僞稱屈子的，甚至有人認爲《遠游》是《大人賦》的初稿，這樣的推理過程與結論，未免失於輕率了。

從主題看，這兩篇文章實在是截然相反的。《大人賦》是通過大人仙舉遠游天庭的盛況和經歷，宣揚神仙虛無縹緲極樂世界的美景和理想，從而投合帝君所好，博取漢帝求仙的歡心，這實在是一篇奉承阿諛的作品，全詩沒有多少深刻的含義，唯以玄虛華麗的辭藻，表現神仙生活歡樂的主題。這與《遠游》根本不能相提並論。哪有從草稿到定稿寫出兩個完全相反的主題，表現截然不同的思想情感的滑稽事兒呢？因而這個問題實際上是不值一論的。相反，後人借前人中的好東西來爲自己作品服務的例子既不少也從不受時代與作者名望的影響，因此不必詫怪司馬氏的這種做法。

至於《遠游》中和《大人賦》裏相似的神仙思想和境界又當如何來解釋呢？

《遠游》一文中『從王喬而娛戲』周游四方，是借用了當時民間流傳的『道』家術語及修煉之說來表現主題的。這是當今否定《遠游》爲屈原所作主要論據之一。其實，如果仔細觀察全文，我們感到屈原根本不是在宣揚『道』家的哲理，而是重申自己的『端操』『正氣』，是借題發揮，是採用浪漫的手法發泄對現實不滿憤激之詞，是對君主不能重用的反詰之語。

《遠游》篇中『飡六氣』『含朝霞』『保神明之清澄兮，精氣入而粗穢除』的修煉成仙的論說，頗與莊子道行理論相彷彿。其實，這是屈原借『道』家學仙之說，隱喻己志高潔，不願與世混濁一體之論。這與《離騷》中『朝飲木蘭之墜露兮，夕餐秋菊之落英』、《悲回風》中『吸湛露之浮源兮，漱凝霜之雰雰』同理，至多也只能推論說屈原得天地精華而自益，以蟬蛻污濁之世而自樂，來達到『內欣欣而自美兮，聊媮娛以自樂』的境界，陳本禮說得好:『讀者泥於求仙之說，失其旨也。』

《遠游》中虛靜、恬愉、無爲等用語，出自屈原惆悵失志後，知悲嘆無益，所以產生這種遠離現實的思想，這同《悲回風》中『入景響之無應兮，聞省想而不可得』爲同源之水，明爲追求『虛靜』的雅境，實際上是對自已處境的憤激語。《遠游》中『哀人生之長勤』『悼芳草之先零』『永歷年而無成』可爲明證。『先零』『無成』這才是屈原內心眞實思想的獨白。

《遠游》借王喬之言說:『道可受兮不可傳』一段，並不是眞的要傳授道的精義，無非是借『道』家之情來釋慰自已『舒情莫達』的心和治政不能的志，也和《悲回風》中『穆眇眇之无垠兮，莽芒芒之无儀，聲有隱而相感兮，物有純不可爲』同是說明人世萬物都存於自然的道理，違反自然規律辦事，其結果必然會適得其反。現實既不能如意，寄希望於神仙的玄理，以此來安慰自已的懸念，這是典型的浪漫筆法。正如清代劉夢鵬所作的客觀評論:『夫人窮則思，思苦則哀，哀而不能自解，於是往往託於詭傚幻譎之詞、乘雲羽化之說，以絕於世，豈得已哉！若屈子者，其亦可以諒也。』《遠游》篇末『下峥嵘而無地兮，上寥廓而無天』，願『超無爲以至淸兮，與太初而爲鄰』。這當然不是表明屈原願爲道家的信徒，而是對現實的極端憤懣！這和《離騷》中結語『已矣哉。國無人莫我知兮，又何懷乎故都』，同爲反結之詞，反襯出屈原更不能忘懷故鄉，更表明了他憂國爲民的赤膽忠心。對於這一點，王逸早有精僻的見解:『托配仙人與俱游戲，周歷天地無所不到，然猶懷念楚國，思慕舊故；忠信之篤仁義之厚也，是以君子珍重其志而瑋其辭焉。』

以上所論是從《遠游》的主題思想內容剖析來看屈原借用道家的術語，是在用浪漫的手法表現其愛國思想，這實際上又是屈原把戰國時代介於道家方士思想在民間流行的傳說、風習與文學藝術典型結合，這與《離騷》用現實與浪漫相結合的手法表現忠耿之情一樣，同《九歌》採用南楚民間祭樂歌舞之曲一樣；同《天問》以答問形式表現人間傳說中神奇鬼怪之論一樣，都是借用民間藝術而提煉創造的文學作品。《遠游》採用民間道家傳聞的語詞來表現愛國的主題又爲何不可？更何況《遠游》的主題、文風，比《天問》《九歌》更接近《離騷》，爲什麼承認《九歌》《天問》而不承認《遠游》爲屈原所作呢？又何以《離騷》《九歌》中的神仙道家思想不遭譏議，而對《遠游》卻偏偏苛求之甚呢？《遠游》豈可因爲曾借用道家神仙術語而不見其中大量內含意識因素，就斷爲非屈原所作了呢？

從文風看《遠游》為屈原所作

作文集字法以成句，集句法以成篇，仔細觀察作者用字、修辭、造句，直至行文布局的素習，往往可以幫助判斷作品的眞僞。

《遠游》的文風，若與《離騷》《九章》對比，文氣旣相承襲，格調也十分切近。

從體式看，《遠游》是長賦，全文一一四一字，共一七八句，以六言爲主體，兼有四、五、七、八字句（共三十三句），而《離騷》《九章》也以六言爲主。

從用字、詞的習慣來看，《遠游》與《離騷》《九章》有明顯的親緣關係，這是同一作者在行文中的自然表現。現在以《遠游》篇中聯綿字的運用爲例：

服偃蹇以低昂	時彷彿以遙見兮	聊媮娛而自樂
紛溶與而并馳	聊彷佯而逍遙兮	長太息而掩涕
載雲旗之逶蛇	神要眇以淫放	氾容與而遐舉
形蟉虯而逶蛇	質銷鑠以汋約兮	覽方外之荒忽兮
怊惝怳而乖懷	昔曖曃其曭莽兮	

這些句子中，『偃蹇』『 溶與 』『逶蛇』『彷彿』『仿佯』『逍遙』『要眇』『汋約』『婾娛』『太息』『 荒忽 』都常見於《離騷》《九章》《九歌》，這些詞的運用已成爲屈原的慣用詞。然而近代有人正是以詞語雷同來推論《遠游》爲僞作，這樣得出結論似乎有點專横，因爲如果這可以作爲論證的依據，那末《九章》《九歌》用詞類於《離騷》者更多，難道也可以推斷《九章》《九歌》非屈原所寫嗎？

從比興的手法來看，作者在《遠游》篇中，小到用一個詞組來打比方，隱喩深刻的含義，大到全篇用比興浪漫手法來表現一個主題，和屈原一貫的文風是相吻合的。例如《遠游》中用『 芳草 』『 遺芳 』這類詞一方面隱喩自己，另一方面也代表正直的有志之士；用『霜降』旣表示天時的變化、時代的變遷，又代表一股黑暗勢力的逆流。這樣貼切自然的運用比喩在《離騷》中比比皆是。通篇中屈原往往又借用民間流傳的道家論道的情節打比方，來表現自己戀楚愛國的主題，如『載營魄而登霞兮，掩浮雲而上征』句，就是借道家魂升魄降之說，表明楚已不國，魂不忍見，所以想登霞上征而遠游。這和《離騷》中從靈氛占卜、神游天庭的風格極爲相似。

另外從神態形狀的描繪上看屈原修辭手法，《遠游》與《離騷》也有許多相近的地方。《遠游》說：『玉色頩以脕顏兮，精醇粹而始壯。』寫氣充顏面，色美澤，確是道家煉精成氣、聚氣爲神的形態，但實際上是表明屈原志高行潔、內質純粹芳美、不願與世汚濁的意思。與《離騷》中『唯昭質其猶未虧』『苟余情其信芳』同爲咏志之詞。所不同的是前者運用道家術語而已。再說描繪道家的神態形象也不是《遠游》初試，在《離騷》中『 高餘冠之岌岌兮，長餘佩之陸離』就已露端倪，《涉江》更進而寫了『余幼好此奇服兮，年旣老而不衰，帶長鋏之陸離兮，冠切雲之崔嵬』。『高冠岌岌』『 長佩陸離 』的服飾已不是常人所有的形象了，因而到

《遠游》的『玉色瓶以脕顏』，則無非是『冠雲崔嵬』『長鋏陸離』的發展而已。

再從描寫風物、景象來看，也可以說《遠游》與《悲回風》《涉江》格調是統一的。如《遠游》中描寫『山蕭條而無獸兮，野寂寞其無人』與《悲回風》中的『登石巒以遠望兮，路眇眇之默默』，《涉江》中的『深林杳以冥冥兮，猨狖之所居』『山峻高以蔽日兮，下幽晦以多雨，霰雪紛其無垠兮，雲霏霏而承宇』同是屈原嘆人世凄傷，悲宗國荒僻衰亡之筆，風格何異？

從屈原遠游時車隊行進的氣魄、景象看更足以與《離騷》相映成輝。《遠游》的『屯車萬乘』『溶與並馳』『八龍婉婉』『雲旗逶蛇』『雄虹採旄』與《離騷》中神游帝宮時都有相似的表現，不過更爲豐富一些罷了，如『屯車千乘』『玉軑並馳』『八龍婉婉』『雲旗逶蛇』『風翼承旂』『駕飛龍』『雜瑤象爲車』『雲霓晻藹』『玉鸞啾啾』……由此可見，《遠游》中風物，情態描述只是《離騷》中意境的重現，這些無非是詩人心中又復縈繞的思想而已。即使《遠游》中侍衞諸神如：『豐隆』『飛廉』『風伯』『蓐收』『玄武』『雨師』『雷公』『文昌』也和《離騷》中『豐隆』『鸞皇』『飛廉』『望舒』相近或相同。這種縈繞思想的反覆表現與其說是僞托（僞作者一般也不太願意讓人看出明顯抄複的痕迹的），還不如說是同一作者的習慣表現，因此這也是《遠游》出於屈原筆下的內證。

從章法來看，屈原作文有獨特風格，往往以自己遭遇、觸景生情而揮筆抒懷，習慣於篇首就點明文章生成的因由，舒發心中感觸最深的情愫，並以此發端而議論、演繹鋪陳、吟咏成章，使邏輯思維和形象思維巧妙地結合起來。如《惜誦》篇，因屈原遭疏而懷念前情，想竭忠盡力以事奉君王，豈知反遭衆人的仇視，然後才知道了作忠造怨的道理，內心憤然，故賦詞一曲，以明心志。篇首兩句就寫:『惜誦以致愍兮，發憤以抒情。』明確地指出爲惜誦發憤所作，並以『惜』字貫穿全文。

又如《抽思》是屈原斥居漢北時獨放異域、路遠處幽、無媒相告而爲憂念君恩的作品，全篇『憂思』的情愫貫於始末，而篇首兩句『心郁郁之憂思兮，獨永嘆乎增傷』就點明本文的成因是憂思。

《懷沙》是屈原往居南土僻遠荒地，不因爲窮困而改易志向，所以必傷而長悲思，願以死明志，全賦通貫『傷懷』的情感，而篇首兩句就寫『傷懷永哀兮，汩徂南土』。

《思美人》是屈原遭放逐的時候，煢獨南行煩寃悶懣之作，全文宗於一個『思』字，篇首兩句即將思君的情愫乾脆地表達出來:『思美人兮，擥涕而竚眙，媒絕路阻兮，言不可結而詒』。

《惜往日》開頭兩句『惜往日之曾信兮，受命詔以昭時』，是屈原追惜過去曾見信於懷王治楚政有成，而今君王奸賢不辨、是非不分。所以文章一開始便抒發憶昔之嘆。

再看《遠游》頭兩句寫:『悲時俗之迫厄兮，願輕擧而遠游。』是明白指出『遠游』是出於『時俗迫厄』的緣故，是抒發胸中的憤懣，表明對故國眷戀的情意。《遠游》起勢行文的邏輯思維規律與上列各篇都是相同的。《遠游》和《九章》諸篇同爲一人所作，當又增加一例證。

其實不僅每篇文章的起勢手法接近，就整個章法而論作者選材佈局的思維邏輯過程也有相同程序。現將《遠游》與《離騷》兩文就內容佈局相比較，尋其脈胳，察其文氣及演繹過程列表如下，以爲佐證。

遠　游（內容佈局）		離　騷（內容佈局）	
一	言屈原遭逐後，心愁淒而增悲，決意遠游而求其本初之志。	一	言屈原在朝君王不信，入室妻妾不容，遂決意遠征，以明憂國爲民的心迹。
二	人世無望，屈原『羨』眞人的美德，決意從王喬的玄理，以超脫塵世的汚濁。	二	言己雖修美，然讒佞橫行，情不得已，故借重華陳辭，列擧古代的奸賢，明善惡自食其果的道理，知人世無容身之地，遂思超於塵濁。
三	言屈原輕擧遠游天庭四方時，心仍顧舊鄉，這是屈原懷國傷情的再現。	三	言屈原從靈氛占卜，神游天庭時，睨故國江山危亡，情更嗟傷。
四	屈原厭惡穢濁人世，不可能再有作爲，願飛升翱翔空際以俟時之情慰。	四	言屈原憶一生無救於宗國，遂從彭咸之所居。

從上列兩文內容佈局的比較看，《遠游》先寫輕擧遠游的原因，後寫輕擧的辦法，再述輕擧遠游經歷，末以超脫塵世作結束以表現『端操』之志。《離騷》亦先寫神游的原因，再記神游的經過，末以從彭咸之所居而告終。兩文都首尾呼應，中有波折，有虛有實，虛實相合，就篇法來說，當然是合乎同一人構思的風格，正如王夫之說：『此篇（遠游）所賦，與《離騷》卒章之旨略同而暢言之』很有道理。

從語法音韻的規律論《遠游》是屈原作品

作者在賦詩作文時，所使用的語法、音韵規律除了受到時代（時間）、地點（空間）的影響外，不同的作者還有不同的意識內在規律，形成作家自己獨特的風格，這種規律可以作考證作品眞僞最科學最嚴謹的依據。因爲一個僞作者對於這種特殊規律在模仿時，不可能句句提防，字字着意而無破綻，爲此我們按《遠游》的語法、用韵來和屈原的其它文章及《大人賦》一一對照後，然後說誰是《遠游》的眞正作者，那得出的結論將會更客觀而科學一些。

語法方面我們將分三部來證明：

㈠從介詞『於』『乎』的運用規律來看

《離騷》中凡二句中連用介詞『於』『乎』兩字的時候，一定是上句用『於』，下句用『乎』，上下兩句又以實義相對比。如：

飲余馬於咸池兮，總余轡乎扶桑。　　夕歸次於窮石兮，朝濯髮乎洧盤。

而《遠游》篇亦都如此：

朝發軔於太儀兮，夕始臨乎於微閭。　　軼迅風於清源兮，從顓頊乎增冰。

若『於』『乎』兩字任用一字，則『於』字一定用在上句，『乎』則一定用在下句。如：

雖不周於今之人兮，願依彭咸之遺則。（《離騷》）
冀枝葉之峻茂兮，願竢時乎吾將刈。（《離騷》）

這種『於』『乎』介詞上下句分別使用的例子，《遠游》中共有九句，句句同於《離騷》句法，沒有一句例外的：

仍羽人於丹丘兮，留不死之舊鄉。　　朝濯髮於湯谷兮，夕晞余身兮九陽。
鳳凰翼其承旂兮，遇蓐收乎西皇。　　聞至貴而遂徂兮，忽乎吾將行。
撰余轡而正策兮，吾將過乎句芒。　　召黔嬴而見之兮，爲余先乎平路。
聞赤松之清塵兮，願乘風乎遺則。　　指炎神而直馳兮，吾將往乎南疑。
舒并節以馳騖兮，逴絕垠乎寒門。

但假如以『於』『 乎 』介字的運用規律來檢驗司馬相如的《大人賦》，則可以發現司馬相如有他自己的規則，他並不遵循這一特殊習慣用法，現將《大人賦》中破此格式的句子摘錄如下：

悉征靈圉而選之兮，部署衆神於搖光，　遺屯騎於玄闕兮，軼先驅於寒門。歷唐堯於崇山兮，過虞舜於九疑。

第一句『於』用在下句，第二、三兩句連用兩個『於』，這種『於』字用法《遠游》中既無，而屈賦其它文章中也不曾見。這又說明了《大人賦》與《遠游》不是同一作者，《遠游》也不像是從《大人賦》演變來的。

㈡從主語『余』『吾』的用法來分析

《離騷》《九章》中用『余』『吾』作主語時，其用法與《遠游》對照，規律相同，現分三小點來說明：

⑴凡句中動詞前用副詞『將』時，主語『余』『吾』在前。如：

吾將上下而求索　吾將運逝而自疏　吾將從彭咸之所居（以上見《離騷》）　余將董道而不豫兮（《涉江》）　吾將以為美兮（《懷沙》）　吾將蕩志而愉樂兮（《思美人》）

對這種規律，《遠游》篇中無一句例外！

吾將過乎句芒　吾將往乎南疑　余將焉所程（注：實為『所程焉』倒句）　吾將從王喬而娛戲

⑵『將』字用在句末動詞前，『將』字前則爲主語『吾』字，『吾』字前又則爲狀語加『乎』字。在《離騷》中如：

歷吉日乎吾將行　願竢時乎吾將刈　延佇乎吾將反

《遠游》篇中雖僅有一句『忽乎吾將行』，但句法格式完全未變。

⑶凡名詞與『余』『吾』結合爲短語來表示從屬關係時，在『余』『吾』的前面絕大多數是一個單音節的動詞、形容詞或副詞（偶而有一二例爲雙音節的），在『余』『吾』短語之後必爲一個用作停頓的虛字，虛字之後則爲一雙音節詞組（以利節奏的舒緩，情意的抒發），這類規則既爲屈賦獨用，又相當整齊劃一，如《離

騷》中:

豈余身之憚殃兮　　非余心之所急　　苟余情其信姱以練要兮
亦余心之所善兮　　步余馬於蘭皐兮　　苟余情其信芳
高余冠之岌岌兮　　長余佩之陸離　　豈余心之可懲
阽余身而危死兮　　覽余初其猶未悔　　霑余襟之浪浪
總余轡乎扶桑　　飲余馬於咸池兮　　邅吾道夫昆侖兮
及余飾之方壯兮　　屯余車其千乘兮

《惜誦》中有:

亦非余心之所志

《涉江》中有:

步余馬兮山皐　　邸余車兮方林　　苟余心其端正兮
哀我生之無樂兮

《哀郢》中有:

曼余目以流觀兮　　信非吾罪而棄逐兮

《抽思》有:

傷余心之憂憂

而《遠游》篇忠實地遵守着這種形式，可謂循繩墨而不偏。

撰余轡而正策兮　　夕晞余身兮九陽

綜上可見，《遠游》與《離騷》《九章》中介詞『於』『乎』與主語『余』『吾』運用規律對照完全相同。

㈢從使用連詞的特殊句式來看

在屈賦中如『而……之』『之無』『以自』『之……所』等結構的應用極有規律，構成屈原作品的獨特風格。《遠游》篇恰恰又與此全然相同，現分句述論如下:

1……而……之

『而』『之』兩字間一定用一個動詞

懷椒糈而要之（《離騷》）　　衆〇然而蔽之（《離騷》）
恐嫉妒而折之（《離騷》）　　妒被離而彰之（《哀郢》）
何日夜而忘之（《哀郢》）　　所作忠而言之（《惜誦》）
孰信脩而慕之（《離騷》）　　遭讒人而嫉之（《惜往日》）
感氣志而過之（《惜往日》）　　身幽隱而備之（《惜往日》）
因縞素而哭之（《惜往日》）　　孰申旦而別之（《惜往日》）

《遠游》也完全同此規律。如：

見王子而宿之　　召黔嬴而見之

但《大賦人》恰有破此格的句子。如：

載玉女而與之歸

『而』『之』之間不用動詞而用連詞，動詞放在最後。這種用法不合屈賦慣例，可見這是《遠游》疏於《大人賦》而親於屈賦的又一例證。

2　以自

『以自』兩字前爲多音節的詞、詞組或短語，兩字後承以一個單音節的動詞或形容詞，這種結構在屈原諸賦中絕無例外。如：

夏康娛以自縱（《離騷》）　　和調度以自娛（《離騷》）
吾將遠逝以自疏（《離騷》）　　故重著以自明（《惜往日》）
願陳情以自行兮（《惜往日》）　　覽民尤以自鎮（《抽思》）
魚葺鱗以自別兮（《悲回風》）　　折若椒以自處（《悲回風》）
聊消遙以自恃（《悲回風》）　　依風穴以自息（《悲回風》）
寧廉潔正直以自清乎（《卜居》）

《遠游》篇中『以自』兩字運用規律同上。如：

聊媮娛以自樂

3　……之無……

『之』字前都用名詞或形容詞，『無』字後都承接以單音節的名詞、動詞或形容詞。如:

哀高丘之無女（《離騷》）　　哀我生之無樂兮（《涉江》）
入景嚮之無應兮（《悲回風》）　　愁郁郁之無快兮（《悲回風》）
紛容容之無經（《悲回風》）　　罔芒芒之無紀（《悲回風》）
軋洋洋之無從（《悲回風》）　　穆眇眇之無垠兮（《悲回風》）
莽芒芒之無儀（《悲回風》）

《遠游》中『惟天地之無窮』，『之無』的用法也同。

4 ……之所

『 之所 』兩字放在句末的一個單音節動詞或形容詞之前，而『 之所 』的前面又冠以雙音節名詞或詞組，這種規律屈賦全同，《遠游》也不例外。現將《離騷》《九章》中按此句式二十三處分列如下，試與《遠游》對照:

求宓妃之所在（《離騷》）　　固衆芳之所在（《離騷》）
非余心之所急（《離騷》）　　吾將從彭咸之所居（《離騷》）
非世俗之所服（《離騷》）　　亦余心之所善兮（《離騷》）
固前聖之所厚（《離騷》）　　求榘矱之所同（《離騷》）
又衆兆之所仇（《惜誦》）　　羌衆人之所仇（《惜誦》）
亦非余心之所急（《惜誦》）　　又衆兆之所咍（《惜誦》）
去終古之所居兮（《哀郢》）　　莫知余之所有（《懷沙》）
眇遠志之所及（《悲回風》）　　介眇志之所惑兮（《悲回風》）
竊賦詩之所明（《悲回風》）　　隨飄風之所仍（《悲回風》）
窺烟液之所積（《悲回風》）　　求介子之所存（《悲回風》）
吾怨往昔之所冀兮（《悲回風》）　　照彭咸之所聞（《悲回風》）
託彭咸之所居（《悲回風》）

《遠游》中『問大微之所居』『求正氣之所由』等句是符合這種句式規律的。

但後三種句式《大人賦》全無。

通過以上特殊字、詞、句在語法上客觀規律的剖析，我們可以發現《遠游》遵循着和《離騷》《九章》諸賦完全相同的字法句法規則，但與《大人賦》的語法規律與此相比卻有重要的區別。我們很難設想一兩千年以前科學語法分析的觀念在人們頭腦中尚未形成時，一個僞作者在作假的過程中，在全文各種語法結構的類型上僞造得如此精細一無差異，這是很難想像的，這足以說明《遠游》和《離騷》《九章》之類作品只可能出於同一作者，有了這種下意識的流露才會表現出這樣的統一規律。

最後我們再從用韻上看。大凡詩賦作者的用韻，亦往往有他個人的習慣意識韻律。如杜甫詩，以東韻爲多，少用覃、談韻，宋玉的作品多脂、祭韻。而屈原賦詞用魚、之、陽、歌、幽五韻爲多。（依江有誥、王念孫古韻分部說）現將屈賦主要篇目，主要用韻列表比較如下：

	離騷	天問	悲回風	遠游
全篇叶韻總數	75	84	16	31
其中　魚韻	16	8	2	6
之韻	13	16	3	5（之幽通韻一次）
陽韻	9	14	2	4
歌韻	6	6	1	2
幽韻	4	7	1	4（幽之合韻一次）
五韻合計	48	51	9	21
五韻占全篇用韻的百分比	64%	60%	56%	64%

從上表分析《遠游》篇五韻的數量竟占全篇換韻總數百分之六十四之多，與屈賦主要篇目用韻比較非常接近。這種現象有力地說明這是屈原情感表現過程中流露出一種不自覺的統一性。在詩歌創

作中，這種下意識用韻習慣僞作者是很難仿效得全眞的。持《遠游》非屈原作的論點的人是無法解釋這類現象的。

綜上所述，從推敲《遠游》產生的社會思潮；析《遠游》的思想內涵及表現手法；比較《遠游》與屈賦文風的相同；查語法音韻使用的內在規律……等等，《遠游》爲屈原所作的論點彰然無疑了。

姜亮夫附言：

在全部屈原作品中，被人懷疑得最厲害的是《遠游》，根源都來自王逸說了一句含含糊糊的話而引起的。其實叔師不過言長卿《大人賦》詞句襲用《遠游》，實在並無深義。但在我們文學史研究中却成了軒然大波，這是很有趣的事。其實，從整個屈子作品綜合論之，《遠游》一篇正是不能缺少的篇章，屈子一生坎坷，初仕見疏作《離騷》，繼而見放作《遠游》。在《離騷》中，還有釋階登天的思想，還希望能訪求得賢材，共輔懷王，但賢材求不到，最終則是逃隱！而到了《遠游》，國事已無望，悲憂愁哀以至於想到了死。故《離騷》是中年前後的《遠游》；而《遠游》則是垂老將死時的《離騷》。所以《遠游》一篇正足以看出屈原思想的發展、行事的發展和身世歸宿的道路、從容不迫適可而死的情態，並不是鏗然小人『憤懟亡身』的格局。所以他的文章最終目的是在表現一個淸白靈魂，和那求人世長生逸樂的純個人頽廢邪惡思想不同，細細咀嚼兩文自然能辨明。但爲了推闡這點哀思，我們從兩個方面來作點辨僞工作。一是從整個思想體系來分析《遠游》篇與騷、章、卜、漁的相同點，二是從語言角度來肯定《遠游》與騷章各篇在語法、詞滙、用韻等方面的一致性。這都是強有力的說明，可以爲世人解惑。

（《遠游眞僞辨》原載於《文學遺產》1981年第3期）

〔存　目〕

金德厚撰《關於〈離騷中竄入的文字〉》，刊於《文學遺產增刊》第六輯。

周村撰《與林庚先生商討關於〈離騷中竄入的文字〉及其他問題》，原刊於《文學遺產增刊》。

別集類

■柳宗元集

〔存　目〕

梁容若撰《柳宗元集中的僞作》，發表於《國語日報》一九六五年五月八日第五版內。

■毘陵集

羅聯添云:

《毘陵集》今以《四部叢刊》景印趙懷玉亦有生齋校刊本最爲通行。趙氏取《文苑英華》、《唐文粹》二書勘其訛誤，補其脫漏，又搜集遺文，彙爲《補遺》一卷，其校理之功，誠不可沒。然若干贋品未加考證，遂致眞僞雜糅，令人莫辨。玆據兩《唐書》、《唐人文集》暨淸諸家筆記，考辨《毘陵集》之僞作如後。

一、初晴抱琴登馬退山對酒望遠醉後作　本集一

案淸何焯、趙懷玉並以爲唐玄宗天寶十載（七五一）方討南詔，此詩中有『王旅方伐叛，虎臣皆被堅』之語，因斷定獨孤及在天寶十載（七五一）所作(《何義門讀書記》)。考《舊唐書》卷九《玄宗紀》，天寶十載:『夏四月劍南節度使鮮于仲通將兵六萬討雲南，與雲南王閣羅鳳戰於瀘川，官軍大敗。』與詩語固相合，然考之地理洎獨孤至之行踪年籍，則大有可疑。蓋㈠馬退山在今廣西宣化縣北十五里(《一統志・廣西南寧府山川條》)，天寶十載前後獨孤及方遊河南汴、梁、潁川洎山東渤海岸，實無機緣以至廣西馬退山。㈡天寶十載獨孤及年方廿七，與詩『年長心易感』『唱歌慰頽年』之語不合。㈢天寶十載獨孤及尙未應擧入仕，詩云:『年長心易感，況爲憂患纒，壯圖迫世故，行此兩茫然。』似非未出仕者口氣。㈣獨孤及爲河南人，與『魯人著儒服，甘就南山田』之語亦不合。

二、賀太陽當虧不虧表　本集四

岑仲勉云:『《毘陵集》四《賀太陽當虧不虧表》，下署大曆十三

年。考朱文鑫《歷代日食考》云:『案甲戌爲是年八月朔,《舊書·天文志》不書月,係史之闕文。《舊志》云:有司奏合蝕不蝕。蓋此次環食經北美洲,中國自不可見,有司奏不蝕宜也。』(七〇頁)則此表上於大曆十三年八月以後,及卒固年餘矣。顯係他人之文誤行編入者。(全文亦誤收)」(《集刊》九本《唐集質疑》二四頁)

案《英華》卷五六二收此篇亦署獨孤及,題下亦《注》:『代宗大曆十三年。』考《舊唐書》卷三六《天文志》:『代宗大曆……十三年甲戌奏合蝕不蝕。』甲戌爲是年八月一日。《表》云:『伏見今月一日……太陽當虧不虧。』知題注『大曆十三年』絕不誤,《表》爲是年八月一日稍後作,去獨孤及之卒(及卒大曆十二年四月廿九日),時隔一年又三月,岑氏謂爲他人之文,良是。

三、舒州山谷寺上方禪門第三祖璨大師塔銘,山谷寺覺寂塔禪門第三祖鏡智禪師塔碑陰文　本集九

趙懷玉云:『按以上二篇皆非公作,蓋就錄碑文牽連誤入者。』案《碑陰文》云:『皇唐大曆五年舒州刺史河南獨孤及字至之,以慈惠牧人於兹土。』又云『今獨孤使君』,又云『皆刻獨孤氏之碑陰』,顯非獨孤及自撰語氣,其爲他人之文誤入本集者無疑。

四、送張徵君在遊江南序　本集十四

案《序》云:『初貞元二年進賢星明,於是夫子與馬曾俱以元纁辟焉。』貞元爲德宗年號,獨孤及卒於大曆十二年(七七七)下迄德宗貞元二年(七八六),相去九年,其非及所作至明。

五、馬退山茅亭記　本集一七

趙懷玉云:『按此文見柳子厚《河東集》二十七卷,《文苑英華》

八百二十四卷則作獨孤至之之文。前輩謂文之造句頗與李太白顧逋翁近，又多直用前人語，決非柳作。辛卯爲元和六年，子厚既振拔當時文體，豈尙有是，且前此辛卯爲天寶十載，至之有《初晴抱琴登馬退山對酒望遠醉後作》一篇，詩中有「王旅方伐叛，虎臣皆披堅」、「魯人著儒服，甘就南山田」之語，於時方討南詔，則此文必出於至之有可徵也。」（見本集本篇末後注）

清何焯《義門讀書記》云：『《英華》作獨孤常州者文近之，「歲在辛卯」，辛卯爲元和六年，柳子厚既振拔當時文體矣，何當有是。……（以下與趙氏之語同，從略）』

清姚範《援鶉堂筆記》卷四十三云：『案今之南寧卽邕州也。其附郭宣化有馬退山，作地志者多援子厚此記，然王伯厚《困學紀聞》云：「此篇見獨孤及集，予據子厚爲其先侍御史神道表述其言曰：『吾惟一子。』及子厚自云：『代爲冢嗣。』則無仲兄矣。古人少以伯仲之稱稱其羣從者，且元和辛卯，子厚方在永州，此記似與游從之列而屬辭者。今注柳集者則云仲兄，蓋其從兄柳寬，字存諒，柳所爲故大理評事柳君墓誌並祭文者也。」按誌云：寬卒於元和六年八月七日，而此《記》云：冬十月作亭，其非寬矣。且寬與子厚之父鎭，於刺史楷同爲高祖，則寬於子厚爲叔父行，非兄弟也。況寬從事幕府，既罷，以游士而死於廣州，安得舉以實之。』

案此記非柳宗元（子厚）作，諸家所辨，均精確不移，惟趙、何二氏斷爲獨孤及作，亦未得其實。姚範云：『碑云：及爲殿中侍御史通理第四子，倘此記屬及，則天寶十載，也未審及兄有試於邕者耶？」（見《援鶉堂筆記》卷四十三）範雖致其疑，但未深考。今案獨孤及仲兄名巨，據本集十《韋八墓誌》、《唐書・宰相世系表》七五下暨《元和姓纂》四《校記》十，巨僅官正八品之左驍衞兵曹參軍，（《唐六典》卷二四，左右驍衞兵曹參軍正八品），未嘗爲正四品下之邕州刺史（邕州爲下州，見《舊書》四一《地理志》，《唐六典》卷三十，下州刺史正四品下），又馬退山在廣西，天寶十載及方漫遊山東海壖，不曾遠跡廣西，其非及所作灼然可知。

六、賀赦表二首　本集補遺

趙懷玉《注》云：『集無，見《文苑英華》五百五十八卷。』第二表趙《注》云：『餘姚盧學士文弨云：此篇不似獨孤公手筆。』案《四庫全書總目》卷一五〇《別集三・毘陵集》下云：『《文苑英華》載有及《賀赦》二表……案《賀赦表》所云「誅翦大憝，請復闕庭」及「歸過罪己，降去鴻名」，竝德宗興元時事，及沒於大曆十二年，已不及見。』考《通鑑》二二八、二三一，德宗建中四年（七八三）十月涇原兵亂，德宗出奔奉天（陝西乾縣），亂兵奉前涇原節度使朱泚爲帥，泚僭位稱王。又《舊唐書》卷十一德宗紀，興元元年（七八四）正月癸酉朔德宗在奉天行宮受朝賀，詔曰：『……亂階變起都邑，賊臣乘釁，肆逆滔天，……萬品失序，九廟震驚……痛心靦見，罪實在予。……乃者公卿百寮用加虛美，以神聖文武之號，被蒙暗寡昧之躬。……昨因內省，良用瞿然，自今已後，中外書奏不得言神聖文武之號。可大赦天下，改建中五年爲興元元年。』五月李晟收復長安，朱泚伏誅，七月德宗還長安。《賀赦》第一表云：『中使某至，宣示赦書大赦天下。……頃者賊臣伺梟獍之變，翠華巡遊四方。……犬羊猖獗，相繼夷滅，……而又發德音，降明詔，歸過罪己，降去鴻名。』所言固皆德宗建中興元事，《四庫全書總目》以爲非及所作，誠是不刊之論。

七、代獨孤將軍讓魏州刺史表　本集補遺

趙懷玉《注》：『集無，見《文苑英華》五百七十六卷。』

案《表》云：『臣莊言：伏奉今月十九日制書以臣爲中大夫……守

魏州刺史。』知爲代獨孤莊而作。莊，《新書》七十五下《世系表》、《元和姓纂》十（姓纂四校記引）並作思莊，岑仲勉以爲同是一人（見氏著《姓纂四校記》卷十）。莊，給事中元愷子，爲及之伯祖。據《舊唐書》卷八九，武后萬歲通天元年（六九六），獨孤思莊爲魏州刺史。又《全文》三一三《孫逖王無競墓誌》云：『初天册中（六九五）公與故魏州牧獨孤莊書。』知莊爲魏州在武后時，而及生玄宗開元十三年（七二五），世代不相及，其非及所代作至爲顯然。

八、謝勅書兼賜冬衣表 本集補遺

趙懷玉《注》：『集無，見《文苑英華》五百九十三卷。』
案《表》云：『臣某言，伏奉某月日勅書慰問，將士等跪承寵賜。』則上謝表者爲武將，與及身份不合。又云：『恩浹勳賢，禮優方國。』又云：『徒以嘗謬臺司，遂叨藩守。』方國、藩守皆指節度使或觀察使，與及官歷亦不合，其非及所作至明。

九、招北客文 本集補遺

趙懷玉《注》云：『本缺，從《文粹》卷三十三補。』
案《文苑英華》卷三五八錄此篇署名岑參。又五代孫光憲《北夢瑣言》引《招北客文》：『復有千歲老蛟，能變其身，好飲人血，化爲婦人。』等語亦作岑參。近人聞氏《岑嘉州繫年考證》，謂此文爲代宗大曆四年（七六九）岑參旅寓成都時作。其《考證》云：『杜〔確〕《序》：「時西川節度因辭受職，本非朝旨……公乃著《招蜀客歸》一篇，申明逆順之理，抑挫姦邪之計……」案《文苑英華》有岑參《招北客文》，卽杜所云招蜀客歸也。……公《峨嵋東腳臨江聽猿懷二室舊廬詩》曰：「哀猿不可聽，北客欲流涕。」《巴南舟思陸渾別業詩》曰：「瀘水南州遠，巴山北客稀。」公詩屢用北客字，則文題當以『招北客歸』爲正。……文末曰：「蜀之北兮可以往，北客歸去來兮。」亦自述其將出劍門北歸長安之意。此與本年《西蜀旅舍春歎詩》「吾將稅歸鞅，舊國如咫尺」之語正合。』據此，則《招北客文》亦非獨孤及所作。

（《毘陵集及其僞文》，原刊於《書目季刊》第七卷第四期）

■李文公集

羅聯添云:

1.仲尼不歷聘解

案《全文》六三七，馮本《補遺》收爲李翺作品，然《唐文粹》四六收此篇，題名盛均，則當非李翺所作。

2.辨邪箴

案此篇不詳所出，《全文》、馮本《補遺》錄爲李翺作品，甚可疑。

3.八駿圖序

案此篇見《唐文粹》九四，乃李觀之文，亦見《李元賓集》二。《全文》、馮本《補遺》以爲李翺作品，誤。

4.卓異記序

案《全文》、馮本《補遺》並以爲李翺作品。李翺唐文宗開成元年卒，此《序》末云:『時開成五年七月在檀溪李翺撰。』其爲僞託無疑。又《新唐書》五九《藝文志・小說家類》著陳翺《卓異記》一卷，《注》云:『憲穆時人。』晁公武《郡齋讀書志》云:『唐李翺撰，或題云陳翺。』《四庫提要》五七謂《卓異記》述及昭宗事，非李翺或陳翺所作，蓋可信。

(《李文公集源流、佚文及僞文》，原發表於《書目季刊》第八卷第三期)

■杜牧樊川集

吳企明云:

杜牧的集子，由他外甥裴延翰編集。裴延翰《樊川文集序》云:

> 延翰自撮髮讀書學文，率承導誘。伏念始初出仕入朝，三直太史筆，比四出守，其間二十餘年，凡有撰制，大手短章，涂稿醉墨，碩夥纖屑，雖適僻阻，不遠數千里，必獲寫示。以是在延翰久藏蓄者，甲乙簽目，比校焚外，十多七八。得詩、賦、傳、錄、論、辯、碑、志、序、記、書、啓、表、制，離爲二十編，合爲四百五十首，題曰《樊川文集》。

既是親屬手編，樊川詩該是很可靠的；但自宋代以來，仍有人廣事捃采，編成《樊川外集》《樊川別集》。這固然保存了一部分杜牧詩，然而隨之也就混入了他人的作品。清編《全唐詩》，擷摭圖全，又未加考訂，因而，《全唐詩》杜牧集中溫入了更多的他人作品。中華書局上海編輯所六二年排印清馮集梧《樊川詩集注》，據《全唐詩》校補，增加《樊川集遺收詩補錄》，其中，大量詩作和《許渾集》重出。

爲此，筆者參證諸書，隨手摘錄一些材料，提出一些自己的看法。一則，因爲有關樊川詩的疑點還很多，有不少問題還有待國內學界共同研究探討；二則，本文是隨筆性的，漫無詮次，因而命之爲《樊川詩甄辨柿札》。

《樊川外集》《樊川別集》及其他

《新唐書·藝文志》著錄《樊川文集》二十卷，《宋史·藝文志》亦只有《杜牧集》二十卷。

晁公武《郡齋讀書志》卷十八，始多出《外集》一卷；陳振孫《直齋書錄解題》卷十六所載亦同。陳氏云：『外集皆詩也，又在天臺錄得集外詩一卷，別見詩集類（企按：《直齋書錄解題》卷十九『詩集類』，未收錄樊川集外詩，疑脫漏），未知是否？』然而，早於晁、陳兩氏的鄭樵，已在《通志·藝文略》裏，著錄《樊川集》二十卷，又《外集》一卷，又《別集》一卷。鄭樵早年周游名山大川，搜奇訪古，所見極博。田槩在宋仁宗熙寧六年三月編集的《樊川別集》，他已經見到，所以《通志》中能加以著錄。余嘉錫《四庫提要辨證》卷二十一云：『所謂集外詩，疑卽指別集言之。』這個推測，未必切當。田槩編書後，有《樊川別集序》冠其首，標其書爲《樊川別集》。晁、陳兩氏未能見到田槩此書，所以未加著錄，他們斷不會誤把《樊川別集》當作集外詩。景蘇園影宋本《樊川文集》二十卷，《外集》一卷，《別集》一卷，楊守敬定它爲北宋槧本，原藏日本楓山官庫。楊守敬於東京使館時，『不惜重費，使書手就庫中影摹以出』（見景蘇園影宋本《樊川文集》楊守敬題跋）。這個刊本被發現，不僅可以證明鄭樵《通志·藝文略》的著錄，是正確的；也可以證明晁公武、陳振孫、劉克莊等人，當時都還沒有見到過這個本子。（此說採自景蘇園影宋本《樊川文集》楊壽昌題跋）

最令人奇怪的是，劉克莊在《後村詩話》中說：『樊川有《續別集》三卷，十八九是許渾詩。牧仕宦不至南海，而別集乃有南海府罷之作。』劉克莊所謂的三卷『續別集』，其他書籍均未見著錄。楊守敬認爲：『則知後村所見《續別集》，更爲後人所輯。』（見景蘇園影宋本《樊川文集》楊守敬題跋）余嘉錫認爲：『恐止是南宋末葉書坊僞造之本耳。』（《四庫提要辨證》卷二十一）楊、余兩氏之說可信。《續別集》當是南宋時好事者誤把許渾詩輯成的，書坊又不加考索，率然刊刻，造成混亂。

《樊川集遺收詩補錄》絶大多數是許渾詩

《樊川集遺收詩補錄》共補錄杜牧詩五十六首。

這些詩，《全唐詩》編者指出與許渾詩重出者爲六首。計：《泊松江》，一作許渾詩，題作《夜泊松江渡寄友人》；《宣城送蕭兵曹》，一作許渾詩；《寄兄弟》，此詩又見《許渾集》，題作《寄小弟》；《寄桐江隱者》，一作許渾詩；《送大昱禪師》，一作許渾詩；《題白云樓》，一作許渾詩，題作《漢水傷稼》。

《全唐詩》問世後，馮集梧注釋《樊川詩集》四卷，附錄《樊川別集》《樊川外集》，未注。他的《樊川詩注自序》云：『牧之詩向多有許渾混入者；此四卷外，又有《外集》、《別集》各一卷，玆多未暇論及，蓋亦以牧之手所焚棄而散落別見者，非其所欲存也。』他或許認爲《全唐詩》杜牧集中大批和許渾集重出的詩，不是杜牧所作，所以他在輯《樊川詩補遺》時，把它們剔除在外，未加補錄。（有九首不和許渾詩重出的、見之於《全唐詩》的杜牧詩，錄入《樊川詩補遺》中。）

開封師範學院中文系《全唐詩》校訂組，於六二年發表《〈全唐詩〉重出失注索引》，指出《全唐詩》中杜牧集和許渾集重出互見詩共有五十五首。其中，隸屬於《樊川詩集》的有一首，題爲《初春雨中舟次和州横江，裴使君見迎，李趙二秀才同來，因書四韻，兼寄江南許渾先輩》。隸屬於《樊川外集》的有一首，題爲《愁》。隸屬於馮集梧補輯的《樊川詩補遺》的有二首，題爲《吳宮詞》二首。隸屬於《樊川集遺收詩補錄》的有五十一首，除《宣州開元寺贈惟真上人》、《川守大夫劉公，早歲寓居敦行里肆，有題壁十韻，今之置第，乃獲舊居，洛下大僚，因有唱和，嘆咏不足，輒獻此詩》《梁秀才以早春旅次大梁，將歸郊扉言懷，兼別示亦蒙見贈，凡二十韻，走筆依韻》《分司東都，寓居履道，叨承川尹劉侍郎大夫恩知，上四十韻》《留題李侍御書齋》等五首詩以外，幾乎《樊川集遺收詩補錄》中的絕大多數詩，都和許渾集重出互見。即使開封師範學院中文系《全唐詩》整理小組未指出的五首詩中，也還有幾首不是杜牧的作品，詳見下文。

劉克莊『樊川有續別集三卷，十八九皆許渾詩』這句話，很值得重視。因爲，《樊川詩集》《樊川別集》和《樊川外集》中，僅有二首詩，和許渾詩重出。『十八九皆許渾詩』，當然不是針對這些詩集講的。那麼，爲什麼會在《全唐詩》中有大量的杜牧、許渾重出詩呢？顯然，這是《全唐詩》編纂者的過失，他們把劉克莊所見過的、『十八九皆許渾詩』的樊川續別集，統統收錄到杜牧集中，才會出現大量許渾詩混入《全唐詩》杜牧集中的情況來。

《樊川別集》中亦有他人詩混入

田槩《樊州別集序》云：『予往年於棠郊魏處士野家得牧詩九首，近汶上盧訥處又得五十篇，皆二集（企按：指樊州詩集和外集）所逸者，其《後池泛舟宴送王十秀才》詩，乃知外集所無，取別句以補題。今編次作一卷，俟有所得，更益之。』

魏野、盧訥焉能無誤！

《子規》，明係李白詩混入；《蠻中醉》，亦見之張籍集。杜牧行迹未嘗至蜀地、嶙南，寫不出《子規》《蠻中醉》一類的詩篇來。

長期以來被人們誤認爲杜牧的《兵部尙書席上作》，係好事者僞托，田槩未加考訂，誤收入集。詩云：『華堂今日綺筵開，誰喚分司御史來？偶發狂言驚滿座，三重粉面一時回。』景蘇園影宋本《樊州文集》於此詩後無注。《全唐詩》於詩後注出本事，然未標明出處。馮集梧注本，則注明此事出於《古今詩話》。馮注誤，這件本事，最早見之於唐孟棨的《本事奬》，云：

杜爲御史，分務洛陽。時李司徒罷鎭閑居，聲伎豪華，爲當時第一。洛中名士，咸謁見之。李乃大開筵席，當時朝客高流，無不臻赴，以杜持憲，不敢邀置。杜遣座客達意，願與斯會。李不得已馳書。方對花獨酌，亦已酣暢，聞命遽來，時會中已飮酒。女奴百餘人，皆絕藝殊色，杜獨坐南行，瞪目注視，引滿三巵，問李云：『聞有紫雲者，孰是？』李指示之，杜凝睇良久，曰：『名不虛得，宜以見惠。』李俯而笑，諸妓亦皆回首破顏。杜又自飮三爵，朗吟而起曰：『華堂今日綺筵開，誰喚分司御史來。忽發狂言驚滿座，兩行紅粉一時回。』意氣閑逸，旁若無人。

宋以後詩話、筆記，多所徵引。阮閱《詩話總龜》前集卷三、胡仔《苕溪漁隱叢話》後集卷十五、魏慶之《詩人玉屑》卷十六、計有功《唐詩紀事》卷五十六、辛文房《唐才子傳》卷五，均載此事。長期來，此事此詩，成爲文壇美談。

胡仔曾對此事提出過疑問。他在《苕溪漁隱叢話》後集卷十五徵引《古今詩話》後，又引《侍兒小名錄》，然後加上一段自己的看法：『《侍兒小名錄》不載此事，出於何書？疑好事者附會之也。』

這首詩確如胡仔所疑那樣，是好事者附會出來的。杜牧爲御史，分務洛陽，是在唐文宗開成元年。杜牧《上宰相求湖州第二啓》：『文宗皇帝改號初年，某爲御史，分察東都。……其年（指開成二年）秋末，某載病弟（指杜顗）與石生自揚州南渡，入宣州幕。至三年冬，某除補闕。』這段自述，和他的《自撰墓銘》的記述，完合符合：『拜眞監察，分司東都。以弟病去官，授宣州團練判官，殿中侍御史，內供奉，遷左補闕。』李司徒是李愿。《舊唐書・李愿傳》云：『寶應（中華書局七五年版《舊唐書》卷一三三校勘記：寶應爲代宗年號，李願卒於穆宗長慶之後，當爲寶歷之誤。《合鈔》卷一八四《李願傳》作寶歷）元年六月卒，贈司徒。』唐文宗開成元年，杜牧分司東都時，李願早已物故，怎能在洛陽邀宴詩人，並於席間惠贈歌伎呢？

又，李願從未做過兵部尙書。考之史傳，李願承父蔭，召授銀青光祿大夫、太子賓客、上柱國。後又歷仕左衞大將軍，檢校禮部尙書兼夏州刺史、夏綏宥等州節度使，徐州刺史、武寧軍節度使，刑部尙書，檢校尙書左僕射兼鳳翔尹、鳳翔隴右節度使，檢校司空兼汴州刺史、寧武軍節度使，左金吾衞大將軍，檢校司空兼河中尹充河中晋絳慈隰節度使等。

據上數證，可知《本事詩》『杜爲御史，分務洛陽，時李司徒罷鎭閑居』、『朗吟而起曰：華堂今日綺筵開……』云云，殆爲好事者所爲，不足據信。

贈杜詩訛為樊川詩

《樊川外集》載《走筆送杜十三歸京》，前人早已指出這不是杜牧作品。

馮集梧於題下注云：『胡震亨云：牧之卒年五十，此云六十，或非牧詩也。按：杜十三即牧之，此是送杜之詩，內兄年六十，作者自謂也。』馮集梧這個注是極確的。李商隱集中有《贈司勛杜十三員外》詩，杜牧曾任司勛員外郎，其姓氏、行第和官職均相吻合。岑仲勉《唐人行第錄》亦云：『故對此詩之較合理解釋，當是送者乃牧內兄之爲郡守者，後人不求甚解，將此詩混入樊川集內也。』

又，詩云：『應笑內兄年六十，郡城閑坐養霜毛。』按杜牧《樊川詩集》卷四有《寄內兄和州崔員外十二韻》，云：『歷陽崔太守，何日不含情！』或許寫《走筆送杜十三歸京》一詩的，就是這一位和州崔太守。杜牧前妻爲河東裴氏，《自撰墓銘》云：『妻河東裴氏，朗州刺史偃之女，先某若干時卒。長男曰曹師，年十六，次曰祝〇，年十二。別生二男曰蘭、曰興，一女曰眞，皆幼。』這位任和州崔太守的內兄，當是『別生二男』的後妻崔氏的哥哥。

杜牧詩混人許渾集中一例

《樊川詩集》卷四有《初春雨中舟次和州横江，裴使君見迎，李趙二秀才同來，因書四韻，兼寄江南許渾先輩》，此詩亦見之於許渾集，題作《春雨舟中次和横江裴使君見迎李趙二秀才同來因書四韻兼寄江南》。《全唐詩》和馮集梧《樊川詩集注》，都未注明兩詩重出。開封師範學院中文系《全唐詩》校訂組於《〈全唐詩〉重出失注索引》一文中指明兩詩互見。

兩詩題略異，文字亦小有不同。杜牧集『雁初浴』，許渾集作『雁初落』；『吟暗淡』，許渾集作『吹暗淡』；『帳望春陰』，許渾集作『悵望青雲』。盡管如此，兩詩實爲一詩。

這首詩，當是杜牧作，混入許渾集中。

首先，《樊川詩集》四卷爲裴延翰親手編集，他熟知舅父杜牧的行迹交遊，這首詩有明確的人事、地望，裴不會誤編。其次，這首詩的前後，有若干首與之相關的詩作，如《初春有感寄歙州刑員外》、《和州絕句》、《題横江館》，可證爲同時之作。再次，這首詩後來傳至許渾處，許有酬答的詩篇，題爲《酬杜補闕初春雨中舟次横江喜裴郎中相迎見寄》，現存於許渾集中。詩云：『江館維舟爲庾公，暖波微漾雨濛濛。紅橋迤邐春岩下，朱旆聯翩曉樹中。』此情此景，和杜牧的寄詩切合。後人編集許渾詩時，以爲《初春雨中舟次和州横江，裴使君見迎，李趙二秀才同來，因書四韻，兼寄江南許渾先輩》一詩爲丁卯所作，又感詩題於義不通，故將題末『許渾先輩』四字删去，傳鈔時文字亦有訛誤。

《聞開江相國宋下世二首》是許渾的感事詩誤入樊川集

《聞開江相國宋下世二首》，許渾集題作《聞開江宋相公申錫下世二首》。這兩首七言律詩，當是許渾作。許渾集中另有一首五言律詩《太和初靖恭里感事》云：『清湘弔屈原，垂涙擷蘋蘩。謗起乘軒鶴，機沈在檻猿。乾坤三事貴，華夏一夫寃。寧有唐虞世，心知不爲言。』《全唐詩》於題下注云：『咏宋相申錫也。申錫爲王守澄所搆，謫死開州，文宗太和五年事。』胡震亨《唐音癸籖》卷二十三云：『此惟退相可以當之。文宗朝，宋申錫謀去宦官，反爲宦官所搆，謫死。考本傳有王守澄欲遣騎就靖恭里屠申錫家語，知此爲申錫作無疑。』

靖恭里感事詩和《聞開江宋相公申錫下世二首》的第二首，字句基本相同，試比較之：『月落清湘棹不喧，玉杯瑤瑟奠蘋蘩。誰能力制乘時鶴，自取機沈在檻猿。位極乾坤三事貴，謗興華夏一夫寃。宵衣旰食明天子，日伏青蒲不敢言。』

前人作詩，沿襲詩意者有之，但只是個別地方偶同。像《太和初靖恭里感事》和《聞開江宋相公申錫下世二首》第二首這樣，詩意和詞句基本相同的情況，是不可能出現的。因此，這兩首詩決不會一是許渾作，一是杜牧作。

我們認爲這兩首詩是一詩兩稿。許渾先作《太和初靖恭里感事》，後又作《聞開江宋相公申錫下世二首》第一首。意猶未了，遂改五言律《太和初靖恭里感事》詩稿成爲《聞開江宋相公申錫下世二首》的第二首。後人裒集許渾詩，把原稿、修改稿都收入集中。這種現象，在李白集中，有好幾個例子。

辨證《樊川集遺收詩補錄》中的兩首詩

《樊川集遺收詩補錄》中有一首《梁秀才以早春旅次大梁，將歸郊扉言懷，兼別示亦蒙見贈，凡二十韻，走筆依韻》，當是許渾作，誤入樊川詩中。

這首詩首敍梁秀才的身世經歷，次敍梁和自己的友情。又云：『渭陽連漢曲，京口接漳濱。』原注云：『某自監察御史謝病歸家，蒙除潤州司馬。』杜牧並沒有這樣的經歷，他在《自撰墓銘》中對自己一生的仕途出處，敍述得非常清楚準確：『牧進士及第，制策登科，弘文館校書郎試左武衞兵曹參軍，江西團練巡官，轉監察御史裏行，御史，淮南節度掌書記，拜眞監察、分司東都。以弟病去官，授宣州團練判官，殿中侍御史、內供奉，遷左補闕、史館修撰，轉膳部、比部員外郎，皆兼史職。出守黃、池、睦三州，遷司勛員外郞、史館修撰，轉吏部員外。以弟病乞守湖州，入拜考功郎中、知制誥，周歲，拜中書舍人。』據此，可知杜牧既未『謝病歸家』，又未被除『潤州司馬』，所以，《全唐詩》、《樊川集遺收詩補錄》載此詩爲杜牧作，均誤。

《唐才子傳》卷七《許渾傳》云：『少苦學勞心，有清羸之疾，至是以伏枕免。久之，起爲潤州司馬。大中三年，拜監察御史，厲虞部員外郎，睦、郢二州刺史。』辛文房這一段記載，和《梁秀才以早春旅次大梁，將舊郊扉言懷，兼別示亦蒙見贈，凡二十韻，走筆依韻》一詩的原注，有幾個地方吻合：一，許渾曾任『潤州司馬』，二，許渾曾爲『監察御史』，三，許渾羸弱多病，『以伏枕免』。但是，辛文房以爲許渾先爲潤州司馬，後爲監察御史，敍述時序比較含糊。我們認爲這首詩的原注較爲清楚，而許渾又別有《臥病（時在京都）》、《余謝病東歸王秀才見寄今潘秀才南櫂奉酬》等詩，可爲助證。

《樊川集遺收詩補錄》中還有一首《分司東都，寓居履道，叨承川尹劉侍郎大夫恩知，上四十韻》，決非杜牧作。詩云：『賜第成官舍，佣居起客亭。』詩下原注：『某六代祖，國初賜宅在仁和里，尋已屬官舍，今於履道坊賃宅居止。』仁和里，履道坊，均是東都洛陽的里坊名。杜牧曾拜『眞御史』，分司東都，但在他的詩文中，都未提及洛陽仁和里的舊第，寓居過的履道坊。他在《上宰相求湖州第二啓》、《上宰相求杭州啓》、《自撰墓銘》則多次提到長安安仁里舊第，與此了不相涉。

詩云：『商歌如不顧，歸棹越南溼。』詩下原注：『某家在朱方，揚子江界有南溼、北溼。』朱方，卽唐代的潤州丹徒縣，《舊唐書·地理志》：『漢縣屬會稽郡，春秋吳朱方之邑地。』杜牧從未在潤州任職過，也沒有在丹徒安過家，『某家在朱方』云云，顯係他人的鄉里。

考許渾集中有《下第舊朱方寄劉三復》一詩，和前云『某家在朱方』語相合。集中又有《南海府罷歸京口經大庾嶙贈張明府》、《京口閑居寄京洛友人》，《京口津亭送張崔二侍御》等詩，許渾家在潤州，是無疑的。許渾又有《江上喜洛中親友繼至》云：『全家南渡遠，舊友北來頻。罷酒松筠晚，賦詩楊柳春。誰言今夜月，同是洛陽人。』《郊園秋日寄洛中友人》云：『嵩陽親友如相問，潘岳閑居欲白頭。』則知許渾在洛陽的親友很多，這也和前云『某六代祖，國初賜宅在仁和里』語相合。由此可見，《分司東都，寓居履道，叨承川尹劉侍郎大夫恩知，上四十韻》，當爲許渾所作。前代編集杜牧詩的人，只知杜牧『分司東都』，就把這首詩誤收入《樊川集》中。

《隋苑》非李商隱作

《樊川外集》載杜牧《隋苑》一首，《全唐詩》云：『一作李商隱詩，題云《定子》。』

這首詩並不是李商隱寫的。詩云：『紅霞一抹廣陵春，定子當筵睡聚新。卻笑丘墟隋煬帝，破家亡國爲誰人？』

景蘇園影宋本《樊川文集》於詩題下注云：『一云定子，牛相小青。』這裏的牛相，指牛僧孺。他在唐文宗太和六年十二月罷相，出爲淮南節度使，一任六載（見《舊唐書・牛僧孺傳》）。按太和六年到開成二年，李商隱僅二十多歲，忙於習業、應擧，也曾從太原幕、兗州幕。至開成二年，登進士第，東歸省親，冬，赴興元幕。史載沒有李商隱佐牛僧孺幕的材料，《隋苑》，也不可能是李商隱的作品。張採田《玉溪生年譜會箋》卷四云：『《赤壁》，見杜牧集，《定子》，見杜牧外集，……案以上八首，皆非本集，由後人採摭附入者。』

杜牧曾去淮南佐牛僧孺幕，《隋苑》詩，當在此時所作。

（《樊川詩甄辨柿札》見《文史》第八輯）

張金海云：

杜牧的詩，現有《樊川文集》四卷，《外集》《別集》《樊川詩補遺》、《樊川集遺收詩補錄》各一卷，共八卷，五百二十四首。在這五百二十四首詩中，除本集二百六十七首可確定是杜牧的作品外，《外集》《樊川詩補遺》，疑信各半，《別集》和《樊川遺收詩補錄》，訛僞的情況更爲嚴重。《外集》以下各卷中，見於許渾、趙嘏、張祜、薛能、劉得仁、李商隱、王建、李白集的詩作，達六十四首。還有一些詩，也大可疑僞。前人和當代的學者作過一些訂正。現就樊川《外集》《別集》《樊川詩補遺》《樊川集遺收詩補錄》中的某些詩篇的眞僞問題，另提出一些看法，求教於廣大的唐詩研究者。

《外 集》

《登澧州驛樓寄京兆韋尹》，繆鉞先生《杜牧年譜》認爲，這首詩是杜牧大和元年（八二七）記游澧州（今湖南省澧縣）時的作品，值得商榷。《樊川文集》卷六《竇列女傳》中說：『大和元年，予客游涔陽（卽唐代的澧州），路出荆松滋縣。』可知杜牧大和元年的確出游過澧州。但《舊唐書・文宗紀》記載，大和元年的京兆尹是庾承宣，庾的前任是劉栖楚（寶曆元年十一月至寶曆二年，卽公元八二五——八二六年），庾的後任是孔戣（大和二年，卽公元八二八年）。詩中所說的京兆韋尹，雖然無法確考。但大和元年的京兆尹不是姓韋，這是確定無疑的。因爲《舊唐書》宣宗以前的諸帝紀中的各官除授年月，都是根據《實錄》記載的，史實比較準確。杜牧游澧州不久，就回京師參加這年秋天在洛陽舉行的進士考試。除大和元年外，杜牧再也沒有涉足澧州，根本不可能在澧州作詩寄給京兆韋尹。因此，這首必定是他人的作品混入。

《龍邱途中二首》，又見於李商隱集。據《舊唐書・地理志》記載，龍邱屬江南東道衢州信安郡，卽今浙江省龍游縣。馮浩在《玉溪生詩集箋注》中說：『詩亦見《戊籤》牧之集，牧之曾刺睦州，固近衢州矣。玩詩意是春末發京師，五六月至龍邱，合之義山游踪，更不可符，恐牧之亦未必是，筆趣皆不類。《萬首絕句》五言牧之二十七首，亦無此。』詩中所敍，與李商隱的游踪不合，應當不是李商隱的作品，馮浩的意見是可信的。但是，馮浩認爲『牧之曾刺睦州，固近衢州矣』，懷疑是杜牧的作品，這意見值得商榷。他又提出『恐牧之亦未必是』，這看法雖然證據不太充分，卻很值得重視。

我認爲這兩首詩既不是李商隱的作品，也不是杜牧的作品。理由是：一，詩中說『漢苑殘花別，吳江盛夏來』，清楚地說明作者是春末從京師出發，五六月至龍邱。杜牧雖然做過睦州的刺史，但不是從京都長安外調，而是由池州到睦州就職的，並且時間是在九月至十二月間。《樊川文集》卷十《送盧秀才赴舉序》中說：會昌六年，『九月，余自池改睦。』就是確證。詩中所敍『漢苑殘花別，吳江盛夏來』，顯然與杜牧的行踪不符。二，杜牧由池州移守睦州，並不是曲走龍邱，而是從池州乘船沿大江東行，經潤州，轉運河南下，直達杭州，再溯富春江至睦州的。樊川集中歷歷可考。三，杜牧除會昌六年（八四六）由池州移守睦州外，再沒有到過睦州或衢州，因此不可能作詩於龍邱。由此可以推定，這兩首詩也不是杜牧的作品。

《愁》，《全唐詩》卷五二四收爲杜牧的作品，題爲《愁》；卷五三三收爲許渾的詩，題爲《題愁》。兩詩的文字只稍有不同。

從詩反映的內容和杜牧的遭際看，這首詩不應是杜牧的作品。杜牧大和元年一舉及第，與詩中所敍『何人更憔悴，落第泣秦京』不符。查考許渾集，有《下第歸朱方寄劉三復》、《下第懷友人》《下第別楊至之》、《下第寓居崇聖寺感事》等詩，可知許渾曾入京應舉，落第後旅居長安，與『落第泣秦京』默合，這首詩應是許渾的作品。

《洛下送張曼容赴上黨召》，洛下卽指潞陽，上黨卽指渾潞等州。詩中說：『羽書正急征兵地，須遣頭風處處痊。』清楚指明作者在洛陽送友人到上黨去的時候，上黨正處於戰爭狀態。杜牧一生，先後兩次在洛陽，一是大和元年秋在洛陽參加進士考試，一是大和九年至開成二年（八三五—八三七）春，以監察御史分司東都，在洛陽爲官。但無論是大和元年，還是大和九年至開成二年春，上黨地區都沒有發生戰事。至於武宗會昌三年至四年（八四三—八四四），昭義節度使劉從諫卒，他的侄兒劉積在渾潞自爲留後，抗拒朝命，朝廷發兵討伐的時候，杜牧卻在黃州做刺史。以此看來，這首詩也不可能是杜牧的作品。

《別　集》

《別集懷歸》：『爭得便歸湘浦去，卻持竿上釣魚船。』《別懷》：『相別徒成泣，經過總是空。勞生慣離別，夜夢苦西東。去路三湘浪，歸程一片風。他年寄消息，書在鯉魚中。』

《旅宿》：『旅館無良伴，凝情自悄然。寒燈思舊事，斷雁警愁眠。遠夢舊侵曉，家書到隔年。湘江好風月，門繫釣魚船。』

《旅情》：『窗虛枕簟凉，寢倦憶瀟湘。山色幾時老？人心終日忙。松風半夜雨，簾月滿堂霜。匹馬好歸去，江頭橘正香。』

《懷歸》：『新城非故里，終日想柴扃。興罷花還落，愁來酒欲醒。何人初發白，幾處亂山青？遠憶湘江上，漁歌對月聽。』

這五首詩，是久旅他鄉懷歸以及回鄉時與友人敍別的作品。《懷歸》詩中說『爭得便歸湘浦去』，《別懷》詩中說『去路三湘浪，歸程一片風』，《旅宿》詩中說：『遠夢歸侵曉，家書到隔年。湘江好風月，門繫釣魚船』，《旅情》詩中說『寢瀟憶瀟湘』，《憶歸》詩中說『遠憶湘江上』，都表明作者家居瀟湘，而詩的情調風格相似，可能出於同一個人的手筆。杜牧祖籍京兆萬年，與瀟湘毫無關係，怎麼會寫那些懷歸瀟湘的詩呢？

《重登科》：『星漢離宮月出輪，滿街含笑綺羅春。花前每被青娥問，何事重來只一人？』這首詩可能是何扶的《寄舊同年》一詩兩稿誤收入杜牧集。

《全唐詩》卷五一六載何扶《寄舊同年》詩：『金榜題名墨尚新，今年依舊去年春。花間每被紅妝問，何事重來只一人？』與杜牧的《重登科》逼肖，這決不會是偶然的巧合。何扶略後於杜牧，按照常理，即使何扶再低能，也不至於去完全偸襲杜牧詩。據《唐摭言》卷三記載：『何扶，大和九年（八三五）及第，明年，捷三篇，因以一絕寄舊同年，……。』《唐摭言》的作者王定保，生於唐懿宗咸通十一年（八七〇），距杜牧卒年宣宗大中六年（八五二），僅十八年。《唐摭言》比《別集》編於宋仁宗熙寧六年（一〇七三），早一百二十年左右。以《別集》和《唐摭言》相比，《唐摭言》應當可靠些。《唐摭言》卷三除記載何扶《寄舊同年》的詩和本事外，還載有杜牧《及第後寄長安故人》的詩和本事，唯獨沒有記載《重登科》一詩，其它史籍也找不到《重登科》屬於杜牧作品的任何佐證。

《樊川詩補遺》

《贈別宣州崔羣相公》，這首詩最早見於《唐音統籤・戊籤》杜牧集，清代學者馮集梧據此錄入《樊川詩補遺》。

崔羣元和十二年（八一七）拜中書侍郎同中書門下平章事，因此稱他爲相公。崔羣什麽時候出任宣州，史無明載。《舊唐書》本傳記載：『穆宗即位，征拜吏部侍郎。……授秘書監，分司東都。未幾，改華州刺史、兼御史大夫，復改宣州刺史、歙池等州都團練觀察等使，征拜兵部尙書。久之，改檢校吏部尙書、江陵尹、荊南節度觀察使。逾歲，改檢校右僕射、兼太常卿。大和五年，拜檢校左僕射、兼吏部尙書。六年八月卒，年六十一，册贈司空。』《新唐書》本傳記載：『穆宗立，以吏部侍郎召。……左遷秘書監，分司東都。改華州刺史，歷宣、歙、池觀察使，進兵部尙書，卒，年六十一，贈司空。』《舊唐書・文宗紀》記載，大和元年正月，崔羣由宣歙觀察使，入朝爲兵部尙書。三年，出任荊南節度使。四年，征拜檢校右僕射兼太常卿。五年，改檢校左僕射兼吏部尙書。

六年八月卒於官。這些記載，或詳或略，從中可以確定如下事實：一，崔羣出任宣州，是在文宗大和元年正月之前；二，大和元年正月至二年（八二八），在朝任兵部尚書，三年（八二九），出爲荆南節度使；三，大和元年（八三〇）之後，一直在朝爲官，六年（八三二）八月就死了。詩中說：『衰散相逢洛水邊，卻思同在紫薇天。』杜牧大和元年制策登科，才授弘文館校書郎、試左武衞兵曹參軍，都不過是八品以下的小官，又怎能與崔羣並稱『同在紫薇天』呢？再則，大和元年以前，杜牧從未到過宣州，而崔羣出任宣州卻是在大和元年正月之前，等到大和四年杜牧隨沈傳師由江西洪州至宣州，佐宣歙觀察使幕時，崔羣早已不在宣州，杜牧根本不可能在宣州與崔羣相見相別。由此可見，《贈別宣州崔羣相公》一詩，決不會是杜牧的作品。

《樊川集遺收詩補錄》

《川守大夫劉公，早歲寓居敦行里肆，有題壁十韻，今之置第，乃獲舊居，洛下大僚，因有唱和，嘆咏不足，輒獻此詩》：原中華書局上海編輯所，據《全唐詩》卷五二六收入《樊川集遺收詩補錄》。《全唐詩》同卷又有一首題爲《分司東都，寓居履道，叨承川尹劉侍郎大夫恩知，上四十韻》的詩，據岑仲勉先生《讀〈全唐詩〉札記》考證，是許渾的詩誤爲杜詩。岑仲勉先生認爲：『舊書（即《舊唐書》）一七七劉瑑傳：「會昌末，累遷尚書郎知制誥，正拜中書舍人，大中初，轉刑部侍郎，……出爲河南尹。」河南尹，唐人常稱三川尹，若西川者則稱成都尹，不稱川尹，且牧同時成都尹亦無劉姓其人，合而勘之，確知劉侍郎即瑑，川上奪「三」字也。』同樣道理，這首詩題的『川』字上，也當奪『三』字，三川尹即河南尹，三川守大夫劉公即劉瑑。據《舊唐書・宣宗紀》記載，大中五年（八五一）四月，劉瑑還在刑部侍郎任上，大中九年（八五五）十一月，由河南尹改任檢校工部尚書、汴州刺史，兼御史大夫，充宣武軍節度、宋亳汴潁觀察處置等使。

開成二年（八三七）春，這時劉瑑才進士擢第，決不會有出守三川的事。再說，劉瑑祖籍彭城（今江蘇省徐州市），他在任三川守以前，在東都洛陽並沒有住宅，即使杜牧分司東都，有在洛陽置第的可能，也不可能買上劉瑑『早歲寓居』的『敦行里肆』。大中五年，杜牧由湖州刺史入拜考功郎中、知制誥，六年遷中書舍人，不久就死了， 根本不在洛陽， 更無洛陽置第的可能。因此可以推定，這首詩不是杜牧的作品。

據《分司東都，寓居履道，叨承川尹劉侍郎大夫恩知，上四十韻》一詩，知許渾確實曾分司東都，在洛陽做過官，而時間又是在劉瑑出任河南尹前後。唐代分司東都的官員，每月都要拜表起居，而許渾集中有《十二月拜起居表回》等詩，也可作爲佐證。並且，許渾與劉瑑很友好，劉瑑在河南尹任上時，曾答應爲許渾謀取州郡刺史的職位，許渾集有《寄獻三川守劉公並序》等詩爲證。以此看來，這首詩應當是許渾的作品。又據許渾《寄獻三川守劉公》詩中說『半年三度轉蓬居』，大概是許渾在洛陽沒有定居，或先寓居履道，而後移居敦行里，或先賃宅敦行里，而後移居履道，這與兩首詩分別所說的『寓居履道』和新得劉公『敦行里肆』舊居，也是吻合的。

《出關》，《全唐詩》卷五二六收爲杜牧的詩，卷五三六收爲許渾的詩。詩中說：『朝纓初解佐江濆，麋鹿心知自有羣。漢囿獵稀慵獻賦，楚山耕早任移文。卧歸漁浦月連海，行望鳳城花隔雲，關吏不須迎馬笑，去時無意學終軍。』『漢囿』句，用漢代揚雄的故事，『楚山』句，用南齊孔稚珪《北山移文》的故事，『關吏』二句，用漢代終軍的故事。從詩意來看，作者應當是長江下游近海一帶的人（『臥歸漁浦月連海』），早年曾入關到京師求取功名（『去時無意學終軍』），後來無意在朝爲官，回到本地作一個小小的地方官（『朝纓初解佐江濆，麋鹿心和自有羣。漢囿獵稀慵獻賦，楚山耕早任移文』），這與杜牧的身世不相符合。杜牧是京兆萬年人，他一生雖然幾次出關到長江中下游一帶作幕僚和刺史，但都不得說『楚山耕早任移文』、『臥陽漁浦月連海』、『關吏不須迎馬笑，去時無意學終軍』。顯然，這首詩不是杜牧的作品。

那麼，是不是許渾的作品呢？《唐才子傳》卷七和《全唐詩》卷五二八，都認爲許渾是潤州丹陽人，而許渾集中也有《下第歸朱方寄劉三復》（朱方卽唐代潤州丹陽一帶）、《南海府罷歸京口經大庾嶺贈張明府》（京口卽唐代潤州）、《京口閑居寄京洛友人》《京口津亭送張、崔二侍御》等詩，可作佐證。他早年到長安應舉，於文宗大和六年（八三二）考中進士，先後擔任過當涂（今安徽省當涂縣）、太平（今安徽省太平縣）二縣令，監察御史，也曾出任過潤州司馬，與詩中所敍有許多相符的地方。《唐詩貫珠》卷三十說這首詩是許渾出爲潤州司馬時所作，並說：『許丹陽人，出爲潤州司馬，旣在本地（浦月連海），又是散秩未曹，所以詩旨有吏隱之語。』這一說法，是可信的。

（《樊川詩真僞補訂》）

陳修武云：

一、杜集七卷一頁

泊松江　一作許渾詩題作夜泊松江渡寄友人

許集十一卷二頁

夜過　一作泊　松江渡寄友人

按：稿本杜集未著錄此詩；稿本許集題作『夜過松江寄友人』，

李振宜以墨筆加『渡』字，原詩係自明刻本《萬首唐人絕句》剪採而來。據此，我們可知此詩當爲許作。

又『木蘭船』、『木蘭舟』、『 蘭舟 』等語，在許集中曾五見，如：七卷二頁《重遊練湖懷舊》『西風渺渺月連天，同醉蘭舟未十年 』；七卷八頁《韶州李相公拜彬州因寄》『 詔移丞相木蘭舟，桂水潺潺嶺北流』；八卷七頁《送沈卓少府任江都》『煬帝都城春水邊，笙歌夜上木蘭船』：九卷二頁《酬和杜侍御》『正把新詩望南浦，棹歌應是木蘭舟』；十一卷二頁《重別》『淚沾紅粉濕羅巾，重繫蘭舟勸酒頻』。在杜集就不曾一見了。

二、杜集七卷十二頁

聞　鴈

許集五卷六頁

聞　鴈

按：此詩稿本許集缺；稿本杜集係墨筆增補抄本。但我們不能據此便判定此詩卽爲杜作； 相反的， 此詩爲許作的成份倒是相當大。我們的理由是：

首先，從這首詩中，我們很可以想像到一個羈旅北方的南人，在秋來霜降的季節裏，看到行行雁陣，自北而南，往自己故園的方向飛去，愈飛愈遠，終至聲音渺然。一時鄉愁頓起，情不自已，夜夢家山，委宛繾綣，驀地醒來，乃覺此身仍在客中。感事傷情，賦而成詩，自是事理之常。如果我們這想像不錯的話，則我們敢確定的講，符合這想像的條件的詩人，不是杜牧，而是許渾。因我們在前文中曾說過在許渾的集子中，思鄉之作是非常之多的。此詩雖題名『 聞雁 』，實際上寫的乃是鄉愁，在立意上也大類許作。更何況，由『帶霜「南」去鴈』，而聯想到『參差欲到「家」』的，只可能是許渾而不可能是杜牧。

其次，我們再從這首詩的用韻看。

這首詩用的是麻韻的詩，除這詩和《宿東横山》一首爲許、杜二集互見者外，在杜集四百八十三首詩中，只有《街西長句》、《題白蘋洲》、《江上偶見》、《別家》、《山行》、《閑題》等六首，而在許集五百零二首詩中，計有《灞東題司馬郊園》（卷一)、《獻白尹》、《春日題韋曲野老村舍》、《旅懷》（卷二)、《送客江行》（卷三）、《南海府罷南康阻淺行侶稍稍登陸而邁主人燕餞至頻暮宿東溪》、《別劉秀才》（卷六)、《南海府罷歸京口經大庾嶠贈張明府》、《送黃隱居歸南海》（卷七)、《贈鄭處士》、《酬綿竹于中丞使君見寄》（卷八）、《甘露寺感事貽同志》、《夜歸孤山寺卻寄盧郎中》(卷九)、《夏日寄江上親友》、《客有卜居不遂薄遊汧隴因題》（卷十一）等十四首。在這十四首詩中，用到『還家』、『到家』等字機的有十二次，用到『天涯』、『海涯』、『生涯』等字樣的有九次，用到『路賒』、『路……賒』等字機的有四次。在杜牧這六首詩中僅用到『家』字四次，『賒』字一次，從未用到『涯』字的。雖然，只根據這些數字，我們並不能武斷的說這首詩就是許渾的；但是，根據這些數字，如果我們說這首詩屬於許渾的可能性大於杜牧的可能性，則是十分合理的。因爲每一位詩人的用韻遣詞都有他大致的習慣性。

三、杜集七卷二頁

寄兄弟

許集五卷一頁

寄小弟

按：此詩稿本許集缺；稿本杜集爲墨筆增補抄本，無『此詩又見許渾集題作寄小弟』字樣。這極可能是揚州詩局編輯人看到此詩同見於兩人集子中，無法確定誰屬，乃贅列數語，對讀者作一交代。然而，許杜二集詩篇所重者甚夥，計有五十四首之多，且大都皆同在一卷內，爲什麼別的詩不也作一個交代呢？

從此詩的立意用語看來，同上首一樣，許作的可能性也是遠大於杜作的可能性。

前面說過，在許集中有非常之多的傾訴鄉愁之作，在杜集中則是絕少見到的。即如《冬日寄小姪阿宜》與《別家》二詩，按題目來說，本應是思戀家園之作的，但我們絲毫都不能在其中讀出一點鄉愁的意思來。這首詩就完全不同了，不但是鄉愁而且是廻腸斷氣，纏綿悱惻的鄉愁，與杜作他詩風格絕異。並且，『南』望空垂淚，這只能是許渾羈旅京洛懷戀吳越的寫照，而絕不是杜牧浪遊江淮思念關輔所應有的情感。

我們再從這首詩的字句上斟酌一下。『江城紅葉盡，旅思復悽傷』，正與許詩《夜歸丁夘橋村舍》『紫蒲低水檻，紅葉半江船』兩相對照。『孤夢家山遠，獨眠秋夜長』，正與許詩《南海府罷南海阻淺行侶稍稍登陸而邁主人燕餞至頻暮宿東溪》『離歌不斷如留客，歸夢初驚似到家』，《鄭秀才東歸憑達家書》『愁泛楚江吟浩渺，憶歸吳岫夢嵯峨』，《郡齋夜坐寄舊鄉二姪》『長欲挂帆君莫笑，越禽花曉夢南枝』，《臥病》『病中送客難爲別，夢裏還家不當歸』等話語所表現的情感大致相埓。『道存空倚命，身賤未歸鄉』，似是比較冷僻一些句子，但在許詩《將歸郊園留示子姪》『身賤與心違，秋風生旅衣』，《題客舍》『簞瓢貧守道，書劍病忘機』，《寄殷堯藩》『直道知難用，經年向水濱』等語句中，也可看出極其類似的情感。至於說到『南望空垂淚，天邊鴈一行』這樣因思家而想到鴈的語句，在許詩中眞是太多太多了。在許集中，差不多十分之一的篇什都是明言或暗示的含有思鄉的成份，而在這些篇什之中，又是很多都提到了鴈的。如：《長安旅夜》『久客怨長夜，西風吹鴈聲』，《示弟》『文字何人賞？煙波幾日歸？秋風正搖落，孤鴈又南飛』，《題官舍》『燕鴈水鄉飛，京華信自稀』，《深春》『故里千帆外，深春一鴈飛』，《松江渡送人》『晚色千帆落，秋聲一鴈飛』，《送蕭處士歸緱嶺別業》『賓館有魚爲客久，鄉音無鴈到家遲』，《李秀才近自塗口遷居新安適枉緘書見寬悲戚因以此答》『東堂絕望遷鶯起，南國哀餘候鴈飛』，《題靈山寺行堅師院》『龍在石潭聞夜雨，鴈移沙渚見秋潮』，《晨起白雲樓寄龍興江準上人兼呈竇秀才》『玆樓今是望鄉臺，鄉音全稀曉鴈哀』，《臥病》『唯有寄書書未得，臥聞燕鴈向南飛』等等。這些思家懷歸眷戀故園的詩句，在杜集中，都是很難找到的。

再如『紅葉』一詞在許集凡八見，如：《送段覺歸杜曲閑居》『紅葉高齋雨，青蘿曲檻煙』；《夜舊丁夘橋》『紫蒲低水檻，紅葉半江船』；《秋日赴闕題潼關驛樓》『紅葉晚蕭蕭，長亭酒一瓢』；《贈茅山高拾遺》『山齋留客掃紅葉，野艇送僧披綠莎』；《宿松江驛卻寄蘇州一二同志》『月轉碧梧移鶴影，露低紅葉濕螢光』；《疾後與郡中羣公讌李秀才》『莫引劉案倚西檻，夜來紅葉下江村』；《長慶寺遇常州阮秀才》『晚收紅葉題詩遍，秋待黃花釀酒濃』；《贈閑師》『初到庾樓紅葉墜，夜投蕭寺碧雲隨』；《謝亭送別》『勞歌一曲解行舟，紅葉青山水急流』。在杜集中就絕少見到了。

從這些例證看來，我們若說這首詩是許渾的作品，應該不能算是一句沒有根據的大膽話吧？

四、杜集七卷二頁

暝投雲智寺渡溪不得却取沿江路往

許集五卷二頁

暝投靈智寺渡谿不得却取沿江路往

按：稿本許集缺；稿本杜集爲墨筆增補抄本，題中無『卻取沿江路往』字樣，『瀉』誤作『鴈』，『回』作『廻』。

在我們沒有判定這首詩究竟誰屬之前，讓我們先看看許集中另外的一首詩。

晚投慈恩寺呈俊上人

雙巖瀉一川，十里絕人煙。

古廟陰風地，寒鐘暮雨天。

沙虛留虎跡，水滑帶龍涎。

不及曹溪侶，空林已夜禪。

此詩載許集五卷四頁，八句中竟有五句是同《暝投靈智寺渡谿不得卻取沿江路往》完全一字不差的。在前文第六段第四節我們說過，許渾是常愛把某些句子在不同的兩首詩中反覆或轉化使用的。杜牧則沒有這種習慣。由此我們可以證明，這首《暝投靈智寺渡谿不得卻取沿江路往》應該是許渾的作品。

五、杜集七卷九頁

題白雲樓（一作許渾詩題作漢水傷稼）

許集八卷一頁

漢水傷稼（幷序）

按：稿本杜集爲墨筆增補抄本，無『一作許渾詩題漢水傷稼』字樣；稿本許集爲大字九行十九字印本，『厫』原作『廂』，下有『一作敖』小註，季振宜以墨筆塗『廂一作』三字，留『敖』字。題下『幷序』二字抹去。

此詩又見於錢氏影宋刻本《丁夘集》。當爲許作無疑。

『江村夜漲浮天水，澤國秋生動地風』二句，與《酬少府先奉使巡澇見寄兼呈庾明府詩》互出；宋人葛立方厫韻語陽秋中曾有論列，可見宋人已認爲這詩是許渾的了。據此並可斷此詩爲許作。

又按：許渾曾爲郢州刺史，唐郢州治今湖北省鍾祥縣，濱漢水之東。這不僅給『西北樓開四望通』的『西北』找到了註腳，也貼合了『漢水傷稼』的題目。更何況序文與詩文的口脗都是對人民負有責任的一郡之守的語氣，不是一般人的腔調。

六、杜集七卷六頁。

送太昱禪師（一作許渾詩）

許集二卷七頁

送太昱禪師

按：稿本杜集爲墨筆增補抄本，題下無『一作許渾詩』字樣；許稿本集爲大字九行十九字印本，又見於錢氏影宋本《丁夘集》。故此詩當爲許作。

七、杜集七卷一頁

聞開江相國宋（一作宋相公申錫）下世二首

許集九卷十頁

聞開江宋相公申錫下世二首

按：稿本許集缺；稿本杜集爲墨筆增補抄本。

宋申錫，字慶臣。新舊《唐書》皆不著其籍里。擢進士第。敬宗時拜爲侍講學士。文宗卽位，轉中書舍人，爲翰林學士。當時，帝欲去宦者王守澄，察申錫忠厚，可與泱大事。因召對，與其謀。太和四年七月，拜尚書右丞，進同中書門下平章事。由錫乃除王璠爲京兆尹，密以帝旨諭之。璠漏言，而王守澄黨羽鄭注得其謀。太和五年，注遣軍候豆虜者，誣告申錫與漳王謀及。王守澄持奏洛堂，將屠申錫家，得宦者馬存亮進諫乃免。後王守澄捕申錫親吏張全眞家人買子緣信及十六宅典吏，脅成其罪。帝乃罷申錫，並驗其反狀。詩中言『權門陰奏奪移才』卽指此事。一時京師譁言相驚。後議抵死，得僕射竇直等直諫，帝乃悟。貶開州（今四川開縣）司馬，從而流死者數百人，天下以爲寃。詩中言『晁氏有恩忠作禍，賈生無罪直爲災』、『位極乾坤三事貴，謗興華夏一夫寃』，皆指此。太和七年，感憤而卒。後開成元年，李石在延英殿奉召對，從容言曰：『陛下之政，皆承天心。惟申錫之枉，久未原雪。』帝慙曰：『我當時亦悟其失，而詐忠者迫我以社稷計故耳。』這裏『我當時亦悟其失，而詐忠者迫我以社稷計故耳』幾句話，可能在宋申錫蒙冤的『當時』就流傳出來了，否則，詩中不會有『霄衣旰食明天子，日伏青蒲不敢言』這兩句的。

宋申錫事件，是當時鬨動天下的一大寃獄。詩人們本於天良理性對之發出一些正義的聲音，卻是可能的事。杜牧的一位好朋友李中敏，曾在太和六年大旱的時候，上疏乞斬鄭注雪申錫之寃以致雨。另一位好朋友李甘也有鄭注不可爲相之諫。而他的朋友上司牛僧孺更是與宋申錫幾乎是同時入閣同時罷相的人。所以，杜牧本人若對此事作些不平之鳴，實不能算是意外之事。而然，這一首詩，我們確信是許渾的作品，而不是杜牧的作品。我們可從許集中另外一首詩得到證明。許集四卷一頁《太和初靖恭里感事》曰：

清湘弔屈原，垂淚擷蘋蘩。
謗起乘軒鶴，機沉在檻猨。
乾坤rotate事貴，華夏一夫寃。
寧有唐虞世，心知不爲言。

題下揚州詩局編輯人繫有小註曰：『詠宋相申錫也。申錫爲王守澄所構，謫死開州，文宗太和五年事。』許集稿本存有此詩，爲大字九行十九字印本，但無此小註。這很可能是楊州詩局編輯人根據《唐音癸籤》撰寫的。

《唐音癸籤》卷二十三曰：

靖恭里感事詩，題不明斥爲何人。其句云：『乾坤三事貴，華夏一夫寃。』此惟退相可以當之。文宗朝，宋申錫謀去宦官，反爲宦官所構，謫死。考本傳有王守澄欲遣騎就靖恭里屠申錫家語。知此詩爲申錫作無疑。

這首詩確是爲宋申錫而作的，這段考證，沒有問題是對的。所以，楊州詩局編輯人的小註，實在是可以接受的，是我們必須首肯的。現在，我們把這首詩同《聞開江宋相公下世二首》的第二首逐句比較一下：

靖恭里詩	宋相公下世詩
清湘弔屈原，	月落淸湘棹不喧，
垂淚擷蘋蘩。	玉杯瑤瑟奠蘋蘩。
謗起乘軒鶴，	誰能力制乘軒鶴？
機沈在檻猨。	自取機沈在檻猨。
乾坤三事貴，	位極乾坤三事貴，
華夏一夫寃。	謗興華夏一夫寃。
寧有唐虞世，	宵衣旰食明天子，
心知不爲言。	日伏青蒲不爲言。

在遣詞用字上，每一句都有關聯。八句中有六句是互相套用的；八句中只有兩句的句末不是結在同一個字上。因此，我可以下一個結論說：『這首《開江宋相公申錫下世二首》詩毫無疑問是許渾的作品。』我們在前文第六段第四節不是說過許渾是常把一些句子或詞語在不同的兩首詩中反覆轉化使用的嗎？這首詩正是如此。

八、杜集七卷六頁

長興里夏日寄南隣（一作林）避暑

許集三卷七頁

長興里夏日南隣避暑

按：稿本杜集爲墨筆增補抄本，題中『南隣』下無『一作林』字樣。稿本許集爲大字九行十九字印本，『侯門』原作『侯家』，下有『一作門』小註，季振宜以墨筆塗去『家一作』三字，留『門』字。

此詩又見《文苑英華》二百六十一卷，題作『長興里夏日寄南陵避暑』，『侯門』作『侯家』，『賓館』作『高館』，『欹枕』作『歌枕』，並註明作者爲許渾。

《史記正義》引《括地志》云：『南陵故縣，在雍州萬年縣東南二十四里。』是知南陵離杜牧故鄉不遠。但是許渾亦嘗至此地，許集五卷七頁有《南陵留別段氏兄弟》詩可證。並且因在『南陵』避暑而想到『故山雲水鄉』的詩人，只能是許渾而不能是杜牧。

因此，此詩應該是許渾的作品。

九、杜集八卷二頁

吳宮詞二首

許集三卷一頁

重經姑蘇懷古二首（一作杜牧之詩）

按：此詩稿本杜集缺，不知楊州詩局編輯人自何處引來；稿本許集有，爲大字九行十九字印本，題中『重經』二字爲墨筆塗去，下無『一作杜牧之詩』字樣；『吳歌』本作『胡歌』，季振宜以墨筆改『胡』爲『吳』；上首第五句無『一作晚』三字；下首第四句『水』原作『海』。

此詩當爲許作。

四溟山人謝榛《詩家直說》卷一第四十七頁曰：

> 王摩詰送少府貶郴州，許用晦姑蘇懷古二律，俱似有病。豈聲調不拘邪？然子美七言近體最多，凡上三句轉折抑揚之妙，無可議者。其工於聲律盛唐以來李、杜二公而已。

若此段所說『許用晦姑蘇二律』就是這兩首的話，我們的理由就更充足了。

十、杜集七卷六頁

寄桐江隱者（一作許渾詩）

許集十一卷一頁

寄桐江隱者

按：稿本杜集爲墨筆增補抄本，題作『宿桐江隱者』，下無『一作許渾詩』字樣；許集稿本，爲全唐詩編輯人自明刻版《萬首唐人絕句》採輯而來，末句原作『有幾人』硃筆改『有』爲『能』。此詩又見錢氏影抄宋刊本《丁夘集》，末句作『能幾人』。

此詩當爲許作。

十一、杜集四卷五頁

初春雨中舟次和州，橫江裴使君見迎，李、趙二員外同來，因書四韻；兼寄江南許渾先輩。

許集九卷九頁

春雨舟中次和橫江裴使君見迎，李、趙二秀才同來，因書四韻；兼寄江南。

按：稿本杜集爲大字九行十九字印本，亦見《四部叢刊》影印宋刻《樊川集》與《唐詩記事》；稿本許集亦有著錄，乃自汲古閣本《唐詩紀事》剪揉而來。《唐詩紀事》卷五十六原題作『又春雨舟中次和橫江裴使君見迎李趙二秀才同來因書四韻兼寄江南許渾云』，《全唐詩》編輯人以墨筆上塗去『又』字，下塗去『許渾云』三字而成今題。

《文苑英華》卷二百六十一亦載有此詩，註明作者爲杜牧。中題無『江南』、『先輩』四字，第四句『蜂』作『蝶』，第八句『春』下無『一作青』之註語。《全唐詩》印本許集八卷十頁有《酬杜補闕初春雨中舟次橫江喜裴郎中相迎見寄》一首，又分明是酬答此詩而作的。

此詩實當爲杜牧的作品，證據至爲明確。然而，《全唐詩》編輯爲什麼一定要把它列入許集呢？我們發現，他們乃是受了《全唐詩話》的誤導。《全唐詩話》第四卷許渾條下載有此詩，題作『又初春雨中舟次和橫江裴使君見迎李趙二秀才同來因書四韻』。一看便知是自《唐詩紀事》竄節而來的。《全唐詩話》舊傳爲宋人尤袤撰，其實乃後人纂集而成，頗多訛誤，不可盡信。

又印本杜集三卷八頁另有《不飲贈官妓》一首，與此詩用字遣詞大致相彷彿。我們不妨附在下面，以作參考。

不飲贈官妓

芳草正得意，汀洲日欲西。
無端千樹柳，更拂一條谿。
幾朶梅堪折，何人手好攜。
誰憐佳麗地，春恨卻悽悽。

十二、杜集七卷二頁

宣城贈蕭兵曹（一作許渾詩）

許集十卷四頁

宣城贈蕭兵曹

按：稿本杜集爲墨筆增補抄本，題下無『一作許渾詩』字樣；稿本許集爲大字九行十九字印本。又見於錢氏影宋本《丁夘集》。從這些板本上的線索看來，此詩應該爲許渾的作品。

此外，我們還可以從字句的運用上得到左證。

《晉書》第八十卷《王羲之傳》內附王徽之傳中有這樣一段記載：

（王徽之）嘗居山陰。夜雪初霽，月色清朗，四望皓然。獨酌酒，詠左思招隱詩。忽憶戴逵。逵時在剡，便夜乘小船詣之。經宿方至，造門不前而反。人問其故。徽之曰：『本乘興而來，興盡而反，何必見安道邪？』

此詩第三句『舟寒剡溪雪』卽用的是這個王徽之雪夜剡溪訪戴逵的故事。這個故事在許渾詩集中曾不止一次的引用過。如：印本許集二卷三頁《再遊越中傷朱餘慶協律好直上人》中的『昔年湖上客，留訪雪山翁。王氏船猶在，蕭家寺已空』；二卷四頁《尋戴處士》中的『思君一相訪，殘雪似山陰』；三卷六頁《和畢員外雪中見寄》中的『相思不相訪，煙月剡溪深』；四卷二頁《泛舟尋鬱林寺道玄上人遇雨而返因寄》中的『入夜花如雪，回舟憶剡溪』；四卷四頁《王秀才自越見尋不遇題詩而因迴以酬寄》中的『自有孤舟興，何妨更一來』；六卷二頁《對雪》中的『剡溪一醉十年事，忽憶回棹天未明』; 九卷二頁《酬和杜侍御》中的『因過石城先訪戴，欲朝金闕暫依劉』; 九卷四頁《郊居春日有懷府中諸公並柬王兵曹》中的『花前更謝依劉客，雪後空懷訪戴人』; 十卷四頁《送林處士自閩中道越由霅抵兩川》中的『鏡中非訪戴，劍外欲依劉』; 十一卷二頁《酬李當》中的『山陰一夜滿溪雪，借問扁舟來不來』等等。由這一故事被他這樣反覆、轉換，直接、間接的引用中，我們可斷言這首詩是許渾的作品。此其一。（這裏稍微可以引起疑問的便是在杜集中此句作『舟寒句溪雪』。句溪在宣城東南三里，與題目『宣城贈蕭兵曹』應該是比剡溪更有關係。但是，我們以爲卽令是『句溪』也不妨害他借用子猷訪戴的故事; 更何況杜集『句』字的下面還有『一作剡』的小註哩。）

此詩第九、十兩句『貪酒不辭病，傭書非爲貧』。『貧』、『病』二字也是許渾常用來作屬對用的，如: 印本許集二卷四頁《將離郊園留示弟姪》中的『長貧辭國遠，多病在家稀』; 二卷二頁《洛中秋日》中的『久病先知雨，長貧早覺秋』; 四卷一頁題《官舍》中的『簞瓢貧守道，書劍病忘機』，四卷四頁《贈王處士》中的『茂陵閑久病，彭澤醉長貧』; 四卷五頁《旅夜懷遠客》中的『病起慚書癖，貧家負酒名』; 六卷四頁《姑池官舍》中的『貧後始知爲吏拙，病來還喜識人疏』; 七卷一頁《贈李伊闕》中的『貧笑白駒無去意，病慚黃鶴有歸心』; 九卷一頁《送元書上人歸蘇州兼寄張厚二首》中的『深巷久貧知寂寞，小詩多病尙風流』; 八卷二頁《贈王山人》中的『君臣藥在寧憂病，子母錢成豈患貧』; 在五卷六頁《寄殷堯藩》中，也有『竹馬兒猶小，荆釵婦慣貧。獨愁憂過日，多病不如人』等句，『貧』、『病』也是雜用的; 其他詠『貧』、吟『病』句子還可以在許多詩中發現許多，因爲不是屬對用的，我們也就不必一一列擧了。總之，『貧』、『病』二字是許渾常用到的; 這種屬對的句型，是我們在杜牧詩中所從未見到過的。據此，我們有理由相信這首詩乃出自許渾的手筆。此其二。

明嘉靖二十四年月窗道人刊印的《增修百家詩話總龜後集》卷十一評論門中引宋人葛勝仲所著《丹陽集》的一段話說：

> 余讀許渾詩，獨愛『直道去官早，家貧爲客多』之句（按：見印本許集二卷二頁《送前緱氏韋明府南遊》），非親嘗者不知其味也。《贈蕭兵曹詩》云：『客道恥搖尾，皇恩寬犯鱗。』『直道去官早』之實也；《將離郊園詩》云：『久貧辭園遠，多病在家希。』『家貧爲客多』之實也。

葛勝仲是北宋哲宗紹聖年間的進士。從他這段話中，我們可以知道當時的許渾詩集是載有這首詩的。我們自可依之把這首詩歸類到許渾作品中的。此其三。

這都是僅就字句方面說的。此外在印本許集六卷三頁另有《贈蕭兵曹先輩》一首，我們不妨錄在下面用作參考。

> 廣陵城上昔離居，帆轉瀟湘萬里餘。
> 楚客病時無鵩鳥，越鄉歸處有鱸魚。
> 潮生水郭蒹葭響，雨過山城橘柚疎。
> 聞說攜琴兼載酒，邑人爭識馬相如。

十三、杜集七卷二頁

過鮑溶宅有感

許集五卷七頁

過鮑溶宅有感

劉得仁集一卷七頁

哭鮑溶（一作容）有感

按：此詩互見於三人集子中。稿本許集缺；稿本杜集、劉集皆爲墨筆增補抄本，且出於一人手筆。我們考之於《文苑英華》卷三百零四，上面載明爲劉得仁所作。所以，在我們尚沒有找到其他可以證明此詩爲許作或杜作的資料之前，我們假定它爲劉得仁的作品，是比較可以使人信服的。

十四、杜集七卷三頁

許集五卷五頁

懷政禪師院

按：此詩稿本杜集爲墨筆增補抄本；稿本許集缺。但這並不能構成此詩便是杜牧作品的充足條件。

許集一卷三頁有盈上人詩一集，此詩見於我們現在所能看到的各種版本的《丁夘集》與《全唐詩》稿本所用的大字九行十九字本許渾集。其詩曰：

月沈霜已凝，無夢對寒燈。

寄世何殊客，修身未到僧。

二毛梳上雪，雙淚枕前冰。

借問曹溪路，山多路幾層。

前文我們說過許渾是常愛把某些句子詞語在兩首或兩首以上詩中反覆或轉化使用的。這兩首詩中的『山齋路幾層』、『山多路幾層』和『修身欲到僧』、『修身未到僧』都是屬於這一類的。而且，這兩首詩的五、六兩句並都是以『雪』、『冰』相對的。

據此，我們敢斷言這首《懷政禪師院》是許渾的作品。

十五、杜集七卷三頁

送蘇協律從事振武

許集二卷一頁

送樓煩李別駕

按：此詩稿本許集爲墨筆增補抄本；稿本許集爲大字九行十九字印本。又見於錢氏影宋《丁夘集》。《唐詩品彙》亦載有此詩，題其作者爲許渾。由此，我們可以知道，此詩當爲許作無疑。

十六、杜集七卷五頁

行次白沙館先寄上河南侍郎

許集五卷二頁

行次白沙館先寄上河南侍御

按：此詩稿本杜集爲墨筆增補抄本；稿本許集缺。但這首詩卻無疑的是許渾的作品。因爲這詩中的『漁浦客』、『雁門僧』都確有其人，而且都是許渾的好朋友。我們可從印本許集一卷二頁《寄天鄉寺仲儀上人富春孫處士》一詩得到證明（這首詩也見於稿本許集大字九行十九字印本與錢氏歸氏二影宋抄本丁夘集汲古閣本《丁夘集》）。此詩曰：

詩僧與釣翁，千里兩情通。
雲帶鴈門雪，水連漁浦風。
心期榮辱外，名挂是非中。
歲晚亦歸去，田園淸洛東。

很淸楚的，我們可以看出來『漁浦客』就是富春的釣翁孫處士；『雁門僧』也就是天鄉寺那位詩僧仲儀上人。『漁浦』自是指的富春江畔；而『雁門』卻絕非我們通常都知道的北地雁門，而是現在江蘇省江寧縣的雁門山。淸顧祖禹在他著的《讀史輿地紀要》江南江寧府江寧縣條下記有：『雁門山，府東南六十里，周二十里。山勢連亙類北地雁門，故名。』李白《金陵江上遇蓬池隱者》詩有『綠水向雁門』句，卽此。如此，李白才能在金陵江上看到『綠水向雁門』；如此，『詩僧與釣翁』才能『千里兩情通』；如此，許渾、孫處士、仲儀上人才能贈答唱酬。否則，這一切都是不可能的。

十七、杜集七卷九頁

許集九卷十二頁

將赴京留贈僧院

按：此詩稿本杜集爲墨筆增補抄本；稿本杜集缺。但我們並不能因此便說此詩是杜牧的作品。

《增修詩話總龜》四十六卷二頁釋氏門中引《西淸詩話》曰：

許渾《送栖元棄釋奉道詩》云:『仙骨本微靈鶴遠;法心潛動毒龍驚。』《送勤尊師自邊將入道詩》云:『蒼鷹出塞胡塵滅;白鶴還鄉楚水深。』《送李生棄官入道》云:『水深魚避釣;雲迥鶴辭籠。』皆獎之也。至《送僧南歸詩》云:『送師不得隨師去,已戴儒冠事素王。』豈渾亦有逃禪之意也?

是的,許渾確乎有逃禪之意;至少他有不少表現這種意念的詩句。其實他不但有逃禪之意,而且還有入仙之想哩!如印本許集一卷一頁《王居士》中的『有藥身長健,無機性自閑』;一卷六頁《送從兄歸隱藍溪》中的『無人知此意,甘臥白雲中』;《茅山贈梁尊師》中的『幸承仙籍後,乞取大道方』;四卷三頁《寄殷堯藩》中的『蓬萊自有路,莫羨武陵春』;六卷五頁《滄浪峽》中的『昔日未知方外樂,暮年初信夢中忙』等等。這些詩句所表現的情愫都是在《樊川集》中所絕難找到的。

明乎此,我們再回頭來品味品味這首《將赴京留贈僧院詩》,就會愈來愈覺得它應該是許渾的作品了;尤其最後『謝卬從前受恩地,歸來依止卬禪關』二句,就更能使我們堅信不疑了。

十八、杜集七卷十頁

行經廬山東林寺

許集九卷三頁

行經廬山東林寺

按:此詩稿本杜集爲墨筆增補抄本;稿本許集缺。但是依前十七條所論,此詩亦當爲許渾的作品。『方趨上國學干祿,未得空堂學坐禪』所表現的思想又是與『謝卻從前受恩地,歸來依止卬禪關』多麼的維妙維肖!再如『五湖』一詞,在《樊川集》中曾無一次用到,而在許渾集中除此詩外卻出現過三次,即:五卷三頁《重賦鷺鷥》中的『爲爾多歸興,前年在五湖』;七卷八頁《聞韶州李相公移拜彬州因寄》中的『青漢夢歸雙闕曙，白雲吟過五湖秋』；八卷二頁《宣城崔大夫召聯句偶疾不獲赴因獻》中的『還愁旅棹空歸去，楓葉荷花釣五湖』。

十九、杜集七卷十頁

金谷懷古

許集九卷十二頁

金谷懷古（末二句缺）

按：此詩稿本杜集爲墨筆增補抄本；稿本許集缺。從許集題下註明『末二句缺』看來，印本編輯人並沒有注意到這首詩已出現在杜牧集子中了。極可能杜集與許集的編輯工作是由不同的二人主持的。這位許集編輯人之所以把這首詩作如此之處理，我們想他必有其所本。至於說到最後缺失的兩句詩，雖然我們現在還找不到可靠的材料塡補起來，但我們可以作一個合情合理的推斷，卽那也是『徒想夜泉流客恨，夜泉流恨恨無窮』二句。

這一個推斷成立了，我們再來討論這首詩究竟誰屬。首先，我們說這首詩不像杜牧的作品。因爲杜牧慣於把很嚴重的情感用很輕俏的語句寫出來。如對綠珠之死，他可算是很『恭維』了，在《題桃花夫人廟》詩中，他說：『畢竟息亡緣底事？可憐金谷墜樓人！』褒貶之間，不言可見。但在《金谷桃花》中，他卻輕俏的說：『日暮東風怨啼鳥，落花猶似墜樓人。』其他如在『一騎紅塵妃子笑，無人知是荔枝來』中所表現的情感都不够嚴肅。甚至在他心愛的人嫁而生子之後，自己『悵』而爲詩的時候還要說：『如今風擺花狼籍，綠葉成陰子滿枝。』這些與『徒想夜泉流客恨，夜泉流恨恨無窮』中所涵蘊的感情都不啻天壤之別，所以我們說這首詩不像杜牧的作品。

其次，我們說這首詩很像許渾的作品。許集四卷二頁有首《金谷桃花》詩，曰：『花在舞樓空，年年依舊紅。淚光停曉露，愁態依春風。開處妾先死，落時君亦終。東風兩三片，應在（一作到）夜泉中。』其中不論情感的表現或語句的運用，都是與《金谷懷古》有血脈關係的。所以，如果我們說這首《金谷懷古》詩是許渾的作品，應該是足可作爲定論的。

二〇、杜集七卷一頁

冬日五湖（一作浪）館水亭懷別

許集九卷十三頁

冬日五浪館水亭懷別

按：此詩稿本杜集爲墨筆增補抄本；稿本許集缺。《文苑英華》二百九十八卷載有此詩，並題其作者爲杜牧。又《詩人玉屑》三卷二十四頁限用拗字條中載有此詩『寒林葉落鳥巢出，古渡風高漁艇稀』二句，下有『杜牧五湖館水亭懷別』之小註。據此，我們當知此詩爲杜牧的作品。

二一、杜集五聚卷一八頁

愁

許集五卷五頁

題 愁

按：此詩稿本許集缺，又不見任何版本《丁卯集》，我們不知揚州詩局編輯人何所本而增入之；稿本杜集爲大字九行十九字印本，墨筆增補抄本中亦有此詩，題作『題愁』，爲季振宜以墨筆抹去。又見於《四部叢刊》《樊川文集外集》。雖然依劉村所說《樊川續集》（即外集）和《別集》所著錄的詩篇十之八九都是許渾的作品，但我們在還沒有找到更有力的證明以證明此詩爲許作之前，我們還是相信它是杜作好些。

二二、杜集七卷五頁

貽（一作贈）遷客

許集五卷七頁

贈遷客

按：此詩稿本許集缺；稿本杜集爲墨筆增補抄本，題中無『一作贈』小詩，末句『憐』作『怜』。從某些詞語的使用看來，應當是許渾的作品。

首先，我們發現『直道』一語在杜集中從未用到，而在許集中卻曾出現過。如：許集四卷三頁《寄渾堯藩》『直道知難用，經年向水濱』；四卷六頁《重傷楊攀處士》『從官任任直道，幾處脫長裙』。

其次，『疏籠閉鶴聲』這種引用《相鶴經》『畜以籠，飼以熱食，則塵濁而乏粹彩』故典的類似句子，也只有在許集中才能找到。如：許集三卷七頁《李生棄官入道因寄》『水深魚避釣，雲廻鶴辭籠』；八卷十頁《陵陽春日寄汝洛舊遊》『萬里綠波魚戀釣，九重青漢鶴愁籠』；同頁《酬杜補闕》『郢歌莫問青山吏，魚在深池鳥在籠』，同頁《送張厚淛東謁丁常侍》『青山有雪松當澗，碧落無雲鶴出籠』。

再次，滄濯纓的典故更是杜牧未曾用過而卻爲許渾所常用的。如：許集一卷一頁《贈裴處士》『門外滄浪水，知君欲濯纓』；六卷五頁《滄浪峽》『纓帶流塵髮半霜，獨尋殘月下滄浪』；九卷四頁《郊居春日有懷府中諸公並柬王兵曹》『欲學漁翁釣艇新，濯纓猶惜九衢塵』；而『門外滄浪水，知君欲濯纓』又是與『門外長溪水，憐君又濯纓』二句多麽的維妙維肖！

二三、杜集七卷五頁

綠蘿

許集五卷二頁

紫藤

按：此詩稿本許集缺；稿本杜集爲墨筆增補抄本，第一句『縈』作『榮』，『匝』作『里』，第四句無『一作遠』之小註。

要分辨這首詩，我們最好是在『劚』和『蘿』這兩個字上打主意。

『劚』是一個相當冷僻的字，不唯在杜牧詩集中我們找不到一個（互見詩除外），在其他人詩中恐怕也很少有用過的。然而在許渾詩中我們竟發現他用到五次之多，且有兩次是同『藥』字連在一起作『劚藥』用的。卽：許集一卷一頁《王居士》『雨中耕白水，雲外劚青山』；一卷七頁《題韋隱居西齋》『劚藥去還歸，家山半掩扉』；二卷一頁《重遊鬱林寺道玄上人院》『藤杖叩松關，春溪劚藥還』；三卷六頁《題冲沼上人院》『劚石種松子，數根侵杳冥』；六卷六頁《題勤尊師歷陽山居》『鷄籠山上雲多處，自劚黃精不可尋』——實在，這『劚黃精』還不也就是『劚藥』嗎？

『蘿』雖是一個極其普通且極宜入詩的字，但在在杜牧詩中僅僅用到過兩次，而又皆不是以之爲主題的。卽：杜集四卷十頁《題青雲館》『雲連帳影蘿陰合，枕遶泉聲客夢長』；五卷十三頁《送故人歸山》『看着挂冠迷處所，北山蘿月在移文』。可是，在許集中就不然了。許渾不僅曾十七次用到『蘿』字，且六次用『綠蘿』，又泰半乃是以之爲主題的。如：許集二卷二頁《趨慈和寺移清宴》『高寺移清宴，漁舟繫綠蘿』；三卷三頁《潼關蘭若》『蝶影下紅藥，鳥聲喧綠蘿』；三卷七頁《長興里夏日南避暑》『欄圍紅藥盛，架引綠蘿長』；四卷五頁《秋霽潼關驛亭》『鳥散綠蘿靜，蟬鳴紅樹凋』；六卷九頁《移攝太平寄前李明府》『早晚高臺同共醉，綠蘿如帳草如茵』；七卷三頁《鄭秀才東歸憑達家書》『貧居不問應知處，溪上閑船繫綠蘿』。

憑此，我們把這首詩劃歸給許渾，當不能算是武斷。

二四、杜集七卷三頁

貽隱者

許集五卷一頁

贈隱者

按：稿本許集缺；稿本杜集爲墨筆增補抄本，第五句中無『一作沿』之小註。以『劚藥』一語而論，這首詩應該是許渾的作品。說見第二十三條。

二五、杜集七卷五頁

宿東橫山（一作小）瀨

許集五卷六頁

宿東横山（一作東横小瀨）

按：此詩許集稿本缺；稿本杜集爲墨筆增補抄本，題中無『一作小』之夾註。

首先，由用韻看，這首詩許作的可能性大於杜作的可能性。說見本文第二條。

其次，由此詩第五句用到的『鸂鶒』一詞看，當知其作者應爲許渾。固然，許集此第五句並不作『鸂鶒』而作『鸛鶴』，但我們可以肯定的說這乃是一個傳抄之誤。因許集本詩之誤抄並不止於這一個地方，末句的『宿』也當爲『識』之誤。『鸂鶒』二字在杜集中從未用過；在許集中不僅用到過而且有專詠『鸂鶒』的詩篇，並且有同獮猴屬對與此詩極其類似的用法。如：許集一卷四頁有《鸂鶒》詩一首；三卷二頁《懷江南同志》『蒲深鸂鶒戲，花暖鷓鴣眠』；六卷九頁《送郭秀才遊天臺》『暖眠鸂鶒晴灘草，高挂獮猴暮澗松』。

二六、杜集七卷十頁

途中逢故人話西山讀書早曾遊覽

許集九卷十三頁

途中逢故人話西山讀書早曾游覽

按：此詩稿本許集缺；稿本杜集爲墨筆增補抄本。以詩之用語而論，當該爲許渾的作品。

『西巖』一詞未曾一見杜牧詩集中；在許集中，不僅曾八次出現，且在這八次之中就有五次是同此詩一樣用在首句之開端的。即：許集三卷二頁《將赴京師留題孫處士山居》『西巖有高興，路僻幾人知』；三卷三頁《將歸塗口宿鬱林寺道玄上人院》『西巖一磬長，僧起樹蒼蒼』；三卷七頁《李生棄官入道》『西巖一徑通，知學採芝翁』；六卷四頁《南亭夜坐貽開元禪定二道者》『暮暮焚香何處宿，西巖一室映疎籐』；七卷一頁《題靈山寺行堅師院》『西巖一徑不通樵，八十持杯未覺遙』；七卷四頁《鶴林寺中秋夜翫月》『莫辭達曙殷勤望，一墮西巖又一年』；七卷六頁《寄題華巖韋秀才院》『三百樓臺百文峯，西巖高枕樹重重』；七卷七頁《重遊飛泉觀題故梁道士宿龍池》『西巖泉落水容寬，靈物蜿蜒黑處蟠』。此外，本詩末二句『莫道少年頭不白，君看潘岳幾莖霜』又正與許集九卷九頁《郊園秋日寄洛中友人》末二句『嵩陽親友如相問，潘岳閑居欲白頭』意思恰相脗合。這不都是很好的證據嗎？

二七、杜集七卷九頁

許集九卷十二頁

贈別

按：此詩稿本許集缺；稿本杜集爲墨筆增補抄本。雙毛就是二毛。『潘岳雙毛』與『潘岳幾莖霜』、『潘岳白頭』的意思完全沒有分別；其對於這一典實的套用也完全不像出自二人之手。所以既然《途中逢故人話西山讀書早曾遊覽》與《郊園秋日寄洛中友人》二詩都是許渾的作品，這一首便也不應該是杜牧的。

二八、杜集七卷四頁

許集五卷五頁

秋霽寄遠

按：此詩稿本許集缺；稿本杜集爲墨筆增補抄本。對明月思遠人，本爲人類共有的情感；而見之於詩人們的吟詠更是中外古今極其尋常之事。然而，像『唯應待明月，千里與君同』這樣的句型與表現方式，在杜集其他詩篇中，我們尚未發現過；在許集中，我們卻可以找到這例子。如：許集六卷四頁《淩高臺送韋秀才》『故山迢遞故人去，一夜月明千里心』；三卷二頁《懷江南同志》『唯應洞庭月，萬里共嬋娟』。固然，僅根據幾句詩便判定某一首詩的作者是誰，確乎是一件十分輕率的事。但是，任何人，只要他把這三首詩的六個句子反覆品味一番，他都會承認此乃出自一人之手筆。因爲，不管在句型、語型、意境、表現方式各方面來說，它們都是極其一致的。所以，雖然我們找不出其他的有力證據，但這首《秋霜寄遠》當該是許渾的作品，則是絕對無可爭論的。

二九、杜集七卷六頁

陵陽送客

許集三卷四頁

送李秀才

按：此詩稿本杜集爲墨筆增補抄本，末句『月』字下無『一作水』字樣；稿本許集爲大字九行十九字印本，可見明代的許渾集子是載有此詩的。以是此詩應爲許渾的作品。

我們再就字句的運用上斟酌一下。

首先應該注意的便是『南樓』。在歷史上常爲文人雅士們所吟詠的南樓有兩個。一在古武昌，卽今湖北省鄂城縣，因晉庾亮的故事而有名。《世說新語・容止篇》有云：

庾太尉在武昌。秋夜氣佳景淸，佐吏殷浩王胡之徒登南樓詠理。音調始遒，聞函道中屐聲甚厲，定是庾公。俄而率左右十許人步來，諸賢欲起避之。公徐曰：『諸君少坐，老子於此處興復不淺。』因便據胡床與諸人詠謔竟坐，甚得任樂。

後李白陪宋中丞武昌夜懷古『淸景南樓夜，風流憶武昌。庾公愛秋月，乘興坐胡床』，便是指此。另一南樓是在古荆州，卽今湖北省江陵縣治。唐張九齡貶荊州長史有《登郡城南樓》詩，卽此。

但是，在這首詩中的南樓，雖兩個都不是卻與兩個都有關係。這全是許渾借題發揮的虛著。

對於庾亮的風流，許渾是贊歎不已的。在他的詩中，不但常以『庾樓』同『 蕭寺 』屬對，且單獨用到或與別的詞語屬對的也不少。如：四卷四頁下《第歸朱方寄劉三腹》『月高蕭寺夜，風暖庾樓春』；六卷三頁《李秀才近自塗口遷居》『顏巷雪深人已去，庾樓花盛客初歸』；七卷三頁《淮陰阻風》『河橋有酒無人醉，獨上高樓望庾樓』；八卷七頁《訓錢汝州》『怪來雅韻清無敵，三十六峯對庾樓』；八卷九頁《聞州中有讌》『顏子巷深草遍，庾君樓廻碧山多』；八卷九頁《寄殷堯藩》『帶月獨歸蕭寺遠，翫花頻醉庾樓深 』；九卷三頁《贈閑師》『 初到庾樓紅葉墜，夜投蕭寺碧雲隨』；九卷五頁《孤山寺》『醉別庾樓山色曉，夜歸蕭寺月光斜』；九卷六頁《下第寓居杜陵》『花盛庾園攜酒客，草深顏巷讀書人』等。這樣的句子，在杜牧集中我們就沒發現過。如此，許渾是難逃借用庾亮南樓來自況風雅之嫌疑的。至於說到借用荊州南樓，那他更有資格了。荊州就是現在湖北省江陵縣治，古時楚國郢都所在地，後世又稱郢州。許渾曾爲郢州刺史，而唐時郢州首邑卽在今湖北省鍾祥縣治，正好在荊門東偏北約百餘里之處。這不僅使本詩第一句『 郢客 』二字有了着落，且使『西郭望（或作見）荊門』一句的意思穩當貼實了。並由此也可看出杜集此詩題作『陵陽送客』是十分不恰當的，因古陵陽當在今安徽省石棣縣境，在這裏既不能『送郢客』，也不能『望荊門』。且『南樓』二字在杜集其他詩篇中也未見到過，而在許集中卻曾出現過。（杜集七卷十頁有《南樓夜》一首，然以辭意考之，確乎應爲許渾的作品無疑。）許集二卷五頁《南樓春望日》：

南樓春一望，雲水共昏昏。

野店歸山路，危橋帶郭村。

晴煙和草色，夜雨長溪痕。

下岸誰家住？殘陽半掩門。

又許集八卷七頁《南樓餞送李明府歸姑蘇》曰：

無處登臨不繫情，一瓶春酒醉高城。

暫移羅綺見山色，纔駐管弦聞水聲。

花落西亭添別恨，柳陰南浦促歸程。

前有迢遞今宵短，更倚朱蘭待月明。

我們把這兩首詩拿來同《送李秀才》一首對比一下，是不難發現其中用意用語之間的關係；更何況《南樓春望》《送李秀才》四個韻脚中就有三個是相同的。這除了詩人用韻的習慣性之外，是沒有別的理由可解釋的。

又『郢客』一詞無疑乃出於宋玉對楚襄王問『客有歌於郢中者』一句。許集三卷三頁《送客江行》『蕭蕭蘆荻花，郢客獨辭家』的『郢客』，三卷七頁《江西鄭常侍赴鎭之日有寄因酬和》『布令滕王閣，裁詩郢客樓』的『郢客樓』，八卷十頁《酬杜補闕》『郢歌莫問青山吏，魚在深池鳥在籠』的『郢歌』，同頁《酬副使鄭端公見寄》『郢中白雪慙新唱，塗上青山憶舊遊』的『郢中白雪』，與十一卷七頁《酬江西盧端公藍口阻風見寄之什》『還似郢中歌一曲，夜來春雪照西樓』的『郢中歌一曲』，皆指此。這又是杜牧所從來沒有引用過的典故。

三〇、杜集七卷九頁

寄湘中友人

許集九卷十二頁

寄湘中友人

按：此詩稿本許集缺；稿本杜集爲墨筆增補抄本，首句梧作盃，二句中無『一作老』之夾註。存疑待考。

三一、杜集七卷九頁

許集九卷十二頁

秋夜與友人宿

按：此詩稿本許集缺；稿本杜集爲墨筆增補抄本。存疑待考。

三二、杜集七卷九頁

江上逢友人

許集九卷十二頁

江上逢友人

按：此詩稿本許集缺；稿本杜集爲墨筆增補抄本，二句『裴回』作『徘徊』。存疑待考。

三三、杜集七卷二頁

出關

許集九卷十四頁

出關

按：此詩稿本許集缺；稿本杜集爲墨筆增補抄本。存疑待考。

三四、杜集七卷二頁

秋月

許集五一頁

秋月

按：此詩稿本許集缺；稿本杜集爲墨筆增補抄本。存疑待考。

三五、杜集七卷三頁

許集五卷一頁

卜居招書侶

按：此詩稿本許集缺；稿本杜集爲墨筆增補抄本。存疑待考。

三六、杜集七卷三頁

西山草堂

許集五卷一頁

西山草堂

按：此詩稿本許集缺；稿本杜集爲墨筆增補抄本。存疑待考。

三七、杜集七卷三頁

石　池

許集五卷二頁

石　池

按：此詩稿本許集缺；稿本杜集爲墨筆增補抄本。存疑待考。

三八、杜集七卷四頁

經古行宮（一作經華清宮）

許集九卷十一頁

經古行宮

按：此詩稿本許集缺；稿本杜集爲墨筆增補抄本，題下無『一作華清宮』字樣，首句無『一作樓』之小註，三句無『一作閑』之小註，末句無『一作翠鬟』之小註。存疑待考。

三九，杜集七卷三頁

送荔蒲蔣明府赴任

許集五卷五頁

送荔蒲蔣明府赴任

按：此詩稿本許集缺；稿本杜集爲墨筆增補抄本。存疑待考。

四〇、杜集七卷四頁

許集九卷十一頁

秋晚懷茅山石涵村舍

按：此詩稿本許集缺；稿本杜集爲墨筆增補抄本。存疑待考。

四一、杜集七卷四頁

許集五卷五頁

秋夕有懷

按：此詩稿本許集缺；稿本杜集爲墨筆增補抄本。存疑待考。

四二、杜集七卷四頁

留題李侍御書齋

許集五卷二頁

留題李侍御書齋

按：此詩稿本許集缺；稿本杜集爲墨筆增補抄本，題中『書齋』原作『宅』。存疑待考。

四三、杜集七卷五頁

貴遊

許集九卷十一頁

貴遊

按：此詩稿本許集缺；稿本杜集爲墨筆增補抄本。存疑待考。

四四、杜集七卷五頁

許集十一卷九頁

越中

按：此詩稿本許集缺；稿本杜集爲墨筆增補抄本。存疑待考。

四五、杜集七卷五頁

許集五卷五頁

聞范秀才自蜀遊江湖

按：此詩稿本許集缺；稿本杜集爲墨筆增補抄本。存疑待考。

四六、杜集七卷十一頁

將赴京題陵陽王氏水居

許集九卷十三頁

將赴京題陵陽王氏水居

按：此詩稿本許集缺；稿本杜集爲墨筆增補抄本。存疑待考。

四七、杜集七卷十一頁

送別

許集九卷十三頁

送　別

按：此詩稿本許集缺；稿本杜集爲墨筆增補抄本，第六句『猶』作『由』並無『一作樓』之夾註，末句『佳期』作『經期』。存疑待考。

四八、杜集七卷十一頁

許集九卷十四頁

寄　遠

按：此詩稿本許集缺；稿本杜集爲墨筆增補抄本。存疑待考。

四九、杜集七卷十一頁

新　柳

許集九卷十四頁

新　柳

按：此詩稿本許集缺；稿本杜集爲墨筆增補抄本。存疑待考。

五〇、杜集七卷十一頁

旅　懷

許集九卷十四頁

旅懷作

按：此詩稿本許集缺；稿本杜集爲墨筆增補抄本。存疑待考。

五一、杜集七卷十一頁

鴈

許集九卷十四頁

鴈

按：此詩稿本許集缺；稿本杜集爲墨筆增補抄本，第二句無『一作水』之小詩。存疑待考。

五二、杜集七卷十二頁

惜　春

許集五卷五頁

惜春

按：此詩稿本許集缺；稿本杜集爲墨筆增補抄本，第四句無『一作留』之夾註。存疑待考。

五三、杜集七卷十二頁

鴛鴦

許集五卷六頁

鴛鴦

按：此詩稿本許集缺；稿本杜集爲墨筆增補抄本，第六句『憐』作『怜』。存疑待考。

五四、杜集七卷一頁

不寢

許集五卷六頁

不寢

按：此詩稿本許集缺；稿本杜集爲墨筆增補抄本。存疑待考。

（《全唐詩杜牧許渾二家詩集互見詩篇考》，原刊於《書目季刊》第二卷第二期）

■白樂天長慶集

岑仲勉撰《白氏長慶集僞文》，刊於中央研究院史語所《集刊》，文中將白氏翰林制詔分爲六類：首類確認爲白氏作品者計百二十二首；第二類因『未覓到強反證』而『不能斷爲非白氏作品者』二十二首；第三類因『缺姓名或乏時間性，無從加以考證』，而『不能斷爲非白氏作品者』八首；第四類『必僞作無疑』者三十二首；第五類『亦僞文』者十四首；第六類『可逕斷爲僞作』者二首。

據岑氏考訂，第四類作品爲：貶於尹躬洋州刺史制（集三九）、贈高郢官制（三七）、贈裴垍官制（三七）、除韓臯東都留守制（三八）、除李絳平章事制（三七）、除許孟容河南尹兼常侍制（三七）、除崔羣中書舍人制（三七）、杜佑致仕制（三八）、除孔戣等官制（三八）、除范傳正宣歙觀察使制（三七）、除薛平鄭滑節度制（三八）、除田興工部尚書魏博節度制（三八）、贈杜佑太尉制（三八）、除裴堪江西觀察使制（三八）、除鄭餘慶太子少傅制（三八）、除裴向同州刺史制（三八）、除裴度中書舍人制（三七）、除盧士玫劉從周等官制（三八）、獨孤郁守本官知制誥制（三七）、除李夷簡西州節度使制（三八）、李程行軍司馬制（三八）、除李程郎中制（三七）、除袁滋襄陽節度制（三八）、除武元衡門下侍郎平章事制（三八）、韓愈比部郎中史館修撰制（三八）、薛伾鄜坊觀察使制（三八）、錢徽司封中知制誥制（三八）、獨孤郁司勳郎中知制誥制（三八）、贈吉甫先父官并與一子官制（ 三七 ）、除張弘靖門下侍郎平章事制（三七）、除韋貫之平章事制（ 三七 ）及授韓弘許國公實封制

（三七）。

第五類作品爲：授沈傅師左拾遺史館修撰制（三七）、除軍使邠寧節度使制（三七）、除拾遺監察等制（三七）、中書舍人韋貫之授禮部侍郎制（三八）、薛存誠除御史中丞制（三八）、前長安縣令許季同除刑部郎中前萬年縣令杜羔除戶部郎中制（三八）、除李遜京兆尹制（三八）、除劉伯芻虢州刺史（三八）、除孔戣萬年縣令制（三八）、歸登右常侍制（三八）、牛僧孺監察御史制（三八）、竇易直給事中制（三八）、孟簡賜紫金魚袋制（三八）及盧元輔杭州刺史制（三八）。

第六類作品有：除蕭俛起居舍人制（三七）及除某官王某魏博節度使制（三八）。

■臨川集

錢大昕云：

陳少章《書臨州集後》云：『《臨州集》一百卷，宋紹興中知撫州詹大和校刊，黃次山爲序。《序》言此集向流布閩浙，詹子自言所校，悉仍其故，先後失次，譌舛尚多。今按集中七十六卷《謝張學士書》，卽七十八卷《與孟逸秘校手書》之五，文重出而題互異。又九十九卷《金太君徐氏墓誌》，自『夫人天性篤於孝謹』上，凡脫一百七十六字。後卷又有《仁壽縣太君徐氏墓誌銘》一篇，具載全文，則先後失次，譌舛尚多。誠如詹守之言。它若第九卷《詠叔孫通》詩，載《宋景文集》卅卷；《春江詩》乃方子通作詠叔孫通詩，吳曾《漫錄》已辨之。蔡條《西淸詩話》謂『春殘密葉花枝少』云云，皆王元之詩；《金陵獨酌寄劉原甫》，皆王君玉詩；『臨津豔豔花千樹』云云，皆王平甫詩。七十卷《相鶴經》一條，本浮邱舊文，皆荆公偶書賓方册間，而亦誤編入集。此見於《困學紀聞》中吳紀聞廣州書跋者也。據葉少蘊《詩話》，《荆公集》乃宣和中薛肇明奉敕編成。肇明名屢見公詩，則其人素出入門下，宜所編皆精審，不應有如上所疏條之失。或肇明所編，别是一本，與閩浙刊布者異耶？馬氏《經籍考》載《臨州集》百卅卷，與此本卷數不同，則當時有二本明矣。』大昕案：少章所舉詹本之失，信矣。薛肇明卽薛昂，徽宗時以迎合蔡京執政，此小人而無學者，雖出入介甫門下，其編次庸有當乎？

（《十駕齋養新錄》卷十四）

■岳武穆集

唐圭璋云:

近人謂岳飛『怒髮冲冠』爲僞作，其理由有二：一、宋元人載籍不錄此詞。二、岳飛孫岳珂所編《金陀粹編》及宋陳郁《話腴》不錄此詞。余以爲此二說，皆不足以證明此詞是僞作。宋詞不見於宋元載籍而見於明清載籍者甚多，如明陳霆《渚山堂詞話》卽載有宋邵公序贈岳飛之《滿庭芳》詞。又如宋趙聞禮所編《陽春白雪》詞集八卷，外集一卷，久已失傳，清朱彝尊編輯《詞綜》集合多人搜集，『計覽觀宋元人詞集一百七十卷，傳記、小說、地志共三百餘家，歷歲八稔，然後成書』（汪森《詞綜》序）。但當時《陽春白雪》詞集尚未發現，集中之詞卽無從錄入。直至清道光時，《陽春白雪》始重現人間，陶梁因據以編《詞綜補遺》。我國古來私人藏書，往往自視爲至寶，不欲使人知，故當其所藏珍籍尚未公之於世之時，雖有人盡量尋訪，亦不可能備載無遺。《直齋書錄題解》卷十八載《岳武穆集》十卷，久佚不傳。因此，岳珂、陳郁書不載岳飛此詞，不等於岳飛卽不可能作此詞。最初究爲何人、何時、何地傳出，由於文獻不足，不能確定，但謂爲僞作，卻誠有如學初所云：『難免有流於武斷之嫌，似以審愼爲宜。』（見六二年《文史》第一輯），且岳飛另有一首《滿江紅》『遙望中原』詞，亦不見於岳珂、陳郁二書，但其墨跡，經過宋魏了翁、元謝升孫、宋克、明文徵明等人收藏，流傳至今。可見岳飛詞翰猶有遺翰，亦不能謂之爲僞作。至『怒髮冲冠』詞中所謂『胡虜、匈奴、賀蘭山』皆借古喻今，並非實指，尤不足證其爲僞作。

（《讀詞續記》，見《文學遺產》一九八一年第二期）

■心　史

余嘉錫云:

書中於元字皆避去，如慶元改慶初，元年作一年，蓋惡其爲胡元國號而去之。凡遇大宋國家朝廷君王祖父等字，及宋之年號，必空一字，其謹畏如此。豈有避仁宗諱而不避高宗諱之理。卽令果出姚士粦之手，士粦亦非不知古今者，豈肯露此破綻乎？此書原稿，雖是思肖親書，然明人所刻，並非影摹上版，覯字之不避，自是抄書者所妄改，安可據之以斷眞僞哉！ 蒲壽庚之作蒲受耕，音同字異，此必當時口耳相傳，有音無字，思肖聽之未審，以意書之耳。倭人桑原隲藏《蒲壽庚考》第四章自注云:『鄭所南《心史》，蒲壽庚作蒲受耕，《四庫總目》以此爲《心史》僞作一證，甚無謂。壽庚，《心史》外無作受耕者，可見《心史》非好事者掇拾舊文所僞造。』斯言諒矣。至於全書文詞，雖間有蹇澀之處，然持以較《所南文集》，則其明白易解，固已多矣。蓋文集不能使人不見，故不欲其一目了然。此書旣錮之井中，自無須更作讔語也。然艱深之詞，習之旣久，不覺偶然流出，若使全書皆文從字順，則何以爲所南之文乎？……昔孔子本魯史記作《春秋》，尤不免有傳信傳疑之例；孟子亦言盡信書，不如無書。況乎街談巷議、稗官野史之說，豈能必其與正史無異同也哉。思肖《中興集》卷二二唁詩，《丞相陳公宜中》一首，序云:『公嘗遣使賫香一器遺張侯，約以挾外國兵來。公未至，張侯已敗，棄崖山，莫知所之。』《少保張公世傑》一首，序云:『張侯奉祥興皇帝，俄乘機死戰，出賊重圍矣，所存惟十九隻巨艘，賊望洋追之，數日竟不得。其稗將周文英降賊，謂公已死，乃僞說邀功，實未死也。』此與《宋史・衞王紀》

所稱，世傑乃與蘇劉義斷維，以十餘舟奪港而去，及《世傑本傳》言，弘範等攻厓山，世傑敗走衞王舟，大軍薄中軍，世傑乃斷維，以十餘艦奪港去者，未嘗不同，但不知其後來以颶風壞舟，溺死平章山下耳。思肖《大義略敍》云：『祥興一年二月初六日，賊四圍合攻，淮兵打水路，死戰出船，少保張世傑，奉祥興皇帝奔遁，唯餘巨艘十九隻，淮兵千五百人及民兵而去，餘小黑舟亦追奔去，楊太妃蹈海死，丞相陸秀夫朝服蹈海而死，或傳張少保今駐軍離裏。』其敍楊太妃及陸秀夫之死，與《宋史》及他書，亦無不同，但不知秀夫係負衞王投海而死耳。

（《四庫提要辨證》）

姚從吾云：

第一、鄭思肖和《鐵函心史》的關係，是局部的而不是全部的。這就是說鄭思肖對於後出的《鐵函心史》不是沒有關係；但這種關係只是局部的，而不是全部的。也就是說：他不是全部《心史》的作者，只是若干篇的作者如《一是居士傳》（下卷雜文第十一），如《先君菊山翁家傳》（下卷雜文第十六），如《書先君跋》、《先著作叔翁行述後》（雜文第十五）等等，凡是與鄭家有關係（如《三暎堂記》等）而不帶火藥味的，如《泣秋賦》（下卷雜文第二十一)、(雜文第二十二）等，都可以說是鄭思肖的作品。《心史》下卷中最有名的《大義略敍》，我就費了許多時間，研究它是不是鄭思肖的作品？研究日久，集證日多，我開始決定，這一篇大文章，就不像是鄭氏的手筆。最使我刺目的事實：鄭思肖那樣的痛恨北人（特別是北人中的蒙古人），他能寫《大義略敍》中後面的一大段（七十頁以下）敍述蒙古人住室、習俗生活麼？他知道蒙古人如何留頭髮、如何戴固姑冠？如何行禮嗎？他又是一位謹言愼行的人。能說出蒙哥汗和忽必烈汗的母親是漢人嗎？他懂得甚麽是撒花？什麽是『結三搭髮辮』麽？他忍心造作謊言，說忽必烈曾剖割文丞相胸腹，食其心肺麽？因此我的判斷，鄭思肖是忠於宋室的，凡是與鄭家有關係的文章，《心史》轉載，理所當然，因爲思肖名義上是《心史》的作者。此外太衝動、太陌生與他的生性相去過於懸殊的事，恐怕都與他沒有關係了。不過這裏有一個困難。就是界線如何劃定？那些篇是鄭思肖作的，那些不是？這不但需要很多的時間？也需要舉出具體的文證或物證，而不是三言兩語所能够決定的了。

第二、《心史》雖不全是鄭思肖的作品，但《心史》中卻保存了有關鄭思肖最佳的史料。如上文所舉的《一是居士傳》和《先君菊山翁家傳》等等，都是第一流的史料，極有價值。從《菊山翁家傳》中，我們可以明確的知道鄭思肖的生年與卒年。例如他在《先君菊山翁家傳》中說：『先君字叔起，號菊山，生於（宋寧宗）慶元己未（西元一一九九），終於（理宗）景定壬戌（一二六二），壽六十四歲。』這樣明白的述說，就歷史記事說，是難能可貴的。關於他自己的生平與卒年，也有很明白的述說：『先君四十歲，始生思肖。』菊山翁四十歲爲宋理宗嘉熙六年戊戌，合西元爲一二三八。生年旣定，則諸書所說『思肖卒時年七十八』（《所南小傳》與《新元史》皆同），則是生於一二三八，卒於元仁宗延祐四年，一三一七年，都可明白確定，沒有疑問了。姜亮夫《歷代人物年里碑傳綜表》（一二四三頁）鄭思肖下，除了上一說生於一二三八年外，又說『一說生於淳祐元年辛丑（一二四一）』等，不勝繁瑣。他若知道利用《心史》中的《菊山翁家傳》，那就簡便多了。

第三、再就《心史》中的詩文與《所南文集》的詩文相比較；前者雄壯奇偉，後者淸淡平易，極不相似。更就人品說，《心史》中的鄭思肖熱情洋溢，時露恢復故土，滅此朝食的憤慨。《所南文集》中的鄭思肖，則狷孤僻，知音難得，以隱逸終身，能爲自了漢於願已足。這種兩極端的差異，往往使人感到無法統一，而也常常使人想到《心史》的作品，與《所南文集》差別甚大，而很難認爲是一人的手筆。

第四、總合以上各點，使著者感覺到：《鐵函心史》是南宋以後志士們的一部集體創作，集宋亡後江南學人愛國家、愛種族的大成。自然不是以狷介著稱的鄭思肖所能獨自寫成的。

（《鄭思肖與鐵函心史關係的推測》，刊於
《慶祝蔣慰堂先生七十榮慶論文集》）

劉兆祐云：

最使我懷疑的，是鄭氏自述生年不符。鄭所南的生年，據姜亮夫《歷代名人年里碑傳總表》所載，生於宋理宗嘉熙己亥三年（一二三九）。按：《所南先生文集·答吳山人詞遠遊觀地理書》說：

今吾六十四歲矣。二十二歲壬戌二月，我父菊山先生卒於吳中；十一月，葬於長洲縣甑山之原，天幸保全四十三年，略無他說……

壬戌爲宋理宗景定三年，元世祖忽必烈中統三年，當西元一二六二年，時思肖自云二十二歲，以此逆推，則思肖當生於宋理宗淳祐元年（一二四一）。《心史（卷下）·先君菊山翁家傳》說：

先君字叔起，號菊山，名與字之下字同，早年嘗名正東方之卜。生於慶初（元）己未，終於景定壬戌，壽六十四歲。先君四十歲始生思肖。……

慶元己未爲西元一一九九年；四十歲生思肖，其時當爲理宗嘉熙戊戌二年（一二三八）。兩書自述生年竟相去三年，謂之爲出自一人之手，殊爲可怪！我以爲必是僞造《心史》的人，一時誤算，致露敗闕。《歷代名人年進碑傳總表》不據可信之《所南先生文集》爲之，而據作者尙待考證之《心史》爲之，是不適當的。

其次，《心史》由於所敍之事多與正史不合，或不常見，遂引人懷疑。《四庫全書總目提要》所說蒲壽庚作蒲受耕、張世傑奉祥興皇帝奔遁及魏徵、李覯避諱事；袁枚所舉剖割文天祥、食其心肝及北人好食孕婦中小兒事，卽其例。可是這些或祇是事不常見，或缺少不可變易的證據，終不爲人信服。這裏，我發現一則年代上與史不合的錯誤。《大義略敍》說：

> 咸淳初，韃始僭號元；寶祐丙辰，韃始僭年號曰中統，次曰至元。……

按：元世祖忽必烈中統元年爲宋理宗景定元年，西元一二六〇年，寶祐丙辰則爲西元一二五六年，相隔四年。思肖生於理宗淳祐元年（一二四一），不應不熟悉當時事，竟然舛誤至此！必是後人僞作，沒有詳考史事，遽然誤寫！

心史所載事，多不常見，大概都是僞造《心史》者杜造的。大義略敍》說：

> 聞叛臣在彼，敎忽必烈僭俾南儒修纂大宋全史，且令州縣採訪近軍事跡，又僭作韃史，逆心私意，顚倒是非，痛屈痛屈，寃何由申？此我《大義略敍》，實又不容不作。《略敍》之作，主乎大義，大體有所不知，不求備載……惟意此略序必有差忒，尙有望於後之正直君子。作史最是至難之事，且處於堂內之人，門外之事，聞或不眞，兩造在庭，尙不得其情，懸隔議度，豈無失誤？

前旣說『大體有所不知，不求備載』，乃復說『懸隔議度，豈無失誤』，語多矛盾。這必是造僞者自忖必有破綻，故先爲此言以自解，不意反而啓人懷疑，所謂欲蓋彌彰者也。

從自述生年不符及所載元世祖建年號年代與史不合等，足證

《心史》全是僞造，與鄭思肖毫無關係。這裏，我們還可以從文辭上的比較，以辨其僞。《四庫全書總目提要》謂《心史》『文詞皆蹇澀難通』，今取所南翁一百二十圖詩、錦錢集二十四首與《心史》相比較，信然！《四庫全書簡明目錄》（卷十六）著錄《菊山清雋集》一卷，附《題畫詩》一卷，《錦錢集》一卷，《雜文》一卷，底下的提要說：

> 《菊山清雋集》，宋鄭震撰，元仇遠編。《題畫詩》，《錦錢集》及《雜文》，皆其子思肖撰。其曰錦錢者，言如以錦爲錢，雖美無用也。震倦遊稿久佚，遠所選錄，不愧清雋之目。思肖詩惟意所云，多如禪偈，然清風高節，迹接東籬，譬古柏蒼松，支離不中繩墨，終勝於姚李妖妍也。

今檢視《心史》裏的詩，平凡庸俗，但作憤慨語，了無韻味。以思肖之文才，卽使是憤懣塡膺，爲詩當亦不至如此的粗俗。

《心史》會不會是元人或明人集編思肖的作品成書呢？也不是！這裏，先大略介紹《心史》的內容：《咸淳集》，收各體歌詩凡五十首；《大義集》，下注：『德祐初年乙亥十二月初二日寓吳陷虜時，我年三十五。』收各體歌詩凡七十首；《中興集》，下注：『己卯夏後至庚辰八月所作。』收各體歌詩凡一百二十九首；《久久書》一篇，其序略云：『前後臣子盟檄二篇，並跋並詩，昔分其字而九九錯綜書之，又取九九之義。』附《跋》九篇；《雜文》，下注：『並元賊犯中國後所作。』共二十七篇，其題爲：《歎懶道人凝雲小隱記》、《一愚說》、《靜淨說》、《夢遊玉貞峯餐梅花記》、《自戒》、《論人辯》、《答天然子辭》、《警終》、《古今正統大論》、《一是居士傳》、《交情集序》、《試筆漫語》、《責謬》、《書先君跋先著作叔翁行述後》、《先君菊山翁家傳》、《南風堂記》、《久論》、《德祐謝太皇北狩攢宮議》、《因山爲墳說》、《泣秋賦》、《語戒》、《三膜堂記》、《犬德》、《漸論》、《文丞相贊並序》、《歐陽夢桂忠妾柔柔傳》、《祭大宋忠臣文》; 《大義略序》。以上諸篇目，均不見於《所南翁集》。如果是後人編集其作品成書，爲甚麼《所南翁集》的作品不見之於《心史》呢？尤値得注意的，是兩書作品性質的比較。我們假定《心史》果是思肖所著，那末他把書藏之於古井，是因爲書中作品，觸犯了元人，不容行於當世，可是今檢視《心史》，未必盡然。例如《送友人歸》一首:

年高雪滿簪，喚渡浙江潯;
花落一杯酒，月明千里心。
鳳凰身宇宙，麋鹿性山林;
別後空回首，冥冥煙樹深。

又如《仙興》一首:

跣足蓬頭炯碧瞳，劃然長嘯響天風;
千巖萬壑無人迹，獨自飛行明月中。

再如《觀雪》一首:

吾獨愛觀雪，心與雪同色;
清興匝空朗，或語或時默。
李白有狂才，飛筆寫無極;
驚倒天上人，世間曉不得。

像這一類的詩，絲毫沒有詆譭胡元或懷念故國之辭，大可入所南翁集，行於當世，沒有藏諸古井的必要。再看《心史·咸淳集》及《大義集》的自序說:

予幼好吟，長而尤苦於吟，自景定以來，至咸淳五年，所作極多，離亂之際，倂所著散文盡失之，今記憶者惟詩五十篇，目曰《咸淳集》，姑存舊也。厥後數載，竟不作，欲天其隱。德祐乙亥冬，有不可遏之興時，輒作數語以道胸中不平事，至於丁丑歲，擇七十篇，目曰《大義集》。

這篇序寫於宋德祐五年（一二七九）。今考《所南翁集》最早的刊本刻於元大德五年（一三〇一），《咸淳集》裏的作品，很多並無詆元文辭，像上面所擧的三首詩卽其例。這些作品爲什麼不收在《所南翁集》呢？不可能到多年以後，才經人發現。以上所論，足見《心史》也不是後人編集其作品成書的。

《心史》旣爲後人僞作，究竟成書於何時？這是頗爲不易考訂的問題。因爲書中以敍事爲多，而事多不常見，我們祇能懷疑其眞實性，卻不足據以考證成書時代；詩歌贈答的作品，所記人名或係杜造，或不見於記載，也無從考訂。《承天寺藏書井碑陰記》說：

自勝國癸未，迄今戊寅，閱歲三百五十六歲，楮墨猶新，古香觸手，當有神護。

卽使『鐵函重匱，錮以堊灰』，但經歷三百多年，仍『楮墨猶新』，畢竟不太可能，宜乎袁枚要懷疑它了。此外，再從一個『䚷』字來看，也可以推斷它可能是明代人所僞造的。按《心史》下卷《大義略敍》說：

諸酋稱虜主曰郎主，在郎主傍素不識臣，唯稱曰䚷奴婢。䚷者至微至賤之謂。

䚷字，蒙古人譯名多有用此字者，如《宋史》：『有元帥宋都䚷。』《元史》：『有斷事官朮忽䚷。』按：䚷字《說文解字》未著錄，《玉篇》裏說：『䚷，多改切，音歹，義闕。』其後，一直到元以前的字書，或未見此字，或有而無微賤之義。此字之有微賤之義，殆從《字學三正》一書始。《字學三正》說：『䚷，與好歹之歹同。』《字學三正》（四卷），明郭一經撰，我推測《心史》釋䚷字有至微至賤之義，很可能受《字學三正》或同時代字書的影響。如果這種推測可以成立的話，《心史》就當是明人所僞造的了。

誰是僞造這本書的人？要考證他，首先要了解《心史》發現的始末。《承天寺藏書井碑陰記》說：

崇禎戊寅歲，吳中久旱，城居買水而食，爭汲者相捽於道。仲冬八日，承天寺狼山房濬眢井，鐵函重匱，錮以堊灰，啓之，則鄭所南先生所藏《心史》也。外書『大宋鐵函經』五字，內書『 大宋孤臣鄭思肖百拜封 』十字。自勝國癸未迄今，閱歲三百五十六歲，楮墨猶新，古香觸手。……

這段最重要的一點是說明此書發現的地點及時間 。 即使盛之以鐵函，錮以堊灰，浸水中三百多年而能楮墨猶新，以常理來說，是否可能，令人懷疑，這在前面已經討論過。而當時人之所以相信是鄭思肖所撰的原因，是因爲這書是在承天寺發現的。原來鄭思肖和承天寺是有關係的。《所南翁集・十方禪剎僧堂記》（ 一名佛法正論）說:

我三十年來，幅巾藜杖，獨行獨住獨坐獨臥獨吟獨醉獨往獨來古闔廬城，每一至於萬壽承天虎丘諸禪剎之間，必喟然嘆曰: 『我生也晚……』……

可見承天寺是思肖常到的地方，僞造的人讀到《所南翁集》的『每一至於萬壽承天虎丘諸禪剎之間』，遂引起了依託的動機。我曾懷疑《心史》是當時承天寺寺僧達始所僞造。《心史》末附崇禎己卯（十二年）五月文從簡的跋，說:

崇禎十有一年，歲戊寅，冬十一月八日，姑蘇承天寺狼山中房浚井，啓一鐵函，中藏勝國鄭所南翁《心史》一本，完好若新……獲書井中爲寺僧達始，亦好脩因緣，俱非偶然，嗚呼!

明崇禎十三年新安汪駿聲集貲所刊《 心史》， 前載林古度《心史序》，說:

吾閱連江鄭所南先生隱於吳門，憤宋亡國……取其詩文名曰《心史》，用蠟封固，而函以錫，錫復函鐵，沉於承天寺狼山房古井中，以待千載後人得見其生平，此其立意，不亦奇歟？果今三百五十六年，一旦爲予友君慧上人浚井而得之，其事尤奇。寺僧多以釀爲活，獨慧公酷好詩文，非先生之靈，自爲呵護，即慧公是其後身轉世，不可知也……

君慧上人即僧達始。他是第一個發現鐵函的人，很自然的，是我們必須查究的可疑人物。尤其是林古度的《序》，說達始酷好詩文，又說慧公或爲其（思肖）後身轉世，神秘而啓人懷疑。可惜僧達始的生平著述，已無可考，所以未敢斷定是他僞造的。不過，至少可以這樣說：僞造《心史》者，是和承天寺頗有關係的人——常到該寺或寺裏的僧人。

同時，僞造《心史》者，是一個敬佩鄭思肖，又深愛鄭氏文章的人，也必然讀過《所南翁文集》。我們祇要詳細分析《心史》裏的作品，會發現泰半是與《所南翁文集》有關係。譬如《錦錢餘集》二十四首第十三首說：

三三即九九，數之何曾有？九九非三三，拈來不用參。……

而《心史》上卷則有宋鄭所南先生《久久書》，說：

前後臣子盟檄二篇並跋並詩，昔分其字而九九錯綜書之，又取久久之義，故托其名曰久久書……

又如《所南翁集》有『我家清風樓記』，《心史》遂有『南風堂記』；《所南翁集》有『無絃處士說』，《心史》遂有『一是居士傳』；《所南翁集》有『答吳山人問遠遊觀地理學』，《心史》遂有『因山爲墳說』。這些文章，或立論頗有關係（如答吳山人問遠遊觀地理書與因山爲墳說）；或立意不同，而爲文之方式類似（如無絃處士說與一是居士傳）；或命題相似（如我家淸風樓記與南風堂記）。我推測這是僞作《心史》的人，爲取信於人，篇名及文辭都掇拾思肖詩文變造爲之，不意反而露出敗闕。

（《心史作者考辨》，原刊於《東吳文史學報》第四期）

■雲莊集

梁庚堯撰《劉爚雲莊集的版本及其眞僞》，刊布於《書目季刊》第八卷第二期；第四節爲《雲莊集的眞僞問題》，第五節《結論》云：『㈠劉爚《雲莊集》的版本大致可以分爲十二卷本和二十卷本兩個系統，十二卷本現存有明弘治間刊嘉靖間修補本《雲莊劉文簡公文集》，二十卷本現存有《四庫全書》本《雲莊集》。㈡這兩種《雲莊集》內容都眞僞雜揉，二十卷本除一篇之外，其他全僞；十二卷本則眞僞參半，而僞文亦較眞文爲多。十二卷本中的僞文都見於二十卷本，而所有的僞文全出自眞德秀《眞文忠公文集》。㈢至於這些僞文是南宋李公晦編輯時就已經存在？或其明代重刊時才存在？是無意中摻入？或是有意作僞？由於資料不足，已經無法解答。』

■指南錄

吳山蘿云：

《酹江月》（水天空闊）亦見文天祥《指南錄》中，故相傳以爲文天祥作。但雍正三年刊本《指南錄》題作『驛中言別友人』，下署『友人作 』；唐圭璋先生在《全宋詞》中云：『 蓋以爲鄧剡詞，未知何據，待考。』《全宋詞》兩存於文、鄧兩家詞中。惟一些文學史與宋詞選本仍認爲文天祥作。今細審詞意，不似文天祥語氣，顯出鄧剡之手。

詞的開頭言『水天空闊，恨東風不借世間英物』，即言文天祥奮鬪無效、南宋亡國這個事實。元之滅宋，先取蜀，再取江南。故詞中接言『蜀鳥吳花』變成『殘照』中之『荒城頹壁』。『銅雀春情』、『金人秋恨』，更明點了南宋的『亡國恨』。詞中指出南宋之亡並非由於文天祥之才能不如周瑜，只是因爲 『 東風不與周郎便』，這實際是對文天祥的贊嘆與惋惜。『英物』、『奇杰』皆指文天祥言。斗牛分野，舊指江西，文天祥正是在贛州起兵的，地與豐城尤近；『堂堂劍氣』也只有文天祥足以當之（鄧雖亦江西人，但不足當此）。文天祥轉戰數年，終於失敗，故云『空認』，亦惋惜之意。這些話出於鄧剡之口則爲實錄；如出自文天祥則爲狂言，文天祥決不會如此，試看文天祥和詞中說的『江流如此，方來還有英杰』這才是民族英雄的胸懷氣概。

下闋前三句寫被俘之事。接着說：『正爲鷗盟留醉眼，細看濤生雲滅。』按鄧官至禮部侍郎，厓山之敗，爲元將張宏範所俘，即爲張宏範教其次子 。這雖不能認爲屈節投降， 但畢竟不够從容慷慨。這兩句正是鄧自解其未能死節之詞。文天祥怎能說自己『留醉眼』呢？試看文天祥和詞中說的『鏡裏朱顏都變盡，只有丹心難滅』，兩者卽有霄壤之殊。『睨柱呑嬴』等句是送文天祥北去，並致以叮囑與鼓勵，與王炎午『生祭』意同，亦卽『此去當爲千載重，再來不値半文錢』之意。這亦顯爲送行者之口氣，而和詞中『去去龍沙，江山回首，一線靑如發』那才是北去者睠懷故國、留別故人之詞。此詞最後說『伴人無寐，秦淮應是孤月』，更顯然是留在金陵的鄧剡的語氣。文天祥已被解送北去，怎能與秦淮孤月爲伴呢？再以和詞對照，和詞末說：『故人應念：杜鵑枝上殘月。』這與文天祥在另一首詩中所說的『自今別卻江南日，化作啼鵑帶血歸』一樣，充分表現了文天祥自被俘之後，死志早決，愈見後來之死，確是從容就義。千載之下讀之，猶凛凛有生氣。兩兩相輕，意境也顯然不同。

言爲心聲，文如其人，知人論世，始可言詩。細繹詞意，其爲鄧剡之作當可無疑。蓋文天祥先寫了一首《酹江月》（見《全宋詞》中），當其自金陵被解送北行時，鄧剡次韵送行（卽此詞）；文天祥又和了一首留別（卽『乾坤能大』）。後人不知，遂皆誤爲文作。

當然，鄧剡亦未喪失民族氣節，與『紀功泐石張宏範，不是胡兒是漢兒』之張宏範等畢竟不同，詞雖比較消沉，但思念故國、勉勵友人，還是有愛國之心的。對於其人及其詞亦不應全盤否定。只是它並非出自文天祥之手，這也應該辨明。

（《酹江月「水天空闊」作者考》，原載於《文史》第九輯）

■太常袁公行略　許文肅公遺集

戴玄之云：

世傳義和團事起，吏部侍郎許景澄、太常寺卿袁昶曾會銜上奏三疏，卽一『請亟圖補救之法以弭鉅患疏』，二『請速謀保護使館維持大局疏』，三『嚴劾大臣崇信邪術請旨懲辦疏』。上呈日期爲五月二十二（六月十八），六月十六（七月十二），六月二十七（七月二十三）。三疏《太常袁公行略》（袁允橚等編）、《許文肅公遺集》皆載之，致一般近代史書籍多引證而據爲信史。有謂疏雖草而實未上者，惲毓鼎《崇陵傳信錄》說：『或云疏雖草爲儕輩所阻，實未上。』沈惟賢撰《記袁爽秋先生軼事》也說，許袁聯銜三疏，因倉猝俱未及上（見《人文月刊》三卷九期）。亦有疑其僞者，程明洲氏著《所謂景善日記者》，力稱三疏之僞，如何僞法，語焉不詳。以上諸說皆與史實不符，愚以爲三疏有眞有僞，玆分辨於後。

細讀三疏，知其思想不同，筆調迥異，語氣懸殊，再參照袁昶《亂中日記》殘稿，及公私記載，可立辨三疏眞僞。愚以爲第一疏爲眞，其證：

一、此疏建議責成榮祿，『兼用且勦且撫之法』，『先清城內之匪』，『慰安洋情，乃可阻其續調之兵。』《日記》殘稿也是此種思想，如：

> 五月十八日晨，詣貿老，同函致身雲主人（樊雲兄），速請榮相擧辦，先淸城匪再圖外匪，急救之法，不識能俛采芻末否。
>
> （五月）二十日……冒暑（偕貿兄）往西苑。申初，隨班召

見，慈聖再三諭示爾等各杼所見。臣昶力言莫急於先自治亂民，示各夷使以形勢，俾折服其心，然後可以商阻夷使，添調外兵。

此疏又云：『必中國自勦，乃可免洋兵助勦』，『若因循不勦』，『各國勢大怨深，並擧報復』，『必至拳匪洋兵，互相鬪鬨，喋血輦轂之下』，『大局糜爛不可收拾』。《日記》殘稿也是這種思想與說法，其五月二十（六月十六日）的《日記》說：

臣復奏：『變者但左道惑人心之拳匪耳，以辟止辟，捕殺爲首要匪數十人，亂黨烏合之衆，必可望風解散，我自辦亂民，免致夷人調兵代辦，交鬨輦轂之下，則大局糜爛不可收拾。』佛不納。

此疏與《日記》思想相同，主張一致，其筆調辭句也處處脗合，可證第一疏爲眞。

二、《日記》殘稿五月二十二日（六月十八）的日記說：『昨擬急救目前危局摺，即約竹篔於今晨同上之。』可知此疏出於袁昶手筆，會同許景澄於五月二十二日同上，與世傳上呈日期脗合，則第一疏爲眞當毫無可疑。

三、袁京卿請勦拳匪奏疏遺墨，爲袁昶第一疏奏稿之原稿墨蹟，是石印本，文辭的修潤與删改處皆可看出，其時，袁昶諸友無疑其僞者，也可證明第一疏確係眞品。

四、三疏眞僞，當時士大夫已引爲談話資料：如高枏在十一月初七（十二月二十八）日記裏說：

……夜茂來……石生知茂在，趕來。謂袁二三摺，皆上海好事人僞作，竊好事人之筆墨，博覽者零雜，清眞者淺快，求所謂拗折綢透者，未嘗多見，至于文法更不講求，況持論通達正大乎。石生又以爲徐氏言，袁一日曾在伊門求見九次，既求見之，必不劾之，今年徐生期，袁又親往。余以爲一日晷刻無多，焉有一連九次之理，或去二三次，欲爲講說分明耳。生期親往，禮之常儀。子謙常曰：『京城應酬，苟非大混賬之人，皆可來往。』況近數月，所聞徐氏言語多矣，他言皆不可信，獨一日九次之言，可據爲典要乎？石生又謂叫大起（五月二十一起），徐皆未上，只末后一次乃上（七月二十），余記不淸。以理論，有崇必有徐，且同叫之人尙多，可一一考證也。上海說京城事多影響（予見五六兩月中外日報），卽以南城而說，東江（交）民巷一帶，亦斷不能淸切，況董土匪誑報鏟平使館，與霸昌道、口北道、察哈爾都統之言全相似何也。伊等探于莊府，凱歌卽報于莊府，此豈上海能知者。

按石生（蓀）卽黃曾源，是漢軍正黃旗人，任職翰林院編修，僅稱二三摺皆上海好事人僞作，可知當時人談論三疏，未稱第一疏之僞，亦可證其爲眞。

*　　*　　*

二、三疏與《亂中日記》殘稿則大異其趣，其思想語氣不類一人，實係痛恨徐、剛者流，嫁名許袁，藉玆發洩積憤，以快宿怨，並非出於許袁手筆，其證：

一、設二、三疏爲眞，則許袁久已置生死於度外，決不再顧忌『人言可畏』。但當榮祿命袁昶往東交民巷慰問各國公使時，袁昶竟以『人言可畏』辭謝，另派章京文瑞前往，其六月二十二（七月十八）《日記》裏說：

（六月）二十二日，六鐘，入景運門，晤榮相，命往東交民巷慰問各公使。予辭以戰乍停，初次宣慰，問答關係甚重，此如州縣初供爲後來張本，非奉旨不敢獨任。且恐主戰諸公，目爲受洋人賂出與議和，私貸各使一死，彈射叢至，人言可畏，恐致害事。相亦謂然，商榷久之，乃派文章京瑞往。

時使館被圍行將一月，政府政策轉變，派員前往慰問各國公使，實乃危局一大轉機，關係大局至重，處此緊要關頭，袁氏果以身許國，如此重任，當義大容辭，豈能以『人言可畏』辭謝？既有『恐主戰諸公，目爲受洋人賂出與議和，私貨各使一死，彈射叢至，人言可畏』之言，必無奏請『保護使館』、『嚴辦禍首』自取殺頭之疏。由此來看，可證二、三疏之僞。

二、第二、三疏之思想積極，言辭激烈，力主和議。果爲許袁手筆，則二人決不主戰主守，而主戰最力的端王載漪，也不會徵詢二人意見。但《日記》殘稿竟有端王問袁昶『計將安出』及袁昶主張『守爲主，戰爲奇，和爲輔』的記載，《日記》說：

見端邸，問計將安出，予力贊現公使無權，且無電郵可通，不若從各疆臣之議，以合肥爲全權大臣（駐滬亦可），電商各外部，或面商各水師提督較靈活，一面厚集兵力，防守由津（已失陷）通犯京之路，張春發、陳澤霖初成軍，未必得力，俟李鑑老旦夕至議之。津榆節節防務吃緊，勿稍鬆懈。津軍鋒挫，宜持重堅守，所謂守爲主，戰爲奇，和爲輔也。邱頗謂然，又與榮相夔老言之。

這段《日記》未注明日期，內戰『俟李鑑老旦夕至議之』。按李鑑老即李秉衡（字鑑堂）。李於七月一日（七月二十六）抵京，由此推算，可知這段《日記》當爲六月底所記無疑，實在世傳上第三疏（六月二十七）之後。但其語氣、思想、主張與二、三疏有天壤之別，可證二、三疏實係贋品。

三、許同莘輯《庚辛史料》載許、袁致張之洞一電，文曰：

卦電敬悉。榮相足疾已愈，董軍尙在都中，團就撫，不甚受約束，現奉明諭，除戰事外，被害洋人敎士及損失物產，查明核辦。土匪亂民，督撫統兵大員相機勦辦等因，各使尙存，聞現籌保護使出京，未悉辦法。赫德消息不知。澄、昶叩。

許景澄、袁昶皆香濤門人，關係親密，此電係二人電覆其師，報告京中情形，無須顧忌，非普通應酬函電可比。電於六月二十八日（七月二十四）發出，亦即世傳上第三疏的第二天，然語氣和平，與二三疏之激烈恰成對比，也可證二三疏之僞。

四、第三疏說：『今之拳匪，竟有身爲大員，謬視爲義民，不肯以匪目之者，亦有知其爲匪，不敢以匪加之者，無識至此，不特爲各國所仇，且爲各國所笑。』按慈禧於五月二十五日（六月二十一）上諭已稱拳民爲『義民』（見《夏季檔實錄》末載），其後『義民』二字，屢見諸上諭，是慈禧早已公布天下，稱拳民爲『義民』矣，許、袁忠貞，豈敢犯上？影射辱罵太后『無識至此，不特爲各國所仇，且爲各國所笑』。僅此，亦足證此疏之僞。

五、第三疏又說：『甚至王公府第，聞亦設有拳壇。』按端王府設團甚早，袁昶《亂中日記》殘稿說：『自去年秋間始，京師無賴子弟，傳染不少，卽早晚在城內外僻靜處街衢練之，動輒數十人，到處遍是，而無巾帶形迹。端王府所統虎神營兵，有設團於端府空地練者，莊府瀾府等皆有練者，亦無巾帶形迹。自鐵路燒，而洋兵至，頗屬遂無不巾帶者。』燒鐵路始於四月二十九日（五月二十七），也就是說，最遲在四月底以前端王府早已設團。及對外宣戰，慈禧於五月二十七日（六月二十三）諭令莊親王載勛、協辦大學士剛毅統率京師及天津一帶義和團，義和團大本營就在莊王府。不但莊王府、端王府設有拳壇，就是慈禧也在『宮中立過團』（見高枏日記八月初八日記）。此京城人士盡人皆知者，袁昶《日記》也有記述，許景澄身爲大臣，辦理交涉，焉有不知之理？『甚至王公府第，聞亦設有拳壇』之說，決非出於許袁之口。僅一『聞』字，足證其僞。顯係不明京師情形者所爲，高枏《日記》稱『袁二三摺皆上海好事人僞作』，當有所據。

六、第三疏稱徐桐『素性糊塗，罔識利害』，剛毅『比奸阿匪，頑固性成』，啓秀『謬執己見，愚而自用』，趙舒翹『居心狡獪，工於逢迎』，董福祥『本係甘肅土匪，比匪爲奸，並同寇賊，迹其狂悖之狀，不但辜負天恩，益恐狼子野心，或生他患』，請誅諸人以謝各國。對諸人攻擊之烈，責罵之深，實出情理之外，是疏奏所不可能有者，與袁昶思想尤相背而馳。按袁昶《日記》所載，凡有關諸人，多禮敬之。記徐桐、剛毅都尊稱其官銜，從無攻奸、辱罵字句，如五月二十四（六月二十）日記說：

> 決戰之機，由羅糧道嘉杰上略園相書，稱夷人要挾四條，致觸官闈之怒，端邸、徐相、剛相、啓秀等，又力主懲治外人，推抨之幾遂決。

記啓秀除上面引直書其名外，則稱之爲啓宗伯。六月二十一（七月十七）《日記》說：

> 西聖昨擬西巡，派懷塔布護送，先幸頤和園，乃西發，幸仗榮相三次召見，諫止挽回。剛相近亦逡巡無計，惟啓宗伯秀，尙擬延五台山僧人，運甚深法力與洋人接仗。

記趙舒翹稱之爲趙尙書，《日記》：

> 自鐵路燒，而洋兵至，順屬遂無不巾帶者，上命剛相、趙尙書、何府尹往解散之。……

記董福祥僅有『董驕蹇已極，不受節制，素持聯拳滅洋爲說，近端邸極袒右之』的記載（見五月二十日記）。並無稱之爲土匪的字眼。按《日記》係私藏，記事論人，皆可暢所欲言，無庸顧忌，所載乃眞情之流露，最能代表個人思想言論的眞實性，與公開的奏摺文件諸多顧忌，言不由衷者異譔。如高枬《日記》凡稱徐桐、剛毅、啓秀、趙舒翹等皆直書其名。對董福祥則稱之爲『董土匪』（見十一月初七日記）。反觀袁昶《日記》所載，凡有關徐、剛、啓、趙諸人，皆禮敬之，尊稱其官銜而不名，從無攻奸、謾罵的字句。二、三疏忠憤激發，欲以死報國，其思想的醞釀、疏稿的潤修，決非一日一時之功，何以《日記》中隻字未提？且毫無線索可尋？如稱其眞，其誰能信？

七、第二、三疏言辭激烈，爲當道所不容，言出禍隨，皆在意中，如第二疏謂：『臣亦知飛蝗蔽天，言出禍隨，顧念存亡呼吸，區區螻蟻微忱，不忍言亦不忍不言，是用冒死具奏。』第三疏謂：『推原禍首，罪有攸歸，應請旨將徐桐、剛毅、啓秀、趙舒翹、裕祿、毓賢、董福祥先治以重典……然後誅臣等以謝徐桐、剛毅諸臣，臣等雖死，當含笑入地，無任流涕具陳，不勝痛憤惶迫之至。』疏果爲眞，則二人久已置生死於度外，深知隨時皆有殺身之禍。但許景澄被捕時竟大出意料之外，濮蘭德《清室外紀》載許被捕時的情形說：

許景澄有一最親密之友，當許尙未通籍前，卽相友善，曾隨許至歐洲，直至許死，未嘗一日相離。據其友言許被執之日，其先毫無風聲，是日午飯後許在書房中閒談，命下人套車，將至總理衙門，甫更衣竟，見管門者持一名片入，言有人來拜。許視其名片，並不認識，咐吩擋駕。管門者出而又入，言來者爲一軍官，云係慶王吩咐來請者，謂慶王端王皆在總理衙門坐候，有要緊事相商。許出見後，轉身謂其友曰：『予昨日在衙門，未聞有何緊要之事，何以今日二王皆在衙門，此事甚怪。』其友曰：『一定是有事，予亦欲往南城探問消息。』其友甫出，又歸，謂許曰：『來人尙在門首，其神氣甚爲可疑，衙門中人予皆認識，此人從未見過，汝今日多帶數人去，如有何事，可叫一人回來送信。』許微笑，亦不以爲意，徑上車而去。至胡同口，見有步軍統領衙門中數人，至車旁與前來之人打話，命車趕至步軍衙門。許問其故，答曰：『今日會議在步軍衙門。』既至，來人扶許下車，即吩咐許之下人曰：『你們先回去，此處有人招呼。』即引許至一小房內，隨手將門反鎖，聞隔室有歎息之聲，乃袁昶也。

許景澄曾出使各國，閱歷頗廣，對誘捕時的種種可疑情形，何以竟毫無所覺？至於袁昶，在其五月二十（六月十六）《日記》裏說：

或怪我言太激，僕升沉禍福，久置度外，亦不過爲甲申年三月十八日之張簣齋耳。

按張簣齋即張佩綸，甲申（光緒十年）三月五日（一八八四年三月三十一日）有旨令軍機大臣勿兼總署大臣，另委總署大臣。時張佩綸方在總署任事，乃於三月十八日（四月十三日）上奏『樞臣不兼總署窒礙難行』疏。此疏甚觸當局之忌，但張佩綸並未因此獲罪，後受命爲海防大臣，督辦閩防，乃有馬江之敗。袁昶雖言辭太激，自認亦不過像張佩綸奏疏遭當局之忌而已。及被捕後對許景澄：『死本不足惜，所不解者，吾輩究何致死耳？』吳永庚《子西狩叢談》記其事說：

……蓋李公（端棻）在戊戌政變，以贊成新政入獄，庚子拳亂時，尚未出獄也。公言許袁兩公入獄，即指定分繫南北所，當在獄中分道時，袁忠節執文肅手曰：『人生百年，終須有一死，死本不足惜，所不解者，吾輩究何以致死耳？』文肅笑曰：『死後自當知之，爽秋何不達也。』忠節固亦負氣磊落男子，然文肅益曠達矣。

當許、袁被殺時，袁曾問監斬官徐承煜，究竟所獲何罪而受大辟？佚名《西巡回鑾始末記》卷三《忠良受戮記》說：

袁爽秋京卿，許竹簣侍郎，於七月初三日奏旨處斬於菜市口……是日，監斬官爲徐蔭軒相國桐之公子徐承煜侍郎……袁問曰：『吾二人死固無恨，況君要臣死，不死則不忠，然究竟所獲何罪而受大辟？請卽見告！』徐怒叱之曰：『此豈容爾分辯之地，尙敢嘵嘵耶！爾所獲罪，爾當自知，何煩吾言。』……於是二人遂從容就刑。

由於許景澄的被捕大出意外，袁昶的被殺不知何罪來看，也足以證明二、三疏之僞。

八、許袁三疏分載於庚子十月底至十一月初的直報及北京新聞報彙報，清廷斥爲報館揑造蜚語，聳人聽聞，光緒二十七年正月十二（一九〇二年三月二日）上諭：

徐用儀等五員亦並無力駁攻使館之奏，何從鈔發？近來各處報館往往揑造蜚語，聳人聽聞。

此上論只說徐用儀五員無力駁攻使館之奏，未言許袁無疏請兼用勦撫以弭鉅患之疏，可見清廷有則默認，無則否認，亦可證二、三疏之僞。

（《許景澄、袁昶三疏眞僞辨》，見《大陸雜誌》）

詩集類

■柏梁臺詩

丁邦新云:

在中國文學史中討論七言詩起源的人莫不引述《柏梁臺》詩，但此詩的著作年代一直有不同的說法。

顧炎武《日知錄》卷二十二《柏梁臺詩》條:

> 漢武《柏梁臺》詩，本出《三秦記》，云是元封三年作。而考之於史，則多不符。……反覆考證，無一合者。蓋是後人擬作，剽取武帝以來官名，及梁孝王《世家》乘輿駟馬之事以合之，而不悟時代之乖舛也。……

顧氏反覆考證的重點有二: 第一、根據《史記》、《漢書》證元封三年當梁平王襄在位之時，而梁平王兩次入朝都不在元封三年。第二、《柏梁臺》詩每句之上冠以作者官名或姓名，其中有七個官名都是元封三年（108 B.C.）以後武帝太初元年（104 B.C.）才更定的。所以顧氏認爲與史實不符，必然是後人擬作。

逯欽立《漢詩別錄》首先對顧氏之說提出異議，他的意見可以歸納爲三點: 第一、《柏梁臺》詩並非出於《三秦記》，最早見於《東方朔別傳》，該書現在雖已亡佚，但以散見的引文和《漢書・東方朔傳》比較，可知其著成時代較《漢書》爲早，《漢書・東方朔傳》曾經從《別傳》中取材。褚少孫補《史記》東方朔等傳，又自謂採自『外家傳語』，可見在褚少孫的時代一元、成之際（48—8

B.C.）一《東方朔別傳》已經相當流行。第二、《御覽》三百五十二引《東方朔傳》云:『孝武元封三年作《柏梁臺》。召羣臣有能爲七言者乃得上坐，衞尉周衞交戟禁不時。』云元封三年作臺，而《漢書・武帝紀》則謂元鼎二年春起柏梁臺，兩者互異。據《史記・封禪書》及《三輔皇圖》可知以元封三年作臺較爲可靠。第三、詩句樸拙，全篇共二十六句，百八十二字，其中二字相重者有十八字；三字相重者有四字；四字相重者有兩字。而二十六個韻字之中，『時、來、材、哉』四字各兩見，『治、之』兩字各三見。重複拙陋，不像後人所僞託。

方祖燊《漢詩研究》第二章漢武帝《柏梁臺》詩考，同意逯氏的看法，並辨駁顧氏。認爲《史記・漢興以來諸侯年表》的記載可能有誤，雖然元封三年沒有梁平王入朝的記載，並不能據以論定。顧氏最有力的考證在於說明官名的訛誤，方氏指出官名並非原詩的本文，而是後人編《東方朔別傳》時所追注的。從詩句內容來看，頗能符合這些追注的官名職份。結論以爲該詩確爲漢武帝的作品。

逯、方兩氏引據相當可靠，但是要說《柏梁臺》詩確是漢武帝時的作品，則論證尚嫌不足。詩句樸拙只能表明寫成時代不至太晚；《東方朔別傳》在漢元成之際即使已經流行，並不能說其中所引之詩一定成於漢武帝時；《史記・漢興以來諸侯年表》儘管可能記載有誤，但也不能肯定元封三年時梁平王確有入朝之事；至於官職與詩的內容符合一點，旣然官職是後人追加，那麽兩者符合並不能作直接的證明。

要考定詩文古書的著作年代，語言學上的根據是最可靠的。因爲這種論證完全就內容文字着眼，同時在有韻書之前，後人無法僞作前人的語言，察覺古今語音的不同是相當晚近的事。以《柏梁臺》詩而言，從用韻上立說來證明其著作時代該是可以採信的。在討論之前，先把全詩按唐歐陽詢《藝文類聚》卷五十六所載抄錄如下：

皇帝曰：日月星辰和四時。梁王曰：驂駕駟馬從梁來。大司馬曰：郡國士馬羽林才。丞相曰：總領天下誠難治。大將軍曰：和撫四不夷易哉。御史大夫曰：刀筆之吏臣執之。太常曰：撞鐘擊鼓聲中詩。宗正曰：宗室廣大日益滋。衞尉曰：周衞交戟禁不時。光祿勳曰：總領從官柏梁臺。廷尉曰：平理淸讞決嫌疑。太尉曰：循飾輿馬待駕來。大鴻臚曰：郡國吏功差次之。少府曰：乘輿御馬主治之。大司農曰：陳粟萬碩揚以箕。執金吾曰：徼道宮下隨討治。左馮翊曰：三輔盜賊天下危。右扶風曰：盜阻南山爲民災。京兆尹曰：外家公主不可治。詹事曰：椒房率更領其材。典屬國曰：蠻夷朝賀常會期。大匠曰：柱枅薄櫨相枝持。太官令曰：枇杷橘栗桃李梅。上林令曰：走狗逐兎張罘罳。郭舍人曰：齧妃女脣甘如飴。東方朔曰：迫窘詰屈幾窮哉。

此詩共二十六句，每句用韻，共二十六個韻字。近人已經有過一部份討論：

王力《漢語詩律學》（1958）說：

這詩也有人疑心是僞作。但從押韻上說，之咍同部，正是先秦古韻。可見這卽使不出於武帝時代，也不會相差太遠。其中只有一個『危』字出韻；『危』字在先秦是『支』部或『脂』部字。這適足以證明支脂之三部在漢代的音值已漸漸接近，可以勉強『同用』了。（頁一四～一五）。

方祖燊前引書中（頁九八）也有類似的看法。其實，『危』字在《廣韻》雖屬『支』韻，在上古卻是『歌』部字，王力《漢語史稿》（1958）中討論語音的發展，在歌部就舉『危』字爲例，（見頁八十一）。所以『危』字既不是『支』部字，也不是『脂』部字。根本說不上支脂之三部同用的問題。如果這個『危』字確實不錯，那麼《柏梁臺》詩最早也不會超過魏晉時代，因爲『之、歌』兩部從語音上說在魏晉以前沒有押韻的可能。檢閱羅常培、周祖謨兩氏的《漢魏晉南北朝韻部演變研究》第一分册西漢部分，『之、歌』兩部的字連一次例外押韻的例子都沒有。東漢部分有兩次例外押韻，都非乎可疑。根據作者的研究，歌部的支韻字到魏晉才有可靠的例子跟之部字押韻。這些詳情其實都不必說，因爲最主要的問題是：『危』字是一個錯字！

* * *

前面所引的原詩是根據明萬曆十五年秣陵王元貞校刊本的《藝文類聚》，和清《四庫全書》本的字句大體一致。近人討論時所引用的《柏梁臺》詩也可能從章樵《古文苑》、沈德潛《古詩源》等處引來。詩中不是韻腳的文字也頗有異同，現在不去說它。韻腳部分『郡國士馬羽林才』，『才』或作『材』；『椒房率房領其材』，『材』或作『財』，這兩字的異同不發生韻腳歸類的問題。另外兩處韻字則有重要的異文，這兩句詩就是：

左馮翊曰：三輔盜賊天下危。

上林令曰：走狗逐兎張罘罳。

『危』或作『尤』，『罘罳』或作『罝罘』，或作『罘罝』。『危』與『尤』，『罳』、『罘』與『罝』在古音各不相同，正是判斷著作年代的依據。

要討論異文的正訛，首先就要說明《柏梁臺》詩著錄的問題，按逯欽立的考證，此詩原載《東方朔別傳》，後入《漢武帝集》，然而這兩書今已不傳。顧炎武提到見於《三秦記》，《三秦記》爲晉人辛氏所撰，也已失傳。現在可以見到淸人張澍所輯的佚文，《柏梁臺》詩輯自宋宋敏求的《長安志》。張氏《二酉堂叢書》及《知服齋叢書》均收《三秦記》佚文，這兩句詩作：

三輔盜天下尤（一作危）。

走狗逐兎張罝（一作罘罳）。

而宋敏求的《長安志》現在仍可見到原書，有兩個板本：一爲清光緒十七年思賢講舍重刊清乾隆四十九年畢氏校刊本，作：

三輔盜賊天下尤。

走狗逐兎張置罘。

『置罘』自然是『罝罘』之誤。而另一本清文淵閣《四庫全書》本則『尤』作『危』，『罝罘』作『罘罳』。

在《長安志》以外，宋章樵所注《古文苑》也載有此詩。作者所見的《古文苑》注本有八種，左馮翊的詩句各本相同，都是『三輔盜賊天下危』。而『走狗逐兎張罘罳』一句中之『罘罳』二字，則《惜陰軒叢書》本、光緒十二年江蘇書局刊本、上海商務縮印無錫孫氏藏明活字本、上海涵芬樓景印常熟瞿氏鐵琴銅劍樓藏宋刊本等四本作『罘罝』；《墨海金壺》本、《守山閣叢書》本、《叢書集成》本及宋淳熙重刊本皆作『罝罘』。並無一本作『罘罳』的。

從這些不同的著錄仍然無法說定『危、尤』及『罳、罘、罝』的正訛。只有另覓途徑，從《藝文類聚》的板本上來求取眞象。《藝文類聚》爲唐歐陽詢等修撰而成，其中所著錄的《柏梁臺》詩是目前可見最早的出處。檢閱《藝文類聚》幾種不同的板本，對於兩處異文可以有相當肯定的判斷，現在分開來說。

第一、關於『三輔盜賊天下危』一句，明初葉建刊本、明嘉靖七年長州陸采刊本、明嘉靖二十八年平陽府刊本、明萬曆十五年秣陵王元貞校本、清文淵閣《四庫全書》本『危』字均同作『危』，只有一個僅見的新興書局影宋本作『尤』，由於宋本在時間上遠較他本爲早，可見《藝文類聚》的原本可能就作『尤』，到後來的板本才改爲『危』字。

另外，史語所所藏明嘉靖七年長州陸采刊本原著『危』字，經

校書者改爲『尤』字。從書末的硃筆校記我們知道校書者爲孱守居士，卽馮已蒼。原校記云:

歲丙子閩人劉履丁贈錢宗伯牧齋以宋刻《藝文》，予從牧齋借校此本，始於丁丑之四月，畢於六月之十七日，是年閏五月，蓋百日而終卷也。…孱守居士記。

崇禎丁丑借錢宗伯牧齋宋本校過，與此本正同。……馮已蒼書。

崇禎丁丑卽公元一六三七年，馮已蒼卽馮舒。當時他從錢牧齋（謙益）處借到一個宋本，在校閱全書時將『危』字按宋本改爲『尤』。

國立北平圖書館原藏另一個嘉靖七年刻本原來的『危』字也經校書者改爲『尤』字。其實就是以馮校本爲根據，輾轉過錄的。其批語云:

儀按: 尤字聲義皆古，絕佳。

書末校記云:

同治三年，歲在甲子嘉平月，杭州譚儀仲儀父借陳氏帶經堂藏書傳校。

根據宋本《藝文類聚》，加上這個旁證，再加前文引述的重刊畢校本《長安志》，我們認爲《柏梁臺》詩的原句作『三輔盜賊天下尤』，後來才把『尤』字誤改爲『危』，應該離事實不遠。『尤』卽『過責』之意，也就是說『三輔之地有了盜賊，全天下的人都起而責備』。

第二、關於『走狗逐兎張罘罳』一句，只有明萬曆王元貞校本和清文淵閣《四庫全書》作『罘罳』，其他影宋本、明初葉建刊本、明嘉靖七年陸采本、嘉靖二十八年平陽府刊本均作『罝罘』。値得注意的是影宋本及馮已蒼校陸采本均作『罝罘』。上文提到章樵注《古文苑》的八種板本，四種作『罝罘』，和影宋本《藝文類聚》等是一致的。另四種作『罘罝』的，顯然是兩字顚倒。

至於『罘罳』二字，只見於《藝文類聚》最晚的兩個板本，可能是後來轉刻致誤。在文義上說，『罘罳』與『走狗逐兎』也連不上關係。《說文》解『罳』字云：『罘罳，屛也。從网思聲。』研究《說文》的各家無異說，都認爲罘罳是一種屛風。《釋名·釋宮室》：『罘罳在門外；罘，復也；罳，思也。臣將入請事，於此復重思之也。』《漢書·文帝紀》：『六月癸酉，未央宮東闕罘罳災。』顏師古《注》：『罘罳，謂連闕曲閣也，以覆重刻垣墉之處，其形罘罳然。一曰屛也。』劉熙訓罘罳爲復思，也是指屛風而言。顏師古《注》在屛風之外，又解爲『連闕曲閣』。但與『走狗逐兎』都無關係。

再看罝罘二字：《說文》：『罝，兎网也，从网且聲。』『罟，兎罟也，从网否聲。』徐鉉云：『隸書作罘。』兩字都是捕兎之網的意思。《禮記·月令》：『田獵罝罘、羅網、畢翳、餧獸之藥，毋出九門。』鄭玄《注》：『獸罟曰罝罘。』《漢書》卷八十七《揚雄傳》：『放雉莬，收罝罘，麋鹿芻蕘與百姓共之，蓋所以臻玆也。』也有罝罘連用之例。從文義上說，『罝罘』遠比『罘罳』要順適得多。

*　　*　　*

根據上一節校勘的結果，我們認爲韻脚有異文的兩句詩已經考定。以影宋本《藝文類聚》爲本，現在來看全部韻字的情形：

屬《廣韻》哈韻的有：來、才、哉、臺、災、財等六字，其中來、哉二字各兩見；

屬《廣韻》灰韻的有：梅一字；

屬《廣韻》之韻的有：時、治、之、詩、滋、疑、箕、期、持、飴等十字，其中時字兩見，之、治二字各三見。

屬《廣韻》尤韻的有：尤、罘二字。

這首詩裏所有哈、灰、之、尤四韻的字在上古都屬之部，據作者的研究，灰、哈兩韻的字和之韻字從上古到魏晉都可以自由押韻，而尤韻字則不然。上古之部尤韻字有兩類，一類爲牛、久、舊等字，到西漢時代就已經變入幽部；另一類爲謀、有、右等字，到魏晉時代才變入幽部。《柏梁臺》詩中的『尤、罘』兩字就屬於後一類，和謀、有、右等字一樣。換句話說，詩中用『尤、罘』二字和灰、哈、之韻的字一起押韻，其著作年代最晚不得到魏晉。

從兩漢其他詩文來看，以『尤、罘』爲韻字的有以下諸例：

西漢：韋玄成、《自劾詩》：嗟我小子，于貳其尤，隊彼令聲，申此擇辭。

劉向、九歎、《逢紛》：遭紛逢凶蹇離尤兮，垂文揚采遺將來兮。

劉向、九歎、《愍命》：哀余生之不當兮，獨蒙毒而逢尤，雖謇謇以申志兮，君乖差而屏之。

揚雄《羽獵賦》：其餘荷垂天之畢，張竟壄之罘，靡日月之朱竿，曳彗星之飛旗。

又：放雉菟，收置罘，麋鹿芻蕘與百姓共之，蓋所以臻玆也。

東漢：許愼《說文解字敍》：欲罷不能，既竭愚才，惜道之味，聞疑載疑，演贊其志，次列微辭，知此者稀，儻昭所尤，庶有達者，董而理之。

張衡《東京賦》：堅冰作於履霜，尋木起於櫱栽，昧且不顯，後世猶怠。況初制于甚泰，明者焉能改裁。故相如壯上林之觀，揚雄騁羽獵之辭。雖系以隤牆塡塹，亂以收置解罘，卒無補於風規，祇以昭其愆尤。臣濟奓以陵君，忘經國之長基。故函谷擊柝于東，西朝顚覆而莫持。

蔡邕《釋誨》：天高地厚，跼而蹐之，怨豈在明，患生不思，戰戰兢兢，必愼厥尤。

從這些用韻實例中可以看出『尤、罘』二字和其他之部字押韻頻繁的情形，尤其張衡《東京賦》中『罘、尤』兩字連用，和《柏梁臺》詩的情形很類似。到魏晉時代，『尤、罘』入幽部，和哈灰韻及之韻的字距離就遠了。魏晉早期只有之哈、之幽分別押韻的例子，哈幽以及哈、之、幽三部通押的例子連一個都沒有。

以上首先從校勘的立場勘定《柏梁臺》詩中韻字的異文，然後探尋韻字中『尤、罘』兩字在兩漢及魏晉押韻的情形。在西漢及東漢『尤、罘』都有和灰、哈、之韻字押韻之例，那時之韻字和灰、哈、尤三韻一部分的字合爲一個韻部，到魏晉時代就離析爲三。《柏梁臺》一詩之中，既然以『尤、罘』二字與灰、哈、之三韻的字自由通押，可見其著作年代最晚也不會晚於東漢。逯欽立認爲《柏梁臺》詩出於《東方朔傳》，而《別傳》可能寫成於西漢昭、宣之際（86—49 B.C.），到褚少孫的時代，元、成之際（48—8 B.C.），已經相當流行。從音韻上說，頗能支持這一個說法的成立。

（《從音韻論柏梁臺詩的著作年代》，原刊於
中央研究院1976年4月《論文集》內）

■悲憤詩

陳延傑云:

《後漢書・列女傳》，錄文姬《悲憤詩》二首。云: 琰歸董祀後，感傷亂離，追懷悲憤，作詩二章。此詩在范氏前無稱之者，不知何所據也。

蘇軾《仇池筆記》云: 《列女傳》蔡琰二詩，其詩明白感慨，頗類《木蘭詩》，東京無此格也。建安七子，猶含蓄不盡發見，況伯喈女乎? 琰之流離，必在父歿之後。董卓旣誅，伯喈久遇禍。此詩乃云董卓所驅虜入胡，尤知其非眞也。蓋范曄荒淺，遂載之本傳。東坡始以此爲僞作，蓋以作風與事實證之也。

明胡應麟《詩藪》云: 文姬自有騷體《悲憤詩》一章，雖詞氣直促，而古樸眞至，尙有漢風。《胡笳十八拍》，或是從此演出，後人僞作。蓋淺近猥弱，齊梁前無此調。又云: 文姬《悲憤詩》，如玄雲合兮翳日星，北風厲兮肅冷冷，胡笳動兮邊馬鳴，又兒呼母兮啼失聲，我掩耳兮不忍聽，追持我兮走煢煢。狀景莽蒼，訴情委篤，較我生之初尙無爲等語，何啻千里! 按《悲憤詩》有二章，胡氏僅言其一，卽七言者是也，而獨不云五言，何也? 且旣以《十八拍》爲僞作，又安知此詩不亦出於僞乎。

閻若璩《古文尙書疏證》，論此詩爲晉人擬作，以東坡辨析甚微茫，乃證之曰: 『予嘗謂事有實證，有虛會。虛會者，可以曉上智; 實證者，雖中人以下可也。如東坡謂蔡琰二詩，東京無此格，此虛會也; 謂琰流落，在董卓旣誅父被禍之後，今詩乃云爲董卓所驅掠入胡，尤知其非眞，此實證也。傳本云: 興平中，天下喪亂，文姬爲胡騎所獲，沒於胡中者十二年，始贖歸。興平凡二年，甲戌乙亥，距卓誅於初平三年壬申，已後兩三載，坡說是也。但既沒胡中十二年而歸，歸當在建安十年乙酉，或十一年丙戌。傳云：後感傷亂離，追懷悲憤，作詩二章。信若范氏言，琰正作於建安中，詩正謂之建安體，豈得謂伯喈女筆，尙高於七子乎？坡析猶未精，常熟馮氏言，蘇家論事，少討論一層工夫，亦有以也。』閻氏又以事實，補證東坡之未明析者，甚可信也。

余讀《悲憤詩》，其辭多悽愴之音，類他人代寫憤懣者。使文姬自言之殊不爾也。唐劉知幾《史通》云：董祀妻蔡氏，載誕胡子，受辱虜廷，文詞有餘，節概不足，此則言行相乖者也。亦以其說太露，不含養圭角，故直以爲乖也。試一細考之，如云託命於新人，竭心自勗厲，一辱再辱，眞有靦面目，文姬肯自道之乎？況此詩文辭修琢，頗似晉人風度，且有丈夫氣，決非文姬所自作也。

（《漢代婦女詩辨僞》，原刊於《東方雜誌》二十四卷二十四號）

勞　榦云：

蔡琰著述傳於世者有《悲憤詩》及《胡笳十八拍》，《胡笳十八拍》不見於《本傳》，亦不見於《文選》《玉臺新詠》各書，唐劉商《胡笳曲序》稱『胡人思慕文姬，乃捲蘆葦爲吹笳，奏哀怨之音，後董生以琴寫胡笳聲爲十八拍』。故《胡笳十八拍》不出於蔡琰之手，唐人亦自知之，惟《悲憤詩》見於范書《本傳》，故世間多以爲眞，雖或有疑之者，然立證未充，故亦未能遽使人相信也。

《後漢書・八十四列女傳》：

陳留董祀妻者，同郡蔡邕之女也。名琰，字文姬。博學有才辯，又妙於音律。適河東衞仲道，夫亡無子，歸寧於家。興平中，天下喪亂，文姬爲胡騎所獲，沒於南匈奴左賢王。在胡中十二年，生二子。曹操與邕善，痛其無嗣，乃遣使者以金璧贖之，而重嫁於祀。……感傷亂離，追懷悲憤，作詩二章。

沈欽韓《疏證》爲之釋曰：

《南匈奴傳》：『靈帝崩，天下大亂，於扶羅單于將數千騎，與白波賊合寇河內誌郡。』《魏志》：『初平三年，太祖擊匈奴於扶羅於內黃，大破之。』四年春『袁術引軍入陳留，屯封丘，黑山餘賊及於扶羅佐之』。據史則匈奴曾寇陳留，文姬所以沒也。玩文姬詩意，則其被掠在山東牧守興兵討卓，卓刼帝入長安，遣將徐榮李蒙四出侵掠，文姬爲羌胡所得，後乃流落至南匈奴也。時邕尙在，故有感時念父母之語，其贖歸也，家門滅絕，故有旣至家人盡語，此當初平年事，傳云興平，非也，興平則李郭之亂，非董卓矣。

何焯《義門讀書記》曰：

《董卓傳》：『卓以牛輔子婿，素所親信，使以兵屯陜輔，分遣其校尉李傕、郭汜，張濟擊破河南尹朱儁於中牟，因略陳留，潁川諸縣，殺掠男女，無復遺類。』文姬流離，當在此時。《蔡邕傳》：『邕在長安與從弟谷謀東奔兗州，又欲遯逃山東，時未必以家自隨也，蘇氏以董卓旣誅，邕乃隨坐，不應文姬先罹禍亂，疑此詩爲後人作考之不詳也。』

今案詩與傳所記顯然違反，必有一誤，傳中所記無瑕可指，而詩則與史實不合之處甚多，此必詩與傳本不出於同一來源，而范蔚宗並錄之，詩中史實旣不可信，則詩必非文姬原作，蘇氏之言甚是，惜未能多所發揮耳，以下更就詩中不合之處而論證之：

漢季失權柄，董卓亂天常，志欲圖篡弒，先害諸賢良，逼迫遷舊邦，擁主以自彊，海內興義師，欲共討不祥，卓衆來東下，平土人脆弱，來兵皆胡羌。……長驅西入關，迴路險且阻，……邊荒與華異，人俗少義理。

按文姬被獲之胡爲匈奴，非董卓，董卓部下雖雜有羌胡，究與匈奴左賢王，不在一地而各行其事，董卓之衆出於涼州，經河東至洛，後入關中，旣入關中，便不再歸河東，故其軍隊活動之範圍爲函谷以東至於汝潁一帶，而以關中爲根據地，至於匈奴則以河東爲根據地，間出師至河內河南，侵掠旣畢，復歸河東，自董卓入洛迄於涼州兵崩潰，董卓部下與匈奴單于從未合流，詳《悲憤詩》詩意，則文姬爲董卓部下所略，而董卓部下皆是胡騎，遂長驅而入關中，旣到關中，卽可有兩種結果，第一、匈奴卽在關中，文姬乃直接爲匈奴所得；第二、文姬本爲匈奴以外之胡騎所得，輾轉而入匈奴。

就此兩種或然性之結果而言，皆爲不可能之事，從第一種結果而言，事實上匈奴不在關中，詩中明言『長騎西入關』，顯然非由匈奴部下直接略得，故此種或然性不能成立。從第二種或然性而言，文姬爲董卓部下之胡騎所得，非匈奴單于部下，則文姬西入函關，事仍未了，必經若干周折，始達河東，但詩中敍述甚詳，顯然謂出關而後，卽是胡境，並無再東返河東之事，則是此詩之作者，其心中並無董卓與匈奴單于之區別，則第二種結果亦無事實上之可能；而況若屬於第二種結果，文姬乃董卓部下所掠而非匈奴直接掠得，則其時蔡邕尙存，蔡邕向爲董卓所尊敬，決不至對其女亦不能庇護。至蔡邕死後，則董卓已前死，李傕、郭汜擾亂關中，其兵力不及陳留，與詩意亦不合，故第二種結果，就此方面而言亦屬不可能也。

> 邊荒與華異，人俗少義理，處所多霜雪，胡風春夏起，翩翩吹我衣，肅肅入我耳，感時念父母，哀歎無窮已，有客從外來，聞之常歡喜，迎問其消息，輒復非鄉里，邂逅徼時願，骨肉來迎已。

據詩中所言，西出關以後卽達邊荒，邊荒風俗爲胡俗，氣候亦與中國不同，不惟此詩之作者想像如斯，卽後世畫文姬歸漢圖者，亦與畫昭君出塞圖畫同一之背景，在草原中，點綴一二穹廬，更有駝隊出沒其間，於情理而言，應無不合矣。但據《晉書》劉元海載記，則匈奴自東漢初年已還逐漸南遷，原自西河美稷南遷離石，至東漢末季則單于在河東平陽而部衆在上泫氏，即今山西高平縣，假如《悲憤詩》誠爲文姬所作，則作者當在鄴中。平陽氣候與鄴不殊，泫氏緯度當在鄴以南，雖海拔稍高，與鄴相差亦不過遠，應不至所謂『處所多霜雪，胡風春夏起，翩翩吹我衣，肅肅入我耳』也，至於迎文姬者，乃是曹氏所遣使者，非其骨肉，《御覽》八百六引曹丕《蔡伯喈女賦·序》曰:『家公與蔡伯喈有管鮑之好，乃命使者周近，持玄璧於匈奴，贖其女還。』曹丕序文與范書《蔡琰傳》合而與詩不合，是則傳爲事實而詩由僞託，可無疑也。

兼有同時輩，相送告離別，慕我獨得歸，哀叫聲摧裂，馬爲立踟蹰，車爲不轉轍，觀者皆歔欷，行路亦鳴咽，去去割情戀，遄征日遐邁，悠悠三千里，何時復交會？念我出腹子，匈臆爲摧敗，既至家人盡，又復無中外，城郭爲山林，庭宇生荆艾，白骨不知誰，縱横莫覆蓋，出門無人聲，豺狼號且吠，煢煢對孤景，怛咤糜肝肺，登高遠眺望，魂神忽飛逝，奄若壽命盡，旁人相寬大。

以上一則詩中，亦多誤謬，如『行路亦鳴咽』句，在游牧民族之俗中，相處者皆同一部族之人，列穹廬、逐水草而居，無所謂『行路』也，此云『行路』又是漢地風光，與前文不一致矣。『悠悠三千里』，按泫氏距陳留，不過三百里，與陳留至鄴，道里相同，何得謂三千里，此由此詩作者，未讀劉元海載記原有史料（劉元海載記出於崔鴻《十六國春秋》，以前尙有各種記載，范書所載當出於晉人之手，當時十八家《晉書》未成，匈奴記載流通較少，故未爲作者所悉也），以爲獻帝時匈奴仍在塞外故有此誤也。至於『城郭如山林，庭宇生荆艾，白骨不知誰，縱横莫覆蓋，出門無人聲，豺狼號且吠』，此爲大亂之後，一時之現象，三五年後輒復生聚，依范書《本傳》則文姬在胡凡十二年，此十二年中正曹操經營中原之日，豈有陳留重地，任其荒蕪而未曾置意者，可見此詩之作者純出臆斷並無實據也。

傳言文姬在胡凡十二年，此數字最爲確實，蓋曹操之根據爲山東西部及河南南部，而河南北部及河北全省在袁紹手中，山西則在袁紹部下高幹之手，非曹操使者所能前往也，曹操破鄴在建安九年，至十年遂定幷州，假定曹操贖蔡文姬在建安十一年，則逆推十二年爲興平二年，正爲李傕、郭汜叛變關中大亂之時，《後漢書・獻帝紀》：『興平二年十一月，李傕、郭汜等追乘輿，戰於東澗，王師敗績，……楊奉董承引白波帥胡才、李樂、韓暹，及匈奴左賢王去卑奉迎，與李傕戰，破之。』是匈奴左賢王曾於興平二年率部至長安，其納文姬當在此時，故文姬沒於匈奴乃在長安，非在陳留，亦卽蔡邕隨獻帝至長安，確以家自隨，何焯引邕與其從弟谷謀東奔事爲言，實則此事與家在長安與否並無關涉，不能在正反兩方作任何證據也。

更就曹操贖文姬之事實言之，曹操所以能贖文姬者，當然主要之可能性爲建安十年以後，壤土與匈奴相接，其間並無阻礙，故前此決無贖取之可能，抑亦曹操取鄴以後，諸事大定，始有心好整以暇，憶及故人，前此似並無此閒情逸志，其次，匈奴所以能允曹操贖文姬者，非必貪取金帛，亦由曹操破袁氏以後，威震殊方，匈奴不敢不從其求耳。若如詩所述，則文姬入匈奴爲未久，卽返故鄉，是時曹操不惟無從遣使，而且聲威亦不足爲匈奴所重也。

再就當時情況而言，曹操遣使入匈奴，文姬歸時當然隨使者同返鄴城，萬無先到陳留之理。旣到鄴城，卽由曹操主婚，嫁與董祀，其間並無懷弔陳留之餘暇。若依詩所記，則由匈奴直返陳留，然後嫁與董祀，竟無曹操之一段安排，此揆情度理之不可通者。然則今傳蔡琰《悲憤詩》出於僞託，已無可疑，至於第二首則從第一首詞意推衍而出，更不足道。大致五言之盛，始於建安。東漢雖有班固、趙壹、酈炎諸詩，然皆樸拙固陋，難言文藻，雖有秦嘉夫婦之詩，亦難斷言非出僞託。《悲憤詩》詞意兼茂，如眞爲文姬所作，而早於建安，將在五言詩衍進中，成爲不祧之祖，不幸此詩與其事蹟竟不相合，是則五言詩除時代不明之《十九首》外，以文辭論，眞當溯自建安諸子矣。

（《蔡琰悲憤詩出於僞託考》，見《大陸雜誌》第二十六卷第五期）

戴君仁云:

何氏《義門讀書記》云:

《董卓傳》：卓以牛輔子胥，素所親信，使以兵屯陝輔，分遣其校尉李傕郭汜張濟擊破河南尹朱儁於中牟，因略陳留潁川諸縣，殺掠男女，所過無復遺類，文姬流離，當在此時。

這是對的。案《朱儁傳》:

卓後入關，留儁守洛陽，儁以河南殘破，無所資，乃東屯中牟。移書州郡，請師討卓。徐州刺史陶謙遣精兵三千，餘州郡稍有所給。謙乃上儁行車騎將軍，董卓聞之，使其將李傕郭汜等數萬人屯河南，拒儁。儁逆擊，爲傕汜所破。

這次戰爭的發生，是在董卓入關以後，據《獻帝紀》，董卓到長安，是在初平二年四月，他派李傕郭汜拒朱儁，應當就在這年，而文姬也就在此時掠入李郭軍中。到了三月四月，董卓被誅，五月，李傕郭汜反攻京師，六月陷長安。據《董卓傳》，李傕等先率軍數千西行，後來胡軫投降，傕隨收兵，比至長安，已十餘萬。文姬詩中所云『長驅西入關』，當在此時。而到了興平二年，李郭相攻，獻帝出長安。那年十一月楊奉董承引白波帥胡才李樂韓暹、及匈奴左賢王去卑，率師奉迎，與李傕等交戰。匈奴左賢王參加了中國的戰事，文姬可能在此時落到南匈奴手中，大約是左賢王的部下，而不是他本人。後《漢書》說，興平中，文姬爲胡騎所獲，是她轉落入南匈奴的時間，而不是她從家裏被擄出來的時間，她的被擄的時間，如能確定在初平二年，那時蔡邕還未死，詩中『感時念父母，哀歎無窮已』，和下面『既至家人盡，又復無中外』等句，不但毫不足異，且和實情十分密合。若是後人擬作，不能這樣眞切。況且范曄《後漢書》是刪衆家之書而成的，文姬興平中被掠的記載，一定早已有的，若是後人擬作，他只知道被掠是興平年事，便決不會從董卓遷都說起，而有卓衆來東下等語。所以這詩可以斷定爲文姬所作，無可懷疑。

（《蔡琰悲憤詩考證》，在戴著《梅園雜著》中，
《戴靜山先生全集》第三册內，一九八〇年出版）

〔存　目〕

李鎏撰《蔡琰悲憤詩釋疑》，發表於《中華文化復興月刊》第十三卷第十一期。

宋升撰《關於蔡琰悲憤詩的眞僞問題》，發表於《山西師院學報》第二期。

■王右丞集

韓維鈞云:

人們在研究王維的時候，往往都把趙殿成的《王右丞集箋注》作爲依據。我根據手頭常見的幾種本子：四部叢刊初編縮印元刊本《須溪校唐王右丞集》（收詩374首）；尙友山房翻印明六卷本《王摩詰集》（收詩382首）；同文書局石印本清《欽定全唐詩》（中華書局新印《全唐詩》同，皆收詩382首）；參照了《唐人選唐詩十種》《唐文粹》、《唐詩紀事》、《全唐詩話》……及趙殿成所引之《文苑英華》、《萬首唐人絕句》、《瀛奎律髓》等書，對趙本《王右丞集箋注》作了一次粗略的校對，發現了一些問題，想提出來供大家進一步研究。

第一，《箋注》中雜有業經前人考定不是王維的作品，計三十二題四十八首，佔王維現存詩歌的百分之十一強。比重不小，而且常爲人們誤用，故仍有列擧說明的必要。

最明顯的趙殿成自己在《箋注例略》中所說的：『洪興祖謂王涯在翰林時，與令狐楚、張仲素所賦宮詞諸章，俱誤入王維集中。今吳興、武陵二本所載《遊春辭》三十餘首，卽是涯等所作。』他還進一步指出：『須溪本獨無此誤。』確實，須溪本中沒有這些詩篇，而且《全唐詩》也已根據洪邁的《萬首唐人絕句》作了刪正：除將《太平樂》（之二）、《平戎辭》（之二）、《秋夜曲》（之一）三首列入張仲素集中外，其餘的《塞上》、《塞下》、《從軍》、《平戎》、《春思》、《秋思》等廿七首均已刪入王涯集中。《唐詩紀事》、《全唐詩話》、《唐詩品彙》等書也都證實這些詩篇確係王涯或張仲素所作，說明洪邁不謬。

其次，又誤收了孫逖《下京口埭夜行》、《山行遇雨》、《夜到潤州》、《淮陰夜宿二首》等五篇。這五篇僅見於《箋注》，其餘幾種本子均未收錄。《箋注》是根據顧元緯本收入的，可是顧元緯在原注中卽已申明：『宋本作公（維）詩，又載唐孫逖集，《文苑英華》俱編入『行邁類』，亦稱逖作。蓋與右丞《早入滎陽界》諸詩同紀，遂誤作右丞詩耳。』趙松谷因爲沒看到《全唐詩》已刪去這些詩篇的事實，仍拘於《箋注例略》中『雖頗亦間雜他人之作，然概不敢損益』的原則，致使魚龍混雜，迷誤後人。

另外，還誤收了盧象《休假還舊業便使》、《別弟妹二首》。除這三首全同於《唐詩紀事》卷二十六『盧象』條和《全唐詩》盧象集中的《八月十五日象自江東止田園移莊慶會，未幾歸漢上，小弟幼妹尤悲其別，兼賦是詩三首》可證爲非右丞所作外，趙松谷還從王維本傳及其他資料考定：王維『未有言其寓家於越，浪跡水鄉者，宛作二語，合之盧象江東之說，乃爲得之』，可證此詩確非右丞所作。

至於崔興宗、錢起的《留別》詩，在《箋注》中也分別誤爲王維的《留別崔興宗》和《留別錢起》詩。除此二詩分別見於《全唐詩》崔興宗集和錢起集外（《全唐詩》錢起集題作《晚歸藍田酬王維給事贈別》，四部叢刊《錢考功集》同），《唐詩紀事》也未列作王維而分別歸於崔興宗和錢起名下。崔詩還見於《唐文粹》卷十五，題爲《留別》；而錢詩也見於《文苑英華》，題曰《晚歸藍田贈中書常舍人》。趙秉恕更以王維贈錢起詩和錢起此詩互考後，證明『二詩爲互相酬答之作也，細玩知音青瑣之句，合是錢作無疑，蓋「留別」字是題，錢起字是作者姓名，本以同咏附載集中，或是以連書不斷，誤謂四字俱是詩題，遂作右丞之詩耳！』這確是可信之論。趙殿成因拘於『舊本所定，未敢輒加變亂』，其實倒不如《全唐詩》那樣『去僞存眞』地刪去此詩來得妥當。

其餘如《冬夜寓直麟閣》係宋之問詩，《遊悟眞寺》、《送孫秀才》爲王縉之作，《感興》是鄭谷詩，《東溪翫月》是王昌齡詩，《送孟六歸襄陽》爲張子容詩，《賦得秋日懸清光》本無名氏詩，《過友人莊》是孟浩然之作等等，皆可在《全唐詩》各該作者本集、《文苑英華》、《唐文粹》、《唐詩紀事》、《瀛奎律髓》等書中找到旁證。趙殿成對此也曾在《箋注》中一一作過考定，因原文具在，限於篇幅，不再贅引。

第二是各本雖皆收錄，但均有異議，而我認爲應該不是王維所作者，有《送元中丞轉運江淮》、《嘆白髮》和《寓言》（之二）三首。

先說《送元中丞轉運江淮》詩。《全唐詩》和《箋注》都題注爲錢起詩，非常正確。首先，《歷代名人年譜》：上元二年欄載：『王摩詰卒於七月。』又載：『建子月……以元載爲度支鹽鐵轉運等使。』又《資治通鑑》卷二百二十二：上元二年、建子月『戊子，御史中丞元載爲戶部侍郞、充句當、度支、鑄錢、鹽鐵兼江淮轉運等使』，可見元載爲江淮轉運使是在王維去世以後。這樣，王維又怎能在死後爲元載送行呢？再說這種歌功頌德性的詩篇不但和王維作品的風格極不相似，歸之錢起倒很合適，錢起是一個典型的『才子』，他的詩歌多是宴會上的點綴和送行時的應酬，那些當時的官僚們卻很需要這些『才子』的恭維，以使增益聲價。也只有這樣解釋才更爲合理。第三，王維對稅收、徭賦雖不見得徹底反對，但至少是不怎麼滿意的，不但在《桃源行》中對《月明松下房櫳靜，日出雲中鷄犬喧』、『峽裏誰知有人事，世中遙望空雲山』的『靈境』、『仙源』表示了無限的羨慕，而且在《贈劉藍田》中直接對『歲晏輸井稅，山林人夜歸。晚田始家食，餘布成我衣。詎肯無公事，煩君問是非』，表示了厭煩，這顯然和《送元中丞轉運江淮》詩中『薄稅歸天府，轉徭賴使臣』的思想感情是對立的，因此可以肯定該詩不是王維所作。四部叢刊《錢考功集》和《全唐詩》錢起集都收錄此詩，也可作爲旁證。

至於《嘆白髮》、《寓言》（之二）二詩，《全唐詩》和《箋注》都注明是盧象之作，除確載於盧象集中外，還可以找到這樣幾個證據：⑴王維不論何種題材的作品，只要是同題，則全用同一體制。集中同題作品甚多，無一例外。可是這二首卻偏偏和它的同題作品採用了不同的體制；⑵《全唐詩》和《箋注》都注明《寓言二首》(之二)在《瀛奎律髓》中入《俠少類』，並作盧象『雜詩』。我們可以探討一下這首詩和盧象另一首《雜詩》的關係：

家居五原上，征戰是平生。獨負山西勇，誰當塞下名。生死遼海戰，雨雪薊門行。諸將封侯盡，論功獨不成。（其一）君家御溝上，垂柳夾朱門。列鼎會中貴，鳴珂未至尊。生死在八議，窮達由一言。須識苦寒士，莫矜狐白溫。（其二。即誤作王維詩者。）

除體制相同外，無論在立意、手法，甚至在遣詞造句上都十分相似，細味詩意，上下還正好是互相對照、互相襯托的，顯然當係盧象所作。⑶王維在七絕《嘆白髮》中所反映的思想是：『一生幾許傷心事，不向空門何處銷』，這和他『學無生』、『好道』的行爲是一致的。可是這首五古《嘆白髮》所反映的思想感情卻是『何事與時人，東城復南陌』，顯然和王維的思想、生活狀況不符。我認爲同一作者在同一時間內對同一事物，決不會有着兩種對立的見解，因此此詩決不會是王維所作。

以上兩類，共誤收三十五題，五十一首。

第三種情況是在詩題下雖注爲某人所作，但在這作者集中卻無該詩，經查考應仍爲王維所作者。如《過香積寺》詩，《全唐詩》和《箋注》皆注爲王昌齡所作，但在《全唐詩》王昌齡集中又無此詩，其實此詩確是摩詰所作：⑴趙殿成在《箋注》中一再頌揚《須溪本》是各本中之『最善者』，可是它偏偏把此詩定為王維所作，《王摩詰集》也收錄此詩而別無異議。⑵王昌齡雖在得意時也嚮往隱居求道的生活，但畢竟只是逢場作戲，和王維那種下眞工夫『焚香獨坐，以禪誦為事』的情況大有區別，因此在寫這種寓禪理於山水之間的抒情詩上的本領，確實不會像王維那樣高明。王昌齡集中的《香積寺禮拜萬迴、平等二聖僧塔》詩卽是證明：該詩通篇只談禪，全未涉景；味同嚼蠟，詩意全無。和王維的《過香積寺》詩，無論在風格、意境、手法等方面都難以比擬；像『不知香積寺，數里入雲峰。古木無人徑，深山何處鐘。泉聲咽危石，日色冷青松。薄暮空潭曲，安禪制毒龍』。這種寓情於景，情景交融的意境、平易恬靜的手法，似都應該為王維所特有，因此不能誤作昌齡。

同樣情況，《贈劉藍田》詩，《全唐詩》和《箋注》也都在題下注出是盧象所作，但《全唐詩》盧象集中未收。我認為此詩應是王維所作：不但從近於王維的殷璠在《河嶽英靈集》中把此詩定為王維所作，元刊本《須溪校唐王右丞集》及明《王摩詰集》也都別無異議，給我們提供了有力證據外，而且從前引原文所顯示的思想及風格來看，亦與右丞之詩相似。因此作為象詩顯係誤傳。

第四類情況是題注為某人所作，在該作者集中也收有此詩，但我認為仍應定為王維所作者。如《酬比部楊員外暮宿琴台朝躋書閣率爾見贈》一詩，亦見於《全唐詩》盧照鄰集中。陳貽焮先生認為：『王維另有《同比部楊員外十五夜遊懷靜者季》詩。兩詩題中所提到的，比部楊員外，當是一人；兩詩亦當同為王維所作。』（《王維詩選》71頁）。我同意這種看法，理由首先是該詩中所稱頌楊員外的『獨有仙郎心寂寞，卻將宴坐為行樂』的風格特徵，和本詩中楊員外的『舊簡拂塵看，鳴琴候月彈』的風格特徵，很可能就是一人；其次，詩中所表現的『桃源迷漢姓，松樹有秦官；空谷歸人少，青山背日寒』等等意境，正好是王維《桃源行》的脫胎，而『羡君棲隱處，遙望白雲端』又正是王維自己生活、思想的寫照。

又如《寄河上段十六》詩，也收入盧象集中，然而這詩與盧象諸贈友詩的風格、感情極不一致，相反，和王維所寫的《渭城曲》、《九月九日憶山東兄弟》……等贈友詩的思想感情、藝術風格倒極相似。因此，《須溪集》、《王摩詰集》和王士禛的《萬首唐人絕句選》都考定為王維所作應該是可信的。

還有必要來談談王維的名作《觀獵》。《全唐詩》和《箋注》都注曰：《樂府詩集》和《萬首唐人絕句》以前四句題作《戎渾》。查《樂府詩集·近代曲辭》部和《全唐詩·樂府》十一，確以此詩前四句歸於張祜名下，題曰《戎渾》，並見於張祜本集。其實這些全不相實：首先，從唐代姚會的《極玄集》、韋莊的《又玄集》、宋代的《唐詩紀事》、《須溪集》，到明本《王摩詰集》全都肯定此詩是王維所作，而且詩句全同，當是力證。其次，晚唐作家范攄的《雲谿友議·錢塘論》條載：『白公曰：「張三作獵詩，以較右丞，予則未敢優劣也。」王維詩曰……。』以下即引出本詩全文，不但證明了此《觀獵》詩確為王維所作，而且還說明了張祜『作獵詩』的動機是在於和王維比較。《四庫全書總目提要》說：『范攄以唐人說唐詩，耳目所接，終較後人為近。』故可證實《觀獵》詩確為右丞所作。第三，張祜的《戎渾》僅為四句，王維的《觀獵》卻是完整的八句，體制不同，無妨並存；若據范攄所記，當是張祜模擬而作。故此詩無疑應歸王維。

第五種情況是《箋注》收錄之詩而為他本所未收，或他本所收之詩而《箋注》反無者。如《須溪集》中的《別輞川別業》（卷五46頁）、《全唐詩》中的《闕題》（之二），即為《箋注》所無；而《過太乙觀賈生房》、《書事》、《山中》、《相思》、《伊州歌》、《疑夢》等又均為《須溪集》和《王摩詰集》所無。在上述八首中，除《別輞川別業》詩是王縉詩而爲《須溪》本誤收外（見《唐詩紀事》卷十六『王縉』條、《全唐詩》王縉集及《箋注》卷十三），其餘都有出處；《相思》、《伊州歌》除見於《萬首唐人絕句》外，在《雲谿友議·雲中命》條和《唐詩紀事·王維》條中也都有記載；《書事》出自《天厨禁臠》（據《詩人玉屑·不帶聲色》條轉引）；《疑夢》出自《事文類聚》；《山中》、《闕題》（之二）出自《冷齋夜話》；《過太乙觀賈生房》也見於《文苑英華》（據《全唐詩》和《箋注》轉引）。趙殿成雖對這些詩篇抱有懷疑：『存之懼其亂眞。』但仍不得不『別起爲一卷』，列作『外編』。考慮到這些詩篇久已膾炙人口，如『紅豆生南國，春來發幾枝，勸君多採擷，此物最相思』的《相思》；『荆溪白石出，天寒紅葉稀，山路原無雨，空翠濕人衣』的《山中》等，歷來都公認爲右丞名作，很少見到反對意見，同時在『聲調體格』上又與王維諸作極爲相似，特別是《全唐詩》在刪定過程中能特地保存了這些詩篇，不無一定道理。因此我認爲：在未佔有更多資料之前，把這些詩篇暫列於王維名下，還是比較妥當的。

除上述第一、二兩類應該刪除的五十一首外，其餘三類和未涉及的三百五十九首卽是王維留給我們的寶貴遺產。至此，我認爲王維現存詩歌不會超過三百二十四題、三百七十一首。

（《王維現存詩歌質疑》，見《文學遺產增刊》第十三輯）

■李太白集

吳企明云:

現在我們所能見到的、最早記載李白撰《清平調》詞的書籍，是晚唐人韋叡的《松窗錄》。原文如下:

> 開元中，禁中初重木芍藥，即今牡丹也。得四本，紅、紫、淺紅、通白者。上因移植於興慶池東沉香亭前。會花方繁開，上乘照夜白，太眞妃以步輦從，詔選梨園弟子中尤者，得樂十六部。李龜年以歌擅一時之名，手捧檀板，押衆樂前，將欲歌之。上曰:『賞名花，對妃子，焉用舊樂詞焉?』遂命龜年持金花箋，宣賜李白立進《清平調》詞三章。白欣然承旨，猶苦宿酲未解，因授筆賦之。其一曰（詞三首從略）龜年以歌辭進，上命梨園弟子約略調撫絲竹，遂促龜年以歌。太眞妃持頗梨七寶杯，酌西凉州蒲萄酒，笑領歌辭，意甚厚。上因調玉笛以倚曲，每曲遍將換，則遲其聲以媚之。……會高力士終以脫靴爲深耻，異日，太眞妃重吟前詞，力士戲曰:『始以妃子怨李白深入骨髓，何反拳拳如是耶?』太眞妃因驚曰:『何翰林學士能辱人如斯?』力士曰:『以飛燕指妃子，賊之甚矣。』太眞妃頗深然之。上嘗三欲命李白官，卒爲宮中所捍而止。（據《太平廣記》）

韋叡《松窗錄》這段記載，是不可信的。它和其他晚唐五代小說家言一樣，虛構成分重，多所附會訛謬，和歷史事實牴牾，存在很多問題；至於《清平調》詞三首，乖違詞樂義理，出自小說家的手筆，決非李白所作。

試分別言之。

《松窗錄》說李白寫《清平調》詞三首的時間，在『開元中』（樂史《李翰林別集序》亦作開元中），大誤。

李白入京供奉翰林的時間，史書和當時文人的載述，大體相同。《新唐書・文藝傳》：『天寶初，（白）南入會稽，與吳筠善。筠被召，故白亦至長安。』李陽冰《草堂集序》：『天寶中，皇祖下詔，召就金馬。』劉全白《唐故翰林學士李君碣記》：『天寶初，玄宗辟翰林待詔，因爲和蕃書，並上宣唐鴻猷一篇。上重之，欲以綸誥之任委之。』清王琦《李太白年譜》、黃錫珪《李太白年譜》、郭沫若的《李白杜甫年表》(附於《李白與杜甫》書後)均定李白被召入京的年月，爲天寶元年秋，（只有詹鍈的《李白詩文繫年》繫被召入京爲天寶二年）。開元中，李白主要生活在安陸、東魯、洛陽一帶，雖也曾北游，到過長安，但這時尚未應詔，還沒有供奉翰林，根本不可能爲唐玄宗撰寫《清平調》詞三首。韋叡未考史實，記事虛妄，於此已可見一斑。

《松窗錄》說唐玄宗賞名花、對妃子，因命李白作《清平調》詞三首，辭成，『太眞妃笑領歌辭，意甚厚』，大誤。

楊玉環於天寶四載八月，被册封爲貴妃，這是有《唐大詔令集》所載册文爲據，兩《唐書》、《資治通鑑》等史書，也都明文記載，無容置疑。然而，楊玉環於何時被度爲道士？於何時入宮？諸書卻沒有詳確的載述。《唐大詔令集》收錄度壽王妃爲女道士的敕文，卻未載年月。現在能見到的最早記載楊玉環於某年某月度爲女道士的書籍，是樂史《楊太眞外傳》，云：『（開元）二十八年十月，玄宗幸溫泉宮。使高力士取楊氏女於壽邸，度爲女道士，號太眞，住內太眞宮。』稍後，錢易《南部新書》《新唐書・玄宗紀》也都以開元二十八年度楊玉環爲女道士。不知他們依據什麼史料？清朱彝尊《書楊太眞外傳後》不以爲然，說：『《太眞外傳》，宋樂史所撰，稱妃以開元二十二年十一月歸於壽邸，二十八年十月玄宗幸溫泉宮，使高力士取於壽邸，度爲女道士，住內太眞宮，此傳聞之謬也。』（見《曝書亭集》卷八十五）《楊太眞外傳》所記度楊玉環爲女道士的年月，和《松窗錄》所云『開元中』一樣，同是小說家言，不足信。揆理而論，一個封建帝王，要寵幸一個妃子，前後竟花六年時間（開元二十八年度爲女道士，至天寶四載才册爲貴妃），實在難以令人信服。

元和時代人陳鴻撰《長恨歌傳》，記載唐玄宗得弘農楊玄琰之女於壽邸，『明年，册爲貴妃，半後服用』。《長恨歌傳》雖爲傳奇，記事或有附會、訛謬，但是，它說玄宗得楊玉環後，次年卽册之爲貴妃，較爲合情合理。

司馬光的《資治通鑒》記載楊玉環入宮一事，較爲詳備。《唐紀》天寶三載十二月云:

> 初，武惠妃薨，上悼念不已。後宮數千，無當意者。或言壽王妃楊氏之美，絕世無雙。上見而悅之，乃令妃自以其意，乞爲女官，號太眞。更爲壽王娶左衞郞將韋昭訓女，潛內太眞宮中。太眞肌態豐艷，曉音律，性警穎，善承迎上意。不期歲，寵遇如惠妃，宮中號曰『娘子』，凡儀體皆如皇后。

《唐紀》天寶四載云:

> 秋七月，壬午，册韋昭訓女爲壽王妃。八月，壬寅，册楊太眞爲貴妃。

司馬光比兩《唐書》的作者要開明得多，『爲尊者諱』的意識要少一些。他綜採歷代史料，概括成這段文字，有兩個地方，很値得我們注意。其一，『 潛內太眞宮中 』。玄宗旣要寵幸楊玉環，爲免『新臺』之譏，遮天下人耳目，因此用『 女官 』（按: 這裏的女官，卽女冠，當作女道士講，見《南史·梁武帝紀》、韋述《兩京新記》。）的名義，偸偸把楊玉環召入宮中，『更爲壽王娶左衞郞將韋昭訓女』，採用了偸梁換柱的手法。其二，『不期歲，寵遇如惠妃』。玄宗既然寵幸楊玉環，況且又是潛納宮中，時間自然不能太長久。所以，不滿一年，他就於天寶四載正式册封楊玉環爲『貴妃』，可以讓楊妃堂而皇之『承歡侍宴無閑暇』，一幕宮闈隱秘，終於公開出來。司馬光的記載，合乎情理之中。

後代學者，接受了司馬光《資治通鑒》的觀點。如洪邁《容齋續筆》卷二『開元五王』條云：『楊太眞以三載方入宮。』李慈銘《越縵堂讀書記》『容齋隨筆』條云：『王氏可謂妄辨（指王野夫《野客叢書》卷二十四『楊妃竊笛』條駁洪邁語），至天寶四載八月，立太眞爲貴妃，是則妃之專寵，自在天寶時，而其初丐爲道士時，形迹尙秘密，豈得縱恣佚樂？』

照韋叡《松窗錄》的記事看來，李白撰《淸平調》詞，正在楊玉環被册爲貴妃以後，得專房之寵的時候。楊玉環是在天寶四載被册爲『貴妃』的，這時李白早已離開長安，在梁園、齊魯一帶漫游，不可能與楊貴妃相遇，並爲之撰寫《淸平調》詞三首。楊玉環於天寶三載被潛納宮中的時候，李白亦已在這年的春天，『賜金還山』，遠離京師，沒有機緣在興慶池沉香亭畔，與楊玉環共賞牡丹，爲之援筆賦詞。退一步說，卽使楊玉環被度爲女道士入宮的時間，推得更前一點，李白也正在長安，但是，其時楊玉環的身分還是女道士，還不能公開隨侍玄宗左右，怎麼會出現對妃子、賞名花、作新詞的盛事呢？《淸平調》詞句『名花傾國兩相歡，長得君王帶笑看』，敍事涉於虛妄；『借問漢宮誰得似？可憐飛燕倚新妝』，典故運用失當。《松窗錄》的記事，完全不合乎『潛內宮中』的史實。

李白不可能和楊玉環相會於興慶池沉香亭，爲之撰寫新樂詞《淸平調》，更不會有楊玉環『笑領歌辭』的事情出現，這是我推究李白和楊玉環的行縱後得出的結論。

《松窗錄》說高力士利用《淸平調》詞進讒言，楊妃因此阻止唐玄宗任用李白，大誤。

以李白親友或稍後於他們的文人著述，與韋叡以後的文人記載相互驗證，可知高力士進讒、楊妃阻止玄宗任用李白等事，乃是韋叡附會故實而編造出來的。

李陽冰《草堂集序》云：『置於金鑾殿，出入翰林中，問以國政，潛草詔誥，人無知者。丑正同列，害能成謗，格言不入，帝用疏之。公乃浪迹縱酒，以自昏穢。又與賀知章、崔宗之等自爲八仙之游，謂公謫仙人，朝列賦謫仙之歌凡數百首，多言公之不得意。天子知其不可留，乃賜金歸之。』李陽冰是詩人的族叔，比較親近，他的記載，該是比較可信的。序文說到『丑正同列，害能成謗』，可見與高力士、楊妃無涉。

魏顥《李翰林集序》云：『上皇豫游，召白，白時爲貴門邀飲。比至，半醉，令制出師詔，不草而成。許中書舍人，以張垍讒逐，游海岱間。』李陽冰序文中『丑正同列』一語，未點明何人；魏顥乃明言『張垍』。張垍，是唐玄宗的女婿，以中書舍人的身分，供奉翰林，妒忌李白的才能，『害能成謗』，因而進讒言，是完全可能的。參看李白《答高山人兼呈權顧二侯》：『謬揮紫泥詔，獻納青雲際。讒惑英主心，恩疏佞臣計。』可見，『同列』進讒言以惑英主的佞臣，就是張垍。魏顥是李白的好朋友，序文所述情事種種，或許得之於李白的親口敍述。

劉全白《唐故翰林學士李君碣記》：『天寶初，玄宗辟翰林待詔，因爲和蕃書，並上《宣唐鴻猷》一篇。上重之，欲以綸誥之任委之；同列者所謗，詔令歸山。遂浪迹天下，以詩酒自適。』范傳正《唐左拾遺翰林學士李公新墓碑》：『天寶初，召見於金鑾殿，玄宗明皇帝降輦步迎，如見園、綺。論當世務，草答蕃書，辯如懸河，筆不停綴。……遂直翰林，專掌密命，將處司言之任，多陪侍從之游。他日，公不在宴，皇歡既洽，召公作序。時公已被酒於翰苑中，仍命高將軍扶以登舟，優寵如是。旣而上疏請還舊山，玄宗甚愛其才，或慮乘醉出入省中，不能不言溫室樹，恐掇後患，惜而遂之。』劉、范兩人，後於李白僅數十年，他們所撰寫的墓誌、碣記，當比較近於實際。

再看唐人筆記的記載：

李肇《唐國史補》：『李白在翰林中多沉飮，玄宗令撰樂詞，醉不可待，以水沃之，白稍能動筆，一揮十章立就，文不加點。後對御前，白引足令高力士脫靴，命小閹排出之。』段成式《酉陽雜俎》：『李白名播海內，玄宗於便殿召見，神氣高朗，軒軒若霞擧。上不覺忘萬乘之尊，因命納屨，白遂展足令高力士曰：「去靴。」力士失勢，遽爲脫之。及出，上指白謂高力士曰：「此人固窮相。」』

參證以上各種唐人載述，可以看出：一，各種記載都沒有提到李白和楊貴妃在宮中相遇的事；二，各種記載都沒有提到李白遭楊貴妃讒逐的事；三，各種記載都沒有提到李白撰《清平調》詞的事。這些情況，與楊玉環入宮後於李白供奉翰林的史實相符。或曰：宮闈秘事，外人不得而知。那末，爲什麼李白的親友、稍後於他的文人不知道，而遠在晚唐的韋叡卻能知道？

相反，自韋叡《松窗錄》問世後，李白撰《清平調》詞，楊貴妃因詞進讒這則故事，在宋代就流傳開來，被文人採錄引用。編纂於宋太平興國年間的《太平廣記》收錄了它（卷三〇四『李龜年』條）。樂史於宋眞宗咸平元年編《李翰林別集》，撰寫《李翰林別集序》，也引用了這則故事，而且說明『其諸事迹，《草堂集序》范傳正撰新墓碑，亦略而詳矣。史又撰《李白傳》一卷，事又稍周。然有三事，近方得之。』《清平調》詞三首，也從此編入了李白集中。樂史撰《楊太眞外傳》卷上，當然也收錄這則故事。宋祁還把這件事寫入《新唐書・文藝傳》的李白傳中：『帝坐沉香亭子，意有所感，欲得白爲樂章。召入，而白已醉，左右以水頮面，稍解，援筆成文，婉麗精切，無留思。帝愛其才，數宴飮。白常侍帝，醉，使高力士脫靴。力士數貴，耻之，摘其詩以激楊貴妃。帝欲官白，妃輒沮止。』一入史傳，人們更加信以爲眞。

從正反兩方面驗證，李白奉召撰《淸平調》詞一事，在唐代旣不流傳，亦無記載。韋叡稗說問世之初，流傳也還不廣，連身爲『朝散大夫行尙書職方員外郎直史館上柱國』的史官樂史，也是『近方得之』。這則故事，是韋叡編造出來的，殆無疑問。自從《太平廣記》、樂史《楊太眞外傳》《新唐書・文藝傳》等書轉錄以後，它才流布人間，日漸爲人們熟知，也就以訛傳訛，直至今日。

（《李白清平調詞三首辨僞》，見《文學遺產》一九八〇年第三期）

李廷先云:

吳文爲了得出《淸平調詞》三首是僞作的結論，用一切辦法把李白和楊玉環會面的可能性排除掉，文中最重要的一段話是:

> 照韋叡《松窗錄》的記事看來，李白撰《淸平調詞》，正在楊玉環被册爲貴妃以後，得專房之寵的時候，楊玉環是在天寶四載被册爲貴妃的，這時李白早已離長安，在梁園、齊魯一帶漫游，不可能與楊貴妃相遇，並爲之撰《淸平調詞》三首。楊玉環於天寶三載被潛納宮中的時候，李白亦已在這年的春天，『賜金還山』，遠離京師，沒有機緣在興慶池沉香亭畔，與楊玉環共賞牡丹，爲之援筆賦詞。退一步說，卽使楊玉環被度爲女道士入宮的時間，推得更早一點，李白也正在長安，但是，其時楊玉環的身分還是女道士，還不能公開隨侍玄宗左右，怎麼會出現對妃子、賞名花、作新詞的盛事

呢？《清平調》詞句『名花傾國兩相歡，長得君王帶笑看』敍事涉於虛妄；『借問漢宮誰得似？可憐飛燕倚新妝』，典故運用失當。《松窗錄》的記事，完全不合乎『潛納宮中』的史實。

這裏包括四個問題：一、楊玉環在天寶四載被册爲貴妃；二、楊玉環在天寶三載被潛納宮中；三、楊玉環在當女道士時，不可能公開隨侍玄宗左右；四、《清平調》詞句敍事涉於虛妄，典故運用失當。

關於楊玉環於天寶四載被册爲貴妃的問題，兩《唐書·玄宗紀》《資治通鑒·唐紀》以及《唐大詔令集》《全唐文》所載册文都有明確年月可據，別無異說，可以置而不論。至於楊玉環於何年被潛納宮中的問題，是和武惠妃之死相關聯的，不妨引用兩段人所熟知的史料，《舊唐書》卷五十一《楊貴妃傳》：

(開元）二十四年，惠妃薨，帝悼惜久之，後庭數千，無可意者。或奏玄琰女姿色冠代，宜蒙召見。時妃衣道士服，號曰『太眞』。旣進見，玄宗大悅。不期歲，禮遇如惠妃。太眞姿質豐艶，善歌舞，通音律，智算過人，每倩盼承迎，動移上意。宮中呼爲『娘子』，禮數實同皇后。有姊三人，皆有才貌，玄宗並封國夫人之號：長曰大姨，封韓國；三姨，封虢國；八姨，封秦國。並承恩澤，出入宮掖，勢傾天下。天寶初，進册貴妃。

《新唐書》卷七十六《楊貴妃傳》：

開元二十四年，武惠妃薨，後庭無當帝意者。或言妃資質天挺，宜充掖挺，遂召內禁中，異之，卽爲自出妃意者，丐籍女官，號『太眞』，更爲壽王聘武昭訓女，而太眞得幸。善歌舞，邃曉音律，且智算警穎，迎意輒悟。帝大悅，遂專房宴，宮中號爲『娘子』，儀體與皇后等。天寶初，進策貴妃。

兩種記載相同，而新傳稍詳。唯武惠妃之死，均謂在開元二十四年，而《舊唐書・玄宗紀》《新唐書・玄宗紀》都作二十五年，《唐會要》《資治通鑒・唐紀》亦都作二十五年。兩《唐書》的紀與傳都有矛盾，不僅如此，《舊唐書・楊貴妃傳》前邊的《貞順皇后武氏傳》也說惠妃死於開元二十五年，這樣，《舊唐書》不僅紀與傳有矛盾，傳與傳也有矛盾。武惠妃到底死於開元的哪一年？陳寅恪先生定於開元二十五年（詳見《元白詩箋證稿》），這種說法是可信的。楊玉環是何年被召入宮的，兩傳都無明確記載，但細玩兩傳文，曰『天寶初，進册貴妃』，則入宮自當在開元時。《新唐書》卷五《玄宗紀》說：

> 開元二十八年十月甲子，幸溫泉宮，以壽王妃楊氏爲道士，號曰『太眞』。

錢易《南部新書》（辛）說：

> 楊妃本壽王妃，開元二十八年，度爲道士入內。（按：中華書局一九五八年排印本脫『二』字）

樂史《楊太眞外傳》說：

> （開元）二十八年十月，玄宗幸溫泉宮，使高力士取楊氏女於壽邸，度爲女道士，號『太眞』，住內太眞宮。

三種記載是一致的。錢易是吳越王錢俶之侄，宋太宗太平興國三年（公元九七八年）隨俶降宋。樂史曾仕於南唐，年輩較錢易略早。南唐所都之金陵，吳越所都之杭州，在五代紛爭時期，爲文物繁盛之地，他們多見舊籍，多得舊聞，記述此事年月，必有所據，宋祁修《唐書》亦不會輕率採用。但由於《唐大詔令集》和《全唐文》所載《度壽王妃爲女道士敕》都無年月，這種記載還不能完全肯定無誤，卻有很大的可能性，陳寅恪先生說：

> 姑假定楊氏以開元二十八年十月爲玄宗所選取，其度爲女道

士赦文中太后忌辰乃指開元二十九年正月二日睿宗昭成竇後之忌日，雖不中，不遠矣。（≪元白詩箋證稿≫）

按：昭成竇後爲玄宗生母，陳先生之說，是很有見地之言。王仁裕≪開元天寶遺事≫『隨蝶所幸』條說：

開元末，明皇毎至春時，旦暮宴於宮中，使嬪妃輩爭插艷花，帝親捉粉蝶放之，隨蝶所止幸之，後因楊妃專寵，遂不復戲此也。

≪開元天寶遺事≫記事分上、下兩卷，開元事屬上卷，天寶事屬下卷，『隨蝶所幸』條在上卷開元事內，雖是傳聞之詞，也爲我們提供了一條楊玉環於開元末被潛納宮中的線索。中唐詩人張祜≪邠王小管≫詩云：

虢國潛行韓國隨，宜春深院映花枝。金輿遠幸無人見，偸把邠王小管吹。（≪全唐詩≫卷五百十一）

≪全唐詩≫於『邠』字下注云：『一作寧』。上海古籍出版社最近影印出版的宋蜀刻本≪張承吉文集≫『邠』字下無注。查≪舊唐書≫卷九十五≪睿宗諸子傳≫寧王李憲以開元二十九年十一月死，邠王李仁禮爲李賢之子，於玄宗爲堂兄，也死於開元二十九年。證之兩≪唐書·楊貴妃傳≫所載楊玉環被召入宮後所受到的寵幸情況，則『貴妃竊笛』之說是有根據的（此條略取王懋≪野客叢書≫卷二十四之說），也可以證明楊玉環之入宮不當在開元之後。司馬光修≪資治通鑑≫，對於楊玉環度爲女道士的年月，因無唐代官方文獻可據，故連類而書於天寶三載：

初，武惠妃薨，上悼念不已。後宮數千，無當意者。或言壽王妃楊氏之美，絕世無雙。上見而悅之，乃令妃自以其意，乞爲女官，號『太眞』。更爲壽王娶左衞郎將韋昭訓女，潛內太眞宮中。太眞肌體豐艷，曉音律，性警穎，善承迎上意。不期歲，寵遇如惠妃，宮中號曰『娘子』，凡儀體皆如皇后。

天寶四載下書：

秋七月，壬午，册韋昭訓女爲壽王妃。八月，壬寅，册楊太眞爲貴妃。

陳寅恪先生解釋得很清楚：

《通鑑》紀事之例，無確定時間可稽者，則依約推測置於某月或某年或某帝紀之末與某事有關者之後。司馬君實蓋以次年卽天寶四載有册壽王妃韋氏及立太眞妃楊氏爲貴妃事，因追書楊氏入道於前一歲卽天寶三載裴敦復賂楊太眞姊致裴寬貶官事之後耳，其實非有確定年月可據也（《元白詩箋證稿》）。

陳先生的解釋是正確的。《通鑑》紀事，凡『初』字之下皆追敍前事，若直書某年某月某日事，則不加『初』字，按之全書，未見例外。可以舉個類似的例子：隋文帝楊堅的宣華夫人陳氏、容華夫人蔡氏之得寵在仁壽二年獨孤皇后死後，但卻敍於仁壽四年楊堅病重時，因敍楊廣事而連帶及之（見《資治通鑑》卷一百八十《隋紀》四），全書這樣的例子舉不勝舉。洪邁對於《通鑑》紀事之體偶未深考，遂謂『楊太眞以天寶三載方入宮』，顯然是錯誤的。李慈銘肯定洪氏之說，而謂『貴妃之專寵，自在天寶時，而其初度爲道士時，形跡尙秘密，豈能縱恣佚樂』？以此來駁王楙之說，這反映出李氏不僅未領會《通鑑》此條紀事之意，連兩《唐書・楊貴妃傳》也未細讀，其說更不足取。至於陳鴻《長恨歌傳》，乃爲配合白香山《長恨歌》而作，純係傳奇，如引以爲據，則《長恨歌》『楊家有女初長成，養在深閨人未識』，也可以引來證明楊玉環未曾爲壽王妃。

吳文在引了《通鑑》天寶三載、四載兩條記載之後說：『司馬光比兩《唐書》的作者要開明得多，「爲尊者諱」的意識要少一些。』並說『有兩個地方，很值得我們注意』云云。試將《通鑑》所載的兩條與前邊所引的兩《唐書・楊貴妃傳》兩段文字加以比較，不難看出；《通鑑》的材料完全採自兩《唐書》。所謂『潛內太眞宮中』，只是就《新・傳》『遂召內禁中』句，略加改動，易『遂召』二字爲一『潛』字，比原文更精煉、更精確一些；『更爲壽王娶左衞郎將韋昭訓女』句是從《新・傳》『更爲壽王聘韋昭訓』移植過來的，只是在『韋昭訓』名前加上官位，韋昭訓之名在《通鑑》中是初見，自當如此，另一個改動就是易『聘』爲『娶』；『不期歲，寵遇如惠妃』，比《舊・傳》『不期歲，禮遇如惠妃』句，只是易『禮』爲『寵』：這些都是技術性的改動，此外，並沒有增加任何新材料。然而吳文卻對《通鑑》大加贊揚，這能說明什麼問題呢！如果要說紀事『開明得多，「爲尊者諱」的意識要少一些』的話，倒是宋祁在前，司馬光在後。

吳文不相信楊玉環於開元二十八年被召入宮的理論是：

> 揆理而論，一個封建帝王，要寵幸一個妃子，前後竟花六年時間（開元二十八年度爲女道士，至天寶四載才册爲貴妃），實在難令人信服。

對於這個『理』，也有加以『揆』的必要。查兩《唐書・楊貴妃傳》都說，楊玉環於馬嵬被縊殺時年三十八，時爲公元八五六年（天寶十五載）。據《唐大詔令集》和《全唐文》所載《册壽王楊氏文》，楊玉環於開元二十三年十二月二十四日册爲壽王妃，時年十七，開元二十八年度爲女道士時已二十二歲，若至天寶四載方被潛納宮中，則已二十六歲，已逾花信之年，爲壽王妃十一年，當時選宮女、妃嬪不超過十八歲，二十二歲已越規定了，這是一。如果楊玉環乃天寶三載方被召入宮，上距武惠妃之死已經八年。居近宮掖的壽王妃，在武惠妃死了八年之後，在爲壽王妃已經十一年之後，才有人發現她『姿色冠代』而向玄宗進奏；一個封建帝王，特別是像唐明皇那樣的封建帝王，爲選一個新妃竟等了八年之久，這不大可能。下邊的距離拉近了，上邊的距離卻拉遠了，兩者相較，恐怕前一種情況更不能『令人信服』。到底哪個『理』更接近於事實呢？

楊玉環在被潛納宮中之後，在被册爲貴妃之前，能不能公開隨侍玄宗左右，這個問題在上引兩《唐書・楊貴妃傳》的兩段文字裏，都有很淸楚的記載：『不期歲，禮遇如惠妃』，『禮數實同皇后』，『遂專房宴』，而且幾個姊姊都已封爲國夫人，『出入宮掖，勢傾天下』。唐鄭棨《開天傳信記》說，天寶二年，玄宗游溫泉宮，有劉朝霞者，獻《賀幸溫泉賦》，中間有幾句是：

青一隊兮黃一隊，熊踏胸兮豹拏背；朱一團兮繡一團，玉鏤軻兮金鏤鞍。

這分明是寫楊氏姊妹隨駕遊華淸宮時的豪華場面，可證《舊唐書》所載爲可信。楊玉環在册爲貴妃之前受寵幸的情況如此，說她『還不能公開隨侍玄宗左右』，未免不近情理。唐代皇室『閨門之禮』是不甚嚴的，宋代學者如朱熹，近人陳寅恪先生等都談到過這個問題，不具引。卽如唐高宗把太宗的『才人』武則天召進宮去，由昭儀而皇后，除了駱賓王在《討武氏檄》中罵過一句『致吾君於聚麀』，把罪過歸之於武則天外，並沒有引起多少非議，當時吵吵嚷嚷，不過是說她不應該立爲皇后而已。唐玄宗之納壽王妃，是有他祖父的例子可循的，不過一爲父妃，一爲子妃罷了。楊玉環被度爲女道士後才被召入宮，和武則天由女尼被召入宮的情況差不多，只是暫時遮遮人們的耳目，不宜用後代的眼光把問題看得那麽嚴重。

楊玉環在册爲貴妃之前，完全有可能出現對妃子、賞名花，令翰林學士李白進獻新詞的盛事。這是經過我考查以後得出的結論。

『名花傾國兩相歡，長得君王帶笑看』，『敍事涉於虛妄』嗎？《開元天寶遺事》（卷上）『花妖』條云：

初有木芍藥（按：即《松窗錄》中所說的牡丹）植於沉香亭前，其花一日忽開，一枝兩頭，朝則深紅，午則深碧，暮則深黃，夜則粉白。晝夜之內，香艷各異。帝謂左右曰：『此花木之妖，不足訝也。』

這一條材料可以證明沉香亭前確有牡丹花，其餘可不必深究。『醒酒花』條云：

明皇與貴妃幸華清宮，因宿酒初醒，憑妃子肩，同看木芍藥，上親折一枝，與妃子遞嗅其艷，帝曰：『不惟萱草忘憂，此花香艷，尤能醒酒。』

這一條材料不僅可以證明華清宮也有牡丹花，而且可以證明『名花傾國』『相歡』久矣。李太白出入宮掖，並曾隨駕遊華清宮，有他的《駕去溫泉宮後贈楊山人》《溫泉侍從歸逢故人》《侍從遊宿溫泉宮作》諸詩為證。大概還在宮裏停留過一些日子。據《舊唐書・玄宗紀》天寶六載始改溫泉宮為華清宮，白詩稱為『溫泉宮』，從其始稱，因為他在天寶三載已離開長安。他對宮內的情況是熟悉的。當他在沉香亭對着玄宗、太眞妃揮毫寫《清平調詞》時，『名花傾國兩相歡』云云，眼前景，眼前事，信手拈來，妙語天成，『虛』在何處？『妄』在何方？

『借問漢宮誰得似？可憐飛燕倚新妝』，『典故運用失當』嗎？《宮中行樂詞》十首（今存八首），孟棨《本事詩》，李肇《國史補》，都說出自太白之手，吳文也肯定是李白所作。今存的第二首末兩句是：

宮中誰第一？飛燕在昭陽。

趙飛燕是漢成帝的皇后，詩裏的『飛燕』指的是何人？據兩《唐書》的《玄宗紀》《后妃傳》以及《唐會要》的記載，唐玄宗從王皇后死後，沒有再立過皇后，武惠妃是死後才追贈為皇后的，武惠妃以後，得寵的就是楊玉環。在李白寫《宮中行樂詞》時，她雖未册爲貴妃，卻『禮數實同皇后』（見上引《舊唐書・楊貴妃傳》，太白詩裏的『飛燕』，除楊玉環外，不可能指第二人。我懷疑這十首詞也是當着太眞妃的面寫的，因無確據，不敢妄說；『飛燕』乃比太眞妃，則敢斷言。『可憐飛燕倚新妝』是『飛燕』這個典故的再用，當着楊玉環的面再次引用這個典故，旣貼切而又隱含譏諷，顯示出太白的膽量與才華，吳文卻說它『典故運用失當』，是什麽意思呢？無非是想貶低這三首詞的思想性、藝術性，爲『僞造說』提供根據，但這樣的『根據』，在事實面前顯得軟弱無力。除非想辦法證明《宮中行樂詞》也是僞作。

除了以上幾個問題外，還有什麽人說李白的壞話以致『賜金還山』的問題，各家說法不一，都是得之傳聞，很難確指其人，不過據李白自己的說法，卻是楊玉環：

> 彼婦人之猖狂，不如鵲之強強；彼婦人之淫昏，不如鶉之奔奔。（《雪讒詩贈友人》）

詩裏所說的『彼婦人』，自非楊妃莫屬，有人曾懷疑此詩非太白所作，並無確據。太白自己的話，應較其他各說更接近於事實。

吳文中還講到《淸平調》的樂律問題，認爲『淸調』與『平調』乃兩個宮調，唐時還不可能合而爲一。對於這個問題，不必另外找材料，就在吳文引過的任二北、羅蔗園兩先生的文章《與兪平伯先生商榷李白的淸平調問題》（見《光明日報》一九五七年五月五日《文學遺產》）中，已作了明確的解釋：

> 《淸平調》三字放在李辭三章之前，肯定已作曲牌名用，是就兩個宮調名稱構成的曲牌名，唐宋曲牌名如黃鐘樂、大呂子、角招、征招等，都是顯然借用宮調名，不過不是借用兩個宮調名罷了，在同爲曲牌名一點上說，《淸平調》是可以與《荔枝香》《伊州曲》相『儔』的。

查天寶中所製新曲，除《荔枝香》《伊州曲》外，還有《凉州曲》

《甘州曲》《霓裳羽衣曲》等均見於崔令欽《教坊記》。唐明皇好新聲，於兩個宮調之間另創新曲，並不奇怪。（筆者最近曾向任二北先生請教這個問題，他說：『王灼《碧鷄漫志》謂「明皇宣李白進《清平調》詞，乃是令白於《清平調》中製詞」之說是有根據的，所謂《清平調》就是低於「淸調」、高於「平調」的新曲。』附注於此，並向任老致謝。）

最後談談《松窗錄》這本書。《太平廣記》卷二百四引用此書，作《松窗錄》，未題撰人。《四庫全書總目提要・子部・小說類》有《松窗雜錄》一卷，《提要》云：

> 案此書名、撰人，諸本互異，《唐志》作《松窗錄》一卷，不著撰人，《宋志》作《松窗小錄》一卷，題李濬撰。《文獻通考》作《松窗雜錄》一卷，題韋濬撰。《歷代小史》則書名與《通考》同，人名與《宋志》同，蓋傳刻舛訛，未詳孰是。

按：乾隆刊本馬端臨《文獻通考》卷二百十五作《松窗錄》一卷，引晁氏曰：『唐韋叡撰，記唐朝故事。』與《提要》所引書名、撰人皆不同，《提要》所據當爲另一刊本。《顧氏文房小說》《奇晉齋叢書》皆收有此書，題唐李濬撰，陸氏《藏書志》有明仿宋刊本《松窗雜錄》一卷，題唐李濬編，《說郛》引用此書，則作唐杜荀鶴撰。是這本書的書名有《松窗錄》《松窗小錄》《松窗雜錄》等三種說法；作者有李濬、韋濬、韋叡、杜荀鶴等四種說法，莫衷一是。關於這本書的價值問題，《提要》說：

> 書中記唐明皇事，頗詳整可觀。載李泌德宗語論明皇得失，亦瞭若指掌。《通鑑》所載泌事，多採取李蘩《鄴侯家傳》，纖細必錄，而獨不及此書，是亦足補史缺。

《提要》的說法是比較客觀的，是實事求是的，在對這本小小的一卷書沒有作全面了解、研究之前就說：

它和其他晚唐五代小說家言一樣，多所附會訛謬，和歷史事實牴牾，存在很多問題。

韋叡寫《松窗錄》，不明瞭樂律本身的規律，編造出唐玄宗命李白寫新樂詞《清平調》的故事來；《清平調》這種曲名，也是韋叡誤解了中晚唐時代流行的《清平樂》詞中『清平』二字的含義而杜撰出來的。

這種說法，頗嫌『霸氣』。唐代的人不了解唐代『樂律本身的規律』，生在一千多年後的人倒了解了嗎？恐怕未必。

《松窗錄》記事的錯誤是有的，但並不是什麽『大謬』，如它把李白寫《清平調詞》說成是在開元時，這種錯誤是任何私家著述、甚至官方文獻所難免的，如果事涉宮闈，錯誤更爲難免。例如孟棨《本事詩》把李白寫《宮中行樂詞》的時間也說成是在開元年間；王定保《唐摭言》也有同樣的錯誤，爲什麽獨對《松窗錄》大加討伐呢？

《松窗錄》所記李白進《清平調詞》三首一事，是可信的。事不僞，詞亦不僞。我的結論如此。

（《李白清平調詞三首辨僞商榷》，見《文學遺產》一九八一年第四期）

■庾子山集

許逸民云:

倪璠《庾子山集注》卷四載庾信《重別周尚書二首》,其一云:『陽關萬里道,不見一人歸。惟有河邊雁,秋來南向飛。』其二云:『河橋兩岸絕,橫岐數路分。山川遙不見,懷袖遠相聞。』其一爲庾信作,《文苑英華》卷二六六可證。其二非庾信作,今爲辨證如下:

一、《重別周尚書》二首各自成篇,不相聯屬。第二首『河橋兩岸絕』四句,就詩的結構而言,似不够完整,前二句尚未談到離情,後二句便作結語了,有有尾無首之感。如果不是『懷袖』一詞的出典,怕不易想到是首別詩的。按《古詩十九首》其一云:『馨香盈懷袖,路遠莫致之。』『懷袖遠相聞』句當是反其意而用之。讀着這四句詩,自然要問:前面會不會有脫文呢?

二、查《文苑英華》卷二三〇載庾信《別周處士弘正》一首,篇末並注云:『此詩二百六十六卷重出,今已削去,注異同爲一作。』《英華》卷二六六在庾信《重別周尚書》『陽關萬里道』詩前,又有庾信《別周尚書弘正》詩,存目無文,說明此即前面所指出的重出,文已削去,異文已注入卷二三〇《別周處士弘正》詩內爲一作。總之,《英華》所載《重別周尚書》僅一首,即『陽關萬里道』四句。

三、爲什麼《庾集》中《重別周尚書》二首,多出『河橋兩岸絕』四句呢?原來《文苑英華》卷二六六於《別周尚書弘正》存目前,有王褒的《別王都官》詩,全詩八句,每四句正好寫刻爲一行。王褒《別王都官》的全文是:『連翩悯流客，悽愴惜離羣。東西御溝水，南北會稽雲。河橋兩堤絕，橫岐數路分。山川遙不見，懷袖遠相聞。』後四句，只有一個『堤』字與《重別周尚書》之二不同。由此可以想見，當初由《文苑英華》等書輯綴《庾集》的人，見《別周尚書弘正》一首有目無文，而前面毗鄰的《別王都官》詩後四句又恰爲一行，誤以爲行次顚倒，遂將《別王都官》詩的後四句作爲《別周尚書弘正》的正文而採入，後來《別周尚書弘正》又與《重別周尚書》合併爲一篇，就成了今天我們看到的《重別周尚書二首》的樣子。這個錯誤的產生，顯然是因爲輯綴《庾集》的人並未認眞看待《英華》卷二三〇的那條極其重要的腳注，以致張冠李戴，謬種流傳。《庾集》中誤收他人作品不止此一例，譬如《彭城公夫人爾朱氏墓志銘》和《伯母東平郡夫人李氏墓志銘》乃楊炯之作，前人已有專論辯明。

四、說王褒的《別王都官》詩共八句有無根源？有的。《藝文類聚》卷二十九在列舉了王褒的《入關故人送別》《別裴儀同》《別陸才子》詩後，謂『又《別王都官》詩曰』云云，正是八句，文字亦同。另外，從全詩的內容分析，首二句寫離別的心情；中間四句形容此次分手有如水流雲散、岸隔路分，將各處他方；末二句說雖然我們見不到面了，但是彼此的心是相通的，能够體會到互相思念的心情。前後呼應，構思嚴整，後四句亦有承有轉，再沒有首尾脫節的感覺了。今存《王司空集》收錄的《別王都官》詩，正是完整的八句。

以上證明《重別周尚書二首》之二，實際上是誤採了王褒的作品。但是這個錯誤不自清代的倪璠始，早在明代的諸刻本中，詩集如朱承爵刊四卷本、朱曰藩刊六卷本，全集如屠隆刊本、張燮刊本、汪士賢刊本等，就已經存在了。只有明薛應旂刊刻的《六朝詩集》本，并未列入《重別周尚書》等詩，或者這正是表明它是由南宋書棚本流傳而來，而又早於其他刊本的一個旁證吧。

（《「重別周尚書二首」之二非庾信作》，原載於《文史》第六輯）

■李益詩集

〔存　目〕

王夢鷗著《唐詩人李益生平及其作品》，臺北藝文印書館一九七三年出版；第十章爲《李益雜詩及其可疑的作品》。

詞曲類

■西廂記

毛奇齡云：

原本不列作者姓氏，今妄列若著若續，皆非也。

或稱《西廂》爲王實甫作，此本涵子《太和正音譜》也。涵虛子爲明寧王臞仙，其譜又本之元時大梁鍾嗣成《錄鬼簿》。故王元美《卮言》亦云：『《西廂》久傳爲關漢卿作，邇來乃有以爲王實甫者。』

明隆萬以前，刻《西廂》者皆稱《西廂》爲關漢卿作，雖不明列所著名，然序語悉歸漢卿。如金陵富樂院妓劉麗華刻口授古本《西廂》在嘉靖辛丑，尙云：『董解元關漢卿爲《西廂傳奇》。』而海陽黃嘉惠刻《董西廂》在嘉隆後，尙云：『董西廂爲關漢卿本所從出。』且引『竹索纜浮橋』等語爲漢卿襲句，則久以今本屬關矣。但《正音譜》載元曲名目，其於漢卿名下凡載六十本而不及《西廂》，不可解也。

或稱《西廂》是關漢卿作、王實甫續。他不可考，嘗見元人詠《西廂》詞，其《滿庭芳》有云：『王家好忙，沽名弔譽，續短添長。別人肉貼在你腮頰上。』又煞尾云：『董解元古詞章，關漢卿新腔韻。參訂《西廂》有的本。晚進王生多議論，把圍棋增。』則是在元時已有稱王續關者。但今按《西廂》二十折，照董解元本塡演。其在由歷，不容增圍棋一關目；而在套數又不容於五本之外特多此一折也。且圍棋一折久傳人間，亦殊與實甫所傳雜劇手筆不類。則意漢卿亦曾爲《西廂記》，有何人王生者增圍棋一折，故有此嘲。實則漢卿《西廂》非今所傳本，王生非實甫，增一折亦非續四折也。故詞隱生云：『向之所謂王續關者，則據元詞王增關之說而傅會之者也。今之所謂關續王者，則卽向時王續關之說而顚倒之者也。』此確論也。

或稱《西廂》爲王實甫作，後四折爲關漢卿續。此見明周憲王所傳本。又《點鬼簿目》標王實甫名則云：『張君瑞鬧道場、崔鶯鶯夜聽琴、張君瑞害相思、草橋店夢鶯鶯。』標關漢卿名則云：『張君瑞慶團圓。』故徐士範重刻《西廂》則云：『人皆以爲關漢卿，而不知有王實甫。蓋自草橋以前作於實甫，而其後則漢卿續成之者也。』且《巵言》亦云：『或言實甫作至草橋夢止，或言至碧雲天止。』於是向以爲王續關者，今又以爲關續王，眞不可解。

《西廂》作法斷不得止碧雲天者。元曲有院本、有雜劇，雜劇限四折，院本則合雜劇爲之，或四劇、或五劇，無所不可。故四折稱一劇，亦稱一本。碧雲天者，第四本之第三折也；而謂劇與本有止於三折者乎？若其不得止草橋者。《西廂》關目皆本董解元《西廂》，草橋以後原有寄贈爭婚以至團圓，此董詞藍本也。元例，傳演皆有由歷；由歷一定，卽李白嚇蠻本傳所無，張儀激秦與史乖反，亦不得不照由歷，所謂主司授題者，授此耳。今由歷在董，董未止，何敢輒止焉。且院本雖合雜劇，然仍分爲劇，如《西廂》仍作五本是也。但每本之末，必作絡絲娘煞尾二語，繳前啓後，以爲關鎖，此作法也。今《西廂》第一本煞尾已亡，第二第三第四本猶在也。第四本煞尾云：『都則爲一官半職，阻隔得千山萬水。』此正起末劇得官報喜之意，而謂夢覺卽止作者閣筆耶！且《西廂》閨詞也，亦離合詞也，不特董詞由歷不可更易，卽元詞十二科中，有所謂悲歡離合者，雖白司馬青衫淚劇，亦必至完配而後已。公然院本，而離而不合，科例謂何！

《西廂》果屬王作，則必非關續。按：王與關皆大都人，而關最有名，嘗仕金，金亡，不肯仕元。雖與王同時，而關爲先進。關向曾爲《西廂》矣，惡晚進者增一折，而紛紛有詞，豈肯復爲後進續四折乎？且今之據爲王作者，以《正音譜》也；若據《正音譜》，則併無可爲續者。按譜所列，每一劇必註曰一本，一本者四折也。今實甫《西廂記》下明註曰五本，則明明實甫已全有二十折矣。且兩人成一本，元實有之，如馬東籬岳陽樓劇第三折花李郎，第四折紅字李二，范氷壺鸘鸘裘劇第二折施君美，第三折黃德潤，第四折沈拱之類。然皆有明註，此未嘗註曰後一本爲何人也。凡此皆所當存疑以俟世之淹雅有卓識者。今不深考古而妄肆褒彈，任情刪抹，且曰若編若續，若佳若惡，若是若否，嗟乎，吾不知之矣。

（錄自鄭騫《西廂記作者新考》，見後）

鄭　騫云：

我對於《西廂》作者的新假設是：『《錄鬼簿》王實甫名下著錄的《西廂記》，亦卽王作原本，久已失傳；從明朝到現代的《西廂記》，其作者旣非王實甫更非關漢卿，而是元末明初的一個失名作家，其中可能有若干部分因襲實甫原作。』這確實是一個『大膽的假設』。王實甫《西廂》或王關西廂之說，流傳已三百餘年，深入人心，根深柢固；而且，王氏其他作品，《麗春堂》並不甚佳，《絲竹芙蓉亭》只存殘劇，實甫之名實賴《西廂》而傳，如說現存的《西廂記》不是他作的，幾乎是把這個作家的存在抹殺了。再說，把這樣一本名劇劃歸『無名氏』項下，也多少有一些殺風景。所以，我這個假設不是一般人容易接受的。但是我確有理由懷疑此一問題，決非無風起浪，標新立異。還是前言裏的一句話：『旣有此意見，不管對與不對，總該發表出來供戲劇學者討論。』下面是我所持的六項理由，亦卽我這個假設的論據。

一、題目正名與錄鬼簿不同

元雜劇每本都有題目正名，或兩句或四句，兩句者前一句爲題目後一句爲正名，四句者前兩句爲題目後兩句爲正名。題目正名總括全劇綱領，當然要與劇本內容相符，如有差異，卽可證明不是同一劇本，或劇名雖同而非同一作者。近人孫楷第卽曾根據兩種《西遊記》雜劇題目正名的互異再加上若干其他理由，考定今本二十四折的《西遊記》作者是楊景賢而非吳昌齡，吳作是另一本，現只存兩折。孫說見所撰《吳昌齡與雜劇西遊記》，載於民國二十八年出版之《輔仁學誌》八卷一期。我之所以懷疑《西廂記》作者，最初的啓示卽是孫氏此文，因爲《西廂》有二十一折，《西遊記》二十四折，篇幅之長與其他元代雜劇迥異，在這一點上，兩劇之可疑情形是一樣的。而本節從題目正名的異同上考訂作者，也是由於孫說的啓示。

通行本《錄鬼簿》著錄各家所作雜劇，照例只舉出正名一句，王實甫名下著錄十四種，其第六種云:

崔鶯鶯待月西廂記

天一閣鈔本《錄鬼簿》則題目正名兩句俱全:

鄭太君開宴北堂春（太君原誤作太后）

崔鶯鶯待月西廂記

二者並無不同，只是通行本省去前一句。今本《西廂記》則五本各有四句題目正名，共二十句，現在據弘治本鈔錄，並校錄劉龍田本異文於其下:

第一本: 老夫人閉春院（閉誤作閑）

崔鶯鶯燒夜香

俏紅娘懷好事（小紅娘傳好事）
張君瑞鬧道場

第二本：張君瑞破賊計
莽和尚生殺心
小紅娘晝請客（晝誤作書）
崔鶯鶯夜聽琴

第三本：老夫人命醫士（小紅娘傳書簡）
崔鶯鶯寄情詩（張君瑞害相思）
小紅娘問湯藥（老夫人命醫士）
張君瑞害相思（崔鶯鶯寄情詩）

第四本：小紅娘成好事
老夫人問由情（老夫人問原因）
短長亭斟別酒（長亭上送君瑞）
草橋店夢鶯鶯（草店裏夢鶯鶯）

第五本：生幾謝將軍成始終（小琴童捷傳報）（幾謝當是感謝之誤）
且多承老母主家翁（崔鶯鶯寄汗衫）
夫夫榮妻貴今朝足（鄭伯常干捨命）
外願得鴛幃百歲同（張君瑞慶團圓）

弘治與劉龍田二者的題目正名，前四本只有文字或次序上的細微差別，第五本則截然不同。弘治本的四句完全不像雜劇的題目正名而同於傳奇的下場詩；但我們並不能以此爲《西廂》非王實甫作之一證。因爲所有明清諸本的題目正名都與劉龍田本大同小異，只有弘治本的第五本與衆不同，顯然是書坊或戲班中人所改。

我們取《錄鬼簿》所載題目正名與各種刊本的《西廂》相較：《錄鬼簿》只有兩句，也就是一本的，各本《西廂》則有二十句，也就是五本的。而且，《錄鬼簿》的兩句，其文字與各本《西廂》

的二十句無一相同。如果明朝以來的《西廂》是王實甫原作，何以《錄鬼簿》只載一本的題目正名而不全載其五？何以文字無一句相同？這是我懷疑《西廂》非王實甫作的第一項理由。

二、折數特別多而錄鬼簿未注明

元雜劇照例是每本四折，例外之作沒有比四折少的，比四折多的則有八種：《趙氏孤兒》、《東牆記》、《五侯宴》、《降桑椹》各有五折，《賽花月秋千記》六折，《西廂記》共五本二十一折，《西遊記》共六本二十四折，《嬌紅記》共兩本八折。據我考證：《趙氏孤兒》第五本是明朝人添作的，《東牆記》是元末明初人根據白樸原劇改作，《五侯宴》舊題關漢卿、《降桑椹》舊題劉唐卿，其實都是明人作品，至早是明初。以上四劇的考證詳見拙著《景午叢編》上册《元劇作者質疑》。《西遊記》的作者已由孫楷第考定爲元末明初人楊景賢，《嬌紅記》的作者劉兌時代比楊還要晚；《西廂記》的作者爲本文討論的主題，暫且不談。所以，毫無問題的眞正元人雜劇只有《秋千記》超過四折。《秋千記》是張時起所作，原劇不存，只根據《錄鬼簿》的附注知其爲六折，本節所要提出的疑問就在這裏。《錄鬼簿》旣因《秋千記》折數突出而加以注明，何以對於折數更多情形更突出的《西廂記》反而一字未注？換言之，《趙氏孤兒》等六劇或有後人添改，或者根本是後人作品，當然《錄鬼簿》無注，因爲鍾嗣成並未見過這些添改本或後人作品。如果二十一折的《西廂記》是王實甫所作而鍾嗣成也曾見過，何以不與同爲元人作品的《秋千記》一樣注明折數？這是我懷疑《西廂》非王實甫作的第二項理由，與上述第一項理由都是根據《錄鬼簿》而生出來的疑問。

三、多用長套

元雜劇照例是用北曲，每折唱曲一套，每套包括曲調若干，曲調少者爲短套，多者爲長套，套之長短大約以十一二曲爲分界。本節主題卽是從《西廂》各折所用套之長短來觀察其寫作時代。

無論用於散曲或雜劇，北曲套式的發展有一種趨勢：初期每套用曲較少，也就是說套式較短，中期以後用曲漸多套式較長，到了後期則流行長套。這種趨勢可能與音樂發展及劇場演唱情形有關，也可能只是風氣的轉移，不一定有什麼道理可講。我最近由臺灣藝文印書館出版一本《北曲套式彙錄詳解》，彙輯所有元代北曲套式，包括散套與劇套，加以分析統計。據我統計的結果，元雜劇初期及中期作品，每折少者不過五六曲，多者十二三曲，甚少超過十五曲的長套，後期雜劇每折用曲才多起來，但也很少到達十五六曲以上。這是元雜劇各折用曲數量多少，亦卽套式長短的一般情形。

《西廂》各折用曲，根據我的統計，二十一折之中，十一曲者一、十二十三曲者各四、十四十五十六曲者各二、十七曲者一、十九曲者三、二十曲者二。最少者也有十一曲，最多者達二十曲，絕無十曲以下的短套，而十五曲以上者有十折。全劇二十一折共三百一十五曲，平均每折也恰爲十五曲。以上統計可以肯定說明《西廂》各折是普遍使用長套的。這是元雜劇後期的現象，而王實甫是早期作家，那時使用長套的風氣還未興起，如此多的折數，如此長的套式，恐非當時歌者及聽衆所習慣接受。王實甫是『書會才人』，他不會不隨著環境風氣寫作劇本。這是我懷疑《西廂》非王實甫作的第三項理由。

四、不守元雜劇一人獨唱的成規

元雜劇的規矩，照例是全劇由同一個角色獨唱到底，其餘角色只能說白不能唱曲。換言之，一本之中，末角唱就始終由這一個末角唱，旦角唱就始終由這一個旦角唱，所以有末本與旦本之分；一折之中更不能有兩人唱曲。元人守此規矩極爲嚴格。但我們綜觀《西廂》全劇，其破壞這種成規卻很厲害。現在揀出與本節有關部分，依次列述於下。

一：第四折梵王宮殿套，鶯鶯（旦）唱錦上花，紅娘（另一旦角）唱幺篇，張生（末）唱其餘諸曲。

二：第五折懨懨瘦損套與第六折不念法華經套同屬一本，而鶯鶯（旦）唱第五折，惠明（末）唱第六折。

三：第七折半萬賊兵套，張生（末）唱快活三，紅娘（旦）唱其餘諸曲。

四：第八折若不是張解元識人多套，張生（末）唱慶宣和雁兒落得勝令等三曲，紅娘（另一旦角）唱江兒水，鶯鶯（旦）唱其餘諸曲。

五：第十三折彩筆題詩套，張生（末）唱調笑令，紅娘（旦）唱其餘諸曲。

六：第十七折望蒲東蕭寺套，鶯鶯（旦）唱喬木查攪箏琶錦上花清江引水仙子等五曲，張生（末）唱其餘諸曲。

七：第十八折雖離了眼前悶套，紅娘（另一旦角）唱掛金索，鶯鶯（旦）唱其餘諸曲。

八：第十九折從到京師套與第二十折仁者能仁套同屬一本，而張生（末）唱第十九折，紅娘（旦）唱第二十折。

九：第二十一折玉鞭驄馬套，紅娘（旦）唱喬木查甜水令折桂令等三曲，鶯鶯（另一旦角）唱沈醉東風及第二支雁兒落得勝令等三曲，『羣唱』沽美酒太平令兩曲，使臣唱錦上花，不知何人唱清江引隨尾兩曲，張生唱其餘諸曲。

綜觀以上各條：甲，有一本之中旦末各唱全折者，如第二第八條。

乙，有一折之中旦末俱唱者，如第三第五第六條。丙，有一折之中兩個旦角俱唱者，如第七條。丁，有一折之中末與兩個旦角俱唱者，如第一第四條。戊，更有一折之中末與兩旦及其他角色俱唱者，如第九條。由此五項，可知《西廂記》是如何大量破壞了一人獨唱的成規。這種多人唱曲的情形顯然是受了南戲的影響。南戲萌芽雖在南宋之世，其正式發展流行則在元末明初，元朝前期及中葉則全是北雜劇的天下，這是治中國戲劇史者所公認的事實。王實甫的時代，最晚是元中期，因爲中後期之間的鍾嗣成作《錄鬼簿》，已把他歸入『前輩已死名公才人』之列。寫作劇本是供給優伶表演觀衆視聽的，不能脫離環境及風氣的限制。在實甫當時，南戲尙未流行，北劇正處於全盛，他不會違反習慣而憑空想出這種多人俱唱的新法來破壞大家正在嚴格遵守的成規。這是我懷疑《西廂》非王實甫作的第四項理由。

五、體製篇幅極像西遊記及嬌紅記

我懷疑《西廂記》非王實甫作的第五項理由是：《西廂》體製篇幅極像揚景賢的《西遊記》及劉兌的《嬌紅記》，而楊劉都是元末明初人；這三種雜劇可能是同時相先後的作品。前文曾說過，我懷疑《西廂》作者是受了孫楷第考定《西遊記》作者的啓發，就是因爲這『二西』太像了；《嬌紅記》則是較『二西』具體而微的作品。《西廂》之像《西遊》及《嬌紅》，可分四項。

一：《西遊》二十四折分爲六本，《西廂》二十一折分爲五本，同爲元代未有的長篇雜劇。《嬌紅》八折兩本，篇幅雖不及《西遊》《西廂》，卻也比正規元雜劇長一倍。

二：《西遊》六本、《嬌紅》兩本，每本各有題目正名，《西廂》五本也是如此。

三：《西遊》《嬌紅》俱不守一人獨唱的成規，《西廂》之不守此成規，已見上文第四節。

四: 三劇曲文風格相類。

右列第二項是隨著第一項而來的，不太重要，第四項詳見下文第六節；第一第三兩項（篇幅長及多人唱曲），則是這三種劇本的最大特點，因其全非元雜劇科範而純爲南戲規模。南戲發展流行在元末明初，上文已言及，而《西遊》與《嬌紅》乃元末明初作品又爲確定事實，《西廂》體製篇幅既異於正規元雜劇而與此二劇極相類似，自可推定其爲同時期作品，王實甫則是遠在這個時期以前的作家。當然我們可以假定實甫寫作《西廂》是獨開風氣之先，但要知道任何人開創風氣，必在這種風氣的形成條件都已具備之後，不可能『平地起孤堆』。王實甫之不能寫出長至五本二十一折而且嚴重破壞獨唱成規的《西廂記》，正如同清朝咸同年間人寫不出民國以來各種形式的小說。

六、曲文屬元劇末期風格

考訂一件文學作品的時代及作者，要有具體的證據，也要有抽象的證據。上文所擧五項都是具體的，本節要談到一項抽象證據——曲文風格。

末期元雜劇，其曲文風格與早期有所不同。簡單地說，末期作品比較藻麗、精緻、流暢、工穩，而缺乏早期所特有的質樸面目與雄渾蒼莽的氣勢。這是一切文體由發展而趨成熟的共同現象。我們讀過《西廂記》之後，會感覺到這個劇本的曲文風格有如下幾點:

一: 辭藻雅麗，對仗工巧，而缺少樸拙之致。

二: 流暢穩妥，無生硬不順之處。

三、細膩風光，沙明水淨。

四: 全屬細筆，缺少粗線條的描寫。

這幾項是《西廂記》曲文的特點，卻正是元末以至明初雜劇所以異於早期作品之處。尤其是惠明下書折那一套正宮端正好，極力想表現『莽和尚』的雄勁之氣，也就是所謂『粗線條』，卻顯得非常吃力而不自然，這正是時代不同勉強摹擬的現象。試取《西廂記》與早期的關漢卿、白仁甫、馬致遠之作及末期的喬夢符、鄭德輝、賈仲名之作個別比較，便可看出《西廂記》之成熟細緻的風格同於後者。而王實甫的時代卽使比關白馬稍晚，也遠在喬鄭賈之前。《西廂》曲文風格旣與喬鄭賈諸人作品類似，當然有理由懷疑其不出於王實甫。再進一步看，王實甫自己作的《麗春堂》，與《西廂記》也不似同一人的筆墨。

根據文字風格來考訂某件文學作品的時代，看似抽象籠統，實則往往較其他論據更爲正確。他種論據，有時並不完整，有時可以作不同解釋，有時會有正反兩面的證據同時出現而又無其他資料，使人難於取捨。文字則各時代有各時代的風格面目，勉強造作不來。無論什麼樣的『開明前進』之士，也不能無中生有在風氣未開之前有成熟的創作。所以本節雖屬抽象，卻是一項頗爲有力的論據。

結論

綜觀上文所舉六項論據，雖強弱不同，但六項合起來足够支持我的假設：《錄鬼簿》王實甫名下著錄的《西廂記》，亦卽王作原本，久已失傳，從明朝到現代所見到的《西廂記》，其作者旣非王實甫，更不是關漢卿，而是元末明初的一個失名作家，其中可能有若干部分因襲實甫原作。

天一閣鈔本《錄鬼簿》所載賈仲名弔王實甫《水仙子曲》云：『新雜劇，舊傳奇，西廂記，天下奪魁。』實甫所撰《西廂》旣已流行於世，何以又有人撰寫另一本《西廂》呢？我想這與元末明初戲劇寫作風氣有關；崔張故事本身的普遍性也有關係。元末明初雜劇作家往往取前人舊本重作。無論曲文、賓白、關目、排場，大部分另起爐竈，小部分也許因襲舊本；劇名則或改新名，或仍其舊，改名者如谷子敬《城南柳》之於馬致遠《岳陽樓》，仍舊者如朱有燉《曲江池》之於石君寶《曲江池》，無名氏《東牆記》之於白樸《東牆記》。這是當時的一種風氣。崔張故事則自唐以來久已膾炙人口，歷經唐宋金元四朝，不斷有人用各體文體詠寫其事：唐元稹撰《會眞記》、宋趙德麟撰《商調蝶戀花》、金董解元撰《西廂記諸宮調》、元王實甫撰《崔鶯鶯待月西廂記》雜劇。到了元末明初，南戲既已流行，北雜劇受其影響，於是有某一作家，採用這種流傳既久且廣的題材，根據王實甫的四折《西廂》，擴編改寫，成爲我們現在所見五本二十一折的《西廂》，新本既行，實甫原本遂廢。正因爲不知這個新本作者爲誰，所以入明以後，衆說紛紜，莫衷一是。以上這段推論，雖近於猜測之詞，卻合乎文學演變的軌跡及元末明初的雜劇寫作風氣，加上前文所舉六項論據，是可以自信的。楊景賢在吳昌齡寫過《唐三藏西天取經》雜劇之後，又寫了六本二十四折的《西遊記》；我認爲《西廂》之被擴編改寫，與《西遊》是同樣情形。

不過，王實甫作《西廂記》之說，畢竟流傳已久，根深柢固，不容輕易推翻。我的假設雖然持之有故言之成理，卻因文獻不足，不能像孫楷第考證《西遊記》作者那樣確鑿分明。我撰寫這篇論文，只是把胸中所疑寫出來，供治曲學者的參考，無意強人信我。最後還要聲明：我考證《西廂記》作者，只因爲它是本名作，而不是我怎樣喜歡這本雜劇。我對於此劇只有客觀的了解而沒有主觀的欣賞。我甚至曾發過『《西廂記》盛行乃元雜劇之不幸』的怪論。我的意思是說，《西廂》盛行遂使一般讀者誤以爲元雜劉只是些風花雪月、兒女私情，而忽略了關馬白鄭以及其他作家各種內容各種風格的佳作。至於金聖歎亂批妄改的六才子本之流傳獨廣，則又是

《西廂記》之不幸了。

（《西廂記作者新考》，原刊於《幼獅學誌》第十一卷第四期）

〔存　目〕

蔡丹治撰《西廂記的作者爲誰》，發表於一九六五年十月十四日中央日報第六版。

張永明撰《西廂記作者問題與文學價值》，發表於一九六六年二月九至十日中央日報第六版。

■琵琶記

朱建明・彭飛云:

《元譜》所輯《琵》劇非高明作

《元譜》即《大元天曆間九宮十三調譜》的簡稱，它與周德清的《中原音韻》一樣，是研究元代戲曲的重要文獻，該譜早已佚失。然而，在明末清初戲曲家鈕少雅、徐于室合撰的《滙纂〈元譜〉南曲九宮正始》（簡稱《九宮正始》）中，發現不少《元譜》的遺文佚曲，這些殘曲是整理、研究元代南戲極爲珍貴的資料；同時也爲我們探索《琵》劇產生的時代及其作者提供了重要線索。

《元譜》的作者不詳，其刊本（或抄本）年代，鈕、徐也未加說明，在馮旭爲《九宮正始》所作的《序》中，稱《元譜》爲《大元天曆間九宮十三調譜》。天曆是元文宗圖帖睦爾的年號，那末該譜應該是公元一三二八年至一三三〇年間的作品。它的編纂時間可能更早，因爲曲譜的遴選，需要作音律和曲詞等多方面的考辨。至於該譜所輯的元南戲，起碼應是流行於泰定年間或更早的作品。

雖然《九宮正始》是一部題名爲滙纂《元譜》的南曲譜，鈕、徐在曲譜中也時常提到該譜以《元譜》爲矩矱，但其所著錄的一百多種元南戲中，注明曲詞直接取自《元譜》的作品僅有《琵》劇等十六種，輯詞三十六首。而絕大部分作品，包括人們所熟知的《趙氏孤兒》、《蘇武牧羊》和《孟月梅》等元南戲的曲詞，均未說明是輯自《元譜》，它們可能錄於編者所說的『天曆至正間諸名人所著傳奇數套』，或者採自《元譜》而未加注明。這十六種南戲中，見載於《永樂大典》戲文三種之一《宦門子弟錯立身》的有三種，即《呂蒙正》、《古西廂》和《殺狗記》。《宦》劇是元中葉時的作品，因此上述三種南戲可推斷爲元前期作品。其它《薛芳卿》等十三種南戲，也可從《元譜》產生的時間，確認其爲元泰定年間或以前的作品，所以《元譜》所輯的《琵》劇，即使不能與《呂蒙正》者三種同時，但至遲亦作於泰定年間。

也許有人會認爲，馮序所說的『大元天曆間』這一時間依據不足，難以斷定它是什麼時間的曲譜，但旣爲元人曲譜，至遲也應產生於元末至正年間（一三四一——一三六八），而譜中所輯南戲起碼應是至正前期的作品，這一點是毋庸置疑的。因此，《元譜》所輯《琵》劇也不可能是至正後期的作品。

徐渭《南詞敍錄》說高明避亂四明櫟社時作《琵》劇，『三年而後成』。據考證，高明隱居寧波的時間約在至正十六年（一三五六），越三年，至正十九年（一三五九）他就溘然長逝了（關於高明卒年，下面將詳作辨析）。問題不在於高明是否在歸隱的當年就動筆寫《琵》劇，也不在於三年時間裏能不能寫出這樣的名著來，而是在於徐渭所說與《元譜》輯《琵》劇曲詞這一事實並不吻合，產生於元天曆年間（一三三〇年前後）的《元譜》怎麼會收錄比它晚二十幾年才寫成的高明作的《琵》劇呢？

退一步說，就算《元譜》流行於元亡前幾年，那也不可能收錄高明的作品，因爲完成該劇的時間，並不等於流傳盛行的時間，更不等於刊印流行的時間（以抄本流傳和刊本流傳有區別），如果高明在至正十六年至十九年間寫成《琵》劇，按古時印刷條件，刊刻時很可能已是入明了。還應看到，《元譜》所集的元南戲曲譜主要是從音律角度進行精選的，一般地說，這些曲譜須經舞臺、敎坊多年演唱實踐並經不斷加工、提煉，達到合宮協律要求方能入選，更何況《琵》劇曲譜在《元譜》中輯收最多。如果高明在一三五九年完成《琵》劇並且很快流行，與假設爲至正後期編纂的《元譜》產生時間相差無幾，很難設想《元譜》的編者會那樣猝然地將傳世不久的作品列爲重點而加以輯錄。

《九宮正始》著錄《琵》劇曲譜（包括曲詞）計一百八十三首，曲牌一百四十六支，是該譜輯收元南戲曲譜最多的一個劇本。其中在附注裏提到以《元譜》《琵》劇曲譜考訂《琵》劇時譜的有十四首，這十四首曲譜的宮調曲牌如下：

〔黃鐘・神仗兒〕、〔三段子〕

〔大石調・尚輕圓煞〕；

〔南呂調・香五更〕、〔尚按節拍煞〕；

〔越調・鏵鍬兒〕、〔祝英臺近〕；

〔雙調・夜游湖〕、〔僥僥令〕；

〔仙呂入雙調・雁兒舞〕、〔五韻美〕、〔五供養〕、〔羅鼓令〕、〔犯衮〕。

在以上曲譜中，曲詞注明取自《元譜》的有九首，也爲《九宮正始》所輯《元譜》殘曲之冠，另外，在卷首『凡例』中以《元譜》《琵》劇曲文句讀辨正時譜之誤也有一例。

這些收自《元譜》的曲詞基本上爲我們勾勒出元中葉時流行的《琵》劇概貌，而這又與明清流行的各種《琵》劇版本基本相近，這說明元中葉時的《琵》劇與後世刊印的通行本是一個系統的本子，盡管這些支離分散的只曲片段，還難以表達連貫的故事情節和完整的人物形象，但由於每首曲詞完好無損，從中還是能窺測出這個流行最早的《琵》劇已將蔡伯喈的『三不孝』改成了『三不從』，他已不是宋南戲《趙貞女》（以下簡稱《趙》劇）裏那個不忠不孝、富貴易妻的薄情郎，而是全忠全孝、貴不易妻的仁義夫君。明清《琵》劇通行本所表現的主題和蔡伯喈形象，我們從《元譜》這些曲詞中也能粗略地看制。

或許有人會問，《元譜》中這些曲詞是否可能輯自《趙》劇，我們認爲不可能，盡管《趙》劇早已佚失，但從一些文獻中還可了解到該劇基本情節是：蔡伯喈獨占鰲頭後，棄親背婦，馬踹趙五娘，終爲暴雷擊死。而《元譜》所輯《琵》劇曲詞沒有這些情節，並且擺脫了趙五娘爲主線的結構。

《元譜》所收《琵》劇是否會是介於《趙》劇與《琵》劇之間的第三種寫蔡伯喈故事的南戲呢？回答也是否定的。因爲《元譜》所輯劇名或題爲《琵》劇，或題爲《蔡伯喈》，這與『巾箱本』和『陸貽典本』的劇名《蔡伯喈琵琶記》相合，不可能存在第三種內容的劇本，並且我們查閱了有關『典目』，亦無介乎二者之間的又一種劇目記載，更何況該譜輯收的《琵》劇曲詞基本上吻合於明清流行的通行本，因此，唯一可能是風靡於明清劇壇的《琵》劇祖本，在元中葉已經盛行，它就是《元譜》所輯的《琵》劇，其作者並非高明。

古本《琵》劇也非高明作

《九宮正始》中還提到一種高東嘉古本《琵》劇（即元本《琵》劇）。這個本子與《元譜》所輯《琵》劇有什麽關係？鈕、徐並未說明，但他們在《臆論・精選》中說：『詞曲始於大元，玆選俱集大（係『天』誤）曆至正間諸名人所著傳奇數套、原文古調以爲章程，故寧質毋文，間有不足，則取明初者一二以補之……』這段話告訴我們，《九宮正始》所選詞曲除《元譜》外，還從天曆至正間著名戲曲作家所撰作品中收輯，這樣看來，古本《琵》劇也應是天曆至正間的作品，於是有下列三個問題需要作進一步探討：

一、古本《琵》劇與《元譜》所輯《琵》劇的關係？

二、古本《琵》劇的作者是不是高明？

三、高東嘉就是高明（則誠）嗎？

先談第一個問題，古本《琵》劇與《元譜》《琵》劇的關係。

今天我們所能見到的古本《琵》劇有四種：

明嘉靖蘇州坊刻巾箱本：《蔡伯喈琵琶記》，東嘉高先生編集；廣東揭陽出土的明嘉靖抄本《蔡伯喈》，無作者姓氏。清陸貽典新刊元本：《蔡伯喈琵琶記》，東嘉高先生編集；明凌濛初刊刻臞仙本：《琵琶記》，元高東嘉塡詞。

《九宮正始》所輯的一百八十三首《琵》劇曲詞，與巾箱本和陸貽典本基本相同。因此，鈕、徐所說的古本可能就是這兩種本子中的一種，而《元譜》所輯《琵》劇就很難斷定它是什麼本子。雖然，《元譜》所輯九首《琵》劇曲詞和古本相同，但是鈕、徐在考訂《琵》劇曲譜的附注中，往往將《元譜》《琵》劇與古本《琵》劇並題，例如〔黃鐘・神仗兒〕『揚塵舞蹈』曲注：『此調按高東嘉古本，於此第四句下，猶有此三字一句、四字二句者也，況《元譜》亦然。』又如〔仙呂入雙調・五韻美〕『名韁利鎖』曲後也有類似的說明：『按古本《琵琶記》及《元譜》於此一句皆曰：「我也休怨他咱」。』因此從注中之並提可見，確實存在《元譜》與古本兩個不同的《琵》劇本子。但是從《元譜》產生的時間來看，它所輯的《琵》劇可能比古本《琵》劇更早。至於《元譜》《琵》劇究竟是巾箱本還是陸貽典本，由於僅有九首曲詞，還無法確定。第三種近年出土的明抄本是明嘉靖年間藝人的演出本，第四種臞仙本則是以明補元的本子，這兩種更不可能是《元譜》《琵》劇的本子。《元譜》《琵》劇原本已佚。

前面我們已經論證過《元譜》《琵》劇的作者不是高明，那末，天曆至正間的古本《琵》劇是否爲高明所撰呢？要弄清這個問題，還必須從他的生平談起。

在元代，姓名同爲高明者有三人，一般以元末永嘉人高明爲《琵》劇作者。

永嘉高明，字則誠，號菜根道人。出身儒門，至正四年（一三四四）鄉試中試，第二年連捷進士，授處州錄事，又歷江南行臺掾，福建行省都事，慶元路推官等職。晚年隱居寧波，信奉釋教。

關於他的生年，一說元成宗大德五年（一三〇一），一說大德十一年左右（一三〇七），兩說均以明蘇伯衡（平仲）生年來揣測。

至於他的卒年，分歧就更大，但我們認爲應該是至正十九年（一三五九）。清陸時化《吳越所見書畫錄》卷一『宋渭公《晨起》』詩卷中載有高明題陸游《晨起》詩卷的一段文字，文末署爲:『至正十三年夏五月壬辰，永嘉高明謹志於龍方。』又，該書同卷還有元末北郭十才子之一的永嘉余堯臣的題跋。跋云:『放翁手書《晨起》一首，感時自惜，忠義藹然，永嘉高明則誠題其卷端，以爲愛君憂時如杜少陵，且表其平生所志，不在事功，豈以南園一記，爲放翁病，直欲挽回唐虞氣象於三千載之上，又安肯自務權臣，以求進斯言也。非特盡夫放翁心事，而高公之抱負從可見矣。是卷題於至正十三年夏，越六年，而高公亦以不屈權勢病卒四明。言行相顧而不背者，予於高公見之。』至正十三年爲一三五三年，越六年，則爲至正十九年，亦卽一三五九年。雖然余堯臣與高明的關係尚待進一步考證，但他們同爲元末人，又同爲永嘉人，並且從高明不阿權貴的生平來看，而所述與史料相合，因此他所記高明的卒年比較可信。關於高明的卒年，還有一個材料可爲佐證，就是高明去世後不久其好友陸德暘所寫的一首《吊高明》的詩:

亂離遭世變，出處嘆才難。墮地文將喪，憂天寢不安。

名題前進士，爵署舊郎官。一代儒林傳，眞堪入史刊。

詩中對高明不幸死於兵荒馬亂歲月深表惋惜，由此亦可證明高明歿於元亡前的亂離世變時期。

按照高明生年，他也不可能是《琵》劇的作者。如生於一三〇一年，到泰定年間（一三二四——一三二七）高明才二十四、五歲，如以一三〇七年計，僅十八、九歲，卽令高明少時卽有文名，但被歷代戲曲家崇奉爲曲祖的《琵》劇，無論在反映社會生活面的深廣程度上或在戲曲藝術方面所顯示出來的熟諳技巧上，都說明這部經緯萬端、閱歷頗深的作品是一位深得戲曲三昧的行家所爲，而不大可能出自一個初出茅廬而又毫無舞臺實踐經驗的青年之手。

高明的卒年就更足以證明他不是古本《琵》劇的作者，前面已有詳析，不再贅述。

現在可以確定爲高明著作並且流傳至今的，大約就只有《柔克齋詩集》殘詩五十多首，〔鷓鴣天〕《題顧氏景筠堂》詞一首及散文兩篇：《烏寶傳》和《題陸游〈晨起〉詩》。此外，在凌濛初《南音三籟》中輯有〔白練序〕『窺青眼』等南散曲七首。所有這些詩文都沒有提供他曾經寫過《琵》劇的任何資料。

就是從高明的交游中，也沒有發現他是《琵》劇作者的記載。戴不凡說：高明的老師『黃溍曾鼓勵則誠寫《琵琶記》』。黃溍，元代大儒，《元史》有傳。我們查閱了包括《元史》在內的有關資料，沒有看到這方面的記述。他的另一位老師蘇天爵，曾除元廷參知政事，其傳及一些書籍中，亦無高明撰《琵》劇的軼事。至於明代開國元勛劉基（伯溫），他是高明的知交，然而在其著述中，雖有他倆過從甚密的敍述，卻無高明曾撰《琵》劇的記載。如果按後來一些筆記所說，朱元璋對《琵》劇推崇備至，並使使徵召高明，作爲明太祖股肱之臣的劉基，爲何在他爲數不少的詩文中隻字不提？就連他的弟弟高暘以及好友陸德暘和余堯臣等人也無這方面的見錄。這難道不值得人們產生疑問嗎？

在所有記載《琵》劇逸聞軼事的論著中，脫稿於嘉靖己未年（明世宗三十八年，一五五九）的徐渭《南詞敍錄》最具代表性。但是，該書著錄的有關高明撰作《琵》劇的材料，失實頗多。現將有關部分摘錄如下：

永嘉高經歷明，避亂四明之櫟社，惜伯喈之被謗，乃作《琵琶記》雪之。用清麗之詞，一洗作者之陋，於是村坊小伎，進與古法部相參，卓乎不可及已。相傳，則誠坐臥一小樓，三年而後成。其足按拍處，板皆為穿，嘗夜坐自歌，二燭忽合而為一，交輔久之。乃解好事者，以其妙感鬼神，為創瑞光栖旌之。我高皇帝卽位，聞其名使使徵之，則誠佯狂不出，高皇不復強。亡何，卒。時有《琵琶記》進呈者，高皇笑曰：『五經，四書，布帛，菽粟也，家家皆有；高明《琵琶記》如山珍海錯，富貴家不可無……』

關於高明避居寧波作劇之可疑，上文已作論述，下面再對朱元璋徵召高明等事的眞僞作進一步探討。

既然高明卒於至正十九年，離元朝覆滅的一三六八年尙有九年，待到大明王朝建立，高則誠冥目於九泉之下已久，又何來洪武帝徵召高明一事？更不可能有什麼『則誠佯狂不出』的荒誕記載了。至於朱元璋看到臣下進獻的《琵》劇板爲贊賞，這不是沒有可能，但卻與高明是否寫過《琵》劇完全是兩碼事。

如果試圖用創作目的來證明《琵》劇是高明的作品，就更不可靠了。徐渭說高明寫戲是爲了『雪伯喈之被謗』。在明代，蹈襲這種觀點者頗多，蔣仲舒《堯山堂外紀》還記述有高明夜夢伯喈請其樹懿行的軼事。另外尙有一些筆記提到他的創作動機是譏友刺人。所有這些說法都不可信。正如淸人姚燮在《今樂考證》中說：『傳奇家托名寄志，其爲子虛烏有者，十之七八。千載而下，誰不知有蔡中郎者？諸家紛紛之辨，直痴人說夢耳。』倒是擊中了雪恥、譏友和刺人說的要害。

在談到高明撰作《琵》劇軼事時，徐渭說是依據『相傳』的材料。旣是『相傳』，就未必是眞實的史料，可是，明淸間仍有不少好事者，將這些傳說當作眞實的史料加以引證，有的還煞有介事的畫蛇添足，這樣就產生了更多的謬誤。倘若高明眞的是《琵》劇的作者，而且在編劇時也確有拍板穿木、雙燭交輝的動人場面，那就無須等到明中葉以後，才見之於稗史筆記，而應該早載錄於元末明初的高暘、劉基、陸德暘和余堯臣諸人的詩文筆記之中了。因此，從高明的經歷、交游及其著作中都沒有發現他撰寫《琵》劇的材料。

在《南詞敍錄》所附錄的『宋元舊篇』中，也可以發現一些問題。在所輯錄的三十九種宋元南戲劇目中，唯有《閔子騫單衣記》下注有『高則誠作』四字，而包括《琵》劇在內的其餘三十八種，均未注明作者姓名。這裏存在着兩種可能：

㈠《閔》劇確爲高則誠作，而且這是『宋元舊篇』中所注明的唯一作者姓名；

㈡刊刻者的錯簡，『高則誠作』四字本應刻於次行《琵琶記》下。

按照《南詞敍錄》正文所載，徐渭是認定《琵》劇爲高則誠所作，並且在論及宋元南戲時，也只有《琵》劇提到作者，因此，『高則誠作』四字應在《琵琶記》下，才不致與正文相悖。所以，《閔》劇也很可能不是高明的作品，而爲無名氏所著。有人以劉基《從軍詩五首送高則誠南征》的詩中提到：『少小慕曾、閔，窮閻兀幽栖。』就認爲旣然高明自幼仰慕閔子騫，那就必定寫過《閔》劇，這未免有些牽強。在封建文人的詩文中，頌揚歷史上的著名人物來抒展自己的抱負和信仰比比皆是，僅憑這一點，就臆斷高明寫過類似題材的戲曲，論據似嫌單薄。何況，高明的生平和詩文中，也沒有寫過《閔》劇的記載。過去，一些專家曾以高明作《閔》劇，來證明《琵》劇也是他的作品，現在，根據上面的論證，《閔》劇不爲高明所作，是較明顯的。旣然如此，由《閔》劇來推斷《琵》劇爲高明所作的論點也就站不住了。

綜上所述，徐渭在《南詞敍錄》中關於高明撰作《琵》劇的論述是缺乏事實根據的。因此，古本《琵》劇的作者也不是高明。在明人中，也有人以爲古本《琵》劇作者是高拭，例如，蔣仲舒《堯山堂外紀》就說：『高拭，字則成，作《琵琶記》者。』但此說比徐渭的高明說更靠不住，高拭的生年雖比高明略早，但他是燕山人，不大可能用閩浙之音去編寫戲文，並且文獻中也沒有他編撰《琵》劇的事迹記載。因此，高拭也不可能是《琵》劇的作者。

最後一個問題，高東嘉與高明（則誠）是一個人嗎？據上文引證，巾箱本與陸貽典本卷首都署東嘉高先生編集，臞仙本則直接題爲高東嘉塡詞。

東嘉是溫州的別名，據《元史·地理志五》記載：『溫州路（上），唐初爲東嘉州，又改永嘉郡，又爲溫州。』

高先生是誰？目前僅能知道他是東嘉人，但不能因爲高先生是東嘉人，就認定他是高明。如果《琵》劇確爲高明所撰，爲何兩種元刊本的原刊者在卷首署有校訂者斯干軒大名，而編撰者卻有姓無名，甚至連字、號也不注，根據高明在元末的文名，這是不可思議的。

另據清李調元《雨村曲話》引元高儒《百川書志》的材料說《琵》劇爲『元永嘉先生撰』，只提永嘉人，說明《琵》劇確爲永嘉人所寫，但未必是高明。

臞仙本和《九宮正始》又將元刊本的東嘉高先生改爲高東嘉，東嘉就成了高先生的名了。我們知道，高明的名、字、號中都沒有東嘉之稱，將高明稱爲高東嘉的是明中葉以後的一些文人。臞仙本的刊刻者和《九宮正始》的編者可能受了這種影響才改稱高東嘉的。我們認爲元刊本中的『先生』二字至關重要，因爲它爲我們指出了古本《琵》劇作者的職業和身份。在元代，『先生』除通常解釋爲年資較高的師長或地位顯赫的權貴外，還有兩種人稱之爲先生。一是道士。據元世祖至元年間曾頒布過的詔諭說:『在前蒙哥皇帝聖旨裏，戊午年，和尚先生每折證佛法，先生每輸了底上頭，數十七個先生剃頭做了和尚。更將先生每說的謊做來的《化胡》等經，并印板都燒毁了者。』而在元釋祥邁所作的《至元辨僞錄》裏也有『先生言道門最高，秀才言儒門第一』的說法。可見，元代稱道士爲先生。二是書會才人。元鍾嗣成《錄鬼簿》中的許多雜劇作家被稱爲先生，如:

白仁甫——蘭谷先生（玉京書會）;

楊顯之——前輩老先生（玉京書會）;

侯正侯——艮齋先生;

吳仁卿——克齋先生。

又，鄭德輝由於『名聞天子』『聲徹閨閣』，被『伶倫輩稱先生』（曹本爲『鄭老先生』）; 趙君卿:『同師鄧善之、曹克明二先生』（曹本爲『同師鄧善之、曹克明、劉聲之三先生』）。從這些被稱爲先生的雜劇作家來看，書會中那些德高望重的才人才能稱得上先生，如鄭德輝。勾欄、青樓中的藝伎稱他爲先生就包含着尊重之意。

因此，東嘉高先生可能就是書會中年長資深、很有威望的老先生，他不同於當時一般飽讀經書的文人，而是如同著名的北雜劇作家關漢卿一樣，是既有文才又熟諳舞臺生活的行家，只有這樣的行家才能編寫出這部被稱爲『曲祖』的劇本來。同時，從劇本中所反映出的『小國寡民』等老莊思想來看，這位高先生也許還是一個虔誠的道教徒。元刊本的最初刊刻者所以不用其名，而稱爲『先生』是含有尊重的含義的。用其他理由是難以解釋得通的。出身於書香門第、歷任過慶元路推官等要職的高明雖然也寫散曲，但卻沒有舞臺生活經驗。同時，他晚年篤信佛教，也與道家無緣。因此，他不大可能編出這樣一部爲後人尊爲楷模的作品來。

末了，歸納本文結論，以明頭緒：

一、《元譜》所輯《琵》劇產生於元代中葉，是明清流行的通行本的祖本，原作已不見於人世，作者不詳。

二、《九宮正始》中提到的高東嘉古本《琵》劇，是天曆至正間的本子，不是《元譜》輯曲的《琵》劇，爲東嘉高先生所編，高先生很可能是一位信奉道教的書會才人，但不是高明，更不可能是高拭。

三、高先生的古本是宋戲文《趙貞女》的改編本，或者還是《元譜》《琵》劇的整理本，因此，巾箱本和陸貽典本均有『編集』的字樣。

四、明清流行的通行本則是在高先生古本基礎上修訂而成。它的修訂者是誰，是傳說中的朱教諭還是其他人？由於目前無資料可證，只能存疑。

（《論琵琶記非高明作》，見《文學遺產》一九八一年第四期）

■滄浪亭

劉世德云:

在清人戲曲中，有兩部以《滄浪亭》命名的作品，一爲雜劇，一爲傳奇。

《滄浪亭》雜劇，《曲海總目提要》著錄，作者乃蕊栖居士。據我們所知，蕊栖居士撰著的雜劇共計四種，除《滄浪亭》外，還有《平津閣》《十錦堤》《鐵漢樓》。他的眞實姓名雖不可考，他的筆名卻總算被保留下來了。

同蕊栖居士相比，《滄浪亭》傳奇的作者要不幸得多，他的姓名一直湮沒無聞。黃文暘《曲海目》、支豐宜《曲目新編》：姚燮《今樂考證》以及王國維《曲錄》著錄了《滄浪亭》傳奇，但因他們不知作者爲何許人，又都無例外地把它歸入無名氏的作品一類。

那麼，我們今天能否考知這位《滄浪亭》傳奇作者的眞實姓名呢？

我看，這還是有些蛛絲馬跡可供探索的。

首先，他所生活的時代的上下限是可以大致確定的。《滄浪亭》傳奇之名，首見於《曲海目》。而據黃文暘在小序中說:

> 乾隆辛丑春，奉旨修改古今詞曲，予受鹽使者聘，得與改修之列，兼總校蘇州織造進呈詞曲，因得盡閱古今雜劇傳奇。閱一年，事竣，追憶其盛，擬將古今作者各撮其關目大概，勒成《曲海》一書；先定總目一卷，以紀其人之姓名。

可知《曲海目》成於乾隆辛丑的次年，卽乾隆四十七年（一七八二）。因此，《滄浪亭》傳奇創作的時間不能晚於這一年。

其次，《 滄浪亭 》傳奇作者活動的地域也是可以約略估計到的。這部傳奇旣然名叫《浪浪亭》，它的內容不外是演述北宋慶歷年間蘇舜欽謫廢之后， 寓居姑蘇， 買水石， 作滄浪亭以自娛的故事。從一般的情況加以推測，作者很可能曾在蘇州一帶生活過；顯然，他描繪的是本地風光，他抒發的是對古人的傾慕之情。

再次， 蘇舜欽和滄浪亭的故事， 雖則歷經宋、元、明、淸四代，膾炙人口，傳誦不絕，但細加推究，不難發現，它的流傳基本上局限在文人學士的範圍之內。所以，描寫這個故事題材的《滄浪亭》傳奇的作者應當至少兼有兩種身分：一是文人，二是官場中的過來人。看來，他不會是粗通文墨的伶工，也不會是沒有科第功名的布衣之士。

上述三點提供了考辨《滄浪亭》傳奇作者的線索。依循着這些線索去尋求證據，我終於發現了《滄浪亭》傳奇作者的眞實姓名：宋犖。

* * *

宋犖，字牧仲，號漫堂，河南商丘人，淸初著名的文學家，工詩，列名爲『燕台十子』之一，著有《西陂類稿》等。

在宋犖的《滄浪亭詩》中，有一首七律，《初冬過滄浪亭，寄尤悔庵》，詩如下：

滄浪亭畔刈稻了，倚杖看山又此回。
野水雁飛荷葉爛，故鄉花送牡丹來。
經營是處宦情別，歌板古人生面開。
寄語西堂八十叟，石欄點筆待追陪。

其中第六句原有小注說： 『時有《滄浪亭》傳奇。』宋犖所說的『有』卽『著有』、『撰有』之類的意思。這說明，作者在不久之前撰寫了這部傳奇。

宋犖生於明崇禎七年（一六三四），卒於淸康熙五十二年（一七一三），享年八十歲。這同上述線索第一點所確定的傳奇作者生活時代的上下限是完全符合的。

宋犖曾長期出任江寧巡撫。按照當時的規定，江南督撫衙門分設兩地，兩江總督駐江寧，江寧巡撫則駐在蘇州。宋犖於康熙三十一年八月赴任，四十四年十二月卸任，計『撫吳十四年』。他在蘇州一地度過了漫長的歲月，這同上述線索第二點所估計的傳奇作者活動的地域更是完全符合的。

宋犖幼年入朝爲三等侍衞，後除黃州府通判，授理藩院院判，遷刑部貴州司員外郎，奉命視榷贛關，遷刑部福建司郎中、直隸通永道僉他、山東按察使、江蘇布政署、江西巡撫，調江寧巡撫，擢吏部尙書，最後以衰老乞罷。他的仕宦經歷以及他的文學修養，同上述線索第三點所推測的傳奇作者的身份也是完全符合的。

因此，在沒有發現當時還有另一個人也曾寫過同一名稱的傳奇的情況下，我們應該承認，宋犖詩中所提到的《滄浪亭》傳奇，無疑就是他本人的作品。

*　　　　*　　　　*

宋犖的小注說：『時有《滄浪亭》傳奇。』這句話能不能被理解爲：宋犖聽說或閱讀過當時另一位作家所撰寫的《滄浪亭》傳奇？或者：宋犖主辦或觀看了他人所撰寫的《滄浪亭》傳奇的演出？我認爲，不能作這樣的理解。

這條小注是全詩的有機組成部分。我們不能脫離詩句而去孤立地探討它的含意。試看詩中第四句和第六句，『經營是處宦情別，歌板古人生面開』都分明屬於一種自指的語氣。『是處』卽指浪滄亭。『宦情別』和『歌板古人』也和大家所知道的蘇舜欽滄浪亭故事吻合一致。這就告訴我們，宋犖在小注中所說的，的確只能有一種解釋：他當時撰寫了一部《滄浪亭》傳奇。

再看詩中第七句和第八句『寄語西堂八十叟，石欄點筆待追陪』，『西堂八十叟』指的什麼人呢？原來他就是詩題中所說的『尤悔庵』，卽當時著名的戲劇家尤侗。尤侗，字同人，一字展成，號悔庵、西堂、艮齋，江南長洲（今江蘇省蘇州市）人，著有《鈞天樂》傳奇和《讀離騷》、《吊琵琶》、《桃花源》、《黑白衞》、《清平調》雜劇等，稱爲西堂樂府。對於這樣一位作家，宋犖說要『石欄點筆待追陪』，顯而易見，自然是指戲劇創作這類事情了。

而宋犖本人正是一位戲曲愛好者。他和當時的許多著名的戲曲作家，如尤侗、洪昇、傅山、曹寅、袁于令等等，都有交誼。他對一些前輩的戲曲作家也備加推崇。例如，他稱康海爲『英雄才士』，並寫下了這樣的詩句：『絕代風流康對山，琵琶一擲老秦關』；他曾爲徐霖的詩册作跋，盛贊他『能詩畫，善書，尤工樂府』。此外，他經常觀劇，對一些優秀的戲劇作品都非常熟悉。他觀看了吳寶郎主演的《牡丹亭》很受感動，曾興『聞歌喚奈何』之嘆；他觀看了《桃花扇》題詩說：『凭空撰出桃花扇，一段風流也自佳』，『新詞不讓《長生殿》，幽韵全分玉茗堂』。他作詩咏白山茶，甚至錫以『玉茗花』的嘉名。凡此種種，足以證明：對宋犖來說，戲劇創作並不是陌生的。

由此可見，宋犖《初冬過滄浪亭，寄尤悔庵》這首七律的詩句和小注中所透露的這樣的消息是可靠的，卽：這部《滄浪亭》傳奇乃是宋犖本人的作品。

*　　　　*　　　　*

宋犖《重修滄浪亭記》說：

> 予來撫吳且四年，蘄與吏民相恬以無事，而吏民亦安予之簡拙，事以寖少，故雖處劇而不煩。暇日披圖乘，得宋蘇子美滄浪亭遺址于郡學東偏，距使院僅一里。而近間過之，則野水瀠洄，巨石頹仆，小山蘩翳于荒烟蔓草間，人迹罕至。予于是亟謀修復，構亭于山之巔，得文衡山隸書『滄浪亭』三

字，揭諸楣，復舊觀也。

文末還說：『經始以乙亥八月，落成以明年二月。』乙亥，即康熙三十四年（一六九五）。在宋犖自撰的《漫堂年譜》裏也有同樣的記載：康熙三十五年，『二月，修宋學士蘇子美滄浪亭，余有記，刻石，並刻小志，又賦滄浪亭長篇，用歐陽永叔韵，屬和者甚多。』修復滄浪亭，這是宋犖引爲得意的一樁大事。他不僅撰寫了《重復滄浪亭記》以及有關滄浪亭的長短詩歌多篇。還編印了《滄浪小志》二卷，制作了『滄浪亭墨』。此事被後人傳誦不絕，孫原湘詩說：『疏泉迭石費平章，竟說風流宋漫堂。』就是一例。

宋犖甚至還把自己在康熙三十四年十二月至三十七年七月間所寫的詩篇結集命名爲《滄浪亭》。上引《初冬過滄浪亭，寄尤悔庵》七律，即在其中。這首七律作於康熙三十五年（一六九六）初冬。既然小注中說是『時有《滄浪亭》傳奇』，則它的寫作必在康熙三十四年八月至三十五年十月之際。

（《滄浪亭傳奇作者考》，原刊於《學林漫錄初集》）

■翻西廂、賣相思

張　曾云:

《翻西廂》《賣相思》傳奇，清笠閣漁翁《笠閣批評舊戲目》、清黃文暘《重訂曲海目》、清支豐宜《曲目表》、清姚燮《今樂考證》、傅惜華《明代傳奇全目》均著錄，作硏雪子作，又都謂『硏雪子姓、名、字、居里、事迹不詳』。惟王國維《曲錄》始列《錦西廂》，而注稱『一作《翻西廂》，並題爲明人周公魯作』。這是王國維沿襲了清無名氏《傳奇滙考標目》的錯誤。

《賣相思》傳奇，未見傳本；《翻西廂》傳奇北京圖書館藏有崇禎刻本，《古本戲曲叢刊》第三輯所收《翻西廂》傳奇，就是據崇禎本影印的，但編者仍題《明周公魯撰》，是沿襲了王國維的錯誤。此書末有朱希祖跋，曾疑爲沈謙作，與已故葉德均先生在《〈翻西廂〉爲沈謙所作》一文中（見《戲曲小說叢考》頁 438）看法相同，其證據均爲：沈謙《東江別集》卷四中呂粉蝶兒『集伯揆商霖，是日演予新劇《翻西廂》』。

按是說，與傳世崇禎刻本署『古吳硏雪子編』的地望有很大的矛盾。所謂『古吳』，係指毘陵，卽常州一帶。我們知道沈謙爲浙江省仁和縣臨平鎭人，隸屬杭州府轄，與崇禎刻本署地不同，這就從根本上動搖了沈謙爲傳世禎崇刻本《翻西廂》傳奇作者。當然也能排除沈謙作另一種《翻西廂》傳奇的可能性，因爲相同的劇目不同的作者，在戲曲目錄上是常見的。因此，我們不妨說傳世的崇禎刻本《翻西廂》傳奇，非沈謙所作；但有可能沈謙作另外一種《翻西廂》傳奇。

那麼《翻西廂》、《賣相思》傳奇作者硏雪子是誰呢？

《嘉慶・丹徒縣志》卷33著錄:『秦之鑒《翻西廂》、《賣相思》傳奇二種。』未發現秦之鑒小傳。《康熙・常州府志》卷24卻有秦之鑒小傳:『秦之鑒,字尚明。武進人,崇禎進士,令仁和數月而歸,住馬迹山隱居。教授、讀書,不異經生。當事有欲行薦辟者,忽發狂疾,遂止。而實未疾也。後游嵩山,至儀封卒。』

秦之鑒所作《翻西廂》《賣相思》傳奇,正與各家戲曲目錄著錄研雪子所作二種傳奇相同,可知研雪子卽秦之鑒。崇禎刻本《翻西廂》傳奇首題『識閑堂第一種《翻西廂》』,下署『古吳研雪子編』。丹徒縣志》卷33、《康熙・常州府志》卷24所載可靠,又與崇禎刻本署地符合,我們有理由說傳世崇禎刻本《翻西廂》傳奇及《賣相思》傳奇爲秦之鑒所作。

秦之鑒在明王朝被李自成打垮前夕,卽明崇禎十五年(1642年)考中進士(見《康熙・常州府志》卷16),在仁和縣任職不久,就過着閑散生活,到處游山逛景。入清後,以『狂疾』拒絕入仕,雖是消極反抗,總算是尙有一點『骨氣』,不象吳偉業那樣提心吊膽,侍奉滿淸統治者。

周紹良先生在《〈翻西廂〉〈錦西廂〉辨》一文中指責《古本戲曲叢刊》編者和傅惜華先生《明人傳奇全目》將研雪子列在明代,這倒是周紹良先生不了解研雪子生平事迹而致誤,非《古本戲曲叢刊》編者及傅先生搞錯了。

(《翻西廂、賣相思傳奇是秦之鑒作的》,見《文學遺產》1981年第4期)

總集類

■樂　府

〔木蘭詩〕

李純勝云:

考《木蘭詩》(第一首)爲南北朝詩,自來選者無異議。如郭茂倩的《樂府詩集》,馮維訥的《古詩紀》,王世禎的《古詩選》,沈德潛的《古詩源》,王闓運的《八代詩選》等。胡適之先生撰《白話文學史》,亦以《木蘭詩》附梁譯鮮卑北歌之後,陸侃如先生著《樂府古辭考》逕以《木蘭詩》入梁鼓角横吹曲。孫楷第先生的《漢魏南北朝樂府詩選》(未刻)也是依《樂府詩集》把此詩附梁横吹曲之後,目爲北歌的。而《古文苑》題曰唐人《木蘭詩》。《文苑英華》則兩首並題唐韋元甫作。於是,近代的學者,便很有幾位以爲此詩是唐代的作品。總括他們的理由,約有下列七點:

①他們説《文苑英華》、《古文苑》都以爲唐人作。郭茂倩《樂府詩集・釋題》引《古今樂錄》亦曰:《木蘭詞》不知名。浙江西道觀察使兼御史中丞韋元甫續,附入。便是明證。

②詩中有『願賜明駝千里足,送兒還故鄉』句。據楊升菴的《升菴詩話》云:『唐制,驛置有明駝使……』則『明駝』爲唐時驛制的專名詞。

③詩言『歸來見天子,天子坐明堂』。考『明堂』之制,始於

唐睿宗垂拱四年。

④詩云『策勳十二轉，賞賜百千彊』。據《唐書・百官志》考之，『十二轉』乃唐代武職勳爵之制。

⑤詩中說到『爺孃』處凡四見。考『爺孃』二字連用始於杜甫《兵車行》的『爺孃妻子走相送』之句。

⑥《木蘭詩》的辭句全屬蹈襲與摹仿。如詩言『唧唧何力力，木蘭當戶織。不聞機抒聲，惟聞女嘆息。問女何所思？問女何所憶？女亦無所思，女亦無所憶。』（見《文苑英華》）是蹈襲北朝《折楊柳枝歌》的『敕敕何力力？女子臨窗織。不聞機杼聲，只聞女嘆息。問女何所思？問女何所憶？阿婆許嫁女，今年無消息』。又詩云：『雄兎腳撲朔，雌兎眼迷離；雙兎傍地走，安能辨我是雄雌。』是摹仿《折楊柳歌》末首：『健兒須快馬，快馬須健兒；跸跋黃塵下，然後別雄雌。』

⑦詩言：『爺孃聞女來，出郭相扶將。阿姊聞妹來，當戶理紅妝。小弟聞姊來，磨刀霍霍向猪羊。』是摹仿杜甫的《草堂詩》：『舊犬喜我歸，低徊入衣裾。鄰舍喜我歸，酤酒攜葫蘆。大官喜我來，遣使問所須。城郭喜我來，兵客隘邨墟。』

很顯然的，上面的幾個理由，都不足證明《木蘭詩》作於唐代。甚而，有些地方反可爲《木蘭詩》作於南北朝的證據。我辯駁的理由與考證是：

第一，以第二首韋元甫詩與木蘭原詩比較，不惟氣格不同，卽敍事亦不一樣。原詩所記山川如黃河黑山，皆在今綏遠境內。唐杜牧有《木蘭廟詩》曰：『彎弓征戰作男兒，夢裏曾經學畫眉。幾度思歸還把酒，拂雲堆上祝明妃。』《新唐書・地理志》云：『中受降城有拂雲堆祠。唐中受降城在今綏遠烏喇特旗境內。』以杜牧的詩與《木蘭詩》考之，我們可知作者所敍述的木蘭出征的行經地不出現今的綏遠省。而韋元甫詩所記的山川地名，如雪山（卽祁連山）、青海、燕支、于闐，均在今甘肅、青海、新疆境內。這樣看起來原詩木蘭是北征，元甫詩木蘭乃是西征。如果這兩首詩是一人作的，怎麼能乖異如此！可見《木蘭詩》二首絕非韋元甫一人之作。《文苑英華》並題元甫，必係傳寫之誤，其事甚明。彭叔夏《文苑英華辨證》亦云：『按劉氏次莊，郭氏《樂府》，並云古辭，無姓名。郭氏又曰：《古今樂錄》云：木蘭不知名。浙江西道觀察使兼御史中丞韋元甫續附入。則非元甫作也。』

第二，《古文苑》卷九目錄題曰唐人《木蘭詩》，但《古文苑》的時代早不可考。是不是《古文苑》編於《文苑英華》之後，依《英華》之誤而誤題呢！然據《書錄題解》謂《古文苑》是唐人所藏，孫洙巨源得於佛寺經龕中的。這樣說來，《古文苑》的時代又似乎是較早。且題曰《古文苑》，可見其所收的東西在當時編者的心目中認爲是唐以前的作品無異，至於是書《木蘭詩》題下《注》曰：『舊注云不知名。浙江西道觀察使兼御史中丞韋元甫續附入也。』並不能確定《木蘭詩》是韋元甫所作，可能是韋元甫續編入的，那麼《木蘭詩》是否作於唐代，就很可疑了。

第三，郭茂倩《樂府詩集·釋題》引《古今樂錄》曰：『木蘭不知名。』其下的『浙江西道觀察使兼御史中丞韋元甫續，附入』，乃郭氏之詞。可見第一首木蘭原詩乃郭氏據《古今樂錄》引。第二首乃郭氏所附入的。而近代學者仍有不察，通以爲《古今樂錄》語，所以就馬馬虎虎的說木蘭原詩也是韋元甫作的了。殊不知元甫唐人，肅宗時官浙江西道觀察使（據乾隆《浙江通志》一一二浙江西道諸使條），而撰《古今樂錄》的是釋智匠，智匠爲陳人，豈有陳人撰書知百六七十年後唐有韋元甫乎？又《樂府詩集·梁鼓角橫吹曲敍》曰：『按歌辭有《木蘭》一曲，不知起於何代也。』而於《漢橫吹曲·關山月下》則云：『……古《木蘭詩》曰：萬里赴戎機，關山度若飛。朔氣傳金柝，寒光照鐵衣。按相和曲有度關山，亦類此也。』郭氏雖然說不知起於何代，而稱『古木蘭詩』，且自題曰『古辭』，又以之與漢樂府相提並論，可見他的意思中認爲此詩至近也在唐以前。那麼依《樂府詩集》說《木蘭詩》作於唐代這句話是不能成立的。

第四，說『爺孃』二字連用始於杜工部《兵車行》的『爺孃妻子走相送』句，《木蘭詩》用『爺孃』是杜句而來的，這話頗爲武斷。怎麼見得『爺孃』二字連用始於杜工部？怎麼見得《木蘭詩》用『爺孃』而是出自杜詩？我們很可說杜句用『爺孃』是受了《木蘭詩》的影響！因爲從《文苑英華》及《樂府詩集》的收錄推測，從詩的體裁與風格看，《木蘭詩》是一首民歌。民歌的感染性最大，它的辭句最易被詩人吸取。所以說杜句用『爺孃』是受了《木蘭詩》的影響，這話是有道理的。

第五，說詩中『爺孃聞女來』以下六句是蹈襲杜工部的《草堂詩》，這話毫無根據。蕭滌非先生對於這一點考證得好。他說：『古詩《歸木蘭詩・小注》云：「杜《兵車行》，用爺孃喚女聲等語，而復自注之。草堂舊犬喜我歸四段，亦用此語注，想亦極喜此詩耳！」按杜甫《草堂詩》：「舊犬喜我歸，低徊入衣裾。鄰里喜我歸，沽酒攜葫蘆。大官喜我來，遣騎問所須。城郭喜我來，賓客溢村墟。」其爲用《木蘭詩》句法甚明。故自南宋《劉後村詩話》卽已指出。蓋詩歌史上之通例，惟有文人模擬民歌，絕無民歌反向文人集中作賊也！按《四部叢刊》影宋刊本《分門集注杜工部詩》，於《兵車行》「爺孃妻子走相送」句下有：「彥輔曰：杜元注云：《古樂府》云：不聞爺孃哭子聲，但聞黃河之水流濺濺。」與古詩歸「而復自注之」之說相合，則此二語，確爲當時杜甫元注無疑。蓋唐人作詩，下字皆須有來歷，「爺孃」二字，杜或恐人譏其不雅，故自注其出處。然杜爲盛唐大詩人，倘使《木蘭詩》爲唐人作，豈得稱爲古樂府乎？』（見蕭滌非《漢魏六朝樂府文學史》第三四三頁）。

第六，《木蘭詩》的首六句及末四句與《梁鼓角橫吹曲・折楊柳枝》及《折楊柳》二歌幾乎完全相同，更足證明《木蘭詩》作於南北朝時。因爲樂府中每採同時流行的民歌或詞稍加變動而另製新曲。所以兩歌中很多雷同的句子。如漢樂府《隴西行》之與《步出夏門行》，《孔雀東南飛》之與《艷歌何嘗行》卽是。《木蘭詩》是否引用《折楊柳枝》歌，抑或《折楊柳枝》摘取《木蘭詩》的一段，我們雖不敢遽下斷語，但推想其時代，必相去不遠。且據《詩敍》木蘭嫻於弓馬代父從軍的故事推測，也與北朝的作風相近。

第七，詩中有『明駝』、『明堂』、『十二轉』等唐代的專名詞，並不能證明這首詩作於唐代。一則後人每每有意塗改前代的詩歌，以求其適合當時的風格制度或韵律。二則樂歌的生命是繼續不斷永遠生長的。它經過歷代的傳唱，會隨時順著那個時代而改變歌詞。《木蘭詩》的詞句必在這兩種情形之下有所增刪。如詩中忽云可汗，忽云天子，自相牴牾，便可想見。同時，由『可汗』這個名詞，我們還可以想像到《木蘭詩》多半爲北朝的作品。蓋自北魏太武柔然已稱可汗。又北歌胡吹舊曲有『慕容可汗曲』，早在元魏前。北朝以胡虜入主中國，稱天子爲可汗，當是很普遍的。

第八，詩的風格，樸質自然；詩中所表現的人物與故事，又與北朝的民情風俗最相類。雖然我們現在還不能一定說它是北朝的樂歌，但它也絕不是唐人作品。陳胤倩《古詩選》曰：『木蘭詩首篇甚古，當其淋漓，輒類漢魏，豈得以唐詞疑之？』吳旦生《歷代詩話》亦說：『余觀其敍事布辭，蒼括近古，決非唐手所及。』

《木蘭詩》不作於唐代的考證，至此似已詳盡。但是它究竟是何時的作品呢？依據歷代選者的觀點，目之爲南北朝詩，大致不錯。關於這一點，孫楷第先生《漢魏南北朝樂府詩選・序例》中曾說：『木蘭原詩，其時代雖不可確知，然陳釋智匠已引此詩，則詩出必在陳之前，疑亦北歌之入南者耳。』宋魏泰臨《漢隱居詩話》云：『古樂府《木蘭詩》、《焦仲卿詩》，皆有高致。世傳《木蘭詩》爲曹子建作，似矣。然其中云，可汗問所欲，漢魏時夷狄未有可汗之名，不知果誰之詞也。據此知宋時有魏曹植之說，余謂以《木蘭詩》繫曹魏固誤，然若將時代下移，以詩屬之拓跋魏，則似相當矣。豈非因後魏而訛爲三國魏，因三國魏子建名最著，而訛爲子建乎？今錄《木蘭詩》，依《樂府詩集》附《梁鼓角橫吹曲》之後，目爲北歌，或無大誤。』（見《新思潮》第一卷第三期）

至於『有無木蘭其人』的問題，衆說紛紜，莫衷一是。我們可以不必討論。但以文學的眼光看，民間的詩歌，每每起於一個歷史的事，或當時發生的事實；或受當時風氣的影響而有所假託。《木蘭詩》的內容，旣與北朝的民俗風尚相似，又與北朝流傳的李波小妹歌有同一的思想。如李波小妹歌云：『李波小妹字雍容。褰裙逐馬如卷蓬。左射右射必疊雙。婦女尙如此，男子安可逢？』與木蘭代父從軍是一樣的見解。所以我以爲卽使木蘭未必實有其人，也必爲北朝流傳的一個相類的事實，經許多無名的民間詩人傳唱歌頌而寫定，遂成爲有系統的故事詩了。

（《木蘭詩考》，原載《大陸雜誌》第三一卷十二期）

游國恩云：

《木蘭辭》乃北朝民歌，經後人所潤飾，其名早見於陳釋智匠所撰《古今樂錄》，《玉函山房輯佚叢書》有輯本。其辭見《古文苑》、《文苑英華》及郭氏《樂府詩集》。《樂府詩集》有兩篇入『梁鼓角橫吹曲』中，而《古文苑》目錄卷九之末則題曰『唐人木蘭詩』，旁下注一『附』字，《文苑英華》則兩首皆題唐韋元甫作。蓋自宋以後，多不知《木蘭詩》之爲古詞而妄生議論。東坡雖未明言其謂何時，然謂其直述無含蓄，在蔡氏《悲憤》之下。《悲憤》二詩，東坡以爲非出建安，乃後人擬作，然所謂後人者，固不能在范蔚宗之後，則直述無含蓄之《木蘭詩》，當亦不能後於南北朝也。嚴氏《滄浪詩話・考證門》則謂木蘭詩最古，然『朔氣傳金柝，寒光照鐵衣』之類，已似太白，必非漢、魏人耳，未嘗言非南北朝時人，更未嘗指爲唐人作也。其直指爲唐人作者，始見於劉克莊《后村詩話》，此殆爲《古文苑》、《文苑英華》所誤，而未嘗深考也。蓋《古文苑》乃唐人所藏古文章，出佛寺經龕中。韓元吉次爲九卷，章樵作注，又取史册所遺，以補其闕，凡若干篇，釐爲二十卷，已非原書之舊。《木蘭》一詩，殆章樵所補入，彼旣以爲唐人所作，故遂注一『附』字，不足據也。至《文苑英華》兩首，並題韋氏，尤爲紕繆。觀《樂府詩集》引《古今樂錄》及韋元甫續附入云云，則前一首自是古今詩，不得魚目相混。（《樂府詩集》引《古今樂錄》云：『木蘭不知名。浙江西道觀察使兼御史中丞韋元甫續附入。』按清乾隆中編《浙江通志》卷百十二『浙江西道諸使』條，韋元甫，肅宗時官浙江西道觀察使。）

《楊升庵詩話》：唐置，驛有明駝使，則明駝乃唐時名號。明堂之制，始於唐垂拱四年。十二轉，乃唐代武職勛爵之階級，見《唐書・百官志》。爺娘二字，始見於杜公《兵車行》。此詩全襲北朝樂府《折楊柳枝歌》，歌云：『敕敕何力力，女子臨窗織。不聞機杼聲，但聞女嘆息。問女何所思，問女何所憶。阿婆許嫁女，今年無消息。』又《折楊柳歌》云：『健兒須快馬，快馬須健兒。跁跋黄塵下，然後別雄雌。』皆此篇藍本。『爺娘聞女來』六句，與杜《草堂》詩『舊犬喜我歸，低徊入衣裾。鄰舍喜我歸，酤酒攜葫蘆。大官喜我來，遣使問所須。城郭喜我來，賓客溢村墟』句法類似。據此以爲唐人所作之明證，不知《木蘭詩》本爲民歌，如起頭數句，『東市』四句，『旦辭』四句，末段『爺娘』以下等，皆天眞活潑，顯然民歌口吻，斷非文人之筆。其起頭數句，與北朝樂府《折楊柳枝歌》歌辭全同，乃民歌恒見之格。如樂府《艷歌何嘗行》之『雙白鵠』與《焦仲卿妻》之『孔雀東南飛』之類，（《折楊柳歌》之『快馬』與《木蘭詩》之『雌雄兎』亦此類。）至杜甫《草堂》，實仿《木蘭詩》句法，劉后村已言之（但劉以《木蘭詩》爲唐人作，則是民歌反學文人之作，斷無此理）。杜詩『爺娘』，字亦本《木蘭詩》。宋刊本《分門集注杜工部詩》，於《兵車行》『爺娘妻子走相送』句下，有王彥輔曰：杜原注云：《古樂府》云：『不聞爺娘哭子聲，但聞黃河之水流濺濺。』蓋杜實恐人譏爺娘二字不雅馴，故注明其所本耳（友人蕭滌非先生所著《漢魏六朝樂府文學史》辨之甚詳）。盛唐時，已目此詩爲古樂府，其爲北朝民歌，不出唐人手筆，斷無疑義。《古詩歸》、《木蘭詩》小注云：杜集《兵車行》用『爺娘喚女聲』等語而復自注之，《草堂》詩『舊犬喜我歸』四段，亦用此語法，想亦極喜此詩耳！蓋鍾氏猶見宋刊杜集，又可爲一證。

《木蘭詩》雖古民歌，然亦頗有後人潤飾語，如『萬里赴戎機，關山度若飛。朔氣傳金柝，寒光照鐵衣』之類，居然唐邊塞詩中之警策。然此等句法，六朝人徐、庾輩已導其先路，非必唐人而後能之也，《東府詩集》『梁鼓角橫吹曲』敍云：『歌辭有《木蘭》一曲，不知起於何代。』於『漢橫吹曲』《關山月》下又云：『《古木蘭詩》曰：「萬里赴戎機，關山度若飛。朔氣傳金柝，寒光照鐵衣。」按相和歌曲有《度關山》，亦此類也。』是郭氏固不以爲唐人所作。

詩中稱可汗，自是北朝人語，中間忽又稱天子，則明爲後人所改。北魏太武柔然雖已稱可汗，而北歌中胡吹曲有《慕容可汗曲》，又早在元魏之前。明駝、明堂、十二轉等等，當是唐人唇吻，如漢樂府《焦仲卿妻》詩之有六朝人語，然不能據詩中一二語詞，斷其起於何代也。

（《居學偶記》，見《文史》第五輯）

〔孔雀東南飛〕

許世旭云:

這首詩基本上應列入漢代樂府， 不能算六朝作品， 其旁證如下:

一、從作風上來看，漢代與六朝可明顯地劃出不同的界限。漢樂府民歌中的敍事詩如《孤兒行》《東門行》之類和此首詩，在所描寫的社會人情，都有相同之點，而六朝的樂府民歌如吳聲歌曲、西曲歌， 都是篇幅短小的抒情詩， 並且從韻律上來看， 則首段的支微灰韻通用，中段的陽江冬蒸眞刪韻通用，都與漢樂府的韻格相同，其演進發展之方向，是顯然相互不同的。雖然詩中有幾句話帶有南北朝的風尚（青廬、龍子幡），但也許是後人加工潤色的。

二、這詩至陳朝的徐陵，才收錄於《玉台新詠》中，而不見於《文選》、《文心雕龍》、《詩品》等書。這詩晚出的原因，蓋由於《玉台新詠》專事於民間詩歌的收錄，《文選》則偏於典雅的作品，《文心雕龍》、《詩品》也受了《文選》的影響。總之，這詩之《小序》，是唯一的典籍上的證據，《小序》云:『漢末建安中……時人傷之，爲詩云爾。』以此可知徐陵主張這詩是建安時人所作。此後郭茂倩《樂府詞集》、左克明《古樂府》、沈德潛《古詩源》、王闓運《八代詩選》，都收錄此詩。

漢代樂府中，特別是以婦女生活爲題材的作品，佔着絕大的數量，而明顯地反映出當時社會上的情形，詩人以『感于哀樂，緣事而發』（《漢書・藝文志》）的原因，用詩歌生動地刻劃出來。

《漢書・桓榮傳》王先謙《集解》引周壽昌說云:『以無子出妻爲常法，若在後世，駭人聽聞矣。又漢時頗多夫婦之獄，如馮衍兩出其妻;黃允附貴出妻;范升爲出妻所控，被繫，幾困於獄。殆一時風氣使然。』

樂府中多有這一方面的題材，如《白頭吟》、《怨歌行》、《塘上行》、《上山》、《采蘼蕪》等詩，也以婦女生活爲對象描寫棄婦的哀怨。

(《試論孔雀東南飛》，原載於《大陸雜誌》第二十九卷第二期)

王冰彥云:

《文學遺產》十九期曾登載熙仲先生的『《孔雀東南飛》是何時寫定的』。

這裏，針對着熙仲先生文章中的論點，我願意提出我的一些不同的意見。

熙仲先生在他的文章中，列舉了六個『證據』，想以此來斷定《孔雀東南飛》是在晉代由南人寫定的。但，如果仔細的研究一下，這些『證據』都是不能成立的，因爲，這些『證據』都是片面的、牽強附會的。

熙仲先生根據下面所謂的五個論據來斷定《孔雀東南飛》是在晉代寫定的:

第一、根據詩中的『交廣市鮭珍』的『交廣』一詞，熙仲先生認爲『分析交州設置廣州，是在孫皓作吳帝時確定的』，而『西晉因襲未改』，故肯定『這首詩的寫定不會在漢末，至少不會在晉以前』。關於這一點，我們不能把『交廣』確定是詩的原文，這或許是出於後人的竄改。考左克明《古樂府》(四庫全書本)，係作『交用』，而非作『交廣』;梅鼎祚《古樂苑》和《漢魏詩乘》

（明刊本）以及馮惟訥《古詩紀》亦注『廣』一作『用』。我們不能因爲《木蘭辭》中的『策勳十二轉』是唐高祖武德七年所頒佈的戎勳制度，而斷定《木蘭辭》是唐代的作品，當然，我們也不能根據『交廣』一詞，而來武斷《孔雀東南飛》是晉代寫定的東西。

第二、熙仲先生認爲詩中有『登卽相許和』一句，而孫皓的父親名和，『和』字在孫皓時代是應在避諱之列的，故這首詩不可能寫定在孫皓時代——當然更不可能寫定在孫皓之前。我認爲，卽使我們可以根據這個事實來斷定這首詩不會在孫皓的時代寫定，也並不足以說明這首詩不會在孫皓以前寫定。否則我們就可以根據東方朔《誡子詩》中的『孤貴失和』和曹植《當來日大難》中的『和樂欣欣』以及應瑒《侍五官中郎將建章臺集詩一首》中的『和顏旣以暢』諸『和』字，而把這些詩章都斷定爲孫皓以後的作品，把東方朔、曹植和應瑒也都斷定爲孫皓以後的詩人了。顯然這個結論是不通的。

第三、熙仲先生根據詩中的『雞鳴』、『黃昏』和『人定』等字樣，認爲這種民間計時的傳統方法與晉初杜預在《左傳》昭公五年的『日之數十，故有十時』的注相符合，故斷定這詩寫定的時代是晉代。其實，民間根據對日月運行的觀察來計時的方法，在中國古代早已有了；《詩經》中就有『雞旣鳴矣，朝旣盈矣』（齊風《雞鳴》篇）和『昏以爲期』（陳風《東門之楊》）的話——儘管那時還沒有一套比較嚴密的計時方法。據《淮南子》：『日至虞淵，是爲黃昏』和《後漢書・來歙傳》：『歙中刺客，乃自書表曰：「臣夜人定後，爲何人所賊傷，中臣要害。」』更是『雞鳴』、『黃昏』和『人定』在晉以前就已作爲計時成語的明證。我們不應該因爲詩中的『雞鳴』、『黃昏』和『人定』這幾個孤零零的詞彙與杜預的《左傳・注》相符合，而武斷《孔雀東南飛》是在晉代寫定的，這正如我們不能僅僅根據段成式《酉陽雜俎》中的關於北朝

≪青廬≫的記載，而主觀的、片面的肯定≪孔雀東南飛≫是北朝的作品一樣。

第四、熙仲先生認為≪晉書・張方傳≫中的『但言爾爾』的『爾爾』一詞是晉代的通語，由此再根據詩中的『諾諾復爾爾』的『爾爾』，可斷定這首詩是寫定於晉代。『爾爾』是否晉代的通語，我們很難確定，即使是晉代通語，晉以後的人也儘可以運用，朱晦翁詩中就有『築室水中聊爾爾』的話，我們是否就可以根據這詩中的『爾爾』一詞，而來斷定≪孔雀東南飛≫是在宋代才寫定的呢？

第五、熙仲先生認為『徐陵著錄這首詩時已經不知作詩者的主名，則詩的傳佈人間，必已經歷了相當時間，非去當時不遠的宋齊人所寫定無疑，所以他題作古詩了』。熙仲先生的這個看法並不錯，然而，可惜的是這並不足以證明詩的寫定年代是晉代，而是更有力的說明了詩的寫定年代，漢代比晉代的可能性更大。

以上是熙仲先生所列擧的五個論據，想以此來斷定詩的寫定年代是晉代。然而，這些論據都是不能成立的，因而也就不能推翻≪孔雀東南飛≫是漢代寫定的成說。

其次，熙仲先生根據詩中的某些地方方言的運用和某些地方風俗的描寫，來斷定這首詩是出於南人之手，我認為也是不妥當的。我們不應該把對≪孔雀東南飛≫與對作家的文學創作的觀念混淆起來。≪孔雀東南飛≫是一首民歌，在它沒有被寫定之前，必定在民間經歷過一個流傳的階段，寫定者在用文字把它記載下來的時候，雖然給原詩以加工或潤色，然而這不等於說，這首詩的寫定者就是這首詩的作者。因而，我們就不能根據詩中的某些地方方言的運用或某些地方風俗的描寫，而來肯定這首詩裏的故事發生的地點就是詩的寫定者所生長的地方。比如我們說≪水滸傳≫的寫定者是施耐菴或羅貫中，而≪水滸傳≫中所運用的語言都是當時的山東地方方言，所描寫的主要是黃河一帶的農民事件，難道我們就可以由此而確定施耐菴或羅貫中是山東人嗎？顯然這個邏輯是站不住腳的。

總括以上所談，可見熙仲先生企圖論證《孔雀東南飛》是由晉代的南人寫定的而列擧的六大理由，都是不能成爲理由的，因而熙仲先生給這個問題所作的『我們可以推定這首長詩是在晉代南人寫定的，這大致可無問題』的結論，也大有問題。熙仲先生在他的這篇文章中，先給問題作出主觀上的假定，然後再東拼西湊的找些片面的論據，來穿鑿附會的論證他的推斷的正確性，是種反科學的考據方法。

（《對『孔雀東南飛是何時寫定的』一文的商討》）

〔存　目〕

方師鐸撰《從用韻推定孔雀東南飛詩的時代》，發表於《東海中文學報》第一期。

熙仲撰《孔雀東南飛是何時寫定的》，發表於《光明日報》1954. 9. 7.

王運熙撰《論孔雀東南飛的產生時代、思想、藝術及其問題》，原刊於《語文教學》第四期。

〔胡笳十八拍〕

朱學瓊云:

本文認爲出於後人的擬作的可能性較大，因爲《胡笳十八拍》中雖多通俗的句子，然大部分的技巧與格調，卻不像漢代的詩。如八拍中的『爲天有眼兮何不見我獨漂流？爲神有靈兮何事處我天南海北頭』？又如九拍中的『生倏忽兮如白駒之過隙，然不得歡樂兮當我之盛年』。這些風格的詩句，須在鮑照時代的作品裏才有，漢詩中卻不易見。再如十拍中的『殺氣朝朝衝塞門，胡風夜夜吹邊月』，十七拍中的『去時懷土兮心無緒，來時別兒兮思漫漫，……豈知重得兮入長安，歎息欲絕兮淚闌干』。這種琢練的技巧與格調，最早也在六朝，遲恐怕到了隋唐了。（說本《中國文學發展史》第七章）這個推斷大致是不錯的。六朝樂府歌辭的風格是：句子長短變化極大，且常用八九言長句。如鮑照的《擬行路難》十八首中的『念此生死變化非常理』、『閨中孀居獨宿有貞名』、『男兒生世轗軻欲何道』……都是九言句，如果揷入一兮字，便和胡笳十八拍中的十言句的風格一樣了。如四拍中的『無日無夜兮不思我鄉土，禀氣含生兮莫過我最苦』，十二拍中的『知是漢家天子兮布陽和』，十四拍的『覺後痛吾心兮無休歇時』，十八拍的『六合雖廣兮受之應不容』……都是十言句，若撤去兮字，便儼然《行路難》的格調了。這些只是《胡笳十八拍》和六朝詩歌同一風格的一部分而已。此外，十八拍更具有六朝風格的是：有許多十一言以上的長句：十一言的，如八拍中『我不負天兮天何配我殊匹』，十八拍中的『哀樂各隨人心兮有變則通』；十二言的，如八拍中的『我不負神兮神何殛我越荒州』，十八拍中的『是知絲竹微妙兮均造化之功』；十四言的，如八拍中的『爲神有靈兮何事處我天南海北頭』。至於八、九言句，幾佔半數，七言句亦多；有全篇用七言的，也有全篇用九言的；有一篇中雜用八言、十一言、十二言、和十四言的，也有一篇中雜用七言、十言、十一言、和十二言的；又有雜用無兮字句的，極其長短變化之妙。這種八言以上的風味，和長短變化多端的格調，在東京的詩壇裏極爲罕見，更無論西京了。因爲蔡文姬的時代，正醞釀所謂建安體，五言古詩是當時詩壇的主流，同時也盛行以古樂府的舊曲翻作新詞，有四言的，有五言的，七言的爲數極少，八言以上的可說絕無僅有；直到劉宋以後的樂府歌辭，才漸有八言以上的長句。其實這種長句（指十八拍的），是可以濃縮爲五七言的，所以沈德潛稱它們爲『率句』，劉大杰稱之爲『通俗句』。

這種通俗的『率句』是民間文學的特色，而蔡文姬並非來自民間；她的父親蔡邕爲一代文宗，曾任郎中、侍中、中郎將等官，初平初更封高陽鄉侯。可見文姬是道地的貴族文士，自幼生活在上層社會裏，這種平民化的『率句』，顯然與她的貴族身分不合，並且與建安詩風不合。我們知道當時領導建安詩壇的，是所謂『三祖陳王』，那班『七子』之流，都是依傍曹氏父子，附庸風雅而已；當時詩壇的貴族氣氛之濃厚，不難想見了。貴族文士的作品的特徵，不外『雍容華貴』而已；≪胡笳十八拍≫那種直抒胸臆，不加修飾的『率句』，自然不屑於貴族文士，而與建安詩風大異其趣了。朱子說它『不規規於漢語』（見≪詩人玉屑≫卷十三），劉大杰更斷定它不是東漢的作品，可謂篤論。

≪十八拍≫的格調除與建安詩風異趣外，與文姬自己的作品——悲憤詩——的風格也不相同。試把那篇楚辭體的≪悲憤詩≫拿來與≪十八拍≫對看，很容易看出它們間風格的差異：第一、≪悲憤詩≫的句子排比整齊，通篇用七言句；≪十八拍≫的句式錯落極大，自七言至十四言皆有。第二、≪悲憤詩≫有換韻，且句句押韻；≪十八拍≫有的換韻，有的一韻到底，有的句句押，有的隔句押韻。第三、≪悲憤詩≫的辭句洗練，表意含蓄，如『常流涕兮眥不乾，薄志節兮念死難，雖苟活兮無形顏，惟彼方兮遠陽精，陰氣凝兮雪夏零，沙漠壅兮塵冥冥，有草木兮春不榮，……玄雲合兮翳月星，北風厲兮肅泠泠，胡笳動兮邊馬鳴』，這種端莊、沈鬱、練潔、流宕的辭句，是高級文士的標幟，劉大杰肯定指明這篇≪悲憤詩≫最適合文姬的身分，便是這個緣故。≪十八拍≫中絕大部分的辭句，與這首≪悲憤詩≫相比，便顯得樸拙得多，表意暴露得多，如四拍的『無日夜兮不思我鄉土，禀氣含生兮莫過我最苦』，十一拍的『胡人寵我兮有二子，鞠之育之兮不羞恥，愍之念之兮生長邊鄙，……』這種樸拙的辭句，和沒有遮攔的表意，是民間文學的特色，貴族文士是假冒不來的，唐『劉商雖極力擬之，終不似』。同樣的，《十八拍》的作者雖極力摹擬文姬，結果也不像。劉大杰肯定指明《十八拍》不是文姬的眞迹，便是這個緣故。

《十八拍》除了表現那樸拙的風格外，還有一小部分展示了高度的琢練技巧，如前面所舉的『殺氣朝朝衝塞門，胡風夜夜吹邊月』，和『去時懷土兮心無緒，來時別兒兮思漫漫……豈知重得兮入長安，歎息欲絕兮淚闌干……』這種彫琢技巧，劉大杰認爲『最早也在六朝，遲恐怕到了隋唐』才有，特別是『殺氣』、『胡風』兩句，極似唐人的律對；無論虛實平仄，並稱工穩，而且聲調鏗鏘，意境高古，若把它擺在盛唐詩集裏，任何人也識不出它是東漢的作品。但是我們並不因此斷定《十八拍》作於唐人，因爲自來民間文學作品，都不免受到有修養的高級文士或多或少的潤色，譬如《木蘭》辭中的『朔氣傳金柝，寒光照鐵衣』等句，完全是唐人的風格，但我們並不因此認爲《木蘭辭》是唐人的作品，我們毫不懷疑的承認它是北朝的民間文學，因爲它的絕大部分是北朝的風格，那兩句律句，不過是唐人羼入的贋品罷了。同樣的道理，《十八拍》中一小部分彫琢華麗的句子，也是經後人羼入的贋品，和《十八拍》的原始作者無關；《十八拍》的原始作者應和鮑照同時或稍後，因爲它的絕大部分的風格和鮑照時代的作品相同。

總之，《十八拍》和《悲憤詩》兩者風格的差異，是超時代的，絕不是同時代的不同，也不是同一個人早晚期的不同。同時代的作者，由於時代背景、社會環境等方面的相同，無形中循着共同的趨勢，產生同一風格的作品；初唐文藝趨勢不同於盛唐，所以初唐作品是一種風格，盛唐作品另是一種風格，兩者截然不同。中晚唐亦然，東漢六朝亦然。當然在同一時代的風格裏，由於個人性格的逈異，作品的神貌亦因之而異，如韓愈的作品是一個樣子，賈島、盧同的作品又是一個樣子，但他們的整體風格——時代風格——卻完全一致。《十八拍》和《悲憤詩》的風格是不一致的，所以它們絕不是同一時代的作品。至於同一個人早晚期作品的不同，大抵只限於格律粗細之分，『老去漸於詩律細』，是杜甫的自招，是這一問題的最好解說。然而《十八拍》和《悲憤詩》的風格差異，沈德潛稱之為『似出三手』（見《說詩晬語》），可見《十八拍》和《悲憤詩》並非作於一人，不只是粗細的不同了。同一個人早晚期作品風格的差異，絕對不能超越時代的風格，無論它怎樣變，它都受到時代風格的局限；換言之，它只能在粗細上變，而粗細的程度又與時間間隔長短成正比。《悲憤詩》作於文姬自匈奴歸漢之後，若《十八拍》也作於文姬，則兩篇都是文姬四十以後的作品，而且兩篇的時間間隔甚近，它們的風格粗細應是一致的；退一步說，卽令《十八拍》作於文姬垂死之年，兩篇的時間間隔最多不過二十年，與杜甫『老去漸於詩律細』的情形相比，先後風格粗細之分，是更加接近了，斷不致懸殊到『似出三手』的程度。這也足以說明《十八拍》和《悲憤詩》不是作於同一人；若《悲憤詩》為文姬作，則《十八拍》必非文姬作，反之，若《十八拍》為文姬作，則《悲憤詩》必非文姬作。然而《十八拍》那種樸拙通俗的風格，劉大杰斷然指明它不合文姬的身分，並且為她作傳的范曄，也不承認《十八拍》為文姬作。請看范史怎樣說來着。

*　　　*　　　*

《後漢書》（卷一百十四）《董祀妻傳》說：『陳留董祀妻者，同郡蔡邕之女也，名琰，字文姬。（中略）興平中，天下喪亂，文姬為胡騎所獲，沒於南匈奴左賢王。（中略）後感傷亂離，作詩二章，其辭曰：「漢季失權柄，董卓亂天常，志欲圖篡弒，先害諸賢良，……流離成鄙賤，常恐復捐廢，人生幾何時，懷憂終年歲。」其二章曰：「嗟薄祜兮遭世患，宗族殄兮門戶單，身執略兮入西關，歷險阻兮羌之蠻，……追持我兮走煢煢，頓復起兮毀顏形，還顧之兮破人情，心怛絕兮死復生。」……』范曄只言及作詩二章，並收錄入傳——前者爲五古《悲憤詩》，後者爲騷體《悲憤詩》，並未言及《胡笳十八拍》，更無論收錄了。可能《胡笳十八拍》在南朝宋文帝時尚未有，或已有，而范氏知非文姬作，故不言及；若《十八拍》果爲文姬作，而又流傳於世，博學的蔚宗不應不知；若范氏果及見《十八拍》，而又知其爲文姬作，豈有特意落之之理？關於這一點，沈德潛認爲『《悲憤詩》視《胡笳十八拍》，似出三手，宜范史取以入傳』（見《說詩晬語》），他很明白地指出范氏所以祇取《悲憤詩》入傳，而特意落《十八拍》者，乃因它『出三手』的緣故；換言之，范曄已知《十八拍》非文姬作，故特意落之。

沈德潛畢竟態度嚴謹，不敢輕易斷定《胡笳十八拍》究竟作於何人，只籠統地說『似出三手』，和『應屬後人擬作』等語。唐人劉商較膽大些，他肯定《十八拍》作於董生。他說：『蔡文姬善琴，能爲離鸞別鳳之操。胡騎犯中原，爲胡人所掠，入番爲王后，王甚重之。武帝與邕有舊，敕大將軍贖之以歸漢。胡人思慕文姬，乃捲蘆葉爲吹笳，奏哀怨之音，後董生以琴寫《胡笳十八拍》。』（見《樂府詩集》卷五十九）這位董生恐怕不是文姬的再醮丈夫董祀；他是軍人，官階不過郎中，史傳並沒有提到他懂音律能弄文墨的話。李肇《國史補》說：『唐有董庭蘭，善沈聲祝聲，蓋大小胡笳也。』（同上）劉商所說的董生，大概是指董庭蘭；他善聲律，身分頗相合。但是，這裏有兩點疑問，第一、胡笳上冠有『大小』兩字，可能是董庭蘭作曲（曲有大小），也可能是奏曲，並非作辭，因爲李肇只說他『善聲』，並未說他『善辭』。不過『大小胡笳』也可能指歌辭，《琴集》說：『大胡笳十八拍，小胡笳十九拍，並蔡琰作。』（同上）『大胡笳十八拍』大概就是現在猶存的『胡笳十八拍』；『小胡笳十九拍』現已失傳，范氏也未提及，恐不足信。

《琴集》以爲『蔡琰作』的話，是傳統舊說，不曾深考，不足信，前已辯及。第二、董庭蘭是唐人，我們在前面論到《十八拍》的作者應與鮑照同時，董庭蘭的時代顯然與歌辭的風格所屬的時代未合。

*　　*　　*

由此看來，《胡笳十八拍》的作者仍然是一個謎，我們除了推斷它所屬的時代外，沒有法子找出它的眞正作者。其實民間文學都沒有眞正的作者；它們本爲一班無名詩人的集體創作，並非一人一時獨力製成的。過手的人既多，又都沒有留下他們的姓名，因此沒有法子判定著作權應屬於誰，雖有作者也等於沒有作者了。《孔雀東南飛》是如此，《木蘭辭》也是如此，所以我們不必把《胡笳十八拍》強派在某人名下。

（《胡笳十八拍作者之蠡測》，原刊於《中華文化復興月刊》第七卷第五期）

〔存　目〕

李鼎文撰《胡笳十八拍是蔡文姬作的嗎》，發表於《光明日報》1959. 6. 14.

李西成撰《談談胡笳十八拍的作者問題》，刊於《山西師院學報》第四期。

段熙仲、金啓華撰《再談胡笳十八拍的作者問題》，刊於《南師學報》第一卷。

■文 選

〔李陵答蘇武書〕

錢大昕云:

《李陵答蘇武書》東坡譏爲齊、梁人作，然劉知幾已言其文體不類西漢人，殆後來所爲，假稱陵作矣。予謂魏晉人喜僞造文字，如王肅之《家語》、梅賾之古文《尙書》、汲郡之《紀年》，不一而足。此書當是魏晉初高手爲之，齊梁人不能辦也。太史公《報任安書》不敢言漢待功臣之薄，此篇於韓彭周魏李廣諸人之枉，痛切言之，示誡後代，昭明採而錄之，非無謂也。

（《十駕齋養新錄》卷十六）

〔古詩十九首〕

鄺士元云:

至如作者是誰?產生於何年代?歷來學者爭論頗多，尤以其中的《明月皎夜光》之產生時代問題較複雜，爭論亦較多。如以此詩之創作年代詳析之，則五言詩產生年代亦可解決。考《昭明文選》卷二九所錄十九首之七，詩云:

> 明月皎夜光，促織鳴東壁，玉衡指孟冬，衆星何歷歷。白露霑野草，時節忽復易，秋蟬鳴樹間，玄鳥逝安適。昔我同門友，高舉振六翮，不念攜手好，棄我如遺跡。南箕北有斗，牽牛不負軛，良無盤石固，虛名復何益。

後人以詩有『玉衡指孟冬』一句，證明乃漢武帝太初改曆前之作，質言之，太初改曆前，已有成熟之五言詩。如李善《文選・注》云:

> 《淮南子》曰: 孟秋之月，招搖（北斗第七星）指申，然上云促織，下云秋蟬，明是漢之孟冬，非夏之孟冬矣。《漢書》曰: 高祖十月至灞上，故以十月爲歲首，漢之孟冬，今之七月矣。

惟此詩之考證涉及古天文曆法，故略加詳論。考『玉衡指孟冬』之『玉衡』，乃北斗七星之一。按: 北斗七星據《春秋運斗樞》云:

> 北斗有七星……第一天樞、第二璇、第三璣、第四權、第五玉衡、第六開陽、第七搖光、一至四爲魁，五至七爲杓，合而爲斗，居陰布陽，故稱北斗。

北斗星之一、五、七，三星合稱斗綱，斗綱於星空旋轉（實本地球之自轉），其所指之方向，以一年四季言，乃十二月之指標。例以夏曆正月建寅，二月建卯，三月建辰，四月建巳，五月建午，六月建未，七月建申，八月建酉，九月建戌，十月建亥，十一月建子，十二月建丑。此乃一年中十二月之月建。若按東、西、南、北以天空劃爲十二等分，卽以子、丑、寅、卯、辰、巳、午、未、申、酉亥、戌分屬十二宮。斗綱三星（天樞、玉衡、搖光），於定時內所指之方位屬何宮，意指屬何月。故『玉衡指孟冬』之『孟冬』乃表星空中之亥宮而言。易言之，若於固定季節月份內，以斗綱所指之方位，亦可測定一天之時刻，例以正月建寅、黃昏則杓指寅、夜半則衡指寅、天明則魁指寅，餘此類推，故《史記・天官書》云:

> 斗杓指夕，衡指夜，魁指晨……堯時仲秋夕，杓指酉，衡指仲冬。

此言衡指孟冬，則是杓指申，是孟秋七月也。而秦及漢初行建亥之曆，卽以十月爲歲首，故太初改曆前之孟冬十月，卽夏曆之孟秋七月，要證明此詩屬太初改曆前之解釋，蓋漢代在武帝太初元年（公元前一〇四年）以前所用乃建亥曆，卽以十月爲春王正月。自秦一天下，以爲周屬火德，遂據五行相剋之說（水剋火），另訂與水德相符之制度。改曆爲建亥。又漢高得天下，鑑於漢軍十月攻入函谷關灞上（≪漢書・張蒼傳≫云：蒼爲計相時，緒正律曆，以高祖十月始至灞上，故因秦時本十月爲歲首，不革），遂仍用秦曆建亥。卽以十月爲春王正月。故太初前之孟冬十月建申，於太初改建夏曆後而言，乃孟秋七月也。合以詩中之『白露』、『秋蟬』、『玄鳥』等咸屬秋景之描寫。故證此詩之創作年代乃太初改曆前之作。≪禮記・月令≫云：

孟秋之月，白露降，寒蟬鳴。

又曰：

仲秋之月，玄鳥歸。

若謂此詩必作於改曆後，則詩云『孟冬』（孟秋）與『白露』、『秋蟬』、『玄鳥』等之描寫殊不調協。故李善注釋甚爲正確。陳沆≪詩比興箋≫云：

北斗七星，第五曰玉衡，≪淮南子≫曰：孟秋之月，招搖指申，然促織、秋蟬、玄鳥，明是漢之孟冬，非夏之孟冬矣。≪漢書≫高祖十月至灞上，故仍秦制以亥月爲歲首，漢之孟春在十月，故漢之孟冬今之七月也。則詩作於漢武太初以前未改朔時。

惟近代學者仍多以太初改曆法，祇改變月份歲首，而未改時令，若馬茂元之≪古詩十九首探索≫亦主此說，而前此，蔡九峯注≪商書≫謂周秦改朔未改月。郎瑛≪七修類稿≫謂秦及漢初但改歲而未改月次。下及淸儒王引之先生則謂太初以前雖以十月爲歲首，而四季之名未改。綜上諸說觀之，皆涉於≪春秋≫聚訟『春王正月』一辭。王氏力主改月不改時者，實本諸胡康侯之說，失之。其驗周秦以降，時月俱改者，考之經文在在可見。明乎此，則應知《三統曆法》在太初改元前後之地位，斯可以言曆法也。玆更張余說以證之。《公羊》隱元年《傳》何休《注》云:

夏以斗建寅之月爲正，平旦爲朔法，物見色尙黑；殷以斗建丑之月爲正，鷄鳴爲朔法，物牙色尙白；周以斗建之月爲正，夜半爲朔法，物萌色尙赤。徐《疏》：凡草物十一月動萌而赤，十二月萌牙始白，十三月萌牙始出而首黑，故各法之。故《書傳略說》云：周以至動，殷以萌，夏以牙。《注》云：謂三王之正也。至動，冬日至，物始動也。物有三變，故正色有三，天有三生三死，故土有三王……殷人以日至三十日爲正，夏以日至六十日爲正，是故三統三王。

則《三統曆》之行早見於夏商周者至爲明確。又《漢書・律曆志》云:

《經》曰：春王正月。《傳》曰：周正月。火出於夏爲三月，商爲四月，周爲五月……。三代各據一統，明三統常合而迭爲首。（張以寧曰：按孟仲季迭用三事爲統首，謂夏以建寅爲孟春，而建卯建辰爲仲季；商以建丑爲孟春，而建寅建卯爲仲季；周以建子爲孟春，而建丑建寅爲仲季。）

而秦漢及太初改曆，皆仍三統之舊。王先謙《漢書補注》力引八證謂太初改曆乃用《三統曆法》（詳見《漢書補注・律曆志》）。故改時與改月乃《三統曆》之基本法則。玆舉數例以證之，如《春秋》僖五年:

春王正月，辛亥，朔日南至。

又昭十二年:

春王二月，己丑。日南至（杜《注》：當在周正失閏也）。

觀此，若非時月俱改，冬至何以不書於十一月？又，昭十七年:

夏、六月甲戌，朔，日有食之。（太史曰：日過分而未至，三辰有災，於是乎伐鼓用幣。此月朔當夏四月。）

又，僖五年八月甲子：

晉侯圍上陽。（上偃曰：丙之晨，龍尾伏辰，鶉之賁賁，天策焞焞，大中成軍，虢公其奔，其九月十月之交乎。冬十二月丙子朔，晉滅虢。）

又，哀十二年：

冬，十二月螽。（仲尼曰：火伏而後蟄者畢。今火猶西流，司秋過也。杜《注》：火伏在十月，今西流是九月。）

觀此，則四月日食而書六月、十月滅虢而書十二月、九月螽而書十二月，豈非時月俱改之力證耶？抑有進者，若隱公九年春三月，大雨震電，故書也。桓八年冬十月雨雹。十四年春無冰。按：十月乃夏正之八月，不應雪而雪，春乃夏正之冬，應冰而不冰，故書也。又莊七年秋大水，無麥苗，然則麥苗曷關乎秋正？應之曰：以周之秋乃夏正之五月，故將穫之麥及初種之苗，俱爲大水所害也。又，定元年冬十月隕霜殺菽。菽，大荳也，周以十月爲夏八月，故菽在田而遭霜，若夏之十月則菽已久收，豈爲霜殺乎？故周昭以建子爲正月，則秦改建亥爲正朔，亦卽以亥月爲正月，蓋自以水德代周，且木生於亥， 故用之。 是改時與改月實仍三代之舊也。 至如《史記》、《漢書》於秦及漢初紀年皆從十月起，顏師古謂遷等以夏正追敍前事；是矣，蓋太初改曆本史遷及洛下閎建議，故改夏正後，遂以夏正追敍前事。若《史記》魯襄公二十二年孔子生，而《公羊傳》則以爲襄公二十一年十一月庚子孔子生； 司馬貞《索隱》謂《公羊》用周正，而《史記》用夏正，故以周正之十一月屬之明年也。由是觀之，謂太初以前雖以十月爲歲首，而四季之名未改者，殊非篤論。

此外，徐中舒君著有《五言詩發生時期的詩論》一文，以爲詩中『促織』之名不見於《爾雅》、《方言》等書，故十九首必非西

漢人之作。惟近人隋森樹君《古詩十九首集釋》辨之甚詳，云:

> 促織之名雖不見於《爾雅》、《方言》等書，但因此而斷定『明月皎夜光』一詩爲西漢以後的作品，理由也是不充足的。因爲《爾雅》、《方言》等書，材料並不多，決不能把當時所有的草木鳥獸等物的種類及其異稱都完全記載在裏面;卽在今日，我們也不能說從所有的書籍辭典之中，就能把現在中國各地草木鳥獸的種類及其異名都找出來，不用說《爾雅》、《方言》那種極不精密的書了。並且漢賦中的動植物之名，就有不見於《爾雅》、《方言》的，如枚乘《七發》『溷章白鷺』之『溷章』當爲鳥名;『滚漻薵蓼』之『薵』，當爲草名;司馬相如《上林賦》『獑胡縠蛫』之『獑胡』與『蛫』當係獸名;然《爾雅》、《方言》均無記載。其他類此之例尙多，但決不能懷疑那作品的時代。再說東漢以前的古書亡佚的很多，我們焉知在那些書中也無『促織』二字?復次，緯書中旣有『促織』之名，緯書是兩漢之物，卽算是東漢的，那麽東漢旣有此名，而此物又非那時來自他國者，我們也無法證明這個名詞卽創於東漢。

按隋君辯之甚允，且傳世較早之《昭明文選》雖難得過目，惟僅據目錄所載，知有北宋常熟張芙川與南宋淳熙辛丑尤氏延之兩種不同系統之刊本。至淸嘉慶十四年，胡氏克家仿南宋淳熙本重刊，並附《考異》十卷，故坊間通行之刊本屬南宋淳熙尤氏刊本系統。《古詩十九首》雖較早見錄於《文選》，由於年代久遠，展轉譌鈔，與所據版本系統之不同，殊難考定通行本不無譌敓。竊意以爲詩『促織鳴東壁』原文本作『趣織鳴東壁』較安。考《文選》『促織鳴東壁』，李善《注》云:

> 《春秋考異郵》曰:立秋，趣織鳴。宋均曰:趣織，蟋蟀也。立秋，女功急，故趣之。《禮記》曰:季夏，蟋蟀在

壁。

由此觀之，李善之注解對像似爲『趨織鳴東壁』，而非『促織鳴東壁』。使李善所見之版本作『促織鳴東壁』，必無漏注『促織』何以名之詳細解釋也。故推之:

㈠唐李善注《文選》所見之版本可能作『趨織鳴東壁』。

㈡或由於『趨』字古音『促』之緣故，造成唐以後因音同而展轉譌鈔。

近人周祖謨有《方言校箋》及《通檢》，蟋蟀條 11/69/4. 之注釋云:

《詩》: 蟋蟀; 陸璣《疏》云: 『蟋蟀，幽州人謂之趨織』。《文選》古詩云: 『趨織鳴東壁。』是其證也。

則周君所見之《文選》版亦作『 趨織鳴東壁 』，而非『促織鳴東壁』者，想必亦有所據。故證古詩《明月皎夜光》之創作年代應在太初改曆以前。質言之，《古詩十九首》之產生年代若《說詩晬語》所云『不必一人之辭，一時之作』者，較允。

（《古詩明月皎夜光創作年代考》，原刊於《大陸雜誌》）

方祖燊云:

《古詩十九首》和枚乘《雜詩》，現代考據學者、文學史家對他們產生的時代，大都認爲在東漢或建安，而否定有西漢人及枚乘的作品存在。所以有這種結論，彙前人對《古詩十九首》時代及作者問題，有過種種懷疑的說法，現代人大都採襲這些舊說，鋪陳成篇。所以我們要探討《十九首》及《蘭若生春陽》的時代問題，在『人代冥滅，悠遠無跡』可尋的今天，只有先就前人的『疑說』來探究它能不能成立？然後再進一步就古詩的內容與風格方面，考索它們的時代。現在，將歷代各家的疑說分析考證如下:

(1)李善《文選・古詩十九首》說：『古詩，蓋不知作者。或云「枚乘」，疑不能明也。《詩》云：「驅車上東門。」又云：「游戲宛與洛。」此則辭兼東都，非盡乘作明矣。昭明以失其姓氏，故編在李陵之上。』『游戲宛與洛』，爲《青青陵上柏篇》內句。李善注阮籍《詠懷詩》引《河南郡（洛陽）圖經》說：『東都有三門，最北頭有上東門。』又《青青陵上柏・注》：『《漢書》南陽郡有宛縣；洛，東都也。』李善的意思，以爲洛陽是東漢京都，上東門是東漢洛陽的城門名；因此認爲《驅車上東門》《游戲宛與洛》這二首是東漢人作的；所以說：『辭兼東都，不全是枚乘一人作品。』後人多因李善的說法而推衍，或引張衡《南都賦》說：『南陽者，眞所謂漢（指東漢）之舊都者也。』說明宛縣也是東漢重要都會。或說『兩宮』『雙闕』，亦似東京語（見《藝苑叢談》）。或說：『《游戲宛與洛》篇內所寫「洛中何鬱鬱，冠帶自相索。長衢羅夾巷，王侯多第宅。兩宮遙相望，雙闕百餘尺」，明寫東漢洛陽的繁盛，西漢決無此景象。』（見《中國之美文及其歷史》一一二頁）更推而廣之，否定西漢有《古詩十九首》之類的作品。

由以上一段的文字，可以知道李善這個《注》文對於『後人對古詩的看法』有很大的影響。可是李善這個《注》的本身有許多問題：

(a)他所舉的《驅車上東門》、《游戲宛與洛》這兩首，都不是枚乘的詩。

(b)何以西漢人不能游戲宛、洛？必東漢人才能暢遊洛陽、宛縣。這個見解實在淺薄不通。

(c)洛陽，原是周朝舊都，秦嘗因周人的城郭宮闕而增建。《括地志》：『洛陽故城內，有南宮、北宮，秦時有之。』《輿地志》：『秦時已有南、北宮。』蔡質《漢官典職》：『南宮至北宮，相去七里。』《史記》《漢書・高帝紀》記載：漢高祖五年，初定天下時，『嘗置酒於雒陽南宮』，大宴羣臣，並『欲長都雒陽，後聽劉敬（漢書作婁敬）說，及留侯勸，始入都關中（長安）』。洛陽，早就是王者的閭里，城內宮殿廟堂，到東漢末董卓之亂時，才化爲灰燼。至建安中，曹植送應氏詩，還感歎洛陽的荒凉未復。宛縣，是兩漢南陽郡治所在，春秋以來的名都。如《史記・漢高祖本紀》說：『陳恢見沛公（劉邦）曰：「宛，大郡之都也，連城數十，人民衆，儲蓄多。」』宛、洛，都在今河南省內，一個是在南的名城，一個是在北的舊都；因此西漢人作詩，稱『游戲宛與洛』，也是頂自然的事。至於寫洛陽城中：『長衢羅夾巷，王侯多第宅，兩宮遙相望，雙闕百餘尺』，自亦順理成章，符合當日的歷史與地理的背景。若說是建安時曹、王所作，反而不符了。

(d)『驅車上東門』一句：上東門是洛陽城門名，是不錯的。但是這個城門，早在西漢高帝立國之初就已經存在。西漢賈誼《請封子弟疏》說：『高皇帝……擇良日，立諸子，雒陽上東門之外，畢以爲王，而天下安。』《疏》見《漢書・賈生傳》。上東門既是西漢初已有之城門名；西漢人作詩寫到『上東門』，又有甚麼不可以呢？

根據以上四點，可以證明李善所謂『此則辭兼東都』之說，實難成立。近人更引李善錯誤的注語，當作鐵證，可說更是不察至極了。

(2)宋洪邁《容齋隨筆五筆》卷十四李陵詩說：『予觀李詩云：「獨有盈觴酒。」「盈」字，正惠帝諱。漢法觸君諱者有罪。』顧炎武《日知錄》卷二十三，據唐憲宗時禮制，提出已祧不諱之說。他認爲『已遷之廟不諱』，『在七世之內』要諱；他舉例說：『孝惠諱盈，《說苑・敬愼篇》引《易》「天道虧盈而益謙」四句，「盈」字皆作「滿」；在七世之內故也。班固《漢書・律曆志》

「盈元」「盈統」「不盈」之類，一卷之中，字凡四十餘見（不諱），已祧故也。』又說：『若李陵詩：「獨有盈觴酒。」枚乘詩：「盈盈一水間。」二人皆在武、昭之世，而不避諱，又可知其爲後人之擬作，而不出於西京矣。』梁啓超說：『漢制避諱極嚴，犯者罪至死，惟東漢對於西漢諸帝，則不諱。』

按：明王世貞《藝苑巵言》卷二說『臨文不諱』，周嬰《巵林》卷四《李陵詩》一則，曾就『臨文不諱』作過極詳盡的考證，而反駁洪邁之說。

由周嬰的考證，可以知道洪邁的說法是不能成立的。就是顧炎武『已祧不諱』及『七世之內諱』，這種用唐禮推測漢制之說，自然無法取徵；而且顧氏又未深考西漢人的著述，以致有這種錯誤之說。

『臨文』可以『不諱』，所以枚乘詩有『盈盈』，李陵詩有『盈觴』之語。從當日有這許多著述不諱『盈』字的現象看來，反而可以更有力地旁證它們是西漢的作品。

(3)劉勰《文心雕龍·明詩篇》說：『古詩佳麗，或稱枚叔。』近人對這個說法，覺得懷疑，以爲不可信。

按：《文心雕龍》成書在齊和帝間（西元五〇一）。劉勰說：枚乘作，這一定有所依據，不會本來是無名氏的，而憑空給按上一個『枚乘』的名字。而且別集創於東漢，盛於齊梁。總集在劉勰以前已經流行的，有晉摯虞《文章流別志》六十卷，李充《翰林論》五十四卷，宋劉義慶《集林》二百卷，東晉謝靈運《詩集》五十一卷，宋張敷、袁淑《補謝靈運詩集》一百卷，宋明帝撰《雜詩》七十九卷等。這些總集，我們現在都看不到；可是劉勰時代，都可以看到。因此，我們可以相信劉勰的說法是有根據的。不過由於他用『或稱』兩字，這可能表示在劉勰時代裏，關於古詩作者的問題，還有一種說法，是將他歸在無名氏之列的。昭明太子編《文選》，大概是採取了這種說法，所以《十九首》總題爲『古詩』，而不題作者姓氏。後來徐陵編《玉臺新詠》，可能另見到有力的根據，所以才肯定標示作者爲『枚乘』。我想這可能跟梁阮孝緒《七錄》有關係。

按：阮孝緒《七錄序》（梁普通四年——西元五二三）說：『齊末兵火，延及秘閣；有梁之初，缺亡甚衆。』又說：『每披錄內省，多有缺然。』又說：『其遺文隱記，頗好搜集。凡自宋、齊已來，王公縉紳之館，苟有蓄積墳籍，必思致其名簿。凡在所遇，若見若聞；校之官目，多所遺漏。遂總集衆家，更爲新錄。』（《序》今收於《續古文苑》卷十一，原出《廣弘明集》）。《隋書・經籍志》附載『梁《七錄》有漢弘農都尉《枚乘集》二卷』。梁昭明太子編《文選》在『齊末兵火』後，或限於當時東宮所藏書，沒有《枚乘集》，不能直接據之；或有《枚乘集》，又是在阮孝緒所說的『致其名簿……校之官目，多所遺漏』的集子內。所以昭明雖能因美而選出這些好詩，卻不能標出作者的姓氏，只好『付之缺如』。《文選》所選作品，終於梁徐敬業《登琅邪城詩》。敬業卒於普通五年（西元五二四）；《文選》編成時代，當在阮孝緒《七錄》流傳之前。而徐陵因爲時代比較後（徐陵卒於陳後主至德元年——西元五八三），或能據《七錄》，而直接讀到《枚乘集》，所以能確定爲『枚乘雜詩』，而不用『或稱』之語了。

(4)梁鍾嶸《詩品・序》說：『自王、揚、枚、馬之徒，詞賦競爽，而吟詠靡聞。』按：《漢書・藝文志》著錄枚乘《賦》九篇，枚皐《賦》百二十篇。近人注《詩品》，有人說枚皐，有人說枚乘。但我認爲鍾嶸是跟昭明太子情形一樣，根本未曾讀過《枚乘集》，所以有此論說。鍾嶸《詩品》，據《南史・本傳》說：『沈約卒後作。』沈約卒於梁武帝天監十二年（西元五一三），下距阮孝緒編《七錄》（西元五二三），相隔九年。他寫《詩品》時，當然未曾見到《七錄》上著錄《枚乘集》也。

⑸清錢大昕說：『枚叔，班史不言有五言詩。』（見《十駕齋養新錄》卷十六）而認爲『劉勰所謂「古詩佳麗，或稱枚叔」爲臆說』。陸侃如說：『《漢書・藝文志》及《枚乘傳》只稱他的賦，未及他的詩。』（見《中國詩史》中册頁二七五）。是從錢說推衍出來。

章學誠《校讐通義》十五之九說：『《漢志》詳賦而略詩。』按：這和西漢的時代背景，文學潮流有關。西漢幾個帝王都喜愛『辭賦』一類的文學，文士爲求利祿功名，競作辭賦，侍制諛主，歌功頌德，粉飾盛世，因此辭賦成爲當日文學的主流。宣、成之世，進御之賦，千有餘首。作者多，讀者多，也受史學家的重視。《漢書》、《史記》載賦，特爲詳備，原因在此。至於詩篇，除《樂府》所收的一些歌詩，成帝加以品錄之外；其餘篇什，如非事關朝章國故，史策不載；個人抒懷作品，極少入傳。《漢書》載錄枚乘、班婕妤賦，不載枚乘、李陵、蘇武、班婕妤五言詩，正是當日的風氣使然。錢氏等這點看法，並不足以證明枚乘等人沒有作五言詩。

⑹近人的懷疑：文學史家對於《古詩十九首》、枚乘《雜詩》，因爲有上述種種疑說存在，不能解決；又由於枚乘是景帝時人，前後時代那些有名的文人，如司馬相如、王褒、揚雄都沒有這樣完美的五言作品，因此更加懷疑。鍾嶸《詩品・序》論述兩漢五言詩的作者僅李陵、班婕妤、班固數人而已。因此他們認爲枚乘時興起的五言詩，到李陵以後，爲甚麼中斷了百年（事實上僅六十餘年）？然後才有班婕妤一人；東漢二百多年，又只有班固那樣質樸無文的作品；一直到東漢末建安時代，才又興盛了起來。他們認爲這在文學的發展的公例上，是不大合理的事。明人許學夷《詩源辨體》早已提出『班固詠史，質木無文，當爲五言之始；蓋先質木，後完美

也』。近代人梁啓超、陸侃如、劉大杰，就抄襲其說，鼓吹成風。對於原屬西漢人的五言，有名氏的就都把他們算作東漢，甚至齊梁的僞作，專去找些有利於證明這種觀點的證據，也不深考這些觀點能否成立，是否合理，一古腦兒鈔進著述來張大聲勢。如上述所舉的各點，都是這種情形下，分見於各文學史，各考證五言詩的論文中。對於無名氏的古詩，剛好鍾嶸說過：有部份『舊疑是建安中曹、王所製』（見《詩品》卷上古詩）。李善說：『辭兼東都。』於是像《古詩十九首》之類，就全移到東漢或建安去。像梁啓超認爲是『東漢安、順、桓、靈間的作品，正是將亂未亂，極沈悶不安的時代裏產物』（見《中國之美文及其歷史》第一一四頁），劉大杰以爲是『東漢末葉大亂時代人民思想與情感的表現』（見《中國文學發展史》上册一四八頁）。

但從前面各點的考證，可以知道前人所懷疑的各點是不存在的，問題已經解決了一大部份。至於近人的從文體發展的常則——所謂每一種文體的發展，必須經過濫觴、醞釀、成熟、變化、衰落各時期來看漢五言詩發展，大體上也不違背這種的過程。五言詩濫觴於《詩經》，這是過去文學批評家所共認的；到了西漢初已有整首五言詩，如虞姬的和項王歌，戚夫人的永巷歌是。從此發展下去，是不難有優美成熟的作品。漢世五言，據摯虞說：『俳諧倡樂多用之』（見《文章流別論》），流行於歌謠樂府——由現存的樂府歌辭遺留下來的五言之多，可以測知。虞姬、戚夫人都是能歌善舞的人，她們作歌詩，用五言體，也一定是從民歌倡樂而來的。五言在民間當已醞釀了很久。到了枚乘（——西元前一四〇）時代，上距虞姬（——西元前二〇二），戚夫人（——西元前一九五），已達半世紀以上，又怎麽不能產生較完美的作品呢？由各種新文學的興起時代來看，也常有極傑出的作者，像楚屈原作《離騷》，晚唐五代的溫庭筠、韋莊、李後主的詞，金董解元的《絃索西廂》，元初關漢卿、馬致遠、白仁甫的曲子和雜劇，還不都是在這種新文體產生的初期，就大放異采，寫下震爍千古，爲後人所難追蹤的作品。再說在西漢文、景、武、宣時代裏，旣能有成熟完美的辭賦，如：賈誼的《鵩鳥賦》、枚乘的《七發》、司馬相如的《子虛》、《大人》、《長門》之類賦；又爲甚麽不能產生像枚乘、無名氏、蘇武、李陵之類的古詩？甚至於連西漢末，班婕妤(西元前一八)作《怨詩》，也被懷疑爲不可能？這種懷疑實在是毫無道理。班固是史學家，他的《詠史詩》，倫理敎化，氣息太濃，作得質樸無文，這沒有甚麽可以値得奇怪。同時他的詩作得好不好，跟西漢人作得好不好，可以說沒有一點必然的關連。就拿《古詩十九首》來說，後代的名家擬者不下千百人，够得上一半好的一個都沒有。我們能因此再把《古詩十九首》時代拉後吧！至於同時代，有的人以詩名，有的人以賦著，各人的嗜好趨向不同，各種的成就也就不同了。在東、西漢賦爲文學的正統主流的時代裏，大家時興作賦，不時興作詩，辭家多，詩人少，也就是頂自然現象。建安時曹操父子倡導爲樂府歌詩，五言的興盛，因而取代了賦，這也是文學自然的發展。撇開這些不談，專談兩漢時代五言的作者，實際上也不少，就拿鍾嶸《詩品》來說，提到的共有九個，上品中有古詩、李陵、班婕妤，中品有秦嘉、嘉妻徐淑，下品有班固、酈炎、趙壹，《序》中提到的有『子卿雙鳧……五言之警策者也』。子卿，卽蘇武字。建安五言盛代，三品所列，也不過曹植、劉楨、王粲(以上上品)、曹丕（中品）、曹操、徐幹、阮瑀（以上下品）七人罷了（其他何晏等人應歸入曹魏）。鍾嶸說：能『預此宗流者，便稱才子』。兩漢稍差的作者未被鍾嶸所羅列，當然也不會少的。因此，不在《詩品》之內，他的詩現在還流傳下來的，還有辛延年、宋子侯、傅毅、張衡、應亨、蔡邕……等人。其他無名氏的五言古詩、古樂府、民歌童謠，現存的也有六十多首。總計兩漢五言詩(建安除外)

共有一百二十多首，源長流細，歷代都有。

由以上種種辨證，我們可以得到一個結論，就是從文學發展的常則來看，近代文學史家的說法，也是不能成立的——他們的錯誤：是由於主觀偏頗，而未作通盤的研究；是由於沿襲舊說，而不加縝密的考辨，因而產生這種錯誤的結論。

(7)從《古詩十九首》內容，研究它們的時作性：古詩《明月皎夜光》、《東城高且長》、《凜凜歲云暮》三首，詩中節令，可以證明它們是西漢武帝太初以前的作品。

(a)《明月皎夜光》（見《文選》古詩第七）：

『明月皎夜光，促織鳴東壁。玉衡指孟冬，衆星何歷歷。白露沾野草，時節忽復易。秋蟬鳴樹間，玄鳥逝安適？……』

詩中寫明月的朗照，促織的夜鳴，白露的沾草，秋蟬的高吟，玄鳥（燕子）的飛逝，寫的都是秋景；『玉衡指孟冬』，節令卻是『春天』。過去人認爲是西漢武帝太初未改曆以前作品。李善《注》說：『《春秋緯運斗樞》曰：「北斗七星，第五曰玉衡。」上云促織，下云秋蟬：明是漢（漢曆）之孟冬，非夏（夏曆）之孟冬矣。《漢書》曰：「高祖十月至灞上，故以十月爲歲首。」（見《張蒼傳》）漢之孟冬，今之七月矣。』解釋得非常正確。古代曆法，代有不同。夏曆以正月爲歲首，正月爲寅月，故稱『建寅』，又稱夏正（現在所採舊曆法，就是夏曆）。殷以十二月爲歲首，十二月爲丑月，故稱『建丑』。周以十一月爲歲首，十一月爲子月，故稱『建子』。秦以十月爲歲首，十月爲亥月，故稱『建亥』。漢初承秦制，仍用秦曆。這種以十月爲歲首，九月爲歲暮的曆法，到武帝太初元年，才廢掉，改用夏曆。所以《明月皎夜光》這首詩中說的『孟冬』，正是夏正七月，恰是現在初秋時節，所寫的詩景正是秋景，不是冬景，正合當時的節令。據此，可以證明：這首詩一定是在西漢武帝太初元年（西元前一〇四）改曆之前產生的。

(b)≪東城高且長≫（見≪文選≫古詩第十一，≪玉臺≫標爲枚乘作）

『……迴風動地起，秋草萋已綠；四時更變化，歲暮一何遠？晨風懷苦心，蟋蟀傷局促。……』

(c)≪凛凛歲云暮≫（見≪文選≫古詩第十六）

『凛凛歲云暮，螻蛄夕鳴悲；凉風早已厲，遊子寒無衣。……』

前一首，既說『秋草』，下又說『蟋蟀』。蟋蟀，秋蟲也。≪後漢書・臯楷傳≫：『蟋蟀吟于始秋。』螻蛄，也是秋蟲，凉風是秋風。≪禮記≫：『孟秋之月凉風至。』這兩首所寫，明明都是秋天的景物，卻說『歲暮一何遠』、『凛凛歲云暮』。可見這兩首也都是武帝太初前的作品。漢高帝至武帝太初元年間，以十月爲歲首；（秋）九月自可謂之『歲暮』矣。改曆後作者，如晉左太沖≪雜詩≫說：『秋風何冽冽，白露爲朝霜。』張景陽≪雜詩≫說：『秋夜凉風起，蜻蛚吟階下。』現在看來，就沒有這種景物與節令不符合的現象。

(8)今人逯欽立對≪明月皎夜光≫一首的異議。逯欽立在≪漢詩別錄≫一篇的考證文字中，對古詩≪明月皎夜光≫一首，提出兩點意見。其中有一點是很重要的，我們不能不加以討論。他說：

李善蓋以此詩出於太初改曆以前。顧太初以前，雖以十月爲歲首，然其時春秋四時，並未更動。此有≪史≫、≪漢≫記載，可以覆案。（見≪漢詩別錄≫）

他的意思，是說太初以前，雖然拿『十月』做一年『開頭』，但是四季名稱並沒有更改變動，春季仍然是正、二、三月，夏季仍然是四、五、六月，秋季仍然是七、八、九月，冬季仍然是十、十一、十二月。而≪史記≫、≪漢書≫的記載，可以證明。如果他這個說法能够成立，≪明月皎夜光≫一首，李善≪注≫就發生問題。因此，我就去查證《史記》、《漢書》，結果，我發現只有《漢書》可以覆案。《漢書》記載，常作『冬十月』『春正月』『夏五月』『秋八月』之類。不過我們要注意一點，《漢書》作者班固是東漢人，在改用夏曆後，他的記法可能是依據東漢人用夏曆的觀念來記的。單由《漢書》可以覆案，還不能確定當日『四時沒有變動』的事兒。但是在《史記》幾篇漢帝《本紀》中，都很難覆案，因爲它僅有一兩個孤證，因爲《史記》記法，不是單記『月』，就是單記『時』。如：作『十月』，不作『冬十月』；作『夏』，不作『夏某月』。《漢書》記載『年、時、月』，大都是依據《史記》，又多半附上節令。如：《史記》作『十月』，到《漢書》就多作『冬十月』。《史記》作『夏』，《漢書》也作『夏』。但是可能有時班固因握有確實的月份資料，這時他就不沿用《史記》的記法了，而作『×月』。可是遇到這種地方，我們就可以發現他們的記載不同。現在將《史記》、《漢書》高、文、景三紀這類的文字作比較如下：

(a)《史記・漢高祖紀》：十一年……夏，梁王彭越謀反，廢遷蜀，復欲反，遂夷三族。

《漢書・高帝紀》下：十一年……三月，梁王彭謀反，夷三族。

(b)《史記・孝文紀》：高祖十一年春，已破陳豨軍，定代地。

《漢書・高帝紀》下：十一年冬，周勃道太原，入定代地。

(c)《史記・孝景紀》：中三年……春……立皇子方乘爲清河王。

《漢書・景帝紀》：中三年……秋九月蝗，有星孛于西北。戊戌時日，有蝕之。立皇子乘爲清河王。（晦，月盡也。）

從上面幾條記載同一件事情的時令與月份的比較，結果發現在漢武帝太初改曆以前，不只是以十月爲歲首，可能季節也變動了。那麼

十、十一、十二月爲春天，正、二、三月爲夏天，四、五、六月爲秋天，七、八、九月爲冬天——就是『歲暮』。用這種說法，去解說上面幾條：『《史》、《漢》記載不同的地方。』就可以解說得通了。如：

(a)《史記》記彭越謀反事，在『高祖十一年夏』，《漢書》記在『十一年三月』。三月正是漢曆的『夏天』。

(b)《史記・孝文紀》記漢定代地事，在『高祖十一年春』，《漢書・高帝紀》記在『十一年冬』。漢曆的『春』，正是夏曆的『冬』。

(c)漢立皇子乘爲清河王事，《史記・孝景紀》記在『中三年春』。《漢書・景帝紀》記在『中三年秋九月』後。夏曆的『秋九月』後，正是太初前的漢曆的『春』。

由此，可知逯欽立依《漢書》立說是不足爲據的。不過有關這個《史記》與《漢書》在太初前『時與月』的問題，還有待於專門研究漢史的學者們詳加考辨。

(9)鍾嶸《詩品》說有部份古詩，『舊疑是建中曹（植）王（粲）所製』。現代文學史家，像劉大杰等人，就把《古詩十九首》全作東漢末的作品。我認爲這種看法，是有問題的。現在，我們就拿東漢末建安時大詩人如曹植、曹丕、王粲的作品爲代表，從文字、風格、內容三方面來和《古詩十九首》及蘇武、李陵等人作品作比較。

(a)文字方面：我發現建安詩人寫別情、鄉愁、閨怨的作品，句法、辭意，有許多是模仿《十九首》及李陵、蘇武詩的。如曹丕的《雜詩》（漫漫秋夜長、西北有浮雲）二首，曹植《送應氏詩》二首，可作例證。試作比較如下：

甲、與曹丕《雜詩》二首比較：

①漫漫秋夜長， ⎫ ⎧爍爍三星列，
②烈烈北風涼。 ⎭ ⎩拳拳月初生。（李陵別詩）

③展轉不能寐， ⎫ ⎧憂愁不能寐，
④披衣起徬徨。 ⎭ ⎩攬衣起徘徊。（十九首之十九 玉臺作枚乘詩）

⑤彷徨忽已久， ⎫ ⎧白露沾野草，
⑥白露沾我裳。 ⎭ ⎩時節忽復易。（十九首之七）

⑦俯視清水波， ⎫ ⎧俯觀江漢流，
⑧仰看明月光。 ⎭ ⎩仰視浮雲翔。（蘇武詩）

⑨天漢回西流，
⑩三五正縱橫。
⑪草蟲鳴何悲，——蟪蛄夕鳴悲。（十九首之十六）
⑫孤雁獨南翔。——一鳧獨南翔。（蘇武別李陵詩）
⑬鬱鬱多悲思。
⑭緜緜思故鄉。——緜緜思遠道。（古詩青青河邊草詩 一作蔡邕作）

⑮願飛安得翼。——⎧亮無晨風翼，
⎩焉能凌風飛。（十九首之十六）

⑯欲濟河無梁。——⎧我欲渡河水，
⎩河水深無梁。（古詩步出城東門）

⑰向風長歎息。——⎧遠望悲風至，
⎩對酒不能酬。（李陵與蘇武詩）

⑱斷絕我中腸。（以上十八句均 曹丕雜詩之一）

× × × ×

①西北有浮雲，——⎧西北有高樓
⎩上與浮雲齊。（十九首之五 玉臺作枚乘詩）

②亭亭如車蓋。——熠熠似蒼鷹（李陵錄別詩）

③惜哉時不過，
④適與飄風會。
⑤吹我東南行，
⑥南行至吳會。
⑦吳會非我鄉，⑧安能久留滯。｝｛客行雖云樂，不如早旋歸。（十九首之十九 玉臺作枚乘詩）
⑨棄置勿復陳，——棄捐勿復道（十九首之一 玉臺作枚乘詩）
⑩客子常畏人。（以上十句曹丕雜詩二）

王世貞說：『子桓雜詩二首，可入十九首，不能辨也。』（見≪藝苑巵言≫卷三）。從上面的比較，可以知道曹丕這兩首詩，多處模仿古詩及李陵、蘇武詩，有的用他句法，有的偷他辭意，非常明顯。

乙、與曹植≪送應氏≫詩比較：

①步登北邙阪，②遙望洛陽山，③洛陽何寂寞。｝｛驅車上東門，遙望郭北墓，白楊何蕭蕭。（十九首之十三）
⑦不見舊耆老，⑧但覩新少年。｝一所遇無故物（十九首之十一）
⑬中野何蕭條。⑭千里無人煙。｝｛遠望正蕭條，百里無人煙。（李陵錄別詩）
⑮念我平生親，⑯氣結不能言。｝｛悲我親友別，氣結不能言。（古詩悲與親友別）

（以上曹植≪送應氏≫詩之一）

×　×　×　×

①清時難屢得，——良時不再至。（李陵與蘇武詩一）

②嘉會不可常。——嘉會難再遇。（李陵與蘇武詩二）

④人命苦朝霜。——年命如朝露（十九首之十三）

⑤願得展嬿婉，⑥我友之朔方。——歡樂在今夕，嬿婉及良時。（蘇武詩）

⑬山川阻且遠，⑭別促會日長。——道路阻且長，會面安可知。（十九首之一 玉臺作枚乘詩）

⑮願爲比翼鳥，⑯施翮起高翔。——願爲雙鴻鵠，奮翅起高飛。（十九首之五 玉臺作枚乘）

（以上曹植《送應氏》詩之二）

由此比較，可知曹植模仿古詩，蘇、李詩的地方也不少。胡應麟《詩藪》說他『送應氏等篇，全法蘇、李』，是很正確的看法。《十九首》中《今日良宴會》一首『彈箏奮逸響，新聲妙入神』兩句，《北堂書鈔・樂部・箏類》引作曹植詩；這可能是誤記，也可能就是這一類脫胎偸骨的句子罷。在建安諸人的作品中，一句、兩句模擬而出於《古詩十九》首及蘇、李詩的，那更是多了。

(b)風格方面：在文句上，建安詩受《古詩十九首》的影響，但風格上，建安詩和古詩都迥然不同。淸吳喬《答萬季埜詩問》說：『漢人五言古詩，平淡高遠，其風格不類曹、王。』蓋《十九首》，不尙難字，而韻味緜緜，自然高渾，而現其氣象，有他過人的地方。蘇武、李陵詩，風味與《十九首》相類。建安詩漸綺麗，藻弄巧思。明陸時雍《詩鏡總論》說：『魏人精力標格，去漢自遠，而始影之華采。』所以王粲愀愴而羸秀，曹植鋪排而整飾。例如：陳思王《白馬篇》『俯身散馬蹄』，能盡馳馬之狀；《鬥雞詩》『觜落輕毛散』，善形容鬥雞之勢。『俯』『落』二字有力，一『散』字相應，造語極其工巧。古詩不似。所以有人說：『《古詩十九首》，是平平道出，若談家常語，若陳思「秋蘭被長坂，朱華冒綠池」、仲宣「幽蘭吐芳烈，芙蓉發紅暉」是家常語與官話相半。』

李白評說：『自從建安來，綺麗不足珍。』我們在《古詩十九首》中，是讀不到這一類『綺麗』『工巧』的名句。

(c)內容方面：蘇、李《贈別》與《十九首》都只是詠懷言情之作。建安詩範圍拓廣，有遊讌、紀行、贈答、詠古、頌德、言情、述懷、軍戎、雜詠諸體。但他們所表現的內容，卻深受時代背景的影響。他們早期作品，因處於漢末雜亂的時代，如：王粲《七哀詩》：

> 西京亂無象，豺虎方遘患，復棄中國去，委身適荆蠻。親戚對我悲，朋友相追攀。出門無所見，白骨蔽平原。路有饑婦人，抱子棄草間，顧聞號泣聲，揮涕獨不還：『未知身死處？何能兩相完？』驅馬棄之去，不忍聽此言。南登霸陵岸，回首望長安；悟彼下泉人，喟然傷心肝！

寫民衆逃難的情形。『白骨蔽平原』『抱子棄草間』，都是戰爭所造成慘絕人寰的景況。他的聲音，近於呼喊，不像《古詩十九首》情感的敦厚宛轉。《十九首》也沒有這樣內容的作品。又如曹植《送應氏詩》：

> 步登北邙阪，遙望洛陽山。洛陽何寂寞！宮室盡燒焚。垣牆皆頓擗，荆棘上參天。不見舊耆老，但覩新少年。側足無行徑，荒疇不復田。遊子久不歸，不識陌與阡。中野何蕭條，千里無人煙。念我平生親（一作平常居），氣結不能言。

這一首作於建安十六年，寫戰亂後，洛陽一片殘破未復，荒涼蕭條的景象。

《古詩十九首》中的《青青陵上柏》一首，也寫洛陽城。……。

費錫璜《漢詩總》說：『讀之見太平景象，人民熙皞，上至王侯第宅，下至平康北里，皆優游宴樂，爲盛世之音。』從內容方面看來，建安的前半期，是不可能產生《十九首》那樣溫厚和平的作品。至建安後半期，鄴都常有遊讌盛事，產生許多寫池苑風月、宴樂歌舞、遊樂鬥雞的作品。文采宛麗精綺，陳倩父謂之『建安體』，當然和漢《古詩十九首》不類。至於曹植、王粲等人，有關世情抒懷作品；曹植因生活愉快，風格亦贍麗；王粲因入魏後，得意宦海，遂多頌諛之語，也不類《十九首》的質樸平淡。王粲卒於建安末，曹植入黃初後，因受乃兄壓迫，詩情哀怨，然仍含蘊着悲憤，也沒《古詩十九首》曠達的風味。所以從內容上來看，《十九首》也絕不是曹植、王粲所作的。再說曹植及王粲等人的作品，或由魏文帝或由明帝下令替他們撰錄成集，若有『一字千金』的佳作，也不可能佚於集外，流爲無名氏之作也。

⑩至於梁啓超說：『《十九首》是東漢安順桓靈時的作品。』因爲沒有具體有力的證據，可以證明他的說法。這時詩人，像秦嘉、酈炎、趙壹等人，鍾嶸已加品評；至張衡的五言詩也不好，梁氏的說法，更是個人的臆測了，不再細辨。

*　　*　　*　　*

由上面十點的考證，使我們知道過去人對《古詩十九首》及枚乘詩的各種懷疑的說法難以成立。我們從《古詩十九首》的內容看來，當全屬文士詩人的作品；由用字、用詞，可以體會出他們是熟讀了《詩經》《楚騷》。如『凜凜歲云暮』之類，都是採用《詩經》中用語。這些作品，不像漢朝一些樂府五言是來自民間的『匹夫庶婦』之手，所以不像民歌俗謠的平易淺露；而含有很深的文學意味與價值。徐陵選爲枚乘作，劉勰說是枚乘作。枚乘是第一流的辭賦家，當然也可能是第一流的大詩人。枚乘作《東城高且長》一首，由所寫節令，考知是漢武常以前作。所以我想枚乘的仍歸枚乘，傅毅的仍歸傅毅。至於不在他們名下的，像《明月皎夜光》、《凜凜歲云暮》，都已經考定是西漢太初前作品。《青青陵上柏》，由它所寫的洛陽城中情形，正是興世的景象，諒也是西漢盛時的作品。餘下(4)《今日良宴會》、(11)《廻車駕言邁》、(13)《驅車上東門》、⒁《去者日以疎》、⒂《生年不滿百》、⒄《孟冬寒氣至》、⒅《客從遠方來》七首，雖不能確定時代，不過我想也不會太晚吧！因爲建安時人已有模仿這些詩篇中句子的例子。

（《漢古詩時代問題考辨》，見《大陸雜誌》第三十一卷第五至七期）

〔存　目〕

葉嘉瑩撰《談古詩十九首之時代問題》，發表於《現代學苑》第二卷第四期。

〔怨歌行〕

陳延傑云:

班婕妤《怨歌行》，始著錄《文選》。其後《玉臺新詠》亦收之，題以小序曰：『昔漢成帝班婕妤失寵，供養於長信宮，乃作賦自傷悼，併爲怨詩一首。』按併爲怨詩一首，乃編者徐陵之言也。《漢書・外戚傳》云：婕妤退處東宮，作賦自傷悼，並載賦之全篇，無作怨詩者，此亦可見其不實也。

《本傳》云：『成帝遊於後庭，嘗欲與婕妤同輦載。婕妤辭曰：觀古圖畫賢聖之君，皆有名臣在側。三代末主，乃有嬖女。今欲同輦，得無近似之乎？上善其言而止。太后聞之，喜曰：古有樊姬，今有班婕妤。婕妤誦詩及窈窕德象女師之篇，每進見上疏，依則古禮。』是班婕妤爲一幽閒貞靜極重女德之人也。今讀此詩，有適於其品節否？恐不然矣。婕妤，班彪叔母，固之大叔母也。今藉第眞有此《怨歌行》之作，固著《孝成班婕妤傳》，奈何不一言及之耶？

再就作品考之。鍾嶸《詩品》評班姬曰：『《團扇》短章，辭旨清捷，怨深文綺，得匹婦之致。』按鍾氏此評，雖謂其言辭美而哀，然筆力亦靡弱甚矣。西漢人作風甚質直，恐不如是之綺也。況當時五言，猶未盡發見乎？在昔齊劉勰，已嘗疑之，曰：『至成帝品錄三百餘篇，朝章國采，亦云周備，而辭人遺翰，莫見五言，所以李陵，班婕妤見疑於後代也。』（見《文心雕龍·明詩篇》）余以鍾評文綺證之，想當爲魏晉間文士所擬作焉。嚴羽云：班婕妤《怨歌行》，《樂府》以爲顏延年作，頗似之。

（《漢代婦女詩辨僞》，見《東方雜誌》二十四卷二十四號）

■文選音

周祖謨云:

唐本《文選音》殘卷，法國巴黎國家圖書館所藏，敦煌之故物也。今存《昭明文選》之第二十三卷任彥昇《王文憲集序》之後半以訖第二十五卷干令升《晉紀總論》之前半，凡九十七行。卷中摘字記音，不爲義訓，以故知爲《文選音》。又寫者於民治二字均不避諱，惟國字作圀，乃武后新定之字，是此本寫於武后之際，抑又可知。所惜者，殘闕之餘，無以考見其作者耳。案史志所載，隋唐人之作選音者數家。《隋書・經籍志》云:《文選音》三卷，蕭該撰。（案《舊唐書・經籍志》《新唐書・藝文志》均云十卷）《新唐書・藝文志》云: 曹憲《文選音》卷亡，公孫羅《文選音義》十卷，僧道淹《音義》十卷，許淹《文選音》十卷。日本藤原佐世《見在書目錄別》有李善《文選音義》十卷，又不見史志者也。合之總爲六家。今者諸音均散軼不傳，誠無以案覈殘篇。但摧而爲論，此卷非蕭、曹、公孫、李善之書，則顯然易見。考日本有古鈔本《文選集注》一書引《音決》甚多，《見在書目》云:《文選音決》十卷，公孫羅撰，則《音決》卽公孫羅之《文選》音義。謂之《音決》者，蓋采摭諸家舊音而審決之也。今金澤文庫所藏《集注》之第九十三九十四兩卷（全書爲百二十卷），適卽昭明書之第二十四卷，其中所字《音決》之文，與此殘卷均不相合，則殘卷者非公孫氏之作，固無疑義。王重民《巴黎敦煌殘卷敍錄》旣先我言之矣，但卒以謂此蓋爲蕭該之書，猶未盡然。今從其體例斷之，篇中有音無義，其許淹之書歟?

（《論文選音殘卷之作者及其音反》，原刊於《輔仁學誌》）

■玉臺新詠

〔白頭吟〕

陳延傑云:

《玉臺新詠》、《古樂府》詩，有《皚如山上雪》一首，一作《白頭吟》，不云卓文君作也。唯《西京雜記》云:『司馬相如將聘茂陵人女爲妾，卓文君作《白頭吟》以自絕，相如乃止。』按《西京雜記》爲僞書，不可盡信。郭茂倩《樂府詩集》有《白頭吟》二首，題云古辭，亦未云作者。並引《樂府解題》云:古辭云，皚如山上雪，皚若雲間月;又云，願得一心人，白頭不相離。始言良人有兩意，故來與之相決絕;次言別於溝水之上，敍其本情;終言男兒重意氣，何用於錢刀。一說云:白頭吟，疾人相知，以新間舊，不能至於白首，故以爲名。以是推之，是詩不盡爲棄婦所作，或喩人相知之不終矣。況如是詩第四解，乃糟糠之妻，其夫將納富家女，以訴怨恨之狀，與文君事情絕不類，決非文君作也。

清陳沆《詩比興箋》云:『《玉臺新詠》載此篇，題作《皚如山上雪》，不云《白頭吟》，亦不云何人作也。《宋書》大曲有《白頭吟》，作古辭，《樂府詩集》同之，亦無文君作《白頭吟》之說。自《西京雜記》僞書，始傅會文君，然亦不著其辭，未嘗以此詩當之。及宋黃鶴注《杜詩》，混合爲一，後人相沿，遂爲妒婦之什，全乖風人之旨。且兩意決絕，溝水東西，文君之於長卿，何至是乎！蓋棄友逐婦之詩，非第小星逮下之刺。願得一心人，白頭不相離，忠厚之至也。男兒重意氣，何用錢刀爲，慷慨之思也。』

陳氏箋此極確當，故仍歸古詩，不以嫉妒誣風人，蓋得其旨矣。

（《漢代婦女詩辨僞》，見《東方雜誌》二十四卷二十四號）

〔盤中詩〕

陳延傑云:

今本《玉臺新詠》、《盤中詩》一首，題蘇伯玉妻作。原注謂，失其姓氏。按此詩旣云失其姓氏，而又在傅元《擬四愁詩》之後，或爲休奕作，未可知也。詩甚巧綺，不類漢人語，當是晉代作風，未可以詩中有姓者蘇，字伯玉之句，遂定爲其妻所作也。

明胡應麟《詩藪》，以此爲蘇伯玉妻作，甚贊賞其辭曰：蘇伯玉妻《盤中詩》，謂宛轉出於盤中者，則當亦廻文之類。今其詩在，絕奇，如空倉雀，常苦飢，吏人妻，夫見稀，黃者金，白者玉，姓者蘇，字伯玉，家居長安身在蜀，皆三七言。不知當時盤中書作何狀，必他有讀法，不可考矣。或云，當從中央周四角，卽讀法也。胡氏以爲蘇妻作，蓋本宋嚴羽說也。又云：漢自《鐃歌・郊祀》外，三言絕少，卽間見，不過數語，若五雜組等篇，頗無意義。獨蘇伯玉妻《盤中詩》二十韻，皆三言，僅未數句七字耳。語意絕奇，惜時與事不可考。按漢代三言絕少，卽此一端，亦可證《盤中詩》非漢人作也，又治時與事無考乎？

《四庫提要》云：蘇伯玉妻《盤中詩》，《詩紀》作漢人，固謬；宋本《玉臺新詠》，列於傅休奕後，不別提蘇伯玉妻，乃嘉定陳玉父刻本，偶佚其名。觀《滄浪詩話》稱，蘇伯玉妻有此體，見《玉臺集》，則嚴羽所見之本，實題伯玉妻名。又桑世昌《回文類聚》《盤中詩》，亦題蘇伯玉妻，則惟訥所題姓名，不爲無據。〔馮〕舒之所駁，是知其一，不知其二也。此亦沿嚴羽《詩話》而誤者也。

《詩比興箋》辨此詩爲傅元作甚確，曰：《樂府解題》云《盤中詩》，傅元作。《玉臺新詠》亦同。《北堂書鈔》亦止曰古詩，無名氏。自嚴羽吟卷，因詩中用蘇伯玉事，謬迻爲蘇伯玉妻詩，（《滄浪詩話》云：《盤中》、《玉臺集》有此詩，蘇伯玉妻作，寫之盤中，屈曲成文也。）而《詩紀》因之，遂無復知爲傅剛侯詩者矣。此詩窮工極巧，不似東漢渾樸之音。史稱傅剛侯剛正疾惡，而善言兒女之情，此詩蓋擬蘇伯玉妻而作，以寄其騷怨也。……今時人以下，乃謂詩以言志，世人苟有讀此詩者，當以意逆志。……鍾譚別本，知不足，譌作知四足，旣無文義；至謂蘇氏輕薄夫婿之詞，尤爲夢中說夢。夫上旣云人才多，知謀足，此又謂其知不足，有是理乎？斥夫君爲時人，有是稱乎？如陳氏說，乃知剛侯再仕再已，蓋亦不得已於中者所作歟？不然，則所云羊肉千斤酒百斛，令君馬肥麥與粟，於夫妻何與哉？

（《漢代婦女詩辨僞》，見《東方雜誌》二十四卷二十四號）

■詩準、詩翼

程元敏云:

《四庫全書總目提要》(卷一九一頁十二——十三)《集部·總集·存目》一著錄《詩準》三卷,《附錄》一卷,《詩翼》四卷。《提要》云『舊本題何無適、倪希程同撰』,然徧檢郝本全書,均無『何無適、倪希程同撰』之文。考『何、倪同撰』云云,實舊日藏書家誤讀王柏自序以其序他人之書,而《四庫》因之,丁丙又因之,遂積非成是。蓋書既不應題何、倪所撰,而何、倪亦非如丁氏所言『 里貫事實無考 』(《提要》著錄諸家著作,通常略及其『里貫事實』,此獨闕如,蓋亦以『無考』目之也)。然『無適、希程』竝爲何、倪之字,其人無籍籍名,考之亦非易易?

王柏《跋何無適帖》云:

君諱欽,字無適,北山先生之嗣子也。天資不羣,有晉、宋之遺風焉。予得其帖至少二十有五:『 遺硯帖。』其絕筆也。

撰《何北山先生行狀》又謂:

(北山先生有:)子男二人,長欽,後先生半年而卒。

北山何基,金華人,卒於度宗咸淳四年(一二六八)十二月十九日,其後半年,約咸淳五年五月中旬,而子欽卒,王柏挽之云:

著書未就不幸短折!

《宋元學案·北山四先生學案》據《王忠文集》以欽爲基子, 而不及其字無適之事, 各家作宋人小傳, 亦竝不稱其字, 《四庫提要》、丁丙何從考耶?

《南宋館閣續錄》:

倪普，字君澤，婺州人，庚戌（理宗淳祐十年，一二五〇）進士。

《宋大臣年表》:

恭帝德佑元年（一二七五）乙亥，〔同簽書樞密院事〕倪普，二月命，四月罷。

普參與中樞要政，《宋史》竟不立傳，《金華縣志》謂其:

宋咸淳間（一二六五——一二七四年）以御史知吉州，爲政以風化爲先。……後歷官刑部尚書，簽書樞密院事。

案:《縣志》謂普簽書樞密院事，與史表合；謂咸淳知吉州，與《吉安府志》合。而倪普、倪君澤與《提要》、丁丙所謂《詩準》《詩翼》作者倪希程本爲一人，此又與王柏咸淳元年送倪君澤赴吉安知州事一文大同合。王柏《送倪君澤序》云:

……倪君君澤，所謂有其實而不自至者也；予知君澤爲最密。……今將趨南康幕，戒行有日。……君舊字希程，今改字君澤。

二子雖同爲婺州金華縣人，然『前後相與類編』云者，不過曰某（疑何無適）。先依朱子、眞西山《宗旨類編古詩》，某復據《紫陽大全集》、《德秀文章正宗類編古韻語》，未嘗相與爲謀也。及王柏合二家《類編》之稿（『予因合之』云者，合二家之稿且次序條理之也。非何撰上半，倪成下半，而魯齋裝訂爲一册，諸家誤讀自序，故舊本題何、倪撰也），始命曰《詩準》、《詩翼》。且以教童蒙誦習，魯齋跋其《姻晚韓境帖》云:

君諱境字仲容，……稱適莊先嫂爲姑。……詩書筆札皆工，予以《詩準》、《翼》予之，卽能洞知其本末。

魯齋述及《詩準》、《詩翼》。本書外，惟見此條。書家但考大略，不及細微，以故短缺旁證，而不敢題王柏編撰，惟萬歷《金華縣志》得其實，曰:

《詩準》、《詩翼》，王魯齋編。

魯齋嘗授業家塾，一門自爲師友。韓境既得《詩準》、《詩翼》讀之，同舍生必亦人手一册；需者不一、二，而取付梨棗，其勢必矣。淸季振宜《季滄葦書目》著錄曰：

《詩準》四卷、《詩翼》四卷：四本，宋板。

此書初刻在淳祐三年（據自序），季氏所見爲原刊抑再板，不得而知。季氏未云何、倪撰書，是矣，蓋如題無適、希程撰，則是足利贋鼎。因宋理學家注重名實，著書出本名爲常例，至多名、字連稱曰『何欽無適甫』云云，必不藏名而只示人以字也。

（《論詩準、詩翼之眞本與僞本》，原刊於《大陸雜誌》第三十九卷第十二期）

■全唐文

傅璇琮・張忱石・許逸民云:

嘉慶時爲了修纂《全唐文》，還特地開設了『 全唐文館 』，在輯集工作中，除了依據上面所說的一百六十册《唐文》外，還據《永樂大典》《古文苑》《文苑英華》《唐文粹》等幾部大書滙輯。但卽使如此，也仍有遺漏，後來陸心源利用他的皕宋樓所藏，補輯了不少遺文，編爲《唐文拾遺》七十二卷、《唐文續拾》十六卷。今天看來，還有不少遺文可以輯集，單是近一、二百年出土的碑文墓志，就可補進數千篇文章，其中不少篇對文學史研究有極重要的參考價値。如衆所周知的靳能所作王之渙墓志銘（《唐故文安郡文安縣太原王府君墓志銘》），就是過去李根源先生《曲石藏志》之一，岑仲勉《續貞石證史》（ 載《歷史語言研究所集刊》第十五本）曾據此對王之渙的生平有所考證。這一墓志，就不見於《全唐文》和陸心源的《唐文拾遺》和《唐文續拾》。過去對王之渙生平事蹟的記載，不是空白，就是錯誤，如著名的唐代詩歌硏究著作宋代計有功的《唐詩紀事》，就說王之渙爲『天寶間人』，元人辛文房的《唐才子傳》又說王之渙是『薊門人』。現在據靳能所作墓志，則王之渙於天寶元年二月卽已去世，他的郡望爲太原，從其五代祖王隆之爲北魏絳州刺史起，就占籍絳州（《新唐書》卷三十九《地理志》三，河東道有絳州絳郡 ）。這些都可有助於唐詩的研究。《曲石藏志》中還有一篇張階作的李琚墓志（《唐故河南府洛陽縣尉頓丘李公墓志銘》），根據這篇墓志，可以考見唐朝著名理財家劉晏任夏縣令的時間（天寶七載二月以前），並由此還可考見劉晏與盛唐詩人王昌齡、李頎的交游事蹟。這篇墓志也爲《全唐文》及過去金石著錄所未載的。近代比較著名的藏石，還有『千唐志』等，如果把已知的這些碑傳墓志加以輯錄印行，一定會大大有助於對唐文的認識以及對唐代文學的研究。另外，《全唐文》纂修時，《文苑英華》曾是重要的依據材料。『凡例』中特別提到除了明刊本外，還據影宋抄本《文苑英華》補配。但卽使如此，《英華》中也還有一些篇章爲《全唐文》所漏收的（此點可參看清人勞格《讀書雜識》卷八）。

這就是說，現在修訂《全唐文》，在補輯遺文方面還有不少工作可做。這是一方面。另一方面，《全唐文》本身還有許多錯誤需要訂正，這個訂誤的工作，或許比輯佚還要費事費時，它要查閱大量的史書，需要詳細占有材料，並進行比較的研究。根據我們所看到的情況，大致有以下四點:

一、文章誤收。修纂《全唐文》時，這些編修官已經注意到甄別文章的作者。譬如楊炯《彭城公夫人爾朱氏墓志》、《伯母李氏墓志》，過去曾誤編入庾信的集子中，這次加以刊正，改入楊炯名下。撰人姓氏歧出的，如《邕州馬退山茅亭記》，見柳宗元《河東集》，又見於獨孤及的《毗陵集》；盧坦之《楊烈婦二傳》，見李翺的《文公集》，又見於李華的《遐叔集》，編《全唐文》時都各加訂正，歸於一是。負責修纂的徐松等人，對唐宋史事號稱精熟，徐松本人曾撰有《登科記考》，是研究唐朝科舉制度與文人生活的重要資料書，他又利用編《全唐文》之便，輯修了《宋會要輯稿》一書，保存了宋代不少極有用的史料。但卽使如此，《全唐文》中張冠李戴的情況還是不少。這裏不妨舉一個典型的例子。如卷三五七高適名下收《皇甫冉集序》一文。皇甫冉是中唐時的著名詩人，清人管世銘《讀雪山房唐詩抄》曾將他列爲大歷十才子詩人之一。現存有關皇甫冉事蹟的材料，最早要算是獨孤及所作的《唐故左補闕安定皇甫公文集序》(《毗陵集》卷十三)，序中說皇甫冉於代宗大歷二年（公元七六七）遷左拾遺，轉右補闕，後奉使江表，省家至丹陽，不幸染疾而死，年五十四。根據其他有關材料，可以大致考知其卒當在大歷四、五年之間（公元七六九——七七〇）。而我們知道，高適則卒於永泰元年（公元七六五）。《全唐文》所載《皇甫冉集序》卻說：『恨長轡未騁，而芳蘭早凋，悲夫！』明明是高適比皇甫冉早五、六年死，卻在所作序文中悼念皇甫冉的有才早死，豈非奇事！細心比較，原來《全唐文》所載的這一篇《皇甫冉集序》，與《唐詩紀事》卷二十七皇甫冉條所引『高仲武曰』完全相同，高仲武即是唐人選唐詩之一《中興間氣集》的編選者，原來這一篇文字卽是《中興間氣集》對皇甫冉的評語。據高仲武自序，他這部詩選，『起自至德元首，終於大歷暮年』，皇甫冉正好生活其間。現在單刻本的《中興間氣集》，與《唐詩紀事》所引，關於皇甫冉的評語，字句雖有所出入，但大致相同。由此可以斷定，這所謂《皇甫冉集序》決非高適所作，而且這個篇名也是修纂者硬按上去的。其所以致誤的原因，大約還與《唐才子傳》有關，《唐才子傳》卷二高適小傳就說『適字達夫，一字仲武』，把詩人高適（字達夫）與詩選家高仲武合而爲一，編修官徐松不察，也就沿襲其誤，將《中興間氣集》的評語作爲高適所作的序文（徐松所撰《登科記考》卷九天寶十五載進士登第皇甫冉名下卽引『高適《皇甫冉集序》』，誤與《全唐文》同，由此可見《全唐文》此外之誤，卽出於徐松之手）。這是明顯的例子，類似的情況還有不少，需要參稽有關史料，加以刊正。

二、人名誤。《全唐文》卷三九八載楚晃《對萊田不應稅判》文一篇，於『楚』字下注云『一作樊』，小傳云開元擢書判拔萃科。按此應作樊晃，是唐代最早爲杜甫詩編成集子的人。《新唐書》卷六十《藝文志》四著錄《杜甫小集》六卷，注云『潤州刺史樊晃集』。《元和姓纂》卷四載樊晃官職爲兵部員外、潤州刺史。

《嘉定鎭江志》卷十四『唐潤州刺史』條，代宗大歷七年樊晃正在任上。《新唐書》卷二百《儒學・林蘊傳》說林蘊父林披以福建臨汀『多山鬼淫祠，民厭苦之，撰《無鬼論》』。這時的福州刺史爲樊晃（樊晃爲福州刺史又見元《臨汀志》，載《永樂大典》卷七八九三）。樊晃在潤州刺史任上，與當時的一些著名詩人頗有交往，如劉長卿有《和樊使君登潤州城樓》（《劉隨州集》卷八），皇甫冉有《和樊潤州秋日登城樓》（《全唐詩》卷二四九）、《同樊潤州游郡東山》（同上卷二五〇）。關於樊晃，又見《宋高僧傳》卷十七《唐金陵鍾山元崇傳》《唐郎官石柱題名考》卷十四、卷二十二。唐人選唐詩之一，芮挺章的《國秀集》卷下錄樊晃詩一首，稱『前進士』。《國秀集》所收詩爲開元至天寶三載，正與《全唐文》小傳所謂開元時擢書判拔萃科相合。由上所考，可見《全唐文》的楚晃，卽爲樊晃的形訛。

（《談全唐文的修訂》，見《文學遺產》一九八〇年第一期）

〔大赦菴記〕

方積六云：

首先，從黃巢起兵的主要過程考察劉汾能否參加鎭壓農民軍的一系列活動。乾符五年初王仙芝犧牲後，黃巢軍隨卽揮師南下。黃巢利用藩鎭間不協調的矛盾，長期間機動靈活的流動作戰，轉戰南北，打得敵人狼狽不堪。唐朝地方軍閥卽使一時取勝，但爲了保存自己實力，也不敢跟踪追剿。如黃巢南下時，浙西節度使高駢曾在浙東打敗黃軍，降畢師鐸等數十人，黃巢自浙東開山路七百里進入福建，高駢卻不敢追剿。黃巢自嶺南北上時，山南東道節度使劉巨容在荆門伏擊黃軍，其部將勸他乘勝追擊，劉巨容卻不同意說：

『朝家多負人，有危難，不愛惜官賞，事平卽忘之，爲富貴作地。』這就說明，在唐末藩鎭林立的情況下，各地節度使都是殘暴鎭壓黃軍，但他們又不肯長期離開自己的駐地去追剿黃軍。他們旣害怕自己的軍隊被消滅，又害怕長期在外作戰，其老巢有被親兵牙將搶占之虞。與此相反，自稱爲劉巨容兒子的劉汾，卻態度不同，先從河南追黃巢到福建，然後又轉戰至荆門，再調往關中，挺進山東，似乎黃巢到達哪裏，他就跟隨到那裏，轉戰南北各地。這在唐朝將領中是獨一無二的；可是，它卻暴露了作者虛構歷史事實所無法彌補的缺陷。

唐王朝鎭壓黃軍中，高駢是最有名的將領。他先後出任荆南、浙西、淮南節度使，坐鎭江陵、潤州、揚州等要地，殘暴鎭壓王仙芝、黃巢黃軍，被人們捧爲『以文以武，國之名將』。當黃巢自嶺南北上時，或進占長安以後，唐王朝都把消滅黃軍的主要希望寄托於高駢。但是，黃巢北上路過淮南，『逐高駢如鼠走穴』，高駢遭到嚴重打擊後，龜縮在揚州城內不敢出戰。此外，那些鎭壓黃軍的唐都統、招討使、監軍使，如宋威、王鐸、鄭畋、王重榮、楊復光之流，無一不是黃軍手下敗將。可是，名不著於各種史籍的劉汾，卻遠遠超過高駢和其他將領，自稱參加一系列戰鬪，而能『百戰百克』，這絕非一般的誇大炫耀，而是違背歷史事實的僞造。

劉汾自稱，他中和元年三月任京城四面行營招討使，會都統鄭畋等在龍尾陂（今陝西岐山東）伏擊黃軍。但是，中和元年三月唐中央已任命鄭畋爲京西諸道行營都統，不久又轉爲京城四面諸道行營都統，中和二年正月又以王鐸爲都都統代替鄭畋。唐僖宗當時逃至成都，長安附近的唐朝軍隊先後由鄭畋、王鐸負責指揮，不可能再派遣劉汾爲京城四面行營招討使。鄭畋、王鐸當時是以宰相身分兼任都統或都都統，另外派遣負責某一地區或某一戰線的招討使、都統也都由各地節度使兼任。劉汾旣不是節度使，更不是中朝宰相，也沒有資格擔任京城四面行營招討使這個要職。其實，中和元年三月龍尾陂之戰由唐都統鄭畋指揮，參加作戰的還有唐將領唐弘夫、李昌言、宋文通（後改名李茂貞），史載並無劉汾其人。

中和三年四月，黃軍從長安往河南撤退，六月，開始圍攻陳州。黃巢先後圍陳州三百多天，唐宣武、忠武、感化軍援救陳州都遭到失敗。唐宣武節度使朱全忠等人不得不求救於李克用沙陀軍。在李克用等打擊下，黃巢最後失敗於泰山狼虎谷。當時，那些離陳州較近的淮南、義成、天平、河陽等藩鎮都按兵不動，惟獨遠在江南信州的押衙、團練討擊使劉汾卻到河南、山東去圍剿黃軍，揆之於當時現實，是難以置信的。

還有劉汾在亳州城下趕走黃巢軍，尾追到福建，在荆門伏擊黃軍，都與上述龍尾陂、狼虎谷戰鬪一樣，全是附會舊史，殊不可信；爲免累贅，不再一一說明。

陸楓先生注意到了《大赦菴記》的記述與《通鑑》、新、舊《唐書》基本吻合，這是確實的。原因何在？陸楓說劉汾『是一個一貫參預鎮壓黃軍的人，……更了解戰場具體情況』，其『……自述是可信的』。在我看來，《大赦菴記》的作者既然要僞造一個鎮壓黃巢累立戰功的將領，絕不能脫離事實去憑空臆想，總要尋找某些歷史記載爲依據。爲此，且將《通鑑》和《大赦菴記》記載黃軍兩次戰役的文字對照抄錄於下，事實就比較清楚。

㈠荆門戰役：

《通鑑》卷二五五

乾符六年十一月，黃巢北趣襄陽，劉巨容與江西招討使、淄州刺史曹全晸合兵屯荆門以拒之。賊至，巨容伏兵林中，全晸以輕騎戰，陽不勝而走，賊追之，伏發，大破賊衆，乘勝逐北，比至江陵，俘斬其什七八。巢與尙讓收餘衆渡江東走。……攻鄂州，陷其外郛，轉掠饒信、池、宣、歙、杭十五州，衆至二十萬。

《大赦菴記》

自嶙南趣襄陽，汾出師間，行巡荆門。會父劉巨容、曹全晸亦合軍待焉。俱以兵伏林中，賊至，伏發，大破其衆，斬俘一十七萬。巢與尙讓收餘衆渡江，轉掠饒、信、池、宣、歙、杭等十五州。

㈡龍尾陂戰役:

《通鑑》卷二五四

中和元年三月，黃巢遣其將尙讓、王播帥衆五萬寇鳳翔，畋使弘夫伏兵要害，自以兵數千，多張旗幟，疏陣於高崗。……賊鼓行而前，無復行伍，伏發，賊大敗於龍尾陂，斬首二萬餘級，伏屍數十里。

《大赦菴記》

中和元年三月，汾轉京城四面行營招討使。巢遣其將尙讓、王播帥衆五萬寇鳳翔。汾與都統鄭畋、唐宏英等勒兵待之，大破其衆於龍尾陂，斬首二萬級，伏屍數百里。

比較以上引文，特別是其中加了重點號的地方，我們就可以發現: 第一、《大赦菴記》有劉汾參加荆門、龍尾陂戰役的活動事迹，《通鑑》都無記載; 第二、兩者所述事實基本相同，只是《通鑑》記述較詳，《大赦菴記》頗爲簡略; 第三、兩者有不少文句幾乎全部相同。比如黃巢北上在荆門遭伏擊之後，《舊唐書》卷十九下《僖宗紀》載，『賊遂轉戰江西，陷江西饒、信、杭、衢、宣、歙、池等十五州』; 《通鑑》及《大赦菴記》說，『巢與尙讓收餘衆渡江〔東走〕，……轉掠饒、信、池、宣、歙、杭〔等〕十五州』，連六個州地名的先後次序也排列一致，很難說這是偶然的巧合。如前所述，劉汾既沒有參加荆門、龍尾陂等戰役，其自述事實與《通鑑》記載的文字相同，這正是《大赦菴記》僞造者抄襲《通鑑》的重要證據。而且抄襲也很不注意，如將『俘斬什七八』訛爲『斬俘一十七萬』，『唐弘夫』又訛爲『唐宏英』。至於其中增減少數文字，那是無關緊要的。

必須指出，劉汾是以河南招討使身分參加荆門戰役，又以京城四面行營招討使身分參加龍尾陂之戰。招討使是唐政府臨時差遣的領兵作戰的大將，地位較高；類似劉汾地位的將領，在新、舊《唐書》、《通鑑》中多有記載，但以上著作乃至唐、宋人所有談到黃巢起兵的論述，都沒有提到劉汾。這從側面證實，司馬光編寫《通鑑》時，尚沒有《大赦菴記》的出現，而是後人作《大赦菴記》去抄襲《通鑑》原文。

歸納上文，我們考察了劉汾鎭壓黃巢的一些主要事實，並比較了《大赦菴記》與《通鑑》文字記載的同異，可以斷定，所謂劉汾鎭壓黃巢的事迹都出後人僞造，《大赦菴記》是一則無法信賴的史料。

從劉汾官職的遷轉看這篇僞文

《大赦菴記》載，『汾自大中己卯（十三年，八五九）登科以來，官至兵部員外郞。咸通三年（八六二），遷本部侍郞。』

進士科是唐朝知識分子入官求仕的重要途徑。但唐朝人考中進士之後，尙不能立卽做官，還需要通過吏部考試，才能授任中央或地方政府較低級的官職，再逐步提升。唐朝末年，官職遷轉頗爲混亂，然而進士科的升遷仍較嚴格。《文獻通考》卷二九《選擧》載，大中十三年錄取進士三十人，徐松已考出七人，除劉汾外，其中經歷可考者有孔緯、豆盧瑑、崔澹、李磎等四人。

孔緯，乾符初，遷戶部侍郎。

豆盧瑑，乾符中，累遷戶部侍郎。

崔澹，乾符五年（三七八），拜禮部侍郎。

李磎，文德元年（八八八）至景福二年（八九三）十月之前拜戶部侍郎。

可見，孔緯、豆盧瑑、崔澹、李磎等人大中十三年中進士之後，他們官至侍郎，最短歷時十五年，最長近三十年。但劉汾從大中十三年到咸通三年，四年內，就官至正四品下的兵部侍郎。其升遷之速，不僅遠遠超過他的同年進士，而且在李唐一代也是罕見的。劉汾自述曾任兵部侍郎、河南招討使、京城四面行營招討使，在鎮壓黃軍中又屢立戰功。中和元年初，唐僖宗逃至成都，對進入長安周圍統兵作戰的將領，十分姑息遷就，不斷加官晉級。中和二年八月，正當唐軍與黃軍在長安周圍激戰的時候，身爲唐朝軍隊高級將領的京城四面行營招討使的劉汾，無任何其他事故，又突然降爲信州軍押衙、團練討擊使，連信州刺史也沒有當上。如果這些記述都是眞實的話，在唐代官職遷轉史上是沒有先例的。

唐朝中葉以後，一些節度使往往賜有軍號，如忠武軍、感化軍、鎭海軍等。咸通六年（八六五），唐政府賜江南西道團練觀察使爲鎭南軍節度使，乾符元年又被廢除，仍爲江西觀察使。唐代信州是江西觀察使屬郡，沒有駐過重兵，也沒有賜名信州軍，稱劉汾爲信州軍押衙是完全不可能的。

還得指出，中和二年八月，劉汾轉信州軍押衙、團練討擊使，晉檢校尚書右僕射的高職。我們知道，檢校官雖始於南北朝，直至唐代，『檢校某官，……皆是詔除，而非正命』。唐朝地方文武官員檢校中央官銜，沒有明確的規定，只有按照地方官職大小而檢校朝中官職高低的習慣事實，如節度使帶同平章事、尚書僕射、御史大夫等；觀察使帶御史中丞，資歷深者也有人檢校御史大夫或尙書。在唐朝，江西觀察使只有李皐、魏少游、周墀等人兼御史大夫（正三品），路嗣恭檢校戶部尙書（正三品），其他人多帶御史中丞的職銜（正四品下），沒有一人檢校從二品的尙書左右僕射。信州軍押衙、團練討擊使劉汾更不能超越唐代江西觀察使的兼職而檢校尙書右僕射。

劉汾自稱景福二年（八九三）進至南節度使，但唐代沒有『至南』的名稱。唐後期，各地節度使稱號帶『南』字的有山南東道、山南西道、江南西道、嶙南東道、嶙南西道、淮南、荆南、安南等。據吳廷燮《唐方鎭年表》，景福二年，山南東道節度使是趙德諲，山南西道李繼密，嶙南東道劉崇龜，嶙南西道滕存免，江南西道鍾傳，淮南道孫儒，荆南道成汭，惟獨安南一處沒有記載。黃巢起兵以後，唐王朝已名存實亡，安南地處遠疆，又長期動亂不安，景福二年前後未再授任安南節度使是有可能的。《大赦菴記》稱劉汾任至南節度使，也是不可信的。

總之，《大赦菴記》所載劉汾任兵部侍郎、信州軍押衙、尙書右僕射、至南節度使以及前文所述京城四面行營招討使，都與唐末歷史事實不符，當是後人僞造的一些似是而非的東西。

從唐末行政區劃看這篇僞文

據劉汾自述，中和二年八月轉信州軍押衙、團練討擊使之後，『連年不得回朝』，遂『寓居廣信路弋陽縣歸仁鄉四十六都新陂里』。光啓二年，他佃得八百多畝山田，『坐落饒州路樂平縣歸桂、豐樂二鄉』。

我們知道，唐代地方政府區劃只有道（節度使、觀察使）、州、縣、鄉、里等名稱，沒有路和都一級的稱呼。江南西道觀察使轄洪、虔、吉、饒、信、撫、袁、江八州，弋陽縣屬信州，樂平縣屬饒州，不應有廣信路弋陽縣或饒州路樂平縣之稱。宋朝建國後，『至道三年，分天下爲十五路，……元豐又析爲二十三路』。饒、信兩州隸於江南東路，也不稱廣信路或饒州路。元朝開始稱饒州路、信州路，明、清兩朝又改爲饒州府、廣信府。『廣信』一詞是在明初第一次出現，《大赦菴記》竟將明、清兩朝的廣信府、饒州府改易爲廣信路、饒州路，視爲唐末的行政區劃，豈不是更加暴露了它是僞作。

同樣，弋陽縣歸仁鄉四十六都的『都』，也是宋代才出現的地方行政區劃名稱。南宋人就稱『信州上饒縣石橋鄉三十一都』。自宋以至於明、清，都的名稱在部分地方一直沿用了下來，明朝就有弋陽縣歸仁鄉四十六都。清人連柱修《廣信府志》（乾隆四十八年刊）卷二《鄉都》載：

> 弋陽縣八鄉，領都五十有三。……歸仁鄉，縣西，領都九：四十一都，四十二都，四十三都，四十四都，四十五都，四十六都，四十七都，上四十八都，下四十八都。

由此可見，《大赦菴記》稱唐末信州弋陽縣歸仁鄉有四十六都，又是後人僞作而未能清除時代痕迹的鐵證。

（《大赦菴記真僞考》）

■全唐詩

湛　之云:

五絕《答陸澧》:『松葉堪爲酒，春來釀幾多？不辭山路遠，踏雪也相過。』

張九齡的集子，新舊《唐書》，及晁、陳二志，都著錄爲二十卷，但均已亡佚，現在所見最早的張集，是明丘濬從內閣抄錄並於成化九年刻於韶州的本子（也卽四部叢刊影印的《唐丞相曲江張先生文集》）。這個集子並沒有收《答陸澧》詩，而《全唐詩》卷四十九張九齡名下收這首詩。但《全唐詩》卷三一五於朱放名下也收錄此詩，題目與文字均相同。這就需要考證是張九齡所作還是朱放所作。

按符載《江陵陸侍御宅宴集觀張員外畫松石圖》（《全唐文》卷六九〇）謂:『荆州從事監察御史陸澧字深源，洎令弟曰灞、曰潤、曰淮，皆以文行潁耀當世。』符載另有《尙書比部郎中蕭府君墓志銘》（同上卷六九一），記蕭存於貞元十五年卒，並記其友人尙在人世者，其中卽有『陸殿中澧』，說此數人與蕭存『投分許與，期於莫逆』。符載是大歷、貞元、元和時人，《新唐書》卷一三九《房式傳》載吏部郎中韋乾度語，云:『始式刺蜀州，劉辟構難，卽謂辟曰:「向夢公爲上相，儀衞甚盛，幸無相忘。」辟喜，以爲祥。後辟發兵署牒，首曰辟，副曰式，參謀曰符載。』劉辟據成都反在元和年正月，同年九月平，卽公元八〇六年。柳宗元有《賀趙江陵宗儒辟符載啓》（世綵堂本《柳河東集》卷三十五），其中說:『伏聞以武都符載爲記室，天下立志之士，雜然相顧，繼以嘆息，知爲善者得其歸向，流言者有所間執。』又說:『夫以符君之藝術志氣，爲時聞人，才位未會，盤桓固久，中間因緣，陷在危邦。』柳宗元的這封書啓作於元和元年以後，啓中所謂『流言』，所謂『陷在危邦』，就是指劉辟據蜀反時，辟符載爲其參謀而說的。符載旣與陸灃有交往，可見陸灃也是貞元、元和時人。

另外，中唐時的一些詩人，也曾與陸灃有詩酬贈，如李嘉祐《送陸灃還吳中》，劉長卿《新安送陸灃歸江陰》，嚴維《自雲陽晚泊陸灃宅》，盧綸《同耿湋宿陸灃宅》等，皆見於《全唐詩》。又據《元和姓纂》，陸齊望生渭、灃、潤、淮等，而《宋高僧傳》卷十七《神邕傳》，載有貞元五年秘書省校書郎陸淮。這些材料，都可確切地證實陸灃生活於代宗、德宗時代，可能卒於憲宗元和時。

至於朱放呢，我們知道新舊《唐書》沒有爲朱放立傳，但《新唐書・藝文志》著錄朱放詩下有云:『襄州人，隱居剡溪。嗣曹王皋鎭江西，辟節度參謀。貞元初，召爲拾遺，不就。』雖然記朱放事僅寥寥數語，但已可考知朱放的生活年代。據《舊唐書・德宗紀》，李皋爲江西節度使、洪州刺史在建中三年十月至貞元元年四月。也就是說，約公元七八二年至七八五年間朱放在江西節度使幕。貞元初，唐朝廷曾一度擬召朱放授拾遺之職，梁肅《送朱拾遺赴朝廷序》（《文苑英華》卷七二五）云:『上將以道莅天下，先命大臣舉有道以備司諫，故朱君長通有拾遺之拜。』就是指貞元初召爲拾遺而言的。朱放字長通，可參見《唐才子傳》。中唐時的一些詩人，與朱放也有交往，如皇甫冉《賣藥人處得南陽朱山人書》，顧況《贈朱放》，嚴維《贈送朱放》，劉長卿《朱放自杭州與故里相使君立碑回因以奉簡吏部楊侍郎制文》等詩，都可證實朱放也是代宗、德宗時人。

張九齡卒於唐玄宗開元後期，而陸灃與朱放則爲貞元、元和時人，相距有五六十年的時間。顯然，這首《答陸灃》詩決不可能出於張九齡之手，而只能是朱放所作。

（《答陸澧詩不是張九齡所作》，見《文史》第七輯）

■廣十二家唐詩

劉兆祐云:

國立中央圖書館藏有明蔣孝編刊《中唐詩》八十一卷，明嘉靖庚戌二十九年（一五五〇）毘陵蔣氏原刊本（以下簡稱蔣刻）；又有明陸汴編刊《 廣十二家唐詩 》，亦八十一卷，書中不著編鐫年月，今稱之爲明刊本（以下簡稱陸刻）。二書編者、書名不同，實則內容、板刻，並無二致。今此陸本，則剜改內容、改換名目、僞造序文等術，兼而有之，又一明人刻書作僞之例，今試辨之。

㈠從陸刻自敍見其僞造

蔣刻梓行於嘉靖二十九年（ 一五五〇 ），陸刻則不著鏤板年月。檢陸刻《自序》云:『以今所傳十二名家者，朝哦而夕諷之，不啻飮河之鼠；嗣是續十二家出，足備閱覽。』又云:『先我而續者，旣已無加於初，廣於何有？』考明代刻唐詩選集，有以八家爲稱者，如毛晉編《唐人八家詩集》四十二卷是；有以十家爲稱者，如王準刻《唐十子詩》十四卷是；有以十三家爲稱者，如淮南劉云份夕青刊《十三唐人詩集》是；有以二十六家爲稱者，如嘉靖癸丑三十二年（一五五三）黃貫曾選刊《二十六家唐詩》是；有以百家爲稱者，如嘉靖間，朱警編刊《唐百家詩》一百七十卷是；又范氏天一閣書目有《百家唐詩》刊本十八册，計九十八人，無選校姓名，每册首有范氏先人圖章，當刊於嘉靖以前，疑卽朱警刊《唐百家詩》所據者。至於以十二家名集者，亦得數家:

⑴洞庭徐太宰刻陳杜而下十二家，說見黃貫曾選刊《二十六家唐詩》序。

⑵嘉靖二十九年（一五五〇），毘陵蔣孝採儲光羲以下十二人爲《中唐詩》，一名《中唐十二家詩集》，即玆篇所稱蔣刻是也。

⑶嘉靖三十一年（一五五二），永嘉張遜業及江都黃埻編刊《十二家唐詩》，一名《東壁圖書府》，收錄凡王、楊、盧、駱、陳、杜、沈、宋、王、孟、高、岑十二家。

⑷萬曆四十年（一六一二），金陵朱子蕃選刊《中唐十二家》及《晚唐十二家詩集》。中唐者：儲光羲、獨孤及、劉長卿、錢起、盧綸、孫逖、崔峒、劉禹錫、張籍、王建、賈島、李商隱。晚唐者：孟郊、鄭谷、許渾、姚合、杜牧、薛能、李中、吳融、羅隱、李頻、許棠、杜荀鶴。

是知明代諸家選唐十二家詩者，以蔣孝選刊者爲最早。陸序所謂『因發篋中百家詩讀之』者，蓋指朱警之書；所謂『今所傳十二名家』者，蓋指蔣孝之書；所謂『嗣是續十二家出』、『先我而續者』，蓋指朱子蕃之書。然則，所謂陸刻，當是萬曆以後所爲。又陸本十二家，全與蔣刻朱刻同，又安得稱之『廣十二家』乎？其爲變名以欺人可知也。

㈡從陸序以十二家分隸四唐辨其僞造

陸刻所收十二家，蔣朱二刻並稱中唐，陸氏則以之分隸四唐。按：後世之論唐詩者，好爲三唐四唐之說。初盛中晚之說，始於元楊士弘《唐音》（十二卷）一書；其後，明高棅編《唐詩品彙》（九十卷）一書，再加補苴，後人多從之。大抵初唐自高祖武德元年（六一八）至睿宗先天元年（七一二）；盛唐自玄宗開元元年（七一三）至代宗永泰元年（七六五）；中唐自代宗大歷元年（七六六）至文宗太和九年（八三五）；晚唐自文宗開成元年（八三六）至昭宗末年（九〇六）。今考孫逖開元十年（七五一）舉賢良方正，其詩以入中唐爲宜，以之入初唐，顯爲不當。李義山，歷來選本多以之入中唐，今陸序以之歸晚唐，亦似牽強。今陸序強分此十二人隸屬四唐者，殆欲以之合《廣十二家唐詩》之名歟！而其爲僞作之迹益著矣。

㈢從陸本書版之叢脞知其非為新刻

按：蔣刻於序文後載《中唐詩人姓氏》，共四葉，敍述十二家生平。陸本既改易名目爲《廣十二家唐詩》，故將此四葉抽去，而易以他本儲集。是以今見陸刻儲集，卷一部分重複。

又陸刻既以蔣刻之板僞充，惟其所得舊版，已非完整，今陸本頗多影寫修補。今詳檢修補者有下列數處：

⑴儲集：序葉一；卷一葉四，葉七至十；卷二葉一至六，葉九、十；卷三葉一、二、五、七、十；卷四葉一至四，葉七至十；卷五葉三、七、八、十。

⑵昆陵集：目錄葉三、四；卷三葉五。

⑶劉隨州集：目錄葉四至十三；卷一葉二；卷八葉二；卷十一葉一。

⑷錢集：卷二葉二。

⑸孫集：目錄及卷一，全部寫補。

⑹崔集：卷一葉二、六。

⑺劉賓客集：卷五葉十五；卷六葉九、二十。

⑻張集：序；目錄葉一至三、八、十一。

⑼王集：目錄；卷八葉九。

⑽賈集：目錄葉一、八、十、十一；卷六葉三；卷九葉七；卷十葉一。影寫修補者不避諱，蓋明人既得陸本，以其不完，乃據他本影寫修補也。

㈣從蔣陸二編刊刻之異同證二本為一版

按：蔣陸二本，版刻全同，卽漫漶處亦同。如儲光羲詩集卷一葉一《述韋昭應畫犀牛》一詩，『犀』『牛』二字，兩本漫漶處並同。又如獨孤集卷二葉四，兩本邊欄處及葉五第三行墨丁並同。又如盧集卷一葉五首行頂端漫漶處及葉六墨丁並同。凡此，足證所謂陸刻固非新刻，亦非翻刻，乃蔣刻之舊版也。由以上四端，足證所謂陸刻，其實卽蔣刻。蔣本鏤於嘉靖間，陸本則當是萬曆以後，陸氏旣購得蔣刻舊版，乃抽去蔣序，易以陸序；復另題書名，用以欺世。

（《明刊本陸汴編廣十二家唐詩考辨》，見《東吳文史學報》第一號）

■元曲選

鄭 騫云:

金錢記　此劇今有《元曲選》本，又有影印《元明雜劇》本，俱題喬夢符（吉）撰。《元明雜劇》本正目云:『老相公不肯招良婿。俏書生強要成佳配。韓飛卿醉趕柳眉兒。李太白匹配金錢記』。《元曲選》僅有後兩句。按:《錄鬼簿定稿》(以下簡稱《簿甲》）著錄《金錢記》有兩本。其一在石君寶名下，題『柳眉兒金錢記』; 其一在喬名下，題『唐明皇御斷金錢記』。《錄鬼簿初稿》（以下簡稱《簿乙》）於石劇注正名云『李太白匹配金錢記』，於喬劇注正目云『韓飛（原誤作老）卿勑賜錦花袍。唐明皇御斷金錢記』，今劇正名與石劇同; 第四折有冲末扮李太白『奉聖命與他成此一門親事』，情節亦合。喬劇之韓飛卿賜袍事，則不見於今劇，亦無唐明皇出場下斷。疑今劇應屬石君寶撰，題喬夢符者誤也。

殺狗勸夫　《元曲選》題無名氏撰，《續錄鬼簿》及《太和正音譜》（以下簡稱《續簿》、《正音》）並同。惟《簿甲》蕭德祥（天瑞）名下有此劇，近人遂有認爲蕭作者。按:《正音》無德祥其人，《簿乙》有之而名下未著一劇，僅《簿甲》德祥名下有劇五本。此五本皆與他人互見，又無一劇注『二本』或『次本』，事殊可疑。《簿甲》德祥小傳云:『凡古文俱檃括爲南曲，街市盛行，又有南曲戲文等。』《簿乙》略同。元末明初南戲常重演北劇故事而襲用舊名; 頗疑此五本爲德祥所撰南戲，故與他人互見而不注『二本』或『次本』。此劇之殺狗勸夫仍應從《元曲選》及《簿續》、《正音》定爲無名氏撰也。

兒女團圓　有《元曲選》本，題楊文奎撰，正目云:『白鷺村夫妻雙拆散。翠紅鄉兒女兩團圓』。按:《簿甲》、《簿乙》俱無文奎之名，《簿甲》且並兩團圓之劇名亦未著錄。《簿乙》及《正音》著錄之兩團圓則共有四本。其一在《正音》楊文奎名下，僅有兩團圓三字簡題，無正目，不知內容爲何。其二在《簿乙》無名氏下，正目云:『金斗郡夫妻雙拆散。豫章城人月兩團圓』。蓋演雙漸小卿事，與今劇演韓弘道事不同。其三在《簿乙》高茂卿名下，正目云:『鴛鴦村夫妻雙拆散。翠紅鄉兒女兩團圓』。與今劇正合，僅村名易白鷺爲鴛鴦。其四在《簿乙》楊訥（景賢）名下，注云『次本』而無正目，不知所次何本。據此四者，今劇自以題高茂卿撰最爲妥當。臧懋循似未見《鬼簿》，僅據《正音》所載兩團圓之簡稱而題爲楊撰，殊難令人置信。

雙獻功一　《元曲選》有《黑旋風雙獻功》，題高文秀撰，趙鈔改題無名氏。按:《鬼簿》文秀名下有《黑旋風雙獻頭》，《正音》省爲雙獻頭，俱無雙獻功之目，趙氏改題，似非無因，但今劇情節與《簿乙》所注正目『孔目上東岳。黑旋風雙獻頭』完全相同; 劇尾宋江念詞亦有『黑旋風拔刀相助，雙獻頭號令山前』之語。可知雙獻功與雙獻頭實爲一劇。其所以歧異，乃因正本正目爲『及時雨單責狀。黑旋風雙獻功』，故臧氏編《元曲選》時亦改頭爲功也。此種歧異，實係後人爲求對仗工整，且嫌獻頭之不雅馴而改定者。趙氏未見《簿乙》所注正目，僅據《正音》之簡題，遂致誤改。趙氏又以無名氏之雙獻頭武松大報仇題爲高文秀作，則係附會雙獻頭三字，而忘記《鬼簿》文秀名下之雙獻頭爲黑旋風而非武松也。

倩女離魂　《元曲選》本題鄭德輝（光祖）撰，明顧曲齋刻本，新安徐氏刻本，柳枝集本並同。按:《鬼簿》《正音》於趙公輔、鄭德輝名下均著錄此劇;《簿乙》於鄭劇且注明『次本』，明兩人所作各爲一本，德輝時代較晚，似卽次公輔作。《簿乙》於鄭劇未注正目，於趙劇則注云：『調素琴書生寫恨。迷青瑣倩女離魂』。今劇正目與之只差一字（書生作王生），若僅據《簿乙》此注，似應屬趙撰。然《簿甲》鄭劇題云：『迷青瑣倩女離魂』，趙劇題云：『棲鳳堂倩女離魂』，則又是鄭題與今劇同，趙題與今劇異。《簿甲》《簿乙》旣相參差，自不能以之爲據而推翻歷來相傳之舊說。且以詞藻風格論之，今劇酷類㑳梅香王粲登樓諸劇，其爲鄭作，殆無可疑。

酷寒亭　《元曲選》及影印《元明雜劇》俱題楊顯之撰。按：《簿甲》、《正音》顯之名下俱有此目；《正音》有注云：『旦末二本』。《簿乙》則顯之及花李郎名下俱有之。證以《正音》之注，此劇之有二本，自無可疑，《簿甲》、《正音》於花李郎名下偶遺之耳。今劇作者爲楊爲李，因之遂成問題。若謂爲楊作，則有三事可疑。其一、《簿甲》楊劇題云：『蕭縣君風雪酷寒亭』，蕭縣君見於今劇，爲主角鄭孔目之妻，於第一折中卽已死去，與後文酷寒亭上情事毫無關係。其二、《簿乙》楊劇正目云：『孫□君託夢秦川道。鄭孔目風雪酷寒亭』。今劇雖亦題爲『鄭孔目風雪酷寒亭』，但無孫□君託夢事。其三、《簿乙》李劇正目云：『壯士宋彬（原誤兵）遭迭（原誤失）配。像生欒子酷寒亭』。宋彬迭配事卻爲今劇主要線索。據此三事，今劇作者應是花李郎而非楊顯之。今劇係末本，失傳者當爲旦本，據『蕭縣君風雪酷寒亭』之題推測，楊劇當是以旦扮蕭縣君爲主角，或蕭未死，或於後部用魂旦，情節與今劇不同。至於《簿乙》楊劇正目改蕭縣君爲鄭孔目，恐是後人所改，蓋此劇無論旦本末本均有鄭在內也。成問題者，『像生欒子』亦不見於今劇，不知是何關目耳。

趙氏孤兒　此劇爲紀君祥（一云天祥）撰，諸書俱同，向無疑問。惟《元曲撰》本第五折庸弱鬆懈，與前四折不類。《元刊雜劇三十種》本則僅四折，至趙孤立志報仇爲止，未實敍其事。然自十二月帶堯民歌以下數曲，將報仇情形用想像語寫出，劇情已完。此正手法高妙處，今第五折用實寫，轉成蛇足。文筆既不相類，結構上亦嫌多餘，其爲後人所添無疑。《元曲選》本前四折與《元刊》本歧異處，幾無一語無遜色，其庸弱卻與第五折相同，第四折末數曲尤可看出係爲增添第五折而改作者。謂添此折爲卽編《元曲選》之臧懋循，雖無確據，亦不甚遠。元劇例爲四折，五折者僅此劇及《東牆記》、《五侯宴》、《降桑椹》等四本。《東牆記》非白樸，《五侯宴》非關漢卿作，《降桑椹》是否劉唐卿作，亦大成問題；均見另條。然則元劇之眞出元人者，殆無五折之例也。

（《元劇作者質疑》，在《大陸雜誌特刊》內）

■孤本元明雜劇

鄭 騫云:

裴度還帶　收入《孤本元明雜劇》(以下簡稱《孤本》)從趙鈔題關漢卿撰。按:《錄鬼簿》(以下簡稱《鬼簿》)《太和正音譜》(以下簡稱《正音》)漢卿名下俱有此目,趙題不爲無據。惟《續錄鬼簿》(以下簡稱《簿續》)賈仲名名下亦有之;蓋仲名時代晚於鍾嗣成,《鬼簿》根本未及其人,《正音》則成於仲名死前二十餘年,故未及全錄其作品也。《簿續》賈劇正目云:『長安市璚涯報恩。山神廟裴度還帶。』今劇云:『郵亭上瓊英賣詩。山神廟瓊度還帶』。瓊英爲劇中女主角,報恩、賣詩、山神廟,事俱見於今劇,瓊璚通用,英涯雙聲,當卽一人。是今劇與賈劇相同也。《錄鬼簿》定稿(以下簡稱《簿甲》)關劇題爲『晉國公裴度還帶』。今劇演至裴度中狀元與瓊英婚配爲止,無封晉國公事;《錄鬼簿》初稿(以下簡稱《簿乙》)關劇題爲『香山廟裴度還帶』。今劇云山神廟,未云香山廟。是今劇與關劇不合也。據此兩點,今劇應改題賈仲名撰:曲文淸麗流暢而略傷甜熟,無元初潑辣雄直之氣,亦爲是賈非關之證。

五侯宴　全名爲劉夫人慶賞五侯宴,收入《孤本》,從趙琦美《脈望館鈔校古今雜劇》(以下簡稱《趙鈔》)題關漢卿撰。按:《鬼簿》漢卿名下有曹太后死哭劉夫人,又有劉夫人救啞子(當作亞子),無五侯宴,今劇文筆惡劣,不惟去漢卿遠甚,亦不類元人,復不見於《簿續》及《正音》無名氏項下;觀其排場、筆墨,蓋明代伶工所編之歷史故事劇耳。趙氏考定作者僅據《正音》一書,於《鬼簿》毫不措意。《正音》例用簡題,故於漢卿名下之曹太后劇省作劉夫人，趙氏未詳查《鬼簿》，不知其爲曹太后劇之簡題，僅見劉夫人二字相同，遂以劉夫人慶賞五侯宴當之。此君旣好附會，此固不足異也。錢遵王《也是園書目》著錄元明雜劇，作者題名均從趙鈔；姚燮《今樂考證》、王國維《曲錄補》五侯宴入漢卿名下，皆據錢目；王季烈著《孤本元明雜劇提要》，遂據以爲元初已有一劇五折之證；其始誤者固趙氏也。

東牆記　收入《孤本》，從《趙鈔》題白樸(仁甫)撰。按:《鬼簿》、《正音》仁甫名下俱有此目；然今劇決非仁甫作，蓋一劇二本，或爲元明間人依仁甫原本重作，綜其論據，共有三端：此劇曲白、關目與《西廂記》，《㑳梅香》雷同之處極多，而曲白則撏撦拼湊，關目則草率拙劣，鈔襲之跡顯然。《西廂記》作者王實甫年輩晚於仁甫，《㑳梅香》作者鄭德輝則爲元後期作家。且今所得見之《西廂記》，實爲元末明初人增改之本，余別有專文詳論。《㑳梅香》及今本《西廂記》行世之時，仁甫已近百齡，墓木拱矣，又何從而鈔襲之？更不必論作《梧桐雨》手筆之不肯鈔襲他人作品也。此其一。此劇時而生唱，時而旦唱，時而貼唱，大違北劇一人獨唱之例。此例元守之甚嚴，現存元劇百餘種從無例外，有之自正本《西廂》始。是爲元明之間此劇受南戲影響而生之變化。元初作者守律旣嚴，南戲亦未流行，仁甫實無從嘗試爲此例外之作。且主角稱生而不稱末，亦是南戲規矩。此其二。全劇筆墨甜熟，麗而不清，似雅實俗，是元劇末期風格，非初期面目。此其三。據此三事，劇爲元末明初之《東牆記》，非白仁甫之《東牆記》，蓋可斷言。《北詞廣正譜》（以下簡稱《廣正》）十六帙引越調鬬鵪鶉、東原樂、綿搭絮三曲，全同今本，亦注白仁甫撰《東牆記》，如非《廣正》編者所見之本卽已誤題作者，卽是今本有一部分曲文鈔襲仁甫原作。明初人每取元人舊劇而重作之，曲文則間襲原本，劇名則或改或否；如谷子敬《城南柳》之於馬致遠《岳楊樓》，朱有燉《曲江池》之於石君寶《曲江池》，皆是。今之《東牆記》或其比也。

蔣神靈應　收入《孤本》，從《趙鈔》題李文蔚撰。按：《簿乙》文蔚名下有謝玄淝水破苻堅（《簿甲》、《正音》省去淝水二字）。今本名目與之不同；文筆亦平庸低劣不類元人，而極似明代伶工所編歷史故事劇。應屬於無名氏撰《晉朝故事》一類。趙氏僅據破苻堅三字，遂附會題爲李作，此種情形在《趙鈔》中屢見，如《澠池會》等劇皆是。

澠池會　伊尹耕莘　智勇定齊　俱收入《孤本》，《澠池會》題高文秀撰，《伊尹耕莘》、《智勇定齊》題鄭德輝(光祖)撰，從《趙鈔》也。按此三劇文筆平庸低劣，排場卻頗熱鬧，此爲明代伶工於編歷史故事劇與元劇之大別。《鬼簿》、《正音》文秀名下有《廉頗負荆》，無《澠池會》，德輝名下有《無鹽破環》，無《智勇定齊》，有《伊尹扶湯》，無《伊尹耕莘》，故事雖或相同，劇名則大異，題爲高作鄭作蓋均出趙氏附會。《伊尹耕莘》後有趙氏批註云：『《太和正音》有《伊尹扶湯》，或卽此，是後人改今名也。然詞句亦通暢，雖不類德輝，要亦非俗品，姑置鄭下，再考。』是已自承其爲附會猜測。蓋元劇逸傳者既多，學人遂望其多有發現，寧可失入，不欲失出；自趙琦美至王季烈，同此心理也。

三戰呂布　收入《孤本》，從《趙鈔》題鄭德輝(光祖)撰。按：《鬼簿》、《正音》武漢臣鄭德輝名下皆有此目；今劇實爲武作。《簿甲》鄭劇下有《註》云『末旦頭折』，意謂頭折上場人物既有末又有旦，所以示別於武劇也。今劇頭折有末無旦，是爲不出德輝之證。再就風格言之：漢臣作品蒼勁而超脫，德輝作品清麗而稍嫌滯弱；漢臣爲前期北方作家，爲本色派，德輝爲後期南方作家，爲文采派。試以《三戰呂布》與武作老生兒（須看元刊三十種本），鄭作《倩女離魂》、《㑳梅香》諸劇比較，實極似漢臣，而異於德輝。其爲武作，殆無可疑。鄭劇旣爲次本，或卽是次武本。《廣正》一帙引黃鍾水仙子斷句『雙股劍左右着』，《註》云:『武漢臣《三戰呂布》，今劇無黃鍾套。』此事似爲吾說之反證，然細觀全劇，此實不成問題；蓋今劇第二楔子及第四折爲明代內府伶工之所增易，非漢臣原本也。今劇第四折文筆遠遜於前三折，且前三折寫張飛牢騷兀傲之氣，嬉笑怒罵，躍然紙上，第四折仍是張飛唱，語氣忽變庸俗空泛，極爲不類，其千篇一律歌頌太平之吉祥語，則與明代內府所編諸劇相同。第二楔子賞花時曲，平舖雜湊，亦遠不如第一楔子賞花時之潑辣渾成。劇之經過增換可以斷定。元劇慣例，凡戰爭之劇，其第四折常用探子唱，由其口中敍出陣上情形，所用宮調則爲黃鍾。漢臣原作蓋用此例，《廣正》所引黃鍾水仙子當卽原作第四折中之一支。至明代內府伶工，或欲改換排場，或不願用黃鍾套，或欲使張飛始終出場以求整齊，乃改作此折爲正宮套，以張飛代探子出場。試觀《廣正》所引雙股劍之語，一見於第二楔子賞花時云:『大哥哥雙股劍冷颼颼。』再見於第四折脫布衫曲云:『大哥哥雙股劍實難措手。』是卽改本變動原作之痕跡也。流傳至今者恰爲此改定之本，漢臣原作之第四折遂不可復見矣。

老君堂　《趙鈔》題無名氏撰；今收入《孤本》，改題鄭德輝（光祖）撰，據原本無名人跋語也。此人或云是董其昌。原《跋文》云:『是集予於內府閱過，乃係元人鄭德輝筆，今則宜置鄭下。』按:《鬼簿》、《正音》德輝名下均無此劇，雖以趙琦美之喜附會，亦未言其爲鄭作。今據來歷不明，空言無據之跋語，遽爾定題，殊爲武斷。全劇筆墨庸俗，有時竟至不通，作《王粲登樓》、《翰林風月》手筆何致如此。觀其末折排場，蓋亦明人所編歷史故事劇耳。

降桑椹　《趙鈔》題元無名氏撰，今收入《孤本》，改題劉唐卿撰。按:《簿甲》唐卿名下有《蔡順摘椹養母》；《簿乙》、

≪正音≫均無之，≪正音≫、≪簿續≫無名氏下則均有≪蔡順分椹≫。各書著錄撰人不同，與今劇名目亦不一致，今劇作者是否唐卿，殊成問題。其排場之熱鬧，賓白之繁冗，曲文之平庸，均近於明代伶工所編故事劇，謂爲元人作品，亦嫌不類，應題無名氏撰。

黃鶴樓　≪趙鈔≫題無名氏撰，今收入≪孤本≫，改題朱凱。按:≪簿甲≫朱名下雖有是目，今劇卻非朱作。≪廣正≫四帙引南呂一枝花『趁着這滿江烟水澄』曲，註云:『朱士凱撰≪醉走黃鶴樓≫。此曲全套見於明止雲居士所編≪萬壑清音≫，用尤侯韻，其情節略同今劇第三折，但今劇第三折則爲雙調新水令套，用支思韻，文字亦不相襲。今劇第四折爲南呂一支花套，情節、文字、韻部，全異≪萬壑清音≫所引。』據此推定此劇實有二本，今劇不知何人所作，但決非朱凱耳。

（≪元劇作者質疑≫，在≪大陸雜誌特刊≫內）

詩文評類

■文心雕龍

劉仁清云：

關於《文心雕龍》的寫作年代，自清代乾嘉以來，經過若干學者潛心勉力的探索，已漸成定論：卽《文心雕龍》成於南朝齊代末年。清人劉毓崧注意從《文心》本身去收集是書成於齊末的內證（詳見《通誼堂文集·書文心雕龍後》），其判斷至今令人信服。然而，近來施助、廣信先生發表在《文學評論叢刊》第三輯上的《關於〈文心雕龍〉著述和成書年代的探討》（以下略稱《探討》），把自清代以來諸家的定案全部推翻，提出了『劉勰的《文心雕龍》必然成書於梁代』的意見。筆者不敢附合此說，故草成拙文，欲搜索《文心》寫作年代之外證種種，以補劉氏之闕；對《探討》所提出的看法，有所商榷。

關於隋志題注

《隋書·經籍志》載：『《文心雕龍》十卷，梁兼東宮通事舍人劉勰撰』。《探討》作者由於誤解史籍載例，把《隋志》的這個題注作爲證明其結論的第一個證據。其實，《隋志》這一題注，諸家早有闡述：

紀昀評本云：

據《時序篇》，此書實成於齊代，今題曰梁，蓋後人所追題，猶《玉臺新泳》成於梁而今本題陳徐陵耳。

劉毓崧《書後》亦云:

沈約《宋書》成於齊世祖永明六年，而自來皆題『梁沈約撰』，與勰之此書，事正相類；特約之《序傳》，言成書年月，而勰之《序志》未言成書年月，故人但知《宋書》成於齊，而不知此書亦成於齊耳。

而『事正相類』的原因，余嘉錫先生曾加以解釋:

南北八代，惟魏與宋、梁享國稍久，余皆年祚短促，爲之臣者莫不身歷數朝。當時習俗，惟以其在某朝位望稍高、事功較著者，舉以稱其人，如《家訓》之署『北齊黃門侍郎顏之推』，《梁書》之稱『陳吏部尚書姚察』是也（《四庫提要辨證》卷三）。

諸家的解釋，深得事理。《隋志》題注《文心》爲『梁劉勰撰』並非謬誤，僅當時習俗使然。劉勰終齊之世，不獲一官，入梁後卽起家奉朝請，跨入仕途。按照習俗，以劉勰在梁朝兼任東宮通事舍人位望較高，《隋志》題注當然應是『梁劉勰』而非『齊劉勰』；《文心雕龍》流行寫本或傳世刻本題曰『梁劉勰撰』，本屬古籍題署常例，旣無足怪，更不足爲《探討》立論的依據。

關於本傳『文理』

《梁書・劉勰傳》云:

天監初，起家奉朝請。中軍臨川王宏引兼記室，遷軍騎倉曹參軍。出爲太末令，政有消績。除仁威南康王記室，兼東宮通事舍人。時七廟餐薦，已用蔬果，而二郊農社，猶有犧牲。勰乃表言二郊宜與七廟同改，詔付尚書議，依勰所陳。遷步兵校尉，兼舍人如故。

> 昭明太子好文學，深愛接之。初，勰撰《文心雕龍》五十篇，論古今文體，引而次之。其序（卽《序志篇》，略）曰……既成，未爲時流所稱。勰自重其文，欲取定於沈約。約時貴盛，無由自達，乃負其書，候約出，干之於車前，狀若貨鬻者。約便命取讀，大重之，謂爲深得文理，常陳諸几案。然勰爲文長於佛理，京師寺塔及名僧碑志，必請勰制文……

以上文字，《探討》的作者，曾加以分析。但爲了使這一證據服從他們的結論，竟斷定『《劉勰傳》按時間先後簡略地記載了劉勰的生平』，並將這個人爲的結論當作推斷前提，從所謂『文理』的角度，推斷（本傳中）『「天監初，起家奉朝請」後面的話，說的是劉勰離開定林寺以後的事』，於是，根據本傳文字的安排次序，得出『劉勰撰《文心雕龍》是在「天監初，起家奉朝請」之後』；否則，『「劉勰撰《文心雕龍》五十篇」至「常陳諸几案」一段話，應放在「天監初，起家奉朝請」之前記載』。質言之，照《探討》作者的理解，姚察父子在《劉勰傳》的文字安排次第中卽已把《文心》成於梁代的思想表現得淸淸楚楚了，不必人們去勞神費力地探幽索隱了。

讀過本傳的人都知道，本傳圍繞劉勰家世、早年身世、入仕經歷、文學與佛學活動、最後歸宿等幾個方面，簡明敍述了劉勰的生平；其敍述的重點在劉勰的文學及佛學活動。如果眞從寫作的『文理』上講，關於劉勰文學活動及佛學活動的介紹，本屬『插敍』或『追敍』。一個『初』字，尤其値得注意。《左傳》以來，《初》字就成了史家追述故事的常語；《梁書》中使用『 初 』字進行追述，亦爲定式。《劉勰傳》在按時間先後敍述了劉勰天監年間的入仕經歷後，置『初』字於句首，追敍了劉勰在文學和佛學方面的活動，顯然不是從時間的先後着眼的。這一點，從下列幾件旁證，卽

可發見:

一、本傳云:『時七廟饗薦，已用蔬果，而二郊農社，猶有犧牲。勰乃表言二郊宜與七廟同改……』據《梁書・武帝紀》可知，七廟饗薦，改用蔬果，自天監十六年冬十月始;劉勰陳表，更在其後。而劉勰負書干約，理應於天監十二年沈約死去之前。今本傳將天監十六年發生的事提到干取沈約事前面來敍述，當然不是按時間的先後記載劉勰生平的。

二、本傳云:『遷步兵校尉，兼舍人如故。』劉勰因陳表而遷，其年當在天監十七年八月以後（見楊明照《梁書劉勰傳箋注》），是時勰任東宮通事舍人，亦五年有餘。如按《探討》的推斷前提，本傳記載沈約重視《文心》的言行，絕不應放在遷步兵校尉事之後來敍述。

三、本傳云:『勰長於佛理，京師寺塔及名僧碑志，必請勰制文。』勰所制文，今全存者僅《梁建安王安造剡山石城寺石像碑銘》一篇，餘如《鐘山上定林寺碑銘》、《建初寺初創碑銘》以及超辨、僧柔、僧佑諸碑，皆有目無文。《石城寺石像碑銘》作於天監十五年以後（見銘文），超辨卒於齊永明十年，僧佑卒於梁天監十七年（見《梁僧傳》），可見劉勰制作寺塔碑志，起碼在齊永明末年到梁天監末年之間。對劉勰這二十餘年間的佛學活動，《梁書》本傳用『然勰長於佛理……必請勰制文』一句總說，這又那裏是用『按時間的先後記載』一類的話解釋得通的呢?

關於『負書干約』

筆者以爲，在《文心雕龍》寫作年代的外證中，《梁書》本傳關於劉勰撰成《文心》、負以干謁沈約的記載，首先值得研究。由於這個記載涉及到死於天監十二年的沈約，因此《文心》不成於天監十二年之後是勿庸置疑的。但是從天監初年到沈約病死的十一年間，《文心雕龍》撰成的可能性存不存在呢？

《探討》斷定存在這種可能性。它認爲：《文心雕龍》着手著述於『劉勰兼任東宮通事舍人的時候可能性最大……劉勰在此後大約兩年左右的時間完成了這部著作』。勰兼東宮通事舍人在天監十年，照《探討》的意見，劉勰從天監十年開始，才着手著述《文心》，並在沈約死前殺青寫定。筆者以爲這個說法經不起推敲，

沈約死於天監十二年閏三月。《梁書・沈約傳》云：

> 初，高祖有憾於張稷，及稷卒，因與約言之。約曰：『尚書左僕射出作邊州刺史，已往之事，何足復論。』帝以爲昏家相爲，大怒曰；『卿言如此，是忠臣邪！』乃輦歸內殿。約懼，不覺高祖起，猶坐如初。及還，未至床，而憑空頓於戶下，因病。夢齊和帝以劍斷其舌，召巫視之，巫言如夢。乃呼道士奏赤章於天，稱禪代之事，不由己出。高祖遣上省醫徐奘視約疾，還具以狀聞。先此，約嘗侍宴，値豫州獻栗，徑寸半，帝奇之，問曰『栗事多少？』與約各疏所憶，少帝三事。出謂人曰：『此公護前，不讓卽羞死。』帝以其言不遜，欲抵其罪，徐勉固諫乃止。及聞赤章事，大怒，中使譴責者數焉，約懼遂卒。有司謚曰文，帝曰：『懷情不盡曰隱。』故改爲隱云。

這段記載，有兩點値得注意：一是沈約發病的時間，二是他發病前後的情形。沈約發病，跟他與梁武帝談論張稷事有關。張稷死於天監十一年底（注），從『及稷卒，因與約言之』的文字看，沈約發病當在是時。稷、約皆齊朝舊臣。進入新朝後，稷擔任過尚書左僕射。天監十年春，爲青冀二州刺史。所以沈約才有『尚書左僕射出作邊州刺史』的話。表面上，沈約有不滿於蕭衍對於張稷的安排，實際上是借他人的酒杯，澆自己的塊壘。《沈約傳》載；『約久處

端撥，有志臺司，論者咸謂爲宜，而帝終不用，乃求外出，又不見許。與徐勉素善，遂以書陳情於勉。……勉爲言於高祖，請三司之儀，弗許，但加鼓吹而已。』沈約自天監之前梁臺初建時歸附蕭衍，爲散騎常侍、吏部尚書兼左僕射。梁代齊後，曾兩次擔任尚書省最高負責人（天監二年正月至六月以尚書左僕射領尚書省事，六年十一月至九年正月爲尚書令），並先後被加封爲鎮將軍，右、左光祿大夫，特進，可謂顯赫貴盛。但是，梁王朝政權的實際分掌者是諸王，皇朝中央實行尚書、中書、門下三省分職制；沈約擔任尚書省最高官職的時間也不長（加起來不到三年），品秩始終沒有超出十六班（天監七年革定官秩爲十八班，以班多者爲貴。三公三司爲十八班，開府儀同三司爲十七班，尚書令、左右光祿大夫爲十六班）。沈約之前，已有謝朏、蕭宏、王茂等先後身居臺司，約雖官至尚書令，卻不與三司之儀，欲求拔擢，而帝終不用。故於九年正月起，離開尚書省，掛銜左光祿大夫，賦閑郊居。及張稷死，他借張稷事發點牢騷，本是情理中事。誰知蕭衍連這種婉語微詞都不能容忍。『卿言如此，是忠臣邪』的怒斥大出於沈約的意料。在官場乘時藉勢一生的沈約，被梁武帝的『天子雷霆之怒』嚇得目瞪口呆、舉最失措，因驚懼而成病。病後，非但未得到蕭衍的諒解，反因『赤章事』引起蕭衍更大的反感惱怒，以至『中使譴責者數焉』。貴盛一時的沈約，在這種境遇下，心情沮喪，悔懼交集，終於驚嚇而死。

據張稷死期推斷，沈約發病約在天監十一年十一月，從發病到死將近半年。在這半年中，沈約一直處於又懼又悔又病的境況。他這樣的人物，當然不會如平民百姓一樣外出求醫，因而路遇劉勰負書干求於車前的可能，就可排除；而他在當時境遇中，將《文心雕龍》『陳諸几案』，品評鑒賞的可能，也斷乎沒有。所以我們完全可以排除天監十一年底至次年中發生劉勰負書干約的可能性，因而也就排出了《文心雕龍》成於天監十一年底至十二年的可能性。

而且，本傳中『常陳諸几案』的『常』字大可深究：看來沈約得到《文心》後不是三天五天、一月兩月，而是在一個不算短的時間裏，少說也是一年半載（多則可達五年十年）。換言之，『常陳諸几案』五字表明，沈約至少是在他發病前半年或一年得到《文心雕龍》的。而這《文心》寫成到劉勰決定負以干約，從本傳文字看，其間尚有一段時間，直到劉勰看到其書不爲時流所稱，才決定負書干約。因此，把上述的這些時間累計起來，我們又可以斷定起碼在天監十一年中沒有發生過劉勰負書干約的事。

如上所述，既然天監十一、二年間未曾有過劉勰負書干約事發生，那麼《文心》並非著成於天監十年內則是肯定的了。因爲無論如何，對於寫作《文心雕龍》這樣『包羅羣籍、詳辨文體、籠罩羣言、針砭時弊』（《探討》中語）的巨著來說，一年的時間是完全不够的。再說天監十年劉勰兼任東宮通事舍人後，對沈約當時的實際情形不可能一無所聞。而來到東宮，成了昭明太子的近侍，則只能使劉勰無須感到『無由自達』於沈約，要做出『負其書，候約出，干之於車前，狀若貨鬻者』的舉動。進一步講，即使劉勰撰成其書，冀求取定於上位者，他不利用自己與蕭統的關係和他在東宮的特殊地位（管理東宮文翰），而要卑微地干求沈約，在情理上也是說不過去的。何況，本傳把『初，勰撰《文心雕龍》五十篇』緊接在『昭明太子好文學，深愛接之』後面，就是將劉勰早年的文學事業不被世人所重，跟他成了昭明太子近臣，受到蕭統激賞的情形聯繫起來，有意識地做了醒目的對比。在劉勰說來，由於本人的文學見識，受到蕭統的愛接是自然的；而在《劉勰傳》的作者說來，昭明太子對劉勰的器重，引起了他作爲一個史傳作者的感慨。所以才有意識地補寫了劉勰早年的文學活動，特別是《文心》初成不被時流稱許的冷落遭遇。這段補寫所傳達出來的信息是十分明顯的，它告訴讀者：如果劉勰撰成《文心》之初得遇蕭統，他又何必要干謁沈約而不直接取重於昭明？因爲皇太子的愛納畢竟比『貴盛』的官僚更有價值吧！

關於入仕十年

既然《文心雕龍》不在劉勰進入東宮後才締草寫定，那麼剩下來的問題就是進一步探索天監初至至天監十年間劉勰撰述其書的可能性。

據本傳記載，天監初，劉勰起家奏朝清，開始進入仕途。『奏朝請』本身並非具體的官職；劉勰擔任具體的政治性職務，應從『中軍臨川王宏引兼記室』算起。劉勰兼蕭宏記室的時間在天監三年，爲時或一年許。天監三、四年間，轉遷『車騎（將軍）倉曹參軍』。天監六年十二月，車騎將軍夏侯詳病死。劉勰作爲車騎將軍府舊員，約一年許不得安置，到七年十一月梁武帝『敕莊嚴寺僧旻，於定林上寺纘《衆經要抄》』，以勰『長於佛理』，且無具體職務，故選與其役。次年四月證功畢，『出爲太末令』。到天監十年左右，才『除仁威南康王記室，兼東宮通事舍人』，開始成爲昭明太子深愛接納的人物。

從以上簡述可知，劉勰跨入仕途後，數年之內，屢有轉遷：天監三年——四年兼蕭宏府記室，四——六年任夏侯詳府倉曹參軍，七——八年編《衆經要抄》，八——十年爲太末令。在每一種職位上的時間都不長；而且由於他自來抱有強烈的建功立業的願望，把『梓材之士』作爲爲人標準（見《程器》篇），因此一旦踏入仕途，他把個人的時間、精力和熱情投入蕭梁王朝效命戮力的政治中去，本是他那『緯軍國』『任棟梁』的政治理想的自然延伸和邏輯發展。在這種情形下，他旣不可能、也無必要花費大量的時間與精力去撰述《文心雕龍》這部『論文之作』，應是無可懷疑的了。

關於定林著書

《探討》中有一個重要論據，名曰寫作環境論。作者斷言，藏書三萬卷、名才并集的梁朝東宮才是產生《文心雕龍》的理想環境。至於劉勰在其間度過自己青年時代的定林寺，卻根本不能提供給劉勰以合適的創作條件；而齊代末年劉勰自謂感夢而作《文心》事也是令人難以置信的。

筆者以爲，《探討》作者的意見，全屬想象之詞。我們知道，齊梁時代佛學大興，佛敎流行，佛寺的藏書很多。僧佑又是一代名僧，也算個篤志好學、博通內外的人物。劉勰在定林寺依附僧佑期間，怎麼沒有飽覽羣籍、著述《文心》的可能？在筆者看來，定林寺的環境不僅給劉勰提供了良好的寫作條件，而且也成爲推動劉勰寫作的一種力量。可以說，正是由於『家貧』和依附僧佑的現實，才大大刺激了作家的頭腦，迫使他必須加倍地努力，把《文心雕龍》的撰述作爲生活與事業的一個重要部分，積年累月，鍥而不捨。這種搦筆和墨、成一家之言的活動，已經完全不再包含什麼神秘的念頭，劉勰之所以能够把它進行下去，用他的話來說，就叫『窮則獨善以垂文』。『窮則垂文』是古代社會進步作家一條共同經歷的文學道路，而《文心雕龍》正是這條大道上開放的一朶絢麗之花。《序志》篇《贊》語說：『生也有涯，無涯惟智。逐物實難，憑性良易。傲岸泉石，咀嚼文義。文果載心，予心有寄。』正是劉勰當時思想的高度概括。『傲岸泉石』二語不是正好說明此書寫於出仕之前，隱居定林寺這段時間麼！

至於懷疑劉勰感夢而作《文心》，亦非《探討》的新造。李家瑞說過：『劉彥和著《文心雕龍》，可謂殫心淬慮……乃自述所夢，以爲曾執丹漆之禮器於孔子隨行，此服虔鄭康成輩之所思，於彥和無與也。況其熟精梵夾，與如來釋迦隨行則可，何爲其夢我孔子哉？』（《停雲閣詩話》）李氏解說，純屬偏見。劉勰最後歸宿是佛門，長於佛理也是事實，但是，像《探討》所謂『劉勰於僧佑手下整理佛經之際，如夜夢釋迦牟尼尚能令人置信，而「夜執丹漆之禮器，隨仲尼而南行，遂著《文心雕龍》」是不合情理的』，則未免過於天眞。通覽《文心》可以發現，劉勰的著述思想，只是『有慨夫性靈不居、思制作以垂世，乃脫去恆蹊、別啓戶牖，專論文章、習翼經典』（劉永濟《文心雕龍校釋》）。《序志篇》云『余生七龄，乃夢彩雲若錦，則攀而採之』和『齒在逾立，則嘗夜夢執丹漆之禮器，隨仲尼而南行』，不過是他借以分別說明自己『專論文章、羽翼經典』的寫作宗旨而已。用夢幻來表達思想觀點，在古代社會的文人士子們，乃是一種慣用的方式，那有什麼信與不信可言呢？

關於劉氏書後

筆者利用史傳材料，通過對《文心雕龍》成於梁代之可能性的排除，達到了《文心》成於齊末的結論，從而對該書寫作年代提供了一點可資佐證的外部證據。毫無疑問，它不能代替或推翻劉毓崧以來諸家的定案；從某種意義上講，只是對《書文心雕龍後》的一個補充。雖然並不是說劉氏所提供的內證已是相當完備了（從《文心》發掘新的內證材料不是本文討論的範圍，故存而不論），但是，根本否定劉氏的內證，卻爲筆者所不取。

劉氏內證一共三條（見《書後》）。這三條證據作爲一個整體所表達的意旨很明確，就是『稱頌齊世』——『於齊竭力頌美，絕無規過之詞』。這意旨本足以證明《文心》成於齊末，但《探討》卻以『梁主與齊皇同族』、『劉勰歷經齊世』、『稱頌齊世是可以理解的』等似是而非的話，說什麼『稱頌齊世，並不能因此斷定劉勰撰《文心雕龍》和成書於齊世』。

其實，對於劉勰這樣懷抱入世思想的人物，他當然深諳古代時代『天無二日、民無二王』的神聖原則，更不難懂得在自己甚爲重視的著作中稱頌齊世會引起什麼後果。從他天監初奉朝請後就表現出效忠於蕭梁皇朝（如天監十七年陳表事）來看，怎能想像他會在梁代稱頌齊世？以爲『梁主與齊皇同族』稱頌齊世就可以理解，就無關緊要，實在幼稚。翻開南朝文獻，蕭梁君臣指斥齊世的言論比比皆是。梁武帝禪代詔書中『帝王非一族』的宣言，任彥升《天監三年策秀才文》裏『百王之弊，齊季斯甚；衣冠禮樂，掃地無餘』的譴責，算是典型地表達了梁王朝對於蕭齊的普遍聲討。正因如此，我們就不難發現，身仕梁朝而褒美齊帝，該是對蕭梁朝廷怎樣一種叛逆行爲！上文講過的沈約就是例證，他之被武帝視爲貳臣，病中也受到蕭衍數次怒責，以至驚懼而死，連謚號都被梁武帝親自改爲『隱侯』，其原因就在於梁主認爲他對齊王朝『懷情不盡』。劉勰歷經齊世、身仕梁朝，難道他就不怕惹上這『懷情不盡』的嫌疑？當然，卽使梁主和齊帝同一宗族（其實並非同族），但梁主和齊皇之間的政治關係早已超越了宗族血親的關係。梁武帝可以接收齊朝舊臣，但作爲古代君主，他對臣下的要求只能是對本王朝的絕對忠誠，絕不會容忍身爲梁臣而稱頌齊世。如果以爲《文心雕龍》成於梁代而又敢於竭力頌美齊朝，那麼，劉勰簡直可以算做天監時期的彰明較著的貳臣了。

《探討》所以認爲『稱頌齊世』不是斷定《文心》成書年代的重要依據，還因爲其作者對於《時序》中『今聖歷方興』一段話感到頗爲費解。於是，他們把『今聖歷方興』視爲劉勰於梁初對新朝的頌揚，而『文思光被』云云則是對梁王朝東宮中文學鼎盛的『空前贊美』。的確，乍看起來，『今聖歷方興』之語跟齊末君主昏暴、皇權旁落、齊帝正處於梁王的討伐和廢棄之中的情形絕然相反，其實『聖歷方興』並不難解釋。齊和帝的年號不就是『中興』嗎？和帝永元三年卽位於江陵，改元『中興』，就是希望『聖歷』復興。雖然實權握在蕭衍手裏，但卽位之後，討伐東昏侯的戰爭節節勝利，終於在是年十二月推翻東昏。直到次年四月禪代之前，和帝名義上還是萬乘之尊。站在蕭齊王朝的角度，怎不是『聖歷方興』？劉毓崧《書後》說：『和帝雖受制於人，僅同守府，然天命一日未改，固儼然共主之尊，勰之颺言贊時，亦儒生之職分。』這個解釋，可謂一語中的。齊代末年沉淪下僚的劉勰，把《文心》作爲進身致仕的階梯，在該書中稱頌齊世本十分自然，我們不當要求他用現代的眼光去分析齊末國勢。他旣然可以稱頌『皇齊馭寶，運集休明』，那麼進而颺言贊時、頌齊一句『聖歷方興』又有何不可？用『經典禮章、跨周轢漢』贊美齊代禮樂政治又怎麼難於理解呢？

依此看來，劉毓崧提供的內證，並沒有主觀武斷的成分。他比較合理地解釋了斷定《文心雕龍》成於齊末的理由，爲是書寫作年代的研究奠定了基礎，他的貢獻是不能一筆抹煞的。

〔注〕

關於張稷死期，《通鑑》卷 147 載云：『郁州迫近魏境，其民多私與魏人交市，朐山之亂，或陰與魏通。朐山平，心不自安。青冀二州刺史張稷不得志，政令寬弛，僚吏頗多侵漁。（天監十二年二月）庚辰，郁州民徐道角等夜襲州城，殺稷，送其首降魏。』馬光《考異》說：『（《梁・康絢傳》）稷死在朐山叛之明年，今從《魏帝紀》。』這說明《通鑑》乃據《魏書》推定張稷死期。查

《魏書・世宗紀》:『二月庚辰，蕭衍郁州民徐玄明等斬送衍鎭北將軍、青翼二州刺史張稷首，以州内附。』據『斬送』二字可知《魏書》所記乃稷首送至魏京洛陽時期，非稷死之也。稷之死期，當從《梁書・康絢傳》。《絢》傳云:『及朐山之徒以城降魏，絢馳遣司馬霍奉陽分軍據險……明年，青州刺史張稷爲土人徐道角所殺，絢又遣司馬茅榮伯討平之。徵驃騎臨川王司馬，加左驍騎將軍，尋轉朱衣直閣。十三年，遷太子右衞率……』朐山事在天監十年，《絢》傳中『明年』於朐山事下接之，當指十一年。又，下以『徵驃騎臨川王司馬』云云接之(宏於天監十一年冬十一月爲驃騎將軍，徵絢爲驃騎司馬亦在是時)，益見『明年』當指十一年無疑。《魏書》與《梁書》所載不同，蓋以『送』與『殺』之異故也。《魏書》載『送』首之日，《梁書》記『殺』稷之時，稷之被殺，於魏乃美事，故詳載;於梁爲羞辱，故略記。若不悟此，便易混淆。準此，則稷之被殺約在天監十一年冬十一月，可以無疑。史載不明，姑考於玆，以爲本文論題之旁證。

(《文心雕龍寫作年代蠡測》，原刊於《四川師院學報》1981第3期)

詹　鍈云:

明人好作僞書，《文心雕龍》也隨之蒙了不白之寃。《隱秀》篇從『瀾表方圓』以下到『朔風動秋草』的『朔』字，中間四百多字，紀昀批《文心雕龍》時，斷定是明人僞造，他並且把這些意見著錄在《四庫全書總目提要》卷一百九十五《文心雕龍》的《提要》中。近人黄侃則乾脆另外寫了一個《補隱秀篇》，收入他所著的《文心雕龍札記》中。

怎麼知道黄叔琳本的《隱秀》篇是從何焯校本補的呢?因爲黄本在《隱秀》篇末尾的附注就是從何焯的跋語抄來的。《何義門先生集》卷九載有《文心雕龍》的跋語說:『《隱秀》篇自「始正而末奇」至「朔風動秋草」「朔」字，元至正乙未刻於嘉禾者，即闕此一頁，此後諸刻仍之。胡孝轅、朱郁儀皆不見完書，錢功甫得阮華山宋本，鈔本後歸虞山，而傳錄於外甚少。康熙庚辰，心友弟從吳興賈人得一舊本，適有錢補《隱秀》篇全文。』這條跋語裏的『虞山』，指的是錢謙益。

現在我們首先考查一下錢功甫發現宋槧本《文心雕龍》，以及《隱秀》篇補文四百多字傳抄的經過。

明梅慶生音注萬歷三十七年己酉（1609）原刻本《文心雕龍》以及金陵聚錦堂和古吳陳長卿兩種翻刻的天啓二年梅慶生第六次校定本，都在卷首有朱謀㙔的《文心雕龍跋》。另外，在《隱秀》篇的後面有跋語三條。從這些跋語看來，在萬歷三十七年還沒有發現《隱秀》篇的全文。

明天啓七年（1627）馮舒校謝恒抄本《文心雕龍》（原鐵琴銅劍樓藏，今藏北京圖書館），卷末有錢功甫跋一條。跋語說:『按此書至正乙未刻於嘉禾，弘治甲子刻於吳門，嘉靖庚子刻於新安，辛卯刻於建安，癸卯又刻於新安，萬歷己酉刻於南昌（按即梅慶生原刻），至《隱秀》一篇，均之闕如也。余從阮華山得宋本鈔補，始爲完書。甲寅（1614）七月二十四日書於南宮坊之新居，時年七十四歲，功甫記。』從這條跋語可見萬歷四十二年（1614）錢功甫才發現宋本，並抄補《隱秀》篇。

馮舒校、謝恒抄本《文心雕龍》，在錢功甫跋語後面，又有馮舒硃筆跋語四條，玆錄其中的前三條如下:

1.『功甫（《愛日精廬藏書志》引錄多『姓錢』二字），諱允治，郡人也。厥考諱穀，藏書至多，功甫卒，其書遂散爲雲煙矣。……歲丁卯（天啓七年，1627），予從牧齋借得此本，因乞友人謝行甫錄之，錄畢閱完，因識此。其《隱秀》一篇，恐遂多傳於世，聊自錄之。八月十六日孱守居士記。』

2.『南都有謝耳伯校本，則又從物齋所得本，而附以諸家之是正者也。讎對頗勞，鑒裁殊乏。……聞耳伯借之牧齋，時牧齋雖以錢本與之，而秘《隱秀》一篇，故別篇頗同此本，而第八卷獨缺，今而後始無憾矣。』

3.『丁卯中秋日閱始，十八日始終卷。此本一依功甫原本，不改一字，卽有確然知其誤者，亦列之卷端，不敢自矜一隙，短損前賢也。孱守居士記。』

從以上三條跋語可以看出，錢功甫本《文心雕龍》後歸錢謙益（牧齋）收藏。錢謙益非常珍視這個本子，謝耳伯向他借抄，他都不捨得借給，馮舒在天啓七年借到這個本子抄寫，他親自手抄《隱秀》篇，而且照錄原本，不改一字。錢謙益是懂得板本的，他的絳雲樓藏書，宋本很多。錢功甫抄補的《隱秀》篇如果是假的，恐怕不會得到他的承認。

清錢曾《讀書敏求記》卷四下：『劉勰《文心雕龍》十卷。……功甫名允治，老屋三間，藏書充棟，其嗜好之勤，雖白日校書，必秉燭緣梯上下，所藏多人間罕見之本。……功甫以老書生，徒手積聚奇書滿家，今世負大力者，果能篤志訪求，懸金重購，則縹囊緗帙，有不郄車而至者乎？』從這一段記載可以看出錢功甫是怎樣的珍視藏書，又是怎樣細心。他對於板本鑑定必然很精，豈是阮華山僞造宋本所能騙得了的！

天津人民圖書館藏曹學佺批梅慶生天啓二年第六次校定本《文心雕龍》（以下簡稱『曹批梅六次本』），首列曹學佺序，行書。萬歷壬子（1612）曹學佺寫這篇序時，還沒有見到錢功甫抄裝的《隱秀》篇。這個本子刊刻精工，紙墨都是上選，字跡非常清晰，『金陵聚錦堂本』和『古吳陳長卿本』的漫漶處，這個本子也都認得出字來，可見是精刻原印本。

梅注《文心雕龍》以金陵聚錦堂本和古吳陳長卿本爲最易得，可是這種帶有曹學佺序和眉批的『梅六次本』，只見天津人民圖書館入藏，它和金陵聚錦堂本、古吳陳長卿本有許多不同的地方:

1.此本首列曹學佺序，各篇有曹學佺的眉批，聚錦堂、陳長卿兩本都沒有。

2.此本卷一卷二第一頁板心都有『天啓二年梅子庚第六次校定藏板』字樣，聚錦堂、陳長卿兩本只在卷一第一頁有『天啓二年梅子庚第六次校定藏板』字樣。

3.此本有《定勢》篇，而我經眼的聚錦堂、陳長卿兩本一般都缺《定勢》篇。（中國科學院藏古吳陳長卿本《文心雕龍》分訂上下兩册，下册有曹學佺批，也有《定勢》篇，上册沒有批。實際上只有上册是陳長卿本，下册是拼上去的。）

4.此本補刻了《隱秀》篇兩板。其它梅注本的《隱秀》篇跋語三條（已見上引）已經删去，而另刻跋語一條如下:

> 朱郁儀曰:《隱秀》中脫數百字，旁求不得，梅子庾既以注而梓之。萬歷乙卯（1615）夏，海虞許子洽於錢功甫萬卷樓檢得宋刻，適存此篇，喜而錄之，來過南州，出以示余，遂成完璧，因寫寄子庾補梓焉。子洽名重熙，博奥士也。原本尙缺十三字，世必再有別本可續補者。

5.其它梅本都有朱謀瑋（卽朱郁儀）的《文心雕龍跋》（已見上引），此本旣已補刻了《隱秀》篇兩板，原跋已與事實不符，就删去了。根據以上五點差異，又根據詳細校勘，可以肯定金陵聚錦堂本和古吳陳長卿本是完全一樣的。二者可能都是翻刻梅子庾本，而冒充梅子庾第六次校本。也可能這三個本子是用一付板印的，因爲這三個本子的板式大小，刊刻字體甚於斷板處都一樣。只是原刻原印的梅氏第六次校藏本加印了曹學佺的眉批，而且其中有些板是抽換過的，這些抽換過板的書葉，不僅個別的字有改動，板式大小也不一樣。最顯著的地方，就是曹批梅六次本把《隱秀》篇的缺文補進去了。

從補刻的朱郁儀《隱秀》篇跋語看來，錢功甫家藏書有『萬卷樓』之稱，錢功甫於萬歷甲寅（1614）從阮華山買到宋本《文心雕龍》珍藏後，第二年（萬歷乙卯）許重熙就從他家裏過錄，帶給朱謀㙔。錢謙益《列朝詩集小傳》閏集《宗室十人》：『寧藩中尉貞靜先生謀㙔，……明興以來，……諸王子孫，好學修行，比西京之劉向者，……未有如郁儀者也。著書百有十二種，皆手自繕寫，稿至數易，未嘗假手小胥。』今傳的《駢雅》七卷，就是朱謀㙔著的。而且朱謀㙔從弱冠以來，『手抄《雕龍》，諷味不捨晝夜』，在 1593 年寫《文心雕龍跋》時，就說已下了三十多年的功夫，到1615年看到抄補的《隱秀》篇時，就已對《文心雕龍》這部書下了五十多年的功夫了。補的這四百多字，如果是假的，又豈能瞞得過朱謀㙔的眼力！

用曹批梅六次本和聚錦堂本、陳長卿本對勘，發現有些加墨釘和換字的地方，都很精細。值得注意的是增補的《隱秀》篇中間兩板，字的刻法和原板有區別。其中『凡』字刻作『几』，『盈』字刻作『盈』，『綠』字刻作『綠』，『煒』字刻作『煒』，都和其它各篇的筆畫不同。最特別的是『恒溺思於佳麗之鄉』的『恒』字缺筆作『恒』，這顯然是避宋眞宗的諱。胡克家仿宋刻《文選》，『恒』字就缺筆作『恒』，『盈』字就作『盈』。這可見當年抄補《隱秀》篇時，就照着宋本的原樣模寫，而梅慶生補刻這兩板時，也照着宋本的原樣補刻。明朝中晚年還沒有根據缺筆鑑定板本的風氣，假如阮華山作僞，怎麼會僞造得那麼周到呢！

北京大學藏嘉靖汪一元私淑軒刻本《文心雕龍》，有徐𤊹、徐延壽父子兩人先後據諸本校補和抄補的序跋，並有兩人親筆寫的題記和跋語。其中徐𤊹的跋語共有六條。其第四條說：『第四十《隱秀》一篇，原脫一板，予以萬歷戊午（1618）之冬，客遊南昌，王孫孝穆云：「曾見宋本，業已鈔補。」予從孝穆錄之。予家有元本，亦係脫漏，則此篇文字既絕而復蒐得之，孝穆之功大矣。因而告諸同志，傳抄以成完書。古人云：「書貴舊本。」誠然哉！己未年（1619）秋日興公又記。』從這條跋語可以證明，元刻本《文心雕龍》的《隱秀》篇也有脫漏。朱孝穆所見到的宋體本是否錢功甫家藏本，則不敢斷言。徐𤊹校本《文心雕龍》卷首加頁有手抄《福州府志》一條說：『徐𤊹，字惟起，閩縣人。博學工文，與兄熥齊名，善草隸書，詩歌婉麗。萬歷間與曹學佺狎，主閩中詞盟。環堵蕭然，而牙籤四圍，縹緗之富，卿侯不能敵也。其考據精竅，自樂府歌行及近體無所不備。著有《徐氏筆精》《榕陰新檢》《紅雨樓集》《鰲峰集》。』以徐𤊹這樣博學的藏書家，而且手校《文心雕龍》幾十年，《隱秀》篇中抄補的四百多字如果是假的，能瞞得過他的眼力嗎？

以曹批梅六次本和徐𤊹校本的《隱秀》篇補文對勘，字句幾乎是一樣的。所不同者，徐𤊹校補的『恒』字不缺筆；在『朔風動秋草』以後補的『晦塞爲深，雖奥非隱』二句，徐𤊹校本沒有補；再就是篇末的『隱篇所以照文苑，秀句所以侈翰林』二句，是曹批梅六次本所獨有，徐𤊹校本和其它各種版本的《文心雕龍》一樣，都錯簡作『秀句所以照文苑』。

傅增湘《徐興公校文心雕龍跋》（《國民雜志》，第10期，1941）：『《文心雕龍》一書，……傳世乃少善本，阮華山之宋槧，自錢功甫一見後，踪跡遂隱。……末卷《序志》篇，脫三百二十二字，取《廣文選》本訂補。其《隱秀》篇闕葉四百餘字，則萬歷戊午游豫章，於王孫朱孝穆許，始錄得之，是所見在錢功甫之外矣。』阮華山的宋本《文心雕龍》，先歸錢功甫，然後又歸錢謙益收藏，這從上引的馮舒校語中看得很清楚。這部宋本《文心雕龍》，可能在錢謙益的絳雲樓失火時一併燒掉，所以這個本子以後就不見著錄。馮舒校本《文心雕龍》因爲是直接從錢謙益借抄的，可能基本上還保存了錢功甫本的面目。不過這個本子的《隱秀》篇補文，雖然由馮舒親自照原樣抄寫，和曹批梅六次本以及徐𤊹校本還是有個別字句上的差異。

清吳騫《拜經樓藏書題跋記》卷四載有《文心雕龍》的題跋說：『胡夏客曰：「《隱秀》篇舊脫四百餘字，余家藏宋本獨完。丁丑冬，復得昆山張誕嘉氏雅芑緘寄家藏鈔本，爲校定數字，以貽之朋好。」夏客，字宣子，海鹽人，孝轅先生子也。然據所錄補四百餘言，尙不無魯魚，爰復爲校訂，錄於簡端。』可惜胡夏客收藏的宋本以及吳騫的校錄本都失傳了。楊明照的《文心雕龍校注》說：『何義門稱震亨未見《隱秀》篇全文，則夏客何從而有宋本？蓋其信口虛衍之辭，吳兎床誤信之耳。』（450頁）按何焯跋語說：『胡孝轅、朱郁儀皆不見完書。』（見上引）本來是推測之辭。曹批梅六次本《隱秀》篇的補文，就曾通過朱郁儀之手，已有跋語爲證。胡孝轅也未必沒有見過宋本《文心雕龍》。楊明照誤信何焯之言，反而懷疑吳騫的話，似乎有欠考慮。

邵懿辰《四庫簡明目錄標注》卷二十引《繡谷亭書錄》說：《文心雕龍》『內《隱秀》一篇脫數百字，元至正乙未嘉禾刊本已然，明弘治至萬歷各刻，皆闕如也。自錢功甫得阮華山宋刊本，始爲補錄，後歸錢牧齋。及謝兆申校刊時，假於虞山，秘不肯與，故有明諸名公皆不見此篇之全。』說『有明諸名公』都沒有見過《隱秀》篇的全文，這就更不對了。顯然錢謙益、朱郁儀、梅慶生、徐𤊹父子、馮舒、胡夏客是都見過的。《隱秀》篇的補文如果是假的，能瞞得過這麼多人嗎？

以上是從錢功甫發現宋刊本《文心雕龍》以及《隱秀》篇缺文抄補和補刻的經過，說明補入的四百多字，不可能是明人僞造的。

至於嘉慶間翻刻本《廣漢魏叢書》中所收的《文心雕龍》，無論板式、行款以及字體大小等等，都是照萬歷何允中本《廣漢魏叢書》影刻的，只是《隱秀》篇多出一段補文。在《隱秀》篇的『瀾表方圓』句下注云：『以下從宋本補入』；在『此閨房之悲極也』句下注云：『以上從宋本補入』。補進去的四百多字和黃叔琳本的《隱秀》篇補文完全一樣，當是根據黃本補刻的，並非直接從宋本補入。

下面看看懷疑這段補文的人們所提出的論據：

《四庫全書總目提要》卷一百九十五《文心雕龍》的提要說：『是書自至正乙未刻於嘉禾，至明宏（弘）治、嘉靖、萬歷間，凡經五刻，其《隱秀》一篇，皆有闕文。明末常熟錢允治稱得阮華山宋槧本，鈔補四百餘字，然其書晚出，別無顯證，其詞亦頗不類。如「嘔心吐膽」，似摭《李賀小傳》語；「鍛歲煉年」，似摭《六一詩話》論周樸語；稱班姬爲匹婦，亦似摭鍾嶸《詩品》語，皆有可疑。況至正去宋未遠，不應宋本已無一存，三百年後，乃爲明人所得。又考《永樂大典》所載舊本，闕文亦同。其時宋本如林，更不應內府所藏，無一完刻。阮氏所稱，殆亦影撰，何焯等誤信之也。』

《四庫提要》評論《文心雕龍》的這一條，可能出於紀昀本人的手筆，因爲它和紀昀在《文心雕龍·隱秀》篇的批詞完全一致，而且有些話是重複的。按《文心雕龍·神思》篇說：『揚雄輟翰而驚夢。』這是根據桓譚《新論》來的。《新論·祛蔽》篇說：『余少時……嘗激一事而作小賦，用精思太劇，而立感動發病。彌日瘳。（揚）子雲亦言成帝時，趙昭儀方大幸。每上甘泉，詔令作賦，爲之卒暴，思慮精苦，賦成遂困倦小臥，夢見其五臟出在地，以手收而內之。及覺，病喘悸，大少氣，病一歲。由此言之，盡思慮，傷精神也。』《文心雕龍·才略》篇也說：『子雲屬意，辭人最深，……而竭才以鑽思。』這些都和《隱秀》篇補文中所說的『嘔心吐膽，不足語窮』的狀態是一致的，不見得劉勰的『嘔心吐膽』這句話就出於李商隱《李賀小傳》中所說的『嘔出心肝』。又按《神思》篇說：『張衡研《京》以十年，左思練《都》以一紀。』這是說：張衡寫《二京賦》，『精思縛會，十年乃成』（據《後漢書·張衡傳》）；左思作《三都賦》，『遂構思十稔，門庭藩溷，皆著紙筆，遇得一句，卽疏之。』（據《文選·三都賦序》李善注引臧榮緒《晉書》）這和《隱秀》篇補文『鍛歲煉年，奚能喻苦』正可以互相印證。歐陽修《六一詩話》論周樸詩，說當時人稱周樸寫詩『月鍛季煉』，那比劉勰說的『鍛歲煉年，奚能喻苦』分量要輕得多，不見得《隱秀》篇補文的『鍛歲煉年』一句話是從歐陽修來的。見到《隱秀》篇和鐘嶸《詩品》卷上都曾稱班婕妤爲『匹婦』，就說《隱秀》篇補文是抄的《詩品》，尤其不成理由。至於紀批說：『稱淵明爲彭澤，乃唐人語，六朝但有徵士之稱，不稱其官也。』這尤其荒唐。鮑照《鮑氏集》卷四（《四部叢刊》影印毛斧季校宋本）有《效陶彭澤體》詩一首，怎麼能說『六朝但有徵士之稱』呢！紀批所說『且《隱秀》之段，皆論詩而不論文，亦非此書之體』，這也是很武斷的。實際上具備『隱秀』這兩種風格特點的作品，主要是詩歌。那麼在這一段裏舉的『隱秀』的例子都是詩篇和詩句，又有什麼與全書體例不合的地方呢！

就紀昀給《隱秀》篇所加的批詞來看，也是自相矛盾的。如在『然煙靄天成，不勞於妝點；容華格定，無待於裁熔』這幾句話的上面，紀批說：『純任自然，彥和之宗旨，卽千古之定論。』其實這幾句話就是紀昀所指爲明人僞造的補文中的，而他卻恭維成是『千古之定論』了！

又如《隱秀》篇中的『晦塞爲深，雖奧非隱』二句，也是一般明本《文心雕龍》裏所沒有，而由錢功甫補進去的，紀昀卻批爲

『精微之論』，可見他對這兩句話絲毫也不懷疑的。不僅紀昀很贊賞這兩句話，劉熙載也很贊賞。劉氏在《藝概》卷一說：『《文心雕龍》以隱秀二字論文，推闡甚精。其云：晦塞非深，雕削非秀，更爲善防流弊。』黃侃在《文心雕龍札記》裏雖然痛詆《隱秀》篇的補文『出辭膚淺』、『令人笑詫』，對『晦塞爲深，雖奥非隱』兩句話也很重視，而沒有發現這兩句是補文。他在《補隱秀篇》中甚至於把這兩句話改頭換面，敷演而成『若義有闕略，詞有省減，或遇其言說，或晦其訓故，無當於隱也』。這顯然是自相矛盾。近來有些懷疑《隱秀》篇補文出於僞造的人，也都非常贊賞這兩句話。他們只知道《隱秀》篇中間一大段是補文，而不知道『晦塞爲深，雖奥非隱』兩句也是補文。

黃侃在《文心雕龍札記》的《隱秀》篇札記裏又說：『案此紙亡於元時，則宋時尚得見之，惜少徵引者，惟張戒《歲寒堂詩話》引劉勰云：「情在詞外曰隱，狀溢目前曰秀。」此眞《隱秀》篇之文，今本旣云出於宋槧，何以遺此二言？然則贋跡至斯愈顯，不待考索文理而已知之矣。』黃侃的質問是毫無力量的，其實《隱秀》篇的脫簡不止一處，除去『瀾表方圓』以下的四百多字以外，還有幾個地方，如『晦塞爲深，雖奥非隱』八字，就是脫簡補上去的。《隱秀》篇末尾，曹批梅六次本的校補是『隱篇所以照文苑，秀句所以侈翰林，蓋以此也』，其它各本都脫簡爲『秀句所以照文苑，蓋以此也』。可見《隱秀》篇在另外的地方還可能有脫簡。因此，我們認爲『情在詞外曰隱，狀溢目前曰秀』兩句，也一定是《隱秀》篇的原文，這兩句究竟應該補在什麼地方，則是無法確定的。

劉永濟《文心雕龍校釋》相信紀昀、黃侃之說，也認爲《隱秀》篇的補文是明人僞托。他提出的證據是：『文中有「彭澤之□□」句，此彭澤乃指淵明。然細檢全書，只列成文，未及陶公只字。蓋陶公隱居息遊，當時知者已鮮，又顏謝之體，方爲世重，陶公所作，與世異味，而陶集流傳，始於昭明，舍人著書，乃在齊代，其時陶集尚未流傳，卽令入梁，曾見傳本，而書成已久，不及追加。故以彭澤之閑雅絕倫，《文心》竟不及品論。淺人見不及此，以陶居劉前，理可援據，乃於此文特加徵引，適足成其僞托之證。』（《隱秀》篇校釋）《文心雕龍》在其它篇章裏是沒有提到陶淵明的地方，但是全書中對於某些作家只提到一次的很多，不能因爲別處沒有提到陶淵明，而此處提到陶淵明，就說《隱秀》篇補文是假的。我們在上文反駁紀昀的時候，已提到鮑照的《效陶彭澤體》詩。旣然陶詩成爲一體，而且像鮑照這樣有名的詩人也仿效它，可見並非『陶公隱居息遊，當時知者已鮮』。而且縱然陶淵明的詩文在昭明太子以前沒有編訂成集，也不見得劉勰在齊代就看不到散篇。

周振甫在《隱秀》（《文心雕龍選譯》）篇的解說詞裏也相信紀昀、黃侃的考證，認爲補的文字出於明人之手。他說：『我們還看到補充的話有毛病，和劉勰論點不同。像說「嘔心吐膽，不足語窮；鍛歲煉年，奚能喩苦」？劉勰在《養氣》篇裏主張「逍遙以針勞，談笑以藥倦」，反對「銷鍊精膽，蹙迫和氣」。就是等文思醞釀成熟時再寫，寫不出時不要硬寫，不要爲寫作損害精力，可見他是反對「嘔心吐膽」的。』（《新聞業務》1963年第1期，34頁）按《養氣》篇是從構思的角度來談寫作修養的，可以作爲《神思》篇的補充。而《隱秀》篇緊接在《練字》篇的後面，其中所談的有字句鍛煉和修改的問題。劉勰在創作論上是自然美和人工美並重的，而人工美就需要『嘔心吐膽』地『鍛煉』，才能達到妙造自然的境地。詩的修改需要鍛煉，就是周振甫本人也承認『創作的所謂自然，並不是可以隨便寫成，還需要苦心經營』（同上）。其實《隱秀》篇補文所謂『嘔心吐膽』，就是『苦心經營』的意思，和《養氣》篇的主張是并沒有矛盾的。

周振甫又指責《隱秀》篇的補文:『像說陸機的疏放,又說思想綿密。按思想綿密的,一般會構成緊嚴的風格,不會成疏放,那就有些矛盾了。』(同上)按曹批梅六次本、馮舒校本、徐𤊹校本《文心雕龍·隱秀》篇的補文都作『士衡之□□,彭澤之□□』,沒有『疏放』的字樣。只是何焯看到的另一傳錄馮舒校本,這個地方有『疏放豪逸』四字,而且何焯當時已經斷定『疏放豪逸』四字『顯然爲不學者以意增加也』。黃叔琳本也沒有把『疏放豪逸』四字列入正文,只是在校注中說:『以上四句,功甫本缺八字,一本增入「疏放豪逸」四字。』可見黃叔琳也斷定這四個字不是原文。因此,我們不能根據這四個字的不合情理,就斷定《隱秀》篇的補文是明人僞造。而且假如明人僞造這段補文,盡可以完全補起來,爲什麼故弄玄虛,還要闕十三個字呢!

《文心雕龍》這部書在明朝中葉以前流傳是不廣的。今天我們看到的最早的明弘治活字本(北京圖書館藏),脫簡非常之多,而且整板的脫漏也不止這一處。像《序志》篇的『則嘗夜夢執丹漆之禮器』,就脫一『夜』字,而且從『執丹漆之禮器』以下,一直到『觀瀾而索源』的『而』字,中間就脫漏三百多字。汪一元本、《兩京遺編》本(有《叢書集成》影印本)、張之象本(《四部叢刊》影印的就是這個本子)都是一樣脫漏三百多字。徐𤊹校云:『「夢」字下脫落三百餘字,楊用修補。』嘉靖癸卯(二十二年)佘誨刻本,才把這三百多字補進去。假如沒有《梁書·劉勰傳》和《廣文選》作參證,豈不也要懷疑這補進去的三百多字是明人僞造嗎?《隱秀》篇的補入四百多字,和《序志》篇的補入三百多字,在性質上是沒有什麼區別的。

(《文心雕龍隱秀篇補文的真僞問題》,見《文學評論叢刊》第二輯)。

楊明照云:

就個人涉獵所及，《隱秀篇》的補文來源有三。分述如次:

一、錢允治（字功甫）從阮華山所得宋本　最早抄補《隱秀篇》缺文的是錢允治。他的跋文說:

按此書至正乙未（1355）刻於嘉禾，弘治甲子（1504）刻於吳門，嘉靖庚子（1540）刻於新安，辛卯（1531）刻於建安，癸卯（1543）又刻於新安，萬歷己酉（1579）刻於南昌，至《隱秀》一篇，均之缺如也。余從阮華山得宋本抄補，始爲完書。甲寅（1614）七月二十四日，書於南宮坊之新居。時年七十四歲。功甫記。

這篇短跋，記述了抄補缺文的來源和時間，足見他的確是《隱秀篇》缺文抄補的第一人。次年，朱謀㙔得到傳錄的補文，就是來自錢允治的萬卷樓；並把它寫寄梅慶生（字子庾）補刻。他也有跋文敍其原委:

《隱秀》中脫數百字，旁求不得。梅子庾旣以注而梓之。萬歷乙卯（1615）夏，海虞許子洽於錢功甫萬卷樓檢得宋刻，適存此篇。喜而錄之。來過南州，出以示余，遂成完璧。因寫寄子庾補梓焉。子洽名重熙，博奧士也。原本尙缺十三字，世必再有別本可續補者。

『天啓二年（1622）梅子庾第六次校定』後重修本，《隱秀篇》增加了兩板補刻的四百多字缺文，就是由朱謀㙔寫寄的。這個本子流傳雖少，但北京圖書館、南京圖書館、天津人民圖書館等處都藏得有，並非孤本。

錢允治抄補了《隱秀篇》缺文的原本後歸錢謙益。順治四年（1650）絳雲樓失火，其書遂化爲灰燼。但在這之前的天啓七年（1627），馮舒（字已蒼，號孱守居士）曾借去托謝恒（字行甫）

抄了一部；《隱秀篇》自『始正而末奇』句起直至篇末贊文，則是馮舒自己抄的。其視爲奇貨可居和自鳴得意的心情，露骨地反映在他的三則跋文裏:

歲丁卯（即天啓七年），予從牧齋（即錢謙益）借得此本，因乞友人謝行甫錄之。錄畢，閱完，因識此。其《隱秀》一篇，恐遂多傳於世，聊自錄之。八月十六日，孱守居士記。

南都有謝耳伯（名兆申）校本，則又從牧齋所得本，而附以諸家之是正者也。……聞耳伯借之牧齋時，牧齋雖以錢本與之，而秘《隱秀》一篇。故別篇頗同此本，而第八卷獨缺。今而後始無憾矣。

丁卯中秋日閱始，十八日始終卷。此本一依功甫原本，不改一字。卽有確然知其誤者，亦列之卷端，不敢自矜一隙，短損前賢也。孱守居士識。

這部名抄名校本，迭爲季振宜、陳瑑、瞿鏞諸收藏家所珍藏，歷三百餘年而巋然無恙，現藏北京圖書館。這裏還得一提的，是馮舒的三則硃筆跋文對他自己和謝兆申所借得的底本的稱呼，不曰阮華山宋本，而只稱爲『錢本』或『功甫原本』，這就說明錢謙益收藏的只是錢允治抄補了《隱秀篇》缺文的那個本子，並非阮華山所稱的那部宋本。同時，第三則跋文中的『不敢自矜一隙，短損前賢』兩句，也是對錢允治說的。如果阮本已歸他所有，『前賢』二字就用不上了。

上面的三個本子同出一源。阮本雖已無從究詰，錢本亦被火化，其他兩本幸存，尙可查閱。

二、朱謀㙔（字孝穆）所見宋本　　錢允治以外見過宋本的另一人是朱謀㙔。徐𤊹（字興公）的萬歷己未（1619）跋文說:

第四十《隱秀》一篇，原脫一板。予以萬歷戊午（1618）

之多，客游南昌，王孫孝穆云：「曾見宋本，業已抄補。」予亟從孝穆錄之。……因而告諸同志，傳抄以成完書。古人云：「書貴舊本。」誠然哉！己未秋日，與公又記。

朱謀㙔所見宋本與阮華山的宋本是一是二，已無法指實。好在徐𤊹的校本還藏在北京大學圖書館，可供參考。

三、何煌(字心友)從吳興賈人所得舊本　最珍視《隱秀篇》補文的何焯，康熙庚辰（1700）跋文曾記其由來：

康熙庚辰，心友弟從吳興賈人得一舊本，適有抄補《隱秀篇》全文。除夕，坐語古小齋，走筆錄之。焯識。

何焯所錄的《隱秀篇》補文，流傳廣，影響大。其原本雖已不可復得，但黃叔琳輯注本《隱秀篇》補文，就是據何氏『校正本』迻錄的。近因稍暇，特將黃本所補入者與向所臨校的梅慶生天啓重修本、馮舒校本、徐𤊹校本仔細勘對，僅有個別字句的差異，其餘完全相同。這就不難推定，它們的祖本可能是一個。那麼，我們能不能就此遽認爲四百多字的補文即出於宋本，從而斷定它也是眞的呢？不能！還得作進一步的研討。

發《隱秀篇》補文之覆的，最初是紀昀。紀昀的《提要》除個別辭句有問題外，其餘都有理有據，基本上是正確的。如果要全部予以推翻，恐怕還不那麼容易。

說也奇怪！阮華山的宋本，只見於錢允治的跋文；朱謀㙔所見的宋本，亦只見於徐𤊹的跋文。這兩部曇花一現的宋本，不僅明清公私書目未見著錄，其它文獻如序跋、筆記之類，也無一語提及。來旣無踪，去又無影，怎能不令人產生疑竇？

本來，錢允治跋文中『余從阮華山得宋本抄補，始爲完書』兩句，只是說根據阮華山所稱的宋本在他原有不全的本子《隱秀篇》裏抄補了缺文，並未說到那部阮本已歸他所有了。原跋具在，大可覆按。錢允治死後，藏書散出，錢謙益得到的那部《文心雕龍》，就是馮舒所說的『錢本』，而不是什麼阮華山的宋本。馮舒天啓七年寫的三則跋文，交代得很清楚，是不應引起誤解的。再看《絳雲樓書目》卷四所著錄的《文心雕龍》，既未冠有『宋板』二字，陳景雲也未作注說它是宋本。可見絳雲樓中是不曾藏有宋板《文心雕龍》的。這就是說，阮華山所稱的宋本，自錢允治一見後，即已杳如黃鶴，不知去向：絳雲樓所燒掉的，根本不是什麼阮華山所稱的那部宋本。詹鍈卻說：『阮華山的宋本《文心雕龍》，先歸錢功甫，然後又歸錢謙益收藏，……這部宋本《文心雕龍》，可能在錢謙益的絳雲樓失火時一並燒掉，所以這個本子以後就不見著錄。』似乎是錯會了錢允治和馮舒二人跋文的原意。

尤其令人不解的，是『老屋三間，藏書充棟。其嗜好之勤，雖白日校書，必秉燭緣梯上下』的錢允治，既然勤於校書，何以得到三百餘年來再現的宋本《文心雕龍》，一抄補了《隱秀篇》的缺文之後即行擱筆，而於其餘的四十九篇竟不一一臨校？

眞是無獨有偶！錢謙益馮舒二人對補有缺文的《隱秀篇》，也都視爲枕中秘籍：一個是不借給謝兆申看，一個是不讓謝恒代抄。而許重熙『喜而錄之』的，同樣是看中《隱秀篇》的補文。他們對其餘的那部分宋本，則都並不介意，等閑視之。這又足以說明，阮華山所稱的那部宋本始終是個謎。

再有，《文心雕龍》這部古代文學理論批評巨著，在唐宋以來的著述、特別是宋明兩代的類書中，它是被引用得最多最廣泛的一種。惟獨那四百多字的補文，從未有人引用它，豈非怪事！就以不全的《隱秀篇》而論，宋代題爲陳應行撰的《吟窗雜錄》卷三七，曾襲用了其中六句；明代馮惟訥的《詩紀·別集統論上》卷四、王世貞的《藝苑卮言》卷一、潘基慶的《古逸書·後卷》、徐元太的《喩林》卷八六又八八、朱荃宰的《文通》卷二一等，不是零星的摘引，就是整篇抄錄，偏偏就是沒有那四百多字補文中的任何一句。這能說是偶然的現象？又如南宋初張戒《歲寒堂詩話》卷上所引的『情在詞外曰隱，狀溢目前曰秀』兩句，無疑是原本《隱秀篇》裏的話。殘缺了的《隱秀篇》沒有它，倒不稀奇；阮華山所稱的宋本沒有它，我們總不能牽引其它篇裏也有佚句佚段爲之辯護吧。

根據板本以判斷書的眞僞，的確是鑒定古籍所使用的一種方法，但也不是唯一的絕對可靠的方法。就拿宋本來說，卽使是宋槧宋印，也不能保證當中就莫得僞書或僞篇。《列子》不是有宋本嗎，能說它就是眞的？《文選》不也有宋本嗎，它裏面的李陵《與蘇武詩》和《答蘇武書》，仍然還是逃不出後人的依託。漫說宋本，就是有六朝寫本，假的還是假的。僞古文《尙書》便是一例。這就說明單憑板本來判斷書的眞僞，是多麼不可靠呵！

判斷古書的眞僞，不能迷信板本和專家、權威，已如上述。那麼，《隱秀篇》的補文究竟是眞是假，這裏暫不先下論斷，具體作品必須進行具體分析。如果只是說：錢允治『是怎樣的珍視藏書，又是怎樣細心。他對於板本必然很精，豈是阮華山僞造宋本所能騙得了的』！朱謀瑋『已對《文心雕龍》這部書下了五十多年的功夫了。補的四百多字，如果是假的，又豈能瞞得過朱謀瑋的眼力』！徐𤊹『這樣博學的藏書家，而且手校《文心雕龍》幾十年，《隱秀篇》中抄補的四百多字如果是假的，能瞞得過他的眼力嗎』？錢謙益『是懂得板本的，他的絳雲樓藏書，宋本很多。錢功甫抄補的《隱秀篇》如果是假的，恐怕不會得到他的承認』。詹鍈滿有把握地給他們打的這幾張包票，未必就能保證《隱秀篇》的補文不是出於後人的僞撰。

空談非徵，試作如下剖析：

一、從論點上看　《文心雕龍》中的許多論點，都是互有關聯，相輔相成，前後一致的。如補文中的『嘔心吐膽』『煅歲煉年』二語，姑無論其出自何書，但它的涵義，的確是與其它篇裏的論點不協調，甚至矛盾。劉勰雖然強調『文章由學』（≪事類篇≫語），『學業在勤』（≪養氣篇≫語）；但在≪神思篇≫提出的是『積學以佡寶，酌理以富才，研閱以窮照，馴致以繹辭』；『秉心養術，無務苦慮，含章司契，不必勞情』。與『嘔心吐膽』『煅歲煉年』，毫無相同之處。≪養氣篇≫所反對的，是『鑽礪過分，則神疲而氣衰』；『銷鑠精膽，慼迫和氣，秉牘以驅齡，酒翰以伐性』。而『嘔心吐膽，不足語窮；煅歲煉年，奚能喻苦』的程度，則是有過之而無不及。至≪神思篇≫的『揚雄輟翰而驚夢』，只是用來證成『人之禀才，遲速異分；文之制體，大小殊功』這個論點的一例。與『嘔心吐膽』『煅歲煉年』的意思畢竟不同。≪才略篇≫的『子雲屬意，辭人（義）最深，……而竭才以鑽思』，也只是從揚雄的『涯度幽遠，搜選詭麗』方面說的。與『嘔心吐膽，不可語窮』的態度，並不一致。『深得文理』的劉勰，難道前後持論之不相照應有如此者!

——二、從例證上看　『選文以定篇』（≪序志篇≫語），雖是專就≪文心雕龍≫上篇絕大部分篇章說的；但下篇裏也多所使用。≪明詩篇≫說：『漢初四言，韋孟首唱，……孝武爰文，柏梁列韻，嚴馬之徒，屬辭無方。至成帝品錄，三百餘篇，朝章國采，亦云周備。而辭人遺翰，莫見五言。所以李陵班婕妤見疑於後代也。』這是劉勰對相傳爲李陵班婕妤的五言詩爲僞所下的論斷。所以此後其它篇裏，再沒有提到李陵和班婕妤了。而補文中的『「常恐秋節至，凉飆奪炎熱」，意凄而詞婉，此匹婦之無聊也。「臨河濯長纓，念子悵悠悠」，志高而言壯，此丈夫之不遂也』兩聯所摘的四句詩，前兩句在相傳爲班婕妤的≪怨歌行≫裏，後兩句在相傳爲李陵的≪與蘇武詩≫裏。舉這樣的例證，豈不是與≪明詩篇≫的論斷相矛盾？不稱班婕妤而稱匹婦，前後也不一樣。≪書記篇≫首段於西漢的代表作家作品，擧的是『史遷之《報任安》，東方之《難公孫》，楊惲之《酬會宗》，子雲之《答劉歆》』。後來曾登選樓的那篇李陵《答蘇武書》，卻被摒棄在外。這不僅說明了劉勰『選文定篇』對贋品的嚴肅態度，同時也是戳穿《隱秀篇》補文爲僞的有力旁證。

三、從體例上看　補文『隱秀』之段，只論詩而不論文，的確是與全書的體例不符。紀昀的評語是對的，並不武斷。詹鍈卻說：『具備「隱秀」這兩種風格特點的作品，主要是詩歌。那麽在這一段裏擧的「隱秀」的例子都是詩篇和詩句，又有什麽與全書體例不合的地方呢！』不錯！具備『隱秀』這兩種風格特點的作品主要是詩歌。但話說得太絕，就不免顧此失彼了。如『比興』這種藝術表現手法，在詩歌創作上，也許是運用得最廣泛而又很重要的吧。劉勰在《比興篇》裏，旣論詩，又論賦，並分別擧了詩、賦的句子爲例。何嘗局限在詩歌一個方面？又如《麗辭篇》暢談麗辭的『四對』，《夸飾篇》強調作品的誇張作用，所列擧的例句，同樣是有詩有賦。試問『彌綸羣言』（《序志篇》語）的《文心雕龍》，在論述『隱秀』這兩種風格特點的作品時，只能擧詩篇和詩句作爲例證，而於其它的文學形式的作品，就不屑一顧，或無例可擧呢？劉勰恐怕不會這樣。《書記篇》以過半以上的篇幅，概述了那麽多的『藝術末品』，有的還擧了例子，就是最好的證明。

四、從稱謂上看　劉勰對歷代作家的稱謂，是自有其例的。除於列朝君主稱謚號或廟號、曹植稱思王或陳思、屈原稱三閭、司馬談稱太史，班姬稱婕好外，其他的作家都只稱名或字，絕無稱其官的。補文稱陶淵明爲彭澤，顯然於例不符。這正是可尋的僞迹，無法替其開脫的。詹鍈卻說：『《文心雕龍》在其它篇裏是沒有提到陶淵明的地方，但是全書中對於某些作家只提到一次的很多，不能因爲別處沒有提到陶淵明，而此處提到陶淵明，就說《隱秀篇》

補文是假的。』是的，《文心雕龍》全書中的確有提到一次的作家。但也不能以此作爲理由，來推定《隱秀》補文之非僞撰。因爲，問題的關鍵不在於劉勰對作家提到次數的多少，而在於他衡量作品的準則如何。《明詩篇》衡量詩的準則是：『若夫四言正體，則雅潤爲本；五言流調，則淸麗居宗。』陶淵明『文取指達』『世嘆其質直』的四言、五言，在劉勰看來，可能是與『雅潤』『淸麗』異趣的，所以《文心雕龍》全書中就沒有提到他。這本是古代文學理論批評家的時代局限和偏見使然，豈止劉勰一人這樣！唐人選唐詩，沒有選杜甫的作品，不正是有些相類似嗎？如果認爲《文心雕龍》理應提到陶淵明，那不免是以後代的眼光去要求劉勰了。老實說，《文心雕龍》中沒有提到陶淵明，並不値得詫異；而補文中的『彭澤之□□』句，倒是作僞者不諳全書稱謂例而提供的絕好破案線索呵。

五、從風格和用字上看　　補文的風格同全書的確有些兩樣。只要細心地多讀幾篇，就會感覺得到的。它不僅如黃侃所說的：『出辭膚淺，無所甄明』；『用字庸雜，舉例闊疏』。在所補的七十八句中，除句首或句末共用了五個語詞和『彼波起辭間，是謂之秀』兩句外，其餘全是極端追求形式的儷句，無一單筆。這在全書裏面，絕對找不到類似的第二篇。難怪紀昀要說它『詞殊不類』了。至於補文使用的異字，也是可疑之點。如『嬿織而俱妙』句的『嬿』字，不僅『雅頌未聞，漢魏莫用』（《指瑕篇》語）；其它的字書也不經見。反對『三人弗識，將成字妖』（《練字篇》語，下同），主張『綴字屬篇，必須練擇』的劉勰，豈能自違其言，臆造異字！假如補文果眞出自劉勰之手，而《文心雕龍》又非僻書，後來多收怪字、俗字的《廣韻》《集韻》等書，何以都未收有這個『嬿』字？補文之不可信，這也是僞迹之一。由於『嬿』字的『字體瓌怪』，梅慶生已意改爲『穠』了。但馮舒、何焯所抄的，還保存着廬山眞面作『嬺』，其僞迹終歸是掩蓋不了的呵！

（《文心雕龍隱秀篇補文質疑》）

王達津云：

《隱秀》篇補文眞僞主要還應從內容、文句方面去考慮，但錢功甫等跋文也不是沒有問題的，錢功甫跋：『余從阮華山得宋本鈔補，始爲完書。』但絲毫沒有涉及到其它篇文字（元、明本）與宋本的出入，這就是很可疑的。馮舒跋：『歲丁卯，予從牧齋借得此本，因乞友人謝行甫錄之。錄畢、閱完，因識此。其《隱秀》一篇，恐遂多傳於世，聊自錄之。』也沒有涉及宋本與元、明本在其它篇中的異同。第二跋卻有『別篇頗同此本』語，第三跋卻說：『崇禎甲戌，借得錢牧齋趙氏鈔本《太平御覽》，又校得數百字。』可見所謂功甫抄宋本，其它篇並無與元、明本有大的異同，反而是從《太平御覽》中校得數百條。又此宋本原藏於誰手，始終沒有人談到，也屬可疑，則從版本校勘學來講，也是難以令人置信的。

如從內容、文字來講，則《文心雕龍》思路嚴密，文詞準確，它講『隱』：『夫隱之爲體，義生文外，秘響旁通，伏采潛發，譬爻象之變互體，川瀆之韞珠玉也。故互體變爻，而化成四象；珠玉潛水，而瀾表方圓』。這些話講的的確是『隱』。而僞作接上『始正而末奇，內明而外潤，使玩之者無窮，味之者不厭矣』。就完全不知所云。始末指一篇終始，『始正末奇』與『隱』無關，而『內明外潤』則也就無『隱』可言了。從文字使用方面講，劉勰《文心雕龍》卻是『本末』、『始終』連用，從來不用『始末』一詞，這一詞不是六朝人習用詞。《詮賦》篇：『逐末之儔，蔑棄其本。』《議對》篇：『若文浮於理，末勝其本，……』《章句》篇：『振本而末從。』是本末連用之證。《章句》篇：『原始要終，體必鱗次。』《詮賦》篇：『雖始之以淫侈，而終之以居正。』《祝盟》篇：『始之以曹沫，終之以毛遂。』是始終連用之證。劉勰《章句》篇講：『外文綺交，內義脈注。』也沒有『內明外潤』這樣內外相同的寫法，《雜文》篇：『其辭雖小而明潤矣。』明潤連用，並不含『隱』的意思。『使玩之者無窮，味之者不厭矣』，二句是從『玩味無窮』這樣明代常用語變化而來，也是模仿《詩品序》：『使味之者無極，聞之者動心』的句式的，更不足深辨。

僞作隨後講『秀』云：『彼波起辭間，是謂之秀。纖手麗音，宛乎逸態，若遠山之浮烟靄，孌女之靚容華；然烟靄天成，不勞於妝點，容華格定，無待於裁熔；深淺而各奇，穠纖而俱妙，若揮之則有餘，而攬之則不足矣。』這段話對秀句的概念講得十分模糊。與劉勰所舉『「朔風動秋草，邊馬有歸心」，氣寒而事傷，此羈旅之怨曲也』的秀句例子也難聯繫在一起。波起辭間，很難切合『秀』的定義，而句子與劉勰所講隱的定義『隱之爲體，義生文外』也不相對偶。次句『纖手麗音，宛乎逸態』依劉勰《文心》的對仗方法，則還差一對句。如《定勢》篇：『章表奏議，則準的乎典雅，賦頌歌詩，則羽儀乎清麗；符檄書移，則楷式於明斷，史論序注，則師範於覈要；……』《情采》篇：『正采耀乎朱藍，間色屛於紅紫。』等用『乎』字的對句可證。『彼波起辭間，是謂之秀』，也不是《文心》句法，果是劉勰自作，當云：『波起辭間謂之秀』，這才與《熔裁》篇『規範本體謂之熔，剪裁浮辭謂之裁』的句法一致。

『波』與『若遠山之浮烟靄』似都從明人畫論中來。『妝點』也不是六朝用語。『容華格定，無待於裁熔』，則是講整體的美，也不能指『秀句』。『深淺而各奇，穠纖而俱妙』，全是畫家點染遠山，描繪婦女的話，都和『秀』的概念相去極遠。而這段話最後兩句呢？『若揮之則有餘，而攬之則不足矣』，可以說又是不知所云。下句似自陸機《擬明月何皎皎》『攬之不盈手』而來。據元兢《古今詩人秀句序》秀句指五言詩中的警策，僞補《隱秀》文則指秀爲山水美人的秀氣。這與張戒《歲寒堂詩話》引《文心》佚文『壯溢目前爲秀』也不相同，而元兢述選秀句的標準說：『以情緒爲先，直置爲本。』則與劉勰、鍾嶸的觀點相同。秀句要求『直置』卽直抒胸臆，『壯溢目前』。則此佚文是眞，僞補《隱秀》篇文是僞。僞補《隱秀》文又說：『如欲辨秀，亦惟摘句。』其實彥和已言『秀句』，僞文這種話語，是對『秀』的含義缺乏明確的理解。秀指秀句，鍾嶸《詩品》評謝靈運：『名章迥句，處處間起。』評謝朓：『奇章秀句，往往警遒。』均可爲證，彥和在這裏必不再言摘句。又從句法上講，『如欲』『亦惟』，散文中習用，六朝駢文中是不用的，劉勰《文心》中也沒有這樣的讓步句。『摘句』一詞流行也很晚，李賀《南園》詩：『尋章摘句老雕蟲。』

僞補《隱秀》文，下面一段兼論隱、秀，也是破綻百出。我們也可以仔細檢查一下，文云：『夫立意之士，務欲造奇，每馳心於玄默之表；工辭之人，必欲臻美，恒溺思於佳麗之鄉。』這樣講隱秀，也極爲浮泛。『隱』是含蓄，並不是『造奇』，也與『馳心玄默之表』卽心寄世外完全沒有必然聯繫。工辭，臻美，溺思佳麗之鄉，都是追求辭藻美麗，也與『秀句』含義不符。劉勰對概念的解釋極爲認眞，斷不可能對『隱、秀』作出這樣拼拼湊湊、浮泛不切的解釋。

僞文下面又講：『嘔心吐膽，不足語窮，煅歲煉年，奚能喻苦。』按劉勰駢文句法，這兩句理應上句承隱而言，下句承秀而言，不應當突然講起創作的艱苦來。又《四庫總目提要》《文心雕龍》條指出如『「嘔心吐膽」，擬撫《李賀小傳》語；「鍛歲煉年」，擬撫《六一詩話》論周樸語』，這一論斷，很有見地。『嘔心吐膽』和『鍛歲煉年』都很不類六朝常用的語言，『不足語窮』

更是表現作僞者用語貧乏，『窮』是很難當竭盡心力解釋的。『鍛煉』一詞，唐以前多用爲給人制造罪名講，不當錘煉詞章講，《六一詩話》中有『月鍛季煉』語，這是鍛煉一詞含義的演變，作僞者不知，因而襲用，其實這是唐宋人語，而不是六朝人用語。又『奚能喩苦』的『奚』字，這一語詞《文心雕龍》裏也沒有用過。『奚能喩苦』也近於散文句法，『不足語窮』『 奚能喩苦 』這樣的對仗，絕不是六朝駢文，而是明淸駢文。詹鍈先生只就劉勰也講過類似的話，便認爲非僞，卻沒有考慮到語言習慣是有時代差異的，作僞者露出破綻，往往就在這種地方。前面講過的『如欲』『亦惟』和這一段文字中的『不足』『奚能』，可以斷然說這都不是六朝駢文用詞。

僞補文下面還有『故能藏穎詞間，昏迷於庸目，露鋒文外，驚絕乎妙心。使醞藉者蓄隱而意愉，英銳者抱秀而心悅。譬諸制雲裁霞，不讓乎天工，斲卉刻葩，有同乎神匠矣。若篇中乏隱，等宿儒之無學，或一叩而語窮；句間鮮秀，如巨室之少珍，若百詰而色沮。斯並不足於才思，而亦有愡於文辭矣』。他講『隱』是『藏穎詞間』，穎字用的也很不恰當，穎只能用以說明秀，陸機《文賦》『茗發穎豎』，《文心雕龍・才略》篇『延壽繼志，瓌穎獨標』可證。而『露鋒』是露鋒芒，又和『秀』的含義有距離，《文心雕龍・論說》篇：『平叔之二論，幷師心獨見，鋒穎精密。』《體性》篇：『仲宣躁銳，故穎出而才果。』可證『藏穎』『露鋒』和『隱』『秀』的含義相差太遠。隱爲『文外重旨』，秀是『篇中獨拔』，劉勰的解釋和作僞者所說毫無共同之點。這一段中像旣用『宿儒』字樣，又言『無學』，用詞也不恰當，宿儒改爲迂儒、腐儒才講得通。像『若百詰而色沮』也是不知所云的話，完全是勉強拼湊成的對句。

僞補文下面又分講『隱、秀』的例證，以便和『朔風動秋草』

相銜接。他講『隱』的例子說：『將欲徵隱，聊可指篇：古詩之《離別》，樂府之《長城》，詞怨旨深，而復兼乎比興。陳思之《黃雀》，公幹之《青松》，格剛才勁，而并長於諷諭。叔夜之□□，嗣宗之□□，境玄思澹，而獨得乎優閑；士衡之□□，彭澤之□□，心密語澄，而俱適乎壯采。』

這裏作僞的痕迹，也很明顯。一是引用的詩的篇題，完全同劉勰引用法不同，而是任意割裂題目，《古詩十九首》：『行行重行行，與君生別離。』竟題爲《離別》，樂府詩《飲馬長城窟行》，竟題爲《長城》；陳思《野田黃雀行》竟題爲《黃雀》，劉楨的《贈從弟》『亭亭山上松』，竟題爲《青松》，這都是很荒謬的。劉勰《文心雕龍·明詩》篇：『古詩佳麗，或稱枚叔，其《孤竹》一篇，則傅毅之作也。』是以《古詩》『冉冉孤生竹』第一句孤竹爲題。《樂府》篇：『北上諸引，秋風列篇。』則以《苦寒行》『北上太行山』，和《秋風辭》『秋風起兮白雲飛』首二字爲題，都是合乎規範的。《詮賦》篇：『枚乘《兔園》，……相如《上林》，……賈誼《鵩鳥》，……』等等，原題都完整的寫出，絕沒有像把《野田黃雀行》題爲《黃雀》，把《飲馬長城窟》題爲《長城》這樣的做法。如果寫原題有礙於駢文，則必須改變寫法，如《奏啓》篇則舍題目而舉內容，云：『賈誼之務農，晁錯之兵事，匡衡之定郊，王吉之觀禮，……』等等，而絕不能割裂題目。

二是稱嵇康爲叔夜，阮籍爲嗣宗，陸機爲士衡，單獨稱陶潛爲彭澤而不稱元亮，這也不是《文心雕龍》的體例。他們的代表作又都是闕文，當是作僞者選擬不出來，暫空在那裏，後來就當成闕文了。陸機的詩和陶淵明的詩，也很難並列並提；『心密語澄而俱適乎壯采。』這一斷語，放在陸機、陶淵明的身上又都很不合適。劉勰評論作家作品一般是中肯的，爲什麼偏偏這一篇評價古人都不確切呢？並且這是舉『隱』的例子的，阮籍《咏懷》，『百世之下，難以情測』。這裏卻說他和嵇康詩『境玄思澹，獨得於優閑』。總之，所舉的例子和加的評語，沒有一個可以說明『隱』的特點的。含蓄（隱）和比興，雖有連繫，但也不是一回事，這裏也被混淆了。劉勰固然用過諷諭一辭，但他沒有強調過這一方面，諷諭在白居易作諷諭詩之後，才流行於文論中。關於陳思、劉楨作品，《明詩》篇、《樂府》篇都沒有講他們長於諷諭，爲什麼在《隱秀》篇中講他們長於諷諭呢？這無非是作僞者不了解『隱』的寫法，而熟習『諷諭』，因而以比興、諷諭代『隱』，這足以爲僞作產生時代很遲的證明。

僞補文最後一段是講『秀』的例證的，他說：『如欲辨秀，亦惟摘句，「常恐秋節至，凉飈奪炎熱」，意凄而詞婉，此匹婦之無聊也。「臨河濯長纓，念子悵悠悠」，志高而言壯，此丈夫之不遂也。「東西安所之，徘徊以旁皇」，心孤而情懼，此閨房之悲極也。』下面便連接劉勰原作『「朔風動秋草，邊馬有歸心」，氣寒而事傷，此羈旅之怨曲也。』按僞補《隱秀》文，所舉的例子都是漢代古詩，似乎作僞者，對漢詩較熟，但秀句產生，實不在漢。劉勰原舉的例子當接近於沈約《宋書·謝靈運傳論》所說：『子建函京之作，仲宣霸岸之篇，子荆零雨之章，正長朔風之句，幷直舉胸情，非傍詩史。』這正是六朝所謂秀句。而僞作所舉的『東西安所之，徘徊以旁皇』，根本說不上什麼『秀』。而且補上的三個例子，句法相同，『匹婦之無聊』、『丈夫之不遂』、『閨房之悲極』，卻和劉勰原作『羈旅之怨曲』對仗不合。以《文心·樂府》篇爲例，看看『曲』字的對仗吧。如『桂華雜曲，麗而不經；赤雁羣篇，靡而非典』，又『雖三調之正聲，實韶夏之鄭曲也』。那有用『悲極』對『怨曲』的呢？《明詩》篇也有：『按《召南·行露》，始肇半章，孺子《滄浪》，亦有全曲。』用『章』『篇』『調』對『曲』才是恰當的，可見劉勰在對仗方面用詞是絲毫不苟的，但作僞者在這方面卻很不工。

至於後面還有『或有晦塞爲深，雖奧非隱』，也是後來補入的。但據何焯跋，則錢功甫只是從『始正而末奇』補到『朔』字。是不是後來馮舒校補上的呢？無法斷定。這二句補得符合原意，就認爲是劉勰所說也未爲不可。但這二句補得好，並不能爲前面僞《隱秀》文辯護，那實在距離眞面目太遠，我們不能以明末幾位校讎家的跋爲斷。黃丕烈也是藏書名家，就說過:『況功甫雖照宋槧增《隱秀》一篇，而通篇（指全書）與宋槧是一是二，更難分別。古書不得原本，最未可信，《雕龍》其坐此累歟？』（黃丕烈跋）阮華山不知何許人，錢功甫是從阮華山轉鈔的，又不知宋本何在，宋人張戒所引又與僞文不同，黃丕烈不相信態度是謹嚴的。又藏書家往往不去深入探索內容，比較語法，當然也會受騙。明人喜於作僞，清人善於辨僞，所以我認爲補《隱秀》文確是僞作，提出以上數證，以補前人所未見到的地方，質之方家，共同商榷。

（《論文心雕龍隱秀篇補文眞僞》）

〔存　目〕

張嚴撰《文心雕龍五十篇編次及隱秀篇眞僞平議》，在《大陸雜誌》第二十三卷第八期中。

王更生撰《文心雕龍成書年代及其相關問題》，發表於《中華文化復興月刊》第九卷第四期內。

〔道　藏〕

■太平經

王　明云:

范曄《後漢書・襄楷傳》楷《疏》稱于吉神書，或號《太平淸領書》，卽道家《太平經》也。其經以甲乙丙丁戊己庚辛壬癸爲部，每部一十七卷，全書總計一百七十卷。明正統《道藏》所收之《太平經》，殘闕不全，僅存五十七卷，甲乙辛壬癸五部全佚，其餘諸部中各亡失若干卷。另有《太平經鈔》，係唐閭丘方遠節錄《太平經》而成甲乙丙丁等十部，每部一卷，共十卷。以《鈔》校《經》，多相符合，全書除《鈔》甲部可疑外，其餘《經》及《鈔》各部，固難免後人更寫增竄，然大體似係漢代之舊也。

《太平經》甲部已亡，今《鈔》甲部不知係何人所補。或經文早已散佚，唐閭丘方遠姑取他道書之文以抵補之，抑或原來《太平經鈔》甲部實閭丘氏依經節錄，後《經》及《鈔》甲部竝亡，別有好事者據道典濫鈔抵補，以求其全，二者俱有可能，玆難偏斷。現查《道藏》太平部《太平經鈔》之葉數，以甲部爲最少，僅占七葉有半。今將《鈔》各部葉數，列表於下，以資比較。

部名	甲部	乙部	丙部	丁部	戊部	己部	庚部	辛部	壬部	癸部
葉數	7.5葉	16葉	27.5葉	17.5葉	15葉	30葉	42.5葉	19葉	19葉	13葉

《鈔》甲部之葉數雖少，而繕補者欲以僞冒眞，洵費一番苦心。今考《鈔》甲部文字之來源，以《靈書紫文》爲主。《上淸後聖道君列紀》並爲其採取之材料。《鈔》甲部所謂《靈書紫文》，似係一叢書之總名。今《道藏》中收有三書，一爲《皇天上淸金闕帝君靈書紫文上經》(以下簡稱《靈書紫文上經》)，在洞神部本文類；二爲《太微靈書紫文仙忌眞記上經》（以下簡稱《仙忌眞記上經》)，在洞眞部戒律類；三爲《太微靈書紫文琅玕華丹神眞上經》（以下簡稱《華丹神眞上經》），在洞眞部方法類。三書要略，均見於《太平經鈔》甲部。另有《上淸後聖道君列紀》，在洞玄部譜籙類。署方諸東宮青童君傳弟子王遠遊。青童君不知何許人，或云即東王公。《太平經》卷末之《太平經聖君秘旨》，云係太平聖君傳上相青童君。青童君治方諸山，在東海中，故曰方諸青童君。(參閱《歷世眞仙體道通鑑》卷六木公）青童君又爲太平帝君之上相，故曰上相青童君，銜目雖異，其爲青童君則一也。按《太平經聖君秘旨》係節鈔《太平經》文，宣揚守一之法，其成書年代，當在《太平經》書流行之後；道家以爲《秘旨》乃太平聖君傳上相青童君者。而今《上淸後聖道君列紀》，道家稱青童君傳弟子王遠遊。是聖君《秘旨》係青童君傳受之書，《後聖道君列紀》迺係轉授之經。則《道君列紀》當在《聖君秘旨》之後，上距《太平經》書之出世，當愈久遠。上舉《靈書紫文上經》《仙忌眞記上經》及《華丹神眞上經》，疑三經原係一書，所謂《靈書紫文》是也。日後佚亂，各自成編。最易見斷章殘卷之舊痕者，爲《華丹神眞上經》，無端無緒，開卷忽來第一句曰：『先齋於山林之中四十日。』一見即知與上文截斷。至《上淸後聖道君列紀》所載，多與《靈書紫文》相牽繫，《紀》中舉有《上淸金闕靈書紫文》之名，似《後聖道君列紀》成書之日，《靈書紫文》一經猶未散亂。玆先略陳《靈書紫文》及《後聖道君列紀》之成書時代，次述《太平經鈔》甲部竊取《靈書紫文》及《後聖道君列紀》之情形。

《太平經鈔》甲部所謂《靈書紫文》，至少包括《靈書紫文上經》《仙忌眞記上經》及《華丹神眞上經》（以下簡稱三經）。《後聖道君列紀》，並爲鈔甲部取材之來源。今欲知三經及《後聖道君列紀》之成書年代，試可能紬其共通之點而稽證之。余疑三經及《後聖道君列紀》當係晉以後之著作。其說如下:

⑴《靈書紫文上經》云:『大過被考於三官，小過奪紀以促年。』《上清後聖道君列紀》謂太山三官;《華丹神眞上經》云:『生則獲罪於水火，死則受考於三官。』此三官之名，已成慣語，故綴文時用之甚爲嫻熟。然三官之名，始見於張衡之五斗米道。《魏志·張魯傳·注》引《典略》曰:鬼吏爲病者請禱，『請禱之法，書病人之姓名，說服罪之意，作三通，其一上之天，著山上;其一埋之地;其一沈之水。謂之三官手書』。張衡創五斗米道當在東漢靈帝光和中（西元一七八——一八四）。張魯雄據巴漢，垂三十年。至獻帝建安二十年（西元二一五）魯降。閱五載，魏改黃初。三官之名，蓋魏晉之際，方漸流行。抱朴子爲晉代道教理論之鉅子，博觀羣籍，嘗著《遐覽篇》多誌道書名目，亦未見《靈書紫文》及《後聖道君列紀》。或三經及《後聖道君列紀》，爲晉以後道士之所作歟。

⑵《靈書紫文上經》云:『一身有三元宮。』三元宮所在，上元宮泥丸中也，中元宮絳房中心也，下元丹田宮臍下三寸也。《仙忌眞記上經》第四忌穢慢不盛（淨），則精魂不居，三宮生蟲。《上清後聖道君列紀》中亦有三元宮之名。三元宮卽三丹田，丹田之說，見《黃庭內景經》。曰:『三田之中精氣微』，『廻紫抱黃入丹田』。上丹田爲泥丸，《黃庭內景經》云:『腦神精根字泥丸。』相傳《黃庭經》爲西晉魏華存自扶桑大帝所傳受，實卽魏夫人所撰述，《抱朴子·遐覽篇》僅著錄《黃庭經》，亦無《靈書紫

文》及《後聖道君列紀，似三經及《後聖道君列紀》，爲晉以後之著作歟。

⑶叩齒之法，似始見於東漢末年。《千金方》（八十一）載建安中方士皇甫隆上疏曹公曰：『言人當朝朝服食玉泉琢齒，使人丁壯有顏色，去三蟲而堅齒。』《抱朴子·雜應篇》曰：『或問堅齒之道，抱朴子曰：能養以華池，浸以醴液，清晨建齒三百過，永不動搖。』《顏氏家訓·養生篇》亦云：『吾嘗患齒搖動欲落，飲食熱冷，皆苦疼痛。見《抱朴子》牢齒之法。早朝叩（宋本作建）齒三百下爲良，行之數日，卽便平愈。』按皇甫隆說是否係後人依託，不得而知。是顏之推記《抱朴子》叩齒法爲有效，定可信也。今《靈書紫文上經》中每用『叩齒三通』『叩齒九通』之法，其說自在《抱朴子》叩齒法通行慣用以後。

上文證說三經及《後聖道君列紀》爲晉代以後之著作，今更進論《太平經鈔》甲部竊取三經及《後聖道君列紀》之情形。案《太平淸領書》援引古經舊義，皆不注明出處。唯《鈔》甲部廼云：「青童匍匐而前，請受《靈書紫文》口口傳訣在經者二十有四。」《靈書紫文上經》卷首所言，與《太平經鈔甲》部所載，二書文辭，亦大同小異。玆並錄於下：

皇天上淸金闕帝君靈書紫文上經	太平經鈔甲部
方諸東宮東海青童大君，淸齋於靈樹丹闕黃房之內三年，時乘碧霞三靈流景雲輿，建帶飛青翠羽龍帔，從桑林千眞上詣上淸金闕，請受靈書紫文上經。金闕中有四帝君，其後聖君處其左，居太空瓊臺丹玕之殿，侍女衆眞三萬人。毒龍雷虎，獶天之獸，備門抱關，蛟蛇千尋，衞於墻析。飛馬奔	東華玉保高晨師青童大君，淸齋寒靈丹殿黃房之內三年，上詣上淸金闕，金闕有四天帝，太平道君處其左右，居太空瓊臺洞眞之殿，平玉之房，金華之內，侍女衆眞五萬人，毒龍電虎，獶天之狩，羅毒作態，備門抱關。巨蚪千尋，衞於墻埒，飛龍奔雀，溟鵬異鳥，叩啄奮

雀，大翅之鳥，叩啄奮爪，陳于廣庭。天威煥赫，流光八朗，風鼓玄旍，廻舞旄蓋。玉樹激音，琳草作籟，衆吹雲歌，鳳鳴青泰。神妃合唱，鵬舞鸞邁。青童旣到，匍匐而前，捧首北面而言曰。……	爪，陳于廣庭，天威煥赫，流光八朗，風鼓玄旌，回舞旄蓋。玉樹激音，琳枝自籟。衆吹靈歌，鳳鳴玄泰，神妃合唱，麟儛鸞邁，天鈞八響，九和百會，青童匍匐而前，請受靈書紫文口口傳訣在經者二十有四。……

較比前錄兩文，大體相同。最堪注目者，《靈書紫文上經》云:『金闕中有四帝君，其後聖君處其左。』至今本《太平經鈔》，依《太平經》義改曰:『金闕有四天帝，太平道君處其左右。』改換之迹甚顯，無待贅論。《鈔》甲部在文章上直錄《靈書紫文》外，更採《後聖道君列紀》之辭，玆分錄於下:

上清後聖道君列紀	太平經鈔甲部
⑴年五歲，仍好道樂眞，言頌成章，常仰日欣笑，對月吟嘆，觀陽氣之煥赫，覩陰道以虧殘。於是斂魂研魄，守胎寶神，錄精鎭血，固液凝筋。乃學於呑光飲霞，咀嚼飛根。行年二十，而有金姿玉顏，遂棄家離親，超迹風塵。	⑴五歲，常仰日欣笑，對月歎終。上觀陽氣之煥赫，下覩陰道以虧殘。於是斂魂和魄，守胎寶神，錄精塡血，固液凝筋。七歲，乃學呑光服霞，咀嚼日根。行年二七，而金姿玉顏，棄俗離情，擁化救世。
⑵後聖彭君，諱廣淵，一名玄虛，字大椿，一字正陽，亦爲李，或名彭光，李君學道，人皇時生位爲太微左眞保皇君，並當受命封校兆民，爲李君太師，治在太微北墉宮靈上光臺。彭君二千五百年輒易名字，展轉太虛，周遊八冥，上至無上，下至無	⑵後聖李君太師，姓彭，君學道在李君前。位爲太微左眞，人皇時保皇道君，並常命封授兆民，爲李君太師，治在太微北塘宮靈上光臺，二千五百年轉易名字，展轉太虛，周遊八冥，上至無上，下至無下，眞官希有得見其光顏者矣。

下，眞官稀有得見其光顏者矣。	
⑶後聖李君上相方諸宮青童君 後聖李君上保太丹宮南極元君 後聖李君上傅白山宮太素眞君 後聖李君上宰西城宮總眞王君	⑶全同左文

上錄文中，第二節《道君列紀》與《鈔》文略有差異，然大旨無殊。第一節彼此異文甚少，意義相符。第三節四輔大相之名純全相同。杜光庭《道德眞經廣聖義》（卷五）言老君『當生之時，三日出於東方，九龍吐水，以浴其形，因李谷而爲姓，名玄元，字子光，乃高上之胄，玉皇之胤，位爲長生大主，太平正眞太一君金闕後聖九玄帝君』。凡此所云，均引見《太平經鈔》甲部第一第二兩葉，唯句次前後交錯，不盡同耳。按杜氏《道德眞經廣聖義》（卷五第三葉）曾引《太平經》文爲證，皆揭示《太平經》云云。若此老君降生傳說亦本於《太平經》，自必道其出處。今杜光庭不言出諸于吉神書，則《鈔》甲部可能襲用杜義。或此李君降誕之異迹，係隋唐間神仙家一般之傳說，而此傳說，頗似襲取釋迦傳記。蓋所謂『九龍吐水』，本爲佛陀降生瑞應之一。佛陀降誕之異迹，見於西晉竺法護譯之《普耀經》。是《鈔》甲部至早不能視爲西晉以前之文也。又《鈔》甲部所謂《靈書紫文》二十四訣者，今於三經中多見之。陶宏景《眞誥》亦有所引，皆曰『在靈書紫文中』，並未指明出於《太平經》書。可見《鈔》甲部竊取之材料，除《後聖道君列紀》外，當爲《靈書紫文》。今將《鈔》甲部所謂《靈書紫文》二十四訣，一一列名於下，並各標明見於某經，用便探源，至有不能考者闕之。

⑴眞記諦冥諳憶　仙忌眞記上經有仙忌

⑵仙忌詳存無忘　見仙忌眞記上經

⑶採飛根呑日精	見靈書紫文上經	華丹神眞上經	
⑷服開明靈符	見靈書紫文上經	華丹神眞上經	
⑸服月華	見靈書紫文上經	（漢武內傳：致黃水月華法）	
⑹服陰生符	見靈書紫文上經	華丹神眞上經	
⑺拘三魂	見靈書紫文上經	華丹神眞上經	
⑻制七魄	見靈書紫文上經	華丹神眞上經	
⑼佩皇象符	見靈書紫文上經	華丹神眞上經	眞誥
⑽服華丹	見華丹神眞上經	眞誥	
⑾服黃水	見華丹神眞上經	眞誥	
⑿服迴水	見華丹神眞上經	眞誥	
⒀食鐶剛	見華丹神眞上經	靈書紫文上經	眞誥
⒁食鳳腦	見華丹神眞上經		
⒂食松梨	見華丹神眞上經	靈書紫文上經	眞誥
⒃食李棗	見華丹神眞上經	靈書紫文上經	眞誥
⒄服水湯	見華丹神眞上經	眞誥	
⒅鎭白銀紫金	見華丹神眞上經		
⒆服雲腴			
⒇作白銀紫金			
㉑作鎭			
㉒食竹筍			
㉓食鴻脯			
㉔佩五神符			

《靈書紫文》，問題枝節。前錄二十四訣，或見於三經，或徵於《眞誥》，或未明出於何書。而《鈔》甲部顯言『《靈書紫文》口口傳訣在經者二十有四』。則必《靈書紫文》有所殘缺，今《道藏》中《靈書紫文上經》《仙忌眞記上經》《華丹神眞上經》，已各自離

散，若合觀之，似三經原出一書，所謂《靈書紫文》是也。然三經猶非係《靈書紫文》之全，蓋《鈔》甲部所謂《靈書紫文》二十四訣，猶有不見於三經者（如服雲腴，作鎭，食竹筍，食鴻脯，佩五神符），此其一。《眞誥・甄命授第一》列仙道十七條，云皆『在《靈書紫文中》中』。但其中旣不見於三經，復不見於《鈔》甲部者有十：《飛步七元天綱之經》、《七變神法七轉之經》、《大洞眞經三十九篇》、《大丹隱書八稟十決》、《天關三圖七星移度》、《九丹變化胎精中記》、《九赤班符封山隧海》、《金液神丹太極隱芝》、《五行秘符呼魂召魄》、《曲素決辭以招六天之鬼》是也，此其二。綜此兩層情形，則知《鈔》甲部及三經所存之《靈書紫文》，尙未完全。《靈書紫文》者，疑係晉以後梁以前道教經典中之一叢書也。僅就《眞誥》中所擧之《靈書紫文》，已包括不少成帙之道書，如《七元天綱經》、《神法七轉經》，以及《大洞眞經三十九篇》等。可見採摭頗廣，內容繁富。然《眞誥》及他書所言之《靈書紫文》，皆不見於《抱朴子》，則《靈書紫文》之纂集也，殆當《抱朴子》之後；其中囊括道經，據今所見，或係晉以後梁以前一時期間之作品，不能早在《抱朴子》以前所著也。

《靈書紫文》爲晉以後之撰述，《道藏》中《太平經鈔》甲部乃後人據《靈書紫文》及《後聖道君列紀》所僞補，上文已約略言之。今更以金丹、符書、文體，曁所用名詞四點，證說《鈔》甲部不可信爲《太平經》之節文。

第一、徧覽《太平經》文，並無外丹之說。《鈔》甲部云『服華丹』『食鐶剛』云云，與全書內容不符，蓋鈔自《靈書紫文》。華丹黃水廻水鐶剛等，已見於《華丹神眞上經》。《眞誥》又指華丹鐶剛等在《紫文》中，可以爲證。

第二、《太平經》只有複文，《鈔》甲部所說諸符，亦鈔自《靈書紫文》。按兩漢史書中所言之『符』，如『虎符』、『符傳』、『銅虎符』、『竹使符』等，皆指符信符節之義。至緯候之部所言之符，如『河圖會昌符』、『河圖赤伏符』，悉屬符命。竊疑符之義有三變：初爲符璽符節，兩器合同，剖而爲二，係朝廷用以示信之具，上有印文書名，純爲實物，絕無抽象之神秘性。次爲符命，係人君受命之信號，尤爲君主禪代之詭術，如王莽劉秀皆託天命造作符籙而得天下者，此種符命已屬天意，誑惑人心，然僅限於政治上之作用耳。最後至道敎之符書，純託神意，旣能卻鬼治病，又能通靈長生，其效至廣。《抱朴子》曰：『符皆神明所授。』(《遐覽篇》）宋蕭應叟曰：『符籙者，以有象而言，則文字也。以無象而言，則靈炁也。』(《元始無量度人上品妙經內義》)所謂以有象之文字言，與漢代符節符命，原無二致。其所以神秘詭奇者，在乎無象之『靈炁』。靈炁烘托，往往假似字非字之形以象之。湯錫予師以爲道敎之符，來源有二，一爲複文，二爲符印。複文爲原始之符書，似篆非篆，尙可窺文字之迹，然已化爲非字之文，其形式無如後日符書之繁雜。査今《太平經》卷一百四至一百七純爲複文。而《鈔》甲部所謂開明靈符，陰生符，皇象符，均見於《靈書紫文上經》，《華丹神眞上經》並提及之，皇象符又見於《眞誥》，曰：『仙道有天皇象符，以合元炁，亦在《紫文》中。』則知《鈔》甲部諸符，皆非《經》中所本有也。《經》中又有所謂符者，如《經》卷一百九《四吉四凶訣》中短命符續命符，若有符文，殆皆係初期之符，如複文之類疊書而成。《太上三十六部尊經・玉淸境經》（《道藏》洞眞部日字號下）所列《道敎經靈符》，筆畫簡朗，如其中之一符文，上畫『中』字，中畫『西』字，下畫『用』字，合成一體，頗似《太平經》中複文。《太平經鈔》巳部第二葉：『天符還精以丹書，書以入腹，當見腹中之文大吉，百邪去矣。』所謂天符，蓋係複文之類。丹書者，以丹爲字，天符丹書，疑卽《太平經》卷九十二《洞極上平氣無蟲重複字訣》及《經》一百八《要訣十九條》中所謂丹書呑字以除疾病也。道敎中所傳之符書，始於張陵之造作（《後漢書·劉焉傳》），繼而張衡張角因有符水以療病。《太平經》之複文，爲張氏符書之濫觴。但此項符書，愈演愈繁，愈繁蹟而愈神秘也。

第三、就內容言，《鈔》甲部之金丹符書，與《經》中思想不侔，已具上述。就形式言，《鈔》之文體，又與《經》書不類。《鈔》甲部云：

> 實經符圖，三古妙法，秘之玉函，侍以神吏，傳受有科，行藏有候，垂謨立典，施之種民，不能行者，非種民也。今天地開闢，淳風稍遠。皇平氣隱，災厲橫流。上皇之後，三五以來，兵疫水火，更互競興，皆由億兆。心邪形僞，破壞五德，爭任六情。肆兇逞暴，更相侵凌，尊卑長少，貴賤亂離，致二儀失序，七曜違經，三才變異，妖訛紛綸。神鬼交傷，人物凋喪，眚禍荐至，不悟不悛，萬毒恣行，不可勝數。

是綴句聯辭，頗顯文藻，且尙駢偶，有似六朝人文字，反觀《太平經》文則不然。例如《經》卷三十六《三急吉凶法》云：

> 眞人已愁矣昏矣。子其故爲愚，何壹劇也。實不及，子尙自言不及。何言俗夫之人失計哉？其不及乎是也。唯天師願爲其愚暗解之。然蚑行俱受天地陰陽統而生，亦同有二大急，一小急耳。何謂乎哉？蚑行始受陰陽統之時，同髣髴噓吸含自然之氣，未知食飮也。久久亦離其本遠，大道消竭。天氣不能常隨護視之，因而饑渴，天爲生飮食，亦當傳陰陽統，故有雌雄。世世相生不絕，絕其食飮與陰陽不相傳，天下無蚑行之屬，此二大急者也。

又經卷百八《災病證書欲藏》訣云：

> 請問天師書以何知其欲見行，以何知其欲見逃也？子欲明之

邪，以災病爲證也。出而病人卽天欲藏也，逃而病人卽天欲出行也。以何重明之？以天行四時氣生養萬物，隨天意也。凡物樂出而反逃藏之，大凶矣。凡物欲逃藏而反出之，亦大凶也。悉爲逆天命後皆有大災矣。子欲樂知吾天，天樂行，不以是爲占也。

諸如此類，信手翻閱，悉可覩之。其文詞鄙俚蕪蔓，字句蹇澀，以視《鈔》文之章偶句麗，相殊遠甚。故疑《鈔》甲部之文體，或出於魏晉後人之手歟。

第四、《鈔》甲部所用道釋二家之名辭，亦與《經》他部不相類似。道家之名辭如『種民』，只見於《鈔》甲部，其言有曰:

昔之天地與今天地有始有終，同無異矣。初善後惡，中間興衰，一成一敗。陽九百六，六九乃周，周則大壞。天地混齏，人物糜潰，唯積善者免之，長爲種民。種民智識，尙有差降，未同浹一，猶須師君。君聖師明，敎化不死，積鍊成聖，故號種民。種民，聖賢長生之類也。

《上淸後聖道君列紀》云:

聖君乃隨才署置，以爲大小諸侯，各皆有秩，以君種民也。

又云:

存慈善者已爲種民，學始者爲仙使，得道者爲仙官。

此所謂『存慈善者爲種民』，《鈔》甲部云天地淪壞之時，『惟積善者免之，長爲種民』，兩義相合。前已說《上淸後聖道君列紀》爲《鈔》甲部所剽竊材料之一，於此更得印證。今見各書所載有關『種民』之文，如《五岳眞形圖法》、釋玄光《辨惑論》、陶弘景《眞誥》、《魏書・釋老志》等皆有『種民』之辭，除《眞形圖法》年代或稍早外，餘悉係晉宋以後之書。按《五岳眞形圖》『雖興於中古，然歷世方士，祖襲授受，東晉之世，輯而成書』。蓋《眞形圖》增竄改編，不止一次，故世間傳本不一，有圖，有圖序，有序論，舊悉題東方朔撰，未足置信，《五岳眞形圖法并序》（《雲笈七籤》卷七十九）係抱朴子自述其師鄭君傳授《眞形圖》之法，其中《受圖祭文》云『常捨穢率善，願爲種民』，與《上淸聖君列紀》所謂『存慈善者已爲種民』之義相符合。是《眞形圖法》之《授圖祭文》及《受圖祭文》，似係晉代羽士所作也。

（《論太平經鈔甲部之僞》，見中央研究院史語所《集刊》第十八卷）

熊德基云：

要考察《太平經》的作者，首先要區別《太平經》的本文和後世的撮鈔，並分析經文的不同組成部分。

如所周知，《太平經》本文現只殘存正統道藏本五十七卷。早經有人論證，大體可信是漢代的舊文，惟對《太平經》確切的成立年代提出疑問而已。另外有《太平經鈔》十卷，除『甲部』純屬僞造外，大體是自本經節鈔出來的。《太平經聖君秘旨》七頁，亦鈔自經文。此外，還有些舊籍徵引的佚文。總之，這類東西，即使是節鈔或轉述，也難免有失原意，何況更多竄亂。因之，要考察《太平經》的作者和本來思想面目，仍應以五十七卷經的本文爲主要根據。

按《後漢書·襄楷傳》所謂『神書』，本來就有兩種：一爲襄楷疏中所說『臣前上琅邪宮崇受干吉神書』，一爲襄楷第二次上書提到的『前者宮崇所獻神書』，亦即范曄所說『初順帝時，琅邪宮崇詣闕上其師干吉於曲陽泉水所得神書一百七十卷。皆漂白素介靑首朱目，號《太平淸領書》……有司奏所上妖妄不經，乃收臧之』。很明顯，兩者都說是『宮崇受干吉神書』，但一種爲順帝時宮崇所獻的，一種是桓帝時襄楷所上的。

今存五十七卷殘經，儘管是經過改竄拼湊而成的。但細加玩研，從某些特徵，仍可加以區別，至少可分爲三類：

第一類：爲『問答體』。卽『眞人純』與『天師』的問答。（或對稱『師』、『子』；『明師』、『愚生』。）每篇都是有開場有結尾的完整文字。而其中絕無『天君』。這類計有卷三五、三六、三七、三九、四十、四一、四二、四三、四四、四五、四六、四七、四八、四九、五十之第六十七這一篇、五一、五三、五四、六五、六六、六七、六八、六九、七十、七一（其中第一百八篇除外）、七二、八六、八八、九十、九一、九二、九三、九六、九七、九八、百二、百八、百九、百十三、百十六、百十七、百十八、百十九等四十三卷（共八十三）篇。

第二類，爲『散文體』。其中絕無『天師』，間見『眞人』、『大神』、『天君』。文中常有如《老子》等書的四言韵語，如『災異自消，夷狄自降，不須兵革，皆自消亡』、『陰極生陽，其國大昌；常而思之，不知死亡』、『朱雀治病，黃氣正中。君而行之，壽命無窮』、『升執其中，百邪滅亡，八卦在內，神成列行。白虎在後，誅禍滅殃。正道日到，邪氣消亡』、『貧當自力，無爲搖手；此人命薄，生所禀受。惡鬼隨之，安得留久』諸如此類，甚多。——此類包括卷五十中之第六十八至七十七等篇，卷五十五之第八十三篇，卷八九，卷百十一中之第一百八十、一百八十一篇，卷百十二，及卷百十四中之第一百九十二至第一百九十六篇、第二百三篇。

第三類，可名之爲『對話體』。是『眞人』、『大神』或『神人』及『天君』相互間之對話。而無『天師』。文字不及問答體流暢。每篇開始，多用『唯字』，——僅見於卷七一中之第一百八篇、卷百一十、卷百十一及卷百十四中之第百九十七、百九十八篇。

此外，尙有圖畫及說明之卷九九、一百、百一等三卷，『復文』自一百三至一百七等四卷。與考索作者無關，暫不論。

這三類中，思想系統大體是一致的。但從文字形式看確具不同風格。而『散文體』與『對話體』卻較接近。卽這兩類，多有『眞人』『神人』，而無『天師』。每篇開始多用『 唯 』字或『唯上古』。

由此可知。五十七卷殘經，雖皆是漢末之作，但非出於一人之手。至少可以肯定，問答體出於一人，散文體與對話體出於另二人或思想接近的幾個人之手。

《太平經鈔》（除甲部外），不僅節鈔可能失卻原意，而且往往改竄名詞，如常將『問答體』中的『天公』改成『天君』（如鈔戊頁一、鈔戊頁三等，甚多）。問答體原是沒有『天君』的。經鈔叉往往將『天師』刪去（如鈔己頁六），甚至將『天師』改爲『神人』（如鈔己頁十六），而『天師』則是『問答體』獨有的特徵。這樣便模糊了幾種經文的原貌。故在考察本經時，只能作爲旁證（其中有些部分，從內容及點滴特徵上，可以大體判定出於那一體經文，因此這些部分也可供參考）。

其次，我們可以考定的，是『問答體』經文出於襄楷之手，寫作期間是漢桓帝延嘉八年至九年上書之前。——作者動筆之初，卽急急於獻上，如卷三五中卽說：『今眞人以吾書付有道德之君，力行之令效，立與天地相應而致太平。』（頁三）以後，常見這樣的話：『以付上道德之君』（卷六五頁八），『得吾書者，以付上德君也。』（ 卷十七頁四 ）甚至說：『行去！付上德之君急急！』（卷八六頁十六）敦煌本目錄中之卷七十六且有《證上書徵驗決》一篇。在作者這種狂熱的情緒作用下，終於在僞托神道說敎中，洩露了寫作的時間：

> （眞人）『今受天師嚴敎深戒之後，宜何時出此止奸僞興天地道之書乎？』

（天師）『乙巳而出，以付郵客。而往通之者也。……』

按乙巳乃桓帝延熹八年（165）。

爲什麼在這個年頭獻書呢？因桓帝於延熹『八年春正月，遣中常侍左悺之苦縣祠老子……十一月，……侍中常侍管霸之苦縣祠老子。九年……七月……庚午，祠黃老於濯龍宮』。

漢朝雖然立國以來卽尙黃老之學，但皇帝祠老子於宮中，卻是前所未有的事。這一消息爲襄楷所探知，所以急急寫成這部神書。『延熹九年（166）楷自家詣闕上疏曰：……臣前上琅邪宮崇受干吉神書，不合明聽。……書奏不省。十餘日復上書曰：……又聞宮中立黃老浮屠之祠，此道淸虛，貴尙無爲。……』

由此可知問答體的經文，是襄楷作於延熹八年，上獻於九年七月之後。

於此，還可以將襄楷上書內容與《太平經》問答體部分，加以比較：

㈠襄楷疏先從天象證明皇帝『法無繼嗣』，『今宮女數千未聞慶育，宜修德省刑，以廣螽斯之祚。』十餘日後上書又提及『前者宮崇所獻神書……亦有興國廣嗣之術』。在《太平經》中這類的東西：『今女之妊也，陰本空虛，但陽往施化實於陰中，而陰卑賤畏陽，順而養之，不能去也。陽乃天也，君也；陰乃地也，臣也，故重尊敬陽之施，因而養之，而不敢去也。』明是襄楷所獻廣嗣之術。

㈡襄楷上書中舉桑下三宿故事，因而說『其守一如此，乃能成道。』在《太平經》中『守一』是最重要的敎條。『本求守一之法凡三百首』，如『以何爲初？以思守一何也？一者數之守，一者生之道也。一者元氣所起也，一者天之綱紀也，故使守思一，從上更下也。夫萬物凡事過於大，末不反本者。殊迷不解，故更反本也。』這類守一之論甚多，不備舉。敦煌本目錄中且有『淸身守一法』、

『守一明之法』、『守一法』等篇。

㈢襄楷疏從天人感應說，指出『咎在仁德不修，誅罰太酷』，列舉鄧皇后被誅，劉質成瑨等臣之被害，『憂國之臣，將遂杜口矣。……自陛下卽位以來，頻行誅伐，梁寇孫鄧，並見族滅。其從坐者，又非其數。……漢興以來，未有拒諫誅賢用刑太深如今者也』，因建議『修德省刑』。而在《太平經》中，卻是假托天師的語言盡情暴露了當時外戚宦官專權下，言路閉塞的黑暗局面：『今天下所畏口閉，爲其不敢妄誕（鈔作譚）……內有嚴帝王，天下驚駭；雖去京師大遠者，裏（鈔作畏）詔書不敢語也。一州界有強長吏，一州不敢語也；一郡有強長吏，一郡不敢語也；一縣有剛強長吏，一縣不敢語也。……自太上中古以來，多失道德，反多以威武相治，威相迫脅。有不聽者，後會大得其害，爲傷甚深，流子孫。故人民雖見天災怪咎駭異，其比近所屬而不敢妄言。……到下古尤益劇，小有欲上書言事自遠於帝王者，比近持其命者輒殺之。不卽時傷害，後會更相屬托而傷害之，故臣民悉結舌杜口爲暗。雖見愁冤暗惡，不敢上通……』『今邪人多居位，共亂帝王之治，今使臣人不得其處』。甚至把那些宦官比作害蟲，『夫天地之性人爲貴，蟲爲至賤；反乃俱食人，是爲反正。像賤人無道，以蟲食人，……所以逃匿於內者，像下共爲奸，而不敢見於外；外者，陽也；陽者，天也，天正帝王也。故蟲逃於內而竊食人，像無功之臣逃於內，而竊蚕食人也』。針對這種情況，指出『故以刑治者外恭謹而內叛，故士衆日少也。……天將興之者，取像於德；將衰敗者，取像於刑』。這不是『修德省刑』之意嗎？

盡管爲了作僞，疏文與經文的文風顯得不同。但襄楷兩疏的全部內容與思想，在經文中無不有其反映。從《太平經》中所反映的政治形勢，也正是順帝至桓帝時的歷史實際。由此可知，桓帝時尚書加給襄楷『假借星宿，僞托神靈』的罪名，是鐵證如山，毫不冤枉的。

諸史中唯一著錄《太平經》的《宋史·藝文志》，題爲《襄楷太平經》也是有見地的，不過不能說最初襄楷的《太平經》原書是一百七十卷。——按最早提及此經的是葛洪。《抱朴子·遐覽篇》有『《太平經》五十卷』（又有『《甲乙經》一百七十卷』）。至蕭梁時，孟安排的《道教義樞》中《七部義》云：『太平者，此經以三一爲宗，老君所說，按甲部第一云：「學者習用其書，尋得其根，根之本宗，三一爲主。」按其卷數，或有不同。今《甲乙十部》，合一百七十卷，今世所行。——按《正一經》云：有《太平洞極之經》一百四十四卷，此盛明治道，證果修因，禁惡衆術也。其《洞極經》者，按《正一經》，漢安元年太上親授天師，流傳玆日。——若《甲乙十部》，按《百八十戒》云：是周赧王時，老君於蜀授琅邪干吉，至漢順帝時宮崇詣闕，上其師干吉所得神書百七十卷，號《太平經》。帝不之信，其書遂隱。』這裏可以看出：梁時《太平經》卷數或有不同，其中，一種是一百四十四卷的《太平洞極經》，一種是一百七十卷的《甲乙十部》——卽宮崇所獻的《太平經》。

其實，《太平洞極經》是從來沒有的，旣未見著錄，亦未見徵引，原因是襄楷所作問答體的『神書』中，常有『洞極』之類的字句。如：『此道道者，名爲洞極陰陽天地之經，萬萬世不可少者』；『大者大也，行此者其治最優大無上；洞者，其道德善惡，洞洽天地陰陽，表裏六萬，莫不響應也，皆爲慎善。凡物莫不各得其所，其爲拘校天地開闢以來，天文地文人文神文皆撰簡得其善者，以爲洞極之經，帝王案用之，使衆賢共乃力行之，四海四境之內，災害都掃地除去，其治洞清明，狀與天地神靈相似，故名爲大洞極天之政事也』；『今天師言：乃都合古今河洛神書善文之屬，及賢明口中訣事，以爲洞極之經』。卽主張將各方意見『使衆賢明共集次之，編以爲洞極之經』。這類話不少，大約因此而被附會爲《太平洞極經》了。至少在葛洪時，尙無此名（亦無所謂《正一經》）。到蕭梁孟安排時始見此名稱。——按《太平經》問答體部分今僅存四十三卷，加上『經鈔』中原出自問答體的若干部分（問答體獨有『天師』，經鈔中如鈔丙頁十，頁十五；鈔丁頁二；鈔戊頁四，頁八；鈔已頁一至十二以及鈔辛鈔壬中混雜的一部分）。大體可能是五十卷，故《抱朴子》所謂『《太平經》五十卷』當是襄楷所著書實際可信的記載，這就是襄楷自己所上的『神書』，也卽是所謂的《太平洞極經》。孟安排所謂《太平洞極經》一百四十四卷，或因那時以一篇爲一卷之故。今問答體經文共八十三篇，若加上經鈔中的部分及佚文，也許襄楷所作是一百四十四篇。故葛洪所見的是編爲五十卷的本子，梁孟安排所云是以篇爲卷的一百四十四卷本子。

至於經文問答體以外的部分（包括『散文體』及『對話體』）則是由思想相同的幾個人先後寫成的。《抱朴子》的《勤求篇》云：『干吉容嵩（卽宮崇）桂帛各著千所篇，然率多敎誡之言……。』是可信的。就這兩類文字的風格看，散文體寫作於前，對話體是繼此仿作的，所以有些對話體的前半篇仍是用散文（如經卷一百一十中的第百七十九篇；卷一百十二中的第一百八十二、第一百八十三篇、第一百八十四篇；卷一百一十四中的第一百九十七、一百九十八篇等）。在最後寫作對話體的人，合計散文體與對話體大約有一百七十卷了，便於最後寫了『《太平經》可以百七十卷爲意』這一節（原文雖佚，但見於《經鈔》壬部頁十）。又故弄玄虛的說：『吾書中善者悉使青首而丹目，何乎？吾道乃丹青之信也，青者生仁而有正，赤者太陽，天之正色也。』云云。由於書中多是宣揚『太平』思想，故本名之爲《太平經》。但到西晉時，如《神仙傳》卷十《宮崇傳》則說成了『青縑朱字《太平經》十部』。東晉虞喜更說成了『白素朱界，號《太平青領道》，凡百餘卷』。遲至劉宋時，范曄寫作《後漢書》，便據此文而說成『皆縹白素朱介青首朱目號太平清領書』了。由此可知原無所謂《太平清領書》，最初只稱作《太平經》而已。——這也就是襄楷所作問答體經文中所謂的『天師前所賜予（原作子，此據王校）愚生書本文』。襄楷顯然是根據這些『本文』通盤以眞人天師的問答形式，結合了桓帝時的社會和政治情況作了新的解釋和補充，寫成五十卷的書（今經文問答體的第一篇《分別貧富法》篇開始的對話，很明顯的是襄楷原著的『承前啓後』的開場白。）故葛洪時，一種是五十卷的《太平經》，一種是百十卷的《甲乙經》。大約不久卽有所散亂，故孟安排時已說卷數不同。後來又有人將兩種書打亂拼湊在一起，仍定爲一百七十卷（篇數據敦煌本爲三百六十六）。

據襄楷說：『宮崇所獻神書』是『專以奉天地順五行爲本，亦有興國廣嗣之術。其文易曉，參同經典。』《後漢書》對這部《太平清領書》亦說『其言以陰陽五行爲家，而多巫覡雜語。』我們試將經文中『散文體』與『對話體』部分加以考察，是否符合這些特點？

㈠關於『奉天地順五行爲本』，『以陰陽五行爲家』；這是《天平經》的根本理論。它認爲『但大順天地，不失銖分，立致太平，瑞應並興。元氣有三名太陰太陽中和；形體有三名天地人；天有三名日月星，北極爲中也；地有三名山川平土；人有三名父母子；治有三名君臣民；欲太平也，此三者常當腹心，不失銖分。便同一憂，合成一家，立致太平，延年不疑矣。……陰陽者，要在中和，中和氣得，萬物滋生，人民和治，王治太平』。這是最高的法則，『惟太上善人之爲行也，乃表知天地當行之事，……各得天地腹心，各不失四時五行之生成』。這種理論貫穿各處，是解釋自然現象和社會現象的鎖鑰，也是政治和個人行爲的指導思想。

㈡『興國之術』也是從陰陽中和之說立論的，陽是君，是父，是德；陰是臣，是母，是刑。要求陰陽中和。卽民順子孝，修德省刑，爲此則太平氣卽至。故『師君父不可不明，臣不可不忠，弟子不可不順』。經中特別強調『孝』，顯然仍是漢代統治階級的傳統政策。『廣嗣之術』也是從陰陽來說明的：『人生備具陰陽，動靜喜怒皆有時，時未牝牡之合也。是陰陽當主爲生生之效也。……天數五，地數五，人數五，三五十五，而內藏氣動；四五二十，與四時氣合而欲施。四時者主生，故欲施生。五五二十五，而五行氣足而欲施；五六三十而強。故天使常念施，以通天地之統，以傳類。會三十年而免。老當衰，小止閉房內。』大約仍屬漢代『房中術』那一套。

㈢『其文易曉，參同經典』、『而多巫覡雜語』的情況也是符合的。無論散文體或對話體，文字均樸素易懂。其中心思想雖滲有儒家觀念，但究竟是以道家爲主，的確是受了《老子》《淮南》等學說的影響的。如『牝牡之合』、『無爲者無不爲也』、『天道無親』、『弱者道之用』等《老子》的話是常見的，至於巫覡雜語則多見於卷五十，如其中《移行試驗類相應占訣》、《丹明耀御邪訣》、《神祝文（卽咒文）訣》、《葬宅訣》，以及卷一百十一中之《有德人祿命訣》等等，正是漢末流行的各種迷信巫術的反映。

於此，可以作出結論：散文體與對話體的經文是完全符合所謂『宮崇所獻神書』的內容的。這部分經文（加上出自這兩類經立的經鈔）可以相信是干吉宮崇等方士所作的《太平經》的本文。合計原是一百七十卷。卷子裝璜是青首而丹目，後來便訛傳爲《太平清領書》，順帝時宮崇曾經獻上，未被採納。桓帝時，襄楷又據這些『本文』，續寫了一百四十四篇，因其中有『洞極之經』的字句，曾被誤認爲《太平洞極經》百四十四卷。襄楷所作部分，晉初被編爲五十卷。——葛洪時，一百七十卷的《甲乙經》和五十卷的《太平經》各自獨立。此經晉時已漸有散失。梁陳間，最晚在唐貞觀年間，被人將兩種書亂拼爲一部，仍定爲百七十卷，故每卷中篇數多少不一，且多經竄改。這就是流傳後世的本子。——《太平經鈔》則是從這個本子鈔出的。

（《太平經的作者和思想及其與黄巾和天師道的關係》）

佛　藏

■牟子理惑論

胡　適云:

今日細讀大作《牟子叢殘》，佩服之至。梁任公先生的辨僞，未免太粗心，殊爲賢者之累。如云此書『一望而知爲兩晉、六朝鄉曲人不善屬文者所作』，這眞是寃枉之至了！《理惑論》文字甚明暢謹嚴，時時作有韻之文，也都沒有俗氣。此書在漢、魏之間可算是好文字。任公大概先存僞書之見，不肯細讀耳。先生考得交州牧爲朱符，因證明原序中『牧弟豫章太守爲笮融所殺』即是朱儁之子朱晧，這是一大發現。任公不曾細考，遂以爲文義不相屬。至於原序是誰所作，先生斷爲蒼梧太守所作，似不然。原序是牟子自述，似不用疑。鄙意以爲原書舊題大概是『蒼梧牟子博傳』，而後人誤加『太守』二字。先生駁任公的幾點，我皆贊同。只有第二點或有可討論之處。王度說漢、魏皆禁漢人不得出家，此語不應無所據。鄙意以爲《理惑論》中所說『沙門』，皆不曾明說是中國人。所說『被赤布，日一食』，固像印度人；而『取賤賣貴，專行詐紿』，必是指印度商人。大概南方海道來的『沙門』，不限於受戒的僧侶；而『好酒漿，畜妻子，取賤賣貴』的印度商人，在中國人看來，也都叫做『沙門』；而不知這種人雖皈依佛教，卻和那些『日一食，閉六情』的和尚大不相同。

或者極南方的中國人先有出家做沙門的，而王度所說只指北中國而言。

先生說交州刺史朱符是朱儁之子，或是他的姪子。此說根據有三:

⑴≪後漢書·陶謙傳≫: 笮融殺豫章太守朱皓。

⑵又≪朱儁傳≫: 子皓，官至豫章太守。

⑶≪吳志·士燮傳≫: 交州刺史朱符爲夷賊所殺。

先生綜合此三事，用來解釋牟子自序中『牧弟爲豫章太守，爲中郎將笮融所殺』一語，斷定交州牧爲朱符，於是這一篇自序傳遂成爲有歷史可證的文字。此序有了歷史的證實，於是全部≪理惑論≫也成爲可信的史料了。

此事關鍵在於兩點: ㈠牟子時的州牧是否朱符，㈡朱符是否朱儁的子姪。今天我讀≪吳志·薛綜傳≫，見薛綜上孫權疏，敍交州民俗史事最詳，記後漢末年交州之亂尤詳，其中云:

> 又故刺史會稽朱符多以鄉人虞褒、劉彥之徒分作長吏，侵虐百姓，彊賦於民，黃魚一枚，收稻一斛。百姓怨叛，山賊並出，攻州突郡，符走入海，流離喪亡。

此劉彥卽是牟子自序中州牧『遣騎都尉劉彥將兵赴之』的劉彥，可證當時州牧爲朱符。

又朱符是會稽人，朱儁正是會稽上虞人；我們雖不能確證他是朱儁的子姪，但似無可疑了。又≪儁傳≫稱朱皓『亦有才行』；(≪吳志·劉繇傳≫注引獻帝春秋，許子將謂繇曰:『朱文明(皓)善推誠以信人。』可見皓之爲人。) 據薛綜所記，朱符是個無才行的貪官，故≪儁傳≫不載。

≪薛綜傳≫云:『少依族人，避地交州，從劉熙學。』綜是沛郡竹邑人。又≪程秉傳≫云:『程秉，汝南南頓人也，逮事鄭玄。後避亂交州，與劉熙考論大義，遂博通五經。』又≪士燮傳≫云:『燮(時爲交阯太守)體器寬厚，謙虛下士，中國士人往依避難者以百數。』陳國袁徽《與荀彧書》曰:『交趾士府君處大亂之下,保全一郡二十餘年,疆埸無事,民不失業。羈旅之徒皆蒙其慶。』此皆可證牟子自序中『靈帝崩後,天下擾亂,獨交州差安,北方異人咸來在焉』的話。劉熙當卽是作《釋名》之北海劉熙,也是避亂交州的一位學者。此又可補前人所未考。

又《士燮傳》云:『燮兄弟並爲列郡,(士壹領合浦,士䵋領九眞,士武領海南。)雄長一州,偏在萬里,威尊無上,鳴鐘磬,備具威儀,笳簫鼓吹,車騎滿道。胡人夾轂焚燒香者,常有數十。』試想交趾的『胡人』是不是印度、波斯的商人?這些夾轂焚香的胡人卽是牟子所見的『剃頭髮,被赤布』、『耽好酒漿,或畜妻子,取賤賣貴,專行詐紿』的『沙門』也。

(《論牟子理惑論》,在《胡適文存》第四集第二卷內)

〔存　目〕

周叔迦撰《讀牟子》,發表於1931年10月《醒鐘》第一卷第四期。

余嘉錫云:

《明藏本》《弘明集》,以牟子爲牟融,其標題如下:

《理惑論》(三十七篇,一云《蒼梧太守牟子博傳》),漢牟融,

自胡應麟以下,所見者皆此本也。故有《牟子》非融所作之疑,東漢有兩牟融之說,而眞僞之辯,亦因之以起。余考日本排印《高麗藏》本,題作:

《牟子理惑》,一云《蒼梧太守牟子博傳》。

此釋僧祐原本所題,未經後人竄亂者。又據日本人校語,知《宋元藏本》,均題作:

《牟子理惑論》(三十七篇,未詳作者,一云《蒼梧太守牟

子博傳》）。

皆無漢牟融三字。《宋元藏本》，雖與《高麗藏》不同，然既云『未詳作者』，尙安得以爲牟融所撰乎。請更以他書證之。《出三藏記集》卷十二，宋明帝敕中書郎陸澄撰《法論目錄》，其第十四帙有:

《牟子》（一云:《蒼梧太守牟子博傳》）。

又同卷《弘明集目錄》，有:

《牟子理惑》，右第一卷。

是則陸澄及釋僧祐，皆不言爲牟融所撰。僧祐之學問如何姑不論，若陸澄者，《本傳》稱其『少好學博覽，無所不知，行坐眠食，手不釋卷， 王儉自以讀書過澄， 而澄談所遺漏數百千條， 皆儉所未覩，家多墳籍，人所罕見』。其博聞強記如此，豈有撰錄古書，竟忘作者姓名者乎。釋神淸《北山錄》後，附有宋比丘德珪所撰《北山錄隨函》，卷上引《弘明集》，《註》曰:『一云蒼梧太守，人疑。』『人疑』二字，蓋德珪所加，以原註云『未詳作者』，故曰『人疑』也。又自《世說新語・注》以至《太平御覽》《廣韻》等，凡稱引及於此書者，皆只曰牟子不言牟融。《北山錄》云:『昔牟子郗嘉賓宗炳朱皓之劉勰，並會道控儒，承經作訓。』於諸人皆稱名字， 牟子獨否， 正因其名不傳耳。 宋釋慧寶注《北山錄》曰:『牟子，蒼梧太守也，著書曰《牟子。』（卷二《法籍興》篇）此卽用《弘明集・注》，獨去其『博傳』二字。蓋唐宋釋子，不知子博爲牟子之字，《傳》者傳記之稱，誤以《博傳》爲牟子名。故神淸不稱曰牟子博，而《宋元藏本》皆註曰『未詳作者』(此四字非釋僧祐原本所有），德珪亦云『人疑』也。夫六朝及唐宋人，皆不言牟融所撰，明人刻經者何自知之乎。此不過因隋唐《志》有『《牟子》二卷，牟融撰』，妄意其卽此書，遂謬加傅會耳。《明藏本》《弘明集》之篇題，謬妄甚多，不止此一條，如卷五有:

桓君山《新論・形神》

此高麗宋元三《藏本》所題也，《出三藏記集》中陸澄《法論目錄》亦如此，《明藏本》改作:

《新論・形神》，晉桓譚。

桓君山忽作晉人，寧非異事。又高麗宋元《藏本》卷十一，有:

僧巖法師辭青州刺史劉善明舉其秀才書（並劉善明答）

答僧巖道人

僧巖重答

重答

僧巖重書

重答

凡六首，《出三藏記集》所載《弘明集目錄》，作《僧巖法師辭青州刺史劉善明舉其秀才書》三首，（並劉答書）與此正合。《明藏本》改作:

辭劉刺史舉秀才書	齊釋僧巖
答僧巖法師書	齊劉君白
與劉刺史書	釋僧巖
答僧巖法師書	劉君白
與劉刺史書	釋僧巖
答僧巖法師書	劉君白

考此事見《南史隱逸》（卷六十）《吳苞傳》云:『時有趙僧巖，北海人，寥廓無常，人不能測，與劉善明友善，善明爲青州，欲舉爲秀才，大驚，拂衣而去，後忽爲沙門。』是其事也。善明《南齊書》卷二十八有《傳》，《南史》附入卷四十九，《劉懷珍傳》均不載其字。《隋書・經籍志》有《豫州刺史劉善明傳》十卷，今忽題作劉君白，蓋因劉書三首，末句均云『劉君白答』，妄意『劉君白』爲其人之姓名，遂奮筆改竄。又因與《僧巖第一書》題中劉善

明之名不合，復改『青州刺史劉善明』七字，爲『劉刺史』，以泯其跡。不知稱劉君者，乃劉氏子孫編集時，避其家諱，錄文者因而不改(此事似已有人言之，不記出何書)，唐王續《東皋子集》中，凡與人書，皆稱王君白，是其證也。綜上數事觀之，其謬妄一至於此，昔人謂明人刻書而書亡，諒非虛語。其於《理惑論》，題作漢牟融，亦其妄作聰明之一端，寧尚有辯論之價值乎。嘉道間人，所見佛書，不過《明藏本》，而洪頤煊能知《理惑論》非牟融所作，可謂神解矣。考日本具平親王《弘決外典鈔》（唐釋湛然作《止觀輔行記弘決》，具平抄其中所引經史，以爲《弘決外典鈔》，昭和二年，峯德富三宿文庫影印排印兩本），前列外典目有:

《牟子》二卷(牟廣撰，或云三卷，《見在書目錄》不見)。

牟廣之名，僅見於此。案古人名字，義取相應，名廣字子博，深合訓詁。《外典鈔》卷三注中引《牟子》，冠以『《子鈔》曰』，則此『牟廣撰』三字，疑亦庾仲容《子鈔》所題（《日本見在書目》雜家類有《子鈔》三十卷，則彼國自有其書。具平著書於中國宋太宗時，蓋猶未佚）。然具平旣未明出書名，高似孫《子抄目錄》亦不云牟廣撰，單文孤證，未敢信之，仍當付之闕疑。但其事旣前人所未聞，固不妨存供參考耳。

以上論《弘明集》本不題牟融。

胡應麟謂《理惑論》非《隋志》儒家之《牟子》，而又疑爲六朝之文士因《牟子》以僞撰此論，蓋疑其題『漢牟融』爲有心影射作僞也。洪頤煊則謂隋唐《志》之《牟子》卽《理惑論》，但又謂《牟子》非融所作，則並疑隋唐《志》之題牟融者爲誤矣。梁啓超旣謂《隋志》儒家之《牟子》殆卽是書，復因其與《後漢書》不合，斷爲東晉劉宋閒人僞作，則並疑《隋志》所載者亦僞書矣。周廣業又謂《隋志》所載明是太尉作，而《唐志》入《道家》者爲《理惑論》無疑，因謂東漢有兩牟融，則調停之說也。此數說者，立論不同，要皆爲《明藏本》所誤。今旣考得《弘明集》本不題牟融，則四家之說皆非也。或謂子所據者不過《出三藏記》中之《法論目錄》，及古本《弘明集》耳，顧安知非陸澄釋僧祐未考得撰人，隋唐《志》別有所本乎？余案《牟子序》旣自言『銳志於佛道』，而其首篇第一句，卽問『佛從何處生』，此但須開卷頭尺許，便可知爲佛家之書，不容誤入於儒道兩類也。《隋志》於《佛經》但舉其大數，不著書名，惟於此土撰述之中，取其傳記目錄之流，自《釋氏譜》以下至《玄門寶海》十三部入《子部》雜家，《道人善道開傳》以下至《梁武皇帝大捨》十二部入《史部》雜傳（兩類互相出入，其裴子野《衆僧傳》二十卷且彼此重出。又《雜傳》內有《梁武皇帝大捨》三卷，嚴暠撰，《雜家》內又有『《皇帝菩薩淸淨大捨記》三卷，謝吳撰，亡』，書名卷數略同，而撰人及存亡頓異，竟不知是一書二書。觀其草草如此，蓋於異教之書，聊取備數而已，非所經意也。）至於《佛國記》之類，則入《地理》，安有如《理惑論》而入儒家者乎？且其書明題『太尉牟融撰』，其非《理惑論》固已明矣。《新唐志》於《道家》之外，又分《神仙》《釋氏》兩子目，《牟子》入《道家》而不入《釋氏》。《舊唐志》雖合道釋爲一家，《牟子》在陶弘景《登眞隱訣》之後，蕭子良《淨住子》之前。《淨住子》雖釋家，而《登眞隱訣》則《道家》也。以《新志》證之，《牟子》當屬《道家》之書而非《理惑論》，又已明矣。隋唐《牟子》同是二卷，同爲牟融所撰，《隋志》入《儒家》，而《道家》不著錄，《唐志》入《道家》不著錄，其爲一書甚明。牟子優蓋以經師而兼通黃老，其著書立說，或有取於淸靜無爲，故《唐志》改入《道家》耳。《隋志》於撰人多題官爵，兩《唐志》例不署銜（《新志》惟於唐人無傳者，存其仕履於注中，前代人則否），不得以《唐志》不稱太尉，便認爲兩書。或曰：信如子言，《理惑論》何以不著錄乎？應之曰：《隋志》序言，煬帝於內道場集《道佛經》別撰目錄，故志但錄大綱，附於四部之末。《舊唐書》用毋煚《古今書錄》作《經籍志》，亦不取其《釋道目錄》（毋煚別有《關元內外經錄》十卷）。故二家之書，不見於志者多矣。《新志》雖於釋氏書頗有補苴，亦不能備也（有《弘明集》而無陸澄《法論》，有《歷代三寶記》而無《出三藏記集》，其他尙不可勝數）。胡應麟曰：『意原錄《釋藏》中，故《隋志》不載。』斯言近之。但《理惑論》本書原未入《釋藏》，《隋唐志》特因已收入《弘明集》中，故不別著於錄耳（《隋志》並《弘明集》亦不著錄，惟有釋寶唱《法集》百七卷在總集中）。凡考佛家書，當以《出三藏記集》諸書爲證。若第求之於史志，譬猶緣木求魚，施可得乎。

以上論《隋唐志》之《牟子》非《理惑論》。

《牟子》自序有笮融殺豫章太守事。考《吳志·劉繇傳》，融殺朱皓在劉繇爲孫策所敗之後。據《後漢書·獻帝紀》，事在興平元年（《吳志·孫策傳注》引《江表傳》作『興平二年』），《牟子》著書又在其後，知當成於建安間矣（興平紀年只二年，卽改元建安）。胡應麟梁啓超並疑《理惑論》爲晉宋閒人僞作。梁氏又云。『此書斷斷辨夷狄之教非不可用，蓋在顧歡《夷夏論》出世前後。』今案《南齊書·顧歡傳》言『歡著《夷夏論》，宋司徒袁粲託爲道人通公駁之』。考袁粲以宋後廢帝元徽二年領司徒，順帝昇明元年被殺（《宋書》帝紀及本傳），《夷夏論》之作，當不出此數年中，而《理惑論》先錄入陸澄《法論》《出三藏記集》稱澄官爲中書侍郎。據《澄傳》，牟以宋泰始初轉通直郎兼中書郎，尋轉兼左丞。以此推之，《法論》之作，下距《夷夏論》出世之時，不過十年內外耳(由明帝泰始元年下數至順帝昇明元年，凡十三年）。然《牟子自序》旣言漢獻帝時事，澄探錄其書，自是深信爲後漢人所作。《出三藏記集》卷十二（《大唐內典錄》卷十同）載有《法

論目錄序》，玆錄其第十四帙目錄如左:

《牟子》（一云，《蒼梧太守牟子博傳》）《舊首楞嚴經後序》

《支法護像贊》（支道林）《答孔文舉書》（魏武帝）

《與釋道安書》（習鑿齒）《與釋道安書》（伏玄度）

《與高句驪道人書》（支道林）

右論第十四帙（《緣序集》二卷）

此目錄道支林在魏武帝之上，蓋以雜文居前，書札居後，故不序時代。若陸澄《自序》，則先後次第固自井然，今錄其全文於左:

論或列篇立第，兼明衆義者，今總其宗致，不復摘分，合之則體全，別之則文亂。

置難形神，援譬薪火，庾闡發其議，謝瞻廣其意。然桓譚未及聞經，先著此言，有足奇者，宜其掇附。

《牟子》不入《教門》而入《緣序》，以特載漢明之時像法初傳故也。

魏祖答孔，是知英人開尊道之情，習生貽安，則見令主弘信法之心，所以有取二書，指存兩事。又支遁敷翰遠國，述江南僧業，故兼錄之。

此序原分四節: 第一節言全書體例，第二節指第十二帙中附錄桓譚《新論》之故，第三四節則專爲第十四帙所錄諸文言之; 先牟子，次魏武，次習鑿齒，次支道林。觀其次第，豈不以牟子爲後漢人，時代尚在魏武之前乎。澄於久立學官之《孝經鄭注》，尙謂『觀其用辭，不與注書相類，案玄《自序》亦無《孝經》』，（見本傳《與王儉書》）識鑒如此，則其信牟子爲後漢人作，蓋必有所考矣; 豈有東晉劉宋閒人之僞書而澄不知，『鄉曲不善屬文者所作』而澄不辨者乎? 且梁氏謂『漢賢決無此手筆』，而胡元瑞謂其『詞近東京』，見仕見智，固已不同。且學有淺深，文有美惡，東漢諸賢，豈必人人皆崔蔡乎？或曰：『安知此書不即是陸澄所僞作耶。』余以爲使果出澄手，以彼博覽無所不知，必不自留破綻。觀其書中敍管融朱符朱皓劉彥之事，皆與史傳相合，用心不可謂不密，而顧於《法論目錄》題曰『《蒼梧太守牟子博傳》』，顯與《自序》相矛盾，以待後人之操戈乎。且果欲託古人以取信，必當附驥尾而益彰。漢末流寓交州諸賢如劉熙程秉之流，孰不可假借，而獨傳會一不見經傳之牟子博，此何意歟？故必謂此書爲後漢人作，今書闕有閒，雖無可證明；然自宋齊以至唐宋固皆無異議。若謂爲東晉及劉宋人之所作，則並無強有力之證據，不如其已也。

以上論《理惑論》之時代。

（《牟子理惑論檢討》）

僞書通考正續編考訂古籍索引
（道、佛二藏不入）

●以書名第一個字筆劃多寡為序。
●筆劃相同者，以起筆第一劃「丶」「一」「丨」「丿」為序。
●根據書名後所附之英文字母及號碼，查檢《僞書通考正續編徵引資料索引》，即可知該條資料所在處。
●經部代號為(A)，史部(B)，子部(C)，集部(D)。

一　劃

〔一〕

乙巳占略例　C. 258

二　劃

〔一〕

二家宮詞　D. 132
二南密旨　D. 145
十六國春秋　B. 32
十翼　A. 3.3

〔丿〕

八五經　C. 234
八卦　A. 3.1
人事軍律　C. 74
九天玄女六壬課　C. 252
九星穴法　C. 275
九章算術　C. 229
九國志　B. 15

三　劃

〔一〕

三命指迷賦　C. 276

三朝野史 C. 216
三輔黃圖 B. 70
三墳書 A. 24
三禮考 A. 45
三禮考注 A. 47
三蘇文範 D. 117
大本瓊瑤發明神書 C. 96
大易衍說 A. 13
大金國志 B. 17
大赦菴記 D. 134.1
大滌洞天記 B. 83
大業拾遺記 C. 176
大學 A. 72
大戴禮 A. 43
子午經 C. 85
子思子 C. 4
子夏易傳 A. 4
子貢詩傳 A. 34
子華子 C. 101
尸子 C. 102
兀涯西漢書議 B. 102
才調集 D. 102

〔丨〕

小爾雅 A. 83
山水松石格 C. 286
山水訣 C. 292
山左筆談 B. 86
山谷精華錄 D. 28
山海經 B. 67
山海經圖 B. 75

〔丿〕

千字文 A. 88
千秋金鑑錄 C. 15
女紅餘志 C. 139
女誡 C. 11

四 劃 ■■

〔丶〕

文子 C. 32
文中子 C. 14
文心雕龍 D. 141
文苑英華 D. 104
文苑詩格 D. 146
文侯之命 A. 25.11
文章指南 D. 121
文章緣起 D. 140
文選 D. 98
文選音 D. 99
文選類林 C. 323
文選雙字類要 C. 322

六一詞 D. 76
六經奧論 A. 69
六韜 C. 58
亢倉子 C. 35
方言 A. 85

〔一〕

天文主管 C. 278
天文鬼料竅 C. 266
天文秘略 C. 281
天玉經內傳 C. 263
天玉經外傳 C. 271
天池祕集 C. 152
天祿閣外史 B. 29
天機子 C. 39
天機素書 C. 261
太乙命訣 C. 251
太乙金鏡式經 C. 265
太和正音韻 A. 93
太常袁公行略 D. 47
太淸神鑑 C. 269
王子安集 D. 11
王右丞集 D. 52
王制 A.42.2
王度記 A. 53
孔子家語 C. 2
孔子編年 B. 59
孔子論語年譜 B. 62
孔氏野史 C. 211
孔氏談苑 C. 212
孔雀東南飛 D. 97.2
孔叢子 C. 6
五車霏玉 C. 329
五經大全 A. 70
五經正義 A. 68
元曲選 D. 137
元命包 A. 23
元海運志 B. 98
元經 B. 8
木天禁語 D. 154
木筆雜鈔 C. 130
木蘭辭 D. 97.1
尹文子 C. 55
支離子集 D. 64
切韻指掌圖 A. 92

〔丨〕

水牛經 C. 92
水經 B. 69
中庸 A. 74
中華古今註 C. 111
中論 C. 13
內傳天皇鼇極鎭世神書 C. 260

〔ノ〕

爻辭 A. 3.2
毛詩 A. 36
毛詩草木鳥獸蟲魚疏 A. 37
公羊傳 A. 56
公孫龍子 C. 56
月下偶談 C. 132
月令七十二侯集解 A. 50
心史 D. 36
心書 C. 67
牛羊日歷 C. 188
化書 C. 117
今文尚書 A. 25
多能鄙事 C. 142

五　劃 [redacted]

〔、〕

玄女經 C. 236
玄門脈訣內照圖 C. 89
玄珠密語 C. 264

〔一〕

北山集 D. 33
北征事蹟 B. 50
北狩行錄 B. 41
左氏解 A. 61
左傳 A. 54
左傳節文 A. 62
平宋錄 B. 47
平巢事蹟考 B. 44
甘石星經 C. 231
甘誓 A. 25.5
古今刀劍錄 C. 305
古今註 C. 111
古今類腴 C. 335
古今藝苑談概 C. 134
古文尚書 A. 26
古文孝經 A. 65
古文孝經孔氏傳 A. 66
古文彙編 D. 130
古玉圖譜 C. 308
古岳瀆經 B. 68
古詩十九首 D. 98.2
古鏡記 C. 192
古樂府 D. 111
玉尺經 C. 280
玉函山房輯佚書 C. 336
玉笥山記 B. 74
玉照定眞經 C. 245
玉溪師傳錄 C. 20
玉臺新詠 D. 100

玉管照神局 C. 267
玉篇 A. 89
玉歷通政經 C. 259
石林詞 D. 82
石屏新語 C. 133
石經大學 A. 73
可知編 C. 328
正易心法 A. 9
正訓 C. 109
司馬法 C. 63
本草 C. 80
世說新語 C. 171
世說新語補 C. 221

〔丨〕

易林 A. 5
易經 A. 3
申培詩說 A. 35
史記 B. 1
史綱評要 B. 103
史籀篇 A. 84
四十八局圖 C. 271
四六膏馥 C. 326
四註孟子 A. 78

〔ノ〕

白虎通義 C. 106
白猿經風雨占候說 C. 282
白樂天長慶集 D. 21
白頭吟 D. 100.1
仕塗必用集 D. 113

六　劃

〔丶〕

江文通集 D. 9
江湖小集 D. 107
字林考逸 A. 94
宅經 C. 235
安南即事詩 D. 70
汗簡 A. 90

〔一〕

老子 C. 30
老子注 C. 37
西京雜記 B. 24
西廂記 D. 85
列子 C. 33
列女傳 B. 52
至道雲南錄 B. 82
再廣歷子品粹 C. 153
圭峯集 D. 41
地理鈔 C. 256

〔丨〕

艾子 C. 202

〔丿〕

多士 A. 25.9
多方 A. 25.9
伊川粹言 C. 18
伊尹 C. 28
伍子胥 C. 64
竹書紀年 B. 6
名媛詩歸 D. 129
全唐文 D. 134
全唐詩 D. 135
全唐詩評 D. 158
全唐詩話 D. 152
全唐詩說 D. 158

七 劃

〔丶〕

言子 C. 23
汲冢師春 A. 55
沈下賢集 D. 19
初寮詞 D. 81

〔一〕

孝經 A. 64
李文公集 D. 18
李太白集 D. 53
李益詩集 D. 57
李衞公問對 C. 70
李翰林集 D. 12
李臨淮武記 C. 72
杜天師了證歌 C. 94
杜甫集 D. 13
杜牧故事 D. 27
杜牧樊川續別集 D. 120
杜律詩 D. 69
志道集 D. 66

〔丨〕

別本公是集 D. 23
別本坤輿外紀 B. 88
別本茶經 C. 311
別本家禮儀節 A. 51
呂氏春秋 C. 105
呂東萊集 D. 34
吳子 C. 61
吳均集 D. 8
步天歌 C. 232
吟窗雜錄 D. 151

〔丿〕

邦計彙編 B. 94
兵要望江南 C. 71
何水部集 D. 50
何首烏傳 C. 78
佘山詩話 D. 160

八　劃 ■■

〔丶〕

宗聖志 B. 66
京本通俗小說 C. 226
京東考古錄 B. 87
官制備考 B. 91
於陵子 C. 103
河洛眞數 C. 270

〔一〕

孤本元明雜劇 D. 138
孤臣泣血錄 B. 38
卓異記 B. 58
兩同書 C. 116
兩宋名賢小集 D. 108
松桓集 D. 35
邵子加一倍法 C. 274
孟子 A. 76
孟子正義 A. 79
孟子外書註 A. 80
孟子年譜 B. 63
孟浩然集 D. 51
臥游錄 C. 126
抱朴子 C. 41
事文類聚 C. 320
事物紀原 C. 118
武侯十六策 C. 68
披肝露膽經 C. 283
卦辭 A. 3.2
東方朔占書 C. 242
東坡全集 D. 26
東坡志林 C. 203
東坡問答錄 C. 204
東坡詩集註 D. 63
東坡詩話 D. 156
東坡詞 D. 77
幸存錄 C. 224

〔丨〕

尙書大傳 A. 28
尙書孔氏傳 A. 29
尙書其他各篇 A. 25.12
尙書通論 A. 25.1
尙書精美 A. 31
昌谷集 D. 54

忠經 C. 12
性理字訓 C. 21
性理綜要 C. 25
性理標題彙要 C. 26
吳地記 B. 73
吳郡志 B. 78
吳越春秋 B. 27
明六朝索隱 B. 11
明史紀事本末 B. 12
明百家小說 C. 223
明皇雜錄 B. 33
明倭寇始末 B. 51
明詩歸 D. 128
易牙遺意 C. 310
易衍 C. 243
易經淵旨 A. 14
易緯是類謀 A. 20
易緯坤靈圖 A. 21
易緯乾元序制記 A. 22
易緯通卦驗 A. 19
易緯辨終備 A. 18
易緯稽覽圖 A. 17

〔ノ〕

周元公集 D. 24
周易 A. 3
周易衍流 A. 8
周易乾鑿度 A. 16
周易輯說明解 A. 12
周易繫辭精義 A. 10
周秦行紀 C. 184
周禮 A. 41
周禮考注 A. 48
周禮經傳 A. 49
周髀算經 C. 228
物類相感志 C. 119
命書 C. 238
岳武穆集 D. 32
金瓶梅 C. 225
金匱玉函經 C. 88
金鍼詩格 D. 147
侍兒小名錄拾遺 C. 327
狐首經 C. 248

九 劃

〔、〕

洛游子 C. 201
洞冥記 C. 164
洽聞記 C. 185
洗寃錄 C. 53
洪範 A. 25. 7
洪範圖論 A. 30

宣和集古印史 C. 299
宣和論畫雜評 C. 296
神異經 C. 162
神農皇帝眞傳鍼灸圖 C. 81
訂正史記眞本凡例 B. 4
帝王歷紀譜 A. 58
帝皇龜鑑 C. 136

〔一〕

春雨雜述 C. 144
春秋左氏傳 A. 54
春秋世譜 A. 59
春秋得法志例論 A. 60
春秋詞命 D. 114
春秋道統 A. 63
春秋繁露 A. 57
柳先生集別錄 D. 16
柳宗元集 D. 15
相牛經 C. 75
相掌金龜卦 C. 239
指南錄 D. 44
拯荒事略 B. 97
括異記 C. 213
拾遺記 C. 170
南中志 B. 71
南西廂 D. 92
南唐二主詞 D. 74
南渡錄 B. 43
南遷錄 B. 46
眉公十集 C. 155
拜月亭 D. 86
飛鳧語略 C. 147
述異記 C. 174
珍珠囊指掌補遺藥性賦 C. 97

〔丨〕

昨夢錄 C. 217
幽居錄 C. 218
毗陵集 D. 17
昭明太子集 D. 7
星命總括 C. 277
星象考 C. 233

〔丿〕

怨歌行 D. 98.3
禹貢 A. 25.4
姚江逸詩 D. 133
後山詩話 D. 148
後山談叢 C. 209
後畫錄 C. 288
香奩集 D. 60
皇極經世書 C. 272
皇極經世節要 C. 279
重訂古周禮 A. 52

十 劃

〔丶〕

涑水記聞 C. 200
浩齋語錄 C. 19
酒史 C. 312
海山記 C. 177
海內十洲記 C. 163
唐六典 B. 89
唐子西文錄 D. 149
唐太宗集 D. 10
唐百家詩選 D. 106
唐詩選 D. 120
袖中錦 C. 131
益州名畫錄 C. 295
容齋逸史 B. 31
記古滇說 B. 81
記室新書 C. 324
高士傳 B. 54
高僧傳 B. 55
高麗記 B. 79
迷樓記 C. 178

〔一〕

晉中興書 B. 30
晉史乘 B. 19
貢舉叙略 B. 95
秦漢文元 D. 131
夏殷周魯歷 C. 230
班馬異同 B. 3
素問 C. 82
素書 C. 66
珞琭子 C. 237
格物麤談 C. 122
孫子 C. 110
孫子兵法 C. 59
孫可之集 D. 22
孫臏兵法 C. 60
書序 A. 27
書舟詞 D. 78
致身錄 B. 36

〔丨〕

荀子 C. 5
荆釵記 D. 87
草莽私乘 B. 65
晏子 C. 1
晁叔用詞 D. 79

〔丿〕

倦游雜錄 C. 214
修齡要指 C. 45

脈訣 C. 90
脈訣指掌病式圖說 C. 99
鬼谷子 C. 104
射評要略 C. 285
殷藝小說 C. 172
笑海叢珠 C. 190
烏臺詩案 B. 60

十一劃

〔丶〕

清異錄 C. 199
清閟閣集 D. 43
淮南子註 C. 107
梁四公記 B. 57
庾子山集 D. 55
康節內祕影 C. 273
康誥 A. 25. 8
啓顏錄 C. 197
商子 C. 49

〔一〕

通鑑節要 B. 9
張邦昌事略 B. 61
曹松集 D. 59
黃州圖經 B. 80
陳文恭公集 D. 30
陳思王集 D. 5
連山易 A. 1
陶淵明集 D. 6
乾坤鑿度 A. 15
梅花道人遺墨 D. 42
研幾圖 C. 22
尉繚子 C. 62
開元天寶遺事 C. 198
開河記 C. 179
陸氏集異記 C. 181
都氏鐵網珊瑚 C. 143

〔丨〕

莊子 C. 34
莊子註 C. 40
荻溪集 D. 73
將苑 C. 69
異物彙苑 C. 333
異聞集 C. 191
國初禮賢錄 B. 49
國語 B. 20
國賦紀略 B. 100

〔丿〕

從亡日記 B. 37
紹熙州縣釋奠儀圖 B. 96

紹興內府古器評 C. 307
倚馬立法 C. 73
殺狗記 D. 88

十二劃 ■■

〔丶〕

湘中山水記 B. 72
湖州山派 C. 300
詞林萬選 D. 118
詞家人辨證 D. 96
詞壇紀事 D. 96
評註八代文宗 D. 125
評詩格 D. 142
曾子 C. 3
寓意編 C. 302
尊前集 D. 110
補江總白猿傳 C. 193

〔一〕

雲仙散錄 C. 182
雲莊集 D. 39
琴心記 D. 90
琴譜正傳 C. 303
琵琶記 D. 93
朝鮮雜志 B. 85
費氏易 A. 6
費誓 A. 25.10
隆平集 B. 16
隋巢子 C. 47
陽春錄 D. 75
揚子雲集 D. 2
握奇經 C. 57
搜采異聞集 C. 127
搜神後記 C. 167
搜神記 C. 166
極沒要緊 C. 44
博物志（博物記） C. 169
棋經 C. 294
堯典 A. 25.2
越絕書 B. 21
畫山水賦 C. 291
畫學祕訣 C. 290

〔丨〕

黃石公三略 C. 65
黃帝內傳 C. 27
黃帝鍼灸蝦蟇忌 C. 84
華光梅譜 C. 297
華嶽全集 B. 84
棠湖詩稿 D. 68
景行錄 C. 138
貴賤定格三世相書 C. 240

貴賤定格五行相書 C. 253
悲憤詩 D. 49
紫微雜說 C. 125

〔ノ〕

斜川集 D. 65
皐陶謨 A. 25. 3
逸周書 B. 13
短長說 B. 23

十三劃

〔、〕

詩女史 D. 122
詩文原始 D. 159
詩史 B. 101
詩式 D. 144
詩序 A. 33
詩法家數 D. 153
詩格 D. 139
詩律武庫前後集 C. 325
詩經 A. 32
詩準 D. 109
詩學事類 C. 330
詩學禁臠 D. 155
詩翼 D. 109
詩歸 D. 127
誠齋揮塵錄 C. 124
溪堂詞 D. 80
溪堂麗宿集 C. 156
滄浪亭 D. 94
源髓歌 C. 250
新序 C. 9
新語 C. 7
新書 C. 8
靖炎兩朝見聞錄 B. 42
靖康要錄 B. 40
靖康蒙塵錄 B. 39
道德指歸論 C. 38
道園遺稿 D. 40

〔一〕

聖賢群輔錄 C. 313
聖賢圖贊 B. 64
賈誼新書 C. 8
雷公炮製藥性解 C. 100
瑯嬛記 C. 140
瑞應圖 C. 115
楚檮杌 B. 19
楚辭章句 D. 1
群賢梅苑 D. 119
搢紳脞說 C. 215

〔丨〕

愼子 C. 50
歲華紀麗 C. 79, C. 317
葬經 C. 244
葬書 C. 246
鼎錄 C. 306

〔丿〕

感應類從志 C. 112
禽經 C. 76, C. 304
傷寒論 C. 87
筠軒淸祕錄 C. 146
彙苑詳註 C. 334
鉅文 D. 124

十四劃 ■■

〔丶〕

漢官舊儀 B. 92
漢紀 B. 7
漢武故事 B. 25
漢武帝內傳 B. 26
漢書 B. 2
漢書集解音義 B. 5
漢舊儀 B. 93
漁樵問答 C. 16
漁樵閒話 C. 205
演禽圖訣 C. 284
說文解字 A. 86
說苑 C. 10
褚氏遺書 C. 91
齊民要術 C. 77

〔一〕

趙仲穆遺稿 D. 71
趙飛燕外傳 B. 53
碧雲騢 C. 207
碧溪叢書 B. 45
遜志齋集 D. 46
爾雅 A. 81

〔丨〕

疑龍經 C. 262
疑耀 C. 150
鳴鳳記 D. 91
圖繪寶鑑續編 C. 301
蒼頡 A. 82
蒙古秘史 B. 48
蒙齋筆談 C. 123

〔丿〕

管子 C. 48

管子註 C. 52
儒行 A. 42.5
銀海精微 C. 93
綱常懿範 C. 148

十五劃 ■■

〔丶〕

論語 A. 75
論語註 A. 77
論衡 C. 114
諸子彙函 C. 151
諸葛丞相集 D. 4
談藪 C. 210
潑沙經 C. 255
潛虛 C. 17
廣十二家唐詩 D. 136
廣文選 D. 115
廣成子 C. 42
廣百川學海 C. 154
廣夷堅志 C. 222
廣陵妖亂志 C. 196
廣濟陰陽百忌歷 C. 254
瘡瘍經驗全書 C. 95

〔一〕

鄧析子 C. 54
肅雝集 D. 72
賣相思 D. 95
彈棊經 C. 293
輟耕錄 C. 219

〔丨〕

墨子 C. 46
蔡中郎集 D. 3

〔ノ〕

樂府 D. 97
樂府古題要解 D. 143
樂記 A. 42.4
樂菴遺書 C. 129
儀禮 A. 39
儀禮逸經 A. 46
鄭註孝經 A. 67
鄭嵎津陽門詩 D. 58
穀梁傳 A. 56
盤中詩 D. 100. 2
盤庚 A. 25.6
魯詩世學 A. 38
劉子新論 C. 113
劉賓客嘉話錄 C. 120
劍俠傳 C. 195
餘冬詩話 D. 157

編珠 C. 315
稽神異苑 C. 173
練中丞集 D. 45
彙苑詳註 C. 334

十六劃 ■■

〔一〕

樹萱錄 C. 194
樵談 C. 122
檀弓 A. 42.1
撼龍經 C. 262
歷代地理指掌圖 B. 76
歷代銓政要略 B. 90
燕几圖 C. 309
燕丹子 C. 161
醒世姻緣 C. 227
翰苑叢鈔 C. 157
翰苑瓊琚 D. 116
翰墨選註 D. 123

〔丨〕

戰國策 B. 22
戰國策註 B. 28
蕉窗 C. 145
蕉窗蒠隱詞 D. 84
蕉窗雜錄 C. 135

〔丿〕

學仕要箴 C. 159
學海類篇 C. 160
錦帶 C. 314
錦帶補註 C. 318
錦繡論 D. 31
錦繡萬花谷 C. 319
錢氏私志 C. 208
錢法纂要 B. 99
穆天子傳 B. 18
獨斷 C. 108

十七劃 ■■

〔、〕

龍城錄 C. 180
龍飛記 B. 35
禮古經 A. 40
禮記 A. 42
禮經奧旨 A. 44
禮運 A. 42.3

〔一〕

韓子 C. 51

韓仙傳 C. 43
韓昌黎外集 D. 14
臨川集 D. 25

〔丨〕

薛子道論 C. 24
薛濤李冶詩集 D. 101
螭頭密語 C. 220

〔丿〕

鍾呂傳道集 C. 189
輿地廣記 B. 77

十八劃

〔丶〕

雜事祕辛 C. 165
雜纂 C. 187

〔丨〕

豐溪存稿 D. 61

〔丿〕

斷腸詞 D. 83
繡襦記 D. 89
翻西廂 D. 95
雙峯存稿 D. 29
歸藏易 A. 2

十九劃

〔丶〕

類編古今事林群書一覽 C. 321
類編南北經驗醫方大成 C. 98
瀟湘錄 C. 186
譚藏用詩集 D. 62
韻書 A. 91
韻學事類 C. 331
韻學淵海 C. 332

〔一〕

關尹子 C. 31
關朗易傳 A. 7
難經 C. 86

〔丨〕

贈言小集 D. 112
藝文類聚 C. 316
藝苑雌黃 D. 150
藝祖受禪錄 B. 34
藝圃蒐奇 C. 141

二十劃 ■■

〔丨〕

藥閣集 D. 67
鶡冠子 C. 36

〔丿〕

釋名 A. 87

二十一劃 ■■

〔丨〕

鶴山筆錄 C. 128

〔丿〕

續古今考 C. 137
續世說 C. 183
續宋編年資治通鑑 B. 10
續金鍼詩格 D. 147
續齊諧記 C. 175
續畫品 C. 287
續畫品錄 C. 289
續博物記 C. 169
續樹萱錄 C. 206

二十二劃 ■■

〔丶〕

讀升庵集 C. 149
竊憤錄 B. 43

〔一〕

鬻子 C. 29

二十四劃 ■■

〔一〕

鹽法考略 B. 99
靈城精義 C. 268
靈棊經 C. 241
靈樞經 C. 83
靈臺秘苑 C. 249

二十五劃 ■■

〔丨〕

觀象玩占 C. 257

僞書通考正續編徵引資料索引

（道、佛二藏不入）

- 正編有新、舊兩版，舊版直排，新版橫排，內容及頁碼皆有出入；今以舊版頁碼置前，新版者置後。
- 續編之頁碼以括號別之。
- 續編存其目不錄其文者，以「*」別之。

〔經　部〕

易　類

A.1 ■連山易

（山海經） 19:37
杜子春 19:37
桓　譚 19:37
姚　信 19:37
陸德明 19:37
（北史劉炫傳） 19:37
（隋書經籍志、舊唐書經籍志） 19:37
（唐書藝文志） 19:37
黃伯思 19:37
邵　博 20:38
鄭　樵 20:37
劉　炎 20:37
馬端臨 20:38
胡一桂 20:38
楊　慎 20:38
胡應麟 20:38
朱彝尊 21:38
崔　述 21:39

A.2 歸藏易

（山海經） 22:39
杜子春 22:39
桓　譚 22:39
姚　信 22:39

劉 勰 22:39
孔穎達 22:39
(隋志、新舊唐志) 22:39
(宋史藝文志) 22:40
(崇文總目) 22:40
(中興書目) 22:40
鄭 樵 22:40
吳 萊 23:40
胡應麟 23:40
徐 善 23:40
朱彝尊 23:41
容肇祖 ○:41
郭沫若 ○:42
張心澂 ○:43

A.3 ■周 易

(山海經) 24:45
(周 禮) 24:45
司馬遷 24:45
(淮南子) 24:45
鄭 玄 24:45
孔穎達 24:45
姚 信 25:45

A.3.1 [八 卦]

(繫 辭) 25:46
司馬遷 25:46
揚 雄 25:46
班 固 25:46
王 充 25:46
徐 幹 26:46
淳于俊 26:46
皇甫謐 26:46
孔穎達 26:46
張懷瓘 27:48
陸九淵 28:48
顧炎武 28:48
康有為 28:49
容肇祖 ○:49
佘永梁 ○:49
郭沫若 ○:50
張心澂 ○:51

A.3.2 [卦辭、爻辭]

蕭 衍 28:53
孔穎達 28:53
劉安世 29:54
李舜臣 29:54
吳仁傑 30:54
陳 淳 30:54
馮 椅 30:55
胡一桂 31:55
楊時喬 31:56
崔 述 32:56

康有為 35:59
皮錫瑞 35:59
顧頡剛 37:61
余永梁 37:61
李鏡池 38:62
蘇淵雷 38:62
王國維 ○:63
容肇祖 ○:63
郭沫若 ○:64
張心澂 ○ 67
高 亨 (1)
屈萬里 (3)
張立文 (21)
詹秀惠* (29)
梅應運* (29)

A.3.3 [十 翼]

司馬遷 41:75
(易乾鑿度) 41:76
班 固 42:76
王 充 ○:76
陸德明 42:76
(隋志) 42:77
孔穎達 42:77
歐陽修 43:77
王開祖 48:82
李清臣 48:82
程 迥 48:82
高似孫 48:82
趙汝談 48:82
薛溫其 48:○
陳 淳 48:○
李心傳 49:82
葉大慶 49:83
俞 琬 49:83
蔡 清 49:83
顧炎武 50:83
朱彝尊 50:83
劉 濂 50:83
戴 震 50:84
章學誠 50:84
崔 述 51:84
康有為 52:85
皮錫瑞 53:86
崔 適 55:88
梁啓超 70:88
章炳麟 55:89
杭辛齋 ○:92
錢玄同 57:92
顧 實 58:93
馮友蘭 58:93
顧頡剛 59:94
胡 適 62:○
李鏡池 63:97

本田成之 67:100
蘇淵雷 68:101
王國維 ○:102
錢　穆 69:○
容肇祖 ○:103
余永梁 ○:103
郭沫若 ○:105
范文瀾 ○:107
張心澂 ○:108
高　亨 (30)
李漢三 (32)
張岱年 (51)
張立文 (58)
王瓊珊* (64)
徐世大* (65)
戸田豐三郎* (65)

A.4 ■子夏易傳

劉　向 80:123
荀　勗 80:123
張　璠 80:123
(隋　志) 80:123
(唐會要) 80:123
(崇文總目) 81:123
(國史志) 81:○
(中興書目) 81:123
孫　坦 81:124
程　顥 81:124
晁説之 81:124
程　迥 81:124
晁公武 ○:124
趙汝楳 82:124
陳振孫 82:124
章如愚 82:124
胡應麟 82:125
朱彝尊 82:125
全祖望 ○:125
臧　庸 ○:125
杭辛齋 ○:126
顧　實 83:127
張心澂 83:127
黃雲眉 (66)

A.5 ■易　林

(隋　志) ○:128
(新、舊唐志) ○:128
(宋　志) ○:128
鄭　曉 84:128
顧炎武 84:128
(四庫提要) 85:129
丁　晏 85:129
梁啓超 85:129
顧　實 85:130
鄭　珍 (68)

黃雲眉 (68)
陳 直 (70)

A.6 ■費氏易

班 固 86:130
范 曄 86:130
(隋志、新舊唐志) ○:130
康有為 86:130

A.7 ■關朗易傳

阮 逸 88:132
陳師道 88:132
朱 熹 88:132
晁公武 ○:132
陳振孫 88:132
(宋志) ○:132
吳 萊 ○:132
胡應麟 88:133
姚際恆 89:133
(四庫) 89:133
黃雲眉 ○:134

A.8 ■周易衍流

晁公武 ○:134

A.9 ■正易心法

李 滑 89:134
戴師愈 90:135
朱 熹 90:135
陳振孫 91:136
(宋志) ○:137
胡應麟 91:137
姚際恆 91:137

A.10 ■周易繫辭精義

陳振孫 ○:137
(宋志) ○:137
(四庫) 91:137

A.11 ■東萊易說

(四庫) 92:137

A.12 ■周易輯說明解

(四庫) 92:138

A.13 ■大易衍說

(四庫) 93:138

A.14 ■易經淵旨

(四庫) 93:139

A.15 ■乾坤鑿度

晁公武 94:139
陳振孫 94:139

黄 震 95:140
胡應麟 95:140
姚際恆 ○:144
(四庫) 99:144

A.16 ■周易乾鑿度

(宋志) ○:144
晁公武 100:144
姚際恒 100:144
(四庫) 100:145
顧 實 101:145

A.17 ■易緯稽覽圖

(宋志) ○:145
黄 震 101:145
(四庫) 101:145

A.18 易緯辨終備

(四庫) 102:146

A.19 ■易緯通卦驗

(宋志) ○:146
黄 震 102:146
(四庫) 102:146

A.20 ■易緯是類謀

(四庫) 103:147

A.21 易緯坤靈圖

(四庫) 103:147

A.22 ■易緯乾元序制記

晁公武 103:147
王應麟 103:147
(四庫) 103:147

A.23 ■元命包

胡應麟 104:147
(四庫) 104:148

書 類

A.24 ■三墳書

(周禮) 105:148
鄭玄、賈逵 105:148
(孝經緯援神契) 105:148
劉知幾 105:148
(新、舊唐志) ○:149
(宋志) ○:149
毛 漸 105:149
楊 時 105:149
程 頤 106:149
葉夢得 106:149
鄭 樵 106:150

(中興書目)　106:150
晁公武　106:150
朱　熹　106:150
羅　沁　107:○
陳振孫　107:150
黃　震　107:150
金履祥　107:151
馬端臨　108:151
吾丘衍　108:152
吳　萊　108:152
胡應麟　108:152
焦　竑　111:152
姚際恒　111:155
朱彝尊　111:155
(四庫)　112:155

A.25 ■今文尚書

孔安國　112:155
司馬遷　112:155
(尚書緯)　112:156
劉　歆　113:156
班　固　113:156
顏師古　○:156
王　充　113:156
陸德明　113:157
孔穎達　113:157
(隋志)　○:158
(唐志)　○:158
(宋志)　○:158
朱　熹　115:158
趙汝談　115:158
陳振孫　115:158
王　廉　115:159
顧炎武　116:159
錢大昕　○:160
崔　述　116:161
魏　源　117:162
康有為　117:162
王國維　120:165
錢玄同　120:165
劉汝霖　120:165
衛聚賢　121:165
內藤虎次郎　123:168
劉　節　○:171
梁啓超　○:174
余永梁　○:174
吳其昌　○:175
郭沫若　○:175
范文瀾　○:180
楊向奎　○:181
張心澂　○:181

A.25.1 [通　論]

金兆梓　(71)

A.25.2 [堯　典]

劉朝陽 (87)
岑仲勉 (111)
畢長璞 (123)
屈萬里 (129)
竺可楨* (131)

A.25.3 [皋陶謨]

屈萬里 (131)

A.25.4 [禹　貢]

許道齡 (140)
屈萬里 (141)
辛樹幟 (179)
王成組* (214)
高重源* (214)

A.25.5 [甘　誓]

李泰棻 (214)
童書業 (215)
屈萬里 (215)

A.25.6 [盤　庚]

屈萬里 (221)
李　民 (222)

A.25.7 [洪　範]

童書業 (232)
屈萬里 (234)
辛樹幟 (235)

A.25.8 [康　誥]

曾榮汾 (236)

A.25.9 [多方、多士]

程元敏 (236)

A.25.10 [費　誓]

楊錡如 (247)
李振興* (247)

A.25.11 [文侯之命]

屈萬里 (247)

A.25.12 [其他各篇]

朱廷獻* (263)
蔡信發* (263)

A.26 ■古文尚書

孔安國 126:187
司馬遷 127:187
劉　歆 ○:187
班　固 127:188
顏師古 127:188
(漢書) 128:188
王　充 128:189

范　曄　128:189
(晉書)　128:189
(隋書)　129:192
陸德明　129:189
孔穎達　129:189
韓愈、崔述、吳汝綸　132:194
(新、舊唐志)　○:194
吳　棫　132:○
晁公武　132:195
洪　邁　133:194
朱　熹　133:194
蔡　沈　134:○
陳振孫　134:195
吳　澄　134:196
(宋志)　○:196
馬端臨　135:197
鄭　瑗　136:197
梅　鷟　136:198
歸有光　138:199
鄭　曉　139:○
顧炎武　139:200
朱彝尊　140:200
閻若璩　142:203
姚際恒　146:207
惠　棟　146:208
(四庫)　153:214
李巨來　153:○
毛奇齡　155:207
崔　述　156:215
崔　邁　181:227
丁　晏　190:227
魏　源　190:227
康有為　191:227
崔　適　194:231
劉汝霖　196:233
符定一　○:234
張心澂　○:236
張蔭麟　(264)
戴君仁*　(273)
于大成*　(273)

A.27 ■書　序

孔安國　○:238
司馬遷　○:238
班　固　198:238
鄭玄、馬融、王肅　○:238
陸德明　○:238
孔穎達　○:238
程　頤　○:238
洪　邁　198:238
朱　熹　198:239
王應麟　200:239
顧炎武　200:240
朱彝尊　201:240

康有為 201:241
崔　適 203:243
符定一 ○:245
趙貞信 (274)

A.28 ■尚書大傳

(隋、唐志) 205:246
(崇文總目) 205:246
晁公武 205:246
陳振孫 205:246
(宋志) ○:246
(四庫) 205:246

A.29 ■尚書孔氏傳

孔安國 206:246
陸德明 206:247
孔穎達 206:247
(新、舊唐志) ○:247
朱　熹 207:247
陳振孫 207:248
梅　鷟 207:248
(宋志) ○:248
朱彝尊 207:248
(四庫) ○:249
陳夢家 (283)
羅錦堂* (295)

A.30 ■洪範圖論

(宋志) ○:250
晁公武 210:250

A.31 ■尚書精義

陳振孫 210:250
(台州府志) 210:251

詩　類

A.32 ■詩　經

司馬遷 211:251
班　固 211:251
(隋志) 211:252
應　劭 ○:252
陸德明 211:251
孔穎達 212:252
歐陽修 212:252
劉安世 ○:252
鄭　樵 ○:252
朱　熹 ○:252
葉　適 212:253
王　柏 212:253
蘇天爵 ○:255
盧　格 ○:255

焦竑 ○:255
汪琬 ○:257
顧炎武 214:258
王士禎 214:258
朱彝尊 214:258
江永 215:260
崔述 215:260
魏源 218:262
梁紹壬 218:263
康有為 218:263
梁啓超 221:264
顧頡剛 219:266
錢玄同 220:266
金公亮 221:267
徐澄宇 ○:268
郭沫若 ○:268
張心澂 ○:269
俞平伯 (297)
屈萬里 (300)
陳瑞庚 (311)
劉澤民* (316)
李辰冬* (316)
皮述民* (316)
張以仁* (316)

A.33 ■詩序

鄭玄 223:○
陸璣 223:271
王肅 224:271
范曄 224:272
沈重 224:272
(隋志) 224:272
陸德明 224:272
韓愈 225:272
成伯瑜 225:272
丘光庭 225:273
(新、舊唐志) ○:273
歐陽修 226:273
王安石 226:274
王得臣 227:274
程顥 226:274
蘇轍 226:274
晁説之 227:275
葉夢得 228:275
曹粹中 228:275
鄭樵 228:276
朱熹 235:278
晁公武 231:286
程大昌 232:282
范處義 235:285
葉適 238:286
章如愚 239:286
陳櫟 242:290
萬斯同 ○:290

朱彝尊	242:291
姚際恒	243:292
錢大昕	○:294
范家相	244:294
姜炳璋	244:294
(四庫)	244:294
崔　述	245:296
陳　奐	252:304
康有為	252:304
梁啓超	253:304
鄭振鐸	252:305
顧　實	253:305
黃雲眉	○:306
徐澄宇	○:306
張心澂	○:308
吳汝綸	(317)
王　崧	(318)
黃中松	(318)
顧頡剛	(319)
王禮卿	(321)
陳允言	(332)
王錫榮	(335)
林礽乾	(346)

A.34 ■子貢詩傳

毛　晉	254:309
何　楷	254:309
王士祿	○:309
姚際恒	255:311
朱彝尊	255:311
毛奇齡	○:310
王　謨	256:312

A.35 ■申培詩說

陳宏緒	257:313
毛奇齡	○:313
朱彝尊	257:314
王　謨	257:314
黃雲眉	(347)

A.36 ■毛　詩

班　固	258:314
徐　整	258:314
陸　璣	258:315
范　曄	258:315
(隋志)	258:315
(新、舊唐志)	○:315
(宋志)	○:315
陸德明	259:○
葉夢得	○:315
王　柏	259:316
李　樗	○:316
范處義	○:316
康有為	259:317

廖 平 264:321
章炳麟 265:322
張心澂 ○:323

A.37 ■毛詩草木鳥獸蟲魚疏

(隋志) 266:325
陸德明 266:325
(新、舊唐志) ○:325
(崇文總目) 266:325
晁公武 266:325
陳振孫 266:325
(宋志) ○:325
姚士粦 ○:325
毛 晉 266:326
(四庫) 267:326
丁 晏 ○:326

A.38 ■魯詩世學

黃虞稷 ○:327
朱彝尊 267:327

禮 類

A.39 ■儀 禮

司馬遷 269:329
班 固 269:329
王 充 269:329
(後漢書) 269:329
阮孝緒 269:329
(隋、新、舊唐志) 269:329
孔穎達 269:329
賈公彥 269:329
(宋志) ○:329
樂 史 270:329
徐 積 270:330
鄭 樵 270:330
章如愚 271:331
馬端臨 271:331
敖繼公 272:331
何喬新 272:332
毛奇齡 272:332
段玉裁 272:○
崔 述 272:333
邵懿辰 276:336
皮錫瑞 278:338
梁啓超 279:339
張光裕 (349)

A.40 ■禮古經

劉 歆 280:340
班 固 280:340
(漢志) 280:340
王 充 280:340

鄭　玄 280:340
阮孝緒 280:340
陸德明 281:341
賈公彥 281:341
(宋志) ○:341
朱　熹 281:○
王應麟 281:341
吳　澄 281:○
康有為 281:341

A.41 ■周　禮

司馬遷 282:342
班　固 282:342
(漢志) 顏師古 282:342
馬　融 ○:342
荀　悅 282:342
鄭　玄 283:342
范　曄 283:343
蕭子顯 283:343
(隋志) 283:343
(新、舊唐志) ○:343
陸德明 283:343
孔穎達 283:343
賈公彥 283:343
(宋志) 284:344
張　載 284:344
程　頤 284:344
蘇　轍 284:344
胡　宏 386:345
鄭　樵 289:349
范　浚 291:349
陳　汲 291:349
晁公武 291:355
洪　邁 292:348
程大昌 292:349
朱　熹 292:351
邵　博 292:348
王　炎 293:352
葉　時 296:355
魏了翁 297:356
劉　炎 297:356
包　恢 297:356
陳振孫 297:356
黃　震 298:357
羅　璧 299:357
王若虛 299:358
何異孫 299:358
方孝孺 300:358
楊　慎 300:358
王　道 300:359
金　瑤 301:359
郝　敬 301:359
章　潢 301:359
陳仁錫 301:360

萬斯大	302:360
毛奇齡	302:360
姚際恒	303:361
方 苞	303:361
汪 中	○:363
崔 述	306:363
孫詒讓	○:366
康有為	309:366
廖 平	311:368
皮錫瑞	312:369
顧 實	312:369
梁啓超	313:369
王國維	○:369
符定一	○:370
郭沫若	○:370
范文瀾	○:373
楊向奎	○:373
張心澂	313:376
錢 穆	(352)
胡 適	(449)
黃雲眉	(451)
史景成	(452)
陳 直	(501)
顧頡剛	(502)
徐復觀	(550)
黃沛榮	(554)

A.42 ■禮 記

司馬遷	327:389
班 固	327:389
(漢志)	328:389
鄭 玄	328:389
蔡 邕	328:389
王 肅	328:390
張 揖	328:390
陳 邵	328:390
(隋志)	328:390
(新、舊唐志)	○:390
陸德明	329:○
孔穎達	329:○
徐 堅	329:391
趙 匡	329:391
金 恕	330:394
錢 軹	330:394
鄭 樵	330:391
(宋志)	○:391
程 頤	○:391
晁公武	331:392
戴 埴	331:392
何異孫	332:392
章 潢	332:393
(羣書備考) 袁黃	333:394
毛奇齡	334:395

錢大昕 ○:395
崔　述 334:396
孫志祖 ○:396
陳壽祺 336:398
康有為 336:399
廖　平 338:400
皮錫瑞 338:400
章炳麟 339:401
王夢鷗 (571)

A.42.1 [檀　弓]

林政華 (579)

A.42.2 [王　制]

金德建 (588)
陳瑞庚 (590)

A.42.3 [禮　運]

高葆光 (591)

A.42.4 [樂　記]

孫堯年 (599)
王夢鷗 (621)

A.42.5 [儒　行]

李　覯 (647)
高　閌 (648)
朱　熹 (648)
蔡介民* (648)

A.43 ■大戴禮

班　固 341:403
鄭　玄 341:403
朱　熹 ○:403
韓元吉 ○:403
陳振孫 341:403
姚際恒 341:404
王應麟 ○:404
錢大昕 ○:404
戴　震 ○:405
黃雲眉 (649)

A.44 ■禮經奧旨

(四庫) ○:405

A.45 ■三禮考

(四庫) ○:406

A.46 ■儀禮逸經

吳　澄 342:406
羅　倫 342:406
楊　慎 342:406
童承敘、楊復 342:406
(吾學編) 鄭曉 342:406

王 圻 342:407
胡應麟 ○:407
焦 竑 342:○
張 采 343:407
黃虞稷 ○:407
朱彝尊 343:407
姚際恒 343:○
邵懿辰 343:407
丁 晏 344:408
皮錫瑞 344:408

A.47 ■三禮考注

楊士奇 345:408
何喬新 346:409
羅 倫 345:410
鄭 瑗 347:410
王 圻 348:411
張爾岐 ○:411
朱彝尊 348:412
姚際恒 348:412
錢大昕 ○:413
張心澂 348:413

A.48 ■周禮考注

(續文獻通考、經義考、補元志) ○:413
朱彝尊 348:413

A.49 ■周禮經傳

朱彝尊 349:413

A.50 ■月令七十二候集解

(四庫) ○:413

A.51 ■別本家禮儀節

(四庫) ○:414

A.52 ■重訂古周禮

(四庫) ○:414

A.53 ■王度記

金德建 (652)

春 秋 類

A.54 ■春秋左氏傳

司馬遷 350:414
劉 向 350:415
劉 歆 350:415
班 固 351:415
(漢志) 顏師古 352:416
許 慎 353:417

王　充 352:417
杜　預 353:417
范　曄 353:418
(隋志) ○:419
(新、舊唐志) ○:419
啖　助 354:419
趙　匡 355:419
(宋志) ○:421
王安石 356:421
葉夢得 356:421
鄭　樵 357:422
朱　熹 357:422
葉　適 357:422
陳振孫 358:423
黄　震 358:423
羅　璧 358:423
程端學 358:423
趙　汸 359:423
顧炎武 360:425
尤　侗 ○:425
朱彝尊 ○:426
(四庫) 361:426
姚　鼐 362:427
崔　述 362:427
劉逢祿 363:428
康有為 368:432
廖　平 375:439
皮錫瑞 376:440
崔　適 379:443
梁啓超 409:446
章炳麟 382:446
錢玄同 393:456
衞聚賢 394:458
珂羅倔倫(高本漢) 401:464
衞聚賢(又) 404:466
胡　適 405:○
劉汝霖 408:467
符定一 ○:468
張心澂 409:469
鄭　獬 (655)
程　頤 (656)
魏了翁 (656)
馮沅君 (656)
楊向奎 (657)
童書業 (657)
羅倬漢 (663)
卜　德 (675)
孫次舟 (679)
錢　穆 (694)
張以仁 (695)
楊伯峻 (716)
徐中舒 (723)
史景成 (729)
蔣立甫 (729)

徐仁甫 (742)
趙光賢 (766)
胡念貽 (778)
鄭良樹 (820)
劉 節* (837)
衞聚賢 (三)* (837)
林語堂* (837)
劉正浩* (837)
張以仁 (又)* (837)
何敬羣* (837)
洪順隆* (838)
方炫琛* (838)
葉 華* (838)
牟潤孫* (838)
徐道鄰* (838)

A.55 ■汲冢師春

(宋志) ○:473
黃伯思 411:473
陳振孫 411:474
張心澂 411:474

A.56 ■公羊傳、穀梁傳

鄭清之 (839)
羅 壁 (839)
鄭 樵 (839)
楊伯峻 (840)

A.57 ■春秋繁露

(漢志、隋、新、舊
(唐志) 412:475
(宋志) ○:475
(崇文總目) 412:475
程大昌 413:475
朱 熹 413:475
樓大防 413:475
陳振孫 414:476
黃 震 414:476
胡應麟 415:477
姚際恒 ○:478
金德建 ○:478
張心澂 ○:479

A.58 ■帝王歷紀譜

(崇文總目) 416:480
李 燾 416:480
晁公武 416:480
王應麟 416:480
章炳麟 417:480

A.59 ■春秋世譜

(宋志) ○:481
(崇文總目) 417:481

A.60 ■春秋得法志例論

李 燾 417:481

A.61 ■左氏解

(宋志) ○:481
陳振孫 417:481

A.62 ■左傳節文

(四庫) ○:481

A.63 ■春秋道統

(四庫) ○:481

孝經類

A.64 ■孝 經

(孔子家語) 418:482
司馬遷 418:482
(孝經緯鉤命決) 418:482
(孝經中契) 418:482
(孝經援神契) 418:483
班 固 418:483
(漢志) 419:483
何 休 419:483
鄭 玄 419:483
沈 約 419:483
(隋志) 419:483
(新、舊唐志) ○:483
(宋志) ○:484
司馬光 419:484
朱 熹 420:484
晁公武 419:485
吳 澄 421:485
鄭 瑗 421:486
歸有光 421:486
姚舜牧 ○:486
姚際恒 422:486
李紱(李巨來) 424:488
楊 椿 ○:488
汪 紱 ○:488
(四庫) 423:488
姚 鼐 423:489
崔 述 424:490
皮錫瑞 425:490
武內義雄 425:490
佐藤廣治 426:491
梁啓超 429:493
王正己 429:494
呂思勉 ○:494
黃雲眉 ○:494
蔡汝堃 (841)
蔣伯潛 (847)

A.65 ■古文孝經

班　固　429:495
桓　譚　430:495
許　慎　430:495
劉　炫　430:495
(隋志)　430:496
(宋志)　○:496
司馬光　431:496
朱　熹　431:496
晁公武　431:497
鄭　瑗　432:497
崔　述　432:497
康有為　432:497
王正己　432:497

A.66 ■古文孝經孔氏傳

(漢志)　433:498
(隋志)　433:498
(新、舊唐志)　○:498
(唐會要) 唐玄宗、
司馬貞　○:498
陳振孫　433:499
(四庫)　433:499
戴大士　434:500
康有為　434:500

A.67 ■鄭註孝經

蕭子顯　435:501
(隋志)　435:501
陸德明　435:501
(新、舊唐志)　○:501
(唐會要)　436:501
劉　肅　436:504
(宋志)　○:504
(崇文總目)　437:504
陳振孫　437:504
孫志祖　○:504
梁玉繩　○:505
張心澂　438:○

經總類

A.68 ■五經正義

(唐志)　○:505
顧炎武　439:506

A.69 ■六經奧論

(宋志補)　○:506
朱彝尊　439:506
(四庫)　439:506

A.70 ■五經大全

顧炎武 440:507
朱彝尊 440:507
(四庫) 441:507

A.71 ■經義述聞

劉盼遂 (851)
張文彬 (852)

四書類

A.72 ■大　學

朱　熹 442:509
崔　述 442:509
康有為 443:510
武內義雄 444:510
馮友蘭 ○:511
郭沫若 ○:511
蔣伯潛 (857)
胡止歸 (858)
勞　幹 (870)
趙澤厚 (875)
林政華* (876)

A.73 ■石經大學

賈　逵 445:512
吳應賓 445:512

A.74 ■中　庸

司馬遷 445:512
(漢志) 顏師古 445:512
(孔叢子) 446:512
鄭　玄 446:513
(隋、新、舊唐志) ○:513
(宋志) ○:512
歐陽修 446:513
鄭　樵 447:514
朱　熹 447:514
王　柏 448:515
崔　述 448:515
武內義雄 449:516
馮友蘭 449:516
郭沫若 ○:517
陳　善 (877)
葉　適 (877)
王十朋 (878)
蔣伯潛 (879)
胡止歸 (883)
陳兆榮 (932)

A.75 ■論　語

班　固 450:517
(漢志) 如淳、
顏師古 450:518

王　充　450:518
鄭　玄　451:518
皇　侃　451:518
(隋志)　451:518
柳宗元　451:519
(新、舊唐、宋志)　○:519
晁公武　452:520
邵　博　452:519
宋永子(搜采異聞錄)
453:520
馬端臨　452:520
章學誠　453:520
姚　鼐　453:○
崔　述　453:520
康有為　459:525
沈　濤　○:526
丁　晏　○:526
梁啓超　460:526
張心澂　○:527
歐陽修　(931)
葉　適　(931)
楊伯峻　(931)
胡止歸　(936)
蔣伯潛　(963)
錢　穆*　(964)
張學波*　(964)

A.76 ■孟　子

司馬遷　461:528
(漢志)顏師古　461:528
趙　岐　461:528
(隋志)　○:529
張　籍　461:529
韓　愈　462:529
林慎思　462:529
(新、舊唐志)　○:529
司馬光　462:529
晁公武　462:529
朱　熹　462:520
余允文　463:530
馮　休　463:530
王應麟　463:530
梁啓超　463:530
(風俗通義)　(965)
孫　奕　(965)
翟　灝　(965)
丁　杰　(966)
錢基博　(966)
梁啓超(又)　(966)
楊伯峻　(967)
屈萬里　(967)

A.77 ■論語注

孫志祖 ○:531

A.78 ■四註孟子

(文獻通考) 464:531

A.79 ■孟子正義

朱 熹 464:531
錢大昕 ○:531
(四庫) 464:532

A.80 ■孟子外書注

(宋志補) ○:532

小學類

A.81 ■爾 雅

(漢志) 465:533
(西京雜記) 465:533
鄭 玄 ○:533
郭 璞 466:533
張 揖 465:533
劉 勰 ○:533
顏之推 466:533
陸德明 466:533
(晉書) 466:534
賈公彥 ○:534
(隋志) ○:534
邢 昺 466:534
(新、舊唐志) ○:534
(宋志) ○:534
張懷瓘 ○:534
鄭 樵 466:536
朱 熹 467:536
歐陽修 ○:535
呂南公 ○:535
高 承 ○:535
葉夢得 ○:535
曹粹中 ○:535
陳振孫 ○:536
焦 竑 467:536
姚際恒 467:536
(四庫) 467:538
邵晉涵 ○:537
孫志祖 ○:538
崔 述 467:538
段玉裁 ○:539
康有為 468:539
內藤虎次郎 470:541
胡 適 470:○
梁啓超 471:541
呂思勉 ○:541
張心澂 471:542
王 質 (971)

A.82 ■蒼　頡

(漢志) ○:542
班　固 ○:542
顏之推 472:542
(新、舊唐志) ○:542

A.83 ■小爾雅

(漢志) 472:543
(隋志、舊唐志) 472:543
(中興書目) 472:543
晁公武 472:543
陳振孫 472:543
(宋志) ○:543
戴　震 ○:543
錢大昕 472:○
(四庫) ○:544
孫志祖 ○:544
康有為 473:544
陳千秋 473:545
黃雲眉 (972)

A.84 ■史籀篇

高　亨 (973)

A.85 ■方　言 (545)

(隋志、舊唐志) ○:545
(崇文總目) 473:545
洪　邁 473:545
王　楙 ○:546
(宋志) ○:546
戴　震 ○:546
盧文弨 ○:547
錢　曾 ○:548
(四庫) ○:548

A.86 ■說文解字

許　慎 ○:550
(後漢書) ○:550
(顏氏家訓) ○:550
(隋、唐志) ○:550
林　罕 ○:550
(崇文總目) ○:550
林　罕(又) ○:551
徐　鍇 ○:551
徐　鉉 ○:551
宋太宗 ○:551
李　燾 ○:552
晁公武 ○:552
陳振孫 ○:552
方以智 ○:552
毛　扆 ○:552
顧炎武 ○:552
錢大昕 ○:552

段玉裁 ○:553
胡樸安 ○:554

A.87 ■釋　名

(後漢書) ○:554
(隋、新舊唐、宋志) ○:554
錢大昕 ○:554
(四庫) ○:555
畢　沅 ○:555

A.88 ■千字文

(隋志) ○:556
(新舊唐、宋志) ○:556
黃庭堅 ○:556
王觀國 ○:557
晁公武 ○:557
劉克莊 474:557
王應麟 ○:557
張　萱 ○:557
顧炎武 ○:558

A.89 ■玉　篇

(隋、新舊唐志) ○:558
(崇文總目) ○:559
晁公武 ○:559
朱彝尊 ○:559
錢大昕 ○:559
(四庫) ○:560

A.90 ■汗　簡

(宋志) ○:561
(四庫) ○:561

A.91 ■韻　書

晁公武 ○:561
(宋志) ○:561
姚際恒 474:561
錢大昕 ○:561
胡鳴玉 ○:562

A.92 ■切韻指掌圖

董同龢 (976)
趙蔭棠 (981)

A.93 ■太和正音譜

曾永義 (994)

A.94 ■字林考逸

江　藩 ○:563
蕭一山 ○:563

〔史 部〕

正史類

B.1 ■史 記

司馬遷	475:565
(漢志)	475:565
范 曄	475:565
裴 駰	475:565
司馬貞	475:565
劉知幾	476:565
葉大慶	476:566
趙 翼	477:566
康有為	478:568
崔 適	486:575
符定一	○:578
李長之	(1003)
梁啓超	(1006)
余嘉錫	(1012)
曲穎生	(1017)
高葆光*	(1027)
朱東潤*	(1027)
李奎耀*	(1027)
潘重規*	(1027)

B.2 ■漢 書

范 曄	○:579
(西京雜記)	○:580
鄭 樵	○:580
晁公武	○:580
陳振孫	○:580
羅 璧	○:581
康有為	○:581
符定一	○:581
張心澂	○:582
冉昭德	(1028)

B.3 ■班馬異同

(書錄解題)	489:583
(四庫)	489:583

B.4 ■訂正史記真本凡例

(四庫)	489:583

B.5 ■漢書集解音義

錢大昕	(1031)

編 年 類

B.6 ■竹書紀年

杜　預　490:584
裴　駰　490:585
(晉書)　490:585
(隋志)　490:585
(新、舊唐志、宋志)○:586
黄伯思　490:○
姚際恒　491:586
錢大昕　○:586
林春溥　○:587
王鳴盛　○:587
(四庫)　491:588
崔　述　493:590
朱右曾　499:595
梁啓超　500:595
王國維　499:595
張心澂　○:596

B.7 ■漢　紀

于亦時　(1033)

B.8 ■元　經

(宋志)　○:596
陳師道　○:596
晁公武　500:596
陳振孫　500:597
胡應麟　501:597
詹景鳳　○:597
(四庫)　501:598
顧　實　○:598

B.9 ■通鑑節要

(宋志)　○:598
晁公武　502:599
朱　熹　502:598

B.10 ■續宋編年資治通鑑

(四庫)　502:599

B.11 ■明六朝索隱

(四庫)　503:599

紀事本末類

B.12 ■明史紀事本末

邵廷采　503:599
(四庫)　503:599

別 史 類

B.13 ■逸周書

(漢志) 顏師古 504:600
(隋志) ○:600
劉知幾 504:600
(新、舊唐志) ○:600
洪邁 ○:600
晁公武 504:602
李燾 504:601
劉克莊 ○:602
丁黼 ○:602
陳振孫 505:603
黃震 505:604
王應麟 505:603
(宋志) ○:604
黃蛤 506:604
鄭瑗 506:604
楊慎 ○:605
章檠 ○:605
焦竑 507:605
姜士昌 508:605
胡應麟 ○:605
衞恒 ○:606
姚際恒 507:606
王謨 ○:607
(四庫) 507:607
孫志祖 ○:608
姚鼐 509:608
章學誠 509:609
崔述 510:609
朱右曾 510:609
梁啓超 510:611
呂思勉 ○:611
張心澂 511:612
黃玠 (1037)
謝墉 (1037)
高明 (1038)
黃沛榮 (1039)
李周龍 (1039)
朱廷獻* (1040)

B.14 ■東觀漢記

(隋、新舊唐、宋志) ○:616
陳振孫 511:616
(四庫) 511:617

B.15 ■九國志

陳振孫 ○:617
王應麟 ○:617
(宋史) ○:617
錢熙祚 ○:617

B.16 ■隆平集

晁公武 512:617
(四庫) 512:617

B.17 ■大金國志

(四庫) 512:618

雜史類

B.18 ■穆天子傳

(晉書) 514:619
(隋、新舊唐、宋志)○:619
胡應麟 514:619
姚際恒 515:620
顧 實 515:620
小川琢治 515:620
衞聚賢 516:620
梁子涵 (1041)

B.19 ■晉史乘、楚檮杌

吾邱衍 520:624
陶宗儀 ○:624
焦 竑 ○:624
胡應麟 520:625
姚際恒 520:625
(四庫) 520:625

B.20 ■國 語

班 固 521:625
(漢志) ○:625
韋 昭 521:625
(隋志) ○:625
(新舊唐、宋志) ○:626
李 燾 521:626
晁公武 521:626
陳振孫 522:626
黄 震 522:626
顧炎武 522:626
姚際恒 522:627
(四庫) 522:627
姚 鼐 522:627
崔 述 523:627
康有為 523:628
梁啓超 524:628
衞聚賢 524:628
黄雲眉 ○:635
張心澂 ○:636
孫海波 (1048)
孫海波 (又) * (1052)

B.21 ■越絶書

(本書外傳本事) 532:636
(隋、新舊唐、宋志)○:637
(崇文總目) 532:637
陳振孫 532:637
黄 震 533:637

張桂胤 533:637
焦 竑 ○:638
胡應麟 533:638
姚際恒 533:638
盧文弨 ○ 639
(四庫) 534:639
洪頤煊 534:639
顧 實 534:640

B.22 ■戰國策

劉 向 534:640
(漢志) 535:640
(隋、唐志) 535:640
劉知幾 535:640
(四庫) 535:640
羅根澤 535:640
張心澂 536:641
齊思和 (1053)
鄭良樹 (1061)
金德建* (1077)
羅根澤 (又) * (1077)

B.23 ■短長說

鄭良樹 (1078)

B.24 ■西京雜記

顏師古 544:649
(隋、唐志) 544:649
段成式 ○:649
(宋志) ○:649
黃伯思 544:649
晁公武 544:650
陳振孫 545:650
胡應麟 545:650
盧文弨 ○:650
(四庫) 545:651
孫志祖 ○:651
譚 獻 ○:651
李慈銘 ○:652
張心澂 546:653
黃雲眉 (1092)
勞 幹 (1092)
洪 業 (1102)

B.25 ■漢武故事

葛 洪 ○:659
(隋、新舊唐、宋志)○:659
晁公武 547:659
胡應麟 ○:659
姚際恒 548:659
(四庫) 548:660
游國恩 (1109)

B.26 ■漢武帝內傳

(隋、新舊唐、宋志)○:660
晁公武 ○:660
胡應麟 548:660
王 謨 548:660
(四庫) 549:661
張心澂 549:661

B.27 ■吳越春秋

(隋、新舊唐、宋志)○:661
晁公武 ○:661
楊 慎 550:○
(四庫) 550:662
孫志祖 ○:662
王芑孫 ○:662
黃雲眉 ○:662
張心澂 550:○

B.28 ■戰國策注

(隋、新舊唐志) ○:663
陳振孫 550:663
(四庫) 551:663

B.29 ■天祿閣外史

謝 安 552:664
田 宏 552:664
陸 贄 552:665
江翼聖 552:665
王 鏊 553:665
姚際恒 553:665
王 謨 553:665

B.30 ■晉中興書

(隋書) 554:666
李延壽 554:666
劉知幾 554:666
浦起龍 554:666

B.31 ■容齋逸史

吳 泰 (1110)

B.32 ■十六國春秋

(隋、新舊唐志) ○:667
姚際恒 554:667
朱彝尊 555:667
全祖望 ○:667
錢大昕 ○:668
王鳴盛 ○:668
(四庫) 555:669

B.33 ■明皇雜錄

王國良 (1113)

B.34 ■藝祖受禪錄

(四庫)　556:670

B.35 ■龍飛記

(四庫)　556:670

B.36 ■致身錄

胡應麟　556:○
錢謙益　○:670

B.37 ■從亡日記

錢謙益　○:672

B.38 ■孤臣泣血錄

陳振孫　556:673
(四庫)　557:673

B.39 ■靖康蒙塵錄

(四庫)　557:674

B.40 ■靖康要錄

(四庫)　(1115)
彭元瑞　(1115)
王德毅　(1115)

B.41 ■北狩行錄

(書錄解題)　557:674
(四庫)　557:674

張心澂　558:674

B.42 ■靖炎兩朝見聞錄

(四庫)　558:674

B.43 ■南渡錄、竊憤錄

(四庫)　558:675

B.44 ■平巢事蹟考

(四庫)　559:675

B.45 ■碧溪叢書

(四庫)　559:675

B.46 ■南遷錄

(宋志)　○:675
羅大經　○:675
陳振孫　559:676
(四庫)　559:676

B.47 ■平宋錄

(四庫)　560:676

B.48 ■蒙古秘史

余大鈞　(1121)

B.49 ■國初禮賢錄

(明志)　○:677

(四庫) 561:677

B.50 ■北征事蹟

(明志) ○:677
(四庫) 561:677

B.51 ■明倭寇始末

(四庫) 561:677

傳記類

B.52 ■列女傳

劉 向 562:677
班 固 562:678
(隋志) 562:678
(新、舊唐、宋志) ○:678
曾 鞏 562:678
王 回 562:678
晁公武 563:679
(四庫) 563:679
羅根澤 564:680

B.53 ■趙飛燕外傳

(隋、唐志) 564:680
(宋志) ○:680
晁公武 564:680
陳振孫 564:680
胡應麟 564:680
姚際恒 565:680
(四庫) 565:680

B.54 ■高士傳

皇甫謐 566:681
(隋、新舊唐、宋志) ○:681
陳振孫 566:682
(四庫) 566:682
孫志祖 ○:682
張心澂 567:○

B.55 ■高僧傳

(隋、新舊唐志) ○:683
陳 垣 ○:683

B.56 ■續高僧傳

(新舊唐志) ○:683
晁公武 ○:683

B.57 ■梁四公記

(唐、宋志) ○:683
陳振孫 567:683
胡應麟 567:684

B.58 ■卓異記

(唐志) 567:684
晁公武 567:684

(宋志) 567:684
(四庫) 567:684

B.59 ■孔子編年

陳振孫 568:684
(四庫) 568:685

B.60 ■烏臺詩案

(四庫) 568:685

B.61 ■張邦昌事略

(四庫) 569:685

B.62 ■孔子論語年譜

錢大昕 ○:685
(四庫) 569:685

B.63 ■孟子年譜

(四庫) 570:686

B.64 ■聖賢圖贊

(四庫) 570:686

B.65 ■草莽私乘

(四庫) 571:687

B.66 ■宗聖志

(四庫) 571:687

地理類

B.67 ■山海經

劉 歆 572:688
(漢志) 572:688
趙 曄 573:689
王 充 573:689
顔之推 573:689
(隋志) 573:689
尤 袤 573:689
啖 助 573:689
(新舊唐志) ○:689
晁公武 573:690
陳振孫 574:690
王應麟 574:690
(宋志) ○:690
胡應麟 574:690
胡 渭 ○:692
姚際恒 576:692
(四庫) 577:693
顧 實 577:694
衞聚賢 578:694
梁啓超 587:693
拉克倍理 583:○
小川琢治 584:699
馬叙倫 ○:702

張心澂 ○:702
何觀洲 (1143)
鄭德坤 (1147)
傅錫壬 (1150)
蒙文通 (1154)
袁 珂 (1159)
史景成 (1176)
何定生* (1182)

B.68 ■古岳瀆經

胡應麟 587:703

B.69 ■水 經

(隋志) 588:703
杜 佑 588:703
(新舊唐志) 588:704
晁公武 588:704
王應麟 588:704
歐陽圭齋 589:○
胡 渭 590:704
姚際恒 589:705
王 謨 590:705
(四庫) 591:706

B.70 ■三輔黃圖

(隋、新舊唐志) ○:706
(宋志) ○:706
晁公武 591:706
程大昌 591:706
陳振孫 592:707
(四庫) 592:707
王 謨 592:707

B.71 ■南中志

顧應祥 592:707
(四庫) 592:707

B.72 ■湘中山水記

(宋志) ○:707
陳振孫 593:708

B.73 ■吳地記

(宋志) ○:708
(四庫) 593:708

B.74 ■玉笥山記

(宋志) ○:709
陳振孫 594:709

B.75 ■山海經圖

晁公武 594:709

B.76 ■歷代地理指掌圖

費 袞 594:709

(四庫) 595:709

B.77 ■輿地廣記

(宋志) ○:709
晁公武 595:709
陳振孫 595:710

B.78 ■吳郡志

陳振孫 595:710

B.79 ■高麗記

(四庫) 596:710

B.80 ■黃州圖經

(宋志) ○:710
陳振孫 596:710

B.81 ■記古滇說

(四庫) 596:710

B.82 ■至道雲南錄

(宋志) ○:711
陳振孫 597:711

B.83 ■大滌洞天記

(四庫) 597:711

B.84 ■華嶽全集

(明志) ○:711
(四庫) 597:711

B.85 ■朝鮮雜志

(明志) ○:712
(四庫) 598:712

B.86 ■山左筆談

(四庫) 598:712

B.87 ■京東考古錄

(四庫) 598:712

B.88 ■別本坤輿外紀

(四庫) 598:712

職官類

B.89 ■唐六典

(四庫) 599:713

B.90 ■歷代銓政要略

(四庫) 599:713

B.91 ■官制備考

(明志) ○:713
(四庫) 600:713

政書類

B.92 ■漢官舊儀

陳振孫 601:713
(永樂大典) 601:714
(四庫) 601:714
張心澂 601:714

B.93 ■漢舊儀

(隋、新舊唐、宋志)○:714
(四庫) 602:714

B.94 ■邦計彙編

(四庫) 602:715

B.95 ■貢擧叙略

(四庫) 603:715

B.96 ■紹熙州縣釋奠儀圖

(宋志) ○:715
(四庫) 603:715

B.97 ■拯荒事略

(四庫) 603:715

B.98 ■元海運志

(四庫) 604:716

B.99 ■鹽法考略、錢法纂要

(四庫) 604:716

B.100 ■國賦紀略

(四庫) 604:716

史評類

B.101 ■詩　史

(四庫) 605:716

B.102 ■兀涯西漢書議

(四庫) 605:717

B.103 ■史綱評要

崔文印 (1183)

〔子　部〕

儒家類

C.1 ■晏　子

司馬遷	607:719
劉　向	607:719
(漢志)	607:719
柳宗元	607:719
(崇文總目)	608:720
陳振孫	608:720
(宋志)	○:720
(四庫)	608:720
章學誠	608:720
孫星衍	608:720
梁章鉅	608:720
管　同	○:721
梁啓超	609:721
高　亨	(1911)
吳則虞	(1201)
張純一	(1206)
王叔岷	(1207)
王更生	(1207)
黃雲眉	(1209)
陳瑞庚	(1209)

C.2 ■孔子家語

孔安國	609:722
孔　衍	610:722
(漢志) 顏師古	610:723
王　肅	610:723
馬　昭	611:723
(隋志)	610:723
(新舊唐志)	○:723
朱　熹	611:723
晁公武	611:724
陳振孫	611:724
王　柏	611:724
黃　震	612:724
何孟春	612:724
姚際恆	612:724
(四庫)	612:724
范家相、孫志祖	612:725
陳士珂	612:725
丁　晏	612:○
錢　馥	612:725

崔 述 613:726
沈欽韓 616:730
武內義雄 617:730
劉汝霖 617:731
張心澂 ○:731

C.3 ■曾 子

(漢、隋、新舊唐、宋志) ○:731
朱 熹 618:731
晁公武 618:731
高似孫 618:731
(周氏涉筆) 618:732
黃 震 619:732
宋 濂 619:732
(四庫) 619:733

C.4 ■子思子

司馬遷 620:733
(漢志) 620:733
沈 約 620:733
(隋、新舊唐、宋志)○:733
宋 濂 620:733
(四庫) 620:733
梁啓超 620:733

C.5 ■荀 子

(漢、隋、新舊唐、宋志) ○:734
(四庫) 620:734
梁啓超 621:734
呂思勉 ○:735
楊筠如 ○:736
張西堂 ○:737
金德建 ○:738
郭沫若 ○:741
杜國庠 ○:743
謝 墉 (1210)
張 亨 (1210)
吳芬華* (1219)
饒 彬* (1219)
張西堂* (1219)

C.6 ■孔叢子

(隋志) 622:744
(新舊唐志) ○:744
宋 咸 622:744
晁公武 622:745
洪 邁 622:744
朱 熹 623:744
高似孫 623:745
陳振孫 624:745
宋 濂 624:746
(宋志) ○:746

李　燫　625:746
胡應麟　○:747
姚際恒　625:747
臧　琳　○:747
惠　棟　625:748
(四庫)　625:749
王　謨　626:748
孔志祖　○:749
顧　實　626:749
羅根澤　626:749

C.7 ■新　語

司馬遷　628:751
(漢志)　628:751
(梁七錄)　628:751
(隋、新舊唐志)　○:751
黃　震　629:751
(宋志)　○:752
(四庫)　629:752
唐　晏　630:752
嚴可均　630:752
胡　適　631:○
羅根澤　631:753
余嘉錫　632:754
張西堂　633:755
孫次舟　○:755
張心澂　633:755
蘇誠鑒　(1220)

C.8 ■賈誼新書

(漢、隋、新舊唐志)○:756
(崇文總目)　634:756
晁公武　634:756
陳振孫　634:756
盧文弨　○ 756
(四庫)　634:756
孫志祖　○:757
姚　鼐　635:757
余嘉錫　636:758
王應麟　(1233)
何孟春　(1233)
潛菴子　(1234)
汪　中　(1235)
劉台拱　(1236)
孫詒讓　(1236)
周中孚　(1237)
王耕心　(1237)
祁玉章　(1237)
陳煒良　(1241)
王洲明　(1258)

C.9 ■新　序

班　固　637:759
(漢志)　637:759

(隋、新舊唐、宋志) ○:760
司馬貞 637:760
羅根澤 637:760
張心澂 638:760

C.10 ■說　苑

劉向 638:761
(隋、新舊唐、宋志) ○:761
黃　震 638:761
羅根澤 639:761

C.11 ■女　誡

(隋、唐志) ○:762
陳振孫 640:762
(四庫) 640:762

C.12 ■忠　經

(宋志) ○:762
姚際恒 640:762
惠　棟 640:762
王　謨 640:763
(四庫) 640:763
丁　晏 ○:763
朱一新 ○:763

C.13 ■中　論

(隋、新舊唐志) ○:763
晁公武 641:763
陳振孫 641:764
(宋志) ○:764

C.14 ■文中子

(新舊唐志) ○:764
阮　逸 641:764
司馬光 642:764
程　頤 642:765
晁公武 642:766
邵　博 644:765
洪　邁 643:765
朱　熹 643:765
王明清 644:767
王應麟 644:769
宋　濂 644:769
鄭　瑗 645:769
葉大慶 ○:767
姚際恒 646:770
焦　竑 ○:770
(四庫) 647:771
譚　獻 647:772
俞正燮 ○:772
朱一新 ○:772
章炳麟 647:774
皮日休 (1274)

杜 淹 (1274)
陳成真 (1275)

C.15 ■千秋金鑑錄

(唐志) ○:774
(四庫) 648:774

C.16 ■漁樵問答

(四庫) 649:775

C.17 ■潛 虛

晁公武 649:776
朱 熹 649:775

C.18 ■伊川粹言

(四庫) 650:776

C.19 ■浩齋語錄

(四庫) 650:777

C.20 ■王溪師傳錄

(四庫) 651:777

C.21 ■性理字訓

(四庫) 652:778

C.22 ■研幾圖

(四庫) 652:778

C.23 ■言 子

陳振孫 652:778
宋 濂 653:778

C.24 ■薛子道論

(四庫) 653:779

C.25 ■性理綜要

(四庫) 653:779

C.26 ■性理標題彙要

(四庫) 654:779

道家類

C.27 ■黃帝內傳

(宋志) ○:780
晁公武 655:780
陳振孫 655:780
胡應麟 655:780

C.28 伊 尹

(漢、隋志) 655:780
王應麟 655:780
梁啓超 655:780

C.29 鬻　子

(漢志) 656:781
(隋、新舊唐、宋志)○:781
葉夢得 656:781
李　燾 656:781
高似孫 656:781
黃　震 657:782
宋　濂 657:782
王世貞 657:783
楊　愼 658:782
胡應麟 658:783
姚際恒 659:784
(四庫) 660:785
崔　述 660:785
譚　獻 660:785
蔣伯潛 (1281)
黃雲眉 (1282)

C.30 ■老　子

司馬遷 661:786
(七略) 661:786
班　固 661:787
(漢志) ○:787
闞　澤 662:787
傅　奕 662:787
(隋、新舊唐志) ○:787
晁說之 662:787
葉　適 662:787
黃　震 663:788
(宋志) ○:788
(松下偶談) 663:○
羅　璧 664:○
吳　萊 665:○
宋　濂 665:788
焦　竑 666:789
畢　沅 666:○
崔　述 669:789
汪　中 667:○
王念孫 671:○
章炳麟 671:○
梁啓超 674:790
張壽林 677:790
馬叙倫 672:○
陳　柱 679:791
張　煦 674:○
武內義雄 682:792
唐　蘭 ○:791
張季同 685:792
馮友蘭 688:795
胡　適 689:○
馮友蘭 (又) 690:○
楊榮國 ○:796
范文瀾 ○:797

任繼愈 ○:799
張心澂 ○:799
蔣錫昌 (1284)
錢 穆 (1286)
嚴靈峯 (1286)
徐復觀 (1291)
周紹賢 (1299)
張起鈞 (1301)
陳鼓應 (1302)
王邦雄 (1302)
孫次舟 (1302)
劉建國 (1305)
張岱年 (1319)
錢穆 (又)* (1321)
張福慶* (1321)
熊 偉* (1321)
羅根澤* (1321)
馬叙倫 (又)* (1321)
李曰剛* (1321)
錢穆 (三)* (1321)
李弘祺* (1321)

C.31 ■關尹子

劉 向 690:801
(列仙傳) ○:802
(漢志) ○:802
葛 洪 ○:802
(宋志) ○:803
陳振孫 691:803
黃 震 691:803
朱象先 ○:804
宋 濂 691:804
焦 竑 ○:804
胡應麟 692:805
王世貞 693:805
(四庫) 694:806
梁啓超 694:807
張心澂 ○:807
胡韞玉 (1322)
黃雲眉 (1322)
周學武 (1324)

C.32 ■文 子

(漢志) 694:811
(隋志) ○:811
柳宗元 694:811
(新舊唐志) ○:811
晁公武 695:811
洪 邁 695:811
葉大慶 ○:812
(周氏涉筆) 695:813
陳振孫 695:813
黃 震 695:813
(宋志) ○:814

宋　濂 696:814
胡應麟 697:815
姚際恒 698:815
(四庫) 698:815
孫星衍 ○:816
陶方琦 699:817
梁啓超 699:817
章炳麟 699:817
黃雲眉 ○:818

C.33 ■列　子

劉　向 699:818
(漢志) 700:819
張　湛 700:819
(隋志) ○:819
柳宗元 700:819
(新舊唐、宋志) ○:820
高似孫 701:820
葉大慶 ○:820
黃　震 701:821
宋　濂 702:822
姚際恒 703:823
(四庫) 704:824
胡　適 704:○
馬叙倫 705:826
陳三立 ○:824
梁啓超 708:825
章炳麟 ○:825
顧　實 708:826
武內義雄 708:829
劉汝霖 711:830
陳文波 ○:832
呂思勉 ○:832
錢大昕 (1326)
姚　鼐 (1326)
鈕樹玉 (1327)
吳德旋 (1327)
俞正燮 (1328)
顧頡剛 (1328)
岑仲勉 (1328)
何治運 (1346)
光聰諧 (1347)
陳　旦 (1348)
楊伯峻 (1353)
嚴靈峯 (1367)
朱守亮 (1370)
周紹賢* (1370)
岑仲勉 (又)* (1371)
劉　禾* (1371)

C.34 ■莊　子

司馬遷 712:833
(漢志) 713:833
陸德明 713:833

(隋志) ○:833
(新舊唐、宋志) ○:834
蘇　軾 713:834
林希逸 713:834
羅勉道 714:○
黄　震 714:835
吳　澄 714:○
宋　濂 714:835
鄭　瑗 714:835
朱得之 715:835
沈一貫 715:835
焦　竑 715:836
譚元春 716:836
王夫之 716:837
林雲銘 718:838
姚際恒 721:840
吳世尚 721:841
宣　穎 721:841
胡文英 721:841
姚　鼐 722:842
章學誠 723:842
陸樹芝 723:842
蘇　輿 723:842
馬其昶 723:842
胡　適 723:○
錢玄同 724:844
顧頡剛 724:844
梁啓超 731:843
劉汝霖 726:845
唐　蘭 727:849
葉國慶 732:847
劉咸炘 730:849
馬叙倫 729:851
武內義雄 730:852
楊榮國 ○:853
張心澂 ○:853
俞正燮 (1373)
傅斯年 (1373)
馮友蘭 (1378)
蔣復璁 (1379)
王叔岷 (1384)
王昌祉 (1386)
嚴靈峯 (1391)
李衍隆* (1402)
孫道升* (1402)
張恒壽* (1402)
張德鈞* (1402)

C.35 ■亢倉子

王士源 735:856
韋　滔 735:856
劉　肅 735:856
李　肇 735:856
柳宗元 735:856

(唐志) ○:856
鼂公武 735:856
李 石 735:857
黃 震 736:857
高似孫 736:857
(周氏涉筆) 736:857
陳振孫 737:857
(宋志) ○:858
宋 濂 737:858
王世貞 737:858
胡應麟 737:859
焦 竑 ○:859
方 苞 738:859
(四庫) 738:859

C.36 ■鶡冠子

(漢志) 739:860
(隋、新舊唐志) ○:860
柳宗元 739:860
(崇文總目) 739:860
鼂公武 739:860
(周氏涉筆) 739:861
陳振孫 740:861
王應麟 740:861
宋 濂 740:861
胡應麟 740:861
姚際恒 742:863
(四庫) 742:863
崔 述 742:863
錢 穆 743:○
梁啓超 743:863
王闓運 ○:864
呂思勉 ○:864
黃雲眉 ○:865

C.37 ■老子注

司馬遷 ○:867
皇甫謐 ○:867
葛 洪 ○:867
(隋、新舊唐志) ○:868
謝守灝 ○:868
唐玄宗 ○:868
劉知幾 743:868
司馬貞 744:868
(宋志) ○:869
鼂公武 744:869
黃 震 744:869
(四庫) 744:869
姚 鼐 745:870
章炳麟 745:870
馬叙倫 ○:870
蒙文通 ○:870
張心澂 ○:871
王 明 (1403)

谷　方 (1409)
徐澄宇* (1411)

C.38 ■道德指歸論

(隋、新舊唐、宋志) ○:871
(四庫) 745:872
唐鴻學 (1412)
嚴靈峯 (1413)
鄭良樹 (1417)

C.39 ■天機子

晁公武 746:872
(宋志) ○:873

C.40 ■莊子註

劉義慶 747:873
房　喬 747:873
(隋、新舊唐、宋志) ○:873
(四庫) 747:873
錢　曾 747:873
楊明照 (1432)
壽普暄 (1433)
王叔岷 (1436)
林聰舜 (1452)
蘇新鋈 (1452)
張　亨* (1453)
劉盼遂* (1453)
王利器* (1453)
黃錦鋐* (1453)
侯外廬* (1453)
嚴靈峯* (1453)
余敦康* (1453)
牟宗三* (1453)

C.41 ■抱朴子

(隋、新舊唐志) ○:874
黃　震 748:874
胡應麟 748:874
孫志祖 ○:875

C.42 ■廣成子

(隋、新舊唐志) ○:875
胡應麟 748:875

C.43 ■韓仙傳

陳繼儒 749:○
(四庫) 750:875

C.44 ■極沒要緊

(四庫) 750:876

C.45 ■修齡要指

(四庫) 751:876

墨家類

C.46 ■墨 子

(漢志)	752:876
魯 勝	752:876
(隋志)	752:876
(新舊唐、宋志)	○:877
(四庫)	752:877
畢 沅	752:877
孫星衍	753:878
孫詒讓	753:878
王闓運	753:878
曹耀湘	754:878
尹桐陽	754:878
胡 適	754:○
張 煊	756:879
梁啓超	757:879
朱希祖	758:880
張其鍠	759:881
馮友蘭	762:883
孫次舟	○:884
郭沫若	○:885
杜國庠	○:885
陳品卿	(1455)
楊 寬*	(1458)
繆 鉞*	(1458)
嚴靈峯*	(1458)

C.47 ■隋巢子

(漢、隋、唐志)	○:886
洪 邁	762:887
葉夢得	762:887

法家類

C.48 ■管 子

司馬遷	763:887
劉 向	763:887
(漢志)	763:887
傅 玄	763:887
孔穎達	763:887
(隋、新舊唐、宋志)	○:888
杜 佑	763:888
蘇 轍	764:888
葉夢得	764:○
朱 熹	764:888
葉 適	764:888
黃 震	764:889
王應麟	765:○
宋 濂	765:889
梅士享	765:889
顧炎武	765:889
姚際恒	765:890

俞正燮	766:890
梁章鉅	766:890
嚴可均	766:890
(四庫)	766:890
章學誠	766:890
陳　澧	○:891
徐時棟	○:891
胡　適	760:○
梁啓超	769:893
內藤虎次郎	768:894
羅根澤	768:894
郭沫若	○:894
張心澂	○:895
蔣伯潛	(1459)
馬非百	(1459)
容肇祖	(1509)
胡家聰	(1523)
黃　漢*	(1537)

C.49 ■商　子

司馬遷	769:896
(漢志)	769:896
(隋、新舊唐、宋志)	○:896
晁公武	○:896
(周氏涉筆)	769:896
陳振孫	○:896
黃　震	769:896
(四庫)	769:897
譚　獻	769:897
胡　適	769:○
顧　實	770:897
劉汝霖	770:897
羅根澤	○:898
呂思勉	○:900
黃雲眉	○:900
郭沫若	○:900
詹秀惠	(1538)
宋淑萍	(1540)
劉國銘*	(1540)
熊公哲*	(1540)

C.50 ■愼　子

司馬遷	771:901
(漢志)	771:901
(隋、新舊唐、宋志)	○:901
陳振孫	771:901
王應麟	771:901
姚際恒	771:901
沈欽韓	771:901
嚴可均	771:901
羅根澤	771:902
梁啓超	773:901
錢基博	○:903
黃雲眉	○:904

金德建 (1541)
方國瑜 (1542)

C.51 ■韓　子

司馬遷 774:905
(漢、隋、新舊唐、宋志) ○:905
高誘、姚寬、王應麟、吳師道、盧文弨、黃丕烈 774:905
程　氏 774:906
(四庫) 774:906
胡　適 775:○
梁啓超 780:906
容肇祖 775:907
鄧思善 778:909
劉汝霖 778:909
高　亨 780:911
馮　振 ○:912
郭沫若 ○:913
張心澂 781:914
錢　穆 (1548)
張公量 (1548)
陳啓天 (1548)
陳奇猷 (1548)
祝貽諶 (1549)
鄭良樹 (1554)
曾繁康* (1562)
嚴靈峯* (1562)
高偉謀* (1562)

C.52 ■管子注

杜　佑 783:915
王應麟 783:915
(四庫) 783:915
翁元圻 ○:915

C.53 ■洗寃錄

錢大昕 (1563)

名家類

C.54 ■鄧析子

荀　卿 784:915
(淮南子) 784:915
劉向 (劉歆) 784:915
(漢、隋、新舊唐、宋志) ○:916
(崇文總目) 784:916
晁公武 784:916
王應麟 784:916
(四庫) 784:916
錢　穆 785:○
梁啓超 785:917

羅根澤 ○:917
孫次舟 ○:919
馬叙倫 ○:920
張心澂 785:921
蔣錫昌 (1565)

C.55 ■尹文子

(漢志) 顏師古 786:921
高 誘 786:921
仲長統 786:921
(隋、新舊唐、宋志)○:921
晁公武 786:922
洪 邁 786:921
陳振孫 786:922
宋 濂 786:922
(四庫) 787:922
梁啓超 788:922
顧 實 787:923
錢基博 787:923
馬叙倫 787:929
唐 鉞 788:923
錢 穆 788:○
羅根澤 ○:926
郭沫若 ○:929

C.56 ■公孫龍子

(漢志) 顏師古 789:929
(新、舊唐志) ○:929
(宋志) ○:930
陳振孫 789:930
姚際恒 789:930
(四庫) 789:930
顧 實 789:930
劉汝霖 790:930
王 琯 ○:930
欒調甫 ○:930
郭沫若 ○:931
杜國庠 ○:931
孫 碌 (1566)
譚戒甫 (1566)
余嘉錫 (1568)
陳 直 (1569)
周駿富 (1569)
黃雲眉 (1570)
何啓民 (1570)
阮廷卓 (1573)
龐 樸 (1579)

兵家類

C.57 ■握奇經

(宋志) ○:932
朱 熹 791:932
姚際恒 791:932

(四庫) 791:932

C.58 ■六　韜

(漢志) 顏師古 792:933
(隋志) 792:933
(新舊唐、宋志) ○:933
(周氏涉筆) 792:934
葉　適 793:933
陳振孫 793:934
王應麟 793:934
黃　震 793:935
焦　竑 795:935
胡應麟 794:936
姚際恒 795:936
(四庫) 795:936
姚　鼐 795:937
崔　述 796:937
沈　濤 796:938
譚　獻 797:938
顧　實 797:938
蔣伯潛 (1593)
張　烈 (1594)

C.59 ■孫　子

司馬遷 797:938
(漢志) 顏師古 797:938
(隋、新舊唐、宋志) ○:939
張守節 797:939
葉　適 797:939
宋　濂 798:939
姚際恒 798:940
全祖望 799:941
(四庫) 799:941
姚　鼐 799:941
孫星衍 800:941
齋藤拙堂 800:941
梁啓超 801:941
武內義雄 800:942
錢　穆 801:○
金德建 ○:942
齊思和 (1598)
李　零 (1605)
鄭良樹 (1617)
樹　人* (1626)
余空我* (1626)
朱伯隆* (1626)

C.60 ■孫臏兵法

楊伯峻 (1627)

C.61 ■吳　子

(漢、隋、唐、宋志)○:943
姚際恒 802:943

(四庫) 802:944
姚 鼐 802:944
章炳麟 802:○

C.62 ■尉繚子

(漢志) 顏師古 802:944
(隋志) 802:944
(新舊唐、宋志) ○:944
晁公武 803:944
陳振孫 803:944
宋 濂 803:944
姚際恒 803:945
(四庫) 803:945
姚 鼐 804:945
譚 獻 804:945
顧 實 804:945
錢 穆 804:○
華陸綜 (1631)
何法周 (1632)
鍾兆華 (1639)
鄭良樹 (1645)
張 烈 (1646)
袁宙宗* (1652)
何法周 (又) * (1652)

C.63 ■司馬法

司馬遷 ○:946
(漢、隋、新舊唐、宋志) ○:946
王應麟 ○:946
姚際恒 804:946
(四庫) 805:947
姚 鼐 805:947
龔自珍 ○:947
康有為 806:948
顧 實 806:948
金德建 ○:948

C.64 ■伍子胥

(漢、新舊唐志) ○:950
胡應麟 806:950

C.65 ■黃石公三略

(隋、新舊唐、宋志) ○:950
晁公武 806:950
陳振孫 807:950
黃 震 807:950
鄭 瑗 807:951
姚際恒 807:951
(四庫) 807:951

C.66 ■素 書

(宋志) ○:951

張商英 808:951
晁公武 808:951
陳振孫 808:952
黄　震 808:952
胡應麟 808:952
姚際恒 809:952
(四庫) 809:952
譚　獻 809:952

C.67 ■心　書

胡應麟 ○:953
姚際恒 809:953
(四庫) 809:953
譚　獻 809:953
顧　實 810:953

C.68 ■武侯十六策

晁公武 810:953
(宋志) ○:953

C.69 ■將　苑

(宋志) ○:953
(四庫) 810:953

C.70 李衛公問對

晁公武 810:954
陳振孫 811:954
馬端臨 812:954
胡應麟 811:954
姚際恒 812:955
(四庫) 812:955
俞正燮 ○:955
汪宗沂 ○:956

C.71 ■兵要望江南

晁公武 812:956
(四庫) 813:956

C.72 ■李臨淮武記

晁公武 813:957

C.73 ■倚馬立成法

晁公武 813:957

C.74 ■人事軍律

晁公武 814:957

農家類

C.75 ■相牛經

(子鈔) ○:957
(隋、新舊唐志) ○:957
晁公武 ○:957
陶宗儀 ○:957

胡應麟 O:958

C.76 ■禽 經

王 楙 O:958
(宋志) O:958
王 謨 O:958
(四庫) O:959
張心澂 O:960

C.77 ■齊民要術

賈思勰 O:961
(隋、新舊唐、宋志) O:961
陳振孫 O:961
(四庫) 815:961
張心澂 O:962

C.78 ■何首烏傳

陳振孫 815:963

C.79 ■歲華紀麗

(唐、宋志) O:963
胡震亨 O:963
王士禎 O:963
錢 曾 O:964
(四庫) O:964

醫家類

C.80 ■本 草

皇甫謐 O:964
陶宏景 816:964
(隋志) 816:965
顏之推 816:965
啖 助 816:965
于志寧 816:965
(新、舊唐志) O:965
劉禹錫 O:965
趙德鄰 O:966
葉夢得 817:966
王 炎 817:966
晁公武 817:967
王應麟 O:967
(宋志) O:967
姚際恒 817:967
崔 述 817:967
孫星衍 817:967
王楚材 O:967
梁啓超 818:968
張心澂 O:968
黃雲眉 (1653)

C.81 ■神農皇帝真傳鍼灸圖

丹波元胤 O:968

C.82 ■素　問

皇甫謐 ○:969
褚　澄 ○:969
(隋、新舊唐志) ○:969
邵雍 ○:969
司馬光 ○:969
程顥 ○:969
程頤 ○:969
林億 ○:969
朱熹 ○:970
沈作喆 ○:970
王　炎 ○:971
晁公武 819:971
魏了翁 ○:971
陳振孫 819:971
竇　苹 ○:971
高　承 ○:971
劉　駰 ○:971
(宋志) ○:971
呂　復 ○:972
宋　濂 ○:972
方孝孺 ○:972
王　禕 ○:972
黃省曾 ○:972
周　木 ○:972
桑　悅 ○:973
郎　瑛 ○:973
胡應麟 ○:973
祝文彥 ○:974
劉　奎 ○:974
薛　雪 ○:974
姚際恒 819:975
杭世駿 ○:975
(四庫) 820:975
崔　述 820:975
丹波元簡 ○:976
梁啓超 820:977
黃雲眉 ○:977
張心澂 ○:978

C.83 ■靈樞經

皇甫謐 ○:978
(新舊唐、宋志) ○:978
林　億 ○:979
江少虞 ○:979
史　崧 ○:979
晁公武 820:980
王應麟 ○:980
(宋史) ○:980
呂　復 821:980
徐　渭 ○:980
姚際恒 821:980
杭世駿 821:980

(四庫) ○:981
丹波元簡 ○:981
丹波元胤 ○:982
廖 平 ○:983
黄雲眉 ○:983

C.84 ■黄帝鍼灸蝦蟇忌

(隋、新舊唐志) ○:984
丹波元胤 ○:984

C.85 ■子午經

晁公武 821:984

C.86 ■難 經

皇甫謐 ○:984
(隋志) ○:984
王 勃 ○:985
楊玄操 ○:985
(新舊唐、宋志) ○:985
晁公武 822:985
陳振孫 822:985
丁德用 ○:985
歐陽玄 ○:986
虞 集 ○:986
胡應麟 ○:986
姚際恒 822:986
(四庫) 822:986
丹波元簡 ○:986
丹波元胤 ○:987
丹波元堅 ○:987
廖 平 822:988
惲毓鼎 ○:988
黄雲眉 ○:989
徐大椿 (1654)

C.87 ■傷寒論

皇甫謐 ○:989
(隋、唐、宋志) ○:989
吳 澄 ○:990
徐大椿 ○:990
姚際恒 822:990
章炳麟 ○:991
顧 實 823:992
張心澂 823:992

C.88 ■金匱玉函經

林 億 ○:992
姚際恒 823:992
顧 實 823:992

C.89 ■玄門脈訣內照圖

(崇文總目) ○:993
丹波元胤 ○:993

C.90 ■脈 訣

(新舊唐、宋志) ○:993
朱熹 ○:993
晁公武 ○:993
陳言 ○:994
吳崑 824:○
王好古 ○:994
柳貫 ○:994
謝晉翁 ○:994
呂復 ○:994
王世相 ○:995
錢溥 ○:995
杭元駿 ○:995
丹波元胤 ○:995

C.91 ■褚氏遺書

(隋志) ○:995
蕭淵 ○:995
釋義堪 ○:996
(新舊唐、宋志) ○:996
(四庫) ○:996

C.92 ■水牛經

(四庫) 824:997

C.93 ■銀海精微

(四庫) 825:997

C.94 ■杜天師了證歌

(四庫) 825:997

C.95 ■瘡瘍經驗全書

申時行 ○:998
(四庫) 825:998
丹波元胤 ○:998
張心澂 ○:998

C.96 ■大本瓊瑤發明神書

(四庫) 826:999

C.97 ■珍珠囊指掌補遺藥性賦

(四庫) 826:999

C.98 ■類編南北經驗醫方大成

(四庫) 826:999

C.99 ■脈訣指掌病式圖説

丹波元胤 ○:999

C.100 ■雷公炮製藥性解

(四庫)　827:1000

雜家類

C.101 ■子華子

劉　向　828:1001
朱　熹　828:1001
晁公武　828:1002
(周氏涉筆)　828:1002
陳振孫　830:1003
(宋志)　○:1003
宋　濂　830:1003
王世貞　○:1004
焦　竑　831:1004
胡應麟　831:1004
盧文弨　○:1005
(四庫)　832:1005
譚　獻　832:1006
錢　穆　832:○
詹景風　(1655)
馮時可　(1655)

C.102 ■尸　子

司馬遷　833:1006
劉　向　833:1006
(漢、隋志)　833:1006
劉　勰　833:1006
李　賢　833:1006
(新舊唐、宋志)　833:1006
阮　元　833:1007
廖　平　833:1007
梁啓超　834: 107
張西堂　833:1007
呂思勉　○:1007
孫次舟　○:1008
金德建　○:1010

C.103 ■於陵子

劉　向　○:1010
張　溥　○:1011
王士禎　834:1011
姚際恒　834:1011
(四庫)　834:1011
陳秀蘭　(1656)

C.104 ■鬼谷子

裴　駰　835:1012
王　劭　835:1012
(梁七錄)　835:1012
(隋志)　835:1012
長孫無忌　835:1012
柳宗元　835:1012
(新唐志)　835:1012
(舊唐、宋志)　○:1012

(中興書目) 836:1012
晁公武 836:1012
宋 濂 836:1012
胡應麟 836:1013
姚際恒 837:1013
(四庫) 837:1014
顧 實 837:1014
趙鐵寒 (1663)
黃雲眉 (1668)

C.105 ■呂氏春秋

司馬遷 838:1014
(漢志) 838:1014
(隋、新舊唐、宋志) ○:1014
晁公武 838:1015
(四庫) 838:1015
章學誠 838:1015
內藤虎次郎 839:1015
梁啓超 839:1016
張心澂 839:1016
方孝孺 (1671)
盧文弨 (1671)
松皐圓 (1671)
傅武光 (1672)
田鳳台* (1672)
陳奇猷* (1672)

C.106 ■白虎通義

(隋、新舊唐、宋志) ○:1016
(四庫) 840:1016

C.107 ■淮南子註

(漢志) 顏師古 840:1016
高 誘 840:1017
(隋志) 840:1017
(新舊唐志) 841:1017
蘇 頌 841:1017
晁公武 841:1018
陳振孫 842:1018
(宋志) 842:1018
王應麟 842:○
劉 績 842:1018
(四庫) 842:1018
錢 塘 842:1018
莊逵吉 842:1019
王引之 843:1019
孫馮翼 843:1019
勞 格 843:1019
陶方琦 843:1019

C.108 ■獨 斷

(四庫) 844:1020

C.109 ■正　訓

(隋、新舊唐、宋志) ○:1020
(崇文總目) 844:1020
晁公武 844:1020

C.110 ■孫　子

(隋、新舊唐、宋志) ○:1020
陳振孫 844:1020
胡應麟 844:1020

C.111 ■古今注、中華古今注

(隋、新舊唐、宋志) ○:1021
(四庫) 845:1021

C.112 ■感應類從志

(宋志) ○:1020
(四庫) 845:1021

C.113 ■劉子新論

袁孝政 846:1022
(新舊唐志) 846:1022
(宋志) ○:1022
晁公武 846:1022
陳振孫 846:1022
黄　震 846:1022
宋　濂 846:1022
胡應麟 847:1022
姚際恒 847:1023
王　昶 ○:1023
盧文弨 ○:1023
(四庫) 847:1024
孫志祖 ○:1024
嚴可均 ○:1025
顧　實 848:1025
張　嚴 (1673)
王叔岷 (1675)

C.114 ■論　衡

黄　暉 (1682)

C.115 ■瑞應圖

(隋志) ○:1025
陳振孫 848:1025
(宋志) ○:1025

C.116 ■兩同書

(唐、宋志) ○:1025
(崇文總目) 849:1025
晁公武 849:1026

陳振孫 849:1026
(四庫) 849:1026

C.117 ■化 書

(宋志) ○:1026
陳景元、陳 摶 849:1026
宋 濂 849:1026
胡應麟 850:1027
姚際恒 850:1027
(四庫) 850:1027

C.118 ■事物紀原

(中興書目、宋志) ○:1027
陳振孫 851:1027

C.119 ■物類相感志

晁公武 851:1027
(宋志) ○:1027
(四庫) 851:1028
蘇瑩輝 (1683)

C.120 ■劉賓客嘉話錄

唐 蘭 (1685)

C.121 ■格物麤談

(四庫) 851:1028

C.122 ■樵 談

(四庫) 852:1028

C.123 ■蒙齋筆談

(四庫) 852:1028

C.124 ■誠齋揮塵錄

(四庫) 852:1028

C.125 ■紫微雜說

(四庫) 852:1028

C.126 ■臥游錄

(四庫) 853:1029

C.127 ■搜采異聞集

(宋志補) ○:1029
(四庫) 853:1029

C.128 ■鶴山筆錄

(四庫) 853:1029

C.129 ■樂菴遺書

(四庫) 854:1030

C.130 ■木筆雜鈔

(四庫) 855:1030

C.131 ■袖中錦
(四庫) 855:1031

C.132 ■月下偶談
(四庫) 855:1031

C.133 ■石屏新語
(四庫) 855:1031

C.134 ■古今藝苑談概
(四庫) 856:1031

C.135 ■蕉窗雜錄
(四庫) 856:1031

C.136 ■帝皇龜鑑
(四庫) 856:1032

C.137 ■續古今考
(四庫) 857:1032

C.138 ■景行錄
(四庫) 857:1032

C.139 ■女紅餘志
(四庫) 858:1033

C.140 ■瑯嬛記
(四庫) 858:1033

C.141 ■藝圃蒐奇
(四庫) 858:1033

C.142 ■多能鄙事
(明志) ○:1034
(四庫) 859:1034

C.143 ■都氏鐵網珊瑚
(四庫) 859:1034

C.144 ■春雨雜述
(四庫) 859:1034

C.145 ■蕉窗
(四庫) 860:1034

C.146 ■筠軒清祕錄
(四庫) 860:1034

C.147 ■飛鳧語略
(四庫) 860:1035

C.148 ■綱常懿範
(四庫) 861:1035

C.149 ■讀升庵集

(四庫) 861:1035

C.150 ■疑 耀

王士禎 861:1035
(四庫) 861:1035

C.151 ■諸子彙函

(四庫) 862:1036

C.152 ■天池秘集

(四庫) 863:1037

C.153 ■再廣歷子品粹

(四庫) 863:1037

C.154 ■廣百川學海

(四庫) 863:1037

C.155 ■眉公十集

(四庫) 864:1037

C.156 ■溪堂麗宿集

(四庫) 864:1038

C.157 ■翰苑叢鈔

(四庫) 864:1038

C.158 ■資塵新聞

(四庫) 864:1038

C.159 ■學仕要箴

(四庫) 865:1038

C.160 ■學海類篇

(四庫) 865:1038

小 說 家

C.161 ■燕丹子

(隋、新舊唐、宋志) ○:1039
(中興書目) 866:1039
(周氏涉筆) 866:1039
宋 濂 866:1039
胡應麟 866:1039
(四庫) 867:1040
孫星衍 ○:1040
張心澂 867:1041
羅根澤 (1689)

C.162 ■神異經

(隋、唐、宋志) ○:1041
陳振孫 868:1041
胡應麟 868:1041

(四庫) 868:1041
孫志祖 ○:1042

C.163 ■海內十洲記

(隋、新舊唐、宋志)
○:1042
晁公武 868:1042
陳振孫、胡應麟 868:1042
(四庫) 869:1042

C.164 ■洞冥記

(隋、宋志) ○:1043
晁公武 869:1043
陳振孫 869:1043
胡應麟 869:1043
(四庫) 869:1043
王　謨 869:1043

C.165 ■雜事秘辛

楊　慎 870:1043
沈德符 872:1044
胡震亨 870:1044
姚士粦 870:1044
沈士龍 871:1045
姚際恒 872:1045
王　謨 872:1045
(四庫) 872:1045
梁啓超 872:1045
張心澂 872:1046

C.166 ■搜神記

(晉書) 873:1046
(隋、新舊唐志) 873:1046
(崇文總目) 873:1046
(宋志) ○:1047
胡應麟 873:1047
王　謨 873:1047
(四庫) 874:1047

C.167 ■搜神後記

(隋志) 875:1048
沈士龍 875:1048
(四庫) 875:1048

C.168 ■博物志 (附博物記)

王　嘉 876:1049
(隋、新舊唐、宋志)
○:1049
胡應麟 ○:1049
姚際恒 876:1049
(四庫) 876:1049
孫志祖 ○:1051
施之勉 (1693)

C.169 ■續博物志

(四庫) 878:1051

C.170 ■拾遺記

蕭 綺 878:1051
(隋、唐志) 878:1052
(宋志) ○:1052
(文獻通考) 878:○
胡應麟 878:1052

C.171 ■世說新語

周樹人 (1695)
蕭 虹 (1695)

C.172 ■殷芸小說

(隋、新舊唐、宋志)
○:1052
晁公武 879:1052
陳振孫 879:1052

C.173 ■稽神異苑

(隋志) ○:1052
晁公武 879:1052
(宋志) ○:1053

C.174 ■述異記

(隋、新舊唐、宋志)
○:1053
晁公武 879:1053
王 謨 879:1053
(四庫) 880:1053
孫志祖 ○:1054

C.175 ■續齊諧記

(隋、唐、宋志) ○:1054
(四庫) 881:1054

C.176 ■大業拾遺記

姚 寬 881:1055
(宋志) ○:1055
胡應麟 881:1055
(四庫) 881:1055

C.177 ■海山記

(四庫) 882:1055

C.178 ■迷樓記

(四庫) 882:1055

C.179 ■開河記

(四庫) 882:1056

C.180 ■龍城錄

張邦基 ○:1056
何 薳 883:1056
朱 熹 883:1056
陳振孫 883:1056
(宋志) ○:1056
胡應麟 883:1056
(四庫) 883:1056

C.181 ■陸氏集異記

(唐、宋志) ○:1057
(四庫) 883:1057

C.182 ■雲仙散錄

張邦基 884:1057
洪 邁 884:1057
陳振孫 884:1057
(宋志) ○:1057
胡應麟 884:1057
(四庫) 884:1058

C.183 ■續世說

(新舊唐、宋志) ○:1058
(四庫) 885:1058

C.184 ■周秦行紀

晁公武 885:1059
胡應麟 885:1059

C.185 ■洽聞記

(唐、宋志) ○:1059
晁公武 886:1059

C.186 ■瀟湘錄

(唐、宋志) ○:1059
陳振孫 886:1059
胡應麟 886:1059

C.187 ■雜 纂

陳振孫 886:1059

C.188 ■牛羊日曆

(唐、宋志) ○:1060
胡應麟 886:1060

C.189 ■鍾呂傳道集

胡應麟 887:1060

C.190 ■笑海叢珠

(四庫) 887:1060

C.191 ■異聞集

(唐志) ○:1060
晁公武 887:1061
陳振孫 888:1061

(宋志) ○:1061

C.192 ■古鏡記

馮承基 (1698)
段熙仲 (1703)

C.193 ■補江總白猿傳

(唐、宋志) ○:1061
晁公武 888:1061
陳振孫 888:1061
胡應麟 888:1061

C.194 ■樹萱錄

(唐志) ○:1061
何 薳 888:1061
陳振孫 888:1061
胡應麟 888:○
(宋志) ○:1062

C.195 ■劍俠傳

(四庫) 889:1062

C.196 ■廣陵妖亂志

胡應麟 ○:1062

C.197 ■啓顏錄

(新舊唐志) ○:1062
陳振孫 889:1062

C.198 ■開元大寶遺事

洪 邁 889:1062
胡應麟 889:1062
(四庫) 889:1063

C.199 ■清異錄

陳振孫 890:1063
胡應麟 890:1063
(四庫) 890:1063

C.200 ■涑水記聞

朱 熹 ○:1064
陳振孫 890:1064
(四庫) 891:1064
梁啓超 891:1064

C.201 ■洛游子

陳振孫 892:1065

C.202 ■艾 子

胡應麟 892:1065

C.203 ■東坡志林

陳振孫 ○:1065
錢謙益 892:1065

C.204 ■東坡問答錄

(四庫)　892:1065

C.205 ■漁樵閒話

晁公武　893:1066
(四庫)　893:1066

C.206 ■續樹萱錄

洪　邁　893:1066
胡應麟　893:1066

C.207 ■碧雲騢

邵　博　○:1066
葉夢得　○:1067
張邦基　○:1067
李　燾　894:1067
周　煇　○:1068
晁公武　894:1068
陳振孫　895:1068
胡應麟　895:1069

C.208 ■錢氏私志

錢　曾　896:1069
(四庫)　896:1069

C.209 ■後山談叢

(宋志)　○:1069
(四庫)　896:1069

C.210 ■談　藪

(四庫)　897:1070

C.211 ■孔氏野史

洪　邁　897:1070

C.212 ■孔氏談苑

朱　熹　898:1071
(四庫)　898:1071

C.213 ■括異記

晁公武　898:1071
王　銍　898:1071
(宋志)　○:1071
(四庫)　899:1071

C.214 ■倦游雜錄

晁公武　899:1072
王　銍　899:1072
(宋志)　○:1072

C.215 ■搢紳脞説

晁公武　899:1072
陳振孫　899:1072

C.216 ■三朝野史

(四庫) 900:1072

C.217 ■昨夢錄

顧國瑞 (1708)

C.218 ■幽居錄

(四庫) 900:1072

C.219 ■輟耕錄

(明志) ○:1073
(四庫) 900:1073

C.220 ■蝸頭密語

(四庫) 900:1073

C.221 ■世說新語補

(四庫) 901:1073

C.222 ■廣夷堅志

(四庫) 901:1074

C.223 ■明百家小說

(四庫) 902:1074

C.224 ■幸存錄

梁啓超 902:1074

C.225 ■金瓶梅

田宗堯 (1714)
吳　晗* (1721)
魏子雲* (1721)

C.226 ■京本通俗小說

蘇　興 (1722)
吳圳義* (1729)

C.227 ■醒世姻緣

胡　適 (1730)
王素存 (1731)
劉階平 (1736)

歷算類

C.228 ■周髀算經

(隋、新舊唐、宋志)
○:1075
陳振孫 903:1075
姚際恒 903:1075
(四庫) 903:1075
錢寶琮 ○:1075
張心澂 ○:1078

C.229 ■九章算術

(隋志) ○:1078

李　賢 903:1079
(新舊唐、宋志) ○:1079
晁公武 903:1079
(四庫) 904:1079

C.230　夏殷周魯歷

(漢志) ○:1079
王應麟 904:1079

C.231 ■甘石星經

(隋志) ○:1080
(唐、宋志) ○:1080
陳振孫 905:1081
姚際恒 905:1081
王　謨 905:1081
錢大昕 ○:1081
(四庫) 906:1082
吳汝綸 ○:1082
顧　實 906:1083

C.232 ■步天歌

(宋志) ○:1083
鄭　樵 906:1083
晁公武 906:1083
錢大昕 ○:1083
(四庫) 907:1084

C.233 ■星象考

(宋志) ○:1084
(四庫) 907:1084

術 數 類

C.234 ■八五經

晁公武 908:1084
陳振孫 908:1085

C.235 ■宅　經

(四庫) 908:1085

C.236 ■玄女經

(隋、唐志) ○:1085
(四庫) 909:1085

C.237 ■珞琭子

(宋志) ○:1085
陳振孫 909:1085
(四庫) 909:1086

C.238 ■命書

(隋、新舊唐、宋志) ○:1086
李虛中 910:1086

晁公武 910:1086
(四庫) 910:1086

C.239 ■相掌金龜卦

(四庫) 910:1087

C.240 ■貴賤定格三世相書

(四庫) 911:1087

C.241 ■靈棊經

晁公武 911:1087
(四庫) 911:1087

C.242 ■東方朔占書

(隋、新舊唐志) ○:1088
(四庫) 911:1088

C.243 ■易　衍

(四庫) 912:1088

C.244 ■葬　經

(新舊唐志) ○:1088
(四庫) 912:1089

C.245 ■玉照定真經

(四庫) 913:1089

C.246 ■葬書

(新舊唐、宋志) ○:1089
宋　濂 913:1089
(四庫) 913:1089

C.247 ■續葬書

陳振孫 914:1090

C.248 ■狐首經

陳振孫 914:1090

C.249 ■靈臺秘苑

(隋、新舊唐志) ○:1090
(四庫) 914:1090

C.250 ■源髓歌

陳振孫 914:1090

C.251 ■太乙命訣

陳振孫 915:1090

C.252 ■九天玄女六壬課

(四庫) 915:1091

C.253 ■貴賤定格五行相書

(唐志) ○:1091

(四庫)　915:1091

C.254 ■廣濟陰陽百忌歷

(新舊唐志)　○:1091
陳振孫　915:1091

C.255 ■潑沙經

(唐、宋志)　○:1091
晁公武　916:1091

C.256 ■地理鈔

陳振孫　916:1091

C.257 ■觀象玩占

(四庫)　916:1092

C.258 ■乙巳占略例

(新舊唐、宋志)　○:1092
(四唐)　916:1092

C.259 ■玉歷通政經

(四庫)　917:1092

C.260 ■內傳天皇鼇極鎮世神書

(四庫)　917:1093

C.261 ■天機素書

(四庫)　917:1093

C.262 ■撼龍經、疑龍經

(四庫)　918:1093

C.263 ■天玉經內傳

(四庫)　918:1093

C.264 ■玄珠密語

(四庫)　918:1094

C.265 ■太乙金鏡式經

(唐、宋志)　○:1094
(四庫)　919:1094

C.266 ■天文鬼料竅

鄭　樵　919:1095
(明志)　○:1095
錢　曾　919:1095
(四庫)　920:1095

C.267 ■玉管照神局

(宋志)　○:1095

(四庫)　920:1095

C.268 ■靈城精義

(四庫)　920:1095

C.269 ■太清神鑑

(四庫) 921:1096

C.270 ■河洛真數

(四庫) 921:1096

C.271 ■天玉經外傳、四十八局圖

(四庫) 921:1096

C.272 ■皇極經世書

(四庫) 王 湜 922:1097

C.273 ■康節內祕影

(四庫) 922:1097

C.274 ■邵子加一倍法

(四庫) 922:1097

C.275 ■九星穴法

(四庫) 923:1097

C.276 ■三命指迷賦

(四庫) 923:1098

C.277 ■星命總括

(四庫) 923:1098

C.278 ■天文主管

(四庫) 924:1098

C.279 ■皇極經世節要

(四庫) 924:1098

C.280 ■玉尺經

925:1099

C.281 ■天文秘略

(明志) ○:1099

(四庫) 925:1099

C.282 ■白猿經風雨占候說

(四庫) 925:1099

C.283 ■披肝露膽經

(明志) 926:1100

(四庫) 926:1100

C.284 ■演禽圖訣

(四庫) 926:1100

藝 術 類

C.285 ■射評要略

(宋志) 927:1100
晁公武 927:1100
陳振孫 927:1100

C.286 ■山水松石格

(四庫) 927:1100

C.287 ■續畫品

(宋志) ○:1101
(四庫) 927:1101

C.288 ■後畫錄

(四庫) 928:1101

C.289 ■續畫品錄

(唐、宋志) ○:1101
(四庫) 928:1101

C.290 ■畫學秘訣

(四庫) 929:1102

C.291 ■畫山水賦

(四庫) 929:1102

C.292 ■山水訣

(四庫) 929:1102

C.293 ■彈棊經

(宋志) ○:1103
晁公武 930:1103
陳振孫 930:1103

C.294 ■棋　經

李毓珍 (1745)

C.295 ■益州名畫錄

(中興書目、宋志) ○:1103
晁公武 930:1103
陳振孫 930:1103

C.296 ■宣和論畫雜評

(四庫) 931:1103

C.297 ■華光梅譜

(四庫) 931:1103

C.298 ■畫山水訣

(四庫) 931:1104

C.299 ■宣和集古印史

(四庫) 932:1104

C.300 ■湖州竹派

(四庫) 932:1105

C.301 ■圖繪寶鑑續編

(四庫) 933:1105

C.302 ■寓意編

(明志) ○:1105
(四庫) 933:1105

C.303 ■琴譜正傳

(四庫) 934:1106

譜錄類

C.304 ■禽經

王 楙 935:○
王[[謨 935:○
(四庫) 936:○

C.305 ■古今刀劍錄

(宋志) ○:1107
(四庫) 937:1107

C.306 ■鼎 錄

(宋志) ○:1107
(四庫) 938:1107

C.307 ■紹興內府古器評

(四庫) 938:1107

C.308 ■古玉圖譜

(四庫) 939:1108

C.309 ■燕几圖

(四庫) 941:1110

C.310 ■易牙遺意

(四庫) 941:1110

C.311 ■別本茶經

(四庫) 941:1110

C.312 ■酒 史

(四庫) 942:1111

類書類

C.313 ■聖賢羣輔錄

晁公武 943:1111
(四庫) 943:1111
潘重規 (1759)

C.314 ■錦 帶

陳振孫 944:1112
(宋志) 944:1112
(四庫) 944:1112

C.315 ■編　珠

(四庫) 944:1112

C.316 ■藝文類聚

(新舊唐志) ○:1113
葉大慶 ○:1113
(四庫) 945:1113

C.317 ■歲華紀麗

(唐、宋志) 945:○
胡震亨 945:○
王士禎 945:○
錢　曾 945:○
(四庫) 946:○

C.318 ■錦帶補註

(四庫) 946:1113

C.319 ■錦繡萬花谷

陳振孫 946:1114
尤　侗 946:1114
(宋志、宋志補) ○:1114
(四庫) 946:1114

C.320 ■事文類聚

(宋志補) ○:1114
(四庫) 947:1114

C.321 ■類編古今事林羣書一覽

(四庫) 947:1115

C.322 ■文選雙字類要

陳振孫 947:1115
(四庫) 948:1115

C.323 ■文選類林

(四庫) 948:1115

C.324 ■記室新書

(四庫) 948:1115

C.325 ■詩律武庫前後集

(四庫) 949:1116

C.326 ■四六膏馥

(四庫) 949:1116

C.327 ■侍兒小名錄拾遺

晁公武 949:1116
陳振孫 949:1116
(四庫) 949:1116

C.328 ■可知編

(四庫) 950:1116

C.329 ■五車霏玉

(四庫) 950:1117

C.330 ■詩學事類

(四庫) 950:1117

C.331 ■韻學事類

(四庫) 950:1117

C.332 ■韻與淵海

(四庫) 951:1117

C.333 ■異物彙苑

(四庫) 951:1117

C.334 ■彙苑詳註（類苑詳註）

(四庫) 951:1118

C.335 ■古今類腴

(四庫) 951:1118

C.336 ■玉函山房輯佚 書

(彙刻書目) ○:1118

(中國人名大辭典) ○:1118

張心徵 ○:1118

〔集 部〕

楚辭類

D.1 ■楚辭章句

劉 向 ○:1121
王 逸 ○:1121
晁補之 953:1122
朱 熹 ○:1122
晁公武 953:1123
陳振孫 954:1123
焦 竑 ○:1123
(四庫) ○:1124
孫志祖 ○:1124
吳汝綸 ○:1124
郭沫若 ○:1125
游國恩 ○:1126
曹道衡 ○:1131
徐恒之 (1767)
張壽平 (1770)
丁 力 (1775)
姜昆武、徐漢澍 (1784)
姜亮夫 (1798)
金德厚* (1798)
周 村* (1798)

別集類

D.2 ■揚子雲集

(漢、隋、新舊唐、宋志) ○:1132
晁公武 955:1132
葉大慶 955:1132
(四庫) 955:1133

D.3 ■蔡中郎集

(隋、新舊唐志) ○:1133
(宋志) 956:1133
歐 靜 956:1133
(四庫) 957:1134

D.4 ■諸葛丞相集

(隋、新舊唐、宋志) ○:1134
(四庫) 957:1135

D.5 ■陳思王集

(隋、新舊唐、宋志) ○:1135
晁公武 958:1135
陳振孫 958:1135
(四庫) 958:1135
張心澂 959:1136

D.6 ■陶淵明集

(隋、新舊唐、宋志) ○:1136
晁公武 959:1137
李公煥 960:1137
蔡絛西 959:1137
湯東澗 959:1137
許彥國 960:1137
劉斯立 960:1137
(四庫) 960:1137

D.7 ■昭明太子集

(隋、新舊唐、宋志) ○:1138
(四庫) 960:1138

D.8 ■吳均集

(隋、新舊唐、宋志) ○:1139
晁公武 961:1139

D.9 ■江文通集

(新舊唐、志) ○:1139
晁公武 962:1139

D.10 ■唐太宗集

(新舊唐、宋志) ○:1139
陳振孫 962:1140

D.11 ■王子安集

(新舊唐、宋志) ○:1140
張 燮 ○:1140

D.12 ■李翰林集

(唐、宋志) ○:1141
蘇 軾 962:1141
晁公武 962:1141
陸 游 ○:1142
嚴 羽 ○:1142
蕭士贇 963:1142
胡應麟 ○:1143
王 琦 ○:1144
(四庫) 963:○
顧憲融 ○:1146
張心澂 963:○

D.13 ■杜甫集

(唐志) ○:1146
嚴　羽 ○:1146
彭叔夏 ○:1146
楊　倫 ○:1147

D.14 ■韓昌黎外集

(宋志) ○:1147
朱　熹 964:1147
陳振孫 964:1148

D.15 ■柳宗元集

(唐、宋志) ○:1149
彭叔夏 ○:1149
梁容若* (1799)

D.16 ■柳先生集別錄

陳振孫 965:1150

D.17 ■毘陵集

(唐、宋志) ○:1150
(四庫) ○:1150
趙懷玉 ○:1150
羅聯添 (1800)

D.18 ■李文公集

(唐、宋志) ○:1151
葉夢得 965:1151
陳振孫 965:1151
羅聯添 (1806)

D.19 ■沈下賢集

(唐、宋志) ○:1151
(四庫) 965:1151

D.20 ■杜牧樊川續別集

劉克莊 965:1151
吳企明 (1807)
張金海 (1817)
陳修武 (1824)

D.21 ■白樂天長慶集

(唐、宋志) ○:1151
蘇　轍 966:1152
晁公武 966:1152
岑仲勉 (1855)

D.22 ■孫可之集

(唐、宋志) ○:1152
(四庫) 966:1152

D.23 ■別本公是集

(宋志) ○:1153
(四庫) 967:1153

D.24 ■周元公集

(四庫) 967:1153

D.25 ■臨川集

(宋志) ○:1153
蔡 條 967:1153
錢大昕 (1857)

D.26 ■東坡全集

(宋志) 968:1153
陳 善 968:1154
陳振孫 968:1154
(四庫) 968:1154

D.27 ■杜牧故事

陳振孫 969:1155

D.28 ■山谷精華錄

(四庫) 969:1155

D.29 ■雙峯存藁

(四庫) 971:1156

D.30 ■陳文恭公集

(宋志) ○:1157
(四庫) 972:1157

D.31 ■錦繡論

(四庫) 973:1158

D.32 ■岳武穆集

陳振孫 973:1158
唐圭璋 (1858)

D.33 ■北山集

(宋志) ○:1158
(四庫) 973:1158

D.34 ■呂東萊集

朱 熹 974:1159

D.35 ■松垣集

(四庫) 974:1159

D.36 ■心 史

姚際恒 974:1159
(四庫) 974:1159
余嘉錫 (1859)
姚從吾 (1860)
劉兆佑 (1862)

D.37 ■羅滄洲集

(宋志) ○:1160
(四庫) 976:1160

D.38 ■疊山集

(宋志) O:1161
(四庫) 976:1161

D.39 ■雲莊集

梁庚堯 (1869)

D.40 ■道園遺藁

(四庫) 976:1161

D.41 ■圭峯集

徐 㘅 977:1161
(四庫) 977:1161

D.42 ■梅花道人遺墨

(四庫) 978:1162

D.43 ■清閟閣集

(四庫) 978:1163

D.44 ■指南錄

吳山雍 (1870)

D.45 ■練中丞集

(明志) O:1163
(四庫) 979:1163

D.46 ■遜志齋集

(明志) O:1164
都 穆 980:1164

D.47 ■太常袁公行略
許文肅公遺集

戴玄之 (1872)

詩集類

D.48 ■柏梁臺詩

丁邦新 (1881)

D.49 ■悲憤詩

陳延傑 (1890)
勞 幹 (1891)
戴君仁 (1896)
李鎏* (1897)
宋升* (1897)

D.50 ■何水部集

(新舊唐、宋志) O:1164
(四庫) 981:1164

D.51 ■孟浩然集

(唐、宋志) O:1165
嚴 羽 O:1165
(四庫) 981:1165

D.52 ■王右丞集

韓維鈞 (1898)

D.53 ■錢仲文集

(唐、宋志) ○:1165
胡震亨 982:1165

D.54 ■李太白集

吳企明 (1905)
李廷先 (1911)

D.55 ■昌谷集

(唐、宋志) ○:1166
吳正子 982:1166
(四庫) 982:1166

D.56 ■庾子山集

許逸民 (1922)

D.57 ■王建宮詞

胡 仔 983:1166
胡介祉 983:1166
(四庫) 983:1166

D.58 ■李益詩集

王夢鷗* (1925)

D.59 ■鄭嵎津陽門詩

(唐、宋志) ○:1167
晁公武 983:1167
陳振孫 983:1167

D.60 ■曹松集

(唐、宋志) ○:1167
晁公武 984:1167
陳振孫 984:1167

D.61 ■香奩集

(唐、宋志) ○:1167
沈 括 984:1167
葉夢得 984:1168
晁公武 984:1168
胡應麟 985:1168

D.62 ■豐溪存藁

(四庫) 985:1168

D.63 ■譚藏用詩集

(四庫) 986:1169

D.64 ■東波詩集註

(四庫) 987:1170

D.65 ■支離子集

(宋志補) ○:1171
(四庫) 988:1171

D.66 ■斜川集

(四庫) 988:1171

D.67 ■志道集

(四庫) 989:1172

D.68 ■蘂閣集

(四庫) 989:1172

D.69 ■棠湖詩稾

岳 珂 990:1172
(宋志補) O:1173
(四庫) 990:1173

D.70 ■杜律註

姚際恒 991:1173
(四庫) 991:1173

D.71 ■安南即事詩

(四庫) 991:1174

D.72 ■趙仲穆遺稾

(四庫) 992:1174

D.73 ■肅雝集

(四庫) 992:1174

D.74 ■荻溪集

(四庫) 993:1175

詞曲類

D.75 ■南唐二主詞

呂 遠 994:1175
(晨風閣叢書) 994:1175
劉繼增 994:1176
戴景素 994:1176
周泳先 994:1176

D.76 ■陽春錄

陳振孫 996:1177

D.77 ■六一詞

曾 慥 996:1177
蔡 絛 996:1178
陳振孫 996:1178
(名臣錄) 996:1178

D.78 ■東坡詞

蘇東坡 O:1178
(漫叟詩話) O:1178
胡 仔 O:1178
(溫叟詩話) O:1178
(西谿叢話) O:1179

沈 雄 ○:1179
(四庫) 997:1179
顧憲融 ○:1179

D.79 ■書舟詞
(四庫) 997:1179

D.80 ■晁叔用詞
陳振孫 997:1180

D.81 ■溪堂詞
(四庫) 998:1180

D.82 ■初寮詞
(四庫) 998:1180

D.83 ■石林詞
(四庫) 998:1180

D.84 ■斷腸詞
(四庫) 999:1181

D.85 ■蕉窗慧隱詞
(四庫) 999:1181

D.86 ■西廂記
鍾 嗣 ○:1181
朱 權 ○:1181
都 穆 ○:1181
王世貞 ○:1181
徐世範 ○:1181
毛奇齡 ○:1182
梁廷枏 ○:1182
王國維 ○:1182
王季思 ○:1182
毛奇齡(又) (1927)
鄭 騫 (1929)
蔡丹治* (1939)
張永明* (1939)

D.87 ■拜月亭
王國維 ○:1184

D.88 ■荊釵記
鬱藍生、黃文暘 ○:1184
施閏章 ○:1184
王國維 ○:1184
吳瞿安 ○:1184
蔣瑞藻 ○:1184

D.89 ■殺狗記
吳瞿安 ○:1185

D.90 ■繡襦記
周 暉 ○:1185

沈德符 ○:1185
(曲品) ○:1185
朱彝尊 ○:1186
梁文暘 ○:1186

D.91 ■琴心記

徐復祚 ○:1186
黃文暘 ○:1186

D.92 ■鳴鳳記

(曲品、曲律) ○:1186
(劇說) ○:1186
(曲海目、曲錄) ○:1186

D.93 ■南西廂

吳瞿安 ○:1186
鄭振鐸 ○:1187

D.94 ■琵琶記

朱建明、彭 飛 (1941)

D.95 ■滄浪亭

劉世德 (1953)

D.96 ■翻西廂、賣相思

張 曾 (1958)

D.97 ■詞壇紀事、詞家

辨證

張心澂 ○:1187

總集類

D.98 ■樂 府

D.98.1 [木蘭辭]

李純勝 (1961)
游國恩 (1966)

D.98.2 [孔雀東南飛]

許世旭 (1969)
王冰彥 (1970)
方師鐸* (1973)
熙 仲* (1973)
王運熙* (1973)

D.98.3 [胡笳十八拍]

朱學瓊 (1973)
李鼎文* (1979)
李西成* (1979)
段熙仲、金啓華* (1979)

D.99 ■文 選

(玉臺新詠) 1000:1188
(新舊唐、宋志) ○:1188
劉知幾 1000:1188

段成式 ○:1188
蘇　軾 1000:1188
浦起龍 1000:1189
章學誠 1000:1189
胡念貽 ○:1189
張心澂 ○:1189

D.99.1 [李陵答蘇武書]

錢大昕 (1980)

D.99.2 [古詩十九首]

鄭士元 (1980)
方祖燊 (1986)
葉嘉瑩* (2003)

D.99.3 [怨歌行]

陳延傑 (2003)

D.100 ■文選音

周祖謨 (2005)

D.101 ■玉臺新詠

(隋、新舊唐、宋志) ○:1190
(四庫) 1001:1190

D.101.1 [白頭吟]

陳延傑 (2006)

D.101.2 [盤中詩]

陳延傑 (2007)

D.102 ■薛濤李冶詩集

(四庫) 1002:1191

D.103 ■才調集

(四庫) 1002:1191

D.104 ■古文苑

晁公武 ○:1191
陳振孫 ○:1192
(四庫) 1002:1192
胡念貽 ○:1192

D.105 ■文苑英華

彭叔夏 ○:1193
(四庫) ○:1196

D.106 ■唐文粹

彭叔夏 ○:1197
(四庫) ○:1197

D.107 ■唐百家詩選

(宋志) ○:1197
王安石 ○:1197
邵　博 1003:1197

晁公武　1003:1198
(四庫)　1003:1198
周　煇　○:1198

D.108 ■江湖小集

(四庫)　1004:1199

D.109 ■兩宋名賢小集

(四庫)　1005:1199

D.110 ■詩準、詩翼

(四庫)　1006:1200
程元敏　(2009)

D.111 ■尊前集

(四庫)　1006:1201

D.112 ■古樂府

(宋志)　○:1201
(四庫)　1007:1201

D.113 ■贈言小集

(四庫)　1008:1202

D.114 ■仕塗必用集

晁公武　1008:1202
陳振孫　1008:1202

D.115 ■春秋詞命

(四庫)　1009:1203

D.116 ■廣文選

陳繼儒　1009:1203
(明志)　○:1203
(四庫)　1009:1203

D.117 ■翰苑瓊琚

(明志)　○:1204
(四庫)　1010:1204

D.118 ■三蘇文範

(四庫)　1010:1204

D.119 ■詞林萬選

(四庫)　1010:1204

D.120 ■羣賢梅苑

(四庫)　1011:1205

D.121 ■唐詩選

(明志)　○:1205
(四庫)　1011:1205

D.122 ■文章指南

(四庫)　1012:1205

D.123 ■詩女史
(四庫) 1012:1206
D.124 ■翰墨選注
(四庫) 1012:1206
D.125 ■鉅　文
(四庫) 1013:1206
D.126 ■評註八代文宗
(四庫) 1013:1206
D.127 ■中原文獻
(四庫) 1013:1207
D.128 ■詩　歸
顧炎武 1014:1207
(四庫) 1014:1207
D.129 ■明詩歸
王世禎 1014:1207
(四庫) 1014:1207
D.130 ■名媛詩歸
(四庫) 1015:1208
D.131 ■古文彙編
(四庫) 1015:1208
D.132 ■秦漢文元
(四庫) 1015:1208
D.133 ■二家宮詞
(四庫) 1016:1208
D.134 ■姚江逸詩
(四庫) 1017:1209
D.135 ■全唐文
傅璇琮、張忱石、許逸民 (2012)
D.135.1 〔大赦菴記〕
方積六 (2015)
D.136 ■全唐詩
湛　之 (2033)
D.137 ■廣十二家唐詩
劉兆祐 (2026)
D.138 ■元曲選
鄭　騫 (2030)
D.139 ■孤本元明雜劇

鄭　騫 (2034)

詩文評類

D.140 ■詩　格

陳振孫 (2034)

D.141 ■文章緣起

(四庫) 1018:1210

D.142 ■文心雕龍

劉仁清 (2039)
詹　鍈 (2051)
楊明照 (2063)
王達津 (2071)
張　嚴* (2077)
王更生* (2077)

D.143 ■評詩格

陳振孫 1019:1211
胡應麟 ○:1211

D.144 ■樂府古題要解

(唐志) ○:1211
(四庫) 1019:1211

D.145 ■詩　式

(唐、宋志) ○:1212
(四庫) 1020:1212

D.146 ■二南密旨

陳振孫 1020:1212
(四庫) 1020:1212

D.147 ■文苑詩格

陳振孫 1021:1213

D.148 ■全鍼詩格、續金鍼詩格

(宋志) ○:1213
晁公武 1021:1213
陳振孫 1022:1213
胡應麟 ○:1213

D.149 ■後山詩話

(四庫) 1022:1213

D.150 ■唐子西文錄

强行父 1022:1214
(四庫) 1022:1214

D.151 ■藝苑雌黃

(四庫) 1023:1214

D.152 ■吟窗雜錄

(四庫) 1024:1215

D.153 ■全唐詩話

(四庫) 1024:1215

D.154 ■詩法家數

(四庫) 1025:1216

D.155 ■木天禁語

(四庫) 1025:1216

D.156 ■詩學禁臠

(四庫) 1026:1217

D.157 ■東坡詩話

(四庫) 1026:1217

D.158 ■餘冬詩話

(四庫) 1026:1217

D.159 ■全唐詩說、全唐詩評

(四庫) 1026:1217

D.160 ■詩文原始

(四庫) 1027:1217

D.161 ■佘山詩話

(四庫) 1027:1217

國家圖書館出版品預行編目資料

續僞書通考

／鄭良樹編著. --初版. --臺北市：
臺灣學生；民73
冊；　公分. --
含索引
ISBN 957-15-0854-3 (一套：精裝)

011.7　　86013563

續僞書通考（全三冊）

編著者：鄭良樹
出版者：臺灣學生書局
發行人：孫善治
發行所：臺灣學生書局
臺北市和平東路一段一九八號
郵政劃撥帳號〇〇〇二四六六八號
電話：三六三四一五六
傳眞：三六三六三三四
本書局登記證字號：行政院新聞局局版北市業字第玖捌壹號
印刷所：宏輝彩色印刷公司
地址：中和市永和路三六三巷四二號
電話：二二六八八五三
定價精裝新臺幣一八〇〇元
西元一九八四年六月初版
西元一九九七年十一月初版二刷
01101

ISBN 957-15-0854-3（一套：精裝）